KB091385

의사결정을 위한 데이터 과학

데이터 과학 총론

의사결정을 위한 데이터 과학

데이터 과학 총론

Luiz Paulo Fávero · Patrícia Belfiore 지음

㈜크라스랩 옮김

i!i
에이콘

 에이콘출판의 기틀을 마련하신 故 정완재 선생님 (1935-2004)

교육과 개발에 힘을 쏟을 수 있도록 조건 없이 헌신해준
오비디오와 레오노르, 안토니오와 아나 베라에게 이 책을 바친다.
우리의 존재 이유인
가브리엘라와 루이즈 펠리페에게 이 책을 바친다.

사람이 위대한 꿈을 꾸고 거기에 모든 정신을 바치면 온 우주가 그를 돕는다.

– 요한 볼프강 폰 괴테 Johann Wolfgang von Goethe

| 지은이 소개 |

루이즈 파울로 파베로^{Luiz Paulo Fávero}

파베로 박사는 상파울루대학교(FEAUSP 및 EPUSP) 폴리테크닉 스쿨의 경제학, 경영학, 회계 대학의 정교수이며 데이터 과학, 데이터 분석, 다변량 모델링, 머신러닝과 딥러닝을 가르치고 있다. 뉴욕의 콜롬비아대학교에서 데이터 분석과 계량 경제학 박사 후 학위를 받았으며, FEA/USP의 종신 교수다(양적 모델링에 더 중점을 두고 있음). USP 폴리테크닉 스쿨에서 공학 학위를 받았으며, Getúlio Vargas Foundation(FGV/SP)에서 경영학 석사 학위를 받은 다음 FEA/USP에서 조직 경제학에 적용되는 데이터 과학 및 정량적 방법으로 석사 및 박사 학위를 받았다. 상파울루연방대학교(UNIFESP), Dom Cabral Foundation, Getúlio Vargas Foundation, FIA, FIPE, MONTVERO의 객원 교수다. 9권의 책을 저술했으며, IJMDA^{International Journal of Multivariate Data Analysis}의 창립자이자 전 편집장이다. 라틴 아메리카 데이터 과학 아카데미^{Latin American Academy of Data Science}의 회원이자 창립자이기도 하다. R, 파이썬, SAS, Stata, IBM SPSS 같은 데이터 분석, 머신러닝/딥러닝, 빅데이터, 플랫폼을 사용해 소매, 산업, 광업, 은행, 보험, 의료 등의 분야에서 컨설턴트로 일하고 있다.

파트리샤 벨피오레^{Patrícia Belfiore}

벨피오레 박사는 UFABC^{Federal University of ABC}의 조교수로서, 공과대 학생들에게 데이터 과학, 통계, OR, 생산 계획 및 제어, 프로그래밍, 알고리즘 개발을 가르치고 있다. 상파울루대학교 폴리테크닉 스쿨(EPUSP)에서 전기공학 석사와 생산공학 박사 학위를 받았으며, 뉴욕의 콜롬비아대학교에서 OR과 컴퓨터 프로그래밍 박사 후 학위를 받았다. 모델링, 최적화, 프로그래밍 분야의 여러 연구와 컨설팅 프로젝트에 참여했다. FEI 유니버시티 센터와 상파울루 예술, 과학 인문 대학(EACH/USP)에서 학부생과 석사 과정 학생들을 대상으로 OR, 다변량 데이터 분석 및 물류를 가르쳤다. 주요 연구 관심 분야는 모델링, 시뮬레이션, 조합 최적화, 휴리스틱, 컴퓨터 프로그래밍이다. 책 9권의 저자(공저 포함)이며, R, 파이썬, Stata, IBM SPSS 같은 프로세스 시뮬레이션과 최적화, 데이터 분석, 머신러닝/딥러닝 플랫폼을 사용해 소매, 산업, 은행, 보험, 의료 등의 분야에서 컨설턴트로 일하고 있다.

| 옮긴이 소개 |

(주)크라스랩(craslab@daum.net)

인공지능을 기반으로 다양한 연구를 수행하고 있으며, 특히 금융 분석과 핀테크에 중점을 두고 있다. KAIST 전산학과 계산이론 연구실 출신의 이병욱 대표가 이끌고 있다. 이병욱 대표는 블록체인의 최고 전문가이며, 저서로는 『비트코인과 블록체인, 가상자산의 실체 2/e』(에이콘, 2020), 『블록체인 해설서』(에이콘, 2019)가 있고, 그중 『블록체인 해설서』는 대한민국학술원이 선정한 2019 교육부 우수 학술도서이기도 하다.

데이터 과학은 통계적 지식을 기반으로 하고 있다. 이 책은 데이터 과학의 기초가 되는 이론에서부터 SPSS나 Stata 등의 응용 프로그램을 사용하는 방법까지 예제를 통해 설명한다. 데이터 과학을 기초부터 학습하고자 하는 초심자는 이 책을 꾸준히 학습하기를 추천한다.

│ 차례 │

2부   기술 통계량   51

3   일변량 기술 통계량   53

6 확률 변수와 확률 분포   199

14   이진 및 다항 로지스틱 회귀 모델   717

1부

비즈니스 데이터 분석 기초

1

데이터 분석과 의사결정 소개

우리 안의 모든 것은 영과 지성의 선물을 제외하고는 모두 사라지게 되어 있다.

– 오비디우스(Ovid)

1.1 소개: 데이터, 정보, 지식 간의 계층구조

학문 및 비즈니스 환경에서 다양한 분야의 연구원과 관리자들은 기저 이론에 기초해 목적을 정의하고 연구 가정을 입증하는 데 있어 통계학이나 데이터 모델링과 연구 기술, 현대 소프트웨어 패키지를 개선하는 작업의 중요성을 이해하면서, 그 기법과 과학적 관점 모두에 있어 좀 더 일관되고 엄격한 논문들을 생산해왔다.

그럼에도 호주의 철학자이자 훗날 영국 시민으로 귀화한 비트겐슈타인^{Ludwig Joseph Johann Wittgenstein}은 오직 방법론적 엄밀성이란 주제만 반복적으로 연구하는 학자들만 존재한다면 학계는 고사할 수 있다고 말하곤 했다. 가용 데이터, 적절한 소프트웨어 패키지와 기저 이론 외에도 연구원들은 목적과 가정을 구성하거나 모델에서 새롭고 경우에 따라 상상할 수 없는 변수의 행동을 연구하기로 결정할 때도 **직관**^{intuition}과 **경험**^{experience}을 사용해야 한다. 이 절차는 의사결정 프로세스에 있어 흥미롭고도 혁신적 정보를 생성하기도 한다.

이 책의 기본 목적은 **데이터**^{data}, **정보**^{information}, **지식**^{knowledge} 사이의 계층구조를 설명하는 것이다. 데

이터를 취급하고 분석할 때마다 데이터는 정보로 변환된다. 반면 지식은 이러한 정보가 의사결정 프로세스에 인식되고 응용될 때 생성된다. 유사하게 역 계층구조도 적용해볼 수 있다. 지식이란 전파되고 설명되는 순간 정보가 되고 해체되면 데이터셋이 형성될 수 있기 때문이다. 그림 1.1에 이러한 논리가 나타나 있다.

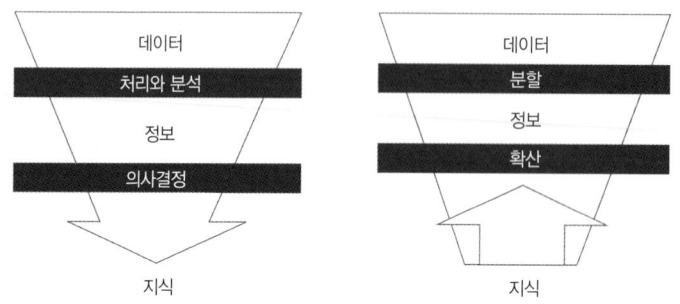

그림 1.1 데이터, 정보, 지식 사이의 계층구조

1.2 책의 개요

이 책은 23개의 장으로 되어 있으며, 다음과 같은 8개의 부로 이뤄져 있다.

1부: 비즈니스 데이터 분석 기초

- 1장: 데이터 분석과 의사결정 소개
- 2장: 변수 형식과 측정 그리고 정확도 척도

2부: 기술 통계량

- 3장: 일변량 기술 통계량
- 4장: 이변량 기술 통계량

3부: 확률 통계

- 5장: 확률 개론
- 6장: 확률 변수와 확률 분포

4부: 통계적 추론

- 7장: 표본추출
- 8장: 추정
- 9장: 가설 검정

- 10장: 비모수적 검정

5부: 탐색적 다변량 데이터 분석

- 11장: 클러스터 분석
- 12장: 주성분 요인 분석

6부: 일반화 선형 모델

- 13장: 단순 및 다중 회귀 모델
- 14장: 이진 및 다항 로지스틱 회귀 모델
- 15장: 개수 데이터를 위한 회귀 모델: 푸아송과 음이항

7부: 최적화 모델과 시뮬레이션

- 16장: 최적화 모델 소개: 일반 유형과 비즈니스 모델링
- 17장: 선형 계획 문제의 해법
- 18장: 네트워크 계획
- 19장: 정수 계획
- 20장: 시뮬레이션과 위험 분석

8부: 그 밖의 주제

- 21장: 실험 설계와 분석
- 22장: 통계적 공정 관리
- 23장: 데이터 마이닝과 다중 모델링

각 장은 동일한 교수법적 논리에 따라 구성되어 있으므로 학습에 도움이 되리라 믿는다. 먼저, 각 주제에 관한 개념을 소개하고 항상 대수적 해법(많은 경우 엑셀을 사용해)을 보여주며, 주로 좀 더 교육적 관점에서 개발된 데이터셋을 사용한 실용적인 예제를 보여준다. 다음으로는 대부분 동일한 연습문제를 Stata 통계 소프트웨어®나 IBM SPSS 통계 소프트웨어®를 사용해 해결해본다.

이러한 로직은 각 기술과 결과 분석을 위한 공부와 이해를 도와줄 것이라 믿는다. 더구나 엑셀이나 Stata 그리고 SPSS를 통한 실용적 응용은 중요한 소프트웨어 패키지를 사용해볼 수 있는 기회를 제공하고, 연구원들에게 매번 그 결과를 각 장의 전 절에서 대수적으로 계산하거나 추정한 값과 비교할 수 있는 또 다른 편익을 제공해준다.

각 장의 말미에 추가적인 연습문제가 제시되고, 정답은 결과 출력과 함께 책의 마지막 부분에 제공된다. 사용된 데이터셋은 https://www.elsevier.com/books-and-journals/book-companion/9780128112168에서 다운로드할 수 있다. 또한 에이콘출판사의 도서정보페이지인

http://www.acornpub.co.kr/book/datascience-decision-making에서도 데이터셋을 다운로 드할 수 있다.

1.3 맺음말

여기서 설명된 모든 기술의 이점과 잠재력은 절차를 반복적으로 실습해가면서 알게 될 것이다. 기술을 정의할 때는 몇 가지 기법이 있으므로 매우 조심해야 한다. 데이터를 취급하는 최적의 대안을 고르는 것은 근본적으로 실행과 연습에 달려 있기 때문이다.

이 책에 설명한 기법을 교수, 학생, 비즈니스 관리자가 적절히 사용한다면, 데이터에 대한 최초 직관과 함께 의사결정 절차에 도움을 얻을 수 있다. 현상에서 지식을 생성하는 일은 수집된 변수의 정의와 함께 **잘 구조화된 연구 계획**, 표본의 차원, 데이터셋의 개발, 사용할 기술의 선택 등에 따라 결과가 다르기 때문에 이 작업은 극도로 중요하다.

따라서 이 책은 특히 다양한 이유로 데이터 과학과 의사결정에 관심이 있는 연구원을 비롯해, 엑셀, SPSS, Stata 소프트웨어 패키지로 지식을 심화하고자 하는 연구원에게 적절하다.

이 책은 경영학, 공학 경제학, 회계, 보험 계리, 통계, 심리, 보건 의료 학부생이나 대학원생 그리고 인류학, 정밀과학, 생물의학 분야에 연계된 학생들에게도 권한다. 이 책은 또한 넓은 의미에서 대학원 및 MBA 과정 학생과 회사 직원, 컨설턴트 그리고 데이터의 취급 및 분석이 주목적인 연구원, 데이터 모델을 준비하는 사람, 정보 생성자, 의사결정 과정을 통해 지식을 개선하려는 사람들에게도 적합하다.

이 책을 사용하는 모든 연구원과 관리자가 흥미로운 연구 문제를 분석하고 개발하는 데 있어, 신뢰할 수 있고 안정적이며 유용한 의사결정 모델을 구축할 수 있기를 바란다. 또한 결과 분석에 익숙해지고 엑셀, SPSS, Stata를 사용해 새로운 연구와 프로젝트에 중요하고 유용한 결과를 낳기를 바란다.

이 책을 쓰는 데 도움을 주신 많은 분께 감사한다. 또한 몬트베로 컨설팅 및 교육[Montvero Consulting and Training Ltd.], IBM(뉴욕 아몽크[Armonk]), StataCorp LP(텍사스 칼리지 스테이션[College Station]), 엘제비어 출판사[Elsevier Publishing], 특히 안드레 울프[Andre Gerhard Wolff], 스콧 벤틀리[J. Scott Bentley], 수잔 이케다[Susan E. Ikeda]에게 감사드린다. 마지막으로 상 파울로[FEA/USP] 대학과 ABC 연방 대학[UFABC]의 경제, 경영, 회계과의 교수, 학생, 직원들께 감사드린다.

이제 시작할 때가 됐다. 어떤 기여나 비판, 제안도 환영한다는 점을 강조하고 싶다. 나중에 그 의견들이 이 책에 반영되어 더 나은 책이 될 수 있을 것이다.

1.4 독자 의견

정오표

정오표는 에이콘출판사의 도서정보 페이지 http://www.acornpub.co.kr/book/datascience-decision-making에서 찾아볼 수 있다.

질문

이 책에 관한 질문은 옮긴이나 에이콘출판사 편집 팀(editor@acornpub.co.kr)으로 문의할 수 있다.

2

변수 형식과 측정 그리고 정확도 척도

하나님 가라사대, π, i, 1, 0이 있으라 하자, 세상이 창조되었다.

– 레온하르트 오일러(Leonhard Euler)

2.1   소개

변수란 연구 중인 모집단(또는 표본)의 특성이며, 측정하거나 세거나 범주화하는 것이 가능하다.

수집된 변수의 형식은 기술 통계량을 계산하거나 결과를 그래픽으로 표현하고, 데이터 분석을 위한 통계 기법을 선정할 때 매우 중요하다.

Freund(2006)에 따르면 통계 데이터는 통계적 연구의 원시 자료로서 측정이나 관측치를 기록할 경우 항상 나타난다.

2장에서는 기존의 변수 형식(계량 또는 정량, 비계량 또는 정성)과 각 측정 척도(정성 변수의 명목 척도와 서열 척도, 정량 변수의 구간과 비율)를 설명한다. 범주 개수와 정확도 크기에 따른 분류도 살펴본다(정성 변수의 이진과 다진 그리고 정량 변수의 이산과 연속).

2.2 변수의 형식

변수는 비계량(또는 정성 혹은 범주형) 또는 계량(또는 정량)으로 분류할 수 있다(그림 2.1). **비계량**nonmetric 변수 또는 **정성**qualitative 변수는 측정이 불가능하거나 정량화할 수 없는 개체, 객체 또는 원소를 나타낸다. 응답은 범주로 주어진다. 반면 **계량**metric 변수 또는 **정량**quantitative 변수는 개체, 객체 또는 원소의 개수(유한한 값의 집합)를 세거나 측정(무한한 값의 집합)한 특성을 나타낸다.

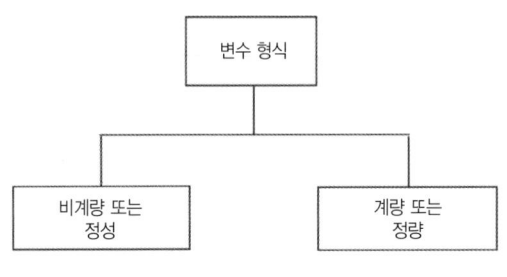

그림 2.1 변수 형식

2.2.1 비계량 또는 정성 변수

3장에서 살펴보겠지만 비계량 또는 정성 변수는 그 위치, 산포, 형태의 측도를 계산하지 않고 빈도 분포표나 그래프로 나타낸다. 유일한 예외는 최빈값mode인데, 이는 가장 빈번한 값을 가진 변수의 척도를 나타내고 이는 비계량 변수에도 적용 가능하다.

소비자 표본에서 특정 급여 범위에 기반해 가족 소득을 묻는 질문지를 생각해보자. 표 2.1은 변수 범주를 보여준다.

표 2.1 가족 소득 범위 × 사회적 부류

부류	최저 임금(MWS, Minimum Wage Salaries)	가족 소득($)
A	20 MWS 이상	$ 15,760.00 이상
B	10 ~ 20 MWS	$ 7880.00 ~ $ 15,760.00
C	4 ~ 10 MWS	$ 3152.00 ~ $ 7880.00
D	2 ~ 4 MWS	$ 1576.00 ~ $ 3152.00
E	2 MWS 이하	$ 1576.00 이하

두 변수는 데이터가 범위로 나타난다는 점에서 모두 정성적이라는 점에 주목하자. 그러나 연구원은 종종 변수가 데이터상에서 수치numerical value를 가질 때 부정확하게 분류하곤 한다. 이 경우 오직 빈도만 계산 가능하고 평균이나 표준 편차 등의 요약 측도는 측정 불가능하다.

각 소득 범위에 대해 얻어진 빈도는 표 2.2에 있다.

표 2.2 빈도 × 가족 소득 범위

빈도	가족 소득($)
10%	$ 15,760.00 이상
18%	$ 7880.00 ~ $ 15,760.00
24%	$ 3152.00 ~ $ 7880.00
36%	$ 1576.00 ~ $ 3152.00
12%	$ 1576.00 이하

수치로 나타난 정성 변수를 사용한 논문에서 발견할 수 있는 흔한 오류는 표본 평균 같은 요약 척도를 계산하는 것이다. 먼저, 연구원들은 각 범위의 한도에 대한 평균을 계산하고 이 값이 그 범위에서 찾은 실제 소비자의 평균에 해당하는 값으로 가정하곤 한다. 그러나 데이터 분포가 반드시 선형이거나 평균 근처에서 대칭인 것이 아니므로 이러한 가정은 대개 틀리게 된다.

평균이나 표준 편차 같은 요약 측도를 계산할 수 있으려면 연구 중인 변수가 반드시 정량이어야 한다.

2.2.2 계량 또는 정량 변수

정량 변수는 위치의 측정(평균, 중앙값, 최빈값, 분위수, 십분위수, 백분위수), 산포나 변동성의 측정(범위 평균 편차, 분산, 표준 편차, 표준 오차, 분산의 계수), 3장에서 다룰 왜도^{skewness}나 첨도^{kurtosis} 등 형태의 측정을 통해 나타낼 수 있다.

이러한 변수들은 이산 또는 연속일 수 있다. 이산 변수는 가족 내 어린이 수(0, 1, 2, ...)처럼 개수 등에서 흔히 발생하는 유한한 값의 집합 중에서 값을 갖는다. 반대로 연속 변수는 개인의 몸무게나 소득처럼 실숫값을 갖는 구간에서 값을 갖는다.

표 2.3처럼 20명의 이름, 나이, 몸무게, 키를 나타내는 데이터셋을 생각해보자.

데이터는 VarQuanti.sav 파일에서 구할 수 있다. SPSS에서 변수를 분류하기 위해(그림 2.2) **변수 보기**를 클릭해보자. 변수 *Name*(이름)은 정성적(문자열)이고 명목 척도('측도' 열)로 측정된다는 사실에 주목하자. 반면 변수 *Age*(나이), *Weight*(몸무게), *Height*(키)는 정량적(수치)이고 척도^{Scale}로 측정된다. 변수의 측정 척도는 2.3절에서 좀 더 자세히 다룰 것이다.

표 2.3 20명의 정보를 담은 데이터셋[1]

Name(이름)	Age(나이)	Weight(몸무게, kg)	Height(키, m)
Mariana	48	62	1.60
Roberta	41	56	1.62
Luiz	54	84	1.76
Leonardo	30	82	1.90
Felipe	35	76	1.85
Marcelo	60	98	1.78
Melissa	28	54	1.68
Sandro	50	70	1.72
Armando	40	75	1.68
Heloisa	24	50	1.59
Julia	44	65	1.62
Paulo	39	83	1.75
Manoel	22	68	1.78
Ana Paula	31	56	1.66
Amelia	45	60	1.64
Horacio	62	88	1.77
Pedro	24	80	1.92
Joao	28	75	1.80
Marcos	49	92	1.76
Celso	54	66	1.68

파일(F) 편집(E) 보기(V) 데이터(D) 변환(T) 분석(A) 그래프(G) 유틸리티(U) 확장(X) 창(W) 도움말(H)

	이름	유형	너비	소수점이...	레이블	값	결측값	열	맞춤	측도	역할
1	Name	문자	10	0		지정않음	지정않음	8	왼쪽	명목형	입력
2	Age	숫자	8	0	Age(year)	지정않음	지정않음	8	오른쪽	척도	입력
3	Weight	숫자	8	2	Weight(Kg)	지정않음	지정않음	8	오른쪽	척도	입력
4	Height	숫자	8	2	Height(m)	지정않음	지정않음	8	오른쪽	척도	입력

그림 2.2 변수의 분류[2]

---

1 책에 있는 표나 그래프는 대부분 첨부된 데이터 파일의 내용을 나타낸 것이다. 따라서 특별한 경우를 제외하고는 실습 데이터 파일에 있는 변수나 데이터는 번역하지 않고 그대로 둔다. 표 2.3에서도 변수 이름과 사람 이름은 번역하지 않고 그대로 둔다. – 옮긴이

2 책에 있는 SPSS 소프트웨어 관련 화면과 메뉴는 독자들의 편의를 위해 한글 버전으로 대체해서 설명한다. 영문 또는 다른 버전을 사용할 경우 다소 상이할 수 있다. – 옮긴이

2.3 변수 형식 × 측정 척도

변수는 측정 척도나 수준에 따라 분류할 수 있다. **측정**measurement은 객체, 사람, 주, 상태, 사건에 대해 특정 규칙에 따라 속성의 정량이나 정성을 나타내기 위한 수치나 레이블을 할당하는 프로세스다. **규칙**rule은 연구원이 속성을 어떻게 측정할지 알려주는 가이드, 방법론 또는 명령어의 역할을 한다. **척도**scale는 기호나 수치의 집합으로서 규칙에 따라 개체나 행동 또는 속성에 적용한다. 척도 내에서의 개체 위치는, 척도가 측정할 수 있는 속성을 개체가 갖고 있는지에 달려 있다.

기존 문헌 몇 곳에는 모든 변수 형식에 대한 측정 척도를 분류한 것이 있다(Stevens, 1946; Hoaglin et al., 1983). 여기서는 스티븐스Stevens의 분류법을 사용할 텐데, 간단하고 널리 사용되며 명명법이 통계 소프트웨어에서도 사용되고 있기 때문이다.

Stevens(1946)에 따르면 그림 2.3에 있는 것처럼 비계량(범주형 또는 정성) 변수의 측정 척도는 명목nominal과 서열ordinal로 분류할 수 있고, 계량(또는 정량) 변수는 구간interval과 비율ratio(또는 비례 proportional) 척도로 분류할 수 있다.

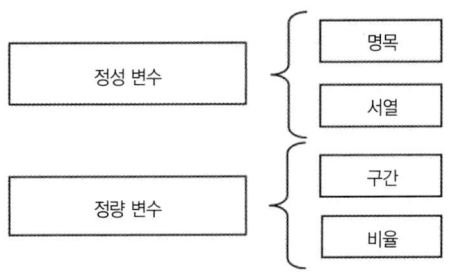

그림 2.3 변수 형식 × 측정 척도

2.3.1 비계량 변수: 명목 척도

명목 척도는 특성을 부류class나 범주category의 단위로 분류하며, 어떠한 크기나 순서 관계를 형성하지는 않는다. 범주는 오직 이름으로만 구분되므로 이 방법은 명목이라고 부른다.

변수 범주에는 수치를 할당할 수 있지만, 할당된 수치에 대한 덧셈, 뺄셈, 곱셈, 나눗셈 등의 산술 연산은 허용되지 않는다. 명목 척도는 오직 기본 산술 연산만 허용한다. 예를 들어, 각 부류의 원소 개수를 세거나 부류의 분포에 대한 가설 검정을 적용할 수 있다. 따라서 명목 척도 정성 변수의 경우 평균, 표준 편차 등 대부분의 일반 통계량은 아무런 의미가 없다.

명목 척도를 가진 비계량 변수의 예로는 직업, 종교, 색깔, 결혼 상태, 지리적 위치, 출생 국가 등이 있다.

10개의 대형 다국적 기업과 연계된 비계량 변수인 국적에 대해 생각해보자. 국적 변수의 범주를 나타내려면 수치를 사용할 수 있는데 표 2.4처럼 미국은 1, 네덜란드는 2, 중국은 3, 영국은 4, 브라질은 5로 할당할 수 있다. 이 경우 숫자는 객체를 식별하고 분류하기 위한 레이블^{label}이나 태그^{tag}에 불과하다.

표 2.4 회사명과 국적

회사명	국적
Exxon Mobil	1
JP Morgan Chase	1
General Electric	1
Royal Dutch Shell	2
ICBC	3
HSBC Holdings	4
PetroChina	3
Berkshire Hathaway	1
Wells Fargo	1
Petrobras	5

이러한 측정 척도는 명목 척도로 불리며, 수치는 객체 범주에 무작위로 할당되고 어떠한 순서도 갖지 않는다. 명목 데이터의 행동을 나타내려면 빈도 분포표, 막대형 차트(바 차트)나 원형 차트(파이 차트), 최빈도 계산(3장) 등의 기술 통계량을 사용할 수 있다.

이제 SPSS 소프트웨어를 사용해 명목 척도를 가진 정성 변수의 레이블을 정의하는 방법을 알아보자. 그러고 나면 절대 또는 상대 빈도 표와 차트를 구성할 수 있다.

데이터셋을 생성하기 전에 연구 대상의 변수 특성을 **변수 보기**에 정의하자. 이를 위해 데이터 편집기의 좌하단에 있는 해당 스프레드시트를 클릭하거나, var 열을 두 번 클릭한다.

첫 번째 변수 *Company*(회사)는 문자열이고 데이터는 글자로 삽입된다. 변수가 가질 수 있는 최대 문자열 길이는 18로 설정한다. '측도' 열에서는 *Company* 변수의 측정 척도를 정의하는데, 명목으로 정의했다.

두 번째 변수 *Country*(국적)는 숫자로 삽입되므로 수치다. 그러나 숫자는 단지 객체를 범주화하거나 레이블에 불과하므로 변수의 해당 측정 척도는 역시 명목이다(그림 2.4).

파일(F)	편집(E)	보기(V)	데이터(D)	변환(T)	분석(A)	그래프(G)	유틸리티(U)	확장(X)	창(W)	도움말(H)

	이름	유형	너비	소수점이...	레이블	값	결측값	열	맞춤	측도
1	Company	문자	18	0		지정않음	지정않음	18	왼쪽	명목형(N)
2	Country	숫자	8	0		지정않음	지정않음	8	오른쪽	알 수 없음

그림 2.4 '변수 보기'에서 변수 특성 정의

표 2.4에 데이터를 삽입하기 위해 **데이터 보기**로 돌아간다. 정보는 그림 2.5에 보이는 것처럼 입력돼야 한다(열은 변수를 나타내고, 행은 관측치나 개체를 나타낸다).

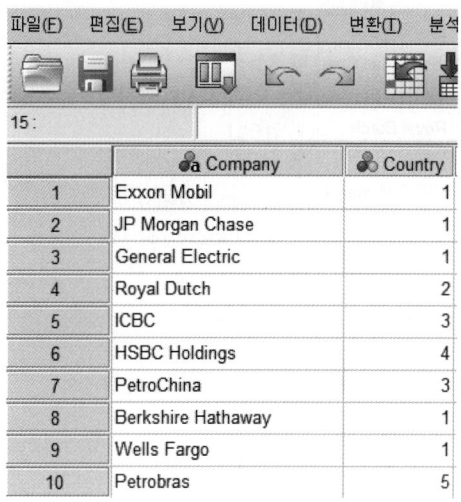

그림 2.5 표 2.4에서 찾은 데이터를 '데이터 보기'에 삽입

변수 *Country*를 숫자로 나타냈으므로 각 변수 범주에 표 2.5처럼 레이블을 할당해야 한다.

표 2.5 국가에 할당된 범주

범주	국가
1	United States
2	The Netherlands
3	China
4	The United Kingdom
5	Brazil

그러므로 그림 2.6과 그림 2.7에서처럼 **데이터 › 변수 특성 정의...**를 클릭하고 변수를 *Country*로 선택해야 한다.

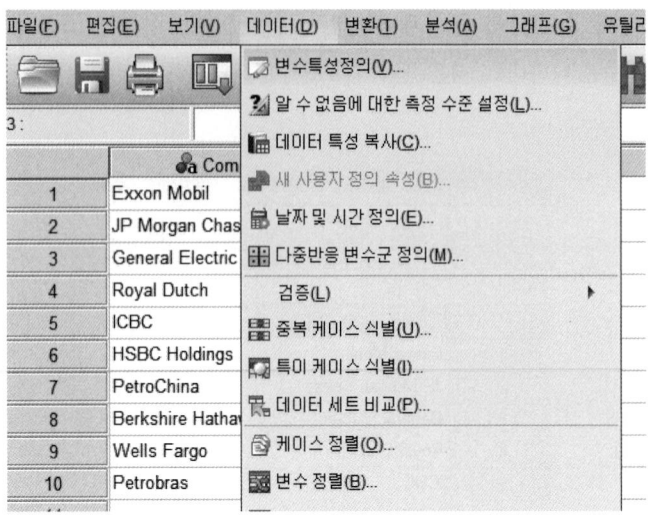

그림 2.6 각 명목 변수 범주에 레이블을 정의

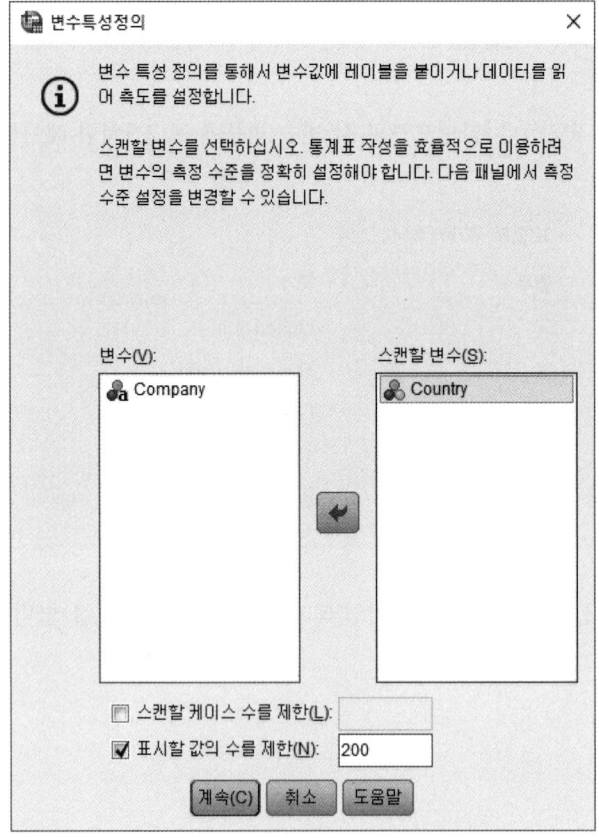

그림 2.7 명목 변수 *Country* 선택

변수 *Country*의 명목 측정 척도는 **변수 보기**의 '측도' 열에서 이미 정의됐으므로 그림 2.8에서 제

대로 나타나고 있음을 알 수 있다. 이 시점에서 각 범주의 레이블을 정의해야 하며, 같은 그림에서
이 또한 볼 수 있다.

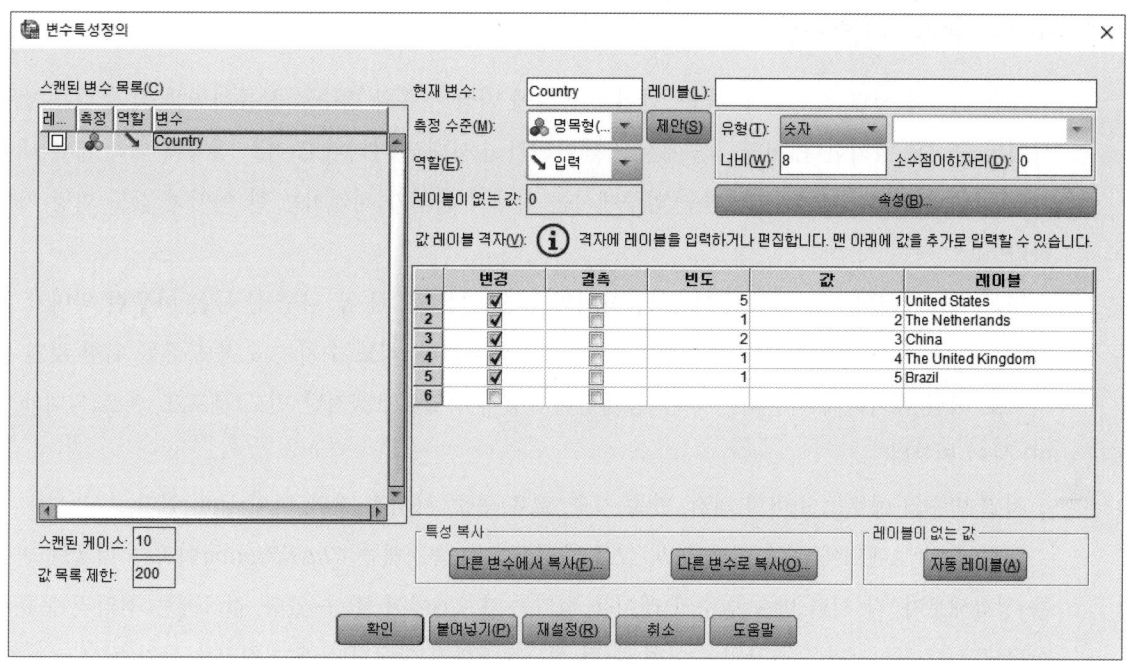

그림 2.8 변수 *Country*의 레이블 정의

데이터베이스는 그림 2.9처럼 할당된 레이블 이름과 함께 보이기 시작한다. 툴바의 ![값레이블] (**값 레이블**)를 클릭하면 명목 또는 서열 수치 변수나 그 해당 레이블 사이를 전환할 수 있다.

	🅰 Company	🔗 Country
1	Exxon Mobil	United States
2	JP Morgan Chase	United States
3	General Electric	United States
4	Royal Dutch	The Netherlands
5	ICBC	China
6	HSBC Holdings	The United Kingdom
7	PetroChina	China
8	Berkshire Hathaway	United States
9	Wells Fargo	United States
10	Petrobras	Brazil

그림 2.9 데이터셋을 레이블과 함께 표시

데이터셋을 구성했으면 SPSS에서 절대 및 상대 빈도표와 차트를 생성할 수 있다.

단일 또는 두 정성 변수의 행동에 대한 기술 통계량은 각각 3장과 4장을 참고하라.

2.3.2 비계량 변수: 서열 척도

비계량 변수를 서열 척도로 할 때는, 단위를 특성에 따라 부류와 범주로 분류하면서 각기 다른 범주 사이의 순서를 정의한다. 서열 척도에서는 데이터가 순서대로 나타나고 어느 방향에 대해 부류 내에서의 상대적 위치가 결정된다. 변수 범주에서는 상대적 순서가 지켜지는 한 어떠한 값도 할당 가능하다.

명목 척도에서와 마찬가지로 이 값늘 사이의 산술 연산(합, 차 곱, 나누기) 능은 아무런 의미가 없다. 그러므로 일반적인 기술 통계량은 명목 변수로 국한된다. 척도 수치는 오직 분류를 위한 것일 뿐이므로 서열 데이터에 사용되는 기술 통계량은 3장에서 알아보겠지만 빈도 분포표, 차트(막대와 파이) 등이 전부다.

서열 변수의 예로는 소비자 의견, 만족 지수, 교육 수준, 사회적 지위, 나이 등이 있다.

특정 와인 브랜드에 대해 어떤 고객 그룹의 선호도를 측정하는 *Classification*이라는 비계량 변수를 생각해보자. 각 서열 변수 범주의 레이블 정의는 표 2.6에서 볼 수 있다. 값 1에는 최악의 분류가 할당되고 값 2는 그다음 최악의 순이며, 이런 식으로 5까지 할당한다. 5는 최고 부류가 된다.

표 2.6 특정 와인 브랜드의 고객 분류

값	레이블
1	매우 나쁨
2	나쁨
3	평균
4	좋음
5	매우 좋음

상대적 순서만 지켜진다면 1부터 5까지의 척도를 쓰는 대신 다른 수치 척도를 사용할 수도 있다. 그러므로 수치는 상품 품질 점수를 나타내는 것이 아니며 단지 분류를 위한 것일 뿐이다. 따라서 이 수치들 사이의 차이는 분석된 속성의 차이를 나타내는 것이 아니다. 이러한 측정 척도를 서열 척도라고 한다.

그림 2.10은 연구 중인 변수의 속성을 SPSS의 **변수 보기**에서 보여준다. 변수 *Customer*는 문자열(데이터는 글자로 입력된다)이고 명목 측정 척도를 갖는다. 반면 변수 *Classification*은 수치(변수 범주를 나타내기 위해 숫자가 할당됐다)이며 서열 측정 척도다.

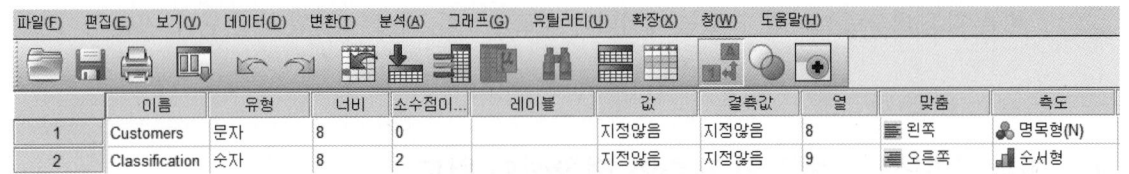

	이름	유형	너비	소수점이...	레이블	값	결측값	열	맞춤	측도
1	Customers	문자	8	0		지정않음	지정않음	8	왼쪽	명목형(N)
2	Classification	숫자	8	2		지정않음	지정않음	9	오른쪽	순서형

그림 2.10 '변수 보기'에서 변수 특성 정의

정성 변수의 레이블을 서열 척도로 정의하는 절차는 앞서 명목 변수에서와 동일하다.

2.3.3 정량 변수: 구간 척도

Stevens(1946)에 따르면 계량 또는 정량 변수는 구간 또는 비율 척도를 가질 수 있다.

측정되는 특성에 따른 순서 이외에 구간 척도는 일정한 측정 단위를 갖는다. 이 측정 척도의 원점 또는 0 지점은 무작위이며, 0은 수량이 없다는 의미는 아니다.

구간 척도의 대표적 예는 섭씨(℃)나 화씨(℉)로 측정된 온도다. 0도의 설정은 무작위이며, 기온의 차이는 온도계 안에 들어 있는 액체의 해당 부피 팽창을 식별해 결정한다. 그러므로 구간 척도는 측정 단위 간의 차이를 추론할 수 있게 해준다. 그러나 어떤 특정 구간에 있는 값이 다른 구간의 배수라고 말할 수는 없다. 예를 들어, 두 물체가 각각 15℃와 30℃로 측정됐다고 하자. 온도의 측정은 한 물체가 다른 것보다 얼마나 뜨거운지를 알려주지만 30℃의 물체가 15℃ 물체보다 두 배 더 뜨겁다고 말할 수는 없다.

구간 척도는 양의 선형 변환에 대해 변하지 않는다. 그러므로 구간 척도는 양의 선형 변환을 통해 다른 것으로 변환할 수 있다. 섭씨를 화씨로 변환하는 것이 선형 변환의 예다.

구간 척도를 가진 변수에는 대부분의 기술 통계량을 적용할 수 있으나, 변동 계수$^{variation\ coefficient}$ 등의 비율 척도에 기반한 통계량은 적용할 수 없다.

2.3.4 정량 변수: 비율 척도

구간 척도와 유사하게 비율 척도는 측정된 특성에 기반해 순서를 정하고 일정한 측정 단위를 갖는다. 반면 원점(또는 0의 지점)은 고유하며, 값 0은 수량이 없음을 나타낸다. 그러므로 특정 구간 척도의 값을 다른 구간의 배수로 나타내는 것이 가능하다.

두 척도의 값이 동일한 비율이라는 것은 측정 단위 간의 동일한 비율을 의미한다. 그러므로 비율 척도는 양의 비례 변환에 대해 불변이다. 예를 들어, 하나의 높이가 1m이고 다른 것이 3m라면 3m가 1m보다 세 배 높다고 말할 수 있다.

측정 척도 중에서 비율 척도가 가장 완전하다고 할 수 있다. 모든 산술 연산을 사용할 수 있기 때문이다. 게다가 비율 척도로 나타낸 변수 데이터에는 모든 기술 통계량을 적용할 수 있다.

비율 척도 변수로 나타낼 수 있는 데이터의 예로는 소득, 나이, 제작된 물품 단위, 거리 등이 있다.

2.4 변수의 형식 × 범주의 개수와 정확성의 척도

정성 또는 범주형 변수는 범주 개수에 따라 분류하기도 한다. (a) 범주가 오직 2개의 값만 가질 때를 이분dichotomous 또는 이진binary(더미dummy)이라 부른다. (b) 범주가 둘을 넘는 값을 가질 때 다진polychotomous이라고 부른다.

반면, 계량 또는 정량 변수는 정확도의 척도에 따라 분류하기도 한다. 이를 이산discrete 또는 연속continuous이라고 한다.

이 분류는 그림 2.11에 나타나 있다.

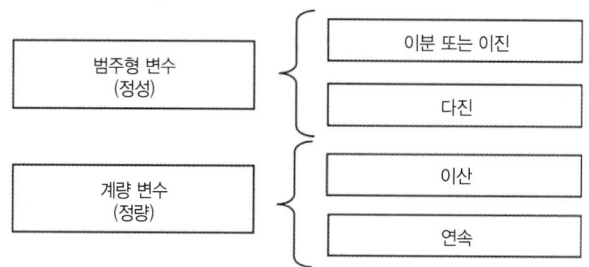

그림 2.11 정성 변수 × 범주 개수와 정량 변수 × 정확도의 척도

2.4.1 이분 또는 이진 변수(더미)

이분 또는 이진 변수(더미)는 오직 2개의 범주만 가능하며, 이러한 범주에는 0이나 1 값을 할당한다. 1은 변수에 관심대상의 특성이 나타났을 때 부여하고, 그렇지 않으면 0을 부여한다. 예를 들면 흡연자(1), 비흡연자(0), 선진국(1), 비선진국(0), 백신 접종 환자(1), 백신 미접종 환자(0) 등으로 분류할 수 있다.

다변량 종속 기법은 하나 이상의 종속 변수의 행동을 하나 이상의 설명 변수를 통해 설명하고 예측하는 모델을 명시하는 것을 주목적으로 한다. 단순과 다중 회귀 분석, 이진과 다항 로지스틱 회귀, 개수 데이터의 회귀, 다중 모델링 등 이러한 많은 기법은 비계량 설명 변수가 원시 정성 변수의 범주를 나타내는 이진 변수로 변환되기만 하면 간단하고 일관성 있게 적용할 수 있다. 이런 관점에서 예컨대 n개 범주를 가진 정성 변수는 $(n - 1)$ 이진 변수로 나타낼 수 있다.

예를 들어 '좋음', '평균', '나쁨'이라는 범주로 나타난 *Evaluation*이라는 변수를 생각해보자. 이 원래 변수를 나타내기 위해 필요한 이진 변수는 표 2.7에서 보는 것처럼 2개이며, 연구원의 목적에 따라 나타낼 수 있다.

확증confirmatory 모델의 더미 변수 정의와 Stata 같은 소프트웨어에서 생성하기 위해 필요한 연산 등에 대한 더 자세한 내용은 13장에서 다룬다.

표 2.7 *Evaluation* 변수에 대한 이진 변수(더미) 정의

Evaluation	이진 변수(더미)	
	D_1	D_2
좋음	0	0
평균	1	0
나쁨	0	1

2.4.2 다진 변수

정량 변수는 두 가지 범주 이상을 가질 수 있으며, 이 경우를 다진이라 부른다. 예를 들어, 사회적 지위(하류, 중류, 상류)와 교육 수준(초등학교, 고등학교, 대학교, 대학원) 등이 있다.

2.4.3 이산 정량 변수

2.2.2절에서 설명한 것처럼 이산 정량 변수는 개수에서 흔히 나타나는 유한한 값의 집합을 가질 수 있다. 예를 들어 한 가정의 자녀 수(0, 1, 2, …), 선출된 의원 수, 특정 공장에서 생산된 자동차 대수 등이 있다.

2.4.4 연속 정량 변수

반면에 연속 정량 변수는 실수 구간의 값을 가질 수 있으며 몸무게, 키, 개인의 급여 등의 측정을 통해 값이 생산된다(Bussab and Morettin, 2011).

2.5 맺음말

각기 다른 통계 기법들을 사용해 데이터를 다루고 분석할 때는 데이터가 정보로 변환되어 의사결정 프로세스를 도와줄 수 있다.

이러한 데이터는 계량(정량) 또는 비계량(범주형 또는 정성)일 수 있다. 계량 데이터는 개수나 측정

에서 얻은 개체, 객체, 원소의 특성을 나타낸다(환자의 몸무게, 나이, 이자율 등). 비계량 데이터의 경우 이러한 특성은 측정되거나 정량화될 수 없다(예를 들어 '예'나 '아니요' 등의 대답, 교육 수준 등).

Stevens(1946)에 따르면 비계량(범주형 또는 정성) 변수의 측정 척도는 명목과 서열로 분류할 수 있는 반면, 계량(또는 정량) 변수는 구간 또는 비율 척도(또는 비례 척도)로 분류할 수 있다.

상당량의 데이터가 계량 또는 비계량 방식으로 수집된다. 특정 상품의 품질을 평가하려 한다고 가정하자. 이를 위해 특정 속성에 대해 1부터 10까지 점수를 할당할 수 있고, 얻은 정보에 대해서는 리커트^{Likert} 척도를 정의할 수 있다. 일반적으로 연구원이 데이터의 정보를 잃지 않으려면 가능하다면 질문은 정량적인 방식으로 정의해야 한다.

Fávero et al.(2009)에서는 질문을 생성하고 변수 측정 척도를 정의하는데, 연구 목적, 이러한 목적을 달성하기 위해 적용할 모델링, 평균 질문 시간, 응답 수집 방법 등의 여러 측면을 고려해야 한다고 말한다. 데이터셋은 계량 또는 비계량 척도를 나타낼 수 있으며, 이 중 한 척도만 고집할 이유는 없다. 두 가지를 조합하고 적절한 모델을 도입하면 흥미로운 결과를 얻을 수도 있고 의사결정 프로세스를 도울 수 있는 정보를 생성할 수 있다.

수집된 정보의 형식은 기술 통계량을 계산하고 그 결과를 그래프로 표현하는 데는 물론 데이터를 분석할 통계 기법을 선정하는 데 있어서도 매우 중요하다.

2.6   연습문제

1. 정량과 정성 변수의 차이는 무엇인가?

2. 측정 척도란 무엇이며 주요 척도 종류는 어떻게 되는가? 이들 간의 차이점은 무엇인가?

3. 이산 변수와 연속 변수의 차이점은 무엇인가?

4. 다음 변수를 '명목', '서열', '이진', '이산', '연속' 척도에 따라 분류해보라.

    a) 회사 수익

    b) 성적표: 우수, 보통, 나쁨

    c) 부품 처리 공정 시간

    d) 차량 판매 대수

    e) 이동한 거리(km)

    f) 상파울루시의 지방행정 당국

    g) 가족 수입 범위

    h) 학생 성적: A, B, C, D, F

    i) 근로 시간

j) 지역: 북부, 북동부, 중서부, 남부, 남동부

k) 지역: 상파울루 또는 서울

l) 조직 규모: 소, 중, 대

m) 침대 수

n) 리스크 분류: 높음, 평균, 투기적, 상당함, 모라토리움

o) 결혼 상태: 예 또는 아니요

5. 연구원이 조직의 생산성 향상에 있어 신체적 적성의 영향을 연구하려고 한다. 이 모델에서 이진 변수를 어떻게 기술하면 신체적 적성을 변수로 표현할 수 있는가? 가능한 변수 범주는 다음과 같다. (a) 활동적이고 건강, (b) 괜찮음(개선 가능), (c) 충분하지 않음, (d) 비활동적

2부

기술 통계량

기술 통계량은 데이터 집합에서 관측된 주요 특성을 표, 차트, 그래프, 요약 측도를 통해 설명하고 요약해 연구원들이 데이터 성질을 좀 더 잘 이해할 수 있게 해준다. 분석은 연구 중인 데이터 집합(표본)에 기반하며, 모집단으로부터는 어떠한 결론이나 추론도 도출하지 않는다.

연구원들은 기술 통계량을 단일 변수(일변량 기술 통계량), 2 변수(이변량 기술 통계량) 또는 둘을 넘는 변수(다변량 기술 통계량)에 사용할 수 있다. 3장에서는 단일 변수에 대한 기술 통계량 개념을 살펴본다. 이변량 기술 통계량은 4장에서 설명한다.

3

일변량 기술 통계량

수학은 하느님이 세상을 쓰실 때 사용한 알파벳이다.

– 갈릴레오 갈릴레이(Galileo Galilei)

3.1 소개

기술 통계량은 데이터 집합에서 관측된 주요 특성을 표, 차트, 그래프, 요약 측도를 통해 설명하고 요약해 연구원들이 데이터 성질을 좀 더 잘 이해할 수 있게 해준다. 분석은 연구 중인 데이터 집합(표본)에 기반하며 모집단으로부터는 어떠한 결론이나 추론도 도출하지 않는다.

연구원들은 기술 통계량을 단일 변수(일변량 기술 통계량), 2 변수(이변량 기술 통계량) 또는 둘을 넘는 변수(다변량 기술 통계량)에 사용할 수 있다. 3장에서는 단일 변수에 대한 기술 통계량 개념을 살펴본다.

일변량 기술 통계량은 다음 주제를 다룬다. (a) 데이터 집합을 빈도 분포표로 나타낸 빈도, (b) 차트를 통한 변수 분포의 표현, (c) 위치나 지역의 측정, 산포나 변동성의 측정, 형태의 측정(왜도나 첨도) 등의 데이터 계열을 나타내기 위한 측정

이 장의 네 가지 주요 목표는 다음과 같다. (1) 일변량 기술 통계량으로 측정된 표, 차트, 요약에 관련된 가장 보편적인 개념 소개, (2) 실제 응용 사례, (3) 엑셀과 통계 소프트웨어 SPSS와 Stata를 사용한 표, 차트, 요약 측정의 구성, (4) 결과 토의

2장에서 설명했듯이, 기술 통계량을 사용하기 전에 연구하려는 변수의 형식을 식별하는 것이 중요하다. 변수 형식을 파악하는 것은 기술 통계량을 계산하고 그 결과를 그래프로 표현하기 위해 필수적이다. 그림 3.1은 각 변수 형식에 대해 이 장에서 살펴볼 일변량 기술 통계량을 표, 차트, 그래프, 요약 측정으로 보여준다. 그림 3.1은 다음 정보를 요약한다.

a) 기술 통계량을 사용해 빈도 분포표와 그래프/차트를 단일 정성 변수의 데이터 행동을 나타내기 위해 사용한다.

b) 정성 변수의 빈도 분포표는 각 변수 범주가 등장한 빈도를 나타낸다.

c) 정성 변수의 그래프 표현은 막대^{bar} 차트(수평 또는 수직), 파이^{pie} 차트, 파레토^{Pareto} 차트 등으로 나타낼 수 있다.

d) 정량 변수에서 가장 흔한 기술 통계량은 차트와 요약 측정이다(위치나 장소의 측정, 산포나 변동성, 형태의 측정). 빈도 분포표는 이산 변수의 발생 가능한 각 값의 빈도를 나타내거나 부류로 그룹화된 연속 변수의 빈도를 나타내는 데 사용할 수 있다.

e) 정량 변수를 그래프로 나타낼 때는 대개 선 그래프, 점 또는 산포도, 히스토그램, 줄기–잎$^{stem-and-leaf}$ 그림, 상자 도표^{boxplot}(상자–수염$^{box-and-whisker}$ 그림)가 사용된다.

f) 위치와 장소의 측정은 중심 경향(평균, 최빈값, 중앙값)과 분위수(사분위, 십분위, 백분위)로 나눌 수 있다.

g) 가장 보편적인 산포나 변동성의 측정으로는 범위, 평균 편차, 분산, 표준 편차, 표준 오차, 변동 계수가 있다.

h) 형태의 측정에는 왜도와 첨도가 있다.

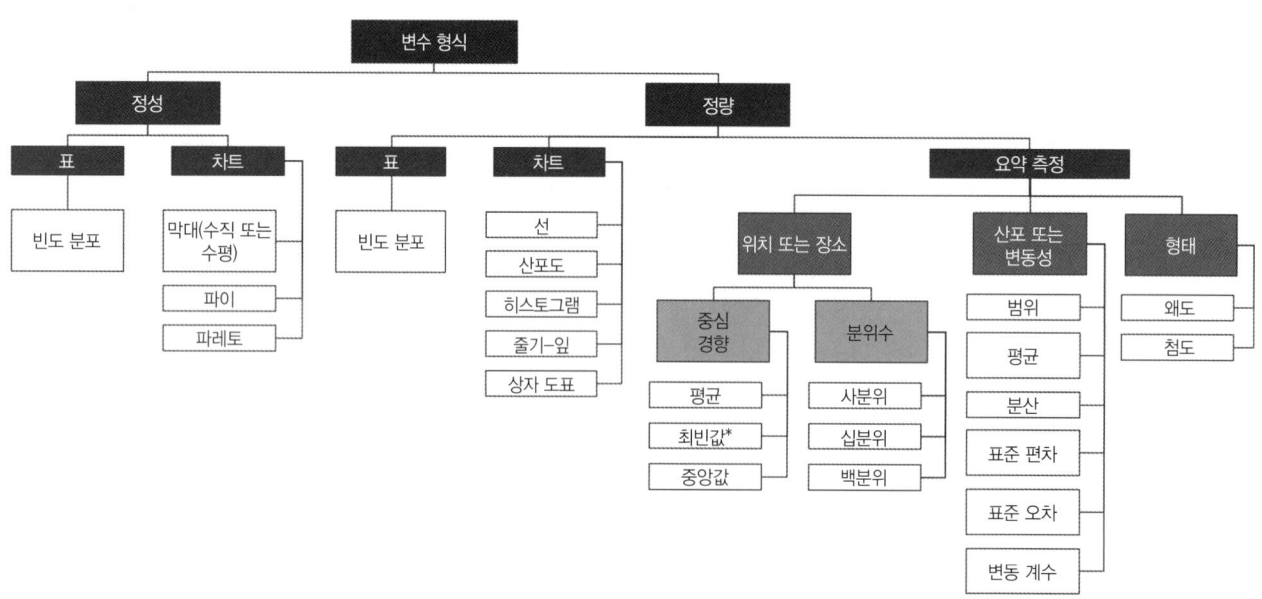

그림 3.1 일변량 기술 통계량의 개요. *가장 빈번히 나타난 변숫값을 의미하는 최빈값(mode)은 정성적 변수에도 사용될 수 있는 유일한 요약 측도다.

3.2 빈도 분포표

빈도 분포표는 정성 및 정량 변수가 나타난 빈도를 표현하는 데 사용할 수 있다.

정성 변수의 경우 표는 각 범주 변수가 등장한 빈도를 나타낸다. 이산 정량 변수의 경우 변수의 각 이산 값에 대해 그 출현 빈도가 계산된다. 반면 연속 변수 데이터는 먼저 부류로 그룹화한 다음, 각 부류가 등장한 빈도를 계산한다.

빈도 분포표에는 다음과 같은 빈도를 나타낼 수 있다.

a) **절대 빈도**absolute frequency(F_i): 각 값 i가 표본에 등장한 횟수
b) **상대 빈도**relative frequency(Fr_i): 절대 빈도에 대한 퍼센티지
c) **누적 빈도**comulative frequency(F_{ac}): 분석하려는 값보다 작거나 같은 모든 값의 합
d) **상대 누적 빈도**relative comulative frequency(Fr_{ac}): 누적 빈도에 관계된 퍼센티지(분석 중인 값보다 작거나 같은 모든 상대 빈도의 합)

3.2.1 정성 변수의 빈도 분포표

실제 예를 통해 분석 중인 정성 변수의 각 범주에 대한 절대 빈도, 상대 빈도, 누적 빈도, 상대 누적 빈도를 사용해 빈도 분포표를 구축해보자.

예제 3.1

생 어거스트Saint August 병원은 매달 3000명의 입원 환자에게 수혈을 하고 있다. 병원이 혈액 재고를 관리하기 위해서는 하루 60여 명의 혈액 기증이 필요하다. 표 3.E.1은 특정 일에 발생한 각 혈액형의 기증자 수를 보여준다. 이 문제에 대한 빈도 분포표를 구축해보라.

표 3.E.1 각 혈액형의 전체 기증자 수

혈액형	기증자
A+	15
A−	2
B+	6
B−	1
AB+	1
AB−	1
O+	32
O−	2

예제 3.1의 전체 분포표는 표 3.E.2에 있다.

표 3.E.2 예제 3.1의 빈도 분포표

혈액형	F_i	Fr_i (%)	F_{ac}	Fr_{ac} (%)
A+	15	25	15	25
A−	2	3.33	17	28.33
B+	6	10	23	38.33
B−	1	1.67	24	40
AB+	1	1.67	25	41.67
AB−	1	1.67	26	43.33
O+	32	53.33	58	96.67
O−	2	3.33	60	100
합계	**60**	**100**		

3.2.2 이산 데이터에 대한 빈도 분포표

빈도 분포표를 통해 이산 변수가 가질 수 있는 가능한 각 값에 대해 절대 빈도, 상대 빈도, 누적 빈도, 상대 누적 빈도를 계산할 수 있다.

정성 변수와는 달리 가능한 범주 대신 가능한 수치를 갖고 있어야 한다. 이해를 돕기 위해 데이터는 오름차순으로 정렬되어 있어야만 한다.

한 일식 레스토랑이 테이블 레이아웃을 바꾸려 한다. 이 때문에 한 주에 걸쳐 점심과 저녁에 각 손님들이 어느 테이블에 앉는지 정보를 수집했다. 표 3.E.3은 데이터의 처음 40개 부분을 보여준다. 이 데이터로부터 빈도 분포표를 구축하라.

표 3.E.3 테이블당 사람 수

2	5	4	7	4	1	6	2	2	5
4	12	8	6	4	5	2	8	2	6
4	7	2	5	6	4	1	5	10	2
2	10	6	4	3	4	6	3	8	4

다음 표에서 첫 열의 각 행은 분석 중인 변수의 가능한 수치를 나타낸다. 데이터는 오름차순으로 정렬됐다. 예제 3.2의 완전한 빈도 분포표는 다음과 같다.

표 3.E.4 예제 3.2의 빈도 분포표

사람 수	F_i	Fr_i (%)	F_{ac}	Fr_{ac} (%)
1	2	5	2	5
2	8	20	10	25
3	2	5	12	30
4	9	22.5	21	52.5
5	5	12.5	26	65
6	6	15	32	80
7	2	5	34	85
8	3	7.5	37	92.5
10	2	5	39	97.5
12	1	2.5	40	100
합계	40	100		

3.2.3 부류로 그룹화된 연속 데이터의 빈도 분포표

2장에서 설명했듯이, 연속 정량 변수는 가능한 값을 실수 구간에서 갖는다. 그러므로 가능한 각 값의 빈도를 알아보는 것은 무의미하다. 모든 값이 매우 희귀한 빈도로 등장할 것이기 때문이다. 따라서 데이터를 부류나 범위로 그룹화하는 편이 더 낫다.

부류 간 정의할 구간은 무작위다. 그러나 부류 개수가 너무 적으면 정보가 손실될 수 있으므로 매우 신중해야 한다. 반면 부류 개수가 너무 많다면 요약 정보는 희석된다(Bussab and Morettin, 2011). 부류 간의 구간은 일정할 필요는 없지만 편의상 동일 간격 구간을 가정하자.

연속 데이터에 대해 빈도 분포표를 구축하려면 다음의 단계를 따라야 한다.

1단계: 데이터를 오름차순으로 정렬한다.

2단계: 다음 옵션 중 하나를 사용해 부류 개수(k)를 결정한다.

a) 스터지스 공식^{Sturges' Rule} $\rightarrow k = 1 + 3.3 \cdot \log(n)$

b) 식을 통해 $k = \sqrt{n}$

여기서 n은 표본 크기다. k의 값은 정수여야만 한다.

3단계: 부류 간의 구간(h)을 결정하기 위해 표본 범위(A = 최댓값 − 최솟값)를 부류 개수로 나눈다.

$$h = A/k$$

h의 값은 높은 정수 부분으로 올림한다.

4단계: 각 부류에 대한 빈도 분포표(절대 빈도, 상대 빈도, 누적 빈도, 상대 누적 빈도 계산)를 구축한다. 첫 번째 부류의 최저 한도는 표본의 최젓값에 해당한다. 각 부류의 최대 한도를 알아내기 위해 각 부류의 최저 한도에 h 값을 더해야 한다. 새로운 부류의 최저 한도는 이전 부류의 최대 한도에 해당된다.

예제 3.3

금융 시장 과목에 등록한 학생 30명의 성적표가 있는 표 3.E.5를 보자. 이 문제에 대한 표본 분포표를 구축해보라.

표 3.E.5 금융 시장 과목에 등록한 학생 30명의 성적

4.2	3.9	5.7	6.5	4.6	6.3	8.0	4.4	5.0	5.5
6.0	4.5	5.0	7.2	6.4	7.2	5.0	6.8	4.7	3.5
6.0	7.4	8.8	3.8	5.5	5.0	6.6	7.1	5.3	4.7

참고: 스터지스의 규칙을 사용해 부류의 개수를 알아내라.

해법

연속 변숫값을 가진 예제 3.3의 빈도 분포표를 구축하기 위해 네 가지 단계를 적용해보자.

1단계: 데이터를 표 3.E.6처럼 오름차순으로 정렬한다.

표 3.E.6 표 3.E.5를 오름차순으로 정렬함

3.5	3.8	3.9	4.2	4.4	4.5	4.6	4.7	4.7	5
5	5	5	5.3	5.5	5.5	5.7	6	6	6.3
6.4	6.5	6.6	6.8	7.1	7.2	7.2	7.4	8	8.8

2단계: 스터지스의 공식을 적용해 부류 개수를 결정하자.

$$k = 1 + 3.3 \cdot \log(30) = 5.87 \cong 6$$

3단계: 부류 간의 구간(h)은 다음과 같다.

$$h = \frac{A}{k} = \frac{(8.8 - 3.5)}{6} = 0.88 \cong 1$$

4단계: 마지막으로 각 부류의 빈도 분포표를 구축하자.

첫 부류의 최저 한도는 최저 성적 3.5에 해당한다. 이 값으로부터 부류 간의 구간(1)을 더해야만 하고 첫 번째 부류의 최대 한도는 4.5가 된다. 두 번째 부류는 이 값에서 시작한다. 이런 식으로 마지막 부류까지 정의한다. ⊢ 표기법을 사용해 최젓값은 부류에 속하지만 최댓값은 속하지 않는다는 것을 나타낸다. 예제 3.3의 완전한 빈도 분포표는 표 3.E.7에 나타나 있다.

표 3.E.7 예제 3.3의 빈도 분포표

부류	F_i	Fr_i (%)	F_{ac}	Fr_{ac} (%)
3.5 ⊢ 4.5	5	16.67	5	16.67
4.5 ⊢ 5.5	9	30	14	46.67
5.5 ⊢ 6.5	7	23.33	21	70
6.5 ⊢ 7.5	7	23.33	28	93.33
7.5 ⊢ 8.5	1	3.33	29	96.67
8.5 ⊢ 9.5	1	3.33	30	100
합계	**30**	**100**		

3.3 결과의 그래프 표현

정량 및 정성 변수 데이터의 행동은 그래프로 표현할 수 있다. 차트는 수치 데이터를 기하 형태(그래프, 다이어그램, 작도, 이미지)로 나타내어 이 데이터를 신속하고 객관적으로 해석할 수 있게 해준다.

3.3.1절에서는 정성 변수의 그래프 표현이 주로 예시되는데, 막대 차트(수직과 수평), 파이 차트, 파레토 차트를 볼 수 있다.

정량 변수의 그래프 표현은 3.3.2절에 있는 것처럼 주로 선 그래프, 점 도면, 히스토그램, 줄기-잎 도표, 상자 도표(또는 상자-수염 그림)로 나타낸다.

막대 차트(수직과 수평), 파이 차트, 파레토 차트, 선 그래프, 점 도면, 히스토그램은 엑셀을 사용해 만들 것이다. 상자 도표와 히스토그램은 SPSS와 Stata를 사용해 생성한다.

엑셀을 사용해 차트를 생성하려면 먼저 변수의 값과 이름을 표준화하고, 코드화한 다음 스프레스시트에서 선택해야 한다. 다음 단계는 **차트** 그룹에서 선택해야 한다. 차트는 화면에 자동으로 생성될 것이고 연구원들의 기호에 맞춰 개인화할 수 있다.

엑셀은 다양한 차트 형식과 레이아웃, 서식을 제공한다. 이를 사용하려면 연구원들은 도식화된 차트를 선택하고 **디자인, 레이아웃** 또는 **서식** 탭을 클릭만 하면 된다. 예를 들어 여러 **레이아웃** 탭에는 **차트 제목, 축 제목**(가로축과 세로축의 이름), **범례**(범례를 보이거나 숨김), **데이터 레이블**(연구원들이 계열 이름, 범주 이름, 또는 원하는 곳에 레이블 값 삽입), **데이터 표**(차트 아래 데이터 테이블을 범례와 함께(또는 없이)

보여줌), **축**(가로 세로축의 크기를 개인화할 수 있음), **눈금선**(가로 또는 세로 격자선 표시) 등의 많은 자원을 사용할 수 있다.

3.3.1 정성 변수의 그래프 표현

3.3.1.1 막대 차트

이러한 형식의 차트는 명목과 서열 정성 변수에 널리 사용되지만, **이산 정량 변수**discrete quantitative variable 에도 사용할 수 있다. 이를 통해 데이터 추세를 조사할 수 있기 때문이다.

이름에서 알 수 있듯 막대 차트는 정성(또는 정량) 변수의 가능한 각 범주(또는 수치)의 절대 또는 상대 빈도를 나타낸다. **수직 막대 차트**vertical bar charts는 각 변수 범주가 X축에 고정된 너비로 막대가 나타나고, 각 범주의 빈도는 Y축에 높이로 나타낸다. 반대로 **수평 막대 차트**horizontal bar charts에서는 각 변수 범주가 Y축에 고정된 높이로 나타나고, 범주의 빈도는 X축에 각 막대의 길이로 나타난다.

이제 실제 예를 통해 수직 및 수평 막대 차트를 그려보자.

예제 3.4

은행에서 120명의 고객에게 만족도 조사를 거쳐 서비스의 신속성(우수, 좋음, 만족, 불만)을 평가하려고 한다. 각 범주의 절대 빈도수는 표 3.E.8에 있다. 이 문제의 수직 및 수평 막대 차트를 그려보라.

표 3.E.8 범주별 등장 빈도

만족도	절대 빈도
우수	58
좋음	18
만족	32
불만	12

해법

예제 3.4를 엑셀에서 수평 및 수직 막대 차트로 그려보자.

먼저 표 3.E.8의 데이터를 표준화하고, 코드화한 다음 스프레드 시트에서 선택해야 한다. 그런 다음 **삽입** 탭을 클릭하고, **차트 그룹에서 세로막대** 옵션을 선택한다. 차트가 자동으로 화면에 나타날 것이다.

다음으로 차트를 개인화하기 위해 차트를 누르고 있는 동안 다음 설정을 한다. (a) **축 제목**: 수평축 제목(만족도)을 선택한다. (b) **범례**: 범례를 숨기려면 차트요소에서 범례 선택을 해제하면 된다. (c) **데이터 레이블**: 차트요소에서 데이터 레이블이 나타나도록 선택해야 한다.

그림 3.2는 예제 3.4를 수직 막대 차트로 그린 것이다.

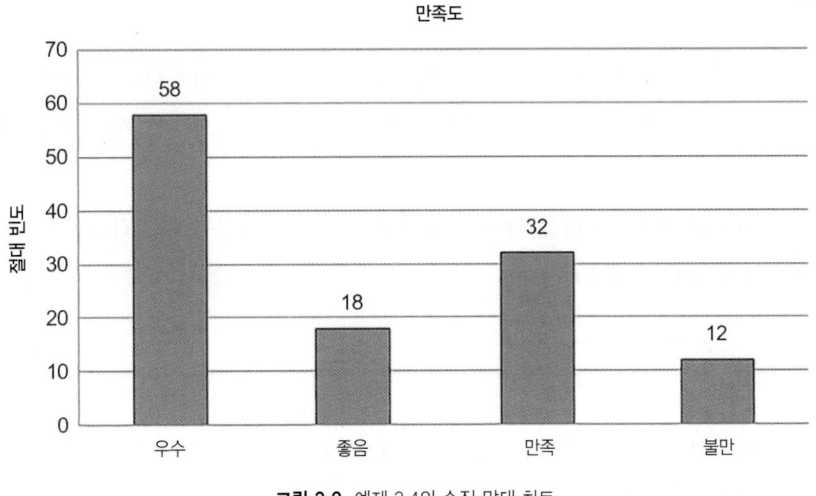

그림 3.2 예제 3.4의 수직 막대 차트

그림 3.2에 따라 분석 중인 변수의 범주가 동일 간격의 막대로 X축에 나타난 것을 볼 수 있고, 그 각각의 높이는 빈도를 나타내며 Y축에 표시되어 있다.

수평 막대 차트를 구성하려면 먼저 세로가 아니라 **가로막대** 옵션을 선택해야 한다. 그 밖의 단계는 동일한 논리를 따른다. 그림 3.3은 표 3.E.8의 빈도 데이터를 엑셀에서 수평 막대 차트로 그린 모습이다.

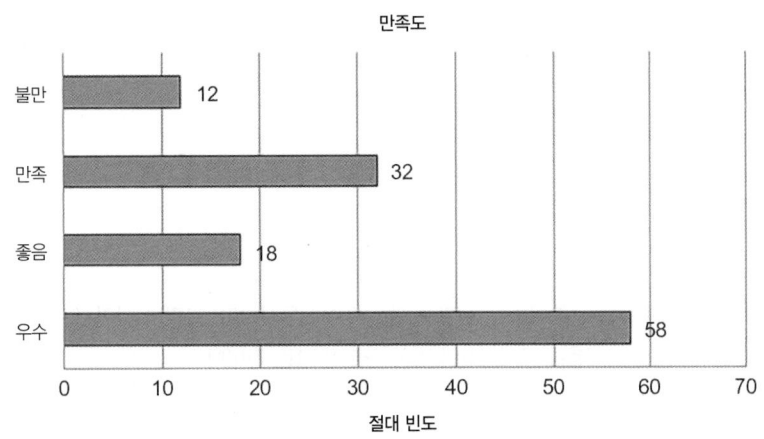

그림 3.3 예제 3.4의 수평 막대 차트

그림 3.3의 수평 막대 차트는 범주 변수를 Y축에 나타냈고, 각각의 빈도를 X축에 나타냈다. 각 변수 범주에서 빈도에 해당하는 길이의 막대를 그린다.

따라서 이 차트는 원시 변수 각 범주의 행동 중 분포 형태에 대한 정보만 제공하며, 위치, 산포, 왜도, 첨도 등에 대한 정보는 계산할 수 없다. 현재 분석 중인 변수는 정성 변수이기 때문이다.

3.3.1.2 파이 차트

정성 데이터를 나타내는 또 다른 방법은 상대 빈도(퍼센티지)를 사용하는 것인데, 이것이 바로 파이 차트의 정의이기도 하다. 차트는 임의 크기의 반지름을 가진 원으로서 각기 다른 크기의 파이(전체 중 일부)로 나뉜다.

이 차트는 연구원들이 데이터를 파이의 조각 또는 전체 중 일부로 시각화하게 해준다. 이제 실제 예를 사용해 파이 차트를 구축해보자.

예제 3.5

상파울루시의 다음 시장 선출을 위해 각 정당에 대한 선호도를 알아보고자 선거투표가 진행됐다. 각 정당의 지지율은 표 3.E.9 에 있다. 예제 3.5의 파이 차트를 구성하라.

표 3.E.9 정당별 득표 퍼센티지

정당	퍼센티지
PMDB	18
PSDB	22
PDT	12.5
PT	24.5
PC do B	8
PV	5
기타	10

해법

엑셀을 사용해 예제 3.5의 파이 차트를 구축해보자. 단계는 예제 3.4와 유사하다. 그러나 여기서는 **삽입** 탭에서 **원형** 차트 옵션을 선택해야 한다. 그림 3.4는 엑셀을 사용해 표 3.E.9의 파이 차트를 그린 것이다.

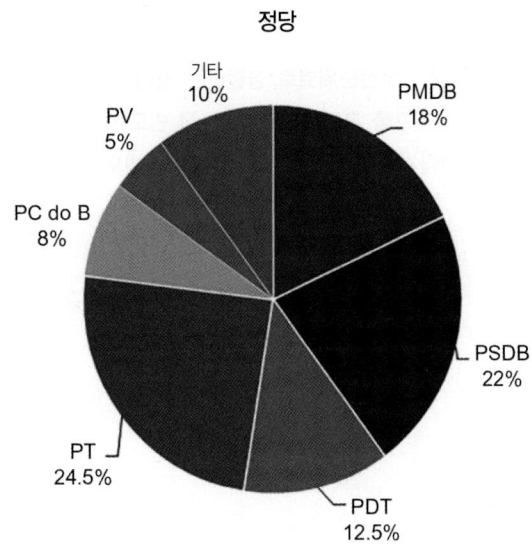

정당

- 기타 10%
- PV 5%
- PC do B 8%
- PT 24.5%
- PDT 12.5%
- PSDB 22%
- PMDB 18%

그림 3.4 예제 3.5의 파이 차트

3.3.1.3 파레토 차트

파레토 차트는 품질 관리 도구로서 문제 유형을 조사하고 결과적으로 원인을 파악해 문제를 줄이거나 없애는 것을 주목적으로 하고 있다.

파레토 차트는 막대와 선 그래프를 가진 차트다. 막대는 문제가 발생한 절대 빈도를 나타내고, 선은 상대 누적 빈도를 나타낸다. 문제는 우선순위의 내림차순으로 정렬된다. 이제 파레토 차트를 실제 예에 적용해보자.

예제 3.6

신용카드 제조사는 불량 카드 개수를 줄이고자 하는 목표를 갖고 있다. 품질 검사자가 한 주 동안 1000개의 불량 카드 표본에 대한 유형을 조사해 표 3.E.10에 정리했다. 이 문제의 파레토 차트를 구성해보라.

표 3.E.10 각 불량의 빈도

불량 유형	절대 빈도(F_i)
훼손/접힘	71
구멍 뚫림	28
인쇄 불량	12
글자 오류	20
숫자 오류	44
기타	6
총합	**181**

파레토 차트를 생성하기 위한 첫 단계는 불량을 우선순위별로 정렬하는 것이다(가장 높은 빈도에서 가장 낮은 빈도로). 막대 차트는 각 불량의 절대 빈도를 나타낸다. 선 그래프를 그리려면 상대 누적 빈도(%)를 분석된 불량까지 계산할 필요가 있다. 표 3.E.11은 각 불량 유형에 따라 절대 빈도를 내림차순으로 보여주고 상대 누적 빈도(%)도 보여준다.

표 3.E.11 각 불량의 절대 빈도와 상대 누적 빈도(%)

불량 유형	불량 개수	누적 %
훼손/접힘	71	39.23
숫자 오류	44	63.54
구멍 뚫림	28	79.01
글자 오류	20	90.06
인쇄 불량	12	96.69
기타	**6**	**100**

이제 표 3.E.11을 사용해 엑셀에서 예제 3.6의 파레토 차트를 그려보자.

먼저 표 3.E.11의 데이터는 표준화되고, 코드화되어 엑셀 스프레드시트에서 선택되어 있어야 한다. **삽입** 탭의 **차트** 그룹에서 혼합형(콤보) **세로막대** 옵션을 선택하면 차트가 화면에 자동으로 생성된다. 그러나 절대 빈도 데이터와 상대 누적 빈도 데이터가 모두 열로 나타나 있다. 누적 퍼센티지와 연계된 차트 형식을 변경하려면 계열의 아무 막대나 마우스 오른쪽 버튼으로 클릭한 다음 **계열차트 종류 변경**을 선택한 후 선 그래프를 선택한다. 이제 파레토 차트가 보일 것이다.

다음으로 차트를 개인화하기 위해 차트를 누르고 있는 동안 다음을 설정해야 한다. (a) **축 제목**: 수평축 제목(불량 유형)을 선택하고 수직축 제목은 '절대 빈도'로 선택한다. (b) **범례**: 범례를 숨기려면 차트요소에서 범례 선택을 해제하면 된다. (c) **데이터 레이블**: 차트요소에서 데이터 레이블이 나타나도록 선택해야 한다. (d) **축**: 양쪽 차트의 수직축의 주요 단위는 20으로 설정하고, 수직축 선 그래프의 최댓값을 100으로 한다.

그림 3.5는 엑셀로 그린 예제 3.6에 해당하는 파레토 차트를 보여준다.

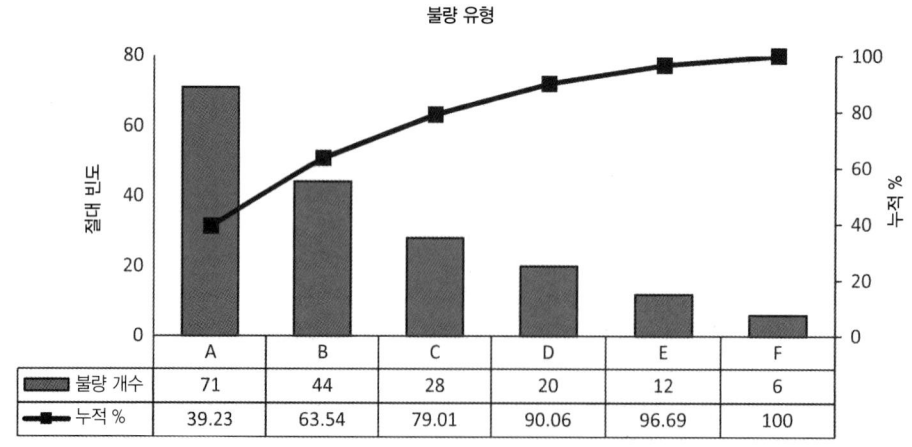

그림 3.5 예제 3.6의 파레토 차트. [범례] A: 훼손/접힘, B: 숫자 오류, C: 구멍 뚫림, D: 글자 오류, E: 인쇄 불량, F: 기타

3.3.2 정량 변수의 그래프 표현

3.3.2.1 선 그래프

선 그래프$^{\text{line graph}}$에서 점들은 수평축(X)과 수직축(Y) 변수들의 교차점으로 표시되고 직선으로 연결된다.

두 축을 고려함에도 불구하고 이 장에서 사용하는 선 그래프는 단일 변수의 행동을 표시한다. 그래프는 정량 변수 데이터의 추세가 변화하는 과정을 보여주며, 이는 대개 일정한 구간에 대한 연속 값이다. 수치는 Y축에 표시되고 X 값은 오직 균등한 방법으로 데이터 분포를 보여주기만 한다. 이제 실제 예를 통해 선 그래프를 살펴보자.

예제 3.7

칩&이지$^{\text{Cheap \& Easy}}$ 슈퍼마켓은 지난 12개월 동안의 손실을 퍼센티지로 나타내봤다(표 3.E.12). 이를 통해 새로운 방어 전략을 구축하고자 한다. 예제 3.7의 선 그래프를 그려보라.

표 3.E.12 지난 12개월 동안의 손실 퍼센티지

월	손실(%)
1월	0.42
2월	0.38
3월	0.12
4월	0.34
5월	0.22
6월	0.15
7월	0.18
8월	0.31
9월	0.47
10월	0.24
11월	0.42
12월	0.09

해법

예제 3.7의 선 그래프를 엑셀로 그리려면 **삽입** 탭의 **차트** 그룹에서 **선형** 옵션을 선택한다. 그 밖의 단계는 이전 예제와 동일한 논리다. 완전한 차트는 그림 3.6에 나타나 있다.

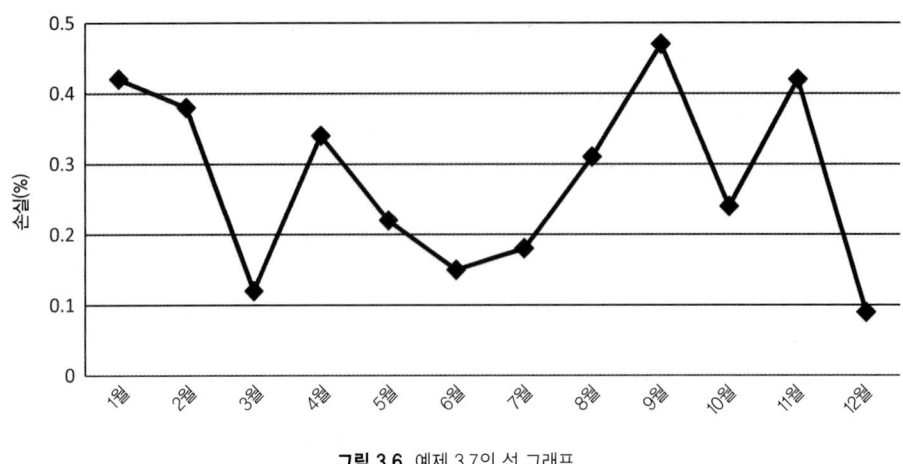

그림 3.6 예제 3.7의 선 그래프

3.3.2.2 산포도

산포도^{scatter plot}는 선 그래프와 매우 유사하다. 둘 사이의 가장 큰 차이점은 데이터가 수평축에 표시되는 방법이다.

선 그래프와 비슷하게 여기서도 점들은 변수들의 X축과 Y축의 교차점에 따라 나타난다. 그러나 서로 직선으로 연결되지는 않는다.

이 장에서 살펴본 산포도는 선 그래프와 유사하게 단일 정량 변수 데이터의 추세 변화를 보여주는 데 사용된다. 선 그래프와 비슷하게 수치 변숫값은 Y축에 나타나고 X축은 단지 시간에 따른 데이터의 행동만을 나타낸다.

다음 장에서는 산포도를 이용해 두 변수의 행동을 동시에 기술하는 방법을 알아볼 것이다(이변량 분석). 한 변수의 수치는 Y축에 나타나고, 그 밖의 값은 X축에 나타난다.

예제 3.8

페이퍼미스토^{Papermisto}사는 종이 생산에 필요한 세 가지 형식의 원재료인 셀룰로스^{cellulose}, 기계적 펄프, 장식을 공급하고 있다. 품질 표준을 유지하려면 공장은 제조 공정마다 엄격한 검사를 수행해야 한다. 운영자는 비정기적으로 특수 기기를 사용해 선택된 제품의 외양과 규격 특성을 검증해야만 한다. 예를 들어, 셀룰로스 저장 단계에서 제품은 각각 약 250kg 미만의 더미로 쌓여야 한다. 표 3.E.13은 지난 5시간 동안 20~45분 간격의 비정기적 측정을 통해 셀룰로스 더미의 무게를 보여준다. 예제 3.8의 산포도를 그려보자.

표 3.E.13 시간에 따른 더미 무게의 변화

시간(분)	무게(kg)
30	250
50	255
85	252
106	248
138	250
178	249
198	252
222	251
252	250
297	245

해법

엑셀로 예제 3.8을 산포도로 그리려면 **삽입** 탭의 **차트** 그룹에서 **분산형** 그래프 옵션을 선택한다. 그 밖의 단계는 이전 예제와 동일한 논리를 따른다. 산포도는 그림 3.7에 나와 있다.

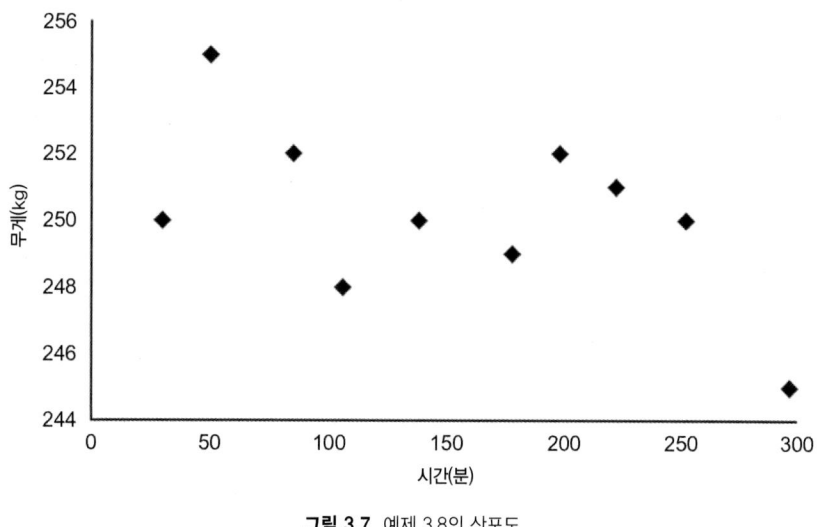

그림 3.7 예제 3.8의 산포도

3.3.2.3 히스토그램

히스토그램은 정량 변수(이산 또는 연속) 하나의 빈도 분포를 나타내는 수직 막대 차트다. 연구 중인 변숫값은 X축에 나타난다(각 막대의 베이스는 일정 너비로 오름차순으로 이산 변수의 가능한 각각의 값을 나타내거나 연속 값의 각 부류를 나타낸다). 반면 Y축의 각 막대의 높이는 해당 변숫값의 빈도 분포를 나타낸다(절대, 상대, 또는 누적).

히스토그램은 파레토 차트와 유사하며 7가지 품질 도구 중의 하나다. 파레토 차트는 정성 변수(문제의 유형)에 대한 빈도 분포를 나타내는데, X축에 나타난 그 범주가 우선순위 순서에 따라 정렬되어 있다(가장 높은 빈도에서 가장 낮은 순으로). 히스토그램은 정량 변수의 빈도 분포를 나타내는데, X축에 나타난 값은 오름차순으로 정렬되어 있다.

따라서 히스토그램을 만들기 위한 첫 단계는 빈도 분포표를 구축하는 것이다. 3.2.2절과 3.2.3절에서 설명한 것처럼 가능한 각각의 이산 변숫값이나 연속 데이터의 부류에 대해 절대 빈도, 상대 빈도, 누적 빈도, 상대 누적 빈도를 계산한다. 데이터는 오름차순으로 저장돼야만 한다.

그런 다음 이 표에 대한 히스토그램을 구축한다. 빈도 분포표의 첫 열은 분포표인데, 연구 중인 변숫값의 수치나 부류를 나타내며 X축에 나타나고, 절대 빈도(또는 상대 빈도, 누적 빈도, 상대 누적 빈도) 열은 Y축에 나타난다.

많은 통계 소프트웨어는 히스토그램을 원시 정량 변숫값에서 별도의 빈도 계산을 하지 않고 자동으로 생성한다. 분석 도구로부터 히스토그램을 구축하는 옵션이 엑셀에 있긴 하지만 편의상 열 차트로부터 구축하는 방법을 살펴본다.

예제 3.9

서비스 향상을 위해 국립 은행은 회사 고객을 응대할 새로운 매니저를 고용하고 있다. 표 3.E.14는 수도의 주요 지점에서 하루에 응대하는 회사의 수를 보여준다. 엑셀로 이 데이터를 사용해 히스토그램을 구축하라.

표 3.E.14 일별 응대 회사 수

13	11	13	10	11	12	8	12	9	10
12	10	8	11	9	11	14	11	10	9

해법

첫 단계는 빈도 분포표를 만드는 것이다.

표 3.E.15의 데이터에서 절대 빈도, 상대 빈도, 누적 빈도 또는 상대 누적 빈도를 엑셀을 사용해 구축한다. 히스토그램은 절대 빈도에 대해 생성한다.

그러므로 표 3.E.15의 첫 두 열을 표준화, 코드화하고 (마지막 행 '합계'는 제외하고) 엑셀 스프레드시트에서 선택해야 한다. **삽입** 탭의 **차트** 그룹에서 **세로막대** 옵션을 선택한다.

차트를 클릭해 개인화해보자. (a) **축 제목**: 수평축 제목(회사 수)을 선택하고 수직축 제목(절대 빈도)을 선택한다. (b) **범례**: 범례를 숨기기 위해 선택을 해제한다. 생성된 엑셀 히스토그램은 그림 3.8에 나타나 있다.

표 3.E.15 예제 3.9의 빈도 분포

회사 수	F_i	Fr_i (%)	F_{ac}	Fr_{ac} (%)
8	2	10	2	10
9	3	15	5	25
10	4	20	9	45
11	5	25	14	70
12	3	15	17	85
13	2	10	19	95
14	1	5	20	100
합계	**20**	**100**		

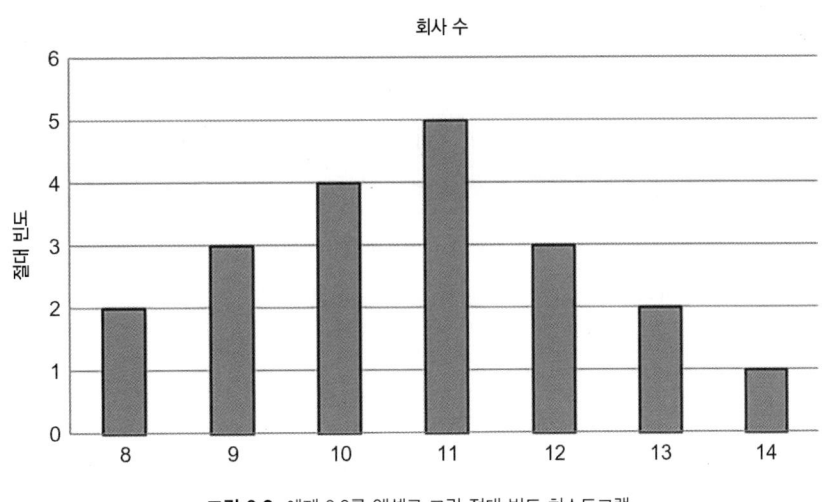

그림 3.8 예제 3.9를 엑셀로 그린 절대 빈도 히스토그램

언급한 것처럼 SPSS나 Stata 등의 많은 통계 컴퓨터 패키지는 변수의 원시 데이터(예제의 경우 표 3.E.14를 사용)에서 별도의 빈도 계산 없이 자동으로 히스토그램을 구축한다. 더구나 이 패키지들은 정규 곡선을 그려주는 옵션도 갖고 있다.

그림 3.9는 SPSS를 사용해(정규 곡선 옵션 사용) 표 3.E.14 데이터로 히스토그램을 생성한 것이다. 3.6절과 3.7절에서는 각각 SPSS와 Stata를 사용해 이 그래프를 그리는 방법을 좀 더 자세히 살펴볼 것이다.

이산 변수의 값이 막대 바닥 중앙에 표시된다는 점에 주목하자.

연속 변수의 경우는 표 3.E.5(예제 3.3)의 금융 시장 과목에 등록한 학생 성적을 생각해보자.

그림 3.10은 SPSS 소프트웨어를 사용해 표 3.E.5 또는 표 3.E.6 데이터로 히스토그램을 생성한 것이다.

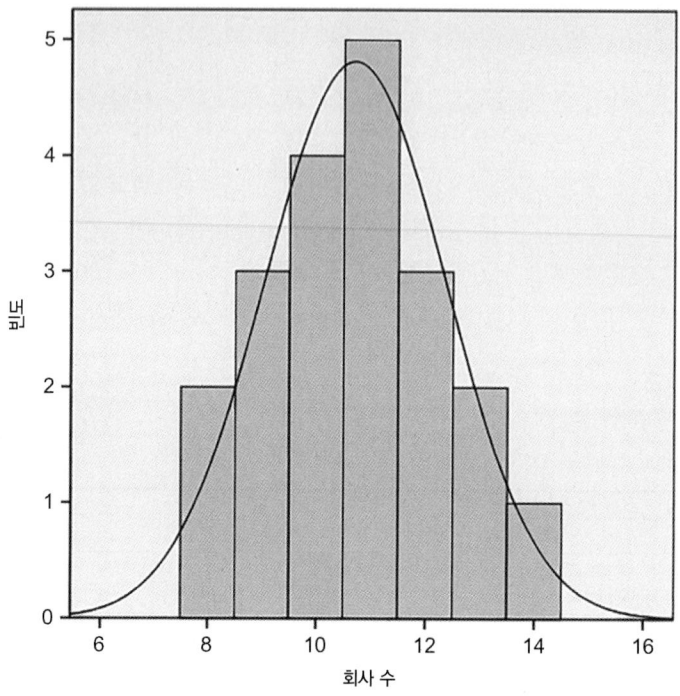

그림 3.9 예제 3.9(이산 데이터)를 SPSS를 사용해 히스토그램으로 구성

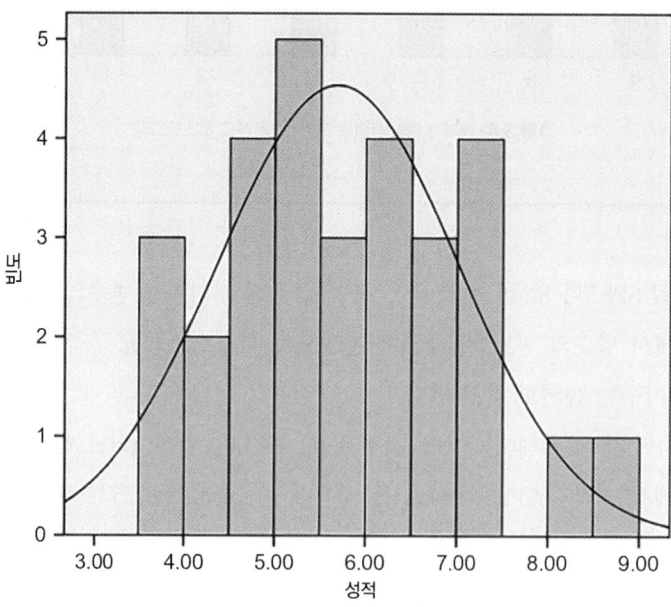

그림 3.10 예제 3.3(연속 데이터)을 SPSS를 사용해 히스토그램으로 구성

예제 3.3에서는 $h = 1$로 구간을 설정했지만, 여기서는 $h = 0.5$로 데이터가 그룹화된 점을 주목하자. 부류의 하한$^{lower\ limit}$은 막대 바닥의 왼쪽에 표시되고 상한$^{upper\ limit}$(부류에 포함되지 않음) 우측에 표시된다. 막대의 높이는 각 부류의 전체 빈도를 나타낸다. 예를 들어, 첫 번째 막대는 3.5 ⊢ 4.0 부류를 나타내고 이 구간에는 3개의 값(3.5, 3.8, 3.9)이 있다.

3.3.2.4 줄기-잎 도표

막대 차트와 히스토그램은 둘 다 변수의 빈도 분포에 대한 형태를 나타낸다. 줄기-잎 도표는 이산과 소규모 연속 정량 변수 관측치의 빈도 분포를 나타내는 대안적인 방법으로서, 각 관측치의 원시 값을 유지한다는 장점이 있다(모든 데이터 정보의 시각화가 가능하다).

도표에서 각 관측치의 표현은 두 가지 부분으로 나뉘는데 수직 선으로 구분된다. 줄기는 수직선의 왼쪽에 위치하고 관측치의 첫 숫자(들)를 나타낸다. 잎은 수직선의 오른쪽에 위치하고 관측치의 마지막 숫자(들)를 나타낸다. 줄기를 구성할 처음 숫자의 개수를 선택하거나 혹은 반대로 잎에 표시할 나머지 숫자 개수를 선택하는 것은 무작위다. 줄기는 대개 가장 최상위 숫자를 선택하고, 잎은 최하위 숫자를 선택한다.

줄기는 단일 열에서 여러 줄에 걸쳐 각기 다른 값을 나타낸다. 수직선의 왼쪽 편에 나타난 각 줄기의 오른쪽에는 해당 잎들이 여러 열에 걸쳐 나타난다. 잎과 줄기는 오름차순으로 정렬되어 있어야만 한다. 줄기당 너무 많은 잎이 있으면 줄기 하나가 두 줄 이상의 잎을 가질 수도 있다. 줄 개수를 선택하는 것과 빈도 분포의 부류 개수나 구간을 정의하는 것은 무작위다.

줄기-잎 도표를 그리려면 다음 단계를 순차적으로 따라야 한다.

1단계: 데이터를 오름차순으로 정렬하고 데이터의 시각화를 쉽게 한다.

2단계: 줄기를 구성할 최초 숫자 개수를 정의하거나 잎을 구성할 숫자 개수를 정의한다.

3단계: 수직 선의 왼쪽 편에 단일 열로 구성된 줄기를 생성한다. 각기 다른 값은 여러 줄에 걸쳐 오름차순으로 나타난다. 줄기별 잎의 개수가 너무 많으면 동일 줄기에 둘 이상의 줄을 정의할 수 있다.

4단계: 각 줄기에 해당하는 잎을 수직선 오른쪽에 여러 열에 걸쳐서 (오름차순으로) 위치시킨다.

예제 3.10

소규모 회사가 직원들의 나이를 수집한 다음 표 3.E.16에 표시했다. 줄기-잎 도표를 그려보라.

표 3.E.16 직원 나이

44	60	22	49	31	58	42	63	33	37
54	55	40	71	55	62	35	45	59	54
50	51	24	31	40	73	28	35	75	48

줄기-잎 도표를 그리기 위해 앞의 네 가지 단계를 적용해보자.

1단계: 먼저, 데이터를 표 3.E.17과 같이 오름차순으로 정렬한다.

표 3.E.17 직원 나이를 오름차순으로 정렬

22	24	28	31	31	33	35	35	37	40
40	42	44	45	48	49	50	51	54	54
55	55	58	59	60	62	63	71	73	75

2단계: 그다음 단계는 관측치에서 줄기를 구성할 최초 숫자 개수를 정의하는 것이다. 남아 있는 숫자는 잎을 구성하게 된다. 예제의 경우 모든 관측치는 두 자리 숫자다. 줄기는 십의 자리 숫자를 택하고 잎은 일의 자리 숫자가 된다.

3단계: 다음 단계는 줄기를 구성하는 것이다. 표 3.E.17에 기반해 십의 자리 수에는 2, 3 4, 5, 6, 7(줄기)이 있다. 가장 빈도가 많은 줄기는 5(8회 등장)이고 모든 잎은 한 줄에 나타낼 수 있다. 그러므로 단일 줄로 된 줄기가 형성된다. 따라서 줄기는 수직선 왼쪽에 그림 3.11처럼 오름차순으로 단일 열로 나타난다.

```
2 |
3 |
4 |
5 |
6 |
7 |
```

그림 3.11 예제 3.10의 줄기 구성

4단계: 마지막으로 각 줄기에 해당하는 잎을 수직선 오른쪽에 위치시켜 보자. 잎은 여러 열에 걸쳐 오름차순으로 나타난다. 예를 들어 줄기 2는 잎으로 2, 4, 8을 갖는다. 줄기 5는 8개 열에 걸쳐 0, 1, 4, 4, 5, 5, 8, 9의 값을 갖는다. 이 줄기가 2개의 줄로 분할되면 첫 번째 줄은 0부터 4까지, 두 번째 줄은 5부터 9까지로 구성됐을 것이다.

그림 3.12는 예제 3.10의 줄기-잎 도표를 보여준다.

```
2 | 2  4  8
3 | 1  1  3  5  5  7
4 | 0  0  2  4  5  8  9
5 | 0  1  4  4  5  5  8  9
6 | 0  2  3
7 | 1  3  5
```

그림 3.12 예제 3.10의 줄기-잎 도표

예제 3.11

어떤 도시의 지난 40일간의 평균 기온을 섭씨로 기록한 것이 표 3.E.18에 있다. 예제 3.11을 줄기-잎 도표로 나타내라.

표 3.E.18 평균 기온(단위: 섭씨)

8.5	13.7	12.9	9.4	11.7	19.2	12.8	9.7	19.5	11.5
15.5	16.0	20.4	17.4	18.0	14.4	14.8	13.0	16.6	20.2
17.9	17.7	16.9	15.2	18.5	17.8	16.2	16.4	18.2	16.9
18.7	19.6	13.2	17.2	20.5	14.1	16.1	15.9	18.8	15.7

해법

이번에도 네 가지 단계를 적용해 줄기-잎 도표를 구성하는데, 이번에는 연속 값을 고려해야 한다.

  1단계: 먼저, 데이터를 표 3.E.19에서와 같이 오름차순으로 정렬하자.

표 3.E.19 오름차순으로 정렬한 평균 기온

8.5	9.4	9.7	11.5	11.7	12.8	12.9	13.0	13.2	13.7
14.1	14.4	14.8	15.2	15.5	15.7	15.9	16.0	16.1	16.2
16.4	16.6	16.9	16.9	17.2	17.4	17.7	17.8	17.9	18.0
18.2	18.5	18.7	18.8	19.2	19.5	19.6	20.2	20.4	20.5

  2단계: 이 예제에서 잎은 마지막 자릿수에 해당된다. 나머지 자릿수(왼쪽으로)는 줄기에 해당된다.

  3단계와 4단계: 줄기는 8부터 20까지 변화한다. 가장 빈도가 높은 줄기는 16(7개 관측치)이고 그 잎은 단일 열에 표시 가능하다. 각 줄기에 대해 해당하는 잎을 위치시킨다. 그림 3.13은 예제 3.11의 줄기-잎 도표를 보여준다.

```
 8 | 5
 9 | 4   7
10 |
11 | 5   7
12 | 8   9
13 | 0   2   7
14 | 1   4   8
15 | 2   5   7   9
16 | 0   1   2   4   6   9   9
17 | 2   4   7   8   9
18 | 0   2   5   7   8
19 | 2   5   6
20 | 2   4   5
```

그림 3.13 예제 3.11의 줄기-잎 도표

3.3.2.5 상자 도표 또는 상자-수염 그림

상자 도표(또는 상자-수염 그림)는 특정 변수의 위치나 장소의 다섯 가지 측정을 그래프로 나타낸다. 다섯 가지는 최솟값, 첫 번째 사분위수(Q_1), 두 번째 사분위수(Q_2) 또는 중앙값(Md), 세 번째 사분위수(Q_3) 그리고 최댓값이다. 정렬된 표본에서 중앙값은 중심 위치에 해당하고, 사분위수는 표본을 각각 25%씩의 데이터를 균등하게 포함하도록 4등분한 것에 해당한다.

그러므로 첫 번째 사분위수(Q_1)는 처음 25% 데이터(오름차순으로 정렬)를 기술한다. 두 번째 사분위수는 중앙값(정렬된 데이터의 50%는 이 값 아래에 나머지 50%는 위에 있다), 세 번째 사분위수는 관측치의 75%에 해당한다. 이러한 위치 측정에 의한 산포 측정을 **사분범위**[IQR, interquartile range] 또는 **사분구간**[IQI, interquartile interval]이라고 하며, Q_3와 Q_1의 차이 값에 해당한다.

상자 도표는 데이터 대칭과 분포를 평가할 수 있게 해준다. 상자 도표는 또한 모순된 데이터(일변량 이상치)가 있는지를 시각적으로 보여준다. 이러한 데이터들은 상한 위나 하한 아래에 위치하기 때문이다. 도식적 표현은 그림 3.14에 나타나 있다.

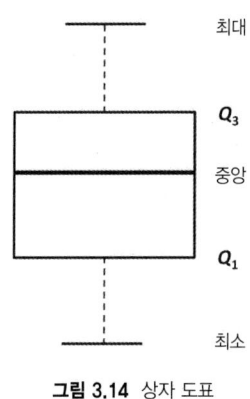

그림 3.14 상자 도표

중앙값, 첫 번째, 세 번째 사분위수의 계산과 일변량 이상치의 존재를 검사하는 것은 각각 3.4.1.1절, 3.4.1.2절, 3.4.1.3절에서 설명한다. 3.6.3절과 3.7절에서는 실제 예를 가지고 SPSS와 Stata로 상자-수염 그림을 생성하는 방법을 알아본다.

3.4 일변량 기술 통계량에서 가장 보편적인 요약 측도

데이터셋에서 찾을 수 있는 정보는 **요약 측도**[summary measures]라는 적절한 수치 측정을 통해 요약될 수 있다.

일변량 기술 통계량의 가장 보편적인 요약 측도는 연구 중인 변수의 행동을 중심값과 비중심값,

산포 또는 값들이 평균에 대해 분포한 방식을 통해 나타내는 것을 목표로 한다.

이 장에서 살펴볼 요약 측도는 위치나 장소의 측정(중심 경향 또는 분위수 측정), 산포나 변동성의 측정, 왜도나 첨도 같은 형태의 측도이다.

이러한 측도들은 **계량**metric이나 **정량**quantitative 변수로 계산된다. 유일한 예외는 **최빈값**mode으로, 최빈값은 특정 변숫값 중 가장 빈번하게 나타나는 것을 통해 중심 경향을 측정하는 것인데 이 값은 비계량 또는 정성 변수에서도 측정할 수 있다.

3.4.1 위치나 장소의 측도

이 측정은 데이터 계열의 특성을 나타내는 값을 제공해 변수나 연구 중인 특성에 의해 가정된 값의 축에 대한 데이터 위치나 장소를 나타낸다.

위치나 장소의 측정은 중심 경향(평균, 중앙값, 최빈값)과 분위수(사분위수, 십분위수, 백분위수)로 나눌 수 있다.

3.4.1.1 중심 경향 측도

가장 보편적인 중심 경향 측도는 산술 평균, 중앙값과 최빈값이다.

3.4.1.1.1 산술 평균

N개 원소를 가진 모집단의 산술 평균arithmetic mean은 그리스 문자 μ로 나타내고 n개의 표본에 대한 측정값은 $\overline{X}$로 나타낸다.

3.4.1.1.1.1 사례 1: 비그룹화 이산 및 연속 데이터의 단순 산술 평균

단순 산술 평균simple arithmetic mean, 혹은 간단히 평균average은 어떤 변수(이산 혹은 연속)의 전체 합을 관측치 개수로 나눈 값을 의미한다. 따라서 어떤 변수 X의 산술 평균($\overline{X}$)은 다음과 같다.

$$\overline{X} = \frac{\sum_{i=1}^{n} X_i}{n} \tag{3.1}$$

여기서 n은 데이터셋의 전체 관측치 개수이고 $i = 1, ..., n$에 대해 X_i는 변수 X의 각 값을 나타낸다.

표 3.E.20은 정량 기법을 수강하는 대학원 학생들의 성적이다. 산술 평균을 구하라.

표 3.E.20 학생 성적

5.7	6.5	6.9	8.3	8.0	4.2	6.3	7.4	5.8	6.9

해법

평균이란 단순히 표 3.E.20에 있는 모든 값의 합을 전체 관측 개수로 나눈 값이다.

$$\overline{X} = \frac{5.7 + 6.5 + \cdots + 6.9}{10} = 6.6$$

엑셀의 MEAN 함수는 선택된 값들의 단순 산술 평균을 계산한다. 표 3.E.20에 있는 데이터가 셀 A1~A10에 걸쳐 있다고 가정하자. 평균을 계산하려면 단순히 =MEAN(A1:A10)이라는 식을 입력하면 된다.

엑셀을 사용해 이 장에서 살펴볼 중앙값, 최빈값, 분산, 표준 편차, 표준 오차, 왜도, 첨도 등의 기술 측도는 물론 평균을 계산할 수 있는 또 다른 방법은 액셀의 추가 기능 중 **분석 도구**를 사용하는 것이다(3.5절).

3.4.1.1.1.2 사례 2: 비그룹화 이산 및 연속 데이터의 가중 산술 평균

단순 산술 평균을 계산할 때는 모든 사건이 동일한 중요도 또는 가중치를 갖는다. 변수 X의 각 값 i에 대해 각기 다른 가중치(p_i)를 할당하고 싶다면 가중 산술 평균^{weighted arithmetic mean}을 구하면 된다.

$$\overline{X} = \frac{\sum_{i=1}^{n} X_i \cdot p_i}{\sum_{i=1}^{n} p_i} \tag{3.2}$$

가중치가 퍼센티지로 표현된다면(상대 가중치^{relative weight}: rw) 식 (3.2)는 다음과 같이 된다.

$$\overline{X} = \sum_{i=1}^{n} X_i \cdot rw_i \tag{3.3}$$

어느 여학생이 재학하는 학교에서 각 과목의 연간 평균 점수는 네 분기에 걸쳐 집계되고 각각은 1, 2, 3, 4라는 가중치를 갖고 있다. 표 3.E.21은 그녀의 각 분기 수학 점수를 보여준다. 그녀의 수학 과목 평균을 계산하라.

표 3.E.21 어떤 학생의 수학 점수

시기	점수	가중치
1Q	4.5	1
2Q	7.0	2
3Q	5.5	3
4Q	6.5	4

해법

연간 평균은 가중 산술 평균을 사용해 구할 수 있다. 식 (3.2)를 표 3.E.21에 적용하면 다음과 같이 값을 구할 수 있다.

$$\overline{X} = \frac{4.5 \times 1 + 7.0 \times 2 + 5.5 \times 3 + 6.5 \times 4}{1 + 2 + 3 + 4} = 6.1$$

예제 3.14

어떤 투자 포트폴리오에 다섯 가지 주식이 있다. 표 3.E.22는 각 주식의 지난달 평균 수익과 투자 비율을 보여준다. 이 포트폴리오의 연간 평균 수익률을 계산하라.

표 3.E.22 각 주식 수익률과 투자 퍼센티지

주식	수익률(%)	% 투자 비율
Bank of Brazil ON	1.05	10
Bradesco PN	0.56	25
Eletrobras PNB	0.08	15
Gerdau PN	0.24	20
Vale PN	0.75	30

해법

포트폴리오의 평균 수익(%)은 각 주식의 평균 수익(%)과 해당 투자 퍼센티지의 곱을 합한 것과 같다. 식 (3.3)을 사용하면 다음 값을 구할 수 있다.

$$\overline{X} = 1.05 \times 0.10 + 0.56 \times 0.25 + 0.08 \times 0.15 + 0.24 \times 0.20 + 0.75 \times 0.30 = 0.53\%$$

3.4.1.1.1.3 사례 3: 그룹화된 이산 데이터의 산술 평균

이산 값 X_i가 반복되면 데이터는 빈도표로 그룹화된다. 산술 평균을 구하려면 가중 평균과 동일한 기준을 사용해야 한다. 그러나 각 X_i의 가중치는 절대 빈도(F_i)로 나타난다. 여기서는 각기 다른 n개 값의 n개의 관측치 대신 각기 다른 m개 값(그룹화된 데이터)의 n개의 관측치를 갖는다.

$$\overline{X} = \frac{\sum_{i=1}^{m} X_i . F_i}{\sum_{i=1}^{m} F_i} = \frac{\sum_{i=1}^{m} X_i . F_i}{n} \tag{3.4}$$

데이터의 빈도가 절대 빈도의 상대적 퍼센티지(상대 빈도 relative frequency: Fr)로 나타낸다면, 식 (3.4)는 다음과 같이 된다.

$$\overline{X} = \sum_{i=1}^{m} X_i . Fr_i \tag{3.5}$$

예제 3.15

건강 보험회사는 120명의 환자들에게 만족도 조사를 해서 1부터 10 사이의 점수를 부여했다. 조사 결과는 표 3.E.23에 나와 있다. 예제 3.15의 산술 평균을 계산하라.

표 3.E.23 절대 빈도표

등급	참여자 수
1	9
2	12
3	15
4	18
5	24
6	26
7	5
8	7
9	3
10	1

예제 3.15의 산술 평균은 식 (3.4)를 사용하면 다음과 같이 구할 수 있다.

$$\overline{X} = \frac{1 \times 9 + 2 \times 12 + \cdots + 9 \times 3 + 10 \times 1}{120} = 4.62$$

3.4.1.1.1.4 사례 4: 부류로 그룹화된 연속 데이터의 산술 평균

단순 산술 평균, 가중 산술 평균, 그룹화된 이산 데이터의 산술 평균을 계산하려면 X_i는 변수 X의 각 i의 값을 나타낸다.

부류로 그룹화된 연속 데이터에서는 각 부류가 단일 값으로 정의되지 않고 값의 집합으로 정의된다. 이 경우 산술 평균을 계산하기 위해 X_i를 부류 i ($i = 1, ..., k$)의 중간 또는 중앙 점으로 가정하면 식 (3.4)와 식 (3.5)는 부류의 개수(k)에 따라 다음과 같이 다시 쓸 수 있다.

$$\overline{X} = \frac{\displaystyle\sum_{i=1}^{k} X_i.F_i}{\displaystyle\sum_{i=1}^{k} F_i} = \frac{\displaystyle\sum_{i=1}^{k} X_i.F_i}{n} \tag{3.6}$$

$$\overline{X} = \sum_{i=1}^{k} X_i.Fr_i \tag{3.7}$$

표 3.E.24는 어떤 회사 직원들에게 지급된 급여 부류와 해당 절대 및 상대 빈도를 보여준다. 평균 급여를 계산하라.

표 3.E.24 급여의 부류(US$1000)와 해당 절대 및 상대 빈도

부류	F_i	Fr_i (%)
1 ⊢ 3	240	17.14
3 ⊢ 5	480	34.29
5 ⊢ 7	320	22.86
7 ⊢ 9	150	10.71
9 ⊢ 11	130	9.29
11 ⊢ 13	80	5.71
합계	**1400**	**100**

X_i를 부류 i의 중앙 점으로 간주하고 식 (3.6)을 적용하면 다음 값을 얻는다.

$$\overline{X} = \frac{2 \times 240 + 4 \times 480 + 6 \times 320 + 8 \times 150 + 10 \times 130 + 12 \times 80}{1,400} = 5.557$$

또는 식 (3.7)을 사용하면 다음과 같다.

$$\overline{X} = 2 \times 0.1714 + 4 \times 0.3429 + \cdots + 10 \times 0.0929 + 12 \times 0.0571 = 5.557$$

따라서 평균 급여는 US$5,557.14이다.

3.4.1.1.2 중앙값

중앙값^{median}(Md)은 위치의 측정이다. 중앙값은 오름차순으로 정렬된 데이터 집합 분포의 중심을 찾는다. 중앙값은 계열을 동일한 두 부분으로 나누므로 50%의 원소는 중앙값보다 작거나 같고 나머지 50%의 값은 중앙값보다 크거나 같다.

3.4.1.1.2.1 사례 1: 비그룹화 이산 또는 연속 데이터의 중앙값

변수 X의 중앙값(이산 또는 연속)은 다음과 같이 구할 수 있다.

$$Md(X) = \begin{cases} X_{\frac{n}{2}} + X_{\left(\frac{n}{2}\right)} + 1 & n\text{이 짝수일 때} \\ X_{\frac{(n+1)}{2}} & n\text{이 홀수일 때} \end{cases} \tag{3.8}$$

여기서 n은 전체 관측 개수이고 $X_1 \leq \cdots \leq X_n$이다. X_1이 관측치 중 가장 작은 값 또는 첫 번째 원소의 값이고, X_n은 가장 큰 값 또는 원소의 마지막 값이라고 간주한다.

예제 3.17

표 3.E.25는 특정 연도에 어떤 회사가 생산한 러닝 머신 기계의 생산량이다. 중앙값을 구하라.

표 3.E.25 특정 연도의 월간 러닝 머신 생산량

월	생산량(개수)
1월	210
2월	180
3월	203
4월	195
5월	208
6월	230
7월	185
8월	190
9월	200
10월	182
11월	205
12월	196

해법

중앙값을 계산하려면 관측치를 오름차순으로 정렬해야 한다. 따라서 관측치와 그 상댓값을 구할 수 있다.

180	182	185	190	195	196	200	203	205	208	210	230
1번째	2번째	3번째	4번째	5번째	6번째	7번째	8번째	9번째	10번째	11번째	12번째

n이 짝수이므로, 중앙값은 여섯 번째와 일곱 번째 원소 사이의 값이다. 즉, 다음과 같다.

$$Md = \frac{X_{\frac{12}{2}} + X_{\left(\frac{12}{2}\right)+1}}{2}$$

$$Md = \frac{196 + 200}{2} = 198$$

엑셀에서는 데이터 집합에서 중앙값을 구할 때 MED 함수를 사용한다.

중앙값은 원래 변숫값의 자릿수는 고려하지 않는다는 사실에 유의하자. 예를 들어, 가장 큰 값이 230이 아니라 400이었다고 하더라도 중앙값은 여전히 동일하다. 그러나 평균은 더 높아졌을 것이다.

중앙값은 두 번째 사분위수(Q_2), 50번째 백분위수(P_{50}), 혹은 다섯 번째 10분위수(D_5)로도 알려져 있다. 이 정의는 다음 절에서 좀 더 자세히 살펴볼 것이다.

3.4.1.1.2.2 사례 2: 그룹화된 이산 데이터의 중앙값

여기서 중앙값의 계산은 앞의 사례와 유사하다. 그러나 데이터는 빈도 분포표에 의해 그룹화되어 있다.

사례 1과 유사하게, n이 홀수이면 중앙 원소의 위치는 $(n + 1)/2$가 된다. 누적 빈도 열에서 이 위치에 있는 그룹이 보이고, 결론적으로 그 해당 값인 첫 번째 열이 중앙값이 된다.

n이 짝수이면, 누적 빈도 열에서 중앙 위치 $n/2$과 $(n/2) + 1$을 가진 그룹을 확인한다. 두 위치 모두 같은 그룹에 속하면 바로 첫 번째 열(중앙값)을 얻으면 된다. 각 위치가 각기 다른 그룹에 속하면 중앙값은 첫 번째 열에 정의된 해당 값의 평균이 된다.

예제 3.18

표 3.E.26은 상파울루 지역에 위치한 콘도의 70개 주택의 침실 개수와 해당 절대 및 누적 빈도를 보여준다. 중앙값을 계산하라.

표 3.E.26 빈도 분포		
침실 수	F_i	F_{ac}
1	6	6
2	13	19
3	20	39
4	15	54
5	7	61
6	6	67
7	3	70
합계	**70**	

n이 짝수이므로 중앙값은 $n/2$과 $(n/2) + 1$이 위치한 곳의 평균이 되므로, 다음과 같다.

$$Md = \frac{X_{\frac{n}{2}} + X_{\left(\frac{n}{2}\right)+1}}{2} = \frac{X_{35} + X_{36}}{2}$$

표 3.E.26에 따르면 세 번째 그룹은 20부터 39까지(35와 36을 포함하여)의 모든 원소를 포함하고 해당 값은 3이다. 따라서 중앙값은 다음과 같다.

$$Md = \frac{3 + 3}{2} = 3$$

3.4.1.1.2.3 사례 3: 부류로 그룹화된 연속 데이터의 중앙값

데이터가 빈도 분포표로 나타난, 부류로 그룹화된 연속 변수의 경우에는 다음 단계를 통해 중앙값을 계산한다.

1단계: n이 짝수인지 홀수인지 고려하지 않고 다음 식을 통해 중앙값 위치를 계산한다.

$$\text{Pos}(Md) = n/2 \tag{3.9}$$

2단계: 누적 분포 열에서 중앙값(중앙값 부류)을 포함하는 부류를 식별한다.

3단계: 다음 식을 사용해 중앙값을 계산한다.

$$Md = LI_{Md} + \frac{\left(\dfrac{n}{2} - F_{ac(Md-1)}\right)}{F_{Md}} \times A_{Md} \tag{3.10}$$

여기서

LI_{Md} = 중앙값 부류의 하한

F_{Md} = 중앙값 부류의 절대 빈도

$F_{ac(Md-1)}$ = 이전 부류에서 중앙값 부류에 대한 누적 빈도

A_{Md} = 중앙값 부류의 범위

n = 총 관측치 개수

예제 3.19

예제 3.16에서 직원에게 지급된 급여 부류와 해당 절대 및 누적 빈도(표 3.E.27) 데이터를 생각해보자. 중앙값을 계산하라.

표 3.E.27 급여 부류(US$1,000)와 절대 및 누적 빈도

부류	F_i	F_{ac}
1 ├ 3	240	240
3 ├ 5	480	720
5 ├ 7	320	1040
7 ├ 9	150	1190
9 ├ 11	130	1320
11 ├ 13	80	1400
합계	**1400**	

부류로 그룹화된 연속 데이터의 경우 중앙값 계산을 위해 다음 단계를 적용한다.

1단계: 먼저 중앙값 위치를 계산한다.

$$\text{Pos}(Md) = \frac{n}{2} = \frac{1400}{2} = 700$$

2단계: 누적 빈도 열을 통해 중앙값이 두 번째 부류(3 ├ 5)임을 알 수 있다.

3단계: 중앙값을 계산한다.

$$Md = LI_{Md} + \frac{\left(\frac{n}{2} - F_{ac(Md-1)}\right)}{F_{Md}} \times A_{Md}$$

여기서

$LI_{Md} = 3$, $F_{Md} = 480$, $F_{ac(Md-1)} = 240$, $A_{Md} = 2$, $n = 1400$

따라서 다음과 같다.

$$Md = 3 + \frac{(700 - 240)}{480} \times 2 = 4916 \,(\text{US\$}\,4916.67)$$

3.4.1.1.3 최빈값

데이터 계열의 최빈값^{mode}(Mo)은 가장 많은 빈도로 나타나는 관측치에 해당한다. 최빈값은 단지 빈도만 계산하므로 정성 변수에서도 사용할 수 있으며, 오직 위치에 대한 측도다.

3.4.1.1.3.1 사례 1: 비그룹화 데이터의 최빈값

어떤 변수의 관측치 $X_1, X_2, ..., X_n$이 있다. 최빈값은 가장 빈번히 등장한 값이다.

엑셀은 MODE 함수를 통해 최빈값을 찾는다.

어떤 회사의 당근 생산은 수확 후 처리까지 합쳐 모두 5단계로 나뉜다. 표 3.E.28은 20개 관측치에 대한 수확 후 처리의 평균 시간(초)을 보여준다. 최빈값을 계산해보라.

표 3.E.28 수확 후 처리 시간(단위: 초)

45.0	44.5	44.0	45.0	46.5	46.0	45.8	44.8	45.0	46.2
44.5	45.0	45.4	44.9	45.7	46.2	44.7	45.6	46.3	44.9

최빈값은 표에서 가장 빈번히 등장하는 것으로서 45.0이 된다. 엑셀을 사용하면 MODE 함수로 이 값을 구할 수 있다.

3.4.1.1.3.2 사례 2: 그룹화된 정성 또는 이산 데이터의 최빈값

이산 정성 또는 정량 데이터는 빈도 분포표로 그룹화할 수 있다. 최빈값은 표에서 바로 구할 수 있다. 절대 빈도가 가장 많은 값을 고르면 된다.

방송국에서는 500여 명의 시청자를 인터뷰해서 범주별 선호도를 조사했다. 결과는 표 3.E.29에 있다. 최빈값을 계산하라.

표 3.E.29 범주별 시청자 선호도

범주	F_i
영화	71
드라마	46
뉴스	90
코미디	98
스포츠	120
공연	35
예능	40
합계	500

표 3.E.29에서 최빈값은 스포츠(가장 높은 빈도)임을 알 수 있다. 따라서 최빈값은 정성 변수에서도 사용할 수 있는 위치를 측정하는 값이다.

3.4.1.1.3.3 사례 3: 부류로 그룹화된 연속 변수의 최빈값

부류로 그룹화된 연속 데이터에서는 **츠주베르 기법**Czuber's methods과 **킹 기법**King's methods처럼 최빈값을 계산할 수 있는 몇 가지 절차가 있다.

츠주베르 기법은 다음 단계를 따른다.

1단계: 가장 많은 빈도를 가진 부류(최빈 부류)를 식별한다.

2단계: 최빈값(Mo)을 계산한다.

$$Mo = LI_{Mo} + \frac{F_{Mo} - F_{Mo-1}}{2.F_{Mo} - (F_{Mo-1} + F_{Mo+1})} \times A_{Mo} \tag{3.11}$$

여기서

LI_{Mo} = 최빈 부류의 하한

F_{Mo} = 최빈 부류의 절대 빈도

F_{Mo-1} = 최빈 부류 이전 부류의 절대 빈도

F_{Mo+1} = 최빈 부류 이후 부류의 절대 빈도

A_{Mo} = 최빈 부류의 범위

예제 3.22

표 3.E.30은 200개의 연속 데이터를 부류로 그룹화한 것과 그 절대 빈도를 나타낸 것이다. 츠주베르 기법을 사용해 최빈값을 구하라.

표 3.E.30 부류로 그룹화된 연속 데이터와 해당 빈도

부류	F_i
01 ├ 10	21
10 ├ 20	36
20 ├ 30	58
30 ├ 40	24
40 ├ 50	19
합계	200

해법

이산 데이터를 부류로 그룹화하는 것을 생각해보자. 츠주베르 기법을 사용하면 최빈값을 계산할 수 있다.

1단계: 표 3.E.30에서 최빈 부류는 가장 큰 절대 빈도를 가진 세 번째(20 ├ 30) 부류임을 알 수 있다.

2단계: 최빈값(Mo)을 계산한다.

$$Mo = LI_{Mo} + \frac{F_{Mo} - F_{Mo-1}}{2.F_{Mo} - (F_{Mo-1} + F_{Mo+1})} \times A_{Mo}$$

여기서

$LI_{Mo} = 20$, $F_{Mo} = 58$, $F_{Mo-1} = 36$, $F_{Mo+1} = 24$, $A_{Mo} = 10$

따라서 다음처럼 계산할 수 있다.

$$Mo = 20 + \frac{58 - 36}{2 \times 58 - (36 + 24)} \times 10 = 23.9$$

반면 **킹의 기법**은 다음 단계를 따른다.

1단계: 최빈 부류(가장 높은 절대 빈도를 가진 부류)를 식별한다.

2단계: 다음 식을 사용해 최빈값(Mo)을 계산한다.

$$Mo = LI_{Mo} + \frac{F_{Mo+1}}{F_{Mo-1} + F_{Mo+1}} \times A_{Mo} \tag{3.12}$$

여기서

LI_{Mo} = 최빈 부류의 하한

F_{Mo-1} = 최빈 부류 이전 부류의 절대 빈도

F_{Mo+1} = 최빈 부류 이후 부류의 절대 빈도

A_{Mo} = 최빈 부류의 범위

예제 3.23

이전 예제를 다시 살펴보자. 이번에는 킹의 기법을 사용해 최빈값을 계산하라.

해법

예제 3.22에서 다음과 같다는 것을 알았다.

$$LI_{Mo} = 20 \quad F_{Mo+1} = 24 \quad F_{Mo-1} = 36 \quad A_{Mo} = 10$$

식 (3.12)를 적용하면 다음과 같다.

$$Mo = LI_{Mo} + \frac{F_{Mo+1}}{F_{Mo-1} + F_{Mo+1}} \times A_{Mo} = 20 + \frac{24}{36+24} \times 10 = 24$$

3.4.1.2 분위수

Bussab and Morettin(2011)에 따르면 중심 경향만을 사용해 데이터 집합을 나타내는 것은 적절하지 않을 수 있다. 중심 경향 역시 극단치의 영향을 받을 것이기 때문이다. 더구나 이 측정만 사용하면 연구원들이 데이터 산포나 대칭성에 대한 정확한 정보를 얻을 수 없다. 그 대안으로 사분위, 십분위, 백분위 같은 분위수를 사용할 수 있다. 두 번째 사분위수(Q_2), 다섯 번째 십분위수(D_5), 또는 50번째 백분위수(P_{50})는 중앙값에 해당하므로 중심 경향을 측정하는 것이다.

3.4.1.2.1 사분위수

사분위수(Q_i, i = 1, 2, 3)는 오름차순으로 정렬된 값을 동일한 차원으로 위치를 사등분한 것이다.

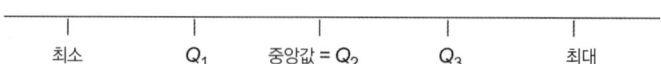

따라서 **첫 번째 사분위수**(Q_1 또는 25번째 백분위수)는 Q_1보다 작거나 같은 데이터가 25% 또는 Q_1보다 크거나 같은 데이터가 75%임을 나타낸다.

따라서 **두 번째 사분위수**(Q_2 또는 5번째 10분위수, 혹은 50번째 백분위수)는 중앙값에 해당하고 50%의 데이터가 Q_2보다 작거나 같고 또는 크거나 같다.

따라서 **세 번째 사분위수**(Q_3 또는 75번째 백분위수)는 Q_3보다 작거나 같은 데이터가 75% 또는 Q_3보다 크거나 같은 데이터가 25%임을 나타낸다.

3.4.1.2.2 십분위수

십분위수(D_i, i = 1, 2, ..., 9)는 오름차순으로 정렬된 데이터를 동일한 10개 부분으로 나누는 위치 측도다.

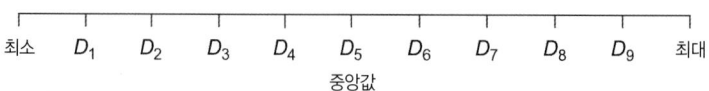

따라서 **첫 번째 십분위수**(D_1 또는 10번째 백분위수)는 10%의 데이터가 D_1보다 작거나 같고 90%의 데이터가 D_1보다 크거나 같음을 나타낸다.

두 번째 십분위수(D_2 또는 20번째 백분위수)는 20%의 데이터가 D_2보다 작거나 같고 80%의 데이터가 D_2보다 크거나 같음을 나타낸다.

이런 식으로 계속 증가해서 **아홉 번째 십분위수**(D_9 또는 90번째 백분위수)는 90%의 데이터가 D_9보다 작거나 같고 10%의 데이터가 D_9보다 크거나 같음을 나타낸다.

3.4.1.2.3 백분위수

백분위수(P_i, i = 1, 2, ..., 99)는 오름차순으로 정렬된 데이터를 동일한 100개의 부분으로 나누는 위치 측도다.

따라서 **첫 번째 백분위수**(P_1)는 1%의 데이터가 P_1보다 작거나 같고 99%의 데이터가 P_1보다 크거나 같음을 나타낸다.

따라서 **두 번째 백분위수**(P_2)는 2%의 데이터가 P_2보다 작거나 같고 98%의 데이터가 P_2보다 크거나 같음을 나타낸다.

이런 식으로 **99번째 백분위수**(P_{99})까지 증가하며, 99%의 데이터가 P_{99}보다 작거나 같고 1%의 데이터가 P_{99}보다 크거나 같음을 나타낸다.

3.4.1.2.3.1 사례 1: 그룹화되지 않은 이산 및 연속 데이터의 사분위수, 십분위수, 백분위수

관심대상의 사분위수, 십분위수, 백분위수의 위치가 정수이거나 정확히 두 위치 사이라면 상대적인 사분위수, 십분위수, 백분위수의 계산은 간단하다. 그러나 늘 그렇지는 않다(원소가 33개인 표본에서 67번째 백분위를 찾아야 하는 경우를 생각해보라). 이런 경우 근사치를 찾는 여러 기법들이 제안됐으며 각기 다른 방법을 사용한다.

여기서는 차수 i의 모든 사분위, 십분위, 백분위에 공통적으로 적용할 수 있는 단순하면서 일반적인 기법을 설명한다.

1단계: 관측치를 오름차순으로 정렬한다.

2단계: 관심대상인 i 차수 데이터의 사분위수, 십분위수, 백분위수의 위치를 알아낸다.

$$\text{사분위수} \;\rightarrow\; Pos(Q_i) = \left[\frac{n}{4} \times i\right] + \frac{1}{2}, \;\; i = 1, 2, 3 \tag{3.13}$$

$$\text{십분위수} \;\rightarrow\; Pos(D_i) = \left[\frac{n}{10} \times i\right] + \frac{1}{2}, \;\; i = 1, 2, \ldots, 9 \tag{3.14}$$

$$\text{백분위수} \;\rightarrow\; Pos(P_i) = \left[\frac{n}{100} \times i\right] + \frac{1}{2}, \;\; i = 1, 2, \ldots, 99 \tag{3.15}$$

3단계: 해당 위치에 대한 사분위수, 십분위수, 백분위수를 계산한다.

$Pos(Q_1) = 3.75$라면, Q_1의 값은 세 번째와 네 번째 위치 사이에 있다(75%는 네 번째 위치에 가깝고 25%는 세 번째 위치에 가깝다). 따라서 Q_1은 세 번째 위치에 0.25를 곱한 값에 해당하고 네 번째 위치에 0.75를 곱한 값에 해당된다.

예제 3.24

수확 후 평균 당근 처리 시간을 다뤘던 예제 3.20을 다시 보자. 이 값은 표 3.E.28에 있다. Q_1(첫 번째 사분위수), Q_3(세 번째 사분위수), D_2(두 번째 십분위수), P_{64}(64번째 백분위수)를 구하라.

해법

그룹화되지 않은 연속 데이터의 경우 다음 단계를 거쳐 사분위수, 십분위수, 백분위수를 구해야 한다.

1단계: 관측치를 오름차순으로 정렬한다.

1번째	2번째	3번째	4번째	5번째	6번째	7번째	8번째	9번째	10번째
44.0	44.5	44.5	44.7	44.8	44.9	44.9	45.0	45.0	45.0

11번째	12번째	13번째	14번째	15번째	16번째	17번째	18번째	19번째	20번째
45.0	45.4	45.6	45.7	45.8	46.0	46.2	46.2	46.3	46.5

2단계: Q_1, Q_3, D_2, P_{64}의 위치를 계산한다.

a) $\operatorname{Pos}(Q_1) = \left[\frac{20}{4} \times 1\right] + \frac{1}{2} = 5.5$

b) $\operatorname{Pos}(Q_3) = \left[\frac{20}{4} \times 3\right] + \frac{1}{2} = 15.5$

c) $\operatorname{Pos}(D_2) = \left[\frac{20}{10} \times 2\right] + \frac{1}{2} = 4.5$

d) $\operatorname{Pos}(P_{64}) = \left[\frac{20}{100} \times 64\right] + \frac{1}{2} = 13.3$

3단계: Q_1, Q_3, D_2, P_{64}를 계산한다.

a) $\operatorname{Pos}(Q_1)$ = 5.5이므로 해당 값이 50%는 5번째 위치에 가깝고 50%는 6번째 위치에 가깝다. 즉, Q_1은 단순히 두 위칫값의 평균에 해당된다.

$$Q_1 = \frac{44.8 + 44.9}{2} = 44.85$$

b) $\operatorname{Pos}(Q_3)$ = 15.5이므로 15번째와 16번째 값 사이에 있다(50%는 15번째 위치에 가깝고 50%는 16번째 위치에 가깝다). 따라서 Q_3는 다음과 같이 구할 수 있다.

$$Q_3 = \frac{45.8 + 46}{2} = 45.9$$

c) $\operatorname{Pos}(D_2)$ = 4.5이므로 4번째와 5번째 위치 사이에 있다. 따라서 D_2는 다음과 같이 구할 수 있다.

$$D_2 = \frac{44.7 + 44.8}{2} = 44.75$$

d) $\operatorname{Pos}(P_{64})$ = 13.3이므로 70%는 13번째와 가깝고 30%는 14번째와 가깝다. 따라서 P_{64}는 다음처럼 구할 수 있다.

$$P_{64} = (0.70 \times 45.6) + (0.30 \times 45.7) = 45.63$$

해석

Q_1 = 44.85는 관측치의 25%(1단계에서의 첫 5개 관측치)는 수확 후 당근 처리 시간이 44.85초보다 작으며, 75%의 관측치(나머지 15개 관측치)는 처리 시간이 44.85보다 크다는 뜻이다.

Q_3 = 45.9는 관측치의 75%(15개 관측치)는 수확 후 당근 처리 시간이 45.9초보다 작고, 25%의 관측치(나머지 5개 관측치)는 처리 시간이 45.9보다 크다는 뜻이다.

D_2 = 44.75는 관측치의 20%(4개 관측치)의 처리 시간은 44.75보다 작고, 80%의 관측치(16개 관측치)는 처리 시간이 44.75초보다 크다는 뜻이다.

P_{64} = 45.63은 64%의 관측치(12.8개 관측치)의 처리 시간은 45.63초보다 작고, 36%의 관측치(7.2개 관측치)는 처리 시간이 45.63초보다 크다는 뜻이다.

엑셀에서는 QUARTILE 함수를 사용해 차수 $i(i = 0, 1, 2, 3, 4)$의 사분위수를 계산할 수 있다. 함수의 인수로는 사분위수를 계산하고자 하는 데이터 집합이나 행렬을 정의하고(반드시 오름차순일 필요는 없다), 관심 있는 값을 지정해야 한다(최솟값 = 0, 첫 번째 사분위수 = 1, 두 번째 사분위수 = 2, 세 번째 사분위수 = 3, 네 번째 사분위수 = 4).

k번째 백분위수($k = 0, ..., 1$)는 엑셀의 PERCENTILE 함수를 이용해 구할 수 있다. 함수의 인수로는 관심대상 데이터의 행렬과 함께 k 값을 지정해줘야 한다(예제의 경우는 $k = 0.64$이다).

SPSS와 Stata 통계 소프트웨어를 사용해 사분위수, 십분위수, 백분위수를 구하는 방법은 각각 3.6절과 3.7절에 있다.

SPSS와 Stata 소프트웨어는 사분위수, 십분위수, 백분위수를 구할 때 두 가지 방법을 사용한다. 그중 하나는 **튜키의 힌지**

Tukey's Hinges라 불리며 이 책에서 사용하는 방법이다. 다른 하나는 **가중 평균**Weighted Average이라 불리는데 계산이 훨씬 복잡하다. 한편, 엑셀에서는 유사한 결과를 반환하는 또 다른 알고리즘을 사용하고 있다.

3.4.1.2.3.2 사례 2: 그룹화된 이산 데이터의 사분위수, 십분위수, 백분위수

여기서는 앞의 사례와 유사한 사분위수, 십분위수, 백분위수를 계산해본다. 그러나 데이터는 이제 빈도 분포표로 그룹화되어 있다.

빈도 분포표에서는 데이터가 절대와 누적 빈도에 오름차순으로 정렬돼야만 한다. 먼저 각각 식 (3.13), (3.14), (3.15)를 사용해 차수 i의 사분위수, 십분위수, 백분위수 위치를 찾는다. 누적 빈도 열에서 위치가 포함된 그룹을 알아낸다. 위치가 이산 수치이면 해당 값은 첫 번째 열에서 바로 찾아낼 수 있다. 그러나 위치가 2.5처럼 분수이고 두 번째와 세 번째 위치가 같은 그룹에 속하는 경우에도 바로 찾을 수 있다. 반면 위치가 4.25처럼 분수이면서 네 번째와 다섯 번째 위치가 서로 다른 그룹에 속한다면 네 번째 그룹에 0.75를 곱하고 다섯 번째 그룹에 0.25를 곱한 값을 합쳐서 계산해야 한다(사례 1과 비슷).

예제 3.25

상파울루에 있는 콘도의 70개 주택의 침실 개수와 절대 누적 빈도(표 3.E.26)를 다뤘던 예제 3.18을 다시 살펴보자. Q_1, D_4, P_{96}을 계산하라.

해법

각각 식 (3.13), (3.14), (3.15)를 사용해 Q_1, D_4, P_{96}을 계산하자.

a) $\mathrm{Pos}(Q_1) = \left[\frac{70}{4} \times 1\right] + \frac{1}{2} = 18$

표 3.E.26에 따라 두 번째 그룹(침실 2개)에 있는 위치 18임을 알 수 있다. 따라서 $Q_1 = 2$이다.

b) $\mathrm{Pos}(D_4) = \left[\frac{70}{10} \times 4\right] + \frac{1}{2} = 28.5$

누적 빈도 열에서 세 번째 그룹(침실 3개)의 위치 28과 29임을 알 수 있으므로 $D_4 = 3$이다.

c) $\mathrm{Pos}(P_{96}) = \left[\frac{70}{100} \times 96\right] + \frac{1}{2} = 67.7$

P_{96}은 위치 68에 70% 가깝고 위치 67에는 30% 가깝다. 누적 빈도 열에서 위치 68은 일곱 번째 그룹(침실 7개)이고 위치 67은 여섯 번째 그룹(침실 6개)이므로, P_{96}은 다음과 같이 계산할 수 있다

$$P_{96} = (0.70 \times 7) + (0.30 \times 6) = 6.7$$

해석

$Q_1 = 2$는 주택 25%의 침실 개수가 2개 이하이고 75%가 2개를 초과한다는 뜻이다.

$D_4 = 3$은 주택 40%의 침실 개수가 3개 이하이고 60%는 3개를 초과한다는 뜻이다.

$P_{96} = 6.7$은 주택 96%의 침실 개수가 6.7개 이하이고 4%는 6.7개를 초과한다는 뜻이다.

3.4.1.2.3.3 사례 3: 부류로 그룹화된 연속 데이터의 사분위수, 십분위수, 백분위수

데이터가 빈도 분포표로 된 부류로 그룹화된 연속 데이터의 경우에는 다음 단계를 밟아 사분위수, 십분위수, 백분위수를 계산해야 한다.

1단계: 다음 식을 사용해 차수 i의 사분위수, 십분위수, 백분위수 위치를 계산한다.

$$\text{사분위수} \rightarrow \text{Pos}(Q_i) = \frac{n}{4} \times i, \ \ i = 1, 2, 3 \tag{3.16}$$

$$\text{십분위수} \rightarrow \text{Pos}(D_i) = \frac{n}{10} \times i, \ \ i = 1, 2, \ldots, 9 \tag{3.17}$$

$$\text{백분위수} \rightarrow \text{Pos}(P_i) = \frac{n}{100} \times i, \ \ i = 1, 2, \ldots, 99 \tag{3.18}$$

2단계: 누적 빈도 열에서 차수 i의 사분위수, 십분위수, 백분위수를 포함하는 부류를 알아낸다.

3단계: 다음 식을 사용해 차수 i의 사분위수, 십분위수, 백분위수를 계산한다.

$$\text{사분위수} \rightarrow Q_i = LL_{Q_i} + \left(\frac{Pos(Q_i) - F_{cum(Q_i - 1)}}{F_{Q_i}} \right) \times R_{Q_i}, \ i = 1, 2, 3 \tag{3.19}$$

여기서

LL_{Q_i} = 사분위수 부류의 하한

$F_{cum(Q_i - 1)}$ = 사분위수 부류 이전 부류의 누적 빈도

F_{Q_i} = 사분위수 부류의 절대 빈도

R_{Q_i} = 사분위수 부류의 범위

$$\text{십분위수} \rightarrow D_i = LL_{D_i} + \left(\frac{Pos(D_i) - F_{cum(D_i - 1)}}{F_{D_i}} \right) \times R_{D_i}, \ i = 1, 2, \ldots, 9 \tag{3.20}$$

여기서

LL_{D_i} = 십분위수 부류의 하한

$F_{cum(D_i - 1)}$ = 십분위수 부류 이전 부류의 누적 빈도

F_{D_i} = 십분위수 부류의 절대 빈도

R_{D_i} = 십분위수 부류의 범위

$$\text{백분위수} \rightarrow P_i = LL_{P_i} + \left(\frac{Pos(P_i) - F_{cum(P_i - 1)}}{F_{P_i}} \right) \times R_{P_i}, \ i = 1, 2, \ldots, 99 \tag{3.21}$$

여기서

LL_{P_i} = 백분위수 부류의 하한

$F_{cum(P_i-1)}$ = 백분위수 부류 이전 부류의 누적 빈도

F_{P_i} = 백분위수 부류의 절대 빈도

R_{P_i} = 백분위수 부류의 범위

예제 3.26

환자 250명의 건강 문진을 통해 체중 정보를 수집했다. 데이터는 표 3.E.31처럼 부류로 그룹화했다. 첫 번째 사분위수, 일곱 번째 십분위수, 60번째 백분위수를 계산하라.

표 3.E.31 부류로 그룹화된 환자의 절대 및 누적 빈도 분포표

부류	F_i	F_{ac}
50 ├ 60	18	18
60 ├ 70	28	46
70 ├ 80	49	95
80 ├ 90	66	161
90 ├ 100	40	201
100 ├ 110	33	234
110 ├ 120	16	250
합계	**250**	

해법

Q_1, D_7, P_{60}을 계산하는 세 가지 단계를 적용한다.

1단계: 각각 식 (3.16), (3.17), (3.18)을 사용해 첫 번째 사분위수, 일곱 번째 십분위수, 60번째 백분위수의 위치를 계산한다.

$$첫 번째 사분위수 \rightarrow \text{Pos}(Q_1) = \frac{250}{4} \times 1 = 62.5$$

$$일곱 번째 십분위수 \rightarrow \text{Pos}(D_7) = \frac{250}{10} \times 7 = 175$$

$$60번째 백분위수 \rightarrow \text{Pos}(P_{60}) = \frac{250}{100} \times 60 = 150$$

2단계: 표 3.E.31의 누적 빈도 열에서 Q_1, D_7, P_{60}이 속한 부류를 알아낸다.

Q_1은 세 번째 부류에 있다(70 ├ 80).

D_7은 다섯 번째 부류에 있다(90 ├ 100).

P_{60}은 네 번째 부류에 있다(80 ├ 90).

3단계: 각각 식 (3.19), (3.20), (3.21)을 사용해 Q_1, D_7, P_{60}을 계산한다.

$$Q_1 = LL_{Q_1} + \left(\frac{Pos(Q_1) - F_{cum(Q_1 - 1)}}{F_{Q_1}}\right) \times R_{Q1} = 70 + \left(\frac{62.5 - 46}{49}\right) \times 10 = 73.37$$

$$D_7 = LL_{D_7} + \left(\frac{Pos(D_7) - F_{cum(D_7 - 1)}}{F_{D_7}}\right) \times R_{D_7} = 90 + \left(\frac{175 - 161}{40}\right) \times 10 = 93.5$$

$$P_{60} = LL_{P_{60}} + \left(\frac{Pos(P_{60}) - F_{cum(P_{60} - 1)}}{F_{P_{60}}}\right) \times R_{P_{60}} = 80 + \left(\frac{150 - 95}{66}\right) \times 10 = 88.33$$

해석

Q_1 = 73.37은 25% 환자의 몸무게는 73.37kg 이하이고 75%는 73.37kg 초과라는 뜻이다.

D_7 = 93.5는 70% 환자의 몸무게는 93.5kg 이하이고 30%는 93.5kg 초과라는 뜻이다.

P_{60} = 88.33은 60% 환자의 몸무게는 88.33kg 이하이고 40%는 88.33kg 초과라는 뜻이다.

3.4.1.3 일변량 이상치의 존재 식별

데이터셋에는 대부분의 관측치와 일관되지 않으며 대부분의 관측치와 극단적으로 멀리 떨어진 값이 들어 있을 수 있다. 이러한 관측치들은 이상치로서, 이례적, 비정상, 모순적 극단값이다.

이상치를 어떻게 처리할 수 있는지 살펴보기 전에 이러한 이상치가 생긴 원인을 알아내야 한다. 많은 경우 이러한 원인을 알아내면 해당 이상치를 어떻게 처리하는 것이 좋은지 판단할 수 있다. 주요 원인으로는 측정 실수, 실행/구현 실수, 모집단의 내재적 변동성 등이 있다.

이상치를 식별할 수 있는 여러 방법론들이 있는데 상자 도표, 부조화 모델discordance model, 딕슨 검정Dixon's test, 그럽스 검정Grubbs' test, Z 점수Z-score 등이 있다. 11장의 부록(클러스터 분석)에서는 다변량 이상치를 효과적으로 알아내는 기법이 소개된다(BACONBlocked Adaptive Computationally Efficient Outlier Nominators 알고리즘).

상자 도표(상자 도표를 그리는 방법은 3.3.2.5절에서 설명했다)에서 이상치 유무는 IQRinterquartile range(**사분위 거리**)로 알아내는데, 세 번째와 네 번째 사분위수의 거리에 해당한다.

$$\text{IQR} = Q_3 - Q_1 \tag{3.22}$$

IQR은 박스의 길이라는 점에 주목하자. Q_1의 아래나 Q_3 위로 1.5 · **IQR 이상** 떨어진 모든 값은 **약 이상치**mild outlier로 간주되며 원으로 나타낸다. 이 값은 여전히 모집단에 포함시킬 수 있지만 약간의 의심을 두어야 할 여지가 있다. 따라서 다음과 같은 경우 X°는 약 이상치가 된다.

$$X^{\circ} < Q_1 - 1.5 \cdot \text{IQR} \tag{3.23}$$

$$X^{\circ} > Q_3 + 1.5 \cdot \text{IQR} \tag{3.24}$$

Q_1의 아래나 Q_3 위로 $3 \cdot$ IQR **이상** 떨어진 모든 값은 별표로 나타내고 이는 **극 이상치**^{extreme outlier}로 간주한다. 따라서 다음의 경우 X^*는 극 이상치로 간주한다.

$$X^* < Q_1 - 3.\text{IQR} \tag{3.25}$$

$$X^* > Q_3 + 3.\text{IQR} \tag{3.26}$$

그림 3.15는 이상치를 식별한 상자 도표를 보여준다.

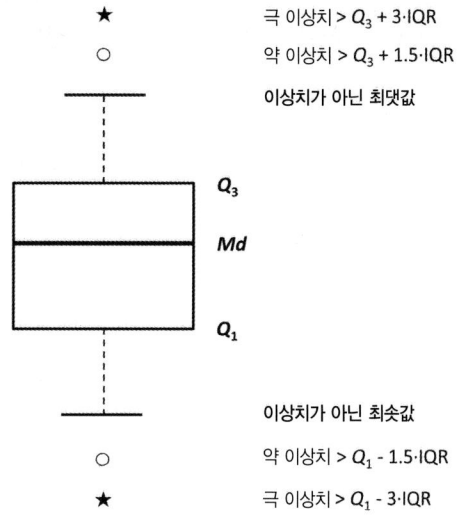

그림 3.15 이상치 식별을 위한 상자 도표

예제 3.27

수확 후 평균 당근 처리 시간을 다뤘던 예제 3.24의 값을 정렬한 경우를 생각해보자.

44.0	44.5	44.5	44.7	44.8	44.9	44.9	45.0	45.0	45.0
45.0	45.4	45.6	45.7	45.8	46.0	46.2	46.2	46.3	46.5

여기서 $Q_1 = 44.85$, $Q_2 = 45$, $Q_3 = 45.9$, 평균 = 45.3, 최빈값 = 45이다.
  약 이상치나 극 이상치가 존재하는지 확인해보라.

해법

이상치가 있는지 알아보기 위해 다음을 계산한다.

$$Q_1 - 1.5 \cdot (Q_3 - Q_1) = 44.85 - 1.5.(45.9 - 44.85) = 43.275$$
$$Q_3 + 1.5 \cdot (Q_3 - Q_1) = 45.9 + 1.5.(45.9 - 44.85) = 47.475$$

이 구간을 벗어난 값이 없으므로 약 이상치가 없다고 결론 내릴 수 있다. 명백히 극 이상치는 계산할 필요도 없다.

어떤 변수에서 오직 하나의 이상치만 발견되면 연구원들은 이상 관측치를 완전히 없애버리는 등의 기존 절차를 사용할 수 있다. 반면 여러 변수에서 다수의 이상치가 발견될 경우 모든 관측치에 대해 이상치를 전부 제거한다면 표본 크기가 심각하게 줄어들 수 있다. 이러한 문제를 피하기 위해 흔히 이상치를 평균값으로 대체하는 식으로 이상치를 제거하기도 한다(Fávero et al., 2009).

저자들은 회귀나 윈저화 평균 등의 체계적인 방법을 사용해 대체함으로써 동수의 관측치를 분포에서 제거하는 등의 방법들도 언급하고 있다.

Fávero et al.(2009)에서는 또 연구원들이 특정 변수를 연구할 때 이상치의 영향을 받지 않고 변수의 행동을 조사할 때 이상치를 다루는 것이 매우 중요함을 강조하고 있다. 반면 주요 목적이 이러한 이상치들의 행동을 알아내는 것이거나 불일치 기준에 따른 부분그룹을 정의하는 것이라면, 이러한 관측치를 제거하거나 대체하는 것이 최선의 해법이 아닐 수 있다.

3.4.2 산포나 변동성의 측도

데이터 집합의 행동을 연구하려면 데이터 분포의 성질이나 형태와 더불어 중심 경향과 산포의 측도를 사용한다. 중심 경향 측도는 데이터 집합을 대표하는 값을 결정한다. 데이터의 산포나 변동성을 특징지으려면 산포 측도가 필요하다.

산포에 대한 가장 흔한 측도는 범위, 평균 편차, 분산, 표준 편차, 표준 오차, 변동 계수 등이 있다.

3.4.2.1 범위

가장 간단한 변동성 측도는 **전체 범위**^{total range} 또는 간단히 범위(R)이며, 데이터 집합의 최대치와 최소치 간의 차이를 나타낸다.

$$R = X_{\max} - X_{\min} \tag{3.27}$$

3.4.2.2 평균 편차

편차는 각 관측치와 평균값 사이의 차이를 의미한다. 따라서 모집단에서는 $(X_i - \mu)$로 나타내고, 표본에서는 $(X_i - \overline{X})$로 나타낸다. **절댓값 편차**^{modulus/absolute deviation}는 $\pm$ 기호를 무시하고 $|X_i - \overline{X}|$로 나타낸다.

평균 편차 또는 **절대 평균 편차**^{absolute average deviation}는 절대 편차의 산술 평균을 의미한다.

3.4.2.2.1 사례 1: 그룹화되지 않은 이산 및 연속 데이터의 평균

평균 편차^{average deviation}($\overline{D}$)는 모든 관측치의 절대 편차의 합을 모집단의 크기(N) 또는 표본의 크기(n)로 나눈 값이다.

$$\overline{D} = \frac{\sum\limits_{i=1}^{N} |X_i - \mu|}{N} \quad (\text{모집단}) \tag{3.28}$$

$$\overline{D} = \frac{\sum\limits_{i=1}^{n} |X_i - \overline{X}|}{n} \quad (\text{표본}) \tag{3.29}$$

예제 3.28

표 3.E.32는 자동차가 하루 동안 10개의 패키지를 배달하기 위해 운행한 거리를 km로 나타낸 것이다. 평균 편차를 구하라.

표 3.E.32 운행 거리(km)

12.4	22.6	18.9	9.7	14.5	22.5	26.3	17.7	31.2	20.4

해법

표 3.E.32의 데이터에서는 $\overline{X}$ = 19:62이다. 식 (3.29)를 적용하면, 다음의 평균 편차를 얻는다.

$$\overline{D} = \frac{|12.4 - 19.62| + |22.6 - 19.62| + \cdots + |20.4 - 19.62|}{10} = 4.98$$

엑셀에서는 AVEDEV 함수를 사용하면 평균 편차를 바로 구할 수 있다.

3.4.2.2.2 사례 2: 그룹화된 이산 데이터의 평균 편차

m개 그룹의 빈도 분포표로 나타난 그룹화된 데이터에서는 평균 분산을 다음과 같이 구할 수 있다.

$$\overline{D} = \frac{\sum\limits_{i=1}^{m} |X_i - \mu| . F_i}{N} \quad (\text{모집단}) \tag{3.30}$$

$$\overline{D} = \frac{\sum\limits_{i=1}^{m} |X_i - \overline{X}| . F_i}{n} \quad (\text{표본}) \tag{3.31}$$

$\overline{X} = \frac{\sum_{i=1}^{m} X_i . F_i}{n}$ 라는 사실을 기억하자.

예제 3.29

표 3.E.33은 축구 팀이 지난 30게임 동안 기록한 골 수와 절대 빈도를 기록한 것이다. 평균 편차를 구하라.

표 3.E.33 예제 3.29의 빈도 분포

골 수	F_i
0	5
1	8
2	6
3	4
4	4
5	2
6	1
합계	**30**

해법

평균은 $\overline{X} = \dfrac{0 \times 5 + 1 \times 8 + \cdots + 6 \times 1}{30} = 2.133$이다. 평균 편차는 표 3.E.34에 나타난 방법으로 구하면 된다.

표 3.E.34 예제 3.29의 평균 편차 계산

골 수	F_i	$\lvert X_i - \overline{X} \rvert$	$\lvert X_i - \overline{X} \rvert.F_i$
0	5	2.133	10.667
1	8	1.133	9.067
2	6	0.133	0.800
3	4	0.867	3.467
4	4	1.867	7.467
5	2	2.867	5.733
6	1	3.867	3.867
합계	**30**		**41.067**

따라서 $\overline{D} = \dfrac{\sum_{i=1}^{m} \lvert X_i - \overline{X} \rvert.F_i}{n} = \dfrac{41.067}{30} = 1.369$이다.

3.4.2.2.3 사례 3: 부류로 그룹화된 연속 데이터의 평균 편차

부류로 그룹화된 연속 데이터의 경우 평균 편차는 다음과 같이 구한다.

$$\overline{D} = \frac{\sum_{i=1}^{k} |X_i - \mu| \cdot F_i}{N} \quad \text{(모집단)} \tag{3.32}$$

$$\overline{D} = \frac{\sum_{i=1}^{k} |X_i - \overline{X}| \cdot F_i}{n} \quad \text{(표본)} \tag{3.33}$$

식 (3.32)와 식 (3.33)은 각각 식 (3.30) 및 식 (3.31)과 유사하다는 점에 주목하자. 다만 이제 m개 그룹이 아니라 k개의 부류를 고려하고 있다. 더구나 X_i는 각 부류 i의 중간 또는 중앙 점을 나타내고, 여기서 식 (3.6)에 나타낸 것처럼 $\overline{X} = \frac{\sum_{i=1}^{k} X_i \cdot F_i}{n}$이다.

예제 3.30

유전 인자에 따른 변동성을 알아보기 위해 신생아 100명의 체중 정보를 수집했다. 표 3.E.35는 절대 빈도에 따라 부류로 그룹화된 데이터를 보여준다. 평균 편차를 계산하라.

표 3.E.35 부류로 그룹화된 신생아 몸무게(kg)

부류	F_i
2.0 ├ 2.5	10
2.5 ├ 3.0	24
3.0 ├ 3.5	31
3.5 ├ 4.0	22
4.0 ├ 4.5	13
합계	

해법

먼저 $\overline{X}$를 계산한다.

$$\overline{X} = \frac{\sum_{i=1}^{k} X_i \cdot F_i}{n} = \frac{2.25 \times 10 + 2.75 \times 24 + 3.25 \times 31 + 3.75 \times 22 + 4.25 \times 13}{100} = 3.270$$

평균 편차는 표 3.E.36에 나타난 것처럼 구할 수 있다.

표 3.E.36 예제 3.30의 평균 편차 계산

부류	F_i	X_i	$\lvert X_i - \overline{X} \rvert$	$\lvert X_i - \overline{X} \rvert . F_i$
2.0 ⊢ 2.5	10	2.25	1.02	10.20
2.5 ⊢ 3.0	24	2.75	0.52	12.48
3.0 ⊢ 3.5	31	3.25	0.02	0.62
3.5 ⊢ 4.0	22	3.75	0.48	10.56
4.0 ⊢ 4.5	13	4.25	0.98	12.74
합계	**100**			**46.6**

따라서 $\overline{D} = \dfrac{\sum_{i=1}^{k} \lvert X_i - \overline{X} \rvert . F_i}{n} = \dfrac{46.6}{100} = 0.466$ 이다.

3.4.2.3 분산

분산은 산포 측도 혹은 변동성으로서 데이터가 산술 평균으로부터 얼마나 산포하고 있는지 계산하는 것이다. 따라서 산포가 클수록 분산도 크다.

3.4.2.3.1 사례 1: 그룹화되지 않은 이산 및 연속 데이터의 분산

앞 절에서 설명한 절대 편차의 평균을 고려하는 대신 제곱 편차의 평균을 계산하는 것이 더 보편적이다. 이 측도는 분산^{variance}으로 알려져 있다.

$$\sigma^2 = \frac{\sum_{i=1}^{N}(X_i - \mu)^2}{N} = \frac{\sum_{i=1}^{N} X_i^2 - \dfrac{\left(\sum_{i=1}^{N} X_i\right)^2}{N}}{N} \quad \text{(모집단)} \tag{3.34}$$

$$S^2 = \frac{\sum_{i=1}^{n}(X_i - \overline{X})^2}{n-1} = \frac{\sum_{i=1}^{n} X_i^2 - \dfrac{\left(\sum_{i=1}^{n} X_i\right)^2}{n}}{n-1} \quad \text{(표본)} \tag{3.35}$$

표본 분산(S^2)과 모집단 분산(σ^2)의 관계는 다음과 같다.

$$S^2 = \frac{N}{n-1} . \sigma^2 \tag{3.36}$$

100

예제 3.31

소포 10개를 배달하기 위해 하루 동안 운행한 거리(km)를 기록했던 예제 3.28을 다시 살펴보자. 이제 분산을 계산해보라.

해법

예제 3.28에서 $\overline{X}$ = 19.62임을 알고 있다. 식 (3.35)를 적용하면 다음과 같다.

$$S^2 = \frac{(12.4 - 19.62)^2 + (22.6 - 19.62)^2 + \cdots + (20.4 - 19.62)^2}{9} = 41.94$$

엑셀에서는 VAR.S 함수를 사용하면 표본 분산을 바로 구할 수 있다. 모집단의 분산을 계산하려면 VAR.P 함수를 사용해야만 한다.

3.4.2.3.2 사례 2: 그룹화된 이산 데이터의 분산

빈도 분포표로 m개의 그룹으로 그룹화된 데이터에서는 다음과 같이 분산을 계산한다.

$$\sigma^2 = \frac{\sum_{i=1}^{m}(X_i - \mu)^2 . F_i}{N} = \frac{\sum_{i=1}^{m}X_i^2 . F_i - \frac{\left(\sum_{i=1}^{m}X_i . F_i\right)^2}{N}}{N} \quad (\text{모집단}) \tag{3.37}$$

$$S^2 = \frac{\sum_{i=1}^{m}\left(X_i - \overline{X}\right)^2 . F_i}{n-1} = \frac{\sum_{i=1}^{m}X_i^2 . F_i - \frac{\left(\sum_{i=1}^{m}X_i . F_i\right)^2}{n}}{n-1} \quad (\text{표본}) \tag{3.38}$$

여기서

$$\overline{X} = \frac{\sum_{i=1}^{m}X_i . F_i}{n}$$

예제 3.32

축구 30게임의 골 수와 절대 빈도를 다뤘던 예제 3.29를 다시 살펴보자. 이번에는 분산을 계산하라.

해법

예제 3.29에서 계산한 것처럼 평균은 $\overline{X}$ = 2.133이다. 분산은 표 3.E.37에 나타난 것처럼 계산할 수 있다.

표 3.E.37 분산의 계산

골 수	F_i	$(X_i - \overline{X})^2$	$(X_i - \overline{X})^2 . F_i$
0	5	4.551	22.756
1	8	1.284	10.276
2	6	0.018	0.107
3	4	0.751	3.004
4	4	3.484	13.938
5	2	8.218	16.436
6	1	14.951	14.951
합계	**30**		**81.467**

따라서 $S^2 = \dfrac{\sum_{i=1}^{m}(X_i - \overline{X})^2 . F_i}{n-1} = \dfrac{81.467}{29} = 2.8090$이다.

3.4.2.3.3 사례 3: 부류로 그룹화된 연속 데이터의 분산

부류로 그룹화된 연속 데이터의 경우 분산은 다음과 같이 계산한다.

$$\sigma^2 = \frac{\sum_{i=1}^{k}(X_i - \mu)^2 . F_i}{N} = \frac{\sum_{i=1}^{k} X_i^2 . F_i - \dfrac{\left(\sum_{i=1}^{k} X_i . F_i\right)^2}{N}}{N} \quad \text{(모집단)} \tag{3.39}$$

$$S^2 = \frac{\sum_{i=1}^{k}(X_i - \overline{x})^2 . F_i}{n-1} = \frac{\sum_{i=1}^{k} X_i^2 . F_i - \dfrac{\left(\sum_{i=1}^{k} X_i . F_i\right)^2}{n}}{n-1} \quad \text{(표본)} \tag{3.40}$$

식 (3.39)와 식 (3.40)은 각각 식 (3.37) 및 식 (3.38)과 유사하다는 점에 주목하자. 다만 이제 m개 그룹이 아니라 k개의 부류를 고려하고 있다.

예제 3.33

그 절대 빈도에 따라 부류로 그룹화된 신생아들 체중을 다룬 예제 3.30을 다시 살펴보자. 이번에는 분산을 계산하라.

해법

예제 3.30에서 계산한 것처럼 $\overline{X} = 3.270$이다.

분산은 표 3.E.38에서처럼 계산해 알아낼 수 있다.

표 3.E.38 예제 3.33의 분산 계산

부류	F_i	X_i	$(X_i - \overline{X})^2$	$(X_i - \overline{X})^2 . F_i$
2.0 ⊢ 2.5	10	2.25	1.0404	10.404
2.5 ⊢ 3.0	24	2.75	0.2704	6.4896
3.0 ⊢ 3.5	31	3.25	0.0004	0.0124
3.5 ⊢ 4.0	22	3.75	0.2304	5.0688
4.0 ⊢ 4.5	13	4.25	0.9604	12.4852
합계	**100**			**34.46**

따라서 $S^2 = \dfrac{\sum_{i=1}^{k} (X_i - \overline{X})^2 . F_i}{n-1} = \dfrac{34.46}{99} = 0.348$ 이다.

3.4.2.4 표준 편차

분산은 제곱 편차의 평균을 고려하므로 그 값이 매우 큰 경향이 있고 해석이 어렵다. 이 문제를 해결하기 위해 분산의 제곱근을 계산한다. 이 측정은 표준 편차$^{\text{standard deviation}}$로 알려져 있으며, 다음과 같이 계산한다.

$$\sigma = \sqrt{\sigma^2} \ \text{(모집단)} \tag{3.41}$$

$$S = \sqrt{S^2} \ \text{(표본)} \tag{3.42}$$

예제 3.34

자동차 운행 거리를 다뤘던 예제 3.28이나 예제 3.31을 다시 한번 고려해보자. 이번에는 표준 편차를 계산하라.

해법

$\overline{X}$ = 19.62임을 알고 있다. 표준 편차는 분산의 제곱근이다. 분산은 예제 3.31에서 계산했었다.

$$S = \sqrt{\frac{(12.4 - 19.62)^2 + (22.6 - 19.62)^2 + \cdots + (20.4 - 19.62)^2}{9}} = \sqrt{41.94} = 6.476$$

엑셀에서는 STDEV.S 함수를 사용하면 표본의 표준 편차를 바로 구할 수 있다. 모집단의 표준 편차를 구하려면 STDEV.P 함수를 사용해야 한다.

예제 3.35

축구 30게임의 골 수와 그 절대 빈도를 다뤘던 예제 3.29나 예제 3.32를 살펴보자. 이번에는 표준 편차를 계산하라.

해법

평균은 $\overline{X}$ = 2.133이다. 표준 편차는 분산이 제곱근이므로 분산을 알면 계산할 수 있으며, 분산은 표 3.E.37에 있는 대로 예제 3.32에서 구했었다.

따라서 $S = \sqrt{\dfrac{\sum_{i=1}^{m}\left(X_i - \overline{X}\right)^2 . F_i}{n-1}} = \sqrt{\dfrac{81.467}{29}} = \sqrt{2.809} = 1.676$ 이다.

예제 3.36

절대 빈도로 부류화된 신생아들의 몸무게를 다룬 예제 3.30이나 예제 3.33을 살펴보자. 이번에는 표준 편차를 계산하라.

해법

평균은 $\overline{X}$ = 3.270이다. 표준 편차는 분산이 제곱근이므로 분산을 알면 계산할 수 있으며, 분산은 표 3.E.38에 있는 대로 예제 3.33에서 구했었다.

따라서 $S = \sqrt{\dfrac{\sum_{i=1}^{k}\left(X_i - \overline{X}\right)^2 . F_i}{n-1}} = \sqrt{\dfrac{34.46}{99}} = \sqrt{0.348} = 0.59$ 이다.

3.4.2.5 표준 오차

표준 오차는 평균의 표준 편차다. 표준 오차는 표준 편차를 모집단이나 표본 크기의 제곱근으로 나누면 구할 수 있다.

$$\sigma_{\overline{X}} = \frac{\sigma}{\sqrt{N}} \quad \text{(모집단)} \tag{3.43}$$

$$S_{\overline{X}} = \frac{S}{\sqrt{n}} \quad \text{(표본)} \tag{3.44}$$

랜덤 오차에 대한 보상으로 인해 측정 개수가 많을수록 평균값은 더 좋아진다(더 높은 정확도).

예제 3.37

콘크리트 혼합의 준비 단계 중 하나는 콘크리트 믹서다. 표 3.E.39와 예제 3.E.40은 각각 10개와 30개 표본에 대한 콘크리트 혼합 시간(초)을 보여준다. 각 경우의 표준 오차를 계산하고 그 결과를 해석해보라.

표 3.E.39	10개 표본의 콘크리트 혼합 시간								
124	111	132	142	108	127	133	144	148	105

표 3.E.40	30개 표본의 콘크리트 혼합 시간								
125	102	135	126	132	129	156	112	108	134
126	104	143	140	138	129	119	114	107	121
124	112	148	145	130	125	120	127	106	148

해법

먼저, 각 표본의 표준 편차를 계산한다.

$$S_1 = \sqrt{\frac{(124-127.4)^2 + (111-127.4)^2 + \cdots + (105-127.4)^2}{9}} = 15.364$$

$$S_2 = \sqrt{\frac{(125-126.167)^2 + (102-126.167)^2 + \cdots + (148-126.167)^2}{29}} = 14.227$$

표준 오차를 계산하려면, 식 (3.44)를 적용해야만 한다.

$$S_{\bar{X}_1} = \frac{S_1}{\sqrt{n_1}} = \frac{15.364}{\sqrt{10}} = 4.858$$

$$S_{\bar{X}_2} = \frac{S_2}{\sqrt{n_2}} = \frac{14.227}{\sqrt{30}} = 2.598$$

표본 편차 계산에 있어서 작은 차이에도 불구하고 첫 번째 표본의 표준 오차는 두 번째 표본에 비해 거의 두 배나 된다는 사실을 알 수 있다. 따라서 측정 개수가 많을수록 정확도는 더 올라간다.

3.4.2.6 변동 계수

변동 계수$^{coefficient\ of\ variation}$($CV$)는 데이터의 변동성을 그 평균과의 관계로 나타낸 산포의 상대 측도다. 이 값이 작을수록 데이터는 더 균질이며, 평균을 둘러싼 산포가 더 작다는 의미가 된다. 변동 계수는 다음과 같이 계산할 수 있다.

$$CV = \frac{\sigma}{\mu} \times 100 \ (\%) \quad (모집단) \tag{3.45}$$

$$CV = \frac{S}{\bar{X}} \times 100 \ (\%) \quad (표본) \tag{3.46}$$

CV의 값이 30%보다 작다면 데이터 집합은 대체로 균질이며 CV 값은 낮은 것으로 간주할 수 있다. 이 값이 30%보다 크다면 데이터 집합은 이질적이다. 그러나 이 기준은 응용에 따라 바뀔 수 있다.

예제 3.38

이전 예제에서 두 표본의 변동 계수를 계산하라.

해법

식 (3.46)을 적용하면 다음과 같다.

$$CV_1 = \frac{S_1}{\overline{X}_1} \times 100 = \frac{15.364}{127.4} \times 100 = 12.06\%$$

$$CV_2 = \frac{S_2}{\overline{X}_2} \times 100 = \frac{14.227}{126.167} \times 100 = 11.28\%$$

이 결과는 두 표본에서 연구 중인 변수가 균질함을 확인해준다. 따라서 평균은 데이터를 나타내는 좋은 측도가 될 수 있다고 결론지을 수 있다.

이제 왜도와 첨도에 대해 알아보자.

3.4.3 형태 측도

비대칭(왜도)과 첨도의 측도는 평균 근처에서 표본추출된 원소의 모집단 분포에 대한 형태를 특징짓는다(Maroco, 2014).

3.4.3.1 왜도 측도

왜도^{skewness} 측도는 분포 곡선의 형태를 기술한다. 대칭 곡선에서는 평균, 최빈값, 중앙값이 동일하다. 비대칭 곡선의 경우 평균은 최빈값으로부터 멀리 떨어지고 중앙값은 그 사이에 놓이게 된다. 그림 3.16은 대칭 분포를 보여준다.

반면 빈도 분포가 좌측으로 치우칠 경우, 다시 말해 오른쪽 꼬리가 왼쪽보다 더 길 경우에는 **양의 비대칭 분포**^{positively skewed distribution} 또는 **오른쪽 비대칭 분포**라 부르며 그림 3.17에 나타나 있다. 이 경우 평균은 중앙값보다 크고 중앙값은 최빈값보다 크다($Mo < Md < \overline{X}$).

반대로 빈도 분포가 오른쪽으로 치우치면, 즉 왼쪽 꼬리가 오른쪽보다 더 긴 경우에는 **음의 비대칭 분포**^{negatively skewed distribution} 또는 **왼쪽 비대칭 분포**라고 하고 그림 3.18에 나타나 있다. 이 경우 평균은 중앙값보다 작고 중앙값은 최빈값보다 작다($\overline{X} < Md < Mo$).

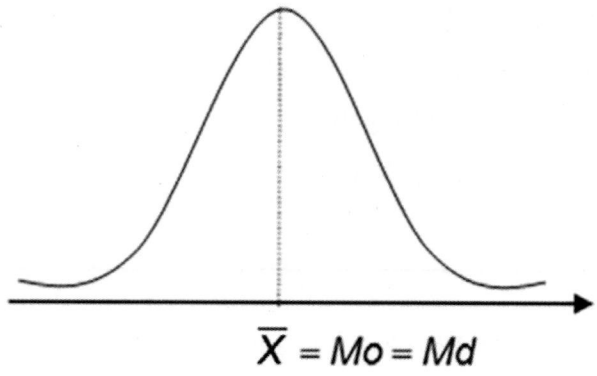

$$\overline{X} = Mo = Md$$

그림 3.16 대칭 분포

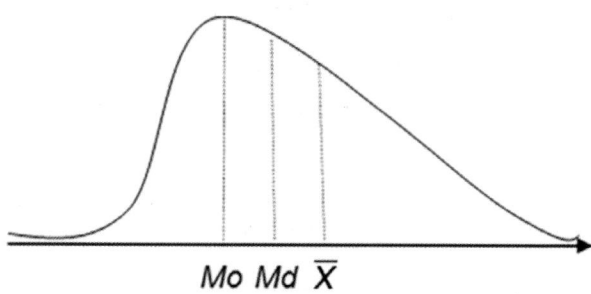

$$Mo \; Md \; \overline{X}$$

그림 3.17 오른쪽 또는 양의 비대칭

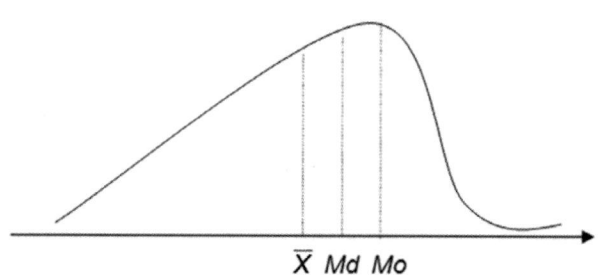

$$\overline{X} \; Md \; Mo$$

그림 3.18 왼쪽 또는 음의 비대칭

3.4.3.1.1 피어슨의 첫 번째 왜도 계수

피어슨^{Pearson}의 첫 번째 왜도 계수(Sk_1)는 평균과 최빈값의 차이를 산포(표준 편차) 측도로 가중화한 값으로 왜도를 측정한 것이다.

$$Sk_1 = \frac{\mu - Mo}{\sigma} \quad \text{(모집단)} \tag{3.47}$$

$$Sk_1 = \frac{\overline{X} - Mo}{S} \quad \text{(표본)} \tag{3.48}$$

이는 다음과 같이 해석할 수 있다.

$Sk_1 = 0$이면 분포는 대칭이다.

$Sk_1 > 0$이면 양의(또는 오른쪽) 비대칭이다.

$Sk_1 < 0$이면 음의(또는 왼쪽) 비대칭이다.

예제 3.39

어떤 데이터 집합에서 $\overline{X} = 34.7$, $Mo = 31.5$, $Md = 33.2$, $S = 12.4$의 측정값을 얻었다. 왜도의 형태를 알아내고 피어슨의 첫 번째 왜도 계수를 구하라.

해법

$Mo < Md < \overline{X}$이므로 양의(또는 오른쪽) 비대칭 분포다. 식 (3.48)을 적용하면 피어슨의 첫 번째 왜도 계수를 다음과 같이 구할 수 있다.

$$Sk_1 = \frac{\overline{X} - Mo}{S} = \frac{34.7 - 31.5}{12.4} = 0.258$$

$Sk_1 > 0$인 점을 이용해서도 양의 비대칭이라는 사실을 알아낼 수 있다.

3.4.3.1.2 피어슨의 두 번째 왜도 계수

왜도 계산에서 최빈값 계산을 사용하지 않기 위해서는 평균, 중앙값, 최빈값의 경험적 관계, 즉 $\overline{X} - Mo = 3.(\overline{X} - Md)$를 적용해야 한다. 이는 피어슨의 두 번째 왜도 계수(Sk_2)에 해당한다.

$$Sk_2 = \frac{3.(\mu - Md)}{\sigma} \quad \text{(모집단)} \tag{3.49}$$

$$Sk_2 = \frac{3.(\overline{X} - Md)}{S} \quad \text{(표본)} \tag{3.50}$$

동일한 방법으로 다음과 같음을 알 수 있다.

$Sk_2 = 0$이면 분포는 대칭이다.

$Sk_2 > 0$이면 양의(또는 오른쪽) 비대칭이다.

$Sk_2 < 0$이면 음의(또는 왼쪽) 비대칭이다.

피어슨의 첫 번째와 두 번째 계수를 사용하면 두 분포를 비교해서 어느 분포가 더 비대칭인지 알아낼 수 있다. 그 절댓값은 왜도의 강도를 나타낸다. 즉, 피어슨의 왜도 계수가 클수록 그 곡선은 더 비대칭이다. 따라서

$0 < |Sk| < 0.15$이면 비대칭이 약하다.

0.15 ≤ |Sk| ≤ 1이면 왜도가 적당하다.

|Sk| > 1이면 비대칭이 심하다.

예제 3.40

예제 3.39의 데이터에서 피어슨의 두 번째 왜도 계수를 구하라.

해법

식 (3.50)을 적용하면 다음을 구할 수 있다.

$$Sk_2 = \frac{3.(\overline{X} - Md)}{S} = \frac{3.(34.7 - 33.2)}{12.4} = 0.363$$

유사하게, $Sk_2 > 0$이므로 분포는 양의 비대칭이라는 사실을 확인할 수 있다.

3.4.3.1.3 보울리의 왜도 계수

또 다른 왜도 측도로는 보울리^{Bowley}의 왜도 계수(Sk_B)가 있는데 왜도의 사분위수 계수로 알려져 있으며, 중앙값에 더해 첫 번째와 세 번째 사분위수 같은 분위수로 계산한다.

$$Sk_B = \frac{Q_3 + Q_1 - 2.Md}{Q_3 - Q_1} \tag{3.51}$$

동일한 방법으로 다음과 같이 해석할 수 있다.

$Sk_B = 0$이면 분포는 대칭이다.

$Sk_B > 0$이면 분포는 양의(오른쪽) 비대칭이다.

$Sk_B < 0$이면 분포는 음의(왼쪽) 비대칭이다.

예제 3.41

다음 데이터셋에 대해 보울리의 계수를 계산하라. 표는 이미 오름차순으로 정렬되어 있다.

24	25	29	31	36	40	44	45	48	50	54	56
1번째	2번째	3번째	4번째	5번째	6번째	7번째	8번째	9번째	10번째	11번째	12번째

해법

$Q_1 = 30$, $Md = 42$, $Q_3 = 49$이다. 따라서 보울리의 왜도 계수를 계산할 수 있다.

$$Sk_B = \frac{Q_3 + Q_1 - 2.Md}{Q_3 - Q_1} = \frac{49 + 30 - 2.(42)}{49 - 30} = -0.263$$

$Sk_B < 0$이므로 분포는 음의 비대칭(왼쪽)이라고 결론 내릴 수 있다.

3.4.3.1.4 피셔의 왜도 계수

여기서 알아볼 마지막 왜도 측도는 피셔^{Fisher}의 왜도 계수(g_1)로 알려져 있으며, Maroco(2014)에 설명된 대로 평균 근처의 세 번째 모멘트(M_3)를 사용해 구한다.

$$g_1 = \frac{n^2.M_3}{(n-1).(n-2).S^3} \tag{3.52}$$

여기서

$$M_3 = \frac{\sum\limits_{i=1}^{n} \left(X_i - \overline{X}\right)^3}{n} \tag{3.53}$$

다른 왜도 계수와 동일한 방식으로 이는 다음과 같이 해석할 수 있다.

$g_1 = 0$이면 분포는 대칭이다.

$g_1 > 0$이면 분포는 양의(오른쪽) 비대칭이다.

$g_1 < 0$이면 분포는 음의(왼쪽) 비대칭이다.

엑셀에서는 **DISTORTION** 함수 또는 추가 기능의 **분석 도구**(3.5절)를 사용하면 피셔의 왜도 계수를 계산할 수 있다(예제 3.42 참조). SPSS를 사용해 계산하는 방법은 3.6절에 나와 있다.

3.4.3.1.5 Stata에서의 왜도 계수

Stata에서의 왜도 계수는 Cox(2010)에서 설명한 것처럼 평균 근처의 두 번째와 세 번째 모멘트를 사용해 계산한다.

$$Sk = \frac{M_3}{M_2^{3/2}} \tag{3.54}$$

여기서

$$M_2 = \frac{\sum\limits_{i=1}^{n} \left(X_i - \overline{X}\right)^2}{n} \tag{3.55}$$

그 밖의 왜도 계수와 마찬가지로 이는 다음과 같이 해석할 수 있다.

Sk = 0이면 분포는 대칭이다.

Sk > 0이면 분포는 양의(오른쪽) 비대칭이다.

Sk < 0이면 분포는 음의(왼쪽) 비대칭이다.

3.4.3.2 첨도 측도

왜도 측도에 더해 첨도^{kurtosis}는 연구 중인 변수의 분포 형태를 특징짓는 데 사용할 수 있다.

첨도는 대개 정규 분포에 해당하는 이론적 분포에 대한 빈도 분포의 편평한 정도(곡선 피크의 높이)로 정의된다.

분포의 모양이 그다지 편평하지 않고 길지도 않으면 정규 곡선에 가깝고, 이는 **중첨**^{mesokurtic}이라 부르며 그림 3.19에 나타나 있다.

반면 분포가 정규 곡선보다 편평한 빈도 곡선을 나타내면 **저첨**^{platykurtic}이라 하며 그림 3.20에 나타나 있다.

또 분포가 정규 곡선보다 더 긴 빈도 곡선을 나타내면 **급첨**^{leptokurtic}이라 부르고 그림 3.21에 나타나 있다.

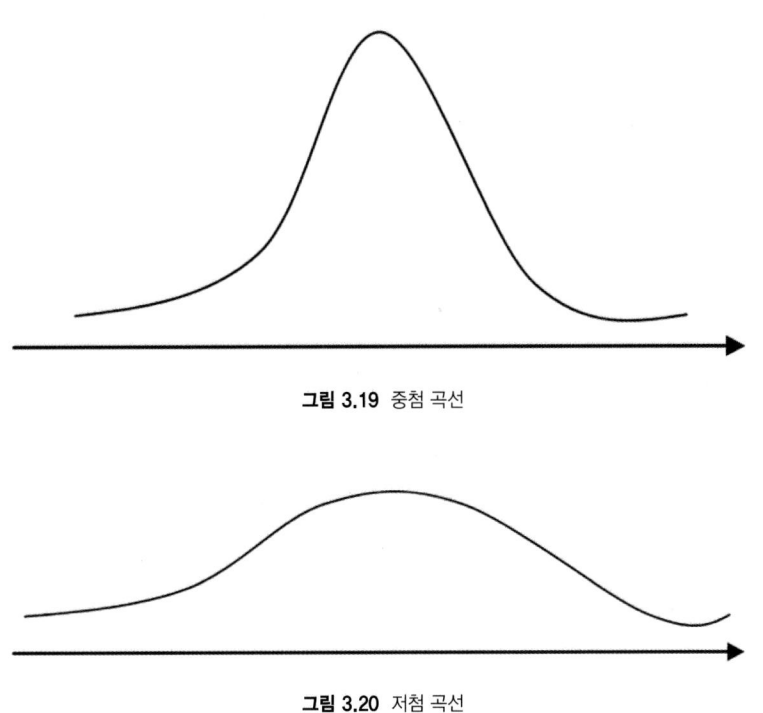

그림 3.19 중첨 곡선

그림 3.20 저첨 곡선

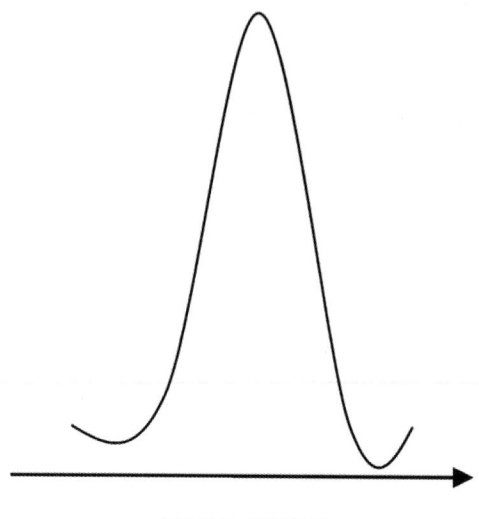

그림 3.21 급첨 곡선

3.4.3.2.1 첨도 계수

분포의 편평한 정도 또는 첨도를 나타내는 가장 보편적인 계수는 **첨도의 백분위 계수**^{percentile coefficient of} ^{kurtosis} 또는 간단히 **첨도 계수**^{coefficient of kurtosis}(k)다. 이 값은 10번째와 90번째 백분위에 더해 분위 간 거리로 계산한다.

$$k = \frac{Q_3 - Q_1}{2 \cdot (P_{90} - P_{10})} \qquad (3.56)$$

이는 다음과 같이 해석할 수 있다.

$k = 0.263$이면 곡선은 중첨이다.

$k > 0.263$이면 곡선은 저첨이다.

$k < 0.263$이면 곡선은 급첨이다.

3.4.3.2.2 피셔의 첨도 계수

분포의 편평한 정도 또는 첨도를 측정하는 또 다른 일반적인 방법은 피셔의 첨도 계수(g_2)다. 이 값은 Maroco(2014)에서 설명한 것처럼 평균 근처의 네 번째 모멘트(M_4)를 사용해 계산한다.

$$g_2 = \frac{n^2 . (n+1) . M_4}{(n-1) . (n-2) . (n-3) . S^4} - 3 . \frac{(n-1)^2}{(n-2) . (n-3)} \qquad (3.57)$$

여기서

$$M_4 = \frac{\sum_{i=1}^{n} (X_i - \overline{X})^4}{n} \qquad (3.58)$$

112

이 값은 다음과 같이 해석할 수 있다.

g_2 = 0이면 곡선은 정규 분포다(중첨).

g_2 < 0이면 곡선은 매우 편평하다(저첨).

g_2 > 0이면 곡선은 매우 길다(급첨).

SPSS 등의 많은 통계 소프트웨어는 첨도 또는 편평한 정도를 계산하기 위해 피셔의 첨도 계수를 사용한다. 엑셀에서는 **KURT** 함수를 사용하면 피셔의 첨도 계수를 계산하고(예제 3.42), **분석 도구** Analysis ToolPak를 이용해서도 계산할 수 있다(3.5절).

3.4.3.2.3 Stata에서의 첨도 계수

Stata에서의 첨도 계수는 Bock(1975)과 Cox(2010)에 설명되어 있는 것처럼 평균 근처의 두 번째와 네 번째 모멘트를 사용해 계산한다.

$$k_S = \frac{M_4}{M_2^2} \tag{3.59}$$

이 값은 다음처럼 해석할 수 있다.

k_S = 3이면 곡선은 정규 분포다(중첨).

k_S < 3이면 곡선은 매우 편평하다(저첨).

k_S > 3이면 곡선은 매우 길다(급첨).

예제 3.42

표 3.E.41은 20 거래일 동안의 월중 주식 Y의 주가를 나타낸다. 다음을 구하라.

a) 피셔의 왜도 계수(g_1)
b) Stata에서 사용되는 왜도 계수
c) 피셔의 첨도 계수(g_2)
d) Stata에서 사용되는 첨도 계수

표 3.E.41 월중 주식 Y의 주가

18.7	18.3	18.4	18.7	18.8	18.8	19.1	18.9	19.1	19.9
18.5	18.5	18.1	17.9	18.2	18.3	18.1	18.8	17.5	16.9

해법

표 3.E.41의 데이터에 대한 평균과 표준 편차는 각각 $\overline{X}$ = 18.475와 S = 0.6324이다.

a) 피셔의 왜도 계수 g_1

이 값은 평균 근처의 세 번째 모멘트(M_3)를 사용해 구한다.

$$M_3 = \frac{\sum_{i=1}^{n}(X_i - \overline{X})^3}{n} = \frac{(18.7 - 18.475)^3 + \cdots + (16.9 - 18.475)^3}{20} = -0.0788$$

따라서 다음과 같다.

$$g_1 = \frac{n^2 . M_3}{(n-1).(n-2).S^3} = \frac{(20)^2 \cdot (-0.079)}{19 \cdot 18 \cdot (0.63)^3} = -0.3647$$

$g_1 < 0$이므로 빈도 곡선은 오른쪽으로 더욱 치우쳤고 왼쪽에 긴 꼬리가 있으며 따라서 죄측 또는 음의 비대칭 분포라고 결론 내릴 수 있다.

엑셀은 SKEW 함수를 사용해 피셔의 왜도 계수(g_1)를 계산한다. Stock_Market.xls 파일에서는 표 3.E.41의 데이터가 셀 A1:A20에 있음을 알 수 있다. 따라서 그 값을 계산하려면 단순히 =SKEW(A1:A20)이라는 식을 입력하면 된다.

b) Stata에서 사용되는 왜도 계수

이 값은 평균 근처의 두 번째와 세 번째 모멘트를 사용해 계산한다.

$$M_2 = \frac{\sum_{i=1}^{n}(X_i - \overline{X})^2}{n} = \frac{(18.7 - 18.475)^2 + \cdots + (16.9 - 18.475)^2}{20} = 0.3799$$

$$M_3 = -0.0788$$

값은 다음과 같이 계산된다.

$$Sk = \frac{M_3}{M_2^{3/2}} = -0.3367$$

이 값은 피셔의 왜도 계수와 동일한 방법으로 해석할 수 있다.

c) 피셔의 첨도 계수 g_2

이 값은 평균 근처의 네 번째 모멘트(M_4)를 사용해 계산한다.

$$M_4 = \frac{\sum_{i=1}^{n}(X_i - \overline{X})^4}{n} = \frac{(18.7 - 18.475)^4 + \cdots + (16.9 - 18.475)^4}{20} = 0.5857$$

따라서 g_2는 다음과 같이 계산한다.

$$g_2 = \frac{n^2 .(n+1).M_4}{(n-1).(n-2).(n-3).S^4} - 3 . \frac{(n-1)^2}{(n-2).(n-3)}$$

$$g_2 = \frac{(20)^2 \cdot 21 \cdot 0.5857}{19 \cdot 18 \cdot 17 \cdot (0.6324)^4} - 3 . \frac{(19)^2}{18 \cdot 17} = 1.7529$$

그러므로 곡선은 길다(급첨)고 결론 내릴 수 있다.

엑셀에서는 KURT 함수를 사용하면 피셔의 첨도 계수(g_2)를 계산할 수 있다. Stock_Market.xls 파일에서 계산하려면 =KURT(A1:A20)이라는 식을 입력하면 된다.

d) Stata에서 사용되는 첨도 계수

이 값은 평균 근처의 두 번째와 네 번째 모멘트를 사용해 계산한다.

앞서 계산한 것처럼 $M_2 = 0.3799$이고 $M_4 = 0.5857$이다.

$$k_S = \frac{M_4}{M_2^2} = \frac{0.5857}{(0.3799)^2} = 4.0586$$

$k_S > 3$이므로 곡선은 길다(급첨).

다음 3개의 절에서는 예제 3.42를 사용해 엑셀과 통계 소프트웨어 SPSS와 Stata에서 표, 차트, 그래프, 요약 측도를 구성하는 방법을 알아본다.

3.5 엑셀 예제

3.3.1절은 막대 차트(수평과 수직), 파이 차트, 파레토 차트를 통해 정성 변수를 그래프로 나타내는 것을 보여줬다. 엑셀을 이용해 각 차트를 그리는 방법을 알아봤다. 반대로 3.3.2절에서는 선 그래프, 산포도, 히스토그램 등을 통해 정량 변수를 그래프로 나타내는 것을 보았다. 유사하게 엑셀로 대부분의 그래프를 그리는 방법을 설명했다.

3.4절에서는 왜도 및 첨도와 함께 중심 경향(평균, 최빈값, 중앙값), 분위수(사분위수, 십분위수, 백분위수), 산포와 변동성의 측정(범위 평균 편차, 분산, 표준 편차, 표준 오차, 변동 계수) 등의 요약 측도를 살펴봤다. 그런 다음 엑셀 함수를 사용해 계산하는 방법을 설명했다.

이번 절에서는 엑셀의 **분석 도구** 추가 기능을 사용해 기술 통계량(평균, 표준 오차, 중앙값, 최빈값, 표준 편차, 분산, 첨도, 왜도 등)을 구하는 방법을 알아본다.

이를 위해 예제 3.42의 문제를 살펴본다. 이 값은 그림 3.22에서 보는 것처럼 Stock_Market.xls 파일의 A1:A20 셀에 들어 있다.

	A
1	18.7
2	18.3
3	18.4
4	18.7
5	18.8
6	18.8
7	19.1
8	18.9
9	19.1
10	19.9
11	18.5
12	18.5
13	18.1
14	17.9
15	18.2
16	18.3
17	18.1
18	18.8
19	17.5
20	16.9

그림 3.22 엑셀 데이터셋: 주식 Y의 주가

엑셀에서 **분석 도구** 추가 기능을 로드하려면 그림 3.23처럼 먼저 **파일** 탭을 누르고 **옵션**을 선택한다.[1]

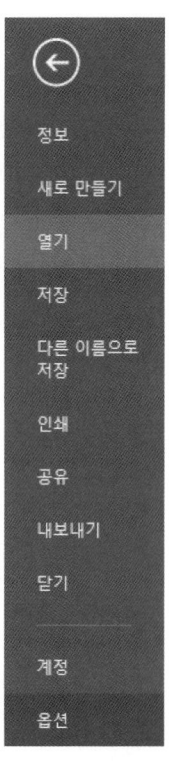

그림 3.23 '파일' 탭과 '옵션' 탭

---

1 원서는 영문 엑셀의 예전 버전을 사용해 설명되어 있어, 그 이후 버전과 잘 맞지 않는 설명이 상당 부분 있다. 번역서에서는 모두 엑셀 2013 한글 버전에 맞추어 설명한다. – 옮긴이

이제 그림 3.24에서처럼 엑셀 옵션 대화상자가 나타난다. 이 상자에서 **추가 기능** 옵션을 선택한다. **추가 기능**에서 **분석 도구**를 선택하고 **이동**을 클릭한다.

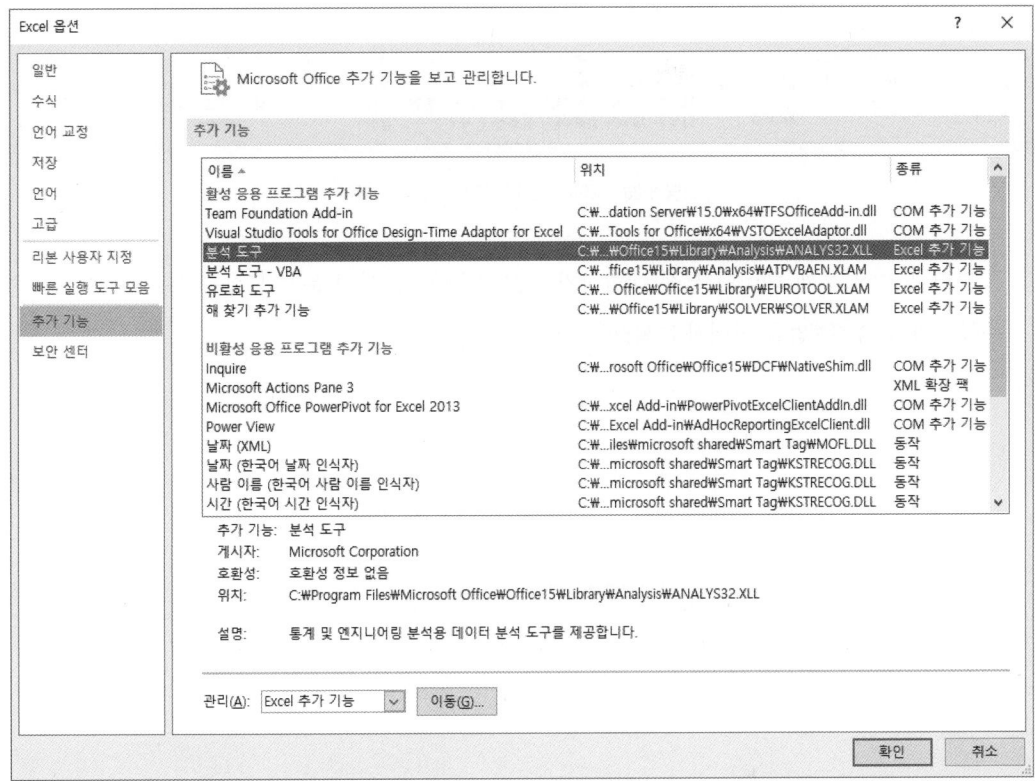

그림 3.24 엑셀 옵션 대화상자

그러면 추가 기능 대화상자가 그림 3.25처럼 나타난다. 사용 가능한 **추가 가능** 중에서 **분석 도구**를 선택한 다음 **확인**을 클릭한다.

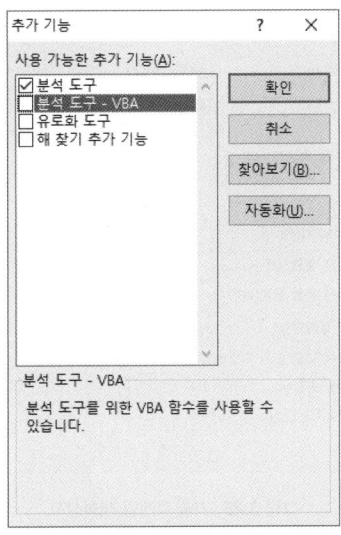

그림 3.25 추가 기능 대화상자

이제 그림 3.26처럼 **데이터** 탭에서 **데이터 분석**이 **분석** 그룹에 나타난다.

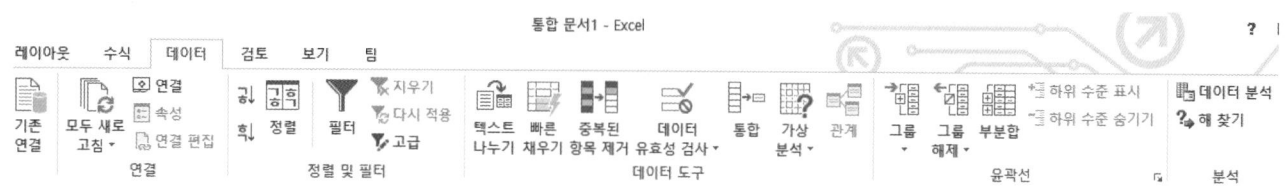

그림 3.26 '데이터' 탭에서 데이터 분석의 사용

그림 3.27은 통계 데이터 분석 대화상자를 보여준다. 몇 가지 분석 도구를 사용할 수 있다는 점에 주목하자. **기술 통계법**을 선택하고 **확인**을 누른다.

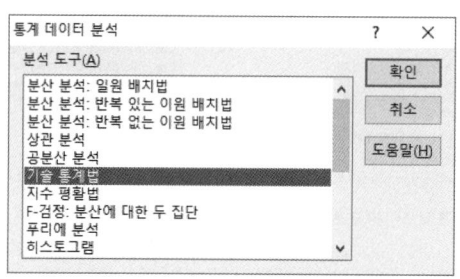

그림 3.27 통계 데이터 분석 대화상자

기술 통계법 대화상자(그림 3.28)에서 입력 범위를 (A1:A20)으로 선택하고 **출력 옵션**으로는 **요약 통계량**을 선택한다. 결과는 새로운 워크시트나 새로운 통합 문서로 나타낼 수 있다. 마지막으로 **확인**을 누른다.

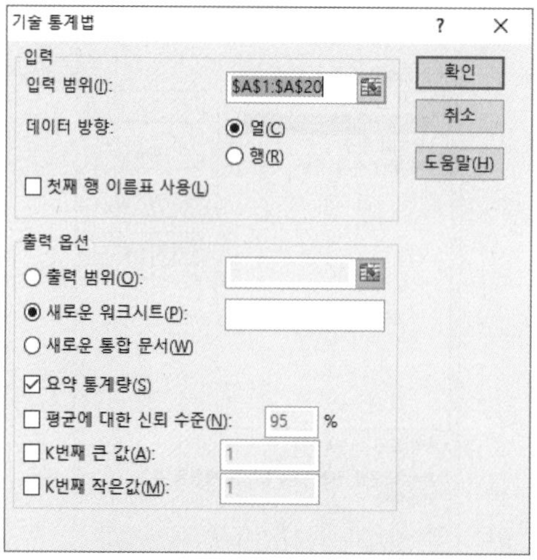

그림 3.28 기술 통계법 대화상자

요약 통계량은 그림 3.29에 나타나 있고 중심 경향(평균, 최빈값, 중앙값), 산포나 변동성(분산, 표준 편차, 표준 오차), 형태 측도(왜도, 첨도)가 나타나 있다. 범위는 표본의 최댓값과 최솟값의 차이로 구할 수 있다. 3.4.3.1절과 3.4.3.2절에서 언급했듯이, 엑셀로 왜도를 측정하는 것(그림 3.28의 SKEW 함수 사용)은 피셔의 왜도 계수(g_1)에 해당한다. 첨도 계산(그림 3.28의 KURT 함수 사용)은 피셔의 첨도 계수(g_2)에 해당한다.

	A	B
1	Column1	
2		
3	평균	18.475
4	표준 오차	0.141398
5	중앙값	18.5
6	최빈값	18.8
7	표준 편차	0.632352
8	분산	0.399868
9	첨도	1.752875
10	왜도	-0.36469
11	범위	3
12	최소값	16.9
13	최대값	19.9
14	합	369.5
15	관측수	20

그림 3.29 엑셀에서의 기술 통계량

3.6 SPSS를 사용한 실제 사례

실제 사례로 이번 절에서는 IBM SPSS를 사용해 이 장에서 연구한 주요 일변량 기술 통계량을 구해본다. 빈도 분포표, 차트(히스토그램, 줄기-잎 도표, 상자 도표, 막대 차트, 파이 차트), 중심 경향 측정(평균, 최빈값, 중앙값), 분위수(사분위수, 백분위수) 산포와 변동성(범위, 분산, 표준 편차, 표준 오차 등), 모양 지표(왜도, 첨도)를 구해본다. 이 절의 이미지는 IBM의 허가하에 사용됐다.

예제 3.42에 나타난 데이터는 SPSS에 기반한 입력이고, 그림 3.30에 나타난 것처럼 Stock_Market.sav에서 구할 수 있다.

	Price
1	18.7
2	18.3
3	18.4
4	18.7
5	18.8
6	18.8
7	19.1
8	18.9
9	19.1
10	19.9

그림 3.30 SPSS의 데이터: 주식 Y의 주가

3.6.1 빈도 옵션

이 옵션은 정성이나 정량 변수 모두에 사용될 수 있고 빈도 분포표, 중심 경향 측도(평균, 중앙값, 최빈값), 분위수(사분위수와 백분위수), 산포와 변동성 측도(범위, 분산, 표준 편차, 표준 오차), 왜도와 첨도 측도를 제공한다. 빈도 분석 옵션 또한 막대 차트, 파이 차트 히스토그램을 그린다(정규 곡선과 함께 또는 없이). 따라서 그림 3.31처럼 툴바에서 **분석 › 기술 통계량**을 클릭하고 **빈도 분석**을 선택한다.

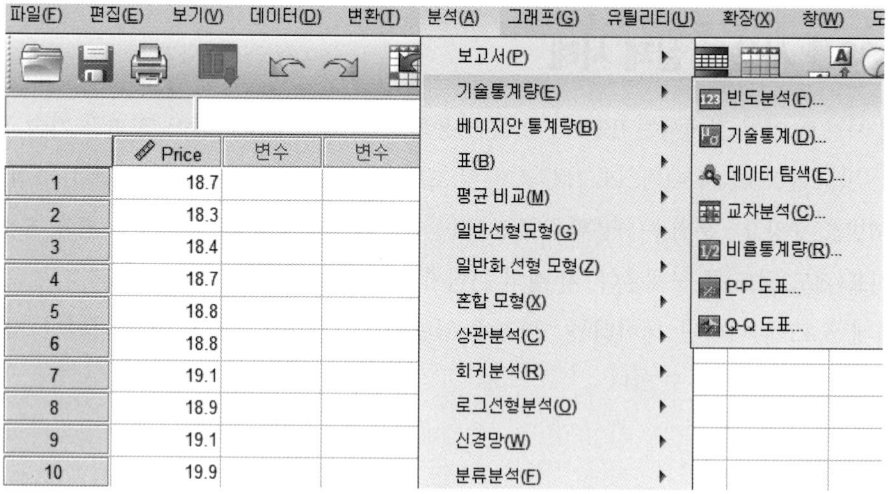

그림 3.31 SPSS의 기술 통계량: 빈도 분석 옵션

이제 빈도 분석 대화상자가 열릴 것이다. 연구 중인 변수(주가, *Price*)가 변수에서 선택되어 있어야 하며 **빈도표 표시** 옵션이 활성화돼서 빈도 분포표가 보여야 한다(그림 3.32).

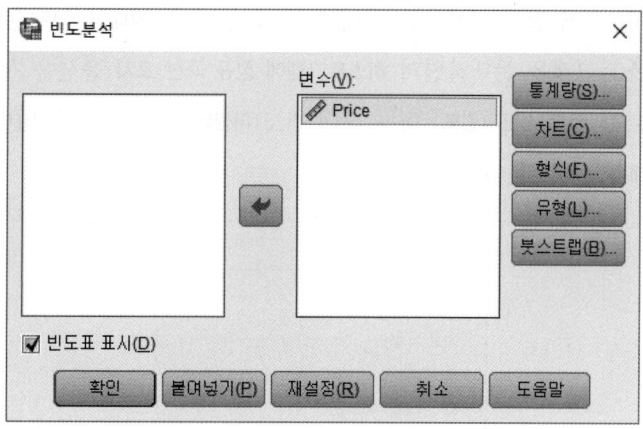

그림 3.32 빈도 분석 대화상자: 변수를 선택하고 빈도표를 보여준다.

다음 단계는 **통계량**을 클릭하는 것이다. 그런 다음 관심대상의 요약 측도를 선택한다(그림 3.33).

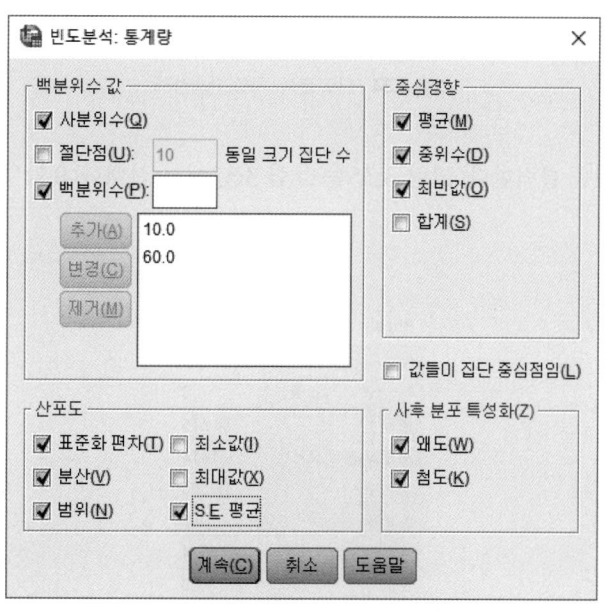

그림 3.33 '빈도 분석: 통계량' 대화상자

분위수 중에서 **사분위수**를 선택한다(중위수(중앙값)와 함께 첫 번째 및 세 번째 사분위수를 계산한다). 차수 $i(i = 1, 2, ..., 99)$의 백분위를 얻으려면 **백분위수** 옵션을 선택한 다음 원하는 차수를 추가해야 만 한다. 예제의 경우 10과 60차수를 계산하기로 한다. 중심 경향은 평균, 중위수, 최빈값을 선택했 다. 산포 측도로는 **표준화 편차**(표준 편차)와 **분산**, **범위**, **S.E. 평균**(평균 오차)을 선택했다. 마지막으로 분 포의 두 형태 측도인 **왜도**와 **첨도**를 모두 선택한다. 빈도 분석 대화상자로 돌아가려면 **계속** 버튼을 누 른다.

다음으로 **차트**를 눌러 원하는 차트를 선택한다. 옵션으로서 **막대형 차트**, **원형 차트**(파이 차트), **히스토 그램**이 있다. 히스토그램을 선택하면서 **히스토그램에 정규 곡선 표시** 옵션을 선택하자(그림 3.34). 막대형이나 원형 차트는 절대 빈도(**빈도**) 또는 상대 빈도(**퍼센트**)로 나타낼 수 있다. 빈도 분석 대화상자로 돌아가기 위해 **계속**을 클릭한다.

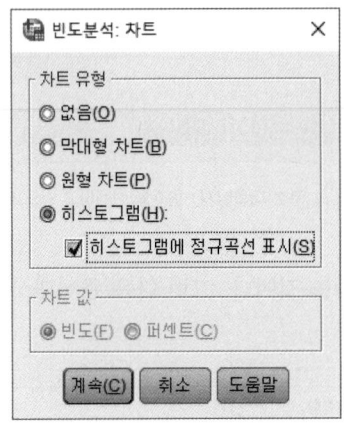

그림 3.34 '빈도 분석: 차트' 대화상자

마지막으로 **확인**을 클릭한다. 그림 3.35는 그림 3.33에서 선택한 요약 측도를 보여준다.

동계량

Price

N	유효	20
	결측	0
평균		18.475
표준화 평균 오차		.1414
중위수		18.500
최빈값		18.8
표준화 편차		.6324
분산		.400
왜도		-.365
표준화 왜도 오차		.512
첨도		1.753
표준화 첨도 오차		.992
범위		3.0
백분위수	10	17.540
	25	18.125
	50	18.500
	60	18.700
	75	18.800

그림 3.35 '빈도 분석: 통계량'으로 구한 요약 측도

3.4.3.1절과 3.4.3.2절에서 설명한 것처럼 SPSS에서 계산한 왜도 측도는 피셔의 왜도 계수(g_1)에 해당하고, 첨도 측도는 피셔의 첨도 계수(g_2)에 해당한다.

또한 그림 3.35에서 25, 50, 75 백분위수는 각각 첫 번째 사분위수, 중앙값, 세 번째 사분위수에 해당되며 자동으로 계산됐다는 점에 주목하자. 백분위수 계산을 위해 사용된 기법은 가중 평균이다.

빈도 분포표는 그림 3.36에 나타나 있다.

Price

		빈도	퍼센트	유효 퍼센트	누적 퍼센트
유효	16.9	1	5.0	5.0	5.0
	17.5	1	5.0	5.0	10.0
	17.9	1	5.0	5.0	15.0
	18.1	2	10.0	10.0	25.0
	18.2	1	5.0	5.0	30.0
	18.3	2	10.0	10.0	40.0
	18.4	1	5.0	5.0	45.0
	18.5	2	10.0	10.0	55.0
	18.7	2	10.0	10.0	65.0
	18.8	3	15.0	15.0	80.0
	18.9	1	5.0	5.0	85.0
	19.1	2	10.0	10.0	95.0
	19.9	1	5.0	5.0	100.0
	전체	20	100.0	100.0	

그림 3.36 빈도 분포

첫 번째 열은 각 원소(F_i)의 절대 빈도이고, 두 번째와 세 번째 열은 각 원소의 상대 빈도($Fr_i(\%)$) 그리고 마지막 열은 상대 누적 빈도($Fr_{ac}(\%)$)를 나타낸다.

그림 3.36에서는 모든 값이 오직 한 번만 나타나는 것을 알 수 있다. 반복되지 않은 20개의 연속 정량 변수가 있으므로 막대형이나 원형 차트는 연구원들에게 추가적인 정보를 주지 못하며, 각 빈 bins의 주가를 시각화해도 그 행동을 알아내기 힘들다. 따라서 앞에서 정의된 빈으로 히스토그램을 구성해본다. 정규 곡선을 포함해 SPSS로 생성한 히스토그램은 그림 3.37과 같다.

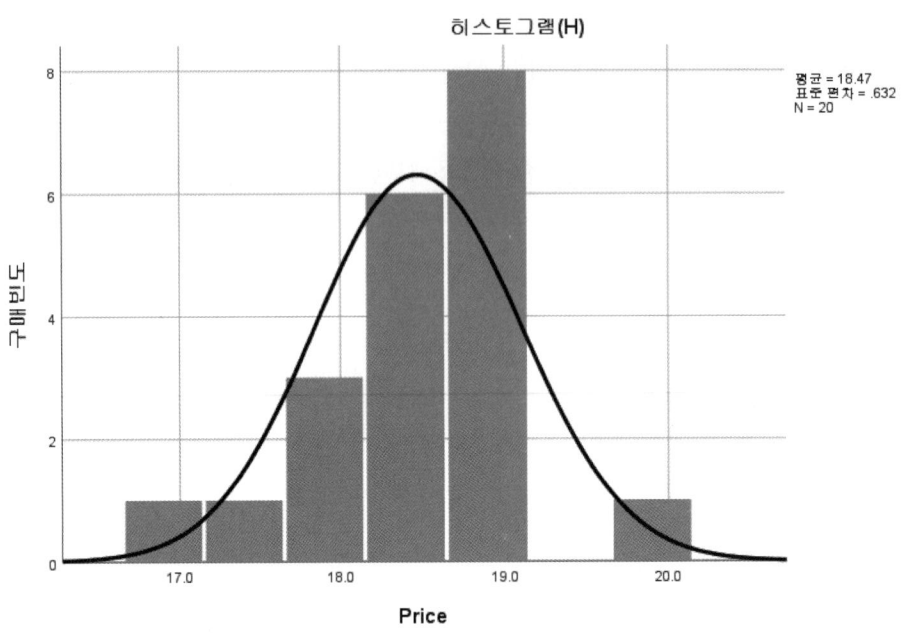

그림 3.37 '빈도 분포: 차트'로 구한 정규 곡선이 있는 히스토그램

3.6.2 기술 통계 옵션

막대형 차트, 원형 차트, 히스토그램(정규 곡선 표시 및 미표시) 외에 빈도 분포표 옵션까지 갖고 있는 **빈도 분석**과 달리 **기술 통계**는 오직 요약 측도만 생성한다(따라서 정량 변수에 추천된다). 그럼에도 불구하고 중앙값과 최빈값 같은 중심 경향은 제공되지 않고, 사분위수나 백분위수 같은 분위수도 제공되지 않는다. 이 기능을 사용하려면 그림 3.38처럼 **분석 › 기술 통계량**을 클릭하고 **기술 통계**를 선택한다.

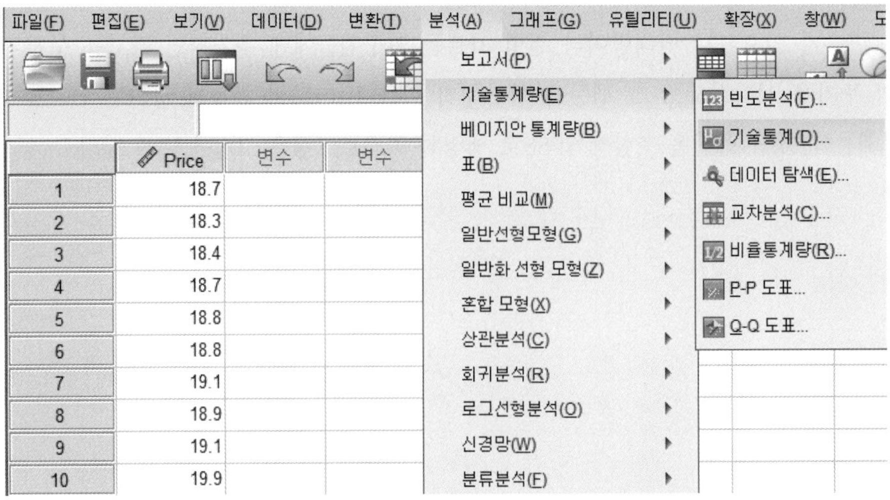

그림 3.38 SPSS의 기술 통계량 › 기술 통계 옵션

124

그러면 기술 통계 대화상자가 나타난다. 그림 3.39에서처럼 연구 중인 **변수**가 선택되어 있어야만 한다.

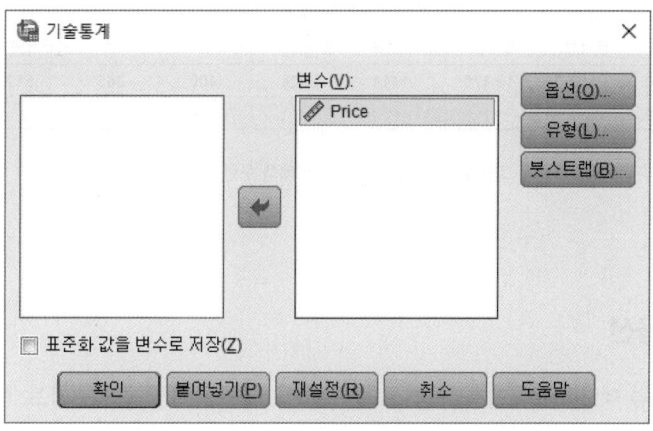

그림 3.39 기술 통계 대화상자: 변수 선택

옵션을 클릭한 다음 관심 있는 요약 측도를 선택하자(그림 3.40). 중앙값과 최빈값 그리고 앞서 언급한 것처럼 제공되지 않는 사분위수와 백분위수만을 제외하고 **빈도 분석**에서와 동일한 요약 측도를 선택했다는 점에 주목하자. **계속**을 클릭해 기술 통계 대화상자로 돌아간다.

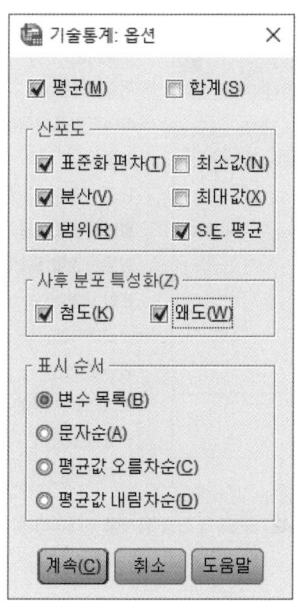

그림 3.40 '기술 통계: 옵션' 대화상자

마지막으로 **확인**을 클릭한다. 결과는 그림 3.41에 나타나 있다.

기술통계량

	N	범위	평균		표준편차	분산	왜도		첨도	
	통계량	통계량	통계량	표준오류	통계량	통계량	통계량	표준오류	통계량	표준오류
Price	20	3.0	18.475	.1414	.6324	.400	-.365	.512	1.753	.992
유효 N(목록별)	20									

그림 3.41 '기술 통계: 옵션'에서 구한 요약 측도

3.6.3 데이터 탐색 옵션

빈도 분석에서처럼 **데이터 탐색**에서도 빈도 분포표가 제공되지 않는다. 차트 형식의 **데이터 탐색 옵션**에서는 히스토그램 이외에 줄기-잎 도표, 상자 도표가 제공된다. 그러나 정규 곡선을 그리는 옵션은 없다. 요약 측도에 관해서는 데이터 탐색 옵션은 평균과 중앙값, 백분위수(5, 10, 25, 50, 75, 90, 95차수) 같은 중심 경향 지표가 제공되고(최빈값 옵션은 없다), 왜도, 첨도 이외에 범위, 분산, 표준 편차 같은 산포 측도도 제공된다. 따라서 이 명령어는 **정량** 변수의 기술 통계량을 생성하기 위한 최적이다. 그러므로 그림 3.42처럼 **분석 › 기술 통계량**을 클릭하고 **데이터 탐색**을 선택한다.

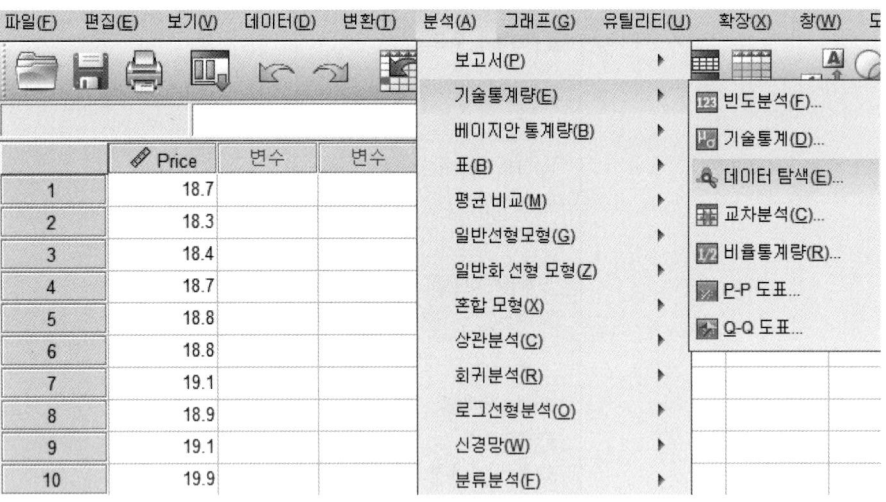

그림 3.42 SPSS의 기술 통계량 › 데이터 탐색 옵션

126

그러면 데이터 탐색 대화상자가 나타난다. 그림 3.43처럼 연구 중인 변수가 **종속 변수**에서 선택되어 있어야만 한다.

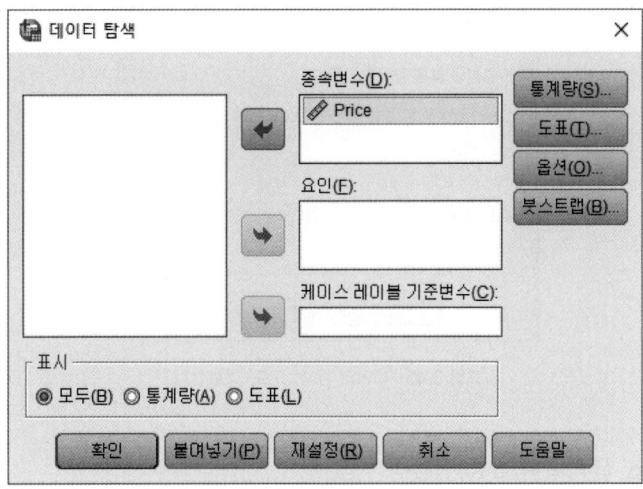

그림 3.43 데이터 탐색 대화상자: 변수 선택

다음은 **통계량**을 클릭해, '데이터 탐색: 통계량' 대화상자를 열어 그림 3.44처럼 **기술 통계, 이상값, 백분위수**를 선택한다.

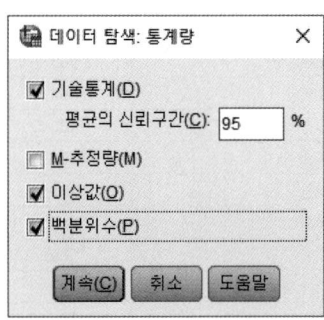

그림 3.44 '데이터 탐색: 통계량' 대화상자

계속을 클릭해 데이터 탐색 대화상자로 돌아간다. 그런 다음 **도표**를 클릭해 '데이터 탐색: 도표' 대화상자를 열고 그림 3.45처럼 관심 있는 차트를 선택한다. 예제의 경우는 **상자 도표: 요인 수준들과 함께**(결과 상자 도표는 동일한 차트에 나타난다), **줄기와 잎그림** 그리고 **히스토그램**을 선택한다(정규 곡선을 그리는 옵션은 없다는 점에 주목하자). 이번에도 **계속**을 눌러 데이터 탐색 대화상자로 돌아간다.

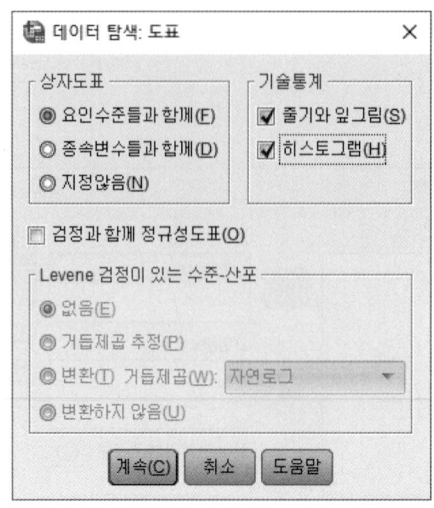

그림 3.45 '데이터 탐색: 도표' 대화상자

마지막으로 **확인**을 클릭한다.

그림 3.46은 '데이터 탐색: 통계량'에서 **기술 통계** 옵션으로 구한 결과를 보여준다.

기술통계

			통계	표준화 오차
Price	평균 순위		18.475	.1414
	평균의 95% 신뢰구간	하한	18.179	
		상한	18.771	
	5% 절사평균		18.483	
	중위수(D)		18.500	
	분산(V)		.400	
	표준화 편차		.6324	
	최소값(U)		16.9	
	최대값(X)		19.9	
	범위(R)		3.0	
	사분위수 범위		.7	
	왜도(W)		-.365	.512
	첨도(K)		1.753	.992

그림 3.46 기술 통계 옵션으로 구한 결과

그림 3.47은 '데이터 탐색: 통계량'에서 **백분위수** 옵션으로 구한 결과를 보여준다. 가중 평균과 튜키의 힌지, 두 가지 방법을 사용해 계산된 5, 10, 25(Q_1), 50(중앙값), 75(Q_3), 90, 95 차수의 백분위수가 나타난다. 후자는 이 장에서 설명한 기법에 해당한다(3.4.1.2절 사례 1). 따라서 3.4.1.2절의 식을 이 예제에 적용하면 P_{25}, P_{50}, P_{75}를 계산한 튜키의 힌지 기법에 관한 것과 동일한 결과를 그림 3.47과 같이 얻게 된다. 우연히 이 경우에는 두 기법에 대해 P_{75}의 값이 동일하지만 일반적으로는

서로 값이 다르다.

백분위수(P)

| | | \multicolumn{7}{c}{백분위수(P)} |
		5	10	25	50	75	90	95
가중평균(정의 1)	Price	16.930	17.540	18.125	18.500	18.800	19.100	19.860
Tukey의 Hinges	Price			18.150	18.500	18.800		

그림 3.47 백분위수 옵션으로 구한 결과

그림 3.48은 '데이터 탐색: 통계량'의 **이상값** 옵션으로 구한 결과를 보여준다. 분포의 극단값은 데이터셋에서 찾은 그 위치와 함께 나타나 있다(가장 큰 5개와 가장 작은 5개).

극단값

			케이스 번호 (C)	변수값
Price	최고	1	10	19.9
		2	7	19.1
		3	9	19.1
		4	8	18.9
		5	5	18.8[a]
	최저	1	20	16.9
		2	19	17.5
		3	14	17.9
		4	17	18.1
		5	13	18.1

a. 값 18.8을(를) 가지는 케이스의 부분 목록만 상한 극단값 표에 표시됩니다.

그림 3.48 이상값 옵션으로 구한 결과

이제 '데이터 탐색: 도표'(히스토그램, 줄기와 잎그림, 상자 도표) 옵션으로 구성한 차트는 각각 그림 3.49, 3.50, 3.51에 나타나 있다.

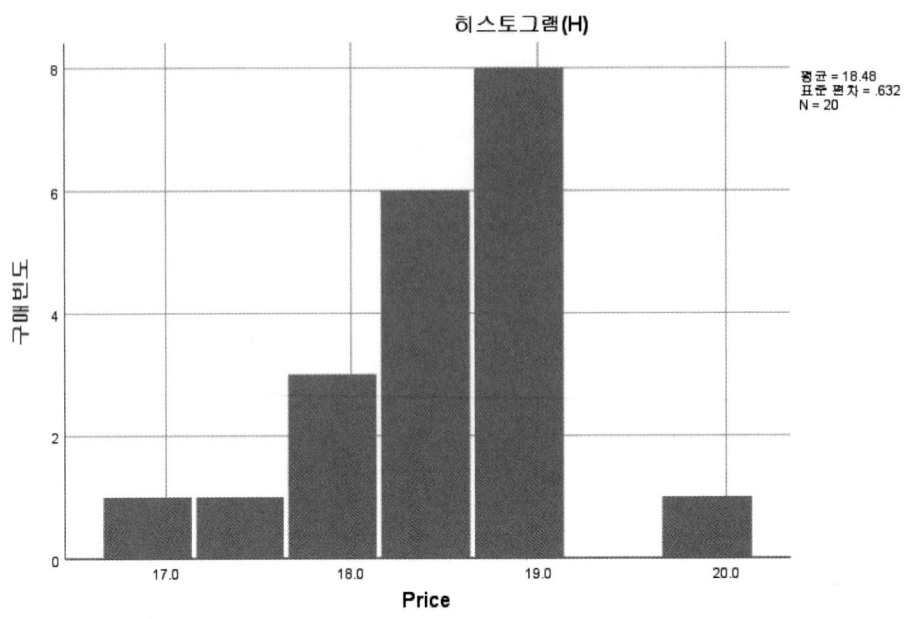

그림 3.49 '데이터 탐색: 도표' 대화상자에서 구성한 히스토그램

Price 줄기와 잎그림 도표

구매빈도 Stem & 잎

```
1.00 Extremes    (=<16.9)
 .00      17 .
2.00      17 . 59
6.00      18 . 112334
8.00      18 . 55778889
2.00      19 . 11
1.00 극단값    (>=19.9)
```

줄기 너비: 1.0
각 잎: 1 케이스

그림 3.50 '데이터 탐색: 도표' 대화상자에서 생성한 줄기와 잎그림 차트

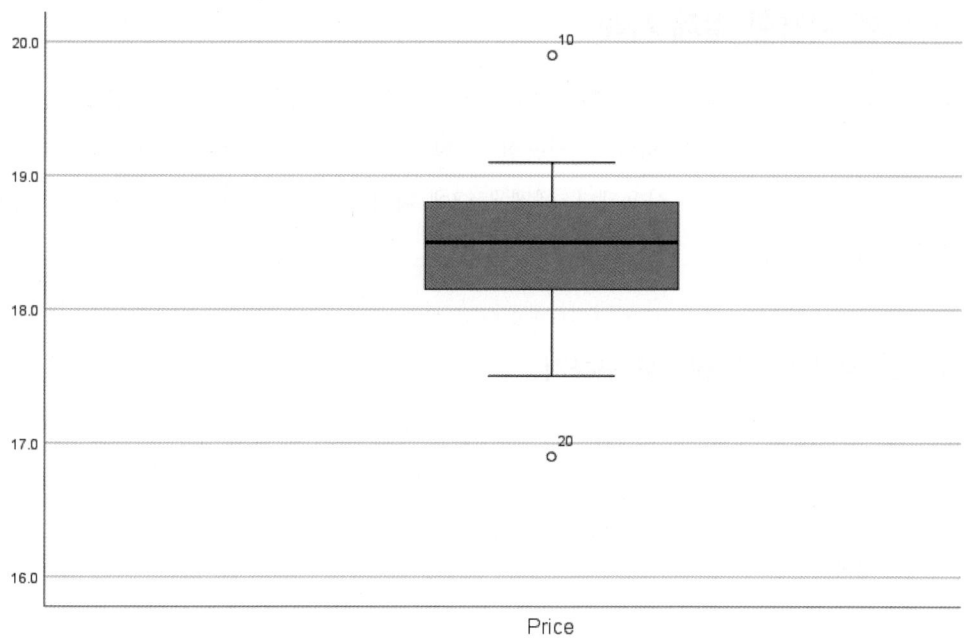

그림 3.51 '데이터 탐색: 도표' 대화상자에서 생성한 상자 도표

분명히 그림 3.49에서 생성된 히스토그램은 빈도 분석(그림 3.37)과 동일하다. 그러나 데이터 탐색에서는 정규 곡선을 지원하지 않으므로 정규 곡선 그림은 없다.

그림 3.50은 처음 두 자릿수(점 앞의 정수)가 줄기를 구성하고 소수점이 잎에 해당한다는 것을 알 수 있다. 더구나 줄기 18은 관측치가 많아서 두 줄에 걸쳐 나타난다.

3.4.1.3절에서 식 $X^* < Q_1 - 3.(Q_3 - Q_1)$과 $X^* > Q_3 + 3.(Q_3 - Q_1)$을 통해 극단 이상치를 계산하는 방법을 배웠다. $Q_1 = 18.15$와 $Q_3 = 18.8$을 고려하면 $X^* < 16.2$ 또는 $X^* > 20.75$이다. 이 한도를 넘어서는 관측치는 없으므로 극단 이상치는 없다고 결론지을 수 있다.

동일한 과정을 반복하면 약 이상치, 즉 식 $X^° < Q_1 - 1.5.(Q_3 - Q_1)$과 $X^° > Q_3 + 1.5.(Q_3 - Q_1)$에 대해서는 17.175(20번째 관측치)보다 작은 관측치가 하나 있고 19.975(10번째 관측치)보다 큰 값도 하나 있다. 이러한 값은 약 이상치로 간주된다.

그림 3.51의 상자 도표는 각각 19.9와 16.9를 값으로 갖는 관측치 10과 20이 약 이상치(원으로 표시)임을 보여준다. 연구 목적에 따라 연구원들은 이 값을 제거(표본 크기가 축소되면 분석에 좋지 않은 영향을 줄 수 있다)하거나 유지하거나 또는 평균값으로 대체한다.

그림 3.51에서는 계속해서 20개 관측치를 모두 고려한 튜키 힌지 기법으로 계산한 Q_1, $Q_2(Md)$, Q_3 값이 각각 18.15, 18.5, 18.8에 해당한다. 따라서 최대, 최소를 제외하고 위치(Q_1, Md, Q_3)를 측정한 상자 도표는 이상치를 제거하지 않고 계산됐다.

3.7 Stata를 사용한 실제 사례

앞서 SPSS 소프트웨어를 사용해 구한 기술 통계량과 동일한 값을 이 절에서는 Stata 통계 소프트웨어를 통해 구해본다. 결과는 SPSS를 사용한 것 및 대수적으로 계산한 것과 비교해본다. 이 절의 이미지는 Stata사의 허가하에 사용됐다. 예제 3.42에 나타난 데이터는 Stata에 입력된 것이며 Stock_Market.dta에 들어 있다.

3.7.1 Stata로 일변량 빈도 분포표 구하기

tabulate 또는 간단히 tab 명령어는 이 책에서 줄곧 사용될 텐데, 특정 변수의 빈도 분포를 구해준다. 명령어의 구문은 다음과 같다.

```
tab variable*
```

여기서 variable*는 분석에서 사용하는 변수 이름으로 대체돼야 한다.

그림 3.52는 tab price 명령어를 통해 구한 결과를 보여준다.

SPSS를 사용해 구한 빈도 분포표(그림 3.36)와 같이 그림 3.52는 변수 *price*의 각 범주에 대한 절대, 상대, 상대 누적 빈도를 보여준다.

```
. tab price

     price |      Freq.     Percent        Cum.
-----------+-----------------------------------
      16.9 |          1        5.00        5.00
      17.5 |          1        5.00       10.00
      17.9 |          1        5.00       15.00
      18.1 |          2       10.00       25.00
      18.2 |          1        5.00       30.00
      18.3 |          2       10.00       40.00
      18.4 |          1        5.00       45.00
      18.5 |          2       10.00       55.00
      18.7 |          2       10.00       65.00
      18.8 |          3       15.00       80.00
      18.9 |          1        5.00       85.00
      19.1 |          2       10.00       95.00
      19.9 |          1        5.00      100.00
-----------+-----------------------------------
     Total |         20      100.00
```

그림 3.52 Stata에서 tab 명령어를 사용해 구한 빈도 분포

연구 중인 변수가 둘 이상이고 목표가 일변량 빈도 분포표(일방향 표)를 구축하는 것이라고 가정해보자. 분석 중인 각 변수당 하나의 표를 만들어야 한다. 이 경우 tab1을 다음과 같은 구문으로 사용해야 한다.

```
tab1 variables*
```

여기서 variables* 항은 분석에서 고려 중인 변수 리스트로 대체돼야 한다.

3.7.2 Stata의 일변량 기술 통계량 요약

이 책에서 계속 사용할 summarize, 또는 간단히 sum 명령어를 사용하면 평균, 표준 편차, 최솟값, 최 댓값 등의 요약 측도를 구할 수 있다. 명령어 구문은 다음과 같다.

```
sum variables*
```

여기서 variables* 항은 분석에서 고려하고 있는 변수 리스트로 대체돼야 한다. 변수가 명시되지 않으면 통계량은 데이터셋의 모든 변수를 대상으로 계산된다.

　detail 옵션을 통해 왜도 계수, 첨도 계수, 다수의 백분위수, 가장 낮고 높은 4개 값 등의 통계량을 추가로 구할 수 있다. 명령어 구문은 다음과 같다.

```
sum variables*, detail
```

그러므로 예제의 데이터(Stock_Market.dta)에 대해서는 먼저 다음 명령어를 입력해야 한다.

```
sum price
```

그 결과는 그림 3.53과 같다.

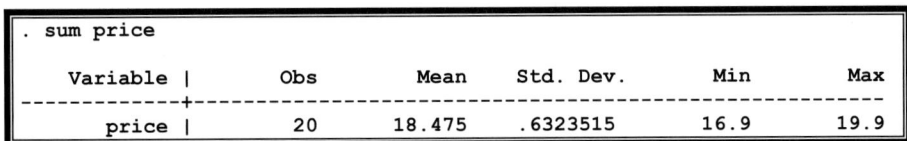

그림 3.53 Stata에서 sum 명령어를 사용해 구한 요약 측도

추가적인 기술 통계량을 구하려면 다음 명령어를 수행해야 한다.

```
sum price*, detail
```

그림 3.54는 그 결과를 보여준다.

```
. sum price, detail

                              price
-------------------------------------------------------------
        Percentiles      Smallest
 1%         16.9            16.9
 5%         17.2            17.5
10%         17.7            17.9        Obs               20
25%         18.15           18.1        Sum of Wgt.       20

50%         18.5                        Mean           18.475
                          Largest       Std. Dev.     .6323515
75%         18.8            18.9
90%         19.1            19.1        Variance      .3998684
95%         19.5            19.1        Skewness     -.3367495
99%         19.9            19.9        Kurtosis      4.058596
```

그림 3.54 detail 옵션으로 구한 추가적인 통계량

그림 3.54에 있는 것처럼 detail 옵션은 1, 5, 10, 25, 50, 75, 90, 95, 99차 백분위 계산을 보여준다. 이 결과는 튜키의 힌지 기법으로 구한 것이다. SPSS의 그림 3.47에서 25, 50, 75 백분위 계산이 동일한 기법으로 구한 것임을 본 적 있다.

그림 3.54는 분석 중인 표본의 가장 낮고 높은 4개의 값과 왜도와 첨도 계수도 보여준다. 이 값은 각각 3.4.3.1.5절과 3.4.3.2.3절에서 계산된 값과 일치한다.

3.7.3 Stata의 백분위 계산

앞 절에서는 1, 5, 10, 25, 50, 75, 90, 95, 99번째 백분위를 튜키의 힌지 기법을 통해 계산하는 방법을 설명했다.

반면 centile 명령어를 사용하면 계산할 백분위수를 지정할 수 있다. 이 경우는 가중 평균 기법을 사용한다. 명령어 구문은 다음과 같다.

```
centile variables*, centile (numbers*)
```

여기서 variables* 항은 분석에서 연구 중인 변수 리스트로 대체돼야 하고, numbers* 항은 구하려는 백분위의 차수를 나타내는 값의 리스트로 대체돼야 한다.

따라서 변수 *price*의 5, 10, 25, 60, 64, 90, 95차 백분위수를 가중 평균으로 구한다고 가정해보자. 이를 위해서는 다음 명령어를 실행하면 된다.

```
centile price, centile (5 10 25 60 64 90 95)
```

결과는 그림 3.55에 나타나 있다.

```
. centile price, centile (5 10 25 60 64 90 95)

                                        -- Binom. Interp. --
Variable |  Obs  Percentile       Centile     [95% Conf. Interval]
---------+--------------------------------------------------------
   price |   20            5         16.93            16.9    18.06946*
         |               10         17.54            16.9    18.15694*
         |               25        18.125        17.50411    18.45885
         |               60         18.7         18.31119    18.87417
         |               64        18.744        18.40077    18.98594
         |               90         19.1            18.8        19.9*
         |               95        19.86        18.93054        19.9*

* Lower (upper) confidence limit held at minimum (maximum) of sample
```

그림 3.55 Stata에서 centile 옵션으로 구한 결과

그림 3.35에서 10, 25, 50, 60, 75에 대해 동일한 방법을 사용하는 SPSS 소프트웨어 결과를 보았다. SPSS의 그림 3.47은 가중 평균을 통한 5, 10, 25, 50, 75, 90, 95차 결과를 보여줬다. 앞에서 나타나지 않은 유일한 백분위수는 64차다. 나머지는 그림 3.35 및 그림 3.47과 일치한다.

3.7.4 Stata의 차트: 히스토그램, 줄기-잎, 상자 도표

Stata에서는 막대 차트, 파이 차트, 산포도, 히스토그램, 줄기-잎 도표 등의 다양한 차트를 그릴 수 있다. 다음에서는 Stock_Market.dta 데이터를 가지고 히스토그램, 줄기-잎 도표, 상자 도표를 Stata로 그려본다.

3.7.4.1 히스토그램

Stata에서는 연속과 이산 변수에 대한 히스토그램을 그릴 수 있다. 연속 변수의 경우 절대 빈도에 대한 히스토그램을 정규 곡선 그래프와 함께 그리는 옵션과 함께 구할 수 있으며, 다음과 같은 구문을 사용한다.

```
histogram variable*, normal frequency
```

또는 간단히 다음과 같이 하면 된다.

```
hist variable*, norm freq
```

이 간단한 형태는 앞으로 책에서 계속 사용할 것이다. 앞서 언급했듯이, variable* 항은 연구 중인 변수 이름으로 대체해야 한다.

이산 변수의 경우에는 discrete 항을 추가해야 한다.

```
hist variable*, discrete norm freq
```

예제 3.42로 돌아가 히스토그램을 정규 곡선과 같이 그리려면 다음과 같이 명령어를 입력하면 된다.

```
hist price, norm freq
```

결과 그래프는 그림 3.56에서 볼 수 있다.

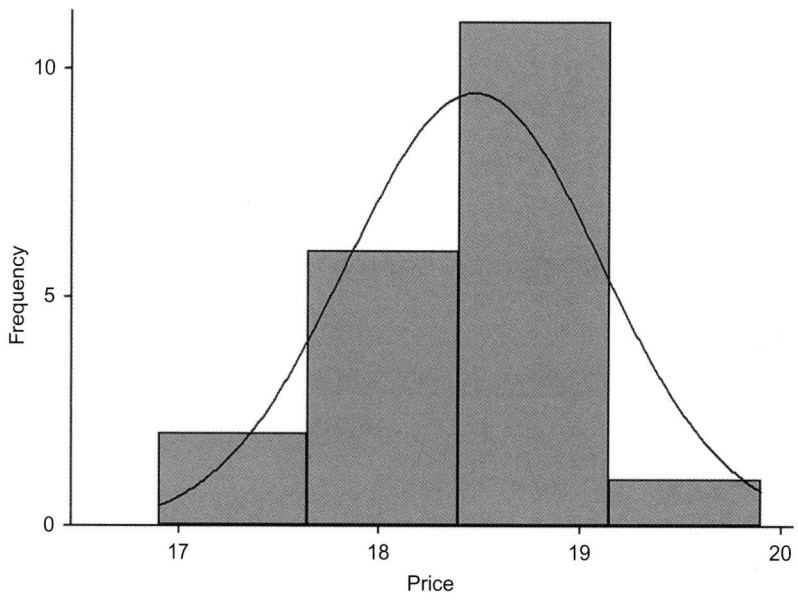

그림 3.56 Stata의 빈도 히스토그램

3.7.4.2 줄기-잎 도표

Stata의 줄기-잎 도표는 stem 명령어 다음에 변수 이름을 지정하면 된다. Stock_Market.dta에 있는 데이터의 경우 다음처럼 명령어를 입력하면 된다.

```
stem price
```

결과는 그림 3.57에 있다.

```
. stem price

Stem-and-leaf plot for price

price rounded to nearest multiple of .1
plot in units of .1

   16. | 9
   17* |
   17. | 59
   18* | 112334
   18. | 55778889
   19* | 11
   19. | 9
```

그림 3.57 Stata의 줄기-잎 도표

3.7.4.3 상자 도표

Stata에서 상자 도표를 그리려면 다음 구문을 사용한다.

`graph box variables*`

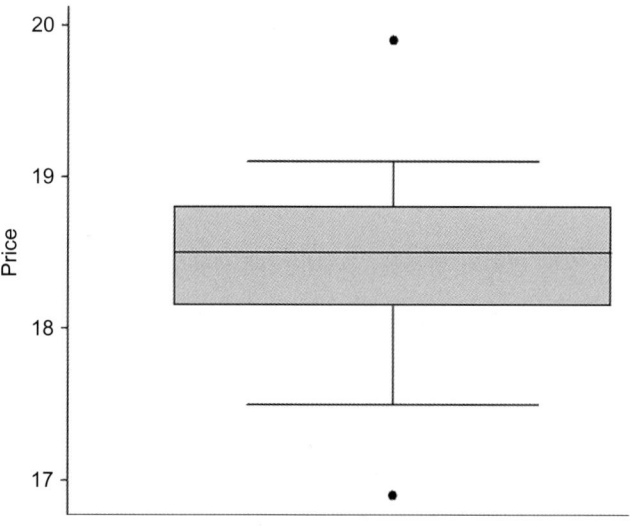

그림 3.58 Stata의 상자 도표

여기서 variables*는 고려대상인 변수의 리스트로 대체해야 한다. 각 변수별로 하나의 차트가 구성된다.

예제 3.42에 있는 데이터의 경우 명령어는 다음과 같다.

```
graph box price
```

결과 그래프는 3.58이고 이는 SPSS를 사용해 생성했던 그림 3.51과 동일하다.

3.8   맺음말

3장에서는 표, 차트, 그래프와 요약 측도를 통해 각 변수의 행동을 좀 더 잘 이해하고 그 추세와 변동성, 이상치를 알아내기 위해 단일 변수의 기술 통계량(일변량 기술 통계량)을 알아봤다.

기술 통계량을 사용하기 전에 각 변수의 형식을 알아내는 것이 중요하다. 변수의 형식은 기술 통계량을 계산하고 그 결과를 그래프로 표현하기 위해 필수적이다.

정성 변수의 행동을 나타내기 위해 사용하는 기술 통계량은 빈도 분포표와 차트다. 정성 변수의 빈도 분포표는 각 변수 범주가 등장하는 빈도를 나타낸다. 정성 변수의 그래프 표현은 막대 차트(수평과 수직), 파이 차트, 파레토 차트 등으로 나타낼 수 있다.

정량 변수의 경우 가장 보편적인 기술 통계량은 차트와 요약 측도(위치 측도, 산포와 변동성, 형태 측도)다. 각 이산 변수가 등장하는 가능 값을 나타내기 위해 빈도 분포표를 사용할 수 있으며, 연속 변수의 경우 부류로 그룹화된 빈도를 나타낸다. 선 그래프, 점 또는 산포도, 히스토그램, 줄기-잎 도표, 상자 도표(상자-수염 그림)는 보통 정량 변수의 그래픽 표현에 사용된다.

3.9   연습문제

1. 단일 정성 또는 정량 변수의 행동을 나타내는 데 사용되는 통계량은 무엇인가?

2. 어떤 변수의 연구에 있어 중심 경향만을 사용할 때의 한계는 무엇인가?

3. 어떤 변수의 이상치 존재 유무는 어떻게 검증할 수 있는가?

4. 산포나 변동성을 측정하는 각 측도를 설명하라.

5. 분포의 왜도를 측정하는 피어슨의 첫 번째와 두 번째 계수의 차이는 무엇인가?

6. 데이터의 위치, 왜도, 모순을 검사할 수 있는 최적의 그래프는 무엇인가?

7. 막대 차트나 산포도의 경우 어떤 종류의 데이터를 사용할 수 있는가?

8. 정성 데이터의 표현에 가장 적합한 차트는 무엇인가?

9. 표 3.1은 지난 30일간 특정 가게에서 팔린 자동차 대수다. 이 데이터의 빈도 분포표를 작성하라.

표 3.1 자동차 판매량

7	5	9	11	10	8	9	6	8	10
8	5	7	11	9	11	6	7	10	9
8	5	6	8	6	7	6	5	10	8

10. 환자 50명의 몸무게에 대한 건강 설문을 수행했다(표 3.2). 빈도 분포표를 작성하라.

표 3.2 환자의 몸무게

60.4	78.9	65.7	82.1	80.9	92.3	85.7	86.6	90.3	93.2
75.2	77.3	80.4	62.0	90.4	70.4	80.5	75.9	55.0	84.3
81.3	78.3	70.5	85.6	71.9	77.5	76.1	67.7	80.6	78.0
71.6	74.8	92.1	87.7	83.8	93.4	69.3	97.8	81.7	72.2
69.3	80.2	90.0	76.9	54.7	78.4	55.2	75.5	99.3	66.7

11. 전자기기 제조사에서 문 부분을 생산하는 단계에서 품질 검사를 통해 불량으로 폐기된 부품 수를 형태별로 집계했다(정렬 불량, 스크래치, 변형, 색 변형, 산화). 결과는 표 3.3에 있다.

표 3.3 불량 형태별 폐기 부품 개수

불량 형태	총계
정렬 불량	98
스크래치	67
변형	45
색 변형	28
산화	12
총계	**250**

a) 이 문제의 빈도 분포표를 작성하라.

b) 파이 차트와 파레토 차트를 작성하라.

12. 어떤 공정에서 몇 가지 절차가 지켜져야 하는데, 표백, 저온살균, 냉동, 건조가 있다. Dehydration.xls, Dehydration.sav, Dehydration.dta 파일에는 100개의 주기에서 건조 단계에 걸린 처리 기간(초)이 들어 있다.

a) 산술 평균, 중앙값, 최빈값에 관한 위치 측도를 계산하라.

b) 첫 번째와 세 번째 사분위수를 계산하고 이상치가 있는지 확인하라.

c) 10번째와 90번째 백분위수를 계산하라.

d) 세 번째와 여섯 번째 십분위수를 계산하라.

e) 산포 측도를 계산하라(범위, 평균 편차, 분산, 표준 편차, 표준 오차, 변동 계수).

f) 분포가 대칭, 음의 비대칭, 양의 비대칭 중 무엇인지 확인하라.

g) 첨도 계수를 계산하고 분포의 편평한 수준을 알아보라(중첨, 저첨, 급첨).

h) 히스토그램, 줄기-잎 도표, 상자 도표를 구성하라.

13. 어떤 은행 지점에서 고객 50명을 대상으로 세 가지 서비스의 처리 시간을 측정했다. 데이터는 Services.xls, Services.sav, Services.dta에서 구할 수 있다. 다음 측도에 따라 서비스 결과를 비교하라.

a) 위치 측도(평균, 중앙값, 최빈값)

b) 산포 측도(분산, 표준 편차, 표준 오차)

c) 첫 번째와 세 번째 사분위수. 이상치가 있는지 확인하라.

d) 피셔의 왜도 계수(g_1)와 첨도 계수(g_2). 대칭성과 분포의 편평도 수준을 분류해보라.

e) 각 변수에 대해 막대 차트, 상자 도표, 히스토그램을 그려보라.

14. 특정 정류소 간 버스의 평균 운행 시간(분)을 120일 동안 측정했다(표 3.4).

a) 산술 평균, 중앙값, 최빈값을 계산하라.

표 3.4 120일간의 운행 시간

시간	일수
30	4
32	7
33	10
35	12
38	18
40	22
42	20
43	15
45	8
50	4

b) Q_1, Q_3, D_4, P_{61}, P_{84}를 계산하라.

c) 이상치가 있는가?

d) 범위, 분산, 표준 편차, 표준 오차를 구하라.

e) 피셔의 왜도 계수(g_1)와 첨도 계수(g_2)를 구하라. 대칭성과 편평도 수준을 분류하라.

f) 막대 차트, 히스토그램, 줄기-잎 도표, 상자 도표를 그려보라.

15. 서비스 질을 향상하기 위해 어떤 소매상에서는 종업원 250명의 평균 서비스 시간을 조사했다. 데이터는 절대와 상대 빈도에 따라 표 3.5처럼 부류로 그룹화됐다.

표 3.5 평균 서비스 시간

부류	F_i	Fr_i (%)
30 ├ 60	11	4.4
60 ├ 90	29	11.6
90 ├ 120	41	16.4
120 ├ 150	82	32.8
150 ├ 180	54	21.6
180 ├ 210	33	13.2
합계	250	100

a) 산술 평균, 중앙값, 최빈값을 계산하라.

b) Q_1, Q_3, D_2, P_{13}, P_{95}를 계산하라.

c) 이상치가 있는가?

d) 범위, 분산, 표준 편차, 표준 오차를 구하라.

e) 피어슨의 첫 번째 왜도 계수와 첨도 계수를 구하라. 대칭성과 편평도 수준을 분류하라.

f) 히스토그램을 그려보라.

16. 금융 분석가는 지난달의 두 주가를 비교하고자 한다. 데이터는 표 3.6에 있다.

표 3.6 주가	
주식 A	주식 B
31	25
30	33
24	27
24	34
28	32
22	26
24	26
34	28
24	34
28	28
23	31
30	28
31	34
32	16
26	28
39	29
25	27
42	28
29	33
24	29
22	34
23	33
32	27
29	26

다음에 따라 두 주식의 주가를 비교 분석하라.

a) 위치 측도(평균, 중앙값, 최빈값)

b) 산포 측도(분산, 표준 편차, 표준 오차)

c) 이상치가 있는지 확인하라.

d) 분포의 편평도 수준

e) 막대 차트, 산포도, 줄기-잎 도표, 히스토그램, 상자 도표를 그려보라.

17. 상파울루에서의 투자 표준을 알아보기 위해 주 정부에서는 15개 병원의 투자액(백만 US$)을 표

3.7과 같이 수집했다.

표 3.7 상파울루의 15개 병원 투자액

병원	투자액
A	44
B	12
C	6
D	22
E	60
F	15
G	30
H	200
I	10
J	8
K	4
L	75
M	180
N	50
O	64

a) 표본의 산술 평균과 표준 편차를 구하라.

b) 이상치를 제거하라.

c) (이상치를 제거한) 표본에서 다시 산술 평균과 표준 편차를 구하라.

d) 이상치를 제거한 새로운 표본의 표준 편차에 대해 어떻게 평가할 수 있는가?

4
이변량 기술 통계량

숫자가 세상을 지배한다.

– 플라톤(Plato)

4.1 소개

3장에서는 단일 변수 기술 통계량(일변량 기술 통계량)을 알아봤다. 4장에서는 2개의 변수가 관여된 기술 통계량(이변량 분석)의 개념을 알아본다.

이변량 분석의 주요 목적은 두 변수 간의 관계를 연구하는 것이다(정성 변수의 연계성과 정량 변수의 상관관계). 이 관계는 빈도의 결합 분포(분할표 또는 교차 분류표(교차 분석)), 그래프 표현, 요약 측도 등을 통해 알아볼 수 있다.

이변량 분석은 다음과 같은 두 가지 상황에서 알아본다.

a) 두 변수가 정성일 경우
b) 두 변수가 정량일 경우

그림 4.1은 이 장에서 알아볼 두 변수 통계량을 표, 차트, 요약 측도로 보여주며 다음 상황을 나타낸다.

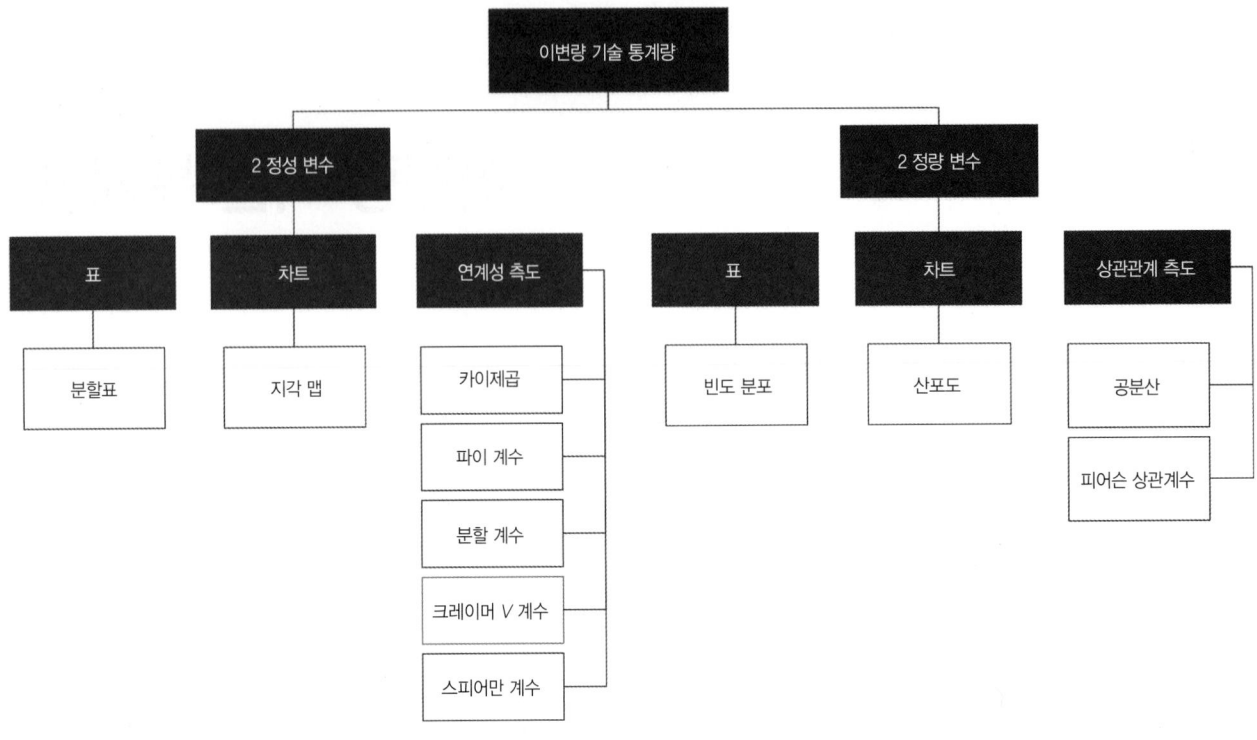

그림 4.1 변수 형태에 따른 이변량 기술 통계량

a) 두 정성 변수의 데이터 행동을 나타내기 위해 사용되는 기술 통계량은 다음과 같다. (1) 결합 빈도 분포표로, 특별한 경우에는 분할표 또는 교차 분류표(교차 분석)로 불린다. (2) 해당 분석 기술의 결과로 나온 지각 맵[perceptual map] 등의 차트(더 자세한 사항은 Fávero and Belfiore(2017)에서 찾아볼 수 있다), (3) 카이제곱 분석(명목과 서열 정성 변수에 사용), 파이[Phi] 계수, 분할[contingency] 계수, 크레이머[Cramer]의 V 계수(모든 것은 카이제곱에 기반하며 명목 변수에 사용된다), 스피어만[Spearman] 계수(서열 정성 변수의 경우) 등의 연계성 측도

b) 두 정량 변수의 경우, 결합 빈도 분포표, 산포도 등의 그래프, 공분산[covariance]과 피어슨 상관계수[Pearson's correlation coefficient] 등의 상관관계 측도

4.2 두 정성 변수 간의 연계성

이 방법의 주목적은 정성 또는 범주 변수 간에 관련이 있는지, 또 연계된 수준이 어느 정도인지를 알아내는 것이다. 이 분석은 빈도 분포표, 카이제곱 분석(명목과 서열 정성 변수에 사용), 파이 계수, 분할 계수, 크레이머의 V 계수(모든 것은 카이제곱에 기반하며 명목 변수에 사용된다), 스피어만 계수(서열 정성 변수의 경우), Fávero and Belfiore(2017)에서 설명한 분석 결과의 지각 맵 등의 요약 측도로 수행할 수 있다.

4.2.1 결합 빈도 분포표

이변량 변수 데이터 집합을 가장 쉽게 요약할 수 있는 방법은 결합 빈도 분포표로서, **분할표**contigency table 또는 **교차 분류표**crossed classification table(**교차 분석**cross tabulation) 또는 **대응표**correspondence table라고도 불린다. 결합된 방식으로 변수 X 범주의 절대 및 상대 빈도는 X축에, Y 변수는 Y축에 나타낸다.

흔히 분할표에 **한계 총합**marginal totals을 추가하고 이는 변수 X의 합을 행에, 변수 Y의 합을 열에 정리한다. Bussab and Morettin(2011)에 기반한 예제를 통해 이 분석을 설명한다.

예제 4.1

200명의 개인을 대상으로 변수 X(건강 보험 대리점)와 변수 Y(만족도)의 결합 행동을 분석하고자 한다. 분할표는 각 변수의 절대 빈도 분포, 한계 총합의 결합 분포를 표 4.E.1에 나타냈다. 이 데이터는 SPSS HealthInsurance.sav 파일에 있다.

표 4.E.1 연구 중인 변수들의 결합 절대 빈도 분포

대리점	만족도			총합
	불만	중립	만족	
A	40	16	12	**68**
B	32	24	16	**72**
C	24	32	4	**60**
총합	**96**	**72**	**32**	**200**

3장에서 단변량 변수에 대해 설명한 것처럼 연구는 상대 빈도에 대해서도 수행할 수 있다. Bussab and Morettin(2011)은 각 범주 비율을 설명할 세 가지 방법을 보였다.

a) 전체 총합에 대해
b) 각 행의 총합에 대해
c) 각 열의 총합에 대해

각 옵션의 선택은 연구 목적에 달려 있다. 예를 들어, 표 4.E.2는 전체 총합에 대해 상대 빈도 분포를 보여준다.

표 4.E.2 전체 총합에 대해 연구 중인 변수들의 결합 상대 빈도 분포

대리점	만족도			총합
	불만	중립	만족	
A	20%	8%	6%	**34%**
B	16%	12%	8%	**36%**
C	12%	16%	2%	**30%**
총합	**48%**	**36%**	**16%**	**100%**

먼저 각 변수에 대한 1차원 분포를 보여주는 행과 열의 한계 총합을 분석한다. 행의 한계 총합은 각 범주 변수 대리점의 상대 빈도 합계에 해당하고, 열의 한계 총합은 만족도 변수의 각 범주 합계에 대항한다. 따라서 34%의 개인은 A의 일원이고, 36%는 B, 30%는 C라고 결론 내릴 수 있다. 유사하게 48%의 개인은 건강 보험 대리점에 대해 불만족, 36%는 중립 그리고 단 16%만 만족으로 대답했음을 알 수 있다.

연구 중인 변수의 상대 빈도 분포(분할표)에 대해 개인의 20%는 대리점 A의 회원이며 불만이라고 말하고 있다. 다른 분할표의 다른 범주에 대해서도 동일한 논리를 적용할 수 있다.

반면, 표 4.E.3은 각 행의 총합에 대해 연구 중인 변수의 상대 빈도 분포를 보여준다.

표 4.E.3 각 행의 총합에 대해 연구 중인 변수들의 결합 상대 빈도 분포

대리점	만족도			
	불만	중립	만족	총합
A	58.8%	23.5%	17.6%	100%
B	44.4%	33.3%	22.2%	100%
C	40%	53.3%	6.7%	100%
총합	48%	36%	16%	100%

표 4.E.3으로부터 A 대리점의 회원 중 불만인 사람은 58.8%(40/68), 중립은 23.5%(16/68), 만족은 17.6%(12/68)임을 알 수 있다. 각 행에 대한 이 비율의 합은 100%이다. 동일한 논리가 각 행에 대해 적용된다.

끝으로, 표 4.E.4는 각 열에 대해 연구 중인 변수의 상대 빈도 분포를 보여준다.

표 4.E.4 각 열의 총합에 대해 연구 중인 변수들의 결합 상대 빈도 분포

대리점	만족도			
	불만	중립	만족	총합
A	41.7%	22.2%	37.5%	34%
B	33.3%	33.3%	50%	36%
C	25%	44.4%	12.5%	30%
총합	100%	100%	100%	100%

따라서 A의 회원 중 불만인 사람은 41.7%(40/96), B는 33.3%(32/96), C는 25%(24/96)이다. 각 열의 비율 합은 100%이다. 동일한 논리가 다른 열에 대해서도 적용된다.

SPSS를 사용한 분할표 생성

예제 4.1의 분할표를 SPSS를 사용해 생성할 것이다. 이 장의 이미지는 IBM의 허가하에 사용됐다.

먼저, 각 변수의 성질을 SPSS에서 정의한다. 변수 *Agency*와 *Level of satisfaction*은 정성이지만 HealthInsurance_NoLabel.sav 파일에서 보는 것처럼 초기에 수치로 되어 있다.[1] 따라서 두 변수의 각 범주에 대한 해당 레이블을 생성해야만

---

1 앞서 잠시 언급했듯이, 예제 파일에 있는 변수는 번역하지 않고 그대로 사용한다. 변수의 값 역시, 문맥에 따라 꼭 필요한 경우를 제외하고는 번역하지 않고 파일에 있는 값 그대로 둔다. 또한 SPSS는 모두 한글 버전을 사용한다. – 옮긴이

한다.

    Agency 변수에 대한 레이블은 다음과 같다.

1 = A

2 = B

3 = C

Level of satisfaction 변수는 간단히 *Satisfaction*이라 부르고, 값은 다음과 같다.

1 = 불만

2 = 중립

3 = 만족

    따라서 **데이터** › **변수 특성 정의**를 클릭하고 그림 4.2와 그림 4.3처럼 관심대상의 변수를 선택한다.

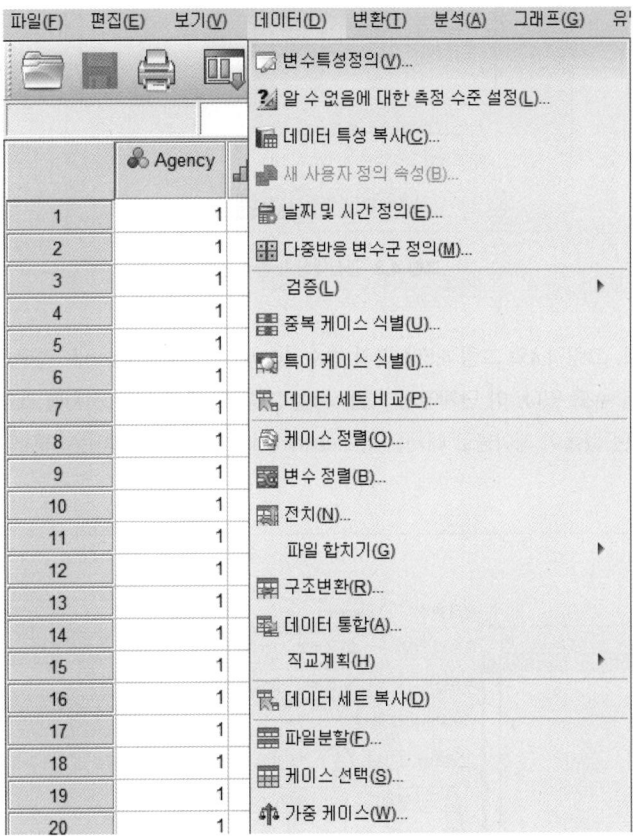

그림 4.2 SPSS의 변수 특성 정의

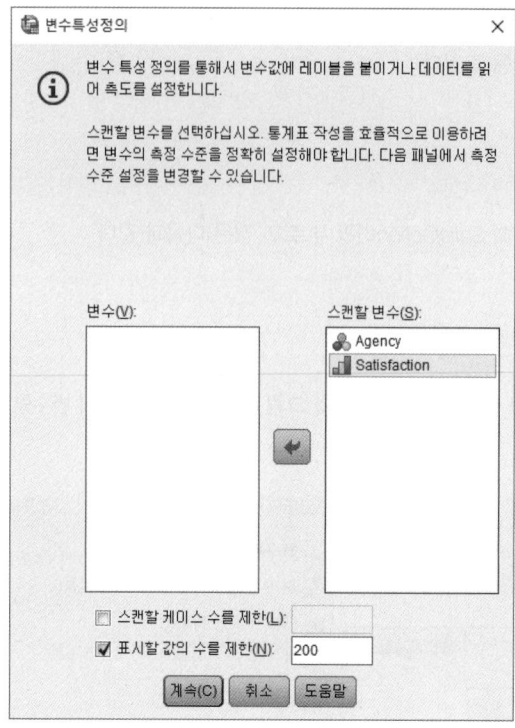

그림 4.3 관심대상의 변수 선택

그런 다음, **계속**을 클릭한다. 그림 4.4와 그림 4.5에 따라 변수 *Agency*와 *Satisfaction*은 명목으로 정의됐음에 유의하자. 이 정의는 **변수 보기** 환경에서 할 수도 있다. 이 단계에서 그림 4.4와 그림 4.5에서 보는 것처럼 레이블이 정의돼야 한다. **확인**을 누르면 처음에 수치로 나타났던 값들이 레이블로 대체된다. HealthInsurance.sav 파일에는 데이터가 이미 레이블되어 있다.[2]

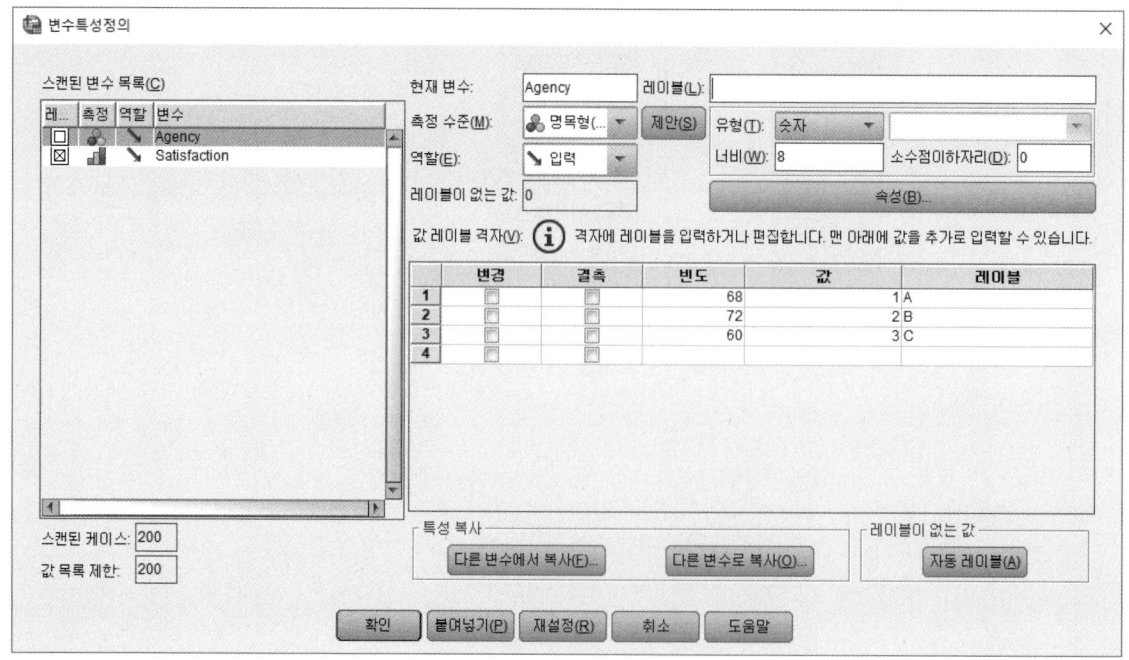

그림 4.4 변수 *Agency*의 레이블 정의

---

2 한국어판 독자들을 위해 레이블을 수정했다. 각 대리점 이름은 편의상 A, B, C로 했고, Dissatisfied, Neutral, Satisfied는 각각 불만, 중립, 만족으로 레이블을 한글로 변경했음을 주목하자. – 옮긴이

분할표(교차 분석)를 생성하려면 그림 4.6에서처럼 **분석 › 기술 통계량 › 교차 분석**을 클릭한다.

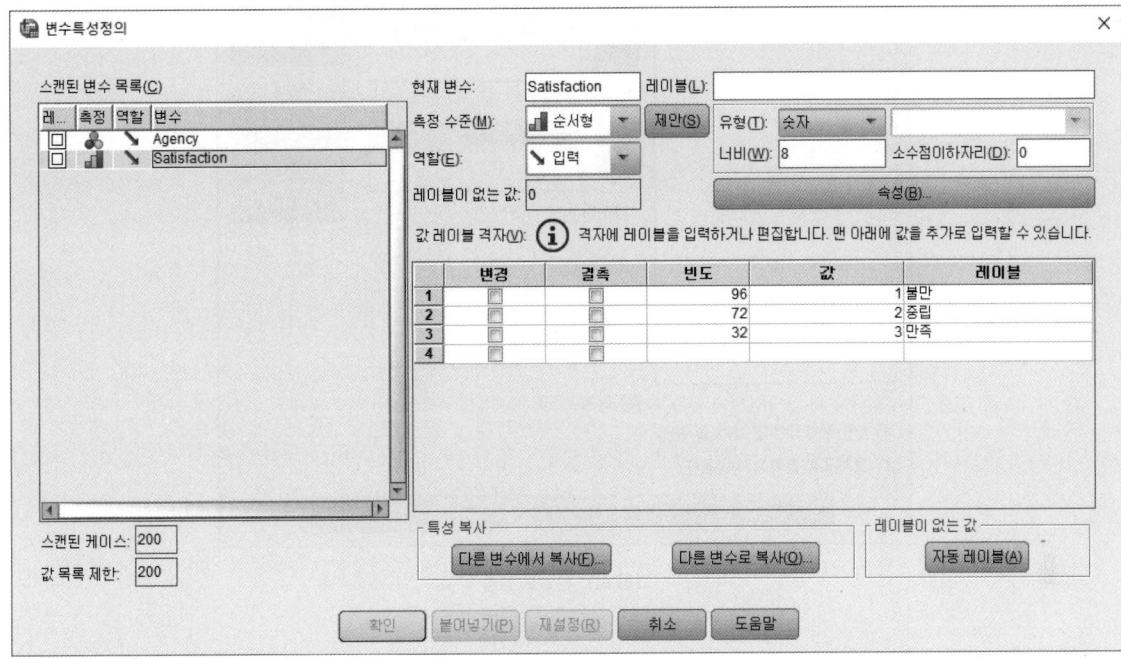

그림 4.5 변수 *Satisfaction*의 레이블 정의

변수 *Agency*는 행으로 선택하고, 변수 *Satisfaction*은 열로 선택한다. 다음으로 그림 4.7처럼 셀을 클릭한다.

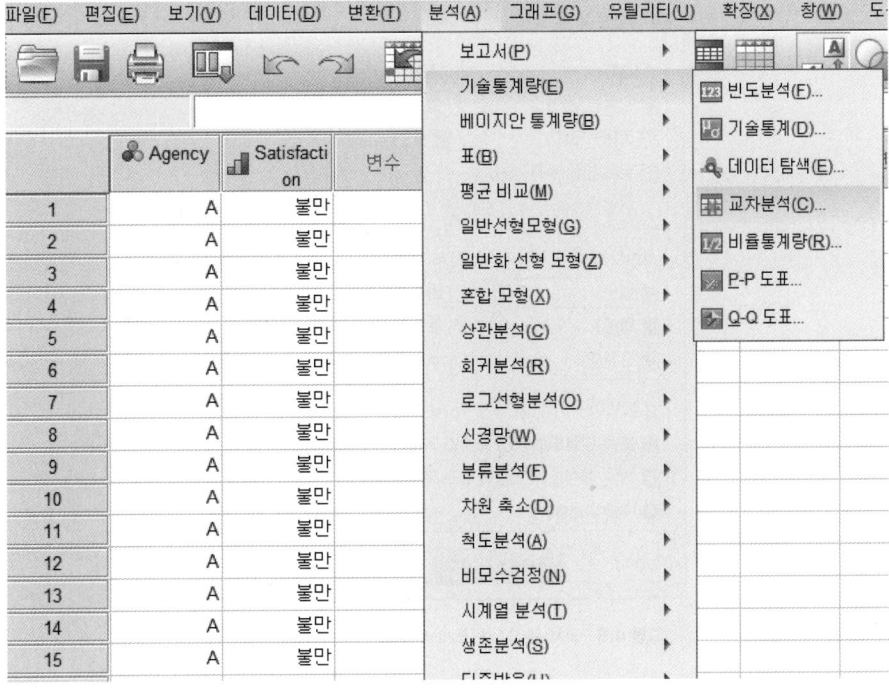

그림 4.6 SPSS에서 분할표(교차 분석) 생성

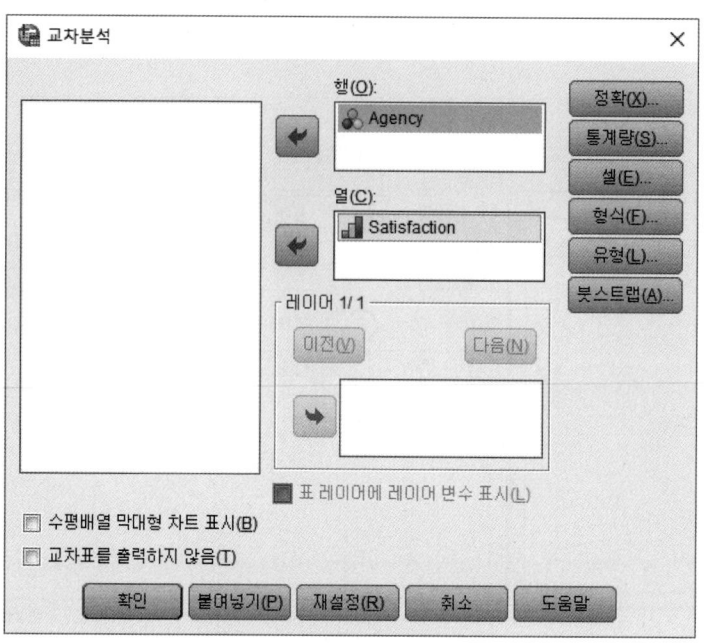

그림 4.7 분할표 생성

관측 변수의 결합 절대 빈도 분포, 총합에 대한 결합 상대 빈도 분포, 각 행의 총합에 대한 결합 상대 빈도 분포, 각 열의 총합에 대한 결합 상대 빈도 분포(표 4.1 ~ 표 4.4)를 구하려면 '교차 분석: 셀 표시' 대화상자(셀을 클릭하면 나타나는 대화상자)에서 그림 4.8처럼 빈도 구역에서 **관측 빈도**를 선택하고 퍼센트 구역에서 **행, 열, 전체**를 선택한다. **계속**과 **확인**을 클릭한다.

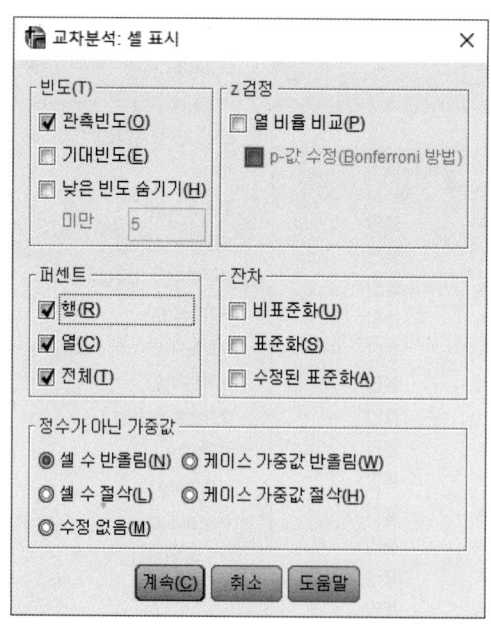

그림 4.8 '교차 분석: 셀 표시' 대화상자에서 분할표 생성

SPSS에서 생성된 분할표(교차 분석)는 그림 4.9에 나타나 있다. 이 결과는 표 4.1 ~ 표 4.4와 정확히 일치한다는 점에 주목하자.

Agency * Satisfaction 교차표

			Satisfaction			
			불만	중립	만족	전체
Agency	A	빈도	40	16	12	68
		Agency 중 %	58.8%	23.5%	17.6%	100.0%
		Satisfaction 중 %	41.7%	22.2%	37.5%	34.0%
		전체 중 %	20.0%	8.0%	6.0%	34.0%
	B	빈도	32	24	16	72
		Agency 중 %	44.4%	33.3%	22.2%	100.0%
		Satisfaction 중 %	33.3%	33.3%	50.0%	36.0%
		전체 중 %	16.0%	12.0%	8.0%	36.0%
	C	빈도	24	32	4	60
		Agency 중 %	40.0%	53.3%	6.7%	100.0%
		Satisfaction 중 %	25.0%	44.4%	12.5%	30.0%
		전체 중 %	12.0%	16.0%	2.0%	30.0%
전체		빈도	96	72	32	200
		Agency 중 %	48.0%	36.0%	16.0%	100.0%
		Satisfaction 중 %	100.0%	100.0%	100.0%	100.0%
		전체 중 %	48.0%	36.0%	16.0%	100.0%

그림 4.9 SPSS에서 생성된 교차 분류표(교차 분석)

Stata를 사용한 분할표 생성

3장에서는 Stata에서 tabulate 또는 간단히 tab 명령어를 통해 단일 변수의 빈도 분포표를 생성하는 방법을 배웠다. 변수가 2개 이상인 경우에 분석 중인 각 변수에 대한 일변량 빈도 분포표를 만드는 것이 목적이라면 tab1 명령어와 함께 변수 리스트를 지정하면 된다.

결합 빈도 분포표(분할표)의 경우에도 동일한 논리가 적용된다. Stata에서 관측 중인 절대 빈도에 대한 분할표를 생성하려면 다음 명령어 구문을 사용해야 한다.

```
tabulate variable1* variable2*
```

또는 간단히 다음처럼 할 수 있다.

```
tab variable1* variable2*
```

여기서 variable1*와 variable2*는 각각 변수 이름으로 대체해야 한다.

관측 중인 변수의 결합 절대 빈도 분포 이외에 전체 행의 합, 전체 열의 합, 전체 총합에 대한 결합 상대 빈도 분포를 구하려면 다음 구문을 사용해야 한다.

```
tabulate variable1* variable2*, row column cell
```

또는 간단히 다음과 같이 할 수 있다.

```
tab variable1* variable2*, r co ce
```

변수가 둘 이상인 경우를 생각해보자. 목표는 모든 변수 조합에 대한 2×2 이변량 빈도 분포표(2방향 표)를 구축하는 것이다. 이 경우 다음 구문을 사용해 tab2 명령어를 사용해야 한다.

```
tab2 variables*
```

여기서 variables*는 분석에서 고려 중인 변수 리스트로 대체해야 한다.

유사하게 각 행이나 열, 전체 총합에 대한 결합 절대 빈도 분포나 결합 상대 빈도 분포를 구하려면 다음과 같은 구문을 사용해야 한다.

```
tab2 variables*, r co ce
```

예제 4.1의 분할표를 이제 Stata를 사용해 생성해보자. 데이터는 HealthInsurance.dta에 있다.

따라서 각 열에 대한 결합 빈도 분포, 상대 빈도표와 열에 대한 상대 빈도 총합에 대한 상대 빈도를 구하려면 명령어는 다음과 같다.

```
tab agency satisfaction, r co ce
```

결과는 그림 4.10에 나타나 있고, 이는 그림 4.9(SPSS)와 유사하다.

```
. tab agency satisfaction, r co ce

+------------------+
| Key              |
|------------------|
|     frequency    |
|  row percentage  |
| column percentage|
|  cell percentage |
+------------------+

                 |          satisfaction
          agency | Dissatisf   Neutral  Satisfied |     Total
-----------------+---------------------------------+----------
    Total Health |        40        16         12 |        68
                 |     58.82     23.53      17.65 |    100.00
                 |     41.67     22.22      37.50 |     34.00
                 |     20.00      8.00       6.00 |     34.00
-----------------+---------------------------------+----------
       Live Life |        32        24         16 |        72
                 |     44.44     33.33      22.22 |    100.00
                 |     33.33     33.33      50.00 |     36.00
                 |     16.00     12.00       8.00 |     36.00
-----------------+---------------------------------+----------
     Mena Health |        24        32          4 |        60
                 |     40.00     53.33       6.67 |    100.00
                 |     25.00     44.44      12.50 |     30.00
                 |     12.00     16.00       2.00 |     30.00
-----------------+---------------------------------+----------
           Total |        96        72         32 |       200
                 |     48.00     36.00      16.00 |    100.00
                 |    100.00    100.00     100.00 |    100.00
                 |     48.00     36.00      16.00 |    100.00
```

그림 4.10 Stata로 구성한 분할표

4.2.2 연계성 측도

두 정성 변수의 연계성을 나타내는 주요 측도는 다음과 같다.

a) 카이제곱 통계량(χ^2): **명목**과 **서열** 정성 변수에 사용

b) 파이 계수, 분할 계수, 크레이머 V 계수: 카이제곱에 근거해 **명목** 변수에 적용

c) 스피어만의 계수: **서열** 변수에 적용

4.2.2.1 카이제곱 통계량

카이제곱 통계량(χ^2)은 관측된 분할표와 기대 분할표 사이의 불일치를 측정하며, 두 변수 사이에는 연계성이 없다는 가설에서 출발한다. 관측된 빈도 분포가 기대 빈도 분포와 정확히 일치하면 카이제곱 통계량의 결과는 0이다. 따라서 χ^2보다 낮은 값은 두 변수 사이의 독립성을 의미한다.

통계량 χ^2은 다음과 같이 구할 수 있다.

$$\chi^2 = \sum_{i=1}^{I}\sum_{j=1}^{J} \frac{\left(O_{ij} - E_{ij}\right)^2}{E_{ij}} \tag{4.1}$$

여기서

O_{ij} = 변수 X의 i번째 위치와 변수 Y의 j번째 위치의 관측치 개수

E_{ij} = 변수 X의 i번째 위치와 변수 Y의 j번째 위치의 기대 관측치 빈도

I = 변수 X의 범주 개수(행)

J = 변수 Y의 범주 개수(열)

예제 4.2

예제 4.1의 χ^2 통계량을 계산하라.

해법

표 4.E.5는 행의 전체 총합에 대한 상대 빈도 분포의 관측치를 보여준다. 계산은 열의 전체 총합에 대해서도 수행할 수 있으며, χ^2 통계량과 동일한 결과에 도달해야 한다.

표 4.E.5 행의 전체 총합에 대한 비율의 각 범주 관측치

대리점	만족도			총합
	불만	중립	만족	
A	40 (58.8%)	16 (23.5%)	12 (17.6%)	**68 (100%)**
B	32 (44.4%)	24 (33.3%)	16 (22.2%)	**72 (100%)**
C	24 (40%)	32 (53.3%)	4 (6.7%)	**60 (100%)**
총합	**96 (48%)**	**72 (36%)**	**32 (16%)**	**200 (100%)**

4장 이변량 기술 통계량 | 155

표 4.E.5의 데이터는 변수 간의 종속성을 보여준다. 변수 간의 연계성이 없다면 전체 3개 대리점의 불만족 열에서 48%, 중립은 36%, 만족은 16%를 얻어야 한다. 기댓값의 계산은 표 4.E.6에 있다. 예를 들어, 첫 번째 셀의 계산은 0.48 × 68 = 32.64 이다.

표 4.E.6 표 4.E.5에서의 기댓값(두 변수 간 연계성이 없다는 가정일 경우)

대리점	만족도			총합
	불만	중립	만족	
A	32.6 (48%)	24.5 (36%)	10.9 (16%)	**68 (100%)**
B	34.6 (48%)	25.9 (36%)	11.5 (16%)	**72 (100%)**
C	28.8 (48%)	21.6 (36%)	9.6 (16%)	**60 (100%)**
총합	**96 (48%)**	**72 (36%)**	**32 (16%)**	**200 (100%)**

χ^2 통계량을 계산하려면 식 (4.1)을 표 4.E.5와 표 4.E.6에 적용해야 한다. 각 항 $\frac{(O_{ij}-E_{ij})^2}{E_{ij}}$ 의 계산은 표 4.E.7에 범주 합의 결과 χ^2 측도와 함께 나타나 있다.

표 4.E.7 χ^2 통계량 계산

대리점	만족도		
	불만	중립	만족
A	1.66	2.94	0.12
B	0.19	0.14	1.74
C	0.80	5.01	3.27
총합	$\chi^2 = 15.861$		

가설과 검정을 다룬 9장에서 살펴보겠지만, 유의수준 α는 특정 가정이 사실인데도 기각할 확률을 의미한다. 반면에 P 값은 표본 관측치에 연계된 확률로서 제안된 가설을 기각으로 이끌게 될 최저 유의수준을 나타낸다. 다시 말해, P 값은 결과에 대한 감소하는 신뢰도 지수를 나타낸다. 이 값이 낮을수록 가정된 가설에 대한 믿음이 낮아진다.

χ^2 통계량의 경우 검정이, 연구 중인 변수의 비연계성을 미리 가정하므로 SPSS와 Stata를 포함한 대부분의 통계 소프트웨어는 해당 P 값을 계산한다. 따라서 신뢰수준 95%(P 값 < 0.05)에 대해 가설은 기각되고 두 변수가 연계되어 있다고 결론 내린다. 반면 p 값 > 0.05이면 두 변수는 독립적이라고 결론 내린다. 이 모든 개념은 9장에서 좀 더 자세히 설명한다.

엑셀은 χ^2 통계량의 P 값을 CHITEST 또는 CHISQ.TEST(엑셀 2010과 그 이후 버전) 함수를 사용해 계산한다. 이를 위해 해당 관측치 셀과 기댓값 셀의 집합을 선택해야 한다.

SPSS를 사용한 카이제곱 통계량 계산

예제 4.1과 유사하게 SPSS에서의 카이제곱 통계량(χ^2)은 **분석** › **기술 통계량** › **교차 분석** 탭을 통해 수행된다. 이번에도 행에 변수 *Agency*를 선택하고 열에 변수 *Satisfaction*을 선택한다. 최초에 두 변수 간의 비연계의 경우 관측치와 기댓값을 생성하려면(표 4.E.5와 표 4.E.6) **셀**을 클릭하고 '교차 분석: 셀 표시' 대화상자의 **빈도** 구역에서 **관측 빈도**와 **기대 빈도**를 선택한다(그림

4.11). 같은 대화상자에서 수정된 표준화 잔차를 생성하려면 **잔차** 구역에서 **수정된 표준화**를 선택한다. 결과는 그림 4.12에 나타나 있다.

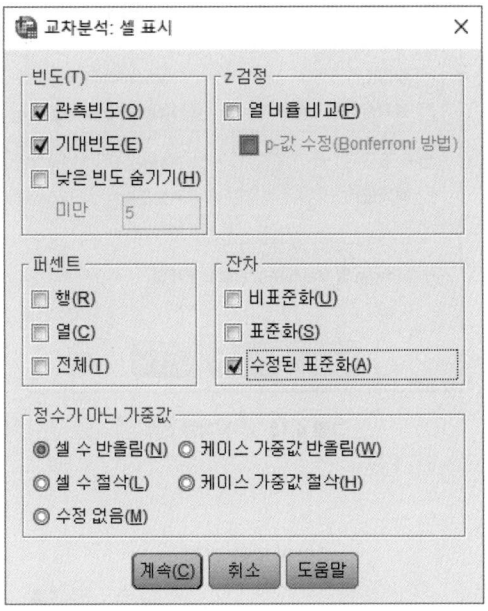

그림 4.11 관측 빈도, 기대 빈도, 잔차의 분할표 생성

Agency * Satisfaction 교차표

			불만	중립	만족	전체
			Satisfaction			
Agency	A	빈도	40	16	12	68
		기대빈도	32.6	24.5	10.9	68.0
		수정된 잔차	2.2	-2.6	.5	
	B	빈도	32	24	16	72
		기대빈도	34.6	25.9	11.5	72.0
		수정된 잔차	-.8	-.6	1.8	
	C	빈도	24	32	4	60
		기대빈도	28.8	21.6	9.6	60.0
		수정된 잔차	-1.5	3.3	-2.4	
전체		빈도	96	72	32	200
		기대빈도	96.0	72.0	32.0	200.0

그림 4.12 두 변수의 비연계를 가정한 관측치, 기댓값, 잔차의 분할표

χ^2 통계량을 계산하려면 **통계량**에서 **카이제곱** 옵션을 선택한다(그림 4.13). 마지막으로, **계속**과 **확인** 버튼을 클릭한다. 결과는 그림 4.14에 나타나 있다.

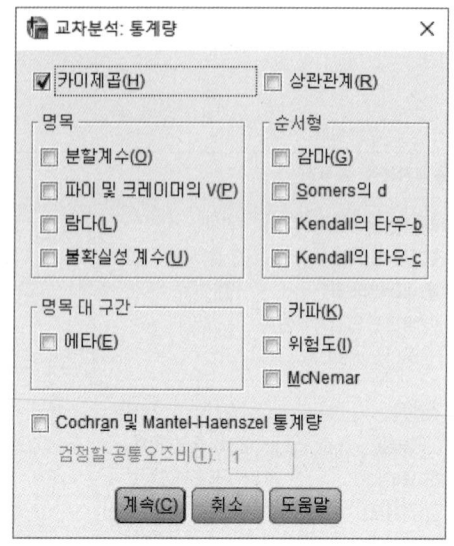

그림 4.13 χ^2 통계량 선택

카이제곱 검정

	값	자유도	근사 유의확률 (양측검정)
Pearson 카이제곱	15.861[a]	4	.003
우도비	16.302	4	.003
선형 대 선형결합	.429	1	.512
유효 케이스 수	200		

a. 0 셀 (0.0%)은(는) 5보다 작은 기대 빈도를 가지는 셀입니다. 최소 기대빈도는 9.60입니다.

그림 4.14 χ^2 통계량 결과

그림 4.14에 따라 χ^2 값이 15.861로서 표 4.E.7의 계산과 유사함을 알 수 있다. 또한 두 변수 간의 비연계성에 대한 가설을 기각하기 위한 최소 유의수준(P 값)은 0.003임을 알 수 있다. 0.003 < 0.05이므로(95% 신뢰수준) 귀무 가설은 기각되고 두 변수가 연계되어 있다고 결론지을 수 있다.

Stata를 사용한 카이제곱 통계량 계산

4.2.1절에서 tabulate 또는 간단히 tab 명령어를 통해 분할표를 생성하는 방법을 배웠다. 관측 빈도 이외에 이 명령어는 expected 옵션(또는 간단히 exp)을 통해 기대 빈도를 계산하고, chi2(또는 간단히 ch) 명령어를 통해 χ^2 통계량을 계산할 수 있다. 예제 4.1의 데이터 HealthInsurance.dta에서 관측 및 기대 빈도 분포표를 χ^2 통계량과 구하려면 다음 명령어를 사용한다.

```
tab agency satisfaction, exp ch
```

그러나 tab 명령어는 출력에 잔차를 생성하지 않는다. 대안으로 니콜라스 콕스[Nicholas J. Cox]가 개발한 tabchi 명령어를 사용하면 수정된 표준 잔차도 계산된다. 이 명령어를 사용하려면 다음처럼 입력해야 한다.

```
findit tabchi
```

그리고 해당 명령어를 tab_chi 링크인 http://fmwww.bc.edu/RePEc/bocode/t에서 설치해야 한다. 이 작업을 마치면 다음 명령어를 수행한다.

```
tabchi agency satisfaction, a
```

결과는 그림 4.15에 있고, 이는 SPSS 소프트웨어를 사용한 그림 4.12 및 그림 4.14와 유사하다. exp 옵션을 통해 기대 빈도를 생성해야만 하는 tab 명령어와 달리 tabchi는 자동으로 생성한다는 점에 주목하자.

```
. tabchi agency satisfaction, a

         observed frequency
         expected frequency
         adjusted residual

                  |             satisfaction
           agency | Dissatisfied    Neutral    Satisfied
------------------+---------------------------------------
Total Health |           40           16           12
             |       32.640       24.480       10.880
             |        2.199       -2.637        0.456
             |
   Live Life |           32           24           16
             |       34.560       25.920       11.520
             |       -0.755       -0.589        1.800
             |
  Mena Health |           24           32            4
             |       28.800       21.600        9.600
             |       -1.482        3.343       -2.357
------------------+---------------------------------------

         Pearson chi2(4) =    15.8606    Pr = 0.003
likelihood-ratio chi2(4) =    16.3023    Pr = 0.003
```

그림 4.15 Stata의 χ^2 통계량 결과

4.2.2.2 카이제곱에 기반한 그 밖의 연계성 측도

카이제곱 통계량(χ^2)에 기반한 주요 연계성 측도들은 파이, 크레이머 V 계수, 분할 계수(C) 등이 있고 모두 정성 변수의 **명목** 형식에 적용된다.

일반적으로 연계나 상관계수는 0과 1 사이로, 변수 간의 연관성이 전혀 없을 경우 0이며 완전히 연계됐다면 그 값이 1이 된다. 이제 이 절에서 알아볼 각 계수들이 이 특징과 연관되어 어떤 행동을 보이는지 살펴보자.

a) 파이 계수

파이^{Phi} 계수는 χ^2에 기반한 가장 간단한 명목 변수 연계성 측도이며, 다음 식으로 나타난다.

$$Phi = \sqrt{\frac{\chi^2}{n}} \tag{4.2}$$

파이가 오직 0에서 1 사이에서만 변화하게 하려면 분할표가 2×2 차원이어야 한다.

예제 4.3

고객 기대에 맞는 고품격 서비스를 제공하기 위해 남성복 시장의 이반블루^{Ivanblue}사는 시장 분할 전략을 연구하고 있다. 현재 회사는 4개의 매장을 운영 중인데 각각 도시의 북부, 중앙, 남부, 동부에 위치하고 있으며 네 종류의 옷을 판매하고 있다. 옷은 각각 타이, 셔츠, 폴로셔츠, 바지다. 표 4.E.8은 고객 20명의 구매 내용을 매장 위치와 판매된 옷 종류로 보여준다. 두 변수 간에 연계성이 있는지 파이 계수를 통해 조사해보라.

표 4.E.8 고객 20명의 구매 내용

고객	옷	지역
1	타이	남부
2	폴로셔츠	북부
3	셔츠	남부
4	바지	북부
5	타이	남부
6	폴로셔츠	중부
7	폴로셔츠	동부
8	타이	남부
9	셔츠	남부
10	타이	중부
11	바지	북부
12	바지	중부
13	타이	중부
14	폴로셔츠	동부
15	바지	중부
16	타이	중부
17	바지	남부
18	바지	북부
19	폴로셔츠	동부
20	셔츠	중부

앞 절에서 설명한 절차를 사용해 카이제곱 통계량을 구하면 $\chi^2 = 18.214$이다. 따라서

$$Phi = \sqrt{\frac{\chi^2}{n}} = \sqrt{\frac{18.214}{20}} = 0.954$$

두 변수는 모두 4개의 범주를 가지므로 이 경우 $0 \leq Phi \leq 1$ 조건이 유효하지 않아서 상관관계가 얼마나 강한지 해석하기가 어렵다.

---

b) 분할 계수

피어슨 분할 계수$^{Pearson's\ contingency\ coefficient}$로도 알려진 분할 계수$^{contingency\ coefficient}$($C$)는 χ^2 통계량에 기반해 명목 변수의 연계성을 살펴보는 또 다른 측도로서 다음 식으로 나타난다.

$$C = \sqrt{\frac{\chi^2}{n + \chi^2}} \tag{4.3}$$

여기서 n은 표본 크기다.

분할 계수(C)는 하한값이 0이고 이는 두 변수 간에 연관성이 없음을 의미한다. 그러나 상한값은 C의 범주 개수에 종속되어 변동된다. 따라서 다음과 같다.

$$0 \leq C \leq \sqrt{\frac{q-1}{q}} \tag{4.4}$$

여기서

$$q = \min(I, J) \tag{4.5}$$

i는 분할표의 행의 개수이고, j는 열의 개수다.

$C = \sqrt{\frac{q-1}{q}}$이면 두 변수 간에 완전한 연계성이 존재한다. 이 상한은 1이라고 가정하지 않는다. 그러므로 두 분할 계수는 둘 다 동일한 열과 행 개수로 정의된 경우만 비교할 수 있다.

예제 4.3의 데이터에 대해 분할 계수(C)를 계산하라.

C는 다음과 같이 구할 수 있다.

$$C = \sqrt{\frac{\chi^2}{n + \chi^2}} = \sqrt{\frac{18.214}{20 + 18.214}} = 0.690$$

분할표가 4×4(q = min(4, 4) = 4)이므로 가능한 C 값은 다음 범위에 있다.

$$0 \leq C \leq \sqrt{\frac{3}{4}} \rightarrow 0 \leq C \leq 0.866$$

두 변수 간에 연계성이 있다고 결론 내릴 수 있다.

---

c) 크레이머의 V 계수

χ^2 통계량에 기반한 또 다른 연계성 측도는 크레이머의 V 계수이며, 다음과 같이 계산한다.

$$V = \sqrt{\frac{\chi^2}{n.(q-1)}} \tag{4.6}$$

여기서 $q = \min(i, j)$이고, 이는 식 (4.5)의 설명과 같다.

2×2 분할표의 경우 식 (4.6)은 $V = \sqrt{\frac{\chi^2}{n}}$이 되고 이는 파이 계수에 해당한다.

크레이머의 V 계수는 파이 계수와 분할 계수(C)의 대안이며, 그 값은 열과 행의 범주 개수와 상관없이 항상 [0, 1] 구간 내에 있다.

$$0 \leq V \leq 1 \tag{4.7}$$

값 0은 두 변수 간에 연계성이 전혀 없다는 뜻이고, 1은 완전히 연계됐다는 뜻이다. 따라서 크레이머의 V 계수는 차원이 각기 다른 분할표 사이의 비교가 가능하다.

예제 4.5

예제 4.3의 데이터에 대해 크레이머의 V 계수를 구하라.

해법

$$V = \sqrt{\frac{\chi^2}{n(q-1)}} = \sqrt{\frac{18.214}{20 \times 3}} = 0.551$$

$0 \leq V \leq 1$이므로 두 변수는 연계되어 있다. 그러나 그리 강하지 않다.

SPSS를 사용한 예제 4.3, 4.4, 4.5(파이, 분할, 크레이머 V 계수 계산)의 해법

4.2.1절에서는 **데이터 › 변수 특성 정의**에서 범주 변수에 해당하는 레이블을 생성하는 방법을 설명했다. 동일한 절차를 표 4.E.8에 대해서도 적용할 수 있다(변수를 명목으로 정의하는 것을 잊지 말자). Market_Segmentation.sav 파일에는 이미 도표화된 SPSS 데이터가 들어 있다.

SPSS에서는 χ^2 통계량 계산과 유사하게 파이와 크레이머 계수를 **분석 › 기술 통계량 › 교차 분석** 메뉴에서 구할 수 있다. *Clothes* 변수를 행으로 선택하고, *Region* 변수를 열로 선택한다.

통계량 메뉴에서 **분할 계수**와 **파이 및 크레이머의 V** 옵션을 선택한다(그림 4.16). 이 계수들은 명목 변수에 대해 계산된다는 점에 주의하자. 결과 통계량은 그림 4.17에 나타나 있다.

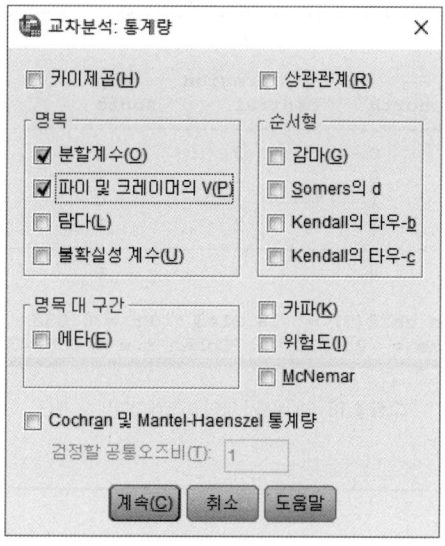

그림 4.16 분할 계수, 파이 및 크레이머의 *V* 계수 선택

대칭적 측도

		값	근사 유의확률
명목척도 대 명목척도	파이	.954	.033
	Cramer의 V	.551	.033
	분할계수	.690	.033
유효 케이스 수		20	

그림 4.17 분할 계수, 파이 및 크레이머의 *V* 계수 결과

세 계수 모두 *P* 값은 0.033(0.033 < 0.05)이므로 연구 중인 두 변수 사이에 연계성이 있음을 나타낸다.

Stata를 사용한 예제 4.3과 4.5의 해법(파이와 크레이머 *V* 계수의 계산)

Stata는 파이와 크레이머의 *V* 계수를 phi 명령어를 통해 계산한다. 따라서 이 명령어는 예제 4.3의 Market_Segmentation.dta 파일에 있는 데이터를 대상으로 수행한다.

phi 명령어를 사용하려면 최초에 다음과 같이 입력해야 한다.

```
findit phi
```

그리고 snp3.pkg 링크인 http://www.stata.com/stb/stb3/에서 설치해야 한다. 그리고 나서 다음 명령어를 실행한다.

```
phi clothes region
```

결과는 그림 4.18에 나타나 있다. Stata의 파이 계수는 Cohen's w로 표시된 점에 주목하자. 반면 크레이머의 V 계수는 Cramer's phi-prime으로 표시되어 있다.

```
. phi clothes region

                           region
  clothes |   north   central    south      east |     Total
----------+--------------------------------------+----------
      tie |       0         3        3         0 |         6
    shirt |       0         1        2         0 |         3
     polo |       1         1        0         3 |         5
    pants |       3         2        1         0 |         6
----------+--------------------------------------+----------
    Total |       4         7        6         3 |        20

           Pearson chi2(9) =  18.2143   Pr = 0.033
Cramer's phi-prime =  0.5510      Cohen's w = 0.9543
```

그림 4.18 Stata에서 파이와 크레이머의 V 계산

4.2.2.3 스피어만의 계수

스피어만의 계수(r_{sp})는 두 **서열** 정성 변수 간의 연계성을 측정한다.

처음에 변수 X와 Y의 데이터 집합을 오름차순으로 정렬해야만 한다. 데이터 정렬이 끝나면 $k(k = 1, ..., n)$로 표기된 순위^{rank}를 생성할 수 있다. 순위 부여는 각 변수에 대해 별도로 수행된다. 순위 1은 변수 중 가장 작은 값에 부여되고, 순위 2는 그다음 작은 값에 부여되어, 순위 n은 가장 큰 값에 부여된다. 값 k와 $k + 1$이 같으면 두 관측치에 순위 $k + 1/2$을 부여한다.

스피어만의 계수는 다음 식을 사용해 구할 수 있다.

$$r_{sp} = 1 - \frac{6\sum_{k=1}^{n} d_k^2}{n.(n^2 - 1)} \tag{4.8}$$

여기서

N = 관측치 개수(값의 쌍)

d_k = k차 순위의 차이

스피어만의 계수는 −1에서 1 사이의 값을 갖는다. $r_{sp} = 1$이면 d_k의 모든 값은 0(null)이고 모든 순위가 변수 X 및 Y와 같음을 나타낸다(완전한 양의 연계). $r_{sp} = -1$은 $\sum_{k=1}^{n} d_k^2 = \frac{n.(n^2-1)}{3}$이 최댓값에 도달할 때 발생하며(변수 순위 값에 역전이 있다) 완전한 음의 연계를 나타낸다. $r_{sp} = 0$이면 변수 X와 Y 사이에는 연계가 없다. 그림 4.19는 이 해석의 요약을 보여준다.

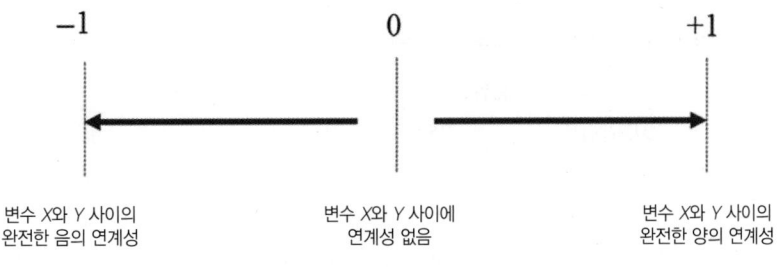

변수 X와 Y 사이의
완전한 음의 연계성

변수 X와 Y 사이에
연계성 없음

변수 X와 Y 사이의
완전한 양의 연계성

그림 4.19 스피어만의 계수 해석

이 해석은 피어슨의 상관계수와 유사하고 4.3.3.2절에서 다룬다.

예제 4.6

경영학 과목의 관리자는 10명의 학생을 대상으로 시뮬레이션과 금융이라는 두 과목 사이의 점수에 어떤 연계성이 있는지 분석 중이다. 관련 데이터는 표 4.E.9에 있다. 스피어만의 계수를 구하라.

표 4.E.9 학생 10명을 대상으로 한 시뮬레이션과 금융 과목의 성적

학생	성적	
	시뮬레이션	금융
1	4.7	6.6
2	6.3	5.1
3	7.5	6.9
4	5.0	7.1
5	4.4	3.5
6	3.7	4.6
7	8.5	6.8
8	8.2	7.5
9	3.5	4.2
10	4.0	3.3

해법

스피어만의 계수를 구하려면 먼저 표 4.E.10에서와 같이 각 값에 따라 각 변수의 각 범주에 순위를 할당한다.

표 4.E.10 학생 10명의 시뮬레이션과 금융 과목 순위

학생	순위		d_k	d_k^2
	시뮬레이션	금융		
1	5	6	−1	1
2	7	5	2	4
3	8	8	0	0
4	6	9	−3	9
5	4	2	2	4
6	2	4	−2	4
7	10	7	3	9
8	9	10	−1	1
9	1	3	−2	4
10	3	1	2	4
합계				40

식 (4.8)을 적용하면 다음과 같다.

$$r_{sp} = 1 - \frac{6\sum_{k=1}^{n} d_k^2}{n(n^2-1)} = 1 - \frac{6 \times 40}{10 \times 99} = 0.7576$$

0.758은 두 변수 간의 강한 연계성을 의미한다.

SPSS를 사용한 스피어만의 계수 계산

예제 4.6의 데이터는 파일 Grades.sav에 있으며 서열 크기(**변수 보기** 환경에서 정의)에 따라 표로 되어 있다.

χ^2 통계량, 파이, 분할, 크레이머의 V 계수 계산과 유사하게 스피어만의 계수도 SPSS의 **분석** › **기술 통계량** › **교차 분석** 메뉴를 사용해 구할 수 있다. *Simulation* 변수는 **행**으로 선택하고, *Finance* 변수는 **열**로 선택한다.

통계량 메뉴에서 **상관관계** 옵션을 선택한다(그림 4.20). **계속** 버튼을 누르고 **확인** 버튼을 누른다. 스피어만 계수의 결과는 그림 4.21에 나타나 있다.

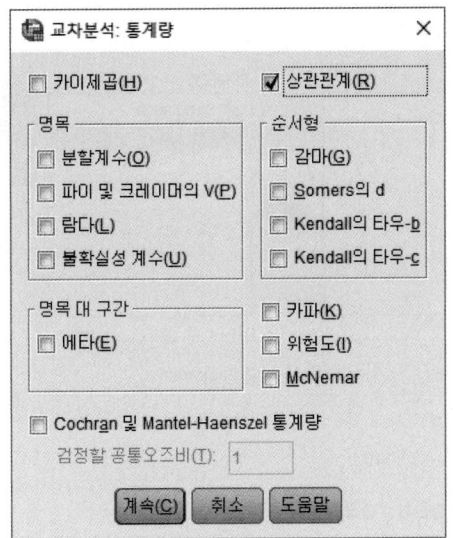

그림 4.20 '교차 분석: 통계량' 대화상자에서의 스피어만 계수 계산

대칭적 측도

		값	근사 표준오차[a]	근사 T 값[b]	근사 유의확률
구간 대 구간	Pearson의 R	.758	.069	3.283	.011[c]
순서척도 대 순서척도	Spearman 상관	.758	.074	3.283	.011[c]
유효 케이스 수		10			

a. 영가설을 가정하지 않음.

b. 영가설을 가정하는 점근 표준오차 사용

c. 정규 근사값 기초

그림 4.21 '교차 분석: 통계량' 대화상자에서의 스피어만 계수 결과

P 값 0.011 < 0.05(두 변수 간의 비연계라는 가설 아래)은 시뮬레이션과 금융 사이에 95%의 신뢰도로 상관관계가 있음을 나타낸다.

스피어만의 계수 또한 **분석 › 상관 분석 › 이변량 상관** 메뉴에서 계산할 수 있다. 먼저 변수를 선택하고 그림 4.22처럼 스피어만의 계수를 선택한다. **확인**을 클릭하면 그림 4.23의 결과가 나타난다.

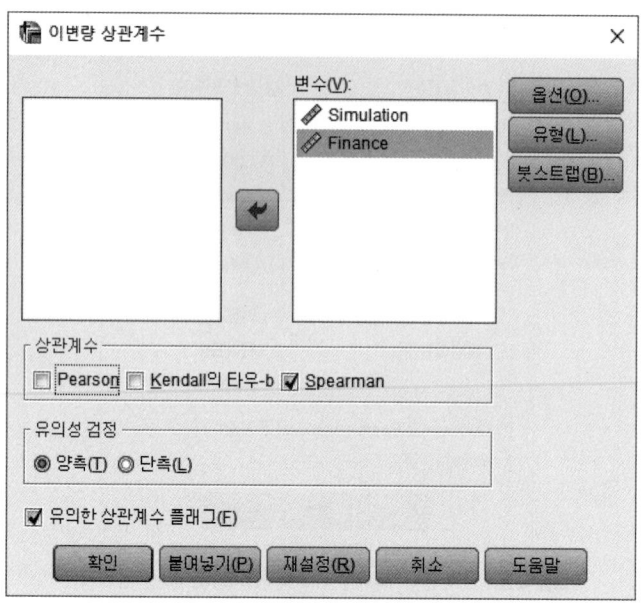

그림 4.22 '이변량 상관계수' 대화상자에서의 스피어만 계수 계산

상관관계

			Simulation	Finance
Spearman의 rho	Simulation	상관계수	1.000	.758[*]
		유의확률 (양측)	.	.011
		N	10	10
	Finance	상관계수	.758[*]	1.000
		유의확률 (양측)	.011	.
		N	10	10

*. 상관관계가 0.05 수준에서 유의합니다(양측).

그림 4.23 '이변량 상관계수' 대화상자에서의 스피어만 계수 결과

Stata를 사용한 스피어만의 계수 계산

Stata에서는 spearman 명령어로 스피어만 계수를 계산한다. 따라서 Grades.dta 파일에 있는 예제 4.6 데이터에 대해 다음 명령어를 수행한다.

```
spearman simulation finance
```

결과는 그림 4.24에 나타나 있다.

```
. spearman simulation finance

 Number of obs =         10
Spearman's rho =          0.7576


Test of Ho: simulation and finance are independent
     Prob > |t| =          0.0111
```

그림 4.24 Stata를 사용한 스피어만 계수 계산 결과

4.3　두 정량 변수 간의 상관관계

이번 절에서는 연구 중인 두 정량 변수 간의 상관관계와 그 정도를 알아내고자 한다. 이 작업은 빈도 분포표나 산포도 같은 그래프 표현, 공분산, 피어슨의 공분산 계수 등의 상관관계 측도를 통해 수행할 수 있다.

4.3.1　결합 빈도 분포표

정성 변수에 적용했던 똑같은 절차를 정량 변수의 결합 분포를 나타내고 각 변수 간의 상관관계를 분석하는 데 사용할 수 있다. 일변량 기술 통계량과 유사하게, 반복적으로 나타나지 않는 연속 변수들은 부류 구간으로 그룹화할 수 있다.

4.3.2　산포도를 통한 그래픽 표현

두 정량 변수 사이의 상관관계는 **산포도**$^{scatter\ plot}$를 통해 그래픽 방법으로 나타낼 수 있다. 산포도는 X와 Y 변수의 값을 카티션^{Cartesian} 평면에 나타낸다. 따라서 산포도를 통해 다음을 알 수 있다.

a)　연구 대상의 변수들 간에 어떠한 관계가 있는지 여부

b)　두 변수 간의 관계 유형, 즉 변수 X의 변화에 따른 변수 Y의 증감 방향

c)　변수 간의 연관 수준

d)　관계 속성(선형, 지수 관계 등)

그림 4.25는 강한 양의 선형 관계를 가진 산포도를 보여준다. 즉, Y의 변화는 X의 변화에 직접 비례 관계에 있다. 두 변수 간의 상관은 강하며 속성은 선형이다.

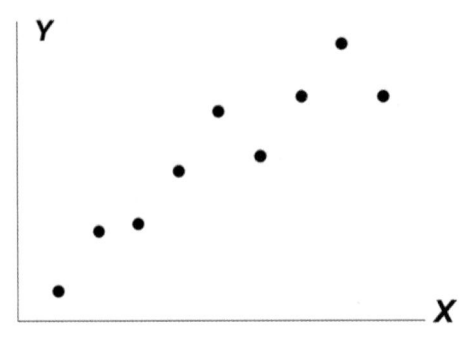

그림 4.25 강한 양의 선형 관계

모든 선이 직선에 속하면 그림 4.26과 같은 완전한 선형 관계가 형성된다.

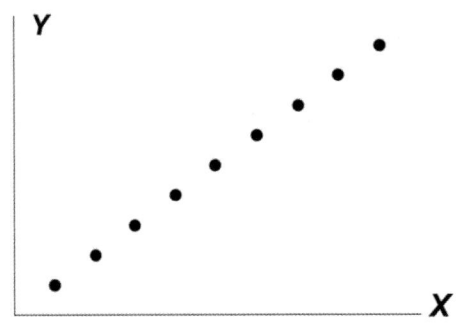

그림 4.26 완전한 양의 선형 관계

반면 그림 4.27과 그림 4.28은 변수 X와 Y 사이의 강한 음의 선형 및 완전한 음의 선형 관계를 각 각 보여준다.

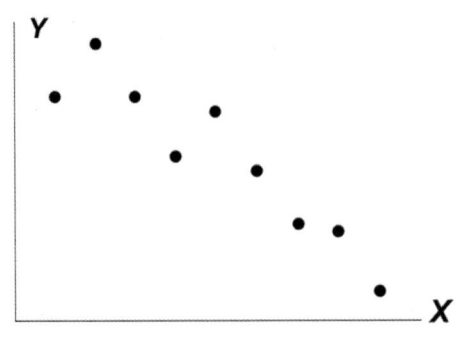

그림 4.27 강한 음의 선형 관계

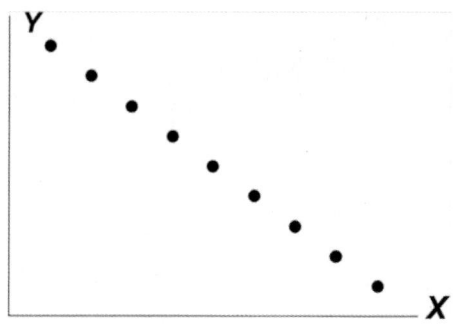

그림 4.28 완전한 음의 선형 관계

끝으로, 그림 4.29는 X와 Y 사이에 아무런 관계가 없는 경우를 보여준다.

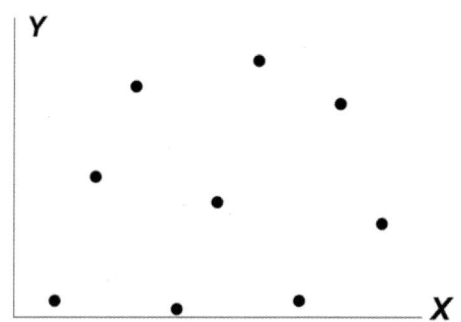

그림 4.29 X와 Y 사이에는 어떠한 관계도 없다.

예제 4.7

SPSS를 사용한 산포도 구성

SPSS에서 Income_Education.sav 파일을 열자. 목적은 *Family Income*(가구 수입) 변수와 *Years of Education*(교육 연수) 변수 사이의 상관관계를 산포도를 통해 분석하는 것이다. 이를 위해 **그래프 › 레거시 대화상자 › 산점도/점도표**를 클릭한다(그림 4.30). 그림 4.31의 산점도/점도표 대화상자가 나타날 것이다. 차트 형식으로 **단순 산점도**를 선택한다. **정의** 버튼을 클릭하면 그림 4.32처럼 단순 산점도 대화상자가 열릴 것이다. *Family Income* 변수는 Y축으로 선택하고, *Years of Education* 변수는 X축으로 선택한다. 그런 다음 **확인** 버튼을 누른다. 산포도는 그림 4.33에 나타나 있다.

그림 4.33에 근거해 가구 수입과 교육 연수 사이에는 강한 양의 상관관계가 있음을 볼 수 있다. 따라서 서로 인과관계는 없지만 교육 연수가 높을수록 가구 수입이 높다.

산포도는 엑셀의 **산점도** 옵션을 통해서도 생성할 수 있다.

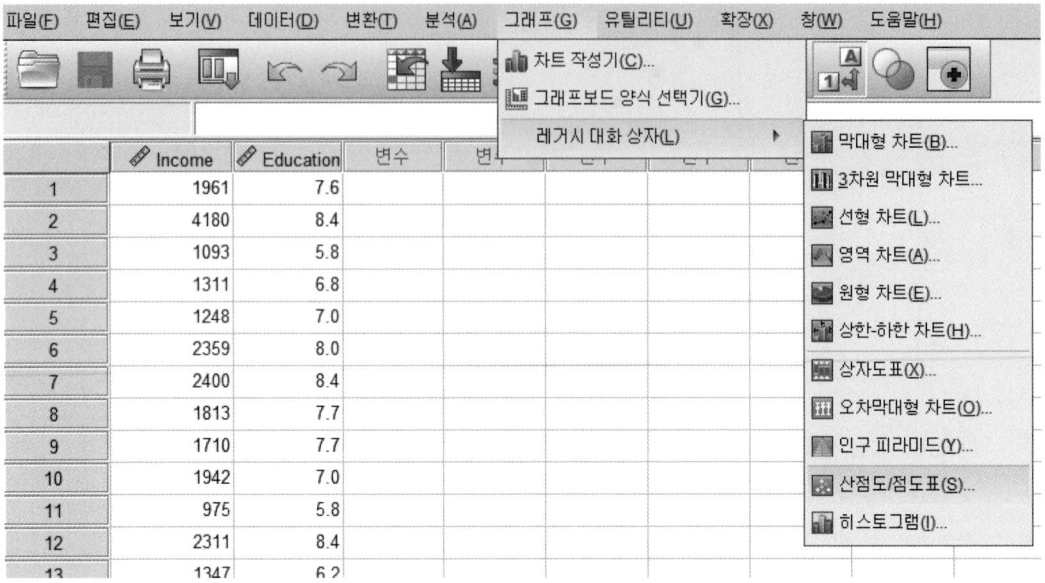

그림 4.30 SPSS로 산포도 구성

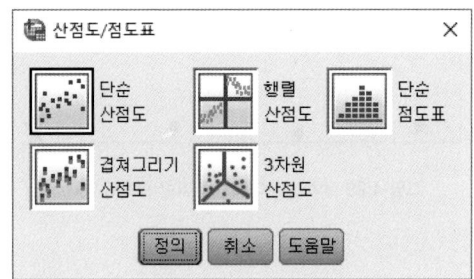

그림 4.31 차트 형식 선택

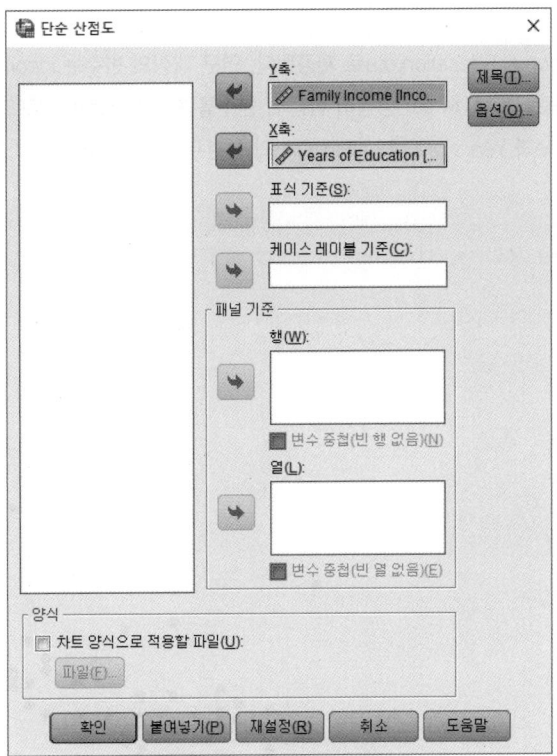

그림 4.32 단순 산점도 대화상자

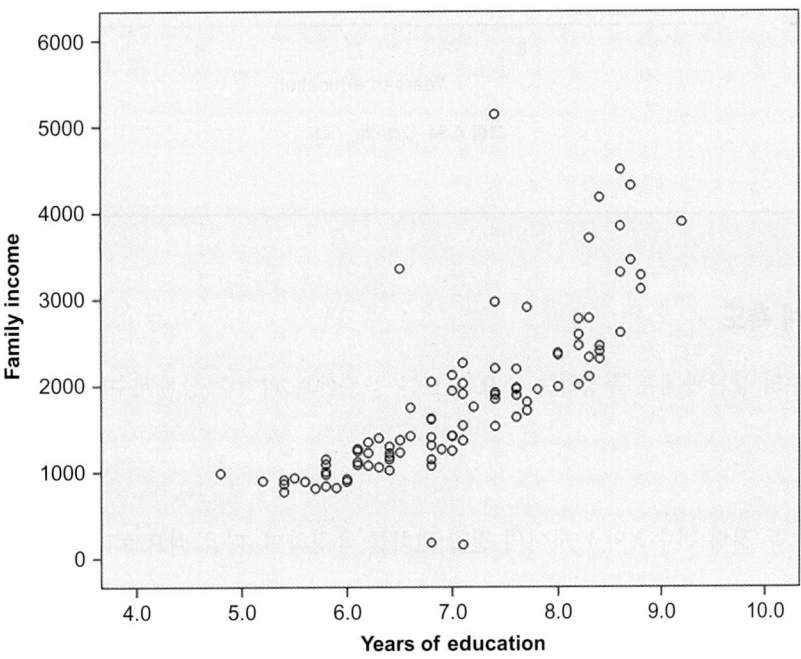

그림 4.33 *Family Income*과 *Years of Education* 사이의 산포도

Stata를 사용한 산포도 구성

Stata를 위한 동일한 데이터도 Income_Education.dta로 제공된다. 연구 대상의 변수는 *income*과 *education*이다.

Stata에서는 twoway scatter(또는 간단히 tw sc) 명령어 다음에 변수를 지정함으로써 산포도를 생성할 수 있다. 따라서 Stata에서 산포도를 통해 *Family Income*과 *Years of Education* 사이의 상관관계를 분석하려면 다음과 같이 명령하면 된다.

```
tw sc income education
```

결과는 그림 4.34에 있다.

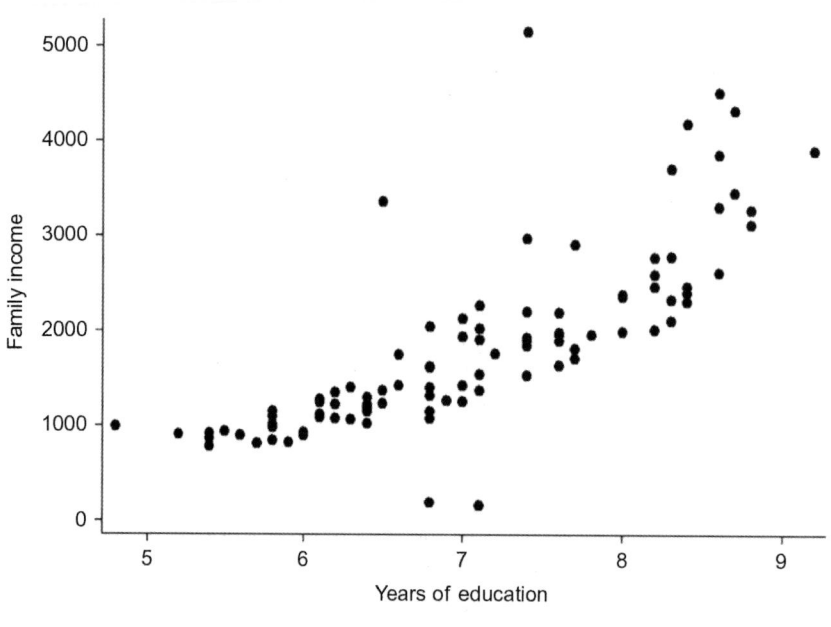

그림 4.34 Stata의 산포도

4.3.3 상관관계 측도

정량 변수의 상관관계를 측정하는 주요 측도는 공분산과 피어슨 상관계수다.

4.3.3.1 공분산

공분산은 두 정량 변수 X와 Y 사이의 결합 변화를 측정하며, 다음 식으로 계산한다.

$$\text{cov}(X,Y) = \frac{\sum_{i=1}^{n}(X_i - \overline{X}).(Y_i - \overline{Y})}{n-1} \tag{4.9}$$

여기서

$X_i = X$의 i번째 값

$Y_i = Y$의 i번째 값

$\overline{X} = X_i$의 평균

$\overline{Y} = Y_i$의 평균

n = 표본 크기

공분산의 한계는 측정이 표본 크기에 종속돼서 작은 표본에 대해서는 잘못된 추정으로 이끌 수 있다는 점이다. 피어슨의 상관계수는 이 문제에 대한 대안이다.

예제 4.8

다시 한번 *Family Income*과 *Years of Education* 변수에 대한 예제 4.7을 고려해보자. 엑셀용 데이터로는 Income_Education. xls 파일도 제공된다. 두 변수에 대한 공분산을 계산하라.

해법

식 (4.9)를 적용하면 다음과 같다.

$$\mathrm{cov}(X, Y) = \frac{(7.6 - 7.08)(1,961 - 1,856.22) + \cdots + (5.4 - 7.08)(775 - 1,856.22)}{95} = \frac{72,326.93}{95} = 761.336$$

엑셀에서는 **COVARIANCE.S**(표본) 함수를 사용해 공분산을 계산할 수 있다.

다음 절에서는 SPSS를 사용해 공분산과 피어슨 상관계수를 계산한다. SPSS는 이 절에서 설명한 것과 같은 식을 사용한다.

4.3.3.2 피어슨의 상관계수

피어슨의 상관계수(ρ)는 -1과 1 사이의 값을 갖는다. 부호를 통해 분석 중인 두 변수의 선형 관계의 형식을 알 수 있다(X의 변화에 따른 Y의 증감 방향). 이 값이 극단값에 가까울수록 더 강한 상관관계를 갖는다. 따라서

- ρ가 양수이면 두 변수 사이에 직접 비례 관계가 있다. $\rho = 1$이면 완전한 양의 선형 상관관계를 갖는다.

- ρ가 음수이면 두 변수 사이에 반비례 관계가 있다. $\rho = -1$이면 완전한 음의 선형 상관관계를 갖는다.

- ρ가 0이면 두 변수 사이에 아무런 상관관계가 없다.

그림 4.35는 피어슨 상관계수의 해석을 요약해 보여준다.

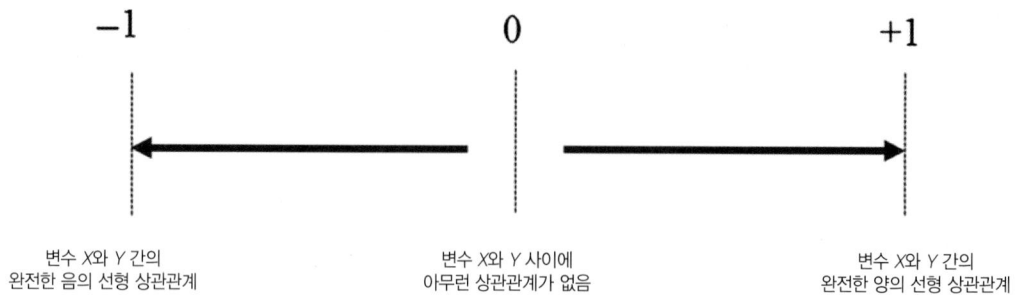

변수 *X*와 *Y* 간의
완전한 음의 선형 상관관계

변수 *X*와 *Y* 사이에
아무런 상관관계가 없음

변수 *X*와 *Y* 간의
완전한 양의 선형 상관관계

그림 4.35 피어슨 상관계수의 해석

피어슨의 상관계수(ρ)는 두 변수의 공분산 간의 비율과 각각의 분산의 곱으로 계산할 수 있다.

$$\rho = \frac{\text{cov}(X, Y)}{S_X \cdot S_Y} = \frac{\dfrac{\displaystyle\sum_{i=1}^{n} (X_i - \overline{X}) \cdot (Y_i - \overline{Y})}{n-1}}{S_X \cdot S_Y} \qquad (4.10)$$

3장에서 설명했듯이 $S_X = \sqrt{\dfrac{\sum_{i=1}^{n} (X_i - \overline{X})^2}{n-1}}$ 이고 $S_Y = \sqrt{\dfrac{\sum_{i=1}^{n} (Y_i - \overline{Y})^2}{n-1}}$ 이므로 식 (4.10)은 다음과 같이 된다.

$$\rho = \frac{\displaystyle\sum_{i=1}^{n} (X_i - \overline{X}) \cdot (Y_i - \overline{Y})}{\sqrt{\displaystyle\sum_{i=1}^{n} (X_i - \overline{X})^2} \cdot \sqrt{\displaystyle\sum_{i=1}^{n} (Y_i - \overline{Y})^2}} \qquad (4.11)$$

12장에서 요인 분석을 다룰 때 피어슨 상관계수를 많이 사용하게 된다.

예제 4.9

이번에도 Income_Education.xls 파일을 열고 두 변수 사이의 피어슨 상관계수를 계산한다.

해법

피어슨의 상관계수는 식 (4.10)에 따라 다음과 같이 구할 수 있다.

$$\rho = \frac{\text{cov}(X, Y)}{S_X \cdot S_Y} = \frac{761.336}{970.774 \times 1.009} = 0.777$$

이 계산은 표본 크기에 종속되지 않은 식 (4.11)을 사용해서도 계산할 수 있다. 결과는 *Family Income*과 *Years of Education* 사이에는 강한 양의 상관관계를 보여준다.

엑셀에서는 PEARSON 함수를 사용해 피어슨 상관계수를 구할 수 있다.

SPSS를 사용한 예제 4.8과 4.9의 해법(공분산과 피어슨 상관계수의 계산)

이번에도 Income_Education.sav 파일을 연다. SPSS에서 공분산을 계산하기 위해 **분석** › **상관 분석** › **이변량 상관** 메뉴를 클릭한다. 이변량 상관계수 대화상자가 나타날 것이다. 그림 4.36에서 보는 것처럼 피어슨 상관계수와 함께 변수 *Family Income* 과 *Years of Education*을 선택한다.

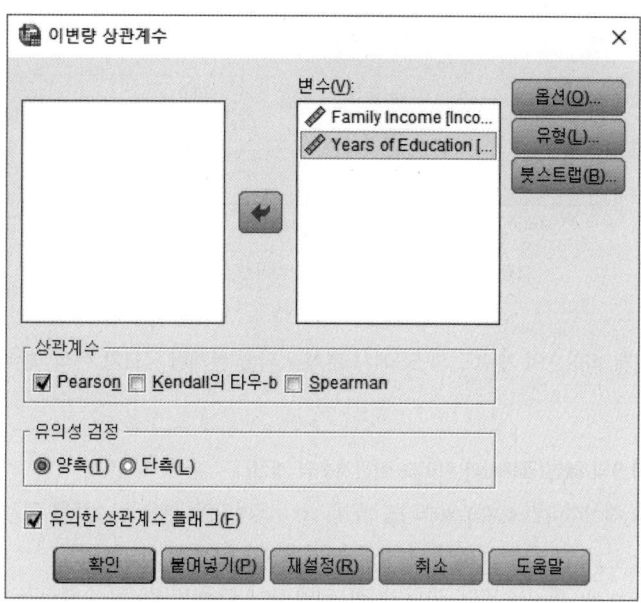

그림 4.36 이변량 상관계수 대화상자

그림 4.37처럼 **옵션** 메뉴에서 **교차곱 편차와 공분산** 옵션을 선택한다. **계속**을 클릭한 다음 **확인**을 클릭한다. 결과는 그림 4.38에 나타나 있다.

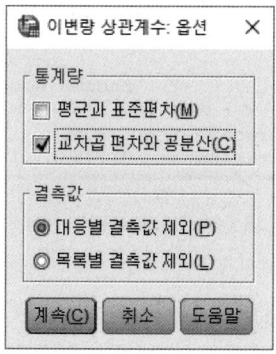

그림 4.37 공분산 통계량 선택

상관관계

		Family Income	Years of Education
Family Income	Pearson 상관	1	.777**
	유의확률 (양측)		.000
	제곱합 및 교차곱	89528286.41	72326.925
	공분산	942403.015	761.336
	N	96	96
Years of Education	Pearson 상관	.777**	1
	유의확률 (양측)	.000	
	제곱합 및 교차곱	72326.925	96.700
	공분산	761.336	1.018
	N	96	96

**. 상관관계가 0.01 수준에서 유의합니다(양측).

그림 4.38 SPSS에서 공분산과 피어슨 상관계수의 결과

스피어만의 계수와 유사하게 피어슨의 계수도 SPSS에서 **분석** › **기술 통계량** › **교차 분석** 메뉴를 사용해 구할 수 있다(**통계량** 버튼의 **상관관계** 옵션).

Stata를 사용한 예제 4.8과 4.9의 해법(공분산과 피어슨 상관계수의 계산)

Stata에서 피어슨 상관계수를 계산하려면 correlate(또는 간단히 corr) 명령어와 변수 리스트를 명시하면 된다. 결과는 해당 변수들 간의 상관 행렬이다.

이번에도 Income_Education.dta 파일을 연다. 파일의 데이터에 대해 다음 명령어를 수행한다.

```
corr income education
```

결과는 그림 4.39에 나타나 있다.

```
. corr income education
(obs=96)

             |  income educat~n
-------------+------------------
      income |  1.0000
   education |  0.7773   1.0000
```

그림 4.39 Stata를 사용한 피어슨 상관계수 계산

공분산을 계산하려면 covariance(또는 cov) 옵션을 correlate(또는 corr) 명령어 끝에 지정하면 된다. 따라서 그림 4.40을 생성하려면 다음 명령어를 입력하면 된다.

```
corr income education, cov
```

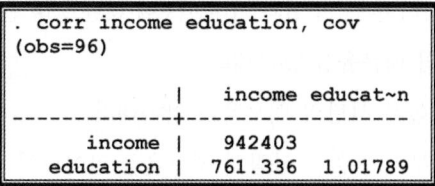

```
. corr income education, cov
(obs=96)

                  |  income  educat~n
------------------+------------------
         income  |  942403
      education  |  761.336   1.01789
```

그림 4.40 Stata를 사용한 공분산 계산

4.4 맺음말

4장은 두 변수 사이의 관계(이변량 분석)에 대한 연구에 집중하고 주요 기술 통계량의 개념을 설명했다. 두 정성 변수 사이의 관계(연계성)를 알아봤고, 두 정량 변수 사이의 관계(상관관계)를 알아봤다. 각 상황에서 몇 가지 측도와 표, 차트를 보았고 이를 통해 데이터의 행동을 더 잘 이해할 수 있었다. 그림 4.1은 이러한 정보를 요약한다.

요약 측도(위치의 측정과 산포나 변동성의 측정)와 함께 빈도 분포, 그래픽 표현의 구성과 해석을 통해 연구원들은 두 변수의 행동을 동시에 좀 더 잘 시각화하고 이해할 수 있었다. 미래에는 동일한 데이터셋에 좀 더 진보된 기술을 적용해 연구원들은 이변량에 대한 더 깊은 연구를 할 수 있고 그에 따라 의사결정 과정의 질도 향상시킬 수 있을 것이다.

4.5 연습문제

1. 두 정성 변수의 행동을 동시에 나타내는 데 어떤 기술 통계량을 사용할 수 있는가?

2. 두 정량 변수의 경우에는?

3. 분할표를 사용하는 경우는 언제인가?

4. 카이제곱 통계량(χ^2), 파이 계수, 분할 계수(C), 크레이머의 V 계수, 스피어만 계수의 차이는 무엇인가?

5. 두 정량 변수의 행동을 나타내는 주요 요약 측도에는 어떤 것이 있는가? 각각을 설명하라.

6. 채무 불이행 상태의 고객 행동을 식별하기 위해 고객들의 나이와 부채 수준을 조사했다. 목표는 변수 간의 연계성을 알아내는 것이다. Default.sav와 Default.dta에 근거해 다음 사항을 조사하라.

    a) 변수 *age_group*과 *default*의 결합 분포표를 생성하라(전체 총합에 대한 절대와 상대 빈도, 각

행의 총합에 대한 상대 빈도, 각 열과 기대 빈도에 대한 상대 빈도).

b) 31~40세인 사람의 백분율을 알아내라.

c) 부채 비율이 매우 높은 사람의 백분율을 알아내라.

d) 20세 이하이면서 부채가 없는 사람의 백분율을 알아내라.

e) 60세 이상자 중에서 약간의 빚이 있는 사람의 백분율을 구하라.

f) 상대적으로 빚을 많이 진 사람 중에서 41~50살인 사람의 백분율을 구하라.

g) 변수 간에 종속성이 있는지 검증하라.

h) 앞의 문제를 χ^2 통계량을 통해 확인하라.

i) 변수 간에 연계성이 있는지 확인하기 위해 파이, 분할, 크레이머의 V 계수를 계산하라.

7. Motivation_Companies.sav와 Motivation_Companies.dta 파일은 종업원 250명(5개 회사의 각 50명)을 대상으로 조사한 *Company*와 *Level of Motivation*(*Motivation*) 변수를 보여준다. 연구의 목적은 직원들의 동기 부여와 회사와의 상관관계를 알아내는 것이다. 따라서 다음을 구하라.

a) 전체 총합에 대한 절대 빈도, 상대 빈도의 분할표, 각 행의 총합에 대한 상대 빈도, 각 열과 기대 빈도에 대한 상대 빈도의 분할표를 생성하라.

b) 매우 의욕 저하인 사람의 백분율을 계산하라.

c) 회사 A이면서 매우 의욕 저하인 사람의 백분율을 계산하라.

d) 회사 D에서 의욕이 있는 사람의 백분율을 계산하라.

e) 회사 C에서 약간 의욕이 있는 사람의 백분율을 계산하라.

f) 매우 의욕 있다고 응답한 사람 중 회사 B에서 일하는 사람의 백분율을 계산하라.

g) 변수 간에 종속성이 있는지 검증해보라.

h) 앞의 문제를 χ^2 통계량을 통해 확인하라.

i) 변수 간에 연계성이 있는지 확인하기 위해 파이, 분할, 크레이머의 V 계수를 계산하라.

8. Students_Evaluation.sav와 Students_Evaluation.dta 파일은 공립대학교 학생 100여 명의 OR, 통계학, OM, 금융 과목 성적을 보여준다. 다음 변수 쌍에 대해 상관관계가 있는지 산포도와 피어슨 상관계수 계산을 통해 확인하라.

a) OR과 통계학

b) OM과 금융

c) OR과 OM

9. Brazilian_Supermarkets.sav와 Brazilian_Supermarkets.dta 파일은 브라질에서 제일 큰 20개 슈퍼마켓 체인의 특정 연도의 수익을 보여준다(출처: ABRAS(브라질 슈퍼마켓 연합)). 다음을 알아내라.

a) *revenue*와 *number of stores* 변수 사이의 산포도를 생성하라.

b) 두 변수 사이의 피어슨 상관계수를 계산하라.

c) AM/PM Food and Beverages Ltd.와 함께 수익 면에서 가장 높은 네 군데 슈퍼마켓 체인을 제외하고 다시 산포도를 그려보라.

d) 다시 한번 두 변수 간의 피어슨 상관계수를 구하라.

3부

확률 통계

5

확률 개론

평생 설탕물만 팔겠소? 아니면 나와 함께 세상을 바꿔보겠소?

– 스티브 잡스(Steve Jobs)

5.1 소개

이 책의 앞부분에서는 데이터셋에서 관찰된 주요 특징을 빈도 분포표, 차트, 그래프, 요약 측도 등을 통해 기술하고 요약하는 기술 통계량을 공부했고, 이를 통해 연구원들은 데이터를 더 잘 이해할 수 있었다.

반면 확률적 통계는 어떤 불확실한 사건이 얼마나 자주 발생하는지 설명하기 위해 확률 이론을 사용한다. 이를 통해 미래 사건의 발생 확률을 추정하거나 예측하고자 한다. 예를 들어, 주사위를 던질 때 어떤 값이 나올지 알 수 없으므로 확률을 어떤 사건의 발생을 나타내는 데 사용한다.

Bruni(2011)에 따르면, 확률은 아마도 불확실한 자연 현상을 좀 더 잘 이해하고자 한 원시인들로부터 시작된 것으로 추측한다. 17세기에는 확률 이론이 등장해 불확실한 사건을 설명했다. 확률 연구는 도박에서 체스 말의 움직임이나 전략 수립을 돕는 수단으로 발전했다. 현재는 데이터 모집단을 일반화하기 위한 통계적 추론의 연구에도 응용되고 있다.

5장의 주요 목적은 확률 이론의 주요 용어와 개념, 실제 응용을 소개하는 것이다.

5.2 용어와 개념

5.2.1 확률 실험

실험은 관측이나 측정 절차로 구성된다. **확률 실험**random experiment은 예측할 수 없는 결과를 생성하므로 절차가 여러 번 반복돼도 그 결과의 예측은 불가능하다. 동전이나 주사위를 던지는 것은 확률 실험의 예다.

5.2.2 표본 공간

표본 공간sample space S는 모든 가능한 실험 결과로 구성된다.

예를 들어, 동전을 던지면 앞면(H)과 뒷면(T)을 얻을 수 있다. 따라서 S = {H, T}이다. 반면 주사위를 던질 때의 확률 공간은 S = {1, 2, 3, 4, 5, 6}으로 나타난다.

5.2.3 사건

사건event은 표본 공간의 부분집합이다.

예를 들어, 사건 A가 주사위의 짝수 눈만 나타나는 경우라면 A = {2, 4, 6}이 된다.

5.2.4 합집합, 교집합, 여집합

둘 이상의 사건은 합집합, 교집합, 여집합을 구성한다.

두 사건 A와 B의 **합집합**union은 $A \cup B$로 표기하며, A와 B 모두의 원소를 포함하는 새로운 사건이 생성된다(그림 5.1).

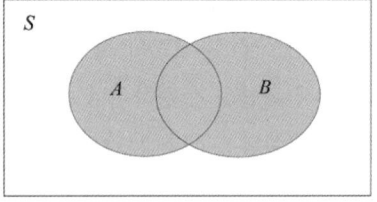

그림 5.1 두 사건의 합집합($A \cup B$)

두 사건 A와 B의 **교집합**intersection은 $A \cap B$로 표기하며, A와 B에 동시에 속하는 원소들로 구성된 새로운 사건이 생성된다(그림 5.2).

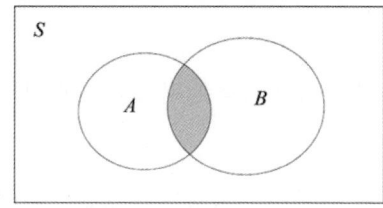

그림 5.2 두 사건의 교집합($A \cap B$)

사건 A의 **여집합**complement은 A^c로 표기하며, A에 있지 않은 모든 S의 사건을 포함한다(그림 5.3).

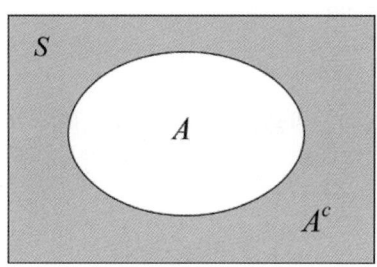

그림 5.3 A 사건의 여집합

5.2.5 독립 사건

사건 B가 일어날 확률이 사건 A가 일어날 확률 조건에 연계되지 않았을 경우 사건 A와 B는 **독립**
independent이라고 한다. 조건부conditional 확률은 5.5절에서 다룬다.

5.2.6 배반 사건

배반 사건mutually excluding/exclusive event은 서로 공통된 원소가 없어서 동시에 일어날 수 없다. 그림 5.4는
배반적인 두 사건 A와 B를 보여준다.

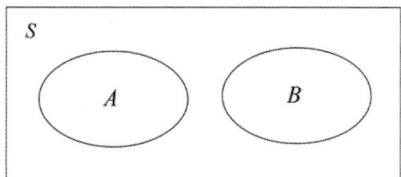

그림 5.4 사건 A와 B는 배반적이다.

5.3 확률의 정의

표본 공간 S에서 어떤 사건 A가 발생할 확률은 전체 가능한 경우의 수(n)와 사건 A에 속하는 경우의 수(n_A)의 비율이다.

$$P(A) = \frac{n_A}{n} = \frac{\text{사건 } A\text{에 속하는 경우의 수}}{\text{전체 경우의 수}} \tag{5.1}$$

예제 5.1

주사위를 던질 때 짝수가 나올 확률은 얼마인가?

해법

표본 공간은 $S = \{1, 2, 3, 4, 5, 6\}$으로 주어진다. 관심대상의 사건은 $A = \{$짝수의 눈$\}$이므로 $A = \{2, 4, 6\}$이 된다. 그러므로 A가 발생할 확률은 다음과 같다.

$$P(A) = \frac{3}{6} = \frac{1}{2}$$

예제 5.2

항아리에 3개의 흰색 공, 2개의 붉은 공, 4개의 노란 공, 2개의 검은 공이 들어 있다. 붉은 공을 뽑을 확률은 얼마인가?

해법

전체 11개의 공 중에서 $A = \{$붉은 공$\}$이므로 확률은 다음과 같다.

$$P(A) = \frac{\text{붉은 공의 개수}}{\text{전체 공의 개수}} = \frac{2}{11}$$

5.4 기초 확률 법칙

5.4.1 확률 변동장

사건 A가 일어날 확률은 0과 1 사이다.

$$0 \le P(A) \le 1 \tag{5.2}$$

5.4.2 표본 공간의 확률

표본 공간 S는 1의 확률을 갖는다.

$$P(S) = 1 \tag{5.3}$$

5.4.3 공집합의 확률

공집합(ϕ)이 발생할 확률은 0이다.

$$P(\phi) = 0 \tag{5.4}$$

5.4.4 확률의 덧셈 법칙

사건 A, 사건 B 또는 사건 A와 B가 동시에 일어날 확률은 다음과 같이 구할 수 있다.

$$P(A \cup B) = P(A) + P(B) - P(A \cap B) \tag{5.5}$$

사건 A와 B가 **배반적**이라면, 즉 $A \cap B = \phi$이면 둘 중 하나가 발생할 확률은 개별 확률의 합과 같다.

$$P(A \cup B) = P(A) + P(B) \tag{5.6}$$

식 (5.6)은 배반적인 n개의 사건($A_1, A_2, ..., A_n$)으로 확장 가능하다.

$$P(A_1 \cup A_2 \cup \cdots \cup A_n) = P(A_1) + P(A_2) + \cdots + P(A_n) \tag{5.7}$$

5.4.5 여사건의 확률

A^c가 A의 여사건^{complementary event}이면 다음이 성립한다.

$$P(A^c) = 1 - P(A) \tag{5.8}$$

5.4.6 개별 확률에 대한 확률 곱의 법칙

두 사건 A와 B가 서로 **독립**이면 이 두 사건이 동시에 일어날 확률은 개별 확률의 곱과 같다.

$$P(A \cap B) = P(A) \cdot P(B) \tag{5.9}$$

식 (5.9)는 n개의 독립 사건($A_1, A_2, ..., A_n$)으로 확장 가능하다.

$$P(A_1 \cap A_2 \cap ... \cap A_n) = P(A_1) \cdot P(A_2) \cdot ... \cdot P(A_n) \tag{5.10}$$

바구니에 1부터 60까지 번호가 적힌 공이 들어 있다. 공 하나를 꺼낼 때 다음을 계산하라.

a) 표본 공간을 정의하라.

b) 꺼낸 공이 홀수일 확률을 계산하라.

c) 꺼낸 공이 5의 배수일 확률을 계산하라.

d) 꺼낸 공이 홀수이거나 5의 배수일 확률을 계산하라.

e) 꺼낸 공이 7의 배수이거나 10의 배수일 확률을 계산하라.

f) 꺼낸 공이 5의 배수가 아닐 확률을 구하라.

g) 공 하나를 무작위로 꺼낸 뒤 다시 바구니에 집어 넣는다. 새로운 공을 다시 꺼낸다. 첫 번째 공은 짝수이고 두 번째 공은 40보다 클 확률을 구하라.

해법

a) $S = \{1, 2, 3, ..., 60\}$

b) $A = \{1, 3, 5, ..., 59\}$, $P(A) = 30/60 = 1/2$

c) $A = \{5, 10, 15, ..., 60\}$, $P(A) = 12/60 = 1/5$

d) $A = \{1, 3, 5, ..., 59\}$이고 $B = \{5, 10, 15, ..., 60\}$이다. A와 B는 공통 원소(5, 15, 25, 35, 45, 55)를 가지므로 배반 사건이 아니다. 식 (5.5)를 적용하면 다음과 같다.

$$P(A \cup B) = P(A) + P(B) - P(A \cap B) = \frac{1}{2} + \frac{1}{5} - \frac{6}{60} = \frac{3}{5}$$

e) 이 경우 $A = \{7, 14, 21, 28, 35, 42, 49, 56\}$이고 $B = \{10, 20, 30, 40, 50, 60\}$이다. 사건은 배반적($A \cap B \neq \phi$)이므로 식 (5.6)을 적용하면 다음과 같다.

$$P(A \cup B) = P(A) + P(B) = \frac{8}{60} + \frac{6}{60} = \frac{7}{30}$$

f) 이 경우 $A = \{5의 배수\}$이고 $A^c = \{5의 배수가 아닌 수\}$이다. 따라서 여사건 A^c가 일어날 확률은 다음과 같다.

$$P(A^c) = 1 - P(A) = 1 - \frac{1}{5} = \frac{4}{5}$$

g) 사건들은 서로 독립이므로 식 (5.9)를 적용하면 다음과 같다.

$$P(A \cap B) = P(A) \cdot P(B) = \frac{1}{2} \times \frac{20}{60} = \frac{1}{6}$$

5.5 조건부 확률

사건이 서로 독립이 아닐 경우 조건부 확률의 개념을 사용해야만 한다. 두 사건 A와 B를 고려할 때,

사건 B가 이미 발생했다는 가정하에서 사건 A가 발생할 확률을 사건 B에 대한 사건 A의 조건부 확률이라 하고 $P(A|B)$로 표기한다.

$$P(A|B) = \frac{P(A \cap B)}{P(B)} \tag{5.11}$$

다음을 만족할 때 사건 A는 사건 B와 독립이라고 한다.

$$P(A|B) = P(A) \tag{5.12}$$

예제 5.4

주사위를 던져서 짝수가 나왔을 때, 그 수가 4일 확률은 얼마인가?

해법

이 경우 A = {숫자 4}, B = {짝수}다. 식 (5.11)을 적용하면 다음을 얻는다.

$$P(A|B) = \frac{P(A \cap B)}{P(B)} = \frac{1/6}{1/2} = \frac{1}{3}$$

5.5.1 확률 곱셈 법칙

조건부 확률의 정의로부터 곱셈 법칙은 연구원들이 두 사건 A, B가 동시에 일어날 확률을 하나의 확률에 첫 번째 사건이 일어났다는 가정하에 다른 사건이 발생할 조건부 확률을 곱한 값으로부터 구할 수 있게 됐다.

$$P(A \cap B) = P(A) \cdot P(B|A) = P(B) \cdot P(A|B) \tag{5.13}$$

곱셈 규칙은 3개의 사건 A, B, C로 확장할 수 있다.

$$P(A \cap B \cap C) = P(A) \cdot P(B|A) \cdot P(C|A \cap B) \tag{5.14}$$

이 식은 식 (5.14)를 계산할 수 있는 여섯 가지 방법 중의 하나일 뿐이다.

예제 5.5

주머니에 8개의 흰색 공, 6개의 붉은 공, 4개의 검은 공이 들어 있다. 처음 공 하나를 꺼낸 다음 바구니에 되돌려 넣지 않았다. 이제 새로운 공을 하나 꺼냈다면 두 공 모두가 붉은색일 확률은 얼마인가?

단일 사건의 조건 확률을 계산했던 이전 예제와 달리 이 경우의 목표는 동시에 발생한 두 사건의 확률을 구하는 것이다. 처음 공을 되돌려 넣지 않았기 때문에 두 사건은 서로 독립적이지 않다.

사건 A = {첫 번째 공이 붉은색이다}라고 한다면 B = {두 번째 공이 붉은색이다}이다. 이제 $P(A \cap B)$를 계산하려면 식 (5.13)을 적용해야 한다.

$$P(A \cap B) = P(A) \cdot P(B \mid A) = \frac{6}{18} \cdot \frac{5}{17} = \frac{5}{51}$$

예제 5.6

어떤 회사에게 고객 한 명을 추첨해 차를 주려고 한다(고객들은 각기 다른 지역에 살고 있다). 표 5.E.1은 이 고객들의 성별과 도시에 대한 데이터다. 다음을 구하라.

a) 남자 고객이 당첨될 확률

b) 여자 고객이 당첨될 확률

c) D 지역에 사는 고객이 당첨될 확률

d) 당첨된 고객이 남자일 때, 그 고객이 E 지역에 살 확률

e) 당첨된 고객이 B 지역에 살 경우, 그 고객이 여자일 확률

f) C 지역에 사는 여자 고객이 당첨될 확률

표 5.E.1 성별과 도시에 대한 절대 빈도 분포

	남성	여성	총합
A 지역	12	14	26
B 지역	8	12	20
C 지역	16	15	31
D 지역	24	22	46
E 지역	35	25	60
F 지역	10	12	22
	105	100	205

해법

a) 당첨 고객이 남자일 확률은 $105/205 = 21/41$이다.

b) 당첨 고객이 여자일 확률은 $100/205 = 20/41$이다.

c) 당첨 고객이 D 지역에 살 확률은 $46/205$이다.

d) A = {E 지역} 그리고 B = {남성}이라 하면 $P(A \mid B)$는 식 (5.11)로부터 구할 수 있다.

$$P(A|B) = \frac{P(A \cap B)}{P(B)} = \frac{35/205}{105/205} = \frac{1}{3}$$

e) $A = \{$여성$\}$ 그리고 $B = \{$B 지역$\}$이라 하면 $P(A|B)$는 다음과 같다.

$$P(A|B) = \frac{P(A \cap B)}{P(B)} = \frac{12/205}{20/205} = \frac{3}{5}$$

f) $A = \{$C 지역$\}$ 그리고 $B = \{$여성$\}$이라고 하면 $P(A \cap B)$는 식 (5.13)에 따라 다음과 같이 구할 수 있다.

$$P(A \cap B) = P(A) \cdot P(B|A) = \frac{31}{205} \cdot \frac{15}{31} = \frac{3}{41}$$

5.6 베이즈 정리

어떤 사건의 확률이 계산됐다고 가정해보자. 그러나 새로운 정보가 프로세스에 추가되어 확률을 다시 계산해야 한다. 최초로 계산된 확률은 사전 확률priori probability이라고 불린다. 또 추가된 정보에 따른 확률은 사후 확률posteriori probability이라 불린다. 사후 확률의 계산은 베이즈 정리에 기반하고 있으며 다음과 같다.

B_1, B_2, ..., B_n이 배반적인 사건이고 $P(B_1) + P(B_2) + \cdots + P(B_n) = 1$이라고 간주하자. 반면 사건 A는 B_i 사건($i = 1, 2, ..., n$) 중 하나의 결과 또는 결합적인 결과로 발생할 사건이라고 하자. A 사건이 이미 발생했다고 할 경우, 사건 B_i가 발생할 확률은 다음과 같이 계산할 수 있다.

$$P(B_i|A) = \frac{P(B_i \cap A)}{P(A)} = \frac{P(B_i) \cdot P(A|B_i)}{P(B_1) \cdot P(A|B_1) + P(B_2) \cdot P(A|B_2) + \cdots + P(B_n) \cdot P(A|B_n)} \tag{5.15}$$

여기서

$P(B_i)$ = 사전 확률

$P(B_i|A)$ = 사후 확률(A가 발생한 다음 B_i의 확률)

예제 5.7

동일한 항아리 U_1, U_2, U_3가 있다고 하자. 항아리 U_1에는 2개의 공이 있고 하나는 노란색, 하나는 빨간색이라고 하자. U_2에는 파란 공 3개가 있다. U_3에는 빨간 공 2개와 노란 공 하나가 있다. 항아리 하나를 무작위로 선택한 다음 공 하나를 꺼냈다. 꺼낸 공이 노란색이라면, 그 공이 항아리 U_1에서 나왔을 확률은 얼마인가?

다음 사건을 정의해보자.

B_1 = 항아리 U_1 선택

B_2 = 항아리 U_2 선택

B_3 = 항아리 U_3 선택;

A = 노란 공의 선택

목표는 $P(B_1|A)$를 계산하는 것이다. 다음을 알고 있으므로,

$P(B_1) = 1/3, P(A|B_1) = 1/2$

$P(B_2) = 1/3, P(A|B_2) = 0$

$P(B_3) = 1/3, P(A|B_3) = 1/3$

다음과 같이 계산할 수 있다.

$$P(B_1|A) = \frac{P(B_1 \cap A)}{P(A)} = \frac{P(B_1) \cdot P(A|B_1)}{P(B_1) \cdot P(A|B_1) + P(B_2) \cdot P(A|B_2) + P(B_3) \cdot P(A|B_3)}$$

$$P(B_1|A) = \frac{\dfrac{1}{3} \cdot \dfrac{1}{2}}{\dfrac{1}{3} \cdot \dfrac{1}{2} + \dfrac{1}{3} \cdot 0 + \dfrac{1}{3} \cdot \dfrac{1}{3}} = \frac{3}{5}$$

5.7 조합론

조합론combinatorial analysis은 집합에서 유한 가지를 선택해 구성할 수 있는 각기 다른 그룹의 개수를 계산하는 일련의 절차다. 순열, 조합, 정렬은 가능한 세 가지 설정 형식이며 확률에 적용될 수 있다.[1] 따라서 사건의 확률이란 표본 공간(배열, 조합, 순열의 총 수)의 관심대상 사건의 가짓수와 전체 결과 가짓수의 비율이다.

5.7.1 배열

배열arrangement은 어떤 집합에서 서로 구분되는 원소로 구성할 수 있는 가짓수를 계산하는데, 원소의 순서가 중요하며 순서가 달라지면 다른 구성이 된다.

각기 다른 n개의 객체가 주어졌을 때, 목표가 그중 p개의 객체를 선택하는 것이라면(n, p는 정수이고 $n \geq p$), 배열의 개수 또는 그렇게 구성할 수 있는 가능한 방법의 수는 $P_{n,p}$로 표기하고 다음과 같

---

1   이 책의 배열과 순열의 정의는 일반적인 정의와 조금 다르다. 통상 배열이란 조합과 순열을 포함하는 그룹화 방법만을 의미할 뿐이며, 순서를 따지느냐에 따라 조합과 순열로 나뉜다. 이 책의 정의 중 배열과 순열을 구분하지 않고 둘 다 순열로 생각하면 통상의 정의와 일치한다. – 옮긴이

이 계산한다.

$$P_{n,p} = \frac{n!}{(n-p)!} \tag{5.16}$$

예제 5.8

3개의 원소를 가진 집합 $A = \{1, 2, 3\}$을 고려해보자. 이 원소들 중 2개를 선택해 배열할 수 있는 방법의 개수는 몇 가지인가? 두 번째 위치에 원소 3이 있을 확률은 얼마인가?

해법

식 (5.16)으로부터

$$P_{n,p} = \frac{3!}{(3-2)!} = \frac{3 \times 2 \times 1}{1} = 6$$

배열은 (1, 2), (1, 3), (2, 1), (2, 3), (3, 1), (3, 2)이다. 배열에서는 원소의 위치가 중요하다. 즉, 예를 들면 (1, 2) ≠ (2, 1)이다. 모든 배열을 정의하고 나면, 확률을 쉽게 계산할 수 있다. 배열 중 2개만이 두 번째 위치의 원소가 3이므로 전체 배열 개수 6을 고려할 때 확률은 2/6 = 1/3이 된다.

예제 5.9

세 곳의 주차 공간에 6대의 차량이 주차할 수 있는 가능한 가짓수를 계산하라. 차량 1번이 첫 번째 주차 공간에 위치할 확률은 어떻게 되는가?

해법

식 (5.16)에 따라 다음을 알 수 있다.

$$P_{6,3} = \frac{6!}{(6-3)!} = \frac{6 \times 5 \times 4 \times 3!}{3!} = 120$$

가능한 120가지 배열 중 20가지에서 차량 1이 첫 번째 위치에 있다. (1, 2, 3), (1, 2, 4), (1, 2, 5), (1, 2, 6), (1, 3, 2), (1, 3, 4), (1, 3, 5), (1, 3, 6), (1, 4, 2), (1, 4, 3), (1, 4, 5), (1, 4, 6), (1, 5, 2), (1, 5, 3), (1, 5, 4), (1, 5, 6), (1, 6, 2), (1, 6, 3), (1, 6, 4), (1, 6, 5). 따라서 확률은 20/120 = 1/6이다.

5.7.2 조합

조합combination은 배열의 특별한 경우로서, 구성되는 원소의 순서가 중요하지 않다.

주어진 n개의 각기 다른 객체에 대해 이 중 p개의 객체를 조합하는 가짓수는 $C_{n,p}$(n개의 원소 중 p개를 선택하는 조합)이며, 다음과 같이 계산한다.

$$C_{n,p} = \binom{n}{p} = \frac{n!}{p!(n-p)!} \qquad (5.17)$$

20명의 학생이 있는 교실에서 네 명의 학생을 그룹으로 묶을 수 있는 가짓수는?

해법

그룹 내 원소의 순서는 중요하지 않으므로 식 (5.17)을 적용해야 한다.

$$C_{20,4} = \binom{20}{4} = \frac{20!}{4!(20-4)!} = \frac{20 \times 19 \times 18 \times 17 \times 16!}{24(16)!} = 4,845$$

따라서 각기 다른 4,845가지의 그룹을 형성할 수 있다.

철수, 민호, 준호, 성진, 수진은 놀이동산에 갔다. 다음에 타려고 한 놀이기구에는 빈 좌석이 3개밖에 남지 않아서 그들 중 세 명만 무작위로 선정해 타야 한다. 놀이기구에 민호와 준호가 탈 수 있는 확률은 얼마인가?

해법

전체 조합의 가짓수는 다음과 같다.

$$C_{5,3} = \binom{5}{3} = \frac{5!}{3!2!} = \frac{5 \times 4 \times 3!}{3!2} = 10$$

10가지 가능성은 다음과 같다.

그룹 1: 철수, 민호, 준호
그룹 2: 철수, 민호, 성진
그룹 3: 철수, 민호, 수진
그룹 4: 철수, 준호, 성진
그룹 5: 철수, 준호, 수진
그룹 6: 철수, 성진, 수진
그룹 7: 민호, 준호, 성진
그룹 8: 민호, 준호, 수진
그룹 9: 민호, 성진, 수진
그룹 10: 준호, 성진, 수진

따라서 확률은 3/10이다.

5.7.3 순열

순열permutation은 배열 중 모든 원소가 선택되는 경우다. 따라서 n개의 원소가 순서를 바꿀 수 있는 가짓수가 된다. 가능한 정렬의 개수는 A_n으로 표기하고 다음과 같이 계산한다.

$$A_n = n! \tag{5.18}$$

예제 5.12

3개의 원소를 가진 집합 $A = \{1, 2, 3\}$을 생각해보자. 가능한 전체 정렬 개수는?

해법

$A_3 = 3! = 3 \times 2 \times 1 = 6$이다. (1, 2, 3), (1, 3, 2), (2, 1, 3), (2, 3, 1), (3, 1, 2), (3, 2, 1)이 있다.

예제 5.13

어떤 제조사는 6개의 각기 다른 제품을 갖고 있다. 몇 가지 제작 순서가 가능한가?

해법

가능한 제작 순서를 계산하려면 식 (5.18)을 적용하면 된다.

$$A_6 = 6! = 6 \times 5 \times 4 \times 3 \times 2 \times 1 = 720$$

5.8 맺음말

5장에서는 확률 이론에 관련된 용어 및 개념과 함께 실제 응용을 살펴봤다. 확률 이론은 불확실한 사건의 발생을 평가하는데, 그 기원은 자연 현상을 이해하려는 노력에서 시작돼 도박을 위해 발전됐으며 지금은 통계 추론의 연구에 응용되고 있다.

5.9 연습문제

1. 두 축구 팀이 골든골이 터질 때까지 경기를 이어간다. 표본 공간을 정의하라.

2. 배반 사건과 독립 사건의 차이는 무엇인가?

3. 카드 한 팩은 52장의 카드로 구성된다. 그중 하나를 뽑을 때 다음을 계산하라.

a) 하트 카드를 뽑을 확률

b) 퀸 카드를 뽑을 확률

c) J, Q, K 중 하나를 뽑을 확률

d) J, Q, K 이외의 카드를 뽑을 확률

4. 생산 라인에는 240개의 부품이 있는데 그중 12개가 불량이다. 하나의 부품을 무작위로 선택한다. 그 부품이 불량일 확률은 얼마인가?

5. 1부터 30까지의 숫자 중 하나를 무작위로 선택한다. 다음을 계산하라.

a) 표본 공간을 정의하라.

b) 숫자가 3으로 나누어질 확률은 얼마인가?

c) 숫자가 5의 배수일 확률은 얼마인가?

d) 숫자가 3이나 5로 나누어질 확률은 얼마인가?

e) 숫자가 5의 배수라고 할 때, 짝수일 확률은 얼마인가?

f) 숫자가 3으로 나누어진다고 할 때, 5의 배수일 확률은 얼마인가?

g) 이 숫자가 3으로 나누어지지 않을 확률은 얼마인가?

h) 두 숫자를 무작위로 선택한다고 가정하자. 첫 숫자가 5의 배수이고 두 번째는 홀수일 확률은 얼마인가?

6. 2개의 주사위를 동시에 굴렸다. 다음을 계산하라.

a) 표본 공간

b) 두 숫자가 모두 짝수일 확률은 얼마인가?

c) 두 수의 합이 10일 확률은 얼마인가?

d) 두 수의 곱이 6일 확률은 얼마인가?

e) 두 수의 합이 10 또는 6일 확률은 얼마인가?

f) 첫 번째 주사위의 눈이 홀수이거나 두 번째 주사위의 눈이 3의 배수일 확률은 얼마인가?

g) 첫 번째 주사위의 눈이 짝수이거나 두 번째 주사위의 눈이 4의 배수일 확률은 얼마인가?

7. 순열, 조합, 정렬의 차이는 무엇인가?

6

확률 변수와 확률 분포

우리가 기회라 부르는 것은 알려진 효과를 발생시킨 미지의 원인일 수 있다.

– 볼테르(Voltaire)

6.1 소개

3장과 4장에서는 정성 및 정량 데이터를 기술하기 위한 표본 빈도 분포를 비롯한 몇 가지 통계량을 설명했다. 6장에서는 모집단 확률 분포(정성 변수)를 알아본다. 표본의 빈도 분포는 해당 모집단 확률 분포의 추정이다. 표본 크기가 크다면 표본 빈도 분포는 모집단 확률 분포를 근사한다(Martins and Domingues, 2011).

저자에 따르면, 경험적 연구와 몇 가지 실질 문제의 해결에 있어 기술 통계량의 연구는 필수적이다. 그러나 주요 목적이 모집단의 변수일 경우에는 확률 분포가 좀 더 적합하다.

6장은 이산 및 연속 확률 변수의 개념, 각 확률 변수 형태의 주요 확률 분포, 각 확률 분포의 기댓값과 분산의 계산에 대해 설명한다.

이산 확률 분포의 경우 가장 흔한 확률 분포는 이산 균등$^{discrete uniform}$, 베르누이^{Bernoulli}, 이항^{binomial}, 기하^{geometric}, 음이항$^{negative binomial}$, 초기하^{hypergeometric}, 푸아송^{Poisson}이다. 반면 연속 확률 변수의 경우 균등^{uniform}, 정규^{normal}, 지수^{exponential}, 감마^{gamma}, 카이제곱(χ^2), 스튜던트^{Student} t, 스네데커^{Snedecor}의 F 분포가 있다.

6.2 확률 변수

5장에서 설명했듯이, 확률 실험의 모든 가능한 결과의 집합을 표본 공간이라고 한다. 확률 실험을 설명하기 위해서는 표본 공간의 각 원소에 수치를 연계해두면 편리하다. 확률 변수란 각 원소를 나타내는 단일 수치로 설명할 수 있으며 이 값은 무작위로 결정된다.

ε이 확률 실험이고 S가 이 실험에 연계된 표본 공간이라고 하자. 각 원소 $s \in S$에 실수 $X(s)$를 연계하는 함수 X를 **확률 변수**random variable라고 한다. 확률 변수는 이산 또는 연속일 수 있다.

6.2.1 이산 확률 변수

이산 확률 변수discrete random variable는 오직 셀 수 있는 고유한 값만을 가지며, 대개 개수를 나타낸다. 따라서 소수점 등의 정수가 아닌 값은 가질 수 없다. 이산 확률 변수의 예로는 가구당 자녀의 수, 회사의 직원 수, 어떤 공장에서 제조된 자동차 수 등이 있다.

6.2.1.1 이산 확률 변수의 기댓값

X가 확률 $\{p(x_1), p(x_2), ..., p(x_n)\}$으로 $\{x_1, x_2, ..., x_n\}$의 값을 가질 수 있는 이산 확률 변수라고 하자. 함수 $\{x_i, p(x_i), i = 1, 2, ..., n\}$은 확률 변수 X 확률 함수라고 하고, 각 x_i 값에 발생 확률을 연계시킨다.

$$p(x_i) = P(X = x_i) = p_i, \quad i = 1, 2, ..., n \tag{6.1}$$

따라서 모든 x_i에 대해 $p(x_i) \geq 0$이며 $\sum_{i=1}^{n} p(x_i) = 1$이다.

X의 기댓값 또는 평균값은 다음 식으로 주어진다.

$$E(X) = \sum_{i=1}^{n} x_i \cdot P(X = x_i) = \sum_{i=1}^{n} x_i \cdot p_i \tag{6.2}$$

식 (6.2)는 3장에서 사용한 평균과 비슷한데, 거기서는 확률 p_i 대신 빈도 Fr_i를 사용했었다. p_i와 Fr_i의 차이는 p_i는 가정된 이론적 모델의 값에 해당하지만, 후자는 관측된 값의 변수라는 점이다. p_i와 Fr_i는 동일한 해석을 가지므로 Fr_i의 분포에 기반해 3장에서 설명한 모든 차트와 측도는 확률 변수의 분포에서도 그대로 적용된다. 중앙값과 표준 편차 같은 그 밖의 위치나 변동성 측도도 그대로 유효하다(Bussab and Morettin, 2011).

6.2.1.2 이산 확률 변수의 분산

이산 확률 변수의 분산은 X가 취하는 값과 X의 기댓값 사이의 거리의 가중 평균이며, 가중치는 X의 가능한 값의 확률이다. X의 값이 $\{x_1, x_2, ..., x_n\}$이고 해당 확률이 $\{p_1, p_2, ..., p_n\}$이라면 그 분산은 다음과 같이 구할 수 있다.

$$Var(X) = \sigma^2(X) = E\left[(X - E(X))^2\right] = \sum_{i=1}^{n}[x_i - E(X)]^2 . p_i \qquad (6.3)$$

경우에 따라 변동성 측도로서 확률 변수의 표준 편차를 사용하면 편리하다. X의 표준 편차는 분산의 제곱근이다.

$$\sigma(X) = \sqrt{Var(X)} \qquad (6.4)$$

예제 6.1

어떤 부동산 회사의 한 달간의 거래 건수는 표 6.E.1과 같은 확률 분포를 따른다. 한 달 거래 건수의 기댓값과 분산을 구하라.

표 6.E.1 한 달간의 거래 건수와 그 확률

x_i (건수)	0	1	2	3
$p(x_i)$	2/10	4/10	3/10	1/10

해법

거래 건수의 기댓값은 다음과 같다.

$$E(X) = 0 \times 0.20 + 1 \times 0.40 + 2 \times 0.30 + 3 \times 0.10 = 1.3$$

분산은 다음과 같이 구할 수 있다.

$$Var(X) = (0 - 1.3)^2 \times 0.2 + (1 - 1.3)^2 \times 0.4 + (2 - 1.3)^2 \times 0.3 + (3 - 1.3)^2 \times 0.1 = 0.81$$

6.2.1.3 이산 확률 변수의 누적 분포 함수

확률 변수 X의 누적 분포 함수[c.d.f., cumulative distribution function]는 $F(x)$로 표기하는데, x보다 작거나 같은 x_i의 확률의 합과 같다.

$$F(x) = P(X \le x) = \sum_{x_i \le x} p(x_i) \qquad (6.5)$$

다음의 성질은 이산 확률 변수의 누적 분포 함수에 대해 유효하다.

$$0 \leq F(x) \leq 1 \tag{6.6}$$

$$\lim_{x \to \infty} F(x) = 1 \tag{6.7}$$

$$\lim_{x \to -\infty} F(x) = 0 \tag{6.8}$$

$$a < b \to F(a) \leq F(b) \tag{6.9}$$

예제 6.2

예제 6.1의 데이터에 대해 $F(0, 5)$, $F(1)$, $F(2, 5)$, $F(3)$, $F(4)$, $F(-0, 5)$를 계산하라.

해법

a) $F(0.5) = P(X \leq 0.5) = \frac{2}{10}$

b) $F(1) = P(X \leq 1) = \frac{2}{10} + \frac{4}{10} = \frac{6}{10}$

c) $F(2.5) = P(X \leq 2.5) = \frac{2}{10} + \frac{4}{10} + \frac{3}{10} = \frac{9}{10}$

d) $F(3) = P(X \leq 3) = \frac{2}{10} + \frac{4}{10} + \frac{3}{10} + \frac{1}{10} = 1$

e) $F(4) = P(X \leq 4) = 1$

f) $F(-0.5) = P(X \leq -0.5) = 0$

간단히 말하자면, 예제 6.1의 확률 변수 X의 누적 확률 분포는 다음과 같이 기술할 수 있다.

$$F(x) = \begin{cases} 0 & x < 0 \\ 2/10 & 0 \leq x < 1 \\ 6/10 & 1 \leq x < 2 \\ 9/10 & 2 \leq x < 3 \\ 1 & x \geq 3 \end{cases}$$

6.2.2 연속 확률 변수

연속 확률 변수continuous random variable는 확률 변수가 가질 수 있는 값들의 개수를 일일이 셀 수 없는 변수로서, 실수 구간 내에 존재한다. 연속 확률 변수의 예로는 가구 수입, 회사의 수익, 어떤 아이의 키 등이 있다.

연속 확률 변수 X는 X의 확률 밀도 함수p.d.f., probability density function라 불리는 함수 $f(x)$와 연계되어 있는데, 확률 밀도 함수는 다음의 조건을 만족한다.

$$\int_{-\infty}^{+\infty} f(x)dx = 1, \ f(x) \geq 0 \tag{6.10}$$

$-\infty < a < b < +\infty$인 모든 a, b에 대해, 확률 변수 X의 값이 이 구간 내에 있을 확률은 다음과 같다.

$$P(a \le X \le b) = \int_a^b f(x)dx \tag{6.11}$$

이는 그림 6.1처럼 도식화할 수 있다.

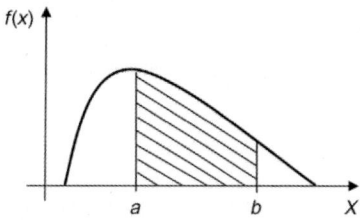

그림 6.1 X의 값이 구간 $[a, b]$ 내에 있을 확률

6.2.2.1 연속 확률 변수의 기댓값

확률 밀도 함수가 $f(x)$인 연속 확률 변수 X의 수학적 기댓값 또는 평균은 다음 식으로 구할 수 있다.

$$E(X) = \int_{-\infty}^{+\infty} xf(x)dx \tag{6.12}$$

6.2.2.2 연속 확률 변수의 분산

확률 밀도 함수가 $f(x)$인 연속 확률 변수 X의 분산은 다음과 같이 계산한다.

$$Var(X) = E(X^2) - [E(X)]^2 = \int_{-\infty}^{\infty} (x - E(X))^2 f(x)dx \tag{6.13}$$

예제 6.3

어떤 확률 변수 X의 확률 밀도 함수는 다음과 같다.

$$f(x) = \begin{cases} 2x, & 0 < x < 1 \\ 0, & \text{그 외} \end{cases}$$

$E(X)$와 $Var(X)$를 구하라.

$$E(X) = \int\limits_0^1 (x.2x)\,dx = \int\limits_0^1 (2x^2)\,dx = \frac{2}{3}$$

$$E(X^2) = \int\limits_0^1 (x^2.2x)\,dx = \int\limits_0^1 (2x^3)\,dx = \frac{1}{2}$$

$$VAR(X) = E(X^2) - [E(X)]^2 = \frac{1}{2} - \left(\frac{2}{3}\right)^2 = \frac{1}{18}$$

6.2.2.3 연속 확률 변수의 누적 분포 함수

이산의 경우와 마찬가지로 연속 확률 변수 X에 연계된 확률도 누적 분포 함수로부터 구할 수 있다.

확률 밀도 함수가 $f(x)$인 연속 확률 변수 X의 누적 분포 함수 $F(x)$는 다음과 같이 정의된다.

$$F(x) = P(X \leq x), \ -\infty < x < \infty \tag{6.14}$$

식 (6.14)는 식 (6.5)의 이산의 경우와 유사하다. 차이점은 연속 변수의 경우 누적 확률 함수가 (건너뜀이 없는) 연속 함수라는 점이다.

식 (6.11)로부터 다음을 알 수 있다.

$$F(x) = \int\limits_{-\infty}^x f(x)\,dx \tag{6.15}$$

이산의 경우처럼 연속 확률 함수의 누적 분포 함수는 다음 성질을 만족한다.

$$0 \leq F(x) \leq 1 \tag{6.16}$$

$$\lim_{x \to \infty} F(x) = 1 \tag{6.17}$$

$$\lim_{x \to -\infty} F(x) = 0 \tag{6.18}$$

$$a < b \to F(a) \leq F(b) \tag{6.19}$$

예제 6.4

이번에도 예제 6.3의 확률 밀도 함수를 살펴보자.

$$f(x) = \begin{cases} 2x, & 0 < x < 1 \\ 0, & \text{그 외} \end{cases}$$

X의 누적 분포 함수를 계산하라.

해법

$$F(x) = P(X \le x) = \int_{-\infty}^{x} f(x)dx = \int_{-\infty}^{x} 2x dx = \begin{cases} 0 & x \le 0 \\ x^2 & 0 < x \le 1 \\ 1 & x > 1 \end{cases}$$

6.3 이산 확률 변수의 확률 분포

이산 확률 변수에서 가장 흔한 확률 분포는 이산 균등, 베르누이, 이항, 기하, 음이항, 초기하, 푸아송 분포다.

6.3.1 이산 균등 분포

이산 균등 분포는 가장 단순한 확률 분포이고, 이름에서 알 수 있듯 확률 변수의 모든 가능한 값이 동일한 발생 확률을 갖는다.

$x_1, x_2, ..., x_n$ 값을 갖는 이산 확률 변수 X의 확률 함수가 식 (6.20)의 확률 함수와 같을 때, 모수 n 의 이산 균등 분포를 가지며 이를 $X \sim U_d\{x_1, x_2, ..., x_n\}$으로 표기한다.

$$P(X = x_i) = p(x_i) = \frac{1}{n}, \ i = 1, 2, ..., n \qquad (6.20)$$

이 분포는 그림 6.2와 같은 그래프로 도식화할 수 있다.

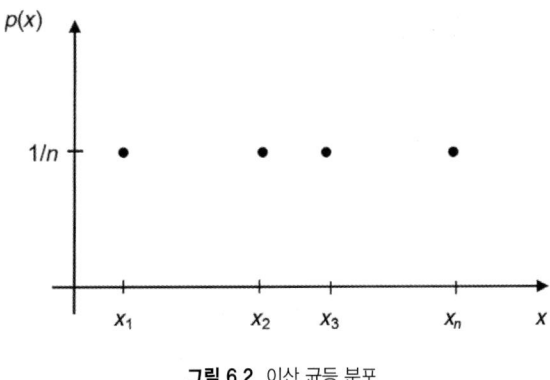

그림 6.2 이산 균등 분포

X의 수학적 기댓값은 다음과 같다.

$$E(X) = \frac{1}{n} \cdot \sum_{i=1}^{n} x_i \tag{6.21}$$

X의 분산은 다음과 같이 계산한다.

$$Var(X) = \frac{1}{n} \cdot \left[\sum_{i=1}^{n} x_i^2 - \frac{\left(\sum_{i=1}^{n} x_i \right)^2}{n} \right] \tag{6.22}$$

그리고 누적 분포 함수[c.d.f.]는 다음과 같다.

$$F(X) = P(X \le x) = \sum_{x_i \le x} \frac{1}{n} = \frac{n(x)}{n} \tag{6.23}$$

여기서 $n(x)$는 그림 6.3과 같이 $x_i \le x$의 개수다.

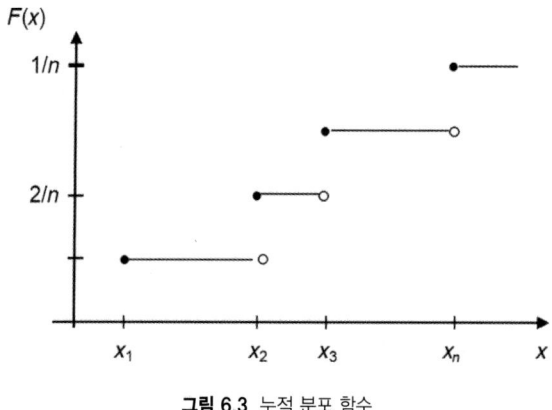

그림 6.3 누적 분포 함수

예제 6.5

확률 변수 X가 완전히 균형 잡힌 주사위가 던져졌을 때 나온 눈의 수를 나타낸다고 하자. X의 분포를 알아내고 기댓값과 분산을 계산하라.

해법

X의 분포는 표 6.E.2와 같다.

표 6.E.2 X의 분포

X	1	2	3	4	5	6	합계
$f(x)$	1/6	1/6	1/6	1/6	1/6	1/6	1

따라서 기댓값과 분산은 다음과 같다.

$$E(X) = \frac{1}{6}(1 + 2 + 3 + 4 + 5 + 6) = 3.5$$

$$Var(X) = \frac{1}{6}\left[(1 + 2^2 + \cdots + 6^2) - \frac{(21)^2}{6}\right] = \frac{35}{12} = 2.917$$

6.3.2 베르누이 분포

베르누이 시행$^{Bernoulli\ trial}$은 확률 실험의 결과가 오직 두 가지만 가능하며, 전통적으로 성공과 실패로 부른다. 베르누이 시행의 예로는 동전 던지기를 들 수 있는데, 가능한 결괏값은 오직 앞면과 뒷면밖에 없다.

어떤 베르누이 시행에서 성공일 때 1의 값을 갖고 실패이면 0의 값을 갖는 확률 변수 X를 생각해보자. 성공 확률을 p로 나타내면 실패 확률은 $(1 - p)$ 또는 q가 된다. 따라서 베르누이 분포는 **단일 실험**을 수행할 때의 확률 변수 X의 성공 또는 실패 확률을 제공한다. 그러므로 확률 변수 X의 확률 함수가 식 (6.24)와 같을 때 확률 변수 X는 모수 p의 베르누이 분포를 따른다고 하고 $X \sim Bern(p)$로 표기한다.

$$P(X = x) = p(x) = \begin{cases} q = 1 - p, & x = 0 \\ p & , & x = 1 \end{cases} \tag{6.24}$$

이 함수는 다음과 같이 나타낼 수도 있다.

$$P(X = x) = p(x) = p^x \cdot (1 - p)^{1-x}, \quad x = 0, 1 \tag{6.25}$$

확률 변수 X의 확률 함수는 그림 6.4에 나타나 있다.

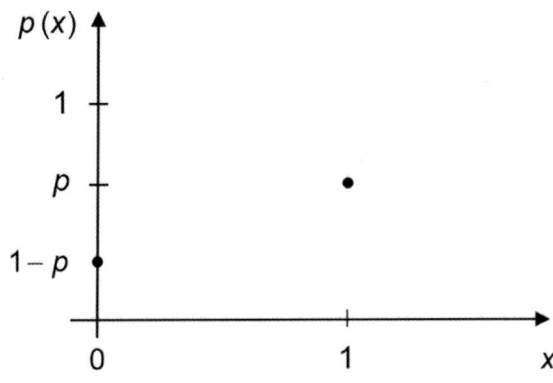

그림 6.4 베르누이 분포의 확률 함수

X의 기댓값이 다음과 같다는 것을 쉽게 알 수 있다.

$$E(X) = p \tag{6.26}$$

X의 분산은 다음과 같다.

$$Var(X) = p.(1-p) \tag{6.27}$$

베르누이의 누적 분포 함수$^{c.d.f.}$는 다음과 같다.

$$F(x) = P(X \leq x) = \begin{cases} 0, & x < 0 \\ 1-p, & x \leq 0 < 1 \\ 1, & x \geq 1 \end{cases} \tag{6.28}$$

이 함수는 그림 6.5에 나타나 있다.

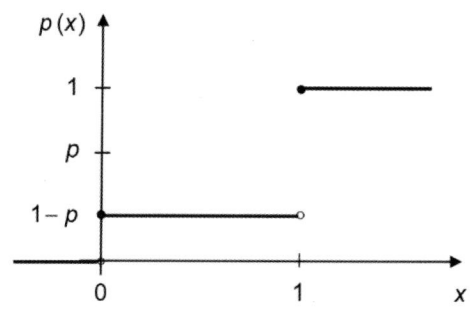

그림 6.5 베르누이 분포의 c.d.f.

14장에서 이진 로지스틱 회귀 모델을 설명할 때 여기서 사용된 베르누이 분포의 모든 지식을 사용할 것이란 사실을 기억해두자.

예제 6.6

조기 축구회 결승이 A와 B 팀 사이에 열린다. 확률 변수 X는 우승한 팀을 나타낸다. A 팀이 우승할 확률은 0.6임을 알고 있다고 하자. 이때 X의 분포를 알아내고 그 기댓값과 분산을 계산하라.

해법

확률 변수 X는 오직 2개의 값만 갖는다.

$$X = \begin{cases} 1, & \text{A가 승리할 경우} \\ 0, & \text{B가 승리할 경우} \end{cases}$$

단일 시합이므로, 변수 X는 모수 $p = 0.6$인 베르누이 분포를 따르므로 $X \sim Bern(0.6)$으로 표기할 수 있다. 따라서 다음과 같이 쓸 수 있다.

$$P(X=x) = p(x) = \begin{cases} q = 0.4, & x = 0\text{인 경우(B 팀)} \\ p = 0.6, & x = 1\text{인 경우(A 팀)} \end{cases}$$

이제 기댓값과 분산은 다음과 같이 구할 수 있다.

$$E(X) = p = 0.6$$
$$Var(X) = p(1-p) = 0.6 \times 0.4 = 0.24$$

6.3.3 이항 분포

이항 실험은 성공 확률이 p인 베르누이 시행을 n번 독립적으로 시행한 것으로서, 성공 확률은 전체 시행에 대해 동일하다.

이항 모델의 이산 확률 변수 X는 n번 반복 시행에서의 성공 횟수(k)에 해당한다. 확률 변수 X가 식 (6.29)의 확률 분포 함수를 가질 때, X는 모수 n과 p의 이항 분포$^{binomial\ distribution}$를 따른다고 하고 $X \sim b(n, p)$로 표기한다.

$$f(k) = P(X=k) = \binom{n}{k}.p^k.(1-p)^{n-k}, \ \ k = 0, 1, \ldots, n \tag{6.29}$$

여기서 $\binom{n}{k} = \dfrac{n!}{k!(n-k)!}$이다.

X의 평균은 다음과 같다.

$$E(X) = n.p \tag{6.30}$$

한편 X의 분산은 다음과 같다.

$$Var(X) = n.p.(1-p) \tag{6.31}$$

이항 분포의 평균과 분산은 베르누이 분산의 평균과 분산에 베르누이 시행 횟수인 n을 곱한 것과 같다는 점에 주목하자.

그림 6.6은 $n = 10$이고, p는 $0.3, 0.5, 0.7$로 변할 때의 이항 분포의 확률 함수를 보여준다.

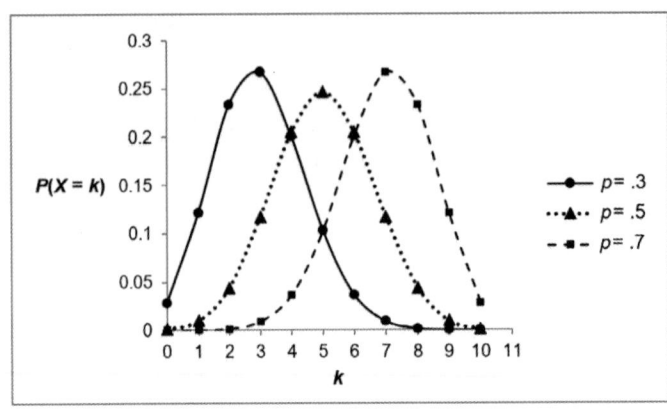

그림 6.6 $n = 10$인 이항 분포의 확률 함수

그림 6.6에서 $p = 0.5$일 때 확률 함수가 평균을 중심으로 대칭임을 알 수 있다. $p < 0.5$이면 분포는 양의 비대칭이고 낮은 k 값에서 더 높은 빈도를 가지고 오른쪽으로 긴 꼬리를 갖는다. $p > 0.5$이면 분포는 음의 비대칭이 되며 높은 k 값에서 더 높은 빈도를 가지며 왼쪽으로 긴 꼬리를 갖는다.

여기서 설명한 이항 분포의 모든 지식은 14장에서 다항 로지스틱 회귀 모델을 설명할 때 모두 필요하니, 잘 기억해두자.

6.3.3.1 이항 분포와 베르누이 분포의 관계

모수 $n = 1$인 이항 분포는 베르누이 분포와 같다.

$$X \sim b(1, p) \equiv X \sim Bern(p)$$

예제 6.7

생산 라인에서 어떤 부품이 제작됐다. 이 부품에 결함이 없을 확률은 99%이다. 30개의 부품이 제작됐다면 그중 적어도 28개 이상의 부품이 정상일 확률은 얼마인가? 확률 변수의 평균과 분산도 구하라.

해법

X = 30회 시행에서 성공 횟수를 나타내는 확률 변수(정상 부품의 개수)

$p = 0.99$ = 정상 부품일 확률

$q = 0.01$ = 불량 부품일 확률

$n = 30$회 시행

k = 성공 횟수

이제 적어도 28개 이상의 부품이 정상일 확률은 다음과 같이 구할 수 있다.

$$P(X \geq 28) = P(X = 28) + P(X = 29) + P(X = 30)$$

$$P(X = 28) = \frac{30!}{28!2!} \times \left(\frac{99}{100}\right)^{28} \times \left(\frac{1}{100}\right)^2 = 0.0328$$

$$P(X=29) = \frac{30!}{29!1!} \times \left(\frac{99}{100}\right)^{29} \times \left(\frac{1}{100}\right)^{1} = 0.224$$

$$P(X=30) = \frac{30!}{30!0!} \times \left(\frac{99}{100}\right)^{30} \times \left(\frac{1}{100}\right)^{0} = 0.7397$$

$$P(X \geq 28) = 0.0328 + 0.224 + 0.7397 = 0.997$$

X의 평균은 다음과 같이 구한다.

$$E(X) = n.p = 30 \times 0.99 = 29.7$$

X의 분산은 다음과 같다.

$$Var(X) = n.p.(1-p) = 30 \times 0.99 \times 0.01 = 0.297$$

6.3.4 기하 분포

기하 분포$^{geometric\ distribution}$는 이항 분포에서처럼 동일한 성공 확률 p를 갖는 일련의 독립된 베르누이 시행에 관한 것이다. 그러나 이항에서처럼 고정된 횟수의 시행을 하는 것이 아니라 최초로 성공할 때까지만 실험을 시행한다. 기하 분포는 두 가지 다른 방법으로 모수화할 수 있다.

첫 번째 모수화 방법은 각 시행의 성공 확률이 p로 동일한 독립적인 일련의 베르누이 시행을 최초로 성공할 때까지 반복하는 것이다. 이 경우 0은 가능한 결과에 포함할 수 없으므로 영역은 집합 {1, 2, 3, ...}으로 정의된다. 예를 들어, 최초로 앞면이 나올 때까지 동전을 던지는 경우나 최초로 불량 부품이 발견될 때까지의 부품 제조 횟수 등을 생각해볼 수 있다.

두 번째 모수화 방법은 최초로 성공할 때까지 실패한 횟수를 세는 것이다. 여기서는 최초의 시행에서 성공할 수도 있으므로 0이 포함되며, 따라서 영역은 집합 {0, 1, 2, 3, ...}으로 정의된다.

확률 변수 X가 최초로 성공할 때까지의 시행 횟수를 나타낸다고 하자. 확률 변수 X가 식 (6.32)의 확률 함수를 가지면, 확률 변수 X는 모수 p의 기하 분포를 따르고 $X \sim Geo(p)$라고 표기한다.

$$f(x) = P(X=x) = p.(1-p)^{x-1}, \quad x = 1, 2, 3, \ldots \tag{6.32}$$

두 번째 경우로, 확률 변수 Y가 최초로 성공할 때까지 실패한 횟수를 나타낸다고 하자. 확률 변수 Y가 식 (6.33)의 확률 함수를 가질 때, 확률 변수 Y는 모수 p의 기하 분포를 따르고 $Y \sim Geo(p)$로 표기한다.

$$f(y) = P(Y=y) = p.(1-p)^{y}, \quad y = 0, 1, 2, \ldots \tag{6.33}$$

두 경우 모두 일련의 확률은 기하적 과정이다.

$p = 0.4$일 때 변수 X의 확률 함수는 그림 6.7에 그래프로 도식화되어 있다.

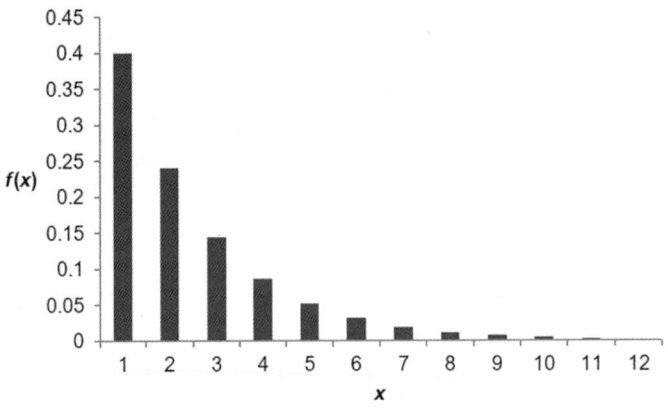

그림 6.7 모수 $p = 0.4$인 확률 변수 X의 확률 함수

X의 기댓값과 분산은 다음과 같이 구할 수 있다.

$$E(X) = \frac{1}{p} \tag{6.34}$$

$$Var(X) = \frac{1-p}{p^2} \tag{6.35}$$

유사하게, 변수 Y의 기댓값과 분산은 다음과 같이 구할 수 있다.

$$E(Y) = \frac{1-p}{p} \tag{6.36}$$

$$Var(Y) = \frac{1-p}{p^2} \tag{6.37}$$

기하 분포는 무기억[memoryless] 성질을 갖는 유일한 이산 분포다(연속의 경우 지수 분포가 무기억성임을 나중에 볼 것이다). 무기억성이란 실험을 반복할 때, 아직 첫 번째 성공이 발생하지 않은 상태에서 최초의 성공까지 추가적으로 시행해야 할 횟수의 조건부 분포 함수는 지금까지의 실패 횟수와는 무관함을 의미한다.

따라서 두 양의 정수 s와 t에 대해 X가 s보다 클 때 X가 $s + t$보다 클 확률은 X가 t보다 클 무조건부 확률과 동일하다.

$$P(X > s + t \mid X > s) = P(X > t) \tag{6.38}$$

예제 6.8

어떤 회사는 전자 부품을 제조하고 있으며 공정의 마지막에 각 부품을 하나씩 검사한다. 부품의 불량 확률이 0.05라고 할 때 첫 번째 불량 부품이 8번째 검사에서 발견될 확률을 계산하라. 또한 확률 변수의 기댓값과 분산을 계산하라.

해법

X = 첫 번째 불량 부품이 발견될 때까지 검사한 횟수를 나타내는 확률 변수

p = 0.05 = 부품이 불량일 확률

q = 0.95 = 부품이 정상일 확률

8번째 검사에서 불량 부품이 최초로 발견될 확률은 다음과 같다.

$$P(X=8) = 0.05(1-0.05)^{8-1} = 0.035$$

X의 평균은 다음과 같다.

$$E(X) = \frac{1}{p} = 20$$

X의 분산은 다음과 같다.

$$Var(X) = \frac{1-p}{p^2} = \frac{0.95}{0.0025} = 380$$

6.3.5 음이항 분포

파스칼 분포$^{Pascal\ distribution}$라고도 알려진 음이항 분포$^{negative\ binomial\ distribution}$는 연속적인 독립 베르누이 시행(모든 시행에 대해 동일한 성공 확률)을 사전에 미리 정한 성공 횟수(k)에 도달할 때까지 반복하는 것이다.

확률 변수 X가 k번 성공할 때까지 시행한 베르누이 횟수를 나타낸다고 하자. X의 확률 함수가 식 (6.39)와 같으면 X는 음이항 분포를 따르고 $X \sim nb(k, p)$로 표기한다.

$$f(x) = P(X=x) = \binom{x-1}{k-1}.p^k.(1-p)^{x-k}, \quad x = k, k+1, \ldots \tag{6.39}$$

모수 k = 2이고 p = 0.4인 음이항 분포의 그래픽 도식은 그림 6.8에서 볼 수 있다.

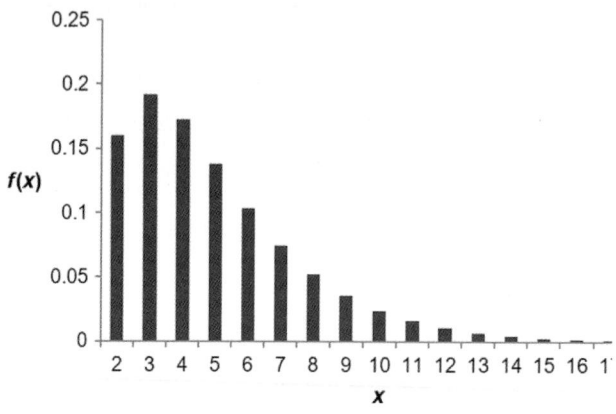

그림 6.8 모수 $k = 2$이고 $p = 0.4$인 변수 X의 확률 함수

X의 기댓값은 다음과 같다.

$$E(X) = \frac{k}{p} \qquad (6.40)$$

X의 분산은 다음과 같다.

$$Var(X) = \frac{k.(1-p)}{p^2} \qquad (6.41)$$

6.3.5.1 음이항과 이항 분포의 관계

음이항 분포는 이항 분포와 관련되어 있다. 이항 분포에서는 표본 크기(시행 횟수)를 설정하고 성공 횟수(확률 변수)를 관찰한다. 음이항 분포에서는 성공 횟수(k)를 설정하고 k번 성공할 때까지 필요한 베르누이 시행 횟수를 관찰한다.

6.3.5.2 음이항 분포와 기하 분포의 관계

$k = 1$인 음이항 분포는 기하 분포와 동일하다.

$$X \sim nb(1,p) \equiv X \sim Geo(p)$$

또는 음이항 계열은 기하 계열의 합으로 간주할 수 있다.

여기서 배운 음이항 분포에 관한 지식은 15장에서 살펴볼 개수 데이터의 회귀 모델에서 이용하게 되니 잘 기억해두자.

예제 6.9

어떤 학생은 항상 다섯 문제 중 세 문제의 정답을 맞춰왔다고 하자. X가 열두 번 정답을 맞출 때까지 제시된 문제 수라고 할 때 이 학생이 12개의 정답을 맞추기 위해 20번의 문제가 제시됐을 확률을 구하라.

해법

$k = 12$, $p = 3/5 = 0.6$, $q = 2/5 = 0.4$

$X = 12$번의 정답을 풀 때까지 제시된 문제의 개수. 즉, $X \sim nb(12, 0.6)$이다. 따라서 다음과 같이 구할 수 있다.

$$f(20) = P(X = 20) = \binom{20-1}{12-1} \times 0.6^{12} \times 0.4^{20-12} = 0.1078 = 10.78\%$$

6.3.6 초기하 분포

초기하 분포$^{\text{hypergeometric distribution}}$는 베르누이 시행과 연계되어 있다. 그러나 성공 확률이 일정한 이항 표본추출과 달리 초기하 분포에서는 표본추출이 비복원이므로, 표본을 구성할 때마다 모집단에서 원소가 제거되어 모집단 크기가 줄어들므로 성공 확률이 변한다.

초기하 분포는 유한한 모집단에서 비복원으로 추출된 n개의 표본에서 성공 횟수를 기술한다. 예를 들어, N개의 원소로 된 모집단에서 M개의 원소가 어떤 성질을 갖고 있다고 가정하자. 초기하 분포는 모집단에서 비복원으로 추출된 n개의 원소로 구성된 표본에서 정확히 k개가 이러한 성질을 가졌을 확률(k번의 성공과 $n - k$번의 실패)을 기술한다.

확률 변수 X가 표본에서 뽑은 n개 원소 중 성공 횟수를 나타낸다고 하자. 변수 X의 확률 함수가 식 (6.42)와 같을 때 모수 N, M, n의 초기하 분포를 따르고 $X \sim Hip(N, M, n)$으로 표기한다.

$$f(k) = P(X = k) = \frac{\binom{M}{k} \cdot \binom{N-M}{n-k}}{\binom{N}{n}}, \quad 0 \le k \le \min(M, n) \tag{6.42}$$

$N = 200$, $M = 50$, $n = 30$인 초기하 분포의 그래픽 도식은 그림 6.9에 있다.

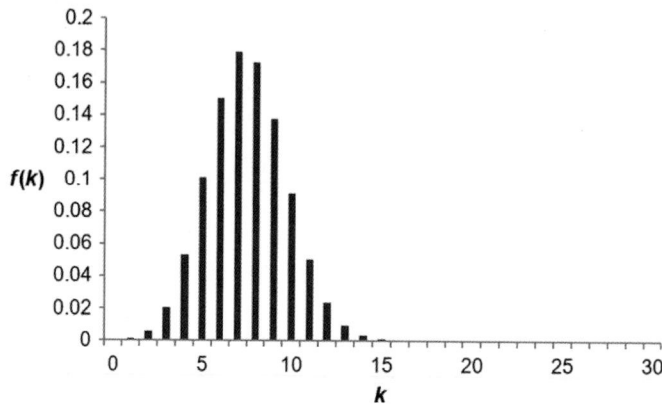

그림 6.9 $N = 200$, $M = 50$, $n = 30$인 변수 X의 확률 함수

X의 평균은 다음과 같다.

$$E(X) = \frac{n.M}{N} \tag{6.43}$$

X의 분산은 다음과 같다.

$$Var(X) = \frac{n.M}{N} \cdot \frac{(N-M).(N-n)}{N.(N-1)} \tag{6.44}$$

6.3.6.1 이항 분포를 사용한 초기하 분포의 근사

확률 변수 X가 모수 N, M, n의 초기하 분포를 따른다고 하자. 즉, $X \sim Hip(N, M, n)$이다. 표본 크기에 비해 모집단이 매우 크다면 초기하 분포는 모수 n, $p = M/N$(한 번의 시행에서 성공할 확률)인 이항 분포로 근사할 수 있다.

$$X \sim Hip(N, M, n) \approx X \sim b(n, p), \; p = M/N$$

예제 6.10

바구니에 15개의 공이 들어 있다. 그중 5개만 빨간색 공이다. 바구니에서 비복원으로 7개의 공을 무작위로 꺼낸다고 할 때 다음을 구하라.

a) 정확히 2개만 빨간 공일 확률

b) 적어도 2개의 공이 빨간 공일 확률

c) 빨간 공 개수의 기댓값

d) 빨간 공 개수의 분산

해법

확률 변수 X가 빨간 공의 개수를 나타낸다고 하자. $N = 15$, $M = 5$, $n = 7$이다.

a) $P(X=2) = \dfrac{\dbinom{M}{k} \cdot \dbinom{N-M}{n-k}}{\dbinom{N}{n}} = \dfrac{\dbinom{5}{2} \cdot \dbinom{10}{5}}{\dbinom{15}{7}} = 39.16\%$

b) $P(X \geq 2) = 1 - P(X < 2) = 1 - [P(X=0) + P(X=1)] = 1 - \dfrac{\dbinom{5}{0} \cdot \dbinom{10}{7}}{\dbinom{15}{7}} - \dfrac{\dbinom{5}{1} \cdot \dbinom{10}{6}}{\dbinom{15}{7}} = 81.82\%$

c) $E(X) = \dfrac{n.M}{N} = \dfrac{7.5}{15} = 2.33$

d) $Var(X) = \dfrac{n.M}{N} \cdot \dfrac{(N-M).(N-n)}{N.(N-1)} = \dfrac{7 \times 5}{5} \times \dfrac{10 \times 8}{15 \times 14} = 0.8889 = 88.89\%$

6.3.7 푸아송 분포

푸아송 분포^{Poisson distribution}는 어떤 시간 구간 또는 공간에서 매우 드물게 발생하는 사건($p \rightarrow 0$)의 발생을 나타내기 위해 사용된다.

이산 구간에서의 성공 횟수에 대한 확률을 나타내는 이항 모델과 달리 푸아송 모델은 연속 구간(시간, 지역 등)에서의 성공 횟수에 대한 확률을 나타낸다. 푸아송 분포를 나타내는 변수의 예로는 단위 시간 동안 대기열의 고객 수, 단위 지역에서의 사건 수 등을 들 수 있다. 측정 단위(여기서는 시간과 지역)가 연속이지만 확률 변수는 이산(발생 횟수)이라는 점에 주목하자.

푸아송 분포는 다음의 가설을 나타낸다.

 (i) 겹치지 않는 구간에서 정의된 사건은 독립적이다.
 (ii) 동일한 길이의 구간에서는 동일한 횟수의 사건 발생 확률이 같다.
 (iii) 구간이 매우 작으면, 하나 이상의 성공이 발생할 확률은 미미하다.
 (iv) 구간이 매우 작으면, 한 번의 성공이 발생할 확률은 구간의 길이에 비례한다.

어떤 단위 시간, 단위 지역에서 성공 횟수(k)를 나타내는 이산 확률 변수 X를 생각해보자. 확률 변수 X의 확률 함수가 식 (6.45)와 같으면 확률 변수 X는 모수 $\lambda \geq 0$인 푸아송 분포를 따르고 $X \sim$ Poisson(λ)로 표기한다.

$$f(k) = P(X=k) = \frac{e^{-\lambda}.\lambda^k}{k!}, \quad k = 0, 1, 2, \dots \tag{6.45}$$

여기서

e = 자연로그의 밑, $e \cong 2.718282$

λ = 특정 구간(시간 구간, 지역 등) 동안 관심대상 사건의 평균 발생 비율

그림 6.10은 $\lambda = 1, 3, 6$에 대한 푸아송 분포 확률 함수를 보여준다.

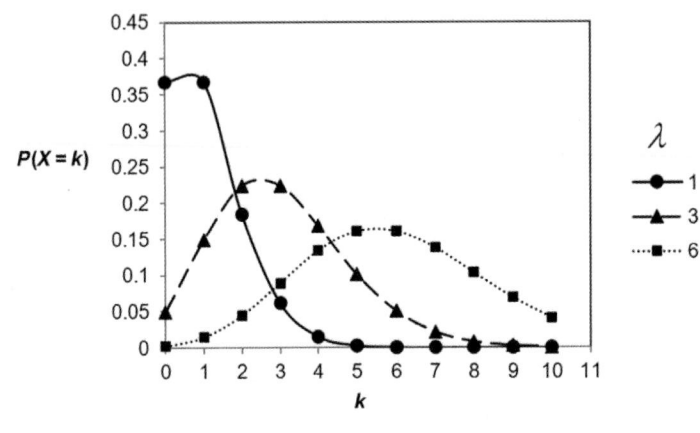

그림 6.10 푸아송 확률 함수

푸아송 분포에서는 평균과 분산이 동일하다.

$$E(X) = VAR(X) = \lambda \tag{6.46}$$

푸아송 분포에 대해 설명한 모든 지식은 15장에서 회귀 모델을 설명할 때 사용되므로 잘 기억해 두자.

6.3.7.1 푸아송 분포를 사용한 이항 분포의 근사

확률 변수 X가 모수 n, p인 푸아송 분포를 따른다고 하자. 즉, $X \sim b(n, p)$이다. 확률 실험의 반복 횟수가 매우 크고($n \to \infty$) 성공 확률이 매우 낮아($p \to 0$) $n.p = \lambda =$ 상수라면 이항 분포는 푸아송 분포에 근접한다.

$$X \sim b(n,\ p) \approx X \sim \text{Poisson}(\lambda),\ \lambda = n.p$$

예제 6.11

은행에 방문하는 고객의 수는 푸아송 분포를 따른다고 가정하자. 평균 분당 12명의 고객이 은행을 방문한다는 사실을 알아냈다. 다음을 계산하라. (a) 그다음 1분 동안 10명의 고객이 방문할 확률, (b) 그다음 5분간 40여 명의 고객이 방문할 확률, (c) X의 평균과 분산

해법

λ = 분당 12명이다.

a) $P(X=10)=\dfrac{e^{-12}\times 12^{10}}{10!}=0.1048$

b) $P(X=8)=\dfrac{e^{-12}\times 12^{8}}{8!}=0.0655$

c) $E(X)=VAR(X)=\lambda=12$

예제 6.12

생산 라인에서 어떤 부품을 제작하고 있다. 이 부품의 불량률은 0.01이다. 300개의 부품이 제작됐다면 부품의 결함이 하나도 없을 확률은 얼마인가?

해법

이 예제는 이항 분포로 기술할 수 있다. 반복 횟수가 매우 크고 성공 확률이 매우 낮으므로 푸아송 분포로 이항 분포를 근사할 수 있다. 여기서 λ = $n.p$ = 300 × 0.01 = 3이므로, 다음과 같이 계산할 수 있다.

$$P(X=0)=\frac{e^{-3}\times 3^{0}}{0!}=0.05$$

표 6.1은 이 절에서 설명한 이산 분포의 요약과 확률 변수의 확률 함수, 분포 모수, 기댓값, 분산을 보여준다.

표 6.1 이산 변수 모델

분포	확률 함수 – $P(X)$	모수	$E(X)$	$Var(X)$
이산 균등	$\dfrac{1}{n}$	n	$\dfrac{1}{n}.\displaystyle\sum_{i=1}^{n}x_i$	$\dfrac{1}{n}.\left[\displaystyle\sum_{i=1}^{n}x_i^2-\dfrac{\left(\sum_{i=1}^{n}x_i\right)^2}{n}\right]$
베르누이	$p^x.(1-p)^{1-x},\ x=0,\ 1$	p	p	$p.(1-p)$
이항	$\dbinom{n}{k}.p^k.(1-p)^{n-k},k=0,1,\dots,n$	n,p	$n.p$	$n.p.(1-p)$
기하	$P(X)=p.(1-p)^{x-1},x=1,2,3,\dots$ $P(Y)=p.(1-p)^{y},y=0,1,2,\dots$	p	$E(X)=\dfrac{1}{p}$ $E(Y)=\dfrac{1-p}{p}$	$Var(X)=\dfrac{1-p}{p^2}$ $Var(Y)=\dfrac{1-p}{p^2}$
음이항	$\dbinom{x-1}{k-1}.p^k.(1-p)^{x-k},x=k,k+1,\dots$	k,p	$\dfrac{k}{p}$	$\dfrac{k.(1-p)}{p^2}$
초기하	$\dfrac{\dbinom{M}{k}.\dbinom{N-M}{n-k}}{\dbinom{N}{n}},0\le k\le \min(M,n)$	N,M,n	$\dfrac{n.M}{N}$	$\dfrac{n.M}{N}.\dfrac{(N-M).(N-n)}{N.(N-1)}$
푸아송	$\dfrac{e^{-\lambda}.\lambda^k}{k!},k=0,1,2,\dots$	λ	λ	λ

6.4 연속 확률 변수의 확률 분포

연속 확률 변수의 경우에 대해 여기서는 균등, 정규, 지수, 감마, 카이제곱(χ^2), 스튜던트 t, 스네데커 F 분포를 알아본다.

6.4.1 균등 분포

균등 모델은 연속 확률 변수에서 가장 간단한 모델이다. 균등 분포는 사건의 발생 확률이 동일한 범위로 구간 내에서 일정한 모델에 사용된다.

확률 변수 X의 확률 밀도 함수가 식 (6.47)과 같을 때, X는 구간 $[a, b]$에서 균등 분포를 따르고 $X \sim U[a, b]$로 표기한다.

$$f(x) = \begin{cases} 1/(b-a), & a \leq x \leq b \text{인 경우} \\ 0 & , \quad \text{그 외} \end{cases} \tag{6.47}$$

균등 분포는 그림 6.11에 도식화되어 있다.

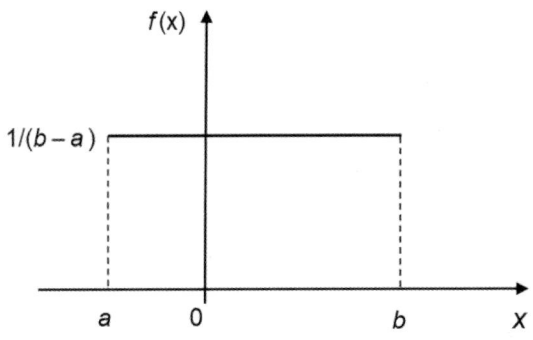

그림 6.11 구간 $[a, b]$에서의 균등 분포

X의 기댓값은 다음처럼 계산한다.

$$E(X) = \int_a^b x \frac{1}{b-a} \, dx = \frac{a+b}{2} \tag{6.48}$$

X의 분산은 다음과 같다.

$$Var(X) = E(X^2) - [E(X)]^2 = \frac{(b-a)^2}{12} \tag{6.49}$$

한편 균등 분포의 누적 분포 함수는 다음과 같다.

$$F(x) = P(X \leq x) = \int_a^x f(x)dx = \int_a^x \frac{1}{b-a}dx = \begin{cases} 0 & , \quad x < a \\ \dfrac{x-a}{b-a} & , \quad a \leq x < b \\ 1 & , \quad x \geq b \end{cases} \tag{6.50}$$

예제 6.13

확률 변수 X가 은행 ATM 기계의 사용 시간을 나타내며, 구간 [1, 5]에서 균등 분포한다고 가정하자. 이때 다음을 계산하라.

a) $P(X < 2)$

b) $P(X > 3)$

c) $P(3 < X < 5)$

d) $E(X)$

e) $VAR(X)$

해법

a) $P(X < 2) = F(2) = (2-1)/(5-1) = 1/4$

b) $P(X > 3) = 1 - P(X < 3) = 1 - F(3) = 1 - (3-1)/(5-1) = 1/2$

c) $P(3 < X < 4) = F(4) - F(3) = (4-1)/(5-1) - (3-1)/(5-1) = 1/4$

d) $E(X) = \dfrac{(1+5)}{2} = 3$

e) $VAR(X) = \dfrac{(5-1)^2}{12} = \dfrac{4}{3}$

6.4.2 정규 분포

정규 분포$^{normal\ distribution}$는 가우스^{Gaussian} 분포로도 알려져 있으며, 가장 보편적으로 사용되는 매우 중요한 확률 분포다. 정규 분포를 사용하면 무수히 많은 자연현상, 인간 행동 연구, 산업 프로세스 등을 모델링할 수 있기 때문이다. 게다가 많은 확률 변수의 계산을 근사할 수 있게 해준다.

확률 변수 X의 확률 밀도 함수가 식 (6.51)과 같을 때, 확률 변수 X는 평균이 $\mu \in \Re$이고 표준 편차가 $\sigma > 0$인 정규(또는 가우스) 분포를 따르며 $X \sim N(\mu, \sigma^2)$으로 표기한다.

$$f(x) = \frac{1}{\sigma.\sqrt{2\pi}}.e^{-\frac{(x-\mu)^2}{2.\sigma^2}}, \quad -\infty \leq x \leq +\infty \tag{6.51}$$

정규 분포의 모양은 그림 6.12에 도식화되어 있다.

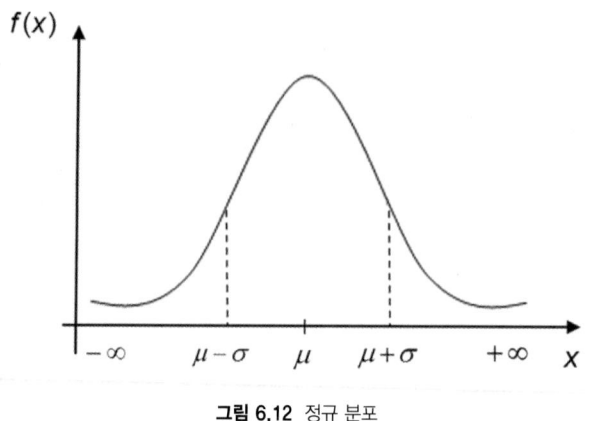

그림 6.12 정규 분포

그림 6.13은 표준 편차의 배수 구간에 대한 정규 곡선 아래의 면적을 보여준다.

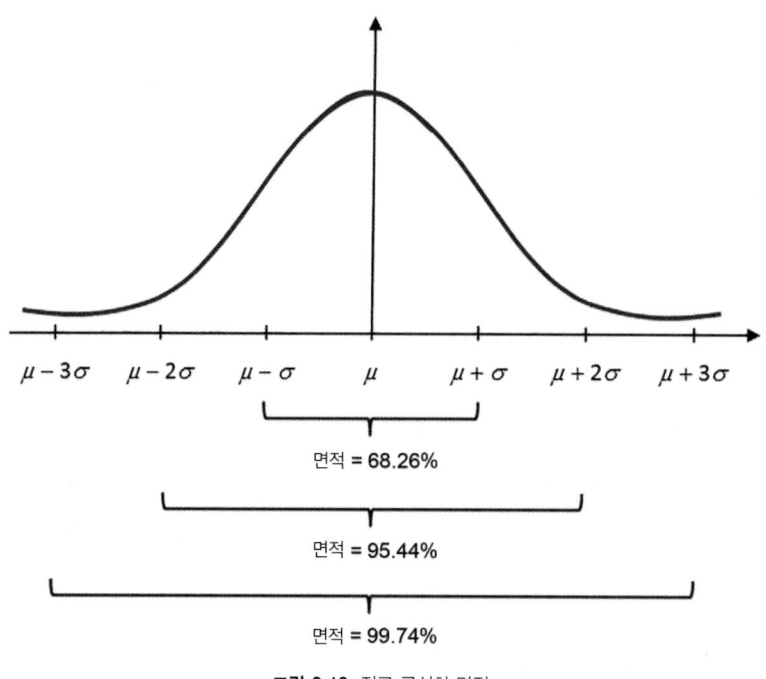

면적 = 68.26%

면적 = 95.44%

면적 = 99.74%

그림 6.13 정규 곡선하 면적

그림 6.13으로부터 곡선은 종모양을 하고 있으며 모수 μ를 중심으로 대칭이며 σ가 작을수록 곡선은 μ 근처에 더 집중됨을 볼 수 있다.

따라서 정규 분포에서의 X의 평균은 다음과 같다.

$$E(X) = \mu \tag{6.52}$$

X의 분산은 다음과 같다.

$$Var(X) = \sigma^2 \tag{6.53}$$

표준 정규 분포standard normal distribution 또는 **축소 정규 분포**reduced normal distribution를 얻기 위해서는 원시 변수 X를 평균이 $0(\mu = 0)$이고 분산이 $1(\sigma^2 = 1)$인 새로운 확률 변수 Z로 변환해야 한다.

$$Z = \frac{X - \mu}{\sigma} \sim N(0, 1) \tag{6.54}$$

Z 점수는 평균으로부터 확률 변수 X가 떨어진 정도를 표준 편차의 배수로 나타낸다.

Z 점수Zscores로 알려진 이러한 변환은 원래 변수의 정규 분포 모양을 변경하지 않으면서 새로운 변수의 평균을 0으로 하고 분산을 1로 만들어주므로 변수를 표준화할 때 널리 사용된다. 따라서 어떤 모델링 형태에서 수십 배 차이가 나는 많은 변수가 사용되고 있다면 Z 점수 표준 프로세스를 통해 동일한 크기를 갖는 동일한 분포를 가진 새로운 변수들로 표준화할 수 있다(Fávero et al., 2009).

확률 변수 Z의 확률 밀도 함수는 다음과 같이 축소된다.

$$f(z) = \frac{1}{\sqrt{2\pi}} . e^{\frac{-z^2}{2}}, \quad -\infty \leq z \leq +\infty \tag{6.55}$$

표준 정규 분포의 모습은 그림 6.14에 도식화되어 있다.

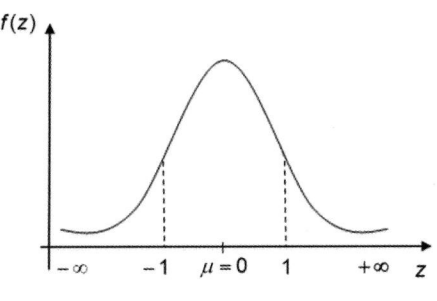

그림 6.14 표준 정규 분포

정규 확률 변수 X의 누적 분포 함수 $F(x_c)$는 식 (6.51)을 $-\infty$에서 x_c까지 적분하면 구할 수 있다.

$$F(x_c) = P(X \leq x_c) = \int_{-\infty}^{x_c} f(x)dx \tag{6.56}$$

적분 (6.56)은 $-\infty$에서 x_c까지 $f(x)$ 아래의 면적에 해당하고, 이는 그림 6.15에 나타나 있다.

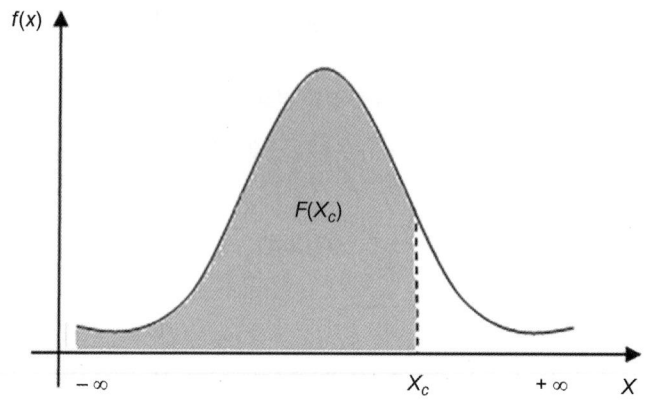

그림 6.15 누적 정규 분포

표준 정규 분포처럼 특별한 경우, 누적 분포 함수는 다음과 같다.

$$F(z_c) = P(Z \le z_c) = \int\limits_{-\infty}^{z_c} f(z)dz = \frac{1}{\sqrt{2\pi}} \int\limits_{-\infty}^{z_c} e^{-\frac{z^2}{2}dz} \qquad (6.57)$$

표준 정규 분포를 따르는 확률 변수 Z에서, $P(Z > z_c)$를 계산하는 경우를 고려해보자.

이제 다음처럼 하면 $P(Z > z_c)$ 값을 구할 수 있다.

$$P(Z > z_c) = \int\limits_{z_c}^{\infty} f(z)dz = \frac{1}{\sqrt{2\pi}} \int\limits_{z_c}^{\infty} e^{\frac{-z^2}{2}dz} \qquad (6.58)$$

그림 6.16은 이 확률을 보여준다.

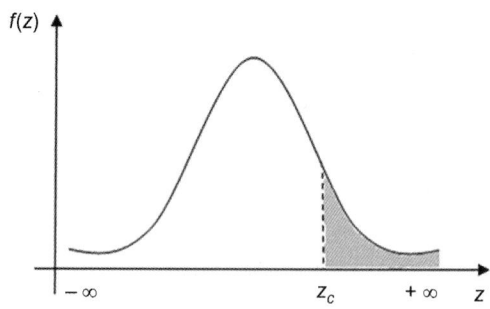

그림 6.16 표준 정규 확률 변수의 $P(Z > z_c)$에 대한 도식화

부록의 표 E는 $P(Z > z_c)$ 값, 즉 z_c에서 $+\infty$까지의 누적 확률을 보여준다(정규 곡선 아래의 회색 영역).

224

6.4.2.1 정규 분포를 이용한 이항 분포의 근사

확률 변수 X가 모수 n, p인 이항 분포, 즉 $X \sim b(n, p)$를 따른다고 하자. 평균 성공 횟수와 평균 실패 횟수가 무한대로 가면($n.p \to \infty$이고 $n.(1-p) \to \infty$), 이항 분포는 평균이 $\mu = n.p$이고 분산이 $\sigma^2 = n.p.(1-p)$인 정규 분포에 근접한다.

$$X \sim b(n, p) \approx X \sim N(\mu, \sigma^2), \quad \mu = n.p, \quad \sigma^2 = n.p.(1-p)$$

어떤 저자는 $n.p > 5$이고 $n.(1-p) > 5$이거나 $n.p.(1-p) \geq 3$일 경우 정규 분포를 사용해 이항 분포를 근사하면 괜찮다고 주장한다. 좀 더 보수적인 규칙은 $n.p > 10$이고 $n.(1-p) > 10$이다.

그러나 이는 연속 분포를 통한 이산 분포의 근사이므로 $P(X = x)$를 $P(x - 0.5 < X < x + 0.5)$로 변환하는 등의 작업에서 매우 정확하게 연속성을 교정하도록 권한다.

6.4.2.2 정규 분포를 사용한 푸아송 분포의 근사

이항 분포와 유사하게 푸아송 분포도 정규 분포로 근사할 수 있다. 확률 변수 X가 모수 λ인 푸아송 분포를 따른다고 가정하자. 즉, $X \sim \text{Poisson}(\lambda)$이다. $\lambda \to \infty$이면 푸아송 분포는 평균이 $\mu = \lambda$이고 분산이 $\sigma^2 = \lambda$인 정규 분포에 근접한다.

$$X \sim \text{Poisson}(\lambda) \approx X \sim N(\mu, \sigma^2), \quad \mu = \lambda, \quad \sigma^2 = \lambda$$

일반적으로 $\lambda > 10$이면, 푸아송 분포를 정규 분포로 근사해도 괜찮다고 여겨진다.

이번에도 연속성 교정 $x - 0.5$와 $x + 0.5$를 사용하기를 권한다.

예제 6.14

공장에서 생산된 바지의 평균 두께가 평균이 3mm이고 표준 편차가 0.4mm인 정규 분포를 따른다는 것이 알려져 있다. 이제 다음을 계산하라.

a) $P(X > 4.1)$

b) $P(X > 3)$

c) $P(X \leq 3)$

d) $P(X \leq 3.5)$

e) $P(X < 2.3)$

f) $P(2 \leq X \leq 3.8)$

해법

확률은 부록의 표 E를 보고 계산한다. 표에는 $P(Z > z_c)$ 값이 나와 있다.

a) $P(X > 4.1) = P\left(Z > \dfrac{4.1 - 3}{0.4}\right) = P(Z > 2.75) = 0.0030$

b) $P(X > 3) = P\left(Z > \dfrac{3-3}{0.4}\right) = P(Z > 0) = 0.5$

c) $P(X \le 3) = P(Z \le 0) = 0.5$

d) $P(X \le 3.5) = P\left(Z \le \dfrac{3.5-3}{0.4}\right) = P(Z \le 1.25) = 1 - P(Z > 1.25)$
$= 1 - 0.1056 = 0.8944$

e) $P(X < 2.3) = P\left(Z < \dfrac{2.3-3}{0.4}\right) = P(Z < -1.75) = P(Z > 1.75) = 0.04$

f) $P(2 \le X \le 3.8) = P\left(\dfrac{2-3}{0.4} \le Z \le \dfrac{3.8-3}{0.4}\right) = P(-2.5 \le Z \le 2)$
$= P(Z \le 2) - P(Z < -2.5) = [1 - P(Z > 2)] - P(Z > 2.5) =$
$= [1 - 0.0228] - 0.0062 = 0.971$

6.4.3 지수 분포

또 다른 중요한 분포는 시스템 신뢰도와 대기행렬 이론$^{\text{queueing theory}}$ 등의 응용에 사용되는 지수 분포$^{\text{exponential distribution}}$다. 지수 분포는 무기억성이므로 식 (6.38)에서 보인 것처럼 모든 $s, t > 0$에 대해 어떤 객체의 미래의 존속 시간$^{\text{lifetime}}(t)$이 과거의 존속 시간(s)과 무관하다. 이 점을 설명했던 식 (6.38)을 다시 한번 기술하면 다음과 같다.

$$P(X > s + t \mid X > s) = P(X > t)$$

연속 확률 변수 X의 확률 밀도 함수가 식 (6.59)와 같을 때, 확률 변수 X는 모수 $\lambda > 0$인 지수 분포를 따르고 $X \sim \exp(\lambda)$로 표기한다.

$$f(x) = \begin{cases} \lambda . e^{-\lambda x}, & x \ge 0 \\ 0 & , \; x < 0 \end{cases} \qquad (6.59)$$

그림 6.17은 모수 $\lambda = 0.5, 1, 2$에 대해 지수 분포의 확률 밀도 함수를 보여준다.

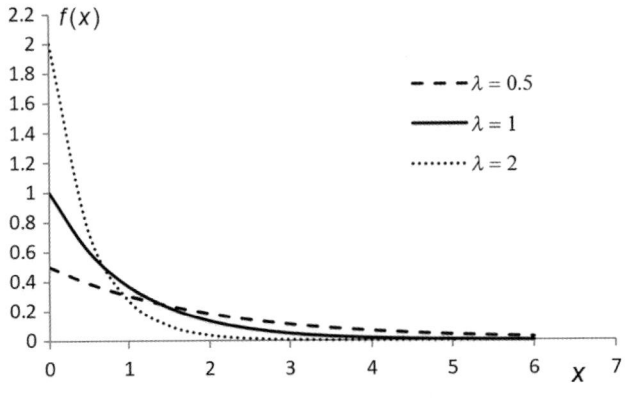

그림 6.17 $\lambda = 0.5, 1, 2$에 대한 지수 분포

지수 분포는 양의 비대칭(오른쪽)이고 작은 x 값에 대해 높은 빈도를 가지며 오른쪽으로 긴 꼬리를 갖고 있음을 알 수 있다. 밀도 함수는 $x = 0$일 때 λ 값을 가지며 $x \to \infty$일때 0으로 수렴한다. λ 값이 클수록 더 빨리 0으로 수렴한다.

지수 분포에서 X의 평균은 다음과 같다.

$$E(X) = \frac{1}{\lambda} \tag{6.60}$$

X의 분산은 다음과 같다.

$$Var(X) = \frac{1}{\lambda^2} \tag{6.61}$$

누적 분포 함수 $F(x)$는 다음과 같다.

$$F(x) = P(X \leq x) = \int_0^x f(x)dx = \begin{cases} 1 - e^{-\lambda.x}, & x \geq 0 \\ 0 & , & x < 0 \end{cases} \tag{6.62}$$

식 (6.62)로부터 다음과 같이 결론지을 수 있다.

$$P(X > x) = e^{-\lambda.x} \tag{6.63}$$

시스템 신뢰도에 있어서 확률 변수 X는 부품이나 시스템이 멈춤 없이 운영된 시간을 의미하는 **존속 시간**lifetime을 나타낸다. 한편 모수 λ는 **고장률**failure rate로서 사전에 정한 시간 구간에 부품이나 시스템이 고장을 일으킨 횟수를 의미한다.

$$\lambda = \frac{\text{고장 횟수}}{\text{운영 시간}} \tag{6.64}$$

신뢰도의 주요 측도는 (a) 평균 고장 시간MTTF, mean time to failure, (b) 평균 고장 간격MTBF, mean time between failures이 있다. 수학적으로 MTTF와 MTBF는 지수 분포의 평균과 같고 평균 존속 시간을 나타낸다. 따라서 고장률은 다음과 같이 계산할 수 있다.

$$\lambda = \frac{1}{\text{MTTF.(MTBF)}} \tag{6.65}$$

대기행렬 이론에서는 확률 변수 X가 다음 도착까지의 평균 대기 시간(두 명의 고객이 도착하는 평균 시간)을 나타낸다. 한편 모수 λ는 단위 시간당 예상 도착 고객 수를 의미하는 평균 도착률을 나타낸다.

6.4.3.1 푸아송 분포와 지수 분포의 관계

개수를 세는 프로세스에서 발생 횟수가 푸아송 분포(λ)를 따르면 앞서 설명한 프로세스의 확률 변수 '첫 발생까지의 시간'이나 '연속된 발생 사이의 시간'은 $\exp(\lambda)$ 분포를 따른다.

예제 6.15

전자 부품의 수명은 평균 존속 시간이 120시간인 지수 분포를 따른다. 이제 다음을 계산하라.

a) 첫 사용 후 100시간 내에 고장이 날 확률

b) 사용 시간이 150시간을 넘을 확률

해법

$\lambda = 1/120$이고 $X \sim \exp(1/120)$으로 가정한다. 따라서 다음과 같이 계산할 수 있다.

a) $P(X \leq 100) = \int\limits_{0}^{100} 120.e^{-\frac{x}{120}} dx = -\frac{120.e^{-\frac{x}{120}}}{120} \bigg|_{0}^{100} = -e^{-\frac{x}{120}} \bigg|_{0}^{100} = -e^{-\frac{100}{120}} + 1 = 0.5654$

b) $P(X > 150) = \int\limits_{150}^{\infty} 120.e^{-\frac{x}{120}} dx = -\frac{120.e^{-\frac{x}{120}}}{120} \bigg|_{150}^{\infty} = -e^{-\frac{x}{120}} \bigg|_{150}^{\infty} = e^{-\frac{150}{120}} = 0.2865$

6.4.4 감마 분포

감마 분포$^{\text{gamma distribution}}$는 가장 일반적인 분포 중 하나로서 얼랭^{Erlang}, 지수, 카이제곱(χ^2) 같은 분포들은 감마 분포의 특별한 경우다. 지수 분포에서처럼 감마 분포 역시 시스템 신뢰도에 널리 사용된다. 감마 분포는 물리현상, 기상 처리, 보험 리스크 이론, 경제 이론 등의 응용에 사용된다.

연속 확률 변수 X의 확률 밀도 함수가 식 (6.66)과 같으면 모수 $\alpha > 0$와 $\lambda > 0$인 감마 분포를 따르며 $X \sim \text{Gamma}(\alpha, \lambda)$로 표기한다.

$$f(x) = \begin{cases} \dfrac{\lambda^{\alpha}}{\Gamma(\alpha)}.x^{\alpha-1}.e^{-\lambda.x}, & x \geq 0 \\ 0 & , \ x < 0 \end{cases} \qquad (6.66)$$

여기서 $\Gamma(\alpha)$는 감마 함수이고 다음과 같이 정의된다.

$$\Gamma(\alpha) = \int\limits_{0}^{\infty} e^{-x}.x^{\alpha-1} dx, \ \ \alpha > 0 \qquad (6.67)$$

몇몇 α, λ 값에 대한 감마 확률 밀도 함수는 그림 6.18에 나타나 있다.

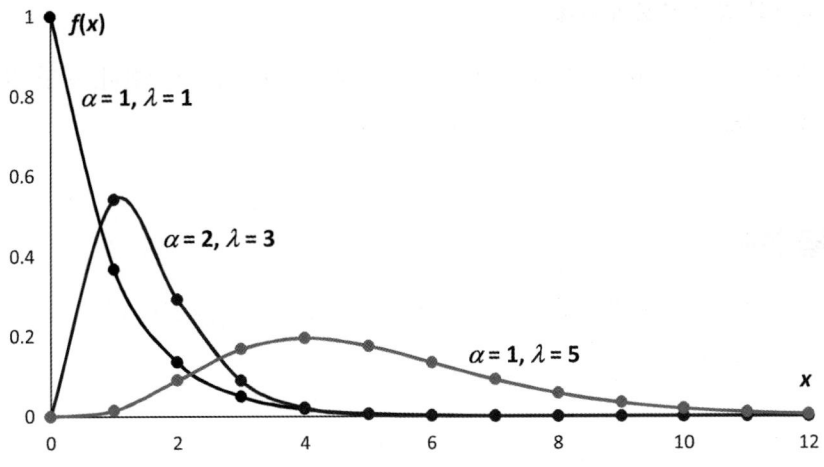

그림 6.18 몇몇 α, λ 값에 대한 x의 밀도 함수(출처: Navidi, W., 2012)

감마 분포는 양의 비대칭(오른쪽)이며, 작은 x 값에서 높은 빈도를 보이면서 오른쪽으로 긴 꼬리를 갖고 있음을 알 수 있다. 그러나 α가 ∞로 갈수록 분포는 대칭이 된다. 또한 $\alpha = 1$일 때의 감마 분포는 지수 분포와 같음을 알 수 있다. 더구나 λ가 커질수록 확률 함수는 더 빨리 0으로 수렴한다.

X의 기댓값은 다음과 같이 계산한다.

$$E(X) = \alpha.\lambda \tag{6.68}$$

한편 X의 분산은 다음과 같다.

$$Var(X) = \alpha.\lambda^2 \tag{6.69}$$

누적 분포 함수는 다음과 같다.

$$F(x) = P(X \le x) = \int_0^x f(x)dx = \frac{\lambda^\alpha}{\Gamma(\alpha)} \int_0^x x^{\alpha-1}.e^{-\lambda x}dx \tag{6.70}$$

6.4.4.1 감마 분포의 특수한 경우

감마 분포의 모수 α가 양의 정수인 경우를 **얼랭 분포**Erlang distribution라고 부른다. 즉,

α가 양의 정수이면 $\Rightarrow X \sim \text{Gamma}(\alpha, \lambda) \equiv X \sim \text{Erlang}(\alpha, \lambda)$

앞서 언급한 대로 $\alpha = 1$인 감마 분포는 **지수 분포**로 불린다.

$\alpha = 1$이면 $\Rightarrow X \sim \text{Gamma}(\alpha, \lambda) \equiv X \sim \exp(\lambda)$

또, $\alpha = n/2$이고 $\lambda = 1/2$인 감마 분포는 **ν차 자유도를 가진 카이제곱 분포**로 불린다.

$\alpha = n/2$이고 $\lambda = 1/2$이면 $\Rightarrow X \sim \text{Gamma}(n/2, 1/2) \equiv \chi \sim \chi^2_{\nu=n}$

6.4.4.2 푸아송 분포와 감마 분포의 관계

푸아송 분포는 고정된 기간 동안에 특정 사건이 발생되는 횟수를 결정한다. 반면 감마 분포는 사건이 특정 횟수만큼 발생하는 데 걸리는 시간을 결정한다.

6.4.5 카이제곱 분포

연속 확률 변수 X의 확률 밀도 함수가 식 (6.71)과 같으면 v차 자유도를 가진 카이제곱 분포라고 부르며 $X \sim \chi_v^2$으로 표기한다.

$$f(x) = \begin{cases} \dfrac{1}{2^{v/2}.\Gamma(v/2)}.x^{v/2-1}.e^{-x/2}, & x > 0 \\ 0 & , \ x < 0 \end{cases} \tag{6.71}$$

여기서 $\Gamma(\alpha) = \int\limits_0^\infty e^{-x}.x^{\alpha-1}dx$ 이다.

χ^2 분포는 정규 분포로부터 시뮬레이션할 수 있다. Z_1, Z_2, ..., Z_v가 표준 정규 분포(평균 0, 표준 편차 1)를 따르는 확률 변수라고 하자. v개 확률 변수의 제곱합은 v차 자유도를 가진 카이제곱 분포다.

$$\chi_v^2 = Z_1^2 + Z_2^2 + \ldots + Z_v^2 \tag{6.72}$$

χ^2 분포는 양의 비대칭 곡선을 갖는다. 각기 다른 값에 대한 χ^2 분포의 도식화는 그림 6.19에 나타나 있다.

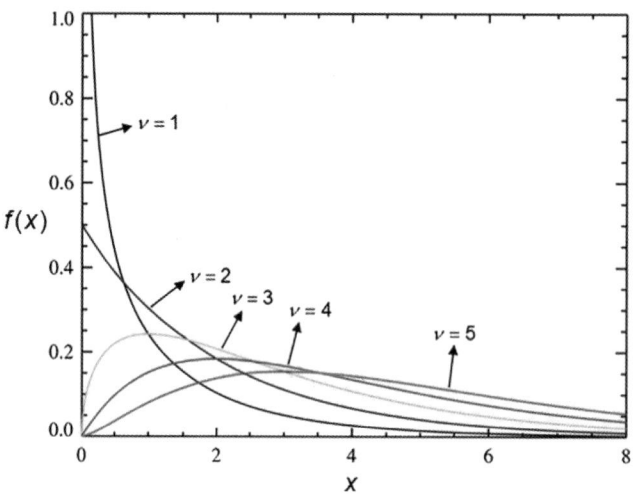

그림 6.19 각기 다른 v 값에 대한 χ^2 분포

χ^2 분포는 평균이 0이고 분산이 1인 표준 정규 분포를 따르는 v개 확률 변수의 제곱합에서 나온

것이므로 그림 6.19에서 보는 것처럼 높은 v 값에 대해서는 정규 분포에 좀 더 유사해진다(Fávero et al., 2009). 2차 자유도를 갖는 χ^2 분포는 $\lambda = 1/2$인 지수 분포와 같음을 알 수 있다.

X의 기댓값은 다음과 같다.

$$E(X) = v \tag{6.73}$$

한편, X의 분산은 다음과 같다.

$$Var(X) = 2.v \tag{6.74}$$

누적 밀도 함수는 다음과 같다.

$$F(x_c) = P(X \leq x_c) = \int\limits_{-\infty}^{x_c} f(x)dx = \frac{\gamma(v/2, x_c/2)}{\Gamma(v/2)} \tag{6.75}$$

여기서 $\gamma(a, x_c) = \int\limits_{0}^{x_c} x^{a-1}.e^{-x}dx$ 이다.

주요 목표가 $P(X > x_c)$를 계산하는 것일 때는 다음과 같이 하면 된다.

$$P(X > x_c) = \int\limits_{x_c}^{\infty} f(x)dx \tag{6.76}$$

이는 그림 6.20에 나타나 있다.

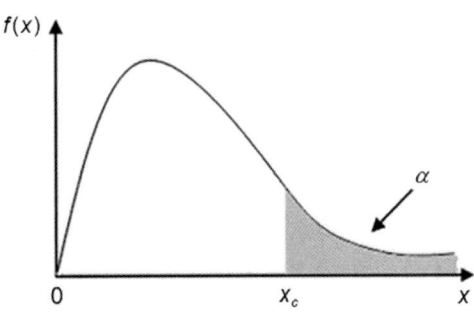

그림 6.20 χ^2 분포를 따르는 확률 변수의 $P(X > x_c)$의 도식화

χ^2 분포는 통계적 추론에서 여러 응용이 있다. 중요한 분포이므로 χ^2 분포는 각기 다른 모수 v에 대해 부록의 표 D에 수록해뒀다. 해당 표에는 $P(X > x_c) = \alpha$가 되는 임곗값critical value이 제공된다. 다시 말해, 확률 변수 X에서 각기 다른 x에 대해 그 확률과 누적 확률 밀도 함수를 계산할 수 있는 것이다.

확률 변수 X가 자유도 13차의 카이제곱 분포(χ^2)를 따른다고 가정하자. 이제 다음을 구하라.

a) $P(X > 5)$

b) $P(X \leq x) = 0.95$인 x 값

c) $P(X > x) = 0.95$인 x 값

χ^2 분포표(부록의 표 D)의 $\nu = 13$에 해당하는 값에서 다음을 알 수 있다.

a) $P(X > 5) = 97.5\%$

b) 22.362

c) 5.892

6.4.6 스튜던트 t 분포

스튜던트 t 분포는 윌리엄 실리 고셋$^{William\ Sealy\ Gosset}$이 개발한 것으로서, 통계적 추론의 여러 응용에 사용되는 주요 확률 분포다.

평균이 0이고 표준 편차가 1인 표준 정규 분포를 따르는 확률 변수 Z와 ν차 자유도의 카이제곱 분포를 따르는 확률 변수 X에 대해 Z와 X가 서로 독립이라고 가정하자. 연속 확률 변수 T는 다음과 같이 정의된다.

$$T = \frac{Z}{\sqrt{X/\nu}} \tag{6.77}$$

확률 변수 T의 확률 밀도 함수가 식 (6.78)과 같으면 T는 ν차 자유도의 스튜던트 t 분포를 따른다고 말할 수 있고 $T \sim t_\nu$로 표기한다.

$$f(t) = \frac{\Gamma\left(\dfrac{\nu+1}{2}\right)}{\Gamma\left(\dfrac{\nu}{2}\right) \cdot \sqrt{\pi\nu}} \cdot \left(1 + \frac{t^2}{\nu}\right)^{-\frac{\nu+1}{2}}, \quad -\infty < t < \infty \tag{6.78}$$

여기서 $\Gamma(\alpha) = \int\limits_0^\infty e^{-x} \cdot x^{\alpha-1} dx$ 이다.

그림 6.21은 각기 다른 자유도 ν 값에 대한 스튜던트 t 분포의 행동을 표준 정규 분포와 비교해서 보여주고 있다.

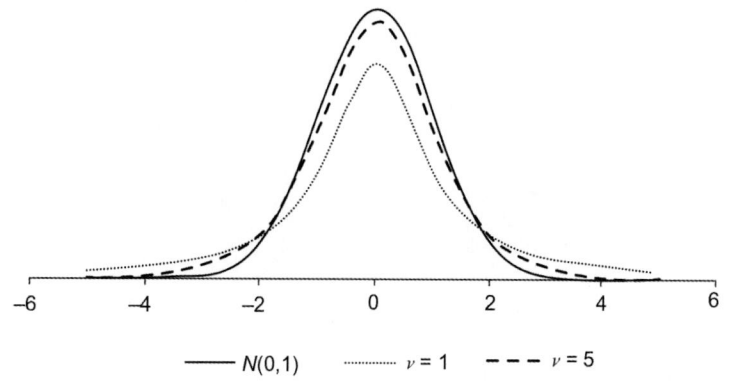

그림 6.21 각기 다른 ν 값에 대한 스튜던트 t 분포 모양을 표준 정규 분포와 비교

스튜던트 t 분포는 평균을 중심으로 대칭이고 종모양을 하고 있으며 표준 정규 분포와 유사하다는 점에 주목하자. 그러나 꼬리가 더 넓어서 정규 분포에 비해 더 많은 극단값을 생성할 수 있다.

모수 ν(자유도 수)는 스튜던트 t 분포의 모양을 정의한다. ν 값이 클수록 스튜던트 t 분포의 형태는 더욱 표준 정규 분포에 근접한다.

T의 기댓값은 다음과 같다.

$$E(T) = 0 \tag{6.79}$$

T의 분산은 다음과 같이 계산한다.

$$Var(T) = \frac{\nu}{\nu - 2}, \quad \nu > 2 \tag{6.80}$$

한편, 누적 분포 함수는 다음과 같다.

$$F(t_c) = P(T \le t_c) = \int_{-\infty}^{t_c} f(t)dt \tag{6.81}$$

주목적이 $P(T > t_c)$를 계산하는 것이라면 그림 6.22에 나타난 것처럼 다음 식으로 구할 수 있다.

$$P(T > t_c) = \int_{t_c}^{\infty} f(t)dt \tag{6.82}$$

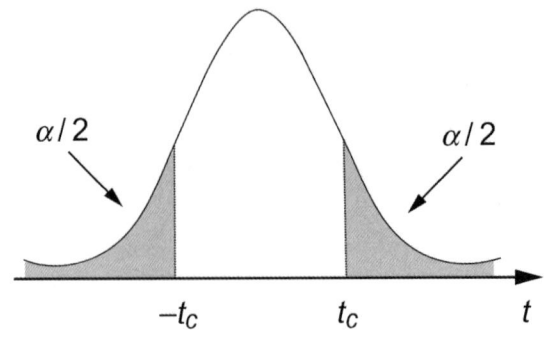

그림 6.22 스튜던트 *t* 분포의 도식화

정규 분포와 카이제곱 분포에서와 같이 스튜던트 *t* 분포는 통계적 추론의 여러 응용에 사용되며 각기 다른 모수 ν에 대한 확률을 구하기 위한 표가 있다(부록의 표 B). 이 표는 $P(T > t_c) = \alpha$가 되는 임곗값을 제공한다. 다시 말해, 확률 변수 *T*에서 각기 다른 *t* 값에 대해 확률과 누적 확률 밀도 함수의 계산을 구할 수 있다.

스튜던트 *t* 분포는 13장의 단순 및 다중 회귀 모델을 알아볼 때 사용하게 된다.

예제 6.17

확률 변수 *T*가 7차 자유도의 스튜던트 *t* 분포를 따른다고 가정할 때 다음을 구하라.

a) $P(T > 3.5)$
b) $P(T < 3)$
c) $P(T < -0.711)$
d) $P(T \leq t) = 0.95$인 *t* 값
e) $P(T > t) = 0.10$인 *t* 값

해법

a) 0.5%
b) 99%
c) 25%
d) 1.895
e) 1.415

6.4.7 스네데커의 *F* 분포

스네데커의 *F* 분포$^{Snedecor's\ F\ distribution}$는 피셔^{Fisher}의 분포로도 알려져 있으며, 분산 분석$^{ANOVA,\ analysis\ of\ variance}$과 연계된 검정에 자주 사용되고 둘 이상의 모집단에 대한 평균을 비교한다.

다음과 같은 두 연속 확률 변수 Y_1, Y_2를 고려해보자.

- Y_1과 Y_2는 서로 독립이다.
- Y_1은 v_1차 자유도의 카이제곱 분포를 따른다. $Y_1 \sim \chi^2_{v_1}$
- Y_2는 v_2차 자유도의 카이제곱 분포를 따른다. $Y_2 \sim \chi^2_{v_2}$

새로운 확률 변수 X를 다음과 같이 정의한다.

$$X = \frac{Y_1/v_1}{Y_2/v_2} \tag{6.83}$$

이제 X의 확률 밀도 함수가 식 (6.84)와 같으면 X는 v_1, v_2차 자유도를 가진 스네데커의 F 분포를 따르며 $X \sim F_{v_1, v_2}$로 표기한다.

$$f(x) = \frac{\Gamma\left(\dfrac{v_1 + v_2}{2}\right) \cdot \left(\dfrac{v_1}{v_2}\right)^{v_1/2} \cdot x^{(v_1/2)-1}}{\Gamma\left(\dfrac{v_1}{2}\right) \cdot \Gamma\left(\dfrac{v_2}{2}\right) \cdot \left[\left(\dfrac{v_1}{v_2}\right).x+1\right]^{(v_1 + v_2)/2}}, \quad x > 0 \tag{6.84}$$

여기서

$$\Gamma(\alpha) = \int_0^\infty e^{-x}.x^{\alpha-1}dx$$

그림 6.23은 각기 다른 v_1, v_2 값에 대한 스네데커 F 분포의 행동을 도식화하고 있다.

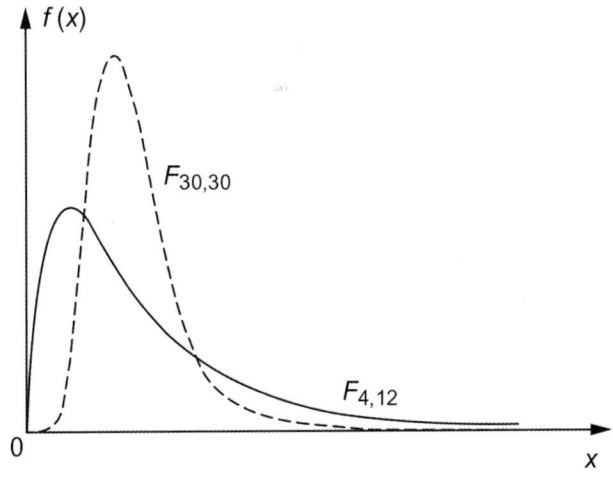

그림 6.23 $F_{4, 12}$와 $F_{30, 30}$에 대한 확률 밀도 함수

스네데커 F 분포는 양의 비대칭(오른쪽)이며 더 작은 x 값에 대해 빈도가 더 높고 오른쪽으로 더 긴 꼬리를 가짐을 알 수 있다. 그러나 v_1, v_2 값이 무한대로 갈수록 분포는 대칭이 된다.

X의 기댓값은 다음과 같이 계산한다.

$$E(X) = \frac{v_2}{v_2 - 2}, \quad v_2 > 2 \tag{6.85}$$

한편, X의 분산은 다음과 같이 계산한다.

$$Var(X) = \frac{2.v_2^2.(v_1 + v_2 - 2)}{v_1.(v_2 - 4).(v_2 - 2)^2}, \quad v_2 > 4 \tag{6.86}$$

정규 분포, χ^2, 스튜던트 t 분포에서처럼 스네데커 F 분포도 통계적 추론의 여러 응용에 사용된다. 각기 다른 v_1, v_2 값에 대한 확률과 누적 분포 함수를 구할 수 있는 표가 있으며 부록의 표 A에 수록되어 있다. 이 표는 $P(X > F_c) = \alpha$를 만족하는 임곗값을 제공한다(그림 6.24).

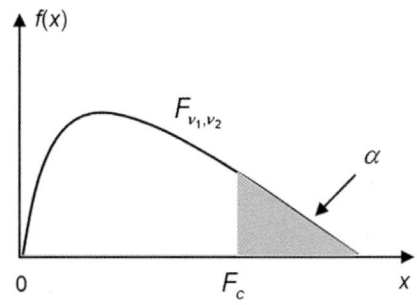

그림 6.24 스네데커 F 분포의 임곗값

스네데커 F 분포는 13장에서 단순 및 다중 회귀 모델을 설명할 때 사용하게 된다.

6.4.7.1 스튜던트 t와 스네데커 F 분포의 관계

v차 자유도를 가진 스튜던트 t 분포를 따르는 확률 변수 T를 생각해보자. 변수 T의 제곱은 다른 $v_1 = 1$, v_2의 자유도를 가진 스네데커 F 분포를 따른다(Fávero et al., 2009).

따라서 $T \sim t_v$이면 $T^2 \sim F_{1, v_2}$이다.

예제 6.18

확률 변수 X가 분자에서 $v_1 = 6$인 자유도를 갖고 분모에서 $v_2 = 12$의 자유도를 갖는 스네데커 F 분포를 따른다고 가정하자. 즉, $X \sim F_{6, 12}$이다. 이제 다음을 구하라.

a) $P(X > 3)$

b) $F_{6,12}(\alpha = 10\%)$

c) $P(X \leq x) = 0.975$인 x 값

해법

$\nu_1 = 6$, $\nu_2 = 12$인 스네데커 F 분포표(부록의 표 A)로부터 다음을 알 수 있다.

a) $P(X > 3) = 5\%$

b) 2.33

c) 3.73

표 6.2는 이 절에서 살펴본 연속 분포의 확률 변수의 확률 함수, 분포 모수, 기댓값과 분산 등의 요약을 보여준다.

표 6.2 연속 변수 모델

분포	확률 함수 – $P(X)$	모수	$E(X)$	$Var(X)$
균등	$\dfrac{1}{b-a}, a \leq x \leq b$	a, b	$\dfrac{a+b}{2}$	$\dfrac{(b-a)^2}{12}$
정규	$\dfrac{1}{\sigma.\sqrt{2\pi}}.e^{-\frac{(x-\mu)^2}{2\sigma^2}}, -\infty \leq x \leq +\infty$	μ, σ	μ	σ^2
지수	$\lambda.e^{-\lambda.x}, \ x \geq 0$	λ	$\dfrac{1}{\lambda}$	$\dfrac{1}{\lambda^2}$
감마	$\dfrac{\lambda^\alpha}{\Gamma(\alpha)}.x^{\alpha-1}.e^{-\lambda x}, \ x \geq 0$	α, λ	$\alpha.\lambda$	$\alpha.\lambda^2$
카이제곱(χ^2)	$\dfrac{1}{2^{\nu/2}.\Gamma(\nu/2)}.x^{\nu/2-1}.e^{-x/2}, \ x > 0$	ν	ν	$2.\nu$
스튜던트 t	$\dfrac{\Gamma\left(\frac{\nu+1}{2}\right)}{\Gamma\left(\frac{\nu}{2}\right).\sqrt{\pi\nu}} \cdot \left(1 + \dfrac{t^2}{\nu}\right)^{-\frac{\nu+1}{2}}, -\infty < t < \infty$	ν	$E(T) = 0$	$Var(T) = \dfrac{\nu}{\nu-2}$
스네데커 F	$\dfrac{\Gamma\left(\frac{\nu_1+\nu_2}{2}\right) \cdot \left(\frac{\nu_1}{\nu_2}\right)^{\nu_1/2} \cdot x^{(\nu_1/2)-1}}{\Gamma\left(\frac{\nu_1}{2}\right) \cdot \Gamma\left(\frac{\nu_2}{2}\right) \cdot \left[\left(\frac{\nu_1}{\nu_2}\right).x + 1\right]^{(\nu_1+\nu_2)/2}}$ $x > 0$	ν_1, ν_2	$\dfrac{\nu_2}{\nu_2-2}$	$\dfrac{2.\nu_2^2.(\nu_1+\nu_2-2)}{\nu_1.(\nu_2-4).(\nu_2-2)^2}$

6.5 맺음말

6장에서는 이산 확률 변수(이산 균등, 베르누이, 이항, 기하, 음이항, 초기하, 푸아송)와 연속 확률 변수(균등, 정규, 지수, 감마, 카이제곱(χ^2), 스튜던트 t, 스네데커 F)를 포함해 통계적 추론에 사용되는 주요

확률 분포를 알아봤다.

　확률 분포를 특징지을 때는 위치 측도(평균, 중앙값, 최빈값), 산포 측도(분산과 표준 편차), 왜도와 첨도 측도 등 분포와 밀접한 측도를 사용하는 것이 중요하다.

　확률 및 확률 분포와 연계된 개념을 이해하면 연구원들이 모수와 비모수적 가설 검정, 설명 기술을 통한 다변량 분석, 회귀 모델의 추정 같은 통계적 모델을 이해하는 데 도움이 된다.

6.6 　연습문제

1. 신발 생산 라인의 불량률은 2%이다. 150개 제품을 생산할 때 불량품이 최대 2개일 확률은 얼마인가? 또, 평균과 분산을 구하라.

2. 학생들이 어떤 문제를 해결할 확률은 12%이다. 10명의 학생을 무작위로 선정했을 때 그중 정확히 한 명만 이 문제를 해결했을 확률은 얼마인가?

3. 통신 판매원은 전화한 8명의 고객 중 한 명에게만 판매에 성공한다. 이제 판매원이 고객 리스트를 보고 전화를 건다. 첫 번째 판매가 5번째 통화에서 이뤄질 확률을 구하고, 판매 건수의 기댓값과 분산을 구하라.

4. 축구선수가 페널티 킥에 성공할 확률은 95%이다. 33번의 페널티 킥을 찬 선수가 30번 성공할 확률과 평균을 구하라.

5. 어떤 병원에서는 매일 3명의 환자에게 위수술을 하며 이는 푸아송 분포를 따른다고 가정하자. 다음 주(7 영업일)에 28명의 환자가 위수술을 받을 확률을 계산하라.

6. 어떤 확률 변수 X가 $\mu = 8$이고 $\sigma^2 = 36$인 정규 분포를 따른다고 가정하자. 다음 확률을 구하라.
   a) $P(X \leq 12)$
   b) $P(X < 5)$
   c) $P(X > 2)$
   d) $P(6 < X \leq 11)$

7. 표준 정규 분포를 따르는 확률 변수 Z를 생각해보자. $P(Z > z_c) = 80$인 임곗값 z_c를 구하라.

8. 동전을 40번 던질 때 다음을 구하라.
   a) 앞면이 정확히 22번 나올 확률
   b) 앞면이 25번 이상 나올 확률
   이 문제를 정규 분포를 사용해 근사해서 해결하라.

9. 어떤 전자 제품의 고장은 시간당 고장률이 0.028인 지수 분포를 따른다. 무작위로 고른 전자 기기가 각각 다음 기간 동안 작동할 확률을 구하라.

a) 120시간

b) 60시간

10. 어떤 기기가 평균 존속 시간 180시간의 지수 분포를 따른다. 이제 다음을 계산하라.

a) 기기가 220시간 이상 지속될 확률

b) 기기가 150시간 이상 지속될 확률

11. 환자가 연구실에 도착하는 시간은 평균 분당 1.8명인 지수 분포를 따른다. 이제 다음을 계산하라.

a) 다음 환자가 올 때까지 30초 이상이 걸릴 확률

b) 네 번째 환자가 올 때까지 걸린 시간이 1.5분 이하일 확률

12. 어느 식당의 손님 방문 간격은 평균이 3분인 지수 분포를 따른다. 이제 다음을 계산하라.

a) 6분 내에 3명 이상의 손님이 올 확률

b) 네 번째 손님이 올 때까지 걸린 시간이 10분 이하일 확률

13. 확률 변수 X가 $\nu = 12$차 자유도의 카이제곱 분포를 따른다. $P(X > x_c) = 90\%$인 임곗값 x_c를 구하라.

14. 확률 변수 X가 $\nu = 16$차 자유도의 카이제곱 분포를 따른다. 이제 다음을 구하라.

a) $P(X > 25)$

b) $P(X \leq 32)$

c) $P(25 < X \leq 32)$

d) $P(X \leq x) = 0.975$인 x 값

e) $P(X > x) = 0.975$인 x 값

15. 확률 변수 T가 $\nu = 20$차 자유도의 스튜던트 t 분포를 따른다. 이제 다음을 계산하라.

a) $P(-t_c < t < t_c) = 95\%$인 임곗값 t_c

b) $E(T)$

c) $Var(T)$

16. 확률 변수 T가 $\nu = 14$차 자유도의 스튜던트 t 분포를 따른다. 이제 다음을 계산하라.

a) $P(T > 3)$

b) $P(T \leq 2)$

c) $P(1.5 < T \leq 2)$

d) $P(T \leq t) = 0.90$인 t 값

e) $P(T > t) = 0.025$인 t 값

17. $\nu_1 = 4$, $\nu_2 = 16$차 자유도를 가진 스네데커 F 분포를 따르는 확률 변수 X가 있다. 즉, $X \sim F_{4, 16}$이다. 이제 다음을 계산하라.

a) $P(X > 3)$

b) $\alpha = 2.5\%$인 $F_{4,\,16}$

c) $P(X \leq x) = 0.99$인 x 값

d) $E(X)$

e) $Var(X)$

4부

통계적 추론

7
표본추출

적어도 우리가 아는 샘플^{sample}로만 판단하면 밤하늘에 떠 있는 무수한 붙박이 별들은 울음과 통증이 지배하고, 잘해봐야 고작 불쾌함이 존재하는 이 세상을 그저 비추고 있는 것 외에는 쓸모없다는 생각을 해보면 우리의 이성은 모호해진다.

– 아르투르 쇼펜하우어(Arthur Schopenhauer)

7.1 소개

앞서 설명했듯이, **모집단**^{population}이란 연구 중인 전체 개체, 객체 또는 원소가 들어 있는 집합이며, 하나 이상의 공통 성질을 갖고 있다. **센서스**^{census}는 모집단의 원소에 연계된 데이터를 연구하는 것이다.

Bruni(2011)에 따르면 모집단은 유한할 수도 무한할 수도 있다. **유한한 모집단**^{finite population}은 크기가 한정되어 있고 그 원소를 셀 수 있다. 반면 **무한한 모집단**^{infinite population}은 크기의 한계가 없으며 그 원소를 셀 수 없다.

유한한 모집단의 예로는 어떤 회사의 임직원 수, 어떤 클럽의 회원 수, 어떤 기간에 제조된 제품 수 등이 있다. 비록 셀 수 있더라도 모집단의 원소 개수가 너무 크면 대개 무한으로 취급한다. 모집단을 무한으로 취급하는 예로는 세계의 인구, 서울시 거주자 수 등이 있다.

모집단의 전체 원소를 연구하는 것이 불가능하거나 원치 않을 경우가 있다. 그 대안은 분석 중인 모집단의 부분집합을 추출하는 것이며 이를 **표본**sample이라고 부른다. 표본은 연구 중인 모집단을 잘 대표해야 하며, 이 때문에 이번 장은 매우 중요하다. 표본에서 수집된 정보에 적절한 통계 절차를 사용하면 그 결과를 일반화하여 모집단에 대한 추론 또는 결론을 도출하는 데 사용할 수 있다(통계적 추론).

Fávero et al.(2009)과 Bussab and Morettin(2011)에서는 변수의 정확한 분포를 구하는 것은 비용이나 시간 또는 데이터 수집의 어려움으로 인해 거의 불가능하다고 말하고 있다. 그 대안은 모집단에 있는 원소 중 일부를 선택해(표본) 전체(모집단)의 성질을 추론하는 것이다.

근본적으로 (1) 확률 또는 무작위 표본추출법, (2) 비확률 또는 비무작위 표본추출법이라는 두 가지 형식의 표본추출법이 있다. 무작위 표본추출에서는 표본이 무작위로 추출된다. 즉, 모집단의 각 원소가 표본에 속할 확률은 동일하다. 반면 비무작위 표본추출에서는 모집단의 일부 또는 전체 원소들에 대해 그들이 표본에 속할 확률을 알 수 없다.

그림 7.1은 무작위 및 비무작위 표본추출 기법을 보여준다.

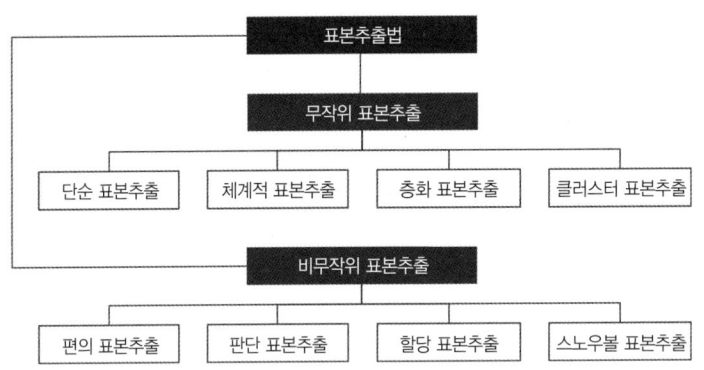

그림 7.1 주요 표본추출 기법

Fávero et al.(2009)은 무작위와 비무작위 표본추출 각각의 장단점을 설명한다. 무작위 표본추출 기법의 장점은 (a) 원소의 선택 기준이 엄격히 정의되므로 연구원이나 인터뷰 주체가 원소 선택에 관여할 여지를 남기지 않으며, (b) 결과에 대한 정확도와 원하는 신뢰수준에 맞춰 수학적으로 표본 크기를 결정할 수 있는 가능성이 있다는 것이다. 반면 단점으로는 (a) 모집단의 현재 또는 완전한 목록이나 영역을 구하기 어려우며, (b) 지정학적인 관점에서 무작위 선택은 고도로 산포된 표본을 생성해 연구 비용과 시간을 증가시키며 데이터 수집을 어렵게 할 수 있다는 점이 있다.

비무작위 표본추출 기법의 장점으로는 저비용, 연구 시간 단축, 적은 인원 소요 등이 있다. 단점은 (a) 모집단에서 선택할 수 없는 원소들이 존재하고, (b) 사람의 편견이 개입될 수 있으며, (c) 모집단에 대한 추론에 있어 신뢰수준을 가늠할 수 없다는 것이다. 이 기법은 표본의 원소를 선택할 때 무작위 기법을 사용하지 않으므로 선택된 표본이 모집단을 잘 대표하리라는 보장이 없다(Fávero et al., 2009).

표본추출 기법을 선택할 때는 연구의 목적, 허용 가능한 결과의 오차 수준, 모집단 원소에 대한 접근 가능성, 원하는 대표성, 시간, 가용 인력과 자금을 반드시 고려해야 한다.

7.2 확률 또는 무작위 표본추출

이 형태에서는 표본이 무작위로 추출된다. 즉, 모집단의 각 원소는 표본에 속할 확률이 동일하며 모든 표본은 동등하게 선택된다.

이 절에서는 주요 확률 또는 무작위 표본추출 기법을 살펴본다. (a) 단순 무작위 표본추출, (b) 체계적 표본추출, (c) 층화 표본추출, (d) 클러스터 표본추출

7.2.1 단순 무작위 표본추출

Bolfarine and Bussab(2005)에 따르면 **단순 무작위 표본추출**SRS, simple random sampling은 표본추출에 있어 가장 단순하면서 가장 중요한 기법이다.

N개의 원소를 가진 모집단 또는 전체집합(U)을 생각해보자.

$$U = \{1, 2, …, N\}$$

Bolfarine and Bussab(2005)에 따르면 표본을 계획하고 선택하는 데는 다음 단계를 따른다.

(a) 무작위 절차를 사용해(예를 들어, 난수표 또는 뽑기 기계) 모집단 U에서 동일한 확률로 원소를 추출해야 한다.

(b) 앞의 절차를 표본 크기가 n이 될 때까지 반복한다(단순 무작위 표본의 크기 계산은 7.4절에서 다룬다).

(c) 다음 원소를 추출하기 전에 기 추출된 원소를 U에서 제거하면 **비복원 SRS**SRS without replacement 프로세스다. 원소가 한 번 이상 추출되도록 허용하면 **복원 SRS**SRS with replacement 프로세스가 된다.

Bolfarine and Bussab(2005)에 따르면 실용적 관점에서 비복원 SRS가 훨씬 더 흥미롭다. 같은 원소가 여러 번 나온다면 추가적으로 얻을 수 있는 정보가 없기 때문이다. 반면 복원 SRS는 각 추출의 독립성 같은 수학적, 통계적 장점을 갖고 있다. 이제 하나씩 살펴보자.

7.2.1.1 비복원 단순 무작위 표본추출

Bolfarine and Bussab(2005)에 따르면 비복원 단순 무작위 표본추출은 다음 단계를 따른다.

(a) 모집단 원소 전체에 1부터 N까지 번호를 부여한다.

$$U = \{1, 2, ..., N\}$$

(b) 난수를 발생시키는 절차를 사용해 같은 확률로 모집단의 N개 관측치 중 하나를 추출한다.

(c) 앞서 추출된 원소는 모집단에서 제거한 후, 그다음 원소를 추출한다.

(d) 표본의 크기가 n이 될 때까지 앞의 절차를 반복한다(n을 계산하는 방법은 7.4.1절에서 다룬다).

이 형태의 표본추출은 모집단에서 $C_{N,n} = \binom{N}{n} = \dfrac{N!}{n!(N-n)!}$ 가지의 표본을 추출할 수 있으며, 각 표본이 선택될 확률은 $1 / \binom{N}{n}$ 로서 모두 동일하다.

예제 7.1 비복원 단순 무작위 표본추출

표 7.E.1은 30개 부품의 무게(kg)를 보여준다. 비복원으로 크기가 $n = 5$인 무작위 표본을 추출하라. 모집단에서 크기 n인 표본은 모두 몇 개나 추출할 수 있는가? 각 표본이 추출될 확률은 얼마인가?

표 7.E.1 30개 부품의 무게(kg)

6.4	6.2	7.0	6.8	7.2	6.4	6.5	7.1	6.8	6.9	7.0	7.1	6.6	6.8	6.7
6.3	6.6	7.2	7.0	6.9	6.8	6.7	6.5	7.2	6.8	6.9	7.0	6.7	6.9	6.8

해법

30개 부품 모두에 표 7.E.2처럼 번호를 부여한다.

표 7.E.2 부품에 번호 부여

1	2	3	4	5	6	7	8	9	10	11	12	13	14	15
6.4	6.2	7.0	6.8	7.2	6.4	6.5	7.1	6.8	6.9	7.0	7.1	6.6	6.8	6.7
16	**17**	**18**	**19**	**20**	**21**	**22**	**23**	**24**	**25**	**26**	**27**	**28**	**29**	**30**
6.3	6.6	7.2	7.0	6.9	6.8	6.7	6.5	7.2	6.8	6.9	7.0	6.7	6.9	6.8

난수 발생 절차(예를 들어, 엑셀의 RANDBETWEEN 함수)로 다음 수를 선택했다.

$$02 \quad 03 \quad 14 \quad 24 \quad 28$$

이 번호에 연계된 부품이 무작위 표본으로 선택된다.

모두 $\binom{30}{5} = \dfrac{30 \cdot 29 \cdot 28 \cdot 27 \cdot 26}{5!} = 142{,}506$ 가지의 표본을 추출할 수 있다.

어떤 표본이 선택될 확률은 1/142,506이다.

7.2.1.2 복원 단순 무작위 표본추출

Bolfarine and Bussab(2005)에 따르면 복원 단순 무작위 표본추출은 다음 단계를 따른다.

(a) 모집단 원소 전체에 1부터 N까지 번호를 부여한다.

$$U = \{1, 2, ..., N\}$$

(b) 난수를 발생시키는 절차를 사용해 같은 확률로 모집단의 N개 관측치 중 하나를 추출한다.

(c) 앞서 추출된 원소는 모집단으로 돌려놓은 후, 그다음 원소를 추출한다.

(d) 표본의 크기가 n이 될 때까지 앞의 절차를 반복한다(n을 계산하는 방법은 7.4.1절에서 다룬다).

이 형태의 표본추출에서는 모집단에서 크기 n의 표본을 추출할 수 있는 가짓수가 N^n이며, 각 표본이 선택될 확률은 $1/N^n$이다.

예제 7.2 복원 단순 무작위 표본추출

예제 7.1을 복원 단순 무작위 표본추출로 다시 실행하라.

해법

30개 부품 모두에 1부터 30까지 번호를 부여한다. 난수 발생 절차(예를 들어, 엑셀의 RANDBETWEEN 함수)를 통해 표본의 첫 부품을 추출한다(12). 이 부품을 다시 돌려놓고 두 번째 부품을 선택한다(33). 이 절차를 5개 부품이 얻어질 때까지 반복한다.

$$12 \quad 33 \quad 02 \quad 25 \quad 33$$

이 숫자와 연계된 부품들은 선택된 무작위 표본을 형성한다.

가능한 가짓수는 모두 $30^5 = 24,300,000$개가 된다.

어떤 특정 표본이 선택될 확률은 1/24,300,000이다.

7.2.2 체계적 표본추출

Costa Neto(2002)에 따르면 표본의 원소가 정렬되어 있고 주기적으로 제거되면 체계적 표본추출이 된다. 따라서 예컨대 생산 라인에서 부품 50개가 생산될 때마다 원소를 제거할 수 있다.

단순 무작위 표본추출과 비교할 때 체계적 표본추출systematic sampling의 장점은 훨씬 빠르고 저렴한 방법이며 연구 도중 인터뷰하는 사람으로 인해 오류가 발생할 가능성이 더 낮다는 것이다. 이 방법의 단점은 변동 주기의 가능성인데, 특히 주기가 표본에서 원소를 제거하는 주기와 일치할 때 그렇다. 예를 들어, 어떤 기계에서 부품 60개가 생산될 때마다 검사를 하지만 실제로 기계 결함으로 인해 부품 20개마다 하나의 결함이 있는 경우다.

모집단의 원소가 1부터 N까지 정렬되어 있고 이미 표본 크기(n)를 알고 있다고 가정하자. 체계적 표본추출은 다음과 같이 진행된다.

(a) 모집단 크기를 표본 크기로 나눈 몫으로 구한 표본추출 주기(k)를 결정한다.

$$k = \frac{N}{n}$$

이 값은 가장 가까운 정수로 반올림한다.

(b) 이 단계에서 무작위성 요소를 도입하며 시작 원소를 결정한다. 첫 번째 선택된 원소 $\{X_1\}$은 1과 k 사이의 어떤 원소든 될 수 있다.

(c) 첫 번째 원소를 선택하고 나면 각 k 원소마다 새로운 원소를 모집단에서 제거한다. 이 프로세스는 표본 크기(n)에 도달할 때까지 반복한다.

$$X_1, X_1 + k, X_1 + 2k, \ldots, X_1 + (n-1)k$$

예제 7.3 체계적 표본추출

$N = 500$개의 정렬된 원소로 구성된 모집단을 생각하자. 이 모집단에서 $n = 20$개의 원소를 가진 표본을 제거하려고 한다. 체계적 표본추출 절차를 사용해보라.

해법

(a) 표본추출 구간(k)은 다음과 같다.

$$k = \frac{N}{n} = \frac{500}{20} = 25$$

(b) 첫 번째 원소 선택 $\{X\}$는 1과 25 사이의 어떤 것이든 가능하다. $X = 5$라고 가정해보자.

(c) 표본의 첫 원소가 $X = 5$이므로 두 번째 원소는 $X = 5 + 25 = 30$, 세 번째는 $X = 5 + 50 = 55$이다. 이런 식으로 마지막 원소는 $X + 19 \times 25 = 480$이다.

$$A = \{5, 30, 55, 80, 105, 130, 155, 180, 205, 230, 255, 280, 305, 330, 355, 380, 405, 430, 455, 480\}$$

7.2.3 층화 표본추출

층화 표본추출$^{stratified\ sampling}$에서는 이질적인 모집단을 계층화하거나 또는 분리해 부분모집단 ^{subpopulations}이나 동질의 계층들로 만든 다음 각 층에서 표본이 추출된다. 따라서 최초에 계층 개수를 정의하고 이를 통해 각 계층의 크기를 구한다. 각 계층에는 부분모집단에서 몇 개의 원소를 추출할지 지정하고 이는 균등 또는 비례로 할당할 수 있다. Costa Neto(2002)에 따르면 각 계층의 크기가 서로 엇비슷할 경우에는 각 계층에서 동일한 개수의 원소를 추출하는 **균등 층화 표본추출**[uniform stratified sampling]을 권장한다. 반면 **비례 층화 표본추출**[proportional stratified sampling]에서는 각 계층에서 추출하는 원소 개수가 계층의 크기에 비례한다.

Freund(2006)에 따르면 각 계층에서 선택된 원소가 단순 무작위 표본이면 전체 프로세스(층화 다음에 무작위 표본추출)는 **(단순) 층화 무작위 표본추출**[(simple) stratified random sampling]이라 부른다.

Freund(2006)에 따르면 층화 표본추출은 다음과 같은 절차를 따른다.

(a) 크기 N의 모집단은 크기 N_1, N_2, ..., N_k인 k 계층으로 나눈다.

(b) 각 계층에 크기 $n_i(i = 1, 2, ..., k)$인 무작위 표본이 선택되어 크기 n_1, n_2, ..., n_k인 k개의 부분표본이 생성된다.

   균등 층화 표본추출에서는 다음과 같다.

$$n_1 = n_2 = ... = n_k \tag{7.1}$$

여기서 각 계층에서 구한 표본 크기는 다음과 같다.

$$n_i = \frac{n}{k}, \quad i = 1, 2, ..., k \tag{7.2}$$

여기서 $n = n_1 + n_2 + ... + n_k$이다.

   반면, **비례 층화 표본추출**에서는 다음과 같다.

$$\frac{n_1}{N_1} = \frac{n_2}{N_2} = ... = \frac{n_k}{N_k} \tag{7.3}$$

비례 표본추출의 경우 각 계층에서 구한 표본 크기는 다음 식으로 얻을 수 있다.

$$n_i = \frac{N_i}{N} \cdot n, \quad i = 1, 2, ..., k \tag{7.4}$$

층화 표본추출의 예로는 도시를 이웃 단위로 층화하는 것과 인구를 성별이나 나이 그룹으로 층화하는 것, 고객을 사회 계층으로 층화하거나 학생을 학교별로 층화하는 것이 있다.

층화 표본의 크기를 계산하는 방법은 7.4.3절에서 다룬다.

예제 7.4 층화 표본추출

$N = 5000$명의 회원이 있는 클럽을 생각해보자. 모집단을 나이별 그룹으로 나누어 각 그룹의 주요 활동을 알아내고자 한다. 0~4, 5~11, 12~17, 18~25, 26~36, 37~50, 51~65, 66세 이상의 그룹으로 나뉘었다. $N_1 = 330$, $N_2 = 350$, $N_3 = 400$, N_4

$= 520$, $N_5 = 650$, $N_6 = 1030$, $N_7 = 980$, $N_8 = 740$이다. 모집단에서 크기 $n = 80$인 층화 표본을 추출하고자 한다. 균등 및 비례 표본추출을 각각 수행할 경우 각 층에서 추출되는 표본 크기는 어떻게 되는가?

해법

균등 표본추출에서는 $n_i = n/k = 80/8 = 10$이다. 따라서 $n_1 = ... = n_8 = 10$이다.

비례 표본추출에서는 $i = 1, 2, ..., 8$에 대해 $n_i = \frac{N_i}{N}$를 계산한다.

$$n_1 = \frac{N_1}{N} \cdot n = \frac{330}{5,000} \cdot 80 = 5.3 \cong 6, \quad n_2 = \frac{N_2}{N} \cdot n = \frac{350}{5,000} \cdot 80 = 5.6 \cong 6$$

$$n_3 = \frac{N_3}{N} \cdot n = \frac{400}{5,000} \cdot 80 = 6.4 \cong 7, \quad n_4 = \frac{N_4}{N} \cdot n = \frac{520}{5,000} \cdot 80 = 8.3 \cong 9$$

$$n_5 = \frac{N_5}{N} \cdot n = \frac{650}{5,000} \cdot 80 = 10.4 \cong 11, \quad n_6 = \frac{N_6}{N} \cdot n = \frac{1,030}{5,000} \cdot 80 = 16.5 \cong 17$$

$$n_7 = \frac{N_7}{N} \cdot n = \frac{980}{5,000} \cdot 80 = 15.7 \cong 16, \quad n_8 = \frac{N_8}{N} \cdot n = \frac{740}{5,000} \cdot 80 = 11.8 \cong 12$$

7.2.4 클러스터 표본추출

클러스터 표본추출cluster sampling에서는 전체 모집단이 클러스터라 불리는 기본 단위의 그룹으로 나뉜다. 표본추출은 모집단에서 개별적으로 이뤄지지 않고, 각 그룹에서 수행된다. 따라서 충분한 클러스트를 추출해야 하고, 이 클러스터로부터의 객체들이 표본을 형성한다. 이러한 형태의 표본추출을 1단 클러스터 표본추출one-stage cluster sampling이라고 한다.

Bolfarine and Bussab(2005)에 따르면 클러스터 표본추출의 불편한 점 한 가지는 같은 클러스터 내의 원소들은 유사한 특성이 있다는 사실이다. 저자들은 클러스터 내의 원소들이 서로 유사할수록 절차는 더욱 비효율적이 된다는 것을 보였다. 각 클러스터는 모집단을 잘 대표해야만 한다. 즉, 모든 종류의 원소들을 가진 비균질성이어야 한다. 이는 층화 표본추출과는 반대다.

Martins and Domingues(2011)에 따르면 클러스터 표본추출은 표본 단위들이 클러스터인 단순 무작위 표본추출이며 비용이 싸다.

선택된 클러스터들에서 원소를 추출하면 **2단 클러스터 표본추출**two-stage cluster sampling이 된다. 첫 번째 단계에서는 클러스터를 추출하고 두 번째는 원소를 추출한다. 추출할 원소 개수는 클러스터의 변동성에 달려 있다. 변동성이 클수록 더 많은 원소를 추출해야 한다. 반면 클러스트의 원소들이 매우 유사하면 모든 원소를 추출하는 것은 바람직하지도 필요하지도 않다. 이러한 원소들은 동일한 종류의 정보만을 제공할 것이기 때문이다(Bolfarine and Bussab, 2005).

클러스터 표본추출은 여러 단계로 일반화할 수도 있다.

클러스터 표본추출의 광범위한 사용을 정당화해주는 주된 장점은 (a) 많은 모집단이 이미 자연적 또는 지리적으로 그룹화되어 있어서 그 응용을 가능케 하며, (b) 정확도의 손실 없이 표본을 구하는 비용을 크게 감소시킨다는 것이다. 간단히 말해 빠르고, 저렴하고, 효율적이다. 유일한 단점은 클러스터 크기가 대부분 달라서 표본 범위를 통제하기 힘들다는 것이다. 이 문제를 극복하기 위해서는 특정 통계 기법을 사용해야 한다.

클러스터의 예로는 조립 라인으로 분리된 공장의 생산 라인, 지역으로 분리된 회사 직원, 학교로 분리된 학생, 지역으로 나뉜 인구 등을 들 수 있다.

클러스터 표본추출에 대한 다음 표기를 살펴보자.

N: 모집단 크기

M: 모집단을 나눌 클러스터 개수

N_i: 클러스터 크기 $i(i = 1, 2, ..., M)$

n: 표본 크기

m: 추출된 클러스터 개수$(m < M)$

n_i: 표본의 클러스터 크기 $i(i = 1, 2, ..., m)$, 여기서 $n_i = N_i$

b_i: 표본의 클러스터 크기 $i(i = 1, 2, ..., m)$, 여기서 $b_i < n_i$

간단히 말해, **1단 클러스터 표본추출**은 다음 절차를 따른다.

(a) 모집단은 크기가 다를 수 있는 M개의 클러스터$(C_1, ..., C_M)$로 나뉜다.

(b) 표본 계획(대개 SRS)에 따라 m개 클러스터를 추출한다$(m < M)$.

(c) 추출된 클러스터의 모든 원소가 전체 표본을 구성한다$(n_i = N_i$ 그리고 $\sum_{i=1}^{m} n_i = n)$.

클러스터 개수(m)의 계산은 7.4.4절에서 알아본다.

반면, **2단 클러스터 표본추출**은 다음과 같이 작동한다.

(a) 모집단은 크기가 다를 수 있는 M개의 클러스터$(C_1, ..., C_M)$로 나뉜다.

(b) 1단계에서 표본 계획(대개 SRS)에 따라 m개 클러스터를 추출한다.

(c) 추출된 각 클러스터 i(크기는 n_i)에서 동일하거나 또 다른 표본 계획에 따라 두 번째 단계에서 b_i 개의 원소를 추출한다$(b_i < n_i$ 그리고 $n = \sum_{i=1}^{m} b_i)$.

예제 7.5 1단계 클러스터 표본추출

$N = 20$개의 원소를 가진 모집단 $U = \{1, 2, ..., 20\}$을 고려해보자. 모집단은 7개의 클러스터로 나뉜다. $C_1 = \{1, 2\}$, $C_2 = \{3, 4, 5\}$, $C_3 = \{6, 7, 8\}$, $C_4 = \{9, 10, 11\}$, $C_5 = \{12, 13, 14\}$, $C_6 = \{15, 16\}$, $C_7 = \{17, 18, 19, 20\}$. 표본 계획은 비복원 단순 무작위 표본추출을 사용해 3개의 클러스터$(m = 3)$를 추출한다. C_1, C_3, C_4가 추출됐다고 가정하자. 1단 클러스터 표본추출을 구성할 원소들과 함께 표본 크기를 알아내라.

해법

1단계 클러스터 표본추출에서는 추출된 각 클러스터의 모든 원소가 표본을 구성한다. 따라서 $M = \{C_1, C_3, C_4\} = \{(1, 2), (6, 7, 8), (9, 10, 11)\}$이다. 따라서 $n_1 = 2, n_2 = 3, n_3 = 3$, 그리고 $n = \sum_{i=1}^{3} n_i = 8$이다.

예제 7.5를 2단 클러스터 표본추출로 확장하자. 이제 1단계에서 추출된 클러스터에서 표본 계획에 따라 각 클러스터에서 동일한 확률로 단일 원소를 추출한다($b_i = 1$, $i = 1, 2, 3$, 그리고 $n = \sum_{i=1}^{m} b_i = 3$). 이를 통해 다음 결과를 얻는다.

1단계: $M = \{C_1, C_3, C_4\} = \{(1, 2), (6, 7, 8), (9, 10, 11)\}$

2단계: $M = \{1, 8, 10\}$

7.3 비확률 또는 비무작위 표본추출

비확률 표본추출 방법에서는 표본이 비무작위적 방법으로 얻어진다. 즉, 모집단의 전부 또는 일부 원소가 표본에 속할 확률을 알 수가 없다. 따라서 표본 오차를 추정하거나 표본의 결과를 모집단으로 일반화하는 것이 불가능하다. 표본이 모집단을 대표하지 않기 때문이다.

Costa Neto(2002)에서는 이러한 형태의 표본추출 방법은 그 단순성 때문에, 혹은 확률 표본추출이 불가능한 경우 많이 사용되고 있다고 말하고 있다.

따라서 이러한 형태의 표본추출을 사용할 경우에는 매우 주의해야만 한다. 방법이 연구원의 기준이나 판단에 따라 주관적이며 표본 변동성을 정확히 알 수 없기 때문이다.

이 절에서는 주요 비확률 또는 비무작위 표본추출 기법들을 알아본다. (a) 편의 표본추출, (b) 판단 또는 유의 표본추출, (c) 할당 표본추출, (d) 기하 전파 또는 스노우볼 표본추출

7.3.1 편의 표본추출

편의 표본추출convenience sampling은 자발적 참여자들이나 표본 원소가 편의상 선택된 경우, 예컨대 친구, 이웃, 학생일 때 사용한다. 이 기법의 장점은 연구원들이 빠르고 저렴한 비용으로 정보를 구할 수 있다는 점이다.

그러나 표본 프로세스는 표본이 모집단을 대표한다는 보장을 하지 못한다. 이 방법은 극단적인 경우나 이 방법이 정당화될 경우에만 사용해야 한다.

연구원이 어떤 브랜드와 관련해 고객 행동을 연구하고자 한다. 이를 위해 표본추출 계획을 개발했다. 데이터 수집은 친구들, 이웃들, 직원들의 인터뷰를 통해 이뤄졌다. 이 방법은 모집단을 대표하지 못하기 때문에 편의 표본추출에 해당된다.

모집단이 이질적이라면 표본의 결과는 모집단으로 일반화되지 않는다.

7.3.2 판단 또는 유의 표본추출

판단^{judgmental} 또는 유의 표본추출^{purposive sampling}에서는 표본이 전문가의 의견이나 이전의 판단에 의해 선택된다. 이 방법은 이전 판단에서 연구원들이 실수했을 가능성이 있으므로 위험한 기법이다.

이러한 유형의 표본추출은 모집단과 선택된 원소에 대한 지식이 요구된다.

예제 7.8 판단 또는 유의 표본추출

어떤 회사의 직원들이 파업에 돌입한 이유를 파악하기 위한 조사를 하려고 한다. 이를 위해 연구원들은 판매조합과 정치 운동을 하는 주요 지도자들을 인터뷰했고 이러한 운동에 관여하지 않은 직원들도 인터뷰했다.

표본 크기가 작기 때문에 모집단의 특성을 대표하지 못한다는 이유로 이 표본의 결과는 모집단으로 일반화되지 못한다.

7.3.3 할당 표본추출

할당 표본추출^{quota sampling}은 다른 비무작위 표본추출과 비교할 때 매우 엄격하다. Martins and Domingues(2011)에 따르면 할당 표본추출은 시장 조사나 선거 조사에서 가장 광범위하게 사용되는 방법 중 하나다.

할당 표본추출은 판단 표본추출의 변형이다. 최초에 어떤 기준에 의한 할당을 설정한다. 할당 내에서 표본의 선택은 인터뷰하는 사람의 판단에 의한다.

할당 표본추출은 층화 표본추출의 비확률 버전으로 생각할 수 있다.

할당 표본추출은 세 가지 단계로 이뤄진다.

(a) 연구와 관련된 통제 변수나 모집단의 특성을 선택한다.
(b) 각 관련 변수 범주에 대해 모집단의 비율(%)을 결정한다.
(c) 각 인터뷰 요원의 할당 크기(필요 특성을 인터뷰할 대상자들의 수)를 결정해 표본도 모집단과 동일한 특성 비율을 갖도록 한다.

이 방법의 주요 장점으로는 낮은 비용, 속도, 편의성 또는 인터뷰 요원이 원소를 선택하는 용이성 등이 있다. 그러나 원소의 선택은 무작위가 아니므로 표본이 모집단을 대표하리라는 보장이 없다. 그러므로 연구 결과를 모집단으로 일반화할 수 없다.

예제 7.9 할당 표본추출

지방정부 선거에 관해 14,253명의 유권자를 대상으로 조사를 하려고 한다. 연구의 주목적은 유권자의 성별 및 나이별 그룹과 그 투표 성향에 관한 것이다. 표 7.E.3은 분석 중인 각 변수 범주 쌍에 대한 절대 빈도를 보여준다. 두 명의 인터뷰 요원과 200명의 유권자 표본으로 구성된 할당 표본추출을 적용하라.

표 7.E.3 각 범주 쌍의 절대 빈도

나이 그룹	남성	여성	총합
16 ～ 17	50	48	**98**
18 ～ 24	1097	1063	**2160**
25 ～ 44	3409	3411	**6820**
45 ～ 69	2269	2207	**4476**
> 69	359	331	**690**
총합	**7184**	**7060**	**14,244**

해법

(a) 이 연구에 관련된 변수는 성별과 나이다.

(b) 분석 중인 변수의 각 범주 쌍에 대한 모집단 비율(%)은 다음과 같다.

표 7.E.4 각 범주 쌍의 모집단 비율

나이 그룹	남성	여성	총합
16 ～ 17	0.35%	0.34%	**0.69%**
18 ～ 24	7.70%	7.46%	**15.16%**
25 ～ 44	23.93%	23.95%	**47.88%**
45 ～ 69	15.93%	15.49%	**31.42%**
> 69	2.52%	2.32%	**4.84%**
총합의 %	**50.44%**	**49.56%**	**100.00%**

(c) 표 7.E.4의 각 셀을 표본 크기(200)로 곱하면 표 7.E.5에서와 같이 전체 표본을 구성하는 할당의 차원을 구할 수 있다.

표 7.E.5 할당의 차원

나이 그룹	남성	여성	총합
16 ～ 17	1	1	**2**
18 ～ 24	16	15	**31**
25 ～ 44	48	48	**96**
45 ～ 69	32	31	**63**
> 69	5	5	**10**
총합	**102**	**100**	**202**

인터뷰 요원이 두 명이라는 점을 고려하면, 각 할당은 다음과 같이 된다.

표 7.E.6 각 인터뷰 요원당 할당 차원

나이 그룹	남성	여성	총합
16 ~ 17	1	1	2
18 ~ 24	8	8	16
25 ~ 44	24	24	48
45 ~ 69	16	16	32
> 69	3	3	6
총합	52	52	104

참고: 표 7.E.5와 표 7.E.6은 반올림했으며, 그 결과 표 7.E.5에는 202명의 전체 대상자가 있었고 표 7.E.6에는 104명의 대상자가 있었다.

7.3.4 기하 전파 또는 스노우볼 표본추출

기하 전파geometric propagation 또는 스노우볼 표본추출snowball sampling은 모집단이 드물거나 접근하기 어렵다거나 미지일 경우 널리 사용된다.

이 기법에서는 목표 모집단에서 하나 이상의 개인을 식별해야 하며, 이를 통해 동일한 모집단에 있는 다른 개인도 식별하게 된다. 이 프로세스는 목표가 달성(**포화점**point of saturation)될 때까지 반복된다. 포화점은 마지막 응답자가 연구에 더 이상 새로운 정보를 추가하지 못할 때 도달하며 이전 인터뷰 내용만 반복되는 시점이다.

장점은 다음과 같다. (a) 연구원들이 모집단의 원하는 특성을 찾을 수 있다. (b) 섭외는 모집단 사람들의 추천을 통해 이뤄지므로 응용이 간단하다. (c) 더 적은 계획과 사람 수가 필요하므로 비용이 낮다. (d) 접근이 힘든 모집단에 효과적으로 적용할 수 있다.

예제 7.10 스노우볼 표본추출

어떤 회사가 특정 프로파일을 가진 전문가를 영입하려 하고 있다. 최초로 고용된 그룹이 동일한 프로파일을 가진 다른 전문가를 추천한다. 이 프로세스는 고용하려는 직원 수가 찰 때까지 반복된다. 따라서 스노우볼 표본추출의 예가 된다.

7.4 표본 크기

Cabral(2006)에 따르면, 표본 크기를 계산할 때 여섯 가지 결정 요인이 있다.

1. 분산(σ^2)과 차원(N) 등의 모집단 특성

2. 사용된 추정의 표본 분포

3. 결과에서 요구되는 정확도와 신뢰도. 추정 오차(B)를 명시할 필요가 있으며, 이 값은 연구원이 모집단의 모수와 표본에서 구한 추정 사이의 차이에 대한 최대 허용값이다.

4. 비용. 표본 크기가 클수록 비용이 높아진다.

5. 비용 대 표본 오차. 표본 크기를 늘려 오차를 줄이는 것과 표본 크기를 줄여 비용과 노력을 줄이는 것 사이의 고려가 필요하다. 따라서 인터뷰 요원에 대한 더 나은 통제, 높은 반응률, 정보의 정밀하고 더 나은 처리 등이 필요하다.

6. 사용할 통계 기법. 어떤 통계 기법은 다른 것에 비해 더 큰 표본 크기를 요구한다.

선택된 표본은 반드시 모집단을 대표해야 한다. Ferrão et al.(2001), Bolfarine and Bussab(2005), Martins and Domingues(2011)에 근거해 이 절은 유한 또는 무한 집단에서 최대 추정 오차 B 이내에서 평균(정량 변수)과 비율(이진 변수)의 표본 크기를 계산하는 방법을 각각의 표본추출 방법(단순 대칭, 계층, 클러스터)에 대해 설명한다.

비무작위 표본의 경우에는 주어진 예산에 근거해 크기를 설정하거나 이전에 동일한 성격의 연구에서 성공적이었던 사례에 근거해 설정할 수 있다. 또 다른 대안은 무작위 표본의 크기를 계산한 다음, 그 크기를 참고하는 것이다.

7.4.1 단순 무작위 표본의 크기

이 절은 유한 또는 무한 집단에서 최대 추정 오차 B 이내에서 평균(정량 변수)과 비율(이진 변수)의 표본 크기를 계산하는 방법을 알아본다.

평균의 추정 오차(B)는 연구원들이 μ(모집단 평균)와 $\bar{X}$(표본 평균) 사이의 차이, 즉 $B \geq |\mu - \bar{X}|$ 중 허용할 수 있는 최댓값을 의미한다.

반면 비율의 최대 추정 오차(B)는 연구원들이 p(모집단 비율)와 $\hat{p}$(표본 비율) 사이의 차이, 즉 $B \geq |p - \hat{p}|$ 중 허용할 수 있는 최댓값을 의미한다.

7.4.1.1 무한 모집단의 평균 추정을 위한 표본 크기

선택된 변수가 정량이고 모집단이 무한이라면, $P(|\bar{X} - \mu| \leq B) = 1 - \alpha$인 단순 무작위 표본추출의 크기는 다음과 같이 계산할 수 있다.

$$n = \frac{\sigma^2}{B^2 / z_\alpha^2} \tag{7.5}$$

여기서

σ^2 = 모집단 분산

B = 최대 추정 오차

z_α = 유의수준 α에서 표준 정규 분포의 가로 좌표

Bolfarine and Bussab(2005)에 따르면 표본 크기를 결정하려면 최대 추정 오차(B), 유의수준 α(z_α로 변환)를 설정해야만 하고 모집단 분산(σ^2)에 대한 사전 지식이 있어야 한다. 처음 두 가지는 연구원들이 설정할 수 있지만, 모집단 분산을 알아내는 것은 더 많은 작업이 필요하다.

σ^2을 모르면 그 값은 합리적인 초깃값 추정으로 대체한다. 많은 경우 파일럿 표본으로 모집단에 대한 충분한 정보를 얻을 수 있다. 다른 경우에는 모집단에 대한 사전 표본 조사가 만족할 만한 σ^2의 초깃값을 제공해줄 수 있다. 마지막으로 어떤 저자는 $\sigma \cong$ 범위/4인 표준 편차의 값을 추정치로 쓰기를 제안하기도 한다.

7.4.1.2 유한 모집단의 평균을 추정하기 위한 표본 크기

선택된 변수가 정량이고 모집단이 유한하다면, $P(|\overline{X} - \mu| \le B) = 1 - \alpha$인 단순 무작위 표본의 크기는 다음과 같이 계산한다.

$$n = \frac{N.\sigma^2}{(N-1).\dfrac{B^2}{z_\alpha^2} + \sigma^2} \tag{7.6}$$

여기서

N = 모집단 크기

σ^2 = 모집단 분산

B = 최대 추정 오차

z_α = 유의수준 α에서 표준 정규 분포의 가로 좌표

7.4.1.3 무한 모집단의 비율을 추정하기 위한 표본 크기

선택된 변수가 이진이고 모집단이 무한이면, $P(|\hat{p} - p| \le B) = 1 - \alpha$인 단순 무작위 표본의 크기는 다음과 같이 계산한다.

$$n = \frac{p.q}{B^2 / z_\alpha^2} \tag{7.7}$$

여기서

P = 원하는 특성을 포함하는 모집단의 비율

q = 1 − p

B = 최대 추정 오차

z_α = 유의수준 α에서 표준 정규 분포의 가로 좌표

실제로는, p 값을 알 수 없으므로 추정치($\hat{p}$)를 찾아야 한다. 그러나 이 값도 미지수이므로 $\hat{p}$ = 0.50 으로 설정, 즉 정확도를 얻기 위해 필요한 값보다 더 큰 값으로 보수적인 크기로 구한다.

7.4.1.4 유한 모집단의 비율을 추정하기 위한 표본 크기

선택된 변수가 이진이고 모집단이 유한하면, $P(|\hat{p} − p| \le B) = 1 − \alpha$인 단순 무작위 표본의 크기는 다음과 같이 계산한다.

$$n = \frac{N.p.q}{(N-1).\dfrac{B^2}{z_\alpha^2} + p.q} \tag{7.8}$$

여기서

N = 모집단의 크기

P = 원하는 특성을 포함하는 모집단의 비율

q = 1 − p

B = 최대 추정 오차

z_α = 유의수준 α에서 표준 정규 분포의 가로 좌표

예제 7.11 단순 무작위 표본의 크기 계산

어느 콘도의 거주자를 모집단으로 하는 경우를 생각해보자(N = 540). 이 거주자들의 평균 나이를 알아보고자 한다. 이전 연구에 근거해 σ^2의 추정치로 463.32를 구했다. 모집단에서 단순 무작위 표본을 추출한다고 가정하자. 표본 평균과 실제 평균의 차이가 신뢰수준 95%에서 최대 4년이라고 가정할 때 수집에 필요한 표본 크기를 구하라.

해법

α = 5%인 z_α 값(양측 검정)은 1.96이다. 식 (7.6)에서 표본 크기는 다음과 같다.

$$n = \frac{N.\sigma^2}{(N-1).\dfrac{B^2}{z_\alpha^2} + \sigma^2} = \frac{540 \times 463.32}{539 \times \dfrac{4^2}{1.96^2} + 463.32} = 92.38 \cong 93$$

따라서 모집단에서 적어도 93명의 거주자를 단순 무작위 표본추출하면 95% 신뢰수준으로 표본 평균($\bar{x}$)이 실제 모집단 평균(μ)보다 최대 4년 차이 난다고 할 수 있다.

어떤 정치인에 대해 불만족스러워하는 유권자 비율을 추정하고자 한다. 실제 모집단과 그 추정값은 알 수 없다. 무한 모집단에서 단순 무작위 표본을 추출한다고 가정하고 표본 오차 2%, 유의수준 5%를 허용할 경우의 표본 크기를 구하라.

해법

실제 p 값이나 그 추정을 모르므로 $\hat{p} = 0.5$로 가정한다. 식 (7.7)을 적용해 무한 모집단의 비율을 추정하면 다음과 같다.

$$n = \frac{p.q}{B^2/z_\alpha^2} = \frac{0.5 \times 0.5}{0.02^2/1.96^2} = 2{,}401$$

따라서 2,401명의 유권자를 무작위로 인터뷰하면 최대 추정 오차 2%, 신뢰수준 95%로 모집단에서 불만족스러워하고 있는 실제 유권자의 비율을 추론할 수 있다.

7.4.2 체계적 표본의 크기

체계적 표본추출에서는 변수(정량 또는 정성)와 모집단(무한 또는 유한) 형식에 따라 단순 무작위 표본추출과 동일한 식(7.4.1절)을 사용한다.

7.4.3 층화 표본의 크기

이 절에서는 유한 및 무한 모집단의 평균(정량 변수)과 비율(이진 변수)을 최대 추정 오차 B로 추정하기 위한 층화 표본의 크기를 계산하는 방법을 설명한다.

평균의 추정 오차(B)는 연구원들이 μ(모집단 평균)와 $\bar{X}$(표본 평균) 사이의 차이, 즉 $B \geq |\mu - \bar{X}|$ 중 허용할 수 있는 최댓값을 의미한다.

반면 비율의 최대 추정 오차(B)는 연구원들이 p(모집단 비율)와 $\hat{p}$(표본 비율) 사이의 차이, 즉 $B \geq |p - \hat{p}|$ 중 허용할 수 있는 최댓값을 의미한다.

이제 다음의 표기를 사용해 층화 표본 크기를 계산하는 방법을 설명한다.

k = 층의 개수

N_i = 층 i의 크기($i = 1, 2, ..., k$)

$N = N_1 + N_2 + ... + N_k$(모집단 크기)

$W_i = N_i/N$(층 i의 가중치 또는 비율, $\sum_{i=1}^{k} W_i = 1$)

μ_i = 층 i의 모집단 평균

σ_i^2 = 층 i의 모집단 분산

n_i = 층 i에서 무작위로 선택된 원소의 개수

$$n = n_1 + n_2 + \ldots + n_k(\text{표본 크기})$$

$\bar{X}_i = $ 층 i의 표본 평균

$S_i^2 = $ 층 i의 분산

$p_i = $ 층 i에서 원하는 특성을 가진 원소의 비율

$q_i = 1 - p_i$

7.4.3.1 무한 모집단의 평균을 추정하기 위한 표본 크기

선택된 변수가 정량이고 모집단이 무한이면, $P\left(\left|\bar{X} - \mu\right| \leq B\right) = 1 - \alpha$인 층화 표본의 크기는 다음과 같이 계산한다.

$$n = \frac{\displaystyle\sum_{i=1}^{k} W_i . \sigma_i^2}{B^2 / z_\alpha^2} \tag{7.9}$$

여기서

$W_i = N_i/N$(층 i의 가중치 또는 비율, $\displaystyle\sum_{i=1}^{k} W_i = 1$)

$\sigma_i^2 = $ 층 i의 모집단 분산

$B = $ 최대 추정 오차

$z_\alpha = $ 유의수준 α에서 표준 정규 분포의 가로 좌표

7.4.3.2 유한 모집단의 평균을 추정하기 위한 표본 크기

선택된 변수가 정량이고 모집단이 유한이면, $P\left(\left|\bar{X} - \mu\right| \leq B\right) = 1 - \alpha$인 층화 표본의 크기는 다음과 같이 계산한다.

$$n = \frac{\displaystyle\sum_{i=1}^{k} N_i^2 . \sigma_i^2 / W_i}{N^2 . \dfrac{B^2}{z_\alpha^2} + \displaystyle\sum_{i=1}^{k} N_i . \sigma_i^2} \tag{7.10}$$

여기서

$N_i = $ 층 i의 크기$(i = 1, 2, \ldots, k)$

$\sigma_i^2 = $ 층 i의 모집단 분산

$W_i = N_i/N$(층 i의 가중치 또는 비율, $\displaystyle\sum_{i=1}^{k} W_i = 1$)

$N = $ 모집단 크기

B = 최대 추정 오차

z_α = 유의수준 α에서 표준 정규 분포의 가로 좌표

7.4.3.3 무한 모집단의 비율을 추정하기 위한 표본 크기

선택된 변수가 이진이고 모집단이 무한이면, $P(|\hat{p}-p| \leq B) = 1-\alpha$인 층화 표본의 크기는 다음과 같이 계산한다.

$$ n = \frac{\sum_{i=1}^{k} W_i . p_i . q_i}{B^2 / z_\alpha^2} \tag{7.11} $$

여기서

$W_i = N_i/N$(층 i의 가중치 또는 비율, $\sum_{i=1}^{k} W_i = 1$)

p_i = 층 i에서 원하는 특성을 가진 원소의 비율

$q_i = 1 - p_i$

B = 최대 추정 오차

z_α = 유의수준 α에서 표준 정규 분포의 가로 좌표

7.4.3.4 유한 모집단의 비율을 추정하기 위한 표본 크기

선택된 변수가 이진이고 모집단이 유한이면, $P(|\hat{p}-p| \leq B) = 1-\alpha$인 층화 표본의 크기는 다음과 같이 계산한다.

$$ n = \frac{\sum_{i=1}^{k} N_i^2 . p_i . q_i / W_i}{N^2 . \dfrac{B^2}{z_\alpha^2} + \sum_{i=1}^{k} N_i . p_i . q_i} \tag{7.12} $$

여기서

N_i = 층 i의 크기($i = 1, 2, ..., k$)

p_i = 층 i에서 원하는 특성을 가진 원소의 비율

$q_i = 1 - p_i$

$W_i = N_i/N$(층 i의 가중치 또는 비율, $\sum_{i=1}^{k} W_i = 1$)

N = 모집단 크기

B = 최대 추정 오차

z_α = 유의수준 α에서 표준 정규 분포의 가로 좌표

어떤 대학에는 11,886명의 학생이 등록되어 있고 학부에는 14개 강좌가 개설되어 있는데, 이는 정밀과학, 인문과학, 생물과학의 3개 전공 분야로 나뉜다. 표 7.E.7은 각 분야에 등록한 학생 수를 보여준다. 각 학생들이 주당 공부하는 평균 시간(시간 단위)을 추정하기 위해 연구를 하려 한다. 파일럿 표본에 근거해 정밀, 인문, 생물과학 분야의 분산을 각각 124.36, 153.22, 99.87로 추정했다. 선택된 표본들은 영역별 학생 수에 비례해야 한다. 추정 오차 0.8, 신뢰수준 95%로 표본 크기를 결정하라.

표 7.E.7 분야별 등록 학생 수

분야	등록 학생 수
정밀과학	5285
인문과학	3877
생물과학	2724
총합	11,886

해법

데이터로부터 다음을 구할 수 있다.

$$k = 3, N_1 = 5,285, N_2 = 3,877, N_3 = 2,724, N = 11,886, B = 0.8$$

$$W_1 = \frac{5,285}{11,886} = 0.44, W_2 = \frac{3,877}{11,886} = 0.33, W_3 = \frac{2,724}{11,886} = 0.23$$

α = 5%인 경우 z_α = 1.96이다. 파일럿 표본에 근거해 σ_1^2, σ_2^2, σ_3^2을 추정해야만 한다. 식 (7.10)을 적용한 표본 크기는 다음과 같다.

$$n = \frac{\displaystyle\sum_{i=1}^{k} N_i^2 \sigma_i^2 / W_i}{N^2 \dfrac{B^2}{z_\alpha^2} + \displaystyle\sum_{i=1}^{k} N_i \sigma_i^2}$$

$$n = \frac{\left(\dfrac{5,285^2 \times 124.36}{0.44} + \dfrac{3,877^2 \times 153.22}{0.33} + \dfrac{2,724^2 \times 99.87}{0.23}\right)}{11,886^2 \times \dfrac{0.8^2}{1.96^2} + (5,285 \times 124.36 + 3,877 \times 153.22 + 2,724 \times 99.87)} = 722.52 \cong 723$$

표본추출이 비례적이므로 n_i = W_i × $n(i$ = 1, 2, 3)을 사용해 각 층의 크기를 구할 수 있다.

$$n_1 = W_1 \times n = 0.44 \times 723 = 321.48 \cong 322$$
$$n_2 = W_2 \times n = 0.33 \times 723 = 235.83 \cong 236$$
$$n_3 = W_3 \times n = 0.23 \times 723 = 165.70 \cong 166$$

따라서 조사를 진행하려면 정밀과학에서 322명, 인문과학에서 236명, 생물과학에서 166명의 학생을 선택해야 한다. 선택된 표본에서 95%의 신뢰도로 표본 평균과 실제 평균의 최대 차이는 0.8시간임을 추론할 수 있다.

앞의 예와 동일한 모집단을 고려하자. 그러나 여기서의 목적은 각 분야에서 일하고 있는 학생의 비율을 추정하는 것이다. 파일럿 표본에 따르면 $\hat{p}_1 = 0.3$(정밀과학), $\hat{p}_2 = 0.6$(인문과학), $\hat{p}_3 = 0.4$(생물과학)로 추정됐다. 이 경우 사용된 추출 방법은 균등이다. 추정 오차 3%, 신뢰수준 90%에서 표본 크기를 계산하라.

해법

각 분야의 실제 p 값을 알 수 없으므로 추정치를 사용한다. 90% 신뢰수준에서는 $z_\alpha = 1.645$이다. 층화 표본추출의 식 (7.12)를 적용하면 유한 모집단의 비율을 다음과 같이 추정할 수 있다.

$$n = \frac{\sum_{i=1}^{k} N_i^2 . p_i . q_i / W_i}{N^2 . \dfrac{B^2}{z_\alpha^2} + \sum_{i=1}^{k} N_i . p_i . q_i}$$

$$n = \frac{5,285^2 \times 0.3 \times 0.7/0.44 + 3,877^2 \times 0.6 \times 0.4/0.33 + 2,724^2 \times 0.4 \times 0.6/0.23}{11,886^2 \times \dfrac{0.03^2}{1.645^2} + 5,285 \times 0.3 \times 0.7 + 3,877 \times 0.6 \times 0.4 + 2,724 \times 0.4 \times 0.6}$$

$$n = 644.54 \cong 645$$

표본추출이 균등이므로 $n_1 = n_2 = n_3 = 215$이다.

따라서 연구를 수행하려면 각 분야에서 215명의 학생을 무작위로 선택해야 한다. 선택된 표본에서 신뢰수준 90%로 표본의 비율과 모집단의 비율이 최대 3% 이내임을 추론할 수 있다.

7.4.4 클러스터 표본의 크기

이 절은 1단과 2단 클러스터 표본의 크기를 계산하는 방법을 설명한다.

클러스터 표본 크기 계산을 위해 다음 표기를 사용한다.

N = 모집단 크기

M = 모집단을 분할하게 될 클러스터 개수

N_i = 클러스터 i의 크기$(i = 1, 2, ..., M)$

n = 표본 크기

m = 추출된 클러스터의 개수$(m < M)$

n_i = 1단계$(i = 1, 2, ..., m)$, $n_i = N_i$에서 추출된 표본으로부터의 클러스터 i의 크기

b_i = 2단계$(i = 1, 2, ..., m)$, $b_i < n_i$에서 추출된 표본으로부터의 클러스터 i의 크기

$\bar{N} = N/M$(모집단 클러스터의 평균 크기)

$\bar{n} = n/m$(표본 클러스터의 평균 크기)

X_{ij} = 클러스터 i의 j번째 관측치

σ_{dc}^2 = 모집단 분산

σ_{ec}^2 = 클러스터 간의 모집단 분산

σ_i^2 = 클러스터 i의 모집단 분산

μ_i = 클러스터 i의 모집단 평균

$\sigma_c^2 = \sigma_{dc}^2 + \sigma_{ec}^2$ (전체 모집단 분산)

Bolfarine and Bussab(2005)에 따르면, σ_{dc}^2과 σ_{ec}^2은 다음과 같다.

$$\sigma_{dc}^2 = \frac{\sum_{i=1}^{M}\sum_{j=1}^{N_i}\left(X_{ij} - \mu_i\right)^2}{N} = \frac{1}{M} \cdot \sum_{i=1}^{M} \frac{N_i}{\overline{\overline{N}}} \cdot \sigma_i^2 \tag{7.13}$$

$$\sigma_{ec}^2 = \frac{1}{N} \cdot \sum_{i=1}^{M} N_i \cdot (\mu_i - \mu)^2 = \frac{1}{M} \cdot \sum_{i=1}^{M} \frac{N_i}{\overline{\overline{N}}} \cdot (\mu_i - \mu)^2 \tag{7.14}$$

모든 클러스터의 크기가 동일하다고 가정하면 이전 식은 다음처럼 요약될 수 있다.

$$\sigma_{dc}^2 = \frac{1}{M} \cdot \sum_{i=1}^{M} \sigma_i^2 \tag{7.15}$$

$$\sigma_{ec}^2 = \frac{1}{M} \cdot \sum_{i=1}^{M} (\mu_i - \mu)^2 \tag{7.16}$$

7.4.4.1 1단 클러스터 표본 크기

이 절은 최대 오차가 B인 유한 및 무한 모집단의 평균(정량 변수)을 추정하기 위해 1단 클러스터 표본의 크기를 계산하는 방법을 설명한다.

평균의 추정 오차(B)는 연구원들이 μ(모집단 평균)와 $\overline{X}$(표본 평균) 사이의 차이, 즉 $B \geq |\mu - \overline{X}|$ 중 허용할 수 있는 최댓값을 의미한다.

7.4.4.1.1 무한 모집단의 평균을 추정하기 위한 표본 크기

선택된 변수가 정량이고 모집단이 무한이면, $P\left(|\overline{X} - \mu| \leq B\right) = 1 - \alpha$인 1단 추출 클러스터의 개수($m$)는 다음과 같이 계산한다.

$$m = \frac{\sigma_c^2}{B^2 / z_\alpha^2} \tag{7.17}$$

여기서

식 (7.13)~식 (7.16)에 따라 $\sigma_c^2 = \sigma_{dc}^2 + \sigma_{ec}^2$이다.

B = 최대 추정 오차

z_α = 유의수준 α에서 표준 정규 분포의 가로 좌표

클러스터의 크기가 같을 때, Bolfarine and Bussab(2005)는 다음을 증명했다.

$$m = \frac{\sigma_e^2}{B^2/z_\alpha^2} \qquad (7.18)$$

저자에 따르면, 일반적으로 σ_c^2은 미지수이며 이전 표본 연구에서 구한 파일럿 표본으로 추정해야 한다.

7.4.4.1.2 유한 모집단의 평균을 추정하기 위한 표본 크기

선택된 변수가 정량이고 모집단이 유한이면, $P(|\overline{X} - \mu| \leq B) = 1 - \alpha$인 1단 추출 클러스터의 개수 (m)는 다음과 같이 계산한다.

$$m = \frac{M.\sigma_c^2}{M.\dfrac{B^2.\overline{N}^2}{z_\alpha^2} + \sigma_c^2} \qquad (7.19)$$

여기서

M = 모집단을 분할하게 될 클러스터 개수

식 (7.13)~식 (7.16)에 따라 $\sigma_c^2 = \sigma_{dc}^2 + \sigma_{ec}^2$이다.

B = 최대 추정 오차

$\overline{N} = N/M$(모집단 클러스터의 평균 크기)

z_α = 유의수준 α에서 표준 정규 분포의 가로 좌표

7.4.4.1.3 무한 모집단의 비율을 추정하기 위한 표본 크기

선택된 변수가 이진이고 모집단이 무한이면, $P(|\hat{p} - p| \leq B) = 1 - \alpha$인 1단 추출 클러스터의 개수$(m)$는 다음과 같이 계산한다.

$$m = \frac{1/M.\displaystyle\sum_{i=1}^{M}\frac{N_i}{\overline{N}}.p_i.q_i}{B^2/z_\alpha^2} \qquad (7.20)$$

여기서

M = 모집단을 분할하게 될 클러스터 개수

N_i = 클러스터 i의 크기$(i = 1, 2, ..., M)$

$\overline{N}$ = N/M(모집단 클러스터의 평균 크기)

p_i = 클러스터 i에서 원하는 특성을 가진 원소의 비율

$q_i = 1 - p_i$

B = 최대 추정 오차

z_α = 유의수준 α에서 표준 정규 분포의 가로 좌표

7.4.4.1.4 유한 모집단의 비율을 추정하기 위한 표본 크기

선택된 변수가 이진이고 모집단이 유한이면, $P(|\hat{p} - p| \leq B) = 1 - \alpha$인 1단 추출 클러스터의 개수$(m)$는 다음과 같이 계산한다.

$$m = \frac{\displaystyle\sum_{i=1}^{M} \frac{N_i}{\overline{N}} \cdot p_i \cdot q_i}{M \cdot \dfrac{B^2 \cdot \overline{N}^2}{z_\alpha^2} + 1/M \cdot \displaystyle\sum_{i=1}^{M} \frac{N_i}{\overline{N}} \cdot p_i \cdot q_i} \tag{7.21}$$

여기서

M = 모집단을 분할하게 될 클러스터 개수

N_i = 클러스터 i의 크기$(i = 1, 2, ..., M)$

$\overline{N}$ = N/M(모집단 클러스터의 평균 크기)

p_i = 클러스터 i에서 원하는 특성을 가진 원소의 비율

$q_i = 1 - p_i$

B = 최대 추정 오차

z_α = 유의수준 α에서 표준 정규 분포의 가로 좌표

7.4.4.2 2단 클러스터 표본의 크기

여기서는 모든 클러스터가 동일한 크기라고 가정한다. Bolfarine and Bussab(2005)에 근거해 다음의 선형 비용 함수를 고려하자.

$$C = c_1 \cdot n + c_2 \cdot b \tag{7.22}$$

여기서

c_1 = 1단계에서 한 단위를 관측하기 위한 비용

c_2 = 2단계에서 한 단위를 관측하기 위한 비용

n = 1단계의 표본 크기

b = 2단계의 표본 크기

선형 비용 함수를 최소화하기 위한 최적의 b 크기는 다음과 같다.

$$b^* = \frac{\sigma_{dc}}{\sigma_{ec}} \cdot \sqrt{\frac{c_1}{c_2}} \tag{7.23}$$

예제 7.15 클러스터 표본의 크기 계산

서울에 있는 어떤 클럽 회원(N = 4,500)을 생각해보자. 이 클럽의 기본 특징들에 대한 각 회원이 생각하고 있는 평균 평점(0부터 10)을 추정해보고자 한다. 모집단은 회원번호에 따라 각 450명씩 10개의 그룹으로 분할됐다. 이전의 조사에 따른 그룹별 모집단의 평균과 분산에 대한 추정은 표 7.E.8에 있다. 클러스터 표본추출이 단일 단계에 기초하고 있다고 가정할 때, B = 2%, α = 1%인 클러스터 개수를 계산하라.

표 7.E.8 그룹별 평균과 모집단 분산

i	1	2	3	4	5	6	7	8	9	10
μ_i	7.4	6.6	8.1	7.0	6.7	7.3	8.1	7.5	6.2	6.9
σ_i^2	22.5	36.7	29.6	33.1	40.8	51.7	39.7	30.6	40.5	42.7

해법

주어진 데이터에 따라 다음을 구할 수 있다.

$$N = 4,500, M = 10, \overline{N} = 4,500/10 = 450, B = 0.02, z_\alpha = 2.575$$

모든 클러스터의 크기가 동일하므로, σ_{dc}^2과 σ_{ec}^2은 다음과 같이 계산한다.

$$\sigma_{dc}^2 = \frac{1}{M} \cdot \sum_{i=1}^{M} \sigma_i^2 = \frac{22.5 + 36.7 + \ldots + 42.7}{10} = 36.79$$

$$\sigma_{ec}^2 = \frac{1}{M} \cdot \sum_{i=1}^{M} (\mu_i - \mu)^2 = \frac{(7.4 - 7.18)^2 + \ldots + (6.9 - 7.18)^2}{10} = 0.35$$

따라서 $\sigma_c^2 = \sigma_{dc}^2 + \sigma_{ec}^2 = 36.79 + 0.35 = 37.14$ 이다.

유한 모집단에서 1단계에서 추출할 클러스터의 개수는 식 (7.19)에 의해 다음과 같다.

$$m = \frac{M.\sigma_c^2}{M.\dfrac{B^2.\overline{N}^2}{z_\alpha^2} + \sigma_c^2} = \frac{10 \times 37.14}{10 \times \dfrac{0.02^2 \times 450^2}{2.575^2} + 37.14} = 2.33 \cong 3$$

따라서 모집단 N = 4,500 회원은 M = 10의 클러스터로 동일한 크기(N_i = 450, i = 1, ..., 10)로 분할된다. 전체 클러스터 개수로부터 무작위로 m = 3개의 클러스터를 추출해야 한다. 1단 클러스터 표본추출에서는 추출된 클러스터의 모든 원소가 전체 표본을 구성한다(n = 450 × 3 = 1,350).

선택된 표본으로부터, 99%의 신뢰수준으로 표본 평균과 실제 모집단 평균의 차이가 최대 2%라는 추정을 할 수 있다.

표 7.1은 유한 및 무한 모집단의 평균(정량 변수)과 비율(이진 변수) 표본 크기를 계산하는 데 사용하는 식을 요약하고 있다. 최대 추정 오차는 B이며, 각 무작위 표본추출(단순, 체계적, 층화, 클러스터)에 대해 정리되어 있다.

표 7.1 무작위 표본의 크기를 계산하기 위한 식

무작위 표본 형식	평균 추정 (무한 모집단)	평균 추정 (유한 모집단)	비율 추정 (무한 모집단)	비율 추정 (유한 모집단)
단순	$n = \dfrac{\sigma^2}{B^2/z_\alpha^2}$	$n = \dfrac{N.\sigma^2}{(N-1).\dfrac{B^2}{z_\alpha^2} + \sigma^2}$	$n = \dfrac{p.q}{B^2/z_\alpha^2}$	$n = \dfrac{N.p.q}{(N-1).\dfrac{B^2}{z_\alpha^2} + p.q}$
체계적	$n = \dfrac{\sigma^2}{B^2/z_\alpha^2}$	$n = \dfrac{N.\sigma^2}{(N-1)\dfrac{B^2}{z_\alpha^2} + \sigma^2}$	$n = \dfrac{p.q}{B^2/z_\alpha^2}$	$n = \dfrac{N.p.q}{(N-1).\dfrac{B^2}{z_\alpha^2} + p.q}$
층화	$n = \dfrac{\sum_{i=1}^{k} W_i.\sigma_i^2}{B^2/z_\alpha^2}$	$n = \dfrac{\sum_{i=1}^{k} N_i^2.\sigma_i^2/W_i}{N^2.\dfrac{B^2}{z_\alpha^2} + \sum_{i=1}^{k} N_i.\sigma_i^2}$	$n = \dfrac{\sum_{i=1}^{k} W_i.p_i.q_i}{B^2/z_\alpha^2}$	$n = \dfrac{\sum_{i=1}^{k} N_i^2.p_i.q_i/W_i}{N^2.\dfrac{B^2}{z_\alpha^2} + \sum_{i=1}^{k} N_i.p_i.q_i}$
1단 클러스터	$m = \dfrac{\sigma_c^2}{B^2/z_\alpha^2}$	$m = \dfrac{M.\sigma_c^2}{M.\dfrac{B^2.\overline{N}^2}{z_\alpha^2} + \sigma_c^2}$	$m = \dfrac{1/M.\sum_{i=1}^{M} \dfrac{N_i}{\overline{N}}.p_i.q_i}{B^2/z_\alpha^2}$	$m = \dfrac{\sum_{i=1}^{M} \dfrac{N_i}{\overline{N}}.p_i.q_i}{M.\dfrac{B^2.\overline{N}^2}{z_\alpha^2} + 1/M.\sum_{i=1}^{M} \dfrac{N_i}{\overline{N}}.p_i.q_i}$

7.5 맺음말

변수의 정확한 분포를 구하기 위해 모집단의 모든 원소를 선택하는 것은 높은 비용, 시간, 데이터를 수집하는 어려움 때문에 거의 불가능하다. 따라서 그 대안은 모집단 원소의 일부(표본)를 선택해 전

체(모집단)의 성질을 추론하는 것이다. 표본은 모집단을 잘 대표해야 하므로, 이 과정에서 표본추출 기법을 선택하는 것은 매우 중요하다.

표본추출 기법은 확률 또는 무작위 표본추출과 비확률 또는 비무작위 표본추출, 두 가지로 크게 분류할 수 있다. 주요한 무작위 표본추출 기법 중에서 여기서는 단순 무작위 표본추출(복원 및 비복원), 체계적, 층화적 그리고 클러스터에 대해 알아봤다. 주요 비무작위 표본추출 기법으로는 편의, 판단 또는 유의, 할당, 스노우볼 표본추출이 있다. 이러한 각각의 기법은 장단점이 있으므로 현재 연구의 특징을 고려해 최적의 기법을 선택해야만 한다.

7장에서는 또 무작위 표본추출의 각 형태에 대해, 유한 그리고 무한 모집단의 평균과 비율에 대한 표본 크기를 계산하는 방법을 설명했다. 비무작위 표본추출의 경우, 연구원들은 가능한 예산이나 유사한 성질을 가진 이전의 성공한 연구에 기반해 표본 크기를 수립해야 한다. 또 다른 대안은 무작위 표본추출의 크기를 계산한 다음 참고하는 것이다.

7.6 연습문제

1. 표본추출이 중요한 이유는 무엇인가?

2. 무작위와 비무작위 표본추출 기법의 차이점은 무엇인가? 각각 어떤 경우에 사용돼야 하는가?

3. 층화와 클러스터 표본추출의 차이점은 무엇인가?

4. 각 표본추출 기법의 장단점은 무엇인가?

5. 복권 추첨에는 어떤 표본추출이 사용되는가?

6. 어떤 부품이 기준 요구사항을 만족하는지 검증하기 위해 150개가 생산될 때마다 하나를 무작위로 선택해 모든 품질 특성을 조사했다. 이 경우 어떤 표본추출 기법이 사용돼야 하는가?

7. 서초구 인구를 교육 수준에 따라 나누었다고 가정하자. 그리고 각 수준에서 모집단의 일정 비율만큼 조사를 수행한다. 이 경우 어떤 표본추출 기법을 사용해야 하는가?

8. 어떤 생산 라인에서 매 시간 1,500개 부품의 한 배치batch가 생성된다. 각 배치에서 무작위로 125개의 표본을 추출한다. 각 표본 단위에서 부품의 불량 여부를 검사하기 위해 모든 품질 특성을 조사한다. 이 경우 어떤 표본추출 기법이 사용돼야 하는가?

9. 서울 인구를 96개 지역으로 나누었다. 이 중 24개 구역을 무작위로 선정한 다음 각각에 대해 모집단의 작은 표본을 추출해 시민 의견을 인터뷰하고자 한다. 이 경우 어떤 표본추출이 적합한가?

10. 인구가 4,000명인 어느 소도시에서 15세 이상자의 문맹률을 조사하고자 한다. 이전 연구에 따르면, $\hat{p} = 0.24$로 추정된다. 모집단에서 무작위 표본을 추출한다. 최대 추정 오차를 5%, 신뢰수준을 95%로 할 때 표본 크기는 얼마가 적절한가?

11. 어떤 도시의 12만 거주자가 5개 지역(북부, 남부, 중부, 동부, 서부)으로 나뉘었다. 다음 표는 각 지역의 거주자 수를 나타낸다. 각 지역에서 무작위 표본을 수집해 거주민들의 평균 나이를 추정하고자 한다.

지역	거주민
북부	14,060
남부	19,477
중부	36,564
동부	26,424
서부	23,475

선택된 표본은 지역별 거주자의 수에 비례해야 한다. 파일럿 표본에 근거해 다섯 지역의 분산 추정을 다음과 같이 했다. 44.5(북부), 59.3(남부), 82.4(중부), 66.2(동부), 69.5(서부). 추정 오차 0.6과 99% 신뢰수준을 고려해 표본 크기를 구하라.

12. 12만 명이 거주하는 소도시를 생각해보자. 도시와 시골 지역에 사는 사람들의 인구 비율을 추정하고자 한다. 표본추출 계획은 소도시를 각기 다른 크기의 85개 구역으로 구분했다. 모든 구역 중 일부 구역을 선정하고, 일단 선정된 구역에서는 모든 인구가 선택된다. 파일 Districts.xls는 각 구역의 크기와 도시 및 시골 거주자의 비율 추정을 보여준다. 최대 추정 오차 10%와 90% 신뢰수준을 생각할 때, 전체 구역 개수를 결정하라.

8

추정

자연에 대한 종합적 이해는 수학적 발견을 돕는 가장 유익한 원천이다.

– 조제프 푸리에(Joseph Fourier)

8.1 소개

앞서 설명했듯이, 통계적 추론은 표본에서 구한 데이터에 기반해 모집단에 대한 결론을 내리는 것이 주된 목적이다. 표본은 반드시 모집단을 대표할 수 있어야 한다. 통계적 추론의 가장 중요한 목표 중 하나는 모집단 모수의 추정인데, 이 장의 주요 목적이기도 한다. Bussab and Morettin(2011)에 따르면 **모수**parameter는 모집단 값의 집합에 대한 함수로 정의할 수 있고, **통계**statistic는 표본값의 집합에 대한 함수, **추정**estimate은 특정 표본 모수에 의한 값의 추정으로 정의할 수 있다.

모수는 단일 점(점 추정)이나 값의 구간(구간 추정)을 통해 추정할 수 있다.

주요 점 추정 기법으로는 모멘트 추정, 최소 자승, 최대 우도 추정 등이 있다. 그와 달리, 주요 구간 추정 기법 또는 신뢰 구간CI, confidence interval은 분산이 알려졌을 때 모집단의 CI, 또는 분산을 모를 때 모집단 평균의 CI, 모집단 분산의 CI, 비율의 CI 등에 관한 것이다.

8.2 점과 구간 추정

모집단 모수는 점 또는 구간값으로부터 추정할 수 있다. 모집단 모수 추정(점과 구간)의 예로는 평균, 분산, 비율이 있다.

8.2.1 점 추정

점 추정point estimation은 모집단 모수의 단일 값을 추정하고자 할 때 사용한다. 모집단 모수 추정은 표본에서 이뤄진다.

그러므로 표본 평균($\bar{x}$)은 실제 모집단 평균(μ)의 점 추정이다. 유사하게, 표본 분산(S^2)은 모집단 모수(σ^2)의 점 추정이다. 표본 비율($\hat{p}$)은 모집단 비율(p)의 점 추정이다.

예제 8.1 점 추정

702개 부지로 구성된 고급 콘도가 있다. 각 부지의 평균 크기와 분산, 부지당 판매 비율을 추정하고자 한다. 이를 위해 60개 부지를 무작위로 수집했으며 평균 크기는 부지당 1750m², 분산은 420m², 평균 판매 비율은 부지당 8%였다. 따라서

(a) $\bar{x} = 1750$은 모집단 평균(μ)의 점 추정이다.

(b) $S^2 = 420$은 모집단 분산(σ^2)의 점 추정이다.

(c) $\hat{p} = 0.08$은 모집단 비율(p)의 점 추정이다.

8.2.2 구간 추정

구간 추정interval estimation은 추정 모수가 위치할 수 있는 가능 구간을 찾을 때 사용한다. 이때 α는 유의수준이고, $(1 - \alpha)$는 신뢰수준이 된다.

예제 8.2 구간 추정

예제 8.1의 정보를 생각해보자. 이번에는 모집단 모수에 대한 점 추정이 아니라 구간 추정을 사용해보자.

(a) [1700−1800] 구간은 702개 콘도 부지의 평균을 포함하고 있을 것으로 99% 신뢰 구간으로 얘기할 수 있다.

(b) 95% 신뢰 구간으로, [400−440] 구간은 부지 크기의 모집단 분산을 포함하고 있다.

(c) [6%−10%] 구간은 콘도 판매 비율을 90% 신뢰로 포함하고 있다.

8.3 점 추정 기법

주요 점 추정 기법으로는 모멘트, 최소 자승, 최대 우도 추정 등이 있다.

8.3.1 모멘트 기법

모멘트^{moment} 기법에서는 모집단 모수가 표본 추정, 예컨대 평균과 표본 분산으로 이뤄진다.

확률 밀도 함수$^{p.d.f., probability density function}$ $f(x)$를 가진 확률 변수 X를 생각해보자. $X_1, X_2, ..., X_n$이 모집단 X에서 추출된 크기 n의 확률 표본이라고 가정하자. $k = 1, 2, ...$인 경우, 분포 $f(x)$의 k번째 **모집단 모멘트**$^{population moment}$는 다음과 같다.

$$E(X^k) \tag{8.1}$$

p.d.f. $f(x)$를 가진 확률 변수 X를 생각해보자. $X_1, X_2, ..., X_n$이 모집단 X에서 추출된 크기 n의 확률 표본이라고 가정하자. $k = 1, 2, ...$인 경우, 분포 $f(x)$의 k번째 **표본 모멘트**$^{sample moment}$는 다음과 같다.

$$M_k = \frac{\sum_{i=1}^{n} X_i^k}{n} \tag{8.2}$$

모멘트 기법의 추정 절차는 다음과 같다. 확률 밀도 함수 $f(x, \theta_1, ..., \theta_m)$(여기서 $\theta_1, ..., \theta_m$은 미지의 모집단 모수다)를 가진 확률 변수 X를 생각해보자. 확률 표본 $X_1, X_2, ..., X_n$은 모집단 X에서 추출됐다.

모멘트 $\hat{\theta}_1, ..., \hat{\theta}_m$의 추정은 첫 m 표본 모멘트를 해당 m 모집단 모멘트와 매칭하고 그 결과 식을 $\theta_1, ..., \theta_m$에 대해 풀이함으로써 구한다.

따라서 첫 번째 모집단 모멘트는 다음과 같다.

$$E(X) = \mu \tag{8.3}$$

첫 번째 표본 모멘트는 다음과 같다.

$$M_1 = \overline{X} = \frac{\sum_{i=1}^{n} X_i}{n} \tag{8.4}$$

모집단과 표본 모멘트를 매칭하면 다음과 같다.

$$\hat{\mu} = \overline{X}$$

그러므로 **표본 평균은 모집단 평균의 모멘트 추정자다.**

표 8.1은 각기 다른 확률 분포에 대해 6장에서 살펴본 것처럼 $E(X)$와 $Var(X)$를 구하는 방법을 보여준다.

표 8.1 여러 확률 분포에 대한 $E(X)$와 $Var(X)$의 계산

분포	E(X)	Var(X)	M
정규 $[X \sim N(\mu,\sigma^2)]$	μ	σ^2	2
이항 $[X \sim b(n,p)]$	np	$np(1-p)$	1
푸아송 $[X \sim Poisson(\lambda)]$	λ	λ	1
균등 $[X \sim U(a,b)]$	$(a+b)/2$	$(b-a)^2/12$	2
지수 $[X \sim exp(\lambda)]$	$1/\lambda$	$1/\lambda^2$	1
감마 $[X \sim Gamma(\alpha,\lambda)]$	$\alpha\lambda$	$\alpha\lambda^2$	2

예제 8.3 모멘트 기법

어떤 확률 변수 X가 모수가 λ인 지수 분포를 따른다고 가정하자. 모집단에서 10개의 무작위 표본이 추출됐고 그 데이터는 표 8.E.1에 나열되어 있다. λ 모멘트의 추정을 계산하라.

표 8.E.1 표본에서 구한 데이터

5.4	9.8	6.3	7.9	9.2	10.7	12.5	15.0	13.9	17.2

해법

$E(X) = \overline{X}$ 를 알고 있다.

　지수 분포에 있어 $E(X) = \frac{1}{\lambda}$ 이므로, $\frac{1}{\lambda} = \overline{X}$ 이다.

　따라서 λ의 모멘트 추정은 $\hat{\lambda} = \frac{1}{\overline{X}}$ 이다.

　예제 8.3 데이터의 경우 $\overline{X} = 10.79$ 이므로 λ의 모멘트는 다음과 같다.

$$\hat{\lambda} = \frac{1}{\overline{X}} = \frac{1}{10.79} = 0.093$$

8.3.2 최소 자승법

단순 선형 회귀 모델은 다음 식으로 주어진다.

$$Y_i = a + b.X_i + \mu_i, i = 1, 2, \ldots, n \tag{8.5}$$

여기서

Y_i = 종속 변수의 i번째 관측치

a = 직선 또는 상수 선형 계수

b = 직선의 각 계수(경사)

X_i = 설명 변수의 i번째 관측치

μ_i = Y와 X 사이의 선형 관계에 대한 랜덤 오차 항

회귀 모델의 모수 a와 b는 알 수 없으므로 회귀선을 사용해 추정해야 한다.

$$\hat{Y}_i = \alpha + \beta.X_i \tag{8.6}$$

여기서

$\hat{Y}_i$ = 추정 또는 모델에서 예측된 i번째 값

α = 회귀 모델의 모수 a의 추정

β = 회귀 모델의 모수 b의 추정

X_i = 설명 변수의 i번째 관측치

그러나 Y_i 관측치가 회귀 모델에 의한 추정치 $\hat{Y}_i$와 항상 일치하는 건 아니다. i번째 관측치에 대한 관측치와 추정치 사이의 차이는 오차 항 μ_i가 된다.

$$\mu_i = Y_i - \hat{Y}_i \tag{8.7}$$

따라서 최소 자승법을 사용해 점들을 적합화하는 최적의 직선을 찾게 되는데, 이 직선은 잔차의 제곱합을 최소로 만드는 α와 β를 추정하는 것이다.

$$\min \sum_{i=1}^{n} \mu_i^2 = \sum_{i=1}^{n} (Y_i - \alpha - \beta.X_i)^2$$

추정식은 다음과 같다.

$$\beta = \frac{\sum_{i=1}^{n} (Y_i - \overline{Y})(X_i - \overline{X})}{\sum_{i=1}^{n} (X_i - \overline{X})^2} = \frac{\sum_{i=1}^{n} Y_i X_i - n\overline{XY}}{\sum_{i=1}^{n} X_i^2 - n\overline{X}^2} \tag{8.8}$$

$$\alpha = \overline{Y} - \beta.\overline{X} \tag{8.9}$$

13장에서는 최소 자승 선형 회귀 추정에 대해 좀 더 자세히 알아본다.

8.3.3 최대 우도 추정

최대 우도 추정$^{\text{maximum likelihood estimation}}$은 연구 중인 현상을 나타내는 변수 확률 분포의 모델 모수를 추정하는 방법 중 하나다. 모수들은 우도 함수를 최대화하도록 선택되는데, 이는 특정 선형 프로그래밍 문제의 목적 함수다(Fávero, 2015).

확률 밀도 함수 $f(x, \theta)$를 가진 확률 변수 X를 생각해보자. 여기서 벡터 $\theta = \theta_1, \theta_2, ..., \theta_k$는 미지수다. 모집단 X에서 추출된 크기 n의 확률 표본 $X_1, X_2, ..., X_n$에서 관측된 $x_1, x_2, ..., x_n$을 고려해보자.

X에 연계된 우도 함수 L은 각 관측치의 밀도의 곱으로 주어진 결합 확률 밀도 함수다.

$$L(\theta; x_1, x_2, ..., x_n) = f(x_1, \theta) \times f(x_2, \theta) + \cdots + f(x_n, \theta) = \prod_{i=1}^{n} f(x_i, \theta) \tag{8.10}$$

최대 우도 추정은 우도 함수를 최대화하는 벡터 $\hat{\theta}$가 된다.

8.4 구간 추정 또는 신뢰 구간

8.3절에서 관심대상의 모집단 모수는 단일 값으로 추정했다(점 추정). 점 추정의 주된 한계는 모수가 단일 점으로 추정되므로 모든 데이터 정보가 이 수치 하나에 요약된다는 것이다.

그 대안으로 구간 추정을 사용할 수 있다. 모집단 모수를 단일 점으로 추정하는 대신 추정에 관련된 구간을 추정하는 것이다. 따라서 참 모집단 모수를 포함하는 구간값을 어떤 신뢰수준 $(1 - \alpha)$로 정의하는데, 여기서 α는 유의수준이 된다.

모집단 모수 θ의 추정치 $\hat{\theta}$를 생각해보자. $\hat{\theta}$의 구간 추정은 $[\theta - k; \theta + k]$를 통해 구한다. 따라서 $P\left(\theta - k < \hat{\theta} < \theta + k\right) = 1 - \alpha$이다.

8.4.1 모집단 평균(μ)의 신뢰 구간

표본에서 모집단 평균을 추정할 때는 두 가지 경우가 있는데, 모집단 분산(σ^2)을 알고 있을 경우와 그렇지 않을 경우다.

8.4.1.1 모집단 분산(σ^2)을 알고 있을 경우

X가 평균 μ, 알려진 분산 σ^2인 정규 분포를 따르는 확률 변수라고 하자. 즉, $X \sim \text{N}(\mu, \sigma^2)$이다. 따라서 다음과 같다.

$$Z = \frac{\overline{X} - \mu}{\sigma / \sqrt{n}} \sim \text{N}(0, 1) \tag{8.11}$$

즉, 변수 Z는 표준 정규 분포를 갖는다.

변수 Z가 $-z_c$와 z_c 사이에 있을 확률이 $1 - \alpha$라고 가정해보자. 따라서 표준 정규 분포로부터 구한 $-z_c$와 z_c의 임곗값은 그림 8.1과 같다.

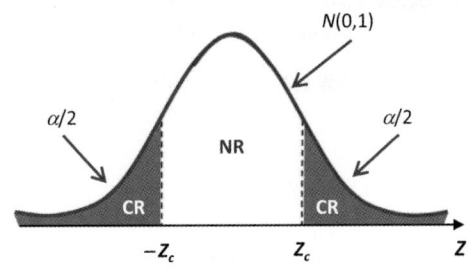

그림 8.1 표준 정규 분포

그림에서 NR과 CR은 각각 분포의 비기각 영역$^{nonrejection\ region}$과 임계 영역$^{critical\ region}$을 의미한다. 따라서 다음과 같다.

$$P(-z_c < Z < z_c) = 1 - \alpha \tag{8.12}$$

또는

$$P\left(-z_c < \frac{\overline{X} - \mu}{\sigma/\sqrt{n}} < z_c\right) = 1 - \alpha \tag{8.13}$$

그러므로 μ의 신뢰 구간은 다음과 같다.

$$P\left(\overline{X} - z_c \frac{\sigma}{\sqrt{n}} < \mu < \overline{X} + z_c \frac{\sigma}{\sqrt{n}}\right) = 1 - \alpha \tag{8.14}$$

예제 8.4 분산을 알고 있을 때 모집단 평균의 CI

어떤 부품의 평균 처리 시간을 95% 신뢰 구간으로 추정하고자 한다. $\sigma = 1.2$라는 것을 알고 있다. 이를 위해 400개 부품이 표본으로 수집되어 표본 평균 $\overline{X} = 5.4$를 얻었다. 참 모집단 평균의 95% 신뢰 구간을 구하라.

해법

$\sigma = 1.2$, $n = 400$, $\overline{X} = 5.4$, CI = 95%($\alpha = 5\%$)이다. $\alpha = 5\%$에 대한 $-z_c$와 z_c의 임곗값은 부록의 표 E에서 구할 수 있다(그림 8.2).

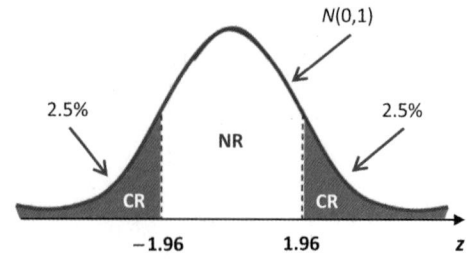

그림 8.2 $-z_c$와 z_c의 임곗값

식 (8.14)를 적용하면 다음과 같다.

$$P\left(5.4 - 1.96\frac{1.2}{\sqrt{400}} < \mu < 5.4 + 1.96\frac{1.2}{\sqrt{400}}\right) = 95\%$$

즉, 다음과 같다.

$$P(5.28 < \mu < 5.52) = 95\%$$

따라서 95% 신뢰로 구간 [5.28; 5.52]는 모집단 평균을 포함하고 있다.

8.4.1.2 모집단 분산(σ^2)을 모를 경우

X가 평균 μ, 미지의 분산 σ^2의 정규 분포를 따르는 확률 변수라고 하자. 즉, $X \sim N(\mu, \sigma^2)$이다. 분산이 미지수이므로, σ^2 대신 그 추정치인 S^2을 사용해야 하며, 이는 또 다른 확률 변수로부터 얻어진다.

$$T = \frac{(\overline{X} - \mu)}{(S/\sqrt{n})} \sim t_{n-1} \tag{8.15}$$

즉, 변수 T는 $n - 1$차 자유도를 가진 스튜던트 t 분포를 따른다.

$-t_c$와 t_c 사이에 변수 T가 있을 확률이 $1 - \alpha$라고 가정해보자. 따라서 스튜던트 t 분포표(부록의 표 B)로부터 $-t_c$와 t_c의 임곗값을 구할 수 있고, 이는 그림 8.3에 나타나 있다.

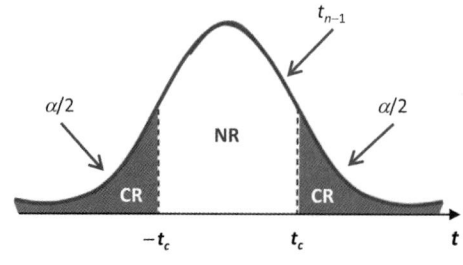

그림 8.3 스튜던트 t 분포

따라서 다음과 같이 된다.

$$P(-t_c < T < t_c) = 1 - \alpha \tag{8.16}$$

또는 달리 표현하면 다음과 같다.

$$P\left(-t_c < \frac{\overline{X} - \mu}{S/\sqrt{n}} < t_c\right) = 1 - \alpha \tag{8.17}$$

그러므로 μ의 신뢰 구간은 다음과 같다.

$$P\left(\overline{X} - t_c \frac{S}{\sqrt{n}} < \mu < \overline{X} + t_c \frac{S}{\sqrt{n}}\right) = 1 - \alpha \tag{8.18}$$

예제 8.5 분산을 모를 경우 모집단 평균의 CI

95% 신뢰 구간으로 주어진 모집단의 평균 가중치를 추정하고자 한다. 분석된 확률 변수는 평균이 μ이고 미지의 분산 σ^2인 정규 분포를 따른다. 모집단에서 25개의 표본을 추출해 표본 평균($\overline{X}$ = 70)과 표본 분산(S^2 = 36)을 얻었다. 모집단의 평균 가중치를 포함하는 구간을 찾아내라.

해법

분산을 알 수 없으므로, 스튜던트 t 분포를 따르는 추정치 S^2을 사용한다. 부록의 표 B에서 24차 자유도와 유의수준 α = 5%에 해당하는 $-t_c$와 t_c 사이의 임곗값은 그림 8.4와 같다.

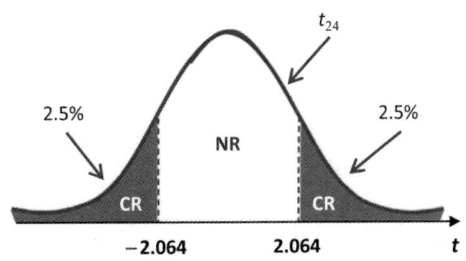

그림 8.4 스튜던트 t 분포의 임곗값

식 (8.18)을 적용하면 다음과 같다.

$$P\left(78 - 2.064 \frac{6}{\sqrt{25}} < \mu < 78 + 2.064 \frac{6}{\sqrt{25}}\right) = 95\%$$

즉,

$$P(75.5 < \mu < 80.5) = 95\%$$

따라서 구간 [75.5; 80.5]는 95% 신뢰로 모집단 평균 가중치를 포함한다.

8.4.2 비율의 신뢰 구간

확률 변수 X가 관심대상의 특성이 모집단에서 존재하는지 유무를 나타낸다고 하자. 그러므로 X는 모수 p인 이항 분포를 따르고, p는 모집단의 원소들이 관심대상의 특성을 가졌을 확률을 나타낸다.

$$X \sim \mathrm{b}(1, p)$$

평균은 $\mu = p$이고, 분산은 $\sigma^2 = p(1 - p)$이다.

크기가 n인 확률 표본 $X_1, X_2, ..., X_n$이 모집단에서 추출됐다. 표본에서 관심대상의 특성을 가진 원소의 개수를 k라고 하자. 모집단 비율 p의 추정($\hat{p}$)은 다음과 같다.

$$\hat{p} = \frac{k}{n} \tag{8.19}$$

n이 크면, 표본 비율 $\hat{p}$가 평균이 p이고 분산이 $p(1 - p)/n$인 정규 분포에 근사한다고 볼 수 있다.

$$\hat{p} \sim \mathrm{N}\left(p, \frac{p(1 - p)}{n}\right) \tag{8.20}$$

$Z = \dfrac{\hat{p} - p}{\sqrt{\dfrac{p(1 - p)}{n}}} \sim \mathrm{N}(0, 1)$을 고려해보자. n이 크므로, p를 $\hat{p}$로 대체할 수 있다.

$$Z = \frac{\hat{p} - p}{\sqrt{\dfrac{\hat{p}(1 - \hat{p})}{n}}} \sim \mathrm{N}(0, 1) \tag{8.21}$$

Z 값이 $-z_c$와 z_c 사이에 있을 확률이 $1 - \alpha$라고 하면 표준 정규 분포표(부록의 표 E)에서 구한 $-z_c$와 z_c의 임곗값은 그림 8.1과 같다.

따라서 다음을 얻게 된다.

$$P(-z_c < Z < z_c) = 1 - \alpha \tag{8.22}$$

또는

$$P\left(-z_c < \frac{\hat{p} - p}{\sqrt{\dfrac{\hat{p}(1 - \hat{p})}{n}}} < z_c\right) = 1 - \alpha \tag{8.23}$$

그러므로 p의 신뢰 구간은 다음과 같다.

$$P\left(\hat{p} - z_c\sqrt{\frac{\hat{p}(1-\hat{p})}{n}} < p < \hat{p} + z_c\sqrt{\frac{\hat{p}(1-\hat{p})}{n}}\right) = 1 - \alpha \qquad (8.24)$$

예제 8.6 비율의 CI

배치당 1000개의 부품을 생산하는 공장에서 230개 부품이 불량임을 발견했다. 불량품의 참 비율을 신뢰 구간 95%로 구하라.

해법

$$n = 1,000$$
$$\hat{p} = \frac{k}{n} = \frac{230}{1,000} = 0.23$$
$$z_c = 1.96$$

따라서 식 (8.24)는 다음과 같이 다시 쓸 수 있다.

$$P\left(0.23 - 1.96\sqrt{\frac{0.23 \cdot 0.77}{1,000}} < p < 0.23 + 1.96\sqrt{\frac{0.23 \cdot 0.77}{1,000}}\right) = 95\%$$
$$P(0.204 < p < 0.256) = 95\%$$

그러므로 구간 [20.4%; 25.6%]는 95% 신뢰로 불량품의 참 비율을 포함한다.

8.4.3 모집단 분산의 신뢰 구간

확률 변수 X_i가 평균 μ, 분산 σ^2의 정규 분포를 따른다고 하자. 즉, $X_i \sim \mathrm{N}(\mu, \sigma^2)$이다. σ^2의 추정치가 표본 분산 S^2이라고 하자. 따라서 확률 변수 Q는 $n - 1$차 자유도를 가진 카이제곱 분포라고 간주할 수 있다.

$$Q = \frac{(n-1) \cdot S^2}{\sigma^2} \sim \chi^2_{n-1} \qquad (8.25)$$

Q가 χ^2_{low}과 χ^2_{upp} 사이에 있을 확률이 $1 - \alpha$라고 하자. 카이제곱 분포표(부록의 표 D)에서 구한 χ^2_{low}과 χ^2_{upp}의 임곗값은 그림 8.5와 같다.

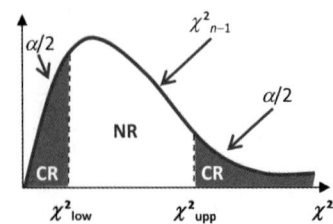

그림 8.5 카이제곱 분포

따라서 다음을 얻는다.

$$P\left(\chi^2_{\text{low}} < \chi^2_{n-1} < \chi^2_{\text{upp}}\right) = 1 - \alpha \tag{8.26}$$

또는

$$P\left(\chi^2_{\text{low}} < \frac{(n-1) \cdot S^2}{\sigma^2} < \chi^2_{\text{upp}}\right) = 1 - \alpha \tag{8.27}$$

그러므로 σ^2의 신뢰 구간은 다음과 같다.

$$P\left(\frac{(n-1) \cdot S^2}{\chi^2_{\text{upp}}} < \sigma^2 < \frac{(n-1) \cdot S^2}{\chi^2_{\text{low}}}\right) = 1 - \alpha \tag{8.28}$$

예제 8.7 모집단 분산의 CI

어느 공립대학 경영학과 학생들의 모집단에서 나이 변수에 관심이 있다고 하자. 모집단에서 101명의 학생이 표본으로 추출됐고 $S^2 = 18.22$의 값을 얻었다. 모집단 분산에 대한 90% 신뢰 구간을 구축하라.

해법

χ^2 분산표(부록의 표 D)에서 100차 자유도를 찾아보면 다음을 얻는다.

$$\chi^2_{\text{low}} = 77.929$$
$$\chi^2_{\text{upp}} = 124.342$$

따라서 식 (8.28)은 다음과 같이 다시 쓸 수 있다.

$$P\left(\frac{100 \cdot 18.22}{124.342} < \sigma^2 < \frac{100 \cdot 18.22}{77.929}\right) = 90\%$$
$$P\left(14.65 < \sigma^2 < 23.38\right) = 90\%$$

그러므로 구간 [14.65; 23.38]은 90% 신뢰로 참 모집단 분산을 포함하고 있다.

8.5 맺음말

통계적 추론은 세 가지 주요 부분으로 나뉘는데, 각각 표본추출, 모집단 모수 추정, 가설 검정이다. 8장에서는 추정 기법에 대해 알아봤다.

　　모집단 모수에 대한 점 추정과 구간 추정이 있다. 주요 점 추정 기법 중에서 모멘트 추정, 최소 자승, 최대 우도 추정을 알아봤다. 한편 주요 구간 추정 기법 중에서 모집단 평균의 신뢰 구간[CI]을 분산을 알 때와 모를 때로 나누어 알아봤다. 또 비율의 CI, 모집단 분산의 CI로 알아봤다.

8.6 연습문제

1. 표준 편차가 $\sigma = 18$인 정규 분포를 따르는 모집단의 평균 나이를 추정하고자 한다. 이를 위해 120명을 모집단에서 추출하고 평균 나이가 51세임을 알았다. 참 모집단 평균의 90% 신뢰 구간을 구축하라.

2. 분산을 모르는 정규 분포를 따르는 어떤 모집단의 평균 수입을 추정하고자 한다. 모집단에서 36명의 표본이 추출됐고 평균 $\overline{X} = 5,400$, 표준 편차 $S = 200$이었다. 모집단 평균의 95% 신뢰 구간을 구축하라.

3. 어떤 지방의 문맹률을 추정하고자 한다. 모집단에서 거주자 500명을 표본추출했고 문맹률이 24%임을 알았다. 그 지방의 문맹률을 95% 신뢰 구간으로 구축하라.

4. 은행 지점에서 고객 서비스 처리에 소요되는 시간의 변동성을 추정하고자 한다. 61명의 고객이 정규 분포를 따르는 모집단에서 표본추출됐고 $S^2 = 8$이었다. 모집단 분산의 95% 신뢰 구간을 구축하라.

9
가설 검정

연구를 수행하고 나면 그 결과를 받아들여야 한다. 실험 결과와 부합하지 않는다면, 부처님 말씀이라도 받아들이지 말아야 한다.

– 텐친 가초(Tenzin Gyatso)/14대 달라이 라마(Dalai Lama)

9.1 소개

앞서 설명했듯이, 통계적 추론으로 풀어야 할 문제 중 하나가 가설 검정이다. **통계 가설**statistical hypothesis은 평균, 표준 편차, 상관계수 등의 모집단 모수에 대한 가정이다. **가설 검정**hypothesis test은 어떤 가설의 진실성 또는 거짓에 대해 결정하는 절차다. 통계 가설이 어떤 정확도로 검증되거나 기각되려면 전체 모집단을 조사해야 하지만 이는 대체로 불가능하다. 그 대안으로서 관심대상 모집단에서 확률 표본을 추출한다. 결정은 표본에 근거하므로 이제 살펴볼 것처럼 오차가 발생할 수 있다(참인 가설을 기각하거나 거짓인 가설을 기각하지 못할 경우).

가설 검정을 설명하는 데 필요한 절차와 개념을 살펴보자. 모집단과 연계된 변수 X와 모집단의 어떤 모수 θ를 생각해보자. 이 모집단 모수 θ를 검정할 가설을 정의해야 하는데, 이를 귀무 가설null hypothesis이라 부른다.

$$H_0 : \theta = \theta_0 \tag{9.1}$$

H_0이 기각됐을 경우에 대한 대립 가설$^{\text{alternative hypothesis}}$($\mathrm{H}_1$)도 정의하자. 대립 가설은 다음과 같이 특징지을 수 있다.

$$\mathrm{H}_1 : \theta \neq \theta_0 \tag{9.2}$$

이 검정은 **양측 검정**$^{\text{bilateral test}}$(또는 **양쪽 꼬리 검정**$^{\text{two-tailed test}}$)이라 불린다.

검정의 유의수준(α)은 참인 귀무 가설을 기각할 확률을 나타낸다(나중에 보겠지만, 이 오류는 가능한 두 오류 중 한 가지다). 양측 검정의 임계 영역$^{\text{CR, critical region}}$ 또는 기각 영역$^{\text{RR, rejection region}}$은 그림 9.1에 나타난 것처럼 분포의 오른쪽과 왼쪽 끝의 극단 구역으로, 각각은 유의수준 α의 1/2에 해당한다.

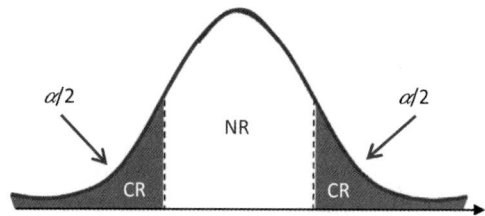

그림 9.1 양측 검정의 임계 영역(CR). 귀무 가설의 비기각 영역(NR, nonrejection region)이 부각되어 있다.

대립 가설(H_1)을 정의하는 또 다른 방법은 다음과 같다.

$$\mathrm{H}_1 : \theta < \theta_0 \tag{9.3}$$

이 검정은 **왼쪽 단측 검정**$^{\text{unilateral test to the left}}$(또는 **왼쪽 꼬리 검정**$^{\text{left-tailed test}}$)이라 부른다.

이 경우, 분포 왼쪽 꼬리의 임계 영역은 그림 9.2처럼 유의수준 α에 해당한다.

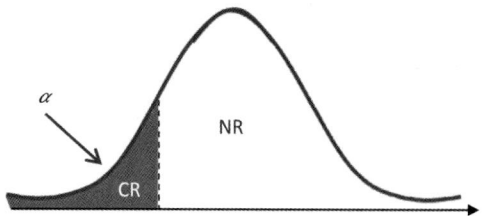

그림 9.2 왼쪽 꼬리 검정의 임계 영역(CR). 귀무 가설의 비기각 영역(NR)이 부각되어 있다.

또는 대립 가설은 다음과 같이 나타낼 수 있다.

$$\mathrm{H}_1 : \theta > \theta_0 \tag{9.4}$$

이 검정은 **오른쪽 단측 검정**$^{\text{unilateral test to the right}}$(또는 **오른쪽 꼬리 검정**$^{\text{right-tailed test}}$)이라 불린다. 이 경우 분포 오른쪽 꼬리의 임계 영역은 그림 9.3처럼 유의수준 α에 해당된다.

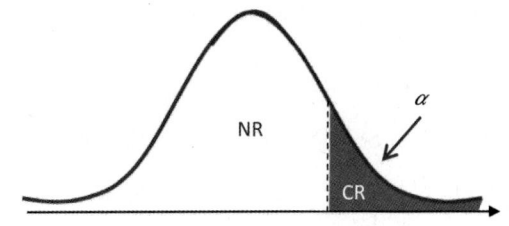

그림 9.3 오른쪽 꼬리 검정의 임계 영역(CR)

따라서 주목적이 모수가 어떤 값보다 상당히 높은지 또는 낮은지를 확인하는 것이라면 단측 검정을 사용해야 한다. 반면, 목적이 모수가 어떤 값과 다른지를 보는 것이면 양측 검정을 사용한다.

검정할 귀무 가설을 정의하고 나면 모집단에서 추출된 확률 표본을 통해 가설을 증명하거나 기각해야 한다. 결정은 표본에 근거해 이뤄지므로 두 가지 유형의 오류가 발생할 수 있다.

- **1형 오류**: 귀무 가설이 참이지만 기각할 경우. 이 오류 유형의 확률은 α에 의해 다음과 같이 나타낼 수 있다.

$$P(1\text{형 오류}) = P(\text{H}_0\text{를 기각} \mid \text{H}_0\text{가 참}) = \alpha \qquad (9.5)$$

- **2형 오류**: 귀무 가설이 거짓이지만 기각하지 않을 경우. 이 오류 유형의 확률은 β에 의해 다음과 같이 나타낼 수 있다.

$$P(2\text{형 오류}) = P(\text{H}_0\text{를 기각하지 않음} \mid \text{H}_0\text{가 거짓}) = \beta \qquad (9.6)$$

표 9.1은 가설 검정에서 발생 가능한 오류 유형을 보여주고 있다.

표 9.1 오류 유형

결정	H_0가 참	H_0가 거짓
H_0를 기각하지 않음	옳은 결정$(1 - \alpha)$	2형 오류(β)
H_0를 기각	1형 오류(α)	옳은 결정$(1 - \beta)$

가설 검정을 정의하는 절차는 다음과 같다.

1단계: 가장 적절한 통계 검정을 연구원의 의도에 기반해 선택

2단계: 검정의 귀무 가설 H_0와 그 대립 가설 H_1을 표현

3단계: 유의수준 α 설정

4단계: 모집단에서 구한 표본에 근거한 통계량의 관측치 계산

5단계: 3단계의 α에 기반해 검정의 임계 영역 결정

6단계: 결정: 통계량 값이 임계 영역에 놓여 있으면 H_0를 기각한다. 그렇지 않으면 H_0를 기각하지 않는다.

Fávero et al.(2009)에 따르면 SPSS와 Stata를 포함한 대부분의 통계 소프트웨어는 표본에서 계산된 통계량에 연계된 확률에 해당하는 P 값을 계산한다. P 값은 귀무 가설을 기각하게 되는 최소의 유의수준을 의미한다. 따라서 $P \leq \alpha$이면, H_0를 기각한다.

통계량의 임곗값 대신 P 값을 사용하면 가설 검정 구성의 5, 6단계는 다음과 같이 된다.

5단계: 4단계에서 계산한 통계량에 관련한 확률에 해당하는 P 값을 계산한다.

6단계: 결정: P 값이 3단계에서 설정한 유의수준 α보다 작으면 H_0를 기각한다. 그렇지 않으면 H_0를 기각하지 않는다.

9.2 모수적 검정

가설 검정은 모수적 검정parametric test과 비모수적 검정nonparametric test으로 나눌 수 있다. 9장에서 모수적 검정을 알아보고, 비모수적 검정은 10장에서 알아본다.

모수적 검정은 모집단 모수와 관련된다. 모수는 모집단을 기술하는 모든 수치적 측도 또는 수량적 특성이다. 그 값들은 대개 미지의 고정값이며, 그리스 문자로 나타내곤 한다. 예컨대 모집단 평균(μ), 모집단 표준 편차(σ), 모집단 분산(σ^2) 등이 있다.

모집단 모수에 대한 가설이 형성되면 가설 검정은 모수적이라 부른다. 비모수적 검정에서는 가설이 모집단의 정성적 특성에 대해 형성된다.

따라서 모수적 기법은 정량적 데이터에 적용되고, 검정을 위해서는 다음과 같이 강한 가정이 요구된다.

(i) 관측이 독립적이어야 한다.

(ii) 표본은 어떤 분포를 가진 모집단에서 추출돼야 한다. 대개 정규 분포다.

(iii) 모집단은 두 쌍의 모집단 평균 또는 k 모집단 평균($k \geq 3$)의 비교 검정에 대한 동일한 분산을 가져야 한다.

(iv) 연구 중인 변수는 구간 또는 적절한 크기로 측정돼야 한다. 각 값에 대한 산술 연산이 가능해야 하기 때문이다.

여기서는 정규성, 분산 검정의 동질성, 스튜던트 t 검정과 그 응용, 분산 분석ANOVA과 그 확장 등의 주요 모수적 검정을 알아본다. 모든 것은 해석적 방법과 SPSS와 Stata 같은 통계적 소프트웨어로 해결할 수 있다.

데이터의 일변량 정규성을 검증하기 위해 가장 보편적으로 사용되는 검정은 콜모고로프-스미노프[Kolmogorov-Smirnov]와 사피로-윌크[Shapiro-Wilk] 방법이다. 두 모집단의 분산 동질성을 비교하려면 바틀렛[Bartlett]의 χ^2(1937), 코크란[Cochran]의 C(1947a, b), 하틀리[Hartley]의 F_{max}(1950), 레빈[Levene]의 F(1960) 검정 등이 있다.

여기서는 세 가지 상황에서 스튜던트 t 검정을 설명한다. 먼저 모집단 평균에 대한 가설 검정을 살펴보고, 두 독립 평균을 비교하는 가설 검정, 두 쌍의 평균을 비교하는 검정을 살펴본다.

ANOVA는 스튜던트 t 검정의 확장이며, 둘 이상의 모집단 평균을 비교하는 데 사용한다. 이 장에서는 1인자 ANOVA, 2인자 ANOVA, 3인자 이상으로의 확장을 설명한다.

9.3 정규성의 일변량 검정

정규성의 모든 일변량 검정에서 가장 흔한 것은 콜모고로프-스미노프, 사피로-윌크, 사피로-프란시아[Shapiro-Francia]다.

9.3.1 콜모고로프–스미노프 검정

콜모고로프–스미노프 검정[K-S]은 밀착 검정으로서, 표본값 집합의 누적 빈도 분포(관측치)를 이론적 분포와 비교한다. 주목적은 표본값이 제시된 이론적 또는 기대 분포(이 경우는 정규 분포)에서 온 것이 맞는지 검정하는 것이다. 통계량은 두 분포 사이의 가장 큰 차이(절댓값)를 가진 점에 의해 주어진다.

K-S 검정을 사용하려면 모집단 평균과 표준 편차를 알아야만 한다. 소규모 표본에서는 검정의 효력이 감소하므로 대규모 표본($n \geq 30$)에서 사용해야 한다.

K-S 검정은 다음 가설을 가정한다.

H_0: 표본이 정규 분포 $N(\mu, \sigma)$인 모집단에서 온 것이다.

H_1: 표본이 정규 분포 $N(\mu, \sigma)$인 모집단에서 온 것이 아니다.

Fávero et al.(2009)에서 설정된 것처럼 $F_{exp}(X)$가 변수 X의 누적 상대 빈도의 기대 분포 함수(정규)라고 하자. 여기서 $F_{exp}(X) \sim N(\mu, \sigma)$이고 $F_{obs}(X)$는 변수 X의 관측된 누적 상대 빈도 분포다. 목적은 $F_{obs}(X) = F_{exp}(X)$인지 검정하는 것이고, 대립 가설은 $F_{obs}(X) \neq F_{exp}(X)$이다.

통계량은 다음 식을 통해 계산할 수 있다.

$$D_{cal} = \max \left\{ \left| F_{exp}(X_i) - F_{obs}(X_i) \right|; \left| F_{exp}(X_i) - F_{obs}(X_{i-1}) \right| \right\}, \quad i = 1, \ldots, n \tag{9.7}$$

여기서

$F_{exp}(X_i)$ = 범주 i에서의 기대 누적 상대 빈도

$F_{obs}(X_i)$ = 범주 i에서의 관측 누적 상대 빈도

$F_{obs}(X_{i-1})$ = 범주 $i-1$에서의 관측 누적 상대 빈도

콜모고로프-스미노프 통계량(D_c)의 임곗값은 부록의 표 G에 나타나 있다. 이 표는 $P(D_{cal} > D_c) = \alpha$(오른쪽 꼬리 검정)에 대한 D_c의 임곗값을 제공한다. 귀무 가설 H_0가 기각되려면 D_{cal} 통계량 값이 임계 영역에 있어야 한다(즉, $D_{cal} > D_c$). 그렇지 않다면 H_0를 기각하지 않는다.

P 값(표본에서 계산된 D_{cal} 통계량에 연계된 확률)은 표 G에 있다. 이 경우 $P \leq \alpha$이면 H_0를 기각한다.

예제 9.1 콜모고로프-스미노프 검정의 사용

표 9.E.1은 지난 36개월간 어느 회사의 월간 농기구 생산 데이터를 보여준다. 표 9.E.1에 있는 데이터가 정규 분포를 따르는 모집단에서 온 것인지 확인하라. $\alpha = 5\%$로 하라.

표 9.E.1 과거 36개월간 농기구 생산량

52	50	44	50	42	30	36	34	48	40	55	40
30	36	40	42	55	44	38	42	40	38	52	44
52	34	38	44	48	36	36	55	50	34	44	42

해법

1단계: 목표가 표 9.E.1의 데이터가 정규 분포를 따르는 모집단에서 온 것인지 검증하는 것이므로 가장 적절한 검정은 콜모고로프-스미노프[K-S]다.

2단계: 이 예제의 K-S 검정은 다음과 같다.

H_0: 모집단의 농기구 생산은 정규 분포 N(μ, σ)를 따른다.

H_1: 모집단의 농기구 생산은 정규 분포 N(μ, σ)를 따르지 않는다.

3단계: 고려할 유의수준은 5%이다.

4단계: 식 (9.7)에서 D_{cal}을 계산하기 위해 필요한 단계는 표 9.E.2와 같다.

표 9.E.2 콜모고로프-스미노프 통계량 계산

X_i	$^aF_{abs}$	$^bF_{ac}$	$^cFrac_{obs}$	^dZ_i	$^eFrac_{exp}$	$|F_{exp}(X_i) - F_{obs}(X_i)|$	$|F_{exp}(X_i) - F_{obs}(X_{i-1})|$
30	2	2	0.056	−1.7801	0.0375	0.018	0.036
34	3	5	0.139	−1.2168	0.1118	0.027	0.056
36	4	9	0.250	−0.9351	0.1743	0.076	0.035
38	3	12	0.333	−0.6534	0.2567	0.077	0.007
40	4	16	0.444	−0.3717	0.3551	0.089	0.022
42	4	20	0.556	−0.0900	0.4641	0.092	0.020
44	5	25	0.694	0.1917	0.5760	0.118	0.020

48	2	27	0.750	0.7551	0.7749	0.025	0.081
50	3	30	0.833	1.0368	0.8501	0.017	0.100
52	3	33	0.917	1.3185	0.9064	0.010	0.073
55	3	36	1	1.7410	0.9592	0.041	0.043

[a] 절대 빈도
[b] 누적(절대 빈도)
[c] X_i의 관측 누적 상대 빈도
[d] 식 $Z_i = \frac{X_i - \bar{X}}{S}$에 해당하는 표준화 X_i
[e] Z_i로부터 부록의 표 E(표준 정규 분포표)에서 구한 확률에 해당하는 X_i의 기대 누적 상대 빈도

따라서 표본에 근거한 K–S 통계량의 실제 값은 D_{cal} = 0.118이다.

5단계: 부록의 표 G에 따르면 n = 36, α = 5% 콜모고로프–스미노프 통계량의 임곗값은 D_c = 0.230이다.

6단계: 결정: 계산된 값이 임계 영역에 있지 않으므로($D_{cal} < D_c$), 귀무 가설을 기각하지 못한다. 이로써, 95%의 신뢰수준으로 표본은 정규 분포를 따르는 모집단에서 온 것으로 결론 내릴 수 있다.

통계량의 임곗값 대신 P 값을 사용했다면, 5단계와 6단계는 다음과 같았을 것이다.

5단계: 부록의 표 G에 따라 표본 크기 n = 36, D_{cal} = 0.118에 연계된 확률의 최저 한도는 P = 0.20이다.

6단계: 결정: P > 0.05이므로, H_0를 기각하지 못한다.

9.3.2 사피로–윌크 검정

사피로–윌크 검정[S-W]은 Shapiro and Wilk(1965)에 기반하고 있으며, $4 \leq n \leq 2000$인 관측치에 적용할 수 있고, 소규모 표본($n < 30$)에 대해 콜모고로프–스미노프 정규성 검정[K-S]의 대안이다.

K–S 검정과 유사하게 S–W 정규성 검정도 다음 가설을 가정한다.

H_0: 표본이 정규 분포 $N(\mu, \sigma)$인 모집단에서 온 것이다.

H_1: 표본이 정규 분포 $N(\mu, \sigma)$인 모집단에서 온 것이 아니다.

사피로–윌크 통계량(W_{cal})의 계산은 다음과 같이 한다.

$$W_{cal} = \frac{b^2}{\sum_{i=1}^{n} \left(X_i - \bar{X}\right)^2}, \quad i = 1, \ldots, n \tag{9.8}$$

$$b = \sum_{i=1}^{n/2} a_{i,n} \cdot \left(X_{(n-i+1)} - X_{(i)}\right) \tag{9.9}$$

여기서

$X_{(i)}$ = i차 표본 통계량, 즉 i번째 순서의 관측치이므로 $X_{(1)} \leq X_{(2)} \leq \cdots \leq X_{(n)}$이다.

$\overline{X} = X$의 평균

$a_{i,n}$ = 정규 분포로부터 크기 n인 확률 표본의 차수 i 통계량의 평균, 분산, 공분산에서 생성된 상수. 이 값은 부록의 표 H_2에서 찾을 수 있다.

작은 W_{cal} 값은 연구 중인 변수의 분포가 정규가 아님을 의미한다. 사피로-윌크 통계량 W_c의 임곗값은 부록의 표 H_1에 있다. 대부분의 표와는 달리 이 표는 $P(W_{cal} < W_c) = \alpha$(왼쪽 꼬리 검정)를 고려한 W_c의 임곗값을 제공한다. 귀무 가설 H_0를 기각하려면 W_{cal} 통계량의 값이 임계 영역에 있어야만 한다(즉, $W_{cal} < W_c$). 그렇지 않다면 H_0를 기각하지 못한다.

P 값(표본에서 계산한 W_{cal} 통계량에 연계된 확률)은 표 H_1에서 볼 수 있다. 이 경우에는 $P \leq \alpha$이면 H_0를 기각한다.

예제 9.2 사피로-윌크 검정의 사용

표 9.E.3은 지난 24개월 동안의 어느 항공 회사의 월간 생산 데이터를 보여준다. 표 9.E.3의 데이터가 정규 분포를 따르는 모집단에서 온 것인지 확인하라. α = 1%를 사용하라.

표 9.E.3 지난 24개월 동안의 항공기 생산량

28	32	46	24	22	18	20	34	30	24	31	29
15	19	23	25	28	30	32	36	39	16	23	36

해법

1단계: $n < 30$인 정규성 검정을 위해 가장 추천하는 검정은 사피로-윌크[S-W]다.

2단계: 이 예제의 S-W 가설 검정은 다음과 같이 된다.

H_0: 항공기 생산은 정규 분포 N(μ, σ)인 모집단에서 온 것이다.

H_1: 항공기 생산은 정규 분포 N(μ, σ)인 모집단에서 온 것이 아니다.

3단계: 고려할 유의수준은 1%이다.

4단계: 식 (9.8)과 식 (9.9)에 따른 표 9.E.3의 데이터에 대한 S-W 통계량의 계산은 다음과 같다.

b를 계산하기 위해 우선 표 9.E.3의 데이터를 표 9.E.4처럼 오름차순으로 정렬한다.

표 9.E.4 표 9.E.3의 값을 오름차순으로 정렬

15	16	18	19	20	22	23	23	24	24	25	28
28	29	30	30	31	32	32	34	36	36	39	46

식 (9.9)에서 b를 계산하기 위해 필요한 모든 단계는 표 9.E.5에 명시되어 있다. $a_{i,n}$ 값은 부록의 표 H_2에서 구한 것이다.

표 9.E.5 b를 계산하기 위한 절차

i	$n-i+1$	$a_{i,n}$	$X_{(n-i+1)}$	$X_{(i)}$	$a_{i,n}(X_{(n-i+1)} - X_{(i)})$
1	24	0.4493	46	15	13.9283
2	23	0.3098	39	16	7.1254
3	22	0.2554	36	18	4.5972
4	21	0.2145	36	19	3.6465
5	20	0.1807	34	20	2.5298
6	19	0.1512	32	22	1.5120
7	18	0.1245	32	23	1.1205
8	17	0.0997	31	23	0.7976
9	16	0.0764	30	24	0.4584
10	15	0.0539	30	24	0.3234
11	14	0.0321	29	25	0.1284
12	13	0.0107	28	28	0.0000
					$b = 36.1675$

$\sum_{i=1}^{n}(X_i - \overline{X})^2 = (28 - 27.5)^2 + \cdots + (36 - 27.5)^2 = 1388$이다.

따라서 $W_{cal} = \frac{b^2}{\sum_{i=1}^{n}(X_i - \overline{X})^2} = \frac{(36.1675)^2}{1338} = 0.978$이다.

5단계: 부록의 표 H_1의 $n = 24$, $\alpha = 1\%$에 따라 사피로-윌크 통계량의 임곗값은 $W_c = 0.884$이다.

6단계: 결정: $W_{cal} > W_c$이므로 귀무 가설을 기각하지 않는다(표 H_1은 $P(W_{cal} < W_c) = \alpha$인 임곗값 W_c를 제공한다). 이를 통해 99%의 신뢰수준으로 표본은 정규 분포를 따르는 모집단에서 온 것으로 결론지을 수 있다.

통계량의 임곗값 대신 P 값을 사용했다면, 5단계와 6단계는 다음과 같았을 것이다.

5단계: 부록의 표 H_1의 $n = 24$에 따라 $W_{cal} = 0.978$에 연계된 확률은 0.5와 0.9 사이이다(확률 0.9는 $W_{cal} = 0.981$에 연계되어 있다).

6단계: 결정: $P > 0.01$이므로, H_0를 기각하지 않는다.

9.3.3 사피로–프란시아 검정

이 검정은 Shapiro and Francia(1972)에 기반하고 있다. Sarkadi(1975)에 따르면, 사피로-윌크[S-W]와 사피로-프란시아 검정[S-F]은 형식이 동일하며, 계수의 정의만 다르다. 더구나 S-F 검정의 계산은 훨씬 간단해서 S-W 검정의 단순화 버전으로 간주할 수 있다. 그 간결성에도 불구하고 사피로-검정만큼 안정적이어서 S-W의 대안이 된다.

사피로-프란시아 검정은 $5 \leq n \leq 5000$ 관측치에 적용할 수 있으며, 대규모 표본의 경우에는 사피로-월크와 유사하다.

S-W 검정과 유사하게 S-F 검정은 다음 가설을 가정한다.

H_0: 표본이 정규 분포 $N(\mu, \sigma)$인 모집단에서 온 것이다.

H_1: 표본이 정규 분포 $N(\mu, \sigma)$인 모집단에서 온 것이 아니다.

사피로-프란시아 통계량(W'_{cal})의 계산은 다음과 같다.

$$W'_{cal} = \left[\sum_{i=1}^{n} m_i \cdot X_{(i)} \right]^2 \bigg/ \left[\sum_{i=1}^{n} m_i^2 \cdot \sum_{i=1}^{n} (X_i - \overline{X})^2 \right], \quad i = 1, \ldots, n \tag{9.10}$$

여기서

$X_{(i)}$ = 차수 i의 표본 통계량, 즉 i번째 정렬된 관측치다. 따라서 $X_{(1)} \leq X_{(2)} \leq \cdots \leq X_{(n)}$이다.

m_i = i번째 관측치의 근사 기댓값(Z 점수). m_i는 다음처럼 추정한다.

$$m_i = \Phi^{-1} \cdot \left(\frac{i}{n+1} \right) \tag{9.11}$$

여기서 Φ^{-1}는 평균 = 0이고 표준 편차 = 1인 표준 정규 분포의 반대에 해당한다. 이 값들은 부록의 표 E에서 구할 수 있다.

작은 W'_{cal} 값은 연구 중인 변수의 분포가 정규가 아님을 의미한다. 사피로-프란시아 통계량(W'_c)의 임곗값은 부록의 표 H1에 나타나 있다. 대부분의 표와 달리 이 표는 $P(W'_{cal} < W'_c) = \alpha = \alpha$(왼쪽 꼬리 검정)인 W'_c의 임곗값을 제공한다. 귀무 가설 H_0를 기각하려면 W'_{cal} 값이 임계 영역에 있어야만 한다(즉, $W'_{cal} < W'_c$). 그렇지 않다면 H_0를 기각하지 못한다.

P 값(표본에서 계산한 W'_{cal} 통계량에 연계된 확률)도 표 H1에서 구할 수 있다. 이 경우 $P \leq \alpha$이면 H_0를 기각한다.

예제 9.3 사피로-프란시아 검정의 사용

표 9.E.6은 지난 60개월간 어느 회사의 일별 자전거 생산량을 보여준다. 이 데이터가 정규 분포를 따르는 모집단에서 온 것이 맞는지 확인하라. α = 5%이다.

표 9.E.6 지난 60개월간의 자전거 생산량

85	70	74	49	67	88	80	91	57	63	66	60
72	81	73	80	55	54	93	77	80	64	60	63
67	54	59	78	73	84	91	57	59	64	68	67
70	76	78	75	80	81	70	77	65	63	59	60
61	74	76	81	79	78	60	68	76	71	72	84

해법

1단계: 데이터의 정규성은 사피로–프란시아 검정에서 검증할 수 있다.

2단계: 이 예제의 S–F 가설은 다음과 같다.

H_0: 모집단의 자전거 생산은 정규 분포 $N(\mu, \sigma)$를 따른다.

H_1: 모집단의 자전거 생산은 정규 분포 $N(\mu, \sigma)$를 따르지 않는다.

3단계: 고려할 유의수준은 5%이다.

4단계: 표 9.E.6 데이터의 S–F 통계량을 계산하기 위한 절차는 표 9.E.7과 같다. 따라서 $W'_{cal} = (574.6704)^2/(53.1904 \times 6278.8500) = 0.989$이다.

표 9.E.7 사피로–프란시아 통계량을 계산하기 위한 절차

i	$X_{(i)}$	$i/(n+1)$	m_i	$m_i X_{(i)}$	m_i^2	$(X_i - \overline{X})^2$
1	49	0.0164	−2.1347	−104.5995	4.5569	481.8025
2	54	0.0328	−1.8413	−99.4316	3.3905	287.3025
3	54	0.0492	−1.6529	−89.2541	2.7319	287.3025
4	55	0.0656	−1.5096	−83.0276	2.2789	254.4025
5	57	0.0820	−1.3920	−79.3417	1.9376	194.6025
6	57	0.0984	−1.2909	−73.5841	1.6665	194.6025
7	59	0.1148	−1.2016	−70.8960	1.4439	142.8025
8	59	0.1311	−1.1210	−66.1380	1.2566	142.8025
...						
60	93	0.9836	2.1347	198.5256	4.5569	486.2025
			합계	574.6704	53.1904	6278.8500

5단계: 부록에 있는 표 H₁의 $n = 60$, $\alpha = 5\%$에 따르면 사피로–프란시아 통계량의 임곗값은 $W'_c = 0.9625$이다.

6단계: 결정: $W'_{cal} > W'_c$이므로, 귀무 가설을 기각하지 않는다(표 H₁은 $P(W'_{cal} < W'_c) = \alpha$를 고려한 W'_c의 임곗값을 제공한다). 이를 통해 95%의 신뢰수준으로 표본은 정규 분포를 따르는 모집단에서 추출된 것으로 결론 내릴 수 있다.

통계량의 임곗값 대신 P 값을 사용했다면, 5단계와 6단계는 다음과 같았을 것이다.

5단계: 부록의 표 H₁의 표본 크기 $n = 60$에 따라 $W'_{cal} = 0.989$에 연계된 확률은 0.10(P 값)보다 크다.

6단계: 결정: $P > 0.05$이므로, H_0를 기각하지 않는다.

9.3.4 SPSS를 사용한 정규성 검정 해법

정규성을 위한 콜모고로프-스미노프와 사피로-윌크 검정은 모두 IBM SPSS 소프트웨어로 해결할 수 있다. 한편, 사피로-프란시아 검정은 다음 절에서 Stata 소프트웨어로 설명한다.

설명할 절차에 따라 SPSS는 선택된 표본에 대한 K-S와 S-W 검정 결과를 보여준다. 이 절의 이미지는 IBM의 허가하에 사용됐다.

Production_FarmingEquipment.sav 파일에 있는 예제 9.1을 고려해보자. 먼저 파일을 열고 그림 9.4처럼 **분석** › **기술 통계량** › **데이터 탐색**을 선택하자.

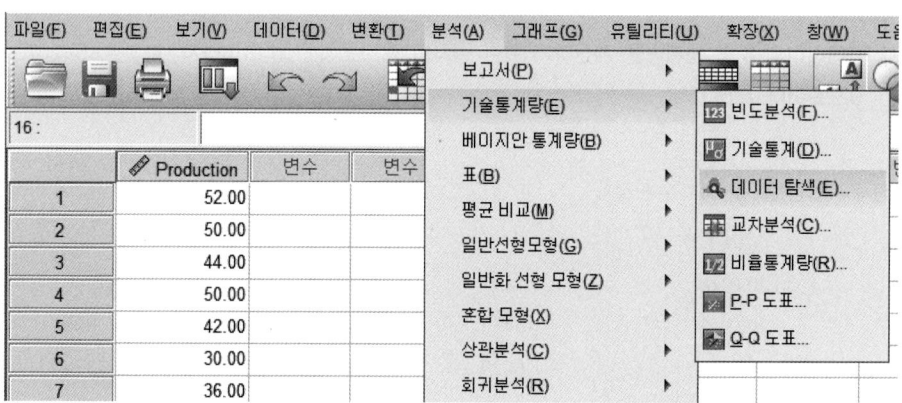

그림 9.4 예제 9.1을 SPSS에서 일변량 정규성 검정으로 사용하는 절차

데이터 탐색 대화상자에서 그림 9.5처럼 **종속 변수**에서 관심대상의 변수를 선택해야 한다. **도표**를 클릭하고('데이터 탐색: 도표' 창이 나타난다) **검정과 함께 정규성 도표**를 선택한다(그림 9.6). 마지막으로, **계속**을 누르고 **확인** 버튼을 누른다.

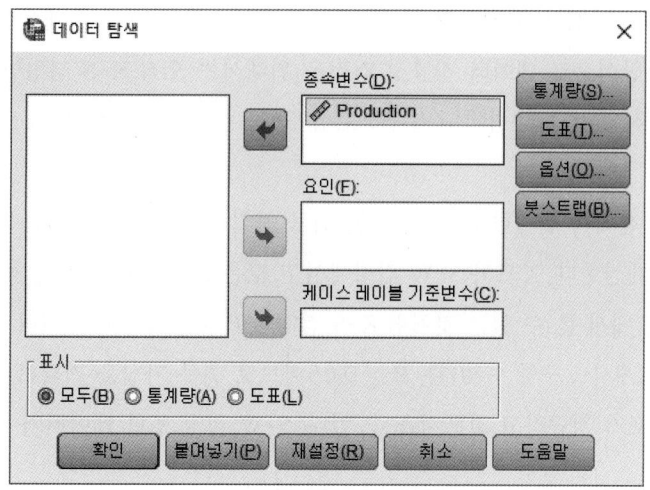

그림 9.5 관심대상의 변수 선택

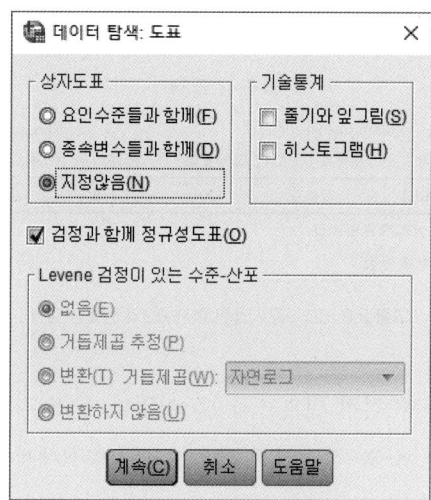

그림 9.6 SPSS에서 정규성 선택

예제 9.1의 정규성에 대한 콜모고로프-스미노프와 사피로-윌크 검정 결과는 그림 9.7에 나타나 있다.

정규성 검정

	Kolmogorov-Smirnov[a]			Shapiro-Wilk		
	통계	자유도	CTT 유의확률	통계	자유도	CTT 유의확률
Production	.118	36	.200[*]	.957	36	.167

*. 이것은 참 유의성의 하한입니다.

a. Lilliefors 유의확률 수정

그림 9.7 SPSS를 사용한 예제 9.1의 정규성 검정

그림 9.7에 따르면 K-S 통계량의 결과는 0.118로서, 예제 9.1에서 계산한 값과 유사하다. 표본의 원소가 30개 이상이므로 데이터 정규성 검정을 위해서는 오직 K-S 검정만 사용해야 한다(S-W 검정은 예제 9.2에 적용했다). 그림에도 불구하고 SPSS는 선택된 표본에 대한 S-W 통계량 결과도 생성한다.

이 장의 소개 절에서 설명한 대로 SPSS는 귀무 가설을 기각으로 이끄는 가장 낮은 유의수준에 해당하는 P 값을 계산한다. K-S와 S-W 검정에서 P 값은 $D_{cal} > D_c$와 $W_{cal} < W_c$가 되는 가장 낮은 P 값이다. 그림 9.7에서 볼 수 있는 것처럼 K-S 검정의 P 값은 0.200이다(이 확률은 예제 9.1에서 본 것처럼 부록의 표 G에서도 구할 수 있다). $P > 0.05$이므로 귀무 가설을 기각하지 않고 95%의 신뢰수준으로 데이터 분포가 정규라고 결론지을 수 있다. S-W 검정 또한 데이터가 정규 분포를 따른다고 결론짓게 해준다.

동일한 절차를 예제 9.2의 데이터(Production_Aircraft.sav)에 적용하면 그림 9.8과 같은 결과를 얻는다.

정규성 검정

	Kolmogorov-Smirnov[a]			Shapiro-Wilk		
	통계	자유도	CTT 유의확률	통계	자유도	CTT 유의확률
Production	.094	24	.200*	.978	24	.857

*. 이것은 참 유의성의 하한입니다.

a. Lilliefors 유의확률 수정

그림 9.8 SPSS를 사용한 예제 9.2의 정규성 검정

예제 9.2와 유사하게 S-W 검정 결과는 0.978이었다. K-S 검정은 표본 크기($n < 30$) 때문에 이 예제에는 적용되지 않는다. S-W 검정의 P 값은 0.857이다(예제 9.2에서는 이 확률이 0.50과 0.90 사이이며 0.90에 가깝다는 것을 볼 수 있다). 그리고 $P > 0.01$이므로 귀무 가설을 기각하지 않고 모집단의 데이터 분포가 정규 분포를 따른다고 결론짓는다. 이 검정은 13장에서 회귀 모델을 추정할 때 사용한다.

이 예제에서는 K-S 검정으로부터 데이터 분포가 정규 분포를 따른다고 결론짓는다.

9.3.5 Stata를 사용한 정규성 검정 해법

정규성을 위한 콜모고로프-스미노프, 사피로-윌크, 사피로-프란시아 검정은 Stata 통계 소프트웨어를 사용해 해결할 수도 있다. 콜모고로프-스미노프 검정은 예제 9.1에 적용하고, 사피로-윌크 검정은 예제 9.2에 적용하며, 사피로-프란시아 검정은 예제 9.3에 적용해본다. 이 절의 이미지는 Stata사의 허가하에 사용됐다.

9.3.5.1 Stata를 사용한 콜모고로프-스미노프 검정

예제 9.1의 데이터는 Production_FarmingEquipment.dta 파일에 있다. 파일을 연 다음 변수 이름이 *production*인 것을 확인하자.

Stata에서 콜모고로프-스미노프 검정을 사용하려면 관심대상 변수의 평균과 표준 편차를 검정 구문에서 명시해야 한다. 따라서 summarize(또는 sum) 명령어를 먼저 입력하고 해당 변수를 입력해야 한다.

```
sum production
```

결과는 그림 9.9에 있다. 따라서 평균이 42.63889이고 표준 편차는 7.099911이다.

```
. sum production

    Variable |      Obs        Mean    Std. Dev.      Min       Max
-------------+--------------------------------------------------------
  production |       36    42.63889    7.099911        30        55
```

그림 9.9 변수 *production*의 기술 통계량

콜모고로프-스미노프 검정은 다음 명령어를 통해 수행할 수 있다.

```
ksmirnov production = normal((production-42.63889)/7.099911)
```

검정 결과는 그림 9.10에 있다. 통계량의 값이 SPSS를 사용해 예제 9.1을 해결한 것과 유사함을 볼 수 있다. $P > 0.05$이므로 데이터 분포는 정규라고 결론지을 수 있다.

```
. ksmirnov production = normal((production-42.63889)/7.099911)

One-sample Kolmogorov-Smirnov test against theoretical distribution
         normal((production-42.63889)/7.099911)

Smaller group       D       P-value  Corrected
----------------------------------------------------
production:        0.1184    0.364
Cumulative:       -0.1001    0.486
Combined K-S:      0.1184    0.694       0.622

Note: ties exist in dataset;
      there are 11 unique values out of 36 observations.
```

그림 9.10 Stata 소프트웨어를 사용한 콜모고로프-스미노프 검정의 결과

9.3.5.2 Stata를 사용한 사피로-윌크 검정

예제 9.2의 데이터는 Production_Aircraft.dta 파일에 있다. Stata를 사용해 사피로-윌크 검정을 하려면 다음 명령어 구문을 사용한다.

```
swilk variables*
```

여기서 variables*는 고려대상인 변수 리스트로 대체해야 한다. 예제 9.2 데이터의 경우, *production*이라는 단일 변수만 있으므로 명령어는 다음과 같이 입력한다.

```
swilk production
```

사피로-윌크 검정의 결과는 그림 9.11에 나타나 있다. $P > 0.05$이므로 표본은 정규 분포를 따르는 모집단에서 온 것으로 결론지을 수 있다.

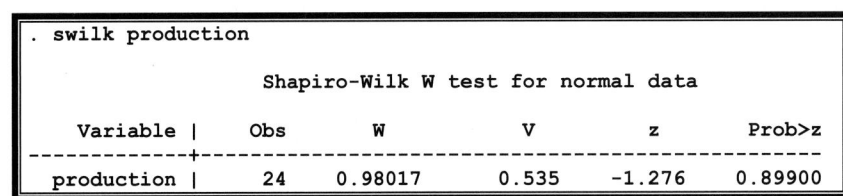

```
. swilk production

          Shapiro-Wilk W test for normal data

   Variable |   Obs       W        V        z      Prob>z
------------+-------------------------------------------------
 production |    24    0.98017   0.535   -1.276   0.89900
```

그림 9.11 Stata를 사용한 예제 9.2의 사피로-윌크 검정 결과

9.3.5.3 Stata를 사용한 사피로-프란시아 검정

예제 9.3의 데이터는 Production_Bicycles.dta 파일에 있다. Stata로 사피로-프란시아 검정을 하려면 다음의 명령어 구문을 사용해야 한다.

```
sfrancia variables*
```

여기서 variables* 항은 고려 중인 변수 리스트로 대체해야 한다. 예제 9.3의 경우 *production*이라는 이름의 단일 변수만 있으므로 명령어 구문은 다음과 같다.

```
sfrancia production
```

사피로-프란시아 검정의 결과는 그림 9.12에 나타나 있다. 이 값은 예제 9.3에서 계산한 값($W' =$

0.989)과 비슷하다. $P > 0.05$이므로 표본은 정규 분포를 따르는 모집단에서 온 것으로 결론지을 수 있다.

```
. sfrancia production

                 Shapiro-Francia W' test for normal data

    Variable |     Obs        W'           V'          z        Prob>z
-------------+------------------------------------------------------------
  production |      60     0.98922       0.649      -0.828      0.79618
```

그림 9.12 Stata를 사용한 예제 9.3의 사피로–프란시아 검정 결과

이 검정은 13장에서 회귀 모델을 추정할 때 사용한다.

9.4 분산의 동질성 검정

k개의 모집단 평균을 비교하기 위해 모수적 검정을 적용할 수 있는 조건 중 하나는 k개의 대표 표본으로부터 추정된 모집단의 분산이 동질적이거나 같아야 한다는 것이다. 분산의 동질성을 검증하는 가장 보편적인 검정 방법은 바틀렛의 χ^2(1973), 코크란의 C(1947a, b), 하틀리의 F_{max}(1950), 레빈의 F(1960) 검정이다.

분산 동질성 검정의 귀무 가설은 k 모집단의 분산은 동질이라는 것이다. 대립 가설은 모집단 분산 중 적어도 하나가 다르다는 것이다. 즉, 다음과 같다.

$$H_0 : \sigma_1^2 = \sigma_2^2 = \ldots = \sigma_k^2$$
$$H_1 : \exists_{i,j} : \sigma_i^2 \neq \sigma_j^2 \quad (i, j = 1, \ldots, k) \tag{9.12}$$

9.4.1 바틀렛의 χ^2 검정

그룹 간의 분산 동질성을 검증하기 위한 원래 검정은 바틀렛의 χ^2 검정(1937)이다. 이 검정은 정규성 편차에 매우 민감하며, 이 경우 레빈 검정이 대안이 된다.

바틀렛의 통계량은 q로부터 계산할 수 있다.

$$q = (N - k) \cdot \ln\left(S_p^2\right) - \sum_{i=1}^{k} (n_i - 1) \cdot \ln\left(S_i^2\right) \tag{9.13}$$

여기서

n_i = 각 표본 $i(i = 1, ..., k)$의 크기. $\sum_{i=1}^{k} n_i = N$

S_i^2 = 각 표본 $i(i = 1, ..., k)$의 분산

그리고 다음과 같다.

$$S_p^2 = \frac{\sum_{i=1}^{k}(n_i - 1) \cdot S_i^2}{N - k} \tag{9.14}$$

상관 인자 c는 다음 식에 따라 q 통계량에 적용된다.

$$c = 1 + \frac{1}{3 \cdot (k-1)} \cdot \left(\sum_{i=1}^{k} \frac{1}{n_i - 1} - \frac{1}{N - k} \right) \tag{9.15}$$

여기서 바틀렛 통계량(B_{cal})은 근사적으로 $k - 1$차 자유도를 가진 카이제곱 분포를 따른다.

$$B_{cal} = \frac{q}{c} \sim \chi_{k-1}^2 \tag{9.16}$$

위의 식으로부터 분산차가 클수록 B 값이 커지는 것을 알 수 있다. 반면 모든 표본 분산이 동일하면 그 값은 0이 된다. 분산 동질성에 대한 귀무 가설을 기각할 것인지를 확인하려면 값을 통계량의 임곗값(χ_c^2)과 비교해야 하며, 이는 부록의 표 D에 있다.

이 표는 $P(\chi_{cal}^2 > \chi_c^2) = \alpha$(오른쪽 꼬리 검정)를 고려한 χ_c^2의 임곗값을 제공한다. 따라서 $B_{cal} > \chi_c^2$ 이면 귀무 가설을 기각한다. 반면 $B_{cal} \leq \chi_c^2$이면 H_0를 기각하지 않는다.

P 값(χ_{cal}^2 통계량에 연계된 확률)은 표 D에서 구할 수 있다. 이 경우 $P \leq \alpha$이면 H_0를 기각한다.

예제 9.4 바틀렛의 χ^2 검정 적용

어떤 슈퍼마켓 체인은 매일 찾는 고객 수를 연구해서 운영상의 전략적 결정을 하고자 한다. 표 9.E.8은 두 주에 걸쳐 수집한 가게 세 군데의 데이터를 보여준다. 그룹 간의 분산이 동질인지 확인하라. α = 5%로 설정하라.

표 9.E.8 일별 가게별 고객 수

	가게 1	가게 2	가게 3
1일	620	710	924
2일	630	780	695
3일	610	810	854
4일	650	755	802
5일	585	699	931

6일	590	680	924
7일	630	710	847
8일	644	850	800
9일	595	844	769
10일	603	730	863
11일	570	645	901
12일	605	688	888
13일	622	718	757
14일	578	702	712
표준 편차	24.4059	62.2466	78.9144
분산	595.6484	3874.6429	6227.4780

해법

표 9.E.8의 데이터에 콜모고로프–스미노프나 사피로–윌크의 정규성 검정을 적용해 그 분포가 5% 유의수준에서 정규성을 따르는지 알아보고 그룹 간의 분산 동질성을 비교하는 데 바틀렛의 χ^2 검정을 적용할 수 있다.

1단계: 주목적이 그룹 간의 분산 동질성을 비교하는 것이므로 바틀렛의 χ^2 검정을 사용한다.

2단계: 이 예제에서 바틀렛의 χ^2 가설 검정은 다음과 같다.

H_0: 모두 세 그룹의 분산은 동질이다.

H_1: 적어도 한 그룹의 분산이 나머지와 다르다.

3단계: 고려할 유의수준은 5%이다.

4단계: 바틀렛의 χ^2 통계량의 완전한 계산은 다음과 같다. 먼저 식 (9.14)에 따라 S_p^2을 계산한다.

$$S_p^2 = \frac{13 \times (595.65 + 3874.64 + 6227.48)}{42 - 3} = 3565.92$$

따라서 식 (9.13)을 사용해 q를 계산할 수 있다.

$$q = 39 \cdot \ln(3565.92) - 13 \cdot [\ln(595.65) + \ln(3874.64) + \ln(6227.48)] = 14.94$$

q 통계량의 보정 계수 c는 식 (9.15)로부터 다음과 같이 계산할 수 있다.

$$c = 1 + \left(\frac{1}{3 \cdot (3-1)}\right) \cdot 3 \cdot \left(\frac{1}{13} - \frac{1}{42-3}\right) = 1.0256$$

마지막으로 B_{cal}을 계산한다.

$$B_{cal} = \frac{q}{c} = \frac{14.94}{1.0256} = 14.567$$

5단계: 부록에 있는 표 D의 $\nu = 3 - 1$ 자유도와 $\alpha = 5\%$에 따라 바틀렛 χ^2 검정의 임곗값은 $\chi_c^2 = 5.991$이다.

6단계: 결정: 계산된 값이 임계 영역에 있으므로($B_{cal} > \chi_c^2$) 귀무 가설은 기각하고 95%의 신뢰수준으로 적어도 한 그룹의 모집단 분산이 나머지와 다르다고 결론 내릴 수 있다.

통계량의 임곗값 대신 P 값을 사용했다면, 5단계와 6단계는 다음과 같았을 것이다.

5단계: v = 2의 자유도를 가진 부록의 표 D에서 χ_{cal}^2 = 14.567에 연계된 확률은 0.005보다 낮다(χ_{cal}^2 = 10.597에 연계된 확률은 0.005이다).

6단계: 결정: $P < 0.05$이므로 H_0를 기각한다.

9.4.2 코크란의 C 검정

코크란의 C 검정(1947a, b)은 가장 높은 분산을 가진 그룹을 나머지와 비교한다. 검정은 데이터가 정규 분포여야 가능하다.

코크란의 C 검정은 다음과 같다.

$$C_{cal} = \frac{S_{max}^2}{\sum_{i=1}^{k} S_i^2} \tag{9.17}$$

여기서

S_{max}^2 = 표본 중 가장 높은 분산

S_i^2 = 표본 $i(i = 1, 2, ..., k)$에서의 분산

식 (9.17)에 따라 모든 분산이 동일하다면, C_{cal} 통계량 값은 $1/k$이다. S_{max}^2의 다른 분산에 대한 차이가 클수록 C_{cal}의 값은 1에 근접한다. 귀무 가설을 기각할 것인지 확인하기 위해 계산된 값은 코크란(C_c) 통계량의 임곗값과 비교해야 하고, 이는 부록의 표 M에 있다.

C_c의 값은 그룹의 개수(k), 자유도 차수 v = $\max(n_i - 1)$, α의 값에 따라 변한다. 표 M은 $P(C_{cal} > C_c) = \alpha$(오른쪽 꼬리 검정)를 고려한 C_c의 임곗값을 제공한다. 따라서 $C_{cal} > C_c$이면 H_0를 기각하고, 그렇지 않으면 H_0를 기각하지 않는다.

예제 9.5 코크란의 C 검정 적용

예제 9.4의 데이터에 코크란의 C 검정을 사용한다. 주목적은 가장 높은 변동성을 가진 그룹을 다른 것과 비교하는 것이다.

해법

1단계: 목적이 가장 높은 분산을 가진 그룹(그룹 3(표 9.E.8 참조))을 다른 것과 비교하는 것이므로 코크란의 C 검정이 가장 적합하다.

2단계: 이 예제에서 코크란의 C 가설 검정은 다음과 같다.

H_0: 그룹 3의 모집단 분산은 다른 것과 동일하다.

H_1: 그룹 3의 모집단 분산은 다른 것과 다르다.

3단계: 고려할 유의수준은 5%이다.

4단계: 표 9.E.8에서 $S_{max}^2 = 6227.48$이다. 따라서 코크란의 C 통계량은 다음과 같다.

$$C_{cal} = \frac{S_{max}^2}{\sum_{i=1}^{k} S_i^2} = \frac{6227.48}{595.65 + 3874.64 + 6227.48} = 0.582$$

5단계: $k = 3$, $v = 13$, $\alpha = 5\%$인 부록의 표 M에 따라 코크란 C 통계량의 임곗값은 $C_c = 0.5750$이다.

6단계: 결정: 계산한 값이 임계 영역에 있으므로($C_{cal} > C_c$), 귀무 가설은 기각하고 95%의 신뢰수준으로 그룹 3의 모집단 분산이 나머지와 다르다고 결론지을 수 있다.

9.4.3 하틀리의 F_{max} 검정

하틀리의 F_{max} 검정(1950)은 가장 높은 분산을 가진 그룹(S_{max}^2)과 가장 낮은 분산을 가진 그룹(S_{min}^2) 간의 관계를 나타내는 통계량을 갖는다.

$$F_{max,cal} = \frac{S_{max}^2}{S_{min}^2} \tag{9.18}$$

검정은 그룹별 관측치 개수가 동일하다고 가정한다($n_1 = n_2 = \dots = n_k = n$). 모든 분산이 동일하면 F_{max} 값은 1이 된다. S_{max}^2와 S_{min}^2 값의 차이가 클수록 F_{max} 값은 커진다. 분산의 동질성에 대한 귀무 가설을 기각하는 것을 확인하려면 계산된 값을 통계량의 임곗값($F_{max,c}$)과 비교해야 하며, 이는 부록의 표 N에 있다. 임곗값은 그룹 개수(k), 자유도 차수 $v = n - 1$, α 값에 종속되어 변동되고 이 표는 $P(F_{max,cal} > F_{max,c}) = \alpha$를 고려한 $F_{max,c}$의 임곗값을 제공한다. 따라서 $F_{max,cal} > F_{max,c}$이면 분산의 동질성에 대한 귀무 가설 H_0를 기각하고, 그렇지 않으면 H_0를 기각하지 않는다.

P 값($F_{max,cal}$ 통계량에 연계된 확률)은 부록의 표 N에서 구할 수 있다. 이 경우 $P \leq \alpha$이면 H_0를 기각한다.

예제 9.6 하틀리의 F_{max} 검정 적용

예제 9.4의 데이터에 하틀리의 F_{max} 검정을 사용한다. 목표는 가장 높은 변동성을 가진 그룹을 가장 낮은 변동성을 가진 그룹과 비교하는 것이다.

해법

1단계: 주목적이 가장 높은 분산을 가진 그룹(그룹 3(표 9.E.8 참조))을 가장 낮은 분산을 가진 그룹(그룹 1)과 비교하는 것이므로 하틀리의 F_{max} 검정이 가장 추천된다.

2단계: 이 예제에서 하틀리의 F_{max} 가설 검정은 다음과 같다.

H_0: 그룹 3의 모집단 분산은 그룹 1과 동일하다.

H_1: 그룹 3의 모집단 분산은 그룹 1과 다르다.

3단계: 고려할 유의수준은 5%이다.

4단계: 표 9.E.8로부터 $S_{min}^2 = 595.65$이고 $S_{max}^2 = 6227.48$임을 알 수 있다. 따라서 하틀리의 F_{max} 통계량 계산은 다음과 같다.

$$F_{max,cal} = \frac{S_{max}^2}{S_{min}^2} = \frac{6,227.48}{595.65} = 10.45$$

5단계: $k = 3$, $\nu = 13$, $\alpha = 5\%$인 부록의 표 N에 따라 검정의 임곗값은 $F_{max,c} = 3.953$이다.

6단계: 결정: 계산된 값이 임계 영역 내에 있으므로($F_{max,cal} > F_{max,c}$) 귀무 가설은 기각되며, 95%의 신뢰수준으로 그룹 3의 모집단 분산은 그룹 1의 모집단 분산과 다르다고 결론지을 수 있다.

통계량의 임곗값 대신 P 값을 사용했다면, 5단계와 6단계는 다음과 같았을 것이다.

5단계: 부록의 표 N에 따라 $k = 3$, $\nu = 13$에서 $F_{max,cal} = 10.45$와 연계된 확률은 0.01보다 낮다.

6단계: 결정: $P < 0.05$이므로 H_0를 기각한다.

9.4.4 레빈의 F 검정

다른 분산의 동질성과 연계되어 레빈 F 검정의 장점은 좀 더 안정성 있는 검정이라는 점 이외에 정규성으로부터의 편차에 덜 민감하다는 것이다.

레빈의 통계량은 식 (9.19)에 의해 주어지고, F 분포를 근사하며, $\nu_1 = k - 1$과 $\nu_2 = N - k$ 자유도, 유의수준 α에 대해 다음과 같다.

$$F_{cal} = \frac{(N-k)}{(k-1)} \cdot \frac{\sum_{i=1}^{k} n_i \cdot (\overline{Z}_i - \overline{Z})^2}{\sum_{i=1}^{k} \sum_{j=1}^{n_i} (Z_{ij} - \overline{Z}_i)^2} \underset{H_0}{\sim} F_{k-1, N-k, \alpha} \tag{9.19}$$

여기서

$n_i = k$ 표본 각각의 차원$(i = 1, ..., k)$

$N = $ 전체 표본의 차원$(N = n_1 + n_2 + \cdots + n_k)$

$Z_{ij} = |X_{ij} - \overline{X}_i|$, $i = 1, ..., k$ 그리고 $j = 1, ..., n_i$

$X_{ij} = $ 표본 i에서의 관측치 j

$\overline{X}_i = $ 표본 i의 평균

$\overline{Z}_i = $ 표본 i의 Z_{ij}의 평균

$\overline{Z} = $ 전체 표본에서 Z_i의 평균

레빈 검정의 확장은 Brown and Forsythe(1974)에서 찾아볼 수 있다.

F 분포표(부록의 표 A)로부터 레빈 통계량의 임곗값을 알 수 있다($F_c = F_{k-1,N-k,\alpha}$). 표 A는 $P(F_{cal} > F_c) = \alpha$(오른쪽 꼬리 검정)를 고려한 F_c 임곗값을 제공한다. 귀무 가설 H_0가 기각되려면 통계량 값이 임계 영역에 있어야 한다(즉, $F_{cal} > F_c$). $F_{cal} \leq F_c$이면 H_0를 기각하지 않는다.

P 값(F_{cal} 통계량에 연계된 확률)은 표 A에서 구할 수 있다. 이 경우 $P \leq \alpha$이면 H_0를 기각한다.

예제 9.7 레빈의 검정 적용

예제 9.4의 데이터에 레빈 검정을 사용해보라.

해법

1단계: 레빈의 검정은 그룹 간의 분산 동질성을 검사하기 위해 적용할 수 있으며 다른 검정보다 더 안정적이다.

2단계: 이 예제에 있어 레빈의 가설은 다음과 같다.

H_0: 세 그룹의 모집단 분산은 동질이다.

H_1: 적어도 한 그룹의 모집단 분산이 나머지 그룹과 다르다.

3단계: 고려할 유의수준은 5%이다.

4단계: 식 (9.19)에 따른 F_{cal} 통계량의 계산은 다음과 같다.

표 9.E.9 F_{cal} 통계량 계산

l	X_{1j}	$Z_{1j} = \lvert X_{1j} - \bar{X}_1 \rvert$	$Z_{1j} - \bar{Z}_1$	$\left(Z_{1j} - \bar{Z}_1 \right)^2$
1	620	10.571	−9.429	88.898
1	630	20.571	0.571	0.327
1	610	0.571	−19.429	377.469
1	650	40.571	20.571	423.184
1	585	24.429	4.429	19.612
1	590	19.429	−0.571	0.327
1	630	20.571	0.571	0.327
1	644	34.571	14.571	212.327
1	595	14.429	−5.571	31.041
1	603	6.429	−13.571	184.184
1	570	39.429	19.429	377.469
1	605	4.429	−15.571	242.469
1	622	12.571	−7.429	55.184
1	578	31.429	11.429	130.612
	$\bar{X}_1 = 609.429$	$\bar{Z}_1 = 20$		합계 = 2143.429

(이어짐)

표 9.E.9 F_{cal} 통계량 계산

l	X_{2j}	$Z_{2j} = \left| X_{2j} - \overline{X}_2 \right|$	$Z_{2j} - \overline{Z}_2$	$\left(Z_{2j} - \overline{Z}_2 \right)^2$
2	710	27.214	−23.204	538.429
2	780	42.786	−7.633	58.257
2	810	72.786	22.367	500.298
2	755	17.786	−32.633	1064.890
2	699	38.214	−12.204	148.940
2	680	57.214	6.796	46.185
2	710	27.214	−23.204	538.429
2	850	112.786	62.367	3889.686
2	844	106.786	56.367	3177.278
2	730	7.214	−43.204	1866.593
2	645	92.214	41.796	1746.899
2	688	49.214	−1.204	1.450
2	718	19.214	−31.204	973.695
2	702	35.214	−15.204	231.164
	$\overline{X}_2 = 737.214$	$\overline{Z}_2 = 50.418$		합계 $= 14,782.192$

l	X_{3j}	$Z_{3j} = \left| X_{3j} - \overline{X}_3 \right|$	$Z_{3j} - \overline{Z}_3$	$\left(Z_{3j} - \overline{Z}_3 \right)^2$
3	924	90.643	24.194	585.344
3	695	138.357	71.908	5170.784
3	854	20.643	−45.806	2098.201
3	802	31.357	−35.092	1231.437
3	931	97.643	31.194	973.058
3	924	90.643	24.194	585.344
3	847	13.643	−52.806	2788.487
3	800	33.357	−33.092	1095.070
3	769	64.357	−2.092	4.376
3	863	29.643	−36.806	1354.691
3	901	67.643	1.194	1.425
3	888	54.643	−11.806	139.385
3	757	76.357	9.908	98.172
3	712	121.357	54.908	3014.906
	$\overline{X}_3 = 833.36$	$\overline{Z}_3 = 66.449$		합계 $= 19,140.678$

따라서 F_{cal}의 계산은 다음과 같이 한다.

$$F_{cal} = \frac{(42-3)}{(3-1)} \cdot \frac{14 \cdot (20-45.62)^2 + 14 \cdot (50.418-45.62)^2 + 14 \cdot (66.449-45.62)^2}{2143.429 + 14,782.192 + 19,140.678}$$

$$F_{cal} = 8.427$$

5단계: $\nu_1 = 2$, $\nu_2 = 39$, $\alpha = 5\%$인 부록의 표 A에 따라 검정의 임계값은 $F_c = 3.24$이다.

6단계: 결정: 계산된 값이 임계 영역 내에 있으므로($F_{cal} > F_c$) 귀무 가설은 기각되며, 95%의 신뢰수준으로 적어도 한 그룹의 모집단 분산이 나머지와 다르다고 결론지을 수 있다.

통계량의 임계값 대신 P 값을 사용했다면, 5단계와 6단계는 다음과 같았을 것이다.

5단계: 부록의 표 A에 따라 $\nu_1 = 2$, $\nu_2 = 39$에서 $F_{cal} = 8.427$과 연계된 확률은 0.01보다 작다(P 값).

6단계: 결정: $P < 0.05$이므로 H_0를 기각한다.

9.4.5 SPSS를 사용한 레빈의 검정 해법

이 절의 이미지는 IBM의 허가하에 사용됐다. 그룹 간의 분산 동질성을 검정하기 위해 SPSS는 레빈의 검정을 사용한다. 예제 9.4에 있는 데이터는 CustomerServices_Store.sav 파일에 있다. 이 검정을 사용하기 위해 그림 9.13처럼 **분석** › **기술 통계량** › **데이터 탐색**을 누른다.

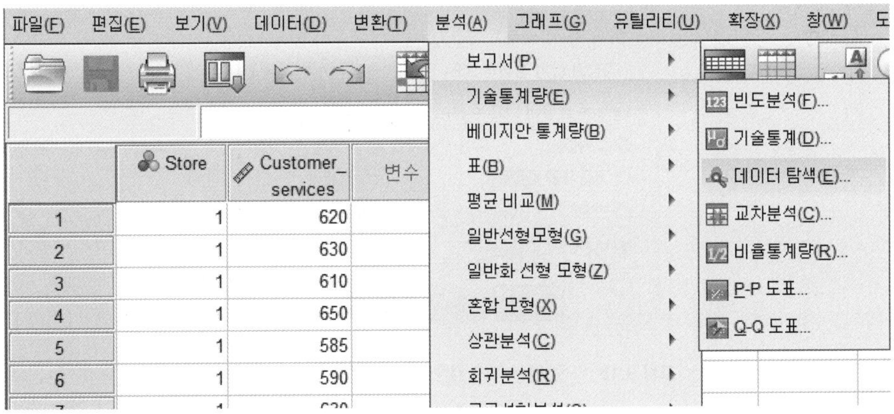

그림 9.13 레빈의 검정을 SPSS에서 수행

그림 9.14처럼 *Customer_services*를 **종속 변수**에 포함시키고 변수 *Store*를 **요인**에 포함시킨다.

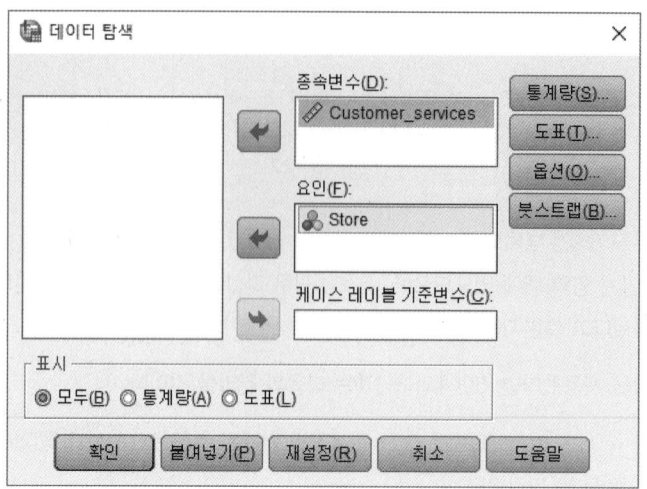

그림 9.14 SPSS에서 레빈 검정을 위한 변수 선택

다음으로, 그림 9.15에서처럼 **도표**를 클릭해 Levene **검정이 있는 수준-산포** 구역에서 **변환하지 않음**을 선택한다.

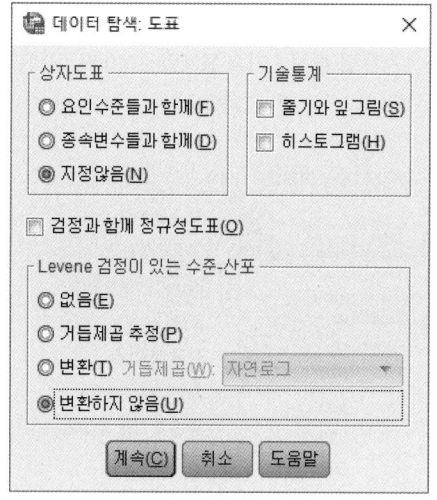

그림 9.15 SPSS에서 레빈 검정을 수행하기 위한 절차 계속

마지막으로, **계속**을 클릭하고 **확인**을 누른다. 레빈 검정의 결과는 ANOVA 검정을 통해서도 구할 수 있다. 이를 위해, **분석 › 평균 비교 › 일원배치 분산 분석**을 선택한다. 레빈 검정의 결과는 그림 9.16에 있다.

		Levene 통계량	df1	df2	CTT 유의확률
Customer_services	평균을 기준으로 합니다.	8.427	2	39	.001

그림 9.16 SPSS를 사용한 예제 9.4의 레빈 검정 결과

레빈 통계량 값은 8.427이며 앞서 계산한 값과 동일하다. 관측된 유의수준이 0.001이므로 0.05 보다 작고 검정은 귀무 가설을 기각함을 보여주므로 95%의 신뢰수준으로 모집단 분산이 동질이 아니라고 결론 내릴 수 있다.

9.4.6 Stata를 사용한 레빈의 검정 해법

이 절의 이미지는 Stata사의 허가하에 사용됐다.

Stata에서는 분산 동질성의 레빈 통계 검정을 robvar 명령어(분산 동질성을 위한 안정적 검정)를 통해 수행하며, 구문은 다음과 같다.

```
robvar variable*, by(groups*)
```

여기서 variable* 항은 연구 중인 정량 변수로 대체해야 하며, 항 groups*는 해당 범주 변수로 대체해야 한다.

예제 9.7의 데이터를 담고 있는 CustomerServices_Store.dta 파일을 열어보자. 세 그룹은 변수 *store*로 나타나고 고객 수는 *services*에 나타나 있다. 따라서 다음과 같이 명령해야 한다.

```
robvar services, by(store)
```

검정 결과는 그림 9.17에 나타나 있다. 통계량 값(8.427)은 예제 9.7에서 계산한 값 그리고 SPSS를 사용해 구한 값과 유사함을 알 수 있고 통계량(0.001)에 연계된 확률 계산도 그러하다. $P < 0.05$이므로 귀무 가설을 기각하고, 95%의 신뢰수준으로 모집단 분산이 동질이 아니라고 결론 내릴 수 있다.

```
. robvar services, by(store)

                  |           Summary of services
          store   |      Mean      Std. Dev.         Freq.
------------------+-----------------------------------------
              1   |   609.42857    24.405908            14
              2   |   737.21429    62.246629            14
              3   |   833.35714    78.914371            14
------------------+-----------------------------------------
          Total   |   726.66667    109.59074            42

W0   =   8.4266657    df(2, 39)       Pr > F = 0.00090845

W50  =   4.8479595    df(2, 39)       Pr > F = 0.01317209

W10  =   7.8500863    df(2, 39)       Pr > F = 0.00136452
```

그림 9.17 Stata를 사용한 예제 9.7의 레빈 검정 결과

9.5 단일 확률 표본으로부터의 모집단 평균(μ)에 관한 가설 검정

주목적은 모집단 평균이 어떤 값인지 아닌지를 검정하는 것이다.

9.5.1 모집단 표준 편차(σ)를 알고 분포가 정규임을 알 경우의 Z 검정

이 검정은 크기 n의 확률 표본이 정규 분포하는 모집단에서 구했고, 모집단의 평균(μ)과 표준 편차 (σ)를 알고 있을 때 적용할 수 있다. 모집단의 분포를 모를 경우에는 중심 극한 정리에 따라 대규모 표본($n > 30$)으로 작업해야 하며, 이 경우 그 평균의 표본 분포는 점점 더 정규 분포에 가까워진다.

양측 검정에 있어 가설은 다음과 같다.

H_0: 표본은 어떤 평균값($\mu = \mu_0$)을 가진 모집단에서 추출됐다.

H_1: 귀무 가설에 대립한다($\mu \neq \mu_0$).

여기서 사용된 통계 검정은 표본 평균을 참고한다($\overline{X}$). 표본 평균을 표에 있는 값과 비교하려면 먼저 다음과 같이 표준화해야 한다.

$$Z_{cal} = \frac{\overline{X} - \mu_0}{\sigma_{\overline{X}}} \sim N(0, 1), \quad \text{여기서} \quad \sigma_{\overline{X}} = \frac{\sigma}{\sqrt{n}} \tag{9.20}$$

z_c 통계량의 임곗값은 부록의 표 E에 나타나 있다. 이 표는 $P(Z_{cal} > z_c) = \alpha$(오른쪽 꼬리 검정)를 고려한 z_c의 임곗값을 제공한다. 양측 검정의 경우, $P(Z_{cal} < -z_c) + P(Z_{cal} > z_c) = \alpha$이므로 $P(Z_{cal} > z_c) = \alpha/2$를 고려해야 한다. 양측 검정의 귀무 가설 H_0는 Z_{cal} 통계량 값이 임계 영역 내에 있으면 기각된다. 즉, $Z_{cal} < -z_c$ 또는 $Z_{cal} > z_c$이다. 그렇지 않으면 H_0를 기각하지 않는다.

Z_{cal} 통계량에 연계된 단측 확률(P)은 표 E에서 구할 수 있다. 단측 검정의 경우, $P = P_1$을 고려한다. 양측 검정의 경우 이 확률은 두 배가 돼야 한다($P = 2P_1$). 따라서 양측 검정의 경우 $P \leq \alpha$이면 H_0를 기각한다.

예제 9.8 단일 표본에 Z 검정 적용

시리얼 제조사는 제품당 식이섬유질 평균이 4.2g이며, 표준 편차가 1g이라고 말하고 있다. 식약청에서는 그 말이 사실인지 확인하고자 한다. 42개 제품을 수집한 결과 평균 식이섬유질은 3.9g이었다. 유의수준 5%로 이 제조사의 말을 기각할 만한 증거가 있는가?

해법

1단계: 단일 표본 크기 $n > 30$임을 고려할 때(정규 분포), 알려진 평균 σ의 모집단 평균을 검정하는 적절한 방법은 z 검정이다.

2단계: 이 예제의 경우 z 검정 가설은 다음과 같다.

H_0: $\mu \geq 4.2$g(제조사가 제공한 정보)

H_1: $\mu < 4.2$g

이는 왼쪽 꼬리 검정에 해당한다.

3단계: 고려할 유의수준은 5%이다.

4단계: 식 (9.20)에 따른 Z_{cal} 통계량 계산은 다음과 같다.

$$Z_{cal} = \frac{\overline{X} - \mu_0}{\sigma/\sqrt{n}} = \frac{3.9 - 4.2}{1/\sqrt{42}} = -1.94$$

5단계: 부록의 표 E에 따르면, α = 5%인 왼쪽 꼬리 검정에서는 검정의 임곗값 z_c = −1.645이다.

6단계: 결정: 계산된 값이 임계 영역 내에 있으므로($z_{cal} < -1.645$), 귀무 가설은 기각하고 95% 신뢰수준으로 제조사의 평균 식이섬유는 4.2g 이하라고 결론 내릴 수 있다.

통계량의 임곗값 대신 P 값을 사용했다면, 5단계와 6단계는 다음과 같았을 것이다.

5단계: 부록의 표 E에 따라 왼쪽 꼬리 검정의 경우 z_{cal} = −1.94에 연계된 확률은 0.0262(P 값)이다.

6단계: 결정: $P < 0.05$이므로 H_0를 기각하고 95% 신뢰수준으로 제조사의 평균 식이섬유는 4.2g 이하라고 결론 내릴 수 있다.

9.5.2 모집단의 표준 편차(σ)를 모를 경우의 스튜던트 t 검정

단일 표본에 대한 스튜던트 t 검정은 모집단 표준 편차(σ)를 모를 경우 적용하고 그 값은 표본 표준 편차(S)로부터 추정된다. 그러나 식 (9.20)에서 σ를 S로 대체하면, 변수의 분포는 더 이상 정규가 아니라 $n - 1$차 자유도를 가진 스튜던트 t 분포가 된다.

z 검정과 유사하게, 단일 표본의 스튜던트 t 검정은 양측 검정에 대해 다음과 같은 가정을 한다.

H_0: $\mu = \mu_0$
H_1: $\mu \neq \mu_0$

그리고 통계량 계산은 다음과 같이 된다.

$$T_{cal} = \frac{\overline{X} - \mu_0}{S/\sqrt{n}} \sim t_{n-1} \tag{9.21}$$

계산된 값은 스튜던트 t 표(부록의 표 B)와 비교해봐야 한다. 이 표는 $P(T_{cal} > t_c) = \alpha$(오른쪽 꼬리 검정)를 고려한 t_c의 임곗값을 제공한다. 양측 검정에서는 그림 9.18과 같이 $P(T_{cal} < -t_c) = \alpha/2 = P(T_{cal} > t_c)$이다.

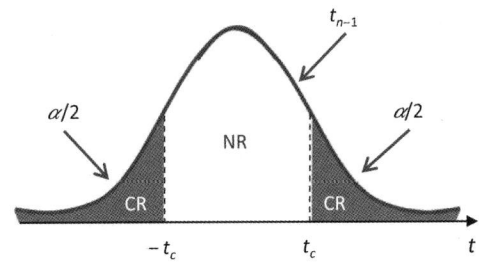

그림 9.18 양측 검정에서 스튜던트 t 분포의 비기각 영역(NR)과 임계 영역(CR)

따라서 양측 검정에서는 $T_{cal} < -t_c$ 또는 $T_{cal} > t_c$이면 귀무 가설이 기각된다. $-t_c \leq T_{cal} \leq t_c$이면 H_0를 기각하지 않는다.

T_{cal} 통계량에 연계된 단측 확률(P_1)은 표 B에서 구할 수 있다. 단측 검정에서는 $P = P_1$이다. 양측 검정에서는 이 확률이 두 배가 돼야 한다($P = 2P_1$). 따라서 두 검정에서 $P \leq \alpha$이면 H_0를 기각한다.

예제 9.9 단일 표본에 스튜던트 t 검정 적용

어떤 기계의 평균 처리 시간이 18분이다. 평균 처리 시간을 단축하기 위해 새로운 개념을 도입했다. 일정 시간이 흐른 다음, 25개 표본이 추출됐고 그 평균 처리 시간은 16.808분으로 측정됐으며 표준 편차는 2.733분이었다. 이를 통해 총 처리 시간에 개선이 있었다고 결론 내릴 수 있는지 검정해보라. α = 1%를 고려한다.

해법

1단계: 미지의 σ를 가진 모집단 평균에 적절한 검정은 스튜던트 t 검정이다.

2단계: 이 예제에서 스튜던트 t 검정의 가설은 다음과 같다.

H_0: $\mu = 18$
H_1: $\mu < 18$

이는 왼쪽 꼬리 검정에 해당한다.

3단계: 고려할 유의수준은 1%이다.

4단계: 식 (9.21)에 따른 T_{cal} 통계량의 계산은 다음과 같다.

$$T_{cal} = \frac{\overline{X} - \mu_0}{S/\sqrt{n}} = \frac{16.808 - 18}{2.733/\sqrt{25}} = -2.18$$

5단계: 부록의 표 B에서 24차 자유도와 α = 1%에 해당하는 왼쪽 꼬리 검정 임곗값은 t_c = −2.4920이다.

6단계: 결정: 계산된 값이 임계 영역에 있지 않으므로($T_{cal} >$ −2.492), 귀무 가설은 기각되지 않고 99%의 신뢰수준으로 평균 처리 시간이 개선되지 않았다고 결론 내릴 수 있다.

계산된 값을 스튜던트 t 분포의 임곗값과 비교하는 대신 P 값을 사용했다면, 5단계와 6단계는 다음과 같았을 것이다.

5단계: 부록의 표 B에 따라 왼쪽 꼬리 검정의 경우 24차 자유도에서 T_{cal} = −2.18에 연계된 확률은 0.01과 0.025 사이(P 값)다.

6단계: 결정: $P >$ 0.01이므로 H_0를 기각하지 않는다.

9.5.3 SPSS를 사용한 단일 표본의 스튜던트 t 검정 해법

이 절의 이미지는 IBM의 허가하에 사용됐다.

단일 표본의 평균을 비교할 때, SPSS는 스튜던트 t 검정을 제공한다. 예제 9.9의 데이터는 T_test_One_Sample.sav 파일에 있다. 예제 9.9의 데이터에 검정을 적용하는 절차는 다음과 같다. 먼저 그림 9.19처럼 **분석** › **평균 비교** › **일표본 T 검정**을 선택한다.

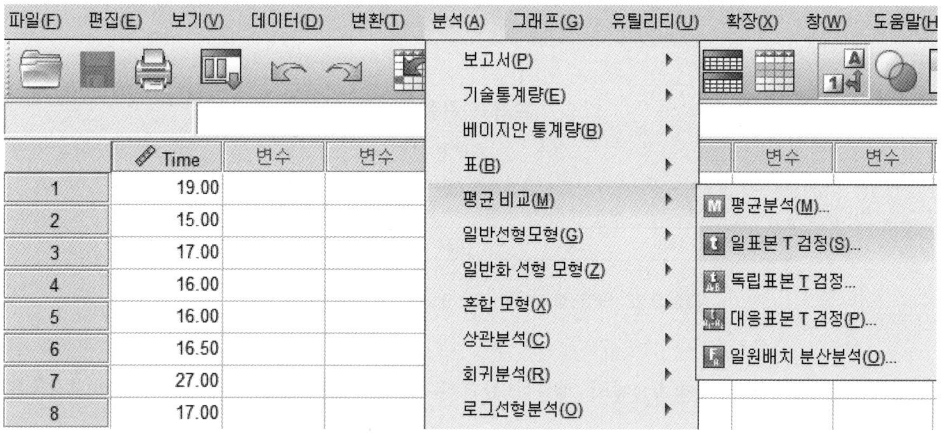

그림 9.19 SPSS에서 t 검정 수행

그림 9.20처럼 변수 *Time*을 선택하고 **검정값**에 18을 명기해줘야 한다.

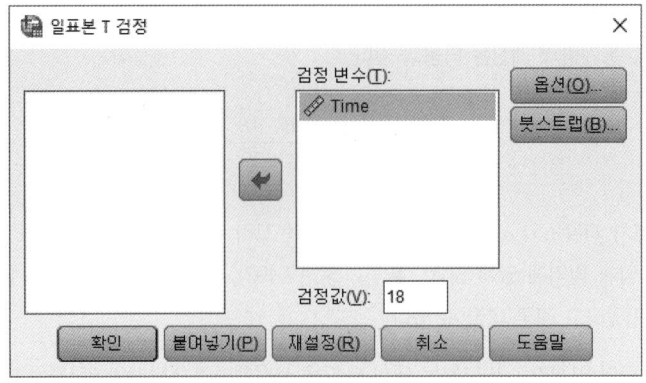

그림 9.20 검정할 변수를 선택하고 값을 지정

이제, **옵션**을 클릭해 원하는 신뢰수준을 정의한다(그림 9.21).

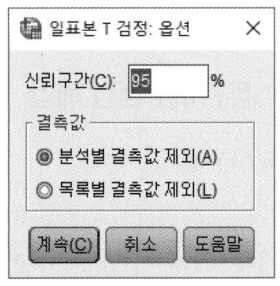

그림 9.21 옵션(신뢰 구간 정의)

끝으로, **계속** 버튼을 클릭한 다음 **확인**을 누른다. 검정 결과는 그림 9.22에 있다.

일표본 검정

					차이의 95% 신뢰구간	
	t	자유도	유의확률 (양측)	평균차이	하한	상한
Time	-2.180	24	.039	-1.19200	-2.3203	-.0637

검정값 = 18

그림 9.22 SPSS를 사용한 예제 9.9의 단일 표본 *t* 검정 결과

그림은 *t* 검정 결과(예제 9.9에서 계산한 값과 유사)와 양측 검정에 연계된 확률(*P* 값)을 보여준다. 단측 검정에서는 연계된 확률이 0.0195이다(예제 9.9에서 이 확률이 0.01과 0.025 사이임을 보았다). 0.0195 > 0.01이므로 귀무 가설을 기각하지 않고 99% 확률로 평균 처리 시간에 개선이 없다고 결론 내린다.

9.5.4 Stata 소프트웨어를 사용한 단일 표본의 스튜던트 t 검정 해법

이 절의 이미지는 Stata사의 허가하에 사용됐다.

Stata에서의 스튜던트 t 검정은 **ttest** 명령어를 사용한다. 단일 모집단 평균의 경우 검정 구문은 다음과 같다.

```
ttest variable* == #
```

여기서 **variable*** 항은 연구 중인 정량 변수로 대체해야 하며, 항 **#**은 검정할 모집단 평균으로 대체해야 한다.

예제 9.9의 데이터는 T_test_One_Sample.dta 파일에 있다. 예제의 경우 분석할 변수는 *time*이고 목표는 평균 처리 시간이 여전히 18분인지 보는 것이므로 다음과 같이 명령한다.

```
ttest time == 18
```

결과는 그림 9.23에 있다. 계산된 통계량 값(−2.180)이 예제 9.9에서 계산된 값이나 SPSS를 이용해 계산한 것과 유사함을 알 수 있으며, 왼쪽 꼬리 검정에 연계된 확률도 그러하다(0.0196). $P > 0.01$ 이므로 귀무 가설을 기각하지 않고 99% 확률로 평균 처리 시간에 개선이 없다고 결론 내린다.

```
. ttest time == 18

One-sample t test
------------------------------------------------------------------------------
Variable |     Obs        Mean    Std. Err.   Std. Dev.   [95% Conf. Interval]
---------+--------------------------------------------------------------------
    time |      25      16.808    .5466846    2.733423     15.6797     17.9363
------------------------------------------------------------------------------
    mean = mean(time)                                          t =  -2.1804
Ho: mean = 18                                   degrees of freedom =       24

    Ha: mean < 18                Ha: mean != 18                 Ha: mean > 18
 Pr(T < t) = 0.0196      Pr(|T| > |t|) = 0.0393          Pr(T > t) = 0.9804
```

그림 9.23 Stata를 사용한 예제 9.9의 단일 표본 t 검정 결과

9.6 두 독립 확률 표본의 두 모집단 평균을 비교하는 스튜던트 t 검정

두 독립 표본의 t 검정은 동일한 모집단에서 추출한 두 독립 표본($X_{1i}(i = 1, ..., n_1)$, $X_{2j}(j = 1, ..., n_2)$)의 평균을 비교할 때 적용한다. 이 검정에서 모집단 분산은 미지수다.

양측 검정에서 검정의 귀무 가설은 두 모집단 평균이 동일하다는 것이다. 모집단 평균이 다르다면

귀무 가설은 기각된다. 즉,

H₀: $\mu_1 = \mu_2$
H₁: $\mu_1 \neq \mu_2$

T 통계량의 계산은 그룹 간 모집단 분산의 비교에 종속된다.

사례 1: $\sigma_1^2 \neq \sigma_2^2$

모집단 분산이 다른 경우, T 통계량 계산은 다음과 같다.

$$T_{cal} = \frac{(\overline{X}_1 - \overline{X}_2)}{\sqrt{\dfrac{S_1^2}{n_1} + \dfrac{S_2^2}{n_2}}} \tag{9.22}$$

자유도는 다음과 같다.

$$v = \frac{\left(\dfrac{S_1^2}{n_1} + \dfrac{S_2^2}{n_2}\right)^2}{\dfrac{\left(S_1^2/n_1\right)^2}{(n_1 - 1)} + \dfrac{\left(S_2^2/n_2\right)^2}{(n_2 - 1)}} \tag{9.23}$$

사례 2: $\sigma_1^2 = \sigma_2^2$

모집단 분산이 동질일 경우, T 통계량 계산은 다음 식을 이용한다.

$$T_{cal} = \frac{(\overline{X}_1 - \overline{X}_2)}{S_p \cdot \sqrt{\dfrac{1}{n_1} + \dfrac{1}{n_2}}} \tag{9.24}$$

여기서

$$S_p = \sqrt{\frac{(n_1 - 1) \cdot S_1^2 + (n_2 - 1) \cdot S_2^2}{n_1 + n_2 - 2}} \tag{9.25}$$

T_{cal}은 자유도가 $v = n_1 + n_2 - 2$차인 스튜던트 t 분포를 따른다.

　계산된 값은 스튜던트 t 표(부록의 표 B)와 비교해봐야 한다. 이 표는 $P(T_{cal} > t_c) = \alpha$(오른쪽 꼬리 검정)를 고려한 t_c의 임곗값을 제공한다. 양측 검정에서는 그림 9.24와 같이 $P(T_{cal} < -t_c) = \alpha/2 = P(T_{cal} > t_c)$이다.

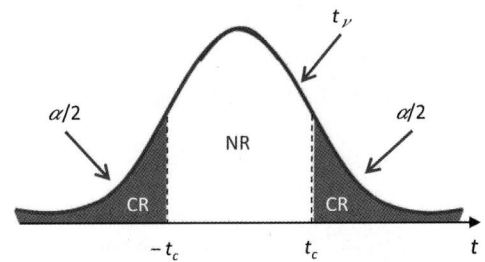

그림 9.24 양측 검정 스튜던트 t 분포의 비기각 영역(NR)과 임계 영역(CR)

따라서 양측 검정에서는 $T_{cal} < -t_c$ 또는 $T_{cal} > t_c$이면 귀무 가설이 기각된다. $-t_c \leq T_{cal} \leq t_c$이면 H_0를 기각하지 않는다.

T_{cal} 통계량에 연계된 단측 확률(P_1)은 표 B에서 구할 수 있다. 단측 검정에서는 $P = P_1$이다. 양측 검정에서는 이 확률이 두 배가 돼야 한다($P = 2P_1$). 따라서 두 검정에서 $P \leq \alpha$이면 H_0를 기각한다.

예제 9.10 두 독립 표본에 스튜던트 t 검정 적용

품질 기술자는 어떤 플라스틱 제품의 평균 제조 시간이 사용된 원료에 종속되어 있다고 믿고 있으며 원료는 두 공급자에게서 받고 있다. 검정을 위해 각 공급자에게서 30개의 표본을 수집하고 그 결과를 표 9.E.10과 표 9.E.11에 정리해뒀다. 유의수준 α = 5%로 두 평균에 차이가 있는지 확인해보라.

표 9.E.10 공급자 1의 원료를 사용한 제조 시간

22.8	23.4	26.2	24.3	22.0	24.8	26.7	25.1	23.1	22.8
25.6	25.1	24.3	24.2	22.8	23.2	24.7	26.5	24.5	23.6
23.9	22.8	25.4	26.7	22.9	23.5	23.8	24.6	26.3	22.7

표 9.E.11 공급자 2의 원료를 사용한 제조 시간

26.8	29.3	28.4	25.6	29.4	27.2	27.6	26.8	25.4	28.6
29.7	27.2	27.9	28.4	26.0	26.8	27.5	28.5	27.3	29.1
29.2	25.7	28.4	28.6	27.9	27.4	26.7	26.8	25.6	26.1

해법

1단계: 미지의 σ에 대한 두 모집단의 평균을 검정하는 적절한 방법은 두 독립 표본에 대한 스튜던트 t 검정이다.

2단계: 이 예제의 경우 스튜던트 t 검정의 가설은 다음과 같다.

H_0: $\mu_1 = \mu_2$

H_1: $\mu_1 \neq \mu_2$

3단계: 고려할 유의수준은 5%이다.

4단계: 표 9.E.10과 표 9.E.11의 데이터에서 $\overline{X}_1 = 24.277$, $\overline{X}_2 = 27.530$, $S_1^2 = 1.810$이고 $S_2^2 = 1.559$이다. 모집단 분산이 동질임을 고려하고 SPSS에서 생성된 해법에 따라 식 (9.24)와 식 (9.25)를 사용해 다음과 같이 T_{cal} 통계량을 계산한다.

$$S_p = \sqrt{\frac{29 \cdot 1.810 + 29 \cdot 1.559}{30 + 30 - 2}} = 1.298$$

$$T_{cal} = \frac{24.277 - 27.530}{1.298 \cdot \sqrt{\frac{1}{30} + \frac{1}{30}}} = -9.708$$

자유도는 $v = 30 + 30 - 2 = 58$이다.

5단계: $v = 5$와 $\alpha = 5\%$를 고려한 양측 검정의 임계 영역은 그림 9.25처럼 스튜던트 t 분포표(부록의 표 B)로 정의될 수 있다.

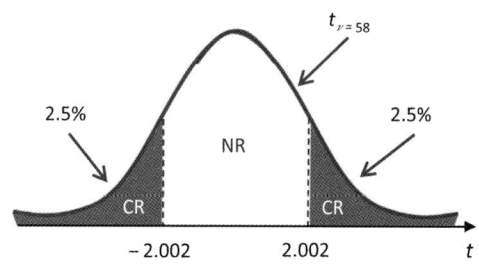

그림 9.25 예제 9.10의 임계 영역

양측 검정의 경우, 각 꼬리는 유의수준 α의 절반에 해당한다.

6단계: 결정: 계산된 값이 임계 영역에 있지 않으므로($T_{cal} < -2.002$), 귀무 가설은 기각하고 95%의 신뢰수준으로 모집단 평균이 다르다고 결론 내릴 수 있다.

계산된 값을 스튜던트 t 분포의 임곗값과 비교하는 대신 P 값을 사용했다면, 5단계와 6단계는 다음과 같았을 것이다.

5단계: 부록의 표 B에 따라 오른쪽 꼬리 검정의 경우 58차 자유도에서 $T_{cal} = 9.708$에 연계된 확률 P_1은 0.0005이다. 양측 검정의 경우 두 배가 돼야 한다($P = 2P_1$).

6단계: 결정: $P < 0.05$이므로 H_0를 기각한다.

9.6.1 SPSS를 사용한 두 독립 표본의 스튜던트 *t* 검정 해법

예제 9.10의 데이터는 T_test_Two_Independent_Samples.sav 파일에 있다. SPSS를 사용해 두 독립 표본의 모집단 평균을 비교하는 스튜던트 *t* 검정 절차는 다음과 같다.

그림 9.26처럼 **분석 › 평균 비교 › 독립 표본 T 검정**을 선택한다.

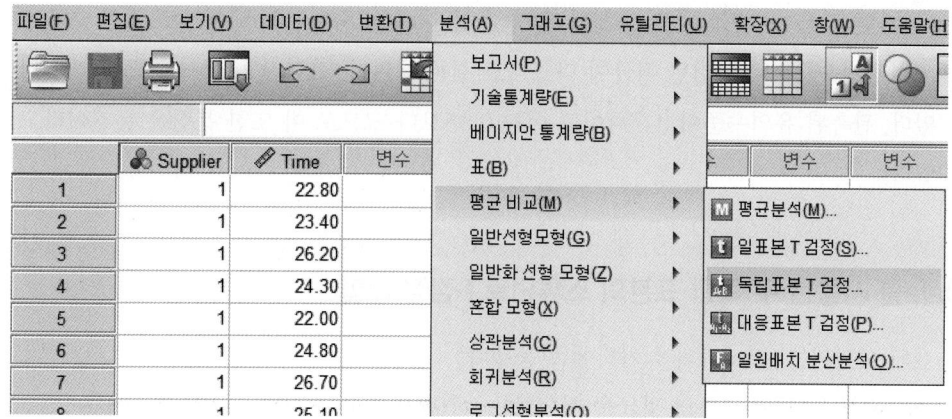

그림 9.26 SPSS를 사용해 두 독립 표본의 *t* 검정 수행

검정 변수에 *Time* 변수를 선택하고 **집단 변수**에 *Supplier*를 선택한다. 그런 다음 **집단 정의** 버튼을 누르고 그림 9.27과 같이 *Supplier* 변수의 집단(범주)을 정의한다.

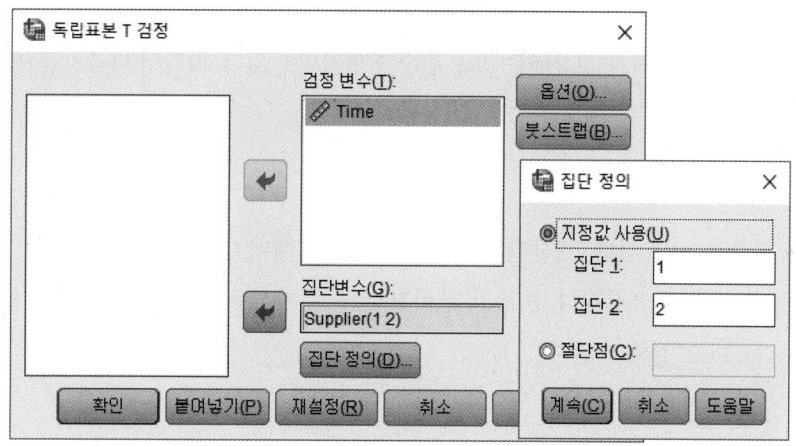

그림 9.27 변수 선택과 집단 정의

만약 신뢰수준을 95% 이외의 것으로 하고 싶다면 **옵션** 버튼을 눌러 이 값을 변경해야 한다. 마지막으로 **확인** 버튼을 누른다. 결과는 그림 9.28에 나타나 있다.

독립표본 검정

		Levene의 등분산 검정		평균의 동일성에 대한 T 검정					차이의 95% 신뢰구간	
		F	유의확률	t	자유도	유의확률 (양측)	평균차이	표준오차 차이	하한	상한
Time	등분산을 가정함	.156	.694	-9.708	58	.000	-3.25333	.33510	-3.92412	-2.58255
	등분산을 가정하지 않음			-9.708	57.679	.000	-3.25333	.33510	-3.92420	-2.58247

그림 9.28 SPSS를 사용한 예제 9.10의 두 독립 표본에 대한 *t* 검정 결과

t 통계량 값은 −9.708이고 연계된 양측 확률은 0.000($P < 0.05$)이므로 귀무 가설을 기각하고 95%의 신뢰수준으로 모집단 평균이 다르다고 결론 내린다. 그림 9.28에서는 또한 레빈의 검정도 볼 수 있다. 관측된 유의수준이 0.694이고 이는 0.05보다 크므로 이 또한 분산은 동질이라고 결론 내릴 수 있다.

9.6.2 Stata를 사용한 두 독립 표본의 스튜던트 t 검정 해법

이 절의 이미지는 Stata사의 허가하에 사용됐다.

Stata에서 두 독립 그룹의 평균을 비교하는 t 검정은 다음 구문을 사용한다.

```
ttest variable*, by(groups*)
```

여기서 variable* 항은 연구 중인 정량 변수로 대체해야 하며, 항 groups*는 해당 범주 변수로 대체해야 한다.

예제 9.10의 데이터는 T_test_Two_Independent_Samples.dta에 있다. 변수 *supplier*는 공급자 그룹을 나타낸다. 각 공급자 그룹에는 *time* 변수가 명시되어 있다. 따라서 다음처럼 명령을 내려야 한다.

```
ttest time, by(supplier)
```

그 결과는 그림 9.29에 있다. 계산된 통계량(−9.708)이 예제 9.10과 SPSS 결과는 물론 양측 검정에 연계된 확률(0.000)과 유사하다. $P < 0.05$이므로 귀무 가설을 기각하고 95%의 신뢰수준으로 모집단 평균이 다르다고 결론 내린다.

```
. ttest time, by(supplier)

Two-sample t test with equal variances
-------------------------------------------------------------------------------
 Group |    Obs       Mean    Std. Err.   Std. Dev.   [95% Conf. Interval]
-------+-----------------------------------------------------------------------
     1 |     30    24.27667   .2456371    1.34541     23.77428    24.77905
     2 |     30       27.53   .2279418    1.248489    27.06381    27.99619
-------+-----------------------------------------------------------------------
combined |   60    25.90333   .2691582    2.084891    25.36475    26.44192
-------+-----------------------------------------------------------------------
  diff |          -3.253333   .3351045                -3.924118   -2.582549
-------------------------------------------------------------------------------
  diff = mean(1) - mean(2)                                  t =  -9.7084
Ho: diff = 0                                  degrees of freedom =       58

  Ha: diff < 0                 Ha: diff != 0                   Ha: diff > 0
Pr(T < t) = 0.0000       Pr(|T| > |t|) = 0.0000          Pr(T > t) = 1.0000
```

그림 9.29 Stata를 사용한 예제 9.10의 두 독립 표본에 대한 t 검정 결과

9.7 두 대응 확률 표본의 두 모집단 평균을 비교하기 위한 스튜던트 t 검정

이 검정은 정규 분포를 따르는 동일한 모집단에서 추출한(이전과 이후) 두 대응 또는 연계 표본의 평균이 상당히 다른지를 확인하는 데 응용된다. 각 표본 데이터의 정규성 이외에 이 검정은 그룹 간의 분산 동질성이 요구된다.

두 독립 표본에 대한 t 검정과 달리 먼저 각 위치 i에서의 두 쌍의 값 차이를 계산해야 하고($d_i = X_{\text{before},i} - X_{\text{after},i}$, $i = 1, ..., n$) 모집단 평균의 차는 0이라는 귀무 가설을 검정한다.

양측 검정으로는 다음과 같은 가설을 수립한다.

H_0: $\mu_d = 0$, $\mu_d = \mu_{\text{before}} - \mu_{\text{after}}$
H_1: $\mu_d \neq 0$

이 검정의 T_{cal} 통계량은 다음과 같다.

$$T_{cal} = \frac{\bar{d} - \mu_d}{S_d / \sqrt{n}} \sim t_{v=n-1} \tag{9.26}$$

여기서

$$\bar{d} = \frac{\sum_{i=1}^{n} d}{n} \tag{9.27}$$

그리고

$$S_d = \sqrt{\frac{\sum_{i=1}^{n} (d_i - \bar{d})^2}{n-1}} \tag{9.28}$$

계산된 값은 스튜던트 t 분포표(부록의 표 B)의 값과 비교해야 한다. 이 표는 $P(T_{cal} > t_c) = \alpha$(오른쪽 꼬리 검정)를 고려한 t_c의 임곗값을 제공한다. 양측 검정의 경우 그림 9.30처럼 $P(T_{cal} < -t_c) = \alpha/2 = P(T_{cal} > t_c)$이다.

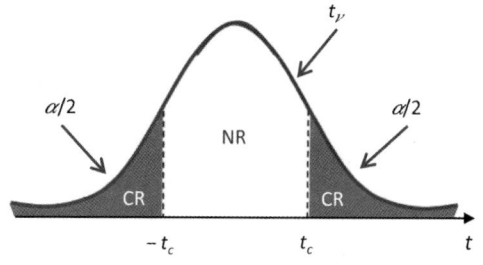

그림 9.30 양측 검정에서 스튜던트 t 분포의 비기각 영역(NR)과 임계 영역(CR)

따라서 양측 검정에서는 $T_{cal} < -t_c$ 또는 $T_{cal} > t_c$이면 귀무 가설이 기각된다. $-t_c \leq T_{cal} \leq t_c$이면 H_0를 기각하지 않는다.

T_{cal} 통계량에 연계된 단측 확률(P_1)도 표 B에서 구할 수 있다. 단측 검정에서는 $P = P_1$이다. 양측 검정에서는 이 확률이 두 배가 돼야 한다($P = 2P_1$). 따라서 두 검정에서 $P \leq \alpha$이면 H_0를 기각한다.

예제 9.11 두 대응 표본에 스튜던트 t 검정 적용

10명의 기계 운전자들이 좀 더 효율적인 과제 수행을 위해 훈련을 받았다. 이 훈련을 통해 실제 과제 수행 시간이 단축됐는지 알아보기 위해 훈련 전후에 각 운전자들의 수행 시간을 측정했다. 두 대응 표본의 모집단 평균이 유사하다는 가설, 즉 훈련을 통한 시간 단축은 없었다는 가설을 검정해보라. 유의수준은 $\alpha = 5\%$로 설정한다.

표 9.E.12 훈련 전에 측정한 운전자 과제 수행 시간

3.2	3.6	3.4	3.8	3.4	3.5	3.7	3.2	3.5	3.9

표 9.E.13 훈련 후에 측정한 운전자 과제 수행 시간

3.0	3.3	3.5	3.6	3.4	3.3	3.4	3.0	3.2	3.6

해법

1단계: 이 경우, 두 대응 표본에 가장 적절한 검정은 스튜던트 t 검정이다.

검정은 각 표본 데이터의 정규성과 그룹 간의 분산 동질성을 요구하므로, K–S나 S–W, 레빈 검정을 통해 확인해야 한다. 뒤에서 SPSS를 통해 이 예제를 해결할 때 보겠지만, 이 모든 가정이 만족한다.

2단계: 이 예제의 경우 스튜던트 t 검정의 가설은 다음과 같다.

H_0: $\mu_d = 0$

H_1: $\mu_d \neq 0$

3단계: 고려할 유의수준은 5%이다.

4단계: T_{cal} 통계량을 계산하려면, d_i를 계산해야 한다.

표 9.E.14 d_i 계산

$X_{before,\,i}$	3.2	3.6	3.4	3.8	3.4	3.5	3.7	3.2	3.5	3.9
$X_{after,\,i}$	3.0	3.3	3.5	3.6	3.4	3.3	3.4	3.0	3.2	3.6
d_i	0.2	0.3	−0.1	0.2	0	0.2	0.3	0.2	0.3	0.3

$$\bar{d} = \frac{\sum_{i=1}^{n} d_i}{n} = \frac{0.2 + 0.3 + \cdots + 0.3}{10} = 0.19$$

$$S_d = \sqrt{\frac{(0.2-0.19)^2 + (0.3-0.19)^2 + \cdots + (0.3-0.19)^2}{9}} = 0.137$$

$$T_{cal} = \frac{\overline{d}}{S_d/\sqrt{n}} = \frac{0.19}{0.137/\sqrt{10}} = 4.385$$

5단계: 양측 검정의 임계 영역은 그림 9.31처럼 스튜던트 t 분포표(부록의 표 B)에서 ν = 9차 자유도, α = 5%에서 찾을 수 있다.

양측 검정의 경우 각 꼬리는 유의수준 α의 절반에 해당한다.

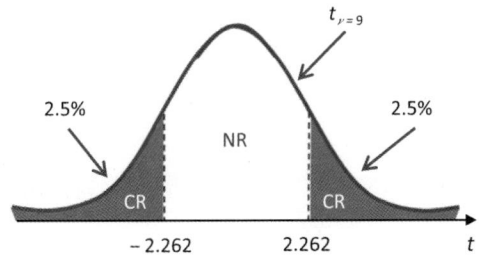

그림 9.31 예제 9.11의 임계 영역

6단계: 결정: 계산된 값이 임계 영역에 있지 않으므로($T_{cal} > 2.262$), 귀무 가설은 기각하고 95%의 신뢰수준으로 훈련 전후의 운전자의 수행 시간은 상당히 다르다고 결론 내릴 수 있다.

계산된 값을 스튜던트 t 분포의 임곗값과 비교하는 대신 P 값을 사용했다면, 5단계와 6단계는 다음과 같았을 것이다.

5단계: 부록의 표 B에 따라 오른쪽 꼬리 검정의 경우 ν = 9차 자유도에서 T_{cal} = 4.385에 연계된 확률 P_1은 0.0005와 0.001 사이이다. 양측 검정의 경우 두 배가 돼야 한다($P = 2P_1$). 따라서 0.001 < P < 0.002이다.

6단계: 결정: $P < 0.05$이므로 H_0를 기각한다.

9.7.1 SPSS를 사용한 대응 표본의 스튜던트 t 검정 해법

먼저 각 표본의 정규성을 검정하고 그룹 간의 분산 동질성을 검정해야 한다. 9.3.3절과 9.4.5절에 설명한 절차와 동일한 방법으로 그림 9.32와 그림 9.33을 얻는다(데이터는 9.4.5절과 동일한 방법으로 배치해야 한다).

정규성 검정

	Kolmogorov-Smirnov[a]			Shapiro-Wilk		
	통계	자유도	CTT 유의확률	통계	자유도	CTT 유의확률
Before	.134	10	.200[*]	.954	10	.715
After	.145	10	.200[*]	.920	10	.353

*. 이것은 참 유의성의 하한입니다.

a. Lilliefors 유의확률 수정

그림 9.32 SPSS를 사용한 정규성 검정 결과

분산의 동질성 검정

		Levene 등계 량	df1	df2	CTT 유의확률
Time	평균을 기준으로 합니다.	.061	1	18	.808

그림 9.33 SPSS를 사용한 레빈 검정 결과

그림 9.32에 따라 각 표본의 데이터는 정규성이 있음을 알 수 있다. 그림 9.33에 따라 표본 간의 분산은 동질임을 알 수 있다.

이 절의 이미지는 IBM으로부터 사용 허가를 받았다. 두 대응 표본을 SPSS로 스튜던트 t 검정을 하려면 먼저 T_test_Two_Paired_Samples.sav 파일을 연다. 그런 다음 그림 9.34처럼 **분석 › 평균 비교 › 대응 표본 T 검정**을 선택한다.

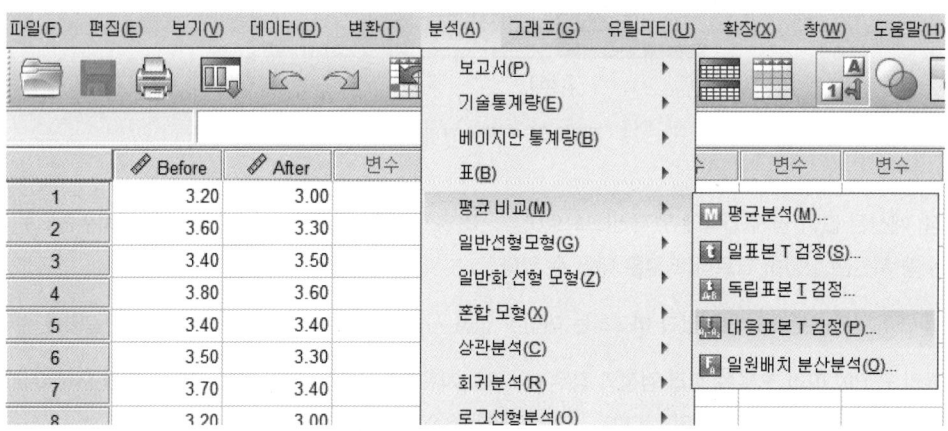

그림 9.34 SPSS를 사용한 대응 표본 t 검정 수행

그림 9.35처럼 변수 *Before*를 선택해 '변수 1'로 옮기고 변수 *After*는 '변수 2'로 옮겨야 한다. 만약 원하는 신뢰수준이 95%가 아니라면 옵션을 클릭한 다음 바꿔야 한다. 마지막으로 **확인**을 클릭한다. 결과는 그림 9.36에 있다.

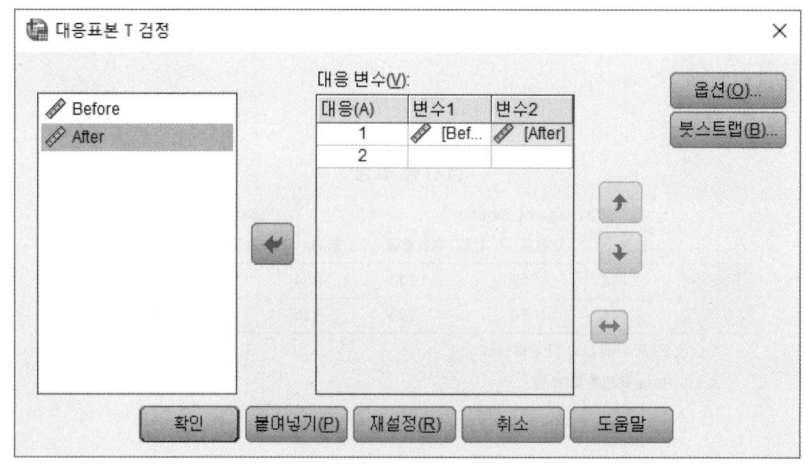

그림 9.35 대응할 변수들 선택

326

대응표본 검정

		대응차						
					차이의 95% 신뢰구간			
		평균	표준화 편차	표준오차 평균	하한	상한	t	자유도	유의확률 (양측)
대응 1	Before - After	.19000	.13703	.04333	.09197	.28803	4.385	9	.002

그림 9.36 두 대응 표본의 *t* 검정 결과

9.7.2 Stata를 사용한 두 대응 표본의 스튜던트 *t* 검정 해법

예제 9.11의 데이터를 Stata를 이용해 두 대응 그룹의 평균 비교를 *t* 검정해본다. 이 절의 이미지는 Stata사의 허가하에 사용됐다.

이제 T_test_Two_Paired_Samples.dta 파일을 연다. 대응 변수는 각각 *before*와 *after*이다. 예제의 경우 다음 명령을 내린다.

```
ttest before == after
```

결과는 그림 9.37에 있다. 계산된 통계량 값(4.385)은 예제 9.11이나 SPSS에서 계산한 것과 비슷하고 양측 검정의 통계량에 연계된 확률(0.0018)도 비슷하다. $P < 0.05$이므로, 귀무 가설을 기각하고 95% 신뢰수준으로 운전자의 훈련 전후의 수행 시간은 동일하다고 결론 내릴 수 있다.

```
. ttest before == after

Paired t test
------------------------------------------------------------------------------
Variable |     Obs        Mean    Std. Err.   Std. Dev.   [95% Conf. Interval]
---------+--------------------------------------------------------------------
  before |      10        3.52    .0742369    .2347575    3.352065    3.687935
   after |      10        3.33    .0683943    .2162817    3.175281    3.484719
---------+--------------------------------------------------------------------
    diff |      10         .19    .0433333     .137032    .0919732    .2880268
------------------------------------------------------------------------------
     mean(diff) = mean(before - after)                          t =   4.3846
 Ho: mean(diff) = 0                           degrees of freedom =        9

 Ha: mean(diff) < 0            Ha: mean(diff) != 0            Ha: mean(diff) > 0
 Pr(T < t) = 0.9991        Pr(|T| > |t|) = 0.0018          Pr(T > t) = 0.0009
```

그림 9.37 Stata를 사용한 예제 9.11의 두 대응 표본 스튜던트 *t* 검정 결과

9.8 셋 이상의 모집단 평균 비교를 위한 ANOVA

ANOVA는 표본 분산 분석을 통해 셋 이상의 모집단 평균을 비교하는 데 사용되는 검정이다. 검정은 각 모집단에서 구한 표본에 기초하고 있으며, 표본 평균의 차이가 모집단 평균 간의 차이를 시사하는지 또는 그러한 차이가 단지 표본의 내재적 변동성의 결과인지 알아보는 것이다.

ANOVA의 가정은 다음과 같다.

 (i) 표본은 서로 독립이어야 한다.
 (ii) 모집단의 데이터는 정규 분포해야 한다.
 (iii) 모집단 분산은 동질이어야 한다.

9.8.1 일원배치 ANOVA

일원배치 ANOVA는 두 모집단 평균에 대한 스튜던트 t 분포의 확장으로서, 연구원들이 셋 이상의 모집단 평균을 비교할 수 있게 해준다.

검정의 귀무 가설은 모집단 평균이 동일하다는 것이다. 적어도 한 그룹의 평균이 나머지와 다르면 귀무 가설은 기각된다.

Fávero et al.(2009)에 설명된 것처럼, 일원배치 ANOVA는 정성적 설명 변수(요인)의 정량 종속 변수에 대한 영향을 검정할 수 있게 해준다. 각 그룹은 요인의 한 범주에서 종속 변수의 관측치를 포함한다.

크기 n인 독립 표본이 k개 모집단($k \geq 3$)에서 추출됐다고 가정하고 각 모집단의 평균은 $\mu_1, \mu_2, ..., \mu_k$로 나타내면, 분산 분석은 다음 가설을 검정한다.

$$\begin{aligned} \mathrm{H}_0 &: \mu_1 = \mu_2 = ... = \mu_k \\ \mathrm{H}_1 &: \exists_{(i,j)} \; \mu_i \neq \mu_j, \; i \neq j \end{aligned} \tag{9.29}$$

Maroco(2014)에 따르면, 일반적으로 이런 문제 유형의 관측치는 표 9.2에 따라 나타낼 수 있다.

표 9.2 일원배치 ANOVA의 관측치

표본 또는 그룹			
1	2	...	K
Y_{11}	Y_{12}	...	Y_{1k}
Y_{21}	Y_{22}	...	Y_{2k}
...	...	...	...
$Y_{n_1 1}$	$Y_{n_2 2}$	...	$Y_{n_k k}$

여기서 Y_{ij}는 표본 또는 그룹 j의 i번째 관측치를 나타내고($i = 1, ..., n_j, j = 1, ..., k$), n_j는 표본 또는 그룹 j의 차원이다. 전체 표본의 차원은 $N = \sum_{i=1}^{k} n_i$ 이다. Pestana and Gageiro(2008)는 다음 모델을 제시한다.

$$Y_{ij} = \mu_i + \varepsilon_{ij} \tag{9.30}$$

$$Y_{ij} = \mu + (\mu_i - \mu) \cdot \varepsilon_{ij} \tag{9.31}$$

$$Y_{ij} = \mu + \alpha_i + \varepsilon_{ij} \tag{9.32}$$

여기서

μ = 모집단의 전체 평균

μ_i = 표본 또는 그룹 i의 평균

α_i = 표본 또는 그룹 i의 영향

ε_{ij} = 랜덤 오차

따라서 ANOVA는 각 그룹이 평균이 μ_i이고 분산이 동질인 정규 분포를 따르는 모집단에서 온 것으로 가정한다. 즉, $Y_{ij} \sim N(\mu_i, \sigma)$이다. 그 결과 가설은 오차(잔차)는 평균이 0이고 분산이 일정한 정규 분포를 가지고($\varepsilon_{ij} \sim N(0, \sigma)$) 독립적이라는 것이다(Fávero et al., 2009).

이 기법의 가설은 그룹 분산의 계산에서 검정되고 이 때문에 ANOVA라는 이름이 붙었다. 이 기법은 두 그룹 간($\overline{Y}_i - \overline{Y}$) 그리고 각 그룹 내($Y_{ij} - \overline{Y}_i$)의 편차를 계산해야 한다. 각 그룹 내 잔차의 제곱합(RSS)은 다음과 같이 계산한다.

$$RSS = \sum_{i=1}^{k} \sum_{j=1}^{n_j} \left(Y_{ij} - \overline{Y}_i \right)^2 \tag{9.33}$$

그룹 간 잔차의 제곱합 또는 요인의 제곱합(SSF)은 다음과 같이 구한다.

$$SSF = \sum_{i=1}^{k} n_i \cdot \left(\overline{Y}_i - \overline{Y} \right)^2 \tag{9.34}$$

따라서 전체 합은 다음과 같다.

$$TSS = RSS + SSF = \sum_{i=1}^{k} \sum_{j=1}^{n_i} \left(Y_{ij} - \overline{Y} \right)^2 \tag{9.35}$$

Fávero et al.(2009)과 Maroco(2014)에 따르면 ANOVA 통계량은 요인의 분산(SSF를 $k - 1$ 자유도로 나눈 것)과 잔차의 분산(RSS를 $N - k$ 자유도로 나눈 것) 사이의 나눗셈이다.

$$F_{cal} = \frac{\dfrac{SSF}{(k-1)}}{\dfrac{RSS}{(N-k)}} = \frac{MSF}{MSR} \tag{9.36}$$

여기서

MSF = 그룹 간의 제곱 평균(요인 분산의 추정)

MSR = 그룹 내의 제곱 평균(잔차 분산의 추정)

표 9.3은 일원배치 ANOVA 계산을 요약하고 있다.

표 9.3 일원배치 ANOVA 계산

변동성 원인	제곱합	자유도	제곱 평균	F
그룹 간	$SSF = \sum_{i=1}^{k} n_i \left(\overline{Y}_i - \overline{Y} \right)^2$	$k-1$	$MSF = \frac{SSF}{(k-1)}$	$F = \frac{MSF}{MSR}$
그룹 내	$RSS = \sum_{i=1}^{k} \sum_{j=1}^{n_i} \left(Y_{ij} - \overline{Y}_i \right)^2$	$N-k$	$MSR = \frac{RSS}{(N-k)}$	
총합	$TSS = \sum_{i=1}^{k} \sum_{j=1}^{n_i} \left(Y_{ij} - \overline{Y} \right)^2$	$N-1$		

출처: Fávero, L.P., Belfiore, P., Silva, F.L., Chan, B.L., 2009. Análise de dados: modelagem multivariada para tomada de decisões. Campus Elsevier, Rio de Janeiro; Maroco, J., 2014. *Análise estatística com o SPSS Statistics*, sixth ed. Edições Sílabo, Lisboa.

F 값은 없거나 양수이지만 절대 음수가 될 수는 없다. 따라서 ANOVA는 오른쪽으로 비대칭인 F 분포가 요구된다.

계산된 값(F_{cal})은 F 분포표(부록의 표 A)와 비교해야만 한다. 이 표는 $P(F_{cal} > F_c) = \alpha$(오른쪽 꼬리 검정)인 $F_c = F_{k-1,N-k,\alpha}$의 임곗값을 제공한다. 따라서 일원배치 ANOVA의 귀무 가설은 $F_{cal} > F_c$이면 기각한다. 그렇지 않으면($F_{cal} \leq F_c$) H_0를 기각하지 않는다.

이 개념은 13장에서 회귀 모델 추정을 다룰 때 사용된다.

예제 9.12 일원배치 ANOVA 검정의 적용

각기 다른 공급업자가 납품하는 꿀의 품질을 분석하기 위해 32개 제품의 표본이 수집됐다. 꿀 품질을 검사하는 방법 중 하나는 설탕 함유량을 알아보는 것이며, 대개 0.25%와 6.5% 사이에서 변동된다. 표 9.E.15는 각 공급자로부터 수집한 표본의 설탕 함유량을 보여준다. 5% 유의수준으로 각 공급자의 꿀 품질에 차이가 있는지 확인하라.

표 9.E.15 세 공급자의 설탕 비율

공급자 1($n_1 = 12$)	공급자 2($n_2 = 10$)	공급자 3($n_3 = 10$)
0.33	1.54	1.47
0.79	1.11	1.69
1.24	0.97	1.55
1.75	2.57	2.04
0.94	2.94	2.67
2.42	3.44	3.07
1.97	3.02	3.33
0.87	3.55	4.01
0.33	2.04	1.52
0.79	1.67	2.03
1.24		
3.12		
$\overline{Y}_1 = 1.316$	$\overline{Y}_2 = 2.285$	$\overline{Y}_3 = 2.338$
$S_1 = 0.850$	$S_2 = 0.948$	$S_3 = 0.886$

해법

1단계: 이 경우 가장 적절한 검정은 일원배치 ANOVA이다.

먼저, 각 그룹의 정규성과 그룹 간의 분산 동질성을 콜모고로프–스미노프, 사피로–윌크, 레빈 검정을 통해 확인해야 한다. 그림 9.38과 그림 9.39는 SPSS를 통해 얻은 결과를 보여준다.

정규성 검정

	Supplier	Kolmogorov-Smirnov[a]			Shapiro-Wilk		
		통계	자유도	CTT 유의확률	통계	자유도	CTT 유의확률
Sucrose	1	.202	12	.189	.915	12	.246
	2	.155	10	.200[*]	.929	10	.438
	3	.232	10	.137	.883	10	.142

*. 이것은 참 유의성의 하한입니다.

a. Lilliefors 유의확률 수정

그림 9.38 SPSS를 사용한 정규성 검정 결과

분산의 동질성 검정

		Levene 통계량	df1	df2	CTT 유의확률
Sucrose	평균을 기준으로 합니다.	.337	2	29	.716

그림 9.39 SPSS를 사용한 레빈의 검정

각 그룹의 정규성 검정과 그룹 간의 분산 동질성 검정에서 관측된 유의수준이 5%보다 크므로 95%의 신뢰수준으로 각 그룹 데이터는 정규 분포를 따르고 그룹 간의 분산은 동질이라고 결론지을 수 있다. 이제 일원배치 ANOVA의 가정이 충족되므로 기법을 적용할 수 있다.

2단계: 이 예제의 경우 ANOVA의 귀무 가설은 세 공급자가 납품한 제품의 설탕 비율이 차이가 없다는 것이다. 적어도 한 공급자의 모집단 평균이 나머지와 다르면 귀무 가설을 기각하게 된다. 따라서 다음과 같다.

H_0: $\mu_1 = \mu_2 = \mu_3$

H_1: $\exists_{(i,j)}\ \mu_i \neq \mu_j,\ i \neq j$

3단계: 유의수준은 5%이다.

4단계: F_{cal} 통계량 계산은 여기 설명되어 있다.

이 예제에서는 k = 3 그룹이고 전체 표본 크기는 N = 32임을 알고 있다. 전체 표본 평균은 $\overline{Y}$ = 1.938이다. 그룹 간의 제곱합(SSF)은 다음과 같다.

$$SSF = 12 \cdot (1.316 - 1.938)^2 + 10 \cdot (2.285 - 1.938)^2 + 10 \cdot (2.338 - 1.938)^2 = 7.449$$

따라서 그룹 간의 제곱 평균(MS_B)은 다음과 같다.

$$MSF = \frac{SSF}{(k-1)} = \frac{7.449}{2} = 3.725$$

그룹 내의 제곱합(RSS) 계산은 표 9.E.16과 같다.

표 9.E.16 그룹 내의 제곱합(SS_W) 계산

공급자	설탕	$Y_{ij} - \overline{Y}_i$	$\left(Y_{ij} - \overline{Y}_i\right)^2$
1	0.33	−0.986	0.972
1	0.79	−0.526	0.277
1	1.24	−0.076	0.006
1	1.75	0.434	0.189
1	0.94	−0.376	0.141
1	2.42	1.104	1.219
1	1.97	0.654	0.428
1	0.87	−0.446	0.199
1	0.33	−0.986	0.972
1	0.79	−0.526	0.277
1	1.24	−0.076	0.006
1	3.12	1.804	3.255
2	1.54	−0.745	0.555
2	1.11	−1.175	1.381
2	0.97	−1.315	1.729

2	2.57	0.285	0.081
2	2.94	0.655	0.429
2	3.44	1.155	1.334
2	3.02	0.735	0.540
2	3.55	1.265	1.600
2	2.04	−0.245	0.060
2	1.67	−0.615	0.378
3	1.47	−0.868	0.753
3	1.69	−0.648	0.420
3	1.55	−0.788	0.621
3	2.04	−0.298	0.089
3	2.67	0.332	0.110
3	3.07	0.732	0.536
3	3.33	0.992	0.984
3	4.01	1.672	2.796
3	1.52	−0.818	0.669
3	2.03	−0.308	0.095
RSS			23.100

따라서 그룹 내의 제곱 평균은 다음과 같다.

$$MSR = \frac{RSS}{(N-k)} = \frac{23.100}{29} = 0.797$$

F_{cal} 통계량은 다음과 같다.

$$F_{cal} = \frac{MSF}{MSR} = \frac{3.725}{0.797} = 4.676$$

5단계: 부록의 표 A에 따라 통계량의 임곗값은 $F_c = F_{2, 29, 5\%} = 3.330$이다.

6단계: 결정: 계산된 값이 임계 영역 내에 있으므로($F_{cal} > F_c$), 귀무 가설을 기각하고 95% 신뢰수준으로 적어도 하나의 모집단 평균이 나머지와 다르다고 결론 내릴 수 있다.

계산된 값을 스튜던트 t 분포의 임곗값과 비교하는 대신 P 값을 사용했다면, 5단계와 6단계는 다음과 같았을 것이다.

5단계: 부록의 표 A에 따라 분자에서 $\nu_1 = 2$차 자유도이고 분모에서 $\nu_2 = 29$차 자유도를 찾아보면, $F_{cal} = 4.676$에 연계된 확률은 0.01과 0.025(P 값) 사이이다.

6단계: 결정: $P < 0.05$이므로 H_0를 기각한다.

9.8.1.1 SPSS를 사용한 일원배치 ANOVA 검정의 해법

이 절의 이미지는 IBM의 허가하에 사용됐다. 예제 9.12의 데이터는 One_Way_ANOVA.sav 파일에 있다. 먼저, 그림 9.40처럼 **분석 › 평균 비교 › 일원배치 분산 분석**을 선택한다.

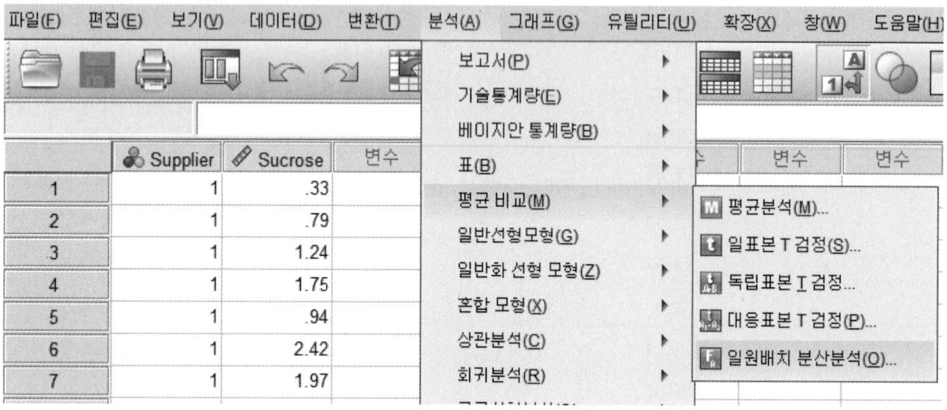

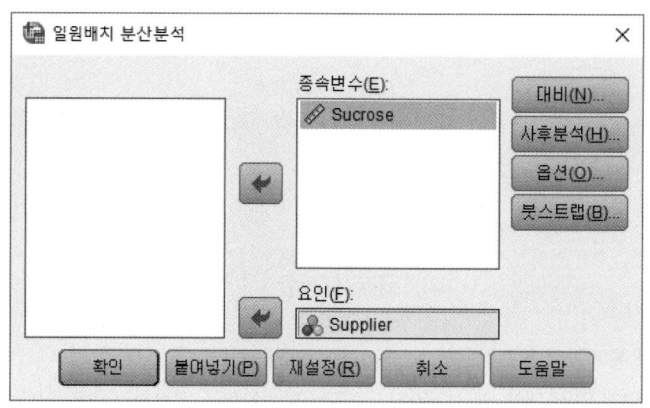

그림 9.40 일원배치 ANOVA 절차

그림 9.41처럼 변수 *Sucrose*를 **종속 변수**에 선택하고 변수 *Supplier*를 **요인**에 선택한다.

그림 9.41 변수 선택

그런 다음 **옵션**을 클릭하고 **분산 동질성 검정**을 선택한다(분산 동질성에 대한 레빈 검정). 마지막으로 **계속**을 클릭하고, **확인**을 눌러 레빈의 결과와 ANOVA 표를 얻는다. ANOVA는 정규성 검사가 없으므로 9.3.3절과 동일한 절차를 통해 수행해야 한다.

그림 9.42에 따라 각 그룹이 정규 분포를 따른다는 사실을 알 수 있다. 더구나 그림 9.43을 통해 그룹 간의 분산도 동질임을 알 수 있다.

정규성 검정

	Supplier	Kolmogorov-Smirnov[a]			Shapiro-Wilk		
		통계	자유도	CTT 유의확률	통계	자유도	CTT 유의확률
Sucrose	1	.202	12	.189	.915	12	.246
	2	.155	10	.200[*]	.929	10	.438
	3	.232	10	.137	.883	10	.142

*. 이것은 참 유의성의 하한입니다.

a. Lilliefors 유의확률 수정

그림 9.42 SPSS를 사용한 예제 9.12의 정규성 검정

분산의 동질성 검정

		Levene 통계량	df1	df2	CTT 유의확률
Sucrose	평균을 기준으로 합니다.	.337	2	29	.716

그림 9.43 SPSS를 사용한 예제 9.12의 레빈 검정 결과

ANOVA 표(그림 9.44)로부터 F 검정값이 4.676이고 해당 P 값이 0.017임을 알 수 있고(예제 9.12에서 이 값이 0.01과 0.025 사이임을 보았다), 이는 0.05보다 작다. 이로써 귀무 가설을 기각하고 95%의 신뢰수준으로 적어도 하나의 모집단 평균이 나머지와 다르다고 결론 내릴 수 있다(세 공급자가 납품하는 꿀의 설탕 함유량이 다르다).

ANOVA

Sucrose

	제곱합	자유도	평균제곱	F	유의확률
집단-간	7.449	2	3.725	4.676	.017
집단-내	23.100	29	.797		
전체	30.549	31			

그림 9.44 SPSS를 사용한 예제 9.12의 일원배치 ANOVA 결과

9.8.1.2 Stata를 사용한 일원배치 ANOVA 검정 해법

이 절의 이미지는 Stata사의 허가하에 사용됐다.

SPSS에서 일원배치 ANOVA는 다음 구문을 통해 생성된다.

```
anova variable_y* factor*
```

여기서 variable_y* 항은 정량 종속 변수로 대체해야 하며, 항 factor*는 정성 설명 변수로 대체해야 한다.

예제 9.12의 데이터는 One_Way_Anova.dta 파일에 있다. 정량 종속 변수 이름은 *sucrose*이고 요

9장 가설 검정 | 335

인은 *supplier* 변수다. 따라서 다음과 같은 명령어를 수행한다.

```
anova sucrose supplier
```

결과는 그림 9.45에 있다. 계산된 통계량(4.68)이 예제 9.12와 SPSS 결과는 물론 양측 검정에 연계된 확률(0.017)과 유사하다. $P < 0.05$이므로 귀무 가설을 기각하고 95%의 신뢰수준으로 적어도 하나의 모집단 평균이 나머지와 다르다고 결론 내린다.

```
. anova sucrose supplier

                            Number of obs =        32    R-squared     =  0.2438
                            Root MSE      = .892488    Adj R-squared =  0.1917

            Source |   Partial SS     df       MS                F     Prob > F
        -----------+----------------------------------------------------------
             Model |  7.44918576      2   3.72459288             4.68    0.0174
                   |
          supplier |  7.44918576      2   3.72459288             4.68    0.0174
                   |
          Residual |   23.099502     29  .796534551
        -----------+----------------------------------------------------------
             Total |  30.5486877     31   .98544154
```

그림 9.45 Stata를 사용한 일원배치 ANOVA 결과

9.8.2 요인 ANOVA

요인 ANOVA는 일원배치 ANOVA의 확장으로서, 동일한 가정을 하지만 둘 이상의 요인을 고려한다. 요인 ANOVA는 정량 종속 변수가 둘 이상의 정성 설명 변수(요인)에 영향을 받는다고 가정한다. 이 방법은 또한 Pestana and Gageiro(2008), Fávero et al.(2009), Maroco(2014)에서 설명한 것처럼 요인들 간의 잠재적 상호작용도 i 레벨의 요인 A와 j 레벨의 요인 B 사이의 조합 결과를 통해 검정한다.

Pestana and Gageiro(2008)와 Fávero et al.(2009)에서는 요인 ANOVA의 주목적이 각 요인 수준의 평균이 동일한지 알아보고(각 요인들의 종속 변수에 대한 단독 효과) 요인들 간의 상호작용을 검증하는 것이다(각 요인들의 종속 변수에 대한 결합 효과).

설명을 위해 요인 ANOVA는 이원[two-way] 모델로 설명한다.

9.8.2.1 이원 ANOVA

Fávero et al.(2009)과 Maroco(2014)에 따르면, 이원 ANOVA의 관찰은 대개 표 9.4와 같이 나타낼 수 있다. 각 셀에서 연구 중인 요인 A와 B에 대한 종속 변숫값을 볼 수 있다.

336

표 9.4 이원 ANOVA 관측치

요인 A		요인 B			
		1	**2**	...	**b**
요인 A	1	Y_{111}	Y_{121}	...	Y_{ab1}
		Y_{112}	Y_{122}		Y_{ab2}
		⋮	⋮		⋮
		Y_{11n}	Y_{12n}		Y_{abn}
	2	Y_{211}	Y_{221}	...	Y_{2b1}
		Y_{212}	Y_{222}		Y_{2b2}
		⋮	⋮		⋮
		Y_{21n}	Y_{22n}		Y_{2bn}
	⋮	⋮	⋮	⋮	⋮
	a	Y_{a11}	Y_{a21}	...	Y_{ab1}
		Y_{a12}	Y_{a22}		Y_{ab2}
		⋮	⋮		⋮
		Y_{a1n}	Y_{a2n}		Y_{abn}

출처 : Fávero, L.P., Belfiore, P., Silva, F.L., Chan, B.L., 2009. Análise de dados: modelagem multivariada para tomada de decisões. Campus Elsevier, Rio de Janeiro; Maroco, J., 2014. *Análise estatística com o SPSS Statistics*, sixth ed. Edições Sílabo, Lisboa.

여기서 Y_{ijk}는 요인 A의 레벨 $i(i = 1, ..., a)$와 요인 B의 레벨 $j(j = 1, ..., b)$에서의 관측치 $k(k = 1, ..., n)$를 나타낸다.

먼저, A와 B 요인의 단독 효과를 알아보기 위해 다음 가설을 검정해본다(Fávero et al., 2009; Maroco, 2014).

$$\begin{aligned} &H_0^A : \mu_1 = \mu_2 = ... = \mu_a \\ &H_1^A : \exists_{(i,j)}\, \mu_i \neq \mu_j, i \neq j \;\; (i, j = 1, ..., a) \end{aligned} \tag{9.37}$$

그리고

$$\begin{aligned} &H_0^B : \mu_1 = \mu_2 = ... = \mu_b \\ &H_1^B : \exists_{(i,j)}\, \mu_i \neq \mu_j, i \neq j \;\; (i, j = 1, ..., b) \end{aligned} \tag{9.38}$$

이제 종속 변수에 대한 요인들의 결합 효과를 확인하기 위해 다음 가설을 검정해본다(Fávero et al., 2009; Maroco, 2014).

$$\begin{aligned} &H_0 : \gamma_{ij} = 0, \quad i \neq j \;\text{(요인 } A\text{와 } B \text{ 사이에 아무런 상호작용이 없다.)} \\ &H_1 : \gamma_{ij} \neq 0, \quad i \neq j \;\text{(요인 } A\text{와 } B \text{ 사이에 상호작용이 있다.)} \end{aligned} \tag{9.39}$$

Pestana and Gageiro(2008)에 의해 제시된 모델은 다음처럼 기술할 수 있다.

$$Y_{ijk} = \mu + \alpha_i + \beta_j + \gamma_{ij} + \varepsilon_{ijk} \tag{9.40}$$

여기서

μ = 모집단의 전체 평균

$\alpha_i = \mu_i - \mu$일 때 요인 A의 레벨 i에서의 효과

$\beta_i = \mu_j - \mu$일 때 요인 B의 레벨 j에서의 효과

γ_{ij} = 요인들 사이의 상호작용

ε_{ijk} = 평균이 0이고 일정한 분산인 정규 분포를 따르는 랜덤 오차

두 요인들의 선택된 레벨에서의 효과를 표준화하기 위해, 다음을 가정한다.

$$\sum_{i=1}^{a} \alpha_i = \sum_{j=1}^{b} \beta_j = \sum_{i=1}^{a} \gamma_{ij} = \sum_{i=1}^{b} \gamma_{ij} = 0 \tag{9.41}$$

Y, Y_{ij}, Y_i, Y_j는 각각 전체 표본의 일반적 평균, 표본별 평균, 요인 A의 레벨 i에서의 평균, 요인 B의 레벨 j에서의 평균이라 하자.

잔차의 제곱 오차(RSS)는 다음과 같이 기술할 수 있다.

$$RSS = \sum_{i=1}^{a} \sum_{j=1}^{b} \sum_{k=1}^{n} \left(Y_{ijk} - \overline{Y}_{ij} \right)^2 \tag{9.42}$$

반면, 요인 A의 제곱합(SSF_A), 요인 B의 제곱합(SSF_B), 상호작용 제곱합(SSF_{AB})은 각각 식 (9.43) ~ 식 (9.45)에 나타나 있다.

$$SSF_A = b \cdot n \cdot \sum_{i=1}^{a} \left(\overline{Y}_i - \overline{Y} \right)^2 \tag{9.43}$$

$$SSF_B = a \cdot n \cdot \sum_{j=1}^{b} \left(\overline{Y}_j - \overline{Y} \right)^2 \tag{9.44}$$

$$SSF_{AB} = n \cdot \sum_{i=1}^{a} \sum_{j=1}^{b} \left(\overline{Y}_{ij} - \overline{Y}_i - \overline{Y}_j + \overline{Y} \right)^2 \tag{9.45}$$

따라서 제곱합은 다음과 같이 쓸 수 있다.

$$TSS = RSS + SSF_A + SSF_B + SSF_{AB} = \sum_{i=1}^{a} \sum_{j=1}^{b} \sum_{k=1}^{n} \left(Y_{ijk} - \overline{Y} \right)^2 \tag{9.46}$$

그러므로 요인 A의 ANOVA 통계량은 다음과 같다.

$$F_A = \frac{\dfrac{SSF_A}{(a-1)}}{\dfrac{RSS}{(n-1) \cdot ab}} = \frac{MSF_A}{MSR} \tag{9.47}$$

여기서

MSF_A = 요인 A의 제곱 평균

MSR = 오차의 제곱 평균

반면, 요인 B의 ANOVA 통계량은 다음과 같다.

$$F_B = \frac{\dfrac{SSF_B}{(b-1)}}{\dfrac{RSS}{(n-1) \cdot ab}} = \frac{MSF_B}{MSR} \tag{9.48}$$

여기서

MSF_B = 요인 B의 제곱 평균

$$F_{AB} = \frac{\dfrac{SSF_{AB}}{(a-1) \cdot (b-1)}}{\dfrac{RSS}{(n-1) \cdot ab}} = \frac{MSF_{AB}}{MSR} \tag{9.49}$$

여기서

MSF_{AB} = 상호작용의 제곱 평균

이원 ANOVA의 계산은 표 9.5에 요약되어 있다.

계산된 통계량(F_A^{cal}, F_B^{cal}, F_{AB}^{cal})은 F 분포표(부록의 표 A)와 비교해봐야 한다. $F_A^c = F_{a-1,\,(n-1)ab,\,\alpha}$, $F_B^c = F_{b-1,\,(n-1)ab,\,\alpha}$, $F_{AB}^c = F_{(a-1)(b-1),\,(n-1)ab,\,\alpha}$이다. 각 통계량에 대해 값이 임계 영역 내에 있으면($F_A^{cal} > F_A^c$, $F_B^{cal} > F_B^c$, $F_{AB}^{cal} > F_{AB}^c$) 귀무 가설을 기각해야만 한다. 그렇지 않다면 H_0를 기각하지 않는다.

표 9.5 이원 ANOVA의 계산

변동성 원인	제곱합	자유도	제곱 평균	F
요인 A	$SSF_A = b \cdot n \cdot \sum_{i=1}^{a} \left(\overline{Y}_i - \overline{Y} \right)^2$	$a-1$	$MSF_A = \frac{SSF_A}{(a-1)}$	$F_A = \frac{MSF_A}{MSR}$
요인 B	$SSF_B = a \cdot n \cdot \sum_{j=1}^{b} \left(\overline{Y}_j - \overline{Y} \right)^2$	$b-1$	$MSF_B = \frac{SSF_B}{(b-1)}$	$F_B = \frac{MSF_B}{MSR}$
상호작용	$SSF_{AB} = n \cdot \sum_{i=1}^{a} \sum_{j=1}^{b} \left(\overline{Y}_{ij} - \overline{Y}_i - \overline{Y}_j + \overline{Y} \right)^2$	$(a-1).(b-1)$	$MSF_{AB} = \frac{SSF_{AB}}{(a-1)\cdot(b-1)}$	$F_{AB} = \frac{MSF_{AB}}{MSR}$
오차	$RSS = \sum_{i=1}^{a} \sum_{j=1}^{b} \sum_{k=1}^{n} \left(Y_{ijk} - \overline{Y}_{ij} \right)^2$	$(n-1)\cdot ab$	$MSR = \frac{RSS}{(n-1)\cdot ab}$	
총합	$TSS = \sum_{i=1}^{a} \sum_{j=1}^{b} \sum_{k=1}^{n} \left(Y_{ijk} - \overline{Y} \right)^2$	$N-1$		

출처 : Fávero, L.P., Belfiore, P., Silva, F.L., Chan, B.L., 2009. Análise de dados: modelagem multivariada para tomada de decisões. Campus Elsevier, Rio de Janeiro; Maroco, J., 2014. *Análise estatística com o SPSS Statistics*, sixth ed. Edições Sílabo, Lisboa.

예제 9.13 이원 ANOVA 사용

어떤 주에 서울에서 청주까지의 버스 승객 24명의 정보를 수집했다. 그런 다음 (1) 운행 시간, (2) 선택한 버스 회사, (3) 요일이라는 세 가지 변수에 대해 분석했다. 주목적은 운행 시간과 버스 회사의 관계, 운행 시간과 요일의 관계, 버스 회사와 요일의 관계를 알아보는 것이다. 버스 회사 변수에서 고려한 레벨은 회사 A(1), 회사 B(2), 회사 C(3)이다. 반면 요일에 관한 레벨은 월(1), 화(2), 수(3), 목(4), 금(5), 토(6), 일(7)이다. 표본 결과는 표 9.E.17에 나타나 있고 Two_Way_ANOVA.sav 파일에 있다. 이 가설을 5% 유의수준으로 검정하라.

표 9.E.17 예제 9.13의 데이터(이원 ANOVA 사용)

시간(분)	회사	요일
90	2	4
100	1	5
72	1	6
76	3	1
85	2	2
95	1	5
79	3	1
100	2	4
70	1	7
80	3	1
85	2	3
90	1	5
77	2	7
80	1	2

85	3	4
74	2	7
72	3	6
92	1	5
84	2	4
80	1	3
79	2	1
70	3	6
88	3	5
84	2	4

9.8.2.1.1 SPSS를 사용한 이원 ANOVA 검정 해법

이 절의 이미지는 IBM의 허가하에 사용됐다.

1단계: 예제의 경우 이원 ANOVA 검정이 가장 적절하다.

먼저, 모델의 변수 *Time*(측도)의 정규성을 검증해야 한다(그림 9.46). 이 그림에 따르면 변수 *Time*은 95%의 신뢰수준으로 정규 분포를 따른다. 분산 동질성의 가정은 4단계에서 검증한다.

정규성 검정

	Kolmogorov-Smirnov[a]			Shapiro-Wilk		
	통계	자유도	CTT 유의확률	통계	자유도	CTT 유의확률
Time	.126	24	.200[*]	.956	24	.370

*. 이것은 참 유의성의 하한입니다.

a. Lilliefors 유의확률 수정

그림 9.46 SPSS를 사용한 정규성 검정 결과

2단계: 이 예제의 이원 ANOVA의 귀무 가설 H_0는 요인 *Company*의 각 레벨의 모집단 평균 그리고 요인 *Day_of_the_week*의 각 레벨의 모집단 평균이 동일하다는 것을 가정한다. 즉, H_0^A: $\mu_1 = \mu_2 = \mu_3$이고 H_0^B: $\mu_1 = \mu_2 = ... = \mu_7$이다.

귀무 가설 H_0는 또한 요인 *Company*와 *Day_of_the_week* 사이에 상호관계가 없다는 주장이다. 즉, H_0: $\gamma_{ij} = 0 (i \neq j)$이다.

3단계: 유의수준은 5%이다.

4단계: 요인 *Company*, *Day_of_the_week*, *Company* * *Day_of_the_week*의 상호작용에 대한 F 통

계량은 SPSS를 사용해 다음과 같이 구한다.

그림 9.47처럼 **분석** › **일반 선형 모델** › **일변량**을 선택한다.

그림 9.47 SPSS를 사용한 이원 ANOVA 계산

그런 다음 그림 9.48처럼 변수 *Time*을 **종속 변수**로 선택하고, 변수 *Company*와 *Day_of_the_week*를 **고정 요인** 상자에 선택한다.

그림 9.48 이원 ANOVA에서 변수 선택

이 예제는 요인이 고정된 일원배치 ANOVA에 기초하고 있다. 어느 한 요인을 무작위로 선택하게 되면 **변량 요인** 상자에 포함하면 되고 그 경우 3원 ANOVA가 된다. **모형** 버튼은 검정할 분산 분석 모델을 정의한다. **대비** 버튼을 통해 요인 중 하나의 범주가 동일한 요인의 다른 범주와 상당히 다른 것인지 평가할 수 있다. **도표** 버튼을 누르면 차트를 구성할 수 있어서 요인들 간의 상호작용 존재 유무를 시각화할 수 있다. 한편 **사후 분석** 버튼은 다중 평균을 비교할 수 있게 해준다. 마지막으로, **옵션** 버튼에서 기술 통계량과 레빈 분산 동질성 검정 결과를 구하고 적절한 유의수준을 선택할 수 있다 (Fávero et al., 2009; Maroco, 2014).

여기서는 분산 동질성을 검정하려 하므로, 그림 9.49처럼 **옵션**에서 **동질성 검정**을 선택해야 한다.

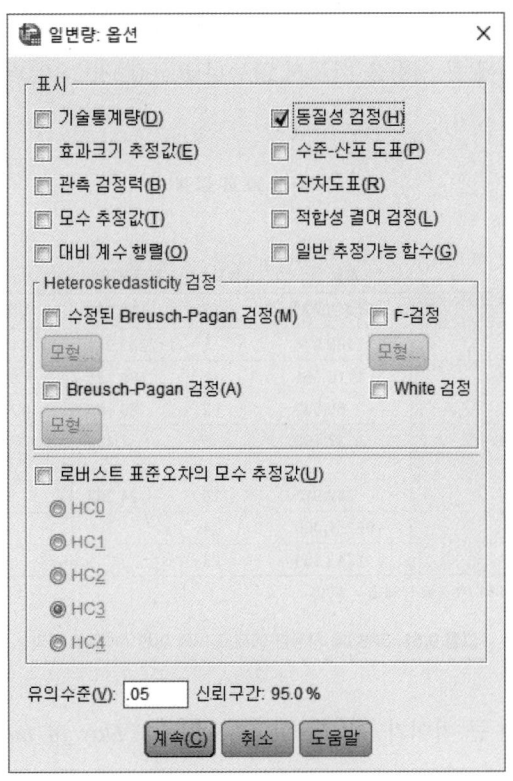

그림 9.49 분산 동질성 검정

마지막으로, **계속**을 클릭하고 **확인** 버튼을 눌러 레빈의 분산 동질성 검정과 이원 ANOVA 표를 구한다.

그림 9.50에서 그룹 간의 분산이 동질임을 알 수 있다($P = 0.451 > 0.05$).

Levene's Test of Equality of Error Variances[a]

Dependent Variable: time

F	df1	df2	Sig.
1.096	13	10	.451

Tests the null hypothesis that the error variance
of the dependent variable is equal across groups.

[a] Design: Intercept + Company +
Day_of_the_week + Company *
Day_of_the_week.

그림 9.50 SPSS에서 레빈의 검정 결과

그림 9.51에 기반해 회사의 운행과 회사 사이에는 큰 차이가 없다고 결론지을 수 있다. 즉, 요인 *Company*는 변수 *Time*에 큰 영향을 끼치지 않는다($P = 0.330 > 0.05$).

개체-간 효과 검정

종속변수: Time

소스	제 III 유형 제곱합	자유도	평균제곱	F	유의확률
수정된 모형	1501.042[a]	13	115.465	4.753	.009
절편	117283.924	1	117283.924	4828.155	.000
Day_of_the_week	1116.751	6	186.125	7.662	.003
Company	60.332	2	30.166	1.242	.330
Day_of_the_week * Company	37.190	5	7.438	.306	.898
오차	242.917	10	24.292		
전체	166251.000	24			
수정된 합계	1743.958	23			

a. R 제곱 = .861 (수정된 R 제곱 = .680)

그림 9.51 SPSS를 사용한 예제 9.13의 이원 ANOVA 결과

반면, 요일 사이에는 큰 차이가 있음을 알 수 있다. 즉, *Day_of_the_week* 요인은 *Time* 변수에 큰 영향을 끼친다($P = 0.003 < 0.05$).

끝으로 95%의 신뢰수준으로, 두 요인 *Company*와 *Day_of_the_week* 사이에는 $P = 0.898 > 0.05$ 이므로 중요한 상호작용이 없음을 알 수 있다.

9.8.2.1.2 Stata를 사용한 이원 ANOVA 검정 해법

이 절의 이미지는 Stata사의 허가하에 사용됐다.

Stata 명령어 anova는 분석 중인 종속 변수와 해당 요인을 명시한다. 상호작용은 요인들 사이에 # 문자를 사용한다. 따라서 이원 ANOVA 분석은 다음 명령어를 사용한다.

```
anova variable_y* factor_A* factor_B* factor_A#factor_B
```

또는 간단히 다음과 같이 한다.

```
anova variable_y* factor_A*## factor_B*
```

여기서 variable_y* 항은 연구 중인 정량 종속 변수로 대체해야 하며, 항 factor_A*, factor_B*는 해당 요인으로 대체해야 한다.

anova variable_y* factor_A* factor_B*로 입력하면 각 요인의 ANOVA만 수행되고 요인 간은 수행되지 않는다.

예제 9.13의 데이터는 Two_Way_ANOVA.dta 파일에 있다. 정량 종속 변수 이름은 *time*이고 요인은 *company*와 *day_of_the_week*이다. 따라서 다음과 같이 명령해야 한다.

```
anova time company##day_of_the_week
```

결과는 그림 9.52에 있으며 SPSS 결과와 유사하고, 95% 신뢰수준으로 오직 *day_of_the_week* 요인만 변수 *time*에 상당한 영향이 있고($P = 0.003 < 0.05$) 분석된 두 요인 사이에 중요한 상호작용이 없음을 알 수 있다($P = 0.898 > 0.05$).

```
. anova time company##day_of_the_week

                           Number of obs =      24    R-squared     =  0.8607
                           Root MSE      = 4.92866    Adj R-squared =  0.6796

               Source |  Partial SS     df        MS            F     Prob > F
      ----------------+----------------------------------------------------------
                Model | 1501.04167      13   115.464744        4.75     0.0092
                      |
              company |   60.331761      2   30.1658805        1.24     0.3298
         day_of_th~k  | 1116.7505       6   186.125084        7.66     0.0028
  company#day_of_th~k |   37.189862      5    7.4379724        0.31     0.8982
                      |
             Residual |  242.916667     10   24.2916667
      ----------------+----------------------------------------------------------
                Total | 1743.95833      23   75.8242754
```

그림 9.52 Stata를 사용한 예제 9.13의 이원 ANOVA 결과

9.8.2.2 세 요인 이상을 위한 ANOVA

이원 ANOVA는 세 요인 이상으로 확장할 수 있다. Maroco(2014)에 따르면 다중 상호작용이 요인에 영향을 미치는 것이 다소 혼란스러우므로 모델이 매우 복잡해질 수 있다. 세 요인을 가진 일반적

인 모델은 저자가 다음과 같이 제시하고 있다.

$$Y_{ijkl} = \mu + \alpha_i + \beta_j + \gamma_k + \alpha\beta_{ij} + \alpha\gamma_{ik} + \beta\gamma_{jk} + \alpha\beta\gamma_{ijk} + \varepsilon_{ijkl} \qquad (9.50)$$

9.9 맺음말

9장에서는 모수적 가설 검정과 각각을 구성하는 일반 절차의 개념과 목적을 설명했다.

검정의 주요 형식과 각각이 사용되는 상황을 설명하고 각 검정의 장단점과 가설도 수립했다.

정규성 검정(콜모고로프-스미로프, 사피로-윌크, 사피로-프란시아), 분산 동질성 검정(바틀렛의 χ^2, 코크란의 C, 하틀리의 F_{max}, 레빈의 F), 단일 모집단 평균과 두 독립 평균, 두 대응 평균의 스튜던트 t 검정을 알아봤고 ANOVA와 확장도 알아봤다.

응용의 주요 목적과 상관없이 모수적 검정은 의사결정에 있어 유용하고 흥미로운 연구 결과를 제공할 수 있다. 적절히 모델링 소프트웨어를 선택하고 연구원의 경험과 직관을 놓치지 말고 기본 이론에 기초해 각 검정을 정확하게 사용해야 한다.

9.10 연습문제

1. 어떤 상황에서 모수적 검정을 적용해야 하며 이 검정에는 어떤 가정이 필요한가?

2. 모수적 검정의 장단점은 무엇인가?

3. 데이터의 정규성을 검증하는 주요 모수적 검정은 무엇인가? 어떤 상황에서 각각을 사용해야 하는가?

4. 그룹 간의 분산 동질성을 검증하는 주요 모수적 검정은 무엇인가? 어떤 상황에서 각각을 사용해야 하는가?

5. 단일 모집단 평균을 검정하려면 z 검정과 스튜던트 t 검정을 사용할 수 있다. 각각은 어떤 경우에 사용해야 하는가?

6. 주요 평균 비교 검정에는 무엇이 있는가? 각 검정의 가정은 무엇인가?

7. 작년 한 해 동안의 월별 항공기 판매량이 다음 표에 나타나 있다. 데이터에 정규성이 있는지 확인해보라. $\alpha = 5\%$를 고려하라.

1월	2월	3월	4월	5월	6월	7월	8월	9월	10월	11월	12월
48	52	50	49	47	50	51	54	39	56	52	55

8. 다음 표의 온도 데이터에 대한 정규성을 검정하라(α = 5%).

12.5	14.2	13.4	14.6	12.7	10.9	16.5	14.7	11.2	10.9	12.1	12.8
13.8	13.5	13.2	14.1	15.5	16.2	10.8	14.3	12.8	12.4	11.4	16.2
14.3	14.8	14.6	13.7	13.5	10.8	10.4	11.5	11.9	11.3	14.2	11.2
13.4	16.1	13.5	17.5	16.2	15.0	14.2	13.2	12.4	13.4	12.7	11.2

9. 다음 표는 9개 과목에 대한 두 학생의 최종 점수를 보여준다. 학생 사이에 분산 동질성이 존재하는지 확인하라(α = 5%).

학생 1	6.4	5.8	6.9	5.4	7.3	8.2	6.1	5.5	6.0
학생 2	6.5	7.0	7.5	6.5	8.1	9.0	7.5	6.5	6.8

10. 무지방 요구르트 제조사는 각 컵의 칼로리가 60cal라고 주장한다. 이 정보가 참인지 확인하기 위해 36컵이 무작위로 수집됐고 평균 칼로리는 65cal로 분석됐으며, 표준 편차는 3.5였다. 제조사의 주장이 참인지 확인하기 위해 적절한 검정을 적용하라. 유의수준은 5%를 고려하라.

11. 두 병원에서 의사 진료 대기 시간(분)의 평균을 비교하고자 한다. 이를 위해 각 병원에서 20명의 환자를 무작위로 표본추출했다. 다음 표에 데이터가 있다. 두 병원의 대기 시간에 차이가 있는지 확인하라. α = 1%를 사용하라.

[병원 1]

72	58	91	88	70	76	98	101	65	73
79	82	80	91	93	88	97	83	71	74

[병원 2]

66	40	55	70	76	61	53	50	47	61
52	48	60	72	57	70	66	55	46	51

12. 권장 콜레스테롤 레벨을 넘긴 10대 30명에게 다이어트와 운동을 겸한 치료를 실시했다. 다음 표는 치료 전후의 LDL 콜레스테롤 수준(mg/dL)을 보여준다. 치료에 효과가 있는지 확인하라(α = 5%).

[치료 전]

220	212	227	234	204	209	211	245	237	250
208	224	220	218	208	205	227	207	222	213
210	234	240	227	229	224	204	210	215	228

[치료 후]

195	180	200	204	180	195	200	210	205	211
175	198	195	200	190	200	222	198	201	194
190	204	230	222	209	198	195	190	201	210

13. 항공기 제조사는 세 군데 공장에서 민간용과 군용 헬기를 제작하고 있다. 다음 표는 각 공장의 지난 12개월간 헬기 생산량을 보여준다. 모집단 평균에 차이가 있는지 확인하라. α = 5%를 고려하라.

[공장 1]

24	26	28	22	31	25	27	28	30	21	20	24

[공장 2]

28	26	24	30	24	27	25	29	30	27	26	25

[공장 3]

29	25	24	26	20	22	22	27	20	26	24	25

10

비모수적 검정

수학은 믿음에 있어 많은 의문점을 이해할 수 있게 해주는 놀라운 힘을 갖고 있다.

– 성 히에로니무스(Saint Jerome)

10.1 소개

앞 장에서 설명한 것처럼 가설 검정은 모수적과 비모수적으로 나눌 수 있다. 모수적 검정을 정량 데이터에 적용하면 모집단 평균(μ), 모집단 표준 편차(σ), 모집단 분산(σ^2), 모집단 비율(p) 등의 모집단 모수에 대한 가설을 만들어낸다.

모수적 검정은 데이터 분포에 대한 강한 가정이 요구된다. 예를 들어, 많은 경우 표본이 정규 분포를 따르는 모집단에서 추출됐음을 가정한다. 또는 두 대응 모집단 평균 또는 k 모집단 평균($k \geq 3$)을 비교하려면 모집단 분산이 동질성을 가져야만 한다.

반대로 비모수적 검정은 모집단의 정성적 특징에 대한 가설을 세울 수 있고 그런 다음 명목이나 서열 척도의 정성 데이터에 적용할 수 있다. 데이터 분포에 대한 가정은 모수적 검정에 비해 약하기 때문에 분포 무관 검정distribution-free test이라고도 한다.

비모수적 검정은 모수적 검정의 가설이 위배됐을 경우 대안이 될 수 있다. 가정이 적고 적용이 단순하고 쉽지만 모수적 검정에 비해서는 덜 안정하다.

간단히 말해 비모수적 검정의 주요 장점은 다음과 같다.

(a) 모집단에 대해 모수적 기법 같은 엄격한 조건을 요구하지 않기 때문에 광범위하게 적용할 수 있다. 특히 비모수적 기법은 모집단이 정규 분포임을 요구하지 않는다.

(b) 모수적 기법과 달리 비모수적 기법은 명목이나 서열 척도의 정성 데이터에 적용할 수 있다.

(c) 모수적 기법에 비해 계산량이 적으므로 적용이 쉽다.

주요 단점은 다음과 같다.

(a) 정량 데이터에 비모수적 데이터를 적용하려면, 이를 정성 데이터로 변환해야 하므로 너무 많은 정보를 잃어버린다.

(b) 비모수적 검정은 모수적 검정보다 비효율적이므로 귀무 가설을 기각하기 위해서는 더 많은 증거가 필요하다(더 많은 표본 또는 더 큰 차이).

따라서 모수적 검정이 비모수적 검정에 비해 더 강력하므로(귀무 가설이 실제로 거짓일 때 기각시킬 확률이 더 높다) 모수적 기법은 모든 가정이 맞을 때만 선택해야 한다. 반면 비모수적 검정은 가설이 위배되거나 변수가 정성적일 경우에 대안으로서 사용할 수 있다.

비모수적 검정은 변수의 측도 수준이나 표본 크기에 따라 분류할 수 있다. 단일 표본의 경우 이항, 카이제곱(χ^2), 부호 검정을 알아본다. 이항 검정은 이진 변수에 적용된다. χ^2 검정은 명목과 서열 변수 모두에 적용할 수 있지만, 부호 검정은 오직 서열 변수에만 적용할 수 있다.

두 대응 표본의 경우 주 검정은 맥네마르 검정$^{McNemar\ test}$, 부호 검정$^{sign\ test}$, 윌콕슨 검정$^{Wilcoxon\ test}$이다. 맥네마르 검정은 오직 두 범주(이진)만을 가정한 정성 변수에 적용하는 반면, 부호 및 윌콕슨 검정은 서열 변수에 적용할 수 있다.

두 독립 표본에 대해서는 χ^2 검정과 만-휘트니 U 검정$^{Mann\text{-}Whitney\ U\ test}$을 알아본다. χ^2 검정은 명목이나 서열 변수 모두에 적용할 수 있지만, 만-휘트니 U 검정은 서열 변수만을 다룬다.

k 대응 표본($k \geq 3$)의 경우 이진 변수를 다루는 코크란 Q 검정$^{Cochran's\ Q\ test}$과 서열 변수를 다루는 프리드먼 검정$^{Friedman's\ test}$을 알아본다.

마지막으로 세 표본 이상의 경우 명목과 서열 변수에 대해서는 χ^2 검정을, 서열 변수에는 크루스칼-월리스 검정$^{Kruskal\text{-}Wallis\ test}$을 알아본다.

표 10.1은 이 분류를 보여준다.

변수 측도 수준이 서열인 비모수적 검정은 정량 변수에도 적용할 수 있지만 오직 모수적 가설 검정이 기각됐을 경우에만 사용해야 한다.

표 10.1 비모수적 통계 검정의 분류		
차원	**측도 수준**	**비모수적 검정**
단일 표본	이항	이항
	명목 또는 서열	χ^2
	서열	부호 검정
두 대응 표본	이진	맥네마르 검정
	서열	부호 검정 윌콕슨 검정
두 독립 표본	명목 또는 서열	χ^2
	서열	만-휘트니 U
k 대응 표본	이진	코크란 Q
	서열	프리드먼 검정
k 독립 표본	명목 또는 서열	χ^2
	서열	크루스칼-월리스 검정

출처: Fávero, L.P., Belfiore, P., Silva, F.L., Chan, B.L., 2009. Análise de dados: modelagem multivariada para tomada de decisões. Campus Elsevier, Rio de Janeiro.

10.2 단일 표본 검정

이 경우에 확률 표본은 모집단에서 추출되고 표본 데이터가 어떤 특징이나 분포를 갖는지에 대한 가설을 검정한다. 단일 표본에 대한 비모수적 통계 검정 중에서 이항, χ^2 그리고 부호 검정을 살펴본다. 이항 검정은 이항 데이터에 적용되고, χ^2 검정은 명목이나 서열, 그리고 부호 검정은 서열 데이터에 적용된다.

10.2.1 이항 검정

이항 검정binomial test은 연구원들의 관심대상 변수(X)가 이진(더미)이나 이분, 즉 오직 두 가지 가능성만 갖는 독립 표본에 적용된다. 통상, 결과 $X = 1$은 성공이라 부르고 $X = 0$은 실패라 부른다. 어떤 관측치를 고를 때 성공의 확률은 p로 나타내고 실패는 q로 나타낸다. 즉,

$$P[X=1]=p \ \ \text{그리고} \ \ P[X=0]=q=1-p$$

양측 검정에서는 다음 가정을 고려해야 한다.

H_0: $p = p_0$
H_1: $p \neq p_0$

Siegel and Castellan(2006)에 따르면, 성공 횟수(Y) 또는 형식 [$X = 1$]의 결과 횟수는 일련의 N 관측치를 생성한다.

$$Y = \sum_{i=1}^{N} X_i$$

저자들에 따르면, 크기 N의 표본에서 어떤 범주에서 k개 객체를 구할 확률과 다른 범주에서 $N - k$개 객체를 구할 확률은 다음과 같다.

$$P[Y = k] = \binom{N}{k} \cdot p^k \cdot q^{N-k} \quad k = 0, 1, \ldots, N \tag{10.1}$$

여기서

p = 성공 확률

q = 실패 확률, 이때

$$\binom{N}{k} = \frac{N!}{k!(N-k)!}$$

부록의 표 F_1은 몇몇 N, k, p 값에 대한 $P[Y = k]$의 확률을 제공한다.

그러나 가설을 검정할 때는 관측된 값보다 같거나 큰 값을 구할 확률을 사용해야 한다.

$$P(Y \geq k) = \sum_{i=k}^{N} \binom{N}{i} \cdot p^i \cdot q^{N-i} \tag{10.2}$$

또는 관측된 값보다 작거나 같을 값을 구할 확률을 써야 한다.

$$P(Y \leq k) = \sum_{i=0}^{k} \binom{N}{i} \cdot p^i \cdot q^{N-i} \tag{10.3}$$

Siegel and Castellan(2006)에 따르면 $p = q = 1/2$이면, 확률을 앞의 식에 따라 계산하는 대신 부록의 표 F_2를 사용하는 것이 훨씬 더 편리하다. 이 표는 k(k는 관측된 최저 빈도($P(Y \leq k)$)만큼 또는 더 극단적인 값을 구할 귀무 가설 H_0: $p = 1/2$하에서의 단측 확률을 제공한다. 이항 분포의 대칭성으로 인해 $p = 1/2$일 때, $P(Y \geq k) = P(Y \leq N - k)$이다. 두 범주 중 어느 것이 가장 작은 경우의 수를 포함해야만 하는지 사전에 예측할 때는 단측 검정을 사용한다. 양측 검정에서는(추정이 단순히 두 빈도 모두 다르다는 것을 가리킬 때) 부록의 표 F_2를 두 배 할 필요가 있다.

이렇게 구한 최종값은 P 값이라 불리며, 9장에서 설명한 대로 표본에서 관측된 값에 연계된 확률(단측 또는 양측)이다. P 값은 귀무 가설을 기각으로 이끄는 관측된 최저 유의수준을 가리킨다. 따라서 $P \leq \alpha$이면 H_0를 기각한다.

대규모 표본($N > 25$)의 경우, 변수 Y의 표본 분포는 표준 정규 분포에 더 가까워지므로 확률은 다음 통계량으로 계산할 수 있다.

$$Z_{cal} = \frac{|N \cdot \hat{p} - N \cdot p| - 0.5}{\sqrt{N \cdot p \cdot q}} \tag{10.4}$$

여기서 $\hat{p}$는 H_0를 검정할 수 있는 성공 비율 표본 추정을 가리킨다.

식 (10.4)를 사용해 계산한 Z_{cal} 값은 표준 정규 분포의 임곗값과 비교해야 한다(부록의 표 E). 이 표는 $P(Z_{cal} > z_c) = \alpha$(오른쪽 꼬리 단측 검정)일 때의 z_c의 임곗값을 제공한다. 양측 검정의 경우 $P(Z_{cal} < -z_c) = \alpha/2 = P(Z_{cal} > z_c)$이다.

따라서 오른쪽 꼬리 단측 검정의 경우 $Z_{cal} > z_c$이면 귀무 가설은 기각한다. 이제 양측 검정에서는 $Z_{cal} < -z_c$ 또는 $Z_{cal} > z_c$이면 H_0를 기각한다.

예제 10.1 소규모 표본에 이항 검정 적용

학생 18명이 영어 강화 학습을 통해 두 가지 학습법을 배웠다. 과정 말미에 각 학생들에게 어떤 학습법이 더 나은지 평가하게 했다. 현재, 두 학습법에는 차이가 없을 것이라 믿고 있다. 이 귀무 가설이 참인지 유의수준 5%로 검정해보라.

표 10.E.1 학생들이 선택한 다음 구한 빈도

사건	기법 1	기법 2	총합
빈도	11	7	18
비율	0.611	0.389	1.0

해법

가설 검정을 구성하기 위한 일반 절차를 시작하기 전에 이해를 돕기 위해 몇 가지 모수를 설명하겠다.

$X = 1$(기법 1)과 $X = 0$(기법 2)으로 설명될 기법을 평가하기 위해 기법 1을 선택할 확률은 $P[X = 1] = p$로 나타내고, 기법 2는 $P[X = 0] = q$로 나타낸다. 성공 횟수($Y = k$)는 $X = 1$ 형식 전체 개수에 해당하고 $k = 11$이다.

1단계: 이 경우 가장 적절한 검정은 이항이다. 데이터가 두 부류의 범주이기 때문이다.

2단계: 귀무 가설은 두 기법을 선택할 확률에는 차이가 없다는 것이다.

H_0: $p = q = 1/2$

H_1: $p \neq q$

3단계: 유의수준은 5%를 고려한다.

4단계: $N = 18$, $k = 11$, $p = 1/2$, $q = 1/2$이다. 이항 분포의 대칭성으로부터 $p = 1/2$일 때, $P(Y \geq k) = P(Y \leq N - k)$, 즉 $P(Y \geq 11) = P(Y \leq 7)$이다. 따라서 식 (10.3)을 통해 $P(Y \leq 7)$을 계산하고 이 확률을 부록의 표 F_2에서 어떻게 구할 수 있는지 알아보자.

최대 7명의 학생이 기법 2를 고를 확률은 다음과 같다.

$$P(Y \leq 7) = P(Y = 0) + P(Y = 1) + \cdots + P(Y = 7)$$

$$P(Y = 0) = \frac{18!}{0!18!} \cdot \left(\frac{1}{2}\right)^0 \cdot \left(\frac{1}{2}\right)^{18} = 3.815 \cdot E - 06$$

$$P(Y = 1) = \frac{18!}{1!17!} \cdot \left(\frac{1}{2}\right)^1 \cdot \left(\frac{1}{2}\right)^{17} = 6.866 \cdot E - 05$$

$$P(Y = 7) = \frac{18!}{7!11!} \cdot \left(\frac{1}{2}\right)^7 \cdot \left(\frac{1}{2}\right)^{11} = 0.121$$

따라서

$$P(Y \leq 7) = 3.815 \cdot E - 06 + \cdots + 0.121 = 0.240$$

$P = 1/2$이므로 확률 $P(Y \leq 7)$은 부록의 표 F$_2$에서 바로 구할 수 있다. $N = 18$, $k = 7$(최저 빈도 관측치)에서 연계된 단측 확률은 $P_1 = 0.240$이다.

양측 검정이므로 값은 두 배가 돼야 하고($P = 2P_1$) 연계된 양측 확률은 $P = 0.480$이다.

참고: 일반적인 가설 검정 절차에서는 4단계가 표본에 근거한 통계량 계산에 해당한다. 반면 5단계는 4단계에서 구한 통계량에 연계된 확률을 결정한다. 이항 검정의 경우 4단계는 표본에서 직접 발생한 것에 연계된 확률을 계산한다.

5단계: 결정: 연계된 확률이 α보다 크므로($P = 0.480 > 0.05$), H$_0$를 기각하지 않고 95%의 신뢰수준으로 기법 1과 2를 선택할 확률에는 차이가 없다고 결론 내릴 수 있다.

예제 10.2 대규모 표본에 이항 검정 적용

예제 10.1을 다음 결과를 고려해 다시 해보라.

표 10.E.2 학생들이 선택한 다음 구한 빈도

사건	기법 1	기법 2	총합
빈도	18	12	30
비율	0.6	0.4	1.0

해법

1단계: 이항 검정을 적용해보자.

2단계: 귀무 가설은 두 기법을 선택하는 데 있어 차이가 없다는 것이다. 즉,

H$_0$: $p = q = 1/2$

H$_1$: $p \neq q$

3단계: 고려해야 할 유의수준은 5%이다.

4단계: $N > 25$이므로 변수 Y의 표본 분포가 표준 정규 분포와 유사하다고 생각할 수 있고, 따라서 확률은 Z 통계량으로부터 계산할 수 있다.

$$Z_{cal} = \frac{|N \cdot \hat{p} - N \cdot p| - 0.5}{\sqrt{N \cdot p \cdot q}} = \frac{|30 \cdot 0.6 - 30 \cdot 0.5| - 0.5}{\sqrt{30 \cdot 0.5 \cdot 0.5}} = 0.913$$

5단계: $\alpha = 5\%$인 양측 검정의 표준 정규 분포 임계 영역(부록의 표 E)은 그림 10.1에 나타나 있다.

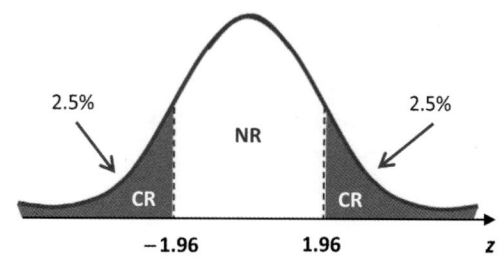

그림 10.1 예제 10.2의 임계 영역

양측 검정의 경우 각 꼬리는 유의수준 α의 절반에 해당한다.

6단계: 결정: 계산된 값이 기각 영역에 없으므로, 즉 $-1.96 \leq Z_{cal} \leq 1.96$이므로 귀무 가설은 기각하지 않고 95%의 신뢰수준으로 두 기법을 선택하는 확률에 있어서는 차이가 없다고 결론 내릴 수 있다($p = q = 1/2$).

통계량의 임곗값 대신 P 값을 사용했다면, 5단계와 6단계는 다음과 같았을 것이다.

5단계: 부록의 표 E에 따르면, 통계량 $Z_{cal} = 0.913$에 연계된 단측 확률은 $P_1 = 0.1762$이다. 양측 검정의 경우 이 확률은 두 배가 돼야 한다(P 값 = 0.3564).

6단계: 결정: $P > 0.05$이므로 H_0를 기각하지 않는다.

10.2.1.1 SPSS를 사용한 이항 검정 해법

예제 10.1을 IBM의 SPSS 통계 소프트웨어를 사용해 해결해보자. 이 절의 이미지는 IBM의 허가하에 사용됐다.

데이터는 Binomial_Test.sav 파일에 있다. SPSS를 사용해 이항 검정을 해결하는 방법은 다음과 같다. 먼저 **분석** > **비모수 검정** > **레거시 대화상자** > **이항**을 선택한다(그림 10.2).

그림 10.2 SPSS로 이항을 수행하는 모습

먼저 그림 10.3처럼 *Method* 변수를 **검정 변수**로 선택한다. 성공과 실패 확률은 둘 다 50%로 동일하므로 **검정 비율**에서 $p = 0.50$으로 설정한다.

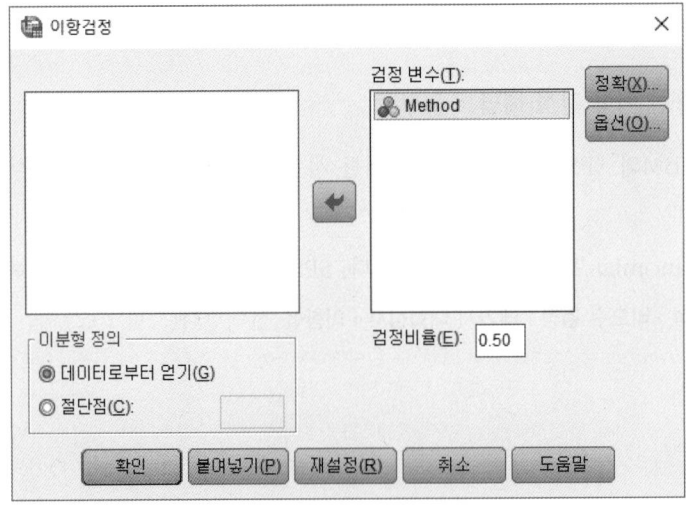

그림 10.3 이항 검정에서 변수와 검정 비율 설정

마지막으로 **확인**을 누르면 그림 10.4와 같은 결과가 나타난다.

이항검정

		범주	N	관측 비율	검정 비율	정확 유의확률 (양측)
Method	집단 1	1	11	.61	.50	.481
	집단 2	2	7	.39		
	전체		18	1.00		

그림 10.4 이항 검정 결과

양측 검정과 연계된 확률은 $P = 0.481$이며, 이는 예제 10.1에서 계산한 값과 유사하다. $P > \alpha(0.481 > 0.05)$이므로 H_0를 기각하지 않고 95%의 신뢰수준으로 $p = q = 1/2$이라고 결론 내린다.

10.2.1.2 Stats를 사용한 이항 검정 해법

예제 10.1은 Stata 통계 프로그램을 사용해서도 해결할 수 있다. 이 절의 이미지는 Stata사의 허가하에 사용됐다. 데이터는 Binomial_Test.dta 파일에 있다.

Stata에서의 이항 검정은 다음의 구문을 따른다.

```
bitest variable* = #p
```

여기서 `variable*` 항은 분석 중인 변수로 대체해야 하고, `#p`는 귀무 가설에서 설정한 성공 확률로 대체해야 한다.

예제 10.1에서 변수는 *method*이고 귀무 가설은 두 기법을 선택할 차이가 없다는 것이므로, 다음과 같은 명령어를 입력한다.

```
bitest method = 0.5
```

결과는 그림 10.5에 있다.

```
. bitest method = 0.5

    Variable |      N  Observed k   Expected k   Assumed p   Observed p
-------------+------------------------------------------------------------
      method |     18           7            9     0.50000     0.38889

 Pr(k >= 7)              = 0.881058  (one-sided test)
 Pr(k <= 7)              = 0.240341  (one-sided test)
 Pr(k <= 7 or k >= 11)   = 0.480682  (two-sided test)
```

그림 10.5 Stata를 사용한 예제 10.1의 이항 검정 결과

양측 검정에 연계된 확률이 $P = 0.481$임을 볼 수 있으며, 이는 예제 10.1은 물론 SPSS를 사용해 구한 값과 유사하다. $P > 0.05$이므로 H_0를 기각하지 않고 95%의 신뢰수준으로 $p = q = 1/2$이라고 결론 내린다.

10.2.2 단일 표본의 카이제곱 검정(χ^2)

이 절에서 설명한 χ^2 검정은 이항 검정의 확장이며, 변수가 2개 이상의 범주를 갖는 단일 표본에 적용된다. 변수는 명목 또는 서열일 수 있다. 검정은 각 범주의 기대 빈도와 관측 빈도를 비교한다.

χ^2 검정은 다음 가설을 가정한다.

H_0: 빈도의 관측치와 기대치 사이에는 별 차이가 없다.

H_1: 빈도의 관측치와 기대치 사이에는 상당한 차이가 있다.

검정 통계량은 식 (4.1)과 유사하게 다음 식으로 주어진다.

$$\chi^2_{cal} = \sum_{i=1}^{k} \frac{(O_i - E_i)^2}{E_i} \tag{10.5}$$

여기서

$O_i = i$번째 범주의 관측치 개수

$E_i = H_0$가 기각되지 않을 경우 i번째 범주의 기대 관측치

$k = $ 범주의 개수

χ^2_{cal}의 값은 근사적으로 $v = k - 1$의 자유도를 가진 χ^2 분포를 따른다. 카이제곱(χ^2_c) 통계량의 임곗값은 부록의 표 D에 있으며 $P(\chi^2_{cal} > \chi^2_c) = \alpha$(오른쪽 꼬리 검정)인 χ^2의 임곗값을 제공한다. 귀무 가설 H_0가 기각되려면 χ^2_{cal} 통계량이 임계 영역^{CR} 내에 있어야 한다. 즉, $\chi^2_{cal} > \chi^2_c$이다. 그렇지 않다면 H_0를 기각하지 않는다(그림 10.6).

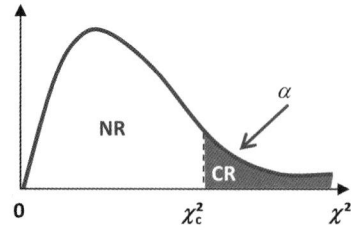

그림 10.6 χ^2 분포. 임계 영역(CR)과 비기각 영역(NR)이 표시되어 있다.

P 값(표본에서 계산된 χ^2_{cal} 통계량 값에 연계된 확률) 또한 표 D에서 구할 수 있다. 이 경우, $P \leq \alpha$이면 기각한다.

예제 10.3 단일 표본에 χ^2 검정 적용

사탕 가게는 초콜릿 사탕이 요일별로 판매량에 변화가 있는지 조사하고 싶다. 이를 위해 1주간 무작위로 표본을 수집했다. 결과는 표 10.E.3에 있다. 요일과 판매량은 관계가 없다는 귀무 가설을 검정해보라. α = 5%를 사용하라.

표 10.E.3 관측 빈도와 기대 빈도

사건	일요일	월요일	화요일	수요일	목요일	금요일	토요일
관측 빈도	35	24	27	32	25	36	31
기대 빈도	30	30	30	30	30	30	30

해법

1단계: 둘 이상의 범주를 가진 표본으로부터의 관측 빈도와 기대 빈도를 비교할 수 있는 가장 적절한 검정은 단일 표본에 대한 χ^2이다.

2단계: 귀무 가설은 요일별로 기대와 관측 빈도 사이에 차이가 없다는 것이다. 반면 대립 가설은 요일별로 차이가 있다는 것이다.

H_0: $O_i = E_i$

H_1: $O_i \neq E_i$

3단계: 유의수준은 5%를 고려한다.

4단계: 통계량은 다음과 같이 계산한다.

$$\chi^2_{cal} = \sum_{i=1}^{k} \frac{(O_i - E_i)^2}{E_i} = \frac{(35-30)^2}{30} + \frac{(24-30)^2}{30} + \cdots + \frac{(31-30)^2}{30} = 4.533$$

5단계: χ^2 검정의 임계 영역은 α = 5%, ν = 6차 자유도를 고려하면, 그림 10.7과 같다.

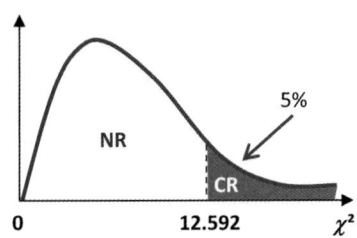

그림 10.7 예제 10.3의 임계 영역

6단계: 결정: 계산된 값이 임계 영역에 있지 않으므로(즉, $\chi^2_{cal} < 12.592$) 귀무 가설은 기각하지 않고 95%의 확률로 요일별 초

콜릿 판매량에는 차이가 없다고 결론 내린다.

통계량의 임곗값 대신 P 값을 사용했다면, 5단계와 6단계는 다음과 같았을 것이다.

5단계: 부록의 표 D에 따르면, 통계량 ν = 6차 자유도에서 $\chi^2_{cal} \geq 4.533$과 연계된 확률(P 값)은 0.1과 0.9 사이이다.

6단계: 결정: $P > 0.05$이므로 H_0를 기각하지 않는다.

10.2.2.1 SPSS를 사용한 단일 표본의 χ^2 검정 해법

이 절의 이미지는 IBM의 허가하에 사용됐다.

예제 10.3의 데이터는 Chi-Square_One_Sample.sav 파일에 있다. SPSS에서 χ^2 검정을 수행하는 절차는 다음과 같다. 먼저, 그림 10.8처럼 **분석 › 비모수 검정 › 레거시 대화상자 › 카이제곱**을 선택한다.

그림 10.8 SPSS에서 χ^2 수행

그런 다음, *Day_week* 변수를 **검정 변수**로 선택한다. 연구 중인 변수는 7개의 범주를 갖고 있다. 그런 다음 **기대 범위** 영역에 있는 **데이터로부터 얻기**와 **지정한 범위 사용**(하한 = 1, 상한 = 7)은 동일한 결과를 생성한다. 7개 범주의 기대 빈도는 모두 동일하다. 그러므로 그림 10.9처럼 **모든 범주가 동일**이라는 옵션을 선택해야 한다.

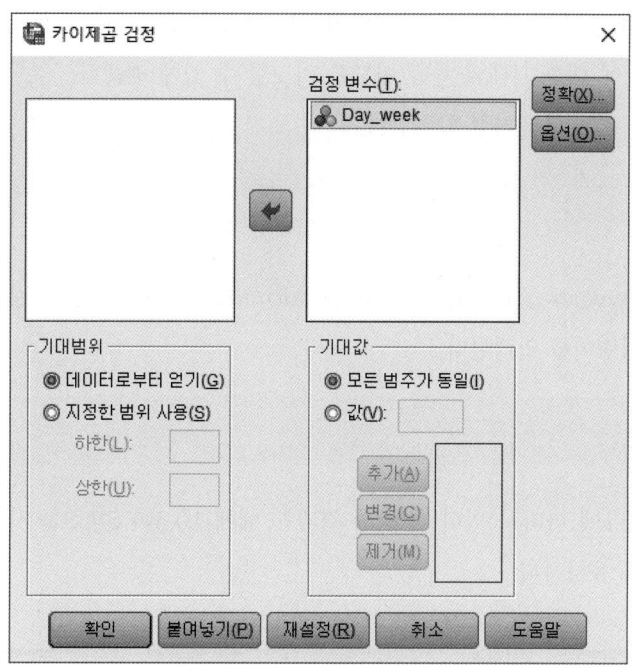

그림 10.9 χ^2 검정을 수행하는 변수와 절차 설정

끝으로, **확인**을 클릭하고 그림 10.10과 같은 χ^2 결과를 얻게 된다.

검정 통계량

	Day_week
카이제곱	4.533[a]
자유도	6
근사 유의확률	.605

a. 0개의 셀 (0.0%)은
(는) 5보다 작은 기대
빈도를 가집니다. 기
대 빈도 셀 값 중 최
소값은 30.0입니다.

그림 10.10 SPSS를 사용한 예제 10.3의 χ^2 검정 결과

χ^2 통계량 결과는 4.533이고 예제 10.3과 유사하다. P 값 $= 0.605 > 0.05$(예제 10.3에서는 $0.1 < P < 0.9$)이므로, H_0를 기각하지 않고 95% 신뢰수준으로 판매량은 요일과 상관없다고 결론 내린다.

10.2.2.2 Stata를 사용한 단일 표본의 χ^2 검정 해법

이 절의 이미지는 Stata사의 허가하에 사용됐다.

예제 10.3의 데이터는 Chi-Square_One_Sample.dta에서 구할 수 있다. 연구 중인 변수는 *day_week*이다.

Stata를 이용한 χ^2 통계량은 csgof 명령어('chi-square goodness of fit'의 약자)를 사용하며, 둘 이상의 범주 변수에 대한 기대와 관측 빈도를 비교할 수 있게 해준다.

명령어 사용을 위해 다음처럼 입력한다.

```
findit csgof
```

그리고 http://www.ats.ucla.edu/stat/stata/ado/analysis에서 csgof 링크를 통해 설치한다.

그리고 다음 명령어를 입력한다.

```
csgof day_week
```

결과는 그림 10.11에 나타나 있다. 검정의 결과는 예제 10.3과 SPSS를 사용한 결과 그리고 통계량과 연계된 확률과 유사하다.

```
. csgof day_week

    +---------------------------------------------+
    | day_week    expperc    expfreq    obsfreq |
    |---------------------------------------------|
    |   sunday    14.28571         30         35 |
    |   monday    14.28571         30         24 |
    |  tuesday    14.28571         30         27 |
    | wednes~y    14.28571         30         32 |
    | thursday    14.28571         30         25 |
    |---------------------------------------------|
    |   friday    14.28571         30         36 |
    | saturday    14.28571         30         31 |
    +---------------------------------------------+

chisq(6) is 4.53, p = .6049
```

그림 10.11 Stata를 사용한 예제 10.3의 χ^2 검정 결과

10.2.3 단일 표본의 부호 검정

부호 검정은 모집단 분포가 정규 분포를 따르지 않을 경우 단일 확률 표본에 대한 t 검정의 대안이다. 부호 검정에서 필요한 오직 하나의 가정은 변수의 분포가 연속이라는 것이다.

부호 검정은 모집단 평균(μ)에 기초한다. 중앙값보다 낮은 표본값을 구할 확률과 중앙값보다 높은 표본값을 구할 확률은 동일하다($p = 1/2$). 이 검정의 귀무 가설은 μ가 조사자가 명시한 어떤 값(μ_0)과 동일하다는 것이다. 양측 검정의 경우 다음과 같다.

H$_0$: $\mu = \mu_0$
H$_1$: $\mu \neq \mu_0$

정량 데이터는 부호, 즉 (+) 또는 (−)로 변환되는데, 중앙값(μ_0)보다 클 경우 (+)이고 작을 경우 (−)이다. μ_0와 동일한 데이터는 표본에서 제거된다. 따라서 부호 검정은 서열 데이터에 적용되는데,

변환에 너무 많은 정보가 손실되므로 그다지 유용하지 않다.

작은 표본

N을 양수 그리고 음수 부호의 개수(동일치를 고려하지 않은 표본 개수)라고 하고 k를 가장 낮은 빈도를 가진 부호의 개수라고 하자.

소규모 표본($N \leq 25$)에서는 $p = 1/2$인 이항 검정을 사용해 $P(Y \leq k)$를 계산한다. 이 확률은 부록의 표 F₂에서 구할 수 있다.

대규모 표본

$N > 25$이면, 이항 분포는 정규 분포에 유사해진다. Z 값은 다음과 같다.

$$Z = \frac{(X \pm 0.5) - N/2}{0.5\sqrt{N}} \sim \text{N}(0, 1) \tag{10.6}$$

여기서 X는 가장 낮거나 높은 빈도에 해당한다. X가 가장 낮은 빈도를 나타내면 $X + 0.5$를 계산해야만 한다. 반면 X가 가장 높은 빈도를 나타내면 $X - 0.5$를 계산한다.

예제 10.4 단일 표본에 부호 검정 적용

어떤 도시의 은퇴연령 중앙값을 조사했더니 65로 추정됐다. 모집단에서 20명의 은퇴자가 단일 표본으로 무작위 추출됐고 그 결과는 표 10.E.4에 있다. 유의수준 10%로 $\mu = 65\%$라는 귀무 가설을 검정해보라.

표 10.E.4 은퇴연령

59	62	66	37	60	64	66	70	72	61
64	66	68	72	78	93	79	65	67	59

해법

1단계: 데이터는 정규 분포를 따르지 않으므로, 모집단 중앙값에 대한 가장 적절한 검정은 부호 검정이다.

2단계: 검정에 대한 가설은 다음과 같다.

$H_0: \mu = 65$

$H_1: \mu \neq 65$

3단계: 유의수준은 10%를 고려한다.

4단계: $P(Y = k)$를 계산하자.

이해를 돕기 위해, 표 10.E.4를 오름차순으로 정렬한다.

표 10.E.5 표 10.E.4의 데이터를 오름차순으로 정렬

37	59	59	60	61	62	64	64	65	66
66	66	67	68	70	72	72	78	79	93

값 65(동값)를 제외하면 (−) 부호는 8개, (+) 부호는 11개이므로, $N = 19$이다.

부록의 표 F_2로부터 $N = 19$, $k = 8$ $p = 1/20$이며, 연계된 단측 확률은 $P_1 = 0.324$이다. 양측 검정을 사용하므로, 이 값은 두 배가 돼야 하고 연계된 양측 확률은 0.648이다(P 값).

5단계: 결정: $P > \alpha (0.648 > 0.10)$이므로 H_0를 기각하지 않고, 90%의 신뢰수준으로 $\mu = 65$라고 결론 내린다.

10.2.3.1 SPSS를 사용한 단일 표본의 부호 검정 해법

이 절의 이미지는 IBM의 허가하에 사용됐다.

SPSS는 오직 연계된 두 표본(2 대응 표본)에 대해서만 부호 검정을 수행한다. 따라서 단일 표본에 대한 검정을 사용하려면 새로운 변수 n을 생성하고(동률 값을 포함한 표본 크기) 모두 μ_0로 설정한다. 예제 10.4의 데이터는 Sign_Test_One_Sample.sav에서 찾을 수 있다.

SPSS로 부호 검정을 적용하는 절차는 다음과 같다. 먼저, 그림 10.12처럼 **분석 › 비모수 검정 › 레거시 대화상자 › 2 대응 표본**을 선택한다.

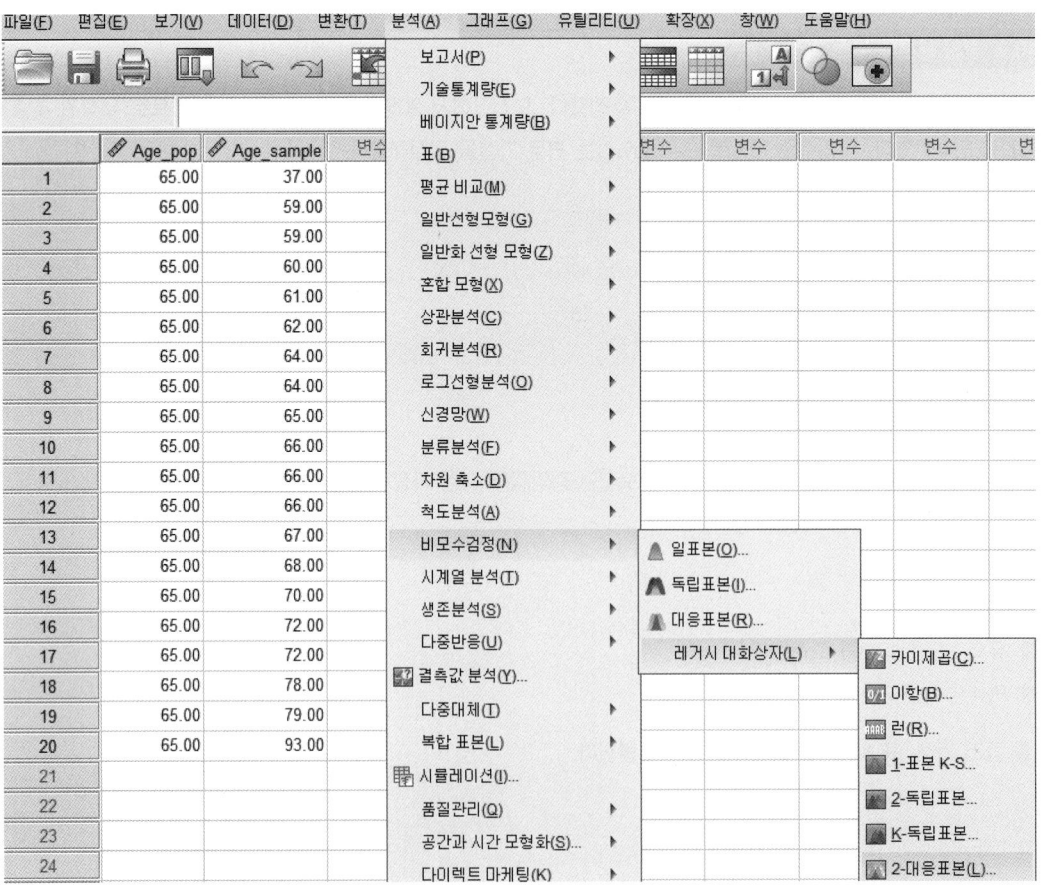

그림 10.12 SPSS에서 부호 검정을 사용하는 절차

그런 다음 변수 1(*Age_pop*)과 변수 2(*Age_sample*)를 **검정 대응**에 포함시킨다. 그림 10.13과 같이 **검정 유형**으로는 **부호**를 선택한다.

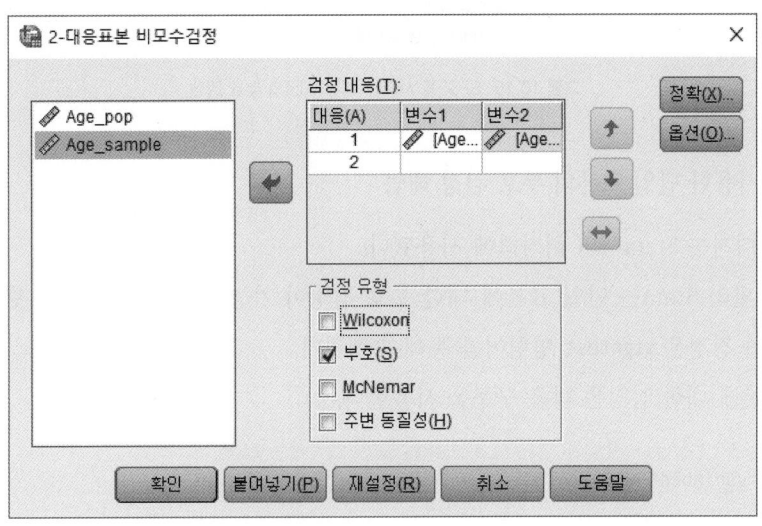

그림 10.13 변수와 부호 검정 선택

다음으로 **확인**을 클릭한다. 결과는 그림 10.14와 그림 10.15에 나타나 있다.

그림 10.14는 음과 양의 부호의 빈도, 동률 값의 개수, 전체 빈도를 보여준다.

빈도

		N
Age_sample - Age_pop	음수차이[a]	8
	양수차이[b]	11
	등순위[c]	1
	전체	20

a. Age_sample < Age_pop

b. Age_sample > Age_pop

c. Age_sample = Age_pop

그림 10.14 관측된 빈도

그림 10.15는 양측 검정에 연계된 확률을 보여주는데, 예제 10.4에서 찾은 값과 유사하다. $P = 0.648 > 0.10$이므로 귀무 가설을 기각하지 않고 90%의 유의수준으로 은퇴연령의 중앙값은 65라고 결론지을 수 있다.

검정 **통계량**^a

	Age_sample - Age_pop
정확 유의확률 (양측)	.648^b

a. 부호검정
b. 이항분포를 사용함.

그림 10.15 SPSS를 사용한 예제 10.4의 부호 검정

10.2.3.2 Stata를 사용한 단일 표본의 부호 검정 해법

이 절의 이미지는 Stata사의 허가하에 사용됐다.

SPSS와 달리 Stata는 단일 표본에 대한 부호 검정이 가능하다. Stata에서는 단일 표본과 두 대응 표본에 대한 검정은 **signtest** 명령어를 통해 수행된다.

단일 표본에 대한 검정은 다음 구문을 사용한다.

```
signtest variable* = #
```

여기서 **variable*** 항은 분석 중인 변수로 대체해야 하고, #은 검정하려는 모집단 중앙값으로 대체해 야 한다.

예제 10.4의 데이터는 Sign_Test_One_Sample.dta 파일에 있다. 분석하려는 변수는 *age*이고, 주 요 목적은 은퇴연령의 중앙값이 65인지 확인하는 것이다. 다음 명령어를 입력해야 한다.

```
signtest age = 65
```

결과는 그림 10.16에서 볼 수 있다. 예제 10.4 및 SPSS의 결과와 유사하게 양의 부호는 11, 음의 부 호는 8, 양측 검정에 연계된 확률은 0.648이다. $P > 0.10$이므로, 귀무 가설을 기각하지 않고 90%의 신뢰수준으로 은퇴연령의 중앙값은 65라고 결론지을 수 있다.

```
. signtest age = 65

Sign test

         sign |    observed      expected
--------------+-----------------------------
     positive |        11            9.5
     negative |         8            9.5
         zero |         1            1
--------------+-----------------------------
          all |        20            20

One-sided tests:
  Ho: median of age - 65 = 0 vs.
  Ha: median of age - 65 > 0
      Pr(#positive >= 11) =
         Binomial(n = 19, x >= 11, p = 0.5) =   0.3238

  Ho: median of age - 65 = 0 vs.
  Ha: median of age - 65 < 0
      Pr(#negative >= 8) =
         Binomial(n = 19, x >= 8, p = 0.5) =   0.8204

Two-sided test:
  Ho: median of age - 65 = 0 vs.
  Ha: median of age - 65 != 0
      Pr(#positive >= 11 or #negative >= 11) =
         min(1, 2*Binomial(n = 19, x >= 11, p = 0.5)) =   0.6476
```

그림 10.16 Stata를 사용한 예제 10.4의 부호 검정 결과

10.3 두 대응 표본의 검정

이 검정은 두 표본이 연계됐는지 검사한다. 가장 흔한 예는 어떤 사건 전후를 분석하는 것이다. 여기서는 이항 변수의 맥네마르 검정과 서열 변수의 윌콕슨 검정을 살펴본다.

10.3.1 맥네마르 검정

맥네마르 검정은 오직 두 가지 범주(이진 변수)만을 가진 정성 또는 범주 변수를 가진 두 연계 표본의 변화를 측정하는 것이다. 이 검정의 주목적은 어떤 사건을 전후로 변화가 있는지 확인하는 것이다. 이를 위해 표 10.2와 같이 2×2 분할표를 사용한다.

Siegel and Castellan(2006)에 따르면 (+)와 (−) 부호는 '이전'과 '이후'의 답에 대한 가능한 변화를 나타낸다. 표 10.2의 해당 셀에는 각 빈도의 출현이 나타나 있다.

예를 들어, 첫 응답 (+)에서 두 번째 응답 (−)로 변화가 생기면 결과는 오른쪽 셀에 기재하고 B는 전체 응답 중 (+)에서 (−)로 변화한 개수를 나타낸다.

마찬가지로 첫 번째 응답 (−)에서 두 번째 응답 (+)로 변화가 생기면 왼쪽 하단 셀에 기재하고, 따라서 C는 전체 행동이 (−)에서 (+)로 변화한 관측 개수를 나타낸다.

표 10.2 2×2 분할표

이전	이후	
	+	**−**
+	A	B
−	C	D

한편 A는 이전과 이후의 (+)가 그대로 남아 있는 개수를, D는 이전과 이후의 (−)가 그대로 남아 있는 개수를 나타낸다.

따라서 변화된 전체 개수는 B + C가 나타낸다.

검정의 귀무 가설은 각 방향의 전체 변화는 동일하다는 것이다. 즉,

$H_0: P(B \rightarrow C) = P(C \rightarrow B)$
$H_1: P(B \rightarrow C) \neq P(C \rightarrow B)$

Siegel and Castellan(2006)에 따르면 맥네마르 통계량은 식 (10.5)의 카이제곱(χ^2) 통계량에 기반하고 있다. 즉,

$$\chi_{cal}^2 = \sum_{i=1}^{2} \frac{(O_i - E_i)^2}{E_i} = \frac{(B - (B+C)/2)^2}{(B+C)/2} + \frac{(C - (B+C)/2)^2}{(B+C)/2} = \frac{(B-C)^2}{B+C} \sim \chi_1^2 \tag{10.7}$$

저자에 따르면, 연속 χ^2 분포가 이산 χ^2 분포에 더 유사해지려면 교정 요인을 사용해야만 한다. 따라서 다음과 같이 된다.

$$\chi_{cal}^2 = \frac{(|B-C|-1)^2}{B+C} \qquad \text{1차 자유도} \tag{10.8}$$

계산된 값은 χ^2 분포표(부록의 표 D)의 임곗값과 비교해봐야 한다. 이 표는 $P(\chi_{cal}^2 > \chi_c^2) = \alpha$(오른쪽 꼬리 검정)의 임곗값을 제공한다. 통계량 값이 임계 영역 내에 있으면(즉, $\chi_{cal}^2 > \chi_c^2$) H_0를 기각하고, 그렇지 않으면 기각하지 않는다.

χ_{cal}^2 통계량에 연계된 확률(P 값)도 표 D에서 구할 수 있다. 이 경우 $P \leq \alpha$이면 귀무 가설을 기각한다. 그렇지 않으면 H_0를 기각하지 않는다.

예제 10.5 맥네마르 검정의 적용

의회가 시공무원에 대한 완전 연금을 종료한다는 법안을 검토 중이다. 이 법안으로 인해 공무원 시험 응시자 수에 변화가 생길지 측정하기 위해 60명의 근로자를 대상으로 법안 전후에 대해 인터뷰를 수행했고, 이를 통해 여전히 공무원으로 일할 것인지 사기업으로 옮기길 희망하는지 조사했다. 결과는 표 10.E.6에 나타나 있다. 사회보장법이 변경되더라도 근로자들의 응답에는

큰 변화가 없다는 귀무 가설을 검정해보라. 유의수준은 α = 5%로 한다.

표 10.E.6 분할표

법안 변경 전	법안 변경 후	
	사기업	공무원
사기업	22	3
공무원	21	14

해법

1단계: 명목 또는 범주 변수를 가진 두 대응 표본의 전후 변화에 대한 유의성을 측정하는 데 가장 적합한 것은 맥네마르 검정이다.

2단계: 귀무 가설은 법 개정이 사람들의 사기업 선호도에 별로 영향을 끼치지 않을 것이라는 것이다. 다시 말해, 법 개정 후 사기업에서 공무원으로 선호도를 바꾼 사람과 공무원에서 사기업으로 선호도를 바꾼 사람의 차이가 없을 것이라는 것이다.

H_0: P(사기업 → 공무원) = P(공무원 → 사기업)

H_1: P(사기업 → 공무원) ≠ P(공무원 → 사기업)

3단계: 유의수준은 5%로 설정한다.

4단계: 식 (10.7)에 따른 통계량은 다음과 같이 계산한다.

$$\chi_{cal}^2 = \frac{(|B-C|)^2}{B+C} = \frac{(|3-21|)^2}{3+21} = 13.5, \quad \nu = 1$$

교정 요인을 사용하면 식 (10.8)로부터 통계량은 다음과 같이 된다.

$$\chi_{cal}^2 = \frac{(|B-C|-1)^2}{B+C} = \frac{(|3-21|-1)^2}{3+21} = 12.042, \quad \nu = 1$$

5단계: α = 5%, ν = 1차 자유도일 때, 부록의 표 D에서 구한 카이제곱 임곗값(χ_C^2)은 3.841이다.

6단계: 결정: 계산된 값은 임계 영역 내에 있으므로(즉, χ_{cal}^2 > 3.841), 귀무 가설을 기각하고 95%의 신뢰수준으로 사회보장법 개정 후 사기업과 공무원 선호도에 변화가 있다고 결론지을 수 있다.

통계량의 임곗값 대신 P 값을 사용했다면, 5단계와 6단계는 다음과 같았을 것이다.

5단계: 부록의 표 D에 따르면, 통계량 ν = 1차 자유도에 연계된 통계량 χ_{cal}^2 = 12.042 또는 13.5(P 값)이며, 이는 0.005보다 작다(0.005의 확률은 통계량 χ_{cal}^2 = 7.879에 연계되어 있다).

6단계: 결정: P < 0.05이므로 H_0를 기각해야 한다.

10.3.1.1 SPSS를 사용한 맥네마르 검정 해법

여기서는 예제 10.5를 SPSS를 사용해 해결한다. 이 절의 이미지는 IBM의 허가하에 사용됐다.

데이터는 McNemar_Test.sav에 있다. SPSS로 맥네마르 검정을 수행하는 절차는 다음과 같다.

그림 10.17과 같이 **분석 › 비모수 검정 › 레거시 대화상자 › 2 대응 표본**을 선택한다.

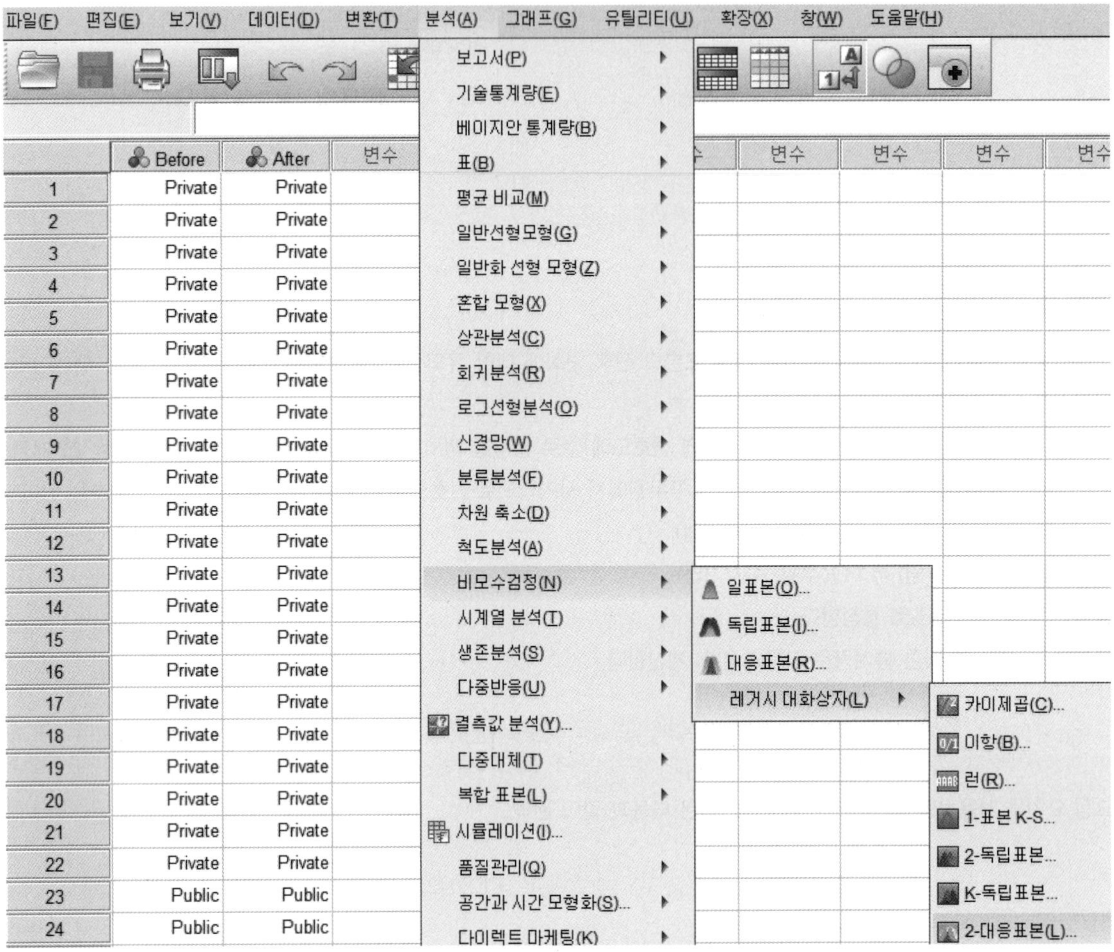

그림 10.17 SPSS를 사용한 맥네마르 검정 수행

그런 다음 변수 1(*Before*)과 변수 2(*After*)를 **검정 대응**에 포함시킨다. **검정 유형**은 그림 10.18처럼 McNemar를 선택한다.

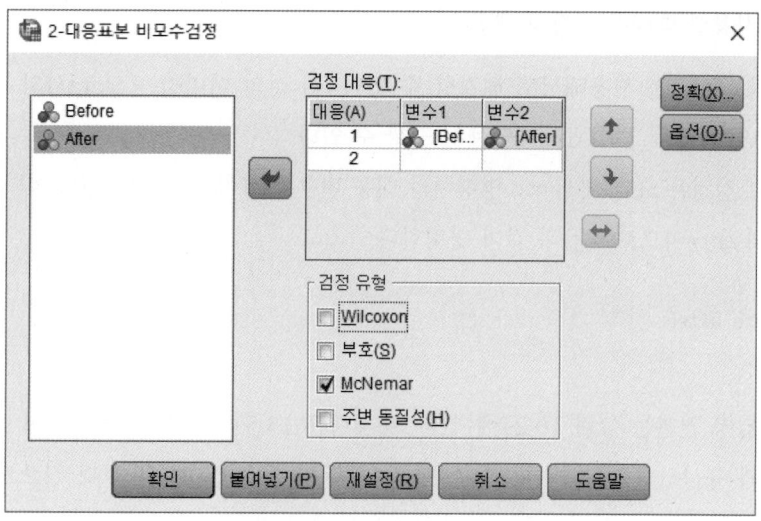

그림 10.18 변수와 맥네마르 검정 선택

마지막으로 **확인**을 클릭하면 그림 10.19 및 그림 10.20과 같은 결과를 얻는다. 그림 10.19는 개정 이전과 이후의 관측 빈도를 보여준다(분할표). 맥네마르 검정의 결과는 그림 10.20에 있다.

Before & After

| Before | After | |
	Private	Public
Private	22	3
Public	21	14

그림 10.19 관측 빈도

검정 통계량[a]

	Before & After
N	60
정확 유의확률 (양측)	.000[b]

a. McNemar 검정
b. 이항분포를 사용함.

그림 10.20 SPSS를 사용한 예제 10.5의 맥네마르 검정

그림 10.20에 따르면, 맥네마르 검정에서 관측된 유의수준은 0.000으로서 5%보다 작으므로 귀무 가설은 기각된다. 따라서 95%의 신뢰수준으로 사회보장법 개정 전후로 사기업과 공무원 사이의 선호도에 큰 변화가 있다고 결론지을 수 있다.

10.3.1.2 Stata를 사용한 맥네마르 검정 해법

예제 10.5는 Stata를 사용해서도 해결할 수 있다. 이 절의 이미지는 Stata사의 허가하에 사용됐다. 데이터는 McNemar_Test.dta 파일에서 구할 수 있다.

맥네마르 검정은 Stata에서 mcc 명령어와 대응 변수를 같이 명시하면 된다. 이 예제에서는 대응 쌍이 *before*와 *after*이므로 다음과 같이 명령한다.

```
mcc before after
```

맥네마르 검정 결과는 그림 10.21에 있다. 통계량은 13.5로서 교정 요인 없이 식 (10.7)을 사용해 계산한 값과 유사하다. 검정에서 관측된 유의수준은 0.000으로서 5%보다 작으므로 귀무 가설은 기각된다. 따라서 95%의 신뢰수준으로 사회보장법 개정 전후로 사기업과 공무원 사이의 선호도에 큰 변화가 있다고 결론지을 수 있다.

```
. mcc before after

                  | Controls            |
Cases             | Exposed   Unexposed |      Total
------------------+---------------------+------------
       Exposed    |    14         21    |        35
     Unexposed    |     3         22    |        25
------------------+---------------------+------------
         Total    |    17         43    |        60

McNemar's chi2(1) =      13.50    Prob > chi2 = 0.0002
Exact McNemar significance probability        = 0.0003

Proportion with factor
       Cases        .5833333
       Controls     .2833333        [95% Conf. Interval]
                    ---------        --------------------
       difference         .3         .142452    .457548
       ratio        2.058824        1.388881   3.051921
       rel. diff.   .4186047         .2483414   .5888679

       odds ratio         7         2.090126   36.65157   (exact)
```

그림 10.21 Stata를 사용한 예제 10.5의 맥네마르 검정 결과

맥네마르 검정 결과는 mcci 14 21 3 22 명령어를 통해서도 구할 수 있었다.

10.3.2 두 대응 표본의 부호 검정

부호 검정은 두 대응 표본에 대해서도 적용할 수 있다. 이 경우 부호는 두 쌍의 차이에 의해 주어지는데, 차이가 양수이면 각 쌍의 값은 (+) 부호로 대체된다. 반대로 차이가 음수이면 (−) 부호로 대

체된다. 같은 값일 때는 표본에서 제거한다.

단일 표본에 대한 부호 검정과 유사하게 이 절의 부호 검정은 데이터 분포가 정규가 아닐 때의 두 연계 표본을 비교하는 t 검정의 대안이 된다. 이 경우 정량 데이터는 서열 데이터로 변환된다. 따라서 부호 검정은 오직 차이의 부호만을 정보로 사용하므로 검정력이 매우 약해진다.

귀무 가설은 차이의 모집단 중앙값(μ_d)이 0이라는 것이다. 따라서 양측 검정의 경우 다음과 같다.

H_0: $\mu_d = 0$
H_1: $\mu_d \neq 0$

다시 말해, 두 표본(동일한 중앙값과 동일한 연속 분포에서 추출된 표본) 사이에는 차이가 없어서 (+)와 (−) 개수가 같다는 가설을 검정한다.

10.2.3절의 단일 표본에서 수행한 것과 동일한 절차를 적용해 두 대응 표본의 부호 통계량을 계산한다.

소규모 표본

N은 음과 양의 부호 개수(같은 경우 표본에서 제거된다)이고, k는 가장 낮은 빈도에 해당하는 부호의 개수다. $N \leq 25$이면, $p = 1/2$인 이항 검정을 사용해 $P(Y \leq k)$를 계산한다. 이 확률은 부록의 표 F_2에서 바로 구할 수 있다.

대규모 표본

$N > 25$이면 이항 분포는 정규 분포에 가까워지고 Z는 식 (10.6)과 같다.

$$Z = \frac{(X \pm 0.5) - N/2}{0.5\sqrt{N}} \sim N(0, 1)$$

여기서 X는 가장 낮거나 가장 높은 빈도에 해당한다. X가 가장 낮은 빈도를 나타내면 $X + 0.5$를 사용하고, 그 반대의 경우에는 $X - 0.5$를 사용한다.

예제 10.6 두 대응 표본에 부호 검정 적용

생산성 향상을 위해 근로자 30여 명을 훈련시켰다. 훈련 전후를 기해 각 직원의 평균 부품 생산 시간을 비교한 데이터는 표 10.E.7에 있다. α = 5%의 유의수준으로 훈련 전후의 생산성 변화가 없다는 귀무 가설을 검정하라.

표 10.E.7 훈련 전후의 생산성

훈련 전	훈련 후	차이의 부호
36	40	+
39	41	+
27	29	+
41	45	+
40	39	−
44	42	−
38	39	+
42	40	−
40	42	+
43	45	+
37	35	−
41	40	−
38	38	0
45	43	−
40	40	0
39	42	+
38	41	+
39	39	0
41	40	−
36	38	+
38	36	−
40	38	−
36	35	−
40	42	+
40	41	+
38	40	+
37	39	+
40	42	+
38	36	−
40	40	0

해법

1단계: 데이터가 정규 분포를 따르지 않으므로 부호 검정은 두 대응 표본에 대한 t 검정의 대안이 될 수 있다.

2단계: 귀무 가설은 훈련 전후의 생산성 변화가 없다는 것이다. 즉,

$$H_0: \mu_d = 0$$
$$H_1: \mu_d \neq 0$$

3단계: 고려할 유의수준은 5%이다.

4단계: $N > 25$이므로, 이항 분포는 정규 분포에 더 가깝고 Z 값은 다음과 같다.

$$Z = \frac{(X \pm 0.5) - N/2}{0.5 \cdot \sqrt{N}} = \frac{(11 + 0.5) - 13}{0.5 \cdot \sqrt{26}} = -0.588$$

5단계: 표준 정규 분포표(부록의 표 E)를 이용해 그림 10.22처럼 양측 검정의 임계 영역을 알아내야 한다.

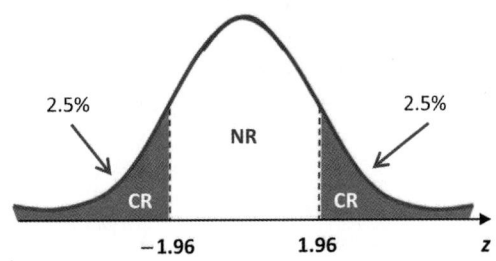

그림 10.22 예제 10.6의 임계 영역

6단계: 결정: 계산된 값이 임계 영역 내에 있지 않으므로(즉, $-1.96 \leq Z_{cal} \leq 1.96$), 귀무 가설을 기각하지 못하고 95%의 신뢰 수준으로 훈련 전후의 차이가 없다고 결론 내린다.

통계량의 임곗값 대신 P 값을 사용했다면, 5단계와 6단계는 다음과 같았을 것이다.

5단계: 부록의 표 E에 따르면, 통계량 $Z_{cal} = -0.59$에 연계된 단측 확률은 $P_1 = 0.278$이다. 양측 검정의 경우 이 확률은 두 배가 돼야 한다(P 값 $= 0.556$).

6단계: 결정: $P > 0.05$이므로 H_0를 기각하지 않는다.

10.3.2.1 SPSS를 사용한 두 대응 표본의 부호 검정 해법

이 절의 이미지는 IBM의 허가하에 사용됐다.

예제 10.6의 데이터는 Sign_Test_Two_Paired_Samples.sav 파일에서 찾을 수 있다. SPSS를 사용해 두 대응 표본에 부호 검정을 적용하는 절차는 다음과 같다. 그림 10.23처럼 **분석 › 비모수 검정 › 레거시 대화상자 › 2 대응 표본**을 선택한다.

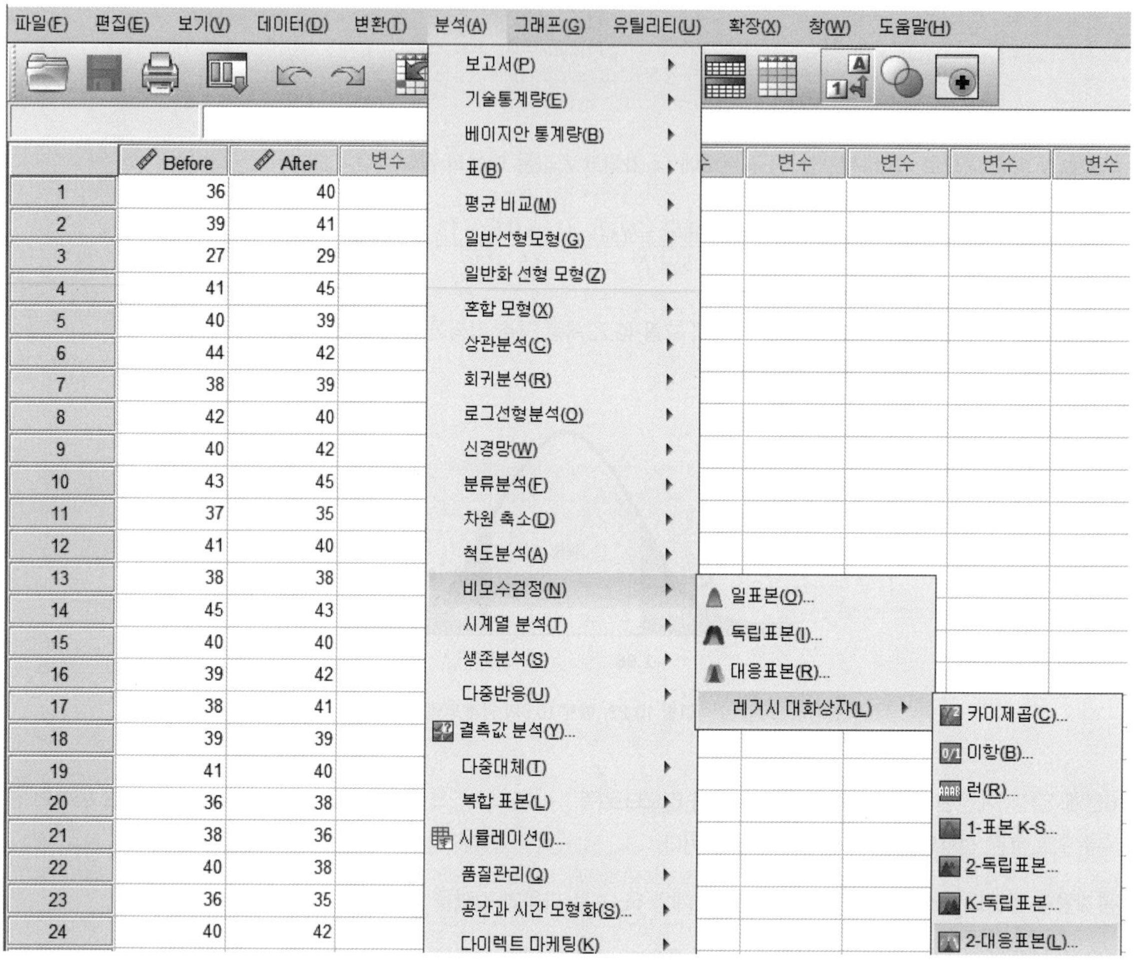

	Before	After	변수		변수	변수	변수	변수
			보고서(P)	▶				
			기술통계량(E)	▶				
			베이지안 통계량(B)	▶				
1	36	40	표(B)	▶				
2	39	41	평균 비교(M)	▶				
3	27	29	일반선형모형(G)	▶				
4	41	45	일반화 선형 모형(Z)	▶				
5	40	39	혼합 모형(X)	▶				
6	44	42	상관분석(C)	▶				
7	38	39	회귀분석(R)	▶				
8	42	40	로그선형분석(O)	▶				
9	40	42	신경망(W)	▶				
10	43	45	분류분석(F)	▶				
11	37	35	차원 축소(D)	▶				
12	41	40	척도분석(A)	▶				
13	38	38	비모수검정(N)	▶	▲ 일표본(O)...			
14	45	43	시계열 분석(T)	▶	▲ 독립표본(I)...			
15	40	40	생존분석(S)	▶	▲ 대응표본(R)...			
16	39	42	다중반응(U)	▶	레거시 대화상자(L)	▶	카이제곱(C)...	
17	38	41	결측값 분석(Y)...				이항(B)...	
18	39	39	다중대체(T)	▶			런(R)...	
19	41	40	복합 표본(L)	▶			1-표본 K-S...	
20	36	38	시뮬레이션(I)...				2-독립표본...	
21	38	36	품질관리(Q)	▶			K-독립표본...	
22	40	38	공간과 시간 모형화(S)...				2-대응표본(L)...	
23	36	35	다이렉트 마케팅(K)	▶				
24	40	42						

그림 10.23 SPSS를 사용한 부호 검정 수행

그런 다음 변수 1(*Before*)과 변수 2(*After*)를 **검정 대응**에 포함시킨다. **검정 유형**은 그림 10.24처럼 **부호 검정**으로 선택한다.

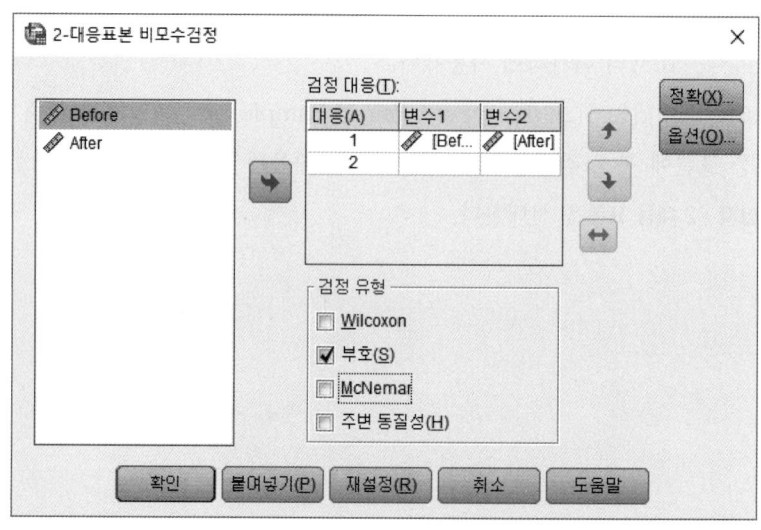

그림 10.24 변수와 부호 검정 선택

끝으로, **확인**을 누르면 두 대응 표본의 부호 검정 결과를 얻는다(그림 10.25와 그림 10.26).

그림 10.25는 음과 양의 부호 개수, 전체 동률 개수, 전체 빈도를 보여준다.

빈도

		N
After - Before	음수차이[a]	11
	양수차이[b]	15
	동순위[c]	4
	전체	30

a. After < Before

b. After > Before

c. After = Before

그림 10.25 관측된 빈도

그림 10.26은 z 검정의 결과, 양측 검정에 연계된 P 값이 예제 10.6에서와 유사함을 보여준다. $P = 0.556 > 0.05$이므로, 귀무 가설은 기각하지 않고 95%의 신뢰수준으로 훈련 전후의 생산성 변화는 없다고 결론 내린다.

검정 동계량[a]

	After - Before
Z	-.588
근사 유의확률 (양측)	.556

a. 부호검정

그림 10.26 SPSS를 사용한 예제 10.6의 부호 검정(두 대응 표본)

10.3.2.2 Stata를 사용한 두 대응 표본의 부호 검정 해법

이 절의 이미지는 Stata사의 허가하에 사용됐다.

예제 10.6의 Stata 데이터는 Sign_Test_Two_Paired_Samples.dta 파일에 있다. 두 대응 변수는 *before*와 *after*이다.

10.2.3.2절에서 설명했듯이, 단일 표본에 대한 Stata 부호 검정은 signtest 명령어를 사용한다. 두 대응 표본의 경우도 동일한 명령어를 사용한다. 그러나 두 대응 변수와 등호 기호를 명시해야 한다. 목적이 두 중앙값의 동일성을 보는 것이기 때문이다. 따라서 명령어는 다음과 같이 된다.

```
signtest after = before
```

결과는 그림 10.27에 있으며 양부호 개수(15), 음부호 개수(11), 양측 검정 통계량에 연계된 확률($P = 0.557$)이 나타나 있다. 이 값은 검정의 결과는 예제 10.6 및 SPSS를 사용한 결과와 유사하다. $P >$

0.05이므로, 귀무 가설을 기각하고 95%의 신뢰수준으로 훈련 전후의 생산성 변화는 없다고 결론 내린다.

```
. signtest after = before

Sign test

        sign |    observed    expected
-------------+-------------------------
    positive |        15           13
    negative |        11           13
        zero |         4            4
-------------+-------------------------
         all |        30           30

One-sided tests:
  Ho: median of after - before = 0 vs.
  Ha: median of after - before > 0
      Pr(#positive >= 15) =
        Binomial(n = 26, x >= 15, p = 0.5) =   0.2786

  Ho: median of after - before = 0 vs.
  Ha: median of after - before < 0
      Pr(#negative >= 11) =
        Binomial(n = 26, x >= 11, p = 0.5) =   0.8365

Two-sided test:
  Ho: median of after - before = 0 vs.
  Ha: median of after - before != 0
      Pr(#positive >= 15 or #negative >= 15) =
        min(1, 2*Binomial(n = 26, x >= 15, p = 0.5)) =   0.5572
```

그림 10.27 Stata를 사용한 예제 10.6의 부호 검정(두 대응 표본) 결과

10.3.3 윌콕슨 검정

두 대응 표본의 검정과 유사하게 윌콕슨 검정도 데이터 분포가 정규 분포를 따르지 않을 때 t 검정의 대안이다.

윌콕슨 검정은 부호 검정의 확장이지만 더욱 강력하다. 각 쌍의 차이에 대한 방향 정보는 물론 검정은 각 쌍 내의 차이 크기를 고려한다(Fávero et al., 2009). 윌콕슨 검정의 논리적 기반과 기법은 Siegel and Castellan(2006)에 기반한다.

d_i가 각 데이터 쌍의 차이라고 하자. 먼저 모든 d_i 값을 절댓값에 따라 오름차순으로 정렬하고 그 순서에 따라 상대적인 순위를 계산한다. 예를 들어, 위치 1은 가장 낮은 $|d_i|$이고 위치 2는 그다음 낮은 것, 이런 식으로 증가한다. 마지막에 d_i에 각 순위 차의 부호를 부여한다. 모든 양의 순위의 합은 S_p로 나타내고, 모든 음의 순위의 합은 S_n으로 나타낸다.

때때로 어떤 데이터 쌍의 값이 동일할 때가 있다($d_i = 0$). 이 경우 표본에서 제거한다. 이 절차는 부호 검정에서 사용한 것과 동일하며, 따라서 N 값은 이러한 동일 값을 제거한 표본 크기를 나타낸다.

또 다른 형태의 동률이 나타날 수 있는데, 둘 이상의 차이가 동일한 절댓값을 갖는 경우다. 이 경우, 같은 차이를 갖는 데이터에는 동일한 순위를 부여한다. 부여하는 순위는 차이가 났더라면 부여

했을 순위의 평균값으로 한다. 예를 들어 −1, 1, 1처럼 세 쌍이 같은 차이를 갖는 경우를 생각해보자. 각 쌍에는 순위 2가 부여된다. 이는 1, 2, 3의 평균값에 해당된다. 순서상 그다음 값은 순위 4를 배정받는다. 순위 1, 2, 3이 이미 사용됐기 때문이다.

귀무 가설은 모집단 차이가 중앙값(μ_d)이 0이라는 것이다. 즉, 모집단의 위치가 다르지 않다는 것이다. 양측 검정의 경우 다음과 같다.

H_0: $\mu_d = 0$
H_1: $\mu_d \neq 0$

다시 말해, 두 표본 사이에는 차이가 없다는 가설을 검정한다(표본은 동일한 중앙값과 동일한 연속 분포를 가진 모집단으로부터 추출됐다). 즉, 양의 순위 합은 음의 순위 합과 동일하다.

소규모 표본

$N \leq 15$이면 부록의 표 I는 $S_c(P(S_p > S_c) = \alpha)$의 몇 가지 임곗값에 연계된 확률값들을 보여준다. 양측 검정의 경우, 이 값은 두 배가 된다. 얻어진 확률(P 값)이 α보다 작거나 같으면 H_0를 기각한다.

대규모 표본

N이 커질수록, 윌콕슨 분포는 정규 분포에 근접한다. 따라서 $N > 15$이면, z 값을 계산해야 한다. 이 값은 Siegel and Castellan(2006), Fávero et al.(2009), Maroco(2014)에 따라 다음과 같다.

$$Z_{cal} = \frac{\min(S_p, S_n) - \dfrac{N \cdot (N+1)}{4}}{\sqrt{\dfrac{N \cdot (N+1) \cdot (2N+1)}{24} - \dfrac{\sum_{j=1}^{g} t_j^3 - \sum_{j=1}^{g} t_j}{48}}} \tag{10.9}$$

여기서

$\dfrac{\sum_{j=1}^{g} t_j^3 - \sum_{j=1}^{g} t_j}{48}$ = 동률이 있을 때마다의 교정 요인

g = 동률 순위의 그룹 개수

t_j = 그룹 j에서의 동률 관측치 개수

계산된 값은 표준 정규 분포의 임곗값과 비교해야 한다(부록의 표 E). 이 표는 $P(Z_{cal} > z_c) = \alpha$(오른쪽 꼬리 검정)의 임곗값 z_c를 제공한다. 양측 검정의 경우, $P(Z_{cal} < -z_c) = P(Z_{cal} > z_c) = \alpha/2$이다. 양측 검정의 귀무 가설 H_0는 Z_{cal} 통계량 값이 임계 영역 내에 있으면(즉, $Z_{cal} < -z_c$ 또는 $Z_{cal} > z_c$) 기각한다. 그렇지 않으면 H_0를 기각하지 않는다.

통계량 $Z_{cal}(P_1)$에 연계된 단측 확률값은 표 E에서 구할 수 있다. 단측 검정의 경우 $P = P_1$을 고려한다. 양측 검정의 경우 확률은 두 배가 된다($P = 2P_1$). 따라서 두 검정 모두 $P \leq \alpha$이면 H_0를 기각한다.

별도의 과외수업을 받지 않은 학생 18명으로 이뤄진 그룹을 대상으로 영어 시험을 치렀다. 동일한 그룹에 6개월 동안 영어 강화학습을 시행한 다음 다시 시험을 수행했다. 결과는 표 10.E.8에 있다. 시험 전후에 개선이 없다는 가설을 검정해보라.

표 10.E.8 강화학습 전후의 학생 성적

이전	이후
56	60
65	62
70	74
78	79
47	53
52	59
64	65
70	75
72	75
78	88
80	78
26	26
55	63
60	59
71	71
66	75
60	71
17	24

해법

1단계: 데이터가 정규 분포를 따르지 않으므로 윌콕슨 검정을 적용할 수 있다. 두 대응 표본에 대해 부호 검정보다 더 강력하기 때문이다.

2단계: 귀무 가설은 학습 전후의 학생들의 성적에는 차이가 없다는 것이다.

$H_0: \mu_d = 0$

$H_1: \mu_d \neq 0$

3단계: 유의수준은 5%를 고려한다.

4단계: $N > 15$이기 때문에 윌콕슨 분포는 정규 분포에 더 근접한다. z 값을 계산하기 위해 먼저 d_i를 계산하고 상대적인 순위를 표 10.E.9와 같이 나타낸다.

표 10.E.9 d_i와 상대 순위의 계산

이전	이후	d_i	d_i의 순위
56	60	4	7.5
65	62	−3	−5.5
70	74	4	7.5
78	79	1	2
47	53	6	10
52	59	7	11.5
64	65	1	2
70	75	5	9
72	75	3	5.5
78	88	10	15
80	78	−2	−4
26	26	0	
55	63	8	13
60	59	−1	−2
71	71	0	
66	75	9	14
60	71	11	16
17	24	7	11.5

동일한 값(d_i = 0)을 가진 두 쌍이 있어서 표본에서 제외하므로 N = 16이다. 양의 순위 합은 S_p = 2 + ⋯ + 16 = 124.5 이다. 음의 순위의 합은 S_n = 2 + 4 + 5.5 = 11.50이다.

따라서 식 (10.9)를 사용해 z 값을 계산할 수 있다.

$$Z_{cal} = \frac{\min(S_p, S_n) - \dfrac{N \cdot (N+1)}{4}}{\sqrt{\dfrac{N \cdot (N+1) \cdot (2N+1)}{24} - \dfrac{\sum_{j=1}^{g} t_j^3 - \sum_{j=1}^{g} t_j}{48}}} = \frac{11.5 - \dfrac{16 \cdot 17}{4}}{\sqrt{\dfrac{16 \cdot 17 \cdot 33}{24} - \dfrac{59 - 11}{48}}} = -2.925$$

5단계: 표준 정규 분포표(부록의 표 E)를 사용하면, 그림 10.28처럼 양측 검정의 임계 영역^{CR}을 계산할 수 있다.

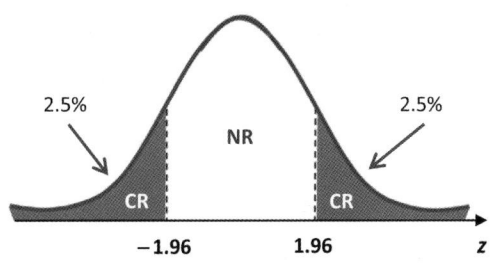

그림 10.28 예제 10.7의 임계 영역

6단계: 결정: 계산된 값이 임계 영역 안에 있으므로(Z_{cal} < −1.96), 귀무 가설은 기각하고 95% 신뢰수준으로 학습 전후의 학생들 성적에는 변화가 있다고 결론지을 수 있다.

통계량의 임곗값 대신 P 값을 사용했다면, 5단계와 6단계는 다음처럼 같았을 것이다.

5단계: 부록의 표 E에 따르면, 통계량 Z_{cal} = −2.925에 연계된 단측 확률은 P_1 = 0.0017이다. 양측 검정의 경우 이 확률은 두 배가 돼야 한다(P 값 = 0.0034).

6단계: 결정: P < 0.05이므로 H_0를 기각한다.

10.3.3.1 SPSS를 사용한 월콕슨 검정 해법

이 절의 이미지는 IBM의 허가하에 사용됐다.

예제 10.7의 데이터는 Wilcoxon_Test.sav 파일에 있다. SPSS를 사용한 월콕슨 검정의 수행은 다음과 같다. 그림 10.29처럼 **분석** › **비모수 검정** › **레거시 대화상자** › **2 대응 표본**을 선택한다.

그림 10.29 SPSS를 사용한 월콕슨 검정 수행

먼저, 변수 1(*Before*)과 변수 2(*After*)를 검정 대응에 포함시킨다. **검정 유형**은 그림 10.30처럼 Wilcoxon 을 선택한다.

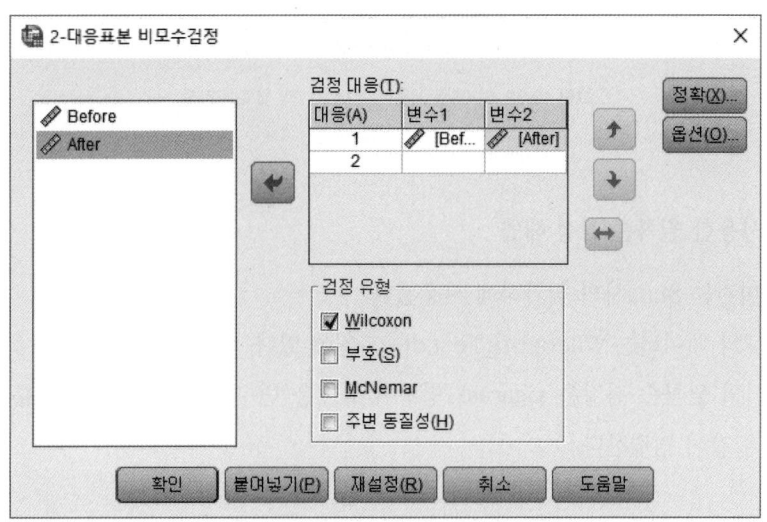

그림 10.30 변수와 윌콕슨 검정 선택

끝으로, **확인**을 누르고 두 대응 표본에 대한 윌콕슨 검정 결과를 구한다.

그림 10.31은 음, 양, 동률 순위 개수와 모든 양과 음의 순위의 합과 평균을 보여준다.

순위

		N	평균 순위	순위합
After - Before	음의 순위	3[a]	3.83	11.50
	양의 순위	13[b]	9.58	124.50
	등순위	2[c]		
	전체	18		

a. After < Before

b. After > Before

c. After = Before

그림 10.31 순위

그림 10.32는 z 검정의 결과를 양측 검정 확률에 연계된 P 값과 함께 보여주는데, 예제 10.7과 유사 하다. $P = 0.003 < 0.05$이므로, 귀무 가설을 기각하고 95%의 신뢰수준으로 학습 후의 학생 성적에 변화가 있다고 결론 내린다.

검정 동계량^a

	After - Before
Z	-2.925^b
근사 유의확률 (양측)	.003

a. Wilcoxon 부호순위 검정
b. 음의 순위를 기준으로.

그림 10.32 SPSS를 사용한 예제 10.7의 윌콕슨 검정

10.3.3.2 Stata를 사용한 윌콕슨 검정 해법

이 절의 이미지는 Stata사의 허가하에 사용됐다.

예제 10.7의 데이터는 Wilcoxon_Test.dta 파일에 있다. 대응 변수의 이름은 *before*와 *after*이다.

Stata에서의 윌콕슨 검정은 signrank 명령어와 대응 변수 이름 사이에 등호를 붙여 명시한다. 예컨대, 다음과 같이 명령한다.

```
signrank before = after
```

검정 결과는 그림 10.33에 나타나 있다. $P < 0.05$이므로, 귀무 가설은 기각하고 95%의 신뢰수준으로 학습 후의 학생 성적에 변화가 있다고 결론 내린다.

```
. signrank before = after

Wilcoxon signed-rank test

        sign |      obs   sum ranks    expected
-------------+---------------------------------
    positive |        3        17.5          84
    negative |       13       150.5          84
        zero |        2           3           3
-------------+---------------------------------
         all |       18         171         171

unadjusted variance       527.25
adjustment for ties        -0.88
adjustment for zeros       -1.25
                      ----------
adjusted variance         525.13

Ho: before = after
             z =   -2.902
    Prob > |z| =    0.0037
```

그림 10.33 Stata를 사용한 예제 10.7의 윌콕슨 검정 결과

10.4 두 독립 표본의 검정

이 검정은 각각의 표본으로 나타난 두 모집단을 비교하려고 한다. 두 대응 표본의 검정과 달리 표본이 동일한 크기일 필요는 없다. 두 독립 표본에 대한 검정 중 카이제곱 검정(명목 또는 서열 변수)과 서열 변수에 대한 만-휘트니 검정을 살펴본다.

10.4.1 두 독립 표본의 카이제곱(χ^2) 검정

10.2.2절에서는 정성(명목 또는 서열) 변수의 단일 표본에 적용한 χ^2 검정을 살펴봤다. 여기서는 서열 또는 명목 정성 변수의 두 독립 표본에 검정을 적용해본다. 이 검정은 4장에서 두 정성 변수에 연계성이 있는지 확인할 때 살펴봤는데(4.2.2절), 이번 절에서 다시 살펴본다.

이 검정은 각 분할표의 관측 빈도를 기대 빈도와 비교한다. 두 독립 표본의 χ^2 검정은 다음 가설을 가정한다.

H_0: 기대와 관측 빈도 사이에 차이가 없다.

H_1: 기대와 관측 빈도 사이에 유의한 차이가 있다.

따라서 χ^2 통계량은 연구 중인 두 변수의 범주 사이에 연결이 없다는 가설에서 출발해서 분할표상의 기대와 관측치의 차이를 측정한다. 관측된 빈도의 분포가 기대치와 정확히 일치한다면 χ^2은 0이 된다. 따라서 낮은 χ^2 값은 변수 사이의 독립성을 의미한다.

4장의 식 (4.1)에서 설명했듯이, 두 독립 표본의 χ^2 통계량은 다음과 같이 구한다.

$$\chi^2 = \sum_{i=1}^{I} \sum_{j=1}^{J} \frac{(O_{ij} - E_{ij})^2}{E_{ij}} \tag{10.10}$$

여기서

O_{ij} = 변수 X의 i번째 범주와 변수 Y의 j번째 범주의 관측치 개수

E_{ij} = 변수 X의 i번째 범주와 변수 Y의 j번째 범주의 기대 관측치 개수

I = 변수 X의 범주 개수(행)

J = 변수 Y의 범주 개수(열)

χ^2_{cal} 값은 $\nu = (I - 1) \cdot (J - 1)$차의 자유도를 가진 χ^2 분포를 근사하게 따른다. 카이제곱 통계량(χ^2_c)은 부록의 표 D에서 구할 수 있다. 표는 $P(\chi^2_{cal} > \chi^2_c) = \alpha$(오른쪽 꼬리 검정)인 χ^2_c의 임곗값을 제공한다. 귀무 가설 H_0를 기각하려면 χ^2_{cal} 값이 임계 영역 내에 있어야 한다(즉, $\chi^2_{cal} > \chi^2_c$). 그렇지 않으면 H_0를 기각하지 않는다(그림 10.34).

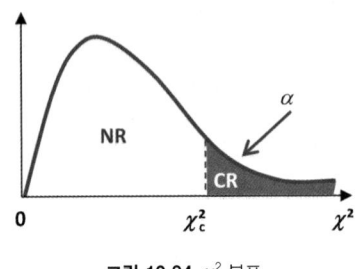

그림 10.34 χ^2 분포

예제 10.8 두 독립 표본에 χ^2 검정 적용

변수 X(건강보험 대리점)와 Y(만족도) 사이의 결합 행동을 분석하려고 200명을 대상으로 연구를 수행했던 4장의 예제 4.1을 다시 고려해보자. 각 변수의 절대 빈도 결합 분포와 한계 총합을 보여주는 분할표는 표 10.E.10에 나타냈다. 유의수준 $\alpha = 5\%$로 두 변수의 범주 사이에는 관련이 없다는 가설을 검정하라.

표 10.E.10 변수의 절대 빈도에 대한 결합 분포

대리점	만족도			
	불만	중립	만족	총합
A	40	16	12	68
B	32	24	16	72
C	24	32	4	60
총합	96	72	32	200

해법

1단계: 두 독립 표본에 대해 분할표의 관측 빈도와 기대 빈도를 비교할 때 가장 적절한 검정은 χ^2이다.

2단계: 귀무 가설은 '대리점'과 '만족도' 변수의 범주 사이에 아무런 관련이 없다는 것이다. 즉, 각 변수 범주 쌍에 대해 관측 빈도와 기대 빈도가 동일하다는 것이다. 대립 가설은 적어도 한 쌍의 범주가 상이하다는 것이다.

3단계: 유의수준은 5%를 고려한다.

H_0: $O_{ij} = E_{ij}$

H_1: $O_{ij} \neq E_{ij}$

4단계: 통계량을 계산하려면 관측치와 기대치를 비교해야 한다. 표 10.E.11은 행의 총합에 대해 관측치의 상대 빈도를 보여준다. 계산은 열에 대해서도 할 수 있고 동일한 χ^2 통계량을 얻는다.

표 10.E.11의 데이터는 변수 간의 종속성을 보여준다. 변수 간에 연관이 없다면 모든 세 대리점에 대해 '불만' 합계에 대해 48%, '중립'은 36%, '만족'은 16%를 기대할 수 있다. 기댓값 계산은 표 10.E.12에서 볼 수 있다. 예를 들어, 첫 번째 셀의 계산은 0.48 × 68 = 32.6이다.

χ^2 통계량을 계산하려면, 식 (10.10)을 표 10.E.11과 표 10.E.12에 적용해야 한다. 각 항 $\frac{(O_{ij}-E_{ij})^2}{E_{ij}}$의 계산은 표 10.E.13에 있으며, 범주 합의 χ^2_{cal} 측도를 보여준다.

표 10.E.11 행의 총합에 대한 각 범주의 상대 비율 관측치

대리점	만족도			총합
	불만	중립	만족	
A	40 (58.8%)	16 (23.5%)	12 (17.6%)	68 (100%)
B	32 (44.4%)	24 (33.3%)	16 (22.2%)	72 (100%)
C	24 (40%)	32 (53.3%)	4 (6.7%)	60 (100%)
총합	96 (48%)	72 (36%)	32 (16%)	200 (100%)

표 10.E.12 두 변수 간에 연계가 없다는 가정하에서 표 10.E.11의 기댓값

대리점	만족도			총합
	불만	중립	만족	
A	32.6 (48%)	24.5 (36%)	10.9 (16%)	68 (100%)
B	34.6 (48%)	25.9 (36%)	11.5 (16%)	72 (100%)
C	28.8 (48%)	21.6 (36%)	9.6 (16%)	60 (100%)
총합	96 (48%)	72 (36%)	32 (16%)	200 (100%)

표 10.E.13 χ^2 통계량 계산

대리점	만족도		
	불만	중립	만족
A	1.66	2.94	0.12
B	0.19	0.14	1.74
C	0.80	5.01	3.27
총합	$\chi^2_{cal} = 15.861$		

5단계: $\alpha = 5\%$, $v = (I-1)\cdot(J-1) = 4$차 자유도의 χ^2 분포 임계 영역^{CR}(부록의 표 D)은 그림 10.35에 나타나 있다.

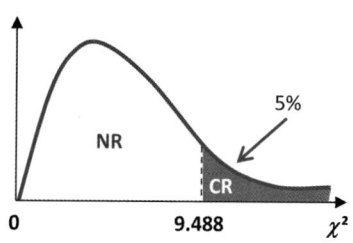

그림 10.35 예제 10.8의 임계 영역

6단계: 결정: 계산값이 임계 영역 내에 있으므로($\chi^2_{cal} > 9.488$), 귀무 가설을 기각하고 95%의 신뢰수준으로 두 변수 간에 연계성이 있다고 결론 내린다.

통계량의 임곗값 대신 P 값을 사용했다면, 5단계와 6단계는 다음과 같았을 것이다.

5단계: 부록의 표 D에 따르면 $\nu = 4$, $\chi^2_{cal} = 15.861$에 연계된 확률은 0.005보다 작다.

6단계: 결정: $P < 0.05$이므로 H_0를 기각한다.

10.4.1.1 SPSS를 사용한 χ^2 통계량 해법

이 절의 이미지는 IBM의 허가하에 사용됐다.

예제 10.8의 데이터는 HealthInsurance.sav에 있다. 두 독립 표본에 대해 χ^2 통계량을 계산하려면 **분석 › 기술 통계량 › 교차 분석**을 클릭한다. 그림 10.36처럼 **행**에 *Agency*^{대리점} 변수를 놓고 **열**에 *Satisfaction*^{만족도} 변수를 선택한다.

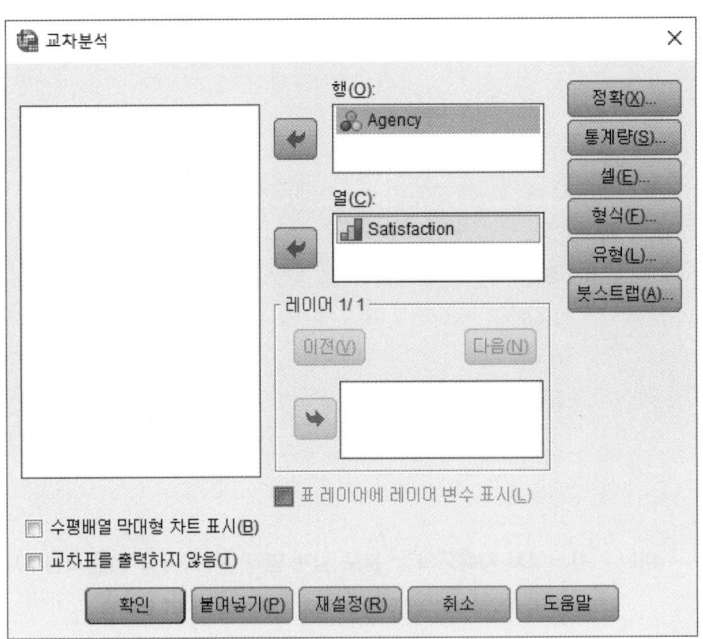

그림 10.36 변수 선택

통계량 버튼을 클릭한 다음 그림 10.37처럼 **카이제곱**을 선택한다.

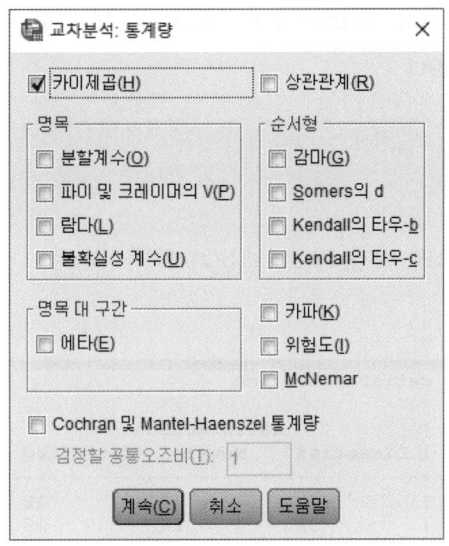

그림 10.37 χ^2 통계량 선택

그런 다음 **계속**을 클릭하고 **확인**을 누른다. 결과는 그림 10.38에 나타나 있다.

카이제곱 검정

	값	자유도	근사 유의확률 (양측검정)
Pearson 카이제곱	15.861[a]	4	.003
우도비	16.302	4	.003
선형 대 선형결합	.429	1	.512
유효 케이스 수	200		

a. 0 셀 (0.0%)은(는) 5보다 작은 기대 빈도를 가지는 셀입
니다. 최소 기대빈도는 9.60입니다.

그림 10.38 SPSS를 사용한 예제 10.8의 χ^2 검정 결과

그림 10.38로부터 χ^2 값이 15.861임을 알 수 있으며, 이는 예제 10.8과 유사하다. $P = 0.003 <$ 0.05이므로, 신뢰수준 95%로 귀무 가설을 기각하고 범수 변주 간에 연계성이 없다고 결론 내릴 수 있다. 즉, 적어도 하나의 범주에서 관측 빈도와 기대 빈도가 다르다.

10.4.1.2 Stata를 사용한 χ^2 통계량 해법

이 절의 이미지는 Stata사의 허가하에 사용됐다.

4장에서 설명했듯이, Stata를 사용해 χ^2 통계량을 계산하는 명령어는 tabulate, 또는 간단히 tab과 함께 변수 이름을 쓰고 chi2 옵션 또는 간단히 ch 옵션을 명시하면 된다. 따라서 다음과 같이 입력한다.

```
tab variable1* variable2*, ch
```

예제 10.8의 데이터는 HealthCareInsurance.dta 파일에 있다. 변수는 *agency*와 *satisfaction*이다. 따라서 다음과 같이 명령한다.

```
tab agency satisfaction, ch
```

결과는 그림 10.39에 있으며, 예제 10.8이나 Stata와 유사하다.

```
. tab agency satisfaction, ch

                |          satisfaction
        agency | Dissatisf   Neutral  Satisfied |     Total
---------------+---------------------------------+----------
  Total Health |        40        16         12 |        68
     Live Life |        32        24         16 |        72
   Mena Health |        24        32          4 |        60
---------------+---------------------------------+----------
         Total |        96        72         32 |       200

           Pearson chi2(4) =  15.8606   Pr = 0.003
```

그림 10.39 Stata를 사용한 예제 10.8의 χ^2 검정

10.4.2 만–휘트니 *U* 검정

만–휘트니 *U* 검정은 가장 강력한 비모수 검정 중 하나로서, 정량이나 서열 척도의 정성 변수에 적용할 수 있으며 두 독립 표본이 동일한 모집단에서 추출된 것인지 비교한다. 이 방법은 정규성 가정이 침해됐을 때나 표본이 너무 작을 경우 스튜던트 *t* 검정의 대안이 된다. 더구나 두 독립 표본에 대한 비모수 버전의 *t* 검정으로 간주할 수 있다.

원시 데이터는 순위(순서)로 변환되어 일부 정보를 소실하므로 만–휘트니 *U* 검정은 *t* 검정만큼 강력하지는 않다.

두 독립 모집단의 평균의 동등성을 연속 데이터로 검정하는 *t* 검정과는 달리 만–휘트니 *U* 검정은 중앙값의 동등성을 검정한다. 양측 검정의 경우 귀무 가설은 두 모집단의 중앙값이 동일하다는 것이다. 즉,

$H_0: \mu_1 = \mu_2$
$H_1: \mu_1 \neq \mu_2$

소규모 및 대규모 표본에 대한 만–휘트니 *U* 검정의 계산은 다음과 같다.

소제목 표본

기법

(a) N_1을 가장 작은 관측치 표본의 크기라 하고, N_2를 가장 큰 관측치 표본의 크기라고 하자. 두 표

본 모두 독립이라 가정한다.

(b) 만-휘트니 U 검정을 적용하려면 표본을 결합해 $N_1 + N_2 = N$ 원소를 가진 하나의 병합된 표본으로 만든다. 그러나 병합된 표본에서도 각 원소의 원시 표본은 식별할 수 있어야 한다. 병합된 표본은 오름차순으로 정렬되고 각 원소에는 순위가 부여된다. 예를 들어 순위 1은 가장 낮은 관측치이고, 순위 N은 가장 높은 관측치가 된다. 동일할 경우에는 동일한 원소들의 평균 순위를 모두 부여한다.

(c) 그런 다음 각 표본 순위의 합을 계산한다. 즉, 가장 작은 표본의 관측치에 해당하는 순위의 합 R_1, 표본의 가장 큰 표본에 해당하는 관측치의 순위의 합 R_2를 계산한다.

(d) 따라서 분위수 U_1과 U_2를 다음과 같이 구한다.

$$U_1 = N_1 \cdot N_2 + \frac{N_1 \cdot (N_1 + 1)}{2} - R_1 \tag{10.11}$$

$$U_2 = N_1 \cdot N_2 + \frac{N_2 \cdot (N_2 + 1)}{2} - R_2 \tag{10.12}$$

(e) 만-휘트니 검정은 다음과 같다.

$$U_{cal} = \min(U_1, U_2)$$

부록의 표 J는 U의 임곗값을 $P(U_{cal} < U_c) = \alpha$(왼쪽 꼬리 검정)에 대해 $N_2 \leq 20$, 유의수준 0.05, 0.025, 0.01, 0.005에 대해 제공한다. 왼쪽 꼬리 단측 검정의 귀무 가설 H_0를 기각하려면 U_{cal} 통계량이 임계 영역 내에 있어야 한다(즉, $U_{cal} < U_c$). 그렇지 않으면 H_0를 기각하지 않는다. 양측 검정이었더라면, $P(U_{cal} < U_c) + P(U_{cal} > U_c) = \alpha$이므로 $P(U_{cal} < U_c) = \alpha/2$를 고려해야만 한다.

U_{cal} 통계량에 연계된 단측 확률(P_1)은 표 J에서도 구할 수 있다. 단측 검정에서는 $P = P_1$이다. 양측 검정에서는 이 확률이 두 배가 된다($P = 2P_1$). 따라서 $P \leq \alpha$이면 H_0를 기각한다.

대규모 표본

표본 크기가 커질수록($N_2 > 20$) 만-휘트니 분포는 표준 정규 분포에 유사해진다.

Z 통계량의 실제 값은 다음과 같이 구할 수 있다.

$$Z_{cal} = \frac{(U - N_1 \cdot N_2/2)}{\sqrt{\frac{N_1 \cdot N_2}{N \cdot (N-1)} \cdot \left(\frac{N^3 - N}{12} - \frac{\sum_{j=1}^{g} t_j^3 - \sum_{j=1}^{g} t_j}{12}\right)}} \tag{10.13}$$

여기서

$\frac{\sum_{j=1}^{g} t_j^3 - \sum_{j=1}^{g} t_j}{12}$ = 동률일 경우의 교정 요인

g = 동일 순위를 가진 그룹 개수

t_j = 그룹 j에서 동일 순위를 가진 관측치 개수

계산한 Z_{cal} 값은 표준 정규 분포의 임곗값과 비교해야 한다(부록의 표 E). 이 표는 $P(Z_{cal} > z_c) = \alpha$(오른쪽 꼬리 단측 검정)일 때의 z_c의 임곗값을 제공한다. 양측 검정의 경우 $P(Z_{cal} < -z_c) = P(Z_{cal} > z_c) = \alpha/2$이다. 양측 검정에서는 $Z_{cal} < -z_c$ 또는 $Z_{cal} > z_c$이면 H_0를 기각한다.

Z_{cal} 통계량에 연계된 단측 확률($P_1 = P$)은 표 E에서도 구할 수 있다. 양측 검정에서는 이 확률이 두 배가 된다($P = P_2$). 따라서 $P \leq \alpha$이면 H_0를 기각한다.

예제 10.9 소규모 표본에 만–휘트니 U 검정 적용

두 기계의 품질을 평가하기 위해 각각에서 생산된 부품의 지름(mm)을 표 10.E.14처럼 비교했다. 가장 적절한 검정을 사용해 5% 유의수준으로 두 표본이 동일한 중앙값을 갖는 모집단에서 추출됐는지 검정해보라.

표 10.E.14 두 기계에서 생산된 부품의 지름

기계 A	48.50	48.65	48.58	48.55	48.66	48.64	48.50	48.72
기계 B	48.75	48.64	48.80	48.85	48.78	48.79	49.20	

해법

1단계: 두 표본에 정규성 검정을 적용하면 기계 B가 정규 분포를 따르지 않음을 알 수 있다. 따라서 두 독립 모집단의 중앙값을 비교할 수 있는 가장 적절한 검정은 만–휘트니 U 검정이다.

2단계: 귀무 가설은 두 기계 부품의 중앙값이 동일하다는 것이다. 즉,

H_0: $\mu_A = \mu_B$

H_1: $\mu_A \neq \mu_B$

3단계: 유의수준은 5%를 고려한다.

4단계: U 통계량을 계산한다.

(a) $N_1 = 7$(기계 B의 표본 크기)

   $N_2 = 8$(기계 A의 표본 크기)

(b) 표본을 병합하고 순위를 부여한다(표 10.E.15).

표 10.E.15 병합된 데이터

데이터	기계	순위
48.50	A	1.5
48.50	A	1.5
48.55	A	3
48.58	A	4
48.64	A	5.5

48.64	B	5.5
48.65	A	7
48.66	A	8
48.72	A	9
48.75	B	10
48.78	B	11
48.79	B	12
48.80	B	13
48.85	B	14
49.20	B	15

(c) $R_1 = 80.5$(가장 작은 표본인 B의 순위 합), $R_2 = 39.5$(가장 큰 표본인 A의 순위 합)

(d) U_1, U_2를 다음과 같이 구한다.

$$U_1 = N_1 \cdot N_2 + \frac{N_1 \cdot (N_1 + 1)}{2} - R_1 = 7 \cdot 8 + \frac{7 \cdot 8}{2} - 80.5 = 3.5$$

$$U_2 = N_1 \cdot N_2 + \frac{N_2 \cdot (N_2 + 1)}{2} - R_2 = 7 \cdot 8 + \frac{8 \cdot 9}{2} - 39.5 = 52.5$$

(e) 만-휘트니 U 검정을 계산한다.

$$U_{cal} = \min(U_1, U_2) = 3.5$$

5단계: 부록의 표 J에 따르면, $N_1 = 7$, $N_2 = 8$, $P(U_{cal} < U_c) = \alpha/2 = 0.025$(양측 검정)에서 만-휘트니 U 통계량의 임곗값은 $U_c = 10$이다.

6단계: 결정: 계산된 통계량이 임계 영역 내에 있으므로(즉, $U_{cal} < 10$), 귀무 가설은 기각하고 95% 신뢰수준으로 두 모집단의 중앙값은 서로 다르다고 결론 내린다.

통계량의 임곗값 대신 P 값을 사용했다면, 5단계와 6단계는 다음과 같았을 것이다.

5단계: 부록의 표 J에 따르면, $N_1 = 7$, $N_2 = 8$, 통계량 $U_{cal} = 3.5$에 연계된 단측 확률은 $P_1 < 0.005$이다. 양측 검정의 경우 이 확률은 두 배가 돼야 한다($P < 0.01$).

6단계: 결정: $P < 0.05$이므로 H_0를 기각한다.

예제 10.10 대규모 표본에 만-휘트니 U 검정 적용

앞서 설명한 것처럼 표본이 커지면($N_2 > 20$), 만-휘트니 분포는 표준 정규 분포와 유사하다. 비록 예제 10.9의 표본이 작지만($N_2 = 8$) 식 (10.13)을 적용한 z 값은 어떻게 되는가? 결과를 해석해보라.

$$Z_{cal} = \frac{(U - N_1 \cdot N_2/2)}{\sqrt{\dfrac{N_1 \cdot N_2}{N \cdot (N-1)} \cdot \left(\dfrac{N^3 - N}{12} - \dfrac{\sum_{j=1}^{g} t_j^3 - \sum_{j=1}^{g} t_j}{12}\right)}} = \frac{(3.5 - 7 \cdot 8/2)}{\sqrt{\dfrac{7 \cdot 8}{15 \cdot 14}\left(\dfrac{15^3 - 15}{12} - \dfrac{16 - 4}{12}\right)}} - 2.840$$

유의수준 5%에서 양측 검정에 있어 z_c 통계량의 임곗값은 -1.96이다(부록의 표 E). $Z_{cal} < -1.96$이므로, Z 통계량에 의한 귀무 가설도 기각되고 95%의 신뢰수준으로 모집단의 중앙값이 다르다고 결론 내린다.

임곗값을 비교하는 대신 표 E에서 P 값을 바로 구할 수도 있다. 따라서 $Z_{cal} = -2.840$에 연계된 단측 확률은 $P_1 = 0.0023$이다. 양측 검정의 경우 이 확률은 두 배가 돼야 한다(P 값 = 0.0046).

10.4.2.1 SPSS를 사용한 만-휘트니 검정 해법

이 절의 이미지는 IBM의 허가하에 사용됐다.

예제 10.9의 데이터는 Mann-Whitney_Test.sav 파일에 있다. 그룹 1이 가장 작은 관측치를 가지고 있으므로 **데이터 › 변수 특성 정의**에서 *Machine* 변수의 그룹 B에 1을, 그룹 A에 2를 부여한다.

SPSS에서 만-휘트니 검정을 수행하기 위해 그림 10.40처럼 **분석 › 비모수 검정 › 레거시 대화상자 › 2 독립 표본**을 선택한다.

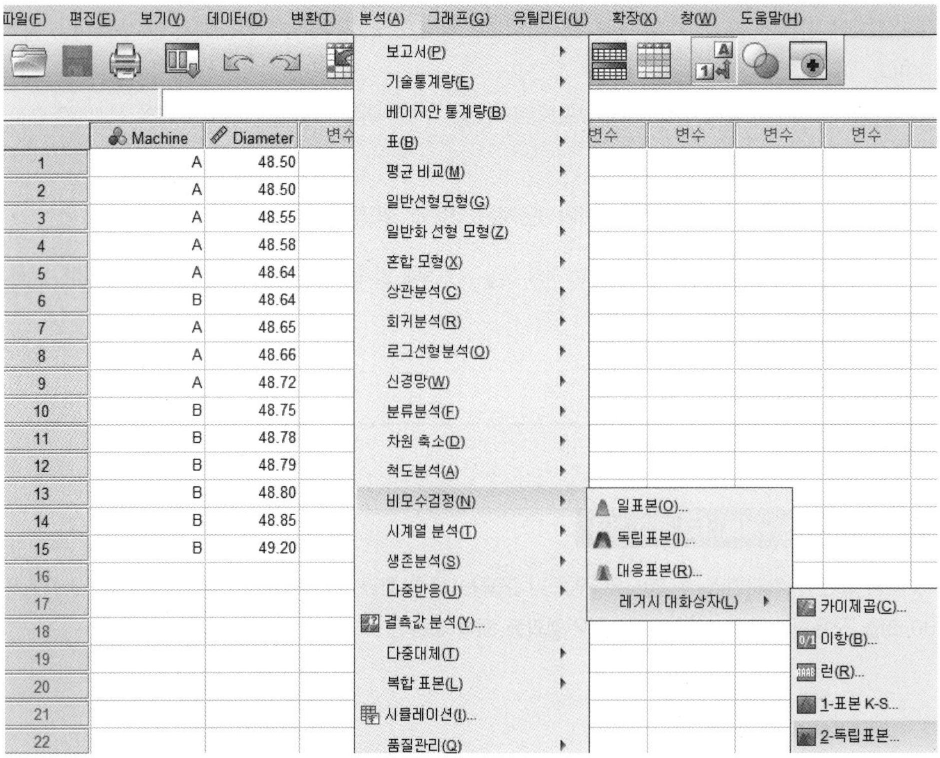

그림 10.40 SPSS를 사용한 만-휘트니 검정 수행

그런 다음 변수 *Diameter*를 **검정 변수**에 포함시키고 *Machine* 변수를 **집단 변수**에 포함시킨다. 검정 유형은 그림 10.41처럼 Mann-Whitney의 U를 선택한다.

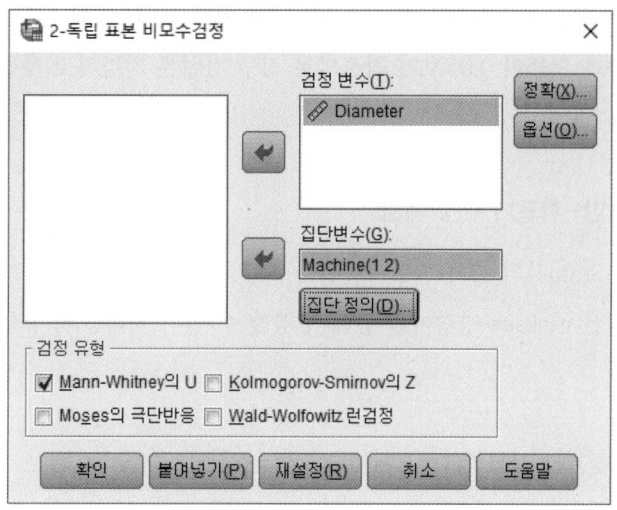

그림 10.41 변수와 만-휘트니 검정 선택

끝으로, **확인**을 누르면 그림 10.42, 그림 10.43과 같은 결과를 얻게 된다. 그림 10.42는 각 그룹의 평균과 순위 합을 보여주고, 그림 10.43은 검정의 통계량을 보여준다.

순위

	Machine	N	평균 순위	순위합
Diameter	B	7	11.50	80.50
	A	8	4.94	39.50
	전체	15		

그림 10.42 순위

검정 **통계량**[a]

	Diameter
Mann-Whitney의 U	3.500
Wilcoxon의 W	39.500
Z	-2.840
근사 유의확률 (양측)	.005
정확 유의확률 [2*(단측 유의확률)]	.002[b]

a. 집단변수: Machine

b. 등순위에 대해 수정된 사항이 없습니다.

그림 10.43 SPSS를 사용한 예제 10.9의 만-휘트니 검정

그림 10.42의 결과는 예제 10.9의 결과와 유사하다. 그림 10.43에 따르면 만-휘트니 U 통계량은 3.50으로서 예제 10.9와 유사하다. U 통계량에 연계된 양측 확률은 $P = 0.002$이다(예제 10.9에서 이 확률이 0.01보다 작다는 것을 알았다). 예제 10.9의 데이터에서는 Z 통계량과 해당 양측 확률을 계산했더라면 결과는 $Z_{cal} = -2.840$, $P = 0.005$로서 예제 10.10에서 계산한 것과 유사하다. 두 검정에 있어 연계된 양측 확률이 0.05보다 작으므로 귀무 가설은 기각하고 두 모집단의 중앙값이 다르다고 결론 내린다.

10.4.2.2 Stata를 사용한 만-휘트니 검정 해법

이 절의 이미지는 Stata사의 허가하에 사용됐다.

만-휘트니 검정은 ranksum 명령어를 통해 수행할 수 있다(비대응 데이터의 동일성 검정). 다음 명령어를 사용한다.

```
ranksum variable*, by (groups*)
```

여기서 variable* 항은 분석 중인 변수로 대체해야 하고, groups*는 그룹을 나타내는 범주 변수로 대체해야 한다.

예제 10.9와 예제 10.10의 데이터를 담고 있는 Mann-Whitney_Test.dta 파일을 열자. 두 그룹은 변수 *machine*과 정성 특성을 나타내는 변수 *diameter*로 되어 있다. 따라서 명령어는 다음과 같이 된다.

```
ranksum diameter, by (machine)
```

```
. ranksum diameter, by (machine)

Two-sample Wilcoxon rank-sum (Mann-Whitney) test

    machine |      obs    rank sum    expected
------------+---------------------------------
          b |        7        80.5          56
          a |        8        39.5          64
------------+---------------------------------
   combined |       15         120         120

unadjusted variance        74.67
adjustment for ties        -0.27
                      ----------
adjusted variance          74.40

Ho: diameter(machine==b) = diameter(machine==a)
           z =    2.840
    Prob > |z| =   0.0045
```

그림 10.44 Stata를 사용한 예제 10.9와 예제 10.10의 만-휘트니 검정 결과

결과는 10.44에 나타나 있다. 계산 통계량(2.840)이 예제 10.10과 같고 대규모 표본에 대한 식 (10.13)에 해당한다는 사실을 알 수 있다. 양측 검정에 연계된 통계량 확률은 0.0045이다. $P < 0.05$ 이므로 귀무 가설을 기각하고 95%의 신뢰수준으로 모집단의 중앙값이 서로 다르다고 결론짓는다.

10.5 k 대응 표본 검정

이 검정은 k개(3개 이상)의 대응 또는 연계된 표본에 대한 차이를 분석한다. Siegel and Castellan (2006)에 따르면 검정할 귀무 가설은 k 표본이 모두 동일한 모집단에서 추출됐다는 것이다. 주요 k 대응 표본 검정으로는 코크란 Q 검정(이진 변수의 경우), 프리드먼 검정(서열 변수의 경우)이 있다.

10.5.1 코크란 Q 검정

k 대응 표본에 대한 코크란 Q 검정은 두 표본에 대한 맥네마르 검정의 확장으로서, 셋 이상의 그룹의 빈도가 서로 다른지 알아보는 것이다. 맥네마르 검정에서와 같이 데이터는 이진이다.

Siegel and Castellan(2006)에 따르면 코크란 Q 검정은 각기 다른 개체의 특성이나, 각기 다른 조건에서 관측된 동일한 개체를 비교하는 것이다. 예를 들어, N 개체에서 k개가 서로 상이한지 분석할 수 있다. 또는 하나의 항목을 분석하는데 각기 다른 k 조건에서의 N 개체의 응답을 비교해볼 수도 있다.

연구 데이터가 N행과 k열의 표로 구성되어 있다고 하자. N은 경우의 수이며, k는 그룹 또는 조건의 수다. 코크란 Q 검정의 귀무 가설은 연계된 k개 그룹의 빈도 또는 성공 비율(p)에 차이가 없다는 것으로서, 각 열에 원하는 대답(성공)의 비율이 동일하다는 것이다. 대립 가설은 적어도 두 그룹 사이에 값이 다르다는 것이다. 따라서 다음과 같다.

H_0: $p_1 = p_2 = \ldots = p_k$
H_1: $\exists_{(i,j)}\ p_i \neq p_j,\ i \neq j$

코크란 Q 검정의 통계량은 다음과 같이 구한다.

$$Q_{cal} = \frac{k \cdot (k-1) \cdot \sum_{j=1}^{k} (G_j - \overline{G})^2}{k \cdot \sum_{i=1}^{N} L_i - \sum_{i=1}^{N} L_i^2} = \frac{(k-1) \cdot \left[k \cdot \sum_{j=1}^{k} G_j^2 - \left(\sum_{j=1}^{k} G_j \right)^2 \right]}{k \cdot \sum_{i=1}^{N} L_i - \sum_{i=1}^{N} L_i^2} \tag{10.14}$$

이는 $k - 1$차 자유도를 가진 χ^2 분포에 근사한다. 여기서

G_j = j열에서의 총 성공 횟수

$\overline{G}$ = G_j의 평균

L_i = i행에서의 전체 성공 횟수

계산된 값은 χ^2 분포의 임곗값과 비교해야 한다(부록의 표 D). 이 표는 $P(\chi^2_{cal} > \chi^2_c) = \alpha$(오른쪽 꼬리 검정)의 χ^2_c 임곗값을 제공한다. 통계량이 임계 영역 내에 있으면(즉, $\chi^2_{cal} > \chi^2_c$) H_0를 기각하고, 그렇지 않으면 H_0를 기각하지 않는다.

계산된 통계량에 연계된 확률(P 값)은 표 D에서도 구할 수 있다. 이 경우 $P \le \alpha$이면 H_0를 기각한다. 그러지 않으면 H_0를 기각하지 않는다.

예제 10.11 코크란 Q 검정의 적용

세 군데 슈퍼마켓에 대한 만족도를 조사하기 위해 고객 20명을 대상으로 각 슈퍼의 품질, 품질과 가격 변동성에 대해 만족(1점), 불만족(0점)을 알아봤다. 세 군데 슈퍼 모두 좋은 점수를 받을 확률이 동일하다는 귀무 가설을 검정해보라. 유의수준은 10%를 고려한다. 표 10.E.16은 평가 결과를 보여준다.

표 10.E.16 세 군데 슈퍼의 평가 결과

소비자	A	B	C	L_i	L_i^2
1	1	1	1	3	9
2	1	0	1	2	4
3	0	1	1	2	4
4	0	0	0	0	0
5	1	1	0	2	4
6	1	1	1	3	9
7	0	0	1	1	1
8	1	0	1	2	4
9	1	1	1	3	9
10	0	0	1	1	1
11	0	0	0	0	0
12	1	1	0	2	4
13	1	0	1	2	4
14	1	1	1	3	9
15	0	1	1	2	4
16	0	1	1	2	4
17	1	1	1	3	9
18	1	1	1	3	9
19	0	0	1	1	1
20	0	0	1	1	1
총합	$G_1 = 11$	$G_2 = 11$	$G_3 = 16$	$\sum_{i=1}^{20} L_i = 38$	$\sum_{i=1}^{20} L_i^2 = 90$

해법

1단계: 셋 이상 그룹의 비율을 비교하기에 가장 적절한 것은 코크란 Q 검정이다.

2단계: 귀무 가설은 세 슈퍼마켓 모두의 성공 비율(1점)이 동일하다는 것이다. 대립 가설은 적어도 두 그룹의 성공 비율이 다르다는 것이다. 즉,

H_0: $p_1 = p_2 = p_3$

H_1: $\exists_{(i,j)}\ p_i \neq p_j,\ i \neq j$

3단계: 유의수준은 10%를 고려한다.

4단계: 식 (10.14)로부터 코크란 Q의 계산은 다음과 같다.

$$Q_{cal} = \frac{(k-1) \cdot \left[k \cdot \sum_{j=1}^{k} G_j^2 - \left(\sum_{j=1}^{k} G_j \right)^2 \right]}{k \cdot \sum_{i=1}^{N} L_i - \sum_{i=1}^{N} L_i^2} = \frac{(3-1) \cdot \left[3 \cdot \left(11^2 + 11^2 + 16^2 \right) - 38^2 \right]}{3 \cdot 38 - 90} = 4.167$$

5단계: $\alpha = 10\%$, $\nu = k - 1 = 2$차 자유도의 χ^2 분포 임계 영역^{CR}(부록의 표 D)은 그림 10.45에 나타나 있다.

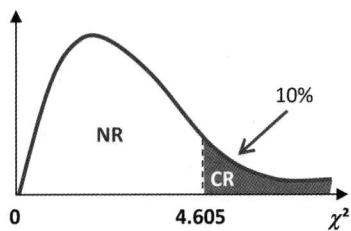

그림 10.45 예제 10.11의 임계 영역

6단계: 결정: 계산된 통계량이 임계 영역 내에 있지 않으므로(즉, $Q_{cal} < 4.605$), 귀무 가설은 기각하지 않고 90% 신뢰수준으로 세 슈퍼의 만족 고객 비율은 같다고 결론 내린다.

통계량의 임곗값 대신 P 값을 사용했다면, 5단계와 6단계는 다음과 같았을 것이다.

5단계: 부록의 표 D에 따르면, $\nu = 2$차 자유도의 통계량 $Q_{cal} = 4.167$에 연계된 확률은 0.1보다 크다(P 값 > 0.1).

6단계: 결정: $P > 0.1$이므로 H_0를 기각하지 않는다.

10.5.1.1 SPSS를 사용한 코크란 Q 검정 해법

이 절의 이미지는 IBM의 허가하에 사용됐다.

예제 10.11의 데이터는 Cochran_Q_Test.sav 파일에 있다. SPSS를 사용한 코크란 Q 검정 절차는 다음과 같다. 먼저 그림 10.46처럼 **분석 › 비모수 검정 › 레거시 대화상자 › K 대응 표본**을 선택한다.

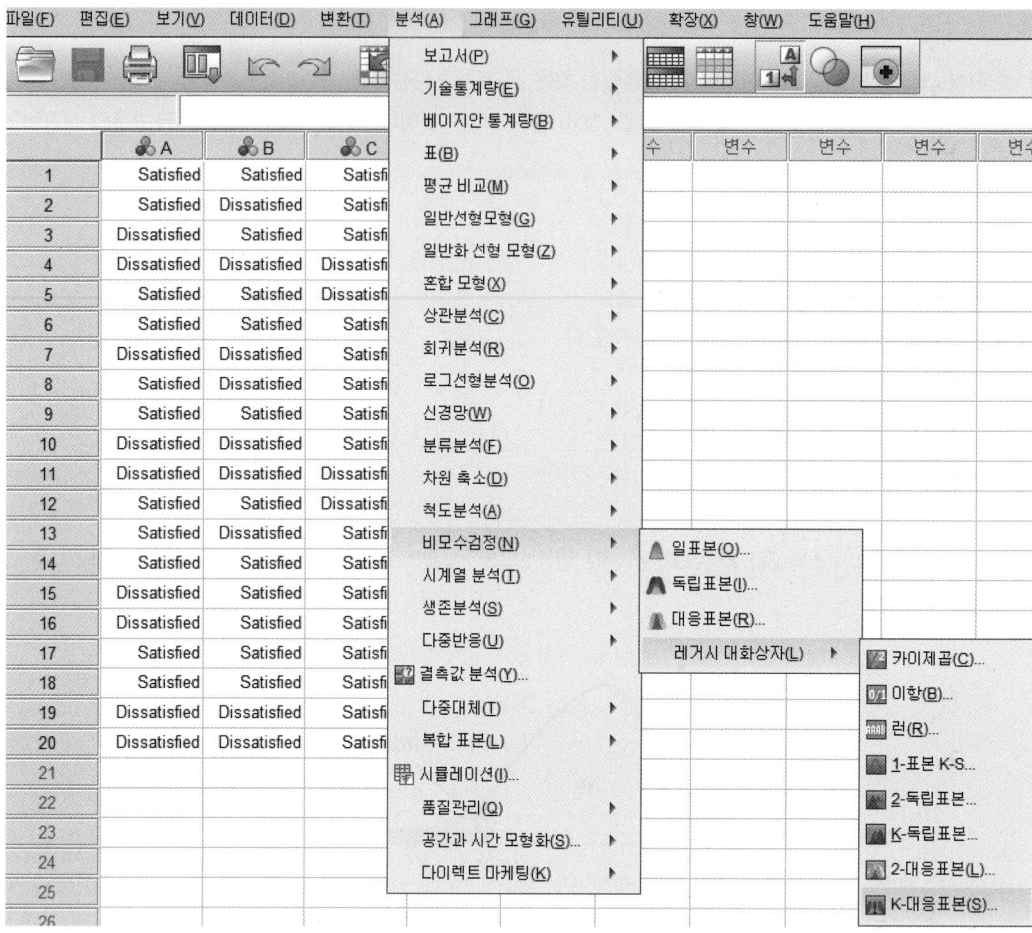

그림 10.46 SPSS를 사용한 코크란 Q 검정 수행

그런 다음 그림 10.47처럼 **검정 변수**에 변수 A, B, C를 포함시키고 **검정 유형**은 Cochran의 Q를 선택한다.

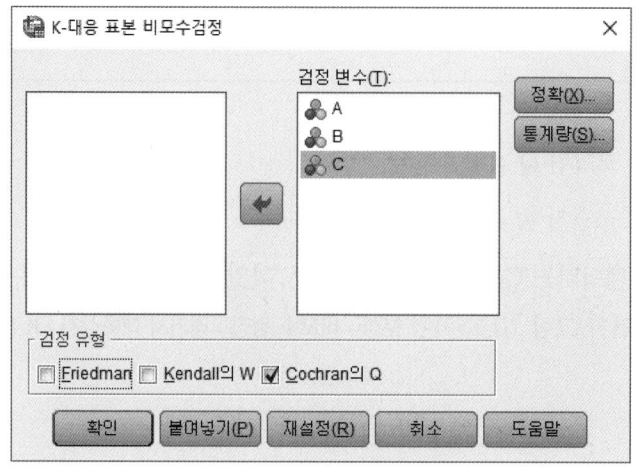

그림 10.47 변수와 코크란 Q 검정 선택

끝으로, **확인**을 클릭하면 그림 10.48과 같은 각 그룹의 빈도 결과와 그림 10.49와 같은 통계량 결과를 얻는다.

빈도

	값	
	0	1
A	9	11
B	9	11
C	4	16

그림 10.48 빈도

검정 동계량

N	20
Cochran의 Q	4.167[a]
자유도	2
근사 유의확률	.125

a. 1은(는) 성공한 것
으로 처리됩니다.

그림 10.49 SPSS를 사용한 예제 10.11의 코크란 Q 검정

코크란 Q 통계량 값은 4.167이며, 예제 10.11에서 계산한 값과 유사하다. 통계량에 연계된 확률은 0.125이다(예제 10.11에서 $P > 0.10$임을 보았다). $P > \alpha$이므로 귀무 가설을 기각하지 않고 90%의 신뢰수준으로 세 슈퍼마켓의 고객 만족도에는 차이가 없다고 결론 내린다.

10.5.1.2 Stata를 사용한 코크란 Q 검정 해법

이 절의 이미지는 Stata사의 허가하에 사용됐다.

예제 10.11의 데이터는 Cochran_Q_Test.dta 파일에 있다. 검정 수행을 위한 명령어는 cochran 과 함께 k 대응 변수를 명시하면 된다. 예제의 경우는 세 슈퍼마켓 a, b, c이다. 따라서 다음과 같이 명령한다.

```
cochran a b c
```

Stata를 사용한 코크란 Q 검정의 결과는 그림 10.50에 있다. 통계량과 연계된 확률이 예제 10.11 및 SPSS 결과와 유사함을 알 수 있고, 90%의 신뢰수준으로 세 슈퍼마켓의 고객 만족도에는 차이가 없다고 결론 내린다.

```
. cochran a b c

Test for equality of proportions of nonzero
outcomes in matched samples (Cochran's Q):

Number of obs        =          20
Cochran's chi2(2)    =    4.166667
Prob > chi2          =      0.1245
```

그림 10.50 Stata를 사용한 예제 10.11의 코크란 Q 검정 결과

10.5.2 프리드먼 검정

프리드먼 검정은 서열 척도의 정량 또는 정성 변수에 적용되며, 주목적은 k 대응 표본이 동일한 모집단에서 추출된 것인지 검증하는 것이다. 이 기법은 윌콕슨 검정을 3개 이상의 대응 표본으로 확장한 것이다. 이 검정은 또한 그 가정(데이터의 정규성과 분산의 동질성)이 위배되거나 표본 크기가 너무 작을 때의 대안이 된다.

데이터는 N행과 k열로 된 표로 나타나는데, 각 행은 여러 개체 또는 개체의 집합을 나타내고 열은 각기 다른 조건을 나타낸다.

따라서 프리드먼 검정의 귀무 가설은 k 표본(열)이 동일한 모집단에서 추출됐거나 혹은 동일한 평균(μ)을 가진 모집단에서 추출됐다는 것이다. 양측 검정의 경우, 다음과 같다.

H_0: $\mu_1 = \mu_2 = \ldots = \mu_k$
H_1: $\exists_{(i,j)} \mu_i \neq \mu_j, i \neq j$

프리드먼의 통계량을 적용하려면 각 열의 각 원소에 순위를 부여해야 한다. 예를 들어 위치 1은 가장 낮은 관측치에 부여되고, 위치 N은 가장 높은 관측치에 부여된다. 같은 경우에는 해당 순위의 평균을 부여한다. 프리드먼의 통계량은 다음과 같이 구한다.

$$F_{cal} = \frac{12}{N \cdot k \cdot (k+1)} \cdot \sum_{j=1}^{k} (R_j)^2 - 3 \cdot N \cdot (k+1) \tag{10.15}$$

여기서

$N = $ 행의 개수

$k = $ 열의 개수

$R_j = $ 열 j의 순위 합

그러나 Siegel and Castellan(2006)에 따르면 동일한 그룹 또는 열의 순위가 같을 경우, 프리드먼의 통계량은 표본 분포의 변화를 다음과 같이 고려해 수정해야 한다.

$$F'_{cal} = \frac{12 \cdot \sum_{j=1}^{k} (R_j)^2 - 3 \cdot N^2 \cdot k \cdot (k+1)^2}{N \cdot k \cdot (k+1) + \dfrac{\left(N \cdot k - \sum_{i=1}^{N} \sum_{j=1}^{g_i} t_{ij}^3\right)}{(k-1)}} \tag{10.16}$$

여기서

$g_i = i$번째 그룹에서 크기 1인 집합을 포함해 같은 순위를 가진 관측치 집합의 개수

$t_{ij} = i$번째 그룹에서 같은 순위의 j번째 집합 크기

계산된 값은 표본 분포의 임곗값과 비교해봐야 한다. N과 k가 작다면($k = 3, 3 < N < 13$ 또는 $k = 4, 2 < N < 8$ 또는 $k = 5, 3 < N < 5$) 부록의 표 K를 사용해야 한다. 이 표는 $P(F_{cal} > F_c) = \alpha$(오른쪽 꼬리 검정)의 프리드먼 통계량($F_c$)의 임곗값을 보여준다. N과 k의 값이 클 경우, 표본 분포는 $\nu = k - 1$차 자유도의 χ^2 분포를 근사한다.

따라서 F_{cal} 통계량이 임계 영역에 있으면(즉, 작은 N, K에 대해 $F_{cal} > F_c$ 또는 큰 N, K에 대해 $F_{cal} > \chi_c^2$) 귀무 가설을 기각한다. 그렇지 않으면 H_0를 기각하지 않는다.

예제 10.12 프리드먼 검정의 적용

아침식사가 체중 감소에 효과가 있는지를 조사하기 위해 환자 15명을 3개월간 관찰했다. 환자의 체중 데이터는 각기 다른 3개 기간에 걸쳐 수집됐고 이는 표 10.E.17에 나열되어 있다. 기간은 각각 처방 전[BT], 처방 후[AT], 처방 후 3개월[A3M]이다. 처방이 효과가 있는지 검정하라. 유의수준은 5%를 고려하라.

표 10.E.17 각 시기의 환자 몸무게

환자	시기		
	BT	AT	A3M
1	65	62	58
2	89	85	80
3	96	95	95
4	90	84	79
5	70	70	66
6	72	65	62
7	87	84	77
8	74	74	69
9	66	64	62
10	135	132	132
11	82	75	71
12	76	73	67
13	94	90	88
14	80	80	77
15	73	70	68

해법

1단계: 데이터가 정규 분포를 따르지 않으므로, 3개의 대응 표본이 같은 모집단에서 나온 것인지 검증하는 ANOVA의 대안은 프리드먼 검정이다.

2단계: 귀무 가설은 세 가지 처방이 차이가 없다는 것이다. 대립 가설은 처방이 차이가 있다는 것이다.

$H_0: \mu_1 = \mu_2 = \mu_3$

$H_1: \exists_{(i,j)} \mu_i \neq \mu_j, i \neq j$

3단계: 유의수준은 5%를 고려한다.

4단계: 프리드먼의 통계량을 계산하려면, 먼저 표 10.E.18에서처럼 각 행의 각 원소에 1부터 3까지 순위를 부여한다. 같은 순위가 있다면 해당 순위의 평균을 부여한다.

표 10.E.18 순위 부여

환자	시기		
	BT	AT	A3M
1	3	2	1
2	3	2	1
3	3	1.5	1.5
4	3	2	1
5	2.5	2.5	1
6	3	2	1
7	3	2	1
8	2.5	2.5	1
9	3	2	1
10	3	1.5	1.5
11	3	2	1
12	3	2	1
13	3	2	1
14	2.5	2.5	1
15	3	2	1
R_j	43.5	30.5	16
순위 평균	2.900	2.030	1.067

그림 10.E.18에서 볼 수 있듯이, 환자 3에서 둘, 환자 5에서 둘, 환자 8에서 둘, 환자 10에서 둘, 환자 14에서 두 동일 순위가 있다. 따라서 크기 2인 동일 순위 개수는 5이고, 크기 1인 동일 순위 개수는 35이므로 다음과 같다.

$$\sum_{i=1}^{N}\sum_{j=1}^{g_i} t_{ij}^3 = 35 \times 1 + 5 \times 2^3 = 75$$

동일 순위가 있으므로, 프리드먼의 실제 값은 식 (10.16)을 사용해 다음과 같이 계산한다.

$$F'_{cal} = \frac{12 \cdot \sum_{j=1}^{k} (R_j)^2 - 3 \cdot N^2 \cdot k \cdot (k+1)^2}{N \cdot k \cdot (k+1) + \frac{\left(N \cdot k - \sum_{i=1}^{N} \sum_{j=1}^{g_i} t_{ij}^3\right)}{(k-1)}} = \frac{12 \cdot (43.5^2 + 30.5^2 + 16^2) - 3 \cdot 15^2 \cdot 3 \cdot 4^2}{15 \cdot 3 \cdot 4 + \frac{(15 \cdot 3 - 75)}{2}}$$

$$F'_{cal} = 27.527$$

식 (10.15)를 교정 요인 없이 적용하면 프리드먼 검정의 결과는 25.233일 것이다.

5단계: $k = 3$이고 $N = 15$이므로 χ^2 분포를 사용하자. $\alpha = 5\%$, $\nu = k - 1 = 2$차 자유도의 χ^2 분포의 임계 영역^{CR}(부록의 표 D)은 그림 10.51과 같다.

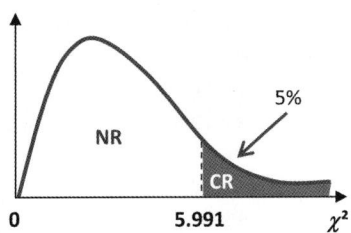

그림 10.51 예제 10.12의 임계 영역

6단계: 결정: 계산된 통계량이 임계 영역 내에 있으므로(즉, $F'_{cal} > 5.991$) 귀무 가설은 기각하고 95% 신뢰수준으로 처방에 차이가 있다고 결론 내린다.

통계량의 임곗값 대신 P 값을 사용했다면, 5단계와 6단계는 다음과 같았을 것이다.

5단계: 부록의 표 D에 따르면, $\nu = 2$차 자유도의 통계량 $F'_{cal} = 27.527$에 연계된 확률은 0.005보다 작다(P 값 < 0.005).

6단계: 결정: $P < 0.05$이므로 H_0를 기각한다.

10.5.2.1 SPSS를 사용한 프리드먼 검정 해법

이 절의 이미지는 IBM의 허가하에 사용됐다.

예제 10.12의 데이터는 Friedman_Test.sav 파일에 있다. SPSS로 프리드먼 검정을 수행하려면 먼저 그림 10.52처럼 **분석 › 비모수 검정 › 레거시 대화상자 › K 대응 표본**을 선택한다.

그런 다음 그림 10.53처럼 변수 *BT*, *AT*, *A3M*을 **검정 변수**에 포함시키고 **검정 유형**은 Friedman을 선택한다.

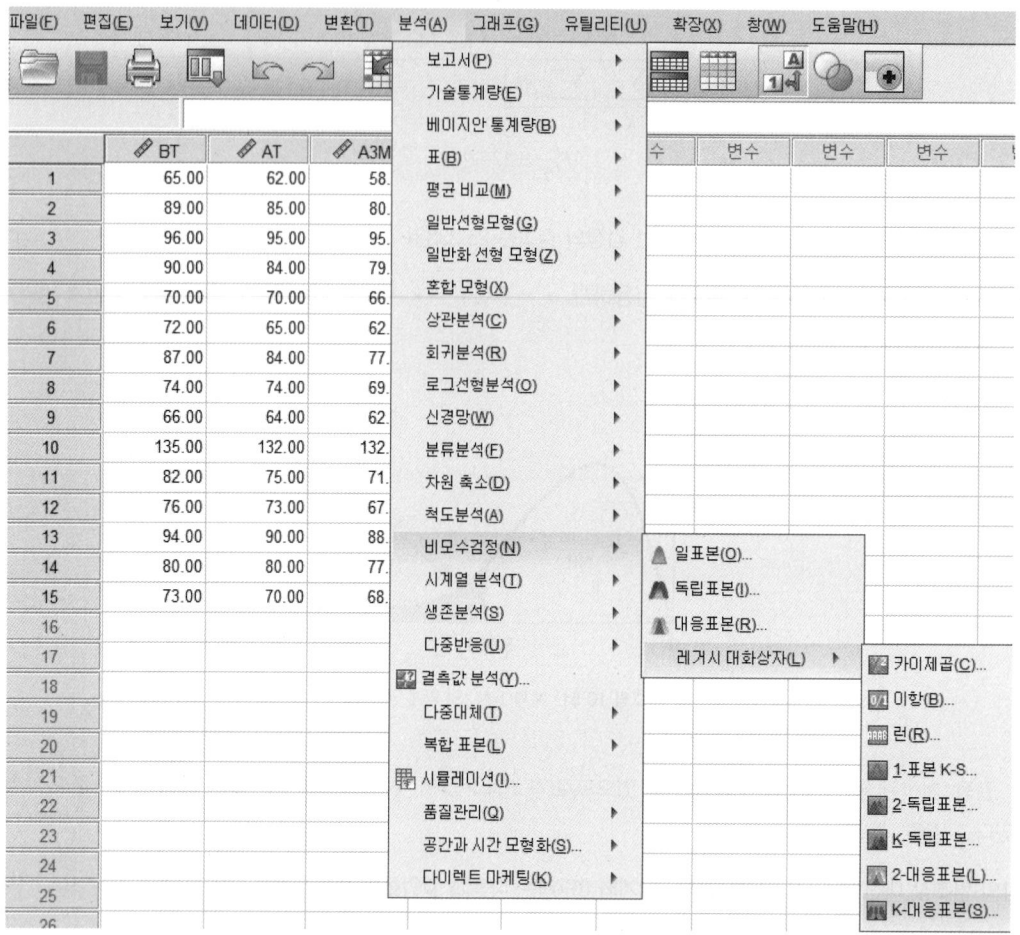

그림 10.52 SPSS를 사용한 프리드먼 검정 수행

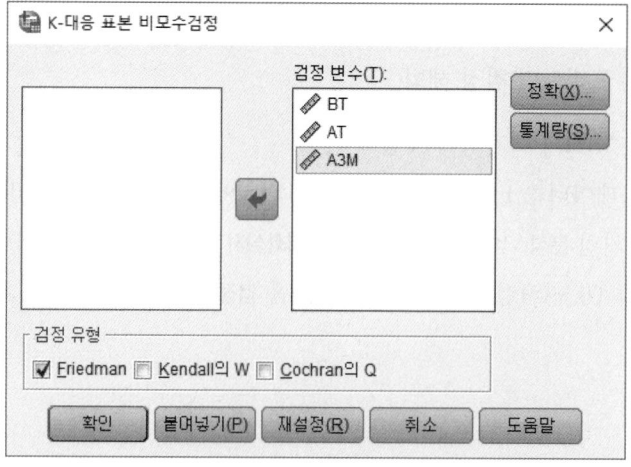

그림 10.53 변수와 프리드먼 검정 선택

마지막으로, **확인**을 클릭해 프리드먼 검정 결과를 구한다. 그림 10.54는 순위의 평균을 보여주는데, 표 10.E.18과 유사하다.

순위

	평균 순위
BT	2.90
AT	2.03
A3M	1.07

그림 10.54 순위의 평균

프리드먼 통계량과 검정의 유의수준은 그림 10.55에 나타나 있다.

검정 통계량[a]

N	15
카이제곱	27.527
자유도	2
근사 유의확률	.000

a. Friedman 검정

그림 10.55 SPSS를 사용한 예제 10.12의 프리드먼 검정 결과

검정값은 27.527이고 이는 예제 10.12와 유사하다. 통계량에 연계된 확률은 0.000이다(예제 10.12에서 이 값이 0.005보다 작음을 보았다). $P < 0.05$이므로, 귀무 가설을 기각하고 95%의 신뢰수준으로 처방에 차이가 있다고 결론 내린다.

10.5.2.2 Stata를 사용한 프리드먼 검정 해법

이 절의 이미지는 Stata사의 허가하에 사용됐다.

예제 10.12의 데이터는 Friedman_Test.dta 파일에 있다. 연구 중인 변수는 *bt, at, a3m*이다. Stata를 사용해 프리드먼 검정을 수행하려면 friedman 명령어를 사용한다. 이 명령어를 사용하려면 먼저 다음과 같이 입력한다.

```
findit friedman
```

그런 다음 snp2 링크(http://www.stata.com/stb/stb3)에서 설치한다.

Stata에서 프리드먼을 사용하려면 데이터를 전치해야 한다. 그러나 전치하기 전에 원래 데이터셋을 유지하기 위해 preserve를 입력한다.

그런 다음 xpose 명령어를 통해 모든 변수를 관측치로, 모든 관측치를 변수로 전치한다.

```
xpose, clear
```

xpose 명령어 다음에 데이터가 *n*개의 변수(원래 관측치 개수)로 전치됐음을 볼 수 있다. 이제 현재 데이터는 전치 후 15개의 변수를 포함하므로 다음 명령어를 실행하자.

```
friedman v1-v15
```

그림 10.56으로부터 Stata를 사용한 프리드먼 통계량(25.233)이 식 (10.15)로 교정 요인 없이 계산됐음을 알 수 있다. 통계량에 연계된 확률은 0.000(귀무 가설은 기각된다)이고 95%의 신뢰수준으로 처방에 차이가 있다고 결론 내린다. 원래 데이터를 복원하려면 restore를 입력한다.

```
. keep bt at a3m

. xpose, clear

. friedman v1-v15
Friedman =   25.2333
Kendall  =    0.8411
p-value  =    0.0000
```

그림 10.56 Stata를 사용한 예제 10.12의 프리드먼 검정 결과

10.6 *k* 독립 표본 검정

이 검정은 *k*개의 독립 표본이 동일한 모집단에서 온 것인지 알아보는 것이다. 셋 이상의 독립 표본을 대상으로 한 가장 보편적인 검정으로는 명목이나 서열 변수에 대한 χ^2 검정과 서열 변수에 대한 크루스칼-월리스 검정이 있다.

10.6.1 *k* 독립 표본의 χ^2 검정

10.2.2절에서는 χ^2 검정이 단일 표본에 적용됐고, 10.4.1절에서는 두 독립 표본에 적용됐다. 두 경우 모두 변수는 정성(명목 또는 서열)이었다. *k* 독립 표본($k \geq 3$)에 대한 χ^2 검정은 두 독립 표본에 대한 검정의 직접적인 확장이다.

데이터는 $I \times J$ 분할표에 제시되어 있다. 행은 어떤 변수의 각기 다른 범주를 나타내고, 열은 각기 다른 그룹을 나타낸다. 이 검정의 귀무 가설은 변수 각 범주의 빈도 또는 비율이 각 그룹에서 동일하다는 것이다. 따라서

H_0: *k* 그룹 간에 차이가 없다.

H_1: *k* 그룹 간에 차이가 있다.

식 (10.10)에 따른 χ^2 통계량은 여기서는 다시 나타내지 않겠다.

예제 10.13 k 독립 표본에 χ^2 검정 적용

어떤 회사는 직원의 생산성이 작업 교대에 종속되어 있는지 알아보고자 한다. 이를 위해 각 종업원의 작업 교대 때의 생산성 데이터를 수집했다. 이 데이터는 표 10.E.19에 있다. 그룹들이 같은 모집단에서 나왔다는 가설을 검정해보라. 유의수준은 5%로 한다.

표 10.E.19 교대별 응답 빈도(괄호 안의 기댓값)

생산성	교대 1	교대 2	교대 3	교대 4	총합
낮음	50 (59.3)	60 (51.9)	40 (44.4)	50 (44.4)	**200 (200)**
평균	80 (97.8)	90 (85.6)	80 (73.3)	80 (73.3)	**330 (330)**
높음	270 (243.0)	200 (212.6)	180 (182.2)	170 (182.2)	**820 (820)**
총합	400 (400)	350 (350)	300 (300)	300 (300)	1350 (1350)

해법

1단계: 정성 데이터가 명목이나 서열 척도일 경우 k 독립 표본($k \geq 3$)을 비교하는 가장 적절한 검정은 k 독립 표본에 대한 χ^2 검정이다.

2단계: 귀무 가설은 각 생산성 수준의 각 범주의 개별 빈도가 교대별로 동일하다는 것이다.

H_0: 4번의 교대에서 생산성의 차이는 없다.

H_1: 4번의 교대에서 생산성의 차이가 있다.

3단계: 유의수준은 5%를 고려한다.

4단계: χ^2 통계량은 다음과 같이 계산한다.

$$\chi^2_{cal} = \frac{(50-59.3)^2}{59.3} + \frac{(60-51.9)^2}{51.9} + \frac{(40-44.4)^2}{44.4} + \frac{(50-44.4)^2}{44.4}$$
$$+ \frac{(80-97.8)^2}{97.8} + \frac{(90-85.6)^2}{85.6} + \frac{(80-73.3)^2}{73.3} + \frac{(80-73.3)^2}{73.3}$$
$$+ \frac{(270-243.0)^2}{243.0} + \frac{(200-212.6)^2}{212.6} + \frac{(180-182.2)^2}{182.2} + \frac{(170-182.2)^2}{182.2}$$
$$= 13.143$$

5단계: $\alpha = 5\%$, $v = (3-1) \cdot (4-1) = 6$차 자유도를 고려한 χ^2 분포의 임계 영역[CR]은 그림 10.57과 같다.

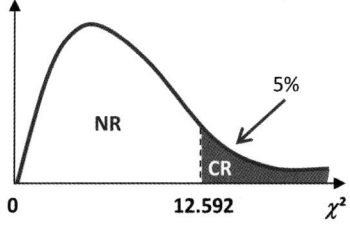

그림 10.57 예제 10.13의 임계 영역

6단계: 결정: 계산된 통계량이 임계 영역 내에 있으므로(즉, $\chi^2_{cal} > 12.592$), 귀무 가설은 기각하고 95% 신뢰수준으로 네 교대의 생산성이 서로 다르다고 결론 내린다.

통계량의 임곗값 대신 P 값을 사용했다면, 5단계와 6단계는 다음과 같았을 것이다.

5단계: 부록의 표 D에 따르면, $\nu = 6$차 자유도의 통계량 $\chi^2_{cal} = 13.143$에 연계된 확률은 0.05와 0.025 사이이다.

6단계: 결정: $P < 0.05$이므로 H$_0$를 기각한다.

10.6.1.1 SPSS를 사용한 k 독립 표본의 χ^2 검정 해법

이 절의 이미지는 IBM의 허가하에 사용됐다.

예제 10.13의 데이터는 Chi-Square_k_Independent_Samples.sav 파일에 있다. **분석 › 기술 통계량 › 교차 분석**을 클릭하자. 그런 다음 그림 10.58처럼 *Productivity*는 **행**에, *Shift*는 **열**에 할당한다.

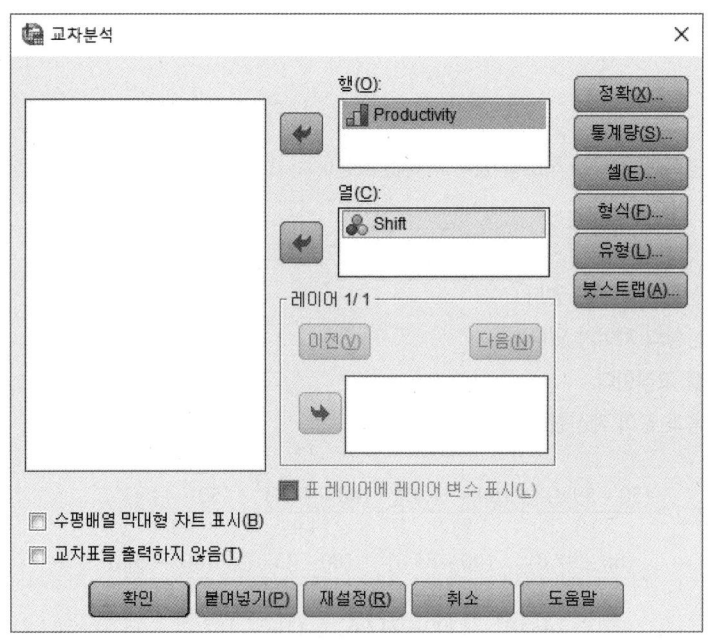

그림 10.58 변수 선택

통계량에서 그림 10.59처럼 **카이제곱** 옵션을 선택한다. 관측과 기대 빈도 분포표를 구하려면 그림 10.60처럼 셀에서 **관측 빈도**와 **기대 빈도**를 빈도에서 옵션으로 선택해야만 한다. 끝으로, **계속**을 클릭하고 **확인**을 누른다. 결과는 그림 10.61과 그림 10.62에 있다.

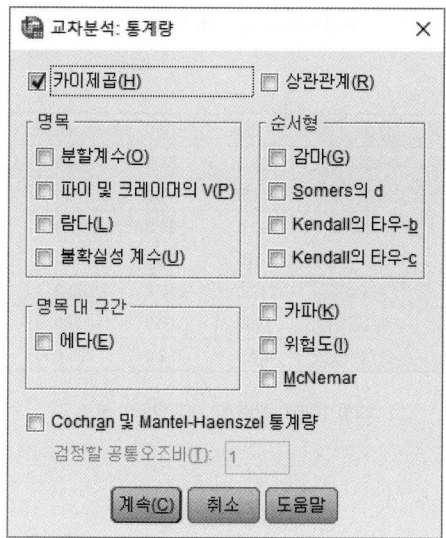

그림 10.59 χ^2 통계량 선택

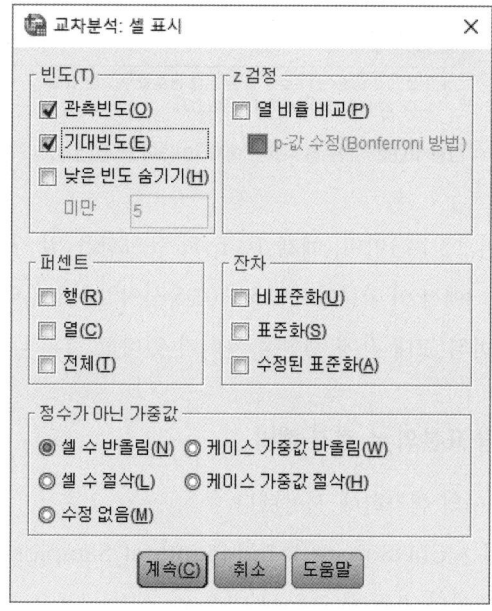

그림 10.60 관측 빈도와 기대 빈도의 선택

Productivity * Shift 교차표

			\multicolumn{4}{c|}{Shift}				전체
			1°	2°	3°	4°	
Productivity	Low	빈도	50	60	40	50	200
		기대빈도	59.3	51.9	44.4	44.4	200.0
	Average	빈도	80	90	80	80	330
		기대빈도	97.8	85.6	73.3	73.3	330.0
	High	빈도	270	200	180	170	820
		기대빈도	243.0	212.6	182.2	182.2	820.0
전체		빈도	400	350	300	300	1350
		기대빈도	400.0	350.0	300.0	300.0	1350.0

그림 10.61 관측 및 기대 빈도의 분포

카이제곱 검정

	값	자유도	근사 유의확률 (양측검정)
Pearson 카이제곱	13.143[a]	6	.041
우도비	13.256	6	.039
선형 대 선형결합	5.187	1	.023
유효 케이스 수	1350		

a. 0 셀 (0.0%)은(는) 5보다 작은 기대 빈도를 가지는 셀입니다. 최소 기대빈도는 44.44입니다.

그림 10.62 SPSS를 사용한 예제 10.13의 χ^2 검정 결과

그림 10.62에서 χ^2 값이 13.143이며, 예제 10.13과 유사함을 알 수 있다. 신뢰수준 95%에서 $P = 0.041 < 0.05$(예제 10.13에서 이 확률이 0.025와 0.05 사이임을 알았다)이므로, 귀무 가설을 기각하고 95% 신뢰수준으로 네 번의 교대 간에 생산성 차이가 있다고 결론 내릴 수 있다.

10.6.1.2 Stata를 사용한 k 독립 표본의 χ^2 검정 해법

이 절의 이미지는 Stata사의 허가하에 사용됐다.

예제 10.13의 데이터는 Chi-Square_k_Independent_Samples.dta 파일에 있다. 연구 중인 변수는 *productivity*와 *shift*이다. k 독립 표본에 대한 χ^2 검정 구문은 10.4.1절의 두 독립 표본에 대한 것과 유사하다. 따라서 tabulate 또는 간단히 tab 명령어 다음에 변수 이름을 쓰고 chi2 또는 간단히 ch라고 입력하면 된다. 이 경우의 차이는 그룹을 나타내는 범주 변수가 셋 이상이라는 점이다. 따라서 예제 10.13의 데이터를 위한 검정 구문은 다음과 같다.

```
tabulate productivity shift, chi2
```

또는 간단히

```
tab productivity shift, ch
```

결과는 그림 10.63에 있다. χ^2 통계량 값과 관련 확률이 예제 10.13 및 SPSS의 값과 유사함을 볼 수 있다.

```
. tab productivity shift, ch

productivi |                    shift
        ty |      1°        2°        3°        4° |     Total
-----------+--------------------------------------+----------
       low |      50        60        40        50 |       200
   average |      80        90        80        80 |       330
      high |     270       200       180       170 |       820
-----------+--------------------------------------+----------
     Total |     400       350       300       300 |     1,350

           Pearson chi2(6) =  13.1429   Pr = 0.041
```

그림 10.63 Stata를 사용한 예제 10.13의 χ^2 검정 결과

10.6.2 크루스칼–월리스 검정

크루스칼–월리스 검정은 k 독립 표본($k > 2$)이 동일한 모집단에서 온 것인지 확인하는 것을 목표로 한다. 이 검정은 데이터의 정규성과 분산의 동일성 가정이 위배됐을 때, 또는 표본이 작거나 측정된 변수가 서열 척도일 경우에 대안적인 분석 기법이 된다. $k = 2$이면 크루스칼–월리스 검정은 만-휘트니 검정과 같아진다.

데이터는 N 행과 k 열로 된 표에 나타나 있고 행은 관측치, 열은 각기 다른 표본 또는 그룹을 나타낸다.

크루스칼–월리스 검정의 귀무 가설은 모든 k개의 표본이 동일한 모집단 또는 동일한 중앙값(μ)을 가진 모집단에서 추출됐다고 가정한다. 양측 검정의 경우 다음과 같다.

H_0: $\mu_1 = \mu_2 = \ldots = \mu_k$
H_1: $\exists_{(i,j)}\ \mu_i \neq \mu_j,\ i \neq j$

크루스칼–월리스 검정에서 모든 N개의 관측치(N은 전체 표본의 관측치 개수)는 하나의 계열로 구성되고, 계열의 각 원소에는 순위가 부여된다. 따라서 위치 1은 전체 표본 중 가장 낮은 관측치에 부여되고, 위치 2는 두 번째 낮은 관측치에 부여되는 식으로 관측치 N까지 부여된다. 같은 순위가 있을 경우 해당 순위들의 평균을 부여한다. 크루스칼–월리스 통계량(H)은 다음과 같이 구한다.

$$H_{cal} = \frac{12}{N \cdot (N+1)} \cdot \sum_{j=1}^{k} \frac{R_j^2}{n_j} - 3 \cdot (N+1) \tag{10.17}$$

여기서

k = 표본 또는 그룹의 개수

n_j = 표본 또는 그룹 j의 관측치 개수

N = 전체 표본의 관측치 개수

R_j = 표본 또는 그룹 j의 순위 합

그러나 Siegel and Castellan(2006)에 따르면 그룹에 관계없이 둘 이상의 순위가 동일하면 크루스 칼-월리스 통계량은 표본 분포의 변화를 고려하는 교정을 다음과 같이 거쳐야 한다.

$$H'_{cal} = \frac{H}{1 - \dfrac{\sum_{j=1}^{g} \left(t_j^3 - t_j \right)}{(N^3 - N)}} \tag{10.18}$$

여기서

g = 각기 다른 순위를 가진 클러스터 개수

t_j = j번째 클러스터에서 동일 순위 개수

Siegel and Castellan(2006)에 따르면, 이러한 동일 순위를 교정하는 주목적은 H의 값을 증가시켜 결과를 더욱 유의하게 만드는 것이다.

계산된 값은 표본 분포의 임곗값과 비교해야 된다. k = 3이고 $n_1, n_2, n_3 \leq 5$이면 부록의 표 L을 이용해야 하며, 표에는 크루스칼-월리스 통계량의 임곗값(H_c)이 나와 있다. 그렇지 않으면 표본 분 포는 $v = k - 1$차 자유도를 가진 카이제곱 분포로 근사할 수 있다.

따라서 H_{cal} 통계량이 임계 영역 내에 있으면($H_{cal} > H_c$, k = 3 그리고 $n_1, n_2, n_3 \leq 5$ 또는 그 외 $H_{cal} > \chi_c^2$), 귀무 가설을 기각하고 표본 간의 차이가 없다고 결론 내린다. 그렇지 않으면 H_0를 기각하지 않는다.

예제 10.14 크루스칼-월리스 검정의 적용

스트레스 수준이 동일한 36명의 환자가 각기 다른 세 가지 치료법을 받았다. 12명은 치료 A, 12명은 치료 B, 나머지 12명은 치료 C를 받았다. 치료 마지막에 각 환자는 개인의 스트레스 수준을 평가하는 질문지에 대답했고 세 가지 상태로 분류됐다. 저항 상태는 최대 3점을 받은 그룹이고, 경고 상태는 6점 이상 받은 사람, 탈진 상태는 8점 이상을 받은 사람이다. 결과는 표 10.E.20에 있다. 세 가지 치료법에 차이가 없다는 가설을 검정하라. 유의수준은 1%를 고려한다.

표 10.E.20 치료 후 스트레스 수준

치료 A	6	5	4	5	3	4	5	2	4	3	5	2
치료 B	6	7	5	8	7	8	6	9	8	6	8	8
치료 C	5	9	8	7	9	11	7	8	9	10	7	8

1단계: 변수가 서열 척도로 측정됐기 때문에, 세 독립 표본이 동일한 모집단에서 추출됐는지 알아보는 가장 적절한 검정은 크루스칼–월리스 검정이다.

2단계: 귀무 가설은 치료법 사이에 차이가 없다는 것이다. 대립 가설은 적어도 두 가지 치료법 사이에 차이가 있다는 것이다.

$H_0: \mu_1 = \mu_2 = \mu_3$

$H_1: \exists_{(i,j)} \; \mu_i \neq \mu_j, \; i \neq j$

3단계: 유의수준은 1%를 고려한다.

4단계: 월리스 통계량을 계산하기 위해 먼저 전체 표본의 각 원소에 표 10.E.21과 같이 1부터 36까지 순위를 부여해야 한다. 순위가 같을 경우 해당 순위의 평균을 부여한다.

표 10.E.21 순위 부여

													합계	평균
A	15.5	10.5	6	10.5	3.5	6	10.5	1.5	6	3.5	10.5	1.5	85.5	7.13
B	15.5	20	10.5	26.5	20	26.5	15.5	32.5	26.5	15.5	26.5	26.5	262	21.83
C	10.5	32.5	26.5	20	32.5	36	20	26.5	32.5	35	20	26.5	318.5	26.54

같은 순위가 있기 때문에 크루스칼–월리스 통계량은 식 (10.18)로부터 계산된다. 먼저 H 값을 계산한다.

$$H_{cal} = \frac{12}{N \cdot (N+1)} \cdot \sum_{j=1}^{k} \frac{R_j^2}{n_j} - 3 \cdot (N+1) = \frac{12}{36 \cdot 37} \cdot \frac{85.5^2 + 262^2 + 318.5^2}{12} - 3 \cdot 37$$

$$H_{cal} = 22.181$$

표 10.E.20과 표 10.E.21로부터 8개의 같은 순위 그룹이 있음을 알 수 있다. 예를 들어 2점인 그룹이 2개가 있고(순위 1.5), 3점인 그룹이 2개(순위 3.5), 4점인 그룹이 3개가 있고(순위 6), 계속해서 9점인 그룹이 4개가 있다(순위 32.5). 크루스칼 월리스 통계량은 다음처럼 교정된다.

$$H'_{cal} = \frac{H}{1 - \frac{\sum_{j=1}^{g} \left(t_j^3 - t_j \right)}{(N^3 - N)}} = \frac{22.181}{1 - \frac{(2^3 - 2) + (2^3 - 2) + (3^3 - 3) + \cdots + (4^3 - 4)}{(36^3 - 36)}} = 22.662$$

5단계: $n_1, n_2, n_3 > 5$이므로 χ^2 분포를 사용한다. $\alpha = 1\%$, $\nu = k - 1 = 2$차인 χ^2 분포의 임계 영역^{CR}(부록 표 D)은 그림 10.64에 나타나 있다.

6단계: 결정: 계산된 통계량이 임계 영역 내에 있으므로(즉, $H'_{cal} > 9.210$), 귀무 가설은 기각하고 99% 신뢰수준으로 치료법 사이에 차이가 있다고 결론 내린다.

통계량의 임곗값 대신 P 값을 사용했다면, 5단계와 6단계는 다음과 같았을 것이다.

5단계: 부록의 표 D에 따르면, $\nu = 2$차 자유도, 통계량 $H'_{cal} = 22.662$에 연계된 확률은 0.005보다 작다($P < 0.005$).

6단계: 결정: $P < 0.01$이므로 H_0를 기각한다.

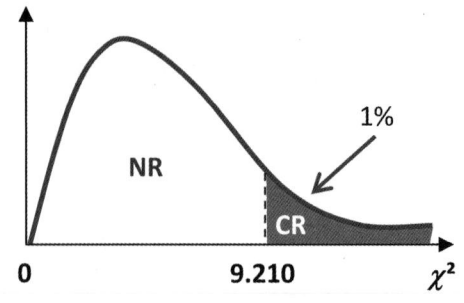

그림 10.64 예제 10.14의 임계 영역

10.6.2.1 SPSS를 사용한 크루스칼–월리스 검정 해법

이 절의 이미지는 IBM의 허가하에 사용됐다.

예제 10.14의 데이터는 Kruskal-Wallis_Test.sav에 있다. 먼저 그림 10.65처럼 **분석** › **비모수 검정** › **레거시 대화상자** › **K 독립 표본**을 선택한다.

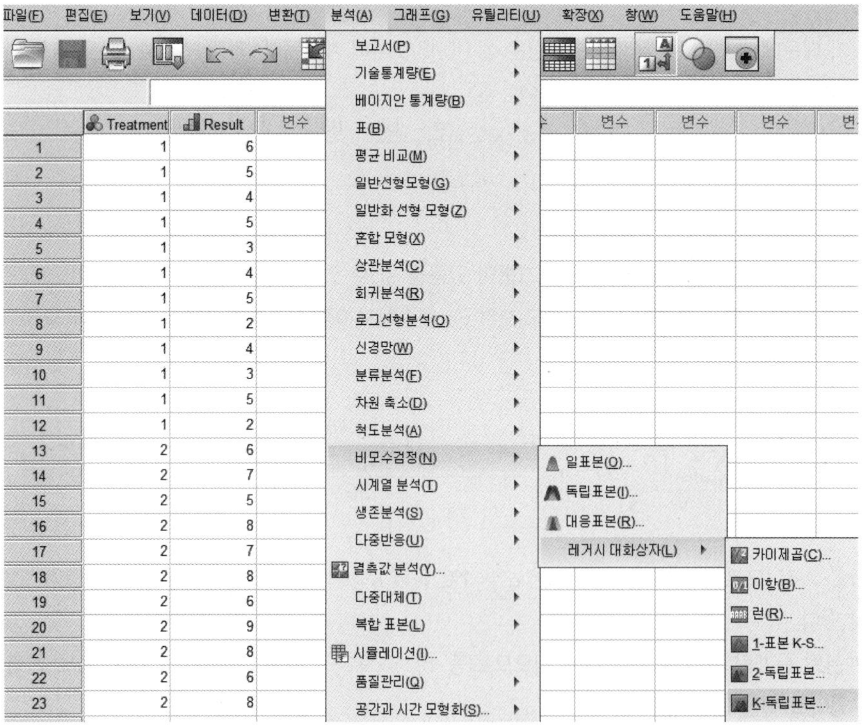

그림 10.65 SPSS를 사용한 크루스칼–월리스 검정 수행

그런 다음 그림 10.66처럼 *Result* 변수를 **검정 변수**, *Treatment*를 **집단 변수**에 선택하고 **검정 유형으**

로 Kruskal-Wallis의 H를 선택한다.

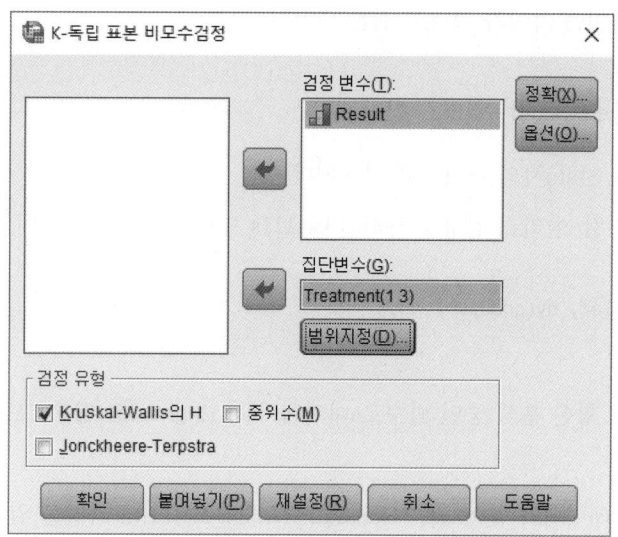

그림 10.66 변수와 크루스칼-월리스 검정 그룹 선택

확인을 클릭해 크루스칼-월리스 검정의 결과를 얻는다. 그림 10.67은 각 그룹의 순위 평균을 보여 주는데, 표 10.E.21과 유사하다.

순위

	Treatment	N	평균 순위
Result	1	12	7.13
	2	12	21.83
	3	12	26.54
	전체	36	

그림 10.67 순위

크루스칼-월리스 통계량과 검정 유의수준은 그림 10.68에 나와 있다.

검정 통계량[a,b]

	Result
Kruskal-Wallis의 H	22.662
자유도	2
근사 유의확률	.000

a. Kruskal Wallis 검정

b. 집단변수: Treatment

그림 10.68 SPSS를 사용한 예제 10.14의 크루스칼-월리스 검정 결과

검정값은 22.662로서 예제 10.14와 비슷하다. 통계량에 연계된 확률값은 0.000이다(예제 10.14에서 이 확률이 0.005보다 작다는 것을 보았다). $P < 0.01$이므로 귀무 가설을 기각하고 99%의 유의수준으로 치료법 사이에 차이가 있다고 결론 내린다.

10.6.2.2 Stata를 사용한 크루스칼-월리스 검정 해법

이 절의 이미지는 Stata사의 허가하에 사용됐다.

Stata로 크루스칼-월리스 검정을 하려면 kwallis 명령어를 사용하는데, 다음과 같은 구문을 쓴다.

```
kwallis variable*, by(groups*)
```

여기서 variable* 항은 분석 중인 변수로 대체해야 하고, groups* 항은 그룹을 나타내는 범주 변수로 대체해야 한다.

예제 10.14의 데이터가 들어 있는 Kruskal-Wallis_Test.dta 파일을 열자. 세 그룹 모두 *treatment* 변수로 나타나고, 특성은 *result* 변수로 나타난다. 따라서 다음과 같이 명령한다.

```
kwallis result, by(treatment)
```

결과는 그림 10.69에 나타나 있다. 예제 10.14나 SPSS 결과와 유사하게 Stata도 원래 통계량 값 (22.181)을 계산하고, 같은 순위가 있을 때마다 교정 요인을 계산한다(22.662). 통계량에 연계된 확률값은 0.000이므로, 귀무 가설을 기각하고 99% 신뢰수준으로 치료법 사이에 차이가 없다고 결론지을 수 있다.

```
. kwallis result, by(treatment)

Kruskal-Wallis equality-of-populations rank test

    +---------------------------+
    | treatm~t | Obs | Rank Sum |
    |----------+-----+----------|
    |        1 |  12 |    85.50 |
    |        2 |  12 |   262.00 |
    |        3 |  12 |   318.50 |
    +---------------------------+

chi-squared =      22.181 with 2 d.f.
probability =       0.0001

chi-squared with ties =      22.662 with 2 d.f.
probability =       0.0001
```

그림 10.69 Stata를 사용한 예제 10.14의 크루스칼-월리스 검정 결과

10.7 맺음말

9장에서는 모수적 검정을 알아봤지만 10장에서는 전적으로 비모수적 검정을 알아봤다.

비모수적 검정은 변수의 측정 수준과 표본 크기에 따라 분류된다. 따라서 각 상황에 맞는 주요 비모수적 검정 유형을 알아봤다. 또한 각 검정의 장단점은 물론 어떤 가정이 필요한지도 알아봤다.

각 비모수적 검정의 주요 개념과 귀무 및 대립 가설, 해당 통계량, SPSS 및 Stata를 사용한 예제 해법을 알아봤다. 응용의 주요 목적이 무엇이든 간에 비모수적 검정은 의사결정 프로세스에서 흥미롭고 좋은 주요 연구 결과를 제공해줄 수 있다. 각 검정의 정확한 사용은 모델링 소프트웨어의 선택부터 그 기저 이론에 기반해 이뤄져야 하며 연구원의 경험과 직관을 무시해서는 안 된다.

10.8 연습문제

1. 어떤 상황에서 비모수적 검정을 사용해야 하는가?

2. 비모수적 검정의 장단점은 무엇인가?

3. 두 대응 표본에 대한 부호 검정과 윌콕슨 검정의 차이를 설명하라.

4. 단일 표본이 정규 분포를 따르지 않을 경우 t 검정에 대한 대안으로 사용하는 검정은 무엇인가?

5. 20여 명의 고객이 두 가지 커피 맛을 시음했다. 그런 다음 선호하는 브랜드를 선택했고 이는 다음 표에 나타나 있다. 고객들의 선호도에 차이가 없다는 귀무 가설을 유의수준 5%로 검정하라.

사건	A 브랜드	B 브랜드	총합
빈도	8	12	**20**
비율	0.40	0.60	**1.00**

6. 60여 명의 독자들이 소설 세 권을 읽고 그중 선호하는 한 가지를 다음 표처럼 선택했다. 독자들의 선호도에는 차이가 없다는 귀무 가설을 유의수준 5%로 검정하라.

사건	책 A	책 B	책 C	총합
빈도	29	15	16	**60**
비율	0.483	0.250	0.267	**1.00**

7. 20여 명의 10대들이 30일간 다이어트에 돌입했다. 다음 표를 보고 다이어트를 통해 체중 감소가 있었는지 $\alpha = 5\%$로 검정하라.

이전	이후
58	56
67	62
72	65
88	84
77	72
67	68
75	76
69	62
104	97
66	65
58	59
59	60
61	62
67	63
73	65
58	58
67	62
67	64
78	72
85	80

8. 두 은행 지점의 평균 서비스 시간을 비교하기 위해, 각 은행 지점에서 고객 22명의 데이터를 표와 같이 수집했다. 두 표본이 모두 동일한 중앙값을 가진 모집단으로부터 나온 것이 맞는지 유의수준 5%로 검정하라.

은행 지점 A	은행 지점 B
6.24	8.14
8.47	6.54
6.54	6.66
6.87	7.85
2.24	8.03
5.36	5.68
7.09	3.05
7.56	5.78
6.88	6.43
8.04	6.39

7.05	7.64
6.58	6.97
8.14	8.07
8.30	8.33
2.69	7.14
6.14	6.58
7.14	5.98
7.22	6.22
7.58	7.08
6.11	7.62
7.25	5.69
7.5	8.04

9. 20여 명의 경영학과 학생들이 응용 정량 기법 분야의 세 가지 과목을 듣고 자신의 학습 수준에 대해 높다(1) 또는 낮다(0)로 대답했다. 결과는 표에 있다. 각 과목에 대해 학습 수준이 높다고 대답한 학생의 비율이 동일한지 유의수준 2.5%로 검정하라.

학생	A	B	C
1	0	1	1
2	1	1	1
3	0	0	0
4	0	1	0
5	0	1	1
6	1	1	1
7	1	0	1
8	0	1	1
9	0	0	0
10	0	0	0
11	1	1	1
12	0	0	1
13	1	0	1
14	0	1	1
15	0	0	1
16	1	1	1
17	0	0	1
18	1	1	1
19	0	1	1
20	1	1	1

10. 15명의 고객들이 세 가지 은행 서비스에 대해 만족도를 평가했다. 결과는 표에 있다. 세 가지 서비스에 대한 만족도에 차이가 있는지 유의수준 5%로 검정해보라.

고객	A	B	C
1	3	2	3
2	2	2	2
3	1	2	1
4	3	2	2
5	1	1	1
6	3	2	1
7	3	3	2
8	2	2	1
9	3	2	2
10	2	1	1
11	1	1	2
12	3	1	1
13	3	2	1
14	2	1	2
15	3	1	2

5부

다변량 탐색적 데이터 분석

둘 이상의 변수는 몇 가지 다른 방식으로 서로 연계될 수 있다. 어떤 연구원은 범주 변수들 간의 상호관계, 예컨대 두 범주 간의 **연계성**association을 평가하는 연구에 관심이 있을 수 있지만, 또 어떤 연구원은 원시 계량 변수 간 **상관관계**correlation의 존재로부터 성능 지표를 생성하는 데 관심이 있을 수 있다. 또 다른 연구원은 어떤 데이터셋의 관측치 변수 간 유사성의 존재로부터 형성된 동질 그룹을 알아내는 데 관심이 있을 수도 있다. 이 모든 상황에서 연구원은 **다변량 탐색적 기법**multivariate exploratory technique을 사용하고 있다.

다변량 탐색적 기법은 **상호 종속 기법**interdependence method으로 알려져 있는데, 연구원들이 확증 모델을 추정하려는 의도 없이 어떤 데이터셋의 **변수들 간 관계**를 연구하려는 목적을 가진 거의 모든 인간 지식 분야에 사용될 수 있다. 즉, 현재 분석 중인 것 이외의 어떠한 탐색이나 관측도 신경 쓰지 않는다. 데이터 행동 예측을 위한 어떠한 모델이나 수식도 추정하지 않기 때문이다. 5부에서 살펴보는 기법들의 이러한 특징은 6부에서 살펴보는 단순 또는 다중 회귀 모델, 이항과 다항 로지스틱 회귀 모델, 개수 데이터 모델 등의 종속적 기법과 구분된다.

따라서 탐색적 모델에서는 예측 변수의 정의가 없으므로 주목적은 데이터의 **축소**reduction나 **구조 단순화**structural simplification, 관측치나 변수의 **분류**classification나 **클러스터링**clustering(군집화), 계량 변수 사이의 **상관관계** 존재 조사 또는 범주 변수 간과 범주 간의 **연관**, 변수에서 관측치 성능 순위 생성, **지각 맵**perceptual map의 생성 등과 관련된다. 탐색적 기법은 분석 중인 데이터의 행동에 관한 **진단**diagnostics을 개발하는 것과 밀접하게 연관된다. 따라서 다양한 탐색적 기법이 흔히 특정 확증적 모델의 응용에 사전적으로 쓰이거나 혹은 동시에 사용되기도 한다.

개념적 교수법적 기준에 기반해, 여기서는 기존의 다변량 탐색적 기법 두 가지를 살펴본다. 따라서 5부의 2개 장은 다음과 같이 구성된다.

11장: 클러스터 분석
12장: 주성분 요인 분석

사용할 기법을 결정할 때도 **범주**categorical나 **계량**metric(또는 **이진**binary이나 범주의 특수한 경우) 데이터셋의 측정 척도를 통한 기법을 통한다. 데이터 수집에 있어서의 질문 자체가 경우에 따라 범주나 계량의 응답을 유도할 수 있고 이에 따라 기법의 결정에 영향을 준다. 그러므로 연구 목적의 정확하고 간결한 정의는 원하는 목적을 달성할 수 있는 응용 기법에 관한 적절한 계량 변수를 구하는 데 있어 핵심적이다.

절차가 **계층적**hierarchical 또는 **비계층적**nonhierarchical일 수 있는 **클러스터 분석**cluster analysis(11장)은 어떤 계량이나 이진 변수의 관측치(개인, 회사, 지역 정부, 국가 등) 사이의 유사한 관계를 연구하지만, **주성분 요인 분석**principal component factor analysis(12장)은 주목적이 원래 계량 변수의 결합 행동을 포착하는 새로운 변수를 생성하는 것일 때 사용할 수 있다. 11장은 또한 SPSS와 Stata로 **다차원 척도**multidimensional scaling 기법을 수행하는 절차를 알아본다. 이는 클러스터 분석의 자연적 확장으로 간주할 수 있고 주목적이 데이터셋에서의 상대적 위치(좌표)를 파악해 좌표를 도식화할 수 있는 2차원 차트로 구성하는 것이다.

책에서 설명하지는 않지만 **대응 분석**correspondence analysis 기법은 변수나 해당 범주들 간의 **연계**를 연구할 때 매우 유용하다. **단순 대응 분석**simple correspondence analysis은 이변량 기법으로서 오직 두 범주 간의 관계나 종속성을 연구하지만, **다중 대응 분석**multiple correspondence analysis은 다변량 기법으로서 여러 범주 변수들에 사용한다. 대응 분석에 대한 좀 더 자세한 내용은 Fávero and Belfiore(2017)를 참고하라.

상자 V.1은 5부에서 다룰 탐색적 기법 각각의 주요 목적을 보여준다.

상자 V.1 탐색적 기법과 주요 목적

탐색적 기법		측정 척도	주목적
클러스터 분석	계층적	계량 또는 이진	관측치를 정렬하고 할당해 내부적으로 동질이고 외부적으로 이질적이 되도록 구성 관심 그룹의 정의
	비계층적	계량 또는 이진	이전에 형성된 그룹 개수의 구성에 대한 각 변수의 대표성 평가 사전 정의된 그룹 개수로부터 각 관측치의 식별
주성분 요인 분석		계량	원시 변수의 상관관계를 파악해 그 변수들의 병합을 대표할 새 변수를 생성(축소 또는 구조 단순화) 이전에 구축된 구조의 유효성 검증 요인의 성능 지표 생성을 통한 순위 구축 다중공선성이 없는 다변량 확증 기법에 미래에 사용할 직교 요인을 추출

각 장은 동일한 논리로 구성된다. 먼저 각 기법의 개념을 소개한 다음 실제 문제를 대수적 해결법으로 풀어보는데, 데이터셋은 주로 교육 용도에 맞춰져 있다. 다음으로 동일한 연습문제를 SPSS와 Stata 등의 통계 소프트웨어로 해결한다. 이 논리를 따르면, 각 기법의 정확한 사용과 그 결과를 이해하고 공부하는 데 도움이 되리라 믿는다. 여기에 더해 SPSS와 Stata의 사용은 소프트웨어 사용에 그치지 않고 앞서 대수적으로 해결한 결과들과 비교해볼 수 있다. 각 장의 말미에는 추가적인 연습문제가 제공되고 SPSS를 사용한 해답은 책의 마지막 부분에 있다.

11

클러스터 분석

아마 햄릿이 옳았을지도 모른다.

우리는 껍질 속에 갇혀 살지만, 스스로를 무한한 우주의 왕으로 생각한다.

– 스티븐 호킹(Stephen Hawking)

11.1 소개

클러스터 분석^{cluster analysis}은 특정 변수와 관련해 **관측치**(개인, 회사, 지방 정부, 국가, 그 밖의 예들) 간의 유사한 행동이 존재하는지 확인한 다음, **내부적으로 동질적인** 그룹 또는 **클러스터**^{cluster}를 생성하려는 것이다. 이 기법은 **내부적으로 균질하고 외부 클러스터들과는 이질적으로** 하되, 관측치들을 상대적으로 적은 수의 클러스터로 할당하는 것을 주요 목표로 하며 이를 통해 특정 변수 관측 결과치 간의 결합 행동을 대표한다. 즉, 특정 그룹의 관측치는 서로 상대적으로 유사해야 하며 다른 그룹의 관측치와는 상당히 달라야 한다.

클러스터링 기법은 **탐색적**^{exploratory} 또는 **독립**^{interdependent}으로 간주되는데, 그 응용이 최초의 표본에 있지 않은 낯선 관측치를 예측하는 속성을 갖고 있지 않기 때문이다. 더구나 데이터셋에 새로운 관측치가 추가되면 모델링을 새로 해야 하고, 이를 통해 새로운 클러스터가 형성될 수도 있다. 또한 새로운 변수가 추가되면 그룹 관측치의 클러스터가 완전히 새롭게 형성될 수도 있다.

연구원들의 주목적이 **관측치를 정렬해 그룹으로 할당**하는 것이라면 클러스터 분석을 사용할 수 있다. 그런 다음 최적의 클러스터 개수가 얼마인지 살펴볼 수 있다. 또는 사전에 어떤 기준에 따라 클러스터 개수를 미리 정한 다음 이 특정 그룹 개수에 대해 정렬과 할당을 분석해볼 수도 있다. 그 목적에 상관없이 클러스터 분석은 여전히 '탐색적'이다. 연구원이 이 기법을 어떤 그룹의 생성을 확인하고 예측하는 데 사용하고자 한다면 **판별적 분석**discriminant analysis 또는 **다항 로지스틱 회귀**multinomial logistic regression를 사용할 수 있다.

클러스터 분석의 설명은 요인 분석이나 대응 분석과는 달리 방대한 행렬 대수나 통계학의 지식이 필요 없다. 클러스터 분석을 적용하려는 연구원들은 먼저 **연구 목적을 정의**한 다음, 관측치들 간의 근접성을 측정할 적절한 **거리 또는 유사성 측도**를 선택하고, **계층과 비계층 기법** 사이에 **응집 계획**agglomeration schedule을 정의해야 한다. 이를 통해 결과를 분석, 해석, 비교할 수 있다.

계층 및 비계층 응집 계획으로 얻은 결과는 서로 비교할 수 있으므로 연구원들은 자유롭게 하나를 선택하면 되고, 필요시 나중에 다시 다른 방식으로 응용해볼 수 있다는 점에 주목하자. **계층 계획은 관측치의 정렬과 할당을 판별하고, 비계층 계획으로 구성된 클러스터를 연구, 평가하며 개수를 결정하는 연구에 도움을 준다. 알려진 클러스터 개수에서 시작해 이 클러스터에 관측치를 할당하기 시작하며 클러스터 생성 시 각 변수가 해당 클러스터를 잘 대표하는지 평가한다.** 따라서 한 기법의 결과는 다른 기법의 입력으로 사용할 수 있으므로 서로 그림 11.1과 같은 **원형 관계**가 형성되어 어떤 클러스터 분석을 수행할지에 대한 논리를 보여준다.

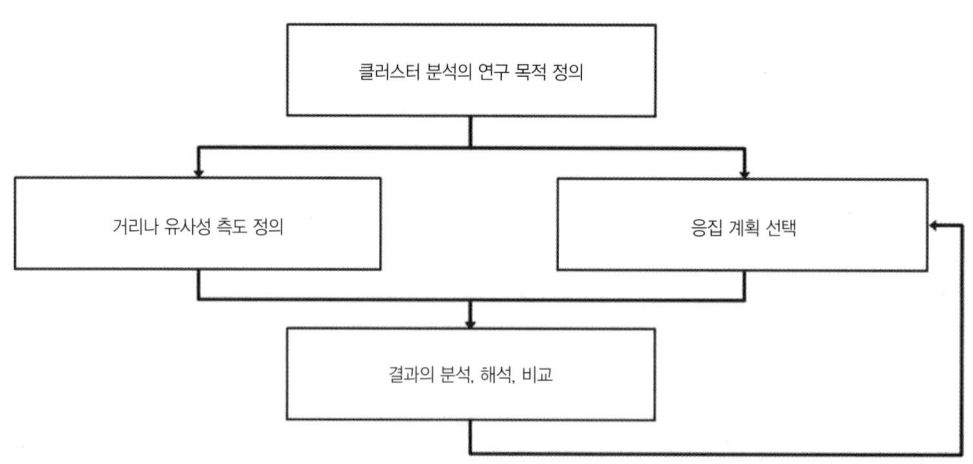

그림 11.1 클러스터 분석 수행의 로직

거리나 유사성 그리고 응집 계획을 선택할 때 이전에 원했던 클러스터 개수(어떤 자원 할당 기준에 따라 정의), 특정 해법을 선택할 수밖에 없는 제약 등을 고려해야 한다. Bussab et al.(1990)에 따르면, 거리 측도나 응집 계획 등의 각기 다른 기준을 사용하면 다른 클러스터가 형성될 수 있으므로 연

428

구원이 원하는 동질성은 연구 목적 설정에 근본적으로 종속된다.

연구원들이 어떤 지역에 살고 있는 두 개인의 종속성을 두 가지 계량 변수(나이와 평균 수입)에 따라 연구하려는 경우를 생각해보자. 연구 목적은 건강 관리와 관련된 사회 복지 프로그램의 효용성을 측정한 다음, 이 변수에 근거해 이 동질 그룹에 대해 미지의 개수의 프로그램을 더 추가할 것인지 파악하고자 한다. 데이터를 수집한 다음 연구원은 그림 11.2와 같은 산포도를 구성했다.

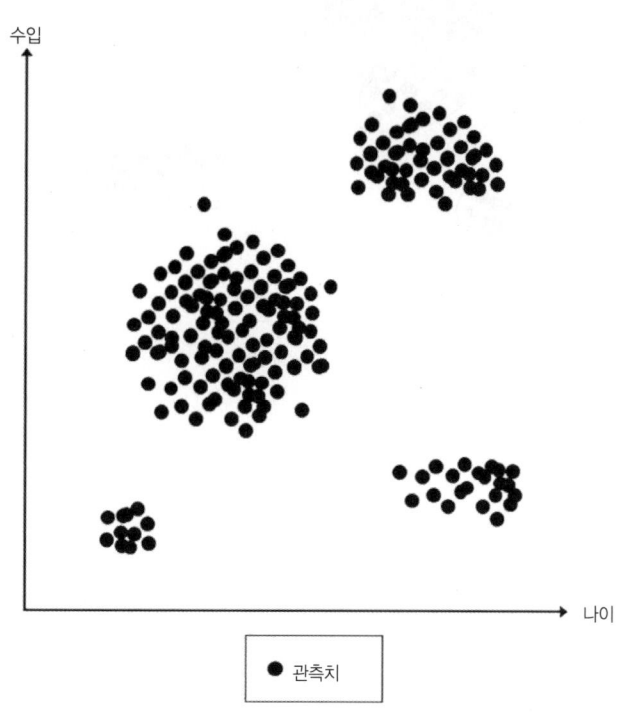

그림 11.2 개인의 수입과 나이에 대한 산포도

그림 11.2에 따르면 연구원은 4개의 클러스터를 식별했고 이를 그림 11.3에 새로운 차트로 표현했다.

이러한 클러스터의 생성으로부터 연구원은 각 그룹의 관측치의 행동을 좀 더 정밀하게 분석하고자 한다. 클러스터 내의 기존 변동성과 클러스터 간의 변동성을 알아내어 각 개인을 이 네 프로그램 중 어디에 할당할 것인지 좀 더 명확하고 간결하게 결정하고자 한다. 이 문제를 보여주기 위해 연구원은 그림 11.4와 같은 차트를 구성했다.

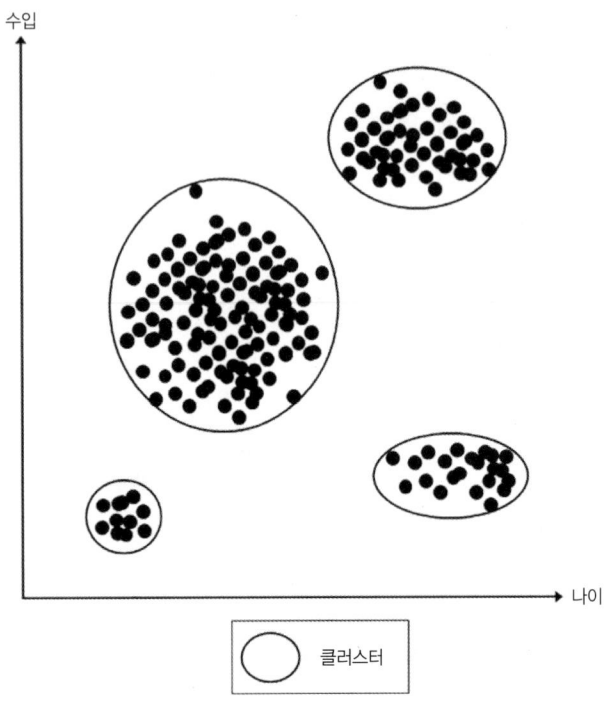

클러스터

그림 11.3 4개의 클러스터 생성

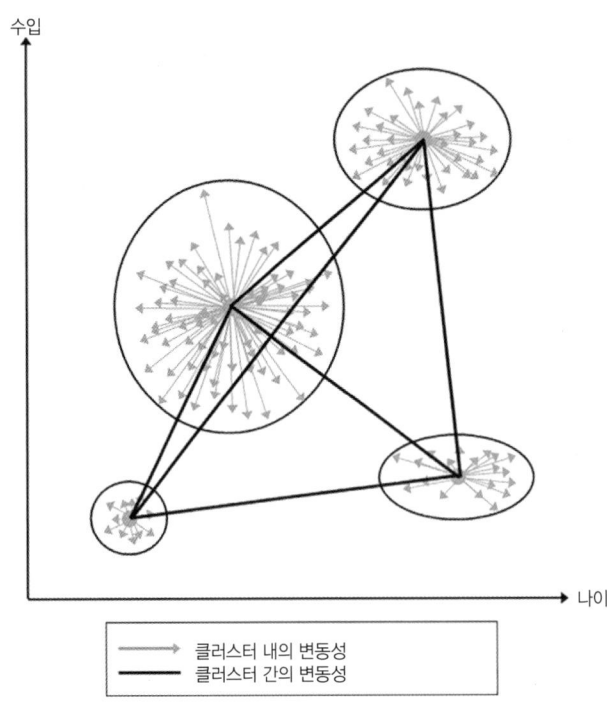

클러스터 내의 변동성
클러스터 간의 변동성

그림 11.4 클러스터 내와 클러스터 간의 변동성을 도식화

이 차트에 기반해 연구원들은 형성된 그룹은 상당한 내적 동질성이 있으며 같은 그룹 내의 개인들은 다른 그룹의 개인과 비교해 훨씬 더 가깝다는 사실을 알아냈다. 이것이 바로 클러스터 분석의 핵심이다.

만약 예산이나 법적 제한, 정치적 제약 등으로 인해 모집단에 제공할 프로그램 수(클러스터 개수)가 사전에 연구원들에게 전달된 경우라도 여전히 클러스터링을 사용해 각 지역 주민을 해당 프로그램 개수로 할당할 수 있다.

연구를 끝내고 다른 사회, 건강 관리 프로그램에 각 개인을 할당한 다음 해에, 연구원은 동일한 자치 단체의 개인들과 동일한 연구를 수행하기로 결정했다. 그러나 그사이 한 노년 억만장자 그룹이 그 도시로 이사하기로 결정했고, 새로운 산포도를 그렸을 때 작년에 뚜렷이 형성됐던 4개의 클러스터가 더 이상 존재하지 않고 억만장자가 포함되면서 융합된 것을 알았다. 새로운 산포도는 그림 11.5에 있다.

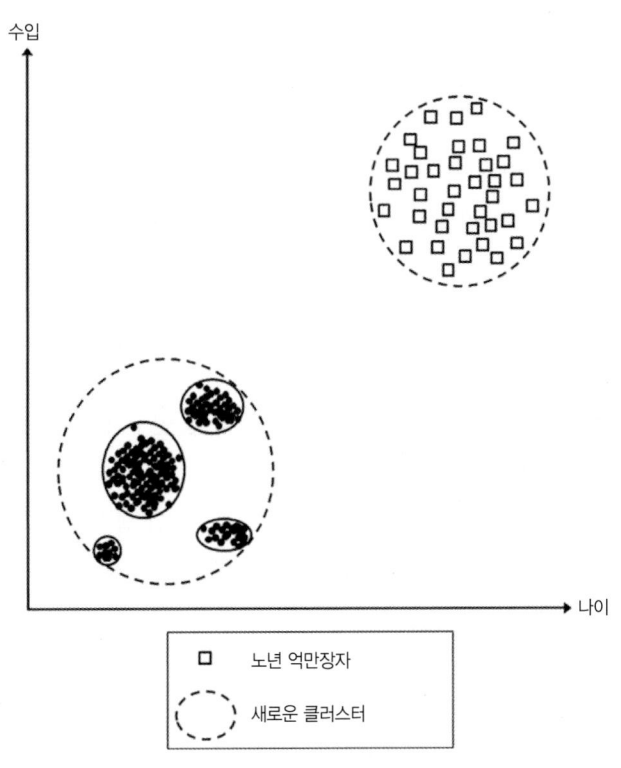

그림 11.5 노년 억만장자의 존재로 인한 새로운 클러스터 구성

이 새로운 상황은 **새로운 관측(그리고 새로운 변수)이 있을 때마다 항상 클러스터 분석을 다시 적용**하는 것의 중요성을 보여준다. 앞서 논의한 것처럼 기존 클러스터가 예측력을 빼앗기고 기능하지 못하기 때문이다.

또한 클러스터 분석을 좀 더 정교화하기 전에, 이 예제는 **클러스터의 생성이 이상치의 존재에 매우 민감**

하게 영향받기 때문에 연구원이 데이터 동작을 연구하고 특정 변수와 관련한 불일치 관측치의 존재를 확인하는 것이 바람직함을 보여준다. 그러나 데이터셋에서 특이점을 제외하거나 유지하는 것은 연구의 목표 및 데이터 유형에 따라 달라진다. 어떤 관측치가 다른 관측치와 비교할 때 가변값으로 변이를 나타내고 작고 중요하지 않은 개별 클러스터를 형성하게 되면 실제로 제거할 수 있다. 반면, 이러한 관측치 자체가 하나 이상의 그룹을 대표하는 경우라면 값이 다른 그룹과 다르더라도 분석 시 고려해야 하며 기법이 다시 적용될 때마다 격리시켜서 다른 그룹이 더 높은 내부 동질성으로 새로운 그룹을 형성하게 할 수도 있다.

새로운 관찰이나 변수가 포함되면 클러스터가 변경되어 새로운 분석을 개발해야 하기 때문에 클러스터 분석 방법은 정적 절차static procedure로 간주된다는 점을 강조할 필요가 있다. 이 예에서 그룹이 형성된 원래 변수가 측도라는 것을 알 수 있다. 클러스터링이 관측치 사이의 거리 행동distance behavior(비유사성 측도dissimilarity measures)에 대한 연구에서 출발했기 때문이다. 경우에 따라 이 장을 통해 클러스터 분석을 관측치 사이의 유사성을 이진 변수로 나타내는 유사성 행동similarity behavior(유사성 측도similarity measures)을 사용해 수행할 수도 있다. 그러나 종종 연구원들이 리커트 척도Likert scale처럼 정성 변수에 잘못된 임의 가중치를 부여해 클러스터 분석에 적용하곤 한다. 이는 중대한 오류로서 대응 분석처럼 정성 변수의 행동을 연구하는 배타적인 탐색적 기법이 존재한다.

역사적으로 보면 많은 거리와 유사성 측도는 19세기 말과 20세기 초반에 유래했지만, 좀 더 나은 구조화된 기법으로서의 클러스터 분석은 Reis(2001)와 Fávero et al.(2009)에서 설명한 것처럼 Driver and Kroeber(1932)의 인류학, Zubin(1938a, b)과 Tryon(1939)의 심리학 영역에서 시작됐다. 관측 클러스터링과 분류 절차가 과학적 기법임을 알게 되면서부터 주로 1960년대 이후에 검증된 여러 놀라운 기술 발달과 함께 클러스터 분석은, 생물과 유기체를 유사한 특성과 종으로 비교하는 분석을 수행하는 Sokal and Sneath(1963)의 유관 연구가 발표된 후 좀 더 빈번히 사용되기 시작했다.

현재 클러스터 분석은 고객 행동, 시장 세분화, 전략, 정치 과학, 경제, 금융, 회계, 계리, 공학, 물류, 전산, 교육, 의학, 생물, 유전학, 생물통계, 심리, 인류학, 인구통계, 지질학, 생태학, 기후학, 고고학, 범죄학, 포렌식 등에 사용되고 있다.

이 장에서는 클러스터 기법에 대해 (1) 개념을 설명하고, (2) 단계별 모델링을 대수적 그리고 실용적으로 보여주고, (3) 얻은 결과를 해석하며, (4) SPSS와 Stata로 적용해본다. 이 책에 제시된 논리를 따라 예제의 대수적 해법을 개념과 함께 보여준다. 개념을 소개하고 난 다음에만 SPSS와 Stata를 사용한 기법을 설명한다.

11.2 클러스터 분석

클러스터 분석에 있어서는 계량과 이진 변수에 대한 각기 다른 거리와 유사성 측도를 사용할 수 있으므로 많은 방법이 존재한다. 더구나 거리와 유사성을 정의한 다음에도 연구원들은 여전히 관측치 클러스터링 기법을 계층적, 비계층적 등의 방법에서 선택해야 한다. 따라서 관측치를 내부적으로 동질적인 클러스터로 묶으려면 처음에는 별것 아닌 것처럼 보이던 것도 상당히 복잡해질 수 있다. 각기 다른 거리와 유사성 측도 그리고 클러스터링 기법 사이에 수많은 조합이 존재하기 때문이다. 따라서 기저 이론과 연구 목적에 기반하고 경험과 직관에 따라 각 그룹에 관측치를 할당하는 기준을 정의하는 것이 매우 중요하다.

이후의 절들에서는 기법의 이론적 전개와 실용적 예를 살펴본다. 11.2.1절과 11.2.2절에서는 각각 거리와 유사성 측도의 개념 및 클러스터링 기법을 설명한 다음, 데이터셋으로부터 대수적 해법을 만들어본다.

11.2.1 클러스터 분석에서 거리와 유사성 측도의 정의

전술한 것처럼, 클러스터 분석의 첫 단계는 각 관측치를 특정 그룹에 할당할 근거가 되는 거리 또는 유사성 측도의 정의다.

거리 측도는 근본적으로 계량의 속성을 가진 데이터셋의 변수에 자주 사용되는데, 두 관측치의 거리가 멀수록 유사성은 떨어지고 비유사성은 증가하기 때문이다.

반면 유사성 측도는 대개 변수가 이진일 때 사용되며, 두 관측치에 대해 모은 응답 쌍인 1-1 또는 0-0의 빈도의 경우 가장 흥미롭다. 이 경우 모인 응답 쌍의 빈도가 클수록 두 관측치의 유사성도 높아진다.

이 규칙의 예외는 다음 절에서 보게 될 것처럼 두 관측치 간에 유사성 특성을 계량 변수로 계산된 피어슨 상관계수다.

계량 변수의 비유사성 측도에 대한 설명은 11.2.1.1절에서 하며, 11.2.1.2절에서는 이진 변수의 유사성 측도를 알아본다.

11.2.1.1 계량 변수 관측치 간의 거리(비유사성) 측도

이상적인 상황하에 동일한 측정 단위를 가진 3개 변수(X_{1i}, X_{2i}, X_{3i})를 가진 데이터셋에서 두 관측치 $i(i = 1, 2)$ 사이의 거리를 계산하는 것을 생각해보자. 이 데이터셋은 표 11.1에 나타나 있다.

표 11.1 두 관측치와 3개 계량 변수로 된 데이터셋의 일부

관측치 i	X_{1i}	X_{2i}	X_{3i}
1	3.7	2.7	9.1
2	7.8	8.0	1.5

두 관측치는 3개의 변수를 가지므로 3차원 공간에 나타낼 수 있다. 그림 11.6은 각 관측치의 상대적 위치를 보여주며 그들 간의 거리를 나타낸다(d_{12}).

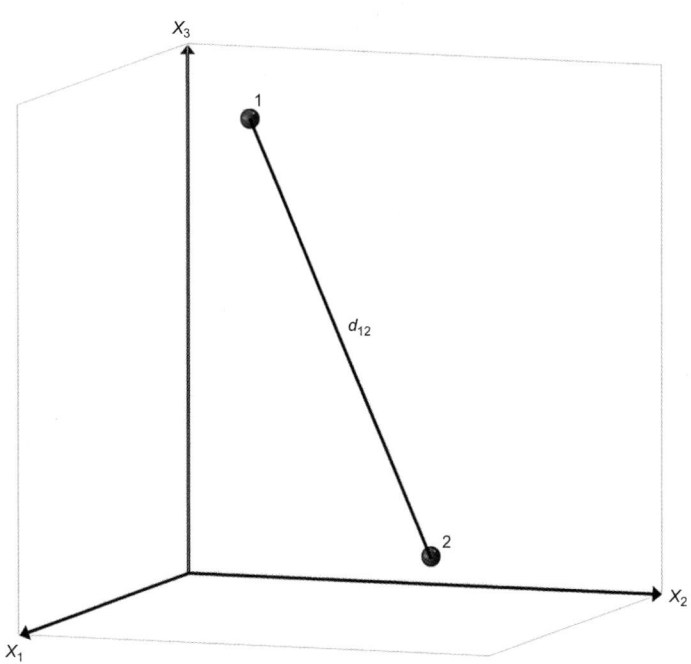

그림 11.6 두 관측치와 3개 변수로 된 이상적 상황에서의 3차원 산포도

거리 d_{12}는 비유사성 측도로서, 그림 11.7과 같이 X_1과 X_2로 형성된 수평 평면에 사상(d'_{12})함으로써 쉽게 구할 수 있다.

따라서 잘 알려진 직각삼각형의 **피타고라스 거리**^{Pythagorean distance} 공식에 따라 d_{12}는 다음 식을 통해 구할 수 있다.

$$d_{12} = \sqrt{(d'_{12})^2 + (X_{31} - X_{32})^2} \tag{11.1}$$

여기서 $|X_{31} - X_{32}|$는 점 1, 2의 수직 사상(X_3축) 거리다.

그러나 거리 d'_{12}는 미지이므로 그림 11.8처럼 두 축(X_1, X_2)에 대한 점 1, 2의 사상 거리를 이용해 다시 한번 피타고라스 정리를 사용한다.

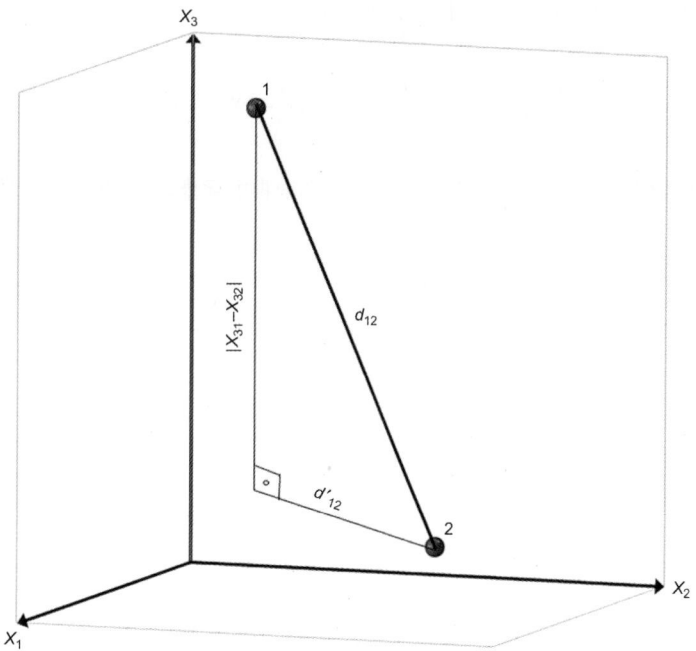

그림 11.7 수평 평면에 대한 d_{12}의 사상 3차원 도면

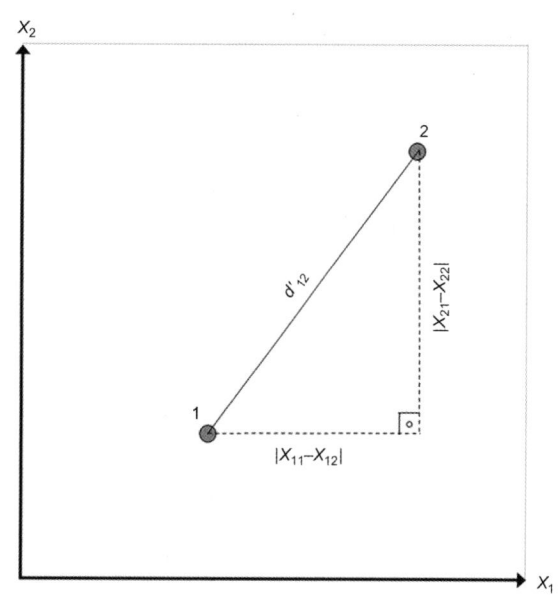

그림 11.8 X_1, X_2로 형성된 공간에 점을 사상

따라서 다음과 같다.

$$d'_{12} = \sqrt{(X_{11} - X_{12})^2 + (X_{21} - X_{22})^2}$$

(11.2)

식 (11.1)에 식 (11.2)를 대입하면 다음과 같이 된다.

$$d_{12} = \sqrt{(X_{11} - X_{12})^2 + (X_{21} - X_{22})^2 + (X_{31} - X_{32})^2} \tag{11.3}$$

이는 점 1과 2 사이의 거리 식(비유사성 측도)을 나타내며, **유클리드 거리**[Euclidean distance]로 알려져 있다. 따라서 예제 데이터의 경우 다음과 같이 된다.

$$d_{12} = \sqrt{(3.7 - 7.8)^2 + (2.7 - 8.0)^2 + (9.1 - 1.5)^2} = 10.132$$

측정 단위는 원시 데이터셋과 동일하다. 나중에 살펴보겠지만, 변수 간의 측정 단위가 다르다면 사전에 데이터 표준화 절차를 수행해야 한다.

이 문제는 표 11.2와 같이 데이터셋의 n개 관측치에서 각 관측치 $i(i = 1, ..., n)$가 각각 $j(j = 1, ..., k)$ 계량 변수 X에 해당하는 일반적인 경우로 확장할 수 있다.

표 11.2 클러스터 분석을 위한 데이터셋 일반 모델

관측치 i	변수 j			
	X_{1i}	X_{2i}	...	X_{ki}
1	X_{11}	X_{21}	...	X_{k1}
2	X_{12}	X_{22}		X_{k2}
⋮	⋮	⋮		
P	X_{1p}	X_{2p}		X_{kp}
⋮	⋮	⋮		
q	X_{1q}	X_{2q}		X_{kq}
⋮	⋮	⋮		⋮
n	X_{1n}	X_{2n}		X_{kn}

따라서 식 (11.4)는 식 (11.3)에 기반해 두 관측치 p, q에 대한 유클리드 거리의 일반화된 정의를 나타낸다.

$$d_{pq} = \sqrt{\left(X_{1p} - X_{1q}\right)^2 + \left(X_{2p} - X_{2q}\right)^2 + ... + \left(X_{kp} - X_{kq}\right)^2} = \sqrt{\sum_{j=1}^{k} \left(X_{jp} - X_{jq}\right)^2} \tag{11.4}$$

비록 유클리드 거리가 클러스터 분석에서 가장 흔히 사용되긴 하지만 그 밖의 비유사성 측도도 존재하며, 어느 것을 사용할 것인지는 연구원의 가정과 목적에 달려 있다. 사용 가능한 비유사성 측도를 살펴보면 다음과 같다.

- **유클리드 제곱 거리**Euclidean squared distance: 값의 산포가 작을 경우 유클리드 거리 대신 그 제곱을 사용할 수 있다. 이 측도는 결과 분석과 관측치 할당이 좀 더 용이하다. 식은 다음과 같다.

$$d_{pq} = \left(X_{1p} - X_{1q}\right)^2 + \left(X_{2p} - X_{2q}\right)^2 + \ldots + \left(X_{kp} - X_{kq}\right)^2 = \sum_{j=1}^{k} \left(X_{jp} - X_{jq}\right)^2 \tag{11.5}$$

- **민코프스키 거리**Minkowski Distance: 가장 보편적인 비유사성 측도 식으로서 다른 식을 유도하는 기본이 된다. 식은 다음과 같다.

$$d_{pq} = \left[\sum_{j=1}^{k} \left(\left|X_{jp} - X_{jq}\right|\right)^m\right]^{\frac{1}{m}} \tag{11.6}$$

여기서 m은 양의 정수($m = 1, 2, \ldots$)다. 유클리드 거리는 $m = 2$인 특수한 경우의 민코프스키 거리다.

- **맨해튼 거리**Manhattan Distance: **절대**absolute 또는 **도시 블록 거리**city block distance로도 불리며, 피타고라스 식의 삼각법을 고려하지 않고 오직 변수 간의 차이만을 고려한다. 이 식 또한 $m = 1$인 민코프스키 거리의 특수한 형태다.

$$d_{pq} = \sum_{j=1}^{k} \left|X_{jp} - X_{jq}\right| \tag{11.7}$$

- **체비셰프 거리**Chebyshev Distance: **무한**infinite 또는 **최대 거리**maximum distance로도 불리며, 연구 중인 모든 j 변수 중 최대 차이의 두 관측치만 고려하므로 맨해튼 거리의 특수한 형태다. 식은 다음과 같다.

$$d_{pq} = \max \left|X_{jp} - X_{jq}\right| \tag{11.8}$$

이는 $m = \infty$인 민코프스키 거리의 특수한 형태이기도 하다.

- **캔버라 거리**Canberra Distance: 변수가 오직 양숫값만을 갖는 경우에 사용하며, 0부터 j(변수 개수) 사이의 값을 갖는다. 식은 다음과 같다.

$$d_{pq} = \sum_{j=1}^{k} \frac{\left|X_{jp} - X_{jq}\right|}{\left(X_{jp} + X_{jq}\right)} \tag{11.9}$$

계량 변수가 있을 때마다 연구원은 **피어슨의 상관관계**Pearson's correlation를 사용할 수도 있는데, 이는 거리의 측도가 아니지만(사실 유사성의 측도다), 데이터셋의 행을 그룹화하고자 할 때 중요한 정보를 제공한다. 두 관측치 p와 q 사이의 피어슨 상관관계식은 4장의 식 (4.11)에 따라 다음과 같이 나타낼 수 있다.

$$\rho_{pq} = \frac{\sum_{j=1}^{k} \left(X_{jp} - \overline{X}_p\right) \cdot \left(X_{jq} - \overline{X}_q\right)}{\sqrt{\sum_{j=1}^{k} \left(X_{jp} - \overline{X}_p\right)^2} \cdot \sqrt{\sum_{j=1}^{k} \left(X_{jq} - \overline{X}_q\right)^2}}$$

(11.10)

여기서 $\overline{X}_p$와 $\overline{X}_q$는 각각 관측치 p와 q에 대한 모든 변숫값의 평균을 나타낸다. 즉, 데이터셋의 각 행의 평균이다.

따라서 행 사이의 상관계수를 다루고 있으며 열(변수)은 아니라는 것을 알 수 있다. 데이터 분석에서는 이 값이 −1에서 1 사이에서 변하는 것이 가장 보편적이다. **피어슨 상관계수는 시계열, 즉 관측치가 기간을 나타내는 데이터셋을 분석할 때 행들 사이의 유사성 측도로 사용할 수 있다.** 이 경우 연구원은 **변수 집합 중 동일 행에서 같은 행동이 재현**되어 특정 기간(반드시 연속일 필요는 없다)을 유사한 행동에 따라 그룹화할 수도 있다.

표 11.1의 데이터로 돌아가서 관측치 1과 2 사이의 거리를 식 (11.4) ~ 식 (11.9) 사이의 다른 측도를 사용해 다시 계산할 수 있고, 식 (11.10)의 상관관계 유사성 측도로 계산할 수도 있다. 표 11.3은 계산과 해당 결과를 보여준다.

표 11.3 관측치 1과 2 사이의 거리 및 상관관계 유사성 측도

관측치 i	X_{1i}	X_{2i}	X_{3i}	평균
1	3.7	2.7	9.1	**5.167**
2	7.8	8.0	1.5	**5.767**

유클리드 거리

$$d_{12} = \sqrt{(3.7 - 7.8)^2 + (2.7 - 8.0)^2 + (9.1 - 1.5)^2} = 10.132$$

유클리드 거리 제곱

$$d_{12} = (3.7 - 7.8)^2 + (2.7 - 8.0)^2 + (9.1 - 1.5)^2 = 102.660$$

맨해튼 거리

$$d_{12} = |3.7 - 7.8| + |2.7 - 8.0| + |9.1 - 1.5| = 17.000$$

체비셰프 거리

$$d_{12} = |9.1 - 1.5| = 7.600$$

캔버라 거리

$$d_{12} = \frac{|3.7-7.8|}{(3.7+7.8)} + \frac{|2.7-8.0|}{(2.7+8.0)} + \frac{|9.1-1.5|}{(9.1+1.5)} = 1.569$$

피어슨 상관계수(유사성)

$$\rho_{12} = \frac{(3.7-5.167) \cdot (7.8-5.767) + (2.7-5.167) \cdot (8.0-5.767) + (9.1-5.167) \cdot (1.5-5.767)}{\sqrt{(3.7-5.167)^2 + (2.7-5.167)^2 + (9.1-5.167)^2} \cdot \sqrt{(7.8-5.767)^2 + (8.0-5.767)^2 + (1.5-5.767)^2}} = -0.993$$

표 11.3은 Vicini and Souza(2005)와 Malhotra(2012)에서 설명한 것처럼 각기 다른 측도는 다른 결과를 생성해 관측치가 분석 측도의 선택에 따라 다른 그룹에 할당될 수 있음을 보여준다. 따라서 연구원은 어떤 측도를 사용할지 정하고, 왜 그 측도로 정했는지를 항상 명심해야 한다. 동일한 데이터셋을 연구할 때 하나 이상의 측도를 사용하면 그 결과를 비교할 수 있으므로 어떤 측도를 사용할지 결정할 때 도움을 줄 수 있다.

이 점은 표 11.4처럼 제3의 관측치를 추가하면 확실해진다.

표 11.4 세 가지 관측치와 세 가지 측도의 데이터셋 일부

관측치 i	X_{1i}	X_{2i}	X_{3i}
1	3.7	2.7	9.1
2	7.8	8.0	1.5
3	8.9	1.0	2.7

유클리드 거리에 따르면 가장 유사한 관측치는 2와 3이지만 체비셰프 거리를 사용하면 1과 3이 가장 유사하다. 표 11.5는 각 관측치 쌍의 거리를 보여주며 가장 작은 거리 값에 굵은 글씨로 표시했다.

표 11.5 표 11.4에서 본 관측치 쌍 사이의 유클리드 거리와 체비셰프 거리

거리	관측치 1과 2 쌍	관측치 1과 3 쌍	관측치 2와 3 쌍
유클리드	$d_{12} = 10.132$	$d_{13} = 8.420$	$\mathbf{d_{23} = 7.187}$
체비셰프	$d_{12} = 7.600$	$\mathbf{d_{13} = 6.400}$	$d_{23} = 7.000$

따라서 어떤 클러스터 계획에서 오직 비유사성 측도만 사용했다면 최초 클러스터 구성이 달라졌을 것이다.

어떤 거리 측도로 결정하느냐에 더해 연구원은 데이터를 사전에 처리할 필요가 있는지 알아야 한다. 지금까지 살펴본 예제에서는 동일한 측도 단위(예를 들어 수학, 물리, 화학 과목의 학생 성적은 모두 0부터 10 사이이다)를 사용했었다. 그러나 변수의 측도가 다르다면(예를 들어, 수입을 나타내는 달러나 총 학업 연수, 자녀의 수 등) 관측치 사이의 거리는 단위가 큰 값에 의해 임의로 영향을 받게 되어 정보가 손상된다. 이 경우 연구원은 데이터를 표준화해서 측도 단위의 임의성을 제거하고 각 변수가 고려 중인 거리 측도에 동일한 기여를 하게 해야 한다.

Z 점수 절차$^{\text{Z-scores procedure}}$는 가장 흔히 사용되는 변수 표준화다. 이 절차는 각 관측치 i에 대해 새로운 표준화 변수 ZX_j를 해당 원시 변숫값 X_j를 평균에서 차감해 구한 다음 표준 편차로 그 값을 나누어 얻는다. 식은 다음과 같다.

$$ZX_{ji} = \frac{X_{ji} - \overline{X}_j}{s_j} \tag{11.11}$$

여기서 $\overline{X}$와 s는 변수 X_j의 평균과 표준 편차를 나타낸다. 따라서 데이터셋의 원시 변수의 값의 크기와 측정 단위 유형에 상관없이 Z 점수에 의해 표준화된 모든 변수는 평균이 0이고 표준 편차가 1이되어 각 쌍의 거리 측정에 있어서 상이한 단위로 인한 임의 효과는 제거된다. 더구나 Z 점수는 원시 변수의 분포를 변화시키지 않는다는 장점이 있다.

따라서 원시 변수가 각기 다른 단위를 가졌다면 식 (11.4) ~ 식 (11.9)의 항 X_{jp}와 X_{jq}는 각각 ZX_{jp}와 ZX_{jq}로 대체해야 한다. 표 11.6은 표준화된 변수에 기반한 이 식을 보여준다.

표 11.6 표준화 변수의 거리 측도 식

거리 측도(비유사성)	식
유클리드	$d_{pq} = \sqrt{\sum_{j=1}^{k} \left(ZX_{jp} - ZX_{jq} \right)^2}$
유클리드 제곱	$d_{pq} = \sum_{j=1}^{k} \left(ZX_{jp} - ZX_{jq} \right)^2$
민코프스키	$d_{pq} = \left[\sum_{j=1}^{k} \left(\left| ZX_{jp} - ZX_{jq} \right| \right)^m \right]^{\frac{1}{m}}$
맨해튼	$d_{pq} = \sum_{j=1}^{k} \left| ZX_{jp} - ZX_{jq} \right|$
체비셰프	$d_{pq} = \max \left| ZX_{jp} - ZX_{jq} \right|$
캔버라	$d_{pq} = \sum_{j=1}^{k} \frac{\left| ZX_{jp} - ZX_{jq} \right|}{\left(ZX_{jp} + ZX_{jq} \right)}$

비록 피어슨의 상관계수는 비유사성 측도는 아니지만(사실 유사성 측도다) 이 역시 동일한 단위가 아닐 경우 Z 점수 절차를 사용해 변수를 표준화해야 한다는 점에 유의하자. 주요 목적이 변수를 그룹화하는 것이라면(이는 다음 장, 요인 분석의 주요 목적이다) 사실 Z 점수를 통한 변수 표준화는, 데이터셋 열 사이의 상관관계를 평가하는 분석이라는 점에서 별 상관없다. 반면 이 장의 목표처럼 관측치를 대표하는 데이터셋의 행을 그룹화하는 것이 목표라면 정확한 클러스터 분석을 위해 변수를 표준화할 필요가 있다.

11.2.1.2 이진 변수 관측치 사이의 유사성 측도

이제 변수가 7개($X_{1i}, ..., X_{7i}$)인 데이터셋으로부터 두 관측치 $i(i = 1, 2)$의 거리를 계산하려 하는 경우를 생각해보자. 이 7개의 변수는 모두 어떤 특성의 존재 유무를 나타낸다. 이 경우 어떤 특성의 존재 유무는 대개 **이진 변수**$^{binary\ variable}$ 또는 **더미**^{dummy}로 나타내어 예컨대 특성이 있으면 1, 없으면 0으로 나타낸다. 이러한 데이터는 표 11.7에서 볼 수 있다.

표 11.7 두 관측치와 이진 변수 7개의 데이터셋 일부

관측치 i	X_{1i}	X_{2i}	X_{3i}	X_{4i}	X_{5i}	X_{6i}	X_{7i}
1	0	0	1	1	0	1	1
2	0	1	1	1	1	0	1

이진 변수를 사용하면, 임의의 이산 값(1, 2, 3, ...)을 각 정성 변수에 할당했을 경우 발생할 수 있는 **임의 가중화**^{arbitary weighting} 문제는 생기지 않는다는 점에 주목하자. 이 관점에서 어떤 정성 변수가 k 범주를 갖는다면 각 범주의 존재 유무를 나타내려면 $(k-1)$개의 이진 변수가 필요하다. 따라서 참조 범주가 나타나면 모든 이진 변숫값은 0이 된다.

따라서 식 (11.4)를 이용하면, 관측치 1과 2 사이의 유클리드 거리를 다음과 같이 구할 수 있다.

$$d_{12} = \sum_{j=1}^{7} \left(X_{j1} - X_{j2} \right)^2 = (0-0)^2 + (0-1)^2 + (1-1)^2 + (1-1)^2 + (0-1)^2 + (1-0)^2 + (1-1)^2 = 3$$

이는 관측치 1과 2 사이의 대답이 다른 전체 변수 개수를 나타낸다.

그러므로 어떤 두 관측치 p, q에 대해 동일한 대답 개수(0-0 또는 1-1)가 많을수록, 둘 사이의 유클리드 제곱 거리는 짧아진다.

$$\left(X_{jp} - X_{jq} \right)^2 = \begin{cases} 0 & X_{jp} = X_{jq} = \begin{cases} 0 \\ 1 \end{cases} \text{인 경우} \\ 1 & X_{jp} \neq X_{jq} \text{인 경우} \end{cases} \tag{11.12}$$

Johnson and Wichern(2007)에서 설명한 것처럼 식 (11.12)에 따른 거리는 비유사성 측도로 간주된다. 서로 다른 답이 많을수록 유클리드 제곱 거리가 증가하기 때문이다. 계산에 있어 1-1과 0-0 쌍은 서로 동일하게 취급하며, 그 상대적 중요도는 고려하지 않는다. 그러나 대개 1-1 쌍은 0-0 쌍에 비해 더 강한 유사성을 의미할 때가 많다. 예를 들어 사람들을 분류할 때, 두 사람 모두 매일 랍스터를 먹는다는 사실이 두 사람 모두 매일 랍스터를 먹지는 않는다는 사실보다 훨씬 더 강한 유사성의 증거이기 때문이다.

따라서 많은 저자는 관측치의 유사성을 측정할 때 1-1, 0-0의 유사성에 대한 계수를 사용해 상대적인 중요도를 고려할 것을 권한다. 이러한 측도를 위해서는 표 11.8처럼 관측치 p, q에 대한 0, 1 응답의 절대 빈도표를 구성할 필요가 있다.

표 11.8 두 관측치 p, q에 대한 0, 1 응답의 절대 빈도

관측치 q	관측치 p		
	1	**0**	**총합**
1	a	b	$a + b$
0	c	d	$c + d$
총합	$a + c$	$b + d$	$a + b + c + d$

이제 이 표에 기반해서 유사성 측도를 설명하게 되는데, 각 측도는 연구원의 가정과 목적에 종속된다는 점을 명심하자.

- **단순 매칭 계수**$^{SMC, simple matching coefficient}$: 이진 변수에 가장 빈번하게 사용되는 지수로서, Zubin(1938a)과 Sokal and Michener(1958)에 설명되어 있다. 이 계수는 1-1, 0-0 응답에 해당하는 가중치를 매칭하며 식은 다음과 같다.

$$s_{pq} = \frac{a+d}{a+b+c+d} \tag{11.13}$$

- **자카드 지수**$^{Jaccard index}$: 이 지수는 Gilbert(1884)가 처음으로 제시했지만, 대단히 중대한 두 논문인 Jaccard(1901, 1908)에서 사용되고 설명되면서 자카드란 이름이 붙게 됐다. **자카드 유사성 계수**$^{Jaccard similarity coefficient}$로도 불리는 이 척도는 0-0 응답의 빈도를 무시하고 고려하지 않는다. 그러나 모든 응답이 0일 경우, 즉 표 11.8의 d 셀에만 빈도가 있을 경우가 있다. 이때는 Stata 소프트웨어의 경우 자카드 지수를 1로 표시한다. 이는 유사성 측도 측면에서는 합리적으로 보인다. 식은 다음과 같다.

$$s_{pq} = \frac{a}{a+b+c} \tag{11.14}$$

- **다이스 유사성 계수**$^{DSC, Dice similarity coefficient}$: 이 계수는 다이스라고 불리지만 사실 Czekanowski(1932), Dice(1945), Sørensen(1948)에서 제시됐고 설명되어 있다. 이 지수는 자카드 지수와 유사하지만 1-1 쌍에 해당하는 가중치를 배가한다. 자카드에서처럼 Stata는 모든 빈도가 0일 경우 이 값을 1로 표시하여 계산의 모호성을 없앤다. 수식은 다음과 같다.

$$s_{pq} = \frac{2 \cdot a}{2 \cdot a+b+c} \tag{11.15}$$

- **역 다이스 유사성 계수**$^{anti-Dice similarity coefficient}$: 이 계수는 Sokal and Sneath(1963), Anderberg(1973)가 제시했고 역 다이스라는 이름은 각기 다른 1-1 쌍, 즉 각기 다른 응답에 대해 가중치를 배가하므로 생겼다. 자카드와 다이스에서처럼 0-0 쌍은 무시한다. 식은 다음과 같다.

$$s_{pq} = \frac{a}{a + 2 \cdot (b + c)} \tag{11.16}$$

- **러셀과 라오 유사성 계수**Russel and Rao similarity coefficient: 이 계수는 널리 사용되는 것으로서 계수 계산에서 1-1 응답 유사성만 조명한다. Russell and Rao(1940)가 제안했으며 식은 다음과 같다.

$$s_{pq} = \frac{a}{a + b + c + d} \tag{11.17}$$

- **오치아이 유사성 계수**Ochiai similarity coefficient: 이름과 달리 이 계수는 원래 Driver and Kroeber(1932)가 제안했으며, 뒤에 Ochiai(1957)에서 사용됐다. 이 계수는 관측치 중 하나의 값이 모두 0이면 정의되지 않는다. 그러나 두 벡터의 모든 값이 0일 경우 Stata는 이 계수를 1로 표시한다. 둘 중 한 벡터의 값만 모두 0일 때는 0으로 간주한다. 식은 다음과 같다.

$$s_{pq} = \frac{a}{\sqrt{(a + b) \cdot (a + c)}} \tag{11.18}$$

- **율 유사성 계수**Yule similarity coefficient: 이 계수는 Yule(1900)이 제시했고, Yule and Kendall(1950)에서 사용됐는데, 이진 변수에 대한 이 계수는 −1에서 1 사이에 있다. 식을 통해 알 수 있듯, 계수는 비교 중인 벡터 중 하나 또는 둘 다의 값이 모두 0이거나 1이면 정의되지 않는다. Stata의 경우 $b = c = 0$(모두 일치)의 경우 1로 표시하고, $a = d = 0$(모두 불일치)일 경우 −1로 표시한다. 식은 다음과 같다.

$$s_{pq} = \frac{a \cdot d - b \cdot c}{a \cdot d + b \cdot c} \tag{11.19}$$

- **로저스와 타니모토 유사성 계수**Rogers and Tanimoto similarity coefficient: 이 계수는 각기 다른 응답 1-0, 0-1의 가중치를 배가하는데, 최초에 Rogers and Tanimoto(1960)가 제안했다. 이 식은 0-0 응답 빈도가 모두 0($d = 0$)일 경우 역 다이스 계수와 같아진다. 식은 다음과 같다.

$$s_{pq} = \frac{a + d}{a + d + 2 \cdot (b + c)} \tag{11.20}$$

- **스니스와 소칼 유사성 계수**Sneath and Sokal similarity coefficient: 로저스와 타니모토 계수와는 달리, 이 계수는 Sneath and Sokal(1962)이 제시했으며, 1-1, 0-0 응답의 가중치를 배가한다. 이 계수는 0-0 응답이 모두 0일 경우($d = 0$) 다이스 계수와 같아진다. 식은 다음과 같다.

$$s_{pq} = \frac{2 \cdot (a + d)}{2 \cdot (a + d) + b + c} \tag{11.21}$$

- **하만 유사성 계수**^{Hamann similarity coefficient}: Hamann(1961)이 제안한 이 계수는 전체 일치(1-1, 0-0) 빈도에서 불일치 응답(1-0, 0-1)의 빈도를 차감하는 이진 변수 유사성 계수다. 이 계수는 −1(전체 응답 불일치) ~ 1(전체 응답 일치)에서 변동되며, 단순 매칭 계수 −1의 두 배와 동일하다. 식은 다음과 같다.

$$s_{pq} = \frac{(a+d)-(b+c)}{a+b+c+d} \tag{11.22}$$

11.2.1.1절에서 계량 변수에 대한 비유사성 측도를 설명한 것처럼, 오직 이진 변수만 갖는 관측치 1, 2 사이의 각기 다른 유사성 계산을 알아보기 위해 다시 표 11.7로 돌아가 보자. 이를 위해서는 먼저 표 11.9에서처럼 응답 0과 1의 절대 빈도표를 구성해야 한다.

표 11.9 관측치 1, 2에 대한 응답 0과 1의 절대 빈도

관측치 2	관측치 1		
	1	0	총합
1	3	2	5
0	1	1	2
총합	4	3	7

따라서 식 (11.13) ~ 식 (11.22)를 사용하면 유사성 측도를 직접 계산할 수 있다. 표 11.10은 각 계수의 계산과 결과를 보여준다.

표 11.10 관측치 1과 2 사이의 유사성 측도

단순 매칭:	자카드:
$s_{12} = \frac{3+1}{7} = 0.571$	$s_{12} = \frac{3}{6} = 0.500$
다이스:	**역 다이스:**
$s_{12} = \frac{2(3)}{2 \cdot (3) + 2 + 1} = 0.667$	$s_{12} = \frac{3}{3 + 2 \cdot (2+1)} = 0.333$
러셀과 라오:	**오치아이:**
$s_{12} = \frac{3}{7} = 0.429$	$s_{12} = \frac{3}{\sqrt{(3+2) \cdot (3+1)}} = 0.671$
율:	**로저스와 타니모토:**
$s_{12} = \frac{3 \cdot 1 - 2 \cdot 1}{3 \cdot 1 + 2 \cdot 1} = 0.200$	$s_{12} = \frac{3+1}{3 + 1 + 2 \cdot (2+1)} = 0.400$
스니스와 소칼:	**하만:**
$s_{12} = \frac{2 \cdot (3+1)}{2 \cdot (3+1) + 2 + 1} = 0.727$	$s_{12} = \frac{(3+1) - (2+1)}{7} = 0.143$

비유사성 측도를 계산할 때 설명한 것과 마찬가지로, 각기 다른 유사성 측도는 다른 결과를 생성한다. 이에 따라 클러스터 기법을 정의할 때 각기 다른 균질 클러스터에 관측치가 할당될 수 있으며, 이는 분석에 어떤 측도를 선택했는지에 달려 있다.

이 절에서 다루는 유사성 측도에서는 Z 점수 표준화 절차를 적용할 필요가 없다는 점에 유의하자. 클러스터에 사용된 변수는 이진이기 때문이다.

이 시점에서, 이진 변수에 대한 클러스터링에 유사성 측도를 사용하는 대신 각 관측치의 좌표로부터 클러스터를 정의하는 것도 흔하다. 이러한 일은 예를 들어 **단순 또는 복수 대응 분석**에서 발생한다. 유사성 탐색적 기법은 **지각 맵**perceptual map을 생성하기 위해 정성 변수를 가진 데이터셋에만 적용되는 것으로서, 분석의 각 변수 범주의 빈도에 기반해 구성된다(Fávero and Belfiore, 2017).

연구 목적과 기저 이론, 경험과 직관에 따라 계수를 정의하고 난 다음에 비로소 연구원들은 클러스터 계획 정의로 옮겨가야 한다. 주요 클러스터 분석 계획은 다음 절에서 살펴본다.

11.2.2 클러스터 분석의 응집 계획

Vicini and Souza(2005)와 Johnson and Wichern(2007)에서 설명한 것처럼 클러스터 분석에서 클러스터링 기법을 선택하는 것을 **응집 계획**agglomeration schedule이라고 부르는데, 거리(또는 유사성) 측도의 정의만큼 중요하며 그 연구 목적에 맞게 이뤄져야 한다.

기본적으로 응집 계획은 **계층적**hierarchicals 및 **비계층적**nonhierarchicals, 두 가지 유형으로 나뉜다. 전자가 클러스터 형성에 있어 (단계별) 계층 구조를 특징짓는 것이라면, 비계층적 계획은 이러한 계층 프로세스를 거치지 않고 클러스터 내의 균질성을 극대화하는 알고리즘을 사용한다.

계층적 응집 계획은 프로세스가 어떻게 시작하는지에 따라 **클러스터링**clustering 또는 **분할**partitioning일 수 있다. 모든 관측치의 분리를 고려해, 그 거리(또는 유사성)에 따라 마지막 하나의 클러스터가 형성될 때까지 그룹을 형성해나가는 프로세스를 클러스터링이라 부른다. 계층적 응집 계획에서 가장 보편적으로 사용되는 것은 다음에 나열한 **연결 기법**linkage method들을 따른다. **최근접 이웃**nearest-neighbor 또는 **단일 연결**single-linkage, **가장 먼 이웃**furthest-neighbor 또는 **완전 연결**complete-linkage, **그룹 간**between-groups 또는 **평균 연결**average-linkage. 반면, 모든 관측치가 그룹화된 다음, 단계별로 각 관측치 분리를 통해 더 작은 그룹이 형성되고 궁극적으로 개별 그룹(완전 분리된 관측치)으로 나눠가는 것을 분할이라고 한다.

반대로 비계층 응집 계획에서는 가장 보편적인 것이 k 평균 절차이며, 클러스터의 중심이 정의된 다음, 그 중심과 관측치와의 근접도에 따라 할당이 수행된다. 연구원이 관측치 할당에 대한 몇 가지 가능성을 연구하고 각 그룹화 단계별로 이상적 클러스터 개수를 정의하기까지 하는 계층 계획과 달리, 비계층 응집 계획은 클러스터링 센터를 정의하고 관측치를 할당하게 될 클러스터 개수를 사전에 규정해야 한다. 바로 이 점 때문에 데이터셋의 관측치나 변수에 기반해 합리적인 클러스터 개수를 추정할 수 없을 경우에는 비계층적 계획을 수행하기 전에 계층적 응집 계획을 생성하기를 권한다.

그림 11.9는 클러스터 분석의 응집 계획 논리를 보여준다.

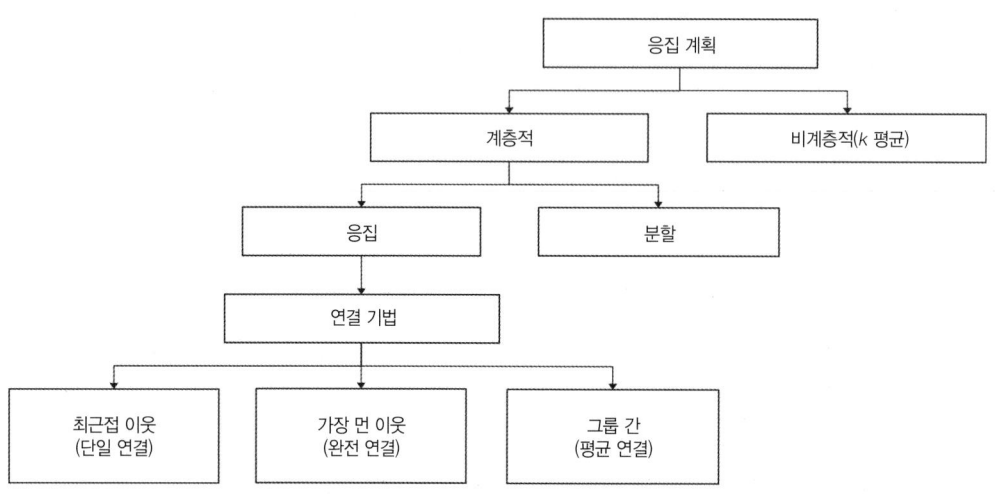

그림 11.9 클러스터 분석의 응집 계획

11.2.2.1절에서 계층적 응집 계획을 살펴본 다음, 11.2.2.2절에서 비계층적 k 평균 응집 계획을 살펴보자.

11.2.2.1 계층적 응집 계획

이 절에서는 매 클러스터링 단계에서 새로운 관측치가 그룹이 어떤 기준(연결 기법)이나 거리 측도에 따라 더해져서 점점 클러스터가 커져가는 주요 계층적 응집 계획을 살펴본다. 11.2.2.1.1절에서는 이 계획의 주요 개념을 설명하고, 11.2.2.1.2절에서는 대수적으로 실제 예제를 해결해본다.

11.2.2.1.1 표기법

그림 11.9에서 볼 수 있듯이 계층 응집 계획에서는 세 가지 주요 연결 기법이 있는데, 최근접 이웃 또는 단일 연결, 가장 먼 이웃 또는 완전 연결, 그룹 간 또는 평균 연결이다.

표 11.11은 각 클러스터링 단계에서 선택된 연결 기법에 따라 거리를 고려하는 것을 보여준다.

단일 연결 기법에서는 최단 거리(따라서 그 명칭이 최근접 이웃이다)를 찾아 그룹이나 관측치를 병합해 각 클러스터링 단계에서 새로운 클러스터가 형성된다. 그러므로 **이 방식의 적용은 관측치가 상대적으로 멀리 있을 경우, 즉 다를 경우 추천되며** 동질성의 최소를 고려해 클러스터를 형성하고자 한다. 반면 그림 11.10처럼 관측치나 클러스터 각각이 서로 조금만 떨어져 있다면 방해가 될 수 있다.

표 11.11 연결 기법에 따른 거리

연결 기법	도면	거리(비유사성)
단일 (최근접 이웃 또는 단일 연결)		d_{23}
완전 (가장 먼 이웃 또는 완전 연결)		d_{15}
평균 (그룹 간 또는 평균 연결)		$\dfrac{d_{13} + d_{14} + d_{15} + d_{23} + d_{24} + d_{25}}{6}$

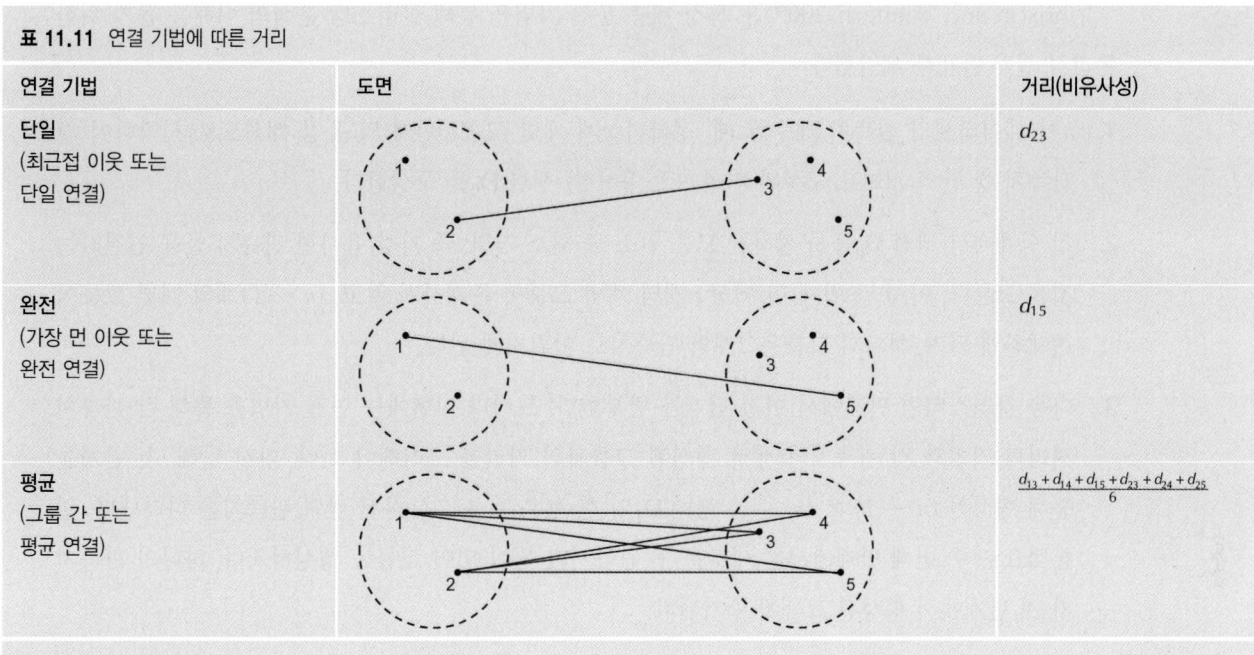

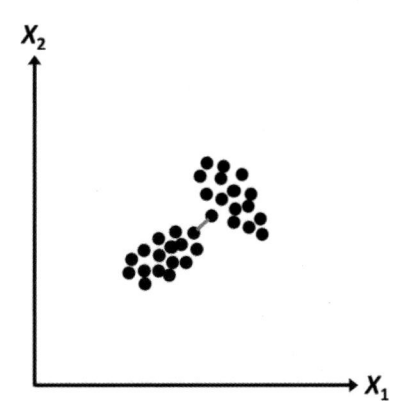

그림 11.10 단일 연결 기법: 매우 가까운 관측치 또는 클러스터가 있을 경우 분석이 훼손된다.

반면, 완전 연결 기법은 반대로 작동한다. 즉, 가장 먼 관측치 또는 그룹이 새로운 클러스터를 형성하고(따라서 '가장 먼'이라는 이름이 붙었다) 이에 따라 **관측치들 사이에 큰 거리 차이가 없어서 그들 사이의 이질성을 식별할 필요가 있을 때 추천된다.**

마지막으로, 평균 연결 기법에서는 두 그룹이 **그룹 내에 있는 모든 관측치 쌍들의 평균 거리에 기반해** 두 그룹을 병합한다(따라서 '평균 연결'이라는 명칭이 붙었다). 그에 따라 클러스터 간의 거리 측도 계산에 변경이 있어도, 관측치 사이의 거리가 매우 멀 경우 평균 연결 기법은 단일 연결 기법에 의해 각 그룹 관측치의 순서를 간직한다. 관측치 사이가 매우 가까운 경우 완전 연결 기법에서도 동일한 현상이 나타난다.

Johnson and Wichern(2007)은 특정 계층 응집 기법을 통해 클러스터 분석의 이해를 돕기 위한 논리적 절차 단계를 제안했다.

1. n이 데이터셋의 관측치 개수일 때, 정확히 n개 개별 그룹(0단계)의 응집 계획으로 시작하여 각 관측치 쌍 간의 거리로 구성된 거리(또는 유사성) 행렬 $\mathbf{D}_0$를 구성한다.

2. 첫 단계에서 행렬 $\mathbf{D}_0$를 구성하는 모든 원소 중 최소 거리, 즉 가장 유사한 관측치 둘을 연결하는 것을 고른다. 이 순간 이제 더 이상 n개의 개별 그룹이 존재하지 않고, $(n-1)$개의 개별 그룹이 존재하게 되며, 하나의 그룹은 2개의 관측치로 이뤄지게 된다.

3. 다음 클러스터링 단계에서 이전 단계를 반복한다. 그러나 이번에는 연결 기법을 통해 각 관측치끼리의 거리와 각 관측치와 새로 형성된 그룹과의 거리를 고려해야 한다. 다시 말해, 첫 단계를 통해 형성된 $(n-1) \times (n-1)$ 행렬 $\mathbf{D}_1$의 한 행은 처음 그룹화된 쌍의 관측치를 나타낸다. 결론적으로 두 번째 단계에서는 새로운 두 관측치가 쌍이 되어 그룹을 형성하거나, 하나의 관측치가 첫 단계에서 형성된 그룹에 추가된다.

4. 앞의 절차는 $(n-1)$회 반복되어 모든 관측치가 하나의 그룹으로 형성될 때까지 반복된다. 다시 말해, $(n-2)$단계에서의 행렬 $\mathbf{D}_{n-2}$에는 마지막 융합 전의 2개의 그룹만 남아 있게 된다.

5. 마지막으로, 클러스터링 단계로부터 클러스터 간의 거리가 형성되어 클러스터링 단계를 요약하고 각 관측치의 클러스터 할당을 설명해줄 수 있는 트리 형태의 그래프를 만들 수 있는데, 이를 **덴드로그램**dendrogram 또는 **피노그램**phenogram이라 한다.

따라서 각 단계의 행렬 $\mathbf{D}$를 형성하는 값들이 선택된 거리 측도와 연결 기법의 함수가 된다. 어떤 클러스터 단계 s에서 연구원들이 이전에 형성된 두 그룹 M, N(각각 m개와 n개의 관측치로 구성)을 합쳐 하나의 그룹 MN으로 형성하는 경우를 생각해보자. 다음으로 연구원은 MN 그룹을 w개의 관측치를 가진 다른 W 그룹과 합치고자 한다. 계층적 응집 기법에서는 다음 클러스터를 결정하는 기준이 오직 관측치(또는 그룹) 간의 최소 거리라는 사실을 알고 있으므로 각 행렬 $\mathbf{D}_s$를 구성하는 거리를 분석하려면 응집 계획이 필수적이다. 표 11.1의 논리에 기반해, $\mathbf{D}_s$에 포함된 두 클러스터 MN과 W 사이의 거리를 계산하는 기준을 다음 각 연결 기준에 따라 살펴보자.

- 최근접 이웃 또는 단일 연결 기법

$$d_{(MN)W} = \min\{d_{MW}; d_{NW}\} \tag{11.23}$$

여기서 d_{MW}와 d_{NW}는 각각 클러스터 M과 W, 클러스터 N과 W 사이의 가장 가까운 관측치다.

- 가장 먼 이웃 또는 완전 연결 기법

$$d_{(MN)W} = \max\{d_{MW}; d_{NW}\} \tag{11.24}$$

여기서 d_{MW}와 d_{NW}는 각각 클러스터 M과 W, 클러스터 N과 W 사이의 가장 먼 관측치다.

- **그룹 간 또는 평균 연결 기법**

$$d_{(MN)W} = \frac{\sum_{p=1}^{m+n}\sum_{q=1}^{w}d_{pq}}{(m+n)\cdot(w)} \tag{11.25}$$

여기서 d_{pq}는 MN 클러스터의 어떤 관측치 p와 W 클러스터의 어떤 관측치 q 사이의 거리를 나타내며, $m+n$과 w는 각각 클러스터 MN과 W의 관측치 개수를 나타낸다.

다음 절에서는 대수적으로 해결하는 실례를 살펴보고, 이를 통해 계층적 응집 기법의 개념을 구축해보자.

11.2.2.1.2 계층적 응집 계획을 통한 클러스터 분석 실제 사례

정량 기법 과목을 가르치는 대학교수가 학생들 수준이 염려되어, 각 학생의 대학 성적에 기반해 가장 동질적인 방법으로 학생들을 각 그룹에 할당하고자 정량적으로 측정했다(수학, 물리, 화학).

이를 위해, 교수는 0부터 10 사이에 존재하는 학생 성적 정보를 수집했다. 이에 더해 먼저 대수적으로 클러스터 분석을 할 것이므로, 그는 교수법적 목적으로 오직 다섯 학생과 작업하기로 결정했다. 데이터셋은 표 11.12에 있다.

표 11.12 예제: 대학 입학 시험의 수학, 물리, 화학 점수

학생 (관측치)	수학 점수 (X_{1i})	물리 점수 (X_{2i})	화학 점수 (X_{3i})
Gabriela	3.7	2.7	9.1
Luiz Felipe	7.8	8.0	1.5
Patricia	8.9	1.0	2.7
Ovidio	7.0	1.0	9.0
Leonor	3.4	2.0	5.0

관측 데이터에 기반해 그림 11.11의 차트를 구성하고, 계량 변수이기 때문에 유클리드 거리를 이용한 비유사성 측도를 클러스터 분석에 사용하기로 했다. 더구나 **모든 변수가 동일한 단위(0부터 10점)이므로, 이 경우에는 z 점수를 통한 표준화의 필요성이 없다.**

다음 절에서는 세 가지 연결 기법에 따라 유클리드 거리에 기초해 계층 연결 계획을 수행할 것이다.

11.2.2.1.2.1 최근접 이웃 또는 단일 연결 기법

이 시점에서, 표 11.12의 데이터로부터 단일 연결 기법을 사용한 계층적 응집 계획으로 클러스터 분석을 해보자. 먼저 다음과 같이 각 관측치 쌍의 유클리드 거리(비유사성)를 통해 구성된 행렬 $\mathbf{D_0}$를 형성해보자.

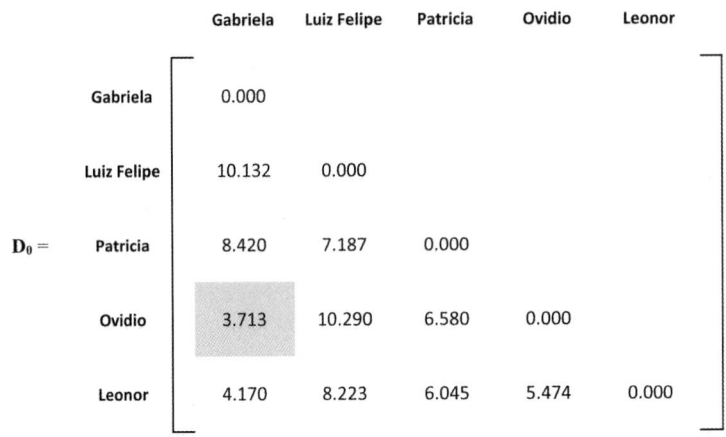

$$
\mathbf{D_0} = \begin{array}{c|ccccc}
 & \text{Gabriela} & \text{Luiz Felipe} & \text{Patricia} & \text{Ovidio} & \text{Leonor} \\
\hline
\text{Gabriela} & 0.000 & & & & \\
\text{Luiz Felipe} & 10.132 & 0.000 & & & \\
\text{Patricia} & 8.420 & 7.187 & 0.000 & & \\
\text{Ovidio} & 3.713 & 10.290 & 6.580 & 0.000 & \\
\text{Leonor} & 4.170 & 8.223 & 6.045 & 5.474 & 0.000
\end{array}
$$

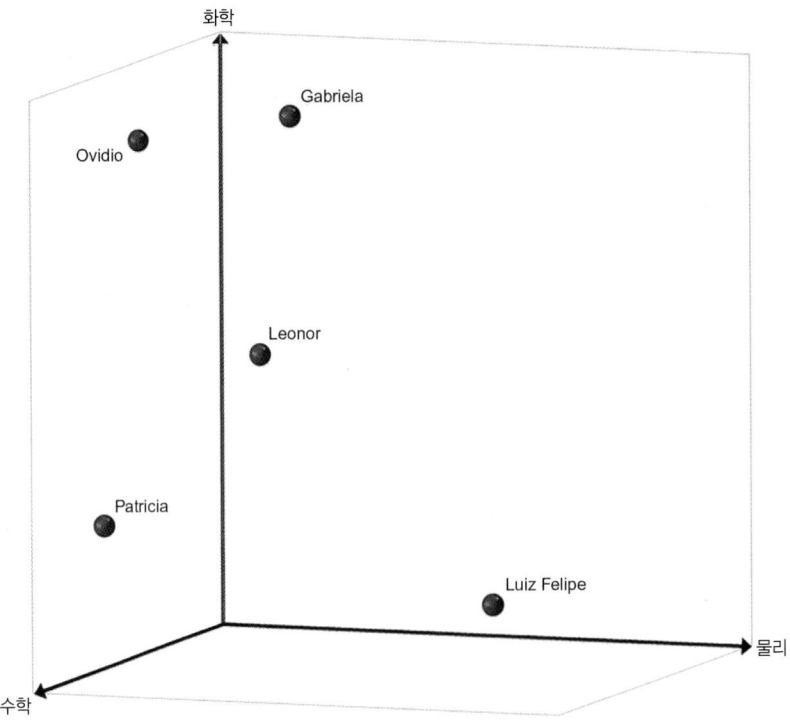

그림 11.11 다섯 학생의 상대 거리에 따른 3차원 차트

최초 단계에서는 각 관측치가 하나의 개별 클러스터로 간주됨에 유의하자. 즉, 0단계에서는 5개 클러스터(표본 크기)가 있다. 행렬 $\mathbf{D}_0$에 부각되어 있는 원소는 모든 관측치 중 가장 작은 거리를 가진 것으로서, 첫 단계에서 Gabriela와 Ovidio가 그룹이 되어 새로운 클러스터를 형성한다.

다음 단계를 위해 행렬 $\mathbf{D}_1$을 구성해야 하고, 이 단계에서는 다른 관측치와 Gabriela-Ovidio 그룹 사이의 거리를 계산한다. 관측치들은 여전히 고립되어 있다. 따라서 식 (11.23)의 단일 연결 기법을 사용하면 다음과 같다.

$$d_{(Gabriela-Ovidio)Luiz\ Felipe} = \min\{10.132; 10.290\} = 10.132$$

$$d_{(Gabriela-Ovidio)Patricia} = \min\{8.420; 6.580\} = 6.580$$

$$d_{(Gabriela-Ovidio)Leonor} = \min\{4.170; 5.474\} = 4.170$$

행렬 $\mathbf{D}_1$은 다음과 같다.

	Gabriela Ovidio	Luiz Felipe	Patricia	Leonor
Gabriela Ovidio	0.000			
Luiz Felipe	10.132	0.000		
Patricia	6.580	7.187	0.000	
Leonor	4.170	8.223	6.045	0.000

$\mathbf{D}_1 =$

같은 방법으로 행렬 $\mathbf{D}_1$에도 가장 가까운 거리가 부각되어 있다. 따라서 두 번째 단계에서는 관측치 Leonor가 Gabriela-Ovidio 그룹에 들어가서 클러스터를 형성한다. 관측치 Luiz Felipe와 Patricia 는 아직 고립되어 있다.

이제 다음 단계를 취할 행렬 $\mathbf{D}_2$를 구성한다. 여기서는 Gabriela-Ovidio-Leonor와 나머지 두 관측치 사이의 관계를 측정한다. 유사하게 다음과 같이 계산된다.

$$d_{(Gabriela-Ovidio-Leonor)Luiz Felipe} = \min\{10.132; 8.223\} = 8.223$$

$$d_{(Gabriela-Ovidio-Leonor)Patricia} = \min\{6.580; 6.045\} = 6.045$$

행렬 $\mathbf{D}_2$는 다음과 같다.

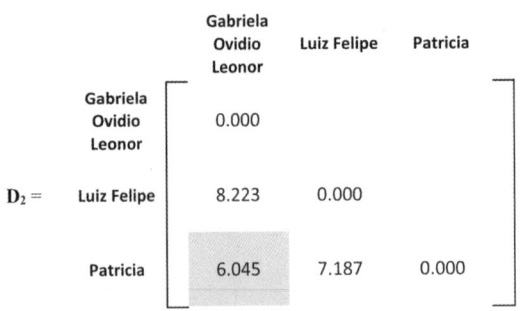

$$\mathbf{D}_2 = \begin{array}{c} \\ \text{Luiz Felipe} \\ \\ \text{Patricia} \end{array} \begin{bmatrix} \quad\quad 0.000 & & \\ \quad\quad 8.223 & 0.000 & \\ \quad\quad 6.045 & 7.187 & 0.000 \end{bmatrix}$$

세 번째 클러스터링 단계에서, $\mathbf{D}_2$의 모든 관측치 중 가장 작은 거리를 가진 관측치 Patricia가 클러스터 Gabriela-Ovidio-Leonor에 병합된다. 따라서 다음 기준에 따라 이제 행렬 $\mathbf{D}_3$를 구성할 수 있다.

$$d_{(\text{Gabriela}-\text{Ovidio}-\text{Leonor}-\text{Patricia})\text{LuizFelipe}} = \min\{8.223; 7.187\} = 7.187$$

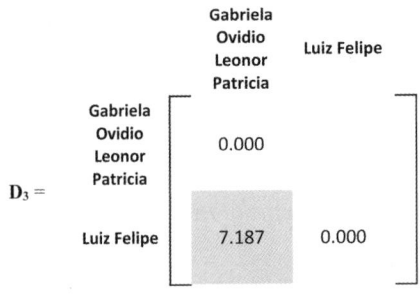

마지막으로, 네 번째이자 마지막 단계에서 모든 관측치가 동일한 클러스터에 할당됐고 계층 프로세스가 종료된다. 표 11.13은 단일 연결 기법을 사용해 구성된 응집 계획의 요약을 보여준다.

표 11.13 단일 연결 기법을 통한 응집 계획

단계	클러스터	그룹화된 관측치	최소 유클리드 거리
1	Gabriela	Ovidio	3.713
2	Gabriela-Ovidio	Leonor	4.170
3	Gabriela-Ovidio-Leonor	Patricia	6.045
4	Gabriela-Ovidio-Leonor-Patricia	Luiz Felipe	7.187

응집 계획에 따라 덴드로그램 또는 피노그램으로 알려진 트리 모양의 그림을 구성할 수 있으며, 그 주목적은 클러스터 구성을 단계별로 보여주고 각 단계별로 각 관측치가 어떻게 할당됐는지 시각화해주는 것이다. 덴드로그램은 11.12에 있다.

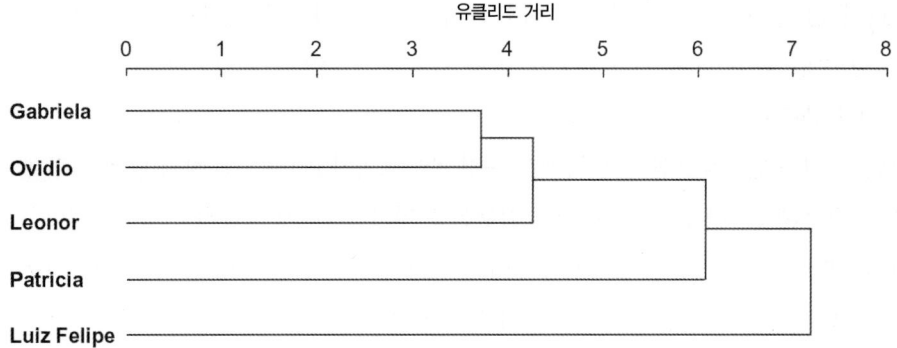

그림 11.12 덴드로그램: 단일 연결 기법

그림 11.13과 그림 11.14를 통해 구성된 덴드로그램을 해석할 수 있다.

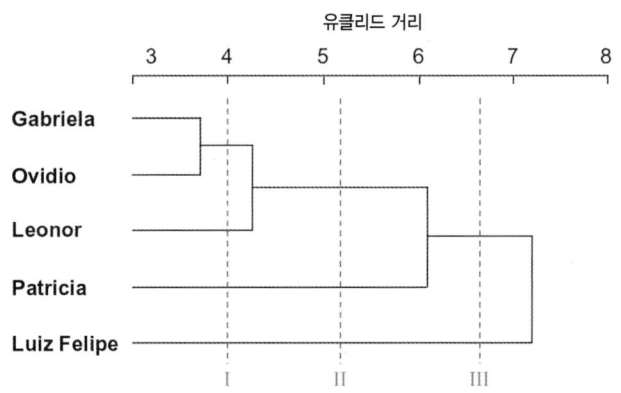

그림 11.13 덴드로그램 해석: 클러스터 개수와 관측치 할당

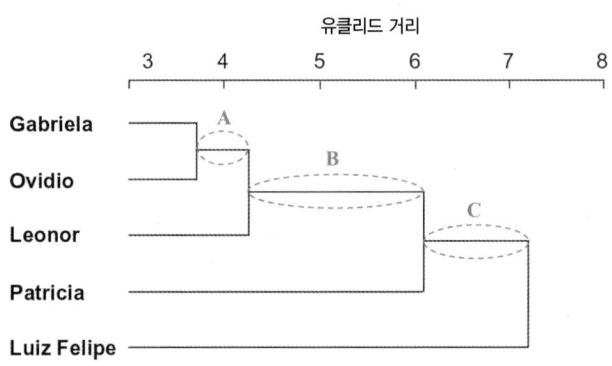

그림 11.14 덴드로그램 해석: 거리 립(leap)

먼저, 그림 11.13처럼 덴드로그램 선에 직교하는 3개의 선(I, II, III)을 그리면, 각 단계별 클러스터 개수와 각 클러스터의 관측치 개수를 알아볼 수 있다.

따라서 선 I은 첫 클러스터링 단계 이후 즉시 덴드로그램을 '절단'하고 이 순간 4개의 클러스터(덴드로그램 수평선과 네 번 교차)가 있음을 알 수 있고, 그중 하나는 Gabriela-Ovidio로 구성되고 나머지는 개별 관측치로 형성되어 있다.

반면, 선 II는 덴드로그램의 세 곳에서 수평선과 교차하고 이는 두 번째 단계 이후 관측치 Leonor가 이미 형성된 Gabriela-Ovidio에 포함됐음을 의미하며 3개의 클러스터가 보인다.

마지막으로 선 III은 3단계 이후에 바로 그려지며, 이때 관측치 Patricia가 Gabriela-Ovidio-Leonor 클러스터에 병합된다. 이 선들과 덴드로그램 수평선 사이의 두 교차점이 식별됐으므로 관측치 Luiz Felipe만 고립되고 나머지는 클러스터가 형성된 것을 알 수 있다.

덴드로그램은 각 클러스터링 단계의 클러스터 개수와 관측치의 할당을 연구하게 해주는 것과 함께, 클러스터를 형성하기 위한 립[leap]을 분석할 수 있게 해준다.[1] 높은 립은 다른 것과 비교해 상당히 다른 어떤 관측치나 클러스터가 이미 형성된 클러스터에 포함되는 것을 통해 다음 클러스터링 단계가 필요 없이 적절한 클러스터 개수를 알아내는 데 도움을 줄 수 있다.

비록 비효율적이고 강제화된 클러스터 개수를 지정하면 연구를 해칠 수도 있지만, 거리 측도와 연결 기법이 정해지면 개수에 대한 이 아이디어 제공을 통해 연구원들이 관측치의 특성을 좀 더 잘 이해하게 될 수도 있다. 더구나 클러스터 개수는 비계층적 응집 계획에 있어 중요하므로 이 정보(계층 계획의 결과)는 k 평균 절차에서 입력으로 사용될 수도 있다.

그림 11.14는 각 크러스터링 단계에 관한 세 가지 립(A, B, C)을 나타내고 그 분석으로부터 이미 형성된 Gabriela-Ovidio-Leonor에 Patricia를 추가하는 것을 나타내는 립 B가 가장 큰 것을 볼 수 있다. 따라서 이 예제에서의 이상적 클러스터 개수를 설정하려면 연구원들은 Patricia를 추가하는 절차 없이 3으로 결론지을 수도 있다(그림 11.13의 선 II). 큰 거리 규모를 고려해볼 때, Patricia가 충분히 동질적이지 못해 이미 형성된 클러스터에 포함시키는 것이 불가능할 수 있기 때문이다. 따라서 이 경우 클러스터는 Gabriela-Ovidio-Leonor와 Patricia, Luiz Felipe의 세 가지로 구성될 수 있다.

클러스터링 기법에서 비유사성 측도를 사용할 때는 **적절한 클러스터 개수를 알아내는 데 유용한 측도는 상당한 거리 립을 식별**하고(가능하다면), 이 큰 립 직전의 클러스터 개수로 정의하면 된다. **큰 립은 그다지 동질적이지 않은 관측치를 의미**하기 때문이다.

또, 단계에서의 관측치가 서로 너무 가까워 립이 아주 작아져 덴드로그램에서 식별하기가 용이하지 않다면 **제곱 유클리드 거리를 사용하면 좀 더 명확하게 이해**할 수 있어, 이를 통해 덴드로그램의 클러스터를 더 잘 식별하고 의사결정에 있어 더 나은 정보를 얻을 수 있다.

SPSS 같은 소프트웨어는 각 관측치의 할당의 해석을 돕고 립을 시각화해주기 위해 크기를 조정한 덴드로그램을 보여준다.

---

1 립(leap)은 거리가 상대적으로 크게 증가하는 것을 의미한다. – 옮긴이

그림 11.15는 단일 연결 기법에 따라 클러스터가 구성되는 것을 보여준다.

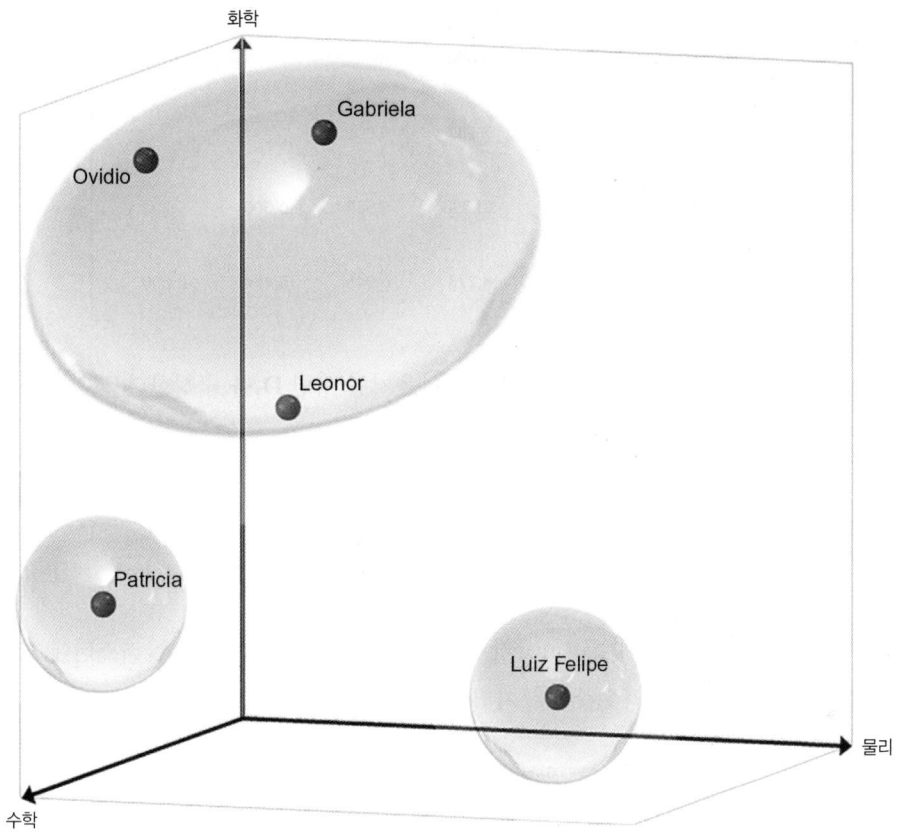

그림 11.15 단일 연결 기법에 의해 형성된 클러스터

다음으로, 동일한 예제를 이번에는 완전 및 평균 연결 기법을 통해 해결해보고 관측치와 립 크기 순서를 비교해보자.

11.2.2.1.2.2 가장 먼 이웃 또는 완전 연결 기법

여기의 행렬 D_0는 앞과 동일하므로, 최소 유클리드 거리는 강조된 것처럼 Gabriela와 Ovidio이며 이 둘이 첫 번째 클러스터가 된다. 여기서 한 가지 강조할 점은 사용한 연결 기법에 관계없이 첫 번째 클러스터는 항상 같다는 것이다. 첫 단계는 늘 고립된 각 관측치 쌍의 최단 거리를 찾기 때문이다.

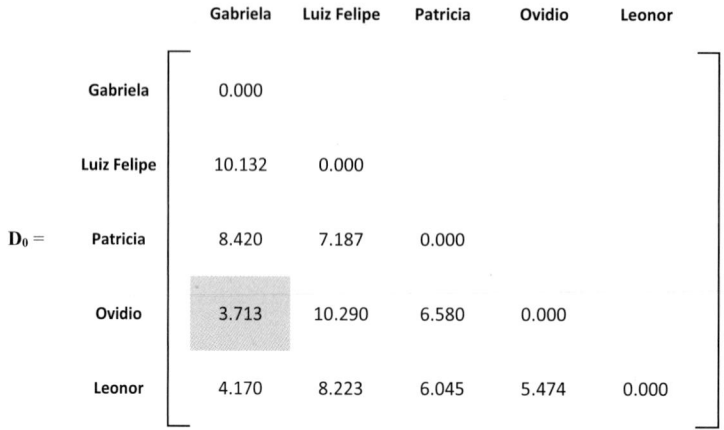

	Gabriela	Luiz Felipe	Patricia	Ovidio	Leonor
Gabriela	0.000				
Luiz Felipe	10.132	0.000			
$D_0 =$ Patricia	8.420	7.187	0.000		
Ovidio	3.713	10.290	6.580	0.000	
Leonor	4.170	8.223	6.045	5.474	0.000

완전 연결 기법에서는 식 (11.24)를 사용해 다음처럼 행렬 D_1을 구성한다.

$$d_{\text{(Gabriela}-\text{Ovidio)LuizFelipe}} = \max\{10.132; 10.290\} = 10.290$$

$$d_{\text{(Gabriela}-\text{Ovidio)Patricia}} = \max\{8.420; 6.580\} = 8.420$$

$$d_{\text{(Gabriela}-\text{Ovidio)Leonor}} = \max\{4.170; 5.474\} = 5.474$$

행렬 D_1을 분석하면 관측치 Leonor가 Gabriela-Ovidio로 형성된 클러스터에 포함됨을 알 수 있다. 이번에도 D_1 행렬 중 최솟값이 부가되어 있다.

	Gabriela Ovidio	Luiz Felipe	Patricia	Leonor
Gabriela Ovidio	0.000			
Luiz Felipe	10.290	0.000		
$D_1 =$ Patricia	8.420	7.187	0.000	
Leonor	5.474	8.223	6.045	0.000

단일 연결 기법 사용 시 증명된 것처럼 여기서도 Luiz Felipe와 Patricia는 이 단계에서 고립된 상태로 남아 있다. 차이는 지금부터 시작된다. 이제 다음 기준에 따라 행렬 D_2를 구성하게 된다.

$$d_{\text{(Gabriela}-\text{Ovidio}-\text{Leonor)LuizFelipe}} = \max\{10.290; 8.223\} = 10.290$$

$$d_{\text{(Gabriela}-\text{Ovidio}-\text{Leonor)Patricia}} = \max\{8.420; 6.045\} = 8.420$$

행렬 D_2는 다음처럼 쓸 수 있다.

456

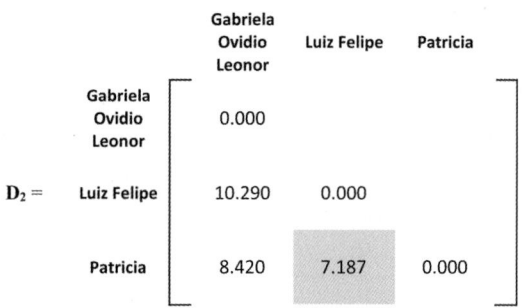

마지막으로, 세 번째 클러스터링 단계에서 Patricia와 Luiz Felipe가 합쳐져 하나의 클러스터가 형성된다. 완전 연결 기법에서 적용한 가장 먼 기준은 이 두 관측치 사이의 거리가 최단이 되기 때문이다. 따라서 이 단계에서는 그룹의 정렬과 관측치의 할당에 있어 단일 연결 기준과 다른 점이 생긴다.

그러므로 행렬 D_3를 구성하려면 다음 기준을 고려해야 한다.

$$d_{(Gabriela-Ovidio-Leonor)(LuizFelipe-Patricia)} = \max\{10.290; 8.420\} = 10.290$$

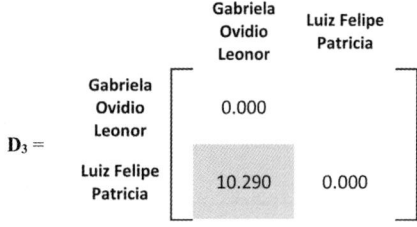

동일하게, 네 번째이자 마지막 단계에서는 Gabriela-Ovidio-Leonor와 Luiz Felipe-Patricia 사이에 클러스터링이 일어나므로, 모든 관측치가 동일한 클러스터가 된다. 표 11.14는 완전 연결 기법을 사용한 이 응집 계획의 요약을 보여준다.

표 11.14 완전 연결 기법을 통한 응집 계획

단계	클러스터	그룹화된 관측치	최소 유클리드 거리
1	Gabriela	Ovidio	3.713
2	Gabriela-Ovidio	Leonor	5.474
3	Luiz Felipe	Patricia	7.187
4	Gabriela-Ovidio-Leonor	Luiz Felipe-Patricia	10.290

이 응집 계획의 덴드로그램은 그림 11.16에 있다. 관측치의 정렬이 그림 11.12와 다르다는 것을 볼 수 있다.

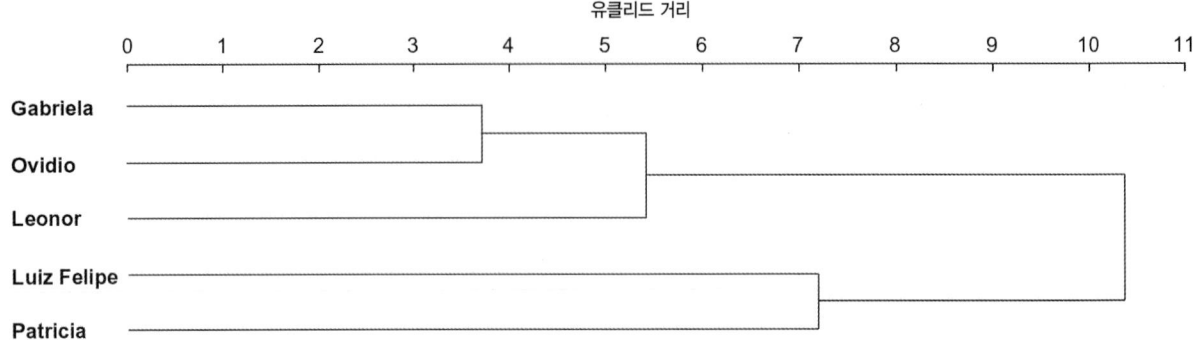

그림 11.16 덴드로그램: 완전 연결 기법

이전 기법에서 수행한 것과 같이 그림 11.17처럼 가장 큰 거리 립에 두 수직선(I과 II)을 그렸다.

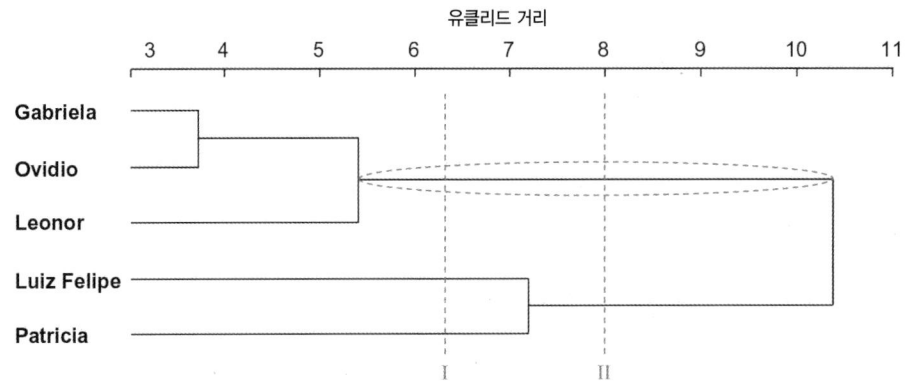

그림 11.17 덴드로그램: 클러스터와 거리 립

따라서 연구원이 3개의 클러스터를 설정한다면 결과는 앞서 단일 연결을 통해 형성한 것과 동일할 것이다. 즉, Gabriela-Ovidio-Leonor로 형성된 하나와 Luiz Felipe와 Patricia로 형성된 하나씩이다(그림 11.17, 선 I). 그러나 두 클러스터를 정의하려 한다면(선 II) 답은 달라지는데, 여기서는 두 번째 클러스터가 Luiz Felipe와 Patricia로 구성될 것이며, 이전 경우에는 Luiz Felipe로만 형성된다. 관측치 Patricia가 첫 번째 클러스터에 할당될 것이기 때문이다.

이전 기법에서 한 것처럼, 그림 11.18은 완전 연결 기법 수행 후 클러스터를 어떻게 구성하는지 보여준다.

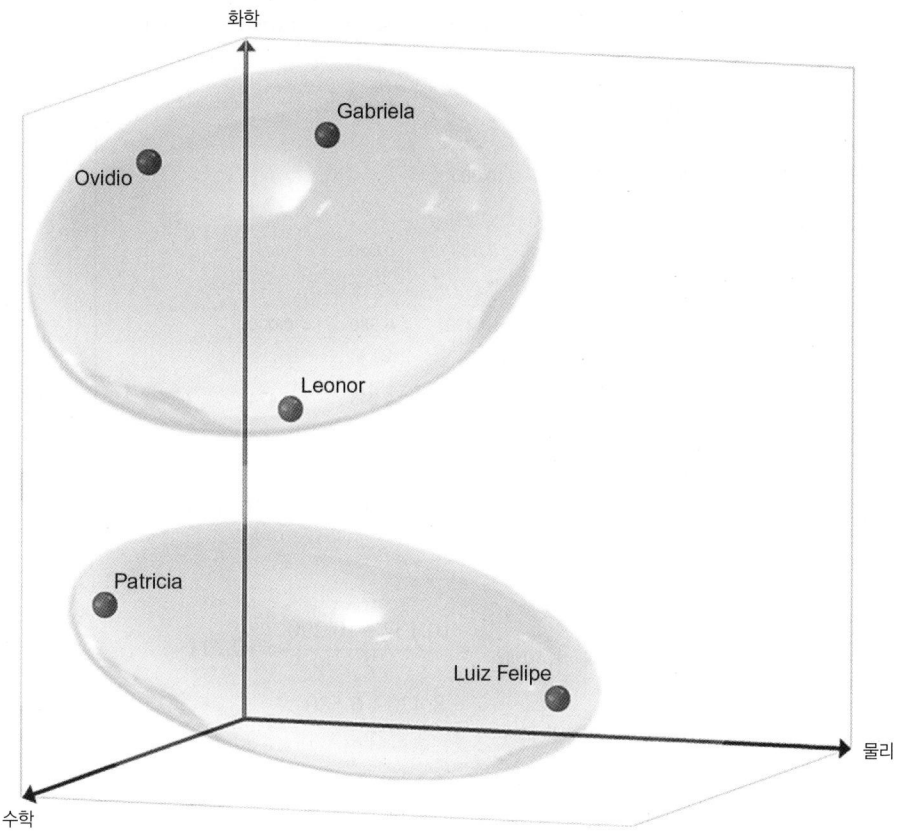

그림 11.18 완전 연결 기법에 의해 형성된 클러스터들

클러스터링 기법을 정의할 때는 평균 연결 기법을 사용할 수도 있는데, 이 경우 두 그룹은 이 그룹에 속한 각 관측치 쌍의 평균 거리에 따라 병합된다. 따라서 앞서 설명한 것처럼 **각 관측치가 서로 많이 떨어져 있어 가장 적절한 기법이 단일 연결일 경우 관측치의 정렬과 할당은 평균 연결에서도 유지된다.** 반면, 관측치의 거리가 매우 가까울 경우에는 이 기법의 결과는 완전 연결 기법의 결과와 같아진다.

따라서 계층적 응집 계획을 통해 클러스터 분석을 하는 연구원이라면 이 세 가지 기법을 모두 사용해보는 것이 좋다. 이제 평균 연결 기법을 살펴보자.

11.2.2.1.2.3 그룹 간 또는 평균 연결 기법

먼저 이번에도 각 관측치 쌍의 유클리드 거리 행렬($\mathbf{D_0}$)을 보고 최소 거리를 부각시켜보자.

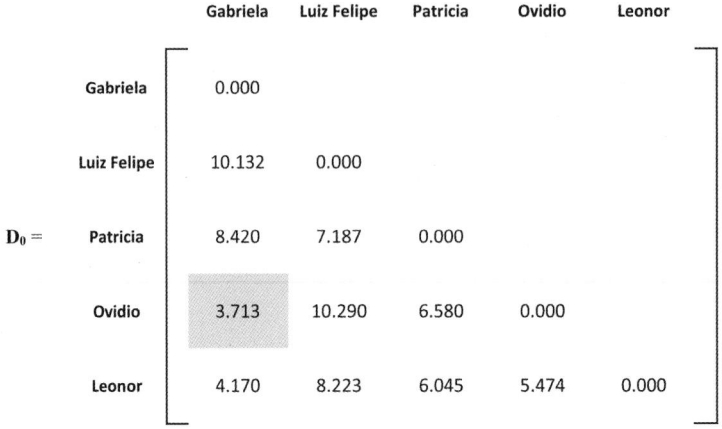

식 (11.25)를 사용함으로써 첫 클러스터 Gabriela-Ovidio가 구성되면 행렬 $\mathbf{D}_1$의 항을 계산할 수 있고, 따라서 다음과 같이 된다.

$$d_{(\text{Gabriela}-\text{Ovidio})\text{LuizFelipe}} = \frac{10.132 + 10.290}{2} = 10.211$$

$$d_{(\text{Gabriela}-\text{Ovidio})\text{Patricia}} = \frac{8.420 + 6.580}{2} = 7.500$$

$$d_{(\text{Gabriela}-\text{Ovidio})\text{Leonor}} = \frac{4.170 + 5.474}{2} = 4.822$$

행렬 $\mathbf{D}_1$을 통해 Leonor가 이번에도 Gabriela-Ovidio에 의해 형성된 클러스터에 포함됐음을 볼 수 있다. 행렬 $\mathbf{D}_1$의 모든 원소 중 최소가 부각되어 있다.

$\mathbf{D}_1 =$

	Gabriela Ovidio	Luiz Felipe	Patricia	Leonor
Gabriela Ovidio	0.000			
Luiz Felipe	10.211	0.000		
Patricia	7.500	7.187	0.000	
Leonor	4.822	8.223	6.045	0.000

Gabriela-Ovidio-Leonor와 나머지 두 관측치 거리를 계산해 행렬 $\mathbf{D}_2$를 구성하려면 다음 계산을 수행해야 한다.

$$d_{(Gabriela-Ovidio-Leonor)LuizFelipe} = \frac{10.132 + 10.290 + 8.223}{3} = 9.548$$

$$d_{(Gabriela-Ovidio-Leonor)Patrícia} = \frac{8.420 + 6.580 + 6.045}{3} = 7.015$$

$\mathbf{D_2}$에 포함할 비유사성을 계산하기 위해 사용된 거리는 각 관측치 쌍이 원래 유클리드 거리, 즉 행렬 $\mathbf{D_0}$에서 왔음에 주목하자. 행렬 $\mathbf{D_2}$는 다음과 같다.

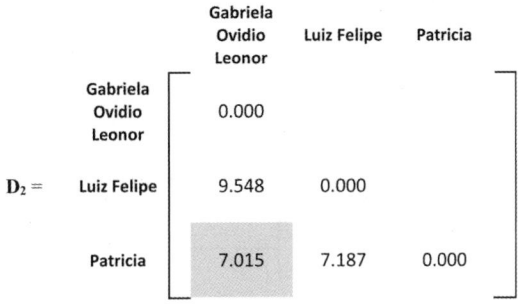

단일 연결 기법에서 입증된 것처럼, 여기서 관측치 Patricia는 또 Gabriela-Ovidio-Leonor 클러스터에 포함되고 Luiz Felipe는 고립되어 남게 된다. 마지막으로, 형렬 $\mathbf{D_3}$는 다음 계산으로 구성할 수 있다.

$$d_{(Gabriela-Ovidio-Leonor-Patricia)LuizFelipe} = \frac{10.132 + 10.290 + 8.223 + 7.187}{4} = 8.958$$

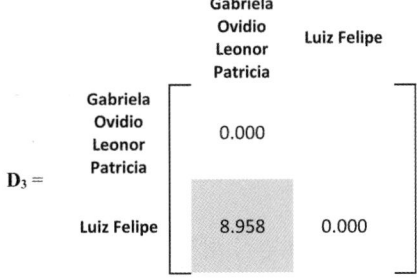

이번에도 네 번째이자 마지막 단계에서는 모든 관측치가 동일한 클러스터에 있게 된다. 표 11.15와 그림 11.19는 평균 연결 기법에 따른 응집 계획의 요약과 해당 덴드로그램을 보여준다.

단계	클러스터	그룹화된 관측치	최소 유클리드 거리
1	Gabriela	Ovidio	3.713
2	Gabriela-Ovidio	Leonor	4.822
3	Gabriela-Ovidio-Leonor	Patricia	7.015
4	Gabriela-Ovidio-Leonor-Patricia	Luiz Felipe	8.958

표 11.15 평균 연결 기법을 통한 응집 계획

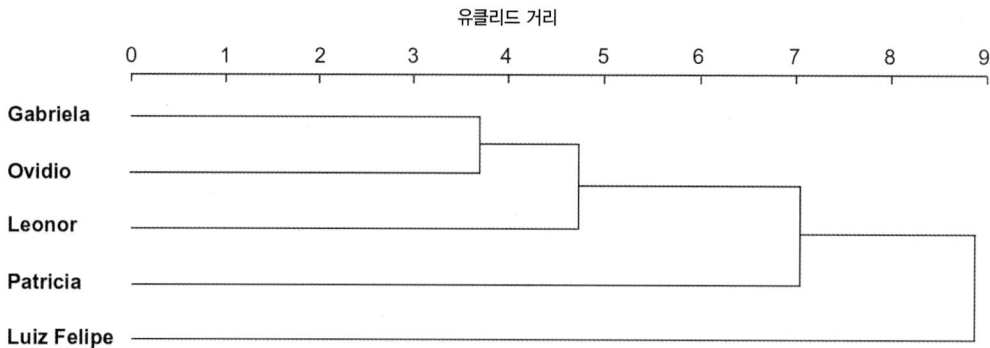

그림 11.19 덴드로그램: 평균 연결 기법

다른 거리 값에도 불구하고 단일 기법에서는 표 11.15와 그림 11.19는 각각 표 11.13 및 그림 11.12와 동일한 정렬과 할당을 얻었다.

그러나 단일 및 평균 연결 기법에서 얻은 해답의 일관성에서 확인된 것처럼 관측치가 연구 중인 변수와 많이 다르다고 말할 수 있다. 관측치가 그림 11.11과 달리 좀 더 유사했다면, 앞서 설명한 대로 완전 연결과 평균 연결이 일치했을 것이다. 따라서 **가능하다면 먼저 산포도를 구성해서 어떤 기법을 사용할지 고르는 데 도움을 얻어야 한다.**

계층적 응집 계획은 매우 유용하며, 설명적 방법으로 어떤 변수의 행동에 기반해 유사성을 분석할 수 있게 해준다. 그러나 **방법 자체가 결정적인 것이 아니므로,** 연구원은 데이터 행동 중 어떤 것이 더 바라는 것인지에 따라 하나 이상의 해답을 얻을 수 있다.

더구나 연구원은 이상치에 대해 이 기법이 얼마나 민감한지를 숙지해야 한다. **매우 모순된 관측치가 존재하면 서로 유사하지 않은 두 관측치가 같은 클러스터에 할당될 수도 있다. 둘 다 이상치와 비교해 극도로 다를 것이기 때문이다.** 따라서 이상치를 고려해 선택된 연결 기법 계층적 응집 계획을 여러 번 적용하는 것이 좋다. 이 절차는 클러스터 분석을 안정적으로 만들어 좀 더 균질인 클러스터가 형성되게 한다. 연구원들은 마지막 바로 전 단계(최종 병합 전)의 고립 데이터를 가장 모순적인 것으로 취급할 수도 있다. 이상치는 여러 방법으로 정의할 수 있다. 예를 들어 Barnett and Lewis(1994)는 이상치를 논하

는 1000개 이상의 논문을 언급했으며, 이 장의 부록에서는 교수법적 관점에서 연구원들이 다변량 데이터 분석을 수행할 때 Stata를 사용해 이상치를 찾는 효율적 절차를 살펴본다.

이 절에서 이미 논의한 것처럼 계층적 연결 계획을 수행할 때 동일한 데이터셋에 각기 다른 연결 기법을 적용하고 비교해볼 필요가 있다. 이 절차는 연구원들이 의사결정 절차에서 이상적 클러스터 개수, 형성된 각기 다른 클러스터에 관측치를 정렬하고 할당하는 과정에 도움을 준다. 이를 통해 새로운 연구원들도 가능한 비계층 분석에 입력으로 사용해 클러스터 개수에 대한 일관된 결정을 할 수 있다.

끝으로, 이 절에서 설명한 응집 계획(표 11.13, 11.14, 11.15)에서는 **비유사성 측도(유클리드 거리)를 사용했으므로 점차 클러스터링 측도의 값이 증가한다**는 점에 주목하자. 관측치 간에 11.2.1.1절에서 논의한 피어슨 유사성 측도를 사용했다면 **응집 계획의 클러스터 측도는 점차 감소**했을 것이다. 후자는 11.2.1.2절에서 이진 변수의 유사성을 통해 본 것처럼 유사성 측도를 사용한 클러스터 분석에서도 동일하다.

다음 절에서는 동일한 예제를 비계층적 k 평균 응집 계획을 사용해 대수적 방법으로 해결해본다.

11.2.2.2 비계층적 k 평균 응집 계획

여러 비계층적 응집 계획 중 k 평균 절차가 여러 분야에서 가장 널리 사용된다. 연구원이 사전에 클러스터 개수에 대한 지식이 불분명하다면 먼저 계층적 절차를 적용한 다음 그 결과를 비계층적 절차의 입력으로 사용하는 것도 좋은 방법이다.

11.2.2.2.1 표기

11.2.2.1.1절처럼 클러스터 분석(k 평균 절차)의 이해를 돕기 위해, Johnson and Wichern(2007)에 기반한 논리적 단계를 설명한다.

1. 최초의 클러스터와 해당 중심을 정의한다. 주목적은 데이터셋을 관측치로부터 K 클러스터로 분할하되 클러스터 내부는 외부의 관측치들과 비교해 서로 가장 가깝도록 구성하는 것이다. 이를 통해 관측치는 K 클러스터에 임의로 할당되어 해당 중심을 계산할 필요가 있다.

2. 중심에 가장 더 가까운 관측치를 선택한 다음 이 클러스터에 재할당해야 한다. 이 시점에서 다른 클러스터는 그 관측치를 잃게 되고, 관측치를 얻은 클러스터와 잃은 클러스터의 중심은 재계산해야 한다.

3. 앞의 단계를 다른 클러스터의 중심에 더 가까운 관측치가 발생하지 않을 때까지 반복한다.

중심 좌표 $\bar{x}$는 관측치 p가 해당 클러스터에서 제외되거나 포함될 때마다 다음 식을 통해 재계산해야 한다.

$$\bar{x}_{new} = \frac{N \cdot \bar{x} + x_p}{N + 1} \quad \text{(관측치 } p \text{가 클러스터에 포함될 경우)} \tag{11.26}$$

$$\bar{x}_{new} = \frac{N \cdot \bar{x} - x_p}{N - 1} \quad \text{(관측치가 } p \text{가 제외될 경우)} \tag{11.27}$$

여기서 N과 $\bar{x}$는 각각 관측치를 재할당하기 전의 클러스터 관측치 개수와 중심 좌표다. 또 x_p는 클러스터를 바꾼 관측치 p의 좌표를 나타낸다.

두 변수(X_1과 X_2)에 대해 그림 11.20은 더 이상 더 가까운 다른 클러스터 중심으로 재할당할 수 없는 k 평균 절차 마지막의 가상적 상황을 보여준다.

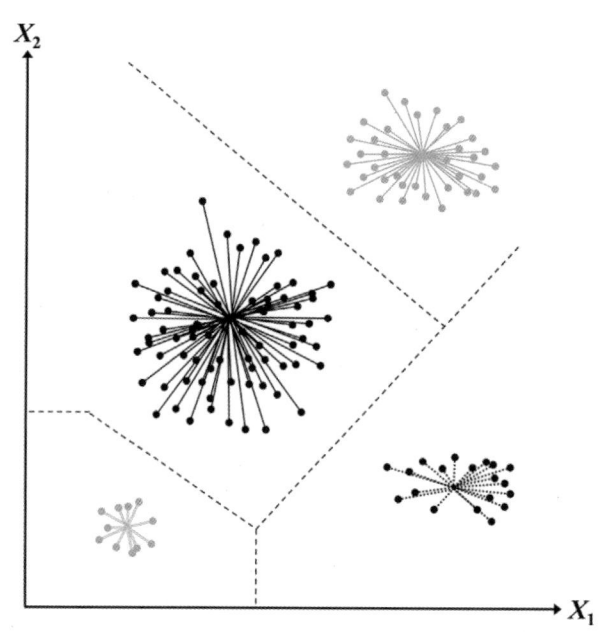

그림 11.20 k 평균 절차가 종료된 이상적 상황

계층적 응집 설계와는 달리, 비계층적 응집 계획은 각 관측치 간의 거리 행렬을 단계마다 정의할 필요가 없어서 계산 요구사항이 낮다. 따라서 전통적으로 계층적 방법으로 연구되던 것보다 더 큰 데이터셋에도 적용할 수 있다.

또한 각 값의 측정 단위가 상이하다면 계층적 응집 설계에서처럼 k 평균 절차 이전에 변수를 표준화해야 한다는 점을 명심하자.

마지막으로, 절차를 마친 후 어떤 계량 변숫값이 정의된 그룹 간에 상이한지, 즉 클러스터 간의 변동성이 각 클러스터 내부의 변동성보다 매우 높은지 연구원들이 확인해봐야 한다. 변수의 일원배치 방법의 F 검정 또는 일원배치 ANOVA를 사용하면 이 분석을 할 수 있고, 귀무 가설은 다음과 같이 정의된다.

H_0: 분석 중인 변수는 형성된 모드 그룹에서 동일한 평균을 갖는다.

H_1: 분석 중인 변수는 적어도 하나의 그룹에서 다른 그룹에 대해 다른 평균을 갖는다.

따라서 단일 F 검정을 각 변수에 적용해 적어도 하나의 다른 그룹이 존재하는지 알아보고, 이를 통해 그룹의 모순적인 차원을 수정하기 위해 비교를 여러 번 수행하지 않아도 된다는 장점이 생긴다. 반면, 어떤 유의수준에서 귀무 가설이 기각되면 어떤 그룹이 통계적으로 다른 것과 차별되는지 알 수가 없다.

이 검정에 대한 F 통계식은 다음과 같다.

$$ F = \frac{\text{그룹 간 변동성}}{\text{그룹 내 변동성}} = \frac{\dfrac{\displaystyle\sum_{k=1}^{K} N_k \cdot \left(\overline{X}_k - \overline{X}\right)^2}{K-1}}{\dfrac{\displaystyle\sum_{ki}\left(X_{ki} - \overline{X}_k\right)^2}{n-K}} \tag{11.28} $$

여기서 N은 k번째 클러스터의 관측치 개수이고, $\overline{X}_k$는 동일한 k번째 클러스터의 변수 X의 평균이며, $\overline{X}$는 변수 X의 일반 평균, X_{ki}는 k번째 클러스터에 있는 어떤 관측치 i에서 X가 취하는 값을 의미한다. 또 K는 비교할 클러스터 개수이며, n은 표본 크기다.

F 통계량을 사용하면 연구원은 다른 그룹과 평균이 가장 다른 변수를 식별할 수 있다. 즉, 적어도 K 클러스터 중 하나의 형성에 가장 많이 기여한(가장 높은 F 통계량) 변수와 제시된 클러스터 개수의 형성에 가장 기여하지 못한 변수를 어떤 유의수준으로 알아낼 수 있다.

다음 절에서는 k 평균 개념 수립을 위해 실제 예를 대수적으로 해결해본다.

11.2.2.2.2 비계층적 k 평균 응집 계획을 사용한 클러스터 분석 실제 예

비계층적 k 평균 문제를 대수적으로 해결하기 위해, 표 11.12 및 표 11.16과 같은 자체 예제를 사용하자.

표 11.16 예제: 대학 입학 시험의 수학, 물리, 화학 점수

학생 (관측치)	수학 점수 (X_{1i})	물리 점수 (X_{2i})	화학 점수 (X_{3i})
Gabriela	3.7	2.7	9.1
Luiz Felipe	7.8	8.0	1.5
Patricia	8.9	1.0	2.7
Ovidio	7.0	1.0	9.0
Leonor	3.4	2.0	5.0

SPSS 같은 소프트웨어 패키지는 표준 비유사성 측도로 유클리드 거리를 사용하므로, 대수적 절차도 이 측도에 따라 수행해보자. 이 기준은 11.2.2.1.2절의 계층적 절차에서도 사용된 것이므로 서로 비교할 수 있다. 동일하게 Z 점수를 통해 변수를 표준화할 필요는 없다. 모두 동일한 측도(0부터 10 사이의 성적)로 되어 있기 때문이다. 그렇지 않다면 k 평균 절차 수행 전에 변수를 표준화하는 것이 매우 중요하다.

11.2.2.2.1절의 논리를 사용해 $K = 3$ 클러스터의 k 평균 절차를 수행해보자. 이 클러스터 개수는 연구원의 결정이나 어떤 사전적 기준일 수도 있고, 계층적 응집 계획의 결과에 기초해서 선택할 수도 있다. 여기서는 앞서 구성한 덴드로그램과 단일과 평균 연결 기법에서 얻은 유사성에 기반해 결정했다.

따라서 3개 클러스터에 관측치를 임의로 할당하고 해당 중심을 계산할 필요가 있다. 그러므로 첫 클러스터에는 관측치 Gabriela, Luiz Felipe를 두고 두 번째는 Patricia, Ovidio, 세 번째는 Leonor를 할당한다. 표 11.17은 이 기초 클러스터의 임의 형성과 해당 중심 좌표 계산을 보여주며 이를 통해 k 평균 알고리즘의 초기화가 가능해진다.

표 11.17 $K = 3$ 클러스터에 관측치를 임의로 배치하고 중심 좌표 계산: k 평균 절차의 최초 단계

클러스터	중심 좌표		
	변수		
	수학 점수	물리 점수	화학 점수
Gabriela	$\frac{3.7+7.8}{2}=5.75$	$\frac{2.7+8.0}{2}=5.35$	$\frac{9.1+1.5}{2}=5.30$
Luiz Felipe			
Patricia	$\frac{8.9+7.0}{2}=7.95$	$\frac{1.0+1.0}{2}=1.00$	$\frac{2.7+9.0}{2}=5.85$
Ovidio			
Leonor	3.40	2.00	5.00

좌표에 따라 그림 11.21과 같은 차트를 구성하며 이는 각 관측치의 임의 할당과 해당 중심을 보여준다.

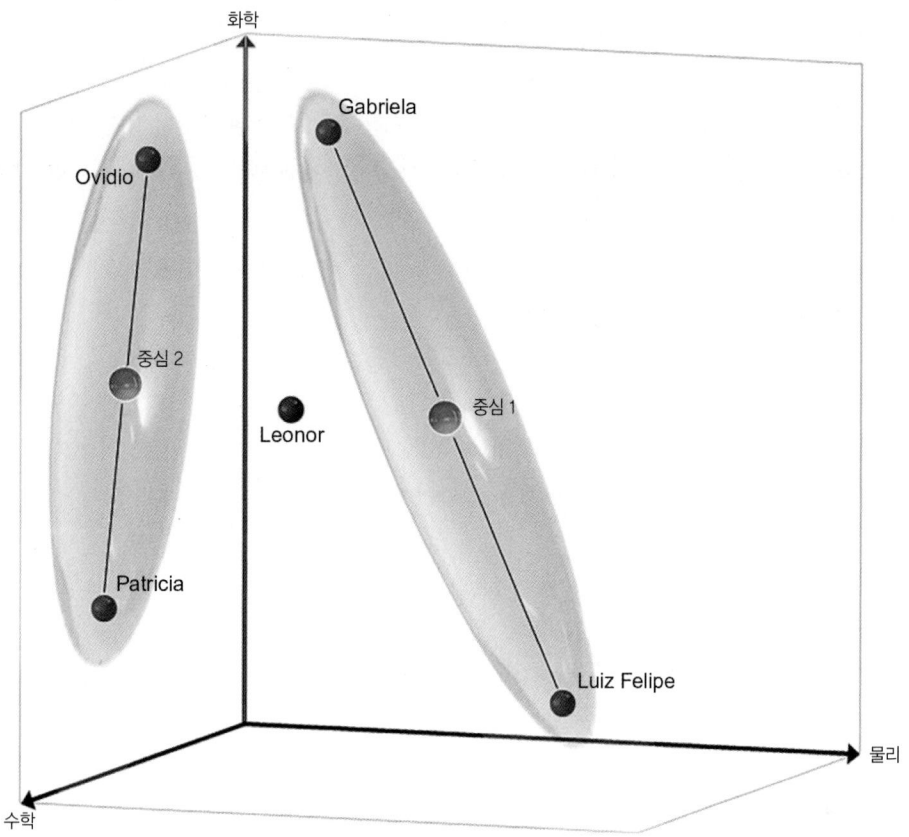

그림 11.21 *K* = 3 클러스터에 관측치 임의 할당 및 해당 중심: *k* 평균 최초 단계

11.2.2.2.1절의 두 번째 단계에 따라 특정 관측치와 중심 사이의 거리를 계산해 클러스터를 재배치할 것인지 알아본다. 예를 들어 첫 번째 관측치(Gabriela)와 형성된 클러스터(Gabriela-Luiz Felipe, Patricia-Ovidio, Leonor)의 중심과의 거리를 구하고, Gabriela가 해당 클러스터에 할당되어 새로운 클러스터가 형성되는 경우와 그냥 남는 경우를 살펴본다. 식 (11.26)과 식 (11.27)로부터 새로운 중심 좌표를 재계산할 수 있고, 표 11.18처럼 Gabriela가 두 클러스터 중 하나로 재할당될지 시뮬레이션해볼 수 있다.

표 11.18 Gabriela의 재할당 시뮬레이션과 새로운 중심 좌표 계산

클러스터	시뮬레이션	중심 좌표		
		변수		
		수학 점수	물리 점수	화학 점수
Luiz Felipe	Gabriela 제외	$\frac{2\cdot(5.75)-3.70}{2-1}=7.80$	$\frac{2\cdot(5.35)-2.70}{2-1}=8.00$	$\frac{2\cdot(5.30)-9.10}{2-1}=1.50$
Gabriela	Gabriela 포함	$\frac{2\cdot(7.95)+3.70}{2+1}=6.53$	$\frac{2\cdot(1.00)+2.70}{2+1}=1.57$	$\frac{2\cdot(5.85)+9.10}{2+1}=6.93$
Patricia				
Ovidio				
Gabriela	Gabriela 포함	$\frac{1\cdot(3.40)+3.70}{1+1}=3.55$	$\frac{1\cdot(2.00)+2.70}{1+1}=2.35$	$\frac{1\cdot(5.00)+9.10}{1+1}=7.05$
Leonor				

참고: Luiz Felipe에 대한 중심 계산은 표 11.16에서 보는 것처럼 이 관측치의 원래 좌표와 동일하다.

따라서 표 11.16, 11.17, 11.18로부터 다음 유클리드 거리를 계산할 수 있다.

- **Gabriela가 재할당되지 않을 경우**

$$d_{\text{Gabriela}-(\text{Gabriela}-\text{LuizFelipe})} = \sqrt{(3.70-5.75)^2 + (2.70-5.35)^2 + (9.10-5.30)^2} = 5.066$$

$$d_{\text{Gabriela}-(\text{Patricia}-\text{Ovidio})} = \sqrt{(3.70-7.95)^2 + (2.70-1.00)^2 + (9.10-5.85)^2} = 5.614$$

$$d_{\text{Gabriela}-\text{Leonor}} = \sqrt{(3.70-3.40)^2 + (2.70-2.00)^2 + (9.10-5.00)^2} = 4.170$$

- **Gabriela가 재할당될 경우**

$$d_{\text{Gabriela}-\text{LuizFelipe}} = \sqrt{(3.70-7.80)^2 + (2.70-8.00)^2 + (9.10-1.50)^2} = 10.132$$

$$d_{\text{Gabriela}-(\text{Gabriela}-\text{Patricia}-\text{Ovidio})} = \sqrt{(3.70-6.53)^2 + (2.70-1.57)^2 + (9.10-6.93)^2} = 3.743$$

$$d_{\text{Gabriela}-(\text{Gabriela}-\text{Leonor})} = \sqrt{(3.70-3.55)^2 + (2.70-2.35)^2 + (9.10-7.05)^2} = 2.085$$

Gabriela가 Gabriela-Leonor 중심에 가장 가까우므로(최단 유클리드 거리) 관측치를 원래 Leonor에 의해 형성된 클러스터에 재할당한다. 따라서 원래 Gabriela가 있던 클러스터(Gabriela-Luiz Felipe)는 Gabriela를 잃게 되고 Luiz Felipe는 개별 클러스터가 된다. 따라서 Gabriela를 잃은 클러스터와 얻은 클러스터는 중심을 재계산해야 한다. 표 11.19는 새로운 클러스터의 생성과 해당 중심 좌표의 계산을 보여준다.

표 11.19 Gabriela를 재할당한 새로운 중심

클러스터	중심 좌표		
	변수		
	수학 점수	물리 점수	화학 점수
Luiz Felipe	7.80	8.00	1.50
Patricia	7.95	1.00	5.85
Ovidio			
Gabriela	$\frac{3.7+3.4}{2}=3.55$	$\frac{2.7+2.0}{2}=2.35$	$\frac{9.1+5.0}{2}=7.05$
Leonor			

새로운 좌표에 따라 그림 11.22와 같은 그래프를 구성할 수 있다.

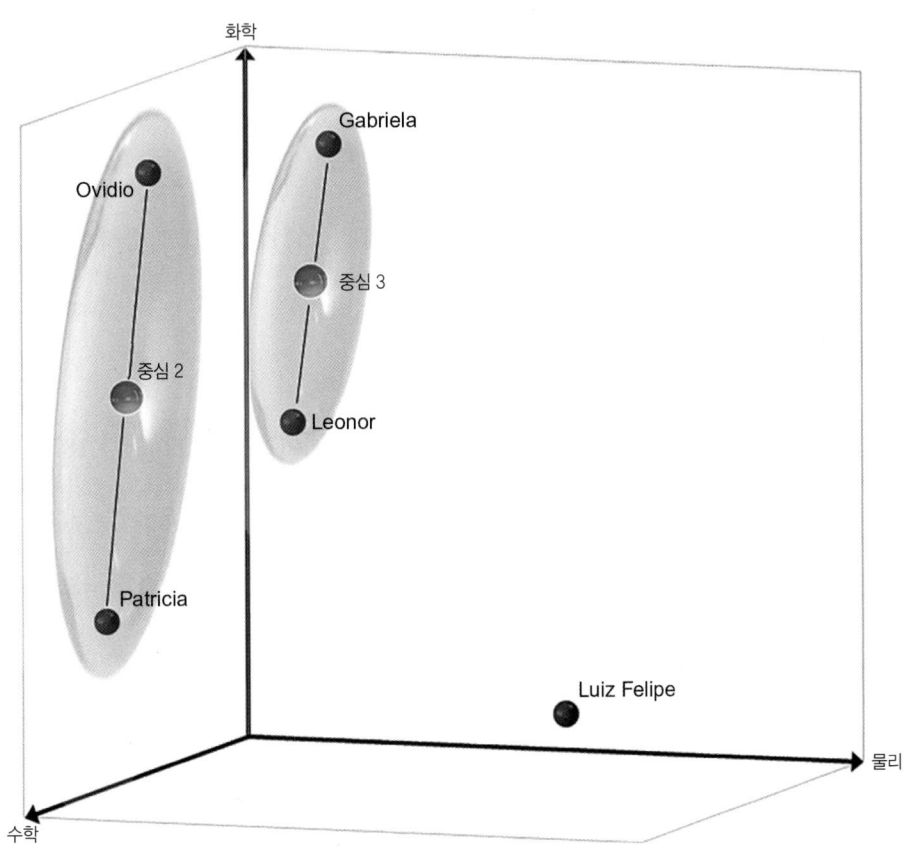

그림 11.22 새 클러스터와 해당 중심: Gabriela 재할당

이전 단계를 반복해보자. 이번에는 관측치 Luiz Felipe가 고립되므로, 세 번째 관측치(Patricia) 의 재할당을 시뮬레이션해보자. Patricia와 이미 형성된 클러스터(Luiz Felipe, Patricia-Ovidio,

Gabriela-Leonor)의 중심 간 거리를 계산한 다음, Patricia가 클러스터(Patricia-Ovidio)를 떠나 다른 두 클러스터에 포함되어 Luiz Felipe-Patricia나 Gabriela-Patricia-Leonor를 형성하는 경우를 시뮬레이션해보자. 식 (11.26)과 식 (11.27)에 따라 새로운 중심 좌표를 계산하고 표 11.20과 같이 시뮬레이션 결과를 계산한다.

표 11.20 Patricia의 재할당 시뮬레이션: k 평균 절차 알고리즘의 다음 단계

| | | 중심 좌표 | | |
| | | 변수 | | |
클러스터	시뮬레이션	수학 점수	물리 점수	화학 점수
Luiz Felipe Patricia	**Patricia** 포함	$\frac{1\cdot(7.80)+8.90}{1+1}=8.35$	$\frac{1\cdot(8.00)+1.00}{1+1}=4.50$	$\frac{1\cdot(1.50)+2.70}{1+1}=2.10$
Ovidio	**Patricia** 제외	$\frac{2\cdot(7.95)-8.90}{2-1}=7.00$	$\frac{2\cdot(1.00)-1.00}{2-1}=1.00$	$\frac{2\cdot(5.85)-2.70}{2-1}=9.00$
Gabriela Patricia Leonor	**Patricia** 포함	$\frac{2\cdot(3.55)+8.90}{2+1}=5.33$	$\frac{2\cdot(2.35)+1.00}{2+1}=1.90$	$\frac{2\cdot(7.05)+2.70}{2+1}=5.60$

참고: Ovidio에 대한 중심 계산은 표 11.16에서 보는 것처럼 이 관측치의 원래 좌표와 동일하다.

표 11.16, 11.19, 11.20의 Gabriela를 재할당할 때 시뮬레이션한 것과 유사하게 Patricia와 각 중심의 유클리드 거리를 계산해보자.

- Patricia가 재할당되지 않는 경우

$$d_{\text{Patricia}-\text{LuizFelipe}} = \sqrt{(8.90-7.80)^2+(1.00-8.00)^2+(2.70-1.50)^2}=7.187$$

$$d_{\text{Patricia}-(\text{Patricia}-\text{Ovidio})} = \sqrt{(8.90-7.95)^2+(1.00-1.00)^2+(2.70-5.85)^2}=3.290$$

$$d_{\text{Patricia}-(\text{Gabriela}-\text{Leonor})} = \sqrt{(8.90-3.55)^2+(1.00-2.35)^2+(2.70-7.05)^2}=7.026$$

- Patricia가 재할당될 경우

$$d_{\text{Patricia}-(\text{LuizFelipe}-\text{Patricia})} = \sqrt{(8.90-8.35)^2+(1.00-4.50)^2+(2.70-2.10)^2}=3.593$$

$$d_{\text{Patricia}-\text{Ovidio}} = \sqrt{(8.90-7.00)^2+(1.00-1.00)^2+(2.70-9.00)^2}=6.580$$

$$d_{\text{Patricia}-(\text{Gabriela}-\text{Patricia}-\text{Leonor})} = \sqrt{(8.90-5.33)^2+(1.00-1.90)^2+(2.70-5.60)^2}=4.684$$

Patricia와 Patricia-Ovidio 클러스터의 유클리드 거리가 최단임을 기억하고, 재할당을 시도해야 한다. 이번에는 표 11.19와 그림 11.22를 유지하자.

다음으로 동일한 절차를 수행하는데, 네 번째 관측치(Ovidio)에 대해 한다. 유사하게, 이 관측치와 이미 형성된 클러스터(Luiz Felipe, Patricia-Ovidio, Gabriela-Leonor)의 중심과의 거리를 계산한다음, Ovidio가 클러스터(Patricia-Ovidio)를 떠나 나머지 두 군데로 가서 Luiz Felipe-Ovidio나 Gabriela-Ovidio-Leonor를 형성할 경우를 가정해본다. 이번에도 식 (11.26)과 식 (11.27)을 사용해 Ovidio를 둘 중 하나에 재할당할 경우를 시뮬레이션해서 표 11.21과 같이 계산해본다.

표 11.21 Ovidio의 재할당 시뮬레이션: k 평균 절차 알고리즘의 다음 단계

클러스터	시뮬레이션	중심 좌표 변수		
		수학 점수	물리 점수	화학 점수
Luiz Felipe Ovidio	Ovidio 포함	$\frac{1 \cdot (7.80) + 7.00}{1+1} = 7.40$	$\frac{1 \cdot (8.00) + 1.00}{1+1} = 4.50$	$\frac{1 \cdot (1.50) + 9.00}{1+1} = 5.25$
Patricia	Ovidio 제외	$\frac{2 \cdot (7.95) - 7.00}{2-1} = 8.90$	$\frac{2 \cdot (1.00) - 1.00}{2-1} = 1.00$	$\frac{2 \cdot (5.85) - 9.00}{2-1} = 2.70$
Gabriela Ovidio Leonor	Ovidio 포함	$\frac{2 \cdot (3.55) + 7.00}{2+1} = 4.70$	$\frac{2 \cdot (2.35) + 1.00}{2+1} = 1.90$	$\frac{2 \cdot (7.05) + 9.00}{2+1} = 7.70$

참고: Patricia에 대한 중심 계산은 표 11.16에서 보는 것처럼 이 관측치의 원래 좌표와 동일하다.

다음으로, 표 11.16, 11.19, 11.21로부터 정의된 Ovidio와 각 중심과의 유클리드 계산을 볼 수 있다.

- Ovidio가 재할당되지 않을 경우

$$d_{\text{Ovidio}-\text{LuizFelipe}} = \sqrt{(7.00 - 7.80)^2 + (1.00 - 8.00)^2 + (9.00 - 1.50)^2} = 10.290$$

$$d_{\text{Ovidio}-(\text{Patricia}-\text{Ovidio})} = \sqrt{(7.00 - 7.95)^2 + (1.00 - 1.00)^2 + (9.00 - 5.85)^2} = 3.290$$

$$d_{\text{Ovidio}-(\text{Gabriela}-\text{Leonor})} = \sqrt{(7.00 - 3.55)^2 + (1.00 - 2.35)^2 + (9.00 - 7.05)^2} = 4.187$$

- Ovidio가 재할당될 경우

$$d_{\text{Ovidio}-(\text{LuizFelipe}-\text{Ovidio})} = \sqrt{(7.00 - 7.40)^2 + (1.00 - 4.50)^2 + (9.00 - 5.25)^2} = 5.145$$

$$d_{\text{Ovidio}-\text{Patricia}} = \sqrt{(7.00 - 8.90)^2 + (1.00 - 1.00)^2 + (9.00 - 2.70)^2} = 6.580$$

$$d_{\text{Ovidio}-(\text{Gabriela}-\text{Ovidio}-\text{Leonor})} = \sqrt{(7.00 - 4.70)^2 + (1.00 - 1.90)^2 + (9.00 - 7.70)^2} = 2.791$$

이 경우 관측치 Ovidio는 Gabriela-Ovidio-Leonor의 중심에 가장 가깝고(최단 유클리드 거리)

원래 Gabriela-Leonor 클러스터에 Ovidio를 할당해야 한다. 따라서 이제 Patricia는 개별 클러스터가 된다. 표 11.22는 Luiz Felipe, Patricia, Gabriela-Ovidio-Leonor 클러스터의 중심 좌표를 보여준다.

표 11.22 Ovidio의 재할당을 통한 새로운 중심

클러스터	중심 좌표		
	변수		
	수학 점수	물리 점수	화학 점수
Luiz Felipe	7.80	8.00	1.50
Patricia	8.90	1.00	2.70
Gabriela	4.70	1.90	7.70
Ovidio			
Leonor			

다섯 번째 관측치(Leonor)에 대한 절차는 수행하지 않는다. 알고리즘의 첫 단계에서 이미 Gabriela에 병합됐기 때문이다. 이제 더 가까운 중심으로 재할당할 수 없으므로 k 평균 절차는 종료된다. 그림 11.23은 클러스터에 할당된 각 관측치와 그 중심을 보여준다. 여기서 구한 해는 계층적 응집 계획에서 단일(그림 11.15) 및 평균 연결 기법을 사용해 얻은 해와 일치한다는 점에 주목하자.

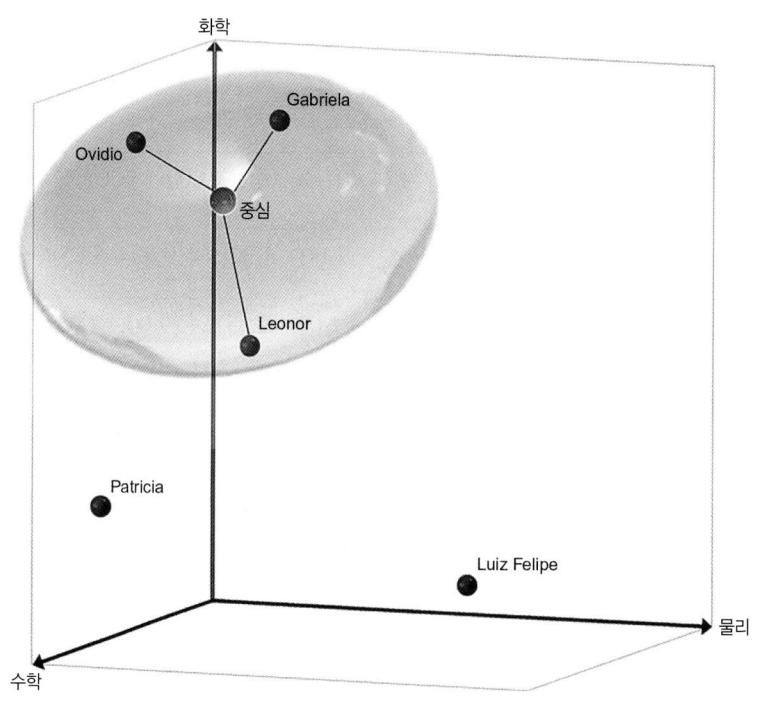

그림 11.23 k 평균 절차의 해

앞서 설명했듯이, 계층적 응집 계획과 달리 k 평균에서는 관측치 간의 거리 행렬을 단계마다 계산할 필요가 없고 이를 통해 계산량이 줄어들어 전통적으로 계층적 계획으로 수행되는 연구에 비해 더 큰 규모의 데이터셋에 적용할 수 있다.

표 11.23은 원시 데이터셋의 각 관측치와 각 클러스터 중심과의 유클리드 거리를 보여준다.

표 11.23 관측치와 클러스터 중심 사이의 유클리드 거리

학생(관측치)	클러스터		
	Luiz Felipe	Patricia	Gabriela Ovidio Leonor
Gabriela	10.132	8.420	1.897
Luiz Felipe	0.000	7.187	9.234
Patricia	7.187	0.000	6.592
Ovidio	10.290	6.580	2.791
Leonor	8.223	6.045	2.998

여기서 강조할 부분은, k 평균을 최초 임의 할당을 달리해 수행할 수 있다는 점이다. **임의로 최초 할당을 하여 재적용하더라도 주어진 K개에 대해서는 항상 일치된 결과를 보여주며, 이를 통해 이 알고리즘이 안정적임을 잘 알 수 있다.**

이 절차를 마무리하면서 F 검정이나 일원배치 ANOVA를 사용해 세 변수 각각의 값이 세 클러스터 간에 통계적으로 다른지 확인해보는 것이 필수적이다. 이 검정의 F 통계량을 쉽게 계산하기 위해 각각 수학, 물리, 화학 변수의 평균과 클러스터별 평균을 보여주는 표 11.24, 11.25, 11.26을 구성한다.

표 11.24 클러스터별 평균과 수학 변수 평균

클러스터 1	클러스터 2	클러스터 3
$X_{\text{Luiz Felipe}} = 7.80$	$X_{\text{Patricia}} = 8.90$	$X_{\text{Gabriela}} = 3.70$
		$X_{\text{Ovidio}} = 7.00$
		$X_{\text{Leonor}} = 3.40$
$\overline{X}_1 = 7.80$	$\overline{X}_2 = 8.90$	$\overline{X}_3 = 4.70$
$\overline{X} = 6.16$		

표 11.25 클러스터별 평균과 물리 변수 평균

클러스터 1	클러스터 2	클러스터 3
$X_{\text{Luiz Felipe}} = 8.00$	$X_{\text{Patricia}} = 1.00$	$X_{\text{Gabriela}} = 2.70$
		$X_{\text{Ovidio}} = 1.00$
		$X_{\text{Leonor}} = 2.00$
$\overline{X}_1 = 8.00$	$\overline{X}_2 = 1.00$	$\overline{X}_3 = 1.90$
$\overline{X} = 2.94$		

표 11.26 클러스터별 평균과 화학 변수 평균

클러스터 1	클러스터 2	클러스터 3
$X_{\text{Luiz Felipe}} = 1.50$	$X_{\text{Patricia}} = 2.70$	$X_{\text{Gabriela}} = 9.10$
		$X_{\text{Ovidio}} = 9.00$
		$X_{\text{Leonor}} = 5.00$
$\overline{X}_1 = 1.50$	$\overline{X}_2 = 2.70$	$\overline{X}_3 = 7.70$
$\overline{X} = 5.46$		

따라서 이 표에 있는 값과 식 (11.28)에 따라 각 변수에 대해 그룹 간과 그룹 내의 변동성과 해당 F 통계량을 계산할 수 있다. 표 11.27, 11.28, 11.29는 이 계산을 보여준다.

표 11.27 수학 변수에 대한 변동성과 F 통계량

그룹 간 변동성	$\dfrac{(7.80-6.16)^2 + (8.90-6.16)^2 + 3(4.70-6.16)^2}{3-1} = 8.296$
그룹 내 변동성	$\dfrac{(3.70-4.70)^2 + (7.00-4.70)^2 + (3.40-4.70)^2}{5-3} = 3.990$
F	$\dfrac{8.296}{3.990} = 2.079$

참고: 그룹 내 변동성은 클러스터 3만 고려한다. 나머지 둘은 단독 관측치여서 변동성이 0이기 때문이다.

표 11.28 물리 변수에 대한 변동성과 F 통계량

그룹 간 변동성	$\dfrac{(8.00-2.94)^2 + (1.00-2.94)^2 + 3(1.90-2.94)^2}{3-1} = 16.306$
그룹 내 변동성	$\dfrac{(2.70-1.90)^2 + (1.00-1.90)^2 + (2.00-1.90)^2}{5-3} = 0.730$
F	$\dfrac{16.306}{0.730} = 22.337$

참고: 그룹 내 변동성은 클러스터 3만 고려한다. 나머지 둘은 단독 관측치여서 변동성이 0이기 때문이다.

표 11.29 화학 변수에 대한 변동성과 F 통계량

그룹 간 변동성	$\frac{(1.50-5.46)^2 + (2.70-5.46)^2 + 3(7.70-5.46)^2}{3-1} = 19.176$
그룹 내 변동성	$\frac{(9.10-7.70)^2 + (9.00-7.70)^2 + (5.00-7.70)^2}{5-3} = 5.470$
F	$\frac{19.176}{5.470} = 3.506$

참고: 그룹 내 변동성은 클러스터 3만 고려한다. 나머지 둘은 단독 관측치여서 변동성이 0이기 때문이다.

이제 각 변수의 F 검정에 대한 귀무 가설의 기각 여부를 분석해보자. 그룹 간의 변동성에는 2차의 자유도($K - 1 = 2$)가 있고 그룹 내 변동성에도 2차의 자유도($n - K = 2$)가 있으므로, 부록의 표 A를 사용해 $F_c = 19.00$(0.05 유의수준의 임계 F 값)을 얻는다. 따라서 계산된 F 값 $F_{cal} = 22.337 > F_c = F_{2,2,5\%} = 19.00$이므로 오직 물리 변수만이 모든 그룹이 동일한 평균을 갖는다는 귀무 가설을 기각한다. 따라서 물리는 적어도 한 그룹이 통계적으로 다른 평균을 갖는다. 그러나 수학과 화학의 경우 유의수준 0.05로 귀무 가설을 기각할 수 없다.

SPSS나 Stata는 어떤 유의수준에서 정의된 자유도의 F_c 값을 제공하지 않는다. 그러나 이 자유도의 F_{cal} 유의수준은 제공한다. 따라서 $F_{cal} > F_c$를 분석하는 대신 F_{cal} 유의수준이 0.05(5%)보다 작은지 확인해봐야 한다.

$Sig. F$(또는 $Prob. F$) < 0.05이면 변수 중 적어도 하나가 다르다.

F_{cal} 유의수준은 그림 11.24의 대화상자처럼 엑셀의 **수식** › **함수 삽입** › FDIST를 통해 구할 수 있다.

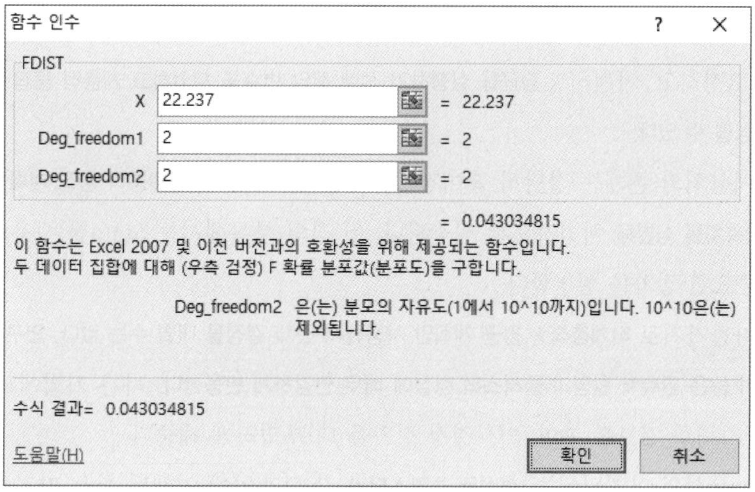

그림 11.24 F 유의수준 구하기(함수 삽입 명령어)

그림에서 보는 것처럼 물리의 유의수준 F는 0.05보다 작고(유의수준 $F = 0.043$) 유의수준 0.05에서 적어도 하나의 그룹이 다르다. 수학과 화학에 대해서도 동일한 계산을 수행해볼 수 있다. 표

11.30은 각 변수의 변동성과 F 값, 그리고 해당 유의수준에 대한 일원배치 ANOVA 결과를 보여준다.

표 11.30 일원배치 분산 분석(ANOVA)

변수	그룹 간 변동성	그룹 내 변동성	F	*Sig. F*
수학	8.296	3.990	2.079	0.325
물리	16.306	0.730	22.337	0.043
화학	19.176	5.470	3.506	0.222

일원배치 ANOVA는 연구원들이 적어도 하나의 클러스터 형성에 가장 기여한 변수를 식별할 수 있게 해준다. 적어도 하나가 더 큰 F 통계량을 가져, 평균이 다른 것이 있기 때문이다. F 통계량은 표본 크기에 매우 민감하여, 예제의 경우 수학과 화학은 고작 5개의 관측치만 갖는 작은 표본 크기로 인해 다른 세 그룹과 평균이 다르지 않은 것으로 결론 난 점을 강조할 필요가 있다.

일원배치 분산 분석은 오직 그룹 내 관측치들의 분류에만 종속되므로 **어떤 계층적 응집 계획 바로 다음에 수행할 수 있다.** 연구원들은 계층적 분석 결과를 비계층적 계획에서 구한 결과와 비교할 때 한 가지만 주의하면 되는데, 바로 동일한 거리 측도를 사용해야 한다는 것이다. **계층과 비계층에서 각기 다른 거리 측도를 사용하면, 동일한 개수의 클러스터에 할당하는 관측치가 달라질 수 있다. 따라서 각기 다른 F 통계량이 계산될 수 있다.**

일반적으로 하나 이상의 변수가 클러스터 형성에 기여하지 않은 것으로 판단되면, **그 변수를 제외하고 절차를 재적용하도록 권한다.** 이 상황에서는 클러스터 개수가 변화될 수 있다. 만약 최초의 클러스터 개수를 고정하고, 여전히 k 평균을 실행하기 전에 해당 변수를 제외하고 계층적 응집 계획을 사용하면, 분석 **사이클이 형성될 수 있다.**

더구나 이상치의 존재는 상당히 흩어진 클러스터를 생성해, **비계층적 응집 계획을 수행하기 전에 극도로 모순된 관측치를 식별해** 처리하도록 권장된다. 이 장의 부록에서는 Stata를 사용해 다변량 이상치를 탐지하는 중요한 절차를 설명한다.

계층과 마찬가지로 **비계층적 k 평균 계획만 사용해서 전체 결정을 내릴 수는 없다. 연구원이 설정한 데이터 행동, 표본 크기 등은 관측치 할당과 클러스터 형성에 매우 민감하게 반응한다.** 다른 기법에서 찾은 결과를 병합하면 좀 더 강력한 정보를 주며, 의사결정 절차를 더 투명하게 해준다.

클러스터 분석의 마지막에는, **형성된 클러스터가 각 관측치에 연계된 항을 가진 새로운 정성 변수로 데이터셋을 대표**할 수 있기 때문에(클러스터 1, 클러스터 2, ..., 클러스터 K), 그로부터 다른 다변량 탐색적 기법을 수행할 수 있다. 예를 들어, 대응 분석을 통해 클러스터와 다른 정성 변수 범주와의 연관성을 연구원의 목적에 따라 분석할 수 있다.

이러한 새로운 정성 변수는 각 관측치의 할당을 대표하며 확증적 다변량 모델(예: 다중 회귀 모델)

에서의 어떤 상황 **설명 변수**explanatory variable로 사용할 수 있다. 이를 위해서는 13장에서 알아볼 것처럼 클러스터 분석을 통해 생성된 새로운 변수의 범주(클러스터)를 나타내는 더미 변수로 변환하기만 하면 된다. 반면 이러한 절차는 예측이 아니라 종속 변수의 행동에 대한 **진단**에만 유효하다. 새로운 관측치는 어떤 클러스터에 위치해 있지 않으므로 새로운 할당은 오직 새로운 클러스터 분석을 통해 이 관측치를 할당한 후에만 가능하다.

거기에 이 새로운 변수는 다항 로지스틱 회귀 모델에 종속된 것으로 간주할 수 있는데, 초기 클러스터 분석에 고려하지 않은 다른 설명 변수의 행동에 따라 형성된 어느 클러스터에 각 관측치를 소속시킬지 평가할 수 있게 된다. 이 절차는 연구 목적, 형성된 구조에 달려 있고 기존 관측치 표본의 변수의 행동에 대해 예측 목적이 아닌 진단 속성에 맞는다.

마지막으로, 형성된 클러스터가 할당된 관측치 개수와 관련되어 안정적이면 다른 변수를 사용하여 식별된 각 클러스터에 대해 특수한 확정적 기법을 적용해 좀 더 수정된 모델을 생성할 수도 있다.

다음으로, 동일한 데이터셋을 SPSS와 Stata를 사용해 분석해보자. 11.3절에서는 SPSS를 사용하고, 11.4절에서는 Stata를 사용해 결과를 구해보자.

11.3 SPSS를 사용한 계층적, 비계층적 클러스터 분석

이 절에서는 IBM SPSS를 사용해 예제를 단계별로 수행해본다. 주목적은 SPSS를 사용해 연구원들이 계층적, 비계층적 클러스터 분석을 수행하는 방법이 얼마나 간단한지 교수법적으로 알려주는 것이다. 출력이 보일 때마다 앞 절의 대수적 결과와 비교해 주제의 이해도를 높이고자 한다. 이 절의 이미지는 IBM으로부터 사용 허가를 받았다.

11.3.1 SPSS를 사용한 계층적 응집 계획 수행

11.2.2.1.2절의 예제로 돌아가서 해당 교수는 입학 시험의 수학, 물리, 화학 점수(0~10)에 기반해 동질적 클러스터로 학생을 그룹화하려 했다는 점을 상기하자. 데이터는 CollegeEntranceExams.sav에 있으며 표 11.12와 동일하다. 이 절에서는 유클리드 거리를 사용하며 오직 단일 연결만 적용한다.

SPSS로 계층 기법을 수행하려면 **분석 › 분류 분석 › 계층적 군집**을 클릭한다. 그림 11.25와 같은 대화 상자가 열릴 것이다.

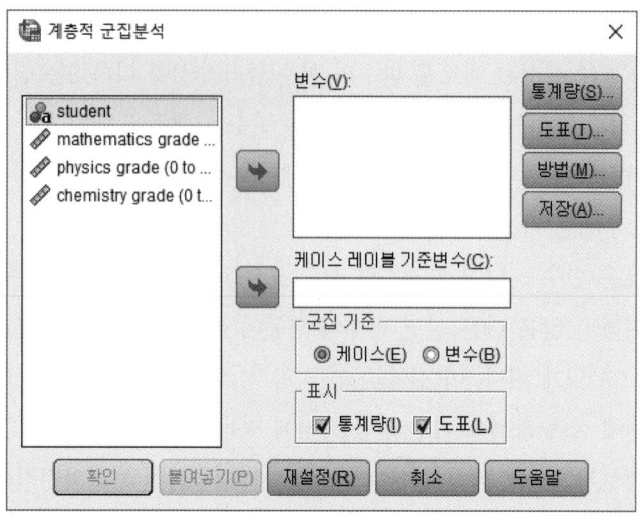

그림 11.25 SPSS를 사용한 계층적 기법의 클러스터 분석

다음으로 그림 11.26처럼 예제의 원시 변수($mathematics^{수학}$, $physics^{물리}$, $chemistry^{화학}$)를 **변수**에 삽입하고 **케이스 레이블 기준 변수**에 관측치($student$)를 선택한다. 관측치를 대표하는 이름을 가진 변수(예제의 경우 문자열)가 없다면, 이 셀은 공란으로 둬도 된다.

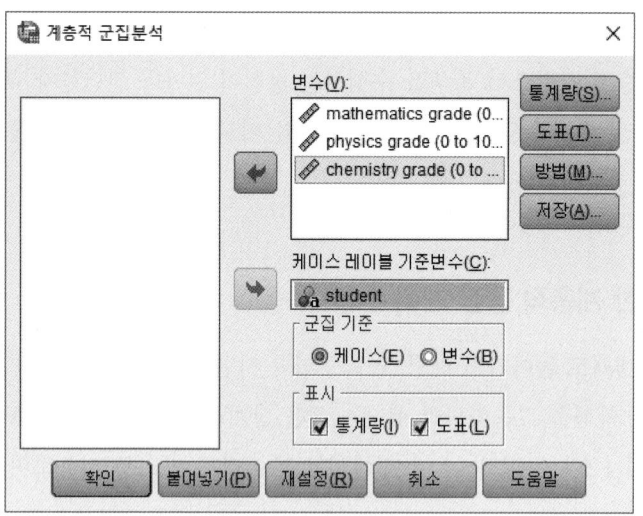

그림 11.26 원시 변수 선택

먼저 그림 11.26처럼 **통계량**에서 **군집화 일정표**와 **근접행렬** 옵션을 고르면 출력에서 선택된 거리 측도에 따라 구성된 응집 계획을 나타내는 표가 나오고, 연결 기법을 정의하고 각 관측치 쌍에 대한 행렬이 구성된다. **소속군집**은 **지정 않음**으로 둔다. 결과는 그림 11.27의 대화상자에서 볼 수 있다.

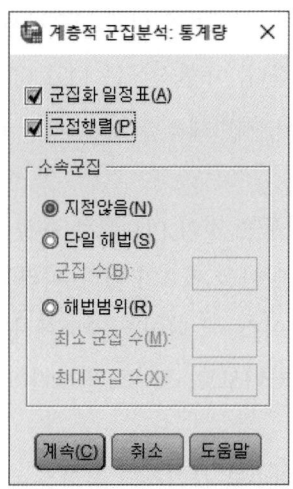

그림 11.27 응집 계획과 관측치 쌍 간의 거리 행렬을 생성하는 옵션 설정

계속 버튼을 클릭하면 계층적 군집 분석의 주 대화상자로 돌아간다. 다음으로 **도표**를 누른다. 그림 11.28처럼 **덴드로그램** 옵션을 선택하고 **고드름** 영역에서 **지정 않음** 옵션을 선택한다.

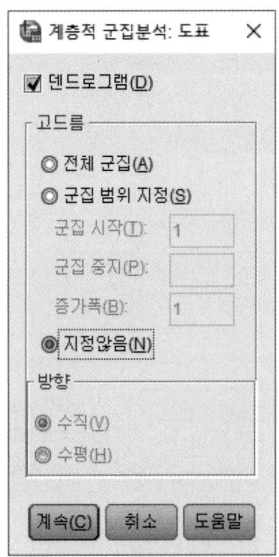

그림 11.28 덴드로그램을 생성하는 옵션 선택

동일한 방식으로 **계속** 버튼을 클릭해 주 대화상자로 돌아온다.

방법 버튼을 클릭하면 계층적 군집 분석에서 가장 중요한 대화상자가 나오는데, 최근접 이웃으로도 알려진 단일 연결 기법을 선택한다. 따라서 **군집 방법**은 **최근접 이웃**을 선택한다. 11.2.2.1절에서 설명한 완전 연결(가장 먼 이웃)과 평균(그룹 간) 연결 옵션이 있음도 알 수 있을 것이다.

또한 데이터셋의 변수가 계량 변수이므로 **측도 › 구간**에 있는 비유사성 측도를 골라야 한다. 대수적으로 예제를 해결했을 때 그대로 가져가기 위해 비유사성 측도로 유클리드 거리를 선택하고 따라서 옵션으로 **유클리드 거리**를 설정한다. 이 옵션에는 11.2.1.1절에서 알아봤던 제곱 유클리드 거리, 민코프스키, 맨해튼(SPSS에서는 **블록**), 체비셰프가 있고, 비록 유사성 측도이지만 피어슨 상관계수도 보인다.

이 예제에서는 이진 변수를 다루는 것이 아니므로 유사성 측도를 사용하지 않지만, 필요시 유사성 측도도 사용 가능하다는 점을 알아둘 필요가 있다. 따라서 11.2.1.2절에서 설명한 것처럼 **측도 › 이분형**에서는 단순 매칭, 자카드, 다이스, 역 다이스(SPSS에서는 **소칼과 스니스 2**), 러셀과 라오, 오치아이, 율(SPSS에서는 **율의 Q**), 로저스와 타니모토, 스니스와 소칼(SPSS에서는 **소칼과 스니스 1**), 하만 계수 등을 선택할 수 있다.

같은 대화상자에서 표준화된 변수로 클러스터 분석을 수행하게 할 수도 있다. 필요하면 **값 변환 › 표분화**에서 Z 점수를 선택해 모든 계산을 표준화된 변수로 수행하여 평균이 0이고 표준 편차가 1이 되게 할 수 있다.

모든 것이 끝난 설정은 그림 11.29와 같다.

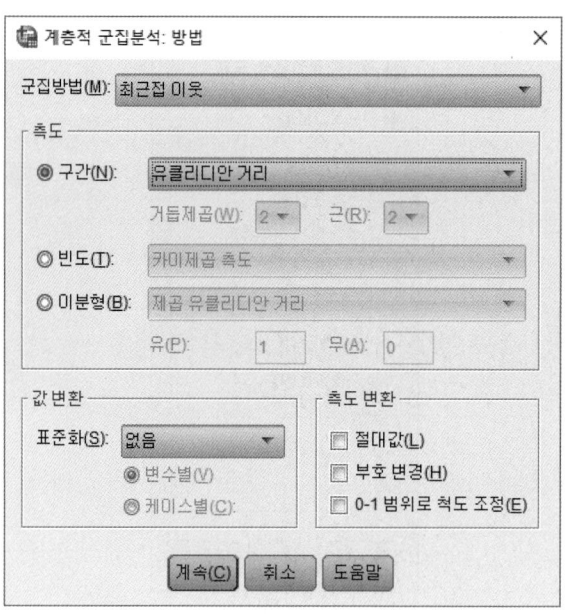

그림 11.29 연결 기법과 거리 측도를 선택하는 대화상자

계속을 클릭하고 **확인**을 누른다.

첫 출력(그림 11.30)은 각 관측치 쌍 사이에 유클리드 거리에 의해 형성된 비유사성 행렬 $\mathbf{D_0}$를 보여준다. 범례를 보면 "이것은 비유사성 행렬입니다."라는 문구를 볼 수 있다. 만약 유사성 측도를 사용해 행렬을 구성했다면 "이것은 유사성 행렬입니다."라는 문구가 나왔을 것이다.

근접행렬

유클리디안 거리

케이스	1:Gabriela	2:Luiz Felipe	3:Patrícia	4:Ovídio	5:Leonor
1:Gabriela	.000	10.132	8.420	3.713	4.170
2:Luiz Felipe	10.132	.000	7.187	10.290	8.223
3:Patrícia	8.420	7.187	.000	6.580	6.045
4:Ovídio	3.713	10.290	6.580	.000	5.474
5:Leonor	4.170	8.223	6.045	5.474	.000

이것은 비유사성 행렬입니다.

그림 11.30 관측치 쌍 간의 유클리드 거리(비유사성 측도) 행렬

11.2.2.1.2절에서 계산한 것과 같은 값을 가진 이 행렬을 통해 *mathematics*, *physics*, *chemistry* 변수에 관련되어 Gabriela와 Ovidio가 가장 유사(최고 유클리드 거리)함을 알 수 있다($d_{Gabriela\_Ovidio}$ = 3.713).

따라서 그림 11.31에 있는 계층적 계획에서 첫 번째 클러스터링 단계는 정확히 이 두 학생을 합쳐서 이뤄지며, **계수**는 3.713이다. '결합 군집' 열의 군집 1과 군집 2는 어떤 클러스터를 형성하거나 이미 형성된 클러스터에 합쳐지지 못하면 고립된 관측치를 나타낸다는 점에 주목하자. 명백히 1단계에서 첫 번째 클러스터는 두 고립 관측치가 합쳐지며 형성됐다.

군집화 일정표

단계	결합 군집		계수	처음 나타나는 군집의 단계		다음 단계
	군집 1	군집 2		군집 1	군집 2	
1	1	4	3.713	0	0	2
2	1	5	4.170	1	0	3
3	1	3	6.045	2	0	4
4	1	2	7.187	3	0	0

그림 11.31 계층적 응집 계획: 단일 연결과 유클리드 거리

다음 2단계에서 관측치 Leonor(5)가 이전에 Gabriela(1)와 Ovidio(4)로 형성된 클러스터에 합쳐진다. 단일 연결 기법에서는 Leonor의 병합에 고려하는 거리가 이 관측치와 Gabriela 또는 Ovidio 사이의 최단임을 알 수 있다. 즉, 적용한 거리는 다음과 같다.

$$d_{(Gabriela-Ovidio)Leonor} = \min\{4.170; 5.474\} = 4.170$$

또한 '처음 나타나는 군집의 단계' 열의 군집 1과 군집 2는 이전 단계의 각 해당 관측치가 어느 클러스터에 병합됐는지 보여주고, '다음 단계' 열은 해당 클러스터가 미래의 어느 단계에 새로운 관측치 또는 클러스터를 받을 것인지 보여준다.

3단계에서는 관측치 Patricia(3)가 이미 형성된 Gabriela-Ovidio-Leonor 클러스터에 다음 거리 기준에 따라 포함된다.

$$d_{(\text{Gabriela}-\text{Ovidio}-\text{Leonor})\text{Patricia}} = \min\{8.420; 6.580; 6.045\} = 6.045$$

마지막으로, 관측치가 5개이므로 네 번째이자 마지막 단계에서 여전히 고립된(클러스터에 포함될 마지막 관측치는 '처음 나타나는 군집의 단계' 열에서 0 값을 가진 것에 해당한다) 관측치 Luiz Felipe가 이미 형성된 다른 클러스터에 포함되며 응집 계획이 종료된다. 이 단계에서 고려한 거리는 다음과 같다.

$$d_{(\text{Gabriela}-\text{Ovidio}-\text{Leonor}-\text{Patricia})\text{LuizFelipe}} = \min\{10.132; 10.290; 8.223; 7.187\} = 7.187$$

응집 계획에 관측치가 어떻게 정렬됐는가와 클러스터링 기준에 어떤 거리를 사용했는가에 따라 그림 11.32와 같은 덴드로그램을 구성할 수 있다. SPSS는 11.2.2.1.2.1절에서 설명한 것처럼 덴드로그램을 그리기 위해 거리 측도를 크기 조절해 클러스터에 각 관측치가 할당된 것을 가장 큰 거리 규모를 시각화해주어 해석을 돕는다.

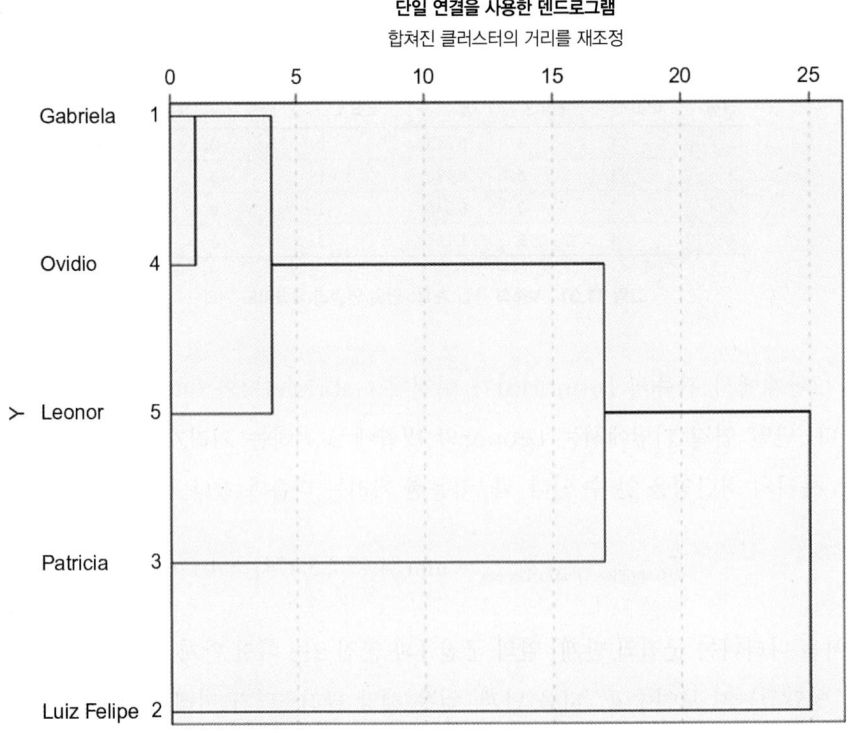

그림 11.32 덴드로그램: SPSS에서 단일 연결 기법과 유클리드 거리

덴드로그램에서 관측치가 정렬된 방법은 응집 계획에 나타난 것에 해당하고(그림 11.31), 그림 11.32의 분석으로부터 Patricia가 이미 생긴 Gabriela-Ovidio-Leonor에 합쳐질 때 가장 큰 거리 단계가 생기는 걸 볼 수 있다. 이 거리 크기는 그림 11.31의 응집 계획에서 이미 식별될 수 있다. 두 번째에서 세 번째 단계로 갈 때 큰 거리 증가가 생기기 때문이다. 즉, 유클리드 거리가 4.170에서 6.045로 증가해(44.96%) 새로운 클러스터가 다른 관측치에 의해 형성된다. 따라서 두 번째 클러스터링 단계에서 존재하는 설정을 선택할 수 있는데, 그 경우 3개의 클러스터가 형성된다. 11.2.2.1.2.1절에서 설명했듯이, **큰 거리 단계가 생기기 바로 전의 단계 수를 클러스터 개수로 설정하는 것은 매우 유용하며 흔히 사용된다.**

그림 11.33은 가장 큰 거리 단계가 발생한 시점에서 덴드로그램을 절단하는 수직선(점선)을 보여준다. 이 순간 덴드로그램과의 3군데 교차점이 생기므로 해당하는 3개의 클러스터인 Gabriela-Ovidio-Leonor, Patricia, Luiz Felipe를 각각 식별할 수 있다.

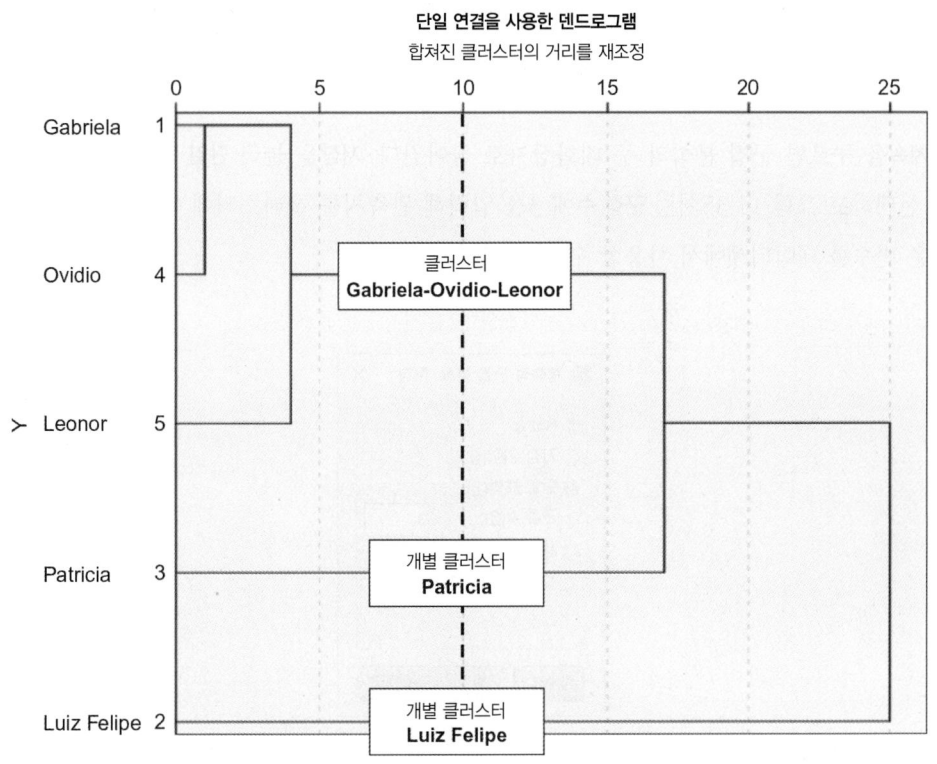

그림 11.33 덴드로그램과 클러스터 식별

설명한 것처럼, 데이터셋의 모든 변수가 상당히 유사하면 **덴드로그램의 거리 단계를 식별하기 어려울 때**가 많다. 이 경우에는 **제곱 유클리드 거리나 완전 연결 기법**(가장 먼 이웃)을 사용하는 것을 권한다. 극도로 동질적인 관측치로 구성된 데이터셋의 경우에는 이러한 조합 기준을 사용하는 것이 매우 보편적이다.

3개 클러스터 해를 택하면 다시 한번 **분석 › 분류 분석 › 계층적 군집 분석**을 클릭하고 **통계량**의 **소속군집** 영역에서 **단일 해법** 옵션을 선택한다. 이 옵션에서는 그림 11.34처럼 **군집 수**를 3으로 설정한다.

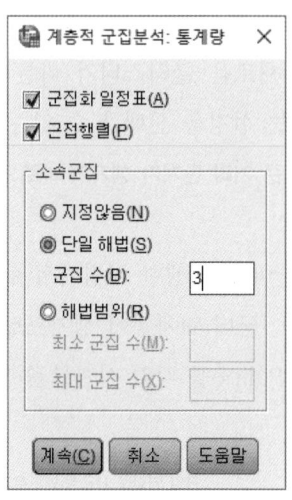

그림 11.34 클러스터 개수 정의

계속을 누르면 군집 분석의 주 대화상자로 돌아간다. **저장**을 눌러 **단일 해법** 옵션을 동일한 방식으로 선택하고 그림 11.35처럼 **군집 수**에 3을 입력해 관측치를 클러스터에 할당하는 것에 해당하는 새로운 변수를 데이터셋에서 사용할 수 있게 한다.

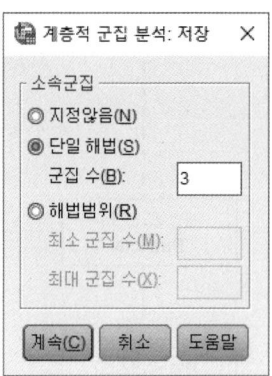

그림 11.35 관측치를 데이터셋의 새로운 변수로 된 클러스터에 할당하도록 저장하는 옵션 선택: 계층적 절차

계속을 누르고 **확인**을 클릭한다.

비록 결과는 동일하지만, 관측치를 클러스터 자체에 할당한 것에 해당하는 새로운 결과표가 나타난 점에 주목하자. 그림 11.36은 세 클러스터에 대해 관측치 Gabriela, Ovidio, Leonor가 1이라 불리는 하나의 클러스터를 형성한 반면, 관측치 Luiz Felipe와 Patricia는 개별적으로 각각 클러스터 2

와 3을 형성한 것을 알 수 있다. 비록 이름이 수치로 되어 있지만, 이는 정성 변수의 **레이블**(범주)을 나타내는 데 불과하다는 점을 기억하자.

소속군집

케이스	3 군집
1:Gabriela	1
2:Luiz Felipe	2
3:Patrícia	3
4:Ovídio	1
5:Leonor	1

그림 11.36 관측치를 클러스터에 할당

절차를 살펴보면 새로운 변수가 데이터셋에서 생성된 것을 볼 수 있다. 이는 그림 11.37에서 보는 것처럼 SPSS에서 *CLU3_1*이라고 되어 있다.

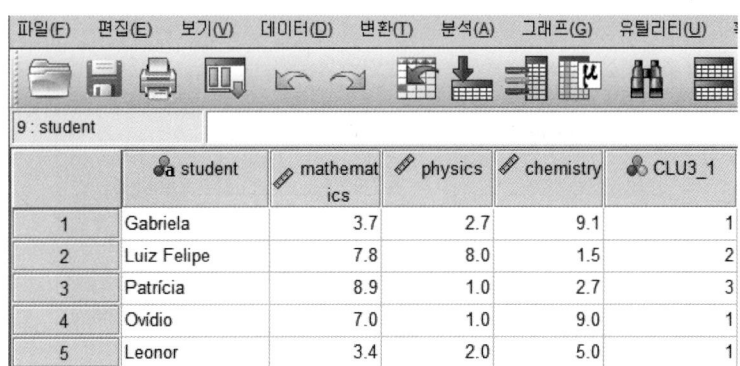

그림 11.37 새로운 변수 *CLU3_1*이 있는 데이터셋: 각 관측치 할당

이 새 변수는 그림 11.38에서 보는 것처럼 자동으로 **명목**(정성)으로 분류되며, SPSS 화면 좌측 하단의 **변수 보기**를 누르면 볼 수 있다.

	이름	유형	너비	소수점이...	레이블	값	결측값	열	맞춤	측도	역할
1	student	문자	11	0		지정않음	지정않음	11	왼쪽	명목형(N)	입력
2	mathematics	숫자	9	1	mathematics gr...	지정않음	지정않음	8	오른쪽	척도	입력
3	physics	숫자	9	1	physics grade (...	지정않음	지정않음	8	오른쪽	척도	입력
4	chemistry	숫자	9	1	chemistry grad...	지정않음	지정않음	8	오른쪽	척도	입력
5	CLU3_1	숫자	8	0	Single Linkage	지정않음	지정않음	10	오른쪽	명목형(N)	입력

그림 11.38 변수 *CLU3_1*의 명목(정성) 분류

앞서 설명한 것처럼 *CLU3_1*은 대응 분석이나 확증적 기법 등의 다른 탐색적 기법에서 사용될 수 있다. 후자의 경우 예컨대 (더미로 변환하면) 다중 회귀 모델의 설명 변수 벡터에 삽입할 수 있고, 어떤 다항 로지스틱 회귀 모델의 종속 변수로 쓸 수 있다. 이 경우 연구원들은 클러스터에 포함되지 않은 다른 변수들의 행동에 대해 각 관측치를 형성된 클러스터에 포함시킬 확률을 연구할 수 있다. 그러나 이 결정은 연구 목적에 달려 있다.

이 시점에서 연구원은 계층적 분석으로 한 클러스터 분석으로 결론지을 수도 있다. 그럼에도 불구하고 새로운 변수 *CLU3_1*의 생성에 기반해, 일원배치 ANOVA를 사용해 여전히 어떤 변숫값이 형성된 다른 클러스터와 다른지 연구해볼 수 있다. 즉, 그룹 간의 변동성이 그룹 내보다 매우 높은지 확인해볼 수 있다. 11.2.2.2.2절에서 계층적 계획을 대수적으로 해결할 때는 k 평균 절차 다음에만 수행하려 했으므로 이 분석을 하지 않았지만, 이제 이미 관측치를 그룹에 할당했으므로 적용해볼 수 있다.

이를 위해 **분석 › 평균 비교 › 일원배치 분산 분석**을 클릭한다. 열린 대화상자에서 변수 *mathematics*, *physics*, *chemistry*를 **종속 변수**에 두고 *CLU3_1* 변수(Single Linkage)를 **요인**에 둔다. 대화상자는 그림 11.39와 같다.

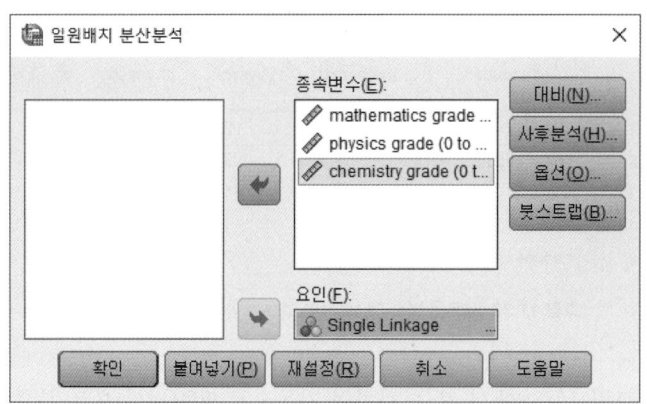

그림 11.39 SPSS를 사용해 일원배치 분산 분석을 수행하기 위해 변수를 선택하는 대화상자

그림 11.40처럼 **옵션**에서 **통계량**은 **기술 통계**를 선택하고 **평균 도표**를 선택한다.

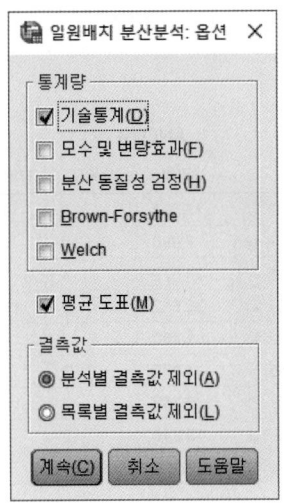

그림 11.40 일원배치 분산 분석을 위한 옵션 선택

계속을 클릭하고 **확인**을 누른다.

그림 11.41은 표 11.24, 11.25, 11.26과 유사하게 변수별 클러스터의 기술 통계량을 보여주고, 그림 11.42는 이 변수를 사용해 그룹 간(**집단 간**)과 그룹 내(**집단 내**)의 변동성, 각 변수의 F 통계량, 해당 유의수준을 보여준다. 이 값은 표 11.30에서 볼 수 있듯이 11.2.2.2.2절에서 대수적으로 계산한 값에 해당함을 알 수 있다.

기술통계

		N	평균	표준화 편차	표준화 오류	평균에 대한 95% 신뢰구간 하한	상한	최소값	최대값
mathematics grade (0 to 10)	1	3	4.700	1.9975	1.1533	-.262	9.662	3.4	7.0
	2	1	7.800	.	.	.	.	7.8	7.8
	3	1	8.900	.	.	.	.	8.9	8.9
	전체	5	6.160	2.4785	1.1084	3.083	9.237	3.4	8.9
physics grade (0 to 10)	1	3	1.900	.8544	.4933	-.222	4.022	1.0	2.7
	2	1	8.000	.	.	.	.	8.0	8.0
	3	1	1.000	.	.	.	.	1.0	1.0
	전체	5	2.940	2.9186	1.3052	-.684	6.564	1.0	8.0
chemistry grade (0 to 10)	1	3	7.700	2.3388	1.3503	1.890	13.510	5.0	9.1
	2	1	1.500	.	.	.	.	1.5	1.5
	3	1	2.700	.	.	.	.	2.7	2.7
	전체	5	5.460	3.5104	1.5699	1.101	9.819	1.5	9.1

그림 11.41 변수별 클러스터의 기술 통계량

그림 11.42로부터 변수 *physics*의 유의수준 F가 0.05보다 작음을 알 수 있고(0.043) 적어도 하나의 그룹이 통계적으로, 유의수준 0.05에서 다른 평균을 갖는다는 의미가 된다. 그러나 변수

*mathematics*와 *chemistry*에 대해서는 그렇지 않다.

ANOVA

		제곱합	자유도	평균제곱	F	유의확률
mathematics grade (0 to 10)	집단-간	16.592	2	8.296	2.079	.325
	집단-내	7.980	2	3.990		
	전체	24.572	4			
physics grade (0 to 10)	집단-간	32.612	2	16.306	22.337	.043
	집단-내	1.460	2	.730		
	전체	34.072	4			
chemistry grade (0 to 10)	집단-간	38.352	2	19.176	3.506	.222
	집단-내	10.940	2	5.470		
	전체	49.292	4			

그림 11.42 집단 간, 집단 내 일원배치 분산 분석 및 *F* 통계량, 변수별 유의수준

비록 그림 11.41로부터 어떤 그룹이 통계적으로 다른 평균을 갖는지 알아챌 수 있지만, 도식화를 통해 클러스터별 변수 평균의 차이를 더 잘 알아볼 수 있다. SPSS를 통해 차트를 생성하면(그림 11.43, 11.44, 11.45) 분석한 각 변수에 대해 그룹 간의 차이를 볼 수 있다.

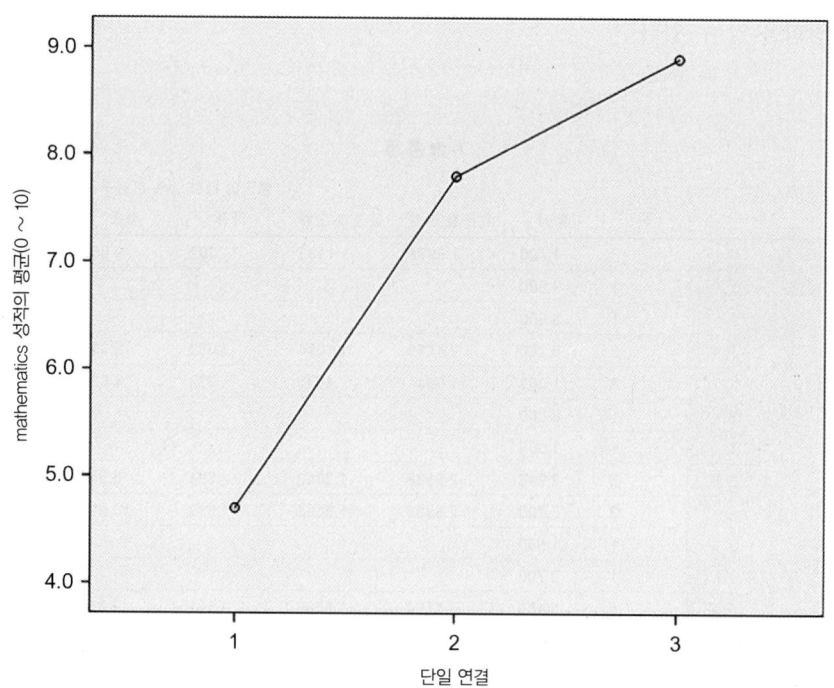

그림 11.43 3개의 클러스터에서 *mathematics* 변수의 평균

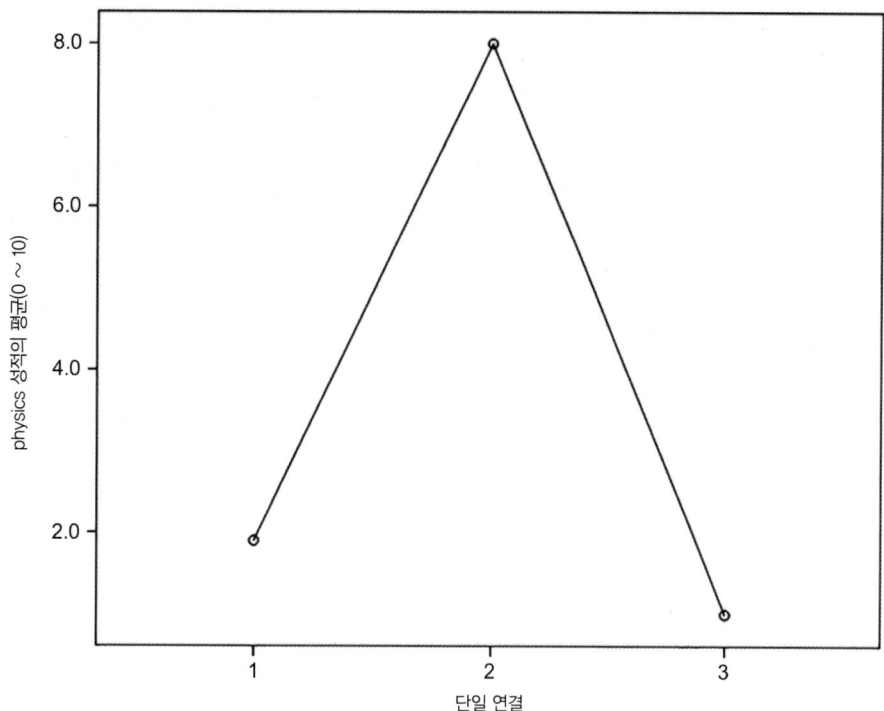

그림 11.44 3개의 클러스터에서 *physics* 변수의 평균

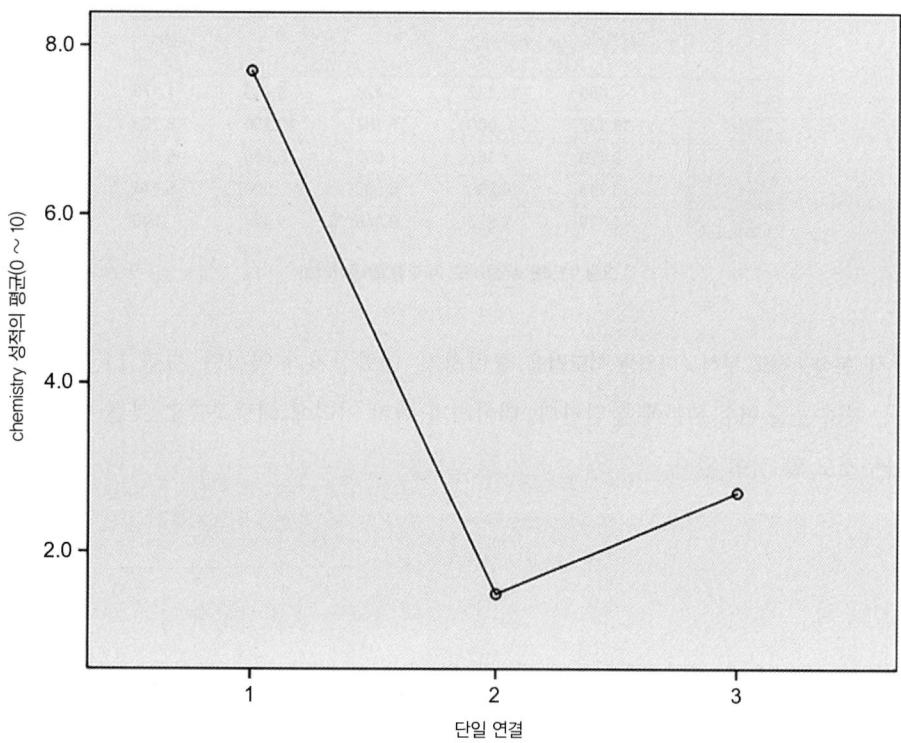

그림 11.45 3개의 클러스터에서 *chemistry* 변수의 평균

따라서 그림 11.44로부터 Luiz Felipe로만 구성된 그룹 2가 사실 *physics* 변수에 대해 다른 그룹과 차이 나는 평균을 갖는다는 사실을 알 수 있다.

더구나 그림 11.43과 그림 11.45로부터 변수 *mathematics*와 *chemistry*에서는 변수 간 평균의 차이가 0.05 유의수준에서 서로 다르다고 할 수 없음을 볼 수 있다. 이는 예제의 표본이 매우 작고, *F* 통계량은 표본 크기에 매우 민감하기 때문이다. 이 그래프적 분석은 더 큰 관측치와 변수를 가진 데이터셋을 분석할 때 매우 유용하다.

끝으로, 연구원은 분석을 **다차원 척도법**multidimensional scaling이라 불리는 절차를 통해 보완할 수 있다. 거리 행렬을 사용하면, 변수 개수와 상관없이 관측치의 상대적인 위치에 따른 2차원 시각화 차트를 구성할 수 있기 때문이다.

이를 위해, 정확히 거리 행렬로 구성된 새로운 데이터셋을 구성해야만 한다. 예제 데이터의 경우 CollegeEntranceExamMatrix.sav 파일에는 그림 11.46에서 보인 것과 같은 유클리드 거리 행렬이 들어 있다. 이 데이터셋의 열은 원시 데이터의 관측치와 행(제곱 거리 행렬)을 참조한다는 점에 주목하자.

	Gabriela	LuizFelipe	v1	v2	Leonor
1	.000	10.132	8.420	3.713	4.170
2	10.132	.000	7.187	10.290	8.223
3	8.420	7.187	.000	6.580	6.045
4	3.713	10.290	6.580	.000	5.474
5	4.170	8.223	6.045	5.474	.000

그림 11.46 유클리드 거리 행렬 데이터셋

먼저, **분석 › 척도 분석 › 다차원 척도법**을 클릭하자. 대화상자가 열리면, 그림 11.39처럼 관측치를 나타내는 변수들을 **변수** 부분에 삽입한다. 데이터가 이미 거리에 해당하므로 그림 11.47의 **거리** 영역에는 아무것도 할 것이 없다.

490

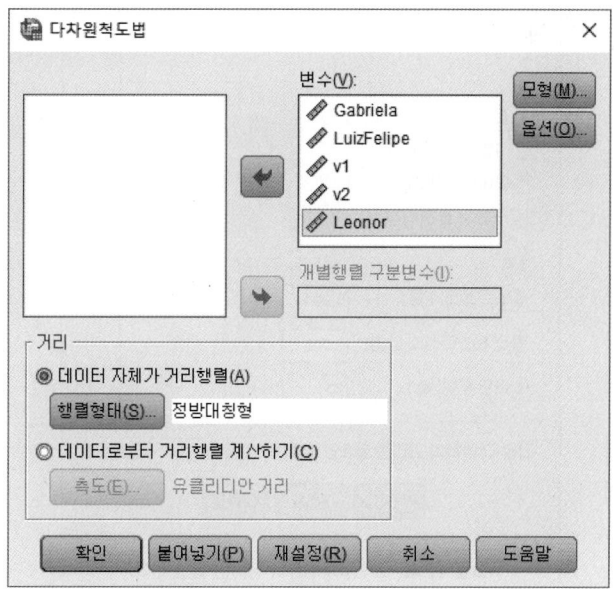

그림 11.47 SPSS의 다차원 척도법에서 변수를 선택하는 대화상자

모형을 클릭하고 그림 11.48처럼 **측정 수준**에서 **비율**을 선택한 다음(**척도화 모형**에서는 이미 **유클리드 거리**가 선택되어 있음에 주목하자), **옵션**을 클릭해 그림 11.49처럼 **표시**에서 **집단 도표**를 선택한다.

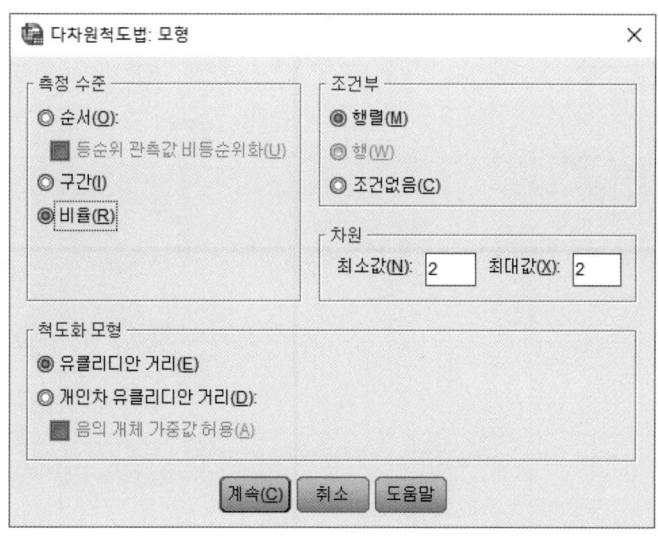

그림 11.48 거리 측도에 해당하는 변수 속성 정의

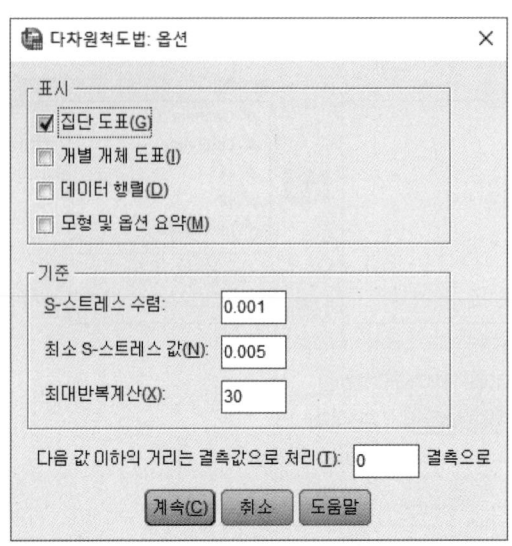

그림 11.49 2차원 차트를 구성하는 옵션 선택

계속을 클릭하고 **확인**을 누른다.

그림 11.50은 평면에 사상된 관측치의 상대적 위치 차트를 보여준다.

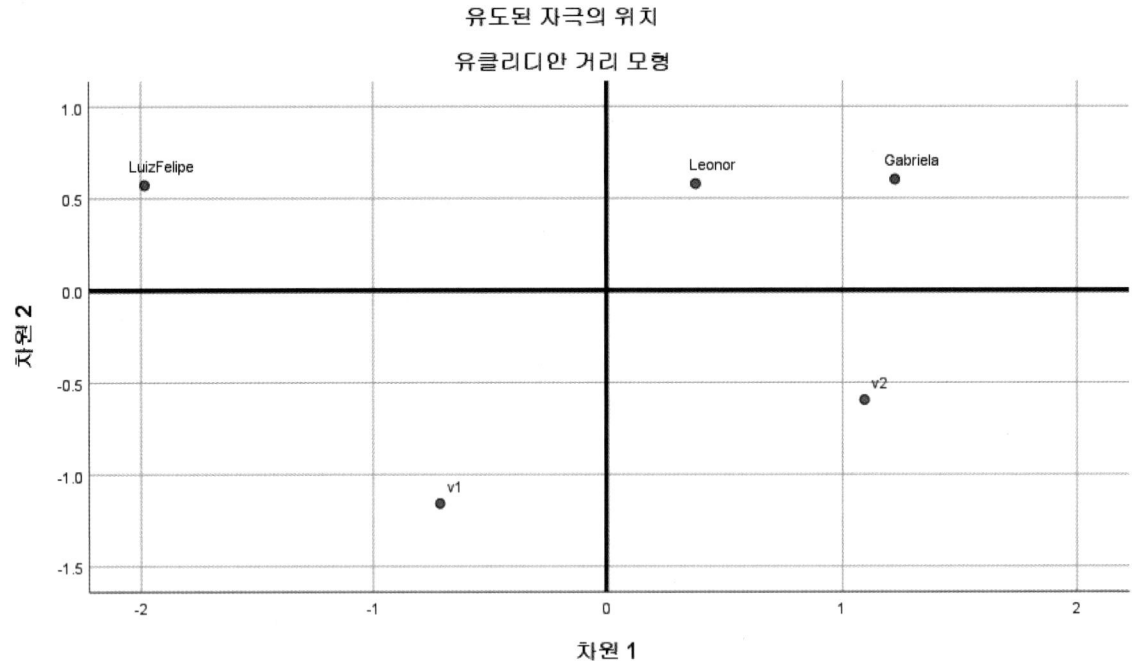

그림 11.50 관측치의 사상된 상대 위치의 2차원 차트

이런 형식의 차트는 연구원들이 관측치 클러스터의 (개인, 회사, 지방 정부, 국가 등) 교수법적 표현을 준비하거나 데이터셋의 변수가 많을 때 클러스터의 해석을 쉽게 해주는 데 매우 유용하다.

11.3.2 SPSS를 이용해 비계층 *k* 평균 응집 계획 수행

이전 절에서의 논리를 유지하기 위해, 동일한 데이터셋에서 비계층 *k* 평균 응집 계획에 기반한 클러스터 분석을 수행해보자. 따라서 이번에도 CollegeEntranceExams.sav 파일을 사용한다.

이를 위해 **분석 › 분류 분석 › k 평균 군집**을 누른다. 대화상자가 열리면 **변수** 부분에 *mathematics*, *physics*, *chemistry*를 넣고 *student* 변수는 **케이스 레이블 기준 변수**에 넣는다. 이 최초 대화상자와 계층 절차의 주된 차이는 *k* 평균 알고리즘을 수행할 클러스터의 개수를 결정하는 것이다. 예제에서는 그림 11.51의 대화상자처럼 **군집 수**에 3을 입력한다.

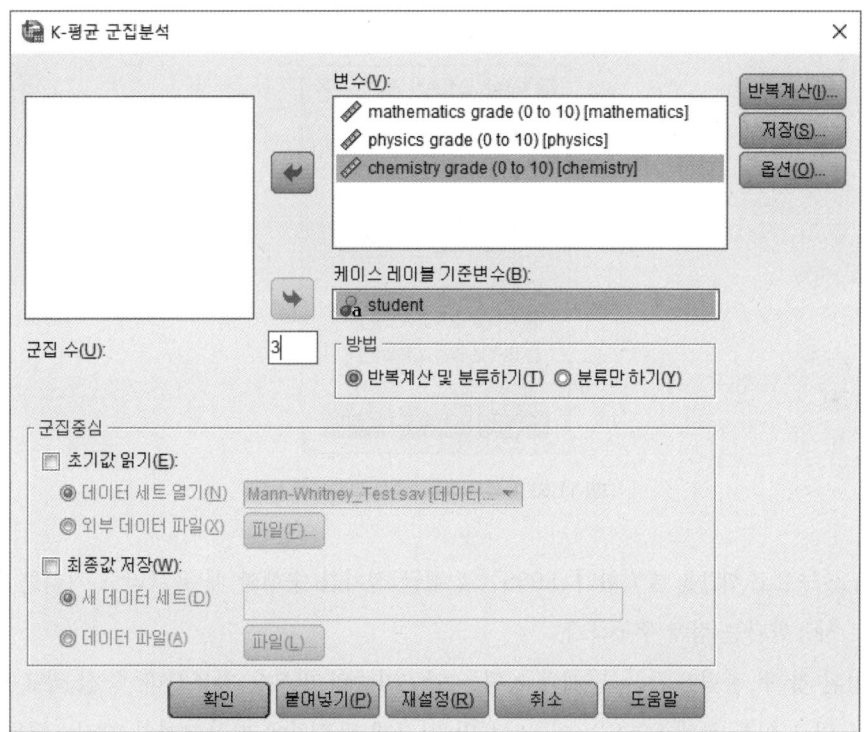

그림 11.51 SPSS의 비계층 *k* 평균 군집화 클러스터 분석 수행 대화상자

원시 변수는 **변수** 필드에 넣은 것을 볼 수 있다. 예제에서는 값들이 동일한 측도이므로 이 절차가 용인된다. 그러나 이 조건을 확신하지 못하면 *k* 평균을 수행하기 전에 먼저 **분석 › 기술 통계량 › 기술 통계**를 클릭하고 원시 변수를 **변수**에 넣은 다음 **표준화 값을 변수로 저장** 항목을 선택해 Z 점수 절차를 통해 표준화해야 한다. **확인**을 클릭하면 표준화된 새 변수가 데이터셋에 들어 있는 것이 보일 것이다.

k 평균 절차의 초기 화면으로 돌아가서, **저장**을 클릭한다. 대화상자가 열리면 그림 11.52처럼 **소속 군집** 옵션을 선택한다.

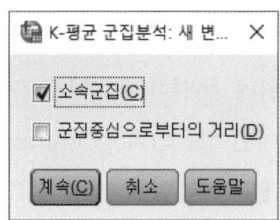

그림 11.52 데이터셋의 새로운 변수로 관측치를 클러스터로 할당하는 옵션 선택

계속 버튼을 누르고 이전 대화상자로 돌아간다. **옵션**을 클릭해 그림 11.53처럼 **군집 중심 초깃값, 분산 분석표, 각 케이스의 군집 정보** 옵션들을 선택한다.

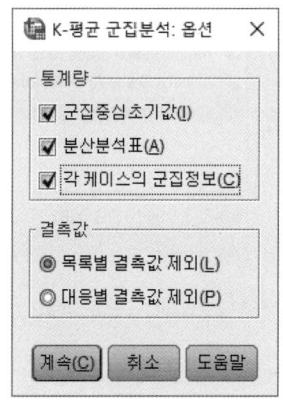

그림 11.53 k 평균 절차 수행을 위한 옵션 선택

계속을 누르고 **확인**을 클릭한다. SPSS는 k 평균 절차를 수행할 때 유클리드 거리를 표준 비유사성 측도로 사용한다는 점에 주목하자.

생성된 첫 두 출력은 초기 단계와 k 평균 알고리즘의 반복을 참조한다. 중심 좌표는 최초 단계에 나타나 있고 이를 통해 SPSS는 데이터셋의 첫 3개 관측치에 따라 3개의 클러스터를 형성한다. 이 결정은 비록 11.2.2.2.2절에서 사용한 방법과 다르지만 완전히 임의이며, 나중에 보겠지만 k 평균 알고리즘의 마지막 단계에는 아무런 영향을 미치지 않는다.

그림 11.54는 원시 관측치의 변숫값 Gabriela, Luiz Felipe, Patricia(표 11.16)를 3개 그룹의 중심 좌표로 보여준다. 그림 11.55에서는 알고리즘의 첫 반복 다음에 첫 클러스터의 좌표가 1.897로 변화되며, 이는 정확히 Gabriela와 Gabriela-Ovidio-Leonor 클러스터(표 11.23) 간의 유클리드 거리에 해당한다. 그림 11.55에서는 반복 후 여전히 고립된 Luiz Felipe와 Patricia 간의 유클리드 거리에 해당하는 측도가 7.187임을 볼 수 있다.

군집중심초기값

	군집		
	1	2	3
mathematics grade (0 to 10)	3.7	7.8	8.9
physics grade (0 to 10)	2.7	8.0	1.0
chemistry grade (0 to 10)	9.1	1.5	2.7

그림 11.54 k 평균 알고리즘의 첫 단계: 3개 그룹의 중심을 관측치 좌표로 설정

반복계산과정[a]

	군집중심의 변화량		
반복	1	2	3
1	1.897	.000	.000
2	.000	.000	.000

a. 군집 중심값의 변화가 없거나 작아 수렴이 일어났습니다. 모든 중심에 대한 최대 절대 좌표 변경은 .000입니다. 현재 반복계산은 2입니다. 초기 중심 간의 최소 거리는 7.187입니다.

그림 11.55 k 평균 알고리즘의 첫 반복과 중심 좌표의 변화

그다음 세 그림은 k 평균 알고리즘의 마지막 단계에 해당한다. **소속군집**(그림 11.56)은 각 관측치의 3개 클러스터로의 할당과 관측치와 해당 그룹 간의 유클리드 거리를 보여준다. **최종 군집 중심 간 거리** (그림 11.58)는 그룹 중심 간의 유클리드 거리를 보여준다. 이 두 출력값은 11.2.2.2.2절과 표 11.23 에서 대수적으로 계산한 값이 있다. 또한 **최종 군집 중심**(그림 11.57)은 비계층 절차의 마지막 단계 이 후의 그룹 간의 중심 좌표를 보여주며, 이는 표 11.22에서 계산한 값에 해당한다.

소속군집

케이스 번호	student	군집	거리
1	Gabriela	1	1.897
2	Luiz Felipe	2	.000
3	Patrícia	3	.000
4	Ovídio	1	2.791
5	Leonor	1	2.998

그림 11.56 k 평균 알고리즘의 마지막 단계: 관측치 할당과 해당 클러스터 중심과의 거리

최종 군집중심

	군집		
	1	2	3
mathematics grade (0 to 10)	4.7	7.8	8.9
physics grade (0 to 10)	1.9	8.0	1.0
chemistry grade (0 to 10)	7.7	1.5	2.7

그림 11.57 *k* 평균 알고리즘의 마지막 단계: 클러스터 중심 좌표

최종 군집중심 간 거리

군집	1	2	3
1		9.234	6.592
2	9.234		7.187
3	6.592	7.187	

그림 11.58 *k* 평균 알고리즘의 마지막 단계: 클러스터 중심 간 거리

ANOVA 결과(그림 11.59)는 11.2.2.2.2절의 표 11.30 및 11.3.1절의 그림 11.42와 유사하고, 이를 통해 오직 변수 *physics*에서 유의수준 0.05로 적어도 하나의 형성된 그룹에서 통계적으로 다른 평균을 갖는다는 사실을 알 수 있다.

ANOVA

	군집		오차			
	평균제곱	자유도	평균제곱	자유도	F	유의확률
mathematics grade (0 to 10)	8.296	2	3.990	2	2.079	.325
physics grade (0 to 10)	16.306	2	.730	2	22.337	.043
chemistry grade (0 to 10)	19.176	2	5.470	2	3.506	.222

다른 군집의 여러 케이스 간 차이를 최대화하기 위해 군집을 선택했으므로 F 검정은 기술통계를 목적으로만 사용되어야 합니다. 이 경우 관측유의수준은 수정되지 않으므로 군집평균이 동일하다는 가설을 검정하는 것으로 해석될 수 없습니다.

그림 11.59 *k* 평균 절차에서의 일원배치 분산 분석: 그룹 간 그리고 그룹 내 변동성, *F* 통계량, 변수별 유의수준

앞서 설명한 것처럼 하나 이상의 변수가 제시된 개수의 클러스터 형성에 기여하지 않았다면, 이 변수들을 제거하고 알고리즘을 재적용하기를 권한다. 연구원들은 *k* 평균 절차를 재적용하기 전에 앞서 언급한 변수 없이 계층적 절차를 사용할 수도 있다. 예제 데이터의 경우, 변수 *mathematics*와 *chemistry*가 제거되면 일변량 분석이 되어 **클러스터 분석에 있어 극도로 작은 데이터셋을 다룰 때 연구원이 겪게 되는 리스크**를 보여준다.

ANOVA 결과는 대부분 변수가 명시된 클러스터 형성에 도움을 준 경우에만 사용해야 한다는 점에 유의하자. 각기 다른 그룹에 할당된 관측치 간의 차이가 최대가 되도록 선택됐기 때문이다. 따라서 그 결과의 각주에서 설명한 것처럼 *F* 통계량은 클러스터 평균의 동질성을 판단하기 위해 사용해서

는 안 된다. 이 때문에 이 통계량에 대해 기존 문헌에서는 **유사 $F^{pseudo\,F}$**라는 용어를 사용하는 경우가 일반적이다.

끝으로, 그림 11.60은 각 클러스터 내의 관측치 개수를 보여준다.

각 군집의 케이스 수

군집	1	3.000
	2	1.000
	3	1.000
유효		5.000
결측		.000

그림 11.60 각 클러스터 내의 관측치 개수

계층 절차와 마찬가지로, 새로운 변수(명백히 정성)가 k 평균 절차 준비 다음에 데이터셋에서 생성됐고 그 이름은 그림 11.61처럼 SPSS에 의해 *QCL_1*로 이름 지어졌다.

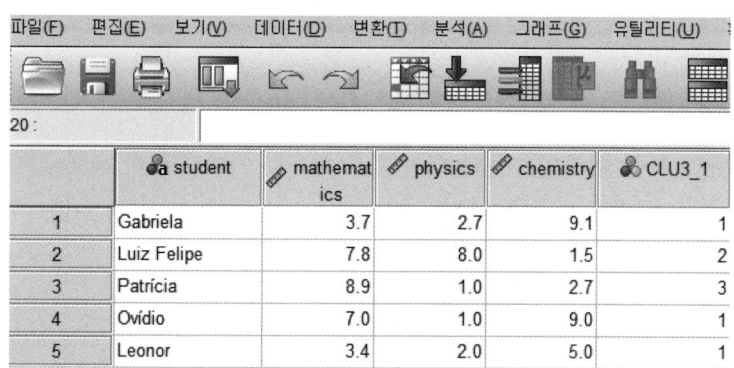

	🅰 student	📏 mathematics	📏 physics	📏 chemistry	⚬ CLU3_1
1	Gabriela	3.7	2.7	9.1	1
2	Luiz Felipe	7.8	8.0	1.5	2
3	Patrícia	8.9	1.0	2.7	3
4	Ovídio	7.0	1.0	9.0	1
5	Leonor	3.4	2.0	5.0	1

그림 11.61 새로운 변수 *QCL_1*이 있는 데이터셋: 각 관측치의 할당

예제에서 이 변수는 *CLU3_1*(그림 11.37)과 동일해진다. 그럼에도 불구하고 이 사실은 많은 관측치에서 항상 발생하는 일은 아니며 계층, 비계층에서 다른 비유사성 측도가 사용될 때도 그렇다.

SPSS를 사용한 절차를 살펴봤으니, 이제 Stata를 보자.

11.4 Stata를 사용한 계층적, 비계층적 응집 계획 클러스터 분석

이제 앞의 예제를 Stata를 사용해 단계별로 해결해보자. 이 절의 주목적은 클러스터 분석의 개념을 설명하는 것이 아니라, 소프트웨어의 사용법을 알려주는 데 있다. 각 출력을 표시할 때 대수적 방법과 SPSS를 통한 결과를 언급해 그 결과를 비교해본다.

11.4.1 Stata를 사용한 계층적 응집 계획 수행

먼저 대학 입학 시험을 친 다섯 학생의 수학, 물리, 화학 성적 예를 살펴보자. 이 데이터셋은 CollegeEntranceExams.dta 파일에 있고 11.2.2.1.2절의 표 11.12와 정확히 일치한다.

최초에 desc 명령어를 통해 관측치 개수, 변수 개수, 각각의 설명 등 데이터의 특성을 살펴본다. 그림 11.62는 Stata의 첫 출력을 보여준다.

```
. desc

  obs:            5
  vars:           4
  size:         135 (99.9% of memory free)
------------------------------------------------------------------
              storage   display     value
variable name   type    format      label      variable label
------------------------------------------------------------------
student        str11    %11s
mathematics    float    %9.1f                   Mathematics Grade (0 to 10)
physics        float    %9.1f                   Physics Grade (0 to 10)
chemistry      float    %9.1f                   Chemistry Grade (0 to 10)
------------------------------------------------------------------
Sorted by:
```

그림 11.62 CollegeEntranceExams.dta 데이터셋의 설명

앞서 설명한 것처럼, 원시 변수는 동일한 측도 단위를 가지므로 이 예제에서는 Z 점수 절차를 통한 변수 표준화가 필요 없다. 그러나 원할 경우 다음 명령어를 사용하면 된다.

```
egen zmathematics = std(mathematics)
egen zphysics = std(physics)
egen zchemistry = std(chemistry)
```

먼저, 각 관측치 쌍의 거리 행렬을 구하자. 일반적으로 Stata에서 거리 또는 유사성 행렬을 구하는 명령어는 다음과 같다.

```
matrix dissimilarity D = variables*, option*
matrix list D
```

여기서 variable* 항은 분석 중인 변수로 대체해야 하고, option*는 사용하려는 거리 또는 유사성 측도에 해당하는 용어로 대체해야 한다. 표 11.31은 11.2.1.1절에서 설명한 계량 변수의 각 측도에 대한 Stata의 용어를 보여주고, 표 11.32는 11.2.1.2절에서 살펴본 이진 변수에 사용되는 측도에 관련된 용어를 보여준다.

표 11.31 계량 변수에 해당하는 Stata 용어

계량 변수 측도	Stata 용어
유클리드	L2
제곱 유클리드	L2squared
맨해튼	L1
체비셰프	Linf
캔버라	Canberra
피어슨 상관계수	corr

표 11.32 이진 변수 측도에 해당하는 Stata 용어

이진 변수 측도	Stata 용어
단순 매칭	matching
자카드	Jaccard
다이스	Dice
역 다이스	antiDice
러셀과 라오	Russell
오치아이	Ochiai
율	Yule
로저스와 타니모토	Rogers
스니스와 소칼	Sneath
하만	Hamann

따라서 11장에서 계속 사용한 기준에 따라 관측치 쌍 간의 유클리드 거리 행렬을 구하려면 다음과 같이 명령한다.

```
matrix dissimilarity D = mathematics physics chemistry, L2
matrix list D
```

결과 출력은 그림 11.63에 있다. 이는 11.2.2.1.2.1절의 행렬 D_0와 일치하고 SPSS를 사용했던 그림 11.30(11.3.1절)과도 일치한다.

```
. matrix dissimilarity D = mathematics physics chemistry, L2

. matrix list D

symmetric D[5,5]
              obs1         obs2         obs3         obs4         obs5
obs1            0
obs2     10.132127            0
obs3     8.4196199    7.1867934            0
obs4     3.7134889    10.290287    6.5802734            0
obs5     4.1701323    8.2225301    6.0448321    5.4735728            0
```

그림 11.63 관측치 쌍 간의 유클리드 거리 행렬

다음으로, 클러스터 분석 자체를 수행한다. Stata에서 계층 계획을 사용해 클러스터 분석을 실행하는 명령어는 다음과 같다.

```
cluster method* variables*, measure(option*)
```

여기서 앞서 설명한 것처럼 variables* , option* 항의 대체는 물론 method*도 선택한 연결 기법으로 대체해야 한다. 표 11.33은 11.2.2.1절에서 설명한 기법에 관련된 Stata 용어를 보여준다.

표 11.33 계층적 응집 계획의 연결 기법에 해당하는 Stata 용어

연결 기법	Stata 용어
단일	singlelinkage
완전	completelinkage
평균	averagelinkage

따라서 예제 데이터에 이 장에서 줄곧 해온 기준을 적용하면(단일 연결의 유클리드 거리, 항 L2) 다음 명령을 내리면 된다.

```
cluster singlelinkage mathematics physics chemistry, measure(L2)
```

그런 다음 cluster list 명령어를 통해 계층적 클러스터 분석 수행에 연구원이 사용한 기준을 요약해 보여준다. 그림 11.64는 생성된 결과를 보여준다.

500

```
. cluster singlelinkage mathematics physics chemistry, measure(L2)
cluster name: _clus_1

. cluster list
_clus_1  (type: hierarchical,  method: single,  dissimilarity: L2)
      vars: _clus_1_id (id variable)
            _clus_1_ord (order variable)
            _clus_1_hgt (height variable)
     other: cmd: cluster singlelinkage mathematics physics chemistry,
measure(L2)
           varlist: mathematics physics chemistry
           range: 0.
```

그림 11.64 계층적 클러스터 분석 및 사용된 기준에 대한 요약

그림 11.64와 데이터셋의 분석으로부터 세 가지 새로운 변수가 생성됐음을 알 수 있는데, 각각 각 관측치의 식별(_clus_1_id_), 클러스터 생성 시 관측치의 정렬(_clus_1_ord_), 새로운 관측치를 각 클러스터링 단계에서 그룹화하는 데 사용되는 유클리드 거리(_clus_1_hgt_)다. 그림 11.65는 이 클러스터 분석 후의 데이터셋 모습을 보여준다.

	student	mathematics	physics	chemistry	_clus_1_id	_clus_1_ord	_clus_1_hgt
1	Gabriela	3.7	2.7	9.1	1	2	7.1867934
2	Luiz Felipe	7.8	8.0	1.5	2	3	6.0448321
3	Patrícia	8.9	1.0	2.7	3	1	3.7134889
4	Ovídio	7.0	1.0	9.0	4	4	4.1701323
5	Leonor	3.4	2.0	5.0	5	5	.

그림 11.65 새로운 변수의 데이터셋

Stata는 변수 _clu_1_hgt_를 예전 값과 같이 한 행에 보여주어 분석을 다소 혼란스럽게 한다는 점에 주목하자. 따라서 거리 3.713은 두 관측치 Ovidio와 Gabriela의 병합이지만, 거리 7.187은 Luiz Felipe와 이미 형성된 다른 클러스터와의 병합이다(응집 계획의 마지막 단계). 이는 앞서 본 표 11.13 및 그림 11.31과 같다.

그러므로 연구원들이 이 차이를 바로잡고 각 새로운 클러스터링 단계의 참 행동을 구하려면 일련의 명령어를 써야 하며, 그 결과는 그림 11.66에 있다.

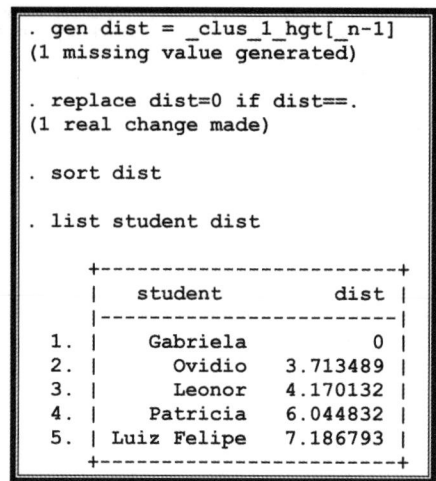

```
. gen dist = _clus_1_hgt[_n-1]
(1 missing value generated)

. replace dist=0 if dist==.
(1 real change made)

. sort dist

. list student dist

     +---------------------------+
     |    student          dist  |
     |---------------------------|
  1. |    Gabriela            0  |
  2. |      Ovidio     3.713489  |
  3. |      Leonor     4.170132  |
  4. |    Patricia     6.044832  |
  5. | Luiz Felipe     7.186793  |
     +---------------------------+
```

그림 11.66 응집 계획 단계와 해당 유클리드 거리

새로운 변수(*dist*)가 생성되고 이는 변수 *_clu_1_hgt*(항 [_n-1])에서의 차이를 교정하는 데 해당하며, 응집 계획 각 단계에서 새로운 클러스터 형성을 위한 각 유클리드 거리를 나타낸다.

```
gen dist = _clus_1_hgt[_n-1]
replace dist=0 if dist==.
sort dist
list student dist
```

이 단계를 수행했으면 다음과 같은 동등한 두 명령어를 통해 Stata로 덴드로그램을 구성할 수 있다.

```
cluster dendrogram, labels(student) horizontal
```

또는

```
cluster tree, labels(student) horizontal
```

덴드로그램은 그림 11.67에 있다.

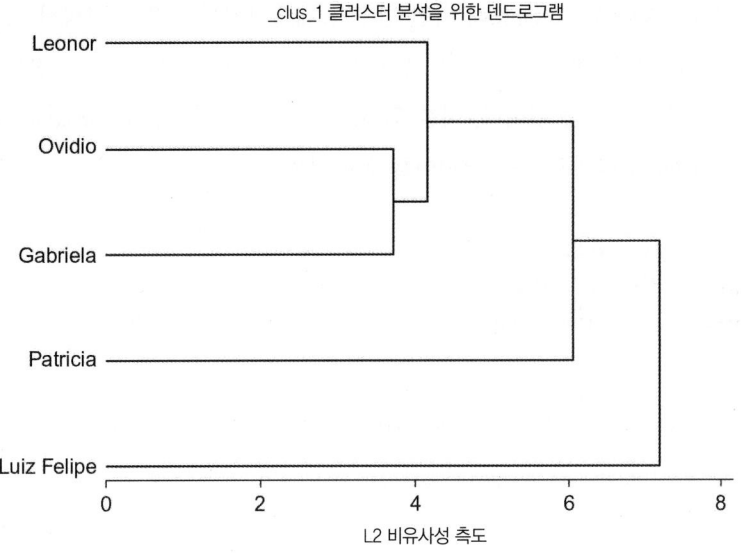

그림 11.67 덴드로그램: Stata에서의 단일 연결 기법과 유클리드 거리

Stata로 구성한 덴드로그램은 유클리드 거리 관점에서 대수적으로 해결한 그림 11.12와 같음을 볼 수 있다. 그러나 크기 재조정을 하지 않았으므로 SPSS로 그린 그림 11.32와는 다르다. 이 점과 상관없이 여기서도 큰 거리 단계에 따라 Leonor, Ovidio, Gabriela의 한 클러스터, Patricia, Luiz Felipe가 각각 하나의 클러스터를 형성하는 세 가지 클러스터를 해로 찾게 된다.

3개 클러스터에 관측치의 할당에 대한 새로운 변수를 생성하려면 다음 명령어를 수행해야 한다. 새 변수 이름은 *cluster*이다. 그림 11.68에서 본 결과는 관측치를 그룹에 할당하며, 이는 그림 11.36에서 보인 것과 같다(SPSS).

```
cluster generate cluster = groups(3), name(_clus_1)
sort _clus_1_id
list student cluster
```

```
. cluster generate cluster = groups(3), name(_clus_1)

. sort _clus_1_id

. list student cluster

     +----------------------+
     |    student   cluster |
     |----------------------|
  1. |    Gabriela        3 |
  2. | Luiz Felipe        1 |
  3. |    Patricia        2 |
  4. |      Ovidio        3 |
  5. |      Leonor        3 |
     +----------------------+
```

그림 11.68 관측치를 클러스터에 할당

끝으로, 일원배치 ANOVA를 사용해 어떤 변수가 데이터셋에서 새로 생성된 정성 변수 *cluster*의 범주에 의해 나타난 그룹들과 다른지 알아보자. 즉, 11.3.1절에 따라 그룹 간 변동성이 그룹 내 변동성과 상당히 다른지 알아보는 것이다. 이를 위해, 세 가지 계량 변수(*mathematics, physics, chemistry*)가 개별적으로 *cluster*에 연계된 다음 명령어를 실행해보자.

```
oneway mathematics cluster, tabulate
oneway physics cluster, tabulate
oneway chemistry cluster, tabulate
```

세 변수에 대한 ANOVA 결과는 그림 11.69에 있다.

이 그림의 결과는 Between groups와 Within groups의 변동성, *F* 통계량, 해당 유의수준(Stata에서 Prob > F)을 나타내는데, 표 11.30에 있는 대수적 결과(11.2.2.2.2절) 및 SPSS를 통한 결과인 그림 11.42(11.3.1절)와 동일하다.

따라서 앞서 설명한 대로, 변수 *physics*에는 적어도 하나의 클러스터가 유의수준 0.05(*Prob. F* = 0.0429 < 0.05)에서 통계적으로 다른 평균을 가지며, 같은 유의수준에서는 *mathematics*와 *chemistry*는 그룹들 간에 통계적으로 다른 평균을 갖지 않는다.

만약 *Prob. F*가 0.05보다 작은 변수가 많다면 가장 뚜렷이 구분되는 그룹은 가장 큰 *F* 통계량을 가진 것이다(즉, 가장 낮은 유의수준 *Prob. F*).

계층적 분석에 대해서는 다 둘러봤지만, 연구원들은 다차원 척도법을 사용해 관측치의 상대 위치를 11.3.1절에서 한 것처럼 2차원 차트에 투사할 수 있다. 이를 위해 다음 명령을 내린다.

```
mds mathematics physics chemistry, id(student) method(modern) measure(L2) loss(sstress)
config nolog
```

결과는 그림 11.70과 그림 11.71에 있으며, 후자의 차트는 그림 11.50에 있다.

```
. oneway mathematics cluster, tabulate

              | Summary of grade in mathematics (0 to
              |               10)
      cluster |      Mean   Std. Dev.       Freq.
--------------+-------------------------------------
            1 |       7.8        0.0           1
            2 |       8.9        0.0           1
            3 |       4.7        2.0           3
--------------+-------------------------------------
        Total |       6.2        2.5           5

                   Analysis of Variance
      Source           SS         df       MS           F       Prob > F
------------------------------------------------------------------------
Between groups     16.5919981      2    8.29599906    2.08      0.3248
 Within groups     7.97999966      2    3.98999983
------------------------------------------------------------------------
      Total        24.5719978      4    6.14299944

. oneway physics cluster, tabulate

              | Summary of grade in physics (0 to 10)
      cluster |      Mean   Std. Dev.       Freq.
--------------+-------------------------------------
            1 |       8.0        0.0           1
            2 |       1.0        0.0           1
            3 |       1.9        0.9           3
--------------+-------------------------------------
        Total |       2.9        2.9           5

                   Analysis of Variance
      Source           SS         df       MS           F       Prob > F
------------------------------------------------------------------------
Between groups     32.6119999      2      16.306     22.34      0.0429
 Within groups     1.46000008      2    .730000038
------------------------------------------------------------------------
      Total        34.072          4    8.51799999

. oneway chemistry cluster, tabulate

              | Summary of grade in chemistry (0 to 10)
      cluster |      Mean   Std. Dev.       Freq.
--------------+-------------------------------------
            1 |       1.5        0.0           1
            2 |       2.7        0.0           1
            3 |       7.7        2.3           3
--------------+-------------------------------------
        Total |       5.5        3.5           5

                   Analysis of Variance
      Source           SS         df       MS           F       Prob > F
------------------------------------------------------------------------
Between groups     38.3520014      2    19.1760007    3.51      0.2219
 Within groups     10.9400011      2    5.47000053
------------------------------------------------------------------------
      Total        49.2920025      4    12.3230006
```

그림 11.69 변수 *mathematics, physics, chemistry*에 대한 ANOIVA

```
. mds mathematics physics chemistry, id(stud) method(modern) measure(L2) loss(sstress)
config nolog
(transform(identity) assumed)

Modern multidimensional scaling
    dissimilarity: L2, computed on 3 variables

    Loss criterion: sstress = raw_sstress/norm(distances^2)
    Transformation: identity (no transformation)

                                            Number of obs    =        5
                                            Dimensions       =        2
    Normalization: principal                Loss criterion   =   0.1095

Configuration in 2-dimensional Euclidean space (principal normalization)

        student |        dim1             dim2
    ------------+------------------------------------
       Gabriela |       3.9262           1.9516
         Ovidio |       3.5524          -1.9206
         Leonor |       1.2243           1.8871
       Patricia |      -2.2858          -3.7417
    Luiz_Felipe |      -6.4170           1.8237
    ------------------------------------------------
```

그림 11.70 Stata의 다차원 척도법

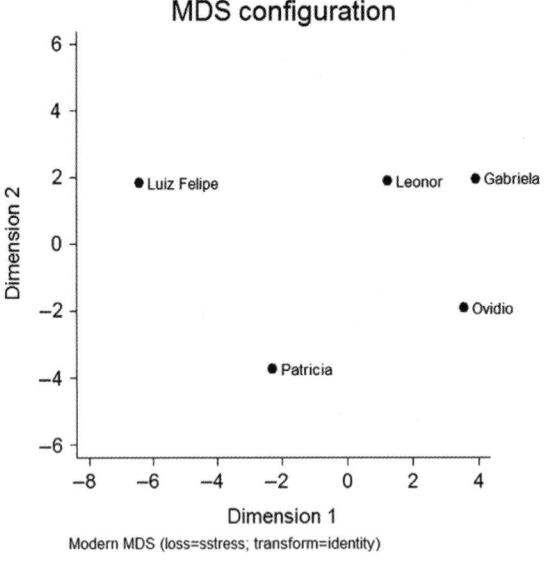

그림 11.71 관측치의 상대적 위치 투사 차트

Stata의 계층적 응집 계획 명령어를 살펴봤으니, 이제 비계층적 k 평균 응집 계획을 살펴보자.

11.4.2 Stata를 사용한 비계층적 k 평균 응집 계획 수행

CollegeEntranceExams.dta 파일에 k 평균을 수행하려면 다음 명령어를 입력해야 한다.

```
cluster kmeans mathematics physics chemistry, k(3) name(kmeans) measure(L2) start(firstk)
```

여기서 항 k(3)은 3개 클러스터로 수행하라는 입력이다. 또한 관측치들을 세 그룹에 할당하는 새로운 변수 *kmeans*(항 name(kmeans))가 데이터셋에서 생성되게 하고 거리는 유클리드 거리(항 L2)를 사용한다. 항 firstk는 표본의 첫 k 좌표를 k 클러스터의 중심(여기서는 $k = 3$)으로 사용하라는 의미로, 이는 11.3.2절에서 살펴본 SPSS의 기준과 동일하다.

다음으로, cluster list kmeans 명령어를 수행해 k 평균을 수행할 때 사용한 기준을 요약한다.

그림 11.72는 마지막 두 명령어를 입력한 후 Stata에서 생성된 화면을 보여준다.

```
. cluster kmeans mathematics physics chemistry, k(3) name(kmeans) measure(L2)
start(firstk)

. cluster list kmeans
kmeans  (type: partition,  method: kmeans,  dissimilarity: L2)
      vars: kmeans (group variable)
     other: cmd: cluster kmeans mathematics physics chemistry k(3) name (kmeans)
measure(L2) start(firstk)
           varlist: mathematics physics chemistry
           k: 3
           start: firstk
           range: 0.
```

그림 11.72 비계층적 k 평균 절차의 수행과 사용된 기준 요약

다음의 두 명령어는 형성된 세 클러스터 각각의 관측치 개수와 각 관측치의 할당을 보여준다.

```
table kmeans
list student kmeans
```

그림 11.73은 결과를 보여준다.

```
. table kmeans

---------------------
 kmeans |      Freq.
--------+------------
      1 |          3
      2 |          1
      3 |          1
---------------------

. list student kmeans

     +--------------------------+
     |     student       kmeans |
     |--------------------------|
  1. |     Gabriela           1 |
  2. | Luiz Felipe           2 |
  3. |     Patricia           3 |
  4. |      Ovidio           1 |
  5. |      Leonor           1 |
     +--------------------------+
```

그림 11.73 각 클러스터의 관측치 개수와 관측치 할당

이 결과는 11.2.2.2.2절(그림 11.23)에서 대수적으로 해결한 k 평균의 결과에 해당하고, 11.3.2절에서 SPSS를 사용한 절차와 같다(그림 11.60, 그림 11.61).

새로 생긴 정성 변수(*kmeans*)에 대해 일원배치 ANOVA를 수행할 수도 있지만, 11.4.1절에서 *cluster* 변수에 대해 방법을 이미 설명했고, 방법은 여기서의 *kmeans*와 동일하므로 넘어가자.

한편 교수법적 목적에서 각 세 클러스터의 평균을 생성해 비교해보자.

```
tabstat mathematics physics chemistry, by(kmeans)
```

결과는 그림 11.74에 있고 표 11.24, 11.25, 11.26과 동일하다.

```
. tabstat mathematics physics chemistry,
by(kmeans)

Summary statistics: mean
  by categories of: kmeans

 kmeans | mathema~s    physics   chemistry
--------+-------------------------------------
      1 |       4.7        1.9         7.7
      2 |       7.8          8         1.5
      3 |       8.9          1         2.7
--------+-------------------------------------
  Total |      6.16       2.94        5.46
---------------------------------------------
```

그림 11.74 클러스터별 평균과 변수 *mathematics*, *physics*, *chemistry*의 평균

끝으로, 한 번에 2개씩 변수들 간의 상호관계를 보여주는 차트를 구성해볼 수 있다. matrix로 알려진 이 차트는 변수들 간의 관계를 더 잘 이해할 수 있게 해주고, 이 상호관계 속에서 각 클러스터 관측치의 상대적 위치를 제안할 수 있게 해준다.

그림 11.75의 차트를 구성하려면 다음 명령을 내린다.

```
graph matrix mathematics physics chemistry, mlabel(kmeans)
```

이 차트는 당연히 앞 절에서 구성할 수도 있었지만 여기서만 구성해봤다. 차트를 분석해보면 두 변수 *mathematics*와 *chemistry*만 고려할 경우 Luiz Felipe와 Patricia(각각 클러스터 2와 3)를 분리하는 데 충분하지 않다는 사실을 알 수 있다. *physics* 변수까지 고려해야 이 두 학생을 개별 클러스터로 두는 것이 옳음을 알 수 있다. 데이터셋 분석만으로도 이 점이 명백히 보일 수 있지만, 대규모 표본의 경우에는 차트를 사용해 상호관계를 유추하는 것이 매우 유용하다.

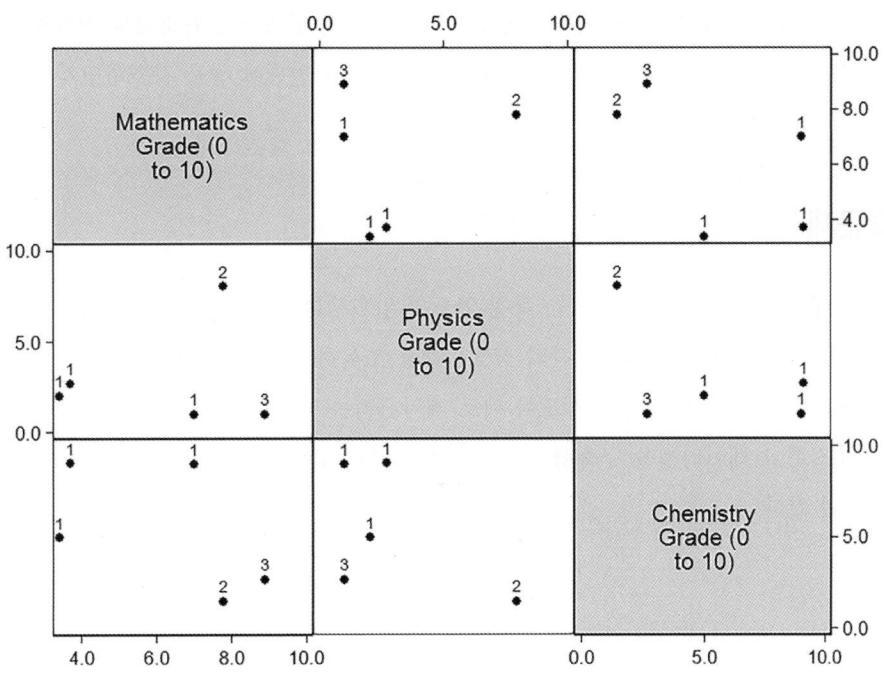

그림 11.75 변수 간의 상호관계와 각 클러스터의 관측치 상대 위치: matrix 차트

11.5 맺음말

많은 경우 연구원들은 관측치(개인, 회사, 지방 정부, 국가, 정당, 식물 종 등)를 어떤 계량 또는 이진 변수로부터 그룹화하고자 한다. 동질적인 클러스터를 생성하고 구조적으로 데이터를 감소해서 이전에 형성된 구조의 유효성을 검증하는 것이, 연구원들이 클러스터 분석을 사용하는 주된 이유다.

이런 기술들은 의사결정 메커니즘이 좀 더 구조화되게 해주고 어떤 데이터셋의 관측치들 간의 상호관계와 행동으로부터 정당화된다. 형성된 클러스터를 대표하는 변수들은 정성 변수이기 때문에, 클러스터 분석의 결과는 다른 다변량 기술의 설명 그리고 확정적인 기법의 입력이 될 수 있다.

연구원들은 자신이 선택한 측도를 명백하고 투명하게 정당화할 수 있어야 한다. 이는 관측치들이 유사한지에 대한 판단의 근거가 되며, 계층적 또는 비계층적 계획을 정의하는 근거가 되고, 연결 기법을 결정할 수 있게 해준다.

최근 몇 년간 매우 진보된 자원들과 함께 기술적 발달과 새로운 소프트웨어의 등장으로 새롭고 더 나은 클러스터 분석 기법으로 등장했다. 점점 더 정교한 알고리즘을 사용하는 기술과 여러 지식 분야에서 의사결정 프로세스를 목적으로 하는 것들은 늘 관측치를 어떤 기준하에서 그룹화하는 것을 목적으로 하고 있다. 그러나 이 장에서는 주요 클러스터 분석 기법에 대한 일반적인 개괄을 하려 노력했고 그중 가장 보편적인 것들을 살펴봤다.

끝으로 이 중요한 기술의 응용은 항상 모델링의 선택에 있어서 정확하고도 정밀하게 고른 소프트웨어를 사용해야 하며, 이론과 연구원의 경험 및 직관에 기반해야 됨을 강조하고자 한다.

11.6 연습문제

1. 어느 대학의 장학금 지급 부서는 특정 연도의 입학생들을 두 가지 계량 변수(나이(연), 평균 가족 수입(USD))에 기반해 학생들 간의 상호관계를 조사하고자 한다. 주요 목적은 동질적인 학생 그룹을 선발해 몇 가지 장학금 제도를 새로 제안하려는 것이다. 이를 위해 신입생 100명의 데이터를 수집했고 데이터셋을 구축했으며 파일 Scholarship.sav와 Scholarship.dta에 있다. 변수는 다음과 같다.

변수	설명
student	모든 신입생을 식별하는 문자열
age	학생의 나이(연)
income	평균 가족 수입(USD)

여기서

a) 완전 연결 기법(가장 먼 이웃)과 제곱 유클리드 거리를 사용한 계층적 응집 계획을 통해 클러스터 분석을 수행하라. 응집표의 마지막 부분만 표시하고 그 결과를 논하라. **주의**: 변수들의 측도 단위가 각기 다르므로 Z 점수 표준화 절차를 통해 클러스터 분석을 정확히 준비해야 한다.

b) 찾은 표와 덴드로그램에 따르면, 몇 개의 학생 클러스터가 형성돼야 되는지 말해보라.

c) 분석한 두 변수에 기반하면 아주 다르다고 판별된 학생이 있었는가?

d) c) 문항의 답이 '예'라면 동일한 기준으로 계층적 클러스터 분석을 다시 수행하되, 이번에는 매우 다르다고 생각한 학생을 제외하고 수행해보라. 새로운 결과에서 새로운 클러스터가 생겼는가?

e) 클러스터 분석에서, 이상치가 결과 해석에 어떻게 영향을 미치는지 논하라.

2. 어느 소매 회사의 마케팅 부서는 전국에 3개 지역 본부로 흩어져 있는 18개 점포 간의 차이를 연구하고자 한다. 브랜드 이미지와 정체성 유지를 위해 최고위 관리자들은 고객들이 서비스, 품질의 다양성, 조직 등의 회사 속성을 인식함에 있어서, 점포별로 동일한지 알아보고자 한다. 따라서 각 가게에서 고객 표본 연구를 통해 이 속성 데이터를 수집했다. 이 데이터는 각 가게에서 평균 점수(0~100)에 기반해 정의했다.

다음으로 데이터셋이 구축됐으며, 변수는 다음과 같다.

변수	설명
store	점포를 구분할 01부터 18까지의 문자열
regional	각 지역 본부를 구분할 문자열(지역 본부 1 ~ 지역 본부 3)
services	서비스에 대한 각 고객의 평균 점수(0 ~ 100)
assortment	상품 다양성에 대한 각 고객의 평균 점수(0 ~ 100)
organization	조직에 대한 각 고객의 평균 점수(0 ~ 100)

이 데이터는 Retail Regional Center.sav와 Retail Regional Center.dta 파일에 있다.

a) 단일 연결 기법과 유클리드 거리를 사용하는 계층적 응집 계획을 통해 클러스터 분석을 수행하고, 각 관측치 쌍 간의 거리를 행렬로 나타내라. **주의**: 각 변수들이 동일한 단위로 되어 있으므로 Z 점수 표준화 절차는 적용할 필요가 없다.

b) 응집 계획표를 나타내고 내용을 논하라.

c) 표와 덴드로그램에 따라 몇 개의 가게 클러스터가 형성돼야 되는지 말해보라.

d) 그런 다음 다차원 척도를 실행하고 가게의 상대 위치에 따른 2차원 차트를 생성하고 표시한 다음 내용에 대해 논하라.

e) *k* 평균 절차를 사용해 클러스터 분석을 수행하고 클러스터 개수는 c)에서 구한 것으로 하라. 연구 중인 각 변수에 일원배치 분산 분석을 수행하고 해석해보라. 유의수준은 0.05로 한다. 어떤 변수가, 적어도 하나 이상의 클러스터 형성에 가장 많은 기여를 했는가? 즉, 가장 차별화되는 변수는 무엇인가?

f) 계층적 및 비계층적 기법으로 얻은 관측치에서 그룹 할당 사이가 동일한가?

g) 관리자들이 브랜드 이미지와 정체성에 대해 걱정할 만한 이상 점포들의 그룹과 지역 본부 사이의 관계를 식별할 수 있었는가? 만약 대답이 '예'라면 동일한 기준으로 계층적 클러스터 분석을 다시 수행하되, 이번에는 차별화된 점포 그룹을 제외하라. 새로운 결과를 분석해 다른 점포와의 차이를 좀 더 명확히 구분할 수 있었는가?

3. 금융 시장 분석가는 건강, 교육, 교통 분야의 대기업 CEO와 이사들을 설문조사하기로 결정했다. 분석가는 대기업이 어떻게 운영되는지, 의사결정은 어떻게 이뤄지는지 조사하고자 한다. 이를 위해 구조화된 50개 질문지를 구성했는데, 그 대답은 모두 이진값으로 구성된다. 질문을 통해 모두 35개 회사로부터 응답을 받아 데이터셋을 구성했고, 이는 Binary Survey.sav와 Binary Survey.dta 파일에 있다. 파일의 변수들은 다음과 같다.

변수	설명
q1 ~ q50	각 회사 운영과 의사결정에 대한 질문지의 50개 더미 변수 리스트
sector	회사 분야

분석가의 주목적은 동일한 분야에 있는 회사들은 운영과 의사결정에 있어서 유사성이 존재하는지를 알아보는 것이다. 이를 위해 데이터를 수집한 다음 클러스터 분석을 수행했다.

a) 평균 연결 기법(그룹 간) 그리고 이진 변수에 단순 매칭 유사성 측도를 사용해 계층적 클러스터 분석을 수행한 결과에 기반해 생성된 응집 계획을 분석하라.

b) 덴드로그램을 해석하라.

c) 회사를 클러스터에 할당하는 것과 해당 분야가 일치하는지 확인해보라. 즉, 같은 분야에 있는 회사들은 운영과 의사결정 수행에 있어서 유사성이 보이는지 확인하라.

4. 청과물 상인은 16주 동안 자신의 상품 판매량을 모니터링하기로 결정했다. 주목적은 세 가지 주요 상품의 판매 동향이 주기에 따라 재현되는지 보는 것이었다. 이 데이터는 주별로 변하는 도매 가격에 따른 고객의 판매량이 영향을 받는지 보는 것이다. 데이터는 Veggiefruit.sav와 Veggiefruit.dta 파일에 있다. 변수는 다음과 같다.

변수	설명
week	판매량을 모니터링한 1부터 16주를 식별하는 문자열
week_month	각 월의 주를 식별하는 1부터 4까지의 문자열
banana	특정 주에 팔린 바나나 개수
orange	특정 주에 팔린 오렌지 개수
apple	특정 주에 팔린 사과 개수

a) 단일 연결 기법(최근접 이웃), 피어슨 상관계수를 사용한 계층적 응집 계획에 따라 클러스터 분석을 수행해보라. 데이터셋에 각 행들 간의 유사성 측도 피어슨 상관계수의 행렬을 나타내라. **주의**: 변수들은 모두 동일한 측도 단위로 되어 있으므로 Z 점수를 통한 표준 절차를 적용할 필요는 없다.

b) 응집 계획표를 표시하고 내용을 논하라.

c) b)에서 구한 테이블에 근거하고 덴드로그램에 근거해 바나나와 오렌지, 사과 사이에 특정 주기로 결합 판매 동향을 볼 수 있는지 얘기해보라.

부록

A.1 이상치 탐지

이상치 탐지는 거의 모든 다변량 데이터 분석 기법에서 아주 중요하지만, 클러스터 분석은 특히 다변량 탐색적 기법을 설명한 첫 번째 기법이었고 여러 다른 기법의 입력으로 사용될 수 있으며, 이상 관측치는 클러스터 생성을 심각하게 방해할 수 있기 때문에, 여기서 부록으로 설명하기로 한다.

Barnett and Lewis(1994)는 기존 문헌 중 이상치에 대한 것을 거의 1000가지나 언급했다. 그러나 여기서는 다변량 이상치를 발견할 수 있는 매우 효과적이고 계산량이 단순하며, 빠른 알고리즘을 보여주기로 결정했다. 3장에서는 이미 일변량에서 각 변수를 개별적으로 이상치를 식별하는 방법을 살펴봤음을 기억하자.

A) BACON 알고리즘 개요

Billor et al.(2000)은 다변량 이상치를 탐지할 수 있는 흥미로운 알고리즘을 제시했는데, BACON^{Blocked Adaptive Computationally Efficient Outlier Nominators}이라 불린다. 이 알고리즘은 명백하고 교수법적인 방법으로 Weber(2010)에서 설명됐는데, 여기서 설명한 간단한 몇 가지 준비 단계에 기반해 정의된다.

1. n개의 관측치와 $j(j = 1, ..., k)$개 변수 X로 된 데이터셋에서 각 관측치는 $i(i = 1, ..., n)$로 구분되는데, k $x_i = (x_{i1}, x_{i2}, ..., x_{ik})$차원의 벡터 관측치 i와 모든 표본의 평균값(이 또한 k $\bar{x} = (\bar{x}_1, \bar{x}_2, ..., \bar{x}_k)$차원을 갖는다) 사이의 거리는 다음의 식으로 주어진다. 이 식은 **마할라노비스 거리**^{Mahalanobis distance}로도 알려져 있다.

$$d_{iG} = \sqrt{(x_i - \bar{x})' \cdot S^{-1} \cdot (x_i - \bar{x})} \tag{11.29}$$

여기서 S는 n 관측치의 공분산 행렬을 나타낸다. 따라서 알고리즘의 첫 단계는 전체 표본에 대해 최소 마할라노비스 거리를 갖는 $m(m > k)$개 동질 관측치(최초 그룹 M)를 식별해내는 것이다.

마할라노비스 거리로 알려진 비유사성 측도는 이 장에서 설명하지는 않았지만 앞서 언급한 저자들이 사용하기도 했는데, 측도는 각기 다른 단위로부터 영향을 받지 않는다는 점에 주목하자.

2. 다음으로 각 관측치 i와 그룹 M에 속하는 m 관측치의 평균 사이의 마할라노비스 거리를 계산하는데, 이 또한 k $\bar{x}_M = (\bar{x}_{M1}, \bar{x}_{M2}, ..., \bar{x}_{Mk})$차원의 벡터이며 다음과 같다.

$$d_{iM} = \sqrt{(x_i - \bar{x}_M)' \cdot S_M^{-1} \cdot (x_i - \bar{x}_M)} \tag{11.30}$$

여기서 S_M은 m 관측치의 공분산 행렬을 나타낸다.

3. 어떤 임곗값보다 작은 마할라노비스 거리를 가진 모든 관측치는 그룹 M에 추가된다. 이 임곗값
   은 χ^2 분포의 교정 백분위로 정의된다(Stata 표준의 경우 85%).

2단계와 3단계는 그룹 M에 더 이상 변화가 없을 때까지 반복하고, 그 결과 이상치가 아닌 것으로 간
주된 관측치만 갖게 된다. 따라서 그룹에서 제외된 것들은 다변량 이상치로 간주된다.

　　Weber(2010)는 Billor et al.(2000)에서 제시된 알고리즘을 Stata에서 코드화하여 bacon 명령어
로 구현했다. 다음에는 이 명령어를 사용하는 예제를 설명하는데, 주요 장점은 대규모 데이터셋에
적용할 때도 매우 빠른 연산이 가능하다는 것이다.

B) 예제: Stata의 bacon 명령어

Stata에서 이 예제를 수행하려면 findit bacon 명령어를 수행하고 st0197 사이트(http://www.
stata-journal.com/software/sj10-3)에서 bacon을 설치해야 한다. 그런 다음 click here to install을 클
릭한다. 마지막으로 Stata 명령 화면으로 돌아가서 ssc install moremata와 mata: mata mlib index
를 입력한다. 이렇게 했으면 이제 bacon 명령어를 사용할 수 있다.

　　이 명령어 사용을 보기 위해 Bacon.dta 파일을 이용하자. 파일에는 20,000 엔지니어의 가구 수
입 중앙값(USD), 나이(연), 졸업 연수(연)가 담겨 있다. 먼저 desc 명령어를 입력해 가능한 데이터셋
특성을 분석한다. 그림 11.76은 첫 번째 출력을 보여준다.

```
. desc

 obs:         20,000
 vars:             3
 size:       200,000 (99.6% of memory free)
------------------------------------------------------------------
             storage  display     value
variable name  type   format      label      variable label
------------------------------------------------------------------
income         float  %9.0g                   median household income (US$)
age            byte   %8.0g                   age (years)
tgrad          byte   %8.0g                   time since graduation (years)
------------------------------------------------------------------
Sorted by:
```

그림 11.76 Bacon.dta 데이터셋의 설명

　　다음으로, 아래 명령어를 입력하여 제시된 알고리즘에 기반해 다변량 이상치로 간주된 관측치를
식별해낸다.

```
bacon income age tgrad, generate(outbacon)
```

여기서 generate(outbacon) 항은 *outbacon*이라는 새로운 더미 변수를 생성하는데 그 값은 이상치로 분류되면 1, 그렇지 않으면 0이다. 결과는 그림 11.77에 있다.

```
. bacon income age tgrad, generate(outbacon)

Total number of observations:          20000
      BACON outliers (p = 0.15):            4
        Non-outliers remaining:        19996
```

그림 11.77 Stata에서 bacon 명령어 적용

```
. list if outbacon == 1

        +----------------------------------------+
        |   income    age   tgrad   outbacon |
        |----------------------------------------|
 1935.  | 30869.93     30      15          1 |
 2468.  | 34773.54     42      17          1 |
14128.  | 41191.15     50      21          1 |
16833.  | 32924.19     31      16          1 |
        +----------------------------------------+
```

그림 11.78 다변량 이상치로 분류된 관측치

그림으로부터 4개의 관측치가 다변량 이상치로 분류됐음을 알 수 있다. Stata는 χ^2 분포의 85% 표준을 임곗값으로 설정해 이상치와 정상치를 판단한다. 이 때문에 출력 항에 BACON outliers (p 5 0.15)가 보인다. 이 값은 연구원이 수립한 기준에 따라 변경할 수 있다. 하지만 표준 percentile(0.15)는 일관성 있는 결과를 구하기 위해 매우 적합하다는 점을 강조하고자 한다.

그림 11.78을 생성하는 다음 명령어를 통해 어떤 관측치가 이상치로 분류됐는지 조사해볼 수 있다.

```
list if outbacon == 1
```

세 변수로 작업을 하고 있지만, 2차원 산포도를 구성해 이상치로 분류된 관측치 위치를 다른 관측치에 대해 파악할 수 있다. 이를 위해 다음 명령어를 입력하면 앞서 얘기한 각 변수 쌍의 차트를 생성한다.

```
scatter income age, ml(outbacon) note("0 = not outlier, 1 = outlier")
scatter income tgrad, ml(outbacon) note("0 = not outlier, 1 = outlier")
scatter age tgrad, ml(outbacon) note("0 = not outlier, 1 = outlier")
```

3개의 차트는 그림 11.79, 11.80, 11.81이다.

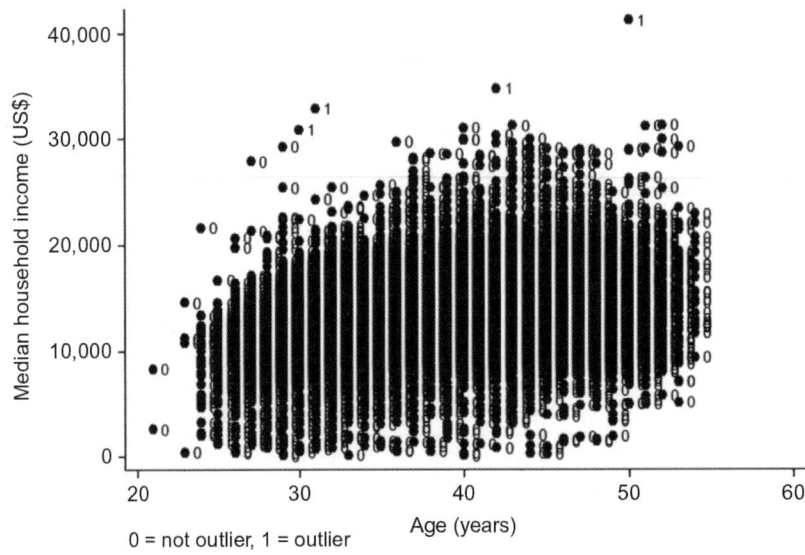

0 = not outlier, 1 = outlier

그림 11.79 변수 *income*과 *age*: 관측치의 상대 위치

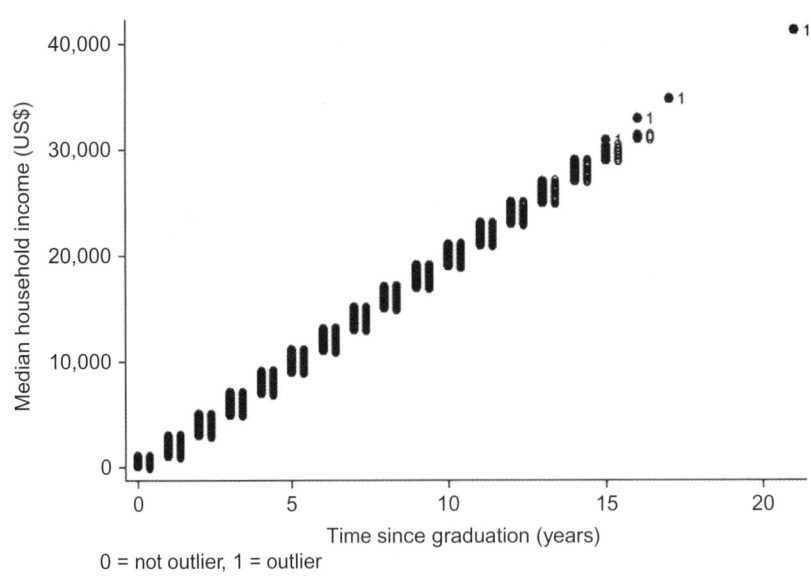

0 = not outlier, 1 = outlier

그림 11.80 변수 *income*과 *tgrad*: 관측치의 상대 위치

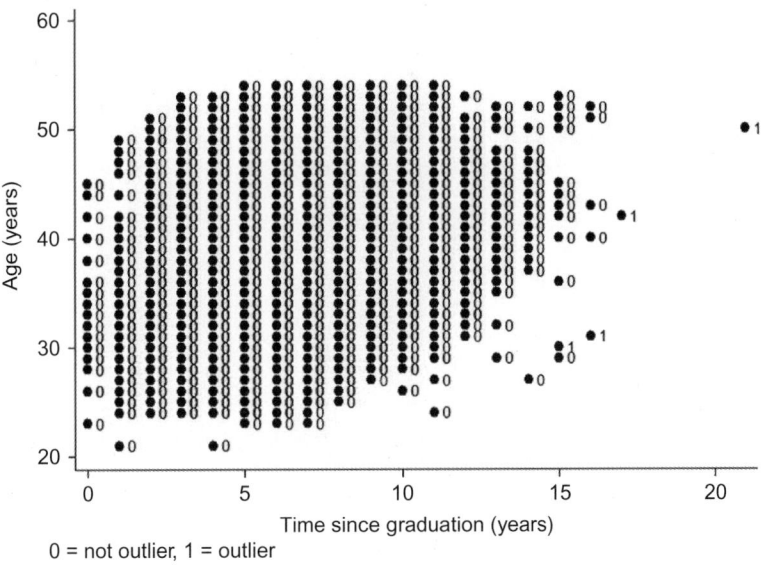

0 = not outlier, 1 = outlier

그림 11.81 변수 *age*와 *tgrad*: 관측치의 상대 위치

    이상치를 발견하고 나서, 발견된 이상치를 어떻게 처리할지는 전적으로 연구원에게 달려 있음을 강조하고자 한다. 연구원은 전적으로 연구 목적에 맞춰 처리 방법을 결정해야 한다. 이 장의 앞부분에서 설명했듯이, 이러한 이상치를 데이터베이스로부터 제거하는 것도 하나의 옵션이 될 수 있다. 그러나 왜 이 관측치가 다변량에서 차이를 발생시켰는지 연구하는 것 또한 매우 흥미로운 연구 결과를 낳을 수 있다.

12

주성분 요인 분석

사랑과 진실은 너무나 얽혀 있어서 떼어내는 것이 불가능하다. 그 둘은 동전의 양면과 같다.

– 마하트마 간디(Mahatma Gandhi)

12.1 소개

탐색적 **요인 분석**factor analysis 기법은 서로 매우 높은 **상관계수**correlation coefficient를 가진 변수들과 작업하려 하거나, 원시 변수의 결합 행동을 포착하는 새로운 변수를 수립하려고 할 경우 매우 유용하다. 이런 새로운 각각의 변수는 **요인**factor이라 불리며, 앞서 수립 기준에서의 **변수 클러스터**cluster of variables로 이해할 수 있다. 그러므로 요인 분석은 원시 변수의 서로 종속된 결합 행동을 대표하는, 상대적으로 더 작은 개수의 요인을 식별하려 노력하는 다변량 기법이다. 따라서 11장에서 살펴본 클러스터 분석이 거리 또는 유사성 측도를 사용해 관측치를 그룹화하거나 클러스터를 형성하려 하는 것임에 비해, 요인 분석은 상관계수를 이용해 변수를 그룹화하거나 요인을 생성한다.

　요인을 알아내는 데 사용하는 여러 기법 중 **주성분**principal components으로 알려진 방법은 의심할 바 없이 가장 보편적으로 사용되는 요인 분석 방법이다. 이 방법은 **원시 변수의 선형 조합**으로부터 **연계되지 않은 요인**을 추출할 수 있다는 가정에 기반하고 있기 때문이다. 결론적으로 서로 연계되어 있는 원시 변수 집합으로부터 주성분 요인 분석은 처음 집합의 선형 조합으로부터 만들어지는 또 다른 변수(요인) 집합을 결정한다.

비록 **확증적 요인 분석**confirmatory factor analysis이라는 용어가 기존 문헌에 자주 등장하지만, 요인 분석은 근본적으로 **다변량 탐색적 기법**exploratory multivariate technique 또는 **상호 종속적**이다. 그 이유는 원시 표본에 존재하지 않던 다른 관측치를 예측하는 속성을 갖고 있지 않으며, 새로운 관측치가 데이터셋에 삽입되면 해당 기법을 다시 적용해 좀 더 정교하고 갱신된 새로운 요인을 생산해야 되기 때문이다. Reis(2001)에 따르면 요인 분석은 데이터의 차원을 축소하는 목표를 가진 주요 설명 목표, 원시 변수로부터 요인을 생성, 데이터가 이전에 성립된 것으로부터 어떤 요인 또는 어떤 차원으로 축소될 수 있다는 최초의 가정을 확인하는 목적으로 사용될 수 있다. 목적과 상관없이 요인 분석은 항상 설명적이다. 연구원이 요인 분석에서 파악된 관계를 확인하려 하면 사실 예컨대 **구조화 등식 모델링**structural equation modeling을 사용해야 한다.

주성분 요인 분석은 네 가지 주요 목적을 갖고 있다. (1) 원시 변수 간의 상관관계를 식별해 그 변수들 간의 선형 조합을 대표하는 요인을 생성(**구조적 축소**), (2) 원시 변수가 요인에 할당된 것에 대해 **이전에 형성된 구조의 유효성**을 검증, (3) 요인으로부터 성능 지수를 생성해 **순위를 준비**, (4) **다중공선성**multicollinearity**이 없어야** 하는 확증적 다변량 기법에서 사용하기 위한 직교 요인의 추출

연구원이 어떤 국가의 지방 정부에 사회경제적 행동을 해석해주는 정량 변수 몇 가지 사이의 상호 종속성을 연구하는 경우를 생각해보자. 이 경우 원시 변수의 행동을 설명해주는 요인들을 이 관점에서 결정할 수 있고, 요인 분석을 사용해 구조적으로 데이터를 축소한 다음, 나중에 변수들 간의 결합 행동을 포착하는 사회경제적 지수를 생성할 수 있다. 이 지수로부터 지방 정부의 순위를 제시할 수도 있으며 요인들은 그 자체로 가능한 클러스터 분석에 사용될 수 있다.

또 다른 상황에서는 원시 변수에서 추출된 요인들이 최초의 분석에서 고려하지 않은 다른 (종속) 변수에 대한 설명 변수로 사용될 수 있다. 예를 들어, 어떤 고등학교 과목의 성적에 대한 결합 행동으로부터 구한 요인들은 학생들의 대학 입학 시험의 일반 분류에 대한 설명 변수로 사용되거나 학생들의 시험 합격 여부에 대한 설명 변수로 사용될 수 있다. 이런 상황에서는 요인들(서로 직교)이 원시 변수 자체 대신에 확증적 다변량 모델(다중 또는 로지스틱 회귀 등)의 특정 현상에서 가능한 다중공선성을 제거하기 위해 사용된다. 그럼에도 불구하고 이 절차는 원시 표본에 없는 관측치에 대한 예측이 아닌, 종속 변수 형동에 대한 **진단적인** 부분에만 유효하다는 점을 강조하고자 한다. 새로운 관측치는 생성된 요인에 해당 값이 없으므로, 이 값을 구하는 것은 이러한 관측치를 새로운 요인 분석에 포함하고 난 다음에만 가능하다.

세 번째 상황은 어떤 소매상이 이전에 어떤 그룹으로 분류된 질문지를 고객 만족도 조사에 적용한 경우를 생각해보자. 예컨대 질문 A, B, C가 '파악된 서비스 품질'로 그룹화되고, 질문 D, E는 '가격에 대한 긍정 인식', 질문지 F, G, H, I는 '품질의 다양성'이다. 상당수의 고객에게 설문한 다음 9개 변수는 0부터 10 사이의 속성 점수로 수집되고, 소매상은 변수의 조합이 이전 조사와 부합하는지 확

인하기 위해 주성분 요인 분석을 하기로 결정했다. 이 경우 요인 분석은 확증적 목적으로서 구성의 유효성을 검증한다.

이 모든 상황에서 요인이 추출될 원시 변수는 정성이다. 요인 분석이 변수 간의 피어슨 상관계수 행동의 연구에서 시작하기 때문이다. 그럼에도 연구원들이 정성 변수로 **부정확한 임의 가중 절차**를 사용하는 경우가 흔하며, 예를 들어 **리커트 척도**^{Likert scale} 같은 변수를 사용하고 그런 다음 요인 분석을 적용한다. **이는 중대한 오류다!** 정성 변수로만 국한된 탐색적 기법이 있다. 예컨대 대응 분석과 균질성 분석이며, 요인 분석이 Fávero and Belfiore(2017)에서 설명한 것처럼 이러한 목적을 위한 것이 아니다.

역사적 관점에서, 요인 분석의 개발은 일부 Pearson(1896)과 Spearman(1904)의 선구자적 업적에서 기인한다. 칼 피어슨^{Karl Pearson}이 20세기 초반에 우리가 전통적으로 상관관계라 부르는 수학 방법을 개발한 반면, 찰스 에드워드 스피어만^{Charles Edward Spearman}은 불어, 영어, 수학, 음악 같은 여러 과목에서의 학생 성적의 상호관계에 대한 연구 결과를 발표했다. 이 과목들에서는 강한 상관관계가 존재하므로 스피어만은 모순된 테스트에서 얻은 점수는 단일 요인을 공유하는데 좋은 성적을 얻은 학생은 심리적 또는 지적 요소가 더 발달했다고 제시했다. 일반적으로 스피어만은 인간 심성 분석에 수학적 기법과 상관관계를 적용하는 데 탁월했다.

수십 년 후 1933년에 통계학자이자 수학자인 해럴드 호텔링^{Harold Hotelling}이 원시 데이터의 분산을 최대화하는 요소를 결정하는 분석을 '주성분 분석^{Principal Component Analysis}'이라 불렀다. 또한 20세기의 처음 반 동안 심리학자 루이스 레온 서스톤^{Louis Leon Thurstone}은 스피어만 아이디어의 조사와 요인 분석을 따른 심리 테스트 응용에 기반해 인간의 7가지 기초 정신 능력을 알아냈다. 공간 시각화, 언어 문법, 언어 유창성, 지각 속도, 수치 능력, 추론, 암기가 그것이다. 심리학에서 '정신 요인'은 어떤 행동에 영향을 끼치는 변수로 사용된다.

오늘날 요인 분석은 마케팅, 경제, 전략, 금융, 회계, 계리, 공학, 물류, 심리, 의학, 생태, 생물통계 등의 여러 분야에서 사용된다.

주성분 요인 분석은 기저 이론과 연구원의 경험에 의해 정의해야만 기법을 정확히 적용할 수 있고 얻은 결과를 분석할 수 있다.

이 장에서는 다음의 목적하에 주성분 요인 분석 기법을 설명한다. (1) 개념 도입, (2) 대수적이고 실용적인 방법으로 모델링을 단계적으로 표현, (3) 얻은 결과를 해석, (4) SPSS와 Stata로 기법을 응용. 책의 논리를 따라 먼저 개념에 관련된 예제의 대수적 해법을 설명한다. 개념의 도입이 끝난 다음에 SPSS와 Stata를 사용한 방법을 설명한다.

12.2 주성분 요인 분석

요인 분석에 사용되는 절차는 매우 다양하며, 각기 다른 기법은 피어슨 상관관계 행렬에서 요인을 결정(추출)한다. 이 장에서 사용하는 기법은 가장 보편적인 것으로서 주성분 분석으로 불리며, 그 결과의 구조적 축소는 **카루넨-루베 변환**Karhunen-Loève transformation으로도 불린다.

표 12.1 요인 분석을 위한 일반적 데이터셋 모델

관측치 i	X_{1i}	X_{2i}	...	X_{ki}
1	X_{11}	X_{21}	...	X_{k1}
2	X_{12}	X_{22}		X_{k2}
3	X_{13}	X_{23}		X_{k3}
⋮	⋮	⋮		⋮
n	X_{1n}	X_{2n}		X_{kn}

다음 절에서는 이 기법의 이론적 전개를 설명하며 실제 예제도 살펴본다. 주요 개념은 12.2.1절 ~ 12.2.5절에서 설명되고, 12.2.6절에서는 데이터셋으로부터 실제 예제를 대수적으로 해결해본다.

12.2.1 피어슨의 선형 상관관계와 요인의 개념

데이터셋에 n개의 관측치가 있고 각 관측치 $i(i = 1, ..., n)$는 표 12.1과 같이 k 계량 변수 X 중 하나에 해당하는 값을 갖는다고 생각해보자.

데이터셋으로부터 k 변수 X로부터 요인을 추출하려면 식 (12.1)과 같이 각 변수 쌍의 **피어슨 선형 상관관계**Pearson's linear correlation 값을 표시하는 **상관 행렬**correlation matrix $\boldsymbol{\rho}$를 정의해야 한다.

$$\boldsymbol{\rho} = \begin{pmatrix} 1 & \rho_{12} & \cdots & \rho_{1k} \\ \rho_{21} & 1 & \cdots & \rho_{2k} \\ \vdots & \vdots & \ddots & \vdots \\ \rho_{k1} & \rho_{k2} & \cdots & 1 \end{pmatrix} \tag{12.1}$$

상관 행렬 $\boldsymbol{\rho}$는 주대각에 대해 대칭이며, 주 대각값은 1이다. 예를 들어 변수 X_1, X_2, 피어슨 상관계수 ρ_{12}는 식 (12.2)로 계산할 수 있다.

$$\rho_{12} = \frac{\sum_{i=1}^{n} (X_{1i} - \overline{X}_1) \cdot (X_{2i} - \overline{X}_2)}{\sqrt{\sum_{i=1}^{n} (X_{1i} - \overline{X}_1)^2} \cdot \sqrt{\sum_{i=1}^{n} (X_{2i} - \overline{X}_2)^2}} \tag{12.2}$$

여기서 $\overline{X}_1, \overline{X}_2$는 각각 변수 X_1, X_2의 평균을 나타내며, 이 식은 4장의 식 (4.11)과 유사하다.

피어슨 계수는 두 계량 변수 사이의 선형 관계 수준에 대한 측도이므로 −1과 1 사이의 값을 가지며, −1이나 1 중 하나의 값에 가까우면 두 변수 사이에 선형 관계가 존재함을 의미하고 이에 따라 단일 요인 추출에 크게 기여하게 된다. 반면 피어슨 상관계수가 0에 근접하면 두 변수 간에 선형 관계가 없음을 의미하며 다른 요인이 추출된다.

단 3개의 변수(k = 3)를 갖는 가상의 데이터셋을 생각해보자. 각 변수의 값으로부터 3차원 산포도를 구성할 수 있다. 그림 12.1에 산포도가 나와 있다.

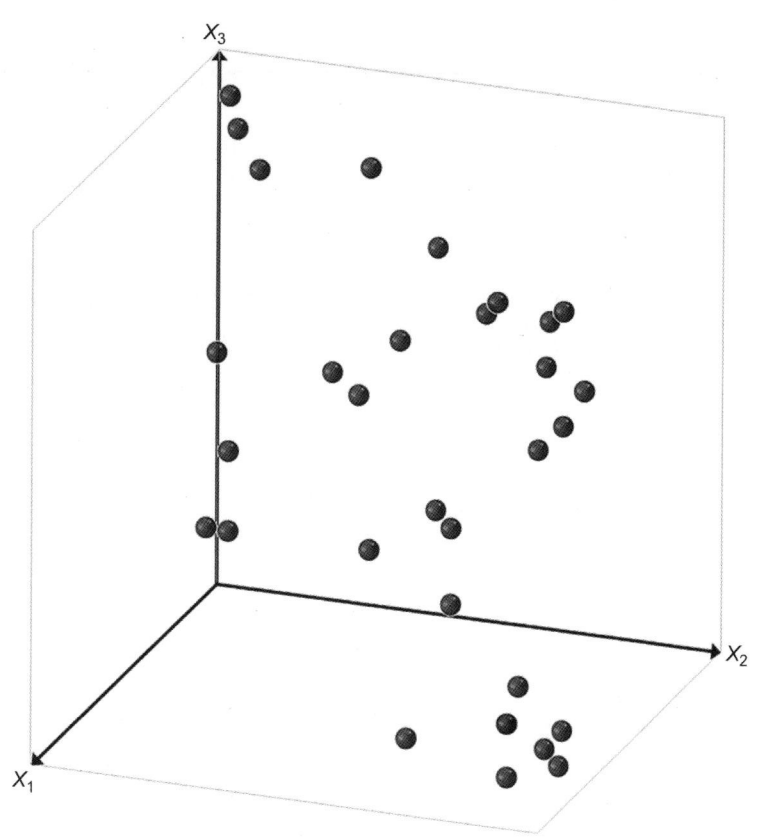

그림 12.1 3개의 변수를 가진 가상 상황의 3차원 산포도

그림 12.1의 시각 정보에만 기반하면 각 변수 쌍의 선형 관계를 유추하기가 쉽지 않다. 따라서 그림 12.2처럼 각 변수 쌍이 정의하는 평면으로 점을 사상하고 해당 사이의 선형 관계를 나타내는 조정을 통해 점선으로 표시한 것을 볼 수 있다.

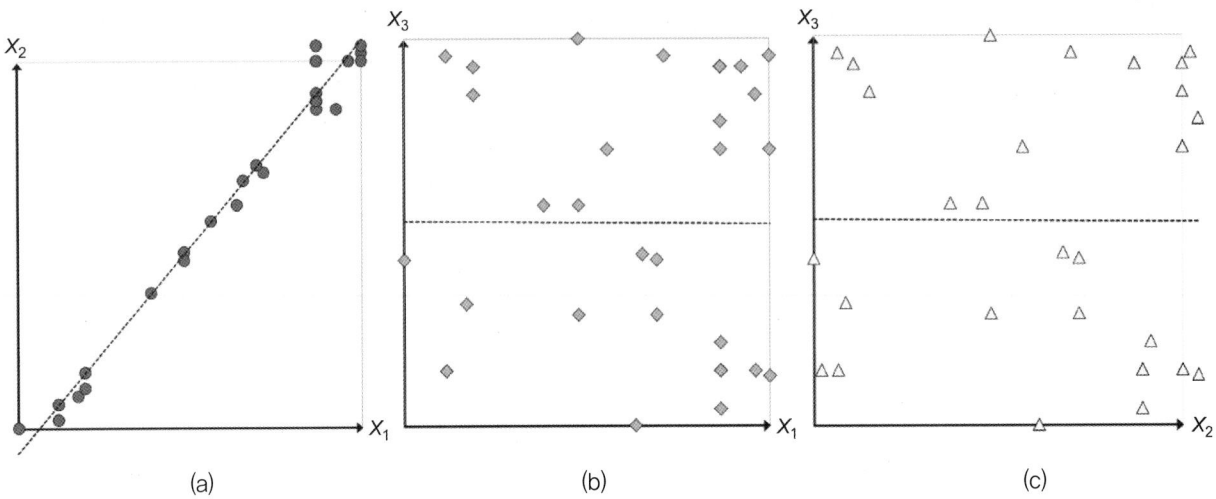

그림 12.2 각 점의 변수 쌍에 대한 평면 사상: (a) X_1과 X_2: 양의 큰 피어슨 상관관계, (b) X_1과 X_3: 피어슨 계수가 0에 가깝다. (c) X_2와 X_3: 피어슨 계수가 0에 가깝다.

그림 12.2(a)에서는 변수 X_1, X_2 사이의 강한 선형 관계(높은 피어슨 계수)가 보이는 반면, 그림 12.2(b)와 (c)에서는 이 변수들과 X_3 사이의 선형 관계가 없음이 뚜렷이 보인다. 그림 12.3은 이 사상을 해당 선형 조정을 각 평면에 표시하여(점선) 3차원 공간에 나타낸 것이다.

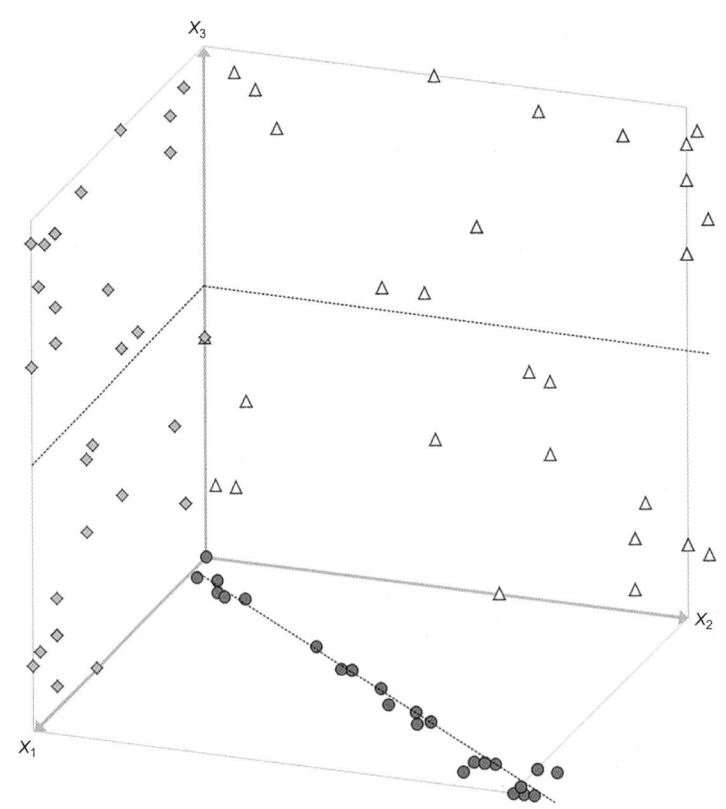

그림 12.3 평면별로 선형 조정해 3차원에 사상한 점

따라서 이 가상의 예제에서는 변수 X_1, X_2를 상당한 정도의 관계로 단일 요인(이를 F_1이라 하자)으로 나타낼 수 있지만, 변수 X_3는 F_1에 직교하는 다른 요인 F_2로 나타낼 수 있을 것이다. 그림 12.4는 3차원으로 이러한 새로운 요인을 추출하는 것을 보여준다.

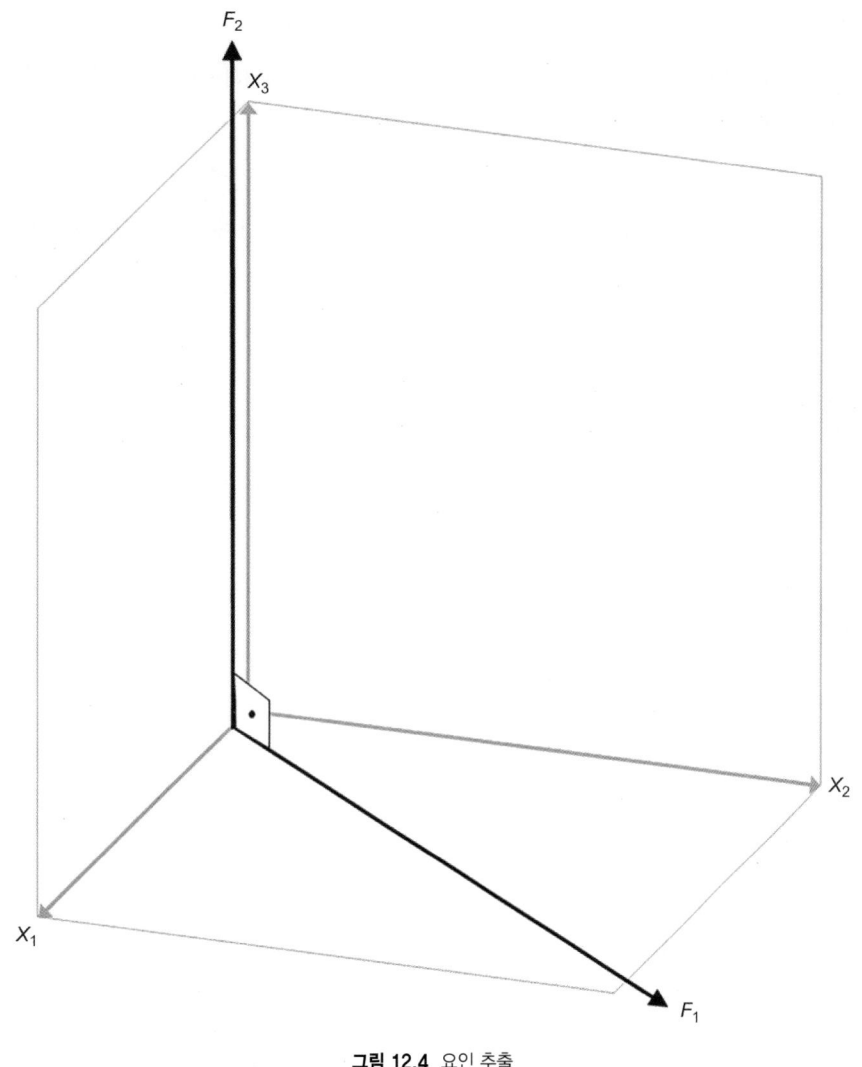

그림 12.4 요인 추출

따라서 요인은 원시 변수의 행동을 설명하는 **잠재적 차원의 대표**로 이해할 수 있다.

최초 개념을 설명했으니 많은 경우 연구원들은 오직 하나의 변수를 대표하는 요인(여기서는 F_2)은 추출하지 않으려 하고 요인들 중에서 추출한다는 것은 12.2.3절에서 보게 될 것처럼 상관 행렬 $\boldsymbol{\rho}$에서 고윳값을 계산하는 것임을 강조하고자 한다. 그럼에도 불구하고, 그 전에 다음 절에서 **요인 분석의 전반적 적절성**을 검토해볼 필요가 있다.

12.2.2 요인 분석의 전반적 적절성: 카이저-마이어-올킨 통계량과 바렛의 구형성 검정

원시 변수로부터 적절한 요인을 추출하려면 상관 행렬 ρ가 상대적으로 높고 통계적으로 유의해야 한다. Hair et al.(2009)에서 논의된 것처럼 시각적으로 상관 행렬 ρ를 분석하는 것은 요인 추출이 실제로 적절한지를 알아낼 수 없고 0.3 이하의 값은 기본적으로 요인 분석이 적절하지 않다는 것을 나타낸다.

요인 추출 자체의 전반적인 적절성을 검증하려면 **카이저-마이어-올킨**KMO, Kaiser-Meyer-Olkin **통계량**과 **바렛의 구형성 검정**Bartlett's test of sphericity을 사용해야 한다.

KMO 통계량은 분석 중인 표본의 모든 변수에 공통이라고 간주되는 분산의 비율을 알려주고 이는 공통 요인의 존재를 의미한다. 통계량은 0부터 1 사이이며, 1에 가까우면 변수들이 높은 분산 비율을 공유하고(높은 피어슨 계수) 0과 가까우면 변수 간의 낮은 피어슨 계수로서 요인 분석이 적절치 않다는 의미가 된다. KMO 통계량은 Kaiser(1970)에 설명되어 있으며 식 (12.3)을 통해 구할 수 있다.

$$\text{KMO} = \frac{\sum_{l=1}^{k}\sum_{c=1}^{k}\rho_{lc}^2}{\sum_{l=1}^{k}\sum_{c=1}^{k}\rho_{lc}^2 + \sum_{l=1}^{k}\sum_{c=1}^{k}\varphi_{lc}^2}, \quad l \neq c \tag{12.3}$$

여기서 l과 c는 각각 상관관계 행렬 ρ의 행과 열을 나타내고, φ 항은 두 변수 간의 **부분 상관계수**partial correlation coefficients를 나타낸다. 피어슨 상관계수 ρ는 **0차 상관계수**zero-order correlation coefficients로도 불리며, 부분 상관계수 φ는 **고차 상관계수**higher-order correlation coefficients라 불린다. 변수가 3개인 경우 **1차 상관계수**first-order correlation coefficients, 변수가 4개인 경우 **2차 상관계수**second-order correlation coefficients 등으로 불린다.

이번에도 3개의 변수($k = 3$)만을 갖는 어떤 데이터셋을 가정해보자. X_3가 다른 두 변수와 연계되어 **있다면 사실 ρ_{12}가 변수 X_1과 X_2 사이의 선형 관계 수준을 반영할 수 있을까?** 이러한 상황에서는 X_3가 있으면 ρ_{12}가 선형 관계의 참 수준을 나타내지 못할 수도 있으며, 처음 두 변수 사이의 관계의 속성에 대한 잘못된 인상을 제공할 수 있다. 그러므로 부분 상관계수를 사용하면 분석에 도움이 될 수 있다. Gujarati and Porter(2008)에 따르면 이 계수는 연구원들이 데이터셋에서 다른 변수의 영향을 무시하거나 통제하면서 두 변수 간의 상관관계를 찾을 때 사용하기 때문이다. 여기서의 가상의 상황에서는 X_1, X_2에 대한 X_3의 영향에 상관없이 상관계수다.

그러므로 세 변수 X_1, X_2, X_3에 대해 1차 상관계수를 다음처럼 정의할 수 있다.

$$\varphi_{12,3} = \frac{\rho_{12} - \rho_{13} \cdot \rho_{23}}{\sqrt{(1 - \rho_{13}^2) \cdot (1 - \rho_{23}^2)}} \tag{12.4}$$

여기서 $\varphi_{12,3}$은 X_3를 상수로 둔 상태에서 X_1과 X_2 사이의 상관관계를 나타낸다.

$$\varphi_{13,2} = \frac{\rho_{13} - \rho_{12} \cdot \rho_{23}}{\sqrt{\left(1 - \rho_{12}^2\right) \cdot \left(1 - \rho_{23}^2\right)}} \tag{12.5}$$

여기서 $\varphi_{13,2}$는 X_2를 상수로 둔 상태에서 X_1과 X_3 사이의 상관관계를 나타낸다.

$$\varphi_{23,1} = \frac{\rho_{23} - \rho_{12} \cdot \rho_{13}}{\sqrt{\left(1 - \rho_{12}^2\right) \cdot \left(1 - \rho_{13}^2\right)}} \tag{12.6}$$

여기서 $\varphi_{23,1}$은 X_1을 상수로 둔 상태에서 X_2와 X_3 사이의 상관관계를 나타낸다.

일반적으로 1차 상관계수는 다음 식을 통해 얻을 수 있다.

$$\varphi_{ab,c} = \frac{\rho_{ab} - \rho_{ac} \cdot \rho_{bc}}{\sqrt{\left(1 - \rho_{ac}^2\right) \cdot \left(1 - \rho_{bc}^2\right)}} \tag{12.7}$$

여기서 a, b, c는 분석 중인 3개 변수에 해당하는 1, 2, 3 값이다.

한편 변수가 4개인 경우 부분 상관계수(2차 상관계수)는 다음과 같이 구할 수 있다.

$$\varphi_{ab,cd} = \frac{\varphi_{ab,c} - \varphi_{ad,c} \cdot \varphi_{bd,c}}{\sqrt{\left(1 - \varphi_{ad,c}^2\right) \cdot \left(1 - \varphi_{bd,c}^2\right)}} \tag{12.8}$$

여기서 $\varphi_{ab,cd}$는 X_c, X_d를 상수로 둔 상태에서 X_a와 X_b 사이의 상관관계를 나타낸다. 여기서 a, b, c, d는 변수 1, 2, 3, 4 중 어느 것을 나타낸다.

5개 이상의 변수가 있는 고차 상관계수의 경우 항상 저차 부분 상관계수의 결정에 기반해야 한다. 12.2.6절에서는 4개의 변수를 사용한 예제를 다루는데, 식 (12.8)을 사용해 KMO 통계량의 대수적 해결을 살펴본다.

두 변수 간의 피어슨 상관계수가 0이라도, 이 변수와 데이터셋에 있는 다른 변수들 간의 피어슨 상관계수에 따라 그들 사이의 부분 상관계수는 0이 아닐 수 있다는 점에 주목하자.

요인 분석이 매우 적절하려면 변수들 사이의 부분 상관계수가 낮아야 한다. 이 사실은 변수가 분산을 많이 공유해야 한다는 것을 의미하며, 분석에서 이들(일부)을 무시하면 요인 추출의 품질이 나빠질 수 있다. 따라서 기존 문헌에서 널리 용인되는 기준으로서, 표 12.2는 KMO 통계량과 요인 분석의 전반적 적절성을 보여준다.

표 12.2 KMO 통계량과 요인 분석의 전반적 적절성

KMO 통계량	요인 분석의 전반적 적절성
1 ~ 0.9	대단
0.9 ~ 0.8	좋음
0.8 ~ 0.7	보통
0.7 ~ 0.6	보통 이하
0.6 ~ 0.5	나쁨
< 0.5	용인할 수 없음

한편, 바렛의 구형성 검정(Bartlett, 1954)은 상관 행렬 $\boldsymbol{\rho}$와 항등 행렬 $\mathbf{I}$를 동일 차원에서 비교하는 것이다. 주대각 바깥의 각 해당 행렬값의 차이가 통계적으로 0이 아니면 어떤 유의수준으로 요인 추출이 적절하지 않다고 결론 내린다. 다시 말해, 이 경우 두 변수 쌍 간의 피어슨 상관계수가 통계적으로 0이어서 원시 변수에서 요인 추출이 불가능하다. 따라서 바렛의 구형성 검정의 귀무 가설과 대립 가설은 다음과 같이 설정한다.

$$H_0 : \boldsymbol{\rho} = \begin{pmatrix} 1 & \rho_{12} & \cdots & \rho_{1k} \\ \rho_{21} & 1 & \cdots & \rho_{2k} \\ \vdots & \vdots & \ddots & \vdots \\ \rho_{k1} & \rho_{k2} & \cdots & 1 \end{pmatrix} = \mathbf{I} = \begin{pmatrix} 1 & 0 & \cdots & 0 \\ 0 & 1 & \cdots & 0 \\ \vdots & \vdots & \ddots & \vdots \\ 0 & 0 & \cdots & 1 \end{pmatrix}$$

$$H_1 : \boldsymbol{\rho} = \begin{pmatrix} 1 & \rho_{12} & \cdots & \rho_{1k} \\ \rho_{21} & 1 & \cdots & \rho_{2k} \\ \vdots & \vdots & \ddots & \vdots \\ \rho_{k1} & \rho_{k2} & \cdots & 1 \end{pmatrix} \neq \mathbf{I} = \begin{pmatrix} 1 & 0 & \cdots & 0 \\ 0 & 1 & \cdots & 0 \\ \vdots & \vdots & \ddots & \vdots \\ 0 & 0 & \cdots & 1 \end{pmatrix}$$

바렛의 구형성 검정에 해당하는 통계량은 χ^2 통계량이고 다음 식을 따른다.

$$\chi^2_{\text{Bartlett}} = -\left[(n-1) - \left(\frac{2 \cdot k + 5}{6} \right) \right] \cdot \ln |D| \tag{12.9}$$

자유도는 $\frac{k \cdot (k-1)}{2}$이다. n은 표본 크기이고, k는 변수의 개수다. 또 D는 상관 행렬 $\boldsymbol{\rho}$의 행렬식^{determinant}이다.

따라서 어떤 자유도와 유의수준에서 바렛의 구형성 검정은 전체 χ^2_{Bartlett} 통계량이 통계량의 임곗값보다 높은지 알려준다. 이것이 참이면 변수 간의 피어슨 계수가 통계적으로 0이 아니라고 할 수 있고, 따라서 원시 변수로부터의 요인 추출과 요인 분석은 적절하다고 할 수 있다. 12.2.6절에서 실제 예제를 살펴볼 때 χ^2_{Bartlett} 통계량의 계산과 바렛의 구형성 검정의 결과도 설명한다.

요인 분석의 전반적 적절성을 판단할 때는 항상 바렛의 구형성 검정을 KMO보다 선호해야 한다. 전자의 경우 어떤 유의수준에서의 검정이지만 후자는 어떤 확률 분포나 결정에 따른 유의수준을 계산할 수 있는

가정 없이 계산된 단순 계수(통계량)일 뿐이다.

더구나 오직 2개의 변수만 있을 경우 KMO 통계량은 항상 0.5가 된다는 점도 알아둘 필요가 있다. 한편 χ^2_{Bartlett} 통계량은 두 변수 간의 피어슨 상관계수 크기에 따라 구형성 검정의 귀무 가설이 기각되는지 여부를 알려준다. 따라서 이 경우 KMO 통계량은 0.5이지만, 바렛의 구형성 검정은 연구원이 2개의 원시 변수로부터 하나의 요인을 추출할 것인지에 대한 결정을 할 수 있게 해준다. 반면 변수가 3개인 경우 연구원들은 바렛의 구형성 통계적 유의수준으로 두 요인을 추출하는 것이 일반적이지만 KMO 통계량은 0.5보다 작게 한다. 이러한 상황은 의사결정에서 바렛의 구형성 검정은 KMO 통계량과 연계할 때 더 적절하다는 것을 보여준다.

끝으로 요인 분석의 전반적 적절성을 공부하기 이전에 **크론바흐의 알파**^{Cronbach's alpha} 크기를 연구해 보기를 권하는데, 그 내용은 기존 문헌에 흔히 등장한다. 이를 통해 원시 변수로부터 추출된 요인의 신뢰성을 계산할 수 있다. 크론바흐의 알파는 연구원들에게 데이터셋에서의 변수들 간의 내적 일관성에 대한 지표만 알려줄 뿐이므로 단일 요인이 추출된다. 따라서 요인 분석에 있어서 이것을 결정하는 것은 필수가 아니며, 이 기법은 대부분의 요인이 추출되게 한다. 그럼에도 불구하고 교수법적 목적으로 인해 이 장의 부록에서 크론바흐 알파의 주 개념을 설명하고 대수적 결정과 해당 응용을 SPSS와 Stata로 계산해본다. 이제 개념을 설명했고 요인 분석의 전반적 적절성을 설명했으므로, 요인의 정의를 알아보자.

12.2.3 주성분 요인의 정의: 상관 행렬 ρ의 고윳값과 고유벡터의 결정 그리고 요인 점수 계산

요인은 k개 원시 변수의 선형 조합을 나타내므로 11장에서 설명한 것처럼 n개 관측치를 가진 표본으로부터 최대 계수의 클러스터를 정의하는 것과 유사하게, k개 요인($F_1, F_2, ..., F_k$)의 최댓값을 정의할 수 있다. 요인은 **변수의 클러스터링**^{clustering of variable} 결과로 이해할 수 있기 때문이다. 따라서 k개의 변수에 대해서는 다음과 같다.

$$
\begin{aligned}
F_{1i} &= s_{11} \cdot X_{1i} + s_{21} \cdot X_{2i} + \cdots + s_{k1} \cdot X_{ki} \\
F_{2i} &= s_{12} \cdot X_{1i} + s_{22} \cdot X_{2i} + \cdots + s_{k2} \cdot X_{ki} \\
&\vdots \\
F_{ki} &= s_{1k} \cdot X_{1i} + s_{2k} \cdot X_{2i} + \cdots + s_{kk} \cdot X_{ki}
\end{aligned}
\tag{12.10}
$$

여기서 s 항은 **요인 점수**^{factor score}로 알려져 있는데, 어떤 요인을 원시 변수에 연계시키는 선형 모델의 모수를 나타낸다. 요인 점수의 계산은 요인 분석 기법에 있어 필수적이며, 상관 행렬 ρ의 고윳값과 고유벡터 계산을 통해 얻을 수 있다. 식 (12.11)에는 식 (12.1)에 등장했던 상관 행렬 **ρ**를 다시 나타냈다.

$$\boldsymbol{\rho} = \begin{pmatrix} 1 & \rho_{12} & \cdots & \rho_{1k} \\ \rho_{21} & 1 & \cdots & \rho_{2k} \\ \vdots & \vdots & \ddots & \vdots \\ \rho_{k1} & \rho_{k2} & \cdots & 1 \end{pmatrix} \tag{12.11}$$

차원이 $k \times k$인 이 상관 행렬은 다음 식으로 구할 수 있는 k개의 고윳값 $\lambda^2 (\lambda_1^2 \geq \lambda_2^2 \geq \cdots \geq \lambda_k^2)$을 보여준다.

$$\det\left(\lambda^2 \cdot \mathbf{I} - \boldsymbol{\rho}\right) = 0 \tag{12.12}$$

여기서 $\mathbf{I}$는 항등 행렬이고, 역시 차원이 $k \times k$이다.

요인은 변수 클러스터링의 결과를 나타내므로 다음 식을 강조할 필요가 있다.

$$\lambda_1^2 + \lambda_2^2 + \cdots + \lambda_k^2 = k \tag{12.13}$$

식 (12.12)는 다음처럼 다시 쓸 수 있다.

$$\begin{vmatrix} \lambda^2 - 1 & -\rho_{12} & \cdots & -\rho_{1k} \\ -\rho_{21} & \lambda^2 - 1 & \cdots & -\rho_{2k} \\ \vdots & \vdots & \ddots & \vdots \\ -\rho_{k1} & -\rho_{k2} & \cdots & \lambda^2 - 1 \end{vmatrix} = 0 \tag{12.14}$$

이로부터 다음과 같이 고윳값 행렬 $\boldsymbol{\Lambda}^2$을 정의할 수 있다.

$$\boldsymbol{\Lambda}^2 = \begin{pmatrix} \lambda_1^2 & 0 & \cdots & 0 \\ 0 & \lambda_2^2 & \cdots & 0 \\ \vdots & \vdots & \ddots & \vdots \\ 0 & 0 & \cdots & \lambda_k^2 \end{pmatrix} \tag{12.15}$$

행렬 $\boldsymbol{\rho}$의 고유벡터를 고윳값에 따라 정의하려면 각 고윳값 $\lambda^2 (\lambda_1^2, \lambda_2^2, ..., \lambda_k^2)$에 대한 연립 방정식을 풀어야 한다.

- 첫 번째 고윳값(λ_1^2)에 대한 고유벡터 $v_{11}, v_{21}, ..., v_{k1}$ 계산

$$\begin{pmatrix} \lambda_1^2 - 1 & -\rho_{12} & \cdots & -\rho_{1k} \\ -\rho_{21} & \lambda_1^2 - 1 & \cdots & -\rho_{2k} \\ \vdots & \vdots & \ddots & \vdots \\ -\rho_{k1} & -\rho_{k2} & \cdots & \lambda_1^2 - 1 \end{pmatrix} \cdot \begin{pmatrix} v_{11} \\ v_{21} \\ \vdots \\ v_{k1} \end{pmatrix} = \begin{pmatrix} 0 \\ 0 \\ \vdots \\ 0 \end{pmatrix} \tag{12.16}$$

여기서 다음을 구할 수 있다.

$$\begin{cases} \left(\lambda_1^2 - 1\right) \cdot v_{11} - \rho_{12} \cdot v_{21} \ldots - \rho_{1k} \cdot v_{k1} = 0 \\ -\rho_{21} \cdot v_{11} + \left(\lambda_1^2 - 1\right) \cdot v_{21} \ldots - \rho_{2k} \cdot v_{k1} = 0 \\ \qquad\qquad \vdots \\ -\rho_{k1} \cdot v_{11} - \rho_{k2} \cdot v_{21} \ldots + \left(\lambda_1^2 - 1\right) \cdot v_{k1} = 0 \end{cases} \tag{12.17}$$

- 두 번째 고윳값(λ_2^2)에 대한 고유벡터 $v_{12}, v_{22}, ..., v_{k2}$ 계산

$$\begin{pmatrix} \lambda_2^2 - 1 & -\rho_{12} & \cdots & -\rho_{1k} \\ -\rho_{21} & \lambda_2^2 - 1 & \cdots & -\rho_{2k} \\ \vdots & \vdots & \ddots & \vdots \\ -\rho_{k1} & -\rho_{k2} & \cdots & \lambda_2^2 - 1 \end{pmatrix} \cdot \begin{pmatrix} v_{12} \\ v_{22} \\ \vdots \\ v_{k2} \end{pmatrix} = \begin{pmatrix} 0 \\ 0 \\ \vdots \\ 0 \end{pmatrix} \tag{12.18}$$

여기서 다음을 구할 수 있다.

$$\begin{cases} (\lambda_2^2 - 1) \cdot v_{12} - \rho_{12} \cdot v_{22} ... - \rho_{1k} \cdot v_{k2} = 0 \\ -\rho_{21} \cdot v_{12} + (\lambda_2^2 - 1) \cdot v_{22} ... - \rho_{2k} \cdot v_{k2} = 0 \\ \qquad\qquad\qquad \vdots \\ -\rho_{k1} \cdot v_{12} - \rho_{k2} \cdot v_{22} ... + (\lambda_2^2 - 1) \cdot v_{k2} = 0 \end{cases} \tag{12.19}$$

- k번째 고윳값(λ_k^2)에 대한 고유벡터 $v_{1k}, v_{2k}, ..., v_{kk}$ 계산

$$\begin{pmatrix} \lambda_k^2 - 1 & -\rho_{12} & \cdots & -\rho_{1k} \\ -\rho_{21} & \lambda_k^2 - 1 & \cdots & -\rho_{2k} \\ \vdots & \vdots & \ddots & \vdots \\ -\rho_{k1} & -\rho_{k2} & \cdots & \lambda_k^2 - 1 \end{pmatrix} \cdot \begin{pmatrix} v_{1k} \\ v_{2k} \\ \vdots \\ v_{kk} \end{pmatrix} = \begin{pmatrix} 0 \\ 0 \\ \vdots \\ 0 \end{pmatrix} \tag{12.20}$$

여기서 다음을 구할 수 있다.

$$\begin{cases} (\lambda_k^2 - 1) \cdot v_{1k} - \rho_{12} \cdot v_{2k} ... - \rho_{1k} \cdot v_{kk} = 0 \\ -\rho_{21} \cdot v_{1k} + (\lambda_k^2 - 1) \cdot v_{2k} ... - \rho_{2k} \cdot v_{kk} = 0 \\ \qquad\qquad\qquad \vdots \\ -\rho_{k1} \cdot v_{1k} - \rho_{k2} \cdot v_{2k} ... + (\lambda_k^2 - 1) \cdot v_{kk} = 0 \end{cases} \tag{12.21}$$

따라서 각 요인 점수는 상관 행렬 $\boldsymbol{\rho}$의 고윳값과 고유벡터를 계산해 구할 수 있다. 요인 점수는 다음과 같이 정의할 수 있다.

- 첫 번째 요인의 요인 점수

$$\mathbf{S}_1 = \begin{pmatrix} s_{11} \\ s_{21} \\ \vdots \\ s_{k1} \end{pmatrix} = \begin{pmatrix} \dfrac{v_{11}}{\sqrt{\lambda_1^2}} \\ \dfrac{v_{21}}{\sqrt{\lambda_1^2}} \\ \vdots \\ \dfrac{v_{k1}}{\sqrt{\lambda_1^2}} \end{pmatrix} \tag{12.22}$$

- 두 번째 요인의 요인 점수

$$\mathbf{S}_2 = \begin{pmatrix} s_{12} \\ s_{22} \\ \vdots \\ s_{k2} \end{pmatrix} = \begin{pmatrix} \dfrac{v_{12}}{\sqrt{\lambda_2^2}} \\ \dfrac{v_{22}}{\sqrt{\lambda_2^2}} \\ \vdots \\ \dfrac{v_{k2}}{\sqrt{\lambda_2^2}} \end{pmatrix} \tag{12.23}$$

- k번째 요인의 요인 점수

$$\mathbf{S}_k = \begin{pmatrix} s_{1k} \\ s_{2k} \\ \vdots \\ s_{kk} \end{pmatrix} = \begin{pmatrix} \dfrac{v_{1k}}{\sqrt{\lambda_k^2}} \\ \dfrac{v_{2k}}{\sqrt{\lambda_k^2}} \\ \vdots \\ \dfrac{v_{kk}}{\sqrt{\lambda_k^2}} \end{pmatrix} \tag{12.24}$$

각 요인의 요인 점수는 해당 고윳값에 의해 표준화되므로 식 (12.10)에 있는 방정식의 요인들은 각 요인 점수에 Z 점수 절차로 표준화된 해당 원시 변수를 곱해서 구해야 된다. 따라서 다음 식으로 각 요인을 구할 수 있다.

$$F_{1i} = \frac{v_{11}}{\sqrt{\lambda_1^2}} \cdot ZX_{1i} + \frac{v_{21}}{\sqrt{\lambda_1^2}} \cdot ZX_{2i} + \cdots + \frac{v_{k1}}{\sqrt{\lambda_1^2}} \cdot ZX_{ki}$$
$$F_{2i} = \frac{v_{12}}{\sqrt{\lambda_2^2}} \cdot ZX_{1i} + \frac{v_{22}}{\sqrt{\lambda_2^2}} \cdot ZX_{2i} + \cdots + \frac{v_{k2}}{\sqrt{\lambda_2^2}} \cdot ZX_{ki}$$
$$\vdots$$
$$F_{ki} = \frac{v_{1k}}{\sqrt{\lambda_k^2}} \cdot ZX_{1i} + \frac{v_{2k}}{\sqrt{\lambda_k^2}} \cdot ZX_{2i} + \cdots + \frac{v_{kk}}{\sqrt{\lambda_k^2}} \cdot ZX_{ki} \tag{12.25}$$

여기서 ZX_i는 어떤 관측치 i의 변수 X의 표준화된 값이다. 추출된 모든 요인은 서로의 피어슨 상관값이 0이며, 이는 **서로 직교한다**는 뜻이다.

통찰력 있는 독자들은 각 요인의 요인 점수는 종속 변수로 요인 자체를, 설명 변수로 표준화된 변수를 갖는 **다중 선형 회귀 모델**multiple linear regression model의 추정 모수와 정확히 일치한다는 사실을 알 수 있을 것이다.

수학적으로 고유벡터, 상관 행렬 $\boldsymbol{\rho}$, 고윳값 행렬 $\boldsymbol{\Lambda}^2$ 사이의 관계를 검증할 수 있다. 반대로 고유벡터 행렬 $\mathbf{V}$는 다음과 같이 정의할 수 있다.

$$\mathbf{V} = \begin{pmatrix} v_{11} & v_{12} & \cdots & v_{1k} \\ v_{21} & v_{22} & \cdots & v_{2k} \\ \vdots & \vdots & \ddots & \vdots \\ v_{k1} & v_{k2} & \cdots & v_{kk} \end{pmatrix} \tag{12.26}$$

다음을 증명할 수 있다.

$$\mathbf{V}' \cdot \boldsymbol{\rho} \cdot \mathbf{V} = \boldsymbol{\Lambda}^2 \tag{12.27}$$

또는 다음과 같다.

$$\begin{pmatrix} v_{11} & v_{21} & \cdots & v_{k1} \\ v_{12} & v_{22} & \cdots & v_{k2} \\ \vdots & \vdots & \ddots & \vdots \\ v_{1k} & v_{2k} & \cdots & v_{kk} \end{pmatrix} \cdot \begin{pmatrix} 1 & \rho_{12} & \cdots & \rho_{1k} \\ \rho_{21} & 1 & \cdots & \rho_{2k} \\ \vdots & \vdots & \ddots & \vdots \\ \rho_{k1} & \rho_{k2} & \cdots & 1 \end{pmatrix} \cdot \begin{pmatrix} v_{11} & v_{12} & \cdots & v_{1k} \\ v_{21} & v_{22} & \cdots & v_{2k} \\ \vdots & \vdots & \ddots & \vdots \\ v_{k1} & v_{k2} & \cdots & v_{kk} \end{pmatrix} = \begin{pmatrix} \lambda_1^2 & 0 & \cdots & 0 \\ 0 & \lambda_2^2 & \cdots & 0 \\ \vdots & \vdots & \ddots & \vdots \\ 0 & 0 & \cdots & \lambda_k^2 \end{pmatrix} \tag{12.28}$$

12.2.6절에서는 이 관계를 볼 수 있는 예제를 다룬다.

12.2.2절에서는 요인 분석의 전반적 적절성을 다뤘지만 이 절에서는 기법이 적절하다는 가정하에 요인 추출 방법을 다룬다. k개의 변수에 대한 최대 요인 개수는 k이지만, 연구원들은 어떤 기준에 의해 원시 변수를 나타낼 적절한 요인 개수를 정의해야 한다. 12.2.1절의 가상의 예제에서는 3개의 원시 변수(X_1, X_2, X_3)를 나타내는 데 두 요인(F_1, F_2)만 있으면 충분함을 알 수 있었다.

비록 연구원들이 기초적인 방법으로 추출한 요인 개수를 임의로 결정할 수 있지만, 사전에 설정된 **(사전 기준**priori criterion 절차에 따라) 개수에 대해 검증하려면 상관 행렬 $\boldsymbol{\rho}$에서 계산된 고윳값 크기에 따라 분석을 수행하는 것이 필수적이다.

12.2.4절에서 설명한 것처럼 고윳값은 원시 변수가 각 요인을 형성하기 위해 공유한 분산 비율에 해당하고, $\lambda_1^2 \geq \lambda_2^2 \geq ... \geq \lambda_k^2$이고 $F_1, F_2, ..., F_k$는 해당 고윳값에서 구해졌으므로 더 작은 고윳값에서 추출된 요인은 더 작은 비율의 분산을 공유하는 원시 변수에서 추출된 것이다. 요인은 변수의 클러스터를 대표하므로 1보다 작은 고윳값에서 추출된 요인들은 단일 원시 변수의 행동을 대표하지 못할 수도 있다(물론 이 규칙에 예외가 있는데, 어떤 고윳값이 더 작지만 1에 매우 가까울 경우 그렇다). 고윳값이 1보다 큰 요인들만으로 요인의 개수를 설정하는 기준은 **잠재적 근 기준**latent root criterion 또는 **카이저 기준**Kaiser criterion이라 부른다.

이 장에서 설명한 요인 추출 기법은 주성분으로도 알려져 있으며, 원시 변수에서 가장 높은 비율로 형성된 첫 번째 요인 F_1은 **주축 요인**principal factor으로 불린다. 이 기법은 보통 기존 문헌에서 언급되고 연구원들이 데이터의 구조적 축소를 원할 때마다 사용된다. 이를 통해 직교 요인의 생성, 생성된 요인에 의한 관측치 순위 정의, 사전에 설정된 구조의 검증 등을 할 수 있다. **일반화 최소 자승**generalized least squares, **비가중치 최소 자승**unweighted least squares, **최대 우도**maximum likelihood, **알파 분해**alpha factoring, **이미지 분해**image factoring 등의 요인 추출 기법은 다른 기준과 특성을 가지며, 기존 문헌에서 자주 등장하지만 이 책에서는 다루지 않는다.

또한 요인 점수의 결정에 있어 일관성을 보이기 위해 **다변량 정규 분포**^{multivariate normal distribution}를 가진 변수의 분석에 요인 분석을 적용하는 것을 설명하는 경우가 일반적이다. 그러나 다변량 정규성은 매우 엄격한 가정으로서 최대 우도 같은 몇몇 요인 추출 기법에서만 필요하다는 점을 강조하고자 한다. 대부분 요인 추출 기법은 Gorsuch(1983)에서 설명한 것처럼 데이터의 다변량 정규성 가정이 필요 없다. 사실 주성분 요인 분석은 정규성이 깨져도 대단히 안정적으로 보인다.

12.2.4 요인 적재 및 공통성

요인에 대해 알아봤으므로, 이제 **요인 적재**^{factor loadings}를 정의해보자. 요인 적재는 단순히 **원시 변수와 각 요인들 사이의 피어슨 상관계수**다. 표 12.3은 각 변수-요인 쌍의 요인 적재를 보여준다.

표 12.3 원시 변수와 요인들 사이의 요인 적재

변수	요인			
	F_1	F_2	...	F_k
X_1	c_{11}	c_{12}	...	c_{1k}
X_2	c_{21}	c_{22}		c_{2k}
$\vdots$	$\vdots$	$\vdots$		$\vdots$
X_k	c_{k1}	c_{k2}		c_{kk}

잠재적 근 기준(고윳값이 1보다 큰 것만 추출)에 따르면, 고윳값이 1보다 작은 요인과 모든 원시 변수 사이의 요인 적재는 낮아야 한다. 이전에 더 큰 고윳값으로부터 추출된 요인들과 모든 원시 변수는 높은 피어슨 상관(적재)을 보일 것이기 때문이다. 동일한 방식으로 다른 변수와 적은 비율의 분산을 공유하는 원시 변수는 단일 요인에 대해서만 높은 적재율을 보일 것이다. 만약 모든 변수에 대해 이런 현상이 있다면 상관 행렬 ρ와 항등 행렬 I 사이에 유의한 차이가 없어서 χ^2_{Bartlett} 통계량이 매우 작아진다. 이 사실로부터 요인 분석은 부적절하며 이 경우 연구원들은 원시 변수에서 요인을 추출하지 않아야 하는 것으로 결정할 수도 있다.

적재 요인이 각 변수와 각 요인 사이의 피어슨 상관관계이므로, 표 12.3의 각 행에서 이 적재의 제곱의 합은 항상 1이 된다. 각 변수는 분산의 일부를 모든 변수와 공유하며 분산(요인 적재 또는 피어슨 상관관계) 비율의 합은 100%이기 때문이다.

반대로, 잠재적 근 기준에 따라 k 요인보다 적게 추출하면 각 행의 제곱 적재 요인의 합은 1이 되지 않을 것이다. 이 합은 **공통성**^{communality}으로 불리며, **각 변수가 1보다 큰 고윳값을 가진 추출된 요인들 모두에게 공유한 분산의 합**을 나타낸다. 따라서 다음과 같이 쓸 수 있다.

$$c_{11}^2 + c_{12}^2 + \cdots = \text{communality}_{X_1}$$
$$c_{21}^2 + c_{22}^2 + \cdots = \text{communality}_{X_2}$$
$$\vdots$$
$$c_{k1}^2 + c_{k2}^2 + \cdots = \text{communality}_{X_k}$$

(12.29)

공통성 분석의 주요 목적은 추출된 요인들과 분산을 많이 공유하지 못하는 변수가 존재하는지 확인하는 것이다. 표본 크기가 방해가 될 수 있으므로 공통성의 높고 낮음을 판별하는 기준점이 있지는 않지만, 다른 변수에 비해 상당히 낮은 공통성을 가진 변수가 있다면 요인 분석에 포함시키는 것을 재고할 필요가 있다.

따라서 요인 점수에 따라 요인을 정의하고 나면, 요인 적재는 종속 변수가 어떤 표준화된 변수 ZX이고, 설명 변수가 요인 자체인 다중 선형 회귀 모델에서의 모수 추정과 정확히 일치한다는 사실을 알 수 있다. 또한 각 모델의 **결정 계수**^{coefficient of determination} R^2은 해당 원시 변수의 공통성과 동일하다.

한편, 표 12.3의 각 열의 제곱 요인 적재의 합은 해당 고윳값과 동일하다. 각 고윳값과 전체 변수 개수 사이의 비율은 k 원시 변수가 각 요인을 형성하기 위해 공유한 비율로 이해할 수 있기 때문이다. 따라서 다음과 같이 말할 수 있다.

$$c_{11}^2 + c_{21}^2 + \cdots + c_{k1}^2 = \lambda_1^2$$
$$c_{12}^2 + c_{22}^2 + \cdots + c_{k2}^2 = \lambda_2^2$$
$$\vdots$$
$$c_{1k}^2 + c_{2k}^2 + \cdots + c_{kk}^2 = \lambda_k^2$$

(12.30)

요인을 구성하고 요인 적재를 계산하고 나면, 비록 그 공통성은 매우 낮지만 다른 변수에 비해 중간 정도(너무 높지도 낮지도 않은)의 피어슨 상관관계(요인 적재)를 가진 변수들이 있을 수 있다. 이 경우, 이미 적절한 방법으로 요인 분석을 구한 것으로 결론 나더라도, 요인 적재 표에서 전체 요인에 대해 하나 이상의 중간 변수가 있다면 이 요인을 교대해 원시 변수와 새로운 요인 사이의 상관관계를 증가시킬 수 있다. 다음 절에서는 요인 회전^{factor rotation}에 대해 알아본다.

12.2.5 요인 회전

이번에도 3개($k = 3$)의 변수를 가진 상황을 가정한다. 주성분 요인 분석을 준비하고 나서 서로 직교하는 두 요인이 추출되고, 3개의 각 원시 변수와의 요인 적재(피어슨 상관관계)는 표 12.4와 같다.

표 12.4 세 변수와 두 요인 간의 요인 적재

변수	요인	
	F_1	F_2
X_1	c_{11}	c_{12}
X_2	c_{21}	c_{22}
X_3	c_{31}	c_{32}

각 요인에서 각 변수의 상대 위치 차트(**적재도**[loading plot]로 알려진 차트)를 구성하려면, 적재 요인을 두 직교 좌표로 이뤄진 카티션 평면의 변수 좌표(가로와 세로 좌표)로 간주할 수 있다. 도표는 그림 12.5에 있다.

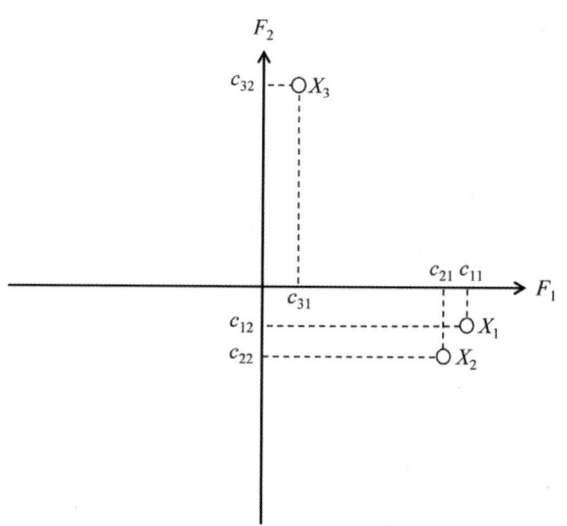

그림 12.5 세 변수와 두 요인의 가상 상황의 적재도

어떤 요인에 의해 더 잘 표현되는 변수를 시각화하기 위해 원래 추출된 요인 F_1, F_2의 원점에 대한 회전을 통해 변수 X_1, X_2, X_3에 해당하는 변수 점을 새 요인에 더 근접하게 만들 수 있다. 이를 **회전 요인**[rotated factor] F_1', F_2'라고 한다. 그림 12.6은 이 절차를 단순화해 보여준다.

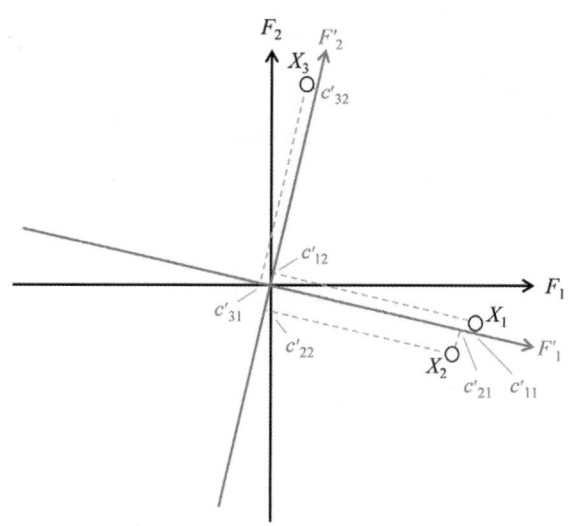

그림 12.6 원시 요인으로부터 회전 요인 정의

그림 12.6에 따라, 조사 중인 각 변수에 대해 한 요인의 적재가 증가하면 다른 것은 감소함을 볼 수 있다. 표 12.5는 가상 상황에서의 적재 재분배를 보여준다.

따라서 일반적인 상황에서 회전은 어떤 요인에 대한 각 변수의 적재를 (다른 요인의 손상을 통해) 최대화하는 것이다. 이 관점에서 회전의 최후 효과는 모든 원시 변수에 의해 더 적은 비율로 공유된 분산을 재분배하는 것이다. 주요 목적은 어떤 요인에서 높은 적재를 가진 변수 개수를 최소화하는 것이다. 각 요인이 어떤 일부 원시 변수와 더 많은 적재를 갖기 시작할 것이기 때문이다. 결과적으로 회전은 요인의 해석을 단순화해준다.

표 12.5 가상 상황의 원시 및 회전 요인 적재

변수	요인			
	원시 요인 적재		회전 요인 적재	
	F_1	F_2	F_1'	F_2'
X_1	c_{11}	c_{12}	$\|c_{11}'\| > \|c_{11}\|$	$\|c_{12}'\| < \|c_{12}\|$
X_2	c_{21}	c_{22}	$\|c_{21}'\| > \|c_{21}\|$	$\|c_{22}'\| < \|c_{22}\|$
X_3	c_{31}	c_{32}	$\|c_{31}'\| < \|c_{31}\|$	$\|c_{32}'\| > \|c_{32}\|$

비록 모든 요인에서 전체 변수에 의해 공유된 전체 분산의 비율과 공통성은 변경되지 않지만 (KMO 통계량이나 χ^2_{Bartlett}도 변경되지 않는다), 원시 변수의 각 요인에서의 비율은 재분배되므로 변경된다. 다시 말해, 회전 요인 적재로부터 새로운 고윳값 $\lambda'(\lambda_1', \lambda_2', ..., \lambda_k')$이 설정된다. 따라서 식 (12.13)이 성립하더라도 다음과 같이 말할 수 있다.

$$\begin{aligned} c'^2_{11} + c'^2_{12} + \cdots &= \text{communality}_{X_1} \\ c'^2_{21} + c'^2_{22} + \cdots &= \text{communality}_{X_2} \\ &\vdots \\ c'^2_{k1} + c'^2_{k2} + \cdots &= \text{communality}_{X_k} \end{aligned} \tag{12.31}$$

그리고 다음과 같다.

$$\begin{aligned} c'^2_{11} + c'^2_{21} + \cdots + c'^2_{k1} &= \lambda'^2_1 \neq \lambda^2_1 \\ c'^2_{12} + c'^2_{22} + \cdots + c'^2_{k2} &= \lambda'^2_2 \neq \lambda^2_2 \\ &\vdots \\ c'^2_{1k} + c'^2_{2k} + \cdots + c'^2_{kk} &= \lambda'^2_k \neq \lambda^2_k \end{aligned} \tag{12.32}$$

즉, 다음과 같다.

$$\lambda^2_1 + \lambda^2_2 + \cdots + \lambda^2_k = \lambda'^2_1 + \lambda'^2_2 + \cdots + \lambda'^2_k = k \tag{12.33}$$

또, 새로운 **회전 요인 점수**rotated factor score는 요인 s'의 회전으로부터 구할 수 있다. 따라서 회전 요인의 최종 식은 다음과 같다.

$$\begin{aligned} F'_{1i} &= s'_{11} \cdot ZX_{1i} + s'_{21} \cdot ZX_{2i} + \cdots + s'_{k1} \cdot ZX_{ki} \\ F'_{2i} &= s'_{12} \cdot ZX_{1i} + s'_{22} \cdot ZX_{2i} + \cdots + s'_{k2} \cdot ZX_{ki} \\ &\vdots \\ F'_{ki} &= s'_{1k} \cdot ZX_{1i} + s'_{2k} \cdot ZX_{2i} + \cdots + s'_{kk} \cdot ZX_{ki} \end{aligned} \tag{12.34}$$

상관 행렬 $\boldsymbol{\rho}$는 동일할 것이므로 요인 분석의 전반적 적절성은 변경되지 않는다는 점에 주목하자 (KMO 통계량과 바렛의 구형성 검정).

비록 몇 가지 요인 회전 기법이 있지만 **베리맥스**Varimax로도 알려져 있는 **직교 회전 기법**orthogonal rotation method의 주목적은 요인 적재 재분배를 통해 특정 요인에 높은 적재를 가진 변수의 개수를 최소화하고, 낮은 고윳값에 해당되는 요인에 공유된 분산을 최대화하는 것이며, 가장 보편적으로 사용되고 이 장에서도 사용되어 실제 예제를 해결해본다. 이에 따라 베리맥스라는 이름이 나온 것이다. 이 기법은 Kaiser(1958)에 의해 제시됐다.

베리맥스 회전 알고리즘은 요인들 쌍이 동일하게 회전하도록 하는 회전각 θ를 찾아내는 것이다. 따라서 Harman(1976)에서 설명한 것처럼 어떤 요인 쌍 F_1, F_2에 대해, 예컨대 k개의 원시 변수와 두 요인 사이의 회전 요인 적재 c'은 원시 요인 적재 c로부터 다음의 행렬 곱셈을 통해 구한다.

$$\begin{pmatrix} c_{11} & c_{12} \\ c_{21} & c_{22} \\ \vdots & \vdots \\ c_{k1} & c_{k2} \end{pmatrix} \cdot \begin{pmatrix} \cos\theta & -\text{sen}\,\theta \\ \text{sen}\,\theta & \cos\theta \end{pmatrix} = \begin{pmatrix} c'_{11} & c'_{12} \\ c'_{21} & c'_{22} \\ \vdots & \vdots \\ c'_{k1} & c'_{k2} \end{pmatrix} \tag{12.35}$$

여기서 θ는 반시계 방향 각도로서, 다음 식으로 구한다.

$$\theta = 0.25 \cdot \arctan \left[\frac{2(D \cdot k - A \cdot B)}{C \cdot k - (A^2 - B^2)} \right] \tag{12.36}$$

여기서

$$A = \sum_{l=1}^{k} \left(\frac{c_{1l}^2}{\text{communality}_l} - \frac{c_{2l}^2}{\text{communality}_l} \right) \tag{12.37}$$

$$B = \sum_{l=1}^{k} \left(2 \cdot \frac{c_{1l} \cdot c_{2l}}{\text{communality}_l} \right) \tag{12.38}$$

$$C = \sum_{l=1}^{k} \left[\left(\frac{c_{1l}^2}{\text{communality}_l} - \frac{c_{2l}^2}{\text{communality}_l} \right)^2 - \left(2 \cdot \frac{c_{1l} \cdot c_{2l}}{\text{communality}_l} \right)^2 \right] \tag{12.39}$$

$$D = \sum_{l=1}^{k} \left[\left(\frac{c_{1l}^2}{\text{communality}_l} - \frac{c_{2l}^2}{\text{communality}_l} \right) \cdot \left(2 \cdot \frac{c_{1l} \cdot c_{2l}}{\text{communality}_l} \right) \right] \tag{12.40}$$

12.2.6절에서는 베리맥스 회전 기법 식을 사용해 원시 적재로부터 회전 요인 적재를 계산한다.

베리맥스 외에도 **쿼티맥스**Quartimax, **이쿼맥스**Equamax 같은 직교 회전 기법이 있지만, 이 기법들은 기존 문헌에서 빈번히 언급되지 않으며 실제로도 많이 사용되지 않는다. 이에 더해 **경사 회전 기법**oblique rotation methods 또한 사용할 수 있는데, 이 기법은 비직교 요인을 생성한다. 비록 이 장에서 설명하지는 않지만 **직접 오블리민**Direct Oblimin, **프로맥스**Promax 기법도 이 범주에 들어 있다.

비록 경사 회전 기법이 최초의 요인이 상관되어 있지 않은 어떤 구조를 검증하기 위해 사용되기도 하지만, 직교 기법을 사용해 추출된 요인이 다른 다변량 기법(설명 변수의 다중공선성이 없는 것이 필수 조건인 확증적 모델 등)에도 사용될 수 있게 하는 것이 좋다.

12.2.6 주성분 요인 분석의 실제 예제

어떤 교수가 학생들의 성적을 연구하고 이에 따라 학업 성적 순위를 제시하려는 연구에 관심 있다고 가정해보자.

이를 위해 학생 100명의 기말 성적(0~10) 정보를 수집했고, 각각 과목은 Finance, Costs, Marketing, Actuarial Science이다. 데이터 일부는 표 12.6에서 볼 수 있다.[1]

---

1 이 데이터셋은 실제 실습에 사용되는 데이터이므로, 과목 이름과 학생 이름 등의 변수와 데이터 값을 번역하지 않고, 원 데이터 그대로 둔다. – 옮긴이

표 12.6 Finance, Costs, Marketing, Actuarial Science 과목의 기말 성적

학생	Finance 기말 점수 (X_{1i})	Costs 기말 점수 (X_{2i})	Marketing 기말 점수 (X_{3i})	Actuarial Science 기말 점수 (X_{4i})
Gabriela	5.8	4.0	1.0	6.0
Luiz Felipe	3.1	3.0	10.0	2.0
Patricia	3.1	4.0	4.0	4.0
Gustavo	10.0	8.0	8.0	8.0
Leticia	3.4	2.0	3.2	3.2
Ovidio	10.0	10.0	1.0	10.0
Leonor	5.0	5.0	8.0	5.0
Dalila	5.4	6.0	6.0	6.0
Antonio	5.9	4.0	4.0	4.0
…				
Estela	8.9	5.0	2.0	8.0

완전한 데이터는 FactorGrades.xls 파일에 있다. 이 데이터셋으로부터 표 12.7을 구성할 수 있는데, 이 표에서는 각 변수 쌍에 대해 식 (12.2)를 사용해 계산된 피어슨 상관계수를 볼 수 있다.

표 12.7 각 변수 쌍의 피어슨 상관계수

	finance	costs	marketing	actuarial science
finance	1.000	0.756	−0.030	0.711
costs	0.756	1.000	0.003	0.809
marketing	−0.030	0.003	1.000	−0.044
actuarial science	0.711	0.809	−0.044	1.000

따라서 상관 행렬 $\boldsymbol{\rho}$의 식은 다음과 같이 다시 쓸 수 있다.

$$\boldsymbol{\rho} = \begin{pmatrix} 1 & \rho_{12} & \rho_{13} & \rho_{14} \\ \rho_{21} & 1 & \rho_{23} & \rho_{24} \\ \rho_{31} & \rho_{32} & 1 & \rho_{34} \\ \rho_{41} & \rho_{42} & \rho_{43} & 1 \end{pmatrix} = \begin{pmatrix} 1.000 & 0.756 & -0.030 & 0.711 \\ 0.756 & 1.000 & 0.003 & 0.809 \\ -0.030 & 0.003 & 1.000 & -0.044 \\ 0.711 & 0.809 & -0.044 & 1.000 \end{pmatrix}$$

그 행렬식은 $D = 0.137$이다.

상관 행렬을 분석해보면 변수 *marketing*에 해당하는 성적만 다른 변수로 나타난 다른 과목 점수와는 상관관계를 갖지 않음을 알 수 있다. 반면 상대적으로 서로 높은 상관관계를 갖는 변수가 있는데(*finance*와 *costs*는 0.756, *finance*와 *actuarial*은 0.711, *costs*와 *actuarial*은 0.809), 이는 요인 하나에

상당한 분산을 공유한다는 것을 의미한다. 이 예비 분석이 중요하긴 하지만 단순한 진단 이상은 나타내지 못한다. 요인 분석의 전반적인 적절성은 KMO 통계량과 바렛의 구형성 검정을 사용해 계산할 필요가 있다.

12.2.2절에서 설명한 것처럼 KMO 통계량은 분석에 존재하는 모든 변수에 공통으로 간주되는 분산의 비율을 제공한다. 그리고 그 계산을 위해서는 각 변수 쌍 간의 부분 상관계수를 알아내야 한다. 이 경우 2차 상관계수가 된다. 4개의 변수와 동시에 작업하고 있기 때문이다.

결론적으로 식 (12.7)에 따라 먼저 2차 상관계수의 계산에 사용되는 1차 상관계수를 알아내야 한다. 표 12.8은 이 계수를 보여준다.

표 12.8 1차 상관계수

$$\varphi_{12,3} = \frac{\rho_{12} - \rho_{13} \cdot \rho_{23}}{\sqrt{(1-\rho_{13}^2) \cdot (1-\rho_{23}^2)}} = 0.756 \qquad \varphi_{13,2} = \frac{\rho_{13} - \rho_{12} \cdot \rho_{23}}{\sqrt{(1-\rho_{12}^2) \cdot (1-\rho_{23}^2)}} = -0.049 \qquad \varphi_{14,2} = \frac{\rho_{14} - \rho_{12} \cdot \rho_{24}}{\sqrt{(1-\rho_{12}^2) \cdot (1-\rho_{24}^2)}} = 0.258$$

$$\varphi_{14,3} = \frac{\rho_{14} - \rho_{13} \cdot \rho_{34}}{\sqrt{(1-\rho_{13}^2) \cdot (1-\rho_{34}^2)}} = 0.711 \qquad \varphi_{23,1} = \frac{\rho_{23} - \rho_{12} \cdot \rho_{13}}{\sqrt{(1-\rho_{12}^2) \cdot (1-\rho_{13}^2)}} = 0.039 \qquad \varphi_{24,1} = \frac{\rho_{24} - \rho_{12} \cdot \rho_{14}}{\sqrt{(1-\rho_{12}^2) \cdot (1-\rho_{14}^2)}} = 0.590$$

$$\varphi_{24,3} = \frac{\rho_{24} - \rho_{23} \cdot \rho_{34}}{\sqrt{(1-\rho_{23}^2) \cdot (1-\rho_{34}^2)}} = 0.810 \qquad \varphi_{34,1} = \frac{\rho_{34} - \rho_{13} \cdot \rho_{14}}{\sqrt{(1-\rho_{13}^2) \cdot (1-\rho_{14}^2)}} = -0.033 \qquad \varphi_{34,2} = \frac{\rho_{34} - \rho_{23} \cdot \rho_{24}}{\sqrt{(1-\rho_{23}^2) \cdot (1-\rho_{24}^2)}} = -0.080$$

그러므로 이 계수와 식 (12.8)을 사용해 KMO 통계량 식에서 고려하는 2차 상관계수를 계산할 수 있다. 표 12.9는 이러한 계수를 보여준다.

표 12.9 2차 상관계수

$$\varphi_{12,34} = \frac{\varphi_{12,3} - \varphi_{14,3} \cdot \varphi_{24,3}}{\sqrt{(1-\varphi_{14,3}^2) \cdot (1-\varphi_{24,3}^2)}} = 0.438$$

$$\varphi_{13,24} = \frac{\varphi_{13,2} - \varphi_{14,2} \cdot \varphi_{34,2}}{\sqrt{(1-\varphi_{14,2}^2) \cdot (1-\varphi_{34,2}^2)}} = -0.029 \qquad \varphi_{23,14} = \frac{\varphi_{23,1} - \varphi_{24,1} \cdot \varphi_{34,1}}{\sqrt{(1-\varphi_{24,1}^2) \cdot (1-\varphi_{34,1}^2)}} = 0.072$$

$$\varphi_{14,23} = \frac{\varphi_{14,2} - \varphi_{13,2} \cdot \varphi_{34,2}}{\sqrt{(1-\varphi_{13,2}^2) \cdot (1-\varphi_{34,2}^2)}} = 0.255 \qquad \varphi_{24,13} = \frac{\varphi_{24,1} - \varphi_{23,1} \cdot \varphi_{34,1}}{\sqrt{(1-\varphi_{23,1}^2) \cdot (1-\varphi_{34,1}^2)}} = 0.592 \qquad \varphi_{34,12} = \frac{\varphi_{34,1} - \varphi_{23,1} \cdot \varphi_{24,1}}{\sqrt{(1-\varphi_{23,1}^2) \cdot (1-\varphi_{24,1}^2)}} = -0.069$$

따라서 식 (12.3)에 따라 KMO 통계량을 구할 수 있다. 식 항은 다음과 같다.

$$\sum_{l=1}^{k} \sum_{c=1}^{k} \rho_{lc}^2 = (0.756)^2 + (-0.030)^2 + (0.711)^2 + (0.003)^2 + (0.809)^2 + (-0.044)^2 = 1.734$$

$$\sum_{l=1}^{k} \sum_{c=1}^{k} \varphi_{lc}^2 = (0.438)^2 + (-0.029)^2 + (0.255)^2 + (0.072)^2 + (0.592)^2 + (-0.069)^2 = 0.619$$

여기서 다음을 구할 수 있다.

$$\text{KMO} = \frac{1.734}{1.734 + 0.619} = 0.737$$

표 12.2의 기준에 따르면 KMO 통계량 값은 요인 분석의 전반적인 적절성을 **중간**으로 제시한다. 사실 상관 행렬 $\boldsymbol{\rho}$가 동일한 차원에서 항등 행렬 **I**와 통계적으로 다른지 검증하기 위해 바렛의 구형성 검정을 사용해야 하며, χ^2_{Bartlett} 통계량은 식 (12.9)에 있다. $n = 100$개 관측치에 대해 $k = 4$개 변수에 대한 상관 행렬 $\boldsymbol{\rho}$의 행렬식은 $D = 0.137$이고, χ^2_{Bartlett}은 다음과 같다.

$$\chi^2_{\text{Bartlett}} = -\left[(100-1) - \left(\frac{2 \cdot 4 + 5}{6}\right)\right] \cdot \ln(0.137) = 192.335$$

자유도는 $\frac{4 \cdot (4-1)}{2} = 6$이다. 따라서 부록에 있는 표 D를 이용하면 $\chi^2_c = 12.592$(유의수준 0.05에서의 6차 자유도의 임곗값 χ^2)이다. 따라서 $\chi^2_{\text{Bartlett}} = 192.335 > \chi^2_c = 12.592$이므로 상관 행렬 $\boldsymbol{\rho}$가 통계적으로 항등 행렬 **I**와 동일하다는 귀무 가설을 유의수준 0.05로 기각한다.

SPSS나 Stata 등의 통계 소프트웨어에서는 정의된 자유도와 특정 유의수준에서의 χ^2_c를 제공하지 않지만 그 차수의 자유도에 대한 χ^2_{Bartlett}의 유의수준은 제공한다. 따라서 $\chi^2_{\text{Bartlett}} > \chi^2_c$를 분석하는 대신 χ^2_{Bartlett}의 유의수준이 0.05(5%)보다 작은지 확인해 요인 분석을 계속할 수 있다.

만약 P 값($Sig.\ \chi^2_{\text{Bartlett}}$ 또는 $Prob.\ \chi^2_{\text{Bartlett}}$) < 0.05이면 상관 행렬 $\boldsymbol{\rho}$는 통계적으로 동일 차원의 항등 행렬 **I**와 동일하지 않다.

χ^2_{Bartlett}의 유의수준은 엑셀에서 **수식** › **함수 삽입** › **CHIDIST**를 사용하면 그림 12.7과 같이 대화상자가 열린다.

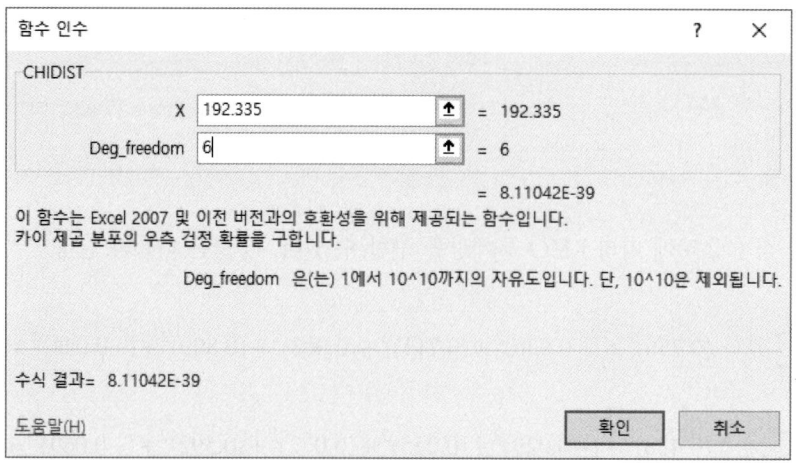

그림 12.7 χ^2의 유의수준 구하기(함수 삽입 명령어)

그림 12.7에서 볼 수 있듯이, χ^2_{Bartlett} 통계량의 P 값은 0.05보다 매우 작다(χ^2_{Bartlett} P 값 = 8.11 $\times$

10^{-39}). 즉, 변수 쌍 사이의 피어슨 상관관계가 통계적으로 0이 아니므로 요인은 원시 변수에서 추출할 수 있고 요인 분석은 매우 적절하다.

요인 분석의 전반적 적절성을 검증했으면, 이제 요인의 정의로 가보자. 이를 위해 최초의 상관 행렬 $\boldsymbol{\rho}$의 네 가지 고윳값 $\lambda^2(\lambda_1^2 \geq \lambda_2^2 \geq \lambda_3^2 \geq \lambda_4^2)$을 결정해야 된다. 이 값은 식 (12.12)로부터 구할 수 있다. 따라서 다음과 같다.

$$\begin{vmatrix} \lambda^2 - 1 & -0.756 & 0.030 & -0.711 \\ -0.756 & \lambda^2 - 1 & -0.003 & -0.809 \\ 0.030 & -0.003 & \lambda^2 - 1 & 0.044 \\ -0.711 & -0.809 & 0.044 & \lambda^2 - 1 \end{vmatrix} = 0$$

이로부터 다음을 구할 수 있다.

$$\begin{cases} \lambda_1^2 = 2.519 \\ \lambda_2^2 = 1.000 \\ \lambda_3^2 = 0.298 \\ \lambda_4^2 = 0.183 \end{cases}$$

결론적으로 식 (12.15)에 따라 고윳값 행렬 $\boldsymbol{\Lambda}^2$은 다음과 같이 쓸 수 있다.

$$\boldsymbol{\Lambda}^2 = \begin{pmatrix} 2.519 & 0 & 0 & 0 \\ 0 & 1.000 & 0 & 0 \\ 0 & 0 & 0.298 & 0 \\ 0 & 0 & 0 & 0.183 \end{pmatrix}$$

식 (12.13)이 만족한다는 것에 주목하자. 즉, 다음과 같다.

$$\lambda_1^2 + \lambda_2^2 + \cdots + \lambda_k^2 = 2.519 + 1.000 + 0.298 + 0.183 = 4$$

고윳값은 각 요인을 형성할 때 원시 변수들의 공유된 분산의 비율에 해당하므로 공유된 분산표를 구성할 수 있다(표 12.10).

표 12.10 각 요인을 구성하며 원시 변수에 의해 공유된 분산

요인	고윳값 λ^2	공유된 분산(%)	누적 공유 분산(%)
1	2.519	$\left(\frac{2.519}{4}\right) \cdot 100 = 62.975$	62.975
2	1.000	$\left(\frac{1.000}{4}\right) \cdot 100 = 25,010$	87.985
3	0.298	$\left(\frac{0.298}{4}\right) \cdot 100 = 7.444$	95.428
4	0.183	$\left(\frac{0.183}{4}\right) \cdot 100 = 4.572$	100.000

표 12.10을 분석하면 전체 분산 중 62.975%가 첫 번째 요인을 형성하기 위해 공유된 반면, 25.010%는 두 번째 요인을 형성하기 위해 공유됐다. 고윳값이 1보다 작은 세 번째와 네 번째 요인은 더 작은 공유된 분산으로부터 형성됐다. 요인의 개수를 선택하는 가장 보편적인 기준은 잠재적 근 기준(카이저 기준)이므로 고윳값이 1보다 큰 요인들만 고려하게 된다. 연구원들은 첫 두 요인만 후속 분석에 선택할 수 있으며, 이는 원시 변수 전체 분산의 87.985%의 공유를 형성한다. 즉, 전체 분산 손실은 12.015%가 된다. 그렇지만 교수법적 목적에 따라 네 가지 고윳값에 해당하는 고유벡터를 결정함으로써 요인 점수를 어떻게 계산하는지 알아보자.

결과적으로 행렬 ρ의 고유벡터를 계산된 네 가지 고윳값에 따라 정의하기 위해 식 (12.16) ~ 식 (12.21)을 기반으로 각 고윳값에 따라 다음 방정식을 풀어야 한다.

- 첫 번째 고윳값($\lambda_1^2 = 2.519$)으로부터 고유벡터 $v_{11}, v_{21}, v_{31}, v_{41}$ 결정

$$\begin{cases} (2.519 - 1.000) \cdot v_{11} - 0.756 \cdot v_{21} + 0.030 \cdot v_{31} - 0.711 \cdot v_{41} = 0 \\ -0.756 \cdot v_{11} + (2.519 - 1.000) \cdot v_{21} - 0.003 \cdot v_{31} - 0.809 \cdot v_{41} = 0 \\ 0.030 \cdot v_{11} - 0.003 \cdot v_{21} + (2.519 - 1.000) \cdot v_{31} + 0.044 \cdot v_{41} = 0 \\ -0.711 \cdot v_{11} - 0.809 \cdot v_{21} + 0.044 \cdot v_{31} + (2.519 - 1.000) \cdot v_{41} = 0 \end{cases}$$

이로부터 다음을 구할 수 있다.

$$\begin{pmatrix} v_{11} \\ v_{21} \\ v_{31} \\ v_{41} \end{pmatrix} = \begin{pmatrix} 0.5641 \\ 0.5887 \\ -0.0267 \\ 0.5783 \end{pmatrix}$$

- 두 번째 고윳값($\lambda_2^2 = 1.000$)으로부터 고유벡터 $v_{12}, v_{22}, v_{32}, v_{42}$ 결정

$$\begin{cases} (1.000 - 1.000) \cdot v_{12} - 0.756 \cdot v_{22} + 0.030 \cdot v_{32} - 0.711 \cdot v_{42} = 0 \\ -0.756 \cdot v_{12} + (1.000 - 1.000) \cdot v_{22} - 0.003 \cdot v_{32} - 0.809 \cdot v_{42} = 0 \\ 0.030 \cdot v_{12} - 0.003 \cdot v_{22} + (1.000 - 1.000) \cdot v_{32} + 0.044 \cdot v_{42} = 0 \\ -0.711 \cdot v_{12} - 0.809 \cdot v_{22} + 0.044 \cdot v_{32} + (1.000 - 1.000) \cdot v_{42} = 0 \end{cases}$$

이로부터 다음을 구할 수 있다.

$$\begin{pmatrix} v_{12} \\ v_{22} \\ v_{32} \\ v_{42} \end{pmatrix} = \begin{pmatrix} 0.0068 \\ 0.0487 \\ 0.9987 \\ -0.0101 \end{pmatrix}$$

- 세 번째 고윳값($\lambda_3^2 = 0.298$)으로부터 고유벡터 $v_{13}, v_{23}, v_{33}, v_{43}$ 결정

$$
\begin{cases}
(0.298 - 1.000) \cdot v_{13} - 0.756 \cdot v_{23} + 0.030 \cdot v_{33} - 0.711 \cdot v_{43} = 0 \\
-0.756 \cdot v_{13} + (0.298 - 1.000) \cdot v_{23} - 0.003 \cdot v_{33} - 0.809 \cdot v_{43} = 0 \\
0.030 \cdot v_{13} - 0.003 \cdot v_{23} + (0.298 - 1.000) \cdot v_{33} + 0.044 \cdot v_{43} = 0 \\
-0.711 \cdot v_{13} - 0.809 \cdot v_{23} + 0.044 \cdot v_{33} + (0.298 - 1.000) \cdot v_{43} = 0
\end{cases}
$$

이로부터 다음을 구할 수 있다.

$$
\begin{pmatrix} v_{13} \\ v_{23} \\ v_{33} \\ v_{43} \end{pmatrix} = \begin{pmatrix} 0.8008 \\ -0.2201 \\ -0.0003 \\ -0.5571 \end{pmatrix}
$$

- 네 번째 고윳값($\lambda_4^2 = 0.183$)으로부터 고유벡터 $v_{14}, v_{24}, v_{34}, v_{44}$ 결정

$$
\begin{cases}
(0.183 - 1.000) \cdot v_{14} - 0.756 \cdot v_{24} + 0.030 \cdot v_{34} - 0.711 \cdot v_{44} = 0 \\
-0.756 \cdot v_{14} + (0.183 - 1.000) \cdot v_{24} - 0.003 \cdot v_{34} - 0.809 \cdot v_{44} = 0 \\
0.030 \cdot v_{14} - 0.003 \cdot v_{24} + (0.183 - 1.000) \cdot v_{34} + 0.044 \cdot v_{44} = 0 \\
-0.711 \cdot v_{14} - 0.809 \cdot v_{24} + 0.044 \cdot v_{34} + (0.183 - 1.000) \cdot v_{44} = 0
\end{cases}
$$

이로부터 다음을 구할 수 있다.

$$
\begin{pmatrix} v_{14} \\ v_{24} \\ v_{34} \\ v_{44} \end{pmatrix} = \begin{pmatrix} 0.2012 \\ -0.7763 \\ 0.0425 \\ 0.5959 \end{pmatrix}
$$

고윳값을 알아내고 나면 좀 더 탐구적인 연구원은 식 (12.27)에 있는 관계를 증명할 수도 있다. 즉, 다음과 같다.

$$
\mathbf{V}' \cdot \boldsymbol{\rho} \cdot \mathbf{V} = \boldsymbol{\Lambda}^2
$$

$$
\begin{pmatrix}
0.5641 & 0.5887 & -0.0267 & 0.5783 \\
0.0068 & 0.0487 & 0.9987 & -0.0101 \\
0.8008 & -0.2201 & -0.0003 & -0.5571 \\
0.2012 & -0.7763 & 0.0425 & 0.5959
\end{pmatrix}
\cdot
\begin{pmatrix}
1.000 & 0.756 & -0.030 & 0.711 \\
0.756 & 1.000 & 0.003 & 0.809 \\
-0.030 & 0.003 & 1.000 & -0.044 \\
0.711 & 0.809 & -0.044 & 1.000
\end{pmatrix}
$$

$$
\cdot
\begin{pmatrix}
0.5641 & 0.0068 & 0.8008 & 0.2012 \\
0.5887 & 0.0487 & -0.2201 & -0.7763 \\
-0.0267 & 0.9987 & -0.0003 & 0.0425 \\
0.5783 & -0.0101 & -0.5571 & 0.5959
\end{pmatrix}
=
\begin{pmatrix}
2.519 & 0 & 0 & 0 \\
0 & 1.000 & 0 & 0 \\
0 & 0 & 0.298 & 0 \\
0 & 0 & 0 & 0.183
\end{pmatrix}
$$

식 (12.22) ~ 식 (12.24)에 따라, 각 요인에 대한 표준화된 변수 각각에 해당하는 요인 점수를 계산할 수 있다. 따라서 식 (12.25)로부터 요인 F_1, F_2, F_3, F_4를 다음과 같이 쓸 수 있다.

$$F_{1i} = \frac{0.5641}{\sqrt{2.519}} \cdot Zfinance_i + \frac{0.5887}{\sqrt{2.519}} \cdot Zcosts_i - \frac{0.267}{\sqrt{2.519}} \cdot Zmarketing_i + \frac{0.5783}{\sqrt{2.519}} \cdot Zactuarial_i$$

$$F_{2i} = \frac{0.0068}{\sqrt{1.000}} \cdot Zfinance_i + \frac{0.0487}{\sqrt{1.000}} \cdot Zcosts_i + \frac{0.9987}{\sqrt{1.000}} \cdot Zmarketing_i - \frac{0.0101}{\sqrt{1.000}} \cdot Zactuarial_i$$

$$F_{3i} = \frac{0.8008}{\sqrt{0.298}} \cdot Zfinance_i - \frac{0.2201}{\sqrt{0.298}} \cdot Zcosts_i - \frac{0.0003}{\sqrt{0.298}} \cdot Zmarketing_i - \frac{0.5571}{\sqrt{0.298}} \cdot Zactuarial_i$$

$$F_{4i} = \frac{0.2012}{\sqrt{0.183}} \cdot Zfinance_i - \frac{0.7763}{\sqrt{0.183}} \cdot Zcosts_i + \frac{0.0425}{\sqrt{0.183}} \cdot Zmarketing_i + \frac{0.5959}{\sqrt{0.183}} \cdot Zactuarial_i$$

이로부터 다음을 구할 수 있다.

$$F_{1i} = 0.355 \cdot Zfinance_i + 0.371 \cdot Zcosts_i - 0.017 \cdot Zmarketing_i + 0.364 \cdot Zactuarial_i$$
$$F_{2i} = 0.007 \cdot Zfinance_i + 0.049 \cdot Zcosts_i + 0.999 \cdot Zmarketing_i - 0.010 \cdot Zactuarial_i$$
$$F_{3i} = 1.468 \cdot Zfinance_i - 0.403 \cdot Zcosts_i - 0.001 \cdot Zmarketing_i - 1.021 \cdot Zactuarial_i$$
$$F_{4i} = 0.470 \cdot Zfinance_i - 1.815 \cdot Zcosts_i + 0.099 \cdot Zmarketing_i + 1.394 \cdot Zactuarial_i$$

요인 식과 표준화된 변수에 따라 각 관측치의 각 요소에 해당하는 값을 계산할 수 있다. 표 12.11은 데이터셋 일부에 대한 이 결과를 보여준다.

표 12.11 각 관측치의 요인 계산

학생	$Zfinance_i$	$Zcosts_i$	$Zmarketing_i$	$Zactuarial_i$	F_{1i}	F_{2i}	F_{3i}	F_{4i}
Gabriela	−0.011	−0.290	−1.650	0.273	0.016	−1.665	−0.176	0.739
Luiz Felipe	−0.876	−0.697	1.532	−1.319	−1.076	1.503	0.342	−0.831
Patricia	−0.876	−0.290	−0.590	−0.523	−0.600	−0.603	−0.634	−0.672
Gustavo	1.334	1.337	0.825	1.069	1.346	0.887	0.327	−0.228
Leticia	−0.779	−1.104	−0.872	−0.841	−0.978	−0.922	0.161	0.379
Ovidio	1.334	2.150	−1.650	1.865	1.979	−1.553	−0.812	−0.841
Leonor	−0.267	0.116	0.825	−0.125	−0.111	0.829	−0.312	−0.429
Dalila	−0.139	0.523	0.118	0.273	0.242	0.139	−0.694	−0.623
Antonio	0.021	−0.290	−0.590	−0.523	−0.281	−0.597	0.682	−0.250
⋮								
Estela	0.982	0.113	−1.297	1.069	0.802	−1.293	0.305	1.616
평균	0.000	0.000	0.000	0.000	0.000	0.000	0.000	0.000
표준 편차	1.000	1.000	1.000	1.000	1.000	1.000	1.000	1.000

예를 들어, 표본의 첫 번째 관측치(Gabriela)에 대해서는 다음과 같음을 볼 수 있다.

$$F_{1\text{Gabriela}} = 0.355 \cdot (-0.011) + 0.371 \cdot (-0.290) - 0.017 \cdot (-1.650) + 0.364 \cdot (0.273) = 0.016$$

$$F_{2\text{Gabriela}} = 0.007 \cdot (-0.011) + 0.049 \cdot (-0.290) + 0.999 \cdot (-1.650) - 0.010 \cdot (0.273) = -1.665$$

$$F_{3\text{Gabriela}} = 1.468 \cdot (-0.011) - 0.403 \cdot (-0.290) - 0.001 \cdot (-1.650) - 1.021 \cdot (0.273) = -0.176$$

$$F_{4\text{Gabriela}} = 0.470 \cdot (-0.011) - 1.815 \cdot (-0.290) + 0.099 \cdot (-1.650) + 1.394 \cdot (0.273) = 0.739$$

추출된 모든 요인은 그들끼리, 피어슨 상관계수가 0이고 서로 직교한다는 점을 강조할 필요가 있다.

좀 더 탐구적인 연구원은 또한 각 요인에 해당하는 요인 점수가 종속 변수는 요인 그 자체이고 설명 변수는 표준화된 변수인 다중 선형 회귀 모델의 추정 모수와 정확히 일치한다는 사실을 검증할 수 있다.

요인을 구성했으면 원시 변수와 각 요인 사이의 피어슨 상관계수에 해당하는 요인 적재를 정의할 수 있다. 표 12.12는 예제 데이터에 대한 요인 적재를 보여준다.

표 12.12 변수와 요인 사이의 요인 적재(피어슨 상관계수)

변수	요인			
	F_1	F_2	F_3	F_4
finance	**0.895**	0.007	0.437	0.086
costs	**0.934**	0.049	−0.120	−0.332
marketing	−0.042	**0.999**	0.000	0.018
actuarial science	**0.918**	−0.010	−0.304	0.255

각 변수에 대해, 표 12.12에 가장 높은 적재 요인이 부가되어 있다. 결과적으로 변수 *finance*, *costs*, *actuarial*은 첫 번째 요인과 더 강한 상관관계를 보여주지만, 변수 *marketing*은 두 번째 변수와 더 강한 상관관계를 보여준다. 이는 모든 변수가 중대한 분산 부분을 공유하기 위해서는 두 번째 요인이 필요하다는 것을 보여준다. 그러나 세 번째와 네 번째 요인은 원시 변수와 상대적으로 낮은 상관관계를 보이고, 이는 상대적으로 1보다 낮은 고윳값을 설명해준다. 변수 *marketing*을 분석에 삽입한다면 변수의 결합 행동을 설명하기 위해 오직 첫 번째 요인만 필요했을 것이고 그 밖의 요인들은 고윳값이 1보다 작았을 것이다.

따라서 12.2.4절에서 설명했듯이 1보다 작은 고윳값에 해당하는 요인들 사이의 요인 적재는 상대적으로 낮음을 증명할 수 있다. 이들은 이전의 더 높은 고윳값으로부터 추출된 요인과 더 강한 피어슨 상관계수를 이미 보였기 때문이다.

식 (12.30)에 근거해 표 12.12의 열에 있는 제곱 요인 적재의 합은 앞서 설명한 것처럼 4개의 원시 변수가 각 요인을 형성하면서 공유된 분산 부분으로 이해할 수 있는 해당 고윳값이다. 따라서 다음과 같다.

$$(0.895)^2 + (0.934)^2 + (-0.042)^2 + (0.918)^2 = 2.519$$
$$(0.007)^2 + (0.049)^2 + (0.999)^2 + (-0.010)^2 = 1.000$$
$$(0.437)^2 + (-0.120)^2 + (0.000)^2 + (-0.304)^2 = 0.298$$
$$(0.086)^2 + (-0.332)^2 + (0.018)^2 + (0.255)^2 = 0.183$$

이로부터 두 번째 고윳값은 *marketing* 변수의 높은 기존 요인 적재에 따라 1에 도달함을 보일 수 있다.

더구나 표 12.12에 있는 요인 적재로부터 공통성을 계산할 수 있는데, 이는 1보다 큰 고윳값으로부터 추출한 모든 요인에 있는 각 변수에 공유된 분산을 나타낸다. 따라서 식 (12.29)에 근거해 다음과 같이 쓸 수 있다.

$$\text{communality}_{finance} = (0.895)^2 + (0.007)^2 = 0.802$$
$$\text{communality}_{costs} = (0.934)^2 + (0.049)^2 = 0.875$$
$$\text{communality}_{marketing} = (-0.042)^2 + (0.999)^2 = 1.000$$
$$\text{communality}_{actuarial} = (0.918)^2 + (-0.010)^2 = 0.843$$

결과적으로 비록 변수 *marketing*은 두 번째 요인과 높은 요인 적재를 갖는 유일한 것이지만, 양쪽 요인을 구성하는 데 있어 가장 적은 분산 비율을 잃고 있다. 반면 변수 *finance*는 이 두 요인을 구성하면서 가장 높은 분산 손실을 나타낸다(약 19.8%). 만약 4개 요인의 요인 적재를 고려했더라면 분명히 모든 공통성은 1이었을 것이다.

12.2.4절에서 설명했듯이, 요인 적재는 종속 변수가 어떤 표준화된 변수이고 설명 변수가 요인 그 자체인 다중 선형 회귀 모델의 추정 모수와 정확히 일치한다는 사실을 알 수 있고 이는 각 모델의 결정 계수 R^2이 해당 원시 변수의 공통성과 동일함을 알 수 있다.

따라서 첫 두 요인에 대해 각 변수를 요인 F_1, F_2를 나타내는 직교 좌표에 각각 도식화하는 요인 적재 차트를 구성할 수 있다. 이 차트는 적재도$^{loading\ plot}$로 알려져 있는데, 그림 12.8에 나타나 있다.

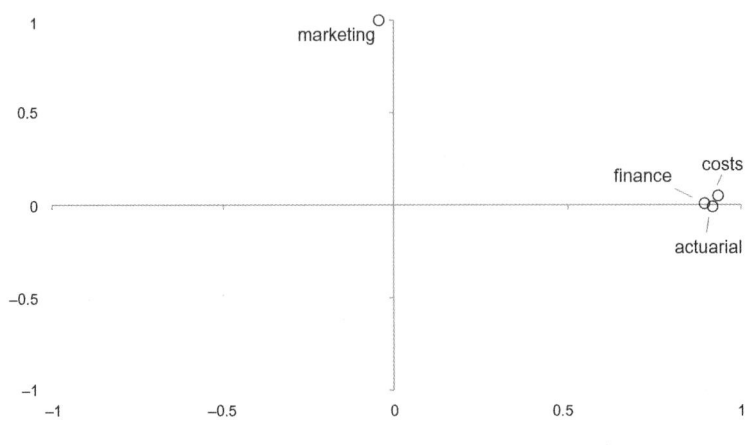

그림 12.8 적재도

적재도를 분석해보면 상관관계 행동은 뚜렷해진다. 변수 *finance*, *costs*, *actuarial*은 첫 번째 요인(X축)과 높은 상관관계를 보이고, 변수 *marketing*은 두 번째 요인(Y축)과 강한 상관관계를 보인다. 좀 더 호기심 많은 연구원은 왜 이런 현상이 나타나는지 조사해볼 수도 있다. 가끔은 Finance, Costs, Actuarial Science 과목이 좀 더 정량적인 방법으로 가르쳐지는 반면, Marketing은 좀 더 정성적이고 행동적인 방식으로 가르쳐진다. 그러나 요인의 정의는 연구원이 요인을 지목하는 것이 아니다. 왜냐하면 대개 간단한 과제가 아니기 때문이다. **요인 분석은 요인을 지목하는 것을 그 목표로 하고 있지 않으며**, 이 경우 연구원은 연구 중인 현상에 대한 방대한 지식이 필요하다. 그리고 **확증적 기법** confirmatory technique은 이 연구를 도와줄 수 있다.

이 시점에서 주성분 분석 요인의 준비가 끝났음을 고려해볼 수 있다. 그렇지만 12.2.5절에서 설명했듯이, 연구원은 어떤 요인에 의해 더 잘 표현되는 변수를 좀 더 명확히 시각화하고자 할 수도 있다. 그들은 베리맥스 직교 기법을 사용해 회전을 할 수 있고, 이는 어떤 요인에서 각 변수의 적재를 최대화한다. 여기 예제에서는 적재도(그림 12.8)가 매우 명확하고 각 요인에서 높은 적재를 가진 변수에 대해 매우 잘 알고 있기 때문에 회전은 필요 없어 보인다. 그러므로 오직 교수법적 목적에 따라서만 실행한다. 왜냐하면 연구원들이 이런 현상이 확실치 않게 느낄 수 있기 때문이다.

결론적으로 처음 두 요인의 요인 적재에 근거해(표 12.12의 처음 두 열), 두 요인을 θ 각도만큼 회전한 뒤에, 회전 요인 적재 c'을 구할 것이다. 따라서 식 (12.35)에 근거해 다음과 같이 쓸 수 있다.

$$\begin{pmatrix} 0.895 & 0.007 \\ 0.934 & 0.049 \\ -0.042 & 0.999 \\ 0.918 & -0.010 \end{pmatrix} \cdot \begin{pmatrix} \cos\theta & -\operatorname{sen}\theta \\ \operatorname{sen}\theta & \cos\theta \end{pmatrix} = \begin{pmatrix} c'_{11} & c'_{12} \\ c'_{21} & c'_{22} \\ \vdots & \vdots \\ c'_{k1} & c'_{k2} \end{pmatrix}$$

여기서 반시계 방향 회전각 θ는 식 (12.36)에 따른 것이다. 그럼에도 불구하고 그 전에 식 (12.37) ~ 식 (12.40)에 있는 A, B, C, D 항을 결정해야만 한다. 표 12.13 ~ 표 12.16을 구성하면 도움이 된다.

따라서 $k = 4$개 변수를 고려하고 식 (12.36)에 따르면 반시계 회전각 θ를 다음과 같이 구할 수 있다.

$$\theta = 0.25 \cdot \arctan\left[\frac{2 \cdot (D \cdot k - A \cdot B)}{C \cdot k - (A^2 - B^2)}\right] = 0 \cdot 25. \arctan\left\{\frac{2 \cdot [(0.181) \cdot 4 - (1.998) \cdot (0.012)]}{(3.963) \cdot 4 - [(1.998)^2 - (0.012)^2]}\right\} = 0.029\text{rad}$$

표 12.13 회전각 θ를 계산하기 위해 A 항 구하기

변수	c_1	c_2	공통성	$\left(\dfrac{c_{1l}^2}{\text{communality}_l} - \dfrac{c_{2l}^2}{\text{communality}_l}\right)$
finance	0.895	0.007	0.802	1.000
costs	0.934	0.049	0.875	0.995
marketing	−0.042	0.999	1.000	−0.996
actuarial science	0.918	−0.010	0.843	1.000
			A(합계)	1.998

표 12.14 회전각 θ를 계산하기 위해 B 항 구하기

변수	c_1	c_2	공통성	$\left(2 \cdot \dfrac{c_{1l} \cdot c_{2l}}{\text{communality}_l}\right)$
finance	0.895	0.007	0.802	0.015
costs	0.934	0.049	0.875	0.104
marketing	−0.042	0.999	1.000	−0.085
actuarial science	0.918	−0.010	0.843	−0.022
			B(합계)	0.012

표 12.15 회전각 θ를 계산하기 위해 C 항 구하기

변수	c_1	c_2	공통성	$\left(\dfrac{c_{1l}^2}{\text{communality}_l} - \dfrac{c_{2l}^2}{\text{communality}_l}\right)^2 - \left(2 \cdot \dfrac{c_{1l} \cdot c_{2l}}{\text{communality}_l}\right)^2$
finance	0.895	0.007	0.802	1.000
costs	0.934	0.049	0.875	0.978
marketing	−0.042	0.999	1.000	0.986
actuarial science	0.918	−0.010	0.843	0.999
			C(합계)	3.963

표 12.16 회전각 θ를 계산하기 위해 D 항 구하기

변수	c_1	c_2	공통성	$\left(\dfrac{c_{1l}^2}{\text{communality}_l} - \dfrac{c_{2l}^2}{\text{communality}_l}\right) \cdot \left(2 \cdot \dfrac{c_{1l} \cdot c_{2l}}{\text{communality}_l}\right)$
finance	0.895	0.007	0.802	0.015
costs	0.934	0.049	0.875	0.103
marketing	−0.042	0.999	1.000	0.084
actuarial science	0.918	−0.010	0.843	−0.022
			D(합계)	0.181

마지막으로, 회전 요인 적재를 다음과 같이 계산할 수 있다.

$$\begin{pmatrix} 0.895 & 0.007 \\ 0.934 & 0.049 \\ -0.042 & 0.999 \\ 0.918 & -0.010 \end{pmatrix} \cdot \begin{pmatrix} \cos 0.029 & -\mathrm{sen}\,0.029 \\ \mathrm{sen}\,0.029 & \cos 0.029 \end{pmatrix} = \begin{pmatrix} c'_{11} & c'_{12} \\ c'_{21} & c'_{22} \\ c'_{31} & c'_{32} \\ c'_{41} & c'_{42} \end{pmatrix} = \begin{pmatrix} 0.895 & -0.019 \\ 0.935 & 0.021 \\ -0.013 & 1.000 \\ 0.917 & -0.037 \end{pmatrix}$$

표 12.17은 예제 데이터에 베리맥스 기법을 사용한 회전 요인 적재의 통합을 보여준다.

표 12.17 베리맥스 기법을 통한 회전 요인 적재

변수	요인	
	F'_1	F'_2
finance	**0.895**	−0.019
costs	**0.935**	0.021
marketing	−0.013	**1.000**
actuarial science	**0.917**	−0.037

앞서 언급했듯이 회전하지 않은 결과에서 이미 어떤 변수가 각 요인에서 높은 적재를 가졌는지 보여줬지만, (예제에서는 비록 약간이긴 하지만) 회전 요인 각각에 대해 변수 적재를 분배했다. 새로운 적재도(회전 적재)는 이제 이 상황을 보여준다(그림 12.9).

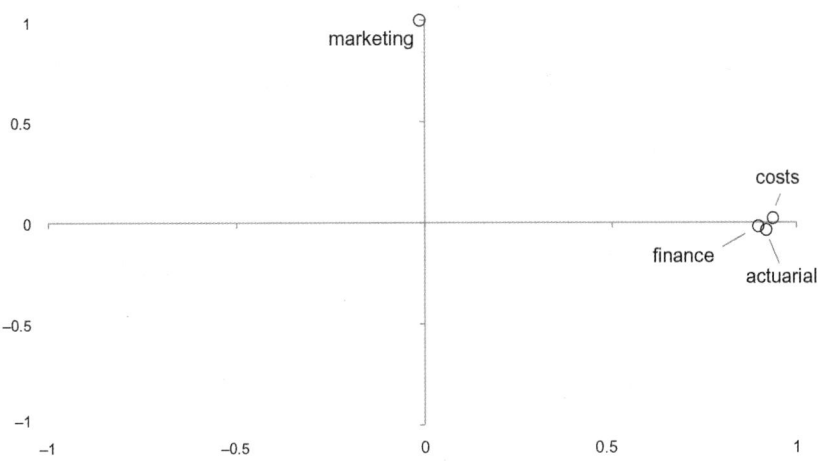

그림 12.9 회전 적재로 그린 적재도

회전각 θ가 이 예제에서는 매우 작기 때문에 그림 12.8과 그림 12.9는 매우 유사하지만, 보통 연구원들은 회전을 통해 적재를 이해하는 데 상당한 도움을 받고 결과적으로 요인의 해석을 단순화한다.

회전은 공통성을 변화시키지 않는다는 점을 강조하고자 한다. 즉, 식 (12.31)을 검증할 수 있다.

$$\text{communality}_{finance} = (0.895)^2 + (-0.019)^2 = 0.802$$
$$\text{communality}_{costs} = (0.935)^2 + (0.021)^2 = 0.875$$
$$\text{communality}_{marketing} = (-0.013)^2 + (1.000)^2 = 1.000$$
$$\text{communality}_{actuarial} = (0.917)^2 + (-0.037)^2 = 0.843$$

그럼에도 불구하고 회전은 각 요인에 해당하는 고윳값을 변화시킨다. 따라서 두 회전 요인에 대해 다음과 같다.

$$(0.895)^2 + (0.935)^2 + (-0.013)^2 + (0.917)^2 = \lambda_1'^2 = 2.518$$
$$(-0.019)^2 + (0.021)^2 + (1.000)^2 + (-0.037)^2 = \lambda_2'^2 = 1.002$$

표 12.18은 새로운 고윳값 $\lambda_1'^2$, $\lambda_2'^2$에 근거해 원시 변수가 양쪽 회전 요인을 형성하기 위해 공유한 분산 비율을 보여준다.

표 12.10과 비교하면 비록 원시 변수가 회전 요인을 형성하는 데 전체 분산의 87.985%를 공유한 것에는 변화가 없지만 회전은 각 요인에서의 변수의 분산 공유를 재분배했다.

앞서 논의했듯이 요인 적재는 종속 변수가 어떤 표준화된 변수이며 설명 변수가 요인 그 자체인 다중 선형 회귀 모델의 추정 모수에 해당한다. 따라서 대수 연산을 통해 적재로부터 요인 점수 식에 이를 수 있다. 이것들이 종속 변수가 요인이며 설명 변수가 표준화된 변수인 해당 회귀 모델의 추정 모수를 나타내기 때문이다. 결과적으로 회전 요인 적재로부터(표 12.17) 다음의 회전 요인 식 F_1', F_2'에 이른다.

$$F_{1i}' = 0.355 \cdot Zfinance_i + 0.372 \cdot Zcosts_i + 0.012 \cdot Zmarketing_i + 0.364 \cdot Zactuarial_i$$
$$F_{2i}' = -0.004 \cdot Zfinance_i + 0.038 \cdot Zcosts_i + 0.999 \cdot Zmarketing_i - 0.021 \cdot Zactuarial_i$$

마지막으로 그 교수는 학생들의 학업 성적 순위를 개발하고자 한다. 두 회전 요인 F_1', F_2'는 원시 변수에 의해 더 높은 비율로 분산이 공유된 것에 의해 형성되며(이 경우 표 12.18에서 보이는 것처럼 각각 전체 분산의 62.942%와 25.043%) 1보다 큰 고윳값에 해당된다. 이들은 원하는 학업 성적 순위를 생성하는 데 사용된다.

표 12.18 두 회전 요인을 형성하는 원시 변수의 공유 분산

요인	고윳값 λ'^2	공유 분산(%)	누적 공유 분산(%)
1	2.518	$\left(\frac{2.518}{4}\right) \cdot 100 = 62.942$	62.942
2	1.002	$\left(\frac{1.002}{4}\right) \cdot 100 = 25.043$	87.985

요인으로부터 순위를 형성하는 데 사용되는 잘 알려진 기준은 **가중치 순위−합계 기준**weighted rank-sum criterion으로 알려져 있다. 이 방법은 각 관측치에 대해, 구한 모든 요인 값(1보다 큰 고윳값을 가진 것들)을 해당 비율의 가중치로 합산하며, 관측자의 후속 순위는 그 결과에 따른다. 이 기준은 잘 활용되는데, 모든 원시 변수의 성능을 고려하기 때문이다. 왜냐하면 첫 번째 요인(**주축 요인 기준**principal factor criterion)만 고려하게 되면, 두 번째 요인과 상당한 분산을 공유하는 어떤 변수가 끼치는 긍정적 성능을 고려하지 못할 수 있기 때문이다. 표본에서 고른 10명의 학생에 대해, 표 12.19는 요인에 해당 공유 분산의 비율 가중치를 반영해 구한 값을 합한 뒤 생성한 순위로부터 구한 학업 성적 결과를 보여준다.

표 12.19 가중 순위−합산 기준에 따른 학업 성적 순위

학생	$Zfinance_i$	$Zcosts_i$	$Zmarketing_i$	$Zactuarial_i$	F'_{1i}	F'_{2i}	$(F'_{1i}\,0.62942)$ $+ (F'_{2i}\,0.25043)$	순위
Adelino	1.30	2.15	1.53	1.86	1.959	1.568	1.626	1
Renata	0.60	2.15	1.53	1.86	1.709	1.570	1.469	2
⋮								
Ovidio	1.33	2.15	−1.65	1.86	1.932	−1.611	0.813	13
Kamal	1.33	2.07	−1.65	1.86	1.902	−1.614	0.793	14
⋮								
Itamar	−1.29	−0.55	1.53	−1.04	−1.022	1.536	−0.259	57
Luiz Felipe	−0.88	−0.70	1.53	−1.32	−1.032	1.535	−0.265	58
⋮								
Gabriela	−0.01	−0.29	−1.65	0.27	−0.032	−1.665	−0.437	73
Marina	0.50	−0.50	−0.94	−1.16	−0.443	−0.939	−0.514	74
⋮								
Viviane	−1.64	−1.16	−1.01	−1.00	−1.390	−1.029	−1.133	99
Gilmar	−1.52	−1.16	−1.40	−1.44	−1.512	−1.409	−1.304	100

완전한 순위는 파일 FactorGradesRanking.xls에 있다.

원시 변수로부터 학업 성적 순위를 생성하는 것은 동적인 절차로 간주된다. 새로운 관측치 또는 변수를 포함하면 요인 점수를 변경할 수 있기 때문이다. 이는 새로운 요인 변수가 반드시 필요하다. 시간이 지나면 변수에 의해 대표된 현상들이 상관 행렬을 변경할 수 있고 이는 좀 더 정교하고 갱신된 점수를 구하기 위해 새로운 요인을 생성하도록 기법을 재적용할 필요가 있다. 그러므로 사회경제적 지수처럼 끊임없이 새로운 관측치가 포함되는 상황의 순위를 정의하는 데 사용되는 요인을 계산할 때, 이전에 정적으로 형성된 각 변숫값을 사용하는 것은 바람직하지 않다고 판단된다. 이보다 더

시간이 흐름에 따라 상황이 발달되면 각 주기에서 원시 변수의 상관 행렬을 변경한다.

마지막으로, 추출된 요인들은 정량 변수이므로 연구원의 목적에 따라 그로부터 클러스터 분석 같은 다변량 탐색적 기법을 수행할 수 있다. 또 각 요인은 정성 변수로 변할 수 있는데, 예컨대 어떤 기준에 따라 범위로 범주화할 수 있고, 그로부터 생성된 범주와 다른 정성 변수 범주 사이에 대응 분석을 수행할 수 있다.

요인들은 다중 회귀 모델 같은 확증적 다변량 모델에서 어떤 현상의 설명 변수로 사용될 수 있다. 직교성이 다중공선성 문제를 해결하기 때문이다. 반면 이러한 절차는 예측이 아니라 종속 변수의 행동에 관한 진단을 수행할 경우에만 유효하다. 설명 변수 기법이기 때문에 새로운 관측치는 생성된 요인에 대응되지 않고 이를 구하기 위해서는 새로운 요인 점수를 구하기 위해 다시 요인 분석을 통해 이러한 관측치를 포함시킬 때만 가능하기 때문이다.

또한 어떤 요인을 범위로 범주화하여 얻은 정성 변수는 다항 로지스틱 회귀 모델의 종속 변수로 포함할 수 있는데, 요인 분석에서 최초에 고려하지 않았던 다른 설명 변수의 행동에 의해 각 관측치가 각 범주에 있을 확률을 계산할 수 있게 해준다. 이 절차는 예측 목적 없이 표본에 있는 변수의 행동을 찾아내는 진단의 속성을 갖는다는 점을 강조하고자 한다.

다음으로 SPSS와 Stata를 사용해 동일한 절차를 수행해본다. 12.3절에서는 SPSS를 사용해 주성분 요인 분석을 준비해보고 그 결과를 보여준다. 12.4절에서는 Stata를 사용한 명령어와 그 결과를 보여준다.

12.3 SPSS를 사용한 주성분 요인 분석

이 절에서는 예제를 IBM SPSS를 사용해 해결해본다. 책의 논리에 따라, 주목적은 주성분 분석을 SPSS로 해결하는 방법을 설명해주는 것이다. 출력을 표시할 때마다, 앞 절에서 대수적 기법으로 해결한 결과를 같이 보여주고 비교함으로써 지식을 넓히고 이해를 도울 수 있다. 이 절의 이미지는 IBM의 허가하에 사용됐다.

12.2.6절의 예제로 돌아가서 교수가 네 가지 과목의 결합 행동으로부터 학생들의 학업 성적 순위를 생성하려 했다는 점을 기억하자. 데이터는 FactorGrades.sav에 있으며 12.2.6절의 표 12.6과 일치한다.

따라서 요인 분석을 시작하기 위해 **분석** › **차원 축소** › **요인 분석**을 클릭하자. 그림 12.10과 같은 대화 상자가 나타날 것이다.

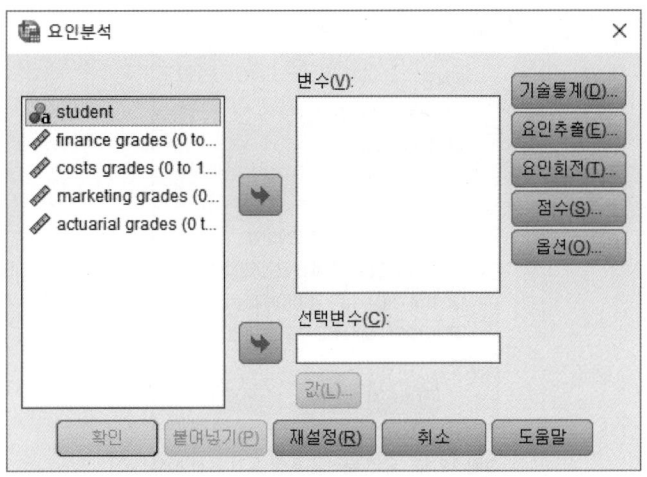

그림 12.10 SPSS에서 요인 분석을 수행하는 대화상자

다음으로 그림 12.11처럼 원시 변수 *finance*, *costs*, *marketing*, *actuarial*을 변수에 넣어야 한다.

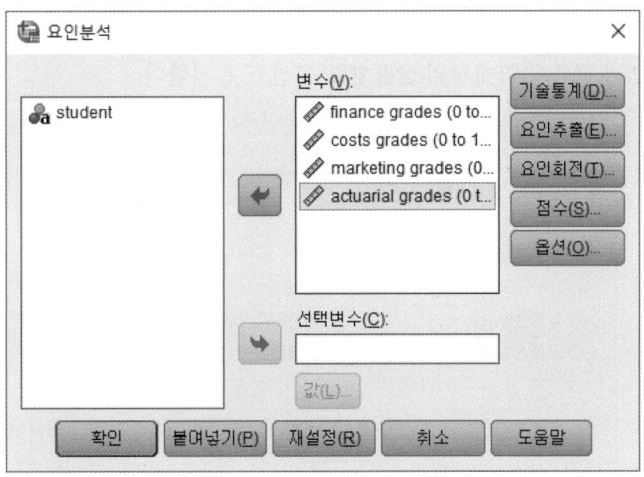

그림 12.11 원시 변수 선택

앞 절에서 클러스터 분석을 수행할 때와 달리 요인 분석에서는 연구원이 원시 변수의 Z 점수 표준화를 신경 쓰지 않아도 된다는 점에 주목하자. 원시 변수와 해당하는 표준화된 변수 사이의 상관관계는 동일하기 때문이다. **각 변수를 표준화하더라도 결과는 동일하게 나온다는 사실을 알게 될 것이다.**

기술 통계 버튼을 클릭하고, 먼저 **통계량**에서 **초기 해법**을 선택한다. 이를 통해 출력에서 상관 행렬의 고윳값이 크기에 상관없이(1보다 작은 값도) 나타나게 된다. 또한 그림 12.12처럼 **상관 행렬**에서 **계수**, **행렬식, KMO와 Barlette의 구형성 검정**을 선택하자.

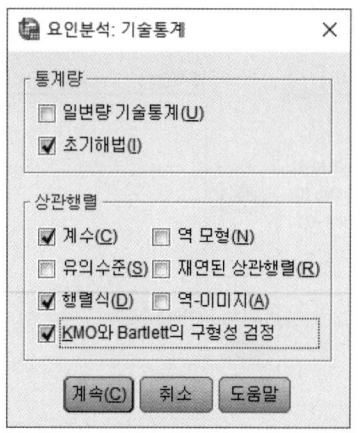

그림 12.12 요인 분석을 위한 초기 옵션 선택

이제 **계속**을 누르고 요인 분석의 주 대화상자로 돌아간다. 다음으로 **요인 추출** 버튼을 누른다. 그림 12.13에서 보인 것처럼 선택된 요인 추출 기법(**방법: 주성분**)을 유지하고 추출 기준도 유지한다. 이 경우 12.2.3절에서 설명한 것처럼 1보다 큰 고윳값만 고려하고(잠재적 근 기준 또는 카이저 기준), 따라서 **추출** 영역에 있는 **고윳값 기준 › 다음 값보다 큰 고윳값: 1** 옵션을 유지한다. 또한 **표시** 영역에 있는 **회전하지 않은 요인 해법**과 **분석** 영역에서의 **상관 행렬** 옵션도 유지한다.

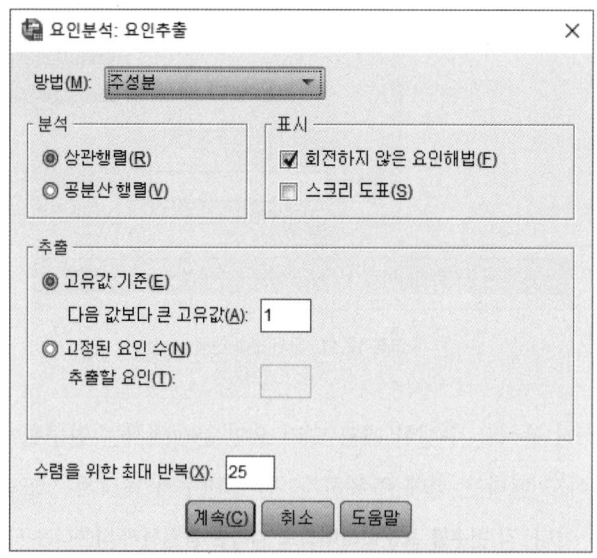

그림 12.13 요인 추출 기법과 요인 개수 기준 설정

동일한 방식으로 **계속**을 클릭하고 요인 분석 주 대화상자로 돌아간다. **요인 회전** 버튼을 클릭한 다음, 이번에는 그림 12.14처럼 **표시** 영역에서 **적재량 도표**를 선택하고 **방법** 영역에서는 **지정 않음**을 유지한다.

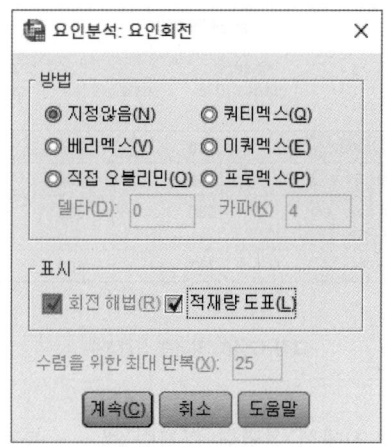

그림 12.14 회전 방법과 적재량 도표 선택 대화상자

여기서 회전하지 않은 요인을 추출하기로 한 것은 교수법적 목적에 따른 것이다. 12.2.6절에서 대수적으로 해결한 결과와 비교해볼 수 있기 때문이다. 그렇지만 연구원들은 추출된 요인을 선택해볼 수도 있다.

계속을 누르고 주 대화상자에서 **점수** 버튼을 누른다. 이때 그림 12.15처럼 **요인 점수 계수 행렬 표시**를 선택하면, 추출된 각 요인에 해당하는 요인 점수가 출력에 나타난다.

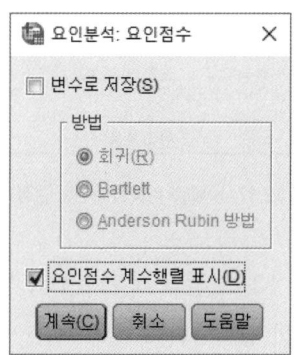

그림 12.15 요인 점수를 나타낼 옵션 선택

이제 **계속**을 누르고 **확인**을 누른다.

첫 출력(그림 12.16)은 12.2.6절의 표 12.7과 동일한 상관 행렬 ρ를 보여준다. 이를 통해 변수 *marketing*이 다른 모든 변수에 대해 낮은 피어슨 상관계수를 갖는 것을 볼 수 있다. 앞서 설명한 대로 이를 통해 *finance, costs, actuarial* 변수가 어떤 요인에 대해 서로 연계되어 있고 *marketing*은 다른 것과 강하게 연계됐음을 알 수 있다.

상관행렬[a]

		finance grades (0 to 10)	costs grades (0 to 10)	marketing grades (0 to 10)	actuarial grades (0 to 10)
상관관계	finance grades (0 to 10)	1.000	.756	-.030	.711
	costs grades (0 to 10)	.756	1.000	.003	.809
	marketing grades (0 to 10)	-.030	.003	1.000	-.044
	actuarial grades (0 to 10)	.711	.809	-.044	1.000

a. 행렬식 = .137

그림 12.16 피어슨 상관계수

그림 12.16은 또한 식 (12.9)에서 설명한 것처럼 $\chi^2_{Bartlett}$ 통계량을 계산하기 위해 사용된 상관 행렬 ρ의 행렬식 값을 볼 수 있다.

요인 분석의 전반적 적절성을 보기 위해 KMO 통계량과 $\chi^2_{Bartlett}$에 해당하는 계산 결과를 보여주는 그림 12.17을 살펴보자. 먼저 요인 분석의 전반적 적절성은 표 12.2의 기준에 따르면 **중간**(KMO = 0.737)으로 나타났다. $\chi^2_{Bartlett}$ 통계량 = 192.335($Sig.\ \chi^2_{Bartlett} < 0.05$, 6차 자유도)는 상관 행렬 ρ가 동일 차원의 항등 행렬 I와 동일하다는 귀무 가설을 유의수준 0.05와 발렛의 구형성 검정에 기반해 기각하게 해준다. 따라서 요인 분석이 적절하다고 결론 내릴 수 있다.

KMO와 Bartlett의 검정

표본 적절성의 Kaiser-Meyer-Olkin 측도.		.737
Bartlett의 구형성 검정	근사 카이제곱	192.335
	자유도	6
	유의확률	.000

그림 12.17 KMO와 바렛의 구형성 검정 결과

KMO와 $\chi^2_{Bartlett}$ 통계량은 각각 12.2.2절의 식 (12.3)과 식 (12.9)를 통해 계산됐고 이는 12.2.6절에서 대수적으로 구한 값과 정확히 일치한다.

다음으로 그림 12.18은 초기에 추출된 각 요인에 해당하는 상관 행렬 ρ의 고윳값 4개를 보여준다. 원시 변수는 각 비율로 분산이 공유된다.

설명된 총분산

성분	초기 고유값			추출 제곱합 적재량		
	전체	% 분산	누적 %	전체	% 분산	누적 %
1	2.519	62.975	62.975	2.519	62.975	62.975
2	1.000	25.010	87.985	1.000	25.010	87.985
3	.298	7.444	95.428			
4	.183	4.572	100.000			

추출 방법: 주성분 분석.

그림 12.18 각 요인을 형성하기 위해 원시 변수가 공유한 분산과 고윳값

고윳값이 12.2.6절에서 대수적으로 구한 값과 정확히 일치한다는 점에 주목하자. 따라서 다음과 같다.

$$\lambda_1^2 + \lambda_2^2 + \cdots + \lambda_k^2 = 2.519 + 1.000 + 0.298 + 0.183 = 4$$

분석에서는 고윳값이 1보다 큰 것만 고려할 것이므로 그림 12.18의 우측에서는 이러한 요인을 형성하기 위해 분산이 공유된 원시 변수 비율을 보여주고 있다. 따라서 표 12.10에 나타난 것과 유사하게 전체 분산 중 62.975%는 첫 번째 요인을 형성하기 위해 공유된 반면, 두 번째 요인을 형성하기 위해서는 25.010%가 공유됐다. 그러므로 이 두 요인을 형성하기 위한 원시 변수의 전체 분산 손실은 12.015%가 된다.

두 요인이 추출된 후, 그림 12.19는 각 요인의 표준화된 변수 각각에 해당하는 요인 점수를 보여준다.

성분점수 계수행렬

	성분	
	1	2
finance grades (0 to 10)	.355	.007
costs grades (0 to 10)	.371	.049
marketing grades (0 to 10)	-.017	.999
actuarial grades (0 to 10)	.364	-.010

추출 방법: 주성분 분석.

그림 12.19 요인 점수

따라서 요인 F_1, F_2의 식을 다음과 같이 쓸 수 있다.

$$F_{1i} = 0.355 \cdot Zfinance_i + 0.371 \cdot Zcosts_i - 0.017 \cdot Zmarketing_i + 0.364 \cdot Zactuarial_i$$
$$F_{2i} = 0.007 \cdot Zfinance_i + 0.049 \cdot Zcosts_i + 0.999 \cdot Zmarketing_i - 0.010 \cdot Zactuarial_i$$

식은 회전하지 않은 요인 점수의 대수적 정의로부터 12.2.6절에서 구한 값과 동일하다는 점에 주목하자.

그림 12.20은 요인 적재를 보여주는데, 이는 원시 변수와 각 요인들 간의 피어슨 상관계수에 해당한다. 그림 12.20의 값은 표 12.12의 처음 두 열에 있는 것과 동일하다.

성분행렬^a

	성분	
	1	2
finance grades (0 to 10)	.895	.007
costs grades (0 to 10)	.934	.049
marketing grades (0 to 10)	-.042	.999
actuarial grades (0 to 10)	.918	-.010

추출 방법: 주성분 분석.
a. 추출된 2 성분

그림 12.20 요인 적재

각 변수에서 가장 높은 요인 적재는 부각되어 있으며, 따라서 변수 *finance*, *costs*, *actuarial*은 첫 번째 요인과 더 강한 상관관계를 보이는 반면, 변수 *marketing*은 두 번째 요인과 더 강한 상관관계를 보인다는 사실을 검증할 수 있다.

12.2.6절에서 설명한 것과 마찬가지로, 열의 제곱 요인 적재 합은 해당 요인의 고윳값이다. 즉, 각 요인을 구성하기 위해 4개의 원시 변수가 공유한 분산 비율을 나타낸다. 따라서 다음을 알 수 있다.

$$(0.895)^2 + (0.934)^2 + (-0.042)^2 + (0.918)^2 = 2.519$$
$$(0.007)^2 + (0.049)^2 + (0.999)^2 + (-0.010)^2 = 1.000$$

반면 행의 제곱 요인 적재 합은 해당 변수의 공통성이 된다. 즉, 두 요인에 있어 각 원시 변수에서 공유된 분산 비율을 나타낸다. 따라서 다음과 같음을 알 수 있다.

$$\text{communality}_{finance} = (0.895)^2 + (0.007)^2 = 0.802$$
$$\text{communality}_{costs} = (0.934)^2 + (0.049)^2 = 0.875$$
$$\text{communality}_{marketing} = (-0.042)^2 + (0.999)^2 = 1.000$$
$$\text{communality}_{actuarial} = (0.918)^2 + (-0.010)^2 = 0.843$$

SPSS 출력에서는 그림 12.21에서 보인 것처럼 공통성 표가 표시된다.

공동성

	초기	추출
finance grades (0 to 10)	1.000	.802
costs grades (0 to 10)	1.000	.875
marketing grades (0 to 10)	1.000	1.000
actuarial grades (0 to 10)	1.000	.843

추출 방법: 주성분 분석.

그림 12.21 공통성

각 요인에서 각 변수의 상대 위치를 보여주는 적재도는 해당 요인 적재에 따라 그림 12.22에서처럼 출력에 나타나 있다(12.2.6절의 그림 12.8과 동일하다). 여기서 X축은 요인 F_1을 나타내고, Y축은 요인 F_2를 나타낸다.

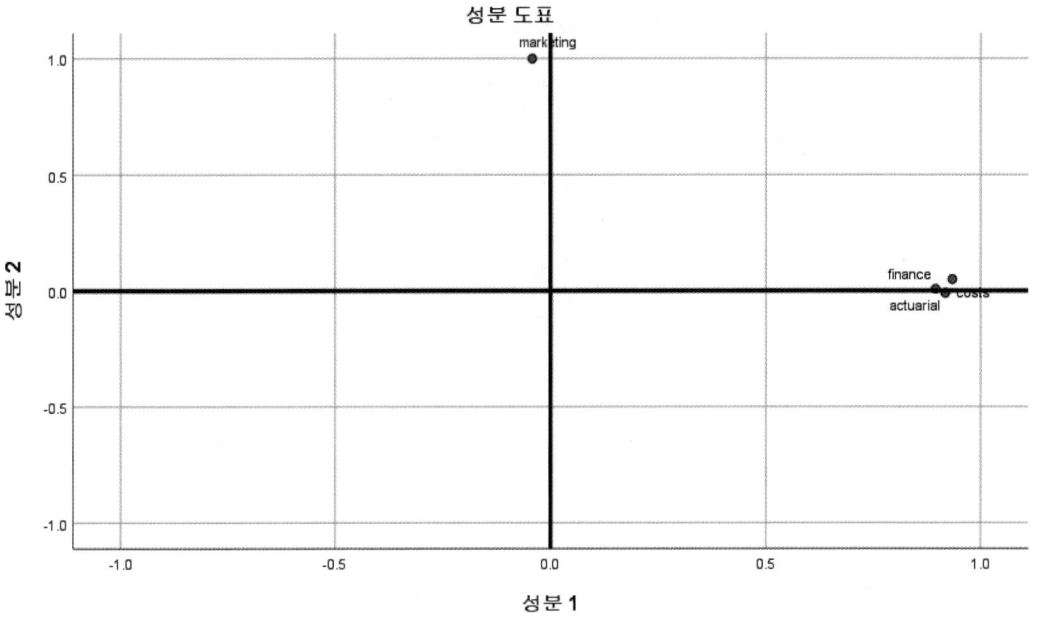

그림 12.22 적재도

비록 변수의 상대 위치는 매우 뚜렷해 보이지만, 즉 각 요인과 각자끼리의 상관관계의 크기는 뚜렷해 보이지만, 교수법적 목적에 따라 축을 회전해보기로 한다. 이를 통해 각 요인에서 변수들의 요인 적재를 잘 배분해 요인의 해석을 도울 수도 있다.

따라서 이번에도 **분석** › **차원 축소** › **요인 분석**을 클릭한다. **요인 회전** 버튼을 눌러 그림 12.23처럼 **베리맥스** 옵션을 선택한다.

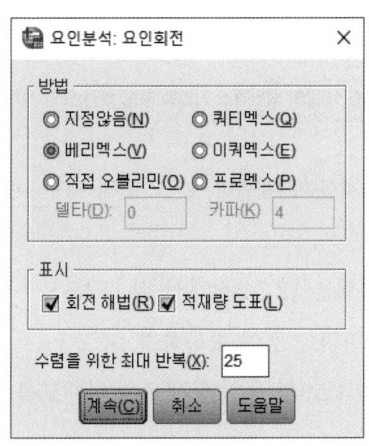

그림 12.23 요인 회전에서 베리맥스 선택

계속을 누르면 요인 분석의 주 대화상자로 이동한다. **점수**를 클릭하고 그림 12.24처럼 **변수로 저장** 옵션을 선택해, 요인이 생성되면 이제 회전되고 새로운 변수로서 데이터셋에 나타나게 된다. 이 요인들로부터 학생들의 학업 성적 순위가 생성될 것이다.

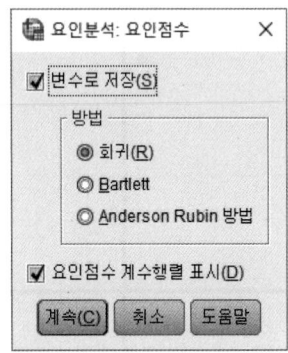

그림 12.24 요인을 데이터셋의 새로운 변수로 하는 옵션 선택

이제 **계속**을 누르고 **확인**을 누른다.

그림 12.25 ~ 그림 12.29는 회전에 따라 이전 것과 달라진 출력을 보여준다. 이 관점에서 상관행렬, KMO 통계량, 바렛의 구형성 검정, 공통성 표의 출력은 다시 표시하지 않았다. 이 값들은 회전에도 불구하고 바뀌지 않기 때문이다.

회전된 성분행렬[a]

	성분	
	1	2
finance grades (0 to 10)	.895	-.019
costs grades (0 to 10)	.935	.021
marketing grades (0 to 10)	-.013	1.000
actuarial grades (0 to 10)	.917	-.037

추출 방법: 주성분 분석.
회전 방법: 카이저 정규화가 있는 베리멕스.
a. 3 반복계산에서 요인회전이 수렴되었습니다.

그림 12.25 베리멕스 기법을 통한 회전 요인 적재

그림 12.25는 회전 요인 적재를 보여주며, 이를 통해 매우 미세하지만 각 요인의 변수들의 적재가 재분배됐음을 알 수 있다.

그림 12.25의 회전 요인 적재는 12.2.6절에서 식 (12.35) ~ 식 (12.40)으로 대수적으로 구한 뒤 표 12.17에 나타낸 것과 동일하다는 점에 주목하자.

회전 요인 적재로 그린 그림 12.9와 동일한 새로운 적재도를 그림 12.26에서 볼 수 있다.

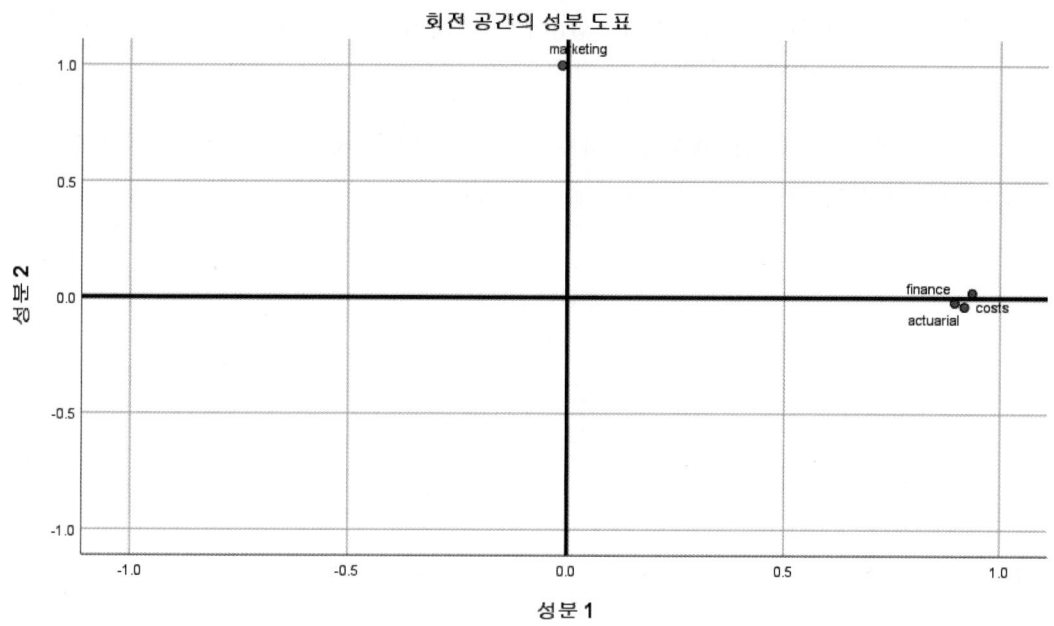

그림 12.26 회전 적재로 그린 적재도

12.2.6절에서 대수적으로 계산한 회전각은 SPSS 출력 일부로 표시되고 그림 12.27에서 볼 수 있다.

성분 변환행렬

성분	1	2
1	1.000	-.029
2	.029	1.000

추출 방법: 주성분 분석.
회전 방법: 카이저 정규화가 있는 베리멕스.

그림 12.27 회전각(단위: 라디안(radians))

앞서 설명한 대로, 회전 요인 적재로부터 분석에 사용된 변수들 사이의 공통성 값에는 변화가 없음을 알 수 있다.

$$\text{communality}_{finance} = (0.895)^2 + (-0.019)^2 = 0.802$$
$$\text{communality}_{costs} = (0.935)^2 + (0.021)^2 = 0.875$$
$$\text{communality}_{marketing} = (-0.013)^2 + (1.000)^2 = 1.000$$
$$\text{communality}_{actuarial} = (0.917)^2 + (-0.037)^2 = 0.843$$

반면에 새로운 고윳값은 다음과 같이 구할 수 있다.

$$(0.895)^2 + (0.935)^2 + (-0.013)^2 + (0.917)^2 = \lambda'^2_1 = 2.518$$
$$(-0.019)^2 + (0.021)^2 + (1.000)^2 + (-0.037)^2 = \lambda'^2_2 = 1.002$$

그림 12.28은 **회전 제곱합 적재량**에서 처음 두 회전 요인의 고윳값과 원시 변수 4개의 해당 분산 공유 비율을 보여준다. 이 결과는 표 12.18과 일치한다.

설명된 총분산

성분	초기 고유값			추출 제곱합 적재량			회전 제곱합 적재량		
	전체	% 분산	누적 %	전체	% 분산	누적 %	전체	% 분산	누적 %
1	2.519	62.975	62.975	2.519	62.975	62.975	2.518	62.942	62.942
2	1.000	25.010	87.985	1.000	25.010	87.985	1.002	25.043	87.985
3	.298	7.444	95.428						
4	.183	4.572	100.000						

추출 방법: 주성분 분석.

그림 12.28 회전 요인을 형성하기 위해 원시 변수가 공유한 분산과 고윳값

회전 전의 결과와 비교해보면, 원시 변수의 전체 분산 공유 87.985%에는 변화가 없지만 각 요인에 있어서 변수에 의해 공유된 분산은 회전을 통해 재분배된 것을 볼 수 있다.

그림 12.29는 새로운 요인이 구해진 식으로부터 회전 요인 점수를 보여준다.

성분점수 계수행렬

	성분	
	1	2
finance grades (0 to 10)	.355	-.004
costs grades (0 to 10)	.372	.038
marketing grades (0 to 10)	.012	.999
actuarial grades (0 to 10)	.364	-.021

추출 방법: 주성분 분석.
회전 방법: 카이저 정규화가 있는 베리멕스.
요인 점수.

그림 12.29 회전 요인 점수

따라서 다음과 같은 회전 요인 식을 쓸 수 있다.

$$F'_{1i} = 0.355 \cdot Zfinance_i + 0.372 \cdot Zcosts_i + 0.012 \cdot Zmarketing_i + 0.364 \cdot Zactuarial_i$$
$$F'_{2i} = -0.004 \cdot Zfinance_i + 0.038 \cdot Zcosts_i + 0.999 \cdot Zmarketing_i - 0.021 \cdot Zactuarial_i$$

설명한 절차를 수행할 때 데이터셋에 2개의 새로운 변수가 생성됐음을 볼 수 있다. 하나는 *FAC1_1* 이고 다른 하나는 *FAC2_1*이다. 그림 12.30에 처음 20개의 관측치가 나타나 있다.

	🔒 student	🖊 finance	🖊 costs	🖊 marketing	🖊 actuarial	🖊 FAC1_1	🖊 FAC2_1
1	Gabriela	5.8	4.0	1.0	6.0	-.03322	-1.66443
2	Luiz Felipe	3.1	3.0	10.0	2.0	-1.03158	1.53383
3	Patricia	3.1	4.0	4.0	4.0	-.61699	-.58561
4	Gustavo	10.0	8.0	8.0	8.0	1.37102	.84696
5	Leticia	3.4	2.0	3.2	3.2	-1.00504	-.89253
6	Ovidio	10.0	10.0	1.0	10.0	1.93261	-1.61015
7	Leonor	5.0	5.0	8.0	5.0	-.08684	.83147
8	Dalila	5.4	6.0	6.0	6.0	.24610	.13202
9	Antonio	5.9	4.0	4.0	4.0	-.29825	-.58887
10	Julia	6.1	4.0	4.0	4.0	-.27548	-.58910
11	Roberto	3.5	2.0	9.7	2.0	-1.13878	1.41208
12	Renata	7.7	10.0	10.0	10.0	1.71047	1.56994
13	Guilherme	4.5	10.0	5.0	5.0	.60005	-.15021
14	Rodrigo	10.0	4.0	9.0	9.0	.91462	1.13024
15	Giulia	6.2	10.0	10.0	10.0	1.53972	1.57169
16	Felipe	8.7	10.0	9.0	9.0	1.67507	1.22400
17	Karina	10.0	6.0	6.0	6.0	.76975	.12666
18	Pietro	10.0	6.0	8.0	8.0	1.06821	.81621
19	Cecilia	9.8	10.0	7.0	10.0	1.93630	.50836
20	Gisele	10.0	10.0	2.0	9.7	1.89357	-1.25462

그림 12.30 관측치별 F_1'(FAC1_1), F_2'(FAC2_1)을 가진 데이터셋

이 새로운 변수들은 데이터셋 관측치에 대한 회전 요인 값을 보여주며, 서로 직교한다. 즉, 그들의 피어슨 상관계수는 0이다. 이 점은 **분석 › 상관 분석 › 이변량 상관**을 클릭해 확인할 수 있다. 대화상자가 열리면, 그림 12.31처럼 4개의 원시 변수를 **변수**에 넣고 **상관계수** 영역에서 Pearson을 선택하고 **유의성 검정** 영역에서 **양측**을 선택한다.

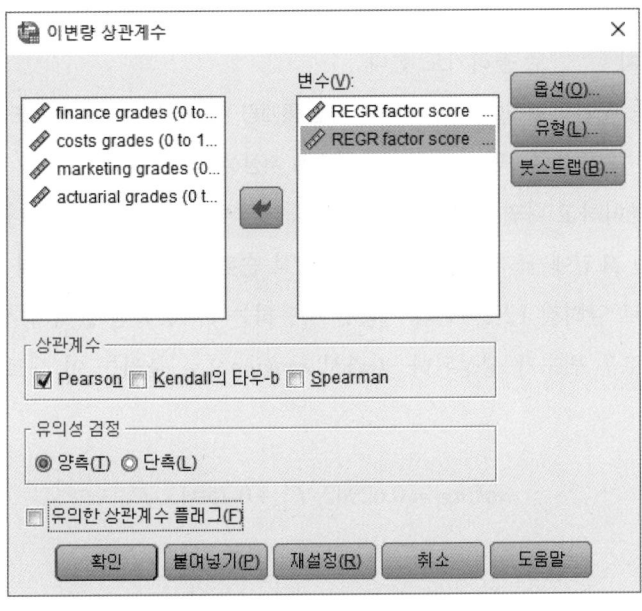

그림 12.31 회전 요인들 간의 피어슨 계수를 결정하기 위한 대화상자

확인을 누르면 그림 12.32와 같은 출력이 나타나고, 이를 통해 회전 요인들 사이의 피어슨 상관계수는 0임을 볼 수 있다. 12.2.4절과 12.2.6절에서 본 것처럼 좀 더 탐구적인 연구원들은 회전 요인 점수가 독립 변수가 각자이고 설명 변수가 표준화된 변수인 다중 선형 회귀 모델의 추정 모수를 통해 구할 수 있음을 확인해볼 수 있다.

상관관계

		REGR factor score 1 for analysis 1	REGR factor score 2 for analysis 1
REGR factor score 1 for analysis 1	Pearson 상관	1	.000
	유의확률 (양측)		1.000
	N	100	100
REGR factor score 2 for analysis 1	Pearson 상관	.000	1
	유의확률 (양측)	1.000	
	N	100	100

그림 12.32 회전 요인들 간의 피어슨 계수

동일한 방법으로 회전 요인 적재는 4개의 다중 선형 회귀 모델의 추정을 사용해 구할 수도 있는데, 각각 모델은 표준화된 변수가 종속 변수가 되고 요인은 설명 변수가 된다. 요인 적재는 각 모델에서 추정한 모수이지만 공통성은 해당 결정 계수 R^2이다. 따라서 다음 식을 구할 수 있다.

$$Zfinance_i = 0.895 \cdot F'_{1i} - 0.019 \cdot F'_{2i} + u_i, \quad R^2 = 0.802$$

$$Zcosts_i = 0.935 \cdot F'_{1i} + 0.021 \cdot F'_{2i} + u_i, \quad R^2 = 0.875$$

$$Zmarketing_i = -0.013 \cdot F'_{1i} + 1.000 \cdot F'_{2i} + u_i, \quad R^2 = 1.000$$

$$Zactuarial_i = 0.917 \cdot F'_{1i} - 0.037 \cdot F'_{2i} + u_i, \quad R^2 = 0.843$$

여기서 항 u_i는 각 변수의 행동을 설명하기 위한 F'_1, F'_2 이외의 추가적인 **변수 원천**을 나타내며, **오차 항**error terms 또는 **잔차**residuals로 불리기도 한다.

이러한 사실을 확인하고자 한다면 **분석 › 기술 통계량 › 기술 통계**를 눌러 표준된 변수를 구해야 한다. 모든 원시 변수를 선택하면, **표준화 값을 변수로 저장**을 선택한다. 비록 이 세부 절차를 보이지는 않았지만, **확인**을 클릭하고 나면 표준화된 변수가 데이터셋 자체에서 생성된다.

따라서 생성된 요인에 근거해 원하는 학업 성적 순위를 생성할 수 있게 된다. 이를 위해 가중 순위-합산 기준으로 알려진 12.2.6절의 기준을 사용하는데, 각 요인 값에 원시 변수가 공유한 분산 비율을 곱해서 새로운 변수가 생성된다. 따라서 *ranking*으로 불리는 이 새로운 변수는 다음 식을 따른다.

$$ranking_i = 0.62942 \cdot F'_{1i} + 0.25043 \cdot F'_{2i}$$

여기서 모수 0.62942와 0.25043은 그림 12.28에서 보인 것처럼 각각 처음 두 요인에 의해 공유된 분산의 비율이다.

데이터셋에서 변수를 생성하려면 **변환** › **변수 계산**을 클릭한다. **목표 변수** 영역에서 그림 12.33처럼 새로운 변수 이름(*ranking*)을 입력하고 숫자 표현식에서 가중화 합산 식 (FAC1_1*0.62942)+(FAC2_1*0.25043)을 입력한다. **확인**을 클릭하면 변수 *ranking*이 데이터셋에 나타날 것이다.

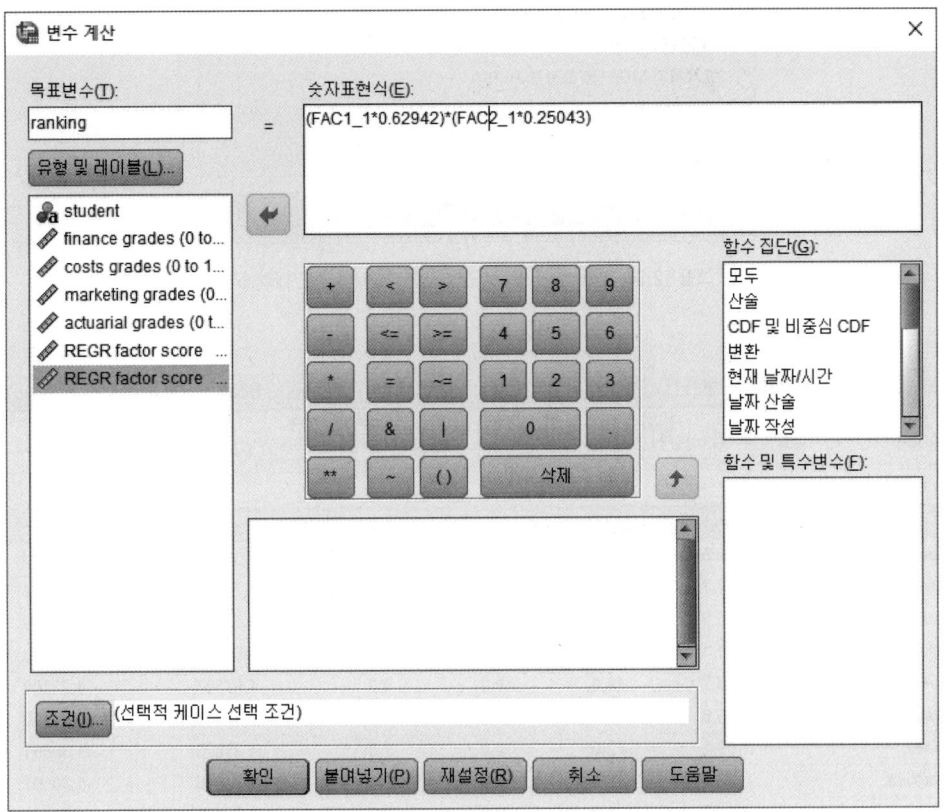

그림 12.33 새로운 변수(*ranking*) 생성

마지막으로, *ranking*을 정렬하려면 **데이터** › **케이스 정렬**을 클릭한다. 그림 12.34처럼 **내림차순**을 선택하고 **정렬 기준**을 *ranking*으로 한다. **확인**을 클릭하면 관측치가 데이터셋에서 그림 12.35처럼 가장 높은 학업 성적순으로 20개 관측치가 높은 것에서 낮은 순으로 정렬된 채로 보일 것이다.

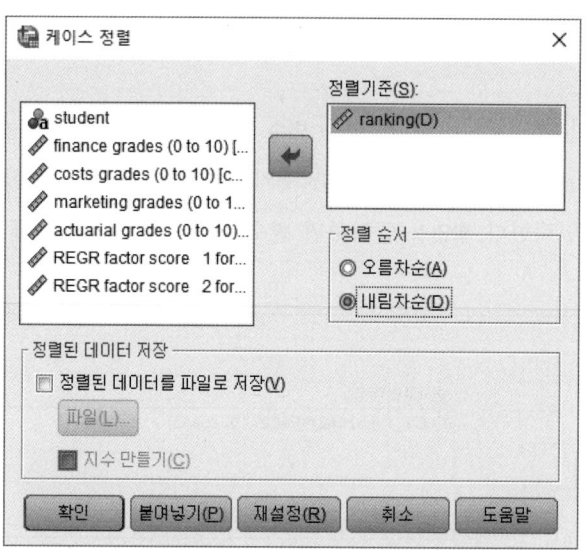

그림 12.34 변수 *ranking*으로 관측치를 정렬하기 위한 대화상자

| | 파일(F) | 편집(E) | 보기(V) | 데이터(D) | 변환(T) | 분석(A) | 그래프(G) | 유틸리티(U) | 확장(X) | 창(W) | 도움말(H) |

23 : FAC1_1 | -.85274503832441

	👤 student	📏 finance	📏 costs	📏 marketing	📏 actuarial	📏 FAC1_1	📏 FAC2_1	📏 ranking
1	Adelino	9.9	10.0	10.0	10.0	1.96091	1.56738	.48
2	Renata	7.7	10.0	10.0	10.0	1.71047	1.56994	.42
3	Giulia	6.2	10.0	10.0	10.0	1.53972	1.57169	.38
4	Gilmar	1.1	1.9	1.7	1.7	-1.51326	-1.40930	.34
5	Felipe	8.7	10.0	9.0	9.0	1.67507	1.22400	.32
6	Claudio	9.8	9.0	9.0	9.0	1.65040	1.20750	.31
7	Elaine	3.1	2.0	2.0	2.0	-1.21826	-1.30591	.25
8	Carolina	3.1	2.0	2.0	2.0	-1.21826	-1.30591	.25
9	Viviane	.7	1.9	2.8	2.8	-1.39146	-1.02926	.23
10	Frederico	2.4	3.0	2.3	2.3	-1.10601	-1.18672	.21
11	Sandra	2.4	3.0	2.3	2.3	-1.10601	-1.18672	.21
12	Cida	9.0	8.0	8.4	8.4	1.31688	.98604	.20
13	Ester	.6	1.9	3.0	3.2	-1.33404	-.96083	.20
14	Robson	9.8	9.0	8.0	7.7	1.45773	.86520	.20
15	Gustavo	10.0	8.0	8.0	8.0	1.37102	.84696	.18
16	Rodrigo	10.0	4.0	9.0	9.0	.91462	1.13024	.16
17	Angelica	3.5	3.6	2.4	2.4	-.86746	-1.14353	.16
18	Cecilia	9.8	10.0	7.0	10.0	1.93630	.50836	.16
19	Renato	5.8	3.2	2.0	2.2	-.70192	-1.29243	.14

그림 12.35 학업 성적 *ranking*이 있는 데이터셋

가중 순위-합산 기준으로 구성된 순위에서 Adelino가 가장 뛰어난 학업 성적을 기록했고 Renata, Giulia, Felipe, Cecilia가 그 뒤를 따르고 있다.

SPSS로 주성분 요인 분석 절차를 살펴봤으니, 이제 Stata를 사용하는 방법을 살펴보자.

12.4 Stata를 사용한 주성분 요인 분석

Stata 통계 소프트웨어를 사용해 예제를 단계별로 해결해보자. 이 절의 주목적은 주성분 요인 분석의 개념을 다시 한번 설명하는 것이 아니라, 연구원들에게 이 소프트웨어를 사용해 명령어를 사용하는 기법을 접해볼 수 있는 기회를 주는 것이다. 출력을 표시할 때마다 SPSS와 대수적 방법으로 해결한 결과를 같이 언급해 서로 비교해본다.

먼저 학생 100명의 데이터로 구성된 데이터셋으로 시작한다. 이 데이터셋은 FactorGrades.dta 파일에 있고, 12.2.6절의 표 12.6과 동일하다.

우선, desc 명령어를 입력해 관측치 개수, 변수 개수, 각각의 설명 등 데이터셋의 특성을 살펴본다. 그림 12.36은 Stata에서의 첫 번째 출력을 보여준다.

```
. desc

 obs:           100
 vars:            5
 size:        3,100 (99.9% of memory free)
-------------------------------------------------------------------------
              storage  display      value
variable name  type    format       label       variable label
-------------------------------------------------------------------------
student        str11   %11s
finance        float   %9.1f                     finance grades (0 to 10)
costs          float   %9.1f                     costs grades (0 to 10)
marketing      float   %9.1f                     marketing grades (0 to 10)
actuarial      float   %9.1f                     actuarial grades (0 to 10)
-------------------------------------------------------------------------
Sorted by:
```

그림 12.36 FactorGrades.dta 데이터셋의 설명

명령어 pwcorr ..., sig는 각 변수 쌍의 피어슨 상관계수를 해당 유의수준과 함께 보여준다. 따라서 다음과 같이 명령해야 한다.

```
pwcorr finance costs marketing actuarial, sig
```

그림 12.37은 출력을 보여준다.

```
. pwcorr finance costs marketing actuarial, sig

             | finance   costs market~g  actuarial
-------------+----------------------------------------
     finance |  1.0000
             |
             |
       costs |  0.7558    1.0000
             |  0.0000
             |
   marketing | -0.0297    0.0031    1.0000
             |  0.7695    0.9759
             |
   actuarial |  0.7109    0.8091   -0.0443    1.0000
             |  0.0000    0.0000    0.6617
             |
```

그림 12.37 피어슨 상관계수와 해당 유의수준

그림 12.37의 결과를 보면 변수 *marketing*과 다른 변수들 사이의 상관관계는 상대적으로 낮고, 유의수준 0.05에서 통계적으로 유의하지 않음을 볼 수 있다. 반면 다른 변수들은 서로 간에 높은 상관관계를 가지며 동일한 유의수준에서 통계적으로 유의한 상관관계를 가짐을 볼 수 있다. 이는 요인 분석에서 비록 변수 *marketing*이 다른 요인과 높은 상관관계를 갖지만 어떤 요인을 중대한 분산의 손실 없이 그룹화할 수 있음을 보여준다. 이 수치는 12.2.6절의 표 12.7, 그리고 SPSS를 사용했던 12.3절의 그림 12.16과 일치한다.

요인 분석의 전반적 적절성은 KMO 통계량과 바렛 구형성 검정을 계산해 구할 수 있다. 이 값은 factortest 명령어를 사용해 얻는다. 따라서 다음과 같이 입력한다.

```
factortest finance costs marketing actuarial
```

출력은 그림 12.38에 나타나 있다.

```
. factortest finance costs marketing actuarial

Determinant of the correlation matrix
Det              =        0.137


Bartlett test of sphericity

Chi-square       =          192.335
Degrees of freedom =              6
p-value          =            0.000
H0: variables are not intercorrelated


Kaiser-Meyer-Olkin Measure of Sampling Adequacy
KMO              =        0.737
```

그림 12.38 KMO 통계량과 바렛의 구형성 검정 결과

KMO 통계량의 결과에 근거해 요인 분석의 전반적인 적절성은 **중간** 정도로 간주된다. 그러나 이보다 훨씬 중요한 것은 바렛의 구형성 검정이다. 유의수준 0.05 및 6차 자유도의 $\chi^2_{Bartlett}$ 통계량 결과로부터 피어슨의 상관 행렬은 통계적으로 동일 차원의 항등 행렬과 다르다고 할 수 있다. $\chi^2_{Bartlett}$ = 192.335(6차 자유도에서 계산된 χ^2 값)이고 $Prob.$ $\chi^2_{Bartlett}$(P 값) < 0.05이기 때문이다. 이 통계량의 결과는 12.2.6절에서 대수적으로 구하고 또 12.3절의 그림 12.17에 보인 것과 일치한다. 그림 12.38은 또한 통계량 $\chi^2_{Bartlett}$을 계산하기 위해 사용된 상관 행렬의 행렬식 값을 보여준다.

Stata는 또한 상관 행렬의 고윳값과 고유벡터를 구해준다. 이를 위해 다음 명령어를 입력한다.

```
pca finance costs marketing actuarial
```

그림 12.39는 고윳값과 고유벡터를 보여주는데, 이는 12.2.6절에서 대수적으로 계산한 값과 정확히 일치한다. 아직까지 생성된 요인을 회전하는 절차는 수행하지 않았기 때문에 원시 변수가 표 12.10에 해당하는 각 요인을 형성하기 위해, 공유한 분산 비율을 확인할 수 있다.

```
. pca finance costs marketing actuarial

Principal components/correlation            Number of obs    =       100
                                            Number of comp.  =         4
                                            Trace            =         4
    Rotation: (unrotated = principal)       Rho              =    1.0000

    --------------------------------------------------------------------
    Component |  Eigenvalue   Difference       Proportion   Cumulative
    ----------+---------------------------------------------------------
       Comp1  |    2.51899     1.51859            0.6297       0.6297
       Comp2  |    1.0004      .702642            0.2501       0.8798
       Comp3  |    .297753     .114889            0.0744       0.9543
       Comp4  |    .182864         .              0.0457       1.0000
    --------------------------------------------------------------------

Principal components (eigenvectors)

    --------------------------------------------------------------------
     Variable |    Comp1      Comp2       Comp3      Comp4 | Unexplained
    ----------+-------------------------------------------+-------------
      finance |   0.5641     0.0068      0.8008     0.2012 |      0
        costs |   0.5887     0.0487     -0.2201    -0.7763 |      0
    marketing |  -0.0267     0.9987     -0.0003     0.0425 |      0
     actuarial |   0.5783    -0.0101     -0.5571     0.5959 |      0
    --------------------------------------------------------------------
```

그림 12.39 상관 행렬의 고윳값과 고유벡터

이 첫 번째 출력을 표시하고 나서, 이제 다음 명령어를 통해 주성분 요인 분석을 수행할 수 있으며, 그 결과는 그림 12.40에 있다.

```
factor finance costs marketing actuarial, pcf
```

여기서 pcf 항은 **주성분 요인 기법**을 의미한다.

```
. factor finance costs marketing actuarial, pcf
(obs=100)

Factor analysis/correlation                    Number of obs    =      100
    Method: principal-component factors        Retained factors =        2
    Rotation: (unrotated)                      Number of params =        6

    ----------------------------------------------------------------------
      Factor |  Eigenvalue   Difference          Proportion   Cumulative
    ---------+------------------------------------------------------------
     Factor1 |    2.51899      1.51859              0.6297       0.6297
     Factor2 |    1.00040      0.70264              0.2501       0.8798
     Factor3 |    0.29775      0.11489              0.0744       0.9543
     Factor4 |    0.18286         .                 0.0457       1.0000
    ----------------------------------------------------------------------
    LR test: independent vs. saturated:  chi2(6) = 194.32 Prob > chi2 = 0.0000

Factor loadings (pattern matrix) and unique variances

    ---------------------------------------------------------
      Variable | Factor1    Factor2 |  Uniqueness
    -----------+--------------------+------------------------
       finance |  0.8953     0.0068 |    0.1983
         costs |  0.9343     0.0487 |    0.1246
     marketing | -0.0424     0.9989 |    0.0003
      actuarial |  0.9179    -0.0101 |    0.1573
    ---------------------------------------------------------
```

그림 12.40 Stata에서 주성분 요인 분석의 결과

그림 12.40의 상단은 다시 한번 상관 행렬의 고윳값을 보여주며 원시 변수의 분산이 공유된 해당 비율을 보여준다. 연구원들이 명령어 pca를 사용하지 않기로 결정할 수도 있으므로 그림의 하단부는 각 변수와 고윳값이 1보다 큰 요인들 사이의 상관관계를 나타내는 요인 적재를 보여준다. 따라서 Stata는 요인 개수를 선택할 때 자동으로 잠재적 근 기준(카이저 기준)을 고려한다. 어떤 이유로 더 많은 요인을 추출을 하기 위한 더 적은 고윳값을 가진 요인을 포함하려면 factor 명령어 마지막에 mineigen(#) 항을 입력해야 한다. 여기서 #은 요인이 추출되는 기준이 될 고윳값에 해당한다.

그림 12.40에 보인 요인 적재는 12.2.6절의 표 12.12 처음 두 열과 동일하고 12.3절의 그림 12.20과도 같다. 이를 통해 *finance, costs, actuarial* 변수는 첫 번째 요인과 높은 상관관계를 보이지만 변수 *marketing*은 두 번째 요인과 높은 상관관계를 가짐을 알 수 있다. 또한 요인 적재량 행렬에서 Uniqueness로 불리는 열(또는 **배타성**exclusivity)은 각 변수에 대해 추출된 요인을 형성하면서 상실한 분산 비율을 나타내고, 이는 각 변수의 (1 − **공통성**communality)에 해당한다. 따라서 다음과 같다.

$$\text{uniqueness}_{finance} = 1 - \left[(0.8953)^2 + (0.0068)^2\right] = 0.1983$$

$$\text{uniqueness}_{costs} = 1 - \left[(0.9343)^2 + (0.0487)^2\right] = 0.1246$$

$$\text{uniqueness}_{marketing} = 1 - \left[(-0.0424)^2 + (0.9989)^2\right] = 0.0003$$

$$\text{uniqueness}_{actuarial} = 1 - \left[(0.9179)^2 + (-0.0101)^2\right] = 0.1573$$

결과적으로 변수 *marketing*은 다른 원시 변수들 각각과 낮은 상관관계를 가지므로, 두 번째 요인과 높은 피어슨 상관계수를 갖게 됐다. 이 때문에 그 고유성 값은 매우 낮고 두 번째 요인과 공유한 분산의 비율이 거의 100%에 육박한다.

2개의 요인이 추출된 것을 알고 있으므로, 현 시점에서 베리맥스 기법을 사용해 회전을 수행한다. 이를 위해 다음 명령어를 실행한다.

```
rotate, varimax horst
```

여기서 horst 항은 표준화된 요인 적재로부터의 회전각을 정의한다. 이 절차는 12.2.6절에서 대수적으로 수행한 값과 일치한다. 생성된 출력은 그림 12.41에서 볼 수 있다.

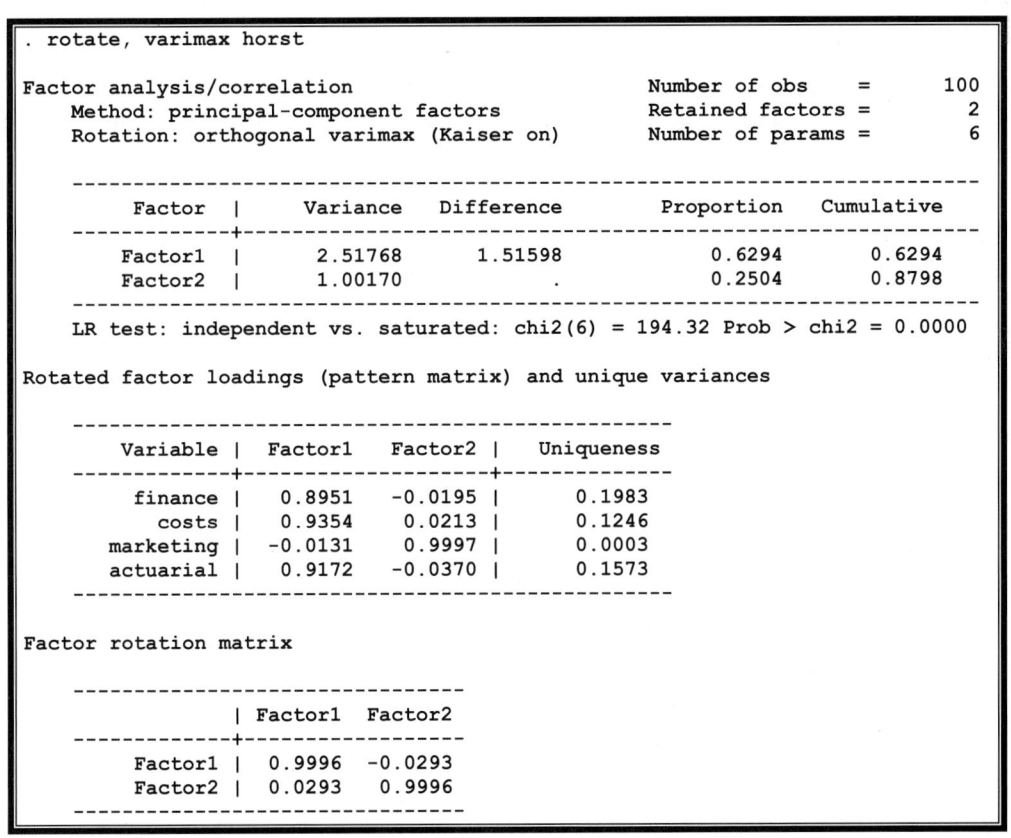

그림 12.41 베리맥스 기법을 사용한 요인의 회전

그림 12.41로부터, 앞서 설명한 것처럼 두 요인을 형성하기 위해 공유된 분산의 총 비율은 비록 회전된 각 요인의 개별 고윳값은 이전과 다르지만 87.98%로 동일하다. 회전 요인 적재는 회전되지 않은 해당 값과 다르지만, 베리맥스 기법은 특정 요인에서의 각 변수의 적재를 최대화하므로 각 변

수의 고유성 값도 마찬가지다. 그림 12.41은 최후의 회전각을 보여준다. 이 모든 출력은 12.2.6절에서 계산된 것과 동일하고, SPSS를 사용한 결과인 그림 12.25, 12.27, 12.28과 같다.

따라서 다음과 같이 말할 수 있다.

$$uniqueness_{finance} = 1 - \left[(0.8951)^2 + (-0.0195)^2\right] = 0.1983$$
$$uniqueness_{costs} = 1 - \left[(0.9354)^2 + (0.0213)^2\right] = 0.1246$$
$$uniqueness_{marketing} = 1 - \left[(-0.0131)^2 + (0.9997)^2\right] = 0.0003$$
$$uniqueness_{actuarial} = 1 - \left[(0.9172)^2 + (-0.0370)^2\right] = 0.1573$$

그리고 다음과 같다.

$$(0.8951)^2 + (0.9354)^2 + (-0.0131)^2 + (0.9172)^2 = \lambda'^2_1 = 2.51768$$
$$(-0.0195)^2 + (0.0213)^2 + (0.9997)^2 + (-0.0370)^2 = \lambda'^2_2 = 1.00170$$

Stata에는 회전 전후의 요인 적재 값을 동일한 표에서 비교할 수 있는 기능이 있다. 이를 위해 회전을 준비한 후 다음 명령을 내린다.

```
estat rotatecompare
```

출력은 그림 12.42에 있다.

```
. estat rotatecompare

Rotation matrix -- orthogonal varimax (Kaiser on)

    ------------------------------------
      Variable |   Factor1    Factor2
    -----------+------------------------
       Factor1 |    0.9996    -0.0293
       Factor2 |    0.0293     0.9996
    ------------------------------------

Factor loadings

    -----------------------------------------------------------
              |       Rotated        |      Unrotated
     Variable |   Factor1    Factor2 |   Factor1    Factor2
    ----------+-----------------------+------------------------
      finance |    0.8951    -0.0195 |    0.8953     0.0068
        costs |    0.9354     0.0213 |    0.9343     0.0487
    marketing |   -0.0131     0.9997 |   -0.0424     0.9989
     actuarial|    0.9172    -0.0370 |    0.9179    -0.0101
    -----------------------------------------------------------
```

그림 12.42 회전과 비회전 요인 적재 비교

이 시점에서 회전 요인 적재의 적재도는 loadingplot 명령어로 구할 수 있다. 이 차트는 12.43에 있는데, 그림 12.9와 그림 12.26에 해당된다.

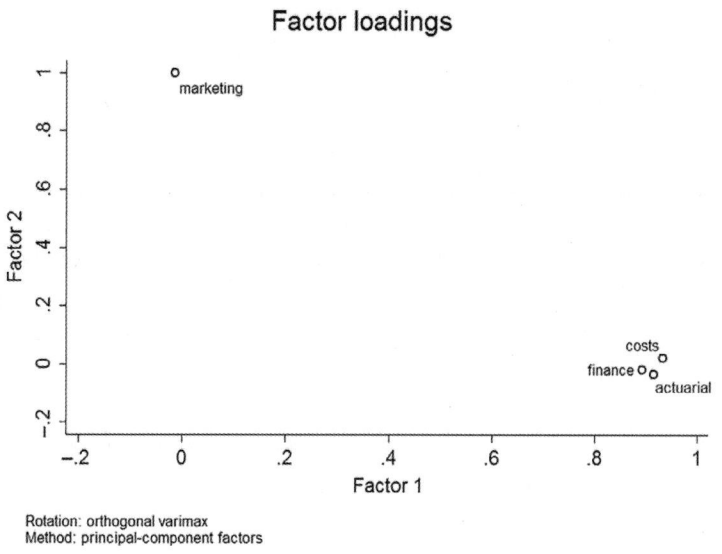

그림 12.43 회전 적재로 그린 적재도

이 절차를 마치고 나면 요인 분석을 통해 구한 회전 요인에 해당하는 2개의 새로운 변수를 데이터셋에 생성하고자 할 수 있다. 따라서 다음 명령을 내릴 필요가 있다.

```
predict f1 f2
```

여기서 f1, f2는 각각 처음과 두 번째 요인에 해당하는 변수 이름이다. 명령어를 입력하면 데이터셋에 이 변수가 생성되는 것과 함께 그림 12.44와 유사한 출력 또한 생성되는데, 회전 요인 점수가 나타난다.

```
. predict f1 f2
(regression scoring assumed)

Scoring coefficients (method = regression; based on varimax rotated factors)

    ---------------------------------
     Variable |   Factor1    Factor2
    ----------+----------------------
      finance |   0.35548   -0.00364
        costs |   0.37219    0.03780
    marketing |   0.01247    0.99861
    actuarial |   0.36395   -0.02078
    ---------------------------------
```

그림 12.44 데이터셋에서 요인 생성과 회전 요인 점수

그림 12.44에 나타난 결과는 SPSS(그림 12.29) 결과와 동일하다. 또한 생성된 두 요인은 서로 직교한다. 즉, 그들의 피어슨 상관계수는 0이다. 이를 위해 다음과 같이 입력한다.

```
estat common
```

이는 그림 12.45와 같은 결과를 나타낸다.

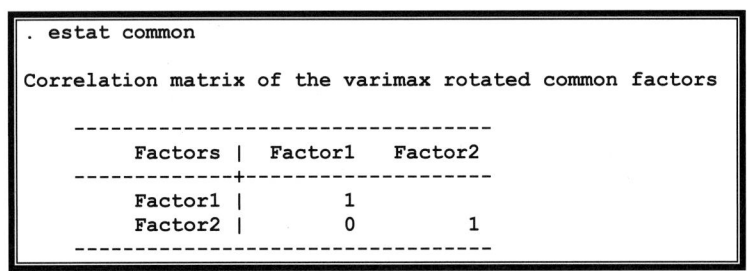

```
. estat common
Correlation matrix of the varimax rotated common factors

    -----------------------------------
    Factors |  Factor1    Factor2
    ------------+----------------------
    Factor1 |      1
    Factor2 |      0            1
    -----------------------------------
```

그림 12.45 두 회전 요인 사이의 피어슨 상관계수

교수법적 목적에 따라 점수와 다중 선형 회귀 모델로부터의 회전 요인 적재를 구할 수 있다. 이를 위해 먼저 데이터셋에서 다음 명령어를 실행해, 각 원시 변수에 대해 Z 점수 절차를 사용해 표준화 변수를 생성해야 한다.

```
egen zfinance = std(finance)
egen zcosts = std(costs)
egen zmarketing = std(marketing)
egen zactuarial = std(actuarial)
```

작업을 마쳤으면 다음 두 명령어를 실행한다. 각 명령어는 다중 선형 모델로서, 요인이 종속 변수이고 표준화된 변수가 설명 변수가 된다.

```
reg f1 zfinance zcosts zmarketing zactuarial
reg f2 zfinance zcosts zmarketing zactuarial
```

결과는 그림 12.46에 있다.

```
.  reg f1 zfinance zcosts zmarketing zactuarial

      Source |       SS          df       MS                Number of obs =       100
-------------+------------------------------               F(4,        95) =       .
       Model |  98.9999996        4   24.7499999            Prob > F       =       .
    Residual |          0        95           0             R-squared      =  1.0000
-------------+------------------------------               Adj R-squared  =  1.0000
       Total |  98.9999996       99  .999999996            Root MSE       =       0


          f1 |      Coef.   Std. Err.       t     P>|t|      [95% Conf. Interval]
-------------+----------------------------------------------------------------------
    zfinance |   .3554795          .         .       .           .           .
      zcosts |   .3721907          .         .       .           .           .
  zmarketing |   .0124719          .         .       .           .           .
  zactuarial |   .3639452          .         .       .           .           .
       _cons |   1.96e-09          .         .       .           .           .


.  reg f2 zfinance zcosts zmarketing zactuarial

      Source |       SS          df       MS                Number of obs =       100
-------------+------------------------------               F(4,        95) =       .
       Model |  99.0000001        4       24.75             Prob > F       =       .
    Residual |          0        95           0             R-squared      =  1.0000
-------------+------------------------------               Adj R-squared  =  1.0000
       Total |  99.0000001       99           1             Root MSE       =       0


          f2 |      Coef.   Std. Err.       t     P>|t|      [95% Conf. Interval]
-------------+----------------------------------------------------------------------
    zfinance |  -.0036389          .         .       .           .           .
      zcosts |   .0377955          .         .       .           .           .
  zmarketing |   .9986053          .         .       .           .           .
  zactuarial |   -.020781          .         .       .           .           .
       _cons |   9.08e-11          .         .       .           .           .
```

그림 12.46 요인이 종속 변수인 다중 선형 회귀 모델의 출력

그림 12.46을 분석해보면, 각 모델에서 추정된 모수는 그림 12.44에서 보인 것에 따라 각 변수의 회전 요인에 해당한다. 그러므로 절편의 모든 모수는 실질적으로 0이므로, 다음과 같이 쓸 수 있다.

$$F'_{1i} = 0.3554795 \cdot Zfinance_i + 0.3721907 \cdot Zcosts_i + 0.0124719 \cdot Zmarketing_i + 0.3639452 \cdot Zactuarial_i$$
$$F'_{2i} = -0.0036389 \cdot Zfinance_i + 0.0377955 \cdot Zcosts_i + 0.9986053 \cdot Zmarketing_i - 0.020781 \cdot Zactuarial_i$$

명백히, 각 요인 형성을 위해 4개의 변수가 분산을 공유했으므로 각 모델의 결정 계수 R^2은 1이다.

반면, 회전 요인 적재를 구하려면 다음 4개 명령어를 입력해야 한다. 이는 4개의 다중 선형 회귀 모델에 해당하며, 각각에서 표준화된 변수는 종속 변수이고 회전 요인은 설명 변수가 된다.

```
reg zfinance f1 f2
reg zcosts f1 f2
reg zmarketing f1 f2
reg zactuarial f1 f2
```

이 모델의 결과는 그림 12.47에서 볼 수 있다.

```
. reg zfinance f1 f2

      Source |       SS           df       MS                Number of obs =      100
-------------+------------------------------                 F(2,      97) =   196.04
       Model |  79.3648681         2   39.682434             Prob > F      =   0.0000
    Residual |  19.6351317        97  .202424038             R-squared     =   0.8017
-------------+------------------------------                 Adj R-squared =   0.7976
       Total |  98.9999997        99  .999999997             Root MSE      =  .44992

------------------------------------------------------------------------------
    zfinance |      Coef.   Std. Err.      t    P>|t|     [95% Conf. Interval]
-------------+----------------------------------------------------------------
          f1 |    .895146   .0452182    19.80   0.000     .8054003    .9848916
          f2 |  -.0194694   .0452182    -0.43   0.668      -.109215    .0702763
       _cons |  -4.42e-09   .0449916    -0.00   1.000     -.0892958    .0892958
------------------------------------------------------------------------------

. reg zcosts f1 f2

      Source |       SS           df       MS                Number of obs =      100
-------------+------------------------------                 F(2,      97) =   340.68
       Model |   86.662589         2  43.3312945             Prob > F      =   0.0000
    Residual |  12.3374069        97  .127189762             R-squared     =   0.8754
-------------+------------------------------                 Adj R-squared =   0.8728
       Total |  98.9999959        99  .999999958             Root MSE      =  .35664

------------------------------------------------------------------------------
      zcosts |      Coef.   Std. Err.      t    P>|t|     [95% Conf. Interval]
-------------+----------------------------------------------------------------
          f1 |    .935375   .0358433    26.10   0.000     .8642359    1.006514
          f2 |   .0212916   .0358433     0.59   0.554     -.0498475    .0924307
       _cons |  -3.38e-09   .0356637    -0.00   1.000     -.0707825    .0707825
------------------------------------------------------------------------------

. reg zmarketing f1 f2

      Source |       SS           df       MS                Number of obs =      100
-------------+------------------------------                 F(2,      97) =
       Model |  98.9672733         2  49.4836367             Prob > F      =   0.0000
    Residual |  .032725878        97   .00033738             R-squared     =   0.9997
-------------+------------------------------                 Adj R-squared =   0.9997
       Total |  98.9999992        99  .999999992             Root MSE      =  .01837

------------------------------------------------------------------------------
  zmarketing |      Coef.   Std. Err.      t    P>|t|     [95% Conf. Interval]
-------------+----------------------------------------------------------------
          f1 |   -.013053    .001846    -7.07   0.000     -.0167169   -.0093892
          f2 |   .9997495    .001846   541.56   0.000      .9960856    1.003413
       _cons |   7.10e-11   .0018368     0.00   1.000     -.0036455    .0036455
------------------------------------------------------------------------------

. reg zactuarial f1 f2

      Source |       SS           df       MS                Number of obs =      100
-------------+------------------------------                 F(2,      97) =   259.77
       Model |  83.4241641         2  41.7120821             Prob > F      =   0.0000
    Residual |  15.5758359        97  .160575627             R-squared     =   0.8427
-------------+------------------------------                 Adj R-squared =   0.8394
       Total |          99        99           1             Root MSE      =  .40072

------------------------------------------------------------------------------
  zactuarial |      Coef.   Std. Err.      t    P>|t|     [95% Conf. Interval]
-------------+----------------------------------------------------------------
          f1 |    .917223   .0402738    22.77   0.000     .8372907    .9971553
          f2 |  -.0370175   .0402738    -0.92   0.360     -.1169498    .0429147
       _cons |   2.40e-09   .0400719     0.00   1.000     -.0795316    .0795316
------------------------------------------------------------------------------
```

그림 12.47 표준화된 변수가 종속 변수인 다중 선형 회귀 모델의 출력

그림을 분석해보면, 그림 12.41에서 이미 본 것에 따라 각 모델에서 추정된 모수는 각 요인의 회전 요인 적재에 해당함을 주목하자. 따라서 절편의 모든 모수는 0이므로 다음과 같이 쓸 수 있다.

$$Zfinance_i = 0.895146 \cdot F'_{1i} - 0.0194694 \cdot F'_{2i} + u_i, \quad R^2 = 1 - \text{uniqueness} = 0.8017$$

$$Zcosts_i = 0.935375 \cdot F'_{1i} + 0.0212916 \cdot F'_{2i} + u_i, \quad R^2 = 1 - \text{uniqueness} = 0.8754$$

$$Zmarketing_i = -0.013053 \cdot F'_{1i} + 0.9997495 \cdot F'_{2i} + u_i, \quad R^2 = 1 - \text{uniqueness} = 0.9997$$

$$Zactuarial_i = 0.917223 \cdot F'_{1i} - 0.0370175 \cdot F'_{2i} + u_i, \quad R^2 = 1 - \text{uniqueness} = 0.8427$$

여기서 항 u_i는 각 변수의 행동을 설명하기 위한 요인 F'_1, F'_2 이외의 추가적인 분산의 원천이다. 고윳값이 1보다 작은 또 다른 2개의 요인이 추출됐기 때문이다. 각 모델의 결정 계수 R^2이 1이 아닌 것은 각 변수의 공통성에 해당한다. 즉, (1 − 고유성)이다.

연구원들이 요인 분석을 수행할 때 다중 선형 회귀 모델을 사용하지 않을 수도 있지만, 그것이 유일한 검증 절차이기 때문에 그 교수법적 속성은 기법을 충분히 이해하려면 필수다.

추출된 회전 요인(변수 f1과 f2)으로부터 원하는 학업 성적 순위를 정의할 수 있다. SPSS로 기법을 적용할 때처럼 12.2.6절에서 설명한 기준인 가중 순위-합산 기준을 사용하는데, 새로운 변수가 각 요인에다 원시 변수에 의해 공유된 해당 분산 비율을 곱해 생성한다. 다음 명령어를 입력하자.

```
gen ranking = f1*0.6294+f2*0.2504
```

여기서 항 0.6294와 0.2504는 그림 12.41에 보인 것처럼, 각각 처음 두 요인에 의해 공유된 분산의 비율에 해당한다. 데이터셋에서 새로 생성된 변수는 *ranking*이다. 다음으로, 변수 *ranking*을 내림차순 하여 관측치를 정렬하기 위해 다음 명령어를 입력한다.

```
gsort -ranking
```

그런 다음 예제처럼 최상위 학생 20명의 학업 성적을 기말 시험 네 과목의 결합 행동에 따라 나열할 수 있다. 이를 위해 다음 명령어를 입력한다.

```
list student ranking in 1/20
```

그림 12.48은 상위 20명 학생의 학업 성적 순위를 보여준다.

```
.  list student ranking in 1/20

      +---------------------+
      | student     ranking |
      |---------------------|
 1.   |  Adelino    1.627614 |
 2.   |   Renata    1.470754 |
 3.   |   Giulia    1.363804 |
 4.   |   Felipe    1.361453 |
 5.   |  Cecilia    1.345679 |
      |---------------------|
 6.   |  Claudio    1.341783 |
 7.   |   Robson    1.134482 |
 8.   |     Cida    1.076301 |
 9.   |  Gustavo     1.07536 |
10.   |   Pietro    .8771787 |
      |---------------------|
11.   |   Gisele    .8752302 |
12.   |  Rodrigo    .8595989 |
13.   |   Ovidio    .8103284 |
14.   |    Kamal    .7905102 |
15.   | Cristiane    .763818 |
      |---------------------|
16.   |  Rodolfo    .7176383 |
17.   |  Horacio    .6466671 |
18.   | Ana Lucia   .6323633 |
19.   |    Pedro    .5996711 |
20.   |  Adriano    .5715502 |
      +---------------------+
```

그림 12.48 상위 20명 학생의 학업 성적 순위

12.5 맺음말

많은 경우 연구원들은 변수들을 하나 이상의 요인으로 그룹화하고자 한다. 이를 통해 이전에 형성된 구조의 검증, 다중공선성이 없어야 하는 확증적 다변량 기법에서의 향후 사용을 위한 직교 요인의 생성, 성과 지수 개발을 통한 순위 생성 등을 하고자 한다. 이 상황에서는 요인 분석이 권장되는데, 가장 보편적인 기법은 주성분이다.

따라서 요인 분석은 상대적인 상관관계 강도를 가진 정량 변수 사이의 상호 의존성이나 행동에 기반해 의사결정을 돕고자 한다. 원시 변수로부터 생성된 요인 또한 정량 변수이므로 요인 분석의 출력은 클러스터 분석 같은 다변량 기법의 입력이 될 수 있다. 각 요인을 범주로 계층화하면 범위 간의 관계나 정성 변수 간의 관계를 대응 분석으로 평가할 수 있다.

확증적 다변량 기법의 사용은 연구원이 어떤 종속 변수의 행동을 진단하고 추출된 요인을 설명 변수로 사용할 때만 유효하다. 요인들은 서로 직교하므로 다중공선성을 없앨 수 있다. 어떤 요인을 범주로 계층화해 얻은 정성 변수를 고려하는 것도 다항 로지스틱 모델에서는 사용할 수 있는데, 이는 애초에 요인 분석에서 고려하지 않았던 다른 설명 변수들의 행동으로부터 각 관측치가 어떤 범위에 존재할 확률에 대한 진단을 준비할 수 있게 해준다.

이 기법을 적용하는 주목적과 상관없이 요인 분석은 의사결정에 있어 훌륭하고 흥미로운 연구 결과를 낳을 수 있다. 요인 분석의 준비는 기저 이론과 연구원의 경험과 직관에 따라 모델에 맞게 선택된 소프트웨어 패키지로 정확하고 정교하게 수행돼야 한다.

12.6 연습문제

1. 어떤 고객들의 변수(개인들)가 있는 데이터셋에서 은행 CRM 부서의 분석가는 이 변수들 간의 결합 행동을 연구하고자 주성분 요인 분석을 수행했고 그 후 고객들에게 투자 프로파일을 제시하려고 한다. 모델링에 사용된 변수는 다음과 같다.

변수	설명
age	고객의 나이 i(연)
fixedif	채권 투자 비율(%)
variableif	주식 투자 비율(%)
people	거주자 수

어떤 관리 보고서에서 이 분석가는 각 원시 변수와 추출 요인 사이의 적재 요인을 잠재적 근기준, 즉 카이저 기준을 사용해 발표했다. 적재 요인은 다음 표에 있다.

변수	요인 1	요인 2
age	0.917	0.047
fixedif	0.874	0.077
variableif	−0.844	0.197
people	0.031	0.979

a) 어떤 고윳값이 두 추출된 요인에 해당하는가?

b) 각 요인을 형성하기 위해 모든 변수가 공유한 분산 비율은 얼마인가? 네 변수가 두 요인으로 추출되기 위해 손실된 분산 비율은 얼마인가?

c) 각 변수에 대해 두 요인의 공통성을 형성하기 위해 공유한 분산 비율은 얼마인가?

d) 추출된 두 요인에 기반한 표준화된 변수의 식은 무엇인가?

e) 요인 적재로부터 적재도를 구성하라.

f) 각 변수 적재의 분포에 기반해 두 요인을 해석하라.

2. 국가의 사회경제 지수 행동을 분석하는 전문가가 부패, 폭력, 수입, 교육에 관련된 변수들 간의

가능한 관계를 연구하고자 한다. 이를 위해 선진국 또는 개발도상국으로 분류된 50개 국가의 데이터를 2년간 연속으로 수집했다. 데이터는 CountriesIndexes.sav와 CountriesIndexes.dta 파일에 있고, 변수는 다음과 같다.

변수	주기	설명
country		국가 i를 식별하는 문자열 변수
cpi1	1차년	공공 분야에서 행정부나 정치 측면을 포함한 부분의 권력 남용에 대한 인식도 지수가 낮을수록 부패가 더 심각하게 인식된다(출처: Transparency International).
cpi2	2차년	
violence1	1차년	인구 10만 명당 살인사건 수(출처: World Health Organization, United Nations Office on Drugs and Crime, GIMD Global Burden of Injuries)
violence2	2차년	
capita_gdp1	1차년	2000년을 기반으로 인플레이션 조정된 미국 인구당 GDP(출처: World Bank)
capita_gdp2	2차년	
school1	1차년	25세 이상자 평균 학업 연수(출처: Institute for Health Metrics and Evaluation)
school2	2차년	

각 해의 국가 순위를 생성하는 사회경제 지수를 생성하기 위해, 각 주기의 변수를 사용해 주성분 요인 분석을 하고자 한다. 그 결과에 근거해 다음에 답하라.

a) KMO 통계량과 바렛의 구형성 검정을 사용하면 연구 각 해의 주성분 분석이 적절하다고 할 수 있는가? 바렛의 구형성 검정의 경우 유의수준은 0.05로 하라.

b) 잠재적 근 기준을 사용하면 각 연도의 분석에서 몇 개의 요인이 추출됐는가? 어떤 고윳값이 각 연도에서 추출된 요인에 해당하는가? 이 요인을 구성하기 위해 모든 변수에 의해 공유된 비율은 얼마인가?

c) 각 변수에 대해, 각 연도의 요인을 형성하기 위해 공유된 분산 비율은 얼마인가? 첫해와 이듬해의 공통성에 어떤 변화가 있는가?

d) 각 해에 추출된 요인의 식은 표준화된 변수에 기반하면 무엇인가? 첫해와 이듬해에 있어 각 요인의 요인 점수에 변화가 있는가? 지수를 생성하기 위해 각 연도의 특정 요인 분석을 개발해야 하는 것의 중요성을 설명하라.

e) 사회경제 지수로 추출된 주축 요인을 고려해, 각 연도의 각 나라의 순위를 생성하라. 첫해와 이듬해에 있어 국가 순위에 변화가 있는가?

3. 약국 체인에 속하는 어느 점포의 관리자는 8가지 속성에 대한 고객의 인식을 알아보고자 한다. 8가지는 다음 표와 같다.

속성(변수)	설명
assortment	상품 다양성에 대한 인식
replacement	재고 관리의 질과 속도에 대한 인식
layout	점포의 내부 구조에 대한 인식
comfort	점포 내 온도, 청각, 시각적 편안함에 대한 인식
cleanliness	점포의 전반적 청결성에 대한 인식
services	점포의 서비스 질에 대한 인식
prices	점포의 가격 경쟁력에 대한 인식
discounts	점포의 할인 정책에 대한 인식

이를 위해 점포의 고객 1,700명을 대상으로 설문조사를 수행했다. 질문지는 속성에 따라 구조화됐고 각 질문은 해당 속성에 대한 인식을 0부터 10 사이의 점수로 할당했다. 0은 가장 부정적인 인식이고, 10은 가장 우호적인 인식이다. 점포 관리자는 경험에 따라 사전에 질문을 세 가지로 그룹화했다. 전체 질문은 다음과 같다.

인식하신 정도에 따라 0부터 10 사이의 점수를 평가해주십시오. 0은 어떤 속성에 대한 가장 부정적인 평가이며, 10은 가장 좋은 평가입니다.	점수
상품과 점포 환경	
점포의 상품 다양성에 대해 0~10 사이로 점수를 매겨주십시오.	
재고 관리의 질과 속도에 대해 0~10 사이로 점수를 매겨주십시오.	
점포의 내부 구조에 대해 0~10 사이로 점수를 매겨주십시오.	
점포 내 온도, 청각, 시각적 편안함에 대해 0~10 사이로 점수를 매겨주십시오.	
점포의 전반적 청결성에 대해 0~10 사이로 점수를 매겨주십시오.	
서비스	
점포의 서비스 질에 대해 0~10 사이로 점수를 매겨주십시오.	
가격과 할인 정책	
점포의 가격 경쟁력에 대해 0~10 사이로 점수를 매겨주십시오.	
점포의 할인 정책에 대해 0~10 사이로 점수를 매겨주십시오.	

전체 데이터는 파일 DrugstorePerception.sav와 DrugstorePerception.dta에 있다. 이제 다음을 답하라.

a) 각 변수 쌍 간의 상관 행렬을 구하라. 피어슨 상관계수에 근거하면, 요인 분석으로 변수를 요인으로 그룹화할 수 있다고 판단할 수 있는가?

b) 바렛의 구형성 검정 결과를 사용하면 유의수준 0.05에서 주성분 요인 분석이 적절하다고 할 수 있는가?

c) 잠재적 근 기준에 따르면, 분석에서 몇 개의 요인이 추출됐는가? 추출된 요인에 해당하는 고 윳값은 무엇인가? 이 요인들에 공유된 모든 변수의 분산 비율은 얼마인가?

d) 잠재적 근 기준으로부터 추출된 요인을 형성하기 위해 원시 변수로부터 상실한 분산 비율은 얼마인가?

e) 각 변수에 대해, 요인을 형성하기 위해 공유된 분산 비율과 적재는 무엇인가?

f) 세 가지 요인으로 맞추기 위해 잠재적 근 기준과 새로운 요인 적재를 고려할 때 점포 관리자가 구성한 질문지는 적절하다고 볼 수 있는가? 다시 말해, 질문지 각 그룹의 변수들이 공통 요인과 분산을 많이 공유하는가?

g) 공통성 값으로 세 가지 요인을 추출하기로 결정할 때의 영향에 대해 논하라.

h) 베리맥스 회전을 수행하고 요인 적재 재분배에 근거해 점포 관리자가 최초로 제시한 질문지에 대해 다시 논하라.

i) 회전 적재 요인의 3D 적재도를 그려보라.

부록: 크론바흐의 알파

A.1 개요

Cronbach(1951)가 제안한 **알파**alpha 통계량은 데이터셋에서 변수의 **내부 일관성**internal consistency을 계산하는 측도다. 즉, 원시 변수를 정의하기 위해 도입된 어떤 척도의 **신뢰수준**level of reliability을 측정하는 것으로서 이 변수들 간의 관계에 대해 일관된 결과를 생성한다. Nunnally and Bernstein(1994)에 따르면 신뢰수준은 원시 변수(또는 표준화)들 간의 상관관계의 행동에서 정의되므로 크론바흐의 알파는 변수에서 요인을 추출하는 신뢰성을 계산하는 데 사용될 수 있고, 따라서 요인 분석과 관계가 있다.

Rogers et al.(2002)에 따르면 크론바흐 알파가 신뢰성을 측정하는 유일한 것은 아니지만, 다차원에 관련된 제약을 가지므로(다중 요인 식별에서), 원시 변수에 존재하는 요인 또는 어떤 구성의 강도를 평가하는 측도로 정의될 수 있다. 따라서 단일 요인만을 공유하는 변수를 가진 데이터셋은 높은 크론바흐 알파를 갖는 경향이 있다.

그러므로 크론바흐의 알파는 KMO나 바렛의 구형성 검정과는 달리 요인 분석의 전반적 적절성 판단을 위해 사용해서는 안 된다. 그 크기는 단지 단일 요인 추출에서 내적 일관성의 척도로만 사용되기 때문이다. 알파가 작다면 첫 번째 요인조차 적절히 추출된 것이 아니다. 이 때문에 요인 분석 수행 이전에, (필수적인 사항이 아님에도 불구하고) 크론바흐 알파의 크기를 연구하기도 한다.

크론바흐의 알파는 다음 식으로 정의된다.

$$\alpha = \frac{k}{k-1} \cdot \left[1 - \frac{\sum_k Var_k}{Var_{\text{sum}}} \right]$$

(12.41)

여기서 Var_k는 k번째 변수의 분산이다. 그리고 다음과 같다.

$$Var_{\text{sum}} = \frac{\sum_{i=1}^{n} \left(\sum_k X_{ki} \right)^2 - \frac{\left(\sum_{i=1}^{n} \sum_k X_{ki} \right)^2}{n}}{n-1}$$

(12.42)

이는 데이터셋 각 행의 합에 대한 분산을 나타내는 것으로서, 각 관측치에 해당하는 값의 총합의 분산이다. 또한 n은 표본 크기, k는 변수 X의 개수다.

따라서 변수 내의 일관성이 있다면 Var_{sum}은 충분히 커서 알파는 1로 가는 경향이 있다. 반면 변수 간에 (관측치의 무작위성 등으로 인해) 상관관계가 낮다면 Var_{sum}은 다시 각 변수(Var_k)의 합이 되고 알파는 0이 된다.

기존 문헌에서 데이터셋의 변수들 간 내부 일관성을 판단하는 보편적으로 통용되는 기준 알파 값은 없지만 탐색적 기법을 적용할 경우에는 대개 0.6보다 큰지를 판단한다.

다음으로 예제 데이터의 크로바흐 알파를 계산해보자.

A.2 대수적으로 크론바흐 알파 계산

이 장에서 계속 다룬 예제의 표준화된 변수로부터 표 12.20을 구성할 수 있는데, 이를 통해 크론바흐의 알파를 계산할 수 있다.

표 12.20 크론바흐 알파를 계산하는 절차

학생	$Zfinance_i$	$Zcosts_i$	$Zmarketing_i$	$Zactuarial_i$	$\sum_{k=4} X_{ki}$	$\left(\sum_{k=4} X_{ki} \right)^2$
Gabriela	−0.011	−0.290	−1.650	0.273	−1.679	2.817
Luiz Felipe	−0.876	−0.697	1.532	−1.319	−1.360	1.849
Patricia	−0.876	−0.290	−0.590	−0.523	−2.278	5.191
Gustavo	1.334	1.337	0.825	1.069	4.564	20.832
Leticia	−0.779	−1.104	−0.872	−0.841	−3.597	12.939
Ovidio	1.334	2.150	−1.650	1.865	3.699	13.682
Leonor	−0.267	0.116	0.825	−0.125	0.549	0.301
Dalila	−0.139	0.523	0.118	0.273	0.775	0.600
Antonio	0.021	−0.290	−0.590	−0.523	−1.382	1.909
⋮						
Estela	0.982	0.113	−1.297	1.069	0.868	0.753
Variance	1.000	1.000	1.000	1.000	$\left(\sum_{i=1}^{100} \sum_{k=4} X_{ki} \right)^2 = 0$	$\sum_{i=1}^{100} \left(\sum_{k=4} X_{ki} \right)^2 = 832.570$

식 (12.42)에 따라 다음과 같다.

$$Var_{sum} = \frac{832.570}{99} = 8.410$$

또 식 (12.41)을 사용하면 크론바흐의 알파를 계산할 수 있다.

$$\alpha = \frac{4}{3} \cdot \left[1 - \frac{4}{8.410} \right] = 0.699$$

이 값은 데이터셋의 변수들 간 내부 일관성이 있다고 인정할 수 있는 수치다. 그럼에도 불구하고 이제 SPSS와 Stata를 사용한 크론바흐 계산에서 보겠지만, 원시 변수가 동일한 요인(즉, 동일한 차원)을 측정하지 않았기 때문에 상당한 신뢰도 손실이 발생했다. 통계량은 다차원과 관련된 제약을 갖기 때문이다. 즉, 크론바흐의 알파를 계산할 때 *marketing* 변수를 포함하지 않았다면 알파는 상당히 커질 것이고 이는 변수가 구성 또는 다른 변수(*finance, costs, actuarial*)에 의해 형성된 구성에 기여하지 않는다는 것을 의미한다.

크론바흐의 알파를 계산하는 전체 스프레드시트는 AlphaCronbach.xls 파일에 있다.

다음은 SPSS와 Stata를 사용해 크론바흐의 알파를 구해본다.

A.3 SPSS를 사용한 크론바흐 알파 계산

이번에도 FactorGrades.sav 파일을 사용한다. 표준화된 변수에 기반해 크론바흐의 알파를 계산하기 위해 먼저 Z 점수 절차를 사용해 표준화한다. 이를 위해 **분석 › 기술 통계량 › 기술 통계**를 클릭한다. 원시 변수를 선택할 때 반드시 **표준화 변수를 변수로 저장**을 선택해야 한다. 이 특정 절차는 여기서 보여주지 않았지만 **확인**을 클릭하면 표준화 변수가 데이터셋 자체에서 생성될 것이다.

그런 다음 **분석 › 척도 분석 › 신뢰도 분석**을 클릭하면 대화상자가 열린다. 그림 12.49처럼 표준화된 변수를 **항목**에 포함해야 한다.

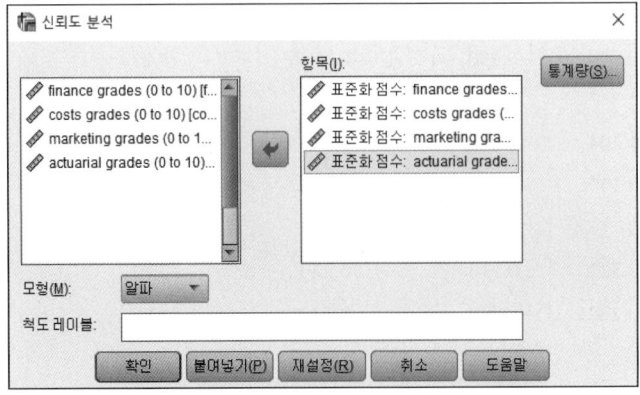

그림 12.49 SPSS의 크론바흐 알파 계산 대화상자

다음은, **통계량**을 눌러 그림 12.50처럼 **항목 제거 시 척도** 옵션을 선택해야 한다. 이 옵션은 각 변수가 분석에서 제거되면 다른 크론바흐 알파 값을 계산한다. **항목**[item]이라는 용어는 Cronbach(1951)에서 자주 언급되며, **변수**의 동의어로 사용된다.

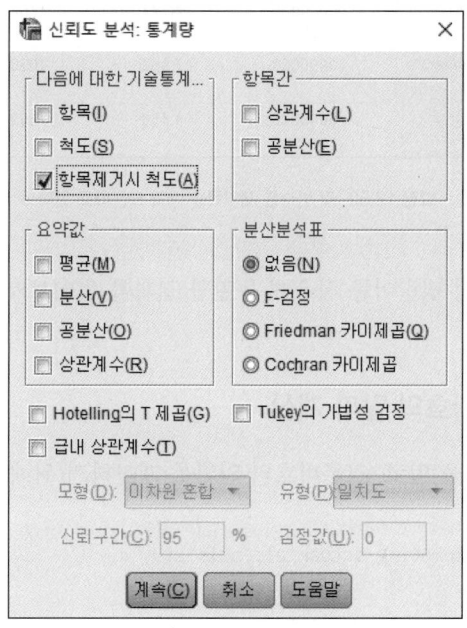

그림 12.50 어떤 변수를 제거할 때 알파를 계산하는 옵션

계속을 클릭하고 **확인**을 누른다.

그림 12.51은 크론바흐의 알파를 보여주는데, 앞 절에서 식 (12.41)과 식 (12.42)를 통해 계산한 것과 정확히 일치한다.

신뢰도 통계량

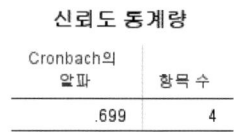

Cronbach의 알파	항목 수
.699	4

그림 12.51 SPSS를 사용한 크론바흐 알파 계산

또한 그림 12.52의 마지막 열은 특정 변수가 분석에서 제거됐더라면 얻었을 크론바흐의 알파 값을 보여준다. 따라서 *marketing* 변수의 존재는 오직 하나의 요인을 파악하기 위해서만 부정적으로 기여했음을 알 수 있다. 이 장에서 본 것처럼 이 변수는 이 장의 주성분 요인 분석으로 추출된 두 번째 요인과 강한 상관관계를 보이기 때문이다. 크론바흐의 알파는 신뢰도의 1차원 측정이므로 *marketing* 변수를 제거하면 그 값이 0.904가 된다.

항목 총계 통계량

	항목이 삭제된 경우 척도 평균	항목이 삭제된 경우 척도 분산	수정된 항목-전체 상관계수	항목이 삭제된 경우 Cronbach 알파
표준화 점수: finance grades (0 to 10)	.0000000	4.536	.675	.508
표준화 점수: costs grades (0 to 10)	.0000000	4.274	.758	.447
표준화 점수: marketing grades (0 to 10)	.0000000	7.552	-.026	.904
표준화 점수: actuarial grades (0 to 10)	.0000000	4.458	.699	.491

그림 12.52 각 변수를 제거했을 때의 크론바흐 알파

다음으로, Stata의 특정 명령어를 사용해 동일한 결과를 얻어보자.

A.4 Stata를 사용한 크론바흐의 알파 계산

FactorGrades.dta 파일을 열고, 크론바흐의 알파를 계산하기 위해 다음 명령어를 실행한다.

```
alpha finance costs marketing actuarial, asis std
```

여기서 항 std는 비록 원시 변수가 명시됐더라도 크론바흐의 알파를 표준화 변수로부터 계산하게 한다.

출력은 그림 12.53과 같다.

```
. alpha finance costs marketing actuarial, asis std

Test scale = mean(standardized items)

Average interitem correlation:      0.3675
Number of items in the scale:            4
Scale reliability coefficient:      0.6992
```

그림 12.53 Stata를 사용한 크론바흐 알파 계산

앞의 SPSS에서 한 것처럼 각 변수가 제거됐을 때의 알파를 계산하려면 다음과 같이 명령한다.

```
alpha finance costs marketing actuarial, asis std item
```

새로운 결과는 그림 12.54에 있다. 마지막 열에 있는 값은 그림 12.52와 정확히 일치하며, 이는 변수 *finance*, *costs*, *actuarial*이 단일 요인 결정에 있어 높은 내적 일관성을 보인다는 사실을 확인해

준다.

```
. alpha finance costs marketing actuarial, asis std item

Test scale = mean(standardized items)

                                                      average
                            item-test      item-rest  interitem
Item       |  Obs  Sign    correlation    correlation correlation     alpha
-----------+------------------------------------------------------------------
 finance   |  100    +       0.8404         0.6748      0.2559        0.5079
   costs   |  100    +       0.8855         0.7585      0.2123        0.4471
marketing  |  100    +       0.3204        -0.0258      0.7586        0.9041
actuarial  |  100    +       0.8537         0.6989      0.2431        0.4907
-----------+------------------------------------------------------------------
Test scale |                                           0.3675        0.6992
-----------------------------------------------------------------------------
```

그림 12.54 각 변수를 제거했을 때의 내부 일관성(마지막 열)

6부

일반화 선형 모델

통계 분포에 대한 연구는 매우 오래됐지만, 19세기 중반부터 약 20세기 초반까지는 정규 분포를 따르는 선형 모델이 실질적으로 데이터 모델링 시나리오를 지배했다.

그럼에도 불구하고 전쟁을 겪으며 정규 선형 모델이 만족시키지 못하는 상황을 나타내는 모델에 대한 연구가 시작됐다. McCullagh and Nelder(1989), Turkman and Silva(2000), Cordeiro and Demetrio(2007)가 이 맥락을 언급하고 있으며, Berkson(1944), Dyke and Patterson(1952), Rasch(1960)는 베르누이와 이항 분포를 다루는 로지스틱 모델을 연구했다. Birch(1963)는 개수 데이터를 취급하는 푸아송 분포를 연구했다. Feigl and Zelen(1965), Zippin and Armitage(1966), Glasser(1967)는 지수 모델을 연구했다. Nelder(1966)는 감마 분포를 취급하는 다항 모델을 연구했다.

이 모든 모델은 최종적으로 이론적, 개념적 관점에서 모두 통합됐고 이를 통해 **일반화 선형 모델** Generalized Linear Models이 정의됐다. 이 모델은 예컨대 종속 변수가 정규, 베르누이, 이항, 푸아송, 푸아송-감마 분포를 따르는 선형 회귀 모델과 비선형 지수 모델을 나타내었다. 다음 모델은 일반화 선형 모델의 특수한 경우다.

- 선형 회귀 모델과 박스-콕스Box-Cox 변환 모델
- 이진 및 다항 로지스틱 회귀 모델
- 개수 데이터를 위한 푸아송 및 음의 회귀 모델

그리고 각각에 대한 추정은 데이터의 특성과 연구하는 현상을 나타내는 분포, 즉 종속 변수에 맞춰 이뤄져야 한다.

일반화 선형 모델은 다음과 같이 정의한다.

$$\eta_i = \alpha + \beta_1 \cdot X_{1i} + \beta_2 \cdot X_{2i} + \ldots + \beta_k \cdot X_{ki} \tag{VI.1}$$

여기서 η는 캐노니컬^{canonical} 연결 함수, α는 상수, $\beta_j (j = 1, 2, \ldots, k)$는 각 설명 변수의 계수에 해당하며, X_j는 설명 변수(계량 또는 더미)이고, 아래 첨자 i는 분석 중인 각 관측치를 나타낸다($i = 1, 2, \ldots, n$, 여기서 n은 표본 크기다).

상자 VI.1은 일반화 선형 모델의 특수한 경우 각각을 종속 변수의 특성, 분포, 해당 캐노니컬 연결 함수와 연계해 보여준다.

상자 VI.1 일반화 선형 모델: 종속 변수의 특성과 캐노니컬 연결 함수

회귀 모델	종속 변수의 특성	분포	캐노니컬 연결 함수(η)
선형	정량	정규	$\hat{Y}$
선형 + 박스–콕스 변환	정량	변환 후 정규	$\frac{\hat{Y}^\lambda - 1}{\lambda}$
이진 로지스틱	2 범주 정성(더미)	베르누이	$\ln\left(\frac{p}{1-p}\right)$
다항 로지스틱	M 범주 정성($M > 2$)	이항	$\ln\left(\frac{p_m}{1-p_m}\right)$
푸아송	음이 아닌 정수의 정량(개수 데이터)	푸아송	$\ln(\lambda)$
음이항	음이 아닌 정수의 정량(개수 데이터)	푸아송–감마	$\ln(u)$

따라서 현상을 나타내는 종속 변수 Y가 주어지면(결과 변수), 다음과 같이 상자 VI.1 중 하나의 모델로 나타낼 수 있다.

선형 회귀 모델

$$\hat{Y}_i = \alpha + \beta_1 \cdot X_{1i} + \beta_2 \cdot X_{2i} + \ldots + \beta_k \cdot X_{ki} \tag{VI.2}$$

여기서 $\hat{Y}$는 종속 변수 Y의 기댓값이다.

박스–콕스 변환을 통한 회귀 모델

$$\frac{\hat{Y}_i^\lambda - 1}{\lambda} = \alpha + \beta_1 \cdot X_{1i} + \beta_2 \cdot X_{2i} + \ldots + \beta_k \cdot X_{ki} \tag{VI.3}$$

여기서 $\hat{Y}$는 종속 변수 Y의 기댓값이고, λ는 원시 변수 Y로부터 생성된 새로운 변수가 정규성을 따르도록 최대화해주는 박스–콕스 변환이다.

이진 로지스틱 회귀 모델

$$\ln\left(\frac{p_i}{1-p_i}\right) = \alpha + \beta_1 \cdot X_{1i} + \beta_2 \cdot X_{2i} + \dots + \beta_k \cdot X_{ki} \tag{VI.4}$$

여기서 p는 사건이 발생할 확률이다. $Y = 1$로 정의되고 종속 변수 Y는 더미다.

다항 로지스틱 회귀 모델

$$\ln\left(\frac{p_{i_m}}{1-p_{i_m}}\right) = \alpha_m + \beta_{1m} \cdot X_{1i} + \beta_{2m} \cdot X_{2i} + \dots + \beta_{km} \cdot X_{ki} \tag{VI.5}$$

여기서 $p_m (m = 0, 1, ..., M - 1)$은 종속 변수 Y 중 어느 하나의 범주가 발생할 확률이다.

개수 데이터를 위한 푸아송 회귀 모델

$$\ln(\lambda_i) = \alpha + \beta_1 \cdot X_{1i} + \beta_2 \cdot X_{2i} + \dots + \beta_k \cdot X_{ki} \tag{VI.6}$$

여기서 λ는 종속 변수 Y로 나타나는 현상이 발생할 기댓값이고, 이는 푸아송 분포의 개수 데이터를 나타낸다.

개수 데이터를 위한 음이항 회귀 모델

$$\ln(u_i) = \alpha + \beta_1 \cdot X_{1i} + \beta_2 \cdot X_{2i} + \dots + \beta_k \cdot X_{ki} \tag{VI.7}$$

여기서 u는 종속 변수 Y로 나타난 현상이 발생할 확률이고, 푸아송-감마 분포의 개수 데이터를 나타낸다.

6부에서는 일반화 선형 모델을 살펴본다. 13장에서는 선형 회귀 모델과 박스-콕스 변환을 알아본다. 14장과 15장에서는 각각 이진 및 다항 로지스틱 회귀 모델과 계수 데이터를 위한 푸아송과 음이항 회귀 모델을 알아보는데, 이들은 비선형 지수 모델로서 로그 선형 또는 세미로그(좌측으로) 모델로도 불린다. 그림 VI.1은 이 논리를 보여준다.

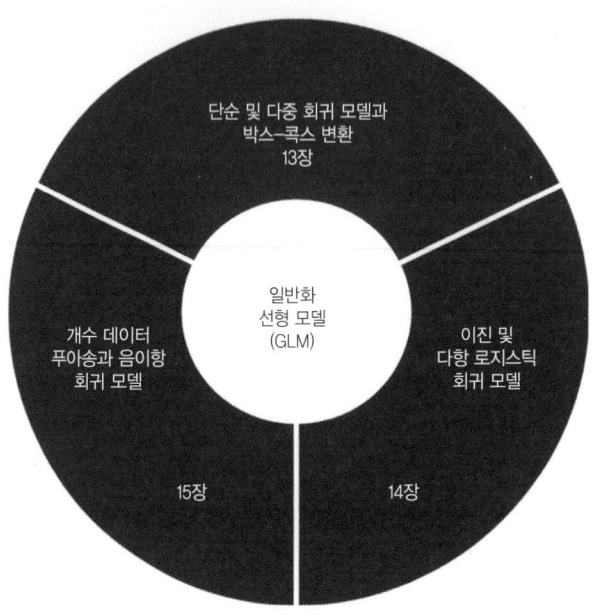

그림 VI.1 6부에서 설명하는 일반화 선형 모델과 구조

    6부의 장들도 동일한 논리도 구성되는데, 먼저 각 모델의 개념과 모수 추정 기준을 설명하고 엑셀을 사용해 실제 예를 해결해본다. 그 후 동일한 예제를 Stata, SPSS로 단계별로 수행해본다. 각 장의 끝에 추가적인 연습문제가 있으며, 해답은 책 마지막에 있다.

13

단순 및 다중 회귀 모델

... 정치는 현재를 위한 것이지만, 수식은 영원한 것이기 때문이다.

– 알베르트 아인슈타인(Albert Einstein)

13.1 소개

이 책에서 다루는 비법들 중 **단순 및 다중 회귀 모델**^{simple and multiple linear regression model}은 의심의 여지 없이 여러 분야에서 가장 광범위하게 사용되고 있다.

연구원들이 금융 자산이 시장과 연계되어 수익률을 연구하거나, 공장이 생산 능력을 늘리거나 작업 시간을 늘릴 때 회사 비용이 어떻게 되는지를 알아본다거나, 앞의 부동산 예제에서처럼 침실의 수와 거실 공간이 주택 판매가 형성에 어떻게 영향을 미치는지 알아보려는 상황을 생각해보자.

이 모든 예제에서 연구하고자 하는 주요 현상은 각각 **계량**^{metric} 또는 **정량 변수**^{quantitative variable}로 나타나고, 따라서 선형 회귀 모델을 이용해 연구할 수 있으며, 그 주요 목적은 일련의 설명 변수들(계량 또는 **더미**^{dummy}) 간의 관계를 분석하고, 어떤 조건이 만족될 때 종속 변수(**현상을 나타내는 결과 변수**)가 어떻게 행동하는지를 알아보는 것이다.

거의 모든 선형 모델은 그 기저 이론과 연구원의 경험에 기반해 정의돼야 하며, 따라서 원하는 모델의 추정 및 그 결과를 통계적 검정을 통해 분석하고 예측 준비가 가능해야 한다.

13장에서는 다음과 같은 목적하에서 단순 및 다중 선형 회귀 모델을 설명한다. (1) 단순 및 선형 회귀 모델의 소개, (2) 결과의 해석 및 예측의 준비, (3) 예측 기법의 설명, (4) 엑셀, Stata, SPSS를 사용하는 법. 먼저 예제에 대한 개념과 수작업을 통한 계산 해법 그리고 액셀을 사용한 해법을 동시에 살펴본다. 각 개념을 설명하고 난 다음에 Stata와 SPSS를 사용한 회귀 기법을 준비해본다.

13.2 선형 회귀 모델

먼저 선형 회귀 모델과 그 예측에 대해 알아보자. 비선형 회귀 분석은 13.4절에서 알아본다.

Fávero et al.(2009)에 따르면, 선형 회귀 기법은 주로 선형 형태로 표현된 하나 이상의 설명 변수와 정량 종속 변수 간의 관계를 연구하는 것이다. 따라서 일반화 선형 모델은 다음과 같이 정의된다.

$$Y_i = a + b_1 \cdot X_{1i} + b_2 \cdot X_{2i} + \cdots + b_k \cdot X_{ki} + u_i \tag{13.1}$$

여기서 Y는 연구 중인 현상(**정량 종속 변수**quantitative dependent variable)을 나타내고, a는 **절편**intercept(**상수**constant 또는 **선형 계수**linear coefficient), $b_j (j = 1, 2, …, k)$는 각 변수의 계수(**각 계수**angular coefficient), X_j는 **설명 변수**explanatory variable(계량 또는 더미), u는 **오차 항**error term(실제 Y와 각 관측치의 모델에 의해 예측된 Y 값의 차이)이다. 아래 첨자 i는 분석 중인 표본의 각 관측치를 나타낸다($i = 1, 2, …, n$, 여기서 n은 표본 크기다).

식 (13.1)로 나타낸 식은 **다중 선형 회귀 모델**multiple linear regression model을 나타낸다. 연구 중인 현상의 다양한 설명 변수를 포함하기 때문이다. 반면 단 하나의 X 변수만 존재하면 **단순 선형 회귀 모델**simple linear regression model이라고 부른다. 교수법적 목적으로, 단순 회귀 모델의 모수를 추정하는 단계별 절차와 개념을 알아보자. 그런 다음, 논의를 다중 회귀 기법으로 확대하고 식 우변에 더미 변수를 고려해본다.

따라서 예측을 위한 단순 선형 회귀 모델은 다음과 같은 식으로 나타낼 수 있다.

$$\hat{Y}_i = \alpha + \beta \cdot X_i \tag{13.2}$$

여기서 $\hat{Y}_i$는 종속 변수의 **예측값**predicted value을 나타내고 각 i 관측치에 대한 모델 추정으로부터 구하며, α와 β는 각각 절편과 모델의 기울기에 대한 **예측된 모수**predicted parameter다. 그림 13.1은 추정된 단순 선형 회귀 모델의 그래프 표현을 보여준다.

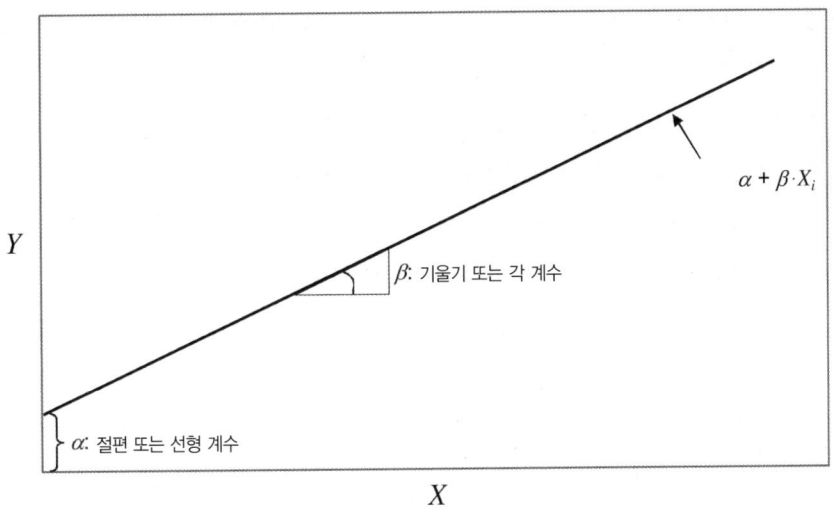

그림 13.1 추정된 단순 선형 회귀 모델

따라서 추정 모수 α는 모델에서 $X = 0$인 지점을 보여주고, 추정 모수 β는 모델의 기울기를 나타내며, X가 한 단위씩 변경됨에 따른 평균적인 Y의 증가(또는 감소)를 나타낸다.

그러므로 식 (13.1)에 오차 항 u(또는 **잔차**^{residual})를 포함하여, 완벽히 표현할 수 없는 부분을 보완해준다. 다시 말해 변수 Y로 나타난 현상은 원래 없던 어떤 X와의 관계를 나타내며, 따라서 오차 항 u로 나타낼 필요가 있다. 각 관측치 i에 대한 오차 항 u는 다음과 같이 쓸 수 있다.

$$u_i = Y_i - \hat{Y}_i \tag{13.3}$$

Kennedy(2008), Fávero et al.(2009), Wooldridge(2012)에 따르면, 오차 항은 다음과 같은 고려사항들로 인해 발생한다.

- 임의가 아닌 집계 변수의 존재
- 모델의 명세화 실패(비선형 형태 그리고 관련 설명 변수의 누락)
- 데이터 수집의 오류

13.3절에서는 오차 항에 대한 더 많은 고려사항을 살펴볼 것이다.

기본 개념을 살펴봤으니, 선형 회귀 모델 추정을 시작해보자.

13.2.1 최소 자승에 의한 선형 회귀 모델 추정

우리는 흔히 이성적 또는 직관적인 방법에 따라 직접적 혹은 간접적으로 보이는 변수 행동 간의 관계를 추측하고는 한다. 내가 수영을 좀 더 한다면 근육량이 더 늘어날까? 직업을 바꾼다면 자녀들과 더 많은 시간을 보낼 수 있을까? 월급을 더 저축할 수 있다면 좀 더 일찍 은퇴할 수 있을까? 이런 질문들은 명백히 어떤 종속 변수와의 관계를 나타내며, 이는 연구 중인 현상을 나타낸다. 그리고 이 경우는 단일 설명 변수다.

회귀 분석의 목적은 연구원들이 Y 변수가 하나 이상의 X 변수의 행동에 따라 어떻게 행동하는지 조건을 제시하는 것이다. 이때 인과 관계를 나타낼 필요는 없다.

이제 하나의 설명 변수만을 고려하는 단순 선형 회귀 예제를 통해 회귀의 개념을 소개하겠다. 학생 10명을 대상으로 학교까지의 거리가 통학 시간에 미치는 영향을 발견하려는 경우를 생각해보자. 교수는 10명의 학생들 각각의 질문지를 완성한 표 13.1과 같은 데이터셋을 준비했다.

표 13.1 예제: 통학 시간 × 학교까지의 거리

학생	통학 시간(분)	학교까지의 거리(km)
Gabriela	15	8
Dalila	20	6
Gustavo	20	15
Leticia	40	20
Luiz Ovidio	50	25
Leonor	25	11
Ana	10	5
Antonio	55	32
Julia	35	28
Mariana	30	20

실제로 교수는 통학 시간을 학교까지의 거리 함수로 표현할 수 있는 식을 알고 싶어 한다. 또 다른 변수가 특정 경로의 시간에 영향을 미친다는 걸 알 수 있다. 예를 들어 통학 시 택한 경로, 교통 수단, 학교로 떠난 시각 등이 영향을 미칠 수 있다. 그러나 교수는 이러한 변수가 모델의 일부가 아니라고 판단하고, 따라서 데이터셋을 형성할 때 별도로 수집하지 않았다.

그러므로 이 문제는 다음과 같이 모델링할 수 있다.

$$time = f(dist)$$

식, 즉 단순 선형 회귀 모델은 다음과 같다.

$$time_i = a + b \cdot dist_i + u_i$$

이런 식으로 각 관측치 i에 대한 종속 변수의 기댓값 추정은 다음과 같다.

$$\hat{time}_i = \alpha + \beta \cdot dist_i$$

여기서 α와 β는 각각 모수 a와 b의 추정이다.

이 마지막 식은 *time* 변수에 대한 **기댓값**($\hat{Y}$)으로(**조건 평균**^{conditional mean}으로도 알려져 있다), 각 표본 관측치를 *dist* 변수 행동의 함수로 계산할 수 있음을 보여준다. 여기서 첨자 i는 예제 데이터의 각 학생을 의미한다($i = 1, 2, ..., 10$). 따라서 여기서의 목적은 종속 변수 *time*을 각 학생이 학교에 도착하기까지의 거리(km) 변화와의 관계로 나타낼 수 있는가 하는 것이다.

예제에서는 학교까지의 거리가 0인 경우(모수 α)를 고려할 필요는 없다. 반면 모수 β는 거리가 증가할수록 평균적으로 증가하는 통학 시간을 알려준다.

여기서는 학교까지의 거리(X)에 대한 통학 시간(Y)의 관계를 그림 13.2와 같이 그래프로 그려본다. 각 점은 각 학생을 나타낸다.

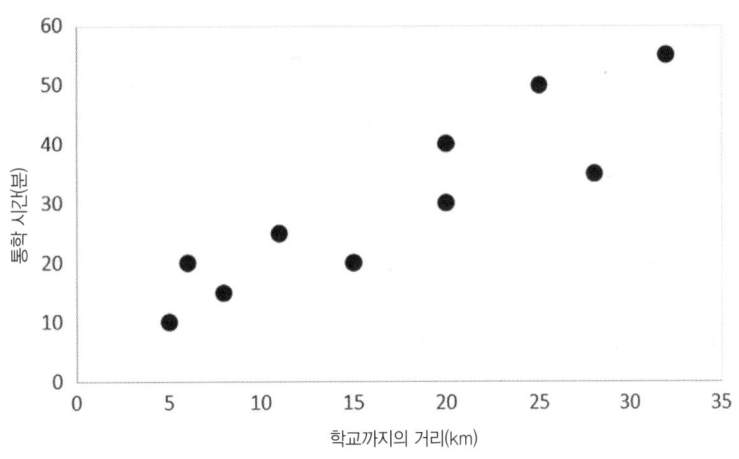

그림 13.2 각 학생의 통학 시간 × 학교까지의 거리

앞서 언급했듯이, 학교와의 거리만이 통학 시간에 영향을 미치는 것은 아니다. 교통량이나 교통수단 등에도 영향을 받을 것이기 때문이다. 따라서 오차 항 u는 모델에 포함되지 않은 다른 변수들의 영향을 포착해야 한다. 이제 이 점들에 대한 최적의 식을 추정하기 위해 잔차와 관련된 두 가지 기본 조건을 형성해보자.

1. 잔차의 합은 0이 돼야 한다($\sum_{i=1}^{n} u_i = 0$). 여기서 n은 표본 크기다.

첫 조건만으로는 그림 13.3처럼 잔차의 합을 0으로 하는 조건을 만족하는 여러 회귀선을 찾을 수 있다.

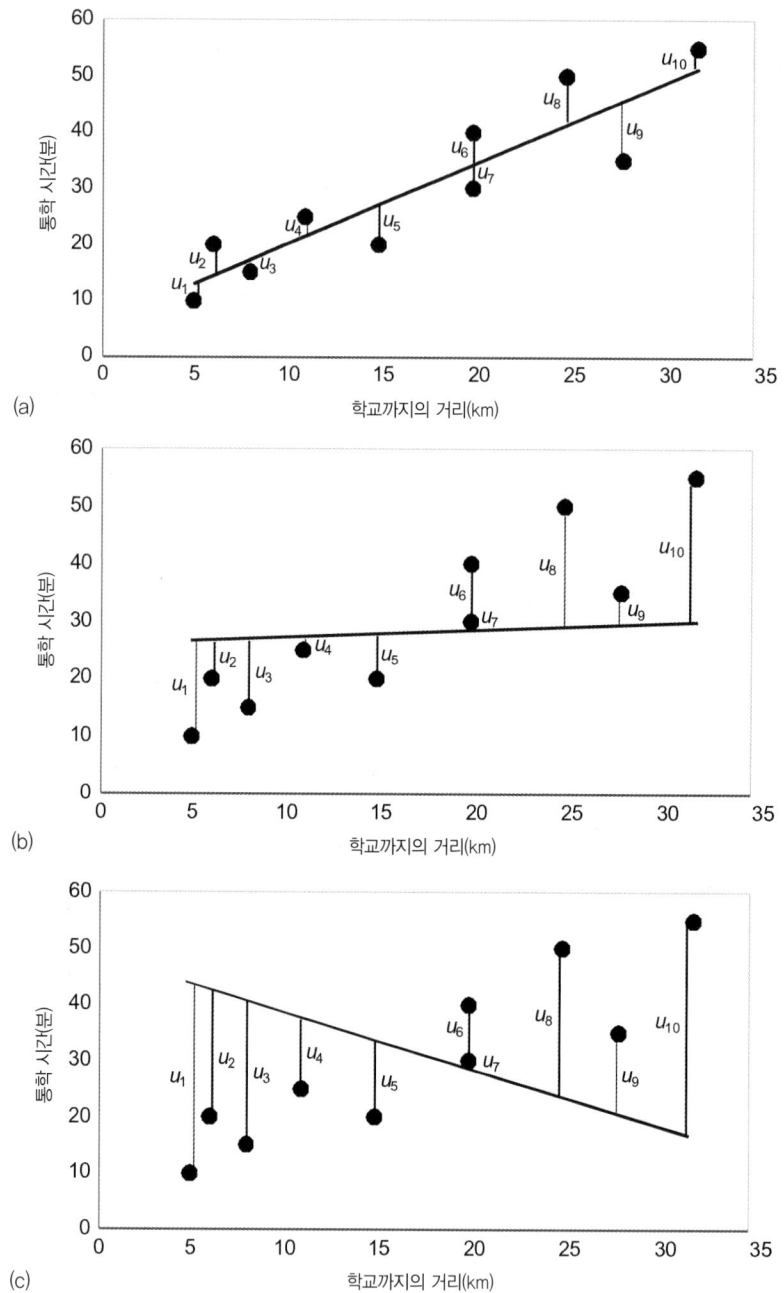

그림 13.3 잔차 합을 0으로 하는 조건을 만족하는 세 가지 예

동일한 데이터셋에 대해 잔차의 합을 0으로 만드는 여러 가지 선을 찾을 수 있다는 점에 주목하자. 따라서 두 번째 조건을 수립할 필요가 있다.

2. 최소의 잔차 제곱의 합: $\sum_{i=1}^{n} u_i^2 = \min$

이 조건에 따라 주어진 점들을 가장 잘 맞추는 모델을 고를 수 있고, 이는 **최소 자승**^{least square}의 정의가 된다. 다시 말해, α와 β는 잔차 제곱의 합이 최소가 되도록 결정돼야 한다(**일반 최소 자승**^{OLS, ordinary least} ^{squares} **기법**). 따라서 다음과 같다.

$$\sum_{i=1}^{n}(Y_i - \beta \cdot X_i - \alpha)^2 = \min \tag{13.4}$$

식 (13.4)를 최소로 하는 α와 β는 다음 식을 0으로 하는 것과 같다.

$$\frac{\partial\left[\sum_{i=1}^{n}(Y_i - \beta \cdot X_i - \alpha)^2\right]}{\partial\alpha} = -2\sum_{i=1}^{n}(Y_i - \beta \cdot X_i - \alpha) = 0 \tag{13.5}$$

$$\frac{\partial\left[\sum_{i=1}^{n}(Y_i - \beta \cdot X_i - \alpha)^2\right]}{\partial\beta} = -2\sum_{i=1}^{n}X_i \cdot (Y_i - \beta \cdot X_i - \alpha) = 0 \tag{13.6}$$

식 (13.5)를 $2n$(여기서 n은 표본 크기다)으로 배분하고 나누면 다음과 같이 된다.

$$\frac{-2\sum_{i=1}^{n}Y_i}{2n} + \frac{2\sum_{i=1}^{n}\beta \cdot X_i}{2n} + \frac{2\sum_{i=1}^{n}\alpha}{2n} = \frac{0}{2n} \tag{13.7}$$

이로부터 다음을 얻는다.

$$-\overline{Y} + \beta \cdot \overline{X} + \alpha = 0 \tag{13.8}$$

그러므로 다음과 같다.

$$\alpha = \overline{Y} - \beta \cdot \overline{X} \tag{13.9}$$

여기서 $\overline{Y}$와 $\overline{X}$는 각각 Y와 X의 표본 평균을 나타낸다.

이 결과를 식 (13.6)에 대입하면, 다음을 얻는다.

$$-2\sum_{i=1}^{n}X_i \cdot (Y_i - \beta \cdot X_i - \overline{Y} + \beta \cdot \overline{X}) = 0 \tag{13.10}$$

이는 다음과 같고,

$$\sum_{i=1}^{n}X_i \cdot (Y_i - \overline{Y}) + \beta \cdot \sum_{i=1}^{n}X_i \cdot (\overline{X} - X_i) = 0 \tag{13.11}$$

따라서 다음을 생성한다.

$$\beta = \frac{\sum_{i=1}^{n}(X_i - \overline{X}) \cdot (Y_i - \overline{Y})}{\sum_{i=1}^{n}(X_i - \overline{X})^2} \tag{13.12}$$

예제로 돌아가서, 이제 교수는 표 13.2와 같은 선형 회귀 모델을 구하기 위한 스프레드시트를 구성할 수 있다.

표 13.2 α와 β를 결정하기 위한 스프레드시트 계산

관측치(i)	시간(Y_i)	거리(X_i)	$Y_i - \overline{Y}$	$X_i - \overline{X}$	$(X_i - \overline{X}) \cdot (Y_i - \overline{Y})$	$(X_i - \overline{X})^2$
1	15	8	−15	−9	135	81
2	20	6	−10	−11	110	121
3	20	15	−10	−2	20	4
4	40	20	10	3	30	9
5	50	25	20	8	160	64
6	25	11	−5	−6	30	36
7	10	5	−20	−12	240	144
8	55	32	25	15	375	225
9	35	28	5	11	55	121
10	30	20	0	3	0	9
합계	300	170			1155	814
평균	30	17				

표 13.2에 따라 다음과 같이 α와 β를 계산할 수 있다.

$$\beta = \frac{\sum_{i=1}^{n}(X_i - \overline{X}) \cdot (Y_i - \overline{Y})}{\sum_{i=1}^{n}(X_i - \overline{X})^2} = \frac{1155}{814} = 1.4189$$

$$\alpha = \overline{Y} - \beta \cdot \overline{X} = 30 - 1.4189 \cdot 17 = 5.8784$$

그리고 단순 선형 회귀식은 다음처럼 쓸 수 있다.

$$\hat{time}_i = 5.8784 + 1.4189 \cdot dist_i$$

$\sum_{i=1}^{10} u_i = 0$과 $\sum_{i=1}^{10} u_i^2 = \min$ 조건을 만족하는 예제의 추정은 엑셀의 **해 찾기** 도구로 해결할 수 있다. 먼저 예제 데이터가 있는 TimeLeastSquares.xls 파일을 연다. 그림 13.4는 **해 찾기** 절차를 수행하기 전의 이 파일을 보여준다.

	A	B	C	D	E	F	G	H
1	Time (Y)	Distance (X_1)	Ŷi	u_i	u_i^2			
2	15	8	0	15.00000	225.00000			
3	20	6	0	20.00000	400.00000		α	
4	20	15	0	20.00000	400.00000			
5	40	20	0	40.00000	1600.00000		β	
6	50	25	0	50.00000	2500.00000			
7	25	11	0	25.00000	625.00000			
8	10	5	0	10.00000	100.00000			
9	55	32	0	55.00000	3025.00000			
10	35	28	0	35.00000	1225.00000			
11	30	20	0	30.00000	900.00000			
12								
13			Sum	300.00000	11000.00000			

그림 13.4 TimeLeastSquares.xls 파일 데이터셋

Belfiore and Fávero(2012)에서 설명된 논리에 따라, 이제 엑셀의 **해 찾기** 도구를 연다. 목적 함수는 셀 E13에 있고 이 값(잔차 제곱의 합)이 최소가 되면, 목적이 달성된다. 또한 각각 H3, H5에 α와 β가 있다. 마지막으로 셀 D13이 0이 되도록(잔차의 합이 0) 조건을 주어야 한다. 해 찾기 대화상자는 그림 13.5에 있다.

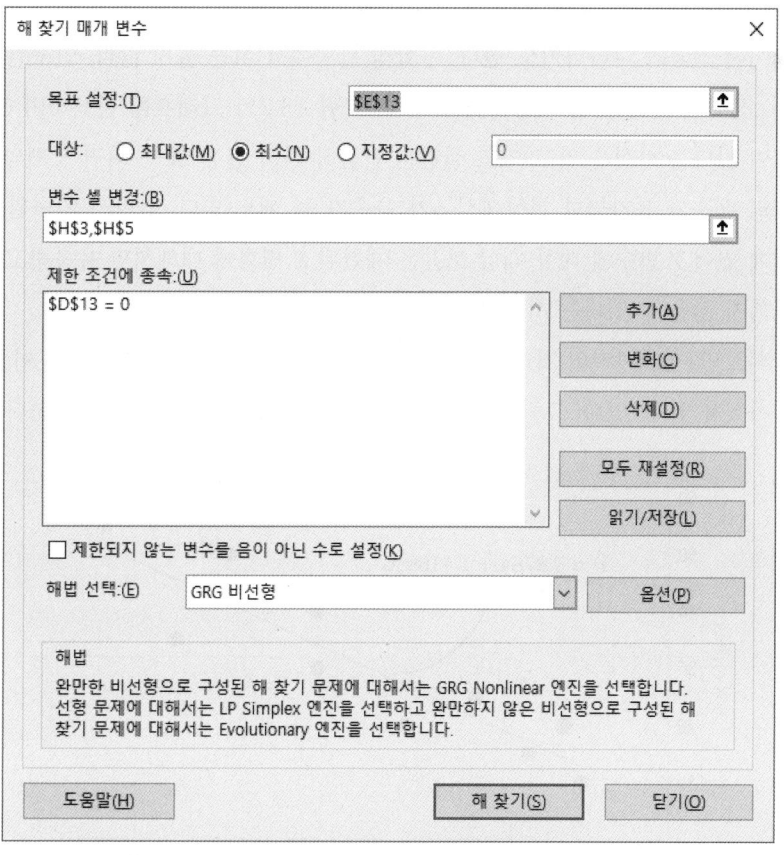

그림 13.5 해 찾기: 잔차 제곱의 합을 최소화

해 찾기 버튼을 누르고 확인을 클릭하면 잔차 제곱의 합을 최소화하는 최적해를 찾을 수 있다. 그림 13.6은 이 모델로 구한 결과를 보여준다.

	A	B	C	D	E	F	G	H
1	Time (Y)	Distance (X$_1$)	$\hat{Y}i$	u$_i$	u$_i^2$			
2	15	8	17	-2.22973	4.97169			
3	20	6	14	5.60811	31.45088		α	5.87838
4	20	15	27	-7.16216	51.29657			
5	40	20	34	5.74324	32.98484		β	1.41892
6	50	25	41	8.64865	74.79912			
7	25	11	21	3.51351	12.34478			
8	10	5	13	-2.97297	8.83857			
9	55	32	51	3.71622	13.81026			
10	35	28	46	-10.60811	112.53196			
11	30	20	34	-4.25676	18.11998			
12								
13			Sum	0.00000	361.14865			

그림 13.6 해 찾기로 u^2 합을 최소화하는 모수 구하기

따라서 해석적 해법에 따른 추정에 의하면 α는 5.8784이고, 각 계수 β는 1.4189이다. 이런 초보적 방법에 따르면, 학교까지의 거리가 0인 학생의 통학 시간 또는 이미 학교에 있는 학생의 평균 통학 시간은 5.8784가 돼버리며, 이는 물리학적 관점에서 난센스가 된다. 경우에 따라 이처럼 α가 현실과 동떨어진 결과가 나타나기도 한다. 수학적 관점에서 이는 옳지 않다. 연구원은 기저 이론과 함께 물리적, 경제적 논리도 같이 분석해야 한다. 그림 13.2의 그래프를 분석하며 0에 가까운 거리를 가진 학생이 없다는 사실을 알고 있고 절편은 단순히 선의 연장, 또는 회귀 모델의 외삽에 불과하다. 경우에 따라 음수가 불가능한 현상에서 α가 음수가 될 때도 있다. 따라서 연구원은 이 사실을 알고 회귀 모델에 있어 Y 변수에 대한 내삽 보간은 제한된 X 변화에 대해서만 유용하고 X 범위 밖에 대해서는 일관되지 않을 수 있다는 사실을 잘 알고 있어야 한다.

분석에 따르면, 학교까지의 거리가 1km 증가할 때마다 평균적으로 약 14분 이상(1.4189 × 10)이 걸린다는 사실을 알 수 있다. 그림 13.7은 예제의 단순 선형 회귀 모델을 보여준다.

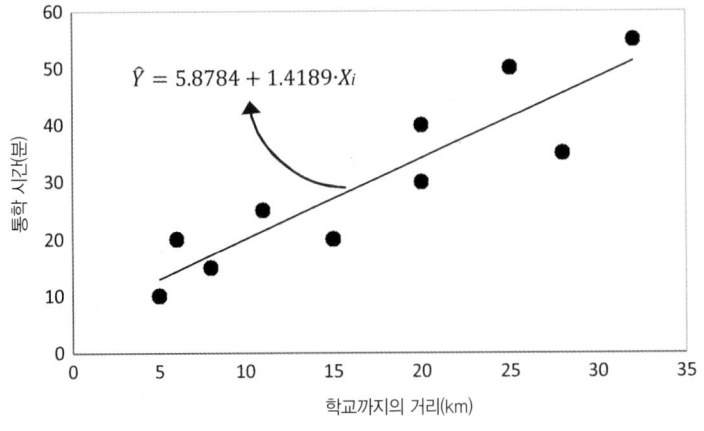

그림 13.7 시간과 거리 사이의 단순 선형 회귀 모델

각 개념의 설명 및 해석적 형태와 **해 찾기** 기능을 이용한 예제 해결과 함께 엑셀의 **회귀** 도구를 이용한 체계적 방법도 보여줄 것이다. 13.5절과 13.6절에서는 각각 Stata와 SPSS를 사용한 해법도 살펴본다. 예제 파일 대신 허구적인 가상의 시간 거리를 가진 Timedist.xls 파일을 연다.

데이터 › 데이터 분석을 클릭하면 그림 13.8과 같은 대화상자가 나타난다.

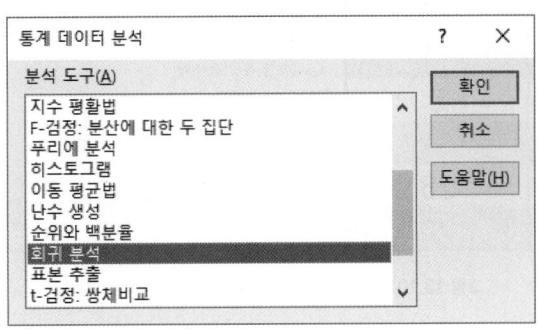

그림 13.8 엑셀의 데이터 분석 대화상자

회귀 분석을 클릭하고 **확인**을 누른다. 이제 데이터를 입력할 수 있는 대화상자가 그림 13.9처럼 나타날 것이다.

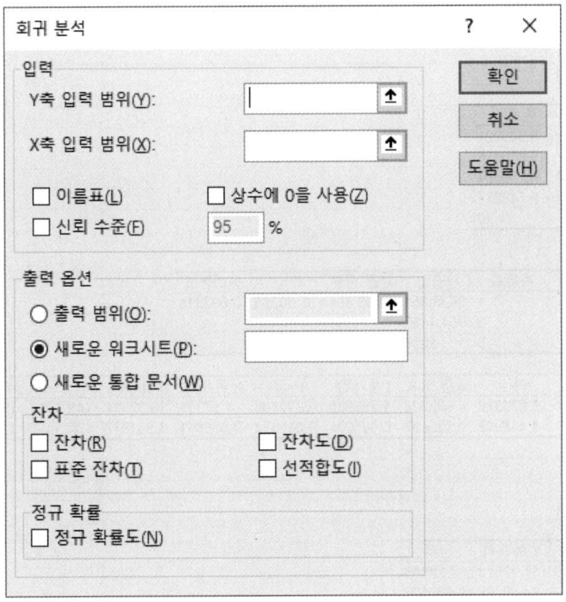

그림 13.9 엑셀의 선형 회귀 추정 대화상자

여기 예제에서는 $time$(분) 변수가 종속 변수(Y)이고, $dist$(km) 변수가 설명 변수(X)다. 따라서 해당 데이터를 그림 13.10처럼 입력한다.

Time (min) (Y)	Distance (km) (X₁)
15	8
20	6
20	15
40	20
50	25
25	11
10	5
55	32
35	28
30	20

그림 13.10 엑셀의 선형 회귀 추정을 위한 데이터 입력

데이터 입력과 함께 그림 3.10처럼 **잔차** 옵션을 선택한다. 그런 다음 **확인**을 클릭한다. 회귀 분석 결과를 보여주는 새로운 시트가 생성될 것이다. 각각에 대한 세부 내용은 각 개념의 설명과 해석적 수작업 계산을 하면서 알아보자.

그림 13.11에서 관찰한 것처럼, 4개의 출력 그룹이 생성됐다. 각각 회귀 통계량, 분산 분석[ANOVA], 회귀 계수표, 잔차표다. 각각을 하나씩 설명할 것이다.

요약 출력

회귀분석 통계량	
다중 상관계수	0.905221
결정계수	0.819426
조정된 결정계수	0.796854
표준 오차	6.718897
관측수	10

분산 분석

	자유도	제곱합	제곱 평균	F 비	유의한 F
회귀	1	1638.851	1638.851	36.30309	0.000314
잔차	8	361.1486	45.14358		
계	9	2000			

	계수	표준 오차	t 통계량	P-값	하위 95%	상위 95%	하위 95.0%	상위 95.0%
Y 절편	5.878378	4.532328	1.296989	0.230788	-4.57319	16.32994	-4.57319	16.32994
X 1	1.418919	0.235497	6.025204	0.000314	0.875861	1.961977	0.875861	1.961977

잔차 출력

관측수	Y 예측치	잔차
1	17.22973	-2.22973
2	14.39189	5.608108
3	27.16216	-7.16216
4	34.25676	5.743243
5	41.35135	8.648649
6	21.48649	3.513514
7	12.97297	-2.97297
8	51.28378	3.716216
9	45.60811	-10.6081
10	34.25676	-4.25676

그림 13.11 엑셀의 단순 선형 회귀 결과

606

앞서 계산한 것처럼, 출력의 회귀식 계수를 확인할 수 있다(그림 13.12).

요약 출력							
회귀분석 통계량							
다중 상관계수	0.905221						
결정계수	0.819426						
조정된 결정계수	0.796854						
표준 오차	6.718897						
관측수	10						
분산 분석							
	자유도	제곱합	제곱 평균	F 비	유의한 F		
회귀	1	1638.851	1638.851	36.30309	0.000314		
잔차	8	361.1486	45.14358				
계	9	2000					
	계수	표준 오차	t 통계량	P-값	하위 95%	상위 95%	하위 95.0%	상위 95.0%
Y 절편	5.878378	4.532328	1.296989	0.230788	-4.57319	16.32994	-4.57319	16.32994
X 1	1.418919	0.235497	6.025204	0.000314	0.875861	1.961977	0.875861	1.961977

선형 회귀식

$$\hat{time}_i = 5.8784 + 1.4189.dist_i$$

잔차 출력		
관측수	Y 예측치	잔차
1	17.22973	-2.22973
2	14.39189	5.608108
3	27.16216	-7.16216
4	34.25676	5.743243
5	41.35135	8.648649
6	21.48649	3.513514
7	12.97297	-2.97297
8	51.28378	3.716216
9	45.60811	-10.6081
10	34.25676	-4.25676

그림 13.12 선형 회귀식 계수

13.2.2 회귀 모델의 해석력: 결정 계수 R^2

Fávero et al.(2009)에 따르면, 회귀 모델의 해석력, 또는 설명 변수의 행동으로 설명된 Y의 변동성을 측정하려면 중요한 개념들을 이해해야 한다. **전체 제곱 합**[TSS, total sum of squares]은 그 자체 평균에 관한 Y의 변동성을 보여주지만 **회귀에 따른 제곱 합**[SSR, sum of squares due to regression]은 모델에 사용된 X를 고려한 Y의 변동성을 제공한다. 또 **잔차 제곱의 합**[RSS, residual sum of squares]은 준비된 모델에서 설명되지 못한 Y의 변동성을 나타낸다.

따라서 다음과 같이 정의할 수 있다.

$$TSS = SSR + RSS \tag{13.13}$$

이는 다음과 같다.

$$Y_i - \overline{Y} = (\hat{Y}_i - \overline{Y}) + (Y_i - \hat{Y}_i) \tag{13.14}$$

여기서 Y_i는 표본의 각 관측치 i에서의 Y 값과 같다. $\overline{Y}$는 Y의 평균, $\hat{Y}_i$는 각 관측치 i에 대한 수정된 회귀 모델 값을 나타낸다. 따라서 다음과 같다.

$Y_i - \overline{Y}$: 각 관측치와 평균에 대한 전체 편차

$(\hat{Y}_i - \overline{Y})$: 평균에 대한 각 관측치의 회귀 모델 값의 편차

$(Y_i - \hat{Y}_i)$: 회귀 모델에 대한 각 관측치의 편차

이는 다음의 결과를 만든다.

$$\sum_{i=1}^{n} \left(Y_i - \overline{Y} \right)^2 = \sum_{i=1}^{n} \left(\hat{Y}_i - \overline{Y} \right)^2 + \sum_{i=1}^{n} \left(Y_i - \hat{Y}_i \right)^2 \tag{13.15}$$

또는 다음과 같다.

$$\sum_{i=1}^{n} \left(Y_i - \overline{Y} \right)^2 = \sum_{i=1}^{n} \left(\hat{Y}_i - \overline{Y} \right)^2 + \sum_{i=1}^{n} \left(u_i \right)^2 \tag{13.16}$$

이는 정확히 식 (13.13)과 같다.

그림 13.13은 그래프로 이 관계를 보여준다.

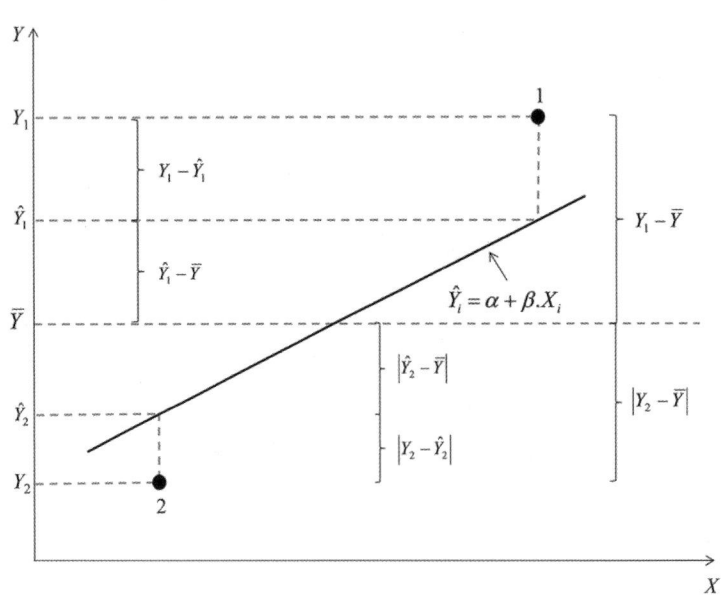

그림 13.13 두 관측치에 대한 Y의 편차

정의된 회귀 모델과 이 사항을 고려하면, **결정 계수**coefficient of determination R^2으로도 알려져 있는 회귀 모델의 해석력에 대한 연구를 시작할 수 있게 된다. Stock and Watson(2004)은 R^2을 설명 변수에 의해 해석된(또는 예측된) 표본 Y_i 분산의 부분이라고 정의한다. 같은 방식으로 Wooldridge(2012)

에 따르면 R^2은 설명 변수 집합에 의해 설명된 표본 변동성의 비율로서, 제안된 모델의 수정 정도를 측정하는 데 사용될 수 있다.

Fávero et al.(2009)에 의하면, 모델의 설명 역량은 회귀의 결정 계수 R^2의 계수로 분석할 수 있다. 단순 회귀 모델에서는 이 값이 X 변수 행동의 변이에 대한 Y 변수 행동이 설명된 정도를 측정한다. X와 Y 변수 사이에 늘 인과관계가 있는 것은 아니라는 점을 항상 명심하자. 다중 회귀에서 이 값은 모델에서 고려한 X 변수의 결합 행동 변이에 대한 Y 변수 행동이 설명된 정도를 측정한다.

R^2은 다음과 같이 구할 수 있다.

$$R^2 = \frac{SSR}{SSR + RSS} = \frac{SSR}{TSS} \tag{13.17}$$

또는

$$R^2 = \frac{SSR}{SSR + RSS} = \frac{SSR}{TSS} \tag{13.18}$$

Fávero et al.(2009)에 따르면, R^2은 0부터 1 사이(0~100%)에서 변동된다. 그러나 R^2이 1이 되는 상황은 실질적으로 불가능하다. 모든 점이 직선 위에 있기는 힘들기 때문이다. 다시 말해, R^2이 1이라면 표본에서 있어 각 관측치에 대한 잔차가 없다는 말이 되고 Y의 변동성은 회귀 모델의 X에 의해 완전히 설명된 셈이 된다.

점의 산포가 클수록 X, Y 변수가 연계될 가능성이 낮아지고 잔차는 커지므로, R^2은 0에 근접한다. 극단적 경우, X 변화가 어떠한 Y 변화에도 연계되지 않으면 R^2은 0이 된다. 그림 13.14는 도식화를 통해 각기 다른 경우에서 R^2의 행동을 보여준다.

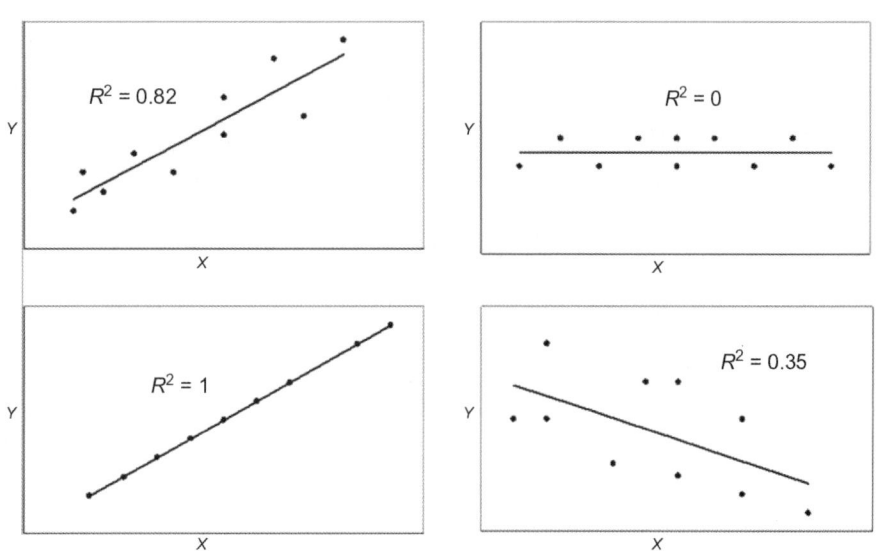

그림 13.14 각기 다른 단순 선형 회귀의 R^2 행동

교수가 통학 시간과 거리의 관계를 알아보고자 한 이전의 예제로 돌아가서 표 13.3은 R^2 계산을 도와준다.

표 13.3 회귀 모델의 결정 계수 R^2 계산을 위한 스프레드시트

관측치(i)	시간(Y_i)	거리(X_i)	$\hat{Y}_i$	u_i ($Y_i - \hat{Y}_i$)	$(\hat{Y}_i - \overline{Y})^2$	$(u_i)^2$
1	15	8	17.23	−2.23	163.08	4.97
2	20	6	14.39	5.61	243.61	31.45
3	20	15	27.16	−7.16	8.05	51.30
4	40	20	34.26	5.74	18.12	32.98
5	50	25	41.35	8.65	128.85	74.80
6	25	11	21.49	3.51	72.48	12.34
7	10	5	12.97	−2.97	289.92	8.84
8	55	32	51.28	3.72	453.00	13.81
9	35	28	45.61	−10.61	243.61	112.53
10	30	20	34.26	−4.26	18.12	18.12
합계	300	170			1638.85	361.15
평균	30	17				

참고: 여기서 $\hat{Y}_i = \hat{time}_i = 5.8784 + 1.4189 \cdot dist_i$

표 13.3은 다음과 같이 단순 선형 회귀 모델의 R^2을 계산할 수 있게 해준다.

$$R^2 = \frac{\sum_{i=1}^{n}(\hat{Y} - \overline{Y})^2}{\sum_{i=1}^{n}(\hat{Y} - \overline{Y})^2 + \sum_{i=1}^{n}(u_i)^2} = \frac{1638.85}{1638.85 + 361.15} = 0.8194$$

이런 식으로, 표본에서는 81.94%의 시간 변동성이 각 학생의 학교까지의 거리에 기인한다는 사실을 확인할 수 있다. 따라서 18% 이상의 변동성은 모델에 있지 않은 다른 변수로부터 기인하며, 이 다른 변수들이 잔차의 원인이 된다.

그림 13.15에서 볼 수 있듯이, 엑셀에서 생성된 결과도 이 정보와 잘 부합한다.

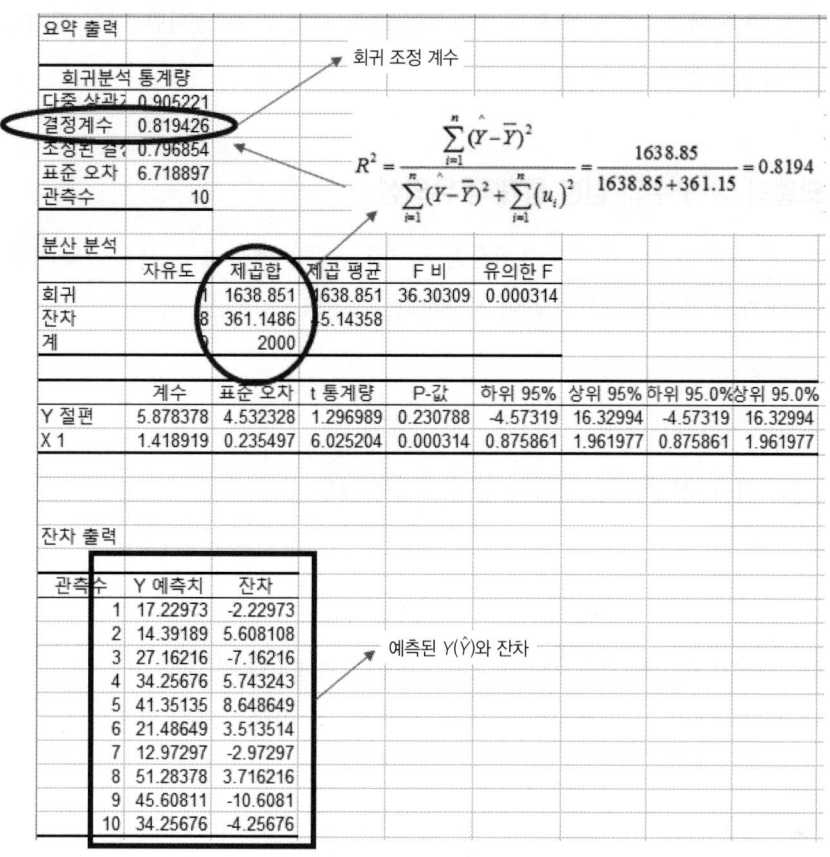

그림 13.15 회귀의 결정 계수 R^2

출력은 또한 각 관측치의 잔차와 $\hat{Y}$ 값도 보여주며, 잔차 제곱 합의 최솟값도 보여준다. 이는 엑셀의 **해 찾기** 도구를 통한 결과(그림 13.6)와 정확히 일치하며 표 13.3의 결과와도 같다. 이 값을 통해 이제 R^2을 계산할 수 있다.

Stock and Watson(2004) 그리고 Fávero et al.(2009)에 따르면, 결정 계수 R^2으로는 어떤 설명 변수가 통계적으로 유의한지 이 변수가 종속 변수의 변화에 대한 진정한 원인인지 알 수가 없다. 그보다 R^2은 설명 변수를 제외했을 때 궁극적으로 편차가 존재할지에 대한 정보를 주지 않으며, 특정 변수를 모델에 포함하는 것이 적절한지에 대한 정보도 주지 못한다.

R^2의 중요도는 종종 과도하게 평가된다. 어떤 상황에서는 설명 변수와 종속 변수 간의 인과 관계를 강조하기 위해 R^2 값을 구하곤 하는데, 이는 상당한 오류다. 이 측정은 단순히 모델에 사용된 변수의 관계를 포착하기 때문이다. Wooldridge(2012)는 좀 더 나아가 회귀 모델을 평가할 때는 R^2 값을 중요하게 고려하지 말아야 한다고 강조하기도 했다.

Fávero et al.(2009)에 따르면, 주식 수익률의 40%를 설명하는 변수를 찾을 수 있다면 얼핏 듣기에는 별거 아닌 것으로 보일 수 있다. 그러나 단일 변수로 다른 경제, 금융, 개념, 사회 요인에 대한 그 정도 관계를 포착할 수 있다면 모델은 상당히 만족스러울 만하다.

모델의 일반 통계적 유의성이나 그 추정 모수는 R^2으로 알 수 없지만, 다음 절에서 설명할 다른 적절한 통계 검정을 통해 알 수 있다.

13.2.3 회귀 모델과 각 모수의 일반 통계적 유의성

우선, 추정된 모델의 일반 통계적 유의성을 연구하는 것은 매우 중요하다. 이를 염두에 두고 *F* 검정의 귀무 가설과 대립 가설을 다음과 같이 사용한다.

H_0: $\beta_1 = \beta_2 = ... = \beta_k = 0$

H_1: 적어도 하나의 $\beta_j \neq 0$가 있다.

그리고 단순 회귀 모델에서는 다음과 같이 가설을 세울 수 있다.

H_0: $\beta = 0$

H_1: $\beta \neq 0$

이 검정은 추정하려는 모델이 과연 존재하는지 검정하게 해준다. 모든 $\beta_j (j = 1, 2, ..., k)$가 통계적으로 0이면 설명 변수의 행동 변경이 종속 변수의 행동에 영향을 주지 않을 것이기 때문이다. **F 통계량** *F statistic*은 다음 식으로 나타난다.

$$F = \frac{\dfrac{\sum_{i=1}^{n}(\hat{Y} - \bar{Y})^2}{(k-1)}}{\dfrac{\sum_{i=1}^{n}(u_i)^2}{(n-k)}} = \frac{\dfrac{SSR}{(k-1)}}{\dfrac{RSS}{(n-k)}} \tag{13.19}$$

여기서 k는 추정 모수의 개수를 나타내고(절편 포함), n은 표본 크기다.

따라서 *F* 통계량 식은 식 (13.17)의 R^2 식으로부터 구할 수 있다. 그러므로 다음과 같다.

$$F = \frac{\dfrac{SSR}{(k-1)}}{\dfrac{RSS}{(n-k)}} = \frac{\dfrac{R^2}{(k-1)}}{\dfrac{(1-R^2)}{(n-k)}} \tag{13.20}$$

그런 다음 최초의 예로 돌아가 보면, 다음을 구할 수 있다.

$$F = \frac{\dfrac{1638.85}{(2-1)}}{\dfrac{361.15}{(10-2)}} = 36.30$$

여기서 회귀의 1차 자유도($k - 1 = 1$)와 잔차의 8차 자유도($n - k = 10 - 2 = 8$)에 대해 부록의 표

A에 따라 $F_c = 5.32$이다(유의수준 5%의 F 임곗값). 이런 식으로 $F_{cal} = 36.30 > F_c = F_{1,8,5\%} = 5.32$이므로, 모든 $\beta_j(j = 1)$ 모수가 통계적으로 0이라는 귀무 가설을 기각한다. 적어도 하나의 X 변수가 Y 변동성 해석에 통계적으로 유의하며, 예측력에 있어 통계적으로 유의하다(유의수준 5%).

결과는 분산 분석[ANOVA]에 의해 F 통계량과 해당 유의수준을 보여준다(그림 13.16).

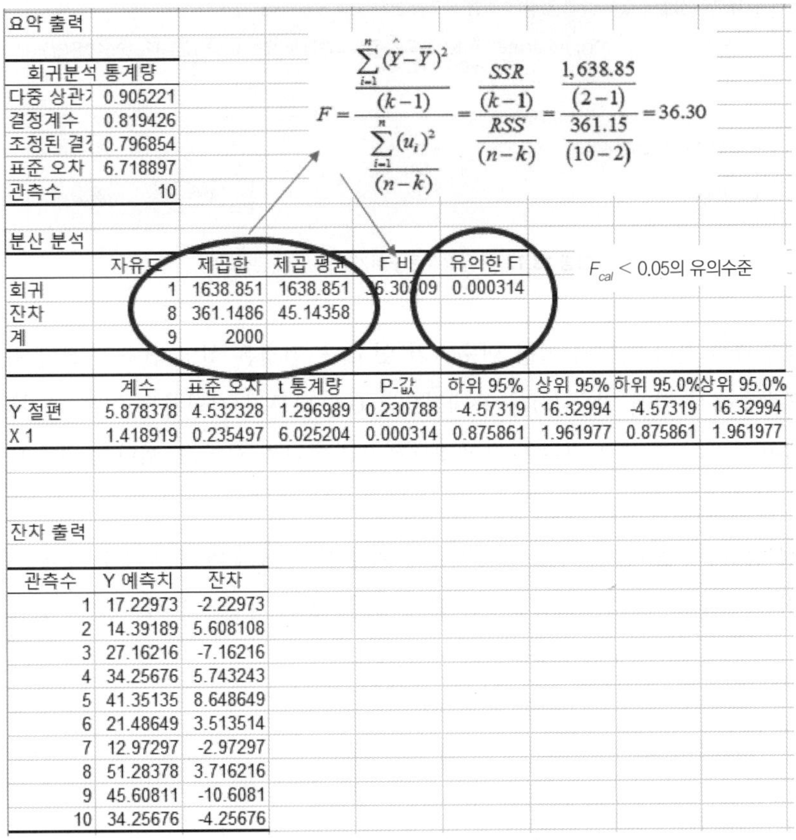

요약 출력

회귀분석 통계량	
다중 상관계	0.905221
결정계수	0.819426
조정된 결정	0.796854
표준 오차	6.718897
관측수	10

분산 분석

	자유도	제곱합	제곱 평균	F 비	유의한 F
회귀	1	1638.851	1638.851	36.30109	0.000314
잔차	8	361.1486	45.14358		
계	9	2000			

	계수	표준 오차	t 통계량	P-값	하위 95%	상위 95%	하위 95.0%	상위 95.0%
Y 절편	5.878378	4.532328	1.296989	0.230788	-4.57319	16.32994	-4.57319	16.32994
X 1	1.418919	0.235497	6.025204	0.000314	0.875861	1.961977	0.875861	1.961977

잔차 출력

관측수	Y 예측치	잔차
1	17.22973	-2.22973
2	14.39189	5.608108
3	27.16216	-7.16216
4	34.25676	5.743243
5	41.35135	8.648649
6	21.48649	3.513514
7	12.97297	-2.97297
8	51.28378	3.716216
9	45.60811	-10.6081
10	34.25676	-4.25676

그림 13.16 ANOVA 출력: F 검정은 모수 유의성의 결합 계산

엑셀, Stata, SPSS 같은 소프트웨어는 정의된 자유도나 결정된 유의수준에 대한 F_c를 직접적으로 제공해주지 않는다. 그러나 해당 자유도에 대한 F_{cal}의 유의수준을 제공한다. 그러므로 $F_{cal} > F_c$를 분석하는 대신 F_{cal}의 유의수준이 0.05(5%)보다 작은지 검정해서 회귀 분석을 계속할 수 있다. 엑셀은 이 유의수준을 F 유의라고 부른다. 즉, 다음과 같다.

F 유의가 0.05보다 작으면, 적어도 하나의 $\beta_j \neq 0$이 있다.

엑셀에서 F_{cal} 유의수준은 **수식** › **함수 삽입** › FDIST에서 구할 수 있다. 이는 그림 13.17과 같은 대화상자를 연다.

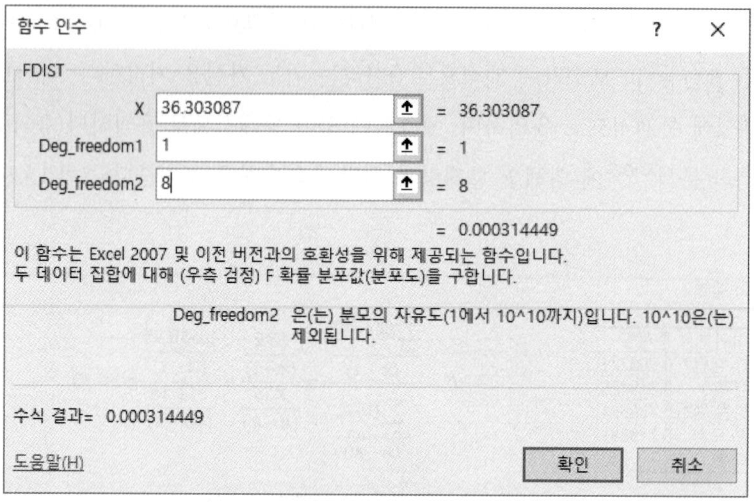

그림 13.17 *F* 유의수준 구하기(함수 삽입 명령어)

많은 모델에서 하나 이상의 설명 변수 *X*가 있고, *F* 검정은 설명 변수의 결합 유의를 계산하므로 어떤 유의수준에서 어떤 변수(들)가 통계적으로 0과 다른지 정의하는 것은 불가능하다. 따라서 연구원은 회귀 모델의 각 모델 모수가 통계적으로 0과 다른지 확인해, 해당 *X* 변수가 모델이 포함되는 게 맞는지 알아내야 한다.

9장에서 설명한 *t* **통계량**도 회귀 모델에서 검토 중인 각 모수의 통계적 유의성을 알아내는 데 중요하다. 절편과 각 $\beta_j(j = 1, 2, ..., k)$에 대한 해당 검정(*t* **검정**) 가설은 각각 다음과 같다.

H_0: $\alpha = 0$

H_1: $\alpha \neq 0$

H_0: $\beta_j = 0$

H_1: $\beta_j \neq 0$

이 검정은 각 추정 모수 α, β_j에 대한 통계적 유의수준을 확인해주며, 식은 다음과 같다.

$$t_\alpha = \frac{\alpha}{s.e.(\alpha)}$$
$$t_{\beta_j} = \frac{\beta_j}{s.e.\left(\beta_j\right)} \tag{13.21}$$

여기서 *s.e.*는 각 모수의 **표준 오차**^{standard error}에 해당하는데, 이는 나중에 설명한다. *t* 통계량을 구했으면, 해당 분포표를 사용해 주어진 유의수준에 해당하는 임곗값을 구하고 귀무 가설을 기각할지를 판단한다. 그러나 *F* 검정에서와 마찬가지로 통계 패키지는 *P* 값으로 불리는 *t* 검정 유의수준 값을 제공하므로 결정을 도와준다. 95% 신뢰수준(5% 유의수준)에서 다음과 같다.

절편에 대해 P 값 $t < 0.05$이면, $\alpha \neq 0$이다.

그리고

어떤 변수 X에 대해 P 값 $t < 0.05$이면, $\beta \neq 0$이다.

원시 예제 데이터를 사용하면 회귀의 표준 오차를 다음과 같이 구할 수 있다.

$$s.e. = \sqrt{\frac{\sum_{i=1}^{n} (u_i)^2}{(n-k)}} = \sqrt{\frac{361.15}{(10-2)}} = 6.7189$$

이 값은 엑셀 출력에서도 얻을 수 있다(그림 13.18).

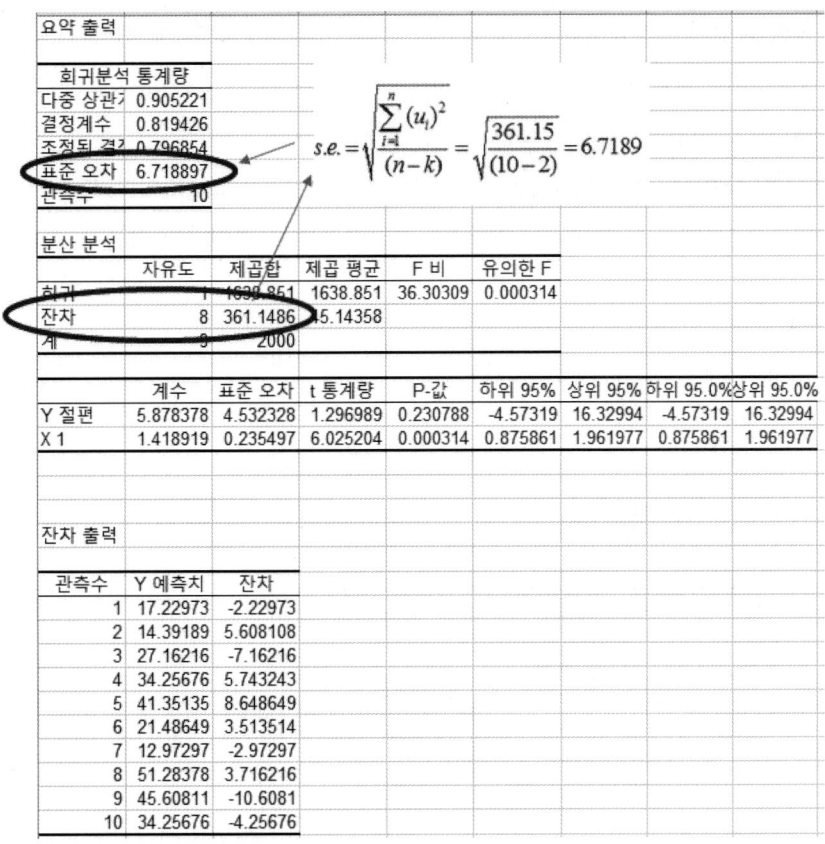

그림 13.18 표준 오차 계산

식 (13.21)에 따라 예제를 계산하면 다음과 같다.

$$t_{\alpha} = \frac{\alpha}{s.e.(\alpha)} = \frac{5.8784}{6.7189 \cdot \sqrt{a_{jj}}}$$

$$t_{\beta} = \frac{\beta}{s.e.(\beta)} = \frac{1.4189}{6.7189 \cdot \sqrt{a_{jj}}}$$

여기서 a_{jj}는 다음 계산 행렬에서 생성된 주대각의 j번째 원소다.

$$\left[\begin{pmatrix} 1 & 1 & 1 & \cdots \\ 8 & 6 & 15 & \cdots \end{pmatrix} \cdot \begin{pmatrix} 1 & 8 \\ 1 & 6 \\ 1 & 15 \\ \cdots & \cdots \end{pmatrix} \right]^{-1} = \begin{pmatrix} 0.4550 & -0.0209 \\ -0.0209 & 0.0012 \end{pmatrix}$$

따라서 다음과 같다.

$$t_\alpha = \frac{\alpha}{s.e.(\alpha)} = \frac{5.8784}{6.7189 \cdot \sqrt{0.4550}} = \frac{5.8784}{4.532} = 1.2969$$

$$t_\beta = \frac{\beta}{s.e.(\beta)} = \frac{1.4189}{6.7189 \cdot \sqrt{0.0012}} = \frac{1.4189}{0.2354} = 6.0252$$

이는 부록의 표 B에서 자유도 $8(n - k = 10 - 2 = 8)$, 유의수준 5%에 해당하는 $t_c = 2.306$(양측 꼬리 분포에서는 위쪽 확률)이다. $t_{cal} = 1.2969 < t_c = t_{8,2.5\%} = 2.306$이므로, z 모수가 해당 유의수준에서 통계적으로 0이라는 귀무 가설을 기각할 수 없다.

그러나 β에 대해서는 다르다. $t_{cal} = 6.0252 > t_c = t_{8,2.5\%} = 2.306$이다. 따라서 귀무 가설을 기각하고 유의수준 5%에서 이 모수가 통계적으로 0이라는 것을 확인하지 않는다. 이 출력은 그림 13.19에 있다.

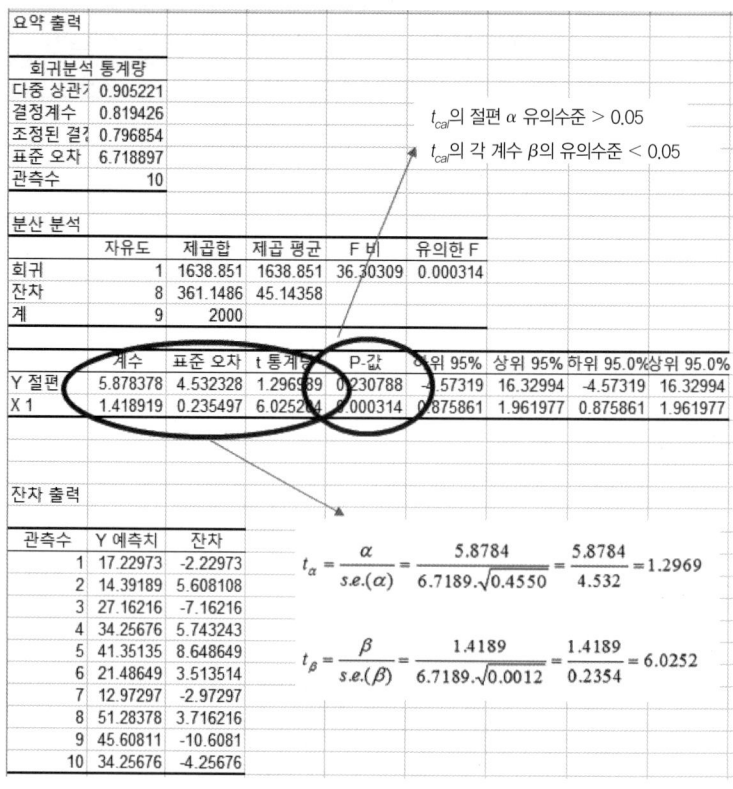

그림 13.19 모수의 t 검정 유의수준과 계수의 계산

F 검정과 유사하게 각 모수에 대해 $t_{cal} > t_c$를 분석하는 대신 각 t_{cal}의 유의수준(P 값)이 $0.05(5\%)$ 보다 작은지 확인해 마지막 모델에서 모수를 유지할지 확인한다. 각 t_{cal}에 대한 P 값은 엑셀에서 **수식 › 함수 삽입** › DISTT를 통해 구할 수 있다. 이는 그림 13.20과 같은 대화상자를 열 것이다. 모수 α, β에 해당하는 대화상자는 이미 나타나 있다.

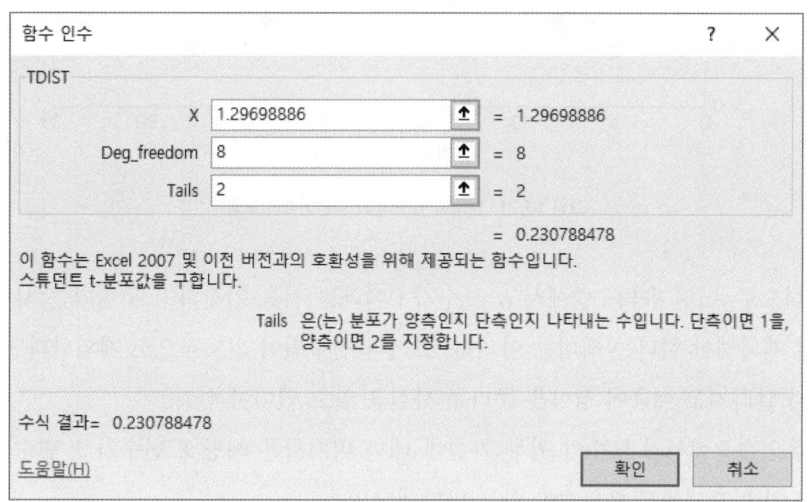

그림 13.20 모수 α, β에 대한 t 검정 유의수준 구하기(함수 삽입 명령어)

Fávero et al.(2009)에서 보인 것처럼, 단순 회귀에서 모수 β에 대해 통계량 $F = t^2$이라는 사실에 주목하자. 따라서 예제에서는 다음을 증명할 수 있다.

$$t_\beta^2 = F$$

$$t_\beta^2 = (6.0252)^2 = 36.30 = F$$

F 검정의 가설 H_1은 적어도 하나의 β 모수가 어떤 유의수준에서 통계적으로 0이 아니라는 것이고 단순 회귀에서는 오직 하나의 β 모수만 있으므로, F 검정에 대해 H_0이 기각되면 H_0은 이 β 모수의 t 검정이 된다.

그러나 모수 α에 대해서는 예제에서 $t_{cal} < t_c(\alpha$ 모수의 t_{cal}의 P 값 > 0.05)이므로 새로운 회귀 추정은 절편이 0임을 암시한다. 이는 엑셀의 회귀 분석 대화상자의 **상수에 0을 사용** 옵션을 통해서도 알 수 있다.

그러나 이 절차를 수행해보지는 않는다. α 모수가 통계적으로 0이라는 귀무 가설을 기각하지 않는 이유는 표본 크기가 작기 때문이다. 구한 모델로 예측하는 판단에 영향을 주어서는 안 된다. α가 0이라는 조건을 부과해 새로 모델을 생성함으로써 예측 편향을 일으켜 데이터 보간에 최적이 아니게 될 수 있다. 그림 13.21은 이러한 사실을 보여준다.

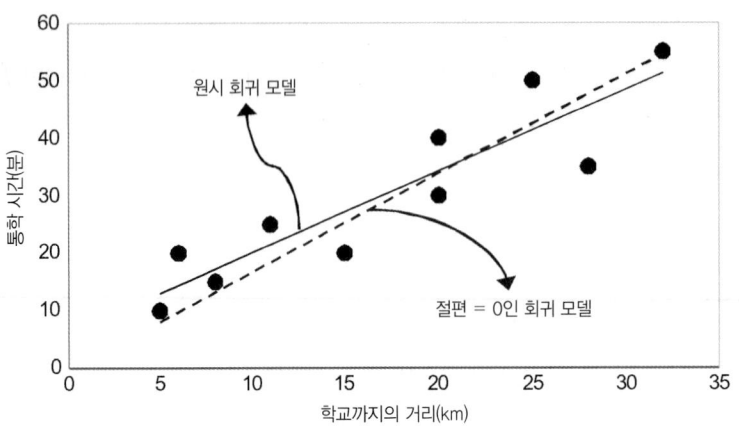

그림 13.21 원시 회귀 모델과 절편이 0인 모델

이런 식으로, 어떤 유의수준에서 α 모수가 0이라는 것을 기각하지 못했다는 사실 때문에 반드시 모델에서 제외해야 한다는 의미는 아니다. 그러나 연구원이 의도적으로 제외한다면, 해당 모델은 원시 모델과 달라지고 예측에 영향을 준다는 사실을 알고 있어야 한다.

특정 유의수준에서 β 모수의 귀무 가설에 대한 비기각은 해당 X 변수가 Y 변수와 연계되어 있지 않으므로 최종 모델에서 제외해야 함을 나타낸다.

이 장 후반부에서는 Stata(13.5절)와 SPSS(13.6절)를 사용해 회귀를 분석하는데, **단계별 절차**^{stepwise} procedure를 도입한다. 이를 통해 모델에서의 β를 기준에 따라 자동으로 제거하거나 유지하고 결정된 유의수준에서 통계적으로 0이 아닌 β 모수를 가진 최종 모델이 생성된다.

13.2.4 모델 모수의 신뢰 구간 구축과 예측

95% 신뢰수준에서의 α와 $\beta_j(j = 1, 2, ..., k)$ 모수의 신뢰수준은 각각 다음과 같다.

$$P\left[\alpha - t_{\alpha/2} \cdot \sqrt{\frac{\sum_{i=1}^{n}(u_i)^2}{(n-k)} \cdot \left(\frac{1}{n} + \frac{\overline{X}^2}{\sum_{i=1}^{n}(X_i - \overline{X})^2}\right)} \leq \alpha \leq \alpha + t_{\alpha/2} \cdot \sqrt{\frac{\sum_{i=1}^{n}(u_i)^2}{(n-k)} \cdot \left(\frac{1}{n} + \frac{\overline{X}^2}{\sum_{i=1}^{n}(X_i - \overline{X})^2}\right)}\right] = 95\%$$

$$P\left[\beta_j - t_{\alpha/2} \cdot \frac{s.e.}{\sqrt{\left(\sum_{i=1}^{n}X_i^2\right) - \frac{\left(\sum_{i=1}^{n}X_i\right)^2}{n}}} \leq \beta_j \leq \beta_j + t_{\alpha/2} \cdot \frac{s.e.}{\sqrt{\left(\sum_{i=1}^{n}X_i^2\right) - \frac{\left(\sum_{i=1}^{n}X_i\right)^2}{n}}}\right] = 95\%$$

(13.22)

따라서 예제에서는 다음과 같다.

618

모수 α:

$$P\left[5.8784 - 2.306 \cdot \sqrt{\frac{361.1486}{8} \cdot \left(\frac{1}{10} + \frac{289}{814}\right)} \leq \alpha \leq 5.8784 + 2.306 \cdot \sqrt{\frac{361.1486}{8} \cdot \left(\frac{1}{10} + \frac{289}{814}\right)}\right] = 95\%$$

$$P[-4.5731 \leq \alpha \leq 16.3299] = 95\%$$

모수 α에 대한 신뢰수준이 0을 포함하므로, 95% 신뢰수준에서는 이 모수가 통계적으로 0이라는 것을 기각하지 못하며, 이는 t 통계량을 계산할 때 검증된 것과 일치한다.

모수 β:

$$P\left[1.4189 - 2.306 \cdot \frac{6.7189}{\sqrt{3704 - \frac{(170)^2}{10}}} \leq \beta \leq 1.4189 + 2.306 \cdot \frac{6.7189}{\sqrt{3704 - \frac{(170)^2}{10}}}\right] = 95\%$$

$$P[0.8758 \leq \beta \leq 1.9619] = 95\%$$

모수 β에 대한 신뢰수준이 0을 포함하지 않으므로, 95% 신뢰수준에서 이 모수는 통계적으로 0이라는 가설을 기각하고 이는 t 통계량을 계산할 때 검증된 것과 일치한다.

이 구간은 또한 엑셀 출력에서도 생성된다. 소프트웨어 표준은 95% 신뢰수준을 사용하지만 수동으로 이 값을 원하는 회귀 분석 대화상자에서 값으로 조정할 수 있다. 하지만 가장 보편적으로 사용되는 값인 95%는 늘 나타난다. 다시 말해, 엑셀의 95% 신뢰 구간은 항상 나타나므로 다른 신뢰 구간과 동시에 사용할 수 있다.

따라서 여기서는 회귀 분석 대화상자(그림 13.22)에서 90% 신뢰수준으로 조정한다. 출력은 그림 13.23에 있다.

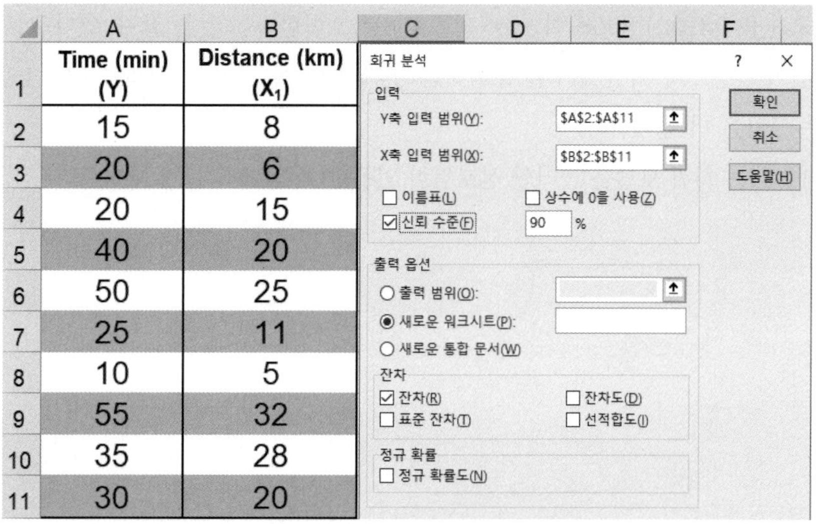

그림 13.22 모수의 신뢰 구간을 90%로 변경

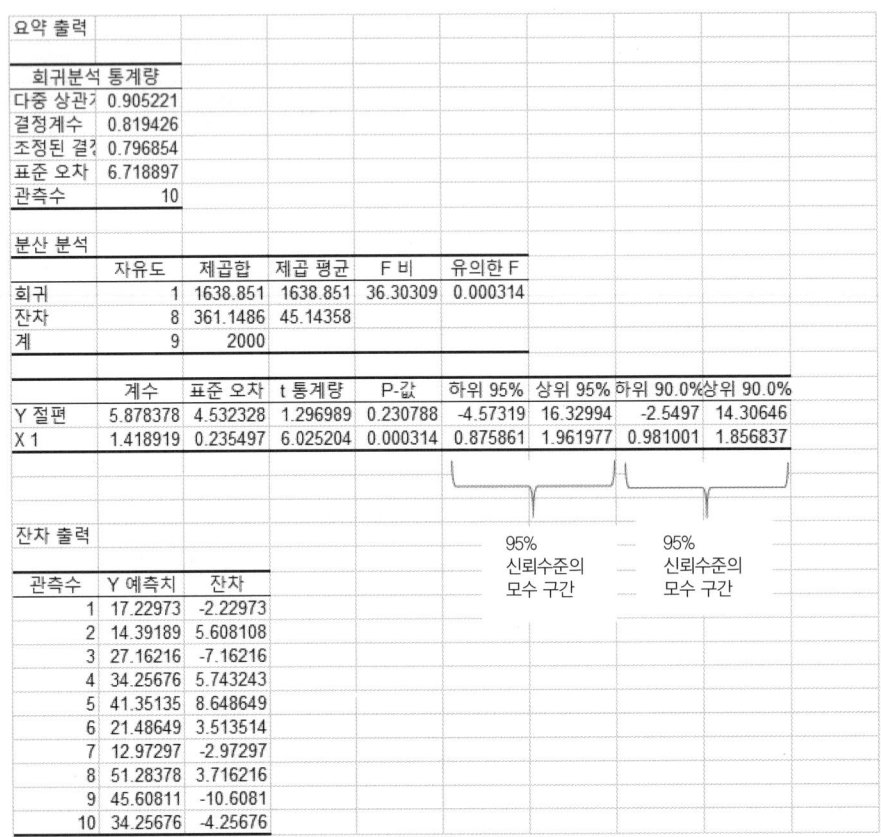

요약 출력								

회귀분석 통계량	
다중 상관계수	0.905221
결정계수	0.819426
조정된 결정계수	0.796854
표준 오차	6.718897
관측수	10

분산 분석

	자유도	제곱합	제곱 평균	F 비	유의한 F
회귀	1	1638.851	1638.851	36.30309	0.000314
잔차	8	361.1486	45.14358		
계	9	2000			

	계수	표준 오차	t 통계량	P-값	하위 95%	상위 95%	하위 90.0%	상위 90.0%
Y 절편	5.878378	4.532328	1.296989	0.230788	-4.57319	16.32994	-2.5497	14.30646
X 1	1.418919	0.235497	6.025204	0.000314	0.875861	1.961977	0.981001	1.856837

95%
신뢰수준의
모수 구간

95%
신뢰수준의
모수 구간

잔차 출력

관측수	Y 예측치	잔차
1	17.22973	-2.22973
2	14.39189	5.608108
3	27.16216	-7.16216
4	34.25676	5.743243
5	41.35135	8.648649
6	21.48649	3.513514
7	12.97297	-2.97297
8	51.28378	3.716216
9	45.60811	-10.6081
10	34.25676	-4.25676

그림 13.23 각 모수의 95%와 90% 신뢰수준 구간

평균 모수 추정에 대한 상한과 하한은 대칭이며, 특정 유의수준에서 예측을 준비하게 해준다. 예제의 모수 β의 경우 하한과 상한 구간이 양수이므로 이 모수는 95% 신뢰 구간에서 양수라고 볼 수 있다. 또한 구간 [0.8758; 1.9619]는 95%의 신뢰수준에서 β를 포함한다.

95% 신뢰수준과 달리, 90% 신뢰수준을 수작업으로 계산하지는 않는다. 그러나 엑셀 출력을 분석하면 구간 [0.9810; 1.8568]이 90% 확률로 β를 포함한다는 것을 알 수 있다. 이런 식으로 신뢰의 하한 구간이 낮을수록 어떤 모수를 포함하는 구간이 더 좁다. 반면 신뢰수준이 높을수록 이 모수를 포함하는 구간은 더 넓어진다.

그림 13.24는 회귀 모델을 둘러싼 산포점이 있을 때 어떻게 되는지 보여준다.

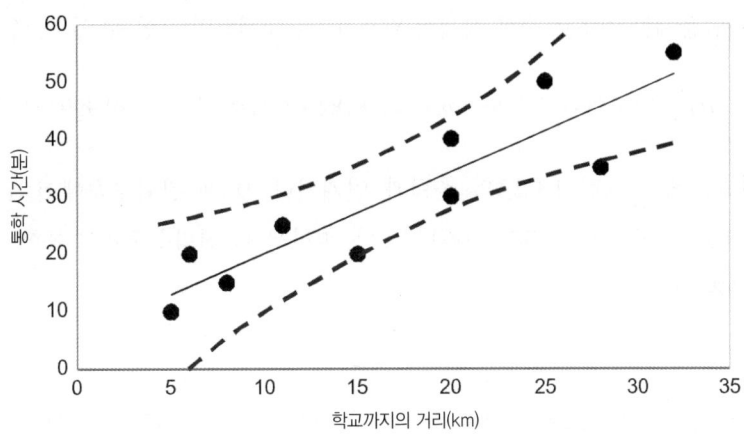

그림 13.24 회귀 모델을 둘러싼 산포의 신뢰 구간

α가 더 양수가 될수록 수학적으로 5.8784와 같고, 이 소규모 표본에 대해서는 절편이 통계적으로 0이 아님을 확인할 수 없다. 신뢰 구간은 0(원점)을 포함한다. 표본이 커지면 이 문제는 사라질 것이다.

그러나 모수 β는 경사가 항상 양수이며, 평균값은 수학적으로 1.4189로 계산된다. 이 신뢰 구간이 0에 해당하는 경사를 갖지 않는다는 사실을 시각적으로 알 수 있다.

앞서 설명했듯이, 어떤 유의수준에서 모수 β에 대한 귀무 가설의 기각은 해당 X 변수가 Y 변수와 연계됐음을 의미하고 결론적으로 마지막 모델에 남아 있어야 한다. 따라서 어떤 회귀 모델에서 X 변수를 제외하려면, 해당 모수 β의 t 통계량을 직접 분석하거나($t_{cal} < t_c \rightarrow P$ 값 > 0.05이면 모수가 통계적으로 0이라는 귀무 가설을 기각하지 못한다) 또는 신뢰 구간을 분석해야 한다(0을 포함하는지). 상자 13.1은 회귀 모델에서 모수 $\beta_j (i = 1, 2, ..., k)$의 제외나 포함 조건을 보여준다.

상자 13.1 회귀 모델에서 β_j 모수를 포함할지의 결정

모수	t 통계량 (유의수준 α)	t 검정(유의수준 α에서의 P 값 분석)	유의수준 분석	결정
β_j	$t_{cal} < t_{c\ \alpha/2}$	P 값 $>$ 유의수준 α	유의수준이 0을 포함	모델에서 모수 제외
	$t_{cal} > t_{c\ \alpha/2}$	P 값 $<$ 유의수준 α	유의수준이 0을 포함하지 않음	모델에서 모수 유지

참고: 사회과학에서는 $\alpha = 5\%$를 가장 보편적으로 사용한다.

개념 논의 다음에 교수는 다음 연습문제를 학생들에게 제시했다. 학교에서 17km 거리에 있는 학생의 평균 통학 시간을 예측하면(추정 Y, 즉 $\hat{Y}$) 얼마인가? 95% 신뢰수준에서 통학 시간의 최대와 최솟값은 얼마인가?

첫 번째 연습문제는 최초로 구한 식에서 $X_i = 17$로 대체하면 구할 수 있다. 즉, 다음과 같다.

$$\widehat{time}_i = 5.8784 + 1.4189 \cdot dist_i = 5.8784 + 1.4189 \cdot (17) = 29.9997 분$$

두 번째 연습문제는 그림 13.23의 출력과 연계된다. 95% 신뢰수준에서 α, β의 구간은 각각 [−4.5731; 16.3299]와 [0.8758; 1.9619]이다. 따라서 이 신뢰수준에서 통학 시간의 최솟값과 최 댓 값은 다음과 같다.

최소 시간:

$$\widehat{time}_{min} = -4.5731 + 0.8758 \cdot dist_i = -4.5731 + 0.8758 \cdot (17) = 10.3155 분$$

최대 시간:

$$\widehat{time}_{max} = 16.3299 + 1.9619 \cdot dist_i = 16.3299 + 1.9619 \cdot (17) = 49.6822 분$$

따라서 17km 거리에 있는 학생은 신뢰수준 95%로 10.3155분 ~ 49.6822분이 걸리며, 평균 추정 시간은 29.9997분이다.

분명히 이 폭은 작지 않은데, 이는 상당히 넓은 모수 α의 구간에 기인한다. 이 사실은 표본 크기를 증가시키거나 모델에 통계적으로 유의한 X 변수를 추가(이 경우 다중 회귀 모델이 된다)함으로써 고칠 수 있으며, 후자의 경우 R^2 값이 증가한다.

교수가 모델의 결과를 학생들에게 설명한 다음 학생 한 명이 질문을 했다. "교수님, 신뢰 구간의 폭이 회귀 모델의 결정 계수 R^2에 어떤 영향을 끼치나요? 이 선형 회귀를 설정하고 Y를 $\hat{Y}$으로 대체하면 결과는 어떻게 되나요? 식이 바뀌나요? R^2과 신뢰 구간은 바뀌나요?"

교수는 Y를 $\hat{Y}$으로 대체하고 표 13.4의 데이터셋으로 회귀 모델을 다시 설정했다.

표 13.4 새로운 회귀를 준비하기 위한 데이터셋

관측치(i)	예측 시간($\hat{Y}_i$)	거리(X_i)
1	17.23	8
2	14.39	6
3	27.16	15
4	34.26	20
5	41.35	25
6	21.49	11
7	12.97	5
8	51.28	32
9	45.61	28
10	34.26	20

교수가 취한 첫 단계는 추정된 회귀 모델로 새로운 산포도를 그리는 것이었다. 이 그래프는 그림 13.25에 나타나 있다.

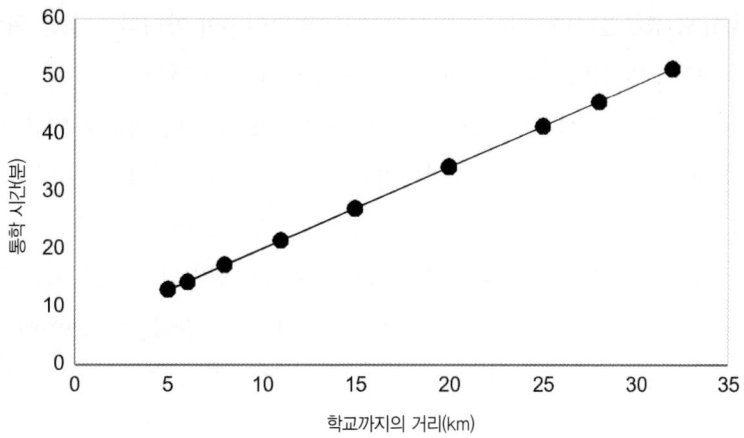

그림 13.25 예상 시간($\hat{Y}$)과 거리(X) 사이의 산포도와 선형 회귀 모델

그림에서 볼 수 있듯이, 명백히 이제 모두 회귀 모델에 위치해 있다. 각 $\hat{Y}_i$의 계산이 회귀 모델을 사용했으므로 이 절차가 상황을 그렇게 만들었기 때문이다. 따라서 사전에 이 새로운 모델의 R^2이 1이라는 것을 말할 수 있다. 새로운 결과를 살펴보자(그림 13.26).

	A	B	C	D	E	F	G	H	I
1	요약 출력								
2									
3		회귀분석 통계량							
4	다중 상관계	1							
5	결정계수	1							
6	조정된 결정	1							
7	표준 오차	0							
8	관측수	10							
9									
10	분산 분석								
11		자유도	제곱합	제곱 평균	F 비	유의한 F			
12	회귀	1	1638.88	1638.88	4.04E+32	0			
13	잔차	8	0	0					
14	계	9	1638.88						
15									
16		계수	표준 오차	t 통계량	P-값	하위 95%	상위 95%	하위 95.0%	상위 95.0%
17	Y 절편	5.87817	0	2942.781	0	5.873563	5.882776	5.873563	5.882776
18	X 1	1.418931	0	13671.39	0	1.418692	1.419171	1.418692	1.419171
19									
20									
21									
22	잔차 출력								
23									
24	관측수	Y 예측치	잔차						
25	1	17.22962	0						
26	2	14.39176	0						
27	3	27.16214	0						
28	4	34.25679	0						
29	5	41.35145	0						
30	6	21.48641	0						
31	7	12.97283	0						
32	8	51.28397	0						
33	9	45.60824	0						
34	10	34.25679	0						

그림 13.26 예측 시간($\hat{Y}$)과 거리(X) 사이의 선형 회귀 모델 결과

예상대로 R^2이 1이다. 더구나 모델 식은 정확히 이전에 계산된 것이다. 동일한 선이기 때문이다. 그러나 F와 t 검정은 각각의 귀무 가설을 강하게 기각한다는 것을 볼 수 있다. 통계적으로 0이 아니라고 볼 수 없던 α조차 이제 95% 확률로 t 검정은 이 모수가 통계적으로 0이라고 알려준다. 이 상황은 이전에 소규모 표본을 사용해(n = 10개 관측치) 절편이 0이 아니라는 것을 확인해주지 못해 발생했다. 생성된 산포도의 신뢰 구간은 0인 절편을 포함한다(그림 13.24).

반면, 모든 점이 모델 위에 있으므로 각 잔차 항은 0이 되고 이 때문에 R^2은 1이 된다. 또한 구한 식은 더 이상 산포점에 조정된 모델이 아니지만, 모든 점을 통과하고 표본 행동을 완전히 설명한다. 때문에 회귀 모델을 둘러싼 산포가 없고 신뢰 구간의 폭은 그림 13.26에서 보는 것처럼 0이 된다. 이 경우, 모든 신뢰 구간에서 각 모수 구간의 값은 더 이상 변경되지 않고 이는 100% 신뢰수준으로 [5.8784; 5.8784] 구간이 α를 포함하고 [1.4189; 1.4189] 구간이 β를 포함한다고 할 수 있다. 다시 말해, 이 극단적 경우에 α는 수학적으로 5.8784이고 β는 수학적으로 1.4189이다.

따라서 R^2은 모수 신뢰 구간이 얼마나 넓은지를 알려준다. 그러므로 높은 R^2 수준을 가진 모델은 연구원들이 좀 더 정교한 예측을 할 수 있게 해준다. 회귀 모델에 대한 산포가 적을수록 모수 신뢰 구간의 폭은 줄어들기 때문이다.

반면 낮은 R^2 값을 가진 모델은 모수 신뢰 구간의 폭이 넓어 예측의 준비에 영향을 끼치지만, 모델 자체를 무효화하지는 않는다. 앞서 설명한 대로, 연구원들은 R^2에 너무 많은 의미를 부여한다. 그러나 회귀 모델의 유효성을 확인해주는 것은 F 검정이다(적어도, 고려된 X 변수는 Y를 설명하기에 통계적으로 유의하다). 따라서 경영, 회계, 경제 모델에서 통계적으로 유의한 F 값을 가지면서 낮은 R^2을 갖는 모델도 있으며, 이는 적절히 모델에 포함된 X 변수에 의해 Y 현상이 바뀐다는 것을 보여준다. 그러나 Y 현상의 변화를 효과적으로 설명하는 모든 변수를 모니터링하지 못하면 낮은 예측 정확성을 초래할 것이다. 앞서 언급한 지식 분야에서 이러한 사실은 금융이나 주식 시장에서 쉽게 발견된다.

13.2.5 다중 선형 회귀 모델의 추정

Fávero et al.(2009)에 따르면, 다중 선형 회귀는 단순 선형과 동일한 논리를 갖고 있으나, 이제 모델에는 둘 이상의 설명 X 변수가 존재한다. 여러 설명 변수를 사용할 것인지에 대한 판단은 기저 이론과 이전의 연구 연구원의 경험과 감각에 따른다.

처음에는 **세테리스 파리부스**ceteris paribus[1] **개념**이 다중 회귀에도 적용돼야 한다. 각 변수의 모수의 해석은 고립된 상태로 행해져야 하기 때문이다. 따라서 2개의 변수 X_1, X_2를 갖는 모델에서 각각의 계수는 다른 요인을 상수로 간주하고 분석이 이뤄진다.

다중 선형 회귀를 설명하기 위해, 이 장에서 사용한 것과 동일한 예제를 사용한다. 그러나 이제는

---

1 세테리스 파리부스(ceteris paribus)는 '모든 조건이 동일하다면 또는 다른 사정이 변함없다면' 정도로 해석할 수 있는 라틴어다. – 옮긴이

교수가 각 학생으로부터 하나의 변수 데이터를 더 수집하기로 결정했다. 이 변수는 각 학생이 통과해야 하는 신호등의 개수다. 이 변수의 이름은 *sem*이다. 따라서 이론적 모델은 이제 다음과 같다.

$$time_i = a + b_1 \cdot dist_i + b_2 \cdot sem_i + u_i$$

이는 단순 회귀와 유사하게 다음과 같이 쓸 수 있다.

$$\hat{time_i} = \alpha + \beta_1 \cdot dist_i + \beta_2 \cdot sem_i$$

여기서 α, β_1, β_2는 각각 a, b_1, b_2에 대한 추정치다.

표 13.5의 새 데이터셋은 Timedistsem.xls 파일에 있다.

표 13.5 예제: 시간 × 거리와 신호등 개수

학생	통학 시간(분) (Y_i)	학교까지의 거리(km) (X_{1i})	신호등 개수 (X_{2i})
Gabriela	15	8	0
Dalila	20	6	1
Gustavo	20	15	0
Leticia	40	20	1
Luiz Ovidio	50	25	2
Leonor	25	11	1
Ana	10	5	0
Antonio	55	32	3
Julia	35	28	1
Mariana	30	20	1

이제 선형 회귀 모델에서 했던 것처럼 모델 모수를 계산하기 위한 절차를 대수적으로 수행해보자. 다음 식을 사용해보자.

$$Y_i = a + b_1 \cdot X_{1i} + b_2 \cdot X_{2i} + u_i$$

또한 잔차 제곱의 합이 최소가 되도록 정의한다. 따라서 다음과 같다.

$$\sum_{i=1}^{n} (Y_i - \beta_1 \cdot X_{1i} - \beta_2 \cdot X_{2i} - \alpha)^2 = \min$$

최소화는 위의 식에서 α, β_1, β_2의 식을 0으로 하는 방정식에서 도출할 수 있다. 따라서 다음과 같다.

$$\frac{\partial\left[\sum_{i=1}^{n}(Y_i - \beta_1 \cdot X_{1i} - \beta_2 \cdot X_{2i} - \alpha)^2\right]}{\partial \alpha} = -2 \cdot \sum_{i=1}^{n}(Y_i - \beta_1 \cdot X_{1i} - \beta_2 \cdot X_{2i} - \alpha) = 0 \tag{13.23}$$

$$\frac{\partial\left[\sum_{i=1}^{n}(Y_i - \beta_1 \cdot X_{1i} - \beta_2 \cdot X_{2i} - \alpha)^2\right]}{\partial \beta_1} = -2 \cdot \sum_{i=1}^{n}X_{1i} \cdot (Y_i - \beta_1 \cdot X_{1i} - \beta_2 \cdot X_{2i} - \alpha) = 0 \tag{13.24}$$

$$\frac{\partial\left[\sum_{i=1}^{n}(Y_i - \beta_1 \cdot X_{1i} - \beta_2 \cdot X_{2i} - \alpha)^2\right]}{\partial \beta_2} = -2 \cdot \sum_{i=1}^{n}X_{2i} \cdot (Y_i - \beta_1 \cdot X_{1i} - \beta_2 \cdot X_{2i} - \alpha) = 0 \tag{13.25}$$

이는 다음과 같은 3개의 연립 방정식과 3개의 미지수를 만든다.

$$\begin{cases} \sum_{i=1}^{n}Y_i = n \cdot \alpha + \beta_1 \cdot \sum_{i=1}^{n}X_{1i} + \beta_2 \cdot \sum_{i=1}^{n}X_{2i} \\ \sum_{i=1}^{n}Y_i \cdot X_{1i} = \alpha \cdot \sum_{i=1}^{n}X_{1i} + \beta_1 \cdot \sum_{i=1}^{n}X_{1i}^2 + \beta_2 \cdot \sum_{i=1}^{n}X_{1i} \cdot X_{2i} \\ \sum_{i=1}^{n}Y_i \cdot X_{2i} = \alpha \cdot \sum_{i=1}^{n}X_{2i} + \beta_1 \cdot \sum_{i=1}^{n}X_{1i} \cdot X_{2i} + \beta_2 \cdot \sum_{i=1}^{n}X_{2i}^2 \end{cases} \tag{13.26}$$

식 (13.26)의 첫 번째 등식을 n으로 나누면 다음과 같다.

$$\alpha = \overline{Y} - \beta_1 \cdot \overline{X}_1 - \beta_2 \cdot \overline{X}_2 \tag{13.27}$$

식 (13.26)의 마지막 두 식을 식 (13.27)로 치환하면 2개의 미지수를 가진 다음의 두 연립 방정식을 얻는다.

$$\begin{cases} \sum_{i=1}^{n}Y_i \cdot X_{1i} - \frac{\sum_{i=1}^{n}Y_i \cdot \sum_{i=1}^{n}X_{1i}}{n} = \beta_1 \cdot \left[\sum_{i=1}^{n}X_{1i}^2 - \frac{\left(\sum_{i=1}^{n}X_{1i}\right)^2}{n}\right] + \beta_2 \cdot \left[\sum_{i=1}^{n}X_{1i} \cdot X_{2i} - \frac{\left(\sum_{i=1}^{n}X_{1i}\right) \cdot \left(\sum_{i=1}^{n}X_{2i}\right)}{n}\right] \\ \sum_{i=1}^{n}Y_i \cdot X_{2i} - \frac{\sum_{i=1}^{n}Y_i \cdot \sum_{i=1}^{n}X_{2i}}{n} = \beta_1 \cdot \left[\sum_{i=1}^{n}X_{1i} \cdot X_{2i} - \frac{\left(\sum_{i=1}^{n}X_{1i}\right) \cdot \left(\sum_{i=1}^{n}X_{2i}\right)}{n}\right] + \beta_2 \cdot \left[\sum_{i=1}^{n}X_{2i}^2 - \frac{\left(\sum_{i=1}^{n}X_{2i}\right)^2}{n}\right] \end{cases}$$
$$\tag{13.28}$$

이제 예제 모델을 수작업으로 계산해보자. 이를 위해 표 13.6을 사용한다.

표 13.6 다중 선형 회귀의 모수 계산을 위한 스프레드시트

관측치 (i)	Y_i	X_{1i}	X_{2i}	Y_iX_{1i}	Y_iX_{2i}	$X_{1i}X_{2i}$	$(Y_i)^2$	$(X_{1i})^2$	$(X_{2i})^2$
1	15	8	0	120	0	0	225	64	0
2	20	6	1	120	20	6	400	36	1
3	20	15	0	300	0	0	400	225	0
4	40	20	1	800	40	20	1600	400	1
5	50	25	2	1250	100	50	2500	625	4
6	25	11	1	275	25	11	625	121	1
7	10	5	0	50	0	0	100	25	0
8	55	32	3	1760	165	96	3025	1024	9
9	35	28	1	980	35	28	1225	784	1
10	30	20	1	600	30	20	225	400	1
합계	300	170	10	6255	415	231	11,000	3704	18
평균	30	17	1						

이제 식 (13.28)에 숫자를 대입하면 다음과 같다.

$$\begin{cases} 6255 - \dfrac{300 \cdot 170}{10} = \beta_1 \cdot \left[3704 - \dfrac{(170)^2}{10}\right] + \beta_2 \cdot \left[231 - \dfrac{(170) \cdot (10)}{10}\right] \\ 415 - \dfrac{300 \cdot 10}{10} = \beta_1 \cdot \left[231 - \dfrac{(170) \cdot (10)}{10}\right] + \beta_2 \cdot \left[18 - \dfrac{(10)^2}{10}\right] \end{cases}$$

그 결과는 다음과 같다.

$$\begin{cases} 1155 = 814 \cdot \beta_1 + 61 \cdot \beta_2 \\ 115 = 61 \cdot \beta_1 + 8 \cdot \beta_2 \end{cases}$$

방정식을 풀면 다음과 같다.

$$\beta_1 = 0.7972 \quad \text{그리고} \quad \beta_2 = 8.2963$$

이제 다음과 같다.

$$\alpha = \overline{Y} - \beta_1 \cdot \overline{X}_1 - \beta_2 \cdot \overline{X}_2 = 30 - 0.7972 \cdot (17) - 8.2963 \cdot (1) = 8.1512$$

따라서 추정 시간 식은 다음과 같다.

$$\widehat{time}_i = 8.1512 + 0.7972 \cdot dist_i + 8.2963 \cdot sem_i$$

이 모수의 추정은 13.2.1절에서 설명한 것처럼 엑셀의 **해 찾기**로도 가능하다는 사실을 기억하자.

결정 계수 R^2, F와 t 검정량, 신뢰 구간의 극값 계산은 13.2.2절 ~ 13.2.4절에서 이미 한 것과 동일하므로 여기서 수작업으로 다시 하지 않는다. 지금까지의 해당 식을 이용하면 해결할 수 있다. 이 관점에서는 표 13.7이 도움이 된다.

표 13.7 나머지 통계량 계산을 위한 스프레드시트

관측치 (i)	시간(Y_i)	거리(X_{1i})	신호등 (X_{2i})	$\widehat{Y}_i$	u_i $\left(Y_i - \widehat{Y}_i\right)$	$\left(\widehat{Y}_i - \overline{Y}\right)^2$	$(u_i)^2$
1	15	8	8	14.53	0.47	239.36	0.22
2	20	6	6	21.23	−1.23	76.90	1.51
3	20	15	15	20.11	−0.11	97.83	0.01
4	40	20	20	32.39	7.61	5.72	57.89
5	50	25	25	44.67	5.33	215.32	28.37
6	25	11	11	25.22	−0.22	22.88	0.05
7	10	5	5	12.14	−2.14	319.08	4.57
8	55	32	32	58.55	−3.55	815.14	12.61
9	35	28	28	38.77	−3.77	76.90	14.21
10	30	20	20	32.39	−2.39	5.72	5.72
합계	300	170	10			1874.85	125.15
평균	30	17	1				

엑셀에서 다중 선형 회귀를 바로 해보자(Timedistsem.xls 파일). 회귀 분석 대화상자에서 그림 13.27처럼 거리와 신호등 개수 변수를 같이 선택해야 한다.

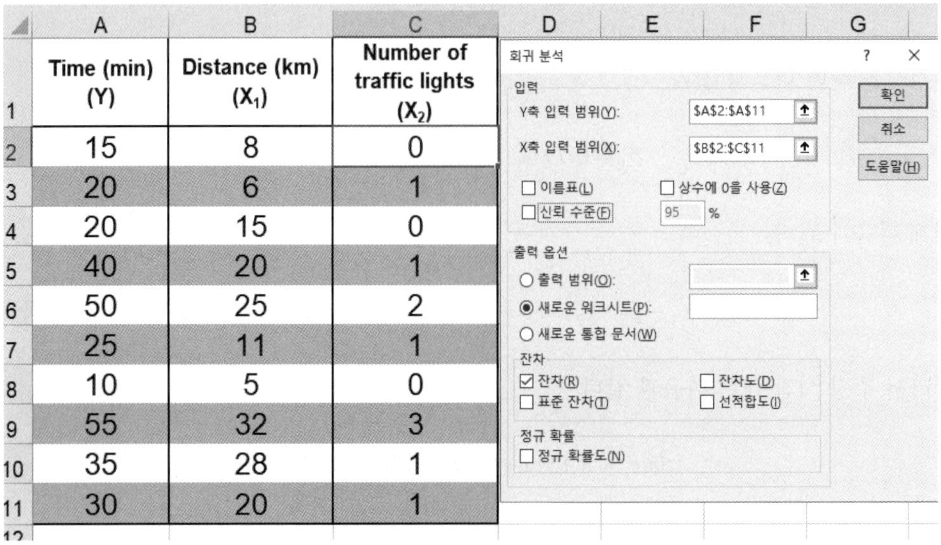

그림 13.27 다중 선형 회귀: 설명 변수 집합을 같이 선택

그림 13.28은 생성된 결과를 나타낸다.

요약 출력							
회귀분석 통계량							
다중 상관계수	0.968207						
결정계수	0.937424						
조정된 결정계수	0.919545						
표준 오차	4.228344						
관측수	10						
분산 분석							
	자유도	제곱합	제곱 평균	F 비	유의한 F		
회귀	2	1874.848	937.4239	52.43186	6.13E-05		
잔차	7	125.1523	17.8789				
계	9	2000					
	계수	표준 오차	t 통계량	P-값	하위 95%	상위 95%	하위 95.0%	상위 95.0%
Y 절편	8.1512	2.920087	2.791424	0.026853	1.246292	15.05611	1.246292	15.05611
X 1	0.797205	0.226379	3.521557	0.009707	0.261905	1.332506	0.261905	1.332506
X 2	8.29631	2.283509	3.633141	0.008363	2.89667	13.69595	2.89667	13.69595

잔차 출력		
관측수	Y 예측치	잔차
1	14.52884	0.471157
2	21.23074	-1.23074
3	20.10928	-0.10928
4	32.39162	7.608384
5	44.67395	5.326048
6	25.21677	-0.21677
7	12.13723	-2.13723
8	58.5507	-3.5507
9	38.76926	-3.76926
10	32.39162	-2.39162

그림 13.28 엑셀의 다중 선형 회귀 결과

출력으로부터, 다중 선형 회귀 모델의 모수를 대수적으로 찾아낼 수 있다.

이 시점에서 **수정 R^2**(adjusted R^2)의 개념을 도입하는 것이 중요하다. Fávero et al.(2009)에 따르면, 각기 다른 표본 크기의 두 모델이나 모수의 각기 다른 분위수로 두 모델 간의 결정 계수(R^2)를 비교하려면 수정 R^2을 사용할 필요가 있다. 수정 R^2은 OLS로 추정한 R^2 회귀를 자유도로 수정한 것으로서, 표본의 R^2을 추정하는 것은 모집단 모수를 과대추정할 수 있기 때문이다. 수정 R^2은 다음 식으로 주어진다.

$$R^2_{adjust} = 1 - \frac{n-1}{n-k} \cdot \left(1 - R^2\right) \tag{13.29}$$

여기서 n은 표본의 크기이고, k는 회귀 모델 모수의 개수(설명 변수 개수 + 절편)다. 관측치 개수가 매우 크다면, 자유도에 의한 수정은 미미하다. 그러나 두 표본의 X 변수 개수가 상당히 다르다면, 두 모델 간의 비교에는 수정 R^2이 사용돼야 하고 높은 수정 R^2을 가진 모델을 선택해야 한다.

모델에 새로운 변수가 추가되면 R^2은 증가하지만, 수정 R^2은 항상 증가하지는 않고 감소할 수도 있고 음수가 될 수도 있다. 이 마지막 경우, Stock and Watson(2004)은 집합에서 택한 설명 변수가 잔차 제곱의 합을 줄이는 것이 너무 작아 요인 $(n-1)/(n-k)$를 보충하지 못하면 수정 R^2이 음수가 된다고 설명한다.

예제의 경우는 다음과 같다.

$$R^2_{adjust} = 1 - \frac{10-1}{10-3} \cdot (1-0.9374) = 0.9195$$

따라서 현재는 처음 적용한 단순 회귀가 아니라 이 다중 회귀 모델이 더 높은 수정 R^2을 가지므로, 통학 시간을 연구하기 위해서는 더 나은 모델로서 다중 회귀 모델을 선택해야 한다.

나머지 결과를 순서대로 살펴보자. 먼저 F 검정은 적어도 하나의 X 변수가 Y의 행동을 설명하기에 통계적으로 유의하다는 것을 알려준다. 또한 5% 유의수준에서 모든 모수$(\alpha, \beta_1, \beta_2)$가 통계적으로 0이 아니다($P$ 값 < 0.05 → 신뢰 구간이 0을 포함하지 않는다). 앞서 설명한 대로, 절편이 통계적으로 0이 아니라는 귀무 가설을 기각하지 못하는 것은 모델에 유의한 설명 변수를 포함해서 변경할 수 있다. R^2 값에 상당한 증가가 있음을 볼 수 있는데, 이는 모수의 신뢰 구간을 더 좁게 만들었다.

이런 식으로, 이 경우 학교까지 신호등 하나당 다른 조건의 변화가 없다면 평균 8.2963분을 증가시켰음을 알 수 있다. 반면 거리 1km의 증가는 다른 조건의 변화가 없다면 단 0.7972분만 증가시켰다. $dist$ 변수의 추정 β의 감소는 이 변수의 행동 일부가 sem 변수에 의해 영향받았기 때문이다. 다시 말해, 거리가 멀면 더 많은 신호등을 마주치게 될 것이므로 둘 사이에는 높은 관련이 있다.

Kennedy(2008), Fávero et al.(2009), Gujarati(2011), Wooldridge(2012)에 따르면 **다중공선성** multicollinearity으로 알려진 설명 변수 간의 높은 상관관계가 존재하더라도 예측력에 영향을 끼치지 않는다고 한다. 또한 Gujarati(2011)도 설명 변수 간의 높은 상관관계의 존재가 반드시 나쁘거나 약한 추정을 의미하지는 않으며, 모델이 나쁘다는 뜻은 아니라고 강조한다. 다중공선성에 대해서는 13.3.2절에서 좀 더 자세히 알아본다.

95% 신뢰수준에서 통학 시간의 최소와 최대는 다음과 같이 구한다.

최소 시간:

$$\hat{time}_{min} = 1.2463 + 0.2619 \cdot dist_i + 2.8967 \cdot sem_i$$

최대 시간:

$$\hat{time}_{max} = 15.0561 + 1.3325 \cdot dist_i + 13.6959 \cdot sem_i$$

13.2.6 회귀 모델에서의 더미 변수

Sharma(1996)와 Fávero et al.(2009)에 따르면, 현상 연구에 필요한 변수의 개수는 단순히 해당 특성을 측정하는 데 사용된 변수 개수와 직접적으로 연계된다. 그러나 정성 척도를 가진 설명 변수의 개수를 결정하는 절차는 다르다.

예를 들어, 다른 분야의 회사가 동일한 데이터셋에 있을 때 전체 수익률 같은 조직적 변화에 대한 행동을 연구하고자 하는 경우를 생각해보자. 또 다른 상황으로는, 슈퍼마켓의 평균 계산서가 성별이나 나이별로 크게 차이가 나는지를 알아보고자 하는 상황을 생각해보자. 세 번째 상황으로는 선진국과 개발도상국의 GDP 성장률 차이가 있다. 이 모든 가상적 상황에서 종속 변수(또는 결과 변수)는 정량(전체 수익률, 평균 계산서, GDP 성장률)이다. 그러나 그 행동은 모두 정성 설명 변수(분야, 성별, 나이, 국가 분류)에 따라 하고 싶으며, 이는 추정하려는 모델의 우변에 포함된다. 각 정성 변수 범주에 단순히 수치를 부여할 수는 없다. **랜덤 가중치**random weighting라는 심각한 오류를 야기할 것이다. 종속 변수의 차이가 사전에 알려져 있으며, 각 정성 설명 변수 범주의 값 차이는 동일한 크기라고 가정할 것이기 때문이다. 이러한 상황에서 이 문제를 완전히 없애기 위해, **더미 변수**dummy variable 또는 **이진 변수**binary variable(0이나 1)를 사용해 표본을 결정된 기준, 사건, 또는 속성을 정의하고 계층화하여 모델에 포함시킨다. 어떤 중요한 사건이 발생한 기간(일, 월 또는 연)도 연구의 대상이 될 수 있다.

따라서 더미 변수는 어떤 정성 설명 변수의 행동과 종속 변수로 나타난 현상의 관계를 연구할 때 사용된다.

예제로 돌아가서, 이제 교수는 학생에게 학교로 출발하는 시간을 물었고 오전에 출발하는지 오후에 출발하는지 질문했다. 교수의 의도는 통학 시간이 거리, 신호등 개수, 출발 시간대 등에 영향을 받는지 알고자 함이다. 따라서 표 13.8처럼 새로운 변수가 포함된다.

표 13.8 예제: 시간 × 거리, 신호등 개수, 학교로 떠난 시간

학생	통학 시간(분) (Y_i)	학교까지의 거리(km) (X_{1i})	신호등 개수 (X_{2i})	출발 시간대 (X_{3i})
Gabriela	15	8	0	오전
Dalila	20	6	1	오전
Gustavo	20	15	0	오전
Leticia	40	20	1	오후
Luiz Ovidio	50	25	2	오후
Leonor	25	11	1	오전
Ana	10	5	0	오전
Antonio	55	32	3	오후
Julia	35	28	1	오전
Mariana	30	20	1	오전

따라서 어떤 정성 변수 범주를 참조할지 정의해야 한다(더미 = 0). 이 경우 두 가지 범주가 있으므로(오전, 오후), 오직 하나의 더미만 생성되어 참조 범주는 0으로 가정하고, 나머지는 1이 된다. 이 절차는 연구원들이 정성 변수의 변화에 따른 Y 변수의 차이를 연구할 수 있게 해준다. 이 더미의 β가 정성 변수가 변화될 때, 정확히 Y 변수의 변화를 나타낼 것이기 때문이다. 참조 범주의 행동은 α 절편으로 나타난다. 따라서 어떤 범주를 참조로 선택할지는 연구원에게 달려 있고 모델의 모수는 적용한 기준에 따라 구한다.

그러므로 교수는 참조 범주를 오후로 정하고 오후 값을 가진 셀은 0으로 설정한다. 그런 다음 오전은 모두 1이 된다. 이 방법을 통해 교수는 오전에 등교하는 것이 오후에 하는 것에 비해 장점 혹은 단점이 있는지 알아보고자 한다. 이 더미 변수 이름은 *per*이다. 데이터셋은 표 13.9와 같다.

표 13.9 정성 변수 범주를 더미로 대체

학생	통학 시간(분) (Y_i)	학교까지의 거리(km) (X_{1i})	신호등 개수 (X_{2i})	출발 시간대 더미 *per* (X_{3i})
Gabriela	15	8	0	1
Dalila	20	6	1	1
Gustavo	20	15	0	1
Leticia	40	20	1	0
Luiz Ovidio	50	25	2	0
Leonor	25	11	1	1
Ana	10	5	0	1
Antonio	55	32	3	0
Julia	35	28	1	1
Mariana	30	20	1	1

이제 새 모델은 다음과 같다.

$$time_i = a + b_1 \cdot dist_i + b_2 \cdot sem_i + b_3 \cdot per_i + u_i$$

이는 단순 회귀 형태와 비슷하다.

$$\hat{time}_i = \alpha + \beta_1 \cdot dist_i + \beta_2 \cdot sem_i + \beta_3 \cdot per_i$$

여기서 $\alpha, \beta_1, \beta_2, \beta_3$는 각각 모수 a, b_1, b_2, b_3의 추정이다.

이번에도 엑셀의 해 찾기를 이용하는데, 이번에는 그림 13.29처럼 설명 변수 벡터에 *per* 변수를 포함시켜야 한다(파일 Timedistsemper.xls).

	A	B	C	D
1	Time (min) (Y)	Distance (km) (X₁)	Number of traffic lights - sem (X₂)	Period of day Dummy per (X₃)
2	15	8	0	1
3	20	6	1	1
4	20	15	0	1
5	40	20	1	0
6	50	25	2	0
7	25	11	1	1
8	10	5	0	1
9	55	32	3	0
10	35	28	1	1
11	30	20	1	1

회귀 분석
입력
Y축 입력 범위(Y): $A$2:$A$11
X축 입력 범위(X): $B$2:$D$11
☐ 이름표(L) ☐ 상수에 0을 사용(Z)
☐ 신뢰 수준(F) 95 %
출력 옵션
○ 출력 범위(O):
◉ 새로운 워크시트(P):
○ 새로운 통합 문서(W)
잔차
☑ 잔차(R) ☐ 잔차도(D)
☐ 표준 잔차(T) ☐ 선적합도(I)
정규 확률
☐ 정규 확률도(N)
확인 취소 도움말(H)

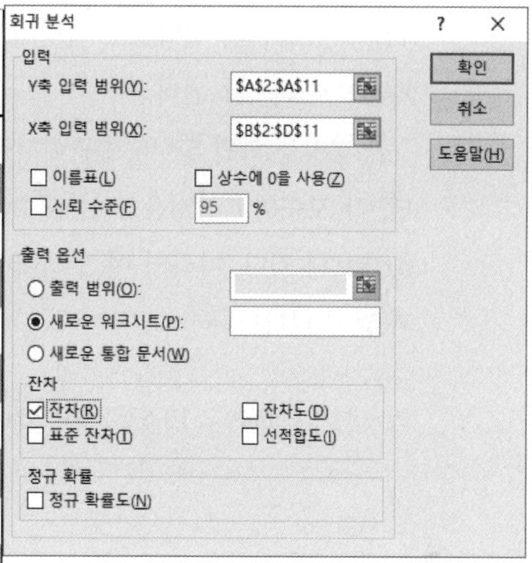

그림 13.29 다중 선형 회귀: 더미를 가진 설명 변수의 결합 선택

결과는 그림 13.30에 있다.

	A	B	C	D	E	F	G	H	I
1	요약 출력								
2									
3	회귀분석 통계량								
4	다중 상관	0.991925							
5	결정계수	0.983915							
6	조정된 결	0.975872							
7	표준 오차	2.315547							
8	관측수	10							
9									
10	분산 분석								
11		자유도	제곱합	제곱 평균	F 비	유의한 F			
12	회귀	3	1967.829	655.9431	122.3373	9.05E-06			
13	잔차	6	32.17056	5.36176					
14	계	9	2000						
15									
16		계수	표준 오차	t 통계량	P-값	하위 95%	상위 95%	하위 95.0%	상위 95.0%
17	Y 절편	19.63528	3.187822	6.159465	0.00084	11.83496	27.4356	11.83496	27.4356
18	X 1	0.708448	0.125789	5.632018	0.001341	0.400653	1.016244	0.400653	1.016244
19	X 2	5.257274	1.447875	3.631027	0.010952	1.714451	8.800096	1.714451	8.800096
20	X 3	-9.90882	2.379451	-4.16433	0.005916	-15.7311	-4.08651	-15.7311	-4.08651
21									
22									
23									
24	잔차 출력								
25									
26	관측수	Y 예측치	잔차						
27	1	15.39404	-0.39404						
28	2	19.23442	0.765578						
29	3	20.35318	-0.35318						
30	4	39.06152	0.938481						
31	5	47.86103	2.138966						
32	6	22.77666	2.223336						
33	7	13.2687	-3.2687						
34	8	58.07745	-3.07745						
35	9	34.82029	0.179713						
36	10	29.1527	0.847301						

그림 13.30 엑셀에서 더미를 가진 다중 선형 회귀 결과

이 출력에 따라 처음에 R^2은 0.9839로 올라가고 이는 98% 이상의 등교 시간 변화가 세 X 변수 (*dist*, *sem*, *per*)의 결합으로 설명됐다고 할 수 있다. 또한 이 모델은 이전 모델보다 더 높은 수정 R^2을 가지므로 더 선호된다.

F 검정을 하면 5%의 수준에서 적어도 하나의 모수 β가 통계적으로 0이 아니라고 할 수 있는 반면, 각 모수의 t 검정은 모든 모수(β_1, β_2, β_3, α)가 그 유의수준에서 0이 아님을 보여준다. 각 P 값은 0.05보다 작다. 따라서 이 모델에서 제외시킬 X 변수는 없다. 통학 시간을 추정하는 최종 식은 다음과 같이 나타난다.

$$\hat{time}_i = 19.6353 + 0.7084 \cdot dist_i + 5.2573 \cdot sem_i - 9.9088 \cdot per_i \begin{cases} 오후 = 0 \\ 오전 = 1 \end{cases}$$

이런 식으로 예제에서는 오전에 등교하는 학생이 오후에 등교하는 학생에 비해 다른 조건의 변화가 없다면 평균적으로 9.9088분 더 적게 걸린다. 이는 교통량과 연계된 것으로 보인다. 그러나 이 시점에서 더 깊이 연구해볼 수도 있다. 교수는 연습문제를 하나 제시했다. **거리가 17km인 학생이 2개의 신호등을 거치고 오후에 출발했다면 추정 시간은 얼마인가?** 해답은 다음과 같다.

$$\hat{time} = 19.6353 + 0.7084 \cdot (17) + 5.2573 \cdot (2) - 9.9088 \cdot (0) = 42.1934분$$

궁극적인 차이는 세 번째 소수점에서 발생했고, 이는 절사 문제에 기인한다는 점에 주목하자. 여기서는 엑셀 출력에서 구한 값을 사용했다.

또 다른 학생이 17km의 거리를, 2개의 신호등을 통과하고 오전에 출발했다면 시간은 어떻게 되었을까?

$$\hat{time} = 19.6353 + 0.7084 \cdot (17) + 5.2573 \cdot (2) - 9.9088 \cdot (1) = 32.2846분$$

앞서 설명한 것에 따르면 두 상황의 차이는 더미 변수에 의해 포착된다. 마지막 연습문제에서는 다른 조건의 변화가 없는 상황에서의 비교를 잘 보여준다.

아직 만족하지 못한 교수가 이번에는 운전 성향에 대한 마지막 질문을 던졌다. 각 학생은 **운전 성향**에 따라 **얌전, 보통, 공격적**으로 분류했다. 이제 값을 얻고 그는 표 13.10과 같은 마지막 데이터셋을 구성했다.

회귀를 준비하기 위해 교수는 *driving style* 변수를 더미로 바꾸어야 한다. 어떤 정성 변수에서 2개보다 많은 범주 개수가 존재하는 상황에서는 더 많은 개수의 더미 변수를 사용해야 하며, 통상 범주가 n개인 정성 변수에 대해서는 $n - 1$개의 더미가 필요하다. 특정 범주는 참조로 선택해야 하며, 그 행동은 추정된 α 모수가 포착할 것이기 때문이다.

표 13.10 예제: 시간 × 거리, 신호등 개수, 출발 시간대, 운전 성향

학생	통학 시간(분) (Y_i)	학교까지의 거리(km) (X_{1i})	신호등 개수 (X_{2i})	출발 시간대 (X_{3i})	운전 성향 (X_{4i})
Gabriela	15	8	0	오전	얌전
Dalila	20	6	1	오전	보통
Gustavo	20	15	0	오전	보통
Leticia	40	20	1	오후	공격적
Luiz Ovidio	50	25	2	오후	공격적
Leonor	25	11	1	오전	보통
Ana	10	5	0	오전	얌전
Antonio	55	32	3	오후	얌전
Julia	35	28	1	오전	보통
Mariana	30	20	1	오전	보통

앞서 설명한 것처럼 범주가 2개인 정성 변수를 그저 1, 2로 대체하고 3개가 있을 때는 1, 2, 3으로 대체하는 등 임의로 대체하는 관행을 흔히 볼 수 있다. 그러나 **이것은 심각한 오류다**. 왜냐하면 이런 식으로 하면 정성 변수가 변화될 때 항상 동일한 크기로 변화된다는 가정으로 Y 변수의 행동 차이를 가정하게 될 것이기 때문이다. 이는 항상 참일 수는 없다. 다시 말해, 개인의 운전 성향이 '얌전'에서 '보통'으로 바뀔 때의 가정과 '보통'에서 '공격적'으로 바뀔 때의 평균 차이가 같다고 가정할 수 없다.

따라서 예제에서는 변수인 *driving style*(운전 성향)은 2개의 더미 변수(*style2, style3*)로 변환된다. '얌전'이란 범주는 이미 참조로 설정했다. 표 13.11은 2개 더미의 기준을 보여준다. 표 13.12는 회귀에 사용된 최종 데이터셋을 보여준다.

이런 식으로 모델은 다음의 식을 갖게 된다.

$$time_i = a + b_1 \cdot dist_i + b_2 \cdot sem_i + b_3 \cdot per_i + b_4 \cdot style2_i + b_5 \cdot style3_i + u_i$$

그리고 이전 모델에서 나타난 것과 유사하게 다음과 같다.

$$\widehat{time_i} = \alpha + \beta_1 \cdot dist_i + \beta_2 \cdot sem_i + \beta_3 \cdot per_i + \beta_4 \cdot style2_i + \beta_5 \cdot style3_i$$

여기서 $\alpha, \beta_1, \beta_2, \beta_3, \beta_4, \beta_5$는 각각 모수 $a, b_1, b_2, b_3, b_4, b_5$의 추정이다.

표 13.11 *driving style* 정성 변수에 기반한 두 더미 변수의 생성 기준

driving style 정성 변수의 범주	더미 변수 *style2*	더미 변수 *style3*
얌전	0	0
보통	1	0
공격적	0	1

표 13.12 정성 변수 범주를 해당 더미 변수로 대체

학생	통학 시간(분) (Y_i)	학교까지의 거리(km) (X_{1i})	신호등 개수 (X_{2i})	출발 시간대 더미 *per* (X_{3i})	운전 성향 더미 *style2* (X_{4i})	운전 성향 더미 *style3* (X_{5i})
Gabriela	15	8	0	1	0	0
Dalila	20	6	1	1	1	0
Gustavo	20	15	0	1	1	0
Leticia	40	20	1	0	0	1
Luiz Ovidio	50	25	2	0	0	1
Leonor	25	11	1	1	1	0
Ana	10	5	0	1	0	0
Antonio	55	32	3	0	0	0
Julia	35	28	1	1	1	0
Mariana	30	20	1	1	1	0

이런 식으로 *style2*와 *style3* 변수를 분석하면 다음과 같이 된다.

β_4 = '보통'과 '얌전'으로 분류된 개인의 평균 시간 차이

β_5 = '공격적'과 '얌전'으로 분류된 개인의 평균 시간 차이

$(\beta_5 - \beta_4)$ = '공격적'과 '보통'으로 분류된 개인의 평균 시간 차이

이번에도 엑셀을 사용하는데, *style2*와 *style3* 더미 변수를 설명 변수 벡터에 포함시켜야 한다. 그림 13.31은 이 절차를 보여주고 데이터는 Timedistsemperstyle.xls에 있다.

Time (min) (Y)	Distance (km) (X_1)	Number of traffic lights - *sem* (X_2)	Period *of day* Dummy *per* (X_3)	Driving style Dummy *style2* (X_4)	Driving style Dummy *style3* (X_5)
15	8	0	1	0	0
20	6	1	1	1	0
20	15	0	1	1	0
40	20	1	0	0	1
50	25	2	0	0	1
25	11	1	1	1	0
10	5	0	1	0	0
55	32	3	0	0	0
35	28	1	1	1	0
30	20	1	1	1	0

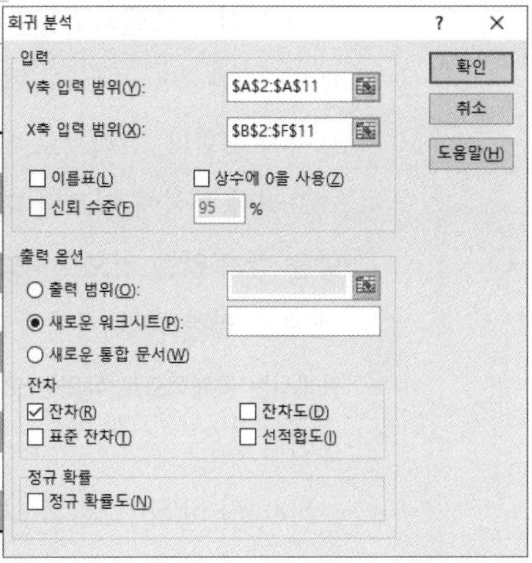

그림 13.31 다중 선형 회귀: 모든 더미를 가진 설명 변수의 결합 선택

결과는 그림 13.32에 있다.

요약 출력

회귀분석 통계량	
다중 상관계	0.998489
결정계수	0.99698
조정된 결경	0.993205
표준 오차	1.228776
관측수	10

분산 분석

	자유도	제곱합	제곱 평균	F 비	유의한 F
회귀	5	1993.96	398.7921	264.1197	3.98E-05
잔차	4	6.039565	1.509891		
계	9	2000			

	계수	표준 오차	t 통계량	P-값	하위 95%	상위 95%	하위 95.0%	상위 95.0%
Y 절편	13.49011	3.860886	3.494045	0.025031	2.77057	24.20965	2.77057	24.20965
X 1	0.674047	0.071715	9.398926	0.000714	0.474933	0.873161	0.474933	0.873161
X 2	6.646797	1.094867	6.070869	0.003719	3.606958	9.686636	3.606958	9.686636
X 3	-5.37141	3.778781	-1.42147	0.228234	-15.863	5.120164	-15.863	5.120164
X 4	1.779117	1.44146	1.234247	0.284667	-2.22302	5.781251	-2.22302	5.781251
X 5	6.373641	2.243105	2.841437	0.0468	0.145783	12.6015	0.145783	12.6015

잔차 출력

관측수	Y 예측치	잔차
1	13.51107	1.48893
2	20.58889	-0.58889
3	20.00852	-0.00852
4	39.99148	0.008516
5	50.00852	-0.00852
6	23.95912	1.040875
7	11.48893	-1.48893
8	55	0
9	35.41792	-0.41792
10	30.02555	-0.02555

그림 13.32 엑셀에서 다른 더미를 가진 다중 선형 회귀 결과

비록 회귀 모델의 R^2 값은 상당히 높지만($R^2 = 0.9969$), 경로를 택한 때의 시간 참조 변수에 대한 모수(X_3)와 *driving style* 범주 중 '얌전' 변수는 그 자체로 5% 유의수준에서 통계적으로 0이 아님을 보이지 못한다. 그러므로 이 변수들은 분석에서 제외하고 모델을 다시 준비한다.

그러나 분석에 따르면 다른 변수들만 있으면 통학 시간은 오전인지 오후인지에 따른 추가적인 영향을 받지 않는 것으로 나타난다. 이는 운전 성향에 관해서도 동일하다. '보통'으로 말한 학생과 '얌전'으로 말한 학생 사이에 통계적으로 유의한 차이가 보이지 않는다. 한 가지 명심할 사항은 **다중 회귀에서는 통계적으로 유의한 모수를 분석하는 일만큼 중요한 것이 통계적으로 0이 아닌 모수를 분석하는 일이라는** 점이다.

Stata나 SPSS 그리고 그 밖의 소프트웨어는 단계별 절차에서 따라 자동으로 통계적으로 0이 아닌 모수의 설명 변수를 제거한다. 엑셀은 이 절차를 수행하지 않으므로 수작업으로 *per*와 *style2* 두 변수를 제거하고 다시 한번 회귀를 수행한다. 새로운 결과는 그림 13.33에 있다. 그러나 연구원들은 통계적으로 0이 아닌 모수를 동시에 제거하는 것에 매우 신중해야 한다. 왜냐하면 처음에는 통계적으로 0이지만 다른 베타 변수를 제거함으로써 통계적으로 0이 아니게 될 수 있기 때문이다. 다행히 이 예제에서는 그런 현상이 일어나지 않는다. 그러므로 동시에 두 변수를 제거한다. 이 점은 13.5절의 Stata, 13.6절의 SPSS를 이용한 단계별 절차를 통해 회귀를 수행할 때 증명될 것이다.

	A	B	C	D	E	F	G	H	I
1	요약 출력								
2									
3	회귀분석 통계량								
4	다중 상관계수	0.997707							
5	결정계수	0.995419							
6	조정된 결정계수	0.993129							
7	표준 오차	1.235676							
8	관측수	10							
9									
10	분산 분석								
11		자유도	제곱합	제곱 평균	F 비	유의한 F			
12	회귀	3	1990.839	663.6129	434.6161	2.1E-07			
13	잔차	6	9.161367	1.526895					
14	계	9	2000						
15									
16		계수	표준 오차	t 통계량	P-값	하위 95%	상위 95%	하위 95.0%	상위 95.0%
17	Y 절편	8.291932	0.853508	9.715117	6.83E-05	6.203472	10.38039	6.203472	10.38039
18	X 1	0.710453	0.066901	10.61953	4.11E-05	0.546753	0.874153	0.546753	0.874153
19	X 2	7.836844	0.669403	11.70721	2.34E-05	6.198874	9.474814	6.198874	9.474814
20	X 3	8.967607	1.02889	8.715804	0.000126	6.450003	11.48521	6.450003	11.48521
21									
22									
23									
24	잔차 출력								
25									
26	관측수	Y 예측치	잔차						
27	1	13.97556	1.024444						
28	2	20.39149	-0.39149						
29	3	18.94873	1.051272						
30	4	39.30545	0.694555						
31	5	50.69455	-0.69455						
32	6	23.94376	1.05624						
33	7	11.8442	-1.8442						
34	8	54.53696	0.463037						
35	9	36.02146	-1.02146						
36	10	30.33784	-0.33784						

그림 13.33 변수를 제거한 다중 선형 회귀 결과

이런 식으로, 최종 모델에서는 5% 유의수준에서 모든 변수가 통계적으로 0이 아니며 $R^2 = 0.9954$이고 이 장에서 다룬 모델 들 중 가장 높은 수정 R^2 값을 갖는다.

$$\hat{time}_i = 8.2919 + 0.7105 \cdot dist_i + 7.8368 \cdot sem_i + 8.9676 \cdot style3_i \begin{cases} \text{얌전} = 0 \\ \text{공격적} = 1 \end{cases}$$

각 모수의 신뢰 구간 폭이 축소됐는지 확인해보는 것도 중요하다. 이런 식으로 다음과 같이 물어볼 수 있다.

17km 거리에 있는 다른 학생이 2개의 신호등을 지나고 오전에 출발하기로 결정했는데, 학생의 운전 성향은 공격적이다. 추정 통학 시간은 얼마인가?

$$\hat{time} = 8.2919 + 0.7105 \cdot (17) + 7.8368 \cdot (2) + 8.9676 \cdot (1) = 45.0109\,\text{분}$$

끝으로, 다른 조건이 동일하다면 공격적으로 운전하는 학생의 경우 얌전하게 운전하는 학생에 비해 평균 8.9676분 더 시간이 소요된다고 할 수 있다. 이를 통해 공격적 운전은 아무 도움이 되지 않음을 알 수 있다.

13.3 OLS로 추정된 회귀 모델의 예측

OLS 기법으로 추정된 다중 회귀 모델을 설명했으니 상자 13.2는 각각의 가정, 위반 시 결과, 검증 절차 등을 나타내고 있다.

다음으로 각 가정을 살펴보자.

상자 13.2 회귀 모델 예측

가정	위반	예측 검증
잔차가 정규 분포를 따른다.	t와 F 검정의 P 값이 유효하지 않다.	사피로—윌크(Shapiro–Wilk) 검정 사피로—프란시아(Shapiro–Francia) 검정
설명 변수 간에 높은 상관관계가 없으며, 설명 변수보다 관측치가 더 많다.	다중공선성	상관 행렬 $(X'X)$ 행렬의 행렬식 VIF와 허용치
잔차가 어떤 X 변수와도 상관관계를 보이지 않는다.	이분산성	브뢰쉬—파간(Breusch–Pagan)/ 쿡—와이즈버그(Cook–Weisberg) 검정
잔차는 랜덤이고 독립적이다.	시간 모델의 자기상관관계	더빈—왓슨(Durbin–Watson) 검정 브뢰쉬—고드프리(Breusch–Godfrey) 검정

출처: Kennedy(2008)

13.3.1 잔차의 정규성

회귀 모델에서의 귀무 가설을 검증하려면 잔차가 정규 분포를 해야만 한다. 다시 말해, 정규성 가정이 성립해야 t 검정과 F 검정의 P 값이 유효하다. 그러나 Wooldridge(2012)는 표본이 매우 크다면 OLS에 의한 추정의 점근적 특성으로 인해 이 가정의 위반은 최소화될 수 있다고 주장한다.

OLS 기법을 기반으로 한 많은 회귀 모델에서 이 가정은 흔히 위배된다. 그러나 이 가정의 최적의 함수 형태의 일련의 통계적 결과를 얻고자 하거나, (앞서 살펴본 것처럼) 모델 모수의 예측에 기반해 정의된 예측의 신뢰 구간을 결정하고자 할 때(그림 13.34)는 중요하다.

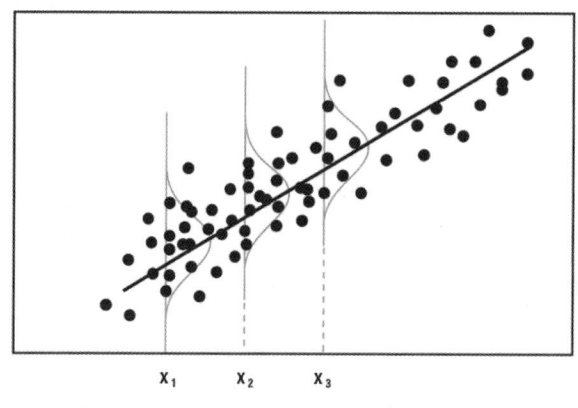

그림 13.34 잔차의 정규 분포

OLS 회귀 모델에서 종속 변수의 정규 분포에 대한 고수는 오차 항도 정규 분포가 되게 하여 결과적으로 예측의 목적에 있어서 신뢰 구간의 결정에 있어 추정 모수가 한층 더 적절하게 해준다.

따라서 **사피로-윌크 검정**Shapiro-Wilk test이나 **사피로-프란시아 검정**Shapiro-Francia test을 오차 항에 적용해 잔차의 정규성 가정을 확인해보는 것을 권한다. Maroco(2014)에 따르면 소규모 표본(30개 미만)에는 사피로-윌크 검정이 좀 더 적절하고, 사피로-프란시아 검정은 9장에서 설명했듯이 대규모 표본에 적절하다.

13.5절에서는 Stata를 이용해 이 검정을 수행해보고 결과를 알아본다.

오차 항의 정규성을 갖지 않으면 모델의 함수 형태가 부적절하게 명시됐음을 나타내며 관련 설명 변수가 누락됐음을 의미한다. 이 문제를 해결하려면 수학적 공식을 수정하거나 새로운 변수를 모델에 도입해야 한다.

13.3.5절에서는 명세에 있어서 함수 형태와 관련 변수의 누락 문제를 알아내는 linktest와 RESET 검정을 살펴본다. 13.4절에서는 비선형 명세를 알아보고 몇 가지 특정 함수 형태를 조명해본다. 이 절에서 박스-콕스 변환을 알아보는데, 비정규 분포를 따르는 원시 변수에 기반해 생성된 어떤 변수가 최대한 정규 분포를 따르도록 하는 목적을 지니고 있다. 박스-콕스 변환은 추정된 오차 항이 정

규 분포를 따르지 않는 모델의 종속 변수에 흔히 적용된다.

설명 변수가 정규성을 따라야 할 필요에 대해 흔히 이야기하는데, 이는 큰 실수라는 점을 강조할 필요가 있다. 만약 그랬다면, 앞서 모델에서 더미 변수를 사용할 수 없었을 것이다.

13.3.2 다중공선성 문제

다중공선성multicollinearity 문제는 설명 변수들 간에 매우 높은 상관관계가 존재할 때 발생한다. 극단적인 경우 이러한 상관관계는 완벽하여 변수 간의 선형 관계를 나타낸다.

처음에 일반적 다중 선형 모델을 행렬 형태로 나타낸다. 우선, 다음의 식을

$$Y_i = a + b_1 \cdot X_{1i} + b_2 \cdot X_{2i} + \cdots + b_k \cdot X_{ki} + u_i \tag{13.30}$$

다음과 같이 표현한다.

$$\mathbf{Y} = \mathbf{Xb} + \mathbf{U} \tag{13.31}$$

또는 다음과 같이 쓸 수 있다.

$$\begin{bmatrix} Y_1 \\ Y_2 \\ Y_3 \\ \vdots \\ Y_n \end{bmatrix}_{n \times 1} = \begin{bmatrix} 1 & X_{11} & X_{12} & \cdots & X_{1k} \\ 1 & X_{21} & X_{22} & \cdots & X_{2k} \\ 1 & X_{31} & X_{32} & \cdots & X_{3k} \\ \vdots & \vdots & \vdots & \ddots & \vdots \\ 1 & X_{n1} & X_{n2} & \cdots & X_{nk} \end{bmatrix}_{n \times k+1} \cdot \begin{bmatrix} a \\ b_1 \\ b_2 \\ \vdots \\ b_k \end{bmatrix}_{k+1 \times 1} + \begin{bmatrix} u_1 \\ u_2 \\ u_3 \\ \vdots \\ u_n \end{bmatrix}_{n \times 1} \tag{13.32}$$

여기서 모수 추정은 다음 벡터로 주어진다는 것을 알 수 있다.

$$\boldsymbol{\beta} = (\mathbf{X'X})^{-1}(\mathbf{X'Y}) \tag{13.33}$$

다음과 같이 오직 2개의 설명 변수만 가진 특수 모델을 생각해보자.

$$Y_i = a + b_1 \cdot X_{1i} + b_2 \cdot X_{2i} + u_i \tag{13.34}$$

예를 들어 $X_{2i} = 4 \cdot X_{1i}$이면, X_2의 영향으로 인한 X_1의 변경에 기인한 종속 변수에 발생한 변동을 분리하지 못할 것이다. 따라서 Vasconcellos and Alves(2000)에 따르면, 이 경우 행렬 $(\mathbf{X'X})$의 역이 불가능하고 식 (13.34)의 모든 모수의 추정은 불가능하며 결과적으로 모수 $\boldsymbol{\beta} = (\mathbf{X'X})^{-1}(\mathbf{X'Y})$의 계산도 불가능하다. 그러나 다음 모델은 추정할 수 있다.

$$Y_i = a + (b_1 + 4b_2) \cdot X_{1i} + u_i \tag{13.35}$$

이 모델의 추정 모수는 b_1과 b_2 사이의 선형 조합이 된다.

그러나 더 큰 문제는 (나중에 수치 예제와 데이터셋 응용에서 살펴보겠지만) 설명 변수 간의 상관관계가 높을 때 발생한다.

13.3.2.1 다중공선성의 원인

다중공선성의 주 원인 중 하나는 어떤 주기에 동일한 경향을 갖는 변수들의 존재다. 예를 들어, 물가 지수에 연동된 어떤 유럽 채권 펀드의 수익률이 3개월간의 인플레이션 지수에 따라 변동되는지 알고자 하는 경우를 생각해보자. 다시 말해, 기간 t에서의 펀드 수익률이 $t - 3$에서의 결정된 인플레이션 지수의 함수인 모델을 추정하고자 한다. 이를 위해 설명 변수로 인플레이션 지수를 포함시키는데, 이 지수는 유럽 소비자의 재화와 서비스 바스켓^{basket} 가격의 시간에 따른 변화를 측정한다. 이러한 지수들은 시간에 대해 상관관계를 나타내므로 생성 모델은 다중공선성을 나타낼 수 있다.

이러한 현상은 시간에 대한 데이터셋에만 국한된 것은 아니다. 또 다른 상황으로 연구원이 슈퍼마켓의 월 수익이 매장 크기와 각 점포에 배정된 종업원 수에 연동되는지 알아보고자 하는 경우가 있다. 이런 종류의 소매상 운영에서는 매장 크기와 종업원 수 사이에는 어떤 상관관계가 있으므로 다중공선성 문제가 발생할 수 있다.

다중공선성의 또 다른 흔한 원인은 관측치 개수가 불충분한 데이터셋을 사용하는 경우다.

13.3.2.2 다중공선성의 결과

다중공선성이 존재하면 $(\mathbf{X'X})$ 행렬 계산에 직접적인 영향을 끼친다. 이 문제를 해결하기 위해, 수치 예제를 사용해 두 설명 변수 간에 상관관계가 있는 세 가지 경우에 대해 $(\mathbf{X'X})$와 $(\mathbf{X'X})^{-1}$ 계산을 해본다. (a) 완전 상관관계, (b) 완전은 아니지만 매우 높은 상관관계, (c) 낮은 상관관계

(a) 완전 상관관계

2개의 설명 변수와 2개의 관측치만을 가진 행렬 $\mathbf{X}$를 생각해보자.

$$\mathbf{X} = \begin{bmatrix} 1 & 4 \\ 2 & 8 \end{bmatrix}$$

그러면

$$\mathbf{X'X} = \begin{bmatrix} 5 & 20 \\ 20 & 80 \end{bmatrix}$$

따라서 $\det(\mathbf{X'X}) = 0$이고, $(\mathbf{X'X})^{-1}$는 계산 불가능하다.

(b) 완전은 아니지만 매우 높은 상관관계

이제 다음 값을 갖는 행렬 $\mathbf{X}$를 생각해보자.

$$\mathbf{X} = \begin{bmatrix} 1 & 4 \\ 2 & 7.9 \end{bmatrix}$$

그러면

$$\mathbf{X'X} = \begin{bmatrix} 5 & 19.8 \\ 19.8 & 78.41 \end{bmatrix}$$

$\det(\mathbf{X'X}) = 0.01$이고, 따라서 다음과 같다.

$$(\mathbf{X'X})^{-1} = \begin{bmatrix} 7841 & -1980 \\ -1980 & 500 \end{bmatrix}$$

모델 모수의 분산과 공분산 행렬은 $\sigma^2(\mathbf{X'X})^{-1}$로 주어지고, 이 행렬의 주대각 원소는 13.2.3절(식 (13.21))에 따라 t 통계량의 분모에 나타나므로 이 경우 $(\mathbf{X'X})^{-1}$ 행렬에서의 높은 값의 존재를 과소 평가하게 돼 궁극적으로 연구원이 일부 설명 변수를 유의하지 않게 간주하게 된다. 그러나 F 통계량 과 R^2의 계산은 이 현상에 영향받지 않으므로 동일한 유의수준에서 F 검정을 통해 귀무 가설이 기각 된 유의하지 않은 설명 변수 계수를 찾아, 적어도 하나 이상의 모수가 통계적으로 0이 아닌 것을 나 타낸다. 많은 경우 이러한 비일관성은 높은 R^2 값에서도 나타난다.

(c) **낮은 상관관계**

끝으로, 다음과 같은 값을 갖는 $\mathbf{X}$를 생각해보자.

$$\mathbf{X} = \begin{bmatrix} 1 & 4 \\ 2 & 3 \end{bmatrix}$$

그러므로

$$\mathbf{X'X} = \begin{bmatrix} 5 & 10 \\ 10 & 25 \end{bmatrix}$$

따라서 $\det(\mathbf{X'X}) = 25$이고, 다음과 같다.

$$(\mathbf{X'X})^{-1} = \begin{bmatrix} 1 & -0.4 \\ -0.4 & 0.2 \end{bmatrix}$$

X_1과 X_2 사이의 상관관계가 낮으면 $(\mathbf{X'X})^{-1}$ 행렬의 값이 낮다는 사실을 확인할 수 있고, 이는 계산 에 있어 t 통계량의 축소에 거의 영향을 끼치지 않는다.

다음 13.3.2.3절에서는 이 세 가지 상황에 관한 데이터셋을 사용해 모델을 준비해본다.

13.3.2.3 엑셀에서 다중공선성 예제 적용

앞서의 예제로 돌아가서, 이제 교수는 통학 시간과 교차로 개수, 거리의 영향을 알아보고자 한다. 이를 위해 3개 반(A, B, C)의 학생들에게 자료를 구하고 다음 모델을 구성했다.

$$time_i = a + b_1 \cdot dist_i + b_2 \cdot cros_i + u_i$$

다음 세 가지 경우는 각각 반의 학생들로부터 구한 것이다.

(a) A반: 완전 상관관계의 경우

A반 학생들은 모두 중심지에만 거주한다. 이 학생들의 데이터는 우연히 거리와 교차로 개수가 완전 상관관계를 갖는다. 도시에서는 항상 경로상에 동일한 특성을 갖기 때문이다. A반에서 모은 데이터 셋은 표 13.13에 있다.

표 13.13 A반과 설명 변수 간의 완전 상관관계 예제(거리와 교차로 개수)

학생	통학 시간(분) (Y_i)	학교까지의 거리(km) (X_{1i})	교차로 개수 (X_{2i})
Gabriela	15	8	16
Dalila	20	6	12
Gustavo	20	15	30
Leticia	40	20	40
Luiz Ovidio	50	25	50
Leonor	25	11	22
Ana	10	5	10
Antonio	55	32	64
Julia	35	28	56
Mariana	30	20	40

파일 Timedistcros_class_A.xls로 그림 13.35에서 보는 것과 같은 다중 회귀를 준비할 수 있다.

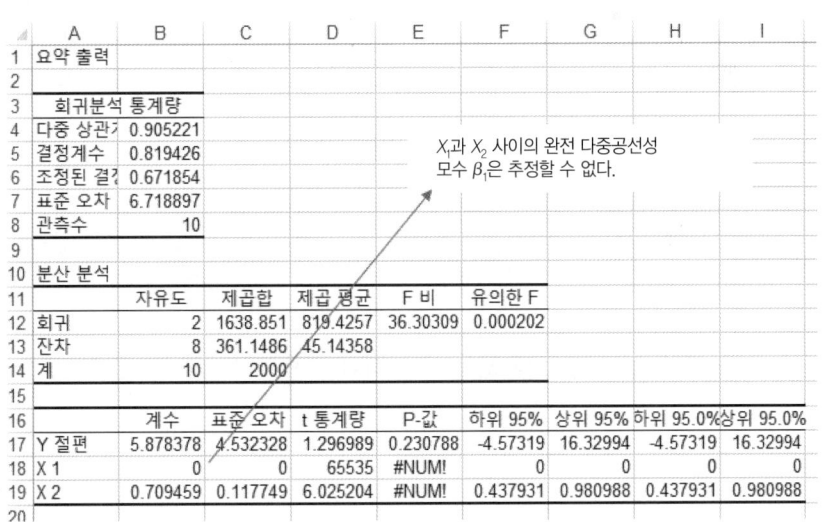

	A	B	C						
1	Time (min) (Y)	Distance (km) (X₁)	Number of crossings (X₂)						
2	15	8	16						
3	20	6	12						
4	20	15	30						
5	40	20	40						
6	50	25	50						
7	25	11	22						
8	10	5	10						
9	55	32	64						
10	35	28	56						
11	30	20	40						

그림 13.35 A반의 다중 선형 회귀

출력은 그림 13.36에 있다.

	A	B	C	D	E	F	G	H	I
1	요약 출력								
2									
3	회귀분석 통계량								
4	다중 상관계수	0.905221			X_1과 X_2 사이의 완전 다중공선성				
5	결정계수	0.819426			모수 β_1은 추정할 수 없다.				
6	조정된 결정계수	0.671854							
7	표준 오차	6.718897							
8	관측수	10							
9									
10	분산 분석								
11		자유도	제곱합	제곱 평균	F 비	유의한 F			
12	회귀	2	1638.851	819.4257	36.30309	0.000202			
13	잔차	8	361.1486	45.14358					
14	계	10	2000						
15									
16		계수	표준 오차	t 통계량	P-값	하위 95%	상위 95%	하위 95.0%	상위 95.0%
17	Y 절편	5.878378	4.532328	1.296989	0.230788	-4.57319	16.32994	-4.57319	16.32994
18	X 1	0	0	65535	#NUM!	0	0	0	0
19	X 2	0.709459	0.117749	6.025204	#NUM!	0.437931	0.980988	0.437931	0.980988
20									

그림 13.36 A반의 다중 선형 회귀 결과

출력에서 보듯 변수 *dist*와 *cros* 사이의 상관관계는 완전하기 때문에 X_1(*dist*) 모수 변수의 추정은 계산하지 않고, 따라서 행렬 $(\mathbf{X'X})$의 역행렬은 불가능하다. 이 경우 다음과 같다.

$$\mathbf{X'X} = \begin{bmatrix} 3704 & 7408 \\ 7408 & 14,816 \end{bmatrix}$$

이로부터, $\det(\mathbf{X}'\mathbf{X}) = 0$이다.

어떤 경우든 $cruz_i = 2dist_i$라는 것을 알고 있으므로, 다음 모델을 추정할 수 있다.

$$tempo_i = a + (b_1 + 2b_2) \cdot dist_i + u_i$$

여기서 추정 모수는 b_1과 b_2 사이의 선형 조합이다.

(b) B반: 완전은 아니지만 매우 높은 상관관계의 경우

B반은 A반의 특성과 매우 유사하지만, 한 학생만 지름길을 통해서 표 13.14처럼 비례적으로 교차로가 하나 적다. 이제 $dist$와 $cros$ 간은 아주 높은 상관이 있지만 완전 상관관계가 성립되지 않는다(이 예제의 경우 0.9998이다).

표 13.14 B반과 설명 변수 간의 아주 높은 상관관계 예제(거리와 교차로 개수)

학생	통학 시간(분) (Y_i)	학교까지의 거리(km) (X_{1i})	교차로 개수 (X_{2i})
Grace	15	8	16
Phillip	20	6	12
Antonietta	20	15	30
Americo	40	20	39
Ferruccio	50	25	50
Francis	25	11	22
Camilo	10	5	10
William	55	32	64
Paula	35	28	56
Matthew	30	20	40

Timedistcros_class_B.xls를 사용해 동일한 회귀 분석을 수행할 수 있고 그 결과는 그림 13.37에 있다.

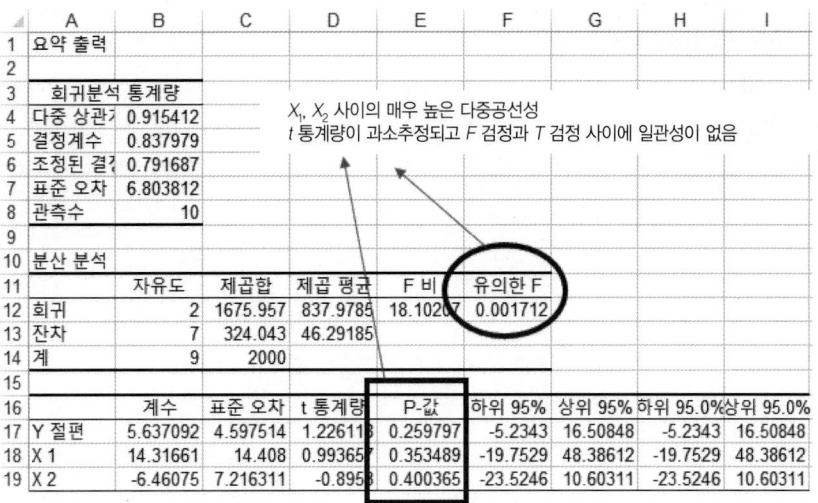

그림 13.37 B반의 다중 선형 회귀 결과

이 경우, 앞서 설명한 것처럼 F 검정 결과와 t 검정 결과 사이에 일관성이 없고, t 통계량은 과소추정되어 더 높은 $(\mathbf{X'X})^{-1}$ 행렬과 더 낮은 $\det(\mathbf{X'X})$를 갖는다. 이 경우, 다음과 같다.

$$\mathbf{X'X} = \begin{bmatrix} 3704 & 7388 \\ 7388 & 14{,}737 \end{bmatrix}$$

여기서 $\det(\mathbf{X'X})$ = 3,304로서 분명히 높다. 그러나 다음 C반에 비하면 상당히 낮다. 또 이 경우 다음과 같다.

$$(\mathbf{X'X})^{-1} = \begin{bmatrix} 4.460 & -2.236 \\ -2.236 & 1.121 \end{bmatrix}$$

결과적으로 출력(식 (13.37))은 비록 F 검정이 적어도 하나 이상의 모수가 통계적으로 0이 아님을 나타냄에도 불구하고, 연구원이 오류에 의해 5% 유의수준에서 모델의 어떠한 모수도 통계적으로 유의하지 않다고 판단하게 되며, R^2 값은 상대적으로 높다(R^2 = 0.8379). 이 현상은 설명 변수 간에 높은 다중공선성이 존재할 때 발생할 수 있는 주요 오류를 보여준다.

(c) C반: 낮은 상관관계의 경우

C반은 여러 지역에서 거주하는 학생들이 모여 있으며, 이 때문에 더 이질적인 등교 경로를 가지므로 상대적으로 교차로 개수가 비례적으로 더 적은 경로를 이용한다. *dist*와 *cros* 사이의 상관계수는 0.6505이다. 표 13.15는 C반의 데이터셋을 나타낸다.

표 13.15 C반과 설명 변수 간의 낮은 상관관계 예제(거리와 교차로 개수)

학생	통학 시간(분) (Y_i)	학교까지의 거리(km) (X_{1i})	교차로 개수 (X_{2i})
Juliana	15	8	12
Rachel	20	6	20
Larissa	20	15	25
Roger	40	20	37
Elizabeth	50	25	32
Wilson	25	11	17
Lauren	10	5	9
Sandra	55	32	60
Walter	35	28	12
Luke	30	20	17

Timedistcros_class_C.xls 파일에는 엑셀 형식의 데이터가 들어 있으며 그림 13.38과 같은 다중 선형 회귀를 수행해볼 수 있다.

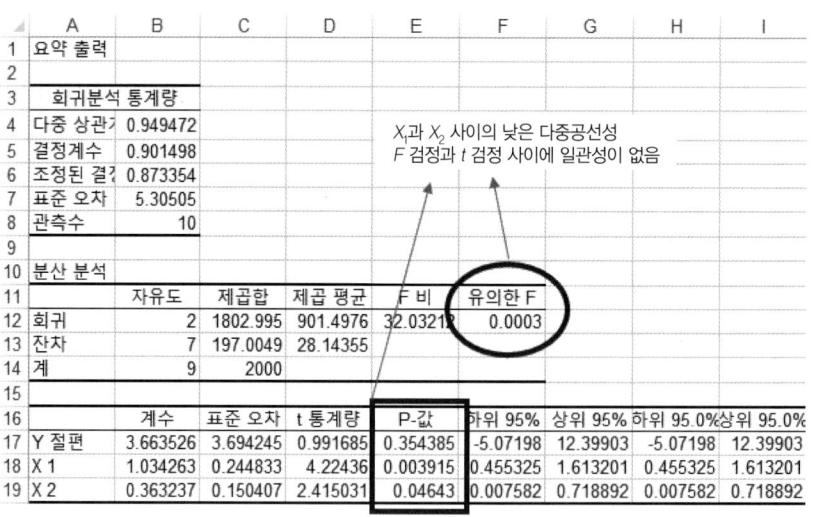

그림 13.38 C반의 다중 선형 회귀 결과

dist와 cros 사이의 상관관계가 낮으면, 결과에서 보듯 $(\mathbf{X'X})^{-1}$ 행렬에 나타난 값은 B반보다 훨씬 낮고 이는 f 통계량을 감소시키며 결과적으로 t와 F 검정 사이에 비일관성을 야기한다. 이 경우 $\mathbf{X'X} = \begin{bmatrix} 3704 & 4959 \\ 4959 & 7965 \end{bmatrix}$ 이며, $\mathbf{det}(\mathbf{X'X}) = 4{,}910{,}679$로서 이전 경우에 비해 훨씬 더 높다. 게다가 다음과 같다.

$$(\mathbf{X'X})^{-1} = \begin{bmatrix} 0.0016 & -0.0010 \\ -0.0010 & 0.0008 \end{bmatrix}$$

13.3.2.4 다중공선성 진단

다중공선성을 진단하는 첫 번째이자 가장 간단한 방법은 상관 행렬을 통해 설명 변수 간의 상관관계를 알아보는 것이다. 이 방법은 매우 간단한 반면, 두 변수 이상이 동시에 궁극적으로 상관을 일으키는 경우는 알아낼 수가 없다.

두 번째이자 비교적 덜 사용되는 방법은 행렬 $(\mathbf{X'X})$의 행렬식을 살펴보는 것이다. 앞의 두 절에서 본 것처럼 낮은 $\det(\mathbf{X'X})$는 설명 변수 간의 높은 상관관계를 의미하고, 이는 t 통계량의 분석을 방해한다.

마지막 방법은 보조 회귀 추정을 통한 다중공선성 진단이다. Vasconcellos and Alves(2000)에 따르면 식 (13.30)에 기반한 회귀 추정은 다음과 같이 계산할 수 있다.

$$
\begin{aligned}
X_{1i} &= a + b_1 \cdot X_{2i} + b_2 \cdot X_{3i} + \cdots + b_{k-1} \cdot X_{ki} + u_i \\
X_{2i} &= a + b_1 \cdot X_{1i} + b_2 \cdot X_{3i} + \cdots + b_{k-1} \cdot X_{ki} + u_i \\
&\vdots \\
X_{ki} &= a + b_1 \cdot X_{1i} + b_2 \cdot X_{2i} + \cdots + b_{k-1} \cdot X_{k-1i} + u_i
\end{aligned}
\tag{13.36}
$$

그리고 각각에 대해 R_k^2를 계산할 수 있다. 하나 이상의 R_k^2 보조 값이 높다면 다중공선성으로 간주할 수 있다. 이런 방식으로 **허용도**^{Tolerance}와 *VIF*^{Variance Inflation Factor} 통계량을 다음과 같이 정의할 수 있다.

$$허용도 = 1 - R_k^2 \tag{13.37}$$

$$VIF = \frac{1}{허용도} \tag{13.38}$$

따라서 허용도가 매우 낮다면 결론적으로 *VIF* 통계량은 높고 이는 다중공선성 문제를 의미한다. 다시 말해, 어떤 보조 회귀에서 허용도가 낮으면 보조 회귀에서 종속 변수 역할을 하는 설명 변수가 다른 설명 변수와 공유하는 분산 비율이 높다는 의미가 된다.

많은 저자들이 *VIF*가 10 이상이면 다중공선성 문제가 있는 것으로 보는데, *VIF*가 4이면 허용도는 0.25이므로 결정 보조 회귀의 R_k^2가 0.75이면 어떤 설명 변수와 다른 것 사이에 공유된 분산이 상대적으로 높다고 할 수 있다.

13.3.2.5 다중공선성 문제의 가능한 해법들

다중공선성은 데이터 모델링에서 가장 해결하기 힘든 과제 중 하나다. 단계별 절차에 따라 연계된 설명 변수를 제거하는 방식은 다중공선성을 해결할 수는 있지만 연계된 변수를 제거해 13.3.5절에서 설명할 명세 문제를 생성할 수 있다.

요인 분석 기법(12장)에 따라 설명 변수에 기반해 직교 요인을 생성하면 다중공선성 문제를 해결할 수도 있다. 그러나 예측의 효과 측면에서 보면 이 방법은 낯선 새로운 관측치에 해당하는 요인을 알 수 없으므로 문제가 될 수 있다. 또한 새로운 요인의 생성은 원시 설명 변수의 분산 일부를 손실하게 된다.

그러나 Vasconcellos and Alves(2000)에 따르면 다중공선성의 존재는, 예측에 있어서 결과를 생성한 조건이 동일하다면 예측의 목적에는 영향을 미치지 않는다. 이 방법으로 설명 변수 사이의 동일한 관계를 병합하게 되고 이는 문제가 되지 않는다. Gujarati(2011)는 또한 설명 변수 사이에 상관관계가 존재해도 반드시 나쁘거나 추정이 약해지는 것은 아니며 다중공선성의 존재 자체가 모델에 문제가 있음을 뜻하는 건 아니라고 강조했다. 다시 말해, 어떤 저자는 다중공선성 문제의 해결이란 그것이 존재한다는 사실을 알아차리고 이해한 다음 아무 대응도 하지 않는 것이라 말하기도 한다.

13.3.3 이분산성 문제

앞서 설명한 전제들에 더해 $Y_i = a + b_1 \cdot X_{1i} + b_2 \cdot X_{2i} + \cdots + b_k \cdot X_{ki} + u_i (i = 1, 2, ..., n)$의 각 랜덤 항의 확률 분포는 모두 동일한 분산, 즉 등분산성^{homoskedastic}을 가져야 한다. 따라서 다음과 같다.

$$Var(u_i) = E(u_i)^2 = \sigma_u^2 \tag{13.39}$$

그림 13.39는 단순 선형 회귀에서의 **이분산성**^{heteroskedasticity} 문제를 보여주는데, 설명 변수를 따라 잔차의 분산이 일관되지 않음을 볼 수 있다. 다시 말해, X 변수와 오차 항 사이에 상관관계가 있어야 하며 고깔 형태가 X가 증가할수록 좁아진다. 명백히 이분산성 문제는 고깔이 거울 형태로 X 변숫값이 줄어들수록 좁아질 때도(오찻값의 감소) 발생한다.

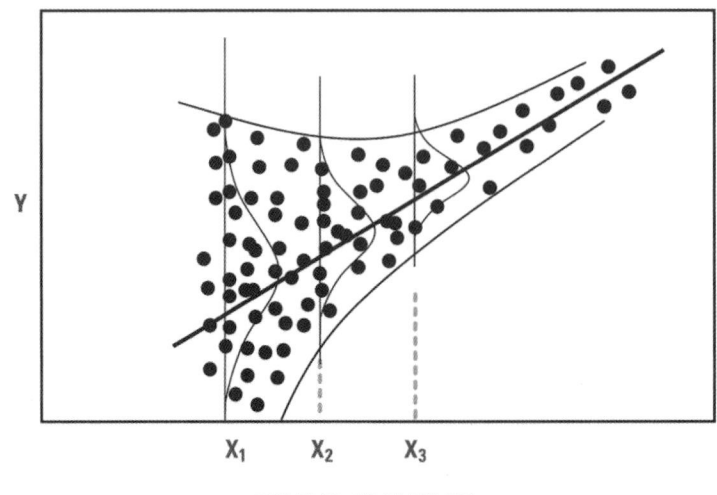

그림 13.39 이분산성의 문제

13.3.3.1 이분산성의 원인

Greene(2012)에 따르면 함수 형식의 오차 또는 관련 변수의 누락으로 인한 명세 오류는 모델에서 오차의 이분산성 항을 생성한다.

이 문제는 시행착오 모델에서도 나타난다. 이 경우 파생 시장에서 콩 선물을 예측하려는 분석가를 생각해보자. 동일한 분석가들이 현상(정확한 상품 가격)의 학습 곡선을 평가하기 위해 $t + 1$, $t + 2$, $t + 3$에서의 예측을 수행한다. 그림 13.40은 이 분석을 위한 실험 준비로서 시간이 흐름에 따라 분석가들이 더 정교하게 예측함을 볼 수 있으며, 이는 학습에 따라 매우 가능성이 높은 시나리오다.

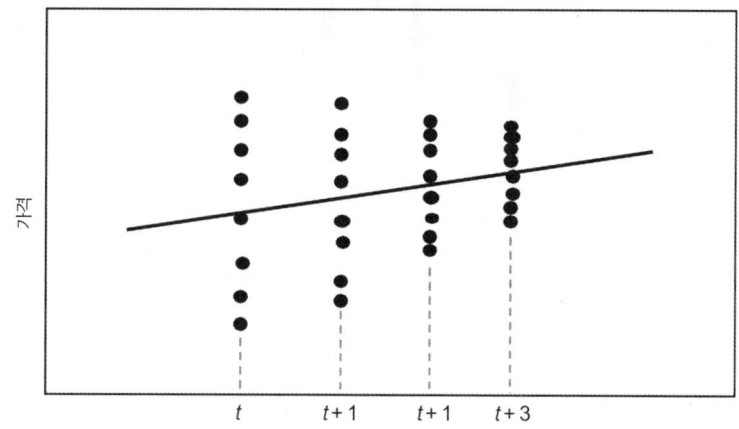

그림 13.40 이분산성 원인으로서의 시행착오 모델

유사하게, 재량 소득discretionary income(가처분 소득에서 기본 생활비를 제외한 나머지)의 증가는 회귀 모델에서 이분산성 문제의 원인이 될 수도 있다. 로스쿨 졸업자 대상의 조사를 생각해보자. 5년마다 동일한 학생들에게 같은 시기의 재량 소득에 관한 질문을 한 경우를 생각해보자. 그림 13.41은 시간이 흐름에 따라, 재량 소득의 증가가 큰 변화가 있음을 보여준다.

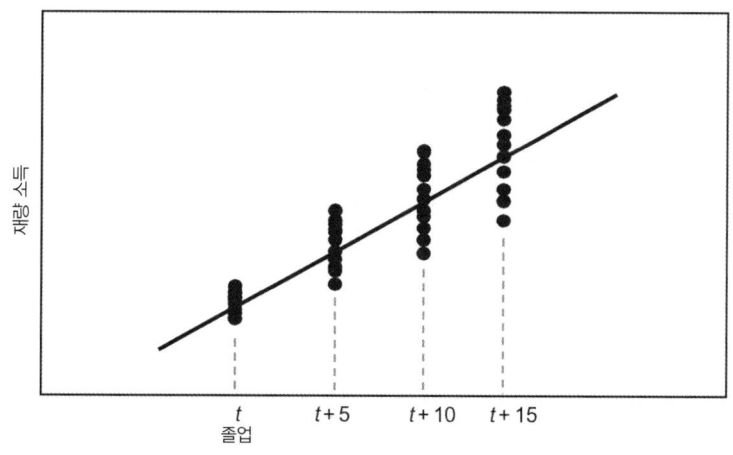

그림 13.41 이분산성 원인으로서의 재량 소득 증가

재량 소득 예제를 이어, 동일한 설정의 다른 표본에서 이번에는 어떤 한 개인의 재량 소득이 이상치를 보이는 경우를 그림 13.42에서 볼 수 있다. 이 경우 이 이상치는 시간이 흐름에 따라 더욱 커져서 모델이 이분산성 강도를 더욱 증가시킬 수 있다.

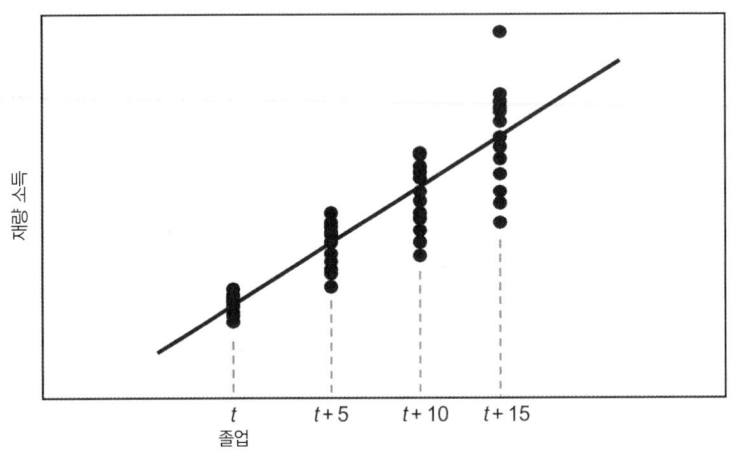

그림 13.42 이상치의 존재로 인한 이분산성의 유발

13.3.3.2 이분산성의 결과

예시된 모든 경우(모델 명세의 오류, 시행착오 모델, 재량 소득의 증가, 이상치의 존재)는 이분산성을 야기하며, 비록 비효율적이지만 t 통계량 가설 검정의 편향 모수의 비편향 모수와 표준 오차를 생성한다.

이분산성의 존재를 탐지하기 위해 이제 브뢰쉬-파간/쿡-와이즈버그 검정을 설명한다. 안정된 표준 오차 추정을 위한 가중 최소 자승과 후버-화이트$^{Huber-White}$ 기법 같은 이산성의 궁극적 교정 절차를 살펴본다.

13.3.3.3 이분산성 진단: 브뢰쉬-파간/쿡-와이즈버그 검정

브뢰쉬-파간/쿡-와이즈버그 검정$^{Breusch-Pagan/Cook-Weisberg\ test}$은 라그랑주 승수$^{LM,\ Lagrange\ multiplier}$에 기반하고 있으며, 귀무 가설은 오차 항의 분산이 일정하다는 것이며(등분산성 오차) 대립 가설은 오차 항의 분산이 일정하지 않으며 하나 이상의 설명 변수의 오차 항으로 나타난다는 것이다(이분산성 오차). 이 검정은 잔차의 정규성이 검증된 경우에 적용된다는 점에 유의하자.

검정 결과를 얻으려면, 먼저 잔차 벡터(u_i)와 종속 변수($\hat{Y}_i$)의 예측값에 기반한 특정 회귀 모델을 준비한다. 다음으로 잔차 제곱의 합을 표준화하기 위해, 이 새로운 변수의 평균은 1이 돼야 한다. 또는 각 표준화 잔차는 다음 식으로 구할 수 있다.

$$up_i = \frac{u_i^2}{\left(\sum_{i=1}^{n} u_i^2\right)/n} \tag{13.40}$$

여기서 n은 관측치 개수다.

다음으로 회귀 $up_i = a + b \cdot \hat{Y}_i + \xi_i$를 수행할 수 있는데, 이에 기반해 회귀에 따른 제곱합(SSR)의 합을 계산할 수 있으며 이를 2로 나누면 통계량 $\chi^2_{BP/CW}$를 얻게 된다.

이처럼 브뢰쉬-파간/쿡-와이즈버그 검정의 귀무 가설은 계산된 $\chi^2_{BP/CW}$ 통계량이, 1차 자유도를 가진 카이제곱 분포를 갖는다는 것이다. 그러므로 어떤 유의수준에서 $\chi^2_{BP/CW} < \chi^2_{1\,d.f.}$이다. 다시 말해, 오차 항이 등분산성이면 회귀에 따른 제곱 합은 $\hat{Y}$의 증가에 따라 증가하지 않는다.

13.5절에서는 Stata를 사용해 이 검정을 적용해본다.

13.3.3.4 가중 최소 자승 기법: 가능한 해법

설명한 것처럼, 모델 명세의 실패는 오차에 있어서 이분산성을 생성할 수 있고 이는 13.4절에서 살펴볼 것처럼 변수 간의 관계가 복잡하고 반드시 선형을 따르지는 않는다. 둘 이상의 변수 간 관계를 나타내는 기저 이론이 없다면 연구원이 종속 변수나 설명 변수 등에 기인한 잔차의 그래프 등을 통해 연구원 스스로가 모델의 비선형성, 예컨대 로그나 이차, 또는 역함수 등을 추론해봐야 한다.

이 관점에서 오차 항의 분산이 설명 변수에 종속되고 식 (13.39)가 다음에 예시한 식들과 같은 변형을 가지면 일반화 선형 모델의 특수한 경우인 **가중 최소 자승 기법**weighted least squares method을 적용해볼 수 있다.

$$Var(u_i) = \sigma_u^2 \cdot X_i$$

또는

$$Var(u_i) = \sigma_u^2 \cdot X_i^2$$

또는

$$Var(u_i) = \sigma_u^2 \cdot \sqrt{X_i}$$

또는 $Var(u_i)$와 X_i 사이의 어떤 관계.

이 경우 모델은 오차 항이 상수 변량을 나타내도록 변경할 수 있다. 예를 들어, u_i와 X_i 사이의 관계가 선형이며 $|u_i| = c \cdot X_i$여서 $E(u_i)^2 = E(c \cdot X_i)^2 = c^2 \cdot X_i^2$이다. 여기서 c는 상수다. 따라서 다음과 같은 모델을 제시할 수 있다.

$$\frac{Y_i}{X_i} = \frac{a}{X_i} + \frac{b \cdot X_i}{X_i} + \frac{u_i}{X_i} \tag{13.41}$$

식 (13.41)에 따라 새로운 오차 항은 다음 분산을 나타낸다.

$$E\left(\frac{u_i}{X_i}\right)^2 = \frac{1}{X_i^2} \cdot E(u_i)^2 = \frac{1}{X_i^2} \cdot c^2 \cdot X_i^2 = c^2$$

이것은 상수다.

그러므로 식 (13.41)에 따라 OLS를 추정할 수 있다.

13.3.3.5 안정적 표준 오차를 위한 후버-화이트 기법

Huber(1967)의 업적을 이은 White(1980)의 논문에 제시된 절차로부터 간결한 아이디어를 얻기 위해 다시 다음 식을 사용한다.

$$Y_i = a + b \cdot X_i + u_i, \quad \text{이때 } Var(u_i) = E(u_i)^2 = \sigma_u^2 \tag{13.42}$$

그리고 다음과 같다.

$$Var(\hat{b}) = \frac{\sum X_i^2 \cdot \sigma_u^2}{\left(\sum X_i^2\right)^2} \tag{13.43}$$

그러나 σ_u^2는 직접 관찰할 수 없으므로 White(1980)는 $\hat{u}_i^2$ 대신 σ_u^2를 도입해 $Var(\hat{b})$를 다음과 같이 추정했다.

$$Var(\hat{b}) = \frac{\sum X_i^2 \cdot \hat{u}_i^2}{\left(\sum X_i^2\right)^2} \tag{13.44}$$

White(1980)는 식 (13.43)에 나타난 $Var(\hat{b})$는 식 (13.43)에 나타난 분산의 일관된 평가자이거나 혹은 표본 크기가 무한대로 커지면 첫 번째 식이 두 번째 식으로 수렴한다는 것을 증명했다.

이 절차는 다중 회귀 모델로 일반화할 수 있다.

$$Y_i = a + b_1 \cdot X_{1i} + b_2 \cdot X_{2i} + \cdots + b_k \cdot X_{ki} + u_i \tag{13.45}$$

이로부터 다음을 도출할 수 있다.

$$Var\left(\hat{b}_j\right) = \frac{\sum \hat{w}_{ji}^2 \cdot \hat{u}_i^2}{\left(\sum \hat{w}_{ji}^2\right)^2} \tag{13.46}$$

여기서 $j = 1, 2, ..., k$는 원시 회귀의 추정에서 얻은 잔차이고, $\hat{w}_{ji}$는 설명 변수 X_j를 나머지 설명 변수에 대해 각각 보조 회귀해서 구한 잔차다.

이 모델을 적용하는 데는 계산상으로 매우 용이하므로 학문적 작업에서조차 이분산성에 대한 안정적 표준 오차를 사용하게 되고, 결과적으로 이제 더 이상 이분산성 존재를 걱정하지 않기조차 한다. 그러나 이분산성의 원인에 해당하는 불확실성을 제거하고 궁극적으로 더 안정적인 결과를 얻고자 하는 이 시도는 대부분의 경우 참 해가 되지 못한다. OLS 기법을 직접 적용했을 때에 비해 모수에 대한 다른 표준 오차 추정으로 이끌게 되는(F 통계량에 영향을 준다) 이 절차는 회귀 모델에서 적절히 성립된 모수를 변경하지는 않는다는 점을 기억하자.

따라서 이 절차는 이분산성의 원인을 찾는 것이 아니라, 이분산성이 존재하지 않는 척하기 위해 적용될 뿐이다.

13.3.4 잔차의 자기상관 문제

오차 항의 무작위성과 독립성의 가설은 시간에 따른 변화가 동반된 모델에서만 유효하다. 다시 말해, 단면적 데이터셋과 작업할 경우 이 가정은 정당화되지 않고 단면으로 배치된 관측치의 순서를 변경해도 데이터셋을 변화시키지는 않는다. 그러나 관측치 간의 상관관계는 변경된다. 반면 시간에 따른 데이터셋의 관측치의 순서(t, $t + 1$, $t + 2$ 등)는 지켜야 하며, 관측치 사이의 오차 항의 상관관계(ρ)는 중요하다. 따라서 이제 i 대신 t를 대입한 다음 모델이 제시된다.

$$Y_t = a + b_1 \cdot X_{1t} + b_2 \cdot X_{2t} + \cdots + b_k \cdot X_{kt} + \varepsilon_t \tag{13.47}$$

여기서

$$\varepsilon_t = \rho \cdot \varepsilon_{t-1} + u_t, \quad 이때 \ -1 \leq \rho \leq 1 \tag{13.48}$$

여기서 오차 항 ε_t는 독립적이지 않고 식 (13.38)에 따라 **1차 자기상관**first-order autocorrelation을 나타낸다. 즉, 각 ε 값은 이전 주기의 ε 값에 종속되고 정규 분포하는 랜덤 독립 u 항과 평균이 0, 분산이 상수가 된다. 이 경우, 다음과 같다.

$$\begin{aligned} \varepsilon_{t-1} &= \rho \cdot \varepsilon_{t-2} + u_{t-1} \\ \varepsilon_{t-2} &= \rho \cdot \varepsilon_{t-3} + u_{t-2} \\ &\vdots \\ \varepsilon_{t-p} &= \rho \cdot \varepsilon_{t-p-1} + u_{t-p} \end{aligned} \tag{13.49}$$

그림 13.43은 단순 선형 회귀에 있어 잔차의 자기상관을 보여주고 오차 항이 무작위가 아니며 시간적으로 상관된다는 것을 분명히 보여준다.

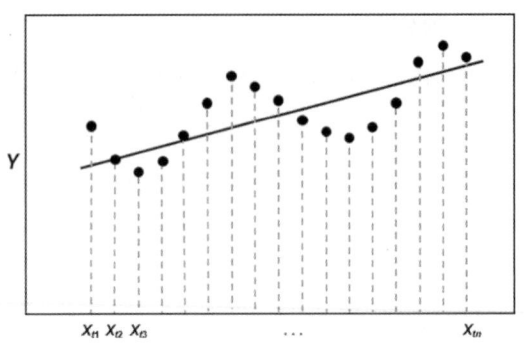

그림 13.43 잔차의 자기상관 문제

13.3.4.1 잔차의 자기상관 원인

Vasconcellos and Alves(2000)와 Greene(2012)에 따르면, 함수 유형에 대한 명세 오류나 관련 설명 변수의 누락은 오차 항의 자기상관을 야기할 수 있다. 이와 더불어 잔차의 자기상관은 계절적 현상에 의해 야기될 수 있고, 결과적으로 계열에 있어 계절성을 없애려는 것으로부터 야기될 수도 있다.

어떤 도시의 아이스크림 소비량(톤)과 인구 증가율의 관계를 분기 단위로 연구하는 경우를 생각해보자. 그림 13.44와 같이 2년 동안의 데이터가 수집됐다. 그래프를 통해 인구의 증가가 아이스크림 소비를 증가시킨 것을 볼 수 있다. 그러나 계절적 영향으로 인해 봄, 여름의 소비량은 매우 많고 가을과 겨울의 소비량은 훨씬 적어서 선형 함수 형태는 시간에 따른 오차 항의 자기상관을 야기한다.

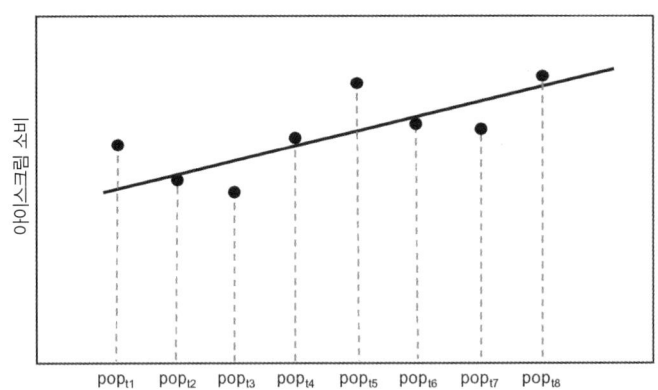

그림 13.44 잔차의 자기상관을 야기하는 계절성

13.3.4.2 잔차의 자기상관 결과

설명한 원인(모델 함수 유형 상세 오류, 관련 설명 변수 누락, 계열의 계절성)은 모두 잔차의 자기상관을 야기할 수 있으며, 비록 비효율적이지만 비편향 모수를 생성하고 과소추정 모수의 표준 잔차를 생성해 가설 검정의 t 통계량에 문제를 일으킨다.

잔차의 자기상관을 탐지하기 위해, 이제 더빈-왓슨과 브뢰쉬-고드프리 검정을 설명한다.

13.3.4.3 잔차의 자기상관 진단: 더빈-왓슨 검정

더빈-왓슨 검정^{Durbin-Watson test}은 비록 1차 자기상관에만 유효하긴 하지만 자기상관의 존재를 탐지하기 위해 가장 보편적으로 사용되는 방법이다. 검정의 DW 통계량은 다음과 같다.

$$DW = \frac{\sum_{t=2}^{n}(\varepsilon_t - \varepsilon_{t-1})^2}{\sum_{t=1}^{n}\varepsilon_t^2} \tag{13.50}$$

여기서 ε_t는 식 (13.47)의 추정 오차 항을 나타낸다. ε_t와 ε_{t-1} 사이의 상관관계는 다음과 같이 나타낸다.

$$\rho = \frac{\sum_{t=2}^{n}\varepsilon_t \cdot \varepsilon_{t-1}}{\sum_{t=2}^{n}\varepsilon_{t-1}^2} \tag{13.51}$$

n이 충분히 크면, 다음 식을 유도할 수 있다.

$$DW \cong 2 \cdot (1 - \hat{\rho}) \tag{13.52}$$

이런 관계로 인해 많은 연구원은 더미-왓슨 검정 DW 통계량이 잔차의 자기상관 비존재의 두 배에 근사한다고 얘기한다($\rho \cong 0$). 이 말은 1차의 자기회귀 프로세스에서는 맞지만, DW 분포의 임곗값 d_U와 d_L을 사용하면 자기상관의 실제 존재 확률을 좀 더 구체적으로 파악할 수 있다. 표는 d_U와 d_L을 원하는 통계 유의수준에서 모델 모수 개수와 표본 개수의 함수로 알려준다. 부록의 표 C는 이 값을 알려주고, 그림 13.45는 자기상관의 존재 유무에 대한 기준과 DW 분포를 나타낸다.

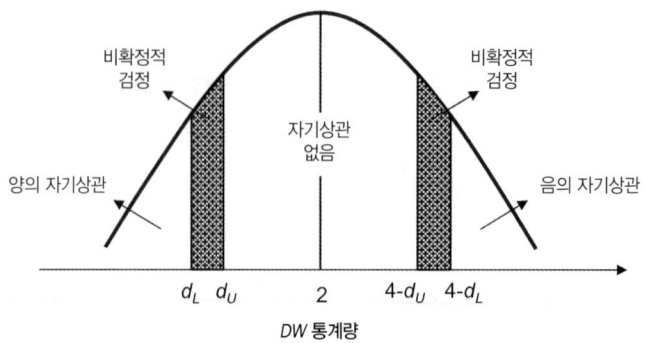

그림 13.45 자기상관 존재의 기준과 *DW* 분포

비록 널리 사용되지만 더빈-왓슨 검정은 앞서 설명한 것처럼 오차 항의 1차 자기상관 존재 유무의 검증에만 유효하다. 더구나 모델에 쓸모없는 종속 변수가 설명 변수 중 하나로 포함된 경우에는 부적절해진다. 이런 경우는 브뢰쉬-고드프리 검정이 대안이 된다.

13.3.4.4 잔차의 자기상관 진단: 브뢰쉬-고드프리 검정

브뢰쉬-고드프리 검정^{Breusch-Godfrey test}은 1978년 개별적으로 발표된 두 논문(Breusch, 1978; Godfrey, 1978)에 소개됐으며 쓸모없는 종속 변수가 설명 변수 중 하나로 포함되어 있는 모델에서의 자기상관을 검정할 수 있게 해준다 또한 1차뿐 아니라 2, 3, ..., p차의 자기상관도 검증할 수 있으므로 더미-왓슨보다 더 일반적인 방법이다.

다음과 같은 앞서의 다중 선형 회귀 모델에서,

$$Y_t = a + b_1 \cdot X_{1t} + b_2 \cdot X_{2t} + \cdots + b_k \cdot X_{kt} + \varepsilon_t \tag{13.53}$$

p차 자기회귀 프로세스의 오차 항은 다음과 같이 정의할 수 있다.

$$\varepsilon_t = \rho_1 \cdot \varepsilon_{t-1} + \rho_2 \cdot \varepsilon_{t-2} + \cdots + \rho_p \cdot \varepsilon_{t-p} + u_t \tag{13.54}$$

여기서 u는 평균이 0이고 분산이 상수인 정규 분포를 따른다.

따라서 식 (13.53)으로 나타난 모델의 OLS 추정에 따라 $\hat{\varepsilon}_t$를 얻고 다음 회귀를 만들 수 있다.

$$\hat{\varepsilon}_t = d_1 \cdot X_{1t} + d_2 \cdot X_{2t} + \cdots + d_k \cdot X_{kt} + \hat{\rho}_1 \cdot \hat{\varepsilon}_{t-1} + \hat{\rho}_2 \cdot \hat{\varepsilon}_{t-2} + \cdots + \hat{\rho}_p \cdot \hat{\varepsilon}_{t-p} + v_t \tag{13.55}$$

브뢰쉬와 고드프리는 이 검정의 통계량이 다음과 같음을 보였다.

$$BG = (n - p) \cdot R^2 \sim \chi_p^2 \tag{13.56}$$

여기서 n은 표본 크기이고, p는 자기회귀 프로세스의 차원, R^2은 모델식 (13.55)에 따른 결정 계수다.

이런 식으로 $(n-p) \cdot R^2$이 p차 자유도를 가진 카이제곱 임곗값보다 높으면 잔차의 자기상관이 없다는 귀무 가설을 기각하고 식 (13.55)에서의 적어도 하나의 $\hat{\rho}$ 모수가 통계적으로 0이 아니게 된다.

브뢰쉬-고드프리 검정의 주된 단점은 식 (13.54)에서의 p 개수를 사전에 정의할 수 없어서 다양한 p에 대해 검정해야 한다는 것이다.

13.3.4.5 자기상관 문제의 가능한 해법들

잔차의 자기상관 문제는 함수 유형의 명세를 바꾸거나 누락된 관련 변수를 포함시키는 등으로 해결할 수 있다. 이러한 명세 문제에 대한 검정은 13.3.5절에 설명되어 있다.

그러나 자기상관이 명세 오류나 변수 누락이 아닌 '순수한' 원인일 경우에는 일반화 최소 자승으로 해결할 수 있으며, 이때의 목적은 자기상관되지 않은 오차 항을 생성할 수 있는 최적의 변경을 원시 모델에 적용하는 것이다.

다시 오직 하나의 변수를 가진 원시 모델을 가정해보자.

$$Y_t = a + b \cdot X_t + \varepsilon_t \tag{13.57}$$

여기서

$$\varepsilon_t = \rho \cdot \varepsilon_{t-1} + u_t \tag{13.58}$$

u는 평균이 0이고 분산이 상수인 정규 분포를 따른다.

여기서는 식 (13.57)을 수정해 오차 항이 더 이상 ε이 아니라 u가 되게 하려는 것이므로 이 식의 항에 ρ를 곱하고 한 주기만큼 옮길 수 있다. 이를 통해 다음을 얻는다.

$$\rho \cdot Y_{t-1} = \rho \cdot a + \rho \cdot b \cdot X_{t-1} + \rho \cdot \varepsilon_{t-1} \tag{13.59}$$

식 (13.57)에서 식 (13.59)를 빼면, 다음을 얻는다.

$$Y_t - \rho \cdot Y_{t-1} = a \cdot (1 - \rho) + b \cdot (X_t - \rho \cdot X_{t-1}) + u_t \tag{13.60}$$

이는 비상관된 오차 항을 가진 모델이 된다. 그러나 이런 변형을 위해서는 ρ 값을 알아야 한다.

13.5절에서는 Stata를 사용한 다중 선형 회귀 모델을 설명하는데, 각 가정에 대해 해당 검정과 결과를 사용한 검증 절차를 설명한다.

13.3.5 명세 문제의 탐지: Linktest와 RESET 검정

주지하는 것처럼, 회귀 가정에 있어서 많은 위배사항은 모델 명세의 실패에서 야기되는데, 함수 유형을 잘못 정의하거나 관련 설명 변수의 누락에 기인한다. 명세 문제를 탐지하는 많은 방법이 있지만 가장 많이 사용되는 것은 linktest와 RESET 검정이다.

linktest는 단순히 회귀 모델에 기반해 두 새로운 변수를 생성하는 절차로서, 단지 $\hat{Y}$와 $\hat{Y}^2$ 변수다. 따라서 다음의 원시 모델 추정에 기반해,

$$Y_i = a + b_1 \cdot X_{1i} + b_2 \cdot X_{2i} + \cdots + b_k \cdot X_{ki} + u_i \tag{13.61}$$

다음 모델을 추정할 수 있다.

$$Y_i = a + d_1 \cdot \hat{Y}_i + d_2 \cdot \left(\hat{Y}_i\right)^2 + v_i \tag{13.62}$$

이로부터 $\hat{Y}$는 통계적으로 유의하며, $\hat{Y}^2$은 그렇지 않음을 기대할 수 있다. 만약 원시 모델이 함수 유형의 항에 있어 제대로 지정됐다면 종속 변수의 예측 변수의 제곱이 원시 종속 변수에 대해 설명력을 가져서는 안 되기 때문이다. Stata에서 linktest를 직접 적용하면 정확히 이 설정을 나타내지만, $\hat{Y}$ 변수에 대한 통계적 유의성을 계산하고자 한다면 수작업으로 할 수 있다.

RESET 검정$^{regression\ specification\ error\ test}$은 관련 변수 누락에 의한 모델 명세의 오류 존재를 평가한다. linktest와 유사하게 RESET도 식 (13.61)에 의해 표현된 원시 모델 추정에 기반해 생성된 $\hat{Y}$ 값에 기반한 새로운 변수를 생성한다. 이로부터 다음 모델을 추정할 수 있다.

$$Y_i = a + b_1 \cdot X_{1i} + b_2 \cdot X_{2i} + \cdots + b_k \cdot X_{ki} + d_1 \cdot \left(\hat{Y}_i\right)^2 + d_2 \cdot \left(\hat{Y}_i\right)^3 + d_3 \cdot \left(\hat{Y}_i\right)^4 + v_i \tag{13.63}$$

식 (13.63)의 모델 추정으로부터 다음과 같이 F 통계량을 계산할 수 있다.

$$F = \frac{\dfrac{\left(\sum_{i=1}^{n} u_i^2 - \sum_{i=1}^{n} v_i^2\right)}{3}}{\dfrac{\left(\sum_{i=1}^{n} v_i^2\right)}{(n-k-4)}} \tag{13.64}$$

여기서 n은 관측치 개수이고, k는 원시 모델의 설명 변수 개수다.

따라서 $(3, n - k - 4)$차 자유도에 해당하는 F 통계량이 해당 F 임곗값(RESET 검정의 H_0)보다 작으면 원시 모델은 관련 설명 변수를 누락하지 않았다고 말할 수 있다.

13.5절에서의 linktest와 같은 방법으로 RESET 검정도 Stata로 원시 모델 추정에 근거해 수행할 수 있다.

13.4 비선형 회귀 모델

앞서 살펴본 것처럼 단일 변수 X에 대한 선형 회귀 모델은 다음과 같이 나타낼 수 있다.

$$Y_i = a + b \cdot X_i + u_i \tag{13.65}$$

그러나 Y 변수가 X 변수의 비선형적 행동으로 더 잘 설명되는 경우를 생각해보자. 이 경우 선형 모델을 적용하면 낮은 R^2이 생성되고 결론적으로 예측력이 떨어지게 된다.

그림 13.46과 같은 상황을 가정해보자. 명백히 X와 Y 사이에 비선형 관계가 있다.

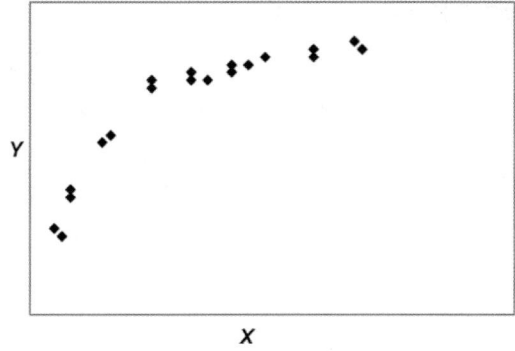

그림 13.46 Y와 X 사이의 비선형 관계의 예

연구원은 가장 적절한 예측을 위해 네 가지 회귀 모델을 준비했다. 네 가지 형태는 각각 선형, 세미로그, 2차, 지수 형태다. 그림 13.47은 이 네 가지 모델의 결과를 보여준다.

결과를 분석하면서 연구원은 세미로그의 R^2 값이 가장 크므로 모델의 예측력이 더 좋다고 결론 내리고 해당 모델을 선택하게 된다. 또한 이 경우 선형 모델이 가장 낮은 R^2 값을 갖는다는 사실을 알아냈다.

변수 간의 관계는 무수히 많은 비선형 형태로 나타낼 수 있고, 이는 궁극적으로 각기 다른 현상의 행동을 좀 더 적절한 형태로 설명하기 위한 회귀 모델을 추정하는 데 고려돼야 한다. 이런 관점에서 상자 13.3은 주요 함수 유형을 보여준다.

최적 함수 유형의 정의는 경험적으로 데이터에 가장 잘 적용되는 것을 결정하는 것이다. 그러나 연구원은 기저 이론이나 데이터의 예비 분석, 그리고 경험에 의해 선택할 수 있는 자유도 있다는 사실을 강조하고자 한다. 하지만 기법의 가정을 준수하는 어떤 함수 유형의 결정은 더 높은 R^2 값에 기반한다(동일한 모수와 동일한 표본에 대해. 그렇지 않다면 앞서 설명한 대로 수정 R^2 값을 고려하는 것도 한 옵션이 될 수 있다).

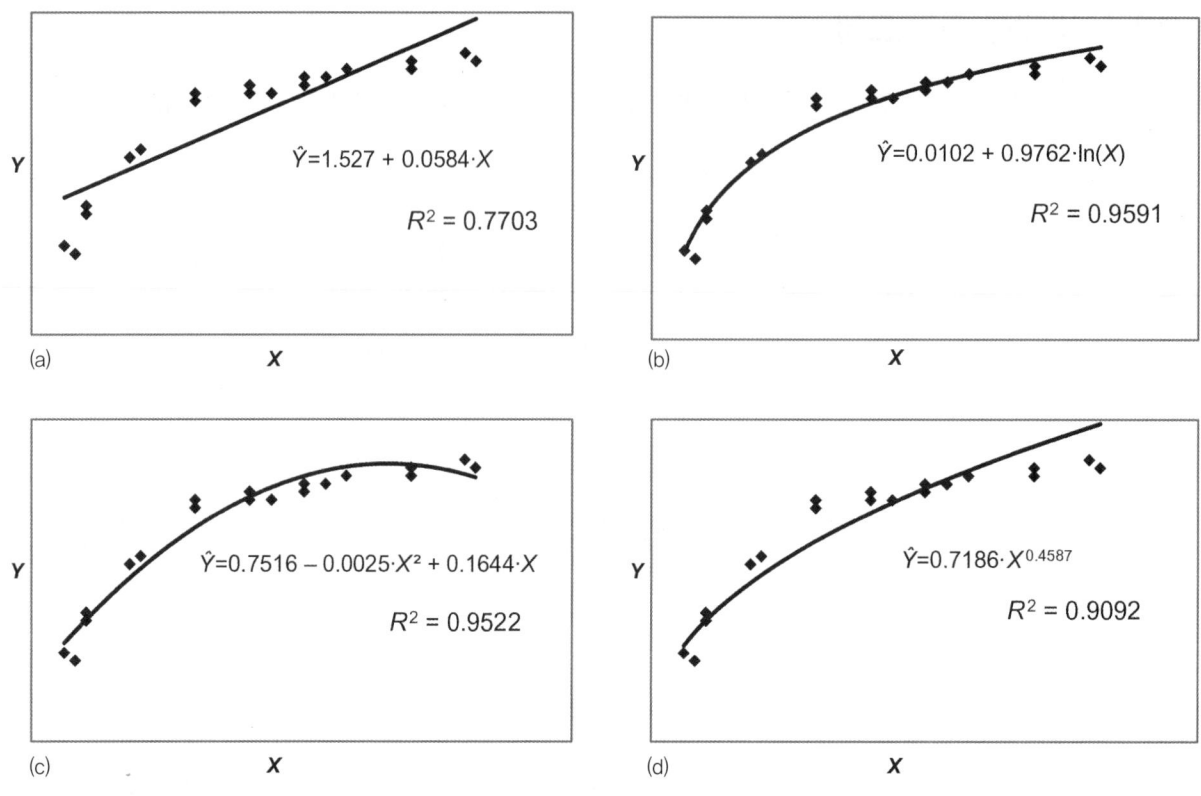

그림 13.47 회귀의 네 가지 형태를 적용한 결과: (a) 선형 명세, (b) 세미로그 명세, (c) 2차 명세, (d) 지수 명세

함수 형태	모델
상자 13.3 회귀 모델의 주요 형태	
선형	$Y_i = a + b \cdot X_i + u_i$
우측 세미로그	$Y_i = a + b \cdot \ln(X_i) + u_i$
좌측 세미로그	$\ln(Y_i) = a + b \cdot X_i + u_i$
로그(또는 log–log)	$\ln(Y_i) = a + b \cdot \ln(X_i) + u_i$
역	$Y_i = a + b \cdot \left(\frac{1}{X_i}\right) + u_i$
2차	$Y_i = a + b \cdot (X_i)^2 + u_i$
3차	$Y_i = a + b \cdot (X_i)^3 + u_i$
지수	$Y_i = a \cdot (X_i)^b + u_i$
출처: Fouto(2004)와 Fávero(2005)	

선형 함수 유형에서는 b 모수가 Y 변수에 대한 X 변수의 한계 효과를 나타내지만, 우측 세미로그에서의 b 모수는 Y 변수에 대한 $\ln(X)$ 변수의 한계 효과를 나타낸다.

역, 2차, 3차 함수 유형은 각각 X의 역, 2차, 3차 변화에 따른 Y의 한계 효과를 나타낸다.

끝으로, 좌측 세미로그나 로그(log-log)에서는 X 변수의 계수를 부분 탄성elasticity으로 해석할 수 있다. 이진과 다항 로지스틱 모델, 개수 데이터의 푸아송과 음이항 회귀 모델, 생존 데이터를 위한 회귀 모델은 모두 좌측 세미로그의 특수한 경우이며, 이는 로그 선형 또는 비선형 지수 모델로도 알려져 있다는 사실에 주목하자. 이진과 다항 로지스틱 모델, 개수 데이터를 위한 푸아송과 음이항 모델은 각각 14장과 15장에서 알아본다. 생존 데이터를 위한 회귀 모델은 Fávero(2015)와 Fávero and Belfiore(2017)에서 찾아볼 수 있다.

13.4.1 박스—콕스 변환: 일반 회귀 모델

Box and Cox(1964)는 학술 논문에서 모든 함수 유형이 도출될 수 있는 일반 회귀 모델을 제시했다. 해당 저자들과 Fávero(2005) 그리고 Fávero et al.(2009)의 설명에 따르면, 식 (13.65)로 표현된 단일 변수 X의 선형 회귀에 기반해 Y를 $(Y^\lambda - 1)/\lambda$로, X를 $(X^\theta - 1)/\theta$로 대체하는 변환을 수행할 수 있는데, 여기서 λ와 θ는 변환 모수다. 따라서 모델은 다음과 같이 된다.

$$\frac{Y_i^\lambda - 1}{\lambda} = a + b \cdot \left(\frac{X_i^\theta - 1}{\theta} \right) + u_i \tag{13.66}$$

식 (13.66)에 따라, 상자 13.4에 있는 것처럼 상자 13.3에서 정의한 주요 함수 유형의 일부에 대한 고유 경우를 구하는 λ와 θ를 할당할 수 있다.

상자 13.4 박스—콕스의 변환과 각 함수 형태에 대한 l와 q 값

모수 λ	모수 θ	함수 형태
1	1	선형
1	0	우측 세미로그
0	1	좌측 세미로그
0	0	로그(또는 log-log)
1	−1	역
1	2	2차
1	3	3차

Box and Cox(1964)는 테일러^{Taylor} 확장을 사용해 결정된 모수(λ 또는 θ)가 0이면 자연로그($\ln$)를 구할 수 있음을 보였다.

원시 변수에 박스-콕스 변환을 적용해 얻은 새로운 변수는 새로운 분포(새로운 히스토그램)를 나타낸다. 이 때문에 연구원들은 대개 진폭이 크고 값의 차이가 클 경우 원시 변수에 기반해 변환된 변수를 구한다. 예를 들어, 평방미터당 임대료가 있는 데이터셋이 평방미터당 100달러에서 10,000달러 사이에 변동되는 경우를 생각해보자. 이 경우 자연로그를 적용하면, 진폭을 크게 감소시키고 값 사이의 차이도 감소시킬 것이다($\ln(100) = 4.6$, $\ln(10,000) = 9.2$). 금융과 회계에 있어서는, 예컨대 사업 규모는 대개 전통적으로 회사 자산의 자연로그를 취한 변수로 알려져 있다.

더미 변수의 경우, 명백히 박스-콕스 변환은 의미가 없다. 이 값들은 0이나 1이며, 지수를 적용하더라도 원시 값의 변화가 없기 때문이다.

13.3절에서 살펴본 것처럼, 회귀 모델에서의 잔차에 관련된 가정들(정규성, 이분산성, 자기상관의 부존재)은 함수 유형 명세의 오류로 인해 위배될 수 있다. 이 경우 박스-콕스 변환은 선형이 아닌 다른 함수 유형의 정의를 도와줄 수 있으며, 다음 질문에 대한 답을 주기도 한다. **박스-콕스 변환에 있어 어떤 모수(λ는 종속, θ는 설명 변수)가 원시 변수에 기반해 생성된 새 변환 변수의 정규 분포성을 가장 극대화하는가?** 박스-콕스 모수는 $-\infty$에서 $+\infty$ 사이에서 변동되므로, 어떤 값이든 얻을 수 있다. 13.5절에서는 이 질문에 대답하기 위해 Stata를 사용해본다.

13.5 Stata를 사용한 회귀 모델의 추정

이 절의 목적은 회귀의 개념과 가정을 다시 살펴보는 것이 아니라 확증 모델에 대해 Stata 소프트웨어를 사용하는 방법을 설명하는 데 있다. 13.2절의 예제 및 책에서와 동일한 기준을 여기서도 사용한다.

예제를 다시 상기해보면, 교수는 학생들의 사는 곳과 통학 시간의 독립성을 알아보고자 했으나 이는 거리, 신호등 개수, 출발 시간대, 운전 성향 등의 변수에 영향을 받았었다. 이제 10명의 학생들에 대한 설문으로 구성된 마지막 데이터셋을 살펴보자. 데이터셋은 Timedistsemperstyle.dta 파일에 있고 표 13.10과 정확히 일치한다.

먼저, desc 명령어를 입력해 관측치 개수, 변수 개수 등의 데이터셋 특성을 살펴볼 수 있는데, 이는 그림 13.48에 나타나 있다.

```
. desc

obs:            10
vars:            6
size:          200 (99.9% of memory free)
-------------------------------------------------------------------
              storage   display    value
variable name   type     format    label    variable label
-------------------------------------------------------------------
student         str11    %11s
time            byte     %8.0g               time to get to school (minutes)
dist            byte     %8.0g               distance traveled to school (km)
sem             byte     %8.0g               number of traffic lights
per             byte     %8.0g      per      time of day
style           byte     %9.0g      style    driving style
-------------------------------------------------------------------
Sorted by:
```

그림 13.48 Timedistsemperstyle.dta 데이터셋의 설명

변수 *per*는 정성이지만 오직 두 범주만을 갖고, 데이터셋에서는 이미 더미로 레이블됐다(오전 = 1; 오후 = 0). 반면 *style* 프로파일은 세 가지 범주를 가지므로, 13.2.6절에서 설명한 대로 ($n - 1 = 2$)개의 더미 변수를 생성해야 한다. tab 명령어는 정성 변수의 빈도 분포를 제공하고 범주의 개수를 보여준다. 연구원이 범주 개수에 의문이 생긴다면 이 명령어를 사용하면 된다(그림 13.49).

```
. tab style

   driving |
     style |     Freq.      Percent       Cum.
-----------+-----------------------------------
      calm |        3        30.00       30.00
  moderate |        5        50.00       80.00
 agressive |        2        20.00      100.00
-----------+-----------------------------------
     Total |       10       100.00
```

그림 13.49 *style* 변수의 빈도 분포

xi i.style 명령어는 이 두 더미 변수를 제공해주는데, 여기서는 이름이 *_Istylel_2*와 *_Istylel_3*이며 정확히 표 13.11(그림 13.50)에 나타난 기준을 갖고 있다.

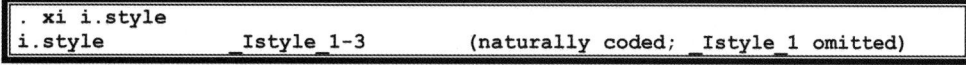
```
. xi i.style
i.style          _Istyle_1-3        (naturally coded;  _Istyle_1 omitted)
```

그림 13.50 *style* 변수에 기반한 두 더미 변수의 생성

실제 다중 회귀 모델을 준비하기 전에 2 × 2 변수들 간의 상호작용을 보여주는 그래프를 그려볼 수 있다. matrix로 알려진 이 그래프는 변수들이 어떻게 연계되는지 좀 더 잘 이해하는 데 도움을 주

며 궁극적으로 비선형 함수 유형에 대한 단서를 제공한다. 이제 모델 정량 변수만으로 그래프를 그려보고(그림 13.51) 시각화를 쉽게 해보자.

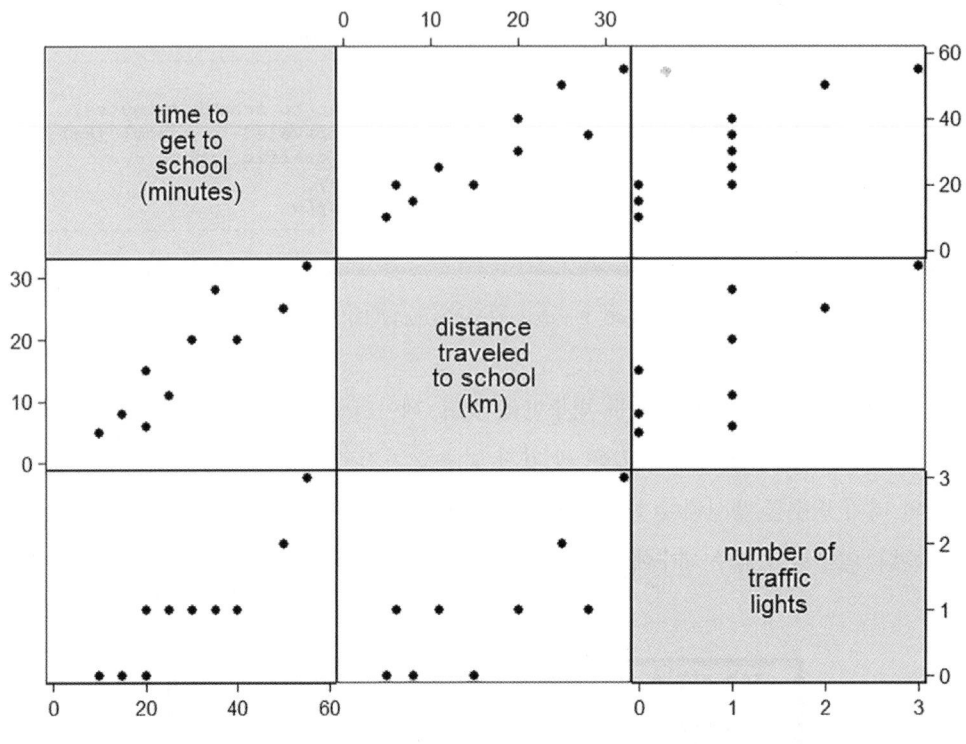

그림 13.51 변수들 간의 상호관계: 그래프 matrix

이제 다음 명령어를 수행해야 한다.

```
graph matrix time dist sem
```

이 그래프를 통해 *time* 변수와 *dist* 그리고 *sem* 사이에는 양의 관계가 있음을 볼 수 있고 이는 선형으로 보인다. 또한 설명 변수 사이에 어떤 다중공선성이 있어 보인다. 상관 행렬은 회귀를 준비하기 전에 생성할 수도 있으며, 이를 통해 데이터셋 진단에 도움을 받을 수 있다. 이를 위해 다음 명령어를 수행한다.

```
pwcorr time dist sem per _Istyle_2 _Istyle_3, sig
```

그림 13.52는 상관 행렬을 보여준다.

```
. pwcorr time dist sem per _Istyle_2 _Istyle_3, sig

             |     time     dist      sem      per _Istyle~2 _Istyle~3
-------------+------------------------------------------------------------
        Time |   1.0000
             |
             |
        dist |   0.9052   1.0000
             |   0.0003
             |
         sem |   0.9092   0.7559   1.0000
             |   0.0003   0.0114
             |
         per |  -0.8487  -0.6289  -0.7319   1.0000
             |   0.0019   0.0515   0.0161
             |
   _Istyle_2 |  -0.2828  -0.1108  -0.2236   0.6547   1.0000
             |   0.4284   0.7605   0.5346   0.0400
             |
   _Istyle_3 |   0.5303   0.3048   0.2795  -0.7638  -0.5000   1.0000
             |   0.1148   0.3918   0.4341   0.0101   0.1411
```

그림 13.52 상관 행렬

상관 행렬을 통해 *time*과 *dist* 그리고 *time*과 *sem* 사이에 강한 상관이 있으며 이는 5% 유의수준에서 통계적으로 유의하다는 사실을 알 수 있다. 반면, 같은 행렬을 통해 설명 변수들 사이, 예컨대 *per*와 *_Istyle_3* 사이에 다중공선성이 생길 수 있음을 알 수 있다. 비록 *time*과 *per* 사이의 상관관계가 *time*과 *_Iperfil_3* 사이보다 더 높지만 단계별 절차를 통해 *_Iperfil_3*와는 달리 *per* 변수는 최종 모델에서 제거됨을 뒤에서 보게 될 것이다.

이제 모델링으로 가보자. 이를 위해 다음 명령어를 실행한다.

```
reg time dist sem per _Istyle_2 _Istyle_3
```

reg 명령어는 OLS 기법으로 회귀를 추정한다. 이때 추정 모수 구간의 원하는 신뢰수준을 별도로 명시하지 않으면 표준인 95%가 사용된다. 그러나 모수 구간에 대한 이 신뢰수준을 변경, 예컨대 90%로 하려면 다음처럼 명령하면 된다.

```
reg time dist sem per _Istyle_2 _Istyle_3, level(90)
```

신뢰수준은 95%로 유지하고, 그 결과는 그림 13.53에 나타나 있다. 이 결과는 그림 13.32와 정확히 일치한다.

```
. reg time dist sem per _Istyle_2 _Istyle_3

      Source |       SS       df       MS              Number of obs =       10
-------------+------------------------------          F(  5,     4) =   264.12
       Model | 1993.96043        5  398.792087         Prob > F      =   0.0000
    Residual | 6.03956505        4  1.50989126         R-squared     =   0.9970
-------------+------------------------------          Adj R-squared =   0.9932
       Total |       2000        9  222.222222         Root MSE      =   1.2288


-------------+----------------------------------------------------------------
        time |      Coef.   Std. Err.      t    P>|t|     [95% Conf. Interval]
-------------+----------------------------------------------------------------
        dist |   .6740469   .0717153     9.40   0.001     .4749333    .8731605
         sem |   6.646797   1.094867     6.07   0.004     3.606958    9.686636
         per |  -5.371414   3.778781    -1.42   0.228    -15.86299    5.120164
   _Istyle_2 |   1.779117    1.44146     1.23   0.285    -2.223017    5.781251
   _Istyle_3 |   6.373641   2.243105     2.84   0.047     .1457827     12.6015
       _cons |   13.49011   3.860886     3.49   0.025      2.77057    24.20965
-------------+----------------------------------------------------------------
```

그림 13.53 Stata의 다중 선형 회귀 결과

　　회귀는 일반화 선형 모델로 알려진 모델의 일부로서 종속 변수는 OLS로 추정된(reg 명령어) 모수의 정규 분포(또는 가우스 분포라고도 한다)를 나타내고, 이는 그림 13.53에 나타나 있다. 이 결과는 14장에서 설명할 최대 우도를 사용해서도 구할 수 있다. 다음 명령어를 사용할 수 있다.

```
glm time dist sem per _Istyle_2 _Istyle_3, family(gaussian)
```

　　앞서 설명한 대로, *per*와 *_Istyle_2* 변수는 5% 유의수준에서 나머지 변수의 존재하에 서로 간에 통계적으로 유의하지 않음을 보여준다. 이제 단계별 절차를 사용해 통계적으로 유의하지 않은 변수를 제거해나가는데, 이 과정을 통해 종속 변수의 행동을 설명하는 데 관련되어 있는 특정 변수를 누락시키는 명세 오류가 발생할 수도 있다. 그 경우 최종 모델에서는 다른 설명 변수가 남지 않은 상황이 발생할 수도 있다. 관련 변수 누락에 의한 명세 오류의 유무는 RESET 검정을 통해 확인해볼 것이다. 이제 다음 명령어를 입력한다.

```
stepwise, pr(0.05): reg time dist sem per _Istyle_2 _Istyle_3
```

　　stepwise 명령어를 위해 *t* 검정의 유의수준을 정의해야 하는데, 이 값에 기반해 설명 변수가 모델에서 제거된다. 결과는 그림 13.54에서 볼 수 있고 이는 정확히 그림 13.33과 일치한다.

```
. stepwise, pr(0.05): reg  time dist sem per _Istyle_2 _Istyle_3
                      begin with full model
p = 0.2847 >= 0.0500  removing _Istyle_2
p = 0.5141 >= 0.0500  removing per

      Source |       SS       df       MS              Number of obs =      10
-------------+------------------------------           F(  3,    6) = 434.62
       Model | 1990.83863      3  663.612878           Prob > F     = 0.0000
    Residual | 9.16136725      6  1.52689454           R-squared    = 0.9954
-------------+------------------------------           Adj R-squared = 0.9931
       Total |       2000      9  222.222222           Root MSE     = 1.2357

-------------------------------------------------------------------------------
        time |      Coef.   Std. Err.      t    P>|t|     [95% Conf. Interval]
-------------+-----------------------------------------------------------------
        dist |   .7104531   .0669006    10.62   0.000     .5467532    .874153
         sem |   7.836844   .6694031    11.71   0.000     6.198874   9.474814
   _Istyle_3 |   8.967607   1.02889      8.72   0.000     6.450003   11.48521
       _cons |   8.291932   .8535082     9.72   0.000     6.203472   10.38039
-------------------------------------------------------------------------------
```

그림 13.54 Stata에서 단계별 절차를 사용한 다중 선형 회귀 결과

유사하게 추정된 모수는 그림 13.54에 나타나 있고, 이는 다음 명령어를 통해서도 구할 수 있다.

```
stepwise, pr(0.05): glm time dist sem per _Istyle_2 _Istyle_3, family(gaussian)
```

13.2.6절에서 본 것처럼, 다음의 다중 선형 회귀 모델을 얻을 수 있다.

$$\hat{time_i} = 8.2919 + 0.7105 \cdot dist_i + 7.8368 \cdot sem_i + 8.9676 \cdot \_Istyle\_3_i \quad \begin{cases} 얌전 = 0 \\ 공격적 = 1 \end{cases}$$

predict yhat 명령어는 데이터셋에서 새로운 변수를 생성하고(yhat), 모델의 각 관측치에 대한 예측($\hat{Y}$)을 제공한다.

그러나 현재 데이터셋에서 발견된 특정 관측치의 예측값을 알고자 할 수도 있다. 다시 말해, 13.2.6절 말미에 수작업으로 대답했던 문제를 다시 질문해볼 수 있다. **17km 거리에 있는 학생이 2개의 신호등을 지나고 오전에 출발하기로 결정했는데, 학생의 운전 성향은 공격적이다. 추정 통학 시간은 얼마인가?**

mfx 명령어를 사용하면 Stata에서 이 답을 바로 구할 수 있다. 이를 위해 다음 명령어를 실행한다.

```
mfx, at(dist=17 sem=2 _Istyle_3=1)
```

명백히 항 per=1은 mfx 명령어에 포함시킬 필요가 없다. 최종 모델에 *per* 변수가 없기 때문이다. 결과는 그림 13.55에 나타나 있고, 이를 통해 해답이 45.0109분임을 알 수 있으며, 이는 13.2.6절에서 수작업으로 구한 값과 정확히 일치한다.

```
. mfx, at(dist=17 sem=2 _Istyle_3=1)

Marginal effects after regress
     y = Fitted values (predict)
       =   45.01093
-----------------------------------------------------------------------------
variable |     dy/dx    Std. Err.      z    P>|z|   [    95% C.I.    ]      X
---------+-------------------------------------------------------------------
    dist |   .7104531      .0669    10.62   0.000    .57933   .841576      17
     sem |   7.836844      .6694    11.71   0.000   6.52484  9.14885        2
_Istyle~3*|  8.967607    1.02889     8.72   0.000   6.95102  10.9842        1
-----------------------------------------------------------------------------
(*) dy/dx is for discrete change of dummy variable from 0 to 1
```

그림 13.55 설명 변수의 Y 추정 계산: mfx 명령어

모델을 정의했으면, 이제 기법의 가정들을 13.3절에서 본 것처럼 검증해보자. 그러나 그전에 어떤 모델의 추정에 있어 모델 모수 추정에 상당히 영향을 끼치는 궁극적으로 이질적인 관측치에 대한 분석을 수행하는 일은 늘 연구원의 관심사다. 주지하듯 이 영향은 이상치의 존재와 함께 이분산성의 원인이 될 수 있다.

이를 위해 **레버리지 거리**^{leverage distance}의 개념을 도입한다. 이 개념은 각 관측치 i에 대해 $\mathbf{X}(\mathbf{X}'\mathbf{X})^{-1}\mathbf{X}'$ 행렬 주대각의 i번째 위치에 해당하는 값이다. 레버리지 거리가 $(2 \cdot k/n)$보다 큰 관측치는 모델 모수 추정에 큰 영향을 미치는 것으로 간주할 수 있다. 여기서 k는 설명 변수 개수이고, n은 표본 크기다. Stata에서는 다음 명령어를 실행하면 레버리지 거리를 구할 수 있다.

```
predict lev, leverage
```

예제에서는 Stata로 단계별 절차를 사용해 최종 추정 모델의 레버리지 거리를 생성한다. 이 거리는 표 13.16에 나타나 있다.

표 13.16 최종 모델에서의 레버리지 거리

관측치(i)	lev_i (최종 모델)
Gabriela	0.23
Dalila	0.45
Gustavo	0.33
Leticia	0.54
Luiz Ovidio	0.54
Leonor	0.22
Ana	0.28
Antonio	0.74
Julia	0.51
Mariana	0.16

최종 모델에서는 $(2 \cdot k/n) = (2 \cdot 3/10) = 0.6$이고, 관측치 8(Antonio)이 모수 추정에 영향을 끼칠 잠재력이 가장 크며 결과적으로 특별히 주의를 기울여야 한다. 이로 인해 궁극적으로 이분산성이 야기될 수 있기 때문이다. 정규화(또는 표준화)된 제곱 잔차의 함수로 나타낸 레버리지 거리 그래프는 모델 모수에 영향을 많이 끼치는 관측치(높은 레버리지 거리) 분석을 용이하게 해주고, 동시에 이상치로 간주되는 관측치를 분석할 수 있다(높은 정규화 제곱 잔차). 알다시피 둘 다 추정 문제를 야기할 수 있다. 예제의 그래프를 그리려면 다음 명령어를 실행하면 된다.

```
lvr2plot, mlabel(student)
```

그림 13.56을 사용하면, Antonio가 모델 모수에 상당한 영향을 끼치는 반면, Ana는 모듈에서의 높은 오차 항으로 인해 표본에서의 이상치로 간주할 수 있다(결론적으로, 높은 표준화 제곱 잔차). 이러한 관측치가 모델의 이분산을 야기하는 데 끼치는 영향 정도는 가정을 검정하는 단계에서 조사해봐야 한다. 이제 이를 조사해보자.

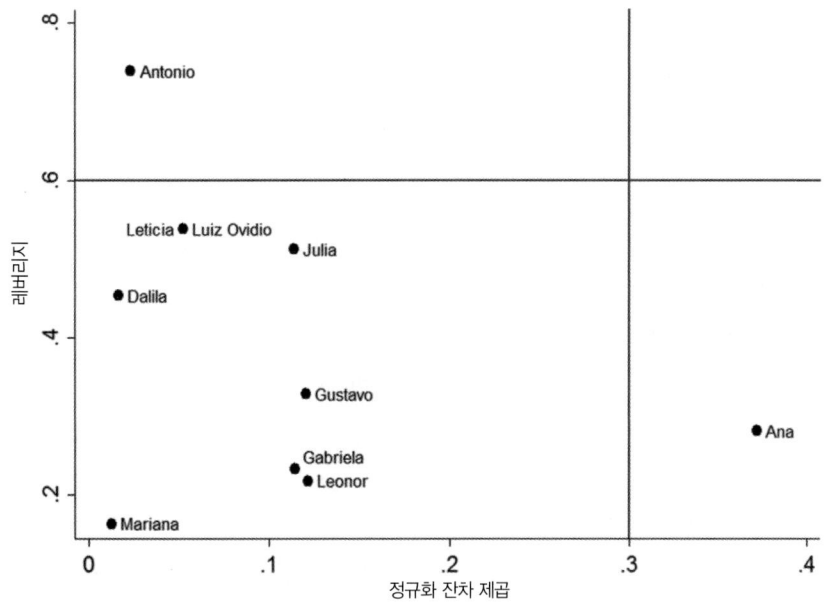

그림 13.56 레버리지 거리를 정규화 제곱 잔차로 나타낸 것

상자 13.2의 첫 번째 가정은 잔차의 정규성이다. 이 방법으로 최종 모델의 오차 항에 해당하는 변수를 생성한다. 이제 다음 명령어를 실행한다.

```
predict res, res
```

res 변수를 생성하면, 단계별 절차를 통해 적합화된 최종 모델에서의 각 관측치의 오차 항을 나타낼 수 있다. 이제 다음 명령어를 실행한다.

```
kdensity res, normal
```

생성된 그래프는 그림 13.57에 있으며, 이를 통해 생성된 잔차의 분포(**커널 밀도 추정**^{Kernel density estimate})와 표준 정규 분포를 비교해볼 수 있다.

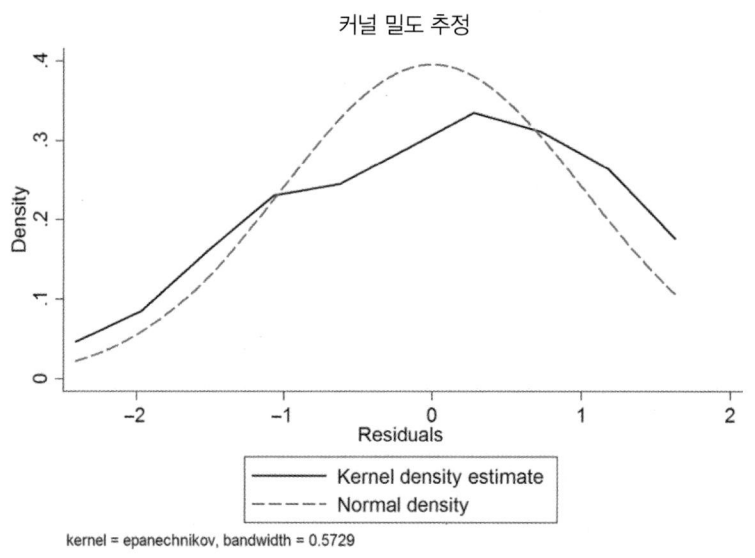

그림 **13.57** 잔차의 분포와 정규 분포의 비교

관측치가 10개밖에 없으므로, 30개 표본까지 권하는(9장에서 설명) 사피로-윌크 검정을 적용해서 잔차가 정규성을 갖는지 가설을 검정해본다. 다음 명령어를 입력한다.

```
swilk res
```

결과는 그림 13.58에 있고, 분석에 따르면 5% 유의수준에서 귀무 가설을 기각하지 않고 오차 항이 정규 분포를 나타낸다는 것을 볼 수 있다.

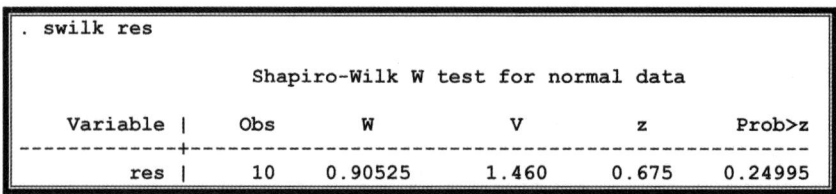

그림 **13.58** 잔차에 대한 사피로-윌크 정규성 검정 결과

대규모 표본에서는 앞서 설명한 대로 사피로-프란시아 검정을 권한다. 다음 명령어를 입력한다.

```
sfrancia res
```

검정해야 할 두 번째 가정은 설명 변수의 다중공선성과 관계된다. 완전한 모델이 준비되면 다음 명령어를 실행한다.

```
estat vif
```

결과는 그림 13.59에 있는데, *per* 변수의 *VIF* 값이 가장 높으며(VIF_{per} = 19.86), 다른 모든 변수에 대한 종속 변수로서의 회귀 결과 R^2은 약 95%($Tolerance_{per}$ = 0.05)임을 볼 수 있다. 그림 13.52는 *per* 변수와 나머지 설명 변수 사이의 상관이 매우 높음을 볼 수 있으며, 이는 다중공선성이 존재함을 시사한다. 그러나 주지하듯 마지막 모델은 *_Istyle_2* 변수는커녕 이 변수도 포함하지 않는다. 그림 13.60은 단계별 절차 준비 후에 estat vif 명령어를 적용한 결과를 보여준다.

```
. estat vif

    Variable |       VIF       1/VIF
-------------+----------------------
         per |     19.86    0.050353
         sem |      6.35    0.157446
   _Istyle_3 |      5.33    0.187554
   _Istyle_2 |      3.44    0.290670
        dist |      2.77    0.360660
-------------+----------------------
    Mean VIF |      7.55
```

그림 13.59 완전 모델에서 설명 변수의 *VIF*와 *Tolerance* 통계량

```
. estat vif

    Variable |       VIF       1/VIF
-------------+----------------------
        dist |      2.39    0.419106
         sem |      2.35    0.425935
   _Istyle_3 |      1.11    0.901469
-------------+----------------------
    Mean VIF |      1.95
```

그림 13.60 최종 모델에서 설명 변수의 *VIF*와 *Tolerance* 통계량

최종 모델이 단계별 절차를 통해 구축됐으므로 어떤 설명 변수에 대해서도 높은 *VIF* 값을 보이지는 않는다. 완성된 모델에서는 다중공선성이 크게 감소됐음을 가정할 수 있다. *sem* 변수는 최종 모델에도 나타나고 그 *VIF* 통계량은 *per* 변수를 없앤 덕에 6.35에서 2.35로 낮아졌다. RESET 검정을

할 때는 단지 관련 변수를 누락하는 명세 문제의 발생만 중요하다. 이 작업은 나중에 해볼 것이다.

세 번째 가정은 이분산성이 없어야 한다는 것이다. 처음에는 단지 진단의 목적으로 오차 항 값을 추정 모델의 적합화 값($\hat{Y}$)의 함수로 그린 그래프를 준비한다. 그림 13.61은 최종 모델의 추정 후에 생성된 그래프를 보여주는데, 표준화 잔찻값이 종속 변수 추정값의 함수로 나타나 있다. 이 그래프를 생성하는 명령어는 각 모델의 추정 후 다음과 같이 입력한다.

```
rvfplot, yline(0)
```

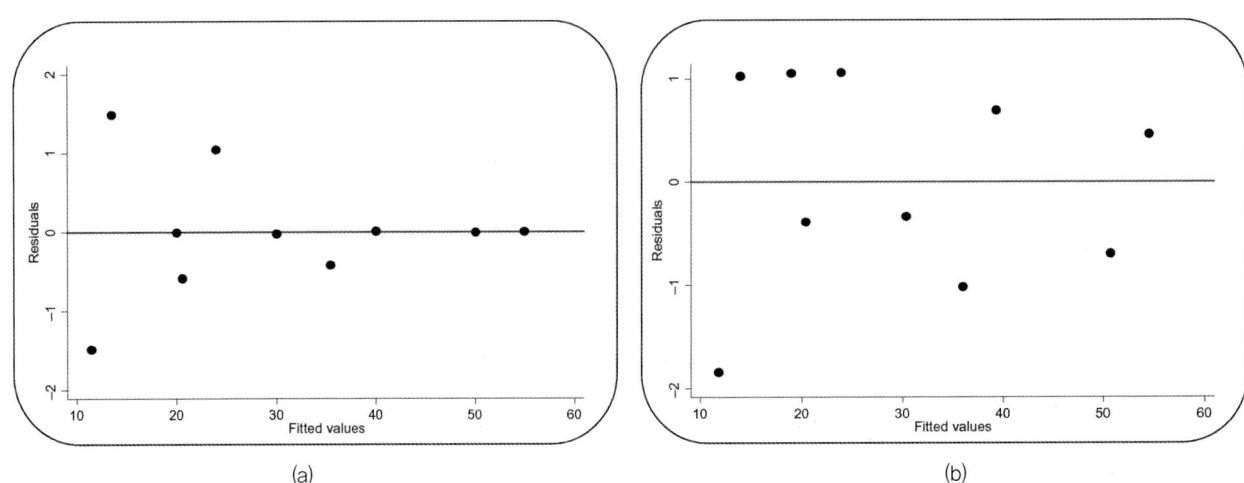

(a)   (b)

그림 13.61 이분산성 식별을 위한 그래프 기법: (a) 모든 변수가 있는 완전 모델, (b) 최종 모델(단계별 절차)

그림 13.61(a)는 명백히 '고깔' 모양이지만 그림 13.61(b)에서는 그렇지 않다. 사실 나중에 보겠지만 모든 설명 변수가 포함된 완전complete 모델은 이분산성을 보이지만, 단계별 절차를 거친 최종 모델은 동분산의 오차 항을 생성한다.

이분산성의 존재를 검증하기 위해 앞서 설명한 대로 브뢰쉬-파간/쿡-와이즈버그 검정을 적용해본다. 이때 귀무 가설은 오차 항이 일정하다(등분산성)는 것이며, 대립 가설은 오차의 분산에 일관성이 없고 오차 항은 하나 이상의 설명 변수의 함수라는 것이다(이분산성 오차). 앞의 예에서 이 검정은 잔차의 정규성 검증에 사용된다.

13.3.3.3절에서 한 것은 수작업으로도 단계별로 할 수 있다. 먼저 이를 수행해서 연구원이 출력을 분석하고 Stata로 생성한 결과와 비교해본다.

이를 위해 최종 모델 추정에 기반해 브뢰쉬-파간 통계량을 계산하는 표를 생성해보자.

$$time_i = 8.2919 + 0.7105 \cdot dist_i + 7.8368 \cdot sem_i + 8.9676 \cdot \_Istyle\_3_i + u_i$$

각 관측치에 대한 u_i 추정에 기반해 u_i^2 값을 식 (13.40)으로 계산하고 up_i 값을 계산한다. 표 13.17에 이 값이 나타나 있다.

표 13.17 브뢰쉬–파간/쿡–와이즈버그 검정 수행

관측치(i)	u_i $(Y_i - \hat{Y}_i)$	u_i^2	$up_i = \dfrac{u_i^2}{(\sum_{i=1}^{n} u_i^2)/n}$	$\hat{Y}_i$
Gabriela	1.02444	1.04948	1.14555	13.97556
Dalila	−0.39149	0.15327	0.16730	20.39149
Gustavo	1.05127	1.10517	1.20634	18.94873
Leticia	0.69455	0.48241	0.52657	39.30545
Luiz Ovidio	−0.69455	0.48241	0.52657	50.69455
Leonor	1.05624	1.11564	1.21777	23.94376
Ana	−1.84420	3.40106	3.71240	11.84420
Antonio	0.46304	0.21440	0.23403	54.53696
Julia	−1.02146	1.04339	1.13890	36.02146
Mariana	−0.33784	0.11413	0.12458	30.33784
합계		9.16137		
평균		0.91614		

검정 결과를 구하기 위해 회귀에 따른 제곱 합(SSR)으로부터 회귀 $up_i = a + b \cdot \hat{Y}_i + \xi_i$ 절차를 실행하고 2로 나누어 $\chi^2_{\mathrm{BP, CW}}$ 통계량을 구한다. 예제에서는 $SSR = 3.18$이고, 이로부터 5% 유의수준에서 $\chi^2_{\mathrm{BP/CW}} = 1.59 < \chi^2_{1\,\mathrm{d.f.}} = 3.84$이다. 이는 검정의 귀무 가설(오차 항의 등분산성)을 기각하지 못함을 의미한다.

이 검정을 Stata에서 바로 적용하려면 다음과 같이 명령하면 된다.

```
estat hettest
```

이 명령어는 마지막 생성 모델에서 이분산성의 존재를 평가한다. 모든 설명 변수를 포함하는 완전 모델에 대한 이 검정의 결과는 (여기서는 나타내지 않았지만) 그림 13.61(a)의 분석을 통해 이미 알고 있는 것처럼 이분산성의 존재를 보여준다. 반면 그림 13.62는 단계별 절차의 최종 모델의 검정 결과를 보여주는데, 수작업으로 구한 것과 정확히 일치한다. 이 분석을 통해, 최종 모델은 이분산성 문제가 없다고 말할 수 있다(P 값 $\chi^2 = 0.2069 > 0.05$).

```
. estat hettest

Breusch-Pagan / Cook-Weisberg test for heteroskedasticity
        Ho: Constant variance
        Variables: fitted values of time

        chi2(1)      =      1.59
        Prob > chi2  =    0.2069
```

그림 13.62 이분산성에 대한 브뢰쉬–파간/쿡–와이즈버그 검정

브뢰쉬-파간/쿡-와이즈버그 검정과 유사하게 화이트[White] 검정은 오차 항이 등분산성이라는 귀무가설의 기각 여부를 특정 유의수준에서 알아본다. 이 검정을 위한 명령어는 다음과 같다.

```
estat imtest, white
```

출력은 그림 11.63에 있으며, 최종 모델의 잔차에 대한 이분산성의 부존재에 대해 동일한 결론을 보여준다.

```
. estat imtest, white

White's test for Ho: homoskedasticity
        against Ha: unrestricted heteroskedasticity

      chi2(7)      =        7.09
      Prob > chi2  =       0.4201

Cameron & Trivedi's decomposition of IM-test

-----------------------------------------------
          Source |    chi2      df        p
-----------------+-----------------------------
Heteroskedasticity |   7.09       7     0.4201
        Skewness |    1.90        3     0.5935
        Kurtosis |    1.42        1     0.2341
-----------------+-----------------------------
           Total |   10.40       11     0.4947
-----------------------------------------------
```

그림 13.63 이분산성에 대한 화이트 검정

최종 모델에서는 이분산성의 존재를 검증하지 않았으므로 가중 최소 자승 기법에 의한 추정은 하지 않는다. 그러나 원할 경우 *per* 변수에 의한 가중화된 모델을 다음과 같이 추정해볼 수 있다.

$$\frac{time_i}{per_i} = \frac{a}{per_i} + b_1 \cdot \frac{dist_i}{per_i} + b_2 \cdot \frac{sem_i}{per_i} + b_3 \cdot \frac{per_i}{per_i} + b_4 \cdot \frac{\_Istyle\_2_i}{per_i} + b_5 \cdot \frac{\_Istyle\_3_i}{per_i} + \frac{u_i}{per_i}$$

per 변수에 의한 가중 최소 자승의 추정을 위한 명령어는 다음과 같다.

```
wls0 time dist sem per _Istyle_2 _Istyle_3, wvar(per) type(abse)
```

이 예제에서는 이분산성이 존재하지 않으므로, 여기서는 후버-화이트의 안정적 표준 오차 추정 결과도 보여주지 않는다. 그러나 이 기법을 연구하고자 한다면 다음과 같이 명령하면 된다.

```
reg time dist sem per _Istyle_2 _Istyle_3, rob
```

예제의 데이터셋은 단면이므로 이 경우 잔차의 자기상관 가정은 검증하지 않는다. 나중에 다른 데이터셋에서 Stata를 사용한 검정을 적용해보기로 한다.

이제 13.3.5절에서 설명한 것처럼 회귀 모델 추정에 기반해 2개의 새 변수를 생성하는 linktest를 사용해보는데, 이는 단순히 $\hat{Y}$와 $\hat{Y}^2$으로서 Y를 이 변수에 대한 함수로 되돌려서 $\hat{Y}$는 통계적으로 유의하지만 $\hat{Y}^2$은 그렇지 않도록 하려는 것이다. 만약 원시 모델의 함수 유형이 적절히 지정됐다면 종속 변수의 적합화 값의 제곱은 원시 종속 변수에 대해 해석력이 없어야 하기 때문이다. Stata에서의 이 검정은 다음 명령어를 사용한다.

```
linktest
```

이 명령어는 최종 모델이 준비된 다음 실행해야 한다. 검정 결과는 그림 13.64에 있다.

```
. linktest

      Source |       SS       df       MS              Number of obs =      10
-------------+------------------------------           F(  2,     7) =  773.68
       Model | 1990.99304       2  995.496519           Prob > F      =  0.0000
    Residual | 9.00696205       7  1.28670886           R-squared     =  0.9955
-------------+------------------------------           Adj R-squared =  0.9942
       Total |       2000       9  222.222222           Root MSE      =  1.1343

-------------------------------------------------------------------------------
        time |      Coef.   Std. Err.      t    P>|t|     [95% Conf. Interval]
-------------+-----------------------------------------------------------------
        _hat |   1.048706    .142885      7.34   0.000     .7108366    1.386575
      _hatsq |  -.0007371   .0021279     -0.35   0.739    -.0057687    .0042945
       _cons |  -.6510503   2.059793     -0.32   0.761    -5.521687    4.219586
-------------------------------------------------------------------------------
```

그림 13.64 모델 함수 유형의 적절성 검증을 위한 linktest

그림 13.64의 결과를 분석해보면 _hatsq 변수의 t 통계량의 P 값과 관련해 좀 더 구체적으로($\hat{Y}^2$을 참조하며 이는 time 변수의 제곱 추정값이다), linktest가 모델이 함수 유형 측면에서 정확히 명시됐다는 귀무 가설을 기각하지 못하고 그 결과 선형 함수 유형은 이 경우에는 적절했다고 할 수 있다.

13.3.5절에서도 설명했던 RESET 검정은 관련 변수의 누락으로 인한 모델 명세의 오류 존재를 알아보는데, linktest와 유사하게 원시 모델 추정에 기반해 생성된 $\hat{Y}$ 값에 근거해 새로운 변수를 생성한다. 이런 식으로 단계별 절차와 식 (13.63)에 따라 최종 모델을 추정한 뒤, 다음 모델을 추정하고 이로부터 수작업으로 식 (13.64)의 F 통계량을 계산한다.

$$time_i = a + b_1 \cdot dist_i + b_2 \cdot sem_i + b_3 \cdot \_Istyle\_3_i + d_1 \cdot (time_i)^2 + d_2 \cdot (time_i)^3 + d_3 \cdot (time_i)^4 + v_i$$

단계별 절차에 따라 생성된 최종 모델의 추정에 근거하고(이는 오차 항 u_i를 갖는다) 식 (13.63)의 최종 모델에서 개발된 RESET 검정을 수행하기 위해(오차 항 v_i를 갖는다), 표 13.18을 구성할 수 있다.

표 13.18 RESET 검정을 위한 F 통계량 계산

관측치 (i)	u_i	u_i^2	v_i	v_i^2
Gabriela	1.02444	1.04948	1.27097	1.61537
Dalila	−0.39149	0.15327	−0.31770	0.10093
Gustavo	1.05127	1.10517	−0.49256	0.24261
Leticia	0.69455	0.48241	0.48498	0.23521
Luiz Ovidio	−0.69455	0.48241	−0.48498	0.23521
Leonor	1.05624	1.11564	0.51232	0.26247
Ana	−1.84420	3.40106	−0.75292	0.56689
Antonio	0.46304	0.21440	0.25524	0.06515
Julia	−1.02146	1.04339	0.12753	0.01626
Mariana	−0.33784	0.11413	−0.60288	0.36346
합계		9.16137		3.70356

표 13.18에 따라 다음과 같이 RESET F 통계량을 계산할 수 있다.

$$F = \frac{\dfrac{\left(\sum_{i=1}^{n} u_i^2 - \sum_{i=1}^{n} v_i^2\right)}{3}}{\dfrac{\left(\sum_{i=1}^{n} v_i^2\right)}{(n-k-4)}} = \frac{\dfrac{(9.16137 - 3.70356)}{3}}{\dfrac{(3.70356)}{(10-3-4)}} = 1.47$$

(3, 3) 자유도의 F 통계량이 해당 임계 F보다 작으므로(5% 유의수준에서 $F_{(3,3)} = 9.28$), 원시 변수에는 관련 설명 변수 누락이 없다고 할 수 있다.

Stata에서 RESET 검정을 하려면, 단계별 절차에 의해 최종 모델이 생성된 뒤 다음 명령어를 실행한다.

```
ovtest
```

출력은 그림 13.65에 있다.

```
. ovtest

Ramsey RESET test using powers of the fitted values of time
        Ho:  model has no omitted variables
                  F(3, 3) =       1.47
                  Prob > F =      0.3788
```

그림 13.65 모델에서 변수 누락을 보기 위한 RESET 검정

이런 식으로 linktest와 RESET은 단계별에 의한 최종 모델의 명세에 있어서 오류가 없음을 보여준다. 만약 그렇지 않다면, 함수 유형을 바꾸거나 추정에서 제외된 관련 설명 변수를 포함해서 명세를 다시 했어야 한다.

따라서 단계별 절차에 의해 제안된 모델은 가정에 대한 문제나 명세 오류에 대한 어떠한 문제도 없었다.

회귀 모델에서의 선형성이 결여될 가능성을 알아보기 위해 이제 다른 데이터셋을 살펴보자.

이제 교수가 50명의 공공 분야 전문가들에게 강연하기 위해 초청된 경우를 생각해보자. 강연 내용은 거리에 따른 교통 시간과 신호등 개수 같은 변수들에 대한 광범위한 연구다. 강연 끝에 교수는 청중 50명에게 설문조사를 통해 미팅 장소까지의 교통 시간, 거리, 아침에 지나온 신호등 개수 등을 물었다. 이 정보들은 Lecturetimedistsem.dta 파일에 있다.

교수의 단계를 따라 먼저 *time* 변수에 대한 *dist*와 *sem* 변수의 영향을 알아보기 위해 다중 선형 회귀를 수행한다. 이를 위해 다음 명령어를 수행한다.

```
reg time dist sem
```

결과는 그림 13.66에 있다.

```
. reg time dist sem

    Source |       SS       df       MS              Number of obs =      50
-----------+------------------------------           F(  2,    47) =   53.86
     Model | 6185.00996      2  3092.50498           Prob > F      =  0.0000
  Residual | 2698.61004     47  57.4172349           R-squared     =  0.6962
-----------+------------------------------           Adj R-squared =  0.6833
     Total |    8883.62     49  181.298367           Root MSE      =  7.5774

------------------------------------------------------------------------------
      time |      Coef.   Std. Err.      t    P>|t|     [95% Conf. Interval]
-----------+------------------------------------------------------------------
      dist |   .7728111   .1850909     4.18   0.000     .4004562    1.145166
       sem |   1.154891   .2750456     4.20   0.000      .601571    1.708212
     _cons |   13.06767   5.007771     2.61   0.012     2.993332     23.142
------------------------------------------------------------------------------
```

그림 13.66 다중 선형 회귀 결과

기초적 분석 결과는 만족할 만한 추정을 보여주긴 했지만, 그림 13.66의 모델은 정규성을 따르지 않는 오차 항을 보여주며, 이는 다음 명령어를 통해 구한 사피로-프란시아 검정(30개 이상의 표본)을 통해 검증할 수 있다.

```
predict res, res
sfrancia res
```

검정 결과는 그림 13.67에 있다.

```
. predict res, res

. sfrancia res

               Shapiro-Francia W' test for normal data

     Variable |    Obs       W'         V'          z        Prob>z
--------------+----------------------------------------------------
          res |     50    0.93155     3.549       2.378      0.00869
```

그림 13.67 잔차 정규성 검증을 위한 사피로-프란시아 검정 결과

13.3.1절에서 설명했듯이, 정규성 가정은 t와 F 검정의 P 값의 유효성을 보장한다. 그러나 이 가정의 위배는 모델 함수 유형에 관한 명세 오류의 결과일 수 있다.

따라서 종속 변수를 각 설명 변수의 함수로 개별적으로 나타낸 그래프를 통해 선형 조정(예측값)과 **lowess**^{locally weighted scatterplot smoothing}로 알려진 조정을 할 필요가 있다. 이는 데이터의 행동 표준을 평활화 및 (반드시 선형일 필요는 없는) 곡선의 조정을 통한 다중 회귀를 사용한 비모수적 기법을 가리킨다. 이를 위해 다음 명령어를 실행한다.

```
graph twoway scatter time dist || lfit time dist || lowess time dist
graph twoway scatter time sem  || lfit time sem  || lowess time sem
```

그림 13.68은 생성된 두 그래프를 보여준다.

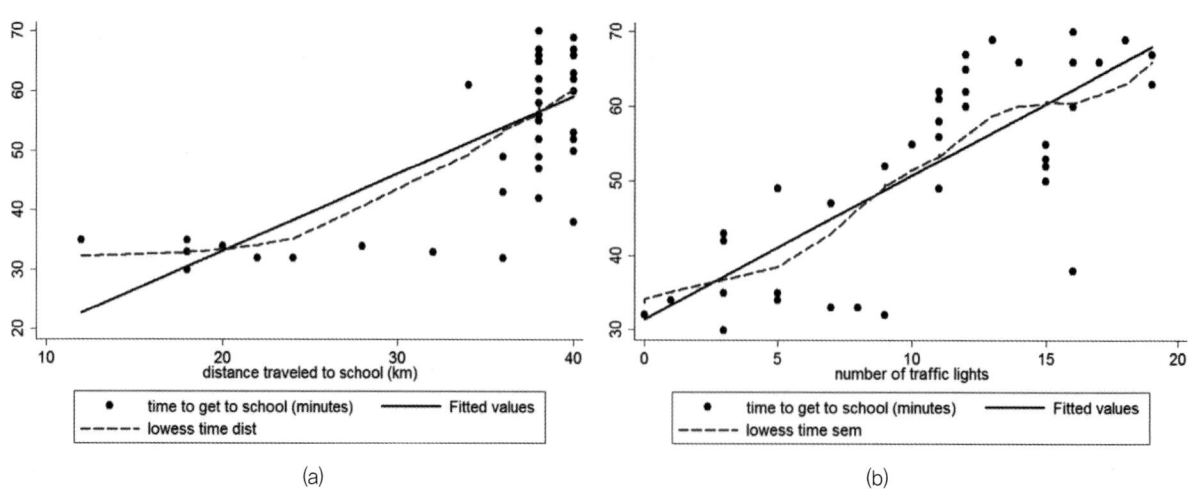

그림 13.68 선형 조정과 lowess 조정 그래프: (a) 거리의 함수로 나타낸 시간, (b) 신호등 개수의 함수로 나타낸 시간

그림 13.68로부터 선형과 lowess 조정에 차이가 있음을 볼 수 있는데, 특히 *dist* 변수에 대해 그렇다(그림 13.68(a)). 모델의 비선형성을 탐지하는 보편적이며 유사한 기법은 **강화된 성분–플러스–잔차** augmented component-plus-residuals와 각 설명 변수 사이의 관계를 나타내는 그래프를 통해서다. 이 그래프를 구하기 위해 다음 명령어를 입력한다.

```
acprplot dist, lowess
acprplot sem, lowess
```

그림 13.69는 생성된 두 그래프를 보여준다.

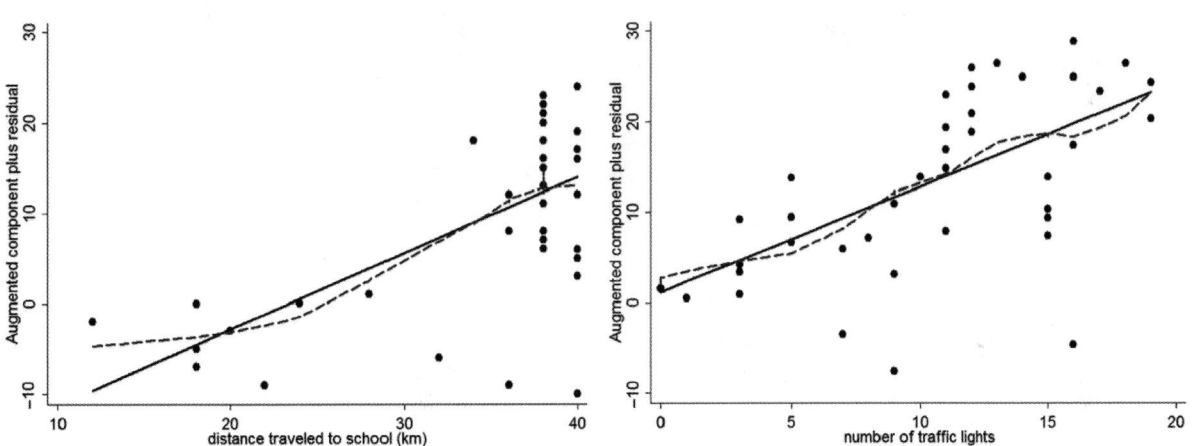

그림 13.69 강화된 성분–플러스–잔차를 위한 선형 조정과 lowess 조정 그래프: (a) 거리의 함수로 나타낸 강화된 성분–플러스–잔차, (b) 신호등 개수의 함수로 나타낸 강화된 성분–플러스–잔차

그림 13.68과 유사하게 그림 13.69(a)는 lowess 조정이 그림 13.69(b)와 달리 선형 조정을 근사하지 않음을 보여주며, 이는 회귀 모델의 *dist* 변수를 선형 함수 유형으로 나타내는 것이 문제가 있음을 나타낸다. 이 변수에 대해서는, 잠재적으로 모델 행동에 영향을 끼칠 수 있는 상당한 양의 점이 있음을 나타낸다. 행렬 그래프는 그림 13.70에서 보인 것처럼 이런 현상을 보여준다. 행렬 그래프는 다음 명령어로 그릴 수 있다.

```
graph matrix time dist sem, half
```

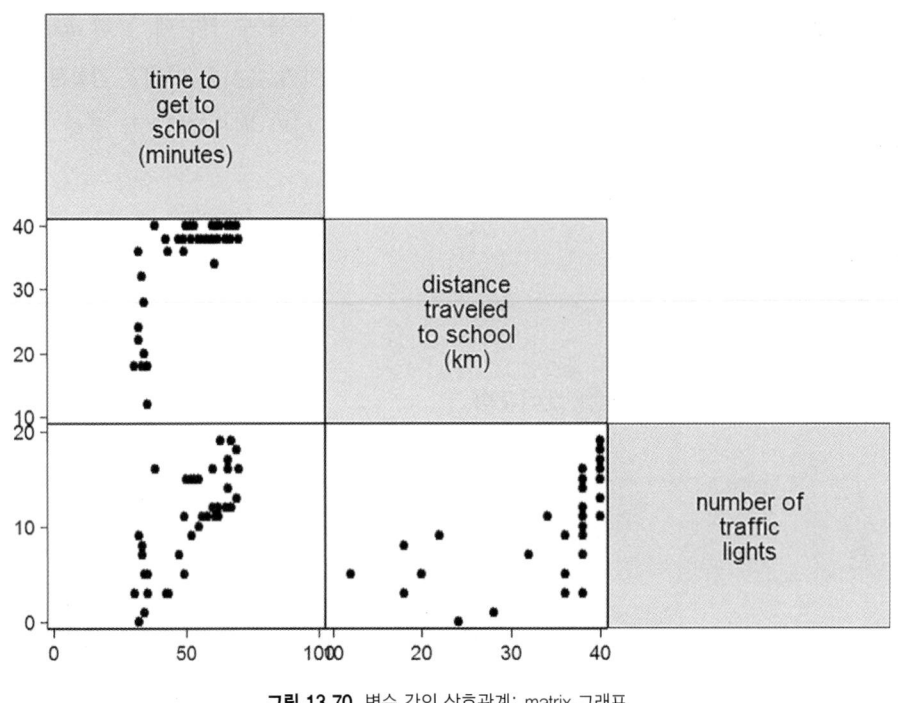

그림 13.70 변수 간의 상호관계: matrix 그래프

그림 13.70의 그래프를 통해 *time*과 *sem* 변수 사이의 관계가 선형처럼 보이지만, *time*과 *dist* 변수는 앞서 설명한 것처럼 명백히 비선형으로 보인다. 이런 이유로, *dist* 변수에 주목해보자.

먼저 *dist* 변수에 로그 변환을 수행한 다음 다음과 같이 *lndist* 변수를 생성한다.

```
gen lndist=ln(dist)
```

이런 식으로 다음의 함수 유형을 사용해 새로운 회귀 모델을 추정할 수 있다.

$$time_i = a + b_1 \cdot \ln dist_i + b_2 \cdot sem_i + u_i$$

Stata에서 모수와 잔차의 사피로-프란시아 검정 결과는 다음 명령어로 구할 수 있다.

```
reg time lndist sem
predict res1, res
sfrancia res1
```

결과는 그림 13.71에 있다.

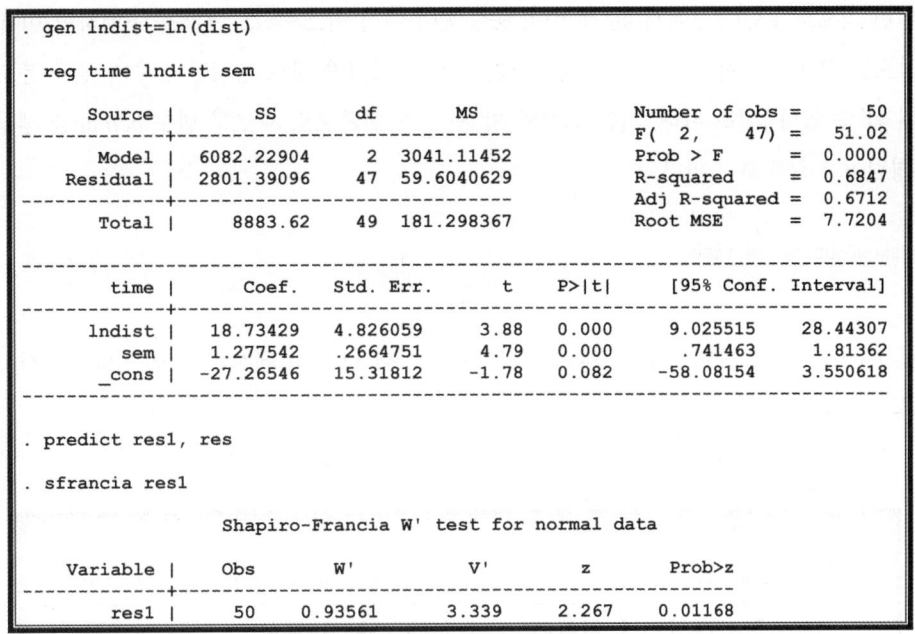

```
. gen lndist=ln(dist)

. reg time lndist sem

      Source |       SS           df       MS              Number of obs =      50
-------------+------------------------------              F(  2,    47) =   51.02
       Model |  6082.22904         2  3041.11452           Prob > F      =  0.0000
    Residual |  2801.39096        47  59.6040629           R-squared     =  0.6847
-------------+------------------------------              Adj R-squared =  0.6712
       Total |     8883.62        49  181.298367           Root MSE      =  7.7204

------------------------------------------------------------------------------
        time |      Coef.   Std. Err.      t    P>|t|     [95% Conf. Interval]
-------------+----------------------------------------------------------------
      lndist |   18.73429   4.826059     3.88   0.000     9.025515    28.44307
         sem |   1.277542   .2664751     4.79   0.000      .741463     1.81362
       _cons |  -27.26546   15.31812    -1.78   0.082    -58.08154    3.550618
------------------------------------------------------------------------------

. predict res1, res

. sfrancia res1

           Shapiro-Francia W' test for normal data

    Variable |    Obs        W'          V'          z       Prob>z
-------------+-------------------------------------------------------
        res1 |     50     0.93561       3.339      2.267     0.01168
```

그림 13.71 사피로–프란시아 검정에서 비선형 모델의 추정 결과

이는 경우에 따라 로그 변환이 모델 조정의 품질을 개선하기도 하지만 여기서는 그렇지 않았고 잔차의 정규성 가정을 보장해주지 못함을 보여준다. 다음 명령어를 통해 구한 그림 13.72의 그래프는 *dist*의 로그 함수 유형은 *time* 변수에 대해 적절히 조정되지 못했음을 보여준다.

```
acprplot lndist, lowess
```

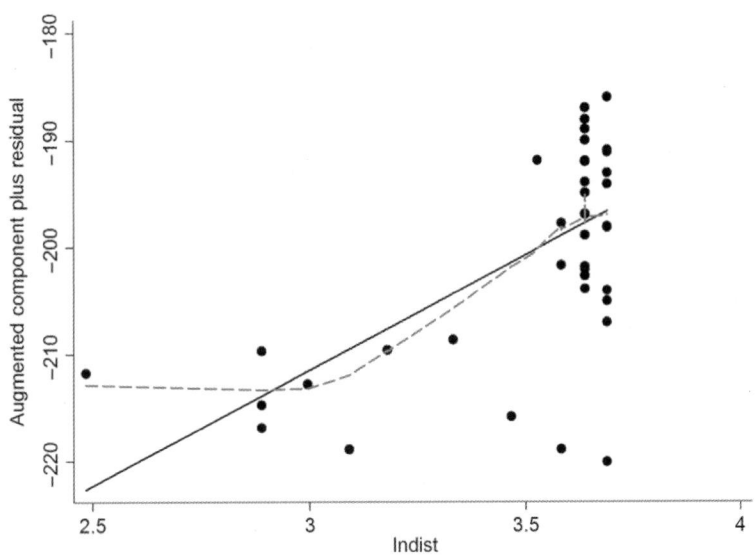

그림 13.72 거리의 로그 함수로 나타낸 강화된 성분–플러스–잔차의 선형 조정과 lowess 조정 그래프

이런 식으로 13.4.1절에서 본 것처럼, 종속 변수에서 박스-콕스 변환을 수행하면 비록 변환이 효율적으로 정규 분포하는 변수를 생성한다는 보장은 없지만 새로 생성된 변수가 정규 분포에 더 근접하게 할 수 있다. 이를 위해, 시간 변화와 박스-콕스 변환으로 새로운 변수 *bctime*을 생성해보자. 다음 명령어를 실행하면 된다.

```
bcskew0 bctime = time
```

그림 13.73은 박스-콕스 변환 결과를 보여주는데, 식 (13.66)에서의 λ 모수(Stata에서 L)가 나타나 있다.

```
. bcskew0 bctime = time

        Transform |          L      [95% Conf. Interval]          Skewness
------------------+-----------------------------------------------------------
       (time^L-1)/L |   2.648597      (not calculated)           -1.88e-06
```

그림 13.73 종속 변수에 대한 박스-콕스 변환

따라서 다음과 같다.

$$bctime_i = \left(\frac{time_i^{\lambda} - 1}{\lambda} \right) = \left(\frac{time_i^{2.6486} - 1}{2.6486} \right)$$

그래프는 *bctime*(커널 밀도 추정)의 분포가 얼마나 표준 정규 분포에 가까워졌는지 보여주고 원시 변수 *time*을 고려하는 그래프와 비교할 수 있다. 이 그래프는 다음 명령어로 구할 수 있다.

```
kdensity time, normal
kdensity bctime, normal
```

결과는 그림 13.74에 있다.

비록 두 변수가 정규성에 아주 가깝지는 않지만 *bctime*을 통해 상당히 근접함을 볼 수 있다. 따라서 다음 모델을 추정해보자.

$$bctime_i = a + b_1 \cdot dist_i + b_2 \cdot sem_i + u_i$$

Stata에서 모수와 사피로-프란시아 검정 결과는 다음 명령어로 구할 수 있다.

```
reg bctime dist sem
predict res2, res
sfrancia res2
```

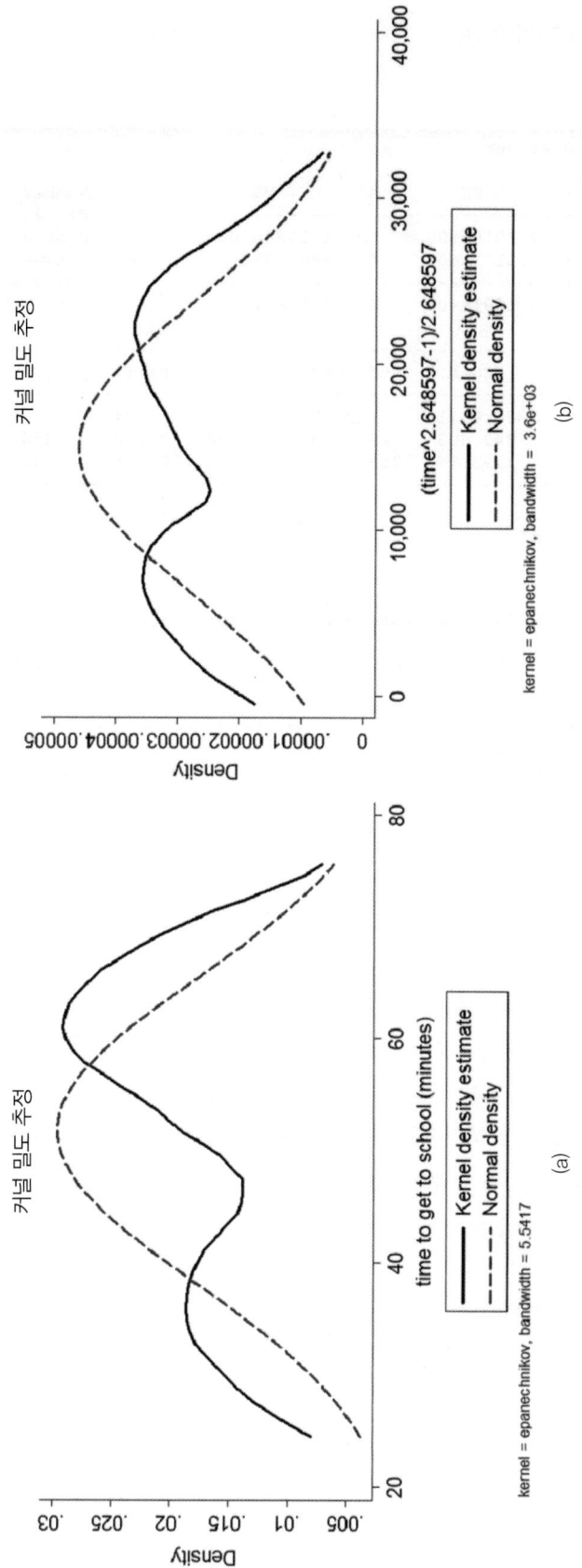

커널 밀도 추정

Density

kernel = epanechnikov, bandwidth = 5.5417

time to get to school (minutes)

Kernel density estimate
Normal density

(a)

커널 밀도 추정

Density

kernel = epanechnikov, bandwidth = 3.6e+03

(time^2.648597-1)/2.648597

Kernel density estimate
Normal density

(b)

그림 13.74 Y 변수의 분포와 정규 분포의 유사성 그래프: (a) *time* 변수, (b) *bctime* 변수

결과는 그림 13.75에 있다.

```
. reg bctime dist sem

      Source |       SS       df       MS              Number of obs =      50
-------------+------------------------------           F(  2,    47) =   41.96
       Model |  2.3519e+09      2  1.1760e+09           Prob > F      =  0.0000
    Residual |  1.3171e+09     47  28024387.8           R-squared     =  0.6410
-------------+------------------------------           Adj R-squared =  0.6257
       Total |  3.6691e+09     49  74878715.3           Root MSE      =  5293.8


------------------------------------------------------------------------------
      bctime |     Coef.   Std. Err.      t    P>|t|     [95% Conf. Interval]
-------------+----------------------------------------------------------------
        dist |   386.6511     129.31     2.99   0.004     126.513    646.7892
         sem |    840.903    192.155     4.38   0.000    454.3371    1227.469
       _cons |   -7193.16   3498.576    -2.06   0.045   -14231.39   -154.9323
------------------------------------------------------------------------------

. predict res2, res

. sfrancia res2

                   Shapiro-Francia W' test for normal data

    Variable |    Obs       W'          V'          z        Prob>z
-------------+-----------------------------------------------------
        res2 |     50     0.97217      1.443       0.706     0.24018
```

그림 13.75 종속 변수에 대해 박스–콕스 변환한 모델 추정과 사피로–프란시아 검정 결과

이는 회귀 모델에 있어 종속 변수의 정규성은 OLS로 추정할 수 있고 모수는 예측 효과를 위한 신뢰 구간 결정에 더 적절하며 정규 오차 항으로 생성할 수 있음을 보여준다.

이제, 다음 모델에 이르게 된다.

$$\left(\frac{time_i^{2.6486} - 1}{2.6486} \right) = -7193.16 + 386.6511 \cdot dist_i + 840.903 \cdot sem_i + u_i$$

이는 이분산성 문제를 보여주고(사실 1% 유의수준에서 등분산성 오차 항을 나타낸다) *VIF* 통계량은 1.83이다. 그림 13.76의 그래프는 종속 변수에 대한 박스–콕스 변환은 lowess 조정에 상당히 근접한 추정 조정임을 보여준다. 이러한 그래프는 다음 명령어로 구할 수 있다.

```
acprplot dist, lowess
```

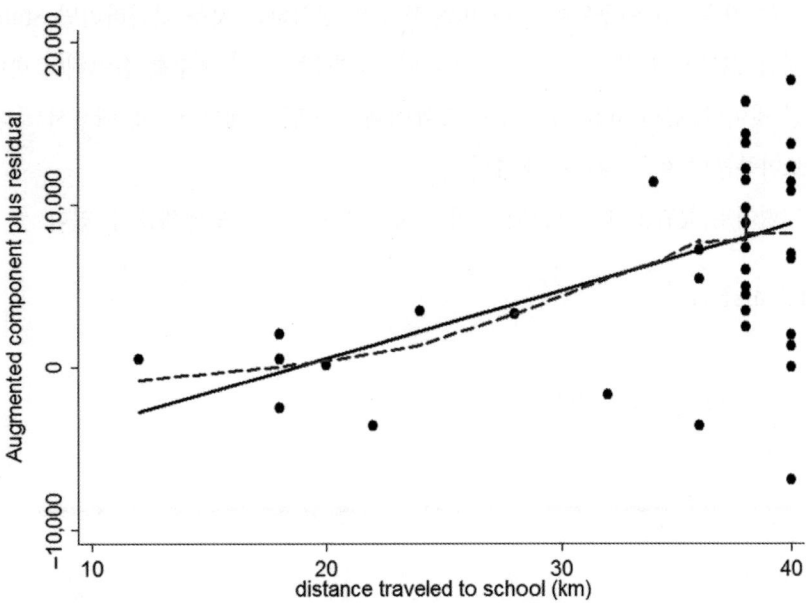

그림 13.76 박스–콕스 변환한 모델에서 거리의 함수로 나타낸 강화된 성분–플러스–잔차에 대한 선형 조정과 lowess 조정

그런 다음 진단 함수의 관점에서 연구원이 경험과 기반 이론에 근거해서 회귀 모델 추정에 대한 적절한 함수 유형을 정의해 가정에 부합하고 효율적 예측이 가능하게 해야 한다.

끝으로, Stata를 사용한 잔차의 자기상관 문제를 알아본다. 교수는 이제 30일간의 통학 시간을 병합하는 아이디어를 생각했다. 이를 위해 매일 통학 시간, 거리, 신호등 개수를 수집했다. 그러나 종적인 데이터를 형성하는 학생별, 일별 데이터셋을 구성하는 대신 각 변수의 일별 평균 데이터를 표로만들어서 일별 평균 시간, 일별 평균 거리, 일별 평균 신호등 개수를 만들었다. 교수의 목적은 이제다음 회귀 모델을 추정하는 것이다.

$$time_t = a + b_1 \cdot dist_t + b_2 \cdot sem_t + \varepsilon_t, \ t = 1, 2, \ldots, 30$$

이 데이터셋은 Analysistemporaltimedistsem.dta 파일에 있다.

제안된 모델을 추정하기 전에 시간 변화에 해당하는 변수를 정의할 필요가 있다(이 경우, *day* 변수). 따라서 파일을 열고 다음 명령어를 실행한다.

```
tsset day
```

그림 13.77과 같은 정보가 화면에 보일 것이다.

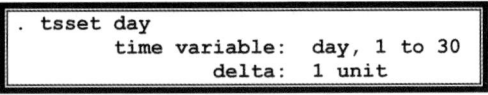

그림 13.77 시간 변수 정의

흔히 있는 경우지만 연구원이 시간 변화 변수를 정의하는 것을 잊어버리면 Stata에서 더빈-왓슨이나 브뢰쉬-고드프리 검정을 수행할 수 없다. 화면에는 시간 변수를 선언해야 한다는 오류 메시지가 나타날 것이다. 반면 SPSS 같은 소프트웨어에서는 단면 데이터셋에 대해서도 더빈-왓슨 통계량 결과를 보여주는데, 이는 심각한 오류다.

다음 명령어로 회귀를 준비했으면 잔차의 자기상관 검정을 수행해볼 수 있다.

```
reg time dist sem
```

추정 결과는 그림 13.78에 있다.

```
. reg time dist sem

      Source |       SS       df       MS              Number of obs =      30
-------------+------------------------------           F(  2,    27) =   34.17
       Model |  3642.45366     2  1821.22683           Prob > F      =  0.0000
    Residual |  1438.91301    27  53.2930744           R-squared     =  0.7168
-------------+------------------------------           Adj R-squared =  0.6958
       Total |  5081.36667    29  175.21954            Root MSE      =  7.3002


------------------------------------------------------------------------------
        time |      Coef.   Std. Err.      t    P>|t|     [95% Conf. Interval]
-------------+----------------------------------------------------------------
        dist |   .7816866   .2019979     3.87   0.001     .3672211    1.196152
         sem |   1.040915   .3335171     3.12   0.004     .3565945    1.725236
       _cons |   14.32001   5.508772     2.60   0.015     3.016943    25.62308
------------------------------------------------------------------------------
```

그림 13.78 시간 모델 추정 결과

비록 추정 모델은 5% 유의수준에서 잔차의 정규성(사피로-윌크 검정)과 이분산성(브뢰쉬-파간/쿡-와이즈버그)에 관해 문제를 보이지만, 여기서는 잔차의 자기상관에만 집중해보자. 이를 위해 최초에 다음 명령어를 사용해 더빈-왓슨 검정을 수행해본다.

```
estat dwatson
```

검정 결과는 그림 13.79에 있다.

```
. estat dwatson

Durbin-Watson d-statistic(  3,    30) =  1.779404
```

그림 13.79 더빈-왓슨 검정 결과

부록의 표 C와 13.3.4.3절의 그림 13.45에 따라 유의수준 5%와 3개 모수의 30개 관측치에 대해 $d_U = 1.567 < 1.779 < 2.433 = 4 - d_U$이며, DW 통계량은 1차 잔차 자기상관 부존재 결과의 두 배와 거의 같다.

13.3.4.4절에서 설명했듯이, 더빈-왓슨 검정은 오차 항의 1차 자기상관 존재 검증에만 유효하고 브뢰쉬-고드프리 검정은 고차의 잔차 자기상관도 계산할 수 있으므로 좀 더 일반적이다. 일별 데이터셋에서 궁극적으로 7차 자기상관을 조사해 주별 계절성을 연구해보고자 할 수 있다. 동일한 논리를 따라 월별 데이터에 대해 연간 계절성 포착을 위한 12차 자기상관을 조사해볼 수도 있다.

교육을 목적으로, 예제의 1부터 28까지 변화하는 모든 차수($t - 1, t - 2, ..., t - 28$)에 대해 브뢰쉬-고드프리 검정을 수행해본다. 명령어는 다음과 같다.

```
estat bgodfrey, lags(1 2 3 4 5 6 7 8 9 10 11 12 13 14 15 16 17 18 19 20 21 22 23 24 25 26 27 28)
```

결과는 그림 13.80에 있다.

```
. estat bgodfrey, lags(1 2 3 4 5 6 7 8 9 10 11 12 13 14 15 16 17 18 19 20 21 22
23 24 25 26 27 28)

Breusch-Godfrey LM test for autocorrelation
--------------------------------------------------------------------------
  lags(p) |         chi2              df           Prob > chi2
----------+---------------------------------------------------------------
       1  |        0.213              1              0.6447
       2  |        1.478              2              0.4775
       3  |        2.292              3              0.5140
       4  |        3.137              4              0.5352
       5  |        3.138              5              0.6787
       6  |        3.658              6              0.7228
       7  |        4.382              7              0.7349
       8  |        4.423              8              0.8171
       9  |        4.765              9              0.8543
      10  |        5.176             10              0.8791
      11  |        5.181             11              0.9221
      12  |       15.487             12              0.2159
      13  |       17.025             13              0.1982
      14  |       17.644             14              0.2235
      15  |       18.444             15              0.2400
      16  |       18.623             16              0.2887
      17  |       19.119             17              0.3217
      18  |       19.157             18              0.3822
      19  |       20.730             19              0.3519
      20  |       20.831             20              0.4072
      21  |       22.068             21              0.3956
      22  |       22.186             22              0.4488
      23  |       26.104             23              0.2960
      24  |       26.155             24              0.3453
      25  |       26.169             25              0.3986
      26  |       28.427             26              0.3378
      27  |       30.000             27              0.3142
      28  |       30.000             28              0.3632
--------------------------------------------------------------------------
                H0: no serial correlation
```

그림 13.80 브뢰쉬-고드프리 검정 결과

그림 13.80으로부터 제시된 시간 간격 사이로는 어떠한 자기상관도 없음을 볼 수 있다.

Stata는 모델을 추정하고 통계적으로 검정하는 놀라운 기능들이 많지만 여기서 설명한 것들은 단순 그리고 다중 회귀 기법을 제재로 사용하고자 하는 연구원들에게는 기본적인 것으로 간주돼야 한다.

이제 동일한 예제를 SPSS를 사용해 해결해본다. 비록 Stata에 비해서는 그 기능과 출력 생성이 다소 제한적이지만, SPSS는 사용자 친화적이며 사용이 더 쉽다.

13.6 SPSS를 사용한 회귀 모델의 추정

이제 IBM SPSS를 사용해 모델 추정을 단계별로 진행해보자. Stata에서의 논리를 동일하게 적용해 먼저 각 10명의 학생에게 설문을 통해 구성했던 마지막 데이터셋으로 시작해보자. 데이터는 Timedistsemperstyle.sav 파일에 있으며, **분석 › 회귀 분석 › 선형 회귀**를 클릭한다. 그림 13.81의 대화상자가 열릴 것이다.

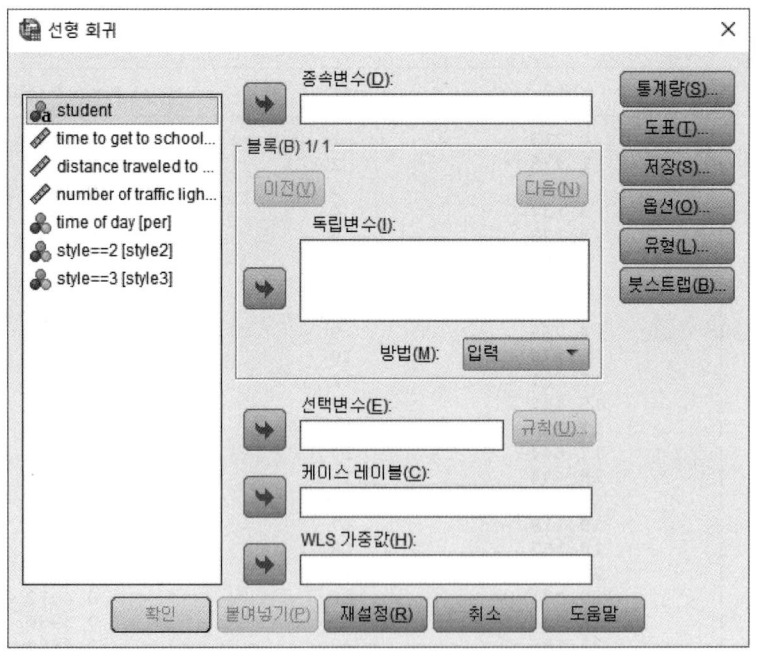

그림 13.81 SPSS의 선형 회귀 추정을 위한 대화상자

변수 *time*을 선택하고 **종속 변수**에 포함시켜야 한다. 나머지 변수는 모두 **독립 변수**에 포함시켜야 한다. 이 시점에서 그림 13.82에서처럼 **방법** 옵션은 **입력**으로 선택한다. '입력' 절차는 단계별 절차와 달리 추정에 통계적으로 0인 변수까지 모든 변수를 포함시키고, 이는 엑셀에서의 절차와 동일하며

Stata에서 reg 명령어를 사용할 때와 같다.

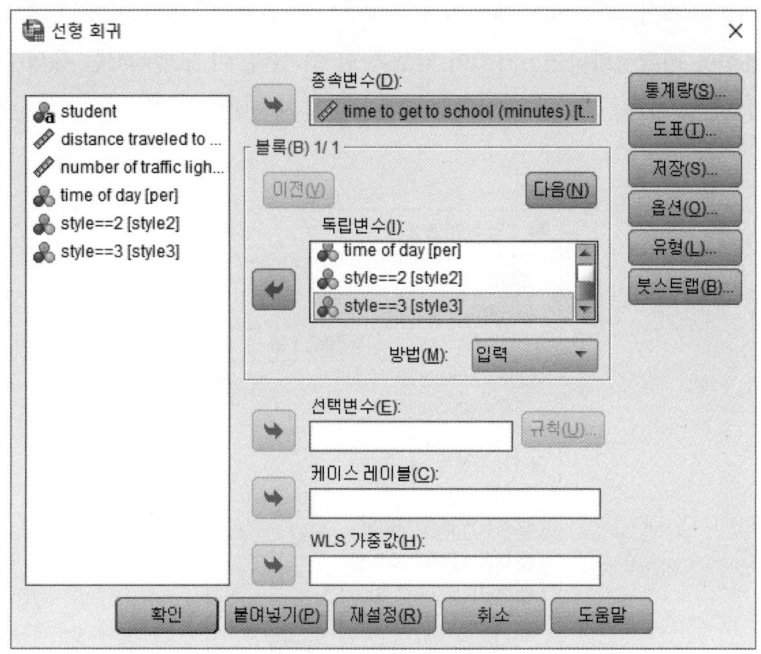

그림 13.82 SPSS의 종속 변수와 독립 변수 선택 그리고 '방법'으로 '입력' 선택

통계량 버튼을 통해 모수와 해당 신뢰 구간을 설정할 수 있다. 대화상자가 열리면 그림 13.83처럼 **추정값** 옵션을 선택하고(따라서 *per se* 모수와 해당 *t* 통계량이 나타난다) **신뢰 구간**도 선택한다(이 모수들을 계산할 신뢰 구간).

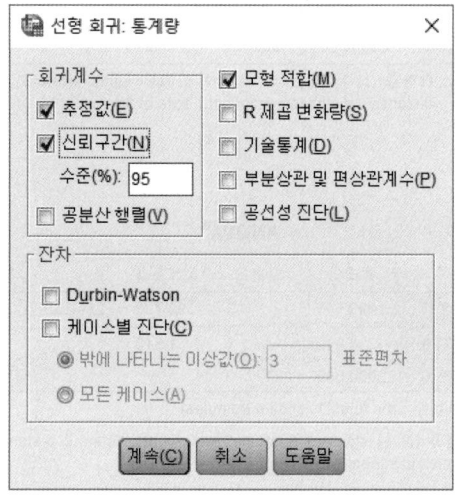

그림 13.83 모수와 신뢰 구간 설정을 위한 대화상자

이제 주 선형 회귀 대화상자로 돌아가서 **계속** 버튼을 클릭한다.

옵션 버튼을 클릭하면 F 검정 귀무 가설의 유의수준을 변경해서 t 검정 귀무 가설도 변경할 수 있다. 그림 13.84에서 보듯 SPSS에서의 표준값은 5% 신뢰수준이다. 같은 대화상자에서 **방정식에 상수 항 포함** 옵션을 비활성화하면 α가 0이 되도록 할 수 있다. 이 모델에서는 유의수준을 표준인 5%로 유지하고, 절편도 그대로 둔다(**방정식에 상수 항 포함** 옵션을 선택).

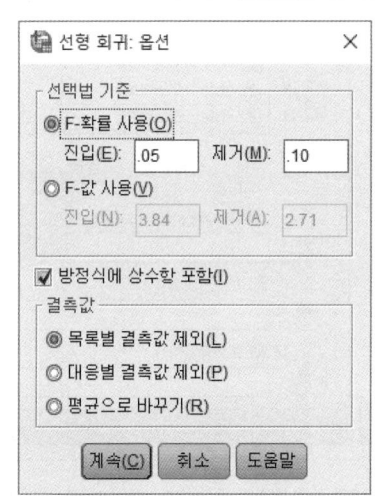

그림 13.84 선형 회귀에서 신뢰 구간 변경과 절편 제외

이제 **계속**을 클릭하고 **확인**을 누른다. 결과는 그림 13.85에 있다.

모형 요약

모형	R	R 제곱	수정된 R 제곱	추정값의 표준 오차
1	.998[a]	.997	.993	1.229

a. 예측자: (상수), style==3, number of traffic lights, style==2, distance traveled to school (km), time of day

(a)

ANOVA[a]

모형		제곱합	자유도	평균제곱	F	유의확률
1	회귀	1993.960	5	398.792	264.120	.000[b]
	잔차	6.040	4	1.510		
	전체	2000.000	9			

a. 종속변수: time to get to school (minutes)

b. 예측자: (상수), style==3, number of traffic lights, style==2, distance traveled to school (km), time of day

(b)

그림 13.85 SPSS의 다중 선형 회귀 결과: 입력 절차

계수ª

모형		비표준화 계수 B	비표준화 계수 표준화 오류	표준화 계수 베타	t	유의확률	B에 대한 95.0% 신뢰구간 하한	B에 대한 95.0% 신뢰구간 상한
1	(상수)	13.490	3.861		3.494	.025	2.771	24.210
	distance traveled to school (km)	.674	.072	.430	9.399	.001	.475	.873
	number of traffic lights	6.647	1.095	.420	6.071	.004	3.607	9.687
	time of day	-5.371	3.779	-.174	-1.421	.228	-15.863	5.120
	style==2	1.779	1.441	.063	1.234	.285	-2.223	5.781
	style==3	6.374	2.243	.180	2.841	.047	.146	12.601

a. 종속변수: time to get to school (minutes)

(c)

그림 13.85 SPSS의 다중 선형 회귀 결과: 입력 절차

여기서는 결과를 다시 분석하지는 않는다. 이미 엑셀(그림 13.32)과 Stata(그림 13.53)를 사용할 때 설명했으며 결과가 일치하기 때문이다. 엑셀에서의 F 유의수준 이름은 $Sig. F$였고, SPSS에서 P 값은 $Sig. t$였음은 주목해두자.

마지막으로 단계별 절차를 사용해 다중 선형 회귀를 추정해본다. 이를 위해 그림 13.86에서처럼 주 회귀 대화상자에서 **방법**을 **단계 선택**으로 설정한다.

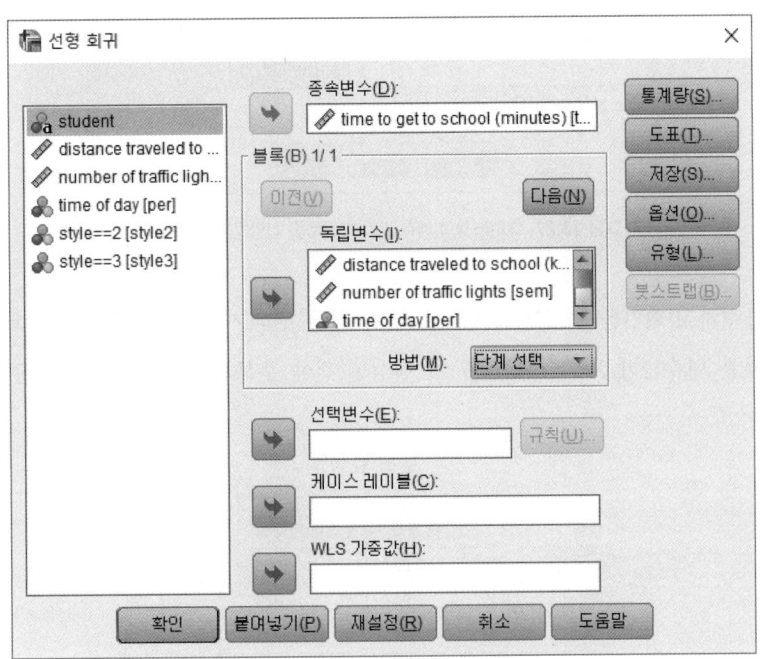

그림 13.86 단계 선택을 설정하는 대화상자

저장 버튼을 누르면 원시 데이터셋에서 Ŷ를 참조하는 변수와 단계별 절차에서 생성된 최종 잔차 모델이 생성된다. **옵션**을 선택하면 그림 13.87과 같은 대화상자가 나타난다. 여기서 **예측값**에는 **비표**

준화를 선택하고 **잔차**에서도 **비표준화**를 선택한다.

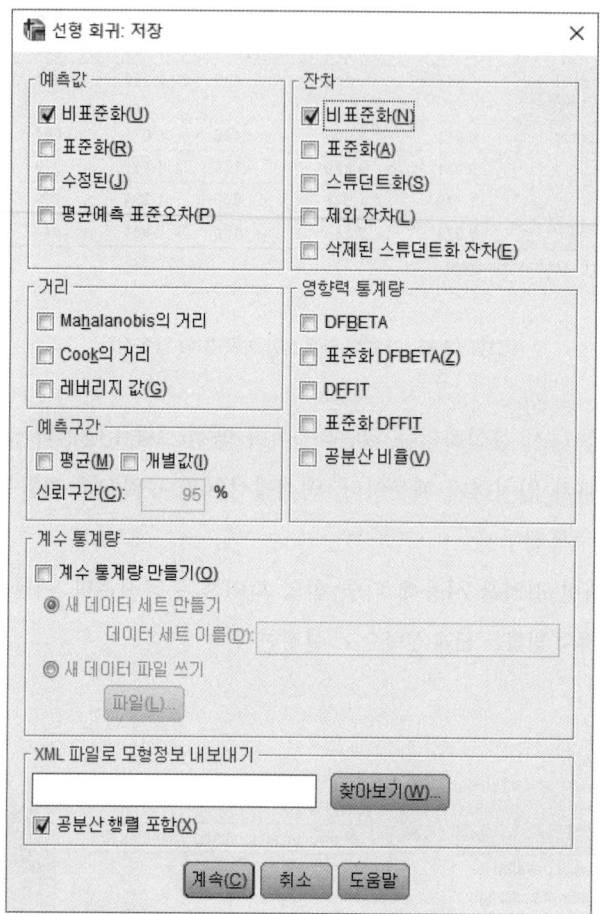

그림 13.87 데이터셋의 예측값($\hat{Y}$)과 잔차를 삽입하는 대화상자

계속을 클릭하고 **확인**을 누르면 그림 13.88과 같은 결과가 나타난다. 각각 $\hat{Y}$와 추정 잔찻값에 해당하는 새로운 변수 2개(*PRE_1*, *RES_1*)가 생성된 점에 주목하자(그림 13.33과 동일하다).

(a)

모형 요약ᵈ

모형	R	R 제곱	수정된 R 제곱	추정값의 표준 오차
1	.909ᵃ	.827	.805	6.585
2	.968ᵇ	.937	.920	4.228
3	.998ᶜ	.995	.993	1.236

a. 예측자: (상수), number of traffic lights

b. 예측자: (상수), number of traffic lights, distance traveled to school (km)

c. 예측자: (상수), number of traffic lights, distance traveled to school (km), style==3

d. 종속변수: time to get to school (minutes)

그림 13.88 SPSS의 다중 선형 회귀 결과: 단계별 절차

(b)

ANOVA[a]

모형		제곱합	자유도	평균제곱	F	유의확률
1	회귀	1653.125	1	1653.125	38.126	.000[b]
	잔차	346.875	8	43.359		
	전체	2000.000	9			
2	회귀	1874.848	2	937.424	52.432	.000[c]
	잔차	125.152	7	17.879		
	전체	2000.000	9			
3	회귀	1990.839	3	663.613	434.616	.000[d]
	잔차	9.161	6	1.527		
	전체	2000.000	9			

a. 종속변수: time to get to school (minutes)

b. 예측자: (상수), number of traffic lights

c. 예측자: (상수), number of traffic lights, distance traveled to school (km)

d. 예측자: (상수), number of traffic lights, distance traveled to school (km), style==3

(c)

계수[a]

모형		비표준화 계수 B	비표준화 계수 표준화 오류	표준화 계수 베타	t	유의확률	B에 대한 95.0% 신뢰구간 하한	B에 대한 95.0% 신뢰구간 상한
1	(상수)	15.625	3.123		5.003	.001	8.422	22.828
	number of traffic lights	14.375	2.328	.909	6.175	.000	9.006	19.744
2	(상수)	8.151	2.920		2.791	.027	1.246	15.056
	number of traffic lights	8.296	2.284	.525	3.633	.008	2.897	13.696
	distance traveled to school (km)	.797	.226	.509	3.522	.010	.262	1.333
3	(상수)	8.292	.854		9.715	.000	6.203	10.380
	number of traffic lights	7.837	.669	.496	11.707	.000	6.199	9.475
	distance traveled to school (km)	.710	.067	.453	10.620	.000	.547	.874
	style==3	8.968	1.029	.254	8.716	.000	6.450	11.485

a. 종속변수: time to get to school (minutes)

(d)

제외된 변수[a]

모형		베타 입력	t	유의확률	편상관계수	공선성 통계량 공차
1	distance traveled to school (km)	.509[b]	3.522	.010	.800	.429
	time of day	-.395[b]	-2.237	.060	-.646	.464
	style==2	-.084[b]	-.529	.613	-.196	.950
	style==3	.300[b]	2.528	.039	.691	.922
2	time of day	-.321[c]	-4.164	.006	-.862	.451
	style==2	-.116[c]	-1.233	.264	-.450	.942
	style==3	.254[c]	8.716	.000	.963	.901
3	time of day	-.058[d]	-.702	.514	-.299	.124
	style==2	.007[d]	.198	.851	.088	.717

a. 종속변수: time to get to school (minutes)

b. 모형내의 예측자: (상수), number of traffic lights

c. 모형내의 예측자: (상수), number of traffic lights, distance traveled to school (km)

d. 모형내의 예측자: (상수), number of traffic lights, distance traveled to school (km), style==3

그림 13.88 SPSS의 다중 선형 회귀 결과: 단계별 절차

(e)

잔차 통계량[a]

	최소값	최대값	평균	표준화 편차	N
예측값	11.84	54.54	30.00	14.873	10
잔차	-1.844	1.056	.000	1.009	10
표준화 예측값	-1.221	1.650	.000	1.000	10
표준화 잔차	-1.492	.855	.000	.816	10

a. 종속변수: time to get to school (minutes)

그림 13.88 SPSS에서 다중 선형 회귀 결과: 단계별 절차

SPSS로 수행한 단계별 절차는 가장 유의한 변수(가장 큰 t 통계량을 가진 설명 변수)의 포함에서 시작해서 가장 작은 값의 포함까지 모델의 단계별 절차를 보여준다. 그러나 여전히 $Sig.\ t < 0.05$이다. 최종 모델에 포함된 변수의 분석만큼 중요한 것은 제외된 변수의 분석이다(**제외된 변수**). 이를 통해 오직 sem 변수만 포함하므로, 제외된 변수에는 나머지 모든 변수가 포함된다. $dist$ 변수의 경우처럼 첫 단계에서는 제외됐지만 그 자체로 유의함($Sig.\ t < 0.05$)을 보여주는 경우가 있고, 그다음 단계에서 모델에 포함하게 될 것이다(모델 2). 이 절차는 제외된 변수가 더 이상 $Sig.\ t < 0.05$를 보이지 않을 때까지 반복된다. 예제에서 제외된 변수는 per과 $style2$이고 이는 엑셀과 Stata에서 이미 설명한 바와 같다. 최종 모델(단계별에서 모델 3)은 그림 13.33 및 그림 13.54와 정확히 일치하고 $dist$, sem, $style3$ 설명 변수만 포함하며 $R^2 = 0.095$이다. 최종 모델은 이제 다음과 같이 된다.

$$time_i = 8.292 + 0.710 \cdot dist_i + 7.837 \cdot sem_i + 8.968 \cdot style3_i \quad \begin{cases} 얌전 = 0 \\ 공격적 = 1 \end{cases}$$

이제 모델의 가정을 확인해보자. 우선 잔차의 정규성을 알아보기 위해 사피로-윌크 검정을 해본다. 이를 위해 **분석 › 기술 통계량 › 탐색**을 클릭한다. 대화상자가 열리면 **종속 변수**에 RES_1(비표준화 잔차)을 포함시키고 **도표**를 클릭한다. 이 대화상자에서 **검정과 함께 정규성 도표**를 선택하고 **계속**과 **확인**을 누른다. 그림 13.89는 이러한 단계를 보여준다.

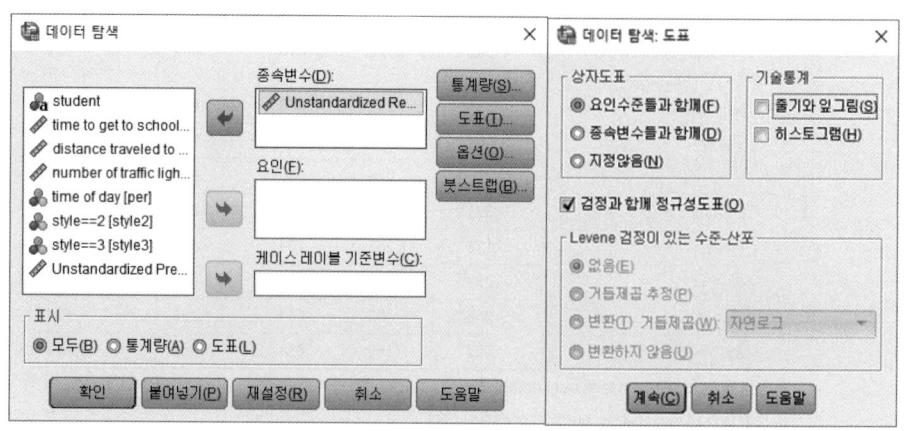

그림 13.89 RES_1 변수에 대한 사피로-윌크 검정 수행

사피로-윌크 검정은 오차 항이 정규성을 갖는다고 나타난다. 그 결과(그림 13.90)가 귀무 가설을 기각하지 않기 때문이다. 결과는 그림 13.58의 Stata와 정확히 일치한다.

정규성 검정

	Kolmogorov-Smirnov[a]			Shapiro-Wilk		
	통계	자유도	CTT 유의확률	통계	자유도	CTT 유의확률
Unstandardized Residual	.177	10	.200[*]	.905	10	.250

*. 이것은 참 유의성의 하한입니다.

a. Lilliefors 유의확률 수정

그림 13.90 잔차의 사피로-윌크 정규성 검정 결과

다음으로 설명 변수의 다중공선성을 진단해본다. 이를 위해, 모델 추정이 완료되면 *VIF*와 *Tolerance* 통계량을 구해본다. 따라서 **분석 › 회귀 분석 › 선형 회귀**를 선택하고 **통계량** 버튼을 눌러 그림 13.91처럼 **공선성 진단**을 선택해야 한다.

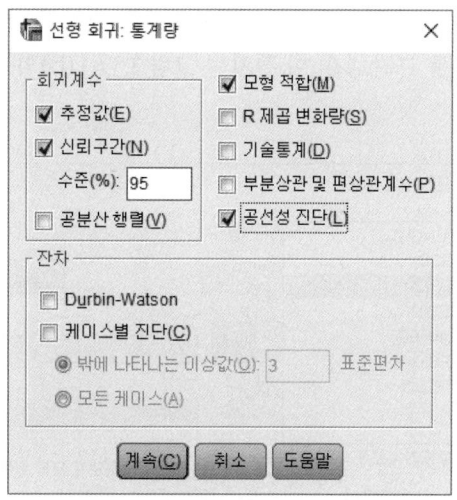

그림 13.91 다중공선성 진단을 위한 대화상자

결과는 그림 13.88에 있다. 각 설명 변수에 대한 *VIF*와 *Tolerance* 통계량은 그림 13.92의 모델 3에서 보는 것처럼 계산됐다. 그림 13.60에서 설명한 것처럼 단계별 절차 후에 구한 최종 모델에는 높은 *VIF*를 가진 설명 변수가 없으므로, 다중공선성은 없다고 간주할 수 있다.

계수^a → 계수^a

모형		비표준화 계수		표준화 계수	t	유의확률	B에 대한 95.0% 신뢰구간		공선성 통계량	
		B	표준화 오류	베타			하한	상한	공차	VIF
1	(상수)	15.625	3.123		5.003	.001	8.422	22.828		
	number of traffic lights	14.375	2.328	.909	6.175	.000	9.006	19.744	1.000	1.000
2	(상수)	8.151	2.920		2.791	.027	1.246	15.056		
	number of traffic lights	8.296	2.284	.525	3.633	.008	2.897	13.696	.429	2.333
	distance traveled to school (km)	.797	.226	.509	3.522	.010	.262	1.333	.429	2.333
3	(상수)	8.292	.854		9.715	.000	6.203	10.380		
	number of traffic lights	7.837	.669	.496	11.707	.000	6.199	9.475	.426	2.348
	distance traveled to school (km)	.710	.067	.453	10.620	.000	.547	.874	.419	2.386
	style==3	8.968	1.029	.254	8.716	.000	6.450	11.485	.901	1.109

a. 종속변수: time to get to school (minutes)

그림 13.92 설명 변수에 대한 *VIF*와 *Tolerance* 통계량

이분산성 문제와 관련해서는 보편적으로 먼저 잔차의 행동을 종속 변수의 함수로 도식화해보는 것이 우선이다. 이를 위해 **분석** › **회귀 분석** › **선형 회귀**에서 **도표** 버튼을 눌러 잔차의 행동을 종속 변수의 함수로 그려본다. 버튼을 누르면 그림 13.93과 같은 대화상자가 나타난다. 종속 변수의 추정 표준값의 함수로 표준 오차를 그려보자. 이 절차는 그림 13.61(b)와 유사한 그래프를 생성한다.

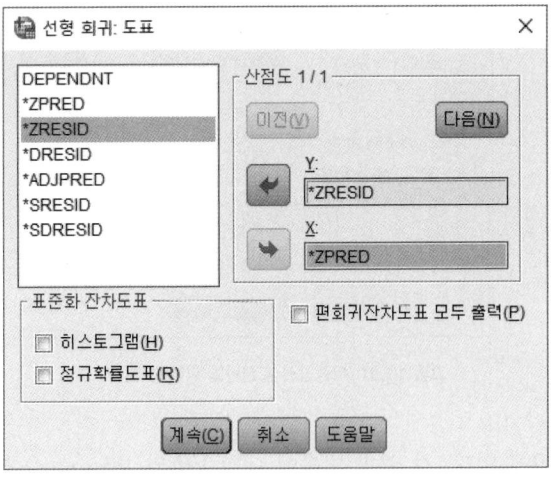

그림 13.93 잔차의 행동을 종속 변수의 함수로 그리는 대화상자

그림 13.94에 나타난 그래프는 그림 13.61(b)에서 설명한 것과 동일하게 이분산성이 없음을 나타낸다.

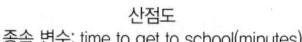

산점도
종속 변수: time to get to school(minutes)

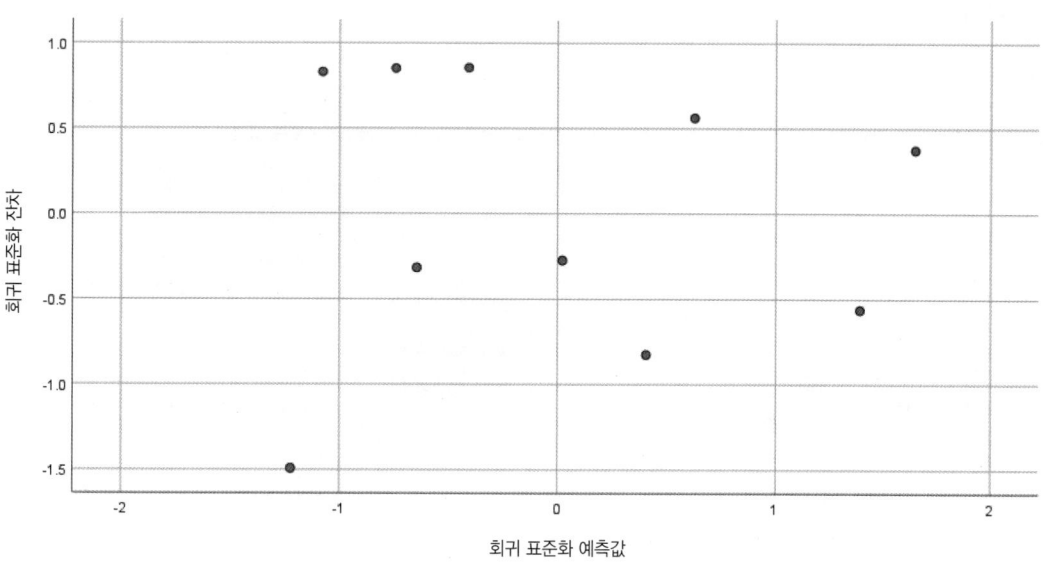

그림 13.94 잔차 행동을 종속 변수의 함수로 그린 그래프

비록 SPSS는 브뢰쉬-파간/쿡-와이즈버그 검정을 수행할 직접적 옵션은 제공하지 않지만 SPSS를 사용해 절차를 구축해보기로 하자. 이를 위해 먼저 잔차의 제곱에 해당하는 *RES_1SQ*라는 이름의 새로운 변수를 생성한다. 따라서 **변환** › **변수 계산**에서 그림 13.95와 같이 한다. SPSS에서 별표 2개는 지수 연산자에 해당한다.

그림 13.95 잔차 제곱을 참조하는 새로운 변수 생성(*RES_1SQ*)

그다음에는 **분석** › **기술 통계 분석** › **기술 통계**를 클릭하고, 그림 13.96처럼 **옵션**에서 **합계**를 선택한다.

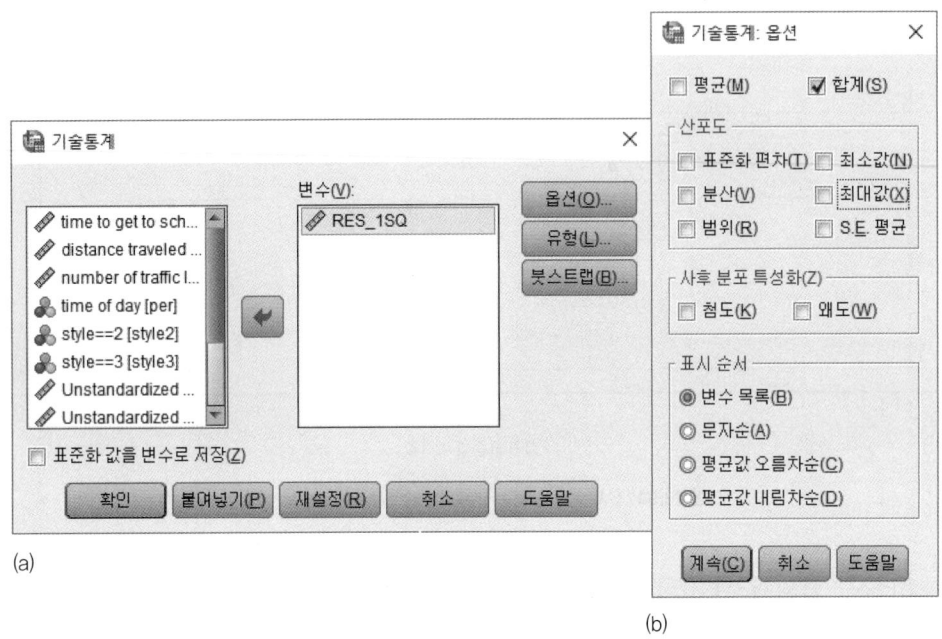

그림 13.96 잔차 제곱 합의 계산

RES_1SQ 변수 항의 합계는 9.16137로서 표 13.17과 일치한다. 이제 *RESUP*이라는 이름의 새로운 변수를 생성하는데, 식 (13.40)에 따라 다음과 같이 정의된다.

$$RESUP_i = \frac{RES\_1SQ_i}{\left(\sum_{i=1}^{n} RES\_1SQ\right)/n} = \frac{RES\_1SQ_i}{(9.16137)/10}$$

다음으로, **변환** › **변수 계산**에서 그림 13.97과 같이 한다.

그 뒤, *RESUP* 회귀를 종속 변수 추정값(*PRE_1*)의 함수로 준비한다. 여기서는 추정 결과를 보여주지 않지만, 그림 13.98은 결과 ANOVA 표를 보여준다.

ANOVA 표에 따르면 회귀에 대한 제곱 합(*SSR*)은 3.185임을 볼 수 있고 이를 2로 나누면 5% 유의수준에서 $\chi^2_{\text{BP/CW}} = 1.59 < \chi^2_{1\ \text{d.f.}} = 3.84$ 통계량이 되며 이 검정에 대한 귀무 가설(등분산성 오차항)을 기각하지 못하게 되는데, 이는 그림 13.62의 분석과 같다.

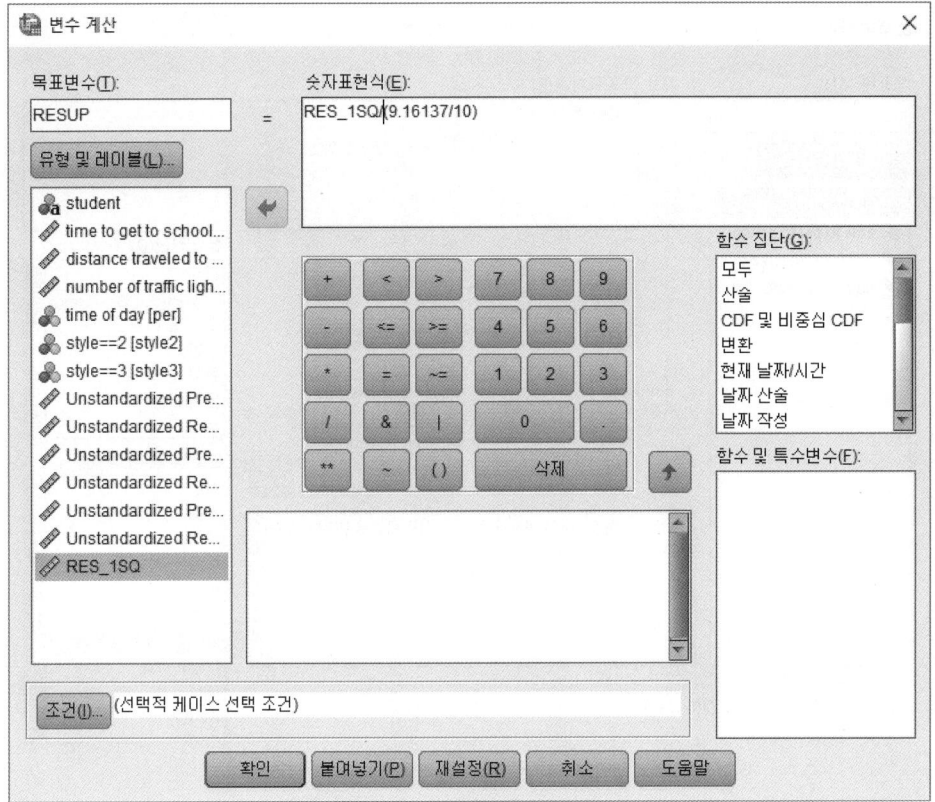

그림 13.97 *RESUP* 변수의 생성

분산 분석

Model		제곱합	자유도	제곱평균	F	Sig.
1	Regression	3.185	1	3.185	3.749	.089[b]
	Residual	6.797	8	.850		
	Total	9.982	9			

[b] 종속 변수: RESUP

[a] 예측자(상수), 비표준화 예측값

그림 13.98 *RESUP*의 *PRE_1*에 대한 회귀 ANOVA 표

13.5절의 논리를 따라 이번에는 Lecturetimedistsem.sav 파일을 열고 다음의 비선형 회귀를 수행해본다.

$$time_i = a + b_1 \cdot \ln dist_i + b_2 \cdot sem_i + u_i$$

이를 위해, **변환 › 변수 계산**을 눌러 새로운 변수 *lndist*를 생성한다(그림 13.99).

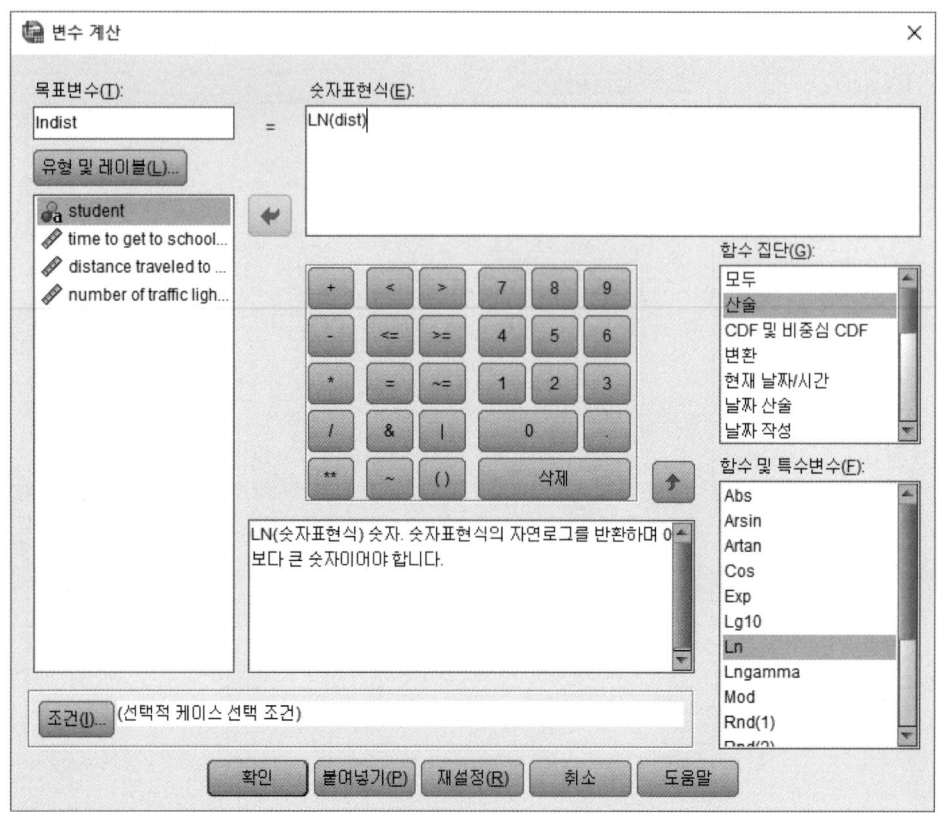

그림 13.99 *lndist* 변수 생성

이 시점부터 제시된 비선형 모델을 추정할 수 있다. 결과는 여기서 표시하지 않지만 그림 13.71과 동일하다.

Stata와 달리, SPSS에서는 박스-콕스 변환에 대한 직접적 옵션이 없으므로 그림 13.75에서와 같은 모델은 추정하지 않는다. 만약 추정을 원한다면 **변환 › 변수 계산**에서 수작업으로 새로운 변수를 생성해야 한다. 그러나 분포를 최대화하는 박스-콕스 변환 모수는 사전에 알 수 없으므로 최소한 Stata를 사용해 그림 13.73과 같이 λ 모수를 구하기를 강력히 권한다.

마지막으로, SPSS를 사용해 잔차 자기상관 존재를 알아본다. SPSS는 브뢰쉬-고드프리 검정을 직접적으로 제공하지 않으므로 더빈-왓슨 검정의 응용을 변형한다. 이를 위해 Analysistemporaltimedistsem.sav 파일을 연다.

실제 회귀를 수행할 때, **분석 › 회귀 분석 › 선형 회귀**에서 **통계량** 버튼을 클릭해 더빈-왓슨 검정을 그림 13.100처럼 선택한다. 데이터셋 변수 중 시간 변화에 대한 것이 없다는 경고가 전혀 나타나지 않는다. 이는 앞서 설명한 대로 단면 데이터셋에 대해서도 더빈-왓슨을 수행한다는 의미가 되며, 이는 심각한 오류다.

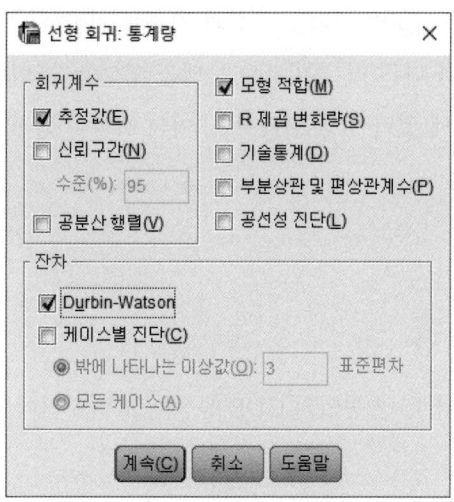

그림 13.100 더빈-왓슨 검정을 위한 대화상자

검정 결과는 그림 13.101에 있고, 이는 그림 13.79와 정확히 일치한다.

모형 요약[b]

모형	R	R 제곱	수정된 R 제곱	추정값의 표준 오차	Durbin-Watson
1	.847[a]	.717	.696	7.30021	1.779

a. 예측자: (상수), number of traffic lights, distance traveled to school (km)

b. 종속변수: time to get to school (minutes)

그림 13.101 더빈-왓슨 검정 결과

앞서 설명한 대로 DW = 1.779는 5% 유의수준에서 3개 모수 30개 관측치 모델의 오차 항의 1차 자기상관이 없음을 나타낸다.

13.7 맺음말

OLS 기법에 의한 단순 및 다중 회귀 모델은 가장 흔히 학계나 조직 환경에서 사용되는 여러 회귀 기법을 대표한다. 그 응용이 매우 쉽고 결과를 해석하기 쉬우며, 대부분의 소프트웨어에서도 제공된다. 심지어 통계에 특화된 소프트웨어가 아니더라도 이러한 기능을 제공한다. 또한 이 장에서 진단과 예측을 목적으로 설명한 기법들의 실용성도 강조할 필요가 있다.

연구원이 항상 기법에 대한 전제 가정을 고려하고 평가하는 일은 매우 중요하며, 항상 선형 함수 형태만을 반드시 고집할 것은 아니라는 점을 반영할 필요가 있다.

끝으로, 연구원은 어떤 현상 행동을 분석할 때 기저 이론에만 집착해서는 안 된다는 사실을 말하고 싶다. 회귀 모델을 적용하려면 때때로 경험과 직관에 기반한 변수를 포함시켜야 한다. 이를 통해 전통적으로 제한된 모델과 다른 더 흥미로운 모델을 생성할 수 있다. 이런 방식으로 새로운 관점과 시각은 현상을 연구하는 데 있어 항상 나타난다. 이는 과학의 발전에 기여하고 좀 더 혁신적인 경험적 연구에 기여하게 된다.

13.8 연습문제

1. 다음 표는 어떤 나라의 15년 동안의 GDP 성장과 교육 투자에 대한 것이다.

연도	GDP 성장률(%)	교육 투자 (10억 USD)
1998	−1.50	7.00
1999	−0.90	9.00
2000	1.30	15.00
2001	0.80	12.00
2002	0.30	10.00
2003	2.00	15.00
2004	4.00	20.00
2005	3.70	17.00
2006	0.20	8.00
2007	−2.00	5.00
2008	1.00	13.00
2009	1.10	13.00
2010	4.00	19.00
2011	2.70	19.00
2012	2.50	17.00

a) 교육에 투자된 금액(X) 대비 GDP 성장률(Y)의 변화를 설명해줄 수 있는 식은 무엇인가?

b) GDP 성장 분산의 몇 퍼센트가 교육 투자(결정 계수 R^2)에 의해 설명됐는가?

c) 교육 투자를 참조하는 변수는 5% 유의수준에서 GDP 성장 행동을 통계적으로 유의하게 설명하고 있는가?

d) 기대 GDP 성장률이 0일 경우, 평균 교육 투자는 얼마인가?

e) 이 나라 정부가 어떤 해에 교육에 투자하지 않기로 결정했다면 기대 GDP 성장은 어떻게 되는가?

f) 어떤 연도에 교육 투자가 110억(11B) 달러였다면 기대 GDP 성장률은 얼마인가? 95% 신뢰수준에서 최소와 최대 GDP 성장률 예측값은 얼마인가?

2. Corruption.sav와 Corruption.dta에는 52개국에 대한 다음 데이터가 들어 있다.

변수	설명
country	국가 i를 식별하는 문자열 변수
cpi	공공 분야에서 행정부나 정치 측면을 포함한 부분의 권력남용에 대한 인식도. 지수가 낮을수록 부패를 더 심각하게 인식한다.
age	해당 국가 억만장자의 평균 나이(출처: Forbes)
hours	주당 근로 시간. 연간 총 근로 시간을 52로 나눈 것(출처: International Labour Organization)

한 국가의 부패 인식이 억만장자의 평균 연령과 주당 평균 근로 시간의 함수로 나타날 수 있는지를 살펴보고자 한다. 이를 위해 다음 모델을 추정한다.

$$cpi_i = a + b_1 \cdot age_i + b_2 \cdot hours_i + u_i$$

a) F 검정의 유의수준을 분석하라. 적어도 하나의 변수가 통계적으로 5% 유의수준에서 cpi 변수의 행동을 설명하고 있는가?

b) 위 질문에 대한 대답이 '예'라면 각 변수에 대해 수준을 분석하라. 둘 다 5% 유의수준에서 cpi 행동을 통계적으로 유의하게 설명하고 있는가?

c) 다중 선형 회귀 모델의 최종 추정 식은 무엇인가?

d) R^2은 얼마인가?

e) 결과를 설명 변수의 신호 계수 관점에서 설명하라.

f) 모델 잔차를 저장하고 오차 항의 정규성 존재를 확인하라.

g) 브뢰쉬-파간/콕-와이즈버그 검정을 사용해 최종 제안 모델에서 이분산성이 존재하는지 확인하라.

h) **VIF**와 **Tolerance** 통계량을 나타내고 결과를 설명하라.

3. Corruptionemer.sav와 Corruptionemer.dta는 연습문제 2번과 동일한 데이터를 갖고 있지만 다음과 같은 변수가 하나 더 있다.

변수	설명
emerging	더미 변수. Compustat Global 기준에 따른 선진국 분류다. 여기서 선진국은 emerging = 0이며, 그렇지 않으면 emerging = 1이다.

먼저 이머징^{emerging} 국가의 부패 인식 지수가 낮은지 살펴보고자 한다. 이를 위해 다음을 수행하라.

a) 이머징 국가의 *cpi* 지수 평균과 선진국 지수 평균의 차이는 무엇인가? 이 차이는 5% 유의수준에서 통계적으로 유의한가?

b) *t* 검정 귀무 가설 기각의 10% 유의수준에서 단계별 절차를 수행하라. 모델의 선형 함수 유형은 다음과 같다. 최종 식의 모델을 써보라.

$$cpi_i = a + b_1 \cdot age_i + b_2 \cdot hours_i + b_3 \cdot emerging_i + u_i$$

c) 이 추정에 기반해, 이머징으로 분류되고 억만장자의 평균 연령이 51세이며 주당 37시간 근로하는 국가의 평균 *cpi* 지수는 얼마인가?

d) 앞의 문제에서 신뢰수준 90%에서의 최솟값과 최댓값은 얼마인가?

e) 연구원이 다음의 비선형 함수 유형을 제시한 경우를 생각해보자. *t* 검정 귀무 가설 기각에 대한 10% 유의수준에서 단계별 절차에 의한 최종 모델의 식을 써보라.

$$cpi_i = a + b_1 \cdot age_i + b_2 \cdot \ln(hours_i) + b_3 \cdot emerging_i + u_i$$

f) 두 모델 모두에서 문제가 발견되지 않았다면 예측의 용도로는 어떤 모델을 선택하는 것이 좋은가?

4. 심장 전문의가 유명 기업 임원의 LDL(mg/dL) 콜레스테롤 수준, BMI 지수(kg/m^2), 운동 빈도 등을 48개월간 모니터링했다. 이를 통해 체중 감소와 유지, 정규적인 운동 등의 방향을 설정하고자 한다. 다음 그래프는 기간 동안 해당 임원의 LDL 콜레스테롤 변화 추이다.

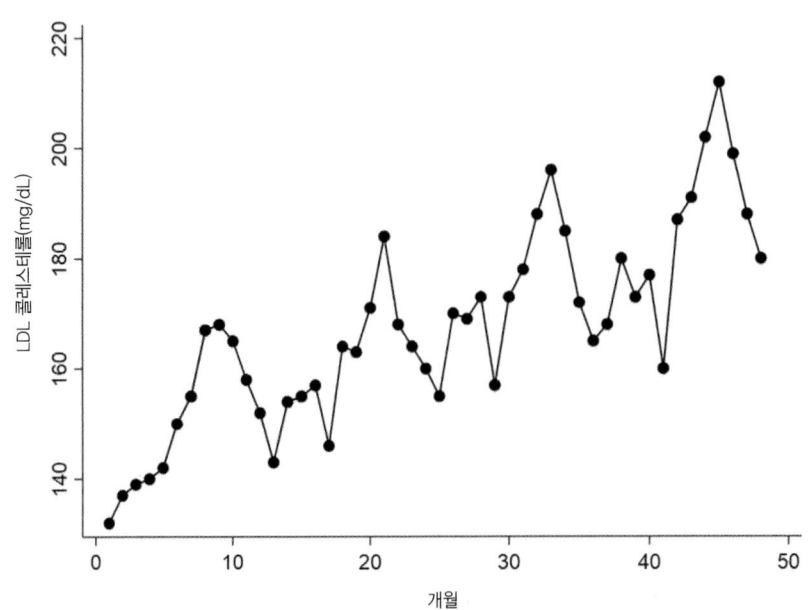

데이터는 Cholesterol.sav와 Cholesterol.dta 파일에 있고 다음과 같은 변수로 구성된다.

변수	설명
month	분석 *t*개월
cholesterol	LDL(mg/dL) 콜레스테롤 지수
bmi	BMI(kg/m^2)
sport	주당 운동 횟수(월 평균)

알고자 하는 것은 LDL 콜레스테롤의 변화가 BMI나 주당 운동 횟수에 영향을 받느냐는 것이다. 이를 위해 다음 모델이 추정됐다.

$$cholesterol_t = a + b_1 \cdot bmi_t + b_2 \cdot sport_t + \varepsilon_t$$

다음을 구하라.

a) 다중 선형 회귀의 최종 추정 모델은 무엇인가?

b) 설명 변수의 계수 부호 관점에서 결과를 설명하라.

c) 비록 모델이 잔차의 정규성, 이분산성, 다중공선성 면에서 문제가 없더라도 잔차의 자기회귀가 문제없다는 뜻은 아니다. 더빈-왓슨 검정을 수행해 그 결과를 설명하라.

d) 1, 3, 4, 12의 시간 지연에 대해 브뢰쉬-고드프리 검정(SPSS에는 없음)을 수행하고 결과를 설명하라.

부록: 분위수 회귀 모델

A.1 개요

분위수 회귀 모델quantile regression model은 일반적으로 **중앙값 회귀 모델**median regression model이며, 특히 그 주목적은 설명 변수에 조건화된 종속 변수의 백분위수를 추정하려는 것이다. 중앙값 회귀가 종속 변수의 조건화 분포의 중앙값(50번째 백분위수)을 설명 변수의 선형 함수로 표현하는 반면, 다른 분위수 회귀는 이 조건화 분포의 다른 백분위수(예를 들어 25번째, 75번째 등)에 기반해 모델의 분위수 회귀를 추정한다. 예를 들어, 25번째 분위수 회귀 모델을 명세하면 추정 모수는 종속 변수의 조건화 분포의 25번째 백분위수의 행동을 기술하게 된다.

이 모델을 사용하면 특정 설명 변수에 기반한, **종속 변수의 모든 조건화 분포를 특징지을 수 있게 해준**다. 설명 변수의 변화에 따른 종속 변수의 행동 차이를 설명해줄 수 있는, **각기 다른 백분위수에 대한 모**

수의 추정을 가장 다양한 지점에서 구할 수 있기 때문이다. 이 사실이 이 장에서 설명한 OLS에 기반한 **중앙값 회귀 모델**에 대비한 장점이다.

분위수 회귀 모델의 추정은 OLS에 의한 추정과 유사하다. 그러나 후자가 잔차의 제곱 오차를 최소화하려는 반면 전자는 **절대 잔차의 가중 합**을 최소화한다.

중심 성향 측도인 중앙값은 평균과 달리 **이상치**의 영향을 받지 않으므로 많은 연구원은 표본에 이상치나 모순치가 있을 경우 중앙값 회귀를 선호한다. 혼란을 야기하는 데이터의 존재에 민감하지 않은 추정이기 때문이다. 그러나 Rousseeuw and Leroy(1987)에서 설명한 것처럼 분위수 회귀 모델조차 관측치의 **레버리지 거리**가 상당히 크다면 이상치의 존재에 민감해질 수 있다.

이 기법은 처음에 다음 회귀 모델의 모수를 추정하기 위해 Koenker and Bassett(1978)에 의해 제시됐다.

$$Y_i = a + b_{\theta 1} \cdot X_{1i} + b_{\theta 2} \cdot X_{2i} + \cdots + b_{\theta k} \cdot X_{ki} + u_{\theta i} = X_i' \cdot b_{\theta} + u_{\theta i} \tag{13.67}$$

$$\text{Perc}_{\theta}(Y_i \mid X_i) = X_i' \cdot b_{\theta} \tag{13.68}$$

여기서 $\text{Perc}_{\theta}(Y_i|X_i)$는 설명 변수 X' 벡터에 조건화된 종속 변수 Y의 백분위수 $\theta(0 < \theta < 1)$를 나타낸다. 식 (13.67)의 모수 추정은 다음 식을 목적 함수로 갖는 선형 프로그램 문제를 해결하면 구할 수 있다.

$$\left[\sum_{i:Y_i \geq X_i' \cdot b} \theta \cdot |Y_i - X_i' \cdot b| + \sum_{i:Y_i < X_i' \cdot b} (1-\theta) \cdot |Y_i - X_i' \cdot b| \right] = \min \tag{13.69}$$

분위수 회귀 모델의 추정에는 **잔차의 정규성** 가정이 필요 없다. 이 때문에 종속 변수의 **박스-콕스 변환**조차도 잔차의 정규성을 보장하지 못할 경우의 대안으로 사용될 수 있다. 이런 상황은 분포에서 종속 변수가 상당한 왜도^{skewness}를 보일 때 나타날 수 있다.

그러므로 이러한 모델은 **비대칭 분포를 가진 종속 변수**를 연구할 때나 **다른 백분위수 분포에 대한 설명 변수의 행동**을 연구하고 싶을 때 사용한다.

Buchinsky(1998)에 따르면, 간단히 말해 분위수 회귀 모델의 특징과 장점은 다음과 같다.

- 각 설명 변수의 종속 변수 행동에 대한 영향이 백분위수 사이에서 변화하게 할 수 있다.
- 분위수 회귀의 목적 함수(우도 함수)는 잔차 절댓값의 가중 합의 최소화를 나타내고, 이는 추정 모수가 극치나 이상 관측치에 민감하지 않게 해준다.
- 오차 항이 정규 분포를 따르지 않을 경우 OLS에 의한 것보다 더 효율적인 모수 추정이 가능하다.
- 종속 변수가 비대칭 분포를 보일 때 사용할 수 있다.

예를 들어, 소득에 대한 분포는 각기 다른 모집단에 대해 **원래 비대칭**이며 **전체 백분위수에 걸쳐 변화가**

일어나므로 분위수 회귀 모델은 특정 설명 변수에 조건화된 소득의 행동을 연구할 때 극도로 유용하다. 이러한 경우 전통적인 평균 회귀 모델은 궁극적으로 불완전한 결론으로 이끌 수 있으므로 충분하지 않다.

이제 어떤 중산층 개인의 소득을 종속 변수로 갖는 분위수 회귀 모델 예제를 살펴보자.

A.2 예제: Stata를 사용한 분위수 회귀 모델

이제 QuantileIncome.dta 파일에 있는 데이터셋을 사용한다. 이 표본에는 이상치가 들어 있으며 11장의 부록에서 설명한 BACON 알고리즘을 적용해 식별할 수 있다. 이 데이터셋에는 특정 대학의 경제학과를 졸업한 400명의 중산층 소득($) 자료가 들어 있다. 따라서 이제 다음 모델의 모수를 추정해보기로 한다.

$$incôme_i = \alpha + \beta_1 \cdot tgrad_i$$

처음에 다음 명령어를 입력해 종속 변수 *income*의 히스토그램을 분석해보자.

```
hist income, freq
```

생성된 차트는 그림 13.102에 있다.

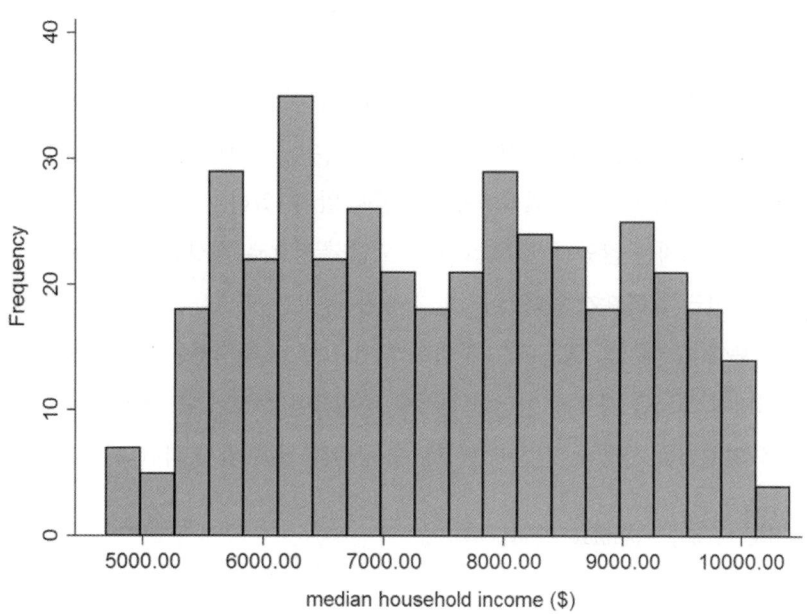

그림 13.102 종속 변수의 히스토그램

이 히스토그램으로부터 왜도의 존재를 알 수 있고, 이는 분위수 회귀 모델을 선호하게 해주는 첫 번째 신호가 된다.

다음으로, 아래 명령어를 실행하면 그림 13.103과 같은 차트가 생성된다.

```
qplot income
```

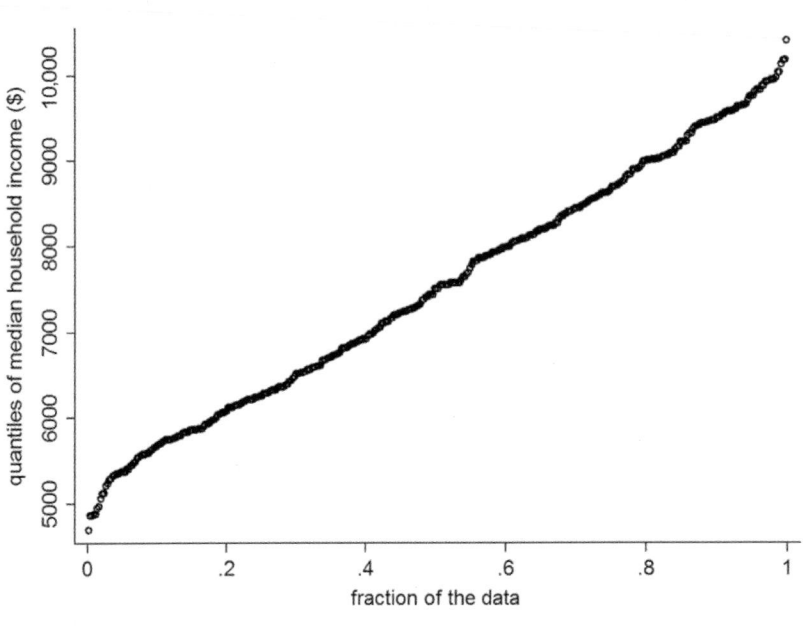

그림 13.103 종속 변수의 백분위수 차트

이 차트는 종속 변수 *income*의 각 백분위수 값을 표시한다. 그 결과는 여기 표시하지 않았지만 sum income, detail 명령어를 통해 *income*의 사분위수 값이 각각 $6250.00(25번째 백분위수), $7500.00(중앙값), $8670.00(75번째 백분위수)임을 알 수 있다.

비록 여기서 보이지는 않았지만, OLS 회귀 모델 추정으로 생성된 오차 항이 정규성을 보이지 않는다는 사실을 언급할 필요가 있다. 이러한 사실은 동일한 모델을 박스-콕스 변환을 사용하면 나타나지 않기 때문에 이 예제의 경우에는 분위수 회귀 모델로 추정하는 것이 좋다. 관심 있는 독자들은 이 장에서 설명한 개념을 사용해 이러한 사실을 증명해볼 수도 있을 것이다.

먼저, 다음 명령어를 사용해 50번째 백분위수(중앙값)의 분위수 회귀 모델 모수를 추정해보자.

```
qreg income tgrad, quantile(0.50)
```

여기서 명령어 qreg는 분위수 회귀 모델을 추정하고, quantile(0.50) 항은 중앙값 회귀 모델을 나타내며 기본값이므로 생략해도 된다. 출력 결과는 그림 13.104에 있다.

```
. qreg income tgrad, quantile(0.50)
Iteration  1:  WLS sum of weighted deviations =   466946.48

Iteration  1: sum of abs. weighted deviations =     467240
Iteration  2: sum of abs. weighted deviations =     464146
Iteration  3: sum of abs. weighted deviations =     464040

Median regression                              Number of obs =        400
 Raw sum of deviations    491360 (about 7500)
 Min sum of deviations    464040               Pseudo R2     =     0.0556

------------------------------------------------------------------------------
    income |     Coef.    Std. Err.      t    P>|t|     [95% Conf. Interval]
-----------+------------------------------------------------------------------
     tgrad |   273.3333   48.54141     5.63   0.000     177.9037    368.7629
     _cons |   5243.333   395.699     13.25   0.000     4465.412    6021.255
------------------------------------------------------------------------------
```

그림 13.104 Stata의 중앙값 회귀 모델 결과

관심 있는 독자들은 엑셀의 **해 찾기**를 사용해 QuantileIncome.xls 파일을 통해 동일한 결과를 얻어낼 수 있다. 비록 여기 나타내지는 않았지만 이 파일의 어떠한 분위수 회귀 모델 모수도 추정해볼 수 있는 옵션이 있다.

그림 13.104에서 추정된 모든 모수는 95% 신뢰 구간에서 통계적으로 0이 아님을 알 수 있고 모델은 다음처럼 쓸 수 있다.

$$\hat{incom}e_{(median)i} = 5243.333 + 273.333 \cdot tgrad_i$$

이 관점에서 7년 전 졸업한 어떤 경제학자의 기대 가구 수입은 다음과 같다.

$$\hat{incom}e_{(median)i} = 5243.333 + 273.333 \cdot (7) = \$7156.667$$

따라서 분위수 회귀 모델의 모수는 특정 설명 변수에 기반해 조건화된 편미분을 통해 구할 수 있다.

결과는 실제 가구 수입 중앙값과 비조건화 중앙값($7500.00) 간 차이의 절댓값 합이 491,360임을 보여준다. 다시 말해, 다음과 같다.

$$\sum_{i=1}^{400} |income_i - 7500.00| = 491,360$$

한편, 구한 일반식의 절대 잔차의 가중 합(변수 income을 변수 tgrad의 선형 함수로 나타낸 조건부 분포)은 464,040으로서 엑셀의 같은 파일에서 볼 수 있다.

이런 이유로 결과의 유사[pseudo] R^2은 다음과 같이 계산한다.

$$\text{pseudo}\, R^2 = 1 - \frac{464,040}{491,360} = 0.0556$$

이 값은 그리 유용하지 않고 연구원이 둘 이상의 모델을 비교하고자 할 때만 필요하다.

예를 들어 25번째와 75번째 백분위수의 분위수 회귀 모델을 OLS에 의한 중앙값 모델과 비교하고자 한다면, 다음 명령어를 사용하면 된다.

```
* ORDINARY LEAST SQUARES REGRESSION
quietly reg income tgrad
estimates store OLS

* QUANTILE REGRESSION (PERCENTILE 25%)
quietly qreg income tgrad, quantile(0.25)
estimates store QREG25

* QUANTILE REGRESSION (MEDIAN - PERCENTILE 50%)
quietly qreg income tgrad, quantile(0.50)
estimates store QREG50

* QUANTILE REGRESSION (PERCENTILE 75%)
quietly qreg income tgrad, quantile(0.75)
estimates store QREG75
estimates table OLS QREG25 QREG50 QREG75, se
```

그림 13.105는 각 모델의 모수 추정을 보여준다.

```
.  * ORDINARY LEAST SQUARES REGRESSION
.  quietly reg income tgrad
.  estimates store OLS

.  * QUANTILE REGRESSION (PERCENTILE 25%)
.  quietly qreg income tgrad, quantile(0.25)
.  estimates store QREG25

.  * QUANTILE REGRESSION (MEDIAN - PERCENTILE 50%)
.  quietly qreg income tgrad, quantile(0.50)
.  estimates store QREG50

.  * QUANTILE REGRESSION (PERCENTILE 75%)
.  quietly qreg income tgrad, quantile(0.75)
.  estimates store QREG75

.  estimates table OLS QREG25 QREG50 QREG75, se

------------------------------------------------------------------
   Variable |    OLS       QREG25       QREG50       QREG75
------------+-----------------------------------------------------
      tgrad |  197.58258       250     273.33333          80
            |  35.529997    27.482074  48.541413    70.509666
      _cons |  5932.1141      4360     5243.3334        7960
            |  289.87448   223.97567   395.69901    576.43629
------------------------------------------------------------------
                                                    legend: b/se
```

그림 13.105 각 모델에서의 추정 모수와 해당 표준 오차

그림 13.105의 통합 출력 결과를 보면 OLS로 모수 추정한 값과 분위수 회귀로 추정한 값 사이에 차이가 있음을 알 수 있다. 모수의 표준 오차(각 모수 아래의 숫자)가 25번째 백분위수에서 더 낮음을 볼 수 있으며, 이는 종속 변수의 분포에 조건화된 이 백분위수 추정이 더 높은 정밀도를 보임을 알 수 있다.

다음 명령어를 사용하면 차트를 통해 분위수 회귀와 OLS 회귀 사이의 차이를 시각적으로 보여 준다.

```
quietly qreg income tgrad
grqreg, cons ci ols olsci
```

생성된 차트는 그림 13.106에 있고 95% 신뢰 구간에서(ci 항) 25, 50, 75번째 백분위수의 추정 α, β 모수를 보여준다. 또한 cons 항은 절편을 구성하며, ols와 olsci 항은 95%에서 OLS 추정 모수와 각 신뢰 구간을 포함한다.

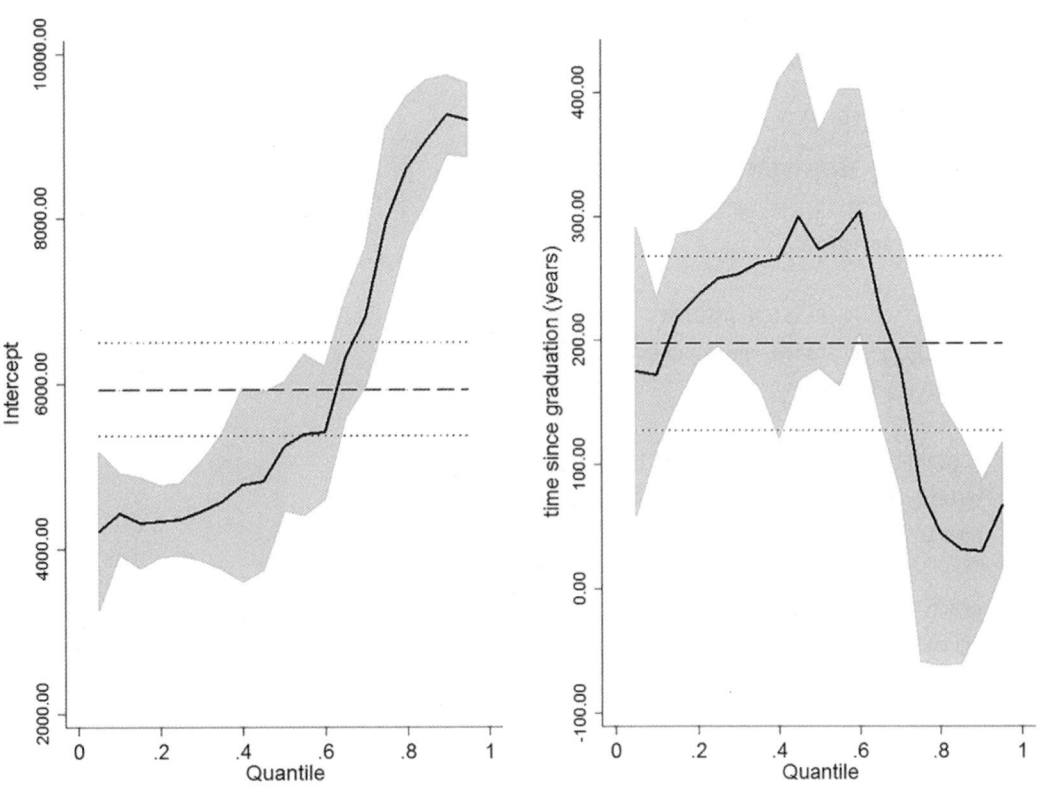

그림 13.106 각 신뢰 구간에 대해 분위수 회귀 모델과 OLS 모델로 추정한 모수

이 차트를 통해 각 신뢰 구간에서 OLS로 추정한 모수들은 백분위수에 대해 변동되지 않음을 증명

했다. 그리고 앞서 설명한 대로 이 사실은 평균 회귀 모델에 대한 이 모델의 주된 장점 중 하나를 보여준다. 특정 설명 변수에 기반한 전체 종속 변수의 조건화 분포를 특징지으며 조건화 평균 이외의 관계에 대해서도 분석이 가능하게 해주기 때문이다.

예제 데이터의 경우 변수 *tgrad*에 해당하는 모수 β조차 95% 신뢰수준으로 더 높은 백분위수에 대해 통계적으로 0이 아니라는 사실이 더 이상 유효하지 않음을 볼 수 있다. 그 신뢰 구간이 0을 포함해서 시작하기 때문이다. 이를 증명하기 위해 qreg income tgrad, quantile(0.80) 명령어를 입력하고 앞서 언급한 모수의 *t* 통계량을 분석할 수 있다.

경우에 따라서는 백분위수의 변화에 따라 특정 모수 β의 부호가 바뀔 수도 있다는 점을 알아둘 필요가 있다. 이는 각 설명 변수의 변화에 기인한 종속 변수의 행동 변화를 좀 더 완전히 분석할 수 있게 해주며, 가장 다양한 조건화 분포를 분석할 수 있다.

설명의 목적상 OLS로 생성된 종속 변수의 예측값과 25, 50, 75번째 백분위수의 분위수 회귀 기법과 설명 변수 사이의 선형 조정을 보여주는 차트를 구성해보자. 목적은 선형 조정을 비교해보는 것이다. 이를 위해 다음 명령어를 입력한다.

```
* ORDINARY LEAST SQUARES REGRESSION
quietly reg income tgrad
predict yols

* QUANTILE REGRESSION (PERCENTILE 25%)
quietly qreg income tgrad, quantile(0.25)
predict yqreg25

* QUANTILE REGRESSION (MEDIAN - PERCENTILE 50%)
quietly qreg income tgrad, quantile(0.50)
predict yqreg50

* QUANTILE REGRESSION (PERCENTILE 75%)
quietly qreg income tgrad, quantile(0.75)
predict yqreg75

graph twoway scatter income tgrad || lfit yols tgrad || lfit yqreg25 tgrad || lfit yqreg50
tgrad || lfit yqreg75 tgrad ||, legend(label(2 "OLS") label(3 "Percentile 25") label(4
"Percentile 50") label(5 "Percentile 75"))
```

생성된 차트는 그림 13.107에 있다.

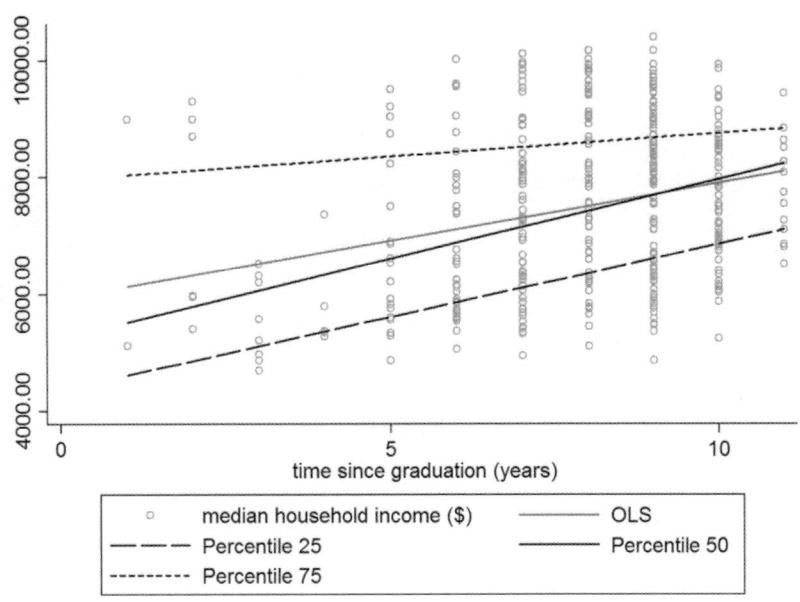

그림 13.107 설명 변수 *tgrad*에 대한 종속 변수의 행동을 OLS와 분위수 추정에 대해 비교

이 차트는 그 평균과 25, 50, 75번째 백분위수로 각 개인의 졸업연도에 따라 조정된 중앙값 가구 수입을 보여준다. 비록 이 예제에서는 모든 백분위수에서 학위를 받은 시기가 오래 됨에 따라 가구 수입 중앙값이 증가하는 모습이 뚜렷하게 보이지만 평균값 조정(OLS)과 중앙값(50번째 백분위수) 사이에는 차이가 남을 볼 수 있다. 이 차이는 OLS 기법에 대한 모수의 추정은 이상치의 영향을 받았기 때문이다. 따라서 연구원들은 모수가 항상 데이터셋의 극치나 이상치에 민감한지에 대해 잘 알고 있어야 하며, 이는 특정 연구에서 선호되는 기법이 다를 수 있다는 뜻이다.

간단히 말해, 앞서 설명한 대로 분위수 회귀 모델은 이 예제에 나타난 변수 간의 관계를 보는 데 더 적절하다. 여러 백분위수에 있어 *tgrad*가 *income*에 미치는 영향을 분석할 수 있게 해줘서 이상치와 종속 변수의 비대칭 분포에 영향을 받지 않게 해주기 때문이다. 따라서 잔차의 정규성을 고려할 필요 없이 모델을 결정할 수 있다.

14

이진 및 다항 로지스틱 회귀 모델

관측에 있어서 행운은 준비된 자에게만 온다.

– 루이 파스퇴르(Louis Pasteur)

14.1 소개

로지스틱 회귀는 비록 상당히 유용하며 적용하기도 쉽지만, 여전히 인간 지식 영역에는 잘 쓰이지 않고 있다. 소프트웨어와 컴퓨터 처리 능력의 발달로 직접적으로 적용이 가능하지만, 로지스틱 회귀의 유용성과 적절한 사용 조건을 잘 모르는 연구원이 많다.

종속 변수가 정량적이고 어떤 사전 가정이 만족돼야 작동하는 OLS 추정의 전통적 회귀와 달리, 앞 장에서 본 것처럼 로지스틱 회귀는 연구 중인 현상(결과 변수)이 정성일 때 사용되며 따라서 이 종속 변수에 대한 가능한 결과 개수에 따라 하나 이상의 더미 변수로 나타낸다.

예를 들어, 금융회사 임원의 심장마비 확률을 신체적 특성(몸무게, 허리둘레), 식습관, 건강 습관(신체운동, 흡연)에 따라 연구하는 어떤 연구원을 생각해보자. 또 다른 연구원은 특정 기간에 내구재 durable goods 를 구매한 소비자가 소득, 결혼 상태, 교육 수준에 따라 채무 불이행에 빠질 확률을 연구하는 경우를 생각해보자. 심장마비나 채무 불이행은 둘 다 종속 변수에 해당하고, 각 모델에 있는 설명 변수에 따라 발생할 수도 발생하지 않을 수도 있다. 따라서 정성이며 이진 변수에 해당한다. 여기서의 목적은 각 현상의 **발생 확률**occurrence probability을 보고자 함이고, 따라서 **이진 로지스틱 회귀**binary logistic regression를 사용한다.

이제 세 번째 연구원이 중소기업의 신용도를 재정 및 운영 특성에 따라 연구하는 경우를 생각해보자. 각 회사는 무제한 신용, 제한 신용, 무신용의 세 가지 값을 가질 수 있다. 이 경우 종속 변수는 여전히 정성이지만, 이번에는 세 가지 가능한 값(범주)을 갖는다. 따라서 이 연구에는 **다항 로직스틱 회귀** multinomial logistic regression를 사용해야 한다.

그러므로 연구 중인 현상이 오직 두 가지 범주만 가질 경우에는 오직 하나의 더미 변수로 나타낸다. 첫 번째 범주는 관심대상이 아닌 사건을 나타내고(더미 = 0), 다른 범주는 관심대상의 사건(더미 = 1)을 나타내며, 이진 로지스틱 회귀 기법을 사용하게 된다. 반면, 연구 중인 현상이 둘을 초과하는 범주를 가지면 먼저 참조 범주를 정의한 다음 다항 로지스틱 회귀 모델을 추정하게 된다.

현상의 정성 변수는 13장에서 설명한 최소 자승 기법 추정은 사용할 수 없다. 이 종속 변수는 평균이나 분산을 갖지 않으므로 여기에 제곱 오차 합을 최소화하면 일관되지 않은 임의의 수치만 나타날 뿐이다. 모델링 소프트웨어에 있어 종속 변수의 삽입은 해당 값과 가능한 해답을 입력하는 것이므로 초보 연구원들은 각 값에 해당하는 범주 레이블을 정의하는 것을 깜박하고 최소 자승을 적용하기도 한다. 이러한 심각한 실수는 생각보다 빈번히 발생한다! 이진 및 다항 로지스틱 회귀 기법은 각각 14.2.1절과 14.3.1절에서 설명할 최대 우도 추정에 기반해 수행한다.

앞 장에서 설명한 것과 유사하게 로지스틱 회귀 모델은 기저 이론과 연구원들의 경험에 의해 정의되므로 모델을 추정한 다음 통계 검정을 사용해 원하는 결과를 분석하여 예측을 준비할 수 있다.

14장에서는 다음과 같은 목표를 가지고 이진 및 다항 로지스틱 회귀 모델을 살펴본다. (1) 로지스틱 회귀의 개념 소개, (2) 최대 우도에 의한 추정 설명, (3) 결과를 해석하고 예측을 준비, (4) 엑셀, Stata, SPSS로 기법을 적용. 먼저, 엑셀과 함께 수작업을 통해 예제를 해결해서 개념을 설명한다. 개념을 도입한 후에는 Stata나 SPSS를 사용한 기법을 적용한다.

14.2 이진 로지스틱 회귀 모델

이진 로지스틱 회귀 모델은 그 주목적이 정성 이진 형태를 가진 Y로 정의된 사건($Y = 1$은 관심대상의 사건, $Y = 0$은 그렇지 않은 경우를 나타낸다)의 발생 확률을 설명 변수의 행동에 근거해 연구하는 것이다. 이런 식으로 설명 변수의 벡터를 다음과 같이 해당 추정 모수로 정의할 수 있다.

$$Z_i = \alpha + \beta_1 \cdot X_{1i} + \beta_2 \cdot X_{2i} + \cdots + \beta_k \cdot X_{ki} \tag{14.1}$$

여기서 Z는 알려진 **로짓**logit이고, α는 상수, $\beta_j(j = 1, 2, ..., k)$는 각 설명 변수 X_j의 추정 모수로서 설명 변수(계량 또는 더미)이고, 첨자 i는 각 관측치를 나타낸다($i = 1, 2, ..., n$, 여기서 n은 표본의 크기). 여기서 Z는 Y로 표시된 종속 변수를 나타내지 않는다는 점을 강조할 필요가 있다. 여기서의 목적은 각 관측치에서 관심대상의 사건이 발생할 확률에 대한 p_i 확률식을 로짓 Z_i의 함수로 정의하는 것이다(각 설명 변수의 추정 모수의 함수). 이를 위해 **승산**^{odds}으로도 알려진 **사건의 발생 가능성**이란 개념을 다음과 같이 정의해야 한다.

$$odds_{Y_i=1} = \frac{p_i}{1-p_i} \tag{14.2}$$

'해석학 과목을 수료'하는 사건을 연구하는 경우를 생각해보자. 예를 들어, 해석학을 수료할 확률이 80%라는 건 수료의 가능성이 4 대 1(0.8/0.2 = 4)이라는 것이다. 동일한 과목에 대한 또 다른 학생의 수료 확률이 25%라면 그 학생의 가능성은 1대 3(0.25/0.75 = 1/3)이다. 비록 일상적으로 **가능성**^{chance} 또는 **승산비**^{odds}를 확률과 동의어처럼 사용하지만 개념은 다르다.

이진 로지스틱 회귀는 Z 로짓을 승산비의 자연로그로 다음과 같이 정의한다.

$$\ln\left(odds_{Y_i=1}\right) = Z_i \tag{14.3}$$

이로부터 다음을 얻는다.

$$\ln\left(\frac{p_i}{1-p_i}\right) = Z_i \tag{14.4}$$

여기서의 목적은 사건 발생의 확률을 로짓의 함수로 정의하는 것이므로, 수학적으로 p_i를 분리해 식 (14.4)에 따라 다음과 같이 쓸 수 있다.

$$\frac{p_i}{1-p_i} = e^{Z_i} \tag{14.5}$$

$$p_i = (1-p_i) \cdot e^{Z_i} \tag{14.6}$$

$$p_i \cdot \left(1 + e^{Z_i}\right) = e^{Z_i} \tag{14.7}$$

따라서 다음과 같다.

사건의 발생 확률:

$$p_i = \frac{e^{Z_i}}{1+e^{Z_i}} = \frac{1}{1+e^{-Z_i}} \tag{14.8}$$

사건이 발생하지 않을 확률:

$$1 - p_i = 1 - \frac{e^{Z_i}}{1+e^{Z_i}} = \frac{1}{1+e^{Z_i}} \tag{14.9}$$

명백히 식 (14.8)과 식 (14.9)의 합은 1이다.

식 (14.8)로부터 p 값을 Z 값의 함수로 나타낸 표를 구성할 수 있다. Z가 $-\infty \sim +\infty$에서 변화하므로 교육 목적상 -5와 $+5$ 사이의 정수를 사용한다. 표 14.1은 이 값을 보여준다.

표 14.1 사건의 발생 확률(p)을 Z 로짓의 함수로 나타낸 것

$p_i = \frac{1}{1+e^{-Z_i}}$	Z_i
0.0067	-5
0.0180	-4
0.0474	-3
0.1192	-2
0.2689	-1
0.5000	0
0.7311	1
0.8808	2
0.9526	3
0.9820	4
0.9933	5

이 값에 따라 그림 14.1과 같은 $p = f(Z)$ 그래프를 그려본다. 이 그래프로부터 각기 다른 Z 값 가정의 함수로 나타난 추정 확률은 0과 1 사이에 있음을 볼 수 있으며, 이는 로짓이 승산비의 자연로그와 같게 했다는 점에서 보장된다.

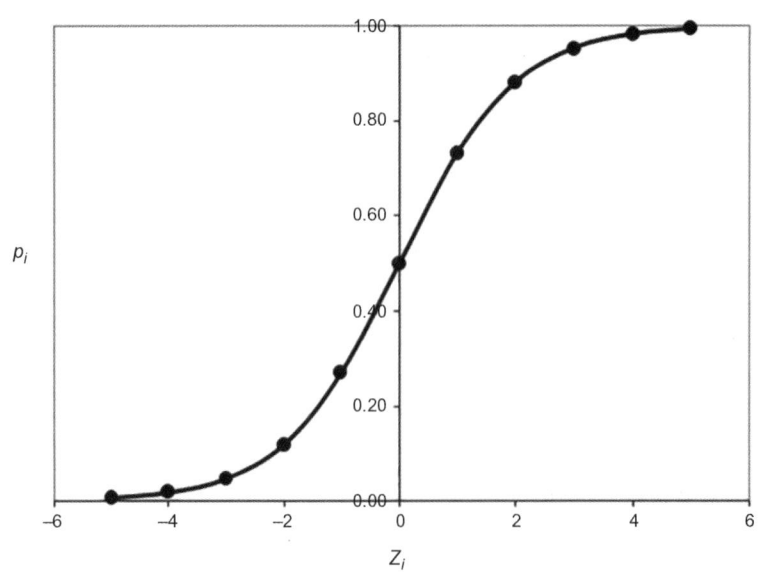

그림 14.1 $p = f(Z)$ 그래프

모델에서 추정된 모수가 주어지고 각 i 데이터 관측치에 대한 설명 변숫값이 주어지면 Z_i의 값을 계산할 수 있고 그림 14.1의 로지스틱 곡선에 따라(시그모이드^{sigmoid} 또는 S 곡선으로도 알려져 있다) i 관측치에 대한 사건 발생 확률을 구할 수 있다.

식 (14.1)과 식 (14.8)에 따라 i 관측치에 대해 이진 형태로 나타난 사건 발생 확률 추정의 일반식을 다음과 같이 나타낼 수 있다.

$$p_i = \frac{1}{1 + e^{-(\alpha + \beta_1 \cdot X_{1i} + \beta_2 \cdot X_{2i} + \cdots + \beta_k \cdot X_{ki})}} \tag{14.10}$$

따라서 이진 로지스틱 회귀가 추정하는 것은 종속 변수의 예측값이 아니라 각 관측치의 발생 확률이다. 이제 먼저 엑셀에서 로짓 모수를 추정해보자.

14.2.1 최대 우도에 의한 이진 로지스틱 회귀 모델의 추정

이제 13장에서 전개한 것과 유사한 예제를 사용해 **최대 우도 추정**^{estimation by maximum likelihood}에 따른 개념을 설명한다. 그러나 여기서는 종속 변수가 정성이며 이진이다.

설명 변수가 통학 시간에 미치는 영향을 다중 회귀 기법을 통해 충분히 연구한 교수가 이제는 동일한 설명 변수가 지각하는 학생에게도 동일한 영향을 끼치는지 알아보고 싶어졌다. 다시 말해, 이제 연구하려는 현상은 오직 두 범주(지각 여부)를 가지며 관심대상 사건은 지각이다.

이를 위해 교수는 학생 100명을 연구하고 매일 지각 여부를 확인했다. 교수는 해당 학생들에게 거리(킬로미터), 신호등 개수, 출발 시간대(오전이나 오후), 운전 성향(얌전, 보통, 공격적)을 물어봤다. 데이터셋의 일부는 표 14.2에 나타나 있다.

표 14.2 예제: 지각(예 또는 아니요) × 거리, 신호등 개수, 출발 시간대, 운전 성향

학생	통학 시간 (Y_i)	학교까지의 거리(km) (X_{1i})	신호등 개수 sem (X_{2i})	출발 시간대 (X_{3i})	운전 성향 (X_{4i})
Gabriela	No	12.5	7	오전	얌전
Patricia	No	13.3	10	오전	얌전
Gustavo	No	13.4	8	오전	보통
Leticia	No	23.5	7	오전	얌전
Luiz Ovidio	No	9.5	8	오전	얌전
Leonor	No	13.5	10	오전	얌전
Dalila	No	13.5	10	오전	얌전
Antonio	No	15.4	10	오전	얌전
Julia	No	14.7	10	오전	얌전
Mariana	No	14.7	10	오전	얌전
...					
Filomena	Yes	12.8	11	오후	공격적
...					
Estela	Yes	1.0	13	오전	얌전

여기서 종속 변수는 지각이란 사건에 관심이 있으므로 지각은 1, 지각 아님은 0으로 나타냈다.

정성 설명 변수에 관해 13장에서 정의한 것을 따라 출발 시간대를 참조하는 범주에 해당하는 것은 오후이며, 따라서 오후는 0으로 오전은 1로 나타낸다. 이제 운전 성향은 2개의 더미 변수로 변환되고(변수 *style2*는 '보통' 범주이고, *style3*은 '공격적' 범주) '얌전' 범주는 참조로 정의한다.

따라서 표 14.3은 이진 로지스틱 회귀 모델에서 사용할 최종 데이터셋의 일부를 보여준다.

표 14.3 정성 변수를 해당 더미 변수로 대체

학생	통학 시간(더미 예 = 1; 아니요 = 0) (Y_i)	거리(km) (X_{1i})	신호등 개수 *sem* (X_{2i})	출발 시간대 더미 *per* (X_{3i})	운전 성향 더미 *style2* (X_{4i})	운전 성향 더미 *style3* (X_{5i})
Gabriela	0	12.5	7	1	0	0
Patricia	0	13.3	10	1	0	0
Gustavo	0	13.4	8	1	1	0
Leticia	0	23.5	7	1	0	0
Luiz Ovidio	0	9.5	8	1	0	0
Leonor	0	13.5	10	1	0	0
Dalila	0	13.5	10	1	0	0
Antonio	0	15.4	10	1	0	0
Julia	0	14.7	10	1	0	0
Mariana	0	14.7	10	1	0	0
...						
Filomena	1	12.8	11	0	0	1
...						
Estela	1	1.0	13	1	0	0

완전한 데이터셋은 Late.xls 파일에 있다.

이렇게 추정하려는 모수의 로짓은 다음과 같이 정의된다.

$$Z_i = \alpha + \beta_1 \cdot dist_i + \beta_2 \cdot sem_i + \beta_3 \cdot per_i + \beta_4 \cdot style2_i + \beta_5 \cdot style3_i$$

그리고 어떤 학생이 지각할 확률의 추정은 다음과 같다.

$$p_i = \frac{1}{1 + e^{-(\alpha + \beta_1 \cdot dist_i + \beta_2 \cdot sem_i + \beta_3 \cdot per_i + \beta_4 \cdot style2_i + \beta_5 \cdot style3_i)}}$$

종속 변수가 이진 형태여서 각 관측치의 오차 항을 정의하는 것은 무의미하므로, 전통적 회귀에서처럼 잔차 제곱 합으로 모수 식을 추정하는 것은 불가능하다. 따라서 이 경우 최대 우도 추정을 할 우

도 함수를 사용한다. 최대 우도에 의한 추정은 로지스틱 회귀 모델에서 가장 보편적인 추정이다.

이 때문에, 최소 자승 추정에 의한 회귀 모델에서 연구한 가정과 관련해 연구원은 로지스틱 회귀 모델에서는 오직 설명 변수 간의 다중공선성 가정에만 신경 쓰면 된다는 점에 주목하자.

이진 로지스틱 모델에서는 종속 변수는 베르누이 분포를 따를 수 있고, 다시 말해 특정 i 관측치의 관심대상 사건의 발생 유무는 베르누이 시행으로 간주할 수 있으므로 사건의 발생 확률은 p_i이고 아닐 확률은 $1 - p_i$이다. 일반적으로 Y_i는 1이나 0이므로 Y_i의 발생 확률은 다음과 같다.

$$p(Y_i) = p_i^{Y_i} \cdot (1 - p_i)^{1-Y_i} \tag{14.11}$$

n개 관측치에 대한 표본의 경우 우도 함수는 다음과 같다.

$$L = \prod_{i=1}^{n} \left[p_i^{Y_i} \cdot (1 - p_i)^{1-Y_i} \right] \tag{14.12}$$

이로부터 식 (14.8)과 식 (14.9)에 따라 다음과 같다.

$$L = \prod_{i=1}^{n} \left[\left(\frac{e^{Z_i}}{1 + e^{Z_i}} \right)^{Y_i} \cdot \left(\frac{1}{1 + e^{Z_i}} \right)^{1-Y_i} \right] \tag{14.13}$$

실제로는 로그 우도 함수로 작업하는 것이 더 편리하므로 로그 우도 함수로도 알려진 다음 함수를 사용한다.

$$LL = \sum_{i=1}^{n} \left\{ \left[(Y_i) \cdot \ln \left(\frac{e^{Z_i}}{1 + e^{Z_i}} \right) \right] + \left[(1 - Y_i) \cdot \ln \left(\frac{1}{1 + e^{Z_i}} \right) \right] \right\} \tag{14.14}$$

이제 다음과 같은 질문을 해봐야 한다. **식 (14.14)에서 LL 값을 최대화하는 로짓 모수의 값은 얼마인가?** 이 중요한 질문은 이진 로짓 회귀 모델의 최대 우도를 추정하는 주요 핵심이며, 다음 목적 함수에 기반해 $\alpha, \beta_1, \beta_2, ..., \beta_k$ 모수를 추정하기 위한 선형 프로그래밍 도구를 사용해야 한다.

$$LL = \sum_{i=1}^{n} \left\{ \left[(Y_i) \cdot \ln \left(\frac{e^{Z_i}}{1 + e^{Z_i}} \right) \right] + \left[(1 - Y_i) \cdot \ln \left(\frac{1}{1 + e^{Z_i}} \right) \right] \right\} = \max \tag{14.15}$$

여기서는 예제 데이터를 사용해 엑셀의 해 찾기 도구로 문제를 해결해본다. 이를 위해 LateMaximumLikelihood.xls 파일을 여는데, 이 파일은 모수 계산을 도와준다.

이 파일에는 종속 변수와 설명 변수와 함께 세 가지 새로운 변수가 생성되는데, 각각 Z_i 로짓, 관심대상 사건의 발생 확률 p_i, 각 관측치의 로그 우도 함수 LL_i에 해당한다. 표 14.4는 $\alpha, \beta_1, \beta_2, \beta_3, \beta_4, \beta_5$ 모수가 0일 때의 데이터 일부를 보여준다.

표 14.4 $\alpha = \beta_1 = \beta_2 = \beta_3 = \beta_4 = \beta_5 = 0$일 때 LL의 계산

학생	Y_i	X_{1i}	X_{2i}	X_{3i}	X_{4i}	X_{5i}	Z_i	p_i	LL_i $(Y_i) \cdot \ln(p_i) + (1 - Y_i) \cdot \ln(1 - p_i)$
Gabriela	0	12.5	7	1	0	0	0	0.5	−0.69315
Patricia	0	13.3	10	1	0	0	0	0.5	−0.69315
Gustavo	0	13.4	8	1	1	0	0	0.5	−0.69315
Leticia	0	23.5	7	1	0	0	0	0.5	−0.69315
Luiz Ovidio	0	9.5	8	1	0	0	0	0.5	−0.69315
Leonor	0	13.5	10	1	0	0	0	0.5	−0.69315
Dalila	0	13.5	10	1	0	0	0	0.5	−0.69315
Antonio	0	15.4	10	1	0	0	0	0.5	−0.69315
Julia	0	14.7	10	1	0	0	0	0.5	−0.69315
Mariana	0	14.7	10	1	0	0	0	0.5	−0.69315
						...			
Filomena	1	12.8	11	0	0	1	0	0.5	−0.69315
						...			
Estela	1	1.0	13	1	0	0	0	0.5	−0.69315
합계	$LL = \sum_{i=1}^{100} \{[(Y_i) \cdot \ln(p_i)] + [(1 - Y_i) \cdot \ln(1 - p_i)]\}$								-69.31472

그림 14.2는 LateMaximumLikelihood.xls 파일의 데이터 일부를 보여주고 관측치 개수가 100이므로 일부 셀은 숨겨져 있다.

	A	B	C	D	E	F	G	H	I	J
1	Student	Late (Y)	Distance (X_1)	Sem (X_2)	Period (X_3)	Style2 (X_4)	Style3 (X_5)	Z_i	p_i	LL_i
2	Gabriela	0	12.5	7	1	0	0	0	0.5	-0.69315
3	Patricia	0	13.3	10	1	0	0	0	0.5	-0.69315
4	Gustavo	0	13.4	8	1	1	0	0	0.5	-0.69315
5	Leticia	0	23.5	7	1	0	0	0	0.5	-0.69315
6	Luiz Ovidio	0	9.5	8	1	0	0	0	0.5	-0.69315
7	Leonor	0	13.5	10	1	0	0	0	0.5	-0.69315
8	Dalila	0	13.5	10	1	0	0	0	0.5	-0.69315
9	Antonio	0	15.4	10	1	0	0	0	0.5	-0.69315
10	Julia	0	14.7	10	1	0	0	0	0.5	-0.69315
11	Mariana	0	14.7	10	1	0	0	0	0.5	-0.69315
12	Roberto	0	13.7	10	1	0	0	0	0.5	-0.69315
13	Renata	0	11.0	10	1	0	0	0	0.5	-0.69315
14	Guilherme	0	18.4	10	1	0	0	0	0.5	-0.69315
15	Rodrigo	0	11.0	11	1	1	0	0	0.5	-0.69315
16	Giulia	0	11.0	10	1	0	0	0	0.5	-0.69315
17	Felipe	0	12.0	7	1	1	0	0	0.5	-0.69315
18	Karina	0	14.0	10	1	0	1	0	0.5	-0.69315
19	Pietro	0	11.2	10	1	0	0	0	0.5	-0.69315
20	Cecilia	0	13.0	10	1	0	0	0	0.5	-0.69315
21	Gisele	0	12.0	6	1	0	0	0	0.5	-0.69315
22	Elaine	0	17.0	10	1	0	1	0	0.5	-0.69315
23	Kamal	0	12.0	9	1	0	0	0	0.5	-0.69315
24	Rodolfo	0	12.0	10	1	1	0	0	0.5	-0.69315
25	Pilar	0	13.0	5	0	0	0	0	0.5	-0.69315
26	Vivian	0	11.7	10	0	0	0	0	0.5	-0.69315
27	Danielle	0	17.0	10	0	0	0	0	0.5	-0.69315
28	Juliana	0	14.4	10	0	1	0	0	0.5	-0.69315
101	Estela	1	1.0	13	1	0	0	0	0.5	-0.69315
102										
103									Sum LL_i	-69.31472

L	M
α	0.000
β1	0.000
β2	0.000
β3	0.000
β4	0.000
β5	0.000

그림 14.2 LateMaximumLikelihood.xls 파일의 데이터

여기서 보는 것처럼 $\alpha = \beta_1 = \beta_2 = \beta_3 = \beta_4 = \beta_5 = 0$일 때 로그 우도 함수의 합계는 -69.31472이다. 그러나 식 (14.15)에 나타난 목적 함수를 따라 로그 우도 함수를 최대화하는 훌륭한 조합이 존재해야 한다.

Belfiore and Fávero(2012)에서 제시된 논리에 따라 이제 엑셀의 해 찾기 도구를 연다. 목적 함수는 셀 J103에 있으며, 이는 여기서 최대화해야 할 목표다. 또한 모수 α, β_1, β_2, β_3, β_4, β_5는 각각 M3, M5, M7, M9, M11, M13에 있다. 해 찾기 창은 그림 14.3에 있다.

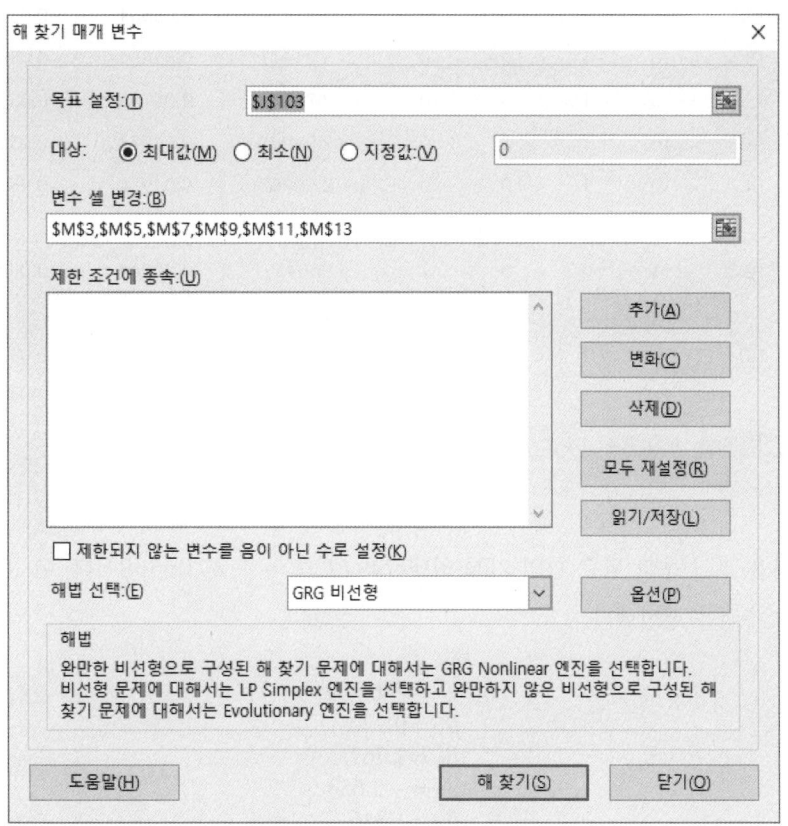

그림 14.3 해 찾기: 로그 우도 함수 합의 최대화

해 찾기를 클릭하고 **확인**을 누르면 선형 계획 문제의 최적해를 찾을 수 있다. 표 14.5는 얻어진 데이터의 일부를 보여준다.

표 14.5 *LL* 최대화 시 구한 값

학생	Y_i	X_{1i}	X_{2i}	X_{3i}	X_{4i}	X_{5i}	Z_i	p_i	LL_i $(Y_i) \cdot \ln(p_i) + (1 - Y_i) \cdot \ln(1 - p_i)$
Gabriela	0	12.5	7	1	0	0	−11.73478	0.00001	−0.00001
Patricia	0	13.3	10	1	0	0	−3.25815	0.03704	−0.03774
Gustavo	0	13.4	8	1	1	0	−7.42373	0.00060	−0.00060
Leticia	0	23.5	7	1	0	0	−9.31255	0.00009	−0.00009
Luiz Ovidio	0	9.5	8	1	0	0	−9.62856	0.00007	−0.00007
Leonor	0	13.5	10	1	0	0	−3.21411	0.03864	−0.03940
Dalila	0	13.5	10	1	0	0	−3.21411	0.03864	−0.03940
Antonio	0	15.4	10	1	0	0	−2.79572	0.05756	−0.05928
Julia	0	14.7	10	1	0	0	−2.94987	0.04974	−0.05102
Mariana	0	14.7	10	1	0	0	−2.94987	0.04974	−0.05102
				...					
Filomena	1	12.8	11	0	0	1	5.96647	0.99744	−0.00256
				...					
Estela	1	1.0	13	1	0	0	2.33383	0.91164	−0.09251
합계	$LL = \sum_{i=1}^{100} \{[(Y_i) \cdot \ln(p_i)] + [(1 - Y_i) \cdot \ln(1 - p_i)]\}$								−29.06568

그런 다음 로그 우도 함수 합의 가능 최댓값은 $LL_{max} = -29.06568$이다. 이 문제의 해는 다음과 같은 모수 추정을 생성했다.

$$\alpha = -30.202$$
$$\beta_1 = 0.220$$
$$\beta_2 = 2.767$$
$$\beta_3 = -3.653$$
$$\beta_4 = 1.346$$
$$\beta_5 = 2.914$$

따라서 Z_i 로짓은 다음과 같이 쓸 수 있다.

$$Z_i = -30.202 + 0.220 \cdot dist_i + 2.767 \cdot sem_i - 3.653 \cdot per_i + 1.346 \cdot style2_i + 2.914 \cdot style3_i$$

그림 14.4는 LateMaximumLikelihood.xls 파일을 모델링한 결과의 일부를 보여준다.

	A	B	C	D	E	F	G	H	I	J	K	L	M
1	Student	Late (Y)	Distance (X₁)	Sem (X₂)	Period (X₃)	Style2 (X₄)	Style3 (X₄)	Z_i	p_i	LL_i			
2	Gabriela	0	12.5	7	1	0	0	-11.73370	0.00001	-0.00001			
3	Patricia	0	13.3	10	1	0	0	-3.25804	0.03704	-0.03774		α	-30.198
4	Gustavo	0	13.4	8	1	1	0	-7.42290	0.00060	-0.00060			
5	Leticia	0	23.5	7	1	0	0	-9.31178	0.00009	-0.00009		β₁	0.220
6	Luiz Ovidio	0	9.5	8	1	0	0	-9.62772	0.00007	-0.00007			
7	Leonor	0	13.5	10	1	0	0	-3.21400	0.03864	-0.03941		β₂	2.767
8	Dalila	0	13.5	10	1	0	0	-3.21400	0.03864	-0.03941			
9	Antonio	0	15.4	10	1	0	0	-2.79567	0.05756	-0.05928		β₃	-3.653
10	Julia	0	14.7	10	1	0	0	-2.94979	0.04975	-0.05103			
11	Mariana	0	14.7	10	1	0	0	-2.94979	0.04975	-0.05103		β₄	1.346
12	Roberto	0	13.7	10	1	0	0	-3.16997	0.04031	-0.04115			
13	Renata	0	11.0	10	1	0	0	-3.76444	0.02266	-0.02292		β₅	2.914
14	Guilherme	0	18.4	10	1	0	0	-2.13514	0.10573	-0.11174			
15	Rodrigo	0	11.0	11	1	1	0	0.34821	0.58618	-0.88233			
16	Giulia	0	11.0	10	1	0	0	-3.76444	0.02266	-0.02292			
17	Felipe	0	12.0	7	1	1	0	-10.49765	0.00003	-0.00003			
18	Karina	0	14.0	10	1	0	1	-0.18948	0.45277	-0.60289			
19	Pietro	0	11.2	10	1	0	0	-3.72040	0.02365	-0.02394			
20	Cecilia	0	13.0	10	1	0	0	-3.32409	0.03475	-0.03537			
21	Gisele	0	12.0	6	1	0	0	-14.61030	0.00000	0.00000			
22	Elaine	0	17.0	10	1	0	1	0.47104	0.61563	-0.95615			
23	Kamal	0	12.0	9	1	0	0	-6.31077	0.00181	-0.00181			
24	Rodolfo	0	12.0	10	1	1	0	-2.19812	0.09992	-0.10527			
25	Pilar	0	13.0	5	0	0	0	-13.50336	0.00000	0.00000			
26	Vivian	0	11.7	10	0	0	0	0.04296	0.51074	-0.71486			
27	Danielle	0	17.0	10	0	0	0	1.20989	0.77028	-1.47089			
28	Juliana	0	14.4	10	0	1	0	1.98357	0.87906	-2.11247			
101	Estela	1	1.0	13	1	0	0	2.33334	0.91160	-0.09255			
102													
103										Sum LLᵢ	-29.06568		

그림 14.4 해 찾기로 LL 최대화를 통해 모수 추정

따라서 지각하는 학생의 확률을 추정하는 모델의 식은 다음과 같이 나타낼 수 있다.

$$p_i = \frac{1}{1 + e^{-(-30.202 + 0.220 \cdot dist_i + 2.767 \cdot sem_i - 3.653 \cdot per_i + 1.346 \cdot style2_i + 2.914 \cdot style3_i)}}$$

이제 몇 가지 흥미로운 질문을 생각해보자.

17km 거리에서 10개의 신호등을 거치며, 운전 성향이 공격적인 사람이 오전에 출발하면 지각할 확률은 얼마인가?

다른 조건이 동일할 때 거리가 1km 더 멀어질수록 지각 가능성은 평균적으로 어떻게 되는가?

성향이 공격적인 학생이 얌전한 학생보다 지각할 가능성이 더 높은가? 만약 그렇다면, 다른 모든 조건이 동일할 때 얼마나 더 높은가?

이 중요한 질문에 대답하기 전에, 추정 모수 전체가 결정된 신뢰수준에서 통계적으로 유의한 것인지 확인할 필요가 있다. 만약 그렇지 않다면 최종 모델을 다시 추정해 모든 추정 모수가 통계적으로 유의하도록 해야 하며, 그때야 비로소 예측을 할 수 있다.

따라서 사건 발생 확률식의 모수에 대한 최대 우도를 추정했으면, 이제 구한 모델에 대한 일반 통계적 유의성을 앞 장에서 전통적 회귀 모델을 설명할 때 사용한 것과 유사하게 살펴본다. 이 장의 부록에는 발생 확률 곡선이 표준 정규 분포의 누적 밀도 함수에 더 적절히 조정되는 경우에 있어 이진 로지스틱 회귀 모델의 대안이 될 수 있는 프로빗probit 회귀 모델에 대해 알아본다.

14.2.2 이진 로지스틱 회귀 모델의 일반 통계적 유의성과 각 모수

예를 들어, 종속 변수(*late*)의 선형 그래프를 신호등 개수를 나타내는 변수(*sem*)의 함수로 나타내면 모델 추정이 더미 종속 변수의 행동을 만족할 만큼 스스로 조정하지 못한다는 것을 볼 수 있다. 그림 14.5(a)의 그래프는 이러한 행동을 보여준다. 반면 표본의 각 관측치의 지각 확률을 이진 로지스틱 회귀 모델을 사용해 특히 신호등 개수의 함수로 그리면 조정이 0과 1 사이에 제한된 추정값에 대해 훨씬 더 종속 변수의 행동(*S* 곡선)에 적절함을 볼 수 있다(그림 14.5(b)).

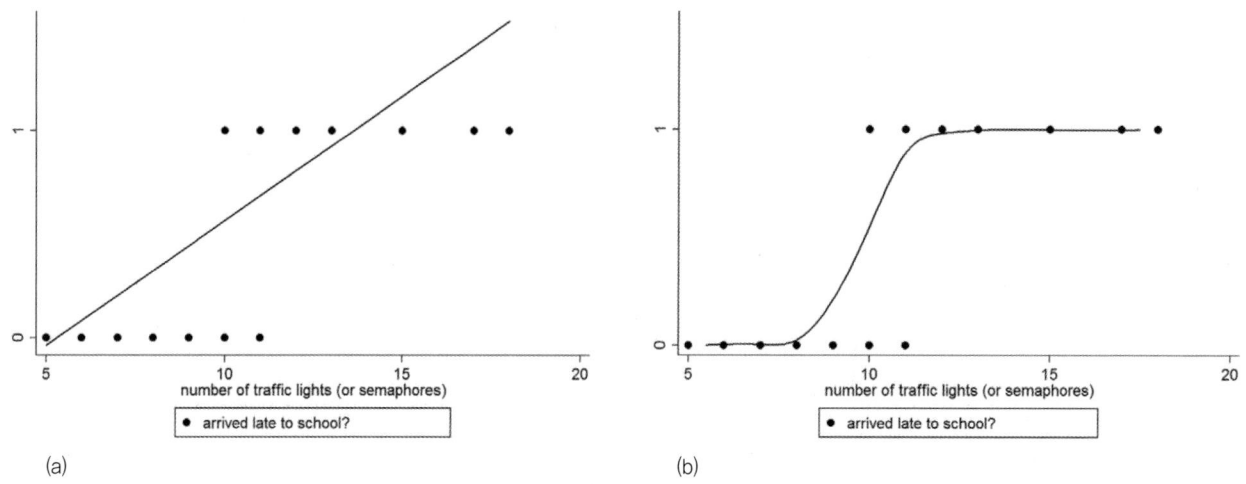

그림 14.5 종속 변수를 *sem* 변수의 함수로 조정한 선형과 로지스틱: (a) 선형 조정, (b) 로지스틱 조정

따라서 종속 변수가 정성이면 예측 변수에 의해 설명된 분산 비율을 논하는 것은 의미가 없다. 다시 말해, 로지스틱 회귀 모델에서는 최소 자승 모델에 의해 전통적으로 회귀한 것에서처럼 결정 계수 R^2이 없다. 그러나 많은 연구원은 **맥패든 유사**^{McFadden pseudo} R^2으로 알려진 계수를 사용한다. 식은 다음과 같다.

$$pseudo\,R^2 = \frac{-2 \cdot LL_0 - (-2 \cdot LL_{max})}{-2 \cdot LL_0} \tag{14.16}$$

이 계수의 용도는 상당히 제한적이며 연구원들이 둘 이상의 모델을 서로 비교할 때만 사용하고, 통상 더 높은 맥패든 유사 R^2을 가진 모델을 선택한다.

예제에서는 앞 절에서 설명하고 엑셀의 **해 찾기**로 계산한 것처럼 로그 우도 함수의 합을 최대화하는 $LL_{max} = -29.06568$이다.

이제 LL_0는 **빈 모델**^{null model}로 알려진 것에 대해 로그 최대 우도 합이 최대가 되는 값이라 하자. 빈 모델이란, 오직 상수 α만 있고 설명 변수가 없는 모델이다. LateMaximumLikelihoodNullModel. xls 파일을 사용하고 앞 결과 같은 절차를 수행하면 $LL_0 = -67.68585$이다. 그림 14.6과 그림 14.7

은 해 찾기 창과 이 파일 모델링 결과의 일부를 보여준다.

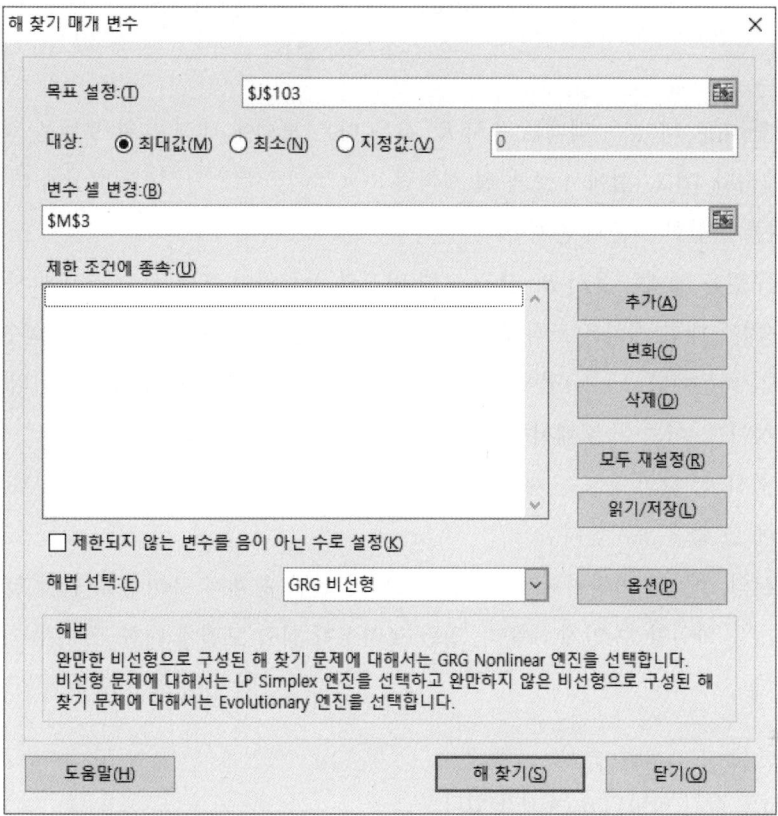

그림 14.6 해 찾기: 빈 모델에 대한 로그 우도 함수 합의 최대화

	A	B	C	D	E	F	G	H	I	J	K	L	M
1	Student	Late (Y)	Distance (X_1)	Sem (X_2)	Period (X_3)	Style2 (X_4)	Style3 (X_5)	Z_i	p_i	LL_i			
2	Gabriela	0	12.5	7	1	0	0	0.36397	0.59000	-0.89160			
3	Patricia	0	13.3	10	1	0	0	0.36397	0.59000	-0.89160		α	0.364
4	Gustavo	0	13.4	8	1	1	0	0.36397	0.59000	-0.89160			
5	Leticia	0	23.5	7	1	0	0	0.36397	0.59000	-0.89160			
6	Luiz Ovidio	0	9.5	8	1	0	0	0.36397	0.59000	-0.89160			
7	Leonor	0	13.5	10	1	0	0	0.36397	0.59000	-0.89160			
8	Dalia	0	13.5	10	1	0	0	0.36397	0.59000	-0.89160			
9	Antonio	0	15.4	10	1	0	0	0.36397	0.59000	-0.89160			
10	Julia	0	14.7	10	1	0	0	0.36397	0.59000	-0.89160			
11	Mariana	0	14.7	10	1	0	0	0.36397	0.59000	-0.89160			
12	Roberto	0	13.7	10	1	0	0	0.36397	0.59000	-0.89160			
13	Renata	0	11.0	10	1	0	0	0.36397	0.59000	-0.89160			
14	Guilherme	0	18.4	10	1	0	0	0.36397	0.59000	-0.89160			
15	Rodrigo	0	11.0	11	1	1	0	0.36397	0.59000	-0.89160			
16	Giulia	0	11.0	10	1	0	0	0.36397	0.59000	-0.89160			
17	Felipe	0	12.0	7	1	1	0	0.36397	0.59000	-0.89160			
18	Karina	0	14.0	10	1	0	1	0.36397	0.59000	-0.89160			
19	Pietro	0	11.2	10	1	0	0	0.36397	0.59000	-0.89160			
20	Cecilia	0	13.0	10	1	0	0	0.36397	0.59000	-0.89160			
21	Gisele	0	12.0	6	1	0	0	0.36397	0.59000	-0.89160			
22	Elaine	0	17.0	10	1	0	1	0.36397	0.59000	-0.89160			
23	Kamal	0	12.0	9	1	0	0	0.36397	0.59000	-0.89160			
24	Rodolfo	0	12.0	10	1	1	0	0.36397	0.59000	-0.89160			
25	Pilar	0	13.0	5	0	0	0	0.36397	0.59000	-0.89160			
26	Vivian	0	11.7	10	0	0	0	0.36397	0.59000	-0.89160			
27	Danielle	0	17.0	10	0	0	0	0.36397	0.59000	-0.89160			
28	Juliana	0	14.4	10	0	1	0	0.36397	0.59000	-0.89160			
101	Estela	1	1.0	13	1	0	0	0.36397	0.59000	-0.52763			
102													
103										Sum LL_i	-67.68585		

그림 14.7 해 찾기로 LL 최대화를 통해 모수 추정: 빈 모델

식 (14.16)에 따라 다음을 구할 수 있다.

$$pseudo\, R^2 = \frac{-2 \cdot (-67.68585) - [(-2 \cdot (-29.06568))]}{-2 \cdot (-67.68585)} = 0.5706$$

앞서 설명한 대로 더 높은 맥패든 유사 R^2 값은 다른 모델에 대해 우위 모델을 결정하는 데 사용할 수 있다. 그러나 14.2.4절에서 보게 될 것처럼 ROC$^{receiver\ operating\ characteristic}$상에 더 넓은 면적을 선택하는 또 다른 적절한 기준이 존재한다.

많은 연구원은 맥패든 유사 R^2 값을 모델 비교와 상관없이 모델 성능 평가에 사용하기도 한다. 그러나 그 수치에 대한 해석은 조심해야 한다. 종속 변수의 분산 비율과 연계할 실수를 저지를 개연성이 존재하기 때문이다. 14.2.4절에서 보겠지만 이진 로지스틱 회귀 모델의 최적의 성능 지표는 전체 모델 효율성이며, 이는 이 절에서 설명할 개념인 컷오프^{cutoff}로부터 정의된다.

맥패든 유사 R^2 값의 용도는 제한적이지만, SPSS나 Stata에서는 각각 14.4절과 14.5절에서 볼 것처럼 출력에 그 값을 표시한다.

13장에서의 절차와 마찬가지로, 제시된 모델의 일반 통계적 유의성을 먼저 알아보자. χ^2 검정은 모델 유의성을 확인할 수 있게 해준다. 일반 로지스틱 회귀 모델에 대한 그 귀무 가설과 대립 가설은 다음과 같다.

H_0: $\beta_1 = \beta_2 = ... = \beta_k = 0$
H_1: 적어도 각각 하나의 $\beta_j \neq 0$가 있다.

13장에서 본 것처럼, 종속 변수가 정량일 때 회귀 모델에는 F 검정을 사용해 분산의 분해를 생성하지만(ANOVA 표), 로지스틱 회귀처럼 최대 우도 기법으로 추정된 모델에는 χ^2 검정이 더 적절하다.

χ^2 검정은 최초에 모델 존재 여부를 확인해준다. 모든 추정 $\beta_j(j = 1, 2, ..., k)$ 모수가 통계적으로 0이라면, 각 X 변수의 변화는 사건 발생 확률에 전혀 영향을 주지 않을 것이기 때문이다. χ^2 통계량 식은 다음과 같다.

$$\chi^2 = -2 \cdot (LL_0 - LL_{max}) \tag{14.17}$$

예제에 적용하면 다음과 같다.

$$\chi^2_{5d.f.} = -2 \cdot [-67.68585 - (-29.06568)] = 77.2403$$

5차 자유도(모델에서 고려 중인 설명 변수 개수, 즉 β 모수 개수)에서는 부록의 표 D에서 $\chi^2_c = 11.070$ (유의수준 5%에서 5차 자유도 χ^2 임곗값)이다. 이런 식으로 $\chi^2_{cal} = 77.2403 > \chi^2_c = 11.070$이므로 모든 $\beta_j(j = 1, 2, ..., 5)$ 모수가 통계적으로 0이라는 귀무 가설을 기각할 수 있다. 그러므로 적어도 하나의 X 변수는 통계적으로 유의하므로 연구 중인 사건의 발생 확률을 설명할 수 있으며, 따라서 해당 이진 로지스틱 모델은 예측에 있어 통계적으로 유의하다.

Stata나 SPSS에는 정의된 자유도와 유의수준에 대한 χ_c^2 값을 제공하지 않는다. 그러나 해당 자유도에 대한 χ_{cal}^2 유의수준을 제공한다. 따라서 $\chi_{cal}^2 > \chi_c^2$를 분석하는 대신 유의수준 χ_{cal}^2이 0.05(5%)보다 작은지 확인해 회귀 분석을 계속할 수 있다. 따라서

P 값(또는 $Sig.\ \chi_{cal}^2$ 또는 $Prob.\ \chi_{cal}^2$) < 0.05이면 적어도 하나의 $\beta_j \neq 0$이다.

유의수준 χ_{cal}^2은 엑셀에서 **수식** › **함수 삽입** › DIST.QUI로 구할 수 있는데, 그림 14.8과 같은 대화상자가 열린다.

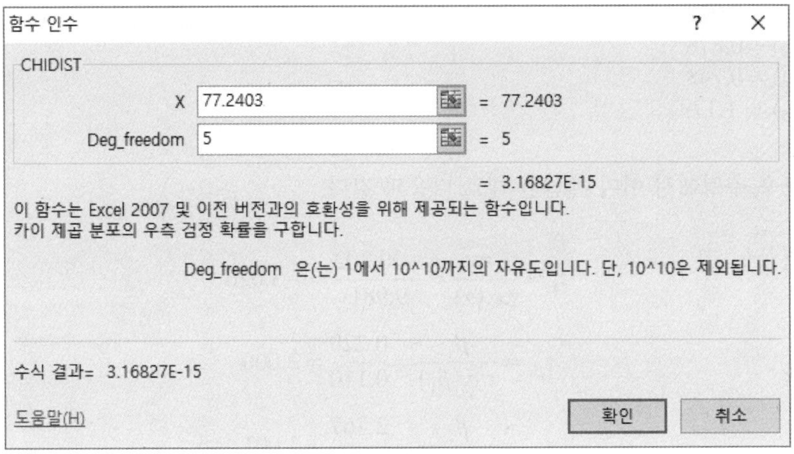

그림 14.8 유의 χ^2 수준 구하기(함수 삽입 명령어)

F 검정과 유사하게 χ^2 검정은 각각 변수가 사건 발생 확률에 끼치는 유의성을 정의하지 않은 채, 설명 변수의 결합 유의성을 계산한다.

따라서 모델의 각 변수의 유의성을 검토할 필요성이 있다면 **월드 z 통계량**[Wald z statistic]을 사용해야 한다. z라는 이름은 이 통계량의 분포가 표준 정규임을 의미한다. **월드 z 검정**의 α와 각 $\beta_j (j = 1, 2, …, k)$에 대한 가정은 다음과 같다.

H_0: $\alpha = 0$
H_1: $\alpha \neq 0$

H_0: $\beta_j = 0$
H_1: $\beta_j \neq 0$

각각의 α와 β_j 모수에 대한 월드 z 통계량 계산식은 다음과 같다.

$$z_\alpha = \frac{\alpha}{s.e.(\alpha)}$$
$$z_{\beta_j} = \frac{\beta_j}{s.e.\left(\beta_j\right)}$$

(14.18)

여기서 $s.e.$는 분석 중인 각 모수의 표준 오차를 나타낸다. 각 모수의 표준 오차 계산은 상당히 복잡하므로 여기서는 하지 않는다. 그러나 Engle(1984)을 읽어보길 권한다. 예제에서의 각 모수에 대한 $s.e.$는 다음과 같다.

$s.e.\ (\alpha) = 9.981$
$s.e.\ (\beta_1) = 0.110$
$s.e.\ (\beta_2) = 0.922$
$s.e.\ (\beta_3) = 0.878$
$s.e.\ (\beta_4) = 0.748$
$s.e.\ (\beta_5) = 1.179$

따라서 모수 추정에서 이미 계산한 대로 다음과 같다.

$$z_\alpha = \frac{\alpha}{s.e.(\alpha)} = \frac{-30.202}{9.981} = -3.026$$

$$z_{\beta_1} = \frac{\beta_1}{s.e.(\beta_1)} = \frac{0.220}{0.110} = 2.000$$

$$z_{\beta_2} = \frac{\beta_2}{s.e.(\beta_2)} = \frac{2.767}{0.922} = 3.001$$

$$z_{\beta_3} = \frac{\beta_3}{s.e.(\beta_3)} = \frac{-3.653}{0.878} = -4.161$$

$$z_{\beta_4} = \frac{\beta_4}{s.e.(\beta_4)} = \frac{1.346}{0.748} = 1.799$$

$$z_{\beta_5} = \frac{\beta_5}{s.e.(\beta_5)} = \frac{2.914}{1.179} = 2.472$$

월드 z 통계량을 구했으면, 정규 곡선 분포표를 이용해 주어진 유의수준의 임곗값을 구하고 귀무 가설의 기각 여부를 검정한다.

5% 유의수준에서 부록의 표 E에 따라 낮은 꼬리의 $z_c = -1.96$(양측 꼬리 분포에서 0.025의 낮은 꼬리 확률)이고 높은 꼬리의 $z_c = 1.96$(양측 꼬리 분포에서 0.025의 높은 꼬리 확률)이다.

5% 유의수준의 z_c 값은 엑셀의 **수식** › **함수 삽입** › NORM.S.INV로 구할 수 있다. 이를 위해 각각 그림 14.9와 그림 14.10처럼 낮은 꼬리에서 z_c를 구하기 위해 2.5%를 입력하고 높은 꼬리에서 z_c를 구하기 위해서는 97.5%를 입력한다.

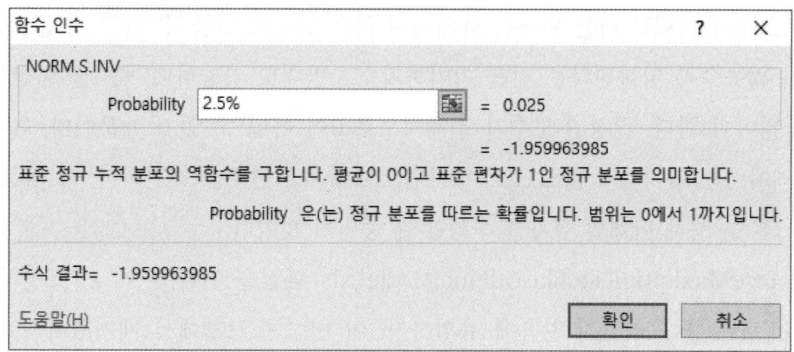

그림 14.9 낮은 꼬리에서 z_c 구하기(함수 삽입 명령어)

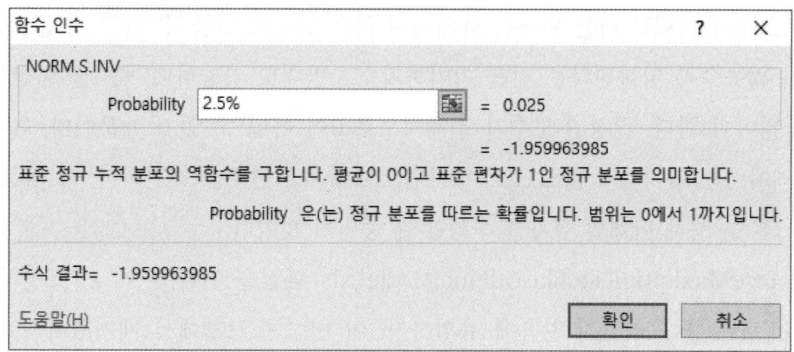

그림 14.10 높은 꼬리에서 z_c 구하기(함수 삽입 명령어)

유의수준 5%에서는 오직 β_4 모수만이 월드 z 통계량이 -1.96과 1.96 사이이고 귀무 가설을 기각하지 않고 이 모수는 통계적으로 0이 아니라고 말할 수 없다.

χ^2 검정에서처럼 통계 패키지에서도 월드 z 검정값을 유의수준에 대해 제공하여 결정을 돕는다. 95% 신뢰 구간(5% 유의수준)에서는 다음과 같다.

α에 대해 P 값($Sig.\ z_{cal}$ 또는 $Prob.\ z_{cal}$) < 0.05, $\alpha \neq 0$

그리고

특정 설명 변수 X에 대해 P 값($Sig.\ z_{cal}$ 또는 $Prob.\ z_{cal}$) < 0.05, $\beta \neq 0$

$-1.96 < z_{\beta_4} = 1.799 < 1.96$이므로 *style2* 변수의 월드 z 통계량의 P 값은 0.05보다 크다는 것을 볼 수 있다.

5% 유의수준에서 β_4 모수에 대한 귀무 가설을 기각하지 못하는 것은 해당 *style2* 변수가 다른 변수의 존재하에 지각 확률을 높이거나 낮추는 데 있어 통계적으로 유의하지 않으며, 따라서 최종 모델에서 제거돼야 한다.

이번에는 최종 모델을 구하기 위해 이 변수를 수작업으로 제거한다. 그러나 변수를 수작업으로 제거하면 최초에 유의했던 다른 변수를 유의하지 않은 모수로 만들 수 있고 이 문제는 데이터셋의 설명 변수가 많을수록 악화된다는 점을 기억하자. 그 반대도 가능하다. 즉, 둘 이상의 변수를 동시에 제거하지 않아야 한다. 결정 β 모수가 통계적으로 0이 아닐 수 있기 때문이다. 다행히 이러한 현상은 이 예제에서는 일어나지 않으므로, 수작업으로 *style2* 변수를 제거하자. 이 점은 Stata(14.4절)와 SPSS(14.5절)를 통해 단계별 절차를 수행할 때 증명될 것이다.

따라서 LateMaximumLikelihoodFinalModel.xls 파일을 연다. 이제 Z_i 로짓의 계산은 더 이상 변수 *style2* 모수를 고려하지 않음에 유의하자. 이 변수는 모델에서 제거됐다. 그림 14.11과 그림 14.12는 해 찾기 창과 최종 파일에 의한 결과 일부를 각각 보여준다.

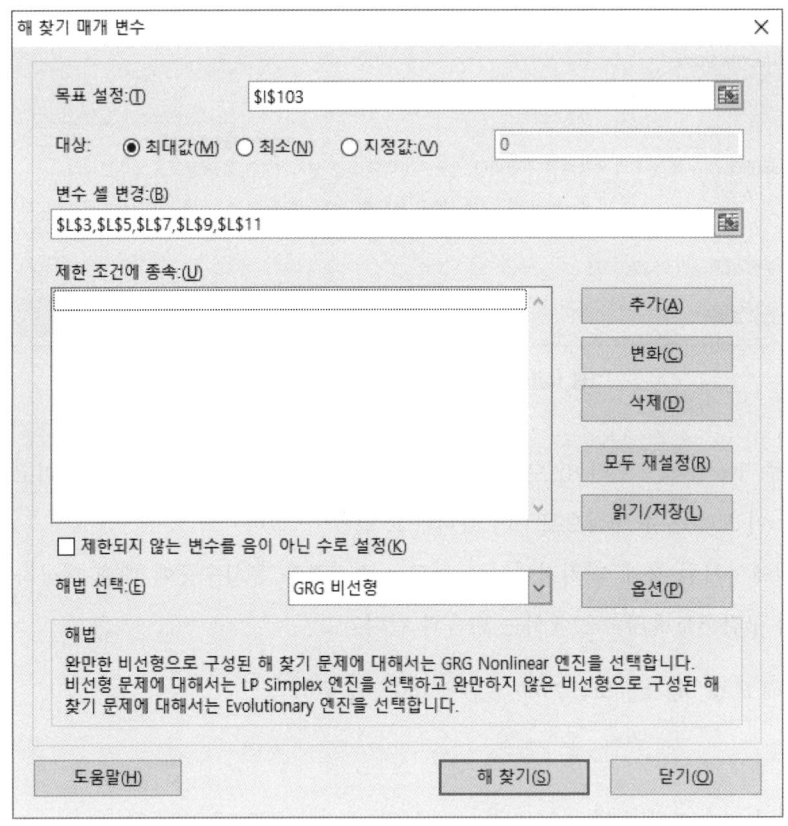

그림 14.11 해 찾기: 최종 모델에 대한 로그 우도 함수 합의 최대화

734

	A	B	C	D	E	F	G	H	I		K	L
1	Student	Late (Y)	Distance (X₁)	Sem (X₂)	Period (X₃)	Style13 (X₄)	Z_i	p_i	LL_i			
2	Gabriela	0	12.5	7	1	0	-11.7157243	0.00001	-0.00001			
3	Patrícia	0	13.3	10	1	0	-2.79319051	0.05769	-0.05942		α	-30.930
4	Gustavo	0	13.4	8	1	0	-8.61225596	0.00018	-0.00018			
5	Letícia	0	23.5	7	1	0	-9.47015374	0.00008	-0.00008		β₁	0.204
6	Luiz Ovídio	0	9.5	8	1	0	-9.40841281	0.00008	-0.00008			
7	Leonor	0	13.5	10	1	0	-2.75236195	0.05995	-0.06183		β₂	2.920
8	Dalila	0	13.5	10	1	0	-2.75236195	0.05995	-0.06183			
9	Antônio	0	15.4	10	1	0	-2.36449067	0.08592	-0.08984		β₃	-3.776
10	Júlia	0	14.7	10	1	0	-2.50739061	0.07534	-0.07833			
11	Mariana	0	14.7	10	1	0	-2.50739061	0.07534	-0.07833		β₅	2.459
12	Roberto	0	13.7	10	1	0	-2.7115334	0.06230	-0.06432			
13	Renata	0	11.0	10	1	0	-3.2627189	0.03687	-0.03757			
14	Guilherme	0	18.4	10	1	0	-1.75206233	0.14779	-0.15992			
15	Rodrigo	0	11.0	11	1	0	-0.34297904	0.41509	-0.53629			
16	Giulia	0	11.0	10	1	0	-3.2627189	0.03687	-0.03757			
17	Felipe	0	12.0	7	1	0	-11.8177957	0.00001	-0.00001			
18	Karina	0	14.0	10	1	1	-0.19133888	0.45231	-0.60205			
19	Pietro	0	11.2	10	1	0	-3.22189035	0.03835	-0.03910			
20	Cecilia	0	13.0	10	1	0	-2.85443334	0.05445	-0.05599			
21	Gisele	0	12.0	6	1	0	-14.7375356	0.00000	0.00000			
22	Elaine	0	17.0	10	1	1	0.42108946	0.60374	-0.92569			
23	Kamal	0	12.0	9	1	0	-5.97831599	0.00253	-0.00253			
24	Rodolfo	0	12.0	10	1	0	-3.05857612	0.04485	-0.04589			
25	Pilar	0	13.0	5	0	0	-13.6769927	0.00000	0.00000			
26	Vivian	0	11.7	10	0	0	0.656320994	0.65843	-1.07421			
27	Danielle	0	17.0	10	0	0	1.738277731	0.85047	-1.90025			
28	Juliana	0	14.4	10	0	0	1.207506502	0.76986	-1.46906			
101	Estela	1	1.0	13	1	0	3.455072889	0.96938	-0.03110			

Sum LL_i -30.80079

그림 14.12 해 찾기로 LL 최대화를 통해 모수 추정: 최종 모델

최종 모델에서는 $LL_{max} = -30.80079$이다. 연구 중인 사건의 발생 확률에 대한 최종 식을 정의하기 전에 새로운 추정 모델(최종 모델)이 모든 변수를 가진 완전 모델 추정에 대해 품질 손실이 발생했는지 정의해야 한다. 이를 위해 완전 모델의 최종 모델에 대한 조정을 확인하는 **우도 비율 검정** likelihood-ratio test 을 사용할 수 있으며, 다음 식으로 나타난다.

$$\chi^2_{1d.f.} = -2 \cdot \left(LL_{\text{최종 모델}} - LL_{\text{완전 모델}} \right) \tag{14.19}$$

예제의 경우 다음과 같다.

$$\chi^2_{1d.f.} = -2 \cdot [-30.80079 - (-29.06568)] = 3.4702$$

1차 자유도의 경우 부록의 표 D로부터 $\chi^2_c = 3.841$(5% 유의수준에서 1차 자유도의 χ^2 임곗값)이다. 이런 식으로 χ^2은 $\chi^2_{cal} = 3.4702 < \chi^2_c = 3.841$로 계산되므로 우도 비율 검정의 귀무 가설을 기각하지 않고 $style2$ 변수를 제거한 최종 모델은 유의수준 5%에서 조정의 품질을 변경하지 않았으며 모든 변수를 가진 완전 모델보다 더 선호하게 된다.

14.4절과 14.5절에서는 각각 Stata와 SPSS를 이용해 **호스머–렘쇼 검정**Hosmer-Lemeshow test 으로 알려진, 최종 모델의 조정을 검정하는 또 다른 유용한 기법을 알아본다. 데이터셋을 각 관측치에 대해 최

종 모델 추정 확률의 십분위에 따라 10개 그룹으로 나누고 이 검정은 χ^2 검정을 수행해 각 10개 그룹에 대해 관측치 빈도와 관측치 개수의 기댓값 사이에 상당한 차이가 있는지 계산한 다음 그러한 차이가 유의수준에서 통계적으로 유의하지 않을 경우, 제시된 조정의 품질에 관해 문제가 없다고 판단한다.

이제 최종 추정 모델 결과를 분석해보자. 새로운 문제에 대한 해답은 다음과 같은 최종 모수 추정을 생성했다.

$$\alpha = -30.935$$
$$\beta_1 = 0.204$$
$$\beta_2 = 2.920$$
$$\beta_3 = -3.776$$
$$\beta_5 = 2.459$$

해당 표준 오차는 다음과 같다.

$$s.e. (\alpha) = 10.636$$
$$s.e. (\beta_1) = 0.101$$
$$s.e. (\beta_2) = 1.011$$
$$s.e. (\beta_3) = 0.847$$
$$s.e. (\beta_5) = 1.139$$

월드 z 통계량은 다음과 같다.

$$z_\alpha = \frac{\alpha}{s.e.(\alpha)} = \frac{-30.935}{10.636} = -2.909$$

$$z_{\beta_1} = \frac{\beta_1}{s.e.(\beta_1)} = \frac{0.204}{0.101} = 2.020$$

$$z_{\beta_2} = \frac{\beta_2}{s.e.(\beta_2)} = \frac{2.920}{1.011} = 2.888$$

$$z_{\beta_3} = \frac{\beta_3}{s.e.(\beta_3)} = \frac{-3.776}{0.847} = -4.458$$

$$z_{\beta_5} = \frac{\beta_5}{s.e.(\beta_5)} = \frac{2.459}{1.139} = 2.159$$

이 통계량은 모든 $z_{cal} < -1.96$ 또는 > 1.96에 대한 것이므로, 월드 z 통계량에 대한 P 값은 < 0.05이다.

최종 모델은 다음 통계량을 나타낸다.

$$pseudo\, R^2 = \frac{-2 \cdot (-67.68585) - [(-2 \cdot (-30.80079))]}{-2 \cdot (-67.68585)} = 0.5449$$

$$\chi^2_{4\text{d.f.}} = -2 \cdot [-67.68585 - (-30.80079)] = 73.77012 > \chi^2_{c4\text{d.f.}} = 9.48773$$

따라서 Z_i 로짓을 다음과 같이 쓸 수 있다.

$$Z_i = -30.935 + 0.204 \cdot dist_i + 2.920 \cdot sem_i - 3.776 \cdot per_i + 2.459 \cdot style3_i$$

학생 i가 지각할 최종 확률식은 다음과 같다.

$$p_i = \frac{1}{1 + e^{-(-30.935 + 0.204 \cdot dist_i + 2.920 \cdot sem_i - 3.776 \cdot per_i + 2.459 \cdot style3_i)}}$$

이 모수와 해당 통계량은 Stata와 SPSS로 이진 로지스틱 회귀 모델을 추정할 때 **단계적 절차**stepwise procedure에 따라 구할 수 있다.

확률 함수의 추정에 근거해 호기심 많은 연구원들은 각 학생의 지각 확률 추정을 거쳐야 하는 신호등의 개수에 대한 함수로 그려볼 수 있다(엑셀에서 D열). 그림 14.13은 이 그래프를 보여주고, 결정된 로지스틱 조정을 제공한(종속 변수의 값이 오직 0 또는 1) 그림 14.5(b)와 달리 이 새로운 그래프는 로지스틱 확률 조정을 나타낸다.

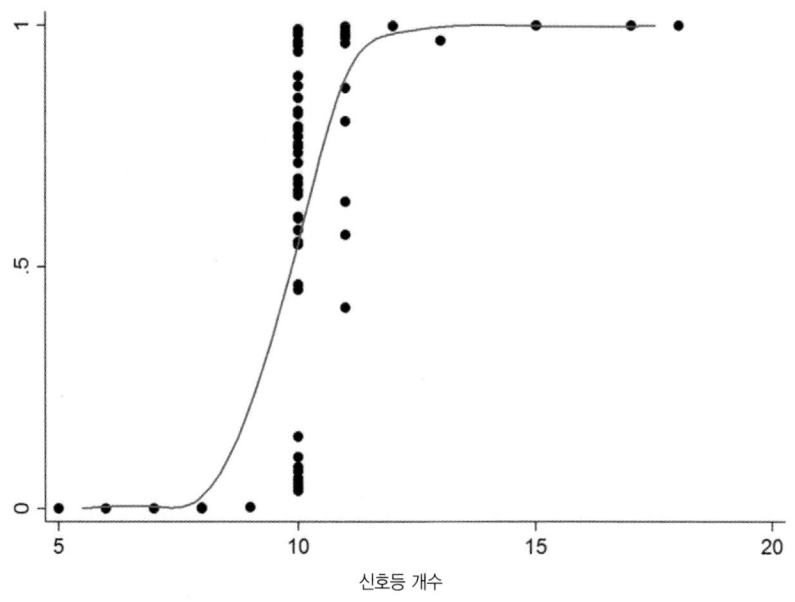

그림 14.13 *sem* 변수의 함수에서 로지스틱 확률 조정

또한 각 관측치의 추정 확률을 나타내는 점들에 조정된 로지스틱 곡선을 나타내는 그림 14.13에 기반해 8개까지의 신호등을 지나는 학생의 지각 확률은 매우 낮지만, 11개 이상의 신호등을 지나는 경우의 지각 확률은 매우 높다.

확률 함수의 분석에 따라 앞서의 세 가지 중요한 질문을 하나씩 살펴보자.

17km 거리에서 10개의 신호등을 거치며, 운전 성향이 공격적인 사람이 오전에 출발하면 지각할 확률은 얼마

인가?

최종 확률식을 사용해 대입하면 다음과 같다.

$$p = \frac{1}{1 + e^{-[-30.935 + 0.204 \cdot (17) + 2.920 \cdot (10) - 3.776 \cdot (1) + 2.459 \cdot (1)]}} = 0.603$$

따라서 주어진 조건에서 지각할 평균 확률은 60.3%이다.

다른 조건이 동일할 때 거리가 1km 더 멀어질수록 지각 가능성은 평균적으로 어떻게 되는가?

이 질문에 답하려면 식 (14.3)을 사용해야 하는데, 다음과 같이 쓸 수 있다.

$$odds_{Y_i=1} = e^{Z_i} \tag{14.20}$$

나머지 조건이 동일하다면 1km 멀어질 때마다의 지각 가능성은 다음과 같다.

$$odds_{Y=1} = e^{0.204} = 1.226$$

그러므로 가능성은 1.226배 더 커졌으며, 이는 1km 멀어질 때마다 지각 가능성은 평균 22.6% 더 높아진다는 뜻이 된다.

성향이 공격적인 학생이 얌전한 학생보다 지각할 가능성이 더 높은가? 만약 그렇다면, 다른 모든 조건이 동일할 때 얼마나 더 높은가?

β_5가 양수이므로, 운전 성향이 공격적인 학생의 지각 확률이 운전 성향이 얌전한 학생보다 더 높다고 할 수 있다. 이 사실은 가능성을 분석할 때 $\beta_5 > 0$이면 $e^{\beta_5} > 1$이므로, 그때도 증명됐다. 다시 한번 공격적 운전 성향은 아무 쓸모가 없다는 사실이 증명됐다!

나머지 조건을 고정하면, 운전 성향이 공격적인 학생이 얌전한 학생에 비해 지각할 가능성은 다음과 같다.

$$odds_{Y=1} = e^{2.459} = 11.693$$

따라서 가능성은 11.693배 더 커졌고, 이는 운전 성향이 공격적인 학생이 얌전한 학생에 비해 평균 1069.3% 더 지각할 확률이 높다는 뜻이다.

β_4 모수는(중간 운전 성향을 참조하는 범주) 그 자체로 유의수준 5%에서 통계적으로 0이므로, 중간 성향과 얌전 성향 사이에 지각 확률 차이는 없다는 점에 주목하자.

보다시피, 이러한 계산은 항상 모수의 평균 추정을 사용한다. 이제 이러한 모수들에 대한 신뢰 구간 연구를 시작해보자.

14.2.3 이진 로지스틱 회귀 모델의 모수에 대한 신뢰 구간 구성

식 (14.10) 계수의 신뢰 구간은 95%의 신뢰수준에서 모수 α와 $\beta_j(j = 1, 2, ..., k)$에 대해 다음과 같다.

$$\alpha \pm 1.96 \cdot [s.e.(\alpha)]$$
$$\beta_j \pm 1.96 \cdot \left[s.e.\left(\beta_j\right)\right]$$

(14.21)

앞에서 봤듯이, 여기서 1.96은 95% 신뢰수준(5% 유의수준)에서의 z_c이다.

표 14.6은 예제에 대해 사건 발생 확률식의 추정 모수 계수를 보여주고, 해당 표준 오차, 월드 z 통계량 그리고 5% 유의수준의 신뢰 구간을 보여준다.

표 14.6 모수 계수의 신뢰 구간 계산

모수	계수	표준 오차 (s.e.)	z	신뢰 구간(95%)	
				$\alpha - 1.96.\ [s.e.\ (\alpha)]$ $\beta_j - 1.96.\ [s.e.\ (\beta_j)]$	$\alpha + 1.96.\ [s.e.\ (\alpha)]$ $\beta_j + 1.96.\ [s.e.\ (\beta_j)]$
α(상수)	−30.935	10.636	−2.909	−51.782	−10.088
β_1(dist 변수)	0.204	0.101	2.020	0.006	0.402
β_2(sem 변수)	2.920	1.011	2.888	0.938	4.902
β_3(per 변수)	−3.776	0.847	−4.458	−5.436	−2.116
β_5(style3 변수)	2.459	1.139	2.159	0.227	4.691

이 표는 단계적 절차를 통해 Stata나 SPSS로 모델을 추정할 때 구할 수 있는 것과 동일하다. 모수 신뢰 구간에 기반해서 95% 신뢰로 학생 i가 지각할 추정 확률식의 하한(최소)과 상한(최대)을 다음과 같이 쓸 수 있다.

$$p_{i_{min}} = \frac{1}{1 + e^{-(-51.782 + 0.006 \cdot dist_i + 0.938 \cdot sem_i - 5.436 \cdot per_i + 0.227 \cdot style3_i)}}$$

$$p_{i_{max}} = \frac{1}{1 + e^{-(-10.088 + 0.402 \cdot dist_i + 4.902 \cdot sem_i - 2.116 \cdot per_i + 4.691 \cdot style3_i)}}$$

식 (14.20)에 따라 95% 신뢰수준에서 각 모수 $\beta_j(j = 1, 2, ..., k)$에 대해 관심 사건 발생 가능성의 신뢰 구간은 다음과 같이 쓸 수 있다.

$$e^{\beta_j \pm 1.96 \cdot \left[s.e.\left(\beta_j\right)\right]}$$

(14.22)

모수 α에 대한 가능성 신뢰 구간에 대한 식은 나타내지 않았다는 사실에 주목하자. 오직, (다른 조건이 그대로인 채로) 결정된 설명 변수의 단위가 변경됐을 때의 사건 발생 가능성 변화를 논하는 것만

이 의미가 있기 때문이다.

예제의 데이터에 대해서는 표 14.6에 기반해, 각 모수 β_j의 사건 발생 가능성(승산)의 신뢰 구간을 나타내는 표 14.7을 구성한다.

표 14.7 각 모수 β_j의 가능성(승산)에 대한 신뢰 구간 계산

모수	가능성(승산) e^{β_j}	가능성 신뢰 구간(95%) $e^{\beta_j - 1.96 \cdot [s.e. (\beta_j)]}$	$e^{\beta_j + 1.96 \cdot [s.e. (\beta_j)]}$
β_1(dist 변수)	1.226	1.006	1.495
β_2(sem 변수)	18.541	2.555	134.458
β_3(per 변수)	0.023	0.004	0.120
β_5(style3 변수)	11.693	1.254	109.001

이러한 값은 각각 14.4절과 14.5절에서와 같이 Stata와 SPSS를 사용해서도 구할 수 있다.

이전 장에서 설명했듯이, 결정된 모수의 신뢰 구간이 0(또는 가능성이 1)을 포함하면 동일한 신뢰 구간에 대해 통계적으로 0과 같다고 간주하게 된다. 모수 α에 대해 이런 경우 모델의 아무것도 변경하지 말 것을 권한다. 이러한 사실은 작은 표본을 사용해서 발생한 것이며, 큰 표본을 사용하면 해결되기 때문이다. 반면, 모수 β_j의 신뢰 구간이 0을 포함하면 단계별 절차에 따라 최종 모델에서 제거된다. 여기서 보이지는 않았지만 변수 style2의 추정 모수 신뢰 구간은 0을 포함하므로 설명한 대로 그 z_{cal} 값이 -1.96과 1.96이므로 이러한 변수는 최종 모델에서 제거한다.

또한 설명한 것처럼 지정된 유의수준에서 결정된 β 모수에 대한 귀무 가설의 기각은 해당 X 변수가 사건 발생 확률을 유의적으로 설명하며, 결론적으로 최종 모델에 남게 된다. 따라서 결정된 X 변수를 로지스틱 회귀 모델에서 제거할 것인지의 결정은 해당 β 모수에 월드 z 통계량을 직접 분석($-z_c < z_{cal} < z_c$이면 P 값 > 0.05 → 모수가 통계적으로 0임을 기각하지 못한다)하거나 신뢰 구간을 분석하면 된다(0을 포함하면). 상자 14.1은 로지스틱 회귀 모델에서 $\beta_j(j = 1, 2, ..., k)$ 모수의 포함 여부에 대한 기준을 나타낸다.

상자 14.1 로지스틱 회귀 모델에 β_j 모수 포함 여부 결정

모수	월드 z 통계량 (유의수준 α)	z 검정(유의수준 α에 대한 P 값 분석)	신뢰 구간 분석	결정
β_j	$-z_{c\,\alpha/2} < z_{cal} < z_{c\,\alpha/2}$	P 값 $>$ sig. level α	신뢰 구간이 0을 포함	모수를 모델에서 제거
	$z_{cal} > z_{c\,\alpha/2}$ 또는 $z_{cal} < -z_{c\,\alpha/2}$	P 값 $<$ sig. level α	신뢰 구간이 0을 포함하지 않음	모수를 제거하지 않음

참고: 통상 응용과학에서는 유의수준 $\alpha = 5\%$를 사용한다.

14.2.4 컷오프, 민감도 분석, 전체 모델 효율, 민감도, 특이성

사건 발생 확률 추정을 봤으므로, 이제 각각 추정 확률에 따라 관측치를 분류하기 위한 컷오프의 개념을 정의해야 한다. 최종 모델의 추정 확률식을 다시 살펴보자.

$$p_i = \frac{1}{1 + e^{-(-30.935 + 0.204 \cdot dist_i + 2.920 \cdot sem_i - 3.776 \cdot per_i + 2.459 \cdot style3_i)}}$$

LateMaximumLikelihoodFinalModel.xls 파일의 p_i 값을 계산하고 나서 표본의 일부 관측치로 표를 구성한다. 표 14.8은 교육 목적으로 무작위 선택한 10개 관측치에 대한 p_i 값을 보여준다.

표 14.8 10개 관측치에 대한 p_i 값

관측치	p_i
Adelino	0.05444
Carolina	0.67206
Cristina	0.55159
Eduardo	0.81658
Cintia	0.64918
Raimundo	0.05340
Emerson	0.04484
Raquel	0.56702
Rita	0.85048
Leandro	0.46243

컷오프^{cutoff}는 연구원이 관측치를 계산된 확률에 따라 분류하기 위해 정의하게 되며, 표본에 있지 않은 관측치의 사건 발생을 표본에 존재하는 관측치의 확률에 근거해 예측하기 위해 사용한다.

그러므로 표본에 없는 낯선 데이터의 발생 확률이 컷오프보다 높다면 사건이 발생할 것으로 예상하고, 따라서 사건으로 분류하게 된다. 반면 확률이 정의된 컷오프보다 낮다면 발생하지 않을 것으로 기대되며, 비사건으로 분류하게 된다.

일반적으로 다음 기준을 설정할 수 있다.

만약 $p_i >$ 컷오프이면, i 관측치는 사건으로 분류해야 한다.

만약 $p_i <$ 컷오프이면, i 관측치는 비사건으로 분류해야 한다.

확률식이 표본에 존재하는 관측치에 기반해 추정되므로 표본에 있지 않은 관측치의 분류는 추정의 행동적 일관을 고려해야 하고 추론 효과에서는 표본이 모든 확증적 모델에서 모집단의 행동을 유의

있게 대표해야만 한다.[1]

컷오프는 각 관측치에 대한 실제 발생을 평가하고 각 관측치에서 발생할 기대를 비교할 수 있게 해준다. 컷오프 작업이 끝나면 표본에 있는 관측치에 대해 추론별로 성공률을 계산할 수 있으며, 이러한 성공률은 향후 표본에 없는 데이터를 예측할 때도 유지되기를 바란다.

표 14.8의 관측치와 컷오프를 0.5로 고르면 다음과 같이 정의할 수 있다.

만약 $p_i > 0.5$이면, i 관측치는 사건으로 분류해야 한다.

만약 $p_i < 0.5$이면, i 관측치는 비사건으로 분류해야 한다.

표 14.9는 무작위로 선정된 10개의 관측치와 컷오프 정의에 따른 분류를 보여준다.

표 14.9 실제 사건 발생과 컷오프 = 0.5인 10개 관측치 분류

관측치	사건	p_i	분류 컷오프 = 0.5
Adelino	미발생	0.05444	미발생
Carolina	미발생	0.67206	발생
Cristina	미발생	0.55159	발생
Eduardo	미발생	0.81658	발생
Cintia	미발생	0.64918	발생
Raimundo	미발생	0.05340	미발생
Emerson	미발생	0.04484	미발생
Raquel	미발생	0.56702	발생
Rita	발생	0.85048	발생
Leandro	발생	0.46243	미발생

이제 똑같이 10개 관측치에 근거해 새로운 분류표를 만들어 컷오프 0.5에 대해 분류한다(표 14.10).

---

[1] 이 장에서는 사건으로 정의된 관측치 비율과 미발생으로 정의된 관측치 사이의 비율은 해당 모집단에서의 비율과 동일하다고 간주한다는 점에 주목하자. 그러나 이 비율이 상당히 다를 경우에는 모집단과 표본 집단에서의 발생 비율도 상당히 달라진다.

이런 관점에서 모집단과 표본 사이의 발생 비율이 상당히 다른 경우에 적용하기 위해 표본 모델에서 추정 절편에 대한 교정을 적용할 필요가 있다. Anderson(1982)의 주장에 따르면 다음 식을 절편 보정을 위해 사용할 수 있다.

$$\alpha_{corrected} = \alpha_{estimated} + \ln\left(\frac{\Pi_1}{\Pi_0} \cdot \frac{n_0}{n_1}\right)$$

여기서 Π_1과 Π_0는 각각 모집단에서 사건이 발생할 비율과 그렇지 않을 비율이고, n_0과 n_1은 각각 표본 집단에서 사건이 발생할 비율과 그렇지 않을 비율을 나타낸다. $n_0 + n_1 = n$(표본의 크기)이다.

표 14.10 10개 관측치 분류표(컷오프 = 0.5)

	실제 사건 발생	실제 사건 미발생
사건으로 분류	1	5
비사건으로 분류	1	3

다시 말해 10개의 관측치 중 실제 사건은 단 하나였는데 그 값이 0.5보다 높게 나왔고, 따라서 실제로 사건으로 분류됐다(정확히 분류). 다른 3개의 관측치 또한 정확히 분류됐는데, 비사건이지만 사건으로 분류되지 않았다. 반면 6개의 관측치는 부정확하게 분류됐는데 하나는 사건이지만 컷오프보다 작은 확률이어서 비사건으로 분류됐고, 나머지 다섯은 사건이 아니지만 0.5보다 높게 추정되어 결과적으로 사건으로 분류됐다.

100개의 표본에서는 표 14.11을 구성할 수 있으며, 이는 0.5 컷오프에 대한 완전한 분류를 보여준다. 이 표는 Stata와 SPSS를 사용해 구할 수 있다.

표 14.11 완전한 표본의 분류표(컷오프 = 0.5)

	실제 사건 발생	실제 사건 미발생
사건으로 분류	56	11
비사건으로 분류	3	30

완전 표본에서는 86개의 관측치가 잘 분류됐는데, 컷오프 0.5에서는 56개가 사건이며 그에 따라 정확히 분류됐고, 30개는 사건이 아니므로 그에 따라 분류됐다. 그러나 14개의 관측치는 잘못 분류됐는데, 3개는 사건이지만 틀리게 분류됐고 11개는 비사건이지만 사건으로 분류됐다.

이 분석은 **민감도 분석**sensitivity analysis으로 알려져 있고 컷오프 선택에 따른 분류를 생성한다. 뒤에서 컷오프를 변경해 관측치 또는 미관측치로 분류되는 수량의 변경을 보게 될 것이다.

이때 **전체 모델 효율**, **민감도**, **특이성**의 개념을 정의할 수 있다.

전체 모델 효율OEM, overall model efficiency은 결정된 컷오프에서의 정확한 분류 비율에 해당한다. 예제에서 전체 효율은 다음과 같이 계산된다.

$$OME = \frac{56 + 30}{100} = 0.8600$$

0.5 컷오프에서는 관측치의 86%가 정확히 분류됐다. 14.2.2절에서 언급했듯이, 결정된 컷오프에서의 전체 모델 효율은 맥패든 유사 R^2에 비해 모델 성능 측정에 더 적절하다. 종속 변수 자체가 이진 정성 변수이기 때문이다.

민감도sensitivity는 정해진 컷오프에서 원래 사건이었던 것만을 고려한 정확한 비율을 의미한다. 따라서 예제에서는 민감도를 계산할 때의 분모가 59가 되면 식은 다음과 같다.

$$민감도 = \frac{56}{59} = 0.9492$$

따라서 컷오프 0.5에서는 사건이었던 것 중 94.92%의 관측치가 정확히 분류됐다.

한편 **특이성**specificity은 주어진 컷오프에서 비사건만을 고려한 정확도다. 예제에서의 식은 다음과 같다.

$$특이성 = \frac{30}{41} = 0.7317$$

따라서 비사건의 73.17%가 정확히 분류됐고 컷오프 0.5에서 50% 미만의 관측치가 나타났다.

표 14.12 완전한 표본의 분류표(컷오프 = 0.3)

	실제 사건 발생	실제 사건 미발생
사건으로 분류	57	13
비사건으로 분류	2	28
	전체 모델 효율	0.8500
	민감도	0.9661
	특이성	0.6829

명백히 전체 모델 효율, 관측치, 특이성은 컷오프가 변화하면 바뀐다. 표 14.12는 컷오프 0.3을 고려한 새로운 분류를 보여준다. 이 경우 다음과 같은 분류 조건이 된다.

만약 $p_i > 0.3$이면, i 관측치는 사건으로 분류해야 한다.
만약 $p_i < 0.3$이면, i 관측치는 비사건으로 분류해야 한다.

컷오프 0.5와 비교하면, 컷오프 0.3의 경우 민감도는 조금 증가했지만 특이성은 더 많이 감소했고 전체 역에서 전체 모델 효율 퍼센트의 감소를 불러왔다.

이제, 컷오프를 다시 0.7로 변경해보자. 이 상황에서는 다음과 같은 분류 기준이 된다.

만약 $p_i > 0.7$이면, i 관측치는 사건으로 분류해야 한다.
만약 $p_i < 0.7$이면, i 관측치는 비사건으로 분류해야 한다.

표 14.13은 새로운 분류를 보여주고 전체 모델 효율, 민감도, 특이성을 보여준다.

표 14.13 완전한 표본의 분류표(컷오프 = 0.7)

	실제 사건 발생	실제 사건 미발생
사건으로 분류	47	5
비사건으로 분류	12	36
	전체 모델 효율	0.8300
	민감도	0.7966
	특이성	0.8780

이 경우 민감도가 상당히 감소하고 특이성은 증가함을 볼 수 있다. 그러나 0.7에서는 전체 모델 효율이 0.5에 비해 감소함을 볼 수 있다.

이 민감도 분석은 0과 1 사이의 모든 컷오프에 대해 할 수 있으며, 이를 통해 예측 목적에 부합하는 컷오프를 설정할 수 있다. 예를 들어, 전체 모델 효율을 최대화하는 것이 목적이라면 민감도나 특이성은 최대가 아닌 컷오프를 사용할 수 있다. 반면 민감도를 최대화하는 것이 목적이라면 사건인 것에 대한 정확성을 최대화하는 컷오프를 사용하며, 이 값이 반드시 전체 모델 효율을 최대화하지는 않는다. 끝으로, 비사건의 정확도 비율을 극대화하는 것이 목적이라면 또 다른 컷오프를 정의할 수 있다.

다시 말해, 민감도 분석은 기저 이론과 표본에 있지 않은 관측치를 고려해 관리와 전략적 분석에 기반해 수행해야 한다.

학문 작업과 다양한 분야의 관리 보고서에는 민감도 분석 그래프를 그려서 토론하는 것이 보통이다. 가장 보편적으로 알려진 것은 **민감도 곡선**과 **ROC 곡선**으로서, 목적이 각기 다르다. 민감도 곡선은 민감도와 특이성을 각기 다른 컷오프에 대해 나타내며, ROC 곡선은 민감도의 변화를 (1 − 특이성)의 함수로 나타낸다.

예제에서 계산된 민감도 곡선은 그림 14.14이고, ROC 곡선은 그림 14.15이다. 비록 전체는 아니지만 0.3, 0.5, 0.7 세 가지에 대한 해당 곡선을 통해 분석을 해볼 수 있다.

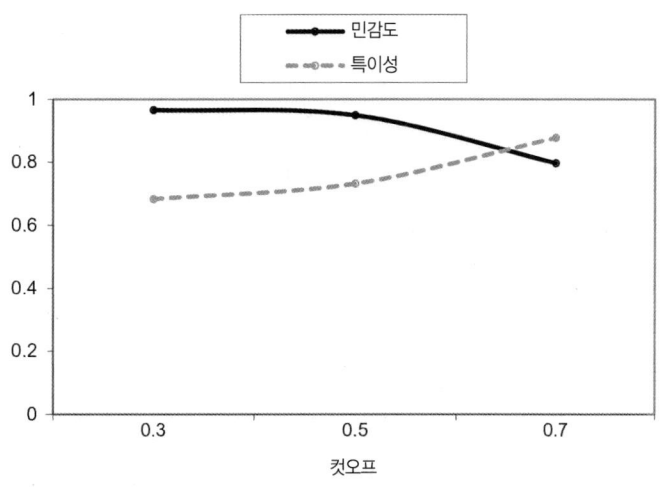

그림 14.14 세 가지 컷오프에 대한 민감도 곡선

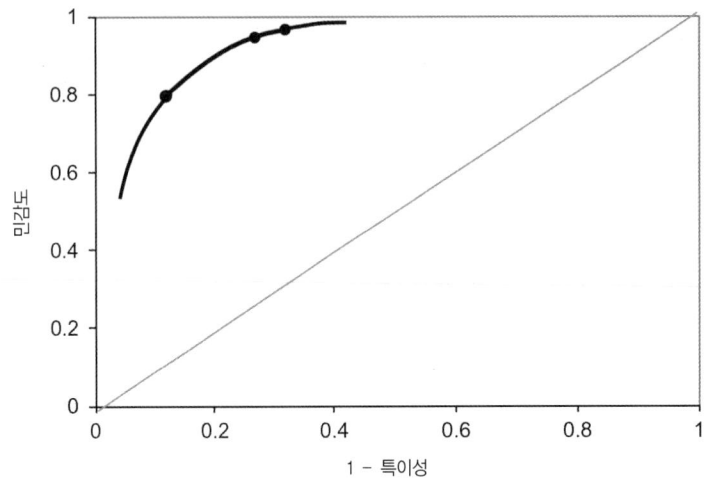

그림 14.15 세 가지 값에 대한 ROC 곡선

민감도 곡선을 통해 민감도와 특이성이 일치하는 컷오프를 정의할 수 있다 즉, 사건의 정확도 비율이 비사건의 정확도 비율과 동일해지는 지점을 알 수 있다. 그러나 이 컷오프가 전체 모델 효율을 최대화하는 것을 보장해주지는 않는다.

또한 민감도 곡선은 연구원이 민감도와 특이성을 변화에 따라 여러 경우에 대해 절충할 수 있게 해주며, 앞서 설명한 대로 예측의 목적이 사건에 대한 정확도를 증가시키는 것이면, 비사건에 대한 손실은 고려하지 않을 수 있다.

ROC는 민감도와 특이성 간의 절충 행동을 분산축, (1 − 특이성)의 값, (0, 1) 점에 대한 볼록 형태로 나타낸다. 따라서 ROC 곡선 아래 더 큰 영역으로 결정된 모델은 더 높은 큰 전체의 효율을 나타내고, 가능한 모든 컷오프를 병합하면 그러한 선택은 ROC 곡선 아래 더 적은 면적의 모델에 비해 더 선호할 수 있게 된다. 다시 말해, 예를 들어 연구원이 모델에서 새로운 설명 변수를 포함하기 위해 모델의 전체 성능을 비교하면 ROC 곡선 아래의 면적 계기판에 수행할 수 있으며, (0, 1) 점에 대한 블록성이 더 클수록, 면적이 더 클수록(더 높은 민감도와 더 높은 특이성) 결과적으로 예측 효과에서 더 뛰어난 모델 추정을 할 수 있다. 그림 14.16은 이런 개념을 보여준다.

Swets(1996)에 따르면 ROC 곡선이라는 이름은 두 모델 운영 특성(민감도와 특이성) 변화를 비교하기 때문에 생겼다. 이는 2차 세계대전 당시 전투에서 적군의 물체를 탐지하는 연구에서 공학자들이 먼저 사용했다. 그런 다음 결정된 자극제의 개념적 탐지를 연구하기 위해 심리학자가 도입했으며, 오늘날 방사선 등의 의학과 사회과학, 경제학, 금융학 등에서 널리 사용되고 있다. 이 특수한 경우, 리스크 및 신용 관리와 채무 불이행 확률 등에 널리 사용되고 있다.

14.4절과 14.5절에서는 각각 Stata와 SPSS로 0과 1 사이에서 모든 가능한 컷오프에 대해 민감도 ROC 곡선을 구성해보고 곡선하 면적을 계산해본다.

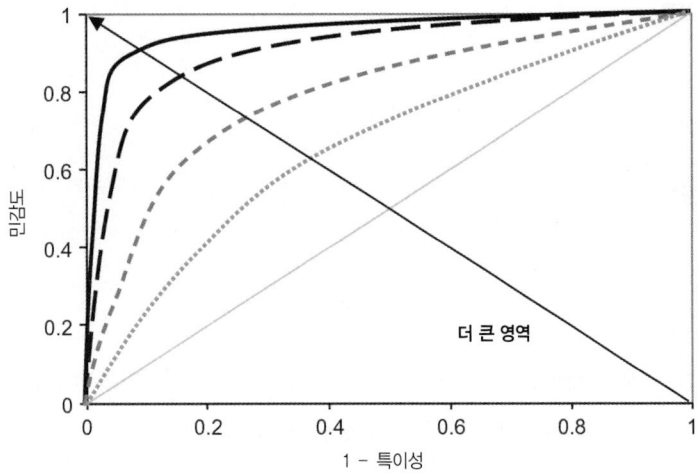

그림 14.16 ROC 곡선 아래 더 큰 영역으로 모델을 선택하는 기준

14.3 다항 로지스틱 회귀 모델

현상을 나타내는 종속 변수가 정성이지만 그 범주가 세 가지 이상일 경우, 각 가능성의 발생 확률을 추정하기 위해서는 다항 로지스틱 회귀를 사용해야만 한다. 이를 위해 먼저 참조 변수를 정의해야 한다.

종속 변수 자체가 세 가지 가능한 범주를 가진 정성 형태인 경우를 생각해보자. 선택한 참조 범주가 0이면, 다른 두 사건 가능성은 이 범주에 대해 1이나 2로 나타낸다. 따라서 설명 변수 벡터가 해당 추정 모수에 대해 정의되고 2개의 로짓은 다음과 같다.

$$Z_{i_1} = \alpha_1 + \beta_{11} \cdot X_{1i} + \beta_{21} \cdot X_{2i} + \cdots + \beta_{k1} \cdot X_{ki} \qquad (14.23)$$

$$Z_{i_2} = \alpha_2 + \beta_{12} \cdot X_{1i} + \beta_{22} \cdot X_{2i} + \cdots + \beta_{k2} \cdot X_{ki} \qquad (14.24)$$

여기서 로짓 수는 각 추정 모수의 아래 첨자로 나타낸다.

그러면 일반적으로 연구 중인 변수를 나타내는 종속 변수가 M개의 범주를 가지면 $M - 1$개의 로짓이 되고, 동일하게 각 범주의 발생 확률을 추정할 수 있다. M개의 범주를 가진 종속 변수의 모델에 대한 로짓 Z_{i_m} ($m = 0, 1, ..., M - 1$)의 일반식은 다음과 같다.

$$Z_{i_m} = \alpha_m + \beta_{1m} \cdot X_{1i} + \beta_{2m} \cdot X_{2i} + \cdots + \beta_{km} \cdot X_{ki} \qquad (14.25)$$

여기서 $Z_{i_0} = 0$이고, 따라서 $e^{Z_{i_0}} = 1$이다.

지금까지 이 장에서는 단 2개의 범주만 있었고, 따라서 하나의 Z_i 로짓만 있었다. 이런 식으로 사건과 비사건의 식을 다음과 같이 계산할 수 있다.

비사건의 발생 확률:

$$1 - p_i = \frac{1}{1 + e^{Z_i}} \tag{14.26}$$

사건의 발생 확률:

$$p_i = \frac{e^{Z_i}}{1 + e^{Z_i}} \tag{14.27}$$

이제 세 가지 범주에 대해서는 식 (14.23)과 식 (14.24)에 따라 참조 변수 0과 다른 두 변수 범주 1, 2에 대해 발생 확률을 다음과 같은 식으로 추정할 수 있다.

범주 0(참조)의 발생 확률:

$$p_{i_0} = \frac{1}{1 + e^{Z_{i_1}} + e^{Z_{i_2}}} \tag{14.28}$$

범주 1의 발생 확률:

$$p_{i_1} = \frac{e^{Z_{i_1}}}{1 + e^{Z_{i_1}} + e^{Z_{i_2}}} \tag{14.29}$$

범주 2의 발생 확률:

$$p_{i_2} = \frac{e^{Z_{i_2}}}{1 + e^{Z_{i_1}} + e^{Z_{i_2}}} \tag{14.30}$$

각기 다른 범주의 사건 발생 확률 합은 항상 1이 된다.

식 (14.28) ~ 식 (14.30)은 다음과 같은 완전한 형태로 나타낼 수 있다.

$$p_{i_0} = \frac{1}{1 + e^{(\alpha_1 + \beta_{11} \cdot X_{1i} + \beta_{21} \cdot X_{2i} + \cdots + \beta_{k1} \cdot X_{ki})} + e^{(\alpha_2 + \beta_{12} \cdot X_{1i} + \beta_{22} \cdot X_{2i} + \cdots + \beta_{k2} \cdot X_{ki})}} \tag{14.31}$$

$$p_{i_1} = \frac{e^{(\alpha_1 + \beta_{11} \cdot X_{1i} + \beta_{21} \cdot X_{2i} + \cdots + \beta_{k1} \cdot X_{ki})}}{1 + e^{(\alpha_1 + \beta_{11} \cdot X_{1i} + \beta_{21} \cdot X_{2i} + \cdots + \beta_{k1} \cdot X_{ki})} + e^{(\alpha_2 + \beta_{12} \cdot X_{1i} + \beta_{22} \cdot X_{2i} + \cdots + \beta_{k2} \cdot X_{ki})}} \tag{14.32}$$

$$p_{i_2} = \frac{e^{(\alpha_2 + \beta_{12} \cdot X_{1i} + \beta_{22} \cdot X_{2i} + \cdots + \beta_{k2} \cdot X_{ki})}}{1 + e^{(\alpha_1 + \beta_{11} \cdot X_{1i} + \beta_{21} \cdot X_{2i} + \cdots + \beta_{k1} \cdot X_{ki})} + e^{(\alpha_2 + \beta_{12} \cdot X_{1i} + \beta_{22} \cdot X_{2i} + \cdots + \beta_{k2} \cdot X_{ki})}} \tag{14.33}$$

일반적으로 M개의 범주를 가진 종속 변수의 경우 확률식 $p_{i_m} (m = 0, 1, ..., M - 1)$은 다음과 같이 쓸 수 있다.

$$p_{i_m} = \frac{e^{Z_{i_m}}}{\sum_{m=0}^{M-1} e^{Z_{i_m}}}$$

(14.34)

14.2.1절 ~ 14.2.3절의 절차와 유사하게, 예제를 사용해 식 (14.23)과 식 (14.24)의 모수를 추정해본다. 모델과 모수의 일반 통계적 유의성을 계산하고 결정된 유의수준에서의 신뢰 구간을 추정해본다. 이번에도 엑셀을 이용한다.

14.3.1 최대 우도에 의한 다항 로지스틱 회귀 모델 추정

여기서는 이전 절과 유사한 예제를 사용해 다항 로지스틱 회귀 모델을 추정하는 개념을 설명한다.

이제 교수는 학생들의 지각 여부에는 관심이 없다. 이번에는 학생들이 1교시나 2교시에 지각하는지 알고 싶어 한다. 즉, 학교까지의 경로에 관한 어떤 변수가 1교시나 2교시에 지각하는 확률에 영향을 끼치는지 알고자 한다. 이제 종속 변수는 세 가지 범주로서, '지각하지 않음', '1교시 지각', '2교시 지각'이다.

이에 교수는 동일한 학생 100명을 조사하기로 했다. 그러나 그동안 학생들이 설문에 지쳤으므로 이제는 거리와 신호등 개수만 묻기로 했다. 데이터 일부는 표 14.14에 있다.

표 14.14 예제: 지각(아니요, 1교시 예, 2교시 예) × 거리, 신호등 개수

학생	지각(아니요 = 0, 1교시 예 = 1, 2교시 예 = 2) (Y_i)	학교까지의 거리(km) (X_{1i})	신호등 개수 sem (X_{2i})
Gabriela	2	20.5	15
Patricia	2	21.3	18
Gustavo	2	21.4	16
Leticia	2	31.5	15
Luiz Ovidio	2	17.5	16
Leonor	2	21.5	18
Dalila	2	21.5	18
Antonio	2	23.4	18
Julia	2	22.7	18
Mariana	2	22.7	18
...			
Rodrigo	1	16.0	16
...			
Estela	0	1.0	13

표에서 볼 수 있듯이, 이제 종속 변수는 세 가지 값을 가지며 이는 단순히 각 범주를 참조하는 레이블이다($M = 3$). 불행히도 많은 초보 연구원은 열에 적힌 숫자를 보고 종속 변수를 정량 변수로 간주하고 다중 회귀 모델을 준비하곤 한다. 이는 심각한 실수다!

새로운 예제의 전체 데이터는 LateMultinomial.xls 파일에 있다.

따라서 추정하려는 로짓 식은 다음과 같다.

$$Z_{i_1} = \alpha_1 + \beta_{11} \cdot dist_i + \beta_{21} \cdot sem_i$$
$$Z_{i_2} = \alpha_2 + \beta_{12} \cdot dist_i + \beta_{22} \cdot sem_i$$

이 식은 표 14.14에 있는 사건 1과 2를 각각 참조한다. 0으로 레이블된 사건은 참조 범주를 가리킨다는 것에 주목하자.

식 (14.31) ~ 식 (14.33)에 따라 각 독립 변수의 범주에 해당하는 확률식의 발생 추정을 다음과 같이 쓸 수 있다.

$$p_{i_0} = \frac{1}{1 + e^{(\alpha_1 + \beta_{11} \cdot dist_i + \beta_{21} \cdot sem_i)} + e^{(\alpha_2 + \beta_{12} \cdot dist_i + \beta_{22} \cdot sem_i)}}$$

$$p_{i_1} = \frac{e^{(\alpha_1 + \beta_{11} \cdot dist_i + \beta_{21} \cdot sem_i)}}{1 + e^{(\alpha_1 + \beta_{11} \cdot dist_i + \beta_{21} \cdot sem_i)} + e^{(\alpha_2 + \beta_{12} \cdot dist_i + \beta_{22} \cdot sem_i)}}$$

$$p_{i_2} = \frac{e^{(\alpha_2 + \beta_{12} \cdot dist_i + \beta_{22} \cdot sem_i)}}{1 + e^{(\alpha_1 + \beta_{11} \cdot dist_i + \beta_{21} \cdot sem_i)} + e^{(\alpha_2 + \beta_{12} \cdot dist_i + \beta_{22} \cdot sem_i)}}$$

여기서 p_{i_0}, p_{i_1}, p_{i_2}는 각각 학생 i가 지각하지 않을 확률(범주 0), 1교시에 지각할 확률(범주 1), 2교시에 지각할 확률(범주 2)이다.

확률식의 모수를 추정하기 위해, 다시 최대 우도 추정을 사용한다. 일반적으로 종속 변수가 이항 분포를 따르는 다항 로지스틱 회귀에서 관측치 i는 주어진 M 가능 사건 중 결정된 관심 사건이 발생할 수 있고, 특정 사건에 대한 발생 확률 $p_{i_m}(m = 0, 1, ..., M - 1)$은 다음과 같이 쓸 수 있다.

$$p(Y_{im}) = \prod_{m=0}^{M-1} \left(p_{i_m} \right)^{Y_{im}} \tag{14.35}$$

n개 관측치의 표본에서는 다음 식으로 우도 함수를 정의할 수 있다.

$$L = \prod_{i=1}^{n} \prod_{m=0}^{M-1} \left(p_{i_m} \right)^{Y_{im}} \tag{14.36}$$

식 (14.34)에 기반해 다음을 얻는다.

$$L = \prod_{i=1}^{n} \prod_{m=0}^{M-1} \left(\frac{e^{Z_{i_m}}}{\sum_{m=0}^{M-1} e^{Z_{i_m}}} \right)^{Y_{im}} \tag{14.37}$$

이진 로지스틱 회귀 때와 유사하게 여기서도 로그 우도로 작업하며, 로그 우도 함수로 알려진 다음 함수를 얻는다.

$$LL = \sum_{i=1}^{n} \sum_{m=0}^{M-1} \left[(Y_{im}) \cdot \ln \left(\frac{e^{Z_{i_m}}}{\sum_{m=0}^{M-1} e^{Z_{i_m}}} \right) \right] \tag{14.38}$$

따라서 다음과 같은 중요한 질문을 할 수 있다. **M개 범주의 종속 변수가 주어졌을 때, 식 (14.38)의 LL 값을 최대화하는 식 (14.25)로 나타난 로짓 모수 $Z_{i_m}(m = 0, 1, ..., M - 1)$ 값은 얼마인가?**

이 근본적인 문제가 최대 우도 기법에 의한 다항 로지스틱 회귀 모델의 모수를 추정하는 핵심이며, 이는 선형 계획법으로 해결할 수 있는데, 다음의 목적 함수를 푸는 것이다.

$$LL = \sum_{i=1}^{n} \sum_{m=0}^{M-1} \left[(Y_{im}) \cdot \ln \left(\frac{e^{Z_{i_m}}}{\sum_{m=0}^{M-1} e^{Z_{i_m}}} \right) \right] = \max \tag{14.39}$$

예제로 돌아가서, 엑셀의 **해 찾기** 도구를 이용해 문제를 해결해본다. 이를 위해 모수 계산을 도와줄 LateMultinomialMaximumLikelihood.xls 파일을 연다.

이 파일에는 종속 변수와 설명 변수에 더해 종속 변수의 세 가지 범주를 참조할 세 가지 $Y_{im}(m = 0, 1, 2)$ 변수가 생성된다. 이 절차는 식 (14.35)를 확인하기 위해 진행돼야 한다. 이 변수는 표 14.15의 기준에 의해 생성됐다.

표 14.15 $Y_{im}(m = 0, 1, 2)$ 변수의 생성 기준

Y_i	Y_{i0}	Y_{i1}	Y_{i2}
0	1	0	0
1	0	1	0
2	0	0	1

또 다른 6개 변수가 생성되는데, 각각 로짓 Z_{i_1}과 Z_{i_2}, 확률 $p_{i_0}, p_{i_1}, p_{i_2}$ 그리고 각 관측치에 대한 로그 우도 함수 LL_i이다. 표 14.16은 모두 모수가 0일 때의 데이터 일부를 보여준다.

표 14.16 $\alpha_1 = \beta_{11} = \beta_{21} = \alpha_2 = \beta_{12} = \beta_{22} = 0$일 때의 LL 계산

학생	Y_i	Y_{i0}	Y_{i1}	Y_{i2}	X_{1i}	X_{2i}	Z_{i_1}	Z_{i_2}	p_{i_0}	p_{i_1}	p_{i_2}	LL_i $\sum_{m=0}^{2}\left[(Y_{im}) \cdot \ln\left(p_{i_m}\right)\right]$
Gabriela	2	0	0	1	20.5	15	0	0	0.33	0.33	0.33	-1.09861
Patricia	2	0	0	1	21.3	18	0	0	0.33	0.33	0.33	-1.09861
Gustavo	2	0	0	1	21.4	16	0	0	0.33	0.33	0.33	-1.09861
Leticia	2	0	0	1	31.5	15	0	0	0.33	0.33	0.33	-1.09861
Luiz Ovidio	2	0	0	1	17.5	16	0	0	0.33	0.33	0.33	-1.09861
Leonor	2	0	0	1	21.5	18	0	0	0.33	0.33	0.33	-1.09861
Dalila	2	0	0	1	21.5	18	0	0	0.33	0.33	0.33	-1.09861
Antonio	2	0	0	1	23.4	18	0	0	0.33	0.33	0.33	-1.09861
Julia	2	0	0	1	22.7	18	0	0	0.33	0.33	0.33	-1.09861
Mariana	2	0	0	1	22.7	18	0	0	0.33	0.33	0.33	-1.09861
						...						
Rodrigo	1	0	1	0	16.0	16	0	0	0.33	0.33	0.33	-1.09861
						...						
Estela	0	1	0	0	1.0	13	0	0	0.33	0.33	0.33	-1.09861
합계	$LL = \sum_{i=1}^{100}\sum_{m=0}^{2}\left[(Y_{im}) \cdot \ln\left(p_{i_m}\right)\right]$											-109.86123

편의상 $Y_i = 2$이고 모든 모수가 0인 상황의 관측치에 대한 LL 계산을 보였다.

$$LL_1 = \sum_{m=0}^{2}\left[(Y_{1m}) \cdot \ln\left(p_{1_m}\right)\right] = (Y_{10}) \cdot \ln\left(p_{1_0}\right) + (Y_{11}) \cdot \ln\left(p_{1_1}\right) + (Y_{12}) \cdot \ln\left(p_{1_2}\right)$$
$$= (0) \cdot \ln(0.33) + (0) \cdot \ln(0.33) + (1) \cdot \ln(0.33) = -1.09861$$

그림 14.17은 LateMultinomialMaximumLikelihood.xls 파일 일부를 보여준다.

14.2.1절에서 설명했듯이, 여기서도 최적 모수 조합을 통해 식 (14.39)에 나타난 목적 함수에서 우도 함수의 합이 최대가 되도록 해야 한다. 여기서도 엑셀의 **해 찾기**를 사용해 문제를 풀어본다.

목적 함수는 셀 M103에 있고 이 셀이 최대화해야 하는 대상이다. 모수 $\alpha_1, \beta_{11}, \beta_{21}, \alpha_2, \beta_{12}, \beta_{22}$의 값은 각각 셀 P3, P5, P7, P9, P11, P13에 있고 변수 셀이다. 해 찾기 창은 그림 14.18에 있다.

해 찾기를 클릭하고 **확인**을 누르면 표 14.17의 선형 계획 문제에 대한 최적해를 찾을 수 있다.

	A	B	C	D	E	F	G	H	I	J	K	L	M	N	O	P
1	Student	Late (Y)	Y_{i0}	Y_{i1}	Y_{i2}	Distance (X_1)	Sem (X_2)	Z_{i1}	Z_{i2}	p_{i0}	p_{i1}	p_{i2}	LL_i			
2	Gabriela	2	0	0	1	20.5	15	0	0	0.33333	0.33333	0.33333	-1.09861		α_1	0.000
3	Patricia	2	0	0	1	21.3	18	0	0	0.33333	0.33333	0.33333	-1.09861			
4	Gustavo	2	0	0	1	21.4	16	0	0	0.33333	0.33333	0.33333	-1.09861		β_{11}	0.000
5	Leticia	2	0	0	1	31.5	15	0	0	0.33333	0.33333	0.33333	-1.09861			
6	Luiz Ovidio	2	0	0	1	17.5	16	0	0	0.33333	0.33333	0.33333	-1.09861		β_{21}	0.000
7	Leonor	2	0	0	1	21.5	18	0	0	0.33333	0.33333	0.33333	-1.09861			
8	Dalila	2	0	0	1	21.5	18	0	0	0.33333	0.33333	0.33333	-1.09861		α_2	0.000
9	Antonio	2	0	0	1	23.4	18	0	0	0.33333	0.33333	0.33333	-1.09861			
10	Julia	2	0	0	1	22.7	18	0	0	0.33333	0.33333	0.33333	-1.09861		β_{12}	0.000
11	Mariana	2	0	0	1	22.7	18	0	0	0.33333	0.33333	0.33333	-1.09861			
12	Roberto	2	0	0	1	21.7	18	0	0	0.33333	0.33333	0.33333	-1.09861		β_{22}	0.000
13	Renata	2	0	0	1	19.0	18	0	0	0.33333	0.33333	0.33333	-1.09861			
14	Guilherme	2	0	0	1	26.4	18	0	0	0.33333	0.33333	0.33333	-1.09861			
15	Rodrigo	1	0	1	0	16.0	16	0	0	0.33333	0.33333	0.33333	-1.09861			
16	Giulia	2	0	0	1	19.0	18	0	0	0.33333	0.33333	0.33333	-1.09861			
17	Felipe	2	0	0	1	20.0	15	0	0	0.33333	0.33333	0.33333	-1.09861			
18	Karina	2	0	0	1	22.0	18	0	0	0.33333	0.33333	0.33333	-1.09861			
19	Pietro	2	0	0	1	19.2	18	0	0	0.33333	0.33333	0.33333	-1.09861			
20	Cecilia	2	0	0	1	21.0	18	0	0	0.33333	0.33333	0.33333	-1.09861			
21	Gisele	2	0	0	1	20.0	14	0	0	0.33333	0.33333	0.33333	-1.09861			
22	Elaine	1	0	1	0	22.0	15	0	0	0.33333	0.33333	0.33333	-1.09861			
23	Kamal	2	0	0	1	20.0	17	0	0	0.33333	0.33333	0.33333	-1.09861			
24	Rodolfo	2	0	0	1	20.0	18	0	0	0.33333	0.33333	0.33333	-1.09861			
25	Pilar	2	0	0	1	21.0	13	0	0	0.33333	0.33333	0.33333	-1.09861			
26	Vivian	1	0	1	0	16.7	15	0	0	0.33333	0.33333	0.33333	-1.09861			
27	Danielle	0	1	0	0	17.0	10	0	0	0.33333	0.33333	0.33333	-1.09861			
28	Juliana	0	1	0	0	14.4	10	0	0	0.33333	0.33333	0.33333	-1.09861			
101	Estela	0	1	0	0	1.0	13	0	0	0.33333	0.33333	0.33333	-1.09861			
102																
103													Sum LL_i	-109.86123		

그림 14.17 LateMultinomialMaximumLikelihood.xls 파일의 데이터

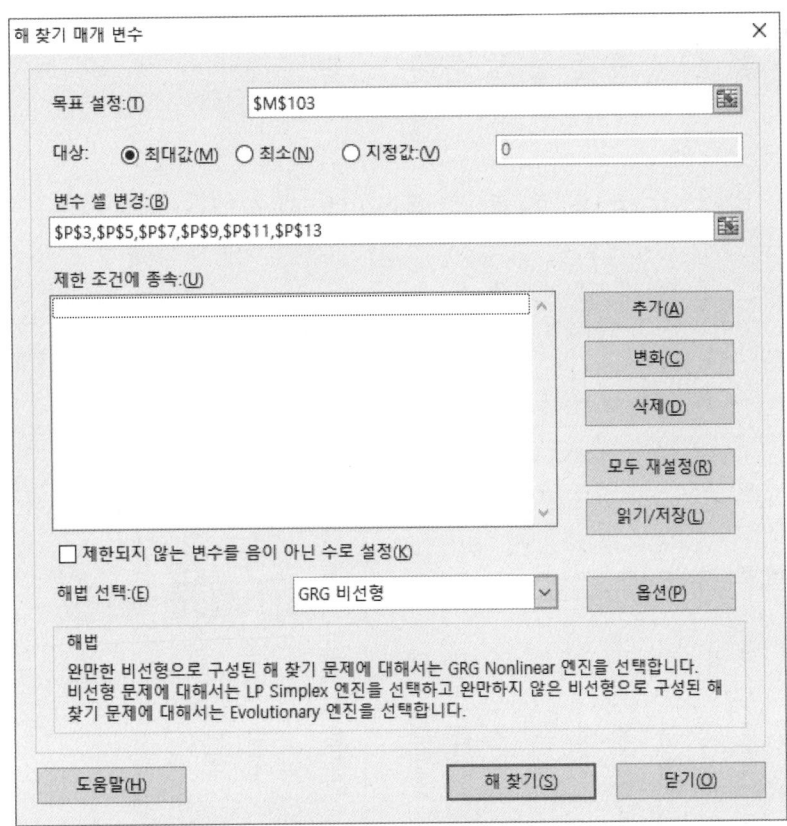

그림 14.18 해 찾기: 다항 로지스틱 회귀 모델에 대한 로그 우도 함수 합의 최대화

표 14.17 다항 로지스틱 회귀 모델에서 LL 최대화로 구한 값

학생	Y_i	Y_{i0}	Y_{i1}	Y_{i2}	X_{1i}	X_{2i}	Z_{i_1}	Z_{i_2}	p_{i_0}	p_{i_1}	p_{i_2}	LL_i $\sum_{m=0}^{2}\left[(Y_{ij}) \cdot \ln(p_{i_j})\right]$
Gabriela	2	0	0	1	20.5	15	3.37036	3.23816	0.01799	0.52341	0.45860	−0.77959
Patricia	2	0	0	1	21.3	18	8.82883	12.78751	0.00000	0.01873	0.98127	−0.01891
Gustavo	2	0	0	1	21.4	16	5.54391	7.10441	0.00068	0.17346	0.82586	−0.19133
Leticia	2	0	0	1	31.5	15	9.51977	15.10301	0.00000	0.00375	0.99625	−0.00375
Luiz Ovidio	2	0	0	1	17.5	16	3.36367	2.89778	0.02082	0.60162	0.37756	−0.97402
Leonor	2	0	0	1	21.5	18	8.94064	13.00323	0.00000	0.01691	0.98308	−0.01706
Dalila	2	0	0	1	21.5	18	8.94064	13.00323	0.00000	0.01691	0.98308	−0.01706
Antonio	2	0	0	1	23.4	18	10.00281	15.05262	0.00000	0.00637	0.99363	−0.00639
Julia	2	0	0	1	22.7	18	9.61149	14.29758	0.00000	0.00914	0.99086	−0.00918
Mariana	2	0	0	1	22.7	18	9.61149	14.29758	0.00000	0.00914	0.99086	−0.00918
Rodrigo	1	0	1	0	16.0	16	2.52511	1.27985	0.05852	0.73104	0.21044	−0.31329
⋮							⋮	⋮				
Estela	0	1	0	0	1.0	13	0	−10.87168	−23.58594	0.99998	0.00002	0.00000
합계												−24.51180

$$LL = \sum_{i=1}^{100}\sum_{m=0}^{2}\left[(Y_{im}) \cdot \ln(p_{i_m})\right]$$

로그 우도 함수의 가능한 최댓값은 $LL_{max} = -24.51180$이다. 이 문제에 대한 해답은 다음 모수 추정을 생성했다.

$$\alpha_1 = -33.135$$
$$\beta_{11} = 0.559$$
$$\beta_{21} = 1.670$$
$$\alpha_2 = -62.292$$
$$\beta_{12} = 1.078$$
$$\beta_{22} = 2.895$$

또한 로짓 Z_{i_1}과 Z_{i_2}는 다음과 같이 쓸 수 있다.

$$Z_{i_1} = -33.135 + 0.559 \cdot dist_i + 1.670 \cdot sem_i$$
$$Z_{i_2} = -62.292 + 1.078 \cdot dist_i + 2.895 \cdot sem_i$$

그림 14.19는 LateMultinomialMaximumLikelihood.xls 파일을 모델링한 결과의 일부를 보여준다.

	A	B	C	D	E	F	G	H	I	J	K	L	M	N	O	P
1	Student	Late (Y)	Y_{i0}	Y_{i1}	Y_{i2}	Distance (X_1)	Sem (X_2)	Z_{i1}	Z_{i2}	p_{i0}	p_{i1}	p_{i2}	LL_i			
2	Gabriela	2	0	0	1	20.5	15	3.36927	3.23712	0.01801	0.52339	0.45860	-0.77958			
3	Patricia	2	0	0	1	21.3	18	8.82590	12.78423	0.00000	0.01874	0.98126	-0.01892		α_1	-33.135
4	Gustavo	2	0	0	1	21.4	16	5.54207	7.10247	0.00068	0.17347	0.82585	-0.19134			
5	Leticia	2	0	0	1	31.5	15	9.51638	15.09930	0.00000	0.00375	0.99625	-0.00375		β_{11}	0.559
6	Luiz Ovidio	2	0	0	1	17.5	16	3.36264	2.89678	0.02084	0.60160	0.37756	-0.97402			
7	Leonor	2	0	0	1	21.5	18	8.93766	12.99990	0.00000	0.01692	0.98308	-0.01707		β_{21}	1.670
8	Dalia	2	0	0	1	21.5	18	8.93766	12.99990	0.00000	0.01692	0.98308	-0.01707			
9	Antonio	2	0	0	1	23.4	18	9.99944	15.04883	0.00000	0.00637	0.99363	-0.00639		α_2	-62.292
10	Julia	2	0	0	1	22.7	18	9.60826	14.29396	0.00000	0.00914	0.99086	-0.00918			
11	Mariana	2	0	0	1	22.7	18	9.60826	14.29396	0.00000	0.00914	0.99086	-0.00918		β_{12}	1.078
12	Roberto	2	0	0	1	21.7	18	9.04943	13.21558	0.00000	0.01527	0.98472	-0.01539			
13	Renata	2	0	0	1	19.0	18	7.54059	10.30395	0.00003	0.05933	0.94063	-0.06120		β_{22}	2.895
14	Guilherme	2	0	0	1	26.4	18	11.67592	18.28397	0.00000	0.00135	0.99865	-0.00135			
15	Rodrigo	1	0	1	0	16.0	16	2.52439	1.27921	0.05856	0.73100	0.21045	-0.31335			
16	Giulia	2	0	0	1	19.0	18	7.54059	10.30395	0.00003	0.05933	0.94063	-0.06120			
17	Felipe	2	0	0	1	20.0	15	3.08985	2.69793	0.02644	0.58097	0.39259	-0.93498			
18	Karina	2	0	0	1	22.0	18	9.21708	13.53909	0.00000	0.01310	0.98690	-0.01319			
19	Pietro	2	0	0	1	19.2	18	7.65236	10.51963	0.00003	0.05379	0.94618	-0.05532			
20	Cecilia	2	0	0	1	21.0	18	8.65825	12.46071	0.00000	0.02183	0.97817	-0.02207			
21	Gisele	2	0	0	1	20.0	14	1.41999	-0.19687	0.16783	0.69433	0.13784	-1.98167			
22	Elaine	1	0	1	0	22.0	15	4.20751	4.85469	0.00509	0.34188	0.65304	-1.07331			
23	Kamal	2	0	0	1	20.0	17	6.42956	8.48753	0.00018	0.11323	0.88659	-0.12037			
24	Rodolfo	2	0	0	1	20.0	18	8.09942	11.38233	0.00000	0.03616	0.96383	-0.03684			
25	Pilar	2	0	0	1	20.0	13	0.30897	-2.01329	0.40071	0.54577	0.05351	-2.92780			
26	Vivian	1	0	1	0	16.7	15	1.24572	-0.86072	0.20415	0.70952	0.08633	-0.34317			
27	Danielle	0	1	0	0	17.0	10	-6.93592	-15.01121	0.99903	0.00097	0.00000	-0.00097			
28	Juliana	0	1	0	0	14.4	10	-8.38887	-17.81500	0.99977	0.00023	0.00000	-0.00023			
101	Estela	0	1	0	0	1.0	13	-10.86760	-23.58089	0.99998	0.00002	0.00000	-0.00002			

Sum LL_i -24.51180

그림 14.19 해 찾기로 LL 최대화를 통해 모수 추정: 다항 로지스틱 회귀 모델

로짓 Z_{i_1}과 Z_{i_2}의 식에 따라 종속 변수의 각 범주의 발생 확률식을 다음과 같이 쓸 수 있다.

학생 i가 지각하지 않을 확률(범주 0):

$$p_{i_0} = \frac{1}{1 + e^{(-33.135 + 0.559 \cdot dist_i + 1.670 \cdot sem_i)} + e^{(-62.292 + 1.078 \cdot dist_i + 2.895 \cdot sem_i)}}$$

학생 i가 1교시에 지각할 확률(범주 1):

$$p_{i_1} = \frac{e^{(-33.135 + 0.559 \cdot dist_i + 1.670 \cdot sem_i)}}{1 + e^{(-33.135 + 0.559 \cdot dist_i + 1.670 \cdot sem_i)} + e^{(-62.292 + 1.078 \cdot dist_i + 2.895 \cdot sem_i)}}$$

학생 i가 2교시에 지각할 확률(범주 2):

$$p_{i_2} = \frac{e^{(-62.292 + 1.078 \cdot dist_i + 2.895 \cdot sem_i)}}{1 + e^{(-33.135 + 0.559 \cdot dist_i + 1.670 \cdot sem_i)} + e^{(-62.292 + 1.078 \cdot dist_i + 2.895 \cdot sem_i)}}$$

종속 변수 각 범주의 발생 확률 모수식을 최대 우도로 추정했으면, 이제 관측치의 분류를 준비하고 **다항 로지스틱 회귀의 전체 모델 효율**을 정의할 수 있다. 컷오프의 정의에 따랐던 이진 로지스틱 회귀와 달리, 다항 로지스틱 회귀에서는 각 관측치에 계산된 값(p_{i_0}, p_{i_1}, p_{i_2})에 기반한다. 따라서 예컨대 관측치 1(Gabriela)이 $p_{i_0} = 0.018$, $p_{i_1} = 0.523$, $p_{i_2} = 0.459$라면 범주 1로 분류하고 Gabriela는 1교시에 지각할 것으로 예상한다. 그러나 실제로 이 학생은 2교시에 지각했고, 예측이 틀렸다.

표 14.18은 전체 표본에 대한 분류를 나타내고, 종속 변수 각 범주에서 맞춘 것과 전체 모델 효율(전체 맞춘 비율)을 보여준다.

표 14.18 전체 표본에 대한 분류표

관측치	분류			
	지각하지 않음	1교시 지각	2교시 지각	긍정 비율(%)
지각하지 않음	47	2	0	95.9
1교시 지각	1	12	3	75.0
2교시 지각	0	5	30	85.7
			전체 모델 효율	89.0

표 14.18에 따라 모델의 전체 정확도는 89.0%임을 알 수 있다. 그러나 모델은 '지각하지 않음'에 관해 좀 더 높은 정확도(95.9%)를 보여줬다. 반면 1교시 지각에 대해서는 더 낮은 정확도(75.0%)를 보였다.

이제 14.2절에서 한 것처럼 구한 모델의 일반 통계적 유의성을 조사하고 실제 모수의 통계적 유의성을 알아보자.

14.3.2 다항 로지스틱 회귀 모델과 그 각 모수에 대한 일반 통계적 유의성

14.2절의 이진 로지스틱 회귀에서처럼 다항 로지스틱 회귀 모델링도 각각 식 (14.16)과 식 (14.17)에 따른 맥패든 유사 R^2과 χ^2 통계량을 제공한다.

$$pseudo\, R^2 = \frac{-2 \cdot LL_0 - (-2 \cdot LL_{max})}{-2 \cdot LL_0} \tag{14.40}$$

$$\chi^2 = -2 \cdot (LL_0 - LL_{max}) \tag{14.41}$$

14.2.2절에서 설명한 대로 맥패든 유사 R^2은 모델 조정에 관한 정보에 대해 매우 제한적이며 각기 다른 모델의 비교에만 사용 가능하다. χ^2 통계량은 제안된 모델에 대한 검정을 확인해준다. 만약 모든 추정 모수 $\beta_{jm}(j = 1, 2, ..., k, m = 1, 2, ..., M - 1)$이 통계적으로 0이라면, 각 설명 변수의 변경은 종속 범수의 범주로 나타난 사건의 발생 확률에 영향을 주지 않을 것이기 때문이다. 일반 다항 로지스틱 회귀 모델 χ^2 검정의 귀무 가설과 대립 가설은 다음과 같다.

$H_0: \beta_{11} = \beta_{21} = ... = \beta_{k1} = \beta_{12} = \beta_{22} = ... = \beta_{k2} = \beta_{1\,M-1} = \beta_{2\,M-1} = ... = \beta_{k\,M-1} = 0$

$H_1:$ 각각 적어도 하나의 $\beta_{jm} \neq 0$이 있다.

예제로 돌아가서 로그 우도 함수의 합을 최대화하는 LL_{max}는 -24.51180이다. 설명 변수 없이 오직 α_1, α_2 상수를 나타내는 모델의 로그 우도 함수 합을 최대화하는 LL_0는 LateMultinomialMaximum LikelihoodNullModel.xls 파일과 엑셀의 **해 찾기**를 사용해 해결한다. 그림 14.20과 그림 14.21은 해 찾기 창과 이 파일로 구한 결과 일부를 보여준다.

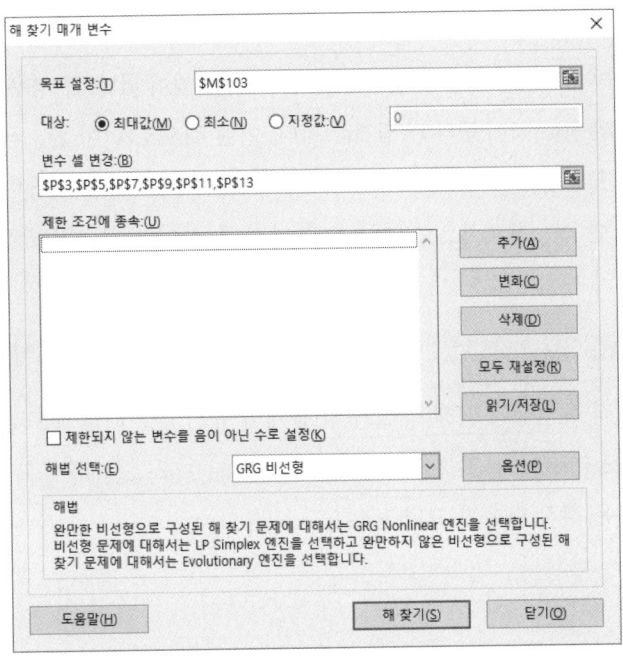

그림 14.20 해 찾기: 다항 로지스틱 회귀 빈 모델에 대한 로그 우도 함수 합의 최대화

	A	B	C	D	E	F	G	H	I	J	K	L	M	N	O	P
1	Student	Late (Y)	Y_{i0}	Y_{i1}	Y_{i2}	Distance (X_1)	Sem (X_2)	Z_{i1}	Z_{i2}	p_{i0}	p_{i1}	p_{i2}	LL_i			
2	Gabriela	2	0	0	1	20.5	15	-1.11923	-0.33647	0.49000	0.16000	0.35000	-1.04982			
3	Patricia	2	0	0	1	21.3	18	-1.11923	-0.33647	0.49000	0.16000	0.35000	-1.04982		α_1	-1.119
4	Gustavo	2	0	0	1	21.4	16	-1.11923	-0.33647	0.49000	0.16000	0.35000	-1.04982			
5	Leticia	2	0	0	1	31.5	15	-1.11923	-0.33647	0.49000	0.16000	0.35000	-1.04982		α_2	-0.336
6	Luiz Ovidio	2	0	0	1	17.5	16	-1.11923	-0.33647	0.49000	0.16000	0.35000	-1.04982			
7	Leonor	2	0	0	1	21.5	18	-1.11923	-0.33647	0.49000	0.16000	0.35000	-1.04982			
8	Dalila	2	0	0	1	21.5	18	-1.11923	-0.33647	0.49000	0.16000	0.35000	-1.04982			
9	Antonio	2	0	0	1	23.4	18	-1.11923	-0.33647	0.49000	0.16000	0.35000	-1.04982			
10	Julia	2	0	0	1	22.7	18	-1.11923	-0.33647	0.49000	0.16000	0.35000	-1.04982			
11	Mariana	2	0	0	1	22.7	18	-1.11923	-0.33647	0.49000	0.16000	0.35000	-1.04982			
12	Roberto	2	0	0	1	21.7	18	-1.11923	-0.33647	0.49000	0.16000	0.35000	-1.04982			
13	Renata	2	0	0	1	19.0	18	-1.11923	-0.33647	0.49000	0.16000	0.35000	-1.04982			
14	Guilherme	2	0	0	1	26.4	18	-1.11923	-0.33647	0.49000	0.16000	0.35000	-1.04982			
15	Rodrigo	1	0	1	0	16.0	16	-1.11923	-0.33647	0.49000	0.16000	0.35000	-1.83258			
16	Giulia	2	0	0	1	19.0	18	-1.11923	-0.33647	0.49000	0.16000	0.35000	-1.04982			
17	Felipe	2	0	0	1	20.0	15	-1.11923	-0.33647	0.49000	0.16000	0.35000	-1.04982			
18	Karina	2	0	0	1	22.0	18	-1.11923	-0.33647	0.49000	0.16000	0.35000	-1.04982			
19	Pietro	2	0	0	1	19.2	18	-1.11923	-0.33647	0.49000	0.16000	0.35000	-1.04982			
20	Cecilia	2	0	0	1	21.0	18	-1.11923	-0.33647	0.49000	0.16000	0.35000	-1.04982			
21	Gisele	2	0	0	1	20.0	14	-1.11923	-0.33647	0.49000	0.16000	0.35000	-1.04982			
22	Elaine	1	0	1	0	22.0	15	-1.11923	-0.33647	0.49000	0.16000	0.35000	-1.83258			
23	Kamal	2	0	0	1	20.0	17	-1.11923	-0.33647	0.49000	0.16000	0.35000	-1.04982			
24	Rodolfo	2	0	0	1	20.0	18	-1.11923	-0.33647	0.49000	0.16000	0.35000	-1.04982			
25	Pilar	2	0	0	1	21.0	13	-1.11923	-0.33647	0.49000	0.16000	0.35000	-1.04982			
26	Vivian	1	0	1	0	16.7	15	-1.11923	-0.33647	0.49000	0.16000	0.35000	-1.83258			
27	Danielle	0	1	0	0	17.0	10	-1.11923	-0.33647	0.49000	0.16000	0.35000	-0.71335			
28	Juliana	0	1	0	0	14.4	10	-1.11923	-0.33647	0.49000	0.16000	0.35000	-0.71335			
101	Estela	0	1	0	0	1.0	13	-1.11923	-0.33647	0.49000	0.16000	0.35000	-0.71335			
102																
103													Sum LL_i			-101.01922

그림 14.21 해 찾기로 LL 최대화를 통해 모수 추정: 다항 로지스틱 회귀 빈 모델

빈 모델에 따라 $LL_0 = -101.01922$이고 다음 통계량을 구할 수 있다.

$$pseudo\,R^2 = \frac{-2 \cdot (-101.01922) - [(-2 \cdot (-24.51180))]}{-2 \cdot (-101.01922)} = 0.7574$$

$$\chi^2_{4g.l.} = -2 \cdot [-101.01922 - (-24.51180)] = 153.0148$$

4차 자유도(β 모수의 개수로서 2개의 설명 변수와 2개의 로짓이 있다)의 경우 부록의 표 D로부터 $\chi^2 = 9.488$(4차 자유도와 5% 유의수준의 χ^2 임곗값)이다. 이런 식으로 χ^2이 $\chi^2_{cal} = 153.0148 > \chi^2_c = 9.488$로 계산됐으므로 모든 $\beta_{jm}(j = 1, 2, m = 1, 2)$이 통계적으로 0이라는 귀무 가설을 기각한다. 따라서 적어도 하나의 X 변수는 통계적으로 연구 중인 사건 중 적어도 하나의 발생 확률을 유의하게 해석한다. 14.2.2절에서의 논의와 같이 다음과 같이 기준을 정의할 수 있다.

P 값(또는 $Sig.\,\chi^2_{cal}$이나 $Prob.\,\chi^2_{cal}$) < 0.05이면, 적어도 하나의 $\beta_{jm} \neq 0$이 있다.

모델의 일반 통계적 유의성에 더해 각 모수의 통계적 유의성을 해당 월드 z 통계량을 통해 확인할 필요가 있는데, 그 모수 $\alpha_m(m = 1, 2, ..., M - 1)$과 $\beta_{jm}(j = 1, 2, ..., k, m = 1, 2, ..., M - 1)$에 대한 귀무 가설과 대립 가설은 각각 다음과 같다.

H_0: $\alpha_m = 0$
H_1: $\alpha_m \neq 0$

H_0: $\beta_{jm} = 0$
H_1: $\beta_{jm} \neq 0$

월드 z 통계량은 식 (14.18)에 따라 구할 수 있다. 그러나 14.2.2절의 패턴을 유지하기 위해 여기서는 각 모수에 대한 표준 오차 계산은 수행하지 않는다. 예제의 경우 다음과 같다.

$$s.e.\,(\alpha_1) = 12.183$$
$$s.e.\,(\beta_{11}) = 0.243$$
$$s.e.\,(\beta_{21}) = 0.577$$
$$s.e.\,(\alpha_2) = 14.675$$
$$s.e.\,(\beta_{12}) = 0.302$$
$$s.e.\,(\beta_{22}) = 0.686$$

따라서 이미 추정한 모수에서처럼 다음과 같다.

$$z_{\alpha_1} = \frac{\alpha_1}{s.e.(\alpha_1)} = \frac{-33.135}{12.183} = -2.720$$

$$z_{\beta_{11}} = \frac{\beta_{11}}{s.e.(\beta_{11})} = \frac{0.559}{0.243} = 2.300$$

$$z_{\beta_{21}} = \frac{\beta_{21}}{s.e.(\beta_{21})} = \frac{1.670}{0.577} = 2.894$$

$$z_{\alpha_2} = \frac{\alpha_2}{s.e.(\alpha_2)} = \frac{-62.292}{14.675} = -4.244$$

$$z_{\beta_{12}} = \frac{\beta_{12}}{s.e.(\beta_{12})} = \frac{1.078}{0.302} = 3.570$$

$$z_{\beta_{22}} = \frac{\beta_{22}}{s.e.(\beta_{22})} = \frac{2.895}{0.686} = 4.220$$

여기서 보듯 모든 계산된 월드 z 통계량은 $z_c = -1.96$보다 작거나 $z_c = 1.96$보다 크다(5% 유의수준 임곗값. 낮은 꼬리와 높은 꼬리는 동일하게 각각 0.025이다).

따라서 예제에서는 다음과 같은 기준이 지켜진다는 것을 볼 수 있다.

α_m에 대해 P 값(또는 $Sig.\ z_{cal}$이나 $Prob.\ z_{cal}$) < 0.05이면, $\alpha_m \neq 0$

그리고

β_{jm}에 대해 P 값(또는 $Sig.\ z_{cal}$이나 $Prob.\ z_{cal}$) < 0.05이면, $\beta_{jm} \neq 0$

다시 말해, *dist*와 *sem* 변수는 통계적으로 95% 신뢰수준에서 1교시에 지각할 확률과 2교시에 지각하지 않을 확률의 차이를 유의적으로 설명한다. 이 확률에 대한 식은 14.3.1절에 추정되어 있다.

따라서 최종 추정 확률 모델에 따라 14.2.2절에서 했던 것 같은 세 가지 질문을 할 수 있다.

거리가 17km이고 신호등을 15개 지날 때 1교시에 지각할 평균 확률은 얼마인가?

'1교시 지각'의 범주는 1이므로 추정 확률식 p_{l_1}을 사용해야 한다. 따라서 이 상황에서는 다음과 같다.

$$p_1 = \frac{e^{[-33.135 + 0.559 \cdot (17) + 1.670 \cdot (15)]}}{1 + e^{[-33.135 + 0.559 \cdot (17) + 1.670 \cdot (15)]} + e^{[-62.292 + 1.078 \cdot (17) + 2.895 \cdot (15)]}} = 0.722$$

그리고 제시된 조건하에서 1교시에 지각할 확률의 평균 추정은 72.2%이다.

나머지 조건이 동일하다면, 거리가 1km 멀어질 때마다 평균적으로 지각하지 않을 확률에 비해 1교시에 지각할 가능성은 어떻게 변하는가?

이 질문에 답하기 위해 다시 식 (14.3)을 사용하는데, 다음과 같이 쓸 수 있다.

$$odds_{Y_{i1}=1} = e^{Z_{i_1}} \tag{14.42}$$

나머지 조건이 동일하다면, 지각하지 않을 경우에 비해 1교시에 지각할 가능성은 거리가 1km 멀어질 때마다 다음과 같다.

$$odds_{Y_1=1} = e^{0.559} = 1.749$$

그러므로 가능성은 1.749배가 됐고, 나머지 조건이 동일하다면 지각하지 않을 경우에 비해 1교시에 지각할 가능성은 거리가 1km 늘 때마다 74.9%가 커진다. 다항 회귀 모델에서 가능성(승산)은 **상대 리스크 비율**relative risk ratio로도 알려져 있다.

나머지 조건이 동일하다면, 신호등 하나가 늘 때마다 지각하지 않을 경우에 비해 2교시에 지각할 가능성은 어떻게 변하는가?

이 경우, 관심대상 사건은 '2교시 지각'을 참조하며 가능성 식은 다음과 같다.

$$odds_{Y_1=2} = e^{2.895} = 18.081$$

그러므로 가능성은 18.081배가 되고, 나머지 조건이 바뀌지 않는다면 신호등이 하나 늘 때마다 평균적으로 1708.1%씩 2교시 지각 확률이 커진다.

보다시피, 이 계산은 항상 평균 모수 추정을 사용한다. 14.2절에서 한 것처럼 이제 각 모수의 신뢰 구간을 살펴보자.

14.3.3 다항 로지스틱 회귀 모델에 대한 모수의 신뢰 구간 구성

다항 로지스틱 회귀 추정 모수의 신뢰 구간은 14.2.3절의 식 (14.21)로도 계산할 수 있다. 95% 신뢰 구간에서는 모수 $\alpha_m (m = 1, 2, ..., M - 1)$과 $\beta_{jm}(j = 1, 2, ..., k, m = 1, 2, ..., M - 1)$은 다음과 같이

정의할 수 있다.

$$\alpha_m \pm 1.96 \cdot [s.e.(\alpha_m)]$$
$$\beta_{jm} \pm 1.96 \cdot \left[s.e.\left(\beta_{jm}\right)\right]$$

(14.43)

5% 신뢰수준에서는 z_c가 1.96이다.

예제 데이터의 경우, 표 14.19는 관심대상 확률식 출현의 $\alpha_m(m = 1, 2)$과 $\beta_{jm}(j = 1, 2, m = 1, 2)$에 대한 추정 계수를 해당 표준 오차, 월드 z 통계량, 5% 유의수준의 신뢰 구간과 함께 보여준다.

표 14.19 다항 로지스틱 회귀 모수의 신뢰 구간 계산

모수	계수	표준 오차(s.e.)	z	신뢰 구간(95%)	
				$\alpha_m - 1.96 \cdot [s.e.(\alpha_m)]$ $\beta_{jm} - 1.96 \cdot [s.e.(\beta_{jm})]$	$\alpha_m + 1.96 \cdot [s.e.(\alpha_m)]$ $\beta_{jm} + 1.96 \cdot [s.e.(\beta_{jm})]$
α_1(상수)	−33.135	12.183	−2.720	−57.014	−9.256
β_{11}(dist 변수)	0.559	0.243	2.300	0.082	1.035
β_{21}(sem 변수)	1.670	0.577	2.894	0.539	2.800
α_2(상수)	−62.292	14.675	−4.244	−91.055	−33.529
β_{12}(dist 변수)	1.078	0.302	3.570	0.486	1.671
β_{22}(sem 변수)	2.895	0.686	4.220	1.550	4.239

이 값에 따르면 0이 포함된 신뢰 구간이 없고 종속 변수 각 범주의 신뢰 구간의 하한(최소)과 상한(최대)을 쓸 수 있다.

95% 신뢰 구간으로 학생 i가 지각하지 않을 추정 확률(범주 0):

$$p_{i_{0_{min}}} = \frac{1}{1 + e^{(-57.014 + 0.082 \cdot dist_i + 0.539 \cdot sem_i)} + e^{(-91.055 + 0.486 \cdot dist_i + 1.550 \cdot sem_i)}}$$

$$p_{i_{0_{max}}} = \frac{1}{1 + e^{(-9.256 + 1.035 \cdot dist_i + 2.800 \cdot sem_i)} + e^{(-33.529 + 1.671 \cdot dist_i + 4.239 \cdot sem_i)}}$$

95% 신뢰 구간으로 학생 i가 1교시에 지각할 확률(범주 1):

$$p_{i_{1_{min}}} = \frac{e^{(-57.014 + 0.082 \cdot dist_i + 0.539 \cdot sem_i)}}{1 + e^{(-57.014 + 0.082 \cdot dist_i + 0.539 \cdot sem_i)} + e^{(-91.055 + 0.486 \cdot dist_i + 1.550 \cdot sem_i)}}$$

$$p_{i_{1_{max}}} = \frac{e^{(-9.256 + 1.035 \cdot dist_i + 2.800 \cdot sem_i)}}{1 + e^{(-9.256 + 1.035 \cdot dist_i + 2.800 \cdot sem_i)} + e^{(-33.529 + 1.671 \cdot dist_i + 4.239 \cdot sem_i)}}$$

95% 신뢰 구간으로 학생 i가 2교시에 지각할 확률(범주 2):

$$p_{i_{2_{\min}}} = \frac{e^{(-91.055 + 0.486 \cdot dist_i + 1.550 \cdot sem_i)}}{1 + e^{(-57.014 + 0.082 \cdot dist_i + 0.539 \cdot sem_i)} + e^{(-91.055 + 0.486 \cdot dist_i + 1.550 \cdot sem_i)}}$$

$$p_{i_{2_{\max}}} = \frac{e^{(-33.529 + 1.671 \cdot dist_i + 4.239 \cdot sem_i)}}{1 + e^{(-9.256 + 1.035 \cdot dist_i + 2.800 \cdot sem_i)} + e^{(-33.529 + 1.671 \cdot dist_i + 4.239 \cdot sem_i)}}$$

14.2.3절에서와 유사하게 95% 신뢰 구간에서 각 모수 $m(m = 1, 2, M - 1)$의 범주 0(참조)으로 나타나는 사건 발생에 대해 첨자 $\beta_{jm}(j = 1, 2, ..., k, m = 1, 2, ..., M - 1)$으로 나타난 각 사건의 발생 가능성(승산 또는 상대 리스크 비율)의 신뢰 구간을 다음과 같이 나타낼 수 있다.

$$e^{\beta_{jm} \pm 1.96 \cdot [s.e.(\beta_{jm})]} \tag{14.44}$$

예제 데이터의 경우 표 14.19에 따라 표 14.20을 만들 수 있으며, 표는 각 모수 $\beta_{jm}(j = 1, 2, m = 1, 2)$의 참조 사건에 대한 발생 가능성(승산 또는 상대 리스크 비율)에 대한 신뢰 구간을 나타낸다.

표 14.20 각 모수 β_{jm}에 대한 가능성(승산 또는 상대 리스크 비율) 신뢰 구간 계산

사건	모수	가능성(승산) $e^{\beta_{jm}}$	가능성의 신뢰 구간(95%) $e^{\beta_{jm} - 1.96 \cdot [s.e.(\beta_{jm})]}$	$e^{\beta_{jm} + 1.96 \cdot [s.e.(\beta_{jm})]}$
1교시 지각	β_{11} (*dist* variable)	1.749	1.085	2.817
	β_{21} (*sem* variable)	5.312	1.715	16.453
2교시 지각	β_{12} (*dist* variable)	2.939	1.625	5.318
	β_{22} (*sem* variable)	18.081	4.713	69.363

이러한 값들은 다음 절의 Stata 모델링으로 구할 수 있다.

14.4 Stata를 사용한 이진 및 다항 로지스틱 회귀 모델 추정

이 절의 목적은 이진 및 다항 로지스틱 통계량의 개념을 다시 설명하는 것이 아니라, Stata를 사용해 동일한 예제를 해결하는 방법을 알려주는 데 있다. 이 절의 이미지는 Stata사의 허가하에 사용됐다.

14.4.1 Stata를 사용한 이진 로지스틱 회귀

앞의 예제로 돌아가서 교수가 학생들의 지각 여부와 거리, 신호등 개수, 출발 시간대, 운전 성향의 영향을 연구하려 했던 것을 기억하자. 이제 100명의 학생을 대상으로 구성했던 마지막 예제 파일로 돌아가 보자. 데이터셋은 Late.dta 파일에 있고 이는 표 14.2와 정확히 일치한다.

먼저 desc 명령어를 사용해 관측치 개수, 변수 개수, 각각의 설명 등 데이터셋의 특성을 살펴본다.

그림 14.22는 Stata의 처음 출력을 보여준다.

```
. desc

 obs:             100
 vars:              6
 size:          2,600  (99.9% of memory free)
----------------------------------------------------------------------
                storage  display   value
variable name    type    format    label      variable label
----------------------------------------------------------------------
student          str11   %11s
late             byte    %8.0g     late       arrived late to school?
dist             float   %9.0g                distance traveled to school (km)
sem              byte    %8.0g                number of traffic lights
per              byte    %8.0g     per        time of day
style            float   %9.0g     style      driving style
----------------------------------------------------------------------
Sorted by:
```

그림 14.22 Late.dta 데이터셋의 설명

지각 여부를 참조하는 종속 변수는 정성이며 오직 두 범주를 갖는데, 이미 더미(아니요 = 0, 예 = 1)로 레이블됐다. 명령어 tab은 정성 변수의 분포를 보여주는데 범주 개수를 알 수 있다. 이 명령어를 사용하면 언제든지 범주 개수를 확인할 수 있다. 그림 14.23은 *late* 종속 변수의 빈도 분포를 나타낸다.

```
. tab late

    arrive |
   late to |
   school? |     Freq.      Percent       Cum.
-----------+-----------------------------------
       No  |        41        41.00       41.00
       Yes |        59        59.00      100.00
-----------+-----------------------------------
     Total |       100       100.00
```

그림 14.23 *late* 변수의 빈도 분포

이진 로지스틱 회귀 모델을 추정할 때는 참조 범주 관심 사건을 나타내는 범주 사이의 빈도가 동일해야 할 경우가 있다. 빈도가 다르다면 표본에서 관측치의 발생 확률에 영향을 줄 수 있고 식 (14.11)에서 결론적으로 해당 로그 우도 함수에 영향을 줄 수 있다. 그러나 여기서의 목적은 관심 사건의 발생 확률 추정을 전체 표본의 로그 우도 함수 합을 최대화하는 것으로서, **두 범주의 빈도가 동일할 필요가 없다.**

정성 설명 변수에 관해서는 *per* 변수 또한 2개의 범주를 가지며, 데이터셋에서 이미 더미(오전 = 1, 오후 = 0)로 레이블됐다. 반면 *style* 변수는 3개의 범주를 가지며, 따라서 $2(n - 1 = 2)$개의 더미

를 생성해야 한다. xi i.style 명령어는 _Istyle_2와 _Istyle_3이라는 이름의 더미 변수 2개를 생성한다. 그림 14.24와 그림 14.25는 각각 변수 *per*와 *style*의 빈도 분포를 보여준다. 그림 14.26은 *style* 변수에 기반해 두 더미 변수를 생성하는 절차를 보여준다.

```
. tab per

   time of |
       day |      Freq.       Percent         Cum.
-----------+-----------------------------------------
 afternoon |         62         62.00         62.00
   morning |         38         38.00        100.00
-----------+-----------------------------------------
     Total |        100        100.00
```

그림 14.24 *per* 변수의 빈도 분포

```
. tab style

   driving |
     style |      Freq.       Percent         Cum.
-----------+-----------------------------------------
      calm |         54         54.00         54.00
  moderate |         33         33.00         87.00
aggressive |         13         13.00        100.00
-----------+-----------------------------------------
     Total |        100        100.00
```

그림 14.25 *style* 변수의 빈도 분포

```
. xi i.style
i.style              _Istyle_1-3         (naturally coded; _Istyle_1 omitted)
```

그림 14.26 *style* 변수에 기반한 2개의 더미 생성

이제 모델링을 하기 위해 다음 명령어를 입력한다.

```
logit late dist sem per _Istyle_2 _Istyle_3
```

logit 명령어는 최대 우도 추정에 의한 이진 로지스틱 회귀를 준비한다. 연구원이 원하는 신뢰 구간을 설정하지 않으면 표준인 95%가 사용된다. 그러나 이 값을, 예컨대 90%로 바꾸려면 다음 명령어를 입력한다.

```
logit late dist sem per _Istyle_2 _Istyle_3, level(90)
```

이제 표준 신뢰 구간 값인 95%를 그대로 유지하고 분석을 계속하자. 출력은 그림 14.27에 나타나 있고, 이는 14.2절의 계산과 정확히 일치한다.

```
. logit late dist sem per _Istyle_2 _Istyle_3

Iteration 0:    log likelihood = -67.685855
Iteration 1:    log likelihood = -34.976399
Iteration 2:    log likelihood = -30.442925
Iteration 3:    log likelihood = -29.076531
Iteration 4:    log likelihood = -29.065694
Iteration 5:    log likelihood =  -29.06568
Iteration 6:    log likelihood =  -29.06568

Logistic regression                             Number of obs   =        100
                                                LR chi2(5)      =      77.24
                                                Prob > chi2     =     0.0000
Log likelihood =  -29.06568                     Pseudo R2       =     0.5706


------------------------------------------------------------------------------
        late |      Coef.   Std. Err.      z    P>|z|     [95% Conf. Interval]
-------------+----------------------------------------------------------------
        dist |   .2201793   .1097042     2.01   0.045     .0051629    .4351956
         sem |   2.766715   .9216722     3.00   0.003      .960271     4.57316
         per |  -3.653351   .8781353    -4.16   0.000    -5.374464   -1.932237
   _Istyle_2 |   1.346041   .7477467     1.80   0.072    -.1195153    2.811598
   _Istyle_3 |   2.914474   1.178805     2.47   0.013     .6040581     5.22489
       _cons |  -30.20028   9.981061    -3.03   0.002     -49.7628   -10.63776
------------------------------------------------------------------------------
Note: 0 failures and 2 successes completely determined.
```

그림 14.27 Stata에서 이진 로지스틱 회귀 출력

이진 로지스틱 회귀는 **일반화 선형 모델**로 알려진 모델 그룹의 일부이며, 종속 변수는 베르누이 분포를 나타내므로, 14.2.1절에서 설명한 것처럼 그림 14.27에 나타난 추정은 다음 명령어를 통해서도 동일하게 구할 수 있다.

```
glm late dist sem per _Istyle_2 _Istyle_3, family(bernoulli)
```

먼저 전체 모델과 빈 모델의 로그 우도 함수의 최댓값을 볼 수 있는데 각각 -29.06565와 -67.68585이고, 이 값들은 그림 14.4와 그림 14.7에 있는 것과 정확히 일치한다. 그런 다음 식 (14.17)을 사용해 다음을 얻을 수 있다.

$$\chi^2_{5\text{d.f.}} = -2 \cdot [-67.68585 - (-29.06568)] = 77.24 \quad P \text{ 값(또는 Prob. } \chi^2_{cal}) = 0.000$$

그리고 검정에 기반해 모든 $\beta_j (j = 1, 2, ..., 5)$ 모수가 5% 유의수준에서 0이라는 귀무 가설을 기각할 수 있고, 따라서 적어도 하나의 X 변수는 지각한다는 사실이 발생할 확률을 유의적으로 해석할 수 있다.

비록 맥패든 유사 R^2이 설명한 대로 해석에는 매우 제한적이지만, Stata에서는 14.2.2절에서 한

것처럼 식 (14.16)을 사용해 이를 계산한다.

$$pseudo\,R^2 = \frac{-2 \cdot (-67.68585) - [(-2 \cdot (-29.06568))]}{-2 \cdot (-67.68585)} = 0.5706$$

우도 함수 최대화를 사용해 모델 모수를 추정하면, 이는 그림 14.4에 나타난 것과 정확히 일치한다. 그러나 14.2.2절에서 설명한 것처럼 변수 _Istyle_2(모수 β_4)는 그 자체로는 다른 설명 변수들이 존재할 때, 5% 유의수준에서, 지각할 확률의 증감을 통계적으로 유의하게 나타내지 못한다. $-1.96 < z_{\beta_4}$ = 1.80 < 1.96이기 때문이다. 따라서 월드 z 통계량의 P 값은 0.05보다 더 크게 나타난다.

5% 유의수준에서 모수 β_4의 귀무 가설 비기각은 단계별 절차를 사용해 이진 로지스틱 회귀 모델을 추정하게 만든다. 그러나 이 절차를 수행하기 전에 완전 모델의 결과를 저장해야 한다. 이를 위해 다음 명령어를 실행한다.

```
lrtest, saving(0)
```

이 명령어는 완전 모델 모수 추정을 저장해, 완전 모델과 단계별 절차에 의한 최종 모델 수정을 비교 검증할 수 있다.

이제 다음 명령어를 사용해 단계별 절차를 수행하는데, 월드 z 검정의 유의수준에 따라 최종 모델에서 설명 변수를 제거한다.

```
stepwise, pr(0.05): logit late dist sem per _Istyle_2 _Istyle_3
```

최종 모델은 그림 14.28이다.

```
. stepwise, pr(0.05): logit late dist sem per _Istyle_2 _Istyle_3
                      begin with full model
p = 0.0718 >= 0.0500   removing _Istyle_2

Logistic regression                        Number of obs   =          100
                                           LR chi2(4)      =        73.77
                                           Prob > chi2     =       0.0000
Log likelihood = -30.800789                Pseudo R2       =       0.5449

------------------------------------------------------------------------------
    late |      Coef.   Std. Err.      z    P>|z|     [95% Conf. Interval]
---------+--------------------------------------------------------------------
    dist |   .2041463   .1011603     2.02   0.044     .0058758    .4024168
     sem |   2.920114   1.010796     2.89   0.004     .9389897    4.901238
     per |  -3.776301   .8466794    -4.46   0.000    -5.435762    -2.11684
_Istyle_3 |   2.459067   1.139451     2.16   0.031     .2257837    4.692351
   _cons |  -30.93335   10.63625    -2.91   0.004    -51.78001   -10.08668
------------------------------------------------------------------------------
Note: 0 failures and 2 successes completely determined.
```

그림 14.28 Stata에서 단계별 절차 이진 로지스틱 회귀 결과

유사하게, 그림 14.28에 나타난 추정은 다음 명령어를 통해서도 구할 수 있다.

```
stepwise, pr(0.05): glm late dist sem per _Istyle_2 _Istyle_3, family(bernoulli)
```

새로운 출력을 분석하기 전에 우도 비율 검정을 수행할 수 있는데, 14.2.2절에서 설명한 것처럼 이를 통해 완전 모델의 적절성과 단계별 절차에 의한 최종 추정 모델 조정을 비교 검증할 수 있다. 이를 위해 다음 명령어를 입력해야 한다.

```
lrtest
```

결과는 그림 14.29에 있고, 이는 식 (14.19)를 사용해 수작업으로 구한 것과 일치한다.

$$\chi^2_{\text{1d.f.}} = -2 \cdot [-30.80079 - (-29.06568)] = 3.47 \qquad P \text{ 값(또는 Prob. } \chi^2_{cal}) > 0.05$$

```
. lrtest

Likelihood-ratio test                              LR chi2(1)   =      3.47
(Assumption: . nested in LRTEST_0)                 Prob > chi2  =    0.0625
```

그림 14.29 최종 모델 조정 품질 검증을 위한 우도 비율 검정

우도 비율 검정을 분석해보면, _Istylel_2 변수를 제거한 최종 모델의 추정은 5% 유의수준에서 조정 품질을 변경하지 않음을 볼 수 있고, 이를 통해 단계별 절차를 통해 추정된 모델은 모든 설명 변수를 가진 완전 추정 모델에 비해 더 선호된다.

또 다른 유용한 최종 조정 모델 품질 검증은 호스머-렘쇼 검정이다. 그 원리는 데이터를 최종 생성 모델에 의해 추정된 십분위 확률에 따라 10개 부분으로 나누고, 이로부터 각 그룹에서 관측된 개수와 기대 빈도 사이에 상당한 차이가 있는지 χ^2 검정을 통해 알아보는 것이다. Stata에서 이를 수행하기 위해서는 다음 명령어를 입력한다.

```
estat gof, group(10) table
```

여기서 항 **gof**는 모델의 적합도$^{\text{goodness-of-fit}}$를 나타내며, 모델 조정 품질을 의미한다.

이 검정의 결과는 그림 14.30에 있다.

```
. estat gof, group(10) table

Logistic model for late, goodness-of-fit test

(Table collapsed on quantiles of estimated probabilities)
+---------------------------------------------------------------------+
| Group |  Prob  | Obs_1 | Exp_1 | Obs_0 | Exp_0 | Total |
|-------+--------+-------+-------+-------+-------+-------|
|     1 | 0.0376 |     0 |   0.1 |    10 |   9.9 |    10 |
|     2 | 0.0555 |     0 |   0.5 |    10 |   9.5 |    10 |
|     3 | 0.2815 |     2 |   0.8 |     8 |   9.2 |    10 |
|     4 | 0.6423 |     5 |   5.4 |     5 |   4.6 |    10 |
|     5 | 0.7416 |     6 |   6.8 |     4 |   3.2 |    10 |
|-------+--------+-------+-------+-------+-------+-------|
|     6 | 0.8087 |     9 |   7.8 |     1 |   2.2 |    10 |
|     7 | 0.8850 |     7 |   8.5 |     3 |   1.5 |    10 |
|     8 | 0.9719 |    10 |   9.4 |     0 |   0.6 |    10 |
|     9 | 0.9884 |    10 |   9.8 |     0 |   0.2 |    10 |
|    10 | 1.0000 |    10 |  10.0 |     0 |   0.0 |    10 |
+---------------------------------------------------------------------+

            number of observations =          100
                number of groups =             10
        Hosmer-Lemeshow chi2(8) =            6.34
                    Prob > chi2 =          0.6091
```

그림 14.30 최종 모델의 적합성을 검증하기 위한 호스머–렘쇼 검정

그림 14.30에 나타난 결과는 십분위 추정된 확률로 형성된 그룹을 보여주며, 각 그룹의 관측 개수와 기대 관측치를 보여준다. 8차 자유도의 χ^2 검정 결과, 기대와 관측 빈도가 동일하다는 귀무 가설을 5% 유의수준에서 기각하지 못하므로 최종 추정 모델은 제안된 조정 품질에 있어 문제가 없음을 알 수 있다.

최종 추정 모델(그림 14.28)에 대해 모든 통계량이 나타나 있고 해당 신뢰 구간에 대한 모수 추정, 표준 오차와 월드 z 통계량은 14.2.2절과 14.2.3절의 최종 모델에서 계산한 것과 정확히 일치한다. 따라서 이 모델에서 $LL_{max} = -30.80079$이고 다음과 같다.

$$pseudo\,R^2 = \frac{-2 \cdot (-67.68585) - [(-2 \cdot (-30.80079))]}{-2 \cdot (-67.68585)} = 0.5449$$

$\chi^2_{4d.f.} = -2 \cdot [-67.68585 - (-30.80079)] = 73.77$, 여기서 P 값(또는 $Prob.\,\chi^2_{cal}$) $= 0.000$이다.

단계별 절차를 통해 준비한 최종 추정 모델은 5% 유의수준에서 모든 z 통계량이 -1.96보다 작거나 1.96보다 크므로 모든 P 값은 0.05보다 작다.

따라서 그림 14.28의 결과에 따라 학생 i가 지각할 확률 추정을 다음과 같이 쓸 수 있다.

$$p_i = \frac{1}{1 + e^{-(-30.933 + 0.204 \cdot dist_i + 2.920 \cdot sem_i - 3.776 \cdot per_i + 2.459 \cdot \_Istyle\_3_i)}}$$

이런 식으로 14.2.2절의 질문으로 돌아가 보자.

17km 거리에서 10개의 신호등을 거치며, 운전 성향이 공격적인 사람이 오전에 출발하면 지각할 확률은 얼마인가?

mfx 명령어는 이 질문에 대한 대답을 바로 구해준다. 이를 위해 다음 명령어를 입력한다.

```
mfx, at(dist=17 sem=10 per=1 _Istyle_3=1)
```

항 _Istyle_2=0은 명백히 mfx 명령어에 포함시킬 필요가 없다. _Istyle_2 변수가 최종 모델에 없기 때문이다. 결과는 그림 14.31에 있고 이를 통해 결과는 0.603(60.3%)임을 볼 수 있으며 이는 14.2.2절의 수작업 결과에 일치한다.

```
. mfx, at(dist=17 sem=10 per=1 _Istyle_3=1)

Marginal effects after logit
      y  = Pr(late) (predict)
         =  .6037341
------------------------------------------------------------------------
variable |      dy/dx    Std. Err.     z    P>|z|  [    95% C.I.    ]      X
---------+--------------------------------------------------------------
    dist |    .0488398      .02476    1.97   0.049    .00031   .09737     17
     sem |    .6986059       .2811    2.49   0.013   .147657  1.24955     10
    per*|   -.3814532       .21615   -1.76   0.078  -.805109  .042203      1
_Istyl~3*|    .4884655       .22979    2.13   0.034   .038084  .938847      1
------------------------------------------------------------------------
(*) dy/dx is for discrete change of dummy variable from 0 to 1
```

그림 14.31 설명 변수의 지정 값 확률 추정 계산: mfx 명령어

그림 14.28에 따라 학생 i가 95% 신뢰로 지각할 확률식의 하한(최소)과 상한(최대)을 다음과 같이 쓸 수 있다.

$$p_{i_{\min}} = \frac{1}{1+e^{-(-51.780+0.006 \cdot dist_i +0.938 \cdot sem_i -5.436 \cdot per_i +0.226 \cdot \_Istyle\_3_i)}}$$

$$p_{i_{\max}} = \frac{1}{1+e^{-(-10.087+0.402 \cdot dist_i +4.901 \cdot sem_i -2.116 \cdot per_i +4.692 \cdot \_Istyle\_3_i)}}$$

14.2.2절에 나타난 모수의 소수점 셋째 자리의 작은 차이는 절사 오차에 기인한다.

logit 명령어는 사건 발생 확률의 추정 모수를 나타내지만, logistic 명령어는 나머지 조건을 고정한 채 해당 설명 변수 단위를 변경해 사건 발생의 가능성을 나타낸다. 이를 위해 다음 명령어를 입력한다.

```
logistic late dist sem per _Istyle_2 _Istyle_3
```

결과는 그림 14.32에 있다.

```
. logistic late dist sem per _Istyle_2 _Istyle_3

Logistic regression                              Number of obs   =        100
                                                 LR chi2(5)      =      77.24
                                                 Prob > chi2     =     0.0000
Log likelihood = -29.06568                       Pseudo R2       =     0.5706

------------------------------------------------------------------------------
       late |  Odds Ratio   Std. Err.      z    P>|z|     [95% Conf. Interval]
------------+-----------------------------------------------------------------
       dist |    1.2463     .1367244     2.01   0.045     1.005176    1.545265
        sem |   15.9063      14.6604     3.00   0.003     2.612404    96.84966
        per |   .0259042    .0227474    -4.16   0.000     .0046334    .1448239
  _Istyle_2 |   3.842186    2.872982     1.80   0.072     .8873505    16.63648
  _Istyle_3 |   18.43911    21.73612     2.47   0.013     1.829528    185.8407
------------------------------------------------------------------------------
Note: 0 failures and 2 successes completely determined.
```

그림 14.32 Stata의 이진 로지스틱 회귀 결과: logistic 명령어로 승산비 구하기

그림 14.32(logistic 명령어)와 그림 14.27(logit 명령어)의 차이는 식 (14.3)에 따라 계산된 각 설명 변수의 승산비를 나타낸다는 것이다. 나머지 부분에서 그림 14.27과 동일한 월드 z 통계량 및 해당 P 값을 볼 수 있다. 이런 식으로 logistic 명령어에서도 단계별 절차를 사용하는 것이 의미가 있다. 이를 위해 다음 명령어를 실행한다.

```
stepwise, pr(0.05): logistic late dist sem per _Istyle_2 _Istyle_3
```

결과는 14.33에 있다.

```
. stepwise, pr(0.05): logistic late dist sem per _Istyle_2 _Istyle_3
                       begin with full model
p = 0.0718 >= 0.0500   removing _Istyle_2

Logistic regression                              Number of obs   =        100
                                                 LR chi2(4)      =      73.77
                                                 Prob > chi2     =     0.0000
Log likelihood = -30.800789                      Pseudo R2       =     0.5449

------------------------------------------------------------------------------
       late |  Odds Ratio   Std. Err.      z    P>|z|     [95% Conf. Interval]
------------+-----------------------------------------------------------------
       dist |   1.226478    .1240708     2.02   0.044     1.005893    1.495435
        sem |   18.5434      18.7436     2.89   0.004     2.557396    134.4562
        per |   .0229073    .0193951    -4.46   0.000     .0043579    .1204115
  _Istyle_3 |   11.6939     13.32463     2.16   0.031     1.253305    109.1094
------------------------------------------------------------------------------
Note: 0 failures and 2 successes completely determined.
```

그림 14.33 Stata에서 단계별 절차에 따른 이진 로지스틱 회귀: logistic 명령어로 승산비 구하기

그림 14.33의 결과는 승산비만 제외하고 그림 14.28과 같다.

그림 14.32와 그림 14.33에 나타난 추정은 다음 명령어를 통해 구할 수 있다.

```
glm late dist sem per _Istyle_2 _Istyle_3, family(bernoulli) eform
stepwise, pr(0.05): glm late dist sem per _Istyle_2 _Istyle_3, family(bernoulli) eform
```

여기서 glm 명령어의 항 eform은 logistic 명령어와 동일하다.

이제 14.2.2절의 나머지 두 질문으로 돌아가 보자.

다른 조건이 동일할 때 거리가 1km 더 멀어질수록 지각 가능성은 평균적으로 어떻게 되는가?

성향이 공격적인 학생이 얌전한 학생보다 지각할 가능성이 더 높은가? 만약 그렇다면, 다른 모든 조건이 동일할 때 얼마나 더 높은가?

이제 해답은 바로 구할 수 있다. 1km 멀어질 때마다 지각 가능성은 1.226(22.6%)이다. 공격적 운전 성향의 학생이 얌전한 학생에 비해 지각할 가능성은 11.693(1069.3%) 더 높다. 이 값들은 14.2.2절에서 수작업으로 계산한 것과 정확히 일치한다.

추정 중인 확률 모델에서 predict phat 명령어를 통해 새로운 변수(*phat*)를 데이터셋에 생성할 수 있다. 새로운 변수는 최종 모델의 추정 모수에 기반해 계산된 각 관측치의 발생 확률 기댓값(예측값)에 해당한다.

교육을 목적으로, 종속 변수와 *sem* 변수에 연계된 세 가지 그래프를 그려본다. 이 그래프는 그림 14.34 ~ 그림 14.36에 있다. 명령어는 다음과 같다.

```
graph twoway scatter late sem || lfit phat sem
graph twoway scatter late sem || mspline phat sem
graph twoway scatter phat sem || mspline phat sem
```

그림 14.34의 그래프는 종속 변수와 *sem* 변수 간의 선형 조정만 나타내며, 이는 분석에 그다지 도움이 되지 않는다. 그림 14.35는 추정 확률에 기반한 로지스틱 조정을 보여주는데, 종속 변수를 이진 형태로 보여주어 이 그래프를 확정적 로지스틱 조정이라 부른다. 끝으로 그림 14.36의 그래프는 이전과 비슷해 보이지만, 관심대상 사건의 발생 확률을 *sem* 변수의 변화에 대한 함수로 보여주어 확률적 로지스틱 조정이라 불린다.

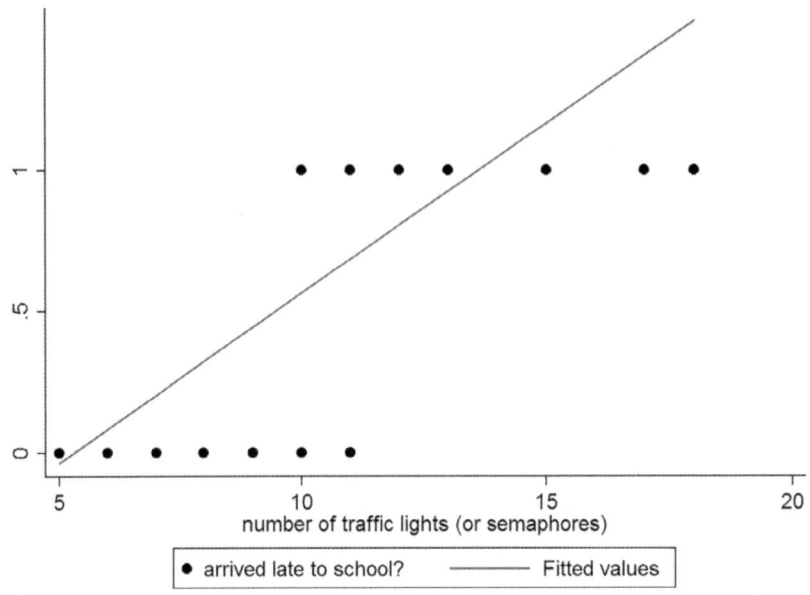

그림 14.34 종속 변수와 *sem* 변수 간의 선형 조정

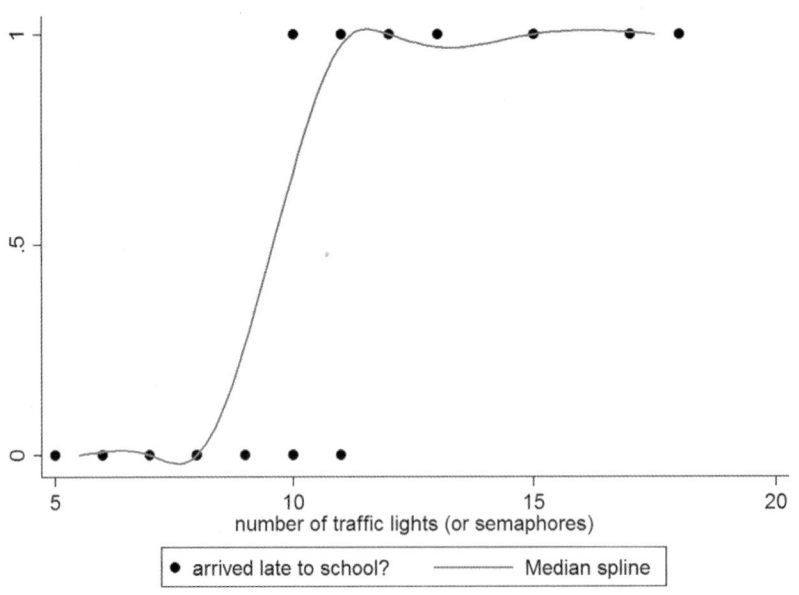

그림 14.35 종속 변수와 *sem* 변수 사이의 확정적 로지스틱 조정

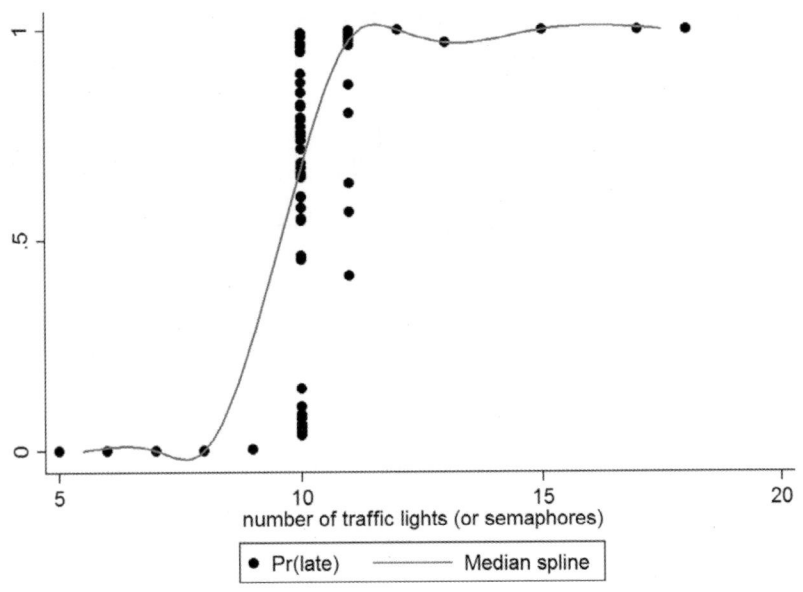

number of traffic lights (or semaphores)

● Pr(late)　　　──── Median spline

그림 14.36 종속 변수와 *sem* 변수 사이의 확률적 로지스틱 조정

최종 추정 모델을 기반으로, 이제 제안된 모델의 민감도 분석을 14.2.4절에 따라 수행한다. 이를 위해 다음 명령어를 입력한다.

```
estat class
```

민감도 분석의 컷오프는 0.5로 설정한다. estat class 명령어는 이미 컷오프로 0.5가 설정되어 있다. 결과는 그림 14.37에 있으며 표 14.11과 일치한다.

```
. estat class

Logistic model for late

                -------- True --------
Classified |        D              ~D   |      Total
-----------+---------------------------+-----------
     +     |       56              11   |        67
     -     |        3              30   |        33
-----------+---------------------------+-----------
   Total   |       59              41   |       100

Classified + if predicted Pr(D) >= .5
True D defined as late != 0
----------------------------------------------------
Sensitivity                     Pr( +| D)    94.92%
Specificity                     Pr( -|~D)    73.17%
Positive predictive value       Pr( D| +)    83.58%
Negative predictive value       Pr(~D| -)    90.91%
----------------------------------------------------
False + rate for true ~D        Pr( +|~D)    26.83%
False - rate for true D         Pr( -| D)     5.08%
False + rate for classified +   Pr(~D| +)    16.42%
False - rate for classified -   Pr( D| -)     9.09%
----------------------------------------------------
Correctly classified                         86.00%
----------------------------------------------------
```

그림 14.37 민감도 분석(컷오프 = 0.5)

그런 다음 14.2.4절에서 설명한 대로, 0.5의 컷오프에서 86개의 관측치가 정확히 분류됐고 56개의 사건과 30개의 비사건이 적절히 분류됐다. 그러나 14개 관측치는 잘못 분류됐는데, 3개의 사건과 11개의 비사건이 잘못 분류됐다.

Stata는 전체 모델 효율^{OEM}도 보여주는데, 정확한 분류$^{Correctly\ Classified}$로 불리기도 한다(전체 정확도). 또한 0.5 컷오프에서의 민감도(사건만 고려한 정확도)와 특이성(비사건만 고려한 정확도)도 보여준다. 따라서 각각 다음과 같다.

$$OME = \frac{56+30}{100} = 0.8600$$

$$민감도 = \frac{56}{59} = 0.9492$$

$$특이성 = \frac{30}{41} = 0.7317$$

표 14.37은 다음 명령어로도 구할 수 있다. 결과는 그림 14.38에 있다.

```
gen classlate = 1 if phat>=0.5
replace classlate=0 if classlate==.
tab classlate late
```

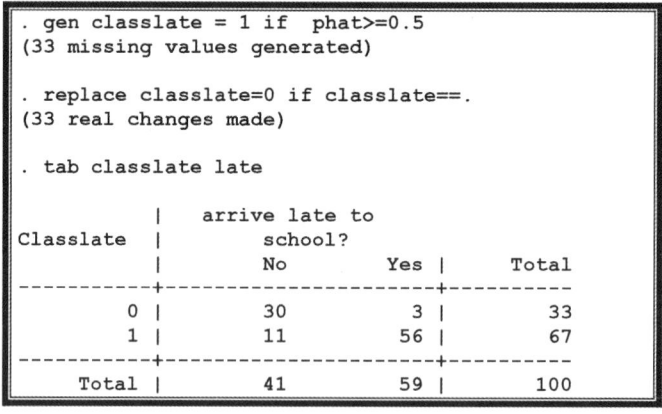

그림 14.38 일련의 명령어를 통한 분류표 구하기(컷오프 = 0.5)

그림 14.39와 그림 14.40은 각각 컷오프 0.3과 0.7에서의 민감도 분석을 보여준다. 그 분류표는 14.2.4절의 표 14.12와 표 14.13에 각각 해당한다. 그림 14.39와 그림 14.40을 구하는 명령어는 각각 다음과 같다.

```
estat class, cutoff(0.3)
estat class, cutoff(0.7)
```

```
. estat class, cutoff(0.3)

Logistic model for late

                -------- True --------
Classified |        D          ~D    |      Total
-----------+------------------------+-----------
    +      |       57          13    |         70
    -      |        2          28    |         30
-----------+------------------------+-----------
  Total    |       59          41    |        100

Classified + if predicted Pr(D) >= .3
True D defined as late != 0
-----------------------------------------------------
Sensitivity                     Pr( +| D)     96.61%
Specificity                     Pr( -|~D)     68.29%
Positive predictive value       Pr( D| +)     81.43%
Negative predictive value       Pr(~D| -)     93.33%
-----------------------------------------------------
False + rate for true ~D        Pr( +|~D)     31.71%
False - rate for true D         Pr( -| D)      3.39%
False + rate for classified +   Pr(~D| +)     18.57%
False - rate for classified -   Pr( D| -)      6.67%
-----------------------------------------------------
Correctly classified                          85.00%
-----------------------------------------------------
```

그림 14.39 민감도 분석(컷오프 = 0.3)

```
. estat class, cutoff(0.7)

Logistic model for late

                -------- True --------
Classified |        D          ~D    |      Total
-----------+------------------------+-----------
    +      |       47           5    |         52
    -      |       12          36    |         48
-----------+------------------------+-----------
  Total    |       59          41    |        100

Classified + if predicted Pr(D) >= .7
True D defined as late != 0
-----------------------------------------------------
Sensitivity                     Pr( +| D)     79.66%
Specificity                     Pr( -|~D)     87.80%
Positive predictive value       Pr( D| +)     90.38%
Negative predictive value       Pr(~D| -)     75.00%
-----------------------------------------------------
False + rate for true ~D        Pr( +|~D)     12.20%
False - rate for true D         Pr( -| D)     20.34%
False + rate for classified +   Pr(~D| +)      9.62%
False - rate for classified -   Pr( D| -)     25.00%
-----------------------------------------------------
Correctly classified                          83.00%
-----------------------------------------------------
```

그림 14.40 민감도 분석(컷오프 = 0.7)

컷오프가 0부터 1 사이에서 변하므로 각 컷오프에 대한 민감도 분석을 준비하는 것은 불가능하다. 따라서 지금은 민감도 곡선과 ROC 곡선을 통해 모든 가능한 컷오프 가능성을 보는 것이 좋다. 이를 위한 명령어는 각각 다음과 같다.

```
lsens
lroc
```

그림 14.14와 그림 14.15(14.2.4절)는 완전한 민감도와 ROC 곡선의 일부만 보여줬다(당시는 세 가지 컷오프에 대해서만 그렸다). 그림 14.41과 그림 14.42는 완전한 곡선을 보여준다.

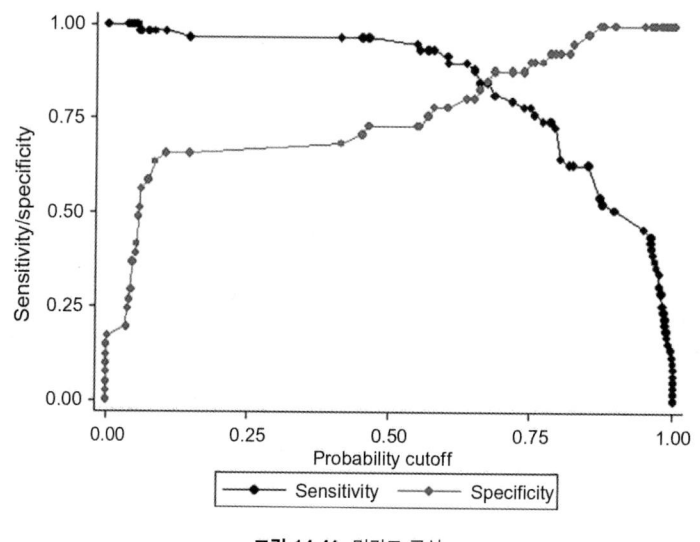

그림 14.41 민감도 곡선

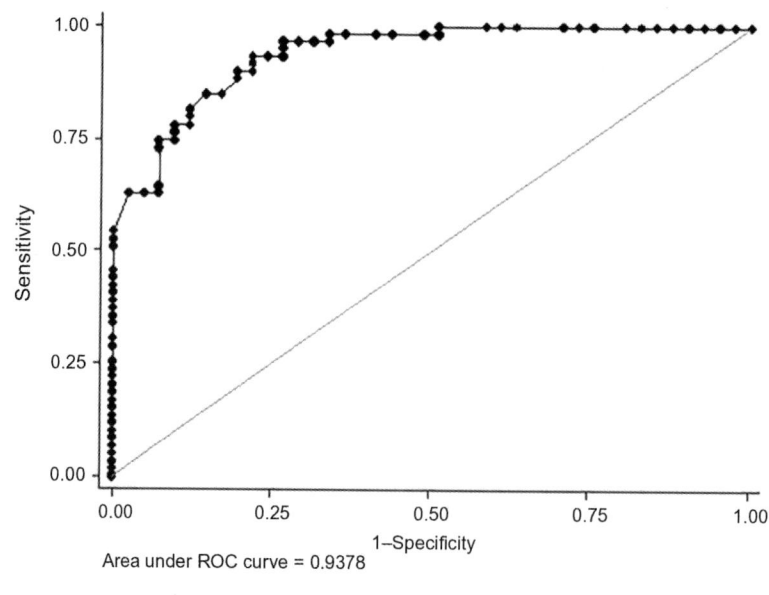

그림 14.42 ROC 곡선

민감도 곡선(그림 14.41)을 통해 민감도와 특이성이 같아지는 컷오프 값을 근사할 수 있다. 예제에서의 이 컷오프 근사치는 0.67이다. 민감도 곡선에서 본 가장 큰 문제점은 특이성 곡선의 행동이다. 민감도 곡선은 대부분 컷오프 값에서 높은 정확도를 보이지만(0.65까지), 매우 작은 컷오프 구역에 대해서만 높은 정확성을 보이는 특이성 곡선과의 관계에서는 그렇지 않다(컷오프 0.75 이상에서만). 다시 말해, 컷오프와 거의 상관없이 사건의 정확성은 매우 높지만 비사건의 경우 오직 몇몇 컷오프 값에서만 높고 이는 예측의 전체 모델 효율을 방해한다. 따라서 이 모델은 학생이 지각할 것인지에 대해서는 정확하지만, 지각하지 않을 것에 대해서는 동일한 성능을 발휘하지 못한다. 지각하지 않을 학생들이 더 많은 경우에는 이 모델의 성능이 매우 떨어질 것이다.

따라서 사건과 비사건 발생에 대한 발생 확률을 구성할 유의한 설명 변수를 가진 높은 전체 효율을 가진 모델이 있음에도 불구하고 새로운 설명 변수를 포함해야 할 필요가 있을 수 있다. 이는 궁극적으로 지각하지 않을 학생에 대한 예측을 향상시킬 것이며, ROC 곡선 아래의 면적을 결과적으로 증가시켜 전체 모델 효율을 높일 것이다. 그렇지만 예제에서의 ROC 곡선 아래 면적은 0.9378이나 된다는 점을 강조하고자 한다(그림 14.42). 이는 예측에 있어 상당히 높은 수치다!

14.4.2 Stata를 사용한 다항 로지스틱 회귀

14.3절의 예제에는 연구 대상 현상에 대해 세 가지 범주(지각하지 않음, 1교시 지각, 2교시 지각)를 가진 정성 변수가 있다. 데이터셋은 LateMultinomial.dta 파일에 있고, 표 14.14에 일부 보인 것과 동일하다. 14.4.1절의 절차를 동일하게 적용해 데이터 개수, 변수 개수, 각 설명을 보기 위해 desc 명령어를 실행한다. 그림 14.43은 각 특성을 보여준다.

```
. desc

 obs:            100
 vars:             4
 size:         2,700 (99.9% of memory free)
-------------------------------------------------------------------
              storage   display    value
variable name   type    format     label     variable label
-------------------------------------------------------------------
student        str11    %11s
late           float    %31.0g     late      arrive late to school?
dist           float    %9.0g                distance traveled to school(km)
sem            float    %9.0g                number of traffic lights
-------------------------------------------------------------------
Sorted by:
```

그림 14.43 LateMultinomial.dta 데이터셋의 설명

예제에서는 둘 다 정성 변수인 2개의 설명 변수만 고려한다(dist와 sem). 그림 14.44는 late 종속 변수의 빈도 분포를 보여주는데, 이는 다음 명령어를 통해 얻는다.

```
tab late
```

```
. tab late

        arrived late to school? |      Freq.     Percent        Cum.
-------------------------------+-----------------------------------
            did not arrive late |         49       49.00       49.00
    arrived late to first class |         16       16.00       65.00
   arrived late to second class |         35       35.00      100.00
-------------------------------+-----------------------------------
                         Total |        100      100.00
```

그림 14.44 *late* 변수의 빈도 분포

기초 사항에 대한 고려가 끝났으면, 실제 다항 로지스틱 회귀를 시작한다. 이를 위해 다음 명령어를
입력한다.

```
mlogit late dist sem
```

결과는 그림 14.45에 있다.

```
. mlogit late dist sem

Iteration 0:   log likelihood = -101.01922
Iteration 1:   log likelihood = -42.107305
Iteration 2:   log likelihood = -37.136795
Iteration 3:   log likelihood =   -28.8332
Iteration 4:   log likelihood = -25.379085
Iteration 5:   log likelihood = -24.540694
Iteration 6:   log likelihood = -24.511848
Iteration 7:   log likelihood = -24.511801
Iteration 8:   log likelihood = -24.511801

Multinomial logistic regression              Number of obs   =        100
                                             LR chi2(4)      =     153.01
                                             Prob > chi2     =     0.0000
Log likelihood = -24.511801                  Pseudo R2       =     0.7574

------------------------------------------------------------------------------
        late |      Coef.   Std. Err.      z    P>|z|     [95% Conf. Interval]
-------------+----------------------------------------------------------------
did_not_ar~e |  (base outcome)
-------------+----------------------------------------------------------------
arrived_la~s |
        dist |   .558829    .2433023     2.30   0.022     .0819653    1.035693
         sem |  1.669908    .5768518     2.89   0.004     .5392991    2.800516
        _cons |  -33.13523   12.18349    -2.72   0.007    -57.01444   -9.256017
-------------+----------------------------------------------------------------
arrived_la~s |
        dist |  1.078369    .3023893     3.57   0.000     .4856968    1.671041
         sem |  2.894861    .6859786     4.22   0.000     1.550368    4.239354
        _cons |  -62.29224   14.67499    -4.24   0.000    -91.05468   -33.52979
------------------------------------------------------------------------------
```

그림 14.45 Stata에서 다항 로지스틱 회귀 결과

그림에서 볼 수 있듯이 Stata에서 참조 범주로 채택되는 건 빈도가 가장 높은 것이며, 여기서는 그림 14.44에서 보듯 '지각하지 않음' 범주다. 우연히도 이 범주는 우리가 실제 참조로 하고 싶은 것이므로 모델 추정 전에 변경할 부분이 없다. 그러나 참조 범주를, 예컨대 '2교시 지각'으로 바꾸려면 다음과 같이 명령하면 된다.

```
mlogit late dist sem, b(2)
```

이제 그림 14.45의 결과와 같은 분석을 시작해보자.

먼저, 완전과 빈 모델의 최대 로그 우도 함숫값이 각각 -24.51180과 -101.01922이며 이는 정확히 그림 14.19 및 그림 14.21과 동일함을 알 수 있다. 따라서 식 (14.41)을 이용하면 다음과 같다.

$$\chi^2_{4\text{d.f.}} = -2 \cdot [-101.01922 - (-24.51180)] = 153.01 \quad P \text{ 값(또는 Prob. } \chi^2_{cal}) = 0.000$$

그런 다음, χ^2 검정에 기반해 모든 모수 $\beta_{jm}(j = 1, 2, m = 1, 2)$가 유의수준 5%에서 통계적으로 0이라는 귀무 가설을 기각할 수 있고, 이를 통해 적어도 하나의 X 변수가 적어도 하나의 사건 발생 확률을 통계적으로 유의하게 설명한다.

Stata는 14.3.2절에서처럼 식 (14.40)을 이용해 계산한 맥패든 유사 R^2 값도 제공한다.

$$pseudo\,R^2 = \frac{-2 \cdot (-101.01922) - [(-2 \cdot (-24.51180))]}{-2 \cdot (-101.01922)} = 0.7574$$

보다시피, 14.3.2절에서 본 것처럼 모든 월드 z 값이 $z_c = -1.96$보다 작거나 $z_c = 1.96$보다 크다. 따라서 그림 14.45에 기반해 최종 식을 쓸 수 있다. 종속 변수의 각 세 범주의 발생 확률에 대한 평균은 95% 신뢰에서 각 하한(최소)과 상한(최대)이 다음과 같다.

학생 i가 지각하지 않을 확률(범주 0):

$$p_{i_0} = \frac{1}{1 + e^{(-33.135 + 0.559 \cdot dist_i + 1.670 \cdot sem_i)} + e^{(-62.292 + 1.078 \cdot dist_i + 2.895 \cdot sem_i)}}$$

학생 i가 지각하지 않을 95% 신뢰 구간(범주 0):

$$p_{i_{0\min}} = \frac{1}{1 + e^{(-57.014 + 0.082 \cdot dist_i + 0.539 \cdot sem_i)} + e^{(-91.055 + 0.486 \cdot dist_i + 1.550 \cdot sem_i)}}$$

$$p_{i_{0\max}} = \frac{1}{1 + e^{(-9.256 + 1.035 \cdot dist_i + 2.800 \cdot sem_i)} + e^{(-33.529 + 1.671 \cdot dist_i + 4.239 \cdot sem_i)}}$$

학생 i가 1교시 지각할 확률(범주 1):

$$p_{i_1} = \frac{e^{(-33.135 + 0.559 \cdot dist_i + 1.670 \cdot sem_i)}}{1 + e^{(-33.135 + 0.559 \cdot dist_i + 1.670 \cdot sem_i)} + e^{(-62.292 + 1.078 \cdot dist_i + 2.895 \cdot sem_i)}}$$

학생 i가 1교시 지각할 95% 신뢰 구간(범주 1):

$$p_{i_{1_{min}}} = \frac{e^{(-57.014 + 0.082 \cdot dist_i + 0.539 \cdot sem_i)}}{1 + e^{(-57.014 + 0.082 \cdot dist_i + 0.539 \cdot sem_i)} + e^{(-91.055 + 0.486 \cdot dist_i + 1.550 \cdot sem_i)}}$$

$$p_{i_{1_{max}}} = \frac{e^{(-9.256 + 1.035 \cdot dist_i + 2.800 \cdot sem_i)}}{1 + e^{(-9.256 + 1.035 \cdot dist_i + 2.800 \cdot sem_i)} + e^{(-33.529 + 1.671 \cdot dist_i + 4.239 \cdot sem_i)}}$$

학생 i가 2교시 지각할 확률(범주 2):

$$p_{i_2} = \frac{e^{(-62.292 + 1.078 \cdot dist_i + 2.895 \cdot sem_i)}}{1 + e^{(-33.135 + 0.559 \cdot dist_i + 1.670 \cdot sem_i)} + e^{(-62.292 + 1.078 \cdot dist_i + 2.895 \cdot sem_i)}}$$

학생 i가 2교시 지각할 95% 신뢰 구간(범주 2):

$$p_{i_{2_{min}}} = \frac{e^{(-91.055 + 0.486 \cdot dist_i + 1.550 \cdot sem_i)}}{1 + e^{(-57.014 + 0.082 \cdot dist_i + 0.539 \cdot sem_i)} + e^{(-91.055 + 0.486 \cdot dist_i + 1.550 \cdot sem_i)}}$$

$$p_{i_{2_{max}}} = \frac{e^{(-33.529 + 1.671 \cdot dist_i + 4.239 \cdot sem_i)}}{1 + e^{(-9.256 + 1.035 \cdot dist_i + 2.800 \cdot sem_i)} + e^{(-33.529 + 1.671 \cdot dist_i + 4.239 \cdot sem_i)}}$$

확률식을 추정했으므로, 이제 데이터셋에서 다음 명령어를 사용해 각 사건의 평균 발생 확률식에 해당하는 3개의 변수를 생성한다.

학생 i가 지각하지 않을 확률(범주 0)을 참조하는 변수의 생성:

```
gen pi0 = (1) / (1 + (exp(-33.13523 + .558829*dist + 1.669908*sem)) + (exp(-62.29224 +
1.078369*dist + 2.894861*sem)))
```

학생 i가 1교시 지각할 확률(범주 1)을 참조하는 변수의 생성:

```
gen pi1 = (exp(-33.13523 + .558829*dist + 1.669908*sem)) / (1 + (exp(-33.13523 +
.558829*dist + 1.669908*sem)) + (exp(-62.29224 + 1.078369*dist + 2.894861*sem)))
```

학생 i가 2교시 지각할 확률(범주 2)을 참조하는 변수의 생성:

```
gen pi2 = (exp(-62.29224 + 1.078369*dist + 2.894861*sem)) / (1 + (exp(-33.13523 +
.558829*dist + 1.669908*sem)) + (exp(-62.29224 + 1.078369*dist + 2.894861*sem)))
```

이 새로운 변수들(pi0, pi1, pi2)은 그림 14.19(엑셀의 **해 찾기**)에서 구한 것과 동일하다. 그 경우 각각 열 J, K, L이었다. 변수 pi0, pi1, pi2는 직접 명령어 predict pi0 pi1 pi2를 통해서도 데이터셋에 생성할 수 있는데, 모델 추정 다음에 입력하면 된다(mlogit 명령어).

이 새로운 변수를 생성했으면 이제 두 가지 흥미로운 그래프를 그릴 수 있는데, 이를 통해 몇 가지 결론을 얻을 수 있다. 첫 번째 그래프(그림 14.46)가 거리의 함수로 각 사건의 발생 행동을 보여주는 반면, 두 번째 그래프(그림 14.47)는 이 행동을 신호등 개수의 함수로 보여준다. 그래프를 생성하는 명령어는 각각 다음과 같다.

```
graph twoway mspline pi0 dist || mspline pi1 dist || mspline pi2 dist ||, legend(label(1
"did not arrive late") label(2 "arrived late to first class") label(3 "arrived late to
second class"))
```

```
graph twoway mspline pi0 sem || mspline pi1 sem || mspline pi2 sem ||, legend(label(1 "did
not arrive late") label(2 "arrived late to first class") label(3 "arrived late to second
class"))
```

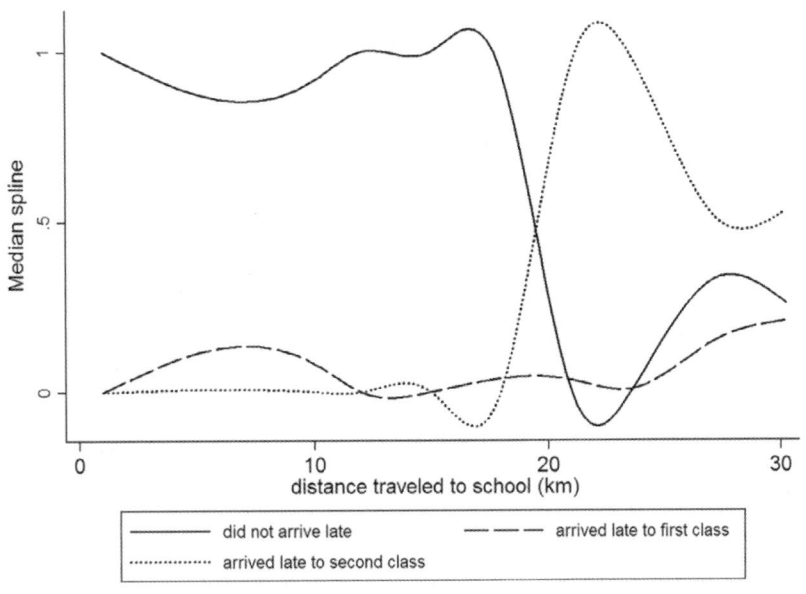

그림 14.46 각 사건 × 거리의 발생 확률

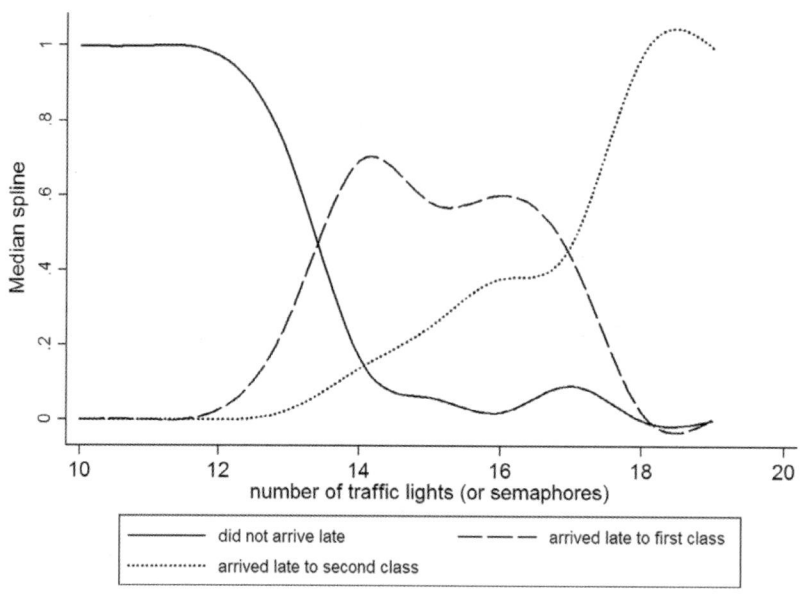

그림 14.47 각 사건 × 신호등 개수의 발생 확률

　그림 14.46의 그래프는 학교까지의 거리가 변화할 때 '지각하지 않음'에 비해 1교시와 2교시에 지각할 확률의 차이를 보여준다. 거리가 20km가 될 때까지는 1교시와 2교시에 지각할 확률의 차이가 없음을 볼 수 있다. 그럼에도 불구하고 지각하지 않을 확률이 가장 큰 차이가 나타내며, 이는 훨씬 더 높다. 반면 20km 이상일 때는 1교시에 지각할 확률에 비해 2교시에 지각할 확률이 상당히 높아진다. 또한 이 거리에서부터 지각하지 않을 확률이 상당히 떨어지기 시작한다. 이는 *dist* 변수가 5% 확률로 두 모델에서 '지각하지 않음' 범주에 해당하는 참조로 간주되어, 통계적으로 유의하다는 사실을 설명해준다. 여기에 더해 거리와 상관없이 1교시에 지각할 확률은 세 가지 가능한 사건 중 가장 낮음을 볼 수 있으며, 거리의 변화에 거의 영향을 받지 않는다. 예를 들어 오직 2개의 범주(이진)만으로 로지스틱 회귀를 했다면, 1교시에 지각할 확률 범주에 해당하는 사건은 *dist* 변수가 5%의 수준에서 1교시에 지각하지 않을 확률을 통계적으로 유의하게 설명하지 못한 것을 봤을 것이며, 이는 그림 14.46의 그래프 분석을 통해서도 증명됐다.

　다음으로 그림 14.47을 분석해보면, 신호등 개수가 변화함에 따라 '지각하지 않음'에 비해 1교시와 2교시에 지각할 확률의 차이를 보여준다. 대략 신호등 12개까지는 학교에 지각할 확률이 실질적으로 없다. 그러나 그 이상에서는 지각할 확률이 상당히 높아지고 1교시에 지각할 확률이 부각된다. 그렇기는 하지만, 12개 이상의 신호등 수량에 대해서는 세 가지 가능성 중 2교시에 지각할 확률이 가장 높아서 18개 이상의 신호등에서는 거의 절대적이 된다. 이런 확률 행동은 *sem* 변수가 5% 유의 수준에서 두 모델 로짓에 대해 '지각하지 않음'의 범주로 간주되어, 종속 변수의 3개 범주 발생 가능성 행동을 통계적으로 유의하게 설명하고 있음을 보여준다.

끝으로 14.4.1절에서 했던 것처럼, 다른 모든 조건을 고정한 채로 해당 설명 변수를 한 단위씩 변화시켜가면서 관심대상 사건의 발생 가능성을 살펴보자. 다항 로지스틱 회귀 모델에서는 14.3.2절에서 설명했듯이 승산비가 상대 리스크 비율relative risk ratio이라 불린다. 따라서 다음과 같은 명령어를 입력한다.

```
mlogit late dist sem, rrr
```

여기서 rrr은 정확히 상대 리스크 비율을 가리킨다. 결과는 그림 14.48에 나타나 있다.

```
. mlogit late dist sem, rrr

Iteration 0:    log likelihood = -101.01922
Iteration 1:    log likelihood = -42.107305
Iteration 2:    log likelihood = -37.136795
Iteration 3:    log likelihood =  -28.8332
Iteration 4:    log likelihood = -25.379085
Iteration 5:    log likelihood = -24.540694
Iteration 6:    log likelihood = -24.511848
Iteration 7:    log likelihood = -24.511801
Iteration 8:    log likelihood = -24.511801

Multinomial logistic regression              Number of obs   =        100
                                             LR chi2(4)      =     153.01
                                             Prob > chi2     =     0.0000
Log likelihood = -24.511801                  Pseudo R2       =     0.7574

------------------------------------------------------------------------------
       late |      RRR    Std. Err.      z    P>|z|     [95% Conf. Interval]
------------+-----------------------------------------------------------------
did_not_ar~e |  (base outcome)
------------+-----------------------------------------------------------------
arrived_la~s |
       dist |  1.748624   .4254441     2.30   0.022     1.085418    2.817057
        sem |  5.311678   3.064051     2.89   0.004     1.714804    16.45314
------------+-----------------------------------------------------------------
arrived_la~s |
       dist |   2.93988   .8889883     3.57   0.000     1.625307     5.3177
        sem |  18.08099   12.40317     4.22   0.000     4.713203    69.36305
------------------------------------------------------------------------------
```

그림 14.48 Stata에서 다항 로지스틱 회귀 출력: 상대 리스크 비율

그림 14.48의 결과는 상대적 리스크 비율을 제외하고는 그림 14.45와 정확히 일치한다. 따라서 14.3.2절의 마지막 두 가지 질문으로 돌아가 보자.

다른 조건이 동일할 때 거리가 1km 더 멀어질수록 지각 가능성은 평균적으로 어떻게 되는가?

성향이 공격적인 학생이 얌전한 학생보다 지각할 가능성이 더 높은가? 만약 그렇다면, 다른 모든 조건이 동일할 때 얼마나 더 높은가?

해답은 즉시 얻을 수 있다. 지각하지 않음에 비해 1교시에 지각할 가능성은 거리가 1km 멀어질때마다 평균적으로 (나머지 조건이 같다는 가정하에서) 1.749배(74.9%) 늘어난다. 지각하지 않음에 비해

2교시에 지각할 가능성은 신호등이 1개 더 늘어날 때마다 평균적으로 18.081배(1708.1%)가 된다. 이 값들은 14.3.2절에서 수작업으로 계산한 것과 정확히 일치한다.

모델을 추정하고 통계 검정을 실행하는 Stata 기능은 대단하다. 여기서 설명한 내용은 이진이나 다항 회귀 기법을 적용하고자 하는 연구원들에게 필요할 것이라 믿는다.

이제 동일한 예제를 SPSS를 통해 구해본다.

14.5 SPSS를 사용한 이진 및 다항 로지스틱 회귀 모델 추정

IBM SPSS 통계 소프트웨어를 사용해 예제를 준비하는 단계별 절차는 설명하지 않는다. 이 절의 이미지는 IBM의 허가하에 사용됐다.

이 절의 목표는 기법 자체를 다시 논의하려는 것도 아니고 이전 절에서 탐색했던 것을 다시 반복하고자 하는 것도 아니다. 이 절의 주된 목표는 이진이나 다항 로지스틱을 SPSS로 실행해보는 기회를 통해 소프트웨어의 작동에 좀 더 친숙해지는 것이다. 각 출력에는 엑셀과 Stata로 수행했을 때의 결과를 같이 언급함으로써 이들을 비교해보고, 각 특성과 가용성에 따라 어떤 소프트웨어를 선택할 것인지 판단하도록 도와준다.

14.5.1 SPSS를 사용한 이진[1] 로지스틱 회귀

Stata를 사용해 모델에 적용했던 것과 동일한 논리를 따라 이제 100명의 학생에게 주어진 설문에 기반한 교수의 데이터셋을 살펴보자. 데이터는 Late.sav 파일에 있고, 이를 연 다음 먼저 **분석** › **회귀분석** › **이분형 로지스틱**을 클릭한다. 그림 14.49와 같은 대화상자가 열린다.

---

1 이진은 이항, 이분 등 다른 용어로 표현하기도 하는데, SPSS의 메뉴에는 '이분형'이라는 말로 표현되어 있다. – 옮긴이

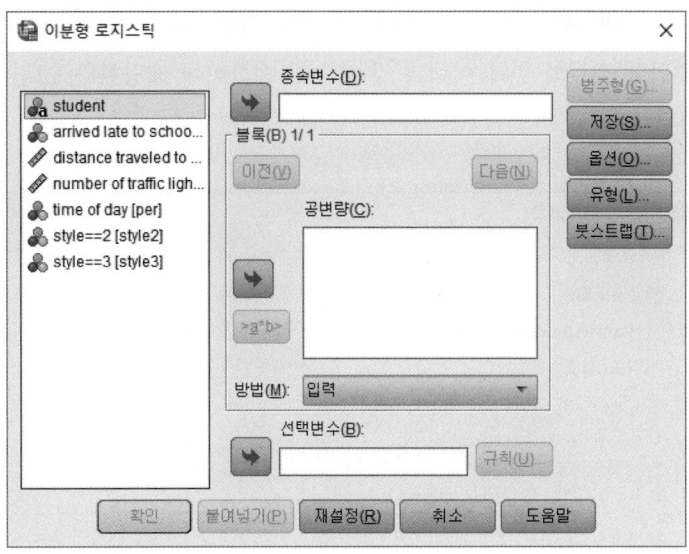

그림 14.49 SPSS의 이진 로지스틱 회귀 추정 대화상자

late 변수를 선택하고 **종속 변수**에 포함시킨다. 나머지 변수는 **공변량**에 포함돼야 한다. 이때 방법은 **입력**으로 선택한다. '입력' 절차는 단계별 절차와 달리(SPSS에서 이진 로지스틱 회귀는 전방 월드^{Forward} ^{Wald}로 알려진 절차와 유사하다) 통계적으로 0인 것조차 포함한 모든 추정 변수를 포함한다. 이는 엑셀에서의 표준 절차(그림 14.4의 완전 모델)와 `logit` 명령어를 직접 적용하는 Stata와 동일하다. 그림 14.50은 종속 변수의 정의와 모델에 포함되는 설명 변수를 보여준다.

style 범주 변수에 해당하는 더미 변수가 데이터셋에 없으면, **범주형** 버튼을 눌러 원시 변수(*style*)와 범주 정의를 이 옵션에 포함시킨다. 이미 2개의 더미(*style2*, *style3*)가 있으므로 이 절차는 불필요하다.

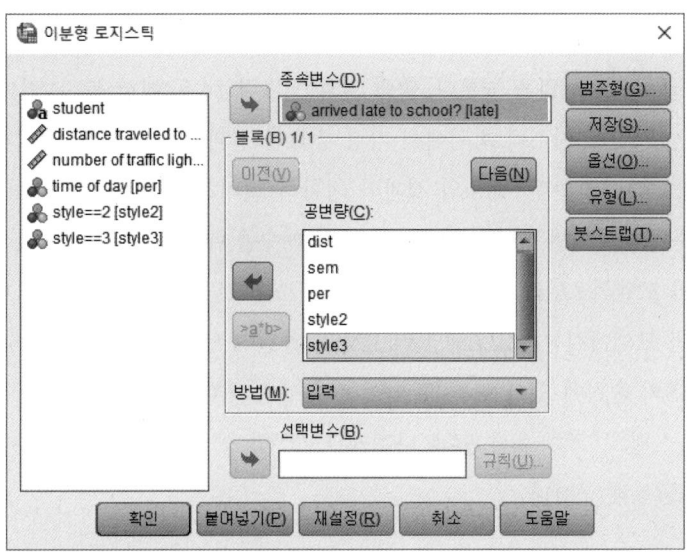

그림 14.50 SPSS의 이진 로지스틱 회귀 추정 대화상자에서 종속 변수와 설명 변수를 선택하고 '입력'을 방법으로 선택

옵션 버튼에서는 **반복 계산 과정**과 exp(B)에 대한 **신뢰 구간**을 선택하고, 이는 각각 로그 우도 함수 합계의 최대화를 위한 절차의 반복 이력과 각 모수의 승산비에 해당한다. 그림 14.51은 해당 옵션이 선택된 모습을 보여준다.

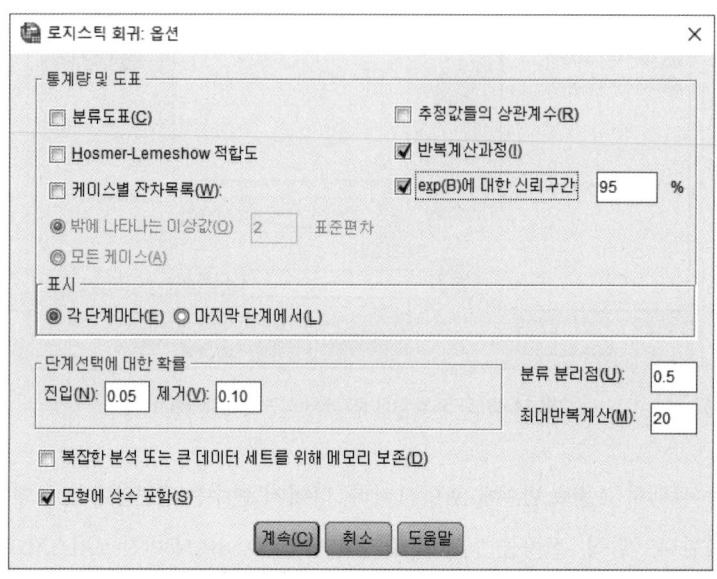

그림 14.51 SPSS의 이진 로지스틱 회귀 추정 옵션

그림 14.51에서는 SPSS에서 사용하는 표준 컷오프가 0.5임을 볼 수 있다. 하지만 이 대화상자에서 컷오프(분류 분리점) 값을 바꾸면, 예측에 사용하는 분류 기준을 변경할 수 있다. 옵션 대화상자를 열어 모수 α 값을 0으로 설정할 수 있으며(**모형에 상수 포함** 옵션을 해제) 결정된 변수가 통계적으로 0이 아니라는 것을 판단하고 단계적 절차를 거쳐 최종 모델에서 제외하게 될 변수의 모수 유의수준을 바꿀 수 있다(월드 z 검정). 여기서는 모든 유의수준을 5%로 유지하고 모델에 상수를 남겨둔다(**모형에 상수 포함** 옵션 선택).

이제 **계속**을 클릭하고 **확인**을 누른다. 출력 결과는 그림 14.52에서 볼 수 있다.

그림 14.52는 이진 로지스틱 회귀에서 가장 중요한 결과만 보여준다. 여기서는 생성된 결과를 다시 분석하지 않는다. 엑셀 및 Stata의 결과와 정확히 일치하기 때문이다. Stata에서는 로그 우도 함수 합의 최대를 보여줬지만, SPSS에서는 이 값의 배수를 부호가 바뀐 상태로 표시한다는 점에 주목하자. 따라서 빈 모델의 *LL* 값 −67.68585(그림 14.7과 그림 14.27)와 완전 모델의 값 −29.06568이 SPSS의 경우 빈 모델에서는 −2*LL*인 135.372로, 완전 모델에서는 −2*LL*인 58.131로 표시된다.

Stata와 SPSS의 출력에 있어 또 다른 차이는 유사 R^2이다. Stata는 맥패든 유사 R^2을 보여주지만, SPSS는 콕스&스넬^Cox & Snell 유사 R^2과 나겔케르크^Nagelkerke 유사 R^2을 보여주는데, 이는 식 (14.45)와 식 (14.46)을 통해 구한다.

(a)

Iteration History[a,b,c,d]

Iteration		−2 Log likelihood	Coefficients					
			Constant	dist	sem	per	style2	style3
Step 1	1	75.870	−3.561	.059	.339	−2.094	.764	1.295
	2	65.970	−8.640	.100	.799	−2.696	1.116	2.000
	3	60.185	−17.902	.148	1.647	−3.028	1.249	2.397
	4	58.287	−26.614	.204	2.432	−3.439	1.326	2.748
	5	58.133	−29.795	.219	2.727	−3.630	1.347	2.895
	6	58.131	−30.193	.220	2.766	−3.653	1.346	2.914
	7	58.131	−30.200	.220	2.767	−3.653	1.346	2.914
	8	58.131	−30.200	.220	2.767	−3.653	1.346	2.914

[a] Method: Enter.

[b] Constant is included in the model.

[c] Initial −2 Log likelihood: 135.372.

[d] Estimation terminated at iteration number 8 because parameter estimates changed by less than .001.

(b)

Omnibus Tests of Model Coefficients

		Chi-square	df	Sig.
Step 1	Step	77.240	5	.000
	Block	77.240	5	.000
	Model	77.240	5	.000

(c)

Model Summary

Step	−2 Log likelihood	Cox & Snell R Square	Nagelkerke R Square
1	58.131[a]	.538	.725

[a] Estimation terminated at iteration number 8 because parameter estimates changed by less than .001.

(d)

Classification Table[a]

Observed			Predicted		
			arrived late to school?		Percentage Correct
			No	Yes	
Step 1	arrived late to school?	No	31	10	75.6
		Yes	4	55	93.2
	Overall Percentage				86.0

[a] The cut value is .500

(e)

Variables in the Equation

		B	S.E.	Wald	df	Sig.	Exp(B)	95% C.I for EXP(B)	
								Lower	Upper
Step 1[a]	dist	.220	.110	4.028	1	.045	1.246	1.005	1.545
	sem	2.767	.922	9.011	1	.003	15.906	2.612	96.850
	per	−3.653	.878	17.309	1	.000	.026	.005	.145
	style2	1.346	.748	3.240	1	.072	3.842	.887	16.636
	style3	2.914	1.179	6.113	1	.013	18.439	1.830	185.841
	Constant	−30.200	9.981	9.155	1	.002	.000		

[a] Variable(s) entered on step 1: dist, sem, per, style2, style3.

그림 14.52 SPSS의 이진 로지스틱 회귀 결과: 입력 절차

$$pseudo\,R^2_{\text{Cox\&Snell}} = 1 - \left(\frac{e^{LL_0}}{e^{LL}}\right)^{\frac{2}{N}} \tag{14.45}$$

$$pseudo\,R^2_{\text{Nagelkerke}} = \frac{1 - \left(\dfrac{e^{LL_0}}{e^{LL}}\right)^{\frac{2}{N}}}{1 - (e^{LL_0})^{\frac{2}{N}}} = \frac{pseudo\,R^2_{\text{Cox\&Snell}}}{1 - (e^{LL_0})^{\frac{2}{N}}} \tag{14.46}$$

따라서 예제의 경우는 다음과 같다.

$$pseudo\,R^2_{\text{Cox\&Snell}} = 1 - \left(\frac{e^{LL_0}}{e^{LL}}\right)^{\frac{2}{N}} = 1 - \left(\frac{e^{-67.68585}}{e^{-29.06568}}\right)^{\frac{2}{100}} = 0.538$$

$$pseudo\,R^2_{\text{Nagelkerke}} = \frac{pseudo\,R^2_{\text{Cox\&Snell}}}{1 - (e^{LL_0})^{\frac{2}{N}}} = \frac{0.538}{1 - (e^{-67.68585})^{\frac{2}{100}}} = 0.725$$

맥패든 R^2과 유사하게 이 두 새로운 통계량은 모델의 예측력 분석에 있어 제한적이므로 설명한 것처럼 민감도 분석을 같이 사용해야 한다는 사실을 명심해야 한다.

나머지 결과는 엑셀의 결과(14.2절)나 Stata(14.4절)와 동일하다. 그러나 변수 *style2* 모수가 5% 유의수준에서 통계적으로 0이 아니므로 전방 월드 절차(단계별)를 통해 최종 모델로 간다. 이 절차를 실행하려면 그림 14.53에서와 같이 주 이분형 로지스틱 대화상자에서 **방법**을 **앞으로: Wald**로 선택해야 한다.

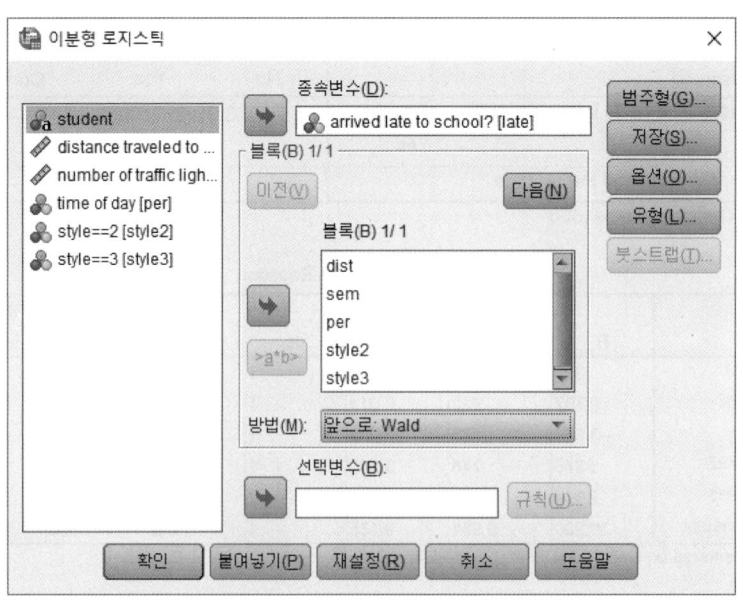

그림 14.53 전방 월드 절차 선택 대화상자

옵션 대화상자를 연 다음 그림 14.54처럼 Hosmer-Lemeshow **적합도**를 선택한다. 그런 다음 **계속**을 클릭한다.

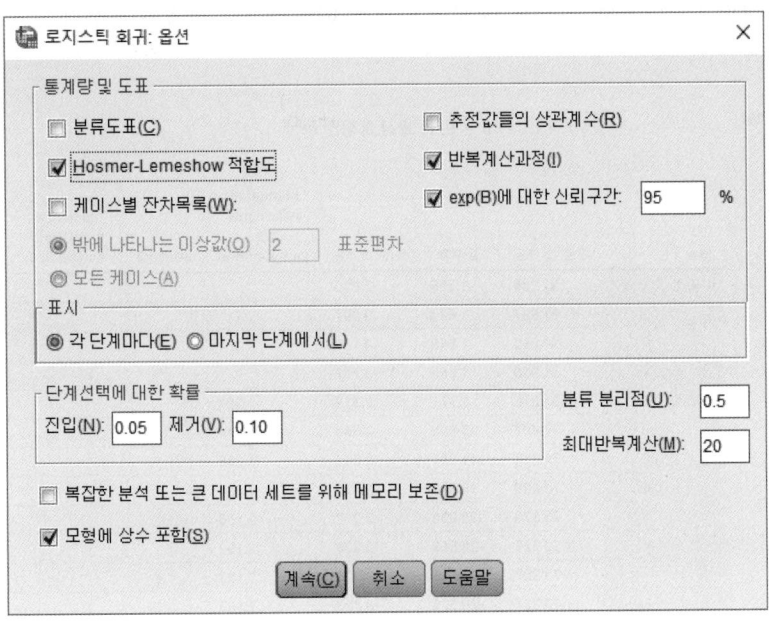

그림 14.54 최종 모델 수정 품질 확인을 위한 호스머-렘쇼 검정 선택

마지막으로, **저장** 버튼을 눌러 해당 컷오프에서 실제 데이터에서 생성될 각 관측치의 분류와 사건 발생 확률을 참조하는 변수를 설정한다. 그림 14.55와 같은 대화상자의 예측값 구역에서 **확률**과 **소속 집단** 옵션을 선택한다.

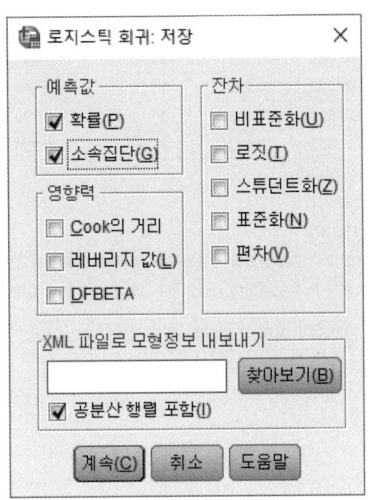

그림 14.55 각 관측치의 분류와 발생 확률을 참조하는 변수를 생성하는 대화상자

계속을 누르고 **확인**을 클릭하면 그림 14.56과 같은 출력이 나타난다. 출력 이외에 2개의 새로운 변수 *PRE_1*과 *PGR_1*이 원시 데이터셋에 생성됐음을 주목하자. 이들은 추정 사건 발생 확률과 새로운 분류에 각각 해당하며 컷오프는 0.5이다. *PRE_1* 변수는 엑셀로 생성했던 그림 14.12의 p_i 열과 동일하며, 그림 14.28에서 Stata로 생성한 *phat*에 해당한다는 점에 주목하자.

(a)

반복계산과정[a,b,c,d,e]

반복		-2 로그 우도	상수항	time of day	계수 number of traffic lights (or semaphores)	style==3	distance traveled to school (km)
1 단계	1	92.166	1.355	-2.618			
	2	91.097	1.623	-3.097			
	3	91.090	1.648	-3.136			
	4	91.090	1.649	-3.137			
2 단계	1	84.812	-1.771	-2.379	.297		
	2	77.467	-5.995	-2.848	.744		
	3	74.614	-11.204	-3.041	1.266		
	4	73.486	-16.979	-3.143	1.839		
	5	73.329	-20.096	-3.212	2.150		
	6	73.327	-20.519	-3.223	2.192		
	7	73.327	-20.525	-3.223	2.193		
	8	73.327	-20.525	-3.223	2.193		
3 단계	1	81.283	-1.934	-2.338	.299	.976	
	2	72.501	-6.132	-2.920	.739	1.722	
	3	68.633	-12.193	-3.243	1.346	2.166	
	4	66.804	-19.909	-3.475	2.110	2.453	
	5	66.438	-25.179	-3.658	2.636	2.626	
	6	66.428	-26.190	-3.707	2.738	2.668	
	7	66.428	-26.217	-3.709	2.740	2.670	
	8	66.428	-26.217	-3.709	2.740	2.670	
4 단계	1	79.252	-3.180	-2.256	.335	.992	.061
	2	69.542	-8.421	-2.829	.821	1.607	.102
	3	63.854	-17.425	-3.165	1.651	1.957	.150
	4	61.832	-26.316	-3.557	2.471	2.274	.195
	5	61.607	-30.211	-3.746	2.848	2.430	.204
	6	61.602	-30.913	-3.775	2.918	2.458	.204
	7	61.602	-30.933	-3.776	2.920	2.459	.204
	8	61.602	-30.933	-3.776	2.920	2.459	.204

a. 방법: 전진 단계선택 (Wald)

b. 모형에 상수항이 있습니다.

c. 초기 -2 로그 우도: 135.372

d. 모수 추정값이 .001보다 작게 변경되어 계산반복수 4에서 추정을 종료하였습니다.

e. 모수 추정값이 .001보다 작게 변경되어 계산반복수 8에서 추정을 종료하였습니다.

그림 14.56 SPSS의 이진 로지스틱 회귀 결과: 전방 월드 절차(단계별)

(b)

모형 계수의 총괄 검정

		카이제곱	자유도	유의확률
1 단계	단계	44.281	1	.000
	블럭	44.281	1	.000
	모형	44.281	1	.000
2 단계	단계	17.763	1	.000
	블럭	62.045	2	.000
	모형	62.045	2	.000
3 단계	단계	6.899	1	.009
	블럭	68.943	3	.000
	모형	68.943	3	.000
4 단계	단계	4.827	1	.028
	블럭	73.770	4	.000
	모형	73.770	4	.000

(c)

모형 요약

단계	-2 로그 우도	Cox와 Snell의 R-제곱	Nagelkerke R-제곱
1	91.090^a	.358	.482
2	73.327^b	.462	.623
3	66.428^b	.498	.672
4	61.602^b	.522	.703

a. 모수 추정값이 .001보다 작게 변경되어 계산반복 수 4에서 추정을 종료하였습니다.

b. 모수 추정값이 .001보다 작게 변경되어 계산반복 수 8에서 추정을 종료하였습니다.

(d)

= Hosmer와 Lemeshow 검정 =

단계	카이제곱	자유도	유의확률
1	.000	0	.
2	.542	4	.969
3	.531	5	.991
4	6.341	8	.609

(e)

Hosmer와 Lemeshow 검정에 대한 분할표

		arrived late to school? = No		arrived late to school? = Yes		전체
		관측됨	예측됨	관측됨	예측됨	
1 단계	1	31	31.000	7	7.000	38
	2	10	10.000	52	52.000	62
2 단계	1	8	7.977	0	.023	8
	2	22	22.381	4	3.619	26
	3	2	1.633	2	2.367	4
	4	9	8.697	35	35.303	44
	5	0	.294	11	10.706	11
	6	0	.018	7	6.982	7
3 단계	1	8	7.994	0	.006	8
	2	20	20.366	2	1.634	22
	3	4	3.637	4	4.363	8
	4	9	8.658	28	28.342	37
	5	0	.145	7	6.855	7
	6	0	.193	10	9.807	10
	7	0	.007	8	7.993	8
4 단계	1	10	9.923	0	.077	10
	2	10	9.521	0	.479	10
	3	8	9.214	2	.786	10
	4	5	4.588	5	5.412	10
	5	4	3.244	6	6.756	10
	6	1	2.189	9	7.811	10
	7	3	1.513	7	8.487	10
	8	0	.587	10	9.413	10
	9	0	.196	10	9.804	10
	10	0	.026	10	9.974	10

그림 14.56 SPSS의 이진 로지스틱 회귀 결과: 전방 월드 절차(단계별)

분류표ª

			예측		
			arrived late to school?		
	관측됨		No	Yes	분류정확 %
1 단계	arrived late to school?	No	31	10	75.6
		Yes	7	52	88.1
	전체 퍼센트				83.0
2 단계	arrived late to school?	No	30	11	73.2
		Yes	4	55	93.2
	전체 퍼센트				85.0
3 단계	arrived late to school?	No	28	13	68.3
		Yes	2	57	96.6
	전체 퍼센트				85.0
4 단계	arrived late to school?	No	30	11	73.2
		Yes	3	56	94.9
	전체 퍼센트				86.0

a. 절단값은 .500입니다.

(g)

방정식의 변수

		B	S.E.	Wald	자유도	유의확률	Exp(B)	EXP(B)에 대한 95% 신뢰구간	
								하한	상한
1 단계ª	time of day	-3.137	.543	33.427	1	.000	.043	.015	.126
	상수항	1.649	.345	22.797	1	.000	5.200		
2 단계ᵇ	number of traffic lights (or semaphores)	2.193	.925	5.618	1	.018	8.959	1.462	54.910
	time of day	-3.223	.642	25.188	1	.000	.040	.011	.140
	상수항	-20.525	9.297	4.874	1	.027	.000		
3 단계ᶜ	number of traffic lights (or semaphores)	2.740	1.086	6.365	1	.012	15.491	1.843	130.201
	time of day	-3.709	.805	21.215	1	.000	.025	.005	.119
	style==3	2.670	1.142	5.469	1	.019	14.433	1.541	135.217
	상수항	-26.217	10.906	5.779	1	.016	.000		
4 단계ᵈ	distance traveled to school (km)	.204	.101	4.073	1	.044	1.226	1.006	1.495
	number of traffic lights (or semaphores)	2.920	1.011	8.346	1	.004	18.543	2.557	134.456
	time of day	-3.776	.847	19.893	1	.000	.023	.004	.120
	style==3	2.459	1.139	4.657	1	.031	11.694	1.253	109.109
	상수항	-30.933	10.636	8.458	1	.004	.000		

a. 변수가 1: time of day 단계에 입력되었습니다.

b. 변수가 2: number of traffic lights (or semaphores) 단계에 입력되었습니다.

c. 변수가 3: style==3 단계에 입력되었습니다.

d. 변수가 4: distance traveled to school (km) 단계에 입력되었습니다.

그림 14.56 SPSS의 이진 로지스틱 회귀 결과: 전방 월드 절차(단계별)

(h)

방정식에 없는 변수

			점수	자유도	유의확률
1 단계	변수	distance traveled to school (km)	.996	1	.318
		number of traffic lights (or semaphores)	9.170	1	.002
		style==2	2.206	1	.137
		style==3	4.669	1	.031
	전체 통계량		21.729	4	.000
2 단계	변수	distance traveled to school (km)	4.904	1	.027
		style==2	1.157	1	.282
		style==3	5.955	1	.015
	전체 통계량		14.154	3	.003
3 단계	변수	distance traveled to school (km)	4.099	1	.043
		style==2	3.221	1	.073
	전체 통계량		7.336	2	.026
4 단계	변수	style==2	3.459	1	.063
	전체 통계량		3.459	1	.063

그림 14.56 SPSS의 이진 로지스틱 회귀 결과: 전방 월드 절차(단계별)

생성된 첫 출력(반복 계산 과정)은 전방 월드 절차에 의한 모델 각 단계의 우도 함수에 해당하는 값을 보여주며, 단계별 절차와 동일하다. 최종 $-2LL = 61.602$, 즉 $LL = -30.801$임을 볼 수 있으며 이는 엑셀에서의 값(그림 14.12) 및 Stata(그림 14.28)와 일치함을 볼 수 있다. **모형 요약** 출력은 이 통계량을 보여주며 여기에 기초하여 χ^2 통계량을 계산할 수 있는데, 그 결과 적어도 하나의 모수가 사건 발생 확률을 유의적으로 설명한다는 것을 볼 수 있다. 모형 계수의 총괄 검정 출력은 이 통계량을 보여주는데($\chi^2 = 73.77$, $Sig.\ \chi^2 = 0.000 < 0.05$), 이는 14.2.2절에서 이미 수작업으로 계산했었으며 그림 14.28에 나타난 것이다. 이에 따라 모든 $\beta_j (j = 1, 2, ..., 5)$ 모수가 통계적으로 5% 유의수준에서 0이라는 귀무 가설을 기각할 수 있게 된다. 그러므로 적어도 하나의 X 변수는 통계적으로 지각 확률을 유의하게 설명하며, 이 이진 로지스틱 회귀 모델은 예측 목적에 있어 통계적으로 유의한 셈이다.

다음으로 **호스머-렘쇼 검정**의 결과를 볼 수 있는데 추정 십분위, 그룹 관측치의 기대와 관측 빈도 등에 따라 그룹화된 해당 분할표도 볼 수 있다. 그림 14.30에 있던 그 검정 결과를 분석해보면(4단계에서 $\chi^2 = 6.341$, $Sig.\ \chi^2 = 0.609 > 0.05$) 5% 유의수준으로 기대와 관측 빈도가 일치한다는 귀무 가설을 기각할 수 있고, 따라서 최종 추정 모델은 제안된 조정의 품질에 대해 문제가 없다.

분류표는 관측치의 단계별 전개 과정을 보여준다. 최종 모델(4단계)에서는 0.5 컷오프에서 특이성이 73.2%, 민감도가 94.9%, 전체 모델 효율이 86.0%이다. 이 값은 표 14.11과 그림 14.37에 해당한다. **분석 › 기술 통계 › 교차 분석**을 클릭하면 교차 분석도 수행할 수 있다. 열린 대화상자에서 *PGR_1*(예측 집단)을 **행**에 포함시키고 *late* 변수를 **열**에 포함시킨다. 다음으로 **확인**을 클릭한다. 그림 14.57은 이 대화상자를 보여주며, 그림 14.58은 실제 교차 분석을 보여준다.

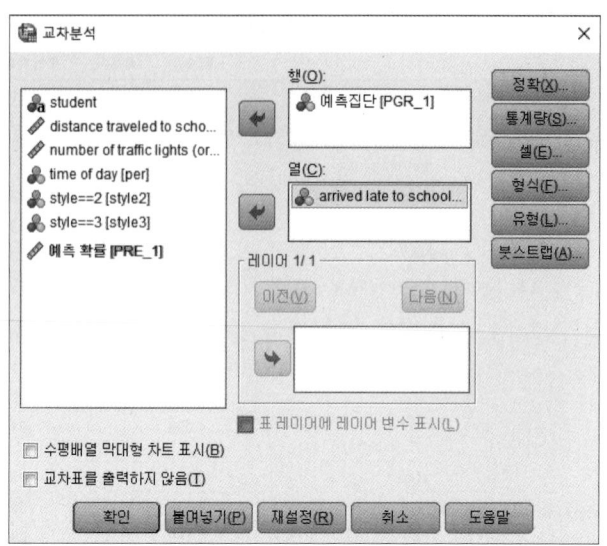

그림 14.57 교차 분석을 위한 대화상자

예측집단 * arrived late to school? 교차표

빈도

		arrived late to school?		전체
		No	Yes	
예측집단	No	30	3	33
	Yes	11	56	67
전체		41	59	100

그림 14.58 교차 분석

그림 14.56 결과의 분석으로 돌아가서, SPSS의 전방 월드(단계별) 절차에 의한 결과는 개발된 모델의 각 단계를 보여준다. 가장 유의한 변수의 포함부터(더 큰 월드 z 통계량을 가진 설명 변수) 가장 적은 월드 z 통계량을 가진 변수까지의 단계를 보여주며, $Sig. z < 0.05$이다. 최종 모델에 포함된 변수의 분석만큼 중요하게 제외된 변수도 중요하다(**방정식에 없는 변수**). 모델에 오직 per 설명 변수만 포함하므로, 제외된 변수에 나머지 모두가 들어 있다. 첫 단계에서 자체적으로 유의했지만($Sig. z < 0.05$) 제외된 설명 변수가 있었다면(예를 들어, sem 변수), 이 변수는 그다음 모델 단계(모델 2)에서 포함될 것이다. 그 나머지 변수는 $style2$이며, 엑셀과 Stata에서 설명한 것처럼 최종 모델(전장 월드 절차의 모델 4)은 그림 14.12와 그림 14.28에서 본 것처럼 $dist$, sem, $style3$ 설명 변수를 갖는다. 그림 14.56의 **방정식의 변수**(4단계)에 기반해 학생 i가 지각할 최종 추정 확률식은 다음과 같이 쓸 수 있다.

$$p_i = \frac{1}{1 + e^{-(-30.933 + 0.204 \cdot dist_i + 2.920 \cdot sem_i - 3.776 \cdot per_i + 2.459 \cdot style3_i)}}$$

방정식의 변수 출력은 또한 각 추정 모수의 승산비(Exp(B))도 보여주며, 이는 Stata logistic 명령어를 통해 구한 결과(그림 14.33)와 일치한다. 가능성 대신 모수에 대한 신뢰 구간을 얻고자 했다면 옵션 대화상자에서 exp(B)에 대한 신뢰 구간을 선택하지 않았어야 한다(그림 14.54).

마지막으로, SPSS로 ROC 곡선을 그려본다. 이를 위해 최종 모델 추정 후에 **분석 › ROC 곡선**을 클릭한다. 그림 14.59와 같은 대화상자가 나타날 것이다. 변수 *PRE_1*(예측 확률)을 **검정 변수**에 포함시키고 *late* 변수를 **상태 변수**에 포함시킨다. **상태 변수 양의 값**은 1로 설정한다. **표시** 영역에서는 **ROC 곡선**과 **대각 참조선 있음** 옵션을 선택해야 한다. 다음으로 **확인**을 클릭한다.

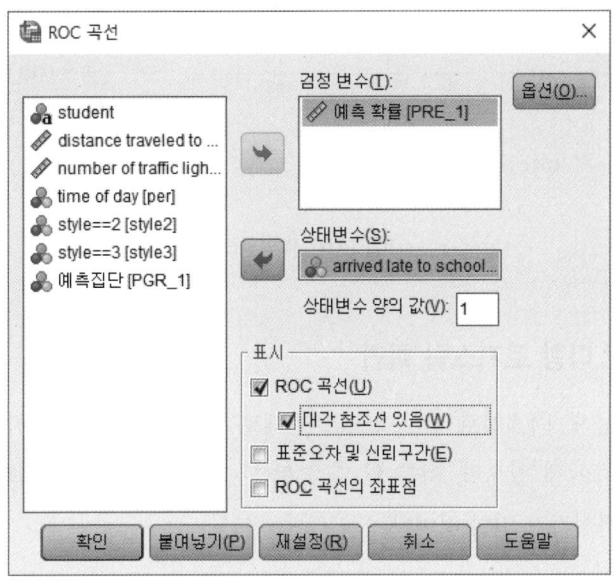

그림 14.59 ROC 곡선 대화상자

ROC 곡선은 그림 14.60에서 볼 수 있다.

그림 14.42를 분석할 때 설명했듯이, ROC 곡선 아래의 면적은 0.938이고 이는 새로운 관측치의 발생 예측의 측면에서 모델 품질을 정의함에 있어 매우 좋은 것으로 간주할 수 있다.

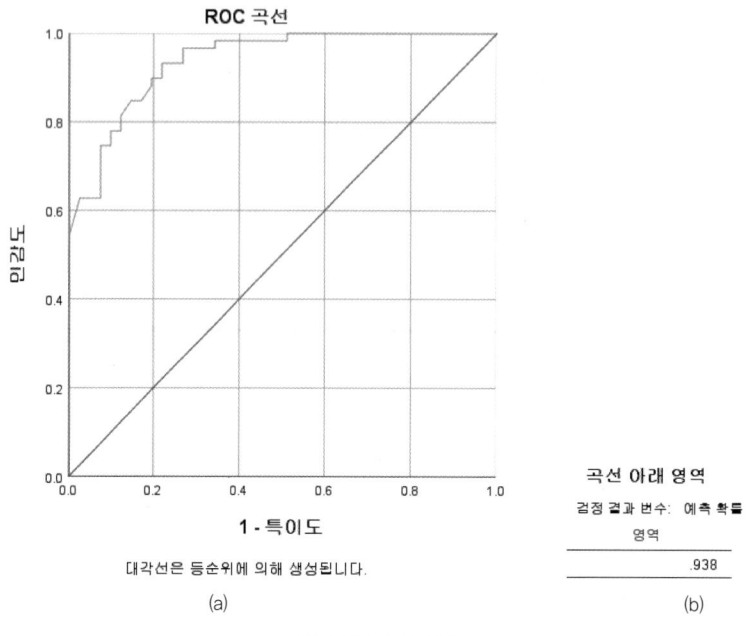

곡선 아래 영역

검정 결과 변수: 예측 확률

영역
.938

(a)   (b)

그림 14.60 ROC 곡선

14.5.2 SPSS를 사용한 다항 로지스틱 회귀

이제 SPSS를 사용해 14.3절과 14.4.2절의 예제로 다항 로지스틱 회귀를 수행해본다. 데이터는 LateMultinomial.sav에 있으며, 이를 연 다음 **분석 › 회귀 분석 › 다항 로지스틱 회귀**를 클릭한다. 그림 14.61과 같은 대화상자가 열릴 것이다.

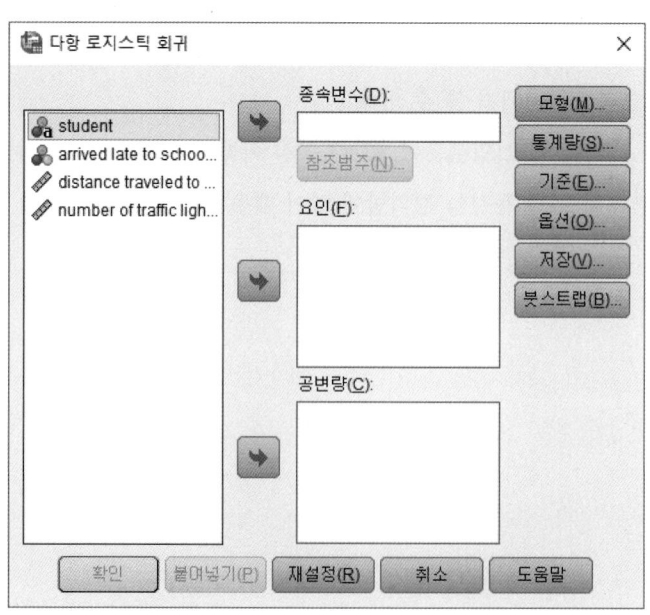

그림 14.61 SPSS의 다항 로지스틱 회귀 추정 대화상자

late 변수를 **종속 변수**에 포함시키고, 정량 설명 변수 *dist*와 *sem*을 **공변량**에 포함시킨다. 요인은 정성 설명 변수로 채워야 하는데 예제에서는 없다. 그림 14.62는 이 대화상자를 보여준다.

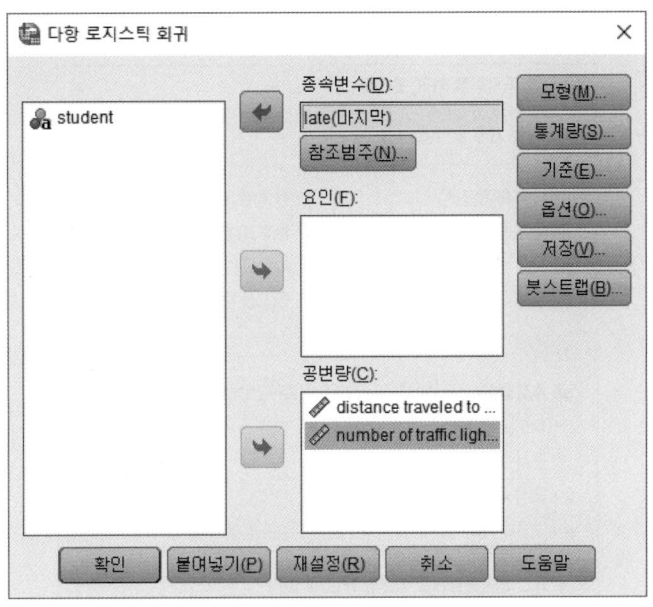

그림 14.62 종속 변수와 설명 변수를 포함한 SPSS 다항 로지스틱 회귀 추정 대화상자

종속 변수 참조 범주를 정의해야 한다는 점에 유의하자. **참조 범주**를 클릭하고 **첫 범주** 옵션을 선택해야 한다. '지각하지 않음^{did not arrive late}' 범주가 데이터셋에서 0을 나타내기 때문이다(그림 14.63). 또 **사용자 정의**를 선택해 **값**을 0으로 할 수도 있다. 이 마지막 옵션은 연구원이 결정된 종속 변수의 중간 범주를 모델 참조 범주로 만들고자 할 때 사용한다.

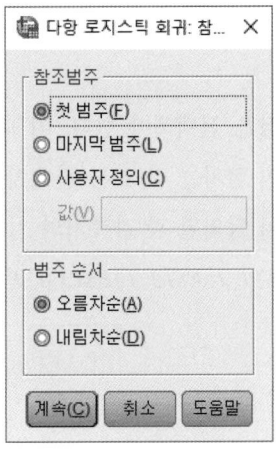

그림 14.63 종속 변수 참조 범주의 정의

계속을 클릭하면 일련의 모델 추정 절차가 시작된다. **통계량** 버튼을 눌러 그림 14.64처럼 **케이스 처리 요약**을 선택하고 **모형** 구역에서 **유사 R 제곱, 단계 요약, 모형 적합 정보, 분류표** 옵션을 선택한다. 마지막으로, **모수** 구역에서 **추정값** 옵션을 선택한다.

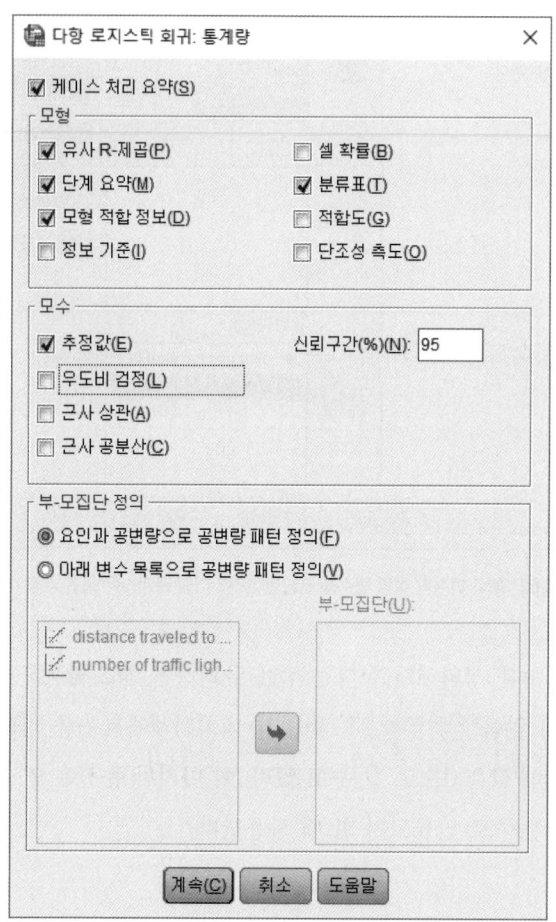

그림 14.64 다항 로지스틱 회귀 통계량 선택 대화상자

끝으로, **계속**을 누르고 나서 **저장**을 선택해야 한다. 이 대화상자에서 그림 14.65와 같이 **추정 반응 확률, 예측 범주** 옵션을 선택한다. 이 절차는 각 표본 관측치에 대해 각 독립 변수 범주 3개의 발생 확률을 생성하고 이 확률에 기반하여 정의된 각 관측치의 기대 분류를 생성한다. 따라서 데이터셋에는 4개의 새로운 변수가 생성된다(*EST1_1*, *EST2_1*, *EST3_1*, *PRE_1*).

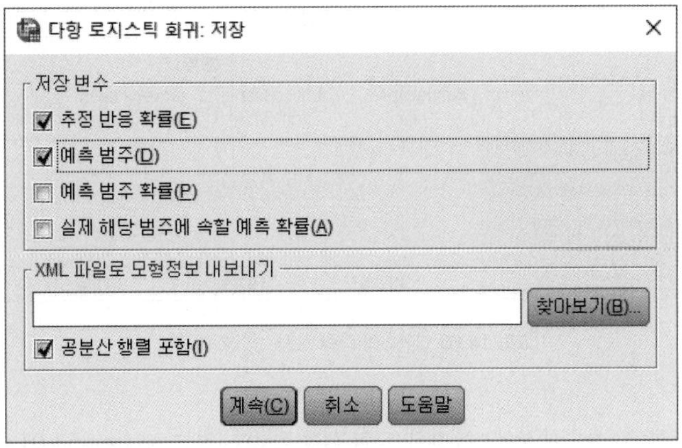

그림 14.65 각 범주의 발생 확률 추정을 참조하는 변수의 생성과 각 관측치의 분류 대화상자

다음으로, **계속**을 클릭하고 **확인**을 누른다. 생성된 결과는 그림 14.66에 있다.

(a)

모형 적합 정보

모형	모형 적합 기준 -2 로그 우도	우도비 검정 카이제곱	자유도	유의확률
절편 만	199.841			
최종	46.826	153.015	4	.000

(b)

유사 R-제곱

Cox 및 Snell	.783
Nagelkerke	.903
McFadden	.757

(c)

모수 추정값

arrived late to school?[a]		B	표준화 오류	Wald	자유도	유의확률	Exp(B)
arrived late to first class	절편	-33.135	12.183	7.397	1	.007	
	distance traveled to school (km)	.559	.243	5.276	1	.022	1.749
	number of traffic lights (or semaphores)	1.670	.577	8.380	1	.004	5.312
arrived late to second class	절편	-62.292	14.675	18.018	1	.000	
	distance traveled to school (km)	1.078	.302	12.718	1	.000	2.940
	number of traffic lights (or semaphores)	2.895	.686	17.809	1	.000	18.081

a. 참조 범주는\ did not arrive late입니다.

그림 14.66 SPSS의 다항 로지스틱 회귀 결과

분류

	예측			
관측됨	did not arrive late	arrived late to first class	arrived late to second class	정확도 퍼센트
did not arrive late	47	2	0	95.9%
arrived late to first class	1	12	3	75.0%
arrived late to second class	0	5	30	85.7%
전체 퍼센트	48.0%	19.0%	33.0%	89.0%

그림 14.66 SPSS의 다항 로지스틱 회귀 결과

그림 14.66을 보면, χ^2 검정에 기반해(모형 적합 정보에 있는 $\chi^2 = 153.01$, Sig. $\chi^2 = 0.000 < 0.05$) 모든 β_{jm}($j = 1, 2, m = 1, 2$) 모수가 5% 유의수준에서 통계적으로 0이라는 귀무 가설을 기각하고 적어도 하나의 X 변수가 적어도 하나의 사건의 발생 확률을 통계적으로 유의하게 설명한다고 할 수 있다. 이제 **유사 R 제곱** 출력은 이진 로지스틱 회귀와 달리 맥패든 유사 R^2을 나타낸다. 이 통계량 값은 χ^2 통계량과 같이 14.3.2절과 그림 14.45에서 Stata로 구한 모델에서 수작업으로 계산한 것과 동일하다.

최종 모델은 **모수 추정값** 출력에서 구할 수 있고, 이는 그림 14.19 및 Satat `mlogit` 명령어(그림 14.45)로 구한 것과 일치한다. 이 결과에 따라 종속 변수에 의해 나타난 각 사건의 발생 확률 평균 추정을 다음과 같이 쓸 수 있다.

학생 i가 지각할 확률(범주 0):

$$p_{i_0} = \frac{1}{1 + e^{(-33.135 + 0.559 \cdot dist_i + 1.670 \cdot sem_i)} + e^{(-62.292 + 1.078 \cdot dist_i + 2.895 \cdot sem_i)}}$$

학생 i가 1교시에 지각할 확률(범주 1):

$$p_{i_1} = \frac{e^{(-33.135 + 0.559 \cdot dist_i + 1.670 \cdot sem_i)}}{1 + e^{(-33.135 + 0.559 \cdot dist_i + 1.670 \cdot sem_i)} + e^{(-62.292 + 1.078 \cdot dist_i + 2.895 \cdot sem_i)}}$$

학생 i가 2교시에 지각할 확률(범주 2):

$$p_{i_2} = \frac{e^{(-62.292 + 1.078 \cdot dist_i + 2.895 \cdot sem_i)}}{1 + e^{(-33.135 + 0.559 \cdot dist_i + 1.670 \cdot sem_i)} + e^{(-62.292 + 1.078 \cdot dist_i + 2.895 \cdot sem_i)}}$$

이 결과도 각 추정 모수의 상대 리스크 비율(Exp(B))을 나타내고, 이는 Stata의 `rrr` 명령어로 해당 신뢰 구간에 대해 구한 것과 동일하다(그림 14.48).

마지막으로, 분류표(**분류** 출력)는 각 관측치의 가장 높은 추정 확률($p_{i_0}, p_{i_1}, p_{i_2}$)에 따라 각 종속 변수 범주의 예측 및 관측 분류를 보여준다. 따라서 표 14.18에 따라 전체 정확도 89.0%(전체 효율)를 나

타내는 모델을 얻었고 지각하지 않음에 대해서 95.9%, 1교시 지각에 대해서 75%, 2교시 지각에 대해서 85.7%를 얻었다.

14.6 맺음말

최대 우도에 의한 추정은 많은 연구원에게 잘 알려져 있지는 않지만, 결정된 종속 변수 자체가 정성일 경우 매우 유용하다.

이진 로지스틱 회귀를 적용할 가장 적절한 상황은 현상 자체가 이분적이며 연구원이 두 가지 가능성으로 정의된 사건의 발생 확률을 결정된 설명 변수의 함수로 추정하고자 할 때다. 이진 로지스틱 회귀 모델은 변수가 정성이지만 그 범주가 세 가지 이상일 때 각 범주에 대해 발생 확률을 식으로 추정해야 하는 다항 로지스틱 회귀 모델의 특수한 경우로 볼 수 있다.

모든 확정적 모델의 개발은 정확하고 세심하게 선택된 모델링 소프트웨어를 사용해 기저 이론과 연구원의 경험 및 직관에 따라 이뤄져야 한다.

14.7 연습문제

1. 개인 대출회사가 각 개인의 채무 불이행 확률을 구하고자 한다. 최근 대출한 회사 고객 2,000명의 데이터셋으로 나이, 성별(여자 = 0, 남자 = 1), 월 수입을 설명 변수로 하여 이진 로지스틱 회귀 분석을 수행하고자 한다. 종속 변수는 실제 채무 불이행이다(채무 이행 = 0, 채무 불이행 = 1). Default.sav와 Default.dta 파일에 데이터가 있고 이진 로지스틱 회귀 모델 추정을 통해 다음을 수행한다.

   a) χ^2 검정의 유의수준을 분석하라. 적어도 하나의 변수(*age, gender, income*)가 5% 유의수준에서 채무 불이행을 유의적으로 설명하는가?

   b) 앞 질문의 답이 '예'라면, 각 설명 변수의 유의수준을 분석하라(월드 z 검정). 적어도 하나가 5% 유의수준에서 채무 불이행 확률을 통계적으로 유의하게 설명하는가?

   c) 평균 채무 불이행의 최종 추정식은 무엇인가?

   d) 나머지 조건을 고정할 경우, 평균적으로 남성의 채무 불이행 확률이 더 높은가?

   e) 나머지 조건을 고정할 경우, 평균적으로 고연령의 채무 불이행 확률이 더 높은가?

   f) 월 수입이 $6850.00이고 37세인 사람의 평균 채무 불이행 추정 확률은 얼마인가?

   g) 평균적으로 (나머지 조건이 동일할 때) 채무 불이행은 어떤 단위로 증가하는가?

   h) 컷오프 0.5에서의 전체 모델 효율은 얼마인가? 동일한 컷오프에서 민감도와 특이성은 무엇인가?

2. 고객 충성도 조사를 위해, 한 슈퍼마켓 그룹이 고객 3,000명을 대상으로 물품 구매 시점에서 조사를 수행했다. 고객의 충성도는 재방문 여부, 구매 물품, 1년 이내 구매 이력에 기반해 주민등록번호를 기준으로 모니터링했다. 주민번호에 기반해 어떤 고객이 1년 내 구매 이력이 없으면 미내방 고객으로, 있으면 내방 고객으로 분류했다. 고객 충성도 확률을 제고할 수 있는 기준을 마련하기 위해 슈퍼마켓 그룹은 고객 3,000명의 데이터를 특정 구매일로부터 1년간 추적했다.

변수	설명
id	주민번호를 대체할 식별번호. 문자열이며 0001부터 3000까지 존재. 모델링에서는 사용되지 않는다.
fidelity	매장 재방문 여부에 따른 이진 변수. 1년간 재구매 여부(아니요 = 0, 예 = 1)
gender	고객 성별(여성 = 0, 남성 = 1)
age	고객 연령
service	최초 구매 시 매장 서비스에 대한 고객 만족도를 나타내는 정성 변수(최악 = 1, 나쁨 = 2, 보통 = 3, 좋음 = 4, 최상 = 5)
assortment	최초 구매 시 매장 상품 구성에 대한 고객 만족도를 나타내는 정성 변수(최악 = 1, 나쁨 = 2, 보통 = 3, 좋음 = 4, 최상 = 5)
accessibility	최초 구매 시 매장 접근성에 대한 고객 만족도를 나타내는 정성 변수(최악 = 1, 나쁨 = 2, 보통 = 3, 좋음 = 4, 최상 = 5)
price	최초 구매 시 매장 상품 가격에 대한 고객 만족도를 나타내는 정성 변수(최악 = 1, 나쁨 = 2, 보통 = 3, 좋음 = 4, 최상 = 5)

Fidelity.sav와 Fidelity.dta 파일을 사용해 다음 질문에 답하라.

a) 각 개인의 모든 설명 변수(gender, age)와 정성 변수의 n 범주에 해당하는 (n − 1) 더미를 가진 완전 이진 로지스틱 회귀 모델의 추정에 있어, 5% 유의수준에서 사건의 발생 확률(매장에 대한 충성도)을 통계적으로 유의하게 설명하지 못하는 범주가 존재하는가?

b) 앞 질문의 대답이 '예'라면, 단계별 절차를 사용해 사건 발생 추정 확률식을 구하라.

c) 컷오프 0.5에서의 전체 모델 효율은 얼마인가?

d) 매장 충성 고객 대비 정확도와 매장 비충성 고객 대비 정확도가 일치하는 기준을 찾기 위해 회사 이사는 민감도 곡선을 분석했다. 이 두 확률이 일치하는 컷오프는 얼마인가?

e) 최종 모델에서 (나머지 조건이 동일하다면) 서비스에 '나쁨', '보통', '좋음', '최상'으로 대답한 고객에 비해 '최악'으로 대답한 고객의 가능성 변화는 평균적으로 어떻게 되는가?

f) assortment, accessibility, price 변수에 대해 e)의 분석을 각각 진행하라.

g) 가능성의 분석에 기반해 고객의 부정적 인식을 긍정적으로 바꾸어 충성도를 올리기 위한 단일 변수를 생성하고자 한다. 그 변수를 설계해보라.

3. 어떤 국가의 보건당국이 시민의 LDL(mg/dL) 콜레스테롤 지수를 운동과 금연을 통해 개선하기

위한 캠페인을 벌이려 한다. 이를 위해 2304명의 개인에 대한 연구를 수행했고 다음 변수를 조사했다.

변수	설명
cholesterol	LDL(mg/dL) 콜레스테롤 지수
cigarette	흡연 여부에 대한 더미 변수(비흡연 = 0, 흡연 = 1)
Sport	주별 운동 횟수

콜레스테롤 지수는 참조 값으로 분류되므로 보건당국은 운동과 금연의 효과를 국민들에게 알리고자 한다. 따라서 *cholesterol* 변수는 다섯 가지 범주를 갖는 *colestquali* 변수로 변환되고, 이를 통해 보건당국이 발표할 종속 변수가 된다.

변수	설명
colestquali	LDL(mg/dL) 콜레스테롤 수준 분류 – 매우 높음: 189mg/dL 이상(참조 범주) – 높음: 160~189mg/dL – 경계: 130~159mg/dL – 최적 근접: 100~129mg/dL – 최적: 100mg/dL 이하

연구 데이터셋은 Colestquali.sav와 Colestquali.dta 파일에 있다. *cigarette*과 *sport*를 설명 변수로 갖는 다항 로지스틱 회귀 모델 추정에 따라 다음에 답하라.

a) 종속 변수 범주에 대한 빈도표를 나타내라.

b) 다항 로지스틱 회귀 모델 추정에 의하면, 5% 유의수준에서 적어도 하나의 설명 변수가 적어도 하나의 제시된 LDL 콜레스테롤 지수의 분류 발생 확률식을 구성하는 데 있어 통계적으로 유의한가?

c) 최종 LDL 콜레스테롤 지수 분류의 평균 발생 확률에 대한 최종 추정식은 무엇인가?

d) 금연하고 주 1회 운동하는 사람의 경우 각 분류에 해당할 확률은 어떻게 되는가?

e) 추정 모델에 따라 종속 변수를 주별 운동 횟수의 함수로 나타난 그래프를 그려보라. 주 몇 회 운동이 LDL 콜레스테롤 지수를 '최적 근접' 또는 '최적'으로 하는 확률을 크게 증가시키는가?

f) 나머지 조건이 동일하다면, 주당 운동이 1회 증가할 때마다 콜레스테롤 '매우 높음'에 비해 '높음'의 가능성 변화는 얼마나 되는가?

g) 나머지 조건이 동일하다면, 금연이 콜레스테롤 '최적 근접'에 비해 '최적'의 가능성 변화는 얼마나 되는가?

h) 표본에서 각 관측치의 추정 확률에 기반해 분류표를 구성하라(종속 변수의 각 범주에 대한 예측과 관측 분류).

i) 전체 모델 효율은 얼마인가? 종속 변수의 각 범주의 정확도는 얼마인가?

부록: 프로빗 회귀 모델

A.1 개요

프로빗 회귀 모델probit regression model의 이름은 **확률 단위**probability unit의 줄임말에서 유래했으며, 결정된 사건 확률의 확률 곡선이 **표준 정규 분포의 누적 밀도 함수**에 더 적절히 적응하는 경우에 **이진 로지스틱 회귀의 대안**으로서 사용된다.

프로빗 회귀의 아이디어는 Bliss(1934a, b)에 의해 제시됐는데, 그는 포도 잎에 사는 벌레에 대한 살충제 효과를 발견하려는 실험 중이었고, 살충제 농도에 따른 곤충 문제의 해결을 그래프로 표현했다. 살충제 용량과 반응 시간 사이에는 **시그모이드 함수**sigmoid function(S 곡선) 관계가 있음을 알았고, 그는 당시에 알려진 선형 회귀 모델을 따라 용량-해결 시그모이드 곡선을 선형 식으로 변환했다. 20년 뒤 Finney(1952)는 블리스의 실험을 뒷받침하며 『Probit Analysis』라는 제목의 책에서 상대적인 기여를 했다. 프로빗 회귀 모델은 오늘날에도 처음부터 이진 변수로 나타난 관심대상의 사건 발생 확률이 시그모이드 함수를 따를 경우 용량-반응 관계를 이해하기 위해 널리 사용된다.

종속 변수는 베르누이 분포를 따르므로, 결정된 프로빗 회귀 모델의 모수 $\alpha, \beta_1, \beta_2, ..., \beta_k$를 추정하는 목적 함수식(로그 우도 함수)은 이 장에서 이진 로지스틱 회귀 모델에서 유도된 식 (14.15)와 동일하고, 이는 다음과 같다.

$$LL = \sum_{i=1}^{n} \{[(Y_i) \cdot \ln(p_i)] + [(1 - Y_i) \cdot \ln(1 - p_i)]\} = \max \tag{14.47}$$

그러나 이진 로지스틱 회귀와 프로빗 회귀 모델의 차이점은 관심대상 사건의 발생 확률 p_i의 식이다. 설명한 대로, **로지스틱 분포**logistic distribution를 나타내는 이진 회귀 모델의 p_i 식은 다음과 같다.

$$p_i = \frac{1}{1 + e^{-Z_i}} = \frac{1}{1 + e^{-(\alpha + \beta_1 \cdot X_{1i} + \beta_2 \cdot X_{2i} + \cdots + \beta_k \cdot X_{ki})}} \tag{14.48}$$

프로빗 회귀에서 관심대상 사건 발생 확률은 정규 분포를 따르고, 이는 다음과 같이 나타난다.

$$p_i = \Phi(Z_i) = \Phi(\alpha + \beta_1 \cdot X_{1i} + \beta_2 \cdot X_{2i} + \cdots + \beta_k \cdot X_{ki}) \tag{14.49}$$

여기서 Φ는 표준 정규 분포의 누적 밀도 함수를 나타낸다. 이런 관점에서 식 (14.49)는 다음과 같이 쓸 수 있다.

$$p_i = \int_{-\infty}^{Z_i} \frac{1}{\sqrt{2\pi}} \cdot e^{\left(-\frac{1}{2} \cdot Z^2\right)} dZ \qquad (14.50)$$

이 식은 계산 편의를 위해 다음과 같이 다시 쓸 수 있다.

$$p_i = \frac{1}{2} + \frac{1}{2} \cdot \left(1 - e^{\frac{-2 \cdot Z_i^2}{\pi}}\right)^{\frac{1}{2}} \qquad Z \geq 0 \qquad (14.51)$$

그리고

$$p_i = 1 - \left[\frac{1}{2} + \frac{1}{2} \cdot \left(1 - e^{\frac{-2 \cdot Z_i^2}{\pi}}\right)^{\frac{1}{2}}\right] \qquad Z < 0 \qquad (14.52)$$

식 (14.48), (14.51), (14.52)에 따라 표 14.21을 구성할 수 있으며, 이는 p 값을 −5부터 5까지 변화하는 Z 값의 함수로 나타낼 수 있고 로지스틱(로짓)과 확률의 프로빗 곡선을 비교할 수 있게 해준다. 로짓 회귀를 참조하는 열의 p 값은 표 14.1과 정확히 일치한다는 점에 주목하자. 연구원이 이 표를 엑셀로 나타내려면 = NORM.S.DIST(Z; 1) 함수를 사용해 프로빗 회귀 모델을 참조하는 열의 p 값을 결정해야 한다.

표 14.21 사건 발생 확률(p)을 로짓과 프로빗 회귀 모델의 Z의 함수로 나타낸 것

Z_i	로짓 회귀 p_i	프로빗 회귀
−5	0.01	0.00
−4	0.02	0.00
−3	0.05	0.00
−2	0.12	0.02
−1	0.27	0.16
0	0.50	0.50
1	0.73	0.84
2	0.88	0.98
3	0.95	1.00
4	0.98	1.00
5	0.99	1.00

표 14.21에 따라 그림 14.67과 같은 $p = f(Z)$ 그래프를 구성할 수 있다. 이 그래프에 따라 각기 다른 Z 값으로 추정된 확률이 비록 0과 1 사이에 있지만, 각기 다른 Z 값이 결정된 i 관측치에 대한 동일한 사건 발생 확률에 도달해야 하므로, 로짓과 프로빗 모델에 의해 추정된 모수는 각기 다르다.

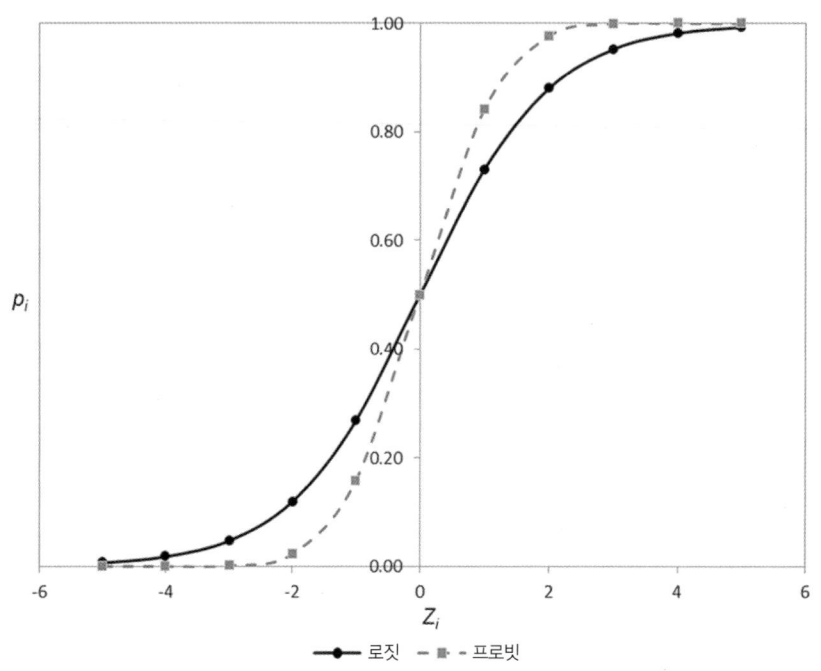

그림 14.67 로짓과 프로빗 모델의 $p = f(Z)$ 그래프

그림 14.67에서 보듯 로짓과 프로빗 함수는 상당히 다른데, 특히 Z가 0 근처에서는 많이 다르며, 각 경우의 추정 모수는 $\alpha, \beta_{\text{logit}} \approx 1.6 \cdot [\alpha, \beta_{\text{probit}}]$ 관계를 따른다고 Amemiya(1981)에 설명되어 있다. 다음 절에서 이 관계를 확인해볼 것이다.

이런 관점에서, 결정된 데이터셋에 대해 로빗과 프로빗 중 어느 것이 더 나은가? Finney(1952)가 설명한 대로, 로짓 모델을 손상시키며 프로빗 모델을 선택하는 것은 이론적으로 확률 곡선을 표준 정규 분포의 누적 밀도 함수에 가깝게 한다. 실제로 결정은 이 장에서 이미 설명한 개념을 따르는 네 가지 기준을 사용한다.

- 가장 큰 로그 우도 함숫값을 가진 모델
- 더 높은 맥패든 유사 R^2을 가진 모델
- 호스머–렘쇼 검정에서 가장 높은 유의수준(이 검정에서 가장 낮은 χ^2 통계량)을 가진 모델
- ROC 곡선 아래 가장 큰 면적을 가진 모델

다음으로, 프로빗 회귀 모델을 추정하고 그 결과를 이진 로지스틱 회귀 모델과 비교해보자.

A.2 예제: Stata를 사용한 프로빗 회귀 모델 추정

여기서는 철인 3종 경기에 참가한 100명의 아마추어에 대한 연구가 있는 Triathlon.dta 파일을 사용한다. 여기서의 연구는 철인 3종 경기의 완주 여부가 전날 섭취한 탄수화물^{carbohydrates}의 양(체중 kg당 그램)과 관련이 있는지 알아보는 것이다. 종속 변수는 완주를 나타내면 1이고 완주하지 못했으면 0으로 되어 있다. 따라서 여기서는 각 선수 i에 대해 Z 모수를 다음과 같이 추정하고자 한다.

$$Z_i = \alpha + \beta_1 \cdot carbohydrates_i$$

식 (14.47)에서 로그 우도 함수를 최대화하는 것에 따라 다음과 같다.

$$p_i = \Phi(Z_i) = \Phi(\alpha + \beta_1 \cdot carbohydrates_i)$$

이 예제에서 제시된 모델은 용량-반응 관계로 간주할 수 있고, 전날 섭취한 탄수화물 용량이 완주 결과에 연계되어 있다.

Stata에서는 다음 명령어를 통해 프로빗 회귀 모델 모수를 추정할 수 있다.

```
probit triathlon carbohydrates
```

결과는 그림 14.68에 있다.

```
. probit triathlon carbohydrates

Iteration 0:   log likelihood = -121.31362
Iteration 1:   log likelihood = -97.527113
Iteration 2:   log likelihood = -97.429774
Iteration 3:   log likelihood = -97.429732
Iteration 4:   log likelihood = -97.429732

Probit regression                               Number of obs   =        200
                                                LR chi2(1)      =      47.77
                                                Prob > chi2     =     0.0000
Log likelihood = -97.429732                     Pseudo R2       =     0.1969

------------------------------------------------------------------------------
   triathlon |      Coef.   Std. Err.      z    P>|z|     [95% Conf. Interval]
-------------+----------------------------------------------------------------
carbohydrates|    .379623   .0600936     6.32   0.000     .2618417    .4974042
       _cons |   -1.64247   .2058876    -7.98   0.000    -2.046002   -1.238937
------------------------------------------------------------------------------
```

그림 14.68 Stata에서 프로빗 회귀 결과

```
. mfx, at(carbohydrates = 10)

Marginal effects after probit
      y  = Pr(triathlon) (predict)
         = .9843705
------------------------------------------------------------------------------
variable |     dy/dx    Std. Err.      z    P>|z|  [    95% C.I.    ]      X
---------+--------------------------------------------------------------------
carboh~s |   .0148931      .01167    1.28   0.202  -.007981  .037767        10
------------------------------------------------------------------------------
```

그림 14.69 *carbohydrates* = 10에서의 추정 확률 계산: mfx 명령어

이 명령어의 대안은 다음과 같다.

```
glm triathlon carbohydrates, family(binomial) link(probit)
```

이 명령어는 프로빗 회귀 모델 역시 **일반화 선형 모델**의 일부이므로 동일한 모수 추정을 생성한다.

호기심이 있는 독자라면 TriathlonProbit Maximum Likelihood.xls 파일을 사용해 엑셀의 **해 찾기** 도구를 이용해 이 장에서 소개한 표준 절차를 따라 동일한 결과를 얻을 수 있다. 이 파일에는 해 찾기 기준이 이미 정의되어 있다.

그림 14.68의 결과에 따라 95% 신뢰에서 추정된 모수는 통계적으로 0이 아님을 알 수 있고, 따라서 선수 i에 대한 최종 추정식은 다음과 같다.

$$p_i = \Phi(-1.642 + 0.379 \cdot \text{carbohydrates}_i)$$

이 경우, 예를 들어 시합 전날 체중 1kg당 10그램의 탄수화물을 섭취한 선수가 완주할 평균 확률은 다음 명령어로 구할 수 있다.

```
mfx, at(carbohydrates = 10)
```

결과는 그림 14.69에 있고, 이에 따라 0.984(98.4%)라는 답을 얻을 수 있다. 이 답은 다음 식을 통해서도 구할 수 있다.

$$p_i = \Phi[-1.642 + 0.379 \cdot (10)] = \Phi(2.148)$$

여기서 2.148은 표준 정규 분포의 누적 밀도 함수의 Z 점수를 나타내고 그 결과는 0.984이다. 이 결과를 확인하려면 Stata에서는 display normal(2.148) 명령어를, 엑셀에서는 = NORM.S.DIST(2.148; 1)을 실행해보면 된다.

이에 더해, 이진 로지스틱 회귀에서처럼 Stata에서는 결과에 프로빗 회귀 모델 결과를 추정할 때 맥패든 유사 R^2을 보여주는데, 이는 식 (14.16)으로 구할 수 있고 그 용도는 두 모델을 비교하는 것

에만 국한된다(더 높은 맥패든 유사 R^2 기준).

해당 이진 로지스틱 회귀 모델의 모수를 추정하고 프로빗 회귀와 비교하고자 한다면, 다음 명령어를 사용하면 된다.

```
eststo: quietly logit triathlon carbohydrates
predict prob1

eststo: quietly probit triathlon carbohydrates
predict prob2

esttab, scalars(ll) se pr2
```

그림 14.70은 추정 결과를 보여준다.

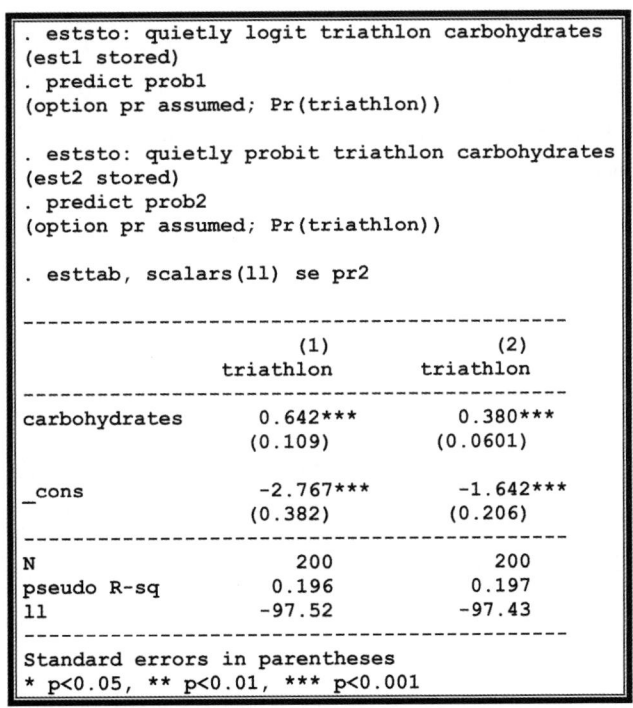

```
. eststo: quietly logit triathlon carbohydrates
(est1 stored)
. predict prob1
(option pr assumed; Pr(triathlon))

. eststo: quietly probit triathlon carbohydrates
(est2 stored)
. predict prob2
(option pr assumed; Pr(triathlon))

. esttab, scalars(ll) se pr2

------------------------------------------
                      (1)            (2)
                   triathlon      triathlon
------------------------------------------
carbohydrates       0.642***       0.380***
                   (0.109)        (0.0601)

_cons              -2.767***      -1.642***
                   (0.382)        (0.206)
------------------------------------------
N                     200            200
pseudo R-sq         0.196          0.197
ll                 -97.52         -97.43
------------------------------------------
Standard errors in parentheses
* p<0.05, ** p<0.01, *** p<0.001
```

그림 14.70 로짓과 프로빗 추정에서 구한 주 결과

통합 출력에 따라 각 경우의 모수 추정은 다르지만 **로그 우도 함수**^{logarithmic likelihood function}(ll, 또는 **로그 우도**)와 맥패든 유사 R^2으로 구한 값이 프로빗 모델에 있어 좀 더 높으므로(그림 14.70의 모델 2) 예제 데이터의 경우 로짓 모델을 더 선호하게 된다.

실제 추정 모수와 관련해, 다음 관계를 알 수 있다.

$$\frac{\alpha_{\text{logit}}}{\alpha_{\text{probit}}} = \frac{-2.767}{-1.642} = 1.69$$

$$\frac{\beta_{\text{logit}}}{\beta_{\text{probit}}} = \frac{0.642}{0.380} = 1.69$$

이는 Amemiya(1981)에서 설명된 것과 일치한다.

이를 해석해보면, 체중 1kg당 1그램의 탄수화물을 더 섭취하면 철인 3종 경기를 완주할 자연로그 우도 가능성을 평균 0.642 증가시키고(로짓 모델), 이는 표준 정규 분포의 Z 점수가 평균 0.380 증가할 때도 동일한 사실을 얻는다(프로빗 모델).

다음으로, 두 모델에서 호스머-렘쇼 검정의 유의수준을 비교하고 ROC 곡선하 면적을 비교한다. 이를 위해 다음 명령어를 수행한다.

```
quietly logit triathlon carbohydrates
estat gof, group(10)
lroc, nograph

quietly probit triathlon carbohydrates
estat gof, group(10)
lroc, nograph
```

결과는 그림 14.71에 있다.

이 결과에 따라 두 모델의 ROC 곡선하 면적이 같음을 볼 수 있다. 그러나 추정은 제시된 모델에 대한 품질에 문제를 보이지 않지만, 95% 신뢰수준에서 기대와 관측 빈도가 동일하다는 귀무 가설을 기각하지 못하고 프로빗 모델에서의 호스머-렘쇼 유의수준(χ^2 = 8.93, $Sig. \chi^2$ = 0.3479)이 로짓 모델의 값(χ^2 = 9.14, $Sig. \chi^2$ = 0.3305)보다 좀 더 높기 때문에 프로빗이 약간 더 낮다고 볼 수 있다.

마지막으로, 각 선수가 완주할 확률의 기댓값(예측값, 각각 *prob1*, *prob2* 변수가 이미 생성)을 *carbohydrates* 변수와 연계할 수 있다. 그래프는 그림 14.72에 있고, 명령어는 다음과 같다.

```
graph twoway scatter triathlon carbohydrates || mspline prob1 carbohydrates || mspline
prob2 carbohydrates ||, legend(label(2 "LOGIT") label(3 "PROBIT"))
```

```
. quietly logit triathlon carbohydrates
. estat gof, group(10)

Logistic model for triathlon, goodness-of-fit test

  (Table collapsed on quantiles of estimated probabilities)

        number of observations =        200
              number of groups =         10
      Hosmer-Lemeshow chi2(8) =        9.14
                  Prob > chi2 =      0.3305

. lroc, nograph

Logistic model for triathlon

number of observations =        200
area under ROC curve   =     0.7892


. quietly probit triathlon carbohydrates
. estat gof, group(10)

Probit model for triathlon, goodness-of-fit test

  (Table collapsed on quantiles of estimated probabilities)

        number of observations =        200
              number of groups =         10
      Hosmer-Lemeshow chi2(8) =        8.93
                  Prob > chi2 =      0.3479

. lroc, nograph

Probit model for triathlon

number of observations =        200
area under ROC curve   =     0.7892
```

그림 14.71 로짓과 프로빗 추정에서 구한 호스머–렘쇼 검정과 ROC 곡선하 면적

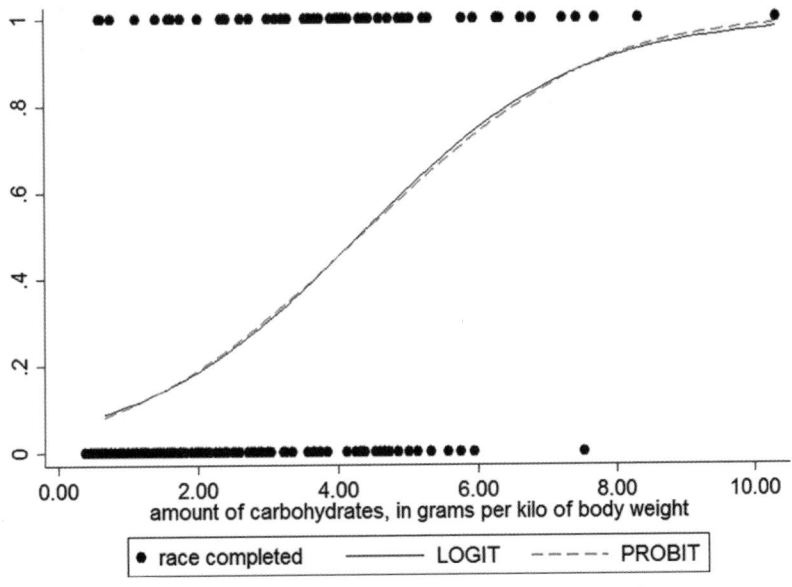

그림 14.72 로짓과 프로빗 조정에서 *carbohydrates* 변수의 함수로 나타낸 사건 발생(완주) 확률

비록 이 그래프는 예제에서 로짓과 프로빗의 차이가 거의 없지만, 앞선 기준에 따라 프로빗이 좀 더 선호된다.

모델에서 종속 변수가 이진이고 추정 기준을 적용을 정당화하거나, 적어도 확률 곡선이 누적 표준 정규 분포에 근접한지 확인해보기를 권한다. 이 경우 예측 확률에 있어서 프로빗 회귀 모델이 좀 더 적절하다.

15

<h1 align="center">개수 데이터를 위한 회귀 모델:
푸아송과 음이항</h1>

두 가지에 있어 인생은 즐겁다. 수학의 발견과 수학의 교육

– 시메옹 드니 푸아송(Siméon-Denis Poisson)

15.1 소개

푸아송과 음이항 회귀 모델은 개수[count] 데이터 회귀 모델로 알려진 것 중 하나로서, 그 자체가 정량이고 음이 아닌 이산인(개수 데이터) 결정된 종속 변수의 행동을 예측 변수에 대해 분석하고자 한다.

이 경우 전통적 선형 모델은 작은 개수의 양수이며, 설명 변수 집합에 종속된 이산 변수를 설명하기에 부적절하다. 또한 모델 추정 후에 설명 변수의 행동이 주어졌을 때 현상의 발생 확률도 계산하고자 한다.

개수 데이터로 작업할 때는 그 단순성으로 인해 **푸아송 회귀 모델**[Poisson regression model]로 모수 추정을 시작하는 것이 일반적이다. 이 경우 푸아송 회귀 모델의 종속 변수는 분산과 평균이 동일한 푸아송 분포를 따라야 한다. 그러나 Tadano et al.(2009)에 따르면 이 확률은 종종 경험적 연구에서는 위배되고 **과산포**[overdispersion]가 존재하는 경우가 많으므로 종속 변수의 분산은 평균보다 더 크다. 이런 경우 **음이항 회귀**[negative binomial regression] 모델로 작업한다.

Tadano et al.(2009)에 따르면 또한 푸아송과 음이항 분포도 **일반화 회귀 모델**[Generalized Linear Models

에 포함되고 이 경우 비선형 성질을 가진 종속 변수 데이터를 변환하는 대안을 제공하는 데 사용된 모델 부류들은 Wedderburn(1974)이 유사우도^{quasilikelihood}를 개발한 1970년대까지 거슬러 올라간다.

최소 자승에 의한 전통적 회귀 기법과 달리 개수 데이터의 회귀 모델은 최대 우도에 의해 추정되며, 최적 추정은 종속 변수의 분포에 종속되고 평균과 분산의 관계 및 연구 목적은 기저 이론과 연구원의 경험에 기반한다.

경제, 금융, 인구통계, 생태학, 환경, 계리, 의학, 수의학 등 개수 데이터 회귀 모델을 사용하는 분야는 매우 흔하다.

예를 들어 고령 환자가 연간 병원에 가는 횟수를 나이, 성별, 건강보험 가입 여부의 함수로 나타내는 예를 생각해보자. 또 다른 예는 특정 연도에 선진국과 이머징 국가에서 인플레이션, 이자율, 국내 총 생산, 외국 투자 비율 등에 따른 기업 공개 횟수를 연구해볼 수 있다. 병원 방문 횟수나 기업 공개 횟수는 모두 이산이며 발생 횟수가 제한된, 즉 개수 데이터인 정량 데이터라는 점에 주목하자.

그러나 병원 방문 횟수에 해당하는 변수의 평균과 분산이 거의 같다고 상상해보자. 이런 경우 전통적 푸아송 회귀 모델을 추정해볼 수 있다. 반면 국가별로 기업 공개 횟수의 산포가 평균보다 훨씬 크다면 과산포 데이터를 다뤄야 하며, 결론적으로 음이항 회귀 모델을 쓸 수 있다. Cameron and Trivedi(2009)에 따르면 과산포는 표본 관측치 간의 데이터가 높은 이질성을 보일 때 흔히 나타난다고 한다.

그림 15.1은 푸아송 분포와 음이항 분포를 도식화해서 보여준다. 비록 분포는 비슷해 보이지만, 두 번째 경우(그림 15.1(b)) 산포가 훨씬 크다.

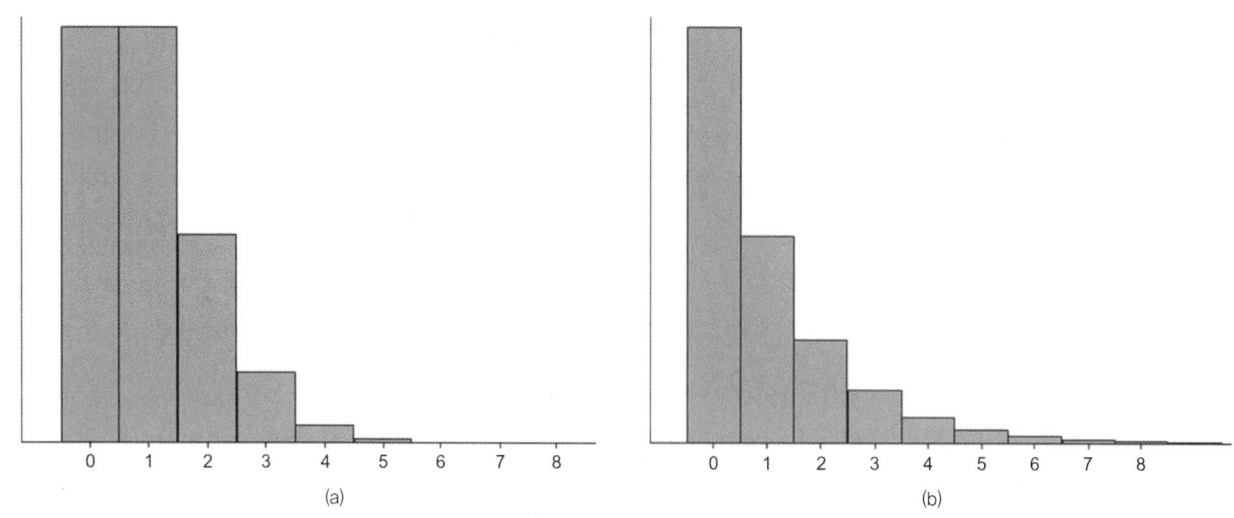

그림 15.1 푸아송과 음이항 분포 예: (a) 푸아송 분포, (b) 음이항 분포

종속 변수 자체가 정량이므로 그 분포를 연구하지 않는 경우가 많고, 이에 따라 미숙한 연구원들이 최소 자승에 의한 회귀 추정을 하고 결과를 얻기까지 한다. **이러한 절차는 편향된 추정을 생성하므로 잘못된 것이다. 불행히도 이러한 실수는 보이는 것보다 자주 발생한다.**

개수 데이터의 회귀 모델 중 **제로 인플레이티드 회귀 모델**zero-inflated regression model도 알아둘 필요가 있다. 이 모델은 종속 변수 개수 데이터의 상당수가 0인 경우 모수 추정에 사용할 수 있다. 제로 인플레이티드 푸아송과 음이항 모델은 이 장의 부록에서 살펴본다.

14장에서 설명한 대로, 개수 데이터의 회귀 모델은 기저 이론과 연구원의 경험에 따라 정의할 수 있고 그에 따라 원하는 모델을 추정하고 통계 검정을 통해 결과를 분석한 다음 예측을 준비할 수 있다.

이 장에서는 개수 데이터에 대한 회귀 모델을 다음과 같은 목표로 설명한다. (1) 푸아송과 음이항 회귀 모델 개념 소개, (2) 개수 데이터의 회귀 모델에서 최대 우도를 사용한 추정, (3) 결과 해석 및 예측 준비, (4) 엑셀, Stata, SPSS 사용 방법. 이전 장들의 논리를 따라, 예제의 해법은 처음에 엑셀로 해결하고 수작업으로도 풀어본다. 개념 소개가 끝나면 Stata와 SPSS를 사용해 기법을 적용해본다.

15.2 푸아송 회귀 모델

개수 데이터의 회귀 모델은 주목적이 그 자체가 이산이며 음이 아닌 값인 Y로 정의된 종속 변수의 행동을 설명 변수의 행동에 따라 연구하는 것이다. Cameron and Trivedi(2009)에 따르면 개수 데이터의 회귀를 연구하는 시작점은 관측치 $i(i = 1, 2, ..., n,$ 여기서 n은 표본 크기)에 대한 푸아송 분포를 나타내는 것이며, 결정 구간(주기, 영역, 지역 등)에 대한 다음의 발생 확률을 갖는다.

$$p(Y_i = m) = \frac{e^{-\lambda_i} \cdot \lambda_i^m}{m!} \quad m = 0, 1, 2, ... \tag{15.1}$$

여기서 λ는 주어진 구간에 대한 현상의 추정 **사건 발생 비율**incidence rate ratio 또는 기대 발생 횟수다.

식 (15.1)에 따라, p 값을 m 값의 함수로 나타낸 표를 구성할 수 있다. m이 정수이며 음이 아니므로 0부터 $+\infty$ 사이에 존재하지만, 여기서는 단지 교육적 목적으로 0부터 20까지만 나타낸다. 표 15.1은 세 가지 λ 상황을 보여준다.

표 15.1에서 계산한 데이터에 따라 그림 15.2와 같은 그래프를 구성할 수 있다.

표 15.1 각기 다른 λ에 대한 개수 *m*의 발생 확률

m	$\lambda_i = 1$ $p(Y_i = m) = \frac{e^{-\lambda_i} \cdot \lambda_i^m}{m!}$	$\lambda_i = 4$	$\lambda_i = 10$
0	0.3679	0.0183	0.0000
1	0.3679	0.0733	0.0005
2	0.1839	0.1465	0.0023
3	0.0613	0.1954	0.0076
4	0.0153	0.1954	0.0189
5	0.0031	0.1563	0.0378
6	0.0005	0.1042	0.0631
7	0.0001	0.0595	0.0901
8	0.0000	0.0298	0.1126
9	0.0000	0.0132	0.1251
10	0.0000	0.0053	0.1251
11	0.0000	0.0019	0.1137
12	0.0000	0.0006	0.0948
13	0.0000	0.0002	0.0729
14	0.0000	0.0001	0.0521
15	0.0000	0.0000	0.0347
16	0.0000	0.0000	0.0217
17	0.0000	0.0000	0.0128
18	0.0000	0.0000	0.0071
19	0.0000	0.0000	0.0037
20	0.0000	0.0000	0.0019

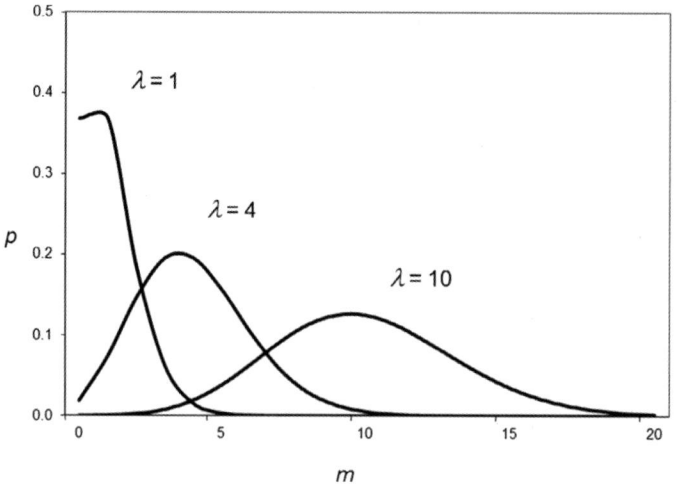

그림 15.2 푸아송 분포: 개수 *m*을 기대 발생 횟수 λ의 함수로 나타낸 발생 확률 그래프

그림 15.2를 보면 기대 발생 횟수 λ가 커질수록 확률 곡선이 퍼지면서 오른쪽으로 옮겨가고, λ보다 큰 정규 분포에 가까워지는 것을 볼 수 있다.

푸아송 분포에서는 연구 중인 평균과 분산이 다음과 같이 λ와 같아야 한다.

- 평균

$$E(Y) = \sum_{m=0}^{\infty} m \cdot \frac{e^{-\lambda} \cdot \lambda^m}{m!} = \lambda \cdot \sum_{m=1}^{\infty} \frac{e^{-\lambda} \cdot \lambda^{m-1}}{(m-1!)} = \lambda \cdot 1 = \lambda \tag{15.2}$$

- 분산

$$Var(Y) = \sum_{m=0}^{\infty} \frac{e^{-\lambda} \cdot \lambda^m}{m!} \cdot (m-\lambda)^2 = \sum_{m=0}^{\infty} \frac{e^{-\lambda} \cdot \lambda^m}{m!} \cdot (m^2 - 2 \cdot m \cdot \lambda + \lambda^2)$$
$$\lambda^2 \cdot \sum_{m=2}^{\infty} \frac{e^{-\lambda} \cdot \lambda^{m-2}}{(m-2!)} + \lambda \cdot \sum_{m=1}^{\infty} \frac{e^{-\lambda} \cdot \lambda^{m-1}}{(m-1!)} - \lambda^2 = \lambda \tag{15.3}$$

푸아송 분포의 등산포성equidispersion of the Poisson distribution으로도 알려진 이 성질이 만족되면 다음과 같이 정의된 푸아송 회귀 모델을 추정할 수 있다.

$$\ln(\hat{Y}_i) = \ln(\lambda_i) = \alpha + \beta_1 \cdot X_{1i} + \beta_2 \cdot X_{2i} + \cdots + \beta_k \cdot X_{ki} \tag{15.4}$$

이는 로그 선형 모델(또는 좌측 세미로그)로도 불린다. 따라서 결정된 관측치 i에 대해 기대 발생 횟수는 다음과 같이 쓸 수 있다.

$$\lambda_i = e^{(\alpha + \beta_1 \cdot X_{1i} + \beta_2 \cdot X_{2i} + \cdots + \beta_k \cdot X_{ki})} \tag{15.5}$$

여기서 α는 상수, $\beta_j (j = 1, 2, ..., k)$는 각 설명 변수의 추정 모수, X_j는 설명 변수(계량 또는 더미), 첨자 i는 표본의 각 관측치(i = 1, 2, ..., n, 여기서 n은 표본 크기)를 나타낸다.

푸아송 회귀 모델의 개요를 살펴봤으므로, 이제 엑셀을 이용해 먼저 예제의 모수를 실제로 추정해 보자.

15.2.1 최대 우도에 의한 푸아송 회귀 모델의 추정

책의 논리를 따라, 이제 14장과 비슷한 예제를 사용해 최대 우도에 의한 푸아송 회귀 모델 추정에 관련된 개념을 알아본다. 이제 종속 변수는 개수 데이터를 나타낸다.

다항 회귀, 이진 및 다항 회귀 기법을 통해 통학 시간에 대한 설명 변수와 지각 확률을 연구했던 앞서의 교수가 이번에는 이 중 어떤 변수가 주당 지각 횟수에 영향을 미치는지 알고자 한다. 따라서 연구하려는 현상은 정량이며(주당 지각 사건), 음이 아닌 이산값이다(개수 데이터).

따라서 교수는 100명의 학생에게 주당 지각 횟수를 물어봤다. 또한 늘 같은 길을 다닌다는 가정 하에 학교까지의 거리(km), 신호등 개수, 출발 시간대(오전 또는 오후)를 물어봤다. 데이터셋의 일부는 표 15.2에 나타나 있다.

표 15.2 지난주 지각 횟수 × 거리, 신호등 개수, 출발 시간대

학생	지난주 지각 횟수 (Y_i)	거리(km) (X_{1i})	신호등 개수 sem (X_{2i})	출발 시간대 (X_{3i})
Gabriela	1	11	15	1 (오전)
Patricia	0	9	15	1 (오전)
Gustavo	0	9	16	1 (오전)
Leticia	3	10	16	0 (오후)
Luiz Ovidio	2	12	18	1 (오전)
Leonor	3	14	16	0 (오후)
Dalila	1	10	15	1 (오전)
Antonio	0	10	16	1 (오전)
Julia	2	10	18	1 (오전)
Mariana	0	9	13	1 (오전)
		...		
Filomena	1	8	18	1 (오전)
		...		
Estela	0	8	13	1 (오전)

이전 장들에서 출발 시간대에 대해 정의한 것에 따라 참조 범주는 '오후'가 되고 표 15.2에서 보는 것처럼 해당 셀은 0 값을 갖고, '오전' 범주는 1 값을 갖는다.

푸아송 모델을 정확히 구성하기 위해 먼저 종속 변수의 평균(지각 횟수)이 분산과 동일한지 확인해야 한다. 표 15.3은 이 통계량을 보여주는데, 서로 거의 비슷하다는 사실을 알 수 있다. 그림 15.3은 예제의 종속 변수에 대한 히스토그램을 보여준다.

표 15.3 종속 변수 평균과 분산(지난주 지각 횟수)

통계량	
평균	1.030
분산	1.059

818

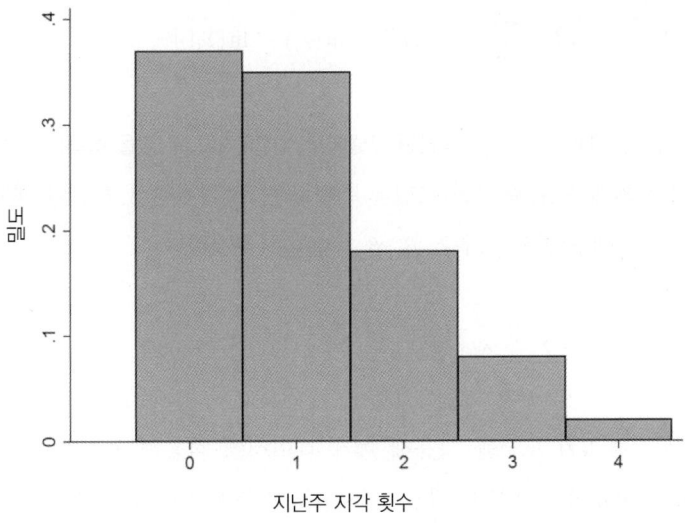

그림 15.3 종속 변수 히스토그램

　종속 변수의 평균과 분산이 매우 유사하므로, 푸아송 회귀를 이용해 주별 지각 사건의 행동을 거리, 신호등 개수, 출발 시간대의 함수로 연구해보자.

　그러나 종속 변수 분산이 평균보다 매우 큰 경우 푸아송 모델 추정은 **과산포**[overdispersion]라고 부르는 문제로 인해 편향된 모수를 생성한다. 따라서 푸아송 회귀로 추정하고 난 다음에는 항상 **과산포 존재를 확인**하는 절차를 수행하기를 권한다(15.2.4절에서 설명한다). 그리고 과산포가 존재한다면, 음이항 회귀를 권한다(15.3절).

　완전한 데이터셋은 HowLatePoisson.xls 파일에 있다.

　식 (15.4)에 따라 푸아송 회귀 모델은 다음과 같다.

$$\ln(\lambda_i) = \alpha + \beta_1 \cdot dist_i + \beta_2 \cdot sem_i + \beta_3 \cdot per_i$$

그리고 각 학생의 주당 지각 사건의 평균 비율은 식 (15.5)에 따라 다음과 같다.

$$\lambda_i = e^{(\alpha + \beta_1 \cdot dist_i + \beta_2 \cdot sem_i + \beta_3 \cdot per_i)}$$

이진이나 다항 회귀 모델에서처럼 푸아송 회귀 모델 모수는 최대 우도로 추정하는데, 종속 변수는 푸아송 분포를 따른다. 결정 구간(예제에서는 1주)에서의 특정 개수 m의 발생 확률은 n 관측치를 가진 표본의 i 관측치에 대해 식 (15.1)에 따라 다음과 같이 정의할 수 있다.

$$L = \prod_{i=1}^{n} \frac{e^{-\lambda_i} \cdot (\lambda_i)^{Y_i}}{Y_i!} \tag{15.6}$$

이로부터 로그 우도 함수는 다음과 같이 쓸 수 있다.

$$LL = \sum_{i=1}^{n} \left[-\lambda_i + (Y_i) \cdot \ln(\lambda_i) - \ln(Y_i!) \right] \tag{15.7}$$

따라서 다음 질문을 해볼 수 있다. **제안된 모델에서 식 (15.7)의 LL 값을 최대화하는 모수는 무엇인가?** 이 중요한 질문이 바로 최대 우도 푸아송 모델을 추정하는 주요 핵심이고 선형 계획법으로 구할 수 있다. 이제 다음 목적 함수에 기반해 모수 $\alpha, \beta_1, \beta_2, ..., \beta_k$를 추정한다.

$$LL = \sum_{i=1}^{n} \left[-\lambda_i + (Y_i) \cdot \ln(\lambda_i) - \ln(Y_i!) \right] = \max \tag{15.8}$$

이 문제는 엑셀의 **해 찾기** 도구를 사용해 예제 데이터에 적용해 풀이해본다. 이를 위해 HowLate PoissonMaximumLikelihood.xls 파일을 열어 모수 추정 계산을 해본다.

이 파일에는 종속과 설명 변수 이외에 2개의 새로운 변수가 있는데, 각각 주별 사건 비율 λ_i와 각 관측치의 로그 우도 함수 LL_i이다. 표 15.4는 모수 $\alpha, \beta_1, \beta_2, \beta_3$가 0일 때의 데이터 일부를 보여준다.

표 15.4 $\alpha = \beta_1 = \beta_2 = \beta_3 = 0$일 때의 LL 계산

학생	Y_i	X_{1i}	X_{2i}	X_{3i}	λ_i	LL_i $-\lambda_i + (Y_i) \cdot \ln(\lambda_i) - \ln(Y_i!)$
Gabriela	1	11	15	1	1.00000	−1.00000
Patricia	0	9	15	1	1.00000	−1.00000
Gustavo	0	9	16	1	1.00000	−1.00000
Leticia	3	10	16	0	1.00000	−2.79176
Luiz Ovidio	2	12	18	1	1.00000	−1.69315
Leonor	3	14	16	0	1.00000	−2.79176
Dalila	1	10	15	1	1.00000	−1.00000
Antonio	0	10	16	1	1.00000	−1.00000
Julia	2	10	18	1	1.00000	−1.69315
Mariana	0	9	13	1	1.00000	−1.00000
...						
Filomena	1	8	18	1	1.00000	−1.00000
...						
Estela	0	8	13	1	1.00000	−1.00000
합계	$LL = \sum_{i=1}^{100} \left[-\lambda_i + (Y_i) \cdot \ln(\lambda_i) - \ln(Y_i!) \right]$					−133.16683

⬜	A	B	C	D	E	F	G	H	I	J
1	Student	Late arrivals (Y)	Distance (X₁)	Traffic lights - *sem* (X₂)	Time of day - *per* (X₃)	λ_i	LL_i			
2	Gabriela	1	11	15	1	1.00000	-1.00000			
3	Patrícia	0	9	15	1	1.00000	-1.00000		α	0.0000
4	Gustavo	0	9	16	1	1.00000	-1.00000			
5	Letícia	3	10	16	0	1.00000	-2.79176		β_1	0.0000
6	Luiz Ovídio	2	12	18	1	1.00000	-1.69315			
7	Leonor	3	14	16	0	1.00000	-2.79176		β_2	0.0000
8	Dalila	1	10	15	1	1.00000	-1.00000			
9	Antônio	0	10	16	1	1.00000	-1.00000		β_3	0.0000
10	Júlia	2	10	18	1	1.00000	-1.69315			
11	Mariana	0	9	13	1	1.00000	-1.00000			
12	Roberto	1	9	15	1	1.00000	-1.00000			
13	Renata	1	9	15	1	1.00000	-1.00000			
14	Guilherme	2	12	17	1	1.00000	-1.69315			
15	Rodrigo	1	9	12	1	1.00000	-1.00000			
16	Giulia	0	11	11	1	1.00000	-1.00000			
17	Felipe	2	9	17	1	1.00000	-1.69315			
18	Karina	1	11	14	1	1.00000	-1.00000			
19	Pietro	1	11	15	1	1.00000	-1.00000			
20	Cecilia	0	11	15	1	1.00000	-1.00000			
21	Gisele	0	9	14	1	1.00000	-1.00000			
22	Elaine	1	11	13	1	1.00000	-1.00000			
23	Kamal	0	9	14	1	1.00000	-1.00000			
24	Rodolfo	0	11	15	1	1.00000	-1.00000			
25	Pilar	1	11	13	1	1.00000	-1.00000			
26	Vivian	2	13	16	1	1.00000	-1.69315			
27	Danielle	0	9	11	1	1.00000	-1.00000			
28	Juliana	0	9	16	1	1.00000	-1.00000			
101	Estela	0	8	13	1	1.00000	-1.00000			
102										
103						Sum LL$_i$	-133.16683			

그림 15.4 HowLatePoissonMaximumLikelihood.xls 파일의 데이터

$\alpha = \beta_1 = \beta_2 = \beta_3 = 0$일 때는 로그 우도 함수의 합이 -133.16683임을 볼 수 있다. 그러나 식 (15.8)을 따르며, 로그 우도 함수의 합이 최대가 되도록 만드는 목적 함수의 최적 모수 조합을 찾아야 한다.

Belfiore and Fávero(2012)의 논리를 따라 엑셀의 **해 찾기** 도구를 연다. 목적 함수는 셀 G103이며, 이 값이 최대화돼야 한다. 또한 모수 $\alpha, \beta_1, \beta_2, \beta_3$는 각각 셀 J3, J5, J7, J9에 있다. 해 찾기 창은 그림 15.5와 같다.

해 찾기를 클릭하고 **확인**을 누르면 선형 계획법의 최적해를 구할 수 있다. 표 15.5는 그중 일부를 보여준다.

로그 우도 함수 합의 최대는 $LL_{\max} = -107.61498$이다. 문제의 해는 다음 모수 추정을 생성했다.

$\alpha = -4.3801$
$\beta_1 = 0.2221$
$\beta_2 = 0.1646$
$\beta_3 = -0.5731$

따라서 다음과 같이 추정 로그 선형 모델을 쓸 수 있다.

$$\ln(\lambda_i) = -4.3801 + 0.2221 \cdot dist_i + 0.1646 \cdot sem_i - 0.5731 \cdot per_i$$

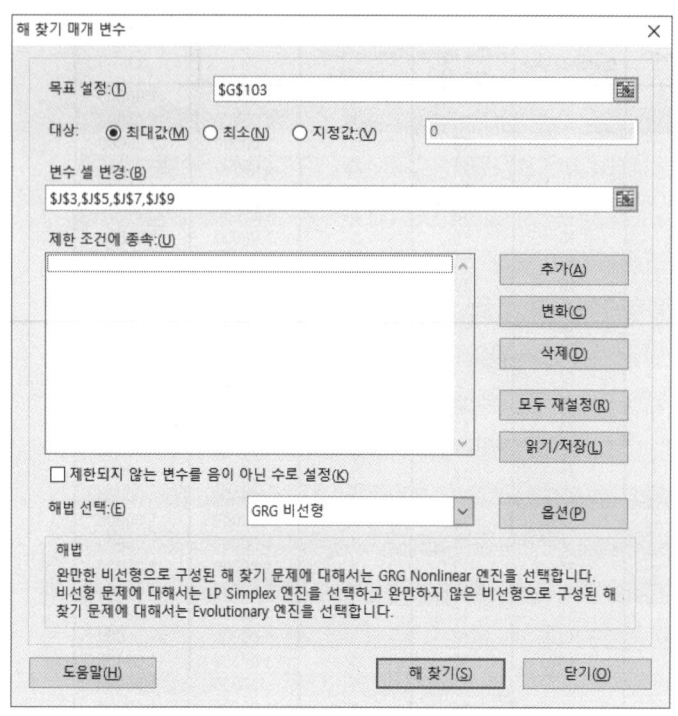

그림 15.5 해 찾기: 로그 우도 함수 합의 최대화

표 15.5 *LL*의 최대화로 구한 값

학생	Y_i	X_{1i}	X_{2i}	X_{3i}	λ_i	LL_i $-\lambda_i + (Y_i)\cdot\ln(\lambda_i) - \ln(Y_i!)$
Gabriela	1	11	15	1	0.96026	−1.00081
Patricia	0	9	15	1	0.61581	−0.61581
Gustavo	0	9	16	1	0.72601	−0.72601
Leticia	3	10	16	0	1.60809	−1.97471
Luiz Ovidio	2	12	18	1	1.96485	−1.30717
Leonor	3	14	16	0	3.91008	−1.61117
Dalila	1	10	15	1	0.76899	−1.03167
Antonio	0	10	16	1	0.90659	−0.90659
Julia	2	10	18	1	1.26006	−1.49089
Mariana	0	9	13	1	0.44306	−0.44306
			...			
Filomena	1	8	18	1	0.80808	−1.02117
			...			
Estela	0	8	13	1	0.35481	−0.35481
합계	$LL = \sum_{i=1}^{100}[-\lambda_i + (Y_i)\cdot\ln(\lambda_i) - \ln(Y_i!)]$					−107.61498

각 학생의 주별 지각 평균 비율은 다음과 같다.

$$\lambda_i = e^{(-4.3801 + 0.2221 \cdot dist_i + 0.1646 \cdot sem_i - 0.5731 \cdot per_i)}$$

그림 15.6은 모델링에서 구한 결과 일부를 보여준다.

	A	B	C	D	E	F	G	H	I	J
1	Student	Late arrivals (Y)	Distance (X₁)	Traffic lights - sem (X₂)	Time of day - per (X₃)	λ_i	LL_i			
2	Gabriela	1	11	15	1	0.96026	-1.00081		α	-4.3801
3	Patrícia	0	9	15	1	0.61581	-0.61581			
4	Gustavo	0	9	16	1	0.72601	-0.72601		β₁	0.2221
5	Letícia	3	10	16	0	1.60809	-1.97471			
6	Luiz Ovidio	2	12	18	1	1.96485	-1.30717		β₂	0.1646
7	Leonor	3	14	16	0	3.91008	-1.61117			
8	Dalila	1	10	15	1	0.76899	-1.03167		β₃	-0.5731
9	Antônio	0	10	16	1	0.90659	-0.90659			
10	Júlia	2	10	18	1	1.26006	-1.49089			
11	Mariana	0	9	13	1	0.44306	-0.44306			
12	Roberto	1	9	15	1	0.61581	-1.10062			
13	Renata	1	9	15	1	0.61581	-1.10062			
14	Guilherme	2	12	17	1	1.66663	-1.33817			
15	Rodrigo	1	9	12	1	0.37582	-1.35447			
16	Giulia	0	11	11	1	0.49708	-0.49708			
17	Felipe	2	9	17	1	0.85592	-1.86023			
18	Karina	1	11	14	1	0.81451	-1.01968			
19	Pietro	1	11	15	1	0.96026	-1.00081			
20	Cecilia	0	11	15	1	0.96026	-0.96026			
21	Gisele	0	9	14	1	0.52235	-0.52235			
22	Elaine	1	11	13	1	0.69088	-1.06067			
23	Kamal	0	9	14	1	0.52235	-0.52235			
24	Rodolfo	0	11	15	1	0.96026	-0.96026			
25	Pilar	1	11	13	1	0.69088	-1.06067			
26	Vivian	2	13	16	1	1.76529	-1.32181			
27	Danielle	0	9	11	1	0.31878	-0.31878			
28	Juliana	0	9	16	1	0.72601	-0.72601			
101	Estela	0	8	13	1	0.35481	-0.35481			
102										
103						Sum LL_i	-107.61498			

그림 15.6 해 찾기로 *LL* 최대화를 위한 모수 추정

푸아송 모델 모수를 추정했으면 다음 네 가지 질문을 생각해보자.

거리가 12km, 신호등 개수가 17개 그리고 오후에 출발한 학생의 지각 횟수 평균값은 얼마인가?

나머지 조건이 동일할 때, 거리가 1km 멀어질 때마다 주별 지각 가능성은 어떻게 되는가?

나머지 조건이 동일할 때, 신호등 개수가 하나 많아질 때마다 주별 지각 가능성은 어떻게 되는가?

나머지 조건이 동일할 때, 오후가 아니라 오전에 출발한다면 주별 지각 가능성은 어떻게 되는가?

문제에 답하기 전에, 추정 모수가 특정 유의수준에서 통계적으로 유의한지 확인해봐야 한다. 그렇지 않다면 최종 모델을 수정해 오직 통계적으로 유의한 모수만 남도록 한 다음 예측을 해야 한다.

따라서 주별 지각 사건의 평균 비율 모수를 최대 우도로 추정한 다음, 일반 통계적 유의성을 모델에 적용해서 이전 장과 비슷한 분석을 해야 한다.

15.2.2 푸아송 회귀 모델과 각 모수의 일반 통계적 유의성

이진 및 다항 회귀 모델에서와 같이 푸아송 회귀 모델에서도 맥패든 유사 R^2을 다음 식으로 구할 수 있다.

$$pseudo\,R^2 = \frac{-2 \cdot LL_0 - (-2 \cdot LL_{\max})}{-2 \cdot LL_0} \tag{15.9}$$

그 용도는 더 국한되며, 비교를 통해 더 높은 값을 가진 모델을 선택하기 위해 사용된다.

14장의 논리를 따라 먼저 상수항만 가진 빈 모델의 로그 우도 함수를 최대화하는 LL_0를 계산한다. 15.2.1절과 동일한 절차를 따라, 그러나 이번에는 HowLatePoissonMaximumLikelihoodNullModel.xls 파일을 사용해 $LL_0 = -133.12228$을 얻는다. 그림 15.7과 그림 15.8은 해 찾기 창과 파일에서 구한 결과의 일부를 각각 보여준다.

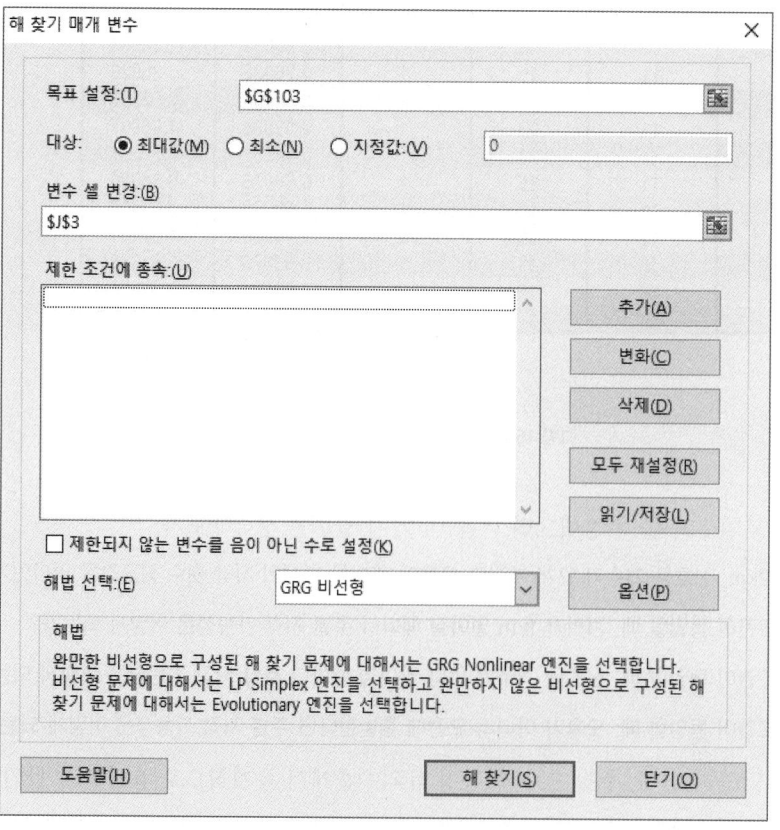

그림 15.7 해 찾기: 빈 모델의 로그 최대 우도 함수 합의 최대화

	A	B	C	D	E	F	G	H	I	J
1	Student	Late arrivals (Y)	Distance (X₁)	Traffic lights - sem (X₂)	Time of day - per (X₃)	λ_i	LL_i			
2	Gabriela	1	11	15	1	1.03000	-1.00044			
3	Patricia	0	9	15	1	1.03000	-1.03000		α	0.0296
4	Gustavo	0	9	16	1	1.03000	-1.03000			
5	Leticia	3	10	16	0	1.03000	-2.73308			
6	Luiz Ovidio	2	12	18	1	1.03000	-1.66403			
7	Leonor	3	14	16	0	1.03000	-2.73308			
8	Dalila	1	10	15	1	1.03000	-1.00044			
9	Antonio	0	10	16	1	1.03000	-1.03000			
10	Julia	2	10	16	1	1.03000	-1.66403			
11	Mariana	0	9	13	1	1.03000	-1.03000			
12	Roberto	1	9	15	1	1.03000	-1.00044			
13	Renata	1	9	15	1	1.03000	-1.00044			
14	Guilherme	2	12	17	1	1.03000	-1.66403			
15	Rodrigo	1	9	12	1	1.03000	-1.00044			
16	Giulia	0	11	11	1	1.03000	-1.03000			
17	Felipe	2	9	17	1	1.03000	-1.66403			
18	Karina	1	11	14	1	1.03000	-1.00044			
19	Pietro	1	11	15	1	1.03000	-1.00044			
20	Cecilia	0	11	15	1	1.03000	-1.03000			
21	Gisele	0	9	14	1	1.03000	-1.03000			
22	Elaine	1	11	13	1	1.03000	-1.00044			
23	Kamal	0	9	14	1	1.03000	-1.03000			
24	Rodolfo	0	11	15	1	1.03000	-1.03000			
25	Pilar	1	11	13	1	1.03000	-1.00044			
26	Vivian	2	13	16	1	1.03000	-1.66403			
27	Danielle	0	9	11	1	1.03000	-1.03000			
28	Juliana	0	9	16	1	1.03000	-1.03000			
101	Estela	0	8	13	1	1.03000	-1.03000			
102										
103						Sum LL_i	-133.12228			

그림 15.8 해 찾기를 통해 LL을 최대화하는 모수 추정: 빈 모델

이 예제의 경우 이전 절에서 설명한 대로 엑셀의 **해 찾기**로 찾은 로그 우도 함수 합의 최댓값 LL_{max}는 -107.61498이었다.

식 (15.9)에 따라 다음을 얻을 수 있다.

$$pseudo\,R^2 = \frac{-2\cdot(-133.12228)-[(-2\cdot(-107.61498))]}{-2\cdot(-133.12228)} = 0.1916$$

설명한 것처럼, 더 높은 맥패든 유사 R^2은 다른 것보다 더 선호된다. 그러나 모델의 설명 변수에 의해 설명된 종속 변수 분산의 비율을 알기 위한 지표로는 적절치 않다.

그 용도는 제한되지만 Stata와 SPSS에서는 15.4절과 15.5절에서처럼 그 지표를 계산해 보여준다.

이전 장들에서와 유사하게 먼저 모델의 일반 통계적 유의성을 알아본다. χ^2 검정은 모델 유의성을 검정해주는데, 푸아송 회귀 모델에 대한 귀무 가설과 대립 가설은 다음과 같다.

H_0: $\beta_1 = \beta_2 = ... = \beta_k = 0$

H_1: 적어도 하나의 $\beta_j \neq 0$가 있다.

14장에서 설명한 대로 χ^2 검정은 이진/다항 로지스틱과 개수 데이터 회귀 모델에서 로그 우도 함수로 추정한 모델 모수의 결합 유의성을 계산하는 데 적절하다.

χ^2 검정은 최초로, 모델의 존재 유무를 확인해준다. 빈 모델에서 모든 모수 $\beta_j(j = 1, 2, ..., k)$ 추정이 통계적으로 0이므로, 각 X 변수의 변화가 연구 중인 현상의 발생 비율에 영향을 주지 않기 때문이다. 앞 장에서 설명한 대로 χ^2 통계량과 같다.

$$\chi^2 = -2 \cdot (LL_0 - LL_{max}) \tag{15.10}$$

예제에 적용하면 다음과 같다.

$$\chi^2_{3\text{d.f.}} = -2 \cdot [-133.12228 - (-107.61498)] = 51.0146$$

부록의 표 D에서 3차 자유도(모델에서 다루는 설명 변수 개수, 즉 β 모수 개수)에 대해 $\chi^2_c = 7.815$이다 (5% 유의수준에서 3차 자유도에 대한 χ^2 임곗값). 계산된 χ^2은 $\chi^2_{cal} = 51.0146 > \chi^2_c = 7.815$이므로, 모든 β_j 모수($j = 1, 2, 3$)가 통계적으로 0이라는 귀무 가설을 기각할 수 있다. 따라서 적어도 하나의 X 변수가 주별 지각 횟수를 통계적으로 유의하게 설명해줄 수 있고, 예측에 사용할 수 있는 통계적으로 유의한 푸아송 모델이 있는 것이다.

Stata와 SPSS 등의 통계 소프트웨어는 지정한 자유도와 유의수준에서의 χ^2 값을 제공하지 않는다. 그러나 해당 자유도에서 χ^2_{cal}의 유의수준을 제공한다. 따라서 회귀 분석을 계속하기 위해서는 $\chi^2_{cal} > \chi^2_c$ 여부를 분석하는 대신 χ^2_{cal}의 유의수준 값이 0.05(5%)보다 작은지 확인해야 한다. 즉,

P 값($Sig. \chi^2_{cal}$ 또는 $Prob. \chi^2_{cal}$) < 0.05이면, 적어도 하나의 $\beta_j \neq 0$가 있다.

다음으로, 각 푸아송 회귀 모델 모수가 통계적으로 유의한지 계산해야 하고 그 관점에서 월드 z 통계량은 모델의 각 모수의 통계적 유의성을 제공하는 데 중요하다. 14장에서 설명한 대로 z라는 명칭은 표준 정규 분포에서의 이 통계량의 분포라는 사실을 의미하고, α와 각 $\beta_j(j = 1, 2, ..., k)$에 대한 월드 z 검정의 귀무 가설은 각각 다음과 같다.

H_0: $\alpha = 0$
H_1: $\alpha \neq 0$

H_0: $\beta_j = 0$
H_1: $\beta_j \neq 0$

각 모수 α와 β_j에 대한 월드 z 통계량 계산식은 다음과 같다.

$$z_\alpha = \frac{\alpha}{s.e.(\alpha)}$$
$$z_{\beta_j} = \frac{\beta_j}{s.e.\left(\beta_j\right)} \tag{15.11}$$

여기서 $s.e.$는 각 모수의 표준 오차를 나타낸다. 각 모수의 표준 오차 계산의 복잡성으로 인해 여기서는 하지 않지만, McCullagh and Nelder(1989)를 읽어보기를 권한다. 예제에서 각 모수의 $s.e.$ 값은 다음과 같다.

$$s.e.\ (\alpha)\ = 1.160$$
$$s.e.\ (\beta_1) = 0.066$$
$$s.e.\ (\beta_2) = 0.046$$
$$s.e.\ (\beta_3) = 0.262$$

그러므로 이미 계산한 모수 추정에 따라 다음과 같다.

$$z_\alpha = \frac{\alpha}{s.e.(\alpha)} = \frac{-4.3801}{1.160} = -3.776$$

$$z_{\beta_1} = \frac{\beta_1}{s.e.(\beta_1)} = \frac{0.2221}{0.066} = 3.365$$

$$z_{\beta_2} = \frac{\beta_2}{s.e.(\beta_2)} = \frac{0.1646}{0.046} = 3.580$$

$$z_{\beta_3} = \frac{\beta_3}{s.e.(\beta_3)} = \frac{-0.5731}{0.262} = -2.187$$

월드 z 통계량을 구한 다음, 연구원은 표준 정규 분포표를 사용해 주어진 유의수준에 해당하는 임곗값을 구한 후 귀무 가설을 기각할 것인지 확인한다. 앞 장에서 설명한 대로 5% 유의수준에서 부록의 표 E에 따라 낮은 꼬리(양측 꼬리 분포의 0.025보다 낮은 확률)의 $z_c = -1.96$이고 높은 꼬리(양측 꼬리 분포의 0.025보다 높은 확률)의 $z_c = 1.96$이다.

χ^2 검정의 경우처럼 통계 패키지는 월드 z 검정 유의수준을 제공하고, 이를 통해 95% 신뢰수준 (5% 유의수준)에서 다음과 같이 결정할 수 있다.

$\alpha \neq 0$에 대한 P 값($Sig.\ z_{cal}$ 또는 $Prob.\ z_{cal}$) < 0.05

그리고

결정된 설명 변수 X에 대해 P 값($Sig.\ z_{cal}$ 또는 $Prob.\ z_{cal}$) < 0.05이면, $\beta \neq 0$이다.

따라서 모든 $z_{cal} < -1.96$ 또는 > 1.96에 대해 모든 모수 추정에 대한 월드 z 통계량 < 0.05이고, 그에 따라 이전 장의 단계별 절차를 사용할 필요 없이 최종 푸아송 회귀 모델을 구했다. 따라서 어떤 학생 i의 주별 지각 추정 평균은 다음과 같다.

$$\lambda_i = e^{(-4.3801 + 0.2221 \cdot dist_i + 0.1646 \cdot sem_i - 0.5731 \cdot per_i)}$$

이제 앞의 네 가지 문제에 하나씩 대답해보자.

거리가 12km, 신호등 개수가 17개 그리고 오후에 출발한 학생의 지각 횟수 평균값은 얼마인가?

1주의 지각 추정 평균식을 사용해 값을 치환하면 다음과 같다.

$$\lambda = e^{[-4.3801 + 0.2221 \cdot (12) + 0.1646 \cdot (17) - 0.5731 \cdot (0)]} = 2.95$$

따라서 해당 학생은 평균적으로 주당 2.95회 지각할 것이다. 변수 *late*는 이산이므로 푸아송 회귀 모델에서는 정수 오차 항이나 0의 오차 항을 찾아보기 힘들다.

나머지 조건이 동일할 때, 거리가 1km 멀어질 때마다 주별 지각 가능성은 어떻게 되는가?

동일한 식을 사용하면, 다음을 얻는다.

$$e^{0.2221} = 1.249$$

즉, 나머지 조건이 동일하다면, 1km 멀어질 때마다 주별 지각의 승수는 1.249가 되어 평균 24.9% 높아진다.

나머지 조건이 동일할 때, 신호등 개수가 하나 많아질 때마다 주별 지각 가능성은 어떻게 되는가?

이 경우는 다음과 같이 계산한다.

$$e^{0.1646} = 1.179$$

따라서 나머지 조건이 동일하다면, 신호등 개수가 하나 올라갈 때마다 승수는 1.179가 되어 평균적으로 17.9% 높아진다.

나머지 조건이 동일할 때, 오후가 아니라 오전에 출발한다면 주별 지각 가능성은 어떻게 되는가?

이 경우는 다음과 같이 계산한다.

$$e^{-0.5731} = 0.564$$

따라서 나머지 조건이 동일하다면, 오전에 출발할 경우 승수가 0.564가 되고 평균 43.6% 낮아진다.

이 계산은 항상 모수의 평균 추정을 사용한 것을 알 수 있다. 이제 각 모수의 신뢰 구간을 알아 보자.

15.2.3 푸아송 회귀 모델에서 신뢰 구간의 구성

14장에서 설명했듯이, 95% 신뢰수준에서 모수 α와 $\beta_j (j = 1, 2, ..., k)$에 대해 식 (15.4) 계수의 신뢰 구간은 다음과 같이 쓸 수 있다.

$$\alpha \pm 1.96 \cdot [s.e.(\alpha)]$$
$$\beta_j \pm 1.96 \cdot \left[s.e.\left(\beta_j\right)\right] \tag{15.12}$$

여기서 1.96은 95% 신뢰수준(5% 유의수준)에서의 z_c이다.

따라서 표 15.6에 따라 예제에서의 로그 선형 식의 추정 모수 계수와 해당 표준 오차, 월드 z 통계량을 5% 유의수준에서 계산할 수 있다.

표 15.6 모수 계수의 신뢰 구간 계산

모수	계수	표준 오차(s.e.)	z	신뢰 구간(95%)	
				$\alpha - 1.96. [s.e.(\alpha)]$ $\beta_j - 1.96. [s.e.(\beta_j)]$	$\alpha + 1.96. [s.e.(\alpha)]$ $\beta_j + 1.96. [s.e.(\beta_j)]$
α (상수)	−4.3801	1.160	−3.776	−6.654	−2.106
β_1 (dist 변수)	0.2221	0.066	3.365	0.093	0.351
β_2 (sem 변수)	0.1646	0.046	3.580	0.074	0.254
β_3 (per 변수)	−0.5731	0.262	−2.187	−1.086	−0.060

이 표는 Stata와 SPSS를 사용해 추정할 푸아송 회귀 모델과 동일하다(각각 15.4절과 15.5절).

모수 신뢰 구간에 따라 95% 신뢰에서 푸아송 회귀 로그 선형 식의 하한과 상한을 다음과 같이 쓸 수 있다.

$$\ln(\lambda_i)_{\min} = -6.654 + 0.093 \cdot dist_i + 0.074 \cdot sem_i - 1.086 \cdot per_i$$
$$\ln(\lambda_i)_{\max} = -2.106 + 0.351 \cdot dist_i + 0.254 \cdot sem_i - 0.060 \cdot per_i$$

식 (15.5)에 따라, 추정된 **사건 발생 비율**[irr, incidence rate ratio]의 신뢰 구간은 95% 신뢰수준에서 각 모수 $\beta_j(j = 1, 2, ..., k)$의 변경에 해당하며 다음과 같이 쓸 수 있다.

$$e^{\beta_j \pm 1.96 \cdot [s.e.(\beta_j)]} \tag{15.13}$$

모수 α에 대한 irr의 신뢰 구간 식은 나타내지 않았다는 점에 주목하자. 나머지 조건이 동일할 때 설명 변수의 변화에 대한 사건 발생 비율의 변화만이 의미가 있기 때문이다.

예제 데이터의 경우 표 15.6에 따라 표 15.7을 준비하는데, 이는 각 모수 β_j에 대한 사건 발생 비율의 신뢰 구간을 나타낸다.

표 15.7 각 모수 β_j에 대한 사건 발생 비율(irr) λ의 신뢰 구간 계산

모수	사건 발생 비율 λ (irr)	λ의 신뢰 구간(95%)	
	e^{β_j}	$e^{\beta_j - 1.96. \, [s.e.(\beta_j)]}$	$e^{\beta_j + 1.96. \, [s.e.(\beta_j)]}$
β_1 (*dist* 변수)	1.249	1.097	1.421
β_2 (*sem* 변수)	1.179	1.078	1.289
β_3 (*per* 변수)	0.564	0.337	0.942

이 값은 15.4절과 15.5절에서처럼 Stata와 SPSS를 사용해서도 구할 수 있다.

14장에서 설명한 대로, 결정된 모수의 신뢰 구간이 0을 포함한다면(즉, 사건 발생 비율이 1을 포함한다면) 그 신뢰 구간에서 통계적으로 0이라고 간주할 수 있다. 모수 α에 대해 그런 경우에는, 모델링에 있어 아무 변경도 하지 않을 것을 권한다. 이는 표본 크기가 작아서이며, 표본이 커지면 문제가 해결될 것이기 때문이다. 반면 모수 β_j의 신뢰 구간에 0이 포함되면(예제에서는 그런 경우가 없다) 단계별 절차를 수행할 때 최종 모델에서 제외해야 한다.

이런 식으로 로지스틱 회귀 모델에서처럼 특정 유의수준에서 결정 모수 β에 대해 귀무 가설을 기각하고 해당 X 변수가 사건 발생 비율을 유의적으로 해석한다는 것을 의미하여, 결론적으로 개수 데이터의 최종 모델 회귀에 남아야 한다는 것이다. 따라서 결정 변수 X를 개수 데이터의 회귀 모델에서 제거할 것인지의 결정은 월드 z 통계량과 해당 β 모수를 직접 분석해서 알 수 있다(만약 $-z_c < z_{cal} < z_c$이면 P 값 > 0.05이고, 따라서 모수가 통계적으로 0이라는 귀무 가설을 기각하지 못한다). 상자 15.1은 모수 β_j($j = 1, 2, ..., k$)의 개수 데이터 회귀 모델에서 포함할지 여부에 대한 기준을 보여준다.

상자 15.1 개수 데이터의 회귀 모델에 β_j를 포함할지의 결정

모수	월드 z 통계량 (유의수준 α)	z 검정(유의수준 α에서 P 값 분석)	신뢰 구간 분석	결정
β_j	$-z_{c \, \alpha/2} < z_{cal} < z_{c \, \alpha/2}$	P 값 $> \alpha$의 유의수준	신뢰 구간이 0을 포함	모델에서 모수 제외
	$z_{cal} < z_{c \, \alpha/2}$ 또는 $z_{cal} < -z_{c \, \alpha/2}$	P 값 $< \alpha$의 유의수준	신뢰 구간이 0을 포함하지 않음	모델에 모수 유지

참고: 사회 과학에서 가장 보편적인 유의수준 α = 5%이다.

15.2.4 푸아송 회귀 모델에서의 과산포성 확인을 위한 검정

Cameron and Trivedi(1990)는 푸아송 회귀 모델에서의 과분산성 존재를 확인할 수 있는 흥미로운 절차를 제안했다. 이를 위해, 다음과 같은 Y^* 변수를 생성해야 한다.

$$Y_i^* = \frac{\left[(Y_i - \lambda_i)^2 - Y_i\right]}{\lambda_i} \tag{15.14}$$

여기서 λ_i는 푸아송 회귀 모델을 추정하고 난 뒤의 기대 발생 횟수이고, $(Y_i - \lambda_i)$는 실제 발생과 기대 발생의 차이다(다중 회귀의 오차 항과 동일하다).

표 15.8은 Y^* 변수의 데이터셋 중 일부를 나타낸다. 교육 목적상 HowLatePoissonOverdispersion Test.xls라는 이름의 특정 엑셀 파일을 사용해 이 검정을 수행해본다.

표 15.8 Y^* 변수의 계산

학생	Y_i	λ_i	$Y_i^* = \frac{\left[(Y_i - \lambda_i)^2 - Y_i\right]}{\lambda_i}$
Gabriela	1	0.96026	−1.03974
Patricia	0	0.61581	0.61581
Gustavo	0	0.72601	0.72601
Leticia	3	1.60809	−0.66077
Luiz Ovidio	2	1.96485	−1.01726
Leonor	3	3.91008	−0.55542
Dalila	1	0.76899	−1.23101
Antonio	0	0.90659	0.90659
Julia	2	1.26006	−1.15271
Mariana	0	0.44306	0.44306
...			
Filomena	1	0.80808	−1.19192
...			
Estela	0	0.35481	0.35481

Y^*를 생성하고 난 다음, 상수 없이 다음과 같은 단순 회귀 보조 모델을 추정해야 한다.

$$\hat{Y}_i^* = \beta \cdot \lambda_i \tag{15.15}$$

Cameron and Trivedi(1990)는 과산포가 일어나면 식 (15.15)에 의해 추정된 모델 모수 β는 통계적으로 0이 아님을 강조했다.

이제 **데이터 › 데이터 분석 › 회귀 분석 › 확인**을 클릭해서 보조 회귀를 추정해보자. 대화상자에서 데이터를 넣고 그림 15.9와 같이 변수 Y^*와 λ를 포함해야 한다. **상수에 0을 사용** 옵션을 선택해야 함에 유의하자.

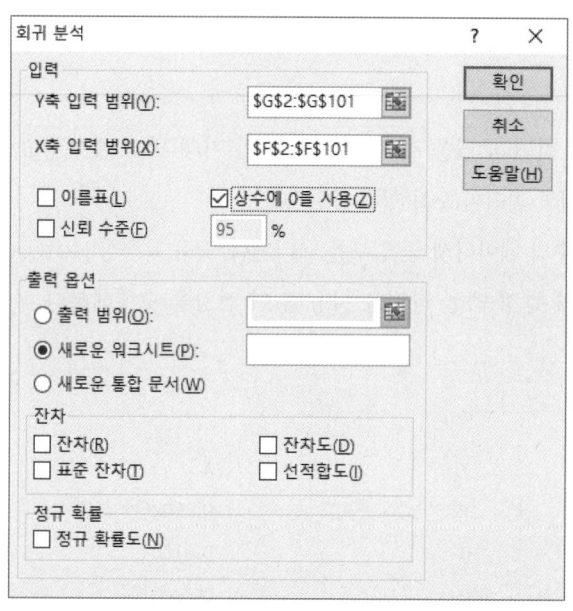

그림 15.9 엑셀에서 보조 회귀를 추정하는 대화상자: 과산포성 확인을 위한 검정

다음으로 **확인**을 누르면, 그림 15.10과 같은 추정 결과를 얻을 수 있다.

	Coefficients	Standard Error	t Stat	P-value	Lower 95%	Upper 95%
X Variable 1	−0.29175	0.15835	−1.84245	0.06840	−0.60596	0.02245

그림 15.10 과산포성 검정의 결과

λ 변수의 모수 β에 해당하는 t 검정 P 값이 0.05보다 크므로 종속 변수가 **과산포성이 없다**고 할 수 있고 추정 푸아송 회귀 모델은 **데이터의 등산포성**에 대해 적절하다고 할 수 있다. 그렇지 않다면, 다음 절에서 설명할 음이항 회귀 모델을 사용해 추정해야 한다.

15.3 음이항 회귀 모델

설명한 것처럼, 음이항 회귀 모델은 개수 데이터를 위한 회귀 모델의 일부로서 종속 변수가 정량이며 음이 아닌 정수(개수 데이터)이고 데이터에서 과산포성이 없을 경우 적절한 방법이다.

원하는 횟수만큼의 출현을 위해 필요한 시행 횟수를 알아내고자 할 때도 음이항 분포를 사용할 수 있다. Lord and Park(2008)에 따르면 이 분포는 Greenwood and Yule(1920)에 의해 최초로 유도됐으며, 푸아송-감마 분포로도 알려져 있다. 개수 데이터에서 흔히 관찰되는 과산포성을 고려하기 위해 두 분포의 조합을 고려했기 때문이다. 또한 저자에 따르면, 이항 이론을 음의 지수로 적용했기 때문에 생긴 이름이라고 한다.

예를 들어 푸아송 분포에서의 평균 발생 횟수가 임의로 발생하면, 식 (15.5)는 다음과 같이 쓸 수 있다.

$$\lambda_i = e^{(\alpha + \beta_1 \cdot X_{1i} + \beta_2 \cdot X_{2i} + \cdots + \beta_k \cdot X_{ki} + \varepsilon_i)} \tag{15.16}$$

이는 다음과 같이 쓸 수 있다.

$$\lambda_i = e^{(\alpha + \beta_1 \cdot X_{1i} + \beta_2 \cdot X_{2i} + \cdots + \beta_k \cdot X_{ki})} \cdot e^{(\varepsilon_i)} \tag{15.17}$$

또, 다음과 같이 쓸 수 있다.

$$\lambda_i = u_i \cdot v_i \tag{15.18}$$

이는 음이항 분포를 갖는데, 첫째 항(u_i)은 기대 발생을 나타내고 푸아송 분포를 따르며, 둘째 항(v_i)은 종속 변수에 의한 임의의 발생 횟수이며 감마 분포를 따른다.

관측치 i에 대해($i = 1, 2, ..., n$, 여기서 n은 표본 크기) v_i의 확률 분포 함수는 다음과 같다.

$$p(v_i) = \frac{\delta^\psi \cdot v_i^{\psi - 1} \cdot e^{-v_i \cdot \delta}}{\Gamma(\psi)} \quad v_i = 0, 1, 2, \ldots \tag{15.19}$$

여기서 ψ는 폼form 모수라고 불리며($\psi > 0$), δ는 비율 모수($\delta > 0$)로 불리고, $\psi > 0$인 경우 $\Gamma(\psi)$는 $(\psi - 1)!$로 어림할 수 있다.

감마 분포에서는 변수 v에 대해 다음과 같다.

- 평균

$$E(v) = \frac{\psi}{\delta} \tag{15.20}$$

- 분산

$$Var(v) = \frac{\psi}{\delta^2} \tag{15.21}$$

15.2절에서와 유사하게, 식 (15.19)에 따라 p 값을 v_i 값의 함수로 v_i를 1부터 20까지 변화시켜가며, ψ와 δ의 각기 다른 세 가지 조합에 대해 표로 나타낼 수 있다(표 15.9).

표 15.9 감마 분포: 각기 다른 ψ와 δ에 대한 ν_i의 확률 함수

ν_i	$\psi = 2,\ \delta = 2$ $p(\nu_i) = \frac{\delta^{\psi} \cdot \nu_i^{\psi-1} \cdot e^{-\nu_i \cdot \delta}}{\Gamma(\psi)}$	$\psi = 3,\ \delta = 1$	$\psi = 3,\ \delta = 0.5$
1	0.5413	0.1839	0.0379
2	0.1465	0.2707	0.0920
3	0.0297	0.2240	0.1255
4	0.0054	0.1465	0.1353
5	0.0009	0.0842	0.1283
6	0.0001	0.0446	0.1120
7	0.0000	0.0223	0.0925
8	0.0000	0.0107	0.0733
9	0.0000	0.0050	0.0562
10	0.0000	0.0023	0.0421
11	0.0000	0.0010	0.0309
12	0.0000	0.0004	0.0223
13	0.0000	0.0002	0.0159
14	0.0000	0.0001	0.0112
15	0.0000	0.0000	0.0078
16	0.0000	0.0000	0.0054
17	0.0000	0.0000	0.0037
18	0.0000	0.0000	0.0025
19	0.0000	0.0000	0.0017
20	0.0000	0.0000	0.0011

표 15.9의 계산을 기반으로 그림 15.11과 같은 그래프를 그릴 수 있다.

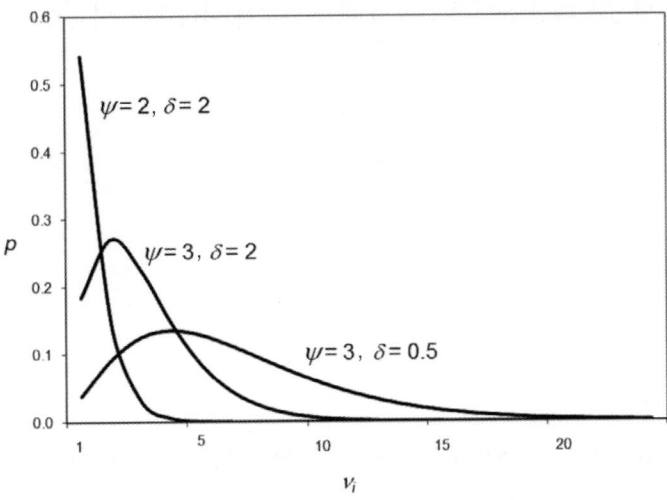

그림 15.11 감마 분포: 각기 다른 ψ와 δ에 대한 확률 함수 그래프

χ^2 분포는 $\psi = 0.5$와 $\delta = k/2$의 고유한 감마 분포이며, 여기서 k는 양의 정수다.

식 (15.18)을 사용하면, 식 (15.19)의 감마 분포 확률 함수를 푸아송 분포의 기대 발생 값의 함수로 다음과 같이 나타낼 수 있다.

$$p(u_i) = \frac{\left(\frac{\psi}{u_i}\right)^{\psi} \cdot \lambda_i^{\psi-1} \cdot e^{-\frac{\lambda_i}{u_i} \cdot \delta}}{\Gamma(\psi)} \tag{15.22}$$

Lord and Park(2008)를 따라, 식 (15.1)과 식 (15.22)를 병합하면 음이항 분포의 확률 함수를 생성할 수 있고 주어진 결정 구간에 대한 개수 m의 발생 확률을 다음과 같이 계산할 수 있다.

$$p(Y_i = m) = \int_0^{\infty} \frac{e^{(-\lambda_i)} \cdot \lambda_i^m}{m!} \cdot \frac{\left(\frac{\psi}{u_i}\right)^{\psi} \cdot \lambda_i^{\psi-1} \cdot e^{-\frac{\lambda_i}{u_i} \cdot \delta}}{\Gamma(\psi)} d\lambda_i \tag{15.23}$$

이로부터 다음을 얻는다.

$$p(Y_i = m) = \frac{\Gamma(m+\psi)}{\Gamma(m+1) \cdot \Gamma(\psi)} \cdot \left(\frac{\psi}{u_i + \psi}\right)^{\psi} \cdot \left(\frac{u_i}{u_i + \psi}\right)^m \quad m = 0, 1, 2, \ldots \tag{15.24}$$

이는 또 다음과 같이 쓸 수 있다.

$$p(Y_i = m) = \binom{m + \psi - 1}{\psi - 1} \cdot \left(\frac{\psi}{u_i + \psi}\right)^{\psi} \cdot \left(\frac{u_i}{u_i + \psi}\right)^m \quad m = 0, 1, 2, \ldots \tag{15.25}$$

이는 개수 m의 발생에 대한 음이항 분포의 확률 함수를 나타내며, 다음과 같은 통계량을 갖는다.

- 평균

$$E(Y) = u \tag{15.26}$$

- 분산

$$Var(Y) = u + \phi \cdot u^2 \tag{15.27}$$

여기서 $\phi = \frac{1}{\psi}$이다.

이런 식으로 음이항 분포 분산식의 두 번째 항은 과산포를 나타내며, $\phi \to 0$을 확인할 수 있으면 데이터에 과산포가 없고 평균 종속 변수가 동분산을 가지므로 푸아송 회귀로 추정할 수 있다. 그러나 ϕ가 통계적으로 0보다 크다면 과산포성이 존재하고 음이항 분포를 사용해야만 한다. 15.3.1절에서는 추정 모수 ϕ가 로그 우도 함수의 합을 최대화하여 음이항과 함께 모수를 추정하고 이는 엑셀의 **해 찾기** 도구로 정의할 수 있다. Stata, SPSS는 ϕ를 추정하고(감마 분포의 형상 모수 ψ의 역) 그 신뢰 구간을 나타내며, 이에 기초해 통계적으로 0인지를 계산한다. 이는 각각 15.4절과 15.5절에서 알아본다.

이 장에서의 음이항 회귀 모델은 **NB2 회귀 모델**(음이항 형식 2 회귀 모델negative binomial type 2 regression model)로도 알려져 있는데, 이는 식 (15.27)에서의 2차 분산식 때문이다. 그러나 다음 식의 분산을 사용하는 것도 있으며,

$$Var(Y) = u + \phi \cdot u \tag{15.28}$$

이는 **NB1 회귀 모델**(음이항 형식 1 회귀 모델negative binomial type 1 regression model)로 알려져 있다. 그러나 Cameron and Trivedi(2009)에 따르면 2차 분산식을 가진 NB2 회귀 모델은 좀 더 일반적인 분산 함수에 근사가 잘되므로 NB1보다 선호된다.

식 (15.25) ~ 식 (15.27)에 따라 이제 음이항 분포에 대한 로그 우도 함수의 합을 정의하고 이는 최대화돼야 한다. 표준에 따라, 음이항 회귀 모델(NB2)을 엑셀의 **해 찾기** 도구를 사용해 해결해본다.

15.3.1 최대 우도에 의한 음이항 회귀 모델 추정

이제 15.2절의 예를 통해 음이항 회귀에 대한 최대 우도 추정 개념을 알아보자.

교수는 이제 주별이 아닌 월별 지각 횟수를 연구하고자 한다. 월말에 동일한 학생 100명에게 매달 지각한 횟수를 물어봤다. X 변수는 거리, 신호등 개수, 출발 시간대로 동일하다. 데이터셋 중 일부는 표 15.10에 있다.

표 15.10 예제: 지난달 지각 횟수 × 거리, 신호등 개수, 출발 시간대

학생	지난달 지각 횟수 (Y_i)	거리(km) (X_{1i})	신호등 개수 sem (X_{2i})	출발 시간대 더미 per (X_{3i})
Gabriela	5	11	15	1 (오전)
Patricia	0	9	15	1 (오전)
Gustavo	0	9	16	1 (오전)
Leticia	6	10	16	0 (오후)
Luiz Ovidio	7	12	18	1 (오전)
Leonor	4	14	16	0 (오후)
Dalila	5	10	15	1 (오전)
Antonio	0	10	16	1 (오전)
Julia	1	10	18	1 (오전)
Mariana	0	9	13	1 (오전)
		...		
Filomena	1	8	18	1 (오전)
		...		
Estela	0	8	13	1 (오전)

표 15.11은 종속 변수의 평균과 분산을 나타내고, 이를 통해 분산이 평균보다 상당히 높음을 알 수 있다. 이는 데이터에 과산포성이 있다는 증거다.

표 15.11 종속 변수(지난달 지각 횟수)의 평균과 분산

통계량	
평균	1.820
분산	5.422

그림 15.12는 월별 개수 데이터의 종속 변수 히스토그램을 보여주는데, 이를 통해 주별 데이터인 그림 15.3에서보다 산포가 심하다는 것을 볼 수 있다.

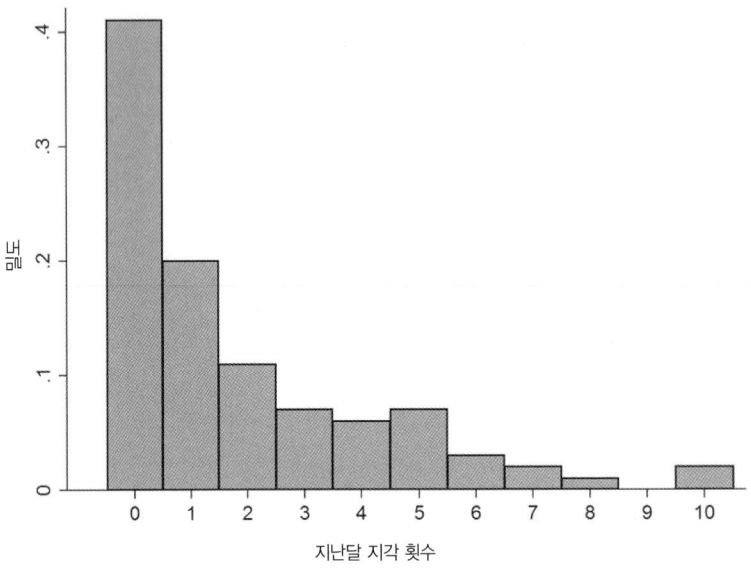

그림 15.12 종속 변수 히스토그램

모델 모수를 추정할 때, 식 (15.27)의 모수 ϕ를 추정해 0이 아닌지 확인하고(과산포의 존재) 결과적으로 이항 회귀 분석을 할 것인지 판단한다.

이 새로운 조사를 위한 완전한 데이터셋은 HowLateBNeg.xls 파일에 있다. 월별 기대 지각 횟수를 계산하기 위해 모델 모수를 다음처럼 식 (15.5)로 추정해보자.

$$u_i = e^{(\alpha + \beta_1 \cdot dist_i + \beta_2 \cdot sem_i + \beta_3 \cdot per_i)}$$

식 (15.24)에 따라, 음이항 회귀(NB2)에 대한 로그 우도 함수를 다음과 같이 쓸 수 있다.

$$LL = \sum_{i=1}^{n} \left[Y_i \cdot \ln \left(\frac{\phi \cdot u_i}{1 + \phi \cdot u_i} \right) - \frac{\ln(1 + \phi \cdot u_i)}{\phi} + \ln \Gamma \left(Y_i + \phi^{-1} \right) - \ln \Gamma (Y_i + 1) - \ln \Gamma \left(\phi^{-1} \right) \right] \quad (15.29)$$

따라서 다음 질문을 해볼 수 있다. **식 (15.29)에서 LL을 최대화하는 모델 모수는 무엇인가?** 이 질문의 핵심 요지는 음이항 회귀 모델에서 최대 우도를 추정하는 것이고, 다음 목적 함수에 따라 모수 ϕ, α, β_1, β_2, ..., β_k를 추정하는 선형 계획법으로 해결할 수 있다.

$$LL = \sum_{i=1}^{n} \left[Y_i \cdot \ln \left(\frac{\phi \cdot u_i}{1 + \phi \cdot u_i} \right) - \frac{\ln(1 + \phi \cdot u_i)}{\phi} + \ln \Gamma \left(Y_i + \phi^{-1} \right) - \ln \Gamma (Y_i + 1) - \ln \Gamma \left(\phi^{-1} \right) \right] = \max \quad (15.30)$$

이 문제는 예제를 사용해 엑셀의 **해 찾기**로 해결해본다. 이를 위해 HowLateBNegMaximumLikelihood.xls 파일을 열어 모수 계산을 돕는다.

파일에는 종속 변수와 설명 변수 외에 2개의 새로운 변수가 있는데, 각각 푸아송 분포를 따르는 월별 발생 횟수 u_i와 각 관측치에 대해 식 (15.29)에 의해 유도된 로그 우도 함수 LL_i이다.

이제 엑셀의 **해 찾기**를 열자. 목적 함수는 셀 G103에 있고 이 값을 최대화해야 한다. 모수 $\phi, \alpha, \beta_1,$ β_2, β_3는 각각 셀 J2, J4, J6, J8, J10에 있고 변수 셀이다. 또한 제한 조건 $\phi > 0$를 부과한다. 해 찾기 창은 그림 15.13에 있다.

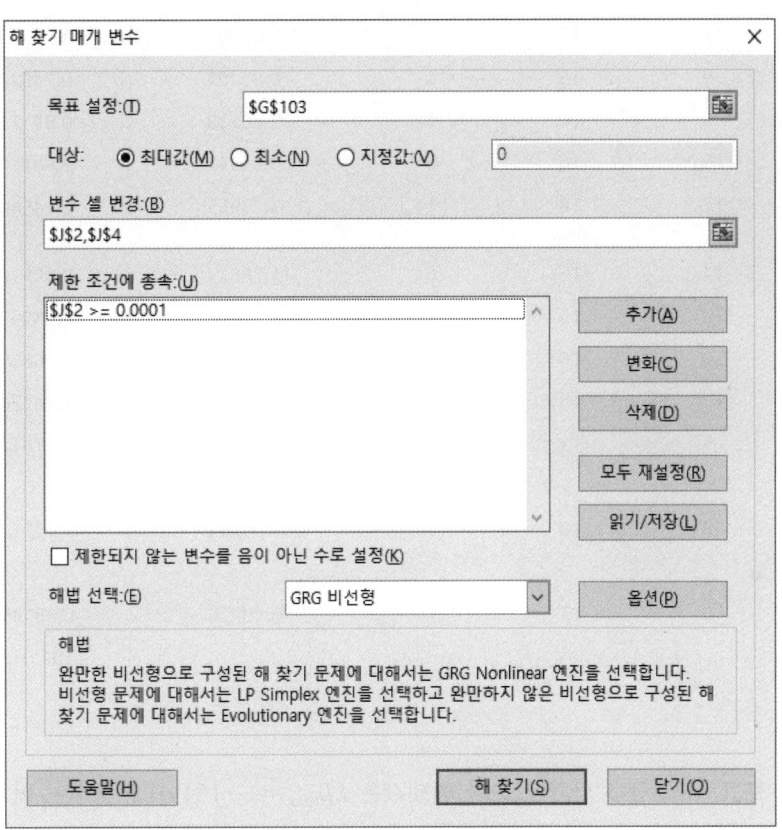

그림 15.13 해 찾기: 로그 우도 함수 합의 최대화

해 찾기와 **확인**을 클릭하면, 선형 계획 문제의 최적해를 구할 수 있다. 표 15.12는 결과 데이터를 보여준다.

표 15.12 LL을 최대화했을 때 구한 값

학생	Y_i	X_{1i}	X_{2i}	X_{3i}	u_i	LL_i $Y_i \cdot \ln\left(\frac{\phi \cdot u_i}{1+\phi \cdot u_i}\right) - \frac{\ln(1+\phi \cdot u_i)}{\phi}$ $+ \ln\Gamma(Y_i + \phi^{-1}) - \ln\Gamma(Y_i+1)$ $- \ln\Gamma(\phi^{-1})$
Gabriela	5	11	15	1	1.52099	−3.70395
Patricia	0	9	15	1	0.82205	−0.74622
Gustavo	0	9	16	1	1.00138	−0.89171
Leticia	6	10	16	0	3.44343	−2.68117
Luiz Ovidio	7	12	18	1	3.73985	−2.94546
Leonor	4	14	16	0	11.78834	−3.09516
Dalila	5	10	15	1	1.11818	−4.55597
Antonio	0	10	16	1	1.36212	−1.16895
Julia	1	10	18	1	2.02126	−1.34220
Mariana	0	9	13	1	0.55397	−0.51814
			…			
Filomena	1	8	18	1	1.09243	−1.12117
			…			
Estela	0	8	13	1	0.40726	−0.38745
합계	$LL = \sum_{i=1}^{100}\left[Y_i \cdot \ln\left(\frac{\phi \cdot u_i}{1+\phi \cdot u_i}\right) - \frac{\ln(1+\phi \cdot u_i)}{\phi} + \ln\Gamma(Y_i+\phi^{-1}) - \ln\Gamma(Y_i+1) - \ln\Gamma(\phi^{-1}) \right]$					−151.01230

따라서 로그 우도 함수 합의 가능한 최댓값은 $LL_{\max} = -151.01230$이다. 이 문제에 대한 답은 다음과 같은 추정 모수를 생성했다.

$$\phi = 0.2553$$
$$\alpha = -4.9976$$
$$\beta_1 = 0.3077$$
$$\beta_2 = 0.1973$$
$$\beta_3 = -0.9274$$

$\phi \neq 0$이므로, 음이항 분포 모델을 사용한다. 그러나 15.4절과 15.5절에서 각각 Stata와 SPSS를 사용해 모델링할 때 ϕ가 실제 통계적으로 0이 아님을 볼 수 있다. 좀 더 호기심 많은 독자들은 15.2절에서 $\phi \approx 0$임을 알아챘을 것이고, 이를 통해 동분산성이라는 귀무 가설을 기각하지 못한다.

따라서 월별 기대 지각 횟수는 다음과 같이 나타낼 수 있다.

$$u_i = e^{(-4.9976 + 0.3077 \cdot dist_i + 0.1973 \cdot sem_i - 0.9274 \cdot per_i)}$$

그림 15.14는 모델링으로 구한 결과의 일부를 보여준다.

	A	B	C	D	E	F	G	H	I	J
1	Student	Late arrivals (Y)	Distance (X$_1$)	Traffic lights - sem (X$_2$)	Time of day - per (X$_3$)	u$_i$	LL$_i$			
2	Gabriela	5	11	15	1	1.52099	-3.70395		ϕ	0.2553
3	Patricia	0	9	15	1	0.82205	-0.74622			
4	Gustavo	0	9	16	1	1.00138	-0.89171		α	-4.9976
5	Leticia	6	10	16	0	3.44343	-2.68117			
6	Luiz Ovidio	7	12	18	1	3.73985	-2.94546		β_1	0.3077
7	Leonor	4	14	16	0	11.78834	-3.09516			
8	Dalila	5	10	15	1	1.11818	-4.55597		β_2	0.1973
9	Antonio	0	10	16	1	1.36212	-1.16895			
10	Julia	1	10	18	1	2.02126	-1.34220		β_3	-0.9274
11	Mariana	0	9	13	1	0.55397	-0.51814			
12	Roberto	2	9	15	1	0.82205	-1.98495			
13	Renata	0	9	15	1	0.82205	-0.74622			
14	Guilherme	4	12	17	1	3.07009	-2.06459			
15	Rodrigo	1	9	12	1	0.45476	-1.32807			
16	Giulia	0	11	11	1	0.69074	-0.63616			
17	Felipe	3	9	17	1	1.21984	-2.43101			
18	Karina	3	11	14	1	1.24860	-2.39972			
19	Pietro	1	11	15	1	1.52099	-1.19384			
20	Cecilia	5	11	15	1	1.52099	-3.70395			
21	Gisele	0	9	14	1	0.67483	-0.62261			
22	Elaine	2	11	13	1	1.02499	-1.79178			
23	Kamal	0	9	14	1	0.67483	-0.62261			
24	Rodolfo	0	11	15	1	1.52099	-1.28509			
25	Pilar	0	11	13	1	1.02499	-0.91047			
26	Vivian	4	13	16	1	3.42817	-2.01900			
27	Danielle	0	9	11	1	0.37332	-0.35658			
28	Juliana	0	9	16	1	1.00138	-0.89171			
101	Estela	0	8	13	1	0.40726	-0.38745			
102										
103						Sum LL$_i$	-151.01230			

그림 15.14 해 찾기로 *LL*을 최대화하는 모수 추정

음이항 회귀 모델 모수를 추정했으면, 15.2.1절 끝부분의 다음 네 가지 질문으로 돌아가 보자. 그러나 이번에는 월별이다.

거리가 12km, 신호등 개수가 17개 그리고 오후에 출발한 학생의 지각 횟수 평균값은 얼마인가?

나머지 조건이 동일할 때, 거리가 1km 멀어질 때마다 월별 지각 가능성은 어떻게 되는가?

나머지 조건이 동일할 때, 신호등 개수가 하나 많아질 때마다 월별 지각 가능성은 어떻게 되는가?

나머지 조건이 동일할 때, 오후가 아니라 오전에 출발한다면 월별 지각 가능성은 어떻게 되는가?

질문에 답하기 전에 다시 한번 모든 모수가 주어진 신뢰수준에 대해 통계적으로 유의한지 확인해 보자. 그렇지 않다면 최종 모델을 다시 추정해서 단지 통계적으로 유의한 모수만 남겨서 추론과 예측에 사용해야 한다.

이제 추정된 음이항 회귀 모델의 통계적 유의성과 모수의 통계적 유의성을 15.2.2절과 유사하게 수행해보자.

15.3.2 음이항 회귀 모델과 각 모수의 일반 통계적 유의성

각각 식 (15.9)와 식 (15.10)에 의해 맥패든 유사 R^2과 χ^2 통계량을 계산하려면, 먼저 상수만 가진 빈 모델에 대해 식 (15.29)에서 로그 우도 함수의 합을 최대화하는 LL_0를 계산해야 한다. 이번에는 HowLateBNegMaximumLikelihoodNullModel.xls 파일을 사용해 15.3.1절의 절차와 유사한 방법으로 $LL_0 = -186.63662$를 구할 수 있다. 그림 15.15와 그림 15.16은 각각 해 찾기 창과 이 파일 모델링으로 구한 결과 중 일부를 보여준다.

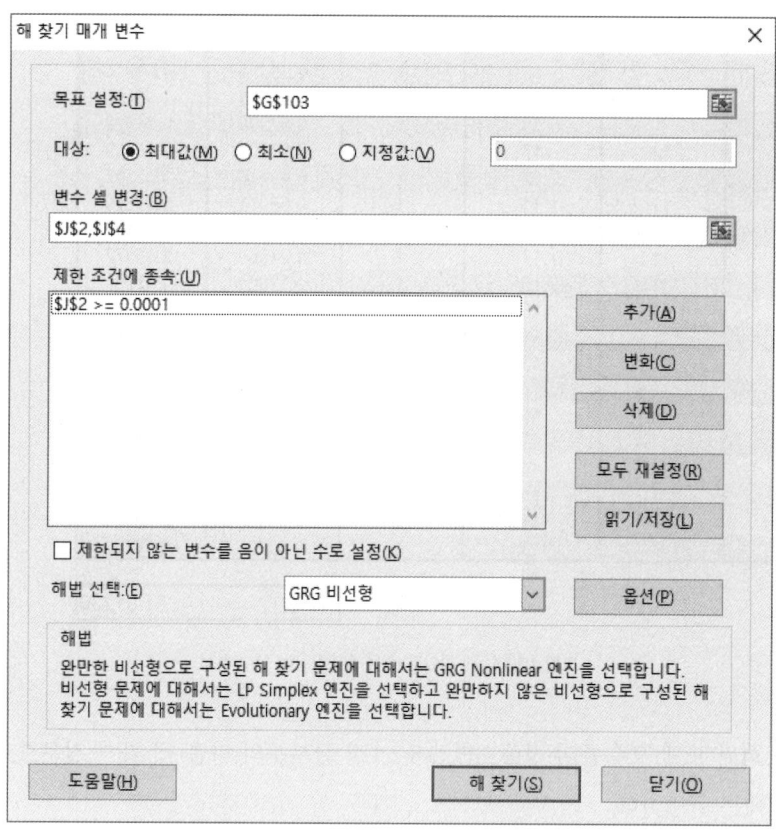

그림 15.15 해 찾기: 빈 모델의 로그 우도 함수 합의 최대화

	A	B	C	D	E	F	G
1	Student	Late arrivals (Y)	Distance (X_1)	Traffic lights - *sem* (X_2)	Time of day - *per* (X_3)	u_i	LL_i
2	Gabriela	5	11	15	1	1.82000	-3.27602
3	Patricia	0	9	15	1	1.82000	-0.91822
4	Gustavo	0	9	16	1	1.82000	-0.91822
5	Leticia	6	10	16	0	1.82000	-3.66141
6	Luiz Ovidio	7	12	18	1	1.82000	-4.04033
7	Leonor	4	14	16	0	1.82000	-2.88152
8	Dalila	5	10	15	1	1.82000	-3.27602
9	Antonio	0	10	16	1	1.82000	-0.91822
10	Julia	1	10	18	1	1.82000	-1.56086
11	Mariana	0	9	13	1	1.82000	-0.91822
12	Roberto	2	9	15	1	1.82000	-2.04137
13	Renata	0	9	15	1	1.82000	-0.91822
14	Guilherme	4	12	17	1	1.82000	-2.88152
15	Rodrigo	1	9	12	1	1.82000	-1.56086
16	Giulia	0	11	11	1	1.82000	-0.91822
17	Felipe	3	9	17	1	1.82000	-2.47318
18	Karina	3	11	14	1	1.82000	-2.47318
19	Pietro	1	11	15	1	1.82000	-1.56086
20	Cecilia	5	11	15	1	1.82000	-3.27602
21	Gisele	0	9	14	1	1.82000	-0.91822
22	Elaine	2	11	13	1	1.82000	-2.04137
23	Kamal	0	9	14	1	1.82000	-0.91822
24	Rodolfo	0	11	15	1	1.82000	-0.91822
25	Pilar	0	11	13	1	1.82000	-0.91822
26	Vivian	4	13	16	1	1.82000	-2.88152
27	Danielle	0	9	11	1	1.82000	-0.91822
28	Juliana	0	9	16	1	1.82000	-0.91822
101	Estela	0	8	13	1	1.82000	-0.91822
102							
103						Sum LL_i	-182.63662

φ: 1.3521

α: 0.5988

그림 15.16 해 찾기로 *LL* 최대화를 통해 모수 추정: 빈 모델

따라서 다음과 같다.

$$pseudo\,R^2 = \frac{-2\cdot(-182.63662) - [(-2\cdot(-151.01230))]}{-2\cdot(-182.63662)} = 0.1732$$

맥패든 유사 R^2의 용도는 제한적이지만 Stata와 SPSS는 결과에 15.4절과 15.5절에서처럼 이를 표시한다. 그 용도는 주로 둘 이상의 같은 부류의 모델을 비교하지만, 다른 부류, 예컨대 푸아송 모델과 음이항 모델을 비교할 수는 없다.

또, 다음과 같다.

$$\chi^2_{3\text{d.f.}} = -2\cdot[-182.63662 - (-151.01230)] = 63.2486$$

15.2.2절에서 설명한 것과 유사하게 3차 자유도에서(모델에서 고려 중인 설명 변수 개수, 즉 모수 β의 개수) 부록의 표 D에 따라 χ^2_c = 7.815(5% 유의수준에서 3차 자유도 χ^2 임곗값)이다. 따라서 계산된 χ^2 값은 χ^2_{cal} = 63.2486 > χ^2_c = 7.815이므로, 모든 β_j 모수(j = 1, 2, 3)가 통계적으로 0이라는 귀무 가

설을 기각하고, 적어도 하나의 X 변수가 월별 지각 사건을 통계적으로 유의하게 설명한다고 할 수 있으며, 음이항 회귀 모델은 예측 용도에 있어 통계적으로 유의하다.

Stata와 SPSS 등의 통계 소프트웨어는 지정한 자유도와 유의수준에서의 χ_c^2 값을 제공하지 않는다. 그러나 해당 자유도에서 χ_{cal}^2의 유의수준을 제공한다. 따라서 회귀 분석을 계속하기 위해서는 $\chi_{cal}^2 > \chi_c^2$ 여부를 분석하는 대신 χ_{cal}^2의 유의수준 값이 0.05(5%)보다 작은지 확인해야 한다. 즉,

P 값($Sig. \chi_{cal}^2$ 또는 $Prob. \chi_{cal}^2$) < 0.05이면, 적어도 하나의 $\beta_j \neq 0$가 있다.

15.2.2절과 같은 논리로 각 음이항 모수가 통계적으로 유의한 것인지 월드 z 통계량을 통해 분석해야 한다. 예를 들어, 다음과 같다.

$$s.e. (\alpha) = 1.249$$
$$s.e. (\beta_1) = 0.071$$
$$s.e. (\beta_2) = 0.049$$
$$s.e. (\beta_3) = 0.257$$

그런 다음, 식 (15.11)에 따라 다음과 같다.

$$z_\alpha = \frac{\alpha}{s.e.(\alpha)} = \frac{-4.9976}{1.249} = -4.001$$

$$z_{\beta_1} = \frac{\beta_1}{s.e.(\beta_1)} = \frac{0.3077}{0.071} = 4.320$$

$$z_{\beta_2} = \frac{\beta_2}{s.e.(\beta_2)} = \frac{0.1973}{0.049} = 3.984$$

$$z_{\beta_3} = \frac{\beta_3}{s.e.(\beta_3)} = \frac{-0.9274}{0.257} = -3.608$$

모든 $z_{cal} < -1.96$ 또는 > 1.96이므로 모든 추정 모수에 대해 월드 z 통계량의 P 값 < 0.05이다. 따라서 단계별 절차를 수행하지 않고 최종 음이항 모델을 확정한다. 이제 어떤 학생 i의 월별 기대 지각 횟수는 다음과 같다.

$$u_i = e^{(-4.9976 + 0.3077 \cdot dist_i + 0.1973 \cdot sem_i - 0.9274 \cdot per_i)}$$

이제 앞의 질문으로 돌아가 보자.

거리가 12km, 신호등 개수가 17개 그리고 오후에 출발한 학생의 지각 횟수 평균값은 얼마인가?

기대 지각 횟수 식에 대입하면 다음을 얻는다.

$$u = e^{[-4.9976 + 0.3077 \cdot (12) + 0.1973 \cdot (17) - 0.9274 \cdot (0)]} = 7.76$$

따라서 해당 학생은 월별 7.76회 지각할 것으로 기대된다.

나머지 조건이 동일할 때, 거리가 1km 멀어질 때마다 월별 지각 가능성은 어떻게 되는가?

동일한 식을 쓰면 다음과 같다.

$$e^{0.3077} = 1.360$$

따라서 나머지 조건이 동일하다면, 1km가 멀어질 때마다 승수는 1.360이 되고 평균 36% 높아진다.

나머지 조건이 동일할 때, 신호등 개수가 하나 많아질 때마다 월별 지각 가능성은 어떻게 되는가?

이 경우는 다음과 같다.

$$e^{0.1973} = 1.218$$

따라서 나머지 조건이 동일하다면, 신호등이 하나 많아질 때 때마다 승수는 1.218이 되고 평균 21.8% 높아진다.

나머지 조건이 동일할 때, 오후가 아니라 오전에 출발한다면 월별 지각 가능성은 어떻게 되는가?

이 경우 다음과 같다.

$$e^{-0.9274} = 0.396$$

즉, 나머지 조건이 동일하다면 오전에 출발할 경우 승수는 0.396이 되고, 따라서 평균 60.4% 낮아진다.

계산은 평균 추정 모수를 사용하므로 이제 이 모수의 신뢰 구간을 알아보자.

15.3.3 음이항 회귀 모델의 모수에 대한 신뢰 구간 구축

식 (15.12)의 항에 따라 표 15.13을 구성할 수 있고, 이를 통해 예제의 추정 모수 계수와 해당 표준 오차, 월드 z 통계량과 5% 유의수준의 신뢰 구간을 알 수 있다.

표 15.13 음이항 모델의 모수 계수에 대한 신뢰 구간 계산

모수	계수	표준 오차(s.e.)	z	신뢰 구간(95%) $\alpha - 1.96. [s.e. (\alpha)]$ $\beta_j - 1.96. [s.e. (\beta_j)]$	$\alpha + 1.96. [s.e. (\alpha)]$ $\beta_j + 1.96. [s.e. (\beta_j)]$
α (상수)	−4.9976	1.249	−4.001	−7.446	−2.549
β_1 (*dist* 변수)	0.3077	0.071	4.320	0.168	0.447
β_2 (*sem* 변수)	0.1973	0.049	3.984	0.100	0.294
β_3 (*per* 변수)	−0.9274	0.257	−3.608	−1.431	−0.424

이 표는 Stata와 SPSS로 구할 것과 동일하다(각각 15.4절과 15.5절).

모수 신뢰 구간에 따라 95% 신뢰에서 학생 i의 기대 지각 횟수에 대한 상한과 하한을 구할 수 있다.

$$u_{i_{\min}} = e^{(-7.446 + 0.168 \cdot dist_i + 0.100 \cdot sem_i - 1.431 \cdot per_i)}$$

$$u_{i_{\max}} = e^{(-2.549 + 0.447 \cdot dist_i + 0.294 \cdot sem_i - 0.424 \cdot per_i)}$$

식 (15.13)을 쓰면 표 15.14를 만들 수 있고, 이로써 통해 각 β_j 모수($j = 1, 2, ..., k$)에서의 변화에 해당하는 월별 지각 사건 발생 비율[irr]을 구할 수 있다.

표 15.14 각 모수 β_j에 대한 사건 발생 비율(irr) u의 신뢰 구간 계산

모수	사건 발생 비율 u (irr) e^{β_j}	u의 신뢰 구간(95%)	
		$e^{\beta_j - 1.96 \cdot [s.e. (\beta_j)]}$	$e^{\beta_j + 1.96 \cdot [s.e. (\beta_j)]}$
β_1 (dist 변수)	1.360	1.182	1.564
β_2 (sem 변수)	1.218	1.105	1.342
β_3 (per 변수)	0.396	0.239	0.655

이 값은 15.4절과 15.5절에서 각각 Stata와 SPSS로 구해본다.

추정 모수의 신뢰 구간은 0을 포함하지 않으므로 결론적으로 기대 사건 발생 비율은 $z_{cal} < -1.96$ 또는 > 1.96에서의 예상대로 1을 포함하지 않고 95% 신뢰수준에서 추정 모수는 통계적으로 0이 아니다.

이제 Stata와 SPSS를 사용해 회귀 모델을 추정해보자.

15.4 Stata를 사용한 개수 데이터의 회귀 모델 추정

이 절의 목적은 푸아송과 음이항 회귀 모델의 개념을 다시 설명하려는 것이 아니라 Stata와 SPSS의 사용법을 알리는 데 있다. 이 절의 이미지는 Stata사의 허가하에 사용됐다.

15.4.1 Stata를 사용한 푸아송 회귀 모델

15.2절의 예제를 다시 생각해보면, 교수는 거리, 신호등 개수, 출발 시간대와 지각 사이의 관계를 알고자 했다. 데이터는 HowLatePoisson.dta에 있고, 이는 표 15.2와 일치한다.

먼저, desc 명령어를 통해 관측치 개수, 변수 개수 등의 데이터 특성을 살펴보자. 그림 15.17은 이

출력을 보여준다.

```
. desc

  obs:          100
  vars:           5
  size:       2,500 (99.9% of memory free)
            ---------------------------------------------------------------
              storage   display    value
variable name   type     format    label     variable label
            ---------------------------------------------------------------
student        str11     %11s
late           float     %9.0g                number of late arrivals to school
                                              in last week
dist           byte      %8.0g                distance traveled to school (km)
sem            byte      %8.0g                number of traffic lights (or semaphores)
per            float     %9.0g      per       time of day (period of time)
            ---------------------------------------------------------------
Sorted by:
```

그림 15.17 HowLatePoisson.dta 데이터셋의 설명

주별 지각 횟수(발생 횟수)를 참조하는 종속 변수는 정량, 이산이고 음이 아닌 수다. 따라서 정성 변수의 분포 빈도를 알기 위해 흔히 사용하는 tab 명령어를 이 경우에도 쓸 수 있다. 종속 변수가 몇 가지 경우를 가진 정수이기 때문이다. 그림 15.18은 *late* 종속 변수의 개수 데이터 빈도 분포를 나타낸다.

```
. tab late

Number of late|
   arrivals to|
    school in|
    last week|      Freq.      Percent       Cum.
--------------+---------------------------------
           0 |        37        37.00       37.00
           1 |        35        35.00       72.00
           2 |        18        18.00       90.00
           3 |         8         8.00       98.00
           4 |         2         2.00      100.00
--------------+---------------------------------
       Total |       100       100.00
```

그림 15.18 *late* 변수의 개수 데이터 빈도 분포

다음 명령어는 그림 15.19처럼 종속 변수의 히스토그램을 보여준다. discrete 항은 종속 변수가 정수를 나타낸다는 것을 의미한다.

```
hist late, discrete freq
```

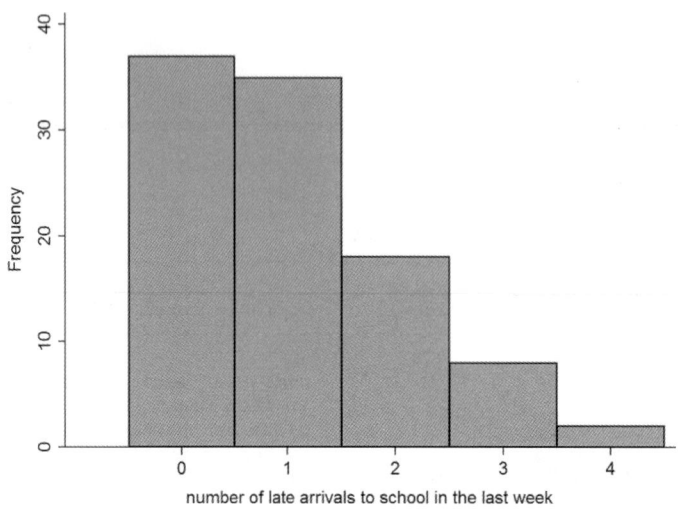

number of late arrivals to school in the last week

그림 15.19 종속 변수 *late*의 히스토그램

개수 데이터의 회귀 모델을 준비하기 전에 종속 변수의 평균과 분산이 동일하거나 최소한 비슷한지 보는 것이 좋다. 이를 통해 푸아송 모델이 적절한지 아니면 음이항 모델을 사용할 것인지 판단할 수 있다. 다음 명령어를 입력하면 최초 진단을 할 수 있다. 결과는 그림 15.20에 있다.

```
tabstat late, stats(mean var)
```

그림 15.20의 결과는 15.2.1절의 표 15.3에 해당하고, 비록 기초적이지만 평균과 분산이 상당히 비슷하므로 푸아송 회귀 모델이 적절해 보인다. 종속 변수가 개수 데이터를 나타낼 때는, 푸아송 회귀 모델의 추정을 항상 먼저 해보고 과산포성이 있는지 검정해봐야 함을 기억하자. 과산포성이 있는 경우 푸아송 회귀가 아닌 음이항 모델을 써야 한다.

```
. tabstat late, stats(mean var)

    variable |      mean  variance
-------------+--------------------
        late |      1.03  1.059697
-------------------------------------
```

그림 15.20 *late* 종속 변수의 평균과 분산

이제 푸아송 회귀 모델을 추정해보자. 이를 위해 다음 명령어를 입력한다.

```
poisson late dist sem per
```

poisson 명령어는 최대 우도에 의해 푸아송 회귀 모델을 추정한다. 다중, 이진, 다항 로지스틱 회귀에서처럼 별도로 신뢰 구간을 지정하지 않으면, 표준인 95%를 사용한다. 하지만 다른 값, 예컨대 90%로 바꾸려면 다음처럼 명령하면 된다.

```
poisson late dist sem per, level(90)
```

여기서는 계속해서 95%로 한다. 결과는 그림 15.21에 있고 이는 15.2절에서와 동일하다.

```
. poisson late dist sem per

Iteration 0:    log likelihood = -107.79072
Iteration 1:    log likelihood = -107.61523
Iteration 2:    log likelihood = -107.61498
Iteration 3:    log likelihood = -107.61498

Poisson regression                        Number of obs   =        100
                                          LR chi2(3)      =      51.01
                                          Prob > chi2     =     0.0000
Log likelihood = -107.61498               Pseudo R2       =     0.1916

------------------------------------------------------------------------------
        late |      Coef.   Std. Err.      z    P>|z|     [95% Conf. Interval]
-------------+----------------------------------------------------------------
        dist |   .2221224   .0658737     3.37   0.001     .0930122    .3512325
         sem |   .1646107   .0458251     3.59   0.000     .0747952    .2544262
         per |  -.5731352    .261911    -2.19   0.029    -1.086471   -.059799
       _cons |  -4.379926   1.160234    -3.78   0.000    -6.653943   -2.10591
------------------------------------------------------------------------------
```

그림 15.21 Stata의 푸아송 회귀 모델 결과

푸아송도 **일반화 선형 모델**의 일부이고 종속 변수가 푸아송 분포를 따른다고 가정하므로 과산포성을 검정해봐야 한다. 추정 결과는 그림 15.21에 있고 이는 다음 명령어로 구할 수 있다.

```
glm late dist sem per, family(poisson)
```

완전 모델의 최대 로그 우도 함숫값이 -107.61498이며 이는 엑셀 **해 찾기** 결과(15.2.1절)와 표 15.5, 그림 15.6과 동일함을 볼 수 있다. 빈 모델의 최대 로그 우도 함수를 구하려면 다음처럼 하면 된다. 결과는 그림 15.22와 같다.

```
poisson late
```

```
. poisson late

Iteration 0:    log likelihood = -133.12228
Iteration 1:    log likelihood = -133.12228

Poisson regression                          Number of obs   =        100
                                            LR chi2(0)      =       0.00
                                            Prob > chi2     =          .
Log likelihood = -133.12228                 Pseudo R2       =     0.0000

------------------------------------------------------------------------------
        late |      Coef.   Std. Err.      z    P>|z|     [95% Conf. Interval]
-------------+----------------------------------------------------------------
       _cons |   .0295588   .0985329     0.30   0.764    -.1635622    .2226798
------------------------------------------------------------------------------
```

그림 15.22 Stata의 푸아송 회귀 빈 모델 결과

그런 다음 빈 모델의 로그 우도 함수 최댓값은 -133.12228로서, 그림 15.8의 **해 찾기** 결과와 동일하다.

따라서 식 (15.10)을 쓰면 다음과 같다.

$$\chi^2_{3\mathrm{d.f.}} = -2 \cdot [-133.12228 - (-107.61498)] = 51.01 \qquad \text{이때 } P \text{ 값(또는 Prob. } \chi^2_{cal}) = 0.000$$

그런 다음 χ^2 검정에 따라 모든 $\beta_j(j = 1, 2, 3)$ 모수가 통계적으로 0이라는 귀무 가설을 5% 유의수준에서 기각하고 적어도 하나의 X 변수가 주별 지각 횟수를 통계적으로 유의하게 설명한다고 결론 내린다.

비록 설명한 것처럼 맥패든 유사 R^2은 해석에 있어 제한적이지만, Stata는 이를 15.2.2절에서처럼 식 (15.9)에 따라 계산한다.

$$pseudo\, R^2 = \frac{-2 \cdot (-133.12228) - [(-2 \cdot (-107.61498))]}{-2 \cdot (-133.12228)} = 0.1916$$

그림 15.21에 나타난 모델의 통계적 유의성과 관련해서는 모든 $z_{cal} < -1.96$ 또는 > 1.96이므로 모든 추정 모수에 대한 월드 z 통계량의 P 값은 더 이상의 단계별 절차가 필요 없이 최종 푸아송 회귀 모델에 이르게 된다. 그렇지 않다면 다음 명령어로 최종 모델을 추정하기를 권한다.

```
stepwise, pr(0.05): poisson late dist sem per
```

또는 동일하게 다음과 같이 할 수 있다.

```
stepwise, pr(0.05): glm late dist sem per, family(poisson)
```

예제에서 이는 그림 15.21과 동일한 결과를 나타낸다.

학생 i의 주별 평균 지각 횟수 추정은 다음과 같다.

$$\lambda_i = e^{(-4.380 + 0.222 \cdot dist_i + 0.165 \cdot sem_i - 0.573 \cdot per_i)}$$

이는 사소한 절사 오차를 제외하고 15.2절의 모델과 동일하다. 또한 그림 15.21에서와 같이 95% 신뢰수준에서 추정 주별 지각 횟수의 하한 및 상한식은 다음과 같다.

$$\lambda_{i\,min} = e^{(-6.654 + 0.093 \cdot dist_i + 0.075 \cdot sem_i - 1.086 \cdot per_i)}$$

$$\lambda_{i\,max} = e^{(-2.106 + 0.351 \cdot dist_i + 0.254 \cdot sem_i - 0.060 \cdot per_i)}$$

푸아송 회귀 모델을 추정하고 나면, 데이터의 과산포성 존재를 확인하는 검정을 수행한다. 이를 위해 15.2.4절과 동일한 절차를 따른다.

먼저, 학생별 주별 지각 발생 예측에 해당하는 변수 *lambda*를 생성한다. 이 변수는 다음 명령어를 통해 최종 모델 추정 바로 다음에 생성할 수 있다.

```
predict lambda
```

다음으로 식 (15.14)에 따라 다음과 같이 다시 쓰고, *yasterisk*라 불리는 새로운 변수를 다음과 같이 정의한다.

$$yasterisk_i = \frac{\left[(late_i - lambda_i)^2 - late_i\right]}{lambda_i}$$

```
gen yasterisk = ((late-lambda)^2 - late)/lambda
```

마지막으로, 식 (15.15)에서의 보조 단순 회귀 모델 추정을 위해 다음 명령어를 입력한다.

```
reg yasterisk lambda, nocons
```

결과는 그림 15.23에 있고 이는 그림 15.10에 해당한다.

```
. predict lambda
(option n assumed; predicted number of events)

. gen yasterisk = ((late-lambda)^2 - late)/lambda

. reg yasterisk lambda, nocons

      Source |       SS           df       MS              Number of obs =     100
-------------+------------------------------              F(  1,    99) =    3.39
       Model |  15.0749658         1   15.0749658          Prob > F      =  0.0684
    Residual |  439.607992        99   4.44048476          R-squared     =  0.0332
-------------+------------------------------              Adj R-squared =  0.0234
       Total |  454.682957       100   4.54682957          Root MSE      =  2.1072


------------------------------------------------------------------------------
    yasterisk |      Coef.   Std. Err.      t    P>|t|     [95% Conf. Interval]
-------------+----------------------------------------------------------------
       lambda |  -.2917561    .158346     -1.84   0.068    -.6059489    .0224366
------------------------------------------------------------------------------
```

그림 15.23 Stata의 과산포성 검정 결과

Cameron and Trivedi(1990)는 데이터에 과산포성이 발생하면 보조 회귀 모델에 의한 β 모수 추정은 5% 유의수준에서 통계적으로 0이 아니라고 지적한다. *lambda* 변수의 β 모수에 해당하는 *t* 검정의 *P* 값이 0.05보다 크므로, 종속 변수 데이터는 **과산포성이 없고** 추정 푸아송 회귀 모델은 **데이터의 등산포성**에 대해 적절하다고 할 수 있다.

개수 데이터에 대한 회귀 모델의 산포성을 검정하려면 Stata에서 과산포성을 식별하는 직접 대안인 overdisp 명령어를 실행한다. 이는 개수 데이터에서 푸아송과 음이항 중 무엇을 선택할지 빨리 결정할 수 있게 해준다. 이 명령어는 Stata 버전 15부터 제공되며, http://fmwww.bc.edu/RePEc/bocode/o의 overdisp 링크에서 다운로드할 수 있다. findit overdisp 명령어를 입력하면 나타난다. 그렇게 하면 overdisp late dist sem per라고 직접 입력할 수 있고 그 결과는 그림 15.23과 매우 유사하다. 따라서 overdisp 명령어는 이전의 푸아송 추정이나 음의 이항 회귀 모델 없이도 구현할 수 있다.

그 뒤 최종 푸아송 회귀 모델을 추정할 수 있다. prcounts 명령어는 poisson 명령어로 최종 완전 모델을 추정한 다음 입력하며, 이는 각 관측치에 대해 생성될 지각 확률(0~9)의 발생에 해당하는 변수다. Stata에 prcounts 명령어를 설치하지 않았다면 findit prcounts 명령어를 통해 통계 패키지에 설치할 수 있다.

이제 다음 명령어를 입력하자.

```
prcounts prpoisson, plot
```

이와 함께, 관측된 0~9 횟수에 해당하는 두 변수와 전체 표본에 해당하는 예측 확률이 생성된다 (*prpoissonobeq*와 *prpoissonpreq*). *prpoissonobeq* 변수는 그림 15.18과 동일한 확률 분포를 나타낸다

는 점에 주목하자. 끝으로, *prpoissonval* 변수는 관측된 예측 확률에 연계된 실제 0~9 값을 나타낸다. 다음 명령어는 관측 확률과 0부터 9까지의 발생 예측을 비교할 수 있게 해준다.

```
graph twoway (scatter prpoissonobeq prpoissonpreq prpoissonval, connect (1 1))
```

결과 그래프는 그림 15.24에 있다.

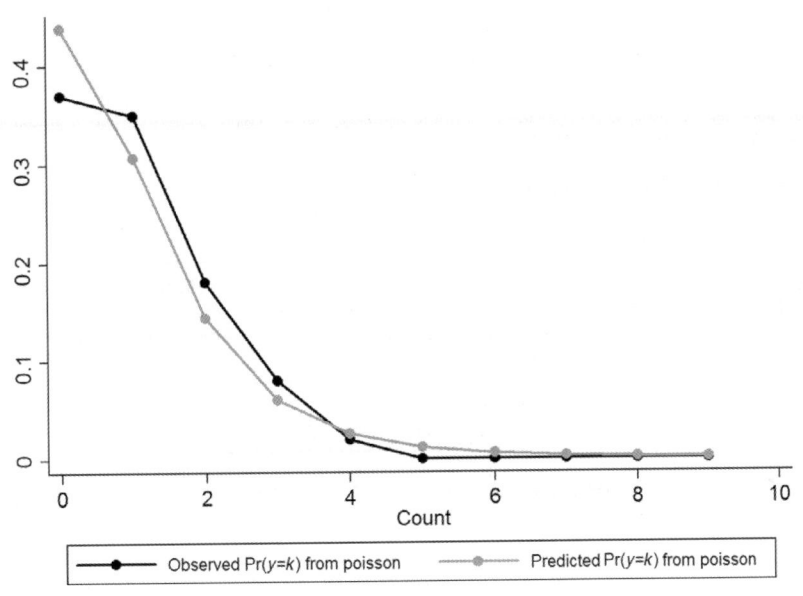

그림 15.24 0~9 지각 발생 확률 예측과 관측 분포

이런 식으로 최종 조정 추정 모델의 품질을 확인하려면(적합도), 이진 로지스틱 회귀 모델에서의 호스머-렘쇼 검정과 유사하게 그림 15.24에서처럼 두 곡선을 비교하는 χ^2 검정을 해볼 수 있다. 따라서 최종 모델 추정 후에 다음과 같이 입력한다.

```
poisgof
```

결과는 그림 15.25에 있으며, 최종 푸아송 회귀 모델의 품질을 확인하고 주별 지각 횟수에 대한 예측값과 관측 사이에 통계적으로 유의한 차이가 없음을 보여준다.

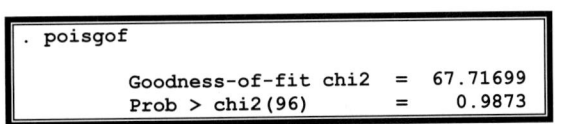

```
. poisgof

        Goodness-of-fit chi2  =  67.71699
        Prob > chi2(96)       =   0.9873
```

그림 15.25 추정 푸아송 회귀 모델의 적합도

이제 15.2.1절의 첫 번째 문제로 돌아가 보자.

거리가 12km, 신호등 개수가 17개 그리고 오후에 출발한 학생의 지각 횟수 평균값은 얼마인가?

mfx 명령어를 통해 이 문제를 해결할 수 있다. 다음과 같이 명령한다.

```
mfx, at(dist=12 sem=17 per=0)
```

15.2.2절에서 수작업으로 한 것처럼 해당 학생은 주별 평균 2.95회 정도 지각할 것으로 예측된다(그림 15.26).

```
. mfx, at(dist=12 sem=17 per=0)

Marginal effects after poisson
      y  = Predicted number of events (predict)
         =  2.9562577
------------------------------------------------------------------------
variable |      dy/dx    Std. Err.     z    P>|z|  [    95% C.I.    ]      X
---------+--------------------------------------------------------------
    dist |   .6566509     .21773     3.02   0.003   .229916  1.08339      12
     sem |   .4866317     .16407     2.97   0.003   .165058  .808205      17
    per* |  -1.289652     .63928    -2.02   0.044  -2.54262 -.036687       0
------------------------------------------------------------------------
(*) dy/dx is for discrete change of dummy variable from 0 to 1
```

그림 15.26 설명 변수에 대한 주별 기대 지각 횟수 계산

나머지 조건이 동일할 때 결정 변수의 한 단위가 변경될 때 주별 지각의 비율을 구하려면 다음 명령을 하면 된다.

```
poisson late dist sem per, irr
```

여기서 irr 항은 사건 발생 비율이며, 각 $\beta_j (j = 1, 2, 3)$ 모수의 변경에 따른 지각 발생 비율의 추정을 보여준다. 그 결과는 그림 15.27에 있고 다음 명령어로 구할 수 있다.

```
glm late dist sem per, family(poisson) eform
```

여기서 glm 명령어의 항 eform은 poisson 명령어의 irr 항에 해당한다.

```
. poisson late dist sem per, irr

Iteration 0:    log likelihood = -107.79072
Iteration 1:    log likelihood = -107.61523
Iteration 2:    log likelihood = -107.61498
Iteration 3:    log likelihood = -107.61498

Poisson regression                            Number of obs   =        100
                                              LR chi2(3)      =      51.01
                                              Prob > chi2     =     0.0000
Log likelihood = -107.61498                   Pseudo R2       =     0.1916

------------------------------------------------------------------------------
       late |        IRR   Std. Err.      z    P>|z|     [95% Conf. Interval]
------------+-----------------------------------------------------------------
       dist |   1.248724   .0822581     3.37   0.001     1.097475    1.420818
        sem |   1.178934   .0540247     3.59   0.000     1.077663    1.289721
        per |   .5637552   .1476537    -2.19   0.029      .337405    .9419538
------------------------------------------------------------------------------
```

그림 15.27 푸아송 회귀 모델 결과: 사건 발생 비율

이제 15.2.1절의 나머지 세 질문을 살펴보자.

나머지 조건이 동일할 때, 거리가 1km 멀어질 때마다 주별 지각 가능성은 어떻게 되는가?

나머지 조건이 동일할 때, 신호등 개수가 하나 많아질 때마다 주별 지각 가능성은 어떻게 되는가?

나머지 조건이 동일할 때, 오후가 아니라 오전에 출발한다면 주별 지각 가능성은 어떻게 되는가?

해답은 바로 구할 수 있다. 나머지 조건이 동일하다면, 1km 멀어질 때마다 승수가 1.249가 된다 (24.9% 증가). 1개의 신호등이 증가할 때마다의 irr 승수는 1.179이다(17.9% 증가). 마지막으로, 오전에 출발할 경우 평균적으로 승수는 0.564가 된다(43.6% 감소). 이러한 값들은 15.2.2절에서 구한 것과 완전히 일치한다.

호기심 많은 독자들은 주별 평균 지각 횟수를 거리의 함수로 그려볼 수도 있다. 이를 위해 다음 명령어를 입력하면 된다.

```
graph twoway scatter lambda dist || mspline lambda dist
```

그림 15.28의 그래프를 보면 거리가 멀어질수록 평균 지각 횟수가 증가하며 1km마다 약 24.9% 증가함을 볼 수 있다.

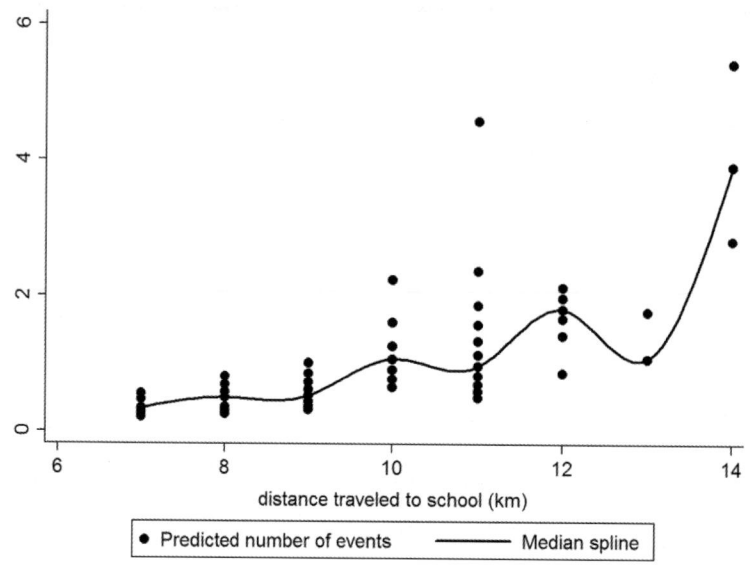

그림 15.28 주별 기대 지각 횟수(*lambda*) × 거리(*dist*)

그러나 동일한 그래프에 대해 오전 오후에 대한 예측을 접목하려면 다음과 같이 명령하면 된다.

```
graph twoway scatter lambda dist if per==0 || scatter lambda dist if per==1 ||
mspline lambda dist if per==0 || mspline lambda dist if per==1 ||, legend(label(3
"afternoon") label(4 "morning"))
```

새로 생성된 그래프는 그림 15.29에 있다.

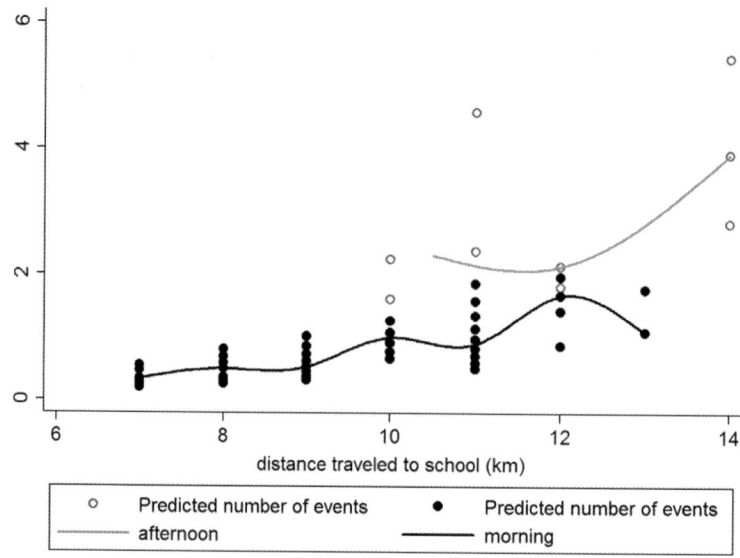

그림 15.29 주별 기대 지각 횟수(*lambda*) × 각기 다른 시간대(*per*)에서의 거리(*dist*)

그림 15.29를 보면, 오전에 출발하면 주당 지각 횟수가 1보다 크지만 2를 넘지 않는 것을 볼 수 있지만 오후에 출발하면 횟수는 3에 가까우며, 최소가 2에 근접한다.

마지막으로, 최대 우도에 의한 푸아송 회귀 모델로 추정한 결과와 OLS로 궁극적 다중 로그 선형 회귀 모델로 추정한 값을 비교해볼 수 있다. 이를 위해 종속 변수 *late*의 자연로그에 해당하는 변수인 *lnlate*를 먼저 생성한다. 다음 명령을 내린다.

```
gen lnlate=ln(late)
```

다음으로 OLS에 의한 $\ln(late_i) = \alpha + \beta_1 \cdot dist_i + \beta_2 \cdot sem_i + \beta_3 \cdot per_i$ 모델을 다음과 같이 추정한다.

```
quietly reg lnlate dist sem per
```

quietly 항은 출력을 나타내지 말라는 뜻이지만, 모수는 추정된다. OLS 추정에 의한 종속 변수의 예측값을 구하려면 다음과 같이 한다.

```
predict yhat
gen eyhat = exp(yhat)
```

여기서 변수 *eyhat*는 각 관측치에 대한 OLS로 추정한 다중 로그 선형 회귀 모델의 주별 지각 횟수에 대한 예측 변수에 해당한다.

그림 15.30의 그래프는 선형 조정에 의해 예측값을 각 추정에 대한 종속의 실제 값에 대한 함수의 차이로 확인할 수 있게 해준다(최대 우도로 추정한 푸아송 회귀 모델과 OLS로 추정한 로그 선형 회귀 모델). 그래프를 생성하는 명령어는 다음과 같다.

```
graph twoway lfit lambda late || lfit eyhat late ||, legend(label(1 "Poisson") label(2 "OLS"))
```

그림 15.30의 그래프는 결정 종속 변수가 정량이라는 사실은 OLS에 의한 다중 회귀 모델에 대한 충분조건이 되지 못함을 보여주고, 모수가 최대 우도에 의한 푸아송 모델에 의한 것과 다르고 편향될 수 있음을 보여준다. 연구원들은 종속 변수의 분포와 속성을 잘 조사해 예측을 위한 데이터셋 진단에 있어 적절하고 일관된 모델을 선택해야 한다.

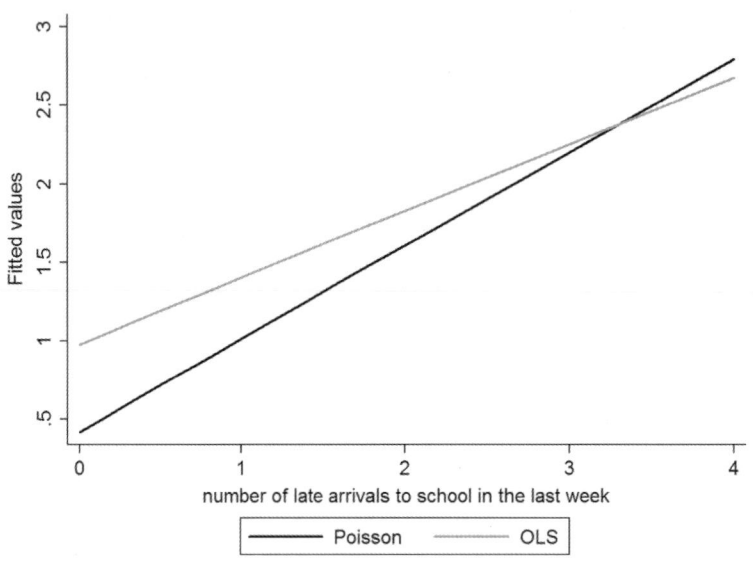

그림 15.30 푸아송과 다중 로그 선형 회귀(OLS) 모델의 예측 × 관측치

15.4.2 Stata를 사용한 음이항 모델

15.3절의 예제로 돌아가서, 이제 데이터는 HowLateBNeg.dta 파일에 있고 이는 정확히 표 15.10과 일치한다.

먼저, desc 명령어를 통해 관측치 개수, 변수 개수 등의 데이터 특성을 살펴보자. 그림 15.31은 이 출력을 보여준다.

```
. desc

  obs:           100
  vars:            5
  size:        2,500 (99.9% of memory free)
--------------------------------------------------------------------------
              storage   display    value
variable name   type    format     label    variable label
--------------------------------------------------------------------------
student        str11    %11s
late           float    %9.0g                number of late arrivals to school in the
                                             last month
dist           byte     %8.0g                distance traveled to school (km)
sem            byte     %8.0g                number of traffic lights (or semaphores)
per            float    %9.0g      per       time of day (period of time)
--------------------------------------------------------------------------
Sorted by:
```

그림 15.31 HowLateBNeg.dta 데이터셋의 설명

다음으로, 15.4.1절의 논리를 따라 먼저 새로운 예제의 종속 변수 분포를 분석하고 Stata로 빈도와 해당 히스토그램에 대한 표를 준비해본다. 명령어는 다음과 같다.

```
tab late
hist late, discrete freq
```

그림 15.32는 *late* 종속 변수 빈도와 함께 표를 보여주고, 그림 15.33은 이 변수의 히스토그램을 보여준다.

```
. tab late

     Number of |
 late arrivals |
    to school in |
 the last month |      Freq.       Percent          Cum.
----------------+-----------------------------------------
             0 |         41         41.00         41.00
             1 |         20         20.00         61.00
             2 |         11         11.00         72.00
             3 |          7          7.00         79.00
             4 |          6          6.00         85.00
             5 |          7          7.00         92.00
             6 |          3          3.00         95.00
             7 |          2          2.00         97.00
             8 |          1          1.00         98.00
            10 |          2          2.00        100.00
----------------+-----------------------------------------
         Total |        100        100.00
```

그림 15.32 *late* 변수의 개수 데이터 빈도 분포

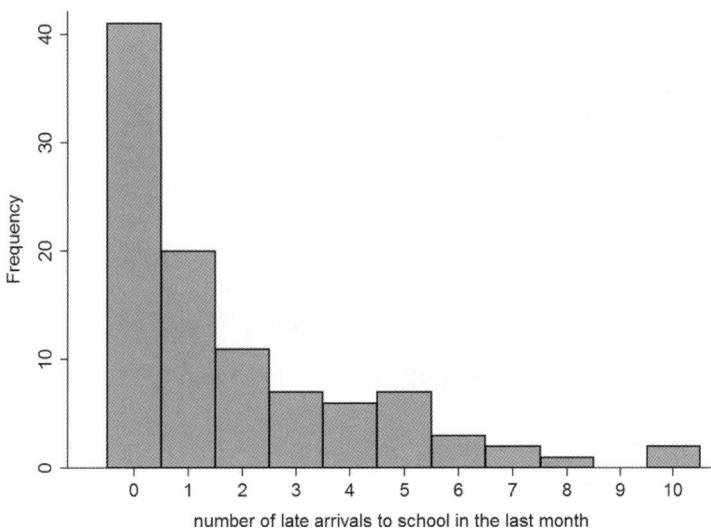

그림 15.33 *late* 종속 변수의 히스토그램

그림 15.19와 비교해 지금은 종속 변수가 주별이 아닌 월별 개수 데이터를 고려하므로 히스토그램의 꼬리가 더 길다는 것에 주목하자. 이 긴 꼬리는 과산포성의 존재를 의미하며, 종속 변수의 평균과 분산을 계산할 필요가 있다. 이를 위해 다음 명령어를 입력한다. 결과는 그림 15.34에 있다.

```
tabstat late, stats(mean var)
```

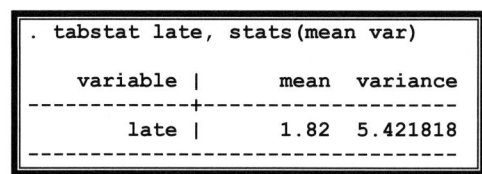

그림 15.34 종속 변수 *late*의 평균과 분산

결과에서 보듯 종속 변수의 분산이 평균의 세 배 정도이고 이는 과산포성을 의미한다.

개수 데이터를 포함한 모든 종속 변수는 푸아송 모델을 먼저 추정해보기를 권한다. 이를 위해 다음 명령어를 입력한다.

```
quietly poisson late dist sem per
predict lambda
```

여기서 *lambda*는 푸아송 회귀 모델의 추정에 따라 계산된 월별 지각 발생 수의 예측에 해당한다.

따라서 Cameron and Trivedi(1990)에 의해 제시된 검정을 먼저 적용해 종속 변수의 과산포성을 식 (15.14)를 사용해 15.4.1절의 절차처럼 시행해본다. 이를 위해 다음처럼 명령한다.

```
gen yasterisk = ((late-lambda)^2 - late)/lambda
reg yasterisk lambda, nocons
```

결과는 그림 15.35에 있다.

그림 15.35에서 보조 회귀 모델로 추정된 *lambda* 변수의 모수 β는 유의수준 5%에서 통계적으로 0이 아니어서, **종속 변수 데이터가 과산포성을 보인다고 결론 내릴 수 있으므로** 추정된 푸아송 회귀 모델은 부적절한 것이 아니다. 또한 종속 변수의 실제 분산식을 추정할 때 이 사실의 또 다른 증거를 보여주겠다.

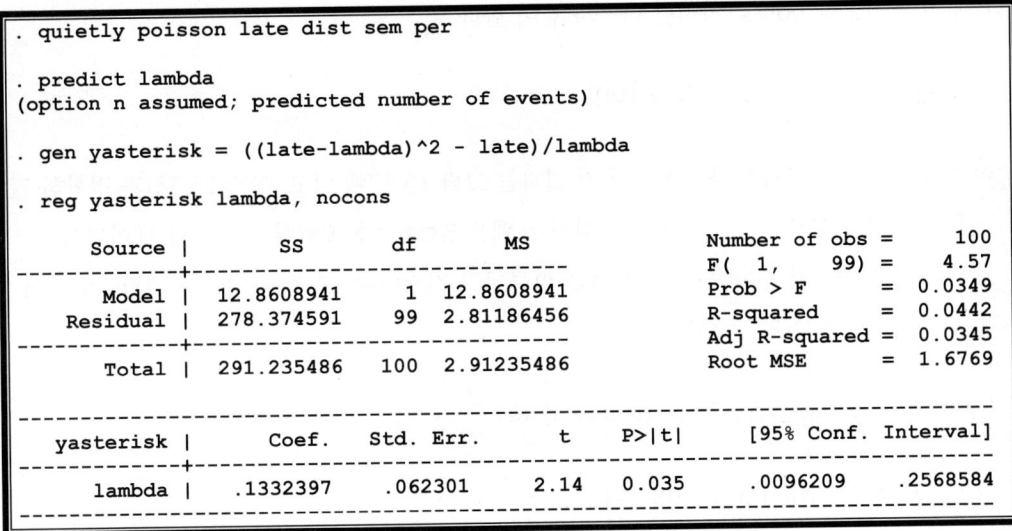

```
. quietly poisson late dist sem per

. predict lambda
(option n assumed; predicted number of events)

. gen yasterisk = ((late-lambda)^2 - late)/lambda

. reg yasterisk lambda, nocons

     Source |       SS       df       MS              Number of obs =      100
------------+------------------------------            F(  1,   99) =     4.57
      Model | 12.8608941        1 12.8608941           Prob > F      =   0.0349
   Residual | 278.374591       99 2.81186456           R-squared     =   0.0442
------------+------------------------------            Adj R-squared =   0.0345
      Total | 291.235486      100 2.91235486           Root MSE      =   1.6769

------------------------------------------------------------------------------
   yasterisk |      Coef.   Std. Err.      t    P>|t|     [95% Conf. Interval]
------------+-----------------------------------------------------------------
      lambda |   .1332397    .062301     2.14   0.035     .0096209    .2568584
------------------------------------------------------------------------------
```

그림 15.35 Stata에서 과산포성 검정의 결과

관측 확률과 월별 지각 발생의 분포를 비교하는 χ^2 검정은(적합도) 푸아송 회귀 모델의 품질이 나쁘며, 예측과 관측치 그리고 월별 지각 발생 횟수 사이에 통계적으로 유의한 차이가 있음을 알 수 있다. poisson 명령어를 통해 이 검정을 수행하려면 다음과 같이 한다.

```
poisgof
```

이 χ^2 검정의 결과는 그림 15.36에서 찾을 수 있다.

```
. poisgof

          Goodness-of-fit chi2  =   145.2954
          Prob > chi2(96)       =     0.0009
```

그림 15.36 추정 푸아송 회귀 모델의 적합도

따라서 음이항 회귀 모델 추정을 시작해본다. 예제에 대해 이 모델을 추정하는 명령어는 다음과 같다.

```
nbreg late dist sem per
```

nbreg 명령어는 최대 우도에 의한 음이항 회귀 모델(NB2)을 추정한다. 즉, 식 (15.27)을 설명할 때 언급한 것처럼 분산 명세에 있어 2차를 고려한다. 다중 회귀에서처럼 이진이나 다항 로지스틱 회귀 그리고 푸아송 회귀에서는 원하는 모수 추정 구간을 정의하지 않으면 표준인 95%를 사용한다. 이를

바꾸려면, 예컨대 90%로 하려면 다음과 같이 한다.

```
nbreg late dist sem per, level(90)
```

여기서는 그대로 95%를 사용한다. 추정 결과는 그림 15.37에 있고, 이는 15.3절과 정확히 일치한다.

푸아송 회귀 모델에서처럼 음이항 회귀 모델은 **일반화 선형 모델**의 일부로서 데이터의 고산포성으로부터 종속 변수가 푸아송–감마 분포를 따른다고 가정하며, 그 추정 결과는 그림 15.37에 있고 이는 다음 명령어를 통해 구한다.

```
glm late dist sem per, family(nbinomial ml)
```

여기서 ml 항은 최대 우도를 의미한다.

```
. nbreg late dist sem per

Fitting Poisson model:

Iteration 0:    log likelihood = -160.97008
Iteration 1:    log likelihood = -154.89761
Iteration 2:    log likelihood = -154.89376
Iteration 3:    log likelihood = -154.89376

Fitting constant-only model:

Iteration 0:    log likelihood = -183.37156
Iteration 1:    log likelihood = -182.64329
Iteration 2:    log likelihood = -182.63662
Iteration 3:    log likelihood = -182.63662

Fitting full model:

Iteration 0:    log likelihood = -164.81888
Iteration 1:    log likelihood = -163.03629
Iteration 2:    log likelihood = -156.38042   (not concave)
Iteration 3:    log likelihood = -155.02033
Iteration 4:    log likelihood = -151.41164
Iteration 5:    log likelihood = -151.31538
Iteration 6:    log likelihood = -151.01444
Iteration 7:    log likelihood =  -151.0123
Iteration 8:    log likelihood =  -151.0123

Negative binomial regression              Number of obs   =        100
                                          LR chi2(3)      =      63.25
Dispersion     = mean                     Prob > chi2     =     0.0000
Log likelihood = -151.0123                Pseudo R2       =     0.1732

------------------------------------------------------------------------------
        late |      Coef.   Std. Err.      z    P>|z|     [95% Conf. Interval]
-------------+----------------------------------------------------------------
        dist |   .3076544   .0712522     4.32   0.000     .1680026    .4473061
         sem |   .1973366   .0495291     3.98   0.000     .1002612    .2944119
         per |  -.9274356    .257023    -3.61   0.000    -1.431191   -.4236797
       _cons |  -4.997447   1.249431    -4.00   0.000    -7.446287   -2.548607
-------------+----------------------------------------------------------------
     /lnalpha |  -1.365232   .5276507                     -2.399408   -.3310552
-------------+----------------------------------------------------------------
        alpha |   .2553215   .1347206                      .0907717    .7181655
------------------------------------------------------------------------------
Likelihood-ratio test of alpha=0:   chibar2(01) =      7.76 Prob>=chibar2 = 0.003
```

그림 15.37 Stata에서 음이항 회귀 모델 결과

먼저, 완전 모델의 로그 우도 함수 최댓값은 −151.0123이며, 엑셀의 **해 찾기**로 구한 값(15.3.1절) 표 15.12 및 그림 15.14와 동일함을 알 수 있다. 빈 모델에 대해 이 값을 구하려면 다음처럼 명령한다. 결과는 그림 15.38에 있다.

```
nbreg late
```

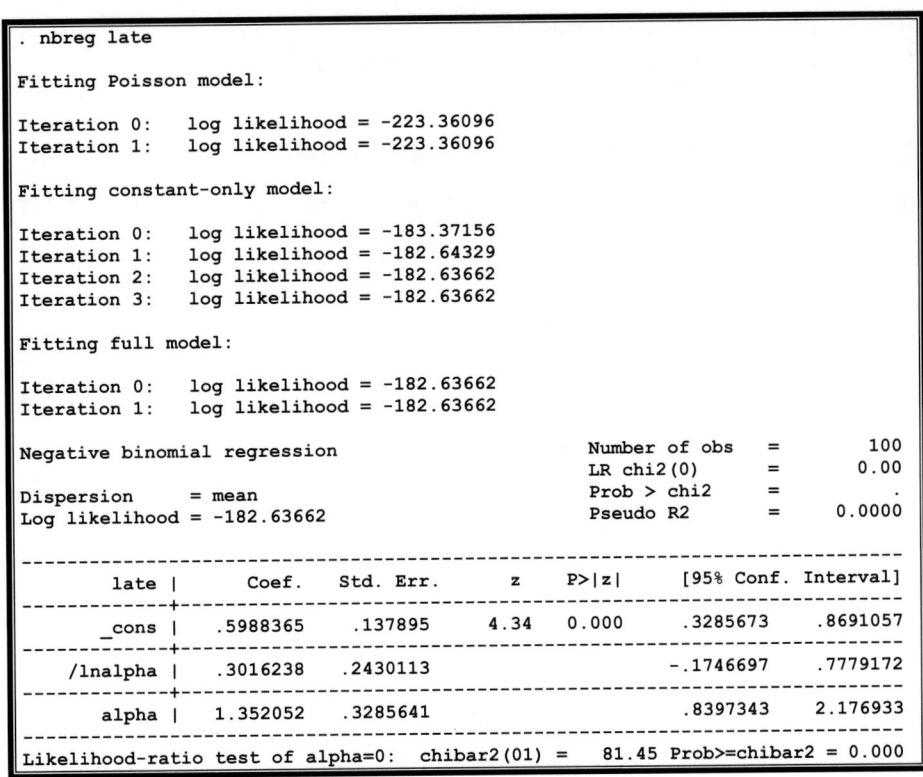

그림 15.38 Stata에서 음이항 회귀 빈 모델 결과

그런 다음, 빈 모델의 로그 우도 함수 최댓값은 −182.63662이며, 이는 그림 15.16에서 본 엑셀의 **해 찾기** 결과와 같다.

따라서 식 (15.10)을 사용하면, 다음과 같다.

$$\chi^2_{3\text{d.f.}} = -2 \cdot [-182.63662 - (-151.01230)] = 63.25 \quad \text{이때 } P \text{ 값(또는 } Prob. \chi^2_{cal}) = 0.000$$

따라서 χ^2 검정에 따라 모든 $\beta_j (j = 1, 2, 3)$ 모수가 통계적으로 0이라는 귀무 가설을 5% 유의수준에서 기각하고 적어도 하나의 X 변수가 월별 지각 횟수를 통계적으로 유의하게 설명한다.

15.4.1절에서처럼 맥패든 유사 R^2을 계산할 수 있다. 그러나 그 용도가 동일한 부류의 둘 이상의 모델 비교에만 국한되면 다른 부류, 예컨대 푸아송과 음이항 모델의 비교에는 사용할 수 없음을 늘 기억해야 한다. 식 (15.9)에 따라 다음과 같다.

$$pseudo\,R^2 = \frac{-2 \cdot (-182.63662) - [(-2 \cdot (-151.01230))]}{-2 \cdot (-182.63662)} = 0.1732$$

그림 15.37 모수의 통계적 유의성에 관해 모든 $z_{cal} < -1.96$ 또는 > 1.96여서, 월드 z 통계량의 P 값은 모든 추정 모수에 대해 < 0.05이므로 단계별 절차를 추가로 할 필요 없이 최종 모델을 얻게 된다. 그렇지 않다면 다음 명령어로 최종 모델을 추정하기를 권한다.

```
stepwise, pr(0.05): nbreg late dist sem per
stepwise, pr(0.05): glm late dist sem per, family(nbinomial ml)
```

이를 통해 예제에서는 그림 15.37과 동일한 결과를 얻을 것이다.

최종 음의 회귀 모델을 구했으면 월별 지각에 해당하는 예측 변수 u를 생성할 수 있다. 이 변수는 최종 모델 추정 후 다음 명령어로 생성해야 한다.

```
predict u
```

학생 i의 평균 월별 지각 횟수는 다음 식과 같다.

$$u_i = e^{(-4.997 + 0.308 \cdot dist_i + 0.197 \cdot sem_i - 0.927 \cdot per_i)}$$

이는 작은 절사 오차 외에는 15.3절의 모델과 동일하다. 또한 그림 15.37로부터 95% 신뢰수준에서 식의 최소와 최대는 다음과 같다.

$$u_{i_{\min}} = e^{(-7.446 + 0.168 \cdot dist_i + 0.100 \cdot sem_i - 1.431 \cdot per_i)}$$

$$u_{i_{\max}} = e^{(-2.549 + 0.447 \cdot dist_i + 0.294 \cdot sem_i - 0.424 \cdot per_i)}$$

또한 그림 15.37은 ϕ 추정에 해당하는 값을 나타내고, 이는 감마 분포의 형상 모수 ψ의 역이다(Stata 에서 ϕ는 alpha이다). $\phi(alpha)$의 신뢰 구간은 0을 포함하지 않으므로, 95% 신뢰수준에서 ϕ가 통계적 으로 0이 아니며 추정 값은 15.3.1절의 엑셀 **해 찾기**에서처럼 0.255임을 알 수 있다(그림 15.14). 그림 15.37의 결과는 $\phi(alpha)$의 로그 우도 검정을 나타내고, 이로부터 이 모수가 통계적으로 0이라는 귀무 가설을 5% 유의수준($Sig.\,\chi^2 = 0.003 < 0.05$)에서 기각한다. 이는 데이터에 과산포성이 있음을 증명하므로 식 (15.27)에 따라 종속 변수를 다음 명세로 나타낸다.

$$Var(Y) = u + 0.255 \cdot u^2$$

glm 명령어는 결과에서 그림 15.39처럼 이 분산식을 바로 나타낸다. 이는 그림 15.37과 같다.

```
glm late dist sem per, family(nbinomial ml)
```

```
. glm late dist sem per, family(nbinomial ml)

Iteration 0:    log likelihood = -151.49946
Iteration 1:    log likelihood = -151.01314
Iteration 2:    log likelihood =  -151.0123
Iteration 3:    log likelihood =  -151.0123

Generalized linear models                     No. of obs      =        100
Optimization     : ML                         Residual df     =         96
                                              Scale parameter =          1
Deviance        =  105.0249438                (1/df) Deviance =    1.09401
Pearson         =  104.7027564                (1/df) Pearson  =   1.090654

Variance function: V(u) = u+(.2553)u^2        [Neg. Binomial]
Link function    : g(u) = ln(u)               [Log]

                                              AIC             =   3.100246
Log likelihood   = -151.0122975               BIC             =  -337.0714

------------------------------------------------------------------------------
             |               OIM
        late |      Coef.   Std. Err.      z    P>|z|     [95% Conf. Interval]
-------------+----------------------------------------------------------------
        dist |   .3076544   .0680481     4.52   0.000     .1742826    .4410261
         sem |   .1973366   .0481042     4.10   0.000      .103054    .2916191
         per |  -.9274356   .2568699    -3.61   0.000    -1.430891     -.42398
       _cons |  -4.997447    1.17835    -4.24   0.000    -7.306971   -2.687923
------------------------------------------------------------------------------
```

그림 15.39 Stata의 음이항 회귀 결과: glm 명령어

관심 있는 독자는 15.4.1절에서 추정한 음이항 회귀를 추정해볼 수 있다(HowLatePoisson.dta). ϕ(Stata에서 alpha)가 통계적으로 0임을 볼 수 있을 것이며, 과산포성 존재에 대한 검정에 있어 등분 선성이라는 귀무 가설을 기각하지 못함을 볼 것이다(그림 15.23). 다시 말해, 푸아송 회귀 모델은 적절하다는 것을 보여준다.

따라서 $\phi \neq 0$이므로 음이항 분포를 계속 사용하며 15.3.1절의 질문으로 다시 돌아가 보자.

거리가 12km, 신호등 개수가 17개 그리고 오후에 출발한 학생의 지각 횟수 평균값은 얼미인가?

이 질문에 답하려면 다음처럼 mfx 명령어를 사용한다.

```
mfx, at(dist=12 sem=17 per=0)
```

```
. mfx, at(dist=12 sem=17 per=0)

Marginal effects after nbreg
      y  = Predicted number of events (predict)
         = 7.7611249
------------------------------------------------------------------------------
variable |      dy/dx    Std. Err.     z    P>|z|  [    95% C.I.   ]        X
---------+--------------------------------------------------------------------
    dist |   2.387744     .79926      2.99   0.003   .821228  3.95426        12
     sem |   1.531554     .54557      2.81   0.005   .462264  2.60084        17
    per* |  -4.691082     1.65951    -2.83   0.005  -7.94366  -1.4385         0
------------------------------------------------------------------------------
(*) dy/dx is for discrete change of dummy variable from 0 to 1
```

그림 15.40 설명 변수에 대한 월별 기대 지각 횟수 계산: mfx 명령어

그림 15.40에 따라 15.3.2절에서 수작업으로 구한 것처럼 문제에 해당하는 특성을 가진 학생의 월별 평균 지각 횟수는 7.76이다.

푸아송 회귀 분석 때와 유사하게, 다른 조건이 모두 동일한 상황에서 한 단위가 변할 때마다의 사건 발생 비율 변화를 알아볼 수 있다. 이를 위해 다음과 같이 명령한다.

```
nbreg late dist sem per, irr
```

결과는 그림 15.41에 있고 다음 명령어로도 구할 수 있다.

```
glm late dist sem per, family(nbinomial ml) eform
```

여기서 glm 명령어의 eform 항은 nbreg 명령어의 irr 항과 같다.

```
. nbreg late dist sem per, irr

Fitting Poisson model:

Iteration 0:   log likelihood = -160.97008
Iteration 1:   log likelihood = -154.89761
Iteration 2:   log likelihood = -154.89376
Iteration 3:   log likelihood = -154.89376

Fitting constant-only model:

Iteration 0:   log likelihood = -183.37156
Iteration 1:   log likelihood = -182.64329
Iteration 2:   log likelihood = -182.63662
Iteration 3:   log likelihood = -182.63662

Fitting full model:

Iteration 0:   log likelihood = -164.81888
Iteration 1:   log likelihood = -163.03629
Iteration 2:   log likelihood = -156.38042  (not concave)
Iteration 3:   log likelihood = -155.02033
Iteration 4:   log likelihood = -151.41164
Iteration 5:   log likelihood = -151.31538
Iteration 6:   log likelihood = -151.01444
Iteration 7:   log likelihood =  -151.0123
Iteration 8:   log likelihood =  -151.0123

Negative binomial regression              Number of obs   =        100
                                          LR chi2(3)      =      63.25
Dispersion      = mean                    Prob > chi2     =     0.0000
Log likelihood = -151.0123                Pseudo R2       =     0.1732

------------------------------------------------------------------------
        late |      IRR   Std. Err.      z    P>|z|   [95% Conf. Interval]
-------------+----------------------------------------------------------
        dist | 1.360231   .0969194     4.32   0.000    1.18294    1.564093
         sem | 1.218154   .0603341     3.98   0.000    1.10546    1.342337
         per | .3955668   .1016698    -3.61   0.000    .239024    .6546335
-------------+----------------------------------------------------------
     /lnalpha| -1.365232   .5276507                   -2.399408   -.3310552
-------------+----------------------------------------------------------
       alpha | .2553215   .1347206                    .0907717    .7181655
------------------------------------------------------------------------
Likelihood-ratio test of alpha=0:  chibar2(01) =     7.76 Prob>=chibar2 = 0.003
```

그림 15.41 음이항 회귀 모델 출력: 사건 발생 비율

이런 식으로, 15.3.1절의 나머지 세 가지 질문도 살펴보자.

나머지 조건이 동일할 때, 거리가 1km 멀어질 때마다 월별 지각 가능성은 어떻게 되는가?

나머지 조건이 동일할 때, 신호등 개수가 하나 많아질 때마다 월별 지각 가능성은 어떻게 되는가?

나머지 조건이 동일할 때, 오후가 아니라 오전에 출발한다면 월별 지각 가능성은 어떻게 되는가?

이 해답은 즉시 구할 수 있다. 나머지 조건이 동일할 때 거리가 1km 멀어질 때마다 월별 지각 사건 발생 승수는 1.360(36% 증가)이다. 나머지 조건이 동일할 때, 신호등이 하나 증가할 때마다의 사건 발생 비율 승수는 1.218(21.8% 증가)이다. 마지막으로, 나머지 조건이 동일할 때 오후가 아니라 오전에 출발할 때의 사건 발생 비율 승수는 0.396(60.4% 감소)이다. 이 값들은 15.3.2절의 수작업 결과와 일치한다.

월별 지각 횟수 변화를 신호등 개수에 대한 함수로 표현하되 오전 오후를 분리해 나타낸 그래프를 그리려면 다음과 같이 명령하면 된다.

```
graph twoway scatter u sem if per==0 || scatter u sem if per==1 || mspline u sem if
per==0 || mspline u sem if per==1 ||, legend(label(3 "afternoon") label(4 "morning"))
```

생성된 그래프는 그림 15.42에 있다.

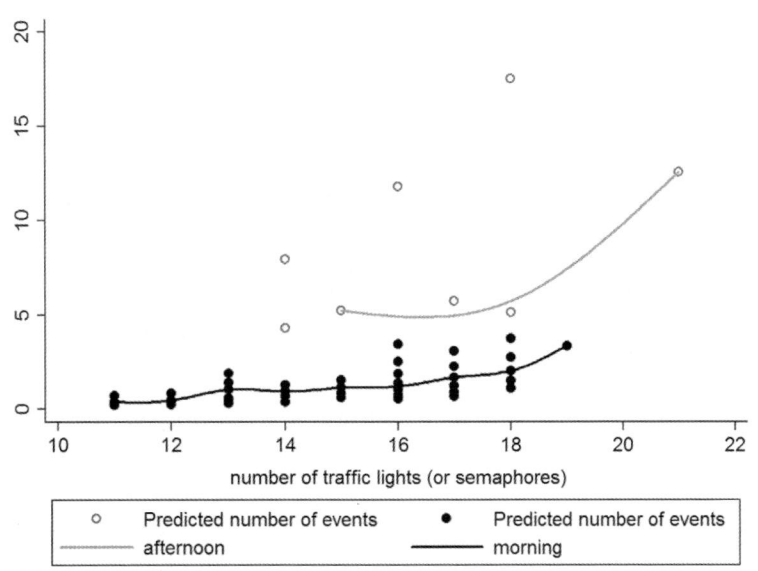

그림 15.42 월별 기대 지각 횟수(u) × 각기 다른 시간대(per)에서의 신호등 개수(sem)

그림 15.42를 보면, 오후에 출발한 경우 평균적으로 학교까지 경로에 더 많은 신호등 개수가 있음을 볼 수 있다. 이는 아마 오후에 출발한 학생들이 더 멀리 살기 때문인 것으로 보인다. 오전에 출발한 경로의 월별 기대 지각 횟수는 평균이 1.5를 넘지 않고 최대치도 4를 넘지 않은 것으로 나타났지

만, 오후에 출발한 경우 평균은 8 근처에 있고 최솟값이 4이다.

일반적으로, 신호등 개수가 증가할수록 월별 기대 지각 횟수도 증가하고 신호등이 하나 증가할 때마다 평균 21.8% 증가한다.

마지막으로, 예제에 대해 푸아송 회귀와 음이항 회귀를 비교해보자. 먼저, 관측과 이 두 추정에서 지각 발생 예측의 분포를 비교하기 위해 다음 명령어를 실행한다. 결과는 그림 15.43에 있다.

```
quietly poisson late dist sem per
prcounts prpoisson, plot
quietly nbreg late dist sem per
prcounts prbneg, plot
graph twoway (scatter prbnegobeq prbnegpreq prpoissonpreq prbnegval, connect (1 1 1))
```

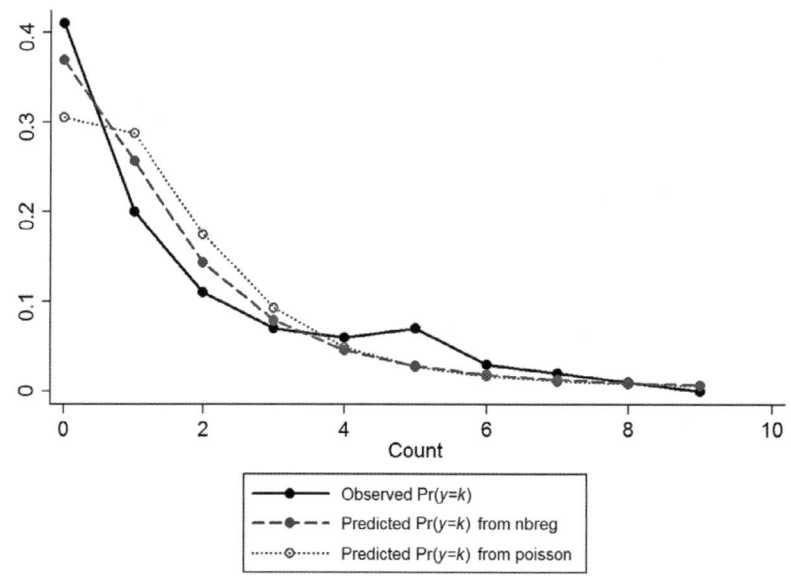

그림 15.43 푸아송과 음이항 회귀 모델에서의 관측과 기대 확률 분포

그림 15.43을 분석해보면, 음이항 모델의 추정 확률 분포(예측)가 푸아송보다 관측 분포에 더 잘 조정되는 것을 볼 수 있다(더 가까운 점).

이 사실은 countfit 명령어를 실행해도 볼 수 있는데, 각 종속 변수 개수의 예측 확률값을 보여준다. 따라서 다음 명령어를 입력할 수 있다.

```
countfit late dist sem per, prm nograph noestimates nofit
```

```
countfit late dist sem per, nbreg nograph noestimates nofit
```

여기서 prm 항은 푸아송 회귀 모델을 참조하고, nbreg 항은 음이항 회귀 모델(NB2)을 참조한다. 결과는 그림 15.44에 있다.

```
. countfit late dist sem per, prm nograph noestimates nofit
Comparison of Mean Observed and Predicted Count

                Maximum      At        Mean
Model         Difference    Value     |Diff|
---------------------------------------------------
PRM             0.105         0        0.036

PRM: Predicted and actual probabilities

Count   Actual    Predicted    |Diff|    Pearson
---------------------------------------------------
0        0.410      0.305       0.105      3.632
1        0.200      0.287       0.087      2.651
2        0.110      0.175       0.065      2.410
3        0.070      0.093       0.023      0.564
4        0.060      0.049       0.011      0.242
5        0.070      0.028       0.042      6.516
6        0.030      0.017       0.013      1.028
7        0.020      0.011       0.009      0.706
8        0.010      0.008       0.002      0.054
9        0.000      0.006       0.006      0.604
---------------------------------------------------
Sum      0.980      0.979       0.364     18.408

. countfit late dist sem per, nbreg nograph noestimates nofit
Comparison of Mean Observed and Predicted Count

                Maximum      At        Mean
Model         Difference    Value     |Diff|
---------------------------------------------------
NBRM           -0.056         1        0.022

NBRM: Predicted and actual probabilities

Count   Actual    Predicted    |Diff|    Pearson
---------------------------------------------------
0        0.410      0.369       0.041      0.451
1        0.200      0.256       0.056      1.234
2        0.110      0.143       0.033      0.756
3        0.070      0.079       0.009      0.105
4        0.060      0.046       0.014      0.426
5        0.070      0.028       0.042      6.085
6        0.030      0.019       0.011      0.704
7        0.020      0.013       0.007      0.416
8        0.010      0.009       0.001      0.009
9        0.000      0.007       0.007      0.671
---------------------------------------------------
Sum      0.980      0.969       0.221     10.858
```

그림 15.44 종속 변수의 각 개수에 대한 관측과 예측 확률 및 해당 오차 항

그림 15.44의 Actual과 Predicted 열은 각 추정 모델에서의 관측과 예측 확률을 각각 참조한다. 이를 통해 그림 15.43의 그래프를 구할 수 있다.

그림 15.44를 분석하면 음이항 회귀 모델에 대한 조정이 푸아송보다 더 낫다는 것을 볼 수 있

다. 이는 관측과 예측 확률의 최대 차이를 분석하면 알 수 있다. 푸아송 모델은 0.105이지만 음이항 모델은 0.056이다. 더구나 이 차이의 평균은 푸아송의 경우 0.036이고 음이항 모델의 경우 0.022이다. |Diff| 열의 값은 각 종속 변수 개수의 모듈 차이에 해당하고(0~9), Pearson 열의 값은 Cameron and Trivedi(2009)에 따라 모델 조정이 좋음을 나타내며 다음 식에 의해 계산된다.

$$\text{Pearson} = N \cdot \frac{(\text{Diff})^2}{\text{Predicted}} \tag{15.31}$$

여기서 N은 표본 크기다. 동일한 결과(그림 15.44)를 분석해보면 전체 Pearson 값은 음이항 회귀 분포에서 더 값이 작으므로, 푸아송 회귀 모델에 비해 더 낫다는 것을 나타낸다.

또한 예측값을 월별 지각 횟수를 추정된 푸아송과 음이항 회귀 모델에 대해 그 관측치와 연계한 그래프를 그려볼 수 있다. 변수 u는 음이항 모델로 구한 학생별 월별 지각 발생 예측값에 해당하고, 변수 *lambda*는 푸아송 모델에 의한 예측값에 해당한다. 이에 따라 다음과 같이 명령하면 그림 15.45의 결과를 얻는다.

```
graph twoway mspline u late || mspline lambda late ||, legend(label(1 "Negative
Binomial") label (2 "Poisson"))
```

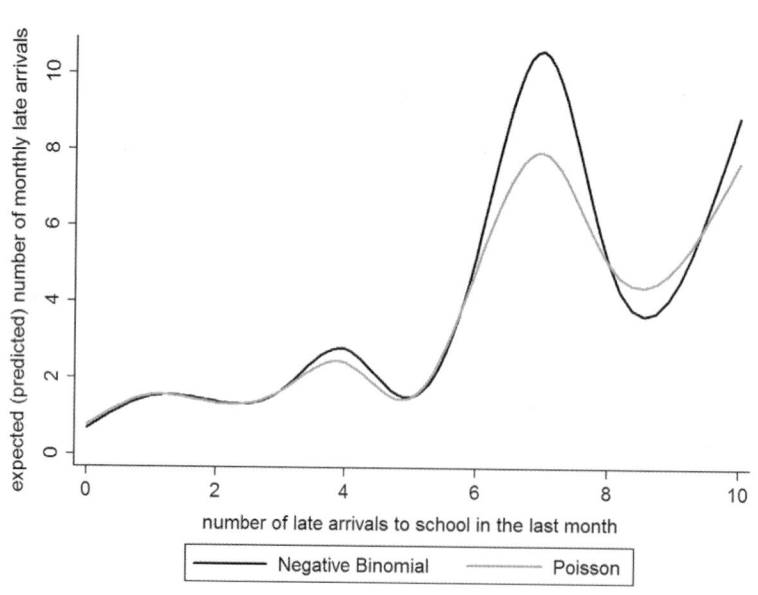

그림 15.45 푸아송과 음이항 회귀 모델에 의한 월별 지각의 예측 × 실제

그림은 음이항 회귀 모델의 경우 월간 지각 예상량의 편차가 훨씬 더 크다는 것을 보여준다. 15.4.1절에 사용된 예에서, 푸아송 회귀 모델과 음이항 회귀 모델에서 나온 동일한 그래프를 그려봤다면

두 곡선은 정확히 일치할 것이다(중첩됨). 이것은 그 경우에는 푸아송 회귀 모델의 추정이 현재 상황과 반대로 음이항 회귀보다 적절하다는 것을 다시 한번 보여준다.

마지막으로, 15.4.1절에서처럼 최대 우도에 의한 음이항 회귀 모델을 최대 우도에 의한 푸아송 회귀 모델이나 OLS에 의한 다중 로그 선형 회귀 등과 비교해볼 수 있다. 이를 위해 종속 변수 *late*의 자연로그인 *lnlate*를 다음 명령어로 생성한다.

```
gen lnlate=ln(late)
```

다음으로 OLS에 의해 $\ln(late_i) = \alpha + \beta_1 \cdot dist_i + \beta_2 \cdot sem_i + \beta_3 \cdot per_i$ 모델을 추정하고 데이터셋의 각 관측치에 대한 예측값에 해당하는 변수(*eyhat*)를 생성한다. 다음 명령어를 입력한다.

```
quietly reg lnlate dist sem per
predict yhat
gen eyhat = exp(yhat)
```

그림 15.46을 사용하면, 예측값의 차이를 각 추정에 대한 종속 변수의 실숫값 함수로 검증해볼 수 있다(최대 우도에 의한 음이항과 푸아송 그리고 OLS에 의한 다중 로그 선형). 그래프를 그리는 명령어는 다음과 같다.

```
graph twoway lfit u late || lfit lambda late || lfit eyhat late ||, legend(label(1
"Negative Binomial") label(2 "Poisson") label(3 "OLS"))
```

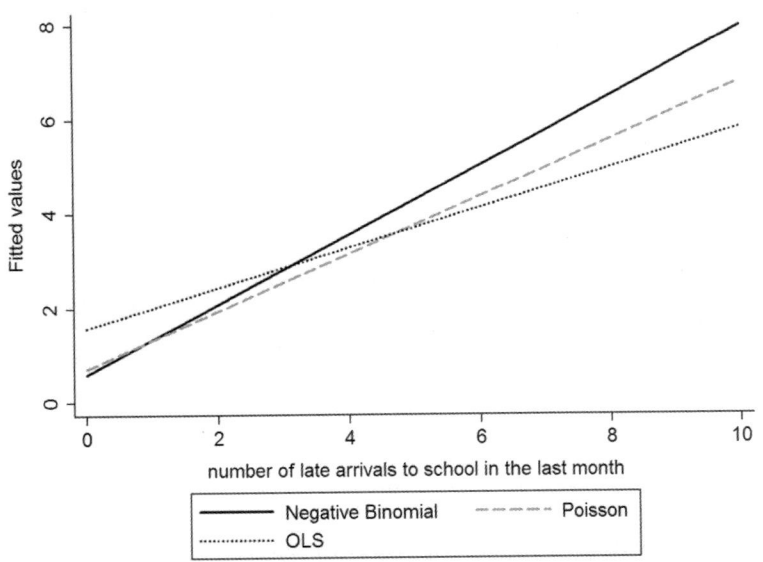

그림 15.46 음이항, 푸아송, 다중 로그 선형(OLS) 모델에 대한 예측 × 관측치

이 그래프는 가용한 데이터에 기반해 추론과 예측에 있어 편향되지 않고 더 적절한 추정을 선택할 수 있게 해준다. 예제의 경우 푸아송과 로그 선형 회귀 모델은 음이항 회귀 모델에 비해 편향된 모수 추정을 생성한다. 이는 연구원이 결정 회귀 모델을 추정하기 전에 종속 변수의 속성과 분포에 관한 기초 진단을 근본적으로 수행해야 함을 알려준다. 정량 종속 변수의 존재가 OLS에 의한 다중 회귀 모델의 적합도를 보장하지는 않고, 개수 데이터를 가진 정량 종속 변수라 해서 푸아송 회귀 분석의 적합도를 보장하지는 않는다.

Stata가 다양한 모델을 생성하는 능력은 대단하다. 그러나 여기서는 개수 데이터에 대한 회귀를 정확히 추정하려는 목적으로 그 중요성을 살펴봤다.

이제 SPSS를 살펴보자.

15.5 SPSS로 개수 데이터에 대한 회귀 모델 추정

이제 SPSS로 예제를 하나씩 해결해보자. 이 절의 이미지는 IBM의 허가하에 사용됐다.

이전 장들에서 그랬듯이, 이번 절의 목적은 기법의 개념을 설명하거나 앞 절의 내용을 반복하려는 것이 아니다. 주목적은 SPSS를 사용해 개수 데이터에 대한 회귀 모델을 추정하는 방법을 설명하려는 것이다. SPSS는 사용이 쉽고, 사용자 친화적이다. 각 출력 결과마다 엑셀이나 Stata의 결과와 비교해, 어떤 소프트웨어를 사용할지 그 특성과 접근성을 판단할 수 있게 될 것이다.

15.5.1 SPSS를 사용한 푸아송 회귀 모델

Stata에서의 논리대로 100명의 학생에 대한 데이터셋을 구축한다. 데이터는 HowLatePoisson.sav 파일에 있다. 이 파일을 연 다음 **분석** › **기술 통계** › **빈도 분석**을 클릭해 종속 변수 분포에 대한 첫 번째 진단을 수행한다. 대화상자는 그림 15.47에 보인다.

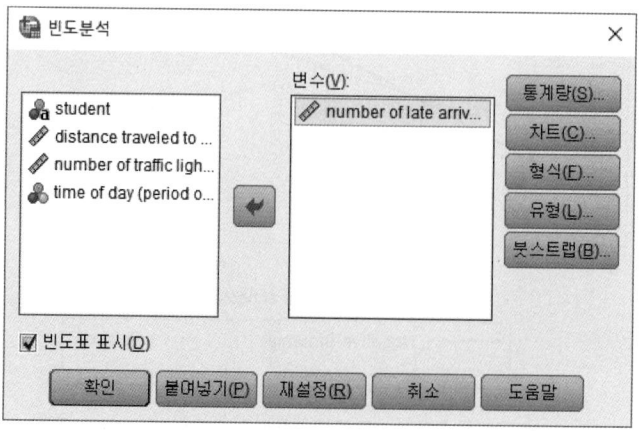

그림 15.47 종속 변수의 빈도표 대화상자

그림 15.47에서처럼 종속 변수 *late*(지난주 지각)를 **변수**에 포함해야 한다. **통계량** 버튼을 눌러 그림 15.48처럼 **평균**과 **분산** 옵션을 선택한다.

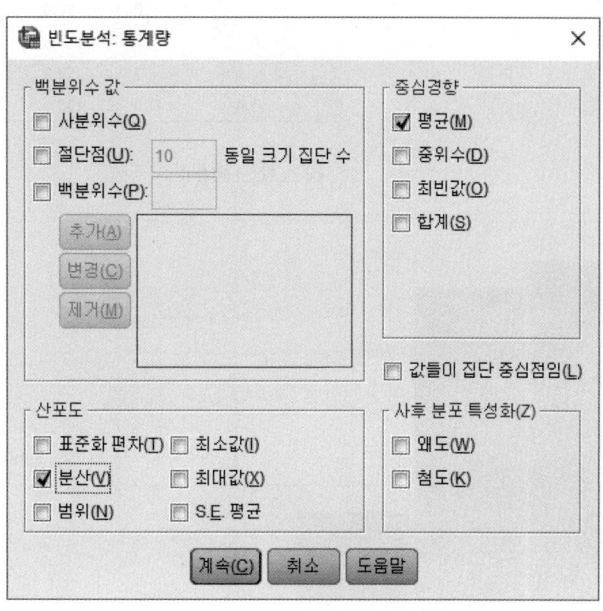

그림 15.48 종속 변수의 평균과 분산의 계산 옵션

계속을 누르면 이전 대화상자로 돌아간다. **차트** 버튼을 누르고 그림 15.49처럼 **히스토그램** 옵션을 선택한다.

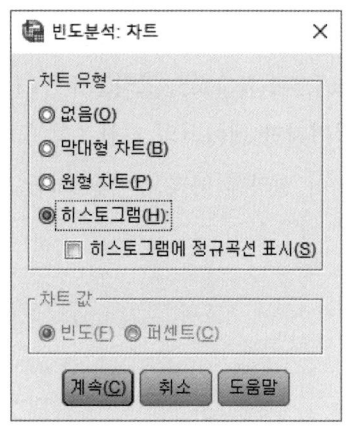

그림 15.49 종속 변수 히스토그램의 대화상자

다음으로 **계속**과 **확인**을 누르면 그림 15.50과 같은 결과가 출력된다.

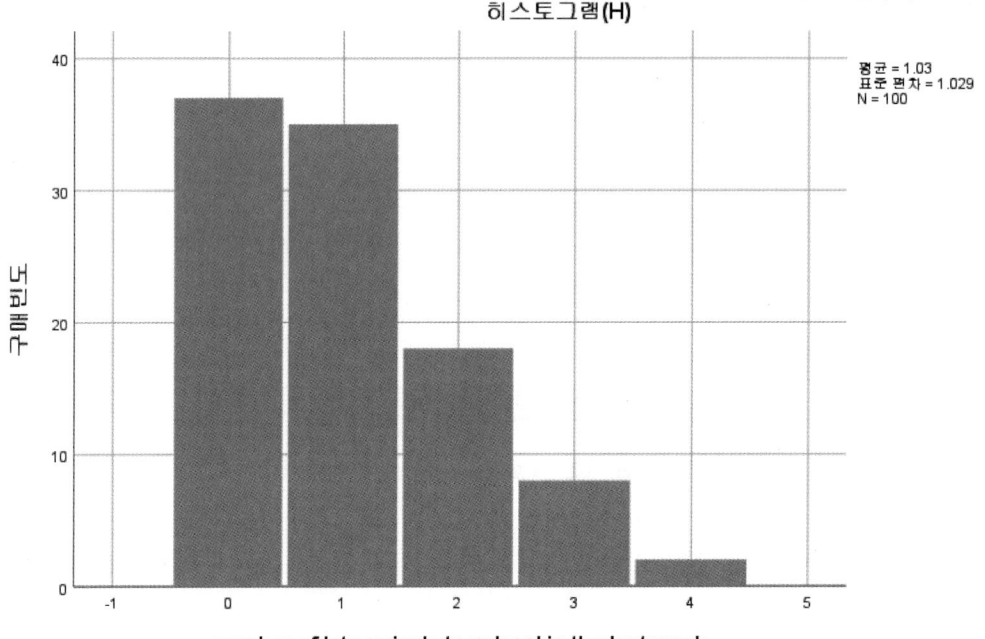

동계량

number of late arrivals to school in the last week

N	유효	100
	결측	0
평균		1.03
분산		1.060

number of late arrivals to school in the last week

		빈도	퍼센트	유효 퍼센트	누적 퍼센트
유효	0	37	37.0	37.0	37.0
	1	35	35.0	35.0	72.0
	2	18	18.0	18.0	90.0
	3	8	8.0	8.0	98.0
	4	2	2.0	2.0	100.0
	전체	100	100.0	100.0	

그림 15.50 종속 변수의 평균, 분산, 빈도, 히스토그램

이 출력은 15.2.1절의 그림 15.3과 표 15.3, 그리고 15.4.1절의 그림 15.18 ~ 그림 15.20과 동일하다. 이를 통해 기초적인 방법이지만 데이터의 과산포성에 대한 지표를 볼 수 있다. 평균과 분산이 매우 비슷하기 때문이다. 이제 이 결과에 따라 푸아송 회귀 모델을 추정해보는데, 과산포성의 존재를 확인해보자.

이를 위해 **분석 › 일반화 선형 모형 › 일반화 선형 모형**을 클릭한다. 대화상자가 열리면 **모형 유형** 폴더에서 **푸아송 로그 선형** 옵션(빈도형에서)을 그림 15.51처럼 선택한다.

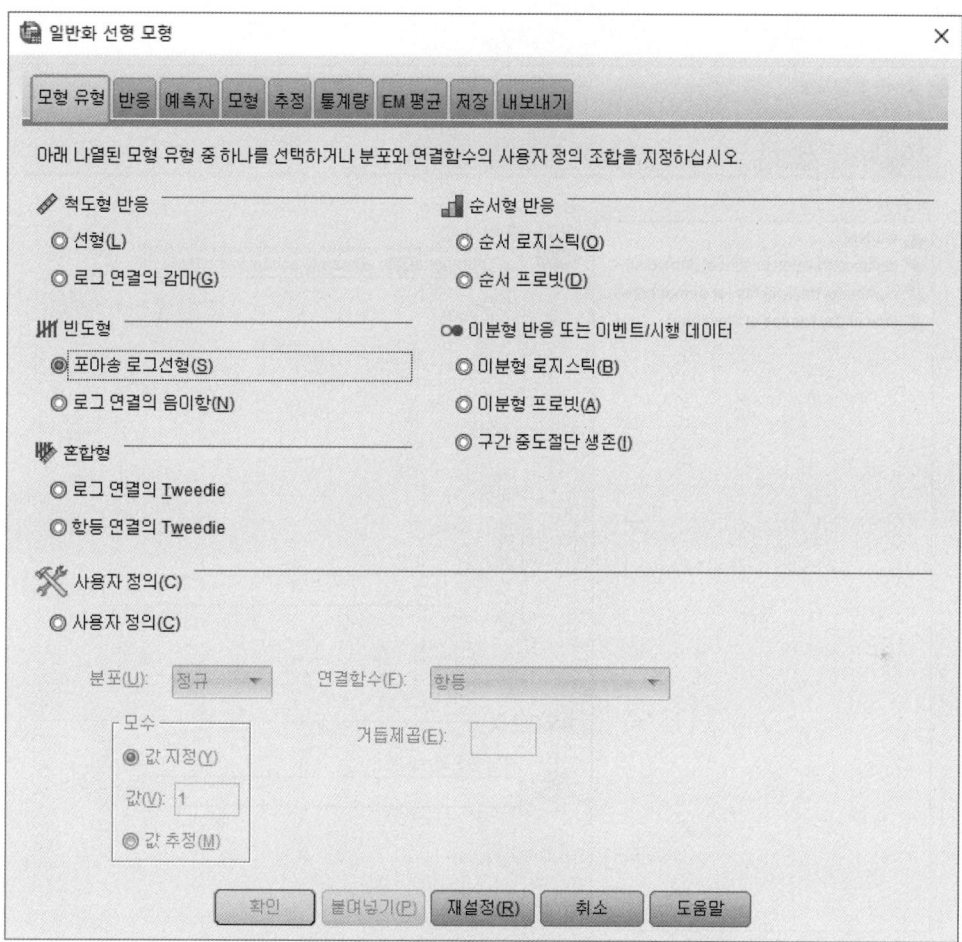

그림 15.51 SPSS에서 푸아송 모델을 추정하는 최초 대화상자

다중 회귀 모델과 로지스틱 회귀 모델도 일반화 선형 모델의 일부이므로 동일한 대화상자를 사용할 수 있다는 점을 기억하자.

그림 15.52처럼 **반응** 폴더에서 **종속 변수**로 *late* 변수를 선택한다.

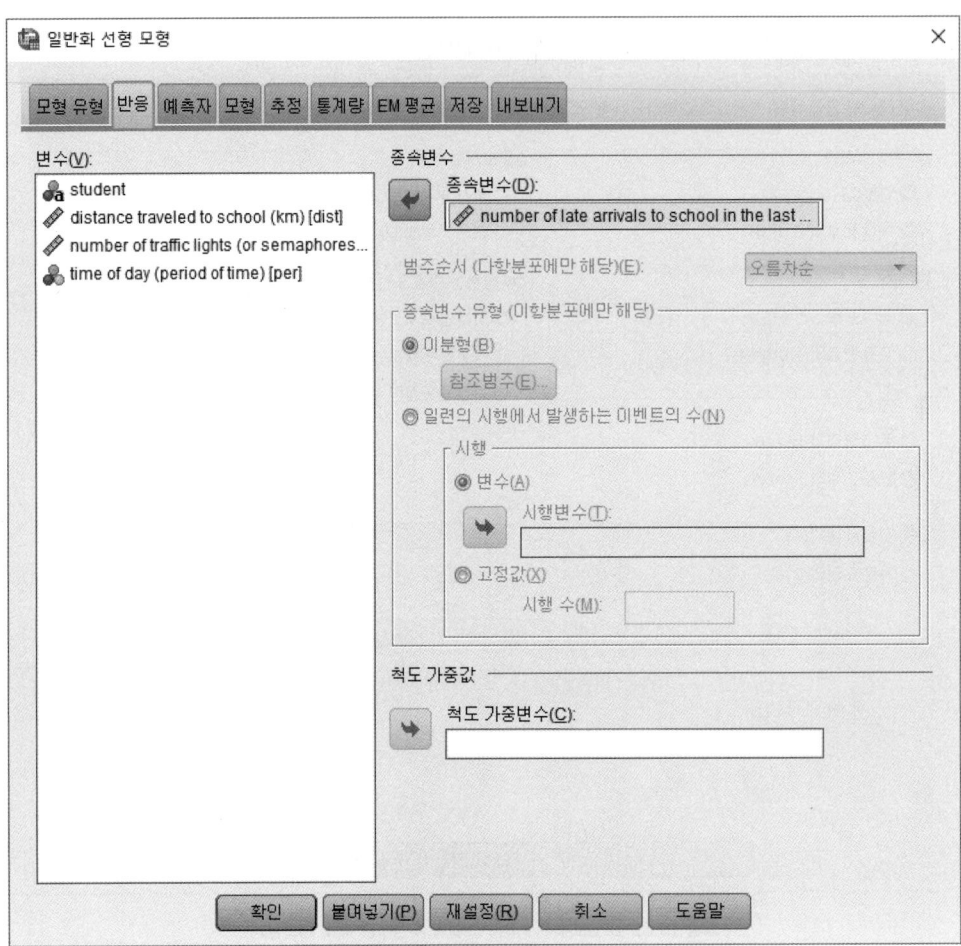

그림 15.52 종속 변수의 선택 대화상자

각각 그림 15.53과 그림 15.54에서처럼, **예측자** 폴더에서는 **공변량**에 *dist, sem, per* 변수를 포함하고 **모형** 폴더에서도 동일한 세 변수를 선택한다.

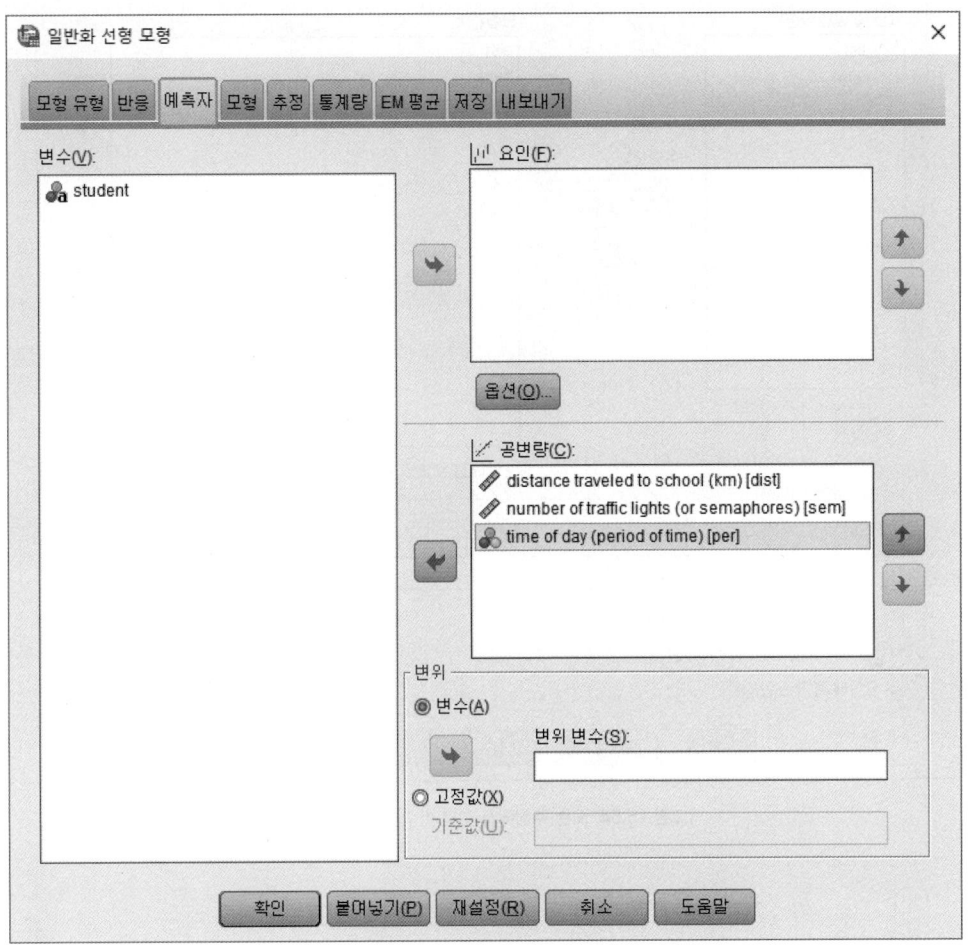

그림 15.53 설명 변수 선택 대화상자

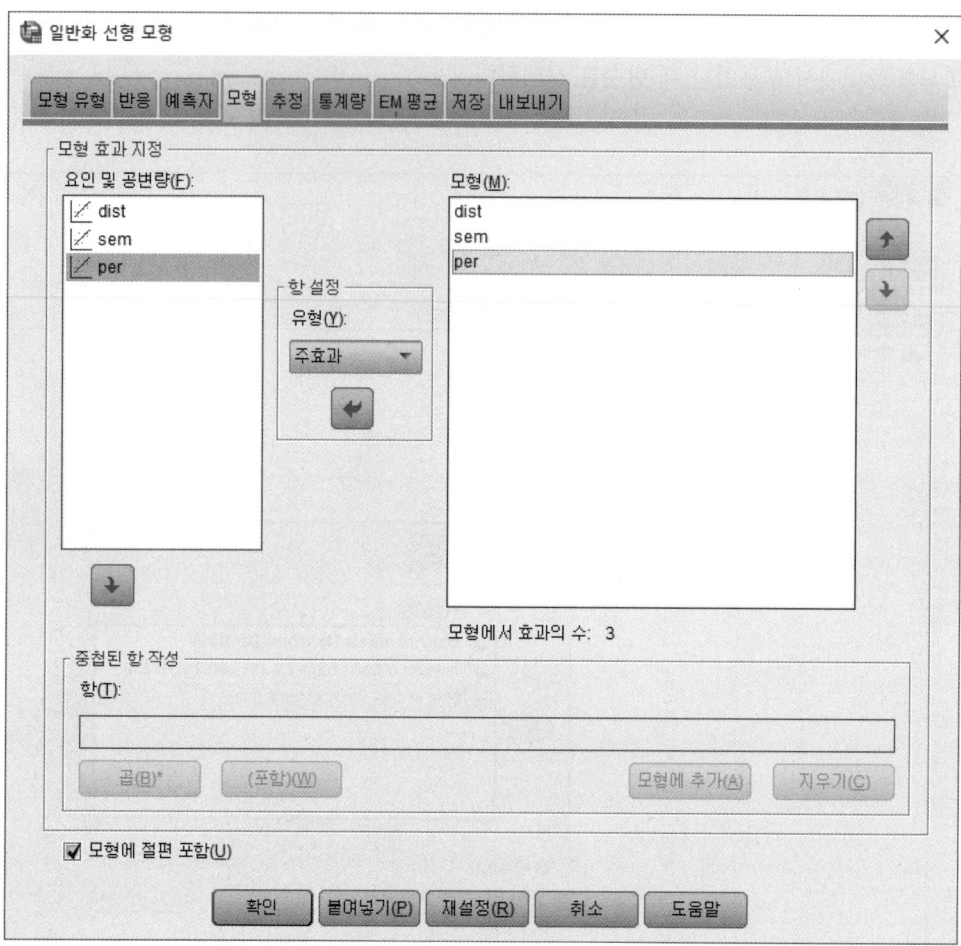

그림 15.54 모델 추정에서 설명 변수 포함 대화상자

그림 15.55처럼 **통계량** 폴더에서는 기본 선택 외에도 **지수 모수 추정값 포함**을 선택한다.

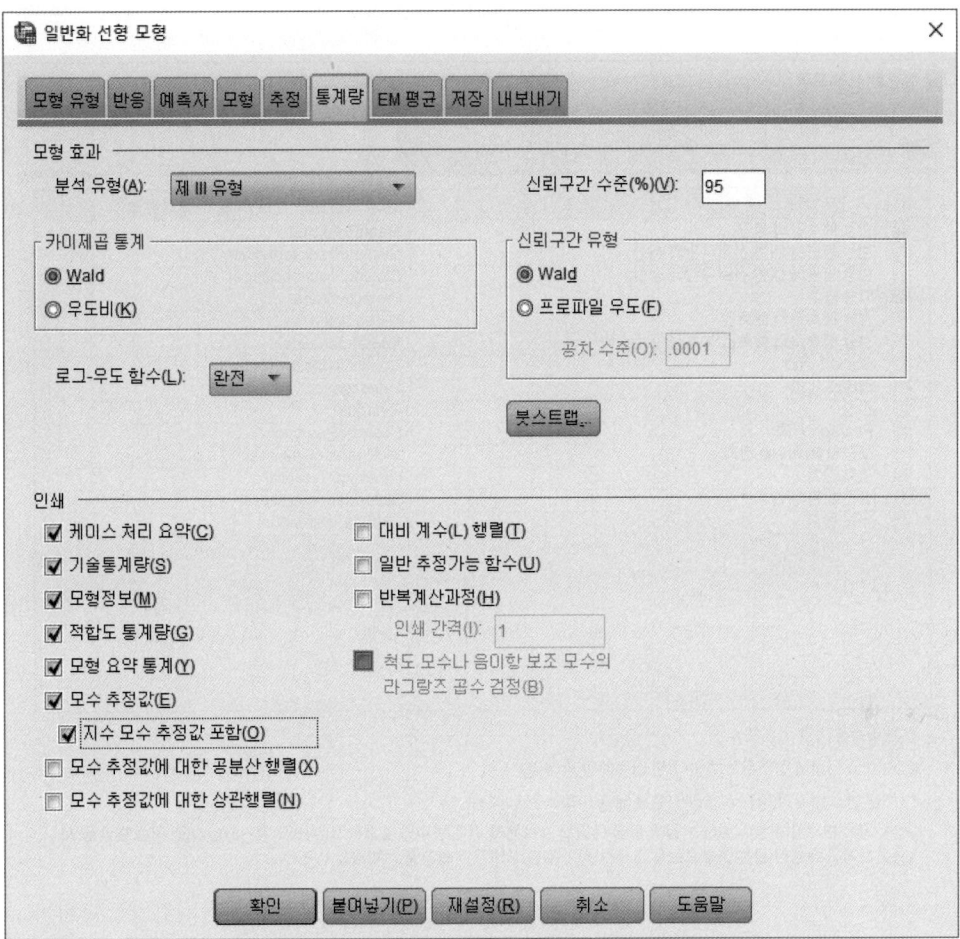

그림 15.55 푸아송 회귀 모델 통계량 선택 대화상자

마지막으로, 그림 15.56에서처럼 **저장** 폴더에서 첫 번째 옵션인 **반응 예측값의 평균**만 선택한다. 이는 데이터셋에 λ_i(학생별 주당 지각 횟수 예측)에 해당하는 변수를 생성한다.

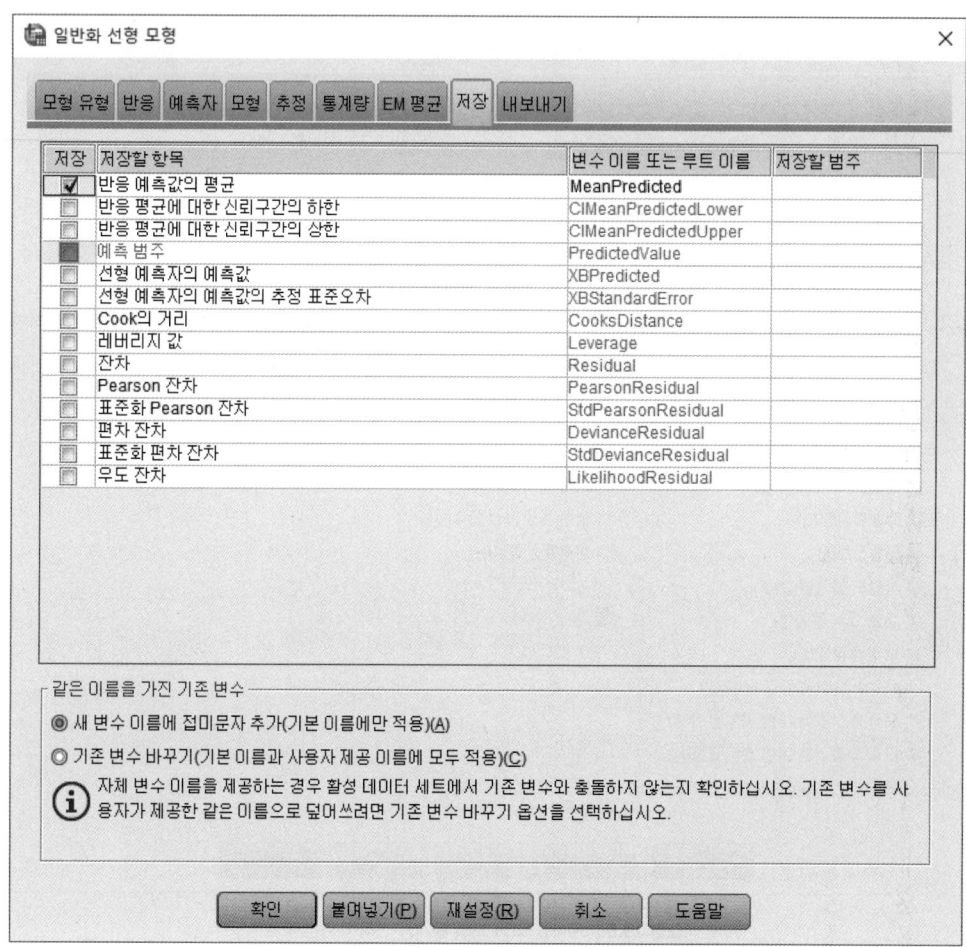

그림 15.56 학생별 주당 지각 횟수를 참조하는 변수 λ_i 생성 대화상자

다음으로 **확인**을 클릭한다. 그림 15.57은 주요 추정 결과를 보여준다.

적합도[a]

	변수값(A)	자유도	값/자유도
편차	67.717	96	.705
척도 편차	67.717	96	
Pearson 카이제곱	73.043	96	.761
척도 Pearson 카이제곱	73.043	96	
로그 우도[b]	-107.615		
Akaike 정보 기준(AIC)	223.230		
무한 표본 수정된 AIC (AICC)	223.651		
베이지안 정보 기준(BIC)	233.651		
일관된 AIC(CAIC)	237.651		

종속변수: number of late arrivals to school in the last week
모형: (절편), distance traveled to school (km), number of traffic lights (or semaphores), time of day (period of time)

a. 정보 기준은 가능한 작은 형태입니다.
b. 전체 로그 우도 함수가 표시되고 계산 정보 기준에 사용됩니다.

총괄검정

Likelihood Ratio Chi-Square	df	Sig.
51.015	3	.000

종속변수: number of late arrivals to school in the last week
모형: (절편) dist, sem, per

모수 추정값

모수2	B	표준화 오류	95% Wald 신뢰구간 하한	95% Wald 신뢰구간 상한	가설검정 Wald 카이제곱	가설검정 자유도	가설검정 유의확률	Exp(B)	Exp(B)에 대한 95% Wald 신뢰구간 하한	Exp(B)에 대한 95% Wald 신뢰구간 상한
(절편)	-4.380	1.1602	-6.654	-2.106	14.251	1	.000	.013	.001	.122
distance traveled to school (km)	.222	.0659	.093	.351	11.370	1	.001	1.249	1.097	1.421
number of traffic lights (or semaphores)	.165	.0458	.075	.254	12.904	1	.000	1.179	1.078	1.290
time of day (period of time)	-.573	.2619	-1.086	-.060	4.789	1	.029	.564	.337	.942
(척도)	1[a]									

종속변수: number of late arrivals to school in the last week
모형: (절편), distance traveled to school (km), number of traffic lights (or semaphores), time of day (period of time)

a. 표시된 값으로 고정됩니다.

그림 15.57 SPSS의 푸아송 회귀 모델 결과

그림 15.57의 첫 결과(**적합도**)는 제시된 추정의 로그 우도 함수 합의 최대화를 보여주는데, 그 값은 −107.615이고 이는 엑셀을 통해 구한 값(표 15.5, 그림 15.6)이나 Stata로 구한 값(그림 15.21, 그림 15.27)과 정확히 일치한다. 같은 결과에 따라 추정된 모델의 품질을 확인할 수 있다. χ^2_{cal} = 67.717이므로(SPSS에서는 편차라 불린다) 96차 자유도에서 $\chi^2 > 0.05$이다. 주별 지각에 대한 예측과 관측치 사이에 통계적으로 유의한 차이가 없다. 출력의 이 부분은 Stata로 모델을 추정할 때의 그림 15.25에 해당한다.

χ^2 검정에 기반해(총괄 검정에서 우도 비율 카이제곱 = 51.015, $Sig. \chi^2$ = 0.000 < 0.05) 모든 모수 $\beta_j (j = 1, 2, 3)$가 통계적으로 0이라는 귀무 가설을 5% 유의수준에서 기각하고 적어도 하나의 X 변수가 주별 지각 발생을 통계적으로 유의하게 설명한다고 결론 내린다.

추정된 모수는 **모수 추정값** 출력에서 볼 수 있고, 이는 그림 15.6(엑셀) 그리고 Stata의 poisson 명령어로 구한 값(그림 15.21)과 일치한다. 동일한 출력은 각 종속 변수의 **사건 발생 비율**[irr]을 나타내는데, 이는 그림 15.27처럼 SPSS에서는 Exp(B)로 불린다. 추정 모수의 모든 신뢰 구간(95% 월드 신뢰 구간)이 0을 포함하지 않으므로 결론적으로 Exp(B)는 1을 포함하지 않고 따라서 최종 푸아송 회귀 모델을 구한 것이다(모든 *Sig.* 월드 카이제곱 < 0.05).

따라서 특정 학생 i에 대한 주별 평균 지각 횟수 추정은 다음과 같다.

$$\lambda_i = e^{(-4.380 + 0.222 \cdot dist_i + 0.165 \cdot sem_i - 0.573 \cdot per_i)}$$

여기서 95% 신뢰수준의 최대, 최소 식은 다음과 같다.

$$\lambda_{imin} = e^{(-6.654 + 0.093 \cdot dist_i + 0.075 \cdot sem_i - 1.086 \cdot per_i)}$$
$$\lambda_{imax} = e^{(-2.106 + 0.351 \cdot dist_i + 0.254 \cdot sem_i - 0.060 \cdot per_i)}$$

푸아송 회귀를 추정했으면, 데이터의 과산포성을 확인해야 한다. 이를 위해 15.2.4절 및 15.4.1절과 동일한 절차를 거친다. 먼저 *yasterisk*라는 이름의 새로운 변수를 생성한다. **변환 › 변수 계산**에서 그림 15.58과 같이 진행한다. **숫자 표현식**에 입력하는 식은 식 (15.14)이고, SPSS에서는 이중 별표가 지수 연산을 의미한다는 점을 주목하자. 모델 추정 후 생성된 *MeanPredicted* 변수는 각 학생의 주별 지각 예측 횟수를 나타낸다(λ_i).

그림 15.58 데이터 과산포성 확인을 위한 *yasterisk* 변수 생성

확인을 누르면 새로운 변수 *yasterisk*가 데이터셋에 나타난다. 이제 이를 식 (15.15)에 따라 *MeanPredicted*의 함수로 축소한다. 이를 위해 **분석** › **회귀 분석** › **선형 회귀**를 클릭하고 **종속 변수**에 *yasterisk*를, **독립 변수**에 *MeanPredicted*를 그림 15.59처럼 넣는다.

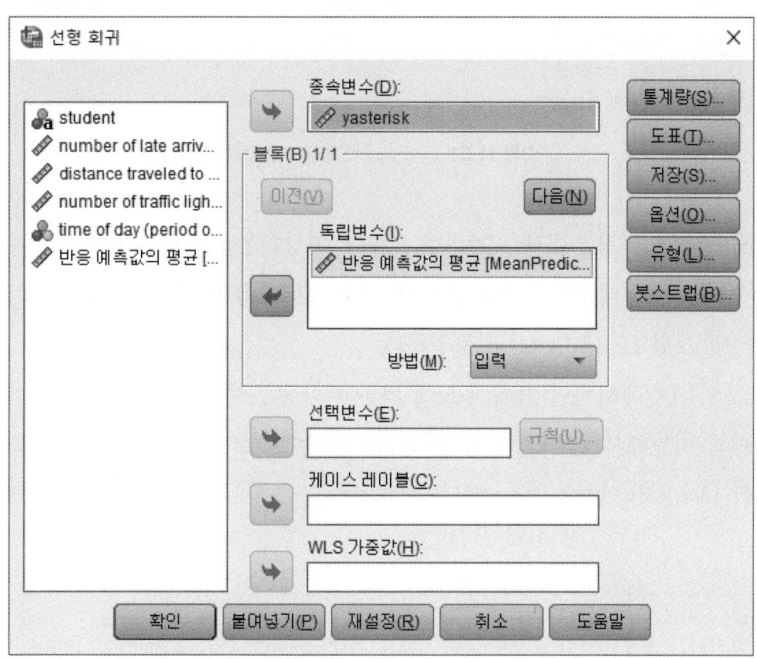

그림 15.59 데이터의 과산포성 확인을 위한 보조 회귀

옵션 버튼에서 그림 15.60처럼 **방정식에 상수항 포함**을 해제해야 한다. 다음으로 **계속**과 **확인**을 누른다.

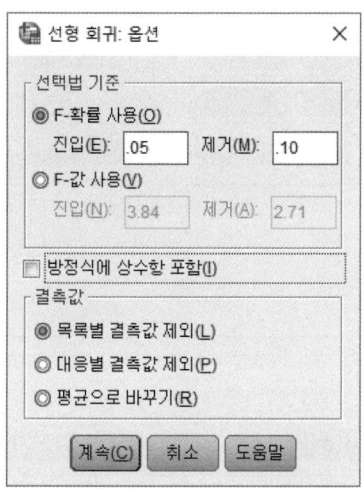

그림 15.60 보조 회귀에서 상수 배제

결과는 그림 15.61에 있다.

계수^{a,b}

모형		비표준화 계수		표준화 계수	t	유의확률
		B	표준화 오류	베타		
1	반응 예측값의 평균	-.292	.158	-.182	-1.843	.068

a. 종속변수: yasterisk

b. 원점을 통한 선형 회귀

그림 15.61 SPSS의 과산포성 검정 결과

MeanPredicted(반응 평균의 예측값)의 β 모수에 해당하는 t 검정의 P 값(*Sig.*)이 0.05보다 크므로, 추정된 푸아송 모델은 데이터의 등분산성에 대해 적절함을 알 수 있다. 그림 15.61의 결과는 그림 15.10(엑셀) 및 그림 15.23(Stata)과 동일하다.

다음으로 15.4.1절에서처럼 최대 우도에 의한 푸아송 모델 회귀 결과를 OLS에 의한 다중 로그 선형 회귀 모델과 비교해본다. 이를 위해 먼저 *late* 종속 변수의 자연로그에 해당하는 *lnlate* 변수를 생성한다. 그림 15.62처럼 **변환** › **함수 계산**을 클릭한다.

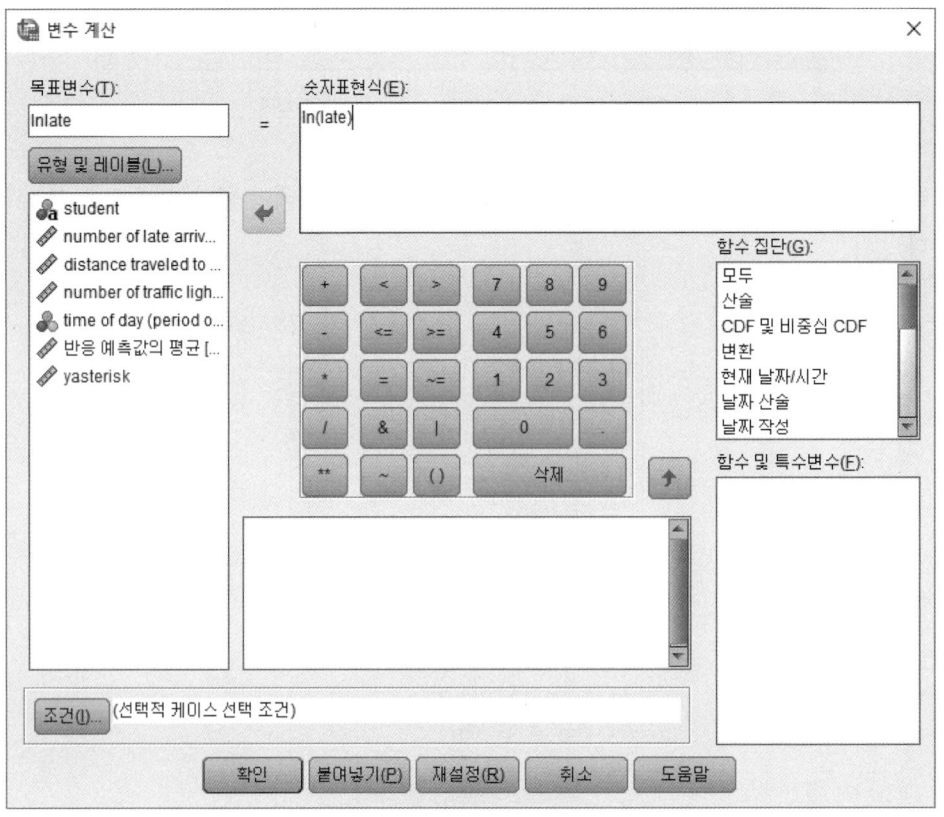

그림 15.62 로그 선형 회귀 모델에서 *lnlate* 변수 생성

따라서 $\ln(late_i) = \alpha + \beta_1 \cdot dist_i + \beta_2 \cdot sem_i + \beta_3 \cdot per_i$ 모델을 OLS로 추정할 수 있다. 이를 위해 **분석** > **회귀 분석** > **선형 회귀**를 클릭하고 **종속 변수**에 *lnlate*를, **독립 변수**에 그림 15.63처럼 *dist*, *sem*, *per*를 넣는다.

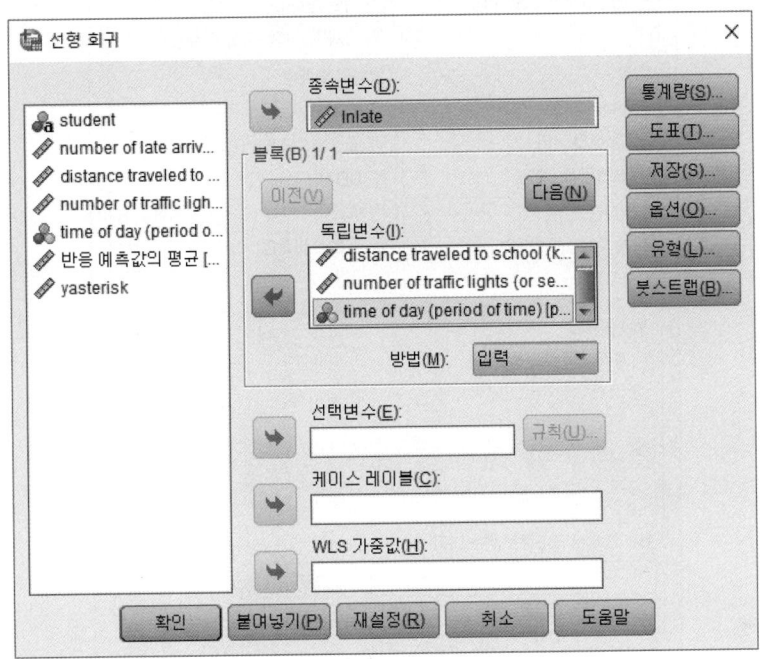

그림 15.63 로그 선형 회귀 모델 추정 대화상자

저장 버튼에서 그림 15.64처럼 예측값에서 비표준화를 선택한다. 다음으로 **계속**과 **확인**을 클릭한다. 이 절차는 SPSS에서 *PRE_1*이라는 이름의 새 변수를 생성하는데, Stata로 추정할 때의 *yhat* 변수에 해당한다(학생별 주별 지각 횟수의 자연로그 예측값).

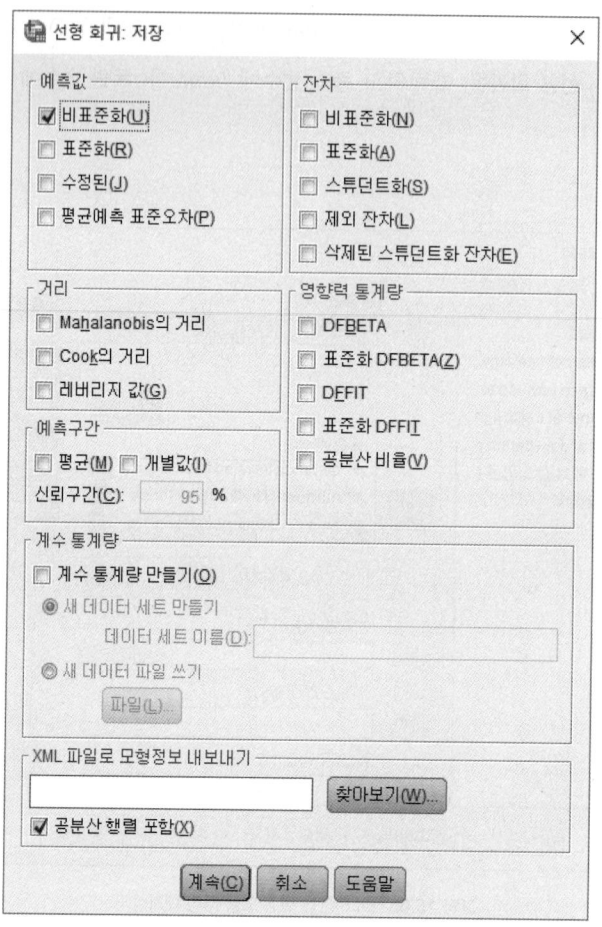

그림 15.64 *PRE_1* 변수 생성 절차

    SPSS에 의한 이 다중 회귀의 결과는 여기서 나타내지 않는다. 여기서의 관심사는 ***PRE_1***에 기반해 학생별 주당 지각 예측값을 추정하는 다른 변수 생성이기 때문이다. 이 변수는 *eyhat*이고 그림 15.65처럼 **변환 › 변수 계산**을 통해 생성할 수 있다.

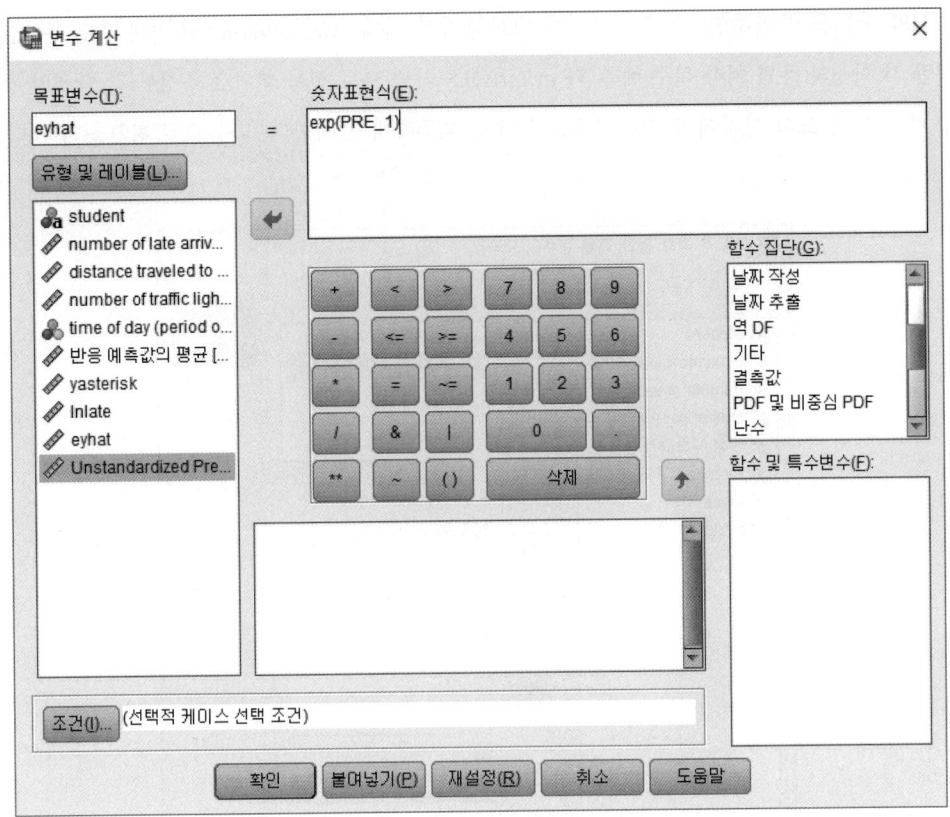

그림 15.65 *PRE_1* 변수에 기반해 *eyhat* 변수 생성

각 추정을 비교한 그림 15.30과 유사한 그래프 생성을 위해 **그래프** › **레거시 대화상자** › **선**을 클릭한 다음, 그림 15.66과 같이 **다중**과 **개별 변수의 요약값** 옵션을 선택한다.

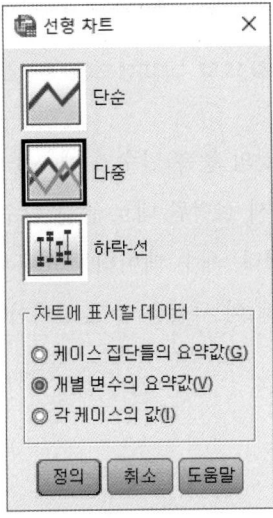

그림 15.66 추정을 비교하는 그래프 생성을 위한 대화상자

정의 버튼을 클릭하면, 그림 15.67의 대화상자가 뜬다. *MeanPredicted*(최대 우도 푸아송 회귀로 추정한 각 학생의 주별 지각 횟수 예측)와 *eyhat*(OLS 다중 로그 선형 회귀로 추정한 각 학생의 주별 지각 횟수 예측)을 **선 표시** 상자에 선택하고 *late* 변수를 **범주축**에 선택한다. 다음으로 **확인**을 누른다.

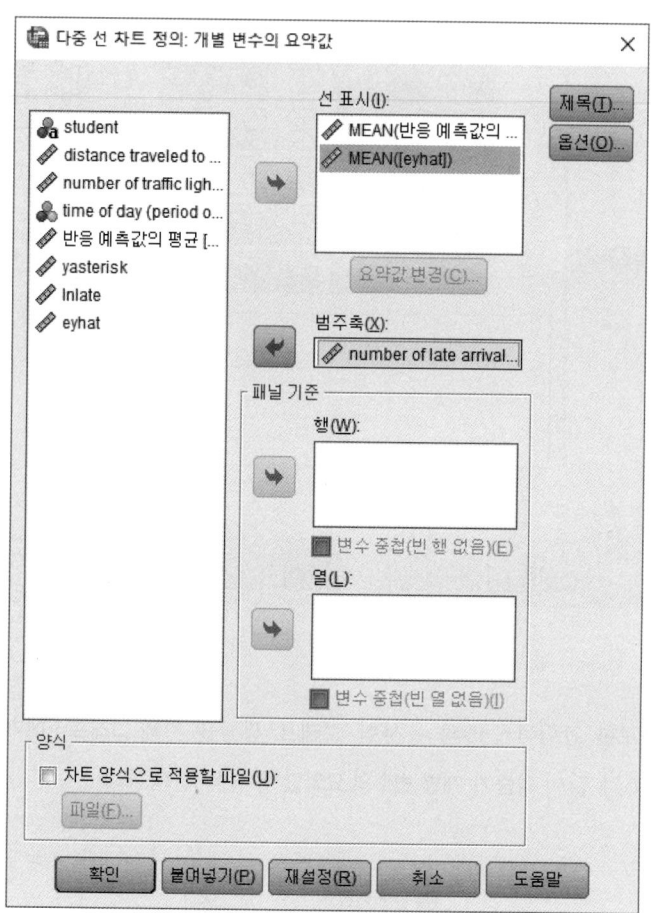

그림 15.67 그래프에 포함할 변수 선택

그림 15.68의 그래프는 각 추정의 종속 변수의 예측을 실제와 비교해볼 수 있게 해준다. 이를 통해 서로 다른 것을 볼 수 있다. 앞서 설명한 대로 종속 변수가 정량인 것은 OLS 다중 회귀 모델을 선택하기 위한 충분조건이 될 수 없다. 개수 데이터는 고유한 분포를 보이고 연구원은 진단과 예측을 위한 적절하고 일관된 추정을 위해 이 사실을 알고 있어야 한다.

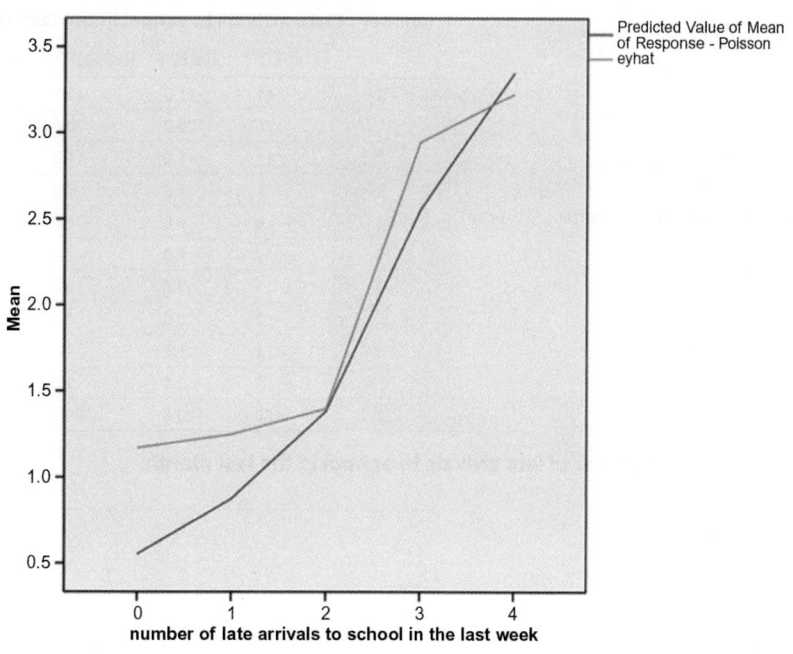

그림 15.68 푸아송과 다중 로그 선형(OLS) 회귀 모델의 주별 지각에 대한 예측 × 관측

15.5.2 SPSS를 사용한 음이항 회귀 모델

앞 절에서의 논리를 따라, 이제 HowLateBNeg.sav 파일을 열면 학생 100명에 대한 월별 지각 횟수, 거리, 출발 시간대(오전, 오후)를 볼 수 있다.

분석 › 기술 통계 › 빈도 분석을 클릭하면 종속 변수 분포에 대한 진단을 볼 수 있다. 이 대화상자를 여기 다시 나타내지는 않았지만, **변수**에 *late*를 넣고 **통계량** 버튼을 누른 다음 **평균**과 **분산**을 선택해야 한다. **차트** 버튼을 누르고 **히스토그램** 옵션을 선택한 다음 **계속**과 **확인**을 누른다. 결과는 그림 15.69에 있다.

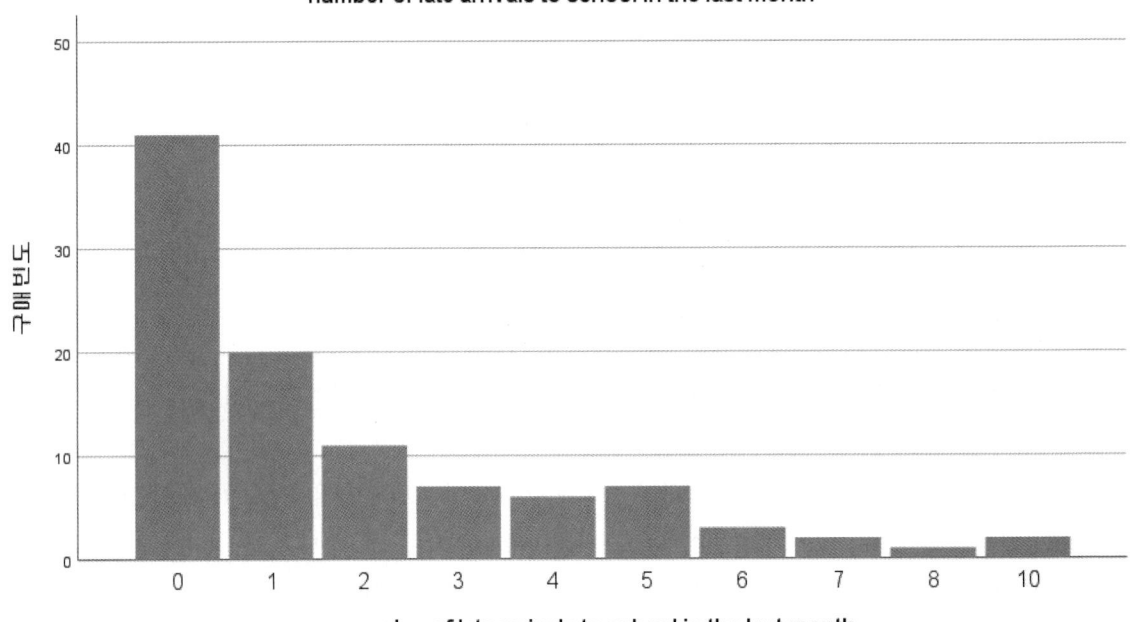

number of late arrivals to school in the last month

		빈도	퍼센트	유효 퍼센트	누적 퍼센트
유효	0	41	41.0	41.0	41.0
	1	20	20.0	20.0	61.0
	2	11	11.0	11.0	72.0
	3	7	7.0	7.0	79.0
	4	6	6.0	6.0	85.0
	5	7	7.0	7.0	92.0
	6	3	3.0	3.0	95.0
	7	2	2.0	2.0	97.0
	8	1	1.0	1.0	98.0
	10	2	2.0	2.0	100.0
	전체	100	100.0	100.0	

동계량

number of late arrivals to school in the last month

N	유효	100
	결측	0
평균		1.82
분산		5.422

그림 15.69 종속 변수의 평균, 분산, 빈도표, 히스토그램

이 결과는 표 15.3.1절의 표 15.11과 그림 15.12 그리고 15.4.2절의 그림 15.32 ~ 그림 15.34와 동일하며, 이를 통해 기초적 방법이지만 데이터의 과산포성 지표를 볼 수 있다. 분산이 종속 변수 평균보다 크기 때문이다.

따라서 푸아송 모델을 먼저 추정한 다음 결과에 기반해 데이터의 과산포성을 확인해볼 것을 권한다. SPSS에서 이 모델을 추정하는 대화상자는 앞 절에서처럼 다시 표시하지 않겠다. 그러나 그 단계는 설명한다.

따라서 **분석 › 일반화 선형 모형 › 일반화 선형 모형**을 클릭한다. 열린 대화상자의 **모형 유형** 폴더에서 **푸아송 로그 선형** 옵션(빈도형)을 선택한다. 그런 다음 **반응** 폴더에서 **종속 변수**에 *late* 변수를 선택한다. **예**

측자 폴더에서는 **공변량**에 *dist*, *sem*, *per* 변수를 선택하고, **모형** 폴더에서는 **모형** 상자에 동일한 세 변수를 선택한다. **통계량** 폴더에서는 기본 선택 이외에 **지수 모수 추정값 포함**을 선택해야 한다. 마지막으로, **저장** 폴더에서 **반응 예측값의 평균** 옵션을 선택한다. **확인**을 클릭하면 푸아송 회귀 모델에 의한 추정이 생성된다. 결과를 여기서 모두 나타내지는 않는다.

그림 15.70은 현재 관심대상의 결과(**적합도**)를 보여주고 이에 따라 추정된 모델 조정 결과가 부적절하다는 것을 볼 수 있다. $\chi^2_{cal} = 145.295$(**편차**)이고 96차 자유도에서 *Sig.* $\chi^2 < 0.05$이므로 월별 지각 횟수에 있어 푸아송 모델의 예측과 관측치 사이에 통계적으로 유의한 차이가 있음을 알 수 있다. 이는 Stata에서 그림 15.36에 설명한 것에 해당한다.

적합도^a

	변수값(A)	자유도	값/자유도
편차	145.295	96	1.513
척도 편차	145.295	96	
Pearson 카이제곱	142.235	96	1.482
척도 Pearson 카이제곱	142.235	96	
로그 우도^b	-154.894		
Akaike 정보 기준(AIC)	317.788		
무한 표본 수정된 AIC (AICC)	318.209		
베이지안 정보 기준(BIC)	328.208		
일관된 AIC(CAIC)	332.208		

종속변수: number of late arrivals to school in the last month
모형: (절편), distance traveled to school (km), number of traffic lights (or semaphores), time of day (period of time)

a. 정보 기준은 가능한 작은 형태입니다.

b. 전체 로그 우도 함수가 표시되고 계산 정보 기준에 사용됩니다.

그림 15.70 최초 추정 푸아송 회귀 모델의 적합도

추정된 푸아송 모델의 적합도는 종속 변수 데이터의 과산포성으로 인해 부적절할 수 있으며, 이제 그 존재를 확인하는 검정을 해본다. 앞 절에서 본 것처럼 새로운 변수 *yasterisk*를 생성한다. 이를 위해 **변환** › **변수 계산**을 클릭한다. 그림 15.58에서처럼 **숫자 표현식**에 입력하는 식은 식 (15.14)로 (((late−MeanPredicted)**2)−late)/MeanPredicted이며, 푸아송 회귀 모델 추정 다음에 생성된 *MeanPredicted* 변수는 각 학생의 월별 지각 예측 횟수를 참조한다. 여기서 앞 절의 그림을 다시 표시하지는 않는다.

확인을 클릭하면 새로운 변수 *yasterisk*가 데이터셋에 나타난다. *yasterisk*를 식 (15.15)에 따라 *MeanPredicted*의 함수로 추정한다. 이를 위해 **분석** › **회귀 분석** › **선형 회귀**를 클릭하고 *yasterisk*를 **종속 변수**에, *MeanPredicted*를 **독립 변수**에 넣는다. 마지막으로, **옵션** 버튼을 누르고 **방정식에 상수 포함**을 해제한 다음 **계속**을 클릭하고 **확인**을 누른다. 결과는 그림 15.71에 있다.

계수^{a,b}

모형		비표준화 계수 B	비표준화 계수 표준화 오류	표준화 계수 베타	t	유의확률
1	반응 예측값의 평균	.133	.062	.210	2.139	.035

a. 종속변수: yasterisk

b. 원점을 통한 선형 회귀

그림 15.71 SPSS의 과산포성 결과

MeanPredicted(반응 평균값의 예측)의 β 모수에 해당하는 t 검정의 P 값(*Sig.*)이 0.05보다 작으므로 **종속 변수**는 5% 유의수준에서 **과산포성이 있다**고 할 수 있으며 추정된 푸아송 회귀 모델은 부적절하고도 볼 수 있다. 그림 15.71의 결과는 그림 15.35와 동일하다(Stata).

이제 음이항 회귀 모델을 해보자. 이를 위해 **분석 › 일반화 선형 모형 › 일반화 선형 모형**을 클릭한다. 대화상자가 열리면 **모형 유형**에서 **사용자 정의** 옵션을 선택한다. 같은 폴더에서, **분포**에서 **음이항**을, **연결 함수**에서 **로그**를, **모수**에서 **값 추정**을 선택한다. 마지막 옵션은 ϕ를 참조하고, 따라서 NB2 회귀 모델이 추정된다. 그림 15.72는 옵션 선택 후의 이 폴더를 보여준다.

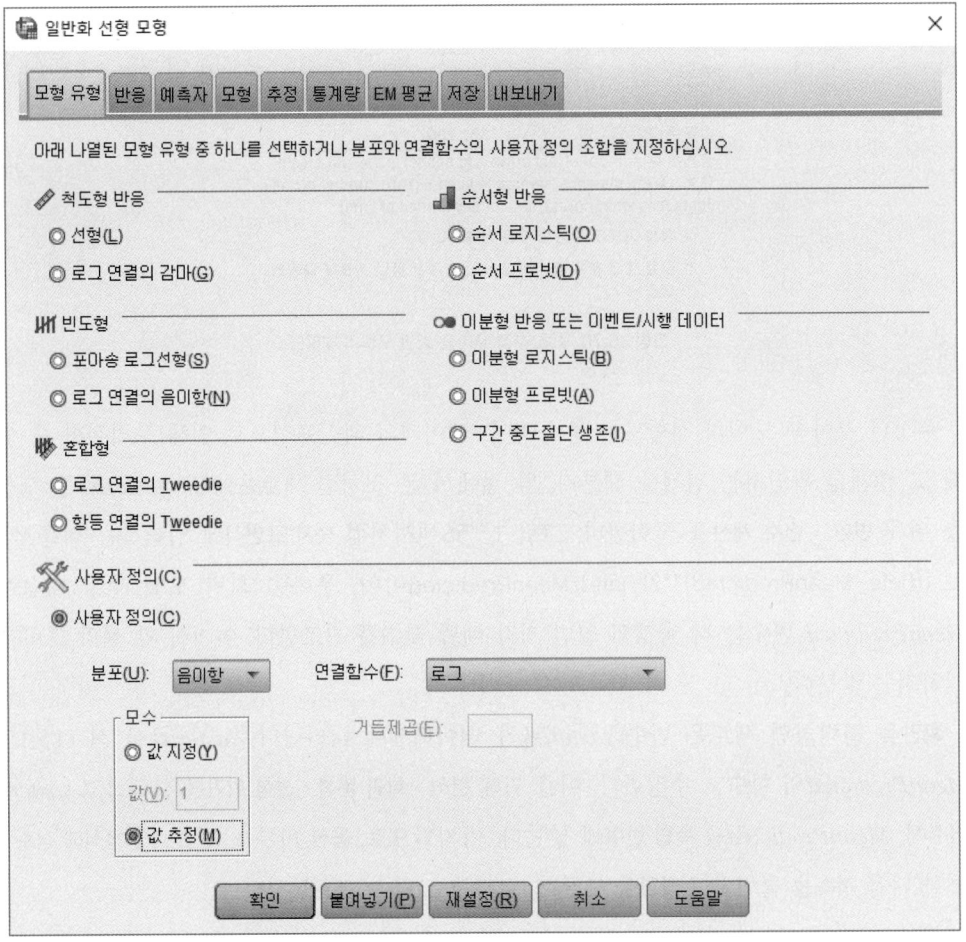

그림 15.72 SPSS에서 NB2 모델로 추정한 초기 대화상자

나머지 폴더에서는 최초 푸아송 회귀 모델에서와 동일한 옵션을 유지한다. 현재 음이항 회귀 모델로 생성한 결과는 그림 15.73에 있다.

적합도[a]

	변수값(A)	자유도	값/자유도
편차	105.025	95	1.106
척도 편차	105.025	95	
Pearson 카이제곱	104.703	95	1.102
척도 Pearson 카이제곱	104.703	95	
로그 우도[b]	-151.012		
Akaike 정보 기준(AIC)	312.025		
무한 표본 수정된 AIC (AICC)	312.663		
베이지안 정보 기준(BIC)	325.050		
일관된 AIC(CAIC)	330.050		

종속변수: number of late arrivals to school in the last month
모형: (절편), distance traveled to school (km), number of traffic lights (or semaphores), time of day (period of time)

a. 정보 기준은 가능한 작은 형태입니다.
b. 전체 로그 우도 함수가 표시되고 계산 정보 기준에 사용됩니다.

총괄 검정[a]

우도비 카이제곱	자유도	유의확률
63.249	3	.000

종속변수: number of late arrivals to school in the last month
모형: (절편), distance traveled to school (km), number of traffic lights (or semaphores), time of day (period of time)

a. 적합한 모형을 절편 전용 모형과 비교합니다.

모수 추정값

모수2	B	표준화 오류	95% Wald 신뢰구간 하한	95% Wald 신뢰구간 상한	Wald 카이제곱	자유도	유의확률	Exp(B)	Exp(B)에 대한 95% Wald 신뢰구간 하한	Exp(B)에 대한 95% Wald 신뢰구간 상한
(절편)	-4.997	1.2494	-7.446	-2.549	15.998	1	.000	.007	.001	.078
distance traveled to school (km)	.308	.0713	.168	.447	18.644	1	.000	1.360	1.183	1.564
number of traffic lights (or semaphores)	.197	.0495	.100	.294	15.874	1	.000	1.218	1.105	1.342
time of day (period of time)	-.927	.2570	-1.431	-.424	13.020	1	.000	.396	.239	.655
(척도)	1[a]									
(음이항)	.255	.1248	.098	.666						

종속변수: number of late arrivals to school in the last month
모형: (절편), distance traveled to school (km), number of traffic lights (or semaphores), time of day (period of time)

a. 표시된 값으로 고정됩니다.

그림 15.73 SPSS의 음이항 회귀 모델(NB2) 결과

그림 15.73의 첫 결과는(적합도) NB2 모델의 로그 우도 함수 합을 보여주는데, 이는 −151.012로서 엑셀(표 15.12와 그림 15.14) 및 Stata(그림 15.37, 15.39, 15.41)와 일치한다. 같은 결과에 따라 추정 모델의 품질이 이제 적절함을 볼 수 있다. $\chi^2_{cal} = 105.025$(편차)이고 96차 자유도에서 $Sig. \chi^2 > 0.05$(5% 유의수준에서 96차 자유도 $\chi^2_c = 119.871$)이므로 월별 지각 횟수에 있어 예측과 관측 사이에 통계적으로 유의한 차이가 없음을 볼 수 있다. 결과 중 이 부분은 glm..., family(nbinomial ml) 명령어로 Stata에서 음이항 회귀 모델로 구한 편차에 해당한다(그림 15.39).

또한 χ^2 검정에 근거해(**총괄 검정**에서 우도 비율 카이제곱 = 63.249, $Sig. \chi^2 = 0.000 < 0.05$), 모든 모

수 $\beta_j(j = 1, 2, 3)$가 통계적으로 0이라는 귀무 가설은 5% 유의수준에서 기각하고, 적어도 하나의 X 변수가 월별 지각 발생을 통계적으로 유의하게 설명한다고 할 수 있다.

추정된 모수는 **모수 추정값** 결과에서 볼 수 있고, 이는 그림 15.14(엑셀)와 Stata에서 `nbreg` 또는 `glm...`, `family(nbinomial ml)` 명령어로 구한 것(각각 그림 15.37과 그림 15.39)과 일치한다. SPSS에서 **Exp(B)**라 불리는 그림 15.41의 irr도 나타나 있다. 추정 모수의 신뢰 구간(95% 월드 신뢰 구간)이 0을 포함하지 않으므로 Exp(B)가 1을 포함하지 않게 되고, 최종 음이항 회귀 모델을 얻게 된다(모든 *Sig.* 월드 카이제곱 < 0.05).

따라서 어떤 학생의 월별 평균 지각 횟수 추정은 다음과 같다.

$$u_i = e^{(-4.997 + 0.308 \cdot dist_i + 0.197 \cdot sem_i - 0.927 \cdot per_i)}$$

이와 함께, 그림 15.73의 최종 결과에 따라 95% 신뢰수준에서 월별 지각 추정의 최대 최소 추정식은 다음과 같다.

$$u_{i_{min}} = e^{(-7.446 + 0.168 \cdot dist_i + 0.100 \cdot sem_i - 1.431 \cdot per_i)}$$

$$u_{i_{max}} = e^{(-2.549 + 0.447 \cdot dist_i + 0.294 \cdot sem_i - 0.424 \cdot per_i)}$$

마지막으로, 그림 15.73의 아랫부분은 ϕ 추정(음이항)을 나타낸다. 보다시피 ϕ의 신뢰 구간은 0을 포함하지 않으므로 95% 신뢰수준에서 ϕ가 통계적으로 0이 아니라 할 수 있고 추정값은 15.3.1절의 엑셀 **해 찾기**(그림 15.14)와 15.4.2절의 Stata(그림 15.37, 15.39, 15.41)에서 계산한 대로 0.255이다. 이는 **데이터의 과산포성을 증명**하며, 종속 변수의 분산은 다음과 같다.

$$Var(Y) = u + 0.255 \cdot u^2$$

끝으로 그림 15.45와 유사한 그래프를 그려보는데, 이번에는 OLS로 다중 로그 선형 회귀로 추정한 값을 포함시킨다. 다시 말해, 각 모델(음이항, 푸아송, OLS 로그 선형 회귀)의 월별 지각 횟수에 대한 예측과 실제를 비교해본다.

추정 푸아송과 음이항 모델의 예측은 이미 데이터셋에 있다(각각 *MeanPredicted*와 *Mean Predicted_1*). 지금은 OLS에 의한 다중 로그 선형 회귀가 필요하며 그 결과는 여기에 나타내지 않았지만 절차는 다음과 같다.

따라서 **변환 › 변수 계산**을 클릭해, *late* 변수의 자연로그에 해당하는 *lnlate* 변수를 생성하자. **숫자 표현식**에 입력할 것은 ln(late)이고, 이를 통해 모델 $\ln(late_i) = \alpha + \beta_1 \cdot dist_i + \beta_2 \cdot sem_i + \beta_3 \cdot per_i$ 를 OLS로 추정할 수 있다.

다음으로 **분석 › 회귀 분석 › 선형 회귀**를 클릭하고 **종속 변수**에 *lnlate*를, **독립 변수**에 *dist, sem, per*를 지정한다. **저장** 버튼의 **예측값**에서 **비표준화**를 선택하고, 마지막으로 **계속**과 **확인**을 누른다. 이 절차는 새로운 변수 *PRE_1*(월별 지각의 자연로그 예측값)을 생성한다.

그러나 우리가 원하는 변수는 로그값이 아닌 횟수다. 따라서 다시 한번 **변환 › 변수 계산**을 클릭하고 *eyhat* 변수를 만들어 **숫자 표현식**에 exp(PRE_1)을 입력한다.

이런 식으로 **그래프 › 레거시 대화상자 › 선**을 클릭해 원하는 그래프를 그린 다음, **다항**과 **변수 분리 요약** 옵션을 선택한다. **정의**를 클릭하면 대화상자가 나타나고 *MeanPredicted*(푸아송 예측값), *MeanPredicted_1*(음이항 예측값), *eyhat*(OLS 로그 선형 예측값)을 **선 표시** 상자에 넣고 **범주축**에 *late* 변수를 넣은 다음 **확인**을 클릭한다.

더블클릭을 통해 생성된 그래프를 편집할 수 있는데, 그림 15.74와 같은 Spline 유형을 나타낼 수 있다. 최종 그래프는 그림 15.75에 있다.

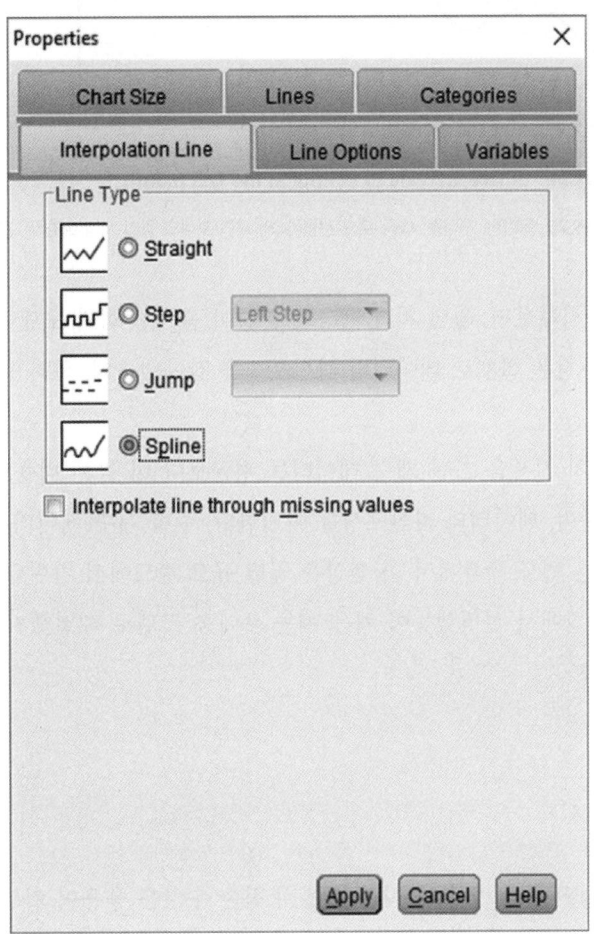

그림 15.74 그래프 구축을 위한 보간으로 스플라인 유형 정의

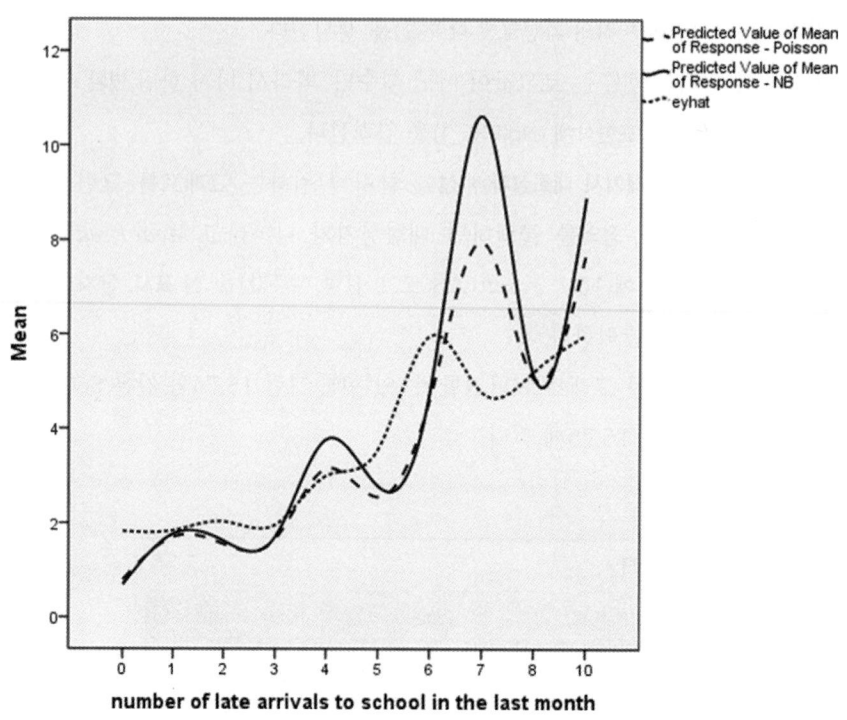

그림 15.75 음이항, 푸아송, 다중 로그 선형(OLS) 회귀 모델의 월별 지각 예측 × 관측값

그림 15.75를 분석해보면, 월별 지각 예측의 분산이 음이항 회귀 모델에 비해 훨씬 크다는 사실을 볼 수 있으며, 그 추정은 실제로 데이터의 과산포성을 잡아냈는데, 특히 월별 지각 횟수가 클수록 더 그렇다.

이는 더 큰 관측치 진폭을 가진 개수 데이터는 평균보다 더 높은 비율로 변수의 분산을 증가시킨다는 것을 확인해주며, 데이터의 과산포성을 야기한다. 주별 개수 데이터에 대한 과산포성은 확인하지 않았지만 더 적은 빈도 확률에서 이 현상은 월별 규모 정도에서 발현되며 더 높은 진폭의 발생 확률을 보여준다. 이 장에서 설명했듯이 처음 예는 푸아송 모델로 해결했지만, 두 번째 경우는 음이항 모델이 더 적절했다.

15.6 맺음말

개수 데이터로 구성된 종속 변수의 회귀 모델 추정은 수많은 응용이 가능하다. 그러나 기존 모델에 대한 이해 부족, 또는 종속 변수가 정량이면 OLS 추정을 해야 한다는 잘못된 보편적인 믿음 때문에 많이 연구되지 못했다.

푸아송과 음이항 회귀 모델은 로그 선형 모델(또는 좌측 세미로그)이고 최적의 개수 데이터 모델을 나타낸다. 이 둘은 최대 우도로 추정된다. 푸아송 모델을 정확하게 추정하려면 과산포 현상이 종속 변수 데이터에 없어야 하며, 음이항 회귀 모델로 추정하면 종속 변수의 분산이 통계적으로 평균보다 더 높은 경우도 허용된다.[1]

개수 데이터를 다룰 때는, 가장 적절하고 일관성 있는 회귀 모델을 정의하기 전에 종속 변수 분포와 푸아송 회귀 모델에 대한 진단을 수행한 다음 그로부터 데이터에 과산포가 있는지 검정을 수행할 것을 권한다. 만약 과산포가 있다면 음이항 회귀 모델을 사용해야 하며 그중 NB2가 권장된다.

푸아송 및 음이항 회귀 모델은 적절한 소프트웨어를 통해 추정해야 한다. 현상에 대해 잠재적인 설명 변수를 포함하는 것은 항상 기저 이론과 연구원의 직관에 따라 결정돼야 한다.

15.7 연습문제

1. 대형 소매점의 재무 부서에서는 고객이 휴대폰이나 태블릿, 랩톱, 텔레비전 같은 기계를 구매할 때 그들의 수입과 나이가 할부 기간 선택에 영향을 미치는지 연구하고자 한다. 이에 따라 고객 프로파일로 대출 캠페인 마케팅을 전개하고 한다. 이를 위해 재무 부서는 무작위로 200명의 고객을 표본으로 선택해, 다음 변수에 따른 조사를 했다.

변수	설명
id	고객 식별 문자열. 001부터 200까지 존재
purchases	고객별 작년 내구재 구매 시 할부 횟수에 해당하는 종속 변수
income	고객의 월 수입(USD)
age	고객 나이(세)

Financing.sav와 Financing.dta를 분석해 다음 질문에 답하라.

a) 고객 구매 변수 데이터에서의 과산포성 존재 유무에 대해 기초 진단을 수행하라. 평균과 분산을 나타내고 히스토그램을 그려보라.

b) 푸아송 회귀 모델을 추정해보고, 그 결과에 기반해 데이터 과산포성 존재 유무를 검정하라. 5% 유의수준에서의 검정 결과는 어떠한가?

c) χ^2 검정을 수행하고 연간 할부 사용 발생 확률에 대한 관측과 예측 분포를 비교하라. 유의수준 5%에서 검정 결과에 따른 푸아송 회귀 모델의 품질이 괜찮은가?

d) 이전 질문의 대답이 '예'라면 내구재를 구매할 때 할부 수량이 평균 최종 평균식을 95% 신뢰수준에서 통계적으로 유의한 설명 변수의 함수로 구하라.

---

[1] 비록 이 책의 범위는 아니지만, 많은 저자들은 푸아송과 음이항 회귀 모델의 최대 우도 추정을 (투빗(Tobit) 모델로 알려진) 종속 변수가 제한된 최대 우도 모델과 비교한다. 좀 더 자세한 정보는 Cameron and Trivedi(2009)를 참고하라.

e) 월 소득이 2,600USD이고 47세인 사람의 연간 기대 할부 건수는?

f) 나머지 조건이 동일하다면, 월 소득이 100USD 증가할 때마다 평균적으로 할부 발생 비율은 어떻게 변하는가?

g) 나머지 조건이 동일하다면, 연령이 1세 증가할 때마다 평균적으로 할부 발생 비율은 어떻게 변하는가?

h) 월 소득의 함수로 할부 발생 비율의 예측값을 나타내는 그래프를 그려라(Stata의 `mspline` 또는 SPSS의 **Spline**).

i) OLS로 다항 로그 선형 회귀를 추정하고 그 결과를 푸아송 모델 결과와 비교하라.

j) 할부를 증가시키는 마케팅을 하려면 어떤 사람을 타깃으로 해야 하는가?

2. 한 부동산 회사에서 아파트 매도 감소와 공원이나 쇼핑몰과의 인접성 간의 관계를 알아보고자 그림과 같은 276개 지역의 매도세를 조사했다.

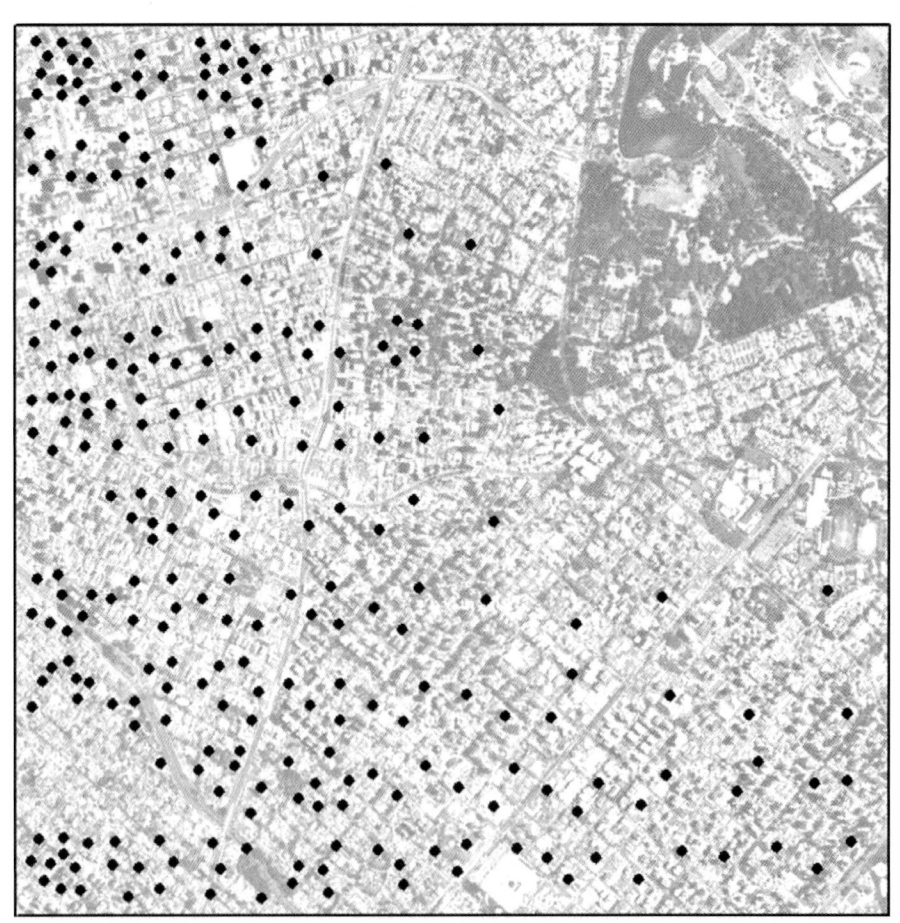

출처: 구글 맵

898

연구를 위해 부동산 회사는 지도에 격자를 그리고 각 셀의 특성을 조사했다. 동일한 크기의 100 평방(10×10)을 다음처럼 조사했다.

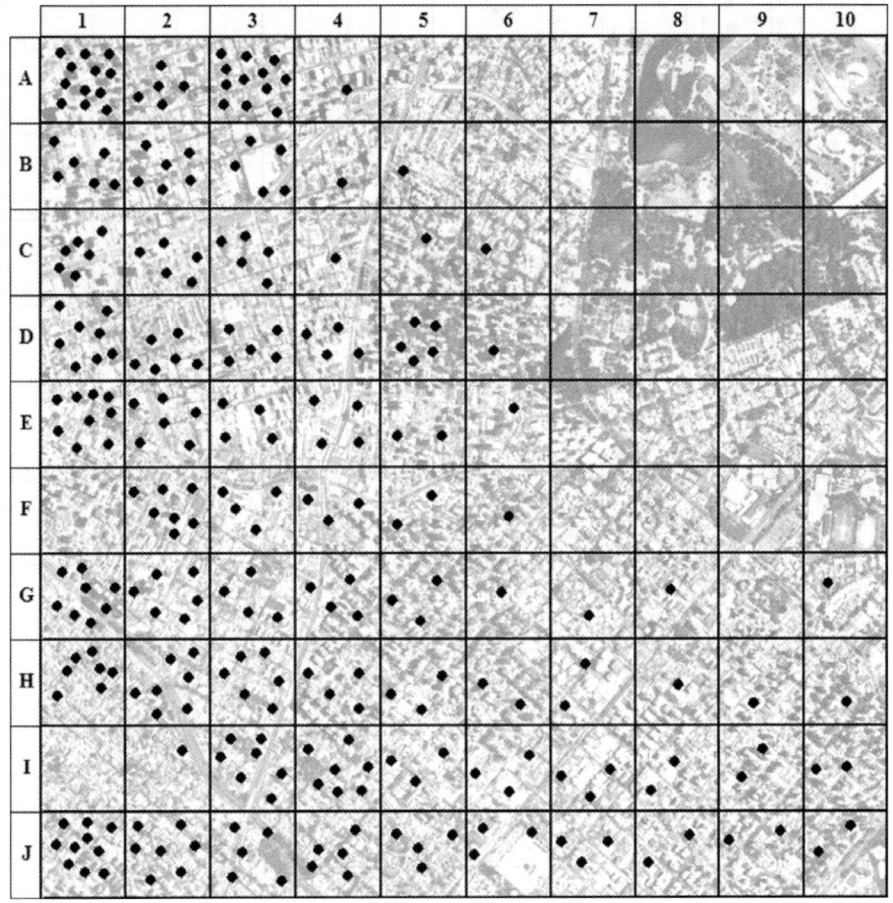

출처: 구글 맵

각 구역의 특성량을 잘 보기 위해 지도에서 지리도는 다음처럼 제거했다.

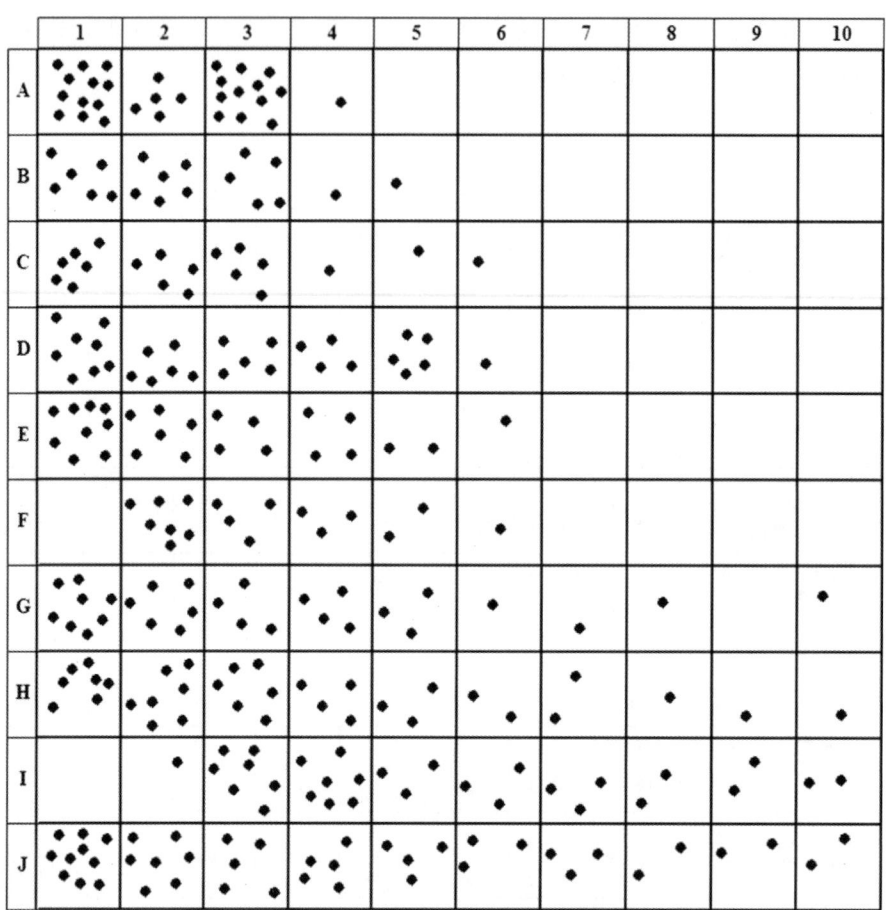

	1	2	3	4	5	6	7	8	9	10
A										
B										
C										
D										
E										
F										
G										
H										
I										
J										

각 지역별로 다음 변수를 조사했다.

변수	설명
square	각 구역(사각형) 식별 문자열. 2개의 문자 ij로 이뤄지며, i는 1~10이고, j는 A부터 J까지 변한다.
property	구역별 매도 건수(개수 데이터)에 해당하는 종속 변수
distpark	공원까지의 거리(미터)
mall	구역 내에 쇼핑몰이 있는지 여부를 나타내는 이진 변수(없음 = 0, 있음 = 1)

데이터는 Realestate.sav와 Realestate.dta에 있다. 이제 다음을 답하라.

a) *property* 변수에 과산포성이 존재하는지에 관한 기초 진단을 수행하라. 그 평균과 분산 그리고 히스토그램을 나타내라.

b) 다음으로 그 결과에 따라 푸아송 모델을 추정하고 데이터에 과산포성이 존재하는지 확인하는 χ^2 검정을 수행하라. 5% 유의수준의 검정 결과는 어떠한가? 또한 각 구역의 매도 건수의 관측 및 예측 확률 분포를 비교하기 위한 검정을 수행하라. 5% 유의수준에서 검정 결과는

푸아송 회귀 모델의 품질이 괜찮음을 나타내는가? 대답을 정당화해보라.

$$property_{ij} = e^{\left(\alpha + \beta_1 \cdot distpark_{ij} + \beta_2 \cdot mall_{ij}\right)}$$

c) NB2 모델을 추정하라.

d) 95% 신뢰수준에서 ϕ 모수(감마 분포 형상 모수의 역)가 통계적으로 0이 아니라고 할 수 있는 가? 만약 그렇다면 음이항 수정 모델을 사용해야 하는 것인가?

다음 7개의 문제는 NB2 음이항 모델을 참조한다.

e) 구역 ij의 매도 건수 특성을 추정하는 평균식은 무엇인가?

f) 공원에서 820m 떨어져 있고 쇼핑몰이 없는 어떤 구역의 기대 매도 건수는 얼마인가?

g) 다른 조건이 동일하다면, 공원과의 거리 변화가 매도 건수 발생 비율에 어떻게 영향을 미치 는가?

h) 다른 조건이 동일하다면, 쇼핑몰의 존재 유무가 매도 건수 발생 비율에 어떻게 영향을 미치 는가?

i) 매도 건수의 행동을 공원과의 거리 함수로 나타내는 그래프를 그려라(Stata의 mspline 또는 SPSS의 Spline).

j) 동일한 그래프에서 쇼핑몰의 유무를 나타내는 그래프를 중첩해보라.

k) 공원과 쇼핑몰이 가까울수록 매도 의사를 방해한다고 말할 수 있는가?

또한 다음 문제에 답하라.

l) 각 구역 사건 발생 비율의 관측 및 예측 확률 분포를 나타내는 그래프를 통해 푸아송과 음이 항 모델을 비교하라.

m) 또한 각 경우의 발생 관측 및 예측 확률 분포 간의 최대 차이를 분석해 두 모델(푸아송과 음 이항)의 조정 품질을 비교하라. 또한 전체 추정의 전체 피어슨 값을 비교 분석하라.

n) OLS로 다중로그 선형 회귀 모델을 추정한 다음, 이 모델의 결과를 푸아송 음이항 모델의 추 정 결과와 비교하라.

부록: 제로 인플레이티드 회귀 모델

A.1   개요

일반화 선형 모델 Generalized Linear Models의 일부로서 개수 데이터 회귀 모델은 연구 중인 현상 자체가 정량 변수 유형을 가질 때 사용된다. 그러나 이 장 전체에 걸쳐 알아본 것처럼, 오직 이산이며 음이 아닌 경우에 국한된다. 그러나 개수 데이터를 나타내는 어떤 변수들은 **대량의 0 값을 갖는 경우가 흔히 있**으며, 이는 푸아송이나 이진 회귀 모델의 추정할 때 추정 모수가 편향되게 만든다. 빈 개수의 존재를 포착하지 못하기 때문이다. 이런 상황에서는 **제로 인플레이티드 회귀 모델**zero-inflated regression models이 사용될 수 있으며, 이번 부록에서는 푸아송과 음이항 유형에 집중해 모델을 알아본다.[2]

Lambert(1992)에 따르면 제로 인플레이티드 회귀 모델은 개수 데이터와 이진 데이터 모델의 조합으로 간주할 수 있다. 왜냐하면 관측 개수와 상관없이 해당 발생을 이끈 것과 실제 발생을 이끈 이유를 조사하기 때문이다.

이런 관점에서 푸아송 제로 인플레이티드 모델은 **베르누이 분포와 푸아송 분포의 조합**에 기반해 추정되고 제로 인플레이티드 음이항 모델은 **베르누이 분포와 푸아송-감마 분포의 조합**으로 추정된다. 그중 어떤 것을 선택할 것인가는 이 장에서 설명했던 것을 따라야 하며 데이터에 과산포성이 존재하는지, 감마 분포 형상 모수의 역을 분석하고 참조 모수의 우도 비율 추정 등을 고려해 선택할 수 있다. 뒤에 이 문제에 대한 예제를 Stata로 다뤄본다.

Y 종속 변수에 영의 개수가 존재하는지 또는 과도하지 않은지에 관한 실제 정의는 **브엉 검정**Vuong test(1989)으로 알려진 특별한 검정으로 수행하는데, 이는 제로 인플레이티드 회귀 모델을 추정할 때 분석해야 할 첫 번째 결과이기도 하다.

특히 **제로 인플레이티드 푸아송 회귀 모델**과 관련해, p를 주어진 관측치 $i(i = 1, 2, ..., n$, 여기서 n은 표본 크기)가 **0번 발생할 확률**로 정의하고, $p(Y_i = 0)$은 이분 구성들의 합을 계산한다. 따라서 p_{logit_i}는 이분 구성에 대해 정해진 것 이상으로 발생하지 않을 확률이며, 정해진 m개가 발생할 확률($m = 1, 2, ...$), 즉 $p(Y_i = m)$ 푸아송 분포식을 따르고 $(1 - p_{logit_i})$를 곱한다.

그러므로 식 (14.10)과 식 (15.1)을 사용하면 다음과 같다.

$$\begin{cases} p(Y_i = 0) = p_{logit_i} + \left(1 - p_{logit_i}\right) \cdot e^{-\lambda_i} \\ p(Y_i = m) = \left(1 - p_{logit_i}\right) \cdot \dfrac{e^{-\lambda_i} \cdot \lambda_i^m}{m!}, \quad m = 1, 2, ... \end{cases} \tag{15.32}$$

$Y \sim \text{ZIP}(\lambda, p_{logit_i})$이므로(ZIP은 **제로 인플레이티드 푸아송**을 의미한다) 다음과 같다.

$$p_{logit_i} = \frac{1}{1 + e^{-\left(\gamma + \delta_1 \cdot W_{1i} + \delta_2 \cdot W_{2i} + \cdots + \delta_q \cdot W_{qi}\right)}} \tag{15.33}$$

그리고

$$\lambda_i = e^{\left(\alpha + \beta_1 \cdot X_{1i} + \beta_2 \cdot X_{2i} + \cdots + \beta_k \cdot X_{ki}\right)} \tag{15.34}$$

---

2 제로 인플레이티드 푸아송과 음이항 회귀 모델의 대안으로서 연구원은 어떤 종속 변수가 대량의 0 값을 가질 경우 **허들 모델**(hurdle model)을 추정해볼 수 있다는 점을 알아두자. 허들 모델은 이 책에서 다루지 않지만 Cameron and Trivedi(2009)에 연구되어 있다.

$p_{logit_i} = 0$이면 식 (15.32)의 확률 분포는 명백히 푸아송 분포로 요약되며, $Y_i = 0$인 경우를 포함한다. 다시 말해, 제로 인플레이티드 푸아송 회귀 모델은 0을 생성하는 두 프로세스를 나타내는데 하나는 이진 분포(이 경우 소위 **구조화 0**$^{structural\ zero}$이 생성된다)를 따르고 다른 하나는 푸아송 분포를 따른다(이 경우 데이터는 소위 **표본 추출 0**$^{sampling\ zero}$이라는 개수 데이터가 생성된다).[3]

식 (15.33)과 식 (15.34)에 기반해 구조화 0의 출현은 설명 변수 벡터 $W_1, W_2, ..., W_q$에 의해 영향받고 결정된 m 개수의 출현은 $X_1, X_2, ..., X_k$ 벡터에 영향받도록 정의할 수 있다. 경우에 따라 연구원은 동일한 변수를 두 벡터에 삽입할 수 있는데, 이 경우 이 변수가 동시에 영향을 미치는지 조사할 수 있다. 우선 사건이 발생하는지 볼 수 있고, 만약 그렇다면 참조된 현상의 발생 수량(개수)을 알 수 있다.

식 (15.32)에 기반하고 식 (15.7)의 **로그 우도 함수**에 정의된 논리를 따르면 다음 목적 함수를 얻을 수 있는데, 그 목적은 결정된 제로 인플레이티드 푸아송 회귀 모델의 모수 $\alpha, \beta_1, \beta_2, ..., \beta_k$와 $\gamma, \delta_1, \delta_2, ..., \delta_k$를 추정하는 것이다.

$$LL = \sum_{Y_i=0} \ln\left[p_{logit_i} + \left(1 - p_{logit_i}\right) \cdot e^{-\lambda} \right] +$$
$$\sum_{Y_i>0} \left[\ln\left(1 - p_{logit_i}\right) - \lambda_i + (Y_i) \cdot \ln(\lambda_i) - \ln(Y_i!) \right] = \max \tag{15.35}$$

해법은 이 장에서 설명한 것처럼 선형 계획법 도구로 구할 수 있다.

제로 인플레이티드 음이항 회귀 모델과 관련해서는 p를 주어진 i 관측치의 **발생 횟수가 0일 확률**로 정의할 수 있고, 즉 $p(Y_i = 0)$은 개수 성분의 이분 성분 합을 계산한 것이고 m **개수가 발생할 확률** p, 즉 $p(Y_i = m)$은 이제 푸아송-감마 분포 확률을 따른다. 이런 면에서 식 (14.10)과 식 (15.25)를 사용하면 다음과 같다.

$$\begin{cases} p(Y_i=0) = p_{logit_i} + \left(1 - p_{logit_i}\right) \cdot \left(\dfrac{1}{1+\phi \cdot u_i}\right)^{\frac{1}{\phi}} \\ p(Y_i=m) = \left(1 - p_{logit_i}\right) \cdot \left[\begin{pmatrix} m+\phi^{-1}-1 \\ \phi^{-1}-1 \end{pmatrix} \cdot \left(\dfrac{1}{1+\phi \cdot u_i}\right)^{\frac{1}{\phi}} \cdot \left(\dfrac{\phi \cdot u_i}{\phi \cdot u_i+1}\right)^m \right], \quad m=1, 2, ... \end{cases} \tag{15.36}$$

$Y \sim \text{ZINB}(\phi, u, p_{logit_i})$(여기서 ZINB는 **제로 인플레이티드 음이항**)이고 ϕ는 결정된 감마 분포의 형상 모수의 역을 나타내므로 제로 인플레이티드 푸아송 회귀 모델과 유사하게 다음과 같다.

$$p_{logit_i} = \frac{1}{1 + e^{-\left(\gamma + \delta_1 \cdot W_{1i} + \delta_2 \cdot W_{2i} + \cdots + \delta_q \cdot W_{qi}\right)}} \tag{15.37}$$

---

3 식 (15.33)은 14장의 로짓 모델을 참조함을 주목하자. 그러나 연구원들은 14장의 부록에서 다룬 프로빗 모델 확률식을 사용해 베르누이 분포를 참조하는 구조화 0을 조사하려 할 수도 있다.

그리고

$$u_i = e^{(\alpha + \beta_1 \cdot X_{1i} + \beta_2 \cdot X_{2i} + \cdots + \beta_k \cdot X_{ki})}$$

(15.38)

다시 한번, $p_{logit_i} = 0$이면 식 (15.36)의 확률 분포는 푸아송-감마 분포로 제한되고 $Y_i = 0$인 경우를 포함한다. 그러면 제로 인플레이티드 음이항 회귀 모델 또한 이진 분포와 푸아송-감마 분포로부터 0을 생성하는 두 프로세스를 나타낸다.

그러므로 식 (15.36)에 따라 식 (15.29)에 정의된 로그 우도 함수에 기반해 제로 인플레이티드 음이항 회귀 모델의 모수 $\phi, \alpha, \beta_1, \beta_2, ..., \beta_k$와 $\gamma, \delta_1, \delta_2, ..., \delta_k$를 추정하는 다음의 목적 함수를 얻는다.

$$\begin{aligned} LL = \sum_{Y_i=0} &\ln\left[p_{logit_i} + \left(1 - p_{logit_i}\right) \cdot \left(\frac{1}{1+\phi \cdot u_i}\right)^{\frac{1}{\phi}} \right] \\ &+ \sum_{Y_i>0} \left[\ln\left(1 - p_{logit_i}\right) + Y_i \cdot \ln\left(\frac{\phi \cdot u_i}{1+\phi \cdot u_i}\right) - \frac{\ln\left(1+\phi \cdot u_i\right)}{\phi} \right. \\ &\left. + \ln\Gamma\left(Y_i + \phi^{-1}\right) - \ln\Gamma\left(Y_i + 1\right) - \ln\Gamma\left(\phi^{-1}\right) \right] = \max \end{aligned}$$

(15.39)

이 해법은 선형 계획법으로 해결할 수 있다.

다음으로, Stata에서 제로 인플레이티드 푸아송과 음이항 회귀로 모수를 추정하는 예제를 살펴본다. 먼저 Y 종속 변수의 0의 유의성을 본 다음(브엉 검정) 모수 ϕ의 유의성을 계산해본다(ϕ의 우도 비율 검정). 즉, 데이터의 과산포성 존재를 알아본다. 상자 15.2는 개수 데이터의 회귀 모델과 과산포성 사이의 관계를 나타내고, 종속 변수 데이터에서의 과도한 0 개수를 나타낸다.

상자 15.2 개수 데이터의 회귀 모델, 과산포성, 종속 변수 데이터의 과도한 0

확인	개수 데이터 회귀 모델			
	푸아송	음이항	제로 인플레이티드 푸아송 (ZIP)	제로 인플레이티드 음이항 (ZINB)
종속 변수의 과산포성	아니요	예	아니요	예
종수 변수에 과도한 0 존재	아니요	아니요	예	예

이런 식으로 푸아송과 음이항 유형의 제로 인플레이티드 모델은 종속 변수에 과도한 0이 있을 때 더 적절하며, 마지막 두 가지의 사용은 데이터에 과산포성이 있을 때 더 권장된다.

A.2 예제: Stata를 사용한 제로 인플레이티드 푸아송 회귀 모델

제로 인플레이티드 회귀 모델을 위해 Accidents.dta 데이터셋을 이용한다. 이 데이터셋을 준비하기 위해 100개 도시의 교통사고 건수를 구하고 개수 데이터의 종속 변수로 나타냈다. 또한 운전 면허를 소지한 평균 주민 수와 함께 도시 지역에서의 오후 10시 이후의 금주법도 고려했다. desc 명령어를 통해 그림 15.76과 같은 데이터셋 특성을 볼 수 있다.

```
. desc

  obs:           100
  vars:            4
  size:         1,700 (99.9% of memory free)
--------------------------------------------------------------------------
--
              storage   display    value
variable name   type    format     label      variable label
--------------------------------------------------------------------------
--
accidents       byte    %8.0g                  Number of traffic accidents in the last
                                                week
pop             float   %9.5f                  urban population (x million)
age             float   %9.2f                  average age of inhabitants with driver's
                                                license in date
drylaw          float   %9.0g      drylaw      the city adopts dry law after 10:00 pm?
--------------------------------------------------------------------------
--
Sorted by:
```

그림 15.76 Accidents.dta 파일의 설명

이 예제에서 *pop* 변수를 X 변수로 정의하고 *age*와 *drylaw* 변수를 W_1과 W_2 변수로 정의한다. 다시 말해 여기서의 목적은 무사고, 즉 구조적 0의 출현이 운전자 평균 나이 혹은 오후 10시 이후의 금주법에 영향을 받았는지 알아보는 것이고, 주별 특정 사고 건수의 발생이 각 도시 $i(i = 1, ..., 100)$의 인구에 영향을 받는지 알아보는 것이다. 그러므로 제로 인플레이티드 회귀 모델은 다음 식으로 추정한다.

$$p_{logit_i} = \frac{1}{1 + e^{-(\gamma + \delta_1 \cdot age_i + \delta_2 \cdot drylaw_i)}}$$

그리고

$$\lambda_i = e^{(\alpha + \beta \cdot pop_i)}$$

먼저, 다음 명령어를 사용해 *accidents* 변수의 분포를 분석해보자.

```
tab accidents
hist accidents, discrete freq
```

그림 15.77과 그림 15.78은 각각 분포표와 히스토그램을 보여주는데, 이를 통해 연구 중인 58%의 도시가 해당 주에 어떠한 교통사고도 없음을 보여주고 이는 기초적이지만 종속 변수에 과도한 0이 있음을 알 수 있다.

```
. tab accidents

Number of |
  traffic |
accidents |
   in the |
     last |
     week |      Freq.      Percent         Cum.
----------+-----------------------------------------
        0 |         58        58.00        58.00
        1 |          8         8.00        66.00
        2 |          6         6.00        72.00
        3 |          6         6.00        78.00
        4 |          4         4.00        82.00
        5 |          3         3.00        85.00
        6 |          2         2.00        87.00
        7 |          1         1.00        88.00
        8 |          2         2.00        90.00
        9 |          2         2.00        92.00
       10 |          1         1.00        93.00
       14 |          1         1.00        94.00
       16 |          1         1.00        95.00
       20 |          1         1.00        96.00
       25 |          1         1.00        97.00
       30 |          1         1.00        98.00
       31 |          1         1.00        99.00
       33 |          1         1.00       100.00
----------+-----------------------------------------
    Total |        100       100.00
```

그림 15.77 *accidents* 변수의 개수 데이터 빈도 분포

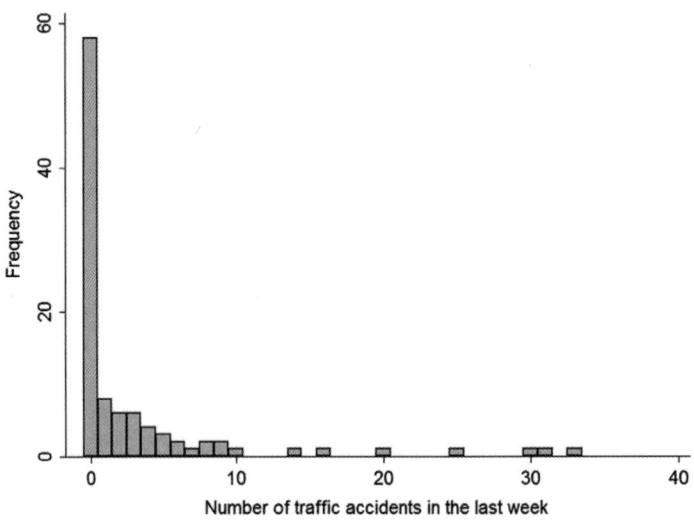

그림 15.78 *accidents* 종속 변수의 히스토그램

제로 인플레이티드 회귀 모델을 수행하려면 다음 명령어를 입력한다.

```
zip accidents pop, inf(age drylaw) vuong nolog
```

여기서 X 종속 변수(pop)는 종속 변수($accidents$) 바로 다음에 와야 하고 W_1, W_2 변수(age와 $drylaw$)는 inf 항 다음에 괄호로 와야 한다. 이는 구조적 0의 인플레이션에 해당된다. vuong 항은 브엉 검정(1989)이 수행되게 하여 지정된 전통 모델에 대해 제로 인플레이티드 모델의 적정성을 확인해준다 (이 경우, 푸아송). 즉, 그 목적은 종속 변수에서의 과도한 0 개수의 존재를 확인하는 것이다. nolog 항은 모델링 반복에 대한 출력을 생략하고 나타난 로그 우도 함수의 최댓값을 나타낸다.

또한 묵시적 명령어는 표준으로서 베르누이 분포를 참조하는 구조적 0의 존재를 확인해주는 **로짓 모델 확률식**logit model probabilities expression을 나타낸다. 그러나 연구자가 (14장의 부록에서 설명한) **프로빗 모델 확률식**probit model probabilities expression을 사용하기로 선택했다면 명령어 끝에 probit을 추가해야 한다.

출력은 그림 15.79와 같다.

```
. zip accidents pop, inf(age drylaw) vuong nolog

Zero-inflated Poisson regression          Number of obs  =       100
                                          Nonzero obs    =        42
                                          Zero obs       =        58

Inflation model = logit                   LR chi2(1)     =     37.72
Log likelihood  = -256.0484               Prob > chi2    =    0.0000

------------------------------------------------------------------------------
  accidents |     Coef.    Std. Err.      z    P>|z|    [95% Conf. Interval]
------------+-----------------------------------------------------------------
accidents   |
       pop  |  .5039652   .0863993     5.83   0.000    .3346256    .6733047
      _cons |  .9329778   .1987482     4.69   0.000    .5434386    1.322517
------------+-----------------------------------------------------------------
inflate     |
       age  |  .2252293   .0584096     3.86   0.000    .1107485    .3397101
     drylaw |  1.725743   .5531873     3.12   0.002    .6415157    2.80997
      _cons | -11.72936   3.030402    -3.87   0.000   -17.66884   -5.789881
------------------------------------------------------------------------------
Vuong test of zip vs. standard Poisson:          z =    4.19  Pr>z = 0.0000
```

그림 15.79 Stata의 제로 인플레이티드 푸아송 회귀 모델

가장 먼저 분석해야 할 결과는 브엉 검정이며, 통계량이 정규 분포하고 양이면서 유의한 값은 제로 인플레이티드 모델의 적정성을 의미한다. 음이면서 유의한 값은 전통적 푸아송 모델의 적절성을 의미한다. 예제 데이터의 경우, 브엉 검정은 전통적 모델보다는 제로 인플레이티드 모델이 더 적절하다고 나타났다. $z = 4.19$이고 $Pr > z = 0.000$이기 때문이다.

나머지 결과를 분석하기 전에 Desmarais and Harden(2013)은 **아카이케 정보 기준**AIC, Akaike information criterion과 **베이즈(슈바르츠**Schwarz**) 정보 기준**BIC, Bayesian information criterion 통계량에 기반한 브엉 검정

의 교정을 제안했고 이는 좀 더 적절한 모델 결정에서 편향을 없애기 위함이다. 이를 위해서는 zip을 zipcv^zero-inflated Poisson with corrected Vuong로 대체하면 된다. 이제 명령어는 다음과 같다.

```
zipcv accidents pop, inf(age drylaw) vuong nolog
```

그러나 Stata로 수행하기 전에 findit zipcv를 입력하고 http://www.stata-journal.com/ software/sj13-4에서 st0319 링크를 클릭해서 zipcv를 설치해야 한다. 다음으로 click here to install 을 클릭한다.

새로운 결과는 그림 15.80에 있다.

```
. zipcv accidents pop, inf(age drylaw) vuong nolog

Zero-inflated Poisson regression               Number of obs    =        100
                                                Nonzero obs      =         42
                                                Zero obs         =         58

Inflation model = logit                         LR chi2(1)       =      37.72
Log likelihood  = -256.0484                     Prob > chi2      =     0.0000

------------------------------------------------------------------------------
  accidents |      Coef.   Std. Err.      z    P>|z|     [95% Conf. Interval]
------------+-----------------------------------------------------------------
accidents   |
        pop |   .5039652   .0863993     5.83   0.000     .3346256    .6733047
      _cons |   .9329778   .1987482     4.69   0.000     .5434386    1.322517
------------+-----------------------------------------------------------------
inflate     |
        age |   .2252293   .0584096     3.86   0.000     .1107485    .3397101
     drylaw |   1.725743   .5531873     3.12   0.002     .6415157     2.80997
      _cons |  -11.72936   3.030402    -3.87   0.000    -17.66884   -5.789881
------------------------------------------------------------------------------
     Vuong test of zip vs. standard Poisson:  z =     4.19  Pr>z = 0.0000
                                                             Pr<z = 1.0000
                    with AIC (Akaike) correction:  z =     4.13  Pr>z = 0.0000
                                                             Pr<z = 1.0000
                    with BIC (Schwarz) correction:  z =     4.04  Pr>z = 0.0000
                                                             Pr<z = 1.0000
```

그림 15.80 Stata에서 브엉 검정 교정을 한 제로 인플레이티드 푸아송 회귀 모델 결과

예제 데이터의 경우, 브엉 검정 통계량 $z = 4.19$, AIC와 BIC 교정 통계량은 각각 $z = 4.13$, $z = 4.04$이다. 즉, 모두 $Pr > z = 0.000$이다. 다시 말해, AIC와 BIC 교정 브엉 검정 결과는 이 경우 제로 인플레이티드 모델이 더 적절하다고 나타난다.

그림 15.79와 그림 15.80의 나머지 결과는 동일하다는 점에 주목하자. 이 결과에 기반해 추정 모수는 95% 신뢰로 통계적으로 0이 아님을 알 수 있고 p_{logit_i}와 λ_i의 최종 식은 다음과 같다.

$$p_{logit_i} = \frac{1}{1 + e^{-(-11.729 + 0.225 \cdot age_i + 1.726 \cdot drylaw_i)}}$$

그리고

$$\lambda_i = e^{(0.933 + 0.504 \cdot pop_i)}$$

좀 더 호기심 많은 연구원은 엑셀의 **해 찾기**를 사용해 Accidents ZIP Maximum Likelihood.xls 파일로 동일한 결과를 얻을 수도 있다. 이 파일에는 **해 찾기** 기준이 이미 정의되어 있다.

따라서 식 (15.32)를 사용하면 추정 모수는 다음과 같이 대수적으로 계산할 수 있고, 운전자 평균 나이가 40이고 오후 10시 이후 금주법이 없는 700,000명이 거주하는 도시의 주별 평균 교통사고 기대 건수는 다음과 같다.

$$\lambda_{inflate} = \left\{ 1 - \frac{1}{1 + e^{-[-11.729 + 0.225 \cdot (40) + 1.726 \cdot (0)]}} \right\} \cdot \left\{ e^{[0.933 + 0.504 \cdot (0.700)]} \right\} = 3.39$$

동일한 결과는 다음 명령어로도 구할 수 있는데, 그 결과는 그림 15.81에 있다.

```
mfx, at(pop=0.7 age=40 drylaw=0)
```

```
. mfx, at(pop=0.7 age=40 drylaw=0)

Marginal effects after zip
      y  = Predicted number of events (predict)
         =  3.3938647
------------------------------------------------------------------------
variable |      dy/dx    Std. Err.     z    P>|z|  [    95% C.I.    ]      X
---------+--------------------------------------------------------------
     pop |    1.71039      .14686    11.65   0.000   1.42256  1.99822      .7
     age |   -.0472341     .02209    -2.14   0.032  -.090529 -.003939      40
 drylaw*|   -.7532942      .43112    -1.75   0.081  -1.59827  .091684      0
------------------------------------------------------------------------
(*) dy/dx is for discrete change of dummy variable from 0 to 1
```

그림 15.81 설명 변수의 주별 교통사고 건수의 기댓값 계산: mfx 명령어

마지막으로, 그래프를 사용해 제로 인플레이티드 푸아송 회귀 모델로 구한 예측값을 전통 회귀 모델로 구한 값과 비교해볼 수 있다. 이 경우 구조적 제로에 영향을 미치는 변수는 고려하지 않는다 (*age*와 *drylaw* 변수). 이를 위해 다음 명령어를 입력한다.

```
quietly zipcv accidents pop, inf(age drylaw) vuong nolog
predict lambda_inf
```

```
quietly poisson accidents pop
predict lambda

graph twoway scatter accidents pop || mspline lambda_inf pop || mspline lambda pop ||,
legend(label(2 "ZIP") label(3 "Poisson"))
```

생성된 그래프는 그림 15.82에 있고, 이를 통해 ZIP의 예측값은 종속 변수의 과도한 0에 좀 더 잘
조정됐음을 볼 수 있다.

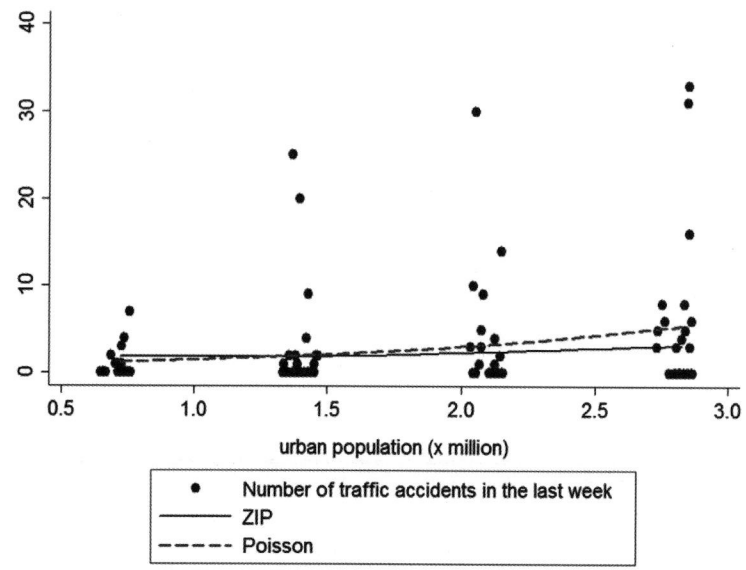

그림 15.82 ZIP과 푸아송 회귀 모델의 주별 교통사고 기대 건수 × 도시 인구(*pop*)

다음으로 동일한 데이터셋을 ZINB 모델로 구해보자.

A.3   예제: Stata를 사용한 제로 인플레이티드 음이항 회귀 모델

동일한 논리로 Accidents.dta 데이터셋을 다시 이용하자. 그러나 이제 ZINB에 집중해야 하므로 다
음 식으로 모수를 추정한다.

$$p_{logit_i} = \frac{1}{1 + e^{-(\gamma + \delta_1 \cdot age_i + \delta_2 \cdot drylaw_i)}}$$

그리고

$$u_i = e^{(\alpha + \beta \cdot pop_i)}$$

이 장에서 했던 것처럼, 먼저 다음 명령어로 *accidents* 변수의 분산을 분석한다.

```
tabstat accidents, stats(mean var)
```

그림 15.83에 결과가 있다.

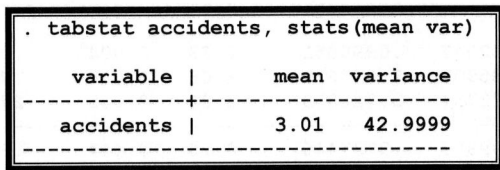

```
. tabstat accidents, stats(mean var)

    variable |      mean  variance
-------------+--------------------
   accidents |      3.01   42.9999
-----------------------------------
```

그림 15.83 *accidents* 종속 변수의 평균과 분산

종속 변수 분산이 평균보다 14배나 더 크므로 데이터에 과산포성이 있음을 보여준다. 따라서 ZINB를 해보자. 이를 위해 다음 명령어를 입력한다.

```
zinbcv accidents pop, inf(age drylaw) vuong nolog zip
```

이는 ZIP 모델과 동일한 논리를 따른다. zinb 대신 zinbcv[zero-inflated negative binomial with corrected Vuong] 항을 사용한 것에 주목하자. 추정 모수는 동일하지만, 첫 번째는 AIC와 BIC 교정 브엉 검정을 보여준다. 또한 명령어 끝의 zip 항은 ϕ 모수(Stata의 alpha)에 대한 우도 비율 검정을 수행하게 한다. 즉, ZIP 모델에 대해 ZINB 모델이 적절한지 증명한다. 결과는 그림 15.84에 있다.

```
. zinbcv accidents pop, inf(age drylaw) vuong nolog zip

Zero-inflated negative binomial regression        Number of obs    =        100
                                                   Nonzero obs      =         42
                                                   Zero obs         =         58

Inflation model = logit                            LR chi2(1)       =      10.87
Log likelihood  = -164.4035                        Prob > chi2      =     0.0010

------------------------------------------------------------------------------
  accidents |     Coef.    Std. Err.      z    P>|z|   [95% Conf. Interval]
------------+-----------------------------------------------------------------
accidents   |
        pop |   .8661751   .2621428    3.30   0.001    .3523847    1.379966
      _cons |   .0253062   .5403137    0.05   0.963   -1.033689    1.084301
------------+-----------------------------------------------------------------
inflate     |
        age |   .2882047   .0998951    2.89   0.004    .0924139    .4839954
     drylaw |    2.85907   1.076625    2.66   0.008    .7489239    4.969217
      _cons |  -16.23734   5.726858   -2.84   0.005   -27.46178   -5.012905
------------+-----------------------------------------------------------------
    /lnalpha |   .2399887   .3137446    0.76   0.444   -.3749393    .8549167
------------+-----------------------------------------------------------------
       alpha |   1.271235    .398843                    .687331    2.351179
------------------------------------------------------------------------------
Likelihood-ratio test of alpha=0: chibar2(01) =    183.29 Pr>=chibar2 =  0.0000
Vuong test of zinb vs. standard negative binomial:   z =     3.88  Pr>z =  0.0001
                                                                    Pr<z =  0.9999
                    with AIC (Akaike) correction:    z =     3.31  Pr>z =  0.0005
                                                                    Pr<z =  0.9995
                    with BIC (Schwarz) correction:   z =     2.57  Pr>z =  0.0051
                                                                    Pr<z =  0.9949
```

그림 15.84 Stata의 제로 인플레이티드 음이항 회귀 모델

먼저 ϕ 모수의 신뢰 구간을 볼 수 있는데, 이는 감마 분포의 형상 모수 ψ의 역이고 Stata의 alpha 인데, 0을 포함하지 않는다. 즉, 95% 신뢰수준에서 ϕ가 통계적으로 0이 아니고 추정값은 1.271이다. ϕ 모수에 대한 우도 비율 검정으로 이 모수가 통계적으로 0이라는 귀무 가설을 5% 유의수준에서 기 각하고($Sig. \chi^2 = 0.000 < 0.05$) 이는 데이터의 과산포성을 증명하며 ZINB 모델이 ZIP 모델보다 선 호된다는 것을 의미한다.

그리고 AIC와 BIC 교정 브엉 검정은 95% 신뢰수준에서의 유의한 z 통계량을 보여서 ZINB가 전 통적 음이항 모델보다 더 나음을 의미하며 과도한 0이 있음을 증명해준다.

또한 95% 신뢰수준에서 pop 변수가 통계적으로 0이 아님을 알 수 있고, 이 변수는 주별 교통사 고 건수(개수 성분) 변수 행동을 통계적으로 유의하게 설명함을 알 수 있다. 같은 방법으로 age와 $drylaw$ 변수는 $accidents$ 변수에서의 과도한 0(구조적 0)의 개수를 통계적으로 유의하게 설명해준다.

이 결과에 기반해, p_{logit_i}와 u_i의 최종 식을 다음과 같이 구할 수 있다.

$$p_{logit_i} = \frac{1}{1 + e^{-(-16.237 + 0.288 \cdot age_i + 2.859 \cdot drylaw_i)}}$$

그리고

$$u_i = e^{(0.025 + 0.866 \cdot pop_i)}$$

Accidents ZINB Maximum Likelihood.xls 파일을 사용해 엑셀의 **해 찾기**로도 동일한 결과를 구할 수 있다. 이 파일에서 **해 찾기** 기준은 사전에 정의되어 있다.

식 (15.36)을 쓰면 추정 모수는 다음과 같이 대수적으로 계산할 수 있고, 운전자 평균 나이가 40 이고 오후 10시 이후 금주법이 없는 700,000명이 거주하는 도시의 주별 평균 교통사고 기대 건수는 다음과 같다.

$$u_{inflate} = \left\{ 1 - \frac{1}{1 + e^{-[-16.237 + 0.288 \cdot (40) + 2.859 \cdot (0)]}} \right\} \cdot \left\{ e^{[0.025 + 0.866 \cdot (0.700)]} \right\} = 1.86$$

동일한 결과는 다음 명령어로도 구할 수 있는데, 그 결과는 그림 15.85에 있다.

```
mfx, at(pop=0.7 age=40 drylaw=0)
```

```
. mfx, at( pop=0.7   age=40   drylaw=0)

Marginal effects after zinb
     y  = Predicted number of events (predict)
        =  1.8638732
------------------------------------------------------------------------
variable |    dy/dx    Std. Err.     z    P>|z|  [    95% C.I.    ]     X
---------+--------------------------------------------------------------
     pop |  1.614441    .29961     5.39   0.000   1.02722  2.20166     .7
     age |  -.004798    .00811    -0.59   0.554  -.020686   .01109     40
 drylaw*|  -.2387158    .26031    -0.92   0.359  -.74891   .271479      0
------------------------------------------------------------------------
(*) dy/dx is for discrete change of dummy variable from 0 to 1
```

그림 15.85 설명 변수의 주별 교통사고 건수 기댓값 계산: mfx 명령어

이론적으로, 이때 모델링을 완료할 수 있다. 그러나 ZIP 모델로도 모수를 추정해보고 ZINB 모델과 비교해보려면 다음과 같이 명령한다.

```
eststo: quietly zip accidents pop, inf(age drylaw) vuong
prcounts lambda_inflate, plot

eststo: quietly zinb accidents pop, inf(age drylaw) vuong
prcounts u_inflate, plot

esttab, scalars(ll) se
```

이는 그림 15.86과 같은 결과를 생성한다.

```
. eststo: quietly zip accidents pop, inf(age drylaw) vuong
(est1 stored)
. prcounts lambda_inflate, plot

. eststo: quietly zinb accidents pop, inf(age drylaw) vuong
(est2 stored)
. prcounts u_inflate, plot

. esttab, scalars(ll) se

------------------------------------------------
                        (1)             (2)
                    accidents       accidents
------------------------------------------------
accidents
pop                  0.504***        0.866***
                    (0.0864)         (0.262)

_cons                0.933***        0.0253
                     (0.199)         (0.540)
------------------------------------------------
inflate
  age                0.225***        0.288**
                    (0.0584)        (0.0999)

drylaw               1.726**         2.859**
                     (0.553)         (1.077)

_cons               -11.73***       -16.24**
                     (3.030)         (5.727)
------------------------------------------------
lnalpha
_cons                                0.240
                                    (0.314)
------------------------------------------------
N                      100             100
ll                   -256.0          -164.4
------------------------------------------------
Standard errors in parentheses
* p<0.05, ** p<0.01, *** p<0.001
```

그림 15.86 ZIP과 ZINB의 주 결과

이 통합 출력은 두 모델 추정 모수의 차이를 보여주고 **로그 우도 함수**(ll)에 의한 값이 ZINB(그림 15.86의 모델 2)보다 훨씬 크다는 것을 보여준다. 이를 통해 예제에서는 ZIP에 비해 이 모델이 우수함을 알 수 있다.

ZINB와 ZIP을 비교하는 또 다른 방법은 두 추정의 주별 교통사고 건수의 관측과 예측 분포를 분석하는 것인데, prcounts 명령어를 통해 생성한 변수를 사용해 분석하는 것이다. 이를 위해 다음 명령을 수행하는데, 그 결과는 그림 15.87의 그래프다.

```
graph twoway (scatter u_inflateobeq u_inflatepreq lambda_inflatepreq u_inflateval, connect (1 1 1))
```

여기서 변수 *u_inflatepreq*와 *lambda_inflatepreq*는 각각 ZINB와 ZIB에 의한 교통사고 건수 확률 0부터 9에 해당한다. 이것 외에도 변수 *u_inflateobeq*는 종속 변수의 관측 확률에 해당하고, 따라서

그림 15.77에서 9개 교통사고 건수까지의 동일 확률 분포를 나타내고 변수 *u_inflateval*은 관측 확률에 관계된 실제 0~9 값을 나타낸다.

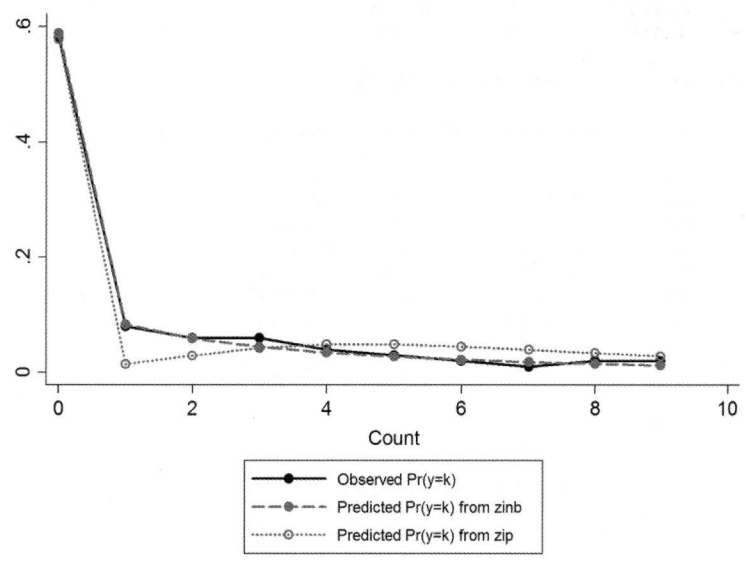

그림 15.87 ZINB와 ZIP 모델에서의 주별 교통사고 건수의 관측 및 예측 확률 분포

그림 15.87을 분석해보면, ZINB 모델 확률의 추정 분포(예측)가 ZIP 모델보다 주별 0부터 9까지 교통사고 건수에서 더 낫다는 사실을 알 수 있다.

다른 대안으로는 이 장에서 설명한 대로 countfit 명령어를 사용해 확인할 수 있다. 이는 종속 변수의 각 개수(0~9)의 관측과 예측 확률에 더해 ZINB와 ZIP 모델 확률 사이의 차이로 생긴 오차 항도 보여준다. 이를 위해 다음 명령어를 실행한다.

```
countfit accidents pop, zip zinb noestimates
```

이는 그림 15.88의 결과와 그림 15.89의 그래프를 생성한다.

```
.  countfit accidents pop, zip zinb noestimates
Comparison of Mean Observed and Predicted Count

           Maximum      At      Mean
Model     Difference   Value    |Diff|
---------------------------------------------
ZIP         0.070         1     0.024
ZINB        0.016         3     0.006

ZIP: Predicted and actual probabilities

Count   Actual    Predicted    |Diff|    Pearson
---------------------------------------------------
0        0.580      0.580       0.000     0.000
1        0.080      0.010       0.070    47.385
2        0.060      0.023       0.037     6.248
3        0.060      0.035       0.025     1.839
4        0.040      0.043       0.003     0.021
5        0.030      0.046       0.016     0.566
6        0.020      0.045       0.025     1.412
7        0.010      0.042       0.032     2.441
8        0.020      0.038       0.018     0.826
9        0.020      0.033       0.013     0.495
---------------------------------------------------
Sum      0.920      0.894       0.239    61.233

ZINB: Predicted and actual probabilities

Count   Actual    Predicted    |Diff|    Pearson
---------------------------------------------------
0        0.580      0.580       0.000     0.000
1        0.080      0.090       0.010     0.108
2        0.060      0.059       0.001     0.001
3        0.060      0.044       0.016     0.607
4        0.040      0.034       0.006     0.113
5        0.030      0.027       0.003     0.034
6        0.020      0.022       0.002     0.018
7        0.010      0.018       0.008     0.368
8        0.020      0.015       0.005     0.149
9        0.020      0.013       0.007     0.391
---------------------------------------------------
Sum      0.920      0.902       0.058     1.789

Tests and Fit Statistics

-----------------------------------------------------------------------
ZIP          BIC=   570.596  AIC=   560.176  Prefer  Over  Evidence
-----------------------------------------------------------------------
  vs ZINB    BIC=   391.416  dif=   179.180  ZINB    ZIP   Very strong
             AIC=   378.390  dif=   181.786  ZINB    ZIP
```

그림 15.88 종속 변수와 해당 오차 항의 각 개수에 대한 관측과 예측 확률

916

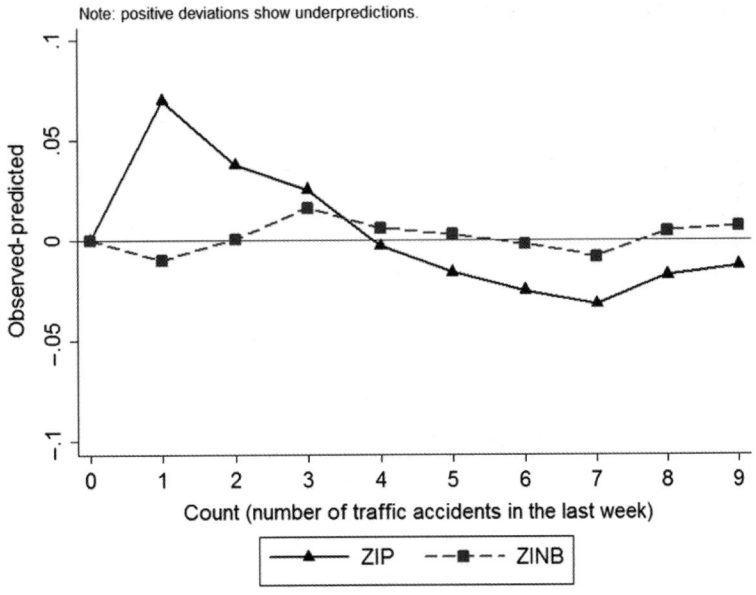

Note: positive deviations show underpredictions.

그림 15.89 관측과 예측 차이로 생긴 오차 항(ZINB와 ZIP 모델)

그림 15.88과 그림 15.89는 다시 한번 ZINB 조정이 ZIP보다 다음과 같은 이유에서 더 낫다는 것을 보여준다.

- ZIP 모델의 관측과 예측 확률 사이의 최대 차이가 0.070이지만 ZINB에서는 0.016이다.
- ZIP 모델에서 이 차이의 평균은 0.024이고 ZINB는 0.006이다.
- 전체 피어슨 값은 ZINB(1.789)가 ZIP(61.233)보다 더 낮다.

그림 15.89의 그래프는 생성된 오차 항 사이의 비교 분석을 가능케 해주고 ZINB 모델의 오차 곡선이 일관성 있게 0에 가까움을 보여준다.

앞서 한 대로, ZIP과 ZINB 모델에서 구한 주별 평균 교통사고 건수의 예측값을 전통적 푸아송 및 음이항 모델과 그래프로 비교한다(nbreg 명령어). 이때 구조적 0의 출현은 고려하지 않는다(*age*와 *drylaw* 변수). 이를 위해 다음 명령어를 입력한다.

```
quietly poisson accidents pop
predict lambda

quietly nbreg accidents pop
predict u

graph twoway mspline lambda_inflaterate pop || mspline u_inflaterate pop || mspline lambda
pop || mspline u pop||, legend(label(1 "ZIP") label(2 "ZINB") label(3 "Poisson") label(4
"Negative Binomial"))
```

생성된 그래프는 그림 15.90에 있다.

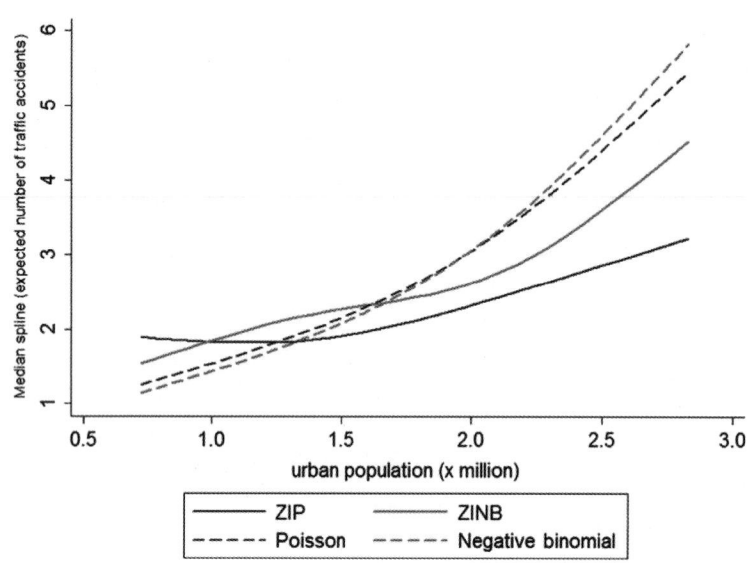

그림 15.90 ZIP, ZINB, 푸아송, 음이항 회귀 모델에서 주별 교통사고 기대 건수 × 도시 인구(*pop*)

이 그래프에 대해 두 가지를 고려해야 한다. 먼저 주별 교통사고 건수의 분산에 관해 ZINB와 음이항 곡선이 해당하는 ZIP과 푸아송보다 우상단에서 더 길어지게 하고 이는 데이터의 과산포성을 포착하지 못한다. 또한 ZINB와 ZIP으로 생성한 예측값이 푸아송이나 음이항보다 과도한 0에 더 잘 적응함을 볼 수 있고 특히 낮은 기대 건수에서 그렇다.

따라서 연구원은 개수 데이터의 회귀 모델 개념을 완성하기 위해 종속 변수의 행동과 속성을 항상 고려해야 한다.

7부

최적화 모델과 시뮬레이션

16

최적화 모델 소개:
일반 유형과 비즈니스 모델링

세상을 바꿀 수 있는 가장 강력한 무기는 교육이다.

– 넬슨 만델라(Nelson Mandela)

16.1 최적화 모델 소개

최적화 모델은 여러 산업과 상업 부분(전략, 마케팅, 금융, 영업, 물류, 인사 등)에서 자원을 가장 효율적으로 결정하기 위해 사용된다.

16장에서는 최적화 모델이 연구원이나 관리자의 의사결정 프로세스를 어떻게 돕는지 설명한다.

먼저 이 프로세스의 주요 개념을 설명하는 것이 중요하다.

결정decision이란 개념에는 여러 정의가 있다. 그중 하나로, 의사결정이란 사람이 따라야 할 여러 행동 대안을 분석하는 프로세스를 의미한다. 즉, 믿는 결과를 찾는 프로세스 또는 여러 대안 중 한 가지 행동을 정하는 것이다. 결정의 예로는 여러 가용한 것 중 위치를 선택하는 것, 최적의 주식 포트폴리오를 결정하는 것, 회사 생산 자원의 균형을 맞추는 여러 대안들 중 선택하는 것, 예컨대 인적자원, 고용, 해고, 재고 등이 있다.

따라서 조직의 목표는 의사결정 절차와 직접적으로 연결되어 있음을 알 수 있다. 프로세스에 내재된 불확실성, 리스크, 복잡도를 최소화하기 위해 여러 대안들 중 가장 효율적인 결정을 하기 위해서는 가용한 정보의 가치와 품질이 필수적이다. 정보 수집 기간 중에 이해당사자들 간의 소통 또는 목표를 정리할 때도 결정에 영향을 미친다. 또한 여러 인터페이스와 시스템의 외생성, 시장 등을 고려할 때 효율적 의사결정 프로세스가 가장 필요한 경우는 최적화 모델 자체가 의사결정에서 더 큰 기초 근거와 더 나은 지식을 제공해 금융, 경제, 물류 마케팅에 있어 지식 분야로 더 나은 정보를 제공할 때다.

Lisboa(2002)에 따르면 **모델**model이란 실제 세상을 단순화한 표현을 의미한다. 모델은 기존 프로젝트 또는 미래의 프로젝트일 수 있다. 전자는 실제 존재하는 시스템 운영 복제를 통해 생산성을 올리려 하고, 후자의 목적은 미래의 시스템에 이상적 구조를 정의하고자 한다.

실제 시스템 행동은 의사결정 프로세스에 있어 관련된 여러 변수의 영향을 받는다. 이 시스템의 높은 복잡성으로 인해 그림 16.1과 같이 모델에서 우리가 이해하고자 하는 변수를 잘 고려하고 통제할 수 있도록 단순화해야 한다.

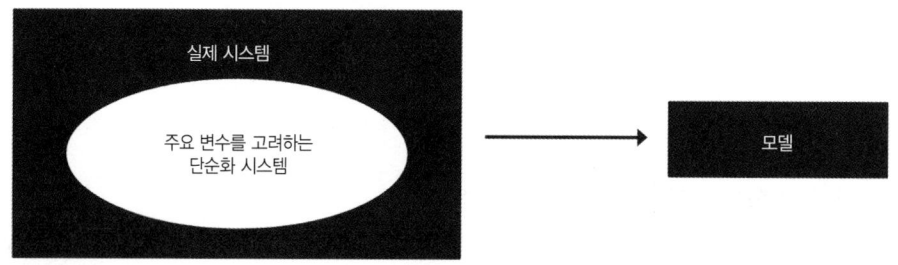

그림 16.1 실제 시스템의 모델링(출처: Andrade, E.L., 2015. Introdução à Pesquisa Operacional: Métodos e Modelos Para Análise de Decisões, fifth ed. LTC, Rio de Janeiro.)

모델의 세 가지 주요 요소는 (a) 결정과 모수 변수, (b) 목적 함수, (c) 제약이다.

(a) 결정과 모수 변수

결정 변수는 미지의 수이고 모델을 해결해 결정하게 된다. 최적화 모델은 **연속**continuous, **이산**discrete, **이진**binary이라는 결정 변수 측도와 정밀도 척도를 다룬다. 결정 변수는 음이 아닌 수를 가정한다. 변수의 유형 및 해당 측도와 정밀도 척도는 2장에서 설명했다.

모수는 사전에 알려진 문제의 고정 값이다. 수학 모델의 모수 예로는 (a) 상품 믹스 문제에서 각 상품에 대한 수요, (b) 특정 가구 생산을 위한 변동비, (c) 상품 제조당 이익 또는 비용, (d) 종업원 고용당 비용, (e) 특정 전자기기가 제조되고 판매될 때마다 단위 기여 마진 등이 있다.

(b) 목적 함수

목적 함수는 얻고자 하는 목푯값 또는 해의 품질을 결정하는 수학적 함수이며, 결정 변수와 모수에 근거한다. 이는 최대화 함수(이익, 유용성, 서비스 레벨, 건강, 기대 수명 등) 또는 최소화 함수(비용, 리스트, 오차 등)일 수 있다.

예로는 (a) 여러 가지 초콜릿 유형의 전체 생산 비용 최소화, (b) 고객 포트폴리오상의 신용 리스크 최소화, (c) 어떤 서비스에 관여된 직원 수 최소화, (d) 주식이나 채권 펀드의 수익률 최대화, (e) 여러 소프트 음료의 순수익 최대화 등이 있다.

(c) 제약

제약^{constraints}은 여러 방정식(수학적 등식과 부등식)으로 정의되고 모델의 결정 변수는 이를 만족해야 한다. 모델의 제약은 시스템의 물리적 한계를 고려하기 위해 추가될 수 있으며, 이는 결정 변수에 직접적인 영향을 끼친다.

수학적 모델에서 고려해야 할 제약의 예로는 (a) 최대 생산량, (b) 특정 투자자가 감내할 최대 리스크, (c) 가용한 최대 차량 대수, (d) 최저 수요량 등이 있다.

의사결정 프로세스를 모델링하는 것은 의사결정자가 그 목표를 명확히 정의하게 하는 장점이 있다. 또한 목표에 영향을 주는 각기 다른 결정의 식별과 저장을 가능케 해 의사결정 프로세스에서 주요 변수를 정의할 수 있게 해주고, 시스템 자체의 한계를 정할 수 있게 해준다. 또한 여러 작업 그룹 간에 더 많은 인터페이스가 가능하게 해준다.

최적화 모델은 선형 계획, 네트워크 계획, 정수 계획, 비선형 계획, 목표 또는 다목적 계획, 동적 계획으로 분류할 수 있다(그림 16.2 참조). 16장에서는 선형 계획 문제의 모델링을 설명하고, 선형 계획의 해법은 17장에서 설명한다. 네트워크 계획과 정수 계획은 18장과 19장에서 각각 알아본다. 비선형 계획, 다목적 계획, 동적 계획은 이 책에서 다루지 않지만 Belfiore and Fávero(2012, 2013)에서 찾아볼 수 있다.

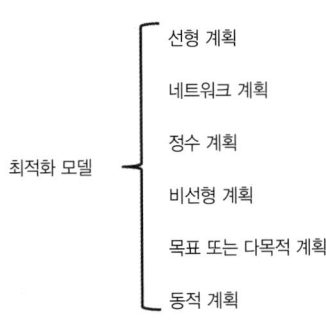

그림 16.2 최적화 모델의 분류

16.2 선형 계획 모델 소개

선형 계획$^{LP, linear programming}$ 문제에서는 모델의 목적 함수와 모든 제약이 선형 함수로 나타난다. 또한 **모든 결정 변수는 연속**이고 구간에서 어떠한 실수든 가질 수 있다. 주목적은 결정 변수의 어떤 선형 함수를 최대화나 최소화하는 것으로, 선형 방정식으로 된 제약을 지켜야 하며 결정 변수가 음이 아닌 조건을 포함해야 한다. 실제 LP 문제를 나타내는 수학적 모델을 구성하고 나면, 다음 단계는 모델의 **최적해**optimal solution를 찾는 것으로서, 최댓값(최대화일 경우) 또는 최솟값(최소화일 경우)을 목적 함수에서 찾아 선형 제약 조건을 만족해야 한다. 많은 알고리즘과 기법을 이용해 모델의 최적해를 찾을 수 있지만 심플렉스Simplex 기법이 가장 보편적으로 사용된다.

1947년에 조지 댄지그George B. Dantzig가 심플렉스를 개발한 이래 LP는 여러 분야의 실제 최적화에 사용됐다. 예를 들면 거래, 서비스, 은행, 수송, 자동차, 항공, 해양, 식품, 음료, 농업, 가축, 건강, 부동산, 채굴, 종이, 전기, 오일, 가스, 컴퓨터, 통신 분야 등이 있다.

따라서 조직 환경에서 선형 계획 기법의 사용은 여러 나라의 다양한 산업 분야에서 수백 혹은 수십억 달러를 절감했다. Winston(2004)에 따르면 포춘지 기준 상위 500개 미국 회사의 85%가 이미 선형 계획법을 사용하고 있다고 대답했다.

16.3 일반 선형 계획 문제의 수학 공식

선형 계획법은 결정 변수 $x_1, x_2, ..., x_n$의 최적값을 결정하려 하고 이는 **연속**continuous이며 **선형 함수**linear function z를 최대화 또는 최소화하면서 m **선형 제약**linear constraints 방정식(등식 또는 부등식)의 제약 조건을 지켜야 한다.

결정 변수가 음이 아니라는 것을 포함한 모든 제약 조건을 만족하는 해는 **가능해**feasible solution라고 한다. 목적 함수의 최적을 나타내는 가능해를 **최적해**optimal solution라고 한다.

일반 선형 계획 모델의 공식은 수학적으로 다음과 같이 나타낼 수 있다.

$$\text{max 또는 min } z = f(x_1, x_2, ..., x_n) = c_1 x_1 + c_2 x_2 + ... + c_n x_n$$

제약 조건:

$$
\begin{aligned}
a_{11}x_1 + a_{12}x_2 + ... + a_{1n}x_n \{\leq, =, \geq\} b_1 \\
a_{21}x_1 + a_{22}x_2 + ... + a_{2n}x_n \{\leq, =, \geq\} b_2 \\
\vdots \qquad \vdots \qquad \vdots \qquad \vdots \\
a_{m1}x_1 + a_{m2}x_2 + ... + a_{mn}x_n \{\leq, =, \geq\} b_m \\
x_1, x_2, ..., x_n \geq 0 \qquad \text{(음이 아닌 제약)}
\end{aligned}
\tag{16.1}
$$

여기서

z = 목적 함수

x_j = 주 또는 통제 가능 결정 변수($j = 1, 2, ..., n$)

a_{ij} = $j(j = 1, 2, ..., n)$번째 변수의 $i(i = 1, 2, ..., m)$번째 상수 또는 계수

b_i = $i(i = 1, 2, ..., m)$번째 제약의 종속 항 또는 가용 자원의 수량

c_j = 목적 함수의 $j(j = 1, 2, ..., n)$번째 변수의 상수 또는 계수

16.4 표준 또는 캐노니컬 형식의 선형 계획 모델

앞 절에서는 선형 계획의 일반 공식을 살펴봤다. 이번 절에서는 선형 계획 공식을 변경할 수 있는 기초적인 연산과 함께 표준과 캐노니컬canonical 형태를 설명한다.

16.4.1 표준 형식의 선형 계획 모델

선형 계획 문제를 해결하려면, 해석적이든 심플렉스 알고리즘이든 모델의 공식은 표준형이어야 한다. 즉, 다음 조건을 만족해야 한다.

- 제약의 독립 항은 음이 아니어야 한다.
- 모든 제약은 선형 방정식으로 나타나야 하고 등식이어야 한다.
- 모든 결정 변수는 음이 아니어야 한다.

표준 형식은 수학적으로 다음과 같이 나타낼 수 있다.

$$\max \text{ 또는 } \min z = f(x_1, x_2, \ldots, x_n) = c_1 x_1 + c_2 x_2 + \ldots + c_n x_n$$

제약 조건:

$$
\begin{aligned}
a_{11} x_1 + a_{12} x_2 + \ldots + a_{1n} x_n &= b_1 \\
a_{21} x_1 + a_{22} x_2 + \ldots + a_{2n} x_n &= b_2 \\
\vdots \qquad \vdots \qquad \vdots \qquad \vdots \\
a_{m1} x_1 + a_{m2} x_2 + \ldots + a_{mn} x_n &= b_m \\
x_j \geq 0, \ j = 1, 2, \ldots, n
\end{aligned}
\tag{16.2}
$$

표준 선형 계획 문제는 다음과 같이 행렬 형식으로도 쓸 수 있다.

$$\min f(\boldsymbol{x}) = \boldsymbol{c}\,\boldsymbol{x}$$

제약 조건:

$$
\begin{aligned}
\boldsymbol{A}\boldsymbol{x} &= \boldsymbol{b} \\
\boldsymbol{x} &\geq \boldsymbol{0}
\end{aligned}
$$

여기서

$$
\boldsymbol{A} = \begin{bmatrix} a_{11} & a_{12} & \cdots & a_{1n} \\ a_{21} & a_{22} & \cdots & a_{2n} \\ \vdots & \vdots & & \vdots \\ a_{m1} & a_{m2} & \cdots & a_{mn} \end{bmatrix}, \ \boldsymbol{x} = \begin{bmatrix} x_1 \\ x_2 \\ \vdots \\ x_n \end{bmatrix}, \ \boldsymbol{b} = \begin{bmatrix} b_1 \\ b_2 \\ \vdots \\ b_m \end{bmatrix}, \ \boldsymbol{c} = [c_1 \ c_2 \cdots c_n], \ \boldsymbol{0} = \begin{bmatrix} 0 \\ 0 \\ 0 \\ 0 \end{bmatrix}
$$

16.4.2 캐노니컬 형식의 선형 계획 모델

캐노니컬 형식의 선형 계획에서는 제약 조건이 부등식으로 나타나며, z는 최대화 또는 최소화 목적 함수다. z가 최대화 함수이면 모든 제약은 $\leq$ 부호로 나타난다. z가 최소화 함수이면 제약은 $\geq$ 부호로 나타난다.

최대화 문제에서 캐노니컬 형식은 수학적으로 다음과 같이 나타난다.

$$\max \ z = f(x_1, x_2, ..., x_n) = c_1 x_1 + c_2 x_2 + ... + c_n x_n$$

제약 조건:

$$
\begin{aligned}
a_{11}x_1 + a_{12}x_2 + ... + a_{1n}x_n &\leq b_1 \\
a_{21}x_1 + a_{22}x_2 + ... + a_{2n}x_n &\leq b_2 \\
\vdots \qquad \vdots \qquad \vdots \qquad \vdots \qquad & \\
a_{m1}x_1 + a_{m2}x_2 + ... + a_{mn}x_n &\leq b_m \\
x_j \geq 0, \quad j = 1, 2, ..., n
\end{aligned}
$$

(16.3)

최소화 문제에서 캐노니컬 형식은 수학적으로 다음과 같이 나타난다.

$$\min \ z = f(x_1, x_2, ..., x_n) = c_1 x_1 + c_2 x_2 + ... + c_n x_n$$

제약 조건:

$$
\begin{aligned}
a_{11}x_1 + a_{12}x_2 + ... + a_{1n}x_n &\geq b_1 \\
a_{21}x_1 + a_{22}x_2 + ... + a_{2n}x_n &\geq b_2 \\
\vdots \qquad \vdots \qquad \vdots \qquad \vdots \qquad & \\
a_{m1}x_1 + a_{m2}x_2 + ... + a_{mn}x_n &\geq b_m \\
x_j \geq 0, \quad j = 1, 2, ..., n
\end{aligned}
$$

(16.4)

16.4.3 표준 또는 캐노니컬 형식으로의 변환

선형 계획법이 16.4.1절과 16.4.2절의 형식을 가지려면 일부 기초 연산을 일반 형식에 다음과 같이 수행해야 한다.

1. 표준 최대화 문제는 최소화 선형 문제로 다음과 같이 변환할 수 있다.

$$\max z = f(x_1, x_2, ..., x_n) \Leftrightarrow \min -z = -f(x_1, x_2, ..., x_n)$$

(16.5)

유사하게, 최소화는 최대화 문제로 변환할 수 있다.

$$\min z = f(x_1, x_2, ..., x_n) \Leftrightarrow \max -z = -f(x_1, x_2, ..., x_n)$$

(16.6)

2. $\leq$ 형태의 부등식 제약은 양변에 (-1)을 곱해서 $\geq$ 형식으로 변환할 수 있다.

$a_{i1}x_1 + a_{i2}x_2 + \cdots + a_{in}x_n \leq b_i$는 다음과 같다.

$$-a_{i1}x_1 - a_{i2}x_2 - \cdots - a_{in}x_n \geq -b_i \tag{16.7}$$

유사하게, $\geq$ 형태의 부등식 제약은 양변에 (-1)을 곱해서 $\leq$ 형식으로 변환할 수 있다.

$a_{i1}x_1 + a_{i2}x_2 + \cdots + a_{in}x_n \geq b_i$는 다음과 같다.

$$-a_{i1}x_1 - a_{i2}x_2 - \cdots - a_{in}x_n \leq -b_i \tag{16.8}$$

3. 등식 제약은 2개의 부등식 제약으로 변환할 수 있다.

$a_{i1}x_1 + a_{i2}x_2 + \cdots + a_{in}x_n = b_i$는 다음과 같다.

$$\begin{cases} a_{i1}x_1 + a_{i2}x_2 + \cdots + a_{in}x_n \leq b_i \\ a_{i1}x_1 + a_{i2}x_2 + \cdots + a_{in}x_n \geq b_i \end{cases} \tag{16.9}$$

4. $\leq$ 형식의 부등식 제약은 좌변$^{\text{LHS, left-hand side}}$에 새로운 음이 아닌 변수 $x_k \geq 0$를 도입해 등식으로 다시 쓸 수 있다. 이 변수는 **슬랙 변수**$^{\text{slack variable}}$라 부른다.

$a_{i1}x_1 + a_{i2}x_2 + \cdots + a_{in}x_n \leq b_i$는 다음과 같다.

$$a_{i1}x_1 + a_{i2}x_2 + \cdots + a_{in}x_n + x_k = b_i \tag{16.10}$$

유사하게, $\geq$ 형식의 부등식은 좌변에 음이 아닌 새로운 변수 $x_k \geq 0$를 차감해서 등식으로 만들 수 있다. 이 변수를 **서플러스 변수**$^{\text{surplus variable}}$라 부른다.

$a_{11}x_1 + a_{12}x_2 + \cdots + a_{1n}x_n \geq b_1$는 다음과 같다.

$$a_{i1}x_1 + a_{i2}x_2 + \cdots + a_{in}x_n - x_k = b_i \tag{16.11}$$

5. 부호가 제약되지 않은 변수 x_j는 **자유 변수**$^{\text{free variable}}$라 부르고, 음이 아닌 두 변수의 차로 나타낼 수 있다.

$$x_j = x_j^1 - x_j^2, \quad x_j^1, x_j^2 \geq 0 \tag{16.12}$$

다음 선형 계획 문제를 최소화 목적 함수로 시작해서 표준 형식으로 다시 써보라.

$$\max z = f(x_1, x_2, x_3, x_4) = 5x_1 + 2x_2 - 4x_3 - x_4$$

제약 조건:

$$x_1 + 2x_2 \quad\quad - x_4 \leq 12$$
$$2x_1 + \ x_2 + 3x_3 \quad\quad \geq 6$$
$$x_1 \text{ 자유 변수}, \ x_2, x_3, x_4 \geq 0$$

해법

표준 형식으로 쓰려면 부등식은 등식으로 다시 써야 한다(식 (16.10)과 식 (16.11)). 그리고 자유 변수 x_1은 음이 아닌 두 변수의 차로 나타낼 수 있다(식 (16.12)). 최소화 목적 함수를 고려하면 다음과 같다.

$$\min -z = -f(x_1, x_2, x_3, x_4) = -5x_1^1 + 5x_1^2 - 2x_2 + 4x_3 + x_4$$

제약 조건:

$$x_1^1 - \ x_1^2 + 2x_2 \quad\quad - x_4 + x_5 \quad = 12$$
$$2x_1^1 - 2x_1^2 + \ x_2 + 3x_3 \quad\quad - x_6 = 6$$
$$x_1^1, x_1^2, x_2, x_3, x_4, x_5, x_6 \geq 0$$

예제 16.2

다음 문제를 캐노니컬 형식으로 변환하라.

$$\max z = f(x_1, x_2, x_3) = 3x_1 + 4x_2 + 5x_3$$

제약 조건:

$$2x_1 + 2x_2 + 4x_3 \geq 320$$
$$3x_1 + 4x_2 + 5x_3 = 580$$
$$x_1, x_2, x_3 \geq 0$$

해법

최대화 문제를 캐노니컬 형식으로 변환하려면 제약 조건이 $\leq$ 형식의 부등식으로 나타나야 한다. 이를 위해, 등식은 2개의 부등식으로 바뀌어야 한다(식 (16.9)). 그리고 $\geq$ 부호의 부등식은 식 (16.8)에서처럼 (-1)을 곱해야 한다. 최종 캐노니컬 형식은 다음과 같다.

$$\max z = f(x_1, x_2, x_3) = 3x_1 + 4x_2 + 5x_3$$

제약 조건:

$$-2x_1 - 2x_2 - 4x_3 \leq -320$$
$$-3x_1 - 4x_2 - 5x_3 \leq -580$$
$$3x_1 + 4x_2 + 5x_3 \leq 580$$
$$x_1, x_2, x_3 \geq 0$$

16.5 선형 계획의 가정

선형 계획에서는 목적 함수와 모델 제약 조건이 선형이어야 하고, 결정 변수는 연속(나눌 수 있어야 하고 분수로 가정할 수 있다)이고 음이 아니며, 모델 모수는 결정적이어야 하며, 다음 가정을 만족해야 한다.

1. 비례성[proportionality]

2. 가산성[additivity]

3. 가분성[divisibility]과 비음성[non-negativity]

4. 확실성[certainty]

16.5.1 비례성

비례성 가정은 모델에서 고려 중인 각 결정 변수의 목적 함수와 모델 제약에 대한 기여가 결정 변숫값에 직접적으로 비례한다는 것이다.

다음 예를 살펴보자. 의자(x_1)와 책상(x_2)의 생산을 최대화하려는 회사에서 의자당 수익과 책상당 수익이 각각 4와 7이다. 따라서 목적 함수 z는 $\max z = 4x_1 + 7x_2$로 나타난다. 그림 16.3은 Hillier and Lieberman(2005)에서 가져온 것으로서 변수 x_1의 목적 함수에 대한 기여를 보여준다. 여기서 비례성 가정이 성립하려면 모든 생산 의자에 대해 목적 함수가 $4 증가해야 한다.

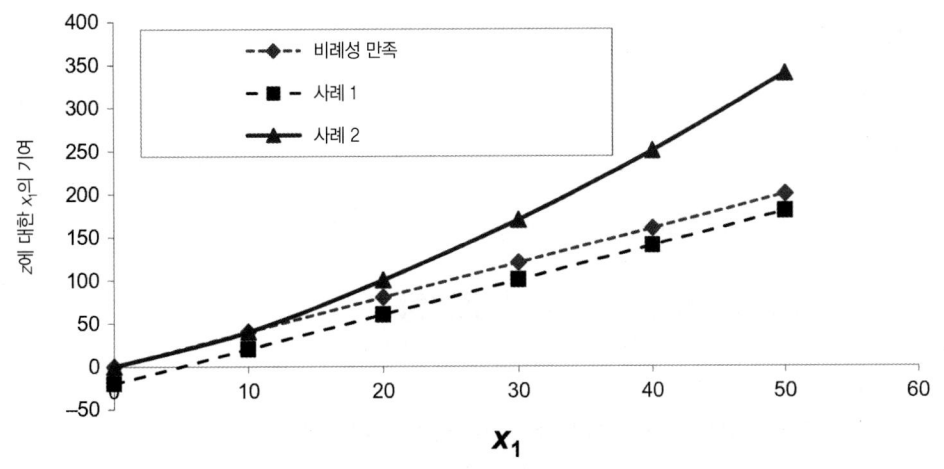

그림 16.3 목적 함수 z에 대한 x_1의 기여

의자 생산(x_1)까지의 최초 설정 비용이 $20라고(사례 1) 생각해보자. 이 경우 변수 x_1의 목적 함수에 대한 기여는 $z = 4x_1$ 대신 $z = 4x_1 - 20$으로 쓸 수 있을 것이다. 이는 비례성 가정을 만족하지

못한다. 한편 생산 비용이 전체 생산이 증가할수록 감소되는 규모의 경제를 생각해볼 때도 비례성은 깨지며 이익 함수는 비선형이 된다.

동일한 방법으로, 제약 조건에 대해 a_{ij} 계수 또는 제약은 생산 수준 x_j에 대해 비례적이다.

16.5.2 가산성

가산성 가정은 목적 함수의 전체 값 또는 선형 계획 모델의 각 제약 함수가 각 결정 변수의 개별적 기여의 합으로 나타낼 수 있다는 것이다. 따라서 각 개별 변수의 기여는 다른 변수의 기여에 종속되지 않으며, 목적 함수와 모델 제약에 있어 교차 항이 존재하지 않는다.

이전의 예를 살펴보면. 목적 함수는 $\max z = 4x_1 + 7x_2$로 나타난다. 가산성 가정에 따라 목적 함수의 전체 값은 x_1과 x_2의 개별 기여의 합으로 구해지므로 $z = 4 + 7 = 11$이 된다. 만약 목적 함수가 $\max z = 4x_1 + 7x_2 + x_1x_2$라면 가산성 가정은 위배된다($z = 4 + 7 + 1 = 12$, 여기서 $x_1, x_2 = 1$). 모델의 결정 변수가 서로 종속되기 때문이다.

같은 방식으로 각 모델 제약에 대해 함수의 전체 값은 개별 변수의 기여의 합으로 표현된다.

16.5.3 가분성과 비음성

모델의 각 결정 변수는 구간 내에서 (제약 조건을 만족하는 한) 분수를 포함한 음이 아닌 모든 값을 취할 수 있다. 연구 중인 변수가 오직 정수일 경우 모델은 정수 (선형) 계획이라 부른다(LIP 또는 IP).

16.5.4 확실성

이 가정은 목적 함수 계수(제약 계수)와 선형 계획의 독립 항이 결정적이라는 것이다(상수와 알려진 확실성).

16.6 선형 계획을 통한 비즈니스 문제 모델링

이 절에서는 공학, 비즈니스 관리, 경제, 회계의 분야에서 연구되는 선형 계획의 주요 자원 최적화 문제에 대한 모델링을 살펴본다. 이들은 상품 믹스 문제, 자본 예산, 투자 포트폴리오 선택, 생산과 재고, 집계 계획 등에 해당한다.

16.6.1 상품 믹스 문제

상품 믹스 문제는 생산과 시장 자원의 제약(원재료 제약, 최대 생산 능력, 가용 인력, 최대 최소 수요 등)

하에 회사의 결과(순익 또는 전체 수익 등)를 최대화하거나 비용을 최소화하도록 생산 라인의 이상적 수량을 찾는 문제다.

생산하려는 제품이 오직 정수(차량, 전자 제품 등)일 경우 **정수 계획**[IP, integer programming] 문제라고 부른다. 이러한 문제 해결의 대안은 선형 계획을 통해 결정 변수의 정수 조건을 완화하는 것이다. 다행히 경우에 따라 완화된 문제의 최적해는 원시 모델의 최적해와 같을 수 있다. 즉, 결정 변수의 정수 조건 제약을 만족한다. 완화된 문제의 해가 정수가 아니면 정수 계획 알고리즘을 반올림하여 원시 문제의 해답을 찾아야 한다. 자세한 사항은 19장의 정수 계획에서 설명한다.

예제 16.3

한 장난감 회사가 자사 장난감 자동차와 자전거 생산 계획을 리뷰하고 있다. 장난감 차와 자전거의 단위 순이익은 각각 $12와 $60이다. 각각 상품의 원재료와 입력은 외부에서 조달하고 있고 회사는 이를 매칭[machining]하고 도색, 조립한다. 자동차 제조의 매칭 프로세스는 단위 생산당 숙련된 기술자가 15분간 작업해야 하며 자전거는 단위 생산당 30분이 소요된다. 도색은 특수 작업이 투입돼야 하며 차량 하나당 6분, 자전거 하나당 45분이 투입된다. 자동차와 자전거 조립 프로세스는 각각 6분과 24분이 소요된다. 주별로 매칭, 도색, 조립에 가용한 시간은 각각 36, 22, 15시간이다. 회사는 주어진 자원 제약 조건하에 주별로 각 상품을 얼마나 많이 생산할 수 있는지 알고자 한다. 이를 통해 주별 순이익을 최대화하려는 것이다. 회사의 순이익을 최대화하는 선형 계획을 식으로 만들어보라.

해법

먼저, 모델의 결정 변수를 정의한다.

x_j = 제품 $j(j = 1, 2)$의 주별 생산 수

따라서 다음과 같다.

x_1 = 주별 자동차 생산량
x_2 = 주별 자전거 생산량

그러므로 결정 변수가 정수임을 알 수 있다(자동차나 자전거를 일부만 만들 수는 없다). 따라서 이는 **정수 계획**[IP] 문제다. 다행이 이 문제에는 정수 조건을 완화하거나 없앨 수 있다. 완화된 문제의 최적해가 정수 조건을 만족하기 때문이다. 따라서 문제는 **선형 계획**[LP]으로 표현한다.

자동차 단위당 순이익은 $120이고 자전거는 $60이다. 생산된 자동차와 자전거로부터의 주별 순이익을 최대화해보자. 따라서 목적 함수는 다음과 같다.

$$F_{obj} = \max\ z = 12x_1 + 60x_2$$

매칭 프로세스를 감안하면 하나의 자동차(또는 자전거)를 생산하는 데 15분(또는 0.25시간)과 30분(또는 0.5시간)이 각각 필요하다($0.25x_1 + 0.50x_2$). 그러나 전체 매칭 노동 시간은 주별로 36시간을 넘을 수 없으므로 다음과 같은 제약 조건이 생성된다.

$$0.25x_1 + 0.5x_2 \leq 36$$

유사하게, 도색은 각각 6분(0.1시간)과 45분(0.75시간)이 소요된다($0.1x_1 + 0.75x_2$). 그러나 주별 최대 노동 시간은 22시간이다.

$$0.1x_1 + 0.75x_2 \le 22$$

이제 조립 프로세스에서는 자동차와 자전거 각각 6분(0.1시간)과 24분(0.4시간)이 필요하다($0.1x_1 + 0.4x_2$). 가용 인력 자원은 주별 15시간이다.

$$0.1x_1 + 0.4x_2 \le 15$$

마지막으로, 결정 변수의 비음수 조건이 있다.

모델의 모든 조건은 다음과 같다.

(1) 노동 시간 제약은 다음의 세 가지다.

$$0.25x_1 + 0.5x_2 \le 36 \,(\text{매칭})$$
$$0.1x_1 + 0.75x_2 \le 22 \,(\text{도색})$$
$$0.1x_1 + 0.4x_2 \le 15 \,(\text{조립})$$

(2) 결정 변수의 비음수 조건은 다음과 같다.

$$x_j \ge 0, \quad j = 1, 2$$

모델의 완전한 식은 다음과 같다.

$$\max z = 12x_1 + 60x_2$$

제약 조건:

$$0.25x_1 + 0.50x_2 \le 36$$
$$0.10x_1 + 0.75x_2 \le 22$$
$$0.10x_1 + 0.40x_2 \le 15$$
$$x_j \ge 0, \quad j = 1, 2$$

최적해는 심플렉스 기법으로 그래프 또는 해석적인 형태로 해결할 수 있고, 17장에서 볼 것처럼 엑셀의 해 찾기를 통해 바로 해결할 수도 있다. 현재 모델의 최적해는 $x_1 = 70$(자동차/매주), $x_2 = 20$(자전거/매주)이고 $z = 2040$(주별 순이익, $2040)이다.

예제 16.4

어느 유제품 회사는 요구르트, 흰 치즈, 모차렐라, 파르메산, 프로볼로네 치즈를 생산하고 있다. 시장 경쟁으로 인한 전략적 변화에 기인하여 이제 회사는 상품 믹스를 새로 정의하려고 한다.

이 5개 상품 각각을 생산하기 위해 세 가지 원재료가 필요한데 원유, 크림 라인, 크림이 필요하다. 표 16.E.1은 각 제품 1kg을 생산하는 데 필요한 원재료 양을 보여준다.

표 16.E.1 각 제품 1kg을 생산하는 데 필요한 원재료

제품	원유(l)	크림 라인(l)	크림(kg)
요구르트	0.70	0.16	0.25
흰 치즈	0.40	0.22	0.33
모차렐라	0.40	0.32	0.33
파르메산	0.60	0.19	0.40
프로볼로네	0.60	0.23	0.47

가용한 원재료의 일별 양은 제한되어 있으며 원유는 1200L, 크림 라인은 460L, 크림은 650kg이다.

전문가의 1일 가용도 제한되어 있다. 제품 1kg을 생산하기 위한 종업원당 하루 노동 시간은 제한되어 있으며(170시간/종업원/일별) 요구르트, 흰 치즈, 모차렐라, 파르메산, 프로볼로네 1kg을 생산하는 데 필요한 노동 시간은 각각 0.05, 0.12, 0.09, 0.04, 0.16이다.

계약 조건상 회사는 최소 320kg의 요구르트, 380kg의 흰 치즈, 450kg의 모차렐라, 240kg의 파르메산, 180kg의 프로볼로네 치즈를 생산해야 한다.

회사의 상거래 부서는 제품에 상관없이 어떤 생산 수준이라도 충분한 수요가 있다고 보장했다.

표 16.E.2는 단위 상품 순이익을 보여주는데, 판매가와 전체 변동 비용의 차이를 계산하고 있다.

표 16.E.2 상품별 순이익(USD/kg)

제품	판매가 (US$/kg)	전체 변동비 (US$/kg)	기여 마진 (US$/kg)
요구르트	3.20	2.40	0.80
흰 치즈	4.10	3.40	0.70
모차렐라	6.30	5.15	1.15
파르메산	8.25	6.95	1.30
프로볼로네	7.50	6.80	0.70

회사는 각 상품의 생산 수량을 결정해 결과를 최대화하고자 한다. 기대 결과를 최대화할 수 있는 선형 계획 문제를 공식화하라.

해법

먼저, 모델의 결정 변수를 정의한다.

x_j = 상품 $j(j = 1, 2, ..., 5)$의 일별 생산량(kg)

따라서 다음과 같다.

x_1 = 일별 요구르트 생산량(kg)

x_2 = 일별 흰 치즈 생산량(kg)

x_3 = 일별 모차렐라 생산량(kg)

x_4 = 일별 파르메산 생산량(kg)

x_5 = 일별 프로볼로네 생산량(kg)

상품별 전체 순익은 단위당 순이익에 판매 수량을 곱해서 구한다(이 경우 USD/kg). 이 문제의 목적 함수는 회사 제품의 전체 순수익을 최대화하는 것이며, 이는 각 제품의 순이익을 더해서 구할 수 있다.

$$F_{obj} = \max z = 0.80x_1 + 0.70x_2 + 1.15x_3 + 1.30x_4 + 0.70x_5$$

원재료 제약에 대해 먼저 각 상품 생산을 위한 원유(리터) 양을 고려해보자. 1kg의 요구르트를 만들려면 0.7L의 원유가 필요하다(0.70x_1은 요구르트 생산을 위한 일별 원유 전체 양을 나타낸다). 흰 치즈는 0.40x_2, 유사하게 모차렐라는 0.40x_3, 파르메산은 0.60x_4, 프로볼로네는 0.60x_5이다. 이 상품을 모두 만들기 위한 전체 원유 양(리터)은 0.70x_1 + 0.40x_2 + 0.40x_3 + 0.60x_4 + 0.60x_5이다. 그러나 그 전체는 1200L를 넘을 수 없고(일별 가용 원유 양), 다음의 제약식으로 나타낼 수 있다.

$$0.70x_1 + 0.40x_2 + 0.40x_3 + 0.60x_4 + 0.60x_5 \leq 1200$$

마찬가지로 요구르트, 흰 치즈, 모차렐라, 파르메산, 프로볼로네 치즈를 만들기 위한 크림 라인(리터)도 460L를 넘을 수 없다.

$$0.16x_1 + 0.22x_2 + 0.32x_3 + 0.19x_4 + 0.23x_5 \leq 460$$

또 원재료의 가용성 제약에 따라 크림의 경우 5개 제품을 생산하기 위해 사용된 하루 양(kg)은 최대 가용치인 650kg을 넘을 수 없다.

$$0.25x_1 + 0.33x_2 + 0.33x_3 + 0.40x_4 + 0.47x_5 \leq 650$$

또한 노동 시간을 고려해야 한다. 각 요구르트는 kg당 0.05시간이 필요하며, 0.05x_1은 요구르트 생산에 있어 시간별 노동 시간을 나타낸다. 같은 방법으로 흰 치즈는 0.12x_2, 모차렐라는 0.09x_3, 파르메산은 0.04x_4, 프로볼로네는 0.16x_5이며, 전체 노동 시간은 0.05x_1 + 0.12x_2 + 0.09x_3 + 0.04x_4 + 0.16x_5로 나타난다. 그러나 이 시간은 하루 170시간을 넘을 수 없다.

$$0.05x_1 + 0.12x_2 + 0.09x_3 + 0.04x_4 + 0.16x_5 \leq 170$$

끝으로, 각 상품의 일별 최소 생산량을 고려해야 한다. 요구르트는 320($x_1 \geq 320$), 흰 치즈는 380($x_2 \geq 380$), 모차렐라는 450($x_3 \geq 450$), 파르메산은 240($x_4 \geq 240$), 프로볼로네는 180($x_1 \geq 180$)이다. 또한 각 결정 변수는 비음수성을 지켜야 한다.

모델의 모든 제약은 다음과 같이 나타낼 수 있다.

(1) 요구르트, 흰 치즈, 모차렐라, 파르메산, 프로볼로네를 생산하기 위한 원재료

$$0.70x_1 + 0.40x_2 + 0.40x_3 + 0.60x_4 + 0.60x_5 \leq 1200 \, (원유)$$
$$0.16x_1 + 0.22x_2 + 0.32x_3 + 0.19x_4 + 0.23x_5 \leq 460 \, (크림 라인)$$
$$0.25x_1 + 0.33x_2 + 0.33x_3 + 0.40x_4 + 0.47x_5 \leq 650 \, (크림)$$

(2) 요구르트, 흰 치즈, 모차렐라, 파르메산, 프로볼로네를 생산하기 위한 일별 전문 노동 시간

$$0.05x_1 + 0.12x_2 + 0.09x_3 + 0.04x_4 + 0.16x_5 \leq 170$$

(3) 제품별 일별 최소 생산량

$$x_1 \geq 320 \text{ (요구르트)}$$
$$x_2 \geq 380 \text{ (흰 치즈)}$$
$$x_3 \geq 450 \text{ (모차렐라)}$$
$$x_4 \geq 240 \text{ (파르메산)}$$
$$x_5 \geq 180 \text{ (프로볼로네)}$$

(4) 결정 변수의 비음수 조건

$$x_j \geq 0, \ j = 1, 2, \ \ldots, \ 5$$

모델의 완전 문제는 다음과 같이 나타낼 수 있다.

$$\max z = 0.80x_1 + 0.70x_2 + 1.15x_3 + 1.30x_4 + 0.70x_5$$

제약 조건:

$$0.70x_1 + 0.40x_2 + 0.40x_3 + 0.60x_4 + 0.60x_5 \leq 1200$$
$$0.16x_1 + 0.22x_2 + 0.32x_3 + 0.19x_4 + 0.23x_5 \leq 460$$
$$0.25x_1 + 0.33x_2 + 0.33x_3 + 0.40x_4 + 0.47x_5 \leq 650$$
$$0.05x_1 + 0.12x_2 + 0.09x_3 + 0.04x_4 + 0.16x_5 \leq 170$$
$$x_1 \qquad\qquad\qquad\qquad\qquad \geq 320$$
$$x_2 \qquad\qquad\qquad\qquad \geq 380$$
$$x_3 \qquad\qquad\qquad \geq 450$$
$$x_4 \qquad\qquad \geq 240$$
$$x_5 \geq 180$$
$$x_j \geq 0, \ \ j = 1, \ \ldots, \ 5$$

엑셀의 해 찾기를 사용하면, 최적해는 x_1 = 320(kg/일, 요구르트), x_2 = 380(kg/일, 흰 치즈), x_3 = 690.96(kg/일, 모차렐라), x_4 = 329.95(kg/일, 파르메산), x_5 = 180(kg/일, 프로볼로네), 그리고 z = 1871.55(전체 일별 기여 마진 $1871.55)이다.

16.6.2 블렌딩 또는 믹싱 문제

블렌딩blending 또는 믹싱mixing 문제는 여러 성분의 조합으로 다양한 상품을 생산하는 데 있어 최소의 비용 또는 최대의 이익을 얻는 해를 찾으려는 목적을 갖고 있다. 원재료는 광석, 금속, 화학 제품, 원유 또는 정제유, 물 등이며 완제품은 금속괴, 강판, 페인트, 휘발유 등 화학 제품이 있을 수 있다.

여러 믹싱 문제 중 몇 가지를 언급하면 다음과 같다.

1. 각기 다른 휘발유를 생산하기 위해 다양한 원유나 정제유를 혼합

2. 화학 제품을 섞어 다른 제품 생산

3. 다양한 종이를 혼합해 재사용 종이 생산

어떤 정유 회사는 세 가지 원유(오일 1, 오일 2, 오일 3)를 사용해 일반, 슈퍼, 엑스트라라는 세 가지 휘발유를 만든다.

품질을 보장하기 위해 각 종류의 휘발유는 여러 원유를 특정 명세를 지켜야 하며, 이는 표 16.E.3에 있다.

표 16.E.3 각 휘발유 혼합 명세

휘발유 종류	명세
일반	오일 1이 70% 미만
슈퍼	오일 1이 50% 미만 오일 2가 10% 미만
엑스트라	오일 2가 50% 미만 오일 3이 40% 미만

고객 수요를 맞추기 위해 정유사는 매일 적어도 일반 휘발유 5000배럴, 슈퍼 및 엑스트라 휘발유 3000배럴을 만든다. 일별 생산 능력은 오일 1, 2, 3 순으로 각각 10,000배럴, 8000배럴, 7000배럴이다. 정유는 매일 20,000배럴까지 생산할 수 있다.

정유 수익은 일반 휘발유의 경우 배럴당 5달러, 슈퍼는 7달러, 엑스트라는 8달러다. 원유 1, 2, 3의 배럴당 생산 비용은 각각 1, 2, 3달러다. 회사의 일수익을 최대화하는 선형 계획을 공식화해보라.

해법

먼저, 결정 변수를 정의한다.

x_{ij} = 가솔린 $j(j = 1, 2, 3)$를 생성하기 위한 일별 오일 $i(i = 1, 2, 3)$의 배럴 수

따라서 다음과 같다.

일별 일반 휘발유 = $x_{11} + x_{21} + x_{31}$

일별 슈퍼 휘발유 = $x_{12} + x_{22} + x_{32}$

일별 엑스트라 휘발유 = $x_{13} + x_{23} + x_{33}$

일별 오일 1 사용 배럴 = $x_{11} + x_{12} + x_{13}$

일별 오일 2 사용 배럴 = $x_{21} + x_{22} + x_{23}$

일별 오일 3 사용 배럴 = $x_{31} + x_{32} + x_{33}$

문제의 목적 함수는 정유사의 일별 수익(수입 − 비용)을 최대화하는 것이다. 모델 제약은 각 종류의 최소 명세를 보장하는 것을 고려해야 하고, 고객의 수요를 맞춰야 하며, 원유 공급 능력을 지켜야 한다.

일별 생산 휘발유의 배럴당 수입은 다음과 같다.

$$= 5 \cdot (x_{11} + x_{21} + x_{31}) + 7 \cdot (x_{12} + x_{22} + x_{32}) + 8 \cdot (x_{13} + x_{23} + x_{33})$$

한편 원유를 사기 위한 배럴당 비용은 다음과 같다.

$$= 2 \cdot (x_{11} + x_{12} + x_{13}) + 3 \cdot (x_{21} + x_{22} + x_{23}) + 3 \cdot (x_{31} + x_{32} + x_{33})$$

목적 함수는 다음과 같이 쓸 수 있다.

$$F_{\text{obj}} = \max \ z = (5-2)x_{11} + (5-3)x_{21} + (5-3)x_{31} + (7-2)x_{12} + (7-3)x_{22} + (7-3)x_{32}$$
$$+ (8-2)x_{13} + (8-3)x_{23} + (8-3)x_{33}$$

모든 모델 제약 조건은 다음과 같다.

(1) 최대 70%의 오일 1을 담고 있는 일반 휘발유는 다음과 같다.

$$\frac{x_{11}}{x_{11} + x_{21} + x_{31}} \leq 0.70$$

이는 다음과 같이 다시 쓸 수 있다.

$$0.30x_{11} - 0.70x_{21} - 0.70x_{31} \leq 0$$

(2) 슈퍼 휘발유는 최대 50%의 오일 1을 가질 수 있다.

$$\frac{x_{12}}{x_{12} + x_{22} + x_{32}} \leq 0.50$$

이는 다음과 같이 다시 쓸 수 있다.

$$0.50x_{12} - 0.50x_{22} - 0.50x_{32} \leq 0$$

(3) 슈퍼 휘발유는 적어도 10%의 오일 2를 포함해야 한다.

$$\frac{x_{22}}{x_{12} + x_{22} + x_{32}} \geq 0.10$$

이는 다음과 같이 쓸 수 있다.

$$-0.10x_{12} + 0.90x_{22} - 0.10x_{32} \geq 0$$

(4) 엑스트라 휘발유는 최대 50%의 오일 2를 포함할 수 있다.

$$\frac{x_{23}}{x_{13} + x_{23} + x_{33}} \leq 0.50$$

이는 다음과 같이 쓸 수 있다.

$$-0.50x_{13} + 0.50x_{23} - 0.50x_{33} \leq 0$$

(5) 엑스트라 휘발유는 최대 40%의 오일 3을 포함할 수 있다.

$$\frac{x_{33}}{x_{13} + x_{23} + x_{33}} \geq 0.40$$

이는 다음과 같이 쓸 수 있다.

$$-0.40x_{13} - 0.40x_{23} + 0.60x_{33} \geq 0$$

(6) 일별 일반, 슈퍼, 엑스트라 휘발유 수요량은 다음을 만족해야 한다.

$$x_{11} + x_{21} + x_{31} \geq 5000(\text{일반})$$
$$x_{12} + x_{22} + x_{32} \geq 3000\,(\text{슈퍼})$$
$$x_{13} + x_{23} + x_{33} \geq 3000(\text{엑스트라})$$

(7) 원유의 최대 가용량은 오일 1 = 10,000, 오일 2 = 8000, 오일 3 = 7000이고 이는 지켜져야 한다.

$$x_{11} + x_{12} + x_{13} \leq 10,000(\text{원유 1})$$
$$x_{21} + x_{22} + x_{23} \leq 8000(\text{원유 2})$$
$$x_{31} + x_{32} + x_{33} \leq 7000(\text{원유 3})$$

(8) 정유사의 일별 휘발유 생산 능력은 20,000배럴이다.

$$x_{11} + x_{21} + x_{31} + x_{12} + x_{22} + x_{32} + x_{13} + x_{23} + x_{33} \leq 20,000$$

(9) 모델의 결정 변수는 비음수여야 한다.

$$x_{ij} \geq 0, \quad i = 1, 2, 3; j = 1, 2, 3$$

완전한 모델은 다음과 같다.

$$F_{\text{obj}} = \max z = 3x_{11} + 2x_{21} + 2x_{31} + 5x_{12} + 4x_{22} + 4x_{32} + 6x_{13} + 5x_{23} + 5x_{33}$$

제약 조건:

$$0.30x_{11} - 0.70x_{21} - 0.70x_{31} \leq 0$$
$$0.50x_{12} - 0.50x_{22} - 0.50x_{32} \leq 0$$
$$-0.10x_{12} + 0.90x_{22} - 0.10x_{32} \geq 0$$
$$-0.50x_{13} + 0.50x_{23} - 0.50x_{33} \leq 0$$
$$-0.40x_{13} - 0.40x_{23} + 0.60x_{33} \geq 0$$
$$x_{11} + x_{21} + x_{31} \geq 5000$$
$$x_{12} + x_{22} + x_{32} \geq 3000$$
$$x_{13} + x_{23} + x_{33} \geq 3000$$
$$x_{11} + x_{12} + x_{13} \leq 10,000$$
$$x_{21} + x_{22} + x_{23} \leq 8000$$
$$x_{31} + x_{32} + x_{33} \leq 7000$$
$$x_{11} + x_{21} + x_{31} + x_{12} + x_{22} + x_{32} + x_{13} + x_{23} + x_{33} \leq 20,000$$
$$x_{11}, x_{21}, x_{31}, x_{12}, x_{22}, x_{32}, x_{13}, x_{23}, x_{33} \geq 0$$

엑셀의 해 찾기로 문제를 풀어보면 최적해는 x_{11} = 1300, x_{21} = 3700, x_{31} = 0, x_{12} = 1500, x_{22} = 1500, x_{32} = 0, x_{13} = 7200, x_{23} = 0, x_{33} = 4800이고 z = 92,000(일별 총수익 $92,000)이다.

16.6.3 다이어트 문제

다이어트 문제는 전통적인 선형 계획 문제로서 필요 영양소를 만족하면서 최소한의 비용으로 식단을 짜는 문제다.

여러 영양소, 예컨대 칼로리, 단백질, 지방, 섬유, 칼슘, 철, 마그네슘, 비타민 C, 소금, 구리, 아연 등을 고려할 수 있다(Pessôa et al., 2009).

예제 16.6

빈혈증은 혈액의 헤모글로빈 성분이 낮아질 때 발생하며, 단백질은 산소 운반을 담당한다. 혈액학자 아드리아나 페레이라 Adriana Ferreira 박사에 따르면 철분 결핍 빈혈증은 가장 흔한 형태이며 몸속의 철분 부족으로 발생한다. 이를 막으려면 풍부한 철, 비타민 A, 비타민 B12, 엽산이 풍부한 식단을 짜야 한다. 이 영양소들은 여러 음식에 존재하는데, 예를 들면 시금치, 브로콜리, 물냉이, 토마토, 당근, 계란, 콩, 병아리콩, 대두, 소고기, 간, 생선이 있다. 표 16.E.4에는 각 영양소의 일별 필요량과 식품에서의 해당 그리고 가격이 있다. 이러한 빈혈증을 막기 위해 시립 병원은 새로운 식단을 연구 중이다. 목표는 최저가로 성분을 고르는 것이다. 이 성분들은 일별 주 식사(점심 및 저녁)의 일부로서 하루 필요 섭취량을 100% 만족해야 한다. 또 두 끼니 전체 식사 섭취량은 1.5kg을 넘어서는 안 된다.

표 16.E.4 식품별 영양소, 일필요량, 가격

	100g 섭취				
	철 (mg)	비타민 A (IU)	비타민 B12 (mcg)	엽산 (mg)	가격 (US$)
시금치	3.00	7400	0	0.400	0.30
브로콜리	1.20	138.8	0	0.500	0.20
물냉이	0.20	4725	0	0.100	0.18
토마토	0.49	1130	0	0.250	0.16
당근	1.00	14,500	0.10	0.005	0.30
계란	0.90	3215	1.00	0.050	0.30
콩	7.10	0	0	0.056	0.40
병아리콩	4.86	41	0	0.400	0.40
대두	3.00	1000	0	0.080	0.45
소고기	1.50	0	3.00	0.060	0.75
간	10.00	32,000	100.00	0.380	0.80
생선	1.10	140	2.14	0.002	0.85
일별 섭취	8	4500	2	0.4	

먼저, 모델의 결정 변수를 정의해야 한다.

x_j = 일별 섭취된 음식 $j(j = 1, 2, ..., 12)$의 양(kg)

따라서 다음과 같다.

x_1 = 하루 섭취 시금치 양(kg)

x_2 = 하루 섭취 브로콜리 양(kg)

x_3 = 하루 섭취 물냉이 양(kg)

...

x_{12} = 하루 섭취 생선 양(kg)

모델의 목적 함수는 음식값을 최소화하는 것이며 다음과 같이 쓸 수 있다.

$$F_{obj} = \min z = 3x_1 + 2x_2 + 1.8x_3 + 1.6x_4 + 3x_5 + 3x_6 + 4x_7 + 4x_8 + 4.5x_9 + 7.5x_{10} + 8x_{11} + 8.5x_{12}$$

각 영양소의 일별 최소 섭취량은 만족해야 한다. 또한 두 식사에 허용된 최대 무게 조건을 지켜야 한다.

(1) 일별 최소 섭취량

$$30x_1 + 12x_2 + 2x_3 + 4.9x_4 + 10x_5 + 9x_6 + 71x_7 + 48.6x_8 + 30x_9 + 15x_{10} + 100x_{11} + 11x_{12} \geq 80$$

(2) 최소 일별 비타민 A 섭취량을 만족해야 한다.

$$74,000x_1 + 1388x_2 + 47,250x_3 + 11,300x_4 + 145,000x_5 + 32,150x_6 + 410x_8 + 10,000x_9 + 320,000x_{11} + 1400x_{12} \geq 45,000$$

(3) 최소 일별 비타민 B12 섭취량을 만족해야 한다.

$$x_5 + 10x_6 + 30x_{10} + 1000x_{11} + 21.4x_{12} \geq 20$$

(4) 최소 일별 엽산 섭취량을 만족해야 한다.

$$4x_1 + 5x_2 + x_3 + 2.5x_4 + 0.05x_5 + 0.5x_6 + 0.56x_7 + 4x_8 + 0.8x_9 + 0.6x_{10} + 3.8x_{11} + 0.02x_{12} \geq 4$$

(5) 두 식사의 최대 무게는 15kg이다.

$$x_1 + x_2 + x_3 + x_4 + x_5 + x_6 + x_7 + x_8 + x_9 + x_{10} + x_{11} + x_{12} \leq 1.5$$

(6) 모델의 결정 변수는 음수가 아니어야 한다.

$$x_1, x_2, x_3, x_4, x_5, x_6, x_7, x_8, x_9, x_{10}, x_{11}, x_{12} \geq 0$$

완전한 모델은 다음과 같다.

$$F_{obj} = \min z = 3x_1 + 2x_2 + 1.8x_3 + 1.6x_4 + 3x_5 + 3x_6 + 4x_7 + 4x_8 + 4.5x_9 + 7.5x_{10} + 8x_{11} + 8.5x_{12}$$

제약 조건:

$$
\begin{aligned}
30x_1 + \quad 12x_2 + \qquad 2x_3 + \cdots + 15x_{10} + \quad +100x_{11} + \quad 11x_{12} &\geq 80 \\
74{,}000x_1 + 1388x_2 + 47{,}250x_3 + \cdots + \qquad +320{,}000x_{11} + 1400x_{12} &\geq 45{,}000 \\
+ \cdots + 30x_{10} + \quad 1000x_{11} + 21.40x_{12} &\geq 20 \\
4x_1 + \quad 5x_2 + \qquad x_3 + \cdots + 0.6x_{10} + \quad 3.8x_{11} + 0.02x_{12} &\geq 4 \\
x_1 + \qquad x_2 + \qquad x_3 + \cdots + \quad x_{10} + \qquad x_{11} + \qquad x_{12} &\leq 1,5 \\
x_j &\geq 0, \quad j = 1, \ldots, 12
\end{aligned}
$$

모델의 최적해는 $x_2 = 0.427$(kg, 브로콜리), $x_7 = 0.698$(kg, 콩), $x_8 = 0.237$(kg, 병아리콩), $x_{11} = 0.138$(kg, 간), x_1, x_3, x_4, x_5, x_6, x_9, x_{10}, $x_{12} = 0$ 그리고 $z = 5.70$(전체 식비는 \$5.70)이다.

16.6.4 자본 예산 문제

선형 계획을 포함한 최적화 모델은 예산, 투자 포트폴리오 선택, 현금 흐름 관리, 리스크 분석 등의 여러 금융 투자 문제에 널리 사용된다. 여기서는 예산 문제에 선형 계획법을 사용해본다. 다음 절에서는 투자 포트폴리오 선택을 다뤄본다.

자본 예산$^{capital\ budget}$ 문제는 투자 회사의 예산 제약 아래 가능한 금융 투자 프로젝트로부터 선택하는 것을 목적으로 한다.

자본 예산은 가장 매력적인 투자 정의를 위해 NPV(순 현재가치)의 개념을 사용한다. NPV는 각 주기 $t = 0, 1, \ldots, n$에서의 현금 유입에서 현금 유출을 차감한 현재가치로 정의된다. 각기 다른 투자 프로젝트를 고려하면 가장 매력적인 것은 가장 높은 순 현재가치를 가진 것이다.

NPV 계산은 다음과 같다.

$$
NPV = \sum_{t=1}^{n} \frac{CIF_t}{(1+i)^t} - \sum_{t=1}^{n} \frac{COF_t}{(1+i)^t} \tag{16.13}
$$

여기서

CIF_t = 주기 $t(t = 1, \ldots, n)$의 시작점에서의 현금 유입

COF_t = 주기 $t(t = 1, \ldots, n)$의 시작점에서의 현금 유출

i = 수익률

여기서는 두 투자 유형(A와 B) 중 어느 것이 더 나은 것인지 분석해본다. 투자 상품 A는 초기 투자 100,000달러와 1년 내에 50,000달러의 투자가 필요하고 2년 후 200,000달러의 수익을 준다. 이자율은 연간 12%이다. 투자 상품 A에 대한 NPV는 다음과 같이 계산한다.

$$NPV = -100,000 - \frac{50,000}{(1+0.12)^1} + \frac{200,000}{(1+0.12)^2}$$
$$NPV = 14,795.92$$

투자 상품 B는 초기 투자 150,000달러와 2년 내에 70,000달러를 투자해야 하고, 1년 뒤 130,000달러를 받고 3년 뒤 120,000달러를 받는다. 이자율은 연간 12%이다. 투자 상품 B의 NPV는 다음과 같이 계산한다.

$$NPV = -150,000 + \frac{130,000}{(1+0.12)^1} - \frac{70,000}{(1+0.12)^2} + \frac{120,000}{(1+0.12)^3}$$
$$NPV = -4318.51$$

따라서 투자 상품 B는 수익이 좋지 않다. 그러므로 투자 상품 A를 택하게 된다.

예제는 하나 이상의 투자 상품에 대한 NPV를 계산하고 그중 매력적인 것을 선택하는 것을 보여준다. 그러나 많은 경우 자원이 제한되므로 투자 상품의 선택에 있어 선형 계획이나 이진 계획 모델을 사용해야 한다.

예제 16.7

어떤 농부가 1000ha에 달하는 새 농장에 사용할 다섯 가지 곡물에 대한 투자를 분석하고 있다. 각 곡물은 미래 수익을 위해 최초 투자가 이뤄져야 한다. 표 16.E.5에는 최초와 향후 3년간의 투자금이 있다. 3년간의 기대 수익은 표 16.E.5에 있다. 농부는 각 주기에 투자할 수 있는 자원이 한정되므로(표 16.E.5의 마지막 열), 각 주기에는 최소 현금 흐름을 원한다(표 16.E.6의 마지막 열). 연간 곡물의 이자율은 10%이다. 투자에 대한 전체 면적으로부터 농부는 각 곡식에 얼마를 투자해야 NPV가 최대화되는지 알고자 한다. 이때 최소 기대 흐름과 최대 유출을 각 주기마다 지켜야 한다. 농부의 선형 계획 문제를 풀어보자.

표 16.E.5 각 해의 현금 유출

연도	최초 투자/각 연도의 투자(1헥타르당 1,000USD)					최대 현금 유출 (1,000USD)
	대두	카사바	옥수수	밀	콩	
0	5.00	4.00	3.50	3.50	3.00	3800.00
1	1.00	1.00	0.50	1.50	0.50	3500.00
2	1.20	0.50	0.50	0.50	1.00	3200.00
3	0.80	0.50	1.00	0.50	0.50	2500.00

그림 16.E.6 각 해의 현금 유입

연도	매년 기대 수익(1헥타르당 1,000USD)					최소 현금 유입 (1,000USD)
	대두	카사바	옥수수	밀	콩	
1	5.00	4.20	2.20	6.60	3.00	6000.00
2	7.70	6.50	3.70	8.00	3.50	5000.00
3	7.90	7.20	2.90	6.10	4.10	6500.00

해법

먼저, 모델의 결정 변수를 정해야 한다.

x_j = 곡물 $j(j = 1, 2, ..., 5)$를 심기 위한 전체 면적(헥타르)

따라서 다음과 같다.

x_1 = 대두를 심기 위한 전체 면적(헥타르)

x_2 = 카사바를 심기 위한 전체 면적(헥타르)

x_3 = 옥수수를 심기 위한 전체 면적(헥타르)

x_4 = 밀을 심기 위한 전체 면적(헥타르)

x_5 = 콩을 심기 위한 전체 면적(헥타르)

모델의 목적 함수는 곡식에 대한 NPV를 최대화하는 것이고, 이는 각 곡식의 NPV(헥타르당 1000USD)를 해당 투자 면적으로 곱한 값의 합이다. 식 (16.13)에 따르면 대두의 NPV(헥타르당 1000USD)는 다음과 같이 계산한다.

대두(헥타르당 1000USD)

$$NPV = \frac{5.0}{(1+0.10)^1} + \frac{7.7}{(1+0.10)^2} + \frac{7.9}{(1+0.10)^3} - 5.0 - \frac{1.0}{(1+0.10)^1} - \frac{1.2}{(1+0.10)^2} - \frac{0.8}{(1+0.10)^3}$$
$$NPV = 9.343 \ (\text{US\$} \ 9342.60/\text{헥타르})$$

동일한 절차를 각 곡물에 적용하면 표 16.E.7을 얻게 된다.

표 16.E.7 각 곡물의 NPV

NPV(헥타르당 1,000USD)				
대두	카사바	옥수수	밀	콩
9.343	8.902	2.118	11.542	4.044

따라서 목적 함수 z는 다음과 같이 기술할 수 있다.

$$F_{\text{obj}} = \max z = 9.343x_1 + 8.902x_2 + 2.118x_3 + 11.542x_4 + 4.044x_5$$

각 연도의 현금 흐름 최소최대 제약은 전체와 함께 고려해야 하며 다음과 같다.

(1) 곡물을 심을 최대 면적(헥타르)

$$x_1 + x_2 + x_3 + x_4 + x_5 \leq 1000$$

(2) 해마다의 최소 현금 유입(1,000USD)

$$5.0x_1 + 4.2x_2 + 2.2x_3 + 6.6x_4 + 3.0x_5 \geq 6000 \text{ (1차년)}$$
$$7.7x_1 + 6.5x_2 + 3.7x_3 + 8.0x_4 + 3.5x_5 \geq 5000 \text{ (2차년)}$$
$$7.9x_1 + 7.2x_2 + 2.9x_3 + 6.1x_4 + 4.1x_5 \geq 6500 \text{ (3차년)}$$

(3) 해마다의 최대 현금 유출(1,000USD)

$$5.0x_1 + 4.0x_2 + 3.5x_3 + 3.5x_4 + 3.0x_5 \leq 3800 \text{ (최초)}$$
$$1.0x_1 + 1.0x_2 + 0.5x_3 + 1.5x_4 + 0.5x_5 \leq 3500 \text{ (1차년)}$$
$$1.2x_1 + 0.5x_2 + 0.5x_3 + 0.5x_4 + 1.0x_5 \leq 3200 \text{ (2차년)}$$
$$0.8x_1 + 0.5x_2 + 1.0x_3 + 0.5x_4 + 0.5x_5 \leq 2500 \text{ (3차년)}$$

(4) 결정 변수의 비음수성 제약

$$x_j \geq 0, j = 1, 2, ..., 5$$

완전한 모델은 다음과 같다.

$$\max z = 9.343x_1 + 8.902x_2 + 2.118x_3 + 11.542x_4 + 4.044x_5$$

제약 조건:

$$x_1 + x_2 + x_3 + x_4 + x_5 \leq 1000$$
$$5.0x_1 + 4.2x_2 + 2.2x_3 + 6.6x_4 + 3.0x_5 \geq 6000$$
$$7.7x_1 + 6.5x_2 + 3.7x_3 + 8.0x_4 + 3.5x_5 \geq 5000$$
$$7.9x_1 + 7.2x_2 + 2.9x_3 + 6.1x_4 + 4.1x_5 \geq 6500$$
$$5.0x_1 + 4.0x_2 + 3.5x_3 + 3.5x_4 + 3.0x_5 \leq 3800$$
$$1.0x_1 + 1.0x_2 + 0.5x_3 + 1.5x_4 + 0.5x_5 \leq 3500$$
$$1.2x_1 + 0.5x_2 + 0.5x_3 + 0.5x_4 + 1.0x_5 \leq 3200$$
$$0.8x_1 + 0.5x_2 + 1.0x_3 + 0.5x_4 + 0.5x_5 \leq 2500$$
$$x_j \geq 0, \quad j = 1, 2, ..., 5$$

선형 계획 모델의 최적해는 $x_1 = 173.33$(헥타르, 대두), $x_2 = 80$(헥타르, 카사바), $x_3 = 0$(헥타르, 옥수수), $x_4 = 746.67$(헥타르, 밀), $x_5 = 0$(헥타르, 콩) 그리고 $z = 10,949.59$($\$10,949,590.00$)이다.

예제는 선형 계획을 사용해 해당 자본 계획 문제를 해결했다. 그러나 많은 경우 주어진 프로젝트 대안 집합 중에서 어떤 프로젝트 i를 승인할지($x_i = 1$) 기각할지($x_i = 0$)를 분석하는 **이진 계획**[BP, binary programming] 문제가 되기도 하고 이 경우 결정 변수는 이진이다. 이진의 경우는 19장에서 살펴본다.

16.6.5 포트폴리오 선택 문제

Markowitz(1952)는 주어진 금융 상품 중 포트폴리오를 최적화하는 수학적 모델을 개발했다. 즉, 기대 수익을 최대화하고 리스크를 최소화하는 포트폴리오를 찾는 것이다. 모델은 2차 계획 문제로 포트폴리오의 효율적 경계선을 찾는다. 포트폴리오의 리스크는 자산 수익의 분산을 사용해 측정하고 각 자산의 개별 분산의 합을 계산하고 자산 간의 공분산을 계산한다.

Sharpe(1964)는 공분산 행렬 계산을 통해 단순화된 포트폴리오 최적화를 제시했다. 마르코비츠 모델과 유사하게 샤프의 모델도 최대 수익과 최저 리스크를 가진 포트폴리오를 찾으려 한다.

마르코비츠 모델은 공분산 계산이 많이 필요하며, 대단히 복잡하다. 응용에 있어서는 마르코비츠의 원시 모델의 대안이 제시됐다.

Markowitz(1952)와 Sharpe(1964) 이론으로부터 기대 수준의 수익률을 가진 최저 리스크의 포트폴리오 조합을 가진 최적을 결정하는 선형 계획 모델을 개발할 수 있다. 유사하게, 최소 수익률을 지키면서 허용된 최대 리스크 이내에서 포트폴리오의 수익을 최대화하는 최적 포트폴리오를 찾을 수 있다.

모델 1: 투자 포트폴리오 기대 수익의 최대화

최소 수익률을 지키면서 허용된 최대 리스크 이내에서 포트폴리오의 수익을 최대화하는 선형 계획 모델은 다음과 같다.

모델 모수:

$E(R)$ = 투자 포트폴리오의 기대 수익

μ_j = 자산 $j(j = 1, ..., n)$의 기대 수익

ρ = 포트폴리오 최소 기대 수익 수준

x_j^{max} = 포트폴리오에서 허용된 자산 $j(j = 1, ..., n)$의 최대 투자 비율

σ_j = 자산 $j(j = 1, ..., n)$의 표준 편차

$\bar{\sigma}$ = 포트폴리오의 표준 편차 또는 평균 리스크

결정 변수:

x_j = 포트폴리오에 할당된 자산 $j(j = 1, ..., n)$의 비율

일반 공식:

$$\max E(R) = \sum_{j=1}^{n} \mu_j x_j$$

제약 조건:

$$\sum_{j=1}^{n} x_j = 1 \qquad (1)$$

$$\sum_{j=1}^{n} \mu_j x_j \geq \rho \qquad (2)$$

$$x_j \leq x_j^{\max}, \quad j = 1, \dots, n \qquad (3)$$

$$\sum_{j=1}^{n} \sigma_j x_j \leq \overline{\sigma} \qquad (4)$$

$$x_j \geq 0 \quad, \quad j = 1, \dots, n \qquad (5)$$

$$(16.14)$$

모델의 목적 함수는 n 금융 자산을 가진 투자 포트폴리오의 평균 수익률을 최대화하고자 한다.

제약 1은 모든 자본이 투자될 것을 보장한다.

제약 2는 포트폴리오의 평균 자산이 투자자가 원하는 최소 수익 ρ를 성취하기를 바란다.

제약 3은 자산 i가 포트폴리오에 할당되는 비율이 $x_j^{\max}$를 넘지 않도록 하여 포트폴리오가 다각화되고 리스크가 최소화되게 한다. 일부 기대 수익 최대화 모델은 이 제약을 고려하지 않기도 한다는 점을 알아두자.

제약 3의 대안은 식 (16.14)의 식 (4)로 나타나는데, 포트폴리오의 평균 리스크가 $\overline{\sigma}$를 넘지 못하도록 제한한다. 각 자산 또는 포트폴리오의 리스크는 표준 편차로 측정한다.

마지막으로, 결정 변수는 비음수성 조건을 만족해야 한다.

모델 2: 투자 포트폴리오 리스크 최소화

마르코비츠 모델의 대안은 Konno and Yamazaki(1991)에 의해 제시됐는데, 리스크 측도로서 평균 절대 편차MAD, mean absolute deviation를 도입했다. 이 모델은 MAD를 다음과 같이 최소화한다.

모델 모수:

MAD = 포트폴리오의 평균 절대 편차

r_{jt} = 자산 $j(j = 1, \dots, n)$의 주기 $t(t = 1, \dots, T)$에서의 수익

μ_j = 자산 $j(j = 1, \dots, n)$의 기대 수익

ρ = 포트폴리오 수익에 대한 투자자의 최소 요구 수준

$x_j^{\max}$ = 포트폴리오에 할당되는 자산 $j(j = 1, \dots, n)$의 최대 비율

결정 변수:

x_j = 포트폴리오에서 자산 $j(j = 1, \dots, n)$의 할당 비율

일반 공식:

$$\min MAD = \frac{1}{T}\sum_{t=1}^{T}\left|\sum_{j=1}^{n}\left(r_{jt}-\mu_j\right)x_j\right|$$

제약 조건:

$$\sum_{j=1}^{n}x_j = 1 \qquad (1)$$

$$\sum_{j=1}^{n}\mu_j x_j \geq \rho \qquad (2) \qquad\qquad (16.15)$$

$$0 \leq x_j \leq x_j^{\max}, \quad j=1,\dots,n \quad (3)$$

모델의 목적 함수는 포트폴리오의 평균 절대 편차를 최소화하려 한다.

제약 1은 모든 자본이 투자되는 것을 보장한다.

제약 2는 포트폴리오의 평균 수익이 투자자가 원하는 최소 수준 ρ 이상이 될 것을 보장한다.

제약 3은 포트폴리오에 할당되는 자산 i의 비율이 $x_j^{\max}$를 넘지 못하게 한다.

예제 16.8

투자가인 폴 스미스는 매일 포인베스트사의 HTS^home broker system를 이용한다. 폴은 특정 리스크에서 최대 수익을 주는 새로운 투자 포트폴리오를 구성하고자 한다. 브라질 주식 시장에서 가장 대표적인 자산을 분석한 결과 포인베스트사의 애널리스트는 브라질 주식 시장에서 10개의 주식을 선택했고 표 16.E.8과 같은 포트폴리오를 폴을 위해 구성해줬다. 애널리스트는 폴을 위해 다양한 분야에서 주식을 선택하려 했다. 표 16.E.9는 247일 동안 각 주식의 수익률 일부를 보여준다. 완전한 데이터는 Forinvest.xls 파일에 있다.

표 16.E.8 폴의 포트폴리오 주식

	주식	코드
1	Banco Brasil ON	BBAS3
2	Bradesco PN	BBDC4
3	Eletrobras PNB	ELET6
4	Gerdau PN	GGBR4
5	Itausa PN	ITSA4
6	Petrobras PN	PETR4
7	Sid Nacional ON	CSNA3
8	Telemar PN	TNLP4
9	Usiminas PNA	USIM5
10	Vale PNA	VALE5

표 16.E.9 자산의 일수익률 일부

주기	BBAS3 (%)	BBDC4 (%)	ELET6 (%)	GGBR4 (%)	ITSA4 (%)	PETR4 (%)	CSNA3 (%)	TNLP4 (%)	USIM5 (%)	VALE5 (%)
1	−6.74	−6.04	−1.47	−4.48	−6.50	−2.71	−2.06	−3.19	−4.40	−3.93
2	6.31	3.05	4.23	5.00	2.14	3.43	4.34	0.22	3.42	2.72
3	−4.00	−2.08	1.47	1.67	−3.27	0.75	2.45	−2.19	3.06	0.76
4	0.28	0.14	−3.66	−1.64	0.81	−1.85	1.01	1.29	−0.63	−0.79
5	−6.86	−5.28	−3.79	−4.76	−5.50	−3.23	−6.66	−0.11	−4.87	−4.13
6	2.23	4.87	2.96	3.25	3.69	5.20	7.05	0.97	3.89	2.65
7	−1.45	−0.90	−1.04	−4.12	−2.47	−2.56	−0.92	0.07	0.41	−0.46
8	−1.85	1.05	−1.17	−1.77	2.39	−0.21	−2.82	3.67	−4.13	1.74
9	6.09	0.14	1.39	0.90	−0.82	0.89	1.42	3.75	−2.90	2.47
10	1.70	−1.94	−1.21	−3.44	−1.38	0.42	2.34	−0.14	0.40	3.64

포트폴리오를 다각화하여 포트폴리오 리스크를 최소화하기 위해 애널리스크는 폴에게 각 주식에 최대 30%만 투자하도록 권했다. 또한 표준 편차로 측정한 포트폴리오의 리스크는 2.5%를 넘지 않도록 권했다. 폴의 포트폴리오 기대 수익을 최대화하는 선형 계획을 작성해보라.

해법

먼저, 분석 중 주기에 대해 표 16.E.10처럼 일수익률에 대한 표준 편차와 평균 수익률을 계산한다.

표 16.E.10 분석 기간 동안의 각 주식에 대한 평균 수익률과 표준 편차

	BBAS3 (%)	BBDC4 (%)	ELET6 (%)	GGBR4 (%)	ITSA4 (%)	PETR4 (%)	CSNA3 (%)	TNLP4 (%)	USIM5 (%)	VALE5 (%)
평균 수익률	−6.74	−6.04	−1.47	−4.48	−6.50	−2.71	−2.06	−3.19	−4.40	−3.93
표준 편차	6.31	3.05	4.23	5.00	2.14	3.43	4.34	0.22	3.42	2.72

두 번째 단계는 모델의 결정 변수를 정의하는 것이다.

x_j = 주식 $j(j = 1, ..., 10)$의 포트폴리오 할당량

따라서 다음과 같다.

x_1 = 포트폴리오에서 주식 BBAS3의 비율

x_2 = 포트폴리오에서 주식 BBDC4의 비율

x_3 = 포트폴리오에서 주식 ELET6의 비율

x_4 = 포트폴리오에서 주식 GGBR4의 비율

x_5 = 포트폴리오에서 주식 ITSA4의 비율

x_6 = 포트폴리오에서 주식 PETR4의 비율

x_7 = 포트폴리오에서 주식 CSNA3의 비율

x_8 = 포트폴리오에서 주식 TNLP4의 비율

x_9 = 포트폴리오에서 주식 USIM5의 비율

x_{10} = 포트폴리오에서 주식 VALE5의 비율

모델의 목적 함수는 분석 중인 주기에서 폴의 포트폴리오 기대 수익을 최대화하고자 한다. 따라서 목적 함수는 다음과 같이 기술할 수 있다.

$$F_{obj} = \max z = 0.0037x_1 + 0.0024x_2 + 0.0014x_3 + 0.0030x_4 + 0.0024x_5 + 0.0019x_6$$
$$+ 0.0028x_7 + 0.0018x_8 + 0.0025x_9 + 0.0024x_{10}$$

모델의 제약은 다음과 같다.

(1) 첫 제약은 모든 자본이 투자되는 것을 보장한다. 즉, 각 주식의 구성 비율의 합은 1이다.

$$x_1 + x_2 + \cdots + x_{10} = 1$$

(2) 제약 2는 각 주식에의 최대 투자 비율은 전체 자본의 30% 이내로 제한할 것을 의미한다.

$$x_1, x_2, \ldots, x_{10} \leq 0.30$$

(3) 제약 3은 분석 중인 주기에서 포트폴리오의 리스크는 최대 2.5%를 넘지 않을 것을 보장한다.

$$0.0248x_1 + 0.0216x_2 + \cdots + 0.0247x_{10} \leq 0.0250$$

(4) 마지막으로, 결정 변수의 비음수성을 만족해야 한다.

$$x_1, x_2, \ldots, x_{10} \geq 0$$

완전한 모델은 다음과 같다.

$$\max E(R) = 0.0037x_1 + 0.0024x_2 + 0.0014x_3 + 0.0030x_4 + 0.0024x_5 + 0.0019x_6 +$$
$$0.0028x_7 + 0.0018x_8 + 0.0025x_9 + 0.0024x_{10}$$

제약 조건:

$$x_1 + x_2 + \cdots + x_{10} = 1 \qquad (1)$$
$$x_1, x_2, \ldots, x_{10} \leq 0.30 \qquad (2)$$
$$0.0248x_1 + 0.0216x_2 + \cdots + 0.0247x_{10} \leq 0.0250 \qquad (3)$$
$$x_1, x_2, \ldots, x_{10} \geq 0 \qquad (4)$$

선형 계획에 따른 최적해는 x_1 = 30%(Banco do Brasil ON—BBAS3), x_2 = 30%(Bradesco PN—BBDC4), x_4 = 18.17%(Gerdau PN—GGBR4), x_7 = 21.83%(Sid Nacional ON—CSNA3), 그리고 x_3, x_5, x_6, x_8, x_9, x_{10} = 0이고, z = 0.3%(일평균 수익률 0.3%)이다.

예제 16.8과 동일한 포트폴리오 문제를 생각해보자. 이번에는 기대 수익률을 최대화하는 대신 포트폴리오의 절대 편차 평균 MAD, mean absolute deviation을 최소화해보자. 이전 예와 달리 최대 허용 리스크의 제약 조건 대신 포트폴리오의 일평균 수익률이 최소 0.15%가 되도록 한다. 이전 예제와 유사하게 각 자산에는 최대 30%의 자본만 투자한다. 이전 예와 동일한 자산(표 16.E.9)과 동일한 수익률 히스토리(표 16.E.10)를 사용한다(Forinvest.xls 파일 참조). 포트폴리오의 MAD를 최소화하는 선형 계획을 수행하라.

해법

먼저, 각 포트폴리오의 MAD를 계산해야 한다.

첫 번째 주식(BBAS3)을 살펴보자. 첫 단계는 각 주기의 절대 편차를 계산하는 것이다. 예제 16.8에서 계산한 것처럼 BBAS3의 평균 수익률은 분석 기간 동안 0.37%이다. 첫 주기의 수익률이 −6.74%이므로, $|r_{11} - \mu_1| = |-0.0674 - 0.0037| = 0.0711$이다. 이제 주기 2에서 $|r_{12} - \mu_1| = |0.0631 - 0.0037| = 0.0594$이다. 그런 다음 다른 주기에 대해서도 동일하게 적용한다. 마지막 주기는 $|r_{1247} - \mu_1| = |0.0128 - 0.0037| = 0.0091$이다. 두 번째 단계는 BBAS3의 절대 편차의 평균을 계산하는 것이다. 즉, 각 주기의 절대 편차의 산술 평균을 계산하는 것이다.

$$\frac{1}{247} \times (0.0711 + 0.0594 + \cdots + 0.0091) = 0.0187$$

그런 다음 다른 주식에도 동일하게 적용한다. 표 16.E.11은 각 자산의 절대 편차 평균을 보여준다.

표 16.E.11 각 주식의 절대 편차 평균

	BBAS3 (%)	BBDC4 (%)	ELET6 (%)	GGBR4 (%)	ITSA4 (%)	PETR4 (%)	CSNA3 (%)	TNLP4 (%)	USIM5 (%)	VALE5 (%)
MAD	1.87	1.65	1.47	2.28	1.69	1.50	1.99	1.66	2.11	1.79

목적 함수는 포트폴리오의 MAD를 최소화하는 것으로서 다음과 같이 쓸 수 있다.

$$F_{obj} = \min MAD = 0.0187x_1 + 0.0165x_2 + 0.0147x_3 + 0.0228x_4 + 0.0169x_5 + 0.0150x_6 \\ + 0.0199x_7 + 0.0166x_8 + 0.0211x_9 + 0.0179x_{10}$$

포트폴리오의 일별 평균 수익률이 투자자가 요구하는 최소를 넘어야 한다는 제약도 고려해야 한다.

$$0.0037x_1 + 0.0024x_2 + \cdots + 0.0024x_{10} \geq 0.0015$$

완전한 모델은 다음과 같다.

$$\min MAD = 0.0187x_1 + 0.0165x_2 + 0.0147x_3 + 0.0228x_4 + 0.0169x_5 + 0.0150x_6 \\ + 0.0199x_7 + 0.0166x_8 + 0.0211x_9 + 0.0179x_{10}$$

제약 조건:

$$x_1 + x_2 + \cdots + x_{10} = 1 \qquad (1)$$
$$0.0037x_1 + 0.0024x_2 + \cdots + 0.0024x_{10} \geq 0.0015 \qquad (2)$$
$$0 \leq x_1, x_2, \ldots, x_{10} \leq 0.30 \qquad (3)$$

선형 계획에 따른 최적해는 x_2 = 30%(Bradesco PN—BBDC4), x_3 = 30%(Eletrobras PNB—ELET6), x_6 = 30%(Petrobras PN—PETR4), x_8 = 10%(Telemar PN—TNLP4), 그리고 x_1, x_4, x_5, x_7, x_9, x_{10} = 0이고 z = 1.55%(포트폴리오의 절대 편차 평균)이다.

16.6.6 생산과 재고 문제

이 절에서는 생산과 재고 결정을 통합하는 선형 계획 모델을 고려해본다. 주기는 단기, 중기, 장기가 있다.

Taha(2010, 2016)에 기반해 생산과 재고를 해결하는 일반 선형 계획 모델을 m개 상품(i = 1, ..., m)과 T 주기(t = 1, ..., T)에 대해 알아본다.

모델 모수:

D_{it} = 상품 i의 주기 t에서의 수요

c_{it} = 상품 i의 주기 t에서의 단위 생산 비용

i_{it} = 상품 i의 주기 t에서의 단위 재고 비용

$x_{it}^{\max}$ = 상품 i의 주기 t에서의 최대 생산 용량

$I_{it}^{\max}$ = 상품 i의 주기 t에서의 최대 재고 용량

결정 변수:

x_{it} = 상품 i의 주기 t에서의 생산량

I_{it} = 상품 i의 주기 t에서의 최종 재고

일반 공식:

$$\min z = \sum_{t=1}^{T}\sum_{i=1}^{m}(c_{it}x_{it} + i_{it}I_{it})$$

제약 조건:

$$
\begin{aligned}
I_{it} &= I_{i,t-1} + x_{it} - D_{it}, & i &= 1,...,m; \ t = 1,...,T & (1)\\
x_{it} &\leq x_{it}^{\max}, & i &= 1,...,m; \ t = 1,...,T & (2)\\
I_{it} &\leq I_{it}^{\max}, & i &= 1,...,m; \ t = 1,...,T & (3)\\
x_{it}&, I_{it} \geq 0 & i &= 1,...,m; \ t = 1,...,T & (4)
\end{aligned}
$$

$$(16.16)$$

모델의 목적 함수는 시간 T 주기에서의 생산과 재고 비용의 합을 최소화하는 것이다.

각 제품에서 제약 조건 1은 재고 균형식이다. 즉, 주기 t에서의 최종 재고는 이전 주기의 최종 재고에 동기에 생산된 총 생산을 합친 뒤 현 주기의 수요를 차감한 것과 같다. 따라서 주기 t에서의 상품 i에 대한 수요를 맞추려면 이전 주기의 동일 상품 재고 수준에 동기에 생산된 상품량을 더한 값이

수요보다 크거나 같아야 한다. 이 조건은 결정 변수 I_{it}가 오직 비음숫값을 가지므로 모델에 내재되어 있다.

제약 2는 최대 생산 용량이 초과되지 않음을 보장한다.

제약 3은 최대 재고 용량이 초과되지 않음을 보장한다.

마지막으로, 모델 결정 변수의 비음수성이 만족돼야 한다. 결정 변수가 오직 정수였던 상품 믹스 문제와 유사하게(즉, 상품의 제조와 저장은 자동차, 전자기기처럼 일부분으로 나뉠 수 없다), **정수 계획**[IP] 문제가 된다.

예제 16.10

어느 가구 회사는 다음 학기를 위해 새로운 소파와 의자 콜렉션을 런칭했다. 이 콜렉션은 2인 및 3인 소파와, 소파 침대, 의자, 쿠션이 포함된다. 표 16.E.12는 각 제품의 생산 및 재고 비용을 보여주는데, 모든 주기에서 일정하다. 다음 학기의 각 상품 수요는 표 16.E.13에 있다. 모든 상품의 최초 재고는 200개다. 수요를 만족하고 생산과 저장 용량 한계를 지키면서, 전체 생산과 재고 비용을 최소화하는 최적의 생산과 재고 통제 계획을 수립하라.

표 16.E.12 각 상품의 생산 및 재고 비용

	2인 소파	3인 소파	소파 침대	의자	쿠션
생산 비용(단위당 USD)	320	440	530	66	48
재고 비용(단위당 USD)	8	8	9	3	3
생산 용량(단위)	1800	1600	1500	2000	2000
재고 용량(단위)	20,000	18,000	15,000	22,000	22,000

표 16.E.13 주기와 상품별 수요

	1월	2월	3월	4월	5월	6월
2인 소파	1200	1250	1400	1860	2000	1700
3인 소파	1250	1430	1650	1700	1450	1500
소파 침대	1400	1500	1200	1350	1600	1450
의자	1800	1750	2100	2000	1850	1630
쿠션	1850	1700	2050	1950	2050	1740

해법

예제 16.10의 수학 공식은 식 (16.16)의 일반 생산 및 재고 문제와 유사하다.

먼저, 모델의 결정 변수를 정의해야 한다.

$x_{it} = t(t = 1, ..., 6)$월에 생산해야 하는 가구 $i(i = 1, ..., 5)$의 개수

$I_{it} = t\,(t = 1, ..., 6)$월에서의 가구 $i\,(i = 1, ..., 5)$의 최종 재고

따라서 다음과 같다.

x_{11} = 1월에 생산할 2인 소파 개수

...

x_{16} = 6월에 생산할 2인 소파 개수

x_{21} = 1월에 생산할 3인 소파 개수

...

x_{26} = 6월에 생산할 3인 소파 개수

x_{31} = 1월에 생산할 소파 침대 개수

...

x_{36} = 6월에 생산할 소파 침대 개수

x_{41} = 1월에 생산할 의자 개수

...

x_{46} = 6월에 생산할 의자 개수

x_{51} = 1월에 생산할 쿠션 개수

...

x_{56} = 6월에 생산할 쿠션 개수

I_{11} = 1월의 2인 소파 최종 재고

...

I_{16} = 6월의 2인 소파 최종 재고

I_{21} = 1월의 3인 소파 최종 재고

...

I_{26} = 6월의 3인 소파 최종 재고

I_{31} = 1월의 소파 침대 최종 재고

...

I_{36} = 6월의 소파 침대 최종 재고

I_{41} = 1월의 의자 최종 재고

...

I_{46} = 6월의 의자 최종 재고

I_{51} = 1월의 쿠션 최종 재고

...

I_{56} = 6월의 쿠션 최종 재고

결정 변수가 이산이므로 **정수 계획**^{IP} 문제가 된다. 다행히 이 문제에서는 정수 제약을 없애거나 완화할 수 있다. 완화된 문제의 최적해가 여전히 정수 조건을 만족하기 때문이다. 따라서 문제는 **선형 계획**^{LP} 모델로 나타낸다.

목적 함수는 다음과 같이 쓸 수 있다.

$$\begin{aligned}
\min z = \ & 320(x_{11} + x_{12} + x_{13} + x_{14} + x_{15} + x_{16}) + 8(I_{11} + I_{12} + I_{13} + I_{14} + I_{15} + I_{16}) \\
& + 440(x_{21} + x_{22} + x_{23} + x_{24} + x_{25} + x_{26}) + 8(I_{21} + I_{22} + I_{23} + I_{24} + I_{25} + I_{26}) \\
& + 530(x_{31} + x_{32} + x_{33} + x_{34} + x_{35} + x_{36}) + 9(I_{31} + I_{32} + I_{33} + I_{34} + I_{35} + I_{36}) \\
& + 66(x_{41} + x_{42} + x_{43} + x_{44} + x_{45} + x_{46}) + 3(I_{41} + I_{42} + I_{43} + I_{44} + I_{45} + I_{46}) \\
& + 48(x_{51} + x_{52} + x_{53} + x_{54} + x_{55} + x_{56}) + 3(I_{51} + I_{52} + I_{53} + I_{54} + I_{55} + I_{56})
\end{aligned}$$

모델의 제약 조건은 다음과 같다.

(1) 재고 균형 식. 각 가구 $i(i = 1, ..., 5)$와 각 월 $t(t = 1, ..., 6)$에 대해

$$\begin{aligned}
I_{11} &= 200 + x_{11} - 1200 \\
I_{12} &= I_{11} + x_{12} - 1250 \\
I_{13} &= I_{12} + x_{13} - 1400 \\
I_{14} &= I_{13} + x_{14} - 1860 \\
I_{15} &= I_{14} + x_{15} - 2000 \\
I_{16} &= I_{15} + x_{16} - 1700 \\[6pt]
I_{21} &= 200 + x_{21} - 1250 \\
I_{22} &= I_{21} + x_{22} - 1430 \\
I_{23} &= I_{22} + x_{23} - 1650 \\
I_{24} &= I_{23} + x_{24} - 1700 \\
I_{25} &= I_{24} + x_{25} - 1450 \\
I_{26} &= I_{25} + x_{26} - 1500 \\[6pt]
I_{31} &= 200 + x_{31} - 1400 \\
I_{32} &= I_{31} + x_{32} - 1500 \\
I_{33} &= I_{32} + x_{33} - 1200 \\
I_{34} &= I_{33} + x_{34} - 1350 \\
I_{35} &= I_{34} + x_{35} - 1600 \\
I_{36} &= I_{35} + x_{36} - 1450 \\[6pt]
I_{41} &= 200 + x_{41} - 1800 \\
I_{42} &= I_{41} + x_{42} - 1750 \\
I_{43} &= I_{42} + x_{43} - 2100 \\
I_{44} &= I_{43} + x_{44} - 2000 \\
I_{45} &= I_{44} + x_{45} - 1850 \\
I_{46} &= I_{45} + x_{46} - 1630 \\[6pt]
I_{51} &= 200 + x_{51} - 1850 \\
I_{52} &= I_{51} + x_{52} - 1700 \\
I_{53} &= I_{52} + x_{53} - 2050 \\
I_{54} &= I_{53} + x_{54} - 1950 \\
I_{55} &= I_{54} + x_{55} - 2050 \\
I_{56} &= I_{55} + x_{56} - 1740
\end{aligned}$$

(2) 최대 생산 용량

$$x_{11}, x_{12}, x_{13}, x_{14}, x_{15}, x_{16} \leq 1800$$
$$x_{21}, x_{22}, x_{23}, x_{24}, x_{25}, x_{26} \leq 1600$$
$$x_{31}, x_{32}, x_{33}, x_{34}, x_{35}, x_{36} \leq 1500$$
$$x_{41}, x_{42}, x_{43}, x_{44}, x_{45}, x_{46} \leq 2000$$
$$x_{51}, x_{52}, x_{53}, x_{54}, x_{55}, x_{56} \leq 2000$$

(3) 최대 재고 용량

$$I_{11}, I_{12}, I_{13}, I_{14}, I_{15}, I_{16} \leq 20,000$$
$$I_{21}, I_{22}, I_{23}, I_{24}, I_{25}, I_{26} \leq 18,000$$
$$I_{31}, I_{32}, I_{33}, I_{34}, I_{35}, I_{36} \leq 15,000$$
$$I_{41}, I_{42}, I_{43}, I_{44}, I_{45}, I_{46} \leq 22,000$$
$$I_{51}, I_{52}, I_{53}, I_{54}, I_{55}, I_{56} \leq 22,000$$

(4) 비음수성 제약

$$x_{it}, I_{it} \geq 0 \quad i = 1, \ldots, 5; \; t = 1, \ldots, 6$$

생산과 재고 모델의 최적해는 표 16.E.14에 있다.

표 16.E.14 생산 및 재고 모델의 최적해

해	1월	2월	3월	4월	5월	6월	z
x_{1t}	1000	1250	1660	1800	1800	1700	US$ 12,472,680.00
x_{2t}	1050	1580	1600	1600	1450	1500	
x_{3t}	1200	1500	1200	1450	1500	1450	
x_{4t}	1600	1850	2000	2000	1850	1630	
x_{5t}	1650	1750	2000	2000	2000	1740	
I_{1t}	0	0	260	200	0	0	
I_{2t}	0	150	100	0	0	0	
I_{3t}	0	0	0	100	0	0	
I_{4t}	0	100	0	0	0	0	
I_{5t}	0	50	0	50	0	0	

16장 최적화 모델 소개: 일반 유형과 비즈니스 모델링 | 955

16.6.7 집계 계획 문제

집계 계획은 생산과 수용 사이의 균형을 연구한다. 고려 주기는 중기다. 변동하는 수요를 맞추기 위해 최저 비용으로 회사 자원(종업원, 생산과 재고 수준)을 바꿔야 하며 수요에 영향을 끼치거나 두 전략의 최적 조합을 찾을 수 있다.

수요에 영향을 미치는 전략으로는 광고, 할인, 대체 상품 개발 등이 있다. 생산에 영향을 미치는 전략에는 다음과 같은 것이 있다.

- 재고 수준 조절
- 직원 고용 및 해고
- 작업 시간 연장 또는 단축
- 외주

집계 계획 문제를 다루는 대부분의 기법은 수요를 결정적인 요소로 간주하므로 회사의 생산 자원만 변경한다. 그러므로 여러 생산 대안 중 최적을 선택하거나 문제의 최적해를 결정하는 선형 계획 모델을 만든다.

집계 계획을 해결하기 위해 **선형 계획**[LP, linear programming]이 널리 사용되어 전체 노동, 생산 재고 비용을 최소화하는 생산 자원의 최적 조합을 찾고자 한다. 주기 T에서 목적 함수는 다음에 관련된 비용의 합을 최소화할 수 있다. 일반 생산, 일반 노동, 고용과 해고, 잔업, 재고, 외주. 제약 조건은 전체 생산과 재고 용량에 관련되고 노동에도 관련된다. 이 문제는 **비선형 계획**[NLP, nonlinear programming](비선형 비용) 또는 **이진 계획**[BP, binary programming] 모델(n개의 대안 중 선택)로도 특징지을 수 있다.

Buffa and Sarin(1987), Moreira(2006), Silva Filho et al.(2009)은 집계 문제에 대한 일반 선형 계획 모델을 제시했다. 주기 $T(t = 1, ..., T)$에 대해 조정된 공식은 다음과 같다.

모델 모수:

P_t = 주기 t에서의 총 생산

D_t = 주기 t에서의 수요

r_t = 주기 t에서의 단위 생산 비용(정규 노동)

o_t = 주기 t에서의 단위 생산 비용(초과 노동)

s_t = 주기 t에서의 단위 생산 비용(외주) 비용

h_t = 주기 $t - 1$에서 t까지 고용을 통해 추가된 주기 t의 단위 비용(정규 노동)

f_t = 주기 $t - 1$에서 t까지 해고를 통해 절감된 주기 t의 단위 비용(정규 노동)

i_t = 주기 t에서 $t + 1$까지 단위 재고 비용

I_t^{max} = 주기 t에서의 최대 재고 용량(단위)

R_t^{max} = 주기 t에서 정규 노동으로의 최대 생산 용량(단위)

$O_t^{\max}$ = 주기 t에서 초과 노동 기간의 최대 생산 용량(단위)

$S_t^{\max}$ = 주기 t에서 외주의 최대 생산 용량(단위)

결정 변수:

I_t = 주기 t에서의 최종 재고(단위)

R_t = 주기 t에서의 (정규 시간 동안의) 정규 생산(단위)

O_t = 주기 t에서의 초과 시간 생산(단위)

S_t = 주기 t에서의 외주 생산(단위)

H_t = 주기 $t-1$에서 t까지 고용을 통한 주기 t의 추가 생산(단위)

F_t = 주기 $t-1$에서 t까지 해고를 통해 취소된 주기 t의 생산(단위)

일반 공식:

$$\min z = \sum_{t=1}^{T} (r_t R_t + o_t O_t + s_t S_t + h_t H_t + f_t F_t + i_t I_t)$$

제약 조건:

$$
\begin{aligned}
I_t &= I_{t-1} + P_t - D_t & (1)\\
P_t &= R_t + O_t + S_t & (2)\\
R_t &= R_{t-1} + H_t - F_t & (3)\\
I_t &\le I_t^{\max} & (4)\\
R_t &\le R_t^{\max} & (5)\\
O_t &\le O_t^{\max} & (6)\\
S_t &\le S_t^{\max} & (7)\\
R_t, O_t, S_t, H_t, F_t, I_t &\ge 0 \qquad t = 1, \dots, T & (8)
\end{aligned}
$$

(16.17)

T 주기에 대해 모델의 목적 함수는 정규 생산, 초과 생산, 외주, 고용이나 해고, 재고, 유지 관리에 관련된 비용의 합을 최소화하려는 것이다.

식 (16.17)의 방정식 (1)은 주기 t의 최종 재고가 이전 주기의 최종 재고에 동 주기의 전체 생산량을 합친 다음 현 주기의 수요를 차감한 것과 같음을 보여준다.

생산 용량은 식 (16.17)의 방정식 (2)에서 주기 t에서의 정규 생산, 초과 시간 생산, 외주 생산의 총합으로 나타났다.

식 (16.17)의 방정식 (3)은 시간 t에서의 정규 생산 단위가 이전 주기 $(t-1)$에, 주기 $t-1$에서 t 사이에 고용과 해고를 통한 증감을 합친 것과 같다.

제약 4는 주기 t에서의 최대 재고 용량을 규정한다.

제약 5는 주기 t에서의 정규 생산이 초대 허용치보다 크지 않을 것을 보장한다.

제약 6은 주기 t에서 초과 시간을 통한 최대 생산 한계를 규정한다.

제약 7은 주기 t에서 외주를 통한 최대 생산 한계를 규정한다.

이 공식은 해당 집계 계획 문제를 해결하기 위한 **선형 계획**[LP]에 기반하고 있다. 그러나 각 주기에 고용이나 해고를 통해 변동된 생산량 대신 종업원 수를 결정 변수로 간주하면 이는 **혼합 정수 계획**[MIP, mixed-integer programming] 문제가 되어 결정 변수의 일부가 이산이 된다. 상품 믹스 문제 그리고 생산 재고 문제와 비슷하게 모든 모델의 결정 변수가 이산일 경우(생산 수량과 재고는 정수로 간주할 수 있다) **정수 계획**[IP] 모델이 된다.

예제 16.11

천연 주스를 생산하는 어떤 회사는 내년 2학기에 출시할 크랜베리 주스 생산을 위한 여러 대안적인 계획을 분석했다. 그러나 최적의 해법을 위해서는 선형 계획 모델을 사용해야 한다는 사실을 알게 됐다. 영업 부서에 따르면 분석 기간의 예상 수요는 표 16.E.15와 같다.

표 16.E.15 내년 2학기 클랜베리 주스 예상 수요(단위: 리터)

월	수요(l)
7월	4500
8월	5200
9월	4780
10월	5700
11월	5820
12월	4480

생산 구역은 다음 데이터를 제공했다.

정규 생산 비용(정규 시간)	리터당 $1.5
초과 시간 생산 비용	리터당 $2
외주 노동 생산 비용	리터당 $2.7
새로운 고용을 통한 생산 증가 비용	리터당 $3
해고를 통한 생산 비용 감소 비용	리터당 $1.2
재고 유지 비용	월별 리터당 $0.4
최초 재고	1000L
전달의 정규 생산	4000L
최대 재고 용량	월별 1500L
최대 정규 생산 용량	월별 5000L
초과 시간을 통한 최대 생산 용량	월별 50L
외주를 통한 최대 생산 용량	월별 500L

이 회사의 집계 문제에 대한 수학 공식을 수립해 전체 생산 비용을 제약 조건을 지켜가면서 최소화하라.

해법

예제 16.11의 수학 공식은 식 (16.17)의 생산 재고 문제의 일반 공식과 유사하다.

먼저, 모델의 결정 변수를 정의해야 한다.

I_t = t월의 크랜베리 최종 재고(리터), t = 1(6월), ..., 6(12월)

R_t = t월의 주스 정규 생산(정규 시간), t = 1, ..., 6

O_t = t월의 주스 초과 시간 생산(리터), t = 1, ..., 6

S_t = t월의 주스 외주 생산(리터), t = 1, ..., 6

H_t = t − 1에서 t까지 고용을 통해 t월의 주스 생산 증가(리터), t = 1, ..., 6

F_t = t − 1에서 t까지 해고를 통해 t월의 주스 생산 감소(리터), t = 1, ..., 6

목적 함수는 다음과 같이 쓸 수 있다.

$$\min z = 1.5R_1 + 2O_1 + 2.7S_1 + 3H_1 + 1.2F_1 + 0.4I_1 +$$
$$1.5R_2 + 2O_2 + 2.7S_2 + 3H_2 + 1.2F_2 + 0.4I_2 +$$
$$1.5R_3 + 2O_3 + 2.7S_3 + 3H_3 + 1.2F_3 + 0.4I_3 +$$
$$1.5R_4 + 2O_4 + 2.7S_4 + 3H_4 + 1.2F_4 + 0.4I_4 +$$
$$1.5R_5 + 2O_5 + 2.7S_5 + 3H_5 + 1.2F_5 + 0.4I_5 +$$
$$1.5R_6 + 2O_6 + 2.7S_6 + 3H_6 + 1.2F_6 + 0.4I_6$$

모델의 제약 조건은 다음과 같다.

(1) 각 t월의 재고 균형 식(t = 1, ..., 6)

$$I_1 = 1000 + R_1 + O_1 + S_1 - 4500$$
$$I_2 = I_1 + R_2 + O_2 + S_2 - 5200$$
$$I_3 = I_2 + R_3 + O_3 + S_3 - 4780$$
$$I_4 = I_3 + R_4 + O_4 + S_4 - 5700$$
$$I_5 = I_4 + R_5 + O_5 + S_5 - 5820$$
$$I_6 = I_5 + R_6 + O_6 + S_6 - 4480$$

식 (16.17)의 등식 (2)($P_t = R_t + O_t + S_t$)는 이미 나타났음에 주목하자.

(2) 정규 노동으로 각 t월의 생산량

$$R_1 = 4000 + H_1 - F_1$$
$$R_2 = R_1 + H_2 - F_2$$
$$R_3 = R_2 + H_3 - F_3$$
$$R_4 = R_3 + H_4 - F_4$$
$$R_5 = R_4 + H_5 - F_5$$
$$R_6 = R_5 + H_6 - F_6$$

(3) 각 주기 t에 허용된 최대 재고 용량

$$I_1, I_2, I_3, I_4, I_5, I_6 \leq 1500$$

(4) 주기 t에서의 최대 정규 생산량

$$R_1, R_2, R_3, R_4, R_5, R_6 \leq 5000$$

(5) 주기 t에서의 초과 시간을 통한 최대 생산 능력

$$O_1, O_2, O_3, O_4, O_5, O_6 \leq 50$$

(6) 주기 t에서 외주를 통한 최대 생산 능력

$$S_1, S_2, S_3, S_4, S_5, S_6 \leq 500$$

(7) 비음수성 제약

$$R_t, O_t, S_t, H_t, F_t, I_t \geq 0 \qquad t = 1, \ldots, 6$$

집계 계획 모델의 최적해는 다음과 같다.

$$
\begin{array}{llllll}
I_1 = 1270 & I_2 = 840 & I_3 = 880 & I_4 = 500 & I_5 = 0 & I_6 = 0 \\
R_1 = 4770 & R_2 = 4770 & R_3 = 4770 & R_4 = 4770 & R_5 = 4770 & R_6 = 4480 \\
O_1 = 0 & O_2 = 0 & O_3 = 50 & O_4 = 50 & O_5 = 50 & O_6 = 0 \\
S_1 = 0 & S_2 = 0 & S_3 = 0 & S_4 = 500 & S_5 = 500 & S_6 = 0 \\
H_1 = 770 & H_2 = 0 & H_3 = 0 & H_4 = 0 & H_5 = 0 & H_6 = 0 \\
F_1 = 0 & F_2 = 0 & F_3 = 0 & F_4 = 0 & F_5 = 0 & F_6 = 290
\end{array}
$$

$z = 49,549 \ \text{(US\$ 49,549.00)}$

16.7 맺음말

최적화 모델은 연구원이나 관리자의 비즈니스 의사결정 프로세서에 도움을 준다.

현존하는 최적화 모델로는 선형 계획, 네트워크 계획, 정수 계획, 비선형 계획, 목적 또는 다중 목적 계획, 비선형 계획이 있다. 이 중 가장 많이 사용되는 것은 선형 계획이다.

16장에서는 최적화 모델의 주요 개념을 소개하고 설명했는데, 특히 선형 계획에 대해 설명했다 (표준화나 캐노니컬 형태의 일반 형식과 비즈니스 모델링 문제).

최적화 모델을 사용할 때는 주로 선형 계획을 사용하는데, 학계나 비즈니스 세상에서 점점 더 퍼지고 있다. 선형 계획은 여러 분야(전략, 마케팅, 금융, 영업, 물류, 인사 등)와 여러 산업(수송, 자동차, 항공, 해양, 상거래, 서비스, 은행, 음식, 음료, 농업, 건강, 부동산, 전기 에너지, 석유, 가스, 컴퓨터, 통신, 채굴 등)에 응용할 수 있다.

최적화 모델을 사용하는 가장 큰 동인은 수백만 혹은 수십억 달러를 절약할 수 있다는 데 있다. 여러 실제 문제는 선형 계획 모델을 통해 공식화할 수 있는데, 예를 들면 상품 믹스 문제, 혼합 문제, 자본 예산 문제, 투자 포트폴리오 선택, 상품 및 재고 그리고 집계 계획 등이 있다.

선형 계획 문제를 해결하는 기법은 17장에서 설명한다(그래프, 해석적, 심플렉스 알고리즘, 계산화 해법).

16.8 연습문제

1. 선형 계획 문제의 주요 특성을 설명하라.

2. 선형 계획을 적용할 수 있는 주요 분야와 산업의 예를 들어보라.

3. 다음 문제를 표준화 형태로 변환하라.

a)

$$\max \sum_{j=1}^{2} x_j$$

제약 조건:

$$2x_1 - 5x_2 = 10 \quad (1)$$
$$x_1 + 2x_2 \leq 50 \quad (2)$$
$$x_1, x_2 \geq 0 \quad (3)$$

b)

$$\min 24x_1 + 12x_2$$

제약 조건:

$$3x_1 + 2x_2 \geq 4 \quad (1)$$
$$2x_1 - 4x_2 \leq 26 \quad (2)$$
$$x_2 \geq 3 \quad (3)$$
$$x_1, x_2 \geq 0 \quad (4)$$

c)

$$\max 10x_1 - x_2$$

제약 조건:

$$6x_1 + x_2 \leq 10 \quad (1)$$
$$x_2 \geq 6 \quad (2)$$
$$x_1, x_2 \geq 0 \quad (3)$$

d)

$$\max\ 3x_1 + 3x_2 - 2x_3$$

제약 조건:

$$6x_1 + 3x_2 - x_3 \le 10 \quad (1)$$
$$\frac{x_2}{4} + x_3 \ge 20 \quad (2)$$
$$x_1, x_2, x_3 \ge 0 \quad (3)$$

4. 3번 문제를 캐노니컬 형태로 변환해보라.

5. 최대화 문제를 최소화 문제로 변환해보라.

a) $\max\ z = 10x_1 - x_2$

b) $\max\ z = 3x_1 + 3x_2 - 2x_3$

6. 선형 계획 모델의 가설은 무엇인가? 각각을 설명하라.

7. 미국 자동차 회사 KMX는 내년에 세 가지 새로운 모델을 런칭하려 하는데 각각 알링턴, 메릴랜디, 라군이다. 각 모델은 주입, 파운드리, 기계 가공, 덮개, 최종 조립이라는 프로세스를 통해 생산된다. 각 부품의 단위당 평균 작업 시간(분)은 표 16.1에 있다. 이 작업은 100% 자동화되어 있다. 각 구역의 가용 기계는 같은 표에 있다. 각 기계는 하루 16시간 운영되며, 월요일부터 금요일까지만 운영한다. 상거래 부서에 따르면, 주별 최소 판매 잠재력 이외에 각 자동차별 수익은 표 16.2와 같다. 모델의 100%가 판매된다고 가정하고 주별 순수익을 최대화하도록 각 모델의 생산 대수를 결정하는 선형 계획 문제를 작성해보라.

표 16.1 각 부품의 단위별 작업 시간(분)과 전체 가용 기대 대수

구분	작업 시간(분)			가용 기대 대수
	알링턴	메릴랜디	라군	
주입	3	4	3	6
파운드리	5	5	4	8
기계 가공	2	4	4	5
덮개	4	5	5	8
최종 조립	2	3	3	5

표 16.2 단위별 수익 및 제품별 주당 최소 판매 잠재력

모델	단위 수익(U$)	최소 판매 잠재력(단위/주)
알링턴	2500	50
메릴랜드	3000	30
라군	2800	30

8. 한 음료 회사가 자사의 맥주와 소프트 음료 사이의 믹스를 재고려 중이다. 맥주는 몰트 추출(자체 제작 또는 외주), 맥아즙 처리로 알코올 생산, 발효, 맥주 가공, 병입(패키지)의 프로세스를 거쳐 생산된다. 소프트 음료는 단순 시럽 준비, 복합 시럽 준비, 희석, 탄산 주입, 병입의 프로세스를 따라 생산된다. 맥주와 소프트 음료 가공은 100% 자동화되어 있다. 표 16.3에는 맥주 각 단계의 전체 기계 대수, 평균 작업 시간(분)이 있다. 소프트 음료는 표 16.4에 있다. 각 기계는 하루 8시간 작동하고 월 20 영업일 동안 작동된다. 경쟁에 따라 맥주와 소프트 음료의 전체 수요는 최대 월 42,000리터다. 맥주는 리터당 순이익이 $0.5이고 소프트 음료는 $0.4이다. 전체 월 수익을 최대화하는 선형 계획을 수립해보라.

표 16.3 평균 맥주 작업 시간과 가용 기계 대수

구분	작업 시간(분)	기계 대수
몰트 추출	2	6
맥아즙 처리	4	12
발효	3	10
맥주 가공	4	12
병입	5	13

표 16.4 평균 소프트 음료 작업 시간과 가용 기계 대수

구분	작업 시간(분)	기계 대수
단순 시럽	2	6
복합 시럽	4	12
희석	3	10
탄산 주입	4	12
병입	5	13

9. 어떤 전자기기 회사는 냉장고, 냉동고, 스토브, 식기 세척기, 마이크로 오븐 같은 주방용품의 믹스를 리뷰하고 있다. 각 장비의 제조는 프레스, 천공, 조정, 절단으로 시작한다. 그다음 단계는 도

색, 몰딩이다. 마지막 단계는 조립과 패키징으로 이뤄진다. 표 16.5는 각 제조 프로세스의 작업 시간(시간/기계)과 전체 가용 시간을 보여준다.

표 16.6은 각 제조 공정에서 각 부품 단위를 제조하는 데 필요한 노동 시간(시간/직원)을 나타낸다. 각 직원은 월요일부터 금요일까지 일 8시간 작업한다.

보관 장소의 제약으로 인해 제품당 최대 제조 용량은 표 16.7과 같다. 표 16.7은 또 각 제품의 최소 수요와 순수익을 보여준다.

전체 순익을 최대화하는 선형 계획을 수립하라.

표 16.5 각 부품의 단위 제조를 위한 시간(시간/기계)

구분	단위 제조당 필요 시간(시간/기계)					가용 시간 (시간/기계/주)
	냉장고	냉동고	스토브	식기 세척기	마이크로 오븐	
프레스	0.2	0.2	0.4	0.4	0.3	400
도색	0.2	0.3	0.3	0.3	0.2	350
몰딩	0.4	0.3	0.3	0.3	0.2	250
조립	0.2	0.4	0.4	0.4	0.4	200
패키징	0.1	0.2	0.2	0.2	0.3	200

표 16.6 각 제품 단위 생산을 위해 필요한 전체 노동 시간과 전체 가용 직원 수

구분	단위 제조당 노동 시간					가용 직원
	냉장고	냉동고	스토브	식기 세척기	마이크로 오븐	
프레스	0.5	0.4	0.5	0.4	0.2	12
도색	0.3	0.4	0.4	0.4	0.3	10
몰딩	0.5	0.5	0.3	0.4	0.3	8
조립	0.6	0.5	0.4	0.5	0.6	10
패키징	0.4	0.4	0.4	0.3	0.2	8

표 16.7 각 제품별 최대 용량, 최소 수요, 수익

제품	최대 용량(단위/주)	최소 수요(단위/주)	단위 수익($/단위)
냉장고	1000	200	52
냉동고	800	50	37
스토브	500	50	35
식기 세척기	500	50	40
마이크로 오븐	200	40	29

10. 어느 정유 회사는 일반, 그린, 옐로의 세 가지 휘발유를 생산한다. 각 휘발유는 네 가지 원유를 섞어서 제조한다.

각 휘발유에는 정해진 옥탄과 벤젠 명세가 있다.

- 일반 휘발유 리터당 적어도 0.2L의 옥탄과 0.18L의 벤젠
- 그린 휘발유 리터당 적어도 0.25L의 옥탄과 0.20L의 벤젠
- 옐로 휘발유 리터당 적어도 0.30L의 옥탄과 0.22L의 벤젠

각 원유의 옥탄과 벤젠 혼합은 다음과 같다.

- 원유 1의 리터당 0.2 옥탄과 0.25 벤젠
- 원유 2의 리터당 0.30 옥탄과 0.20 벤젠
- 원유 3의 리터당 0.15 옥탄과 0.30 벤젠
- 원유 4의 리터당 0.40 옥탄과 0.15 벤젠

계약에 따라 정유 회사는 일반 12,000L, 그린 10,000L, 옐로 8000L를 매일 생산해야 한다. 정유 회사의 일별 최대 휘발유 생산량은 60,000L이고, 일별 각 원유 구매량은 15,000L이다.

일반, 그린, 옐로 휘발유의 리터당 순익은 각각 $0.40, $0.45, $0.50이다. 원유 1, 2, 3, 4의 구매가는 각각 $0.20, $0.25, $0.30, $0.30이다. 일별 순익을 최대화하는 선형 계획을 수립하라.

11. 한 모델이 자신의 지방을 몇 주 만에 없애고 싶어 한다. 그녀의 영양사는 탄수화물, 과일, 채소, 단백질, 콩, 유제품, 저지방과 설탕을 권했다. 표 16.8은 다이어트를 위한 옵션과 해당 성분 및 특성을 보여준다. 표 16.8의 데이터는 파일 AdrianneTorres'Diet.xls에도 있다. 영양사는 균형식단으로 4~9단위 사이의 탄수화물, 3~5의 과일, 4~5의 채소, 1 콩, 2 단백질, 2~3 유제품, 1~2 설탕, 1~2 지방을 권했다. 이제 다음 조건을 만족하며 전체 칼로리를 최소화하는 식사당 섭취 단위를 알아보고자 한다.

a) 각 음식의 이상적 섭취 단위를 지켜야 한다.

b) 각 음식은 식사당 표 16.8에 따라서만 섭취한다. 예를 들어, 시리얼의 경우 아침식사마다 얼마의 단위를 섭취해야 할지 알아야 한다. 시리얼 바의 경우 아침과 점심 간식으로 매일 섭취할 단위를 알아야 한다.

c) 아침식사의 전체 칼로리는 300을 넘을 수 없다.

d) 아침 간식의 전체 칼로리는 200을 넘을 수 없다.

e) 점심식사의 전체 칼로리는 550을 넘을 수 없다.

f) 점심 간식의 전체 칼로리는 200을 넘을 수 없다.

g) 저녁식사의 전체 칼로리는 350을 넘을 수 없다.

h) 아침식사에는 적어도 1단위 탄수화물, 2단위 과일, 1단위 유제품을 섭취해야 한다.

i) 점심은 적어도 탄수화물, 지방, 콩, 채소 중 1단위를 섭취해야 한다.

j) 아침과 점심 간식은 각각 적어도 1단위의 과일을 포함해야 한다.

k) 저녁은 적어도 1단위 탄수화물, 1단위 단백질, 1단위 유제품, 1단위 채소를 포함해야 한다.

l) 균형 식단은 적어도 25그램의 섬유소를 매일 포함해야 한다.

m) 매일 비타민과 미네랄을 100% 섭취해야 한다(철, 아연, 비타민 A, C, B1, B2, B6, B12, 니코틴산, 엽산 등). 표 16.8은 비타민과 미네랄에 관해 각 음식에서 보장되는 비율을 보여준다.

다이어트 식단을 선형 계획으로 수립하라.

표 16.8 각 식품의 성분과 특성

음식	에너지(cal)	섬유소(g)	% 비타민과 미네랄	음식 종류	식사
상추	1	1	9	V	3, 5
자두	30	2.4	4	F	1, 2, 4
쌀	130	1.2	0.5	C	3
현미	110	1.6	1	C	3
올리브 기름	90	0	0	TF	3, 5
바나나	80	2.6	13	F	1, 2, 4
시리얼 바	90	0.9	11	C	1, 2, 4
크래커	90	0.4	0.4	C	1, 2, 4
브로콜리	10	2.7	15	V	3, 5
고기	132	0	1	P	3
당근	31	2	19	V	3, 5
시리얼	120	1.3	20	C	1
초콜릿	150	0.2	0.5	SS	3, 5
시금치	18	2	28	V	3, 5
콩	95	7.9	6	L	3
닭	112	0	1.5	P	3
젤리	30	0.2	0	SS	3, 5
병아리콩	92	3.5	4	L	3
요구르트	70	1.1	0.7	MD	1, 2, 4
사과	60	3	0.9	F	1, 2, 4
파파야	56	2.4	3.1	F	1, 2, 4
계란	60	0.6	8.5	P	3
버터	100	0	0	TF	1, 5
빵	140	0.5	3.3	C	1, 5
통밀 빵	142	0.8	12	C	1, 5
터키 햄	75	0.4	0.4	P	1, 5
생선	104	0.7	11	P	3
배	88	4	1.2	F	1, 2, 4

코티즈 치즈	80	0.4	0.6	MD	1, 5
아루굴라	4	1	9.5	V	3, 5
천연 샌드위치	240	1.4	19	Mixed	5
소야 콩	85	3.9	8	L	3
수프	120	3.5	16	Mixed	5
토마토	26	1.5	5	V	3, 5

C: 탄수화물, V: 채소, F: 과일, P: 단백질, L: 콩, MD: 유제품, TF: 전체 지방, SS: 설탕, 1: 아침, 2: 아침 간식, 3: 점심, 4: 점심 간식, 5: 저녁
참고: 수프는 1단위 탄수화물, 1단위 단백질, 1단위 채소, 1단위 지방을 포함한다. 천연 샌드위치는 2 탄수화물, 1 단백질, 1 유제품, 1 채소, 1 지방을 갖는다.

12. GWX사는 시장 우위를 위해 3년간 다섯 가지 새로운 투자를 기획하고 있다. 다섯 가지 프로젝트는 각각 신상품 개발, IT 투자, 훈련 과정 투자, 공장 확장, 창고 확장이다. 각 프로젝트는 표 16.9처럼 초기 투자 후에 3년 동안 수익을 생성한다. 현재 회사는 1,000,000달러의 예산을 갖고 있다. 각 투자 프로젝트의 연 이자율은 10%이다. IT 투자는 훈련 과정 투자에 종속되어 있다. 즉, 훈련 투자가 결정돼야 IT 투자가 결정된다. 공장과 창고 확장은 서로 배타적이므로 둘 중 하나만 선택된다. 수익을 최대화할 수 있는 투자 프로젝트를 찾아보라.

표 16.9 각 프로젝트의 최초 투자와 3년간 수익

	각 연도의 현금 흐름(1,000USD)				
연도	상품 개발	IT 투자	훈련	공장 확장	창고 확장
0	−360	−240	−180	−480	−320
1	250	100	120	220	180
2	300	150	180	350	200
3	320	180	180	330	310

13. 금융 분석가가 고객 그룹을 위해 포트폴리오를 구성 중이다. 분석가는 은행 보험을 포함한 금융에서 5개사, 금속 분야에서 채굴에서 한 회사, 제지에서 한 회사씩 모두 2개 회사, 전력에서 1개사를 선택하려 한다. 표 16.10은 각 분야의 36개월간의 월별 수익률을 보여준다. 데이터는 Stocks.xls에 있다.

다각화를 증대하기 위해 포트폴리오는 최대, 금융에서 50%, 각 자산에서 40%만 가질 수 있다. 또한 포트폴리오는 적어도 은행 20%, 금속 분야 20%, 제지나 전력에서 20%를 가져야만 한다. 투자가는 적어도 매월 0.8%의 평균 수익을 기대하고 있다. 그리고 표준 편차로 측정한 포트폴리오 리스크는 5%를 넘어서는 안 된다. 선형 계획을 통해 포트폴리오의 절대 편차 평균을 최소화해보라.

표 16.10 36개월간 각기 다른 산업의 10개 주식 월별 수익률(Stocks.xls)

	주식 1 은행 (%)	주식 2 은행 (%)	주식 3 은행 (%)	주식 4 은행 (%)	주식 5 보험 (%)	주식 6 금속 (%)	주식 7 금속 (%)	주식 8 제물 (%)	주식 9 제지 (%)	주식 10 전력 (%)
1	2.57	4.47	1.08	4.78	4.19	2.54	0.57	0.60	4.07	2.78
2	3.14	4.33	0.87	3.41	3.08	2.69	0.98	5.78	3.57	3.69
3	6.00	2.67	4.87	2.81	6.47	1.98	5.69	3.25	2.69	-2.14
4	2.14	-3.59	3.57	6.70	8.05	-3.14	-3.10	-0.88	2.02	4.01
5	-5.44	3.34	-2.78	2.08	5.04	-7.58	-3.28	-4.52	-1.57	-1.33
6	11.30	2.09	-5.69	-3.00	-3.47	6.85	-8.07	-2.88	-2.33	4.21
7	8.07	-7.80	6.44	-3.54	-2.09	4.70	2.67	0.58	-2.87	0.74
8	2.77	-6.14	6.87	2.97	-2.56	11.02	3.69	-3.69	-0.05	0.65
9	2.37	5.77	10.07	5.90	4.44	-5.99	6.47	-1.44	1.69	2.47
10	2.14	-3.23	-5.64	-7.01	6.07	0.14	0.22	-4.22	5.87	-3.54
11	-4.40	-1.04	-3.30	-2.04	-5.30	-2.36	-3.11	0.47	2.14	-2.58
12	-2.10	-3.02	-2.27	3.50	-2.07	2.14	-4.55	0.05	1.01	5.47
13	2.14	2.01	-5.47	-9.33	4.44	1.34	0.24	9.54	0.88	3.54
14	4.69	3.67	-2.10	-8.07	-6.14	0.98	-3.50	8.41	3.99	2.57
15	11.32	-5.69	2.07	2.77	-3.07	0.66	-2.78	-5.41	-1.47	-4.78
16	-4.69	-2.00	3.47	5.48	-2.05	2.89	-8.40	0.22	2.58	-1.23
17	2.01	6.75	3.78	-3.50	2.67	-13.47	-7.55	9.54	3.57	0.27
18	-7.65	9.47	3.89	6.41	3.07	-4.23	0.07	-11.02	-2.34	3.55
19	-2.36	-5.33	-5.68	3.04	4.08	-0.28	9.56	-2.55	-1.09	2.67
20	-11.47	-6.01	-3.46	2.08	4.99	2.63	5.04	-12.23	7.03	0.74
21	3.39	-2.01	-3.09	3.64	-3.70	-3.63	-3.66	-2.00	4.33	3.69
22	-8.43	5.03	1.01	-6.80	-8.02	2.47	-4.40	4.47	-5.87	-0.25
23	-4.16	5.33	-5.61	-5.47	-7.35	0.50	2.57	-6.58	2.67	-0.98
24	-2.37	-3.36	-7.43	-6.17	2.44	-7.99	-3.01	-8.80	7.80	4.36
25	7.00	11.04	6.40	5.55	11.07	6.01	9.77	5.96	2.22	1.66
26	3.22	4.64	6.43	4.58	-2.47	14.15	6.41	3.22	1.49	-0.20

표 16.10 36개월간 각기 다른 산업의 10개 주식 월별 수익률(Stocks.xls)

	주식 1 은행 (%)	주식 2 은행 (%)	주식 3 은행 (%)	주식 4 은행 (%)	주식 5 보험 (%)	주식 6 금속 (%)	주식 7 금속 (%)	주식 8 제골 (%)	주식 9 제지 (%)	주식 10 전력 (%)
27	4.67	2.07	2.98	-2.07	-2.60	5.47	-2.60	4.74	1.42	1.59
28	3.20	3.68	-3.10	-2.65	3.18	-3.14	-3.01	-2.33	-0.77	5.67
29	-0.74	-0.58	-2.73	6.47	3.08	-3.25	7.78	4.01	0.59	4.90
30	-5.02	-7.04	-9.40	6.07	2.00	-1.08	8.36	4.32	3.07	3.92
31	-4.30	2.99	6.81	5.88	-6.47	5.47	2.04	-6.77	-2.55	2.14
32	2.64	7.66	6.90	-0.47	6.13	11.01	2.15	-2.64	-0.84	-0.71
33	6.77	7.16	5.87	8.09	2.47	5.71	3.19	5.74	5.98	2.04
34	6.70	-3.41	6.80	6.47	2.08	-14.33	-2.03	9.12	0.25	4.33
35	2.98	-2.01	5.32	-5.00	4.43	-5.44	6.07	8.40	-0.50	-2.36
36	5.70	11.52	6.00	0.27	2.29	2.47	5.73	6.47	1.00	1.60

14. 13번 문제를 1~24개월에 대해 다시 해보라. 그러나 이번에는 다음과 같은 세 가지 목적이 있다. (a) MAD 최소화, (b) 편차의 제곱의 제곱근을 최소화, (c) 최소최대(최대 절대 편차를 최소화)

15. CTA 투자은행은 최소 리스크로 최대 수익을 지향한다. 고객인 로버트는 50만 달러를 투자하려 한다. 로버트의 프로파일에 다르면, 그의 은행 관리자가 11개 형태의 투자 펀드를 선택했다. 표 16.11은 각 펀드의 설명, 연간 수익률, 리스크, 필요 초기 투자를 보여준다. 연간 기대 수익은 과거 5년 동안의 이동 평균을 사용해 계산했다. 각 펀드의 리스크는 표 16.11처럼 수익률의 표준 편차를 측정한 것이다. 로버트 포트폴리오의 최대 리스크 허용치는 6%이다. 또한 그의 보수적 프로파일에 따라 적어도 50%의 자본은 인덱스 펀드와 채권에 투자하고, 투자 상품 하나의 최대 투자는 25%로 제한하려 한다. 제시된 모든 제약 조건하에서 기대 연간 수익을 최대화하기 위해 선형 계획법을 사용해 각 펀드에 어떻게 투자해야 하는지 알아보라.

표 16.11 각 펀드의 특성

펀드	연간 수익/수익률(%)	리스크	초기 투자(US$)
인덱스 펀드 A	11.74	1.07	30,000.00
인덱스 펀드 B	12.19	1.07	100,000.00
인덱스 펀드 C	12.66	1.07	250,000.00
채권 펀드 A	12.22	1.62	30,000.00
채권 펀드 B	12.87	1.62	100,000.00
채권 펀드 C	12.96	1.62	250,000.00
기업채 A	16.04	5.89	20,000.00
기업채 B	17.13	5.89	100,000.00
멀티마켓 펀드	18.10	5.92	10,000.00
주식 펀드 A	19.53	6.54	1000.00
주식 펀드 B	22.16	7.23	1000.00

16. 화학 분야의 한 선두회사는 플라스틱, 고무, 페인트, 폴리우레탄 등의 m가지 제품을 생산한다. 회사는 생산, 재고, 수송 결정을 통합하는 계획을 구상하고 있다. 상품은 워싱턴, 볼티모어, 필라델피아, 뉴욕, 피츠버그 각 지역에 위치한 p개 소매상에 판매하기 용이하도록 n개의 다른 시설에서 만들 수 있다. 분석한 주기는 T이다. 각 주기에서 각 m 제품을 p 소매상에 보내기 위해 어느 n 시설을 이용할지 결정해야 한다. 각 시설은 하나 이상의 소매상에 공급할 수 있다. 그러나 각 소매상의 전체 수요는 단일 시설에서 공급돼야 한다. 각 시설의 생산과 저장은 상품과 주기에 종속되어 있다. 단위 생산, 수송, 재고 관리 비용 또한 제품, 시설, 주기에 따라 다르다. 주목적은 전체 생산, 수송, 재고 관리 비용을 최소화하고 각 소매상의 수요를 맞추고 생산 용량을 지키기 위해 각 주기에서 시설마다의 생산과 재고 수준을 알아내는 것이다. 16.6.6절의 일반 생산 및 재고

모델로부터 생산, 재고, 판매 결정을 통합하는 일반 모델을 구축해보라.

참고: 이진 결정 변수이므로(상품 i가 시설 j로 주기 t에서 소매상 k에 제공되면 값이 1이고, 그렇지 않으면 0이다), 믹스 계획 문제가 된다.

17. 16번 문제에서 각 소매상이 둘 이상의 제품을 공급받는 경우를 고려해 모델을 다시 구축해보라.

참고: 이 경우 t 주기에 시설 j에서 판매상 k로 제품 i를 얼마나 공급할지에 대한 결정 변수를 정의해야 한다.

18. 화장품과 세정제를 만드는 어떤 회사가 내년도 1학기에 런칭할 레베자라는 이름의 비누를 생산하기 위해 집계 계획을 정의하려 한다. 이를 위해 영업 부서는 표 16.12와 같은 기대 수요 표를 작성했다.

표 16.12 내년 1학기 기대 비누 수요(kg)

월	수요
1월	9600
2월	10,600
3월	12,800
4월	10,650
5월	11,640
6월	10,430

생산 데이터는 다음과 같다.

정규 생산 비용	kg당 $1.5
외주 생산 비용	kg당 $2
정규 노동 비용	$6/직원/월
근로자 고용 비용	$1000/직원
근로자 해고 비용	$900/직원
초과 시간당 비용	$7/초과 시간
재고 관리 비용	$1/kg/월
전달의 정규 노동	10명
초기 재고	600kg
직원당 평균 생산성	16kg/직원/시간
초과 시간당 평균 생산성	14kg/초과 시간
최대 외주 생산 용량	1000kg/월
최대 정규 노동 용량	20명
최대 재고 용량	2500kg/월

각 직원은 하루 6시간 일하고 월에 20일간 작업하며 한 달에 최대 20시간만 초과 근무를 할 수 있다. 전체 생산, 노동, 저장 비용을 최소화하는 집계 계획 모델(혼합 정수 계획)을 수립하라.

17

선형 계획 문제의 해법

기하는 어디에나 있다. 그러나 그것을 보고 이해하고 존경할 수 있는 정신을 가져야 한다.

– 말바 타한(Malba Tahan), 『The Man Who Counted』

17.1 소개

17장에서는 선형 계획 문제를 (a) 그래프 방법, (b) 해석적 방법, (c) 심플렉스 기법, (d) 컴퓨터를 사용해 해결하는 방법을 살펴본다.

오직 2개의 결정 변수만을 가진 단순 선형 계획 문제는 그래프 또는 해석적 방법으로 쉽게 해결할 수 있다. 그래프 방법은 최대 3개의 결정 변수 문제까지 해결할 수 있으며 그 복잡도는 더 증가한다. 유사하게, 해석적 방법도 변수나 방정식이 많아지면 거의 불가능해진다. 모든 가능한 기본 해법을 계산해야 되기 때문이다. 이 절차에 대한 대안으로는 심플렉스 알고리즘이나 기존 소프트웨어를 직접 사용할 수 있다(GAMS, AMPL, AIMMS 또는 엑셀의 해 찾기). 이 장에서는 16장에서 다뤘던 각 문제를 엑셀의 해 찾기를 이용해 해결해본다(예제 16.3 ~ 예제 16.12).

일부 선형 계획 문제는 비퇴화nondegenerate 최적해를 갖지 않는데, 다음 네 가지 중 하나에 해당할 수 있다. (a) 다중 최적해, (b) 무한 목적 함수, (c) 최적해가 없음, (d) 퇴화 최적해. 이번 장에서는 그래프 방법, 심플렉스 기법, 컴퓨터의 사용 중 어떤 특수한 경우인지 식별하는 방법을 알아본다.

많은 경우 모델 모수 추정은 미래 예측에 기반하며, 실세계에서 최종 해가 구현될 때까지 바뀔 수 있다. 변화의 예로는 가용 자원의 변화, 신상품의 도입, 상품 가격 변화, 생산 비용 증감 등이 있다. 따라서 **민감도 분석**[sensitivity analysis]은 선형 문제에 있어 필수적이다. 모델 모수의 변화가 최적해에 미치는 영향을 조사하는 것이 목적이기 때문이다.

이 장 말미의 민감도 분석은 각 제약의 우변에서 최초 모델의 최적해 변화를 가정하지 않거나 가능성 영역을 변경하지 않은 상황에서의 목적 함수 계수와 상수의 변화를 설명한다. 이 분석은 그래프, 대수 계산, 엑셀의 해 찾기나 Lindo 같은 소프트웨어 패키지로 한 번에 하나의 변화만을 고려하면서 수행할 수 있다.

17.2 선형 계획 문제의 그래프 해법

2개의 결정 변수만을 갖는 선형 계획 문제는 그래프 방법으로 해결할 수 있다. Hillier and Lieberman(2005)에 따르면, 2개의 결정 변수만을 가진 모든 LP 문제는 그래프로 해결할 수 있다. 결정 변수 3개까지는 그래프 방법으로 해결 가능하지만, 복잡도가 매우 증가한다.

선형 계획의 일반 해법에서는 먼저 가능해 공간 또는 가능 영역을 카티션 축에 따라 결정해야 한다. **가능해**[feasible solution]는 비음수성을 포함한 모델의 모든 제약을 만족하는 것이다. 어떤 해가 적어도 하나의 제약을 위배하면 **비가능해**[unfeasible solution]라고 부른다.

다음 단계는 모델의 **최적해**[optimal solution], 즉 최적 목적 함숫값을 가진 가능해를 결정하는 것이다. 최대화 문제에서는 가능해 집합을 구축한 다음 최적해는 집합 중 목적 함숫값이 가장 높은 것이다. 반면 최소화 문제에서는 가장 낮은 목적 함숫값이 최적해가 된다.

선형 계획에서 가능해 집합은 K로 표현한다. 이에 따라 첫 번째 정리가 탄생한다.

〔**정리 1**〕 집합 K는 컨벡스[convex]다.

〔**정의**〕 K의 모든 두 점을 연결하는 선분이 K에 포함되면 집합 K는 컨벡스다. 경계를 포함하는 컨벡스 집합은 유한하다.

그림 17.1은 그림으로 컨벡스와 비컨벡스 집합의 예를 보여준다.

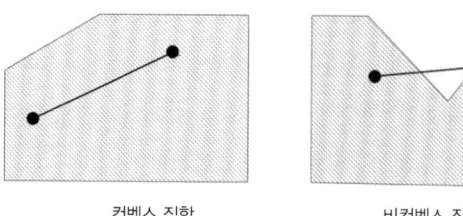

컨벡스 집합　　　　　　　비컨벡스 집합

그림 17.1 컨벡스와 비컨벡스 집합의 예

단일 최적해를 가진 최대화와 최소화 선형 계획 해의 그래프 해는 각각 예제 17.1과 예제 17.2를 통해 살펴본다. 특수한 경우(다중 최적해, 무한 목적 함수, 비가능해, 퇴화 최적해)는 예제 17.3, 17.4, 17.5, 17.6을 통해 살펴본다.

17.2.1 단일 최적해를 가진 최대화 선형 계획

단일 최적해를 가진 최대화 선형 계획의 그래프 해는 예제 17.1에 있다.

예제 17.1

다음 LP 최대화 문제를 살펴보자.

$$\max z = 6x_1 + 4x_2$$

제약 조건:

$$
\begin{aligned}
2x_1 + 3x_2 &\leq 18 \\
5x_1 + 4x_2 &\leq 40 \\
x_1 &\leq 6 \\
x_2 &\leq 8 \\
x_1, x_2 &\geq 0
\end{aligned}
$$

(17.1)

가능해 집합을 구하고 모델의 최적해를 알아보라.

해법

가능 영역

카티션 축 x_1, x_2에서 최대화 모델의 제약 조건을 나타내는 가능해 공간을 구한다. 먼저, 각 제약 조건에 대해 등식을 나타내는 선을 그린다($\geq$ 또는 $\leq$의 부호는 고려하지 않음). 그런 다음 부등식을 만족하는 방향을 찾는다. 따라서 첫 제약 조건에는 등식 $2x_1 + 3x_2 = 18$을 만족하는 선을 두 점에 대해 그릴 수 있다. $x_1 = 0$이면 $x_2 = 6$이고, $x_2 = 0$이면 $x_1 = 9$이다. 부등식 $2x_1 + 3x_2 \leq 18$을 만족하는 공간 또는 선 방향을 알아내려면 선 밖의 임의의 두 점을 고려하면 된다. 대개 그 단순성 때문에 원점 $(x_1, x_2) = (0, 0)$을 고려한다. 원점은 첫 부등식을 만족한다. $0 + 0 \leq 18$이기 때문이다. 따라서 그림 17.2와 같이 가능해의 선 방향을 알 수 있다.

같은 방법으로, 두 번째 제약 조건 $5x_1 + 4x_2 = 40$도 두 점에 대해 그린다. $x_1 = 0$이면 $x_2 = 10$이고, $x_2 = 0$이면 $x_1 = 8$이다. 또한 원점은 부등식 $5x_1 + 4x_2 \leq 40$를 만족함을 볼 수 있다. $0 + 0 \leq 40$이므로 그림 17.2와 일관된 해 집합의 방향을 나타낸다.

유사하게, 다른 제약 조건 $x_1 \leq 6$, $x_2 \leq 8$, $x_1 \geq 0$, $x_2 \geq 0$에 대해서도 가능해 공간을 알아낼 수 있다.

제약 조건 $5x_1 + 4x_2 \leq 40$와 $x_2 \leq 8$는 **불필요하다**redundant. 즉, 두 조건을 모델에서 제거하더라도 해 집합은 영향을 받지 않는다.

가능해는 사변형 *ABCD*로 나타난다. 이 다각형 표면이나 내부의 모든 점은 가능해다. 반면 다각형 외부의 점은 모두 적어도 하나의 모델 제약 조건을 만족하지 못한다.

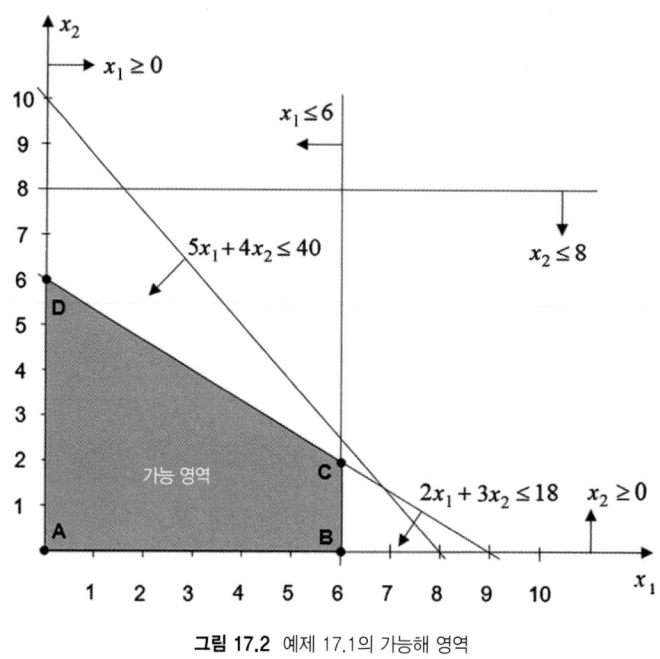

그림 17.2 예제 17.1의 가능해 영역

최적해

다음 단계는 그림 17.2의 가능해 중에서 함수 $z = 6x_1 + 4x_2$를 최대화하는 최적해를 찾는 것이다.

해 공간은 무한개의 점을 가지므로 최적해를 찾기 위한 형식적 절차를 수행해야 한다(Taha, 2016). 먼저, 함수가 증가하는 정확한 방향을 알아낼 필요가 있다(최대화 함수). 이를 위해 목적 함수 방정식에 기반한 다른 직선을 그리고 다른 z 값을 부여하며 시행착오를 거친다. 목적 함수가 증가하는 방향을 알아냈으면 가능해 공간에서 최적해를 식별할 수가 있다.

먼저, $z = 24$, $z = 36$을 순서대로 할당하고 각각 식 $6x_1 + 4x_2 = 24$와 $6x_1 + 4x_2 = 36$을 만든다. 이 두 방정식으로부터 가능해 공간에서 목적 함수를 최대화하는 방향을 식별할 수 있고 이를 통해 C가 최적해라는 결론을 내린다. 꼭짓점 C는 선 $2x_1 + 3x_2 = 18$과 $x_1 = 6$의 교차점이므로, 식으로부터 x_1, x_2를 대수적으로 계산할 수 있다. 따라서 $x_1 = 6$, $x_2 = 2$이며, $z = 6 \times 6 + 4 \times 2 = 44$이다. 완전한 절차는 그림 17.3에 나타나 있다.

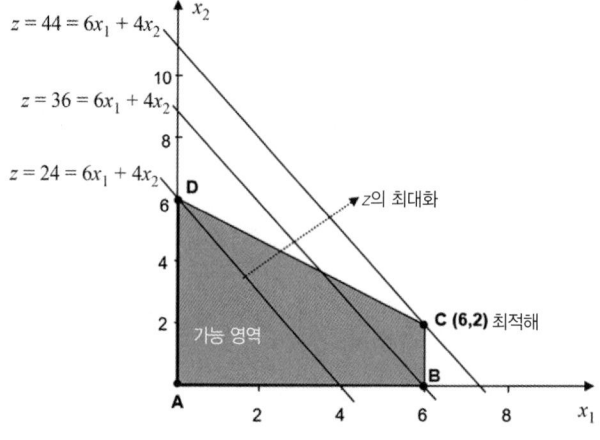

그림 17.3 예제 17.1의 최적해

모든 선은 방정식 $z = 6x_1 + 4x_2$로 나타나므로 z의 값만 바꾸면 그림 17.3에 의해 모든 선이 **평행**이라 결론지을 수 있다.

또 다른 중요한 정리에 따르면, 선형 계획 문제의 최적해는 항상 해 집합의 꼭짓점이나 극단점임을 알 수 있다.

정리 2 단일 최적해를 갖는 선형 계획 문제에서 목적 함수는 컨벡스 집합 K의 극단점에서 최소점이나 최대점에 도달한다.

17.2.2 단일 최적해를 가진 선형 계획 최소화 문제

예제 17.2

다음 최소화 문제를 살펴보자.

$$\min z = 10x_1 + 6x_2$$
제약 조건:
$$4x_1 + 3x_2 \geq 24$$
$$2x_1 + 5x_2 \geq 20$$
$$x_1 \qquad \leq 8$$
$$\qquad x_2 \leq 6$$
$$x_1, x_2 \geq 0$$

(17.2)

가능해 집합과 모델의 최적해를 구하라.

해법

가능 영역

예제 17.1과 동일한 절차를 거쳐 최소화 문제의 가능해를 구한다.

먼저, 최소화 모델 제약 조건으로부터 가능해 영역을 구해야 한다. 첫 번째 제약 $4x_1 + 3x_2 \geq 24$와 두 번째 제약 $2x_1 + 5x_2 \geq 20$를 고려해보자. 원점 $(x_1, x_2) = (0, 0)$은 두 부등식을 만족하지 않음을 알 수 있다. 따라서 이 두 선의 가능 방향은 이 점을 포함하지 않는다. $x_1 \leq 8$와 $x_2 \leq 6$의 제약을 추가하면 가능해 공간은 그림 17.4와 같이 한정된다. 예제 17.1과 달리 이 경우 모든 제약은 **필요 없지 않음**을 알 수 있고 모두 모델의 가능해 정의에 사용된다. 가능 영역은 그림 17.4의 다각형 *ABCD*에 해당된다.

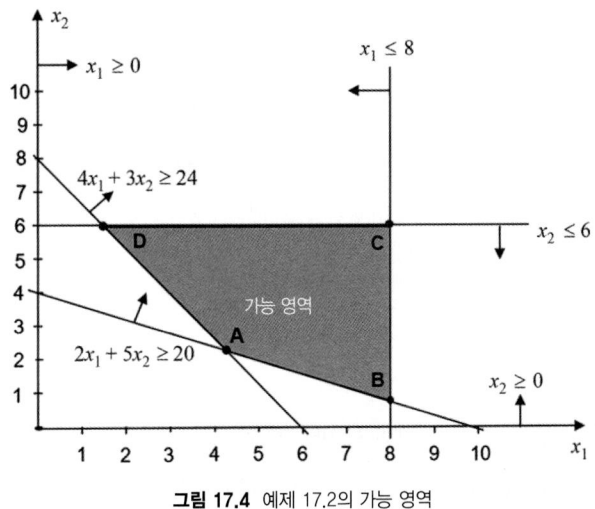

그림 17.4 예제 17.2의 가능 영역

최적해

예제 17.1과 동일한 절차를 사용해 최소화 문제의 최적해를 찾을 수 있다.

따라서 함수 $z = 10x_1 + 6x_2$를 그림 17.4에서의 가능해 공간 내에서 최소화하는 최적해를 찾아보자.

목적 함수가 감소하는 방향을 찾기 위해(최소화 문제), 다른 z 값을 할당하고 시행착오를 거친다. 먼저 $z = 72$를 할당하고 식 $10x_1 + 6x_2 = 72$를 얻고, $z = 60$을 할당해 $10x_1 + 6x_2 = 60$을 얻는다. 그러므로 목적 함수를 최소화하는 방향을 식별할 수 있고, 점 D가 모델의 최적해라고 결론 내린다(그림 17.5 참조).

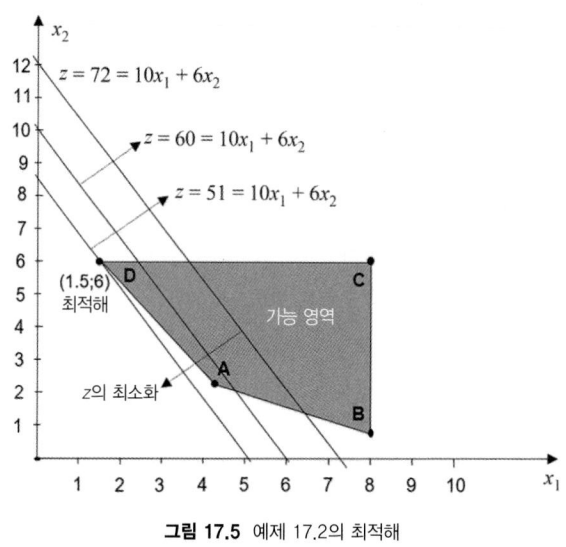

그림 17.5 예제 17.2의 최적해

점 D의 좌표 x_1, x_2는 방정식 $4x_1 + 3x_2 = 24$와 $2x_1 + 5x_2 = 20$으로부터 대수적으로 계산할 수 있다. 점 D는 이 두 방정식의 교차점이기 때문이다. 따라서 $x_1 = 1.5$이고 $x_2 = 6$이며 $z = 10 \times 1.5 + 6 \times 6 = 51$이다.

이전 예처럼, LP 문제는 해 공간에서의 최적 꼭짓점과 연계된 단일 최적해를 가짐을 볼 수 있다(정리 2).

17.2.3 특수한 경우

17.2.1절과 17.2.2절은 각각 단일 비퇴화 최적해를 가진 최대화(예제 17.1)와 최소화(예제 17.2) 문제를 보여준다. 비퇴화해 개념의 그래프 표현은 17.2.3.4절에 있다. 그러나 일부 선형 계획은 단일 비퇴화 최적해를 갖지 못하며, 다음 넷 중 하나에 해당한다.

1. 다중 최적해
2. 무한 목적 함수 z
3. 최적해가 없음
4. 퇴화 최적해

이 절에서는 그래프를 통해 선형 문제에서 발생할 수 있는 위 네 가지를 각각 살펴본다. 심플렉스 기법(17.4.5절 참조), 컴퓨터(17.5.3절의 경우 2와 3 그리고 17.6.4절의 경우 1과 4)를 활용해 이들을 식별하는 법을 알아본다.

17.2.3.1 다중 최적해

선형 계획 문제는 여러 개의 최적해를 가질 수 있다. 이 경우 두 결정 변수를 가진 문제를 생각해보면 x_1, x_2의 각기 다른 값이 목적 함수의 동일한 최적값을 갖는다. 이 경우는 예제 17.3에 그래프로 나타나 있다.

Taha(2016)에 따르면 **목적 함수가 활성 제약에 평행이면 다중 최적해를 갖게 된다. 활성 제약**active constraint 이란 모델의 최적해 결정에 영향을 끼치는 제약을 의미한다.

예제 17.3

다음 선형 계획 문제의 가능해 집합과 모델의 최적해를 구하라.

$$\max z = 8x_1 + 4x_2$$

제약 조건:

$$4x_1 + 2x_2 \leq 16$$
$$x_1 + x_2 \leq 6$$
$$x_1, x_2 \geq 0$$

(17.3)

해법

이전 예제에서 사용한 동일한 절차를 이 경우에도 적용해 최적해를 찾을 수 있다.

그림 17.6은 제약을 분석한 가능해를 보여준다. 가능해 공간이 사각형 $ABCD$로 나타난 것을 볼 수 있다.

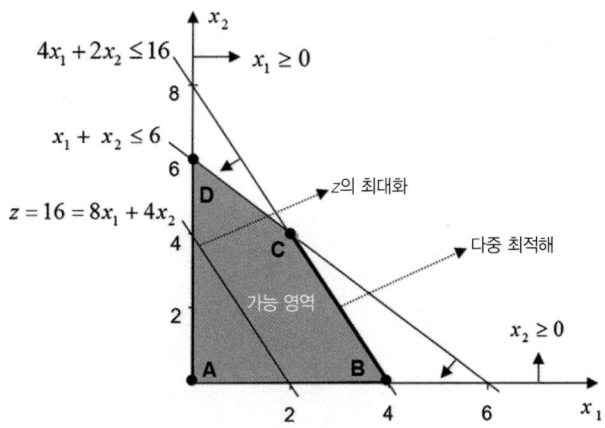

그림 17.6 다중 최적해를 가진 가능 영역

모델의 최적해를 결정하기 위해 먼저 $z = 16$을 대입해 그림 17.6과 같은 선을 구한다. 목적 함수가 최대화인데, x_1, x_2 값이 더 높을수록 목적 함수 z 값도 커지므로 함수가 증가하는 방향을 쉽게 알 수 있다. $z = 16 = 8x_1 + 4x_2$와 $4x_1 + 2x_2 = 16$으로 나타난 선은 서로 평행이다. 따라서 이 경우 최적해는 선분 BC로 나타난 다중 해가 된다. 예를 들어, 점 B에 대해 $x_1 = 4$, $x_2 = 0$, $z = 8 \times 4 + 4 \times 0 = 32$이다. 점 C는 $4x_1 + 2x_2 = 16$과 $x_1 + x_2 = 6$의 교차점이다. 이를 대수적으로 계산해보면 $x_1 = 2$,

$x_2 = 4$, $z = 8 \times 2 + 4 \times 4 = 32$를 얻는다. 이 선분의 다른 모든 점도 $z = 32$를 나타내는 최적해의 대안이 된다.

정리 3 둘 이상의 최적해를 갖는 선형 문제의 경우 목적 함수는 이 값이 컨벡스 집합 K에서 적어도 둘 이상의 극단점을 가지며, 이 두 극단점의 모든 컨벡스 선형 조합이 된다(두 극단점을 연결하는 선분의 모든 점이다).

17.2.3.2 무한 목적 함수 z

이 경우, 적어도 하나의 결정 변숫값의 증가에 제한이 없고 결과적으로 목적 함수 z와 가능 영역이 무한이다.

최대화 문제에서는 목적 함수의 값이 무한으로 증가하고 최소화 문제에서는 무한으로 감소한다.

예제 17.4는 무한 목적 함수의 무한 해 집합을 그래프로 보여준다.

예제 17.4

다음 선형 계획 문제의 가능해 공간과 모델의 최적해를 구하라.

$$\max z = 4x_1 + 3x_2$$
제약 조건:
$$
\begin{aligned}
2x_1 + 5x_2 &\geq 20 \\
x_1 &\leq 8 \\
x_1, x_2 &\geq 0
\end{aligned}
$$
(17.4)

해법

예제 17.4의 제약으로부터 가능해를 구하는데 이 경우 무한이다. 그림 17.7에서 보듯 x_2의 증가에 제한이 없기 때문이다. 결론적으로 목적 함수 z는 무한으로 증가한다. 완전한 절차는 그림 17.7에 있다.

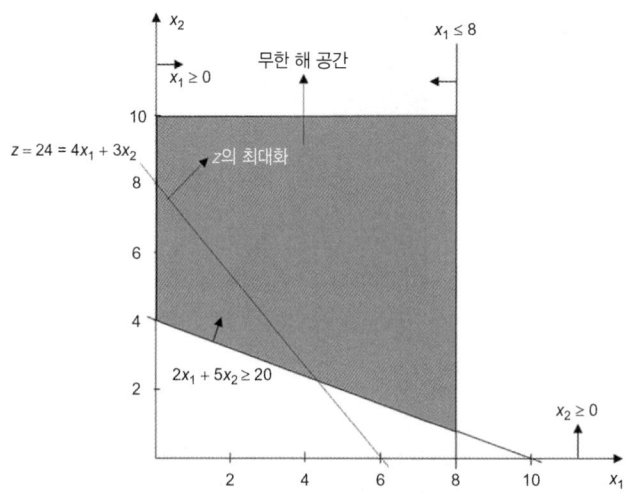

그림 17.7 무한 가능해 집합과 무한 최대화 함수 z

17.2.3.3 최적해가 없는 경우

이 경우 가능해를 찾을 수 없다. 즉, 최적해가 없고 가능해가 공집합이다. 예제 17.5는 최적해가 없는 경우를 그래프로 보여준다.

예제 17.5

다음 선형 계획 문제를 살펴보자.

$$\max z = x_1 + x_2$$

제약 조건:

$$
\begin{aligned}
5x_1 + 4x_2 &\geq 40 \\
2x_1 + x_2 &\leq 6 \\
x_1, x_2 &\geq 0
\end{aligned}
\tag{17.5}
$$

가능 영역과 최적해를 구하라.

해법

그림 17.8은 예제 17.5를 그래프로 보여주는데, 임의의 값 $z = 7$에서 각 모델의 제약 조건과 목적 함수를 살펴본다.

그림 17.8에서 모든 제약을 만족하는 점이 존재하지 않음을 볼 수 있다. 이는 예제 17.5의 가능해가 공집합이라는 의미이며, 해당 LP 문제는 해를 갖지 못한다.

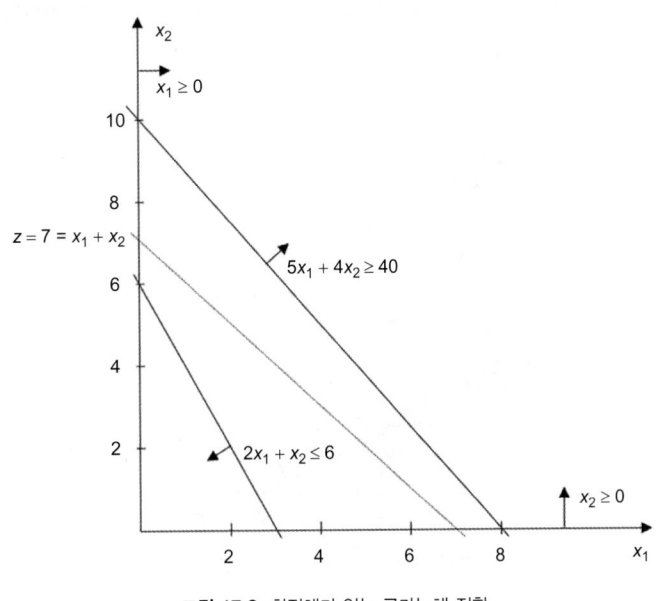

그림 17.8 최적해가 없는 공가능해 집합

17.2.3.4 퇴화 최적해

그래프상에서 가능해 영역의 하나의 꼭짓점이 셋 이상의 선으로부터 구해지면 퇴화해^{degenerate solution}의 특수한 경우를 볼 수 있다. 따라서 **퇴화 꼭짓점**^{degenerate vertex}이 있다. 최적해에 퇴화가 있으면 **퇴화 최적해**^{degenerate optimal solution}라고 한다.

퇴화해의 개념과 문제는 17.4.5.4절(심플렉스 기법을 통해 식별)과 17.6.4.2절(엑셀의 해 찾기로 식별)에서 자세히 알아본다.

예제 17.6

다음의 선형 계획 문제를 살펴보자.

$$\min z = x_1 + 5x_2$$

제약 조건:

$$
\begin{aligned}
2x_1 + 4x_2 &\geq 16 \\
x_1 + x_2 &\leq 6 \\
x_1 &\leq 4 \\
x_1, x_2 &\geq 0
\end{aligned}
$$

(17.6)

가능 영역과 최적해를 구하라.

해법

예제 17.6의 가능해 공간은 그림 17.9에 있으며, 삼각형 ABC로 나타나 있다. 제약 $x_1 \leq 4$는 **쓸모없다**는 것을 볼 수 있다. 꼭짓점 B가 3개 선의 교차점이므로 퇴화 꼭짓점이 된다.

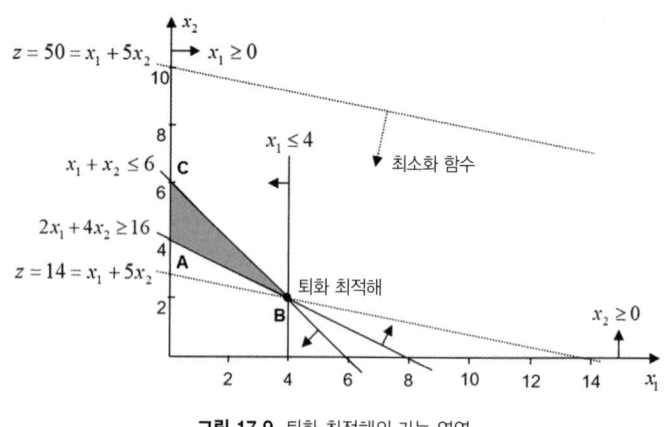

그림 17.9 퇴화 최적해의 가능 영역

최소화 함수는 $z = x_1 + 5x_2$이고 모델의 모든 제약을 만족하는 최소점을 찾고자 한다. 따라서 $z = 50$에서 그림 17.9와 같이 함수 z를 최소화하는 선의 방향을 알 수 있다. 그러므로 점 B는 퇴화 최적해임을 알 수 있다. 점 B가 $2x_1 + 4x_2 = 16$과 $x_1 + x_2 = 6$의 교차점이므로 x_1, x_2는 대수적으로 계산할 수 있다. 따라서 $x_1 = 4$, $x_2 = 2$, $z = 4 + 5 \times 2 = 14$이다.

17.3 $m < n$인 선형 계획 문제의 해석적 해

LP를 그래프로 해결하는 절차는 17.2절에 있다. 이번 절에서는 선형 계획 문제를 해결하는 해석적 절차를 설명한다.

m개의 선형 방정식과 n개의 변수($m < n$)가 있는 $Ax = b$를 생각해보자. Taha(2016)에 따르면 $m = n$이고 일관되면 단일 해를 갖는다. $m > n$이고 적어도 $m - n$ 방정식이 필요 없다. 그러나 $m < n$이고 일관되면 방정식은 무한개의 해를 갖는다.

$m < n$인 $Ax = b$의 해를 찾으려면, 먼저 x로부터 $n - m$개의 **비기본 변수**[NBV, nonbasic variable]를 골라야 하며 0을 대입한다. 그런 다음 **기본 변수**[BV, basic variable]로 불리는 나머지 m개의 변수를 구해야 한다. 해는 **기본해**[BS, basic solution]라 부르고, 기본 변수의 집합을 **베이스**[base]라고 부른다.

기본해가 비음수성 제약을 만족하면 **가능 기본해**[FBS, feasible basic solution]라 부른다.

Winston(2004)에 따르면 기본 변수는 오직 하나의 식에만 계수 1을 갖고 나머지에서는 0을 갖는 것으로 정의된다. 나머지 모든 변수는 **비기본**이다.

최적해를 계산하려면, 모든 가능 기본해에 대해 목적 함수 z의 값을 계산하고 최적의 대안을 찾는다. 기본해의 최대 개수는 다음과 같이 계산된다.

$$C_m^n = \binom{n}{m} = \frac{n!}{m!(n-m)!} \tag{17.7}$$

따라서 이 절에 적용된 해석 기법은 n개 변수에서 고른 모든 m개의 조합을 분석해 최적을 찾는다. m, n이 작은 경우에는 선형 방정식 해결이 가능하다. 그러나 m, n이 클 경우 계산은 불가능해진다. 그 대안으로는 심플렉스가 있는데, 17.4절에서 알아본다.

예제 17.7

3개의 변수와 2개의 방정식을 가진 다음 연립 방정식을 살펴보자.

$$x_1 + 2x_2 + 3x_3 = 28$$
$$3x_1 \qquad - x_3 = 4$$

이 연립 방정식의 기본해를 구하라.

해법

3개의 변수와 2개의 방정식을 가진 연립 방정식은 $n - m = 3 - 2 = 1$개의 비기본 변수와 $m = 2$개의 기본 변수를 갖는다. 예제의 경우, 전체 가능한 기본해 개수는 3이다.

해 1

NBV = {x_1} 그리고 BV = {x_2, x_3}

비기본에는 0을 대입(즉, x_1 = 0)한다. 따라서 기본해의 x_2, x_3 값을 대수적으로 계산해, x_2 = 20, x_3 = −4이다. x_3 < 0이므로 해는 비가능이다.

해 2

NBV = $\{x_2\}$ 그리고 BV = $\{x_1, x_3\}$

x_2 = 0이면 기본해는 x_1 = 4와 x_3 = 8이다. 따라서 가능 기본해를 갖는다.

해 3

NBV = $\{x_3\}$ 그리고 BV = $\{x_1, x_2\}$

x_3 = 0이면 기본해는 x_1 = 1.33, x_2 = 13.330이다. 앞의 경우처럼 이 경우도 가능 기본해다.

예제 17.8

다음 선형 계획 문제를 고려해보자.

$$\max 3x_1 + 2x_2$$
제약 조건:
$$\begin{aligned} x_1 + x_2 &\leq 6 \\ 5x_1 + 2x_2 &\leq 20 \\ x_1, x_2 &\geq 0 \end{aligned}$$

(17.8)

해석적으로 풀어보자.

해법

해석적 해법 절차를 적용하려면 문제가 **표준 형식**standard form(16.4.1절 참조)이어야 한다. 부등식 제약을 등식으로 변환하려면 슬랙 변수 x_3, x_4를 포함해야 한다. 따라서 원시 문제는 다음과 같은 표준 형식으로 쓸 수 있다.

$$\max 3x_1 + 2x_2$$
제약 조건:
$$\begin{aligned} x_1 + x_2 + x_3 &= 6 \\ 5x_1 + 2x_2 + x_4 &= 20 \\ x_1, x_2\, x_3, x_4 &\geq 0 \end{aligned}$$

(17.9)

연립 방정식은 m = 2 식과 n = 4개의 변수를 갖는다. 기본해를 찾으려면 $n - m = 4 - 2$ = 2개의 비기본 변수에 0을 대입해 m = 2개의 나머지 기본 변수를 식 (17.9)로 구해야 한다. 예제에서 전체 기본해 개수는 다음과 같다.

$$C_2^4 = \binom{4}{2} = \frac{4!}{2!(4-2)!} = 6$$

해 A

NBV = $\{x_1, x_2\}$ 그리고 BV = $\{x_3, x_4\}$

먼저 비기본해 x_1, x_2에 0을 대입해 기본해 x_3, x_4를 식 (17.6)으로 대수적으로 구한다. 따라서 다음과 같다.

비기본해: x_1 = 0, x_2 = 0

기본해: $x_3 = 6$, $x_4 = 20$

목적 함수: $z = 0$

다른 기본해에 대해서도 동일한 계산을 수행한다. 모든 새로운 해에 대해 기본 변수 집합의 변수는 일련의 기본 변수 집합 (베이스)으로 가고 결과적으로 베이스가 남는다.

해 B

이 경우, 변수 x_1이 x_4 대신 베이스로 들어가서 x_4가 비기본 변수 집합의 일부가 된다.

NBV = $\{x_2, x_4\}$ 그리고 BV = $\{x_1, x_3\}$

비기본해: $x_2 = 0$, $x_4 = 0$

기본해: $x_1 = 4$, $x_3 = 2$

목적 함수: $z = 12$

해 C

이 경우, 변수 x_4가 x_3 대신 베이스로 들어간다.

NBV = $\{x_2, x_3\}$ 그리고 BV = $\{x_1, x_4\}$

비기본해: $x_2 = 0$, $x_3 = 0$

기본해: $x_1 = 6$, $x_4 = -10$

$x_4 < 0$이므로 해가 될 수 없다.

해 D

이 경우, 변수 x_2가 x_4 대신 베이스로 들어간다.

NBV = $\{x_3, x_4\}$ 그리고 BV = $\{x_1, x_2\}$

비기본해: $x_3 = 0$, $x_4 = 0$

기본해: $x_1 = 2.67$, $x_2 = 3.33$

목적 함수: $z = 14.7$

해 E

이 경우, 변수 x_4가 x_1 대신 베이스로 들어간다.

NBV = $\{x_1, x_3\}$ 그리고 BV = $\{x_2, x_4\}$

비기본해: $x_1 = 0$, $x_3 = 0$

기본해: $x_2 = 6$, $x_4 = 8$

목적 함수: $z = 12$

해 F

이 경우, 변수 x_3가 x_4 대신 베이스로 들어간다.

NBV = $\{x_1, x_4\}$ 그리고 BV = $\{x_2, x_3\}$

비기본해: $x_1 = 0$, $x_4 = 0$

기본해: $x_2 = 10$, $x_3 = -4$

$x_3 < 0$이므로 비가능해다.

따라서 최적해는 D이고 $x_1 = 2.67$, $x_2 = 3.33$, $x_3 = 0$, $x_4 = 0$, $z = 14.67$이다.

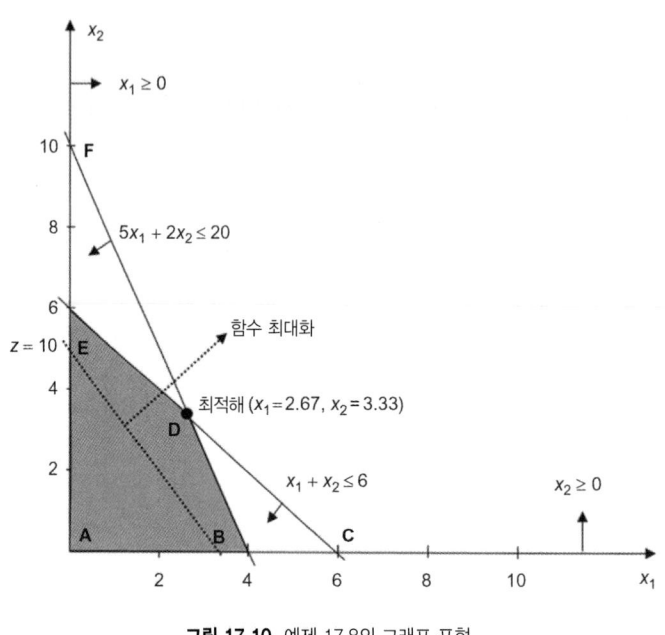

그림 17.10 예제 17.8의 그래프 표현

그림 17.10은 카티션 축 x_1, x_2에서 구한 6개의 해를 그래프로 보여준다. 해 A, B, D, E는 가능해의 극단점에 해당한다. C와 F는 가능해가 아니므로 가능해 집합에 속하지 않는다. 이제 새로운 정리가 만들어졌다.

정리 4 선형 문제의 모든 가능 기본해는 컨벡스 집합 K의 극단점이다.

17.4 심플렉스 기법

17.2절에서 설명했듯이, 최대 3개의 결정 변수까지는 그래프 방법으로 해결할 수 있다. 같은 식으로 17.3절의 해석적 방법은 변수와 방정식이 많아지면 모든 가능한 기본해를 계산하는 것이 불가능해져서 최적해를 찾을 수 없다. 그 대안으로서 심플렉스Simplex 기법은 모든 LP 문제에 적용할 수 있다.

선형 계획 문제 해결을 위한 심플렉스는 1947년에 개발됐는데 2차 세계대전 뒤 조지 댄지그 팀에 의해 널리 퍼졌다.

Goldbarg and Luna(2005)는 선형 계획에서 가장 보편적인 것이 심플렉스 알고리즘이라고 설명한다.

심플렉스 기법은 최초 가능 기본해에서 대수적으로 반복 절차를 시작해 각 반복마다 새롭고 더 나은 목적 함수의 기본해를 찾으려 한다. 알고리즘에 대한 자세한 설명은 다음 절에 있다.

이 절은 세 부분으로 나뉜다. 심플렉스의 논리는 17.4.1절에서 다루고, 17.4.2절은 해석적으로 설명하며, 표 형식의 심플렉스 기법은 17.4.3절에서 다룬다.

17.4.1 심플렉스 기법의 논리

심플렉스 기법은 최초 가능 기본해에서 대수적으로 반복 절차를 시작해 각 반복마다 새롭고 더 나은 인접 가능 기본해라 불리는 목적 함수의 기본해를 최적값을 찾을 때까지 수행한다. 인접 FBS의 개념은 다음과 같다.

현재 기본해로부터, 기본 변수가 다른 기본 변수(이 기본 변수는 이제 비기본이 된다) 대신 베이스로 들어가서 **인접 기본해**^{adjacent basic solution}라는 새로운 해를 생성한다. m개 기본 변수와 $n - m$개 비기본 변수를 가진 문제에서 두 기본 변수가 $m - 1$개의 기본 변수를 공통으로 갖고 있으면 서로 인접하다고 하며, 각기 다른 수치를 가질 수도 있다. 또한 $n - m - 1$개의 비기본 변수를 공통으로 갖는다.

인접 기본해가 비음수성 조건을 만족하면 **인접 가능 기본해**^{adjacent feasible basic solution}(**인접 FBS**)라 부른다.

정리 4에 따라 모든 가능 기본해는 가능 영역의 극점(꼭짓점)이다. 따라서 두 꼭짓점이 $n - 1$ 제약을 공유하는 모서리라 불리는 선분으로 연결될 때 서로 인접하다고 한다.

심플렉스 알고리즘의 일반 설명은 그림 17.11에 있다. 해석적 절차와 유사하게 심플렉스 기법을 적용하려면 문제가 표준 형식(16.4.1절 참조)이어야 한다.

시작: 문제는 표준 형식이어야 한다.

1단계: LP 문제의 최초 FBS 찾기

최초 FBS = 현재 FBS

2단계: 현재 FBS가 최적인지 확인한다.

  While 현재 FBS가 최적이 아니면 **do**

    목적 함수의 더 나은 값을 가진 인접 FBS를 찾는다.

    인접 FBS = 현재 FBS

  End while

End

그림 17.11 심플렉스 알고리즘의 일반적인 설명

알고리즘은 그림 17.12처럼 흐름도로 표시할 수 있다.

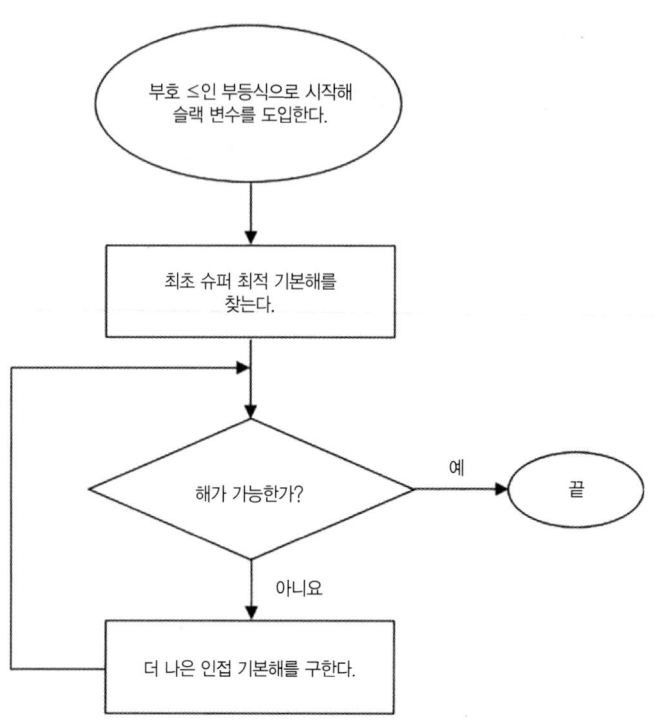

그림 17.12 심플렉스 알고리즘의 일반 흐름도(출처: Lachtermacher, G., 2009. Pesquisa operacional na tomada de decisões. 4th ed. Prentice Hall do Brasil, São Paulo)

17.4.2 최대화 문제에서 심플렉스 기법의 해석적 해

그림 17.11과 그림 17.12에서 설명한 일반 알고리즘 단계를 Hillier and Lieberman(2005)에 따라 그림 17.13에 매우 자세히 기술했다. 이는 선형 계획 문제 심플렉스 기법의 해석적 해이고 목적 함수 z가 최대화다(max $z = c_1x_1 + c_2x_2 + \cdots + c_nx_n = 0$).

17.3절의 예제 17.8에서는 모델의 최적화 해를 구하기 위해 가능한 모든 기본해 조합을 계산했고 그중 최적을 골랐다. 동일한 예제를 예제 17.9에서 해결하지만 이번에는 심플렉스를 이용한 해석적 방법을 사용한다.

시작: 문제를 표준 형식으로 만든다.

1단계: LP 문제의 최초 가능 기본해(FBS)를 찾는다.

최초의 FBS는 결정 변수에 0을 대입하면 구할 수 있다. 해가 가능하려면 모든 제약 조건이 지켜져야 한다.

2단계: 최적성 검사

더 나은 인접 가능 기본해가 존재하지 않을 때의 가능 기본해가 최적해가 된다. 목적 함수 z의 값에 양의 증가가 존재하면 그 인접 FBS가 더 낫다. 마찬가지로, 감소하면 그 인접 FBS는 더 못한 해가 된다. 목적 함수 z의 적어도 하나의 비기본 변수가 양의 계수를 가지면, 더 나은 인접 FBS가 있다.

반복: 더 나은 인접 FBS 구하기

증가하는 z 방향을 식별하고 더 나은 가능 기본해를 찾아야 한다. 이를 위해 세 가지 단계를 따른다.

1. 기본 변수 집합(베이스)으로 갈 비기본 변수를 정한다. z의 증가를 가장 크게 하는 것이어야 하며, 이는 가장 큰 계수를 갖게 된다.
2. 비기본 변수의 집합으로 가는 기본 변수(베이스)를 선택한다. 베이스를 떠나도록 정한 변수는 이전 단계에서 베이스로 가도록 선택된 비기본 변수의 증가를 제한하는 것이어야 한다.
3. 새 인접 해의 값을 계산해 연립 방정식을 해결한다. 그 전에 연립 방정식은 기본 대수 연산을 통해 **가우스–조던 제거법**Gauss-Jordan elimination method으로 좀 더 편리한 형태로 변환해야 한다. 새로운 연립 방정식에서 각각의 새로운 방정식은 계수가 1인 기본 변수가 오직 하나여야 한다. 각 기본 변수는 각 방정식에 단 한 번만 나타나야 하고, 목적 함수는 비기본 함수에 따라 새로 작성해, 목적 함수 z의 새로운 기본 변숫값이 바로 구해지고 최적성 검사를 쉽게 수행할 수 있어야 한다.

그림 17.13 심플렉스 기법을 사용한 그림 17.11과 그림 17.12의 자세한 설명

예제 17.9

다음 문제를 심플렉스 기법으로 해석적 해법을 사용해 해결하라.

$$\max z = 3x_1 + 2x_2$$
제약 조건:
$$\begin{aligned} x_1 + x_2 &\le 6 \\ 5x_1 + 2x_2 &\le 20 \\ x_1, x_2 &\ge 0 \end{aligned}$$

(17.10)

해법

알고리즘의 각 단계는 Hillier and Lieberman(2005)에 따라 설명한다.

시작: 문제를 표준 유형으로 한다.

$$\max z = 3x_1 + 2x_2 \qquad (0)$$

제약 조건:

$$
\begin{array}{rl}
x_1 + x_2 + x_3 \quad\;\; = 6 & (1) \\
5x_1 + 2x_2 \quad\;\;\; + x_4 = 20 & (2) \\
x_1, x_2\, x_3, x_4 \ge 0 & (3)
\end{array}
$$

(17.11)

1단계: 최초 FBS를 찾는다.

최초 기본해는 결정 변수 x_1, x_2(비기본 변수)에 0을 대입해 구할 수 있다.

기본 변수(x_3, x_4)의 값은 식 (17.11)로부터 바로 구할 수 있다. 각 방정식이 오직 하나의 기본 변수만이 계수를 1로 가지며 각 기본 변수가 하나의 방정식에 하나만 등장하기 때문이다. 또한 목적 함수가 각 기본 변수에 기반해 작성되므로 최적성 검사는 2단계에서 쉽게 할 수 있다. 최초 해의 완전한 결과는 다음과 같다.

NBV = $\{x_1, x_2\}$ 그리고 BV = $\{x_3, x_4\}$

비기본해: $x_1 = 0$ 그리고 $x_2 = 0$

가능 기본해: $x_3 = 6$ 그리고 $x_4 = 20$

해: $\{x_1, x_2, x_3, x_4\} = \{0, 0, 6, 20\}$

목적 함수: $z = 0$

이 값은 17.3절의 그림 17.10에 있는 예제 17.8의 가능 지역의 꼭짓점 A에 해당한다.

2단계: 최적성 검사

1단계의 최초 FBS는 식 (17.11)로 나타낸 연립 방정식의 목적 함수에서 비기본 변수 x_1, x_2의 계수가 양수이므로 최적이 아니다. 이 변수 중 하나가 0이 아니라 양숫값을 가지면 목적 함수 z가 증가한다. 따라서 더 나은 인접 FBS를 구할 수 있게 된다.

반복: 더 나은 FBS 구하기

반복에서 세 단계 각각은 다음처럼 구현된다.

1. 베이스로 갈 기본 변수

식 (17.11)의 연립 방정식에 따라, x_1은 x_2에 비해 더 큰 목적 함수 계수를 가지므로 동일한 측도 단위에 대해 더 큰 목적 함수 증가를 초래한다. 따라서 베이스로 갈 기본 변수로는 x_1을 선택한다.

$$\text{NBV} = \left\{ \overset{\Updownarrow}{x_1}, x_2 \right\}$$

2. 베이스를 떠날 기본 변수

베이스를 떠날 기본 변수는 이전 단계에서 베이스로 들어온 비기본 변수의 증가를 제한하도록 선택해야 한다. 이를 위해 먼저 모든 방정식에서 기본 변수에 남겨진 변수에 0을 대입한다(이 경우 x_2). 그런 다음 베이스로 가도록 선택된 기본 변수(x_1)에 기반해 각 기본 변수에 대한 방정식을 구한다. 모든 기본 변수는 비음수성이어야 하므로 ≥ 0 부등식을 각 제약에 추가해 x_1의 증가를 제한하는 기본 변수를 식별한다.

따라서 식 (17.11)의 식 (1), (2)의 x_2에 0을 대입해 x_1에 기반한 기본 변수 x_3, x_4의 방정식을 구한다.

$$
\begin{aligned}
x_3 &= 6 - x_1 \\
x_4 &= 20 - 5x_1
\end{aligned}
$$

변수 x_3, x_4는 비음수여야 하므로, 다음과 같다.

$$x_3 = 6 - x_1 \geq 0 \Rightarrow x_1 \leq 6$$
$$x_4 = 20 - 5x_1 \geq 0 \Rightarrow x_1 \leq 4$$

변수 x_1의 증가를 제한하는 것은 x_4라고 결론지을 수 있다. x_4로부터 미칠 수 있는 x_1의 최댓값이 x_3보다 작기 때문이다(4 < 6). 따라서 베이스를 떠날 기본 변수는 x_4가 된다.

$$BV = \left\{ x_3, \overset{\updownarrow}{x_4} \right\}$$

3. 가우스–조던 제거법과 기본해 재계산을 사용해 연립 방정식을 변환한다.

이전 두 단계에서 본 대로, 변수 x_1은 x_4 대신 베이스에 가고 더 나은 인접 기본해를 구성한다. 따라서 기본 변수 집합과 기본 변수 집합은 다음과 같다.

NBV = {x_2, x_4} 그리고 BV = {x_1, x_3}

이 단계에서 새로운 기본해의 값을 재계산한다. x_4가 인접 해에서의 새로운 비기본 변수이므로, 비기본에 남아 있는 x_2와 함께 $x_2 = 0$, $x_4 = 0$이 된다. 그런 다음 인접 해의 기본 변수 x_1, x_3의 값과 z 값을 계산한다.

먼저 **가우스–조던 제거법**을 사용해 기본 연산으로 연립 방정식을 좀 더 편리한 형태로 변환해 각 방정식은 계수가 1인 기본 변수(x_1 또는 x_3)를 오직 하나만 갖고 각 기본 변수는 하나의 방정식에 단 한 번만 등장하도록 하여 목적 함수를 기본 변수 x_2, x_4에 대해 다시 쓴다.

이를 위해 식 (17.11)로 표현한 현재의 연립 방정식에서 x_1 변수의 계수가 3, 1, 5(각각 식 (0), (1), (2))에서 0, 0, 1(현 연립 방정식의 변수 X의 계수)로 바뀌어야 한다. Hillier and Lieberman(2005)에 따르면 2개의 기본 대수 연산은 다음과 같다.

(a) 0이 아닌 상수를 곱한다(또는 나눗셈).

(b) 식의 배수를 다른 식 이전(또는 이후)에 더한다(또는 차감).

먼저, 식 (17.11) 방정식 (2)의 x_1 변수 계수를 5에서 1로 바꾼다. 이를 위해 식 (2) 양변을 5로 나누어 새로운 식 (17.12)를 계수 1을 가진 단일 기본 변수(x_1)에 대해 나타낸다.

$$x_1 + \frac{2}{5}x_2 + \frac{1}{5}x_4 = 4 \tag{17.12}$$

식 (17.11)의 방정식 (1)에서 변수 x_1의 계수를 1에서 0으로 바꾸기 위해 또 다른 변환을 해야 한다. 이를 위해 식 (17.12)를 식 (17.11)에서 차감하면 새로운 식 (17.13)은 계수가 1인 단일 기본 변수(x_3)에 대해 나타난다.

$$\frac{3}{5}x_2 + x_3 - \frac{1}{5}x_4 = 2 \tag{17.13}$$

마지막으로, 목적 함수에서 x_1의 계수(식 (17.11)의 식 (0))를 3에서 0으로 변환한다. 이를 위해 식 (17.12)를 3으로 곱하고 식 (17.11)의 방정식 (0)을 차감해 새로운 식 (17.14)가 x_2와 x_4에 기반하도록 한다.

$$z = \frac{4}{5}x_2 - \frac{3}{5}x_4 + 12 \tag{17.14}$$

가우스–조던 제거법을 적용한 완전한 방정식은 다음과 같다.

$$(0) \quad z = \frac{4}{5}x_2 - \frac{3}{5}x_4 + 12$$
$$(1) \quad \frac{3}{5}x_2 + x_3 - \frac{1}{5}x_4 = 2 \tag{17.15}$$
$$(2) \quad x_1 + \frac{2}{5}x_2 + \frac{1}{5}x_4 = 4$$

식 (17.15)로 나타난 새로운 방정식으로부터 새 변수 x_1, x_3와 z를 즉시 구할 수 있다. 새 해법의 완전한 결과는 다음과 같다.

NBV = $\{x_2, x_4\}$ 그리고 BV = $\{x_1, x_3\}$

비기본해: $x_2 = 0$ 그리고 $x_4 = 0$

가능 기본해: $x_1 = 4$ 그리고 $x_3 = 2$

해: $\{x_1, x_2, x_3, x_4\} = \{4, 0, 2, 0\}$

목적 함수: $z = 12$

이 해는 17.3절(그림 17.10) 예제 17.8에서의 가능 영역 꼭짓점 B에 해당한다. 따라서 극점 A에서 B로의 이동이 있었다($A \rightarrow B$). 따라서 현재 FBS에 비해 목적 함수 z 값의 양의 증가가 있으므로 더 나은 인접 FBS를 얻을 수 있다.

2단계: 최적성 검사

현재 FBS는 최적이 아니다. 식 (17.15)의 방정식 (0)의 비기본 변수 x_2의 계수가 양수이므로 이 변수의 값이 0이 아니면 목적 함수 z에 양의 증가가 발생하기 때문이다. 따라서 더 나은 인접 FBS를 구할 수 있다.

반복 2: 더 나은 인접 FBS 구하기

새로운 인접 FBS를 구하는 세 단계는 다음과 같다.

1. 베이스로 갈 비기본 변수

식 (17.15)의 새 방정식에 따라 변수 x_2가 식 (0)에서 유일하게 양의 계수를 가짐을 알 수 있고, 따라서 어떤 x_2 값에 대해서도 z에 대해 양의 증가를 가지므로 이 변수를 베이스로 보낸다.

$$\text{NBV} = \left\{ \overset{\Updownarrow}{x_2}, x_4 \right\}$$

2. 베이스를 떠날 기본 변수

베이스를 떠날 기본 변수는 이전 단계에서 선택된 기본 변수(x_2)의 증가를 제한하는 것이다. 식 (17.15)의 방정식 (1), (2)의 나머지 기본 변수에 0을 대입해($x_4 = 0$) 현재 기본해의 기본 변수 x_1, x_3의 각 방정식을 베이스로 보내기로 결정한 기본 변수(x_2)에 대해 나타낼 수 있다.

$$x_1 = 4 - \frac{2}{5}x_2$$
$$x_3 = 2 - \frac{3}{5}x_2$$

변수 x_1, x_3는 비음수여야 하므로 다음과 같다.

$$x_1 = 4 - \frac{2}{5}x_2 \geq 0 \Rightarrow x_2 \leq 10$$
$$x_3 = 2 - \frac{3}{5}x_2 \geq 0 \Rightarrow x_2 \leq \frac{10}{3}$$

x_2의 증가를 제한하는 변수는 x_3라 결론 내릴 수 있다. x_2가 x_3로부터 취할 수 있는 최댓값이 x_1과 비교했을 때 더 작기 때문이다. 그러므로 베이스를 떠날 기본 변수는 x_3이다.

$$BV = \left\{ x_1, \overset{\updownarrow}{x_3} \right\}$$

3. 가우스–조던 제거법을 사용해 연립 방정식을 변환하고 기본해를 재계산한다.

이전 두 단계에서 본 것처럼, 변수 x_2는 x_3 대신 베이스로 가고 더 나은 인접 해를 생성한다. 그러므로 기본 변수와 기본 변수는 이제 다음과 같이 된다.

NBV $= \{x_3, x_4\}$ 그리고 BV $= \{x_1, x_2\}$

새로운 기본해를 계산하기 전에 연립 방정식을 가우스–조던 제거법으로 변환해야 한다.

이 경우 식 (17.15)로 나타난 현재 연립 방정식의 변수 x_2의 계수는 기본 연산으로 4/5, 3/5, 2/5(각각 식 (0), (1), (2))에서 0, 1, 0으로 바뀌어야 한다(현 연립 방정식 x_3의 계수).

먼저 식 (17.15)의 방정식 (1)에서 변수 x_2의 계수를 3/5에서 1로 변환하자. 이를 위해 식 (1) 양변에 5/3을 곱하면 새로운 식 (17.16)은 계수 1인 단일 기본 변수(x_2)로 나타난다.

$$x_2 + \frac{5}{3}x_3 - \frac{1}{3}x_4 = \frac{10}{3} \tag{17.16}$$

유사하게, 식 (17.15)의 (2)에 있는 변수 x_2의 계수를 2/5에서 0으로 바꾼다. 이를 위해 식 (17.16)에 2/5를 곱한 뒤 식 (17.15)의 (2)에서 차감한다. 새로운 식 (17.17)은 계수 1인 기본 변수(x_1)에 대해 나타난다.

$$x_1 - \frac{2}{3}x_3 + \frac{1}{3}x_4 = \frac{8}{3} \tag{17.17}$$

마지막으로, 목적 함수의 변수 x_2의 계수(식 (17.15)의 방정식 (0))를 4/5에서 0으로 바꾼다. 이를 위해 식 (17.16)에 4/5를 곱하고 식 (17.15)의 (0)에서 차감한다. 새로운 식 (17.18)은 이제 x_3, x_4에 대해 기술된다.

$$z = -\frac{4}{3}x_3 - \frac{1}{3}x_4 + \frac{44}{3} \tag{17.18}$$

완전한 식은 식 (17.19)에 있다.

$$
\begin{aligned}
(0) \quad & z = -\frac{4}{3}x_3 - \frac{1}{3}x_4 + \frac{44}{3} \\
(1) \quad & x_2 + \frac{5}{3}x_3 - \frac{1}{3}x_4 = \frac{10}{3} \\
(2) \quad & x_1 - \frac{2}{3}x_3 + \frac{1}{3}x_4 = \frac{8}{3}
\end{aligned}
\tag{17.19}
$$

식 (17.19)로 나타난 새로운 연립 방정식으로부터 새로운 변수 x_1, x_2 그리고 z를 바로 구할 수 있다. 새로운 해의 완전한 결과는 다음과 같다.

NBV $= \{x_3, x_4\}$ 그리고 BV $= \{x_1, x_2\}$

비기본해: $x_3 = 0$ 그리고 $x_4 = 0$

가능 기본해: $x_1 = 8/3 = 2.67$ 그리고 $x_2 = 10/3 = 3.33$

해: $\{x_1, x_2, x_3, x_4\} = \{8/3, 10/3, 0, 0\}$

목적 함수: $z = 44/3 = 14.67$

이 해는 그림 17.10의 가능 영역 꼭짓점 D에 해당한다. 최초 해로부터 z가 증가하는 방향은 $A \to B \to D$ 꼭짓점을 따른다. 따라서 현재 FBS보다 z를 양으로 증가시키는 더 나은 인접 FBS를 구할 수 있었다. 이 반복에서의 인접 FBS가 현재 FBS가 된다.

2단계: 최적성 검사

현재 FBS는 식 (17.19)의 방정식 (0)의 비기본 변수 x_3, x_4의 계수가 음수이므로 최적이다. 따라서 더 이상 목적 함수 z를 양으로 증가시키는 값은 없고 예제 17.9의 알고리즘은 여기서 멈춘다.

17.4.3 최대화 문제에서 심플렉스 기법의 표 방법

이전 절에서는 선형 계획 최대화 문제 해결을 위한 심플렉스의 해석적 절차를 설명했다. 심플렉스 알고리즘의 논리를 이해하려면 해석적 방법을 사용하는 것이 중요하다. 그러나 수작업으로 계산할 때는 표를 이용하는 방법이 더 편리하다. 표 형태는 17.4.2절에서 설명한 개념을 동일하게 사용하지만 좀 더 실용적이다.

16.4.1절에서 살펴봤듯이, 선형 계획 최대화 문제의 표준 형식은 다음과 같다.

$$\max z = c_1 x_1 + c_2 x_2 + \ldots + c_n x_n$$

제약 조건:

$$
\begin{aligned}
a_{11} x_1 + a_{12} x_2 + \ldots + a_{1n} x_n &= b_1 \\
a_{21} x_1 + a_{22} x_2 + \ldots + a_{2n} x_n &= b_2 \\
\vdots \qquad \vdots \qquad \quad \vdots \qquad \vdots \\
a_{m1} x_1 + a_{m2} x_2 + \ldots + a_{mn} x_n &= b_m \\
x_i \geq 0, \ i = 1, 2, \ldots, m
\end{aligned}
\tag{17.20}
$$

동일한 모델을 표로 작성할 수 있다.

상자 17.1 표 형식으로 된 일반 선형 계획 모델

식	계수					상수
	z	x_1	x_2	$\ldots$	x_n	
0	1	$-c_1$	$-c_2$	$\ldots$	$-c_n$	0
1	0	a_{11}	a_{12}	$\ldots$	a_{1n}	b_1
2	0	a_{21}	a_{22}	$\ldots$	a_{2n}	b_2
$\vdots$	$\vdots$	$\vdots$	$\vdots$		$\vdots$	$\vdots$
m	0	a_{m1}	a_{m2}	$\ldots$	a_{mn}	b_m

상자 17.1에 따르면, 최대화 함수 z가 표에서 $z - c_1 x_1 - c_2 x_2 - \cdots - c_n x_n = 0$으로 쓰인 걸 볼 수 있다. 중간의 열들은 각 방정식 좌변의 변수 계수와 z의 계수를 보여준다. 각 방정식 우변의 상수

는 마지막 열에 있다.

그림 17.11과 그림 17.12에 설명된 일반 알고리즘의 각 단계는 그림 17.14에 심플렉스 기법으로 표를 이용해 최대화 선형 계획 문제를 해결하는 방법이 자세히 설명되어 있다. 이 절의 논리는 심플렉스의 해석적 해법과 동일하지만 대수적 연립 방정식 대신 표 형태로 피봇 열, 피봇 행, 피봇 수를 이용해 해결한다. 각각은 알고리즘 설명 시 정의된다.

이전 절의 예제 17.9는 심플렉스의 해석적 해법을 설명했다. 동일한 예제를 예제 17.10에서 표 형식의 심플렉스로 해결해본다.

예제 17.10

표 형식의 심플렉스 기법으로 다음 문제를 해결하라.

$$\max z = 3x_1 + 2x_2$$

제약 조건:

$$\begin{array}{c} x_1 + x_2 \le 6 \\ 5x_1 + 2x_2 \le 20 \\ x_1, x_2 \ge 0 \end{array} \tag{17.21}$$

해법

최대화 문제도 표준 형식이어야 한다.

$$\max z = 3x_1 + 2x_2 \qquad (0)$$

제약 조건:

$$\begin{array}{cl} x_1 + x_2 + x_3 \quad = 6 & (1) \\ 5x_1 + 2x_2 \quad + x_4 = 20 & (2) \\ x_1, x_2, x_3, x_4 \ge 0 & (3) \end{array} \tag{17.22}$$

표 형태로는 최대화 함수 z를 다음과 같이 나타낸다.

$$z = 3x_1 + 2x_2 \Rightarrow z - 3x_1 - 2x_2 = 0$$

표 17.E.1은 식 (17.22)로 나타낸 연립 방정식의 표 형식을 보여준다.

표 17.E.1 예제 17.10의 초기 표 형식

기본 변수	방정식	계수					상수
		z	x_1	x_2	x_3	x_4	
z	0	1	−3	−2	0	0	0
x_3	1	0	1	1	1	0	6
x_4	2	0	5	2	0	1	20

시작: 문제는 표준 형식이어야 한다.

1단계: LP 문제의 초기 FBS를 찾는다.

17.4.2절의 해석적 방법과 유사하게, 초기 기본해는 결정 변수에 0을 대입해 구한다. 초기 FBS는 현재 FBS에 해당한다.

2단계: 최적성 검사

현재 FBS는 표의 식 (0)에 있는 모든 비기본 계수가 음수가 아니면(≥ 0) 최적이다. 적어도 하나의 음의 계수가 식 (0)에 있다면 더 나은 인접 FBS가 있다.

반복: 더 나은 인접 FBS 구하기

z가 가장 많이 증가하는 방향을 찾아서 더 나은 가능 기본해를 찾는다. 이를 위해 세 단계를 따른다.

1. 베이스로 갈 비기본 변수를 구한다.

   z를 가장 많이 증가시키는 것, 즉 식 (0)의 가장 큰 음의 계수를 가진 것이다. 비기본 변수의 열은 **피봇 열**^pivot column로 불리는 베이스로 가도록 선택된다.

2. 베이스를 떠날 기본 변수를 구한다.

   해석적 형태와 유사하게 이전 단계에서 베이스로 가도록 선택된 비기본 변수의, 증가를 제한하는 것으로 선택해야 한다. Hillier and Lieberman(2005)의 설명대로 변수 선택을 위해 세 가지 과정이 필요하다.

   a) 현재 모델의 각 제약에서 새로운 기본 변수의 계수를 나타내는 피봇 열의 양의 계수를 선택한다.
   b) 이전 단계에서 선택된 각 양의 계수에 대해 동일한 행의 상수를 선택된 계수로 나눈다.
   c) **가장 작은 몫을 가진 행**을 찾는다. 이 행이 베이스를 떠날 변수를 갖고 있다.

베이스를 떠나도록 선택된 기본 변수를 가진 행을 **피봇 행**^pivot row이라고 한다. **피봇 수**^pivot number는 피봇 행과 피봇 열의 교차점에 해당한다.

3. 현재 표 형식을 가우스–조던 제거법으로 변환한 다음 기본해를 재계산한다.

   해석적 해법과 유사하게, 현재 표 형태는 좀 더 편리한 형태로 기본 연산을 통해 변환해야 한다. 새로운 기본 변수와 목적 함수 z는 새로운 표에서 바로 구할 수 있어야 한다. 목적 함수는 인접 해의 새로운 비기본 변수로 나타내야 하고 최적성 검사는 쉽게 수행할 수 있어야 한다.

   Taha(2016)에 따르면, 새로운 표 형식은 다음 기본 연산으로 구할 수 있다.

   a) 새로운 피봇 행 = 현재 피봇 행 ÷ 피봇 수
   b) z를 포함한 다른 열:
      새로운 행 = (현재 행) − (현재 행의 피봇 열의 계수) × (새로운 피봇 행)

그림 17.14 그림 17.11과 그림 17.12의 LP 최대화 문제를 표 형식의 심플렉스 기법으로 해결하는 알고리즘의 상세 단계

표 17.E.1을 보면 상자 17.1과 비교해 새로운 열이 추가됐음을 알 수 있다. 첫 번째 열은 각 과정에서 고려할 기본 변수를 보여준다(초기 기본 변수는 x_3, x_4이다).

1단계: 초기 FBS를 찾는다.

초기 비기본 변수 집합으로 결정 변수 x_1, x_2가 선택되어 가능 영역의 원점은 $(x_1, x_2) = (0, 0)$이다. 한편 기본 변수는 x_3와 x_4로 나타난다.

NBV = $\{x_1, x_2\}$이고 BV = $\{x_3, x_4\}$

가능 기본해는 표 17.E.1로부터 바로 구할 수 있다.

가능 기본해: $x_3 = 6$과 $x_4 = 20$, $z = 0$

해: $\{x_1, x_2, x_3, x_4\} = \{0, 0, 6, 20\}$

2단계: 최적성 검사

행 0에서 x_1과 x_2의 계수가 음이므로 현재 FBS는 최적이 아니다. x_1 또는 x_2의 증가는 현재 FBS보다 더 나은 인접 FBS가 되기 때문이다.

반복 1: 더 나은 인접 FBS 결정

각 반복은 세 단계를 따른다.

1. 베이스로 갈 비기본 변수 결정

표 17.E.1의 식 (0)에서 가장 큰 음의 계수를 가진 변수를 선택한다. 문제의 경우 목적 함수 z에 단일로 가장 큰 기여를 하는 변수는 $x_1(3 > 2)$이다. 따라서 변수 x_1이 베이스로 가도록 선택되고 이 변수의 열이 피봇 열이 된다.

2. 베이스를 떠날 기본 변수 결정

여기서는 x_1의 증가를 제한할 변수를 베이스를 떠날 변수로 선택한다. 표 17.E.1의 세 가지 과정의 결과는 표 17.E.2에서도 볼 수 있다.

표 17.E.2 첫 반복에서 베이스에 들어오고 떠나는 변수 결정

기본 변수	방정식	z	x_1 (진입 피봇 열)	x_2	x_3	x_4	상수	
z	0	1	-3	-2	0	0	0	
x_3	1	0	1	1	1	0	6	6/1 = 6
x_4	2	0	5	2	0	1	20	20/5 = 4 → 떠남

(a) 피봇 열(x_1 변수의 열)에서 선택한 양의 계수는 계수 1과 5(각각 식 (1)과 (2))이다.

(b) 식 (1)에서 상수 6을 피봇 열에서의 계수 1로 나눈다. 식 (2)는 상수 20을 계수 5로 나눈다.

(c) 가장 작은 몫을 가진 행은 식 (2)이다(4 < 6). 따라서 베이스를 떠나기로 선택된 변수는 x_4이다.

1단계(베이스로 들어오도록 결정된 변수)와 2단계의 세 가지 단계는 표 17.E.2에서처럼 베이스를 떠나는 변수를 결정한다.

식 (2)의 몫 4는 이 식에서 변수 x_4가 0일 때, x_1이 취할 수 있는 최대를 나타낸다($5x_1 + x_4 = 20$). 한편 식 (1)에서는 몫 6이 $x_3 = 0$일 때 변수 x_1이 취할 수 있는 최댓값이다($x_1 + x_3 = 6$). x_1의 값을 최대화하려 하므로 그 증가를 제한하는 x_4를 베이스에서 제고한다.

표 17.E.2에는 피봇 행과 열이 나타나 있다. 피봇 수(피봇 행과 열의 교차 지점)는 5이다.

3. 현재 표 형식을 가우스–조던 제거법으로 변환하고 기본해를 재계산

해석적 절차와 같은 방법으로 현재 표 형식(표 17.E.2)의 변수 x_1의 계수는 −3, 1, 5(식 (0), (1), (2))에서 0, 0, 1로 변환돼야 한다 (현재 표 형식의 변수 x_4의 계수). 이를 통해 목적 함수 z의 새로운 기본 변수는 새 표 형식에서 직접 구할 수 있다.

새로운 표 형식은 다음 기본 연산으로 구할 수 있다.

(a) 새로운 피봇 행 = 현재 피봇 행 ÷ 피봇 수

(b) z를 포함한 다른 행에 대해

$$\text{새 행} = (\text{현재 행}) - (\text{현재 행의 피봇 열의 계수}) \times (\text{새로운 피봇 행})$$

현재 표 형식에 첫 번째 연산을 적용하면(식 (2)를 5로 나눔) 표 17.E.3과 같은 새로운 피봇 열을 얻을 수 있다.

표 17.E.3 새로운 피봇 행(반복 1)

기본 변수	방정식	계수					상수
		z	x_1	x_2	x_3	x_4	
z	0	1	-3	-2	0	0	0
x_3	1	0	1	1	1	0	6
x_1	2	0	1	2/5	0	1/5	4

변수 x_1이 x_4 대신 베이스에 들어가므로 새로운 피봇 행의 기본 변수의 열은 그림 17.E.3처럼 변경돼야 한다.

과정 (b)를 다른 선(식 (0)과 (1))에 적용한다.

피봇 열에서 양의 계수를 가진(+1) 식 (1)로 시작한다. 먼저 이 계수(+1)에 새로운 피봇 행(표 17.E.3의 식 (2))을 곱한다. 이 곱은 현재 식 (1)에서 차감해 새로운 식 (1)이 된다.

	x_1	x_2	x_3	x_4	상수
식 (1)	1	1	1	0	6
식 (2) × (+1)	1	2/5	0	1/5	4
차감	0	3/5	1	−1/5	2

새로운 식 (1)은 표 17.E.4와 같다.

표 17.E.4 새 식 (1)을 구하는 과정 (b)(반복 1)

기본 변수	방정식	계수					상수
		z	x_1	x_2	x_3	x_4	
z	0	1	-3	-2	0	0	0
x_3	1	0	0	3/5	1	- 1/5	2
x_1	2	0	1	2/5	0	1/5	4

998

과정 (b)는 피봇 열에서 음의 계수를 가진(-3) 식 (0)에도 적용된다. 먼저 이 계숫값(-3)에 새로운 피봇 행(표 17.E.3의 식 (2))을 곱한다. 이 곱은 이후 식 (0)에서 차감되어 새로운 식 (0)을 구성한다.

	x_1	x_2	x_3	x_4	상수
식 (0)	-3	-2	0	0	0
식 (2) × (-3)	-3	-6/5	0	-3/5	-12
차감	0	-4/5	0	3/5	12

기본 연산을 적용한 다음 표는 표 17.E.5와 같다.

표 17.E.5 가우스-조던 제거법을 적용한 새로운 표(반복 1)

기본 변수	방정식	계수					상수
		z	x_1	x_2	x_3	x_4	
z	0	1	0	-4/5	0	3/5	12
x_3	1	0	0	3/5	1	-1/5	2
x_1	2	0	1	2/5	0	1/5	4

새로운 표(표 17.E.5)로부터 새로운 변수 x_1, x_3, z를 바로 구할 수 있다.

새로운 가능 기본해는 $x_1 = 4$, $x_3 = 2$, $z = 12$이다.

새로운 해는 $\{x_1, x_2, x_3, x_4\} = \{4, 0, 2, 0\}$이다.

2단계: 최적성 검사

표 17.E.5에서 보듯 식 (0)은 새로운 기본 변수(x_2, x_4)로 나타나 최적성 검사를 쉽게 할 수 있다.

현재 FBS는 최적이 아니다. 표 17.E.5의 식 (0)에서의 계수 x_2가 음수이기 때문이다. x_2의 양의 증가는 목적 함수 z의 양의 증가를 야기해 더 나은 인접 FBS를 얻을 수 있다.

반복 2: 더 나은 인접 FBS 구하기

세 단계는 이번 반복에서 구현된다.

1. 베이스로 갈 기본 변수 결정

새로운 표(표 17.E.5)로부터 변수 x_2가 식 (0)에서 유일하게 음의 계수를 가짐을 알 수 있다. 따라서 x_2가 베이스로 간다. x_2의 열은 피봇 열이 된다.

2. 베이스를 떠날 기본 변수 결정

베이스를 떠날 기본 변수는 x_2의 증가를 제한하는 것이다. 표 17.E.5에 변수를 선택하기 위해 거쳐야 할 세 가지 과정이 나타나 있으며, 이는 또한 표 17.E.6에 나타나 있다.

(a) 피봇 열(변수 x_2의 열)에서 고른 양의 계수는 3/5와 2/5이다(식 (1)과 (2)).

(b) 각 식 (1)에서 상수 2를 계수 3/5로 나눈다. 식 (2)에 대해 상수 4를 계수 2/5로 나눈다.

(c) 가장 작은 몫을 가진 행은 식 (1)이다(10/3 < 10). 따라서 베이스를 떠날 변수는 x_3이다.

1단계(베이스를 떠날 변수 결정)는 2단계의 세 과정에 더해 베이스를 떠날 변수를 표 17.E.6과 같이 구한다.

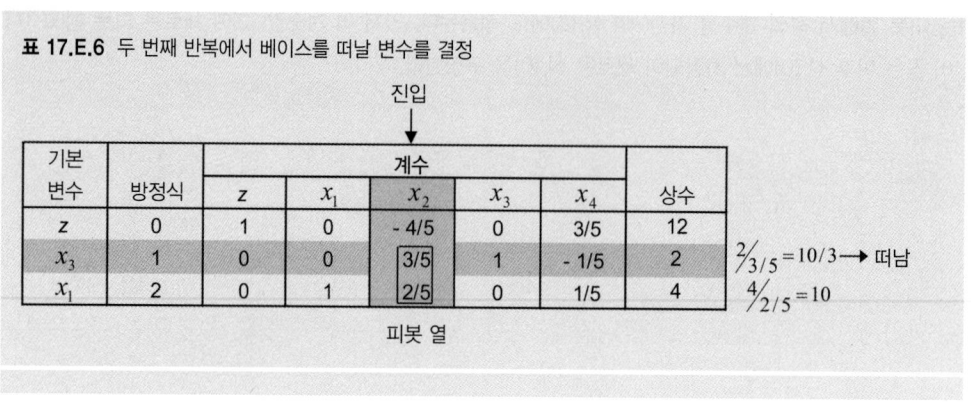

표 17.E.6 두 번째 반복에서 베이스를 떠날 변수를 결정

기본 변수	방정식	계수					상수
		z	x_1	x_2	x_3	x_4	
z	0	1	0	- 4/5	0	3/5	12
x_3	1	0	0	3/5	1	- 1/5	2
x_1	2	0	1	2/5	0	1/5	4

변수 x_3의 행(식 (1))은 피봇 행이 된다. 피봇 수는 3/5이다.

3. 현재 표는 가우스–조던 제거법을 사용해 변환하고 기본해를 재계산한다.

현재 표(표 17.E.6)의 변수 x_2의 계수는 −4/5, 3/5, 2/5(식 (0), (1), (2))에서 0, 1, 0(현재 표의 변수 x_3의 계수)으로 바꿔야 한다. 이를 통해 새로운 기본 변수와 목적 함수 z는 새로운 표에서 바로 구할 수 있다.

이런 식으로 첫 반복에서 새로운 표가 다음 기본 연산을 통해 얻어진다.

(a) 새로운 피봇 행 = 현재 피봇 행 ÷ 피봇 수

(b) 다른 행과 z에 대해

$$새로운 행 = (현재 행) - (현재 행의 피봇 열의 계수) \times (새로운 피봇 행)$$

현재 표에 첫 연산을 적용하면(식 (1)을 3/5로 나눔), 표 17.E.7과 같은 새로운 표를 얻는다.

표 17.E.7 새로운 피봇 행(반복 2)

기본 변수	방정식	계수					상수
		z	x_1	x_2	x_3	x_4	
z	0	1	0	- 4/5	0	3/5	12
x_2	1	0	0	1	5/3	- 1/3	10/3
x_1	2	0	1	2/5	0	1/5	4

변수 x_3 대신 x_2가 베이스에 들어가므로 새로운 피봇 행의 기본 변수 열은 표 17.E.7처럼 바뀌어야 한다.

과정 (b)는 다른 줄(식 (0)과 (2))에 적용된다.

피봇 열(2/5)에 양의 계수를 가진 식 (2)부터 시작해보자. 먼저 이 계수(2/5)에 새로운 피봇 행(표 17.E.7의 식 (1))을 곱한다. 그런 다음 곱은 현재 식 (2)에서 차감되어 새로운 식 (2)가 된다.

	x_1	x_2	x_3	x_4	상수
식 (2)	1	2/5	0	1/5	4
식 (1) × (2/5)	0	2/5	2/3	−2/5	4/3
차감	1	0	−2/3	1/3	8/3

새로운 식 (2)는 표 17.E.8에 있다.

표 17.E.8 새로운 식 (2)의 표(반복 2)

기본 변수	방정식	계수					상수
		z	x_1	x_2	x_3	x_4	
z	0	1	0	-4/5	0	3/5	12
x_2	1	0	0	1	5/3	-1/3	10/3
x_1	2	0	1	0	-2/3	1/3	8/3

과정 (b)는 피봇 열에서 음의 계수(-4/5)를 가진 식 (0)에도 적용된다. 먼저 계수(-4/5)를 새로운 피봇 행(표 17.E.7의 식 (1))으로 곱한다. 이 곱은 현재 식 (0)에서 차감되어 새로운 식 (0)이 된다.

	x_1	x_2	x_3	x_4	상수
식 (0)	0	-4/5	0	3/5	12
식 (1) × (-4/5)	0	-4/5	-4/3	4/15	-8/3
차감	0	0	4/3	1/3	44/3

가우스–조던 제거법을 적용한 새로운 표는 표 17.E.9와 같다.

표 17.E.9 가우스–조던 제거법을 적용한 새로운 표(반복 2)

기본 변수	방정식	계수					상수
		z	x_1	x_2	x_3	x_4	
z	0	1	0	0	4/3	1/3	44/3
x_2	1	0	0	1	5/3	-1/3	10/3
x_1	2	0	1	0	-2/3	1/3	8/3

표 17.E.9로부터 새로운 변수 x_1, x_2 그리고 z를 바로 구할 수 있다.
새로운 가능 기본해는 $x_1 = 8/3$, $x_2 = 10/3$이고 $z = 44/3$이다.
새로운 해는 $\{x_1, x_2, x_3, x_4\} = \{8/3, 10/3, 0, 0\}$이다.

2단계: 최적성 검사
현재 FBS는 최적이다. 표 17.E.9에서 식 (0)의 비기본 변수 x_3, x_4가 양수이기 때문이다.

17.4.4 최소화 문제에서 심플렉스 기법

최소화 문제에도 심플렉스를 적용할 수 있다. 이 절에서 논의하는 최소화 문제는 표를 사용해 해결한다. 심플렉스를 이용해 최소화 문제를 해결할 때는 두 가지 방법이 있다.

해법 1

최소화 문제를 최대화 문제로 변환한 다음 17.4.3절과 동일한 절차를 사용한다. 16.4.3절의 식 (16.6)에서 설명한 대로 최소화 문제는 다음 변환을 통해 최대화 문제로 변환할 수 있다.

$$\min z = f(x_1, x_2, ..., x_n) \Leftrightarrow \max -z = -f(x_1, x_2, ..., x_n) \tag{17.23}$$

해법 2

17.4.3절의 절차를 선형 최소화 문제에 적용한다.

그림 17.14는 그림 17.11과 그림 17.12에 설명한 일반 알고리즘을 표 형태의 선형 최대화 문제에 적용한 자세한 단계를 설명한다. 표를 사용해 LP 최소화 문제를 해결하려면 각 반복의 2단계(최적성 검사)와 1단계(베이스로 갈 비기본 변수 결정)가 그림 17.14로부터 조정돼야 한다. 그 결정은 목적 함수의 식 (0)에 기반하기 때문이다. 그림 17.15는 각 반복을 표를 사용한 LP 최소화 문제 해결에 관해 조정한 것을 보여준다.

시작: 문제는 표준 형식이어야 한다.

1단계: LP 문제의 초기 FBS를 찾는다.

17.4.2절의 해석적 방법과 유사하게 초기 기본해는 결정 변수에 0을 대입해 구한다. 초기 FBS는 현재 FBS에 해당한다.

2단계: 최적성 검사

현재 FBS는 표의 식 (0)에 있는 모든 비기본 계수가 양수가 아니면(≤ 0) 최적이다. 적어도 하나의 양의 계수가 식 (0)에 있다면 더 나은 인접 FBS가 있다.

반복: 더 나은 인접 FBS 구하기

1. 베이스로 갈 비기본 변수를 구한다.
   z를 가장 많이 감소시키는 것. 즉 식 (0)의 가장 큰 양의 계수를 가진 것이다.
2. 베이스를 떠날 기본 변수를 구한다.
   최대화 문제에 대한 그림 17.14와 동일
3. 현재 표 형식을 가우스–조던 제거법으로 변환한 다음 기본해를 재계산한다.

그림 17.15 그림 17.14를 표를 사용한 심플렉스 LP 최소화 문제로 조정한 것

그림 17.15에서처럼 각 반복의 2단계(최적성 검사)와 1단계(베이스로 갈 비기본 변수 결정)를 제외하고 다른 단계는 최대화 문제에 대한 그림 17.14와 동일함을 볼 수 있다.

예제 17.11

다음 선형 최소화 문제를 고려해보자.

$$\min z = 4x_1 - 2x_2$$

제약 조건:

$$2x_1 + x_2 \leq 10$$
$$x_1 - x_2 \leq 8$$
$$x_1, x_2 \geq 0$$

(17.24)

최적해를 구하라.

해법 1

먼저 식 (17.24)를 표준 형식으로 하기 위해 슬랙 변수를 각 모델 제약에 도입해야 한다. 문제는 식 (17.23)을 사용해 최대화 함수로 다시 쓸 수 있다.

$$\max - z = -4x_1 + 2x_2$$

제약 조건:

$$2x_1 + x_2 + x_3 \qquad = 10$$
$$x_1 - x_2 \qquad + x_4 = 8$$
$$x_1, x_2, x_3, x_4 \geq 0$$

(17.25)

식 (17.25)의 연립 방정식을 나타내는 초기 표는 다음과 같다.

표 17.E.10 식 (17.25)의 연립 방정식을 나타내는 초기 표

기본 변수	방정식	z	x_1	x_2	x_3	x_4	상수
				계수			
z	0	−1	4	−2	0	1/3	44/3
x_3	1	0	2	1	5/3	−1/3	10/3
x_4	2	0	1	−1	−2/3	1/3	8/3

초기 비기본 변수 집합은 x_1, x_2이고 기본 변수 집합은 x_3, x_4이다. 초기 해 $\{x_1, x_2, x_3, x_4\} = \{0, 0, 10, 8\}$은 최적이 아니다. 식 (0)의 비기본 변수 x_2의 계수가 음수이기 때문이다.

더 나은 FBS를 구하기 위해 변수 x_2를 x_4 대신 베이스에 넣는다(가장 큰 음의 계수). x_4는 표 17.E.11에서 볼 수 있듯이 x_2의 증가를 제한하는 유일한 변수다.

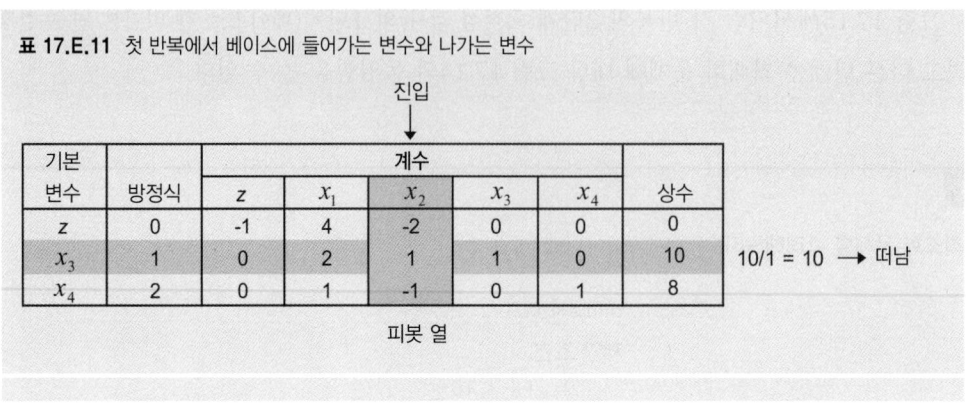

표 17.E.11 첫 반복에서 베이스에 들어가는 변수와 나가는 변수

진입 ↓

기본 변수	방정식	계수					상수
		z	x_1	x_2	x_3	x_4	
z	0	-1	4	-2	0	0	0
x_3	1	0	2	1	1	0	10
x_4	2	0	1	-1	0	1	8

10/1 = 10 → 떠남

피봇 열

가우스–조던 제거법을 거친 새로운 표 형태는 다음과 같다.

표 17.E.12 가우스–조던 제거법을 거친 새로운 표 형태(반복 1)

기본 변수	방정식	계수					상수
		z	x_1	x_2	x_3	x_4	
z	0	−1	8	0	2	0	20
x_2	1	0	2	1	1	0	10
x_4	2	0	3	0	1	1	18

표 17.E.12로부터 새로운 변수 x_2, x_4 그리고 z를 바로 구할 수 있다. 새로운 가능 기본해의 결과는 $x_2 = 10$, $x_4 = 18$, $z = -20$이다. 새로운 해는 $\{x_1, x_2, x_3, x_4\} = \{0, 10, 0, 18\}$로 나타난다.

새로운 기본해는 최적이다. 식 (0)의 모든 비기본 변수의 계수가 음이 아니기 때문이다.

해법 2

심플렉스를 적용하기 위해 식 (17.24)에 있는 초기 최소화 문제는 표준 형식이어야 한다.

$$\min z = 4x_1 - 2x_2$$

제약 조건:

$$\begin{aligned} 2x_1 + x_2 + x_3 &= 10 \\ x_1 - x_2 \qquad + x_4 &= 8 \\ x_1, x_2, x_3, x_4 &\geq 0 \end{aligned}$$

(17.26)

식 (17.26)의 연립 방정식 초기 표는 표 17.E.13처럼 나타낼 수 있다.

표 17.E.13 식 (17.26)의 연립 방정식을 나타내는 초기 표

기본 변수	방정식	계수					상수
		z	x_1	x_2	x_3	x_4	
z	0	−1	8	0	2	0	20
x_2	1	0	2	1	1	0	10
x_4	2	0	3	0	1	1	18

해법 1과 유사하게 초기 비기본 변수 집합은 x_1, x_2이고 기본 변수 집합은 x_3, x_4이다. 최소화 문제에서 식 (0)의 모든 비기본 변수가 양이 아니면(≤ 0) 그 해는 최적이다. 따라서 초기 해 {x_1, x_2, x_3, x_4} = {0, 0, 10, 8}은 최적이 아니다. 식 (0)의 비기본 변수 x_2의 계수가 양수이기 때문이다.

표 17.E.14처럼 변수 x_2를 x_4 대신 베이스에 넣는다(가장 큰 양의 계수). x_4는 피봇 열에서 유일한 양의 계수를 가진 변수다.

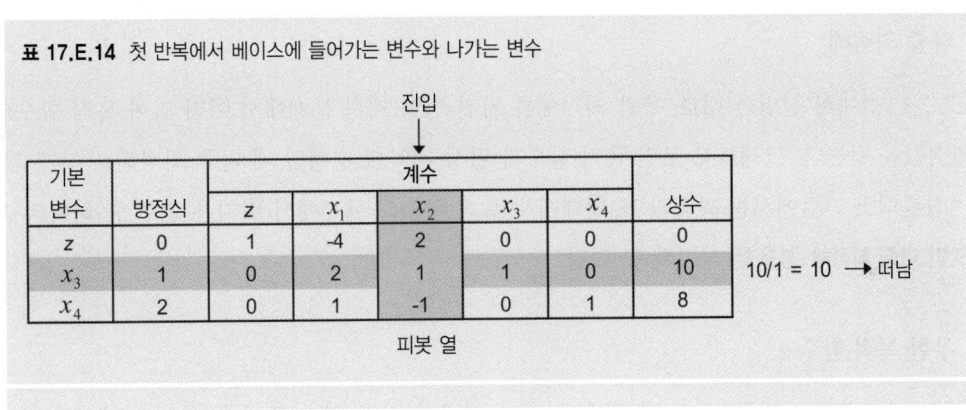

표 17.E.14 첫 반복에서 베이스에 들어가는 변수와 나가는 변수

가우스−조던 제거법을 거친 새로운 표 형태는 다음과 같다.

표 17.E.15 가우스−조던 제거법을 거친 새로운 표 형태(반복 1)

기본 변수	방정식	계수					상수
		z	x_1	x_2	x_3	x_4	
z	0	1	−8	0	−2	0	−20
x_2	1	0	2	1	1	0	10
x_4	2	0	3	0	1	1	18

표 17.E.15에 따르면 새로운 인접 해는 {x_1, x_2, x_3, x_4} = {0, 10, 0, 18} 그리고 z = −20이다. 이 기본해는 최적이다. 식 (0)의 모든 비기본 변수의 계수가 양이 아니기 때문이다.

17.4.5 심플렉스의 특수한 경우

17.2.3절에서 설명한 대로 LP 문제는 단일 비퇴화 최적해를 갖지 않고 다음 중 하나의 특성을 가질 수 있다.

1. 다중 최적해

2. 무한 목적 함수 z

3. 최적해가 없음

4. 퇴화 최적해

17.2.3절에서는 특수한 경우 각각의 그래프 해를 살펴봤다. 이번 절에서는 표 형식에서 각각의 이상 형태를 식별하는 방법을 알아본다(초기, 중기, 최종).

17.4.5.1 다중 최적해

17.2.3.1절에서 설명한 대로, 무한 최적해를 가진 선형 계획 문제에서 여러 점이 목적 함수의 동일한 최적값을 갖는다. 그래프로 보면 목적 함수가 활성 제약에 평행일 때 다중 최적해를 갖게 된다.

심플렉스 기법에서는 최적의 표 형태에서 목적 함수의 행 0에서 비기본 변수 중 하나의 계수가 없으면 **다중 최적해** 경우를 식별할 수 있다.

17.4.5.2 무한 목적 함수 z

17.2.3.2절에서 설명한 대로, 이 경우 적어도 하나의 결정 변수 증가에 제한이 없어서 가능 영역과 목적 함수가 무한이 된다. 최대화 문제의 경우 목적 함숫값이 무한 증가하며, 최소화의 경우 무한 감소한다.

심플렉스 기법을 통해 표 형태에서 **목적 함수가 무한**인 경우를 식별할 수 있으며, 후보 비기본 변수는 베이스에 못 들어가게 막아야 한다. 모든 기본 변수의 행이 후보 기본 변수 열에서 비양수 계수를 갖기 때문이다.

17.4.5.3 최적해가 없음

Taha(2016)에 따르면, 제약의 우변 항에 비음수 제약 $\le$을 갖는 경우에는 이 경우가 절대 발생하지 않는다. 슬랙 변수가 가능해를 보장하기 때문이다.

심플렉스를 표 형태로 구현하는 동안 기본 변수가 비음수이면 가능 기본해를 갖는다. 반면 적어도 하나의 기본 변수가 음수를 취하면 **비가능 기본해**를 갖는다.

17.4.5.4 퇴화 최적해

17.2.3.4절에서 설명한 대로, 가능 영역의 꼭짓점 중 하나가 셋 이상의 선의 교차에서 구해지면 퇴화해의 특수한 경우를 그래프로 식별할 수 있다.

심플렉스 기법으로 기본 변수 중 하나의 값이 비면 **퇴화해**의 경우를 식별할 수 있다. 이 변수는 **퇴화 변수**로 불린다. 모든 기본 변수가 양수의 값을 취하면 가능 기본해가 **비퇴화**라고 한다. 최적해에 비퇴화가 있으면 **비퇴화 최적해**라 부른다.

퇴화해는 베이스를 떠날 기본 변수를 고를 때 적어도 두 기본 변수가 동률이면 발생한다(동일한 양의 몫을 갖는 선). 이 경우가 발생하면 무작위로 선정하며 선택되지 않은 기본 변수는 베이스에 남게 된다. 그러나 그 값은 새로운 인접 해에서는 빈 값이 된다.

유사하게 심플렉스 기법을 통한 모든 선형 계획 해법 도중에 베이스로 갈 비기본 변수를 고를 때 동률이 있으면 무작위로 하나를 선택한다.

경우에 따라 비퇴화 문제는 심플렉스 알고리즘이 루프에 빠져서 동일한 기본해를 생성한다. 해 집합을 떠나지 못하기 때문이다. 이 경우 최적해는 절대 얻을 수 없다.

17.5 컴퓨터를 이용한 해법

이 장에서는 LP를 해결하는 몇 가지 방법을 살펴봤다. (a) 두 결정 변수가 있는 문제를 그래프로 해결, (b) $m < n$인 경우 해석적으로 해결, (c) 심플렉스로 해결. 그러나 LP 해결을 위한 시간을 최소화하려면 반드시 각 기법을 이론적으로 이해해야 한다. 동일한 문제를 컴퓨터로 해결하면 수작업 계산이나 그래프 구축이 필요 없다.

현재는 GAMS, AMPL, AIMMS 같은 선형 계획 해결 소프트웨어가 많고 스프레드시트(엑셀의 해 찾기 등)도 많이 나와 있다.

GAMS, AMPL, AIMMS 소프트웨어 패키지는 대수적 모델링 언어 또는 시스템[AML, Algebraic Modeling Language], 즉 복잡하고 대규모 수학적 계획 문제 해결에 사용되는 고급 언어다. 이 언어는 여러 최적화 해결자(LINDO, LINGO, CPLEX, XPRESS, MINOS, OSL 등)에 연결할 수 있는 오픈 인터페이스를 갖고 있으므로 이를 통해 모델의 해를 찾는다. 이 최적화 패키지는 별도로 사용될 수 있지만, 많은 경우 개발 환경 내에서 실행된다. 이제 각 소프트웨어의 주요 특성을 알아보자.

LINDO[Linear Interactive and Discrete Optimizer]는 LINDO 시스템[LINDO systems](http://www.lindo.com/)가 개발한 것으로서 선형, 비선형, 정수 계획 문제를 해결한다. 사용이 매우 쉽고 빠르다. 완전한 버전은 제약이나 실수와 정수 변수의 개수에 제한이 없다. 선형 계획 문제를 해결하려면 LINDO의 해결자는 심플렉스, 수정 심플렉스, 듀얼 심플렉스, 내부 점[interior-point] 기법 등 둘 이상의 최적화 기법을 사용한다. 심플렉스와 달리 내부 점 기법에서는 새로운 해를 가능 영역 내에서 찾게 된다. LINDO의 해결자는 비주얼 베이직$^{Visual\ Basic}$, C, C++ 같은 언어와의 인터페이스를 갖고 있다. 무료 버전은 http://www.lindo.com/에서 다운로드할 수 있다.

LINGO$^{Language\ for\ Interactive\ General\ Optimizer}$ 역시 LINDO 시스템스에서 개발했으며 선형, 비선형, 정수 계획 문제를 빠르고 효과적으로 해결한다. 완전한 버전은 제약이나 실수와 정수 변수의 개수에 제한이 없다. LINGO의 해결자 역시 심플렉스, 수정 심플렉스, 듀얼 심플렉스, 내부 점 기법을 사용해 선형 계획 문제의 최적해를 찾는다. 모든 입력 데이터는 LINGO에서 바로 읽을 수 있다. 그러나 많은 경우 소프트웨어는 엑셀 같은 스프레드시트를 인터페이스로 사용한다. LINGO의 해결자 역시 비주얼 베이직, C, C++ 같은 언어와의 인터페이스를 갖고 있다. 무료 버전은 http://www.lindo.com/에서 다운로드할 수 있다.

역시 LINDO 시스템스가 개발한 What's Best! 소프트웨어는 엑셀 내에 설치되는 모듈로서 선형, 비선형, 정수 계획 문제를 해결한다. 완전한 버전은 제약이나 실수와 정수 변수의 개수에 제한이 없다. What's Best!의 해결자 역시 LINDO와 LINGO 같은 최적화 기법을 사용한다. What's Best! 역시 엑셀의 VBA와 호환되어 매크로 응용이나 프로그램 코드를 사용할 수 있다. 무료 버전은 http://www.lindo.com/에서 다운로드할 수 있다.

CPLEX는 원래 CPLEX 옵티마이제이션$^{CPLEX\ Optimization}$의 로버트 빅스비$^{Robert\ Bixby}$에 의해 개발됐다. 1997년에 ILOG, 그 뒤 2009년에 IBM이 인수했다. CPLEX는 대형 선형, 정수, 비선형 계획 문제 해결에 널리 사용됐고 많은 경우 GAMS, AMPL, AIMMS 등의 대수 모델링 시스템 내의 해결자로 사용됐다. CPLEX 내의 해결자는 심플렉스와 내부 점 기법을 사용해 선형 계획 문제의 최적해를 찾는다. CPLEX는 C, C++, C#, 자바 언어와 인터페이스를 갖고 있다. CPLEX 무료 버전은 https://www.ibm.com/analytics/cplex-optimizer에서 다운로드할 수 있다.

대시 옵티마이제이션$^{Dash\ Optimization}$에서 개발한 XPRESS는 복잡한 선형, 정수, 비선형 계획 문제를 해결하는 최적화 소프트웨어다. XPRESS의 해결자는 선형 계획 문제 최적해를 찾기 위한 해 기법을 선택하게 해준다(심플렉스, 듀얼 심플렉스, 내부 점). XPRESS는 C, C++, 자바, 비주얼 베이직, 넷^{Net} 언어와의 인터페이스를 갖고 있다. 좀 더 자세한 정보는 http://www.dashoptimization.com/에서 찾을 수 있다.

스탠퍼드 대학교의 브루스 머타그$^{Bruce\ Murtagh}$와 마이클 손더스$^{Michael\ Saunders}$가 개발한 MINOS는 대규모 선형 및 비선형 계획 문제를 해결하는 최적화 소프트웨어다. 선형 계획 문제 해결을 위해 MINOS는 심플렉스 기법을 이용한다. MINOS는 대수적 모델링 언어의 해결자로 널리 사용됐다. 포트란^{Fortran}, C, 매트랩^{Matlab} 같은 언어와 인터페이스를 갖고 있다. 좀 더 자세한 내용은 http://www.sbsi-sol-optimize.com/asp/sol_product_minos.htm/에 있다.

GAMS는 GAMS사에서 개발한 것으로서 복잡하고 대규모 선형, 정수, 비선형 계획 문제 해결에 사용된다. GAMS는 CPLEX, MINOS, OSL, XPRESS, LINGO, LINDO 등의 여러 최적화 패키지와의 인터페이스를 갖고 있다. 무료 버전은 http://www.gams.com/에서 다운로드할 수 있다.

AMPL[A Mathematical Programming Language]은 벨 연구소에서 개발한 복잡한 선형, 정수, 비선형 계획 문제를 위한 대수적 모델링 언어다. AMPL은 모델의 최적해를 찾는 해결자(CPLEX, MINOS, OSL, XPRESS 등)와의 인터페이스를 갖고 있다. 무료 버전은 http://www.ampl.com/에서 다운로드할 수 있다.

AIMMS[Advanced Integrated Multidimensional Modeling Software]는 파라곤 디시전 테크놀로지[Paragon Decision Technology]에서 개발했으며 복잡한 선형, 정수, 비선형 계획 문제를 위한 대수적 고급 모델링 언어다. CPLEX, MINOS, XPRESS 등의 최적화 패키지를 사용해 선형 계획 최적 문제를 해결한다. C, C++, 비주얼 베이직, 엑셀 등과 인터페이스를 제공한다. 무료 버전은 http://www.aimms.com/에서 다운로드할 수 있다.

IBM의 OSL[Optimization Subroutine Library]은 대규모 선형, 정수, 비선형 계획 문제를 위한 최적 소프트웨어다. OSL의 해결자는 심플렉스와 내부 점 기법으로 선형 계획의 최적해를 찾는다. C 및 포트란과의 인터페이스를 갖는다.

엑셀의 해 찾기는 단순함과 유명도로 인해 소규모 선형, 정수, 비선형 계획 문제에 널리 사용되고 있다. 해 찾기는 심플렉스 알고리즘을 이용해 최적해를 찾는다. 비선형은 GRG2[Generalized Reduced Gradient] 알고리즘을 사용한다. 정수 문제는 분기와 한정[branch-and-bound] 알고리즘을 사용한다. 해 찾기는 다른 프로그래밍 언어와 인터페이스를 갖고 있어서 최종 해는 다른 패키지로 엑스포트할 수 있다. 다음 절에서는 해 찾기를 하나씩 살펴본다.

17.5.1 엑셀의 해 찾기

해 찾기는 200개의 결정 변수와 100개의 제약 조건까지 문제를 해결할 수 있다. 해 찾기를 사용하려면 엑셀의 해 찾기 추가 기능을 활성화해야 한다.

먼저 **파일** 탭을 클릭해 **옵션**을 선택한다(그림 17.16). 엑셀 옵션 대화상자(그림 17.17)에서 **추가 기능** 옵션을 고르고 **해 찾기 추가 기능**을 선택한 후, 그림 17.17에서 **이동**을 클릭한다. 그러면 그림 17.18과 같은 추가 기능 대화상자가 열린다. 마지막으로 **해 찾기 추가 기능**과 **확인**을 클릭한다. 이제 엑셀의 해 찾기가 **데이터** 탭의 **분석** 열에서 그림 17.19처럼 활성화됐다.

그림 17.16 엑셀 옵션의 해 찾기 활성화

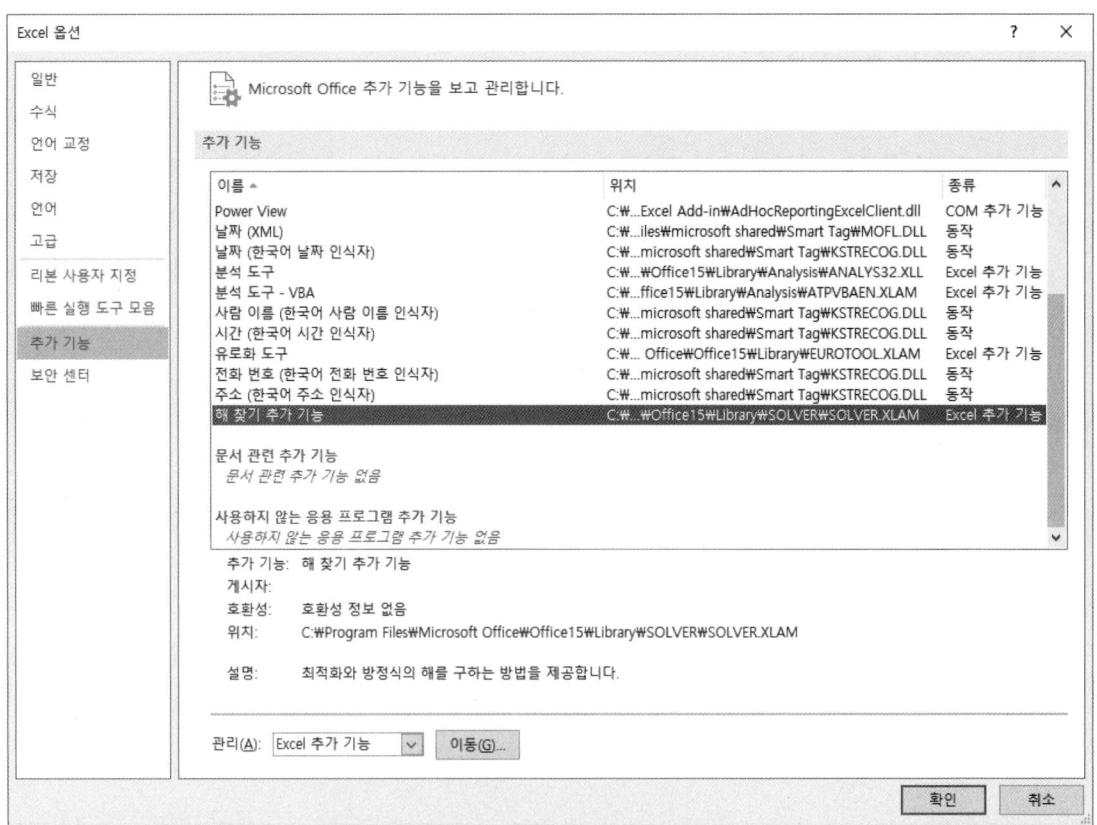

그림 17.17 추가 기능 옵션의 해 찾기 활성화

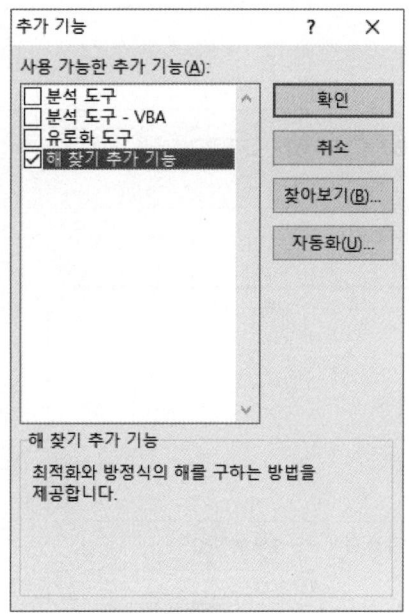

그림 17.18 추가 기능 대화상자

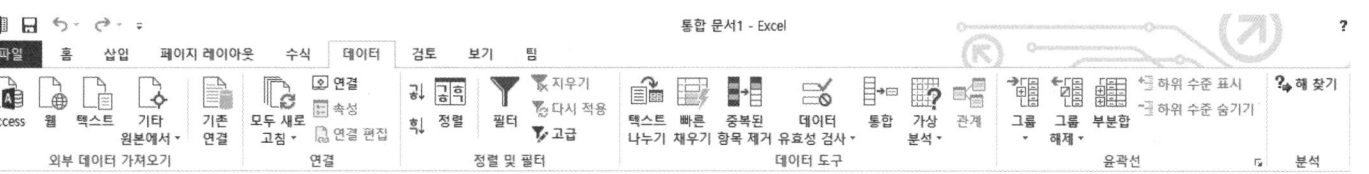

그림 17.19 데이터 탭에서 해 찾기 활성화

해 찾기 명령어를 선택하면 해 찾기 매개변수 대화상자가 나타난다(그림 17.20). 이제 각 셀을 살펴보자.

1. 목표 설정

목표 설정 셀은 목적 함수의 값을 가진 곳이다.

2. 대상

목적 함수가 최대화(**최댓값**)인지 최소화(**최솟값**)인지 정해야 한다. 해 찾기는 **지정값**을 사용할 수도 있다. 이 경우 해 찾기는 목적 함숫값이 지정한 값과 최대한 가까운 값을 찾는다.

3. 변수 셀 변경

변수 셀 변경은 모델의 결정 변수를 나타낸다. 이는 모델의 최적해를 찾을 때까지 변경되는 값이다.

4. 제한 조건에 종속

각 모델의 제약은 그림 17.20의 **추가** 버튼을 사용해 포함해야 한다. 이를 클릭하면 그림 17.21과 같은 제한 조건 추가 대화상자가 나타난다.

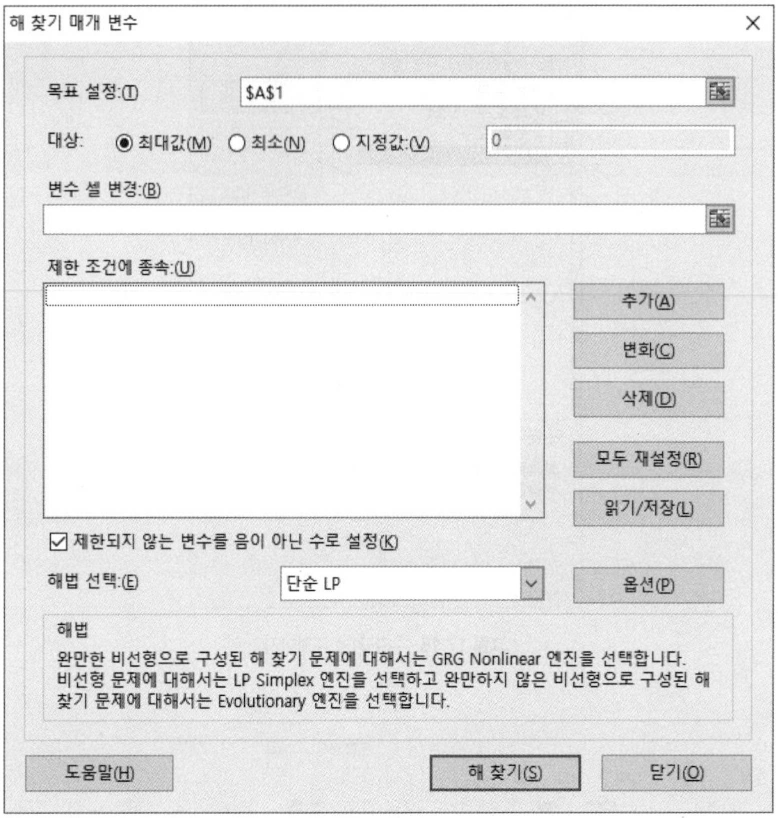

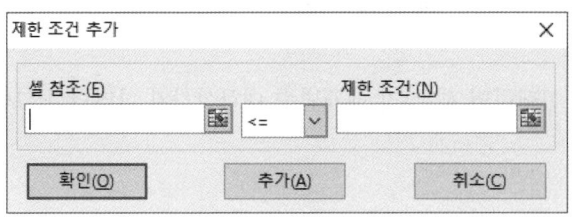

그림 17.20 해 찾기 매개변수

그림 17.21 제한 조건 추가 대화상자

먼저, **셀 참조**에서 제약의 좌변에 해당하는 부분을 추가한다. 제약 기호(≤ 0 또는 ≥ 0), int(정수) 또는 bin(이진 변수)을 선택한다. 제한 조건에서 상수, 참조 셀 또는 우변 수치의 공식을 입력한다. 새로운 제약이 있으면 **추가**를 클릭한다. 결정 변수의 비음수성 제약도 이 과정에서 포함돼야 한다. 마지막 제약의 경우 **확인**을 눌러 해 찾기 매개변수 대화상자로 돌아간다.

그림 17.20에 있는 것처럼 이미 추가된 각 제약에 대해 변경하거나 제거할 수 있다. 이를 위해서는 **변화** 또는 **삭제** 버튼을 누르면 된다.

추가적으로 **모두 재설정** 버튼을 부르면 현재 모델의 모든 데이터를 지운다.

비음수성 제약을 포함하는 또 다른 대안은 **제한되지 않는 변수를 음이 아닌 수로 설정** 옵션을 선택하는

1012

것이다.

5. 해법 선택

선형 계획 문제에서는 **단순 LP** 엔진을 선택해야만 한다. 부드러운 비선형 문제는 **GRG 비선형** 엔진을 선택하고, 부드럽지 않은 문제는 Evolutionary 엔진을 선택한다.

6. 옵션

해 찾기 매개변수 대화상자에서 **옵션** 버튼을 누르면 옵션 창이 나타난다(그림 17.22).

그림 17.22의 **모든 해법** 탭에서 모든 해법의 옵션을 변경할 수 있다. **제한 조건 정밀도** 상자에서 정밀도 정도를 지정한다. 숫자가 작을수록 정밀도는 커진다. **단위 자동 설정 사용**을 선택하면 해 찾기는 내부적으로 변숫값, 제약, 목적 함수를 비슷한 크기로 재조정하여 해 프로세스 정확도에 있어 너무 작거나 큰 값의 영향을 감소시킨다. **반복 계산 결과 표시**를 선택하면 각 반복에서 시도한 해를 보여준다.

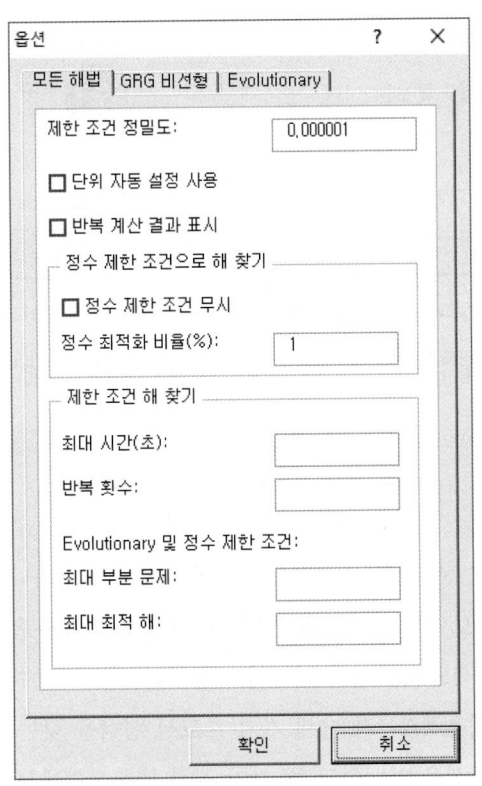

그림 17.22 옵션 대화상자

정수 제한 조건으로 해 찾기 구역에서 **정수 제한 조건 무시**를 선택하면 모든 정수, 이진, 그리고 다른 조건이 무시된다. 이는 정수 계획 문제의 완화로 알려져 있다. **정수 최적화 비율(%)** 옵션에서 최적해의 목적값과 중단 전 참 최적 목적값 한도 사이의 허용 차이 최대 퍼센트를 입력할 수 있다.

제한 조건 해 찾기 구역에서 최대 CPU 시간과 최대 반복 횟수를 각각 **최대 시간(초)**와 **반복 횟수** 상자에 입력할 수 있다.

끝으로, 마지막 두 옵션은 변수에 정수 제한을 포함하거나 Evolutionary 방법을 사용할 경우에만 이용된다. **최대 부분 문제** 상자에는 부분 문제의 최대 개수를 입력하고, **최대 최적해** 상자에는 최대 가능해 개수를 입력한다(https://www.solver.com/excel-solver-change-options-all-solving-methods).

7. 해 찾기

해 찾기 매개변수 대화상자로 돌아가서 **해 찾기** 버튼을 클릭하면 해 찾기 대화상자가 나타난다.

해 찾기가 모델의 모든 제약을 만족하는 해를 찾았으면 해당 메시지가 그림 17.23과 같이 해 찾기 결과 대화상자에 나타난다.

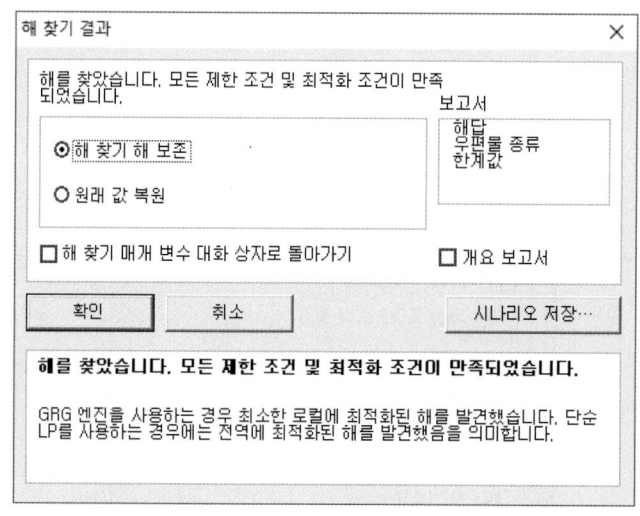

그림 17.23 해 찾기 결과 대화상자: 가능해

이 경우 해 찾기 결과는 분석 중 스프레드시트에 자동으로 나타나며, 최적해 유지를 위해서는 **확인**을 누르기만 하면 된다. 모델의 초깃값을 복원하려면 **원래 값 복원** 옵션을 선택하고 **확인**을 누르면 된다. 현재 시나리오는 **시나리오 저장** 버튼을 눌러 저장한다.

해 찾기는 **해답, 민감도, 한곗값**이라는 세 가지 보고서 형식을 갖는다.[1] 새로운 엑셀 시트에서 이 보고서를 보려면 원하는 옵션을 선택하고 해 찾기 결과 대화상자에서 **확인**을 누르면 된다. **해답** 보고서는 모델의 최적해 결과를 제공한다. 한곗값 보고서는 각 변수 셀의 하한과 상한을 보여준다. 해답과 한곗값 보고서는 17.5.4절에서 다루고, 민감도는 17.6.4절에서 다룬다.

---

1 엑셀에는 엉뚱하게 번역된 부분이 몇 군데 있다. 그중 하나가 민감도 보고서에 해당하는 'sensitivity'라는 단어가 '민감도'가 아니라 그림 17.23에서 보는 것처럼 '우편물 종류'라고 황당하게 번역되어 있는 것이다. '우편물 종류'는 민감도 분석이 엉뚱하게 잘못 번역된 것이니 번역을 무시하고 민감도 분석이라고 생각하면 된다. – 옮긴이

17.5.2 16.6절의 예제를 엑셀의 해 찾기로 해결

16.6절의 각 예제(실제 선형 계획 문제의 모델링)를 엑셀의 해 찾기로 해결해보자.

17.5.2.1 예제 16.3의 해법(장난감 회사의 상품 믹스 문제)

16.6.1절의 예제 16.3은 베닉스^{Venix}라는 장난감 회사의 문제인데, 엑셀의 해 찾기를 통해 해결해보자. 그림 17.24는 엑셀 시트에서 선형 계획 모델이 어떻게 편집돼야 하는지 보여준다. 이를 통해 해 찾기로 해결해본다(Example3_Venix.xls 파일 참조).

Venix Toys					
	x1	x2			
	cars	tricycles			
Unit profit	12	60			
			Hours used		Hours available
Machining	0.25	0.5	0.0	≤	36
Painting	0.1	0.75	0	≤	22
Assembly	0.1	0.4	0	≤	15
Solution	x1	x2	z		
	cars	tricycles	Total profit		
Quantities produced	**0**	**0**	**$0.00**		

그림 17.24 엑셀에 나타낸 베닉스 장난감 회사의 생산 믹스 모델

먼저, 각 상품의 단위 수익이 B5, C5 셀에 있음을 볼 수 있다. 결정 변수(제조할 장난감 차와 세발자전거 개수)는 각각 셀 B14, C14에 있다. 목적 함수는 셀 D14에 있다(상자 17.2의 공식 참조). 기계 작업, 도색, 조립 활동에 관한 노동 가용 시간은 식 $0.25x_1 + 0.5x_2 \leq 36$으로 나타나 있다. 이를 해 찾기 매개변수 대화상자의 **제한 조건에 종속** 상자에 포함하기 위해 제약의 좌변이 단일 셀에 표현돼야 한다. 따라서 $0.25x_1 + 0.5x_2$ 항이 D8 항에 나타난다(상자 17.2의 공식 참조). 그 밖의 제약에 대해서도 반복한다. 초기 해의 값은 $x_1 = 0, x_2 = 0$, 그리고 $z = 0$이다.

상자 17.2 각 활동에서 목적 함수 공식과 전체 사용 시간

셀	공식
D8	=B8*$B$14+C8*$C$14
D9	=B9*$B$14+C9*$C$14
D10	=B10*$B$14+C10*$C$14
D14	=B5*$B$14+C5*$C$14

복잡한 문제는 SUMPRODUCT 함수를 바로 사용할 수 있고, 이는 구간이나 행렬에 해당하는 요소에 곱해져서 이 곱의 합을 상자 17.3처럼 반환한다.

상자 17.3 SUMPRODUCT 함수를 사용할 경우 상자 17.2의 대체

셀	공식
D8	=SUMPRODUCT(B8:C8,$B$14:$C$14)
D9	=SUMPRODUCT(B9:C9,$B$14:$C$14)
D10	=SUMPRODUCT(B10:C10,$B$14:$C$14)
D14	=SUMPRODUCT(B5:C5,$B$14:$C$14)

이제 엑셀을 통해 문제 해결 준비가 다 됐다. **해 찾기** 명령어를 클릭하면 그림 17.25와 같은 해 찾기 매개변수 대화상자가 보인다. 먼저 목적 함숫값이 들어 있는 셀(D14)을 선택해야 한다. 최대화 문제이므로 **최대** 옵션을 선택한다. 다음 단계는 모델의 결정 변수를 참조하는 **변수 셀**(B14:C14)을 선택하는 것이다. 마지막으로 각 모델 제약을 **제한 조건에 종속** 상자에 추가한다. 각 활동의 가용 노동 시간은 모두 동일한 형식이므로 각각 추가하는 대신 동시에 추가할 수 있다. 이를 위해 먼저 **추가** 버튼을 클릭한다. **셀 참조** 상자에서 셀 범위 D8:D10을 선택한다. 기호 ≤와 셀 구간 F8:F10을 그림 17.26처럼 **제한 조건**에서 선택한다. 현재 제약의 포함을 마치려면 **확인**을 누른다. 모델의 비음수성 제약도 포함돼야 하므로 **추가**를 누른다. 다시 한번 **제한 조건 추가** 상자가 나타나고 새로운 모델 제약을 추가한다. 따라서 셀(B14:C14)을 셀 참조에 포함시키고 기호 ≥와 값 0을 **제한 조건**에 그림 17.27처럼 입력한다. 이것이 마지막 제약이므로 **확인**을 클릭한다.

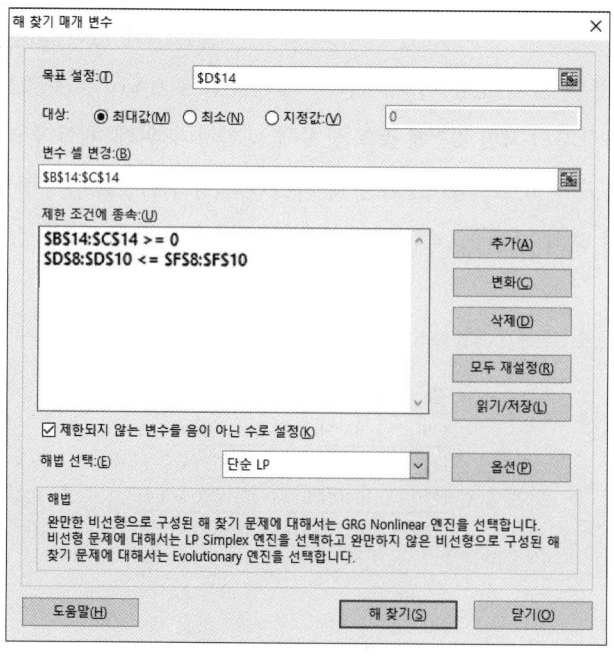

그림 17.25 예제 16.3의 해 찾기 매개변수 대화상자

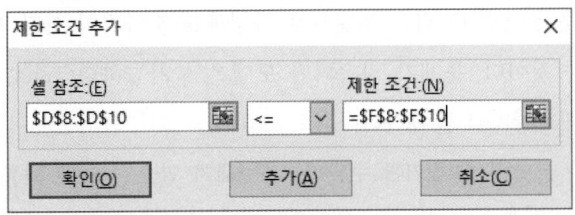

그림 17.26 세 가지 활동에 대한 노동 가용 제약 추가

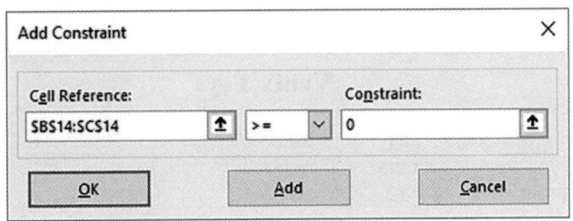

그림 17.27 결정 변수의 비음수성 제약 추가

비음수성 제약은 **제한되지 않는 변수를 음이 아닌 수로 설정** 옵션을 선택해서 설정할 수도 있다.

선형 계획이므로 **단순 LP 엔진**을 **해법 선택** 상자에서 고른다.

다음 단계로 **옵션** 버튼을 눌러 옵션 대화상자를 부른다(그림 17.28). **제한 조건 정밀도, 최대 시간, 반복 횟수**와 관련된 값을 그대로 둔다.

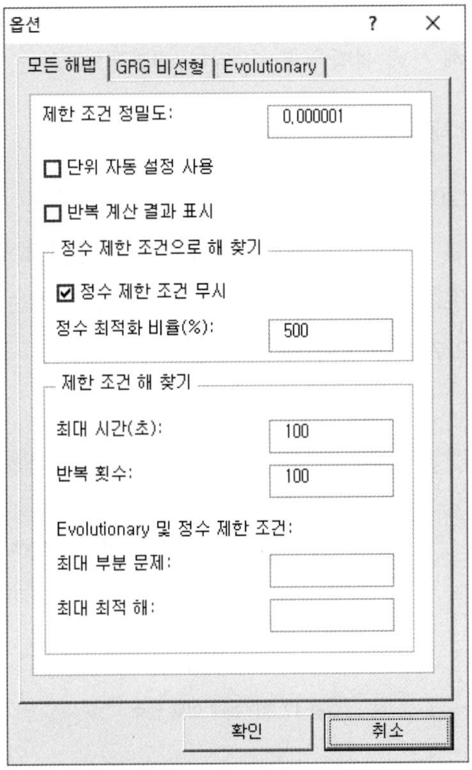

옵션	? ✕

모든 해법 | GRG 비선형 | Evolutionary

제한 조건 정밀도: 0.000001

☐ 단위 자동 설정 사용

☐ 반복 계산 결과 표시

정수 제한 조건으로 해 찾기

☑ 정수 제한 조건 무시

정수 최적화 비율(%): 500

제한 조건 해 찾기

최대 시간(초): 100

반복 횟수: 100

Evolutionary 및 정수 제한 조건:

최대 부분 문제:

최대 최적 해:

확인   취소

그림 17.28 예제 16.3의 옵션 대화상자

해 찾기가 해를 못 찾으면 더 작은 정밀도로 가능해를 찾아봐야 한다. 다른 대안은 최대 시간과 반복 횟수를 늘려보는 것이다. 문제가 지속되면 모델은 불가능하다(Taha, 2016). 끝으로, **확인**을 눌러 해 찾기 매개변수 대화상자로 돌아간다.

이제 풀이 준비가 끝났다. **해 찾기**를 누른다. 가능해가 있으면 현재 해를 **해 찾기 해 보존**을 통해 새로운 해를 현재 엑셀 시트에서 갱신한다. 그림 17.29는 예제 16.3의 최적해를 보여준다.

	A	B	C	D	E	F
1			**Venix Toys**			
2						
3		x1	x2			
4		cars	tricycles			
5	Unit profit	12	60			
6						
7				Hours used		Hours available
8	Machining	0.25	0.5	27.5	≤	36
9	Painting	0.1	0.75	22	≤	22
10	Assembly	0.1	0.4	15	≤	15
11						
12	Solution	x1	x2	z		
13		cars	tricycles	Total profit		
14	Quantities produced	**70**	**20**	**$2,040.00**		

그림 17.29 상품 믹스 문제의 최적해

따라서 모델의 최적해는 $x_1 = 70$, $x_2 = 20$ 그리고 $z = 2,040$($2,040.00)임을 알 수 있다. **해답 보고서**(17.5.4절 참조)를 통해 상세 설명을 볼 수 있다. **한곗값 보고서**는 17.5.4절에서 다룬다.

셀 이름 또는 셀 범위를 통한 해법

Haddad and Haddad(2004)에 따르면, 셀 이름이나 셀 범위를 사용하면 공식을 쉽게 이해할 수 있다. 이름을 정하려면 셀 또는 셀 범위를 클릭하고 이름 상자에 원하는 이름을 넣으면 된다. 따라서 셀은 이름으로 참조되고 더 이상 열이나 행으로 참조되지 않는다. 예를 들어, 셀 B5:C5는 그림 17.30처럼 Unit_profit으로 이름 짓는다.

Unit_profit ▼		X ✓ fx	12	
	A	B	C	D
1			**Venix Toys**	
2				
3		x1	x2	
4		cars	tricycles	
5	Unit profit	12	60	

그림 17.30 셀에 이름 입력

또 다른 방법은 **이름 정의**를 오른쪽 버튼으로 누르는 것이다. 새 이름 대화상자가 나타난다(그림 17.31). 여기에 새로운 이름을 입력하면 된다.

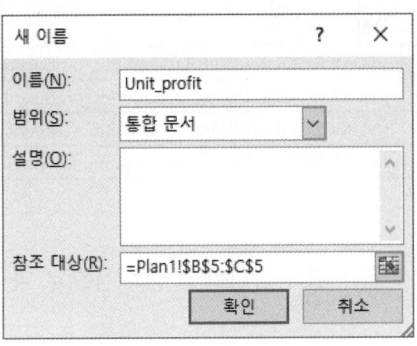

그림 17.31 새 이름 대화상자

세 번째 방법은 **수식** 탭을 선택한 다음 **이름 관리자**를 클릭하는 것이다(Ctrl + F3). 그림 17.32와 같은 대화상자가 나타난다. 그림 17.32에서처럼 **새로 만들기** 버튼을 클릭해 새로운 이름을 넣거나(다시 한번 새 이름 창이 나타날 것이다) 기존 셀을 클릭해 **편집**이나 **삭제** 버튼을 눌러 변경할 수 있다.

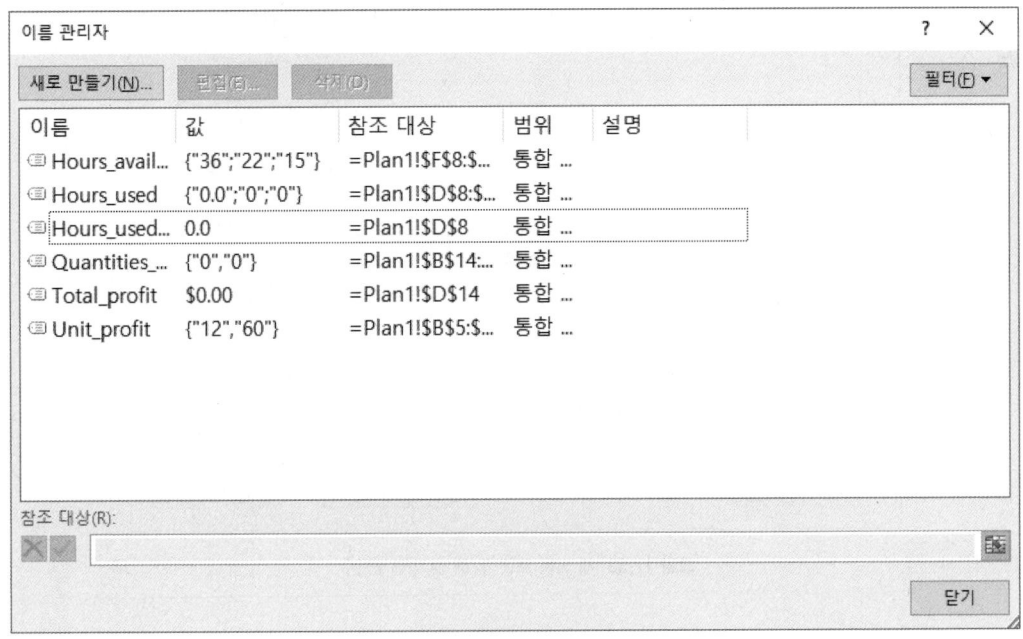

그림 17.32 이름 관리자 대화상자

그림 17.32는 각 셀 또는 범위, 해당 값, 해당 열과 행을 보여줌에 주목하자.

따라서 각 셀과 범위는 **이름 관리자**에 포함되어 해당 열이나 행 대신 이름으로 참조하게 된다. 예를 들어 D8, D9, D10, D15에 대한 상자 17.3의 수식은 이제 상자 17.4의 이름을 사용하게 된다.

상자 17.4 상자 17.3의 수식을 이름으로 표현

셀	공식
D8	=SUMPRODUCT(B8:C8,Quantities_produced)
D9	=SUMPRODUCT(B9:C9,Quantities_produced)
D10	=SUMPRODUCT(B10:C10,Quantities_produced)
D14	=SUMPRODUCT(Unit_profit,Quantities_produced)

그림 17.33은 그림 17.25의 각 셀과 범위를 해당 이름으로 바꾼 것을 보여준다.

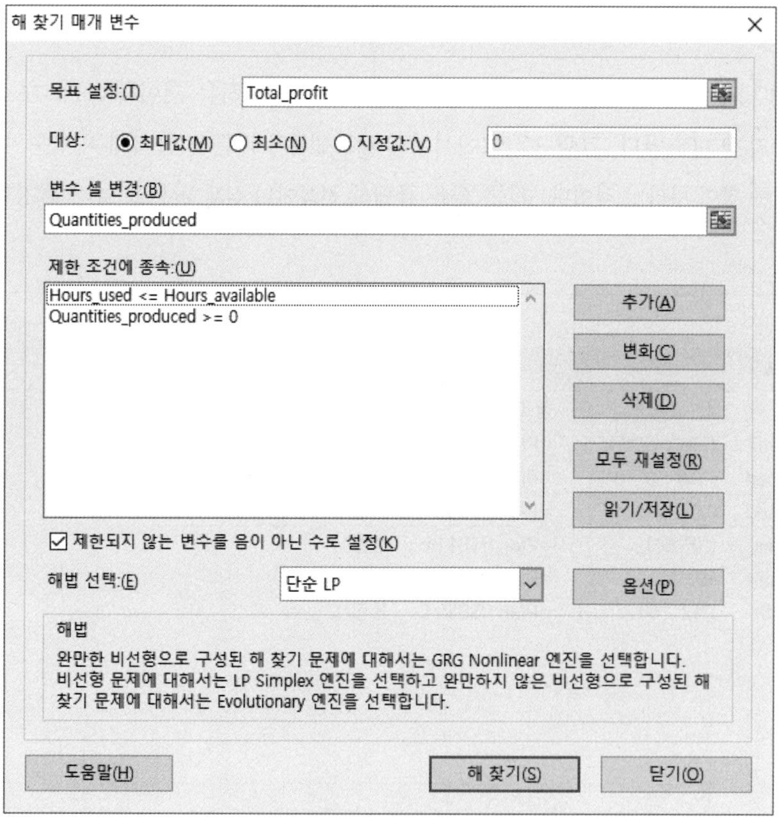

그림 17.33 새 이름 포함 후 해 찾기 매개변수

목적 함수 셀 D14는 이제 Total_profit으로 불리고 변수 셀(B14:C14)과 두 번째 제약의 좌변은 Quantities_produced, 좌변의 첫 제약(D8:D10)은 Hours_used, 우변의 두 번째 제약(F8:F10)은 Hours_available로 불린다.

1020

17.5.2.2 예제 16.4의 해법(유제품 상품 믹스 문제)

16.6.1절의 예제 16.4에서 다룬 유제품 회사의 상품 믹스 문제도 여기서 엑셀의 해 찾기로 해결해본다. 그림 17.34는 해당 데이터의 엑셀 시트를 보여준다(Example4_Naturelat.xls 파일).

Naturelat Dairy

	x1 yogurt	x2 minas	x3 mozzarella	x4 parmesan	x5 provolone			
Unit contribution margin	0.80	0.70	1.15	1.30	0.70			
						Raw material used		Raw material available
Raw milk	0.70	0.40	0.40	0.60	0.60	0.00	≤	1200
Whey	0.16	0.22	0.32	0.19	0.23	0.00	≤	460
Fat	0.25	0.33	0.33	0.40	0.47	0.00	≤	650
						MH used		MH available
Labour	0.05	0.12	0.09	0.04	0.16	0.00	≤	170
						Quantity produced		Minimum demand
Yogurt	1	0	0	0	0	0.00	≥	320
Minas cheese	0	1	0	0	0	0.00	≥	380
Mozzarella cheese	0	0	1	0	0	0.00	≥	450
Parmesan cheese	0	0	0	1	0	0.00	≥	240
Provolone cheese	0	0	0	0	1	0.00	≥	180
Solution	x1	x2	x3	x4	x5	z		
	yogurt	minas	mozzarella	parmesan	provolone	Total contrib margin		
Quantitites produced	0	0	0.00	0.00	0	$0.00		

그림 17.34 유제품 예제의 엑셀 상품 믹스 표현

그림 17.34에 사용된 수식은 상자 17.5에 있다.

상자 17.5 그림 17.34의 수식

셀	공식
G8	=SUMPRODUCT(B8:F8,$B$24:$F$24)
G9	=SUMPRODUCT(B9:F9,$B$24:$F$24)
G10	=SUMPRODUCT(B10:F10,$B$24:$F$24)
G13	=SUMPRODUCT(B13:F13,$B$24:$F$24)
G16	=SUMPRODUCT(B16:F16,$B$24:$F$24)
G17	=SUMPRODUCT(B17:F17,$B$24:$F$24)
G18	=SUMPRODUCT(B18:F18,$B$24:$F$24)
G19	=SUMPRODUCT(B19:F19,$B$24:$F$24)
G20	=SUMPRODUCT(B20:F20,$B$24:$F$24)
G24	=SUMPRODUCT(B5:F5,$B$24:$F$24)

장난감 예제와 유사하게 그림 17.34의 셀과 범위에 이름이 할당되어 해 찾기에서 사용된다. 그림 17.35는 해당 셀에 할당된 이름을 보여준다.

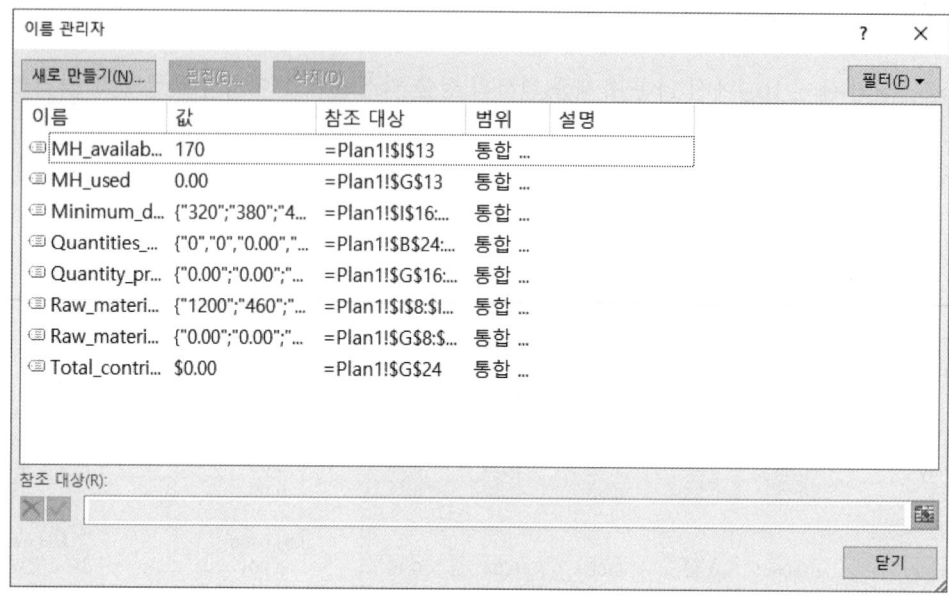

그림 17.35 이름 관리자 대화상자

해 찾기 매개변수 대화상자는 그림 17.36에 있다. 이름이 셀에 할당됐으므로 그림 17.36은 해당 이름으로 참조된다.

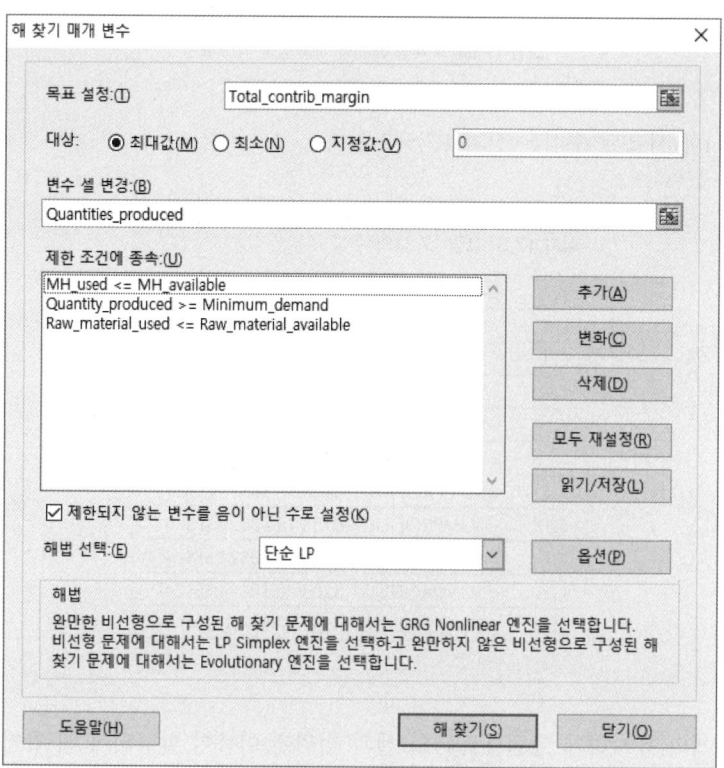

그림 17.36 유제품 예제에서 해 찾기 매개변수 대화상자

그림 17.36에서 제약은 알파벳순으로 정렬되어 있음을 주목하자. 이름 관리자도 마찬가지다(그림 17.35).

장난감 예제와 유사하게 **제한되지 않는 변수를 음이 아닌 수로 설정** 옵션을 선택하고, **해법 선택** 상자에서는 **단순 LP**를 선택한다. **옵션** 명령어는 그대로 둔다.

끝으로, **해 찾기**를 클릭하고 해 찾기 결과 상자에서 **해 찾기 해 보존**을 선택한다. 그림 17.37은 최적 해를 보여준다.

	A	B	C	D	E	F	G	H	I
1				**Naturelat Dairy**					
2									
3		x1	x2	x3	x4	x5			
4		yogurt	minas	mozzarella	parmesan	provolone			
5	Unit contribution margin	0.80	0.70	1.15	1.30	0.70			
6									
7							Raw material used		Raw material available
8	Raw milk	0.70	0.40	0.40	0.60	0.60	958.36	≤	1200
9	Whey	0.16	0.22	0.32	0.19	0.23	460.00	≤	460
10	Fat	0.25	0.33	0.33	0.40	0.47	650.00	≤	650
11									
12							MH used		MH available
13	Labour	0.05	0.12	0.09	0.04	0.16	165.78	≤	170
14									
15							Quantity produced		Minimum demand
16	Yogurt	1	0	0	0	0	320.00	≥	320
17	Minas cheese	0	1	0	0	0	380.00	≥	380
18	Mozzarella cheese	0	0	1	0	0	690.96	≥	450
19	Parmesan cheese	0	0	0	1	0	329.95	≥	240
20	Provolone cheese	0	0	0	0	1	180.00	≥	180
21									
22	Solution	x1	x2	x3	x4	x5	z		
23		yogurt	minas	mozzarella	parmesan	provolone	Total contrib margin		
24	Quantitites produced	**320**	**380**	**690.96**	**329.95**	**180**	**$1,871.55**		

그림 17.37 유제품 모델의 결과

17.5.2.3 예제 16.5의 해법(정유소 믹스 문제)

16.6.2절의 예제 16.5는 정유 회사의 믹스 문제인데, 엑셀의 해 찾기로 해결해보자. 그림 17.38은 엑셀 시트에서 모델을 보여준다(Example5_OilSouth.xls 파일).

Oil-South Refinary

	x11	x21	x31	x12	x22	x32	x13	x23	x33			
Unit profit	3	2	2	5	4	4	6	5	5			
										Composition		Constant
Common-oil1	0.3	-0.7	-0.7	0	0	0	0	0	0	0	≤	0
Super-oil1	0	0	0	0.5	-0.5	-0.5	0	0	0	0	≤	0
Super-oil2	0	0	0	0.1	-0.9	0.1	0	0	0	0	≤	0
Extra-oil2	0	0	0	0	0	0	-0.5	0.5	-0.5	0	≤	0
Extra-oil3	0	0	0	0	0	0	0.4	0.4	-0.6	0	≤	0
										Barrels gas produced		Minimum demand
Common	1	1	1	0	0	0	0	0	0	0	≥	5,000
Super	0	0	0	1	1	1	0	0	0	0	≥	3,000
Extra	0	0	0	0	0	0	1	1	1	0	≥	3,000
										Barrels oil used		Capacity
Oil 1	1	0	0	1	0	0	1	0	0	0	≤	10,000
Oil 2	0	1	0	0	1	0	0	1	0	0	≤	8,000
Oil 3	0	0	1	0	0	1	0	0	1	0	≤	7,000
										Total production		Total capacity
Refinery	1	1	1	1	1	1	1	1	1	0	≤	20,000
Solution	x11	x21	x31	x12	x22	x32	x13	x23	x33	z (Total profit)		
Qty produced	0	0	0	0	0	0	0	0	0	$0.00		

그림 17.38 엑셀에 나타낸 정유 회사의 상품 믹스

행 6~10은 특정 휘발유 유형의 최대 최소 원유 혼합 비율에 대한 제약을 보여준다. 모든 제약이 동일한 기호(≤)와 형식 ≥의 부등식으로 하기 위해 −1을 곱했다.

그림 17.38에 사용된 수식은 상자 17.6에 있다.

상자 17.6 그림 17.38의 수식

셀	공식
K6	=SUMPRODUCT(B6:J6,$B$26:$J$26)
K7	=SUMPRODUCT(B7:J7,$B$26:$J$26)
K8	=SUMPRODUCT(B8:J8,$B$26:$J$26)
K9	=SUMPRODUCT(B9:J9,$B$26:$J$26)
K10	=SUMPRODUCT(B10:J10,$B$26:$J$26)
K13	=SUMPRODUCT(B13:J13,$B$26:$J$26)
K14	=SUMPRODUCT(B14:J14,$B$26:$J$26)
K15	=SUMPRODUCT(B15:J15,$B$26:$J$26)
K18	=SUMPRODUCT(B18:J18,$B$26:$J$26)
K19	=SUMPRODUCT(B19:J19,$B$26:$J$26)
K20	=SUMPRODUCT(B20:J20,$B$26:$J$26)
K23	=SUMPRODUCT(B23:J23,$B$26:$J$26)
K26	=SUMPRODUCT(B4:J4,$B$26:$J$26)

모델 이해를 돕기 위해 그림 17.38의 주요 셀과 셀 범위에는 이름이 그림 17.39와 같이 할당됐다.

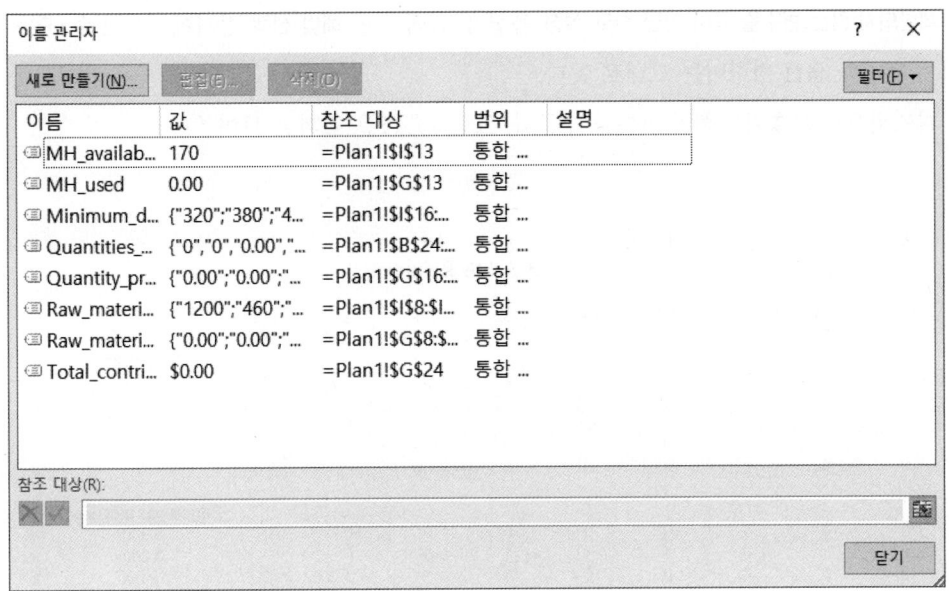

그림 17.39 정유 회사 문제의 이름 관리자

그림 17.38의 셀과 그 범위에 이름을 할당했으면 이제 이름으로 참조된다. 따라서 해 찾기 매개변수 대화상자의 문제 표현은 그림 17.40과 같다.

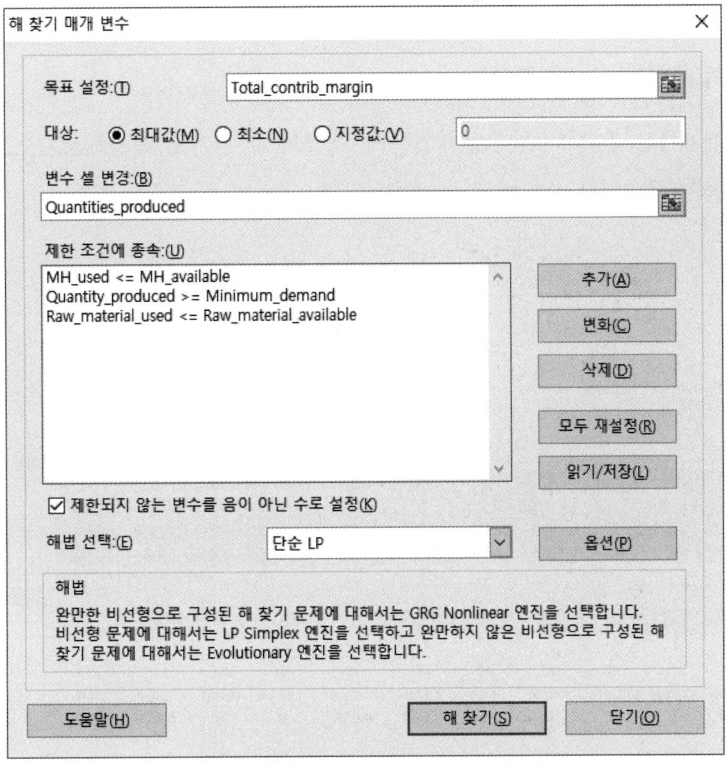

그림 17.40 정유 회사의 해 찾기 매개변수

제한되지 않는 변수를 음이 아닌 수로 설정 옵션을 선택하고, **해법 선택** 상자에서는 단순 LP를 선택한 것에 주목하자. **옵션** 명령어는 그대로 둔다.

마지막으로 해 **찾기**와 확인 버튼을 누른다. 그림 17.41은 결과를 보여준다.

	A	B	C	D	E	F	G	H	I	J	K	L	M
1						**Oil-South Refinary**							
2													
3		x11	x21	x31	x12	x22	x32	x13	x23	x33			
4	Unit profit	3	2	2	5	4	4	6	5	5			
5											Composition		Constant
6	Common-oil1	0.3	-0.7	-0.7	0	0	0	0	0	0	-2,200	≤	0
7	Super-oil1	0	0	0	0.5	-0.5	-0.5	0	0	0	0	≤	0
8	Super-oil2	0	0	0	0.1	-0.9	0.1	0	0	0	-1,200	≤	0
9	Extra-oil2	0	0	0	0	0	0	-0.5	0.5	-0.5	-6,000	≤	0
10	Extra-oil3	0	0	0	0	0	0	0.4	0.4	-0.6	0	≤	0
11													
12											Barrels gas produced		Minimum demand
13	Common	1	1	1	0	0	0	0	0	0	5,000	≥	5,000
14	Super	0	0	0	1	1	1	0	0	0	3,000	≥	3,000
15	Extra	0	0	0	0	0	0	1	1	1	12,000	≥	3,000
16													
17											Barrels oil used		Capacity
18	Oil 1	1	0	0	1	0	0	1	0	0	10,000	≤	10,000
19	Oil 2	0	1	0	0	1	0	0	1	0	5,200	≤	8,000
20	Oil 3	0	0	1	0	0	1	0	0	1	4,800	≤	7,000
21													
22											Total production		Total capacity
23	Refinery	1	1	1	1	1	1	1	1	1	20,000	≤	20,000
24													
25	Solution	x11	x21	x31	x12	x22	x32	x13	x23	x33	z (Total profit)		
26	Qty produced	**1300**	**3700**	**0**	**1500**	**1500**	**0**	**7200**	**0**	**4800**	**$92,000.00**		

그림 17.41 정유 회사 문제의 결과

17.5.2.4 예제 16.6의 해법(다이어트 문제)

16.6.3절의 예제 16.6은 다이어트 문제였는데, 엑셀의 해 찾기로 해결해보자. 그림 17.42는 해당 엑셀 시트를 보여준다(Example6_Diet.xls 파일).

	x1	x2	x3	x4	x5	x6	x7	x8	x9	x10	x11	x12			
								Diet problem							
	spinach	broccoli	cress	tomato	carrot	egg	bean	chickpea	soy	meat	liver	fish			
Cost/kg	3	2	1.8	1.6	3	3	4	4	4.5	7.5	8	8.5			
													Total ingredients		Min necessity
Iron	30	12	2	4.9	10	9	71	48.6	30	15	100	11	0	≥	80
Vitamin A	74,000	1,388	47,250	11,300	145,000	32,150	0	410	10,000	0	320,000	1,400	0	≥	45,000
Vitamin B12	0	0	0	0	1	10	0	0	0	30	1,000	21.4	0.00	≥	20
Folic acid	4	5	1	2.5	0.05	0.5	0.56	4	0.8	0.6	3.8	0.02	0	≥	4
													Total consumed		Max consumption
Daily consumption	1	1	1	1	1	1	1	1	1	1	1	1	0.0	≤	1.5
Solution	x1	x2	x3	x4	x5	x6	x7	x8	x9	x10	x11	x12	z		
	spinach	broccoli	cress	tomato	carrot	egg	bean	chickpea	soy	meat	liver	fish	Total cost		
Qty consumed	0	0.000	0	0	0	0	0.000	0.000	0	0	0.000	0	$0.00		

그림 17.42 엑셀에 나타낸 다이어트 문제

그림 17.42에 사용된 수식은 상자 17.7에 있다.

상자 17.7 그림 17.42의 수식

셀	공식
N8	=SUMPRODUCT(B8:M8,$B$18:$M$18)
N9	=SUMPRODUCT(B9:M9,$B$18:$M$18)
N10	=SUMPRODUCT(B10:M10,$B$18:$M$18)
N11	=SUMPRODUCT(B11:M11,$B$18:$M$18)
N14	=SUMPRODUCT(B14:M14,$B$18:$M$18)
N18	=SUMPRODUCT(B5:M5,$B$18:$M$18)

그림 17.42의 주요 셀과 범위에 할당된 이름은 그림 17.43에 나열되어 있다.

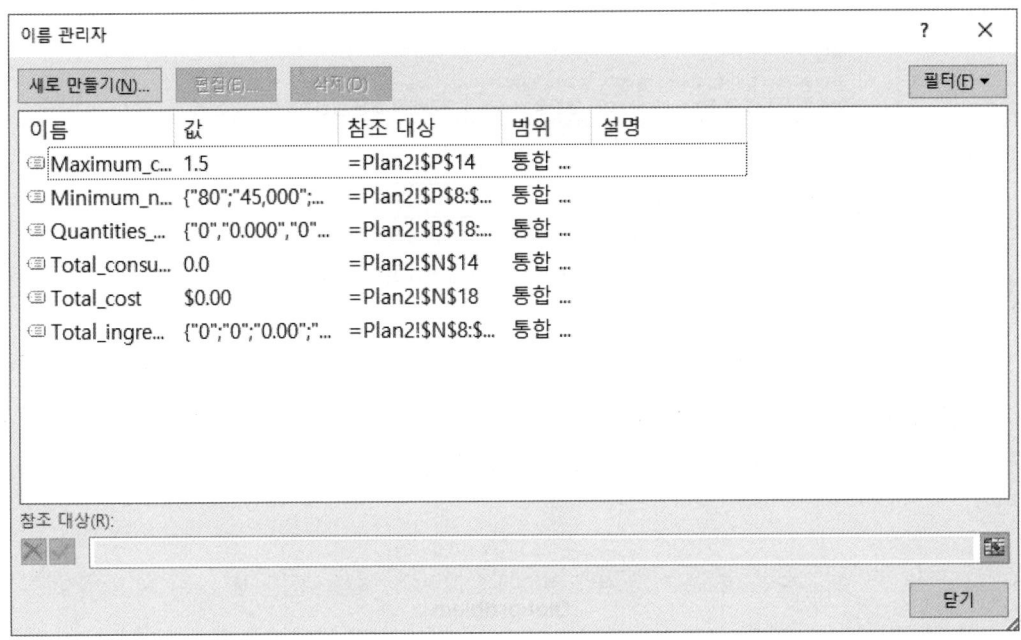

그림 17.43 다이어트 문제의 이름 관리자

따라서 해 찾기 매개변수 대화상자는 그림 17.44처럼 할당된 이름으로 나타나 있음을 볼 수 있다.

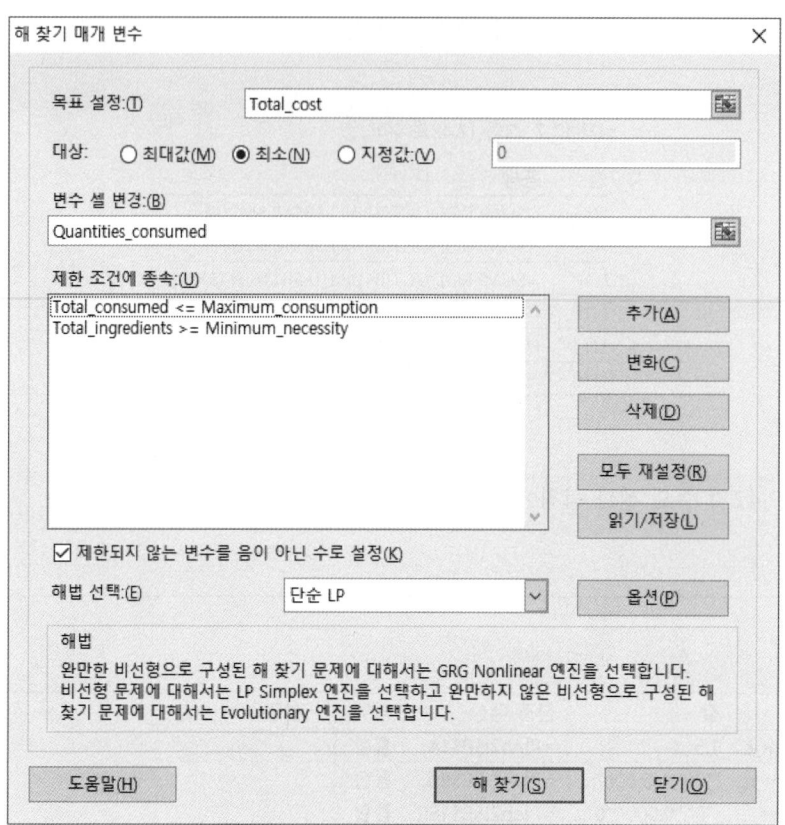

그림 17.44 다이어트 문제의 해 찾기 매개변수

제한되지 않는 변수를 음이 아닌 수로 설정 옵션을 선택하고, **해법 선택** 상자에서는 **단순 LP**를 선택한 것에 주목하자. **옵션** 명령어는 그대로 둔다.

마지막으로, **해 찾기**와 **확인** 버튼을 누른다. 그림 17.45는 결과를 보여준다.

	A	B	C	D	E	F	G	H	I	J	K	L	M	N	O	P
1								**Diet problem**								
2																
3		x1	x2	x3	x4	x5	x6	x7	x8	x9	x10	x11	x12			
4		spinach	broccoli	cress	tomato	carrot	egg	bean	chickpea	soy	meat	liver	fish			
5	Cost/kg	3	2	1.8	1.6	3	3	4	4	4.5	7.5	8	8.5			
6																
7														Total ingredients		Min necessity
8	Iron	30	12	2	4.9	10	9	71	48.6	30	15	100	11	80	≥	80
9	Vitamin A	74,000	1,388	47,250	11,300	145,000	32,150	0	410	10,000	0	320,000	1,400	45,000	≥	45,000
10	Vitamin B12	0	0	0	0	1	10	0	0	0	30	1,000	21.4	138.47	≥	20
11	Folic acid	4	5	1	2.5	0.05	0.5	0.56	4	0.8	0.6	3.8	0.02	4	≥	4
12																
13														Total consumed		Max consumption
14	Daily consumption	1	1	1	1	1	1	1	1	1	1	1	1	1.5	≤	1.5
15																
16	Solution	x1	x2	x3	x4	x5	x6	x7	x8	x9	x10	x11	x12	z		
17		spinach	broccoli	cress	tomato	carrot	egg	bean	chickpea	soy	meat	liver	fish	Total cost		
18	Qty consumed	0	0.427	0	0	0	0	0.698	0.237	0	0	0.138	0	$5.70		

그림 17.45 다이어트 문제의 결과

17.5.2.5 예제 16.7의 해법(농부 문제)

16.6.4절의 예제 16.7을 해결하기 위해 엑셀의 해 찾기를 사용한다. 엑셀 시트는 그림 17.46에 있다 (Example7_Farmer.xls 파일).

Farmer								
	x1	x2	x3	x4	x5			
	soy	manioc	corn	wheat	bean			
NPV unit/ha	9.343	8.902	2.118	11.542	4.044			
						Area used		Maximum area
Capacity (ha)	1	1	1	1	1	0	≤	1,000
						Input flow		Minimum flow
1st year	5.00	4.20	2.20	6.60	3.00	0	≥	6,000
2nd year	7.70	6.50	3.70	8.00	3.50	0	≥	5,000
3rd year	7.90	7.20	2.90	6.10	4.10	0	≥	6,500
						Initial investment		Maximum initial invest
Initial investment	5.00	4.00	3.50	3.50	3.00	0	≤	3,800
						Output flow		Maximum flow
1st year	1.00	1.00	0.50	1.50	0.50	0	≤	3,500
2nd year	1.20	0.50	0.50	0.50	1.00	0	≤	3,200
3rd year	0.80	0.50	1.00	0.50	0.50	0	≤	2,500
Solution	x1	x2	x3	x4	x5	z		
	soy	manioc	corn	wheat	bean	Total NPV		
Area invested	**0**	**0**	**0**	**0**	**0**	**$0.00**		

그림 17.46 엑셀 시트에 나타낸 농부 문제

상자 17.8은 그림 17.46에 사용된 수식을 보여준다.

상자 17.8 그림 17.46에 사용된 수식

셀	공식
G8	=SUMPRODUCT(B8:F8,$B$25:$F$25)
G11	=SUMPRODUCT(B11:F11,$B$25:$F$25)
G12	=SUMPRODUCT(B12:F12,$B$25:$F$25)
G13	=SUMPRODUCT(B13:F13,$B$25:$F$25)
G16	=SUMPRODUCT(B16:F16,$B$25:$F$25)
G19	=SUMPRODUCT(B19:F19,$B$25:$F$25)
G20	=SUMPRODUCT(B20:F20,$B$25:$F$25)
G21	=SUMPRODUCT(B21:F21,$B$25:$F$25)
G25	=SUMPRODUCT(B5:F5,$B$25:$F$25)

그림 17.47은 그림 17.46의 셀과 셀 범위에 할당된 이름을 보여주는데, 해 찾기에서 참조될 이름 이다.

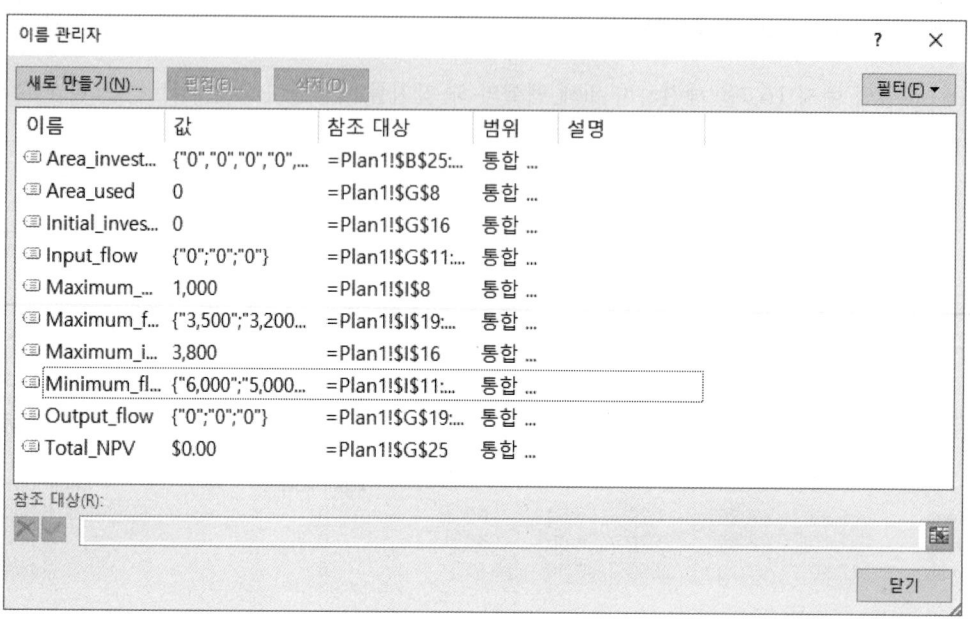

그림 17.47 농부 문제의 이름 관리자

그림 17.48은 해 찾기 매개변수를 농부 문제에 대해 보여준다. 셀과 셀 범위가 해당 이름으로 나타난 것에 주목하자.

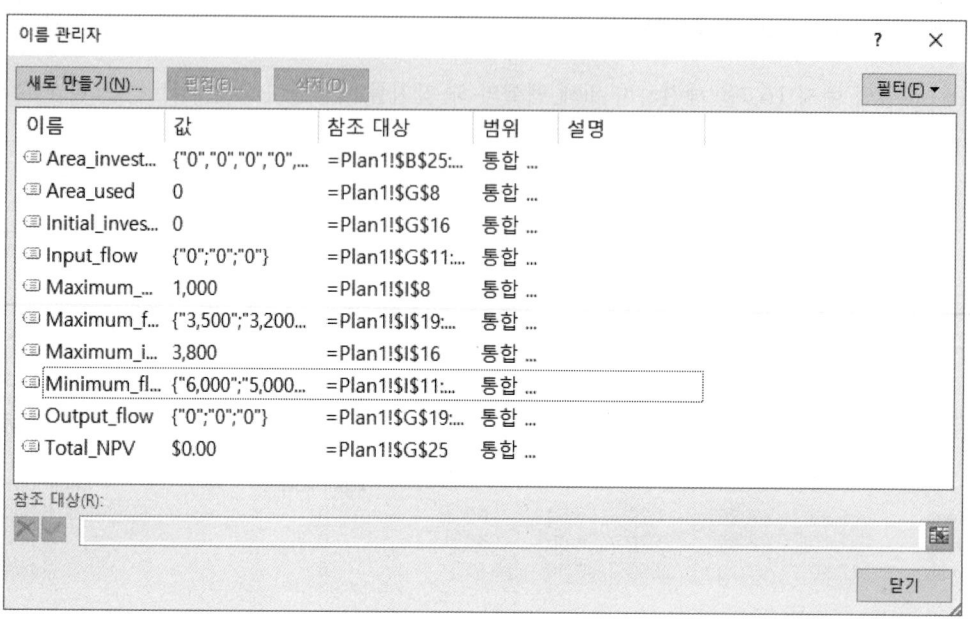

그림 17.48 농부 문제의 해 찾기 매개변수

제한되지 않는 변수를 음이 아닌 수로 설정 옵션을 선택하고, **해법 선택** 상자에서는 단순 LP를 선택한 것에 주목하자. **옵션** 명령어는 그대로 둔다.

마지막으로, **해 찾기**와 **확인** 버튼을 누른다. 그림 17.49는 결과를 보여준다.

	A	B	C	D	E	F	G	H	I
1						**Farmer**			
2									
3		x1	x2	x3	x4	x5			
4		soy	manioc	corn	wheat	bean			
5	NPV unit/ha	9.343	8.902	2.118	11.542	4.044			
6									
7							Area used		Maximum area
8	Capacity (ha)	1	1	1	1	1	1,000	≤	1,000
9									
10							Input flow		Minimum flow
11	1st year	5.00	4.20	2.20	6.60	3.00	6,131	≥	6,000
12	2nd year	7.70	6.50	3.70	8.00	3.50	7,828	≥	5,000
13	3rd year	7.90	7.20	2.90	6.10	4.10	6,500	≥	6,500
14									
15							Initial investment		Maximum initial invest
16	Initial investiment	5.00	4.00	3.50	3.50	3.00	3,800	≤	3,800
17									
18							Output flow		Maximum flow
19	1st year	1.00	1.00	0.50	1.50	0.50	1,373	≤	3,500
20	2nd year	1.20	0.50	0.50	0.50	1.00	621	≤	3,200
21	3rd year	0.80	0.50	1.00	0.50	0.50	552	≤	2,500
22									
23	**Solution**	x1	x2	x3	x4	x5	z		
24		soy	manioc	corn	wheat	bean	Total NPV		
25	Area invested	**173.33**	**80**	**0**	**746.67**	**0**	**$10,949.59**		

그림 17.49 농부 문제의 최적해

17.5.2.6 예제 16.8의 해법(포트폴리오 선택: 기대 수익률 최대화)

16.6.5절의 예제 16.8을 엑셀의 해 찾기로 해결해보자. 그림 17.50은 엑셀 시트에서 해당 문제를 보여준다(Example8_Portfolio.xls 파일).

	x_1	x_2	x_3	x_4	x_5	x_6	x_7	x_8	x_9	x_{10}	
Portfolio selection - Maximizing expected return											
	BBAS3	BBDC4	ELET6	GGBR4	ITSA4	PETR4	CSNA3	TNLP4	USIM5	VALE5	
Average return	0.37%	0.24%	0.14%	0.30%	0.24%	0.19%	0.28%	0.18%	0.25%	0.24%	
Standard deviation	2.48%	2.16%	1.95%	2.93%	2.40%	2.00%	2.63%	2.14%	2.73%	2.47%	
	Σx_i		100%								
Invested capital	0%	=	1								
Maximum composition	30%	30%	30%	30%	30%	30%	30%	30%	30%	30%	
	Real		Theoretical								
Portfolio risk	0%	≤	2.50%								
Solution	x_1	x_2	x_3	x_4	x_5	x_6	x_7	x_8	x_9	x_{10}	z = E(R)
	BBAS3	BBDC4	ELET6	GGBR4	ITSA4	PETR4	CSNA3	TNLP4	USIM5	VALE5	
Optimum composition	**0%**	**0%**	**0%**	**0%**	**0%**	**0%**	**0%**	**0%**	**0%**	**0%**	**0%**

그림 17.50 엑셀 시트에 나타낸 예제 16.8

상자 17.9는 그림 17.50에서 사용된 수식을 보여준다.

상자 17.9 그림 17.50에 사용된 수식

셀	공식
B9	=SUM(B18:K18)
B14	=SUMPRODUCT(B6:K6,B18:K18)
L18	=SUMPRODUCT(B5:K5,B18:K18)

그림 17.51은 그림 17.50의 셀과 셀 범위에 이름을 할당한 것을 보여준다.

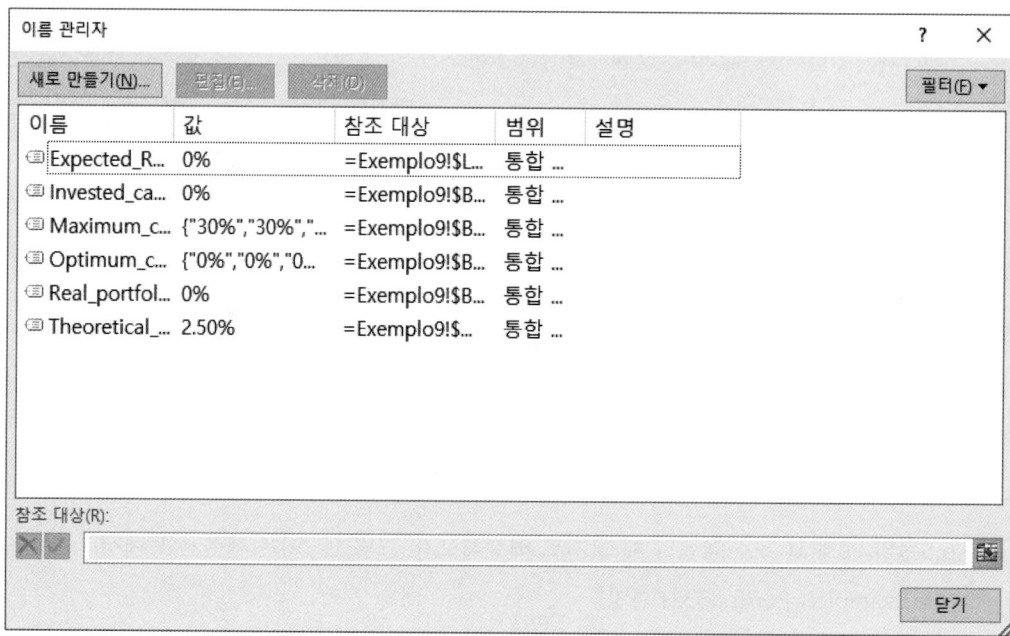

그림 17.51 포트폴리오 선택 문제의 이름 관리자(기대 수익률 최대화)

그림 17.52는 포트폴리오 문제(기대 수익률 최대화)에 대한 해 찾기 매개변수 대화상자를 보여주는데, 각 셀과 셀의 범위가 해당 이름으로 참조되는 것을 볼 수 있다.

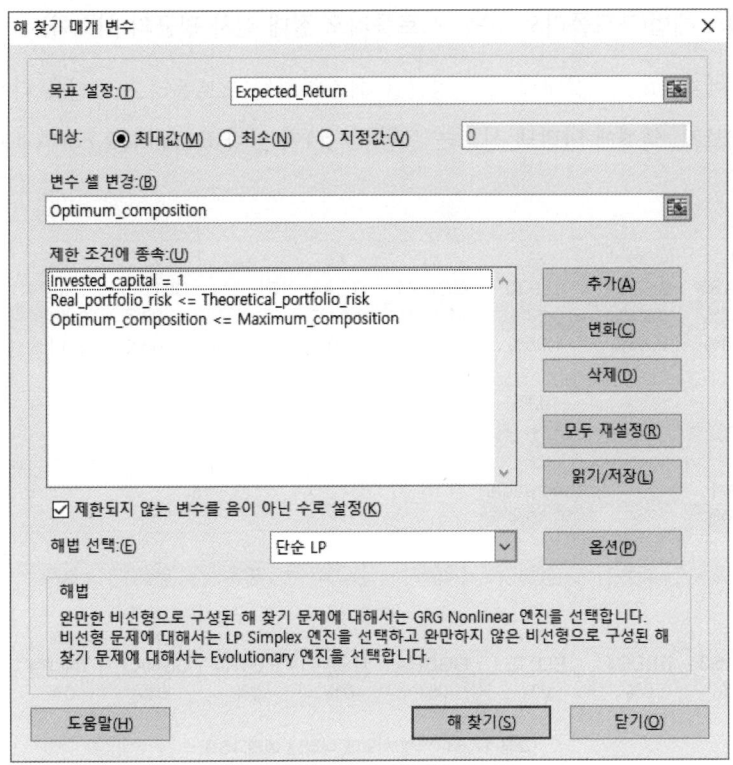

그림 17.52 포트폴리오 선택 문제의 해 찾기 매개변수(기대 수익률 최대화)

제한되지 않는 변수를 음이 아닌 수로 설정 옵션을 선택하고, **해법 선택** 상자에서는 **단순 LP**를 선택한 것에 주목하자. **옵션** 명령어는 그대로 둔다.

마지막으로, **해 찾기**와 **확인** 버튼을 누른다. 그림 17.53은 결과를 보여준다.

	A	B	C	D	E	F	G	H	I	J	K	L
1		**Portfolio selection - Maximizing expected return**										
2												
3		x_1	x_2	x_3	x_4	x_5	x_6	x_7	x_8	x_9	x_{10}	
4		BBAS3	BBDC4	ELET6	GGBR4	ITSA4	PETR4	CSNA3	TNLP4	USIM5	VALE5	
5	Average return	0.37%	0.24%	0.14%	0.30%	0.24%	0.19%	0.28%	0.18%	0.25%	0.24%	
6	Standard deviation	2.48%	2.16%	1.95%	2.93%	2.40%	2.00%	2.63%	2.14%	2.73%	2.47%	
7												
8		Σx_i		100%								
9	Invested capital	100%	=	1								
10												
11	Maximum composition	30%	30%	30%	30%	30%	30%	30%	30%	30%	30%	
12												
13		Real		Theoretical								
14	Portfolio risk	2.50%	≤	2.50%								
15												
16	**Solution**	x_1	x_2	x_3	x_4	x_5	x_6	x_7	x_8	x_9	x_{10}	
17		BBAS3	BBDC4	ELET6	GGBR4	ITSA4	PETR4	CSNA3	TNLP4	USIM5	VALE5	z = E(R)
18	Optimum composition	30%	30%	0%	18.17%	0%	0%	21.83%	0%	0%	0%	0.30%

그림 17.53 포트폴리오 선택 문제의 최적해

16.6.5절의 예제 16.9는 절대 편차의 평균을 최소화하는 포트폴리오 구성을 다루는데, 엑셀의 해 찾기로 해결해보자. 엑셀에 나타낸 시트는 그림 17.54에 있다(Example9_Portfolio.xls 파일).

	x_1	x_2	x_3	x_4	x_5	x_6	x_7	x_8	x_9	x_{10}	
	BBAS3	BBDC4	ELET6	GGBR4	ITSA4	PETR4	CSNA3	TNLP4	USIM5	VALE5	
Average return	0.37%	0.24%	0.14%	0.30%	0.24%	0.19%	0.28%	0.18%	0.25%	0.24%	
Standard deviation	2.48%	2.16%	1.95%	2.93%	2.40%	2.00%	2.63%	2.14%	2.73%	2.47%	
	Σx_i		100%								
Invested capital	0%	=	1								
	Real		Theoretical								
Portfolio return	0.00%	≥	0.15%								
Maximum composition	30%	30%	30%	30%	30%	30%	30%	30%	30%	30%	
Solution	x_1	x_2	x_3	x_4	x_5	x_6	x_7	x_8	x_9	x_{10}	
	BBAS3	BBDC4	ELET6	GGBR4	ITSA4	PETR4	CSNA3	TNLP4	USIM5	VALE5	z = MAD
Optimum composition	0%	0%	0%	0%	0%	0%	0%	0%	0%	0%	0.00%

그림 17.54 엑셀 시트에 나타낸 예제 16.9

포트폴리오의 MAD 계산은 그림 17.55에 있고 Example9_Portfolio.xls에도 있다. 구성에 각 자산의 10%를 가진 것에 대해 그림 17.55의 행 250은 포트폴리오에 있는 각 자산의 절대 편차 평균을 보여준다. 행 250이나 상자 17.10의 셀 P250의 수식에서 보듯 포트폴리오에 있는 각 자산의 비율은 절대 편차 비율에 의해 바로 곱해진다. 모든 주기에서 비율이 일정하기 때문이다.

	N	O	P	Q	R	S	T	U	V	W	X	Y	Z	AA	AB	AC	AD	AE	AF	AG	AH	AI
1	Date	r_1	$\lvert r_1-\mu_1\rvert$	r_2	$\lvert r_2-\mu_2\rvert$	r_3	$\lvert r_3-\mu_3\rvert$	r_4	$\lvert r_4-\mu_4\rvert$	r_5	$\lvert r_5-\mu_5\rvert$	r_6	$\lvert r_6-\mu_6\rvert$	r_7	$\lvert r_7-\mu_7\rvert$	r_8	$\lvert r_8-\mu_8\rvert$	r_9	$\lvert r_9-\mu_9\rvert$	r_{10}	$\lvert r_{10}-\mu_{10}\rvert$	
2	14/01/2009	-6.74%	7.10%	-6.04%	6.28%	-1.47%	1.61%	-4.48%	4.76%	-6.50%	6.74%	-2.71%	2.89%	-2.06%	2.32%	-3.19%	3.37%	-4.40%	4.65%	-3.93%	4.15%	
3	15/01/2009	6.31%	5.95%	3.05%	2.81%	4.23%	4.09%	5.00%	4.72%	2.14%	1.90%	3.43%	3.25%	4.34%	4.08%	0.22%	0.04%	3.42%	3.17%	2.72%	2.50%	
4	16/01/2009	-4.00%	4.36%	-2.08%	2.32%	1.47%	1.33%	1.67%	1.39%	-3.27%	3.51%	0.75%	0.57%	2.45%	2.19%	-2.19%	2.37%	3.06%	2.81%	0.76%	0.54%	
5	19/01/2009	0.28%	0.08%	0.14%	0.10%	-3.66%	3.80%	-1.64%	1.92%	0.81%	0.57%	-1.85%	2.03%	1.01%	0.75%	1.29%	1.11%	-0.63%	0.88%	-0.79%	1.01%	
6	20/01/2009	-6.86%	7.22%	-5.28%	5.52%	-3.79%	3.93%	-4.76%	5.04%	-5.50%	5.74%	-3.23%	3.41%	-6.66%	6.92%	-0.11%	0.29%	-4.87%	5.12%	-4.13%	4.35%	
7	21/01/2009	2.23%	1.87%	4.87%	4.63%	2.95%	2.82%	3.25%	2.97%	3.35%	2.75%	5.20%	5.02%	7.05%	6.79%	0.97%	0.79%	3.89%	3.64%	2.65%	2.43%	
8	22/01/2009	-1.45%	1.81%	-0.90%	1.14%	-1.04%	1.18%	-4.12%	4.40%	-2.47%	2.71%	-2.56%	2.74%	-0.92%	1.18%	0.07%	0.11%	0.41%	0.16%	-0.46%	0.68%	
9	23/01/2009	-1.85%	2.21%	1.05%	0.81%	-1.17%	1.31%	-1.77%	2.05%	2.39%	2.15%	-0.21%	0.39%	-2.82%	3.08%	3.67%	3.49%	-4.13%	4.38%	1.74%	1.52%	
10	26/01/2009	6.09%	5.73%	0.14%	0.10%	1.39%	1.25%	0.90%	0.62%	-0.82%	1.06%	0.89%	0.71%	1.42%	1.16%	3.75%	3.57%	-2.90%	3.15%	2.47%	2.25%	
11	27/01/2009	1.70%	1.34%	-1.94%	2.18%	-1.21%	1.35%	-3.44%	3.72%	-1.38%	1.62%	0.42%	0.24%	2.34%	2.08%	-0.14%	0.32%	0.40%	0.15%	3.64%	3.42%	
12	28/01/2009	2.51%	2.15%	4.63%	4.39%	0.41%	0.27%	1.32%	1.04%	5.89%	5.65%	5.44%	5.26%	3.52%	3.26%	1.72%	1.54%	5.40%	5.15%	5.16%	4.94%	
13	29/01/2009	-3.81%	4.17%	-3.00%	3.24%	-0.12%	0.26%	-1.11%	1.39%	-2.52%	2.76%	-0.67%	0.85%	-2.56%	2.82%	-1.86%	2.04%	0.41%	0.16%	-2.96%	3.18%	
14	30/01/2009	0.35%	0.01%	-1.19%	1.43%	-0.89%	1.03%	-1.05%	1.33%	-0.54%	0.78%	0.08%	0.10%	-2.60%	2.86%	-0.86%	1.04%	-1.16%	1.41%	-1.72%	1.94%	
240	04/01/2010	0.67%	0.31%	3.63%	3.39%	4.04%	3.90%	1.58%	1.30%	4.74%	4.50%	1.72%	1.54%	0.37%	0.11%	1.62%	1.44%	3.26%	3.01%	3.13%	2.91%	
241	05/01/2010	-1.00%	1.36%	-0.48%	0.72%	-1.52%	1.66%	1.69%	1.41%	-0.32%	0.56%	-0.86%	1.04%	0.93%	0.67%	-0.82%	1.00%	0.29%	0.04%	1.40%	1.18%	
242	06/01/2010	0.14%	0.22%	-0.80%	1.04%	-1.26%	1.40%	0.66%	0.38%	-1.22%	1.46%	1.35%	1.17%	0.12%	0.14%	0.53%	0.35%	-0.10%	0.35%	1.97%	1.75%	
243	07/01/2010	0.03%	0.33%	-0.27%	0.51%	2.21%	2.07%	-2.24%	2.52%	-0.57%	0.93%	-0.93%	1.11%	-1.06%	1.32%	-1.12%	1.30%	0.94%	0.69%	0.67%	0.45%	
244	08/01/2010	0.57%	0.21%	-0.11%	0.35%	1.16%	1.02%	-0.27%	0.55%	-0.74%	0.98%	-0.54%	0.72%	2.26%	2.00%	0.08%	0.10%	-1.42%	1.67%	0.55%	0.33%	
245	11/01/2010	0.77%	0.41%	0.08%	0.16%	-0.39%	0.53%	0.07%	0.21%	-0.33%	0.57%	-0.32%	0.50%	1.97%	1.71%	-0.54%	0.72%	0.28%	0.03%	0.44%	0.22%	
246	12/01/2010	-0.83%	1.19%	0.30%	0.06%	-1.51%	1.65%	-0.71%	0.99%	-0.17%	0.41%	-1.28%	1.46%	-1.86%	2.12%	-1.62%	1.80%	-2.73%	2.98%	0.22%	0.00%	
247	13/01/2010	1.28%	0.92%	0.54%	0.30%	1.97%	1.83%	0.48%	0.20%	-0.33%	0.57%	-0.17%	0.35%	1.72%	1.46%	-0.14%	0.32%	0.20%	0.05%	1.44%	1.22%	
248	Média	0.36%	1.87%	0.24%	1.65%	0.14%	1.47%	0.28%	2.27%	0.24%	1.70%	0.18%	1.49%	0.26%	1.98%	0.18%	1.66%	0.25%	2.12%	0.22%	1.78%	
249																						MAD	
250	$\lvert r_i-\mu_i\rvert * x_i$		0.000%		0.000%		0.000%		0.000%		0.000%		0.000%		0.000%		0.000%		0.000%		0.000%	0.00%

그림 17.55 포트폴리오에 있는 각 자산의 절대 편차 평균

상자 17.10은 그림 17.54와 그림 17.55의 주 수식을 보여준다. 셀 P248과 P250의 수식으로부터 첫 자산(BBAS3)의 절대 편차 평균을 계산한 것을 볼 수 있다. 그 밖의 자산도 동일한 절차를 거친다.

상자 17.10 그림 17.54와 그림 17.55에 사용된 수식

셀	공식
B9	=SUM(B18:K18)
B12	=SUMPRODUCT(B5:K5,B18:K18)
O248	=MEAN(O2:O247)
P2	=ABS(O2-$O$248)
P248	=MEAN(P2:P247)
P250	=P248*B18
AI250	=SUM(P250:AH250)
L18	=AI250

그림 17.56은 그림 17.54의 셀과 그 범위에 이름을 할당한 것을 보여준다.

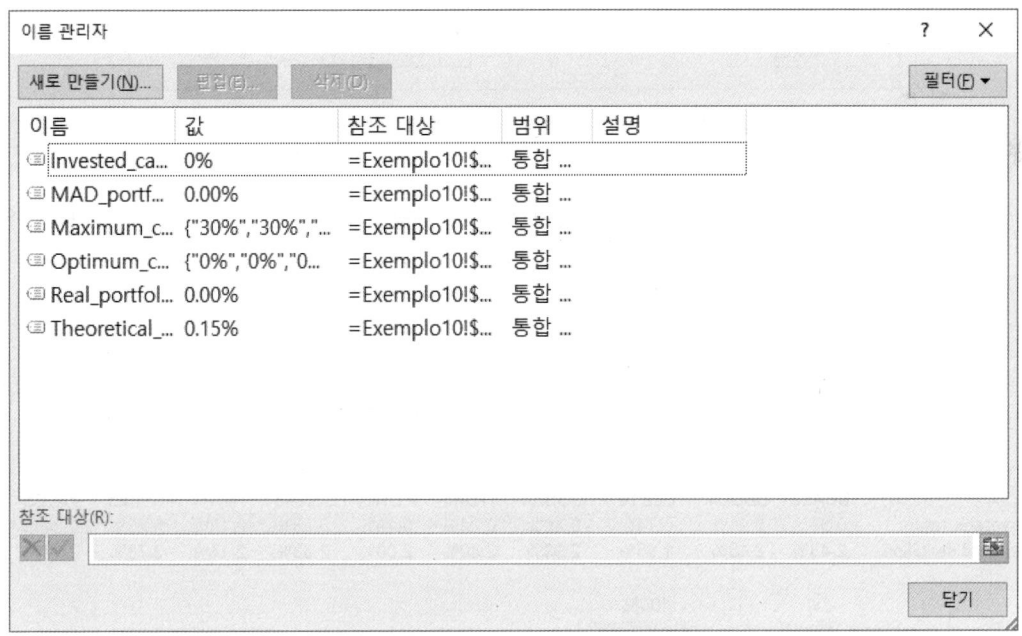

그림 17.56 포트폴리오 선택(MAD 최소화) 문제의 이름 관리자

그림 17.57은 포트폴리오 선택(MAD 최소화) 문제의 해 찾기 매개변수 대화상자를 보여준다.

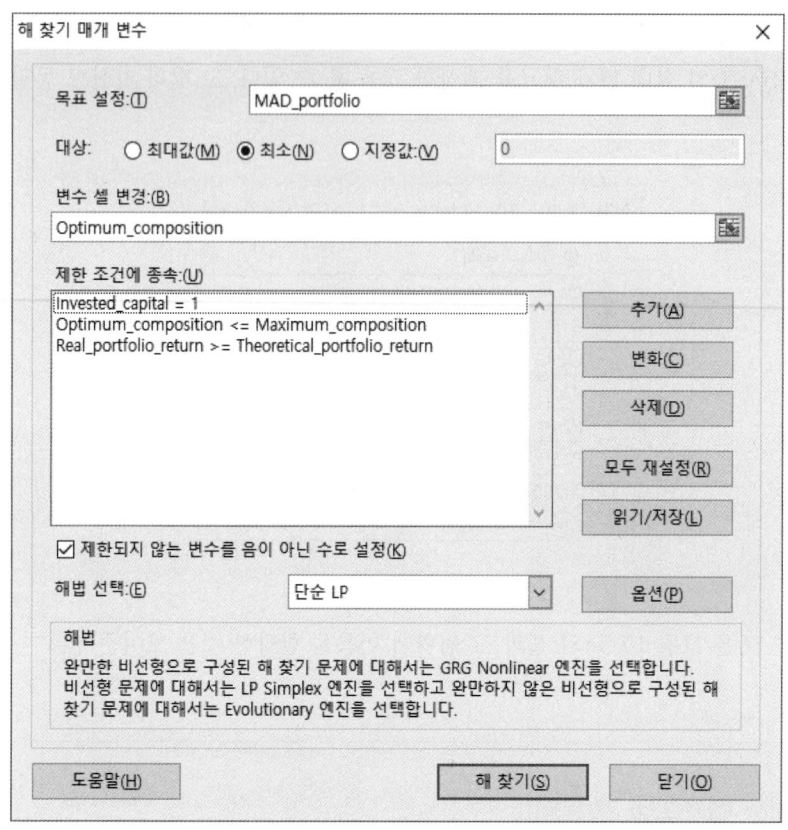

그림 17.57 포트폴리오 선택(MAD 최소화) 문제의 해 찾기 매개변수

이전 모델과 유사하게 변수는 비음수이며 모델은 선형으로 가정한다. 끝으로 **해 찾기**와 **확인**을 누른다. 그림 17.58은 포트폴리오 선택(MAD 최소화) 문제의 최적해를 보여준다.

	A	B	C	D	E	F	G	H	I	J	K	L
1				**Portfolio selection - Minimizing MAD**								
2												
3		x_1	x_2	x_3	x_4	x_5	x_6	x_7	x_8	x_9	x_{10}	
4		BBAS3	BBDC4	ELET6	GGBR4	ITSA4	PETR4	CSNA3	TNLP4	USIM5	VALE5	
5	Average return	0.37%	0.24%	0.14%	0.30%	0.24%	0.19%	0.28%	0.18%	0.25%	0.24%	
6	Standard deviation	2.48%	2.16%	1.95%	2.93%	2.40%	2.00%	2.63%	2.14%	2.73%	2.47%	
7												
8		Σx_i		100%								
9	Invested capital	100%	=	1								
10												
11		Real		Theoretical								
12	Portfolio return	0.19%	≥	0.15%								
13												
14	Maximum composition	30%	30%	30%	30%	30%	30%	30%	30%	30%	30%	
15												
16	**Solution**	x_1	x_2	x_3	x_4	x_5	x_6	x_7	x_8	x_9	x_{10}	
17		BBAS3	BBDC4	ELET6	GGBR4	ITSA4	PETR4	CSNA3	TNLP4	USIM5	VALE5	z = MAD
18	Optimum composition	0%	30%	30%	0%	0%	30%	0%	10%	0%	0%	1.55%

그림 17.58 포트폴리오 선택(MAD 최소화) 문제의 최적해

17.5.2.8 예제 16.10의 해법(가구 회사의 생산 재고 관리 문제)

16.6.6절의 예제 16.10은 가구 회사의 생산과 재고에 관한 것인데, 엑셀의 해 찾기로 해결해보자. 그림 17.59는 해당 데이터의 엑셀 시트를 보여준다(Example10_Fenix&Furniture.xls 파일).

그림 17.59의 초기 해는 각 주기의 상품별 2,000 단위 생산을 보여준다는 점에 주목하자. 식 $I_{it} = I_{i,t-1} + x_{it} - D_{it}$를 적용하면 비음숫값을 취해야 하는 각 주기의 상품별 재고 수준을 구할 수 있다. 이 해는 최적이 아니라는 점에 유의하자.

상자 17.11은 그림 17.59에 사용된 수식을 보여준다.

그림 17.60은 그림 17.59의 각 셀과 셀 범위에 할당된 이름을 보여준다.

그림 17.61은 해 찾기 매개변수 대화상자를 보여준다. 이름이 각 주요 셀과 범위에 할당됐으므로, 그 이름으로 참조했음에 주목하자.

이전 모델과 유사하게 변수는 비음수이며 모델은 선형으로 가정한다. 끝으로 **해 찾기**와 **확인**을 누른다. 그림 17.62는 가구 회사의 생산 및 재고 관리 문제의 최적해를 보여준다.

17.5.2.9 예제 16.11의 해법(천연 주스 회사 문제)

16.6.6절의 예제 16.11은 천연 주스 회사의 집계 계획 문제였는데, 엑셀의 해 찾기로 해결해보자. 그림 17.63은 해당 엑셀 시트를 보여준다(Example11_Lifestyle.xls 파일).

그림 17.63의 초기 해는 이전 달에 새로운 직원을 고용해 1,000리터를 추가 생산하여 7월부터 12월까지 R_t 값은 5,000이 된다($R_t = R_{t-1} + H_t - F_t$). 수식 $I_t = I_{t-1} + R_t + O_t + S_t - D_t$를 적용하면 각 주기의 재고 수준을 알 수 있다. 다른 결정 변숫값은 빈 채로 남는다. 이 해는 최적해가 아니다.

상자 17.12는 그림 17.63에 사용된 수식을 보여준다.

그림 17.64는 그림 17.63의 셀과 그 범위에 할당된 이름을 보여준다.

그림 17.65는 해당 해 찾기 매개변수 대화상자를 보여준다. 주요 셀과 범위에 이름이 할당됐으므로, 이제 이름으로 참조할 수 있다.

이전 모델과 유사하게 변수는 비음수이며 모델은 선형으로 가정한다. 끝으로 **해 찾기**와 **확인**을 누른다. 그림 17.66은 가구 회사의 생산 및 재고 관리 문제의 최적해를 보여준다.

17.5.3 무제한과 불가능해에 대한 해 찾기 오류 메시지

17.2.3절과 17.4.5절에서는 각각 그래프와 심플렉스 기법으로 다음과 같은 선형 프로그램 문제에서 나타날 수 있는 특수한 경우를 찾아내는 것을 설명했다.

1. 다중 최적해
2. 무한 목적 함수 z

Fenix&Furniture

	Dec	Jan	Feb	Mar	Apr	Mai	Jun	
				Unit cost				
c_{1t}		320	320	320	320	320	320	
c_{2t}		440	440	440	440	440	440	
c_{3t}		530	530	530	530	530	530	
c_{4t}		66	66	66	66	66	66	
c_{5t}		48	48	48	48	48	48	
i_{1t}		8	8	8	8	8	8	
i_{2t}		8	8	8	8	8	8	
i_{3t}		9	9	9	9	9	9	
i_{4t}		3	3	3	3	3	3	
i_{5t}		3	3	3	3	3	3	
				Other input data				
D_{1t}		1,200	1,250	1,400	1,860	2,000	1,700	
D_{2t}		1,250	1,430	1,650	1,700	1,450	1,500	
D_{3t}		1,400	1,500	1,200	1,350	1,600	1,450	
D_{4t}		1,800	1,750	2,100	2,000	1,850	1,630	
D_{5t}		1,850	1,700	2,050	1,950	2,050	1,740	
$x_{1t\,max}$		1,800	1,800	1,800	1,800	1,800	1,800	
$x_{2t\,max}$		1,600	1,600	1,600	1,600	1,600	1,600	
$x_{3t\,max}$		1,500	1,500	1,500	1,500	1,500	1,500	
$x_{4t\,max}$		2,000	2,000	2,000	2,000	2,000	2,000	
$x_{5t\,max}$		2,000	2,000	2,000	2,000	2,000	2,000	
$I_{1t\,max}$		20,000	20,000	20,000	20,000	20,000	20,000	
$I_{2t\,max}$		18,000	18,000	18,000	18,000	18,000	18,000	
$I_{3t\,max}$		15,000	15,000	15,000	15,000	15,000	15,000	
$I_{4t\,max}$		22,000	22,000	22,000	22,000	22,000	22,000	
$I_{5t\,max}$		22,000	22,000	22,000	22,000	22,000	22,000	
				Equations				
$I_{1t\,calc}$	200	1,000	1,750	2,350	2,490	2,490	2,790	
$I_{2t\,calc}$	200	950	1,520	1,870	2,170	2,720	3,220	
$I_{3t\,calc}$	200	800	1,300	2,100	2,750	3,150	3,700	
$I_{4t\,calc}$	200	400	650	550	550	700	1,070	
$I_{5t\,calc}$	200	350	650	600	650	600	860	
Solution		Jan	Feb	Mar	Apr	Mai	Jun	z
x_{1t}		2,000	2,000	2,000	2,000	2,000	2,000	R$ 17,197,650.00
x_{2t}		2,000	2,000	2,000	2,000	2,000	2,000	
x_{3t}		2,000	2,000	2,000	2,000	2,000	2,000	
x_{4t}		2,000	2,000	2,000	2,000	2,000	2,000	
x_{5t}		2,000	2,000	2,000	2,000	2,000	2,000	
I_{1t}		1,000	1,750	2,350	2,490	2,490	2,790	
I_{2t}		950	1,520	1,870	2,170	2,720	3,220	
I_{3t}		800	1,300	2,100	2,750	3,150	3,700	
I_{4t}		400	650	550	550	700	1,070	
I_{5t}		350	650	600	650	600	860	

그림 17.59 엑셀 시트에 나타낸 가구 회사 생산 재고 문제

상자 17.11 그림 17.59에 사용된 수식

셀	공식	셀	공식	셀	공식
C35	=B35+C42-C18	C37	=B37+C44-C20	C39	=B39+C46-C22
D35	=C35+D42-D18	D37	=C37+D44-D20	D39	=C39+D46-D22
E35	=D35+E42-E18	E37	=D37+E44-E20	E39	=D39+E46-E22
F35	=E35+F42-F18	F37	=E37+F44-F20	F39	=E39+F46-F22
G35	=F35+G42-G18	G37	=F37+G44-G20	G39	=F39+G46-G22
H35	=G35+H42-H18	H37	=G37+H44-H20	H39	=G39+H46-H22
C36	=B36+C43-C19	C38	=B38+C45-C21		
D36	=C36+D43-D19	D38	=C38+D45-D21		
E36	=D36+E43-E19	E38	=D38+E45-E21		
F36	=E36+F43-F19	F38	=E38+F45-F21		
G36	=F36+G43-G19	G38	=F38+G45-G21		
H36	=G36+H43-H19	H38	=G38+H45-H21		

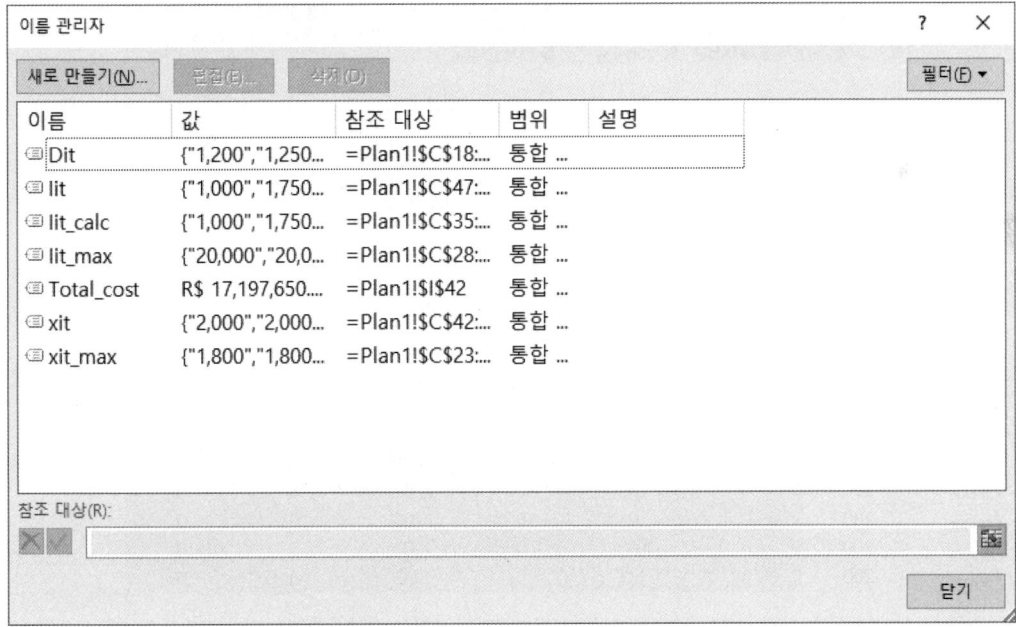

그림 17.60 가구 회사 생산 재고 문제의 이름 관리자

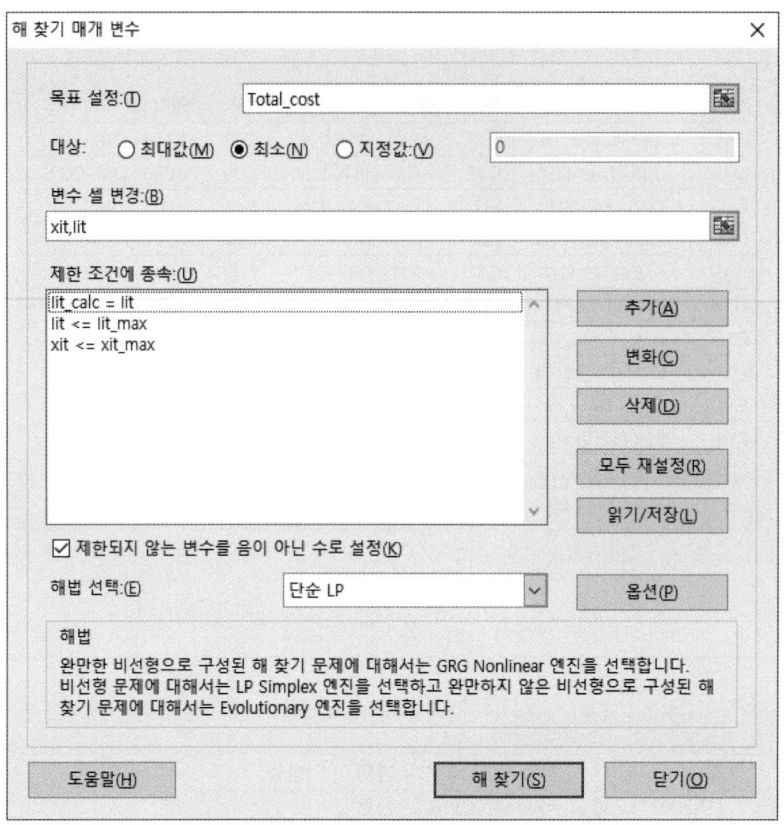

그림 17.61 가구 회사 생산 재고 문제의 해 찾기 매개변수

	A	B	C	D	E	F	G	H	I
1				**Fenix&Furniture**					
2									
3		Dec	Jan	Feb	Mar	Apr	Mai	Jun	
4									
34					Equations				
35	$I_{1t\,calc}$	200	0	0	260	200	0	0	
36	$I_{2t\,calc}$	200	0	150	100	0	0	0	
37	$I_{3t\,calc}$	200	0	0	0	100	0	0	
38	$I_{4t\,calc}$	200	0	100	0	0	0	0	
39	$I_{5t\,calc}$	200	0	50	0	50	0	0	
40									
41	**Solution**		Jan	Feb	Mar	Apr	Mai	Jun	z
42	x_{1t}		1,000	1,250	1,660	1,800	1,800	1,700	**R$ 12,472,680.00**
43	x_{2t}		1,050	1,580	1,600	1,600	1,450	1,500	
44	x_{3t}		1,200	1,500	1,200	1,450	1,500	1,450	
45	x_{4t}		1,600	1,850	2,000	2,000	1,850	1,630	
46	x_{5t}		1,650	1,750	2,000	2,000	2,000	1,740	
47	I_{1t}		0	0	260	200	0	0	
48	I_{2t}		0	150	100	0	0	0	
49	I_{3t}		0	0	0	100	0	0	
50	I_{4t}		0	100	0	0	0	0	
51	I_{5t}		0	50	0	50	0	0	

그림 17.62 가구 회사 생산 재고 문제의 최적해

		Jun	Jul	Ago	Sep	Oct	Nov	Dec	
					Lifestyle - Natural Juices				
					Unit cost				
i_t			0.4	0.4	0.4	0.4	0.4	0.4	
r_t			1.5	1.5	1.5	1.5	1.5	1.5	
o_t			2	2	2	2	2	2	
s_t			2.7	2.7	2.7	2.7	2.7	2.7	
h_t			3	3	3	3	3	3	
f_t			1.2	1.2	1.2	1.2	1.2	1.2	
					Other input data				
D_t			4,500	5,200	4,780	5,700	5,820	4,480	
I_t		1,000							
$I_{t\,max}$			1,500	1,500	1,500	1,500	1,500	1,500	
$R_{t\,max}$			5,000	5,000	5,000	5,000	5,000	5,000	
$O_{t\,max}$			50	50	50	50	50	50	
$S_{t\,max}$			500	500	500	500	500	500	
					Equations				
$I_{t\,calc}$		1,000	1,500	1,300	1,520	820	0	520	
$R_{t\,calc}$		4,000	5,000	5,000	5,000	5,000	5,000	5,000	
Solution			Jul	Ago	Sep	Oct	Nov	Dec	z
I_t		1,000	**1,500**	**1,300**	**1,520**	**820**	**0**	**520**	R$ 50,264.00
R_t		4,000	**5,000**	**5,000**	**5,000**	**5,000**	**5,000**	**5,000**	
O_t			0	0	0	0	0	0	
S_t			0	0	0	0	0	0	
H_t			1,000	0	0	0	0	0	
F_t			0	0	0	0	0	0	

그림 17.63 엑셀에 나타낸 천연 주스 문제

상자 17.12 그림 17.63에 사용된 수식

셀	공식
C22	=B22+C27+C28+C29-C14
D22	=C22+D27+D28+D29-D14
E22	=D22+E27+E28+E29-E14
F22	=E22+F27+F28+F29-F14
G22	=F22+G27+G28+G29-G14
H22	=G22+H27+H28+H29-H14
C23	=B23+C30-C31
D23	=C23+D30-D31
E23	=D23+E30-E31
F23	=E23+F30-F31
G23	=F23+G30-G31
H23	=G23+H30-H31
I26	=SUMPRODUCT(C6:H11,C26:H31)

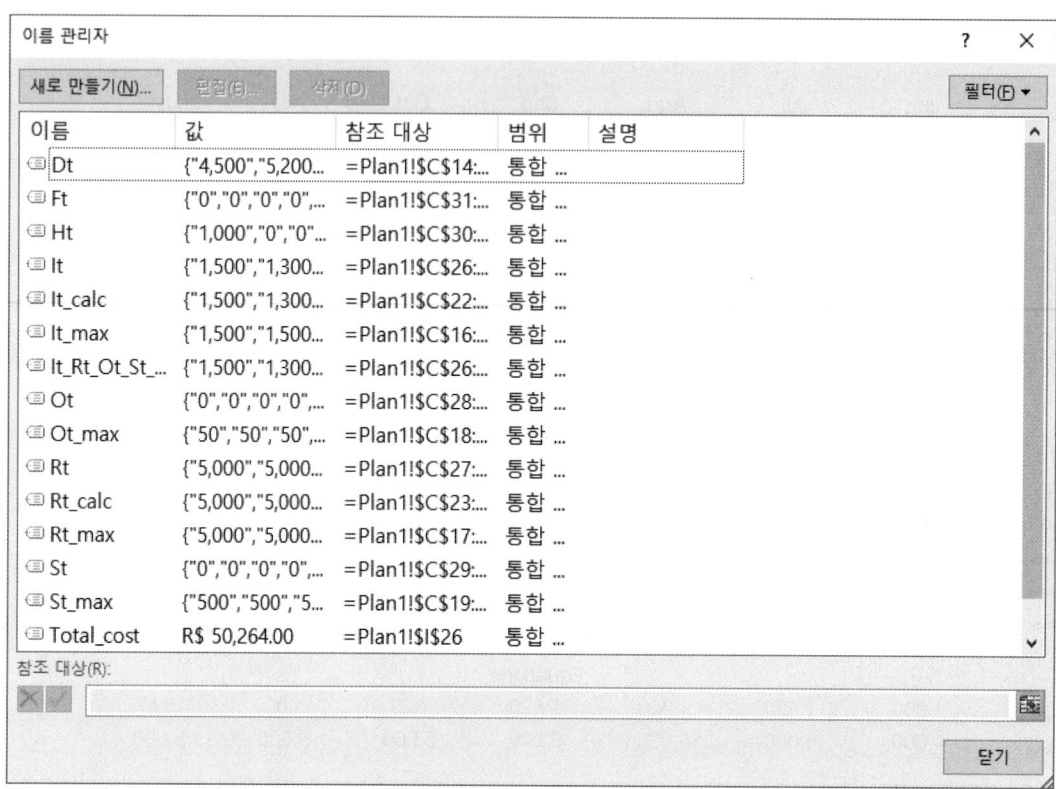

그림 17.64 천연 주스 집계 계획의 이름 관리자

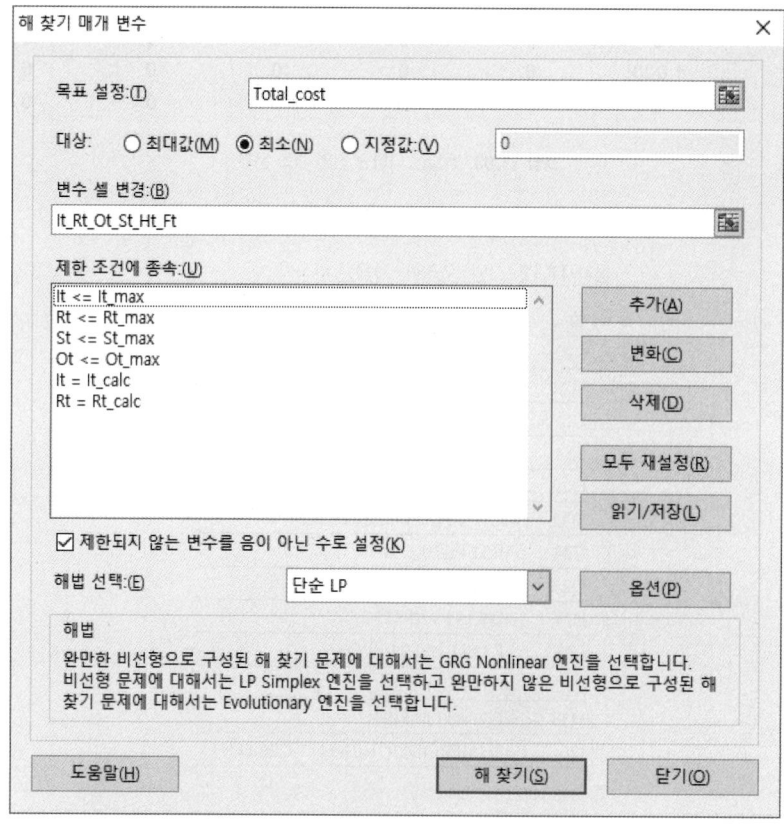

그림 17.65 천연 주스 집계 계획의 해 찾기 매개변수

1042

	A	B	C	D	E	F	G	H	I
1				Lifestyle - Natural Juices					
2									
3		Jun	Jul	Ago	Sep	Oct	Nov	Dec	
4									
5					Unit cost				
6	i_τ		0.4	0.4	0.4	0.4	0.4	0.4	
7	r_τ		1.5	1.5	1.5	1.5	1.5	1.5	
8	o_τ		2	2	2	2	2	2	
9	s_τ		2.7	2.7	2.7	2.7	2.7	2.7	
10	h_τ		3	3	3	3	3	3	
11	f_τ		1.2	1.2	1.2	1.2	1.2	1.2	
12									
13					Other input data				
14	D_τ		4,500	5,200	4,780	5,700	5,820	4,480	
15	I_τ	1,000							
16	$I_{\tau max}$		1,500	1,500	1,500	1,500	1,500	1,500	
17	$R_{\tau max}$		5,000	5,000	5,000	5,000	5,000	5,000	
18	$O_{\tau max}$		50	50	50	50	50	50	
19	$S_{\tau max}$		500	500	500	500	500	500	
20									
21					Equations				
22	$I_{\tau calc}$	1,000	1,270	840	880	500	0	0	
23	$R_{\tau calc}$	4,000	4,770	4,770	4,770	4,770	4,770	4,480	
24									
25	Solution		Jul	Ago	Sep	Oct	Nov	Dec	z
26	I_τ	1,000	1,270	840	880	500	0	0	R$ 49,549.00
27	R_τ	4,000	4,770	4,770	4,770	4,770	4,770	4,480	
28	O_τ		0	0	50	50	50	0	
29	S_τ		0	0	0	500	500	0	
30	H_τ		770	0	0	0	0	0	
31	F_τ		0	0	0	0	0	290	

그림 17.66 천연 주스 집계 계획의 최적해

3. 최적해가 없음

4. 퇴화 최적해

이 절에서는 2와 3의 경우(무한 목적 함수와 최적해가 없는 경우) 해 찾기 결과 대화상자의 오류 메시지에 대해 분석해본다. 경우 1과 4는 각각 17.6.4.1절과 17.6.4.2절에서 민감도 보고서를 사용해 알아본다.

17.5.3.1 무제한 목적 함수 z

17.2.3.2절(예제 17.4)의 최대화 문제($\max z = 4x_1 + 3x_2$)는 그림 17.67로부터 그래프 해법을 구했다.

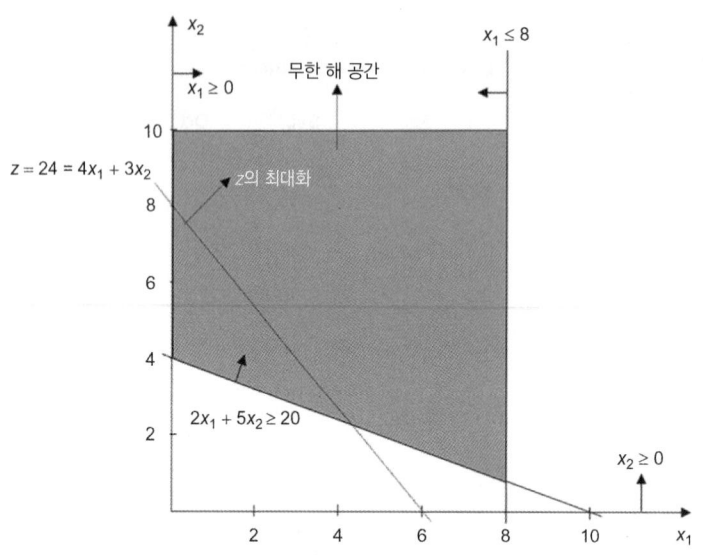

그림 17.67 무한 목적 함수를 가진 예제 17.4의 그래프 해법

동일한 예제를 엑셀의 해 찾기로 해결하면 해 찾기 결과 대화상자에 "목표 셀값이 수렴하지 않습니다."라는 오류 메시지가 나타난다.

따라서 무한 목적 함수에 대해 문제가 발생할 때마다 그림 17.68과 같은 오류 메시지가 나타난다.

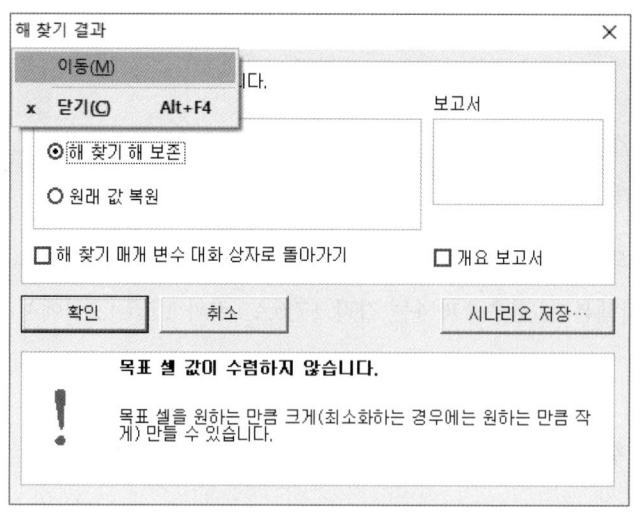

그림 17.68 무한 목적 함수의 오류 메시지

17.5.3.2 최적해가 없음

17.2.3.3절(예제 17.5)의 최적화 문제($\max z = x_1 + x_2$)는 그림 17.69에서 그래프 해를 구했다.

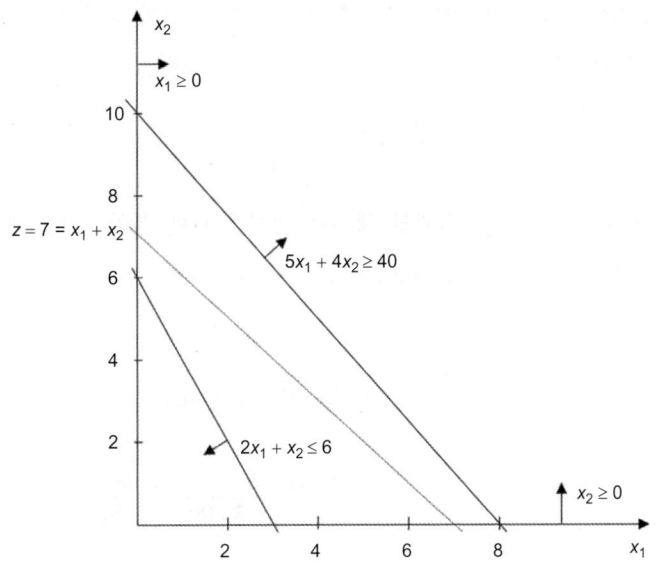

그림 17.69 비가능해를 가진 예제 17.5의 그래프 해법

예제 17.5를 엑셀의 해 찾기로 풀면 해 찾기 결과 대화상자에 새로운 오류 메시지가 나타난다. 가능해를 찾는 것이 불가능하기 때문이다(그림 17.70).

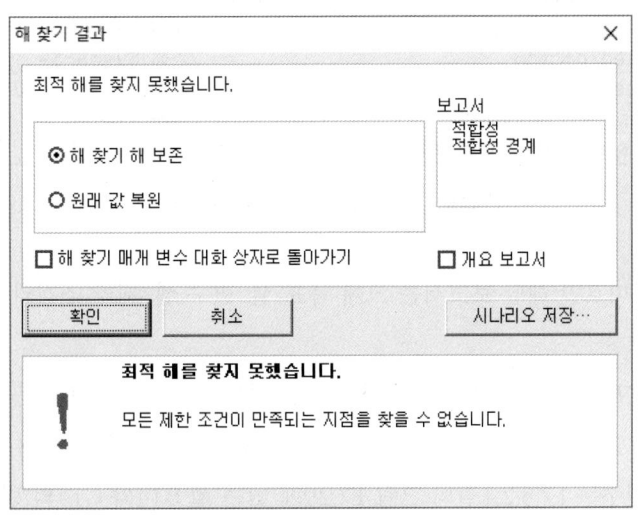

그림 17.70 비가능해 문제의 오류 메시지

17.5.4 해 찾기의 해답과 한곗값 보고서를 사용한 결과 분석

17.5.2절에서는 16.6절(실제 선형 계획 문제의 모델링) 예제 각각의 해 찾기 결과를 엑셀 시트에 바로 나타냈다. 해 찾기의 해답, 한곗값, 민감도 보고서를 통해서도 상세 분석이 가능하다. 앞서 언급한 대

로 민감도는 17.6절에서 다룬다. 장난감 회사 문제(예제 16.3)의 해답과 한곗값 보고서는 이번 절에서 다룬다. 문제의 모델링과 해법은 17.5.2.1절의 엑셀 시트에 있다.

17.5.4.1 해답 보고서

해답 보고서는 해 찾기로 발견한 결과를 새로운 엑셀 시트에 제공한다. 그림 17.71은 장난감 회사 베닉스의 문제에 대한 해답 보고서를 보여준다.

	Cell	Name	Original Value	Final Value		
13						
14	Objective Cell (Max)					
15	Cell	Name	Original Value	Final Value		
16	$D$14	Total_profit	$0.00	$2,040.00		
17						
18						
19	Variable Cells					
20	Cell	Name	Original Value	Final Value	Integer	
21	$B$14	Quantities_cars_produced	0	70	Contin	
22	$C$14	Quantities_tricycles_produced	0	20	Contin	
23						
24						
25	Constraints					
26	Cell	Name	Cell Value	Formula	Status	Slack
27	$D$8	Hours_used_machining	27.5	$D$8<=$F$8	Not Binding	8.5
28	$D$9	Hours_used_painting	22	$D$9<=$F$9	Binding	0
29	$D$10	Hours_used_assembly	15	$D$10<=$F$10	Binding	0
30	$B$14	Quantities_cars_produced	70	$B$14>=0	Not Binding	70
31	$C$14	Quantities_tricycles_produced	20	$C$14>=0	Not Binding	20

그림 17.71 장난감 회사의 해답 보고서

그림 17.71에 따르면 해답 보고서는 크게 목표 셀, 변수 셀, 제약 조건의 세 부분으로 나누어졌음을 볼 수 있다.

17.5.2.1절의 그림 17.29에서 본 것처럼 장난감 회사의 함수 z 최대화 문제는 목표 셀 D14(Total_profit)에 나타나 있다. 그림 17.71의 행 16은 목표 셀의 원시 값과 최종값(최대 이익)을 보여준다.

모델의 결정 변수는 17.5.2.1절의 그림 17.29에 있는 셀 B14와 C14의 변수 셀에 나타나 있다. 그림 17.71의 행 21과 22는 각 변수 셀의 원시 값과 최종값을 보여준다. 열 E로부터 장난감 차의 생산은 $x_1 = 70$이고 자전거는 $x_2 = 20$이 최적임을 알 수 있다.

기계 가공, 도색, 조립 인력 자원은 각각 행 27, 28, 29에 나타나 있다. 셀 D8, D9, D10은 전체 시간 또는 각각 기계 가공, 도색, 조립에 부서에 필요한 자원 총량을 나타낸다. 각 셀(열 D)의 값은 각 결정 변수의 최적값($x_1 = 70$, $x_2 = 20$)을 각 제약의 좌변에 차감하면 구할 수 있다. 열 E는 각 제약을 나타내는 수식을 보여준다. 열 F는 각 제약의 상태 Binding 또는 Not Binding을 보여준다. Binding 상태는 전체 사용 자원(열 D)이 최대 가용 제한과 동일한 것이다. 즉, 자원의 미가동이 없었다는 의미가 된다. 17.5.2.1절의 그림 17.29에서 본 것처럼 기계 가공, 도색, 조립의 가용 자원 수량은 각각 셀 F8, F9, F10에 있다. Not Binding 상태는 최대 가용 자원이 사용되지 못했음을 의미한다. Slack 필드는 전체 가용 자원과 전체 사용 자원의 차이를 보여준다. 즉, 미가동 자원의 수량을 보여준다. 예를 들어, 기계 가공의 경우 전체 가용 자원 36시간 중 단 27.5시간만 사용됐고 이는 8.5시간의 미가동 (Slack)을 보인다. 도색과 조립의 경우 Slack이 0이므로 전체 자원이 가용됐다.

17.5.4.2 한곗값 보고서

한곗값 보고서의 주요 결과는 각 변수 셀(결정 변수)의 하한과 상한을 나타낸다. 그림 17.72는 장난감 회사 문제의 한곗값 보고서를 보여준다.

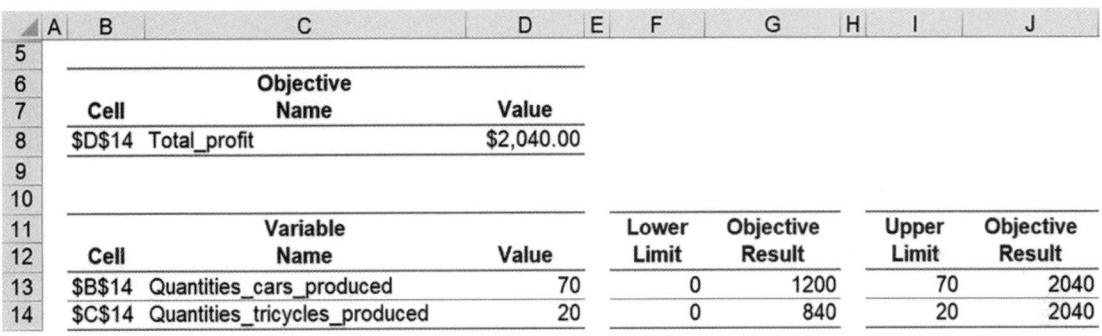

	Cell	Variable Name	Value	Lower Limit	Objective Result	Upper Limit	Objective Result
		Objective					
	Cell	Name	Value				
8	$D$14	Total_profit	$2,040.00				
13	$B$14	Quantities_cars_produced	70	0	1200	70	2040
14	$C$14	Quantities_tricycles_produced	20	0	840	20	2040

그림 17.72 장난감 회사 문제의 한곗값 보고서

그림 17.72에 따르면 한곗값 보고서는 목적 셀과 변수 셀의 두 부분으로 나누어짐을 알 수 있다. 해답 보고서와 유사하게 한곗값 보고서도 목적 셀의 최적값을 보여준다.

각 변수 셀의 데이터는 그림 17.72의 행 13, 14에 나타나 있다. 해답 보고서와 유사하게 변수의 최적값이 한계 보고서에 나타나 있다(열 D). 열 F는 각 변수가 취할 수 있는 최솟값을 참조하는 변수 셀의 하한을 나타낸다. 각 변수의 하한을 할당하고($x_1 = 0$) 다른 제약을 유지하면($x_2 = 20$) 가능해 $z = 1,200$(셀 G13)을 얻는다. 반면, $x_1 = 70$이고 $x_2 = 0$이면 또 다른 가능해 $z = 840$(셀 G14)을 얻는다. 마지막으로 열 I는 각 변수 셀의 상한을 보여준다. 즉, 변수가 취할 수 있는 최댓값이다. 이 경우 목적 함수의 값은 2,040이다.

17.6 민감도 분석

16.5절에서 나타낸 대로 선형 모델의 가정 중 하나는 모든 모델의 매개변수(목적 함수 계수 c_j, 제약 변수 계수 a_{ij}, 독립 항 b_i)는 결정적이다. 즉, 상수이며 확실히 알려져 있다. 그러나 많은 경우 이 매개 변수의 추정은 미래의 예측에 기반하며 실세계의 최종해가 구현되기 전에 변경될 수 있다. 변경의 예로는 가용 자원이 변경, 새로운 상품의 런칭, 상품 가격 변동, 생산 비용의 증감 등이 있다.

따라서 **민감도 분석**^{sensitivity analysis}은 선형 문제에 있어 필수적이다. 모델 매개변수의 어떤 변화가 최적해에 미치는 영향을 조사하는 것이 주목적이기 때문이다.

민감도 분석은 **초기 모델의 최적해를 바꾸지 않거나 가능 영역을 바꾸지 않고** 취할 수 있는 목적 함수의 계수와 우변의 상수의 변화에 대한 분석이다. 이 분석은 그래프, 대수 계산 또는 엑셀의 해 찾기나 Lindo 같은 소프트웨어로 **한 번에 하나의 변화를 고려하며** 바로 할 수 있다.

그러므로 민감도 분석은 두 가지 경우를 고려한다.

(a) 모델의 원시 기본해(기본해는 최적으로 남겨둔다)를 변경하지 않고 목적 함수 계수를 변경할 때의 모델의 민감도 분석. 목적 함수의 계수 중 하나가 변경되므로 목적 함수 z의 값이 바뀐다.

(b) 최적해 또는 가능 영역을 변경하지 않고 제약의 독립 항의 변화에 따른 모델의 민감도 분석

따라서 매개변수 변화 뒤에 모델의 새로운 최적해 계산을 할 필요가 없다.

17.6.1절은 모델의 목적 함수 계수에서 가능한 변화를 그래프로 분석한 것이다. 제약의 독립 항에 기반한 동일한 분석은 17.6.2절에서 한다. 두 경우 모두 한 번에 하나의 변화만 고려하며 엑셀의 해 찾기로 수행할 수 있다(17.6.4절 참조).

이 절에서 설명한 민감도 분석은 예제 17.12를 사용한다.

예제 17.12

로마 슈즈^{Romes Shoes}라는 신발 회사는 내년 여름용 샌들과 나막신 생산을 계획 중이다. 제품 생산은 절단, 조립, 완성이라는 공정을 따른다. 표 17.E.16은 각 제조 공정에서 각 부품의 단위 생산에 필요한 노동 시간(공수^{man-hour})과 주별 전체 가용 시간을 보여준다. 샌들과 나막신의 단위 이익은 각각 $15와 $20이다. 모델의 그래프 해법을 찾아라.

표 17.E.16 각 부품의 단위 생산에 필요한 노동 시간과 주별 전체 가용 시간(공수)

구분	단위 처리 시간(공수)		가용 시간(공수/주)
	샌들	나막신	
절단	5	4	240
조립	4	8	360
완성	0	7.5	300

해법

모델의 결정 변수는 다음과 같다.

x_1 = 주별 샌들 생산 개수

x_2 = 주별 나막신 생산 개수

모델의 수학식은 다음과 같다.

$$\max z = 15x_1 + 20x_2$$

제약 조건:

$$
\begin{array}{ll}
5x_1 + 4x_2 \leq 240 & (1) \\
4x_1 + 8x_2 \leq 360 & (2) \\
7,5x_2 \leq 300 & (3) \\
x_j \geq 0, \quad j = 1,2 &
\end{array}
$$

(17.27)

현재 모델의 최적해는 x_1 = 20(샌들/주), x_2 = 35(나막신/주) 그리고 z = 1,000(주별 순이익 $1,000)이다. 그래프는 그림 17.73에 있다.

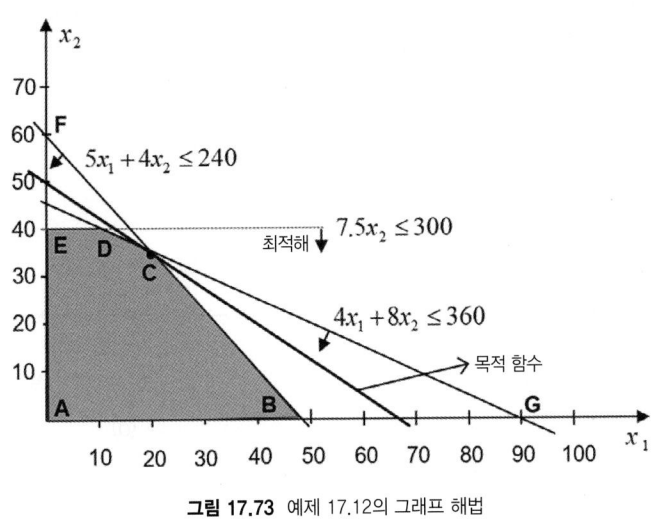

그림 17.73 예제 17.12의 그래프 해법

17.6.1 목적 함수 계수 중 하나의 변경(그래프 해법)

그림 17.73은 예제 17.12의 그래프 해법을 보여주는데, 극점 C가 모델의 최적해를 나타낸다(x_1 = 20, x_2 = 35, z = 1,000). 이제 목적 함수의 계수를 한 번에 하나씩 변경하며 민감도 분석을 해보자. 주목적은 다른 계수를 일정하게 두고 모델의 기본해에 영향을 주지 않으면서(기본해가 최적으로 남는다) 각 목적 함수 계수가 취할 수 있는 범위를 알아내는 것이다. 이 분석은 활성 제약의 각 계수(등식 제약으로 취급)와 목적 함수의 각 계수 사이의 비교에 기반한다. 활성 제약이란 모델의 최적해를 정의하는 것이다. 모델의 비활성 제약을 제거해도 최적해는 영향이 없다.

경사와 선의 각계수

α는 선과 X축 사이에 형성된 각을 반시계 방향으로 측정한 선경사^{line slope}라 하자. 각계수^{angular coefficient} m은 선의 방향을 결정한다. 즉, 경사 α의 삼각 탄젠트다.

$$m = tg\,(\alpha) \tag{17.28}$$

그래프로는 그림 17.74가 각기 다른 α에 대한 네 가지 m의 경우를 보여준다.

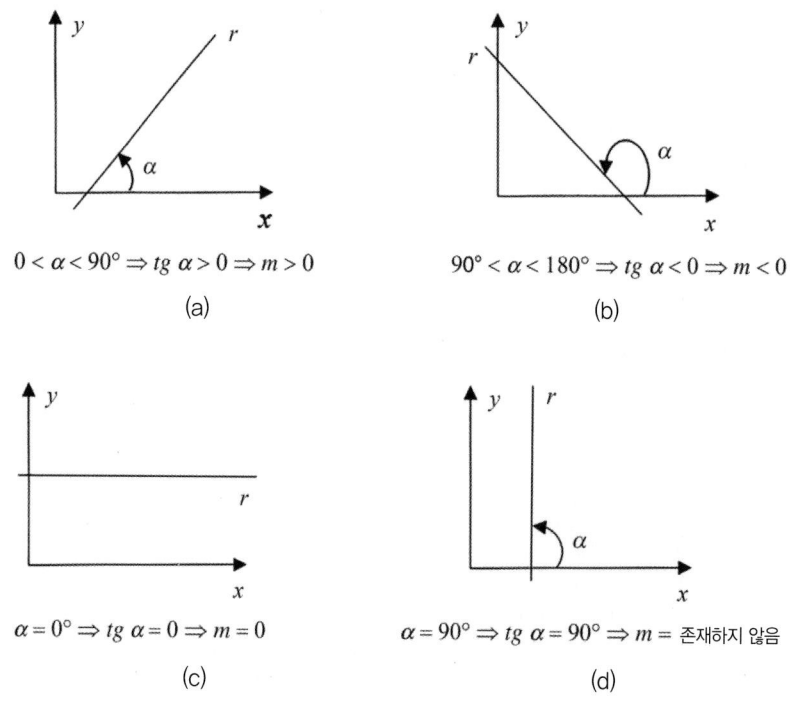

$$0 < \alpha < 90° \Rightarrow tg\ \alpha > 0 \Rightarrow m > 0$$
(a)

$$90° < \alpha < 180° \Rightarrow tg\ \alpha < 0 \Rightarrow m < 0$$
(b)

$$\alpha = 0° \Rightarrow tg\ \alpha = 0 \Rightarrow m = 0$$
(c)

$$\alpha = 90° \Rightarrow tg\ \alpha = 90° \Rightarrow m = \text{존재하지 않음}$$
(d)

그림 17.74 선경사(α)와 각 계수(m)의 관계

그림 17.74로부터 수직이 아닌 모든 선은 그 방향을 지정하는 실수 m을 가짐을 볼 수 있다. 그림 17.74(d)의 경우는 특수한 경우로 $\alpha = 90°$일 때는 탄젠트 값이 없으므로 수직선에는 각계수가 없다.

이 관계는 그림 17.75에 나타나 있는데, 각기 다른 α에 대한 탄젠트 차트를 보여준다. 예를 들어, 그림 17.74(a)의 경우($0° < \alpha < 90°$) tg $0° = 0$이고 tg $45° = 1$임을 볼 수 있다. α가 $90°$에 근접할수록 m 값은 무한으로 간다.

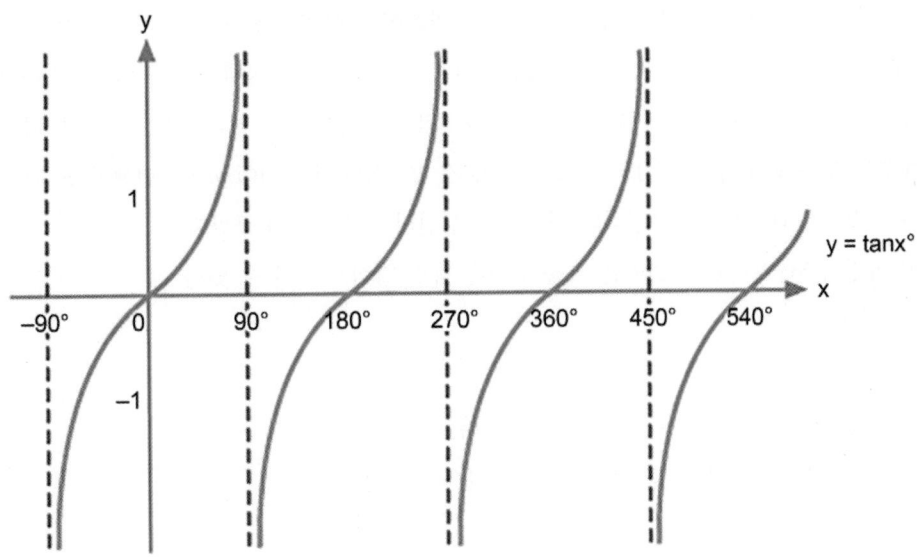

그림 17.75 α의 값과 탄젠트(출처: https://www.quora.com/ls-tan-x-a-continous-function)

각계수는 선의 두 점에서 계산 가능하다. 카티션 평면의 두 점 $A(x_1, y_1)$, $B(x_2, y_2)$가 주어지면 이 두 점을 지나는 단일 선 r이 있다. r의 각계수는 다음과 같이 계산할 수 있다.

$$m = tg(\alpha) = \frac{\text{반대 변}}{\text{인접 변}} = \frac{\Delta y}{\Delta x} = \frac{y_2 - y_1}{x_2 - x_1} \tag{17.29}$$

축소된 식의 목적 함수의 각계수

두 결정 변수(x_1, x_2)를 가진 목적 함수의 일반식을 생각해보자.

$$z = c_1 x_1 + c_2 x_2 \tag{17.30}$$

식 (17.30)의 축소식을 구하려면 일반식에서 변수 x_2를 고립시켜야 한다.

$$x_2 = -\frac{c_1}{c_2} x_1 + \frac{z}{c_2} \tag{17.31}$$

여기서 $m = -\frac{c_1}{c_2}$은 목적 함수의 각 계수다.

모델의 원시 기본해를 바꾸지 않는 범위 c_1과 c_2

모델의 각 활성 제약의 각계수(등식으로 간주)를 계산하고 목적 함수의 각계수를 계산하면 선의 축소 식이든 선(식 (17.28))의 두 점이든 모델의 원시 기본해를 변경하지 않는 범위 c_1, c_2를 구할 수 있다. 예제를 통해 이 조건을 살펴보자.

그림 17.73의 그래프 해인 예제 17.12로 돌아가 보면 식 (17.27)의 단 2개의 제약만이 활성임을

알 수 있다. 따라서 목적 함수 계수 중 하나의 변화에 대한 민감도 분석을 수행하려면 처음과 두 번째 제약을 등식으로 취급해 각계수를 계산해야 한다. 먼저 첫 방정식 $5x_1 + 4x_2 = 240$의 경사와 두 번째 식 $4x_1 + 8x_2 = 360$의 경사가 $90° < \alpha < 180°$ 구간 안에 있음을 알 수 있다. 따라서 두 선의 각계수는 모두 음수다. 그림 17.75로부터 m_1(첫 방정식의 각계수)이 m_2(두 번째 방정식의 각계수)보다 작다는 결론을 내린다. 각 방정식의 각계숫값은 선의 축소식에서 구한다.

첫 방정식 $5x_1 + 4x_2 = 240$은 다음과 같은 축소 형식으로 쓸 수 있다.

$$x_2 = -5/4x_1 + 60 \tag{17.32}$$

따라서 첫 방정식의 각계수는 $m_1 = -5/4$이다.

유사하게, 두 번째 방정식의 축소 형식은 다음과 같다.

$$x_2 = -1/2x_1 + 45 \tag{17.33}$$

두 번째 방정식의 각계수는 $m_2 = -1/2$라고 결론지을 수 있다.

그림 17.73에 따라 목적 함수의 각계수$(-c_1/c_2)$는 $-5/4$와 $-1/2$ 사이임을 알 수 있다. 즉, 모델의 처음과 두 번째 방정식(활성 방정식) 사이의 각계수다. 원시 문제의 기본해는 변하지 않고 최적으로 남아 있다. 수학적으로 원시 기본해의 값은 다음에 대해 일정하다.

$$-\frac{5}{4} \leq -\frac{c_1}{c_2} \leq -\frac{1}{2} \quad \text{또는} \quad 0.5 \leq \frac{c_1}{c_2} \leq 1.25 \tag{17.34}$$

예제 17.13

로마 슈즈(예제 17.12) 문제에서, 다음 변화를 고려한 민감도 분석을 수행하라.

(a) 샌들과 나막신의 단위 이익이 각각 \$20, \$25로 증가했다. 이는 생산 비용 절감에 따른 것인데, 주로 인건비 항목이다. 기본해가 여전히 최적인지 확인하라. 만약 그렇다면 새로운 z 값은 얼마인가?

(b) 모델의 기본해를 유지하는 가능한 c_2의 변화는? 주의: 그 밖의 매개변수는 고정된다.

(c) c_1에 대해서도 구하라.

(d) 나막신의 주재료인 가죽 가격이 상승했다. 이로 인해 단위 이익이 \$18로 감소했다. 원시 모델의 기본해가 변경되지 않으려면 샌들의 단위 이익 구간은 어떠해야 하는가?

해법

(a) 새로운 목적 함수식$(z = 20x_1 + 25x_2)$을 고려하면 비율 $\dfrac{c_1}{c_2} = \dfrac{20}{25} = 0.8$을 바로 구할 수 있다.

따라서 조건 $0.5 \leq \dfrac{c_1}{c_2} \leq 1.25$는 여전히 만족되며 원시 모델의 기본해$(x_1 = 20, x_2 = 35)$는 여전히 최적이다. 그러므로 새로운 $z = 20 \times 20 + 25 \times 35 = 1{,}275$이다.

(b) 조건 $0.5 \leq \dfrac{c_1}{c_2} \leq 1.25$에서 $c_1^0 = 15$(c_1의 원시 값)를 대체하면 다음과 같다.

$$\begin{cases} 0.5 \times c_2 \leq 15 \Rightarrow c_2 \leq 30 \\ 1.25 \times c_2 \geq 15 \Rightarrow c_2 \geq 12 \end{cases} \Rightarrow 12 \leq c_2 \leq 30 \quad \text{또는} \quad c_2^0 - 8 \leq c_2 \leq c_2^0 + 10$$

따라서 c_2는 여전히 이 구간을 만족하고 원시 모델의 최적해($x_1 = 20$, $x_2 = 35$)는 그대로 남는다.

(c) 조건 $0.5 \leq \dfrac{c_1}{c_2} \leq 1.25$에서 $c_2^0 = 20$(c_2의 원시 값)을 대입하면 다음과 같다.

$$0.5 \times 20 \leq c_1 \leq 1.25 \times 20 \Rightarrow 10 \leq c_1 \leq 25 \quad \text{또는} \quad c_1^0 - 5 \leq c_1 \leq c_1^0 + 10$$

따라서 c_1은 여전히 조건을 만족하고 모델의 기본해는 그대로 남는다.

(d) 조건 $0.5 \leq \dfrac{c_1}{c_2} \leq 1.25$에서 $c_2 = 18$을 대입하면 다음과 같다.

$$0.5 \times 18 \leq c_1 \leq 1.25 \times 18 \Rightarrow 9 \leq c_1 \leq 22.5$$

따라서 c_1은 여전히 구간을 만족하고 $c_2 = 18$에 대해 기본해는 최적으로 남는다.

예제 17.14

다음 최대화 문제를 살펴보자.

$$\max z = 15x_1 + 20x_2$$
제약 조건:
$$\begin{array}{rl} 4x_1 + 8x_2 \leq 360 & (1) \\ x_1 \leq 60 & (2) \\ x_j \geq 0, \quad j = 1, 2 & \end{array} \qquad (17.35)$$

다음을 구하라.

(a) 식 (17.35)에 나타난 원시 모델의 그래프 해

(b) 나머지 매개변수를 고정할 때, 원시 기본해가 그대로 유지되는(기본해가 최적으로 유지) c_1의 가능한 변화를 구하라. c_2에 대해서도 동일한 작업을 하라.

해법

그림 17.76은 식 (17.35)의 그래프 해법을 보여준다.

현재 모델의 최적해는 극점 C로 나타나고 $x_1 = 60$, $x_2 = 15$, $z = 1{,}200$이다. 그림 17.76에서 식 (17.35)의 두 번째 제약이 수직선(축 x_1에 대해 90°)이므로 특수한 경우에 해당한다. **활성 제약 중 하나가 수직이면 목적 함수의 하한이나 상한이 없다. $\alpha = 90$°에 대한 탄젠트가 없기 때문이다.**

이제 c_1이나 c_2의 변화에 대한 민감도 분석을 해보자. 이를 위해 첫 번째 제약의 각계수를 축소 형태든 선의 두 점으로부터든 계산해야 한다(등식 형태로 취급). 첫 경우를 사용하자.

식 (17.35)에서 첫 제약의 축소된 형태는 다음과 같다.

$$x_2 = -1/2x_1 + 45$$

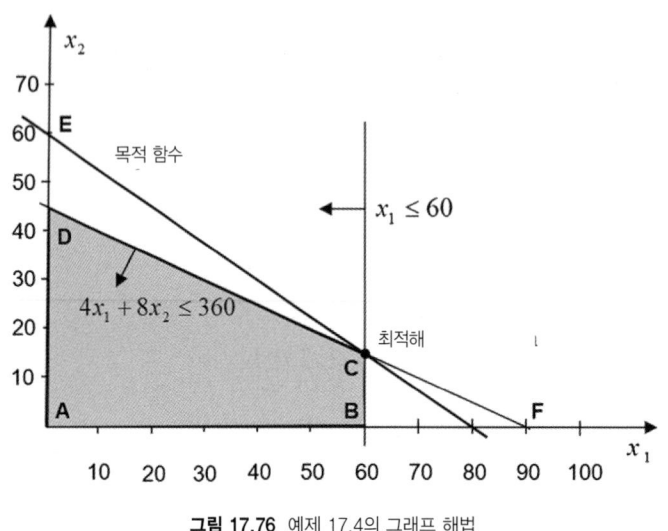

그림 17.76 예제 17.4의 그래프 해법

따라서 각계수는 −1/2이다.

그림 17.76에 따르면 목적 함수의 각계수는 수직 방정식과 $4x_1 + 8x_2 = 360$ 사이의 각이라는 것을 볼 수 있다. 즉, −∞(90° 탄젠트는 하한이 없다)와 −1/2 사이의 값이며 기본해는 최적인 채로 유지된다. 수학적으로 원시 기본해는 고정된다.

$$-\infty \le -\frac{c_1}{c_2} \le -\frac{1}{2} \quad \text{또는} \quad 0.5 \le \frac{c_1}{c_2} \le \infty$$

$0.5 \le \frac{c_1}{c_2} \le \infty$에서 $c_2 = 20$(원시 값)으로 설정하면 다음과 같다.

$$0.5 \times 20 \le c_1 \le \infty \Rightarrow 10 \le c_1 \le \infty$$

따라서 c_1이 구간 내에 있고 원시 모델의 기본해($x_1 = 60$, $x_2 = 15$)는 유지된다.

$c_1 = 15$(원시 값)를 조건 $0.5 \le \frac{c_1}{c_2} \le \infty$에 설정하면 다음과 같다.

$$\begin{cases} 0.5 \times c_2 \le 15 \Rightarrow c_2 \le 30 \\ c_2 \ge \dfrac{15}{\infty} \cong 0 \Rightarrow c_2 \ge 0 \end{cases} \Rightarrow 0 \le c_2 \le 30$$

따라서 c_2는 여전히 조건을 만족하며 기본해는 최적으로 유지된다.

17.6.2 제약의 우변 상수 중 하나의 변경과 그림자 가격의 개념(그래프 해법)

제약 우변 항의 상수(가용 자원) 변경에 대한 민감도 분석은 **그림자 가격**$^{shadow\ price}$ 개념에 기반하는데, 이는 다음과 같이 정의된다. 'i번째 상수(b_i)의 현 가용 자원량에 1단위를 추가(또는 제거)한 경우 목적 함수의 증가(또는 감소)'

b_i^0에 **1단위**의 자원이 **추가된** 경우의 그림자 가격(P_i)은 다음과 같이 계산한다.

$$P_i = \frac{\Delta z_{+1}}{\Delta b_{i,+1}} = \frac{z_{+1} - z_0}{+1} \tag{17.36}$$

여기서

$\Delta z_{+1} = b_i^0$에 1단위 자원이 추가된 경우 목적 함수 z의 증가

$z_0 = $ 목적 함수의 초깃값

$z_{+1} = b_i^0$에 1단위가 추가된 뒤 목적 함수의 새로운 값

$\Delta b_{i,+1} = b_i^0$의 증가. 그림자 가격의 정의는 자원 i의 1단위 증가를 고려한다.

b_i^0에서 **1단위**의 자원이 **제거된** 경우의 그림자 가격(P_i)은 다음과 같이 계산한다.

$$P_i = \frac{\Delta z_{-1}}{\Delta b_{i,-1}} = \frac{z_{-1} - z_0}{-1} = \frac{z_0 - z_{-1}}{1} \tag{17.37}$$

여기서

$\Delta z_{-1} = b_i^0$에서 1단위 자원이 제거된 경우 목적 함수 z의 감소

$z_0 = $ 목적 함수의 초깃값

$z_{-1} = b_i^0$에서 1단위가 제거된 뒤 목적 함수의 새로운 값

$\Delta b_{i,-1} = b_i^0$의 감소. 그림자 가격의 정의는 자원 i의 1단위 감소를 고려한다.

그림자 가격이란 자원 i에 대해 한 단위 자원을 더 쓰기 위해 지불해야 할 비용 또는 자원 i의 한 단위 손실에 대한 기회 비용으로 해석할 수 있다.

자원 i에 대한 그림자 가격(P_i)을 정의하고 나면, 이 민감도 분석의 **주목적은 그림자 가격이 변동되지 않도록 하는 b_i의 변화 범위를 알아내는 것이다**(b_i^0의 최대 허용 증가 p 단위 또는 최대 감소 q 단위). 구간은 다음 관계를 만족시키도록 구해야 한다.

$$\frac{\Delta z_{+p}}{\Delta b_{i,+p}} = \frac{\Delta z_{-q}}{\Delta b_{i,-q}} = \frac{z_{+p} - z_0}{p} = \frac{z_0 - z_{-q}}{q} = P_i \tag{17.38}$$

여기서

$\Delta z_{+p} = b_i^0$에 p 단위 자원이 추가된 경우 목적 함수 z의 증가

$\Delta z_{-q} = b_i^0$에서 q 단위 자원이 제거된 경우 목적 함수 z의 감소

$z_0 = $ 목적 함수의 초깃값

$z_{+p} = b_i^0$에 p 단위가 추가된 뒤 목적 함수의 새로운 값

$z_{-q} = b_i^0$에서 q 단위가 제거된 뒤 목적 함수의 새로운 값

$\Delta b_{i,+p} = b_i^0$에서 p 단위 자원이 증가

$\Delta b_{i,-q} = b_i^0$에서 q 단위 자원이 감소

따라서 그림자 가격이 고정된 구간에 대해 p 단위 자원이 b_i^0에 추가되면 목적 함수는 $\Delta z_{+p} = P_i \times p$만큼 증가한다. 이 식은 그림자 가격에 비례해 자원 i의 p 단위를 더 사용하는 지불 대가로 해석할 수 있다. 유사하게, q 단위가 b_i^0에서 제거되면 목적 함수는 $\Delta z_{-q} = P_i \times q$로 감소하고 이는 자원 i의 q 단위 손실에 따른 기회 비용으로 해석할 수 있다.

그림자 가격의 계산은 오직 활성 제약(모델의 최적해를 정의하는 제약)에 대해서만 유효하다. 그렇지 않다면 가능 영역 내의 b_i 변화는 모델의 최적해에 영향을 주지 않아 **비활성 제약의 그림자 가격은 0**이 될 것이다.

해석적이나 대수적으로 문제를 해결하면 이는 현재 모델의 최적해(b_i와 다르지만 그림자 가격이 고정된 상태의 구간 내의 값을 포함)가 원시 모델의 최적해(**원시 기본해는 유지된다**)가 동일할 것이다. **그러나 결정 변수의 값과 목적 함수는 b_i의 변화에 따라 변경된다.**

그래프로 문제를 해결하면 자원 b_i의 수량이 변함에 따라 i번째 제약은 i번째 원시 상수에 평행하게 움직인다. 그럼에도 불구하고 현재 모델의 최적해는 여전히 원시 모델의 동일한 활성 선에 의해 결정된다(변경된 i번째 제약과 초기 모델의 다른 활성 제약 사이의 교차점). 이 선의 교차는 **가능 영역** 내에서 발생하며(즉, 가능해 공간을 제한하는 극점 사이) 자원 i의 p 단위 사용에 따른 목적 함수의 증가 또는 q 단위 손실에 따른 감소는 그림자 가격에 비례한다(구간 $b_i^0 - q \leq b_i \leq b_i^0 + p$에서 그림자 가격은 고정되고, 여기서 b_i^0는 원시 가격을 나타낸다). 범위 밖의 모든 b_i에 대해 모델의 새로운 최적해를 계산할 필요가 있다. 가능 영역이 변경됐기 때문이다.

예제 17.15

예제 17.13과 유사하게, 자원 변화에 따른 민감도 분석은 로마 슈즈에도 적용된다(예제 17.12). 모델의 그래프 해로부터 다음을 구하라.

(a) 각 구간의 그림자 가격(절단, 조립, 완성)

(b) 그림자 가격이 고정되거나(양수일 때) 초기 모델의 최적해를 변화시키지 않는(그림자 가격이 비었을 경우) 각 b_i의 최대 허용 증감

해법

식 (17.27)에서처럼, 예제 17.12는 다음과 같이 수학적으로 나타낼 수 있다.

$$\max z = 15x_1 + 20x_2$$

제약 조건:

$$
\begin{array}{lll}
5x_1 + 4x_2 \leq 240 & (1) & \text{절단} \\
4x_1 + 8x_2 \leq 360 & (2) & \text{조립} \\
7,5x_2 \leq 300 & (3) & \text{완성} \\
x_j \geq 0, \quad j = 1, 2 & &
\end{array}
$$

(17.39)

원시 모델의 최적해는 $x_1 = 20$, $x_2 = 35$, $z = 1,000$이다.

절단 구간의 자원 가용성 변화

(a) 그림자 가격

절단의 가용 시간이 1공수 변하면 식 (17.39)의 첫 제약은 $5x_1 + 4x_2 \leq 241$가 된다. 새로운 최적해는 이제 활성 선 $5x_1 + 4x_2 = 241$과 $4x_1 + 8x_2 = 360$의 교차점이 되고 그림 17.77처럼 점 $H(x_1 = 20.333, x_2 = 34.833$ 그리고 $z = 1,001.667)$로 나타난다.

절단(P_1)의 그림자 가격은 가용 자원의 1공수 증가를 고려하면 다음과 같이 쓸 수 있다.

$$P_1 = \frac{1,001.667 - 1,000}{241 - 240} = 1.667$$

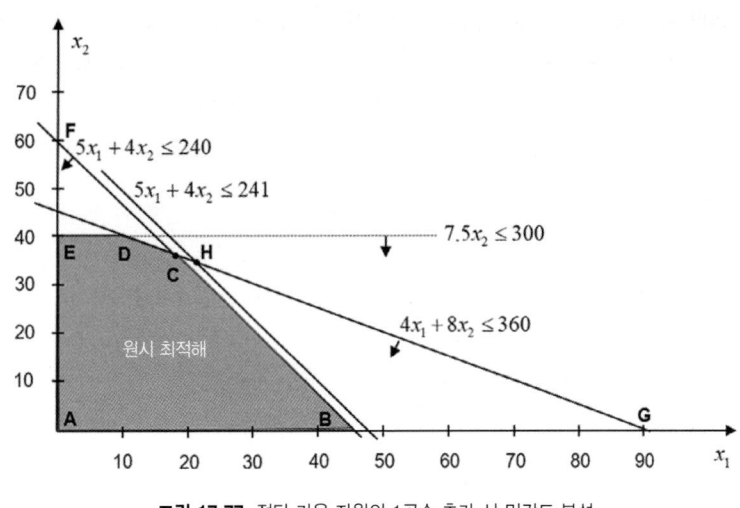

그림 17.77 절단 가용 자원의 1공수 추가 시 민감도 분석

따라서 절단에 추가된 각 공수에 대해 목적 함수는 1.667 증가한다. 즉, 절단에 있어 각 공수의 대가는 1.667이다.

절단에서 1공수 축소가 있으면 그림자 가격에 대해 동일한 결과를 얻을 수 있다. 첫 제약의 상숫값을 $b_1 = 239$로 변경하면 모델의 새로운 최적해는 $x_1 = 19.667$, $x_2 = 35.167$, $z = 998.333$이 된다. 절단에 있어 1공수의 감소에 따른 그림자 가격은 다음과 같다.

$$P_1 = \frac{1,000 - 998.33}{240 - 239} = 1.667$$

따라서 절단에서 제거된 각 공수에 대해 목적 함수는 1.667 감소한다. 즉, 절단에 있어 각 공수의 기회 비용은 1.667이다.

(b) b_1의 최대 허용 증감

주목적은 b_1이 변화할 수 있는 구간($b_1^0 - q \leq b_1 \leq b_1^0 + p$)을 결정하는 것으로서, 그림자 가격은 고정된다. 이 경우 절단에서 지불해야 할 p공수의 가격은 $P_1 \times p = 1.667 \times p$이다. 유사하게, 절단에서 q공수 감소에 따른 기회 비용은 $P_1 \times q = 1.667 \times q$이다.

그림 17.77로부터 원시 모델의 최적해는 선 $5x_1 + 4x_2 = 240$과 $4x_1 + 8x_2 = 360$ 사이의 교차점이다. 새 제약 $5x_1 + 4x_2 \leq 241$는 원시 제약 $5x_1 + 4x_2 \leq 240$에 평행이다. b_1 값이 증가함에 따라 선은 극점 G의 방향으로 움직인다. 식 $5x_1 + 4x_2 = b_1$

과 $4x_1 + 8x_2 = 360$의 교차는 가능 영역(선분 DG) 내에서 일어나며 그림자 가격은 고정된다. 극점 D와 G는 b_1의 하한과 상한을 나타낸다. 이 선분 밖의 모든 점은 새로운 기본해를 생성한다. 따라서 b_1의 하한과 상한은 점 $D(x_1 = 10, x_2 = 40)$와 $G(x_1 = 90, x_2 = 0)$를 각각 $5x_1 + 4x_2$에서 차감해 구할 수 있다.

b_1의 하한(점 D): $5 \times 10 + 4 \times 40 = 210$

b_1의 상한(점 G): $5 \times 90 + 4 \times 0 = 450$

b_1이 구간 $210 \le b_1 \le 450$ 내에 있고 그림자 가격은 고정된다는 것을 알 수 있다. 구간은 $b_1^0 = 240$(원시 값)의 최대 허용 증감에 기반해 명시할 수 있다. 다음과 같이 나타낼 수 있다.

$$b_1^0 - 30 \le b_1 \le b_1^0 + 210$$

예를 들어, $p = 210$의 경우 절단에서 이 210공수에 대해 지불할 대가는 $P_1 \times 210 = 1.667 \times 210 = 350$이다(210공수가 절단의 전체 가용 시간에 추가되면 목적 함수는 \$350로 증가한다). 반대로 $q = 30$의 경우 전체 절단 가용 시간에서 30공수가 제거되면 기회 비용은 $P_1 \times 30 = 1.667 \times 30 = 50$이다(전체 절단 가용 시간에서 30공수가 제거되면 목적 함수는 \$50 감소한다). 이 구간 외의 모든 b_1에 대해 새로운 최적해를 구해야 한다. 가능 영역이 변경됐기 때문이다.

이 결과는 그림 17.78의 다각형 $AEDB$가 나타내는 $b_1 = 210(b_1$의 하한)의 가능 영역에서 잘 볼 수 있다. 다각형 $AEDG$는 $b_1 = 450(b_1$의 상한)의 가능 영역을 나타낸다.

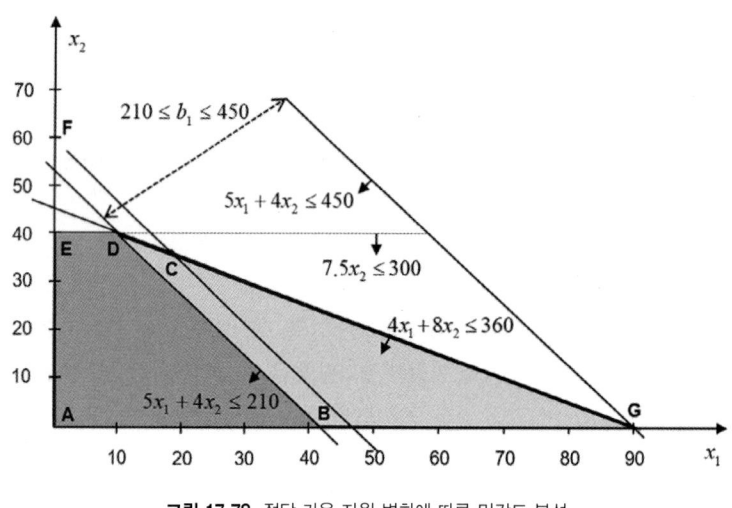

그림 17.78 절단 가용 자원 변화에 따른 민감도 분석

조립의 가용 자원 변화

(a) 그림자 가격

조립에 1공수가 추가되면 (1)의 두 번째 제약은 $4x_1 + 8x_2 \le 361$이 된다. 새로운 최적해는 활성 선 $5x_1 + 4x_2 = 240$과 $4x_1 + 8x_2 = 361$의 교차점으로 결정되고, 그림 17.79처럼 점 I로 나타난다($x_1 = 19.833, x_2 = 35.208, z = 1,001.667$).

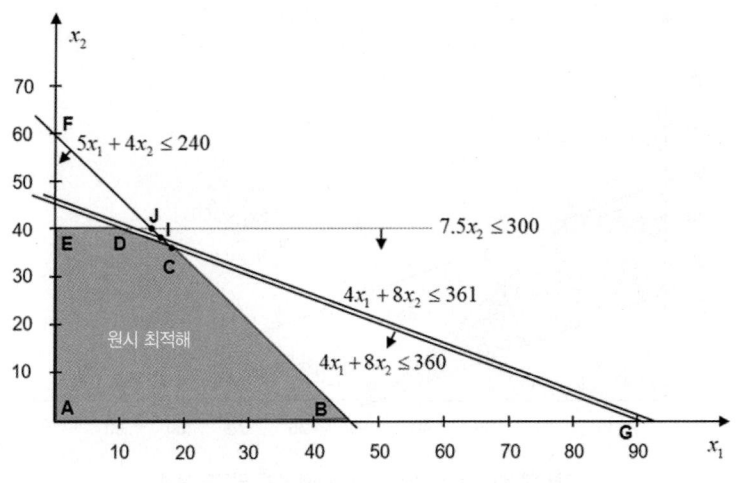

그림 17.79 조립 가용 자원에 1공수가 추가된 후의 민감도 분석

목적 함수의 새로운 값 또한 1,001.667(절단과 유사)이므로 새로운 그림자 가격은 P_2 = 1.667이다. 따라서 조립의 각 공수에 대해 목적 함수는 1.667 증가한다.

조립 가용 시간에 1공수를 제거하면(b_2 = 359) 모델의 새로운 최적해는 x_1 = 20.167, x_2 = 34.792이고 z = 998.333이다. 그러므로 이 경우 그림자 가격 또한 P_2 = 1.667이다. 조립에서 제거된 각 공수에 대해 목적 함수 또한 1.667로 감소한다.

(b) b_2의 최대 허용 증감

그림 17.79는 조립의 새로운 제약 $4x_1 + 8x_2 \leq 361$를 보여주는데, 원시 제약 $4x_1 + 8x_2 \leq 360$에 평행이다. b_2의 값이 증가함에 따라 선은 극값 J의 방향으로 움직이고 항상 원시 제약과 평행이다. 유사하게 b_2가 감소하면 선은 극값 B의 방향으로 움직인다. 방정식 $5x_1 + 4x_2$ = 240과 $4x_1 + 8x_2 = b_2$의 교차는 가능 영역(선분 BJ) 내이지만 그림자 가격은 고정된다. 극값 B와 J는 b_2의 상하한을 나타낸다. 이 선분 외의 모든 점은 새로운 기본해를 생성한다. 따라서 b_2의 상하한은 점 $B(x_1$ = 48, x_2 = 0)와 $J(x_1$ = 16, x_2 = 40)의 좌표를 각각 $4x_1 + 8x_2$에 대입해 구할 수 있다.

b_2의 하한(점 B): $4 \times 48 + 8 \times 0 = 192$

b_2의 상한(점 J): $4 \times 16 + 8 \times 40 = 384$

b_2가 구간 $192 \leq b_2 \leq 384$에 있으며 그 그림자 가격은 고정된다고 결론지을 수 있다. 구간은 b_2^0 = 360(원시 값)의 증감의 최대 허용치에 따라 정할 수 있으며, 다음과 같이 나타낼 수 있다.

$$b_2^0 - 168 \leq b_2 \leq b_2^0 + 24$$

예를 들어, p = 24의 경우 조립에서 24공수를 사용할 때 지불해야 할 것은 $P_2 \times 24 = 1.667 \times 24 = 40$이다(조립 전체 가용 시간에 24공수가 추가되면 목적 함수는 \$40 증가한다). 반대로 q = 168의 경우 전체 조립 가용 시간에서 168공수가 제거되면 $P_2 \times 168 = 1.667 \times 168 = 280$이 된다(조립 전체 가용 시간에서 168공수를 제거하면 목적 함수는 \$280 감소한다). 이 구간 외의 모든 b_2에 대해 새로운 최적해를 구해야 한다.

이 결과는 그림 17.80에서 좀 더 잘 볼 수 있다. 다각형 $ABJE$는 b_2 = 384(b_2의 상한)의 가능 영역을 나타낸다. 삼각형 ABK는 b_2 = 192(b_2의 상한)의 가능 영역을 나타낸다.

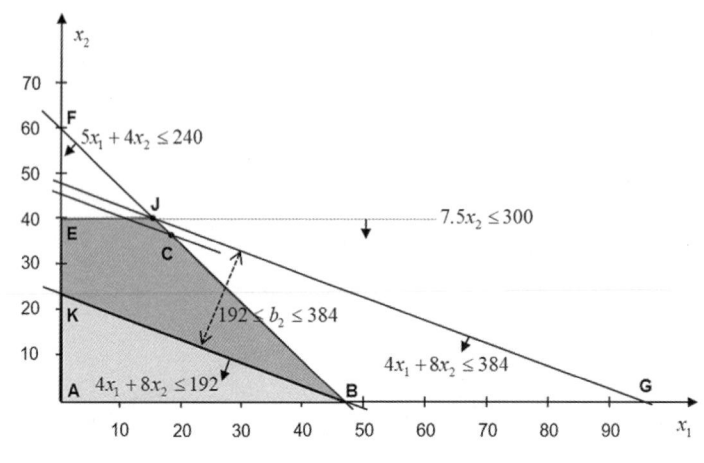

그림 17.80 조립의 가용 자원 변화에 따른 민감도 분석

완성에서 가용 자원의 변화

(a) 그림자 가격

그림 17.77에 나타난 것처럼 원시 모델의 최적해는 두 첫 번째 식 $5x_1 + 4x_2 = 240$, $4x_1 + 8x_2 = 360$의 교차점에 의해 결정된다. 완성 제약($7.5x_2 \leq 300$)은 활성이 아니므로 가능 영역 내의 b_3 값의 변화는 원시 모델의 최적해에 영향을 주지 않는다. 따라서 그림자 가격은 0이다.

(b) b_3의 최대 허용 증감

제약 $7.5x_2 \leq 300$는 활성이 아니므로 여기서의 주목적은 b_3가 초기 모델의 최적해($x_1 = 20$, $x_2 = 35$, $z = 1,000$)를 변경하지 않고 변화하는 범위를 구하는 것이다. b_3의 하한을 구하려면 단지 $7.5x_2 = b_3(4x_1 + 8x_2 = 360$과 $7.5x_2 = b_3$의 교차선)에서 최적점 $C(x_2 = 35)$의 좌표를 대입하면 된다. 따라서 b_3의 하한은 $7.5 \times 35 = 262.5$이다. 반대로 그 초깃값 위의 모든 b_3는 초기 모델의 최적해에 영향을 주지 않으며, b_3의 범위는 다음과 같이 쓸 수 있다.

$$262.5 \leq b_3$$

구간은 $b_3^0 = 300$(초깃값)의 최대 허용 증감에 따라 지정되고, 다음과 같이 나타낼 수 있다.

$$b_3^0 - 37.5 \leq b_3$$

17.6.3 축소 비용

어떤 비기본 변수 x_j의 **축소 비용**$^{reduced\ cost}$이란 현재 기본해가 부분 최적이 되고 x_j가 기본 변수가 되기 전에 목적 함수의 원시 계수 c_j가 개선돼야 하는 값으로 해석할 수 있다. 최대화 문제에서는 최적표 형식($\bar{c}_j^*$)에서 비기본 변수 x_j의 축소 비용은 목적 함수 원시 계숫값의 최대 증가에 해당한다($\bar{c}_j^*$ 단위를 c_j 값에 추가). 이는 현재 기본해를 최적으로 유지하고 변수 x_j를 비기본으로 유지한다. $\bar{c}_j^*$보다 큰 모든 증가는 현재 기본해를 부분 최적으로 만들고 x_j는 베이스로 가게 된다. 최소화 문제에서는 $-\bar{c}_j^*$가 목적 함수 원시 계수의 최소 감소에 해당한다(c_j로부터 $-\bar{c}_j^*$ 차감). 이는 현재 기본해를 최적으로 유지하고 x_j 변수를 비기본으로 유지한다. $-\bar{c}_j^*$보다 작은 모든 감소는 현재 기본해를 부분 최적으로 만들고 변수 x_j를 기본으로 만든다.

Winston(2004)에 따르면 비기본 변수 x_j의 계수는 그 축소 비용과 정확히 일치하는 개선이 있을 경우 다중 최적해를 갖게 된다. 이 경우 적어도 하나의 해는 x_j가 기본이 되게 하고 다른 하나는 x_j가 계속 비기본이 되게 한다. 대조적으로 축소 비용보다 큰 모든 증가(최적화) 또는 적은 감소(최소화)에서는 변수 x_j가 항상 모든 최적해에서의 기본이 된다.

비기본 변수가 단순히 기본이 되지 못하는 특수한 경우가 생길 수도 있다. 즉, 축소 비용이 여전히 비게 된다. 활성이 아니므로 모델의 최적해에 영향을 미치지 않기 때문이다.

예제 17.16

다음 최대화 문제를 생각해보자.

$$\max z = 3x_1 + 6x_2$$

제약 조건:

$$
\begin{array}{ll}
2x_1 + 3x_2 \le 60 & (1)\\
4x_1 + 2x_2 \le 120 & (2)\\
x_1, x_2 \ge 0
\end{array}
\tag{17.40}
$$

문제의 민감도 분석을 통해 각 변수의 축소 비용을 표 17.E.17과 같은 식 (17.40)의 모델 최적해에 기반해 구할 수 있다.

표 17.E.17 각 변수의 최적해와 축소 비용

변수	최적해	축소 비용
x_1	0	1
x_2	20	0

표 17.E.17의 결과를 해석하라.

해법

식 (17.40)에 따른 모델의 기본해는 $x_1 = 0$, $x_2 = 20$이다. 우선, 변수 x_2의 축소 비용이 비어 있음을 알 수 있다. 기본 변수이기 때문이다. 반대로 변수 x_1의 축소 비용은 현재 기본해를 최적으로 하고 변수 x_1을 비기본으로 유지하는 c_1의 최대 증가를 나타낸다(최대화 문제). 따라서 목적 함수의 x_1의 계수가 3에서 4로 가면, 현재 기본해는 최적으로 남고 변수 x_1도 여전히 비기본이 된다. 반면 계수 x_1이 4보다 크면, 현재 해는 부분 최적이 되고 변수 x_1은 새로운 최적해의 기본이 된다.

식 (17.40)에 의해 표현된 문제가 엑셀의 해 찾기로 해결되면 x_1의 축소 비용은 민감도 분석에서 음수 부호로 나타날 것이라는 점을 주목하자.

다음 최소화 문제를 살펴보자.

$$\min z = 4x_1 + 8x_2$$

제약 조건:

$$6x_1 + 3x_2 \geq 140 \quad (1)$$
$$8x_1 + 5x_2 \geq 120 \quad (2)$$
$$x_1, x_2 \geq 0$$

(17.41)

민감도 분석을 통해 최적해를 구하고 표 17.E.18과 같이 식 (17.41)로 나타나는 모델의 각 변수의 축소 비용을 구할 수 있다.

표 17.E.18 변수의 최적해와 축소 비용

변수	최적해	축소 비용
x_1	23.333	0
x_2	0	−6

표 17.E.18을 해석해보라.

해법

식 (17.41)에 따른 모델의 기본해는 $x_1 = 23.333$, $x_2 = 0$이다. 먼저 변수 x_1의 축소 비용이 0임을 볼 수 있다. 기본 변수이기 때문이다. 반면, 변수 x_2의 축소 비용은 현재 기본해를 최적으로 유지하고 x_2 변수를 비기본으로 하는 c_2의 최소 감소를 나타낸다 (최소화 문제). 따라서 목적 함수의 x_2의 계수가 8에서 2로 되면, 현재 기본해는 최적으로 유지되고 변수 x_2는 비기본이 된다. 반면 x_2의 계수가 2보다 작으면, 현재 해는 부분 최적이 되고 변수 x_2는 새로운 최적해의 기본이 된다.

식 (17.41)로 나타난 문제를 엑셀의 해 찾기로 해결하면 x_2의 축소 비용은 민감도 분석에서 양의 부호로 나타날 것이다.

17.6.4 엑셀의 해 찾기로 민감도 분석

엑셀의 해 찾기를 통한 민감도 분석은 이 절의 로마 슈즈 문제(예제 17.12)를 이용한다. 그림 17.81 (Example17.12_Romes.xls 파일 참조)은 엑셀에서 문제의 모델링을 보여주고 모델의 최적해를 보여 준다.

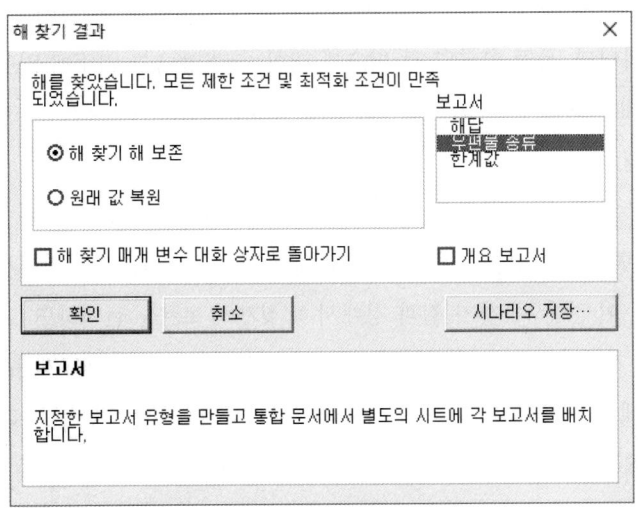

Romes Shoes					
	x1	x2			
	slippers	clogs			
Unit cost	15	20			
			Hours used		Hours available
Cutting	5	4	240	≤	240
Assembly	4	8	360	≤	360
Finishing	0	7.5	262.5	≤	300
Solution	x1	x2	z		
	slippers	clogs	Total profit		
Quantities produced	20	35	$1,000.00		

그림 17.81 엑셀에서 로마 슈즈 문제의 모델링

엑셀의 해 찾기로 모델을 해결했으면 해 찾기 결과 창이 나타난다. 그림 17.82와 같이 **민감도 보고서**를 선택한다.[2]

그림 17.82 해 찾기 결과에서의 민감도 보고서

로마 슈즈 문제의 민감도 분석 결과는 목적 함수 계수 중 하나의 변화를 고려하고(17.6.1절) 축소 비용의 개념(17.6.3절)을 엑셀의 해 찾기로부터 고려해 그림 17.83에 통합되어 있다.

---

2 앞서 엑셀에서 'sensitivity'가 '민감도'가 아니라 '우편물 종류'라고 엉뚱하게 번역되어 있었다고 설명한 각주를 기억하자. '우편물 종류'는 민감도 분석이 잘못 번역된 것이니 번역을 무시하고 민감도 분석으로 생각하면 된다. - 옮긴이

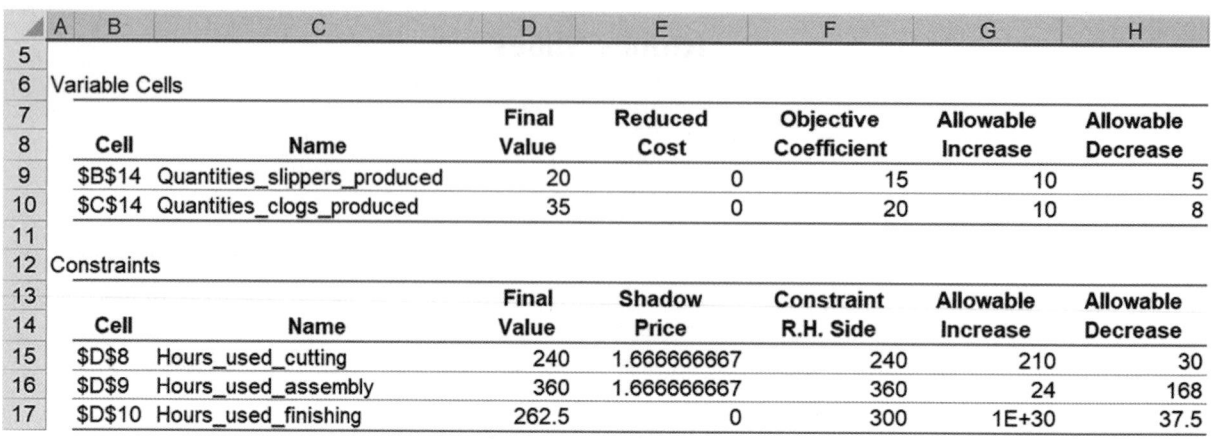

		Final	Reduced	Objective	Allowable	Allowable
Cell	Name	Value	Cost	Coefficient	Increase	Decrease
$B$14	Quantities_slippers_produced	20	0	15	10	5
$C$14	Quantities_clogs_produced	35	0	20	10	8

Constraints

		Final	Shadow	Constraint	Allowable	Allowable
Cell	Name	Value	Price	R.H. Side	Increase	Decrease
$D$8	Hours_used_cutting	240	1.666666667	240	210	30
$D$9	Hours_used_assembly	360	1.666666667	360	24	168
$D$10	Hours_used_finishing	262.5	0	300	1E+30	37.5

그림 17.83 로마 슈즈 문제의 민감도 보고서

모델의 결정 변수를 나타내는 최종 변수 셀의 값(B14, C14)에 따라 목적 함수 계수 중 하나의 변화(17.6.1절)에 따른 민감도 변화를 볼 수 있다. 열 D를 보면 $x_1 = 20$, $x_2 = 35$이다. 열 E는 각 변수의 축소 비용을 보여준다. 둘 다 기본이므로 그 값은 0이다. 그중 하나가 비기본이면 그 축소 비용은 엑셀의 민감도 분석에서 음의 부호를 나타냈을 것이다. 즉, 앞서 언급한 대로 책에서 나타난 것과 반대 부호일 것이다. 유사하게, 최소화 문제에서는 비기본 변수의 비용 축소가 엑셀 민감도 분석에서 양의 부호로 나타난다. 목적 함수의 각 변수에 대한 초기 계수는 열 F에 있다. 한편 열 G와 H에는 각 계수의 증감에 대한 최대 허용치를 초깃값부터 보여주며 다른 매개변수는 고정되고 원시 모델의 최적 기본해를 변경하지 않는다.

행 15, 16, 17은 각 모델 제약의 자원 수량 변화에 기반한 민감도 결과를 보여준다(17.6.2절). 각 제약 좌변의 각 변수 최적값을 대입하면 열 D에서 보는 것처럼 각 구역에서 필요한 자원의 최적 수를 구할 수 있다. 이 값은 해 찾기 결과 창에서 **해 찾기 해 보존**을 선택하면 그림 17.81에서 갱신할 수도 있다. 그림자 가격(각 자원의 단위당 사용 지불 대가 또는 손실당 기회 비용)은 열 E에 있다. 초기 가용 자원은 열 F에 있다. 그림자 가격을 유지하는 각 자원의 초깃값으로부터의 최대 허용 증감은 각각 열 G와 H에 있다.

17.6.4.1 특수한 경우: 다중 최적해

17.2.3.1절에서 설명한 대로 그래프 해법에서는 목적 함수가 활성 제약에 평행일 때 다중 최적해를 갖는 선형 계획의 특수한 경우를 식별할 수 있다.

심플렉스 기법에서는(17.4.6.1절 참조) 최적 표 형태에서 목적 함수의 행 0에서 비기본 변수의 계수가 0일 때 다중 최적해를 갖는 경우를 식별할 수 있었다.

Ragsdale(2009)에 따르면 엑셀 해 찾기의 **민감도 보고서**를 사용해 **다중 최적해** 경우를 식별할 수 있다. 이 경우는 **목적 함수의 하나 이상의 계수에 대한 증감이 0이고 퇴화해가 없을 때** 발생한다(다음 절 참조).

17.2.3.1절(예제 17.3)의 최대화 문제($\max z = 8x_1 + 4x_2$)에서 그래프 해법은 그림 17.84로부터 구한다.

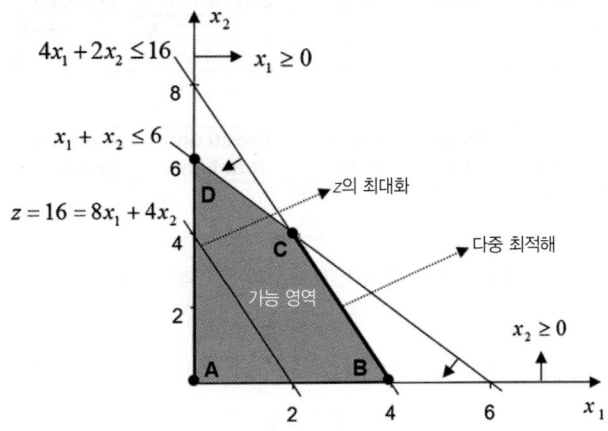

그림 17.84 다중 최적해를 갖는 예제 17.3의 그래프 해법

그림 17.85에 이 문제가 엑셀로 표현되어 있다.

	A	B	C	D	E	F
1			Example 17.3			
2						
3		x1	x2			
4	Unit profit	8	4			
5						
6				Total used		Total available
7		4	2	16	≤	16
8		1	1	4	≤	6
9						
10	Solution	x1	x2	z		
11		4	0	R$ 32.00		

그림 17.85 엑셀에 나타낸 예제 17.3

엑셀의 해 찾기를 사용해 이 예제를 해결하면 가능해를 찾을 수 있고 그림 17.82와 같은 메시지를 얻을 수 있다. 즉, 해 찾기가 해를 찾았으며 모든 최적화 제약과 조건이 만족된다. 그러나 해 찾기는 최적해 중 하나만 제공한다. $x_1 = 4, x_2 = 0, z = 32$(꼭짓점 B), 그리고 다중 최적해의 특수한 경우에 대한 어떠한 메시지도 내지 않는다.

엑셀의 해 찾기로 문제를 해결하고 해 찾기 결과의 **민감도 보고서** 옵션을 선택하면 그림 17.86을 얻는다.

그림 17.86 다중 최적해를 갖는 경우의 민감도 보고서

Cell	Name	Final Value	Reduced Cost	Objective Coefficient	Allowable Increase	Allowable Decrease
Variable Cells						
$B$11	x1	4	0	8	1E+30	0
$C$11	x2	0	0	4	0	1E+30

Cell	Name	Final Value	Shadow Price	Constraint R.H. Side	Allowable Increase	Allowable Decrease
Constraints						
$D$7	Total used	16	2	16	8	16
$D$8	Total used	4	0	6	1E+30	2

그림 17.86의 행 9, 10처럼 목적 함수의 x_1 계수의 허용 감소와 x_2 계수의 허용 증가는 0이다. 퇴화가 없으므로(17.2.4.2절 참조) 다중 최적해를 갖는 경우가 된다.

Ragsdale(2009)은 엑셀의 해 찾기를 통해 새로운 최적해를 찾는 두 가지 전략을 추천했다. (1) 목적 함수의 최적값을 변경하지 않는 새로운 제약을 추가하고, (2) 결정 변수 중 하나의 허용된 증가가 0이면 이 변수의 값을 최대화해야 한다(목적 함수는 목적 함수 셀에 더 이상 z가 아닌 해당 변수를 가진 최대화 문제로 변경돼야 한다). 변수 중 하나의 감소 허용치가 0이면 이 변수의 값을 최소화해야 한다(목적 함수는 이러한 변수를 가진 목적 셀의 최소화 문제로 변경돼야 한다).

예를 들어, 첫 번째 전략만 사용할 경우 새로운 제약 $x_1 - x_2 \geq 1$를 모델에 삽입하면 새로운 최적해는 $x_1 = 3, x_2 = 2, z = 32$가 된다.

그림 17.86을 통해 목적 함수의 변수 x_2의 계수에 허용된 최대 증가는 0이다. 유사하게, 목적 함수의 변수 x_1의 계수에 허용된 최대 감소도 0이다. Ragsdale(2009)에 따른 두 번째 전략은 두 가지 대안이 있다. (1) 변수 x_2를 나타내는 새로운 목적 셀 $C$11의 최대화, (2) 변수 x_1을 나타내는 새로운 목적 셀 $B$11의 최소화

따라서 첫 번째 전략만 사용해 얻은 초기 해가 동일하다면($x_1 = 4, x_2 = 0, z = 32$) 제약 조건 $x_1 - x_2 \geq 1$에 더해 두 번째 전략에 나열된 대안 중 하나를 사용해야만 한다. 예를 들어, 제약 $x_1 - x_2 \geq 1$를 모델에 추가하고 목표 셀 $C$11을 가진 최대화 문제 목적 함수를 변경하면 그림 17.87처럼 새로운 최적해 $x_1 = 3, x_2 = 2, z = 32$를 얻는다.

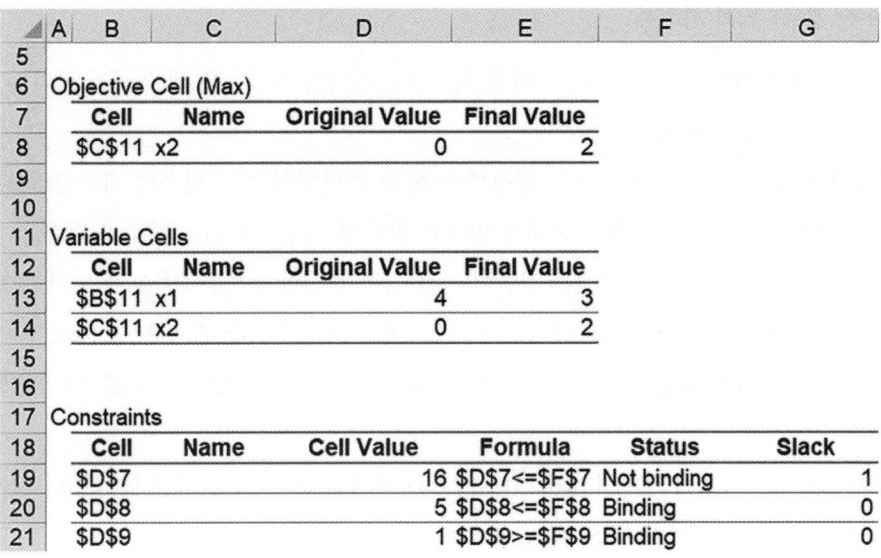

	A	B	C	D	E	F	G
5							
6	Objective Cell (Max)						
7		**Cell**	**Name**	**Original Value**	**Final Value**		
8		$C$11	x2	0	2		
9							
10							
11	Variable Cells						
12		**Cell**	**Name**	**Original Value**	**Final Value**		
13		$B$11	x1	4	3		
14		$C$11	x2	0	2		
15							
16							
17	Constraints						
18		**Cell**	**Name**	**Cell Value**	**Formula**	**Status**	**Slack**
19		$D$7		16	$D$7<=$F$7	Not binding	1
20		$D$8		5	$D$8<=$F$8	Binding	0
21		$D$9		1	$D$9>=$F$9	Binding	0

그림 17.87 제약 $x_1 - x_2 \geq 1$를 추가하고 x_2를 최대화하는 해답 보고서

반면 제약 $x_1 - x_2 \geq 1$ 대신 제약 $2x_1 + x_2 \geq 8$를 모델에 삽입하고 변수 x_1을 나타내는 셀 $B$11의 최소화 문제로 목적 함수를 변경하면 새로운 해 $x_1 = 2, x_2 = 4, z = 32$를 그림 17.88과 같이 얻게 된다.

	A	B	C	D	E	F	G
5							
6	Objective Cell (Max)						
7		**Cell**	**Name**	**Original Value**	**Final Value**		
8		$B$11	x1	4	2		
9							
10							
11	Variable Cells						
12		**Cell**	**Name**	**Original Value**	**Final Value**		
13		$B$11	x1	4	2		
14		$C$11	x2	0	4		
15							
16							
17	Constraints						
18		**Cell**	**Name**	**Cell Value**	**Formula**	**Status**	**Slack**
19		$D$7		16	$D$7<=$F$7	Binding	0
20		$D$8		6	$D$8<=$F$8	Binding	0
21		$D$9		8	$D$9>=$F$9	Binding	0

그림 17.88 제약 $2x_1 + x_2 \geq 8$를 추가하고 x_1을 최소화하는 해답 보고서

17.6.4.2 특수한 경우: 퇴화 최적해

17.2.3.4절에서 설명한 대로, 그래프 해에서는 가능 영역의 꼭짓점을 셋 이상의 선의 교차로 얻은 경우 퇴화해로 식별할 수 있다.

심플렉스 기법(17.4.5.4절)의 경우 심플렉스 해 중 하나에서 기본 변수의 계수 중 하나가 0이면 퇴화해로 식별할 수 있다. 최적해에 퇴화가 있으면 퇴화 최적해라 불리는 경우가 된다.

17.4.5.4절에서처럼, 퇴화 문제는 경우에 따라 심플렉스 알고리즘이 루프에 빠져 동일한 기본해를 생성한다. 해 공간을 떠나지 못하기 때문이다. 이 경우 최적해는 절대 얻을 수 없다.

제약의 자원량에 대한 허용 증감이 0일 때 엑셀의 해 찾기에 있는 **민감도 보고서**를 사용해 **퇴화**를 탐지할 수 있다.

퇴화 최적해를 갖는 17.2.3.4절의 예제 17.6을 엑셀의 해 찾기로 해결해본다. 이 예제($\min z = x_1 + 5x_2$)의 그래프 해는 그림 17.89에 있다.

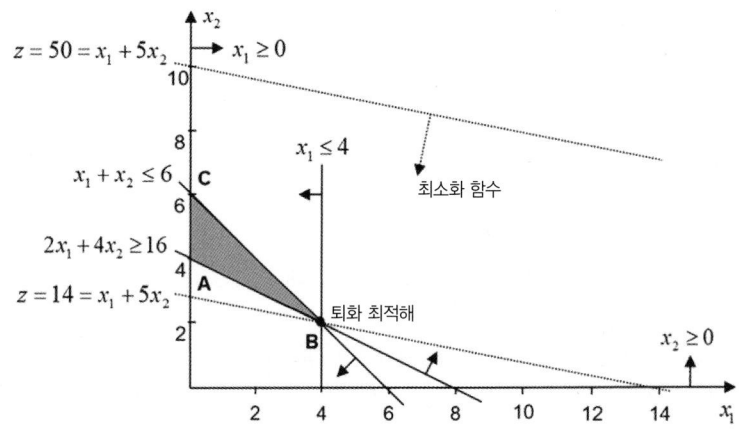

그림 17.89 퇴화 최적해를 가진 예제 17.6의 그래프 해

다중 최적해의 경우와 유사하게 엑셀의 해 찾기로 해결한 예제 17.6은 그림 17.82와 같은 동일한 메시지를 얻는다. 즉, 해 찾기가 모든 최적 제약과 조건을 만족했다는 것이다. 그러나 해 찾기는 퇴화해라는 특수한 경우에 대한 어떠한 메시지도 출력하지 않는다.

엑셀의 해 찾기로 위 문제를 해결하고 해 찾기 결과에서 **민감도 보고서**를 선택하면 그림 17.90을 얻는다.

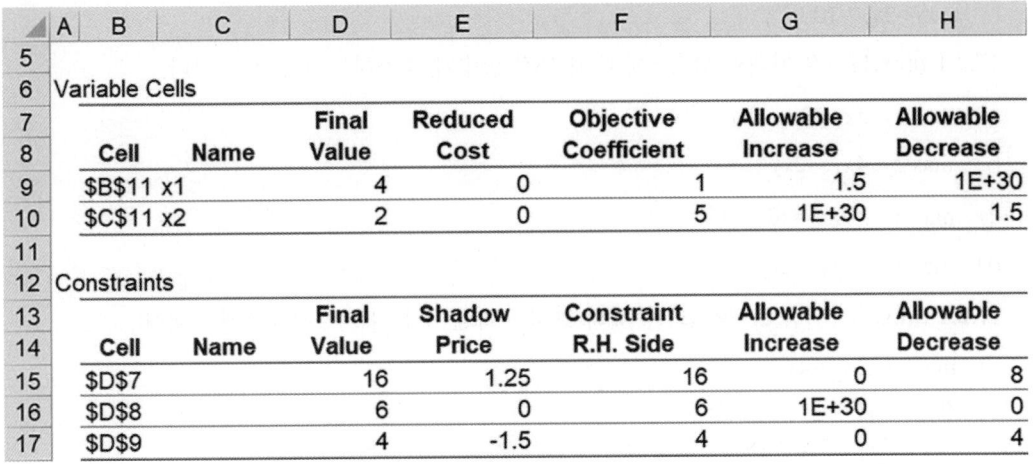

그림 17.90 퇴화해를 가진 경우의 민감도 보고서

그림 17.90의 행 15, 17에서 볼 수 있듯이 처음과 세 번째 제약의 허용 증가 자원 가용치는 0이다. 반면 행 16에서 두 번째 제약의 허용 가능 감소는 0이다. 따라서 퇴화 최적해 경우가 된다. 이 경우 민감도 보고서 분석은 제 역을 하지 못한다. Ragsdale(2009)과 Lachtermacher(2009)는 퇴화 최적해를 식별한 경우 주의할 점에 대해 강조했다.

1. 목적 함수의 변수 중 하나에 허용된 증감이 0이면 다중 최적해가 발생했다는 것은 더 이상 신뢰할 수 없다.

2. 변수의 축소 비용은 고유하지 않다. 더구나 최적해를 변경하려면 목적 함수의 변수 계수가 적어도 그 해당 축소 비용을 개선해야만 한다.

3. 목적 함수의 변수 계수의 허용 가능 변화는 유지돼야 한다. 그러나 이 구간 밖의 값도 현재 최적해를 여전히 변경하지 않을 수 있다.

4. 그림자 가격이 각 제약의 가용 자산에 관한 허용 증감과 연계해 고유하지 않을 수 있다.

17.7 연습문제

17.2절(ex.1) $x_1, x_2 \geq 0$를 고려해 각 제약을 개별적으로 만족하는 가능해 공간을 구하라.

a) $3x_1 + 2x_2 \leq 12$

b) $2x_1 + 3x_2 \geq 24$

c) $3x_1 - 2x_2 \leq 6$

d) $x_1 - x_2 \geq 4$

e) $-x_1 + 4x_2 \leq 16$

f) $-x_1 + 2x_2 \geq 10$

17.2.1절(ex.1) 각 최대화 함수 z에 대해 목적 함수가 증가하는 방향을 구하라.

a) max $z = 5x_1 + 3x_2$

b) max $z = 4x_1 - 2x_2$

c) max $z = -2x_1 + 6x_2$

d) max $z = -x_1 - 2x_2$

17.2.1절(ex.2) 다음 LP 최대화 문제의 그래프 해를 구하라(가능해 공간과 최적해).

a) max $z = 3x_1 + 4x_2$
    제약 조건:
    $$2x_1 + 5x_2 \leq 18$$
    $$4x_1 + 4x_2 \leq 12$$
    $$5x_1 + 10x_2 \leq 20$$
    $$x_1, x_2 \geq 0$$

b) max $z = 2x_1 + 3x_2$
    제약 조건:
    $$2x_1 + 2x_2 \leq 10$$
    $$3x_1 + 4x_2 \leq 24$$
    $$x_2 \leq 4$$
    $$x_1, x_2 \geq 0$$

c) max $z = 4x_1 + 2x_2$
    제약 조건:
    $$x_1 + x_2 \leq 16$$
    $$3x_1 - 2x_2 \leq 36$$
    $$x_1 \leq 10$$
    $$x_2 \leq 6$$
    $$x_1, x_2 \geq 0$$

17.2.1절(ex.3) 베닉스 장난감 생산 믹스 문제(16.5.1절의 예제 16.3. 17.5.2.1절에서 엑셀의 해 찾기로 해결했음)를 그래프로 해결하라.

17.2.1절(ex.4) 해는 베닉스 장난감 문제의 가능해 영역에 있는가?

a) $x_1 = 30$, $x_2 = 25$

b) $x_1 = 30$, $x_2 = 30$

c) $x_1 = 44$, $x_2 = 24$

d) $x_1 = 45$, $x_2 = 28$

e) $x_1 = 75$, $x_2 = 15$

f) $x_1 = 90$, $x_2 = 14$

g) $x_1 = 100$, $x_2 = 14$

h) $x_1 = 120$, $x_2 = 10$

i) $x_1 = 130$, $x_2 = 5$

17.2.2절(ex.1) 각 최소화 함수 z에 대해 목적 함수가 감소하는 방향을 구하라.

a) $\min z = 5x_1 + 8x_2$

b) $\min z = 2x_1 - 3x_2$

c) $\min z = -4x_1 + 5x_2$

d) $\max z = -7x_1 - 5x_2$

17.2.2절(ex.2) 다음 LP 최소화 문제에 대해 그래프 해를 구하라.

a) $\min z = 2x_1 + x_2$
제약 조건:
$$x_1 - x_2 \geq 10$$
$$2x_1 + 3x_2 \geq 30$$
$$x_1, x_2 \geq 0$$

b) $\min z = 2x_1 - x_2$
제약 조건:
$$x_1 - 2x_2 \geq 2$$
$$-x_1 + 3x_2 \geq 6$$
$$x_1, x_2 \geq 0$$

c) $\min z = 6x_1 + 4x_2$
제약 조건:
$$2x_1 + 2x_2 \geq 40$$
$$x_1 + 3x_2 \geq 30$$
$$4x_1 + 2x_2 \geq 60$$
$$x_1, x_2 \geq 0$$

17.2.3절(ex.1) 각 LP 문제의 특수한 경우를 그래프로 식별하라. a) 다중 최적해, b) 무한 목적 함수 z, c) 최적해가 없음, d) 퇴화 최적해

a) $\max z = 2x_1 + x_2$
제약 조건:
$$x_1 + 4x_2 \leq 12$$
$$4x_1 + 2x_2 \leq 20$$
$$3x_2 \leq 6$$
$$x_1, x_2 \geq 0$$

b) $\min z = 2x_1 + x_2$
제약 조건:
$$4x_1 + 5x_2 \geq 20$$
$$x_1 + x_2 \leq 3$$
$$x_1, x_2 \geq 0$$

c) $\max z = 2x_1 + 3x_2$
제약 조건:
$$4x_1 + 2x_2 \geq 20$$
$$x_1 - x_2 \leq 10$$
$$x_1, x_2 \geq 0$$

d) $\max z = 6x_1 + 4x_2$

제약 조건:

$$4x_1 - 4x_2 \leq 20$$
$$3x_1 + 2x_2 \leq 30$$
$$x_2 \leq 12$$
$$x_1, x_2 \geq 0$$

e) $\min z = 2x_1 + 3x_2$

제약 조건:

$$-x_1 + x_2 \leq 10$$
$$4x_1 + 2x_2 \geq 20$$
$$4x_2 \geq 40$$
$$x_1, x_2 \geq 0$$

f) $\min z = 2x_1 + 3x_2$

제약 조건:

$$-x_1 + x_2 \leq 10$$
$$4x_1 + 2x_2 \geq 20$$
$$x_1 + x_2 \leq 4$$
$$x_1, x_2 \geq 0$$

17.2.3절(ex.2) 다음 LP 문제의 대안 최적해를 그래프로 구하라.

a) $\max z = 6x_1 + 4x_2$

제약 조건:

$$3x_1 + 2x_2 \leq 90$$
$$2x_1 + x_2 \leq 50$$
$$x_1, x_2 \geq 0$$

b) $\min z = 2x_1 + 3x_2$

제약 조건:

$$4x_1 - x_2 \geq 11$$
$$4x_1 + 6x_2 \geq 32$$
$$x_1, x_2 \geq 0$$

17.3절(ex.1) 다음 LP 최소화 문제를 고려해보자.

$$\min z = 3x_1 + 2x_2$$

제약 조건:

$$8x_1 + 5x_2 \geq 140$$
$$4x_1 + 3x_2 \geq 80$$
$$x_1, x_2 \geq 0$$

해석적으로 문제를 해결해 다음을 구하라.

a) 이 연립 방정식의 가능 기본해 개수

b) 문제의 가능 기본해와 그래프 표현

c) 최적해

17.3절(ex.2) 다음 LP 최대화 문제에 대해서도 동일하게 해보라.

$$\max z = 4x_1 + 3x_2 + 5x_3$$

제약 조건:

$$3x_1 - x_2 + 2x_3 \geq 10$$
$$4x_1 + 2x_2 + 5x_3 \leq 50$$
$$x_1, x_2, x_3 \geq 0$$

17.4.2절(ex.1) 다음 LP 최대화 문제를 살펴보자.

$$\max z = 4x_1 + 5x_2 + 3x_3$$

제약 조건:

$$2x_1 + 3x_2 - x_3 \leq 48$$
$$x_1 + 2x_2 + 5x_3 \leq 60$$
$$3x_1 + x_2 + 2x_3 \leq 30$$
$$x_1, x_2, x_3 \geq 0$$

심플렉스 기법의 해석적 형태를 사용해 문제를 해결하라.

17.4.3절(ex.1) 심플렉스 기법을 사용해 베닉스 장난감 상품 믹스 문제를 해결하라.

17.4.3절(ex.2) 심플렉스 기법을 사용해 다음 LP 최대화 문제를 해결하라.

a) $\max z = 3x_1 + 2x_2$
    제약 조건:

$$3x_1 - x_2 \leq 6$$
$$x_1 + 3x_2 \leq 12$$
$$x_1, x_2 \geq 0$$

b) $\max z = 2x_1 + 4x_2 + 3x_3$
    제약 조건:

$$x_1 + x_2 + 2x_3 \leq 6$$
$$2x_1 + 2x_2 + 3x_3 \leq 16$$
$$x_1 + 4x_2 + x_3 \leq 18$$
$$x_1, x_2, x_3 \geq 0$$

c) $\max z = 3x_1 + x_2 + 2x_3$
    제약 조건:

$$2x_1 + 2x_2 + x_3 \leq 20$$
$$3x_1 + x_2 + 4x_3 \leq 60$$
$$x_1 + x_2 + 2x_3 \leq 30$$
$$x_1, x_2, x_3 \geq 0$$

17.4.3절(ex.3) 농부 문제(16.5.4절의 예제 16.7. 17.5.2.5절에서 엑셀의 해 찾기로 해결했음)를 심플렉스 기법으로 해결할 때 가장 큰 어려움은 무엇인가?

17.4.4절(ex.1) 다음 LP 최소화 문제를 심플렉스 기법으로 해결하라.

a) $\min z = 2x_1 - x_2$
    제약 조건:

$$-2x_1 + 6x_2 \leq 24$$
$$8x_1 + 2x_2 \leq 40$$
$$x_1, x_2 \geq 0$$

b) $\min z = 5x_1 - 6x_2$

제약 조건:
$$-4x_1 + 2x_2 \leq 10$$
$$x_1 + 3x_2 \leq 22$$
$$x_1, x_2 \geq 0$$

c) $\min z = 2x_1 - x_2 - x_3$

제약 조건:
$$3x_1 + 5x_2 + 4x_3 \leq 120$$
$$-x_1 + 2x_2 + 4x_3 \leq 90$$
$$2x_1 - x_2 + 2x_3 \leq 60$$
$$x_1, x_2, x_3 \geq 0$$

d) $\min z = -x_1 + 3x_2 - x_3$

제약 조건:
$$4x_1 - 2x_2 + 2x_3 \leq 160$$
$$2x_1 + 5x_2 + 10x_3 \leq 200$$
$$x_1 - x_2 + x_3 \leq 50$$
$$x_1, x_2, x_3 \geq 0$$

17.4.5.1절(ex.1) 다음 LP 최대화 문제를 심플렉스 기법으로 해결하라.

$$\max z = 4x_1 - x_2$$

제약 조건:
$$3x_1 - 3x_2 \leq 175$$
$$8x_1 - 2x_2 \leq 460$$
$$x_1 \qquad \leq 60$$
$$x_1, x_2 \geq 0$$

a) 이 경우는 다중 최적해를 가진 특수한 경우임을 증명하라.

b) 적어도 2개의 최적해를 찾아라.

c) 문제를 그래프로 해결한 다음 결과를 비교하라.

17.4.5.1절(ex.2) LP 최소화 문제에 대해서도 동일한 풀이를 해보라.

$$\min z = 3x_1 + 6x_2$$

제약 조건:
$$2x_1 + 4x_2 \geq 620$$
$$7x_1 + 3x_2 \geq 630$$
$$x_1, x_2 \geq 0$$

17.4.5.1절(ex.3) 다음 최대화 문제의 모든 최적 FBS를 구하라.

$$\max z = 4x_1 + 4x_2$$

제약 조건:
$$x_1 + x_2 \leq 1$$
$$x_1, x_2 \geq 0$$

17.4.5.2절(ex.1) LP 최대화 문제가 무한 목적 함수 z를 가짐을 증명하라.

$$\max z = 5x_1 + 2x_2$$

제약 조건:

$$2x_1 - 3x_2 \leq 66$$
$$-9x_1 - 3x_2 \leq 99$$
$$x_1, x_2 \geq 0$$

17.4.5.2절(ex.2) LP 최소화 문제가 무한 목적 함수 z를 가짐을 증명하라.

$$\min z = -3x_1 - 2x_2$$

제약 조건:

$$-2x_1 + x_2 \leq 12$$
$$-3x_1 - 2x_2 \leq 24$$
$$x_1, x_2 \geq 0$$

$z = -90$인 가능 기본해를 구하라.

17.4.5.3절(ex.1) LP 최대화 문제가 비가능해를 가짐을 증명하라.

$$\max z = 18x_1 + 12x_2$$

제약 조건:

$$4x_1 + 16x_2 \leq 1850$$
$$-8x_1 - 5x_2 \geq 4800$$
$$x_1, x_2 \geq 0$$

17.4.5.3절(ex.2) 다음 최소화 문제에 대해서도 동일한 풀이를 해보라.

$$\min z = 7x_1 + 5x_2$$

제약 조건:

$$6x_1 + 4x_2 \geq 24$$
$$x_1 + x_2 \leq 3$$
$$x_1, x_2 \geq 0$$

17.4.5.4절(ex.1) LP 최대화 문제가 퇴화 최적해를 가짐을 증명하라.

$$\max z = 2x_1 + 3x_2$$

제약 조건:

$$x_1 - x_2 \geq 10$$
$$2x_1 + 3x_2 \leq 90$$
$$x_1 \quad \leq 24$$
$$x_1, x_2 \geq 0$$

17.4.5.4절(ex.2) 최소화 문제에도 동일한 풀이를 적용해보라.

$$\min z = 6x_1 + 8x_2$$

제약 조건:

$$2x_1 + 4x_2 \geq 60$$
$$5x_1 - 4x_2 \geq 80$$
$$3x_1 + 8x_2 \geq 100$$
$$x_1, x_2 \geq 0$$

17.4.5절(ex.1)　심플렉스 기법으로 각 LP 문제의 특수한 경우를 식별하라. a) 다중 최적해, b) 무한 목적 함수 z, c) 최적해가 없음, d) 퇴화 최적해

a)　$\max z = x_1 + 3x_2$
제약 조건:
$$2x_1 + 6x_2 \leq 48$$
$$3x_1 + 5x_2 \leq 60$$
$$x_1 + 8x_2 \leq 6$$
$$x_1, x_2 \geq 0$$

b)　$\min z = 2x_1 - 6x_2$
제약 조건:
$$3x_1 + 2x_2 \geq 24$$
$$2x_1 + 6x_2 \geq 30$$
$$x_1, x_2 \geq 0$$

c)　$\max z = 2x_1 + x_2$
제약 조건:
$$8x_1 + 4x_2 \leq 600$$
$$4x_1 + 2x_2 \leq 300$$
$$x_1, x_2 \geq 0$$

17.4.5절(ex.2)　각 표에서 특수한 경우의 심플렉스 기법을 갖는지 알아내라. 만약 그렇다면 각각의 특수한 경우를 식별하라. a) 다중 최적해, b) 무한 목적 함수 z, c) 최적해가 없음, d) 퇴화 최적해. 각각의 표 형식에는 원시 문제가 최대화인지 최소화인지 표시되어 있다.

a)　최대화 문제

| 기본 변수 | 방정식 | 계수 | | | | | 상수 |
		z	x_1	x_2	x_3	x_4	
z	0	1	8	0	2	0	20
x_2	1	0	2	1	1	0	10
x_4	2	0	3	0	1	1	18

b)　최소화 문제

| 기본 변수 | 방정식 | 계수 | | | | | | 상수 |
		z	x_1	x_2	x_3	x_4	x_5	
z	0	1	0	-10	-1	0	-2	60
x_4	1	0	0	-2	$-7/3$	1	$-1/3$	-14
x_1	2	0	1	0	$2/3$	0	$-1/3$	10

c) 최소화 문제

기본 변수	방정식	계수							상수
		z	x_1	x_2	x_3	x_4	a_1	a_2	
z	0	1	0	$-7/4$	0	0	$-M+7/4$	$-M+3/4$	86
x_1	1	0	1	$-1/4$	0	0	$1/4$	$-1/4$	2
x_3	2	0	0	$1/4$	1	0	$-1/4$	$1/4$	0
x_4	3	0	0	$1/5$	0	1	$-1/5$	$3/4$	5

d) 최대화 문제

기본 변수	방정식	계수					상수
		z	x_1	x_2	x_3	x_4	
z	0	1	0	0	0	2	3,000
x_3	1	0	0	$8/3$	1	$-2/3$	1,120
x_1	2	0	1	$2/3$	0	$1/3$	500

e) 최소화 문제

기본 변수	방정식	계수					상수
		z	x_1	x_2	x_3	x_4	
z	0	1	-2	-5	0	0	0
x_3	1	0	3	-6	1	0	840
x_4	2	0	1	-5	0	1	500

17.5.2절(ex.1) 16장 연습문제 7을 다시 살펴보자.

a) 엑셀 시트에 문제를 나타내보라.

b) 엑셀의 해 찾기로 최적해를 구하라.

17.5.2절(ex.2) 16장 연습문제 8에 대해 동일한 풀이를 해보라.

17.5.2절(ex.3) 16장 연습문제 9에 대해 동일한 풀이를 해보라.

17.5.2절(ex.4) 16장 연습문제 10에 대해 동일한 풀이를 해보라.

17.5.2절(ex.5) 16장 연습문제 12에 대해 동일한 풀이를 해보라.

17.5.2절(ex.6) 16장 연습문제 13에 대해 동일한 풀이를 해보라.

17.5.2절(ex.7) 16장 연습문제 15에 대해 동일한 풀이를 해보라.

17.5.2절(ex.8) 16장 연습문제 18에 대해 동일한 풀이를 해보라.

17.6.1절(ex.1) 어떤 회사는 디지털과 수은의 두 종류 온도계를 생산한다. 각각의 디지털 온도계는 $7 순이익이 보장되지만 수은 온도계는 $5 순이익을 얻는다. 두 종류의 온도계를 생산하기 위해서는 세 가지 공정이 필요하다. 디지털 온도계는 각 공정에 4, 5, 2분의 시간이 걸리고, 수은 온도계는 각 공정에 2, 3, 3분의 시간이 걸린다. 각 운영의 가용 시간은 300, 360, 180분이다.

a) 모델의 그래프 해를 구하라.

b) 디지털 온도계의 순이익에 대해 원시 해를 유지하는 최대 허용 증가치를 구하라. 그 밖의 모델 매개변수는 고정된다고 가정한다.

c) 수은 온도계의 순이익에 대해 원시 해를 유지하는 최대 허용 감소치를 구하라. 그 밖의 모델 매개변수는 고정된다고 가정한다.

d) 디지털 온도계의 단위 순이익이 $3로 감소했다고 가정하자. 원시 모델의 최적해가 유지되는지 확인해보라.

e) 수은 온도계의 단위 순이익이 $10로 증가했다고 가정하자. 원시 모델의 최적해가 유지되는지 확인해보라.

17.6.1절(ex.2) 다음 최대화 문제를 고려해보자.

$$\max z = 8x_1 + 6x_2$$

제약 조건:

$$2x_1 + 5x_2 \leq 30$$
$$3x_1 + 6x_2 \leq 54$$
$$2x_1 + 8x_2 \leq 64$$
$$x_1, x_2 \geq 0$$

a) 모델의 그래프 해를 구하라.

b) c_2가 고정된다고 가정할 때, 원시 기본해를 변경하지 않는 c_1의 변화 범위를 구하라.

c) c_1이 고정된다고 가정할 때, 원시 기본해를 변경하지 않는 c_2의 변화 범위를 구하라.

17.6.1절(ex.3) 다음 최소화 문제를 고려하라.

$$\min z = 8x_1 + 6x_2$$

제약 조건:

$$2x_1 + 5x_2 \geq 60$$
$$3x_1 + 6x_2 \geq 102$$
$$2x_1 + 8x_2 \geq 128$$
$$x_1, x_2 \geq 0$$

a) 모델의 그래프 해를 구하라.

b) 원시 모델 최적해에서 x_2가 기본임을 확인했다. 가능한 c_2의 변화 중 비음수성 제한이 성립하지 않는다면 어떤 문제가 생기는가?

c) c_2가 고정된다고 가정할 때, 원시 기본해를 변경하지 않는 c_1의 변화 범위를 구하라.

d) c_1이 고정된다고 가정할 때, 원시 기본해를 변경하지 않는 c_2의 변화 범위를 구하라.

17.6.1절(ex.4) 베닉스 장난감 회사 상품 믹스를 살펴보자(예제 16.3).

a) 원시 모델의 기본해를 변경하지 않는 최적성 조건(c_1/c_2)을 구하라.

b) 장난감 차와 자전거의 단위 수익이 시장 경쟁으로 인해 동시에 각각 \$10, \$50로 감소했다고 가정하자. 원시 기본해가 그대로 유지되는지 알아보고 새로운 z 값을 구해보라.

c) 원시 기본해를 변경하지 않는 장난감 자동차의 단위 수익 변화는 무엇인가? 나머지 모든 매개변수는 고정된다고 가정한다.

d) 원시 기본해를 변경하지 않는 자전거의 단위 수익 변화는 무엇인가? 나머지 모든 매개변수는 고정된다고 가정한다.

e) 장난감 자동차의 단위 수익이 \$9로 감소하면 원시 모델의 기본해는 최적으로 유지되는가? 이 경우 새로운 목적 함수의 값은 얼마인가?

f) 자전거의 단위 수익이 \$80로 증가하면 원시 모델의 기본해는 최적으로 유지되는가? 이 경우 새로운 목적 함수의 값은 얼마인가?

g) 자전거의 생산 비용에 큰 감소가 있었고 이를 통해 단위 수익이 \$100로 크게 증가했다. 원시 모델의 기본해가 바뀌지 않으려면, 장난감 차의 단위 이익 구간은 어떠해야 하는가?

17.6.2절(ex.1) 이번에도 베닉스 장난감 회사 상품 믹스를 살펴보자.

a) 기계 가공, 도색, 조립 부서의 그림자 가격을 구하라.

b) 그림자 가격을 변경하지 않는 각 b_i의 가격 범위를 구하라.

c) 기계 가공의 가용 시간이 40시간으로 증가하면 목적 함숫값의 증가치는 얼마인가?

d) 도색의 가용 시간이 18시간으로 감소되면 목적 함숫값의 감소치는 얼마인가? 또한 새로운 x_1, x_2 값을 구하라.

17.6.2절(ex.2) 17.6.1절(ex.1)을 살펴보자.

a) 각 공정의 가용 시간이 1분 증가하면, 어떤 것이 우선권을 가져야 하는가?

b) 그림자 가격을 변경하지 않는 b_1, b_2, b_3의 최대 허용 증감(각각 p와 q분)을 구하라.

c) b_2의 p분을 사용하는 정당한 가격은 얼마인가?

d) b_3의 q분 손실에 따른 기회 비용은 얼마인가?

17.6.3절(ex.1) 다음 최대화 문제를 살펴보자.

$$\max z = 3x_1 + 2x_2$$
제약 조건:
$$x_1 + x_2 \leq 6$$
$$5x_1 + 2x_2 \leq 20$$
$$x_1, x_2 \geq 0$$

표 17.1은 원시 모델의 초기 표 형태이고, 표 17.2는 첫 반복의 표 형태, 표 17.3은 동일한 문제의 최적 표 형태를 보여준다.

표 17.1 초기 표 형태의 행 0

식	z	계수				상수
		x_1	x_2	x_3	x_4	
0	1	−3	−2	0	0	0

표 17.2 최초 반복 표 형태의 행 0

식	z	계수				상수
		x_1	x_2	x_3	x_4	
0	1	0	−4/5	0	3/5	12

표 17.3 최적 표 형태의 행 0

식	z	계수				상수
		x_1	x_2	x_3	x_4	
0	1	0	0	4/3	1/3	44/3

다음을 수행하라.

a) 표 17.2와 표 17.3의 축소 비용을 해석하라.

b) z_1^1, z_2^1, z_1^*, z_2^* 값을 구하라.

17.6.3절(ex.2) 다음 최소화 문제를 고려해보자.

$$\min z = 4x_1 - 2x_2$$
제약 조건:
$$2x_1 + x_2 \leq 10$$
$$x_1 - x_2 \leq 8$$
$$x_1, x_2 \geq 0$$

표 17.4와 표 17.5는 최초 표 형태와 모델의 최적 표 형태를 각각 보여준다.

다음을 수행하라.

a) 표 17.5의 축소 비용을 해석하라.

b) z_1^*과 z_2^* 값을 구하라.

표 17.4 초기 표 형태의 행 0

식	계수					상수
	z	x_1	x_2	x_3	x_4	
0	1	−4	2	0	0	0

표 17.5 최적 표 형태의 행 0

식	계수					상수
	z	x_1	x_2	x_3	x_4	
0	1	−8	0	−2	0	−20

17.6.4절(ex.1) 17.6.1절(ex.1)을 살펴보자.

a) 엑셀의 해 찾기를 사용해 해결하라.

b) 해 찾기의 민감도 보고서를 통해 원시 기본해를 변경하지 않는 c_1의 최대 허용 증감을 구하라.

c) 해 찾기의 민감도 보고서를 통해 원시 기본해를 변경하지 않는 c_2의 최대 허용 증감을 구하라.

d) 해 찾기의 민감도 보고서를 통해 각 연산의 그림자 가격을 구하라.

e) 해 찾기의 민감도 보고서를 통해 그림자 가격을 변경하지 않는 b_1, b_2, b_3의 최대 허용 증감을 구하라.

17.6.4절(ex.2) 동일한 과제를 베닉스 장난감 회사 경우에 대해 해보라.

17.6.4절(ex.3) 해 찾기의 민감도 보고서를 통해 문제가 '다중 최적해' 또는 '퇴화 최적해'의 특수한 경우에 해당되는지 확인하라.

a) $\max z = 4x_1 + 2x_2$
제약 조건:
$$6x_1 + 2x_2 \leq 240$$
$$2x_1 + 3x_2 \leq 200$$
$$3x_1 + x_2 \leq 120$$
$$x_1, x_2 \geq 0$$

b) $\max z = 3x_1 + 8x_2$
제약 조건:
$$2x_1 + 2x_2 \leq 300$$
$$5x_1 + 4x_2 \leq 800$$
$$9x_1 + 24x_2 \leq 1{,}080$$
$$x_1, x_2 \geq 0$$

c) $\max z = 2x_1 + 6x_2$

제약 조건:

$$2x_1 + 2x_2 \leq 600$$
$$2x_1 + 8x_2 \leq 800$$
$$x_1 - 8x_2 \leq 0$$
$$x_1, x_2 \geq 0$$

d) $\max z = 4x_1 + 2x_2$

제약 조건:

$$6x_1 + 2x_2 \leq 240$$
$$2x_1 + 3x_2 \leq 200$$
$$8x_1 + 4x_2 \leq 240$$
$$x_1, x_2 \geq 0$$

e) $\min z = 6x_1 + 3x_2$

제약 조건:

$$4x_1 + 2x_2 \geq 832$$
$$7x_1 + 3x_2 \geq 714$$
$$2x_1 + 9x_2 \geq 900$$
$$x_1, x_2 \geq 0$$

f) $\min z = 4x_1 + 5x_2$

제약 조건:

$$2x_1 + 3x_2 \geq 675$$
$$2x_1 + 5x_2 \geq 1,125$$
$$3x_1 + 4x_2 \geq 900$$
$$x_1, x_2 \geq 0$$

g) $\min z = 2x_1 + x_2$

제약 조건:

$$4x_1 + 8x_2 \geq 1,920$$
$$3x_1 + 2x_2 \geq 600$$
$$7x_1 + 3x_2 \geq 1,050$$
$$x_1, x_2 \geq 0$$

18

네트워크 계획

나는 추론이 아니라 이치를 이해한다. 때로는 잘못 쓰일 수도 있지만, 진리만이 진리를 생성하고, 하나의 진리는 다른 진리와 모순되지 않는다.

– 고트프리트 빌헬름 폰 라이프니츠(Gottfried Wilhelm von Leibniz)

18.1 소개

네트워크 계획network programming 문제는 **각 노드가 하나 이상의 호**arc**에 연결돼야 하는** 다양한 노드로 구성된 그래프 구조나 네트워크를 사용해 모델링한다.

네트워크 모델은 생산, 운송, 설비 위치, 프로젝트 관리, 재정 등 다양한 산업 분야에서 점점 더 많이 활용되고 있다. 이 중 상당수는 선형 계획LP, linear programming 문제로 공식화할 수 있으며, 따라서 심플렉스 방법으로 해결할 수 있다.

네트워크 모델링은 시스템 특성에 대한 시각화와 이해를 용이하게 해주므로 단순화 버전의 심플렉스 방법은 네트워크에서 LP 문제를 해결하는 데 사용될 수 있다. 또한 좀 더 효율적인 알고리즘과 소프트웨어도 네트워크에서 모델을 해결하기 위해 제안되고 활용되고 있다.

네트워크 계획의 주요 문제로는 고전적인 운송 문제 환적transshipment 문제, 작업 할당 문제, 최단 경로 문제, 최대 흐름 문제 등이 있다.

네트워크 계획의 주요 문제들 중 하나는 고전적인 운송 문제인데, 여기에 나열된 각 문제들은 이 장에서 모두 살펴볼 것이다. 먼저 엑셀의 해 찾기를 이용한 해법뿐만 아니라 각 문제의 수학적인 모델링도 제시할 것이다. 고전적인 교통 문제의 경우, 심플렉스 기법을 단순화한 기법인 운송 transportation 알고리즘을 사용해 해결하는 방법을 설명하기로 한다.

18.2 그래프와 네트워크의 용어

그래프graph는 **노드**node 또는 **꼭짓점**vertex 집합과 이 노드를 상호 연결하는 **호**arc 또는 **에지**edge의 집합으로 정의된다. 원 또는 점으로 그려진 노드는 설비(공장, 유통 센터, 터미널 또는 항만)나 워크스테이션 혹은 교차점을 나타낸다. 선분으로 표시된 에지는 노드 쌍 사이에 연결되며 경로, 케이블, 채널 등을 나타낼 수 있다.

그래프의 표기법은 $G = (N, A)$이며, 여기서 N은 노드의 집합이고 A는 호의 집합이다. 그림 18.1은 5개의 노드와 8개의 호를 가진 그래프의 예를 보여준다.

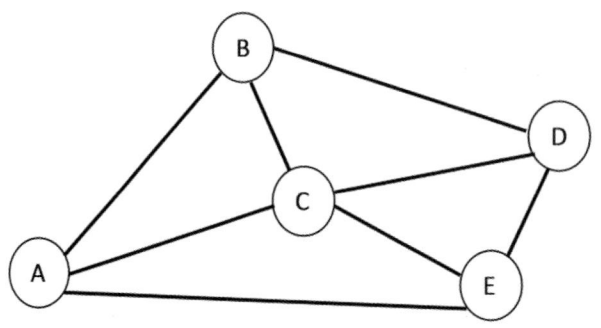

그림 18.1 그래프 예

많은 경우, 노드 사이를 연결하는 그래프의 호는 노드 간 거리, 운송 비용, 소요 시간, 연결선의 치수, 운송 부품 수 및 기타 요소로서 해당 연결의 측정 가능한 특성을 나타내는 **흐름**flow 등의 수치 변수와 연관된다. 유사하게 그래프의 노드는 **용량**capacity이라는 숫자 변수와 연관될 수 있으며, 부하 용량, 공급량, 수요 등을 나타낼 수 있다.

호 및/또는 노드가 숫자 흐름 변수 및/또는 용량과 연관된 그래프를 **네트워크**network라 부른다. 그림 18.2는 네트워크의 예를 보여준다. 노드는 도시를 나타내고, 흐름은 그 사이의 거리(km)를 나타낸다.

그림 18.2 네트워크 예

편의상 지금부터는 '그래프'와 '네트워크'라는 용어를 구분하지 않고 '네트워크'라는 용어만 사용할 것이다.

네트워크의 노드는 다음의 세 가지 노드로 분류할 수 있다. (a) **공급 노드**supply node 또는 **소스**source는 특정 제품을 생산하거나 배포하는 개체를 나타낸다. (b) **수요 노드**demand node는 제품을 소비하는 개체를 나타낸다. (c) **환적 노드**transshipment node는 수요 노드와 공급 노드 사이의 중간 점으로서 상품들의 중간 지점을 나타낸다.

원호는 원호의 방향을 나타내는 화살표를 가질 수 있다. 각 노드 사이의 흐름이 화살표로 표시된 단일 방향으로 발생할 때, **방향호**directed arc를 갖는다. 양방향에서 흐름이 일어나면, 이를 **무방향호**undirected arc라고 한다. 노드 사이에 단일 연결이 있지만 호 방향을 나타내는 화살표가 없는 경우, 호가 무방향인 것으로 가정한다. 이러한 각 사례는 그림 18.3에 시각화되어 있다.

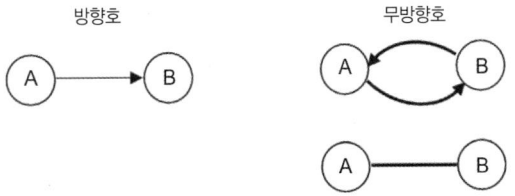

그림 18.3 방향호와 무방향호의 차이

그림 18.1과 그림 18.2의 호도 무방향호의 예다. 이러한 경우 거리는 대칭으로 가정할 수 있다.

네트워크의 모든 호가 방향호이면 **방향 네트워크**^{directed network}가 된다. 유사하게, 모든 호가 무방향이면 그 네트워크는 무방향이라 말한다. 그림 18.2는 **무방향 네트워크**^{undirected network}의 한 예다. 그림 18.4에서 각각의 지속 시간(분)을 갖는 물리적 활동의 집합을 나타내는 노드와 방향호는 활동 사이의 우선순위 관계를 나타낸다.

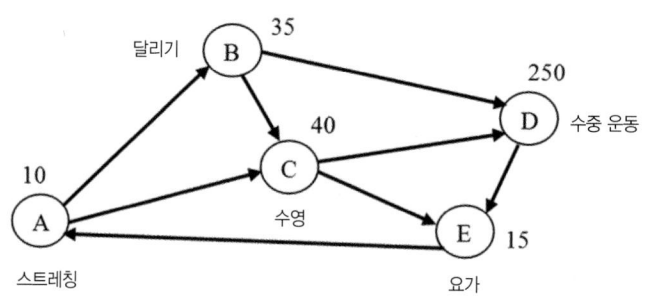

그림 18.4 방향 네트워크의 예

경로, 해밀턴 경로, 사이클, 트리, 스패닝 트리, 최소 스패닝 트리 등 그래프 이론의 그 밖의 정의도 설명한다.

Hillier and Lieberman(2005)은 두 노드 사이의 경로^{path}를 이들 노드를 연결하는 각기 다른 호의 시퀀스로 정의한다. 예를 들어, 그림 18.1의 호 시퀀스 $AB-BC-CE(A \to B \to C \to E)$는 경로로 간주된다. 방향 네트워크에서는 방향 경로나 무방향 경로를 가질 수 있다. 방향이 하나뿐인 경로를 **방향 경로**^{directed path}라고 한다. 한편, 적어도 1개의 호가 다른 호와 반대 방향이라면 그 경로는 **무방향 경로**^{undirected path}라 한다. 예를 들어, 그림 18.4의 경로 $AC-CD-DE(A \to C \to D \to E)$는 모든 호가 동일한 방향을 따른다는 점에서 방향 경로로 간주된다. 반면, 경로 $AB-BD-DC(A \to B \to D \to C)$는 호 DC의 방향이 다른 호와 반대되므로 무방향 경로로 간주된다.

해밀턴 경로^{Hamiltonian path}는 각 노드를 한 번만 방문하는 경로다. 예를 들어, 그림 18.1의 $AB-BC-CE$ 경로도 해밀턴 경로로 간주된다. 반면, 경로 $AB-BC-CE-ED-DC(A \to B \to C \to E \to D \to C)$는 해밀턴 경로가 아니다.

동일한 노드에서 시작되어 끝나는 경로는 **사이클**^{cycle}을 형성한다. 그림 18.1의 경로 $AB-BC-CE-EA(A \to B \to C \to E \to A)$는 사이클의 한 예다. 방향 네트워크에서는 방향 사이클 또는 무방향 사이클을 가질 수 있다. 한 사이클의 경로가 방향성이면 **방향 사이클**^{directed cycle}을 갖게 된다. 유사하게, 동일한 노드에서 시작되고 끝나는 무방향 경로를 **무방향 사이클**^{undirected cycle}이라고 한다. 예를 들어 그림 18.4의 $AB-BD-DE-EA(A \to B \to D \to E \to A)$가 방향 사이클인 반면, $AB-BC-CA(A \to B \to C \to A)$는 무방향 사이클의 예다.

무방향 네트워크 $G = (N, A)$는 노드 쌍 사이에 경로가 있을 때 **연관되어 있다**[related]고 한다. 네트워크 G가 연관되어 있고 비사이클(사이클이 없음)이면 **트리**[tree] 구조를 갖는다. 덧붙여, 트리 개념의 일부로서 다음을 확인할 수 있다.

- n개의 노드가 있는 트리는 $n - 1$개의 호를 포함한다.
- 트리에 호가 추가되면 사이클이 형성된다.
- 트리에서 호가 제거되면, 네트워크는 연관성을 멈춘다(단일 관련 네트워크 대신 2개의 관련 네트워크가 생긴다).

그림 18.5에 나타난 네트워크는 그림 18.1에 설명한 네트워크에 기초한 트리의 예다.

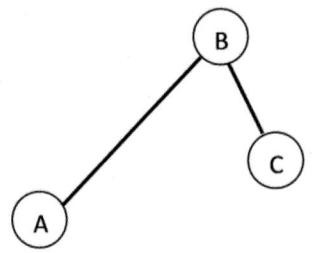

그림 18.5 트리의 예

스패닝 트리의 개념을 정의하기 전에, 부분그래프의 개념을 정의할 것이다. G'의 노드 집합이 $G(N' \subset N)$의 노드 집합의 부분집합인 경우 G'의 호 집합이 $G(A' \subset A)$의 부분집합인 경우이며 G'이 그래프라면 $G' = (N', A')$는 $G(N, A)$의 **부분그래프**[subgraph]라 정의한다. 네트워크 $G = (N, A)$에서, G의 부분그래프로서 G의 모든 노드를 갖는 트리 구조인 경우 이를 **생성 트리**[generating tree] 또는 **스패닝 트리**[spanning tree]라고 부른다. 그림 18.6은 그림 18.1의 네트워크를 이용한 스패닝 트리의 예다.

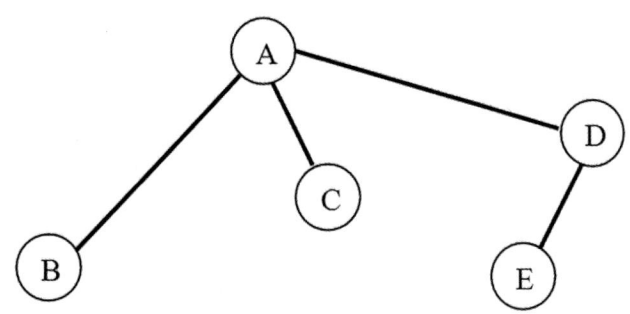

그림 18.6 스패닝 트리의 예

G의 **최소 스패닝 트리**[minimum spanning tree]는 최소 비용을 갖는 스패닝 트리다.

18.3 고전적인 운송 문제

고전적인 운송 문제는 총 운송비를 최소화하기 위해 공급자에서 소비자로 운송될 제품의 양을 결정하는 것을 목적으로 한다. 각 공급자는 정해진 수의 제품을 생산하며, 각 소비자는 충족돼야 하는 알려진 수요를 갖고 있다. 문제는 공급망에서 2개의 연결을 사용해 모델링된다. 즉, 중간 시설(유통 센터, 터미널, 항만 또는 공장)은 고려하지 않는다. 고전적인 운송 문제의 수학적 표기법과 네트워크 표현은 다음과 같다.

n 소비자에게 상품을 제공하는 m개 공급자 집합을 생각해보자. 주어진 공급자 $i(i = 1, ..., m)$로부터 운송될 최대량은 Cs_i 단위의 용량에 해당한다. 한편, 각 소비자 $j(j = 1, ..., n)$의 수요는 반드시 충족돼야 하며 d_j로 나타난다. 소비자 j에 대한 공급자 i의 운송 단가는 c_{ij}로 나타낸다. 목표는 총 운송 비용(z)을 최소화하기 위해 공급자 i에서 소비자 $j(x_{ij})$로 운송할 수량을 결정하는 것이다.

그림 18.7은 고전적인 운송 문제의 네트워크 표현이다.

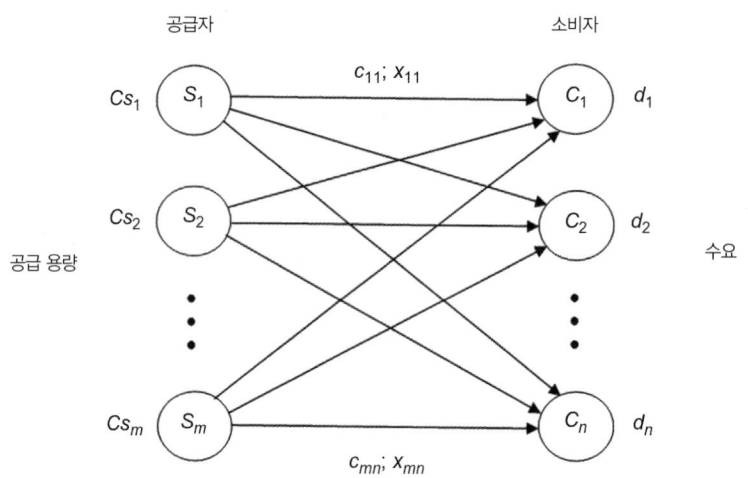

그림 18.7 고전적인 운송 문제의 네트워크 표현

18.3.1 고전적인 운송 문제의 수학 공식

고전적인 운송 문제의 모델 모수, 결정 변수 및 전반적인 수학 공식은 다음과 같이 설정된다.

모델 모수:

c_{ij} = 공급자 $i(i = 1, ..., m)$에서 소비자 $j(j = 1, ..., n)$로의 운송 단가

Cs_i = 공급업체 $i(i = 1, ..., m)$의 공급 용량

d_j = 소비자 $j(j = 1, ..., n)$의 수요

결정 변수:

x_{ij} = 공급자 $i(i = 1, ..., m)$에서 소비자 $j(j = 1, ..., n)$로의 운송 수량

일반 공식:

$$\min z = \sum_{i=1}^{m}\sum_{j=1}^{n}c_{ij}x_{ij}$$

제약 조건:

$$\sum_{j=1}^{n}x_{ij} \leq Cs_i, \qquad i = 1,2,...,m$$

$$\sum_{i=1}^{m}x_{ij} \geq d_j, \qquad j = 1,2,...,n \tag{18.1}$$

$$x_{ij} \geq 0, \qquad i = 1,2,...,m, \, j = 1,2,...,n$$

이는 **선형 계획**$^{\text{linear programming}}$ 문제에 해당한다.

따라서 이 문제는 심플렉스 방법으로도 해결할 수 있었다. 단, 네트워크 문제의 특수한 구조는 18.3.3.1절에서 설명할 운송 알고리즘과 같은 좀 더 효율적인 해법 알고리즘이 가능케 해준다.

식 (18.1)로 나타낸 문제가 기본적으로 실행 가능한 해법을 가지려면 총 공급 용량이 소비자의 수요보다 크거나 같아야 한다. 따라서 $\sum_{i=1}^{m}Cs_i \geq \sum_{j=1}^{n}d_j$이다.

총 공급 용량이 소비된 총 수요, 즉 $\sum_{i=1}^{m}Cs_i = \sum_{j=1}^{n}d_j$(균형 방정식)와 정확히 동일한 경우의 문제는 **균형 운송**$^{\text{balanced transportation}}$ 문제로 알려져 있으며, 다음과 같이 다시 쓸 수 있다.

$$\min z = \sum_{i=1}^{m}\sum_{j=1}^{n}c_{ij}x_{ij}$$

제약 조건:

$$\sum_{j=1}^{n}x_{ij} = Cs_i, \quad i = 1,2,...,m$$

$$\sum_{i=1}^{m}x_{ij} = d_j, \qquad j = 1,2,...,n \tag{18.2}$$

$$x_{ij} \geq 0, \qquad i = 1,2,...,m, \, j = 1,2,...,n$$

총 공급 용량이 소비된 총 수요보다 적어($\sum_{i=1}^{m}Cs_i < \sum_{j=1}^{n}d_j$) 일부 소비자의 총 수요가 충족되지 않는 세 번째 경우가 있을 수 있다. 한편, 공급자들은 최대 용량을 활용하게 될 것이다. 이 경우는 수학적으로 다음과 같이 공식화할 수 있다.

$$\min z = \sum_{i=1}^{m}\sum_{j=1}^{n} c_{ij}x_{ij}$$

제약 조건:

$$\sum_{j=1}^{n} x_{ij} = Cs_i, \qquad i = 1, 2, \ldots, m$$

$$\sum_{i=1}^{m} x_{ij} \le d_j, \qquad j = 1, 2, \ldots, n \tag{18.3}$$

$$x_{ij} \ge 0, \qquad i = 1, 2, \ldots, m, \; j = 1, 2, \ldots, n$$

예제 18.1

카르펫^{Karpet}은 자동차 부품 제조업체로, 브라질의 Osasco, Sorocaba, Sao Sebastiao 시에 소재하고 있다. 고객들은 그림 18.8에 나타난 바와 같이 Sao Paulo, Rio de Janeiro, Curitiba에 있다. 각 출발지에서 각 목적지까지의 단위 운송 비용은 물론, 각 공급자의 용량과 각 소비자의 수요는 표 18.E.1에 수록되어 있다. 목표는 총 운송비를 최소화하기 위해 공급 용량을 지키며 최종 소비자의 수요를 충족시키는 것이다. 운송 문제를 모델링하라.

해법

총 공급 용량과 총 소비 수요가 정확히 일치하므로, **균형 운송 문제**$^{balanced\ transportation\ problem}$가 된다.

우선, 모델의 결정 변수는 다음과 같이 정의된다.

x_{ij} = 공급자 $i(i = 1, 2, 3)$에서 소비자 $j(j = 1, 2, 3)$로 운송되는 부품 수

따라서

x_{11} = Osasco의 공급자에서 Sao Paulo의 소비자로 운송되는 부품

x_{12} = Osasco의 공급자에서 Rio de Janeiro의 소비자로 운송되는 부품

x_{13} = Osasco의 공급자에서 Curitiba의 소비자로 운송되는 부품

$\vdots$

x_{31} = Sao Sebastiao의 공급자에서 Sao Paulo의 소비자로 운송되는 부품

x_{32} = Sao Sebastiao의 공급자에서 Rio de Janeiro의 소비자로 운송되는 부품

x_{33} = Sao Sebastiao의 공급자에서 Curitiba의 소비자로 운송되는 부품

목적 함수는 총 운송 비용을 최소화하려고 한다.

$$\min z = 12x_{11} + 22x_{12} + 30x_{13} + 18x_{21} + 24x_{22} + 32x_{23} + 22x_{31} + 15x_{32} + 34x_{33}$$

모델의 제약 조건은 다음과 같이 지정된다.

1. 각 공급자의 용량은 소비자 수요를 맞추기 위해 활용된다.

$$x_{11} + x_{12} + x_{13} = 100$$
$$x_{21} + x_{22} + x_{23} = 140$$
$$x_{31} + x_{32} + x_{33} = 160$$

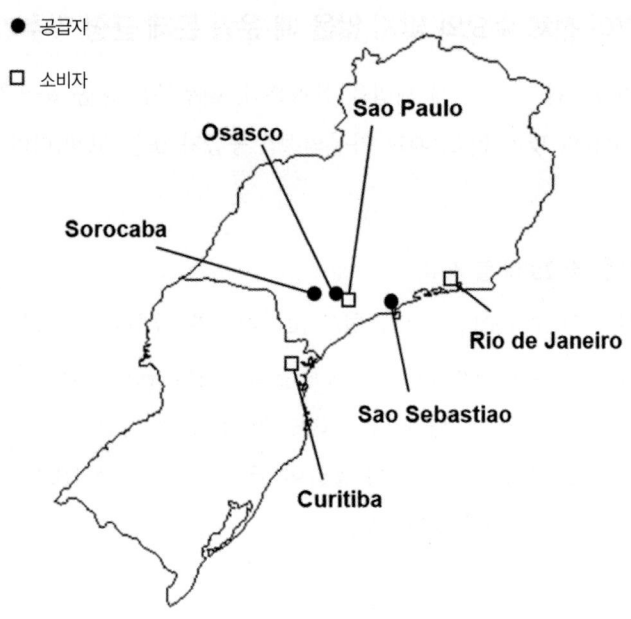

● 공급자
□ 소비자

Osasco
Sao Paulo
Sorocaba
Rio de Janeiro
Sao Sebastiao
Curitiba

그림 18.8 카르펫사의 공급망과 소비자 풀

표 18.E.1 카르펫사의 운송 데이터

		운송 단위 비용			
		소비자			
		Sao Paulo	Rio de Janeiro	Curitiba	용량
	Osasco	12	22	30	100
공급자	Sorocaba	18	24	32	140
	Sao Sebastiao	22	15	34	160
수요		120	130	150	

2. 각 소비자의 수요는 충족돼야 한다.

$$x_{11} + x_{21} + x_{31} = 120$$
$$x_{12} + x_{22} + x_{32} = 130$$
$$x_{13} + x_{23} + x_{33} = 150$$

3. 모델의 결정 변수는 음수가 아니다.

$$x_{ij} \geq 0, \qquad i = 1, 2, 3, \ j = 1, 2, 3$$

운송 알고리즘(18.3.3.1절 참조) 또는 엑셀의 해 찾기(18.3.3.2절)를 사용해 얻은 최적의 해는 x_{11} = 100, x_{12} = 0, x_{13} = 0, x_{21} = 20, x_{22} = 0, x_{23} = 120, x_{31} = 0, x_{32} = 130, x_{33} = 30, 그리고 z = 8,370이다.

18.3.2 전체 공급 용량이 전체 수요와 맞지 않을 때 운송 문제 균형 맞추기

다음 절에서는 전통적인 운송 문제 해법을 살펴본다. 대부분은 운송 문제가 균형이 맞아야 하므로, 전체 공급이 총 수요와 맞지 않을 때는 가상의[ghost] 공급자 또는 고객(더미)을 추가한다. 그 경우 중 하나를 살펴보자.

경우 1: 전체 공급이 총 수요보다 클 경우

전체 공급 용량이 전체 수요보다 큰 비균형을 고려해보자. 균형을 맞추려면, 초과 공급을 흡수할 가상 고객(더미)을 생성해야 한다. 따라서 이 새로운 도착지의 수요는 전체 공급과 전체 수요의 차이에 해당하며, 활용되지 않은 공급 용량을 나타낸다. 생성된 모든 가상 고객으로의 단위 운송 비용은 모두 0이 된다. 그러므로 이제 전체 수요와 공급이 균형을 맞추므로 18.3.3.1절과 18.3.3.2절에서 설명한 해 절차를 사용한 기본해가 보장된다.

예제 18.2

1990년부터 사탕 사업에 뛰어든 한 사탕 회사가 Sao Paulo 지역에 3개의 점포를 두고 있다. 주 고객은 그림 18.9에서 보는 것처럼 Sao Paulo Capital, Baixada Santista, Vale do Paraiba에 위치해 있다. 각 점포의 생산 용량, 소비자 수요, 각 소비자에 대한 단위 판매 비용은 표 18.E.2에 나타나 있다. 운송 비용을 최소화하기 위해 회사는 각 점포에서 해당 소비자에게 얼마나 판매해야 하는지 결정하려고 한다. 이때 생산 용량을 준수하며 소비자의 수요를 맞춰야 한다. 이 사탕 회사의 운송 계획을 공식화해보라.

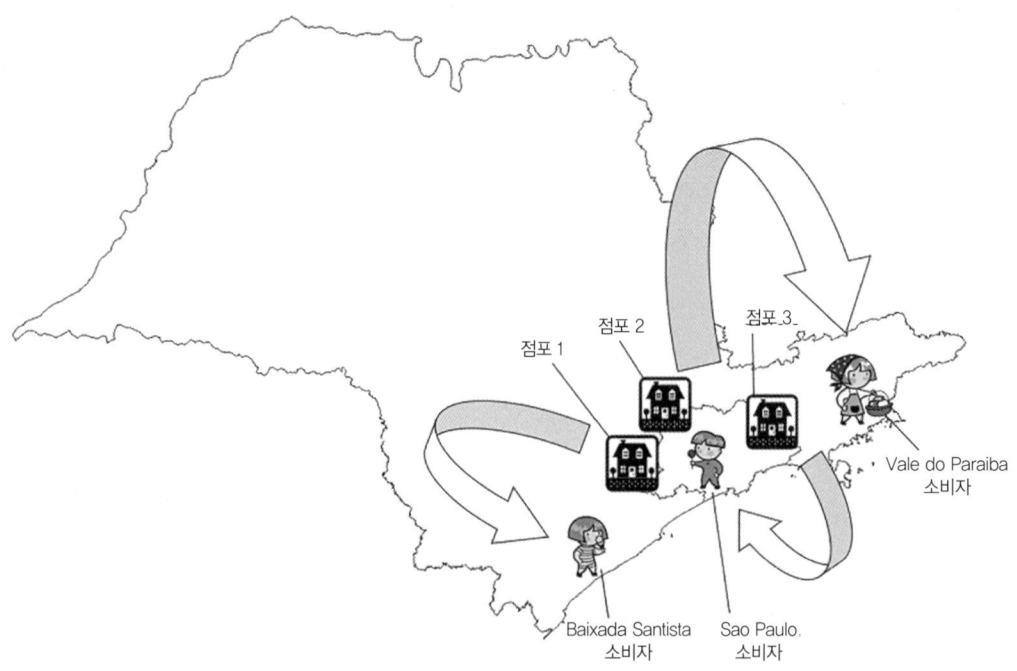

그림 18.9 사탕 회사의 점포와 고객들

표 18.E.2 사탕 회사의 운송 데이터

| | | 운송 단위 비용 | | | |
| | | 소비자 | | | |
		Sao Paulo	Baixada Santista	Vale do Paraiba	용량
공급자	점포 1	8	12	10	50
	점포 2	4	10	6	100
	점포 3	6	15	12	40
수요		60	70	30	

해법

사탕 회사의 운송 문제는 비균형임을 알 수 있다. 전체 공급(190)이 전체 수요(160)보다 크기 때문이다.

해법 (a)

이 사탕 회사의 수학적 모델을 나타내기 위한 방법 중 하나는 식 (18.1)로서, 제약은 부등식 형태로 나타나며 결정 변수는 다음과 같다.

x_{ij} = 점포 $i(i = 1, 2, 3)$에서 소비자 $j(j = 1, 2, 3)$로 운송된 사탕 개수

따라서 다음과 같다.

x_{11} = 점포 1에서 SP$^{Sao\ Paulo}$ 소비자로 운송된 사탕

x_{12} = 점포 1에서 BS$^{Baixada\ Santista}$ 소비자로 운송된 사탕

x_{13} = 점포 1에서 VP$^{Vale\ do\ Paraiba}$ 소비자로 운송된 사탕

$\vdots$

x_{31} = 점포 3에서 SP$^{Sao\ Paulo}$ 소비자로 운송된 사탕

x_{32} = 점포 3에서 BS$^{Baixada\ Santista}$ 소비자로 운송된 사탕

x_{33} = 점포 3에서 VP$^{Vale\ do\ Paraiba}$ 소비자로 운송된 사탕

전체 운송 비용을 최소화하는 목적 함수는 다음과 같다.

$$\min z = 8x_{11} + 12x_{12} + 10x_{13} + 4x_{21} + 10x_{22} + 6x_{23} + 6x_{31} + 15x_{32} + 12x_{33}$$

모델의 제약 조건은 다음과 같이 지정할 수 있다.

1. 각 점포의 생산 용량은 지켜져야 한다.

$$x_{11} + x_{12} + x_{13} \leq 50$$
$$x_{21} + x_{22} + x_{23} \leq 100$$
$$x_{31} + x_{32} + x_{33} \leq 40$$

2. 각 소비자의 수요는 충족돼야 한다.

$$x_{11} + x_{21} + x_{31} \geq 60$$
$$x_{12} + x_{22} + x_{32} \geq 70$$
$$x_{13} + x_{23} + x_{33} \geq 30$$

3. 모델의 결정 변수는 음이 아니어야 한다.

$$x_{ij} \geq 0, \qquad i = 1, 2, 3, \ j = 1, 2, 3$$

엑셀의 해 찾기(18.3.3.2절 참조)를 통해 찾은 이 모델의 최적해는 $x_{11} = 0$, $x_{12} = 50$, $x_{13} = 0$, $x_{21} = 50$, $x_{22} = 20$, $x_{23} = 30$, $x_{31} = 10$, $x_{32} = 0$, $x_{33} = 0$ 그리고 $z = 1,240$이다.

결과로부터 점포 3은 최대 용량 40단위를 소진하지 않고 단 10단위만 사용한 것을 볼 수 있다.

해법 (b)

18.3.3.1절에 설명한 운송 알고리즘을 적용하려면 총 수요와 공급이 일치하는 균형 운송 문제여야 한다. 사탕 회사 문제에서 균형을 맞추기 위해 초과 공급 30단위를 흡수할 가상 소비자(더미)를 생성해야만 한다. 균형 모델의 네트워크 모델링은 그림 18.10에 설명되어 있다.

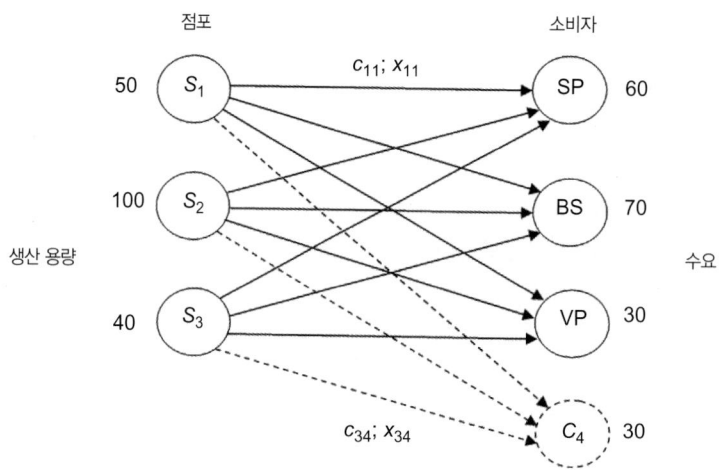

그림 18.10 사탕 회사의 균형 문제에 대한 네트워크 모델링

균형 사탕 회사 문제의 수학 공식은 다음과 같이 나타낼 수 있다. 새로운 소비자가 추가됐으므로 x_{ij}는 다음과 같이 쓸 수 있다.

x_{ij} = 점포 $i(i = 1, 2, 3)$에서 소비자 $j(j = 1, 2, 3, 4)$로 운송된 사탕 개수

새로운 결정 변수는 다음과 같다.

x_{14} = 점포 1에서 새로운 가상 소비자(더미)로 운송된 사탕

x_{24} = 점포 2에서 새로운 가상 소비자(더미)로 운송된 사탕

x_{34} = 점포 3에서 새로운 가상 소비자(더미)로 운송된 사탕

모든 공급자가 새로운 소비자로의 단위 운송 비용은 0이므로, 목적 함수는 변화가 없다.

$$\min z = 8x_{11} + 12x_{12} + 10x_{13} + 4x_{21} + 10x_{22} + 6x_{23} + 6x_{31} + 15x_{32} + 12x_{33}$$

공급 용량과 소비자 수요는 변동된다.

1. 점포에 의한 공급 제약

$$x_{11} + x_{12} + x_{13} + x_{14} = 50$$
$$x_{21} + x_{22} + x_{23} + x_{24} = 100$$
$$x_{31} + x_{32} + x_{33} + x_{34} = 40$$

2. 수요 제약

$$x_{11} + x_{21} + x_{31} = 60$$
$$x_{12} + x_{22} + x_{32} = 70$$
$$x_{13} + x_{23} + x_{33} = 30$$
$$x_{14} + x_{24} + x_{34} = 30$$

3. 비음수성 제약

$$x_{ij} \geq 0, \quad i = 1, 2, 3, \ j = 1, 2, 3, 4$$

해법 (a)로부터 비활용 30단위 용량은 점포 3으로부터 온다는 것을 알고 있다. 새로운 가상 소비자가 그 초과 공급을 흡수하기 위해 생성됐으므로 $x_{34} = 30$임을 확인한다.

따라서 균형 모델의 최적해는 $x_{11} = 0$, $x_{12} = 50$, $x_{13} = 0$, $x_{14} = 0$, $x_{21} = 50$, $x_{22} = 20$, $x_{23} = 30$, $x_{24} = 30$, $x_{31} = 10$, $x_{32} = 0$, $x_{33} = 0$, $x_{34} = 30$, 그리고 $z = 1,240$이다.

경우 2: 전체 공급 용량이 전체 수요보다 작을 경우

전체 공급 용량이 전체 수요보다 작은 비균형 운송 문제를 생각해보자. 균형을 맞추려면 나머지 수요를 충족시킬 가상 공급자(더미)를 생성해야 한다. 따라서 이 새로운 공급자가 제공한 수량은 전체 수요와 전체 공급 사이의 차이에 해당되며 충족하지 못한 수요에 해당한다. 가상 공급자로부터 모든 소비자에게로의 단위 운송 비용은 모두 0이다. 경우 1과 유사하게, 수요와 공급 사이의 균형식은 가능 기본해를 찾는 것을 보장한다.

예제 18.3

사탕 회사의 예제 18.2를 살펴보자. 각 점포의 생산 용량과 소비자 수요는 표 18.E.3과 같다. 새로운 사탕 회사 운송 문제를 공식화하라.

표 18.E.3 사탕 회사의 새로운 운송 데이터

		운송 단위 비용 소비자			
		Sao Paulo	Baixada Santista	Vale do Paraiba	용량
공급자	점포 1	8	12	10	60
	점포 2	4	10	6	40
	점포 3	6	15	12	50
수요		50	120	80	

해법

이번에도 비균형 운송 문제다. 그러나 여기서는 전체 공급 용량(150)이 전체 수요(250)보다 작다.

해법 (a)

이 모델을 나타내는 한 방법은 식 (18.3)을 통하는 것이며 공급자는 그 최대 용량을 활용한다. 그러나 일부 소비자의 전체 수요가 충족되지 못한다. 예제 18.2에 관련된 비균형 모델과 관련된 결정 변수는 변하지 않는다.

x_{ij} = 점포 $i(i = 1, 2, 3)$에서 소비자 $j(j = 1, 2, 3)$로 운송된 사탕 개수

목적 함수에 대해서도 동일하다.

$$\min z = 8x_{11} + 12x_{12} + 10x_{13} + 4x_{21} + 10x_{22} + 6x_{23} + 6x_{31} + 15x_{32} + 12x_{33}$$

예제 18.3의 제약은 다음처럼 명시할 수 있다.

1. 공급자는 최대 용량을 활용한다.

$$x_{11} + x_{12} + x_{13} = 60$$
$$x_{21} + x_{22} + x_{23} = 40$$
$$x_{31} + x_{32} + x_{33} = 50$$

2. 각 소비자의 총 수요는 충족되지 못한다.

$$x_{11} + x_{21} + x_{31} \leq 50$$
$$x_{12} + x_{22} + x_{32} \leq 120$$
$$x_{13} + x_{23} + x_{33} \leq 80$$

3. 모델의 결정 변수는 비음수다.

$$x_{ij} \geq 0, \qquad i = 1, 2, 3, \ j = 1, 2, 3$$

엑셀의 해 찾기로 얻은 이 모델의 최적해(18.3.3.2절)는 $x_{11} = 0$, $x_{12} = 20$, $x_{13} = 40$, $x_{21} = 0$, $x_{22} = 0$, $x_{23} = 40$, $x_{31} = 50$, $x_{32} = 0$, $x_{33} = 0$ 그리고 $z = 1,180$이다.

결과로부터 Baixada Santista 소비자의 전체 120단위 수요가 충족되지 못하고 오직 일부(20단위)만 충족됨을 볼 수 있다.

해법 (b)

예제 18.2와 유사하게, 18.3.3.1절에서 설명한 운송 알고리즘을 적용하려면 균형 운송 문제여야 한다. 균형을 맞추려면 미충족 수요 100단위를 맞출 가상 공급자(더미)를 생성해야만 한다. 새로운 균형 문제의 네트워크 모델링은 그림 18.11에 나타나 있다.

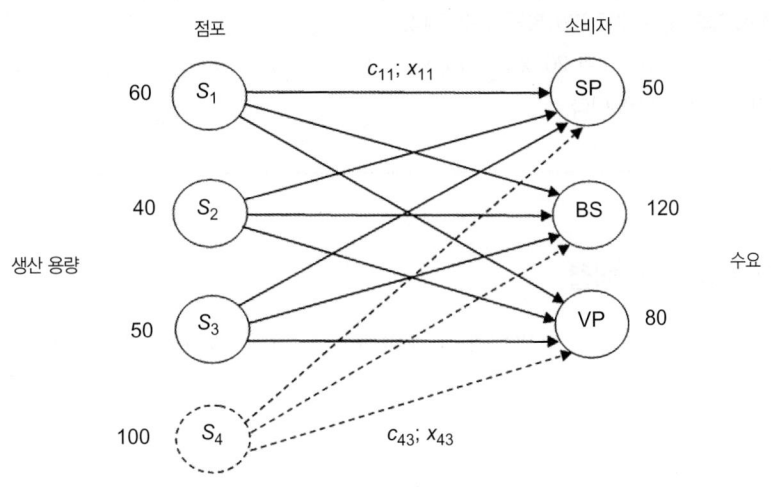

그림 18.11 예제 18.3의 균형화 네트워크 모델링

예제 18.3의 균형화 수학 공식은 다음과 같다. 새로운 공급자가 추가됐으므로 x_{ij}는 다음과 같이 다시 쓸 수 있다.

x_{ij} = 점포 $i(i = 1, 2, 3, 4)$에서 소비자 $j(j = 1, 2, 3)$로 운송된 사탕 개수

새로운 결정 변수는 다음과 같다.

x_{41} = 새로운 가상 점포(더미)에서 소비자 1로 운송된 사탕
x_{42} = 새로운 가상 점포(더미)에서 소비자 2로 운송된 사탕
x_{43} = 새로운 가상 점포(더미)에서 소비자 3으로 운송된 사탕

모든 소비자에 대해 새로운 공급자의 운송 단위 비용은 0이므로, 목적 함수는 변하지 않는다.

$$\min z = 8x_{11} + 12x_{12} + 10x_{13} + 4x_{21} + 10x_{22} + 6x_{23} + 6x_{31} + 15x_{32} + 12x_{33}$$

예제 18.3의 균형 모델은 다음의 제약 조건을 나타낸다.

1. 점포에 의한 공급 제약

$$x_{11} + x_{12} + x_{13} = 60$$
$$x_{21} + x_{22} + x_{23} = 40$$
$$x_{31} + x_{32} + x_{33} = 50$$
$$x_{41} + x_{42} + x_{43} = 100$$

2. 수요 제약

$$x_{11} + x_{21} + x_{31} + x_{41} = 50$$
$$x_{12} + x_{22} + x_{32} + x_{42} = 120$$
$$x_{13} + x_{23} + x_{33} + x_{43} = 80$$

3. 비음수성 제약

$$x_{ij} \geq 0, \qquad i = 1, 2, 3, \ j = 1, 2, 3, 4$$

같은 예제의 해법 (a)로부터 100단위의 미충족 수요가 Baixada Santista에서 발생했음을 알고 있다. 새로운 가상의 공급자는 나머지 수요를 충족하므로 $x_{42} = 100$임을 확인할 수 있다.

따라서 모델의 최적해는 $x_{11} = 0$, $x_{12} = 20$, $x_{13} = 40$, $x_{21} = 0$, $x_{22} = 0$, $x_{23} = 40$, $x_{31} = 50$, $x_{32} = 0$, $x_{33} = 0$, $x_{41} = 0$, $x_{42} = 100$, $x_{43} = 0$, 그리고 $z = 1{,}180$이다.

18.3.3 고전적인 운송 문제 해결

고전적인 운송 문제는 두 가지 방법으로 해결해본다. 먼저 17장에 제시된 심플렉스 방법을 단순화한 운송 알고리즘을 사용할 것이다. 그리고 18.3.3.2절에서는 엑셀의 해 찾기를 사용한 문제 해법을 제시한다.

18.3.3.1 운송 알고리즘

이 절에서 제시하는 방법을 사용해 고전적인 운송 문제를 쉽게 해결하려면 문제를 표 형식으로 나타내야 한다. 상자 18.1은 식 (18.2)에 나타난 일반 균형 운송 모델의 표 형식을 보여준다.

상자 18.1 균형 운송 문제의 일반 표 형식

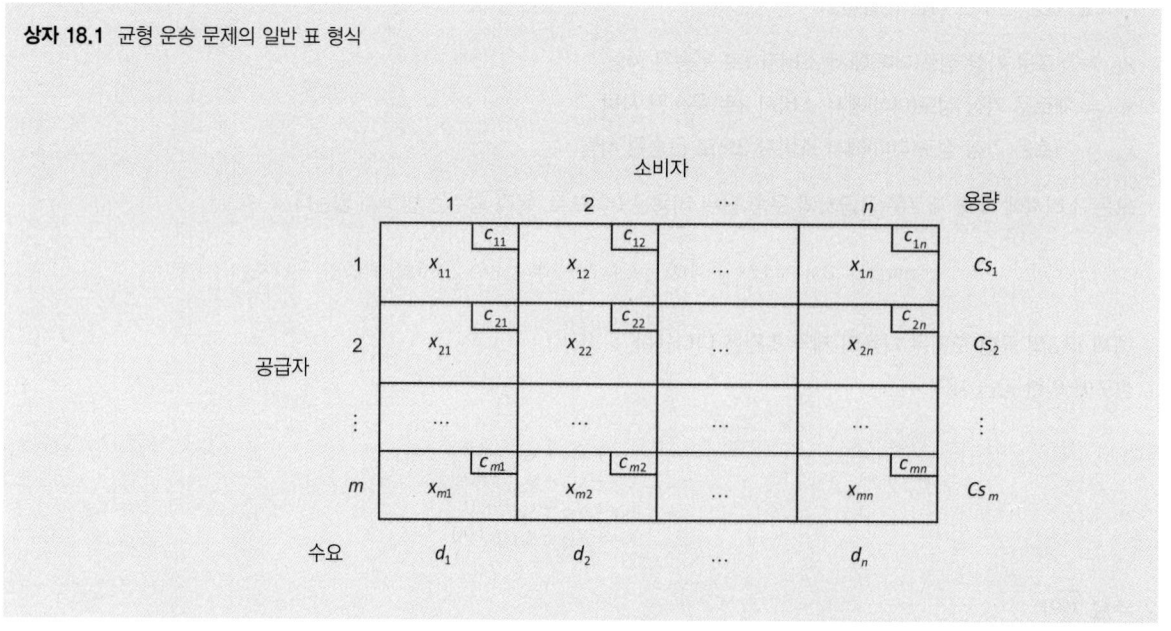

운송 알고리즘은 17장에서 제시한 심플렉스 방법과 동일한 논리를 따르며, 운송 문제의 특질을 고려해 일부를 단순화한다. 그림 18.12는 각 운송 알고리즘의 단계를 나타낸다.

초기: 문제는 균형이어야 하고(전체 유입이 전체 유출과 동일) 상자 18.1과 같은 표 형식이어야 한다.

1단계: 초기 FBS를 찾는다.

이를 위해 북서 코너 방법northwest corner method 기법, 최소 비용 방법minimum cost method, 보겔 근사법Vogel approximation method을 보여준다.

2단계: 최적성 검사

찾은 해가 최적인지 확인하기 위해, 쌍대성 이론duality theory에 기반한 **승수법**multiplier method을 사용한다. 심플렉스의 최적성 조건을 수송 문제에 적용한다. 조건이 만족되면 알고리즘은 멈춘다. 그렇지 않다면 더 나은 인접 FBS를 구한다.

반복: 더 나은 인접 FBS 구하기

새로운 가능 기본해를 구하려면, 세 단계를 수행해야 한다.

1. 승수법을 사용해 베이스로 가야 할 비기본 변수를 결정한다.
2. 심플렉스 기법의 가능 조건을 사용해 비기본 집합으로 갈 기본 변수를 고른다.
3. 새로운 기본해를 계산한다.

그림 18.12 운송 알고리즘

운송 문제의 표 형식을 사용해 새로운 해법을 쉽게 얻을 수 있다는 점을 고려할 때, 심플렉스 방법으로 새로운 인접 기본해의 값을 재계산하는 데 사용되는 기본 연산은 필요하지 않다.

그림 18.12에 제시된 운송 알고리즘의 각 단계는 나중에 더 자세히 설명하며 카르펫 회사의 운송 문제를 해결하기 위해 적용할 것이다(예제 18.1).

예제 18.4

카르펫 회사 운송 문제(예제 18.1)를 상자 18.1과 같은 표 형식으로 나타내라.

해법

표 18.E.1에 제시된 균형 운송 문제의 데이터를 사용하면 표 18.E.4와 같이 표 형식을 쉽게 얻을 수 있다.

표 18.E.4 표 형식으로 나타낸 카르펫사 운송 문제

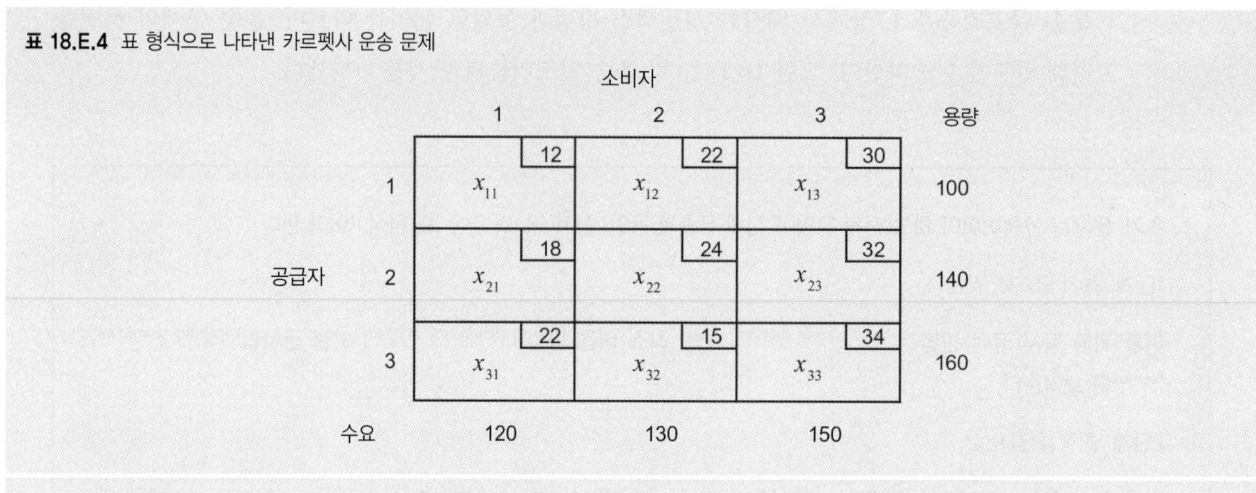

1단계: 초기 가능 기본해 결정

고전적인 운송 문제는 일련의 m 공급자와 n 소비자를 고려한다. 식 (18.2)를 사용해 균형 운송 문제에 $m + n$ 등식 제약이 포함되어 있는 것을 알았다. 균형 운송 문제에서 총 유입량은 총 유출량과 같기 때문에, 이러한 제약 조건 중 하나가 중복되어 모델에는 $m + n - 1$ 독립 방정식이 포함되며, 결과적으로 $m + n - 1$ 기본 변수가 포함됨을 확인할 수 있다.

따라서 $m = 3$과 $n = 3$인 카르펫 회사 운송 문제는 기본 변수 5개를 갖는다.

먼저 북서 코너 방법을 사용해 초기 FBS를 찾는 방법을 알아본 후, 최소 비용 방법 및 보겔 근사법을 살펴본다.

북서 코너 방법

북서 코너 방법은 다음과 같은 단계를 따른다.

초기: 운송 문제를 초기 표 형식으로 표현한다(상자 18.1 참조). 이 방법에서 운송 비용은 알고리즘에 활용되지 않는 경우 명시할 필요가 없다.

1단계: 2단계에서 아직 할당되지 않은 셀과 3단계에서 아직 차단되지 않은 셀 중에서 왼쪽 위 코너(북서쪽)에 위치한 셀을 선택한다. 따라서 x_{11}은 항상 선택된 첫 번째 변수가 될 것이다.

2단계: 동일한 행과 동일한 열에 있는 해당 셀의 합이 각각 총 공급 용량과 총 수요 용량을 초과하지 않도록 가능한 최대량을 해당 셀에 할당한다.

3단계: 이전 단계에서 선택한 셀을 사용해, 0이 아닌 어떤 값도 해당 셀에 기여할 수 없다는 점을 고려하여 각각 최대 공급 또는 최대 수요 한계에 도달한 동일한 행 또는 열에 해당하는 셀을 차단(x로 표시)한다. 연구원이 행과 열에 모두 최대 한도를 사용할 경우, 둘 중 하나만 차단해야 한다. 그 조건은 빈^{null} 값을 갖는 기본 변수가 있음을 보장한다. 알고리즘은 모든 셀이 할당되거나 차단되면 마무리되고 그렇지 않으면 1단계로 돌아간다.

예제 18.5

초기 FBS를 얻기 위해 카르펫 회사 문제에 북서 코너 방법을 적용하라.

해법

북서 코너 방법을 적용하기 위한 카르펫 회사 문제의 초기 표 형태는 표 18.E.5에 나타나 있다. 이는 표 18.E.4와 유사하지만

단위 운송 비용이 포함되지 않는다.

표 18.E.5 북서 코너 방식을 적용하기 위한 카르펫 회사 문제의 초기 표 형태

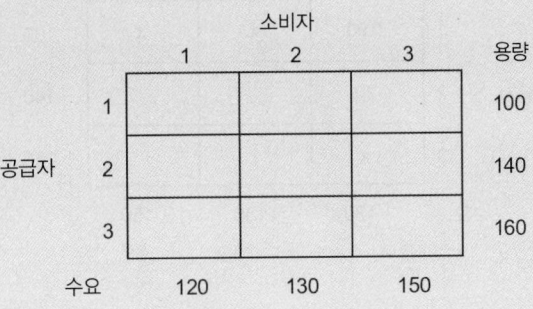

첫 번째 라운드의 세 단계는 표 18.E.6에 설명되어 있다.

1단계: 왼쪽 상단 코너(북서쪽)에 위치한 셀 x_{11}을 선택한다.

2단계: 표 18.E.5에서 공급자 1(Osaco)의 총 용량이 100임을 알 수 있다. 소비자 1(Sao Paulo)의 수요는 120이므로, 그 셀에 할당될 최댓값은 그 두 값 사이의 최소가 된다.

3단계: 공급자 1의 최대 용량 한계에 도달해 동일한 행(x_{12} 및 x_{13})에 해당하는 셀을 차단해야 한다.

표 18.E.6 첫 번째 라운드의 세 단계

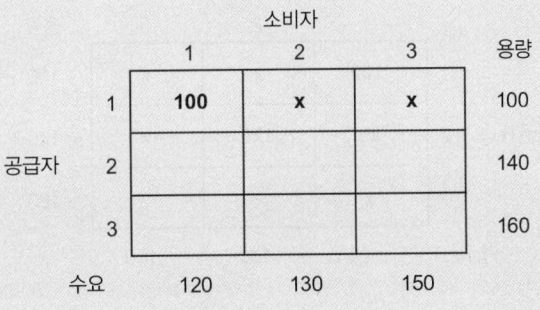

같은 논리가 두 번째 라운드에도 적용된다.

1단계: 나머지 셀 중에서 북서 코너에 위치한 셀(x_{21})을 선택한다.

2단계: Sao Paulo 소비자와 관련된 열 1을 설정할 때, 해당 열의 셀에 할당된 수량 합계가 해당 소비자의 120단위 수요를 초과하지 않아야 하기 때문에 셀 x_{21}에 할당할 수 있는 최대량은 20이다. 행 2를 설정할 때 동일한 셀에 최대 140단위를 할당할 수 있다. 따라서 $x_{21} = \min\{20, 140\} = 20$이다.

3단계: 열 1의 최대 수요 한계에 도달했으므로 셀 x_{31}을 차단해야 한다.

표 18.E.7 두 번째 라운드 결과

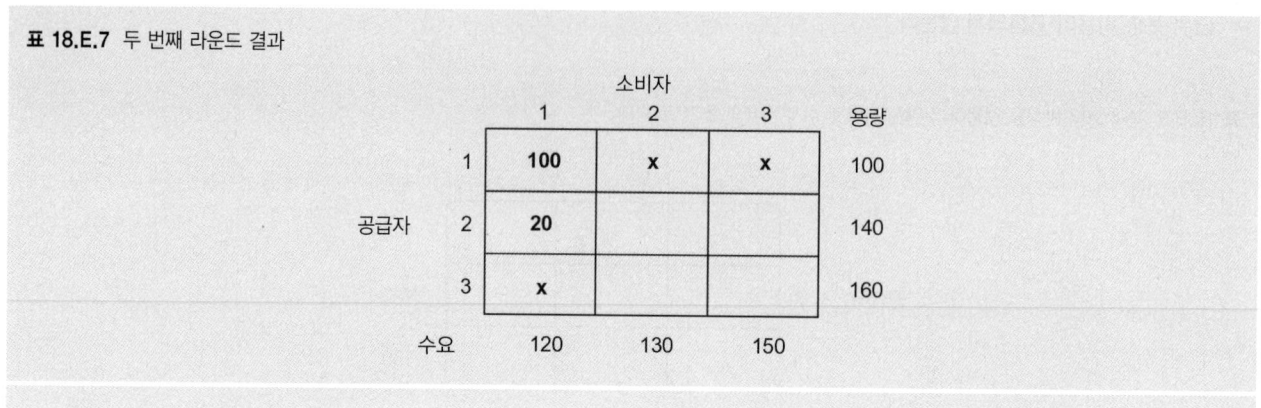

		소비자			용량
		1	2	3	
공급자	1	**100**	x	x	100
	2	**20**			140
	3	x			160
수요		120	130	150	

세 번째 라운드에서는 다음과 같다.

1단계: 나머지 셀 중에서 북서 코너에 있는 셀(x_{22})을 선택한다.

2단계: Sorocaba 공급자를 기준으로 행 2를 설정할 때, 동일한 행의 모든 셀에 할당된 수량의 합계가 해당 공급자의 140단위 용량을 초과하지 않아야 한다는 점을 고려할 때, x_{22}에 할당될 수 있는 최대량은 120이다. 열 2를 설정할 때 동일한 셀에 최대 130개의 단위를 할당할 수 있다. 따라서 x_{22} = min{120, 130}} = 120이다.

3단계: 행 2의 최대 용량 한계에 도달했으므로 셀 x_{23}을 차단해야 한다.

표 18.E.8 세 번째 라운드 결과

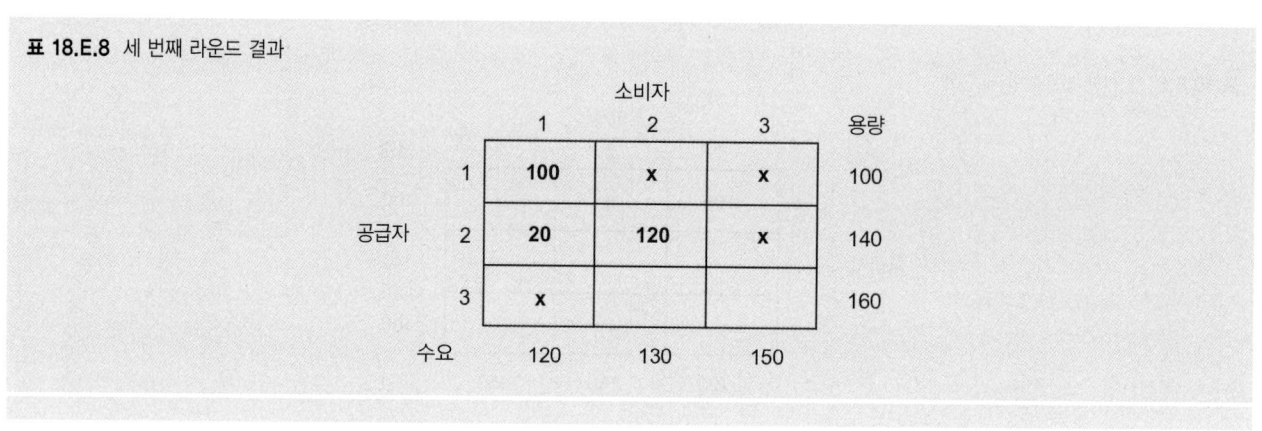

		소비자			용량
		1	2	3	
공급자	1	**100**	x	x	100
	2	**20**	**120**	x	140
	3	x			160
수요		120	130	150	

지난 두 라운드에서 각각 최대 용량이나 수요에 도달한 행이나 열에 속하는 다른 셀이 이전 라운드에서 이미 차단됐다는 점을 감안할 때, 3단계는 적용하지 않는다. 다음 라운드의 경우, 셀 x_{32}를 선택하고 최대 10개의 단위를 할당한다. 끝으로, 마지막 라운드에서 나머지 150개를 셀 x_{33}에 할당한다. 북서 코너 방법의 초기 FBS는 표 18.E.9에 열거되어 있다.

표 18.E.9 북서 코너 최종 라운드 결과

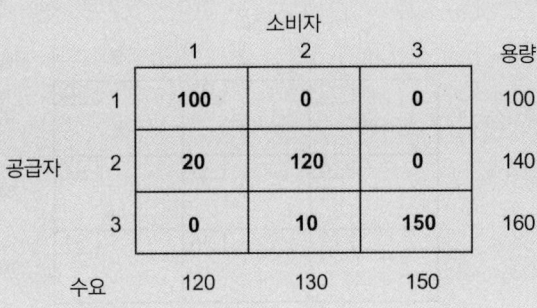

		소비자			
		1	2	3	용량
공급자	1	100	0	0	100
	2	20	120	0	140
	3	0	10	150	160
수요		120	130	150	

따라서 기본해는 $x_{11} = 100$, $x_{21} = 20$, $x_{22} = 120$, $x_{32} = 10$, $x_{33} = 150$, 그리고 $z = 9{,}690$이다.

비기본 변수: $x_{12} = 0$, $x_{13} = 0$, $x_{23} = 0$, $x_{31} = 0$

최소 비용 방법

최소 비용 방법은 북서 코너 방법을 적용한 것으로, 북서 코너에 가장 가까운 셀을 선택하는 대신 가장 낮은 비용을 가진 셀을 선택하는 방식이다. 최저 비용의 완전한 알고리즘은 아래에 상세하게 기술되어 있다.

초기: 상자 18.1의 초기 표 형식으로 운송 문제를 나타낸다.

1단계: 2단계에서 아직 할당되지 않은 셀과 3단계에서 아직 차단되지 않은 셀 중 비용이 가장 낮은 셀을 선택한다.

2단계: 동일한 행과 동일한 열에 있는 해당 셀의 합이 각각 총 공급 용량과 총 수요 용량을 초과하지 않도록 가능한 최대량을 해당 셀에 할당한다.

3단계: 이전 단계에서 선택한 셀을 시작으로, 공급 또는 수요의 최대 한계에 도달한 동일한 행이나 열에 해당하는 셀을 각각 차단(x로 표시)한다. 북서 코너 방법과 유사하게, 연구원이 행과 열 모두에 최대 한도를 사용할 경우 둘 중 하나만 차단해야 한다. 알고리즘은 모든 셀이 할당되거나 차단됐을 때 마무리된다. 그렇지 않으면 1단계로 돌아간다.

예제 18.6

초기 FBS를 구하기 위해 최소 비용 방법을 카르펫 회사 문제에 적용하라.

해법

초기 표 형식으로 균형 카르펫 회사 운송 문제를 고려한다(표 18.E.4). 첫 번째 라운드의 세 단계는 지금 설명하며 표 18.E.10에 표시된다.

1단계: 비용이 가장 낮은 셀 x_{11}을 선택한다.

2단계: 북서 코너 방법과 유사하며, 해당 셀에 할당될 수 있는 가장 큰 양은 $100 = \min\{100, 120\}$이다.

3단계: 공급자 1의 최대 용량 한계에 이미 도달해, 동일한 행(x_{12} 및 x_{13})에 해당하는 셀을 차단해야 한다.

표 18.E.10 첫 번째 라운드의 세 단계

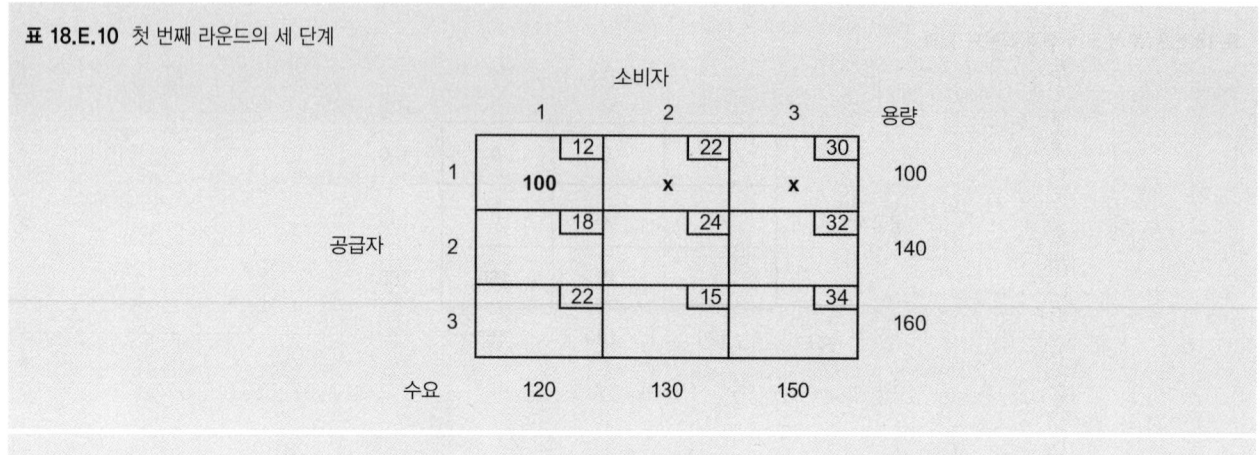

동일한 논리가 두 번째 라운드에 적용되며, 그 결과는 표 18.E.11에 나타나 있다.

1단계: 나머지 셀 중에서 단가가 가장 낮은 셀(x_{32})을 선택한다.

2단계: 해당 셀에 할당될 수 있는 최대량은 130 = min{130, 160}이다.

3단계: 열 2의 최대 수요 한계에 도달했으므로 셀 x_{22}를 차단해야 한다.

표 18.E.11 두 번째 라운드의 결과

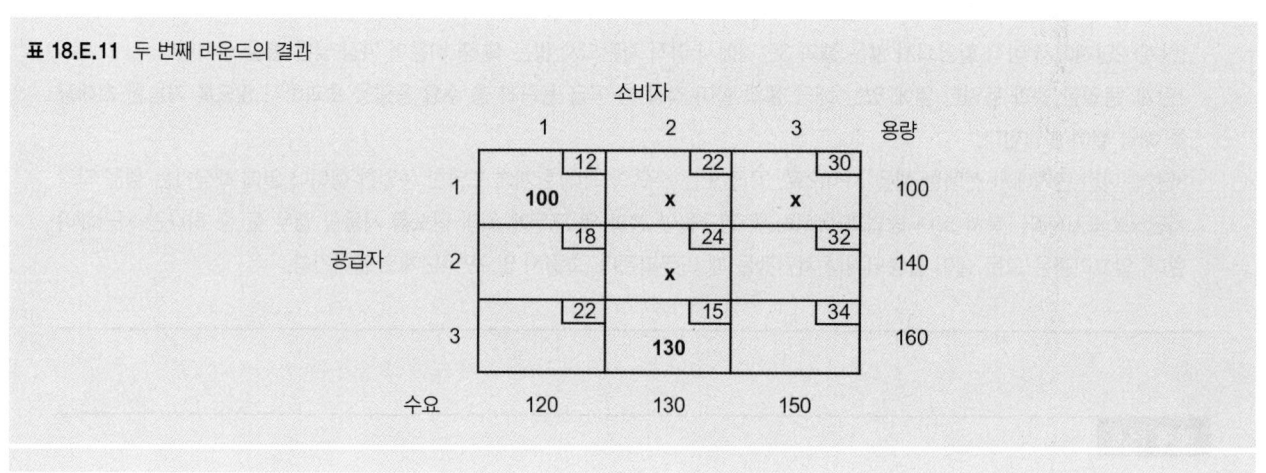

세 번째 라운드는 다음과 같다.

1단계: 나머지 셀 중에서 비용이 가장 낮은 셀(x_{21})을 선택한다.

2단계: Sorocaba 공급자를 참조해 행 2를 설정할 때 x_{21}에 최대 140대를 할당할 수 있다. 그러나 Sao Paulo 소비자와 관련해 열 1을 설정하면, 최대 한도는 20단위인데, 해당 열의 모든 셀에 할당된 수량의 합이 해당 소비자의 120단위 수요를 초과하지 않아야 한다. 그러므로 x_{21} = min{20, 140} = 20이다.

3단계: 열 1의 최대 한계에 도달했으므로 셀 x_{31}을 차단해야 한다.

1104

표 18.E.12 세 번째 라운드의 결과

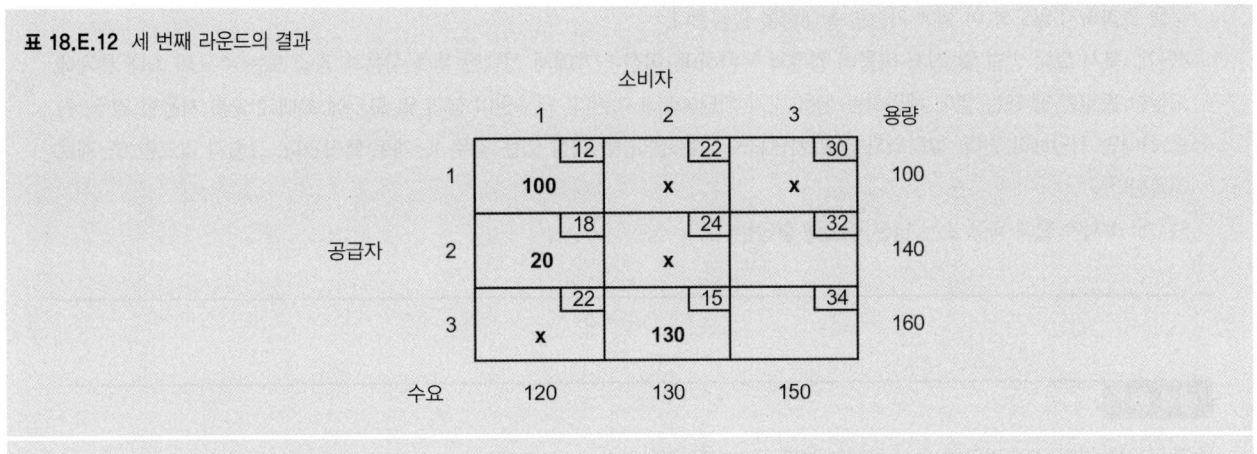

북서 코너 방법과 유사하게, 이전 2개 라운드에서는 각각 최대 용량이나 수요에 도달한 행이나 열에 속하는 셀이 이미 차단된 것을 감안해 3단계를 적용하지 않는다. 다음 라운드에서 셀 x_{23}을 선택하고 120단위를 할당한다. 끝으로, 마지막 라운드에서 나머지 30개를 셀 x_{33}에 할당한다. 최소 비용 방법의 초기 FBS는 표 18.E.13에 나타나 있다.

표 18.E.13 최소 비용 방법의 결과

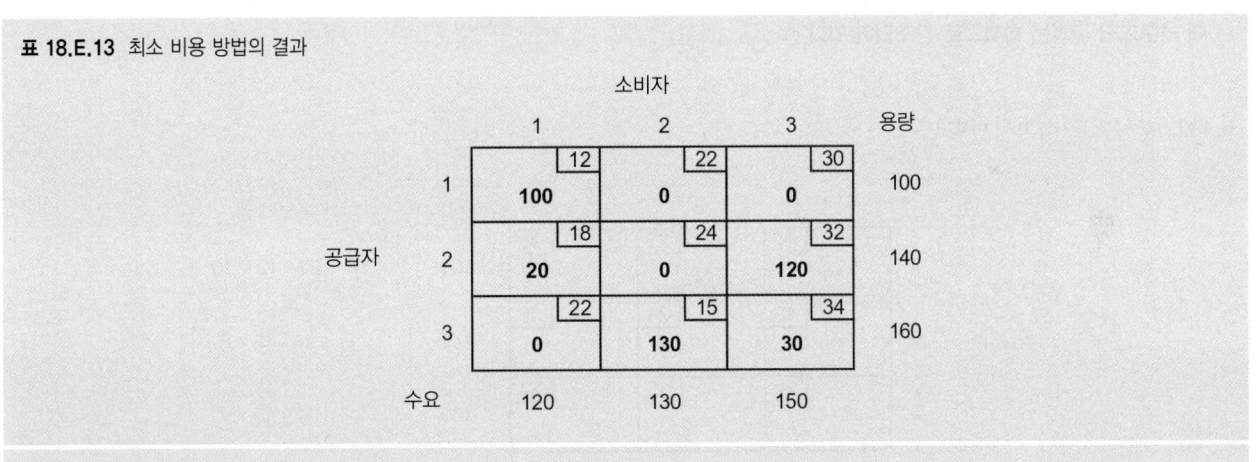

따라서 기본해는 $x_{11} = 100$, $x_{21} = 20$, $x_{23} = 120$, $x_{32} = 130$, $x_{33} = 30$, 그리고 $z = 8,370$이다.

비기본 변수: $x_{12} = 0$, $x_{13} = 0$, $x_{22} = 0$, $x_{31} = 0$

보겔 근사법

Taha(2016)에 따르면 보겔 근사법은 최소 비용 방법을 개선한 버전으로, 일반적으로 더 나은 초기 해법으로 이어진다. 알고리즘의 세부 단계는 다음과 같다.

초기: 상자 18.1의 초기 표 형식으로 운송 문제를 표현한다.

1단계: 각 행(및 열)에 대해 해당 행(및 열)에서 가장 작은 2개의 단위 운송 비용의 차이에 해당하는 페널티를 계산한다. 한 행(열)에 대한 페널티는 동일한 행(열)에서 적어도 2개의 셀이 아직 할당되지 않고 차단되지 않는 한 계산된다.

2단계: 가장 높은 페널티를 가진 행 또는 열을 선택한다. 동점일 경우, 무작위로 그중 하나를 선택한다. 선택한 행 또는 열에서 비용이 가장 낮은 셀을 선택한다.

3단계: 따라서 북서 코너 및 최저 비용 방법과 마찬가지로, 동일한 행과 열에 있는 해당 셀의 합이 각각 총 공급량과 총 수요량을 초과하지 않도록 이 셀에 가능한 최대량을 할당한다.

4단계: 북서 코너 방법 및 최저 비용의 경우와 유사하며, 이전 단계에서 선택한 셀을 사용해 공급 또는 수요의 최대 한계에 도달한 동일한 행 또는 열에 해당하는 셀을 각각 차단(x로 표시)한다. 연구원이 행과 열 모두에 최대 한도를 사용할 경우, 둘 중 하나만 차단해야 한다. 할당되지 않고 차단되지 않은 셀이 둘 이상 있는 경우 1단계로 돌아간다. 그렇지 않으면 5단계로 이동한다.

5단계: 마지막 셀에 용량 또는 남은 수요를 할당한다.

예제 18.7

초기 FBS를 얻기 위해 카르펫 회사 문제에 보겔 근사법을 적용하라.

해법

첫 번째 라운드의 모든 단계는 표 18.E.14에 표시된다. 먼저, 각 행과 열에 대한 페널티가 계산됐다. 1행에서 가장 큰 페널티가 발생했음을 알 수 있다. 1행에서 가장 낮은 비용을 가진 셀 x_{11}을 선택한다. 다음 단계는 100 = min{100, 120}인 이 셀에 가능한 한 가장 많은 양의 제품을 할당하는 것이다. 1행의 다른 셀은 해당 공급자의 용량 한계에 도달했기 때문에 차단된다. 첫 번째 라운드의 결과는 회색으로 강조되어 있다.

표 18.E.14 보겔 근사법의 첫 번째 라운드

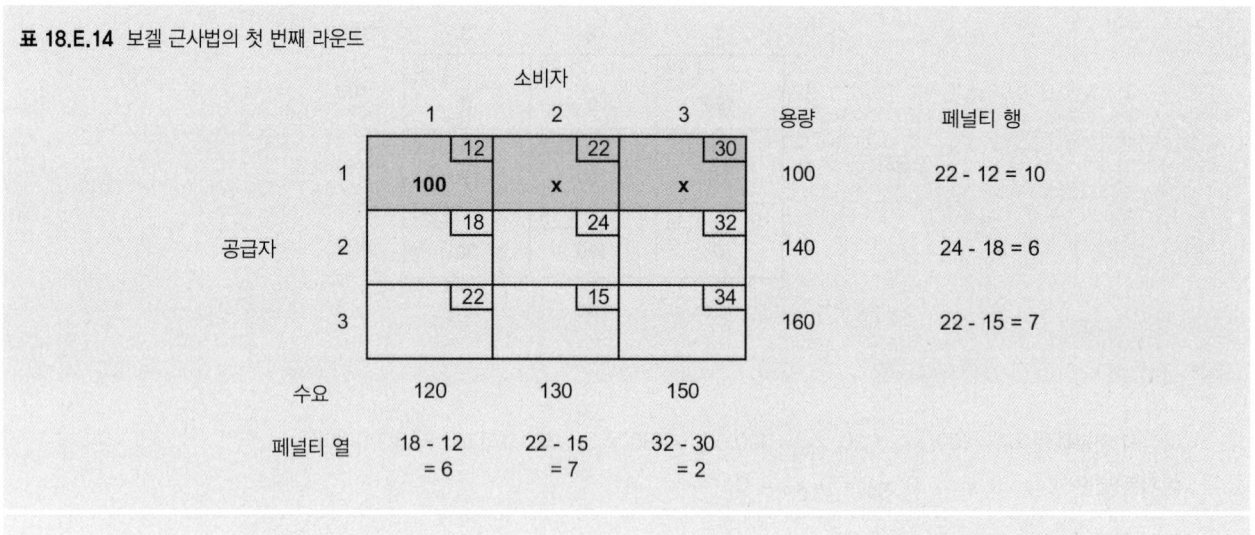

두 번째 라운드에서 동일한 절차를 반복한다(표 18.E.15 참조). 먼저, 각 열과 2, 3행에 대한 새로운 페널티를 계산한다. 이번에 가장 큰 페널티는 2열에 있다. 셀 x_{32}는 2열에서 비용이 가장 낮은 것으로 선정되어 가능한 가장 많은 양인 130 = min{130, 160}을 할당한다. 소비자 2의 총 수요가 충족된 것을 감안하면 셀 x_{22}도 차단된다. 두 번째 라운드에서 할당되고 차단된 새로운 셀은 회색으로 강조되어 있다.

표 18.E.15 보겔 근사법의 두 번째 라운드

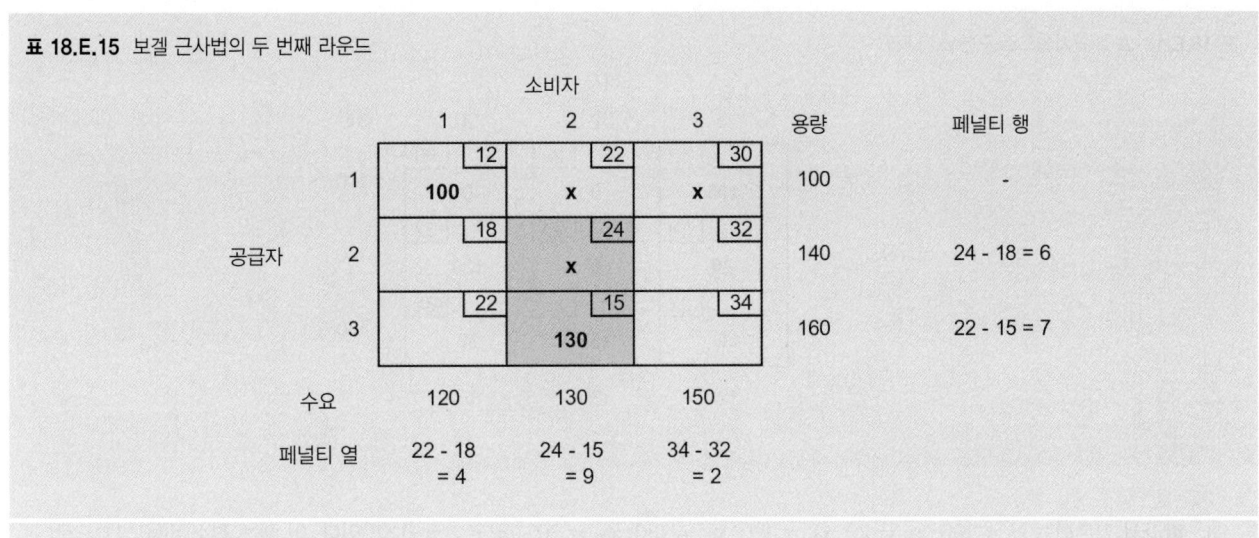

	소비자			용량	페널티 행
	1	2	3		
공급자 1	12 **100**	22 x	30 x	100	-
공급자 2	18	24 x	32	140	24 - 18 = 6
공급자 3	22	15 **130**	34	160	22 - 15 = 7
수요	120	130	150		
페널티 열	22 - 18 = 4	24 - 15 = 9	34 - 32 = 2		

세 번째 라운드(표 18.E.16 참조)에서 먼저 2번, 3번 행과 1번, 3번 열에 대한 새로운 페널티를 계산한다. 가장 큰 페널티가 2행임을 알 수 있을 것이다. 나머지 셀 중 2행에서 비용이 가장 낮은 셀은 x_{21}이다. 열 1을 설정할 때, 동일한 열의 모든 셀에 할당된 수량의 합이 해당 소비자가 120단위의 수요를 초과하지 않아야 한다는 점을 고려할 때, x_{21}에 할당될 수 있는 최대량은 20이다. 행 2를 설정할 때 동일한 셀에 최대 140개의 단위를 할당할 수 있다. 따라서 x_{21} = min{20, 140} = 20이다. 셀 x_{31}은 소비자 1의 총 수요를 충족시켰을 때 차단된다. 세 번째 라운드의 결과는 회색으로 강조되어 있다.

표 18.E.16 보겔 근사법의 세 번째 라운드

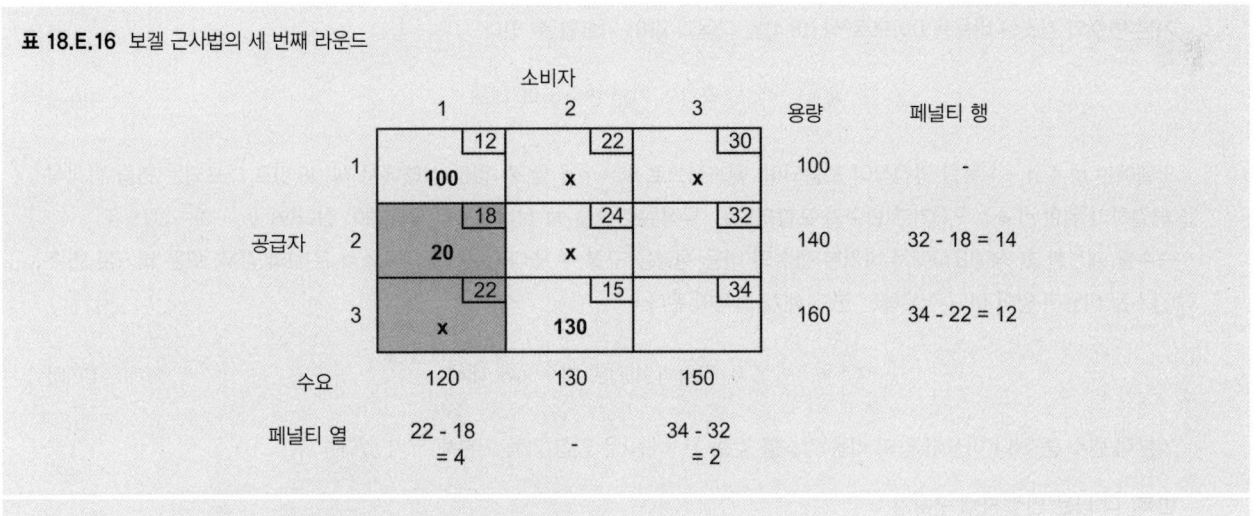

	소비자			용량	페널티 행
	1	2	3		
공급자 1	12 **100**	22 x	30 x	100	-
공급자 2	18 **20**	24 x	32	140	32 - 18 = 14
공급자 3	22 x	15 **130**	34	160	34 - 22 = 12
수요	120	130	150		
페널티 열	22 - 18 = 4	-	34 - 32 = 2		

이제 3열에 대한 페널티 계산만 남아 있다. 그 열에서 비용이 가장 낮은 셀을 선택하면 x_{23}이 선택되어 120단위가 할당된다. 끝으로, 마지막 셀인 x_{33}에 30단위를 할당한다. 보겔 근사법의 초기 FBS는 표 18.E.17에 설명되어 있다.

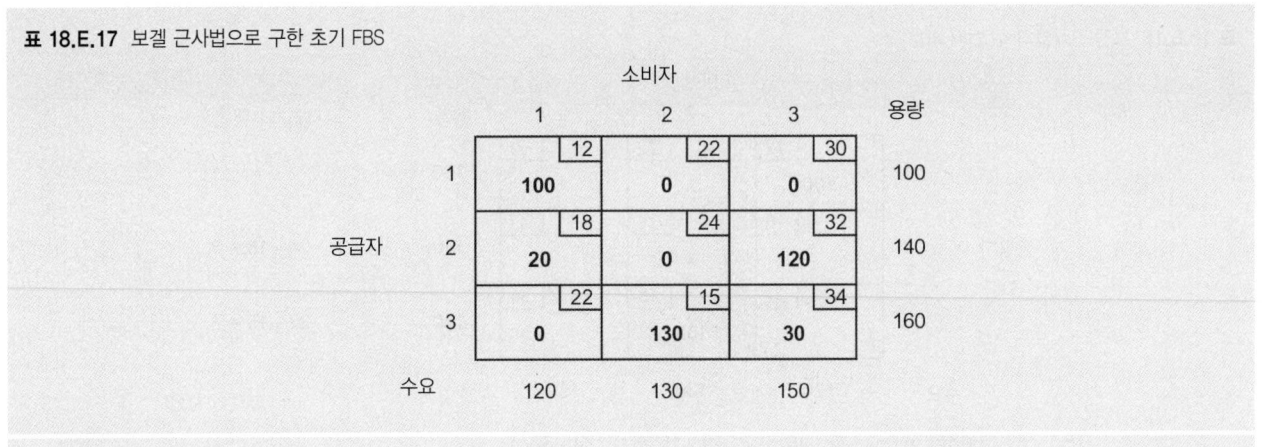

표 18.E.17 보겔 근사법으로 구한 초기 FBS

따라서 기본해는 x_{11} = 100, x_{21} = 20, x_{23} = 120, x_{32} = 130, x_{33} = 30 그리고 z = 8,370이다. 이 해는 최소 비용 방법으로 얻은 해와 동일하다.

2단계: 최적성 테스트

찾은 해가 최적인지 확인하기 위해 쌍대성 이론에 근거한 **승수법**^{method of multipliers}을 사용한다. 따라서 각 행 i와 각 열 j에 각각 승수 u_i와 v_j를 연계한다. 변수 $x_{ij}(\bar{c}_{ij})$의 목적 함수(비용 절감)의 계수는 다음과 같은 방정식으로 주어진다.

$$\bar{c}_{ij} = u_i + v_j - c_{ij} \tag{18.4}$$

기본 변수의 감소된 비용은 0이므로 식 (18.4)는 다음과 같이 기술할 수 있다.

$$u_i + v_j = c_{ij}, \quad \text{각각의 기본 변수 } x_{ij}\text{에 대해} \tag{18.5}$$

모델에는 $m + n - 1$ 독립 방정식이 포함되며, 결과적으로 $m + n$을 알 수 없는 상태에서 식 (18.5)로 대표되는 연립 방정식을 해결하기 위한 $m + n - 1$ 기본 변수가 포함되므로, 무작위로 승수 중 하나에 0을 할당해야 한다(예: u_1 = 0).

승수를 계산한 후 식 (18.4)에서 비기본 변수의 비용 절감을 구할 수 있다. 운송 문제(최소화 문제)의 경우, 모든 비기본 변수의 감소된 비용이 양이 아닌 경우에만 현재 해가 최적이 된다.

$$u_i + v_j - c_{ij} \leq 0, \quad \text{각각의 비기본 변수 } x_{ij}\text{에 대해} \tag{18.6}$$

기본적 변수 중 하나 이상이 양의 비용 감소를 갖는 한, 더 나은 인접 가능 기본해^{FBS}가 있다.

반복: 더 나은 인접 FBS 구하기

새로운 가능 기본해를 찾으려면 다음 세 가지 단계를 수행해야 한다.

1. 베이스로 들어갈 비기본 변수를 **승수법**으로 결정한다. 비기본 변수 x_{ij}는 가장 큰 비용 절감($u_i + v_j - c_{ij}$의 가장 큰 값)을 가진 변수다.
2. 베이스에서 나올 기본 변수를 선택한다(뒤의 설명 참조).
3. 새로운 기본해를 다시 계산한다. 심플렉스 방법과 달리, 이 계산은 운송 문제의 표 형식을 사용해 직접 수행할 수 있다.

베이스에서 오는 변수의 선택과 새로운 기본해의 계산은 베이스로 들어가기 위해 선택한 비기본 변수에 시작 및 종료되는 닫힌 사이클을 구성해 얻을 수 있다(1단계). 사이클은 서로 연결된 수평 및 수직 시퀀스(대각 이동이 허용되지 않음)로 구성되며,

각 코너는 선택된 비기본 변수를 제외하고 기본 변수와 연계된다. 이러한 조건하에서 구성될 수 있는 닫힌 사이클은 단 한 가지뿐이다.

닫힌 사이클이 생성되면 다음 단계는 베이스에서 나올 변수를 결정하는 것이다. 따라서 비기본 변수 x_{ij}(수직 또는 수직) 옆에 있는 코너 중에서 공급자 i의 용량 제약 조건과 소비자 j의 수요가 지켜져야 한다는 점을 고려해, 가장 낮은 값으로 기본 변수를 선택한다. 동점일 경우, 무작위로 그중 하나를 선택한다.

마지막으로, 새로운 기본해를 다시 계산한다. 먼저, 새로운 기본 변수 x_{ij} 대신 베이스를 떠날 기본 변수에 해당하는 값을 할당한다. 따라서 베이스에서 나오는 변숫값은 0이라 가정한다. 닫힌 사이클의 기본 변수의 새로운 값도 재계산해 필요한 공급 용량과 수요를 계속 만족시켜야 한다.

예제 18.8

카르펫 회사 문제에 대해 북서 코너 방법으로 얻은 기본해(예제 18.5)에서 출발하여 운송 알고리즘을 사용해 최적해를 결정한다.

해법

문제의 최적해를 구하기 위해 운송 알고리즘의 각 단계를 적용한다. 초기 FBS는 북서 코너 방법으로 얻은 것을 사용할 것이다.

1단계: 북서 코너 방식으로 획득한 초기 FBS

각 셀의 단위 운송 비용을 포함해 예제 18.5에서 구한 북서 코너 방법의 초기 해는 표 18.E.18에 나타나 있다.

표 18.E.18 북서 코너 방법으로 구한 초기 FBS와 단위 운송 비용

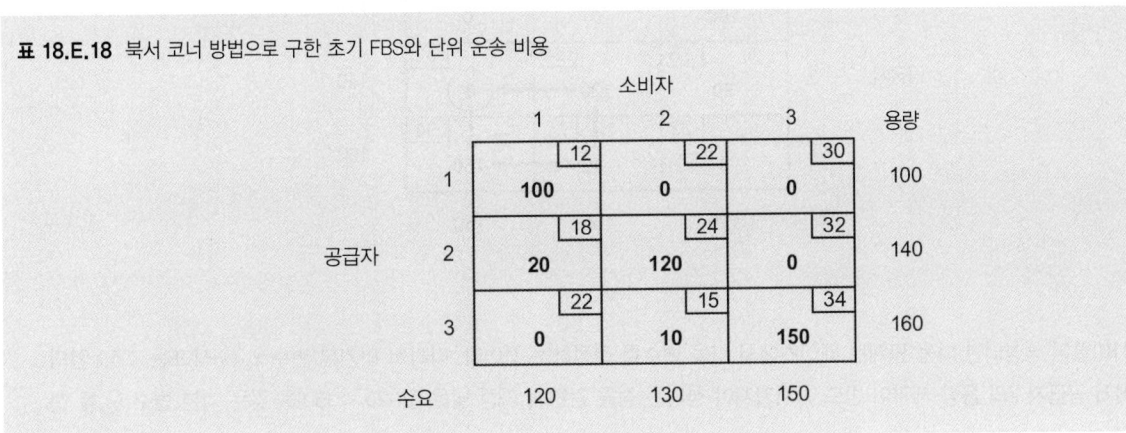

2단계: 최적성 검사

각 기본 변수 x_{ij}에 대해 $u_i + v_j = c_{ij}$ 식을 기술하라(식 (18.5)).

x_{11}의 경우: $u_1 + v_1 = 12$
x_{21}의 경우: $u_2 + v_1 = 18$
x_{22}의 경우: $u_2 + v_2 = 24$
x_{32}의 경우: $u_3 + v_2 = 15$
x_{33}의 경우: $u_3 + v_3 = 34$

$u_1 = 0$으로 하면 다음과 같은 결과를 얻는다.

$v_1 = 12$, $u_2 = 6$, $v_2 = 18$, $u_3 = -3$, $v_3 = 37$

이 승수를 사용해 식 (18.4)에서 비기본 변수의 비용 절감을 구한다.

$$\overline{c}_{12} = u_1 + v_2 - c_{12} = 0 + 18 - 22 = -4$$
$$\overline{c}_{13} = u_1 + v_3 - c_{13} = 0 + 37 - 30 = 7$$
$$\overline{c}_{23} = u_2 + v_3 - c_{23} = 6 + 37 - 32 = 11$$
$$\overline{c}_{31} = u_3 + v_1 - c_{31} = -3 + 12 - 22 = -13$$

비기본 변수 x_{13}과 x_{23}의 비용 절감이 양수이기 때문에 더 나은 인접 가능 기본해^{FBS}가 있다. 베이스에 들어갈 비기본 변수는 가장 큰 비용 절감을 갖고 있기 때문에 x_{23}이다.

반복: 더 나은 인접 FBS 구하기

닫힌 사이클은 베이스에서 나올 변수를 결정하고 새로운 기본해를 계산하도록 구성돼야 한다. 닫힌 사이클은 (a) x_{23}으로 시작하고 끝나야 하며, (b) 서로 연결된 수평 및 수직 선분의 시퀀스로 형성돼야 하며, (c) 각 코너는 변수 x_{23}을 제외하고 기본 변수와 연결돼야 한다. 표 18.E.19는 그러한 조건을 충족하는 닫힌 사이클을 나타낸다.

표 18.E.19 첫 반복에서 닫힌 사이클 구성

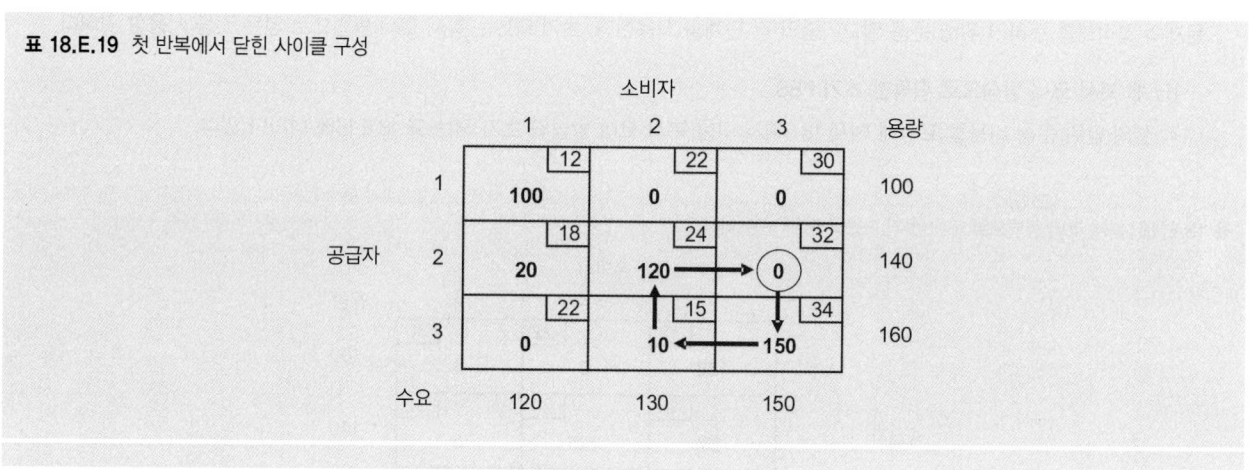

닫힌 사이클이 생성되면 다음 단계는 베이스에서 나올 변수를 결정하는 것이다. 따라서 비기본 변수 x_{23}(수직 또는 수직) 옆의 코너 중에서 공급자 2의 용량 제약이 반드시 지켜져야 한다는 점을 감안해 가장 낮은 값(120 < 150)을 갖는 기본 변수 x_{22}를 선택한다.

마지막으로, 새로운 기본해를 다시 계산한다. 먼저, 기본 변수 출력 x_{22}로부터 새로운 기본 변수 x_{23}에 값 20을 할당한다. 베이스에서 나오는 변수 x_{22}의 값은 따라서 0이라 가정한다. 닫힌 사이클의 균형을 복원하기 위해 기본 변수 x_{32}와 x_{33}의 새 값을 계산한다(각각 130과 30). 표 18.E.20은 새로운 인접 FBS를 보여준다.

표 18.E.20 첫 반복에서 구한 인접 기본해

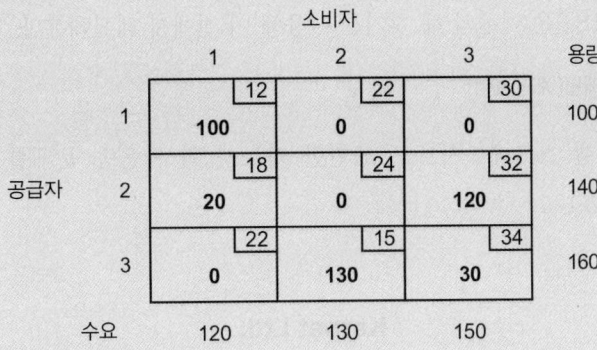

2단계: 최적성 검사

각 기본 변수 x_{ij}에 대해 $u_i + v_j = c_{ij}$를 기술하라(식 (18.5)).

x_{11}의 경우: $u_1 + v_1 = 12$

x_{21}의 경우: $u_2 + v_1 = 18$

x_{23}의 경우: $u_2 + v_3 = 32$

x_{32}의 경우: $u_3 + v_2 = 15$

x_{33}의 경우: $u_3 + v_3 = 34$

$u_1 = 0$으로 하면 다음과 같은 결과를 얻는다.

$v_1 = 12$, $u_2 = 6$, $v_3 = 26$, $u_3 = 8$, $v_2 = 7$

이 승수를 사용해 식 (18.4)를 통해 비기본 변수의 비용 절감을 결정한다.

$$\bar{c}_{12} = u_1 + v_2 - c_{12} = 0 + 7 - 22 = -15$$
$$\bar{c}_{13} = u_1 + v_3 - c_{13} = 0 + 26 - 30 = -4$$
$$\bar{c}_{22} = u_2 + v_2 - c_{22} = 6 + 7 - 24 = -11$$
$$\bar{c}_{31} = u_3 + v_1 - c_{31} = 8 + 12 - 22 = -2$$

모든 비기본 변수의 비용 절감이 양이 아니기 때문에, 현재의 해는 최적이다. 따라서 최적해는 다음과 같다.

기본해: $x_{11} = 100$, $x_{21} = 20$, $x_{23} = 120$, $x_{32} = 130$, $x_{33} = 30$ 그리고 $z = 8,370$

비기본 변수: $x_{12} = 0$, $x_{13} = 0$, $x_{22} = 0$, $x_{31} = 0$

이 해는 최저 비용 및 보겔 근사법으로 얻은 초기해와 유사하다는 점에 주목하자.

18.3.3.2 엑셀의 해 찾기를 사용한 운송 문제 해결

예제 18.1, 18.2, 18.3은 엑셀의 해 찾기를 사용해 이 절에서 해결해본다.

카르펫 회사 문제의 해법(예제 18.1)

그림 18.13은 엑셀 스프레드시트로 표현한 카르펫 회사 운송 문제를 보여준다(Example18.1_Karpet.xls 파일 참조).

Karpet Ltd.

Transport unit cost

Supplier	Sao Paulo	Rio de Janeiro	Curitiba			
		Consumer				
Osasco	12	22	30			
Sorocaba	18	24	32			
Sao Sebastiao	22	15	34			

Quantitites_transported

Supplier	Sao Paulo	Rio de Janeiro	Curitiba	Quantities_supplied		Capacity
		Consumer				
Osasco	0	0	0	0	=	100
Sorocaba	0	0	0	0	=	140
Sao Sebastiao	0	0	0	0	=	160
Quantities_delivered	0	0	0			
	=	=	=			Total_cost
Demand	120	130	150		z	$0.00

그림 18.13 엑셀로 표현한 카르펫사 운송 문제

그림 18.13에 사용된 방정식은 상자 18.2에 설명되어 있다.

상자 18.2 그림 18.13의 방정식

셀	방정식
E16	=SUM(B16:D16)
E17	=SUM(B17:D17)
E18	=SUM(B18:D18)
B20	=SUM(B16:B18)
C20	=SUM(C16:C18)
D20	=SUM(D16:D18)
G22	=SUMPRODUCT(B7:D9,B16:D18)

17장의 예제와 유사하게, 모델 이해가 용이하도록 해 찾기에서 언급될 그림 18.13의 셀과 셀 범

위에 이름을 부여했다. 상자 18.3은 각 셀에 할당된 이름을 보여준다.

상자 18.3 그림 18.13의 셀에 할당된 이름

이름	셀
Quantities_transported	B16:D18
Quantities_supplied	E16:E18
Capacity	G16:G18
Quantities_delivered	B20:D20
Demand	B22:D22
Total_cost	G22

해 찾기 매개변수 대화상자에 나타난 카르펫 회사 문제는 그림 18.14와 같다. 모델의 셀에 이름을 할당했기 때문에 그림 18.14는 이제 각자의 이름으로 언급될 것이다.

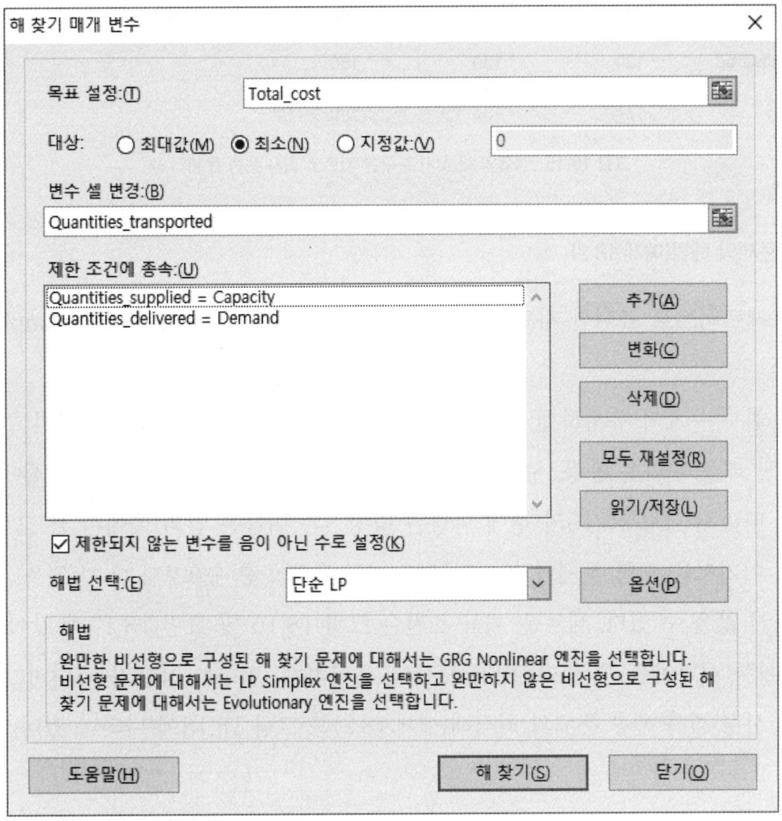

그림 18.14 카르펫 회사 문제의 해 찾기 매개변수 대화상자

비음수성 제약 조건은 **제한되지 않는 변수를 음이 아닌 수로 설정**을 선택해 활성화됐으며, **단순 LP** 엔진은 **해법 선택**에서 선택됐다는 점에 주목하자. **옵션** 명령어는 변경되지 않은 상태로 유지됐다.

마지막으로, **해 찾기**를 누르고 해 찾기 결과 대화상자에서 **해 찾기 해 보존** 옵션을 선택한다. 그림 18.15는 최적해를 보여준다.

	A	B	C	D	E	F	G
1			**Karpet Ltd.**				
2							
3			Transport unit cost				
4							
5			Consumer				
6	Supplier	Sao Paulo	Rio de Janeiro	Curitiba			
7	Osasco	12	22	30			
8	Sorocaba	18	24	32			
9	Sao Sebastiao	22	15	34			
10							
11							
12			Quantitites_transported				
13							
14			Consumer				
15	Supplier	Sao Paulo	Rio de Janeiro	Curitiba	Quantities_supplied		Capacity
16	Osasco	100	0	0	100	=	100
17	Sorocaba	20	0	120	140	=	140
18	Sao Sebastiao	0	130	30	160	=	160
19							
20	Quantities_delivered	120	130	150			
21		=	=	=			Total_cost
22	Demand	120	130	150		z	$8,370.00

그림 18.15 엑셀의 해 찾기로 구한 카르펫 회사 운송 문제의 해

사탕 회사 문제의 해법(예제 18.2)

엑셀 스프레드시트로 표현한 사탕 회사 운송 문제는 그림 18.16에 있다(Example18.2_Confetti.xls 파일 참조).

카르펫 회사 문제와 유사하게, 이 문제에도 3개의 공급자와 3개의 소비자가 있다. 운송 단가, 운송, 공급 및 배송 수량은 용량, 수요 및 총 비용과 함께 그림 18.13과 동일한 셀에 표시된다는 점에 주목하자. 따라서 그림 18.16의 셀에 할당된 방정식과 이름은 앞의 예에서 본 그림 18.13의 공식과 유사하다. 여기서는 균형 문제가 아니므로(총 공급 용량이 총 수요보다 더 큰 경우), 제약 조건은 등식 형태로 되지 않을 수 있다. 새로운 제약 조건은 그림 18.16 및 그림 18.17과 같이 해 찾기 매개변수 대화상자에서 시각화할 수 있다. 이전 모델과 유사하게, 변수는 음수가 아니며 모델은 선형이라고 가정한다. 사탕 회사 운송 문제의 최적해(예제 18.2)는 그림 18.18에 나타나 있다.

Caramel Candy & Confetti

	Transport unit cost					
		Consumer				
Supplier	Sao Paulo	Baix. Santista	Vale Paraiba			
Store 1	8	12	10			
Store 2	4	10	6			
Store 3	6	15	12			

	Quantities_transported					
		Consumer				
Supplier	Sao Paulo	Baix. Santista	Vale Paraiba	Quantities_supplied		Capacity
Store 1	0	0	0	0	<=	50
Store 2	0	0	0	0	<=	100
Store 3	0	0	0	0	<=	40
Quantities_delivered	0	0	0			
	>=	>=	>=			Total_cost
Demand	60	70	30		z	$0.00

그림 18.16 엑셀로 표현한 사탕 회사 문제(예제 18.2)

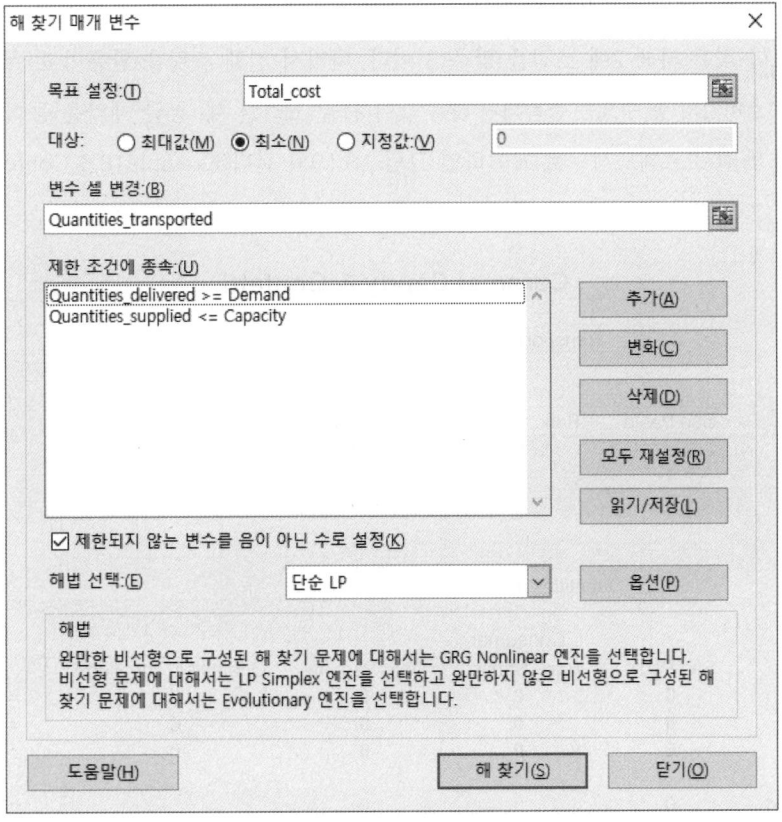

그림 18.17 사탕 회사 문제의 해 찾기 매개변수 대화상자(예제 18.2)

그림 18.18 엑셀 해 찾기를 사용한 사탕 회사 문제의 최적해

수정된 사탕 회사 문제의 해법(예제 18.3)

예제 18.3은 이전의 사탕 회사 예를 점포의 생산 용량과 고객 수요를 수정해 총 공급 용량이 소비된 총 수요보다 적은 사례 2에 초점을 맞춘 것이다. 따라서 전체 용량을 활용하고, 부등식 형태의 수요 제약(일부 소비자의 총 수요는 충족되지 않을 것이다)을 고려할 때, 공급 제약은 등식 형태로 표현된다. 이 문제를 엑셀 스프레드시트로 표현하면 그림 18.19와 같다(Example18.3_Confetti.xls 파일 참조).

그림 18.19 예제 18.3의 엑셀 표현

1116

새로운 제약 조건은 그림 18.19 및 그림 18.20과 같이 해 찾기 매개변수 대화상자에서 시각화할 수 있다. 여기서도 결정 변수가 음수가 아니며 모델이 선형이라고 가정한다.

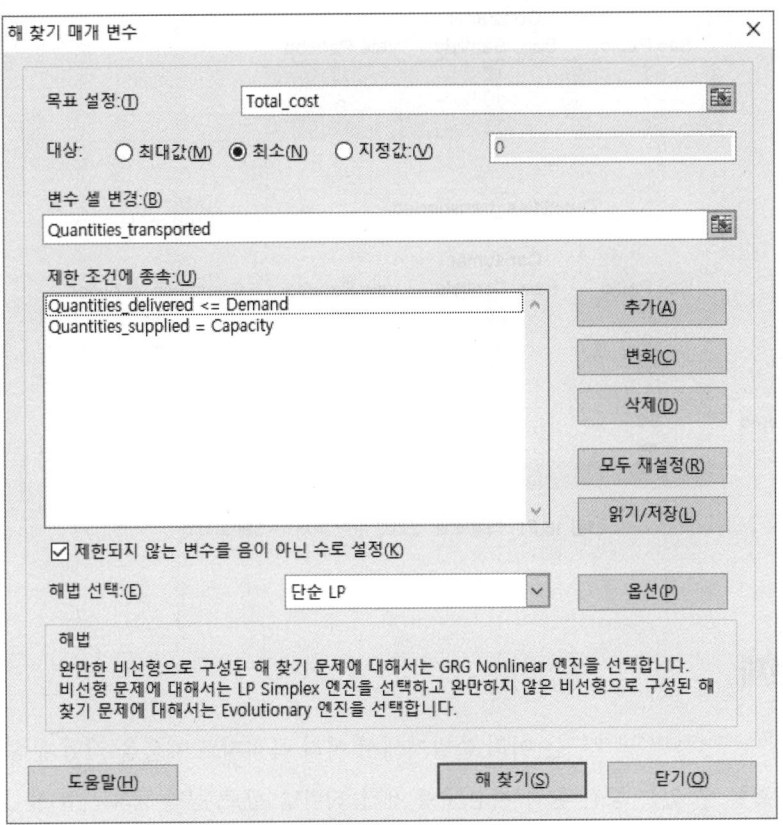

그림 18.20 예제 18.3의 해 찾기 매개변수 대화상자

적응된 사탕 회사 운송 문제의 최적해는 그림 18.21과 같다.

▲	A	B	C	D	E	F	G
1			**Caramel Candy & Confetti**				
2							
3			Transport unit cost				
4							
5			Consumer				
6	Supplier	Sao Paulo	Baix. Santista	Vale Paraiba			
7	Store 1	8	12	10			
8	Store 2	4	10	6			
9	Store 3	6	15	12			
10							
11							
12			Quantities_transported				
13							
14			Consumer				
15	Supplier	Sao Paulo	Baix. Santista	Vale Paraiba	Quantities_supplied		Capacity
16	Store 1	0	20	40	60	=	60
17	Store 2	0	0	40	40	=	40
18	Store 3	50	0	0	50	=	50
19							
20	Quantities_delivered	50	20	80			
21		<=	<=	<=			Total_cost
22	Demand	50	120	80		z	$1,180.00

그림 18.21 엑셀의 해 찾기로 구한 예제 18.3의 최적해

18.4 환적 문제

환적 문제[TSP, transshipment problem]는 여러 출발지에서 여러 목적지로 제품을 직접 운송하는 대신, 이러한 경로를 연결할 수 있는 중간 환적 지점(유통 센터, 터미널, 항구, 공장 등의 시설)을 고려하는 전통적인 운송 문제의 연장이다. 물류비 절감이라는 장점도 있다. 환적 문제는 공급망의 세 가지 링크를 기반으로 모델링되며, 운송 과정은 공급 지점에서 환적 지점까지의 운송과 환적 지점에서 수요 지점까지의 운송이라는 두 단계로 이뤄진다. 운송 문제의 목적은 시스템에 수반되는 총 운송 비용을 최소화하기 위해, 중간 시설을 통해 일련의 출발지에서 목적지로 운송될 상품의 흐름을 결정하는 것이다. 환적 문제의 수학 표기법과 네트워크 표현을 다음과 같이 제시한다.

중간 설비를 통해 n 소비자에게 상품을 공급하는 m 공급자의 집합을 고려해보자. 주어진 공급자 $i(i = 1, ..., m)$로부터 운송될 최대량은 Cs_i 단위의 용량에 해당한다. 한편, d_j로 대표되는 각 소비자 $j(j = 1, ..., n)$의 수요를 충족시켜야 한다. 환적 지점은 지수 $k(k = 1, ..., K)$로 표시된다. 환적 지점 k를 통해 공급자 i에서 소비자 j로 운송되는 운송 단위 비용은 $c_{ij, k}$로 나타낸다. 목표는 총 운송 비용(z)을 최소화하기 위해 환적 지점 $k(x_{ij, k})$를 거쳐 공급자 i에서 소비자 j로 운송할 수량을 결정하는 것이다. 그림 18.22는 환적 문제의 네트워크 표현을 보여준다.

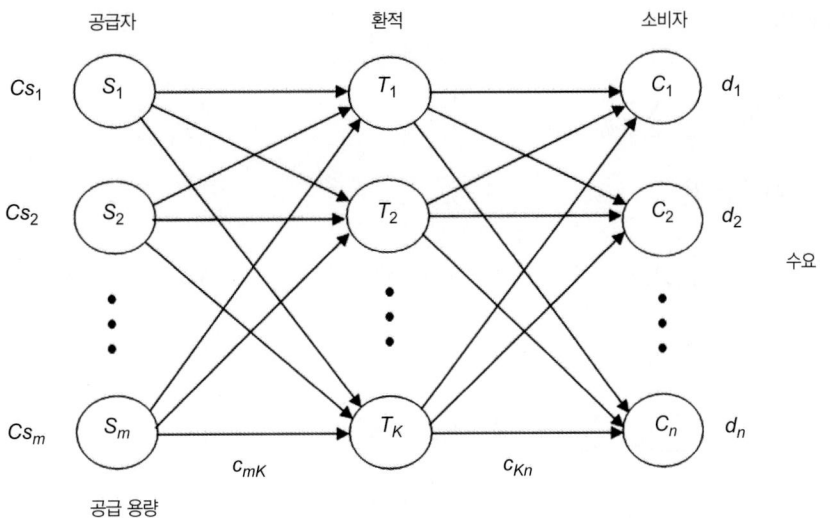

그림 18.22 환적 문제의 네트워크 표현

그림 18.22에서 환적 지점 $k(c_{ij,k})$를 통해 공급자 i에서 소비자 j로 운송되는 단위 운송 비용은 공급자 i에서 환적 지점 $k(c_{ik})$로, 그리고 환적 지점 k에서 소비자 $j(c_{kj})$로 운송되는 단위 운송 비용의 합계에 해당함을 알 수 있다.

$$c_{ij,k} = c_{ik} + c_{kj} \qquad (18.7)$$

유사하게, 환적 지점 $k(x_{ij,k})$를 통해 공급자 i에서 소비자 j로 운송되는 양은 공급자 i에서 환적 지점 $k(x_{ik})$로, 그리고 환적 지점 k에서 소비자 $j(x_{kj})$로 운송되는 수량의 합계에 해당한다.

$$x_{ij,k} = x_{ik} + x_{kj} \qquad (18.8)$$

18.4.1 환적 문제의 수학 공식

여기서는 환적 문제의 모델 모수, 결정 변수 및 전반적인 수학 공식 등을 설명한다.

모델 모수:

$c_{ij,k}$ = 환적 지점 $k(k = 1, ..., K)$를 통해 공급자 $i(i = 1, ..., m)$에서 소비자 $j(j = 1, ..., n)$로 운송되는 운송 단위 비용

Cs_i = 공급자의 공급 용량 $i(i = 1, ..., m)$

d_j = 소비자 $j(j = 1, ..., n)$의 수요

결정 변수:

$x_{ij,k}$ = 환적 지점 $k(k = 1, ..., K)$를 통해 공급자 $i(i = 1, ..., m)$에서 소비자 $j(j = 1, ..., n)$로 운송되는 수량

일반 공식:

$$\min z = \sum_{i=1}^{m}\sum_{j=1}^{n} c_{ij,k} x_{ij,k}$$

제약 조건:

$$\sum_{j=1}^{n} x_{ij,k} \leq Cs_i, \qquad i = 1, 2, \ldots, m \qquad (1)$$

$$\sum_{i=1}^{m} x_{ij,k} \geq d_j, \qquad j = 1, 2, \ldots, n \qquad (2) \qquad\qquad (18.9)$$

$$\sum_{i=1}^{m} x_{ik} = \sum_{j=1}^{n} x_{kj}, \quad k = 1, 2, \ldots, K \qquad (3)$$

$$x_{ij} \geq 0, \qquad i = 1, 2, \ldots, m, \ j = 1, 2, \ldots, n \qquad (4)$$

이는 **선형 계획**$^{\text{linear programming}}$ 문제에 해당한다.

따라서 목표는 물류 네트워크에 관련된 총 운송 비용을 최소화하는 것이다.

식 (18.9)로 대표되는 문제의 제약 (1)은 각 공급자의 총 용량을 지켜야 함을 확인해준다. 제약 (2)는 모든 소비자에 대한 수요가 충족될 것을 보장한다. 제약 조건 (3)은 입력과 출력 흐름, 즉 동일한 지점에서 환적 지점 k에 도달하는 전체 수량을 보존하는 것이다. 마지막으로, 제약 조건 (4)에 따라 결정 변수 $x_{ij,k}$는 음수가 아니다.

고전적인 운송 문제와 유사하게, 식 (18.9)로 대표되는 문제가 기본해를 가지려면 총 공급 용량이 모든 소비자에 대한 수요, 즉 $\sum_{i=1}^{m} Cs_i \geq \sum_{j=1}^{n} d_j$ 이상이어야 한다. 총 공급 용량이 소비된 총 수요, 즉 $\sum_{i=1}^{m} Cs_i = \sum_{j=1}^{n} d_j$(균형화 방정식)와 정확히 동일한 경우, 다음과 같이 다시 쓸 수 있는 균형 환적 문제가 된다.

$$\min z = \sum_{i=1}^{m}\sum_{j=1}^{n} c_{ij,k} x_{ij,k}$$

제약 조건:

$$\sum_{j=1}^{n} x_{ij,k} = Cs_i, \qquad i = 1, 2, \ldots, m \qquad (1)$$

$$\sum_{i=1}^{m} x_{ij,k} = d_j, \qquad j = 1, 2, \ldots, n \qquad (2) \qquad\qquad (18.10)$$

$$\sum_{i=1}^{m} x_{ik} = \sum_{j=1}^{n} x_{kj}, \quad k = 1, 2, \ldots, K \qquad (3)$$

$$x_{ij} \geq 0, \qquad i = 1, 2, \ldots, m, \ j = 1, 2, \ldots, n \qquad (4)$$

모수 $c_{ij,k}$와 결정 변수 $x_{ij,k}$를 식 (18.7)과 식 (18.8)에 따라 다시 작성할 경우 식 (18.10)으로 대표

되는 문제는 이제 다음과 같이 공식화된다.

$$\min z = \sum_{i=1}^{m}\sum_{k=1}^{K}c_{ik}x_{ik} + \sum_{k=1}^{K}\sum_{j=1}^{n}c_{kj}x_{kj}$$

제약 조건:

$$\sum_{k=1}^{K}x_{ik} = Cs_i, \qquad i=1,2,\ldots,m \qquad (1)$$

$$\sum_{k=1}^{K}x_{kj} = d_j, \qquad j=1,2,\ldots,n \qquad (2) \qquad\qquad (18.11)$$

$$\sum_{i=1}^{m}x_{ik} = \sum_{j=1}^{n}x_{kj}, \quad k=1,2,\ldots,K \qquad (3)$$

$$x_{ij} \geq 0, \qquad i=1,2,\ldots,m,\ j=1,2,\ldots,n \quad (4)$$

예제 18.9

페트루스노텔^{PetrusNortel}사는 석유화학 공장 2개를 운영 중이다. 그중 한 곳은 폴리머 생산을 담당하고 있으며, Recife에 위치해 있다. 다른 하나는 수지 생산을 담당하고 있으며, Manaus에 위치해 있다. 물류비 절감을 위해 Sao Paulo와 Rio de Janeiro에 위치한 유통 센터 중 한 곳에서 환적 단계를 거친다. 제품은 배부 센터에서 그림 18.23과 같이 Belo Horizonte, Joinville, Porto Alegre에 위치한 최종 클라이언트로 운송된다. 공장의 생산 용량은 Manaus 500대, Recife 300대이며, Belo Horizonte, Joinville, Porto Alegre에서 소비자의 수요는 각각 200, 250, 350이다. 공장에서 환적 지점까지 그리고 환적 지점에서 최종 소비자까지 단위 운송 비용은 각각 표 18.E.21과 표 18.E.22에 표시된다. 이 환적 문제를 공식화해보라.

그림 18.23 페트루스노텔사의 환적 문제

표 18.E.21 공장에서 배부 센터까지의 단위 운송 비용

	Sao Paulo	Rio de Janeiro
Manaus	8	10
Recife	7	6

표 18.E.22 배부 센터에서 소비자까지의 단위 운송 비용

	Belo Horizonte	Joinville	Porto Alegre
Sao Paulo	2	3	4
Rio de Janeiro	1	4	5

해법

총 공급 용량은 소비자의 총 수요와 같기 때문에, 균형 잡힌 운송 문제가 된다.

페트루스노텔사 환적 문제의 네트워크 표현은 그림 18.24에 있다.

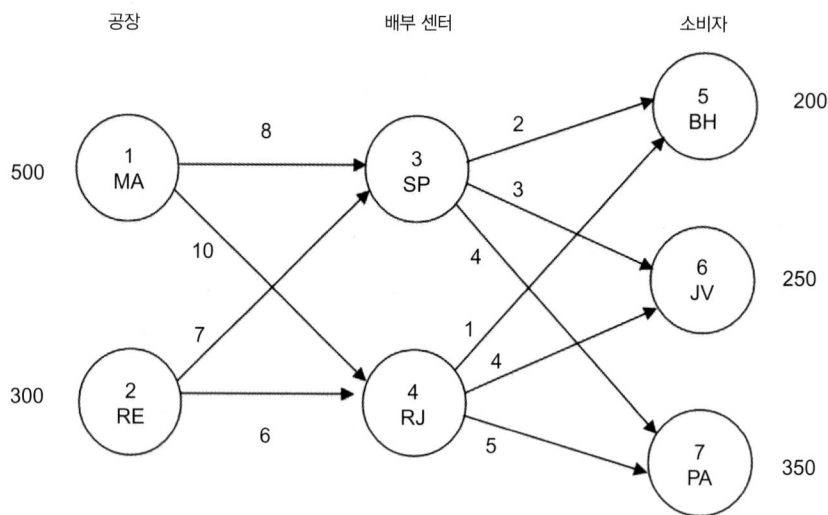

그림 18.24 페트루스노텔사 환적 문제의 네트워크 표현

그림 18.24에서 노드 1과 2가 각각 Manaus와 Recife의 공장을 나타내고, 노드 3과 4가 Sao Paulo와 Rio de Janeiro의 환적 지점 또는 분배 센터$^{DC, distribution center}$를 나타내고, 노드 5, 6, 7이 각각 Belo Horizonte, Joinville, Porto Alegre의 클라이언트를 나타낸다는 것을 확인할 수 있다.

식 (18.11)에 기술된 수학 공식을 직접 사용하자. 우선, 모델의 결정 변수를 정의한다.

x_{ik} = 공장 $i(i = 1, 2)$에서 환적 지점 $k(k = 3, 4)$로 운송되는 수량

x_{kj} = 환적 지점 $k(k = 3, 4)$에서 소비자 $j(j = 5, 6, 7)$로 운송되는 수량

따라서

x_{13} = Manaus의 공장에서 Sao Paulo의 DC로 운송되는 부품

x_{14} = Manaus의 공장에서 Rio de Janeiro의 DC로 운송되는 부품

x_{23} = Recife의 공장에서 Sao Paulo의 DC로 운송되는 부품

x_{24} = Recife의 공장에서 Rio de Janeiro의 DC로 운송되는 부품

x_{35} = Sao Paulo의 DC에서 Belo Horizonte의 소비자로 운송되는 부품

x_{36} = Sao Paulo의 DC에서 Joinville의 소비자로 운송되는 부품

x_{37} = Sao Paulo의 DC에서 Porto Alegre의 소비자로 운송되는 부품

x_{45} = Rio de Janeiro의 DC에서 Belo Horizonte의 소비자로 운송되는 부품

x_{46} = Rio de Janeiro의 DC에서 Joinville의 소비자로 운송되는 부품

x_{47} = Rio de Janeiro의 DC에서 Porto Alegre의 소비자로 운송되는 부품

목적 함수는 총 운송 비용을 최소화하기 위해 노력한다.

$$\min z = 8x_{13} + 10x_{14} + 7x_{23} + 6x_{24} + 2x_{35} + 3x_{36} + 4x_{37} + 1x_{45} + 4x_{46} + 5x_{47}$$

모델의 제약 조건은 다음과 같이 지정된다.

1. 각 공장의 용량은 환적 지점을 통해 소비자의 수요를 충족시키기 위해 활용된다.

$$x_{13} + x_{14} = 500 \qquad \text{(Manaus의 공장)}$$
$$x_{23} + x_{24} = 300 \qquad \text{(Recife의 공장)}$$

2. 각 소비자의 수요는 환적 지점에서 충족될 것이다.

$$x_{35} + x_{45} = 200 \qquad \text{(Belo Horizonte의 소비자)}$$
$$x_{36} + x_{46} = 250 \qquad \text{(Joinville의 소비자)}$$
$$x_{37} + x_{47} = 350 \qquad \text{(Porto Alegre의 소비자)}$$

3. 각 환적 지점의 입력 및 출력 흐름의 보존에 관한 제약 조건:

$$x_{13} + x_{23} = x_{35} + x_{36} + x_{37} \text{ (Sao Paulo의 DC)}$$
$$x_{14} + x_{24} = x_{45} + x_{46} + x_{47} \text{ (Rio de Janeiro의 DC)}$$

4. 모델의 결정 변수는 음수가 아니다.

$$x_{ij} \geq 0, \qquad i = 1, 2, 3, \ j = 1, 2, 3$$

18.4.2 엑셀의 해 찾기를 사용한 환적 문제 해결

이번 절에서는 엑셀의 해 찾기를 사용해 예제 18.9의 페트루스노텔사 환적 문제를 해결해보자.

이 문제를 엑셀 스프레드시트로 표현하면 그림 18.25와 같다(Example18.9_Petrus-Nortel.xls 파

일 참조). 왼쪽은 공장에서 환적 지점까지, 오른쪽은 환적 지점부터 최종 소비자까지 모든 이동이 나타나 있다.

	A	B	C	D	E	F	G	H	I	J	K	L
1						**PetrusNortel Company**						
2												
3		Transport_costs_Factory_Transhipment						Transport_costs_Transhipment_Consumer				
4												
5			Transhipment						Consumer			
6		Factory	Sao Paulo	Rio de Janeiro				Transhipment	BH	JV	PA	
7		Manaus	8	10				Sao Paulo	2	3	4	
8		Recife	7	6				Rio de Janeiro	1	4	5	
9												
10												
11		Total_transported_Factory_Transhipment						Total_transported_Transhipment_Consumer				
12												
13			Transhipment		Total_				Consumer			
14		Factory	Sao Paulo	Rio de Janeiro	supplied		Capacity	Transhipment	BH	JV	PA	Exit_DC
15		Manaus	0	0	0	=	500	Sao Paulo	0	0	0	0
16		Recife	0	0	0	=	300	Rio de Janeiro	0	0	0	0
17												
18		Entry_DC	0	0				Total_delivered	0	0	0	
19									=	=	=	
20								Demand	200	250	350	
21						Total_cost						
22					z	$0.00						

그림 18.25 엑셀로 표현한 페트루스노텔사 환적 문제

그림 18.25에 사용된 방정식은 상자 18.4에 명시되어 있다.

상자 18.4 그림 18.25의 방정식

셀	방정식
D15	=SUM(B15:C15)
D16	=SUM(B16:C16)
B18	=SUM(B15:B16)
C18	=SUM(C15:C16)
L15	=SUM(I15:K15)
L16	=SUM(I16:K16)
I18	=SUM(I15:I16)
J18	=SUM(J15:J16)
K18	=SUM(K15:K16)
F22	=SUMPRODUCT(B7:C8,B15:C16)+ SUMPRODUCT(I7:K8,I15:K16)

해 찾기에서 언급될 그림 18.25의 셀과 셀 범위에 할당된 이름은 상자 18.5에 제시되어 있다.

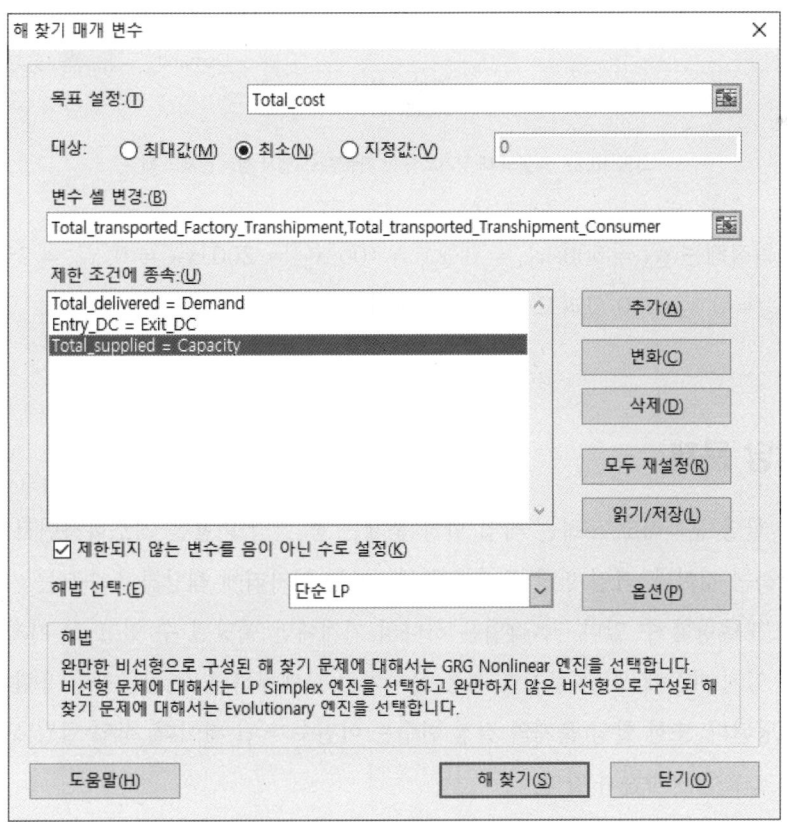

상자 18.5 그림 18.25의 셀에 할당된 이름

이름	셀
Transport_costs_Factory_Transhipment	B7:C8
Transport_costs_Transhipment_Consumer	I7:K8
Total_transported_Factory_Transhipment	B15:C16
Total_transported_Transhipment_Consumer	I15:K16
Total_supplied	D15:D16
Capacity	F15:F16
Total_delivered	I18:K18
Demand	I20:K20
Entry_DC	B18:C18
Exit_DC	L15:L16
Total_cost	F22

해 찾기 매개변수 대화상자에 나타난 페트루스노텔사 문제는 그림 18.26과 같다. 이름이 모델의 셀에 할당됐기 때문에 그림 18.26은 각각의 이름으로 언급된다.

그림 18.26 페트루스노텔사 문제의 해 찾기 매개변수 대화상자

이전 모델과 유사하게, **해법 선택** 상자에서 **제한되지 않는 변수를 음이 아닌 수로 설정** 확인란을 선택하고 **단순 LP** 엔진을 선택한다. **옵션** 명령어는 변경하지 않고 그대로 유지한다.

마지막으로, **해 찾기** 및 **확인**을 클릭해 해 찾기 해를 유지한다. 그림 18.27은 페트루스노텔사 환적 문제의 최적해를 보여준다.

PetrusNortel Company

Transport_costs_Factory_Transhipment

Factory	Transhipment	
	Sao Paulo	Rio de Janeiro
Manaus	8	10
Recife	7	6

Transport_costs_Transhipment_Consumer

Transhipment	Consumer		
	BH	JV	PA
Sao Paulo	2	3	4
Rio de Janeiro	1	4	5

Total_transported_Factory_Transhipment

Factory	Transhipment		Total_supplied		Capacity
	Sao Paulo	Rio de Janeiro			
Manaus	**500**	**0**	500	=	500
Recife	**100**	**200**	300	=	300

Entry_DC	600	200			

Total_transported_Transhipment_Consumer

Transhipment	Consumer			Exit_DC
	BH	JV	PA	
Sao Paulo	0	250	350	600
Rio de Janeiro	200	0	0	200
Total_delivered	200	250	350	
	=	=	=	
Demand	200	250	350	

			Total_cost	
		z	**$8,250.00**	

그림 18.27 엑셀의 해 찾기로 구한 페트루스노텔사 환적 문제의 해

따라서 최적해는 $x_{13} = 500, x_{14} = 0, x_{23} = 100, x_{24} = 200, x_{35} = 0, x_{36} = 250, x_{37} = 350, x_{46} = 200, x_{46} = 0, x_{47} = 0$ 그리고 $z = 8,250$이다.

18.5 작업 할당 문제

할당 또는 할당 문제라고도 하는 작업 할당 문제는 총 할당 비용을 최소화하면서 일련의 작업을 기계에 할당하는 것이다. 작업 할당 문제에서 공급자는 일자리에 해당하고 수요는 기계에 해당되는 운송 문제로 모델링할 수 있다. 각 작업은 하나의 기계에만 할당될 수 있고 각 기계는 하나의 작업만 처리할 수 있기 때문에, 할당 문제를 운송 문제처럼 모델링하면 각 공급자의 용량과 각 고객의 수요는 1에 해당된다. 또한 할당 문제의 결정 변수는 이진수가 될 것이다. 작업 할당 문제의 수학 표기법과 네트워크 표현은 다음과 같다.

n개의 작업 집합($j = 1, ..., n$)과 m개의 기계 집합($i = 1, ..., m$)을 고려해보자. 작업 j를 기계 i에 할당하는 비용은 c_{ij}이다. 각 작업 j는 하나의 기계 i에만 할당될 수 있고, 각 기계 i는 하나의 작업 j만을

처리할 수 있다. 문제는 총 할당 비용(z)을 최소화하기 위해 n개의 작업을 m개의 기계에 할당하는 것으로 구성된다.

그림 18.28은 작업 할당 문제의 네트워크 표현을 나타낸다.

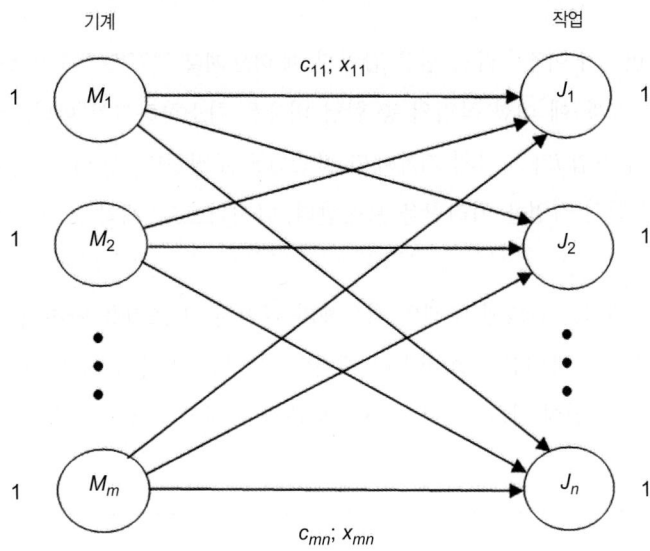

그림 18.28 작업 할당 문제를 운송 문제 네트워크로 모델링

18.5.1 작업 할당 문제의 수학 공식

작업 할당 문제의 모델 모수, 결정 변수 및 전반적인 수학 공식은 다음과 같이 지정된다.

모델 모수:

c_{ij} = 작업 $j(j = 1, ..., n)$를 기계 $i(i = 1, ..., m)$에 할당하는 비용

결정 변수:

$$x_{ij} = \begin{cases} 1 & \text{작업 } j\text{가 기계 } i\text{에 할당된 경우} \\ 0 & \text{그 외} \end{cases}$$

일반 공식:

$$\min z = \sum_{i=1}^{m} \sum_{j=1}^{n} c_{ij} x_{ij}$$

제약 조건:

$$\sum_{i=1}^{m} x_{ij} = 1, \qquad j = 1, 2, \ldots, n \qquad (1)$$

$$\sum_{j=1}^{n} x_{ij} = 1, \qquad i = 1, 2, \ldots, m \qquad (2) \qquad\qquad (18.12)$$

$$x_{ij} = 0 \ \text{또는} \ 1, \qquad i = 1, 2, \ldots, m, \ j = 1, 2, \ldots, n \quad (3)$$

이는 모든 결정 변수가 이진수라는 점을 감안할 때 **이진 계획**^{binary programming} 문제에 해당한다.

목적 함수 z는 기계 i에 대한 작업의 총 할당 비용을 최소화하고자 한다. 식 (18.12)에 대한 첫 번째 제약 조건은 각 작업 j가 하나의 기계에만 할당됨을 보장한다. 식 (18.12)에 대한 두 번째 제약 조건은 각 기계 i가 단일 작업을 처리함을 보장한다. 마지막으로, 제약 조건 (3)은 결정 변수가 이진수임을 보장한다.

다행히 이 문제에서는 완화된 문제의 최적해가 여전히 그 조건을 만족시킬 것이라는 점을 고려하면, 변수가 이진수라는 제약은 완화하거나 제거할 수 있다. 따라서 이 문제는 **선형 계획** 모델($x_{ij} \geq 0$)처럼 해결될 수 있다. 선형 완화 및 이진 계획에 대한 자세한 내용은 다음 장에서 확인할 수 있다.

예제 18.10

자동차 부품을 만드는 한 공장에는 3개의 기계(M1, M2, M3)와 카시트 제조 과정에서 마무리해야 할 3개의 작업이 있다(마감, 조립, 도장). 각 작업은 하나의 기계에만 할당될 수 있으며, 각 기계는 하나의 작업만 처리할 수 있다. 각 기계에서 각 작업을 처리하는 데 걸리는 시간은 표 18.E.23에 나타나 있다. 총 처리 시간을 최소화하는 것을 목표로 하는 할당 문제를 공식화해보라.

표 18.E.23 각 기계에서 각 작업의 처리 시간(단위: 시간)

작업	기계		
	M1	M2	M3
마감	8	10	12
조립	15	13	12
도장	8	12	10

해법

모델 모수는 다음과 같다.

c_{ij} = 기계 $i(i = 1, 2, 3)$에서 작업 $j(j = 1, 2, 3)$의 처리 시간

여기서 각 지수는 다음과 같다.

$j = 1$(마감), $j = 2$(조립), $j = 3$(도장)

$i = 1$(M1), $i = 2$(M2), $i = 3$(M3)

모델의 결정 변수는 다음과 같다.

$$x_{ij} = \begin{cases} 1 & \text{작업 } j \text{가 기계 } i \text{에 할당된 경우} \\ 0 & \text{그 외} \end{cases}$$

목표 함수는 총 처리 시간을 최소화한다.

$$\min z = 8x_{11} + 15x_{12} + 8x_{13} + 10x_{21} + 13x_{22} + 12x_{23} + 12x_{31} + 12x_{32} + 10x_{33}$$

모델의 제약 조건은 다음과 같이 설정된다.

1. 각 작업 j는 하나의 기계 i에만 할당될 수 있다.

$$\begin{array}{ll} x_{11} + x_{21} + x_{31} = 1 & \text{(마감)} \\ x_{12} + x_{22} + x_{32} = 1 & \text{(조립)} \\ x_{13} + x_{23} + x_{33} = 1 & \text{(도장)} \end{array}$$

2. 각 기계 i는 하나의 작업 i만 처리할 수 있다.

$$\begin{array}{ll} x_{11} + x_{12} + x_{13} = 1 & \text{(기계 1)} \\ x_{21} + x_{22} + x_{23} = 1 & \text{(기계 2)} \\ x_{31} + x_{32} + x_{33} = 1 & \text{(기계 3)} \end{array}$$

3. 결정 변수 x_{ij}는 이진수다.

$$x_{ij} = 0 \text{ 또는 } 1, \qquad i = 1, 2, 3, \ j = 1, 2, 3$$

앞서 설명한 바와 같이, 작업 할당 문제에서는 완화 문제의 최적해가 원래 모델의 최적해에 해당한다는 점에서 결정 변수가 이진수라는 제약이 완화되거나 제거될 수 있다. 따라서 이 문제는 결정 변수 x_{ij}가 음수가 아닌 선형 계획 모델($x_{ij} \geq 0$)로 해결할 수 있다.

18.5.2 엑셀의 해 찾기를 사용한 작업 할당 문제 해결

이번 절에서는 엑셀의 해 찾기를 사용해 예제 18.10의 작업 할당 문제를 해결해보자.

이 문제를 엑셀 스프레드시트로 표현하면 그림 18.29와 같다(Example18.10_Assignment.xls 파일 참조). 이 표현은 값이 1인 G16:G18과 B22:D22 셀만 제외하면 고전적인 운송 문제와 유사하다.

Job assignment problem						
	Processing_time					
	Machines					
Jobs	M1	M2	M3			
Finishing	8	10	12			
Assembly	15	13	12			
Painting	8	12	10			
	Assignment					
	Machines					
Jobs	M1	M2	M3	Job_Machines		
Finishing	0	0	0	0	=	1
Assembly	0	0	0	0	=	1
Painting	0	0	0	0	=	1
Machine_Jobs	0	0	0			
	=	=	=			Total_time
	1	1	1		z	0

그림 18.29 엑셀로 표현한 작업 할당 문제

그림 18.29에 사용된 방정식은 상자 18.6에 명시되어 있으며 고전적인 운송 문제와 유사하다.

상자 18.6 그림 18.29에 사용된 방정식

셀	방정식
E16	=SUM(B16:D16)
E17	=SUM(B17:D17)
E18	=SUM(B18:D18)
B20	=SUM(B16:B18)
C20	=SUM(C16:C18)
D20	=SUM(D16:D18)
G22	=SUMPRODUCT(B7:D9,B16:D18)

해 찾기에서 언급될 그림 18.29의 셀과 셀 범위에 할당된 이름은 상자 18.7에 나타나 있다.

상자 18.7 그림 18.29의 셀에 할당된 이름

이름	셀
Processing_time	B7:D9
Assignment	B16:D18
Job_Machines	E16:E18
Machine_Jobs	B20:D20
Total_time	G22

해 찾기 매개변수 대화상자에 나타난 할당 문제(예제 18.10)는 그림 18.30과 같다. 이전 모델과 유사하게, 변수는 음수가 아니며 모델은 선형이라고 가정한다.

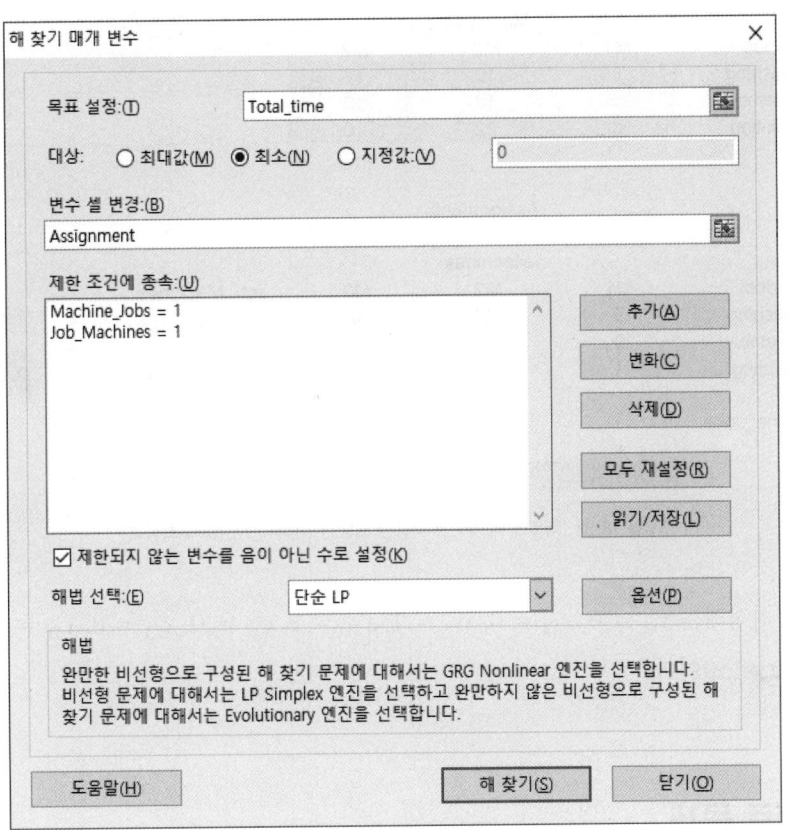

그림 18.30 할당 문제(예제 18.10)의 해 찾기 매개변수 대화상자

그림 18.31은 할당 문제(예제 18.10)의 최적해를 제시한다.

	A	B	C	D	E	F	G
1			Job assignment problem				
2							
3			Processing_time				
4							
5			Machines				
6	Jobs	M1	M2	M3			
7	Finishing	8	10	12			
8	Assembly	15	13	12			
9	Painting	8	12	10			
10							
11							
12			Assignment				
13							
14			Machines				
15	Jobs	M1	M2	M3	Job_Machines		
16	Finishing	**0**	**1**	**0**	1	=	1
17	Assembly	**0**	**0**	**1**	1	=	1
18	Painting	**1**	**0**	**0**	1	=	1
19							
20	Machine_Jobs	1	1	1			
21		=	=	=			Total_time
22		1	1	1		z	**30**

그림 18.31 엑셀의 해 찾기를 사용한 할당 문제(예제 18.10)의 최적해

따라서 최적해는 $x_{11} = 0, x_{12} = 0, x_{13} = 1, x_{21} = 1, x_{22} = 0, x_{23} = 0, x_{31} = 0, x_{32} = 1, x_{33} = 0$ 그리고 $z = 30$이다.

18.6 최단 경로 문제

최소 경로 문제minimum path problem라고도 알려진 최단 경로 문제shortest path problem는 네트워크의 두 노드 사이에서 최단 경로를 찾으려 한다. 총 이동 거리를 최소화하는 대신, 총 비용 또는 총 이동 시간을 최소화할 수도 있다.

이 문제에서는 네트워크의 출발지에 해당하는 공급 노드 1개, 네트워크의 목적 지점에 해당하는 수요 노드 1개만 고려한다. 네트워크의 공급 용량 노드와 대상 노드의 수요는 한 단위에 해당한다. 다른 모든 중간 또는 환적 노드의 공급과 수요는 0이다. 수학적 표기법은 다음과 같다.

주어진 노드 $i \in I$를 고려해보자. i의 출발지 노드는 지수 $k \in K$로 나타내고, i의 목적지 노드는 지수 $j \in J$로 나타낸다. 네트워크의 공급과 수요 노드는 각각 해당 단위의 O와 T로 나타낸다. 만약 분석한 노드 i가 네트워크의 공급 노드에 해당한다면 $i = O$가 된다. 반면, 만약 노드 i가 네트워크의 수요 노드에 대응한다면 $i = T$가 된다.

i와 j 노드 사이의 거리는 c_{ij}로 나타낸다. 네트워크의 공급 노드와 수요 노드 사이의 최단 경로를 찾기 위해, 호 (i, j)가 그 경로에 포함되어 있는지 여부를 판단한다.

18.6.1 최단 경로 문제의 수학 공식

여기서는 최단 경로 문제의 모델 모수, 결정 변수 및 전반적인 수학 공식을 설명한다.

모델 모수:

c_{ij} = 노드 i에서 노드 j까지의 거리$(\forall i, j)$

결정 변수:

$$x_{ij} = \begin{cases} 1 & \text{호 } (i, j)\text{가 최단 경로에 속할 경우,} \quad \forall i, j \\ 0 & \text{그 외} \end{cases}$$

일반 공식:

$$\min z = \sum_i \sum_j c_{ij} x_{ij}$$

제약 조건:

$$\sum_k x_{ki} - \sum_j x_{ij} = \begin{cases} -1 & i = O \text{인 경우} \\ 1 & i = T \text{인 경우} \quad (1) \\ 0 & \forall i \neq O, T \end{cases}$$

$$x_{ij} = 0 \text{ 또는 } 1, \ \forall i, j \qquad (2)$$

$$(18.13)$$

또는

$$\min z = \sum_i \sum_j c_{ij} x_{ij}$$

제약 조건:

$$\sum_j x_{ij} = 1, \qquad i = O \text{인 경우} \qquad (1)$$

$$\sum_k x_{ki} = 1, \qquad i = T \text{인 경우} \qquad (2)$$

$$\sum_k x_{ki} - \sum_j x_{ij} = 0, \qquad \forall i \neq O, T \qquad (3)$$

$$x_{ij} = 0 \text{ 또는 } 1, \ \forall i, j \qquad (4)$$

$$(18.14)$$

이는 이진 계획 문제에 해당한다.

따라서 최단 경로 문제의 목적은 가능한 경로 중에서 네트워크의 공급 노드와 수요 노드 사이의 최단 경로를 결정하는 것이다. 식 (18.14)의 처음 세 가지 제약 조건은 각 노드 i의 입력과 출력 흐름을 나타낸다. 분석한 노드 i가 네트워크의 공급 노드$(i = O)$인 경우, 식 (18.13)의 제약 조건 $\sum_k x_{ki} - \sum_j x_{ij} = -1$은 노드 O의 입력 흐름이 0이고 공급은 단위 용량이므로 $\sum_j x_{ij} = 1$로 요약된다. 분석한 노드 i가 네트워크의 수요 노드$(i = T)$라면, 노드 T의 출력 흐름은 0이고 단위 수요이므로 식 (18.13)의 제약 조건 $\sum_k x_{ki} - \sum_j x_{ij} = 1$은 $\sum_k x_{ki} = 1$로 요약된다. 다른 모든 노드의 경우 입력 흐름에서 출력 흐름을 뺀 값은 0이다. 마지막으로, 제약 조건 (4)에 따라 결정 변수는 이진수여야한다.

작업 할당 문제와 유사하게, 최단 경로 문제에서 완화 문제의 최적 해법이 여전히 그 조건을 충족한다는 점을 고려할 때 결정 변수가 이진수라는 제약 조건도 다행히 완화하거나 제거할 수 있다. 따라서 이 문제는 **선형 계획** 모델($x_{ij} \geq 0$)처럼 해결할 수 있다.

예제 18.11

Oasco에 위치한 식품 공급자는 Sao Paulo의 Vila Formosa 지역에 위치한 빵집에 매일 과자와 사탕을 배달한다. 그러기 위해 운전자는 Sao Paulo 주변 여러 곳을 통과하면서 하나 이상의 길을 선택할 수 있다. 그림 18.32는 노드와 주변 지역 사이의 킬로미터 단위의 거리 외에 공급 노드(Osaco)에서 수요 노드(Vila Formosa)까지 차량이 선택할 수 있는 가능한 경로를 나타낸다. 이 문제에 대한 최단 경로를 공식화해보라.

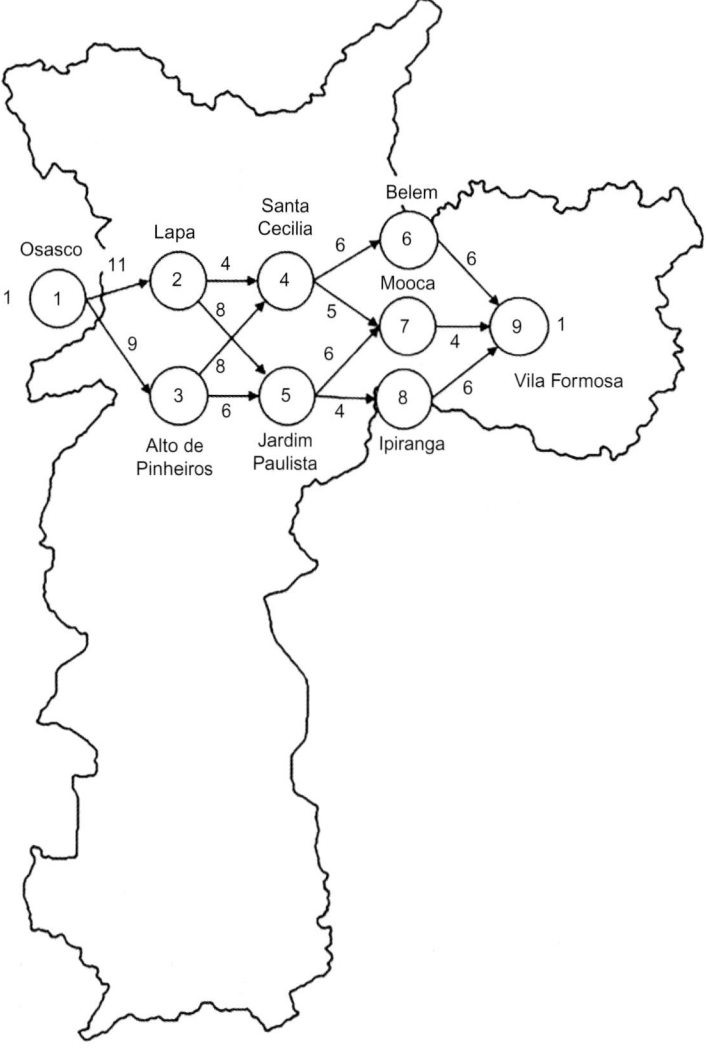

그림 18.32 예제 18.11의 네트워크 표현

해법

먼저 모델의 결정 변수를 정의한다.

$$x_{ij} = \begin{cases} 1 & \text{경로 } (i, j)\text{가 최단 경로에 속할 경우,} \quad \forall i, j \\ 0 & \text{그 외} \end{cases}$$

따라서

x_{12} = 경로 (1, 2)가 최단 경로에 포함된 경우 1이고, 그렇지 않은 경우 0이다.

x_{13} = 경로 (1, 3)이 최단 경로에 포함된 경우 1이고, 그렇지 않은 경우 0이다.

x_{24} = 경로 (2, 4)가 최단 경로에 포함된 경우 1이고, 그렇지 않은 경우 0이다.

x_{25} = 경로 (2, 5)가 최단 경로에 포함된 경우 1이고, 그렇지 않은 경우 0이다.

x_{34} = 경로 (3, 4)가 최단 경로에 포함된 경우 1이고, 그렇지 않은 경우 0이다.

x_{35} = 경로 (3, 5)가 최단 경로에 포함된 경우 1이고, 그렇지 않은 경우 0이다.

x_{46} = 경로 (4, 6)이 최단 경로에 포함된 경우 1이고, 그렇지 않은 경우 0이다.

x_{47} = 경로 (4, 7)이 최단 경로에 포함된 경우 1이고, 그렇지 않은 경우 0이다.

x_{57} = 경로 (5, 7)이 최단 경로에 포함된 경우 1이고, 그렇지 않은 경우 0이다.

x_{58} = 경로 (5, 8)이 최단 경로에 포함된 경우 1이고, 그렇지 않은 경우 0이다.

x_{69} = 경로 (6, 9)가 최단 경로에 포함된 경우 1이고, 그렇지 않은 경우 0이다.

x_{79} = 경로 (7, 9)가 최단 경로에 포함된 경우 1이고, 그렇지 않은 경우 0이다.

x_{89} = 경로 (8, 9)가 최단 경로에 포함된 경우 1이고, 그렇지 않은 경우 0이다.

목적 함수는 네트워크의 공급 노드와 수요 노드 사이의 최단 경로를 찾는다.

$$\min z = 11x_{12} + 9x_{13} + 4x_{24} + 8x_{25} + 8x_{34} + 6x_{35} + 6x_{46} + 5x_{47} + 6x_{57} + 4x_{58} + 6x_{69} + 4x_{79} + 6x_{89}$$

모델의 제약 조건은 다음과 같이 지정된다.

1. 공급 노드

$$x_{12} + x_{13} = 1 \qquad \text{(노드 1 – Osasco)}$$

2. 수요 노드

$$x_{69} + x_{79} + x_{89} = 1 \qquad \text{(노드 9 – Vila Formosa)}$$

3. 중간 노드 또는 환적 노드

$$
\begin{aligned}
x_{12} - x_{24} - x_{25} &= 0 &&\text{(노드 2 – Lapa)} \\
x_{13} - x_{34} - x_{35} &= 0 &&\text{(노드 3 – Alto de Pinheiros)} \\
x_{24} + x_{34} - x_{46} - x_{47} &= 0 &&\text{(노드 4 – Sta.Cecilia)} \\
x_{25} + x_{35} - x_{57} - x_{58} &= 0 &&\text{(노드 5 – Jd.Paulista)} \\
x_{46} - x_{69} &= 0 &&\text{(노드 6 – Belem)} \\
x_{47} + x_{57} - x_{79} &= 0 &&\text{(노드 7 – Mooca)} \\
x_{58} - x_{89} &= 0 &&\text{(노드 8 – Ipiranga)}
\end{aligned}
$$

4. 결정 변수는 이진수다.

$$x_{12}, x_{13}, x_{24}, x_{25}, x_{34}, x_{35}, x_{46}, x_{47}, x_{57}, x_{58}, x_{69}, x_{79}, x_{89} \in \{0, 1\}$$

이 문제 또한 마지막 제약 조건을 완화하거나 제거하고 결정 변수의 비음수성 조건을 추가함으로써 선형 계획 모델처럼 해결할 수 있다($x_{ij} \geq 0$).

18.6.2 엑셀의 해 찾기를 사용한 최단 경로 문제 해결

이번 절에서는 엑셀의 해 찾기를 사용해 예제 18.11의 최단 경로 문제를 해결해보자. 이 문제를 엑셀 스프레드시트로 표현하면 그림 18.33과 같다(Example18.11_Bakery.xls 파일 참조).

Bakery

From		To		Distance (km)	Selected route		Node	Input flow	Output flow	Input - Output flow	=	Supply or demand
Node	Locality	Node	Locality									
1	Osasco	2	Lapa	11	0		1		0	0	=	-1
1	Osasco	3	Alto de Pinheiros	9	0		2	0	0	0	=	0
2	Lapa	4	Sta. Cecilia	4	0		3	0	0	0	=	0
2	Lapa	5	Jd. Paulista	8	0		4	0	0	0	=	0
3	Alto de Pinheiros	4	Sta. Cecilia	8	0		5	0	0	0	=	0
3	Alto de Pinheiros	5	Jd. Paulista	6	0		6	0	0	0	=	0
4	Sta. Cecilia	6	Belem	6	0		7	0	0	0	=	0
4	Sta. Cecilia	7	Mooca	5	0		8	0	0	0	=	0
5	Jd. Paulista	7	Mooca	6	0		9	0		0	=	1
5	Jd. Paulista	8	Ipiranga	4	0							
6	Belem	9	Vila Formosa	6	0							
7	Mooca	9	Vila Formosa	4	0							
8	Ipiranga	9	Vila Formosa	6	0							
				z	km							
				Total_distance	0							

그림 18.33 엑셀로 표현한 최단 경로 문제

그림 18.33에 사용된 방정식은 상자 18.8에 명시되어 있다.

상자 18.8 그림 18.33에 사용된 방정식

셀	방정식
L6	=G6+G7
L7	=G6-G8-G9
L8	=G7-G10-G11
L9	=G8+G10-G12-G13
L10	=G9+G11-G14-G15
L11	=G12-G16
L12	=G13+G14-G17
L13	=G15-G18
L14	=SUM(G16:G18)
G22	=SUMPRODUCT(F6:F18,G6:G18)

그림 18.33의 셀과 셀 범위에 할당한 이름은 상자 18.9에 나타나 있다.

상자 18.9 그림 18.33의 셀에 할당된 이름

이름	셀
Distance	F6:F18
Routes	G6:G18
Input_minus_output	L6:L14
Supply_or_demand	N6:N14
Total_distance	G22

해 찾기 매개변수 대화상자에 나타난 최단 경로 문제(예제 18.11)는 그림 18.34와 같다. 여기서도 결정 변수가 음수가 아니며 모델이 선형이라고 가정한다.

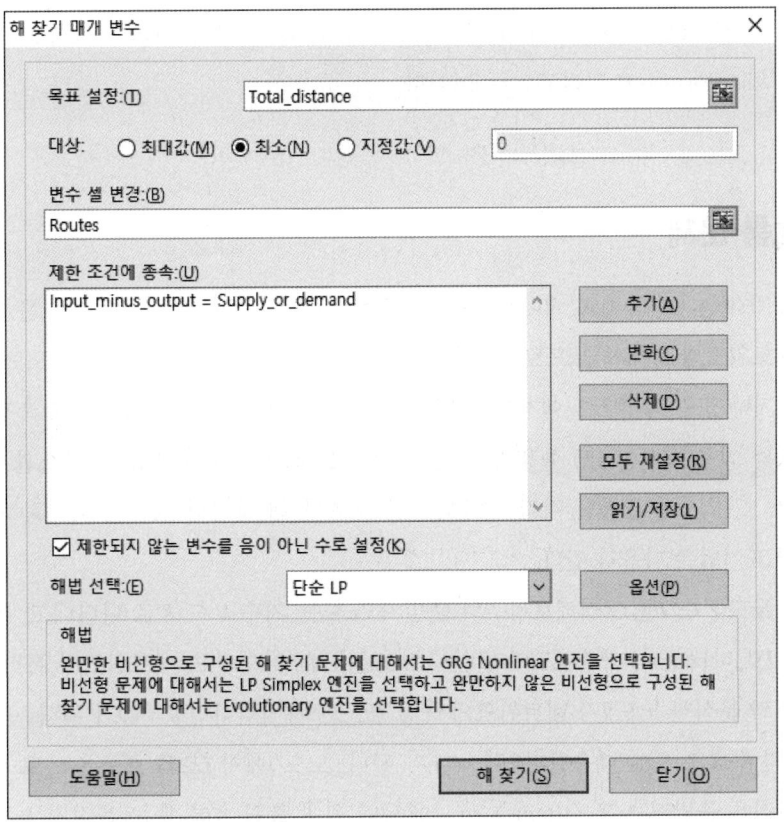

그림 18.34 최단 경로 문제의 해 찾기 매개변수 대화상자

그림 18.35는 최단 경로 문제(예제 18.11)의 최적해를 보여준다.

Bakery

From Node	Locality	To Node	Locality	Distance (km)	Selected route
1	Osasco	2	Lapa	11	1
1	Osasco	3	Alto de Pinheiros	9	0
2	Lapa	4	Sta. Cecilia	4	1
2	Lapa	5	Jd. Paulista	8	0
3	Alto de Pinheiros	4	Sta. Cecilia	8	0
3	Alto de Pinheiros	5	Jd. Paulista	6	0
4	Sta. Cecilia	6	Belem	6	0
4	Sta. Cecilia	7	Mooca	5	1
5	Jd. Paulista	7	Mooca	6	0
5	Jd. Paulista	8	Ipiranga	4	0
6	Belem	9	Vila Formosa	6	0
7	Mooca	9	Vila Formosa	4	1
8	Ipiranga	9	Vila Formosa	6	0

Node	Input flow	Output flow	Input - Output flow	=	Supply or demand
1		1	-1	=	-1
2	1	1	0	=	0
3	0	0	0	=	0
4	1	1	0	=	0
5	0	0	0	=	0
6	0	0	0	=	0
7	1	1	0	=	0
8	0	0	0	=	0
9	1		1	=	1

	z	km
	Total_distance	24

그림 18.35 엑셀의 해 찾기를 사용한 최단 경로 문제의 최적해

따라서 최적의 FBS는 $x_{12} = 1$, $x_{24} = 1$, $x_{47} = 1$, $x_{79} = 1$(Osasco → Lapa → Santa Cecilia → Mooca → Vila Formosa) 그리고 $z = 24$이다.

18.7 최대 흐름 문제

최대 흐름 문제는 (재화, 재료, 에너지 등의) 흐름에 대해 호의 최소 및 최대 한도를 지키며, 출발지 노드에서 네트워크의 목적지 노드로의 흐름을 극대화하는 것이다. 흐름은 원점 노드에서의 최대 출력 흐름을 찾거나 또는 대상 노드에서의 최대 입력 흐름을 찾는 두 가지 방법으로 측정할 수 있다. 최대 흐름 문제의 적용 예로는 (a) 유통망 내 물류 흐름을 최대화, (b) 송유관, 가스관 또는 수로를 통한 석유, 가스 또는 물의 흐름을 각각 최대화, (c) 운송망 내 차량의 흐름을 최대화하는 것 등이 있다. 그 수학적 표기법은 다음과 같다.

주어진 노드 $i \in I$를 고려해보자. i의 출발지 노드는 지수 $k \in K$로 나타내고, i의 목적지 노드는 지수 $j \in J$로 나타낸다. 네트워크의 발신지 노드는 O로 나타내고, 네트워크의 목적지 노드는 T로 나타낸다. 만약 분석한 노드 i가 네트워크의 공급 노드에 해당한다면 $i = O$가 된다. 반면, 만약 노드 i가 네트워크의 수요 노드에 대응한다면 $i = T$가 된다. 노드 i에서 j로의 흐름은 x_{ij}로 나타낸다. 이 환적 문제의 목적은 출발지 노드 $O(\max\sum_j x_{Oj})$에서의 최대 출력 흐름 또는 목적지 노드 $T(\max \sum_k x_{kT})$에서의 최대 입력 흐름을 출발지 노드(O)와 출력(T) 사이의 흐름의 제약과 각 입력 및 출력 흐름의 제약을 지키고 또 각 호의 최대 최소 한도 제약을 준수하면서 찾아내는 것이다.

18.7.1 최대 흐름 문제의 수학 공식

최대 흐름 문제의 모델 모수, 결정 변수 및 전반적인 수학 공식은 다음과 같다.

모델 모수:

l_{ij} = 호 (i,j)에서 흐름의 최소 한도$(\forall i,j)$

u_{ij} = 호 (i,j)에서 흐름의 최대 한도$(\forall i,j)$

결정 변수:

x_{ij} = 호 (i,j)의 흐름$(\forall i,j)$

일반 공식:

$$\max z = \sum_j x_{Oj} \qquad \left(\text{또는} \ \max z = \sum_k x_{kT}\right)$$

제약 조건:

$$
\begin{aligned}
&\sum_k x_{kT} - \sum_j x_{Oj} = 0, \quad i = O, T && (1)\\
&\sum_k x_{ki} - \sum_j x_{ij} = 0, \quad \forall i \neq O, T && (2)\\
&l_{ij} \leq x_{ij} \leq u_{ij}, \quad \forall i, j && (3)\\
&x_{ij} \geq 0, \quad \forall i, j && (4)
\end{aligned}
\qquad (18.15)
$$

이는 **선형 계획** 문제에 해당한다.

따라서 목적 함수는 네트워크의 발신지 노드(O)에서 목적지 노드 j로, 또는 발신지 k 노드에서 시작해 네트워크 목적지 노드(T)로의 총 입력 흐름이 최대화되도록 한다. 제약 조건 (1)은 네트워크의 목적지 노드(T)에서의 총 입력 흐름이 네트워크의 발신지 노드(O)에서의 총 유출과 동일함을 보장한다. 제약 조건 (2)는 중간 노드 또는 환적 노드 각각에 대한 입력 및 출력 흐름의 보존이다. 제약 조건 (3)은 호 (i,j)의 최소 및 최대 흐름을 보장한다. 마지막으로, 결정 변수는 비음수성 제약을 갖는다.

예제 18.12

페트로 덕트$^{\text{Petro Duct}}$ 회사는 1000km의 파이프라인을 통해 석유, 천연가스, 재생 바이오 연료, 기타 제품을 운송한다. 회사는 Minas의 출발지 노드(O)와 Sao Paulo에 위치한 최종 소비 도착지 노드(T)로 그림 18.36의 네트워크를 통해 운송할 수 있는 최대 원유 흐름(단위: m³/s)을 결정하고자 한다. 호에 있는 값은 각 호의 최대 용량(단위: m³/s)을 나타낸다.

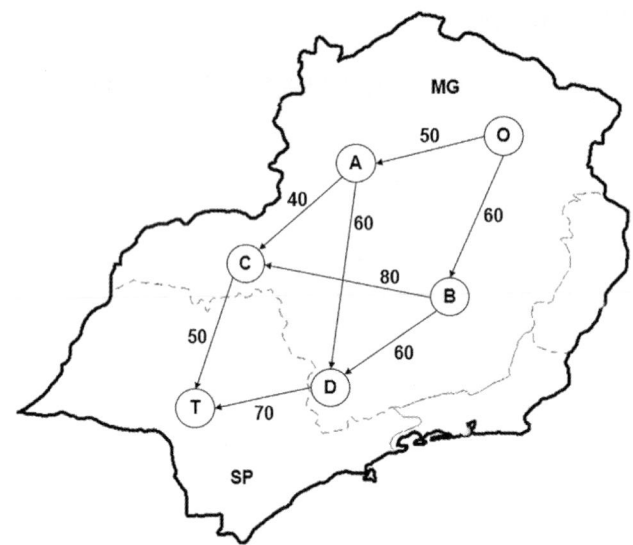

그림 18.36 페트로 덕트사의 파이프라인 네트워크

해법

먼저 모델의 결정 변수를 정의한다.

x_{ij} = 호 (i, j)의 원유 흐름($\forall i, j$)

따라서 다음과 같다.

x_{OA} = Minas 역에서 노드 A로의 원유 흐름(m^3/s)

x_{OB} = Minas 역에서 노드 B로의 원유 흐름(m^3/s)

x_{AC} = 노드 A에서 노드 C로의 원유 흐름(m^3/s)

x_{AD} = 노드 A에서 노드 D로의 원유 흐름(m^3/s)

x_{BC} = 노드 B에서 노드 C로의 원유 흐름(m^3/s)

x_{BD} = 노드 B에서 노드 D로의 원유 흐름(m^3/s)

x_{CT} = 노드 C에서 Sao Paulo로의 원유 흐름(m^3/s)

x_{DT} = 노드 D에서 Sao Paulo로의 원유 흐름(m^3/s)

목적 함수는 Minas 노드(O)로부터의 총 유출을 최대화하려고 하거나,

$$\max x_{OA} + x_{OB}$$

Sao Paulo(T)로의 유입을 최대화하고자 한다.

$$\max x_{CT} + x_{DT}$$

모델의 제약 조건은 다음과 같이 설정된다.

1. T의 입력 흐름은 O의 출력 흐름과 같다.

$$x_{CT} + x_{DT} - x_{OA} - x_{OB} = 0 \qquad \text{(노드 } O\text{와 } T\text{)}$$

2. 각 환적 노드의 입력 및 출력 흐름이 보존된다.

$$x_{OA} - x_{AC} - x_{AD} = 0 \qquad (\text{노드 } A)$$
$$x_{OB} - x_{BC} - x_{BD} = 0 \qquad (\text{노드 } B)$$
$$x_{AC} + x_{BC} - x_{CT} = 0 \qquad (\text{노드 } C)$$
$$x_{AD} + x_{BD} - x_{DT} = 0 \qquad (\text{노드 } D)$$

3. 각 호의 최대 용량은 다음과 같다.

$$x_{OA} \leq 50 \qquad (\text{호 } O, A)$$
$$x_{OB} \leq 60 \qquad (\text{호 } O, B)$$
$$x_{AC} \leq 40 \qquad (\text{호 } A, C)$$
$$x_{AD} \leq 60 \qquad (\text{호 } A, D)$$
$$x_{BC} \leq 80 \qquad (\text{호 } B, C)$$
$$x_{BD} \leq 60 \qquad (\text{호 } B, D)$$
$$x_{CT} \leq 50 \qquad (\text{호 } C, T)$$
$$x_{DT} \leq 70 \qquad (\text{호 } D, T)$$

4. 비음수성 제약 조건

$$x_{OA}, x_{OB}, x_{AC}, x_{AD}, x_{BC}, x_{BD}, x_{CT}, x_{DT} \geq 0$$

18.7.2 엑셀의 해 찾기를 사용한 최대 흐름 문제 해결

이번 절에서는 엑셀의 해 찾기를 사용해 예제 18.12의 페트로 덕트사 최대 흐름 문제를 해결해보자. 이 문제를 엑셀 스프레드시트로 표현하면 그림 18.37과 같다(Example18.12_Petro_duct.xls 파일 참조).

					Petro duct						
From	To	Flow		Capacity		Node	Input_flow	Output_flow	Input - Output flow		Supply_or_demand
O	A	0	<=	50		O		0			
O	B	0	<=	60		A	0	0	0	=	0
A	C	0	<=	40		B	0	0	0	=	0
A	D	0	<=	60		C	0	0	0	=	0
B	C	0	<=	80		D	0	0	0	=	0
B	D	0	<=	60		T	0				
C	T	0	<=	50							
D	T	0	<=	70							
				Maximum_flow							
		z	0								

그림 18.37 엑셀로 표현한 최대 흐름 문제(예제 18.2)

그림 18.37에 사용된 방정식은 상자 18.10에 명시되어 있다.

그림 18.37의 셀과 셀 범위에 할당된 이름은 상자 18.11에 나타나 있다.

해 찾기 매개변수 대화상자에 나타난 페트로 덕트사의 최대 흐름 문제(예제 18.12)는 그림 18.38과 같다.

비음수성 제약 조건은 **제한되지 않는 변수를 음이 아닌 수로 설정** 확인란을 선택해 활성화됐으며 **단순 LP 방법**을 선택한 점에 주목하자. 옵션은 변경되지 않은 상태로 유지한다.

그림 18.39는 페트로 덕트사 최대 흐름 문제(예제 18.12)의 최적해를 보여준다.

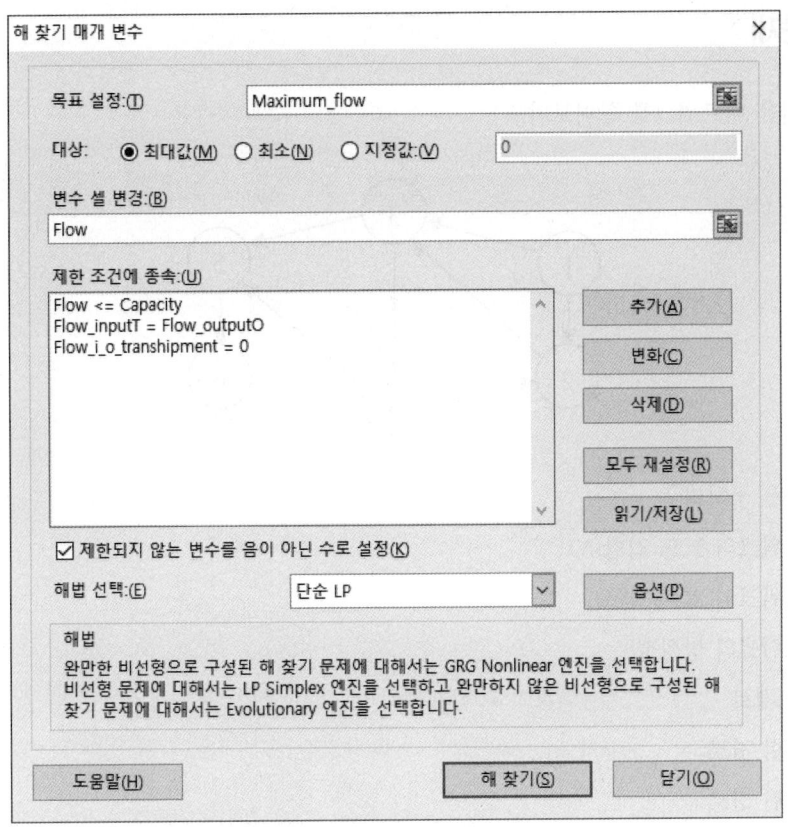

그림 18.38 최대 흐름 문제(예제 18.12)의 해 찾기 매개변수 대화상자

Petro duct

From	To	Flow		Capacity		Node	Input_flow	Output_flow	Input - Output flow		Supply_or_demand
O	A	50	<=	50		O		110			
O	B	60	<=	60		A	50	50	0	=	0
A	C	40	<=	40		B	60	60	0	=	0
A	D	10	<=	60		C	50	50	0	=	0
B	C	10	<=	80		D	60	60	0	=	0
B	D	50	<=	60		T	110				
C	T	50	<=	50							
D	T	60	<=	70							

				Maximum_flow
			z	110

그림 18.39 엑셀의 해 찾기를 사용한 최대 흐름 문제의 최적해

따라서 최적의 FBS는 $x_{OA} = 50, x_{OB} = 60, x_{AC} = 40, x_{AD} = 10, x_{BC} = 10, x_{BD} = 50, x_{CT} = 50,$ $x_{DT} = 60$ 그리고 $z = 110$이다.

18.8 연습문제

Ex.1 다음 네트워크를 살펴보자.

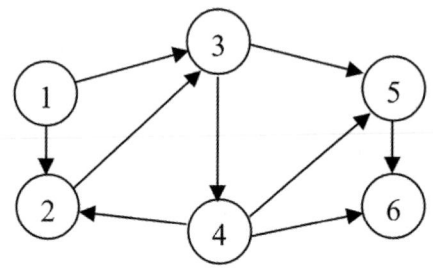

다음을 구하라.

a) 네트워크의 노드 집합(N)

b) 네트워크의 호 집합(A)

c) 네트워크의 방향성

d) 방향 경로

e) 무방향 경로

f) 해밀턴 경로

g) 방향 사이클

h) 무방향 사이클

Ex.2 Ex.1을 다음 네트워크에도 동일하게 적용해 구해보라.

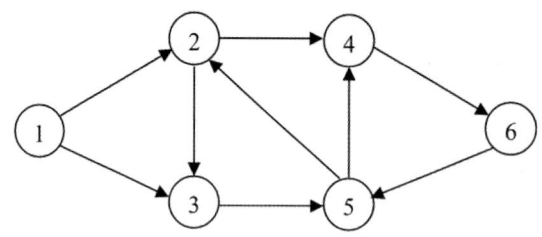

Ex.3 아래 네트워크에서 다음을 구하라.

a) 트리

b) 스패닝 트리

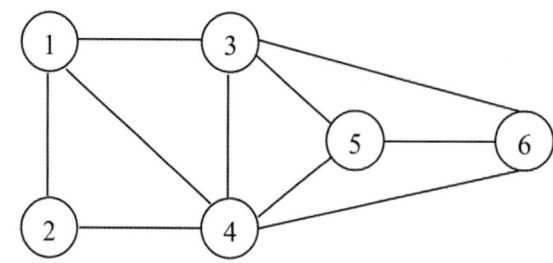

Ex.4 다음과 같은 노드 및 호 집합을 표시하는 네트워크를 그려보라.

$$N = \{1, 2, 3, 4, 5, 6, 7, 8\}$$
$$A = \{(1,3), (1,4), (2,1), (2,4), (3,4), (3,5), (4,6), (5,7), (6,3), (6,5), (6,8), (7,6), (8,7)\}$$

Ex.5 다음 문제를 살펴보자.

$$\min z = 4x_{11} + 8x_{12} + 6x_{13} + 4x_{14} + 9x_{21} + 8x_{22} + 8x_{23} + 5x_{24} + 6x_{31} + 7x_{32} + 5x_{33} + 9x_{34}$$
제약 조건:

$$x_{11} + x_{12} + x_{13} + x_{14} = 70$$
$$x_{21} + x_{22} + x_{23} + x_{24} = 80$$
$$x_{31} + x_{32} + x_{33} + x_{34} = 50$$
$$x_{11} + x_{21} + x_{31} = 40$$
$$x_{12} + x_{22} + x_{32} = 60$$
$$x_{13} + x_{23} + x_{33} = 50$$
$$x_{14} + x_{24} + x_{34} = 50$$
$$x_{ij} \geq 0, \quad i = 1, 2, 3; \, j = 1, 2, 3, 4$$

네트워크에서 문제를 나타내고, 최적해와 함께 네트워크 계획은 어떤 종류의 문제에 적합한지 설명하라.

Ex.6 Ex.5를 다음에 대해서도 동일하게 구해보라.

$$\max z = x_{47} + x_{57} + x_{67}$$
제약 조건:

$$x_{47} + x_{57} + x_{67} - x_{12} - x_{13} - x_{14} = 0$$
$$x_{12} - x_{24} - x_{25} = 0$$
$$x_{13} - x_{34} - x_{36} = 0$$
$$x_{14} + x_{24} + x_{34} - x_{45} - x_{46} - x_{47} = 0$$
$$x_{25} + x_{45} - x_{57} = 0$$
$$x_{36} + x_{46} - x_{67} = 0$$
$$x_{12} \leq 6$$
$$x_{13} \leq 5$$
$$x_{14} \leq 7$$
$$x_{24} \leq 6$$
$$x_{25} \leq 8$$
$$x_{34} \leq 6$$
$$x_{36} \leq 7$$
$$x_{45} \leq 3$$
$$x_{46} \leq 4$$
$$x_{47} \leq 6$$
$$x_{57} \leq 6$$
$$x_{67} \leq 3$$
$$x_{12}, x_{13}, x_{14}, x_{24}, x_{25}, x_{34}, x_{36}, x_{45}, x_{46}, x_{47}, x_{57}, x_{67} \geq 0$$

Ex.7 Ex.5를 다음에 대해서도 동일하게 구해보라.

$$\min z = 3x_{12} + 2x_{13} + 5x_{14} + 4x_{24} + 4x_{34} + 4x_{35} + 6x_{36} + 5x_{46} + 4x_{56} + 4x_{57} + 5x_{67} + 3x_{68} + 3x_{78}$$

제약 조건:

$$x_{12} + x_{13} + x_{14} = 1$$
$$x_{68} + x_{78} = 1$$
$$x_{12} - x_{24} = 0$$
$$x_{13} - x_{34} - x_{35} - x_{36} = 0$$
$$x_{14} + x_{24} + x_{34} - x_{46} = 0$$
$$x_{35} - x_{56} - x_{57} = 0$$
$$x_{36} + x_{46} + x_{56} - x_{67} - x_{68} = 0$$
$$x_{57} + x_{67} - x_{78} = 0$$
$$x_{12}, x_{13}, x_{14}, x_{24}, x_{34}, x_{35}, x_{36}, x_{46}, x_{56}, x_{57}, x_{67}, x_{68}, x_{78} \in \{0, 1\}$$

Ex.8 각각 50, 30, 20대의 용량을 가진 3개 공급자와 50, 10, 40대의 수요가 있는 3개 소비자와의 운송 문제에서 북서 코너 방법을 사용해 초기 FBS를 구하라.

Ex.9 다음과 같이 표 형식으로 나타낼 수 있는 솔루션&아이디어 회사의 운송 문제에서 최소 비용 방법을 사용해 초기 기본해를 구하라.

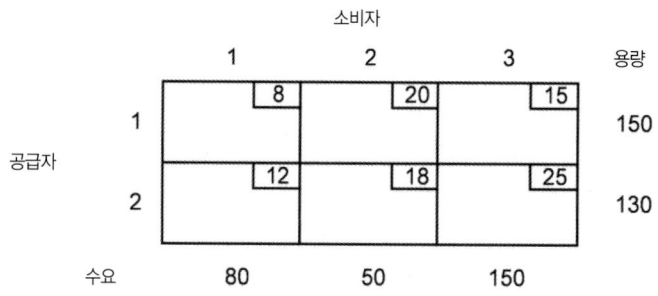

Ex.10 보겔 근사법을 사용해 Ex.9를 해결해보라.

Ex.11 표 형식으로 나타낸 각 운송 문제를 운송 알고리즘을 사용해 해석적으로 해결하라.

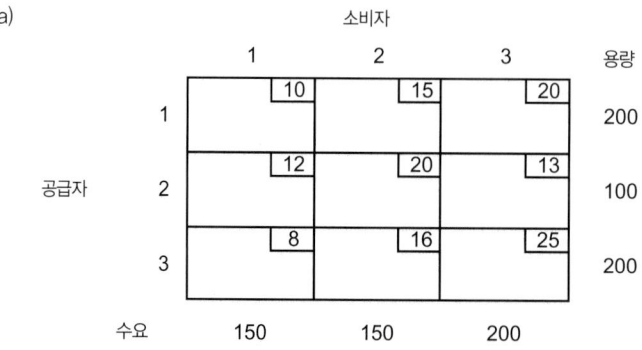

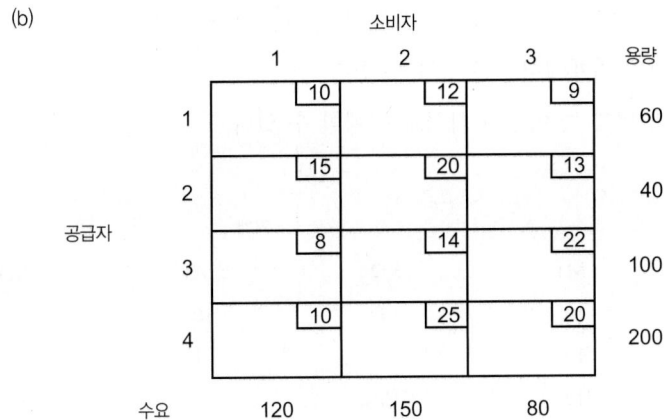

(b)

소비자

공급자

	1	2	3	용량
1	10	12	9	60
2	15	20	13	40
3	8	14	22	100
4	10	25	20	200
수요	120	150	80	

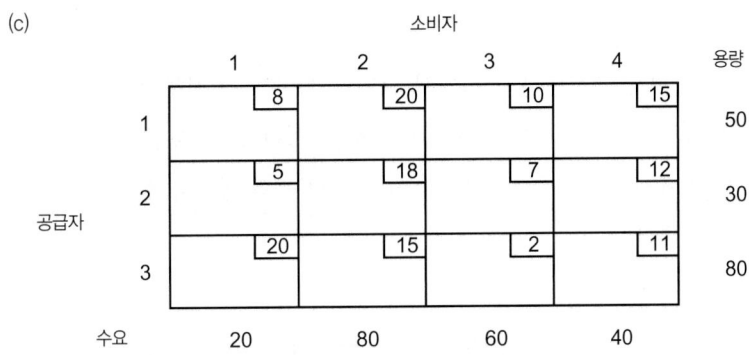

(c)

소비자

공급자

	1	2	3	4	용량
1	8	20	10	15	50
2	5	18	7	12	30
3	20	15	2	11	80
수요	20	80	60	40	

Ex.12 (출처: Brito Júnior(2004)에서 발췌) 미국과 유럽에 본사를 둔 공급 회사는 하얼빈(중국 북부)에 생산 라인을 공급한다. 공급자가 하얼빈의 생산 라인으로 다양한 자재를 직접 보내거나 혹은 브라질(산호세 도스 캄포스), 미국 동부 및 서해안(마이애미 및 로스앤젤레스) 또는 프랑스(파리)에서 통합 단계(환적)를 거칠 수 있다. 이 문제에서 각 클라이언트는 둘 이상의 시설에서 공급받을 수 있다. 연결 지점의 최대 용량은 제한된다.

목표는 분석 대상인 네트워크의 총 물류 비용을 최소화하기 위해 공급자로부터 하얼빈 생산 라인으로 직행하는 각 제품의 양과 환적 단계를 거치는 각 제품의 양을 결정하는 것이다.

1. 모든 제품에 대한 수요는 충족돼야 한다.

2. 각 통합 지점에는 최대 저장 용량이 있다.

3. 제품별로 공급 용량을 초과할 수 없다.

분석된 회사의 운송 문제를 모델링해보라.

Ex.13 WLV 회사는 각기 다른 4개의 기계에서 네 가지 작업을 수행한다. 각 기계가 각 작업을 처리하는 데 걸리는 시간(분)은 다음 표에 나열되어 있다. 목표는 기계 집합에 작업 집합을 지정해 총 시간을 최소화하는 것이다. 다음 각 사례에 대해 엑셀의 해 찾기를 사용해 문제를 모델링하고 해결하라.

a) 각 작업은 단일 기계에서만 수행할 수 있다.

b) 각 기계는 한 번에 둘 이상의 작업을 수행할 수 있다.

작업	기계			
	M1	M2	M3	M4
J1	18	12	10	12
J2	10	11	7	8
J3	12	15	8	14
J4	9	10	16	13

Ex.14 미국의 한 운송 회사는 뉴욕시에서 출발지 1(퀸즈) 지점부터 목적지 6(맨해튼) 지점까지 매일 배달하며, 다음 그림과 같이 여러 경로를 따를 수 있다. 호의 흐름은 각 자치구 간에 필요한 수요를 운송하는 데 소요되는 비용을 나타낸다. 이 문제의 수학 공식을 설명하고, 엑셀의 해 찾기를 사용해 최적 경로를 구하라.

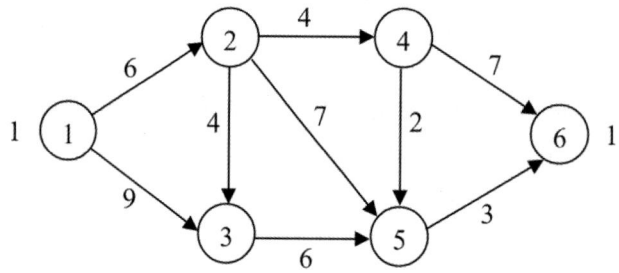

Ex.15 석유 분야의 어떤 회사는 A 노드를 원점으로 하고 E 노드를 목적지로 하는 물류 네트워크 자사 제품의 흐름을 중간 노드 B, C, D를 거치면서 분석하고 있다. 호 안의 흐름은 각 노드 간의 이동 시간을 초 단위로 나타낸다. 엑셀의 해 찾기를 사용해 가장 빠른 이동 경로를 결정하라.

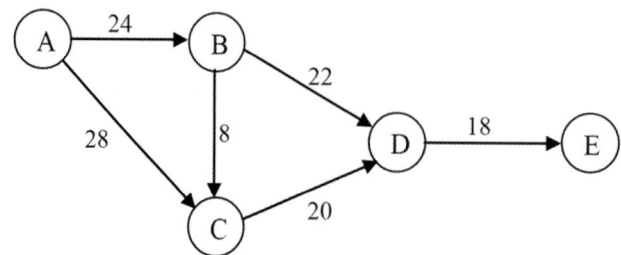

Ex.16 WT 물류&솔루션 회사는 Suape(1) 항에서 Santos(6) 항으로 운송될 수 있는 최대 제품량을 결정하고자 한다. 그 밖의 노드는 물류 네트워크에서 방문하는 중간 포트를 나타낸다. 호 안의 흐름은 각 항만들 사이에 운반될 수 있는 최대량(백만 톤)을 나타낸다.

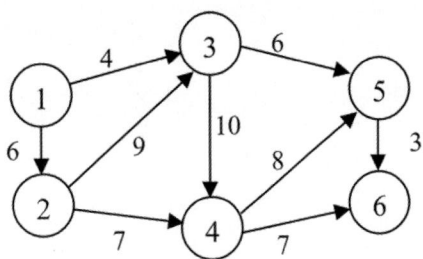

19
정수 계획

나는 어려운 일을 하기 위해 게으른 사람을 고를 것이다. 게으른 사람은 쉬운 방법을 찾아낼 것이기 때문이다.

– 빌 게이츠(Bill Gates)

19.1 개요

모델의 모든 결정 변수가 이산형일 때, 즉 개수에서 도출된 유한 집합 또는 수량 내에서 값을 가정할 수 있는 경우 **정수 계획**$^{\text{IP, integer programming}}$으로 분류한다. 결정 변수 중 일부가 이산형이고 다른 변수는 연속형일 때(실수 간격의 값을 가정)의 모델은 **혼합 정수 계획**$^{\text{MIP, mixed integer programming}}$이라고 한다.

모든 결정 변수가 이진수 또는 더미인 경우, 즉 1(변수에 관심 특성이 존재할 때) 또는 0의 값만 가정할 경우 **이진 계획**$^{\text{BP, binary programming}}$의 모델이 된다. 결정 변수 중 일부는 이진수이고 다른 변수는 연속인 경우의 모델을 **혼합 이진 계획**$^{\text{MBP, mixed binary programming}}$이라고 한다.

동일한 모델에 이산형 및 이진 결정 변수가 있다면 **이진 정수 계획**$^{\text{BIP, binary integer programming}}$ 문제가 된다.

많은 저자들이 이산 변수를 이진수와 구분하지 않고 단순히 변수가 이산 및/또는 이진인 경우 정수 계획의 하나라고 부르고 변수가 이산 및/또는 이진이거나 연속일 때 혼합 정수 계획이라고 부른다는 점을 지적할 필요가 있다.

19장에서는 선형 모델만 살펴볼 것이다.

상자 19.1은 정수(선형) 계획 모델과 그 확장의 주요 특성을 요약하고 있다.

상자 19.1 정수(선형) 계획 모델과 그 확장의 특성

모델 형식	목적 함수	제약	결정 변수 형식
정수(선형) 계획 (ILP 또는 LP)	선형	선형	이산
혼합 정수(선형) 계획 (MILP 또는 MIP)	선형	선형	이산과 연속
이진(선형) 계획 (BLP 또는 BP)	선형	선형	이진
혼합 이진(선형) 계획 (MBLP 또는 MBP)	선형	선형	이진과 연속
이진 정수(선형) 계획 (BILP 또는 BIP)	선형	선형	이산과 이진

이진 계획의 예로서 일자리 할당 문제와 최단 경로 문제(18장 '네트워크 계획' 참고), 배낭 문제, 이진 변수의 자본 예산 문제, 생산 일정 프로그램, 이동 판매원 문제, 차량 경로 프로그램 등을 열거할 수 있다. 그 부분에 있어서 직원 일정 문제는 정수 계획의 한 예인 데 반해, 시설 입지 문제는 가능한 설비(이진 변수)와 전달된 수량(연속 변수)이 관여되므로 혼합 이진 계획 문제로 분류된다.

이진 및 정수 계획 문제의 정확한 해결 방법으로서 분기와 한정 알고리즘^{branch-and-bound algorithm}, 절단면 알고리즘^{cutting plane algorithm}, 분기와 절단 알고리즘^{branch-and-cut algorithm} 등을 인용할 수 있다. 그러나 이진 및 정수 계획의 많은 문제는 NP 완전^{NP-complete}, 즉 계산 복잡성이 높기 때문에 다항 시간에 해결되지 않을 수 있다. 정확한 방법의 대안으로 이러한 유형의 문제를 해결하기 위해 휴리스틱 및 메타휴리스틱 유형 같은 대략적인 알고리즘이 제안됐다.

분기와 한정 알고리즘은 분할 및 정복^{divide and conquer} 전략으로, 주 문제를 하위 문제로 나눈다. 원 문제는 작은 수준의 하위 문제들을 해결하는 것으로 바뀐다. 이 방법은 묵시적 열거^{implicit enumeration}를 통해 하위 문제를 삭제한다. 즉, 최적해를 갖지 않는 하위 문제는 제거한다. 하위 문제의 해들은 최적의 FBS를 얻을 때까지 병합된다. 또한 절단면 알고리즘을 분기와 한정 알고리즘에 적용한 분기와 절단 알고리즘이 있다.

휴리스틱^{heuristic}이라는 용어는 좋은 해결책을 찾으려는 직관, 규칙 및 아이디어에 의해 유도되는 검색 절차로 정의할 수 있다. **메타휴리스틱**^{metaheuristic}이라는 용어는 지역 최적에서 탈출하고 전역 최적에 좀 더 가까운 해결책을 찾으려는, 강화 및 다각화를 포함한 더 높은 수준의 전략을 가진 검색 절차의

조합이지만, 최적성에 대한 보장은 없다. 정수 계획 문제를 해결하기 위해 적용되고 있는 메타휴리스틱스의 예로는 타부tabu 검색, 시뮬레이션 어닐링simulated annealing, 그리디 랜덤 적응 검색 절차GRASP, greedy randomized adaptive search procedures, 유전 알고리즘, 개미 군집, 입자 무리 등을 언급할 수 있다.

이 장에서는 배낭 문제knapsack의 수학 공식, 이진 변수를 사용한 자본 예산 책정, 이동 판매원, 시설 입지 및 직원 일정 문제뿐만 아니라 엑셀의 해 찾기를 사용한 해를 제시한다.

19.2 정수 계획, 이진 및 선형 완화를 위한 일반 모델의 수학 공식

정수 및/또는 이진 계획에 대한 일반 모델의 공식은 수학적으로 다음과 같이 나타낼 수 있다.

$$\max \text{ 또는 } \min z = f(x_1, x_2, ..., x_n) = c_1 x_1 + c_2 x_2 + \cdots + c_n x_n$$

제약 조건:

$$
\begin{aligned}
& a_{11}x_1 + a_{12}x_2 + \cdots + a_{1n}x_n \{\leq, =, \geq\} b_1 \\
& a_{21}x_1 + a_{22}x_2 + \cdots + a_{2n}x_n \{\leq, =, \geq\} b_2 \\
& \quad \vdots \qquad \vdots \qquad\qquad \vdots \qquad \vdots \\
& a_{m1}x_1 + a_{m2}x_2 + \cdots + a_{mn}x_n \{\leq, =, \geq\} b_m \\
& \qquad\qquad x_1, x_2, ..., x_n \geq 0 \\
& \qquad\qquad x_1, x_2, ..., x_n \text{ (정수, 이진수)}
\end{aligned}
\tag{19.1}
$$

식 (19.1)의 최적해를 찾기 위한 한 가지 접근법은 변수의 통합적 제약 조건(변수가 이진수라는 제약 조건)을 완화하거나 제거해 정수 계획 문제(및/또는 이진 계획)의 **선형 완화**linear relaxation를 통해 선형 계획 문제로 만드는 것이다.

일부 문제에서는, 예를 들어 원래 IP 문제의 통합성 제약 조건(및/또는 변수가 원래 BP 문제에서 이진이라는 제약 조건을 완화한 후)과 심플렉스 방법으로 동일한 문제를 해결하더라도, 구한 해는 통합성 조건(및 변수가 이진수라는)을 만족시킬 수 있다. 그러므로 책에 제시된 예시 중 이 경우에 해당되는 것은 16장의 예제 16.3과 예제 16.10(각각 장난감 회사와 가구 회사 예시)을, 18장의 예제 18.10과 예제 18.11(각각 작업 할당 문제와 최단 경로 문제)을 들 수 있다. 원래 문제의 일부 특성은 정수 조건을 완화하면(그리고/또는 변수가 이진수) 최적해를 즉시 구할 수 있음을 보장한다. 예를 들어, 정숫값을 갖는 노드에 대한 공급 용량과 수요(네트워크 계획 문제), 또는 정수를 가진 자원의 가용성(상품 믹스 또는 생산과 재고 문제) 같은 문제가 있으며, 이들은 심플렉스 방법으로 해결 가능하다.

그러나 많은 경우, 통합성 조건을 완화(및/또는 변수가 이진수라는 제약 조건을 완화)하면, 유감스럽게도 원래의 IP 문제(또는 BP 또는 BIP)의 최적해를 직접 얻을 수 없다. 그러한 경우에 정수 해를 찾는 한 가지 대안은 IP 문제의 선형 완화 후 얻은 해를 **반올림**rounding하는 것이다. 그러나 반올림은 새로운 비가능해로 이어질 수 있다. 또 다른 부정적인 점은 새로운 반올림 해가 원래 정수 계획 문제의 최적해가 된다는 보장이 없다는 점이다. 그러한 보장을 달성하기 위해 다른 방법뿐만 아니라 분기와 한정 알고리즘, 절단면 알고리즘, 분기와 절단 알고리즘, 라그랑지안^{Lagrangian} 완화 같은 정수 계획의 다른 정확한 방법을 적용할 수 있다.

예제 19.1

다음 정수 계획 문제를 고려해보자.

$$\max 4x_1 + 3x_2$$
제약 조건:
$$5x_1 + 3x_2 \leq 22$$
$$2x_1 + 2x_2 \leq 11$$
$$x_1, x_2 \geq 0$$
$$x_1, x_2 \text{는 정수}$$

(19.2)

원래 문제와 완화된 문제의 가능 영역을 구한 다음 비교해보라.

해법

식 (19.2)의 완화된 문제는 다음과 같다.

$$\max 4x_1 + 3x_2$$
제약 조건:
$$5x_1 + 3x_2 \leq 22$$
$$2x_1 + 2x_2 \leq 11$$
$$x_1, x_2 \geq 0$$

(19.3)

식 (19.2)와 식 (19.3) 문제의 그래프 해는 그림 19.1에 있다.

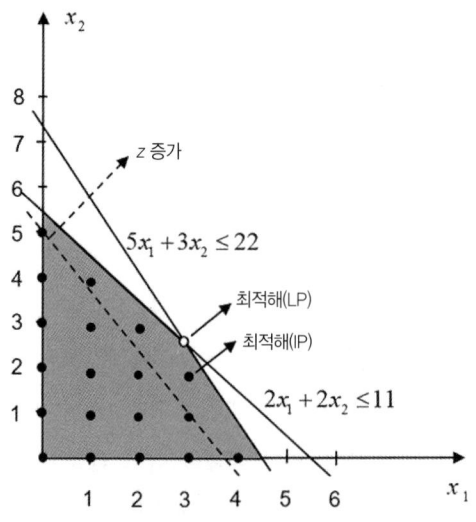

그림 19.1 원래 문제와 완화된 문제의 그래프 해

음영 처리된 부분은 완화 문제의 가능 영역을 나타내며, 최적해는 점 $(x_1, x_2) = (2.75, 2.75)$로 나타난다. 음영 영역의 다른 점들은 최적해로 점 $(x_1, x_2) = (3, 2)$를 갖는 식 (19.2)로 나타난 문제의 실행 가능한 정수 해를 나타낸다. 식 (19.2)로 나타난 가능 정수 해는 (0, 0)을 포함해 19개의 이산 점으로만 구성되며, 모두 완화된 문제의 가능 영역에 속한다는 점에 주목하자. 완화된 문제의 가능 영역은 항상 원래 IP 문제의 가능 정수를 포함하므로, 결과적으로 각 최적해를 포함한다는 것을 확인할 수 있다.

17장에서 LP 문제 해결을 위한 심플렉스 기법은 초기 가능 기본해에서 시작해 각 반복에서 최적의 값에 도달할 때까지 목적 함수의 최적의 새로운 가능해를 찾는 것을 보았다. 모든 가능 기본해는 가능 영역의 극한점에 해당한다. 따라서 심플렉스 방법은 최적해에 도달할 때까지 실행 가능한 모든 해의 작은 부분을 조사하며, 이는 대규모 문제 역시 짧은 계산 시간에 해결될 수도 있음을 의미한다. 안타깝게도 IP 문제와 관련해서는 그렇지 않은데, 초기 FBS에서 시작해 각 반복에서 더 나은 FBS를 찾는 IP 문제를 해결하는 알고리즘은 알려져 있지 않다. 요컨대, IP 문제의 가능 영역은 원래 완화 문제의 가능 영역의 부분집합이지만, IP 문제는 LP 문제보다 훨씬 더 해결하기 어렵다(Winston, 2004).

19.3 배낭 문제

배낭 문제는 n가지 물체 중에서 효용성과 무게를 고려해 배낭으로 어떤 것을 운반할지 결정하는 것이다. 각 물체 j는 효용값 c_j와 무게 p_j를 갖고 있다. 배낭으로 운반할 수 있는 최대 무게는 $C_{\max}$이다. 따라서 목적은 배낭의 용량이 초과되지 않아야 한다는 제약하에서 총 효용을 극대화하기 위해 배낭으로 어떤 물체를 운반할지를 결정하는 것이다.

19.3.1 배낭 문제 모델링

배낭 문제의 모델 모수, 결정 변수 및 전반적인 수학 공식은 다음과 같이 지정된다.

모델 모수:

c_j = 물체 j의 효용

p_j = 물체 j의 무게

$C_{\max}$ = 배낭의 총 용량

결정 변수:

$$x_j = \begin{cases} 1 & \text{물체 } j \text{가 가방에 있는 경우} \\ 0 & \text{그 외} \end{cases}$$

수학 공식:

$$F_{\text{obj}} = \max z = \sum_{j=1}^{n} c_j x_j$$

제약 조건:

$$\sum_{j=1}^{n} p_j x_j \leq C_{\max}$$

$$x_j \in \{0, 1\}$$

(19.4)

이는 이진 계획 문제에 해당한다.

x_j가 배낭에 배치된 j형 물체의 개수에 해당하는 경우(한 배낭은 같은 유형의 물체를 둘 이상 가질 수 있음) 배낭 문제도 **정수 계획**의 문제로 공식화할 수 있다.

예제 19.2

등산객은 효용성을 극대화하기 위해 배낭에 어떤 물체를 담을 것인지를 선택하기를 원한다(이진 계획). 가능한 각 물체에 대해 등산객은 표 19.E.1과 같이 효용과 관련한 점수를 부여했다. 각 물체의 무게도 같은 표에 표시되어 있다. 등산객이 운반할 수 있는 최대 중량은 5kg이다. 배낭 문제를 모델링하라.

표 19.E.1 각 물체의 효용과 무게

물체	효용	무게(g)
Cereal bar	6	200
Jacket	7	400
Tennis shoes	3	400
Mobile phone	2	100
Water	9	1,000
Sunscreen	5	200
Lip balm	2	30
Oxygen bottles	10	3,000
Camera	6	500

해법

모델의 결정 변수는 다음과 같다.

$$x_j = \begin{cases} 1 & \text{물체 } j \text{가 배낭에 있는 경우} \\ 0 & \text{그 외} \end{cases}, \quad j = 1, \ldots, 9$$

지수 j는 다음에 해당한다.

$j = 1$(cereal bar), $j = 2$(jacket), $j = 3$(tennis shoes), ..., $j = 9$(camera)

목적 함수는 배낭의 총 효용을 극대화하고자 한다.

$$F_{obj} = \max z = 6x_1 + 7x_2 + 3x_3 + 2x_4 + 9x_5 + 5x_6 + 2x_7 + 10x_8 + 6x_9$$

모델의 제약 조건은 다음과 같이 설정된다.

1. 물체의 총 무게는 배낭의 용량을 초과할 수 없다.

$$200x_1 + 400x_2 + 400x_3 + 100x_4 + 1,000x_5 + 200x_6 + 30x_7 + 3,000x_8 + 500x_9 \leq 5,000$$

2. 결정 변수 x_j는 이진수다.

$$x_j \in \{0, 1\}, \quad j = 1, 2, \ldots, 9$$

19.3.2 엑셀의 해 찾기를 사용한 배낭 문제 해결

이번 절에서는 엑셀의 해 찾기를 사용해 예제 19.2의 배낭 문제를 해결해보자. 이 문제를 엑셀 스프레드시트로 표현하면 그림 19.2와 같다(Example19.2_Knapsack.xls 파일 참조).

Example 19.2 - Knapsack Problem

Object	Utility c_j	Weight (g) p_j	Object selected x_j	$p_j \cdot x_j$	Total_utility z
Cereal bar	6	200	0	0	0
Jacket	7	400	0	0	
Tennis shoes	3	400	0	0	
Mobile phone	2	100	0	0	
Water	9	1,000	0	0	
Sunscreen	5	200	0	0	
Lip balm	2	30	0	0	
Oxygen bottles	10	3,000	0	0	
Camera	6	500	0	0	
				0	Total_weight
				<=	
				5,000	Knapsack_capacity

그림 19.2 엑셀로 표현한 배낭 문제

그림 19.2에 사용된 공식은 상자 19.2에 명시되어 있다.

해 찾기에서 언급될 그림 19.2의 셀과 셀의 범위에 할당된 이름은 상자 19.3에 나타나 있다.

해 찾기 매개변수 대화상자에 나타난 배낭 문제(예제 19.2)는 그림 19.3과 같다. 여기서는 이진 계획 문제이므로, **추가** 버튼을 통해 새로운 제약 조건을 포함했다(그림 19.4 참조). 왼쪽 그림은 제한 조건 추가를 보여주는데, **셀 참조**에서는 Objects가 선택되고, 중간 셀에서는 다른 제약 조건에서처럼 등호나 부등호를 선택하는 대신 bin 옵션을 선택한다. 오른쪽에는 **2진수**가 자동으로 표시된다는 점에 주목하자. bin 옵션은 제약 조건이 추가된 후 등호 표시로 자동 대체된다. 또한 옵션 대화상자에서 그림 19.4와 같이 **정수 제약 조건 무시** 확인란을 비활성화하고(아니면 이진 제약 조건이 무시된다) **정수 최적화 비율(%)**(값 0%는 입증된 최적 솔루션을 찾도록 보장하지만 상당한 시간이 걸릴 수 있음)을 지정해야 한다.

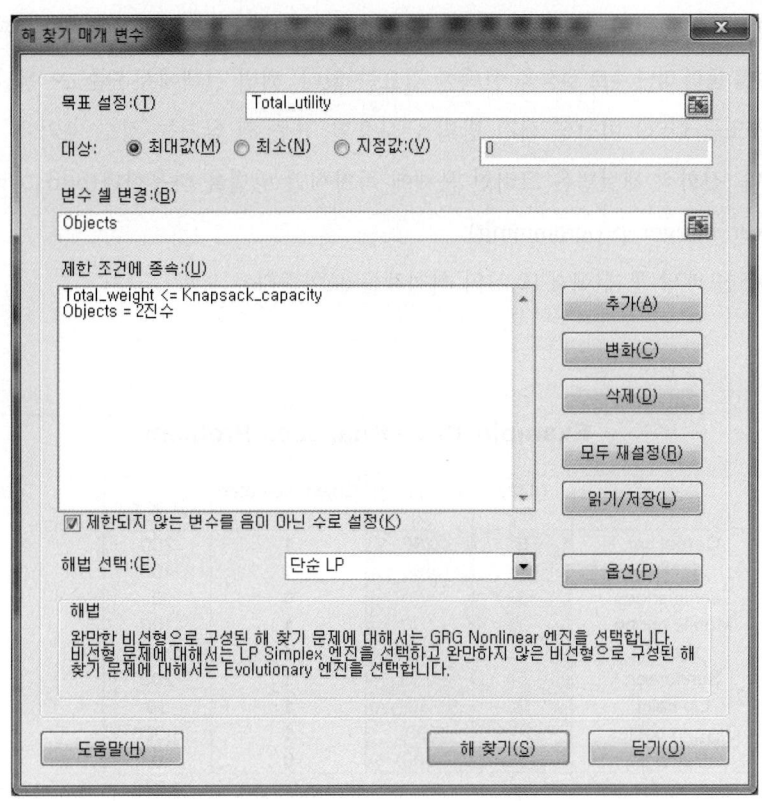

그림 19.3 배낭 문제(예제 19.2)의 해 찾기 매개변수 대화상자

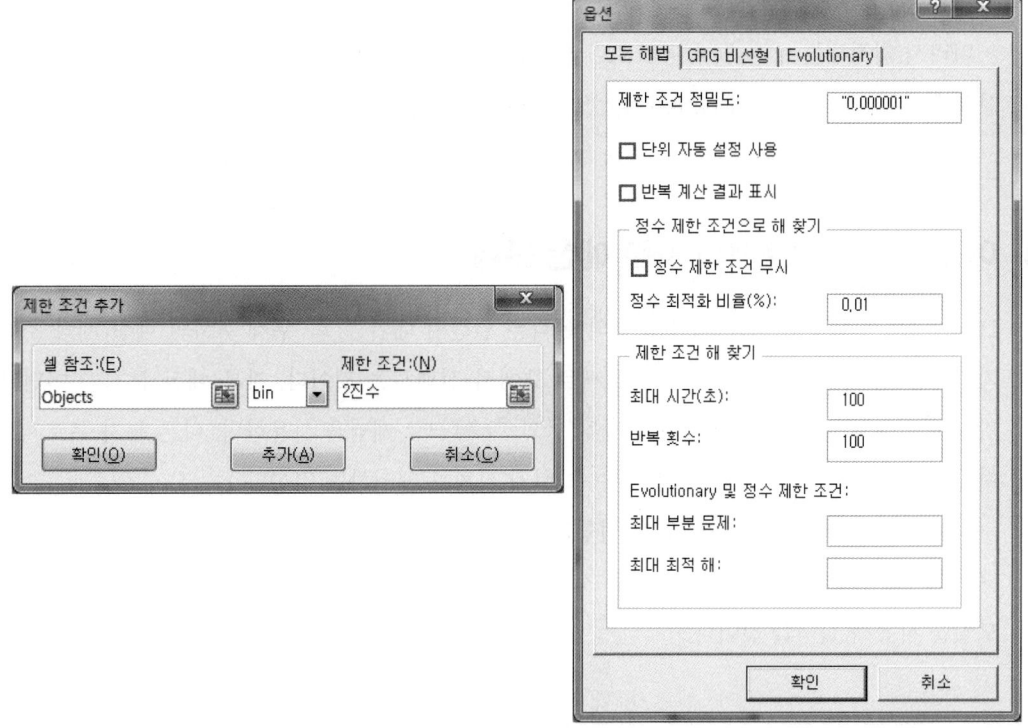

그림 19.4 이진과 정수 제약으로 문제 해결

그림 19.3으로 돌아가면, 결정 변수가 0 또는 1 값만 갖는다는 가정이 이미 추가됐으므로, **제한되지 않는 변수를 음이 아닌 수로 설정**을 선택할 필요는 없다. 해법 선택에서 **단순 LP 엔진**을 선택했다.

단순 LP 또는 GRG 비선형 해결 방법을 사용할 경우 해 찾기는 정수 제약에 분기 및 한정 방법을 사용한다. 진화적 해결법은 그러한 문제에 독자적인 방법을 사용한다(https://www.solver.com/excel-solver-integer-programming).

그림 19.5는 배낭 문제(예제 19.2)의 최적해를 보여준다.

	Object	Utility c_j	Weight (g) p_j	Object selected x_j	$p_j \times x_j$		Total_utility z
Cereal bar	6	200	1	200		41
Jacket	7	400	1	400		
Tennis shoes	3	400	0	0		
Mobile phone	2	100	1	100		
Water	9	1,000	1	1,000		
Sunscreen	5	200	1	200		
Lip balm	2	30	1	30		
Oxygen bottles	10	3,000	1	3,000		
Camera	6	500	0	0		
				4,930		Total_weight
				<=		
				5,000		Knapsack_capacity

그림 19.5 엑셀의 해 찾기를 사용한 배낭 문제(예제 19.2)의 최적해

따라서 최적해는 $x_1 = 1, x_2 = 1, x_3 = 0, x_4 = 1, x_5 = 1, x_6 = 1, x_7 = 1, x_8 = 1, x_9 = 0$(테니스 신발과 카메라를 제외한 모든 값을 1로 선택) 그리고 $z = 41$이다.

19.4 이진 계획 모델로서의 자본 예산 문제

16.6.4절에서 봤듯이 자본 예산 문제의 목적은 일련의 대안들, 즉 투자 회사의 예산 제약 조건을 지키면서 재정적으로 가능한 투자 프로젝트 중에서 선택하는 것이다. 자본 예산 문제는 어떤 투자가 가장 매력적인지 정의하는 순 현재 가치$^{\text{NPV, Net Present Value}}$ 개념을 사용한다. 다른 투자 프로젝트를 고려할 때 가장 매력적인 것은 가장 높은 순 현재 가치를 제시하는 것이다.

자본 예산 문제를 해결하기 위해 선형 계획 모델을 사용했던 16장과 달리, 이 장에서는 프로젝트 j가 승인($x_j = 1$) 또는 거부($x_j = 0$)될 것인지 투자 프로젝트에 대한 일련의 대안들 중에서 **이진 계획** 모델을 사용해 결정할 것이다.

투자 회사는 5개의 프로젝트를 고려하고 있다. 각 프로젝트는 순 현재 가치^{NPV}로 계산되어 있으며 올해와 향후 2년간 투자가 요구된다. 또한 매년, 투자에 한도가 있다. 이 모든 데이터는 표 19.E.2에 수록되어 있다. 회사는 총 NPV를 극대화하기 위해 어떤 프로젝트에 투자할지 결정하기를 원한다. 이 회사의 자본 예산 문제를 모델링하라.

표 19.E.2 투자 회사의 투자 데이터와 프로젝트(백만 달러)

프로젝트	투자			NPV
	연차 0	연차 1	연차 2	
1	5	4	6	22
2	4	3	3	17
3	3	2	1	16
4	4	1	2	14
5	5	3	6	20
가용 자금	12	10	9	

해법

먼저, 모델의 결정 변수를 정의한다.

$$x_j = \begin{cases} 1 & \text{프로젝트 } j \text{가 승인될 경우} \\ 0 & \text{그 외} \end{cases}, \quad j = 1, 2, \ldots, 5$$

이 모델의 목적 함수는 분석 대상 투자 프로젝트 집합의 NPV(백만 달러)를 극대화하고자 한다.

$$F_{obj} = \max z = 22x_1 + 17x_2 + 16x_3 + 14x_4 + 20x_5$$

모델의 제약 조건은 다음과 같이 설정된다.

1. 매년 투자되는 자금은 총 가용 자금을 초과할 수 없다.

$$5x_1 + 4x_2 + 3x_3 + 4x_4 + 5x_5 \leq 12 \quad \text{(연차 0)}$$
$$4x_1 + 3x_2 + 2x_3 + 1x_4 + 3x_5 \leq 10 \quad \text{(연차 1)}$$
$$6x_1 + 3x_2 + 1x_3 + 2x_4 + 6x_5 \leq 9 \quad \text{(연차 2)}$$

2. 결정 변수 x_j는 이진수다.

$$x_j \in \{0, 1\} \quad j = 1, 2, \ldots, 5$$

19.4.1 엑셀의 해 찾기를 사용한 이진 계획 모델로서의 자본 예산 문제 해결

이번 절에서는 엑셀의 해 찾기를 사용해 예제 19.3의 투자 회사 문제를 해결해보자. 이 문제를 엑셀 스프레드시트로 표현하면 그림 19.6과 같다(Example19.3_Investilila.xls 파일 참조).

Example 19.3 - Investilila								
			Projects					
	1	2	3	4	5			
Unit_NPV	22	17	16	14	20			
Unit_investment			Projects					
	1	2	3	4	5	Total_investment		Funds_available
year 0	5	4	3	4	5	0	≤	12
year 1	4	3	2	1	3	0	≤	10
year 2	6	3	1	2	6	0	≤	9
Solution			Projects			z		
	1	2	3	4	5	Total_NPV		
Approved_rejected	0	0	0	0	0	0		

그림 19.6 엑셀로 표현한 투자 회사 문제

그림 19.6에 사용된 공식은 상자 19.4에 명시되어 있다.

상자 19.4 그림 19.6에 사용된 공식

셀	공식
G10	=SUMPRODUCT(B10:F10,B16:F16)
G11	=SUMPRODUCT(B11:F11,B16:F16)
G12	=SUMPRODUCT(B12:F12,B16:F16)
G16	=SUMPRODUCT(B5:F5,B16:F16)

그림 19.6의 셀과 셀 범위에 할당된 이름은 상자 19.5에 제시되어 있다.

상자 19.5 그림 19.6의 셀에 할당된 이름

이름	셀
Unit_NPV	B5:F5
Unit_investment	B10:F12
Total_investment	G10:G12
Funds_available	I10:I12
Approved_rejected	B16:F16
Total_NPV	G16

해 찾기 매개변수 대화상자에 나타난 투자 회사 문제는 그림 19.7과 같다. 배낭 문제와 유사하게, 여기서는 이진 계획 문제이므로 결정 변수가 이진수라는 제약이 포함됐다(그림 19.8 참조). 그렇게 하려면 제약 조건 추가 대화상자의 왼쪽에서 변수 셀(Approved_rejected)을 참조한다. 중간 셀은 bin 옵션을 선택해 오른쪽에 **2진수**가 자동으로 설정되게 한다. 또한 옵션 대화상자에서 **정수 제한 조건 무시** 확인란을 사용하지 않도록 설정하고 그림 19.8과 같이 **정수 최적화 비율(%)** 상자에 0 값을 지정해야 한다.

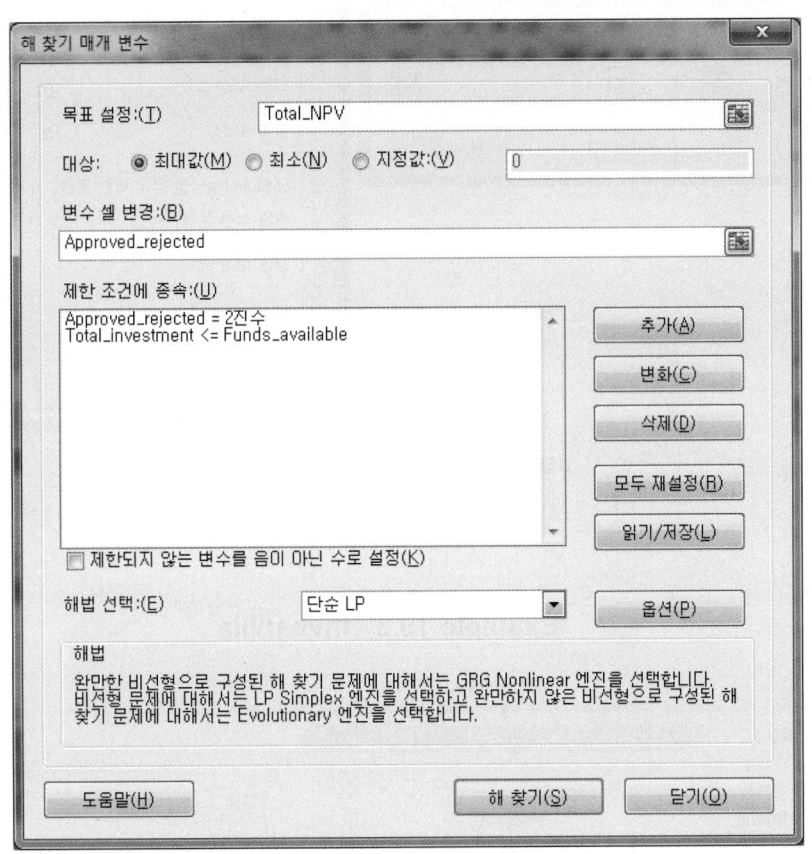

그림 19.7 투자 회사 문제의 해 찾기 매개변수 대화상자

그림 19.7에서 **단순 LP** 옵션을 **해법 선택**에서 설정했다는 점에 주목하자. 이진 제약 조건이 이미 추가됐으므로 **제한되지 않는 변수를 음이 아닌 수로 설정** 확인란을 선택할 필요가 없다. 그림 19.9는 투자 회사 문제의 최적해를 보여준다(예제 19.3).

따라서 최적 FBS는 $x_1 = 1, x_2 = 0, x_3 = 1, x_4 = 1, x_5 = 0$(프로젝트 1, 3, 4에 투자) 그리고 $z = 52$(총 5,200만 달러의 NPV)이다.

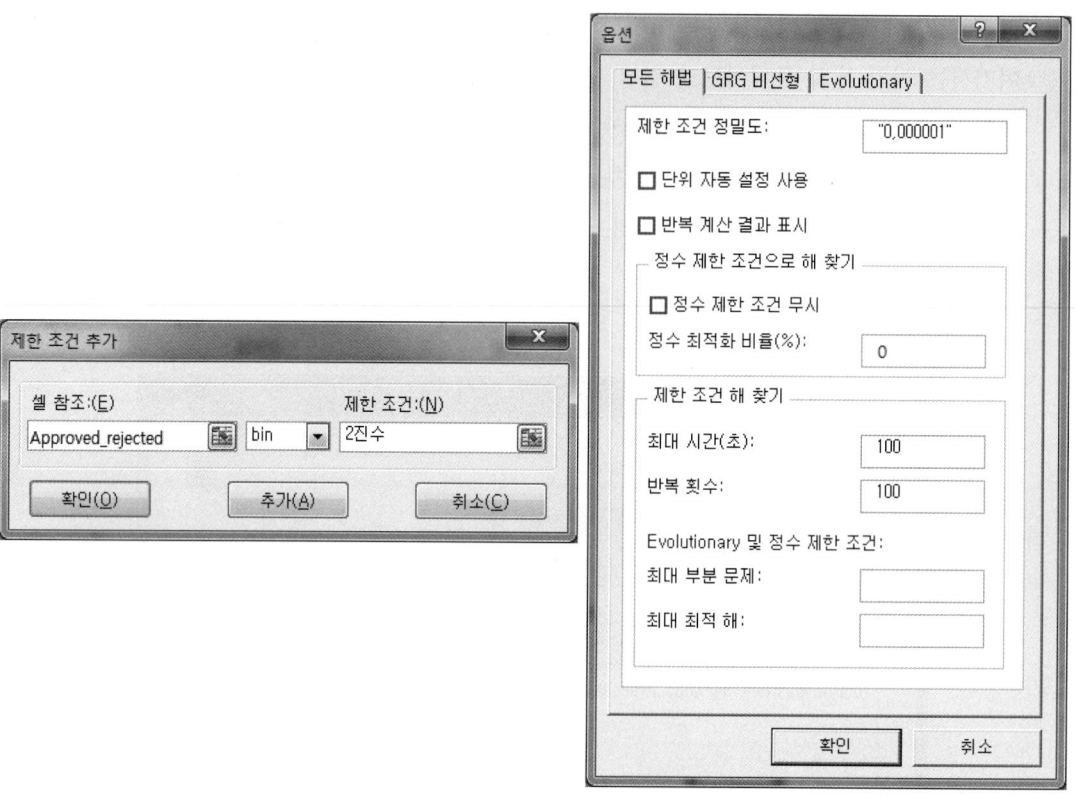

그림 19.8 이진과 정수 제한으로 문제 해결

	A	B	C	D	E	F	G	H	I
1				**Example 19.3 - Investilila**					
2									
3				Projects					
4		1	2	3	4	5			
5	Unit_NPV	22	17	16	14	20			
6									
7									
8	Unit_investment			Projects					
9		1	2	3	4	5	Total_investment		Funds_available
10	year 0	5	4	3	4	5	12	≤	12
11	year 1	4	3	2	1	3	7	≤	10
12	year 2	6	3	1	2	6	9	≤	9
13									
14	**Solution**			Projects			z		
15		1	2	3	4	5	Total_NPV		
16	Approved_rejected	1	0	1	1	0	52		

그림 19.9 엑셀의 해 찾기를 사용한 투자 회사 문제의 최적해

19.5 이동 판매원 문제

최단 경로 문제의 경우와 마찬가지로, 이동 판매원 문제도 **네트워크 계획** 문제처럼 모델링될 수 있는 **이진 계획** 문제에 해당한다.

이동 판매원 문제[TSP, Traveling Salesman Problem]는 해밀턴 경로[Hamilton path]를 결정하는 것과 관련된 최적화 문제다. 그 기원은 윌리엄 로완 해밀턴[William Rowan Hamilton]이 12면체(20개의 노드와 30개의 호, 12개의 면)의 노드를 통해 길을 찾는데 그 어떤 노드도 중복해 지나지 않으면서 모든 노드를 지나되 시작점과 끝점이 같도록 하는 게임을 제안한 것이다. 무방향 그래프 $G = (N, A)$가 n개 도시의 집합 N과 도시 사이의 호 집합 A로 구성됐다고 하자. 따라서 TSP의 목적은 모든 노드를 한 번만 방문하는 가장 저렴한 비용의 해밀턴 경로를 그래프 $G = (N, A)$에서 찾는 것이다.

다시 말해, 문제는 이동 판매원(또는 차량)이 한 번에 네트워크의 모든 노드(도시 또는 클라이언트)를 방문할 수 있는 최소 비용의 단일 경로를 찾는 것이다. 문제의 그래프와 게임의 가능한 해법 중 하나가 그림 19.10에 제시되어 있다.

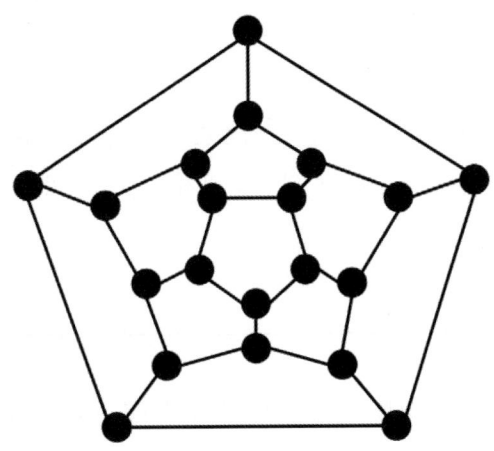

그림 19.10 해밀턴 문제의 그래프(출처: Goldbarg, M.C., Luna, H.P.L., 2005. Otimização combinatória e programação linear. 2nd ed. Campus Elsevier, Rio de Janeiro)

19.5.1 이동 판매원 문제 모델링

이동 판매원 문제에 대한 몇 가지 공식이 있다. Dantzig et. al(1954)은 다음과 같이 명시된 TSP를 모델링했다.

모델 모수:

c_{ij} = 도시 $i(i = 1, ..., n)$에서 도시 $j(j = 1, ..., n)$까지의 비용 또는 거리

결정 변수:

$$x_{ij} = \begin{cases} 1 & \text{이동 판매원이 도시 } i \text{에서 } j \text{로 직접 갈 때}(i \neq j) \\ 0 & \text{그 외} \end{cases}$$

수학 공식:

$$(F_{\text{obj}}) = \min z = \sum_{i=1}^{n} \sum_{j=1}^{n} c_{ij} x_{ij}$$

제약 조건:

$$
\begin{aligned}
\sum_{i=1}^{n} x_{ij} &= 1 & \forall_j \in N \quad (1) \\
\sum_{j=1}^{n} x_{ij} &= 1 & \forall_i \in N \quad (2) \\
\sum_{i,j \in S} x_{ij} &\leq |S| - 1 & \forall S \subset N \quad (3) \\
x_{ij} &\in \{0, 1\} & \forall_{i,j} \in N \quad (4)
\end{aligned}
$$

$$(19.5)$$

이는 이진 계획 문제에 해당한다.

목적 함수는 경로의 비용이나 총 거리를 최소화하고자 한다. 제약 조건 (1)과 (2)는 각 노드를 한 번만 방문하도록 보장한다. S가 G의 부분 그래프로서 $|S|$가 해당 부분 그래프의 노드 수를 나타낸다고 하자. 따라서 제약 (3)은 부분 경로의 형성을 방지한다. 마지막으로, 제약 조건 (4)는 결정 변수가 이진수임을 제약한다.

예제 19.4

표 19.E.3에 나타난 좌표 (x, y)가 명시된 5개 도시의 대칭 이동 판매원 문제를 고려하자. 이동 판매원 문제를 모델링하라.

표 19.E.3 5개 도시의 좌표 (x, y)

도시	x	y
1	10	30
2	20	50
3	50	90
4	70	30
5	90	50

해법

5개 도시는 그림 19.11과 같이 그래프로 나타낼 수 있다.

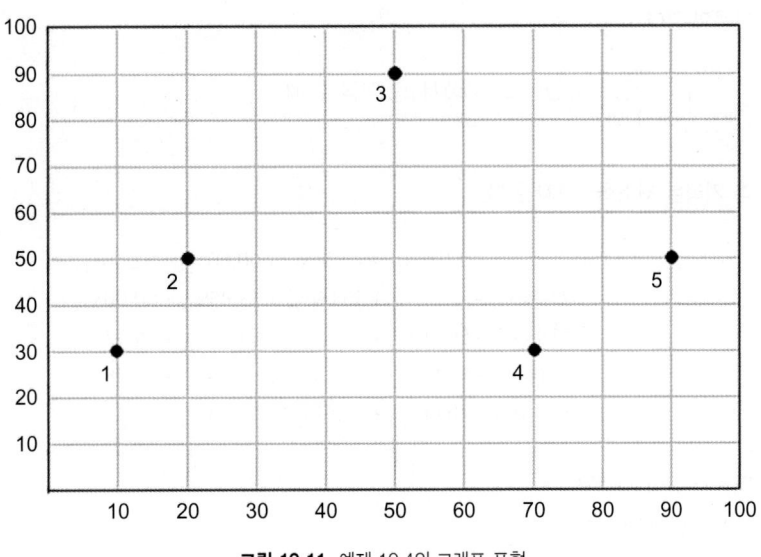

그림 19.11 예제 19.4의 그래프 표현

부분 경로의 예는 그림 19.12에 나타나 있다. 왼쪽에는 노드가 3개인 부분 경로 $S = \{1, 2, 4\}$가 있고, 오른쪽에는 노드가 4개인 부분 경로 $S = \{2, 3, 4, 5\}$가 있다.

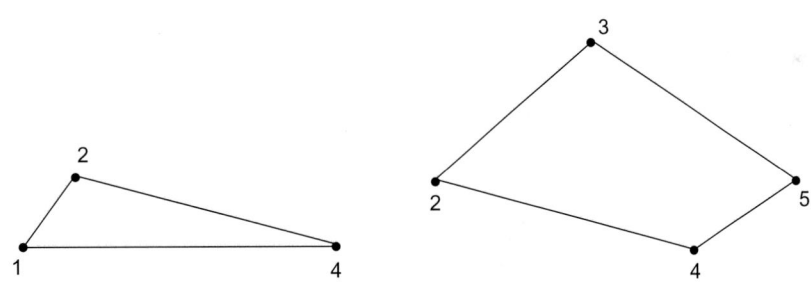

그림 19.12 예제 19.4의 부분 경로

먼저 식 $d_{ij} = \sqrt{\left(x_i - x_j\right)^2 + \left(y_i - y_j\right)^2}$을 통해 각 도시 i와 j 사이의 유클리드 거리를 계산해야 하며, 그 결과는 표 19.E.4에 나와 있다.

표 19.E.4 각 도시 i, j 쌍 사이의 유클리드 거리

	1	2	3	4	5
1	x	22.36	72.11	60.00	82.46
2	22.36	x	50.00	53.85	70.00
3	72.11	50.00	x	63.25	56.57
4	60.00	53.85	63.25	x	28.28
5	82.46	70.00	56.57	28.28	x

모델의 결정 변수는 다음과 같다.

$$x_{ij} = \begin{cases} 1 & \text{이동 판매원이 도시 } i \text{에서 } j \text{로 직접 갈 때} \\ 0 & \text{그 외} \end{cases}, \quad i = 1, \dots, 5 \quad j = 1, \dots, 5$$

목적 함수는 경로의 총 거리를 최소화하고자 한다.

$$
\begin{aligned}
F_{obj} = \min z = \quad & 22.36x_{12} + 72.11x_{13} + 60.00x_{14} + 82.46x_{15} + \\
& 22.36x_{21} + \quad\quad\quad\;\; + 50.00x_{23} + 53.85x_{24} + 70.00x_{25} + \\
& 72.11x_{31} + 50.00x_{32} + \quad\quad\quad\;\; + 63.25x_{34} + 56.57x_{35} + \\
& 60.00x_{41} + 53.85x_{42} + 63.25x_{43} + \quad\quad\quad\;\; + 28.28x_{45} + \\
& 82.46x_{51} + 70.00x_{52} + 56.57x_{53} + 28.28x_{54}
\end{aligned}
$$

모델의 제약 조건은 다음과 같이 지정된다.

1. 각 노드 j는 반드시 한 번만 방문해야 한다.

$$
\begin{aligned}
x_{21} + x_{31} + x_{41} + x_{51} &= 1 \quad (j = 1) \\
x_{12} + x_{32} + x_{42} + x_{52} &= 1 \quad (j = 2) \\
x_{13} + x_{23} + x_{43} + x_{53} &= 1 \quad (j = 3) \\
x_{14} + x_{24} + x_{34} + x_{54} &= 1 \quad (j = 4) \\
x_{15} + x_{25} + x_{35} + x_{45} &= 1 \quad (j = 5)
\end{aligned}
$$

2. 각 노드 i는 반드시 한 번만 방문해야 한다.

$$
\begin{aligned}
x_{12} + x_{13} + x_{14} + x_{15} &= 1 \quad (i = 1) \\
x_{21} + x_{23} + x_{24} + x_{25} &= 1 \quad (i = 2) \\
x_{31} + x_{32} + x_{34} + x_{35} &= 1 \quad (i = 3) \\
x_{41} + x_{42} + x_{43} + x_{45} &= 1 \quad (i = 4) \\
x_{51} + x_{52} + x_{53} + x_{54} &= 1 \quad (i = 5)
\end{aligned}
$$

3. 제약 (3)은 2개의 노드로 부분 경로가 형성되는 것을 방지한다($|S| = 2$).

$$
\begin{aligned}
x_{12} + x_{21} &\leq 1 \\
x_{13} + x_{31} &\leq 1 \\
x_{14} + x_{41} &\leq 1 \\
x_{15} + x_{51} &\leq 1 \\
x_{23} + x_{32} &\leq 1 \\
x_{24} + x_{42} &\leq 1 \\
x_{25} + x_{52} &\leq 1 \\
x_{34} + x_{43} &\leq 1 \\
x_{35} + x_{53} &\leq 1 \\
x_{45} + x_{54} &\leq 1
\end{aligned}
$$

노드가 2개인 가능한 모든 부분 경로 조합이 고려된다는 점에 유의하자.

4. 제약 (4)는 3개의 노드로 부분 경로가 형성되는 것을 방지한다($|S| = 3$).

$$x_{12} + x_{23} + x_{31} \leq 2$$
$$x_{12} + x_{24} + x_{41} \leq 2$$
$$x_{12} + x_{25} + x_{51} \leq 2$$
$$x_{13} + x_{34} + x_{41} \leq 2$$
$$x_{13} + x_{35} + x_{51} \leq 2$$
$$x_{14} + x_{45} + x_{51} \leq 2$$
$$x_{23} + x_{34} + x_{42} \leq 2$$
$$x_{23} + x_{35} + x_{52} \leq 2$$
$$x_{24} + x_{45} + x_{52} \leq 2$$
$$x_{34} + x_{45} + x_{53} \leq 2$$

5. 노드가 4개($|S| = 4$)인 부분 경로는 형성되지 않는다.

$$x_{12} + x_{23} + x_{34} + x_{41} \leq 3$$
$$x_{12} + x_{23} + x_{35} + x_{51} \leq 3$$
$$x_{12} + x_{24} + x_{45} + x_{51} \leq 3$$
$$x_{13} + x_{34} + x_{45} + x_{51} \leq 3$$
$$x_{23} + x_{34} + x_{45} + x_{52} \leq 3$$

6. 비음수성 제약

$$x_{ij} \geq 0, \quad i \neq j, \quad i = 1, \ldots, 5 \qquad j = 1, \ldots, 5$$

19.5.2 엑셀의 해 찾기를 사용한 이동 판매원 문제 해결

이번 절에서는 엑셀의 해 찾기를 사용해 예제 19.4의 이동 판매원 문제를 해결해보자. 이 문제를 엑셀 스프레드시트로 표현하면 그림 19.13과 같다(Example19.4_TravelingSalesman.xls 파일 참조).

그림 19.13에 사용된 공식과 관련해, C열과 V열 사이 11~49줄의 모든 셀은 같은 열의 5행 셀에 해당한다. 예를 들어 G11 = G5, C12 = C5, D13 = D5에서 T49 = T5 또는 V32 = V5까지 등이다. 그런 관점에서, 주어진 행의 W열 셀은 같은 행의 V열의 셀과 C열 셀의 합에 해당한다. 예를 들어, W11 = SUM(C11:V11)부터 W49 = SUM(C49:V49)까지다. 목적 셀의 공식은 X5 = SUMPRODUCT(C5:V5, C7:V7)이다.

엑셀의 해 찾기에서 언급될 그림 19.13의 셀과 셀 범위에 할당된 이름은 상자 19.6에 나타나 있다.

Example 19.4 - Traveling Salesman Problem

		z	0.00

Start		1	1	1	1	2	2	2	2	3	3	3	3	4	4	4	4	5	5	5	5	Total		
End		2	3	4	5	1	3	4	5	1	2	4	5	1	2	3	5	1	2	3	4			
Solution		0	0	0	0	0	0	0	0	0	0	0	0	0	0	0	0	0	0	0	0			
Distance		22.36	72.11	60.00	82.46	22.36	50.00	53.85	70.00	72.11	50.00	63.25	56.57	60.00	53.85	63.25	28.28	82.46	70.00	56.57	28.28			
Node j	j=1					0				0				0				0				0	=	1
	j=2	0									0				0				0			0	=	1
	j=3		0				0									0				0		0	=	1
	j=4			0				0				0									0	0	=	1
	j=5				0				0				0				0					0	=	1
Node i	i=1	0	0	0	0																	0	=	1
	i=2					0	0	0	0													0	=	1
	i=3									0	0	0	0									0	=	1
	i=4													0	0	0	0					0	=	1
	i=5																	0	0	0	0	0	=	1
Sub-routes with 2 nodes	1, 2	0				0																0	<=	1
	1, 3		0							0												0	<=	1
	1, 4			0										0								0	<=	1
	1, 5				0													0				0	<=	1
	2, 3						0				0											0	<=	1
	2, 4							0							0							0	<=	1
	2, 5								0										0			0	<=	1
	3, 4											0				0						0	<=	1
	3, 5												0							0		0	<=	1
	4, 5																0				0	0	<=	1
Sub-routes with 3 nodes	1, 2, 3	0	0			0	0			0	0											0	<=	2
	1, 2, 4	0		0		0		0						0	0							0	<=	2
	1, 2, 5	0			0	0			0									0	0			0	<=	2
	1, 3, 4		0	0						0		0		0		0						0	<=	2
	1, 3, 5		0		0					0			0					0		0		0	<=	2
	1, 4, 5			0	0									0			0	0			0	0	<=	2
	2, 3, 4						0	0			0	0			0	0						0	<=	2
	2, 3, 5						0		0		0		0						0	0		0	<=	2
	2, 4, 5							0	0						0		0		0		0	0	<=	2
	3, 4, 5											0	0			0	0			0	0	0	<=	2
Sub-routes with 4 nodes	1, 2, 3, 4	0	0	0		0	0	0		0	0	0		0	0	0						0	<=	3
	1, 2, 3, 5	0	0		0	0	0		0	0	0		0					0	0	0		0	<=	3
	1, 2, 4, 5	0		0	0	0		0	0					0	0		0	0	0		0	0	<=	3
	1, 3, 4, 5		0	0	0					0		0	0	0		0	0	0		0	0	0	<=	3
	2, 3, 4, 5						0	0	0		0	0	0		0	0	0		0	0	0	0	<=	3

1170

상자 19.6 그림 19.13의 셀에 할당된 이름

이름	셀
Routes	C5:V5
Total_distance	X5
Visits_j	W11:W15
Visits_i	W17:W21
Sub_routes_2_nodes	W23:W32
Sub_routes_3_nodes	W34:W43
Sub_routes_4_nodes	W45:W49

해 찾기 매개변수 대화상자에 나타난 이동 판매원 문제는 그림 19.14와 같다. 여기는 이진 계획 문제이므로 결정 변수 *Routes*가 이진수라는 제약 조건이 포함됐다. 이전 문제와 유사하게, **옵션** 버튼을 클릭하면 **정수 제약 조건 무시** 확인란을 사용하지 않도록 설정하고 **정수 최적화 비율(%)** 상자에 값 0을 지정하는 것을 잊지 말자.

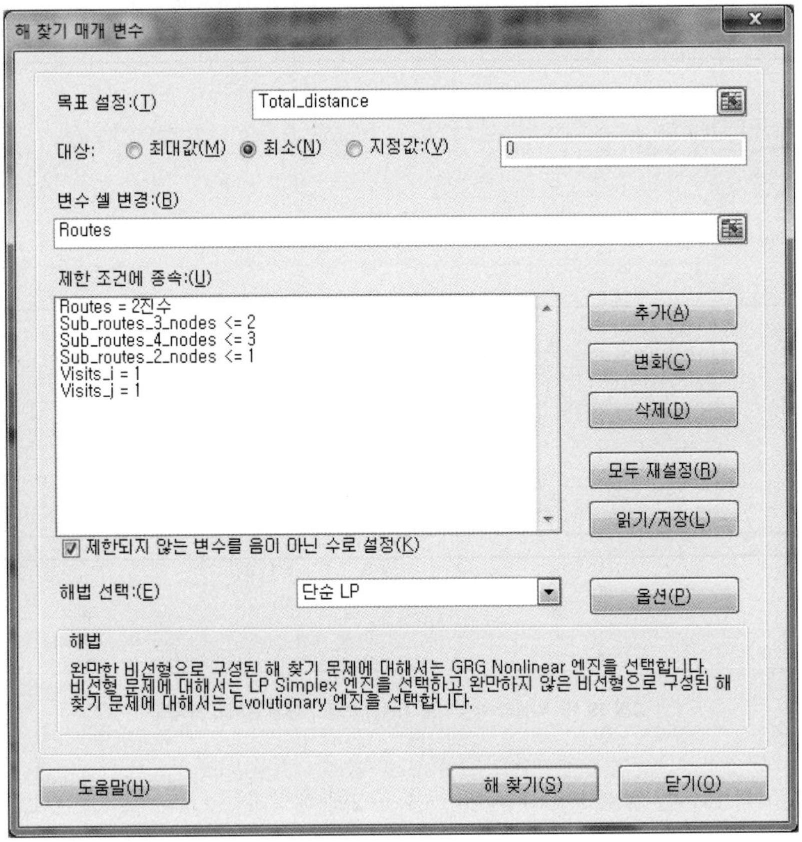

그림 19.14 이동 판매원 문제의 해 찾기 매개변수 대화상자

결정 변수가 0 또는 1 값만 갖는다는 가정이 이미 추가됐으므로 **제한되지 않는 변수를 음이 아닌 수로 설정** 확인란을 선택할 필요가 없다. 해법은 '단순 LP' 기법을 선택했다. 그림 19.15는 이동 판매원 문제(예제 19.4)의 최적해를 보여준다.

Example 19.4 - Traveling Salesman Problem

#	A	B	C	D	E	F	G	H	I	J	K	L	M	N	O	P	Q	R	S	T	U	V	W	X	Y
3		Start	1	1	1	1	2	2	2	2	3	3	3	3	4	4	4	4	5	5	5	5			
4		End	2	3	4	5	1	3	4	5	1	2	4	5	1	2	3	5	1	2	3	4		z	
5		Solution	1	0	0	0	0	1	0	0	0	0	0	1	1	0	0	0	0	0	0	1		217.21	
7		Distance	22.36	72.11	60.00	82.46	22.36	50.00	53.85	70.00	72.11	50.00	63.25	56.57	60.00	53.85	63.25	28.28	82.46	70.00	56.57	28.28			
9																							Total		
11	Node j	j=1					0				0				1				0				1	=	1
12		j=2	1									0				0				0			1	=	1
13		j=3		0				1									0				0		1	=	1
14		j=4			0				0				0									1	1	=	1
15		j=5				0				0				1				0					1	=	1
17	Node i	i=1	1	0	0	0																	1	=	1
18		i=2					0	1	0	0													1	=	1
19		i=3									0	0	0	1									1	=	1
20		i=4													1	0	0	0					1	=	1
21		i=5																	0	0	0	1	1	=	1
23	Sub-routes with 2 nodes	1, 2	1				0																1	<=	1
24		1, 3		0							0												0	<=	1
25		1, 4			0										1								1	<=	1
26		1, 5				0													0				0	<=	1
27		2, 3						1				0											1	<=	1
28		2, 4							0							0							0	<=	1
29		2, 5								0										0			0	<=	1
30		3, 4											0				0						0	<=	1
31		3, 5												1							0		1	<=	1
32		4, 5																0				1	1	<=	1
34	Sub-routes with 3 nodes	1, 2, 3	1	0			0	1			0	0											2	<=	2
35		1, 2, 4	1		0		0		0						1	0							2	<=	2
36		1, 2, 5	1			0	0			0									0	0			1	<=	2
37		1, 3, 4		0	0						0		0		1		0						1	<=	2
38		1, 3, 5		0		0					0			1					0		0		1	<=	2
39		1, 4, 5			0	0									1			0	0			1	2	<=	2
40		2, 3, 4						1	0			0	0			0	0						1	<=	2
41		2, 3, 5						1		0		0		1						0	0		2	<=	2
42		2, 4, 5							0	0						0		0		0		1	1	<=	2
43		3, 4, 5											0	1			0	0			0	1	2	<=	2
45	Sub-routes with 4 nodes	1, 2, 3, 4	1					1			0				1								3	<=	3
46		1, 2, 3, 5	1					1				1		1									3	<=	3
47		1, 2, 4, 5	1			0													0	0		1	1	<=	3
48		1, 3, 4, 5		0							0								0	0			0	<=	3
49		2, 3, 4, 5						1						0					0	0		1	1	<=	3

그림 19.15 엑셀의 해 찾기를 사용한 이동 판매원 문제의 최적해

따라서 최적 FBS는 경로 $1 \to 4 \to 5 \to 3 \to 2$에 해당하는 $x_{14} = 1$, $x_{21} = 1$, $x_{32} = 1$, $x_{45} = 1$, $x_{53} = 1$(또는 반대 방향에 해당하는 $x_{12} = 1$, $x_{23} = 1$, $x_{35} = 1$, $x_{41} = 1$, $x_{54} = 1$), z = 217.21이다. 이 해는 그림 19.16과 같이 그래프로 나타낼 수도 있다.

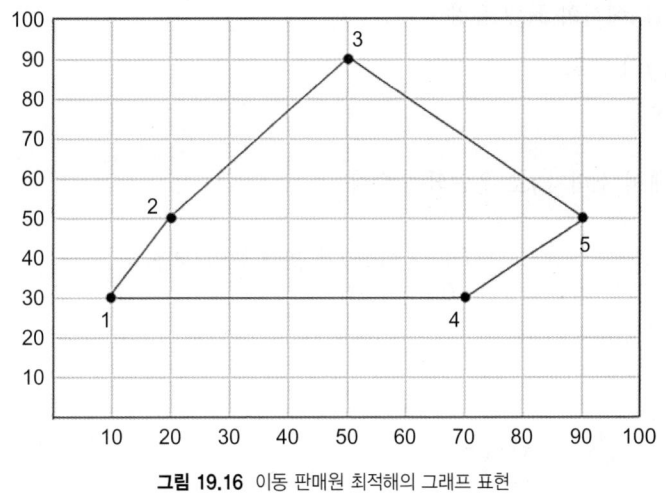

그림 19.16 이동 판매원 최적해의 그래프 표현

19.6 시설 입지 문제

시설 입지 모델은 최근 수십 년간 널리 연구돼왔다. **시설**[facility]이라는 용어는 공장, 유통 센터, 항만, 공항, 터미널 등을 포함한다. 시설 입지 문제의 목적은 시설 수를 결정하고 후보지 중에서 최적의 장소를 선정하는 것뿐만 아니라, 시설에서 최종 고객에게 제품을 더 잘 분배해 가능한 최저 비용으로 수요를 충족시키는 것이다. 가장 간단한 문제는 공급망(단일 단계 위치 문제)의 연결 2개만 고려하지만, 전송 문제에서 발생하는 것처럼 3개의 연결(2단계 위치 문제)로 일반화할 수 있다. 따라서 2단계 시설 입지 문제는 환적 문제의 연장선상으로서, 환적 지점을 위치시켜야 한다(환적 지점이 변수가 된다). 따라서 시설 입지 문제도 **네트워크 계획** 문제처럼 모델링할 수 있다. 여기서는 가장 간단한 단일 단계 모델을 소개한다.

19.6.1 시설 입지 문제 모델링

시설 입지 문제의 모델 모수, 결정 변수 및 전반적인 수학 공식은 Chopra and Meindl(2015)을 따라 다음과 같이 명시한다.

지수:

$i = 1, ..., m$은 시설을 나타낸다.

$j = 1, ..., n$은 소비자를 나타낸다.

모델 모수:

$c_{ij} =$ 시설 i에서 소비자 j까지의 운송 비용

$f_i =$ 시설 i 운영 유지비

$C_{\max, i}$ = 시설 i에서의 최대 용량

D_j = 소비자 j의 수요

결정 변수:

x_{ij} = 시설 i에서 소비자 j로 운송되는 수량

$$y_i = \begin{cases} 1 & \text{시설 } i\text{가 운영 중인 경우} \\ 0 & \text{그 외} \end{cases}$$

수학 공식:

$$F_{\text{obj}} = \min z = \sum_{i=1}^{m} f_i y_i + \sum_{i=1}^{m}\sum_{j=1}^{n} c_{ij} x_{ij}$$

제약 조건:

$$\sum_{j=1}^{n} x_{ij} \leq C_{\max, i} \cdot y_i, \quad i = 1, \ldots, m \qquad (1)$$

$$\sum_{i=1}^{m} x_{ij} = D_j, \qquad\qquad j = 1, \ldots, n \qquad (2)$$

$$x_{ij} \geq 0, \qquad\qquad i = 1, \ldots, m, \ \ j = 1, \ldots, n \ \ (3)$$

$$y_i \in \{0, 1\}, \qquad\qquad i = 1, \ldots, m \qquad (4)$$

$$\text{(19.6)}$$

이는 **혼합 이진 계획** 문제에 해당한다.

시설 입지 모델의 목적 함수는 설비 유지 보수에 필요한 고정 비용과 시설에서 최종 고객에 이르는 운송 비용의 합을 최소화하고자 한다. 제약 조건 (1)은 각 설비의 최대 용량을 초과하지 않음을 보장한다. 분명히, 시설에서의 수용력은 그 시설이 개방되어 있을 때만 고려될 것이다. 두 번째 제약 조건은 각 소비자 j의 수요를 충족시킬 것을 보장한다. 마지막으로, 결정 변수 x_{ij}는 양수이고 변수 y_i는 이진수임을 확인한다.

예제 19.5

한 식품 회사가 새 공장을 열 계획이며 브라질의 5개 도시 Manaus, Fortaleza, Vitoria, Barueri, Curitiba의 가능성을 검토하고 있다. 새로운 시설에서 제품들은 Sao Luis, Brasilia, Belo Horizonte, Rio de Janeiro, Sao Paulo의 5개 최종 고객 지역으로 전달될 예정이다(그림 19.17).

각 공장에는 표 19.E.5와 같이 유지 보수 비용과 최대 용량이 고정되어 있다. 소비자의 수요 외에 각 공장에서 각 최종 소비자에게 운송되는 단위당 운송 비용도 표 19.E.5에 자세히 나와 있다. 회사는 설치를 위한 고정 비용과 운송 비용의 합계를 최소화하여 최종 고객의 요구를 충족시키기 위해 어떤 공장을 열 것인지 결정한다. 시설 입지 문제를 모델링하라.

그림 19.17 식품 회사의 시설 입지 문제

표 19.E.5 운송 비용, 고정 비용, 용량, 수요

	단위 운송 비용					고정 비용	용량
	Sao Luis	Brasilia	Belo Horizonte	Rio de Janeiro	Sao Paulo		
Manaus	0.82	0.95	1.10	1.33	1.22	111,000	35,000
Fortaleza	0.74	1.12	1.06	1.13	1.24	124,000	30,000
Vitoria	1.34	1.24	0.72	0.72	0.88	120,000	25,000
Barueri	1.48	1.26	0.98	0.95	0.70	135,000	30,000
Curitiba	1.52	1.45	1.33	1.22	1.15	140,000	20,000
수요	16,000	18,000	12,000	17,000	20,000		

해법

모델의 결정 변수는 다음과 같다.

x_{ij} = 시설 $i(i = 1, ..., 5)$에서 소비자 $j(j = 1, ..., 5)$로 운송되는 수량

$$y_i = \begin{cases} 1 & \text{시설 } i\text{가 운영 중인 경우} \\ 0 & \text{그 외} \end{cases}, \quad i = 1, ..., 5$$

여기서 지수 i는 다음에 해당한다.

$i = 1$(Manaus), $i = 2$(Fortaleza), $i = 3$(Vitoria), $i = 4$(Barueri), $i = 5$(Curitiba)

지수 j는 다음과 같다.

$j = 1$(Sao Luis), $j = 2$(Brasilia), $j = 3$(Belo Horizonte), $j = 4$(Rio de Janeiro), $j = 5$(Sao Paulo)

목적 함수는 공장 유지 보수와 운송 비용의 고정 비용 합계를 최소화하고자 한다.

$$\begin{aligned} F_{obj} = \min z = {}& 111{,}000y_1 + 124{,}000y_2 + 120{,}000y_3 + 135{,}000y_4 + 140{,}000y_5 \\ & + 0.82x_{11} + 0.95x_{12} + 1.10x_{13} + 1.33x_{14} + 1.22x_{15} \\ & + 0.74x_{21} + 1.12x_{22} + 1.06x_{23} + 1.13x_{24} + 1.24x_{25} \\ & + 1.34x_{31} + 1.24x_{32} + 0.72x_{33} + 0.72x_{34} + 0.88x_{35} \\ & + 1.48x_{41} + 1.26x_{42} + 0.98x_{43} + 0.95x_{44} + 0.70x_{45} \\ & + 1.52x_{51} + 1.45x_{52} + 1.33x_{53} + 1.22x_{54} + 1.15x_{55} \end{aligned}$$

모델의 제약 조건은 다음과 같이 지정된다.

1. 각 공장의 최대 용량은 다음을 초과할 수 없다.

$x_{11} + x_{12} + x_{13} + x_{14} + x_{15} \leq 35{,}000y_1$ (Manaus 공장)
$x_{21} + x_{22} + x_{23} + x_{24} + x_{25} \leq 30{,}000y_2$ (Fortalez 공장)
$x_{31} + x_{32} + x_{33} + x_{34} + x_{35} \leq 25{,}000y_3$ (Vitorial 공장)
$x_{41} + x_{42} + x_{43} + x_{44} + x_{45} \leq 30{,}000y_4$ (Barueri 공장)
$x_{51} + x_{52} + x_{53} + x_{54} + x_{55} \leq 20{,}000y_5$ (Curitiba 공장)

2. 각 고객의 요구를 충족해야 한다.

$x_{11} + x_{21} + x_{31} + x_{41} + x_{51} = 16{,}000$ (Sao Luis 고객)
$x_{12} + x_{22} + x_{32} + x_{42} + x_{52} = 18{,}000$ (Brasilia 고객)
$x_{13} + x_{23} + x_{33} + x_{43} + x_{53} = 12{,}000$ (Belo Horizonte 고객)
$x_{14} + x_{24} + x_{34} + x_{44} + x_{54} = 17{,}000$ (Rio de Janeiro 고객)
$x_{15} + x_{25} + x_{35} + x_{45} + x_{55} = 20{,}000$ (Sao Paulo 고객)

3. 결정 변수 x_{ij}는 양수다.

$x_{ij} \geq 0, \quad i = 1, ..., 5, \quad j = 1, ..., 5$

4. 결정 변수 y_i는 이진수다.

$y_i \in \{0, 1\}, \quad i = 1, ..., 5$

19.6.2 엑셀의 해 찾기를 사용한 설비 입지 문제 해결

이번 절에서는 엑셀의 해 찾기를 사용해 예제 19.5의 시설 입지 문제를 해결해보자. 이 문제를 엑셀 스프레드시트로 표현하면 그림 19.18과 같다(Example19.5_Location.xls 파일 참조).

Example 19.5 - Facility Location Problem

	Sao Luis	Brasilia	Belo Horiz	Rio Janeiro	Sao Paulo	Fixed_cost	Capacity
			Transportation_costs				
Manaus	0.82	0.95	1.10	1.33	1.22	111,000	35,000
Fortaleza	0.74	1.12	1.06	1.13	1.24	124,000	30,000
Vitoria	1.34	1.24	0.72	0.72	0.88	120,000	25,000
Barueri	1.48	1.26	0.98	0.95	0.70	135,000	30,000
Curitiba	1.52	1.45	1.33	1.22	1.15	140,000	20,000
Demand	16,000	18,000	12,000	17,000	20,000		

Capacity constraints

					Demand constraints			
Manaus	0	<=	0		Sao Luis	0	=	16,000
Fortaleza	0	<=	0		Brasilia	0	=	18,000
Vitoria	0	<=	0		Belo Horiz	0	=	12,000
Barueri	0	<=	0		Rio Janeiro	0	=	17,000
Curitiba	0	<=	0		Sao Paulo	0	=	20,000

Solution

	x_{i1} Sao Luis	x_{i2} Brasilia	x_{i3} Belo Horiz	x_{i4} Rio Janeiro	x_{i5} Sao Paulo	y_i	z
Manaus	0	0	0	0	0	0	$0.00
Fortaleza	0	0	0	0	0	0	
Vitoria	0	0	0	0	0	0	
Barueri	0	0	0	0	0	0	
Curitiba	0	0	0	0	0	0	

그림 19.18 엑셀로 표현한 시설 입지 문제

그림 19.18에 사용된 공식은 상자 19.7에 명시되어 있다.

상자 19.7 그림 19.18에 사용된 공식

셀	공식
C14	=SUM(C23:G23)
C15	=SUM(C24:G24)
C16	=SUM(C25:G25)
C17	=SUM(C26:G26)
C18	=SUM(C27:G27)
H14	=SUM(C23:C27)
H15	=SUM(D23:D27)
H16	=SUM(E23:E27)
H17	=SUM(F23:F27)
H18	=SUM(G23:G27)
E14	=I5 x H23
E15	=I6 x H24
E16	=I7 x H25
E17	=I8 x H26
E18	=I9 x H27
I23	=SUMPRODUCT(C5:H9,C23:H27)

엑셀의 해 찾기에서 언급될 그림 19.18의 셀과 셀 범위에 할당된 이름은 상자 19.8에 나타나 있다.

상자 19.8 그림 19.18의 셀에 할당된 이름

이름	셀
Supply	C14:C18
Capacity_y	E14:E18
Delivery	H14:H18
Demand	J14:J18
Quantities_transported	C23:G27
Location	H23:H27
Total_cost	I23

해 찾기 매개변수 대화상자에 나타난 시설 입지 문제는 그림 19.19와 같다. 여기서는 혼합 이진 계획 문제이므로 *Location* 결정 변수가 이진수라는 제약 조건이 포함됐다. 작업을 완료하려면 **옵션** 버튼을 클릭하고 **정수 제한 조건 무시** 확인란을 사용하지 않도록 설정한 다음 **정수 최적화 비율(%)** 상자에서 값 0을 지정한다. 그렇지 않으면 이진 제약 조건은 무시된다.

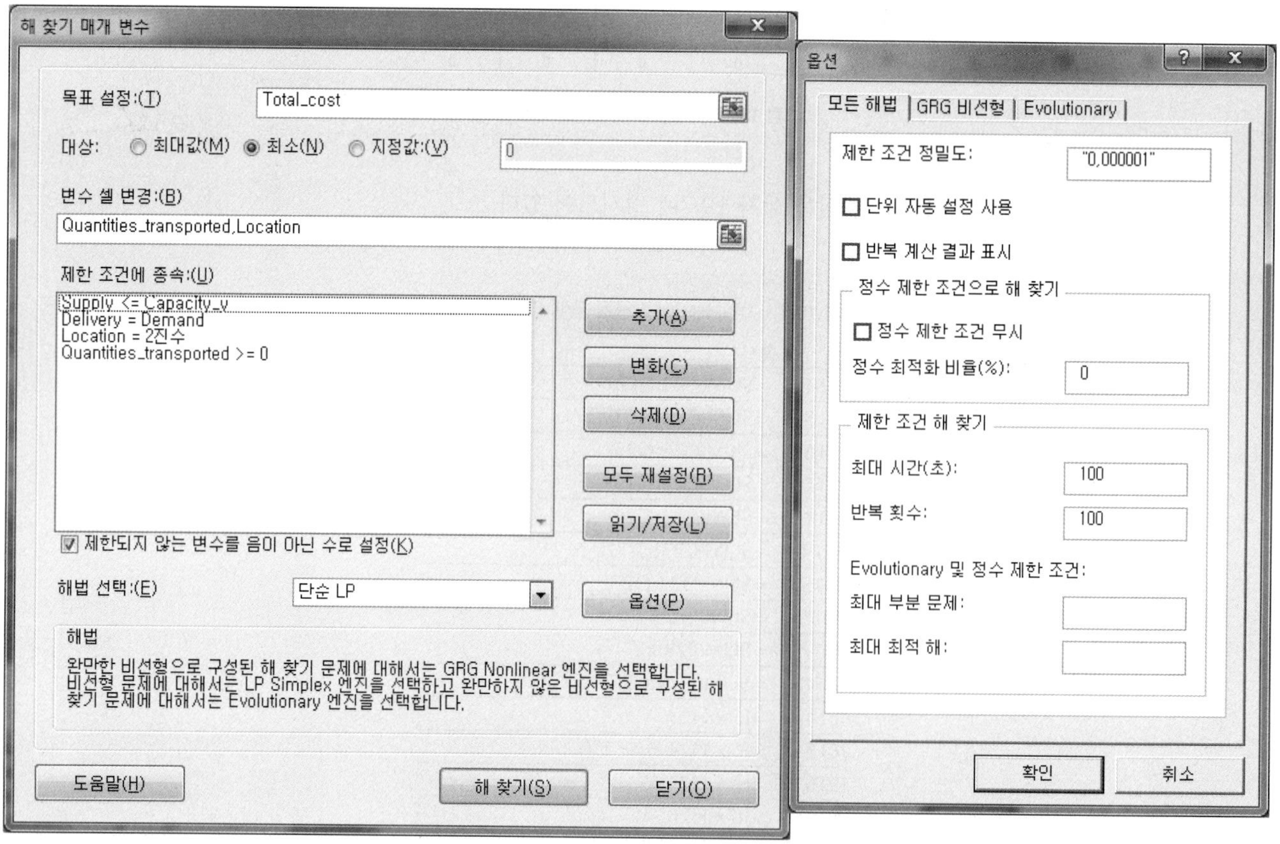

그림 19.19 시설 입지 문제의 해 찾기 매개변수 대화상자

Quantities_transported>=0 제약 조건을 추가하는 대신, **제한되지 않은 변수를 음이 아닌 수로 설정** 확인란을 선택할 수 있었다. **단순 LP 방법**을 선택했다는 점에 유의하자. 그림 19.20은 시설 입지 문제 (예제 19.5)의 최적해를 보여준다.

따라서 최적 FBS는 $x_{12} = 18{,}000$, $x_{15} = 17{,}000$, $x_{21} = 16{,}000$, $x_{23} = 7{,}000$, $x_{33} = 5{,}000$, $x_{34} = 17{,}000$, $x_{35} = 3{,}000$, $y_1 = 1$, $y_2 = 1$, $y_3 = 1$ 그리고 $z = 430{,}580.00$이다. 이 문제에서는 해 찾기가 둘 이상의 최적해를 찾을 수 있다.

Example 19.5 - Facility Location Problem

		Sao Luis	Brasilia	Belo Horiz	Rio Janeiro	Sao Paulo	Fixed_cost	Capacity
				Transportation_costs				
	Manaus	0.82	0.95	1.10	1.33	1.22	111,000	35,000
	Fortaleza	0.74	1.12	1.06	1.13	1.24	124,000	30,000
	Vitoria	1.34	1.24	0.72	0.72	0.88	120,000	25,000
	Barueri	1.48	1.26	0.98	0.95	0.70	135,000	30,000
	Curitiba	1.52	1.45	1.33	1.22	1.15	140,000	20,000
	Demand	16,000	18,000	12,000	17,000	20,000		

Capacity constraints

	Manaus	35,000	<=	35,000
	Fortaleza	23,000	<=	30,000
	Vitoria	25,000	<=	25,000
	Barueri	0	<=	0
	Curitiba	0	<=	0

Demand constraints

	Sao Luis	16,000	=	16,000
	Brasilia	18,000	=	18,000
	Belo Horiz	12,000	=	12,000
	Rio Janeiro	17,000	=	17,000
	Sao Paulo	20,000	=	20,000

Solution

	x_{i1} Sao Luis	x_{i2} Brasilia	x_{i3} Belo Horiz	x_{i4} Rio Janeiro	x_{i5} Sao Paulo	y_i	z
Manaus	0	18,000	0	0	17,000	1	$430,580.00
Fortaleza	16,000	0	7,000	0	0	1	
Vitoria	0	0	5,000	17,000	3,000	1	
Barueri	0	0	0	0	0	0	
Curitiba	0	0	0	0	0	0	

그림 19.20 엑셀의 해 찾기를 사용한 시설 입지 문제의 최적해

19.7 직원 일정 문제

간호사, 우체국 직원, 은행, 전화 상담 센터, 운송 회사 직원 등 몇몇 직원의 일정에 문제가 발생했다. 이 문제는 직원들을 각기 다른 시간대에 배치해 서비스 센터가 시스템의 제약을 지키면서 수요를 만족하도록 하는 것이다. 결정 변수는 정숫값(교대당 직원 수)을 가정해야 하므로, 직원 일정 문제는 **정수 계획** 문제에 해당된다.

프린스^{PRINCE} 은행은 새로운 은행 지점들을 개설하고 있기 때문에 추가 인력을 고용할 필요가 있다. 단, 채용할 업무의 일정은 반드시 정해야 한다. 목적은 가능한 최저 비용으로 원하는 수준을 제공하기 위해 근무 교대 시간에 신입 사원을 배치하는 것이다. 각 교대조는 8시간 연속 근무하며, 교대조별로 해당 기간과 종업원 1인당 일당은 표 19.E.6에 있다. 단, 희망하는 서비스 수준을 제공하기 위해서는 표 19.E.7과 같이 기간당 최소 직원 수가 필요하다. 기간당 최소 직원 수에 대한 제약을 지키며 가능한 최저 비용으로 교대조당 고용할 인력을 결정하도록 정수 계획 문제를 공식화하라.

표 19.E.6 직원별 일당과 교대

교대	기간	직원 일당
1	6:01–14:00	$100
2	8:01–16:00	$80
3	10:01–18:00	$85
4	14:01–22:00	$130
5	22:01–6:00	$150

표 19.E.7 기간별 필요 인력

기간	필요 인력
6:01–8:00	22
8:01–10:00	35
10:01–12:00	54
12:01–14:00	42
14:01–16:00	60
16:01–17:00	44
17:01–18:00	35
18:01–20:00	30
20:01–22:00	25
22:01–6:00	18

해법

먼저, 모델의 결정 변수를 정의한다.

x_j = 교대 j(j = 1, 2, ..., 5)에서 업무를 시작하는 직원 수

따라서

x_1 = 6:01에 업무를 시작하는 직원 수
x_2 = 8:01에 업무를 시작하는 직원 수

x_3 = 10:01에 업무를 시작하는 직원 수

x_4 = 14:01에 업무를 시작하는 직원 수

x_5 = 22:01에 업무를 시작하는 직원 수

1일 총 인건비를 최소화하기 위해 교대조 j로 업무를 시작하는 직원의 일정을 결정하고자 한다. 따라서 목적 함수는 다음과 같이 작성할 수 있다.

$$F_{obj} = \min z = 100x_1 + 80x_2 + 85x_3 + 130x_4 + 150x_5$$

그러나 원하는 수준의 서비스를 제공하기 위해 기간당 할당되는 최소 직원 수에 대한 제약을 지켜야 한다. 각 모델 제약 조건은 다음과 같이 상세하게 기술할 수 있다.

1. 6:01부터 8시까지의 기간 동안 필요한 최소 직원은 22명이다. 이 기간에 배정되는 유일한 교대조는 교대 1이다. 따라서 다음과 같다.

$$x_1 \geq 22$$

2. 8:01~10:00(교대 1과 2)의 교대조에 배정된 직원의 수는 최소한 35명 이상이어야 한다.

$$x_1 + x_2 \geq 35$$

3. 10:01부터 12:00까지의 기간에는 최소 54명의 직원이 필요하다. 교대 1, 2, 3에 배정될 직원들은 이 기간에 근무하게 된다. 따라서

$$x_1 + x_2 + x_3 \geq 54$$

4. 12:01부터 14:00까지의 기간에 필요한 최소 직원은 42명이다. 교대 1, 2, 3은 그 기간을 맡을 것이다. 그러므로

$$x_1 + x_2 + x_3 \geq 42$$

5. 14:01부터 16:00(교대 2, 3, 4)까지의 기간을 포함하는 교대조에 배정된 직원의 수는 60명 이상이어야 한다.

$$x_2 + x_3 + x_4 \geq 60$$

6. 16:01부터 17:00까지의 기간에는 적어도 44명의 직원이 예정되어 있어야 한다. 교대 3과 교대 4에 배정된 직원들은 그 기간을 충당할 것이다. 따라서

$$x_3 + x_4 \geq 44$$

7. 17:01부터 18:00까지의 기간 동안 필요한 최소 직원은 35명이다. 교대 3과 교대 4로 예정된 직원들만이 그 기간을 맡을 것이다.

$$x_3 + x_4 \geq 35$$

8. 18:01에서 20:00(교대 4)까지의 기간을 포함하는 교대조에 배정된 직원의 수는 30명 이상이어야 한다.

$$x_4 \geq 30$$

9. 20:01부터 22:00까지의 기간 동안 필요한 최소 직원은 25명이다. 교대 4로 예정된 직원들만이 그 기간을 맡을 것이다. 따라서 다음과 같다.

$$x_4 \geq 25$$

10. 22:01에서 06:00(교대 5)까지의 기간을 포함하는 교대조에 배정된 직원의 수는 18명 이상이어야 한다.

$$x_5 \geq 18$$

11. 모델의 결정 변수는 음수가 아니며 정수다.

$$x_j \geq 0 \text{ 그리고 정수}, \quad j = 1, 2, \ldots, 5$$

전체 모델은 다음과 같이 공식화할 수 있다.

$$F_{obj} = \min z = 100x_1 + 80x_2 + 85x_3 + 130x_4 + 150x_5$$

제약 조건:

$$
\begin{aligned}
x_1 & & & \geq 22 & (6:01 - 8:00) \\
x_1 + x_2 & & & \geq 35 & (8:01 - 10:00) \\
x_1 + x_2 + x_3 & & & \geq 54 & (10:01 - 12:00) \\
x_1 + x_2 + x_3 & & & \geq 42 & (12:01 - 14:00) \\
x_2 + x_3 + x_4 & & & \geq 60 & (14:01 - 16:00) \\
x_3 + x_4 & & & \geq 44 & (16:01 - 17:00) \\
x_3 + x_4 & & & \geq 35 & (17:01 - 18:00) \\
x_4 & & & \geq 30 & (18:01 - 20:00) \\
x_4 & & & \geq 25 & (20:01 - 22:00) \\
x_5 & & & \geq 18 & (22:01 - 6:00) \\
\end{aligned}
$$
$$x_j \geq 0 \text{ 그리고 정수}, \quad j = 1, \ldots, 5$$

이는 **정수 계획** 문제에 해당한다.

19.7.1 엑셀의 해 찾기를 사용한 직원 일정 문제 해결

이 절에서는 엑셀의 해 찾기를 사용해 예제 19.6의 프린스 은행 문제를 해결해보자. 그림 19.21은 엑셀 스프레드시트에 표현된 모델을 보여준다(Example19.6_Banksum.xls 파일 참조).

Example 19.6 - PRINCE bank

	x1	x2	x3	x4	x5			
Start of shift	6:01	8:01	10:01	14:01	22:01			
Unit cost	100	80	85	130	150			
						Total_employees		Minimum_employees
6:01 - 8:00	1	0	0	0	0	0	≥	22
8:01 - 10:00	1	1	0	0	0	0	≥	35
10:01 - 12:00	1	1	1	0	0	0	≥	54
12:01 - 14:00	1	1	1	0	0	0	≥	42
14:01 - 16:00	0	1	1	1	0	0	≥	60
16:01 - 17:00	0	0	1	1	0	0	≥	44
17:01 - 18:00	0	0	1	1	0	0	≥	35
18:01 - 20:00	0	0	0	1	0	0	≥	30
20:01 - 22:00	0	0	0	1	0	0	≥	25
22:01 - 06:00	0	0	0	0	1	0	≥	18
Solution	x1	x2	x3	x4	x5	z		
Start of shift	6:01	8:01	10:01	14:01	22:01	Total cost		
Quantity_employees	**0**	**0**	**0**	**0**	**0**	**$0.00**		

그림 19.21 엑셀로 표현한 프린스 은행 문제

상자 19.9는 그림 19.21에 사용된 공식을 나타낸다.

상자 19.9 그림 19.21에 사용된 공식

셀	공식
G8	=SUMPRODUCT(B8:F8,$B$21:$F$21)
G9	=SUMPRODUCT(B9:F9,$B$21:$F$21)
G10	=SUMPRODUCT(B10:F10,$B$21:$F$21)
G11	=SUMPRODUCT(B11:F11,$B$21:$F$21)
G12	=SUMPRODUCT(B12:F12,$B$21:$F$21)
G13	=SUMPRODUCT(B13:F13,$B$21:$F$21)
G14	=SUMPRODUCT(B14:F14,$B$21:$F$21)
G15	=SUMPRODUCT(B15:F15,$B$21:$F$21)
G16	=SUMPRODUCT(B16:F16,$B$21:$F$21)
G17	=SUMPRODUCT(B17:F17,$B$21:$F$21)
G21	=SUMPRODUCT(B5:F5,$B$21:$F$21)

해 찾기에서 언급될 그림 19.21의 셀과 범위에 할당된 이름들은 상자 19.10에 명시되어 있다.

상자 19.10 그림 19.21의 셀에 할당된 이름

이름	셀
Total_employees	G8:G17
Minimum_employees	I8:I17
Quantity_employees	B21:F21
Total_cost	G21

그림 19.22는 해 찾기 매개변수 대화상자에 나타난 프린스 은행 문제를 보여준다. **정수 계획** 문제이므로, **추가** 버튼을 사용해 새로운 제약 조건을 포함시켰다(그림 19.23 참조). 왼쪽에는 변수 셀 (Quantity_employers)이 나열되어 있다. 중간 셀에서는 다른 제약 조건과 마찬가지로 등식이나 부등식 대신 int 옵션을 선택한다. 오른쪽에는 숫자 이름이 자동으로 표시된다는 점에 주목하자. int 옵션은 문제가 해결된 후 등호 표시로 자동 대체된다. 이전 문제와 마찬가지로, **옵션** 버튼을 클릭하면 그림 19.23과 같이 **정수 제한 조건 무시** 확인란을 사용하지 않도록 설정하고 **정수 최적화 비율(%)** 상자에 값을 0으로 지정하는 것을 잊지 말자.

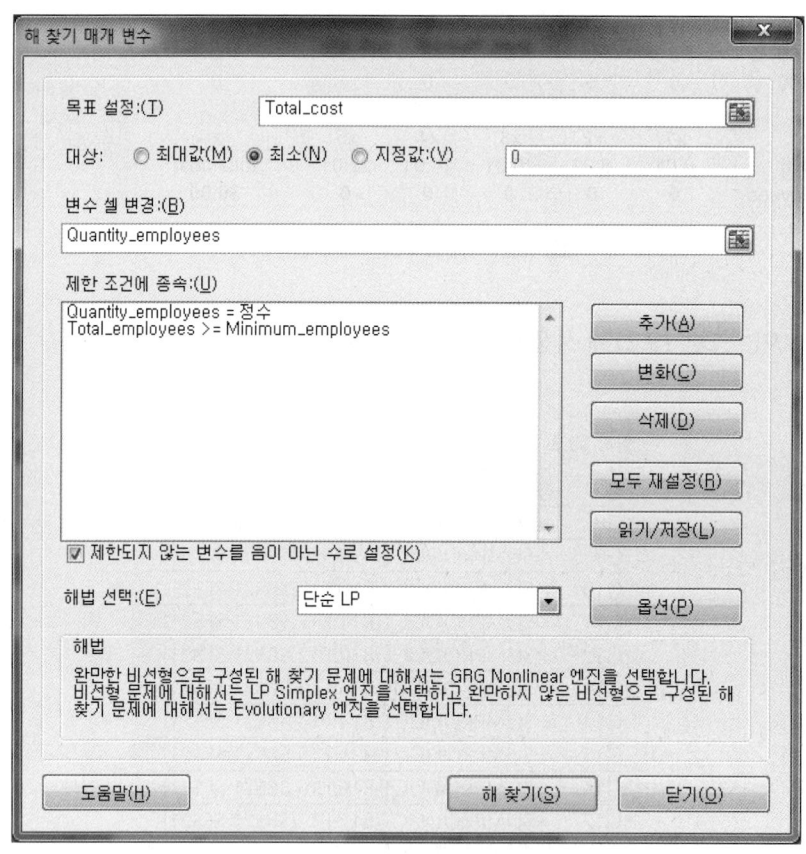

그림 19.22 프린스 은행 문제의 해 찾기 매개변수 대화상자

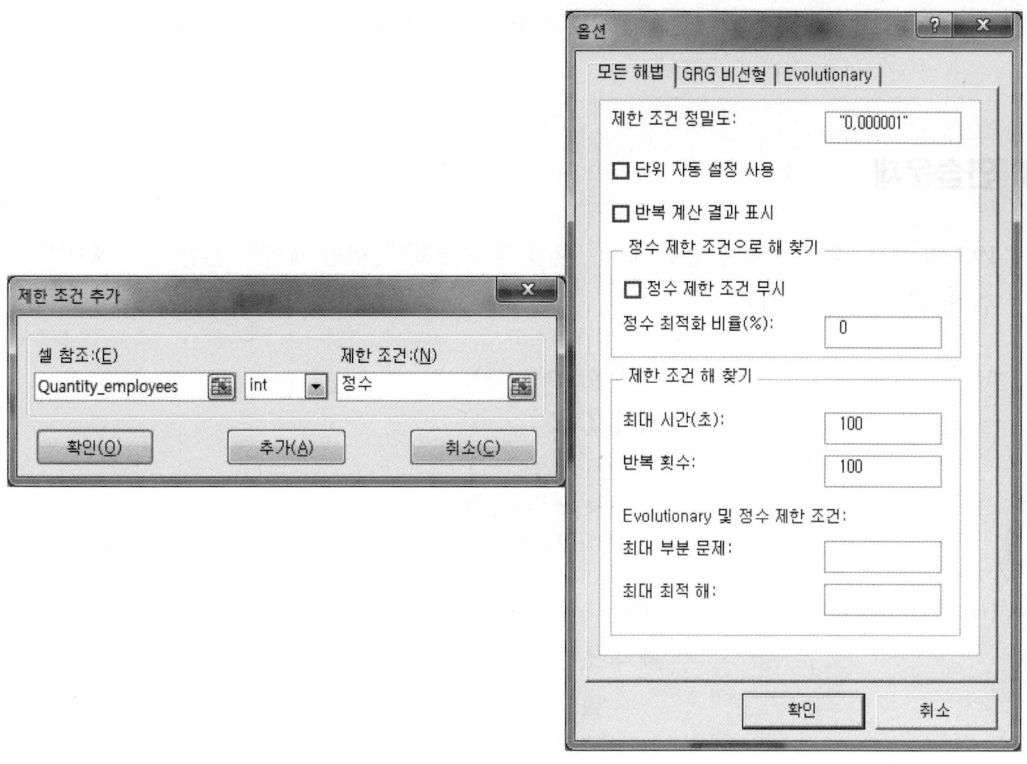

그림 19.23 정수 제약의 문제 해결

다시 한번 그림 19.22에서 **제한되지 않는 변수를 음이 아닌 수로 설정** 확인란과 **단순 LP** 방법을 선택했다. 그림 19.24는 프린스 은행 문제의 최적해를 보여준다.

	A	B	C	D	E	F	G	H	I
1				**Example 19.6 - PRINCE bank**					
2									
3		x1	x2	x3	x4	x5			
4	Start of shift	06:01	08:01	10:01	14:01	22:01			
5	Unit cost	100	80	85	130	150			
6									
7							Total_employees		Minimum_employees
8	6:01 - 8:00	1	0	0	0	0	22	≥	22
9	8:01 - 10:00	1	1	0	0	0	40	≥	35
10	10:01 - 12:00	1	1	1	0	0	54	≥	54
11	12:01 - 14:00	1	1	1	0	0	54	≥	42
12	14:01 - 16:00	0	1	1	1	0	62	≥	60
13	16:01 - 17:00	0	0	1	1	0	44	≥	44
14	17:01 - 18:00	0	0	1	1	0	44	≥	35
15	18:01 - 20:00	0	0	0	1	0	30	≥	30
16	20:01 - 22:00	0	0	0	1	0	30	≥	25
17	22:01 - 06:00	0	0	0	0	1	18	≥	18
18									
19	**Solution**	x1	x2	x3	x4	x5	z		
20	Start of shift	06:01	08:01	10:01	14:01	22:01	Total cost		
21	Quantity_employees	**22**	**18**	**14**	**30**	**18**	**$11,430.00**		

그림 19.24 직원 일정 문제의 최적해

따라서 최적해는 $x_1 = 22$, $x_2 = 18$, $x_3 = 14$, $x_4 = 30$, $x_5 = 18$ 그리고 $z = 11{,}430$이다.

19.8 연습문제

19.1절(ex.1) 다음 문제를 정수 계획^{IP}, 혼합 정수 계획^{MIP}, 이진 계획^{BP}, 혼합 이진 계획^{MBP}, 이진 정수 계획^{BIP}으로 분류하라.

a)
$$\max z = 6x_1 + 5x_2$$
제약 조건:
$$2x_1 + 3x_2 \leq 4$$
$$4x_1 + 2x_2 \leq 6$$
$$x_1, x_2 \in \{0, 1\}$$

b)
$$\min z = 2x_1 + 5x_2$$
제약 조건:
$$3x_1 + 5x_2 \geq 30$$
$$6x_1 + 3x_2 \geq 36$$
$$x_1, x_2 \geq 0$$
$$x_1 \text{ 정수}$$

c)
$$\max z = 2x_1 + 3x_2$$
제약 조건:
$$5x_1 + 2x_2 \leq 50$$
$$2x_1 + 4x_2 \leq 66$$
$$x_1, x_2 \geq 0$$
$$x_1, x_2 \text{ 정수}$$

d)
$$\max z = 3x_1 + 8x_2$$
제약 조건:
$$2x_1 + 5x_2 \leq 20$$
$$3x_1 + 5x_2 \leq 60$$
$$x_1 \in \{0, 1\}$$
$$x_2 \geq 0 \text{ 그리고 정수}$$

e)
$$\max z = 4x_1 + 6x_2$$
제약 조건:
$$2x_1 + 5x_2 \leq 2$$
$$3x_1 + 2x_2 \leq 6$$
$$x_1, x_2 \geq 0$$
$$x_1, x_2 \in \{0, 1\}$$

f)
$$\min z = 5x_1 + 7x_2$$

제약 조건:

$$2x_1 + 5x_2 \geq 12$$
$$4x_1 + 2x_2 \geq 10$$
$$x_1 \in \{0, 1\}$$
$$x_2 \geq 0$$

g)
$$\min z = 3x_1 + 8x_2$$

제약 조건:

$$5x_1 + 2x_2 \geq 40$$
$$2x_2 \geq 10$$
$$x_1, x_2 \geq 0$$
$$x_1 \text{ 정수}$$

19.2절(ex.1) 이전 절의 연습문제를 다시 살펴보자. 심플렉스 방법으로 각각의 완화된 문제를 해결하고 발견된 해가 원래 문제의 최적해에 해당하는지 확인하라.

19.2절(ex.2) 다음 정수 계획 문제를 살펴보자.

$$\max z = 2x_1 + 3x_2$$

제약 조건:

$$2x_1 + 5x_2 \leq 20$$
$$5x_1 + 3x_2 \leq 30$$
$$x_1, x_2 \geq 0$$
$$x_1, x_2 \text{ 정수}$$

다음을 구하라.

a) 해당 선형 문제(정수 제약 완화)를 그래프 형태로 해결하라.

b) 가능한 정수 해를 모두 열거하면서 원래의 문제를 그래프로 해결하라.

c) 엑셀의 해 찾기를 이용해 원래 문제의 최적해를 구하라.

19.2절(ex.3) 다음 정수 계획 문제에 대해서도 동일하게 구해보라.

$$\max z = x_1 + 2x_2$$

제약 조건:

$$x_1 + 3x_2 \leq 6$$
$$3x_1 + x_2 \leq 9$$
$$x_1, x_2 \geq 0$$
$$x_1, x_2 \text{ 정수}$$

19.2절(ex.4) 다음 정수 계획 문제에 대해서도 동일하게 구해보라.

$$\max z = 3x_1 + 2x_2$$

제약 조건:

$$4x_1 + 2x_2 \leq 16$$
$$x_2 \leq 2$$
$$x_1, x_2 \geq 0$$
$$x_1, x_2 \text{ 정수}$$

19.3절(ex.1) 한 버스 회사가 Sao Paulo – Ubatuba에서 운행하며, 종착역을 떠난 마지막 버스를 고려해 노선 중 추가 승객을 태울지 분석 중이다. 총 8명의 승객이 기다리고 있으며, 표 19.1과 같이 각각 다른 요금을 지불하면서 다른 경로를 여행할 것이다. 승객의 몸무게는 순환 중인 버스의 최대 용량 280kg을 초과하지 않도록 고려해야 한다. 용량 제약을 지키면서 회사의 이익을 극대화하기 위해 선택해야 할 승객을 구하라.

표 19.1 각 승객의 요금($)과 몸무게(kg)

승객	요금	몸무게
1	48.00	80
2	40.00	70
3	52.00	84
4	45.00	72
5	55.00	90
6	40.00	65
7	30.00	50
8	35.00	55

19.4절(ex.1) 한 회사가 투자할 6개의 프로젝트를 고려하고 있다. 각 프로젝트에 필요한 추정 이익(NPV)과 자본은 표 19.2에 나타나 있다. 프로젝트 5와 6은 상호 배타적이다(하나의 프로젝트는 다른 프로젝트를 선택하지 않은 경우에만 선택할 수 있다). 프로젝트 3은 프로젝트 2에 종속된다(프로젝트 3의 수용은 프로젝트 2의 수용에 따라 달라진다). 프로젝트에 투자하기 위한 총 가용액은 2천만 달러다. 투자 프로젝트 선정 문제를 공식화하고 엑셀의 해 찾기를 사용해 최적해를 구하라.

표 19.2 각 프로젝트의 추정 이익(NPV)과 요구 자본(단위: 백만 달러)

프로젝트	NPV	요구 자본
1. IT 투자	7	4
2. 새 공장 운영	12	7
3. 새 공급자 획득	8	5
4. 신상품 개발	10	6
5. 연구 개발 투자	7	4
6. 광고 투자	6	3

IT, Information Technology; *R&D*, Research and Development.

19.5절(ex.1) 여기에 명시된 이동 판매원 문제의 연장선상에 있는 차량 경로 문제를 공식화해보라. 문제는 각 차량이 네트워크의 최소 한 노드를 방문하고 각 노드는 한 번만 방문하도록 하는 (이동 판매원 문제에서 발생하는 단일 경로 대신) 복수 경로를 최저 비용으로 결정하는 것으로 구성된다. 각 노드의 총 수요는 충족돼야 한다. 차량은 출발 기지로 다시 돌아가야 하며, 차량 용량 제약도 고려해야 한다.

19.6절(ex.1) 한 자동차 회사가 새로운 유통 센터를 열 계획이며, Belem, Palmas, Sao Luis, Teresina, Fortaleza의 다섯 곳의 가능성을 고려하고 있다. 새로운 유통 센터^{DC}에서 이 제품은 Belo Horizonte, Vitoria, Rio de Janeiro, Sao Paulo, Campo Grande의 5개 최종 고객 지역으로 전달된다. 단, 각 최종 소비자는 하나의 DC만 상대할 수 있다. 각 DC는 표 19.3과 같이 고정 유지 보수 비용과 최대 운영 용량을 갖는다. 각 DC에서 각 최종 소비자에게로 운송되는 단위당 운송 비용도, 소비자의 수요와 함께 동일한 표에 상세히 기술되어 있다. 회사는 최종 고객의 수요를 충족시키기 위해 설치 및 운송에 필요한 고정 비용의 합을 최소화하기 위해 어떤 유통 센터를 열 것인지를 결정하기를 원한다. 엑셀의 해 찾기를 사용해 시설 입지 문제를 모델링하고 최적해를 결정하라.

표 19.3 운송 비용, 고정 비용, 용량, 수요

	단위 운송 비용					고정 비용	용량
	Belo Horizonte	Vitoria	Rio de Janeiro	Sao Paulo	Campo Grande		
Belem	0.87	0.90	0.92	0.94	0.90	140,000	25,000
Palmas	0.82	0.88	0.90	0.92	0.92	135,000	35,000
Sao Luis	0.93	0.95	0.99	1.02	0.97	125,000	25,000
Teresina	0.95	1.06	0.98	1.02	0.95	120,000	20,000
Fortaleza	1.02	0.89	0.92	0.98	1.04	125,000	30,000
수요	12,000	15,000	18,000	20,000	20,000		

19.6절(ex.2)   (출처: Brito Júnior(2004)에서 발췌) 미국과 유럽에 본사를 둔 공급 회사는 하얼빈(중국 북부)에 생산 라인을 공급한다. 공급자가 하얼빈의 생산 라인으로 다양한 자재를 직접 보내거나 혹은 브라질(산호세 도스 캄포스), 미국 동부 및 서해안(마이애미 및 로스앤젤레스) 또는 프랑스(파리)에서 통합 단계(환적)를 거칠 수 있다. 이 문제에서 각 클라이언트는 둘 이상의 시설에서 공급받을 수 있다. 연결 지점의 최대 용량은 제한된다.

공급지로부터 하얼빈 생산 라인으로 직접 운송할 각 제품의 수량, 선택된 부지 중 한 곳에서 환적 단계를 거치는 각 제품의 수량 외에, 가능한 지역 후보지 중에서 최적의 통합 부지를 결정해, 총 물류 비용을 최소화하는 것을 목적으로 한다. 분석된 네트워크에 따른 물류 비용은 다음의 조건을 따른다.

1. 모든 제품에 대한 수요는 충족돼야 한다.
2. 각 통합 지점에는 최대 저장 용량이 있다.
3. 제품별로 공급 용량을 초과할 수 없다.

분석된 회사의 위치 및 운송 문제를 모델링하라.

19.7절(ex.1)   캘리포니아 유키아의 시 정부는 시의 특정 지역에 거주하는 주민들의 교통 수요를 충족시키기 위해 새로운 버스 노선을 도입하고 있다. 가능한 가장 낮은 비용으로, 주어진 날에 고객들을 위한 서비스 수준을 충족시키기 위해, 각 교대조에 배정될 버스 수를 결정하기 위해 노력하고 있다. 각각은 표 19.4에 명시된 하나의 교대조에서 작업을 시작하며, 연속적으로 8시간 동안 작업한다. 버스 수는 표 19.5와 같이 하루 시간에 따라 달라진다. 각 교대조에서 운행 중인 버스의 수를 최소화하는 정수 계획 문제를 공식화하고 엑셀의 해 찾기를 사용해 최적해를 구하라.

표 19.4 교대에 따른 버스 초기 운영 기간

교대	운영 시간
1	6:01
2	8:01
3	10:01
4	12:01
5	14:01
6	16:01
7	18:01
8	20:01
9	22:01

표 19.5 각 기간의 최소 요구 운행 버스 대수

기간	최소 운행 버스
6:01–8:00	20
8:01–10:00	24
10:01–12:00	18
12:01–14:00	15
14:01–16:00	16
16:01–18:00	27
18:01–20:00	18
20:01–22:00	12
22:01–24:00	10
00:01–02:00	4
02:01–04:00	3
04:01–06:00	8

19.7절(ex.2) 우체국 지점은 요일별 고객의 요구를 충족시키기 위해 직원을 고용해야 한다. 요일별 최소 직원 수는 표 19.6에 자세히 설명되어 있다. 노동법에 따르면, 각 근로자는 5일 연속 근무와 2일간의 휴무를 가질 권리가 있다. 시스템 제약 조건을 지키며 채용할 직원의 수를 최소화하는 정수 계획 문제를 공식화하라. 또한 엑셀의 해 찾기를 사용해 최적해를 구하라.

표 19.6 주의 각 요일별 최소 직원 수

요일	최소 직원 수
월요일	15
화요일	20
수요일	17
목요일	22
금요일	24
토요일	15
일요일	10

20
시뮬레이션과 리스크 분석

실패, 실망, 환멸의 위험을 감수하면서도 사랑에 대한 탐구를 포기하지 마라. 탐색을 포기하지 않는 자가 승리할 것이다!

– 파울루 코엘류(Paulo Coelho)

20.1 시뮬레이션 소개

시스템의 컴퓨터 시뮬레이션, 혹은 단순히 시뮬레이션이란 실제 시스템 행동을 모델을 통해 복제하기 위해 컴퓨터에서 특정 수학적 기법을 활용하는 것을 말한다. 모델은 시스템에서 정말 중요한 부분을 포착해 단순화한 현실의 표현이다. 그러나 항상 실제보다는 간단하다.

시뮬레이션이라는 용어에 대한 몇 가지 정의가 있다. Schriber(1974)에 따르면, 시뮬레이션이란 실생활에서 시간에 걸쳐 발생하는 일련의 사건에서 해답을 흉내 내는 모델이다.

Kelton et al.(1998, 2010)에 따르면 시뮬레이션이란 일련의 조건하에 특정 시스템의 행동을 더 잘 이해할 수 있는 수치 실험을 실시하는 것을 목표로 하여 컴퓨터상에서 실제 또는 제안 시스템 모델을 설계하고 추정하는 과정이다.

Pegden et al.(1990)에 따르면 시뮬레이션은 실제 시스템과 실험 수행의 행동과 운영을 더 이해하기 위해 컴퓨터상에서 계획하고 추정하는 과정이다. 따라서 시뮬레이션은 모델 구성에만 국한되지 않는다. 실행한 관찰로부터 이론과 가설을 제안하고, 미래의 행동을 예측하기 위해 모델을 사용하는데, 시스템의 변화로 인해 발생하는 영향을 평가한다.

그러므로 컴퓨터 시뮬레이션은 컴퓨터를 이용해 모델을 통해 실제 시스템을 나타낸 것이다. 이는 시스템을 전체적으로 볼 수 있고, 프로그램 변경과 다양한 시나리오를 분석할 수 있어 비용과 시간을 최소화할 수 있다는 장점이 있다.

Chwif and Medina(2014)에 따르면, 컴퓨터 시뮬레이션은 몬테카를로Monte Carlo 시뮬레이션, 연속 시뮬레이션, 이산 이벤트 시뮬레이션의 세 가지 범주로 분류할 수 있다. 이번 장에서 집중적으로 살펴볼 몬테카를로 시뮬레이션은 시간을 변수로 명시적으로 고려하지 않고 난수 생성기를 사용해 물리적 또는 수학적 시스템을 시뮬레이션한다. 이와는 대조적으로 연속 시뮬레이션과 이산 이벤트 시뮬레이션은 시간에 따른 시스템의 상태 변화를 고려한다. 연속 시뮬레이션은 시간에 따라 상태가 지속적으로 변화하는 시스템을 모델링하는 데 사용된다. 한편, 이산 이벤트 시뮬레이션은 전체 시간 동안 개별적인 순간에 상태를 변경하는 시스템, 즉 다음과 같은 이벤트로 진전할 때 시간의 비약이 발생하는 시스템을 모델링하는 데 사용된다.

20.2 몬테카를로 방법

몬테카를로 방법은 스타니슬로우 울람Stanislaw Ulam의 사상을 바탕으로 1946년에 개발됐다. 울람은 전통적인 조합 분석을 이용해 솔리테어solitaire 카드 게임에서의 성공 확률을 계산한 후, 여러 게임을 100회 또는 1000회 정도 수행하고 각 결과가 몇 번이나 발생하는지를 계산하면 실용적인 대안을 찾을 수 있다는 사실을 깨달았다(Nasser, 2012; Machado and Ferreira, 2012).

울람은 제2차 세계대전 당시 미국 로스앨러모스 핵무기 연구소Los Alamos Nuclear Weapons Laboratory의 맨해튼 프로젝트에서 연구원 엔리코 페르미Enrico Fermi, 존 폰 노이만John Von Neumann, 니콜러스 메트로폴리스Nicholas Metropolis와 공동으로 작업할 때 이 방법을 보급했다. 이 프로젝트에는 특정 물질의 중성자 확산 계수와 관련된 확률론적 문제의 직접적인 시뮬레이션이 포함됐다(Saraiva Jr. et al., 2011; Oliveira Jr. et al., 2013; Machado and Fereira, 2012).

프랑스 남부에 위치한 모나코의 몬테카를로 지구에 대한 경의를 표하는 이름으로, 끊임없이 추첨과 데이터를 이용하는 유명한 카지노와 도박으로 유명하다.

이 방법은 난수 생성을 사용해 연구 중인 변수에 값을 할당한다. Oliveira Jr et al.(2013)에 따르면, 수치는 특정 기능을 사용해 랜덤 장비(예: 표, 룰렛, 추첨) 또는 소프트웨어 패키지로부터 직접 얻는다. 각 반복 시의 결과는 저장되며, 모든 반복이 끝날 때 생성되는 결과의 시퀀스는 빈도 분포로 변환되어, 분석 중인 시스템의 미래 예측 시나리오와 더불어 평균(기댓값), 최솟값, 최댓값, 표준 편차 등의 기술 통계량을 계산할 수 있게 된다.

Nasser(2012)에 따르면, 이 방법을 사용할 경우 복잡한 시스템의 행동을 설명하는 미분 방정식을 쓸 필요가 없어진다. 유일한 조건은 확률 밀도 함수$^{PDF, probability density functions}$ 측면에서 물리적 또는 수학적 시스템을 모델링하는 것이다. 이 분포가 알려지면 몬테카를로 시뮬레이션은 그로부터 무작위 표본을 생성할 수 있다. 이 과정은 여러 번 반복되고 수백만 번이 될 수도 있으며, 원하는 결과는 특정 표본에 대한 통계적 기법(평균, 표준 편차 등)을 통해 얻어진다.

몬테카를로 방법은 복잡한 물리적 현상의 시뮬레이션에서 경제적 현상으로 이어지는 지식의 여러 분야에서 사용돼왔으며, 리스크와 불확실성을 관여된 의사결정 문제를 포함한다.

Nasser(2012) 및 Saraiva Jr et al.(2011)에 따르면, 몬테카를로 시뮬레이션 기법을 적용하려면 다음 단계를 따라야 한다.

1. 연구 중인 문제의 확률 변수에 대해 과거의 데이터 또는 주관적 추정에 근거하여 그 행동을 더 잘 나타내는 확률 분포의 형식을 정의한다.

2. 각 확률 변수에 대해 정의된 확률 분포 함수를 따르는 유사 랜덤 값을 생성해 저장한다. 반복 횟수가 적으면 시뮬레이션 결과에 방해가 될 수 있는데, 이 때문에 약 10,000회 정도의 매우 높은 횟수를 권장한다.

3. 발생된 결과의 순서를 기술 통계와 확률을 계산할 수 있는 빈도 분포로 변환해 문제의 해에 대한 추정치를 구한다.

일반적으로, 얻어진 결과는 선택한 신뢰 구간에서 위, 아래 또는 사이에 특정 값이 발견될 확률을 정량화하는 누적 확률 밀도 곡선과 관련된 히스토그램으로 변환할 수 있다.

20.3 엑셀에서의 몬테카를로 시뮬레이션

20.3.1 엑셀에서의 난수 생성 및 확률 분포

평균이 8이고 표준 편차가 2인 갖는 정규 분포를 따르는 확률 변수 N(8, 2)를 가정해보자. 이제 엑셀을 사용해 이 분포에서 100개의 데이터를 생성해보자. 또한 Stata에서 해당 명령어를 살펴볼 것이다.

엑셀의 **데이터** 탭에서 **데이터 분석**을 클릭하고 **난수 생성**을 선택한 다음, **확인**을 클릭해 결과를 얻는다. 그림 20.1과 같이 분석 대상 변수의 개수(1), 생성할 난수의 개수(100), 분포 유형(평균 8 및 표준 편차 2) 및 출력 범위(셀 $A$1)를 선택한다.

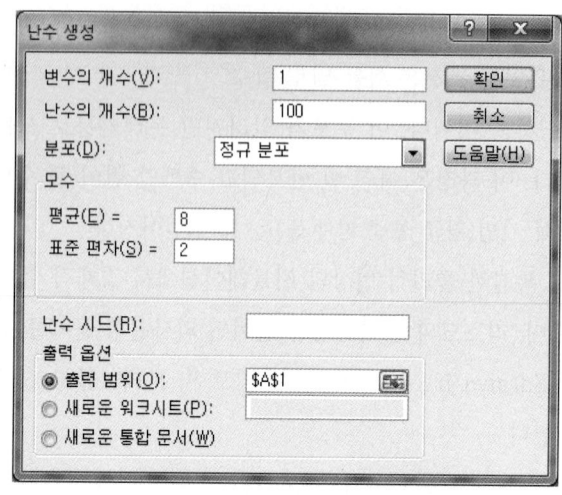

그림 20.1 N(8, 2)를 따르는 난수 생성

그 결과로, 셀 $A$1부터 셀 $A$100까지 무작위로 100개의 숫자가 생성됐다. 데이터의 일부는 그림 20.2에서 확인할 수 있다.

	A
1	5.634995
2	5.216555
3	8.293967
4	10.159923
5	9.468743
6	5.278092
7	4.666083
8	9.500789
9	6.354524
10	6.821099

그림 20.2 N(8, 2) 분포의 난수

생성된 데이터의 진화는 그림 20.3의 선 차트에서 볼 수 있다. 데이터의 최고 빈도는 표준 편차 2와 평균(8) 주위에 있음을 알 수 있다.

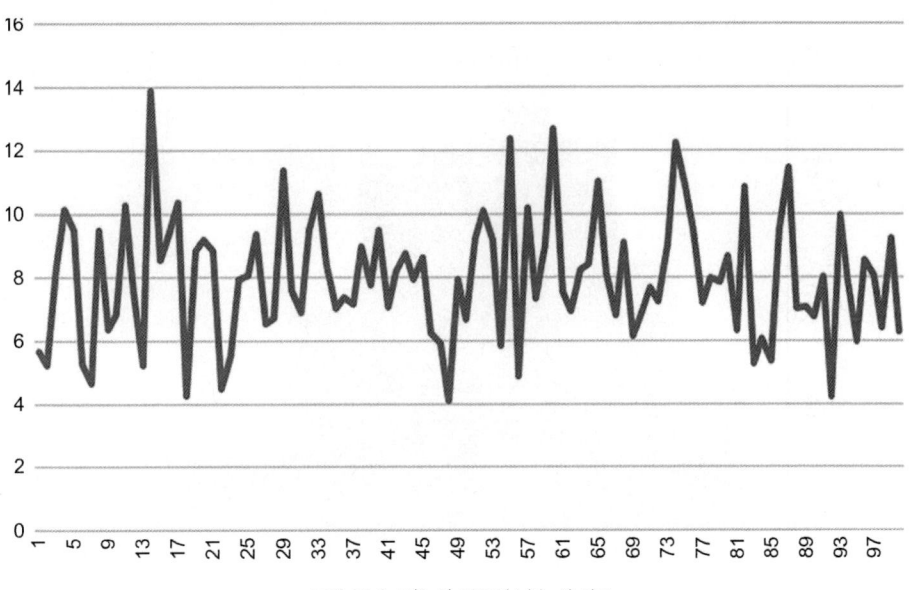

그림 20.3 N(8, 2) 분포의 난수 선 차트

Stata에서 난수를 생성하기 위해 분포 유형에 따라 사용할 수 있는 명령어들을 나열했다.

```
gen var = runiform()
gen var = rnormal()
gen var = rbinomial(n,p)
gen var = rchi2(df)
gen var = rpoisson()
```

평균이 8이고 표준 편차가 2인 정규 분포를 따르는 유사 난수를 포함하는 확률 변수 var1을 생성하려면 다음 명령어를 입력해야 한다.

```
gen var1 = rnormal(8, 2)
```

시뮬레이션에서 발생하는 데이터의 주파수 분포를 그래프로 보기 위해 명령어 histogram 또는 간단히 hist 뒤에 변수 이름을 사용해 Stata에서 히스토그램을 생성할 수 있다(그림 20.4 참조).

```
hist var1
```

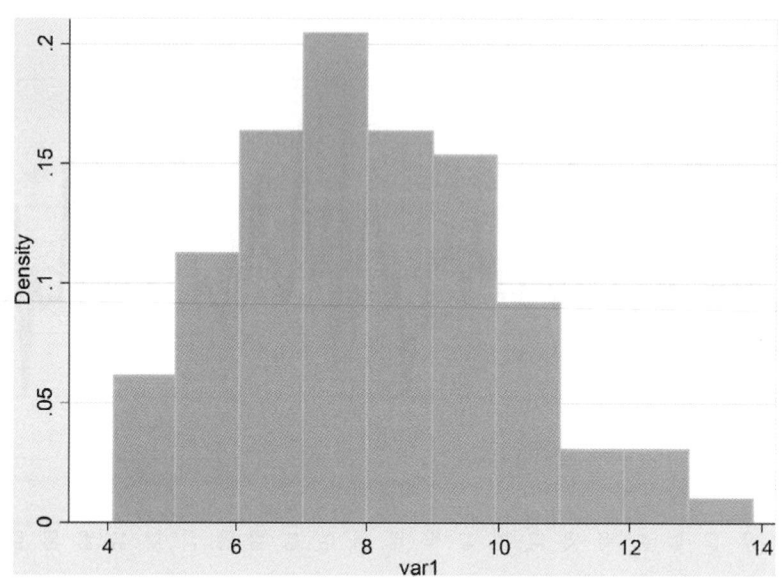

그림 20.4 N(8, 2) 분포 난수의 히스토그램

그림 20.4로부터 분석된 변수는 정규 분포를 따른다는 사실을 알 수 있으며, 데이터의 최고 빈도는 6에서 10 사이에 위치한다.

같은 절차이지만, 이제 균일 분포를 고려해보자. 동일한 비교 모수를 갖기 위해 U[6, 10]으로서 6과 10 사이 구간에서 랜덤 값이 생성된다. 엑셀에서 이러한 난수를 생성하는 단계는 그림 20.5에 나타나 있다.

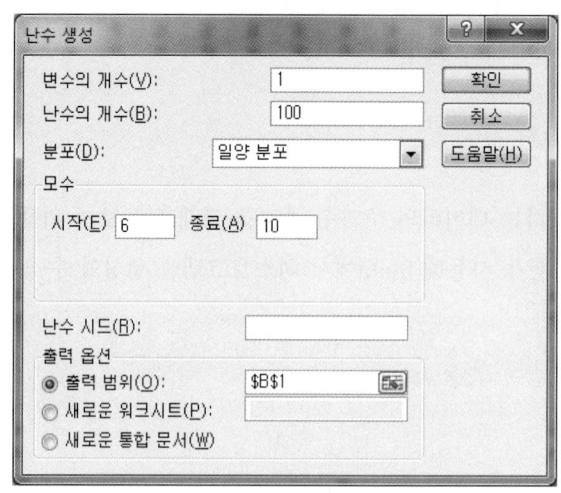

그림 20.5 엑셀에서 U[6, 10]의 균일 분포 생성

생성된 데이터의 변화는 그림 20.6의 선 차트에서 볼 수 있다. 정규 분포와는 달리, 데이터가 간격

[6, 10]에 균일하게 분포되어 있음을 알 수 있다.

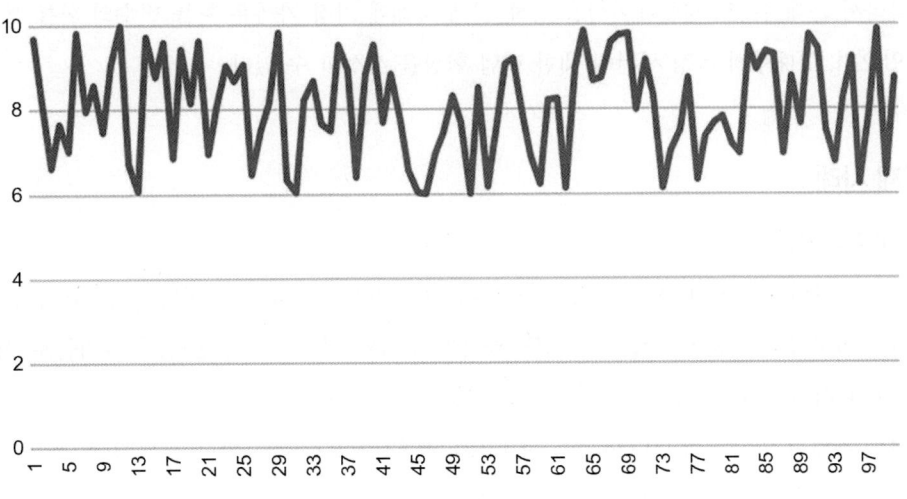

그림 20.6 U[6, 10] 분포의 선 차트

Stata에서 [6, 10] 구간의 균일 분포된 유사 난수를 생성하려면 확률 변수 var2를 생성하고 다음 명령어를 입력해야 한다.

```
gen var2 = 6+(10-6)*runiform()
```

시뮬레이션 결과를 시각화하기 위해 그림 20.7과 같이 새로운 히스토그램을 구성하자.

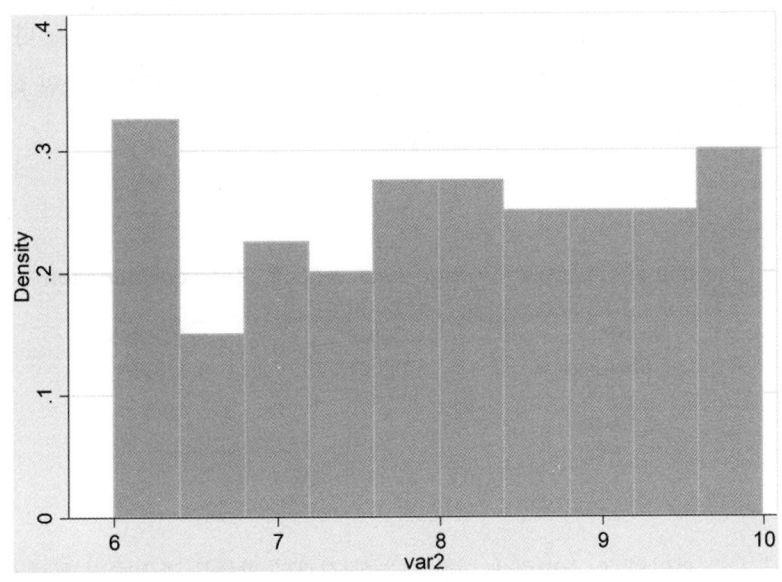

그림 20.7 U[6, 10] 분포에서 발생한 히스토그램

정규 분포와는 달리, 데이터가 평균값 주위에 집중되지 않고, [6, 10] 구간 내에서 균일하게 분포되어 있음을 주목하자.

따라서 몬테카를로 시뮬레이션을 통해 실제 사례에 가장 가까운 확률 변수의 확률 분포를 추정할 수 있으며, 그때부터 특정 사건에 대한 랜덤 현상을 생성할 수 있다.

20.3.2 실제 사례

사례 1: 레드 와인 소비

여기서는 파티에서 500명이 소비할 레드 와인의 총량을 추산하고자 한다. 이를 위해 투숙객의 80%가 참석하고 1인당 평균 75mL의 레드 와인을 소비할 것으로 추산한다. 몬테카를로 시뮬레이션을 사용해 파티에서 소비되는 레드 와인의 총량을 추정해보자.

레드 와인의 총 소비량($TCONS$)은 식 (20.1)에 나타나 있듯이 파티 침석 인원(NP)과 1인당 평균 소비량($CONSP$)의 곱이 된다.

$$TCONS = NP \times CONSP \tag{20.1}$$

이 경우의 구체적인 추정치는 다음과 같다.

$$TCONS = 500 \times 0.80 \times 75 = 30,000\text{mL} = 30\text{L}$$

그러나 이 경우에는 확률 변수가 있으므로 특정 추정치가 데이터에 포함된 불확실성을 정량화하지 않는다. 각 변수의 확률 분포를 구하면 가능한 결과와 각각의 확률을 추정할 수 있다.

따라서 NP 및 $CONSP$ 변수의 동작을 더 잘 나타내는 확률 분포를 추정해보자. 변수 NP는 $NP \sim$ b(500, .80)으로 대표되는 변수 $n = 500$과 $P = .80$을 갖는 이항 확률 분포를 따른다. 반대로, 확률 변수 $CONSP$는 $CONSP \sim$ U[60, 90]으로 대표되는 60과 90 사이 구간의 균일 확률 분포를 따른다. 그림 20.8에는 그러한 정보가 엑셀에 요약되어 있다.

	A	B	C
1	**Number of people**	**Average consumption**	**Total consumption**
2		**per person**	
3	**NP**	**CONSP**	**TCONS**
4	Binomial	Uniform	(ml)
5	n = 500	[60,90]	
6	p = 0.80		

그림 20.8 사례 1의 입력 데이터

파티에서 레드 와인의 총 소비량에 대한 가능한 결과와 확률을 추정하기 위해 엑셀에서 몬테카를로로 시뮬레이션을 사용해 각 입력 변수에 10,000개의 원소가 포함된 무작위 표본을 추출한다. 이를 위해 **데이터** 탭을 다시 한번 클릭한 다음 **데이터 분석**에서 분석 도구 **난수 생성**을 선택한다. 확률 변수 *NP*와 *CONSP*의 경우 삽입된 모수는 각각 그림 20.9와 그림 20.10에 있다.

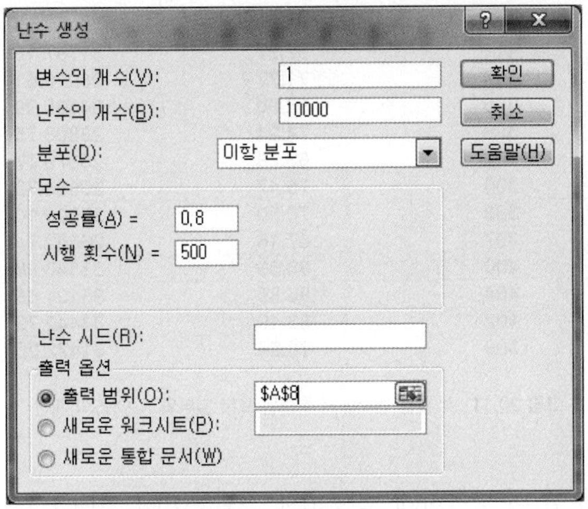

그림 20.9 변수 *NP*로부터 난수 생성

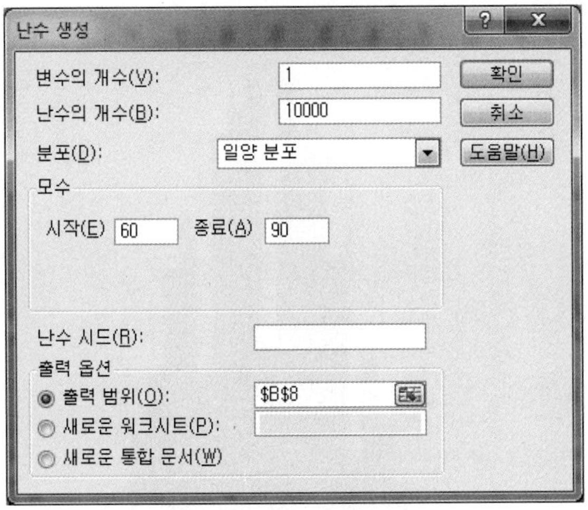

그림 20.10 변수 *CONSP*로부터 난수 생성

그림 20.11은 *NP*와 *CONSUP*의 곱으로 총 소비량(*TCONS*)을 계산하는 것 외에도 확률 변수 *NP*와 *CONSUP*에 대한 몬테카를로 시뮬레이션에서 생성된 결과의 일부를 보여준다.

	A	B	C
1	**Number of people**	**Average consumption**	**Total consumption**
2		**per person**	
3	**NP**	**CONSP**	**TCONS**
4	Binomial	Uniform	(ml)
5	n = 500	[60,90]	
6	p = 0.80		
7			
8	418	76.93	32157.69
9	411	77.37	31797.15
10	394	71.77	28278.61
11	395	87.00	34365.98
12	388	74.24	28806.75
13	402	63.88	25679.07
14	396	75.47	29884.72
15	383	70.50	27003.10
16	397	67.16	26662.74
17	400	83.35	33340.86
18	404	86.89	35101.65
19	402	83.19	33442.79
20	399	78.88	31472.26

그림 20.11 각 확률 변수에서 추출된 표본 일부와 *TCONS*의 계산

시뮬레이션 결과를 좀 더 명확하게 보기 위해 그림 20.12, 20.13, 20.14와 같이 각 확률 변수(*NP* 및 *CONSP*)와 분석된 출력 변수(*TCONS*)에 대한 히스토그램을 구성할 수 있다.

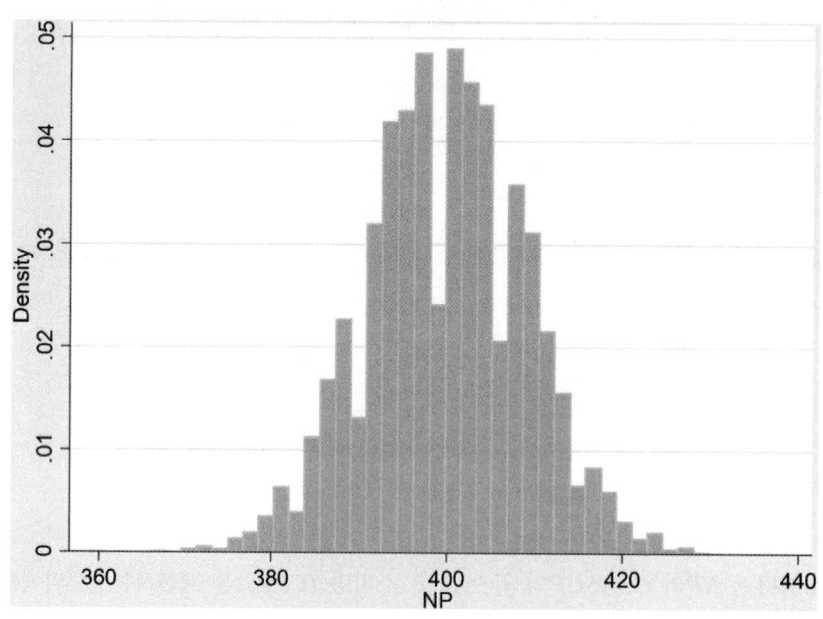

그림 20.12 변수 *NP*의 히스토그램

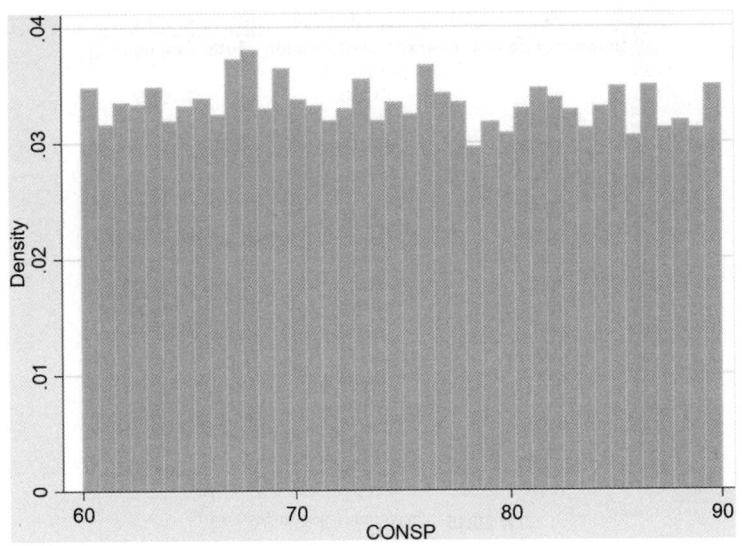

그림 20.13 변수 *CONSP*의 히스토그램

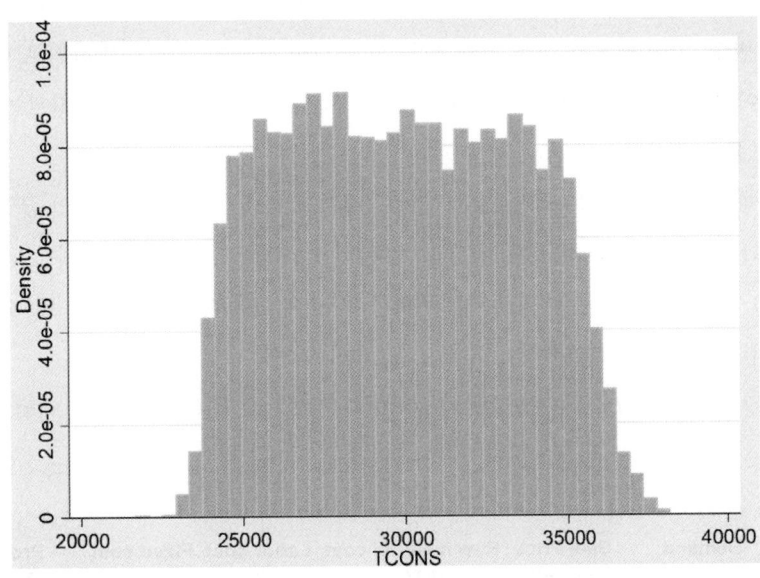

그림 20.14 변수 *TCONS*의 히스토그램

변수 *TCONS*의 히스토그램에서 파티에서 소비할 레드 와인의 총량을 정의할 수 있다. 평균 (약 30,000mL, 즉 30L)을 사용하는 대신, 분포의 특정 백분위수에 근거해 이 값을 선택할 수 있다. 예를 들어, 변수 *TCONS* 값을 내림차순으로 정렬하면 그림 20.15와 같이 분포 데이터의 5%를 나타내는 첫 번째 500개의 셀을 선택할 수 있다. 95% 신뢰 구간에서 레드 와인의 총 소비량은 35,498.34mL(35.5L) 미만으로 다음과 같이 말할 수 있다.

$$P(TCONS < 35,498.34) = 95\%$$

	A	B	C
1	Number of people	Average consumption	Total consumption
2		per person	
3	NP	CONSP	TCONS
4	Binomial	Uniform	(ml)
5	n = 500	[60,90]	
6	p = 0.80		
7			
498	397	89.46	35515.91
499	395	89.91	35515.64
500	409	86.83	35512.11
501	403	88.12	35510.66
502	404	87.89	35505.94
503	397	89.43	35504.65
504	409	86.81	35504.63
505	417	85.14	35503.10
506	411	86.37	35498.75
507	410	86.58	35498.34
508	401	88.51	35491.57
509	402	88.28	35487.69

그림 20.15 *TCONS* 변수의 상위 5% 선택

사례 2: 수익 × 손실 예측

커피 메이커를 판매하는 회사의 재무 분석으로부터 손실 가능성을 추산하고자 한다. 다음으로, 분석에 사용된 변수, 확률 변수의 경우 확률 분포 및 각각의 모수에 대해 설명하기로 한다.

과거 데이터를 바탕으로 평균 22,000, 표준 편차 4000인 정규 분포를 따르는 제품의 월별 수요(*DEMAND*)를 추정했다.

한편, 판매 가격(*SALEP*)은 최솟값이 US$14.00이고 최댓값이 US$49.00인 균일 분포를 따른다.

변동 비용에는 원자재 비용(*RMC*)과 인건비(*LABORC*)가 있다. 변수 *RMC*는 US$5.00와 US$21.00 사이에서 값을 갖는 균일 분포를 따르며, *LABORC*는 평균 US$8.00와 표준 편차 US$3.00의 정규 분포를 따른다.

추정 고정 비용(*FIXEDC*)은 US$70,000.00이다. 그림 20.16은 이 정보를 엑셀로 요약한 것이다.

	A	B	C	D	E	F
1	Demand	Sale Price	Raw material cost	Labor cost	Fixed cost	Profit
2	DEMAND	SALEP	RMC	LABORC	FIXEDC	PROFIT
3						
4	N (22000, 4000)	U(14, 49)	U(5, 21)	N (8, 3)	$70,000.00	

그림 20.16 사례 2의 입력 데이터

가능한 결과와 손실 확률을 추정하기 위해 엑셀에서 몬테카를로 시뮬레이션을 사용해 각 입력 변수에서 10,000개의 원소를 가진 무작위 표본을 추출한다. 이를 위해 다시 **데이터** 탭을 클릭하고 **데이터 분석**을 수행한 후 **난수 생성**을 선택하자. 확률 변수 *DEMAND*, *SALEP*, *RMC*, *LABORC*의 경우 삽입된 매개변수는 각각 그림 20.17, 20.18, 20.19, 20.20에 표시된다.

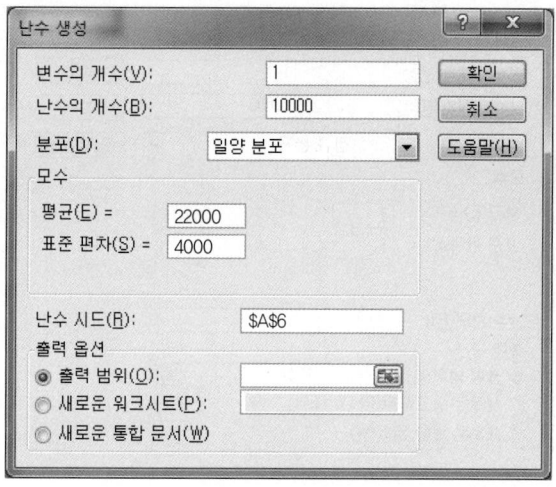

그림 20.17 변수 *DEMAND*로부터 난수 생성

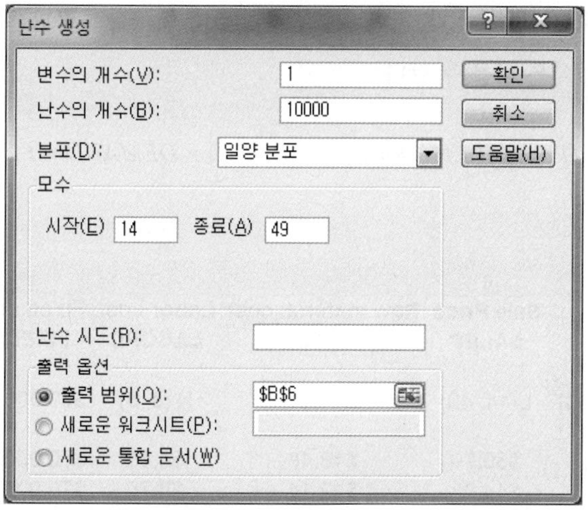

그림 20.18 변수 *SALEP*로부터 난수 생성

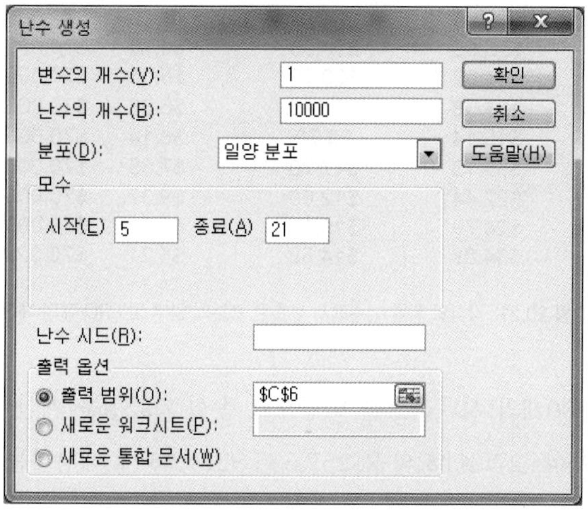

그림 20.19 변수 *RMC*로부터 난수 생성

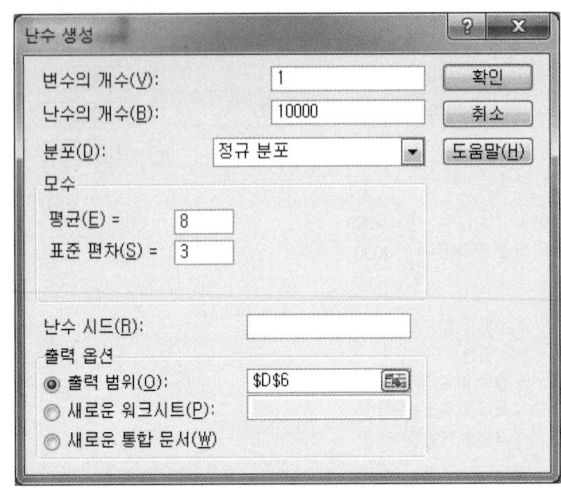

그림 20.20 변수 *LABORC*로부터 난수 생성

그림 20.21은 이익의 계산 외에 확률 변수에 대한 몬테카를로 시뮬레이션에서 생성된 결과의 일부를 보여준다. 그 공식은 다음과 같다.

$$PROFIT = (SALEP - RMC - LABORC) \times DEMAND - FIXEDC$$

	A	B	C	D	E	F
1	**Demand**	**Sale Price**	**Raw material cost**	**Labor cost**	**Fixed cost**	**Profit**
2	**DEMAND**	**SALEP**	**RMC**	**LABORC**	**FIXEDC**	**PROFIT**
3						
4	N (22000, 4000)	U(14, 49)	U(5, 21)	N (8, 3)	$70,000.00	
5						
6	28523.66	$30.70	$18.48	$4.41	$70,000.00	$152,690.72
7	29150.05	$14.08	$12.14	$8.70	$70,000.00	-$267,194.46
8	23634.80	$26.53	$6.42	$11.96	$70,000.00	$122,733.37
9	24828.77	$36.22	$16.17	$8.20	$70,000.00	$224,340.96
10	18229.69	$44.03	$6.11	$4.09	$70,000.00	$546,631.01
11	21331.52	$23.51	$12.03	$5.94	$70,000.00	$48,122.35
12	24096.94	$33.30	$7.13	$6.13	$70,000.00	$412,656.17
13	23250.96	$25.98	$10.98	$4.78	$70,000.00	$167,465.63
14	22899.03	$14.02	$20.70	$5.01	$70,000.00	-$337,835.05
15	19751.27	$37.38	$17.40	$6.60	$70,000.00	$194,087.26
16	22022.18	$15.14	$8.70	$6.14	$70,000.00	-$63,548.15
17	17508.42	$30.13	$17.70	$7.35	$70,000.00	$18,841.44
18	20070.48	$22.44	$12.63	$9.37	$70,000.00	-$61,099.75
19	20750.65	$24.79	$10.14	$6.42	$70,000.00	$100,689.42
20	20718.16	$34.08	$14.58	$5.21	$70,000.00	$226,086.88

그림 20.21 각각의 확률 변수에서 추출된 표본의 일부 및 *PROFIT*의 계산

이제, 생성된 10,000개의 시나리오를 바탕으로 손실 가능성을 계산할 수 있다. 먼저, 그림 20.22와 같이 각각 R$159,844.27(셀 I15)와 R$257,685.82(셀 I16)에 해당하는 표본의 평균 이익과 표준 편

차를 계산했다. 손실 확률을 계산하기 위해 NORM.DIST를 사용한다. 지정된 평균 및 표준 편차에 대한 정규 누적 분포를 제공하는 엑셀의 전체 공식은 NORM.DIST(x, mean, standard_dev, cumulative)이다. 여기서는 손실 확률을 계산하고자 하므로, x의 값은 0이고 누적값은 1 또는 TRUE여야 한다. 따라서 그림 20.22의 셀 I17에 표시된 손실 공식은 NORM.DIST(0, I15, I16, 1)이고 계산된 위험은 26.75%이다.

	A	B	C	D	E	F	G	H	I
1	Demand	Sale Price	Raw material cost	Labor cost	Fixed cost	Profit			
2	DEMAND	SALEP	RMC	LABORC	FIXEDC	PROFIT			
3									
4	N (22000, 4000)	U(14, 49)	U(5, 21)	N (8, 3)	$70,000.00				
5									
6	28523.66	$30.70	$18.48	$4.41	$70,000.00	$152,690.72			
7	29150.05	$14.08	$12.14	$8.70	$70,000.00	-$267,194.46			
8	23634.80	$26.53	$6.42	$11.96	$70,000.00	$122,733.37			
9	24828.77	$36.22	$16.17	$8.20	$70,000.00	$224,340.96			
10	18229.69	$44.03	$6.11	$4.09	$70,000.00	$546,631.01			
11	21331.52	$23.51	$12.03	$5.94	$70,000.00	$48,122.35			
12	24096.94	$33.30	$7.13	$6.13	$70,000.00	$412,656.17			
13	23250.96	$25.98	$10.98	$4.78	$70,000.00	$167,465.63			
14	22899.03	$14.02	$20.70	$5.01	$70,000.00	-$337,835.05		Final result	
15	19751.27	$37.38	$17.40	$6.60	$70,000.00	$194,087.26		Average profit	$159,844.27
16	22022.18	$15.14	$8.70	$6.14	$70,000.00	-$63,548.15		Standard deviation	$257,685.82
17	17508.42	$30.13	$17.70	$7.35	$70,000.00	$18,841.44		P(X< 0)	26.75%
18	20070.48	$22.44	$12.63	$9.37	$70,000.00	-$61,099.75			
19	20750.65	$24.79	$10.14	$6.42	$70,000.00	$100,689.42			
20	20718.16	$34.08	$14.58	$5.21	$70,000.00	$226,086.88			

그림 20.22 사례 2의 손실 확률

엑셀에서 NORM.DIST를 사용하는 대신 F열의 데이터를 오름차순으로 정렬하고 음숫값을 가진 셀을 선택하면 $P(X < 0) = 29.42\%$임을 알 수 있다. 스프레드시트의 모든 데이터는 Case 2.xls 파일에 있다.

20.4 맺음말

컴퓨터 시뮬레이션은 몬테카를로 시뮬레이션, 연속 시뮬레이션, 이산 이벤트 시뮬레이션이라는 세 가지 범주로 분류할 수 있다. 이 장에서는 주로 시간을 변수로 명시적으로 고려하지 않고 난수 생성기를 사용해 시스템을 시뮬레이션하는 몬테카를로 시뮬레이션을 살펴봤다.

숫잣값은 랜덤 장치 또는 특정 함수를 통해 소프트웨어 패키지에서 직접 얻는다. 각 반복 시 결과는 저장되며, 모든 반복이 끝날 때 생성되는 결과의 시퀀스는 빈도 분포로 변환되어, 시스템의 향후 시나리오 예측 외에 평균, 최솟값, 최댓값, 표준 편차 등의 기술 통계량을 계산할 수 있게 된다.

몬테카를로 방법은 복잡한 물리 현상의 시뮬레이션에서 경제 현상으로 이어지는 여러 지식 분야에서 위험과 불확실성에 관한 의사결정 문제를 수반해 사용됐다.

20.5 연습문제

1. 평균 120, 표준 편차 34인 정규 분포를 따르는 변수에 대한 1000개의 난수 생성 시뮬레이션에서 발생하는 데이터의 빈도 분포를 확인할 수 있는 히스토그램과 생성된 데이터의 진화를 볼 수 있는 선 차트를 그려라.

2. 54에서 88 사이에서 균일한 분포하는 변수에 대해서도 동일하게 그려보라.

3. 값이 $P = .8$이고 $n = 100$인 이항 분포의 변수에 대해서도 동일하게 그려보라.

4. 특정 회사의 컴퓨터 일일 수요는 랜덤으로서 평균이 625이고 표준 편차가 40인 정규 분포를 따른다. 하루 생산량 역시 600~650대 사이에서 균일 분포를 따르는 확률 변수다. 재고 균형 방정식은 각 기간의 말에 재고를 계산하는 것으로서 전기의 최종 재고 합계 및 당기 생산에서 당기 수요($I_t = I_{t-1} + P - D_t$)를 뺀 것에 해당한다. 몬테카를로 시뮬레이션을 사용해 마이너스 재고를 가질 확률을 구하라. 10,000개의 원소와 $I_0 = 100$인 무작위 표본을 고려하라.

5. 물류 실적 지표 가운데 운송 비용을 매출에 대한 비율로 나타낼 수 있고, 이를 통해 회사 수익 내의 운송 비용에 대한 전반적인 파악을 할 수 있다. 이 값은 총 운송비를 순 수익으로 나눈 뒤 100을 곱해서 계산할 수 있다. 특정 부문 기업 집단의 총 운송비는 평균 450만 달러, 표준 편차 0.6의 정규 분포를 따른다. 한편 순 수익은 평균 7,500만과 표준 편차 10을 갖는 정규 분포를 따른다. 몬테카를로 시뮬레이션을 사용해 이 지표의 확률이 7% 이상일 확률을 계산하라.

8부

그 밖의 주제

21

실험 설계와 분석

효율적인 시민이 되기 위해서는 읽고 쓰는 능력처럼 통계적 사고가 필요해질 날이 언젠가는 올 것이다.

– H.G. 웰스(Wells)

21.1 소개

실험 설계DOE, design of experiments는 제품 및 서비스의 품질에 영향을 미치는 요소를 식별하기 위해 프로세스 제어에 자주 사용돼왔다. DOE를 사용하면 프로세스와 제품 설계 조정을 개선할 수 있을 뿐만 아니라 새로운 제품 및 프로세스 개발에 필요한 시간을 단축할 수 있다.

Montgomery(2013)는 **실험**experiment이란 해당 출력 변수의 변화를 관찰하고 식별하기 위해 프로세스의 입력 변수를 의도적으로 변경하는 시험 또는 일련의 시험이라고 정의한다. 그림 21.1에 나타낸 프로세스는 자원(입력)을 내부 및 외부 고객을 위한 새로운 제품, 상품 또는 서비스(출력)로 변환한다. 일부 프로세스 변수는 제어할 수 있는 반면, 어떤 변수는 제어할 수 없다.

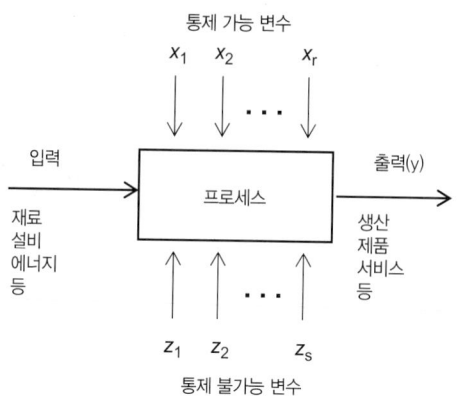

그림 21.1 프로세스 흐름도

Montgomery(2013)에 따르면, 실험의 목적은 다음과 같다.

1. 종속 변수 또는 y 응답 변수에 가장 큰 영향을 미치는 입력 변수를 결정한다.

2. y가 원하는 값에 최대한 근접하도록 x_s 변수와 해당 값의 집합을 결정한다.

3. 가능한 한 y 변수의 변동을 최소화하도록 x_s 변수의 집합과 해당 값을 결정한다.

4. 제어 불가능 변수 z의 영향을 최소화하기 위해 x_s 변수의 집합과 각각의 값을 결정한다.

Banzatto and Kronka(2006)를 기반으로 실험 설계에 사용되는 주요 용어들을 살펴보자.

처리treatment 또는 **요인**factor은 실험에서 측정, 시험 또는 평가하려는 모든 방법, 요소 또는 물질이다. 실험에서는 둘 이상의 요인과 둘 이상의 종속 또는 응답 변수가 있을 수 있다. 처리나 요인은 모델의 **설명 변수**explanatory variable에 해당한다. 실험에서 정성qualitative이나 정량quantitative 처리가 될 수 있는 종류는 적어도 두 가지가 있다. 처리의 예로는 비료, 살충제, 작업장의 소음 수준을 평가하기 위한 장비, 열응력을 측정하는 장비, 신체 구성 평가 방법, 수박과 참외의 생산량을 평가하는 토양 처리 방법, 제품 종류, 연령, 시기 등을 들 수 있다.

한편, **실험 단위**experimental unit는 처리를 적용하는 단위, 구성요소, 물리적 실체 또는 장소에 해당한다. 이는 분석할 데이터를 제공한다. 실험 단위는 동물, 환자, 토지, 엔진, 장비, 고객 등이 될 수 있다.

제어 불가능한 변수 때문에 실험에서 랜덤으로 발생하는 변화를 **실험 오차**experimental error라고 한다.

21.2 실험 설계 단계

Montgomery(2013)는 DOE 기법을 적용하는 데 필요한 단계를 다음과 같이 설명한다.

1. **문제 정의**: 문제와 실험 목표에 대한 명확한 정의는 문제를 더 잘 이해하고 해결하는 데 큰 도움

이 된다.

2. **요인과 수준 선택**: 실험에서 요인과 각각의 변동 범위, 그리고 절차에 사용되는 특정 수준을 정의 한다.

3. **반응 변수 정의**: 보통 반응 변수로 평가되는 특성의 평균 또는 표준 편차(또는 둘 다)를 사용한다.

4. **설계 유형 선택**: 21.4절에서는 실험 설계의 유형을 설명한다.

5. **실험 실시**: 실험을 실시할 때는 그 과정이 계획한 대로 이뤄지도록 주의 깊게 관찰할 필요가 있다.

6. **데이터 분석**: 실험에서 얻은 데이터를 분석하기 위해 통계 기법을 사용한다.

7. **결론 및 권고사항**: 실험 결과와 결론을 검증하기 위해 그래픽 방법과 탐색 및 확인 테스트가 사용 된다.

21.3 실험 설계의 네 가지 원칙

데이터를 올바르게 수집하려면 실험 설계 중에 네 가지 기본 원칙을 지켜야 한다. Sharpe et al. (2015)에서는 각각 다음과 같이 설명한다.

1. **랜덤화**randomization: 이 원리는 실험 단위에서 각각의 처리가 각 실험 단위를 동일한 기회로 점유하 도록 분배하는 것을 의미한다. 이 원리는 알 수 없고 통제할 수 없는 변수의 영향을 최소화한다.

2. **복제**replication: 각 처리가 실험에 나타나는 횟수를 말한다. 각 처리에서의 반복 횟수가 동일한 경우 **균형 실험**balanced experiment이라고 한다. 복제를 통해 실험 오차를 추정할 수 있고, 실험의 정확도를 높일 수 있으며, 통계 테스트의 안정성까지 높일 수 있다.

3. **제어**control: 이상 변수의 변동성을 제어하면 반응 변수의 변동성을 현저하게 감소시켜 실험 단위 나 처리 그룹 간의 차이를 쉽게 식별할 수 있다. 예를 들어, 시운전의 경우 모든 대안이 동시에 동일한 조건으로 고객에게 제공돼야 한다. 그렇지 않다면, 휘발유 가격, 주식 시장의 변동성, 금 리 변동 등과 같은 외부 변수는 처리의 효과를 평가하기 어려워질 것이다.

4. **블록화**blocking: 경우에 따라 통제 불가능한 요인 하나가 반응 변수에 직접 영향을 미칠 때가 있다. 이러한 영향을 최소화하기 위해 실험이 각 블록에 대해 분석될 수 있도록 요인을 블록으로 그룹 화하거나 균질 그룹으로 묶는다. 앞의 세 가지 원칙과는 달리 모든 실험에서 블록화가 필요한 것 은 아니다.

21.4 실험 설계의 유형

Sharpe et al.(2015)과 Banzatto and Kronka(2006)는 (a) 완전 랜덤 설계, (b) 랜덤 블록 설계, (c) 요인 설계를 세 가지 유형의 실험 설계로 설명했다.

21.4.1 완전 랜덤 설계

완전 랜덤 설계CRD, completely randomized design는 실험 설계 중 가장 간단하다. 랜덤화와 복제의 원리만 사용한다. 처리는 완전히 랜덤으로 동일한 수 또는 다른 수의 복제로 단위로 배포된다. CRD는 둘 이상의 범주를 가진 하나의 설명 변수만 고려한다.

두 그룹의 환자와 함께 두 종류의 식이요법을 시험해보는 실험을 생각해보라. 따라서 100명의 환자들은 랜덤으로 같은 크기의 2개의 그룹으로 나뉘고 식이요법은 그림 21.2와 같이 랜덤으로 이러한 그룹에 할당된다.

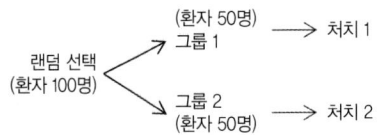

그림 21.2 완전 랜덤 설계의 예(출처: Sharpe, N.R., de Veaux, R.D., Velleman, P.F., 2015. Business Statistics, 3rd ed. Pearson Education)

일원배치 ANOVA는 완전 랜덤 설계에서 오는 데이터를 분석하는 데 널리 사용돼왔다.

21.4.2 랜덤 블록 설계

랜덤 블록 설계RBD, randomized block design는 가장 흔한 설계다. 랜덤화·복제의 원칙 외에 블록을 만들어 로컬 제어의 원칙도 고려한다. 따라서 단위는 균질 블록으로 그룹화된다. 각 블록에 대해, 다른 요인이나 처리를 랜덤으로 배포한다. 주요 목표는 각 블록 내의 변동성을 줄이고 요인이 종속 변수 또는 반응 변수에 미치는 영향을 알아내는 것이다.

블록당 단위 수는 연구 중인 요인 또는 처리의 수와 동일하다. 요인 또는 처리는 각 블록 내에서 랜덤화가 수행되도록 랜덤으로 단위에 분배된다.

건강 관리 클리닉의 환자 600명을 더 건강한 그룹과 덜 건강한 두 그룹으로 나눈 실험을 생각해보라. 각 그룹별로 300명의 환자를 랜덤으로 선정하고 세 가지 처리법을 랜덤으로 배정해 100명의 환자로 이뤄진 각 하위 그룹이 일정한 처리를 받게 했다. 여기서 주요 목적은 다음과 같은 세 가지 유형의 식품 생산 시스템이 이러한 환자의 건강에 미치는 영향을 분석하는 것이다. (a) 재래식 생산

식품, (b) 유기 생산 식품, (c) 생물역학 생산 식품. 그림 21.3은 이 과정을 간결하게 설명한다.

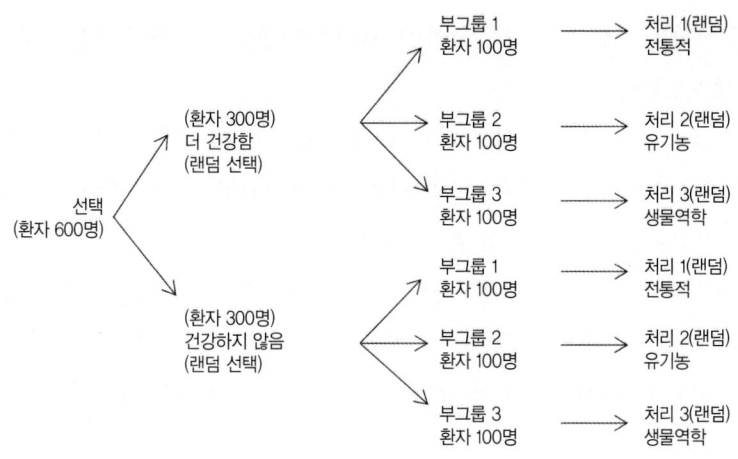

그림 21.3 랜덤 블록 설계의 예

21.4.3 요인 설계

수행 중인 실험에 둘 이상의 요인이 있을 때, 연구원은 요인 설계[FD, factorial design]를 사용한다.

두 가지 요인을 가진 실험에서는 각 실험 복제에서 이러한 요인 수준에 대한 가능한 모든 조합을 조사한다. 따라서 요인 A와 요인 B가 각각 레벨 a와 레벨 b를 가질 경우, 각 복제에는 모든 $a \cdot b$ 조합 가능성이 포함된다(Montgomery, 2013).

이원 ANOVA는 두 가지 요인을 고려해 요인 설계에서 오는 데이터를 분석하는 데 광범위하게 사용돼왔다.

21.5 일원배치 ANOVA

단일 요인 또는 일원배치 ANOVA는 완전 랜덤 설계에서 얻은 데이터를 분석하는 데 널리 사용돼왔다. 이러한 데이터는 회귀 모델을 사용해 분석할 수도 있다.

Fávero et al.(2009)에 따르면, 일원배치 ANOVA는 연구원이 정성적 설명 변수(인자)가 정량적 종속 변수에 미치는 영향을 검증할 수 있게 한다. 각 그룹은 인자 범주 중 하나에 있는 종속 변수의 관측치를 포함한다.

일원배치 ANOVA는 9.8.1절에서 설명했다. 일원배치 ANOVA의 모든 개념, 가설, 모델 및 각 계산은 그 절에서 매우 상세하게 찾아볼 수 있다. 일원배치 ANOVA의 적용은 SPSS 및 Stata 소프트웨어를 사용한 해법뿐만 아니라 예제 9.12에도 설명되어 있다. 이 예제에서 요인은 변수 *Supplier*에 해당하며, 종속 변수는 *Sucrose*이다.

21.6 요인 ANOVA

요인 ANOVA는 둘 이상의 요인을 고려한 일원배치 ANOVA의 확장이다. 요인 ANOVA는 정량 종속 변수가 둘 이상의 정성 설명 변수(요인)에 의해 영향받는다고 가정한다. 또한 요인 사이의 가능한 상호작용을 테스트한다.

Pestana and Gageiro(2008)와 Fávero et al.(2009)에 따르면, 요인 ANOVA의 주요 목표는 각 요인 수준의 평균이 동일한지(종속 변수에 대한 요인의 분리된 영향)를 알아보고, 요인 간의 상호작용을 확인하는 것이다(종속 변수에 대한 요인의 공동 영향).

이원 ANOVA는 9.8.2.1절에서 설명했다. 이원 ANOVA의 모든 개념, 가설, 모델 및 각 계산은 그 절에서 찾아볼 수 있다. 이원 ANOVA의 적용은 SPSS와 Stata를 사용한 해법뿐만 아니라 예제 9.13에 설명되어 있다. 이 예제에서 고정 요인은 변수 *Company*와 *Day_of_the_week*에 해당하며, 종속 변수는 *Time*이다.

이원 ANOVA는 셋 이상의 요인에 대해 일반화할 수 있다. Maroco(2014)에 따르면, 복수의 상호작용의 효과는 요인의 영향을 교란시킬 수 있기 때문에 모델은 매우 복잡해진다(9.8.2.2절).

21.7 맺음말

제품 및 서비스의 품질(의존 변수 또는 대응 변수)에 영향을 미치는 설명 변수나 요인을 파악하기 위해 실험 기법 설계는 프로세스를 제어하는 데 자주 사용돼왔다.

모든 실험 설계 중에서 완전 랜덤 설계는 가장 단순하며 둘 이상의 범주를 가진 하나의 설명 변수만 고려한다. 일원 ANOVA는 완전 랜덤 설계에서 오는 데이터를 분석하는 데 널리 사용돼왔다.

한편 랜덤 블록 설계는 더 자주 사용되고, 실험이 둘 이상의 요인을 고려할 때 요인 설계를 사용한다. 이원 ANOVA는 두 가지 요인을 가진 설계에서 나온 데이터를 분석하는 데 광범위하게 사용돼왔다.

21.8 연습문제

1. 어떤 항공우주 기업은 3개 공장에서 민간 헬기를 생산한다. 표 21.1은 지난 12개월간 각 공장의 월간 헬리콥터 생산량을 보여준다. 모집단 평균 사이에 차이가 있는지 알아보라. $\alpha = 5\%$라고 가정한다.

표 21.1 각 공장의 월별 헬기 생산 대수

요인 1	요인 2	요인 3
24	28	29
26	26	25
28	24	24
22	30	26
31	24	20
25	27	22
27	25	22
28	29	27
30	30	20
21	27	26
20	26	24
24	25	25

2. 어떤 철강 회사는 '철광석 종류'와 '변환기 종류'라는 요인이 강철의 특성에 어떤 영향을 미치는지 알고자 하는데, 좀 더 구체적으로 kgf/mm² 단위로 측정한 브리넬 경도[BH, Brinell hardness]를 측정한다. 이를 위해 철광석 3종(hematite, limonite, magnetite), 변환기 3종(Bessemer, LD, Siemens-Martin) 등 81종의 시료를 사용한 실험을 실시해 단위 경도를 측정했다. 이 데이터는 표 21.2에 수록되어 있다.

표 21.2 철광석과 변환기에 따른 브리넬 경도

변환기 종류	철광석 종류								
	Hematite			Limonite			Magnetite		
Bessemer	161	154	149	145	151	154	168	165	174
	157	163	150	141	147	153	163	175	172
	161	165	156	139	155	140	181	182	180
LD	164	169	152	134	144	140	165	164	177
	149	155	164	139	142	149	181	183	165
	167	159	160	133	129	137	167	178	179
Siemens-Martin	169	165	152	135	141	148	165	166	183
	154	163	167	130	142	129	175	178	179
	159	151	165	137	135	141	164	183	179

3. 어떤 석유 회사는 원유 정제 공정과 원유 종류가 가솔린 품질에 영향을 끼치는 지표, 더 구체적으로 옥탄 등급에 어떤 영향을 미치는지 알고 싶어 한다. 이를 위해 네 가지 원유 정제 공정(증류, 열분해, 개질reforming, 알킬화)과 세 가지 종류의 석유(경량, 나프테닉, 파라핀)를 고려해 48개의 시료를 사용한 실험을 실시했다. 각 실험 단위에 대해 옥탄 등급을 측정했다. 이 데이터는 표 21.3에 수록되어 있다.

표 21.3 원유 종류와 정제 공정에 따른 옥탄 등급

원유 종류	원유 정제 공정							
	증류		열분해		개질		알킬화	
경량	95	95	95	97	96	94	95	96
	94	94	95	96	94	93	96	95
나프테닉	87	86	89	90	86	87	89	91
	86	87	88	90	87	85	90	89
파라핀	90	91	92	91	90	91	89	92
	92	89	90	92	92	90	92	91

22

통계적 공정 관리

우리는 신을 믿는다. 그러나 다른 모든 사람들은 데이터를 제시해야 한다.

– W. 에드워즈 데밍(Edwards Deming)

22.1 소개

통계적 공정 관리SPC, statistical process control는 생산성 향상, 입력 및 재처리의 낭비 감소, (결과적으로) 비용의 절감과 생산 능력의 향상에 널리 이용돼왔다. Montgomery(2013)에 따르면, SPC는 공정 품질을 측정, 모니터링, 제어 및 개선하는 것을 주목표로 하는 문제 해결 도구 모음이다. 관리도control chart는 주요 SPC 도구다. 이 도구는 공정 변동성을 평가하고 공정이 관리 상태에 있는지 여부를 나타내는 데 사용된다.

제품 품질 특성의 변화가 오로지 **랜덤 요인**random causes에 의한 결과일 때, **공정이 관리되고 있다**고 얘기한다. 이러한 랜덤 요인은 **공정의 고유 성질**이며(식별할 수 없음), 제품 품질 특성에 영향을 미치지 않는다.

반면, 제품 품질 특성의 변동이나 결함 수준이 제거가 가능한 특수 원인에 의한 결과인 경우 **공정이 관리되지 않았다**고 말한다. 이러한 공정 변화는 변칙anomaly이며, 제품 품질 특성에 상당한 영향을 미치므로 즉각적인 개입이 필요하다.

이러한 특수 변동 원인은 주변 온도, 조명 불량, 장비 조정 및 유지 보수의 부족, 운영자의 신체적 및 정신적 피로, 훈련 부족, 원료 품질 같은 몇 가지 요인의 결과일 수 있다.

3.2.1절에 제시된 **선 차트**line chart는 정량적 변수의 데이터 진화 또는 추이를 일정한 주기로 보여주는 데 사용된다. 이 차트는 공정 관리에서 시간 경과에 따른 공정 평균의 진화를 검증하는 데 사용할 수 있다.

관리도는 2개의 주요 그룹, 즉 품질 특성을 정량적 척도로 측정하는 변수에 대한 관리도와 품질 특성을 정성적 척도로 측정하는 속성에 대한 관리도로 나눌 수 있다.

22.2 공정 평균 및 변동성 추정

X를 평균이 μ이고 알려진 표준 편차가 σ인 정규 분포를 따르는 품질 특성을 나타내는 확률 변수라고 하자. 즉, $X \sim \mathrm{N}(\mu, \sigma)$이다. 실제로는 대개 μ와 σ를 모르기 때문에 이 값은 표본이나 부집단에서 추정해야 한다.

따라서 표본 추출 방법과 표본 크기를 정의해야 한다. Gomea(2010)는 표본은 동일한 기계, 운영 및 공장에서 생산된 품목에 의해 형성된 균질 배치에서 추출해야 한다고 설명한다. 저자에 따르면, 표본 크기는 생산량, 검사 비용, 입수된 정보의 중요도에 따라 달라지기 때문에 미리 정해진 규칙이 없다.

수집된 표본의 수는 m으로 나타내며, 그 값은 대개 20~30이다. 각 표본은 보통 4~6개의 관측치로 되어 있다.

n개의 원소가 있는 특정 표본 i의 경우, 표본 평균($\overline{X}_i$)은 다음과 같이 주어진다.

$$\overline{X}_i = \frac{\sum_{j=1}^{n} \overline{X}_{ij}}{n} \tag{22.1}$$

여기서 X_{ij}는 i번째 표본 또는 부집단의 j번째 요소로서, 표본 범위($\overline{R}_i$)는 다음과 같다.

$$\overline{R}_i = X_{\max_i} - X_{\min_i} \tag{22.2}$$

따라서 $\overline{X}_i$는 다음과 같이 평균 μ와 표준 편차 $\sigma_{\overline{X}_i}$인 정규 분포, 즉 $\overline{X}_i \sim \mathrm{N}(\mu, \sigma_{\overline{X}_i})$를 따른다.

$$E(\overline{X}_i) = \mu \tag{22.3}$$

$$Var(\overline{X}_i) = \frac{\sigma^2}{n} \tag{22.4}$$

$$\sigma_{\overline{X}_i} = \frac{\sigma}{\sqrt{n}} \tag{22.5}$$

각각 조사 대상 품질 특성에 대한 관측치가 n개씩 포함된 m개의 표본을 수집한다고 가정하자. 따라서 표본 또는 부집단 평균과 표본 범위의 평균은 각각 다음과 같다.

$$\bar{\bar{X}} = \frac{\sum_{i=1}^{m} \bar{X}_i}{m} \tag{22.6}$$

$$\bar{R} = \frac{\sum_{i=1}^{m} R_i}{m} \tag{22.7}$$

여기서

$\bar{X}_i$ = i번째 샘플 또는 부집단의 평균

$\bar{\bar{X}}$ = 표본 평균의 평균

m = 표본 수

n = 각 표본에 대한 관측치 수

R_i = i번째 표본 또는 부집단의 범위

$\bar{R}$ = 표본 범위의 평균

결론적으로 다음 절에서 볼 수 있듯이 $\bar{\bar{X}}$를 μ의 추정값으로, $\bar{R}/d_2$를 σ의 추정값으로 사용할 수 있다.

22.3 변수의 관리도

슈하트 관리도Shewhart control chart라고도 불리는 **변수의 관리도**control chart for variable는 제품 품질 특성을 온도, 길이 또는 폭, 중량, 볼륨, 농도 같은 연속 값으로 측정할 때 사용된다.

이 경우 품질 특성의 평균값과 변동성을 감시할 필요가 있다. 공정 평균을 제어하기 위해 평균 ($\bar{X}$)의 관리도를 사용하고, 공정 변동성을 모니터링하기 위해 범위(R)의 관리도 또는 표준 편차 (S)의 관리도를 사용한다. R의 관리도는 공정 변동성을 측정하는 데 좀 더 일반적으로 사용된다 (Montgomery, 2013).

변수의 관리도는 슈하트가 특정 공정의 변동에서 특수 원인의 존재 감지를 목적으로 개발했다. 따라서 공정이 통계적 관리하에 있는 경우, 미래 관측은 이전의 관측에 기초할 수 있다. 예를 들어, 일련의 데이터를 그래프로 표현하면 시간적으로 표시되며 표시된 점은 이전에 계산한 관리 한계와 비교된다. 따라서 이들 점 중 하나가 관리 한계를 벗어나는 경우, 이는 공정이 통계적 통제에 있지 않음을, 즉 제어 모수가 변경됐음을 의미할 수 있다(Pylro, 2008).

22.3.1 $\bar{X}$ 및 R 관리도

22.3.1.1 $\bar{X}$ 관리도

X가 평균이 μ이고 알려진 분산 σ^2인 정규 분포를 따르는 품질 특성을 나타내는 확률 변수라고 하자. 즉, $X \sim \mathrm{N}(\mu, \sigma^2)$이다. 크기가 n인 m개의 표본을 고려하면, 표본 평균은 $\bar{\bar{X}}$이다. 따라서 다음과 같다.

$$Z = \frac{\bar{\bar{X}} - \mu}{\sigma / \sqrt{n}} \sim \mathrm{N}(0, 1) \tag{22.8}$$

즉, 변수 Z는 표준 정규 분포를 따른다.

$-z_{\alpha/2}$와 $z_{\alpha/2}$ 사이의 값으로 가정되는 변수 Z의 확률은 $1 - \alpha$이므로,

$$P\left(-z_{\alpha/2} \leq Z \leq z_{\alpha/2}\right) = 1 - \alpha \tag{22.9}$$

또는

$$P\left(-z_{\alpha/2} \leq \frac{\bar{\bar{X}} - \mu}{\sigma / \sqrt{n}} \leq z_{\alpha/2}\right) = 1 - \alpha \tag{22.10}$$

따라서 μ에 대한 신뢰 구간은 다음과 같다.

$$P\left(\bar{\bar{X}} - z_{\alpha/2} \frac{\sigma}{\sqrt{n}} \leq \mu \leq \bar{\bar{X}} + z_{\alpha/2} \frac{\sigma}{\sqrt{n}}\right) = 1 - \alpha \tag{22.11}$$

통계적 공정 관리에서는 대개 $z_{\alpha/2} = 3$을 채택하므로 $\bar{X}$의 관리 한계는 다음과 같다.

$$\begin{aligned} UCL &= \bar{\bar{X}} + 3 \frac{\sigma}{\sqrt{n}} \\ Cl &= \bar{\bar{X}} \\ LCL &= \bar{\bar{X}} - 3 \frac{\sigma}{\sqrt{n}} \end{aligned} \tag{22.12}$$

여기서

UCL = 관리 상한$^{\text{Upper Control Limit}}$

CL = 중심선$^{\text{Center Line}}$

LCL = 관리 하한$^{\text{Lower Control Limit}}$

이러한 한계를 3 시그마 관리 한계라고도 한다. 관리 상한 및 관리 하한이라는 용어는 규격 상한$^{\text{USL,}}$ $^{\text{Upper Specification Limit}}$ 및 규격 하한$^{\text{LSL, Lower Specification Limit}}$이라고도 한다. 그림 22.1은 관리도에서 한계로

사용된 평균과 신뢰 구간 99.74%의 확률 분포를 보여준다.

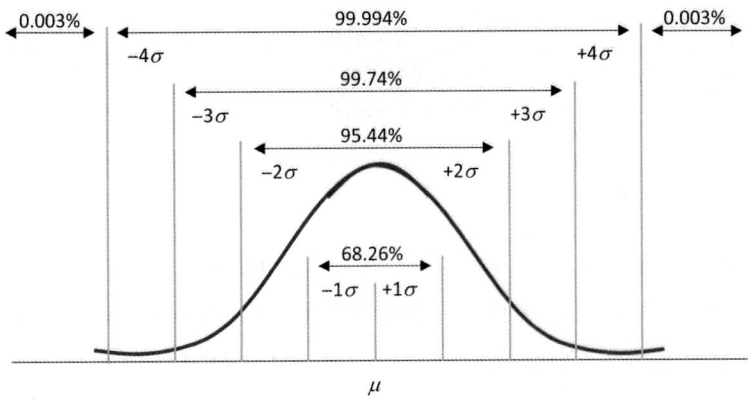

그림 22.1 평균과 신뢰 구간 확률 분포(출처: http://www.portalaction.com.br/probabilidades/62-distribuicao-normal)

실제로는 σ를 모르기 때문에 그것을 추정해야 한다. Sharpe et al.(2015)에 따르면, 표준 편차에 대한 다른 추정치가 없는 정규 분포 데이터의 경우, 표본 범위 $i(R_i)$와 상대 범위라고 하는 확률 변수 W로 나타나는 표준 편차(σ_i) 사이의 관계를 사용할 수 있다.

$$W = \frac{R_i}{\sigma_i} \tag{22.13}$$

W 분포의 평균은 표본 크기에 따라 달라지는 d_2라는 상수로서, 부록의 표 O에서 찾을 수 있다. 이 상수를 사용해 표준 편차 추정기 $\hat{\sigma}_i$를 다음과 같이 구한다.

$$\hat{\sigma}_i = \frac{R_i}{d_2} \tag{22.14}$$

크기가 n인 m개의 표본을 고려하면, 표본 범위의 평균은 $\overline{R}$(식 (22.7))이며, 표본 표준 편차 추정기는 다음과 같다.

$$\hat{\sigma} = \frac{\overline{R}}{d_2} \tag{22.15}$$

따라서 $\overline{X}$(식 (22.12))에 대한 관리 한계는 다음과 같아진다.

$$\begin{aligned} UCL &= \overline{\overline{X}} + 3\frac{\overline{R}}{d_2\sqrt{n}} \\ CL &= \overline{\overline{X}} \\ LCL &= \overline{\overline{X}} - 3\frac{\overline{R}}{d_2\sqrt{n}} \end{aligned} \tag{22.16}$$

$\frac{3}{d_2\sqrt{n}}$ 항은 A_2로 대체될 수 있는데, A_2는 표본 크기(n)에만 종속된 상수로서 부록의 표 O에서 찾을 수 있다.

$$UCL = \overline{\overline{X}} + A_2\overline{R}$$
$$CL = \overline{\overline{X}}$$
$$LCL = \overline{\overline{X}} - A_2\overline{R}$$
(22.17)

22.3.1.2 R 관리도

Sharpe et al.(2015)과 Montgomery(2013)에 따르면, R 관리도의 절차는 $\overline{X}$ 관리도와 매우 유사하다. 차이점은 이 경우 범위(σ_R)에 대한 표준 편차를 추정할 필요가 있다는 것이다.

3 시그마 관리 한계가 있는 R 관리도의 모수는 다음과 같이 주어진다.

$$UCL = \overline{R} + 3\sigma_R$$
$$CL = \overline{R}$$
$$LCL = \overline{R} - 3\sigma_R$$
(22.18)

실제로 우리는 σ_R을 모르기 때문에 그 값을 추정해야만 한다. 품질 특성이 정규 분포한다고 가정할 경우, 상대 범위 $W = R/\sigma$의 분포로부터 $\hat{\sigma}_R$을 계산할 수 있다. d_3로 알려진 W의 표준 편차는 표본 크기(n)에 종속된 상수다. 이 경우

$$R = W\sigma$$

범위의 표준 편차(σ_R)는 다음과 같다.

$$\sigma_R = d_3\sigma$$
(22.19)

σ는 알 수 없으므로 식 (22.15)를 사용해 다음과 같이 추정할 수 있다.

$$\hat{\sigma}_R = d_3\frac{\overline{R}}{d_2}$$
(22.20)

따라서 R(식 (22.18))의 관리 한계는 다음과 같이 시작한다.

$$UCL = \overline{R} + 3d_3\frac{\overline{R}}{d_2}$$
$$CL = \overline{R}$$
$$LCL = \overline{R} - 3d_3\frac{\overline{R}}{d_2}$$
(22.21)

정의:

$D_3 = 1 - 3\frac{d_3}{d_2}$ 그리고 $D_4 = 1 + 3\frac{d_3}{d_2}$이다. 식 (22.21)은 다음과 같이 축소된다.

$$UCL = D_4\overline{R}$$
$$CL = \overline{R}$$
$$LCL = D_3\overline{R}$$

(22.22)

상수 D_3와 D_4의 값은 몇 가지 n 값에 대해 부록의 표 O에서 찾을 수 있다.

예제 22.1

책장의 제조 공정은 철판을 잘라 선반, 지지대, 다리를 만드는 방식으로 진행된다. 평가할 품질 특성은 선반을 만들기 위한 철판의 두께를 mm 단위로 측정한 것이다. 이에 따라 표 22.E.1과 같이 각각 5개의 관측치가 있는 25개의 표본을 사용했다. 표본 또는 부집단 사이의 시간 간격은 1시간이다. $\overline{X}$ 및 R 관리도를 사용해 공정이 관리 상태에 놓여 있는지 확인하라.

표 22.E.1 철판 두께의 측정(mm 단위)

표본	측정				
	m_1	m_2	m_3	m_4	m_5
1	14.25	14.37	14.78	13.98	14.12
2	13.87	14.12	14.76	14.44	13.85
3	13.54	14.12	14.87	15.12	14.17
4	15.07	14.51	14.87	15.22	14.24
5	13.48	14.32	14.65	13.67	13.94
6	13.88	13.96	13.75	14.47	14.83
7	14.22	14.36	15.12	15.36	14.78
8	14.25	14.98	14.55	15.37	15.12
9	14.74	13.87	13.85	14.31	14.55
10	14.77	14.65	14.89	15.47	15.07
11	15.12	15.17	14.85	14.35	15.02
12	13.48	13.74	14.38	14.27	13.99
13	13.78	14.12	14.57	14.67	13.58
14	14.57	15.12	15.37	15.11	14.73
15	14.76	14.55	15.34	15.44	15.21
16	14.76	14.22	14.30	14.97	15.32
17	15.10	14.85	14.62	14.50	15.35
18	14.68	14.27	14.87	15.31	15.46
19	14.36	14.64	13.87	13.65	14.12
20	13.87	13.98	14.65	14.59	14.25
21	14.71	14.35	14.67	15.33	15.12
22	13.47	13.81	14.26	14.54	14.37
23	14.38	14.97	15.27	15.09	15.07
24	14.17	14.67	14.32	13.42	13.69
25	15.24	15.04	14.87	14.65	14.88

관리 한계를 지정하려면 처음에는 각 표본의 평균과 범위($\overline{X}_i$ 및 R_i)를 계산해야 한다. 그 후, 표본 평균의 평균과 표본 범위의 평균을 계산해야 한다.

$$\overline{\overline{X}} = \frac{\sum_{i=1}^{25} \overline{X}_i}{25} = \frac{363.54}{25} = 14.54 \qquad \overline{R} = \frac{\sum_{i=1}^{25} R_i}{25} = \frac{24.68}{25} = 0.99$$

이 계산은 표 22.E.2에 자세히 나와 있다.

표 22.E.2 $\overline{X}$와 $\overline{R}$의 계산

표본	측정					$\overline{X}_i$	R_i
	m_1	m_2	m_3	m_4	m_5		
1	14.25	14.37	14.78	13.98	14.12	14.30	0.80
2	13.87	14.12	14.76	14.44	13.85	14.21	0.91
3	13.54	14.12	14.87	15.12	14.17	14.36	1.58
4	15.07	14.51	14.87	15.22	14.24	14.78	0.98
5	13.48	14.32	14.65	13.67	13.94	14.01	1.17
6	13.88	13.96	13.75	14.47	14.83	14.18	1.08
7	14.22	14.36	15.12	15.36	14.78	14.77	1.14
8	14.25	14.98	14.55	15.37	15.12	14.85	1.12
9	14.74	13.87	13.85	14.31	14.55	14.26	0.89
10	14.77	14.65	14.89	15.47	15.07	14.97	0.82
11	15.12	15.17	14.85	14.35	15.02	14.90	0.82
12	13.48	13.74	14.38	14.27	13.99	13.97	0.90
13	13.78	14.12	14.57	14.67	13.58	14.14	1.09
14	14.57	15.12	15.37	15.11	14.73	14.98	0.80
15	14.76	14.55	15.34	15.44	15.21	15.06	0.89
16	14.76	14.22	14.30	14.97	15.32	14.71	1.10
17	15.10	14.85	14.62	14.50	15.35	14.88	0.85
18	14.68	14.27	14.87	15.31	15.46	14.92	1.19
19	14.36	14.64	13.87	13.65	14.12	14.13	0.99
20	13.87	13.98	14.65	14.59	14.25	14.27	0.78
21	14.71	14.35	14.67	15.33	15.12	14.84	0.98
22	13.47	13.81	14.26	14.54	14.37	14.09	1.07
23	14.38	14.97	15.27	15.09	15.07	14.96	0.89
24	14.17	14.67	14.32	13.42	13.69	14.05	1.25
25	15.24	15.04	14.87	14.65	14.88	14.94	0.59
					합계	363.54	24.68
					평균	14.54	0.99

부록의 표 O에서, n = 5에 해당하는 $\bar{X}$와 R의 관리 한계 A_2 = 0.577, D_3 = 0, D_4 = 2.114 상숫값을 구할 수 있다. 따라서 식 (22.17)을 사용한 $\bar{X}$의 관리 한계는 다음과 같이 쓸 수 있다.

$$UCL = \bar{\bar{X}} + A_2\bar{R} = 14.5417 + 0.557 \times 0.9872 = 15.1111$$
$$CL = \bar{\bar{X}} = 14.5417$$
$$LCL = \bar{\bar{X}} - A_2\bar{R} = 14.5417 - 0.557 \times 0.9872 = 13.9722$$

한편, 식 (22.22)를 사용한 R의 관리 한계는 다음과 같다.

$$UCL = D_4\bar{R} = 2.114 \times 0.9872 = 2.0874$$
$$CL = \bar{R} = 0.9872$$
$$LCL = D_3\bar{R} = 0.0000$$

$\bar{X}$와 R의 관리도는 그림 22.2, 22.3, 22.8, 22.9와 같이 Stata 및 SPSS 소프트웨어를 사용해 생성할 수 있다.

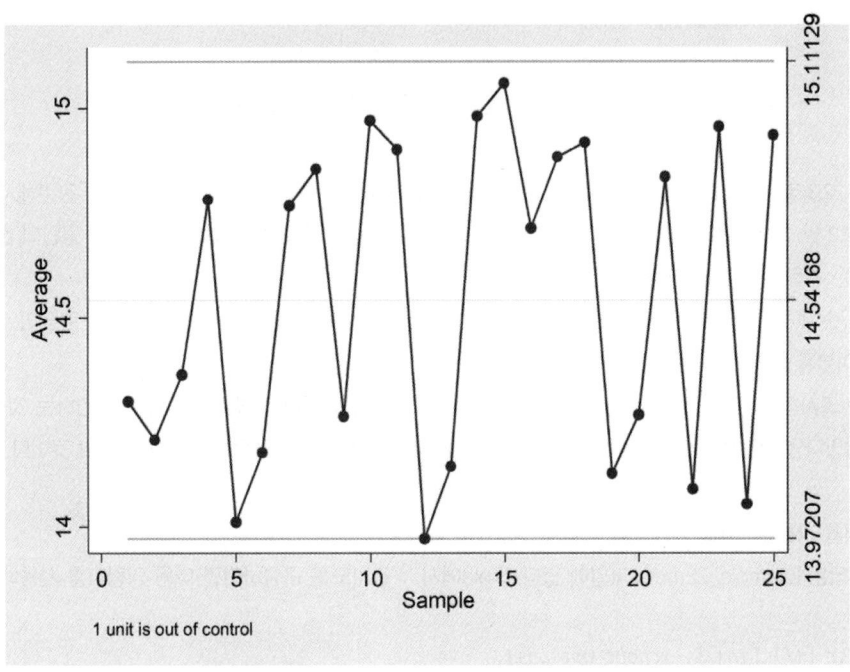

그림 22.2 예제 22.1의 공정에 대한 Stata $\bar{X}$ 관리도

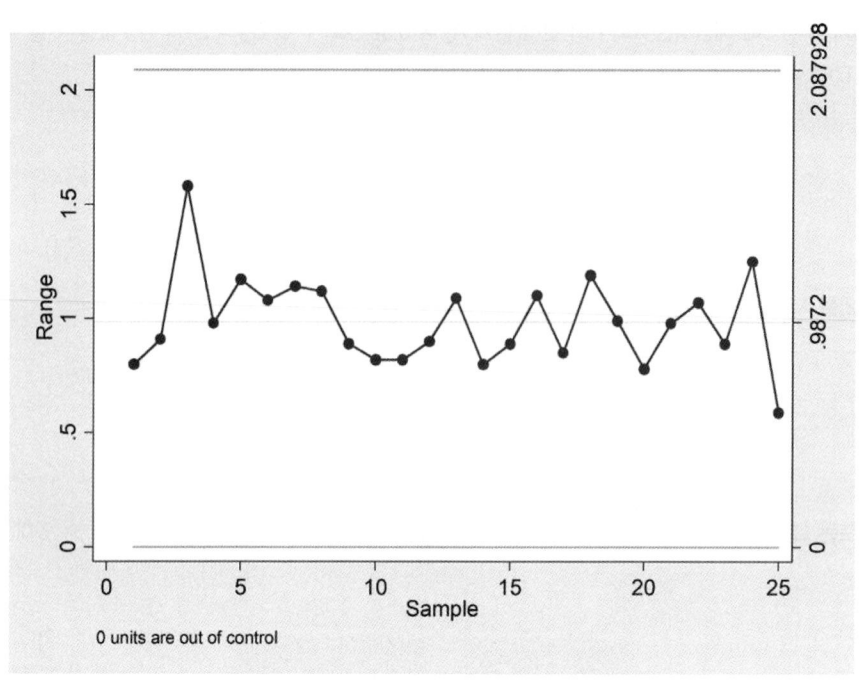

그림 22.3 예제 22.1의 공정에 대한 Stata *R* 관리도

R 관리도(그림 22.3 및 그림 22.9)는 공정 변동이 관리 상태에 있음을 보여준다. 그러나 공정 평균과 관련해서는 그렇지 않다. $\bar{X}$ 관리도(그림 22.2 및 그림 22.8)에서 관리 한계 밖에 표본이 하나 있음을 관찰할 수 있으며, 특별한 원인의 존재로 인해 공정 평균이 변경됐다는 강력한 증거를 제공해준다.

도표에서 점의 순서(추세, 평균의 변화, 중심선 위나 아래 7개 연속점 또는 7개 상승 또는 하강 연속점)가 랜덤이 아닌 경우에도 특수 원인의 존재 여부를 확인할 수 있다.

특별한 원인을 조사하기 전에, 점을 표시할 때 측정 시스템에 문제가 있거나 오류가 있었는지 확인하는 것이 좋다. 이런 오류가 발견되지 않았다면, 회사는 공정을 수정하고 특수 원인을 제거해 공정을 안정적으로 만들어야 할 것이다.

Stata 소프트웨어를 사용한 해법

예제 22.1의 데이터는 Example_22.1.dta 파일에 있다. Stata에서 $\bar{X}$ 관리도를 구성하려면 다음 명령어를 사용해야 한다.

```
xchart varlist [if] [in] [, xchart_options]
```

이 예에서 변수는 m1, m2, m3, m4, m5이다. 명령어 xchart에 변수 이름만 입력하면 산포도를 작성할 수 있다. 차트의 점을 연결하려면 다음처럼 connect(1) 옵션을 포함해야 한다.

```
xchart m1-m5, connect(1)
```

명령어 rchart로 구성하는 *R* 관리도에도 동일한 논리가 적용된다.

```
rchart varlist [if] [in] [, xchart_options]
```

따라서 다음 명령어를 입력해야 한다.

```
rchart m1-m5, connect(1)
```

반대로 $\bar{X}$와 R 관리도는 Stata 소프트웨어에서 shewhart 명령어로 결합해 구할 수 있다.

```
shewhart m1-m5, connect(1)
```

그림 22.2와 그림 22.3은 각각 Stata에서 얻은 $\bar{X}$와 R의 관리도를 보여준다.

SPSS 소프트웨어를 사용한 해법

예제 22.1의 데이터는 Example_22.1.sav 파일에 있다. 첫 번째 열은 분석 대상 표본 또는 부집단을 나타낸다. 각 표본에 해당하는 관측치는 그림 22.4와 같이 *Thickness* 변수인 두 번째 열에 순차적으로 나열된다.

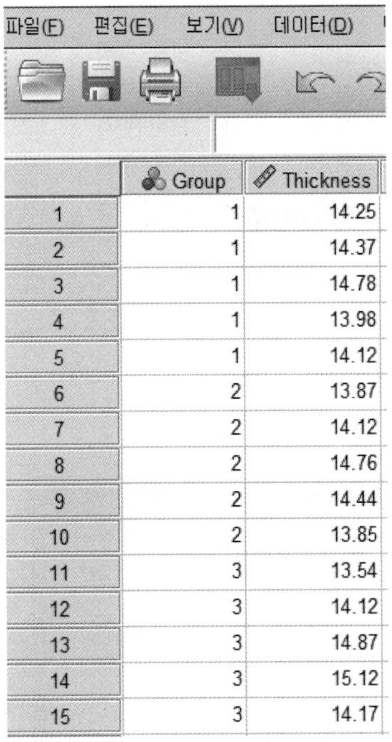

	Group	Thickness
1	1	14.25
2	1	14.37
3	1	14.78
4	1	13.98
5	1	14.12
6	2	13.87
7	2	14.12
8	2	14.76
9	2	14.44
10	2	13.85
11	3	13.54
12	3	14.12
13	3	14.87
14	3	15.12
15	3	14.17

그림 22.4 SPSS로 나타낸 예제 22.1의 데이터

따라서 그림 22.5, 22.6, 22.7과 같이 **분석 › 품질 관리 › 관리도**를 클릭하고 관리도 창에서 X-bar, R, s 옵션을 선택하고 **정의 옵션을 클릭해 범위를 사용하는 X-bar와 R 관리도 표시**를 선택한다.

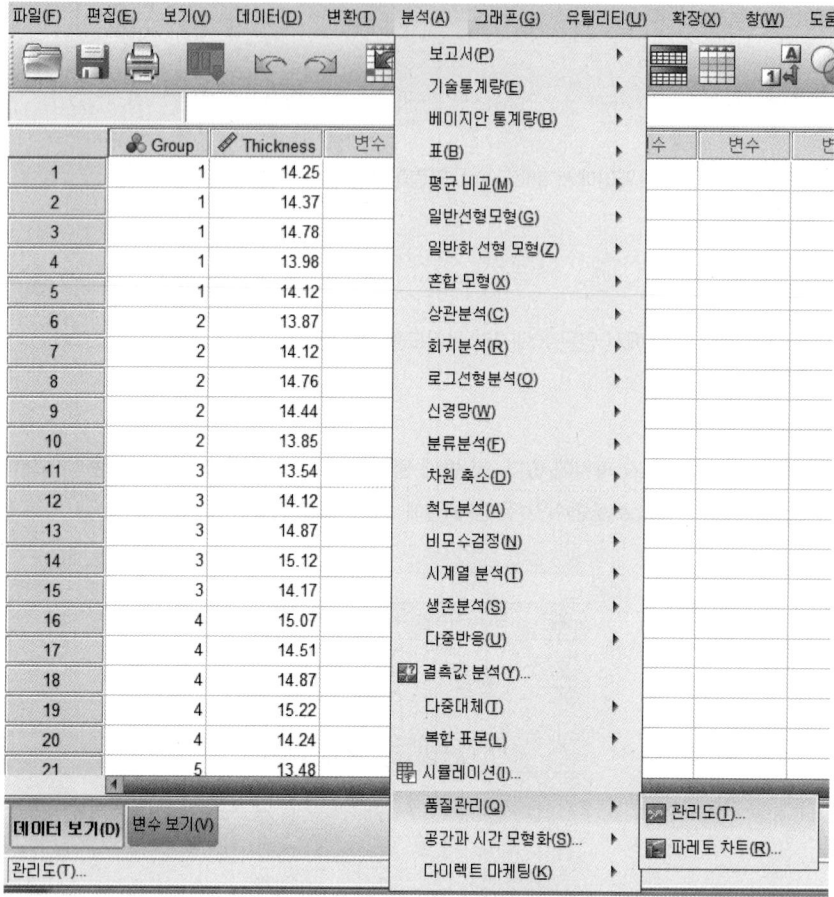

그림 22.5 SPSS에서 관리도를 구성하는 절차

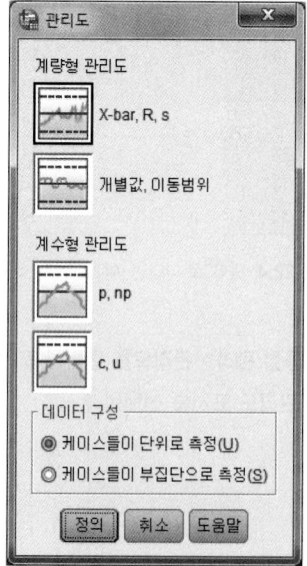

그림 22.6 SPSS의 관리도 창

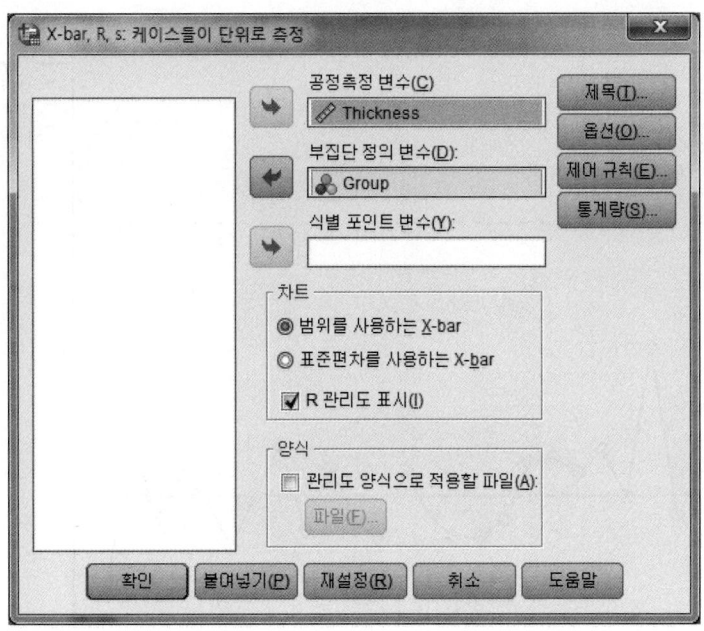

그림 22.7 SPSS에서의 변수 정의와 $\bar{X}$ 및 R 관리도 선택

그림 22.8과 그림 22.9는 각각 SPSS 소프트웨어에서 얻은 $\bar{X}$와 R의 관리도를 보여준다.

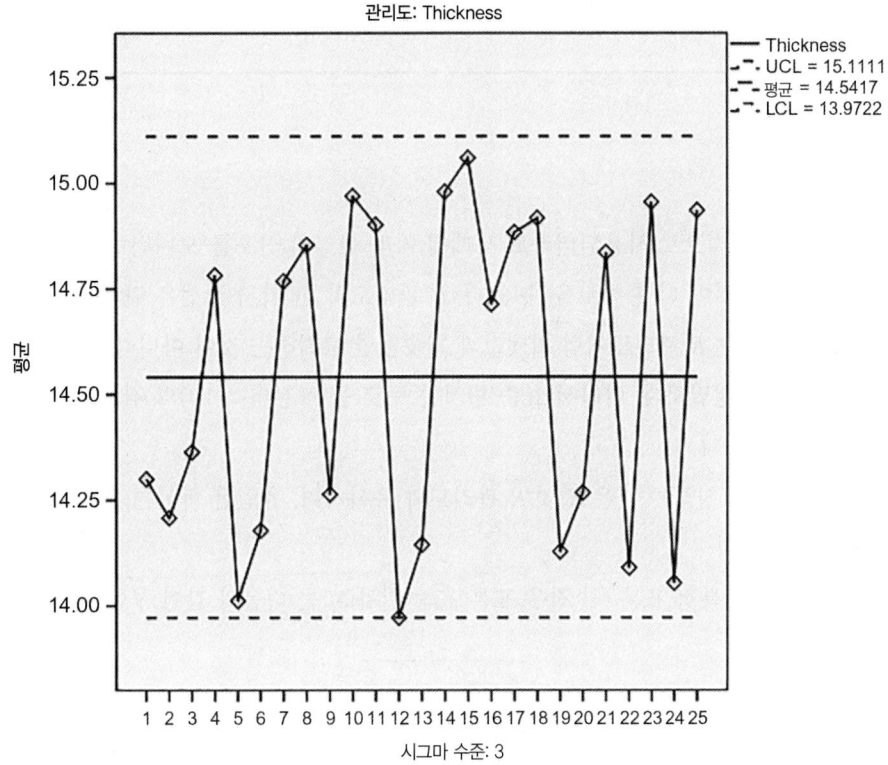

그림 22.8 예제 22.1의 공정에 대한 SPSS $\bar{X}$ 관리도

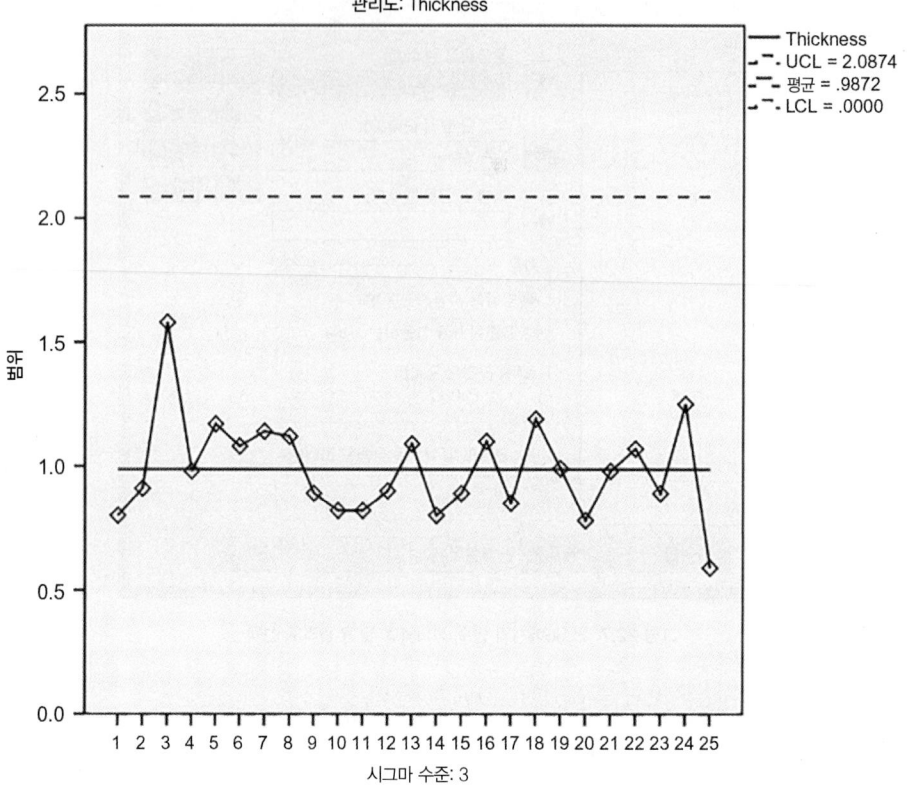

그림 22.9 예제 22.1의 공정에 대한 SPSS R 관리도

22.3.2 $\overline{X}$ 및 S 관리도

$\overline{X}$와 R 관리도가 보편적으로 사용되더라도 사례에 따라 공정의 산포를 모니터링하기 위해 표준 편차 차트(S)를 사용하는 것이 더 흥미로울 수 있다. R 관리도의 한 가지 장점은 단순성과 적용의 편의성이다. 한편, S 관리도는 R 관리도처럼 최댓값과 최솟값만 고려하는 것이 아니라 각 표본의 모든 데이터를 고려하므로 더 정밀하다. 따라서 표준 편차는 주로 큰 표본($n > 10$)의 경우, 범위에 비해 더 효율적인 변동 측정값이다.

$\overline{X}$ 및 S 관리도를 구성하는 것은 $\overline{X}$ 및 R 관리도와 유사하며, 유일한 차이는 관리 한계를 계산하는 데 사용되는 식에 있다.

n개의 원소가 있는 특정 표본 i의 경우 표본 표준 편차(S_i)는 다음과 같이 구한다.

$$S_i = \sqrt{\frac{\sum_{i=1}^{n}\left(X_i - \overline{X}\right)^2}{n-1}}$$

각 n개의 품질 특성 관측치를 가진 m개의 표본이 수집됐다고 가정할 때, 표본 평균 또는 부분그룹 평균과 표본 편차는 다음과 같이 구할 수 있다.

$$\bar{\bar{X}} = \frac{\sum_{i=1}^{m} \bar{X}_i}{m}$$

$$\bar{S} = \frac{\sum_{i=1}^{m} S_i}{m}$$

평균($\bar{X}$)의 관리 한계는 다음과 같이 계산된다.

$$UCL = \bar{\bar{X}} + A_3 \bar{S}$$
$$CL = \bar{\bar{X}} \qquad\qquad (22.23)$$
$$LCL = \bar{\bar{X}} - A_3 \bar{S}$$

상수 A_3는 각기 다른 n 값에 대해 부록의 표 O에서 확인할 수 있다.

그리고 **표준 편차(S)**의 관리 한계는 다음과 같다.

$$UCL = B_4 \bar{S}$$
$$CL = \bar{S} \qquad\qquad (22.24)$$
$$LCL = B_3 \bar{S}$$

상수 B_3와 B_4는 몇 가지 n 값에 대해 부록의 표 O에서 확인할 수 있다.

예제 22.2

딸기 묘목의 생산은 온대 기후와 아열대 기후인 브라질 전역에 널리 퍼져 있으며 자연 그대로 소비되거나 제조 공정에 사용될 수 있다. 분석 대상 변수는 지름(mm)이다. 따라서 표 22.E.3과 같이 각각 4개의 관측치가 있는 20개의 표본을 사용했다. 표본 이나 부집단 사이의 시간 간격은 30분이다. $\bar{X}$ 및 S 관리도를 사용해 공정이 관리 상태에 있는지 확인하라.

표 22.E.3 지름(mm) 측정

표본	측정			
	m_1	m_2	m_3	m_4
1	8.62	8.12	8.44	8.33
2	8.10	8.27	8.65	8.48
3	8.64	8.59	8.87	8.96
4	9.01	8.87	9.22	9.15
5	9.14	9.08	8.87	8.74
6	9.24	9.41	9.37	9.52
7	9.05	9.12	8.87	8.69
8	8.56	8.74	8.45	8.72
9	8.45	8.14	8.24	8.53
10	8.48	8.97	8.64	8.45
11	8.89	8.69	9.03	9.15
12	9.24	9.34	9.09	9.41
13	9.25	9.42	9.36	9.65
14	8.75	9.21	8.83	8.42
15	8.47	8.68	8.49	8.68
16	9.01	9.24	9.36	9.48
17	9.22	8.76	8.94	8.86
18	9.14	9.54	9.36	9.51
19	8.50	8.97	8.65	8.72
20	8.27	8.34	8.47	8.41

해법

관리 한계를 지정하려면 처음에는 각 표본의 평균 및 표준 편차($\overline{X}_i$ 및 S_i)를 계산해야 한다. 그 후, 표본 평균의 평균과 표본 표준 편차의 평균을 계산해야 한다.

$$\overline{\overline{X}} = \frac{\sum_{i=1}^{20} \overline{X}_i}{20} = \frac{117.15}{20} = 8.86$$

$$\overline{S} = \frac{\sum_{i=1}^{20} S_i}{20} = \frac{3.64}{20} = 0.18$$

계산은 표 22.E.4에 자세히 나와 있다.

표 22.E.4 $\overline{X}$와 $\overline{S}$의 계산

표본	측정				$\overline{X}_i$	S_i
	m_1	m_2	m_3	m_4		
1	8.62	8.12	8.44	8.33	8.38	0.21
2	8.10	8.27	8.65	8.48	8.38	0.24
3	8.64	8.59	8.87	8.96	8.77	0.18
4	9.01	8.87	9.22	9.15	9.06	0.16
5	9.14	9.08	8.87	8.74	8.96	0.19
6	9.24	9.41	9.37	9.52	9.39	0.12
7	9.05	9.12	8.87	8.69	8.93	0.19
8	8.56	8.74	8.45	8.72	8.62	0.14
9	8.45	8.14	8.24	8.53	8.34	0.18
10	8.48	8.97	8.64	8.45	8.64	0.24
11	8.89	8.69	9.03	9.15	8.94	0.20
12	9.24	9.34	9.09	9.41	9.27	0.14
13	9.25	9.42	9.36	9.65	9.42	0.17
14	8.75	9.21	8.83	8.42	8.80	0.32
15	8.47	8.68	8.49	8.68	8.58	0.12
16	9.01	9.24	9.36	9.48	9.27	0.20
17	9.22	8.76	8.94	8.86	8.95	0.20
18	9.14	9.54	9.36	9.51	9.39	0.18
19	8.5	8.97	8.65	8.72	8.71	0.20
20	8.27	8.34	8.47	8.41	8.37	0.09
합계					177.15	3.64
평균					8.86	0.18

부록의 표 O에서, $n = 4$에 해당하는 $\overline{X}$와 S에 대한 관리 한계의 $A_3 = 1.628$, $B_3 = 0$, $B_4 = 2.266$의 상숫값을 구할 수 있다. 따라서 식 (22.23)을 이용한 $\overline{X}$의 관리 한계는 다음과 같이 표기할 수 있다.

$$UCL = \overline{\overline{X}} + A_3\overline{S} = 8.8574 + 1.628 \times 0.1822 = 9.1539$$

$$CL = \overline{\overline{X}} = 8.8574$$

$$LCL = \overline{\overline{X}} - A_3\overline{S} = 8.8574 - 1.628 \times 0.1822 = 8.5608$$

한편, 식 (22.24)를 사용한 S의 관리 한계는 다음과 같다.

$$UCL = B_4\overline{S} = 2.266 \times 0.1822 = 0.4128$$

$$CL = \overline{S} = 0.1822$$

$$LCL = B_3\overline{S} = 0$$

$\overline{X}$ 및 S 관리도는 SPSS를 사용해 생성되며, Stata에서는 기능이 없다.

SPSS 소프트웨어를 사용한 해법

예제 22.2의 데이터는 Example_22.2.sav 파일에 있으며, 그림 22.10에 나타나 있다.

	🎱 Group	📏 Diameter	변수	
1	1	8.62		
2	1	8.12		
3	1	8.44		
4	1	8.33		
5	2	8.10		
6	2	8.27		
7	2	8.65		
8	2	8.48		
9	3	8.64		
10	3	8.59		
11	3	8.87		
12	3	8.96		
13	4	9.01		
14	4	8.87		
15	4	9.22		

그림 22.10 SPSS로 나타낸 예제 22.2의 데이터

예제 22.1과 마찬가지로 **분석 › 품질 관리 › 관리도**를 클릭한 후 변수 차트에서 X-bar, R, s 옵션을 선택하고 관심 변수를 정의해야 한다. 그러나 그림 22.11과 같이 **표준 편차를 사용하는 x-bar와 s 관리도 표시**를 선택해야 한다.

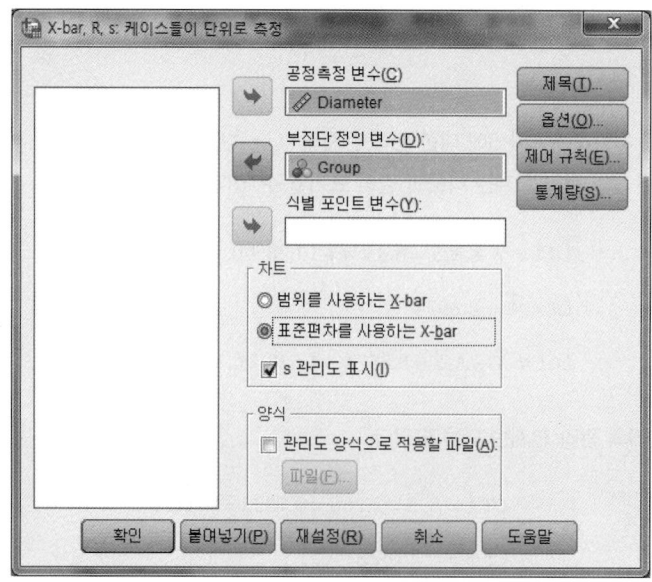

그림 22.11 SPSS에서의 변수 정의와 $\overline{X}$ 및 S 관리도 선택

그림 22.12와 그림 22.13은 각각 SPSS 소프트웨어에서 얻은 $\bar{X}$와 S의 관리도를 보여준다.

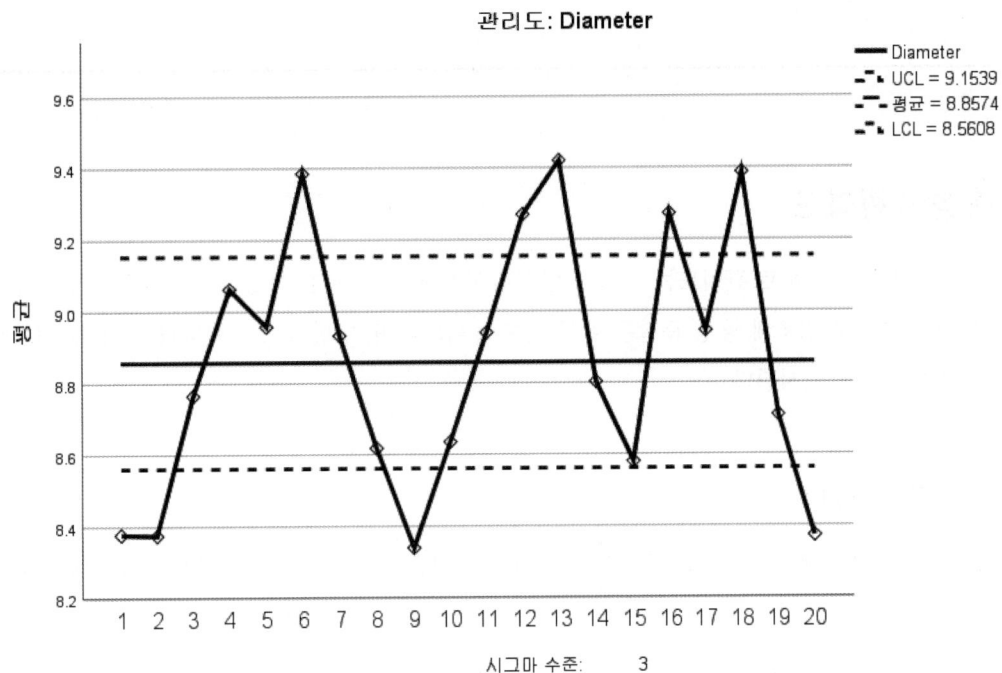

그림 22.12 예제 22.2의 공정에 대한 SPSS $\bar{X}$ 관리도

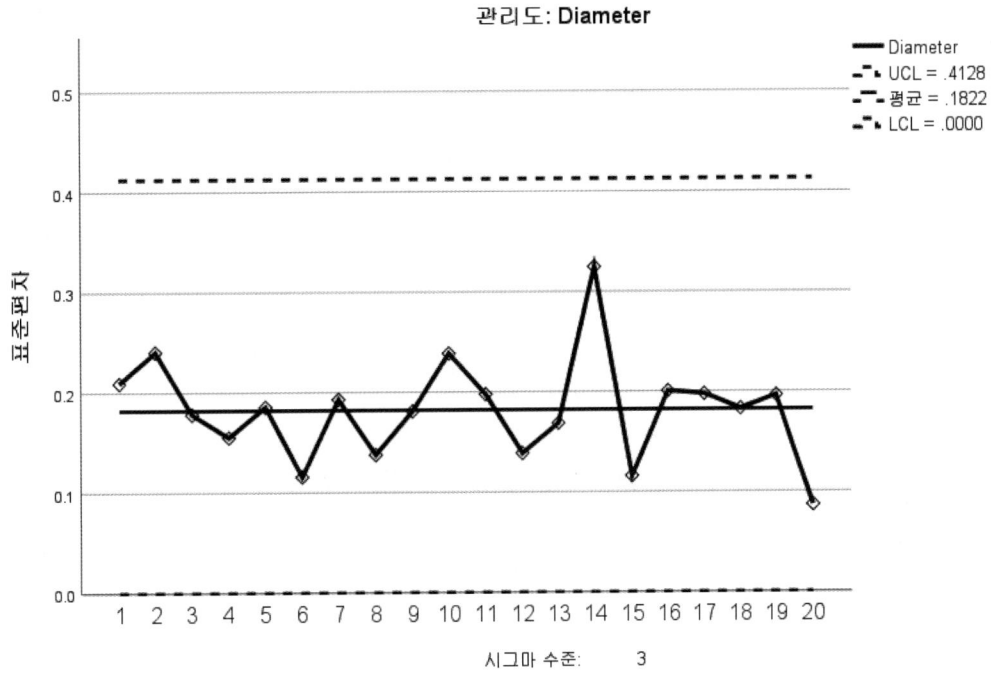

그림 22.13 예제 22.2의 공정에 대한 SPSS S 관리도

S 관리도는 공정 변동이 관리 상태에 있음을 보여준다. 그러나 공정 평균에 대해서는 그렇지 않다. $\bar{X}$ 관리도에서 관리 한계를 벗어난 표본이 여러 개 있음을 알 수 있는데, 이는 공정이 통계적 관리 상태에 있지 않다는 것, 즉 공정 평균이 변경됐음을 나타낸다.

22.4 속성의 관리도

이전 절에서 본 슈하트 관리도는 정량적 변수로 표현된 공정 품질 특성을 모니터링하기 위해 사용된다. 그러나 몇몇 경우에 공정 품질은 질적 변수로 나타내며, 일반적으로 적합과 부적합의 두 가지 범주(이항 변수)로 표시된다.

22.4.1 p 관리도(결함비)

많은 경우 모니터링해야 할 품질 특성은 불량품의 비율(p)이다. 만약 이 비율이 증가했다면, 변동의 특수 원인을 조사하고 공정을 조정해야 한다. 비율 관리도는 p 관리도라고 한다.

확률 변수 D가 n개 관측치에서의 불량 단위의 수를 나타낸다고 하자. 불량품의 비율은 $p = D/n$ 이다. 6.6.3절에서 설명한 바와 같이, D는 모수 n과 p, 즉 $D \sim b(n, p)$인 이항 분포를 따른다. D의 평균과 분산은 다음과 같다.

$$E(D) = n \cdot p \tag{22.25}$$

$$Var(D) = n \cdot p \cdot (1-p) \tag{22.26}$$

표본 크기가 증가할수록 이항 확률 분포는 정규 분포와 더 유사해진다. 표기법 $\hat{p}$는 실제 값 p의 추정치를 나타낸다. 따라서 $\hat{p}$의 확률 분포는 평균과 분산이 다음과 같이 정의된 정규 분포를 따른다.

$$E(\hat{p}) = p \tag{22.27}$$

$$Var(\hat{p}) = \frac{p \cdot (1-p)}{n} \tag{22.28}$$

부적합 항목(p)의 비율을 안다면, p에 대한 3σ 관리 한계를 설정한다.

$$
\begin{aligned}
UCL &= p + 3\sqrt{\frac{p \cdot (1-p)}{n}} \\
CL &= p \\
LCL &= p - 3\sqrt{\frac{p \cdot (1-p)}{n}}
\end{aligned}
\tag{22.29}
$$

p를 알 수 없는 경우, 공정이 관리 상태에 있는 기간을 고려해 관측된 데이터로 p의 값을 추정해야 한다. 이러한 값은 미래 데이터를 모니터링하는 데 사용된다. $\bar{X}$ 관리도와 유사하게, 데이터를 보정하고 관리 한계 p를 계산하기 위해 m개의 표본을 수집했으며 각각은 품질 특성에 대한 n개의 관측치를 포함하고 있다. 표본 i에 D_i개의 부적합 단위가 있는 경우, i번째 표본의 부적합 항목의 비는 다음과 같다.

$$\hat{p}_i = \frac{D_i}{n}, \quad i = 1, \ldots, m \tag{22.30}$$

이 m 표본에서의 불량품의 평균 비율($\bar{p}$)은 다음과 같다.

$$\bar{p} = \frac{\sum_{i=1}^{m} \hat{p}_i}{m} = \frac{\sum_{i=1}^{m} D_i}{m \cdot n} \tag{22.31}$$

$\bar{p}$ 통계량은 p의 추정치이므로 식 (22.29)의 관리 한계는 다음과 같다.

$$\begin{aligned} UCL &= \bar{p} + 3\sqrt{\frac{\bar{p} \cdot (1 - \bar{p})}{n}} \\ CL &= \bar{p} \\ LCL &= \bar{p} - 3\sqrt{\frac{\bar{p} \cdot (1 - \bar{p})}{n}} \end{aligned} \tag{22.32}$$

경우에 따라서는 p와 n의 값에 따라 관리 하한이 음수일 수 있다($LCL < 0$). 이 경우 $LCL = 0$을 사용하고 관리도에 상한만 있다고 가정해야 한다(Montgomery, 2013).

예제 22.3

높은 기계적 저항을 가진 강판이 바퀴, 범퍼 및 기타 차체 부품과 같은 자동차 부품을 제조하는 데 사용되고 있다. 특정 공정에서 생산된 강판이 품질 요구 특성을 충족하는지 검증하려고 한다. 이를 위해 표 22.E.5와 같이 표본 25개를 수집했는데 각각은 60개의 관측치를 갖고 있으며, 표 22.E.5와 같이 각 표본에 대해 불량 강판 수를 검증했다. 표본이나 부집단 사이의 시간 간격은 2시간이다. 공정이 통계적 관리 상태에 있는지 확인해보라.

표 22.E.5 예제 22.3의 강판 불량 개수 데이터

표본 번호	강판 개수	불량 개수	불량 비율
1	60	6	0.100
2	60	7	0.117
3	60	5	0.083
4	60	3	0.050
5	60	7	0.117
6	60	8	0.133
7	60	6	0.100
8	60	5	0.083
9	60	5	0.083
10	60	10	0.167
11	60	8	0.133
12	60	7	0.117
13	60	9	0.150
14	60	11	0.183
15	60	9	0.150
16	60	4	0.067
17	60	8	0.133
18	60	6	0.100
19	60	7	0.117
20	60	8	0.133
21	60	8	0.133
22	60	11	0.183
23	60	10	0.167
24	60	4	0.067
25	60	6	0.100
총합	**1,500**	**178**	

해법

각 표본에 대해 $m = 25$개의 표본과 $n = 60$개의 관측치를 갖고 있다.

각 표본의 불량 강판 비율은 표 22.E.5에 제시되어 있다. 따라서 이 25개 표본($\bar{p}$)에 대한 강판의 평균 불량 비율은 다음과 같이 계산한다.

$$\bar{p} = \frac{0.100 + 0.117 + \dots + 0.100}{25} = 0.1187$$

또는

$$\bar{p} = \frac{\sum_{i=1}^{m} D_i}{mn} = \frac{178}{25 \times 60} = 0.1187$$

관리 한계의 식 (22.32)를 $\bar{p}$에 적용하면 다음을 구할 수 있다.

$$UCL = 0.1187 + 3\sqrt{\frac{0.1187 \cdot (0.8813)}{60}} = 0.2439$$

$$CL = 0.1187$$

$$LCL = \max\left(0.118733 - 3\sqrt{\frac{0.1187 \cdot (0.8813)}{60}},\ 0\right) = 0$$

Stata 소프트웨어를 사용한 해법

Stata에서 p 관리도를 구성하려면 다음 명령어를 사용해야 한다.

```
pchart reject_var unit_var ssize_var [, pchart_options]
```

예제 22.3의 데이터는 Example_22.3.dta 파일에 있다. 첫 번째 변수인 sample은 분석 중인 25개의 표본 각각을 나타낸다. 두 번째 열은 각 표본에 대한 불량 부품의 총수를 계산하는 변수 rejects이다. 마지막으로 변수 ssize는 각 표본의 강판 수를 나타내며, 이 경우 60이다. 따라서 Stata에서 p 관리도를 구성하기 위해 입력할 명령어는 다음과 같다.

```
pchart rejects sample ssize
```

그림 22.14는 Stata에서 얻은 p 관리도를 나타낸다.

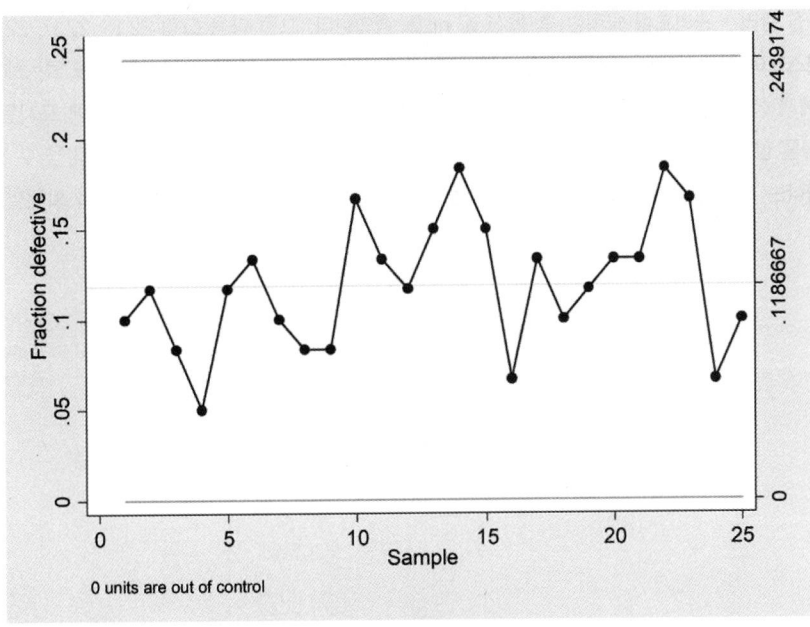

그림 22.14 예제 22.3의 공정에 대한 Stata p 관리도

SPSS 소프트웨어를 사용한 해법

예제 22.3의 데이터는 Example_22.3.sav 파일에 있다. 첫 번째 열은 분석 대상 표본 또는 부집단을 나타낸다. 각 표본에 대한 불량 부품의 총수는 그림 22.15와 같이 *rejects*라는 두 번째 열에 순서대로 나열되어 있다. 세 번째 열 *ssize*는 선택적인데, 예제의 경우는 표본 크기가 일정하기 때문이며 해당 값은 그림 22.18과 같이 SPSS 화면에 정의되어 있다.

파일(F)	편집(E)	보기(V)	데이터(D)	변환(T)	분석(A)

	sample	rejects	ssize	
1	1	6	60	
2	2	7	60	
3	3	5	60	
4	4	3	60	
5	5	7	60	
6	6	8	60	
7	7	6	60	
8	8	5	60	
9	9	5	60	
10	10	10	60	
11	11	8	60	
12	12	7	60	
13	13	9	60	
14	14	11	60	
15	15	9	60	

그림 22.15 SPSS로 나타낸 예제 22.3의 데이터

따라서 **분석 › 품질 관리 › 관리도**를 클릭한 후 옵션 p, np를 정의한다. 그런 다음 그림 22.16, 22.17, 22.18에서처럼 **데이터 구성** 영역에서 **케이스들이 부집단으로 측정** 옵션을 선택하고 관심 변수를 선택한 후 **p(부적합률)**을 클릭해야 한다. 또한 그림 22.18의 **표본 크기**에서 **상수** 옵션을 선택하고 값 60을 입력해야 한다. 또 다른 방법은 그림 22.19에 표시된 대로 **변수** 옵션을 선택하고 변수 *ssize*를 삽입하는 것이다. **확인**을 클릭하면 그림 22.20과 같이 SPSS의 *p* 관리도를 얻을 수 있다.

관리 한계를 벗어나는 지점이 없기 때문에, 그림 22.20을 통해 공정이 통계적 관리 상태에 있음을 확인할 수 있다.

	🔵 sample	🖊 rejects	🖊 ssize
1	1	6	
2	2	7	
3	3	5	
4	4	3	
5	5	7	
6	6	8	
7	7	6	
8	8	5	
9	9	5	
10	10	10	
11	11	8	
12	12	7	
13	13	9	
14	14	11	
15	15	9	
16	16	4	
17	17	8	
18	18	6	
19	19	7	
20	20	8	
21	21	8	

파일(F)　편집(E)　보기(V)　데이터(D)　변환(T)　분석(A)　그래프(G)　유틸리티(U)　확장(X)　창(W)　도움말(

분석(A) 메뉴:
- 보고서(P)
- 기술통계량(E)
- 베이지안 통계량(B)
- 표(B)
- 평균 비교(M)
- 일반선형모형(G)
- 일반화 선형 모형(Z)
- 혼합 모형(X)
- 상관분석(C)
- 회귀분석(R)
- 로그선형분석(O)
- 신경망(W)
- 분류분석(F)
- 차원 축소(D)
- 척도분석(A)
- 비모수검정(N)
- 시계열 분석(T)
- 생존분석(S)
- 다중반응(U)
- 결측값 분석(Y)...
- 다중대체(T)
- 복합 표본(L)
- 시뮬레이션(I)...
- 품질관리(Q) → 관리도(T)... / 파레토 차트(R)...
- 공간과 시간 모형화(S)...
- 다이렉트 마케팅(K)

데이터 보기(D)　변수 보기(V)

관리도(T)...

그림 22.16 SPSS에서 *p* 관리도를 구성하는 절차

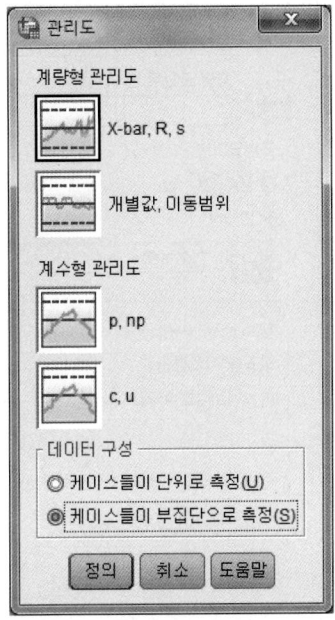

그림 22.17 SPSS의 계수형 관리도 영역에서 p, np를 선택하는 모습

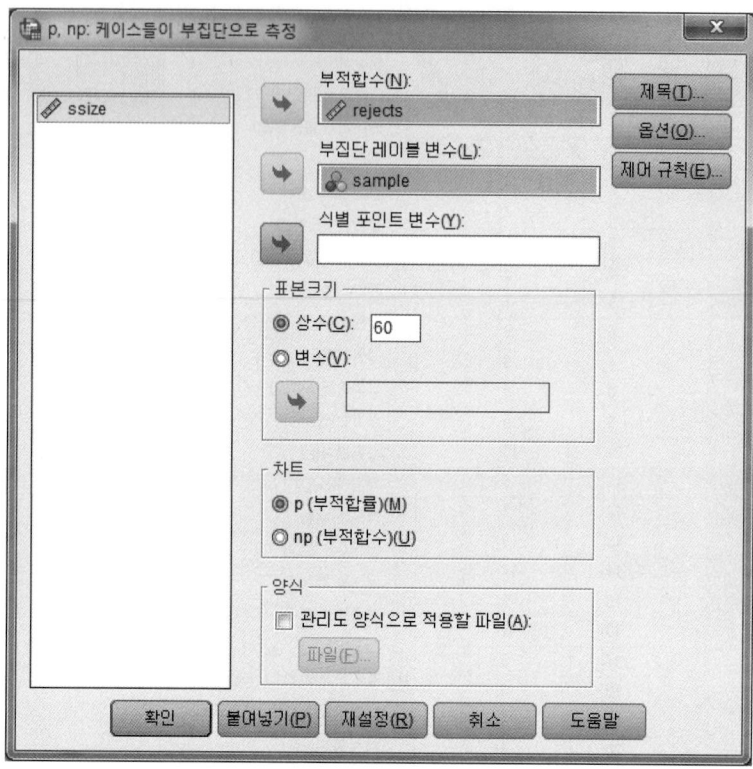

그림 22.18 SPSS에서의 변수 정의와 p 관리도 선택

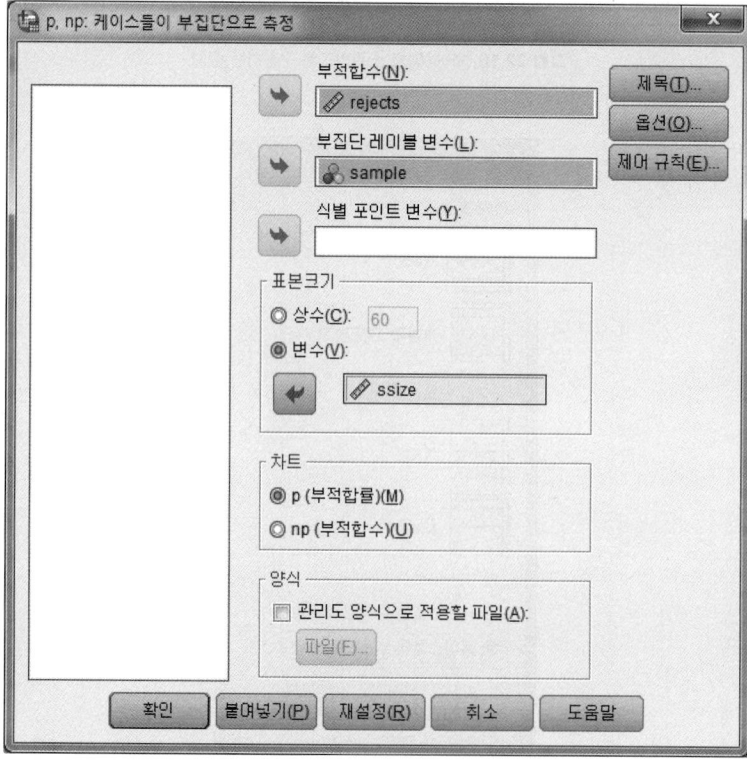

그림 22.19 표본 크기에서 변수 *ssize* 선택

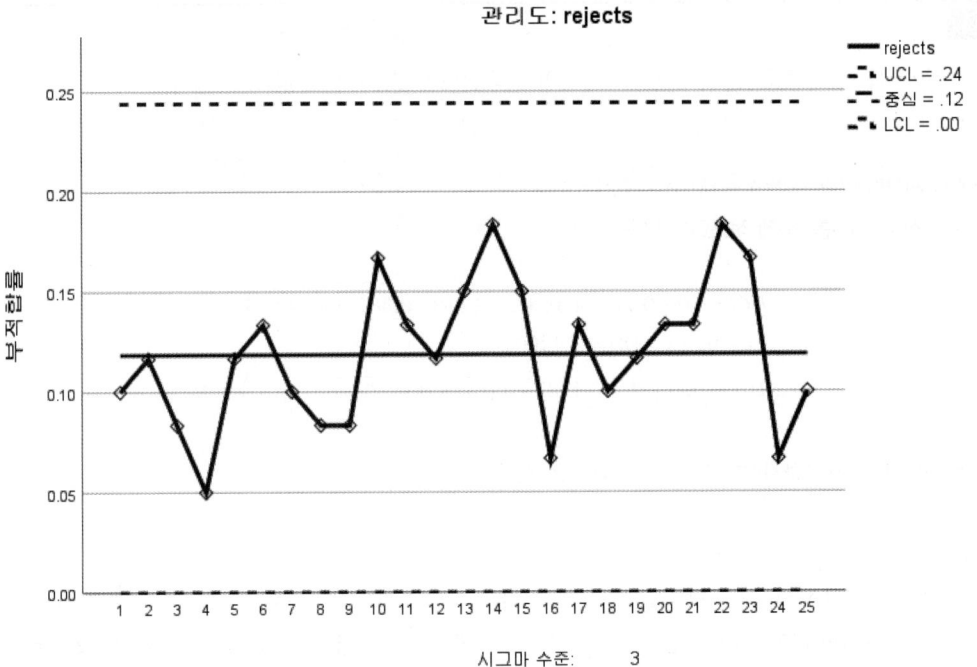

그림 22.20 예제 22.3의 공정에 대한 SPSS p 관리도

22.4.2 np 관리도(불량품 수)

불량품의 비율을 사용하는 대신 불량품의 수($D = np$)를 기준으로 관리도를 그릴 수 있는데, 이를 np 관리도라고 한다. np 관리도는 p 관리도와 달리 표본의 크기가 동일해야 한다. 따라서 p 관리도에 비해 np 관리도의 해석은 간단하다.

p를 알 때, np의 관리 한계는 다음과 같이 지정할 수 있다.

$$\begin{aligned}
UCL &= np + 3\sqrt{np(1-p)} \\
CL &= np \\
LCL &= np - 3\sqrt{np(1-p)}
\end{aligned} \tag{22.33}$$

그렇지 않다면, $\bar{p}$를 p의 추정치로 사용한다.

$$\begin{aligned}
UCL &= n\bar{p} + 3\sqrt{n\bar{p}(1-\bar{p})} \\
CL &= np\bar{p} \\
LCL &= n\bar{p} - 3\sqrt{n\bar{p}(1-\bar{p})}
\end{aligned} \tag{22.34}$$

p 관리도와 유사하게, np 관리도의 관리 하한은 음수가 될 수 있다. 이 경우 $LCL = 0$을 사용해야 한다.

예제 22.3의 데이터를 통해 $n\bar{p}$ 관리도를 구성하고 공정이 관리 상태에 있는지 확인하라.

해법

앞의 예제에서 계산한 바와 같이 $n = 60$, $\bar{p} = 0.1187$이다.

관리 한계의 식 (22.34)를 $n\bar{p}$에 적용하면 다음을 얻을 수 있다.

$$UCL = 60 \times 0.1187 + 3\sqrt{60 \times 0.1187(0.8813)} = 14.6350$$
$$CL = 60 \times 0.1187 = 7.1200$$
$$LCL = \max\left(60 \times 0.1187 - 3\sqrt{60 \times 0.1187(0.8813)},\ 0\right) = 0$$

Stata는 np 관리도를 제공하지 않는다. 따라서 예제 22.4는 SPSS로만 해결된다.

SPSS를 사용한 해법

Example_22.3.sav 파일을 연다. np 관리도를 구성하는 방법은 p 관리도와 같은 논리를 따른다. 다시 한번 **분석 › 품질 관리 › 관리도**를 클릭한다. **계수형 관리도**에서 옵션 **p, np**를 선택하고, **데이터 구성** 영역에서 **케이스들이 부집단으로 측정** 옵션을 선택한다. 이번에도 그림 22.21에서처럼 **np(부적합 수)**를 선택한다. **확인**을 클릭하면 그림 22.22와 같이 SPSS에서 np 관리도를 얻을 수 있다.

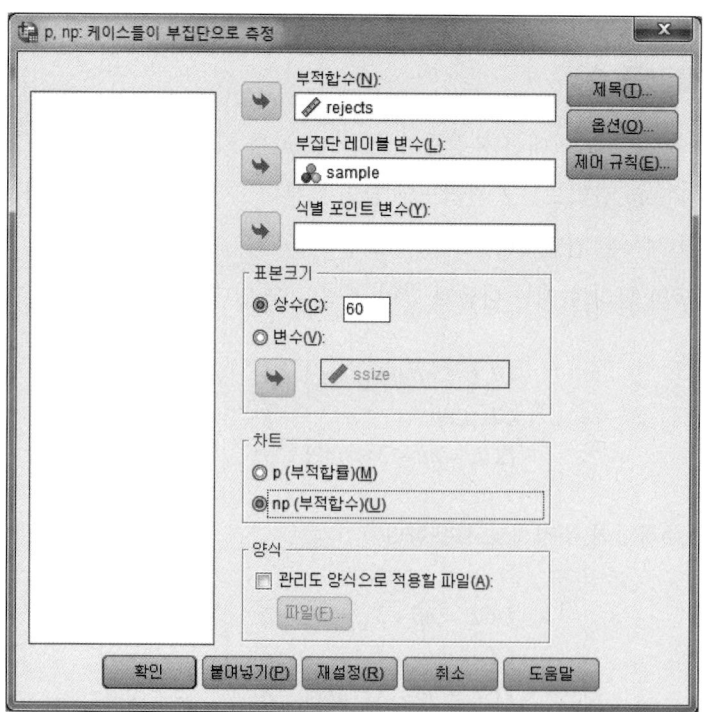

그림 22.21 SPSS의 np 관리도 구성

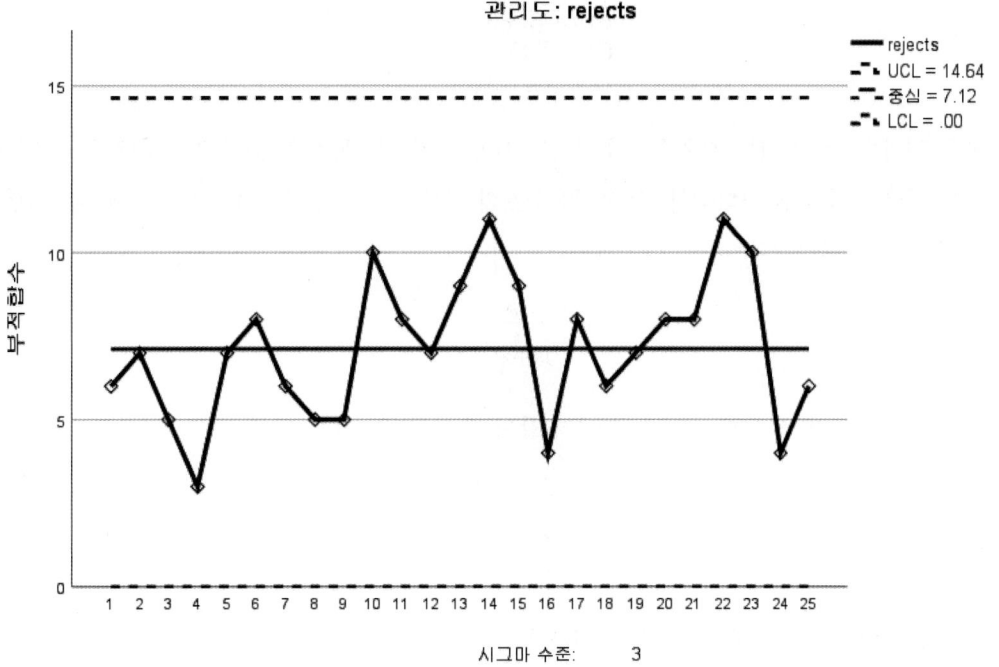

관리도: **rejects**

- ━━ rejects
- ━-▪ UCL = 14.64
- ━-▪ 중심 = 7.12
- ━-▪ LCL = .00

시그마 수준: 3

그림 22.22 SPSS의 *np* 관리도 결과

그림 22.22를 통해 관리 한계를 벗어난 지점이 없으므로 공정이 통계적 관리 상태에 있음을 확인할 수 있다.

22.4.3 *C* 관리도(단위당 총 결함 수)

많은 경우, 제품을 적합 또는 부적합으로 분류하는 것 외에 검사한 단위당 결함의 수를 세는 것도 관심사다. 따라서 *p* 관리도가 불량 단위의 수를 제어하는 반면, *c* 관리도는 검사 단위당 결함의 수를 평가한다. 적용 예로는 옷의 얼룩 수, 유리 조각의 긁힌 자국 수, 강판당 결함 수 등이 있다. 이 관리도는 관찰된 표본의 크기가 일정해야 한다.

5.3.7절에 제시된 바와 같이 특정 시간, 면적 등에서 결함의 수(k)를 나타내는 확률 변수가 X라고 하자. 확률 변수 X는 모수 $\lambda \geq 0$인 푸아송 분포를 따르며, $X \sim \text{Poisson}(\lambda)$로 나타낸다. 확률 함수는 다음과 같이 주어진다.

$$P(X=k) = \frac{e^{-\lambda}\lambda^k}{k!}, \; k = 0, 1, 2, \dots \tag{22.35}$$

푸아송 분포에서 X의 평균과 분산은 모수 λ, 즉 $E(X) = Var(X) = \lambda$로 나타낸다. 따라서 3σ 관리 한계를 가진 *c* 관리도를 다음과 같이 지정할 수 있다.

$$UCL = \lambda + 3\sqrt{\lambda}$$
$$CL = \lambda$$
$$LCL = \lambda - 3\sqrt{\lambda}$$
$$(22.36)$$

표준 편차를 알 수 없는 경우 λ를 추정치로 사용해야 하는데, 이는 검사된 단위에서 m 표본에서 관찰된 평균 결함 수를 나타낸다. 각 표본은 n개의 검사 단위로 구성되며, λ_i는 다음과 같은 i번째 표본의 결함 수를 나타낸다.

$$\bar{\lambda} = \frac{1}{m}\sum_{i=1}^{m}\lambda_i \qquad (22.37)$$

그리고 식 (22.36)의 관리 한계는 다음과 같이 다시 쓸 수 있다.

$$UCL = \bar{\lambda} + 3\sqrt{\bar{\lambda}}$$
$$CL = \bar{\lambda}$$
$$LCL = \bar{\lambda} - 3\sqrt{\bar{\lambda}}$$
$$(22.38)$$

관리 하한이 음일 경우 $LCL = 0$을 사용한다.

예제 22.5

한 전자제품 회사는 특정 커피 메이커의 눈에 띄지 않는 작은 결함의 양을 통제하기를 원한다. 30개의 커피 메이커가 포함된 표본에서 표 22.E.6과 같이 커피 메이커당 결함 수를 계산했다. 이 데이터에 대한 c 관리도를 구성하라.

표 22.E.6 커피 메이커당 결함 수

커피 메이커 번호	커피 메이커당 결함	커피 메이커 번호	커피 메이커당 결함
1	2	16	0
2	0	17	6
3	5	18	2
4	6	19	4
5	7	20	8
6	3	21	3
7	0	22	4
8	1	23	9
9	4	24	11
10	2	25	4
11	5	26	6
12	7	27	5
13	8	28	3
14	6	29	1
15	4	30	3

이 예제에서 각 표본은 단일 검사 단위($n = 1$)로 구성된다. 30개의 표본에서 관찰된 평균 결함 수는 다음과 같다.

$$\bar{\lambda} = \frac{129}{30} = 4.3$$

식 (22.38)로부터 $\bar{\lambda}$의 관리 한계는 다음과 같이 지정할 수 있다.

$$UCL = 4.3 + 3\sqrt{4.3} = 10.5209$$
$$CL = 4.3$$
$$LCL = \max\left(4.3 - 3\sqrt{4.3},\ 0\right) = 0$$

Stata 소프트웨어를 사용한 해법

Stata에서 c 관리도를 구성하려면 다음 명령어를 사용해야 한다.

```
cchart defect_var unit_var [, cchart_options]
```

예제 22.5의 데이터는 Example_22.5.dta 파일에 있다. 첫 번째 변수인 sample은 분석 중인 30개의 표본 각각을 나타낸다. 두 번째 열은 변수 defects를 나타내며, 커피 메이커당 총 결함 수를 계산한다. 따라서 Stata에서 c 관리도를 구성하기 위해 입력하는 명령어는 다음과 같다.

```
cchart defects sample
```

그림 22.23은 Stata에서 얻은 c 관리도를 나타낸다.

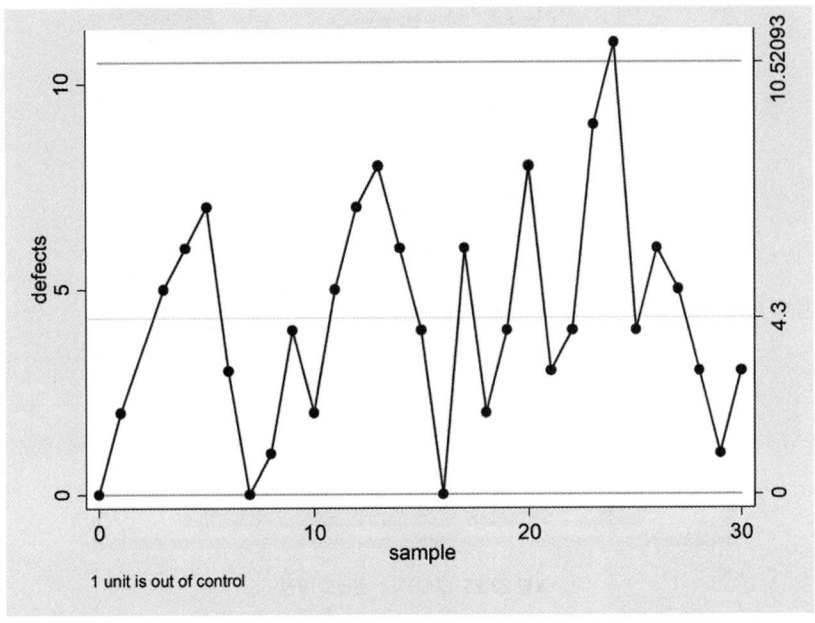

그림 22.23 예제 22.5의 공정에 대한 Stata C 관리도

SPSS를 사용한 해법

Example_22.5.sav 파일을 연다. c 관리도를 구성하는 방법은 p 및 np 관리도와 같은 논리를 따른다. 다시 한번 **분석 › 품질 관리 › 관리도**를 클릭한다. 이번에는 그림 22.24와 같이 **계수형 관리도**에서 옵션 **c, u**를 선택하고 **데이터 구성**에서 **케이스들이 부집단으로 측정**을 선택한다. 다시 한번 관심 변수, 표본 크기를 선택하고 그림 22.25와 같이 차트에서 옵션 **c(부적합 수)**를 클릭한다. **확인**을 누르면 그림 22.26과 같이 SPSS의 c 관리도를 얻을 수 있다.

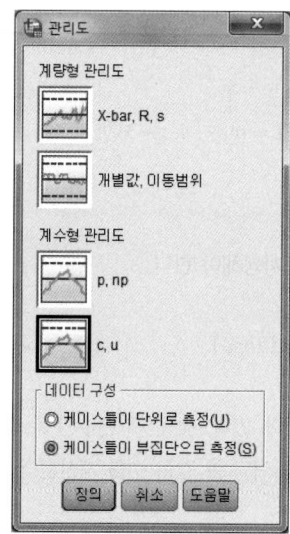

그림 22.24 SPSS의 c 관리도 선택

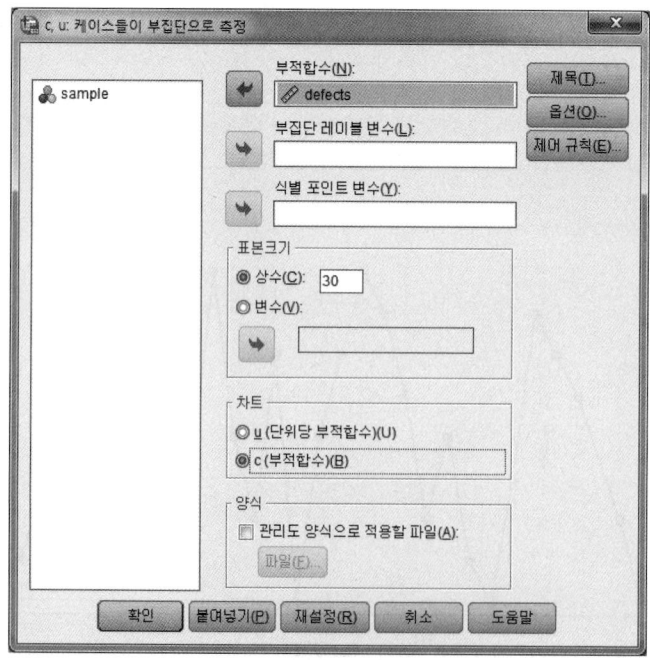

그림 22.25 SPSS의 c 관리도 구성

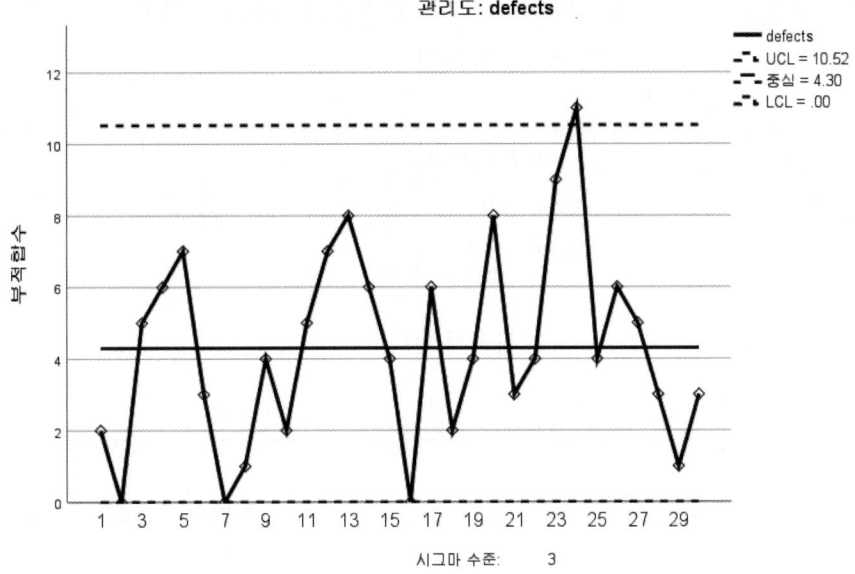

관리도: defects

그림 22.26 예제 22.5의 데이터를 SPSS를 사용해 그린 c 관리도 결과

그림 22.25를 통해, 표본 크기가 상수 30으로 지정됐기 때문에 **부집단 레이블 변수**에 *sample*을 선택할 필요가 없음을 알 수 있다. 그림 22.26은 관리 상한보다 한 점이 더 많다는 것을 보여주며, 공정이 통계적 관리 상태에 있지 않음을 나타낸다.

22.4.4 *U* 관리도(단위당 평균 결함 수)

이 관리도는 표본의 크기가 동일하지 않을 때 c 관리도의 대안이다. 또한 표본이 단 하나의 단위로 구성될 때도 사용할 수 있지만, 엔진의 경우처럼 검사해야 하는 몇 가지 구성요소를 가진 경우에 사용된다.

제품의 검사에서 생산량의 100%를 사용할 경우, 일반적으로 기간당 표본 크기가 달라 c 관리도를 해석하기 어렵다. 이 경우 u 관리도가 대안으로 제시된다.

u 관리도를 구성하려면 m개의 표본을 선택해야 한다. λ_i가 결점 수이고, n_i가 i번째 표본에서 검사된 단위 수라고 하자. 이제 각 표본 i에 대해 검사된 단위당 결함 수는 다음과 같다.

$$u_i = \frac{\lambda_i}{n_i} \tag{22.39}$$

검사된 단위당 평균 결함 수는 다음과 같다.

$$\bar{u} = \frac{\sum_{i=1}^{m} \lambda_i}{\sum_{i=1}^{m} n_i} \tag{22.40}$$

22장 통계적 공정 관리 | 1251

크기가 일정한 표본의 경우 단위당 평균 결함 수를 $\sum_{i=1}^{m} u_i / m$으로 계산할 수도 있다.

u 관리도의 모수는 다음과 같이 지정할 수 있다.

$$UCL = \bar{u} + 3\sqrt{\frac{\bar{u}}{n_i}}$$
$$CL = \bar{u}$$
$$LCL = \bar{u} - 3\sqrt{\frac{\bar{u}}{n_i}}$$

(22.41)

관리 하한이 음일 경우 $LCL = 0$을 사용해야 한다.

예제 22.6

한 장난감 회사는 생산하는 스쿠터 유형의 100%에서 작은 결함의 수를 조절하기를 원한다. 그들은 매일 표 22.E.7과 같이 스쿠터의 생산량에 대해 표본당 결함 수를 계산한다. 공정을 모니터링할 u 관리도를 구성하라.

표 22.E.7 스쿠터당 결함 수

표본 i	표본 크기(n_i)	표본당 결함(λ_i)	$u_i = \lambda_i/n_i$
1	200	240	1.20
2	250	300	1.20
3	200	220	1.10
4	250	260	1.04
5	300	360	1.20
6	300	360	1.20
7	200	270	1.35
8	250	300	1.20
9	300	300	1.00
10	300	330	1.10
11	250	280	1.12
12	200	260	1.30
13	250	320	1.28
14	300	342	1.14
15	300	310	1.03
16	250	310	1.24
17	250	370	1.48
18	300	460	1.53
19	250	270	1.08
20	200	290	1.45
합계	5100	6152	

식 (22.40)을 사용하면 스쿠터당 평균 결함 수는 다음과 같다.

$$\bar{u} = \frac{6152}{5100} = 1.206$$

표본의 크기가 동일하지 않기 때문에 표 22.E.8과 같이 식 (22.41)을 사용해 각 표본의 관리 한계를 계산해야 한다.

표 22.E.8 예제 22.6의 관리 한계 계산

표본 i	표본 크기(n_i)	$UCL = \bar{u} + 3\sqrt{\frac{\bar{u}}{n_i}}$	$LCL = \bar{u} - 3\sqrt{\frac{\bar{u}}{n_i}}$
1	200	1.439	0.973
2	250	1.415	0.998
3	200	1.439	0.973
4	250	1.415	0.998
5	300	1.397	1.016
6	300	1.397	1.016
7	200	1.439	0.973
8	250	1.415	0.998
9	300	1.397	1.016
10	300	1.397	1.016
11	250	1.415	0.998
12	200	1.439	0.973
13	250	1.415	0.998
14	300	1.397	1.016
15	300	1.397	1.016
16	250	1.415	0.998
17	250	1.415	0.998
18	300	1.397	1.016
19	250	1.415	0.998
20	200	1.439	0.973

u 관리도는 SPSS를 사용해 생성되며, Stata에서는 제공되지 않는다.

SPSS를 사용한 해법

Example_22.6.sav 파일을 연다. u 관리도를 구성하는 방법은 c 관리도와 같은 논리를 따른다. 다시 한번 **분석 › 품질 관리 › 관리도**를 클릭하고 옵션 c, u를 한 번 더 선택한 다음, 그림 22.24와 같이 **데이터 구성**에서 **케이스들이 부집단으로 측정**을 선택한다. 그림 22.27과 같이 관심 변수를 선택하고 차트에서 옵션 **u(단위당 부적합 수)**를 클릭한다. c 관리도와 달리 **표본 크기**의 **변수** 옵션을 선택하고 변수 *sample_size*를 삽입해야 한다. **확인**을 클릭하면 그림 22.28과 같이 SPSS에 대한 u 관리도를 얻을 수 있다.

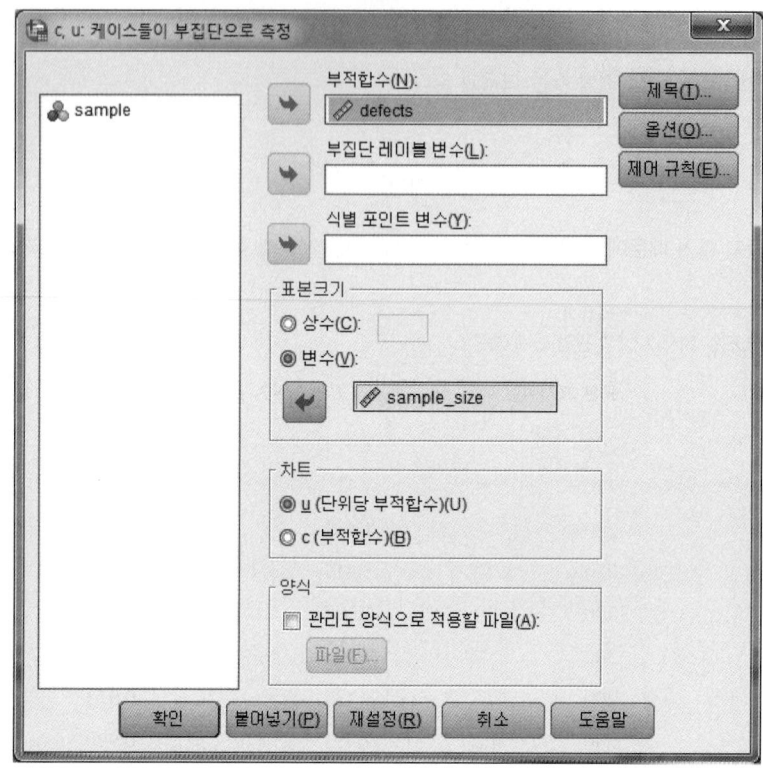

그림 22.27 SPSS의 u 관리도 구성

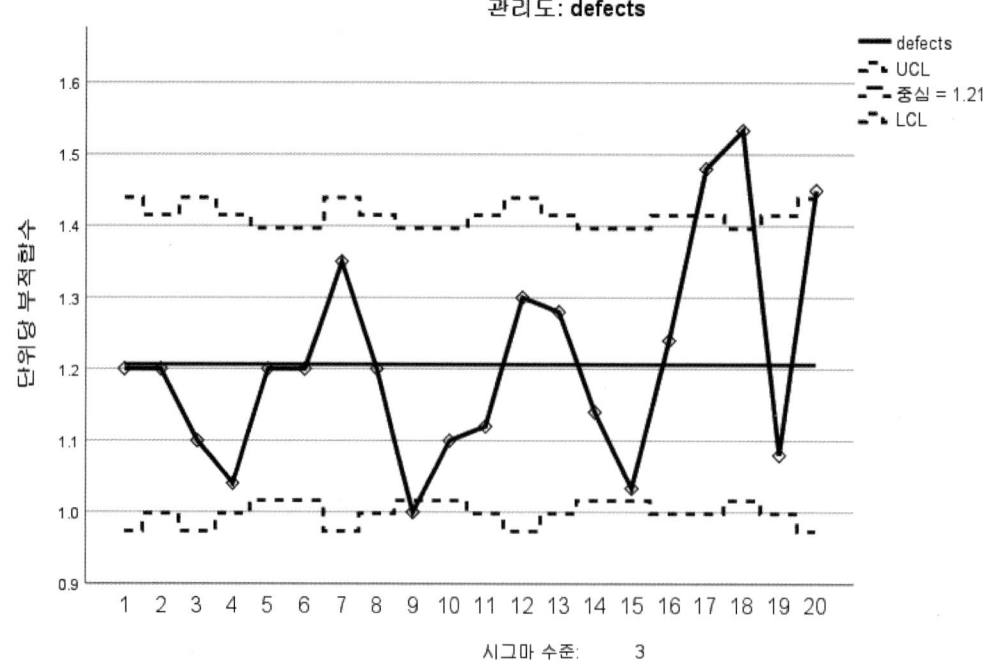

그림 22.28 예제 22.6의 데이터를 SPSS를 사용해 그린 u 관리도 결과

1254

그림 22.28은 표본 9의 스쿠터당 결점 수가 관리 하한보다 낮은 반면, 표본 17, 18, 20의 경우 숫자가 상한보다 높아서 공정이 통계적 관리 상태에 있지 않음을 나타낸다.

22.5 공정 능력

22.3절과 22.4절에 기술된 관리도를 사용해 공정 조정 및 안정성을 확인하면 특수 원인의 존재 여부를 알 수 있다. 이번 절에서는 프로젝트의 규격에 따라 적합 품목을 생산하는 공정 능력에 대해 알아본다.

공정 능력은 특정 조건하에서 장기적으로 동일한 품목을 생산할 수 있는 고유의 능력이라고 정의할 수 있다.

Montgomery(2013)와 Gonçalez and Werner(2009)에 기반해 공정 능력을 측정하기 위해 주요 지수인 C_p, C_{pk}, C_{pm}, C_{pmk}를 살펴본다. 이러한 지수는 실제 공정의 산출량을 분석된 품질 특성에 대한 규격 한계와 비교해 공정이 규격 범위 내의 제품을 제조하는지 여부를 입증한다. 이러한 지수를 이용하기 위해서는 그 과정이 통계적으로 관리돼야 한다.

22.5.1 C_p 지수

C_p 지수는 공정의 허용 변동성(프로젝트에서 지정)과 공정의 자연 변동성을 연관시키고 다음과 같이 계산한다.

$$C_p = \frac{UCL - LCL}{6\sigma} \tag{22.42}$$

여기서

UCL = 관리 상한Upper Control Limit

LCL = 관리 하한Lower Control Limit

σ = 공정 표준 편차

실제로 공정 σ의 표준 편차는 거의 항상 알 수 없으므로 추정해야 한다. 공정 X_1, X_2, ..., X_n의 확률 표본에서 σ는 표본의 표준 편차(S)에서 추정할 수 있다. 반대로 공정 능력 연구에 변수의 관리도를 사용할 경우 σ는 $\bar{R}/d_2$ 또는 $\bar{S}$로 추정할 수 있다. d_2 값은 부록의 표 O에서 확인할 수 있다.

C_p 지수의 한계 중 하나는 공정이 항상 평균에 집중되어 분포하는 것이 아니므로 공정 능력에 관한 잘못된 결론을 초래할 수 있는 중앙집중화(평균)를 무시하고 공정 변동성만을 고려한다는 점이다.

일반적으로 C_p 지수가 클수록 품질 특성이 규격 아래일 확률이 낮아지므로 평균이 규격의 명목값에 중심을 두고 있는 한 불량품 확률을 낮춘다. Montgomery(2013)에 따르면, C_p 지수의 평가는 다음과 같이 해석할 수 있다.

22.5.2 C_{pk} 지수

C_p 지수는 규격에 의해 허용된 총 변동을 공정 평균에 관한 측정 없이 공정 평균(μ)의 거리를 비교하는 반면, C_{pk} 지수는 각 규격 한계로부터 공정 평균(μ)의 거리를 계산해 가장 작은 값을 선택한다. 공정 평균이 규격의 명목값과 일치하면 $C_p = C_{pk}$가 된다. C_{pk}의 계산은 다음과 같다.

$$C_{pk} = \min\left(\frac{UCL - \mu}{3\sigma}, \frac{\mu - LCL}{3\sigma}\right) \tag{22.43}$$

여기서

UCL = 관리 상한

LCL = 관리 하한

μ = 공정 평균

σ = 공정 표준 편차

실제로 공정 평균 μ과 표준 편차 σ는 거의 항상 알 수 없으므로 추정해야 한다. 공정 $X_1, X_2, ..., X_n$의 확률 표본에서 μ와 σ는 각각 $\bar{X}$와 S에서 추정할 수 있다. 반대로 변수에 대한 관리도를 사용할 경우 μ는 $\bar{\bar{X}}$에서, σ는 $\bar{R}/d_2$ 또는 $\bar{S}$에서 추정할 수 있다.

C_{pk} 지수 해석은 표 22.1과 같이 C_p 지수와 유사한 방법으로 수행할 수 있다.

표 22.1 참조 구간에 따른 C_p 지수 해석

C_p 값	비결함 항목	해석
$C_p < 1$	2700 초과	부적격 공정
$1 \leq C_p \leq 1.33$	64~2700	허용 가능 공정
$C_p > 1.33$	64 미만	적격 공정

출처: Gonçalez, P.U., Werner, L., 2009. Comparação dos índices de capacidade do processo para distribuições não normais. Gestão Produção 16 (1), 121–132

통상 $C_p = C_{pk}$일 경우 공정은 규격 평균을 중심으로 하고, $C_{pk} < C_p$일 때는 평균을 중심으로 하지 않는다(Montgomery, 2013).

22.5.3 C_{pm} 및 C_{pmk} 지수

C_{pm}과 C_{pmk}는 각각 C_p와 C_{pk}의 대안이 되는데, 공정에서 허용되는 변동성 외에 규격의 명목값에서 공정 평균의 거리를 고려하기 때문이다. C_{pm}은 다음과 같이 계산할 수 있다.

$$C_{pm} = \frac{UCL - LCL}{6\tau} = \frac{UCL - LCL}{6\sqrt{\sigma^2 + (\mu - T)^2}} \qquad (22.44)$$

여기서

    UCL = 관리 상한

    LCL = 관리 하한

    μ = 공정 평균

    σ = 공정 표준 편차

    T = 규격의 명목값

C_p 지수와 유사하게, 공정 변동성의 증가는 C_{pm} 지수의 분모를 증가시키고 결과적으로 그 값을 감소시킨다. 이 외에도 규격 명목값으로부터의 공정 평균의 거리가 클수록 C_{pm}은 작아진다.

C_{pm}은 분자에서 공정에 허용되는 변동성만 고려하는 반면, C_{pmk}는 공정 평균과 규격 한계 사이의 가장 작은 거리를 각각 지수 C_p 및 C_{pk}와 유사하게 고려한다. C_{pmk}의 계산은 다음과 같다.

$$C_{pmk} = \min\left\{\frac{UCL - \mu}{3\tau}, \frac{\mu - LCL}{3\tau}\right\} = \min\left\{\frac{UCL - \mu}{3\sqrt{\sigma^2 + (\mu - T)^2}}, \frac{\mu - LCL}{3\sqrt{\sigma^2 + (\mu - T)^2}}\right\} \qquad (22.45)$$

여기서

    UCL = 관리 상한

    LCL = 관리 하한

    μ = 공정 평균

    σ = 공정 표준 편차

    T = 규격의 명목값

지수 C_{pm}과 C_{pmk}는 $\mu = T$일 때 각각 지수 C_p 및 C_{pk}와 일치하며, μ가 T로부터 멀어질수록 감소한다.

유사하게, 공정 X_1, X_2, ..., X_n의 확률 표본의 경우 지수 C_{pm}과 C_{pmk}의 평균 μ와 표준 편차 σ는 각각 $\overline{X}$와 S에서 추정할 수 있다. 변수에 대한 관리도를 사용할 경우 μ는 $\overline{\overline{X}}$에서, σ는 R/d_2 또는 S에서 추정할 수 있다.

예제 22.1의 데이터에서 부적합 항목의 비율을 구한 다음, 지수 C_p, C_{pk}, C_{pm}, C_{pmk}를 계산하고, 다음과 같은 규격 한계와 명목 값에 대한 결과를 해석하라.

a) $LCL = 13$mm, $UCL = 16$mm, $T = 14.5$

b) $LCL = 12$mm, $UCL = 15$mm, $T = 13.5$

해법

예제 22.1에서 $\bar{X}$ 및 R 관리도를 구성하기 위해 표본 평균과 표본 범위 평균을 계산했었다.

$$\bar{\bar{X}} = 14.5417$$

$$\bar{R} = 0.9872$$

따라서 지수를 계산하기 위해 각각 μ과 σ의 추정치로 $\bar{\bar{X}}$와 $\bar{R}/d_2$를 사용할 것이다. 부록의 표 O를 통해 $n = 5$에 대한 상수 $d_2 = 2.326$ 값을 구한다.

a) $LCL = 13$mm, $UCL = 16$mm, $T = 14.5$

표 22.E.1에 수록된 데이터를 바탕으로 규격 한계를 벗어난 항목이 없음을 알 수 있다.

지수 C_p, C_{pk}, C_{pm}, C_{pmk}는 다음과 같이 계산할 수 있다.

$$C_p - \frac{UCL - LCL}{6\sigma} - \frac{16 - 13}{6\left(\bar{R}/d_2\right)} = \frac{3}{6 \times 0.9872/2.326} = 1.178$$

$$C_{pk} = \min\left(\frac{UCL - \mu}{3\sigma}, \frac{\mu - LCL}{3\sigma}\right) = \min\left(\frac{16 - 14.54}{3 \times 0.9872/2.326}, \frac{14.54 - 13}{3 \times 0.9872/2.326}\right) = 1.145$$

$$C_{pm} = \frac{UCL - LCL}{6\sqrt{\sigma^2 + (\mu - T)^2}} = \frac{16 - 13}{6\sqrt{(0.9872/2.326)^2 + (14.54 - 14.5)^2}} = 1.172$$

$$C_{pmk} = \min\left\{\frac{16 - 14.54}{3\sqrt{(0.9872/2.326)^2 + (14.54 - 14.5)^2}}, \frac{14.54 - 13}{3\sqrt{(0.9872/2.326)^2 + (14.54 - 14.5)^2}}\right\} = 1.140$$

공정의 추정 평균과 규격 한계로부터, 공정이 규격 평균에 중심을 두고 있음을 알게 된다. 이는 또한 $C_p \cong C_{pk}$와 $C_{pm} \cong C_{pmk}$ 이후 계산된 지수를 통해 입증될 수 있다. 공정 평균이 규격의 명목값에 훨씬 가깝기 때문에($\mu \cong T$) $C_p \cong C_{pm}$과 $C_{pk} \cong C_{pmk}$도 확인할 수 있다.

$1 \leq C_p \leq 1.33$이므로 공정은 허용 가능한 것으로 분류된다. 동일한 해석을 그 밖의 지수에도 사용할 수 있다.

b) $LCL = 12$mm, $UCL = 15$mm, $T = 13.5$

표 22.E.1에 근거해서 항목의 22.4%는 규격 한계 이외라고 할 수 있다(규격 상한 이상). 지수는 다음과 같이 계산할 수 있다.

$$C_p = \frac{15 - 12}{6\left(\bar{R}/d_2\right)} = \frac{3}{6 \times 0.9872/2.326} = 1.178$$

$$C_{pk} = \min\left(\frac{15 - 14.54}{3 \times 0.9872/2.326}, \frac{14.54 - 12}{3 \times 0.9872/2.326}\right) = 0.360$$

$$C_{pm} = \frac{15 - 12}{6\sqrt{(0.9872/2.326)^2 + (14.54 - 13.5)^2}} = 0.445$$

$$C_{pmk} = \min \left\{ \frac{15 - 14.54}{3\sqrt{(0.9872/2.326)^2 + (14.54 - 13.5)^2}}, \frac{14.54 - 12}{3\sqrt{(0.9872/2.326)^2 + (14.54 - 13.5)^2}} \right\} = 0.136$$

앞의 사례와는 달리, 공정은 규격 평균에 집중되지 않는다. 또한 $C_{pk} < C_p$이고 $C_{pmk} < C_{pm}$이므로 계산된 지수로부터 이를 증명할 수 있다. C_p 지수는 공정 변동성만 고려하기 때문에 값이 바뀌지 않아 해석이 잘못됐다.

공정 평균이 규격의 명목값과 다르기 때문에($\mu \neq T$) $C_{pm} < C_p$ 및 $C_{pmk} < C_{pk}$라는 것도 확인할 수 있다. 그 공정은 불능으로 분류된다.

SPSS 소프트웨어를 사용한 해법

데이터는 Example_22.1.sav 파일에서 사용할 수 있다. 먼저 예제 22.1에 제시된 $\overline{X}$와 R 관리도를 구성하기 위한 동일한 단계를 따라야 한다. 다시 한번 **분석 › 품질 관리 › 관리도**를 클릭한다. 옵션 **X-bar, R, s**를 정의하고, 사례들은 **데이터 구성**에서 **케이스들이 단위로 측정**을 선택한다. 그림 22.5, 22.6, 22.7과 같이 **차트에서 범위를 사용하는 X-bar**를 클릭한다. 통계량에서 규격 한계를 정의한다. **상한, 하한, 목표**에서 원하는 **공정 능력 지수**(CP, CpK, CpM)를 선택한다. 또한 그림 22.29 및 그림 22.30과 같이 **공정 능력 시그마**에서 **R-bar를 사용하여 추정** 옵션을 선택한다. 예제 22.7(a)의 경우 그림 22.29와 같이 **상한 16, 하한 13, 목표 14.5**의 규격 한계를 사용했다. 한편, 예제 22.7(b)의 경우 규격 한계는 그림 22.30과 같이 **상한 15, 하한 12, 목표 13.5**이다. 결과를 보기 위해 **계속 및 확인**을 클릭한다. SPSS는 C_{pkm} 지수를 제공하지 않는다는 점에 주목하자. 각 예제의 결과는 그림 22.31과 그림 22.32에서 볼 수 있다.

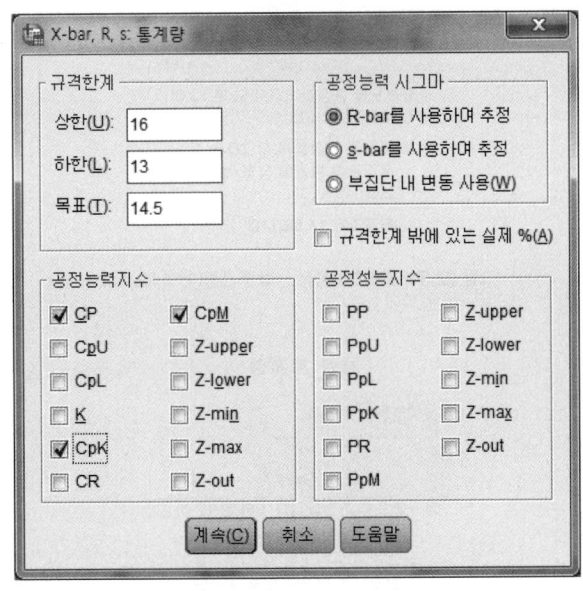

그림 22.29 SPSS의 공정 능력 지수 계산(예제 22.7(a))

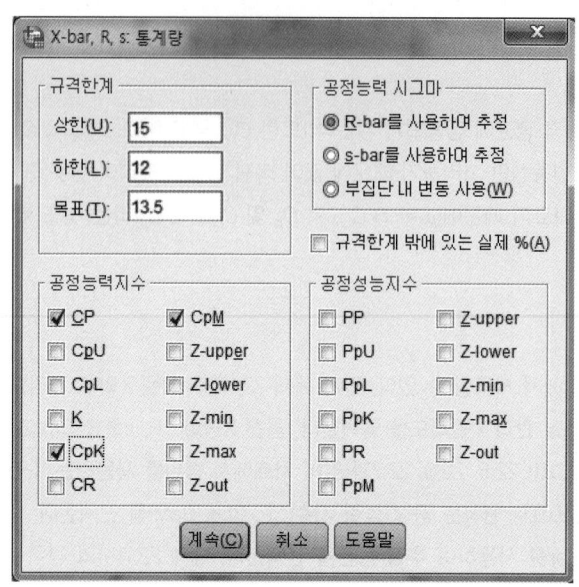

그림 22.30 SPSS의 공정 능력 지수 계산(예제 22.7(b))

공정 통계량

공정능력지수	CP[a]	1.178
	CpK[a]	1.145
	CpM[a,b]	1.172

정규분포를 가정합니다. LSL은 13 이고 USL은 16 입니다.

a. 추정된 관리능력 시그마는 표본집단의 평균에 의해 계산됩니다.

b. 목표값은 14.5입니다.

그림 22.31 SPSS의 공정 능력 통계량(예제 22.7(a))

공정 통계량

공정능력지수	CP[a]	1.178
	CpK[a]	.360
	CpM[a,b]	.445

정규분포를 가정합니다. LSL은 12 이고 USL은 15 입니다.

a. 추정된 관리능력 시그마는 표본집단의 평균에 의해 계산됩니다.

b. 목표값은 13.5입니다.

그림 22.32 SPSS의 공정 능력 통계량(예제 22.7(b))

예제에 대한 Stata의 공정 능력 지수 계산은 제시하지 않을 것이다. Stata는 표준 편차 S를 σ의 추정치로만 사용하기 때문에 $\bar{R}/d_2$ 옵션을 제공하지 않기 때문이다.

예제 22.8

예제 22.2의 경우 공정 규격이 8.82 ± 0.66이다. 공정의 규격에 맞지 않는 항목의 비율을 구하라. 지수 C_p, C_{pk}, C_{pm}, C_{pmk}를 구하여 해석하라.

해법

표 22.E.3에 근거해 80개의 관측치 중 7개(8.75%)가 규격 한계를 벗어났음을 알 수 있다.

예제 22.2에서 $\overline{X}$ 및 S 관리도를 구성하기 위해 표본 평균과 표본 표준 편차의 평균을 계산했다.

$$\overline{\overline{X}} = 8.8574$$

$$\overline{S} = 0.1822$$

이 값은 각각 C_p, C_{pk}, C_{pm}, C_{pmk} 지수를 계산하기 위한 μ와 σ의 추정치가 된다.

UCL = 8.82 + 0.66 = 9.48 및 LCL = 8.82 − 0.66 = 8.16이다. 따라서 지수 C_p, C_{pk}, C_{pm}, C_{pmk}는 다음과 같이 계산할 수 있다.

$$C_p = \frac{UCL - LCL}{6\sigma} = \frac{9.48 - 8.16}{6 \times 0.18} = 1.2077$$

$$C_{pk} = \min\left(\frac{UCL - \mu}{3\sigma}, \frac{\mu - LCL}{3\sigma}\right) = \min\left(\frac{9.48 - 8.86}{3 \times 0.18}, \frac{8.86 - 8.16}{3 \times 0.18}\right) = 1.1394$$

$$C_{pm} = \frac{UCL - LCL}{6\sqrt{\sigma^2 + (\mu - T)^2}} = \frac{9.48 - 8.16}{6\sqrt{0.18^2 + (8.86 - 8.82)^2}} = 1.1831$$

$$C_{pmk} = \min\left\{\frac{UCL - \mu}{3\sqrt{\sigma^2 + (\mu - T)^2}}, \frac{\mu - LCL}{3\sqrt{\sigma^2 + (\mu - T)^2}}\right\} = \min\left\{\frac{9.48 - 8.86}{3\sqrt{0.18^2 + (8.86 - 8.82)^2}}, \frac{8.86 - 8.16}{3\sqrt{0.18^2 + (8.86 - 8.82)^2}}\right\} = 1.1161$$

지수 C_p와 C_{pk}는 지수 C_{pm}과 C_{pmk} 외에 상대적으로 근접해 있어 공정 평균이 규격 한계 중심에 비교적 가까움을 나타낸다. 공정 평균이 규격 목푯값에 훨씬 가깝기 때문에($\mu \cong T$) $C_p \cong C_{pm}$과 $C_{pk} \cong C_{pmk}$도 확인할 수 있다. $1 \leq C_p \leq 1.33$이므로 공정은 허용 가능한 것으로 분류한다. 동일한 해석이 그 밖의 지수에도 유효하다.

표준 편차 S를 σ의 추정기로 사용해 공정 능력 지수를 계산하기 때문에 예제 22.8은 Stata에서 해결된다. 그러나 지수 C_p와 C_{pk}의 계산만 제공한다. SPSS는 $\overline{S}$를 이용한 추정 옵션도 제공하지만, 위의 지수 및 Stata에서 얻은 결과와 비교하면 그 결과는 다르다.

Stata 소프트웨어를 사용한 해법

Stata에서 지수 C_p 및 C_{pk}를 계산하려면 다음 명령어를 사용해야 한다.

```
pciest mean sd, f(#) s(#)
```

여기서 mean과 sd는 각각 μ와 σ의 추정치다. 반면 f(#)과 s(#)은 각각 규격 하한과 규격 상한에 해당한다.

명령어를 실행하기 위해 Example_22.2.dta 파일을 열 필요는 없지만 함숫값을 지정해야 한다. 입력할 명령어는 다음과 같다.

```
pciest 8.857375 0.182157, f(8.16) s(9.48)
```

그 결과는 그림 22.33에서 볼 수 있다.

LSL	=	8.1600	USL	=	9.4800
Cp	=	1.2077	Cpk	=	1.1394
(LSL_USL)/2	=	8.8200	(USL–LSL)/6	=	0.2200
Mean	=	8.8574	Std Dev	=	0.1822
p	=	0.0004	Yield (%)	=	99.9620

그림 22.33 Stata에서 예제 22.8의 지수 C_p와 C_{pk} 결과

22.6 맺음말

통계적 공정 관리^{SPC}는 공정 품질을 측정, 모니터링, 제어 및 개선하는 것을 주요 목표로 하는 일련의 도구로 구성된다. 관리도는 공정 변동성을 시간 전체에 걸쳐 모니터링하는 중요한 SPC 도구다.

관리도는 2개의 주요 그룹, 즉 품질 특성을 정량적 척도로 측정하는 변수에 대한 관리도와 품질 특성을 정성적 척도로 측정하는 속성에 대한 관리도로 나눌 수 있다. 관리도를 선택할 때는 관측치의 크기, 관측치의 수집 빈도 및 공정에서 수집된 데이터의 유형을 고려해야 한다.

공장, 좀 더 구체적으로는 공정 관리에서 관리도가 가장 일반적으로 적용되고 있지만, 관리도는 또한 판매 예측, 위험, 재무 계획 등을 포함한 여러 사업을 감시하기 위해서도 적용되고 있다 (Carvalho, 2012).

22.7 연습문제

1. 사탕수수로부터 에탄올을 생산할 때, 평가해야 할 품질 특성은 사탕수수 주스의 자당 비율이며, 규격 한계는 15~18%이다. 따라서 표 22.2와 같이 각각 4개의 관측치가 있는 20개의 표본을 수집했다. 이 데이터는 Sucrose.sav와 Sucrose.dta 파일에도 있다. 표본 사이의 시간 간격은 45분이다.

a) 평균과 범위에 대한 관리 한계를 결정하고, 공정이 관리 상태에 있는지 확인하라.

b) 지수 C_p, C_{pk}, C_{pm}, C_{pkm}을 계산해 결과를 해석하라.

표 22.2 표본에서의 자당 측정(%)

| 표본 | 측정 | | | |
	m_1	m_2	m_3	m_4
1	16.25	16.96	15.27	15.36
2	15.22	15.68	14.78	15.43
3	16.32	16.20	16.88	16.74
4	15.54	16.31	16.87	16.12
5	16.57	16.93	17.14	17.50
6	17.66	17.87	17.98	18.11
7	17.14	17.64	17.85	17.02
8	16.32	16.64	15.11	15.54
9	15.22	16.24	16.54	15.67
10	16.01	16.47	16.69	17.22
11	17.25	17.44	17.69	17.98
12	15.24	15.98	16.51	17.12
13	15.69	16.87	16.51	15.02
14	15.39	14.88	15.94	16.12
15	15.27	15.69	16.33	15.87
16	16.88	17.17	17.68	18.12
17	17.25	17.09	17.36	16.47
18	16.85	17.31	17.26	17.84
19	17.12	17.39	17.83	16.14
20	15.19	15.24	15.87	16.68

2. 이전 연습문제의 데이터를 다시 살펴보라.

a) 평균 및 표준 편차에 대한 관리 한계를 확인하고 공정이 관리 상태에 있는지 확인하라.

b) $\bar{S}$를 σ의 추정치로 사용해 지수 C_p와 C_{pk}를 재계산하여 결과를 해석하라.

3. 맥주를 생산할 때는 곡물과 효모를 원료로 사용한다. 분석된 품질 특성은 규격이 5~7μm인 효모의 폭이다. 표 22.3은 각각 4개의 관측치가 있는 표본 20개의 데이터를 보여준다. 데이터는 또한 Yeast.sav와 Yeast.dta 파일에도 있다.

a) $\bar{X}$ 및 R 관리도를 사용해 관리 한계를 결정하고 결과를 해석하라.

b) 지수 C_p, C_{pk}, C_{pm}, C_{pkm}을 계산해 결과를 해석하라.

표 22.3 효모의 너비(μm)

표본	측정			
	m_1	m_2	m_3	m_4
1	5.12	5.64	5.87	6.11
2	6.44	6.98	7.14	6.24
3	6.51	6.87	6.10	5.87
4	5.54	5.68	5.98	5.14
5	5.14	5.87	5.66	6.24
6	6.32	6.57	6.98	6.17
7	5.54	5.14	5.98	4.98
8	5.12	5.67	5.99	6.20
9	6.13	6.88	6.94	7.01
10	5.56	6.12	5.66	6.25
11	6.59	5.25	5.75	6.44
12	5.88	5.74	5.96	6.34
13	6.14	6.87	6.93	5.87
14	5.50	5.64	5.78	6.50
15	5.66	5.98	6.24	6.32
16	6.54	6.98	7.13	5.89
17	5.21	5.11	5.66	5.74
18	5.74	5.89	5.66	6.31
19	5.89	5.99	6.47	6.25
20	6.11	6.28	6.55	6.87

4. 이전 연습문제의 데이터를 다시 살펴보라.

   a) $\bar{X}, S$ 관리도를 이용해 관리 한계를 결정하고 결과를 해석하라.

   b) $\bar{S}$를 σ의 추정치로 사용해 지수 C_p와 C_{pk}를 재계산하여 결과를 해석하라.

5. 표 22.4에 나타낸 데이터는 수집된 25개의 시료 중 각각에 있는 불량품의 수(크기 50)를 보여준다. 표본 간의 시간 간격은 2시간이다. 관리 한계를 계산해 공정이 통계적 관리 상태에 있는지 확인하라.

표 22.4 각 표본에서의 불량품 수

표본 번호	불량품 수
1	4
2	6
3	3
4	7
5	3
6	2
7	1
8	4
9	5
10	3
11	2
12	6
13	2
14	4
15	2
16	3
17	4
18	6
19	5
20	3
21	2
22	1
23	1
24	2
25	4

6. 이전 연습문제의 데이터에서 np 차트를 작성해 공정이 관리 상태에 있는지 확인하라.

7. 장난감 회사는 어떤 자전거에서 작은 결함의 수를 조절하고자 한다. 40대의 자전거가 있는 표본에서, 표 22.5처럼 자전거당 결함의 수를 계산한다. 가장 적합한 관리도를 구성하고 공정이 관리 상태에 있는지 확인하라.

표 22.5 자전거당 불량 개수

자전거	자전거당 불량	자전거	자전거당 불량
1	8	21	6
2	6	22	7
3	4	23	6
4	5	24	5
5	7	25	8
6	0	26	7
7	6	27	4
8	4	28	3
9	7	29	6
10	5	30	9
11	9	31	2
12	0	32	0
13	7	33	1
14	5	34	7
15	6	35	5
16	3	36	4
17	8	37	6
18	5	38	8
19	6	39	3
20	5	40	4

8. 한 가전업체는 특정 진공청소기의 생산 전량에서 작은 결함의 양을 조절하고자 한다. 매시간, 표 22.6과 같이 생성되는 진공청소기의 양을 선택하고 표본당 결함 수를 계산한다. 가장 적합한 관리도를 구성하고 공정이 관리 상태에 있는지 확인하라.

표 22.6 진공청소기당 결함 수

표본 i	표본 크기	표본당 결함
1	30	35
2	24	31
3	37	40
4	22	19
5	27	32
6	26	15
7	30	42
8	21	27
9	25	48
10	36	42
11	41	54
12	38	39
13	47	62
14	36	27
15	29	25
16	34	39
17	40	43
18	40	49
19	37	38
20	36	39
21	34	41
22	33	43
23	51	50
24	44	49

23

데이터 마이닝과 다중 모델링

온 마을을 감쌀 때까지 사랑의 영역을 넓혀야 한다. 그러면 마을은 도시를 감싸고, 도시는 광역시를, 이렇게 해서 세상의 인접 국가로 넓혀질 것이다.

— 마하트마 간디(Mahatma Gandhi)

23.1 데이터 마이닝 소개

새천년에는 데이터의 생성 및 가용성과 관련해 인류는 데이터 **양**^{volume}, **속도**^{velocity}, **다양성**^{variety}, **변동성**^{variability}, **복잡성**^{complexity}이라는 다섯 가지 특성 또는 차원의 동시 발생과 함께 살아가는 방법을 목격하고 배워왔다.

이처럼 과도한 데이터 **양**은 기술 능력의 증가, 모니터링의 증가, 소셜 미디어의 출현으로부터 비롯된다. 전자 태그와 무선 주파수 안테나 시스템을 사용하는 새로운 수집 방법으로 인해 처리와 분석에 데이터가 이용 가능해지는 **속도** 또한 점점 더 경쟁적으로 변하는 환경에서 의사결정 과정에 있어가시적이며 필수적이 됐다. **다양성**은 텍스트, 지표, 부수적 데이터셋 또는 심지어 연설과 같이 데이터에 접근하는 각기 다른 형식을 의미하며, 수렴 분석 또한 더 나은 의사결정 과정을 촉진할 수 있다. 이전의 3차원을 넘어, 데이터 **변동성**은 순환적 혹은 계절적 현상과 연관되며 때로는 직접 관찰 여부와 상관없이 높은 빈도로 나타나며 특정 방법에서는 연구원에게 차별화된 데이터를 생성한다. 마지막으로 데이터 **복잡성**은 주로 대량 데이터에서, 많은 소스에 코드, 주기 또는 구별되는 기준을 통해서 접근할 수 있다는 사실에서 연구원들이 통합 분석을 하고 의사결정을 하기 위해, 데이터에 대한 관리 통제 프로세스를 가져야 한다는 점이 강조된다.

그림 23.1과 같이 이 다섯 가지 데이터 생성 및 가용성 차원의 조합은 **빅데이터**[Big Data]라 불리며, 현재 학술 및 비즈니스 환경에서 매우 빈번하게 사용되는 용어다.

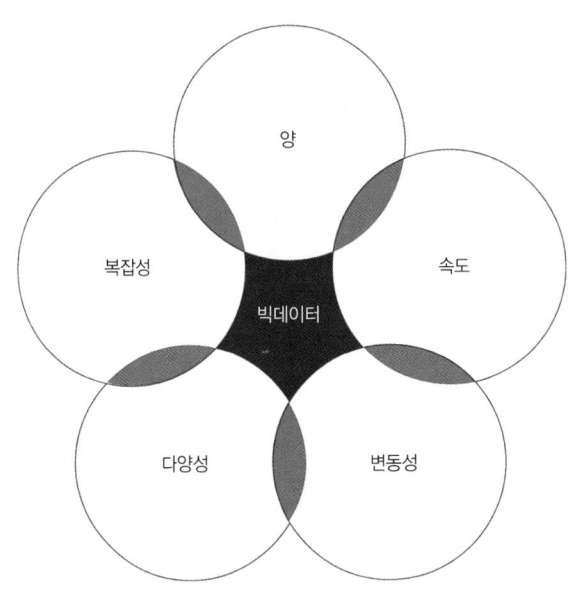

그림 23.1 데이터 생성과 가용성 차원 그리고 빅데이터

빅데이터를 정의하는 이 다섯 가지 차원은 방대한 데이터셋 처리 능력을 제공할 뿐만 아니라 각 상황에 적합하고 견고한 가장 다양한 테스트와 모델을 상세히 기술할 수 있는 전문 소프트웨어 패키지의 고도화 없이는 지원될 수 없다. 이러한 것들이 다른 분야의 조직들이 **비즈니스 분석**[Business Analytics]으로 알려진 여러 분야와 개발에 투자해온 주된 이유다. 이들은 데이터 분석과 정보 생성이라는 주요 목표를 갖고 있으며, **표준 인식**과 **실시간 예측 능력**을 시장 및 경쟁업체에 대비해 생성할 수 있다.

이런 관점에서 복잡하고 강력한 컴퓨터 시스템의 출현과 개선, 그리고 하드웨어와 소프트웨어 가격의 하락과 함께, 각 조직은 점점 더 많은 데이터를 축적해왔다. 데이터 저장 시스템은 예를 들어 데이터 웨어하우스, 가상 라이브러리 및 웹 자체로서 지속적으로 생성되고 개선되고 있다(Cios et al., 2007; Camilo and Silva, 2009).

Bramer(2016)에 따르면, 나사[NASA]의 관측 위성은 하루에 약 1테라바이트의 데이터를 생성한다고 한다. 인간 게놈 프로젝트[Human Genome Project]는 수십억 개의 기존 유전 데이터셋 각각에 대해 수천 바이트를 저장하며, 금융 기관들은 고객들이 하는 수백만 건의 거래를 매일 저장하고, 소매상들은 수

천 건의 SKU[1] 흐름을 즉각적으로 통제한다. 그럼에도 불구하고, 이러한 과도한 저장량은 다양한 영역에서 초고속, 가변적으로 생성되는 많은 양의 복잡한 데이터를 어떻게 처리할 것인지 스스로 의문을 갖게 했다. 이 중요한 질문에 답하기 위해 1980년대에 **데이터 마이닝**Data Mining이 등장해 전통적인 데이터 탐색 및 분석 기법으로 충분하지 않거나 적절하지 않은 상황에 대한 기술과 방법을 제안하고자 했다.

1장에서 언급했듯이 **데이터, 정보, 지식 사이의 계층구조**는 이 책의 모든 부분에서 논의됐다. 데이터는 취급하고 분석할 때마다 정보로 변환되는 한편, 그러한 정보가 인식되어 의사결정에 적용되는 순간 지식이 생성된다. Fayyad et al.(1996)에서 설명한 것처럼, 과학이든 마케팅, 금융, 건강 관리, 소매 등 어떤 분야라도 데이터 분석에 관한 전통적인 접근 방식은 근본적으로 데이터에 대한 높은 친숙도와 데이터와 사람 그리고 제품 간의 상호 관계에 익숙한 분석가에 의존하고 있다. 이러한 데이터셋의 수작업 탐색은 느리고, 비용이 많이 들며, 아주 주관적일 수 있으며, 데이터양이 급격하게 증가함에 따라 많은 영역에서 비실용적이다.

같은 저자에 따르면, 빠르게 증가하는 디지털 데이터에서 유용한 정보와 지식을 추출하는 데 도움을 주는 새로운 세대의 컴퓨터 이론과 도구의 출현이 목격되고 있다. 이러한 이론과 도구는 **데이터베이스에서의 지식 발견**KDD, knowledge discovery in databases 분야의 주제다. 추상적인 차원에서 KDD는 의미 있는 데이터를 위한 방법 및 기법의 개발과 연관된다.

Han and Kamber(2000)와 Camilo and Silva(2009)에서 기술한 바와 같이, KDD와 데이터 마이닝은 (아직 이러한 용어의 정의에 관한 합의가 이뤄지지 않았음에도 불구하고) 동의어로 여겨진다. Fayyad et al.(1996)과 Cios et al.(2007)의 경우, KDD는 데이터의 존재로부터 지식을 발견하기 위한 모든 단계를 포함하지만 데이터 마이닝은 그림 23.2와 같이 오로지 그 과정의 한 단계일 뿐이라고 주장한다.

KDD의 데이터 마이닝 단계는 데이터에서 패턴을 찾기 위해 현재 머신러닝, 패턴 인식, 최적화, 시뮬레이션, 통계 및 다변량 분석에서 알려진 기술에 크게 의존하고 있다(Fayyad et al., 1996). 따라서 데이터 마이닝은 데이터 분석 및 검색 알고리즘을 적용해 구성되는 KDD 프로세스의 단계로, 허용 가능한 계산 효율 한계 내에서 데이터의 패턴(또는 모델)에 대한 특정 열거 값을 산출한다.

Olson and Delen(2008), Camilo and Silva(2009), Larose and Larose(2014)가 제안한 논리에 따라 데이터 마이닝은 **CRISP-DM**cross industry standard process of data mining이라 불리는 것을 형성하는 6단계로 구성될 수 있다.

1. **비즈니스 이해**: 데이터 마이닝의 목적을 정의하기 위해서는 비즈니스와 비즈니스 고유의 시장 프로세스에 대한 지식이 필수적이다.

---

1   SKU는 'Stock Keep Unit'의 약자로, 최소 재고 유지 수량을 의미한다. – 옮긴이

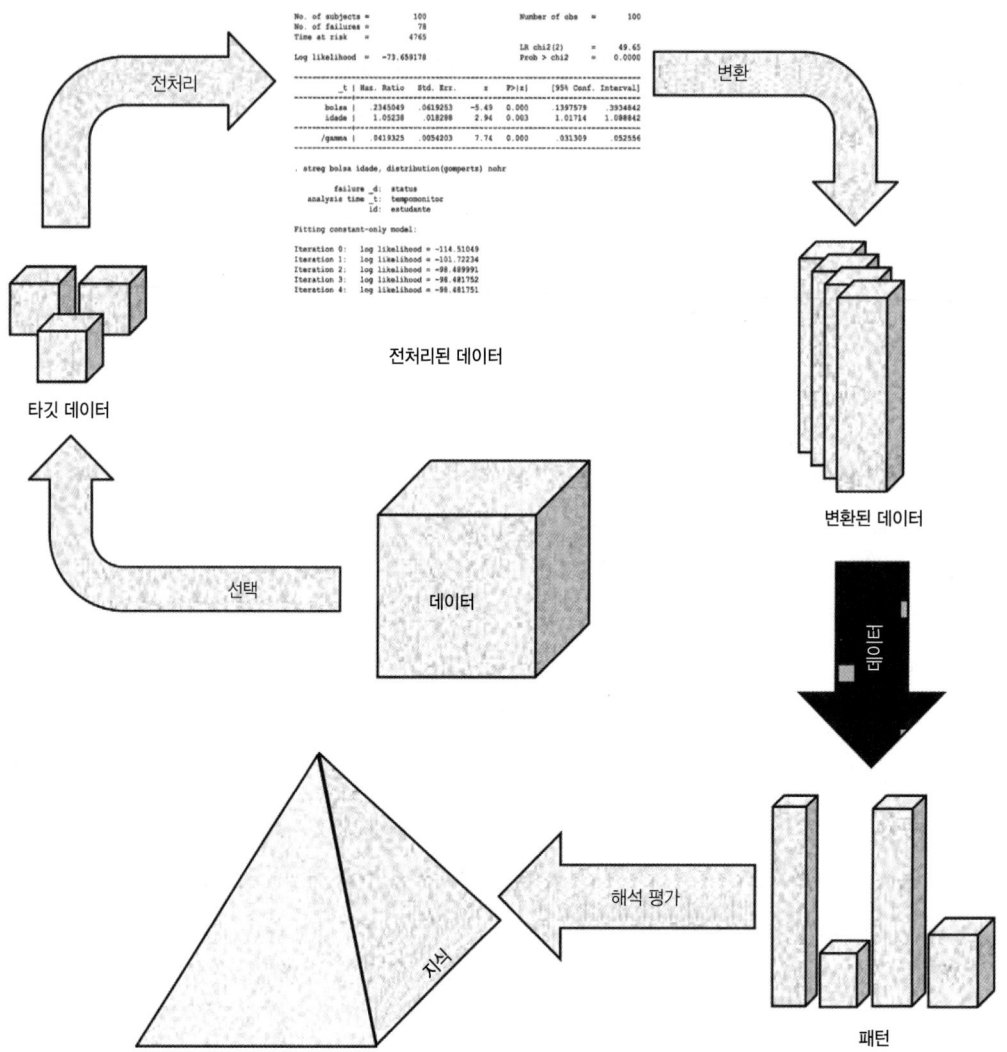

그림 23.2 KDD 프로세스와 데이터 마이닝 단계(출처: Fayyad, U., Piatetsky-Shapiro, G., Smyth, P., 1996, From data mining to knowledge discovery in databases. AI Magazine 17 (3), 37-54)

2. **데이터 이해:** 데이터를 명확하고 객관적인 방식으로 설명해야 하며, 항상 변수들 사이의 가능한 상호 의존적 행동과 그 출처를 설명해야 한다. 이 책의 5부에서 설명했듯이, 설명 기법은 이 단계에서 매우 유용할 수 있다.

3. **데이터 준비:** 이상치 또는 결측값을 처리할 수 있는 데이터의 예비 분석은 데이터 마이닝 방법을 올바르게 적용하는 데 매우 유용할 수 있다. 변수 자체의 클러스터링 또는 특정 기준을 통한 변수 분류는 분석 목표를 지키며 하나의 기법이 다른 기법보다 더 적합하게 만들 수 있다.

4. **모델링:** Fávero and Belfiore(2017)에서 논의한 바와 같이 몇 가지 기법을 적용할 수 있는데, 설명 기법의 준비, 확증 모델의 추정 또는 알고리즘의 구현은 항상 제안된 목표에 기초한다.

5. **결과 분석**: 이 단계에서는 비즈니스 전문가, 통계학자, 데이터 과학자의 참여가 필수적이므로, 테스트 및 검증(예: 분할표, χ^2 통계량, 상관 행렬, 단계별 절차, t 검정 등)의 분석으로부터 이전 단계의 조사 결과를 평가할 수 있다.

6. **결과의 보급**: 모델링 및 출력 분석 후 모든 관련자가 발견한 결과를 인지할 필요가 있으며, 이를 통해 관리 절차를 구현할 수 있다.

그림 23.3은 데이터 마이닝의 산업 간 표준 프로세스$^{CRISP-DM}$를 구성하는 단계를 보여준다. 이를 통해 단계 사이의 흐름이 항상 단방향인 것만은 아니라는 사실을 확인할 수 있다. 즉, 예를 들어 데이터의 특성상 특정 모델링이 불가능할 경우 연구원들은 이전 단계로 돌아가서 데이터를 다시 준비할 수 있다.

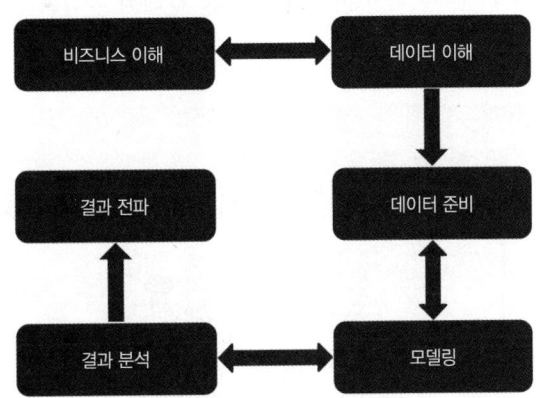

그림 23.3 산업 간 데이터 마이닝 표준 처리 단계(CRISPDM). (출처: Olson, D., Delen, D., 2008. Advanced Data Mining Techniques. Springer, New York; Camilo, C.O., Silva, J.C., 2009. Mineração de dados: conceitos, tarefas, métodos e ferramentas. Technical Report RT–INF 001–09. Instituto de Informática, Universidade Federal de Goiás; Larose, D.T., Larose, C.D., 2014. Discovering Knowledge in Data: An Introduction to Data Mining. 2nd ed. John Wiley & Sons, New York; Fávero, L.P., Belfiore, P., 2017. Manual de análise de dados: estatística e modelagem multivariada com Excel®, SPSS® e Stata®. Elsevier, Rio de Janeiro)

Linoff and Berry(2011)에 따르면, "일부 데이터 마이닝 기술은 상당히 새롭지만, 사람들이 최초의 컴퓨터가 발명된 이후부터 줄곧 컴퓨터 데이터를 분석해왔다는 점에서 데이터 마이닝 자체는 새로운 기술이 아니다." 데이터 마이닝은 지식 발견, 비즈니스 정보, 예측 모델링, 예측 분석 등 너무 많은 이름으로 불리지만, 가장 보편적으로 활용되고 받아들여지는 정의 중 하나는 다음과 같다.

데이터 마이닝은 의미 있는 패턴과 규칙을 찾기 위해 대량의 데이터를 탐색하는 비즈니스 프로세스다.

이런 의미에서 데이터 마이닝의 주요 관점은 다음과 연계된다.

● **설명**(예: 통계 요약)
● **데이터 탐색 및 시각화**(예: 온라인 분석 처리$^{OLAP, Online Analytical Processing}$, 지도 제작)
● **분류 및 예측**(예: 일반화 선형 모델$^{GLM, Generalized Linear Models}$, 일반화 선형 잠재 및 혼합 모델^{GLLAMM,}

Generalized Linear Latent and Mixed Models , 인공신경망$^{ANN, \text{Artificial Neural Networks}}$)

- **클러스터링**(예: 계층 클러스터링, K 평균 클러스터링, 자체 구성 맵$^{SOM, \text{Self-Organizing Maps}}$, 의사결정 트리)
- **연관 규칙 마이닝**(예: 요인 분석, 단순 및 다중 대응 분석, 다차원 척도)
- **최적화 및 시뮬레이션**(예: 선형 계획, 네트워크 계획, 정수 계획, 몬테카를로)

여러 분야의 전문가들이 데이터 마이닝의 구현을 용이하게 하고자 많은 다양한 도구와 소프트웨어 패키지를 개발했는데, Stata, IBM SPSS Modeler, RStudio, SAS Enterprise Miner, Pimiento, WEKA, KNIME, Dundas BI, Qlik Sense, Birst, DOMO, Orange, Microsoft SharePoint, ODM$^{\text{Oracle Data Mining}}$, Sisense, Salesforce Analytics Cloud, RapidMiner, IBM Cognos, IBM DB2 Intelligent Miner 등이 있다.

그림 23.4는 상호 연결된 고급 알고리즘과 기법 및 지리공간 분석에 의해 생성된 지도를 볼 수 있는 공간 데이터 확장$^{\text{Plot Spatial Data Extension}}$의 IBM SPSS 모델러 스크린샷을 보여준다.

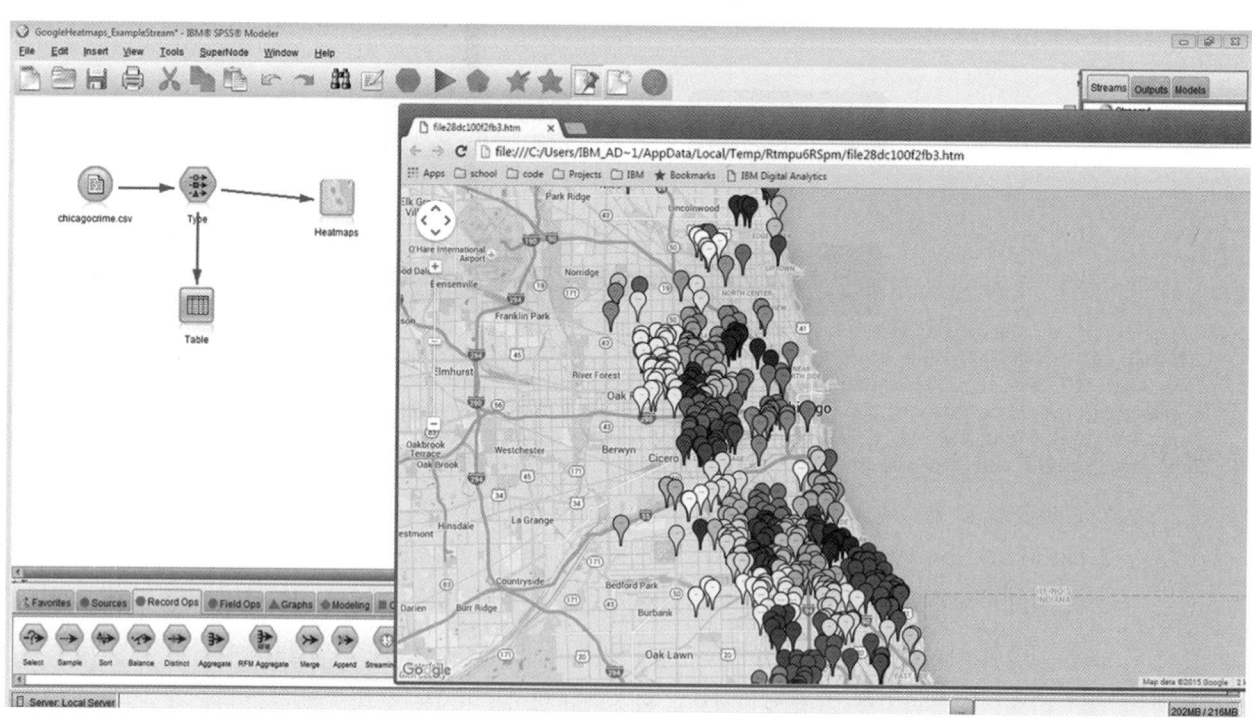

그림 23.4 IBM SPSS 모델러의 데이터 마이닝과 지리공간 분석

데이터 마이닝은 이 책에서 이미 논의한 바와 같이 여러 지식 분야에 자주 그리고 성공적으로 적용된다. 그중 다음과 같은 예를 언급할 수 있다.

- 은행 부문: 신용 위험 모델 및 채무불이행 발생 확률
- 금융 부문: 금융 자산 가격의 행동에서 기준의 식별

- 마케팅 및 CRM^{Customer Relationship Management}(고객 관계 관리): 유지율을 증가시킬 고객 표준 식별
- 소매: 소비 표준에 따른 제품 교체 및 선반 배치
- 의약품 및 건강: 좀 더 정밀한 진단 준비
- 역학: 질병의 전파 및 전염을 감시하고 예방하기 위한 연구
- 전문가 채용 및 선정: 각 직책 또는 기능에 가장 적합한 프로필 식별
- 물류: 수요 변동 및 피크 기준 재고 관리 및 차량 경로 지정
- 보안: 테러리스트와 범죄 활동의 탐지
- 공공정책: 공공자원 배분 및 공공경영 개선의 우선순위 정의
- 교육: 대입 준비 과정에서 학생들의 성적과 지원에 대한 연구
- 소셜 미디어: 새로운 제품, 판매 및 판촉을 정의하기 위한 모니터링

Albright and Winston(2015)에서 강조한 것처럼 데이터 마이닝은 실제 비즈니스 문제, 데이터 웨어하우징, 기술, 소프트웨어 패키지에서 데이터 마이닝의 역할을 다루면 큰 책을 채울 수 있을 정도의 화두다. 이 장의 주요 목표는 데이터 마이닝 정의에 대한 간략한 개요를 제공하고 다중 모델링으로 알려진 비교적 최근 기술을 상세히 제시하고 설명하는 것이다. 이것은 데이터 마이닝 문제 해결의 개요를 제공하고 연구원, 관리자 및 실무자가 적절한 목표 영역에 주의를 집중하도록 돕는다.

모델 명세의 무수히 많은 조합은 데이터셋의 관측 결과와 그 맥락의 영향을 고려해, 예측과 탐구 작업에 새로운 가능성을 열어주는 흥미로운 데이터 마이닝 도구를 만들어낸다.

23.2 다중 모델링

패널 데이터에 대한 다중 회귀 모델은 여러 지식 분야에서 상당히 중요해졌으며, 이러한 모델을 사용한 추정치를 바탕으로 한 논문의 출간도 점점 잦아지고 있다. 주로 **중첩 데이터 구조**^{nested data structure}의 존재를 고려하는 연구 구조로 인해, 특정 변수가 동일한 그룹에 속하는 관측치 사이가 아니라 그룹을 나타내는 구분된 단위 간의 변동성을 보이는 경우가 있다. 데이터 분석 소프트웨어를 만드는 특정 제조업체가 다중 모델 추정을 위한 처리 능력에 대해 수행한 계산 개발 자체 및 투자 역시 이러한 유형의 접근 방식에 관심이 많은 연구원들을 지원한다.

예를 들어 특정 수익성 지표로 측정된 회사의 실적이 특정 기업의 운영 특성(크기, 투자 등)과 관련해 어떻게 작용하는지, 그리고 각 회사가 운영하는 산업의 특징(GPD 비율, 세제, 법적 인센티브 등)과 관련해 어떻게 작용하는지를 연구하는 데 관심이 있다고 생각해보자. 부문 특성은 동일 업종에 속한 회사 간에 서로 다르지 않으므로, 회사(레벨 1)가 기업(레벨 2)에 중첩되어 있는 **2레벨 클러스터링 데이터 구조**^{two-level clustered data structure}로 특징화할 수 있다. 다중 모델 추정은 연구원들이 동일한 산업의 기

업들 간 성과 차이를 설명하는 회사 간의 특성 차이가 있는지, 또는 다른 산업에서 온 회사의 성과 차이를 설명하는 부문 특성이 있는지를 검증하게 할 수 있다.

이 연구가 이들 회사 실적의 시간 변화를 조사하기 위해 확대된다고 상상해보라. 관측치와 전체 시간 사이에서 변수가 변화하는 패널 데이터의 종적인 회귀 모델과는 달리, 특정 기간 동안 변하지 않는 회사(정부 구조, 생산 라인 등)나 산업 변수(세금, 법 규정 등)로 구성된 데이터셋을 가정할 수 있다. 따라서 **반복 측정이 포함된 3레벨 데이터 구조**를 구성하고, 기간(레벨 1)은 회사에 중첩되고(레벨 2), 이는 부문(레벨 3)으로 분류하며, 이로부터 모델을 추정할 수 있다. 동일한 부문의 회사 간 및 다른 부문의 회사 간 성과에 변동성이 있는지, 만약 있다면 이러한 변동성을 설명하는 회사 및 부문 특성이 있는지 조사하는 것을 목표로 한다.

이론적으로 연구원들은 모델 모수의 해석이 쉽지는 않지만 더 많은 수의 분석 레벨을 가진 구조를 정의할 수 있다. 예를 들어 시간에 따라 학교에 학생이 중첩되고, 이 학생들은 동으로, 동은 구, 그리고 이것들은 시로 중첩된다고 상상해보라. 이 경우 여섯 가지 분석 레벨(시간 변화, 학생, 학교, 동, 구, 시)로 작업할 것이다.

예를 들어, OLS로 추정된 모델(13장)과 같이 전통적인 회귀 모델에 비해 다중 모델의 주된 장점은 데이터의 자연적 중첩을 고려할 수 있는 가능성이다. 즉, **다중 모델을 통해 개별적인 이질성과 각 개별 단위가 속한 그룹 간의 이질성을 파악하고 분석할 수 있어 각 분석 레벨에서 임의의 성분을 지정할 수 있다.** 예를 들어 기업이 부문으로 중첩되는 경우 하나는 회사 레벨에서, 다른 하나는 부문 레벨에서 임의의 성분을 정의할 수 있다. 이는 전통적인 회귀 모델이 기업의 실적에 미치는 부문의 영향을 동질적으로 고려하는 것과는 다르다. 따라서 다중 모델은 **무작위 계수 모델**random coefficients model이라고도 할 수 있다.

Courgeau(2003)에 따르면, 단일 방정식을 가진 모델 구조 안에서는 개인과 그들이 살고 있는 사회 사이에 아무런 연관성이 없다. 이런 의미에서, 레벨 방정식을 사용하면 연구원이 한 과학에서 다른 과학으로, 즉 학생과 학교, 가족과 이웃, 기업과 국가까지 점프할 수 있게 한다. 이 관계를 무시한다면, 개인의 행동은 물론 집단의 행동에 대해서도 부정확한 분석을 하게 됨을 의미한다. 이러한 상호 영향을 인식해야만 현상에 대한 정확한 분석이 가능해진다.

23장에서는 계량 종속 변수(결과 변수)의 행동을 조사하는 것을 목표로 하는 다중 모델을 연구하며, 여기서는 정규 분포 잔차가 생성된다. 그러나 그들은 서로 독립적이지 않고 일정한 분산을 갖지도 않는다. 따라서 여기서는 **선형 혼합 모델**LMM, linear mixed model 또는 **계층 선형 모델**HLM, hierarchical linear model 이라고도 알려진 선형 다중 모델에 초점을 맞출 것이다. 2레벨로 중첩된 데이터에 적용되는 다중 모델을 HLM2라고 하며, 3레벨로 중첩된 데이터에 적용되는 모델을 HLM3라고 하는 이유도 여기에 있다.

West et al.(2015)에 따르면, 선형 혼합 모델이라는 이름은 이러한 모델이 **선형 명세**linear specification 라는 것과 설명 변수에는 **고정 효과와 랜덤 효과의 혼합**이 포함되어 있다는 사실에서 유래한다. 즉, 랜덤 효과 요소뿐만 아니라 고정 효과가 있는 요소에도 삽입될 수 있다. 추정된 **고정 효과** 모수는 설명 변수와 계량 종속 변수 사이의 관계를 나타내지만, **랜덤 효과** 성분은 설명 변수와 미관측 랜덤 효과의 조합으로 나타낼 수 있다.

이 장의 부록에서는 로지스틱, 푸아송 및 음이항 모델 예제를 Stata에 적용해 비선형 다중 모델에 대한 간략한 내용이 제공된다.

13장, 14장, 15장과 동일한 논리에 따라 Stata로 이 장의 모든 모델을 추정해볼 것이다. 또한 SPSS로 이들을 추정해보면, 연구원들이 다른 소프트웨어 패키지, 절차 및 루틴을 사용하는 방법을 서로 비교해 모델 및 논리를 추정할 수 있다고 믿는다. 이를 통해 각 소프트웨어의 특성과 접근성에 따라 어떤 소프트웨어를 사용할지 결정할 수 있다.

따라서 이 장에서는 패널 데이터의 다중 회귀 모델을 설명한다. 여기서의 주요 목표는 (1) 중첩 데이터 구조의 개념 도입, (2) 데이터의 특성에 기초한 추정 모델의 유형 정의, (3) Stata와 SPSS의 여러 방법을 통한 모수 추정, (4) 다중 수준의 여러 기존 추정 유형을 통해 얻은 결과의 해석, (5) 연구된 각 사례의 진단 및 예측 효과에 가장 적합한 추정치의 정의다. 처음에는 각 모델링에 내재된 주요 개념을 제시한 다음, Stata와 SPSS에서 모델을 추정하는 절차를 설명한다.

23.3 중첩 데이터 구조

다중 회귀 모델로 관심 현상을 나타내는 특정 종속 변수 Y의 행동을 조사할 수 있는데, 이는 변화가 일어날 수 있는 설명 변수의 행동, 관측치 사이 또는 관측치가 속하는 집단 간, 그리고 반복 측정이 포함된 데이터를 기반으로 한다. 다시 말해, **어떤 레벨에서는 개인 간의 변화가 일어나지만 그 상위 레벨에서는 변화하지 않는 데이터의 존재를 전제로 한다.**

먼저, n명의 개인에 대한 데이터가 있는 데이터셋을 생각해보자. 각 개인 $i = 1, ..., n$은 $j = 1, ..., J$ 그룹 중 하나에 속하며, $n > J$이다. 따라서 이 데이터셋은 각 인별 i를 가리키는 특정 설명 변수 $X_1, ..., X_Q$ 및 각 그룹 j를 참조하는 기타 설명 변수 $W_1, ..., W_S$를 가질 수 있지만, 특정 그룹의 개인에게는 불변이다. 표 23.1은 **2레벨 클러스터링/중첩 데이터 구조**two-level clustered/nested data structure(개인 또는 그룹)를 가진 데이터셋의 일반 모델을 보여준다.

표 23.1에 따르면, $X_1, ..., X_Q$는 레벨 1 변수(개인 간 데이터 변경)이고 $W_1, ..., W_S$는 레벨 2 변수(그룹 사이의 데이터 변화. 그러나 각 그룹의 개인은 변하지 않음)임을 알 수 있다. 더욱이 1, 2, ..., J 그룹의 개인 수는 각각 $n_1, n_2 - n_1, ..., n - n_{J-1}$과 같다. 그림 23.5는 레벨 1 단위(개인)와 레벨 2 단위(그룹) 사이의 기존 중첩을 볼 수 있게 해주는데, 이는 클러스터링 데이터의 존재를 특징짓는다.

표 23.1 2레벨 클러스터링/중첩 데이터 구조를 가진 데이터셋의 일반 모델

(관측치)(개인 i) 레벨 1	그룹 j 레벨 2	Y_{ij}	X_{1ij}	X_{2ij}	...	X_{Qij}	W_{1j}	W_{2j}	...	W_{Sj}
1	1	Y_{11}	X_{111}	X_{211}	...	X_{Q11}	W_{11}	W_{21}	...	W_{S1}
2	1	Y_{21}	X_{121}	X_{221}		X_{Q21}	W_{11}	W_{21}		W_{S1}
$\vdots$	$\vdots$	$\vdots$	$\vdots$	$\vdots$		$\vdots$	$\vdots$	$\vdots$		$\vdots$
n_1	1	Y_{n_11}	X_{1n_11}	X_{2n_11}		X_{Qn_11}	W_{11}	W_{21}		W_{S1}
$n_1 + 1$	2	$Y_{n_1+1,\,2}$	$X_{1n_1+1,\,2}$	$X_{2n_1+1,\,2}$		$X_{Qn_1+1,\,2}$	W_{12}	W_{22}		W_{S2}
$n_1 + 2$	2	$Y_{n_1+2,\,2}$	$X_{1n_1+2,\,2}$	$X_{2n_1+2,\,2}$		$X_{Qn_1+2,\,2}$	W_{12}	W_{22}		W_{S2}
$\vdots$	$\vdots$	$\vdots$	$\vdots$	$\vdots$		$\vdots$	$\vdots$	$\vdots$		$\vdots$
n_2	2	Y_{n_22}	X_{1n_22}	X_{2n_22}		X_{Qn_22}	W_{12}	W_{22}		W_{S2}
$\vdots$	$\vdots$	$\vdots$	$\vdots$	$\vdots$		$\vdots$	$\vdots$	$\vdots$		$\vdots$
$n_{J-1} + 1$	J	$Y_{n_{J-1}+1,\,J}$	$X_{1n_{J-1}+1,\,J}$	$X_{2n_{J-1}+1,\,J}$		$X_{Qn_{J-1}+1,\,J}$	W_{1J}	W_{2J}		W_{SJ}
$n_{J-1} + 2$	J	$Y_{n_{J-1}+2,\,J}$	$X_{1n_{J-1}+2,\,J}$	$X_{2n_{J-1}+2,\,J}$		$X_{Qn_{J-1}+2,\,J}$	W_{1J}	W_{2J}		W_{SJ}
$\vdots$	$\vdots$	$\vdots$	$\vdots$	$\vdots$		$\vdots$	$\vdots$	$\vdots$		$\vdots$
n	J	Y_{nJ}	X_{1nJ}	X_{2nJ}		X_{QnJ}	W_{1J}	W_{2J}		W_{SJ}

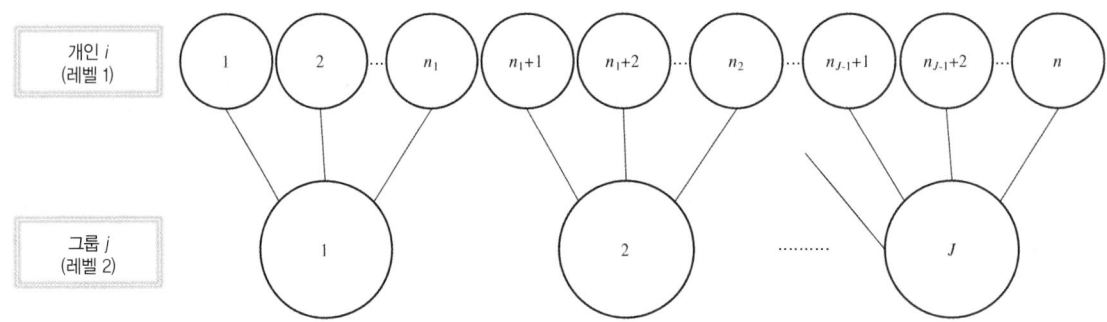

그림 23.5 클러스터링 데이터의 2레벨 중첩 구조

$n_1 = n_2 - n_1 = ... = n - n_{J-1}$이면 **균형 중첩 데이터 구조**balanced nested data structure가 된다.

클러스터링 데이터의 중첩 외에도 시간 변화, 즉 반복 측정이 포함된 데이터가 있는 또 다른 데이터셋을 생각해보자. 따라서 이제 레벨 2에 속하게 될 개인 이외에 $j = 1, ..., J$가 $k = 1, ..., K$ 그룹(현재 레벨 3에 속함)에 중첩되고 각 개인을 모니터링할 $t = 1, ..., T_j$ 기간이 있다. 그러므로 이 새로운 데이터셋은 각 개인 j를 가리키는 동일한 설명 변수 $X_1, ..., X_Q$를 갖는다. 그러나 이번에는 모니터링 기간 동안 각 개인 j에 대해 불변이다. 또한 각 그룹 k를 가리키는 설명 변수 $W_1, ..., W_S$도 동일하다. 그러나 그들 또한 각 그룹 k에 대해 시간 내내 불변이다. 표 23.2는 **반복 측정**(시간, 개인, 그룹)이 **포함된 3레벨 중첩 데이터 구조**를 가진 데이터셋을 나타내는 논리를 보여준다.

표 23.2 반복 측정이 포함된 3레벨 중첩 데이터 구조 데이터셋의 일반 모델

주기 t (반복 측정) 레벨 1	(관측치) (개인 j) 레벨 2	그룹 k 레벨 3	Y_{tjk}	X_{1jk}	X_{2jk}	...	X_{Qjk}	W_{1k}	W_{2k}	...	W_{Sk}
1	1	1	Y_{111}	X_{111}	X_{211}	...	X_{Q11}	W_{11}	W_{21}	...	W_{S1}
2	1	1	Y_{211}	X_{111}	X_{211}		X_{Q11}	W_{11}	W_{21}		W_{S1}
⋮	⋮	⋮	⋮	⋮	⋮		⋮	⋮	⋮		
T_1	1		$Y_{T_1 11}$	X_{111}	X_{211}		X_{Q11}				
$T_1 + 1$	2		$Y_{T_1+1,\,21}$	X_{121}	X_{221}		X_{Q21}				
$T_1 + 2$	2		$Y_{T_1+2,\,21}$	X_{121}	X_{221}		X_{Q21}				
⋮	⋮		⋮	⋮	⋮		⋮				
T_2	2	1	$Y_{T_2 21}$	X_{121}	X_{221}		X_{Q21}	W_{11}	W_{21}		W_{S1}
⋮	⋮	⋮	⋮	⋮	⋮		⋮	⋮	⋮		⋮
$T_{J-1} + 1$	J	K	$Y_{T_{J-1}+1,\,JK}$	X_{1JK}	X_{2JK}		X_{QJK}	W_{1K}	W_{2K}		W_{SK}
$T_{J-1} + 2$	J	K	$Y_{T_{J-1}+2,\,JK}$	X_{1JK}	X_{2JK}		X_{QJK}	W_{1K}	W_{2K}		W_{SK}
⋮	⋮	⋮	⋮	⋮	⋮		⋮	⋮	⋮		⋮
T_J	J	K	$Y_{T_J JK}$	X_{1JK}	X_{2JK}		X_{QJK}	W_{1K}	W_{2K}		W_{SK}

이제 표 23.2에 따라, 데이터셋의 각 행에서 데이터가 변경되므로 그 기간에 해당하는 변수가 레벨 1 설명 변수임을 알 수 있으며, $X_1, ..., X_Q$가 레벨 2 변수(개인 간 데이터는 변하지만 동일한 개인에 대해서는 그렇지 않다)가 되고, $W_1, ..., W_S$는 레벨 3 변수가 됨을 알 수 있다(그룹 간 데이터는 변경, 그러나 전체 시간 동안 동일한 그룹에 대한 데이터 변경은 없다). 또한 개인 1, 2, ..., J를 모니터링하는 기간의 수는 각각 $T_1, T_2 - T_1, ..., T_J - T_{J-1}$과 같다. 2레벨 사례와 유사하게 레벨 1 단위(시간 변동), 레벨 2 단위(개인), 레벨 3 단위(그룹) 사이의 기존 중첩을 볼 수 있으며, 이는 반복적인 측정으로 데이터 구조를 특징짓는다.

$T_1 = T_2 - T_1 = ... = T_J - T_{J-1}$이면 **균형 패널**balanced panel이 된다.

표 23.1과 표 23.2는 물론 해당 그림 23.5와 그림 23.6을 통해 데이터 구조가 **절대 중첩**absolute nesting을 나타낸다는 사실을 알 수 있다. 즉, 특정 개인은 한 그룹에만 중첩될 수 있고, 이는 또 다른 하나의 그룹에만 중첩될 수 있다. 그럼에도 불구하고 **교차 분류**crossclassification 내에 중첩 데이터 구조가 있을 수 있는데, 이 구조에서는 한 집단의 특정 관측치는 더 높은 레벨에서 집단의 일부가 될 수 있고, 다른 집단은 더 높은 레벨에서 다른 집단을 형성할 수 있다. 예를 들어, 부문과 국가에 중첩된 회사들의 실적에 대한 연구를 생각해보자. 브라질의 광산 회사나 그 밖의 회사들, 예를 들어 브라질에서 온 항공 회사들도 있을 것이다. 그러나 데이터 집합에 호주의 광산 회사가 있는 경우, 그 것은 교차 분류된 중첩이라는 특징이 되어 **계층적 교차 분류 모델**HCM, hierarchical crossclassified models로 추정

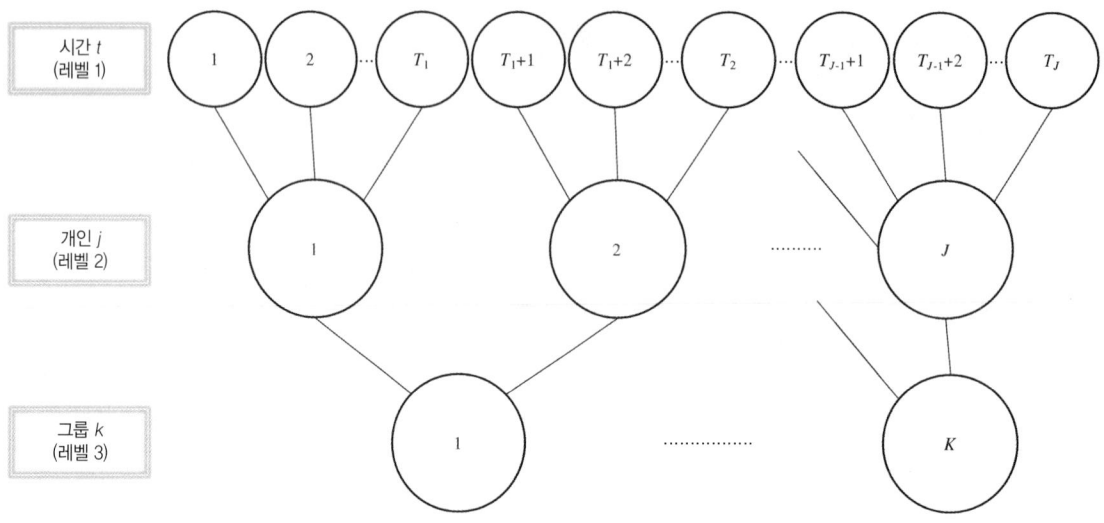

그림 23.6 반복 측정이 포함된 3레벨 중첩 구조

할 필요가 있다. 이 책에서는 이 모델을 다루지 않으나, 연구원들은 Raudenbush and Bryk(2002), Raudenbush et al.(2004), Rabe-Hesketh and Skrondal(2012a, b). 등에서 심층적으로 연구할 수 있다.

23.5.1절과 23.6.1절에서는 Stata와 SPSS에서 각각 클러스터링 데이터가 포함된 2레벨 계층 선형 모델(HLM2)을 추정한다. 23.5.2절과 23.6.2절에서는 동일한 소프트웨어 패키지로 반복 측정이 포함된 3레벨 계층 선형 모델(HLM3)을 추정할 것이다. 단, 그 전에 이들 모델 각각의 대수 공식에 대해 다음 절에서 논의할 필요가 있다.

23.4 계층 선형 모델

이 절에서는 클러스터링 데이터가 포함된 2레벨 계층 선형 모델(23.4.1절)과 반복 측정이 포함된 3레벨 계층 선형 모델(23.4.2절)의 대수 공식과 명세를 알아본다.

23.4.1 클러스터링 데이터가 포함된 2레벨 계층 선형 모델(HLM2)

클러스터링 데이터가 포함된 2레벨 계층 선형 모델의 일반 표현을 어떻게 정의하는지 이해하려면 다중 선형 회귀 모델을 사용할 필요가 있는데, 식 (12.1)에 기초한 명세는 여기서 설명한다.

$$Y_i = b_0 + b_1 \cdot X_{1i} + b_2 \cdot X_{2i} + \ldots + b_Q \cdot X_{Qi} + r_i \tag{23.1}$$

여기서 Y는 연구 중인 현상(종속 변수)을 나타내고, b_0는 절편을 나타내며, b_1, b_2, ..., b_Q는 각 변수의 계수, X_1, ..., X_Q는 설명 변수(계량 또는 더미)이며, r은 오차 항들을 나타낸다. 첨자 i는 분석 대상 표본 관측치 각각을 나타낸다(i = 1, 2, ..., n, 여기서 n은 표본 크기다). 일부 용어는 13장에서 제시한 용어(예: 오차 항)와 명명법이 다르다는 점에 유의하자. 여기서는 계층 모델링을 정의하기 위해 또 다른 분석 레벨을 고려하기 때문이다.

식 (23.1)으로 표현되는 모델은 균질하다고 간주되는 관측치를 나타낸다. 즉, 그들은 어떤 이유로 변수 Y의 행동에 다르게 영향을 미칠 수 있는 다른 그룹에서 나온 것이 아니다. 그럼에도 불구하고 다음과 같이 2개의 다른 모델을 추정할 수 있는 2개의 관찰 그룹을 생각할 수 있다.

$$Y_{i1} = b_{01} + b_{11} \cdot X_{1i1} + b_{21} \cdot X_{2i1} + ... + b_{Q1} \cdot X_{Qi1} + r_{i1} \tag{23.2}$$

$$Y_{i2} = b_{02} + b_{12} \cdot X_{1i2} + b_{22} \cdot X_{2i2} + ... + b_{Q2} \cdot X_{Qi2} + r_{i2} \tag{23.3}$$

여기서 계수 b_{01}과 b_{02}는 모든 설명 변수가 0일 때 그룹 1과 그룹 2의 관측치에 대한 각각 Y의 예상 평균값을 나타내며, b_{11}, b_{21}, ..., b_{Q1}과 b_{12}, b_{22}, ..., b_{Q2}는 각 그룹(1과 2)의 모델에서 각각 변수 X_1, ..., X_Q의 계수다. 여기에 더해 r_1과 r_2는 각 모델의 특정 오차 항을 나타낸다.

따라서 j = 1, ..., J 그룹의 경우, **1레벨 모델**first-level model로 간주되는 클러스터링 데이터에 대한 회귀 모델의 일반 식을 다음과 같이 쓸 수 있다.

$$\begin{aligned} Y_{ij} &= b_{0j} + b_{1j} \cdot X_{1ij} + b_{2j} \cdot X_{2ij} + ... + b_{Qj} \cdot X_{Qij} + r_{ij} \\ &= b_{0j} + \sum_{q=1}^{Q} b_{qj} \cdot X_{qij} + r_{ij} \end{aligned} \tag{23.4}$$

교육적인 목적으로 예시 차트를 구성하기 위해, 제안된 모델에 설명 변수 X가 하나만 있을 때 각 그룹 j에 속하는 각 관측치 i에 대해 Y의 기댓값, 즉 $\hat{Y}$에 대한 식을 다음과 같이 쓸 수 있다.

$$\textbf{그룹 1}: \hat{Y}_{i1} = \beta_{01} + \beta_{11} \cdot X_{i1} \tag{23.5}$$

$$\textbf{그룹 2}: \hat{Y}_{i2} = \beta_{02} + \beta_{12} \cdot X_{i2} \tag{23.6}$$

$$\vdots$$

$$\textbf{그룹 J}: \hat{Y}_{iJ} = \beta_{0J} + \beta_{1J} \cdot X_{iJ} \tag{23.7}$$

여기서 모수 β는 이 책의 표준을 따라 계수 b를 추정한 것이다.

그림 23.7에 나타낸 도표는 식 (23.5) ~ 식 (23.7)을 개념적으로 도식화해 보여주고 있으며, 이를 통해 각 그룹의 관측치를 나타내는 개별 모델들이 각기 다른 절편과 기울기를 가질 수 있음을 알 수 있는데, 이는 그룹 자체의 특정 특성에 기초해 발생할 수 있다.

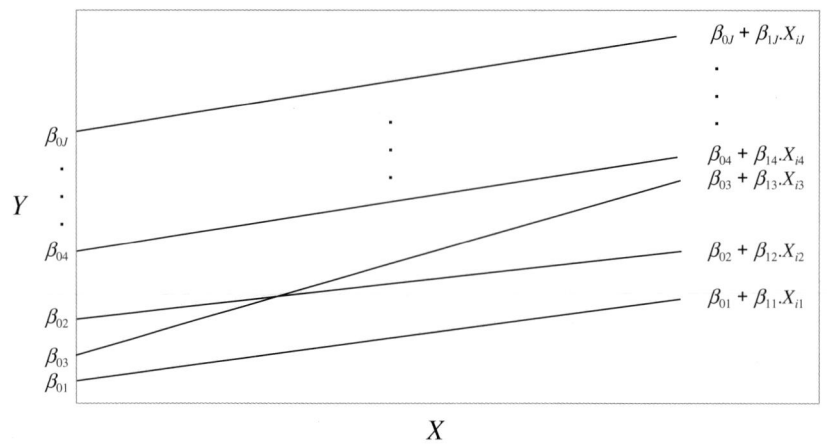

그림 23.7 각 J 그룹의 관측치를 나타내는 개별 모델

따라서 (표 23.1과 같이) 각 그룹에 속하는 관측치에는 불변성 그룹 특성(**두 번째 레벨**)이 있어야 하며, 이는 이러한 그룹을 나타내는 모델의 절편 및 기울기의 차이를 설명할 수 있다. 따라서 하나의 설명 변수 X와 $j = 1, ..., J$ 그룹으로 중첩된 관측치가 있는 다음 회귀 모델을 기반으로,

$$Y_{ij} = b_{0j} + b_{1j} \cdot X_{ij} + r_{ij} \tag{23.8}$$

다음과 같이 특정 설명 변수 W에 기반해 절편 b_{0j}와 기울기 b_{1j} 식을 쓸 수 있고, 이는 j 그룹의 특성을 나타낸다.

절편

$$\text{그룹 1: } b_{01} = \gamma_{00} + \gamma_{01} \cdot W_1 + u_{01} \tag{23.9}$$

$$\text{그룹 2: } b_{02} = \gamma_{00} + \gamma_{01} \cdot W_2 + u_{02} \tag{23.10}$$

$$\vdots$$

$$\text{그룹 } J\text{: } b_{0J} = \gamma_{00} + \gamma_{01} \cdot W_J + u_{0J} \tag{23.11}$$

또는 좀 더 일반적으로 다음과 같이 쓸 수 있다.

$$b_{0j} = \gamma_{00} + \gamma_{01} \cdot W_j + u_{0j} \tag{23.12}$$

여기서 γ_{00}은 $X = W = 0$(일반 절편)일 때 특정 그룹 j에 속한 관측치 i의 종속 변수의 기댓값을 나타내고, γ_{01}은 다른 조건의 변동이 없을 경우 그룹 j의 특성이 단위 변경될 때 그룹 j에 속하는 특정 관측치 i의 종속 변수의 기댓값 변화를 나타낸다. 더욱이 u_{0j}는 데이터셋에 각기 다른 그룹의 관측치가 존재해 생성될 수 있는, **절편에 무작위성이 있음**을 나타내는 오차 항을 나타낸다.

기울기

$$\text{그룹 1: } b_{11} = \gamma_{10} + \gamma_{11} \cdot W_1 + u_{11} \tag{23.13}$$

$$\text{그룹 2: } b_{12} = \gamma_{10} + \gamma_{11} \cdot W_2 + u_{12} \tag{23.14}$$

$$\vdots$$

$$\text{그룹 } J\text{: } b_{1J} = \gamma_{10} + \gamma_{11} \cdot W_J + u_{1J} \tag{23.15}$$

또는 좀 더 일반적으로 다음과 같이 쓸 수 있다.

$$b_{1j} = \gamma_{10} + \gamma_{11} \cdot W_j + u_{1j} \tag{23.16}$$

여기서 γ_{10}은 다른 조건의 변동이 없을 때, 개별 i의 특성 X가 단위 변경될 때(X로 인한 기울기의 변경) 그룹 j에 속하는 특정 관측치 i의 종속 변수의 기댓값 변화를 나타내고, γ_{11}은 다른 조건의 변동이 없을 때, $W \cdot X$의 곱이 단위 변경될 때($W \cdot X$로 기울기 변화), 그룹 j에 속하는 특정 관측치 i의 종속 변수의 기댓값 변화를 나타낸다. 또 u_{1j}는 데이터셋에 각기 다른 그룹의 관측치가 존재해 생성될 수 있는, **기울기에 무작위성이 있음**을 나타내는 오차 항을 나타낸다.

식 (23.8), (23.12), (23.16)을 병합하면 다음 식을 얻는다.

$$Y_{ij} = \underbrace{\left(\gamma_{00} + \gamma_{01} \cdot W_j + u_{0j} \right)}_{\text{랜덤 효과 절편}} + \underbrace{\left(\gamma_{10} + \gamma_{11} \cdot W_j + u_{1j} \right)}_{\text{랜덤 효과 기울기}} \cdot X_{ij} + r_{ij} \tag{23.17}$$

이는 각기 다른 그룹에 속하는 관측치의 존재로부터 영향받는 절편과 기울기의 시각화를 돕는다.

본질적으로, 다중 모델은 제안된 모델의 모수를 추정하는 것 외에 **오차 항**(식 (23.17) 모델의 경우 u_{0j}, u_{1j}, r_{ij})**의 분산 성분과 각각의 통계적 유의성을 추정**할 수 있는 일련의 기법을 나타낸다. 따라서 분석에서 더 높은 레벨의 존재로 인해 발생하는 절편 및 기울기의 무작위성이 발생하는지 확인할 수 있다. 식 (23.17)의 모델에서 **오차 항 u_{0j}와 u_{1j}의 분산의 통계적 유의성을 검증하지 못한 경우**, 즉 둘 다 통계적으로 0이면 **OLS 같은 전통적인 방법**을 통한 선형 회귀 모델 추정이 적합하다. 절편과 기울기에서 무작위성의 존재를 증명하지 못하기 때문이다.

랜덤 효과 u_{0j}와 u_{1j}는 다변량 정규 분포를 따르며, 평균이 0이고 각각 동일한 분산 τ_{00}과 τ_{11}을 갖는다고 가정할 수 있다. 또한 오차 항 r_{ij}는 평균이 0이고 분산이 σ^2인 정규 분포를 따른다. 따라서 오차 항에 대해 다음과 같은 분산-공분산 행렬을 정의할 수 있다.

$$var[\mathbf{u}] = var \begin{bmatrix} u_{0j} \\ u_{1j} \end{bmatrix} = \mathbf{G} = \begin{bmatrix} \tau_{00} & \sigma_{01} \\ \sigma_{01} & \tau_{11} \end{bmatrix} \tag{23.18}$$

$$var[\mathbf{r}] = var\begin{bmatrix} r_{1j} \\ \vdots \\ r_{nj} \end{bmatrix} = \sigma^2 \cdot \mathbf{I}_n = \begin{bmatrix} \sigma^2 & 0 & \cdots & 0 \\ 0 & \sigma^2 & \ddots & \vdots \\ \vdots & \ddots & \ddots & 0 \\ 0 & \cdots & 0 & \sigma^2 \end{bmatrix} \tag{23.19}$$

이 행렬들은 다중 모델 모수를 추정하는 방법을 논의할 때 곧 사용될 것이다. 따라서 이제 다음과 같이 **부류 내 상관관계**^{intraclass correlation}로 알려진 이러한 오차 항들의 분산 관계를 정의할 수 있다.

$$rho = \frac{\tau_{00} + \tau_{11}}{\tau_{00} + \tau_{11} + \sigma^2} \tag{23.20}$$

이 부류 내 상관관계는 레벨 1과 레벨 2로 인한 총 분산 비율을 측정한다. 0과 같다면 레벨 2 그룹 사이에 개인 차이가 없다. 그러나 분석에서 레벨 2의 존재로 인한 유의한 오차 항이 적어도 하나 이상 존재해 0과 상당히 다를 경우, 일반적인 최소 자승^{OLS} 같은 모델 모수의 추정을 위한 전통적인 절차는 적합하지 않다. 한도에서 그것이 1과 같다는 사실, 즉 $\sigma^2 = 0$은 개인들 간에 차이가 없음을 암시한다. 즉, 그들 모두가 동일하다는 뜻이며, 그럴 가능성은 거의 없다. 이 상관관계를 **레벨 2 부류 내 상관관계**^{level-2 intraclass correlation}라고도 한다.

23.5.1절에서는 전통적인 회귀 모델의 추정이 적합한지 보는 $\tau_{00} = \tau_{11} = 0$인지 검증하는 **우도 비율 검정**^{likelihood-ratio test}을 사용한다. 적어도 $\tau_{11} = 0$이면 **랜덤 기울기 모델**^{random slopes model}($\tau_{11} \neq 0$) 대신 **랜덤 절편 모델**^{random intercepts model}($\tau_{00} \neq 0$)을 선택할 수 있다.

식 (23.17)을 재배열해 모델 모수를 추정하는 고정 효과 성분을 오차 항 분산이 추정되는 랜덤 효과 성분으로부터 분리할 수 있다. 따라서 다음과 같이 쓸 수 있다.

$$Y_{ij} = \underbrace{\gamma_{00} + \gamma_{10} \cdot X_{ij} + \gamma_{01} \cdot W_j + \gamma_{11} \cdot W_j \cdot X_{ij}}_{\text{고정 효과}}$$
$$+ \underbrace{u_{0j} + u_{1j} \cdot X_{ij} + r_{ij}}_{\text{랜덤 효과}} \tag{23.21}$$

이를 통해 연구원은 랜덤 효과 성분이 종속 변수의 행동에도 영향을 미친다는 사실을 좀 더 명확히 볼 수 있다. 또한 설명 변수가 이 랜덤 성분의 부분일 수도 있음을 볼 수 있다. 이러한 다중 모델을 추정함으로써 고정 효과는 특정 특성의 행동과 Y의 행동 사이의 관계를 참조하는 반면, 랜덤 효과는 두 번째 분석 레벨의 단위 사이의 Y의 행동에서 가능한 왜곡을 분석할 수 있다는 사실을 알게 될 것이다.

그리고 식 (23.4)에서 두 가지 분석 레벨을 가진 모델을 정의할 수 있는데, 첫 번째 레벨은 각 개별 i를 가리키는 설명 변수 $X_1, ..., X_Q$를 제공하고, 두 번째 레벨은 각 그룹 j를 참조하는 설명 변수 $W_1, ..., W_S$를 다음과 같이 정의할 수 있다.

$$\text{레벨 1}: Y_{ij} = b_{0j} + \sum_{q=1}^{Q} b_{qj} \cdot X_{qij} + r_{ij} \tag{23.22}$$

$$\text{레벨 2}: b_{qj} = \gamma_{q0} + \sum_{s=1}^{S_q} \gamma_{qs} \cdot W_{sj} + u_{qj} \tag{23.23}$$

여기서 $q = 0, 1, ..., Q$ 그리고 $s = 1, ..., S_q$이다.

모델 추정과 관련해, 고정 효과 모수는 Stata 및 SPSS 같은 소프트웨어 패키지에서 전통적인 방식으로 추정되지만(즉, **최대 우도 추정**MLE, maximum likelihood estimation으로), 오차 항의 분산 성분은 최대 우도와 **제한된 최대 우도**REML, restricted maximum likelihood 둘 다로 추정할 수 있다.

MLE 또는 REML을 통한 모수 추정은 많은 계산량이 필요하며, 그것이 바로 실제적인 예를 제시한 14장 및 15장과 달리 이 장에서는 대수적으로 전개하지 않는 이유이기도 하다. 그럼에도 불구하고 두 가지 모두 특정 목적 함수의 최적화가 필요한데, 이 함수는 대개 모수의 초깃값에서 시작하여 이전에 정의된 우도 함수를 최대화하는 모수를 찾기 위해 일련의 반복을 사용한다.

REML 방법에 관한 개념을 제시하기 위해, 예컨대 상수 하나만 있는 회귀 모델을 상상해보자. 여기서 $Y_i(i = 1, ..., n)$는 정규 분포(평균 μ, 분산 σ_Y^2)를 따르는 종속 변수다. 최대 우도를 통한 σ_Y^2의 추정치는 n 항이 $Y_i - \mu$를 고려해 얻지만, REML을 통한 σ_Y^2의 추정치는 $Y_i - \overline{Y}_i$의 처음 $(n-1)$ 항에서 구하며, 분포는 μ에 종속되지 않는다. 즉, 이 마지막 분포에 대한 최대 우도 방법은 $(n-1)$의 요소로 나누어 얻은 표본 분산이므로 σ_Y^2의 비편향 추정치를 생성한다. 이것이 제한된 최대 우도가 **축소 최대 우도**reduced maximum likelihood를 통한 추정으로 불리는 이유이기도 하다.

최대화를 통해 다중 모델 모수를 추정할 수 있는 우도와 제한 우도 함수식을 나타내기 위해 고정 및 랜덤 효과가 있는 다중 모델의 일반적인 식을 행렬 표기법으로 쓰기로 하자.

$$\mathbf{Y} = \mathbf{A} \cdot \boldsymbol{\gamma} + \mathbf{B} \cdot \mathbf{u} + \mathbf{r} \tag{23.24}$$

여기서 $\mathbf{Y}$는 종속 변수를 나타내는 $n \times 1$ 벡터이고, $\mathbf{A}$는 모델의 고정 효과 성분에 삽입할 모든 변수의 데이터가 있는 $n \times (q + s + q \cdot s + 1)$ 행렬이며, $\boldsymbol{\gamma}$는 벡터 $(q + s + q \cdot s + 1) \times 1$이고 모든 고정 효과 모수가 추정된 행렬이다. $\mathbf{B}$는 데이터가 랜덤 효과 성분 $\mathbf{u}$에 삽입될 모든 성분인 $n \times (q + 1)$ 행렬이고, $\mathbf{u}$는 차원이 $(q + 1) \times 1$인 랜덤 오차 항 벡터이며 분산-공분산 행렬이 $\mathbf{G}$이다. 또한 $\mathbf{r}$은 평균이 0이고 분산 행렬이 $\sigma^2 \cdot \mathbf{I}_n$인 $n \times 1$ 오차 항 벡터다. 식 (23.18)과 식 (23.19)에 따라 다음과 같다.

$$var \begin{bmatrix} \mathbf{u} \\ \mathbf{r} \end{bmatrix} = \begin{bmatrix} \mathbf{G} & \mathbf{0} \\ \mathbf{0} & \sigma^2 \cdot \mathbf{I}_n \end{bmatrix} \tag{23.25}$$

그리고 이 관점에서 $\mathbf{V}$로 주어진 $\mathbf{Y}$의 $n \times n$ 공분산 행렬은 다음처럼 구할 수 있다.

$$\mathbf{V} = \mathbf{B} \cdot \mathbf{G} \cdot \mathbf{B}' + \sigma^2 \cdot \mathbf{I}_n \tag{23.26}$$

Searle et al.(2006)에서 보인 것처럼, 이 행렬로부터 다음 로그 우도 함수식이 정의되고 이는 최대화돼야 한다(MLE).

$$LL = -\frac{1}{2} \cdot \left[n \cdot \ln(2\pi) + \ln|\mathbf{V}| + (\mathbf{Y} - \mathbf{A} \cdot \boldsymbol{\gamma})' \cdot \mathbf{V}^{-1} \cdot (\mathbf{Y} - \mathbf{A} \cdot \boldsymbol{\gamma}) \right] \tag{23.27}$$

또한 동일한 저자에 따르면 식 (23.27)로부터 제한 우도 함수의 로그식은 다음과 같다.

$$LL_r = LL - \frac{1}{2} \cdot \ln|\mathbf{A}' \cdot \mathbf{V}^{-1} \cdot \mathbf{A}| \tag{23.28}$$

REML 방법이 다단계 모델에서 오차 조건의 분산에 대한 편견이 없는 추정치를 생성한다는 사실 때문에 연구원들이 그것을 무조건 사용하게 될 수 있다. 그러나 REML을 통해 구한 추정치에 기초한 우도 비율 검정은 고정 효과 명세가 각기 다른 모델을 비교하는 데 적합하지 않다. 시험을 정교하게 할 의도가 있는 상황의 경우에는 오차 항 분산을 MLE를 통해 추정하도록 권고하는데, 이는 이미 모델 모수를 추정하는 데 사용되는 방법이다. 또한 REML 또는 MLE을 통해 얻은 오차 항 분산의 추정치 간의 차이는 큰 표본에 실질적으로 존재하지 않는다는 점을 언급하는 것이 중요하다.

다음 절에서는 반복 측정이 포함된 3레벨 계층 선형 모델을 살펴본다.

23.4.2 반복 측정이 포함된 3레벨 계층 선형 모델(HLM3)

앞 절의 논리에 따라 반복적인 측정, 즉 종속 변수의 시간 변화를 가진 데이터가 있는 3레벨 계층 선형 모델의 명세를 살펴보자.

Raudenbush et al.(2004)에 제시된 논리를 따라, 3단계 계층 모델은 중첩 데이터 구조의 각 분석 모델에 하나씩 모두 세 가지 부분 모델로 구성된다. 따라서 식 (23.22)와 식 (23.23)에 근거해 3개의 분석 레벨과 중첩된 데이터를 가진 일반 모델을 정의할 수 있다. 첫 번째 레벨은 레벨 1 단위 $i(i = 1, ..., n)$를 가리키는 설명 변수 $Z_1, ..., Z_P$를 나타낸다. 두 번째 레벨의 설명 변수 $X_1, ..., X_Q$는 레벨 2 단위 $j(j = 1, ..., J)$를 가리킨다. 한편, 세 번째 레벨은 다음과 같이 레벨 3 단위 $k(k = 1, ..., K)$를 가리키는 설명 변수 $W_1, ..., W_S$를 나타낸다.

$$\text{레벨 1}: Y_{ijk} = \pi_{0jk} + \sum_{p=1}^{P} \pi_{pjk} \cdot Z_{pjk} + e_{ijk} \tag{23.29}$$

여기서 $\pi_{pjk}(p = 0, 1, ..., P)$는 레벨 1 계수를 참조하고, Z_{pjk}는 레벨 2 단위 j와 레벨 3 단위 k에서 관측치 i의 p번째 레벨 1 설명 변수이고, e_{ijk}는 평균이 0이고 분산이 σ^2인 정규 분포를 따르는 레벨 1 오차 항을 참조한다.

$$\text{레벨 } 2 : \pi_{pjk} = b_{p0k} + \sum_{q=1}^{Q_p} b_{pqk} \cdot X_{qjk} + r_{pjk} \tag{23.30}$$

여기서 $b_{pqk}(q = 0, 1, ..., Q_p)$는 레벨 2 계수를 참조하고, X_{qjk}는 레벨 3 단위 k에서 단위 j의 레벨 2 설명 변수이고, r_{pjk}는 각 단위 j 벡터 $(r_{0jk}, r_{1jk}, ..., r_{Pjk})'$가 평균이 0이고 분산이 $\tau_{r\pi pp}$인 다변량 정규 분포를 따른다는 가정하에 레벨 2 랜덤 효과다.

$$\text{레벨 } 3 : \pi_{pjk} = b_{p0k} + \sum_{q=1}^{Q_p} b_{pqk} \cdot X_{qjk} + r_{pjk} \tag{23.31}$$

여기서 $\gamma_{pqs}(s = 0, 1, ..., S_{pq})$는 레벨 3 계수, W_{sk}는 단위 k의 s번째 레벨 3 설명 변수, u_{pqk}는 각 단위 k에 대해 항 u_{pqk}로 형성된 벡터가 평균이 0이고 분산이 $\tau_{u\pi pp}$라는 정규 분포를 따른다는 가정하의 레벨 3 랜덤 효과이며, 다음과 최대 차원이 동일한 분산-공분산 행렬 $\mathbf{T_b}$를 생성한다.

$$\text{Dim}_{\max} \mathbf{T_b} = \sum_{p=0}^{P} \left(Q_p + 1 \right) \cdot \sum_{p=0}^{P} \left(Q_p + 1 \right) \tag{23.32}$$

이는 랜덤 효과로 설정된 레벨 3 계수의 개수에 종속된다.

이전 절의 논리를 지키고 23.5.2절과 23.6.2절 예제의 이해를 돕기 위해 종속 변수가 모니터링되는 데이터의 주기에 해당하는 단일 레벨 1 설명 변수를 살펴보자. 즉, 레벨 3 단위 k에 중첩된 레벨 2 단위는 표 23.2와 같이 데이터셋이 j 시계열을 갖도록 하는 기간 $t(t = 1, ..., T_j)$ 동안 모니터링된다. 주목표는 종속 변수 데이터의 시간 변화에 불일치가 있는지 확인하고, 만약 있다면 레벨 2와 레벨 3 단위의 특징으로 인해 이러한 차이가 발생하는지 확인하는 것이다. 이 시간 변화가 **반복 측정**repeated measures이라는 용어를 특징짓는다.

이런 관점에서 식 (23.29)는 다음과 같이 쓸 수 있다. 여기서 첨자 i는 첨자 t가 된다.

$$Y_{tjk} = \pi_{0jk} + \pi_{1jk} \cdot period_{jk} + e_{tjk} \tag{23.33}$$

여기서 π_{0jk}는 레벨 3 단위 k에 중첩된 레벨 2 단위 j의 종속 변수의 시간 변화에 해당하는 모델의 절편을 나타낸다. π_{1jk}는 분석 중인 주기에서 같은 단위에 대한 종속 변수의 평균 변화(기울기)에 해당한다. 레벨 2와 3에 해당하는 하위 구조는 식 (23.30) 및 식 (23.31)과 동일하게 유지된다.

그림 23.8에 나타난 도표는 개념적으로 식 (23.33)으로 대표되는 모델 집합의 도식을 보여준다.

그 방법을 통해 레벨 2 단위 j를 나타내는 개별 모델들이 주기 t 동안에 각기 다른 절편과 기울기를 나타낼 수 있음을 알 수 있다. 이는 레벨 2 단위 j 자체 또는 레벨 3 단위에 의한 특정 성질에 기인해 나타날 수 있는 사실이다.

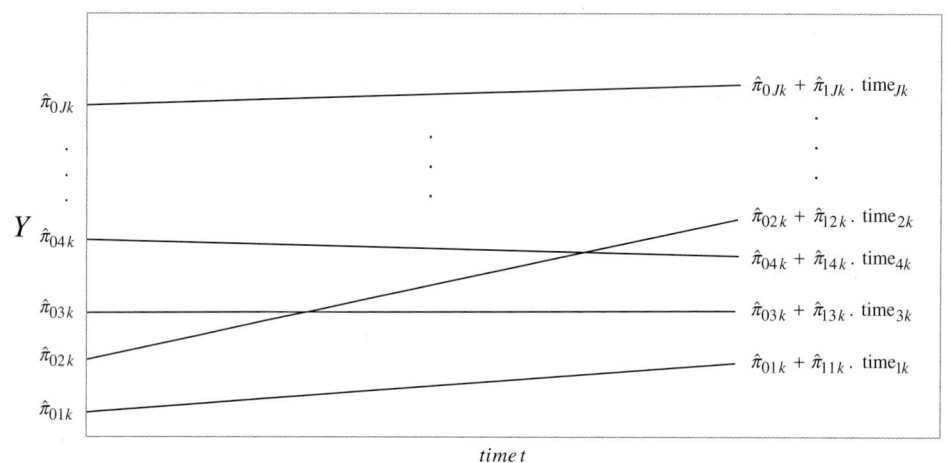

Y

그림 23.8 각 J 레벨 2 단위에 대한 종속 변수의 시간 변화를 나타내는 개별 모델

따라서 그림 23.8에 나타난 모델 절편 및 기울기 $\hat{Y}_{tjk} = \hat{\pi}_{0jk} + \hat{\pi}_{1jk} \cdot period_{jk}$의 차이를 설명할 수 있는 각 레벨 3 단위 k에 중첩된 레벨 2에 대해 시간적으로 불변인 레벨 2 단위 j와 레벨 3 단위 k의 특성이 있어야 한다(표 23.2).

따라서 레벨 2 단위 j의 특성을 나타내는 단일 설명 변수 X가 있다고 가정하고 식 (23.33)부터 식 (23.30)과 식 (23.31)까지 레벨 3 단위 k의 특성을 나타내는 단일 설명 변수 W를 가정하면, 3개의 분석 레벨을 가진 다음 모델을 정의할 수 있다. 이 모델에서 첫 번째 레벨은 반복 측정을 나타내고 오직 시간 변수만 갖는다.

$$\text{레벨 1: } Y_{tjk} = \pi_{0jk} + \pi_{1jk} \cdot period_{jk} + e_{tjk} \tag{23.34}$$

$$\text{레벨 2: } \pi_{0jk} = b_{00k} + b_{01k} \cdot X_{jk} + r_{0jk} \tag{23.35}$$

$$\pi_{1jk} = b_{10k} + b_{11k} \cdot X_{jk} + r_{1jk} \tag{23.36}$$

$$\text{레벨 3: } b_{00k} = \gamma_{000} + \gamma_{001} \cdot W_k + u_{00k} \tag{23.37}$$

$$b_{01k} = \gamma_{010} + \gamma_{011} \cdot W_k + u_{01k} \tag{23.38}$$

$$b_{10k} = \gamma_{100} + \gamma_{101} \cdot W_k + u_{10k} \tag{23.39}$$

$$b_{11k} = \gamma_{110} + \gamma_{111} \cdot W_k + u_{11k} \tag{23.40}$$

식 (23.34) ~ 식 (23.39)를 병합하면 다음 식을 얻는다.

$$Y_{tjk} = \underbrace{\left(\gamma_{000} + \gamma_{001} \cdot W_k + \gamma_{010} \cdot X_{jk} + \gamma_{011} \cdot W_k \cdot X_{jk} + u_{00k} + u_{01k} \cdot X_{jk} + r_{0jk} \right)}_{\text{랜덤 효과 절편}}$$

$$+ \underbrace{\left(\gamma_{100} + \gamma_{101} \cdot W_k + \gamma_{110} \cdot X_{jk} + \gamma_{111} \cdot W_k \cdot X_{jk} + u_{10k} + u_{11k} \cdot X_{jk} + r_{1jk} \right) \cdot period_{jk}}_{\text{랜덤 효과 기울기}} \qquad (23.41)$$

$$+ e_{tjk}$$

여기서 γ_{000}은 $X = W = 0$(일반 절편)일 때 초기 모멘트에서의 종속 변수 기댓값을 나타내고, γ_{001}은 다른 조건의 변화가 없을 때 k의 특성 W가 단위 변화할 때 레벨 3 단위 k에 속하는 레벨 2 단위 j의 초기 모멘트(절편의 변화)의 종속 변수 기댓값 증가를 나타낸다. γ_{010}은 다른 조건 변화가 없다는 가정하에, j의 특성 X가 단위 변화할 때 특정 단위 jk의 초기 모멘트에서 종속 변수의 기댓값의 증가를 나타낸다. γ_{011}은 다른 조건의 변화가 없을 때, 곱 $W \cdot X$의 단위 변화가 있을 경우 어떤 단위 jk에 대한 초기 모멘트의 종속 변수 기댓값 증가를 나타낸다. 또 u_{00k}와 u_{01k}는 절편에 무작위성이 있을 때의 오차 항을 나타내고, 마지막은 변수 X의 변화에 영향을 준다.

또한 γ_{100}은 다른 조건의 변경이 없을 때 분석 기간에 단위 변경(단위 시간 변화로 인한 기울기 변화)에 대한 기댓값의 변화, γ_{101}은 특성 W의 변화로 인한 특정 단위 jk에 대한 단위 시간 변화로 인한 종속 변수의 기댓값 변화를 나타낸다. γ_{110}은 특성 X의 변경이 있을 때 어떤 단위 jk의 시간 변화에 기인한 종속 변수 기댓값의 변화를 나타내고, γ_{111}은 곱 $W \cdot X$의 단위 변화가 있을 때 어떤 단위 jk의 시간 단위 변화에 따른 종속 변수 기댓값의 변화를 나타낸다. 마지막으로, u_{10k}와 u_{11k}는 **기울기에 무작위성이 있음**을 의미하는 오차 항을 나타내고 마지막은 변수 X의 변화에 영향을 준다.

식 (23.41)은 각 레벨 2 단위(각기 다른 시계열)의 시간에서 종속 변수의 다른 행동으로부터 야기된 랜덤 영향으로 절편과 기울기가 영향받는 것을 시각화하는 데 도움을 준다. 이 현상은 단위 특성과 함께 이러한 단위가 속하는 그룹의 특성에 따른 결과일 수 있다.

연구원이 종속 변수 행동에 영향을 주는 고정이나 랜덤 효과 구성을 연구하고자 한다면, 이 절차가 Stata와 SPSS에서 다중 모델 명령을 사용할 때 용이하도록 다음과 같이 식 (23.41) 항을 정리할 수 있다.

$$Y_{tjk} = \gamma_{000} + \gamma_{001} \cdot W_k + \gamma_{010} \cdot X_{jk} + \gamma_{011} \cdot W_k \cdot X_{jk}$$
$$\left. + \gamma_{100} \cdot period_{tjk} + \gamma_{101} \cdot W_k \cdot period_{jk} + \gamma_{110} \cdot X_{jk} \cdot period_{jk} + \gamma_{111} \cdot W_k \cdot X_{jk} \cdot period_{jk} \right\} \text{고정 효과}$$
$$\underbrace{+ u_{00k} + u_{01k} \cdot X_{jk} + u_{10k} \cdot period_{jk} + u_{11k} \cdot X_{jk} \cdot period_{jk} + r_{0jk} + r_{1jk} \cdot period_{jk} + e_{tjk}}_{\text{랜덤 효과}} \qquad (23.42)$$

3레벨 계층 모델에서는 두 분산 비율의 존재를 생각하면 3개의 부류 내 상관관계를 정의할 수 있다. 하나는 동일한 레벨 2 단위 j와 동일한 레벨 3 단위 k(**레벨 2 부류 내 상관**)에 속하는 데이터 행동에 해당하고, 다른 하나는 동일 레벨 3 단위 k이지만 다른 레벨 2 단위 j(**레벨 3 부류 내 상관**)인 데이터 행동에 해당한다. 23.5.2절과 23.6.2절에서는 각각 Stata와 SPSS로 예제를 살펴본다.

식 (23.34)와 이후에서 볼 수 있듯이 3단계와 반복 측정으로 계층 분석의 레벨 2 및 3 하위 구조에 대한 일반식을 정의할 수 있다. 두 번째 레벨은 각 단위 j를 참조하는 설명 변수 $X_1, ..., X_Q$를 제공하고, 세 번째 레벨은 각 단위 k를 참조하는 설명 변수 $W_1, ..., W_S$를 제공한다.

$$레벨\ 2 : \pi_{pjk} = b_{p0k} + \sum_{q=1}^{Q_p} b_{pqk} \cdot X_{qjk} + r_{pjk} \tag{23.43}$$

$$레벨\ 3 : b_{pqk} = \gamma_{pq0} + \sum_{s=1}^{S_{pq}} \gamma_{pqs} \cdot W_{sk} + u_{pqk} \tag{23.44}$$

이전 절에서 2레벨 계층 모델을 제시했을 때 논의한 것과 유사하게, 고정 효과 모수는 전통적으로 Stata와 SPSS 같은 소프트웨어를 사용해 최대 우도를 통해 오차 항의 분산 성분을 최대 우도와 제한 최대 우도를 통해 추정할 수 있다.

설명한 내용에 근거해, 23.5절에서는 클러스터링 데이터가 포함된 2레벨 계층 모델과 반복 측정이 포함된 3레벨 모델을 Stata에서 반복 추정할 것이다. 그러나 23.6절에서 SPSS로 동일한 모델을 추정해본다. 사용된 예들은 이 책 전반의 논리를 따른다.

23.5 Stata로 계층 선형 모델 추정

이 절의 주목적은 연구원들이 Stata를 사용해 다중 모델링을 할 수 있는 기회를 주는 것이다.

23.5.1 Stata로 클러스터링 데이터가 포함된 2레벨 계층 선형 모델의 추정

13장, 14장, 15장과 같은 논리로 예제를 논할 것이다. 그러나 이제 개인마다 그리고 개인이 속한 그룹마다 변동되며, 중첩 구조를 특징짓는다.

이제 교수가 자신의 연구를 다른 학교로 확대하는 데 관심이 있다고 생각해보자. 그는 이미 한 무리의 학생들이 학교에 도착하는 데 걸리는 시간, 지각할 확률, 복수 회귀, 이항 및 다항 로지스틱 회귀, 개수 데이터 모델 등을 통해 특정 설명 변수가 주별 또는 월별 학생의 지각에 미치는 영향을 탐구했다. 이제는 다른 학교 학생들 사이에 학교 수행 행동에 차이가 있는지, 그리고 만약 있다면 이러한 차이가 학교 자체의 특징 때문에 발생하는지 조사하기를 원한다.

이를 위해 교수는 학생들의 학교 성적(점수 0점부터 100점 + 수업 참여 보너스) 데이터를 입수했는데, 총 46개 학교의 학생 2,000명에 대한 데이터를 수집했다. 또한 학생들의 행동, 예를 들어 주당 학습 시간, 학교 유형(공립 또는 사립)에 관한 데이터, 그리고 교수들의 교수 경험 연수 등에 대한 데이터도 입수할 수 있었다. 데이터 집합의 일부는 표 23.3에서 볼 수 있다. 전체 데이터셋은

PerformanceStudentSchool.xls(엑셀) 및 PerformanceStudentSchool.dta(Stata) 파일에서 찾을 수 있다.

표 23.3 예제: 학교 성적과 학생(레벨 1) 및 학교(레벨 2)의 특성

학생 i (레벨 1)	학교 j (레벨 2)	학교 성적 (Y_{ij})	주별 공부 시간 (X_{ij})	교수의 강의 경험 연수 (W_{1j})	사립 또는 공립 (W_{2j})
1	1	35.4	11	2	공립
2	1	74.9	23	2	공립
			...		
47	1	24.8	9	2	공립
48	2	41.0	13	2	공립
			...		
72	2	65.2	20	2	공립
			...		
121	4	66.4	20	9	사립
			...		
140	4	93.4	27	9	사립
			...		
1995	46	44.0	15	2	사립
			...		
2000	46	56.6	17	2	공립

PerformanceStudentSchool.dta 파일을 연 후 desc 명령어를 입력해 관측치 수, 변수 수, 각 변수 설명 등 데이터셋 특성을 분석한다. 그림 23.9는 Stata에서 이 첫 번째 출력을 보여준다.

```
. desc

  obs:         2,000
  vars:            6
  size:       42,000 (99.9% of memory free)
----------------------------------------------------------------------
              storage   display     value
variable name   type    format      label     variable label
----------------------------------------------------------------------
student         int     %8.0g                 student i (level 1)
school          int     %8.0g                 school j (level 2)
performance     float   %9.1f                 performance at school
hours           byte    %8.0g                 number of hours the student spent studying
                                              per week
texp            float   %9.0g                 teaching experience of professors (in
                                              years)
priv            float   %9.0g       priv      type of school (public or private)
----------------------------------------------------------------------
Sorted by:  student
```

그림 23.9 PerformanceStudentSchool.dta 데이터셋의 설명

우선, 다음과 같은 명령어를 통해 각 학교의 교수가 조사한 학생 수에 대한 정보를 얻을 수 있다.

```
tabulate school, subpop(student)
```

결과는 그림 23.10에서 확인할 수 있으며, 이를 통해 **불균형 클러스터링 데이터 구조**^{unbalanced clustered data} ^{structure}를 갖고 있음을 알 수 있다.

```
. tabulate school, subpop(student)

  school j |
  (level 2) |      Freq.       Percent        Cum.
-----------+-----------------------------------------
         1 |         47          2.35         2.35
         2 |         25          1.25         3.60
         3 |         48          2.40         6.00
         4 |         20          1.00         7.00
         5 |         48          2.40         9.40
         6 |         30          1.50        10.90
         7 |         28          1.40        12.30
         8 |         35          1.75        14.05
         9 |         44          2.20        16.25
        10 |         33          1.65        17.90
        11 |         57          2.85        20.75
        12 |         62          3.10        23.85
        13 |         53          2.65        26.50
        14 |         27          1.35        27.85
        15 |         53          2.65        30.50
        16 |         28          1.40        31.90
        17 |         29          1.45        33.35
        18 |         39          1.95        35.30
        19 |         47          2.35        37.65
        20 |         60          3.00        40.65
        21 |         61          3.05        43.70
        22 |         67          3.35        47.05
        23 |         47          2.35        49.40
        24 |         57          2.85        52.25
        25 |         52          2.60        54.85
        26 |         57          2.85        57.70
        27 |         38          1.90        59.60
        28 |         57          2.85        62.45
        29 |         42          2.10        64.55
        30 |         38          1.90        66.45
        31 |         52          2.60        69.05
        32 |         45          2.25        71.30
        33 |         47          2.35        73.65
        34 |         25          1.25        74.90
        35 |         55          2.75        77.65
        36 |         42          2.10        79.75
        37 |         43          2.15        81.90
        38 |         48          2.40        84.30
        39 |         46          2.30        86.60
        40 |         53          2.65        89.25
        41 |         59          2.95        92.20
        42 |         21          1.05        93.25
        43 |         39          1.95        95.20
        44 |         52          2.60        97.80
        45 |         38          1.90        99.70
        46 |          6          0.30       100.00
-----------+-----------------------------------------
     Total |      2,000        100.00
```

그림 23.10 학교별 학생 수

그림 23.11에서 볼 수 있는 학교별 학생들의 평균 성적은 다음 명령어를 통해 얻을 수 있다.

```
bysort school: egen average_performance = mean(performance)
tabstat average_performance, by(school)
```

```
. bysort school: egen average_performance = mean(performance)
. tabstat average_performance, by(school)

Summary for variables: average_performance
     by categories of: school (school j (level 2))

  school |      mean           school |      mean
---------+----------        ---------+----------
       1 |  50.38936             24 |  58.54211
       2 |    62.796             25 |  52.57116
       3 |  43.94375             26 |  67.31403
       4 |    75.025             27 |  62.13158
       5 |  56.23333             28 |  71.18597
       6 |  56.93667             29 |  41.76429
       7 |  51.73214             30 |  55.77369
       8 |  92.93143             31 |      57.9
       9 |  84.92728             32 |     60.86
      10 |  70.95454             33 |  75.65958
      11 |  66.56842             34 |    54.892
      12 |  64.72258             35 |  57.33636
      13 |  44.24151             36 |  62.98333
      14 |  42.73333             37 |  45.33023
      15 |  69.16415             38 |      89.3
      16 |  65.86072             39 |  51.07391
      17 |  74.81724             40 |  61.02641
      18 |  60.34103             41 |  59.88983
      19 |  58.83617             42 |   77.0619
      20 |     66.77             43 |  49.32564
      21 |  45.14262             44 |    61.125
      22 |  50.40448             45 |  63.06579
      23 |  71.09787             46 |     42.65
                             ---------+----------
                                Total |   60.8596
                             --------------------
```

그림 23.11 학교별 학생들의 평균 성적

이 초기 진단을 결론짓기 위해, 학교별 학생들의 평균 성적을 시각화하는 차트를 만들 수 있다. 이 차트는 그림 23.12에서 볼 수 있으며, 다음 명령어를 입력하면 얻을 수 있다.

```
graph twoway scatter performance school || connected average_performance school,
connect(L) || , ytitle(performance at school)
```

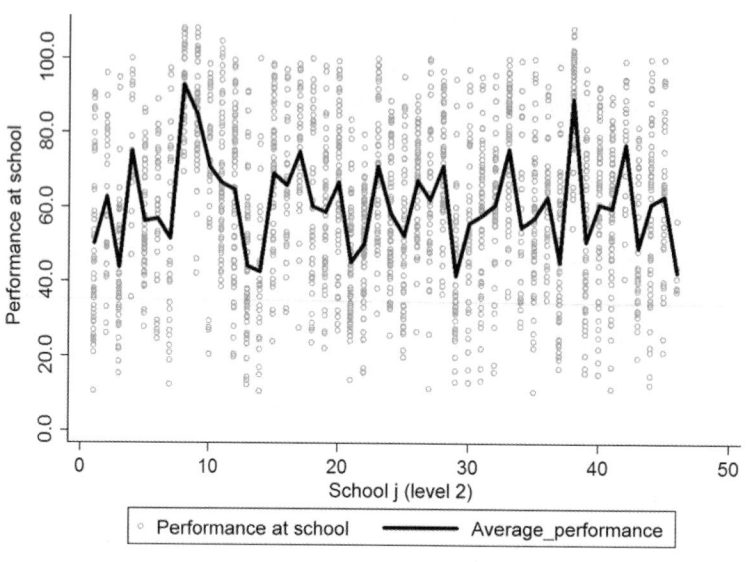

그림 23.12 학교별 학생들의 평균 성적

예제의 클러스터링 데이터에 기반해 학생들의 학교로의 중첩 관계를 특징지었으면, 이제 다중 모델링 자체를 적용해 2레벨 계층 선형 모델(학생과 학교) 추정을 목표로 하는 절차를 구성할 수 있다. 학교 성적 모델링에서 학교를 대표하는 더미 변수를 고정 효과 성분에 포함시킬 수 있지만, 이러한 모델을 추정하기 위해 레벨 2 단위를 랜덤 효과로 처리하자.

빈 모델null model 또는 **비조건 모델**nonconditional model로 불리는 첫 번째 모델은 다른 학교 학생 사이에 성적 변동성이 있는지 확인해준다. 이는 모델에 설명 변수가 없고 오직 하나의 절편과 분산이 각각 τ_{00}, σ^2인 오차 항 u_{0j}, r_{ij}만 있기 때문이다. 따라서 추정할 모델은 다음 식을 따른다.

빈 모델

$$performance_{ij} = b_{0j} + r_{ij}$$
$$b_{0j} = \gamma_{00} + u_{0j}$$

이는 다음과 같다.

$$performance_{ij} = \gamma_{00} + u_{0j} + r_{ij}$$

예제 데이터의 경우 Stata로 빈 모델을 추정하는 명령어는 다음과 같다.

```
xtmixed performance || school: , var nolog reml
```

여기서 xtmixed 항은 계층 선형 모델의 추정을 의미하며, 첫 번째 변수는 다른 회귀 모델에서와 같은 종속 변수에 해당한다. 설명 변수는 그다음에 포함된다. 또 || 항으로 시작하는 xtmixed 명령어의

두 번째 부분이 있다. 명령어의 첫 번째 부분은 고정 효과에 해당하지만, 두 번째 부분은 두 번째 분석 레벨이 있을 경우 발생할 수 있는 랜덤 효과와 관련이 있는데, 이 경우 학교를 가리킨다(따라서 두 번째 부분은 school: 항으로 시작함). var 항은 오차 항 분산의 추정치 u_{0j}와 r_{ij}(각각 τ_{00}과 σ^2)를 표준 편차 대신 출력에 표시하게 한다. 반면, nolog라는 항은 단지 제한된 우도 함수의 로그 최대화를 위한 반복의 결과를 출력에 나타내지 않게 할 뿐이다. 마지막으로, 연구원들은 reml(제한된 최대 우도 추정) 또는 mle(최대 우도 추정)라는 항을 사용해 추정 방법을 정의할 수도 있다.[2]

생성된 결과는 그림 23.13에서 확인할 수 있다.

```
. xtmixed performance || school: , var nolog reml

Mixed-effects REML regression              Number of obs    =      2000
Group variable: school                     Number of groups =        46

                                           Obs per group: min =         6
                                                          avg =      43.5
                                                          max =        67

                                           Wald chi2(0)     =         .
Log restricted-likelihood = -8752.0205     Prob > chi2      =         .

-----------------------------------------------------------------------------
performance |     Coef.    Std. Err.     z     P>|z|    [95% Conf. Interval]
------------+----------------------------------------------------------------
      _cons |  61.04901   1.776135   34.37   0.000    57.56785    64.53017
-----------------------------------------------------------------------------


-----------------------------------------------------------------------------
  Random-effects Parameters  |   Estimate   Std. Err.    [95% Conf. Interval]
-----------------------------+-----------------------------------------------
school: Identity             |
                  var(_cons) |  135.7793   30.75008    87.10859    211.644
-----------------------------+-----------------------------------------------
               var(Residual) |  347.5617   11.12078   326.4347    370.056
-----------------------------------------------------------------------------
LR test vs. linear regression: chibar2(01) =    486.01 Prob >= chibar2 = 0.0000
```

그림 23.13 Stata에서 빈 모델의 출력

그림 23.13의 출력으로 볼 때, 처음에는 변수 γ_{00}의 추정치가 61.049임을 알 수 있는데, 이는 학생들의 예상 평균 학교 성적(빈 모델에서 추정된 수평선 또는 일반 절편)에 해당한다.[3] 게다가 출력 하단에서 오차 항 $\tau_{00} = 135.779$의 분산에 대한 추정치가 있으며(Stata에서 var(_cons)) $\sigma^2 = 347.562$(Stata에서 var(Residual)). 따라서 식 (23.20)에 근거해 다음과 같은 부류 내 상관관계를 계

---

2 xtmixed 명령어는 Stata 버전 9(2005년)부터 사용하며, 버전 12까지 계층 선형 모델을 추정하기 위한 명령어로 사용할 수 있고, 제한된 최대 우도(REML)를 표준으로 사용한다. Stata 13 이후, 계층 선형 모델의 추정치는 xtmixed 또는 단순히 mixed 명령어를 통해 사용할 수 있다. 그러나 연구원이 명시하지 않은 경우 기본적으로 추정 방법은 최대 우도(MLE)가 된다.

3 좀 더 탐구적인 연구원은 빈 모델을 추정한 직후에 명령어 predict yhat를 입력해 이 사실을 확인할 수 있다. 데이터 집합에 새로운 변수(*yhat*)가 생성되며, 모든 값이 61.049(사실상 상수임)에 해당한다.

산할 수 있다.

$$rho = \frac{\tau_{00}}{\tau_{00} + \sigma^2} = \frac{135.779}{135.779 + 347.562} = 0.281$$

이것은 학교 성적 총 분산의 대략 28%가 학교의 변화로 인한 것임을 시사하며, 학생들이 다른 학교 출신일 때 학교 성적에 변화가 있다는 첫 번째 징후를 나타내는 것이다.

Stata 13 이후에는, 해당 모델의 추정 직후 estat icc 명령어를 입력해 이 부류 내 상관관계를 직접 구할 수 있다.

비록 Stata가 랜덤 효과 모수에 대해 각각의 유의수준과 함께 z 검정 결과를 직접 보여주지는 않지만, 랜덤 절편 u_{0j}에 해당하는 분산 성분 τ_{00}의 추정치가 표준 오차보다 상당히 높다는 사실은 학교 간 성적에 상당한 차이가 있음을 시사한다. 통계적으로 $z = 135.779/30.750 = 4.416 > 1.96$을 알 수 있다. 여기서 1.96은 표준화된 정규 분포의 임곗값으로 유의수준은 0.05가 된다.

이 정보는 OLS에 의한 전통적인 회귀 모델 추정치가 적절치 않을 때 계층 모델링의 선택을 지원하는 데 매우 중요하다. 또한 다중 분석을 수행할 때 항상 빈 모델을 추정하는 주된 이유이기도 하다.

그림 23.13의 하단에서, 우도 비율 검정(LR test) 결과를 분석해 이 사실을 확인할 수 있다. $Sig. \chi^2$ = 0.000이므로 랜덤 절편은 0이라는 귀무 가설(H_0: u_{0j} = 0)을 기각할 수 있어, 이 예제에서는 클러스터링 데이터에 대해 전통적인 선형 회귀 모델의 추정이 배제된다.

먼저, 레벨 1 설명 변수인 *hours*가 같은 학교(학생 간 차이)와 다른 학교(학교 간 차이) 학생들의 학교 성적 행동과 관련이 있는지 조사하자. 첫 번째 진단은 그림 23.14에 표시된 차트를 생성하는 다음 명령어를 입력해 자세히 알아볼 수 있다.

```
statsby intercept=_b[_cons] slope=_b[hours], by(school) saving(ols, replace): reg
performance hours
sort school
merge school using ols
drop _merge
gen yhat_ols= intercept + slope*hours
sort school hours
separate performance, by(school)
separate yhat_ols, by(school)
graph twoway connected yhat_ols1-yhat_ols46 hours || lfit performance hours, clwidth(thick)
clcolor(black) legend(off) ytitle(performance at school)
```

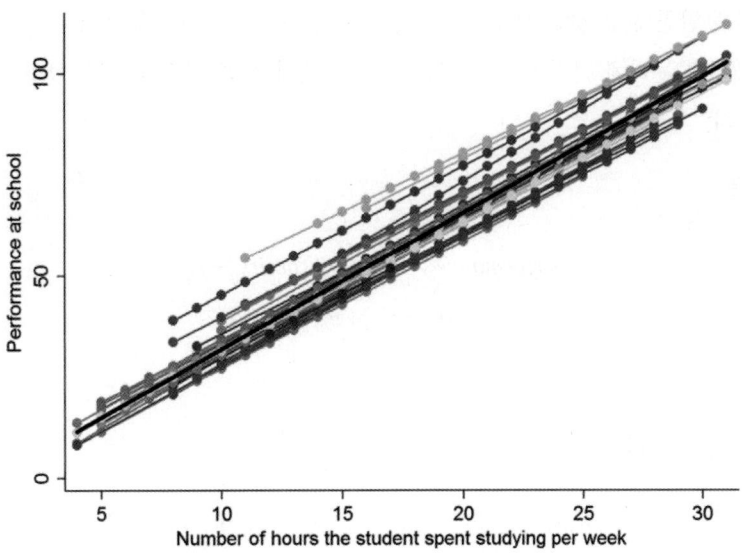

그림 23.14 변수 *hours*에 기반한 학교 성적(같은 학교의 학생들 그리고 다른 학교 간의 변동성)

그림 23.14의 도표는 각 학교의 OLS에 의한 주당 공부하는 데 소요되는 시간의 수에 근거해 각 학생의 학교 성적에 대한 선형 조정을 보여준다. 비록 주당 공부하는 시간이 증가함에 따라 (운 좋게도) 학교 성적의 향상을 볼 수 있지만, 이 관계는 모든 학교에서 동일하지는 않다. 더구나 각 모델의 절편은 확연히 다르다.

따라서 여기서의 의무는 변수 *hours*에 의해 생성된 절편과 기울기에서 랜덤 효과가 발생하는지를 조사하는 것이다. 왜냐하면 몇몇 학교가 있기 때문이다. 만약 그렇다면, 앞으로 이러한 학교 특성들 중 일부가 그 사실을 설명해줄 수 있는지 조사해야만 한다.

또한 이 마지막 명령어는 Stata에서 학교 간의 차이를 분석할 수 있는 새로운 파일(ols.dta)을 생성한다는 점에 주목하자.

연구원들이 모델링에 랜덤 효과를 포함하지 않기로 선택한 경우, 즉 빈 모델 추정치에서 우도 비율 검정이 $H_0(u_{0j} = 0)$를 기각하지 않았으면, 모델 모수를 추정하기 위해 13장에서 설명한 대로 다음 명령어를 입력하기만 하면 된다.

```
reg performance hours
```

교육 목적상 이 마지막 명령어(reg)를 입력했을 때의 모수 추정 결과를 여기에 나타내지는 않았지만, 다음 명령어로 구할 수 있다.

```
xtmixed performance hours, reml
```

랜덤 효과의 설정이 없는 xtmixed라는 항은 제한된 최대 우도 추정(reml 항)을 통해 최소 자승법으로 추정된 값과 동일한 값을 갖는 모수를 생성한다(고정 효과만 갖는 선형 회귀).

여기서 제시된 논리에 근거해, 처음에는 다중 모델에 절편 랜덤 효과를 삽입하자. 이는 다음 설정
으로 시작한다.

랜덤 절편 모델

$$performance_{ij} = b_{0j} + b_{1j} \cdot hours_{ij} + r_{ij}$$

$$b_{0j} = \gamma_{00} + u_{0j}$$

$$b_{1j} = \gamma_{10}$$

이는 다음 식으로 된다.

$$performance_{ij} = \gamma_{00} + \gamma_{10} \cdot hours_{ij} + u_{0j} + r_{ij}$$

예제 데이터의 경우 Stata에서 랜덤 절편 모델을 추정하는 명령어는 다음과 같다.

```
xtmixed performance hours || school: , var nolog reml
```

이는 그림 23.15와 같은 결과를 생성한다.

```
. xtmixed performance hours || school: , var nolog reml

Mixed-effects REML regression                   Number of obs      =      2000
Group variable: school                          Number of groups   =        46

                                                Obs per group: min =         6
                                                               avg =      43.5
                                                               max =        67

                                                Wald chi2(1)       =  19709.41
Log restricted-likelihood = -6372.1643          Prob > chi2        =    0.0000

------------------------------------------------------------------------------
performance |      Coef.   Std. Err.      z    P>|z|     [95% Conf. Interval]
------------+-----------------------------------------------------------------
      hours |   3.251924   .0231635   140.39   0.000     3.206525    3.297324
      _cons |   .5344677   .7875305     0.68   0.497    -1.009064    2.077999
------------------------------------------------------------------------------

------------------------------------------------------------------------------
  Random-effects Parameters  |   Estimate   Std. Err.     [95% Conf. Interval]
-----------------------------+------------------------------------------------
school: Identity             |
                  var(_cons) |   19.12534   4.199479      12.4367    29.41123
-----------------------------+------------------------------------------------
               var(Residual) |   31.76378   1.016389     29.83288    33.81966
------------------------------------------------------------------------------
LR test vs. linear regression: chibar2(01) =    816.88 Prob >= chibar2 = 0.0000
```

그림 23.15 랜덤 절편 모델의 출력

마찬가지로, 출력의 상단에서 직접 나타나지는 않아도 46개의 개별 절편(각 학교당 1개)을 포함하는 모델의 고정 효과를 볼 수 있다. 하단에서는 오차 항 τ_{00} = 19.125와 σ^2 = 31.764의 분산을 추정할 수 있다. 이 모델의 부류 내 상관관계는 다음과 같이 계산한다.

$$rho = \frac{\tau_{00}}{\tau_{00} + \sigma^2} = \frac{19.125}{19.125 + 31.764} = 0.376$$

이는 빈 모델과 관련해 절편에 해당하는 분산 요소의 비율이 증가함을 보여주며, 학교를 비교할 때 학교 성적 행동을 연구하기 위한 변수 *hours*를 포함하는 것이 중요하다는 사실을 보여준다. 빈 모델에서 이미 확인된 바와 같이, 분산 성분 τ_{00}의 추정치는 표준 오차(z = 19.125/4.199 = 4.555 > 1.96)의 거의 5배 이상으로, 랜덤 절편이 존재하여 학교 간 평균 학교 성적에 큰 차이가 있을 수 있음을 시사한다(절편은 학교 간에 통계적으로 유의한 차이가 있다).

여기서 우도 비교 검정(LR test) 결과를 분석하면, 랜덤 절편이 0이라는 귀무 가설(H$_0$: u_{0j} = 0)도 기각할 수 있다. *Sig.* χ^2 = 0.000이므로, 고정 효과만 있는 전통적인 선형 회귀 모델의 추정을 배제해야 함을 입증한다.

따라서 이제 모델은 다음 설정을 갖게 된다.

$$performance_{ij} = 0.534 + 3.252 \cdot hours_{ij} + u_{0j} + r_{ij}$$

여기서 절편의 고정 효과는 학교 간, 어떤 이유로 공부를 하지 않는 학생들의 평균 예상 학교 성적과 일치한다($hours_{ij}$ = 0). 반면 주당 평균 1시간씩 더 공부하면 학교 간 예상 학업 성취도 평균이 3.252점 증가하며 이 모수는 통계적으로 유의미하다.

교육 목적상 이 마지막 추정치는 랜덤 성분이 절편만 포함하는 모델을 나타내므로 최대 우도 방법(제한되지 않음)은 종적인 데이터를 고려한 전통적인 추정을 통해 얻어진 모수와 동일한 추정치를 생성한다. 더욱이, 훨씬 더 탐구적인 연구원은 **일반화 선형 잠재 및 혼합 모델**GLLAMM, generalized linear latent and mixed model도 동일한 모수 추정치를 생성하는지 검증할 수 있을 것이다. 즉, 다음 세 가지 명령어는 동일한 추정과 오차 항 분산의 추정치를 생성한다.

- **최대 우도 추정을 사용한 다중 모델**

```
xtmixed performance hours || school: , var nolog mle
```

여기서 항 mle는 **최대 우도 추정**을 의미한다.

- **최대 우도 추정을 하는 패널 데이터 모델**

```
xtset school student
xtreg performance hours, mle
```

• **일반화 선형 잠재 및 혼합 모델**

```
gllamm performance hours, i(school) adapt
```

여기서 adapt 옵션은 **적응적 구적법**adaptive quadrature 프로세스가 **일반 가우스-에르미트 구적법**ordinary Gauss-Hermite quadrature 대신 사용되게 한다.

일반화 선형 잠재 및 혼합 모델GLLAMM은 13장, 14장, 15장에서 연구한 일반화된 선형 모델GLM 과 유사하다는 점을 언급할 필요가 있다. 즉, GLLAMM은 종속 변수가 범주형이거나 계수 데이터 가 있고 중첩 데이터 구조가 있는 모델을 추정하는 데도 매우 유용하다. 이 장의 부록에서는 로지스 틱, 푸아송 및 음이항 계층 비선형 모델의 예를 제시한다. 이 주제를 심층적으로 연구하려면 Rabe-Hesketh et al.(2002), Rabe-Hesketh and Skrondal(2012a, b), Fávero and Belfiore(2017)를 추천한다.

랜덤 절편 모델(그림 23.15의 출력)로 돌아가서, 랜덤 절편과 기울기를 가진 모델을 추정할 때 생 성될 것과 향후 비교하기 위해 구한 추정치를 저장(estimates store 명령어)할 수 있다. 또한 predict, reffects 명령어를 통해 BLUPSbest linear unbiased predictions로 알려진 랜덤 효과 u_{0j}의 기댓값을 구할 수도 있다. xtmixed 명령어는 이들을 바로 보여주지 않기 때문이다. 이를 위해 다음 명령어를 입력한다.

```
quietly xtmixed performance hours || school: , var nolog reml
estimates store randomintercept
predict u0, reffects
desc u0
by student, sort: generate tolist = (_n==1)
list student u0 if student <= 10 | student > 1990 & tolist
```

그림 23.16은 데이터셋의 첫 번째 및 마지막 10명의 학생에 대한 랜덤 절편 항 u_{0j}의 값을 보여준다. 이러한 오차 항은 같은 학교 학생들에게는 불가변임을 알 수 있다. 그러나 학교별로는 다르므로 각 학교마다 하나의 절편 존재를 특징짓는다.

학교별 랜덤 절편을 좀 더 잘 시각화하기 위해 다음 명령어로 차트를 그려볼 수 있다.

```
graph hbar (mean) u0, over(school) ytitle("Random Intercepts per School")
```

차트는 그림 23.17에 있다.

1300

```
. quietly xtmixed performance hours || school: , var nolog reml
. estimates store randomintercept
. predict u0, reffects
. desc u0

              storage   display     value
variable name   type    format      label      variable label
-------------------------------------------------------------------
u0              float   %9.0g                   BLUP r.e. for school: _cons

. by student, sort: generate tolist = (_n==1)
. list student u0 if student <= 10 | student > 1990 & tolist

      +---------------------+          +---------------------+
      | student         u0 |          | student         u0 |
      |---------------------|          |---------------------|
   1. |       1    -2.5026 |    1991. |    1991   -2.238187 |
   2. |       2    -2.5026 |    1992. |    1992   -2.238187 |
   3. |       3    -2.5026 |    1993. |    1993   -2.238187 |
   4. |       4    -2.5026 |    1994. |    1994   -2.238187 |
   5. |       5    -2.5026 |    1995. |    1995   -3.096321 |
      |---------------------|          |---------------------|
   6. |       6    -2.5026 |    1996. |    1996   -3.096321 |
   7. |       7    -2.5026 |    1997. |    1997   -3.096321 |
   8. |       8    -2.5026 |    1998. |    1998   -3.096321 |
   9. |       9    -2.5026 |    1999. |    1999   -3.096321 |
  10. |      10    -2.5026 |    2000. |    2000   -3.096321 |
      +---------------------+          +---------------------+
```

그림 23.16 랜덤 절편 항 u_{0j}

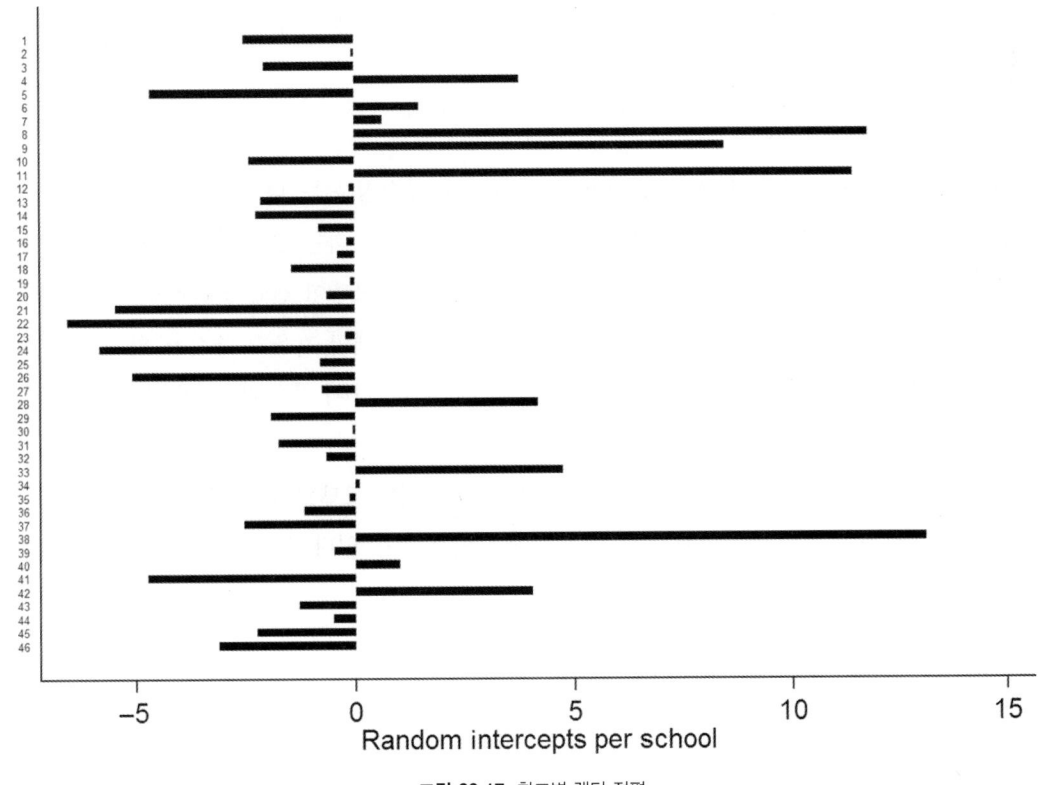

그림 23.17 학교별 랜덤 절편

더 완전한 모델에 도달하기 위해 그리고 레벨 2 설명 변수가 존재하므로 약간의 추가적인 추정을 할 것이기 때문에, 지금은 학생별로 학교 성적 예측값을 생성하기 위한 명령어를 나타내자. 이 절차는 나중에 수행될 것이다.

학생들의 학교 성적이 주당 공부하는 시간에 영향을 받으며 학교 간 모델 절편에 차이가 있다는 사실을 확인한 지금, 학교 간 기울기도 다른지 분석해보자. 그림 23.14와 그림 23.17의 도표를 통해 학교 간의 불일치 절편을 명확히 볼 수 있지만, 46개의 선형 조정 기울기와 관련해서는 그렇게 말할 수 없다. 그럼에도 불구하고 그런 상황을 통계적 관점에서 평가해야만 한다. 따라서 절편 랜덤 효과를 유지하면서 다중 모델에 기울기 랜덤 효과를 삽입하면 다음 식이 된다.

● **랜덤 절편과 기울기 모델**

$$performance_{ij} = b_{0j} + b_{1j} \cdot hours_{ij} + r_{ij}$$
$$b_{0j} = \gamma_{00} + u_{0j}$$
$$b_{1j} = \gamma_{10} + u_{1j},$$

그 결과는 다음과 같다.

$$performance_{ij} = \gamma_{00} + \gamma_{10} \cdot hours_{ij} + u_{0j} + u_{1j} \cdot hours_{ij} + r_{ij}$$

예제 데이터의 경우, 랜덤 절편과 기울기를 가진 모델을 추정하는 Stata 명령어는 다음과 같다.

```
xtmixed performance hours || school: hours, var nolog reml
```

항 school: 뒤에 삽입된 변수 *hours*(xtmixed 명령어의 랜덤 성분)는 다중 모델의 명세에 있는 $u_{1j} \cdot hours_{ij}$ 항에서 비롯된다는 점에 주목하자. 이 추정에서 얻은 결과는 그림 23.18에서 볼 수 있다.

랜덤 절편과 기울기를 갖는 모델의 모수와 분산 추정치는 모델이 랜덤 절편만으로 추정됐을 때 얻어진 모수와 사실상 동일함을 알 수 있다(그림 23.15). 이는 랜덤 기울기 조건 u_{1j}의 분산 τ_{11}의 추정치가 통계적으로 0과 같기 때문에 발생한다(신뢰 구간에 대해 0과 같은 값을 갖는 극히 낮은 값과 상당히 큰 표준 오차).

이 경우에는 이 사실이 명확하지만, 연구원들은 랜덤 절편 모델로 얻은 추정치를 랜덤 절편 및 기울기로 얻은 것과 비교하기 위해 우도 비율 검정을 수행할 수 있다. 그렇게 하려면 다음 명령어를 입력해야 한다.

```
estimates store randomslope
```

그리고 검정을 수행하는 명령어는 다음과 같다.

```
. xtmixed performance hours || school: hours, var nolog reml

Mixed-effects REML regression                 Number of obs      =      2000
Group variable: school                         Number of groups   =        46

                                               Obs per group: min =         6
                                                              avg =      43.5
                                                              max =        67

                                               Wald chi2(1)       =  19709.41
Log restricted-likelihood = -6372.1643         Prob > chi2        =    0.0000

------------------------------------------------------------------------------
performance |      Coef.   Std. Err.      z    P>|z|     [95% Conf. Interval]
------------+-----------------------------------------------------------------
      hours |   3.251924   .0231635   140.39   0.000     3.206525    3.297324
      _cons |    .534468   .7875314     0.68   0.497    -1.009065    2.078001
------------------------------------------------------------------------------


------------------------------------------------------------------------------
  Random-effects Parameters  |   Estimate   Std. Err.     [95% Conf. Interval]
-----------------------------+------------------------------------------------
school: Independent          |
                 var(hours)  |   8.37e-14    8.99e-11             0          .
                 var(_cons)  |   19.1254    4.199523       12.4367    29.41142
-----------------------------+------------------------------------------------
              var(Residual)  |   31.76378   1.016389       29.83287   33.81966
------------------------------------------------------------------------------
LR test vs. linear regression:          chi2(2) =    816.88   Prob > chi2 = 0.0000

Note: LR test is conservative and provided only for reference.
```

그림 23.18 랜덤 절편과 기울기를 가진 모델 결과

```
lrtest randomslope randomintercept
```

randomintercept 항이 이전에 수행한 추정을 나타낸다. 검정 결과는 그림 23.19에 있다.

```
. lrtest randomslope randomintercept

Likelihood-ratio test                          LR chi2(1)  =      -0.00
(Assumption: randomintercept nested in randomslope)   Prob > chi2 =     1.0000

Note: The reported degrees of freedom assumes the null hypothesis is not on the
boundary of the parameter space.  If this is not true, then the reported test
is conservative.
Note: LR tests based on REML are valid only when the fixed-effects
specification is identical for both models.
```

그림 23.19 랜덤 절편만 가진 모델과 랜덤 절편 및 기울기를 가진 모델의 추정 비교를 위한 우도 비율 검정

두 제한 우도 함수의 로그가 동일하기 때문에($LL_r = -6372.164$) 검정의 유의수준은 1.000이며 (0.05보다 훨씬 큰 값), 1차 자유도에 대한 LR chi2가 0이 된다. 절편에 랜덤 효과만 있는 모델이 선호되며, 랜덤 오차 항 u_{1j}가 통계적으로 0과 동일하다는 사실을 증명한다. 그림 23.19의 하단에 있는

참고사항에서 설명하듯이, 이 우도 비율 검정은 동일한 고정 효과 명세를 가진 두 모델의 제한된 최대 우도^{REML}를 통해 얻은 추정치를 비교할 때만 유효하다는 점을 언급할 필요가 있다. 예제의 경우 REML을 통해 추정된 두 모델은 동일한 고정 효과 명세 $\gamma_{00} + \gamma_{10} \cdot hours_{ij}$이므로, 검정은 유효한 것으로 간주된다.[4]

교육적인 목적으로, xtmixed 명령어 마지막에 다음과 같이 estmetric 항을 삽입해 다중 모델 오차 항의 통계적 유의를 분석하는 방법을 살펴보자.

```
xtmixed performance hours || school: hours, estmetric nolog reml
```

생성된 결과는 그림 23.20에 있다.

```
. xtmixed performance hours || school: hours, estmetric nolog reml

Mixed-effects REML regression              Number of obs    =      2000
Group variable: school                     Number of groups =        46

                                           Obs per group: min =         6
                                                          avg =      43.5
                                                          max =        67

                                           Wald chi2(1)     = 19709.41
Log restricted-likelihood = -6372.1643     Prob > chi2      =    0.0000

------------------------------------------------------------------------
performance |     Coef.    Std. Err.     z    P>|z|   [95% Conf. Interval]
------------+-----------------------------------------------------------
performance |
      hours | 3.251924   .0231635   140.39  0.000    3.206525    3.297324
      _cons |  .534468   .7875314     0.68  0.497   -1.009065    2.078001
------------+-----------------------------------------------------------
lns1_1_1    |
      _cons | -15.05597  537.5352    -0.03  0.978   -1068.606    1038.494
------------+-----------------------------------------------------------
lns1_1_2    |
      _cons | 1.475509   .1097892    13.44  0.000    1.260326    1.690691
------------+-----------------------------------------------------------
lnsig_e     |
      _cons | 1.729163   .0159992   108.08  0.000    1.697805    1.760521
------------------------------------------------------------------------
```

그림 23.20 estmetric 항을 사용해 랜덤 절편과 기울기로 모델의 매개변수 추정

---

4 좀 더 탐구적인 연구원이 고정 효과 명세가 분명히 다른 빈 모델과 랜덤 절편 모델의 추정치를 비교하기 위해 우도 비율 검정을 실행할 경우에는 제한된 우도가 아닌 최대 우도(MLE)를 통해 이 두 가지 모델을 추정해야 한다. 이를 위해 다음과 같은 명령어를 입력할 수 있다.

```
quietly xtmixed performance || school: , var nolog mle
estimates store nullmle
quietly xtmixed performance hours || school: , var nolog mle
estimates store randominterceptmle
lrtest nullmle randominterceptmle
```

결과는 빈 모델보다 절편에 랜덤 효과를 가진 모델이 선호된다.

고정 효과 모수 추정치는 이전에 얻은 추정치와 동일하다. 그러나 estmetric 항은 오차 항 표준 편차의 자연로그의 추정치를 이 항의 분산 대신, 각각의 z 통계량 및 유의수준과 함께 나타내어 각 랜덤 항의 통계적 유의성 해석을 용이하게 한다.

예를 들어, r_{ij} 항의 경우 그 분산의 추정치 $\sigma^2 = 31.764$(그림 23.18) 대신 다음과 같이 r_{ij}의 표준 편차에 대한 자연로그의 추정치가 나타난다.

$$\ln\left(\sqrt{31.764}\right) = 1.729$$

따라서 $Sig. z = 0.978 > 0.05$이므로, 랜덤 기울기 항 u_{1j}가 95% 신뢰수준에서 통계적으로 0과 같음을 증명할 수 있다.

이 순간, 또 다른 관련 논의는 랜덤 효과(u_{0j} 및 u_{1j}) 분산-공분산 행렬의 구조와 관련이 있다. 이러한 오차 항에 대해 어떠한 공분산 구조도 명시하지 않았기 때문에, Stata는 xtmixed 명령어를 통해 이 구조가 독립적이라고 가정한다. 즉, $\text{cov}(u_{0j}, u_{1j}) = \sigma_{01} = 0$이다. 즉, 식 (23.18)과 그림 23.18에 표시된 출력에 근거해 다음과 같은 결과를 얻었다.

$$\mathbf{G} = var[\mathbf{u}] = var\begin{bmatrix} u_{0j} \\ u_{1j} \end{bmatrix} = \begin{bmatrix} \tau_{00} & 0 \\ 0 & \tau_{11} \end{bmatrix} = \begin{bmatrix} 19.125 & 0 \\ 0 & 8.37x10^{-14} \end{bmatrix}$$

그럼에도 불구하고, 행렬 $\mathbf{G}$의 구조를 일반화해 u_{0j}와 u_{1j}를 상관관계로 만들 수 있다. 즉, $\text{cov}(u_{0j}, u_{1j}) = \sigma_{01} \neq 0$이다. 그러기 위해서는 covariance(unstructured) 항을 xtmixed 명령어에 다음과 같이 추가하면 된다.

```
xtmixed performance hours || school: hours, covariance(unstructured) var nolog reml
```

생성된 새로운 출력은 그림 23.21에 있다.

오차 항 분산의 새 추정은 다음의 분산-공분산 행렬을 생성한다.

$$var[\mathbf{u}] = var\begin{bmatrix} u_{0j} \\ u_{1j} \end{bmatrix} = \begin{bmatrix} \tau_{00} & \sigma_{01} \\ \sigma_{01} & \tau_{11} \end{bmatrix} = \begin{bmatrix} 20.750 & -0.040 \\ -0.040 & 7.59x10^{-5} \end{bmatrix}$$

이는 다음 명령어로 구할 수 있다.

```
estat recovariance
```

출력은 그림 23.22에 있다.

```
. xtmixed performance hours || school: hours, covariance(unstructured) var nolog reml

Mixed-effects REML regression                    Number of obs      =      2000
Group variable: school                           Number of groups   =        46

                                                 Obs per group: min =         6
                                                                avg =      43.5
                                                                max =        67

                                                 Wald chi2(1)       =  19620.62
Log restricted-likelihood = -6372.1111           Prob > chi2        =    0.0000

------------------------------------------------------------------------------
performance |      Coef.   Std. Err.      z    P>|z|     [95% Conf. Interval]
------------+-----------------------------------------------------------------
      hours |   3.251008   .0232093   140.07   0.000     3.205519    3.296498
      _cons |   .5615094   .8100559     0.69   0.488    -1.026171     2.14919
------------------------------------------------------------------------------


------------------------------------------------------------------------------
  Random-effects Parameters  |   Estimate   Std. Err.     [95% Conf. Interval]
-----------------------------+------------------------------------------------
school: Unstructured         |
                 var(hours)  |   .0000759    .000075     .0000109    .0005268
                 var(_cons)  |   20.74997   4.425246     13.66111    31.51731
          cov(hours,_cons)  |  -.0396861    .019402    -.0777133    -.001659
-----------------------------+------------------------------------------------
              var(Residual)  |   31.75566   1.02383      29.81108    33.82709
------------------------------------------------------------------------------
LR test vs. linear regression:        chi2(3) =     816.99   Prob > chi2 = 0.0000

Note: LR test is conservative and only provided for reference.
```

그림 23.21 상관된 랜덤 효과가 u_{0j}와 u_{1j}인 랜덤 절편과 기울기를 가진 모델의 모수 추정

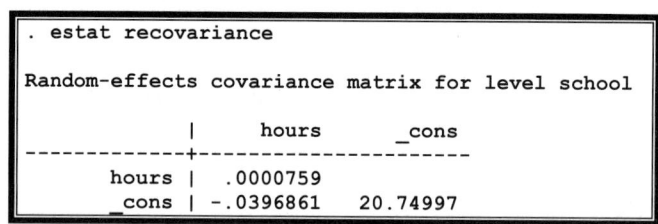

그림 23.22 상관된 랜덤 효과 u_{0j}와 u_{1j}의 분산–공분산 행렬

u_{0j}와 u_{1j} cov$(u_{0j}, u_{1j}) = \sigma_{01} = -0.040 \neq 0$의 공분산 추정에도 불구하고, 마지막 명령어 xtmixd 의 끝에 있는 estmetric이라는 용어를 포함시킴으로써(var 항은 제외) 이 공분산이 통계적으로 유의 하지 않음을 좀 더 많은 연구원이 알게 될 것이다. 실제로 여기에 제시되지 않은 출력은 이 두 오차 항 사이의 상관관계에 대한 쌍곡선 접선의 비유의성을 보여줄 것이다.

오차 항 사이의 상관관계가 비유의적임을 검증하는 또 다른 방법은 새로운 우도 비율 검정을 통해 랜덤 절편과 기울기 모델의 추정치를 독립적인 오차 항 u_{0j} 및 u_{1j}(그림 23.18)와 동일한 모델과 비교 하는 것이다. 단, 상관 오차 항(그림 23.21)의 경우, 즉 비구조화 분산-공분산 행렬을 사용한다. 그러 기 위해서는 다음과 같은 명령어를 입력해야 한다.

```
estimates store randomslopeunstructured
lrtest randomslopeunstructured randomslope
```

이 검정의 결과는 그림 23.23에 있다.

```
. lrtest randomslopeunstructured randomslope

Likelihood-ratio test                              LR chi2(1)  =    0.11
(Assumption: randomslope nested into randomslopeu~d)  Prob > chi2 =    0.7442

Note: LR tests based on REML are valid only when the fixed-effects specification
is identical for both models.
```

그림 23.23 랜덤 절편과 기울기 모델의 추정을 독립과 상관된 오차 항 u_{0j}, u_{1j}와 비교하는 우도 비율 검정

이 검정의 1차 자유도 χ^2 통계량은 다음 식으로도 구할 수 있다.

$$\chi_1^2 = \left(-2 \cdot LL_{r-ind} - \left(-2 \cdot LL_{r-unstruc}\right)\right) = \{-2 \cdot (-6372.164) - [-2 \cdot (-6372.111)]\} = 0.11$$

즉, $Sig. \chi_1^2 = 0.744 > 0.05$이다. 따라서 이 예에서는 u_{0j}와 u_{1j} 사이의 분산-공분산 행렬의 구조가 독립적으로 간주될 수 있다고 말할 수 있다.

그러나 이것보다 u_{1j}의 추정 분산이 통계적으로 0이므로, 랜덤 절편 모델이 절편과 기울기 모델보다 데이터에 더 적합하다는 사실을 알 수 있다.

따라서 이 순간, 변수 $texp$와 $priv$(레벨 2 설명 변수 - 학교)를 랜덤 절편 모델에 삽입해보자. 이제 새로운 계층 모델의 명세가 다음과 같이 된다.

완전 랜덤 절편 모델

$$performance_{ij} = b_{0j} + b_{1j} \cdot hours_{ij} + r_{ij}$$
$$b_{0j} = \gamma_{00} + \gamma_{01} \cdot texp_j + \gamma_{02} \cdot priv_j + u_{0j}$$
$$b_{1j} = \gamma_{10} + \gamma_{11} \cdot texp_j + \gamma_{12} \cdot priv_j$$

결과는 다음 식과 같다.

$$performance_{ij} = \gamma_{00} + \gamma_{10} \cdot hours_{ij} + \gamma_{01} \cdot texp_j + \gamma_{02} \cdot priv_j$$
$$+ \gamma_{11} \cdot texp_j \cdot hours_{ij} + \gamma_{12} \cdot priv_j \cdot hours_{ij} + u_{0j} + r_{ij}$$

따라서 처음에는 새로운 두 변수를 생성하는데, 이는 $texp$를 $hours$로 곱하고 $priv$를 $hours$로 곱한 것에 각각 해당한다. 다음 명령어는 두 변수($texphours$, $privhours$)를 생성한다.

```
gen texphours = texp*hours
```

```
gen privhours = priv*hours
```

다음으로, 완전 랜덤 절편 모델을 아래 명령어를 통해 추정할 수 있다.

```
xtmixed performance hours texp priv texphours privhours || school: , var nolog reml
```

출력은 그림 23.24에 있다.

```
. xtmixed performance hours texp priv texphours privhours || school: , var nolog reml

Mixed-effects REML regression                    Number of obs      =      2000
Group variable: school                           Number of groups   =        46

                                                 Obs per group: min =         6
                                                                avg =      43.5
                                                                max =        67

                                                 Wald chi2(1)       =  19953.89
Log restricted-likelihood = -6363.6519           Prob > chi2        =    0.0000

------------------------------------------------------------------------------
performance |      Coef.   Std. Err.      z    P>|z|     [95% Conf. Interval]
------------+-----------------------------------------------------------------
      hours |   3.284991   .0332137    98.90   0.000     3.219893    3.350088
       texp |   0.9073246  .2316582     3.92   0.000     0.4532829   1.361366
       priv |  -6.067564   2.921377    -2.08   0.038    -11.79336   -.3417699
   texphours|  -.0019725   .0078371    -0.25   0.801    -.0173328    .0133879
   privhours|  -.0579369   .1002329    -0.58   0.563    -.2543899    .1385161
      _cons |  -2.792594   .9512356    -2.94   0.003    -4.656982   -0.928207
------------------------------------------------------------------------------

------------------------------------------------------------------------------
  Random-effects Parameters  |   Estimate   Std. Err.     [95% Conf. Interval]
-----------------------------+------------------------------------------------
school: Identity             |
                 var(_cons)  |   11.0621    2.56052      7.027675    17.41258
-----------------------------+------------------------------------------------
               var(Residual) |   31.73555   1.015985     29.80544    33.79064
------------------------------------------------------------------------------
LR test vs. linear regression: chibar2(01) =    466.96 Prob >= chibar2 = 0.0000
```

그림 23.24 랜덤 절편을 가진 완전 모델의 결과

추정된 고정 효과 모수를 분석할 때, 유의수준 0.05에서 *texphours*와 *privhours*에 해당하는 변수들이 통계적으로 0과 다르지 않음을 알 수 있다. Stata에 xtmixed 명령어에 해당하는 단계별 절차가 없으므로 추정 모수가 더 큰 *Sig. z*를 나타낸 것이기 때문에 변수 *texphours*(즉, 기울기 b_{1j}의 식에서 변수 *texp*)를 수동으로 제외해야 한다. 따라서 새로운 모델은 다음과 같은 식을 갖는다.

$$performance_{ij} = b_{0j} + b_{1j} \cdot hours_{ij} + r_{ij}$$
$$b_{0j} = \gamma_{00} + \gamma_{01} \cdot texp_j + \gamma_{02} \cdot priv_j + u_{0j}$$
$$b_{1j} = \gamma_{10} + \gamma_{11} \cdot priv_j$$

그 결과는 다음과 같다.

$$performance_{ij} = \gamma_{00} + \gamma_{10} \cdot hours_{ij} + \gamma_{01} \cdot texp_j + \gamma_{02} \cdot priv_j$$
$$+ \gamma_{11} \cdot priv_j \cdot hours_{ij} + u_{0j} + r_{ij}$$

이 추정은 다음 명령어로 구할 수 있다.

```
xtmixed performance hours texp priv privhours || school: , var nolog reml
```

새로운 결과는 그림 23.25에 있다.

```
. xtmixed performance hours texp priv privhours || school: , var nolog reml

Mixed-effects REML regression                   Number of obs      =      2000
Group variable: school                          Number of groups   =        46

                                                Obs per group: min =         6
                                                               avg =      43.5
                                                               max =        67

                                                Wald chi2(1)       =  19963.20
Log restricted-likelihood = -6359.7535          Prob > chi2        =    0.0000

------------------------------------------------------------------------------
performance |     Coef.   Std. Err.      z    P>|z|     [95% Conf. Interval]
------------+-----------------------------------------------------------------
      hours |  3.281046   .0292757   112.07   0.000     3.223666    3.338425
       texp |  .8662029   .1641964     5.28   0.000     .5443839    1.188022
       priv | -5.610535   2.288086    -2.45   0.014      -10.0951   -1.12597
  privhours | -.0801207   .0477218    -1.68   0.093    -.1736538    .0134124
      _cons |  -2.71035   .8931607    -3.03   0.002    -4.460913   -.9597874
------------------------------------------------------------------------------


------------------------------------------------------------------------------
  Random-effects Parameters  |   Estimate   Std. Err.     [95% Conf. Interval]
-----------------------------+------------------------------------------------
school: Identity             |
                  var(_cons) |   11.05778   2.559528      7.024925    17.40582
-----------------------------+------------------------------------------------
               var(Residual) |   31.7206    1.015254      29.79187     33.7742
------------------------------------------------------------------------------
LR test vs. linear regression: chibar2(01) =    467.10 Prob >= chibar2 = 0.0000
```

그림 23.25 변수 *texphours*가 없이 랜덤 절편을 가진 최종 완전 모델의 결과

0.05의 유의수준에서는 변수 *privhours*와 관련된 추정 모수 γ_{11}이 통계적으로 유의하지 않지만 유의수준은 0.10에서는 유의하다. 설명의 편의상, 기울기 b_{1j}의 식에 적어도 하나의 레벨 2 변수(*priv*)로 분석을 계속하기 위해, 비록 기울기의 랜덤 효과 없이 하지만, 이 순간에 더 높은 유의수준을 고려할 것이다. 따라서 랜덤 절편과 레벨 1 및 레벨 2 설명 변수를 가진 최종 추정 모델의 식은 다음과 같다.

$$performance_{ij} = -2.710 + 3.281 \cdot hours_{ij} + 0.866 \cdot texp_j - 5.610 \cdot priv_j$$
$$- 0.080 \cdot priv_j \cdot hours_{ij} + u_{0j} + r_{ij}$$

좀 더 탐구적인 연구원은 변수 *priv*의 추정 모수가 음수라는 사실에 의문을 가질 수 있다. 이 사실은 다른 설명 변수가 있는 데서만 일어난다는 점을 명심하라. 왜냐하면 *performance*와 *priv*의 상관관계는 0.05의 유의수준에서 양수이고 통계적으로 유의하기 때문이다. 이것은 사립학교 학생들이 공립학교 학생들보다 평균적으로 학교 성적이 더 낮다는 사실을 증명한다.

다음을 입력해 최종 모델의 랜덤 효과 u_{0j}에 대한 기대 BLUPS를 구할 수 있다.

```
predict u0final, reffects
```

이는 *u0final*이라 불리는 새로운 변수를 데이터셋에 생성한다. 또 다음 명령어를 통해 각 학생의 학교 성적 기댓값을 구할 수 있다.

```
predict yhat, fitted
```

이는 *yhat* 변수를 정의하고, 다음 명령어로 구할 수 있다.

```
gen yhat = -2.71035 + 3.281046*hours + .8662029*texp - 5.610535*priv - .0801207*privhours
+ u0final
```

다음 명령어는 분석 대상인 46개 학교의 주당 학습 시간 수를 기준으로 각 학생의 학교 성적 예측값을 도표로 작성한다(그림 23.26). 이를 통해 절편은 서로 다름(랜덤 효과)을 알 수 있지만, 기울기에서는 별다른 차이가 없다.

```
graph twoway connected yhat hours, connect(L)
```

마지막으로, 그림 23.27은 각 46개 학교에 대한 평균 학교 성적 예측값의 절편과 기울기값을 나타낸다. 여기서 절편에서의 랜덤 효과의 존재와 기울기는 고정 효과만 있음을 증명할 수 있다. 이 수치는 다음과 같은 명령어를 입력해 얻을 수 있다.

```
generate interceptfinal = _b[_cons] + u0final
generate slopefinal = _b[hours] + _b[texp] + _b[priv] + _b[privhours]
by school, sort: generate group = (_n==1)
list school interceptfinal slopefinal if group == 1
```

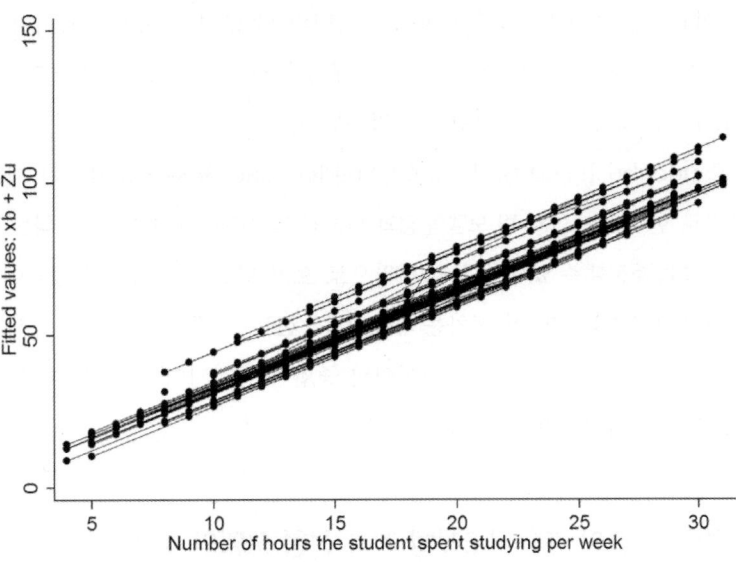

그림 23.26 랜덤 절편을 가진 최종 완전 모델에서 *hours* 변수에 기반한 학교 성적 예측값

```
. generate interceptfinal = _b[_cons] + u0final
. generate slopefinal = _b[hours] + _b[texp] + _b[priv] + _b[privhours]
. by school, sort: generate group = (_n==1)
. list school interceptfinal slopefinal if group == 1
```

	school	intercept	slope		school	intercept	slope
1.	1	-4.16957	-1.543407	1098.	26	-5.595652	-1.543407
48.	2	-1.894821	-1.543407	1155.	27	-2.556698	-1.543407
73.	3	-3.666173	-1.543407	1193.	28	-4.038416	-1.543407
121.	4	2.755683	-1.543407	1250.	29	-3.504889	-1.543407
141.	5	-5.345044	-1.543407	1292.	30	-1.804854	-1.543407
189.	6	-.3607166	-1.543407	1330.	31	-3.479754	-1.543407
219.	7	-1.135043	-1.543407	1382.	32	-1.441315	-1.543407
247.	8	1.99781	-1.543407	1427.	33	3.12553	-1.543407
282.	9	-1.299724	-1.543407	1474.	34	-1.68581	-1.543407
326.	10	-4.221467	-1.543407	1499.	35	-1.887107	-1.543407
359.	11	1.197181	-1.543407	1554.	36	-2.94762	-1.543407
416.	12	-8.295818	-1.543407	1596.	37	-4.148458	-1.543407
478.	13	-3.741182	-1.543407	1639.	38	3.211197	-1.543407
531.	14	-3.841384	-1.543407	1687.	39	-2.189148	-1.543407
558.	15	-1.455961	-1.543407	1733.	40	-.7969732	-1.543407
611.	16	-2.030933	-1.543407	1786.	41	-13.63122	-1.543407
639.	17	-2.306067	-1.543407	1845.	42	3.058528	-1.543407
668.	18	-3.19111	-1.543407	1866.	43	-2.950832	-1.543407
707.	19	-1.866918	-1.543407	1905.	44	-2.277107	-1.543407
754.	20	-1.314391	-1.543407	1957.	45	-4.016261	-1.543407
814.	21	-7.131632	-1.543407	1995.	46	-4.640889	-1.543407
875.	22	-8.121008	-1.543407				
942.	23	-2.087642	-1.543407				
989.	24	-6.462057	-1.543407				
1046.	25	-2.490379	-1.543407				

그림 23.27 절편의 랜덤 효과와 기울기의 고정 효과(각 학교의 첫 관측치 식별에서 나타남)

따라서 같은 학교 학생들과 다른 학교 학생들 사이의 학교 성적 행동에 차이가 있다는 결론을 내릴 수 있다. 또한 이러한 차이는 각 학생이 일주일에 공부하는 시간, 학교의 유형(공립 또는 사립), 그리고 각 학교 교수들의 교수 경험을 바탕으로 발생한다.

여기서는 Raudenbush and Bryk(2002), Snijders and Bosker(2011)가 제안한 전략적 다중 분석을 사용하기로 한다. 즉, 먼저 **빈 모델의 정의**(비조건 모델)에서 분산을 연구한 다음 **랜덤 절편 모델 및 랜덤 절편과 기울기 모델을 추정**할 수 있게 했다. 마지막으로 오차 항들의 무작위성 정의에서 **레벨 2 변수를 분석에 포함시켜 완전 모델을 추정**했다. 이 절차는 **다중 단계적 전략**multilevel step-up strategy이라고 알려져 있다.

다음으로, 반복 측정의 존재로 인해 데이터의 중첩이 특징지어지는 3단계 계층 선형 모델을 추정해보자. 즉, 종속 변수의 동작에 시간 변화가 있다.

23.5.2 Stata에서 반복 측정이 포함된 3레벨 계층 선형 모델의 추정

이전 절의 논리를 따르는 예제를 살펴보자. 그러나 이제는 시간에 따라 개인 간 또는 이 개인이 속하는 그룹 간에 변하는 데이터이며, 반복 측정으로 중첩 구조를 특징짓는다.

이제 교수는 같은 학교 학생들과 다른 학교 학생들 사이에 시간이 지남에 따라 이 수행에 변동성이 있는지를 조사하기 위해 일정 기간 동안 학생들의 학교 성적을 감시하면서 연구를 확장하는 데 관심이 있다고 상상해보라. 그리고 만약 변동성이 있다면, 이 변동성을 설명할 수 있는 특정한 학생과 학교의 특성이 있는지를 알고자 한다.

이에 따라 최근 4년간 15개 학교가 학생들의 학교 성적(점수 0점부터 100점) 데이터가 자발적으로 제공되어 총 610명의 학생이 수집됐다. 또한 교수는 이러한 변수에 따른 학교 성적의 차이가 있는지 확인하기 위해 각 학생의 성별을 데이터셋에 포함시켰다. 각 학교별로 교수들의 수년간의 교수 경험에 관한 변수가 연구 결과에 남아 있다. 데이터 집합의 일부는 표 23.4에서 볼 수 있다. 그러나 전체 데이터셋은 PerformanceTimeStudentSchool.xls(엑셀) 및 PerformanceTimeStudentSchool.dta(Stata) 파일에서 찾을 수 있다.

PerformanceTimeStudentSchool.dta 파일을 연 후 desc 명령어를 입력하면 관측치 수, 변수 수, 각각의 설명 등 데이터셋의 특성을 분석할 수 있다. 그림 23.28은 Stata에서 이 출력을 보여준다.

표 23.4 예제: 시간에 따른 학교 성적(레벨 1 – 반복 측정)과 학생(레벨 2) 그리고 학교(레벨 3) 특성

학생 j (레벨 2)	학교 k (레벨 3)	학교 성적 (Y_{tjk})	연도 t (레벨 1)	성별 (X_{jk})	교수 경험 연수 (W_k)
1	1	35.4	1	남자	2
1	1	44.4	2	남자	2
1	1	46.4	3	남자	2
1	1	52.4	4	남자	2
⋮					
121	4	66.4	1	여자	9
121	4	66.4	2	여자	9
121	4	74.4	3	여자	9
121	4	79.4	4	여자	9
⋮					
610	15	87.6	1	여자	9
610	15	92.6	2	여자	9
610	15	94.6	3	여자	9
610	15	100.0	4	여자	9

```
. desc

  obs:        2,440
  vars:           6
  size:      56,120
--------------------------------------------------------------------------
              storage   display    value
variable name   type    format     label    variable label
--------------------------------------------------------------------------
student         int     %8.0g               student j (level 2)
school          byte    %8.0g               school k (level 3)
performance     float   %9.0g               performance at school
year            float   %9.0g               period of monitoring (year 1 to 4)
gender          float   %9.0g      gender   gender
texp            float   %9.0g               teaching experience of professors (in years)
--------------------------------------------------------------------------
Sorted by:
```

그림 23.28 PerformanceTimeStudentSchool.dta 데이터셋의 설명

앞 절에서 제안된 논리에 따라, 처음에는 다음 명령어를 사용해 각 기간($year$)에 교수가 모니터링 하는 학생 수를 분석해보자.

```
tabulate year, subpop(student)
```

결과는 그림 23.29에 나와 있으며, 이를 통해 4개 기간 동안 610명의 학생이 모두 모니터링되므로 패널 데이터가 균형을 이루고 있음을 알 수 있다.

```
. tabulate year, subpop(student)

 period of |
monitoring |
(year 1 to |
        4) |      Freq.      Percent        Cum.
-----------+-----------------------------------------
         1 |        610        25.00       25.00
         2 |        610        25.00       50.00
         3 |        610        25.00       75.00
         4 |        610        25.00      100.00
-----------+-----------------------------------------
     Total |      2,440       100.00
```

그림 23.29 각 기간에 모니터링된 학생 수

다음 명령어를 입력해 얻은 그림 23.30의 차트는 표본에서 처음 50명의 학교 성적에 대한 시간 변화를 분석할 수 있게 해준다.

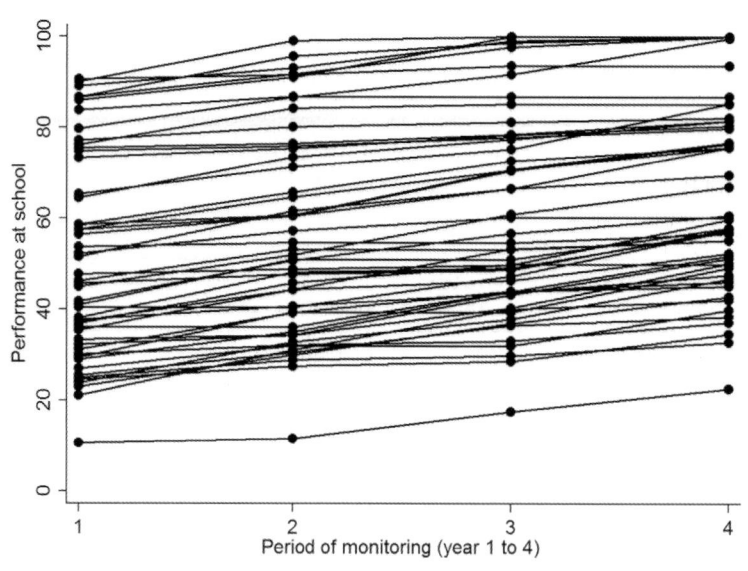

그림 23.30 표본에서 처음 50명 학생의 학교 성적의 시간적 변화

```
graph twoway connected performance year if student <= 50, connect(L)
```

이 차트는 이미 학교 성적의 시간적 변화가 학생들 사이에 각기 다른 절편과 기울기를 갖고 있음을 알게 해주는데, 이것은 다중 모델링의 사용을 정당화하고 추정할 모델의 **레벨 2에 절편과 기울기 랜덤**

효과를 포함시키도록 권고한다.

게다가, 4개 기간의 학생들 평균 성적은 다음 명령어에서 얻은 그림 23.31과 그림 23.32로 분석할 수 있다. 이를 통해 학생들 학교 성적의 대략적인 선형적인 행동이 시간 전체에 걸쳐 증가하고 있음을 검증할 수 있으며, **이것이** (나중에 보게 될 것처럼) **선형 명세로 변수** *year***를 모델링의 레벨 1에 삽입하는** 이유이기도 하다.

```
. bysort year: egen average_performance = mean(performance)
. tabstat average_performance, by(year)

Summary for variables: average_performance
     by categories of: year (period of monitoring (year 1 to 4))

    year |      mean
---------+----------
       1 |  61.65492
       2 |  66.36607
       3 |  70.61115
       4 |  74.73328
---------+----------
   Total |  68.34135
--------------------
```

그림 23.31 각 주기별 학생들의 평균 학업 성적

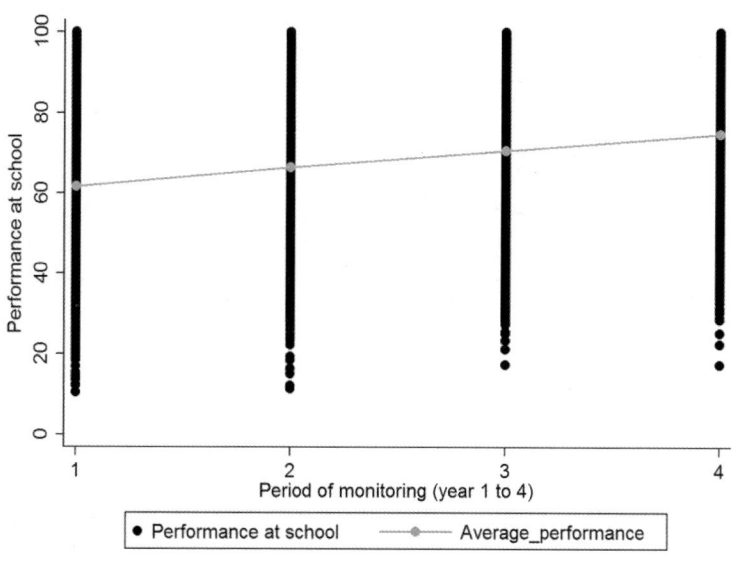

그림 23.32 각 주기별 학생들의 평균 학업 성적의 변화

```
bysort year: egen average_performance = mean(performance)
tabstat average_performance, by(year)
graph twoway scatter performance year || connected average_performance year, connect(L) || , ytitle
(performance at school)
```

3레벨 계층 모델을 추정하는 이유를 좀 더 강력히 정당화할 수 있도록, 평균 학교 성적의 시간적 변화를 보여주는 도표(그림 23.33)를 구성하자. 이를 위해 다음과 같은 명령어를 입력할 수 있다.

```
statsby intercept=_b[_cons] slope=_b[year], by(school) saving(ols, replace): reg performance year
sort school
merge school using ols
drop _merge
gen yhat_ols= intercept + slope*year
sort school year
separate performance, by(school)
separate yhat_ols, by(school)
graph twoway connected yhat_ols1-yhat_ols15 year || lfit performance year, clwidth(thick) clcolor
(black) legend(off) ytitle(performance at school)
```

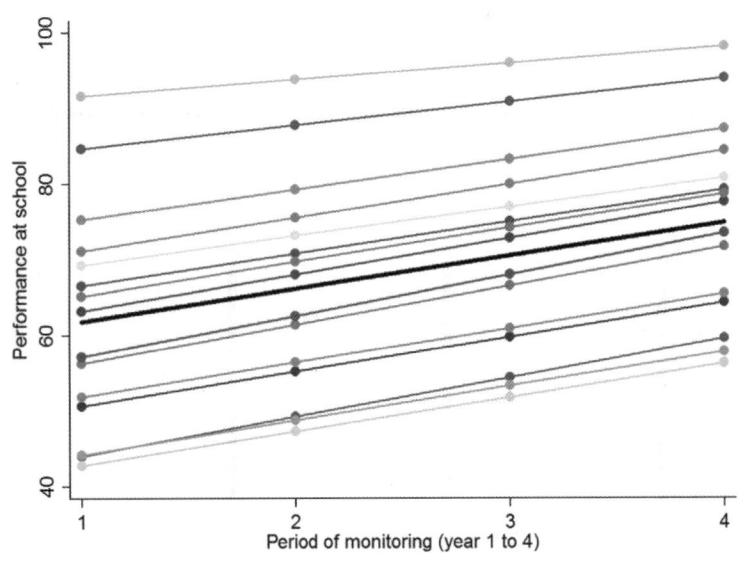

그림 23.33 각 학교 학생의 평균 학교 성적의 시간적 변화(OLS를 통한 선형 조정)

이 차트는 각 학교의 학교 수행 행동의 선형 조정을 시간에 대해 OLS로 보여준다. 또한 학교 성적의 시간적 변화가 학교들 사이에 다른 절편과 기울기를 나타내므로 추정될 모델들 중 **레벨 3에 절편과 기울기 랜덤 효과를 포함시키는 것이 좋다.** 마지막 명령어는 Stata에서 새 파일(ols.dta)을 생성하며, 이를 통해 학교 성적의 차이를 시간적 절편과 기울기 관점에서 분석할 수 있다.

예제에서 반복적인 방법으로 데이터에 다른 학교 학생들의 시간적 중첩을 특징지은 후, 처음에는 학교에 변동성이 있는지 확인할 수 있는 빈 모델(비조건 모델)을 추정해보자. 분산이 각각 τ_{u000}, τ_{r000}, σ^2인 오차 항 u_{00k}, r_{0jk}, e_{tjk}와 절편의 존재만을 고려하는 모델링에는 설명 변수가 삽입되지 않는다. 추정할 모델의 식은 다음과 같다.

1316

빈 모델

$$performance_{tjk} = \pi_{0jk} + e_{tjk}$$

$$\pi_{0jk} = b_{00k} + r_{0jk}$$

$$b_{00k} = \gamma_{000} + u_{00k}$$

이는 다음의 결과를 낳는다.

$$performance_{tjk} = \gamma_{000} + u_{00k} + r_{0jk} + e_{tjk}$$

Stata에서 빈 모델을 추정하는 명령어는 다음과 같다.

```
xtmixed performance || school: || student: , var nolog reml
```

이제 두 가지 랜덤 효과 성분을 보여주는데, 하나는 레벨 3(학교)에 해당하고 다른 하나는 레벨 2(학생)에 해당된다. **둘 이상의 레벨이 있을 때 xtmixed 명령어에 랜덤 효과 성분을 삽입하는 순서가 감소하고 있음을 강조할 필요가 있다.** 즉, 가장 높은 데이터 중첩 레벨에서 시작해 가장 낮은 레벨(레벨 2)까지 계속해야 한다. 얻어진 산출물은 그림 23.34에서 볼 수 있다.

```
. xtmixed performance || school: || student: , var nolog reml

Mixed-effects REML regression                    Number of obs    =      2440

-----------------------------------------------------------------------------
               |   No. of        Observations per Group
Group Variable |   Groups     Minimum     Average     Maximum
---------------+-------------------------------------------------------------
        school |     15          80         162.7        248
       student |    610           4          4.0           4
-----------------------------------------------------------------------------

                                                Wald chi2(0)     =        .
Log restricted-likelihood = -9092.1387          Prob > chi2      =        .

-----------------------------------------------------------------------------
   performance |    Coef.    Std. Err.      z     P>|z|    [95% Conf. Interval]
---------------+-------------------------------------------------------------
         _cons | 68.71395   3.553167     19.34   0.000     61.74987    75.67803
-----------------------------------------------------------------------------


-----------------------------------------------------------------------------
  Random-effects Parameters  |  Estimate   Std. Err.    [95% Conf. Interval]
-----------------------------+-----------------------------------------------
school: Identity             |
                  var(_cons) |  180.1941   71.60437     82.69809   392.6319
-----------------------------+-----------------------------------------------
student Identity             |
                  var(_cons) |  325.7989   19.49574     289.7436   366.3408
-----------------------------+-----------------------------------------------
               var(Residual) |  41.6494    1.376887     39.03632   44.43739
-----------------------------------------------------------------------------
LR test vs. linear regression:       chi2(2) =  4036.13    Prob > chi2 = 0.0000
Note: LR test is conservative and provided only for reference.
```

그림 23.34 Stata에서 빈 모델의 출력

그림 23.34의 상단에서는 처음에 균형 잡힌 패널임을 증명할 수 있다. 각 학생에 대해 같은 최소 및 최대 모니터링 기간 4를 갖고 있고, 평균 또한 4이다.

고정 효과 성분과 관련해, 모수 γ_{000}의 추정치는 68.714임을 알 수 있는데, 이는 학생들의 예상 연간 학업 성취도(빈 모델에서 추정된 수평선 또는 일반 절편)의 기댓값에 해당한다.

출력의 하단에서는 오차 항의 분산 추정 $\tau_{u000} = 180.194$(Stata에서는 school의 경우 var(_cons)), $\tau_{r000} = 325.799$(Stata에서는 student의 경우 var(_cons)) 그리고 $\sigma^2 = 41.649$(Stata에서는 var(Residual))가 표시된다.

따라서 두 가지 분산 비율이 존재하는 것을 고려할 때 두 가지 부류 내 상관관계를 정의할 수 있다. 첫 번째 것은 특정 학교 k(레벨 2 부류 내 상관관계)에서 특정 학생 j의 $t'(t \neq t')$와 변수 *performance* 데이터 사이의 상관관계를 가리킨다. 반면에 다른 하나는 특정 학교 k(레벨 3 부류 내 상관관계)의 다른 학생 j와 $j'(j \neq j')$의 변수 *performance* 데이터와 $t'(t \neq t')$의 상관관계를 가리킨다. 따라서 다음과 같다.

- 레벨 2 부류 내 상관관계

$$rho_{student|school} = corr\left(Y_{tjk}, Y_{t'jk}\right) = \frac{\tau_{u000} + \tau_{r000}}{\tau_{u000} + \tau_{r000} + \sigma^2} = \frac{180.194 + 325.799}{180.194 + 325.799 + 41.649} = 0.924$$

- 레벨 3 부류 내 상관관계

$$rho_{school} = corr\left(Y_{tjk}, Y_{t'j'k}\right) = \frac{\tau_{u000}}{\tau_{u000} + \tau_{r000} + \sigma^2} = \frac{180.194}{180.194 + 325.799 + 41.649} = 0.329$$

Stata 13 이후, 해당 모델의 추정 직후에 estat icc 명령어를 입력함으로써 이러한 부류 내 상관관계를 직접 구할 수 있다.

따라서 연간 학교 성적의 상관관계는 같은 학교에서 32.9%(rho_{school})와 같고, 연간 학교 성적의 상관관계는 특정 학교의 같은 학생의 92.4%($rho_{student|school}$)와 같다. 따라서 설명 변수가 없는 모델의 경우 연간 학교 성적이 학교 간에는 가벼운 상관관계가 있는 반면, 특정 학교 출신 동일 학생에 대해 계산하면 강한 상관관계가 보인다. 이 마지막 경우에, 학생과 학교의 랜덤 효과가 잔차 총 분산의 약 92%를 형성한다고 추정한다!

이러한 분산의 통계적 유의성과 관련해, τ_{u000}, τ_{r000}, σ^2의 추정치가 각각의 표준 오차보다 상당히 높다는 사실은 학생과 학교 간 연간 학교 성적에 상당한 변동성이 있음을 시사한다. 구체적으로는 이러한 모든 관계가 1.96보다 높음을 알 수 있으며, 이것은 유의수준을 0.05로 하는 표준화된 정규 분포의 임곗값이다.

23.5.1절에서 논의했듯이, 이 정보는 이 예제에서 OLS를 통한 단순하고 전통적인 회귀 모델 대신 다중 모델의 선택을 뒷받침하는 데 필수적이다. 그림 23.34의 하단에서 우도 비율 검정(LR test)의

결과를 분석함으로써 이 사실을 확인할 수 있다. $Sig.\chi^2 = 0.000$이므로 랜덤 절편이 0이라는 귀무가설(H_0: $u_{00k} = r_{0jk} = 0$)을 기각할 수 있는데, 이를 통해 예제에서 반복 측정이 포함된 데이터에 대해 전통적인 선형 회귀 모델의 추정을 배제할 수 있다.

연구원들이 종종 빈 모델 추정을 무시하지만, 그 결과를 분석하는 것은 연구 가설을 기각하거나 받아들이는 데 도움이 될 수 있다. 제안된 구조와 관련해 조정을 제공할 수도 있다. 본 예제 데이터의 경우, 빈 모델 결과를 통해 분석 기간 4년 내내 학교 성적에 상당한 변동성이 있다고 할 수 있다. 게다가 학교 성적에 있어서, 그 시간 동안 같은 학교 학생들 사이에서 또 학교가 다른 학생들 사이에서도 성적의 변동성이 크다. 이러한 발견은 그 자체로 연구 가설을 기각하거나 입증할 수 있으며, 연구원의 목적에 따라 추가 모델을 준비할 필요 없이 특정 작업을 구조화하는 데 사용될 수 있다.

논의된 내용 외에도, 주된 목표는 같은 학교 학생들과 다른 학교 학생들 간 학교 성적의 다양성을 설명할 수 있는 학생과 학교 특성이 있는지를 검증하는 것이기 때문에, 다중 단계적 발전을 가져가면서 다음 모델 단계를 계속 진행할 것이다.

따라서 그림 23.32와 그림 23.33의 차트를 통해 이미 살펴본 바와 같이 시간 변수가 학생들의 학교 성적 행동과 관계가 있는지, 그리고 이것보다 학교 성적이 시간 경과에 따라 선형적인 행동을 하는지를 조사하는 것을 목표로 레벨 1 변수 $year$를 분석에 삽입해보자.

랜덤 절편을 가진 선형 추세 모델

$$performance_{tjk} = \pi_{0jk} + \pi_{1jk} \cdot year_{jk} + e_{tjk}$$

$$\pi_{0jk} = b_{00k} + r_{0jk}$$

$$\pi_{1jk} = b_{10k}$$

$$b_{00k} = \gamma_{000} + u_{00k}$$

$$b_{10k} = \gamma_{100}$$

이는 다음 식을 나타낸다.

$$performance_{tjk} = \gamma_{000} + \gamma_{100} \cdot year_{jk} + u_{00k} + r_{0jk} + e_{tjk}$$

예제 데이터의 경우, Stata로 랜덤 절편을 가진 선형 추세 모델을 추정하는 명령어는 다음과 같다.

```
xtmixed performance year || school: || student: , var nolog reml
```

출력은 그림 23.35와 같다.

```
. xtmixed performance year || school: || student: , var nolog reml

Mixed-effects REML regression                      Number of obs    =      2440

-----------------------------------------------------------------
                  |  No. of     Observations per Group
Group Variable    |  Groups   Minimum   Average   Maximum
------------------+----------------------------------------------
        school    |     15        80      162.7       248
       student    |    610         4        4.0         4
-----------------------------------------------------------------

                                             Wald chi2(1)     =    5683.02
Log restricted-likelihood = -7801.4202       Prob > chi2      =     0.0000

-----------------------------------------------------------------------------
 performance |     Coef.    Std. Err.      z    P>|z|    [95% Conf. Interval]
-------------+---------------------------------------------------------------
        year |   4.348016   .0576768    75.39   0.000    4.234972    4.461061
       _cons |   57.84391   3.556109    16.27   0.000    50.87407    64.81376
-----------------------------------------------------------------------------


-----------------------------------------------------------------------------
  Random-effects Parameters  |   Estimate   Std. Err.    [95% Conf. Interval]
-----------------------------+-----------------------------------------------
school: Identity             |
                 var(_cons)  |   180.1959   71.60532     82.69876    392.6368
-----------------------------+-----------------------------------------------
student: Identity            |
                 var(_cons)  |   333.6753   19.49293     297.5759    374.1539
-----------------------------+-----------------------------------------------
              var(Residual)  |   10.14618   .3355141     9.509446    10.82556
-----------------------------------------------------------------------------
LR test vs. linear regression:       chi2(2) =   6505.83   Prob > chi2 = 0.0000
-----------------------------------------------------------------------------
Note: LR test is conservative and provided only for reference.
```

그림 23.35 랜덤 절편을 가진 선형 추세 모델의 출력

먼저, 학교 성적의 연간 증가 평균이 통계적으로 유의하며 다른 조건이 동일하다면 $\gamma_{100} = 4.348$ 의 추정 모수를 가짐을 알 수 있다.

랜덤 효과 성분에 대해서도 τ_{u000}, τ_{r000}, σ^2의 추정치가 각각의 표준 오차보다 상당히 높기 때문에 u_{00k}, r_{0jk}, e_{tjk}의 분산에 통계적 유의성이 있음을 검증했다. 따라서 다음과 같이 새로운 부류 내 상관관계를 계산할 수 있다.

● 레벨 2 부류 내 상관관계

$$rho_{student|school} = corr\left(Y_{tjk}, Y_{t'jk}\right) = \frac{\tau_{u000} + \tau_{r000}}{\tau_{u000} + \tau_{r000} + \sigma^2} = \frac{180.196 + 333.675}{180.196 + 333.675 + 10.146} = 0.981$$

$$rho_{school} = corr\left(Y_{tjk}, Y_{t'j'k}\right) = \frac{\tau_{u000}}{\tau_{u000} + \tau_{r000} + \sigma^2} = \frac{180.196}{180.196 + 333.675 + 10.146} = 0.344$$

두 분산 비율은 모두 빈 모델의 추정에서 얻은 것보다 더 높으며, 이는 레벨 1의 반복 측정에 해당하는 변수를 포함하는 것의 중요성을 보여준다. 게다가, 그림 23.35의 하단에 있는 우도 비율 검정(LR test)의 결과는 고정 효과만을 가진 단순하고 전통적인 선형 회귀 모델(*year*에 기초한 *performance*)의 추정을 배제해야 한다는 사실을 증명할 수 있다.

따라서 모델은 다음과 같은 명세를 갖추기 시작한다.

$$performance_{tjk} = 57.844 + 4.348 \cdot year_{jk} + u_{00k} + r_{0jk} + e_{tjk}$$

다음으로, 랜덤 절편과 기울기를 갖는 선형 추세 모델 추정에서 생성될 추정치와 향후 비교를 위해 얻은 추정치를 저장(명령어 estimates store)할 수 있다. predict, reffects 명령어를 통해 랜덤 효과 BLUPS u_{00k}와 r_{0jk}의 예상값을 얻을 수 있다. 앞 절의 논리를 유지해 다음 명령어를 입력한다.

```
estimates store randomintercept
predict u00 r0, reffects
desc u00 r0
by student, sort: generate tolist = (_n==1)
list student school u00 r0 if school <=2 & tolist
```

그림 23.36은 데이터셋의 처음 두 학교의 학생들을 위한 랜덤 절편 조건 u_{00k}와 r_{0jk}의 값을 보여준다. 오류 항 u_{00k}는 같은 학교 학생에 따라 달라지지 않지만, 전체 시간(데이터셋에서 생성된 변수 *u00*)에 걸쳐 r_{0jk} 항은 학생마다 다르다는 사실을 알 수 있다. 단, 시간(데이터셋에서 생성된 변수 *r0*)에 따라 차이가 나지 않으며, 이는 각 학생에 대한 절편과 각 학교에 대한 절편을 특징으로 한다.

```
. estimates store randomintercept
. predict u00 r0, reffects
. desc u00 r0

                  storage   display      value
variable name     type      format       label      variable label
-------------------------------------------------------------------------------
u00               float     %9.0g                    BLUP r.e. for school: _cons
r0                float     %9.0g                    BLUP r.e. for student: _cons

. by student, sort: generate tolist = (_n==1)
. list student school u00 r0 if school <=2 & tolist

     +----------------------------------------+        +----------------------------------------+
     | student   school       u00         r0 |        | student   school       u00         r0 |
     |----------------------------------------|        |----------------------------------------|
  1. |      1         1  -10.8088  -13.15515 |   161. |     41         1  -10.8088  -17.86931 |
  5. |      2         1  -10.8088   19.09966 |   165. |     42         1  -10.8088  -25.06462 |
  9. |      3         1  -10.8088   35.84734 |   169. |     43         1  -10.8088   16.27116 |
 13. |      4         1  -10.8088  -2.932857 |   173. |     44         1  -10.8088  -17.42271 |
 17. |      5         1  -10.8088   31.30685 |   177. |     45         1  -10.8088   36.07064 |
     |----------------------------------------|        |----------------------------------------|
 21. |      6         1  -10.8088  -5.413996 |   181. |     46         1  -10.8088   8.728494 |
 25. |      7         1  -10.8088  -42.08523 |   185. |     47         1  -10.8088  -28.63746 |
 29. |      8         1  -10.8088  -24.61801 |   189. |     48         2  1.580118  -19.89285 |
 33. |      9         1  -10.8088  -24.56839 |   193. |     49         2  1.580118  -3.169975 |
 37. |     10         1  -10.8088   39.09763 |   197. |     50         2  1.580118   6.556092 |
     |----------------------------------------|        |----------------------------------------|
 41. |     11         1  -10.8088  -7.895134 |   201. |     51         2  1.580118   24.07293 |
 45. |     12         1  -10.8088   16.22153 |   205. |     52         2  1.580118  -16.56812 |
 49. |     13         1  -10.8088   37.13753 |   209. |     53         2  1.580118  -1.979025 |
 53. |     14         1  -10.8088   24.60778 |   213. |     54         2  1.580118   20.99632 |
 57. |     15         1  -10.8088   37.08791 |   217. |     55         2  1.580118  -13.78925 |
     |----------------------------------------|        |----------------------------------------|
 61. |     16         1  -10.8088   22.12664 |   221. |     56         2  1.580118  -16.86586 |
 65. |     17         1  -10.8088   27.93251 |   225. |     57         2  1.580118   13.65215 |
 69. |     18         1  -10.8088  -11.41835 |   229. |     58         2  1.580118  -26.49268 |
 73. |     19         1  -10.8088  -25.06462 |   233. |     59         2  1.580118  -34.33308 |
 77. |     20         1  -10.8088   19.94324 |   237. |     60         2  1.580118   15.04158 |
     |----------------------------------------|        |----------------------------------------|
 81. |     21         1  -10.8088   7.140564 |   241. |     61         2  1.580118   -14.7817 |
 85. |     22         1  -10.8088  -10.27703 |   245. |     62         2  1.580118  -38.65026 |
 89. |     23         1  -10.8088  -5.910223 |   249. |     63         2  1.580118   18.46556 |
 93. |     24         1  -10.8088   -15.4378 |   253. |     64         2  1.580118   22.68349 |
 97. |     25         1  -10.8088  -18.56403 |   257. |     65         2  1.580118   6.357596 |
     |----------------------------------------|        |----------------------------------------|
101. |     26         1  -10.8088   34.18498 |   261. |     66         2  1.580118   14.54535 |
105. |     27         1  -10.8088  -17.22422 |   265. |     67         2  1.580118   26.15709 |
109. |     28         1  -10.8088  -12.16269 |   269. |     68         2  1.580118  -10.86151 |
113. |     29         1  -10.8088  -9.731179 |   273. |     69         2  1.580118   19.50763 |
117. |     30         1  -10.8088  -1.642665 |   277. |     70         2  1.580118  -23.06871 |
     |----------------------------------------|        |----------------------------------------|
121. |     31         1  -10.8088  -18.46479 |   281. |     71         2  1.580118   28.48936 |
125. |     32         1  -10.8088  -24.22103 |   285. |     72         2  1.580118   6.853824 |
129. |     33         1  -10.8088   4.411312 |        +----------------------------------------+
133. |     34         1  -10.8088   8.033776 |
137. |     35         1  -10.8088   10.21718 |
     |----------------------------------------|
141. |     36         1  -10.8088  -17.67082 |
145. |     37         1  -10.8088   -.352474 |
149. |     38         1  -10.8088  -22.43461 |
153. |     39         1  -10.8088  -28.93519 |
157. |     40         1  -10.8088  -6.307207 |
     |----------------------------------------|
```

그림 23.36 표본의 첫 두 학교의 랜덤 절편 항 u_{00k}와 r_{0jk}(각 학생의 첫 기간에 해당하는 관측치 식별)

1322

학교별 및 학생별 랜덤 절편을 더 잘 시각화하기 위해 다음 명령어를 입력해 2개의 차트(그림 23.37 및 그림 23.38)를 생성할 수 있다.

```
graph hbar (mean) u00, over(school) ytitle("Random Intercepts per School")
graph hbar (mean) r0, over(student) ytitle("Random Intercepts per Student")
```

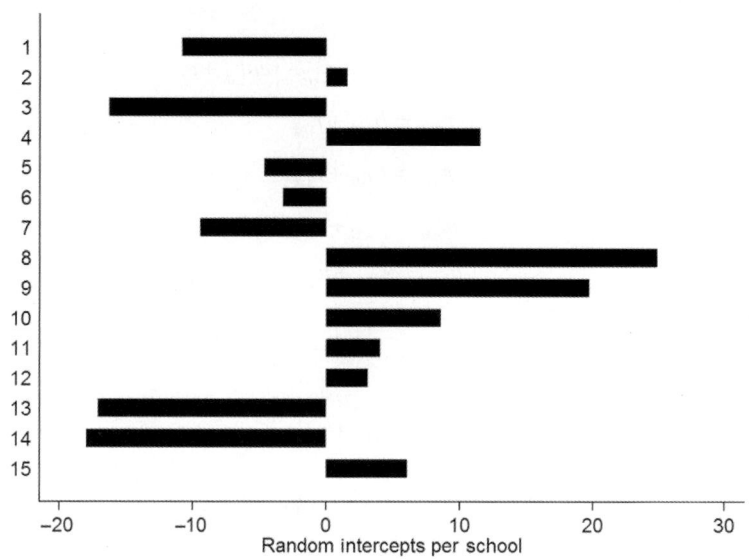

그림 23.37 학교별 랜덤 절편

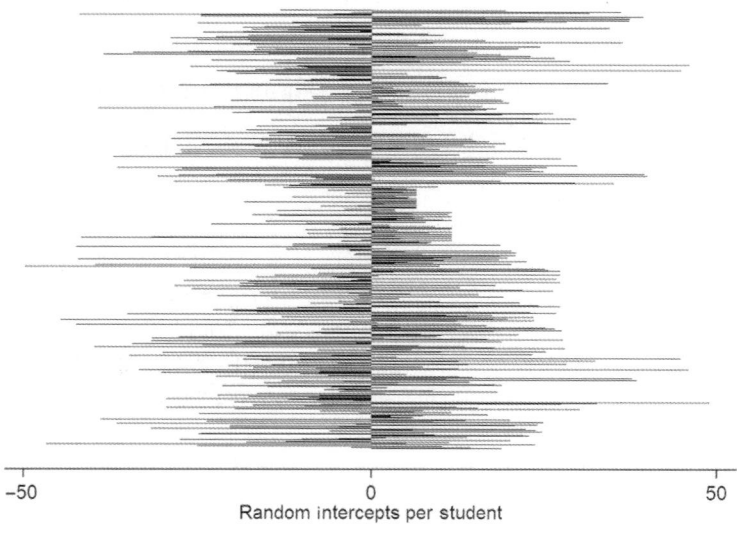

그림 23.38 학생별 랜덤 절편

따라서 이 모델링의 순간에, 학생들의 학교 성적이 내내 선형적인 추세를 따른다고 말할 수 있다. 또한 같은 학교에서 공부하는 사람들과 다른 학교에서 공부하는 사람들 사이에는 유의한 변동성이 있다.

따라서 다른 학생들 사이에 학교 성적 기울기에 유의한 변동성이 있는지 검증할 필요가 있다. 그림 23.30과 그림 23.33의 차트는 이미 이런 현상이 일어났음을 시사해줬다. 따라서 절편 랜덤 효과를 유지하면서 다중 모델의 레벨 2와 3에 기울기 랜덤 효과를 삽입하면 다음과 같은 식이 나온다.

랜덤 절편과 기울기를 갖는 선형 추세 모델

$$performance_{tjk} = \pi_{0jk} + \pi_{1jk} \cdot year_{jk} + e_{tjk}$$

$$\pi_{0jk} = b_{00k} + r_{0jk}$$

$$\pi_{1jk} = b_{10k} + r_{1jk}$$

$$b_{00k} = \gamma_{000} + u_{00k}$$

$$b_{10k} = \gamma_{100} + u_{10k}$$

이는 다음처럼 된다.

$$performance_{tjk} = \gamma_{000} + \gamma_{100} \cdot year_{jk} + u_{00k} + u_{10k} \cdot year_{jk} + r_{0jk} + r_{1jk} \cdot year_{jk} + e_{tjk}$$

Stata에서 랜덤 절편과 기울기를 갖는 선형 추세 모델을 추정하는 명령어는 다음과 같다.

```
xtmixed performance year || school: year || student: year, var nolog reml
```

변수 $year$는 고정 효과 성분과 레벨 3 랜덤 효과 성분(오류 기간 u_{10k}를 곱한 값), 레벨 2 성분(오류 기간 r_{1jk}를 곱한 값)에 존재한다. 얻어진 산출물은 그림 23.39에 있다.

고정 효과 모수 추정치가 이전 모델과 관련해 크게 변경되지 않더라도 다음과 같이 새로운 부류 내 상관관계를 생성하는 분산 추정치가 다르다는 것을 알 수 있다.

- 레벨 2 부류 내 상관관계

$$rho_{student|school} = corr\left(Y_{tjk}, Y_{t'jk}\right) = \frac{\tau_{u000} + \tau_{u100} + \tau_{r000} + \tau_{r100}}{\tau_{u000} + \tau_{u100} + \tau_{r000} + \tau_{r100} + \sigma^2}$$

$$= \frac{224.343 + 0.560 + 374.285 + 3.157}{224.343 + 0.560 + 374.285 + 3.157 + 3.868} = 0.994$$

- 레벨 3 부류 내 상관관계

$$rho_{school} = corr\left(Y_{tjk}, Y_{t'j'k}\right) = \frac{\tau_{u000} + \tau_{u100}}{\tau_{u000} + \tau_{u100} + \tau_{r000} + \tau_{r100} + \sigma^2}$$

$$= \frac{224.343 + 0.560}{224.343 + 0.560 + 374.285 + 3.157 + 3.868} = 0.371$$

```
. xtmixed performance year || school: year || student: year, var nolog reml

Mixed-effects REML regression                    Number of obs    =      2440

-------------------------------------------------------------------
              |   No. of      Observations per Group
Group Variable |   Groups   Minimum   Average   Maximum
---------------+---------------------------------------------------
       school |     15        80        162.7      248
      student |    610         4         4.0         4
-------------------------------------------------------------------

                                          Wald chi2(1)     =    424.89
Log restricted-likelihood = -7464.819     Prob > chi2      =    0.0000

-------------------------------------------------------------------
 performance |    Coef.    Std. Err.     z    P>|z|   [95% Conf. Interval]
-------------+-----------------------------------------------------
        year |  4.343297   .2107073   20.61  0.000    3.930318   4.756276
       _cons |  57.85776   3.955816   14.63  0.000    50.1045    65.61102
-------------------------------------------------------------------


-------------------------------------------------------------------
 Random-effects Parameters  |  Estimate   Std. Err.    [95% Conf. Interval]
----------------------------+--------------------------------------
school: Independent         |
                 var(year)  |  .5600495   .2519118     .2319283   1.352381
                var(_cons)  |  224.3434   88.72199     103.344    487.014
----------------------------+--------------------------------------
student: Independent        |
                 var(year)  |  3.157275   .2305444     2.736261   3.643067
                var(_cons)  |  374.2847   22.00905     333.5408   420.0058
----------------------------+--------------------------------------
             var(Residual)  |  3.867725   .1595253     3.567365   4.193374
-------------------------------------------------------------------
LR test vs. linear regression:      chi2(4) =  7179.03   Prob > chi2 = 0.0000
Note: LR test is conservative and provided only for reference.
```

그림 23.39 랜덤 절편과 기울기를 갖는 선형 추세 모델의 출력

따라서 이 모델의 경우 학생과 학교의 랜덤 효과가 잔차 총 분산의 약 99%를 형성하는 것으로 추정된다!

다음 명령어를 입력해 랜덤 기울기 없이 이전 값보다 이 추정치가 더 적합함을 증명해보자.

```
estimates store randomslope
```

다음으로, 우도 비율 검정을 수행하는 명령어를 입력한다.

```
lrtest randomslope randomintercept
```

randomintercept 항은 이전에 수행된 추정을 참조한다. 검정 결과는 그림 23.40에 있다.

그림 23.35와 그림 23.39에서 구한 제한 우도 함수의 값을 사용해 다음과 같이 2차 자유도를 가진 검정의 χ^2 통계량에 도달한다.

$$\chi_2^2 = \left(-2 \cdot LL_{r-randomintercept} - \left(-2 \cdot LL_{r-randomslope} \right) \right) = \{ -2 \cdot (-7,801.420) - [-2 \cdot (-7,464.819)] \} = 673.20$$

결과는 $Sig.\ \chi_2^2 = 0.000 < 0.05$이고, 랜덤 절편과 기울기를 가진 선형 추세 모델이 선호된다. 그림 23.40의 하단에 있는 참고문헌에서도 설명하듯이, 이 우도 비율은 동일한 고정 효과 명세를 가진 두 모델의 제한된 최대 우도^{REML}를 통해 얻은 추정치와 비교를 수행할 때만 유효하다는 사실을 다시 한 번 언급할 필요가 있다. 예제의 경우, REML을 통해 추정된 두 모델은 동일한 고정 효과 명세인 γ_{000} + $\gamma_{100} \cdot year_{jk}$를 제시하므로 검정은 유효한 것으로 간주된다.

따라서 모델은 다음과 같은 명세를 갖추기 시작한다.

$$performance_{tjk} = 57.858 + 4.343 \cdot year_{jk} + u_{00k} + u_{10k} \cdot year_{jk} + r_{0jk} + r_{1jk} \cdot year_{jk} + e_{tjk}$$

현 상황에서 학생들의 학교 성적이 내내 선형적인 추세를 따른다고 말할 수 있다. 또한 같은 학교에서 공부하는 사람들과 다른 학교에서 공부하는 사람들 사이에 절편과 기울기가 상당히 다르다.

따라서 이 특성이 학생들 사이의 연간 학교 성적의 변화를 설명하는지 확인하기 위해 레벨 2의 변수 *gender*를 분석에 삽입하자.

레벨 2 변수 *gender*와 랜덤 절편과 기울기를 가진 선형 추세 모델

$$performance_{tjk} = \pi_{0jk} + \pi_{1jk} \cdot year_{jk} + e_{tjk}$$
$$\pi_{0jk} = b_{00k} + b_{01k} \cdot year_{jk} + r_{0jk}$$

```
. lrtest randomslope randomintercept

Likelihood-ratio test                                LR chi2(2)   =    673.20
(Assumption: randomintercept nested into randomslope)  Prob > chi2 =    0.0000

Note: The reported degrees of freedom assume the null hypothesis is not on the
boundary of the parameter space. If this is not true, then the reported test is
conservative.
Note: LR tests based on REML are valid only when the fixed-effects
specification is identical for both models.
```

그림 23.40 랜덤 절편과 기울기를 가진 모델과 랜덤 절편을 가진 선형 추세 모델의 추정을 비교하는 우도 비율 검정

$$\pi_{1jk} = b_{10k} + b_{11k} \cdot year_{jk} + r_{1jk}$$
$$b_{00k} = \gamma_{000} + u_{00k}$$
$$b_{01k} = \gamma_{010}$$
$$b_{10k} = \gamma_{100} + u_{10k}$$
$$b_{11k} = \gamma_{110}$$

이는 다음 식으로 이어진다.

$$performance_{tjk} = \gamma_{000} + \gamma_{100} \cdot year_{jk} + \gamma_{010} \cdot gender_{jk} + \gamma_{110} \cdot gender_{jk} \cdot year_{jk}$$
$$+ u_{00k} + u_{10k} \cdot year_{jk} + r_{0jk} + r_{1jk} \cdot year_{jk} + e_{tjk}$$

처음에는 *gender*와 *year*의 곱에 해당하는 새로운 변수를 만들어야 한다. 다음 명령어로 이 변수 (*genderyear*)를 생성한다.

```
gen genderyear = gender*year
```

다음으로, 아래 명령어를 입력해 랜덤 절편과 기울기 그리고 레벨 2 변수 *gender*를 가진 선형 추세 모델을 추정할 수 있다.

```
xtmixed performance year gender genderyear || school: year || student: year, var nolog reml
```

출력은 그림 23.41에서 볼 수 있다.

```
. xtmixed performance year gender genderyear || school: year || student: year,
var nolog reml

Mixed-effects REML regression                   Number of obs     =      2440

-----------------------------------------------------------------------
             |   No. of        Observations per Group
Group Variable |   Groups    Minimum    Average    Maximum
---------------+-------------------------------------------------------
      school |     15          80        162.7        248
     student |    610           4         4.0           4
-----------------------------------------------------------------------

                                              Wald chi2(1)      =    633.54
Log restricted-likelihood = -7424.2732        Prob > chi2       =    0.0000

-----------------------------------------------------------------------
performance |     Coef.    Std. Err.      z    P>|z|    [95% Conf. Interval]
------------+----------------------------------------------------------
       year |   4.028844   .2024281    19.90   0.000    3.632092   4.425595
     gender | -15.03265    1.766749    -8.51   0.000   -18.49542  -11.56989
 genderyear |   .7050945   .1827647     3.86   0.000    .3468824   1.063307
      _cons |  64.49828    3.465572    18.61   0.000    57.70589   71.29068
-----------------------------------------------------------------------


-----------------------------------------------------------------------
Random-effects Parameters |   Estimate   Std. Err.    [95% Conf. Interval]
--------------------------+--------------------------------------------
school: Independent       |
                var(year) |   .4113062   .1977923    .1602627   1.055597
               var(_cons) |  161.6346   64.79808     73.67059   354.6293
--------------------------+--------------------------------------------
student: Independent      |
                var(year) |   3.096463   .2272074    2.681685   3.575395
               var(_cons) |  337.7062   19.9023      300.867    379.0562
--------------------------+--------------------------------------------
             var(Residual)|   3.867745   .1594995    3.567432   4.193339
-----------------------------------------------------------------------
LR test vs. linear regression:       chi2(4) =   6850.06   Prob > chi2 = 0.0000

Note: LR test is conservative and provided only for reference.
```

그림 23.41 랜덤 절편, 기울기, 레벨 2 변수 *gender*를 갖는 선형 추세 모델의 출력

이 모델은 유의수준 0.05에서의 고정 효과 모수 및 랜덤 효과 항 분산에 대한 유의한 추정치를 보여준다. 게다가 이 모델링의 순간에 학생들의 학교 성적이 내내 선형적인 추세를 따른다고 말할 수 있고, 같은 학교에서 공부하는 학생들과 다른 학교에서 공부하는 학생들 사이의 절편과 기울기에 유의한 변동성이 있다. 또한 학생의 성별이 학교 성적에 이런 차이가 있는 이유의 일부다.

모델의 명세는 다음과 같다.

$$performance_{tjk} = 64.498 + 4.029 \cdot year_{jk} - 15.033 \cdot gender_{jk} + 0.705 \cdot gender_{jk} \cdot year_{jk}$$
$$+ u_{00k} + u_{10k} \cdot year_{jk} + r_{0jk} + r_{1jk} \cdot year_{jk} + e_{tjk}$$

그리고 이로부터 남학생(더미 $gender = 1$)은 다른 조건이 동일하다면 평균적으로 여학생보다 성적이 나쁘다.

마지막으로, 레벨 3 변수 $texp$(교수들의 교수 경력)가 학생들 간의 연간 학교 성적 차이를 설명하는지 조사해보자. 일부 중간 분석 후 다음 명세를 사용해 3단계 계층 모델을 추정해보자.

랜덤 절편, 기울기, 레벨 2 변수 *gender*, 레벨 3 변수 *texp*를 갖는 선형 추세 모델(완전 모델)

$$performance_{tjk} = \pi_{0jk} + \pi_{1jk} \cdot year_{jk} + e_{tjk}$$
$$\pi_{0jk} = b_{00k} + b_{01k} \cdot gender_{jk} + r_{0jk}$$
$$\pi_{1jk} = b_{10k} + b_{11k} \cdot gender_{jk} + r_{1jk}$$
$$b_{00k} = \gamma_{000} + \gamma_{001} \cdot texp_k + u_{00k}$$
$$b_{01k} = \gamma_{010}$$
$$b_{10k} = \gamma_{100} + \gamma_{101} \cdot texp_k + u_{10k}$$
$$b_{11k} = \gamma_{110}$$

이는 다음의 식으로 이어진다.

$$performance_{tjk} = \gamma_{000} + \gamma_{100} \cdot year_{jk} + \gamma_{010} \cdot gender_{jk} + \gamma_{001} \cdot texp_k$$
$$+ \gamma_{110} \cdot gender_{jk} \cdot year_{jk} + \gamma_{101} \cdot texp_k \cdot year_{jk}$$
$$+ u_{00k} + u_{10k} \cdot year_{jk} + r_{0jk} + r_{1jk} \cdot year_{jk} + e_{tjk}$$

$texp$와 $year$의 곱에 해당하는 새로운 변수를 하나 더 생성해야 한다.

```
gen texpyear = texp*year
```

따라서 다음 명령어로 모델을 추정할 수 있다.

```
xtmixed performance year gender texp genderyear texpyear || school: year || student: year,
var nolog reml
```

1328

결과는 그림 23.42에 있다.

```
. xtmixed performance year gender texp genderyear texpyear || school: year ||
student: year, var nolog reml

Mixed-effects REML regression                    Number of obs     =      2440

-----------------------------------------------------------------
              |    No. of        Observations per Group
Group Variable |   Groups     Minimum    Average    Maximum
--------------+--------------------------------------------------
       school |       15          80       162.7        248
      student |      610           4         4.0          4
-----------------------------------------------------------------

                                               Wald chi2(1)     =     883.26
Log restricted-likelihood = -7419.6785         Prob > chi2      =     0.0000

-----------------------------------------------------------------------------
 performance |     Coef.    Std. Err.      z     P>|z|    [95% Conf. Interval]
-------------+---------------------------------------------------------------
        year |   4.528292   .2586443    17.51    0.000     4.021359    5.035226
      gender |  -14.69529   1.762759    -8.34    0.000    -18.15024   -11.24035
        texp |   1.179424   .343969      3.43    0.001     .5052567    1.85359
  genderyear |   .6485018   .1828469     3.55    0.000     .2901286    1.006875
    texpyear |  -.0570213   .0211086    -2.70    0.007    -.0983934   -.0156491
       _cons |   54.72215   3.925206    13.94    0.000     47.02889    62.41541
-----------------------------------------------------------------------------


-----------------------------------------------------------------------------
Random-effects Parameters  |   Estimate   Std. Err.    [95% Conf. Interval]
---------------------------+-------------------------------------------------
school: Independent        |
                 var(year) |   .262667    .1394859     .0927653    .7437469
                var(_cons) |  87.99372   37.97699      37.7645     205.031
---------------------------+-------------------------------------------------
student: Independent       |
                 var(year) |  3.092474    .2267585    2.678496    3.570436
                var(_cons) | 337.6269    19.89377     300.8031    378.9587
---------------------------+-------------------------------------------------
              var(Residual)|  3.867764    .1595005    3.567449     4.19336
-----------------------------------------------------------------------------
LR test vs. linear regression:        chi2(4) =  6557.63   Prob > chi2 = 0.0000

Note: LR test is conservative and provided only for reference.
```

그림 23.42 랜덤 절편과 기울기, 레벨 2 변수 *gender*, 레벨 3 변수 *texp*를 가진 선형 추세 모델의 결과

고정 효과 모수와 랜덤 효과 분산의 추정치가 유의하더라도, 0.05의 유의수준에서는 랜덤 효과 (u_{00k}, u_{10k} 및 r_{0jk}, r_{1jk}) 분산-공분산 행렬의 구조를 연구할 필요가 있다. 그림 23.42에 나타난 출력에 근거해 다음과 같은 결과를 얻을 수 있다.

● 레벨 *school*에 대한 분산-공분산 행렬의 랜덤 효과

$$\text{var}\begin{bmatrix} u_{00k} \\ u_{10k} \end{bmatrix} = \begin{bmatrix} 87.994 & 0 \\ 0 & 0.263 \end{bmatrix}$$

- 레벨 *student*의 분산-공분산 랜덤 효과

$$\text{var}\begin{bmatrix} r_{0jk} \\ r_{1jk} \end{bmatrix} = \begin{bmatrix} 337.627 & 0 \\ 0 & 3.092 \end{bmatrix}$$

이 추정 결과를 저장하려면 다음 명령어를 입력한다.

```
estimates store finalindependent
```

이 오차 항에 대해 공분산 구조를 명시하지 않았기 때문에, xtmixed 명령어의 준비에서 Stata는 이 구조가 독립적이라고 가정한다. 즉, $\text{cov}(u_{00k}, u_{10k}) = 0$ 그리고 $\text{cov}(r_{0jk}, r_{1jk}) = 0$이다. 그럼에도 불구하고, u_{00k}와 u_{10k}의 상관관계를 허용함으로써 이러한 행렬의 구조를 일반화할 수 있고 r_{0jk}와 r_{1jk}도 서로 연관되게 할 수 있다. 그러기 위해서는 xtmixed 명령어에서 covariance(unstructured)라는 항을 다음과 같이 레벨 *school*과 *student*에 랜덤 효과 성분을 추가할 필요가 있다.

```
xtmixed performance year gender texp genderyear texpyear || school: year,
covariance(unstructured) || student: year, covariance(unstructured) var nolog reml
```

이는 그림 23.43의 결과를 생성한다.

고정 효과 모수 추정치는 랜덤 효과 분산-공분산 행렬에서 독립한 구조물의 존재를 고려한 모델을 추정할 때 얻어진 모델에 극히 가깝다(그림 23.42).

랜덤 효과 모수와 관련해, 0.1의 유의수준에서 유의한 u_{10k} 및 $\text{cov}(u_{00k}, u_{10k})$의 추정치를 제외하고 다른 모든 추정치는 유의수준 0.05에서 유의하다. 각각의 $|z| > 1.64$이고, 이는 유의수준을 0.10으로 하는 표준화된 정규 분포의 임곗값이다. 교육 목적상 90%의 신뢰수준을 활용해 분석을 계속하겠다.

따라서 $\text{cov}(u_{00k}, u_{10k})$와 $\text{cov}(r_{0jk}, r_{1jk})$가 통계적으로 0이 아니라는 점을 고려하면, 그림 23.43의 결과에 기초해 다음과 같이 쓸 수 있다.

- 레벨 *school*의 랜덤 효과 분산-공분산 행렬

$$\text{var}\begin{bmatrix} u_{00k} \\ u_{10k} \end{bmatrix} = \begin{bmatrix} 88.737 & -3.185 \\ -3.185 & 0.255 \end{bmatrix}$$

- 레벨 *student*의 랜덤 효과 분산-공분산 행렬

$$\text{var}\begin{bmatrix} r_{0jk} \\ r_{1jk} \end{bmatrix} = \begin{bmatrix} 350.913 & -13.251 \\ -13.251 & 3.258 \end{bmatrix}$$

```
.  xtmixed performance year gender texp genderyear texpyear || school: year,
covariance(unstructured) || student: year, covariance(unstructured) var nolog reml

Mixed-effects REML regression                      Number of obs      =      2440


-------------------------------------------------------------------------
               |    No. of        Observations per Group
 Group Variable |    Groups     Minimum    Average    Maximum
---------------+---------------------------------------------------------
        school |      15          80        162.7       248
       student |     610           4         4.0          4
-------------------------------------------------------------------------


                                               Wald chi2(1)       =    868.08
Log restricted-likelihood = -7376.7147         Prob > chi2        =    0.0000

-------------------------------------------------------------------------
 performance |     Coef.    Std. Err.      z    P>|z|    [95% Conf. Interval]
-------------+-----------------------------------------------------------
        year |   4.515641   .2583749    17.48   0.000    4.009236    5.022047
      gender |  -14.70213   1.795536    -8.19   0.000   -18.22131   -11.18294
        texp |   1.178656   .3459065     3.41   0.001    .5006918    1.856621
   genderyear |   .6518855   .1847166     3.53   0.000    .2898477    1.013923
     texpyear |  -.0566496   .0209988    -2.70   0.007   -.0978065   -.0154928
        _cons |   54.73435   3.951437    13.85   0.000    46.98968    62.47902
-------------------------------------------------------------------------


-------------------------------------------------------------------------
 Random-effects Parameters    |    Estimate    Std. Err.     [95% Conf. Interval]
------------------------------+------------------------------------------
school: Unstructured          |
                   var(year)  |   .2554224    .1378072      .0887183    .7353682
                  var(_cons)  |    88.7366    38.40337      37.99447    207.2456
              cov(year,_cons) |  -3.185306    1.904226     -6.91752     .5469079
------------------------------+------------------------------------------
student: Unstructured         |
                   var(year)  |    3.2575     .2350138      2.827965    3.752276
                  var(_cons)  |   350.9127    20.68884      312.6185    393.8978
              cov(year,_cons) |  -13.25089    1.673704     -16.53129   -9.970494
------------------------------+------------------------------------------
               var(Residual)  |   3.795043    .1536567      3.505521    4.108476
-------------------------------------------------------------------------
LR test vs. linear regression:       chi2(4) =  6643.55   Prob > chi2 = 0.0000
-------------------------------------------------------------------------
Note: LR test is conservative and provided only for reference.
```

그림 23.43 랜덤 절편과 기울기, 레벨 2 변수 *gender*, 레벨 3 변수 *texp*, 상관된 랜덤 효과 (u_{00k}, u_{10k})와 (r_{0jk}, r_{1jk})를 갖는 선형 추세 모델의 결과

연구원은 마지막 추정 다음에 다음 명령어를 입력해도 동일한 행렬을 얻을 수 있다.

```
estat recovariance
```

이 출력은 그림 23.44에 있다.

```
. estat recovariance

Random-effects covariance matrix for level school

             |      year       _cons
-------------+------------------------
        year |   .2554224
       _cons |  -3.185306     88.7366

Random-effects covariance matrix for level student

             |      year       _cons
-------------+------------------------
        year |     3.2575
       _cons |  -13.25089    350.9127
```

그림 23.44 상관된 랜덤 효과 (u_{00k}, u_{10k})와 (r_{0jk}, r_{1jk})의 분산–공분산 행렬

통계적으로 0과 다르더라도, 두 분석 레벨에서의 랜덤 효과 공분산 추정치에서 연구원들이 행렬을 독립적인 오차 항으로 간주하는 모델에 비해 이 마지막 모델의 더 나은 적합성을 입증하려면, 두 추정치를 비교하기 위해 우도 비율 검정을 실행하면 된다.

이를 위해 먼저 비정형 랜덤 효과의 추정에 대해 다음 명령어를 입력한다.

```
estimates store finalunstructured
```

다음으로, 아래 명령어로 앞서 언급한 검정을 수행한다.

```
lrtest finalunstructured finalindependent
```

그 결과는 그림 23.45에 있다.

```
. lrtest finalunstructured finalindependent

Likelihood-ratio test                              LR chi2(2)  =      85.93
(Assumption: finalindepen~t nested in finalunstruc~d)  Prob > chi2 =     0.0000

Note: LR tests based on REML are valid only when the fixed-effects
specification is identical for both models.
```

그림 23.45 독립된 완전 모델 추정과 상관된 랜덤 효과 (u_{00k}, u_{10k})와 (r_{0jk}, r_{1jk})의 비교를 위한 우도 비율 검정

이 검정에 대한 2차 자유도의 χ^2 통계량 또한 다음 식으로 구할 수 있다.

$$\chi_2^2 = \left(-2 \cdot LL_{r-ind} - \left(-2 \cdot LL_{r-unstruc}\right)\right) = \{-2 \cdot (-7,419.679) - [-2 \cdot (-7,376.715)]\} = 85.93$$

이는 $Sig. \chi_2^2 = 0.000 < 0.05$의 결과를 낳는다. 따라서 이 사례에서 랜덤 효과 분산-공분산 행렬의

구조가 구조화되지 않은 것으로 간주될 수 있다고 말할 수 있다. 즉, 오차 항 u_{00k}와 u_{10k}는 상관관계에 있으며($\mathrm{cov}(u_{00k}, u_{10k}) \neq 0$) 오차 항 r_{0jk}와 r_{1jk}도 상관관계($\mathrm{cov}(r_{0jk}, r_{1jk}) \neq 0$)로 간주할 수 있다.

이제 다음과 같은 명세를 갖춘 최종 모델에 도달했다.

$$performance_{tjk} = 54.734 + 4.516 \cdot year_{jk} - 14.702 \cdot gender_{jk} + 1.179 \cdot texp_k$$
$$+ 0.652 \cdot gender_{jk} \cdot year_{jk} - 0.057 \cdot texp_k \cdot year_{jk}$$
$$+ u_{00k} + u_{10k} \cdot year_{jk} + r_{0jk} + r_{1jk} \cdot year_{jk} + e_{tjk}$$

다음을 입력해 최종 모델에서의 랜덤 효과 u_{10k}, u_{00k}, r_{1jk}, r_{0jk} 값의 기대 BLUPS를 구할 수 있다.

```
predict u10final u00final r1final r0final, reffects
```

이는 데이터셋에 *u10final*, *u00final*, *r1final*, *r0final*이라 불리는 4개의 새로운 변수를 생성한다. 이들은 각각 레벨 *school*의 기울기와 절편 랜덤 효과 그리고 레벨 *student*의 기울기와 절편 랜덤 효과에 해당한다. 다음 명령어의 결과는 그림 23.46에 있으며 이 랜덤 효과의 설명을 나타낸다.

```
desc u10final u00final r1final r0final
```

```
. desc u10final u00final r1final r0final

              storage   display    value
variable name   type    format     label     variable label
-----------------------------------------------------------------
u10final        float   %9.0g                 BLUP r.e. for school: year
u00final        float   %9.0g                 BLUP r.e. for school: _cons
r1final         float   %9.0g                 BLUP r.e. for student: year
r0final         float   %9.0g                 BLUP r.e. for student: _cons
```

그림 23.46 랜덤 효과 u_{10k}, u_{00k}, r_{1jk}, r_{0jk} 설명

또한 다음 명령어를 입력해 각각의 기간에 각 학생의 학교 성적 기댓값을 구할 수 있다.

```
predict yhatstudent, fitted level(student)
```

이는 변수 *yhatstudent*를 정의하는데, 다음 명령어로도 구할 수 있다.

```
gen yhatstudent = 54.73435 + 4.515641*year - 14.70213*gender + 1.178656*texp +
.6518855*genderyear - .0566496*texpyear + u00final + u10final*year + r0final + r1final*year
```

이는 다음 식에 해당한다.

$$performânce\_student_{jk} = 54.734 + 4.516 \cdot year_{jk} - 14.702 \cdot gender_{jk} + 1.179 \cdot texp_k$$
$$+ 0.652 \cdot gender_{jk} \cdot year_{jk} - 0.057 \cdot texp_k \cdot year_{jk}$$
$$+ u_{00k} + u_{10k} \cdot year_{jk} + r_{0jk} + r_{1jk} \cdot year_{jk}$$

연구원들이 다음 명령어를 입력하면, 모니터링되는 각 기간 동안 각 학생의 학교 성적 기댓값을 얻을 것이다. 그러나 레벨 *student*의 랜덤 효과는 고려하지 않는다.

```
predict yhatschool, fitted level(school)
```

이는 데이터셋에서 *yhatschool* 변수를 정의하고 다음 명령어로도 구할 수 있다.

```
gen yhatschool = 54.73435 + 4.515641*year - 14.70213*gender + 1.178656*texp +
.6518855*genderyear - .0566496*texpyear + u00final + u10final*year
```

이는 다음 식에 해당한다.

$$performânce\_school_k = 54.734 + 4.516 \cdot year_{jk} - 14.702 \cdot gender_{jk} + 1.179 \cdot texp_k$$
$$+ 0.652 \cdot gender_{jk} \cdot year_{jk} - 0.057 \cdot texp_k \cdot year_{jk}$$
$$+ u_{00k} + u_{10k} \cdot year_{jk}$$

오차 항 e_{tjk}는 predict etjk. res 명령어로 구할 수 있다(이는 *performance* − *yhatstudent*와 동일하다).

따라서 이제 분석을 마무리할 수 있다. 학생들의 학교 성적이 내내 선형적인 경향을 따르고, 같은 학교에서 공부하는 학생들과 다른 학교에서 공부하는 학생들 사이의 절편과 기울기에 유의미한 변동성이 있음을 보았으며, 학생들의 성별은 이러한 변화의 일부를 설명하는 데 유의미하다. 교수들의 각 학교에서의 수년간의 교수 경험(레벨 3 변수) 자체도 다른 학교 학생들 간의 연간 학교 성적 불일치를 일부 설명한다.

sort student year 명령어 뒤에 다음 명령어를 입력하면 표본의 첫 50명 학생에 대한 학교 성적 예측값을 가진 차트가 생성되며(그림 23.47), 이를 통해 기간 내 다른 학생의 절편과 기울기를 볼 수 있다.

```
sort student year
graph twoway connected yhatstudent year if student <= 50, connect(L)
```

마지막으로, 중첩 구조를 가진 데이터셋이 있을 때마다 OLS를 통해 추정된 전통적인 회귀 모델과 관련해 다중 모델의 우위를 확인하기 위해, 좀 더 탐구적인 연구원은 차트를 구성하기로 결정한다. 이 차트를 통해 이 3레벨 계층 모델링(HLM3)에 의해 생성된 학교 성적 예측값을 분석된 각 기간의 표본에 있는 모든 학생에 대해 OLS를 통해 추정된 것과 동일한 설명 변수 *year*, *gender*, *texp*, *genderyear*, *texpyear*를 사용해 비교할 수 있다. 명백히, OLS를 통한 추정에는 고정 효과만 있다.

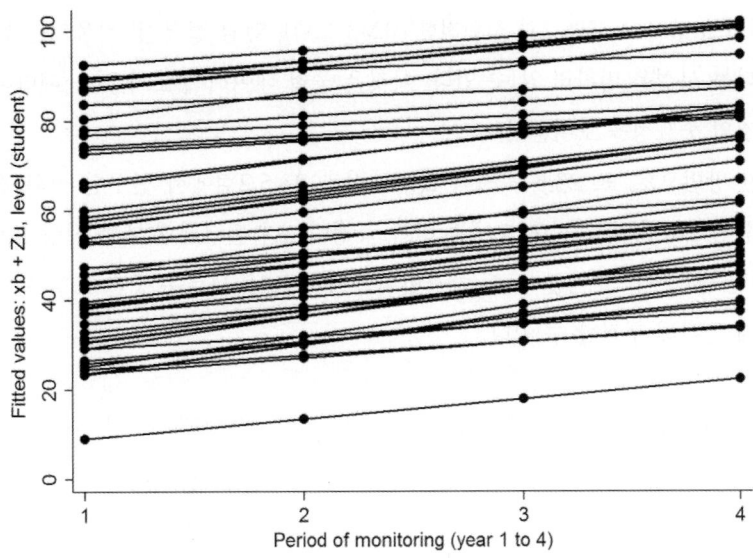

그림 23.47 표본의 첫 50명 학생의 시간에 대한 학교 성적 예측값

따라서 다음과 같은 명령어를 입력해 그림 23.48에 표시된 차트를 생성한다.

```
quietly reg performance year gender texp genderyear texpyear
predict yhatreg
graph twoway mspline yhatreg performance || mspline yhatstudent performance || lfit
performance performance ||, legend(label(1 "OLS") label(2 "HLM3") label(3 "Observed Values"))
```

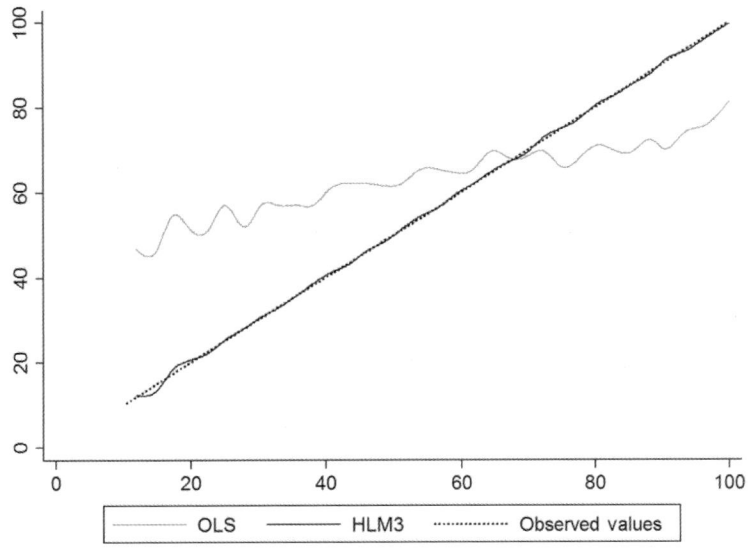

그림 23.48 OLS 및 HML3를 통해 예측한 값 × 학교 성적 관측치

45도의 점선은 분석된 각 기간(*performance* × *performance*)에서 표본에 있는 학생 한 명당 학교 성적 관측치를 보여준다. 그림 23.48의 차트를 사용하면, 동일한 설명 변수로 OLS를 통해 추정된 다중 선형 회귀 모델보다 레벨 2와 3(완전한 HLM3 모델), 랜덤 절편 및 기울기를 통한 선형 추세 모델이 우월하다는 사실을 명확히 알 수 있다. 이것은 중첩 데이터 구조가 있을 때마다 랜덤 효과 성분을 고려하는 것의 중요성을 보여준다.

통합적인 방법으로, 표 23.5는 각각 23.5.1절과 23.5.2절에서 연구한 바와 같이 클러스터링 데이터가 포함된 2레벨 계층 선형 모델과 반복 측정이 포함된 3레벨 계층 선형 모델을 준비하기 위한 Stata의 일반 명령어를 보여준다. 이는 광범위한 주제로서, 새로운 중간 모델은 항상 연구 목표와 제안된 구조에 근거해 추정할 수 있다.

표 23.5 계층 모델링, 중간 모델(다중 단계적 전략)과 Stata 명령어

모델링	중간 모델	Stata 명령어
클러스터링 데이터가 포함된 2레벨 계층 선형 모델	빈 모델(비조건 모델)	`xtmixed Y || var(level 2):`
	랜덤 절편 모델	`xtmixed Y X || var(level 2):`
	랜덤 절편과 기울기 모델	`xtmixed Y X || var(level 2): X`
	랜덤 절편과 기울기 모델, 상관된 오차 항	`xtmixed Y X || var(level 2): X covariance(unstructured)`
반복 측정이 포함된 3레벨 계층 선형 모델	빈 모델(비조건 모델)	`xtmixed Y || var(level 3): || var (level 2):`
	랜덤 절편과 기울기의 선형 추세 모델	`xtmixed Y t || var(level 3): || var (level 2):`
	랜덤 절편과 기울기, 레벨 2 변수의 선형 추세 모델	`xtmixed Y t || var(level 3): t || var (level 2): t`
	랜덤 절편과 기울기, 레벨 2, 레벨 3 변수의 선형 추세 모델	`xtmixed Y t X Xt || var(level 3): t || var (level 2): t`
	랜덤 절편과 기울기, 레벨 2, 레벨 3 변수, 상관된 오차 항의 선형 추세 모델	`xtmixed Y t X W Xt Wt WXt || var(level 3): t || var(level 2): t`
		`xtmixed Y t X W Xt Wt WXt || var(level 3): t, covariance(unstructured) || var (level 2): t, covariance(unstructured)`

참고: 레벨 2 변수 X, 레벨 3 변수 W(있는 경우마다) 및 t를 시간 변수로 고려한다. 이와 더불어 Y는 종속 변수를 가리킨다. 모든 경우에서 추정 방법에 해당하는 항은 생략됐다. 앞에서 논의한 바와 같이, Stata가 버전 12까지 채택한 추정 방법은 기본적으로 제한된 최대 우도(reml)이지만, 기본 방법은 버전 13 이후 최대 우도(mle)가 된다.

이러한 사항을 고려하고 나서 전체 절의 다중 단계적 전략을 지키며, 이제 SPSS에서 동일한 모델을 추정해보자. 연구원에게 두 가지 소프트웨어 패키지를 비교할 수 있는 기회를 주기 위해 모델 추정을 위한 절차와 루틴과 출력이 생성되는 논리를 설명한다.

23.6 SPSS를 사용한 계층 선형 모델의 추정

이제 IBM SPSS 통계 소프트웨어로 예제를 준비하기 위한 단계를 살펴보자. 이 절의 이미지는 IBM의 허가하에 사용됐다.

여기서의 주목적은 연구원들에게 SPSS로 다중 모델링 기법을 사용하는 기회를 주는 것이다. 산출물을 제시할 때마다 Stata에서 얻은 각각의 결과를 언급할 것이다. 연구원들이 그것을 비교할 수 있고, 따라서 각각의 특징과 접근성에 따라 어떤 소프트웨어 패키지를 사용할지 결정할 수 있다.

23.6.1 SPSS로 클러스터링 데이터가 포함된 2레벨 계층 선형 모델의 추정

23.5.1절에서 사용된 예제로 돌아가서, 교수가 46개 학교의 학생 2,000명을 대상으로 학교 성적(0부터 100까지의 등급 + 수업 참여에 대한 보너스) 데이터를 수집했다는 점을 기억하자. 또 주당 학습 시간(레벨 1 설명 변수), 학교 유형(공립 또는 사립), 각 학교 교수들의 교수 경험 연수(레벨 2 설명 변수)에 대한 데이터도 수집했다. 전체 데이터셋은 PerformanceStudentSchool.sav 파일에 있다.

여기에 제시된 논리를 유지하며, 처음에는 다음과 같이 빈 모델을 추정해보자.

빈 모델

$$performance_{ij} = \gamma_{00} + u_{0j} + r_{ij}$$

SPSS에서 **분석 › 혼합 모델** 옵션을 사용해 다중 모델을 추정할 수 있지만, 이 절에서는 점-클릭 절차에 따라 구문을 통해 모델을 추정하고, 23.5.1절에 설명된 추정을 더 잘 비교하며, 변수와 랜덤 효과 성분을 포함하는 방법을 쉽게 이해할 수 있도록 해준다. 이를 위해서는 Performance StudentSchool.sav 파일이 열려 있는 상태에서 **파일 › 새로 만들기 › 구문**을 클릭한다. 빈 모델의 경우, 창에 다음과 같은 구문을 입력해야 한다.

```
MIXED performance
/METHOD = REML
/PRINT = SOLUTION TESTCOV
/FIXED = INTERCEPT
/RANDOM = INTERCEPT | SUBJECT(school) .
```

여기서 첫 번째 줄(MIXED)[5]은 종속 변수 *performance*만을 보여주고, 그 이후의 두 줄(METHOD 및 PRINT)은 채택된 추정 방법(이 경우 제한된 최대 우도 추정, 즉 REML)을 결정하고, 해당 표준 오차에 대

---

5 MIXED 명령어는 2001년, 버전 11.0 이후 SPSS에서 제공된다.

한 고정 효과 추정이 출력에 표시된다. 끝으로, 마지막 두 줄(FIXED와 RANDOM)에서는 절편 항과 더불어 고정 및 랜덤 효과 성분의 일부가 될 변수를 각각 지정할 수 있으며, 여기서 수직 막대 | 뒤에 삽입된 항 SUBJECT는 레벨 2에 해당하는 그룹 변수(예제의 경우 변수 *school*)를 식별해준다.

그림 23.49는 SPSS에서 빈 모델에 해당하는 구문을 포함시킨 창을 보여주는데, 다중 모델링을 추정할 수 있도록 클릭해야 할 실행 선택 버튼이 강조되어 있다.

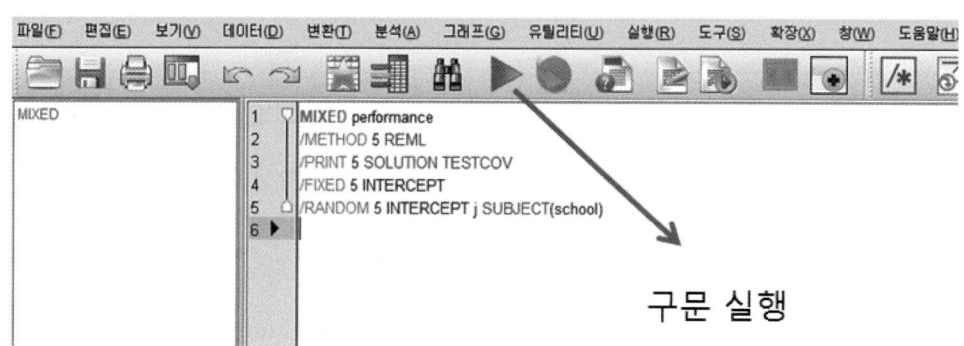

그림 23.49 SPSS에서 빈 모델 추정을 위한 구문을 포함한 창

다음으로, 그림 23.50에 SPSS로 생성된 출력이 표시된다.

처음에는 출력 모델 차원에서 모델링에서 고려된 레벨 수(이 경우 2), 추정된 모수 개수(이 경우 3, 오차 항을 포함)를 나타낸다는 사실을 알 수 있다. **분산 성분**^{Variance Components} 항은 독립적 랜덤 효과를 갖는 분산-공분산 행렬 구조를 고려하는 중임을 알려준다.

정보 기준에서는 −2 제한 로그 우도 값이 표시되며, 이는 모델 모수를 추정하기 위해 제한된 우도 함수의 로그에 대해 얻은 최댓값의 −2배에 해당한다. −2(−8752.02) = 17,504.04이므로, SPSS의 출력에 따르면 $-2 \cdot LL_r = 17,504.04$는 Stata에 표시된 값의 2배(그림 23.13)와 정확히 일치한다.

다음으로 **고정 효과**에서 모수 γ_{00}의 추정이 제시(고정 효과)되는데, 이는 학생들의 예상 학교 성적(빈 모델에서 추정된 수평선 또는 일반적인 절편)에 해당한다. $\gamma_{00} = 61.049$의 추정치는 Stata의 널 모델 추정에서 그림 23.13에서 구한 추정치와 일치함을 알 수 있다.

마지막으로 레벨 1과 레벨 2 오차 항 분산 성분(랜덤 효과)의 추정치가 제시된다(**공분산 모수**). 여기서 $\tau_{00} = 135.779$(절편 [개체 = school]) 및 $\sigma^2 = 347.562$(잔차)의 추정치이므로, 출력이 Stata에서 얻은 것과 일치하는지 확인할 수 있다. 그럼에도 불구하고 SPSS는 Stata와 달리 오차 항 분산의 추정치에 대한 z 통계량을 각각의 유의수준과 함께 직접 표시한다는 점에 유의하자. 따라서 예제의 데이터에 대해 다음과 같은 차이가 있음을 알 수 있다. *Sig. z* $\tau_{00} < 0.05$(신뢰도가 95%로 정의된 경우)이므로, 학교가 다르면 학생들의 학교 성적에 변동성이 있음을 알 수 있다. 나중에 계산된 부류 내 상관관계를 바탕으로, 전체 학교 성적 차이의 약 28%가 학교 간의 변화 때문임을 알 수 있다.

모형 차원^a

		수준 수	공분산 구조	모수의 수	개체 변수
고정 효과	절편	1		1	
변량효과	절편	1	분산성분	1	school
잔차				1	
전체		2		3	

a. 종속변수: performance at school.

(b)

정보 기준^a

-2 제한 로그 우도	17504.041
Akaike 정보 기준(AIC)	17508.041
Hurvich & Tsai 기준 (AICC)	17508.047
Bozdogan 기준(CAIC)	17521.242
Schwartz 베이지안 기준 (BIC)	17519.242

정보 기준은 가능한 작은 형태로 표시됩니다.

a. 종속변수: performance at school.

(c)

제 III 유형 고정 효과 검정^a

소스	분자 자유도	분모 자유도	F	유의확률
절편	1	44.388	1181.424	.000

a. 종속변수: performance at school.

(d)

고정 효과 추정값^a

모수	추정값	표준 오차	자유도	t	유의확률	95% 신뢰구간 하한	상한
절편	61.049010	1.776134	44.388	34.372	.000	57.470330	64.627689

a. 종속변수: performance at school.

(e)

공분산 모수 추정값^a

모수		추정값	표준 오차	Wald Z	유의확률	95% 신뢰구간 하한	상한
잔차		347.561691	11.120778	31.253	.000	326.434748	370.055975
절편 [개체 = school]	분산	135.779174	30.750059	4.416	.000	87.108516	211.643878

a. 종속변수: performance at school.

그림 23.50 (a)(b) SPSS에서 빈 모델의 결과, (c)(d) 고정 효과, (e) 공분산 모수

$$rho = \frac{\tau_{00}}{\tau_{00} + \sigma^2} = \frac{135.779}{135.779 + 347.562} = 0.281$$

23.5.1절에 제시된 논리를 유지하기 위해, 다음과 같이 설명 변수 *hours*를 포함한 랜덤 절편 모델을 추정해보자.

랜덤 절편 모델

$$performance_{ij} = \gamma_{00} + \gamma_{10} \cdot hours_{ij} + u_{0j} + r_{ij}$$

SPSS로 이 모델을 추정하는 구문은 다음과 같다.

```
MIXED performance WITH hours
/METHOD = REML
/PRINT = SOLUTION TESTCOV
/FIXED = INTERCEPT hours
/RANDOM = INTERCEPT | SUBJECT(school) .
```

여기서 연구원이 원하는 모든 설명 변수는 구문의 첫 번째 줄에서 WITH 항 뒤에 삽입돼야 한다. 그것을 실행한 후, 그림 23.51과 같은 주요 결과를 얻는다.

(a)

정보 기준[a]

-2 제한 로그 우도	12744.329
Akaike 정보 기준(AIC)	12748.329
Hurvich & Tsai 기준 (AICC)	12748.335
Bozdogan 기준(CAIC)	12761.528
Schwartz 베이지안 기준 (BIC)	12759.528

정보 기준은 가능한 작은 형태로 표시됩니다.

a. 종속변수: performance at school.

(b)

고정 효과 추정값[a]

모수	추정값	표준 오차	자유도	t	유의확률	95% 신뢰구간 하한	95% 신뢰구간 상한
절편	.534468	.787530	91.043	.679	.499	-1.029855	2.098790
hours	3.251924	.023163	1984.423	140.390	.000	3.206497	3.297352

a. 종속변수: performance at school.

(c)

공분산 모수 추정값[a]

모수		추정값	표준 오차	Wald Z	유의확률	95% 신뢰구간 하한	95% 신뢰구간 상한
잔차		31.763781	1.016389	31.252	.000	29.832877	33.819661
절편 [개체 = school]	분산	19.125335	4.199478	4.554	.000	12.436696	29.411223

a. 종속변수: performance at school.

그림 23.51 (a) 랜덤 절편 모델의 주 출력, (b) 고정 효과, (c) 공분산 모수

이러한 출력은 그림 23.15(Stata)에 표시된 출력과 일치하며, 이를 통해 오차 항 $\tau_{00} = 19.125$ 및 $\sigma^2 = 31.764$의 분산을 추정할 때 통계적 유의성이 있음을 알 수 있으며, 이는 다음과 같은 부류 내 상관관계를 초래한다.

$$rho = \frac{\tau_{00}}{\tau_{00} + \sigma^2} = \frac{19.125}{19.125 + 31.764} = 0.376$$

따라서 빈 모델과 관련해 절편의 분산 성분 비율이 증가한다. 이들은 학교들을 비교할 때 학교 성적의 행동을 연구하기 위한 변수 *hours*를 포함하는 것을 선호한다.

이제 모델은 다음과 같은 명세를 갖추기 시작한다.

$$performance_{ij} = 0.534 + 3.252 \cdot hours_{ij} + u_{0j} + r_{ij}$$

여기서 그 절편의 고정 효과는 어떤 이유로 공부를 하지 않는 학생들 사이의 평균 예상 학교 성적에 해당된다($hours_{ij} = 0$). 기울기를 통해 주당 한 시간 더 공부하면 학교 간 기대 평균 학교 성적이 3.252점 증가하며, 이 모수는 통계적으로 유의하다.[6]

이 시점에서 절편 랜덤 효과를 유지하면서 다중 모델에 기울기 랜덤 효과를 삽입해 다음과 같은 식이 나오게 하자.

랜덤 절편과 기울기 모델

$$performance_{ij} = \gamma_{00} + \gamma_{10} \cdot hours_{ij} + u_{0j} + u_{1j} \cdot hours_{ij} + r_{ij}$$

새로운 구문은 다음과 같다.

MIXED performance WITH hours

/METHOD = REML

---

6 고정 효과 명세가 명백히 빈 모델과 다른 랜덤 절편 모델의 추정치를 비교하기 위해 우도 비율 검정을 실행하려면, 제한된 최대 우도(RML)를 통하지 않고 최대 우도(ML)를 통해 이 두 모델을 추정해야 한다. 따라서 그들은 빈 모델의 최대 우도(SPSS, METHOD = ML)를 통한 추정치에 해당하는 구문과 랜덤 절편 모델의 구문을 둘 다 입력해야 한다.

```
MIXED performance
/METHOD = ML
/PRINT = SOLUTION TESTCOV
/FIXED = INTERCEPT
/RANDOM = INTERCEPT | SUBJECT(school) .
MIXED performance WITH hours
/METHOD = ML
/PRINT = SOLUTION TESTCOV
/FIXED = INTERCEPT hours
/RANDOM = INTERCEPT | SUBJECT(school) .
```

이는 (여기에 나타내지는 않았지만) 각각 17,507.017과 12,739.629의 값을 생성한다. 따라서 우도 비율 검정은 유의수준 *Sig.* $\chi_1^2(17{,}507.017 - 12{,}739.629 = 4767.39) = 0.000 < 0.05$를 갖고 있어 절편에 랜덤 효과가 있는 모델이 선호된다.

```
/PRINT = SOLUTION TESTCOV

/FIXED = INTERCEPT hours

/RANDOM = INTERCEPT hours | SUBJECT(school) .
```

결과는 그림 23.52와 같다.

(a)

정보 기준[a]

-2 제한 로그 우도	12744.329
Akaike 정보 기준(AIC)	12750.329
Hurvich & Tsai 기준 (AICC)	12750.341
Bozdogan 기준(CAIC)	12770.128
Schwartz 베이지안 기준 (BIC)	12767.128

정보 기준은 가능한 작은 형태로 표시됩니다.

a. 종속변수: performance at school.

(b)

고정 효과 추정값[a]

모수	추정값	표준 오차	자유도	t	유의확률	95% 신뢰구간 하한	95% 신뢰구간 상한
절편	.534468	.787530	91.043	.679	.499	-1.029855	2.098790
hours	3.251924	.023163	1984.423	140.390	.000	3.206497	3.297352

a. 종속변수: performance at school.

(c)

공분산 모수 추정값[a]

모수		추정값	표준 오차	Wald Z	유의확률	95% 신뢰구간 하한	95% 신뢰구간 상한
잔차		31.763781	1.016389	31.252	.000	29.832877	33.819661
절편 [개체 = school]	분산	19.125335	4.199478	4.554	.000	12.436696	29.411223
hours [개체 = school]	분산	.000000[b]	.000000	.		.	.

a. 종속변수: performance at school.

b. 이 공분산 모수는 중복됩니다. 검정 통계량과 신뢰구간을 계산할 수 없습니다.

그림 23.52 (a) 랜덤 절편과 기울기를 가진 모델의 출력, (b) 고정 효과, (c) 공분산 모수

이와 유사하게 출력은 그림 23.18(Stata)에 표시된 결과와 일치한다.

랜덤 절편 및 기울기 모델의 모수와 분산 추정치가 모델 모수를 추정할 때 얻은 모수가 동일함을 알 수 있다. 그림 23.51에는 랜덤 절편만 있었다. 이는 분산 τ_{11}(hours [개체 = school])의 추정치가 통계적으로 0과 같기 때문에 발생하며, 이는 얻은 값 $-2 \cdot LL_r$이 그림 23.51과 동일하기 때문이다.

따라서 우도 비율 검정을 적용하면 그림 23.19와 같이 유의수준 $Sig. \chi_1^2(12{,}744.329 - 12{,}744.329 = 0) = 1.000 > 0.05$이므로 랜덤 절편 모델 사용이 분명히 선호되는 출력이다.

연구원들이 u_{0j}와 u_{1j}의 상관관계를 허용하는 랜덤 효과 분산-공분산 행렬의 구조를 일반화하기

위해서는 마지막 구문의 RANDOM 라인 끝에 COVTYPE(UN)이라는 항을 사용해 모델 모수를 추정하면 다음과 같은 상황이 될 것이다.

```
MIXED performance WITH hours
/METHOD = REML
/PRINT = SOLUTION TESTCOV
/FIXED = INTERCEPT hours
/RANDOM = INTERCEPT hours | SUBJECT(school) COVTYPE(UN) .
```

여기서 COVTYPE(UN)이라는 항은 비정형 분산-공분산 행렬이 있다고 간주한다. 이 모델의 출력은 여기에 나타나 있지 않다. 단, 랜덤 절편 및 기울기 모델의 추정치를 독립 및 상관 오차 조건 u_{0j} 및 u_{1j}와 비교하는 우도 비율 검정은 u_{0j}와 u_{1j} 사이의 분산-공분산 행렬의 구조가 그림 23.23과 유사하게 독립적으로 간주될 수 있음을 보여줄 것이다.

랜덤 효과 분산-공분산 행렬 구조로부터 독립적이고 랜덤 절편 모델이 가장 적합하기 때문에, 이제 다음 명세를 가진 전체 최종 모델을 추정해보자.

완전 최종 모델

$$performance_{ij} = \gamma_{00} + \gamma_{10} \cdot hours_{ij} + \gamma_{01} \cdot texp_j + \gamma_{02} \cdot priv_j$$
$$+ \gamma_{11} \cdot priv_j \cdot hours_{ij} + u_{0j} + r_{ij}$$

마지막 추정은 이미 23.5.1절에서 시작했다. 구문은 다음과 같다.

```
MIXED performance WITH hours texp priv
/METHOD = REML
/PRINT = SOLUTION TESTCOV
/FIXED = INTERCEPT hours texp priv priv*hours
/RANDOM = INTERCEPT | SUBJECT(school)
/SAVE = PRED FIXPRED .
```

여기서 마지막 줄은 SAVE = PRED FIXPRED라는 항을 표시하며, 데이터셋에서 *PRED_1*과 *FXPRED_1*이라는 두 가지 새로운 변수를 생성한다. 전자는 학생당 학교 성적 예측값(Stata의 *yhat*)에 해당하며, 임의의 절편 성분 u_{0j}를 갖는다. 후자는 고정 효과 성분에서 비롯된 학교 성적 예측값만을 말한다. 생성된 출력은 그림 23.53과 같으며 최종 모델의 랜덤 효과 u_{0j}의 예상 BLUPS 값은 다음 구문을 통해 구할 수 있다.

```
COMPUTE blups5PRED_1−FXPRED_1
```

이는 Stata에서 이 모델에 해당하는 추정 시 정의된 변수 *u0final*과 동일한 *blups*라는 이름의 새로운 변수를 데이터셋에서 생성한다.

(a) **정보 기준**[a]

-2 제한 로그 우도	12719.507
Akaike 정보 기준(AIC)	12725.507
Hurvich & Tsai 기준 (AICC)	12725.519
Bozdogan 기준(CAIC)	12745.302
Schwartz 베이지안 기준 (BIC)	12742.302

정보 기준은 가능한 작은 형태로 표시됩니다.

a. 종속변수: performance at school.

(b) **고정 효과 추정값**[a]

모수	추정값	표준 오차	자유도	t	유의확률	95% 신뢰구간 하한	상한
절편	-2.710350	.893160	94.435	-3.035	.003	-4.483634	-.937066
hours	3.281046	.029276	1988.758	112.074	.000	3.223631	3.338460
texp	.866203	.164196	42.244	5.275	.000	.534898	1.197508
priv	-5.610535	2.288084	58.462	-2.452	.017	-10.189862	-1.031209
hours * priv	-.080121	.047722	1986.701	-1.679	.093	-.173711	.013469

a. 종속변수: performance at school.

(c) **공분산 모수 추정값**[a]

모수		추정값	표준 오차	Wald Z	유의확률	95% 신뢰구간 하한	상한
잔차		31.720600	1.015254	31.244	.000	29.791867	33.774199
절편 [개체 = school]	분산	11.057762	2.559522	4.320	.000	7.024914	17.405779

그림 23.53 (a) 랜덤 절편을 가진 최종 완전 모델의 주 출력, (b) 고정 효과, (c) 공분산 모수

이러한 출력은 그림 23.25(Stata)에 표시된 출력과 일치한다. 랜덤 효과의 분산과 고정 효과 모수의 분산을 95% 신뢰수준에서 유의하게 추정해(결합 변수 *hours*priv*의 모수 추정은 제외, 90% 신뢰수준에서 유의) 제안된 모델의 다음 식을 구한다.

$$performance_{ij} = -2.710 + 3.281 \cdot hours_{ij} + 0.866 \cdot texp_j - 5.610 \cdot priv_j$$
$$-0.080 \cdot priv_j \cdot hours_{ij} + u_{0j} + r_{ij}$$

모델은 다중 단계 전략을 통해 레벨 1, 2 설명 변수를 포함해 구성했다. 따라서 같은 학교 학생들과 다른 학교 학생들 사이에 학교 성적 행동에 차이가 있다는 결론을 내릴 수 있다. 이러한 차이는 각 학생이 주당 학습 시간, 학교 유형(공립 또는 사립) 및 각 학교의 교수들의 교수 경험 연수 때문에 발

생한다.

다음으로 SPSS에서도 반복 측정이 포함된 3레벨 계층 선형 모델의 예를 연구해보자.

23.6.2 SPSS에서 반복 측정이 포함된 3레벨 계층 선형 모델의 추정

이 절에서는 23.5.2절에 사용한 예시로 되돌아간다. 교수는 15개 학교 학생 2000명의 4년(레벨 1 시간 변수) 동안의 학교 성적(0부터 100) 데이터를 간신히 입수했음을 기억하자. 학생 개개인의 성별 (레벨 2 설명 변수)과 교수들의 교수 경험 연수 데이터도 수집했다(레벨 3 설명 변수). 전체 데이터셋 은 PerformanceTimeStudentSchool.sav 파일에 있다.

SPSS에서 다중 모델의 추정을 처리하는 데 걸리는 시간이 주로 3개 이상의 레벨일 때 Stata보다 상당히 길다는 점을 알아두자.

23.5.2절에 제시된 논리를 유지해 처음에는 다음과 같이 빈 모델을 추정하자.

빈 모델

$$performance_{tjk} = \gamma_{000} + u_{00k} + r_{0jk} + e_{tjk}$$

이 모델에서 다음을 구문 창에 입력한다.

```
MIXED performance
/METHOD = REML
/PRINT = SOLUTION TESTCOV
/FIXED = INTERCEPT
/RANDOM = INTERCEPT | SUBJECT(student)
/RANDOM = INTERCEPT | SUBJECT(school) .
```

여기서 첫 줄(MIXED)은 종속 변수 *performance*만 나타내고, 그 이후의 두 줄(METHOD 및 PRINT) 모두 는 채택된 추정 방법(이 경우 제한된 최대 우도 추정, 즉 REML)을 결정하며, 해당 표준 오차를 포함한 고정 효과의 추정치를 출력에 표시한다. 다음 줄(FIXED)에서는 절편 조건 외에 고정 효과 성분의 일 부가 될 변수를 지정할 수 있다. 마지막으로, 루틴의 마지막 두 줄(RANDOM)에서는 절편 항 외에 분 석의 다른 레벨에서 랜덤 효과 성분의 일부가 될 변수를 지정할 수 있다. 수직 막대 | 뒤에 삽입된 항 **SUBJECT**는 각 레벨에 해당하는 그룹 변수를 식별한다(예제의 경우 레벨 2의 *student*, 레벨 3의 *school*).

그림 23.54는 SPSS에 의해 생성된 출력을 나타낸다.

모형 차원ª

		수준 수	공분산 구조	모수의 수	개체 변수
고정 효과	절편	1		1	
변량효과	절편	1	분산성분	1	student
	절편	1	분산성분	1	school
잔차				1	
전체		3		4	

a. 종속 변수: performance at school.

(b)

정보 기준ª

-2 제한 로그 우도	18184.277
Akaike 정보 기준(AIC)	18190.277
Hurvich & Tsai 기준(AICC)	18190.287
Bozdogan 기준(CAIC)	18210.675
Schwartz 베이지안 기준(BIC)	18207.675

정보 기준은 가능한 작은 형태로 표시됩니다.

a. 종속 변수: performance at school.

(c)

제 III 유형 고정 효과 검정ª

소스	분자 자유도	분모 자유도	F	유의확률
절편	1	13.982	373.992	.000

a. 종속 변수: performance at school.

(d)

고정 효과 추정값ª

모수	추정값	표준 오차	자유도	t	유의확률	95% 신뢰구간 하한	상한
절편	68.713953	3.553153	13.982	19.339	.000	61.092286	76.335620

a. 종속 변수: performance at school.

(e)

공분산 모수 추정값ª

모수	추정값	표준 오차	Wald Z	유의확률	95% 신뢰구간 하한	상한
잔차	41.649389	1.376886	30.249	.000	39.036312	44.437385
절편 [개체 = student] 분산	325.799148	19.495760	16.711	.000	289.743835	366.341134
절편 [개체 = school] 분산	180.192658	71.603650	2.517	.012	82.697580	392.628101

a. 종속 변수: performance at school.

그림 23.54 (a)(b) SPSS에서 빈 모델의 결과, (c)(d) 고정 효과, (e) 공분산 모수

Stata에서 이 빈 모델을 추정할 때 얻은 결과가 그림 23.34와 동일하기 때문에 생성된 모델의 모든 출력을 다시 한번 분석하지는 않을 것이다.

그럼에도 불구하고 변수 γ_{000}(**고정 효과**)의 추정치는 68.714와 동일함을 알 수 있는데, 이는 학생들의 예상 연간 학업 성취도(빈 모델로 추정된 수평선 또는 일반 절편)의 평균에 해당한다.

또한 오차 항 분산의 추정치(**공분산 모수**) $\tau_{u000} = 180.194$(**절편 [개체 = school]**), $\tau_{r000} = 325.799$(**절편 [개체 = student]**), $\sigma^2 = 41.649$(**잔차**), 0.05의 유의수준에서 통계적으로 0과 다르다는 것을 알고 있다. 이 사실은 4년 내내 학교 성적에 상당한 변동이 있고, 같은 학교 학생들 간, 그리고 다른 학교 학생들 간 학교 성적에 유의한 변동이 있다고 말할 수 있다.

레벨 2, 3에 해당하는 두 부류 내 상관관계 모두 다음처럼 계산한다.

- **레벨 2 부류 내 상관관계**

$$rho_{student|school} = corr\left(Y_{tjk}, Y_{t'jk}\right) = \frac{\tau_{u000} + \tau_{r000}}{\tau_{u000} + \tau_{r000} + \sigma^2} = \frac{180.194 + 325.799}{180.194 + 325.799 + 41.649} = 0.924$$

- **레벨 3 부류 내 상관관계**

$$rho_{school} = corr\left(Y_{tjk}, Y_{t'j'k}\right) = \frac{\tau_{u000}}{\tau_{u000} + \tau_{r000} + \sigma^2} = \frac{180.194}{180.194 + 325.799 + 41.649} = 0.329$$

따라서 같은 학교에 대한 연간 학교 성적의 상관관계는 32.9%(rho_{school})이고, 특정 학교의 같은 학생에 대한 연간 학교 성적의 상관관계는 92.4%($rho_{student \mid school}$)이다.

23.5.2절에 제시된 동일한 논리를 유지하기 위해, 이 순간 다음과 같이 설명 변수로서 $year$(반복 측정)를 포함한 랜덤 절편과 기울기를 갖는 선형 추세 모델을 레벨 1로 추정해보자.

랜덤 절편과 기울기를 갖는 선형 추세 모델

$$performance_{tjk} = \gamma_{000} + \gamma_{100} \cdot year_{jk} + u_{00k} + u_{10k} \cdot year_{jk} + r_{0jk} + r_{1jk} \cdot year_{jk} + e_{tjk}$$

이 모델을 SPSS로 추정하는 구문은 다음과 같다.

```
MIXED performance WITH year
/METHOD = REML
/PRINT = SOLUTION TESTCOV
/FIXED = INTERCEPT year
/RANDOM = INTERCEPT year | SUBJECT(student)
/RANDOM = INTERCEPT year | SUBJECT(school) .
```

여기서 연구원이 원하는 모든 설명 변수는 구문의 첫 번째 줄에서 WITH 항 뒤에 삽입돼야 한다. 9번의 반복과 몇 번의 처리 시간 후에 그림 23.55와 같은 주요 결과를 얻을 수 있다.

(a)
정보 기준[a]

-2 제한 로그 우도	14929.638
Akaike 정보 기준(AIC)	14939.638
Hurvich & Tsai 기준(AICC)	14939.663
Bozdogan 기준(CAIC)	14973.633
Schwartz 베이지안 기준(BIC)	14968.633

정보 기준은 가능한 작은 형태로 표시됩니다.

a. 종속 변수: performance at school.

(b)
제 III 유형 고정 효과 검정[a]

소스	분자 자유도	분모 자유도	F	유의확률
절편	1	13.993	213.925	.000
year	1	13.903	424.902	.000

a. 종속 변수: performance at school.

(c)
공분산 모수 추정값[a]

모수	추정값	표준 오차	Wald Z	유의확률	95% 신뢰구간 하한	95% 신뢰구간 상한
잔차	3.867728	.159525	24.245	.000	3.567368	4.193377
절편 [개체 = student] 분산	374.284569	22.009042	17.006	.000	333.540633	420.005615
year [개체 = student] 분산	3.157274	.230544	13.695	.000	2.736260	3.643066
절편 [개체 = school] 분산	224.337985	88.719082	2.529	.011	103.342179	486.998939
year [개체 = school] 분산	.560036	.251904	2.223	.026	.231924	1.352342

a. 종속 변수: performance at school.

그림 23.55 (a) 랜덤 절편과 기울기를 갖는 선형 모델의 주요 결과, (b) 고정 효과, (c) 공분산 모수

이 결과는 그림 23.39에 표시된 출력과 일치한다. 이를 통해 고정 및 랜덤 효과 성분의 추정 모수가 유의수준 0.05에서 통계적으로 0이 아님을 알 수 있다. 이것은 학생들의 학교 성적이 내내 선형적인 경향을 따르고, 같은 학교에서 공부하는 사람들과 다른 학교에서 공부하는 사람들 사이에 절편

과 기울기가 상당히 다르다는 사실을 명시하는 힌트를 준다.[7] 나중에 계산된 레벨 2 내 상관관계를 사용해 학생과 학교의 랜덤 효과가 잔차 총 분산의 약 99%를 형성하는 것으로 추정한다!

$$rho_{student|school} = corr\left(Y_{tjk}, Y_{t'jk}\right) = \frac{\tau_{u000} + \tau_{u100} + \tau_{r000} + \tau_{r100}}{\tau_{u000} + \tau_{u100} + \tau_{r000} + \tau_{r100} + \sigma^2}$$

$$= \frac{224.343 + 0.560 + 374.285 + 3.157}{224.343 + 0.560 + 374.285 + 3.157 + 3.868} = 0.994$$

이 시점에서 모델은 다음 명세를 갖게 된다.

$$performance_{tjk} = 57.858 + 4.343 \cdot year_{jk} + u_{00k} + u_{10k} \cdot year_{jk} + r_{0jk} + r_{1jk} \cdot year_{jk} + e_{tjk}$$

마지막으로, 레벨 2와 레벨 3 변수 *gender*와 *texp*도 학생들 사이의 연간 학교 성적의 차이를 설명하는지 조사해보자. 일부 중간 분석 후 다음 전체 3레벨 모델을 추정해보자.

랜덤 절편과 기울기, 레벨 2 변수 *gender*, 레벨 3 변수 *texp*를 가진(완전 모델) 선형 추세 모델

$$performance_{tjk} = \gamma_{000} + \gamma_{100} \cdot year_{jk} + \gamma_{010} \cdot gender_{jk} + \gamma_{001} \cdot texp_k$$
$$+ \gamma_{110} \cdot gender_{jk} \cdot year_{jk} + \gamma_{101} \cdot texp_k \cdot year_{jk}$$
$$+ u_{00k} + u_{10k} \cdot year_{jk} + r_{0jk} + r_{1jk} \cdot year_{jk} + e_{tjk}$$

이 모델을 추정하기 위해, (u_{00k}, u_{10k}) 및 (r_{0jk}, r_{1jk})가 상관관계(비구조적 분산-공분산 행렬)가 되도록 랜덤 효과 분산-공분산 행렬의 구조를 일반화하자. 그러기 위해서는 RANDOM 줄의 끝에 COVTYPE(UN)이라는 항을 삽입해 SPSS의 구문을 다음과 같이 만들어야 한다.

```
MIXED performance WITH year gender texp
/METHOD = REML
/PRINT = SOLUTION TESTCOV
/FIXED = INTERCEPT year gender texp gender*year texp*year
/RANDOM = INTERCEPT year | SUBJECT(student) COVTYPE(UN)
/RANDOM = INTERCEPT year | SUBJECT(school) COVTYPE(UN)
/SAVE = PRED FIXPRED RESID .
```

---

7 연구원이 Stata에서 수행한 대로 랜덤 절편만 사용한 선형 추세 모델의 추정 결과와 이 추정 결과를 비교하려면 SPSS의 구문 창에 다음을 입력하기만 하면 된다.

```
MIXED performance WITH year
/METHOD = REML
/PRINT = SOLUTION TESTCOV
/FIXED = INTERCEPT year
/RANDOM = INTERCEPT year | SUBJECT(student)
/RANDOM = INTERCEPT year | SUBJECT(school) .
```

여기에 출력은 표시되지 않더라도 $-2 \cdot LL = 15{,}602{,}840$을 생성한다. 따라서 우도 비율 검정의 유의수준 *Sig.* $\chi_2^2(15{,}602{,}840 - 14{,}929{,}638 = 673{,}20) = 0.000 < 0.05$이므로 랜덤 절편과 기울기를 갖는 선형 추세 모델의 사용이 선호된다.

여기서 마지막 줄은 이제 SAVE = PRED FIXPRED RESID라는 항을 나타내는데, 이 항은 데이터셋에서 $PRED\_1$, $FXPRED\_1$, $RESID\_1$이라는 세 가지 새로운 변수를 생성한다. 각각은 학생당 학교 성적 예측값(Stata의 $yhatstudent$), 고정 효과 요소에서만 발생하는 학교 성적 예측값, 오차 항 e_{tjk}에 해당한다.

5번의 반복과 몇 분의 처리 시간 후에, 그림 23.56에 나온 출력을 얻을 수 있다.

이 출력은 그림 23.43(Stata)에 표시된 것과 일치하며, 이를 통해 유의수준 0.05에서 고정 효과 성분에 대해 추정된 모든 모수가 통계적으로 0이 아님을 알 수 있다. 한편, 랜덤 효과 성분의 모수와 관련해 유의수준 0.10에서 u_{10k}와 $\mathrm{cov}(u_{00k}, u_{10k})$의 추정치만 통계적으로 유의하다. 다른 모든 것은 0.05의 유의수준에서 유의하다. 따라서 $\mathrm{cov}(u_{00k}, u_{10k})$와 $\mathrm{cov}(r_{0jk}, r_{1jk})$가 통계적으로 0이 아님을 고려하면 다음과 같이 쓸 수 있다.

- 레벨 *school*의 랜덤 효과 분산–공분산 행렬

$$\mathrm{var}\begin{bmatrix} u_{00k} \\ u_{10k} \end{bmatrix} = \begin{bmatrix} 88.734 & -3.185 \\ -3.185 & 0.255 \end{bmatrix}$$

- 레벨 *student*의 랜덤 효과 분산–공분산 행렬

$$\mathrm{var}\begin{bmatrix} r_{0jk} \\ r_{1jk} \end{bmatrix} = \begin{bmatrix} 350.913 & -13.251 \\ -13.251 & 3.257 \end{bmatrix}$$

따라서 최종 모델 식의 명세는 다음과 같다.[8]

$$\begin{aligned} performance_{tjk} = {} & 54.734 + 4.516 \cdot year_{jk} - 14.702 \cdot gender_{jk} + 1.179 \cdot texp_k \\ & + 0.652 \cdot gender_{jk} \cdot year_{jk} - 0.057 \cdot texp_k \cdot year_{jk} \\ & + u_{00k} + u_{10k} \cdot year_{jk} + r_{0jk} + r_{1jk} \cdot year_{jk} + e_{tjk} \end{aligned}$$

이 식은 레벨 1, 2 설명 변수를 다중 단계적 전략으로 포함시킨 것이다.

따라서 학생들의 학교 성적이 줄곧 선형적인 추세를 따른다고 결론 내릴 수 있다. 또한 같은 학교에서 공부하는 사람들과 다른 학교에서 공부하는 사람들 사이에 절편과 기울기에 유의한 변동성이

8　연구원들이 Stata에서 수행된 것과 같이 독립적 랜덤 항을 고려한 모델의 추정치와 이 추정의 결과를 비교하고자 하는 경우에는 SPSS의 구문 창에 다음 명령어를 입력하기만 하면 된다.

```
MIXED performance WITH year gender texp
/METHOD = REML
/PRINT = SOLUTION TESTCOV
/FIXED = INTERCEPT year gender texp gender*year texp*year
/RANDOM = INTERCEPT year | SUBJECT(student)
/RANDOM = INTERCEPT year | SUBJECT(school) .
```

여기에 출력이 표시되지 않더라도 $-2 \cdot LL$ = 14,839.357을 생성한다. 따라서 우도 비율 검정은 유의수준 $Sig.\ \chi_2^2(14{,}839.357 - 14{,}753.429 = 85.93) = 0.000 < 0.05$를 가질 것이다. 이는 오차 항 사이의 분산–공분산 행렬의 구조가 이 예에서 구조화되지 않은 것으로 간주될 수 있음을 말할 수 있게 한다. 즉, 오차 항 u_{00k}와 u_{10k}는 상관됐고($\mathrm{cov}(u_{00k}, u_{10k}) \neq 0$), 오차 항 r_{0jk}와 r_{1jk} 또한 상관됐다($\mathrm{cov}(r_{0jk}, r_{1jk}) \neq 0$)고 간주할 수 있다.

있다. 학생들의 성별은 이러한 변화의 일부를 설명하는 데 중요하다. 교수들의 각 학교에서의 수년간의 교수 경험도 다른 학교 학생들 간의 연간 학교 성적 불일치의 일부를 설명한다.

23.5절의 마지막에 있는 표 23.5와 유사하게, 표 23.6은 다중 모델에 대한 일반 추정을 SPSS로 통합한다.

(a)

정보 기준[a]

-2 제한 로그 우도	14753.429
Akaike 정보 기준(AIC)	14767.429
Hurvich & Tsai 기준(AICC)	14767.476
Bozdogan 기준(CAIC)	14815.010
Schwartz 베이지안 기준(BIC)	14808.010

정보 기준은 가능한 작은 형태로 표시됩니다.

a. 종속 변수: performance at school.

(b)

고정 효과 추정값[a]

모수	추정값	표준 오차	자유도	t	유의확률	95% 신뢰구간 하한	95% 신뢰구간 상한
절편	54.734351	3.951390	15.516	13.852	.000	46.336504	63.132198
year	4.515640	.258373	21.461	17.477	.000	3.979027	5.052254
gender	-14.702129	1.795535	606.763	-8.188	.000	-18.228348	-11.175911
texp	1.178656	.345902	13.131	3.407	.005	.432135	1.925177
year * gender	.651886	.184716	514.048	3.529	.000	.288994	1.014778
year * texp	-.056650	.020999	13.707	-2.698	.018	-.101777	-.011522

a. 종속 변수: performance at school.

c)

공분산 모수 추정값[a]

모수		추정값	표준 오차	Wald Z	유의확률	95% 신뢰구간 하한	95% 신뢰구간 상한
잔차		3.795045	.153657	24.698	.000	3.505523	4.108479
절편 + year [개체 = student]	UN(1,1)	350.912601	20.688828	16.961	.000	312.618371	393.897688
	UN(2,1)	-13.250888	1.673703	-7.917	.000	-16.531285	-9.970490
	UN(2,2)	3.257499	.235014	13.861	.000	2.827965	3.752275
절편 + year [개체 = school]	UN(1,1)	88.734046	38.402010	2.311	.021	37.993584	207.238439
	UN(2,1)	-3.185216	1.904173	-1.673	.094	-6.917327	.546894
	UN(2,2)	.255415	.137804	1.853	.064	.088715	.735350

a. 종속 변수: performance at school.

그림 23.56 (a) 랜덤 절편과 기울기, 레벨 2 변수 *gender*, 레벨 3 변수 *texp*, 상관된 랜덤 효과 (u_{00k}, u_{10k})와 (r_{0jk}, r_{1jk})를 가진 선형 추세 모델의 주요 출력, (b) 고정 효과, (c) 공분산 모수

표 23.6 계층 모델링, 중간 모델(다중 단계적 전략)과 SPSS 구문

모델링	중간 모델	SPSS 구문
클러스터링 데이터가 포함된 2레벨 계층 선형 모델	빈 모델(비조건 모델)	**MIXED Y** **/FIXED = INTERCEPT** **/RANDOM = INTERCEPT | SUBJECT(level2_var) .**
	랜덤 절편 모델	**MIXED Y WITH X** **/FIXED = INTERCEPT X** **/RANDOM = INTERCEPT | SUBJECT(level2_var) .**
	랜덤 절편과 기울기 모델	**MIXED Y WITH X** **/FIXED = INTERCEPT X** **/RANDOM = INTERCEPT X | SUBJECT(level2_var) .**
	랜덤 절편과 기울기 모델, 상관된 오차 항	**MIXED Y WITH X** **/FIXED = INTERCEPT X** **/RANDOM = INTERCEPT X | SUBJECT(level2_var)** **COVTYPE(UN) .**
반복 측정이 포함된 3레벨 계층 선형 모델	빈 모델(비조건 모델)	**MIXED Y** **/FIXED = INTERCEPT** **/RANDOM = INTERCEPT | SUBJECT(level2_var)** **/RANDOM = INTERCEPT | SUBJECT(level3_var) .**
	랜덤 절편의 선형 추세 모델	**MIXED Y WITH t** **/FIXED = INTERCEPT t** **/RANDOM = INTERCEPT | SUBJECT(level2_var)** **/RANDOM = INTERCEPT | SUBJECT(level3_var) .**
	랜덤 절편과 기울기의 선형 추세 모델	**MIXED Y WITH t** **/FIXED = INTERCEPT t** **/RANDOM = INTERCEPT t | SUBJECT(level2_var)** **/RANDOM = INTERCEPT t | SUBJECT(level3_var) .**
	랜덤 절편과 기울기, 레벨 2 변수의 선형 추세 모델	**MIXED Y WITH t X** **/FIXED = INTERCEPT t X X*t** **/RANDOM = INTERCEPT t | SUBJECT(level2_var)** **/RANDOM = INTERCEPT t | SUBJECT(level3_var) .**
	랜덤 절편과 기울기, 레벨 2, 레벨 3 변수의 선형 추세 모델	**MIXED Y WITH t X W** **/FIXED = INTERCEPT t X W X*t W*t W*X*t** **/RANDOM = INTERCEPT t | SUBJECT(level2_var)** **/RANDOM = INTERCEPT t | SUBJECT(level3_var) .**
	랜덤 절편과 기울기, 레벨 2, 레벨 3 변수, 상관된 오차 항의 선형 추세 모델	**MIXED Y WITH t X W** **/FIXED = INTERCEPT t X W X*t W*t W*X*t** **/RANDOM = INTERCEPT t | SUBJECT(level2_var)** **COVTYPE(UN)** **/RANDOM = INTERCEPT t | SUBJECT(level3_var)** **COVTYPE(UN) .**

참고: 레벨 2 변수 X, 레벨 3 변수 W(있을 경우), 공간 변수 t를 고려. 또한 Y는 종속 변수를 참조. 모든 명령에서 제한된 최대 우도 추정을 고려(누락 항 /METHOD = RECALL)

23.7 맺음말

데이터 마이닝은 비즈니스 분야에서 깊이 있게 탐구되기 시작하는 광범위한 주제다. 23장에서는 개념, 프로세스, 단계, 과제 및 채택할 수 있는 방법과 기법의 유형에 대한 간략한 논의만 제공한다.

이러한 맥락에서, 데이터 마이닝 환경 내에서 가장 최근의 관련 모델링 기법 중 하나가 다중 모델링이라고 믿는다. 이 모델은 연구원과 관리자가 특정 성능 변수와 하나 이상의 예측 변수 사이의 관계를 평가할 수 있게 하며, 각기 다른 분석 레벨을 특징짓는다. 더욱이 각 레벨은 다른 집단으로 중첩된 개인이나 집단에 의해 형성된다. 특정 집단의 변수는 그 집단에 중첩된 하위 레벨에 해당하는 집단이나 개인들 사이에서 불변이므로, 많은 연구와 구조에서 그러한 모델을 사용하는 것은 당연하다. 많은 데이터셋이 중첩 데이터 구조이기 때문에, 학생과 학교를 동시에 갖고 있는 데이터처럼, 예를 들어 회사와 국가, 시와 주, 또는 부동산과 이웃의 특성에도 사용할 수 있다.

대부분은 중첩 데이터 구조를 가진 데이터셋의 특성이 될 수 있다. 가장 흔한 것은 절대 중첩을 가진 것이며, 그 안에서 클러스터링 데이터 또는 반복 측정이 포함된 데이터가 존재한다. 이 장에서는 데이터셋을 사용해 클러스터링 데이터가 포함된 2레벨 계층 선형 모델과 반복 측정이 포함된 3레벨 계층 선형 모델을 추정하는 예를 제시했다. 그럼에도 불구하고 연구원들이 예를 들어 클러스터링 데이터가 포함된 3레벨 모델을 추정하거나 더 많은 수의 분석 레벨을 고려함으로써 더 복잡한 중첩 구조를 구성할 수 있을 것이라 믿는다.

다중 모델을 사용하면 개별 이질성과 이러한 개체가 속하는 그룹 사이의 이질성을 식별하고 분석할 수 있으므로 각 분석 레벨에서 랜덤 성분을 지정할 수 있다. 이 사실은 데이터의 자연적 중첩을 고려할 수 없고, 결과적으로 편향된 모수 추정자를 생성하는 OLS를 통해 추정된 전통적인 회귀 모델과의 주요한 차이를 나타낸다.

많은 논문이 다양한 분석 레벨에서 연구되고 있는 현상의 분산 분해를 조사하기 위한 단지 빈 모델을 추정하기 위해서만 다중 모델을 사용하지만, 고정 및 랜덤 효과 성분의 각기 다른 레벨에 해당하는 설명 변수를 포함시킬 수 있는 가능성은 이러한 변수와 종속 변수 사이의 관계를 연구할 수 있게 해준다. 이는 새로운 연구 목표와 흥미로운 구조를 확립할 수 있게 한다.

현재, 좀 더 복잡한 다중 모델을 추정하기 위한 명령어와 루틴의 처리 능력에 대한 소프트웨어 및 도구 제조업체의 우려가 커지고 있다. SSI[Scientific Software International]가 제작하고 스티븐 로덴부시[Stephen Raudenbush](미시간대학교), 앤서니 브라이크[Anthony Bryk](시카고대학교), 리처드 콩돈[Richard Congdon](하버드대학교) 교수가 개발한 중요하고 교육적인 소프트웨어 HLM[Hierarchical Linear and Nonlinear Modeling]을 빼놓을 수 없다.

다른 모델링 기법뿐만 아니라 다중 모델을 추정하기 위해서는 주로 예측을 위한 것이라면 응용 프로그램에서 방법론적 엄격성과 결과를 분석할 때 특정한 주의를 기울여야 한다. 특정 추정 방법을 사용하면 연구원과 관리자가 가장 적합한 모델을 선택하는 데 도움이 되어 연구에 가치를 더하고 선택한 주제에 대한 새로운 연구를 수행할 수 있다.

더 많은 양의 데이터에서 암묵적이며 문맥적인 표준을 찾는 것은 조직이 경쟁 환경에서 성공하기 위한 필수적인 조건이며, 다중 모델링은 데이터 마이닝 프로세스를 위한 다양한 기술을 통해 상당한 기여를 한다.

23.8 연습문제

1. 24개국 고교생을 대상으로 한 국제과학대회($j = 1, ..., 24$) 조직에서는 참가자의 특성과 출신 국가의 특성에 근거해 참가자의 성과를 조사하고자 한다. 이벤트 코디네이터는 성과는 참가자들의 헌신과 그들이 공부하는 학교의 특징과 같은 여러 가지 요소들의 결과로 이뤄진다는 사실을 알고 있다. 그러나 지금은 대회에서 획득한 점수와 가구 소득 중간값으로 환산한 학생의 사회적 상태, 국가의 영향이 있는지 알아보고자 한다. 이를 위해 학생들의 사회적 상태 등은 가계 소득 중앙값으로 추정하고, 국가의 과학 기술 발전 정도는 연구 개발 투자로 추정한다. 데이터셋은 각 국가의 상위 다섯 학생의 데이터를 모아 총 120명의 참가자를 수집하고($i = 1, ..., 120$) 균형 클러스터링 데이터 구조를 생성했다. 데이터는 Science_Competition.dta 파일에서 찾을 수 있다. 이 데이터셋의 변수는 다음과 같다.

변수	설명
country	국가를 식별하는 문자열
idcountry	국가 코드 j
resdevel	GDP 대비 연구 개발 투자 비율(출처: World Bank)
idstudent	학생 코드 i
score	경쟁에서 얻은 학생의 과학 점수(0~100)
income	학생의 가구 소득 중앙값(USD)

이 데이터셋을 사용해 다음을 구하라.

a) 국가 내 학생들의 균형 클러스터링 데이터 구조의 존재를 증명하는 표를 작성하라.

b) 각 나라별로 참가자가 과학대회에서 획득한 평균 점수를 시각화할 수 있는 차트를 구성하라.

c) 학생(레벨 1)이 국가(레벨 2)에 중첩되어 있는 두 가지 분석 레벨이 존재하는 경우, 다음 빈 모델을 추정하라.

$$score_{ij} = b_{0j} + r_{ij}$$
$$b_{0j} = \gamma_{00} + u_{0j}$$

이는 다음처럼 된다.

$$score_{ij} = \gamma_{00} + u_{0j} + r_{ij}$$

d) 빈 모델의 추정을 통해, 다른 국가에서 온 학생들 간에 획득한 점수에서 변동성이 있는지 검증할 수 있는가?

e) 생성된 우도 비율 검정 결과로부터, 랜덤 절편이 0이라는 귀무 가설을 기각할 수 있는가? 즉, 이러한 클러스터링 데이터에 대한 기존의 선형 회귀 모델의 추정을 배제할 수 있는가?

f) 또한 빈 모델의 추정에 근거해 부류 내 상관관계를 계산하고 그 결과를 논하라.

g) 가구 소득 중앙값을 기준으로 각 학생의 과학 점수 행동을 각 국가에 대해 OLS로 선형 조정되는 차트를 구성하라.

h) 다음 랜덤 절편 모델을 추정하라.

$$score_{ij} = b_{0j} + b_{1j} \cdot income_{ij} + r_{ij}$$
$$b_{0j} = \gamma_{00} + u_{0j}$$
$$b_{1j} = \gamma_{10}$$

이는 다음과 같다.

$$score_{ij} = \gamma_{00} + \gamma_{10} \cdot income_{ij} + u_{0j} + r_{ij}$$

i) 유의수준 0.05에서 고정 및 랜덤 효과 모수 추정치의 통계적 유의성에 대해 논하라.

j) 국가별 랜덤 절편 항 u_{0j}를 시각화할 수 있는 막대 그래프를 구성하라.

k) 다음과 같은 랜덤 절편 및 기울기 모델을 추정하라.

$$score_{ij} = b_{0j} + b_{1j} \cdot income_{ij} + r_{ij}$$
$$b_{0j} = \gamma_{00} + u_{0j}$$
$$b_{1j} = \gamma_{10} + u_{1j}$$

이는 다음과 같다.

$$score_{ij} = \gamma_{00} + \gamma_{10} \cdot income_{ij} + u_{0j} + u_{1j} \cdot income_{ij} + r_{ij}$$

l) 랜덤 절편 모델 및 랜덤 절편과 기울기 모델의 추정치에 근거해 우도 비율 검정을 실행하고 결과를 논하라.

m) 다음 다중 모델을 추정하라.

$$score_{ij} = b_{0j} + b_{1j} \cdot income_{ij} + r_{ij}$$

$$b_{0j} = \gamma_{00} + u_{0j}$$

$$b_{1j} = \gamma_{10} + \gamma_{11} \cdot resdevel_j$$

이는 다음과 같다.

$$score_{ij} = \gamma_{00} + \gamma_{10} \cdot income_{ij} + \gamma_{11} \cdot resdevel_j \cdot income_{ij} + u_{0j} + r_{ij}$$

n) 랜덤 절편 및 레벨 1, 2 변수를 사용해 추정된 마지막 모델의 식을 제시하라.

o) 이 2레벨 계층 모델링(HLM2)을 통해 생성된 과학 경기에서 얻은 점수의 예측값을 표본 학생들이 얻은 실제 값(관측치)과 비교할 수 있는 차트를 구성하라.

2. 상업 사무소를 임대하는 한 회사가 특정 자치구에 277개의 부동산을 가진 포트폴리오를 갖고 있다. 이사회는 전 기간 동안 건물 간 제곱미터당 임대료와 지역 간 평균 임대료에 차이가 있는지 알아내고자 한다. 이를 위해 마케팅 팀은 Commercial_Properties.dta 파일에서 찾을 수 있는 데이터셋을 구성했다. 여기에는 이미 임대된 277개 사무실(j = 1, ..., 277)과 최근 6년간(t = 1, ..., 6) 임대료를 모니터링한, 이들 건물이 있는 15개 시군구(k = 1, ..., 15)의 특징이 들어 있다. 이 데이터셋의 변수는 다음과 같다.

변수	설명
district	지역 코드 k
property	건물 코드 j
lnp	제곱미터당 임대료의 자연로그(연간 인플레이션으로 조정)
year	모니터링 기간에 해당하는 시간 변수(반복 측정, 1~6년)
food	건물 위치에 음식점이 있는가?(아니요 = 0, 예 = 1)
space4	4대 이상 주차 공간이 있는가?(아니요 = 0, 예 = 1)
valet	건물 위치에 발레파킹 서비스가 있는가?(아니요 = 0, 예 = 1)
subway	건물 위치에 지하철 역이 있는가?(아니요 = 0, 예 = 1)
violence	건물 위치에 외적 요인으로 인한 평균 살인 사건 비율(인구 10만 명당)

이 데이터셋에는 기간(레벨 1)이 건물(레벨 2)에 중첩되어 있고 이들은 지역(레벨 3)에 중첩되어 다음 그림의 논리에 따라 구성된다.

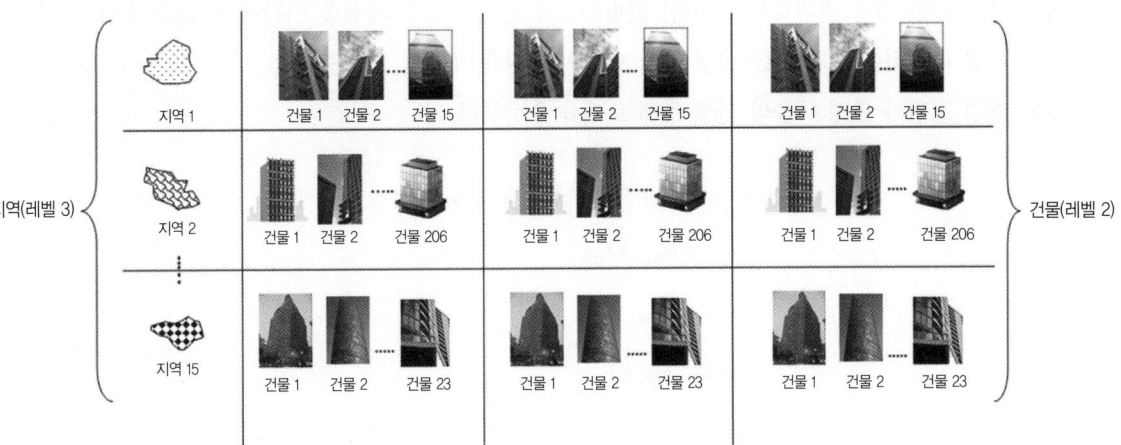

다음을 구하라.

a) 지역 내 건물의 불균형 클러스터링 데이터 구조의 존재를 증명하는 표를 작성하라.

b) 건물 모니터링 기간과 관련해 불균형 패널 데이터의 존재를 증명하는 표를 작성하라.

c) 분석 대상 건물의 제곱미터당 임대료에 대한 자연로그의 시간적 변화를 시각화할 수 있는 차트를 구성하라.

d) 기간 중 건물의 제곱미터당 임대료 평균에 대한 대략적인 선형성이 있는지 확인할 수 있는 차트를 작성하라.

e) 시군구별로 건물의 제곱미터당 임대료에 대한 자연로그 평균의 시간적 변화를 갖는 도표 (OLS를 통한 선형 조정)를 구성하라.

f) 세 가지 분석 레벨이 존재할 때, 반복 측정(레벨 1)이 건물(레벨 2)에 중첩되어 있고, 이러한 것들이 지역(레벨 3)에 중첩되어 있는 경우, 다음과 같은 빈 모델을 추정하라.

$$\ln(p)_{tjk} = \pi_{0jk} + e_{tjk}$$
$$\pi_{0jk} = b_{00k} + r_{0jk}$$
$$b_{00k} = \gamma_{000} + u_{00k}$$

이는 다음과 같다.

$$\ln(p)_{tjk} = \gamma_{000} + u_{00k} + r_{0jk} + e_{tjk}$$

g) 빈 모델의 추정에 근거해 레벨 2와 레벨 3의 상관관계를 계산하여 결과를 논하라.

h) 여전히 빈 모델의 추정을 통해, 분석 기간 전체에 걸쳐 상업용 건물의 임대료에 변동성이 있으며, 시간 경과에 따라 같은 구역에 있는 부동산과 다른 구역에 위치한 부동산 사이에 변동

성이 있다고 말할 수 있는가?

i) 우도 비율 검정 결과로부터, 랜덤 절편은 0과 같다는 귀무 가설을 기각할 수 있는가? 즉, 이러한 데이터에 대한 기존 선형 회귀 모델의 추정을 배제할 수 있는가?

j) 랜덤 절편과 함께 다음의 선형 추세 모델을 추정하라.

$$\ln(p)_{tjk} = \pi_{0jk} + \pi_{1jk} \cdot year_{jk} + e_{tjk}$$

$$\pi_{0jk} = b_{00k} + r_{0jk}$$

$$\pi_{1jk} = b_{10k}$$

$$b_{00k} = \gamma_{000} + u_{00k}$$

$$b_{10k} = \gamma_{100},$$

이는 다음 식이 된다.

$$\ln(p)_{tjk} = \gamma_{000} + \gamma_{100} \cdot year_{jk} + u_{00k} + r_{0jk} + e_{tjk}$$

k) 유의수준 0.05에서 고정 및 랜덤 효과 모수 추정치의 통계적 유의성에 대해 논하라.

l) 지역별 그리고 건물별 랜덤 절편을 시각화할 수 있는 막대 그래프를 2개 구성하라.

m) 랜덤 절편 및 기울기로 다음과 같은 선형 추세 모델을 추정하라.

$$\ln(p)_{tjk} = \pi_{0jk} + \pi_{1jk} \cdot year_{jk} + e_{tjk}$$

$$\pi_{0jk} = b_{00k} + r_{0jk}$$

$$\pi_{1jk} = b_{10k} + r_{1jk}$$

$$b_{00k} = \gamma_{000} + u_{00k}$$

$$b_{10k} = \gamma_{100} + u_{10k}$$

이는 다음과 같다.

$$\ln(p)_{tjk} = \gamma_{000} + \gamma_{100} \cdot year_{jk} + u_{00k} + u_{10k} \cdot year_{jk} + r_{0jk} + r_{1jk} \cdot year_{jk} + e_{tjk}$$

n) 새로운 레벨 2와 레벨 3의 상관관계를 계산해 결과를 논의한다.

o) 우도 비율 검정을 실행해 랜덤 절편 선형 추세 모델의 추정치와 랜덤 절편과 기울기 모델을 서로 비교하라.

p) 랜덤 절편과 기울기, 레벨 2 변수를 사용해 다음과 같은 선형 추세 모델을 추정하라.

$$\ln(p)_{tjk} = \pi_{0jk} + \pi_{1jk} \cdot year_{jk} + e_{tjk}$$

$$\pi_{0jk} = b_{00k} + b_{01k} \cdot food_{jk} + b_{02k} \cdot space4_{jk} + r_{0jk}$$

$$\pi_{1jk} = b_{10k} + b_{11k} \cdot valet_{jk} + r_{1jk}$$

$$b_{00k} = \gamma_{000} + u_{00k}$$

$$b_{01k} = \gamma_{010}$$

$$b_{02k} = \gamma_{020}$$

$$b_{10k} = \gamma_{100} + u_{10k}$$

$$b_{11k} = \gamma_{110}$$

이는 다음과 같다.

$$\ln(p)_{tjk} = \gamma_{000} + \gamma_{100} \cdot year_{jk} + \gamma_{010} \cdot food_{jk} + \gamma_{020} \cdot space4_{jk} + \gamma_{110} \cdot valet_{jk} \cdot year_{jk}$$
$$+ u_{00k} + u_{10k} \cdot year_{jk} + r_{0jk} + r_{1jk} \cdot year_{jk} + e_{tjk}$$

q) 반복 측정, 랜덤 절편 및 기울기, 레벨 2 변수와 함께 추정된 최종 모델식을 제시하라.

r) 이 모델을 통해, 건물의 제곱미터당 임대료의 자연로그가 시간 경과에 따라 선형 추세를 따르고, 같은 지역에 위치한 것과 다른 지역에 위치한 것 사이에 절편과 기울기가 유의미하게 다르다고 할 수 있는가? 만약 그렇다면 식당의 존재, 4대 이상의 주차공간 유무, 그리고 그 건물이 있는 곳의 발레파킹 유무가 이러한 변동성의 일부를 설명해주는가?

s) 랜덤 절편과 기울기, 레벨 2 및 레벨 3 변수를 사용해 다음과 같은 선형 추세 모델을 추정하라.

$$\ln(p)_{tjk} = \pi_{0jk} + \pi_{1jk} \cdot year_{jk} + e_{tjk}$$

$$\pi_{0jk} = b_{00k} + b_{01k} \cdot food_{jk} + b_{02k} \cdot space4_{jk} + r_{0jk}$$

$$\pi_{1jk} = b_{10k} + b_{11k} \cdot valet_{jk} + r_{1jk}$$

$$b_{00k} = \gamma_{000} + \gamma_{001} \cdot subway_k + u_{00k}$$

$$b_{01k} = \gamma_{010}$$

$$b_{02k} = \gamma_{020}$$

$$b_{10k} = \gamma_{100} + \gamma_{101} \cdot subway_k + \gamma_{102} \cdot violence_k + u_{10k}$$

$$b_{11k} = \gamma_{110}$$

이는 다음 식과 같다.

$$\ln(p)_{tjk} = \gamma_{000} + \gamma_{100} \cdot year_{jk} + \gamma_{010} \cdot food_{jk} + \gamma_{020} \cdot space4_{jk} + \gamma_{001} \cdot subway_k$$
$$+ \gamma_{110} \cdot valet_{jk} \cdot year_{jk} + \gamma_{101} \cdot subway_k \cdot year_{jk} + \gamma_{102} \cdot violence_k \cdot year_{jk}$$
$$+ u_{00k} + u_{10k} \cdot year_{jk} + r_{0jk} + r_{1jk} \cdot year_{jk} + e_{tjk}$$

t) 지역 및 건물 레벨에 대한 랜덤 효과 분산-공분산 행렬을 제시한다.

u) 랜덤 절편과 기울기, 레벨 2 및 레벨 3 변수를 사용해 동일한 선형 추세 모델을 추정하되, 이제 상관관계 랜덤 효과 (u_{00k}, u_{10k}) 및 (r_{0jk}, r_{1jk})를 고려하라.

v) 지역 및 건물 레벨에 대한 랜덤 효과 분산-공분산 행렬을 제시하라.

w) 우도 비율 검정을 실행해 독립적이고 상관된 랜덤 효과 (u_{00k}, u_{10k}) 및 (r_{0jk}, r_{1jk})와 모델의 추정치를 비교하라. 이번 검정의 결과에 근거해 어떤 결론을 내릴 수 있는가?

x) 다중 모델의 최종 식은 무엇인가?

y) 지하철의 존재와 구역 내 범죄 비율이 다른 구역에 위치한 건물들 사이의 제곱미터당 임대 가격의 자연로그 진화의 일부분을 설명한다고 말할 수 있는가?

z) 이 3레벨 계층 모델링(HLM3)을 통해 생성된 제곱미터당 임대 가격의 예측값과 OLS의 추정을 비교하는 차트를 그려보라. 고정 효과 성분($year$, $food$, $space4$, $subway$, $valet^*year$, $subway^*year$, $violence^*year$)에 공통적인 설명 변수를 사용한다. 또한 건물의 제곱미터당 임대료의 자연로그의 실제 관측치와 비교하라.

부록

A.1 계층 비선형 모델

이미 논의한 바와 같이 일반화 선형 잠재 및 혼합 모델^{GLLAMM}은 일반화 선형 모델^{GLM}과 유사하게 이 장 전체에서 연구한 계층 선형 모델^{HLM}과 **계층 비선형 모델**$^{HNM, hierarchical nonlinear models}$을 포함한다. 후자는 중첩 데이터 구조가 있는 경우 종속 변수가 범주형 변수 또는 개수형 데이터로 나타나는 상황이며, 계층 비선형 모델을 이 부록에서 로지스틱, 푸아송 및 음이항으로 제시한 이유이기도 하다. 그림 23.57은 일반화 선형 잠재 및 혼합 모델의 논리를 보여주며, 지금부터 연구할 모델을 보여준다.

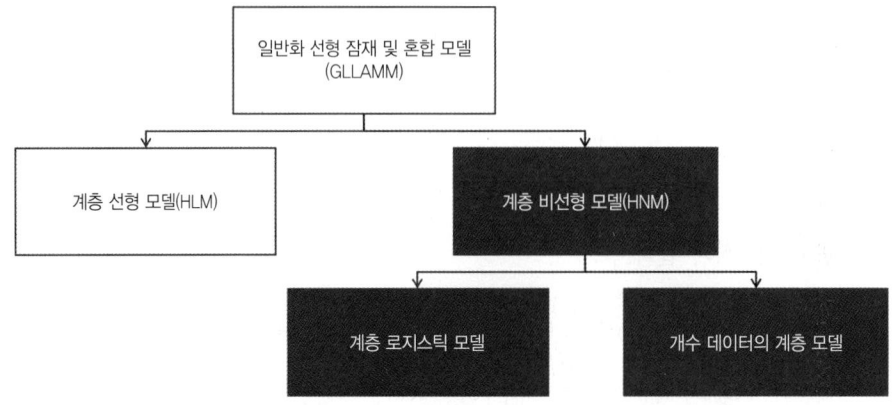

그림 23.57 일반화 선형 잠재 및 혼합 모델. 계층 비선형 모델이 강조되어 있다.

(A) 계층 로지스틱 모델

14장에서 연구한 것과 유사한 **혼합 효과 로지스틱 회귀 분석 모델**mixed effects logistic regression models은 종속 변수가 정성적 및 이분일 때마다 사용할 수 있으며, 데이터는 특정 중첩 구조(레벨)에서 발견되고, 클러스터링 데이터 또는 반복 측정이 포함된 데이터가 있을 수 있다. 이러한 상황에서 연구원들은 이분 변수(더미)로 대표되는 설명 변수의 행동과 연구 대상 현상의 발생 사이의 관계를 포착하는 것을 목표로 하는 모델을 추정할 수 있을 뿐만 아니라, 다중 구조의 존재로 인한 랜덤 효과 성분들의 분산 분해를 연구할 수 있다.

이 절에서는 클러스터링 데이터가 포함된 2레벨 계층 로지스틱 모델을 제시한다. 일반적으로 식 (14.10) 및 식 (23.23)에서 두 가지 분석 레벨로 이 모델을 정의할 수 있다. 첫 번째 레벨에서는 각각의 개별 $i(i = 1, ..., n)$를 가리키는 설명 변수 $X_1, ..., X_Q$를 제공하며, 두 번째 레벨에서는 각 그룹 $j(j = 1, ..., J)$를 가리키는 설명 변수 $W_1, ..., W_S$를 다음과 같이 제공한다.

$$\text{레벨 1: } p_{ij} = \frac{1}{1 + e^{-\left(b_{0j} + b_{1j} \cdot X_{1ij} + b_{2j} \cdot X_{2ij} + ... + b_{Qj} \cdot X_{Qij}\right)}} \tag{23.45}$$

여기서 p_{ij}는 특정 그룹 j에 속하는 각 관측치 i에 대해 관심 사건의 발생 확률을 나타내며, $b_{qj}(q = 0, 1, ..., Q)$는 레벨 1 계수를 가리킨다.

$$\text{레벨 2: } b_{qj} = \gamma_{q0} + \sum_{s=1}^{S_q} \gamma_{qs} \cdot W_{sj} + u_{qj} \tag{23.46}$$

여기서 $\gamma_{qs}(s = 0, 1, ..., S_q)$는 레벨 2 계수를 나타내며, u_{qj}는 레벨 2 랜덤 효과로 정규 분포하며, 평균은 0, 분산은 τ_{qq}이다. 또한 가능 독립 오차 항 u_{qj}는 평균 0과 분산 $\pi^2/3$을 갖는다.

이 시점에서 예를 하나 들어보자. 각기 다른 나라에 거주하는 부부가 관광을 위해 해외여행을 할 때 차이가 있는지 조사하는 것을 목표로 글로벌 차원에서 연구가 진행됐다. 이를 위해 50개국 1622쌍의 부부별 평균 연령, 자녀 수 등의 데이터를 수집했다. 데이터셋 일부는 표 23.7에 제시되어 있으며, 전체 데이터셋은 Tourism.dta 파일에서 찾을 수 있다.

표 23.7 예제: 각기 다른 국가(레벨 2)에 거주하는 부부(레벨 1)의 해외여행

관측치 (부부 i – 레벨 1)	부부가 사는 국가 j (레벨 2)	지난해 해외여행 여부 (Y_{ij})	부부의 평균 연령 (X_{1ij})	자녀 수 (X_{2ij})
1	프랑스	예	68	2
2	프랑스	예	37	0
...				
117	프랑스	예	54	3
...		아니요		
1,604	이집트	아니요	55	2
1,605	이집트		51	2
...				
1,622	이집트	예	39	0

이 파일을 연 후 desc 명령어를 입력하면 관측치 수, 변수 수, 각 파일의 설명 등 데이터 집합 특성을 분석할 수 있다. 그림 23.58은 Stata에서 이 출력을 보여준다.

```
. desc

  obs:        1,622
  vars:           4
  size:      48,660
-----------------------------------------------------------------------------
              storage   display    value
variable name   type    format     label      variable label
-----------------------------------------------------------------------------
country         str14    %14s                  country j where the couple lives (level 2)
tourism         float    %9.0g     tourism     Did the couple travel abroad for tourism
                                                in the last year?
age             float    %9.0g                 couple's average age (years)
children        float    %9.0g                 number of children
-----------------------------------------------------------------------------
Sorted by:
```

그림 23.58 Tourism.dta 데이터셋 설명

이 부록의 주요 목표는 23장 전체에 걸쳐 제시된 개념을 다시 논의하는 것이 아니므로, 다음과 같이 바로 추정을 수행하자.

$$p(tourism)_{ij} = \frac{1}{1 + e^{-\left(b_{0j} + b_{1j} \cdot age_{ij} + b_{2j} \cdot children_{ij}\right)}}$$

$$b_{0j} = \gamma_{00} + u_{0j}$$

$$b_{1j} = \gamma_{10}$$

$$b_{2j} = \gamma_{20}$$

이는 다음과 같은 랜덤 절편 모델을 만든다.

$$p(tourism)_{ij} = \frac{1}{1 + e^{-\left(\gamma_{00} + \gamma_{10} \cdot age_{ij} + \gamma_{20} \cdot children_{ij} + u_{0j}\right)}}$$

여기서 변수 *tourism*은 이분(더미)이다. 여기서 1에 해당하는 값은 작년에 관광을 위해 해외여행을 했던 커플이며, 0에 해당하는 값은 반대다.

Stata에서 이 모델을 추정하려면 다음 명령어를 입력해야 한다.

```
melogit tourism age children || country: , nolog⁹
```

결과는 그림 23.59에 있다.

```
. melogit tourism age children || country: , nolog

Mixed-effects logistic regression          Number of obs    =      1622
Group variable: country                    Number of groups =        50

                                           Obs per group: min =         2
                                                          avg =      32.4
                                                          max =       118

Integration points =    7                  Wald chi2(2)     =     52.18
Log likelihood = -1038.1176                Prob > chi2      =    0.0000

------------------------------------------------------------------------------
     tourism |      Coef.   Std. Err.      z    P>|z|     [95% Conf. Interval]
-------------+----------------------------------------------------------------
         age |   .0150543   .0066673     2.26   0.024     .0019866    .0281221
    children |  -.4239421   .0598524    -7.08   0.000    -.5412507   -.3066335
       _cons |   .4393716   .2954913     1.49   0.137    -.1397806    1.018524
------------------------------------------------------------------------------

------------------------------------------------------------------------------
  Random-effects Parameters |   Estimate   Std. Err.     [95% Conf. Interval]
-----------------------------+------------------------------------------------
country: Identity            |
                  var(_cons) |   .2551956   .0880873      .1297356    .5019808
------------------------------------------------------------------------------
LR test vs. logistic regression: chibar2(01) =     52.82 Prob>=chibar2 = 0.0000
```

그림 23.59 Stata에서 랜덤 절편을 가진 계층 로지스틱 모델의 출력

이 수치를 바탕으로 처음에는 50개 그룹(국가)에 1622개의 관측치(부부)가 중첩되어 있음을 알 수 있는데, 이는 2단계 클러스터링 데이터 구조를 특징으로 한다.

좀 더 탐구적인 연구원은 고정 및 랜덤 효과 성분의 모수 추정치가 다음 명령어를 통해 얻어진 값과 동일한지 확인할 수 있다.

---

9   Stata 13 이전의 버전에서는 xtmelogit tourism age children || country: , var nolog라고 명령해야 한다.

```
meglm tourism age children || country: , family(bernoulli) link(logit) nolog
```

여기서 meglm이라는 항은 다중 혼합 효과를 의미하며 일반화 선형 모델을 의미한다. 따라서 그 때문에 종속 변수의 분포 군을 정의할 필요가 있으며, 이 경우 베르누이, 그리고 이 상황의 캐노니컬 연결 함수인 로지스틱 함수를 정의해야 한다.[10]

또한 명령어의 끝에 항 or$^{odds\ ratio}$를 입력해 고정 효과 모수의 승산비를 직접 얻을 수도 있다.

u_{qj}의 독립 오차 항 분산이 $\pi^2/3$이면, 다음과 같은 부류 내 상관관계를 정의할 수 있다.

$$rho = \frac{\tau_{00}}{\tau_{00} + \frac{\pi^2}{3}} = \frac{0.255}{0.255 + \frac{\pi^2}{3}} = 0.072$$

이는 오차 항 총 분산의 약 7%가 국가 간 종속 변수의 행동 변경으로 인한 것임을 시사한다. Stata 13 이후로는 해당 모델의 추정 직후 estat icc 명령어를 입력함으로써 이러한 부류 내 상관관계를 직접 얻을 수 있다.

Stata가 랜덤 효과 모수에 대한 각각의 유의수준을 가진 z 검정 결과를 직접 보여주지는 않지만, 랜덤 절편 u_{0j}에 해당하는 분산 성분 τ_{00}의 추정치가 표준 오차보다 상당히 높다는 사실은 다른 나라에 거주하는 부부들의 해외여행 행동에 상당한 변동성이 있음을 시사한다. 통계적으로 $z = 0.255/0.088 = 2.90 > 1.96$임을 볼 수 있고, 1.96은 유의수준을 0.05로 하는 표준 정규 분포의 임곗값이다.

다른 조건이 모두 동일하다면, 문화적, 경제적, 사회적 특성 등 그러한 행동을 설명할 수 있는 국가 변수가 고려되지 않았더라도, 연령의 증가는 부부들이 해외여행을 시작할 예상 확률을 증가시키는 반면, 자녀 수의 증가와 함께 감소한다는 사실을 확인할 수 있다. 추정된 모델은 다음 식으로 나타난다.

$$p(tourism)_{ij} = \frac{1}{1 + e^{-\left(0.439 + 0.015 \cdot age_{ij} - 0, 424 \cdot children_{ij} + u_{0j}\right)}}$$

그림 23.59 하단의 우도 비율 검정 결과로부터 이 다중 모델의 추정이 예제 데이터의 경우 전통적인 이항 로지스틱 회귀 모델의 추정보다 더 적합하다는 사실을 알 수 있다.

---

10 연구원이 14장의 부록에서 논의한 바와 같이 종속 변수의 분포가 베르누이인 프로빗 계층 비선형 모델을 추정하기로 선택한 경우, 다음 두 명령어 중 하나를 사용할 수 있다.

```
meprobit tourism age children || country: , nolog
meglm tourism age children || country: , family(bernoulli) link(probit) nolog
```

따라서 표본에 있는 각 커플에 대해 연구되고 있는 사건 발생의 예상 확률값을 얻을 수 있다(해외여행). 그렇게 하려면 데이터셋에 새 변수(*phat*)를 생성하는 다음 명령어를 입력해야 한다.

```
predict phat
```

게다가 같은 나라에서 온 부부에게는 불변인 오차 항 u_{0j}도 얻을 수 있다. 그러기 위해서는 다음 명령어를 입력해야 한다.

```
predict u0, remeans
```

이는 데이터셋에 새로운 변수 *u0*을 생성한다.

그림 23.60에 표시된 출력을 생성하는 다음 명령어는 브라질에 거주하는 부부에 대해서만 *phat* 값과 오차 항 *u0*을 나타낸다.

```
list country tourism phat u0 if country == "Brazil"
```

```
.  list country tourism phat u0 if country == "Brazil"

       +-----------------------------------------------+
       |country    tourism        phat          u0 |
       |-----------------------------------------------|
1198. | Brazil        Yes    .6316937    .1049601 |
1199. | Brazil         No     .491252    .1049601 |
1200. | Brazil        Yes    .7533196    .1049601 |
1201. | Brazil        Yes     .747682    .1049601 |
1202. | Brazil        Yes    .4950149    .1049601 |
       |-----------------------------------------------|
1203. | Brazil         No     .491252    .1049601 |
1204. | Brazil         No    .4874901    .1049601 |
1205. | Brazil        Yes     .717749    .1049601 |
1206. | Brazil        Yes    .6659743    .1049601 |
1207. | Brazil        Yes    .6068546    .1049601 |
       |-----------------------------------------------|
1208. | Brazil         No    .6068546    .1049601 |
1209. | Brazil        Yes    .6032571    .1049601 |
1210. | Brazil        Yes    .6175761    .1049601 |
1211. | Brazil        Yes    .6495774    .1049601 |
1212. | Brazil        Yes    .6731711    .1049601 |
       |-----------------------------------------------|
1213. | Brazil         No    .7207888    .1049601 |
1214. | Brazil         No    .6862789    .1049601 |
       +-----------------------------------------------+
```

그림 23.60 브라질에 거주하는 부부의 해외여행 확률 기댓값과 오차 항 $u_{0j}(j = $ 브라질)

교육 목적상, 변수 *phat*를 다음 식으로도 생성할 수 있다.

```
gen phat = (1) / (1 + exp(-(0.4393717 + 0.0150543*age - 0.4239421*children + u0)))
```

마지막으로 변수 *children*을 기준으로, 세계 각국에서 선택된 5개 특정 국가에 거주하는 부부가 해외여행을 하는 예상 확률의 *S* 곡선(sigmoid 함수) 조정을 보여주는 차트를 만들 수 있다. 그림 23.61에서 볼 수 있는 이 차트는 다음 명령어를 입력해 구한다.

```
graph twoway scatter phat children || mspline phat children if country=="France" || mspline
phat children if country=="United States" || mspline phat children if country=="Japan" ||
mspline phat children if country=="South Africa" || mspline phat children if
country=="Venezuela" ||, legend (label(2 "France") label(3 "United States") label(4
"Japan") label(5 "South Africa") label(6 "Venezuela"))
```

이 차트를 통해, 해외여행에 있어 각기 다른 나라 부부 사이의 다른 행동을 명확히 볼 수 있다.

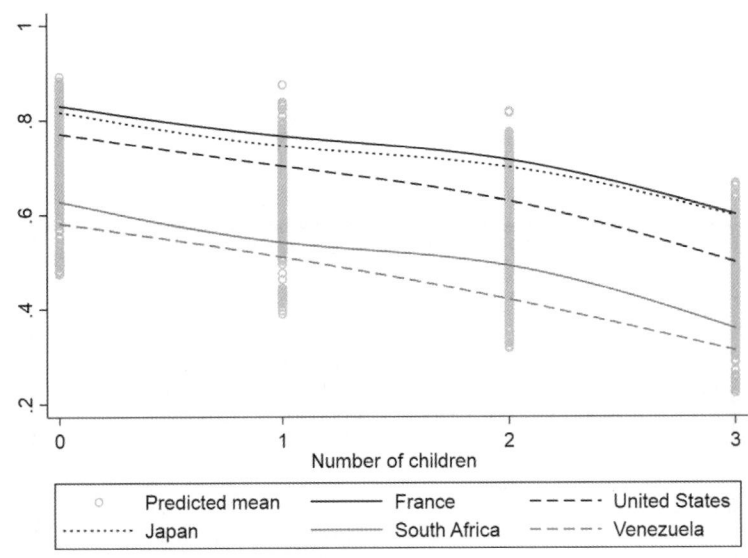

그림 23.61 자녀 수에 따른 5개국 부부의 해외여행 확률 기댓값의 조정

(B) 개수 데이터의 계층 모델

15장에서 연구한 것과 유사하게 개수 데이터에 대한 혼합 효과 회귀 모델은 종속 변수가 정량적일 때, 그러나 이산값과 비음숫값이 있을 때, 그리고 데이터가 특정 중첩 구조(레벨)에 있을 때 사용될 수 있으며, 클러스터링 데이터나 반복 측정이 포함된 데이터가 있을 수 있다.

이 절에서는 세 가지 레벨과 클러스터링 데이터의 개수 데이터에 대한 계층 모델을 제시한다. 일반적으로 그리고 식 (15.4), (23.30), (23.31)로부터 이 3레벨 모델을 정의할 수 있다. 첫 번째 레벨은 단위 $i(i = 1, ..., n)$를 가리키는 레벨 1 설명 변수 $Z_1, ..., Z_p$를 보여준다. 두 번째 레벨, 레벨 2 설명 변수 $X_1, ..., X_Q$는 단위 $j(j = 1, ..., J)$를 나타내며, 동일한 그룹 j에 속하는 단위에 대해서는 불변이다. 세 번째 레벨, 레벨 3 설명 변수 $W_1, ..., W_S$는 단위 $k(k = 1, ..., K)$를 말하며, 같은 그룹 k에 속하는 단위에 대해서는 불변이다. 이 모델은 다음과 같다.

$$\text{레벨 1: } \ln\left(\lambda_{ijk}\right) = \pi_{0jk} + \pi_{1jk} \cdot Z_{1jk} + \pi_{2jk} \cdot Z_{2jk} + ... + \pi_{Pjk} \cdot Z_{Pjk} \tag{23.47}$$

여기서 λ는 특정 노출에 대해 연구 중인 현상의 예상 평균 발생률 또는 발생 횟수를 의미한다. π_{pjk} $(p = 0, 1, ..., P)$는 레벨 1 계수를 나타내며, Z_{pjk}는 레벨 2 단위 j와 레벨 3 단위 k에서 관측치에 대한 p번째 레벨 1 설명 변수다.

$$\text{레벨 2: } \pi_{pjk} = b_{p0k} + \sum_{q=1}^{Q_p} b_{pqk} \cdot X_{qjk} + r_{pjk} \tag{23.48}$$

여기서 $b_{pqk}(q = 0, 1, ..., Q_p)$는 레벨 2 계수를 참조한다. X_{qjk}는 레벨 3 단위 k에 있는 단위 j에 대한 q번째 레벨 2 설명 변수다. r_{pjk}는 벡터 $(r_{0jk}, r_{1jk}, ..., r_{Pjk})'$가 평균 0과 분산 $\tau_{r\pi pp}$를 가진 다변량 정규 분포를 따른다고 가정하면 레벨 2 랜덤 효과다.

$$\text{레벨 3: } b_{pqk} = \gamma_{pq0} + \sum_{s=1}^{S_{pq}} \gamma_{pqs} \cdot W_{sk} + u_{pqk} \tag{23.49}$$

여기서 $\gamma_{pqs}(s = 0, 1, ..., S_{pq})$는 레벨 3 계수를 참조하고, W_{sk}는 단위 k에 대한 s번째 레벨 3 설명 변수, u_{pqk}는 레벨 3 랜덤 효과로, 각 단위 k에 대해 u_{pqk}로 형성된 벡터는 평균 0과 분산 $\tau_{u\pi pp}$를 갖는 다변량 정규 분포를 따른다고 가정한다.

교통사고 건수와 거주자/일별 평균 섭취 알코올 양(g) 사이의 관계를 연구하기 위한 국가 연구가 수행됐다고 생각해보자. 이 연구는 브라질의 몇 개 시에서 수행됐다. 또한 각기 다른 자치 단체와 연방의 다른 주에 위치한 지역들 간의 이러한 관계에 차이가 있는지 알아내고자 한다. 이를 위해 연방 27개 단위(26개 주 및 연방 지구)의 234개 자치구에 위치한 1062개 시군구의 데이터를 분석했다. 데이터셋의 일부는 표 23.8에 나타나 있다. 전체 데이터는 Traffic_Accidents.dta 파일에 있다.

표 23.8 예제: 소도시(레벨 1), 도시(레벨 2), 주(레벨 3)의 교통사고

주 k (레벨 3)	도시 j (레벨 2)	소도시 i (레벨 1)	작년 교통사고 건수 (Y_{ijk})	거주자 일별 알코올 섭취량(그램) (Z_{jk})
AC	1	1	9	12.57
AC	2	2	10	13.36
...				
AC	3	11	2	12.33
...				
TO	231	1,052	2	11.94
TO	231	1,053	3	10.54
...				
TO	234	1,062	5	11.74

그림 23.62는 desc 명령어를 입력할 때 Stata에서 생성된 출력을 보여준다.

```
. desc

  obs:         1,062
  vars:            5
  size:       11,682
--------------------------------------------------------------------
              storage   display    value
variable name   type    format     label    variable label
--------------------------------------------------------------------
state          str2     %2s                 state k (level 3)
municipality   int      %8.0g               municipality j (level 2)
district       int      %8.0g               municipal district i (level 1)
accidents      byte     %8.0g               number of traffic accidents in the
                                            district in the last year
alcohol        float    %9.2f               average amount of alcohol ingested per
                                            inhabitant/day in the district (in grams)
--------------------------------------------------------------------
Sorted by:
```

그림 23.62 Traffic_Accidents.dta 데이터셋의 설명

15장에 제시된 논리를 따라, 초기에 제안할 모델의 종속 변수가 될 변수 *accidents*에 대한 히스토그램을 구성하자. 그러기 위해서는 다음 명령어를 입력해야 한다. 결과는 그림 23.63에 있다.

```
hist accidents, discrete freq
```

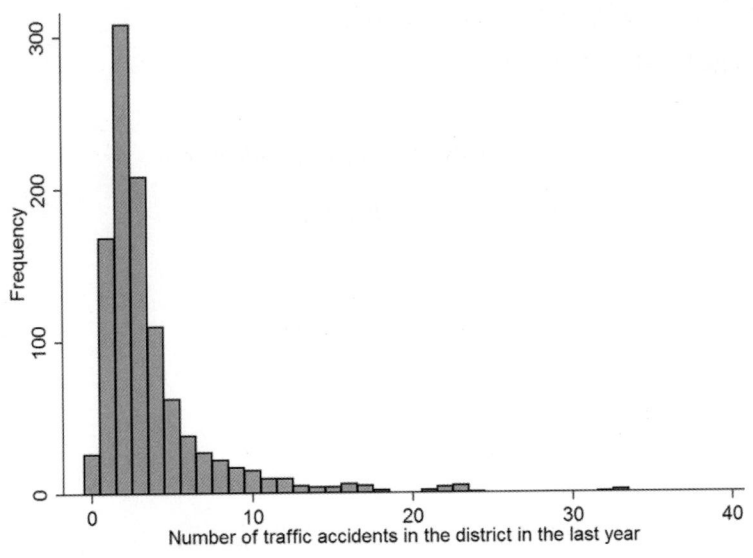

그림 23.63 독립 변수 *accidents*의 히스토그램

15장에서 연구한 바와 같이, 연구원들은 개수 데이터를 포함하는 모델을 추정하기 전에 종속 변수의 평균과 분산이 같거나 적어도 서로 가까운지 여부를 평가하는 것이 좋다. 그렇게 함으로써 푸아송 모델 추정의 적합성에 대해 생각하게 될 것이고, 그렇지 않다면 음이항 모델을 추정할 필요가 있을 것이다.

다음 명령어를 입력하면 이 예비 진단을 상세히 할 수 있으며, 그 결과는 그림 23.64에서 확인할 수 있다.

```
tabstat accidents, stats(mean var)
```

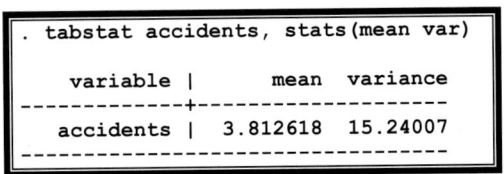

그림 23.64 종속 변수 *accidents*의 평균과 분산

변수 *accidents*의 분산이 평균보다 훨씬 더 높아서 **데이터에 과산포가 있다**는 것을 나타내더라도, 처음에는 그리고 교육적인 목적을 위해 푸아송 모델을 추정할 것이다. 교통사고 건수의 모델링에서 고정 효과 성분에 주와 시를 나타내는 더미 변수를 포함시킬 가능성이 있더라도, 여기서는 랜덤 효과로 처리하고 3레벨과 랜덤 절편이 있는 **다중 푸아송 회귀 모델**을 추정할 것이다. 또한 푸아송 모델과 관련해 **다중 음이항 회귀 모델**의 더 나은 적합성을 시사하는 데이터에서 과산포의 존재에 대한 정의는 다음

에 우도 비율 검정을 통해 상세히 설명될 것이다.

따라서 다음과 같은 추정을 실시하자.

$$\ln\left(accidents_{ijk}\right) = \pi_{0jk} + \pi_{1jk} \cdot alcohol_{jk}$$

$$\pi_{0jk} = b_{00k} + r_{0jk}$$

$$\pi_{1jk} = b_{10k}$$

$$b_{00k} = \gamma_{000} + u_{00k}$$

$$b_{10k} = \gamma_{100}$$

이는 랜덤 절편 모델이 된다.

$$\ln\left(accidents_{ijk}\right) = \gamma_{000} + \gamma_{100} \cdot alcohol_{jk} + u_{00k} + r_{0jk}$$

여기서 변수 *accidents*는 연구 중인 현상을 나타낸다. 이 변수는 정량이고 음수가 아닌 것만을 가지며 이산값(개수 데이터)으로서 주 k의 시 j에 위치한 소도시 i에서 지난해 발생한 교통사고 발생을 나타낸다.

Stata에서 이 모델을 추정하려면 다음 명령어를 입력해야 한다.

```
mepoisson accidents alcohol || state: || municipality: , nolog[11]
```

다른 레벨의 삽입 논리는 이 장에서 논의한 내포 기준을 따른다. 즉, 높은 곳에서 낮은 레벨로 그리고 레벨은 항 ||에 의해 분리된다. 출력은 그림 23.65와 같다.

---

[11] Stata 13 이전 버전에서는 다음 명령어를 입력해야 한다.

```
x tmepoisson accidents alcohol || state: || municipality: , var nolog
```

```
. mepoisson accidents alcohol || state: || municipality: , nolog

Mixed-effects Poisson regression              Number of obs     =      1062

----------------------------------------------------------------------
                  |   No. of      Observations per Group
Group Variable    |   Groups    Minimum    Average    Maximum
------------------+---------------------------------------------------
           state  |     27          1        39.3         95
    municipality  |    235          1         4.5         13
----------------------------------------------------------------------

Integration method: mvaghermite                 Integration points =       7

                                               Wald chi2(1)      =       5.60
Log likelihood = -2295.9047                    Prob > chi2       =     0.0180
----------------------------------------------------------------------
      accidents  |    Coef.    Std. Err.     z    P>|z|    [95% Conf. Interval]
-----------------+----------------------------------------------------
        alcohol  |  .0478279   .020216     2.37   0.018   .0082053    .0874506
          _cons  |  .7293659   .2638594    2.76   0.006   .2122111    1.246521
-----------------+----------------------------------------------------
state            |
     var(_cons)  |  .3857761   .12319                     .2063103    .7213563
-----------------+----------------------------------------------------
state>municipa~y |
     var(_cons)  |  .0829691   .0142976                   .059188     .1163053
----------------------------------------------------------------------
LR test vs. Poisson regression:        chi2(2) =  1279.65   Prob > chi2 = 0.0000

Note: LR test is conservative and provided only for reference.
```

그림 23.65 Stata에서 랜덤 절편을 가진 다중 푸아송 모델의 결과

그림에 따르면, 처음에 3레벨 비균형 군집 데이터 구조를 볼 수 있다. 게다가 최대 우도 비율 검정 결과는 각기 다른 주에 위치한 지역 간에 상당한 변동성이 있음을 보여주고 이는 랜덤 효과가 없는 전통적 푸아송 회귀 모델보다 다계층 푸아송 모델을 더 선호하게 됨을 의미한다.

다음으로 옮기기 전에, estimates store mepoisson 명령어를 입력하면 이 추정의 결과를 나중에 음이항 모델의 추정을 통해 구한 것과 비교하기 위해 저장할 수 있다. 또한 predict lambda 명령어를 입력하면, 1062개 시군구별로 지난해 교통사고 발생 추정치에 해당하는 데이터셋에 새로운 변수(*lambda*)를 생성한다. 마지막으로, 연구원들은 15장에서 본 것처럼 각 고정 효과 모수의 변화에 해당하는 연간 교통사고 발생률을 추정할 수 있도록 제시된 명령의 끝에 irr[incidence rate ratio](사건 발생 비율) 항을 입력할 수도 있다.

호기심 많은 연구원은 고정 및 랜덤 효과 성분의 모수 추정치가 다음 명령어를 통해 얻어진 것과 동일한지 확인할 수 있다.

```
meglm accidents alcohol || state: || municipality: , family(poisson) link(log) nolog
```

이는 일반화 선형 잠재 및 혼합 모델(meglm 항)에 대해 종속 변수 분포가 푸아송이고 캐노니컬 연결 함수가 로그임을 설명한다.

랜덤 효과 모수 추정 후, 교통사고의 수가 과산포를 보일 수 있다. 따라서 음이항 모델을 추정해 데이터를 재조사하여 푸아송 모델의 추정 결과와 비교할 수 있게 해야 한다. 그러기 위해서는 다음 명령어를 입력해야 한다.

```
menbreg accidents alcohol || state: || municipality: , nolog[12]
```

결과는 그림 23.66과 같다.

```
. menbreg accidents alcohol || state: || municipality: , nolog

Mixed-effects nbinomial regression              Number of obs     =      1062
Overdispersion:              mean

-----------------------------------------------------------------------
             |    No. of           Observations per Group
Group Variable |    Groups      Minimum     Average     Maximum
-------------+---------------------------------------------------------
       state |      27            1          39.3          95
municipality |     235            1           4.5          13
-----------------------------------------------------------------------

Integration method: mvaghermite                Integration points =        7

                                               Wald chi2(1)       =      4.38
Log likelihood = -2234.3721                    Prob > chi2        =    0.0363
-----------------------------------------------------------------------
   accidents |    Coef.    Std. Err.      z     P>|z|    [95% Conf. Interval]
-------------+---------------------------------------------------------
     alcohol |  .0466768   .0222975      2.09   0.036    .0029746    .0903791
       _cons |  .7538477   .2843403      2.65   0.008    .196551    1.311144
-------------+---------------------------------------------------------
    /lnalpha | -2.258241   .1355339    -16.66   0.000   -2.523883    -1.9926
-------------+---------------------------------------------------------
state        |
  var(_cons)|  .3775391   .1205934                      .2018698    .7060775
-------------+---------------------------------------------------------
state>municipa~y |
  var(_cons)|  .0613878   .0138809                      .0394104    .0956212
-----------------------------------------------------------------------
LR test vs. nbinomial regression:    chi2(2) =    508.99   Prob > chi2 = 0.0000
Note: LR test is conservative and provided only for reference.
```

그림 23.66 Stata에서 랜덤 절편을 가진 다중 음이항 모델의 결과

그림 23.66의 하단과 우도 비율 검정 결과로부터 예제 데이터에 대한 이 다중 모델의 추정이 랜덤 효과 없는 전통적인 음이항 회귀 모델 추정보다 더 적합함을 알 수 있다. 또한 모든 고정 및 랜덤 효과 모수는 유의수준 0.05에서 통계적으로 0이 아니다.

u_{00k}와 r_{0jk}의 분산 추정값은 다단계 푸아송 모델(u_{00k}의 경우 0.386~0.377, r_{0jk}의 경우 0.083~0.061)

---

12 다중 음이항 모델(menbreg 명령어)의 추정은 Stata 버전 13 이후에 이용 가능해지기 시작했다.

추정값보다 더 작은 값을 얻었는데, 이는 데이터의 변동성을 제어하는 과산포 모수가 추가됐기 때문이다.

그림 23.66에서 lnalpha의 추정을 볼 수 있다. 15장에서 연구한 바와 같이, 데이터의 조건부 과산포인 $alpha$(또는 ϕ)는 감마 분포의 형상 모수의 역수를 나타낸다는 것을 기억해야 한다. 예제 데이터의 경우 $al\hat{p}ha = e^{-2.258} = 0.105$이다.

유사하게, 고정 및 랜덤 효과 모수는 다음 명령어를 통해서도 얻을 수 있다.

```
meglm accidents alcohol || state: || municipality: , family(nbinomial) link(log) nolog
```

다중 푸아송과 음이항 모델의 추정치를 비교하려면 다음 명령어를 입력해 우도 비율 검정을 실행해야 한다.

```
lrtest mepoisson ., force
```

여기서 mepoisson 항은 푸아송 모델의 추정을 가리킨다. 2개의 각기 다른 추정자(mepoisson과 menbreg)를 비교하고 있기 때문에, 이 우도 비율 검정을 수행할 때 force 항을 사용해야 한다. 검정 결과는 그림 23.67에서 볼 수 있으며 이를 통해 음이항 모델이 가장 적합하다는 사실을 알 수 있고, 이는 데이터에 과산포가 있음을 증명한다.

```
. lrtest mepoisson ., force

Likelihood-ratio test                          LR chi2(1)  =     123.07
(Assumption: mepoisson nested in .)             Prob > chi2 =     0.0000

Note: The reported degrees of freedom assume the null hypothesis is not on the
boundary of the parameter space. If this is not true, then the reported test is
conservative.
```

그림 23.67 다중 푸아송과 음이항 모델의 추정을 비교하는 우도 비율 검정

따라서 주 k의 도시 j에 있는 소도시 i에 대한 연간 평균 교통사고 발생 건수의 표현은 다음과 같다.

$$u_{ijk} = e^{\left(0.754 + 0.047 \cdot alcohol_{jk} + u_{00k} + r_{0jk}\right)}$$

여기서 u는 1년 동안의 예상 발생 횟수 또는 추정 평균 교통사고 발생률을 나타낸다. 이러한 추정 숫자를 데이터셋에 생성하기 위해(새 변수 u) 다음 명령어를 입력한다.

```
predict u
```

또한 u_{00k}(동일한 주에 위치한 도시의 경우 불변)와 r_{0jk}(동일한 시에 위치한 소도시의 경우 불변)라는 오차

항도 얻을 수 있다. 이를 위해서는 다음 명령어를 입력해야 한다.

```
predict u00 r0, remeans
```

이는 2개의 새로운 변수 *u00*과 *r0*을 데이터셋에 생성한다.

다음 명령어는 마투그로수^{Mato Grosso}주의 도시에 대해서만 *u*, *u00*, *r0* 값을 나타낸다. 결과는 그림 23.68에 있다.

```
list state municipality accidents u u00 r0 if state=="MT", sepby(municipality)
```

```
. list state municipality accidents u u00 r0 if state=="MT", sepby(municipality)

     +----------------------------------------------------------------+
     | state    munici~y    accide~s          u        u00         r0 |
     |----------------------------------------------------------------|
669. |    MT         150           2   1.600369   -.815816   -.0064477 |
670. |    MT         150           2    1.63053   -.815816   -.0064477 |
671. |    MT         150           1    1.63053   -.815816   -.0064477 |
672. |    MT         150           1   1.585499   -.815816   -.0064477 |
673. |    MT         150           2   1.499133   -.815816   -.0064477 |
     |----------------------------------------------------------------|
674. |    MT         151           0   1.415119   -.815816   -.1107979 |
675. |    MT         151           3   1.441788   -.815816   -.1107979 |
676. |    MT         151           1   1.428391   -.815816   -.1107979 |
677. |    MT         151           1   1.441788   -.815816   -.1107979 |
678. |    MT         151           1   1.338034   -.815816   -.1107979 |
679. |    MT         151           1   1.388943   -.815816   -.1107979 |
680. |    MT         151           2   1.415119   -.815816   -.1107979 |
681. |    MT         151           1   1.350584   -.815816   -.1107979 |
682. |    MT         151           1   1.350584   -.815816   -.1107979 |
683. |    MT         151           2    1.40197   -.815816   -.1107979 |
684. |    MT         151           1   1.376037   -.815816   -.1107979 |
685. |    MT         151           1   1.441788   -.815816   -.1107979 |
     |----------------------------------------------------------------|
686. |    MT         152           2   1.667662   -.815816     .01607 |
687. |    MT         152           2   1.576821   -.815816     .01607 |
688. |    MT         152           1   1.621606   -.815816     .01607 |
689. |    MT         152           2   1.547654   -.815816     .01607 |
690. |    MT         152           1   1.547654   -.815816     .01607 |
691. |    MT         152           2   1.533273   -.815816     .01607 |
     |----------------------------------------------------------------|
692. |    MT         153           1   1.462078   -.815816   -.031476 |
693. |    MT         153           2   1.489632   -.815816   -.031476 |
694. |    MT         153           1   1.517706   -.815816   -.031476 |
     +----------------------------------------------------------------+
```

그림 23.68 마투그로수주(*k* = Mato Grosso)의 시에 대한 실제 및 추정 교통사고 수 및 오차 항 u_{00k}와 r_{0jk}

이 수치를 통해, 마투그로수주의 모든 시에 대해 *u00*의 값은 다양하지 않지만, *r0*의 값은 소도시마다 다르지 않음을 알 수 있다.

오직 교육적인 목적으로, 연구원들은 다음의 식을 통해서도 변수 *u*가 생성될 수 있음을 확인할 수 있다.

```
gen u = exp(0.7538477 + 0.0466768*alcohol + u00 + r0)
```

마지막으로, 전통적인 음이항 모델과 다중 음이항 모델의 추정 조정을 비교하는 차트를 만들 수 있다. 다음 명령어를 입력해 그림 23.69에서 볼 수 있는 이 차트를 구할 수 있다.

```
quietly nbreg accidents alcohol
predict utrad
graph twoway scatter accidents alcohol || mspline utrad alcohol || mspline u alcohol ||,
legend(label (2 "Traditional Negative Binomial") label(3 "Multilevel Negative Binomial"))
```

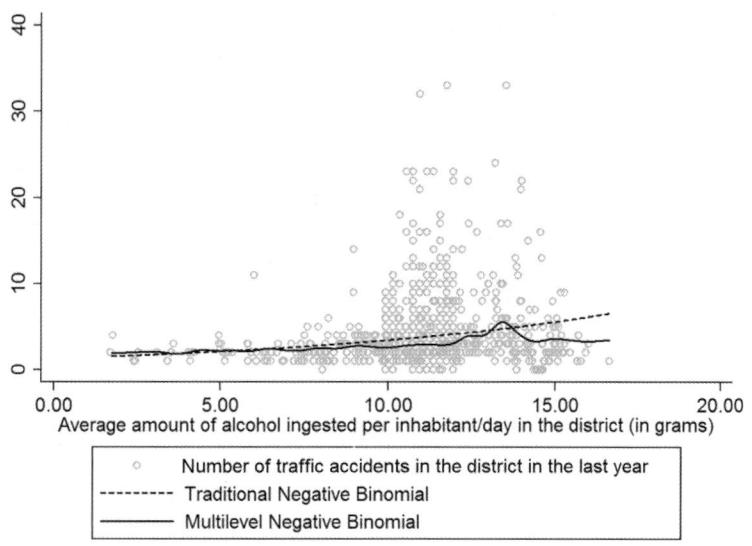

그림 23.69 지역 거주자/일별 평균 알코올 섭취량을 기준으로 전통적 및 다중 음이항 모델을 통해 얻은 추정 교통사고 건수의 조정

연습문제 해답

2장

4.

a) 연속

b) 서열

c) 연속

d) 이산

e) 연속

f) 명목

g) 서열

h) 서열

i) 연속

j) 명목

k) 이진

l) 서열

m) 이산

n) 서열

o) 이진

3장

6. 상자 도표

7. 막대 차트: 정성과 정량 변수

산포도: 정량 변수

8. 막대(수평과 수직), 파이, 파레토 차트

9.

차량 판매	F_i	Fr_i (%)	F_{ac}	Fr_{ac} (%)
5	4	13.33	4	13.33
6	5	16.67	9	30
7	4	13.33	13	43.33
8	6	20	19	63.33
9	4	13.33	23	76.67
10	4	13.33	27	90
11	3	10	30	100
합계	30	100		

10.

부류	F_i	Fr_i (%)	F_{ac}	Fr_{ac} (%)
54.7 ⊢ 61.7	4	13.33	4	8
61.7 ⊢ 68.7	4	13.33	8	16
68.7 ⊢ 75.7	10	33.33	18	36
75.7 ⊢ 82.7	17	56.67	35	70
82.7 ⊢ 89.7	6	20	41	82
89.7 ⊢ 96.7	7	23.33	48	96
96.7 ⊢ 103.7	2	6.67	50	100
합계	50	100		

11.

불량 종류	F_i	Fr_i (%)	F_{ac}	Fr_{ac} (%)
정렬 불량	98	39.2	98	39.2
스크래치	67	26.8	165	66
변형	45	18	210	84
색 변형	28	11.2	238	95.2
산화	12	4.8	250	100
총합	250	100		

12.

a) $\overline{X} = 9.27$, $Md = 8.685$, $Mo = 5.12$(둘 이상의 모드)

b) $Q_1 = 6.8425$, $Q_3 = 11.16$. 관측치 63(19.32)과 83(23.37)은 이상치일 수 있다.

c) $P_{10} = 5.168$, $P_{90} = 14.088$

d) $D_3 = 7.122$, $D_6 = 9.502$

e) $A = 19.44$, $D_m = 2.698$, $S^2 = 11.958$, $S = 3.458$, $S_{\overline{X}} = 0.3458$, $CV = 37.3\%$

f) 양의 비대칭

g) $k = 0.242$(급첨)

13.

	서비스 1	서비스 2	서비스 3
평균	7.56	9.66	11.68
중앙값	7.5	9	12
최빈값	2^a	4	5^a
분산	13.435	20.760	21.365
표준 편차	3.665	4.556	4.622
표준 오차	0.518	0.644	0.654
Q_1	4.75	6	8
Q_3	10.25	14	15
g_1	0.083	0.183	0.191
g_2	−1.092	−1.157	−1.011

^{a} 둘 이상의 모드

c) 서비스 1, 2, 3: 이상치가 없음

d) 서비스 1, 2, 3: 양의 비대칭 분산, 저첨 곡선

14.

a) $\overline{X} = 39.129, Md = 40, Mo = 40$

b) $Q_1 = 35, Q_3 = 42, D_4 = 38, P_{61} = 41.4, P_{84} = 43$

c) 이상치가 없음

d) $A = 20, S^2 = 20.560, S = 4.534, S_{\overline{X}} = 0.414$

e) $g_1 = -0.101, g_2 = -0.279.$ 음의 비대칭 분포, 저첨 곡선

15.

a) $\overline{X} = 133.560, Md = 136.098, Mo = 137.826$

b) $Q_1 = 106.463, Q_3 = 163.611, D_2 = 97.317, P_{13} = 82.241, P_{95} = 198.636$

c) 이상치가 없음

d) $A = 180, S^2 = 1595.508, S = 39.944, S_{\overline{X}} = 2.526$

e) $A_{S_1} = -0.107, k = 0.253.$ 음의 비대칭 분포, 급첨 곡선

16.

a) $\overline{X}_A = 28.167, Md_A = 28, Mo_A = 24$

$\overline{X}_B = 29, Md_B = 28, Mo_B = 28$

b) $A_A = 20, S_A^2 = 27.275, S_A = 5.223, S_{\overline{X}_A} = 1.066$

$A_B = 18, S_B^2 = 16.757, S_B = 4.118, S_{\overline{X}_A} = 0.841$

c) 주식 A: 18번째 관측치(42)가 이상치일 수 있음

주식 B: 14번째 관측치(16)가 이상치일 수 있음

d) 주식 A: 양의 비대칭 분포와 늘어난 곡선(급첨)

주식 B: 음의 비대칭 분포와 늘어난 곡선(급첨)

17.

a) $\overline{X} = 52, S = 60.69$

b) 가능한 이상치: 8번째 관측치(200)와 13번째 관측치(180)

c) $\overline{X} = 30.77, S = 24.863$, 이상치 없음

4장

6.

a)

			부채 없음	작은 부채	중간 부채	많은 부채	총합
			나이 그룹 * 기본 교차 분석				
			기본				
나이 그룹	<=20	수	6	2	0	0	8
		기대 수	1.1	1.7	2.3	3.0	8.0
		나이 이내 % 그룹	75.0%	25.0%	.0%	.0%	100.0%
		채무 불이행 %	22.2%	4.8%	.0%	.0%	4.0%
		전체 %	3.0%	1.0%	.0%	.0%	4.0%
	21–30	수	0	6	13	9	28
		기대 수	3.8	5.9	8.0	10.4	28.0
		나이 이내 % 그룹	.0%	21.4%	46.4%	32.1%	100.0%
		채무 불이행 %	.0%	14.3%	22.8%	12.2%	14.0%
		전체 %	.0%	3.0%	6.5%	4.5%	14.0%
	31–40	수	0	0	5	49	54
		기대 수	7.3	11.3	15.4	20.0	54.0
		나이 이내 % 그룹	.0%	.0%	9.3%	90.7%	100.0%
		채무 불이행 %	.0%	.0%	8.8%	66.2%	27.0%
		전체 %	.0%	.0%	2.5%	24.5%	27.0%
	41–50	수	0	0	24	16	40
		기대 수	5.4	8.4	11.4	14.8	40.0
		나이 이내 % 그룹	.0%	.0%	60.0%	40.0%	100.0%
		채무 불이행 %	.0%	.0%	42.1%	21.6%	20.0%
		전체 %	.0%	.0%	12.0%	8.0%	20.0%
	51–60	수	5	27	15	0	47
		기대 수	6.3	9.9	13.4	17.4	47.0
		나이 이내 % 그룹	10.6%	57.4%	31.9%	.0%	100.0%
		채무 불이행 %	18.5%	64.3%	26.3%	.0%	23.5%
		전체 %	2.5%	13.5%	7.5%	.0%	23.5%
	>60	수	16	7	0	0	23
		기대 수	3.1	4.8	6.6	8.5	23.0
		나이 이내 % 그룹	69.6%	30.4%	.0%	.0%	100.0%
		채무 불이행 %	59.3%	16.7%	.0%	.0%	11.5%
		전체 %	8.0%	3.5%	.0%	.0%	11.5%
총합		수	27	42	57	74	200
		기대 수	27.0	42.0	57.0	74.0	200.0
		나이 이내 % 그룹	13.5%	21.0%	28.5%	37.0%	100.0%
		채무 불이행 %	100.0%	100.0%	100.0%	100.0%	100.0%
		전체 %	13.5%	21.0%	28.5%	37.0%	100.0%

b) 27%

c) 37%

d) 3%

e) 30.4%

f) 42.1%

g) 예

h) 247.642 그리고 sig. = 0.000(변수 간에 연관이 없음)

i)

계수	값	유의수준
파이	1.113	0.000
크레이머 V	0.642	0.000
분할표	0.744	0.000

7.

a)

			회사 * 동기 교차 분석					
			동기					
			매우 실망	실망	다소 실망	고무적	매우 고무적	총합
회사	Petrobras	수	36	8	6	0	0	50
		기대 수	9.2	9.8	11.8	11.2	8.0	50.0
		회사 내 %	72.0%	16.0%	12.0%	.0%	.0%	100.0%
		동기 %	78.3%	16.3%	10.2%	.0%	.0%	20.0%
		전체 %	14.4%	3.2%	2.4%	.0%	.0%	20.0%
	Bradesco	수	0	0	3	16	31	50
		기대 수	9.2	9.8	11.8	11.2	8.0	50.0
		회사 내 %	.0%	.0%	6.0%	32.0%	62.0%	100.0%
		동기 %	.0%	.0%	5.1%	28.6%	77.5%	20.0%
		전체 %	.0%	.0%	1.2%	6.4%	12.4%	20.0%
	Fiat	수	0	8	32	9	1	50
		기대 수	9.2	9.8	11.8	11.2	8.0	50.0
		회사 내 %	.0%	16.0%	64.0%	18.0%	2.0%	100.0%
		동기 %	.0%	16.3%	54.2%	16.1%	2.5%	20.0%
		전체 %	.0%	3.2%	12.8%	3.6%	.4%	20.0%
	Vivo	수	10	33	7	0	0	50
		기대 수	9.2	9.8	11.8	11.2	8.0	50.0
		회사 내 %	20.0%	66.0%	14.0%	.0%	.0%	100.0%
		동기 %	21.7%	67.3%	11.9%	.0%	.0%	20.0%
		전체 %	4.0%	13.2%	2.8%	.0%	.0%	20.0%
	Pão de Açúcar	수	0	0	11	31	8	50
		기대 수	9.2	9.8	11.8	11.2	8.0	50.0
		회사 내 %	.0%	.0%	22.0%	62.0%	16.0%	100.0%
		동기 %	.0%	.0%	18.6%	55.4%	20.0%	20.0%
		전체 %	.0%	.0%	4.4%	12.4%	3.2%	20.0%
총합		수	46	49	59	56	40	250
		기대 수	46.0	49.0	59.0	56.0	40.0	250.0
		회사 내 %	18.4%	19.6%	23.6%	22.4%	16.0%	100.0%
		동기 %	100.0%	100.0%	100.0%	100.0%	100.0%	100.0%
		전체 %	18.4%	19.6%	23.6%	22.4%	16.0%	100.0%

b) 18.4%

c) 78.3%

d) 0%

e) 64%

f) 77.5%

g) 예

h) 375.066 그리고 sig. = 0.000

i) 예

계수	값	유의수준
파이	1.225	0.000
크레이머 V	0.612	0.000
분할표	0.775	0.000

8.

a) 강한 양의 상관관계

  r = 0.794 그리고 sig. = 0.000

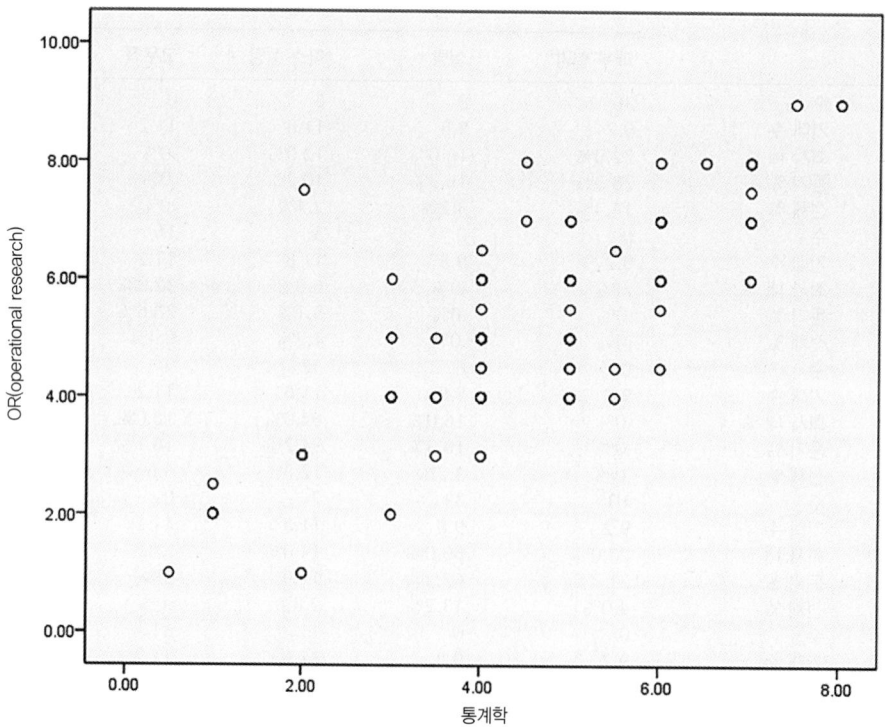

b) 양의 상관관계

  r = 0.689 그리고 sig. = 0.000

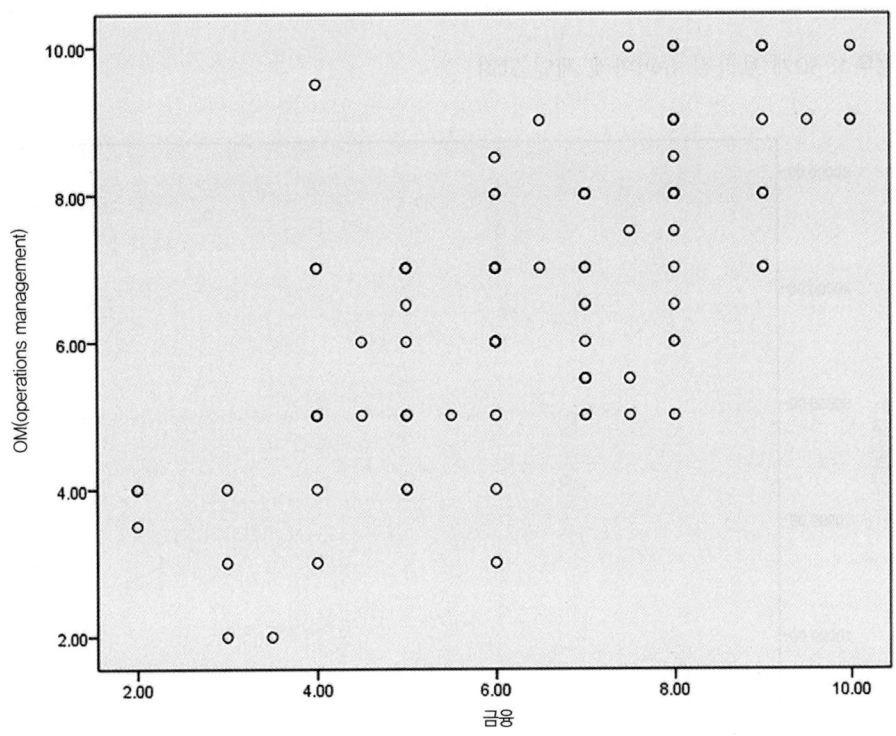

c) 강한 양의 상관관계

r = 0.962 그리고 sig. = 0.000

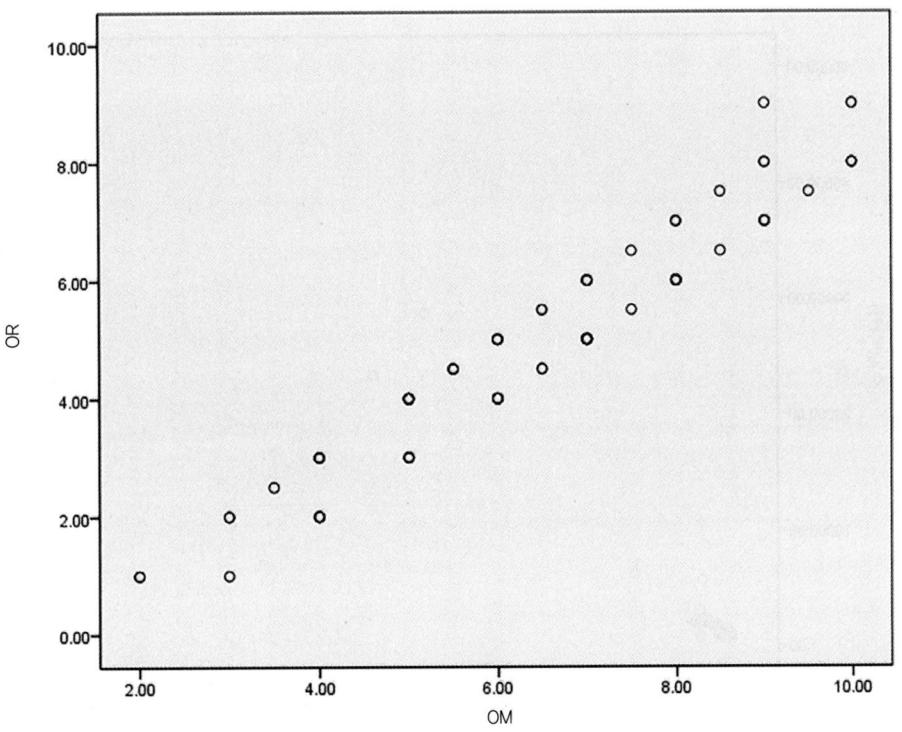

9.

경우 1: 30개 브라질 슈퍼마켓 체인 고려

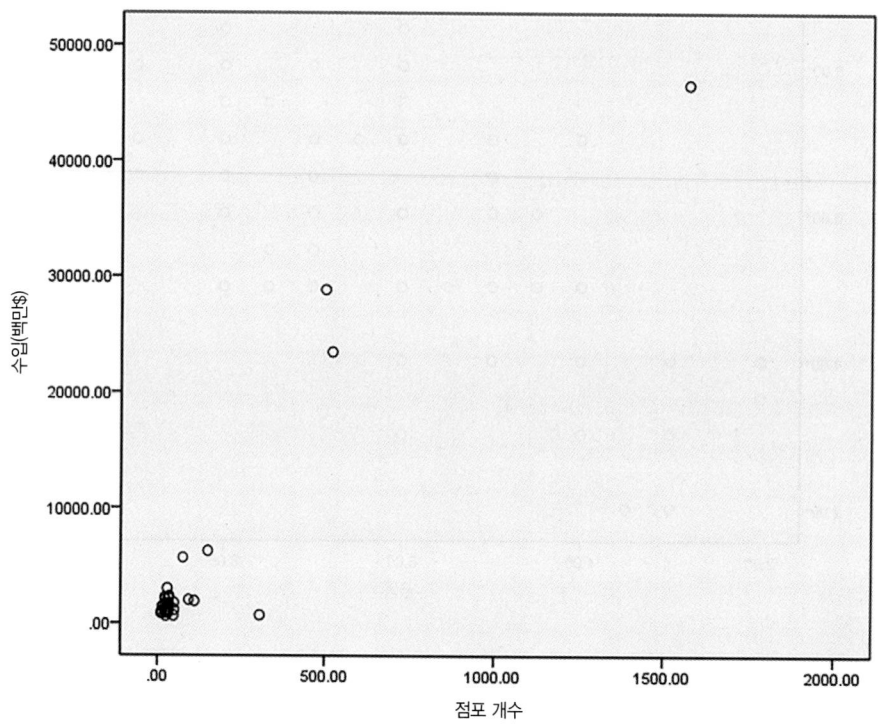

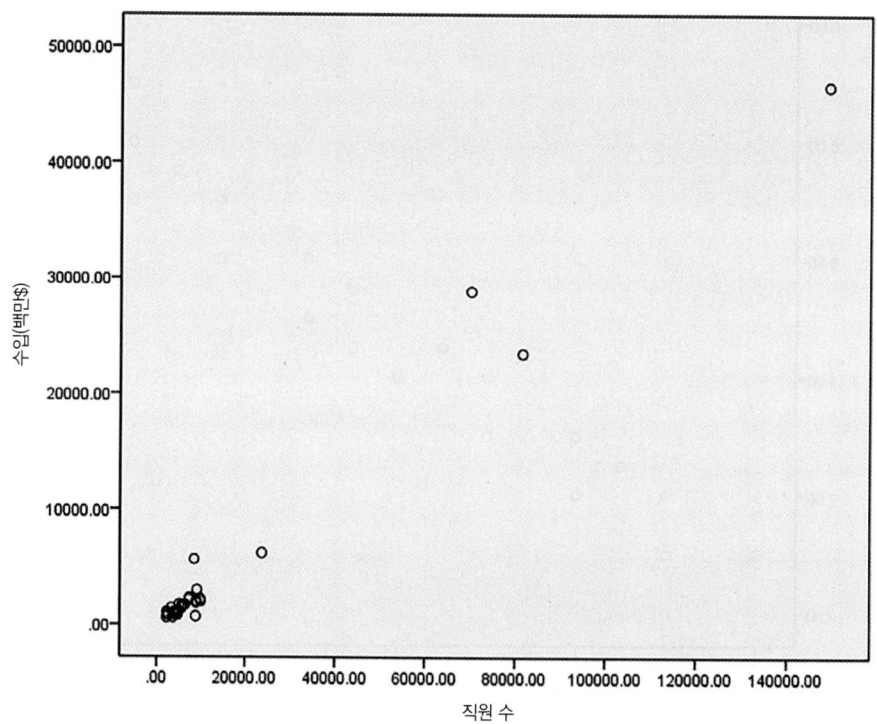

산포도로부터 변수 간에 종속성이 있어 보이고 이는 다음 표에서 확인할 수 있다.

상관관계		수입(백만$)	점포 수	직원 수
수입(백만$)	피어슨 상관계수, 유의수준(양측) N	1 30	.944[a] .000 30	.988[a] .000 30
점포 수	피어슨 상관계수 유의수준(양측) N	.944[a] .000 30	1 30	.965[a] .000 30
직원 수	피어슨 상관계수 유의수준(양측) N	.988[a] .000 30	.965[a] .000 30	1 30

[a] 상관관계 유의수준은 0.01(양측)

모든 변수 조합에 대해 강한 상관관계가 있다고 결론지을 수 있다.

경우 2: 최대 4개 점포를 제외한 경우

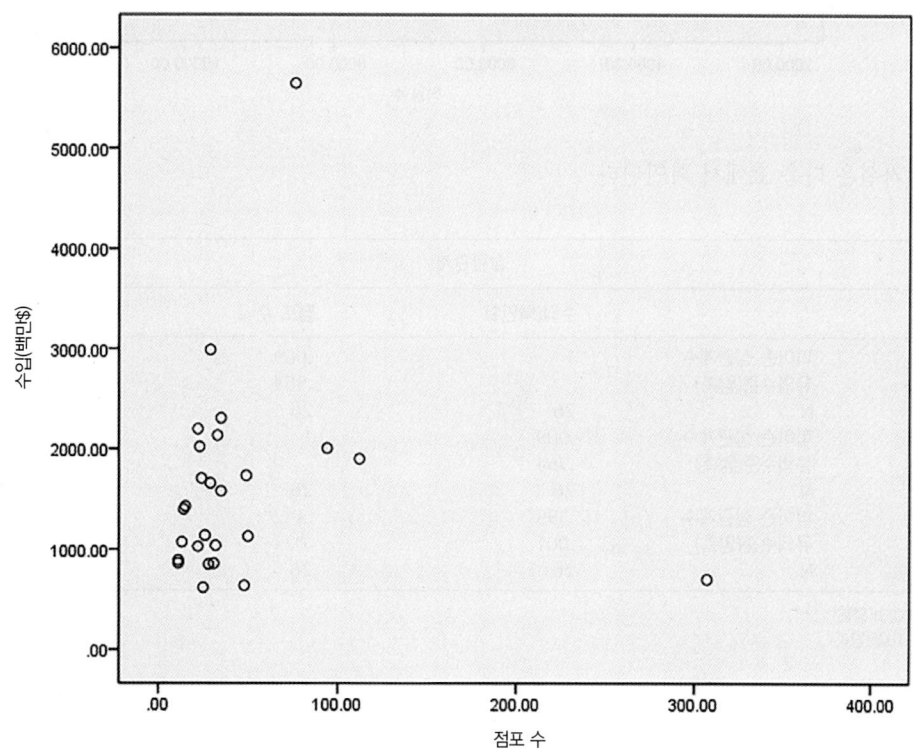

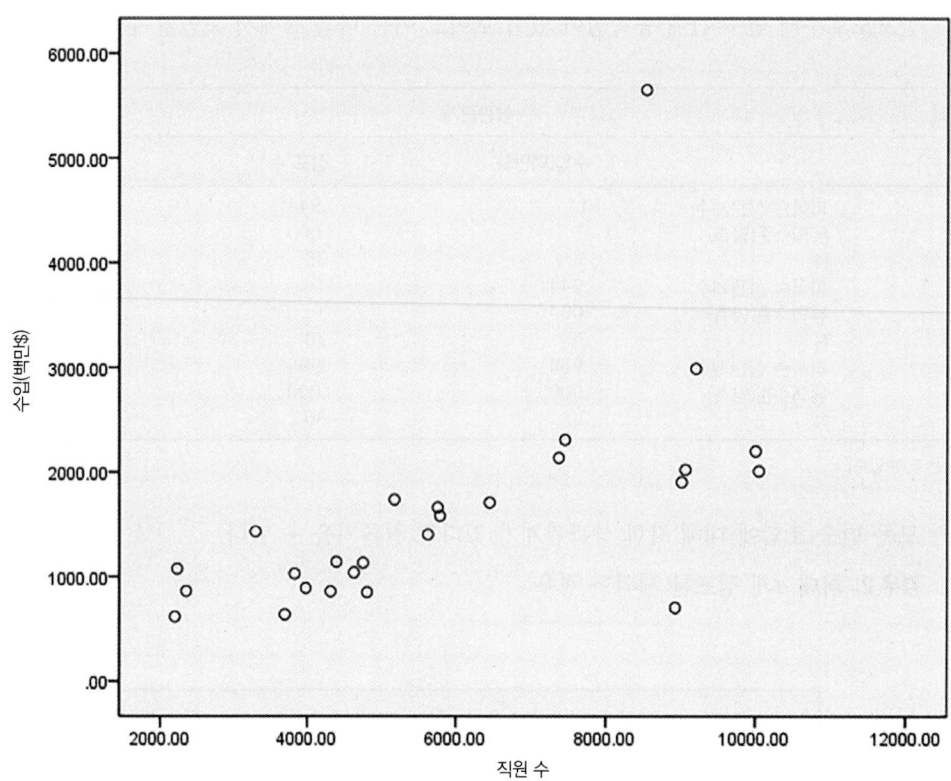

가설은 다음 표에서 확인된다.

		수입(백만$)	점포 수	직원 수
상관관계				
수입(백만$)	피어슨 상관계수	1	.009	.599[a]
	유의수준(양측)		.964	.001
	N	26	26	26
점포 수	피어슨 상관계수	.009	1	.442[b]
	유의수준(양측)	.964		.024
	N	26	26	26
직원 수	피어슨 상관계수	.599[a]	.442[b]	1
	유의수준(양측)	.001	.024	
	N	26	26	26

[a] 상관관계 유의수준은 0.01(양측)
[b] 상관관계 유의수준은 0.05(양측)

5장

1. $S = \{00, 10, 01\}$

2. 배반 사건: 공통 요소가 없음(동시에 발생할 수 없음)

   독립 사건: 한 사건의 발생 확률이 다른 사건의 발생에 종속되지 않음

3.

    a) 1/4

    b) 1/13

    c) 3/13

    d) 10/13

4. 95%

5.

    a) $S = \{1, 2, ..., 30\}$

    b) 1/3

    c) 1/5

    d) 7/15

    e) 1/2

    f) 1/5

    g) 2/3

    h) 1/10

6.

    a)
$$S = \left\{ \begin{array}{l} (1,1),(1,2),(1,3),(1,4),(1,5),(1,6) \\ (2,1),(2,2),(2,3),(2,4),(2,5),(2,6) \\ (3,1),(3,2),(3,3),(3,4),(3,5),(3,6) \\ (4,1),(4,2),(4,3),(4,4),(4,5),(4,6) \\ (5,1),(5,2),(5,3),(5,4),(5,5),(5,6) \\ (6,1),(6,2),(6,3),(6,4),(6,5),(6,6) \end{array} \right\}$$

    b) 1/4

    c) 1/12

    d) 1/9

    e) 7/36

    f) 2/3

    g) 1/12

6장

1.

$$P(X \leq 2) = \left[\binom{150}{0} \cdot 0.02^0 \cdot 0.98^{150} \right] + \left[\binom{150}{1} \cdot 0.02^1 \cdot 0.98^{149} + \left[\binom{150}{2} \cdot 0.02^2 \cdot 0.98^{148} \right] \right] = 0.42$$

$E(X) = 150 \cdot 0.02 = 3$

$Var(X) = 150 \cdot 0.02 \cdot 0.98 = 2.94$

2.

$$P(X=1) = \left[\binom{10}{1} \cdot 0.12 \cdot 0.88^9 \right] = 0.38$$

3.

$$P(X=5) = 0.125 \times 0.875^4 = 0.073$$
$$E(X) = 8$$
$$Var(X) = 56$$

4.

$$P(X=33) = \binom{32}{29} \cdot 0.95^{30} \cdot 0.05^3 = 1.33\%$$

$$E(X) = 31.6 \cong 32$$

5.

$$P(X=4) = 16.8\%$$

6.

    a) $P(X \leq 12) = P(Z \leq 0.67) = 1 - P(Z > 0.67) = 0.75$

    b) $P(X < 5) = P(Z < -0.5) = P(Z > 0.5) = 0.3085$

    c) $P(X > 2) = P(Z > -1) = P(Z < 1) = 1 - P(Z > 1) = 0.8413$

    d) $P(6 < X \leq 11) = P(-0.33 < Z \leq 0.5) = [1 - P(Z > 0.5)] - P(Z > 0.33) = 0.3208$

7.

$$z_c = -0.84$$

8.

    a) $\mu = np = 40 \times 0.5 = 20$
        $\sigma = \sqrt{np(1-p)} = \sqrt{40 \times 0.5 \times 0.5} = 3.16$
        $P(X=22) \cong P(21.5 < X < 22.5) = P(0.474 < Z < 0.791) = 0.103$

    b) $P(X > 25.5) = P(Z > 1.74) = 4.09\%$

9.

    a) $P(X > 120) = e^{-0.028 \times 120} = 0.0347$

    b) $P(X > 60) = e^{-0.028 \times 60} = 0.1864$

10.

    a) $P(X > 220) = e^{-\frac{220}{180}} = 0.2946$

    b) $P(X \leq 150) = 1 - e^{-\frac{150}{180}} = 0.5654$

11.

    a) $P(X > 0.5) = e^{-1.8 \times 0.5} = 0.4066$

    b) $P(X \leq 1.5) = 1 - e^{-1.8 \times 1.5} = 0.9328$

12.

　　a)　$P(X > 2) = e^{-0.33 \times 2} = 0.5134$

　　b)　$P(X \leq 2.5) = 1 - e^{-0.33 \times 2.5} = 0.5654$

13. 6.304

14.

　　a)　$P(X > 25) = 0.07$

　　b)　$P(X \leq 32) = 0.99$

　　c)　$P(25 < X \leq 32) = P(X > 25) - P(X > 32) = 0.06$

　　d)　28.845

　　e)　6.908

15.

　　a)　2.086

　　b)　$E(T) = 0$

　　c)　$Var(T) = 1.111$

16.

　　a)　$P(T > 3) = 0.0048$

　　b)　$P(T \leq 2) = 1 - P(T > 2) = 1 - 0.0344 = 0.9656$

　　c)　$P(1.5 < T \leq 2) = P(T > 1.5) - P(T > 2) = 0.0814 - 0.3444 = 0.0469$

　　d)　1.345

　　e)　2.145

17.

　　a)　$P(X > 3) = 0.05$

　　b)　3.73

　　c)　4.77

　　d)　$E(X) = 1.14$

　　e)　$Var(X) = 0.98$

7장

5. 복원을 동반하지 않는 단순 무작위 표본추출

6. 체계적 표본추출

7. 층화 표본추출

8. 층화 표본추출

9. 2단계 클러스터 표본추출

10. 식 (7.8)을 사용하면(유한 모집단의 비율을 추정하기 위한 SRS), $n = 262$이다.

11. 식 (7.9)를 사용하면(무한 모집단의 비율을 추정하기 위한 층화 표본추출), $n = 1,255$이다.

12. 식 (7.20)을 사용하면(무한 모집단의 비율을 추정하기 위한 1단계 클러스터 표본추출), $m = 35$이다.

8장

1. $P\left(51 - 1.645\frac{18}{\sqrt{120}} < \mu < 51 + 1.645\frac{18}{\sqrt{120}}\right) = 90\%$

2. $P\left(5,400 - 2.030\frac{200}{\sqrt{36}} < \mu < 5,400 + 2.030\frac{200}{\sqrt{36}}\right) = 95\%$

3. $P\left(0.24 - 1.96\sqrt{\frac{0.24 \cdot 0.76}{500}} < p < 0.24 + 1.96\sqrt{\frac{0.24 \cdot 0.76}{500}}\right) = 95\%$

4. $P\left(\frac{60 \cdot 8}{83.298} < \sigma^2 < \frac{60 \cdot 8}{40.482}\right) = 95\%$

9장

7. K-S와 S-W 검정에서, 각각 $p = 0.200, 0.151$이다. 따라서 $P > 0.05$이므로 데이터는 정규 분포한다.

8. 데이터는 정규 분포를 따른다($P = 0.200 > 0.05$).

9. 분산은 동질이다($P = 0.876 > 0.05$, 레빈 검정).

10. σ가 미지이므로, 가장 적절한 검정은 스튜던트 t이다.

    $T_{cal} = \frac{65-60}{3.5/\sqrt{36}} = 8.571$; $t_c = 2.030$; $T_{cal} > T_c$이므로 H$_0$를 기각한다($\mu \neq 60$).

11. $T_{cal} = 6.921$이고 P 값 $= 0.000 < 0.005 \rightarrow$ H$_0$를 기각한다($\mu_1 \neq \mu_2$).

12. $T_{cal} = 11.953$이고 P 값 $= 0.000 < 0.025 \rightarrow$ H$_0$를 기각한다($\mu_{\text{before}} \neq \mu_{\text{after}}$). 즉, 치료 후 개선이 있다.

13. $F_{cal} = 2.476$이고 P 값 $= 0.1 > 0.05 \rightarrow$ H$_0$를 기각하지 않는다(모집단 평균 사이에 차이가 없다).

10장

4. 부호 검정

5. 작은 표본에 이항 검정을 적용하면 $P = 0.503 > 0.05$이므로 H$_0$를 기각하지 않고 소비자 선호도에 차이가 없다고 결론 내린다.

6. 카이제곱 검정을 적용하면 $\chi^2_{cal} > \chi^2_c (6.100 > 5.991)$ 또는 $P < \alpha (0.047 < 0.05)$이므로 H$_0$를 기각하고 독자의 선호에 차이가 있다고 결론 짓는다.

7. 윌콕슨 검정을 적용하면 $z_{cal} < -z_c (-3.135 < -1.645)$ 또는 $P < \alpha (0.0085 < 0.05)$이므로 H$_0$를

기각하고 다이어트로 체중 감소가 있었다고 결론짓는다.

8. 만-휘트니 U 검정을 적용하면(데이터가 정규 분포를 따르지 않는다) $z_{cal} > -z_c(-0.129 > -1.96)$ 또는 $P > \alpha(0.897 > 0.05)$이므로 H_0를 기각하지 않고 표본이 동일 중앙값에서 왔다고 결론짓는다.

9. 코크란 Q 검정을 적용하면 $Q_{cal} > Q_c(8.727 > 7.378)$ 또는 $P < \alpha(0.013 < 0.025)$이므로 H_0를 기각하고 고학습 수준 학생 비율이 각 과목에 동일하지 않다고 결론 내린다.

10. 프리드먼 검정을 적용하면 $F'_{cal} > F_c(9.190 > 5.991)$ 또는 $P < \alpha(0.010 < 0.05)$이므로 H_0를 기각하고 세 가지 서비스에 차이가 있다고 결론 내린다.

11장

1.

a)

| | 응집 계획 | | | | | |
| | 병합된 클러스터 | | | 클러스터가 처음 나타난 단계 | | |
단계	클러스터 1	클러스터 2	계수	클러스터 1	클러스터 2	다음 단계
77	5	13	.006	39	64	87
78	40	56	.014	56	53	88
79	25	58	.014	0	26	92
80	30	55	.014	62	61	86
81	38	48	.014	75	36	89
82	1	15	.024	71	55	91
83	2	14	.024	72	58	90
84	6	83	.024	74	0	95
85	4	7	.024	76	68	94
86	30	42	.038	80	0	91
87	5	39	.038	77	70	92
88	29	40	.055	65	78	96
89	31	38	.075	69	81	93
90	2	3	.075	83	73	93
91	1	30	.153	82	86	94
92	5	25	.209	87	79	95
93	2	31	.246	90	89	96
94	1	4	.246	91	85	97
95	5	6	.723	92	84	97
96	2	29	.760	93	88	98
97	1	5	2.764	94	95	98
98	1	2	8.466	97	96	99
99	1	9	173.124	98	0	0

응집 계획으로부터, 유클리드 거리가 98단계(두 클러스터가 남았을 때)에서 99단계로 갈 때 립^{leap}이 생긴 것을 볼 수 있다. 덴드로그램을 분석하면 이 해석에 도움이 된다.

b)

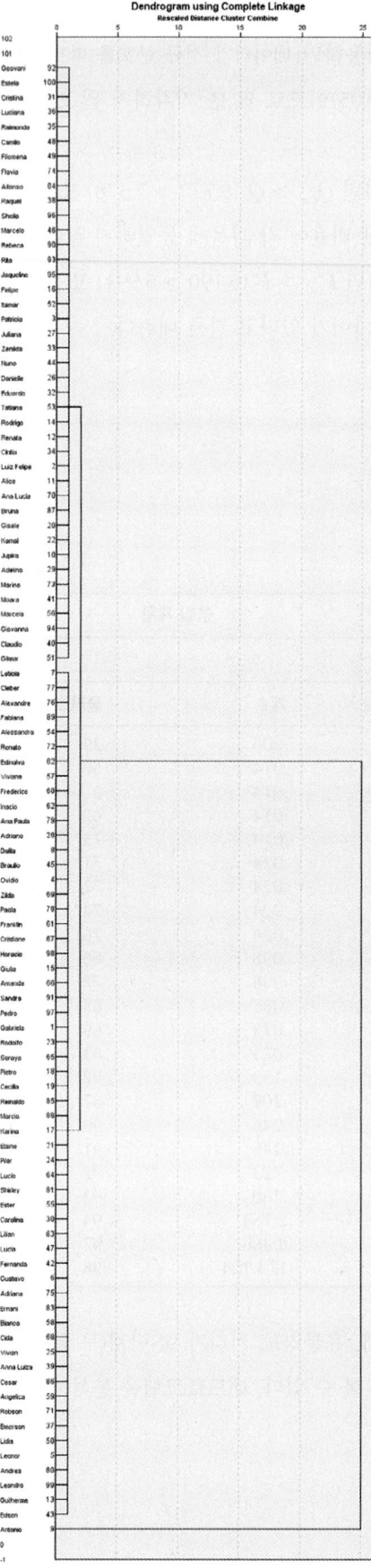

Dendrogram using Complete Linkage

사실, 두 클러스터를 가진 해는 이 시점에서 매우 권할 만하다.

c) 그렇다. 응집 계획으로부터, 관측치 9(Antonio)가 정확히 다음 단계까지 클러스터링되지 않았음을 증명할 수 있다. 덴드로그램으로부터 이 학생은 다른 학생과 상당히 다르다는 사실을 볼 수 있고, 이는 두 클러스터의 생성으로 귀결된다.

d)

	응집 계획					
	병합된 클러스터			클러스터가 처음 나타난 단계		
단계	클러스터 1	클러스터 2	계수	클러스터 1	클러스터 2	다음 단계
77	13	34	.537	67	0	86
78	27	29	.537	62	60	91
79	1	4	.537	63	69	85
80	41	46	.754	0	0	94
81	6	82	1.103	72	0	92
82	30	55	1.103	58	53	90
83	5	74	1.584	68	0	92
84	16	57	1.584	55	73	88
85	1	38	1.584	79	66	91
86	13	39	1.584	77	64	90
87	2	15	2.045	74	76	89
88	14	16	2.149	61	84	96
89	2	28	2.149	87	71	95
90	13	30	3.091	86	82	93
91	1	27	3.091	85	78	94
92	5	6	4.411	83	81	96
93	9	13	4.835	75	90	98
94	1	41	7.134	91	80	95
95	1	2	10.292	94	89	97
96	5	14	12.374	92	88	97
97	1	5	18.848	95	96	98
98	1	9	26.325	97	93	0

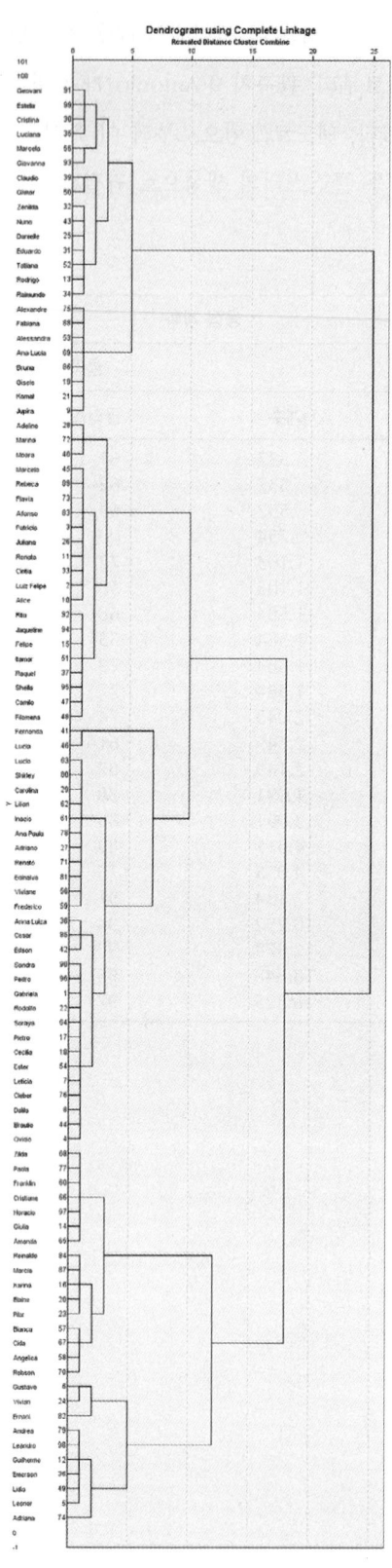

그렇다. 새로운 결과는 관측치 Antonio가 없을 때의 한 클러스터가 재배열됨을 볼 수 있다.

e) 이상치의 존재는 다른 관측치와 그다지 유사하지 않은 관측치가 동일한 클러스터에 묶이게 할 수도 있다. 첫 번째와 극단적으로 다르기 때문이다. 따라서 이상치를 제거하거나 유지한 채로 기법을 재적용하면 더 나은 구조화된 클러스터를 생성할 수 있으며, 더 높은 내적 동질성을 생성하게 해준다.

2. a)

인접 행렬

유클리드 거리

	1:지역 3	2:지역 3	3:지역 3	4:지역 3	5:지역 3	6:지역 2	7:지역 1	8:지역 3	9:지역 3	10:지역 3	11:지역 2	12:지역 2	13:지역 2	14:지역 1	15:지역 1	16:지역 3	17:지역 1	18:지역 3
1:Regional 3	.000	8.944	3.464	2.828	2.000	106.132	86.579	2.000	3.464	2.000	98.509	108.333	121.951	112.872	100.598	4.472	79.875	4.000
2:Regional 3	8.944	.000	6.633	10.198	9.165	105.300	87.224	8.246	10.392	9.165	96.042	106.320	119.432	110.941	99.960	12.166	78.256	8.000
3:Regional 3	3.464	6.633	.000	4.472	2.828	104.365	86.741	2.828	4.000	4.899	96.437	106.301	120.349	112.463	100.020	6.325	78.994	3.464
4:Regional 3	2.828	10.198	4.472	.000	3.464	107.369	89.039	2.000	2.000	3.464	100.040	109.727	124.000	115.568	102.956	2.000	82.292	2.828
5:Regional 3	2.000	9.165	2.828	3.464	.000	104.326	85.814	2.828	2.828	4.000	96.850	106.602	120.582	112.285	99.539	4.899	78.842	4.472
6:Regional 2	106.132	105.300	104.365	107.369	104.326	.000	73.811	106.752	105.584	107.944	22.091	14.697	45.519	88.023	58.856	108.019	58.617	107.406
7:Regional 1	86.579	87.224	86.741	89.039	85.814	73.811	.000	88.250	88.295	87.384	67.941	75.386	64.187	38.833	24.495	89.887	26.306	89.933
8:Regional 3	2.000	8.246	2.828	2.000	2.828	106.752	88.250	.000	2.828	2.828	99.056	108.867	122.850	114.298	102.000	4.000	81.142	2.000
9:Regional 3	3.464	10.392	4.000	2.000	2.828	105.584	88.295	2.828	.000	4.899	98.407	108.019	122.654	114.996	101.922	2.828	81.290	3.464
10:Regional 3	2.000	9.165	4.899	3.464	4.000	107.944	87.384	2.828	4.899	.000	100.180	110.073	123.337	113.490	101.686	4.899	80.944	4.472
11:Regional 2	98.509	96.042	96.437	100.040	96.850	22.091	67.941	99.056	98.407	100.180	.000	12.329	35.665	76.131	52.154	101.054	46.690	99.639
12:Regional 2	108.333	106.320	106.301	109.727	106.602	14.697	75.386	108.867	108.019	110.073	12.329	.000	36.770	83.546	58.034	110.616	56.462	109.435
13:Regional 2	121.951	119.432	120.349	124.000	120.582	45.519	64.187	122.850	122.654	123.337	35.665	36.770	.000	56.391	36.770	125.172	48.539	123.774
14:Regional 1	112.872	110.941	112.463	115.568	112.285	88.023	38.833	114.298	114.996	113.490	76.131	83.546	56.391	.000	32.802	116.859	40.497	115.741
15:Regional 1	100.598	99.960	100.020	102.956	99.539	58.856	24.495	102.000	101.922	101.686	52.154	58.034	36.770	32.802	.000	103.942	23.409	103.421
16:Regional 3	4.472	12.166	6.325	2.000	4.899	108.019	89.887	4.000	2.828	4.899	101.054	110.616	125.172	116.859	103.942	.000	83.475	4.472
17:Regional 1	79.875	78.256	78.994	82.292	78.842	58.617	26.306	81.142	81.290	80.944	46.690	56.462	48.539	40.497	23.409	83.475	.000	82.438
18:Regional 3	4.000	8.000	3.464	2.828	4.472	107.406	89.933	2.000	3.464	4.472	99.639	109.435	123.774	115.741	103.421	4.472	82.438	.000

이것은 비유사성 행렬이다.

b)

	응집 계획					
	병합된 클러스터			클러스터가 처음 나타난 단계		
단계	클러스터 1	클러스터 2	계수	클러스터 1	클러스터 2	다음 단계
1	8	18	2.000	0	0	5
2	4	16	2.000	0	0	4
3	1	10	2.000	0	0	6
4	4	9	2.000	2	0	5
5	4	8	2.000	4	1	7
6	1	5	2.000	3	0	7
7	1	4	2.000	6	5	8
8	1	3	2.828	7	0	9
9	1	2	6.633	8	0	17
10	11	12	12.329	0	0	11
11	6	11	14.697	0	10	15
12	15	17	23.409	0	0	13
13	7	15	24.495	0	12	14
14	7	14	32.802	13	0	16
15	6	13	35.665	11	0	16
16	6	7	40.497	15	14	17
17	1	6	78.256	9	16	0

응집 계획으로부터, 큰 유클리드 거리 립이 16번째 단계(오직 두 클러스터만 남을 때)와 17번째 단계에서 발생함을 볼 수 있다. 덴드로그램을 보면 해석을 더 도울 수 있다.

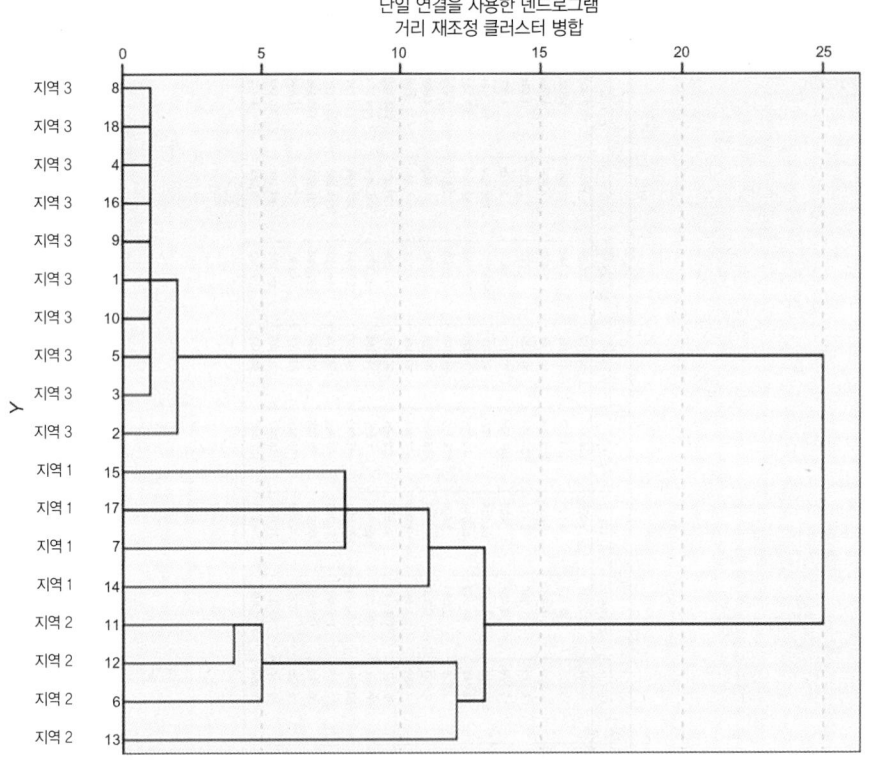

사실, 점포의 두 클러스터가 나타난다.

d)

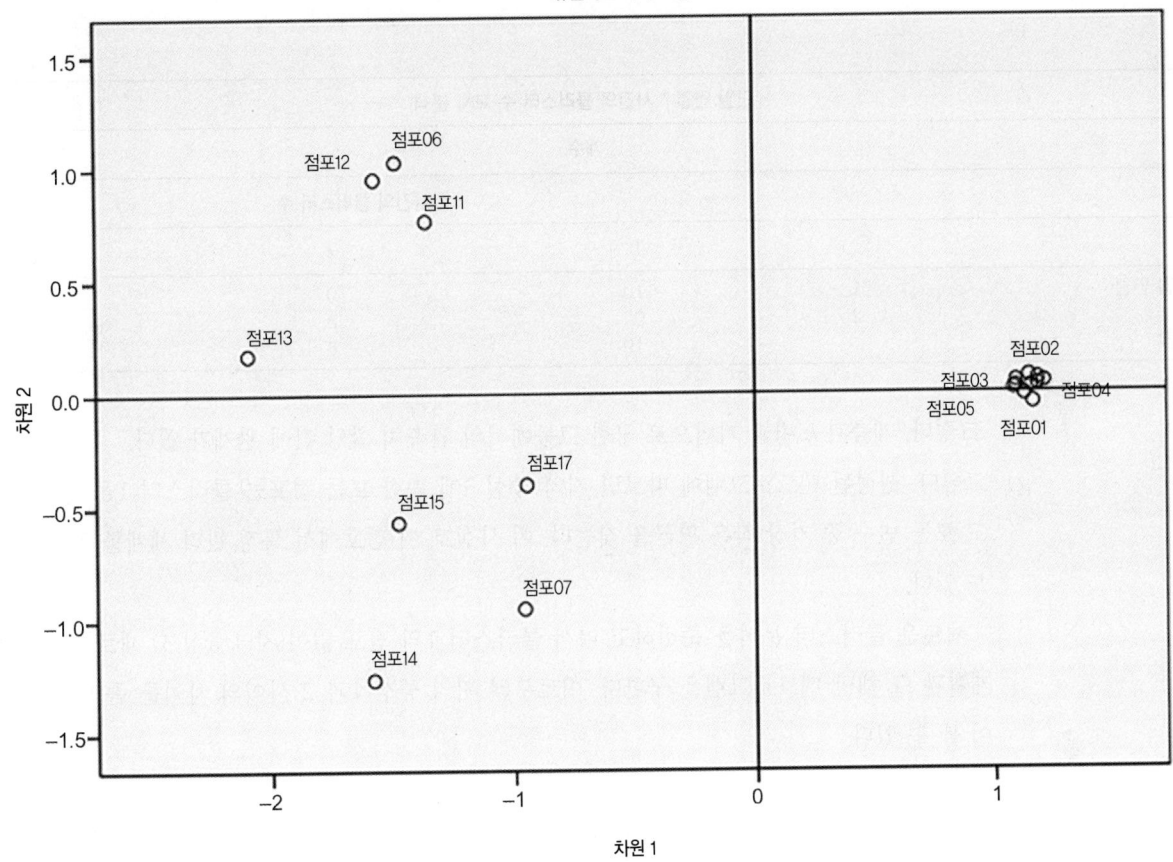

도출 자극 설정

유클리드 거리 모델

다차원 크기 조정을 통해 생성된 2차원 차트를 통해 구 클러스터를 볼 수 있고, 하나는 다른 것보다 더 균질임을 볼 수 있다.

e)

	ANOVA					
	클러스터		오차			
	제곱 평균	자유도	제곱 평균	자유도	F	유의수준
서비스에 대한 고객의 평균 평가 (0~100)	10802.178	1	99.600	16	108.456	.000
상품 다양성에 대한 고객의 평균 평가 (0~100)	12626.178	1	199.100	16	63.416	.000
조직에 대한 고객의 평균 평가 (0~100)	18547.378	1	314.900	16	58.899	.000

F 검정은 설명 용도로만 사용돼야 한다. 클러스터가 다른 클러스터와 차이를 최대화하도록 군집됐기 때문이다. 관측된 유의수준은 교정되지 않았고 클러스터 평균이 동일하다는 가설 검정에 사용돼서는 안 된다.

형성된 두 클러스터가 고려 중인 세 변수에 대해 통계적으로 0.05 유의수준에서 평균이 다르다고 말할 수 있다(*Prob. F* < 0.05). 그룹 중 가장 구분되는 것으로 간주되는 변수는 가장 큰 F 통계량을 갖는 것이다. 즉, 변수 *services rendered*이다($F = 108.456$).

f)

		단일 연결 * 사건의 클러스터 수 교차 분석		
		개수		
		사건의 클러스터 수		
		1	2	총합
단일 연결	1	10	0	10
	2	0	8	8
총합		10	8	18

그렇다. 계층과 k 평균 기법으로 구한 그룹에서의 관측치 할당 간에 관계가 있다.

g) 그렇다. 생성된 덴드로그램에 따르면 지역 중심 3에 속한 모든 점포는 클러스터 1을 형성하고 모든 변수 중 가장 작은 평균을 갖는다. 이 사실로 이 점포에서 특정 관리 체계를 정할 수도 있다.

새로운 클러스터 분석을 준비하고 나서 클러스터 1의 점포 없이(지역 중심 3) 새로운 응집 계획과 그 해당 덴드로그램을 구한다. 이로부터 지역 중심 1과 2 사이의 차이를 좀 더 뚜렷이 볼 수 있다.

		응집 계획				
	병합된 클러스터			클러스터가 처음 나타난 단계		
단계	클러스터 1	클러스터 2	계수	클러스터 1	클러스터 2	다음 단계
1	11	12	12.329	0	0	2
2	6	11	14.697	0	1	6
3	15	17	23.409	0	0	4
4	7	15	24.495	0	3	5
5	7	14	32.802	4	0	7
6	6	13	35.665	2	0	7
7	6	7	40.497	6	5	0

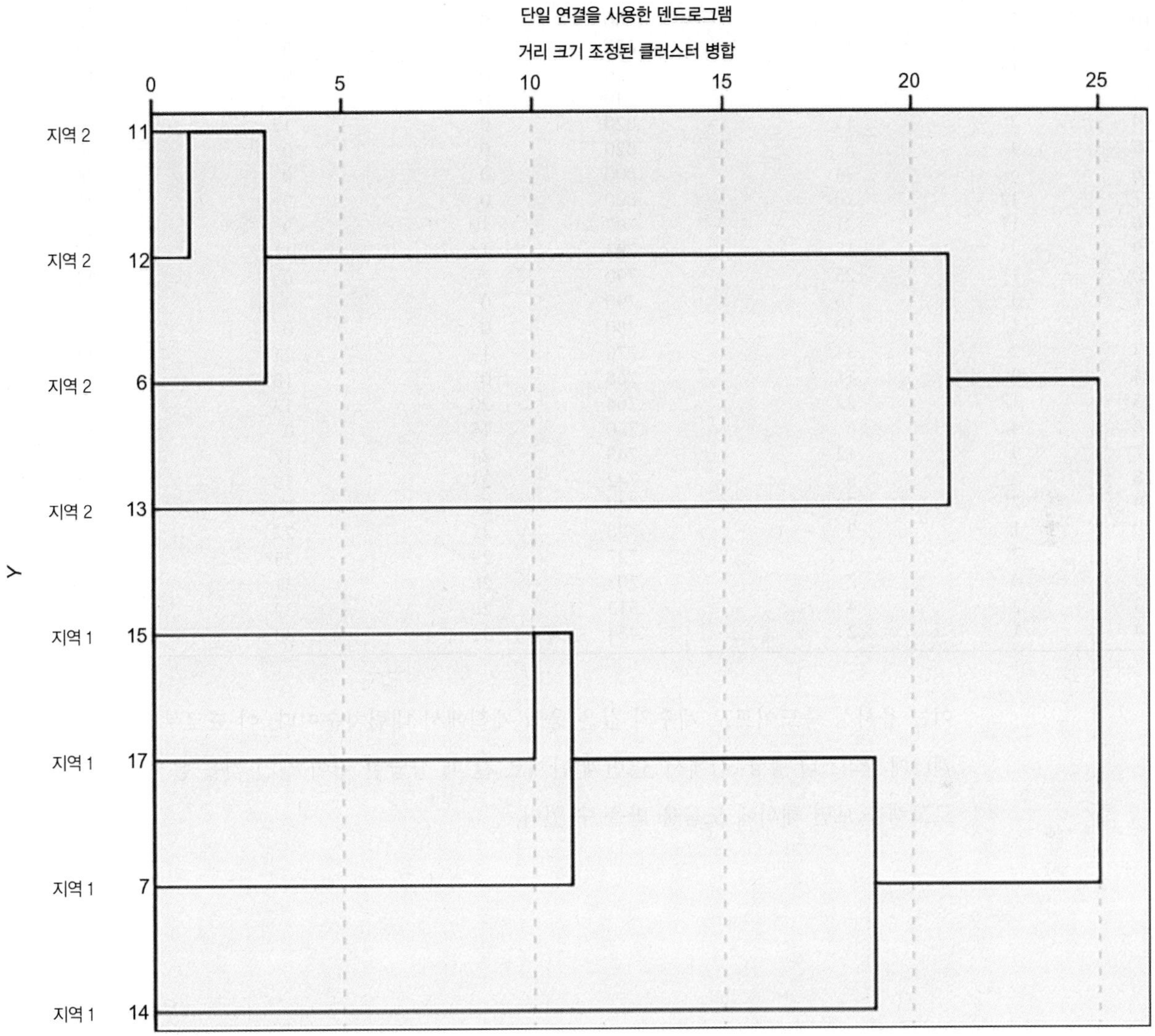

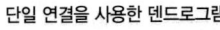

단일 연결을 사용한 덴드로그램

거리 크기 조정된 클러스터 병합

	0	5	10	15	20	25

지역 2 11

지역 2 12

지역 2 6

지역 2 13

지역 1 15

지역 1 17

지역 1 7

지역 1 14

Y

3.

a)

	응집 계획					
	병합된 클러스터			클러스터가 처음 나타난 단계		
단계	클러스터 1	클러스터 2	계수	클러스터 1	클러스터 2	다음 단계
1	18	33	1.000	0	0	8
2	19	34	.980	0	0	7
3	17	32	.980	0	0	7
4	16	31	.980	0	0	21
5	20	35	.960	0	0	17
6	23	27	.880	0	0	9
7	17	19	.880	3	2	20
8	18	26	.860	1	0	11
9	21	23	.860	0	6	18

10	11	14	.860	0	0	18
11	15	18	.853	0	8	19
12	13	30	.840	0	0	14
13	22	29	.840	0	0	25
14	2	13	.820	0	12	19
15	4	5	.820	0	0	26
16	6	24	.800	0	0	28
17	12	20	.800	0	5	27
18	11	21	.797	10	9	24
19	2	15	.793	14	11	23
20	17	25	.790	7	0	25
21	3	16	.790	0	4	23
22	1	10	.780	0	0	30
23	2	3	.770	19	21	28
24	9	11	.768	0	18	27
25	17	22	.764	20	13	31
26	4	8	.750	15	0	32
27	9	12	.749	24	17	30
28	2	6	.742	23	16	33
29	7	28	.740	0	0	31
30	1	9	.728	22	27	34
31	7	17	.727	29	25	32
32	4	7	.703	26	31	33
33	2	4	.513	28	32	34
34	1	2	.484	30	33	0

이는 유사성 측도이므로 계수의 값은 응집 계획에서 내림차순이다. 이 표로부터 32번째 단계(3개 클러스터 형성 시)에서 33번째 단계로 갈 때 상당한 립이 생긴 것을 볼 수 있다. 덴드로그램을 보면 해석에 도움을 받을 수 있다.

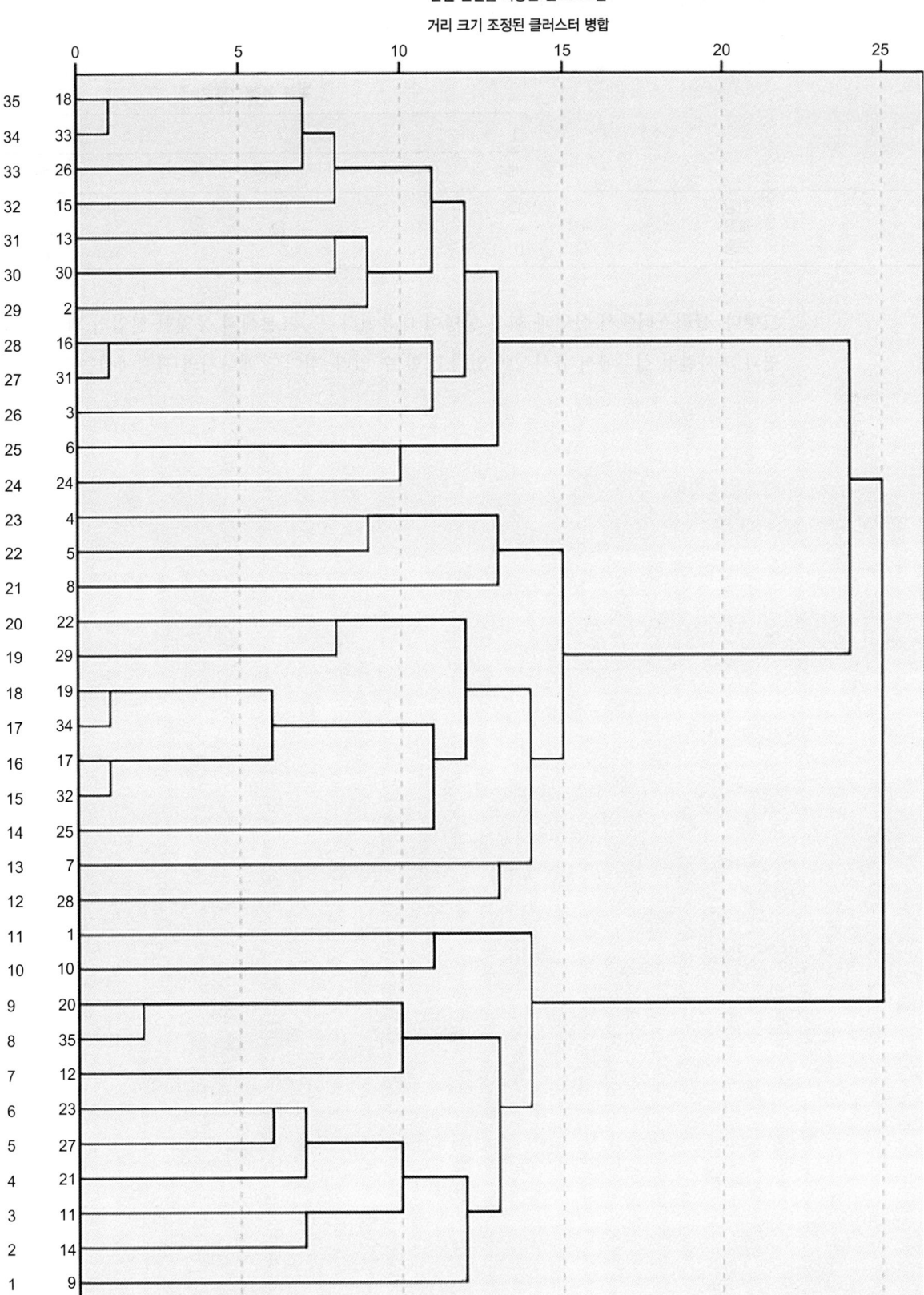

단일 연결을 사용한 덴드로그램

거리 크기 조정된 클러스터 병합

사실, 3개의 클러스터가 매우 권장된다.

c)

		평균 연결(그룹 간)		
		1	2	3
		개수	개수	개수
구역	건강	11	0	0
	교육	0	12	0
	교통	0	0	12

그렇다. 클러스터에서 산업과 회사 할당이 대응된다. 즉, 표본에서 동일한 산업의 회사는 운영과 의사결정 절차에서 유사성이 있다고 할 수 있다. 적어도 매니저의 관점에서는 그렇다.

4.

a)

인접 행렬

벡터 값 사이의 상관관계

경우	1:1	2:2	3:3	4:4	5:5	6:6	7:7	8:8	9:9	10:10	11:11	12:12	13:13	14:14	15:15	16:16
1:1	1.000	.866	-1.000	.000	.998	.945	-.996	.000	1.000	.971	-1.000	-.500	.999	.997	-1.000	.327
2:2	.866	1.000	-.866	-.500	.896	.655	-.908	-.500	.866	.721	-.856	-.866	.891	.822	-.881	-.189
3:3	-1.000	-.866	1.000	.000	-.998	-.945	.996	.000	-1.000	-.971	1.000	.500	-.999	-.997	1.000	-.327
4:4	.000	-.500	.000	1.000	-.064	.327	.091	1.000	.000	.240	-.020	.866	-.052	.082	.030	.945
5:5	.998	.896	-.998	-.064	1.000	.922	-1.000	-.064	.998	.953	-.996	-.554	1.000	.989	-.999	.266
6:6	.945	.655	-.945	.327	.922	1.000	-.911	.327	.945	.996	-.951	-.189	.926	.969	-.935	.619
7:7	-.996	-.908	.996	.091	-1.000	-.911	1.000	.091	-.996	-.945	.994	.577	-.999	-.985	.998	-.240
8:8	.000	-.500	.000	1.000	-.064	.327	.091	1.000	.000	.240	-.020	.866	-.052	.082	.030	.945
9:9	1.000	.866	-1.000	.000	.998	.945	-.996	.000	1.000	.971	-1.000	-.500	.999	.997	-1.000	.327
10:10	.971	.721	-.971	.240	.953	.996	-.945	.240	.971	1.000	-.975	-.277	.957	.987	-.963	.545
11:11	-1.000	-.856	1.000	-.020	-.996	-.951	.994	-.020	-1.000	-.975	1.000	.483	-.997	-.998	.999	-.346
12:12	-.500	-.866	.500	.866	-.554	-.189	.577	.866	-.500	-.277	.483	1.000	-.545	-.427	.526	.655
13:13	.999	.891	-.999	-.052	1.000	.926	-.999	-.052	.999	.957	-.997	-.545	1.000	.991	-1.000	.277
14:14	.997	.822	-.997	.082	.989	.969	-.985	.082	.997	.987	-.998	-.427	.991	1.000	-.994	.404
15:15	-1.000	-.881	1.000	.030	-.999	-.935	.998	.030	-1.000	-.963	.999	.526	-1.000	-.994	1.000	-.298
16:16	.327	-.189	-.327	.945	.266	.619	-.240	.945	.327	.545	-.346	.655	.277	.404	-.298	1.000

이것은 유사성 행렬이다.

b)

	응집 계획					
	병합된 클러스터			클러스터가 처음 나타난 단계		
단계	클러스터 1	클러스터 2	계수	클러스터 1	클러스터 2	다음 단계
1	1	9	1.000	0	0	6
2	4	8	1.000	0	0	11
3	5	13	1.000	0	0	6
4	3	11	1.000	0	0	5
5	3	15	1.000	4	0	7
6	1	5	.999	1	3	8
7	3	7	.998	5	0	15
8	1	14	.997	6	0	10
9	6	10	.996	0	0	10
10	1	6	.987	8	9	12
11	4	16	.945	2	0	13
12	1	2	.896	10	0	14
13	4	12	.866	11	0	14
14	1	4	.619	12	13	15
15	1	3	.577	14	7	0

피어슨 상관관계가 관측치 사이의 유사성 측도로 사용됐다. 응집 계획에서 계수의 값은 내림차순으로 되어 있다. 표로부터 13번째 단계(주별 주기 3개 클러스터 형성 시)에서 14번째 단계로 갈 때 큰 립이 있음을 볼 수 있다. 덴드로그램을 보면 해석에 도움을 받을 수 있다.

c)

단일 연결을 사용한 덴드로그램

거리 크기 조정된 클러스터 병합

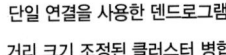

단일 연결을 사용한 덴드로그램

거리 크기 조정된 클러스터 병합

	0	5	10	15	20	25
1	1					
1	9					
1	5					
1	13					
2	14					
2	6					
2	10					
2	2					
4	4					
4	8					
4	16					
4	12					
3	3					
3	11					
3	15					
3	7					

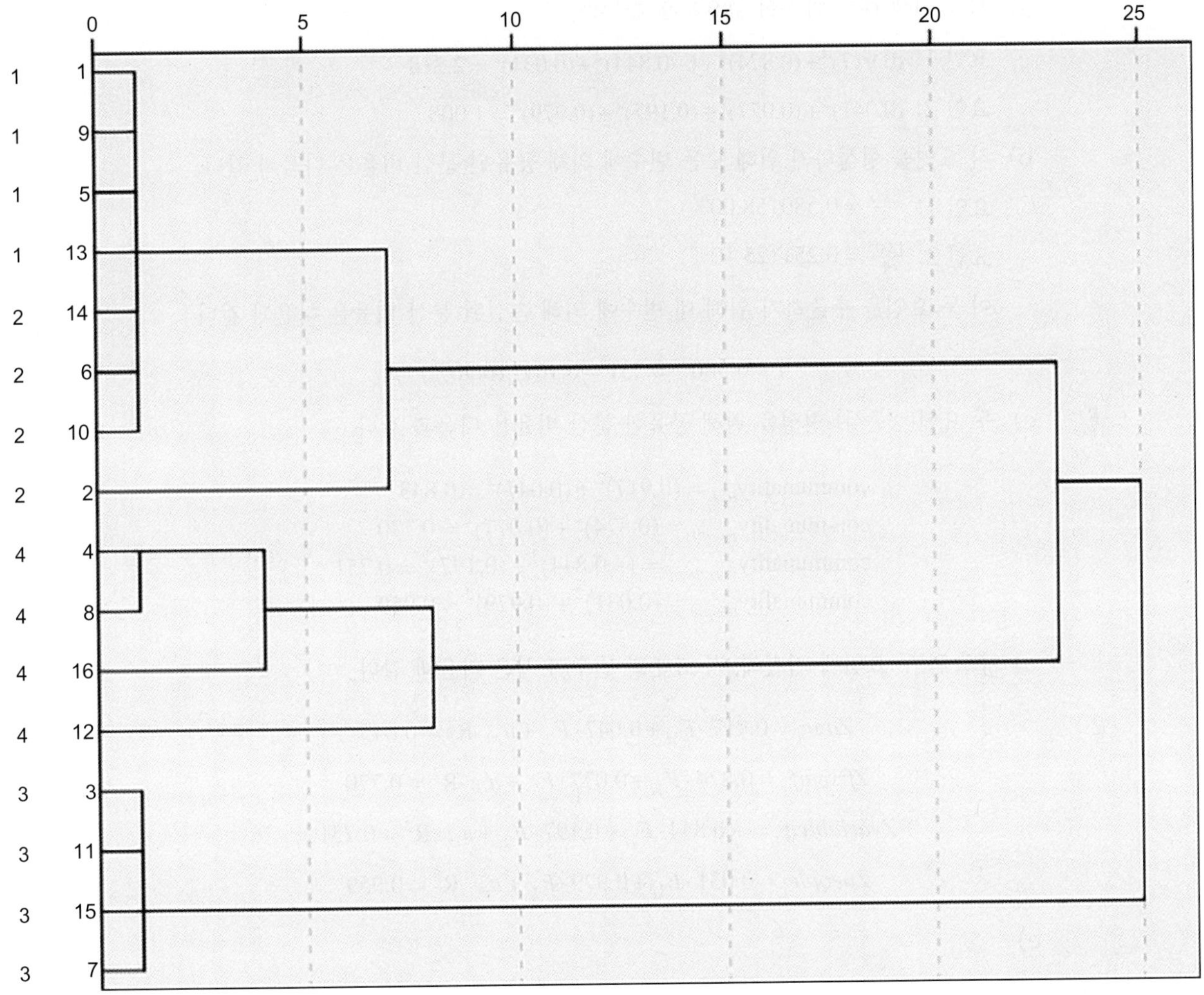

사실, 지금은 3주 클러스터 해가 매우 권장된다. 더구나 두세 번째 클러스터는 각 월의 각각 3, 4주에 관련되어 배타적으로 형성됐음을 알 수 있다. 이는 바나나, 오렌지, 사과 판매가 이 주기에서 결합 행동이 재현됨을 증명해줄 수도 있다. 다음 표는 변수 *week_month*와 특정 클러스터의 각 관측치 할당 간의 관계를 보여준다.

		단일 연결		
		1	2	3
		개수	개수	개수
week_month	1	4	0	0
	2	4	0	0
	3	0	4	0
	4	0	0	4

12장

1.

    a) 각 요인에 대해 다음의 고윳값을 갖는다.

        요인 1: $(0.917)^2 + (0.874)^2 + (-0.844)^2 + (0.031)^2 = 2.318$

        요인 2: $(0.047)^2 + (0.077)^2 + (0.197)^2 + (0.979)^2 = 1.005$

    b) 각 요인을 형성하기 위해 모든 변수에 의해 공유된 분산 비율은 다음과 같다.

        요인 1: $\frac{2.318}{4} = 0.580\,(58.00\%)$

        요인 2: $\frac{1.005}{4} = 0.251\,(25.10\%)$

        이 두 요인을 추출하기 위해 네 변수에 의해 손실된 분산 비율은 다음과 같다.

$$1 - 0.580 - 0.251 = 0.169\,(16.90\%)$$

    c) 두 요인(공통성) 형성을 위해 공유한 분산 비율은 다음과 같다.

$$\text{communality}_{age} = (0.917)^2 + (0.047)^2 = 0.843$$
$$\text{communality}_{fixedif} = (0.874)^2 + (0.077)^2 = 0.770$$
$$\text{communality}_{variableif} = (-0.844)^2 + (0.197)^2 = 0.751$$
$$\text{communality}_{people} = (0.031)^2 + (0.979)^2 = 0.959$$

    d) 추출된 두 요인에 기반해, 각 표준화 변수의 식은 다음과 같다.

$$Zage_i = 0.917 \cdot F_{1i} + 0.047 \cdot F_{2i} + u_i, \quad R^2 = 0.843$$
$$Zfixedif_i = 0.874 \cdot F_{1i} + 0.077 \cdot F_{2i} + u_i, \quad R^2 = 0.770$$
$$Zvariableif_i = -0.844 \cdot F_{1i} + 0.197 \cdot F_{2i} + u_i, \quad R^2 = 0.751$$
$$Zpeople_i = 0.031 \cdot F_{1i} + 0.979 \cdot F_{2i} + u_i, \quad R^2 = 0.959$$

    e)

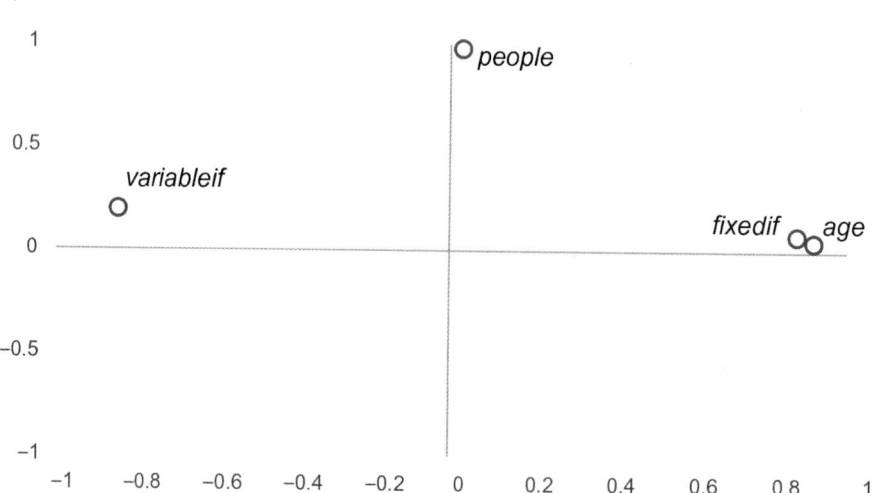

    f) 변수 *age*, *fixedif*, *variableif*는 첫 요인(X축)과 높은 상관관계를 갖지만 변수 *people*은 두 번

째 요인(Y축)과 강한 상관관계를 갖는다. 이 현상은 나이 많은 고객이 리스크를 싫어해서 채권형 펀드(저축이나 *CDB* 등)에 더 많이 투자하기 때문이다. 반면 변수 *variableif*가 첫 요인과 높은 상관관계를 갖지만 절대 요인 적재는 음수다. 이는 젊은 고객은 상당수 주식 등에 투자하기 때문이다. 마지막으로, 가정을 이루고 사는 사람의 수(변수 *people*)는 다른 변수와 낮은 상관관계를 갖는다. 따라서 두 번째 요인과 높은 적재를 갖는다.

2.

a)

1차년도

KMO와 바렛의 검정		
표본 적절성에 대한 카이저-마이어-올킨 척도		.719
바렛의 구형성 검정	근사 카이제곱	89.637
	자유도	6
	유의수준	.000

2차년도

KMO와 바렛의 검정		
표본 적절성에 대한 카이저-마이어-올킨 척도		.718
바렛의 구형성 검정	근사 카이제곱	86.483
	자유도	6
	유의수준	.000

KMO 통계량에 따르면, 요인 분석의 전체 적절성은 각 연차에 대해 보통으로 볼 수 있다 (1차년 KMO = 0.719, 2차년 KMO = 0.718).

두 주기에서 $\chi^2_{Bartlett}$ 통계량에 따라 유의수준 0.05와 바렛의 구형성 검정 가설에 따라 상관 행렬이 통계적으로 동일한 차원의 항등 행렬과 동일하다는 기설을 기각한다. 1차년도 $\chi^2_{Bartlett}$ = 89.637(6차 자유도에서 $Sig. \chi^2_{Bartlett} < 0.05$)이고, 2차년도 $\chi^2_{Bartlett}$ = 86.483(6차 자유도에서 $Sig. \chi^2_{Bartlett} < 0.05$)이므로 주성분 분석은 각 연도에서 적절하다.

b)

1차년도

	해석된 총 분산					
	초기 고윳값			제곱 적재 합의 추출		
성분	총합	분산 %	누적 %	총합	분산 %	누적 %
1	2.589	64.718	64.718	2.589	64.718	64.718
2	.730	18.247	82.965			
3	.536	13.391	96.357			
4	.146	3.643	100.000			

추출 기법: 주성분 분석

2차년도

	해석된 총 분산					
	초기 고윳값			제곱 적재 합의 추출		
성분	총합	분산 %	누적 %	총합	분산 %	누적 %
1	2.566	64.149	64.149	2.566	64.149	64.149
2	.737	18.435	82.584			
3	.543	13.577	96.162			
4	.154	3.838	100.000			

추출 기법: 주성분 분석

잠재적 근 기준에 따라 오직 하나의 요인이 각 연도에서 추출되고 해당 고윳값은 다음과 같다.

1차년도: 2.589

2차년도: 2.566

각 연도에서 요인을 형성하기 위해 모든 변수에 의해 공유된 분산 비율은 다음과 같다.

1차년도: 64.718%

2차년도: 64.149%

c)

1차년도

	성분 행렬[a]
	성분
	1
부패 인식 지수 – 1차년(세계 투명도)	.900
1차년 인구 10만 명당 살인 사건 수(OMS, UNODC, GIMD)	−.614
인구당 GDP – 1차년 2000년을 기준년으로 사용(인플레이션 US$ 조정, 세계 은행)	.911
25세 이상 평균 학업 연수 – 1차년(IHME)	.755

[a] 1 성분이 추출됨
추출 기법: 주성분 분석

1차년도

	공통성	
	초기	추출
부패 인식 지수– 1차년(세계 투명도)	1.000	.810
1차년 인구 10만 명당 살인 사건 수(OMS, UNODC, GIMD)	1.000	.378
인구당 GDP – 1차년 2000년을 기준년으로 사용(인플레이션 US$ 조정, 세계 은행)	1.000	.830
25세 이상 평균 학업 연수 – 1차년(IHME)	1.000	.571

추출 기법: 주성분 분석

2차년도

성분 행렬[a]

	성분
	1
부패 인식 지수 – 2차년(세계 투명도)	.899
2차년 인구 10만 명당 살인 사건 수(OMS, UNODC, GIMD)	−.608
인구당 GDP – 2차년 2000년을 기준년으로 사용(인플레이션 US$ 조정, 세계 은행)	.908
25세 이상 평균 학업 연수 – 2차년(IHME)	.750

[a] 1 성분이 추출됨
추출 기법: 주성분 분석

2차년도

공통성

	초기	추출
부패 인식 지수 – 2차년(세계 투명도)	1.000	.808
2차년 인구 10만 명당 살인 사건 수(OMS, UNODC, GIMD)	1.000	.370
인구당 GDP – 2차년 2000년을 기준년으로 사용(인플레이션 US$ 조정, 세계 은행)	1.000	.825
25세 이상 평균 학업 연수 – 2차년(IHME)	1.000	.563

추출 기법: 주성분 분석

모든 변수의 공통성에 있어 1차년과 2차년에서 약간의 감소가 보인다.

d)

1차년도

성분 점수 계수 행렬

	성분
	1
부패 인식 지수 – 1차년(세계 투명도)	.348
1차년 인구 10만 명당 살인 사건 수(OMS, UNODC, GIMD)	−.237
인구당 GDP – 1차년 2000년을 기준년으로 사용(인플레이션 US$ 조정, 세계 은행)	.352
25세 이상 평균 학업 연수 – 1차년(IHME)	.292

추출 기법: 주성분 분석
성분 점수

2차년도

성분 점수 계수 행렬

	성분
	1
부패 인식 지수 – 1차년(세계 투명도)	.350
1차년 인구 10만 명당 살인 사건 수(OMS, UNODC, GIMD)	−.237
인구당 GDP – 1차년 2000년을 기준년으로 사용(인플레이션 US$ 조정, 세계 은행)	.354
25세 이상 평균 학업 연수 – 1차년(IHME)	.292

추출 기법: 주성분 분석
성분 점수

표준화된 변수에 기반해, 각 연도에서 추출된 요인식은 다음과 같다.

1차년도: $F_i = 0.348 \cdot Zcpi1_i - 0.237 \cdot Zviolence1_i + 0.352 \cdot Zcapita\_gdp1_i + 0.292 \cdot Zschool1_i$

2차년도: $F_i = 0.350 \cdot Zcpi2_i - 0.237 \cdot Zviolence2_i + 0.354 \cdot Zcapita\_gdp2_i + 0.292 \cdot Zschool2_i$

1차년도와 그다음 해에 약간의 변화가 생겼지만 이는 단지 좀 더 정밀하고 갱신된 점수를 얻기 위해 기법을 재적용하게 한다. 주로 인덱스와 순위를 생성할 때 그러하다.

e)

	1차년도			2차년도		
국가	인덱스	순위		국가	인덱스	순위
스위스	1.6923	1		노르웨이	1.6885	1
노르웨이	1.6794	2		스위스	1.6594	2
덴마크	1.4327	3		스웨덴	1.4388	3
스웨덴	1.4040	4		덴마크	1.4225	4
일본	1.3806	5		일본	1.3848	5
미국	1.3723	6		캐나다	1.3844	6
캐나다	1.3430	7		미국	1.3026	7
영국	1.1560	8		영국	1.1321	8
네덜란드	1.1086	9		네덜란드	1.1007	9
호주	1.0607	10		호주	1.0660	10
독일	1.0297	11		독일	1.0401	11
오스트리아	0.9865	12		오스트리아	0.9903	12
아일랜드	0.9439	13		아일랜드	0.9411	13
뉴질랜드	0.9269	14		싱가포르	0.9184	14
싱가포르	0.8781	15		뉴질랜드	0.9063	15
벨기에	0.8175	16		벨기에	0.8265	16
이스라엘	0.6322	17		이스라엘	0.6444	17
프랑스	0.5545	18		프랑스	0.5448	18
키프로스	0.5099	19		키프로스	0.4606	19
아랍 에미리트	0.3157	20		아랍 에미리트	0.2849	20
체코 공화국	0.2244	21		체코 공화국	0.1857	21
이탈리아	0.0859	22		폴란드	0.0868	22
폴란드	0.0373	23		스페인	0.0334	23
스페인	0.0303	24		칠레	0.0170	24
칠레	−0.0517	25		이탈리아	0.0064	25
그리스	−0.1432	26		쿠웨이트	−0.1462	26
쿠웨이트	−0.2276	27		그리스	−0.2247	27
포르투갈	−0.2980	28		포르투갈	−0.2794	28
루마니아	−0.3028	29		루마니아	−0.3150	29
오만	−0.4742	30		사우디 아라비아	−0.4321	30
사우디 아라비아	−0.5111	31		오만	−0.5034	31
세르비아	−0.5407	32		아르헨티나	−0.5342	32
아르헨티나	−0.5556	33		세르비아	−0.5544	33
터키	−0.6476	34		말레이시아	−0.6098	34
우크라이나	−0.7109	35		터키	−0.6401	35
카자흐스탄	−0.7423	36		우크라이나	−0.6807	36
말레이시아	−0.7459	37		카자흐스탄	−0.6970	37
레바논	−0.7966	38		레바논	−0.8060	38
러시아	−0.8534	39		러시아	−0.8513	39
멕시코	−0.8803	40		중국	−0.8982	40
중국	−0.8840	41		멕시코	−0.9323	41
이집트	−0.9792	42		이집트	−0.9485	42
태국	−1.0632	43		태국	−1.0800	43
인도네시아 공화국	−1.2245	44		인도네시아 공화국	−1.2431	44
인도	−1.2272	45		인도	−1.2533	45
브라질	−1.3294	46		브라질	−1.3468	46
필리핀	−1.3466	47		필리핀	−1.3885	47
베네수엘라	−1.3916	48		베네수엘라	−1.4149	48
남아프리카	−1.8215	49		콜롬비아	−1.7697	49
콜롬비아	−1.8534	50		남아프리카	−1.9173	50

첫해부터 두 번째 해까지 국가별 상대 순위에 다소의 변화가 있었다.

3.

a)

상관 행렬		상품 다양성에 대한 인식 (0~10)	재고 관리의 질과 속도에 대한 인식(0~10)	점포의 내부 구조에 대한 인식 (0~10)	점포 내 온도, 청각, 시각적 편안함에 대한 인식(0~10)	점포의 전반적 청결성에 대한 인식(0~10)	점포의 서비스 질에 대한 인식 (0~10)	점포의 가격 경쟁력에 대한 인식(0~10)	점포의 할인 정책에 대한 인식 (0~10)
상관관계	상품 다양성에 대한 인식 (0~10)	1.000	.753	.898	.733	.640	.193	.084	.053
	재고 관리의 질과 속도에 대한 인식 (0~10)	.753	1.000	.429	.633	.548	.208	-.449	-.367
	점포의 내부 구조에 대한 인식 (0~10)	.898	.429	1.000	.641	.567	.142	.413	.318
	점포 내 온도, 청각, 시각적 편안함에 대한 인식(0~10)	.733	.633	.641	1.000	.864	.227	.235	.174
	점포의 전반적 청결성에 대한 인식 (0~10)	.640	.548	.567	.864	1.000	.194	.220	.173
	점포의 서비스 질에 대한 인식 (0~10)	.193	.208	.142	.227	.194	1.000	.137	.113
	점포의 가격 경쟁력에 대한 인식 (0~10)	.084	-.449	.413	.235	.220	.137	1.000	.906
	점포의 할인 정책에 대한 인식 (0~10)	.053	-.367	.318	.174	.173	.113	.906	1.000

그렇다. 몇몇 피어슨의 상관계수 크기에 기반해 요인 분석이 변수를 요인으로 분석하는 첫 번째 지표를 식별할 수 있다.

b)

KMO와 바렛의 검정		
표본 적절성에 대한 카이저-마이어-올킨 척도		**.610**
바렛의 구형성 검정	근사 카이제곱	13752.938
	자유도	28
	유의수준	.000

그렇다. $\chi^2_{Bartlett}$ 통계량 결과와 바렛의 구형성 검정으로부터($\chi^2_{Bartlett}$ = 13,752.938, 28차 자유도에서 $Sig. \chi^2_{Bartlett} < 0.05$) 상관 행렬이 유의수준 0.05에서 통계적으로 같은 차원의 항등 행렬과 같다는 가설을 기각한다. 따라서 주성분 분석은 적절한 것으로 간주한다.

c)

성분	초기 고윳값			제곱 적재 합의 추출		
	총합	분산 %	누적 %	총합	분산 %	누적 %
1	3.825	47.812	47.812	3.825	47.812	47.812
2	2.254	28.174	75.986	2.254	28.174	75.986
3	.944	11.794	87.780			
4	.597	7.458	95.238			
5	.214	2.679	97.917			
6	.126	1.570	99.486			
7	.025	.313	99.799			
8	.016	.201	100.000			

추출 기법: 주성분 분석

잠재적 근 기준을 고려하면 두 요인이 추출되고 각각의 고윳값은 다음과 같다.

요인 1: 3.825

요인 2: 2.254

각 요인을 형성하기 위해 모든 변수에 의해 공유된 분산 비율은 다음과 같다.

요인 1: 47.812%

요인 2: 28.174%

따라서 두 요인을 형성하기 위해 전체 변수에 의해 공유된 분산 비율은 75.986%이다.

d) 두 요인을 추출하기 위해 모든 변수에 의해 손실된 총 분산 비율은 다음과 같다.

$$1 - 0.75986 = 0.24014 \, (24.014\%)$$

e)

성분 행렬[a]

	성분	
	1	2
상품 다양성에 대한 인식(0~10)	.918	−.174
재고 관리의 질과 속도에 대한 인식(0~10)	.692	−.660
점포의 내부 구조에 대한 인식(0~10)	.855	.185
점포 내 온도, 청각, 시각적 편안함에 대한 인식(0~10)	.909	−.029
점포의 전반적 청결성에 대한 인식(0~10)	.849	−.010
점포의 서비스 질에 대한 인식(0~10)	.311	.065
점포의 가격 경쟁력에 대한 인식(0~10)	.274	.950
점포의 할인 정책에 대한 인식(0~10)	.232	.920

[a] 2 성분이 추출됨

추출 기법: 주성분 분석

공통성		
	초기	추출
상품 다양성에 대한 인식(0~10)	1.000	.873
재고 관리의 질과 속도에 대한 인식(0~10)	1.000	.914
점포의 내부 구조에 대한 인식(0~10)	1.000	.766
점포 내 온도, 청각, 시각적 편안함에 대한 인식(0~10)	1.000	.827
점포의 전반적 청결성에 대한 인식(0~10)	1.000	.721
점포의 서비스 질에 대한 인식(0~10)	1.000	.101
점포의 가격 경쟁력에 대한 인식(0~10)	1.000	.978
점포의 할인 정책에 대한 인식(0~10)	1.000	.900

추출 기법: 주성분 분석

변수 *services rendered*의 적재와 공통성은 상대적으로 낮음에 주목하자. 이는 세 번째 요인의 필요성을 입증하는데, 이는 잠재적 근 기준 특성을 드러낸다.

f)

성분 행렬[a]			
	성분		
	1	2	3
상품 다양성에 대한 인식(0~10)	.918	−.174	−.119
재고 관리의 질과 속도에 대한 인식(0~10)	.692	−.660	.051
점포의 내부 구조에 대한 인식(0~10)	.855	.185	−.196
점포 내 온도, 청각, 시각적 편안함에 대한 인식(0~10)	.909	−.029	−.021
점포의 전반적 청결성에 대한 인식(0~10)	.849	−.010	−.033
점포의 서비스 질에 대한 인식(0~10)	.311	.065	.942
점포의 가격 경쟁력에 대한 인식(0~10)	.274	.950	−.011
점포의 할인 정책에 대한 인식(0~10)	.232	.920	−.003

[a] 3 성분이 추출됨
추출 기법: 주성분 분석

공통성		
	초기	추출
상품 다양성에 대한 인식(0~10)	1.000	.887
재고 관리의 질과 속도에 대한 인식(0~10)	1.000	.917
점포의 내부 구조에 대한 인식(0~10)	1.000	.804
점포 내 온도, 청각, 시각적 편안함에 대한 인식(0~10)	1.000	.828
점포의 전반적 청결성에 대한 인식(0~10)	1.000	.722
점포의 서비스 질에 대한 인식(0~10)	1.000	.987
점포의 가격 경쟁력에 대한 인식(0~10)	1.000	.978
점포의 할인 정책에 대한 인식(0~10)	1.000	.900

추출 기법: 주성분 분석

그렇다. 점포 총괄 관리자가 제시한 설문을 구조화할 수 있다. 변수 *variety of goods*, *replacement*, *layout*, *comfort*, *cleanliness*는 특정 요인과 강한 상관관계를 갖고, 변수 *price*, *discounts*는 또 다른 요인, 변수 *services rendered*는 세 번째 요인이 된다.

g) 잠재적 근 기준에 기반한 추출의 결정을 위해 세 요소 추출을 결정하면 변수의 공통성을 증가시키고 변수 *services rendered*가 세 번째 요인과 더욱 강하게 상관된다.

h)

회전된 성분 행렬[a]

	성분		
	1	2	3
상품 다양성에 대한 인식(0~10)	.940	−.038	.044
재고 관리의 질과 속도에 대한 인식(0~10)	.761	−.558	.161
점포의 내부 구조에 대한 인식(0~10)	.840	.311	−.036
점포 내 온도, 청각, 시각적 편안함에 대한 인식(0~10)	.893	.099	.142
점포의 전반적 청결성에 대한 인식(0~10)	.834	.110	.120
점포의 서비스 질에 대한 인식(0~10)	.128	.065	.983
점포의 가격 경쟁력에 대한 인식(0~10)	.130	.979	.057
점포의 할인 정책에 대한 인식(0~10)	.092	.943	.056

[a] 회전은 4 반복 후 수렴
추출 방법: 주성분 분석
회전 방법: 카이저 정규화와 베리맥스

베리맥스 회전은 분산 적재를 각 요인에 재분배해서 점포 총괄 관리자의 구성을 확인해 준다.

i)

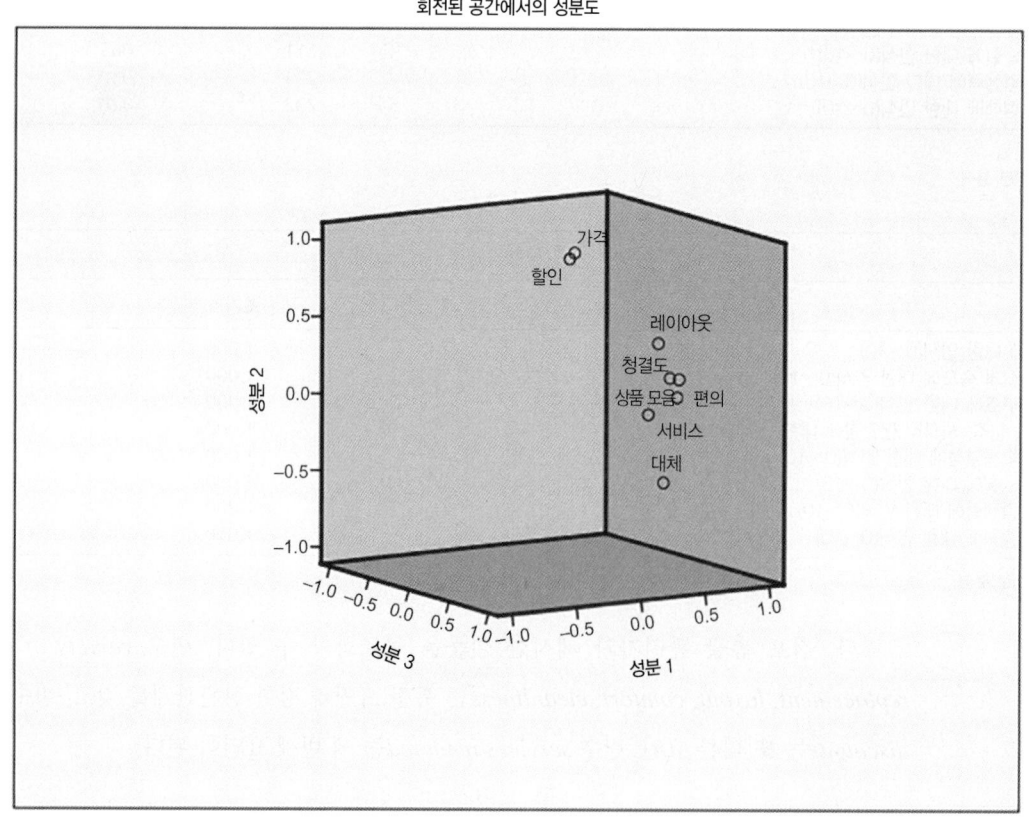

회전된 공간에서의 성분도

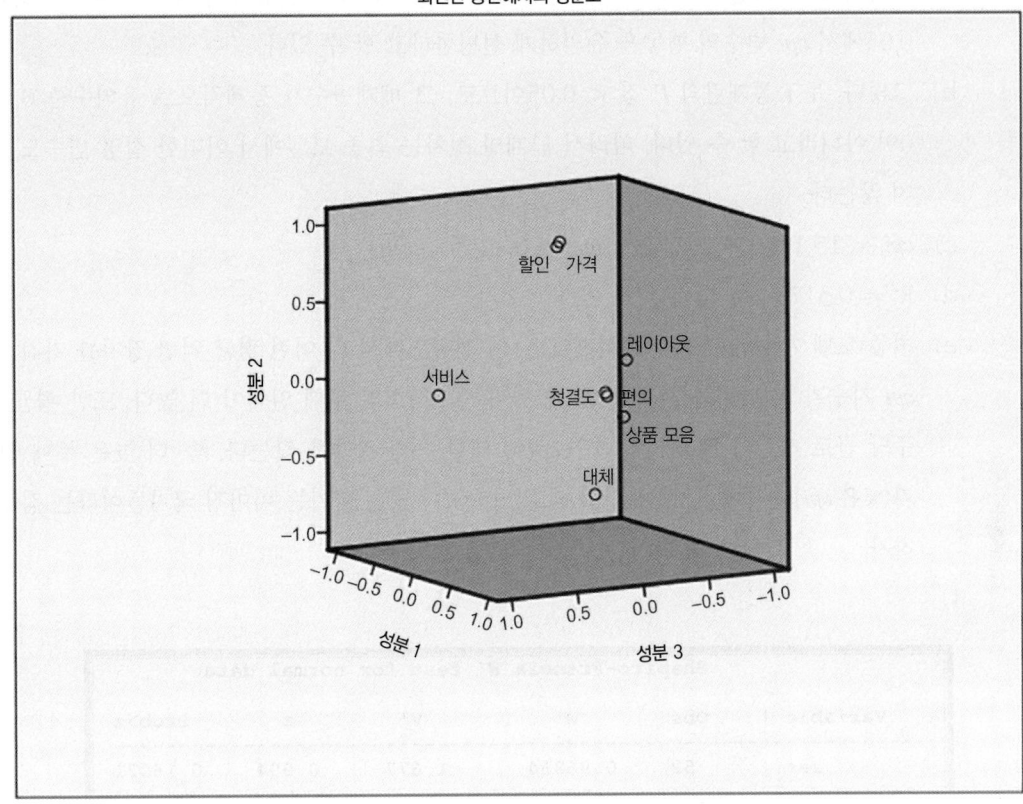

회전된 공간에서의 성분도

13장

1.

  a) $\hat{Y} = -3.8563 + 0.3872 \cdot X$

  b) $R^2 = 0.9250$

  c) 그렇다(t의 P 값 $= 0.000 < 0.05$)

  d) 99억 5950만 달러($Y = 0$으로 하고 식을 풀어야 한다.)

  e) $-3.8563\%(X = 0$으로 해야 함)

  f) 0.4024%(평균), -1.2505%(최저), 2.0554%(최대)

2.

Source	SS	df	MS		Number of obs =	52
					F(2, 49) =	11.41
Model	89.612845	2	44.8064225		Prob > F =	0.0001
Residual	192.427734	49	3.9270966		R-squared =	0.3177
					Adj R-squared =	0.2899
Total	282.040579	51	5.53020742		Root MSE =	1.9817

cpi	Coef.	Std. Err.	t	P>|t|	[95% Conf. Interval]	
age	.07005	.0327711	2.14	0.038	.004194	.135906
hours	-.424531	.1169233	-3.63	0.001	-.6594972	-.1895648
_cons	15.15894	4.754379	3.19	0.002	5.604657	24.71322

a) 그렇다. F 통계량의 P 값 < 0.05이므로, 적어도 하나의 설명 변수가 통계적으로 유의수준 0.05에서 cpi 변수의 행동을 유의하게 설명한다고 할 수 있다.

b) 그렇다. 두 t 통계량의 P 값 < 0.05이므로, 그 매개변수가 통계적으로 유의수준 0.05에서 0이 아니라고 할 수 있다. 따라서 단계별 절차는 최종 모델에서 어떠한 설명 변수도 제거하지 않는다.

c) $\hat{cpi}_i = 15.1589 + 0.0700 \cdot age_i - 0.4245 \cdot hours_i$

d) $R^2 = 0.3177$

e) 최종 모델 계수의 부호를 분석해보면, 이 절단면에서 더 어린 평균 억만 장자를 가진 국가의 cpi 지수가 더 낮다는 사실을 알 수 있다. 즉, 사회의 부패 인식이 더 높다. 또한 평균적으로 주당 근로 시간이 많을수록 변수 cpi에 대한 음의 관계를 갖는다. 즉, 더 높은 부패 인식 국가(낮은 cpi)는 주별 근로 시간이 더 많다. cpi가 낮은 국가는 이머징 국가들이라는 점에 주목하자.

f)

	Shapiro-Francia W' test for normal data				
Variable	Obs	W'	V'	z	Prob>z
res	52	0.96864	1.677	0.994	0.16021

	Shapiro-Wilk W test for normal data				
Variable	Obs	W	V	z	Prob>z
res	52	0.95835	2.020	1.503	0.06638

이 표본 크기에 최적인 사피로-프란시아 검정을 사용하면, 잔차가 유의수준 0.05에서 정규분포를 따른다고 할 수 있다. 사피로-윌크 검정으로도 동일한 결론을 얻었을 것이다.

g)

```
Breusch-Pagan / Cook-Weisberg test for heteroskedasticity
         Ho: Constant variance
         Variables: fitted values of cpi

    chi2(1)      =      0.00
    Prob > chi2  =    0.9862
```

브뢰쉬-파간/쿡-와이즈버그 검정에서 모델은 동분산성임을 확인할 수 있다.

h)

```
 Variable |       VIF       1/VIF
----------+----------------------
    hours |      1.06    0.941907
      age |      1.06    0.941907
----------+----------------------
 Mean VIF |      1.06
```

최종 모델이 매우 높은 *VIF* 통계량을 갖지 않으므로(1 − 허용도 = 0.058), 다중공선성 문제가 없다고 결론 내릴 수 있다.

3.

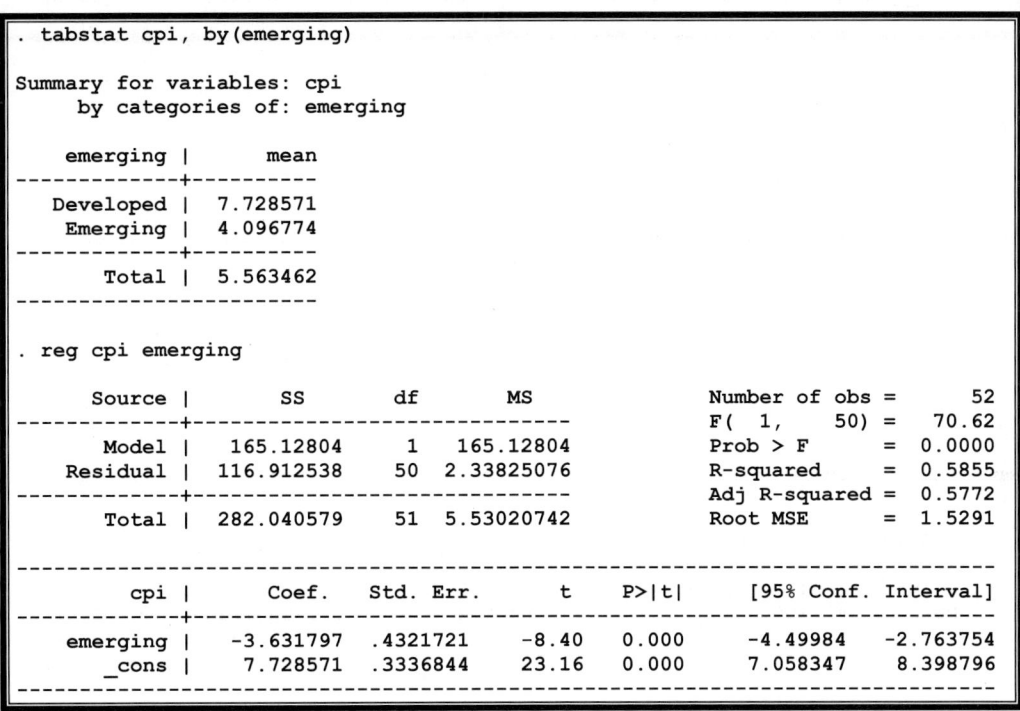

```
. tabstat cpi, by(emerging)

Summary for variables: cpi
      by categories of: emerging

   emerging |      mean
------------+----------
  Developed |  7.728571
   Emerging |  4.096774
------------+----------
      Total |  5.563462
------------------------

. reg cpi emerging

     Source |       SS          df       MS              Number of obs =       52
------------+--------------------------------            F(  1,     50) =    70.62
      Model |  165.12804        1    165.12804           Prob > F       =   0.0000
   Residual |  116.912538      50   2.33825076           R-squared      =   0.5855
------------+--------------------------------            Adj R-squared  =   0.5772
      Total |  282.040579      51   5.53020742           Root MSE       =   1.5291

------------------------------------------------------------------------------
        cpi |      Coef.   Std. Err.      t    P>|t|     [95% Conf. Interval]
------------+----------------------------------------------------------------
   emerging |  -3.631797   .4321721    -8.40   0.000    -4.49984   -2.763754
      _cons |   7.728571   .3336844    23.16   0.000    7.058347    8.398796
------------------------------------------------------------------------------
```

a) 이머징 국가와 선진국 사이의 평균 *cpi* 값 차이는 −3.6318이다. 즉, 이머징 국가가 평균 *cpi* = 4.0968인 반면, 선진국은 평균 *cpi* = 7.7286이다. 이는 정확히 변수 *emerging*에 기반한 *cpi* 회귀 절편에 해당한다. 선진국의 더미 *emerging*이 0이기 때문이다.

그렇다. 그 차이는 유의수준 0.05에서 통계적으로 유의하다. *emerging* 변수의 *t* 통계량의 *P* 값 < 0.05이기 때문이다.

b)

```
p = 0.2138 >= 0.1000   removing age

      Source |       SS       df       MS              Number of obs =      52
-------------+------------------------------           F(  2,    49) =   38.42
       Model |  172.211746      2  86.1058731           Prob > F      =  0.0000
    Residual |  109.828832     49  2.24140474           R-squared     =  0.6106
-------------+------------------------------           Adj R-squared =  0.5947
       Total |  282.040579     51  5.53020742           Root MSE      =  1.4971


         cpi |      Coef.   Std. Err.      t    P>|t|     [90% Conf. Interval]
-------------+----------------------------------------------------------------
    emerging |  -3.223845   .4813487    -6.70   0.000    -4.030851   -2.41684
       hours |  -.1733756   .0975254    -1.78   0.082     -.336882   -.0098693
       _cons |   13.17009   3.078291     4.28   0.000     8.009177    18.331
```

c) $c\hat{p}i_i = 13.1701 - 0.1734 \cdot hours_i - 3.2238 \cdot emerging_i$

$c\hat{p}i = 13.1701 - 0.1734 \cdot (37) - 3.2238 \cdot (1) = 3.5305$

d) $c\hat{p}i_{\min} = 8.0092 - 0.3369 \cdot (37) - 4.0309 \cdot (1) = -8.4870$

$c\hat{p}i_{\max} = 18.3310 - 0.0099 \cdot (37) - 2.4168 \cdot (1) = 15.5479$

명백히, 신뢰 구간은 극도로 넓고 의미가 없다. 이는 R^2의 값이 그리 높지 않기 때문이다.

e)

```
p = 0.2079 >= 0.1000   removing age

      Source |       SS       df       MS              Number of obs =      52
-------------+------------------------------           F(  2,    49) =   38.58
       Model |  172.502548      2  86.2512738           Prob > F      =  0.0000
    Residual |  109.538031     49  2.23547002           R-squared     =  0.6116
-------------+------------------------------           Adj R-squared =  0.5958
       Total |  282.040579     51  5.53020742           Root MSE      =  1.4951


         cpi |      Coef.   Std. Err.      t    P>|t|     [90% Conf. Interval]
-------------+----------------------------------------------------------------
    emerging |  -3.213296   .4813054    -6.68   0.000    -4.020229   -2.406363
     lnhours |  -5.713824   3.145899    -1.82   0.075    -10.98808   -.4395641
       _cons |   27.40486   10.83822     2.53   0.015     9.234032    45.57568
```

$c\hat{p}i_i = 27.4049 - 5.7138 \cdot \ln(hours_i) - 3.2133 \cdot emerging_i$

f) 비선형 형태 모델의 수정 R^2이 선형 형태보다 약간 더 높으므로(변수 $hours$의 로그 함수 형태), e)에서의 비선형 추정 모델을 선택한다. 두 경우 모두 변수 개수나 표본 크기가 변하지 않으므로, 이러한 분석은 R^2에 기반해 바로 수행할 수 있다.

4.

a)

```
      Source |       SS       df       MS              Number of obs =       48
-------------+------------------------------           F(  2,    45) =    14.02
       Model |  5804.9541       2  2902.47705           Prob > F      =   0.0000
    Residual |  9315.71257     45  207.015835           R-squared     =   0.3839
-------------+------------------------------           Adj R-squared =   0.3565
       Total |  15120.6667     47  321.716312           Root MSE      =   14.388


-------------------------------------------------------------------------------
 cholesterol |      Coef.   Std. Err.      t    P>|t|     [95% Conf. Interval]
-------------+-----------------------------------------------------------------
         bmi |   1.994726   .5411863     3.69   0.001     .9047213    3.084732
       sport |  -5.163452   2.138796    -2.41   0.020    -9.471208   -.8556968
       _cons |   136.7161   13.5579     10.08   0.000     109.4091    164.0231
-------------------------------------------------------------------------------
```

$$cho\hat{l}esterol_t = 136.7161 + 1.9947 \cdot bmi_t - 5.1635 \cdot sport_t$$

b) 우리는 체질량 지수가 LDL 콜레스테롤 지수와 양의 관계를 갖고 있음을 알 수 있다. 따라서 지수가 1단위 증가할 때마다 다른 조건의 변동이 없다면, 평균적으로 나쁜 콜레스테롤은 거의 2mg/dL가 증가한다. 유사하게, 1단위로 주당 신체 활동의 빈도가 증가하면 LDL 콜레스테롤 지수가 평균 5mg/dL 이상 떨어진다. 따라서 체중을 유지하거나 체중 감량, 그리고 매주 일상적인 신체 활동을 확립하면 더 건강한 삶을 누릴 수 있다.

c)

```
Durbin-Watson d-statistic(  3,    48) =  .9383072
```

유의수준 0.05와 3개 매개변수 모델과 48개 관측치에서 $0.938 < d_L = 1.45$이므로, 오차항 사이에 양의 자기상관이 있다고 할 수 있다.

d)

```
Breusch-Godfrey LM test for autocorrelation
---------------------------------------------------------------------------
   lags(p)  |          chi2               df           Prob > chi2
-----------+---------------------------------------------------------------
      1     |         15.917               1              0.0001
      3     |         20.979               3              0.0001
      4     |         21.801               4              0.0002
     12     |         27.705              12              0.0061
---------------------------------------------------------------------------
                     H0: no serial correlation
```

브뤼쉬-고프리 검정을 분석하면 오차 항 사이의 자기상관 외에 3, 4, 12차 잔차 사이에 자기상관이 있음을 알 수 있다. 이는 신체 활동에 있어 체질량 지수에 관한 임원들의 행동에 계절성이 있음을 보여준다.

14장

1.

```
Logistic regression                          Number of obs   =        2000
                                             LR chi2(3)      =      331.60
                                             Prob > chi2     =      0.0000
Log likelihood = -976.10697                  Pseudo R2       =      0.1452

------------------------------------------------------------------------------
    default |     Coef.    Std. Err.      z     P>|z|    [95% Conf. Interval]
------------+-----------------------------------------------------------------
        age |  -.0243293   .0069651    -3.49    0.000   -.0379806    -.010678
     gender |   .7414965   .1135097     6.53    0.000    .5190216    .9639714
     income |   -.000256   .000017    -15.03    0.000   -.0002894   -.0002226
      _cons |   2.975073   .2623242    11.34    0.000    2.460927    3.489219
------------------------------------------------------------------------------
```

a) 그렇다. χ^2 통계량의 P 값 < 0.05이므로 적어도 하나의 설명 변수가 유의수준 0.05에서 채무불이행 확률을 통계적으로 유의하게 설명한다.

b) 그렇다. 월드 z 통계량의 P 값 < 0.05이므로 해당 매개변수가 유의수준 0.05에서 통계적으로 0이 아니라고 할 수 있다. 따라서 최종 모델에서 제외되는 설명 변수는 없다.

c) $p_i = \dfrac{1}{1 + e^{-(2.97507 - 0.02433 \cdot age_i + 0.74149 \cdot gender_i - 0.00025 \cdot income_i)}}$

d) 그렇다. 변수 $gender$에 대한 추정 매개변수가 양수이므로, 평균적으로 남성은(더미 = 0) 다른 조건이 일정하다면 여성보다 채무 불이행 확률이 더 높다. 사건 발생 확률은 1보다 더 큰 요인으로 곱해야 한다.

e) 그렇지 않다. 평균적으로 나이가 많은 사람들은 다른 조건이 같다면 채무불이행 확률이 더 낮다. 변수 age의 매개변수가 음수, 즉 사건 발생 확률에 곱하는 인자가 나이가 증가함에 따라 1보다 작기 때문이다.

f) $p = \dfrac{1}{1 + e^{-[2.97507 - 0.02433 \cdot (37) + 0.74149 \cdot (1) - 0.00025 \cdot (6,850)]}} = 0.7432$

개인에 대한 채무불이행 평균 확률은 74.32%이다.

g)

```
Logistic regression                          Number of obs   =        2000
                                             LR chi2(3)      =      331.60
                                             Prob > chi2     =      0.0000
Log likelihood = -976.10697                  Pseudo R2       =      0.1452

------------------------------------------------------------------------------
    default | Odds Ratio  Std. Err.      z     P>|z|    [95% Conf. Interval]
------------+-----------------------------------------------------------------
        age |  .9759643   .0067977    -3.49    0.000    .9627316    .9893788
     gender |  2.099075   .2382653     6.53    0.000    1.680383    2.622089
     income |   .999744   .000017    -15.03    0.000    .9997106    .9997774
------------------------------------------------------------------------------
```

1420

다른 조건이 동일하다면, 수입이 한 단위 증가하면 평균적으로 0.99974를 곱한다(가능성이 0.026% 낮아진다).

h)

```
Logistic model for default

                -------- True --------
Classified |        D            ~D    |    Total
-----------+----------------------------+----------
     +     |      1392          360    |     1752
     -     |        92          156    |      248
-----------+----------------------------+----------
   Total   |      1484          516    |     2000

Classified + if predicted Pr(D) >= .5
True D defined as default != 0
----------------------------------------------------
Sensitivity                   Pr( +| D)      93.80%
Specificity                   Pr( -|~D)      30.23%
Positive predictive value     Pr( D| +)      79.45%
Negative predictive value     Pr(~D| -)      62.90%
----------------------------------------------------
False + rate for true ~D      Pr( +|~D)      69.77%
False - rate for true D       Pr( -| D)       6.20%
False + rate for classified + Pr(~D| +)      20.55%
False - rate for classified - Pr( D| -)      37.10%
----------------------------------------------------
Correctly classified                         77.40%
----------------------------------------------------
```

전체 모델 효율은 77.4%인 반면 민감도는 93.8%이고 특이성은 30.23%이다(컷오프 0.5).

2.

a)

```
Logistic regression                        Number of obs   =        3000
                                           LR chi2(18)     =     2568.44
                                           Prob > chi2     =      0.0000
Log likelihood = -773.56753                Pseudo R2       =      0.6241

-------------------------------------------------------------------------------
   fidelity |   Coef.     Std. Err.     z     P>|z|    [95% Conf. Interval]
-----------+-------------------------------------------------------------------
     gender |  1.76952    .1974541    8.96    0.000    1.382518    2.156523
        age |  1.687039   .1764541    9.56    0.000    1.341195    2.032882
  _Iservic~2 |  1.680792   .3358636    5.00    0.000    1.022511    2.339072
  _Iservic~3 |  1.817219   .3415135    5.32    0.000    1.147865    2.486574
  _Iservic~4 |  3.316774   .3113904   10.65    0.000    2.70646     3.927088
  _Iservic~5 |  4.311921   .4322055    9.98    0.000    3.464814    5.159028
  _Iassort~2 |  1.850253   .396107     4.67    0.000    1.073898    2.626609
  _Iassort~3 |  2.051122   .3210165    6.39    0.000    1.421942    2.680303
  _Iassort~4 |  3.328971   .3204694   10.39    0.000    2.700863    3.95708
  _Iassort~5 |  5.936524   .4023464   14.75    0.000    5.147939    6.725108
  _Iaccess~2 |  2.347546   .4464351    5.26    0.000    1.472549    3.222542
  _Iaccess~3 |  2.922915   .2809324   10.40    0.000    2.372298    3.473533
  _Iaccess~4 |  4.29067    2.122826    2.02    0.043    .1300077    8.451332
  _Iaccess~5 |  5.36615    .3763097   14.26    0.000    4.628597    6.103704
  _Iprice_2 |  .5705527   2.12232     0.27    0.788   -3.589117    4.730223
  _Iprice_3 |  2.921606   .3902846    7.49    0.000    2.156662    3.68655
  _Iprice_4 |  3.039283   .4155192    7.31    0.000    2.22488     3.853686
  _Iprice_5 |  3.914173   .4423414    8.85    0.000    3.0472      4.781146
       _cons | -68.98657   6.05468   -11.39    0.000  -80.85352   -57.11961
-------------------------------------------------------------------------------
```

price 변수의 *bad* 범주만이 유의수준 0.05에서 사건 발생 확률을 설명하는 데 있어 통계적으로 유의하지 않다. 즉, 다른 조건이 동일하다면, 가격에 대해 *terrible* 또는 *bad*라고 대답한 사람의 경우 소매점에 대한 충성도는 확률에 아무런 차이를 만들지 않는다.

b)

```
Logistic regression                          Number of obs   =       3000
                                             LR chi2(17)     =    2568.37
                                             Prob > chi2     =     0.0000
Log likelihood = -773.60441                  Pseudo R2       =     0.6241

-------------------------------------------------------------------------------
   fidelity |      Coef.    Std. Err.      z     P>|z|    [95% Conf. Interval]
------------+------------------------------------------------------------------
     gender |   1.766864    .1972916      8.96   0.000     1.38018    2.153549
        age |   1.688162    .1764453      9.57   0.000    1.342336    2.033989
  _Iservic~2 |   1.684447    .3355399      5.02   0.000    1.026801    2.342093
  _Iservic~3 |   1.820497     .34115      5.34   0.000    1.151855    2.489139
  _Iservic~4 |   3.324228    .3097111     10.73   0.000    2.717205    3.931251
  _Iservic~5 |   4.325409    .4283536     10.10   0.000    3.485851    5.164966
  _Iassort~2 |   1.861113    .3936719      4.73   0.000     1.08953    2.632696
  _Iassort~3 |   2.058345    .3197707      6.44   0.000    1.431606    2.685084
  _Iassort~4 |    3.33545    .3195181     10.44   0.000    2.709206    3.961694
  _Iassort~5 |   5.945108    .4007958     14.83   0.000    5.159563    6.730654
  _Iaccess~2 |   2.350255    .4464723      5.26   0.000    1.475185    3.225324
  _Iaccess~3 |   2.920524    .2809143     10.40   0.000    2.369942    3.471106
  _Iaccess~4 |    4.84733   0.5034604      9.63   0.000    3.860565    5.834094
  _Iaccess~5 |   5.362504    .3760177     14.26   0.000    4.625523    6.099485
   _Iprice_5 |   3.909429    .4423127      8.84   0.000    3.042512    4.776346
   Iprice_3 |   2.915921     .390162      7.47   0.000    2.151218    3.680625
   _Iprice_4 |   3.035703    .4154512      7.31   0.000    2.221434    3.849972
       _cons |  -69.02982    6.053554    -11.40   0.000   -80.89457   -57.16507
-------------------------------------------------------------------------------
```

c)

```
Logistic model for fidelity

              -------- True --------
Classified |         D            ~D  |      Total
-----------+----------------------------+-----------
     +     |       1470           210  |       1680
     -     |        210          1110  |       1320
-----------+----------------------------+-----------
   Total   |       1680          1320  |       3000

Classified + if predicted Pr(D) >= .5
True D defined as fidelidade != 0
------------------------------------------------
Sensitivity                     Pr( +| D)   87.50%
Specificity                     Pr( -|~D)   84.09%
Positive predictive value       Pr( D| +)   87.50%
Negative predictive value       Pr(~D| -)   84.09%
------------------------------------------------
False + rate for true ~D        Pr( +|~D)   15.91%
False - rate for true D         Pr( -| D)   12.50%
False + rate for classified +   Pr(~D| +)   12.50%
False - rate for classified -   Pr( D| -)   15.91%
------------------------------------------------
Correctly classified                        86.00%
------------------------------------------------
```

컷오프 0.5에서 전체 모델 효율은 86.00%이다.

d)

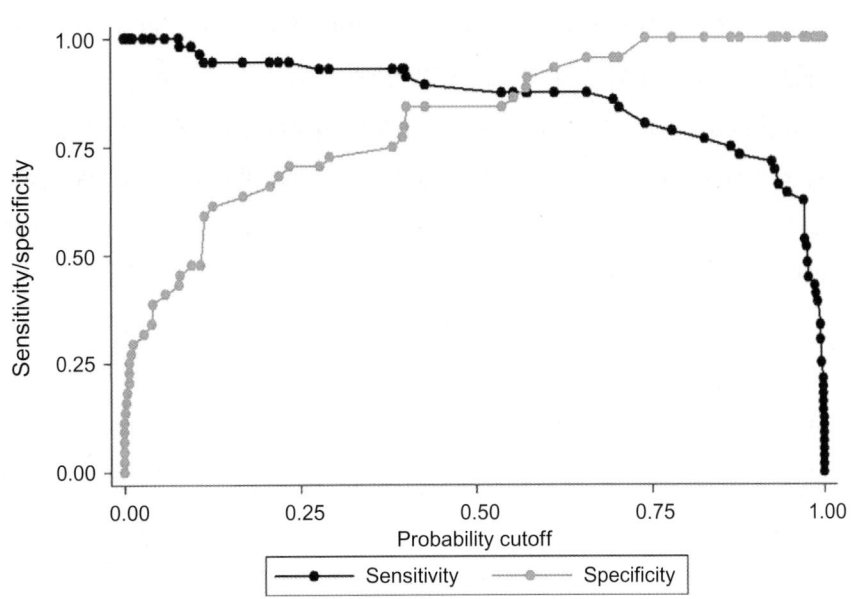

특이성이 민감도보다 조금 커지는 컷오프는 0.57이다.

```
Logistic regression                              Number of obs   =        3000
                                                 LR chi2(17)     =     2568.37
                                                 Prob > chi2     =      0.0000
Log likelihood = -773.60441                      Pseudo R2       =      0.6241

-------------------------------------------------------------------------------
    fidelity | Odds Ratio   Std. Err.      z    P>|z|     [95% Conf. Interval]
-------------+-----------------------------------------------------------------
      gender |   5.852473   1.154644     8.96   0.000     3.975617    8.615378
         age |   5.409529    .9544861    9.57   0.000     3.827974    7.644516
 _Iservic~2  |   5.389469   1.808382     5.02   0.000     2.792118    10.40299
 _Iservic~3  |   6.174927   2.106576     5.34   0.000     3.164058    12.05089
 _Iservic~4  |   27.77755   8.603014    10.73   0.000     15.13796    50.97068
 _Iservic~5  |    75.5964   32.38199    10.10   0.000      32.6502    175.0316
 _Iassort~2  |    6.43089   2.531661     4.73   0.000     2.972877    13.91122
 _Iassort~3  |   7.832995   2.504763     6.44   0.000     4.185415    14.65943
 _Iassort~4  |   28.09102   8.975587    10.44   0.000     15.01735    52.54625
 _Iassort~5  |   381.8808   153.0562    14.83   0.000     174.0884    837.6948
 _Iaccess~2  |   10.48824   4.682709     5.26   0.000     4.371845    25.16173
 _Iaccess~3  |    18.551    5.211241    10.40   0.000     10.69677    32.17229
 _Iaccess~4  |   127.3998   64.14074     9.63   0.000      47.4922     341.755
 _Iaccess~5  |   213.2583   80.18891    14.26   0.000     102.0561    445.6284
   Iprice_5  |   49.87045   22.05833     8.84   0.000     20.95781    118.6699
  _Iprice_3  |   18.46582   7.204661     7.47   0.000     8.595321    39.67118
  _Iprice_4  |    20.8156   8.647867     7.31   0.000     9.220539    46.99176
-------------------------------------------------------------------------------
```

e) 서비스에 대한 인식이 '최악'에서 '나쁨'로 바뀔 때 충성도의 가능성은 5.39배 커진다. '최악'에서 '보통'으로 변할 때는 이 가능성이 6.17배 된다. '최악'에서 '좋음'으로 바뀌면 가능성은 27.78이 되고, 마지막으로 '최악'에서 '최상'으로 바뀌면 75.60이 된다. 이 대답은 나머지 조건이 동일할 때만 유효하다.

f) 상품 다양성에 대한 인식이 '최악'에서 '나쁨'으로 바뀔 때 충성도의 가능성은 6.43배 커진다. '최악'에서 '보통'으로 변할 때는 가능성이 7.83배 된다. '최악'에서 '좋음'으로 바뀌면 가능성은 28.09가 되고, 마지막으로 '최악'에서 '최상'으로 바뀌면 381.88이 된다.

한편 *accessibility* 변수의 경우, 평균적으로 인식이 '최악'에서 '나쁨'으로 바뀔 때 충성도의 가능성은 10.49배 커진다. '최악'에서 '보통'으로 변할 때는 이 가능성이 18.55배 된다. '최악'에서 '좋음'으로 바뀌면 가능성은 127.40이 되고, 마지막으로 '최악'에서 '최상'으로 바뀌면 213.26이 된다.

마지막으로, *price* 변수의 경우 평균적으로 인식이 '최악' 또는 '나쁨'에서 '보통'으로 변할 때는 이 가능성이 18.47배 된다. '최악'에서 '좋음'으로 바뀌면 가능성은 20.82가 되고, 마지막으로 '최악'에서 '최상'으로 바뀌면 49.87이 된다.

g) 이 가능성 분석에 기반해 회사가 고객의 충성도를 제고하고자 단일 변수 하나만을 '최악'에서 '최상'으로 변경하기 위해 투자하려면 *variety of goods*에 해야 한다. 이 변수가 가장 높은 승산비(381.88)를 보이기 때문이다. 즉, 다른 조건이 동일하다면 상품 다양성에 대한 인식이 '최악'에서 '최상'으로 바뀔 때 평균적으로 381.88배 더 커진다(38,088% 더 높음).

3.

a)

classification of the cholesterol index	Freq.	Percent	Cum.
Very high: above 189 mg/dL	634	27.52	27.52
High: 160 to 189 mg/dL	474	20.57	48.09
Borderline: 130 to 159 mg/dL	436	18.92	67.01
Near optimal: 100 to 129 mg/dL	454	19.70	86.72
Optimal: below 100 mg/dL	306	13.28	100.00
Total	2,304	100.00	

b)

```
Multinomial logistic regression                    Number of obs   =        2304
                                                    LR chi2(8)      =      744.32
                                                    Prob > chi2     =      0.0000
Log likelihood = -3276.4384                         Pseudo R2       =      0.1020


------------------------------------------------------------------------------
cholestquali |      Coef.   Std. Err.      z    P>|z|     [95% Conf. Interval]
-------------+----------------------------------------------------------------
Very_high_~L |  (base outcome)
-------------+----------------------------------------------------------------
High__160_~L |
   cigarette | -.3074014   .1299828    -2.36   0.018    -.5621629   -.0526398
       sport |  .1608594   .0626491     2.57   0.010     .0380695    .2836492
       _cons | -.4165899   .1694833    -2.46   0.014    -.7487711   -.0844087
-------------+----------------------------------------------------------------
Borderline~L |
   cigarette | -.4097082   .1391027    -2.95   0.003    -.6823445    -.137072
       sport |  1.00892    .069313     14.56   0.000     .8730689    1.144771
       _cons | -2.622374   .210574    -12.45   0.000    -3.035091   -2.209656
-------------+----------------------------------------------------------------
Near_optim~L |
   cigarette | -1.406478   .1402706   -10.03   0.000    -1.681403   -1.131553
       sport |  1.126053   .0714239    15.77   0.000     .986065     1.266041
       _cons | -2.457194   .2101974   -11.69   0.000    -2.869173   -2.045215
-------------+----------------------------------------------------------------
Optimal__b~L |
   cigarette | -1.668489   .1602048   -10.41   0.000    -1.982485   -1.354494
       sport |  1.155467   .0792211    14.59   0.000     1.000196    1.310737
       _cons | -2.856647   .2389256   -11.96   0.000    -3.324932   -2.388361
------------------------------------------------------------------------------
```

그렇다. χ^2 통계량의 P 값 < 0.05이므로 모든 모수 $\beta_{jm}(j = 1, 2, m = 1, 2, 3, 4)$이 유의수준 0.05에서 통계적으로 0이라는 귀무 가설을 기각할 수 있다. 즉, 적어도 하나의 설명 변수가 LDL 콜레스테롤 지수에 대해 제안된 적어도 하나의 부류에 대해 발생 확률식을 형성하는 데 통계적으로 유의하다.

c) 모든 모수가 모든 로짓에 대해 통계적으로 유의하므로(유의수준 0.05에서 월드 z 통계량), LDL 콜레스테롤 지수에 의해 제시된 부류의 평균 발생 확률은 다음과 같다.

어느 개인 i가 매우 높은 LDL 콜레스테롤 지수를 가질 확률

$$p_i = \cfrac{1}{1 + e^{(-0.42 - 0.31 \cdot cigarette_i + 0.16 \cdot sport_i)} + e^{(-2.62 - 0.41 \cdot cigarette_i + 1.01 \cdot sport_i)} \cdots} \\ \cfrac{}{\cdots + e^{(-2.46 - 1.41 \cdot cigarette_i + 1.13 \cdot sport_i)} + e^{(-2.86 - 1.67 \cdot cigarette_i + 1.16 \cdot sport_i)}}$$

어느 개인 i가 높은 LDL 콜레스테롤 지수를 가질 확률

$$p_i = \cfrac{e^{(-0.42 - 0.31 \cdot cigarette_i + 0.16 \cdot sport_i)}}{1 + e^{(-0.42 - 0.31 \cdot cigarette_i + 0.16 \cdot sport_i)} + e^{(-2.62 - 0.41 \cdot cigarette_i + 1.01 \cdot sport_i)} \cdots} \\ \cfrac{}{\cdots + e^{(-2.46 - 1.41 \cdot cigarette_i + 1.13 \cdot sport_i)} + e^{(-2.86 - 1.67 \cdot cigarette_i + 1.16 \cdot sport_i)}}$$

어느 개인 *i*가 경계 LDL 콜레스테롤 지수를 가질 확률

$$p_i = \frac{e^{(-2.62-0.41 \cdot cigarette_i + 1.01 \cdot sport_i)}}{1 + e^{(-0.42-0.31 \cdot cigarette_i + 0.16 \cdot sport_i)} + e^{(-2.62-0.41 \cdot cigarette_i + 1.01 \cdot sport_i)} \cdots} \cdots$$
$$\cdots \overline{+ e^{(-2.46-1.41 \cdot cigarette_i + 1.13 \cdot sport_i)} + e^{(-2.86-1.67 \cdot cigarette_i + 1.16 \cdot sport_i)}}$$

어느 개인 *i*가 최적 근처의 LDL 콜레스테롤 지수를 가질 확률

$$p_i = \frac{e^{(-2.46-1.41 \cdot cigarette_i + 1.13 \cdot sport_i)}}{1 + e^{(-0.42-0.31 \cdot cigarette_i + 0.16 \cdot sport_i)} + e^{(-2.62-0.41 \cdot cigarette_i + 1.01 \cdot sport_i)} \cdots} \cdots$$
$$\cdots \overline{+ e^{(-2.46-1.41 \cdot cigarette_i + 1.13 \cdot sport_i)} + e^{(-2.86-1.67 \cdot cigarette_i + 1.16 \cdot sport_i)}}$$

어느 개인 *i*가 최적의 LDL 콜레스테롤 지수를 가질 확률

$$p_i = \frac{e^{(-2.86-1.67 \cdot cigarette_i + 1.16 \cdot sport_i)}}{1 + e^{(-0.42-0.31 \cdot cigarette_i + 0.16 \cdot sport_i)} + e^{(-2.62-0.41 \cdot cigarette_i + 1.01 \cdot sport_i)} \cdots} \cdots$$
$$\cdots \overline{+ e^{(-2.46-1.41 \cdot cigarette_i + 1.13 \cdot sport_i)} + e^{(-2.86-1.67 \cdot cigarette_i + 1.16 \cdot sport_i)}}$$

d) 금연하면서 주당 1회만 운동하는 개인의 경우, 다음과 같다.

매우 높은 LDL 콜레스테롤 지수를 가질 확률 = 41.32%

높은 LDL 콜레스테롤 지수를 가질 확률 = 31.99%

경계 LDL 콜레스테롤 지수를 가질 확률 = 8.23%

최적 근처의 LDL 콜레스테롤 지수를 가질 확률 = 10.92%

최적의 LDL 콜레스테롤 지수를 가질 확률 = 7.54%

e)

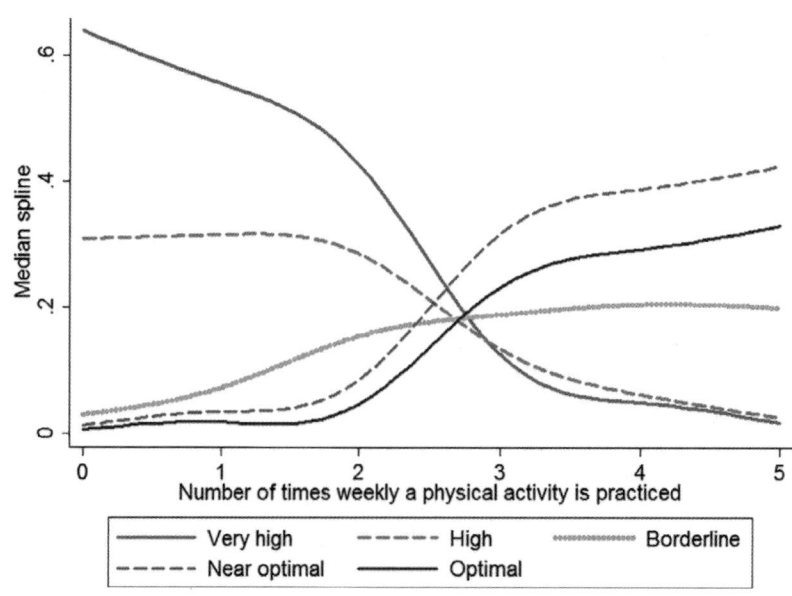

일주일에 두 번씩 운동하기 시작하면 최적 근처 또는 최적의 LDL 콜레스테롤 수준이 될 확률이 상당히 증가한다.

```
Multinomial logistic regression          Number of obs   =        2304
                                         LR chi2(8)      =      744.32
                                         Prob > chi2     =      0.0000
Log likelihood = -3276.4384              Pseudo R2       =      0.1020

------------------------------------------------------------------------------
cholestquali |     RRR    Std. Err.      z     P>|z|     [95% Conf. Interval]
-------------+----------------------------------------------------------------
Very_high_~L | (base outcome)
-------------+----------------------------------------------------------------
High__160_~L |
   cigarette |  .7353554   .0955835    -2.36   0.018     .5699749    .9487216
       sport |   1.17452   .0735825     2.57   0.010     1.038803    1.327967
-------------+----------------------------------------------------------------
Borderline~L |
   cigarette |  .6638439   .0923425    -2.95   0.003     .5054306    .8719075
       sport |  2.742637   .1901004    14.56   0.000     2.394247    3.141722
-------------+----------------------------------------------------------------
Near_optim~L |
   cigarette |  .2450047    .034367   -10.03   0.000     .1861126    .3225321
       sport |  3.083463   .2202329    15.77   0.000     2.680665    3.546785
-------------+----------------------------------------------------------------
Optimal__b~L |
   cigarette |  .1885317   .0302037   -10.41   0.000     .1377266     .258078
       sport |  3.175505   .2515669    14.59   0.000     2.718815    3.708907
------------------------------------------------------------------------------
```

f) 나머지 조건이 동일하다면, 주당 운동 단위가 하나 증가할 때마다 콜레스테롤 지수가 '매우 높은' 사람이 콜레스테롤 지수가 '높은' 수준으로 변할 가능성은 1.1745(17.45% 증가)배 된다.

g) 나머지 조건이 동일하다면, 금연할 경우 최적 근처의 콜레스테롤 지수를 가진 사람이 최적 수준으로 변할 가능성은 1.2995(0.2450047/0.1885317)배 된다. 즉, 29.95% 높아진다.

팁: 이 절차에 의심이 있다면 참조 변수를 단지 *cigarette*으로 바꾸고(이제 *smokes* = 0이다) 종속 변수 *near optimal* 범주를 참조 범주로 바꾸어 모델을 추정해보라.

h)와 i)

관측치	매우 높은	높은	경계	최적 근처	최적	히트 %
			분류			
매우 높은	542	0	34	58	0	85.5%
높은	380	0	34	60	0	0.0%
경계	236	0	74	126	0	17.0%
최적 근처	182	0	58	214	0	47.1%
최적	114	0	30	162	0	0.0%
				전체 모델 효율		36.0%

15장

1.

a)

통계량	
평균	1.020
분산	1.125

기초적인 방법이지만, 변수 *purchases*의 평균과 분산이 매우 가깝다는 것을 볼 수 있다.

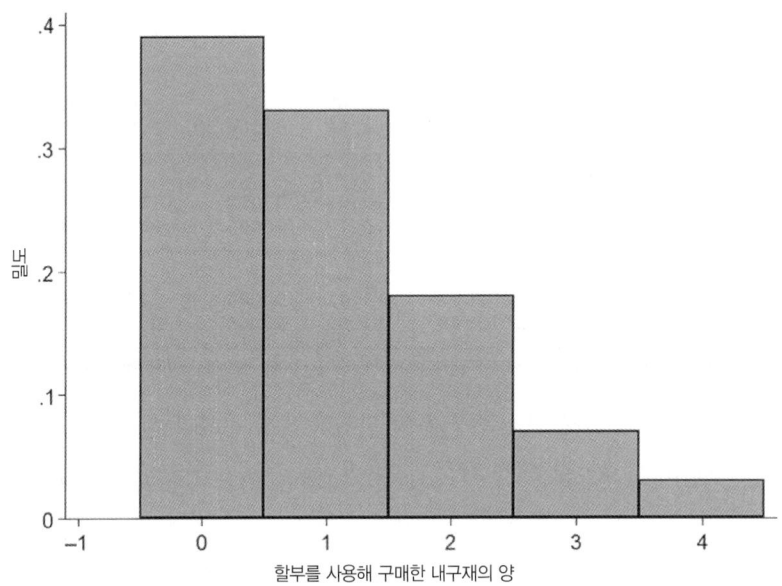

b)

```
Poisson regression                          Number of obs   =        200
                                            LR chi2(2)      =      91.32
                                            Prob > chi2     =     0.0000
Log likelihood = -223.40892                 Pseudo R2       =     0.1697

------------------------------------------------------------------------------
purchases |      Coef.   Std. Err.      z    P>|z|     [95% Conf. Interval]
----------+-------------------------------------------------------------------
   income |  -.0011246   .0001498    -7.51   0.000    -.0014183    -.000831
      age |  -.0864971   .0173832    -4.98   0.000    -.1205674   -.0524267
    _cons |   7.048378   .8047088     8.76   0.000     5.471178    8.625578
------------------------------------------------------------------------------
```

```
------------------------------------------------------------------------------
yasterisk |      Coef.   Std. Err.      t    P>|t|     [95% Conf. Interval]
----------+-------------------------------------------------------------------
   lambda |  -.1942878   .1174778    -1.65   0.100    -.4259489    .0373734
------------------------------------------------------------------------------
```

*lambda*의 β 모수에 해당하는 t 검정의 P 값이 0.05보다 크므로 종속 변수 *purchases*의 데이터는 **과산포성이 없다**고 할 수 있다. 따라서 추정된 푸아송 회귀 모델은 **등분산성**에 따라 적절하다.

c)

```
Goodness-of-fit chi2  =   159.2441
Prob > chi2(197)      =     0.9775
```

χ^2 검정 결과는 추정 회귀 모델의 품질이 좋다는 것을 보여준다. 즉, 유의수준 0.05에서 연간 할부 사용에 대한 예측 확률 분포와 관측치 사이에 통계적으로 유의한 차이가 없다.

d) 모든 z_{cal} 값 < -1.96 또는 > 1.96, 모든 추정 모수에 대한 월드 z 통계량 < 0.05이므로 최종 푸아송 모델에 도달한다. 따라서 고객 i가 내구재를 구매할 때 연간 할부 이용 횟수에 대한 최종 식은 다음과 같다.

$$purchases_i = e^{(7.048-0.001 \cdot income_i - 0.086 \cdot age_i)}$$

e) $purchases = e^{[7.048-0.001 \cdot (2,600)-0.086 \cdot (47)]} = 1.06$

이 계산은 더 정밀한 소수점 자리로 수행할 것을 권한다.

```
Poisson regression                        Number of obs   =        200
                                          LR chi2(2)      =      91.32
                                          Prob > chi2     =     0.0000
Log likelihood = -223.40892               Pseudo R2       =     0.1697

-----------------------------------------------------------------------
 purchases |     IRR    Std. Err.      z    P>|z|    [95% Conf. Interval]
-----------+-----------------------------------------------------------
    income |  .998876   .0001497    -7.51   0.000    .9985827   .9991694
       age |  .9171382  .0159428    -4.98   0.000    .8864173   .9489239
-----------------------------------------------------------------------
```

f) 다른 조건이 동일할 경우, 고객의 월수입이 1\$ 증가할 때 연간 할부 발생은 0.9988배 (0.1124% 감소) 된다. 결론적으로 다른 조건이 동일하다면 고객의 월 수입이 각 100\$ 상승 때마다 연간 할부 사용은 11.24% 낮아진다고 볼 수 있다.

g) 다른 조건이 동일하다면, 고객의 나이가 한 살 많아질 때마다 할부 발생률 승수는 0.9171이 된다(8.29% 감소).

h)

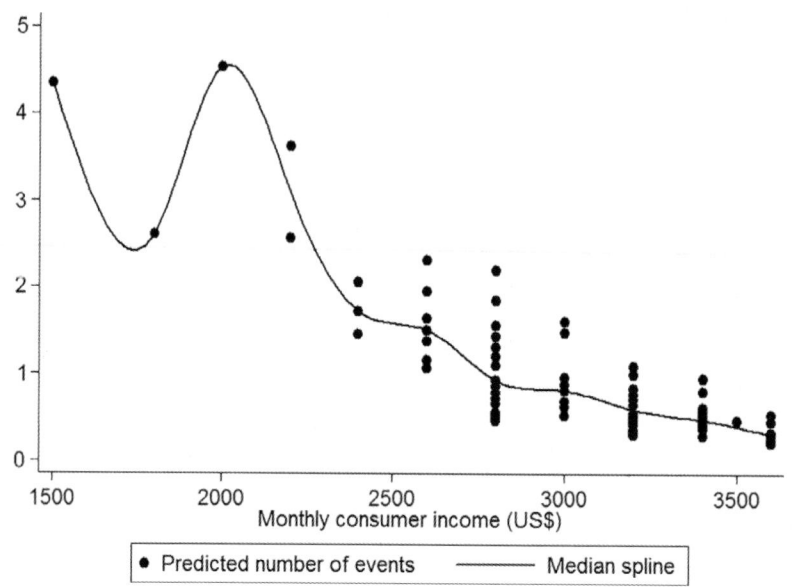

- Predicted number of events   ——— Median spline

차트로부터 월수입의 증가는 내구재 구매 시 할부 사용을 감소시키는 것을 볼 수 있다. 평균적으로 월수입이 $100 증가할 때마다 12%가 감소한다.

i)

Source	SS	df	MS		Number of obs =	122
					F(2, 119) =	21.41
Model	6.96449203	2	3.48224601		Prob > F =	0.0000
Residual	19.3584849	119	.162676344		R-squared =	0.2646
					Adj R-squared =	0.2522
Total	26.322977	121	.217545264		Root MSE =	.40333

lnpurchases	Coef.	Std. Err.	t	P>|t|	[95% Conf.	Interval]
income	-.0005752	.0000991	-5.80	0.000	-.0007714	-.0003789
age	-.0228924	.0094628	-2.42	0.017	-.0416296	-.0041552
_cons	3.013367	.4755741	6.34	0.000	2.071683	3.955051

1430

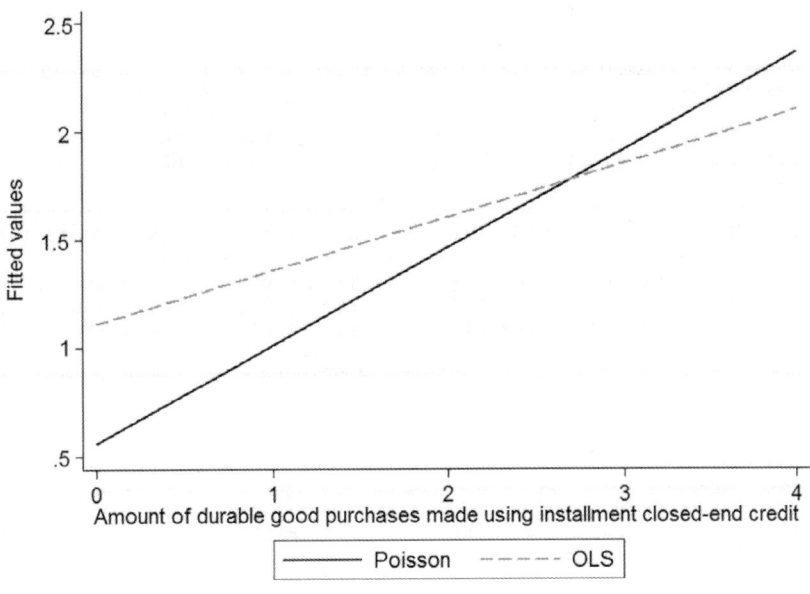

j) 젊고 월수입이 낮은 사람들

2.

a)

통계량	
평균	2.760
분산	8.467

기초적인 방법이지만, 변수 *property* 데이터에 과산포성이 보인다. 분산이 평균에 비해 극도로 높기 때문이다.

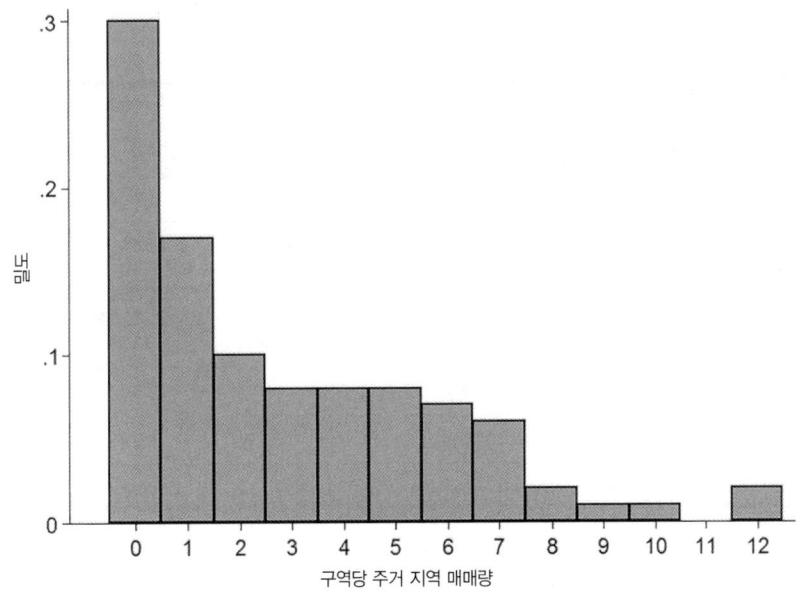

b)

```
Poisson regression                              Number of obs   =        100
                                                LR chi2(2)      =     158.26
                                                Prob > chi2     =     0.0000
Log likelihood = -187.95196                     Pseudo R2       =     0.2963

-----------------------------------------------------------------------------
   property |      Coef.   Std. Err.      z    P>|z|     [95% Conf. Interval]
------------+----------------------------------------------------------------
   distpark |    .000744   .0001559     4.77   0.000     .0004384    .0010495
       mall |  -.8999724   .1717297    -5.24   0.000    -1.236556   -.5633885
      _cons |   1.028307   .1831529     5.61   0.000     .6693339     1.38728
-----------------------------------------------------------------------------
```

```
-----------------------------------------------------------------------------
  yasterisk |      Coef.   Std. Err.      t    P>|t|     [95% Conf. Interval]
------------+----------------------------------------------------------------
     lambda |   .1309382   .0555372     2.36   0.020     .0207404     .241136
-----------------------------------------------------------------------------
```

*lambda*의 β 모수에 해당하는 t 검정의 P 값이 0.05보다 작으므로 *property* 종속 변수의 데이터가 **과산포**를 보이며 푸아송 회귀 모델이 적절치 않음을 알 수 있다.

```
Goodness-of-fit chi2 =    164.6537
Prob > chi2(97)      =      0.0000
```

또한 χ^2 검정 결과는 추정 푸아송 호귀 모델의 수정 품질이 좋지 않음을 보여준다. 즉, 구역 당 부동산 매매 예측과 관측 분포 확률이 유의수준 0.05에서 통계적으로 서로 다르다고 할 수 있다.

c)

```
Negative binomial regression                    Number of obs   =        100
                                                LR chi2(2)      =      71.81
Dispersion      = mean                          Prob > chi2     =     0.0000
Log likelihood = -181.85794                     Pseudo R2       =     0.1649

-----------------------------------------------------------------------------
   property |      Coef.   Std. Err.      z    P>|z|     [95% Conf. Interval]
------------+----------------------------------------------------------------
   distpark |   .0012387   .0003007     4.12   0.000     .0006494     .001828
       mall |  -.6869206   .2280669    -3.01   0.003    -1.133923   -.2399178
      _cons |   .6078089   .2943378     2.07   0.039     .0309173      1.1847
------------+----------------------------------------------------------------
    /lnalpha |  -1.468693   .4256983                    -2.303047   -.6343399
------------+----------------------------------------------------------------
      alpha |   .2302261   .0980069                     .0999538    .5302854
-----------------------------------------------------------------------------
Likelihood-ratio test of alpha=0:   chibar2(01) =    12.19 Prob>=chibar2 = 0.000
```

d) ϕ의 신뢰 구간(Stata에서 alpha)이 0을 포함하지 않으므로, 95% 신뢰수준에서 ϕ는 통계적으로 0이 아니고 0.230으로 추정된다. 모수 ϕ에 대한 우도 비율 결과는 이 모수가 통계적으로 0이라는 귀무 가설을 유의수준 0.05에서 기각한다. 이는 데이터에 과산포성이 있음을 의미하고, 따라서 음이항 모델을 선택해야 한다.

e) 모든 z_{cal} 값 < -1.96 또는 > 1.96, 월드 z 통계량의 P 값 < 0.05이므로 모든 추정 모수에 대해 음이항 회귀 모델에 이른다. 따라서 어떤 구역 ij에서 부동산 평균 매매 추정식은 다음과 같다.

$$property_{ij} = e^{\left(0.608 + 0.001 \cdot distpark_{ij} - 0.687 \cdot mall_{ij}\right)}$$

f) $property = e^{[0.608 + 0.001 \cdot (820) - 0.687 \cdot (0)]} = 5.07$

이 계산은 높은 소수점 정밀도로 수행할 것을 권한다.

```
Negative binomial regression                    Number of obs   =        100
                                                LR chi2(2)      =      71.81
Dispersion     = mean                           Prob > chi2     =     0.0000
Log likelihood = -181.85794                     Pseudo R2       =     0.1649

-----------------------------------------------------------------------------
  property |      IRR    Std. Err.      z     P>|z|     [95% Conf. Interval]
-----------+-----------------------------------------------------------------
  distpark | 1.001239   .0003011      4.12    0.000     1.00065     1.00183
      mall |  .503123   .1147457     -3.01    0.003     .3217684    .7866925
-----------+-----------------------------------------------------------------
  /lnalpha | -1.468693   .4256983                      -2.303047   -.6343399
-----------+-----------------------------------------------------------------
     alpha |  .2302261   .0980069                       .0999538    .5302854
-----------------------------------------------------------------------------
Likelihood-ratio test of alpha=0:   chibar2(01) =   12.19 Prob>=chibar2 = 0.000
```

g) 구역에서 부동산 매매 건수는 다른 조건이 동일하다면, 공원에서 1미터 멀어질수록 1.0012의 승수를 갖는다. 따라서 공원에서 1미터 더 가까우면 동일한 요소를 같은 승수로 나누면 된다. 즉, 0.9987(0.1237% 하향)을 곱하면 된다. 따라서 다른 조건이 동일하다면 공원에서 각 100미터 근방의 매매는 12.37% 낮아진다.

h) 쇼핑몰이 있으면 기대 부동산 매매 건수는 다른 조건이 동일하다면 0.5031의 승수를 갖는다. 즉, 평균적으로 49.69% 낮다.

i)

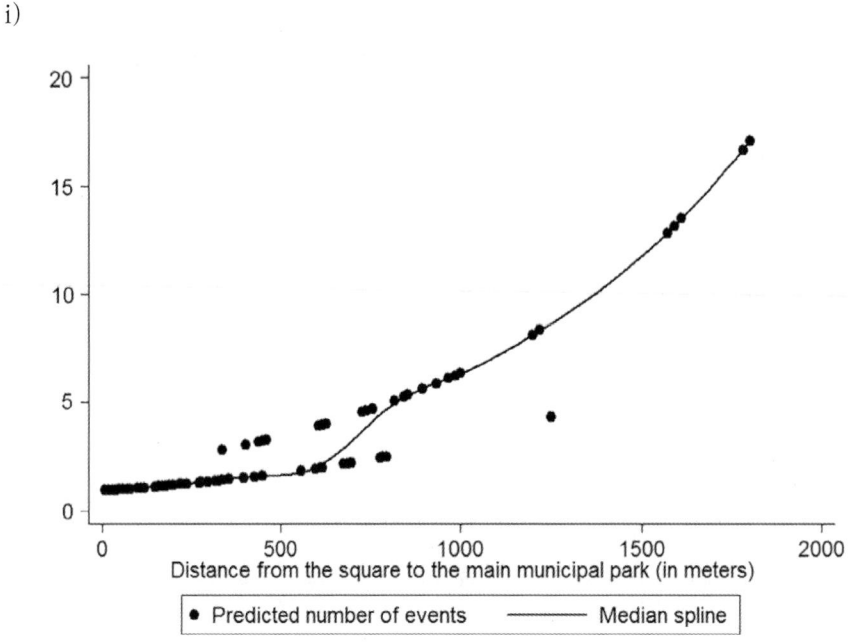

j)

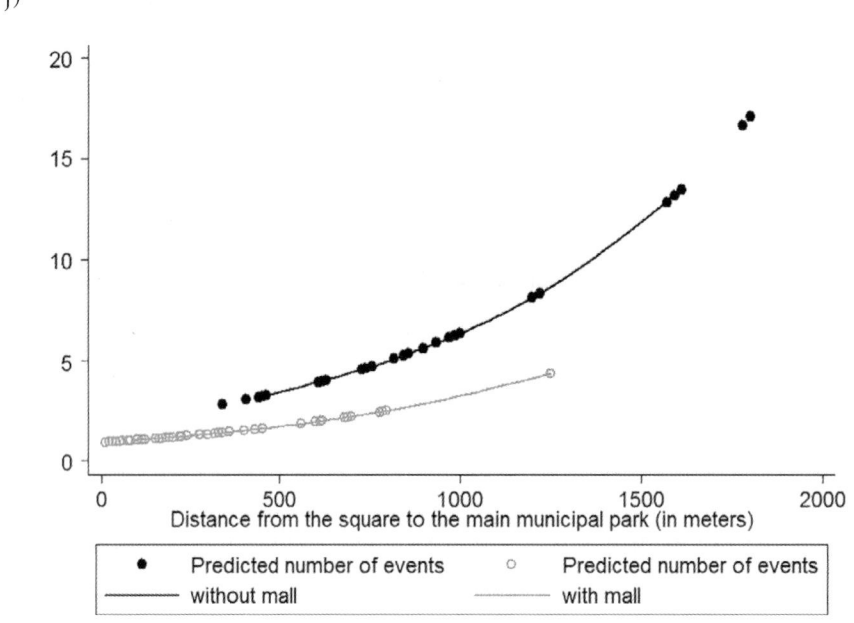

k) 그렇다. 공원 인접성과 쇼핑몰 존재 여부는 부동산 매매 거래 건수를 낮춘다. 즉, 이 특징은 거주 부동산 매매 의도를 감소시킨다.

1434

1)

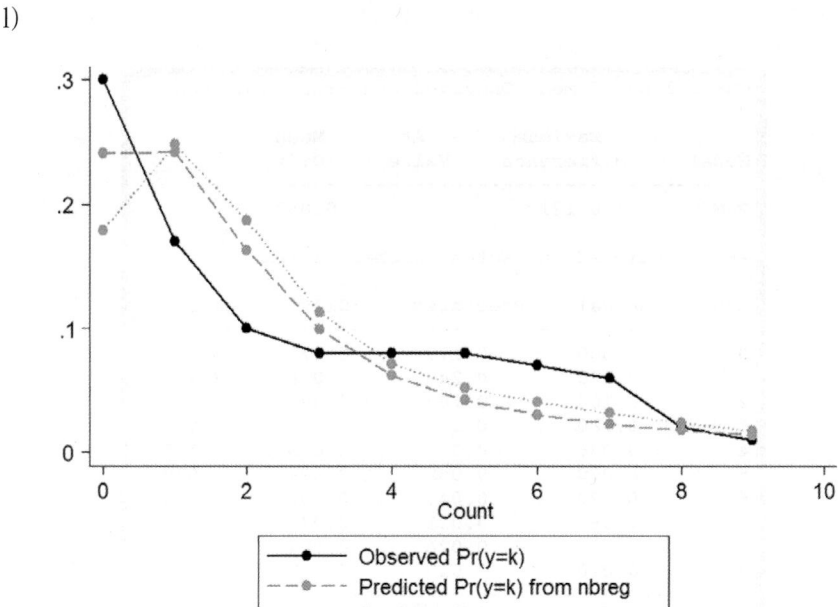

m)

```
Comparison of Mean Observed and Predicted Count

           Maximum        At       Mean
Model      Difference     Value     |Diff|
-------------------------------------------------
PRM         0.121          0        0.043

PRM: Predicted and actual probabilities

Count   Actual     Predicted     |Diff|    Pearson
-------------------------------------------------
0       0.300      0.179         0.121     8.257
1       0.170      0.248         0.078     2.441
2       0.100      0.187         0.087     4.043
3       0.080      0.113         0.033     0.971
4       0.080      0.071         0.009     0.108
5       0.080      0.052         0.028     1.550
6       0.070      0.040         0.030     2.174
7       0.060      0.031         0.029     2.619
8       0.020      0.024         0.004     0.055
9       0.010      0.017         0.007     0.306
-------------------------------------------------
Sum     0.970      0.962         0.426    22.525


Comparison of Mean Observed and Predicted Count

           Maximum        At       Mean
Model      Difference     Value     |Diff|
-------------------------------------------------
NBRM        -0.071         1        0.035

NBRM: Predicted and actual probabilities

Count   Actual     Predicted     |Diff|    Pearson
-------------------------------------------------
0       0.300      0.241         0.059     1.445
1       0.170      0.241         0.071     2.110
2       0.100      0.163         0.063     2.428
3       0.080      0.099         0.019     0.379
4       0.080      0.062         0.018     0.508
5       0.080      0.042         0.038     3.477
6       0.070      0.030         0.040     5.273
7       0.060      0.023         0.037     6.113
8       0.020      0.018         0.002     0.032
9       0.010      0.014         0.004     0.109
-------------------------------------------------
Sum     0.970      0.933         0.352    21.875
```

음이항 회귀 모델의 수정이 푸아송 모델보다 낫다는 것을 볼 수 있다. 왜냐하면

- 관측과 예측치의 최대 차이가 음이항이 더 적다.
- 피어슨의 전체 값이 음이항이 더 낮다.

n)

```
      Source |       SS       df       MS              Number of obs =      70
-------------+------------------------------           F(  2,    67) =   49.54
       Model |  24.4598643     2  12.2299321           Prob > F      =  0.0000
    Residual |  16.5410832    67  .246881838           R-squared     =  0.5966
-------------+------------------------------           Adj R-squared =  0.5845
       Total |  41.0009474    69   .59421663           Root MSE      =  .49687


-------------+----------------------------------------------------------------
  lnproperty |      Coef.   Std. Err.      t    P>|t|     [95% Conf. Interval]
-------------+----------------------------------------------------------------
    distpark |   .0010576   .0002047     5.17   0.000     .0006491    .0014661
        mall |  -.4520471   .1638742    -2.76   0.007    -.7791413   -.1249529
       _cons |   .7459592   .2078369     3.59   0.001     .3311151    1.160803
-------------+----------------------------------------------------------------
```

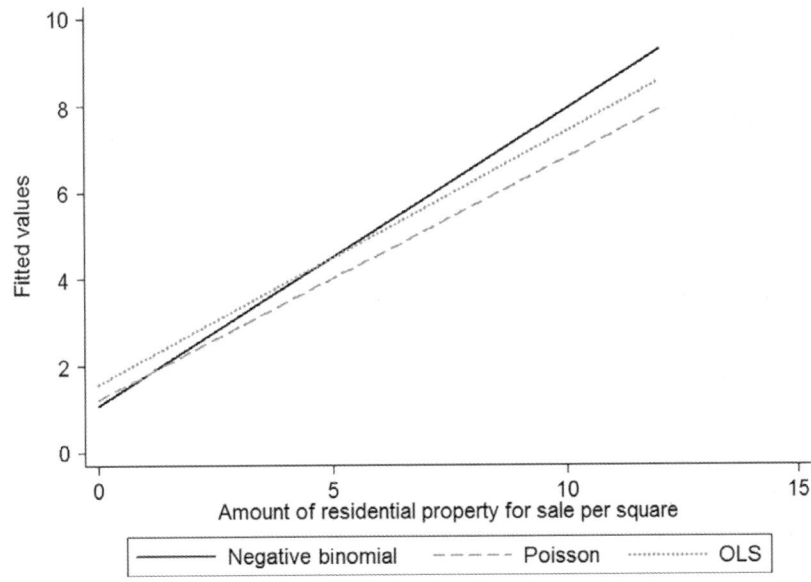

16장

3.

a)   max $x_1 + x_2$
     s.t.
$$2x_1 - 5x_2 \quad\quad = 10 \quad (1)$$
$$x_1 + 2x_2 + x_3 = 50 \quad (2)$$
$$x_1, x_2, x_3 \geq 0 \quad\quad (3)$$

b)   min $24x_1 + 12x_2$
     s.t.
$$3x_1 + 2x_2 - x_3 \quad\quad\quad = 4 \quad (1)$$
$$2x_1 - 4x_2 \quad\quad + x_4 \quad = 26 \quad (2)$$
$$x_2 \quad\quad - x_5 = 3 \quad (3)$$
$$x_1, x_2, x_3, x_4, x_5 \quad \geq 0 \quad (4)$$

c) $\max \ 10x_1 - x_2$
s.t.
$$6x_1 + x_2 + x_3 \qquad = 10 \quad (1)$$
$$x_2 \qquad -x_4 = 6 \quad (2)$$
$$x_1, x_2, x_3, x_4 \geq 0 \quad (3)$$

d) $\max \ 3x_1 + 3x_2 - 2x_3$
s.t.
$$6x_1 + 3x_2 - x_3 + x_4 \qquad = 10 \quad (1)$$
$$\frac{x_2}{4} + x_3 \qquad -x_5 = 20 \quad (2)$$
$$x_1, x_2, x_3, x_4, x_5 \geq 0 \quad (3)$$

4.

a) $\max \ x_1 + x_2$
s.t.
$$2x_1 - 5x_2 \leq 10 \quad (1)$$
$$-2x_1 + 5x_2 \leq -10 \quad (2)$$
$$x_1 + 2x_2 \leq 50 \quad (3)$$
$$x_1, x_2 \geq 0 \quad (4)$$

b) $\min \ 24x_1 + 12x_2$
s.t.
$$3x_1 + 2x_2 \geq 4 \quad (1)$$
$$-2x_1 + 4x_2 \geq -26 \quad (2)$$
$$x_2 \geq 3 \quad (3)$$
$$x_1, x_2 \geq 0 \quad (4)$$

c) $\max \ 10x_1 - x_2$
s.t.
$$6x_1 + x_2 \leq 10 \quad (1)$$
$$-x_2 \leq -6 \quad (2)$$
$$x_1, x_2 \geq 0 \quad (3)$$

d) $\max \ 3x_1 + 3x_2 - 2x_3$
s.t.
$$6x_1 + 3x_2 - x_3 \leq 10 \quad (1)$$
$$-\frac{x_2}{4} - x_3 \leq -20 \quad (2)$$
$$x_1, x_2, x_3 \geq 0 \quad (3)$$

5.

a) $\min -z = -10x_1 + x_2$

b) $\min -z = -3x_1 - 3x_2 + 2x_3$

7.

$x_i =$ 주별 모델 $i(i = 1, 2, 3)$ 차량 제조 수

$x_1 =$ 주별 알링턴 모델 차량 제조 수

$x_2 =$ 주별 메릴랜디 모델 차량 제조 수

$x_3 =$ 주별 라군 모델 차량 제조 수

$F_{obj} = \max \ z = 2{,}500x_1 + 3{,}000x_2 + 2{,}800x_3$

제약 조건:

$$3x_1 + 4x_2 + 3x_3 \leq 480 \quad \text{(분 - 기계/주입에 가용 주수)}$$

$$5x_1 + 5x_2 + 4x_3 \leq 640 \quad \text{(분 - 기계/파운드리 가용 주수)}$$

$$2x_1 + 4x_2 + 4x_3 \leq 400 \quad \text{(분 - 기계/기계 가공 가용 주수)}$$

$$4x_1 + 5x_2 + 5x_3 \leq 640 \quad \text{(분 - 기계/덮개 가용 주수)}$$

$$2x_1 + 3x_2 + 3x_3 \leq 320 \quad \text{(분 - 기계/최종 조립 가용 주수)}$$

$$x_1 \geq 50 \quad \text{(알링턴 모델 최소 잠재 판매)}$$

$$x_2 \geq 30 \quad \text{(메릴랜디 모델 최소 잠재 판매)}$$

$$x_3 \geq 30 \quad \text{(라군 모델 최소 잠재 판매)}$$

$$x_1, x_2, x_3 \geq 0$$

8.

x_i = 월별 상품 $i(i = 1, 2)$ 제조 리터

x_1 = 월별 맥주 제조 리터

x_2 = 월별 소프트 음료 제조 리터

$F_{\text{obj}} = \max z = 0.5x_1 + 0.4x_2$

제약 조건:

$$2x_1 \leq 57,600 \quad \text{(분/월 가용 맥주 몰트 추출)}$$

$$4x_1 \leq 115,200 \quad \text{(분/월 가용 맥아즙 처리)}$$

$$3x_1 \leq 96,000 \quad \text{(분/월 가용 발효)}$$

$$4x_1 \leq 115,200 \quad \text{(분/월 가용 가공)}$$

$$5x_1 \leq 96,000 \quad \text{(분/월 가용 병입)}$$

$$1x_2 \leq 57,600 \quad \text{(분/월 가용 단순 시럽)}$$

$$3x_2 \leq 67,200 \quad \text{(분/월 가용 복합 시럽)}$$

$$4x_2 \leq 76,800 \quad \text{(분/월 가용 소프트 음료 희석)}$$

$$5x_2 \leq 96,000 \quad \text{(분/월 가용 소프트 음료 탄산화)}$$

$$2x_2 \leq 48,000 \quad \text{(분/월 가용 소프트 음료 병입)}$$

$$x_1 + x_2 \leq 42,000 \quad \text{(최대 맥주와 소프트 음료 수요)}$$

$$x_1, x_2 \geq 0$$

9.

x_i = 주별 상품 $i(i = 1, 2, 3, 4, 5)$ 제조 수량

x_1 = 주별 냉장고 제조 수

x_2 = 주별 냉동고 제조 수

x_3 = 주별 스토브 제조 수

$x_4 =$ 주별 식기 세척기 제조 수

$x_5 =$ 주별 마이크로 오븐 제조 수

$F_{obj} = \max z = 52x_1 + 37x_2 + 35x_3 + 40x_4 + 29x_5$

제약 조건:

$$0.2x_1 + 0.2x_2 + 0.4x_3 + 0.4x_4 + 0.3x_5 \leq 400 \quad \text{(h − 기계/주 프레싱)}$$

$$0.2x_1 + 0.3x_2 + 0.3x_3 + 0.3x_4 + 0.2x_5 \leq 350 \quad \text{(h − 기계/주 도색)}$$

$$0.4x_1 + 0.3x_2 + 0.3x_3 + 0.3x_4 + 0.2x_5 \leq 250 \quad \text{(h − 기계/주 몰딩)}$$

$$0.2x_1 + 0.4x_2 + 0.4x_3 + 0.4x_4 + 0.4x_5 \leq 200 \quad \text{(h − 기계/주 조립)}$$

$$0.1x_1 + 0.2x_2 + 0.2x_3 + 0.2x_4 + 0.3x_5 \leq 200 \quad \text{(h − 기계/주 패키징)}$$

$$0.5x_1 + 0.4x_2 + 0.5x_3 + 0.4x_4 + 0.2x_5 \leq 480 \quad \text{(h − 직원/주 프레싱)}$$

$$0.3x_1 + 0.4x_2 + 0.4x_3 + 0.4x_4 + 0.3x_5 \leq 400 \quad \text{(h − 직원/주 도색)}$$

$$0.5x_1 + 0.5x_2 + 0.3x_3 + 0.4x_4 + 0.3x_5 \leq 320 \quad \text{(h − 직원/주 몰딩)}$$

$$0.6x_1 + 0.5x_2 + 0.4x_3 + 0.5x_4 + 0.6x_5 \leq 400 \quad \text{(h − 직원/주 조립)}$$

$$0.4x_1 + 0.4x_2 + 0.4x_3 + 0.3x_4 + 0.2x_5 \leq 1{,}280 \quad \text{(h − 직원/주 패키징)}$$

$$200 \leq x_1 \leq 1{,}000 \quad \text{(최소 수요; 최대생산능력.냉장고)}$$

$$50 \leq x_2 \leq 800 \quad \text{(최소 수요; 최대생산능력.냉동고)}$$

$$50 \leq x_3 \leq 500 \quad \text{(최소 수요; 최대생산능력.스토브)}$$

$$50 \leq x_4 \leq 500 \quad \text{(최소 수요; 최대생산능력.세척기)}$$

$$40 \leq x_5 \leq 200 \quad \text{(최소 수요; 최대생산능력.마이크로 오븐)}$$

10.

$x_{ij} = j(j = 1, 2, 3)$ 휘발유 생산을 위해 사용된 원유 $i(i = 1, 2, 3, 4)$형 리터

$x_{11} =$ 일반 휘발유 생산을 위해 사용된 원유 1리터

$\vdots$

$x_{41} =$ 일반 휘발유 생산을 위해 사용된 원유 4리터

$x_{12} =$ 그린 휘발유 생산을 위해 사용된 원유 1리터

$\vdots$

$x_{42} =$ 그린 휘발유 생산을 위해 사용된 원유 4리터

$x_{13} =$ 옐로 휘발유 생산을 위해 사용된 원유 1리터

$\vdots$

$x_{43} =$ 옐로 휘발유 생산을 위해 사용된 원유 4리터

$$\begin{aligned} F_{obj} = \max z = &(0.40 - 0.20)x_{11} + (0.40 - 0.25)x_{21} + (0.40 - 0.30)x_{31} + (0.40 - 0.30)x_{41} + \\ &(0.45 - 0.20)x_{12} + (0.45 - 0.25)x_{22} + (0.45 - 0.30)x_{32} + (0.45 - 0.30)x_{42} + \\ &(0.50 - 0.20)x_{13} + (0.50 - 0.25)x_{23} + (0.50 - 0.30)x_{33} + (0.50 - 0.30)x_{43} \end{aligned}$$

제약 조건:

$$0.10x_{21} - 0.05x_{31} + 0.20x_{41} \geq 0$$
$$0.07x_{11} + 0.02x_{21} - 0.12x_{31} - 0.03x_{41} \geq 0$$
$$-0.05x_{12} + 0.05x_{22} - 0.10x_{32} - 0.15x_{42} \geq 0$$
$$0.05x_{12} + 0.10x_{32} - 0.05x_{42} \geq 0$$
$$-0.10x_{13} - 0.15x_{33} + 0.10x_{43} \geq 0$$
$$0.03x_{13} - 0.02x_{23} + 0.08x_{33} - 0.07x_{43} \geq 0$$
$$x_{11} + x_{21} + x_{31} + x_{41} \geq 12{,}000$$
$$x_{12} + x_{22} + x_{32} + x_{42} \geq 10{,}000$$
$$x_{13} + x_{23} + x_{33} + x_{43} \geq 8{,}000$$
$$x_{11} + x_{12} + x_{13} \leq 15{,}000$$
$$x_{21} + x_{22} + x_{23} \leq 15{,}000$$
$$x_{31} + x_{32} + x_{33} \leq 15{,}000$$
$$x_{41} + x_{42} + x_{43} \leq 15{,}000$$
$$x_{11} + x_{21} + x_{31} + x_{41} + x_{12} + x_{22} + x_{32} + x_{42} + x_{13} + x_{23} + x_{33} + x_{43} \leq 60{,}000$$
$$x_{11}, x_{21}, x_{31}, x_{41}, x_{12}, x_{22}, x_{32}, x_{42}, x_{13}, x_{23}, x_{33}, x_{43} \geq 0$$

12.

$$x_i = \begin{cases} 1 & \text{회사가 프로젝트 } i \text{에 투입할 경우} \\ 0 & \text{그 외} \end{cases}$$

x_1 = 회사가 새로운 상품 개발에 투자할지 여부

x_2 = 회사가 생산 능력 구축에 투자할지 여부

x_3 = 회사가 정보 기술에 투자할지 여부

x_4 = 회사가 공장 확장에 투자할지 여부

x_5 = 회사가 창고 확장에 투자할지 여부

$$F_{\text{obj}} = \max z = 355.627x_1 + 110.113x_2 + 213.088x_3 + 257.190x_4 + 241.833x_5$$

제약 조건:

$$360x_1 + 240x_2 + 180x_3 + 480x_4 + 320x_5 \leq 1{,}000 \qquad \text{(예산 제약)}$$
$$x_2 - x_3 \leq 0 \qquad \text{(프로젝트 2는 3에 종속)}$$
$$x_4 + x_5 \leq 1 \qquad \text{(상호 배타 프로젝트)}$$
$$x_i = 0 \text{ 또는 } 1$$

13.

x_i = 포트폴리오에 할당할 주식 $i(i = 1, ..., 10)$ 비율

x_1 = 포트폴리오에서 은행 산업에 주식 1을 투자할 비율

x_2 = 포트폴리오에서 은행 산업에 주식 2를 투자할 비율

$\vdots$

x_{10} = 포트폴리오에서 전자 산업에 주식 10을 투자할 비율

$$F_{\text{obj}} = 0.0439x_1 + 0.0453x_2 + 0.0455x_3 + 0.0439x_4 + 0.0402x_5 + 0.0462x_6 + 0.0421x_7$$
$$+ 0.0473x_8 + 0.0233x_9 + 0.0221x_{10}$$

제약 조건:

$$x_1 + x_2 + \cdots + x_{10} = 1 \qquad (1)$$
$$0.0122x_1 + 0.0121x_2 + \cdots + 0.0148x_{10} \geq 0.008 \qquad (2)$$
$$0.0541x_1 + 0.0528x_2 + \cdots + 0.0267x_{10} \leq 0.05 \qquad (3)$$
$$x_1 + x_2 + x_3 + x_4 + x_5 \leq 0.50 \qquad (4)$$
$$x_1 + x_2 + x_3 + x_4 \geq 0.20 \qquad (5)$$
$$x_6 + x_7 + x_8 > 0.20 \qquad (6)$$
$$x_9 + x_{10} \geq 0.20 \qquad (7)$$
$$0 \leq x_1, x_2, \cdots, x_{10} \leq 0.40 \qquad (8)$$

16.

결정 변수:

x_{ijt} = 주기 t, 시설 j에서 상품 i의 생산 수량

I_{ijt} = 주기 t, 시설 j에서 상품 i의 최종 재고

$$z_{ijkt} = \begin{cases} 1 & \text{주기 } t\text{에서 시설 } j\text{의 상품 } i\text{가 소매상 } k\text{로 배달된 경우} \\ 0 & \text{그 외} \end{cases}$$

모델 모수:

D_{ikt} = 주기 t 제품 i에 대한 소매상 k의 수요

c_{ijt} = 주기 t, 시설 j에서 상품 i의 단위 생산 비용

i_{ijt} = 주기 t, 시설 j에서 상품 i의 단위 재고 비용

y_{ijkt} = 주기 t에서 시설 j의 상품 i가 소매상 k로 배달되는 총 운송 비용

$x_{ijt}^{\max}$ = 주기 t, 시설 j에서 상품 i의 최대 생산 능력

$I_{ijt}^{\max}$ = 주기 t, 시설 j에서 상품 i의 최대 재고 능력

일반 공식:

$$F_{\text{obj}} = \min z = \sum_{i=1}^{m}\sum_{j=1}^{n}\sum_{t=1}^{T}\left(c_{ijt}x_{ijt} + i_{ijt}I_{ijt} + \sum_{k=1}^{p}y_{ijkt}z_{ijkt}\right)$$

s.t.

$$\sum_{k=1}^{p}D_{ikt}z_{ijkt} + I_{ijt} = I_{ij,t-1} + x_{ijt}, \quad i=1,\ldots,m;\ j=1,\ldots,n;\ t=1,\ldots,T \qquad (1)$$

$$\sum_{j=1}^{n}z_{ijkt} = 1, \qquad\qquad k=1,\ldots,p; \qquad (2)$$

$$x_{ijt} \leq x_{ijt}^{\max}, \qquad\qquad i=1,\ldots,m;\ j=1,\ldots,n;\ t=1,\ldots,T \qquad (3)$$
$$I_{ijt} \leq I_{ijt}^{\max}, \qquad\qquad i=1,\ldots,m;\ j=1,\ldots,n;\ t=1,\ldots,T \qquad (4)$$
$$z_{ijkt} \in \{0,1\}, \qquad\qquad i=1,\ldots,m;\ j=1,\ldots,n;\ k=1,\ldots,p;\ t=1,\ldots,T \qquad (5)$$
$$x_{ijt}, I_{ijt} \geq 0 \qquad\qquad i=1,\ldots,m;\ j=1,\ldots,n;\ t=1,\ldots,T$$

17.

결정 변수:

x_{ijt} = 주기 t, 시설 j에서 제품 i의 생산 수량

I_{ijt} = 주기 t, 시설 j에서 제품 i의 최종 재고

Y_{ijkt} = 주기 t에서 시설 j의 제품 i가 소매상 k로 운송된 수량

$$z_{ijt} = \begin{cases} 1 & \text{주기 } t \text{에서 제품 } i \text{가 시설 } j \text{에서 생산된 경우} \\ 0 & \text{그 외} \end{cases}$$

모델 모수:

D_{ikt} = 주기 t에서 제품 i에 대한 소매상 k의 수요

c_{ijt} = 주기 t, 시설 j에서 제품 i의 단위 생산 비용

i_{ijt} = 주기 t, 시설 j에서 제품 i의 단위 재고 비용

y_{ijkt} = 주기 t에서 시설 j의 제품 i가 소매상 k로 배달되는 단위 운송 비용

$x_{ijt}^{\max}$ = 주기 t, 시설 j에서 제품 i의 최대 생산 능력

$I_{ijt}^{\max}$ = 주기 t, 시설 j에서 제품 i의 최대 재고 능력

일반 공식:

$$\min z = \sum_{i=1}^{m} \sum_{j=1}^{n} \sum_{t=1}^{T} \left(c_{ijt} x_{ijt} + i_{ijt} I_{ijt} + \sum_{k=1}^{p} y_{ijkt} Y_{ijkt} \right)$$

s.t.

$$I_{ijt} = I_{ij,t-1} + x_{ijt} - \sum_{k=1}^{p} Y_{ijkt}, \quad i=1,\dots,m; \ j=1,\dots,n; \ t=1,\dots,T \quad (1)$$

$$\sum_{j=1}^{n} Y_{ijkt} = D_{ikt}, \qquad\qquad i=1,\dots,m; \ k=1,\dots,p; \ t=1,\dots,T \quad (2)$$

$$x_{ijt} \leq \sum_{k=1}^{p} D_{ikt} z_{ijt} \qquad\qquad i=1,\dots,m; \ j=1,\dots,n; \ t=1,\dots,T \quad (3)$$

$$x_{ijt} \leq x_{ijt}^{\max}, \qquad\qquad i=1,\dots,m; \ j=1,\dots,n; \ t=1,\dots,T \quad (4)$$

$$I_{ijt} \leq I_{ijt}^{\max}, \qquad\qquad i=1,\dots,m; \ j=1,\dots,n; \ t=1,\dots,T \quad (5)$$

$$z_{ijt} \in \{0,1\}, \qquad\qquad i=1,\dots,m; \ j=1,\dots,n; \ t=1,\dots,T \quad (6)$$

$$x_{ijt}, I_{ijt}, Y_{ijt} \geq 0 \qquad\qquad i=1,\dots,m; \ j=1,\dots,n; \ t=1,\dots,T$$

18.

T = 6주기의 시간 프레임, $t = 1, \dots, 6(1월\sim6월)$

P_t = 주기 t의 생산(kg)

S_t = 주기 t의 외주 생산(kg)

NR_t = 주기 t의 일반 직원 수

NC_t = 주기 $t-1$에서 t 사이에 채용된 직원 수

ND_t = 주기 $t-1$에서 t 사이에 해고된 직원 수

HE_t = 주기 t에서의 전체 초과 시간

I_t = 주기 t에서의 최종 주식

$$\min z = 1.5P_1 + 2S_1 + 600NR_1 + 1,000NC_1 + 900ND_1 + 7HE_1 + 1I_1 +$$
$$1.5P_2 + 2S_2 + 600NR_2 + 1,000NC_2 + 900ND_2 + 7HE_2 + 1I_2 +$$
$$\vdots \qquad\qquad \vdots$$
$$1.5P_6 + 2S_6 + 600NR_6 + 1,000NC_6 + 900ND_6 + 7HE_6 + 1I_6$$

제약 조건:

$$I_1 = 600 + P_1 - 9,600$$
$$I_2 = I_1 + P_2 - 10,600$$
$$\vdots \qquad \vdots$$
$$I_6 = I_5 + P_6 - 10,430$$

17장

17.2.1절(ex.2)

    a) 최적해: $x_1 = 2, x_2 = 1, z = 10$

    b) 최적해: $x_1 = 1, x_2 = 4, z = 14$

    c) 최적해: $x_1 = 10, x_2 = 6, z = 52$

17.2.1절(ex.4)

    a) 예

    b) 아니요

    c) 예

    d) 아니요

    e) 예

    f) 예

    g) 아니요

    h) 아니요

    i) 예

17.2.2절(ex.2)

    a) 최적해: $x_1 = 12, x_2 = 2, z = 26$

    b) 최적해: $x_1 = 18, x_2 = 8, z = 28$

    c) 최적해: $x_1 = 10, x_2 = 10, z = 100$

17.2.3절(ex.1)

    e) 다중 최적해

f) 최적해가 없음

g) 무한 목적 함수 z

h) 다중 최적해

i) 퇴화 최적해

j) 최적해가 없음

17.2.3절(ex.2)

a) 선분 CD 위의 모든 점(C (10, 30); D (0, 45))

b) 선분 AB 위의 모든 점(A (8, 0); B (7/2, 3))

17.3절(ex.1)

a) 기본해 6개

c) 최적해: $x_1 = 5, x_2 = 20, z = 55$

17.3절(ex.2)

a) 기본해 10개

c) 최적해: $x_1 = 7, x_2 = 11, x_3 = 0, z = 61$

17.4.2절(ex.1)

a) 최적해: $x_1 = 1, x_2 = 17, x_3 = 5, z = 104$

17.4.3절(ex.2)

a) 최적해: $x_1 = 3, x_2 = 3, z = 15$

b) 최적해: $x_1 = 2, x_2 = 4, x_3 = 0, z = 20$

c) 최적해: $x_1 = 4, x_2 = 0, x_3 = 12, z = 36$

17.4.4절(ex.1)

a) 최적해: $x_1 = 0, x_2 = 4, z = -4$

b) 최적해: $x_1 = 1, x_2 = 7, z = -37$

c) 최적해: $x_1 = 0, x_2 = 10, x_3 = 35/2, z = -55/2$

d) 최적해: $x_1 = 100/3, x_2 = 0, x_3 = 40/3, z = -140/3$

17.4.5.1절(ex.1)

b) 해 1: $x_1 = 115/2, x_2 = 0, z = 230$

해 2: $x_1 = 60, x_2 = 10, z = 230$

17.4.5.1절(ex.2)

b) 해 1: $x_1 = 310, x_2 = 0, z = 930$

해 2: $x_1 = 30, x_2 = 140, z = 930$

17.4.5.2절(ex.2)

해 1: $x_1 = 10, x_2 = 30$

해 2: $x_1 = 30, x_2 = 0$

17.4.5절(ex.1)

a) 다중 최적해

b) 무한 목적 함수 z

c) 다중 최적해/퇴화 최적해

17.4.5절(ex.2)

a) 아니요

b) 비가능 해

c) 퇴화 최적해

d) 다중 최적해

e) 무한 목적 함수 z

17.5.2절(ex.1)

b) 최적해: $x_1 = 70, x_2 = 30, x_3 = 35, z = 363,000$

17.5.2절(ex.2)

b) 최적해: $x_1 = 24,960, x_2 = 17,040, z = 19,296$

17.5.2절(ex.3)

b) 최적해: $x_1 = 475, x_2 = 50, x_3 = 50, x_4 = 50, x_5 = 75, z = 32,475$

17.5.2절(ex.4)

b) 최적해: $x_{11} = 3,600, \quad x_{21} = 0, \quad x_{31} = 0, \quad x_{41} = 8,400,$
$x_{12} = 0, \quad x_{22} = 10,000 \quad x_{32} = 0, \quad x_{42} = 0,$
$x_{13} = 0, \quad x_{23} = 0, \quad x_{33} = 3,200, \quad x_{43} = 4,800$
$z = 5,160$

17.5.2절(ex.5)

b) 최적해: $x_1 = 1, x_2 = 0, x_3 = 1, x_4 = 0, x_5 = 1, z = 810,548(\$810,548.00)$

17.5.2절(ex.6)

b) 최적해: $x_1 = 20\%, x_7 = 20\%, x_9 = 20\%, x_{10} = 40\%, x_2, x_3, x_4, x_5, x_6, x_8, x_{11} = 0\%, z = 3.07\%$

17.5.2절(ex.7)

b) 최적해: 50%($250,000.00) – RF_C 펀드

25%($125,000.00) – Petrobras 주식펀드

25%($125,000.00) – Vale 주식펀드

목적 함수 z = 연간 16.90%

17.5.2절(ex.8)

b) 최적해: $z = 126{,}590(\$126{,}590.00)$

해	1월	2월	3월	4월	5월	6월
P_t	9600	10,000	12,800	11,520	10,770	10,430
S_t	0	0	0	0	0	0
NR_t	5	5	6	6	5	5
NC_t	0	0	1	0	0	0
ND_t	5	0	0	0	1	0
HE_t	0	28.57	91.43	0	83.57	59.29
I_t	600	0	0	870	0	0

17.6.1절(ex.1)

a) $x_1 = 60, x_2 = 20, z = 520$

b) 1.333

c) 0.8

d) 아니요

e) 기본해가 최적으로 유지됨

17.6.1절(ex.2)

a) $x_1 = 15, x_2 = 0, z = 120$

b) $c_1 \geq 2.4$ 또는 $c_1 \geq c_1^0 - 5.6$

c) $c_2 \geq 20$ 또는 $c_2 \leq c_2^0 + 14$

17.6.1절(ex.3)

a) $x_1 = 0, x_2 = 17, z = 102$

b) 무제한 목적 함수 z

c) $c_1 \geq 3$ 또는 $c_1 \geq c_1^0 - 5$

d) $0 \leq c_2 \leq 16$ 또는 $c_2^0 - 6 \leq c_2 \leq c_2^0 + 10$

17.6.1절(ex.4)

a) $0.133 \leq \frac{c_1}{c_2} \leq 0.25$

b) 기본해가 최적으로 유지됨, 그리고 $z = 1{,}700$

c) $8 \leq c_1 \leq 15$ 또는 $c_1^0 - 4 \leq c_1 \leq c_1^0 + 3$

d) $48 \leq c_2 \leq 90$ 또는 $c_2^0 - 12 \leq c_2 \leq c_2^0 + 30$

e) 기본해가 최적으로 유지됨, 그리고 $z = 1{,}830$

f) 기본해가 최적으로 유지됨, 그리고 $z = 2{,}440$

g) $13.333 \leq c_1 \leq 25$

17.6.2절(ex.1)

a) $P_1 = 0, P_2 = 34.286, P_3 = 85.714$

b) $b_1 \geq b_1^0 - 8.5$

$b_2^0 - 5.95 \leq b_2 \leq b_2^0 + 6.125$

$b_3^0 - 3.267 \leq b_3 \leq b_3^0 + 2.164$

c) 0

d) $\$137.14(z - 1,902.86), x_1 = 115.71, x_2 = 8.57$

17.6.2절(ex.2)

a) $P_1 = 0, P_2 = 1.222, P_3 = 0.444$(두 번째 작업)

b) $b_1 \geq b_1^0 - 20$

$b_2^0 - 180 \leq b_2 \leq b_2^0 + 22.5$

$b_3^0 - 36 \leq b_3 \leq b_3^0 + 180$

c) $\$27.50$

d) $\$16.00$

17.6.3절(ex.1)

b) $z_1^1 = 3, z_2^1 = \frac{6}{5}, z_1^* = 3, z_2^* = 2$

17.6.3절(ex.2)

b) $z_1^* = -4, z_2^* = -2$

17.6.4절(ex.3)

a) 퇴화 최적해

b) 다중 최적해

c) 퇴화 최적해

d) 다중 최적해

e) 다중 최적해

f) 퇴화 최적해

g) 퇴화 최적해

18장

Ex.1

a) $N = \{1, 2, 3, 4, 5, 6\}$

b) $A = \{(1, 2), (1, 3), (2, 3), (3, 4), (3, 5), (4, 2), (4, 5), (4, 6), (5, 6)\}$

c) 방향 네트워크

d) $1 \to 2 \to 3 \to 4 \to 2$

e) $1 \to 3 \to 5 \to 4$

f) $1 \to 3 \to 4 \to 6$

g) $2 \to 3 \to 4 \to 2$

h) $3 \to 4 \to 5 \to 3$

Ex.2

a) $N = \{1, 2, 3, 4, 5, 6\}$

b) $A = \{(1, 2), (1, 3), (2, 3), (2, 4), (3, 5), (4, 6), (5, 2), (5, 4), (6, 5)\}$

c) 방향 네트워크

d) $2 \to 3 \to 5 \to 4 \to 6 \to 5$

e) $1 \to 2 \to 5 \to 4 \to 6 \to 5$

f) $1 \to 3 \to 5 \to 4$

g) $2 \to 3 \to 5 \to 2$

h) $1 \to 2 \to 3 \to 1$

Ex.3

a) 트리

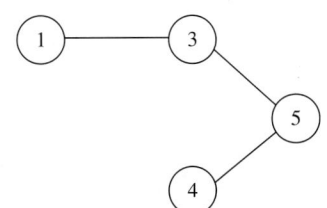

b) 커버 트리

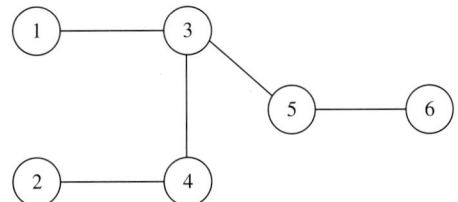

Ex.4

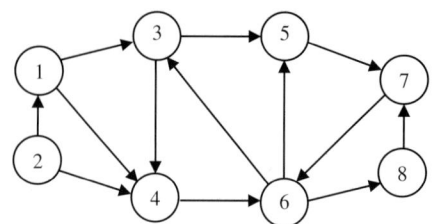

Ex.5

전통적 교통 문제:

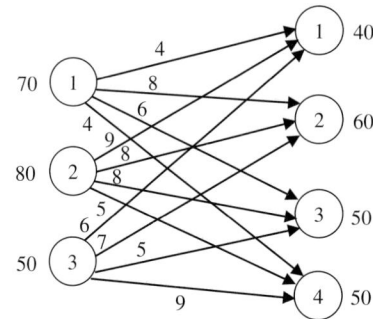

최적 FBS: $x_{11} = 40, x_{14} = 30, x_{22} = 60, x_{24} = 20, x_{33} = 50, z = 1,110$

Ex.6

최대 흐름 문제:

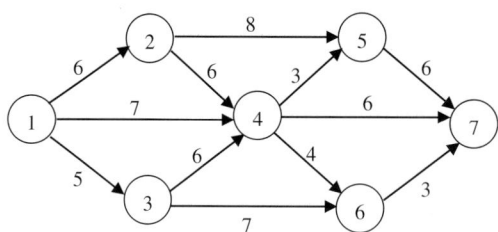

최적해: $x_{12} = 6, x_{13} = 2, x_{14} = 7, x_{24} = 3, x_{25} = 3, x_{34} = 2, x_{36} = 0, x_{45} = 3, x_{46} = 3, x_{47} = 6,$
$x_{57} = 6, x_{67} = 3, z = 15$

Ex.7

최단 경로 문제:

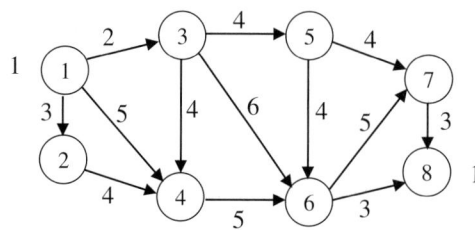

최적 FBS: $x_{13} = 1, x_{36} = 1, x_{68} = 1(1 - 3 - 6 - 8), z = 11$

Ex.8

$x_{11} = 50, x_{22} = 10, x_{23} = 20, x_{33} = 20$

Ex.9

$x_{11} = 80, x_{13} = 70, x_{22} = 50, x_{23} = 80, z = 4,590$

Ex.10

$x_{13} = 150, x_{21} = 80, x_{22} = 50, z = 4,110$

Ex.11

a) 최적 FBS: $x_{12} = 100, x_{13} = 100, x_{23} = 100, x_{31} = 150, x_{32} = 50, z = 6,800$

b) 최적 FBS: $x_{13} = 50, x_{31} = 100, x_{41} = 20, x_{42} = 150, x_{43} = 30, z = 1,250$

c) 최적 FBS: $x_{12} = 20, x_{14} = 30, x_{21} = 20, x_{24} = 10, x_{32} = 20, x_{33} = 60, z = 1,490$

대안해: $x_{11} = 20, x_{12} = 20, x_{14} = 10, x_{24} = 30, x_{32} = 20, x_{33} = 60, z = 1,490$

Ex.12

지수:

공급자 $i \in I$

통합 센터 $j \in J$

공장 $k \in K$

상품 $p \in P$

모델 모수:

$C_{max, j}$	통합 센터 j의 최대 용량
D_{pk}	공장 k의 상품 p의 수요
S_{ip}	상품 p 생산을 위한 공급자 i의 용량
c_{pij}	공급자 i에서 통합 센터 j로의 p의 단위 운송 비용
c_{pjk}	통합 센터 j에서 공장 k로의 p의 단위 운송 비용
c_{pik}	공급자 i에서 공장 k로의 p의 단위 운송 비용

모델의 결정 변수:

x_{pij}	공급자 i에서 통합 센터 j로의 상품 p의 이전 수량
y_{pjk}	통합 센터 j에서 공장 k로의 상품 p의 이전 수량
z_{pik}	공급자 i에서 공장 k로의 상품 p의 이전 수량

문제는 다음처럼 수식화할 수 있다.

$$\min \sum_p \sum_i \sum_j c_{pij} x_{pij} + \sum_p \sum_j \sum_k c_{pjk} y_{pjk} + \sum_p \sum_i \sum_k c_{pik} z_{pik}$$

s.t.:

$$\sum_j y_{pjk} + \sum_i z_{pik} = D_{pk}, \quad \forall p,k \tag{1}$$

$$\sum_p \sum_i x_{pij} \le C_{\max,j}, \quad \forall j \tag{2}$$

$$\sum_j x_{pij} + \sum_k z_{pik} \le S_{ip}, \quad \forall i,p \tag{3}$$

$$\sum_i x_{pij} = \sum_k y_{pjk}, \quad \forall p,j \tag{4}$$

$$x_{pij}, y_{pjk}, z_{pik} \ge 0, \quad \forall p,i,j,k \tag{5}$$

목적 함수에서 첫 항은 공급자가 통합 터미널까지 운송 비용을 나타내고, 두 번째 항은 통합 터미널에서 최종 고객(하얼빈의 공장)까지, 세 번째 항은 공급자로부터 최종 고객까지의 직접 운송 비용을 나타낸다.

제약 (1)은 상품 p에 대한 고객 k의 수요가 충족되도록 보장한다. 제약 (2)는 각 통합 터미널에서의 최대 용량을 참조한다. 제약 (3)은 공급자 i가 상품 p를 공급하는 용량을 나타낸다. 제약 (4)는 각 운송점에서의 입출 흐름에 대한 보존을 나타낸다. 마지막으로, 비음수성 제약 조건이 명기되어 있다.

Ex.13

$$x_{ij} = \begin{cases} 1 & \text{작업 } i(i = 1, \dots, 4)\text{가 기계 } j(j = 1, \dots, 4)\text{에 할당된 경우} \\ 0 & \text{그 외} \end{cases}$$

a) 최적 FBS: $x_{12} = 1, x_{24} = 1, x_{33} = 1, x_{41} = 1, z = 37$

b) 최적 FBS: $x_{13} = 1, x_{24} = 1, x_{33} = 1, x_{41} = 1, z = 35$

Ex.14

$$x_{ij} = \begin{cases} 1 & \text{경로 } (i,j)\text{가 최단 경로에 포함되는 경우}, \quad \forall i,j \\ 0 & \text{그 외} \end{cases}$$

$$\min 6x_{12} + 9x_{13} + 4x_{23} + 4x_{24} + 7x_{25} + 6x_{35} + 2x_{45} + 7x_{46} + 3x_{56}$$

s.t.

$$x_{12} + x_{13} = 1$$
$$x_{46} + x_{56} = 1$$
$$x_{12} - x_{23} - x_{24} - x_{25} = 0$$
$$x_{13} + x_{23} - x_{35} = 0$$
$$x_{24} - x_{45} - x_{46} = 0$$
$$x_{25} + x_{35} + x_{45} - x_{56} = 0$$
$$x_{ij} \in \{0,1\} \text{ 또는 } x_{ij} \ge 0$$

최적 FBS: $x_{12} = 1, x_{24} = 1, x_{45} = 1, x_{56} = 1 (1 - 2 - 4 - 5 - 6), z = 15$

Ex.15

최적 FBS: $x_{AB} = 1, x_{BD} = 1, x_{DE} = 1(A - B - D - E), z = 64$

Ex.16

$x_{12} = 6, x_{13} = 4, x_{23} = 0, x_{24} = 6, x_{34} = 1, x_{35} = 3, x_{45} = 0, x_{46} = 7, x_{56} = 3, z = 10$

19장

19.1절(ex.1)

    a) BP

    b) MIP

    c) IP

    d) BIP

    e) BP

    f) MBP

    g) MIP

19.2절(ex.1)

    a) 아니요

    b) 예$(x_1 = 10, x_2 = 0, z = 20)$

    c) 아니요

    d) 예$(x_1 = 0, x_2 = 4, z = 32)$

    e) 예$(x_1 = 1, x_2 = 0, z = 4)$

    f) 아니요

    g) 예$(x_1 = 6, x_2 = 5, z = 58)$

19.2절(ex.2)

    b)
$$SF = \left\{ \begin{array}{l} (0, 0); (0, 1); (0, 2); (0, 3); (0, 4); (1, 0); (1, 1); (1, 2); (1, 3); (2, 0); (2, 1); \\ (2, 2); (2, 3); (3, 0); (3, 1); (3, 2); (4, 0); (4, 1); (4, 2); (5, 0); (5, 1); (6, 0) \end{array} \right\}$$

    c) 최적해: $x_1 = 4, x_2 = 2, z = 14$

19.2절(ex.3)

    b) SF = {(0, 0); (0, 1); (0, 2); (1, 0); (1, 1); (2, 0); (2, 1); (3, 0)}

    c) 최적해: $x_1 = 2, x_2 = 1, z = 4$

19.2절(ex.4)

    b) {(0, 0); (0, 1); (0, 2); (1, 0); (1, 1); (1, 2); (2, 0); (2, 1); (2, 2); (3, 0); (3, 1); (3, 2);

$(4, 0)\}$

  c) 최적해: $x_1 = 3, x_2 = 2, z = 13$

19.3절(ex.1)

최적 FBS $= \{x_3 = 1, x_4 = 1, x_6 = 1, x_8 = 1\}, z = 172$

19.4절(ex.1)

$$\max z = 7x_1 + 12x_2 + 8x_3 + 10x_4 + 7x_5 + 6x_6$$
$$\text{s.t.}$$
$$4x_1 + 7x_2 + 5x_3 + 6x_4 + 4x_5 + 3x_6 \leq 20$$
$$x_5 + x_6 \leq 1$$
$$x_3 - x_2 \leq 0$$
$$x_1, x_2, x_3, x_4, x_5, x_6 \in \{0, 1\}$$

최적해: $x_1 = 1, x_2 = 1, x_3 = 0, x_4 = 1, x_5 = 0, x_6 = 1, z = 35$

19.5절(ex.1)

인덱스

$i, j = 1, ..., n$, 고객을 나타낸다(인덱스 0은 창고를 나타낸다).

$v = 1, ..., NV$, 차량을 나타낸다.

모수

$C_{\max, v}$ = 차량 v의 최대 용량

d_i = 고객 i의 수요

c_{ij} = 고객 i에서 고객 j로의 여행 비용

결정 변수

$$x_{ij}^v = \begin{cases} 1 & i \text{에서 } j \text{로 차량 } v \text{로 여행할 때} \\ 0 & \text{그 외} \end{cases}$$

$$y_i^v = \begin{cases} 1 & \text{고객 } i \text{의 주문이 차량 } v \text{로 배달될 때} \\ 0 & \text{그 외} \end{cases}$$

모델 공식

$$\min \sum_i \sum_j \sum_v c_{ij} x_{ij}^v$$
$$\text{s.t.}$$

$$\sum_v y_i^v = 1, \quad i = 1, ..., n \tag{1}$$

$$\sum_v y_i^v = NV, \quad i = 0 \tag{2}$$

$$\sum_i d_i y_i^v \leq C_{\max, v}, \quad v = 1, ..., NV \tag{3}$$

$$\sum_i x_{ij}^v = y_j^v, \quad j = 0, \ldots, n, \quad v = 1, \ldots, NV \tag{4}$$

$$\sum_j x_{ij}^v = y_i^v, \quad i = 0, \ldots, n, \quad v = 1, \ldots, NV \tag{5}$$

$$\sum_{ij \in S} x_{ij}^v = x_{ij}^v \le |S| - 1, \quad S \subseteq \{1, \ldots, n\}, \quad 2 \le |S| \le n-1, \quad v = 1, \ldots, NV \tag{6}$$

$$x_{ij}^v \in \{0, 1\}, \quad i = 0, \ldots, n \quad j = 0, \ldots, n, \quad v = 1, \ldots, NV \tag{7}$$

$$y_i^v \in \{0, 1\}, \quad i = 0, \ldots, n, \quad v = 1, \ldots, NV \tag{8}$$

모델의 기본 목적은 전체 여행 비용의 최소화다. 제약 (1)은 각 노드(고객)가 오직 하나의 차량에 의해 방문됨을 보장한다. 제약 (2)는 모든 경로가 공장($i = 0$)에서 시작되고 끝남을 보장한다. 제약 (3)은 차량 용량이 초과되지 않음을 보장한다. 제약 (4)와 (5)는 차량이 하나의 고객에서 그들의 경로를 방해하지 않을 것을 보장한다. 이 제약들은 입력과 출력 흐름의 보존을 보장한다. 제약 (6)은 부분 경로가 형성되지 않음을 보장한다. 마지막으로 제약 (7)과 (8)은 변수 x_{ij}^v와 y_i^v가 이진임을 보장한다.

19.6절(ex.1)

인덱스

$i = 1, \ldots, m$, 영업 센터^{DC}를 나타낸다.

$j = 1, \ldots, n$, 고객을 나타낸다.

모델 모수

f_i = DC i를 운영하기 위한 고정 비용

c_{ij} = DC i에서 고객 j로의 운송 비용

D_j = 고객 j의 수요

$C_{max, i}$ = DC i의 최대 용량

결정 변수

$$y_i = \begin{cases} 1 & \text{DC } i\text{가 운영 중일 때} \\ 0 & \text{그 외} \end{cases}$$

$$x_{ij} = \begin{cases} 1 & \text{DC } i\text{가 고객 } j\text{에게 공급했을 때} \\ 0 & \text{그 외} \end{cases}$$

일반 공식

$$F_{obj} = \min z = \sum_{i=1}^{m} f_i y_i + \sum_{i=1}^{m} \sum_{j=1}^{n} c_{ij} x_{ij} D_j$$

s.t.

$$\sum_{j=1}^{n} x_{ij} D_j \le C_{max, i} \cdot y_i, \quad i = 1, \ldots, m \tag{1}$$

$$\sum_{i=1}^{m} x_{ij} = 1, \quad j = 1, \ldots, n \tag{2}$$

$$x_{ij}, y_i \in \{0, 1\}, \quad i = 1, \ldots, m, \quad j = 1, \ldots, n \tag{3}$$

이는 **이진 계획 문제**에 해당한다.

이 문제에 대해 인덱스 i는 다음에 해당한다.

$i = 1$(Belem), $i = 2$(Palmas), $i = 3$(Sao Luis), $i = 4$(Teresina), $i = 5$(Fortaleza)

그리고 인덱스 j는 다음에 해당한다.

$j = 1$(Belo Horizonte), $j = 2$(Vitoria), $j = 3$(Rio de Janeiro), $j = 4$(Sao Paulo), $j = 5$(Campo Grande)

최적 FBS: $x_{22} = 1, x_{24} = 1, x_{45} = 1, x_{51} - 1, x_{53} - 1, y_2 - 1, y_4 = 1, y_5 = 1, z = 459,400.00$

19.6절(ex.2)

인덱스

공급자 $i \in I$

통합 센터 $j \in J$

공장 $k \in K$

상품 $p \in P$

모델 모수

$C_{\max, j}$	통합 센터 j의 최대 용량
f_j	통합 센터 j 운영 시 고정 비용
D_{pk}	공장 k에서 상품 p의 수요
S_{ip}	상품 p를 생산하기 위한 공급자 i의 용량
c_{pij}	공급자 i에서 통합 센터 j로 상품 p의 단위 운송 비용
c_{pjk}	통합 센터 j에서 공장 k로 상품 p의 단위 운송 비용
c_{pik}	공급자 i에서 공장 k로 상품 p의 단위 운송 비용

모델의 결정 변수

x_{pij}	공급자 i에서 통합 센터 j로 상품 p의 운송 수량
y_{pjk}	통합 센터 j에서 공장 k로 상품 p의 운송 수량
z_{pik}	공급자 i에서 공장 k로 상품 p의 운송 수량
z_j	센터 j가 운영 중이면 1이고 아니면 0인 이진 변수

이 문제는 다음과 같이 수식화할 수 있다.

$$\min \sum_p \sum_i \sum_j c_{pij} x_{pij} + \sum_p \sum_j \sum_k c_{pjk} y_{pjk} + \sum_p \sum_i \sum_k c_{pik} z_{pik} + \sum_j f_j z_j$$

s.t.:

$$\sum_j y_{pjk} + \sum_i z_{pik} = D_{pk}, \qquad \forall p, k \tag{1}$$

$$\sum_p \sum_i x_{pij} \leq C_{\max, j} \cdot z_j, \qquad \forall j \tag{2}$$

$$\sum_j x_{pij} + \sum_k z_{pik} \leq S_{ip}, \qquad \forall i, p \tag{3}$$

$$\sum_i x_{pij} = \sum_k y_{pjk}, \qquad \forall p, j \tag{4}$$

$$x_{pij}, \, y_{pjk}, \, z_{pik} \geq 0, \qquad \forall p, i, j, k \tag{5}$$

$$z_j \in \{0, 1\}, \qquad \forall z \tag{6}$$

목적 함수에서 첫 항은 공급자가 통합 터미널까지 운송 비용을 나타내고, 두 번째 항은 통합 터미널에서 최종 고객(하얼빈의 공장)까지, 세 번째 항은 공급자로부터 최종 고객까지의 직접 운송 비용을 나타낸다. 마지막 항은 통합 터미널의 장소에 대한 고정 비용이다.

제약 (1)은 상품 p에 대한 고객 k의 수요가 충족되도록 보장한다. 제약 (2)는 각 통합 터미널에서의 최대 용량을 참조한다. 제약 (3)은 공급자 i가 상품 p를 공급하는 용량을 나타낸다. 제약 (4)는 각 환적 점에서의 입출 흐름에 대한 보존을 나타낸다. 마지막으로, 비음수성 제약 조건이 명기되어 있고 변수 z_j는 이진이다.

19.7절(ex.1)

x_i = 교대 $i (i = 1, 2, ..., 9)$로 운영 중인 버스의 수

교대	주기
1	6:01–14:00
2	8:01–16:00
3	10:01–18:00
4	12:01–20:00
5	14:01–22:00
6	16:01–24:00
7	18:01–02:00
8	20:01–04:00
9	22:01–06:00

따라서 다음과 같다.

x_1 = 6:01에 일을 시작하는 버스 수

x_2 = 8:01에 일을 시작하는 버스 수

x_3 = 10:01에 일을 시작하는 버스 수

x_4 = 12:01에 일을 시작하는 버스 수

x_5 = 14:01에 일을 시작하는 버스 수

x_6 = 16:01에 일을 시작하는 버스 수

x_7 = 18:01에 일을 시작하는 버스 수

x_8 = 20:01에 일을 시작하는 버스 수

x_9 = 22:01에 일을 시작하는 버스 수

$$F_{\text{obj}} = \min z = x_1 + x_2 + x_3 + x_4 + x_5 + x_6 + x_7 + x_8 + x_9$$

제약 조건:

$$x_1 \qquad\qquad\qquad \geq 20 \ (6:01-8:00)$$
$$x_1+x_2 \qquad\qquad \geq 24 \ (8:01-10:00)$$
$$x_1+x_2+x_3 \qquad \geq 18 \ (10:01-12:00)$$
$$x_1+x_2+x_3+x_4 \qquad \geq 15 \ (12:01-14:00)$$
$$x_2+x_3+x_4+x_5 \qquad \geq 16 \ (14:01-16:00)$$
$$x_3+x_4+x_5+x_6 \qquad \geq 27 \ (16:01-18:00)$$
$$x_4+x_5+x_6+x_7 \qquad \geq 18 \ (18:01-20:00)$$
$$x_5+x_6+x_7+x_8 \qquad \geq 12 \ (20:01-22:00)$$
$$x_6+x_7+x_8+x_9 \geq 10 \ (22:01-24:00)$$
$$x_7+x_8+x_9 \qquad \geq 4 \ (00:01-02:00)$$
$$x_8+x_9 \qquad\qquad \geq 3 \ (02:01-04:00)$$
$$x_9 \qquad\qquad\qquad \geq 8 \ (04:01-06:00)$$
$$x_i \qquad\qquad \geq 0, \quad i=1,2,\dots,9$$

최적해: $x_1=24, x_2=0, x_3=0, x_4=0, x_5=16, x_6=11, x_7=0, x_8=0, x_9=8, z=59$

19.7절(ex.2)

$x_i = i(i=1, 2, \dots, 7)$일에 일을 시작하는 직원 수

x_1 = 월요일에 일을 시작하는 직원 수

x_2 = 화요일에 일을 시작하는 직원 수

$\vdots$

x_7 = 일요일에 일을 시작하는 직원 수

$$\min z = x_1+x_2+x_3+x_4+x_5+x_6+x_7$$

제약 조건:

$$x_1 \qquad\quad +x_4+x_5+x_6+x_7 \geq 15 \ (월요일)$$
$$x_1+x_2 \qquad +x_5+x_6+x_7 \geq 20 \ (화요일)$$
$$x_1+x_2+x_3+ \qquad x_6+x_7 \geq 17 \ (수요일)$$
$$x_1+x_2+x_3+x_4+ \qquad x_7 \geq 22 \ (목요일)$$
$$x_1+x_2+x_3+x_4+x_5 \qquad \geq 25 \ (금요일)$$
$$x_2+x_3+x_4+x_5+x_6 \qquad \geq 15 \ (토요일)$$
$$x_3+x_4+x_5+x_6+x_7 \geq 10 \ (일요일)$$
$$x_i \geq 0, \quad i=1,\dots,7$$

대체 최적해: $x_1=10, x_2=6, x_3=0, x_4=5, x_5=4, x_6=0, x_7=1, z=26$

20장

4. 엑셀의 NORM.DIST 함수를 사용한 $P(I<0)=15.92\%$ 또는 변수 I의 몬테카를로 시뮬레이션에서 생성된 데이터를 분석한 $P(I<0)=12.19\%$

   참고: 결과는 시뮬레이션 때마다 바뀔 수 있다.

5. 엑셀의 NORM.DIST 함수를 사용한 $P(\text{Index}>0.07)=22.50\%$ 또는 시뮬레이션에서 생성된

값을 분석한 P(Index > 0.07) = 20.43%

참고: 결과는 시뮬레이션 때마다 바뀔 수 있다.

21장

1. F_{cal} = 2.476(sig. 0.100), 즉 세 공장에서의 헬기 생산은 차이가 없다.

2. 각기 다른 변환기 사이에 강도 척도에는 유의한 차이가 없다. 즉, '변환기 유형' 요인은 변수 'Hardness'에 유의한 효과를 지니지 않는다. 반면 각기 다른 광석은 강도에 있어 유의한 차이가 있다. 즉, '광석의 유형' 요인은 'Hardness' 변수에 유의한 효과를 갖는다. 두 요인 사이에는 또한 유의한 상호 관계가 있다고 결론지을 수 있다.

대상 간의 효과 검정

종속 변수: Hardness(강도)

소스	3형 제곱 합	자유도	제곱 평균	F	유의수준
교정 모델	15006.222[a]	8	1875.778	41.547	.000
절편	2023032.111	1	2023032.111	44808.751	.000
변환기	66.074	2	33.037	.732	.485
광물	14433.852	2	7216.926	159.850	.000
변환기 * 광물	506.296	4	126.574	2.804	.032
오차	3250.667	72	45.148		
통합	2041289.000	81			
교정 총합	18256.889	80			

[a] R 제곱 = .822(수정 R 제곱 = .802)

3. 각기 다른 원유 형태의 옥탄 등급 지수와 각기 다른 정유 공정 간의 옥탄 평가 지수에는 유의한 차이가 있다. 즉, 두 요인은 옥탄 지수에 유의한 영향을 끼친다. 마지막으로, 두 요인 간에 유의한 상호작용이 있다고 결론지을 수 있다.

대상 간의 효과 검정

종속 변수: 옥탄 등급

소스	3형 제곱 합	자유도	제곱 평균	F	유의수준
교정 모델	450.229[a]	11	40.930	41.801	.000
절편	399857.521	1	399857.521	408365.128	.000
원유	402.792	2	201.396	205.681	.000
정유	31.729	3	10.576	10.801	.000
원유 * 정유	15.708	6	2.618	2.674	.030
오차	35.250	36	.979		
통합	400343.000	48			
교정 총합	485.479	47			

[a] R 제곱 = .927(수정 R 제곱 = .905)

22장

1.
  a) $\bar{X}$의 관리도

  $UCL = 17.4035$

  평균 $= 16.5318$

  $LCL = 15.6600$

  R의 관리도

  $UCL = 2.7305$

  평균 $= 1.1965$

  $LCL = 0.0000$

  b) $C_p = 0.860$

  $C_{pk} = 0.842$

  $C_{pm} = 0.859$

2.
  a) $\bar{X}$의 관리도

  $UCL = 17.3895$

  평균 $= 16.5318$

  $LCL = 15.6740$

  S의 관리도

  $UCL = 1.1938$

  평균 $= 0.5268$

  $LCL = 0.0000$

  b) $C_p = 0.9491$

  $C_{pk} = 0.9290$

3.
  a) $\bar{X}$의 관리도

  $UCL = 6.7113$

  평균 $= 6.0625$

  $LCL = 5.4137$

  R의 관리도

  $UCL = 2.0322$

  평균 $= 0.8905$

$LCL = 0.0000$

b) $C_p = 0.771$

$C_{pk} = 0.722$

$C_{pm} = 0.542$

4.

a) $\bar{X}$의 관리도

$UCL = 6.7162$

평균 $= 6.0625$

$LCL = 5.4088$

S의 관리도

$UCL = 0.9098$

평균 $= 0.4015$

$LCL = 0.0000$

b) $C_p = 0.8302$

$C_{pk} = 0.7783$

5. P 관리도

$UCL = 0.1748$

평균 $= 0.0680$

$LCL = 0.0000$

6.

$UCL = 8.7403$

평균 $= 3.4000$

$LCL = 0.0000$

7.

$UCL = 11.9996$

평균 $= 5.1750$

$LCL = 0.0000$

8.

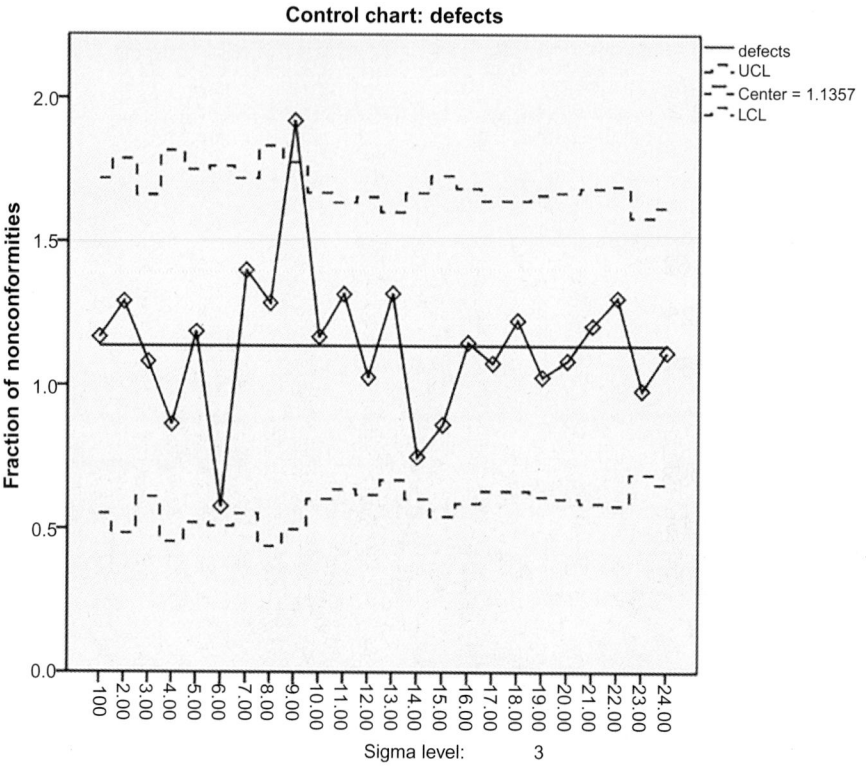

23장

1.

   a)

country	Freq.	Percent	Cum.
Argentina	5	4.17	4.17
Australia	5	4.17	8.33
Brazil	5	4.17	12.50
Canada	5	4.17	16.67
Chile	5	4.17	20.83
China	5	4.17	25.00
Denmark	5	4.17	29.17
Finland	5	4.17	33.33
France	5	4.17	37.50
Germany	5	4.17	41.67
Iceland	5	4.17	45.83
Italy	5	4.17	50.00
Japan	5	4.17	54.17
Mexico	5	4.17	58.33
Netherlands	5	4.17	62.50
Portugal	5	4.17	66.67
Singapore	5	4.17	70.83
South Korea	5	4.17	75.00
Spain	5	4.17	79.17
Sweden	5	4.17	83.33
Switzerland	5	4.17	87.50
United Kingdom	5	4.17	91.67
United States	5	4.17	95.83
Uruguay	5	4.17	100.00
Total	120	100.00	

사실, 이는 균형 클러스터화 데이터 구조다.

b)

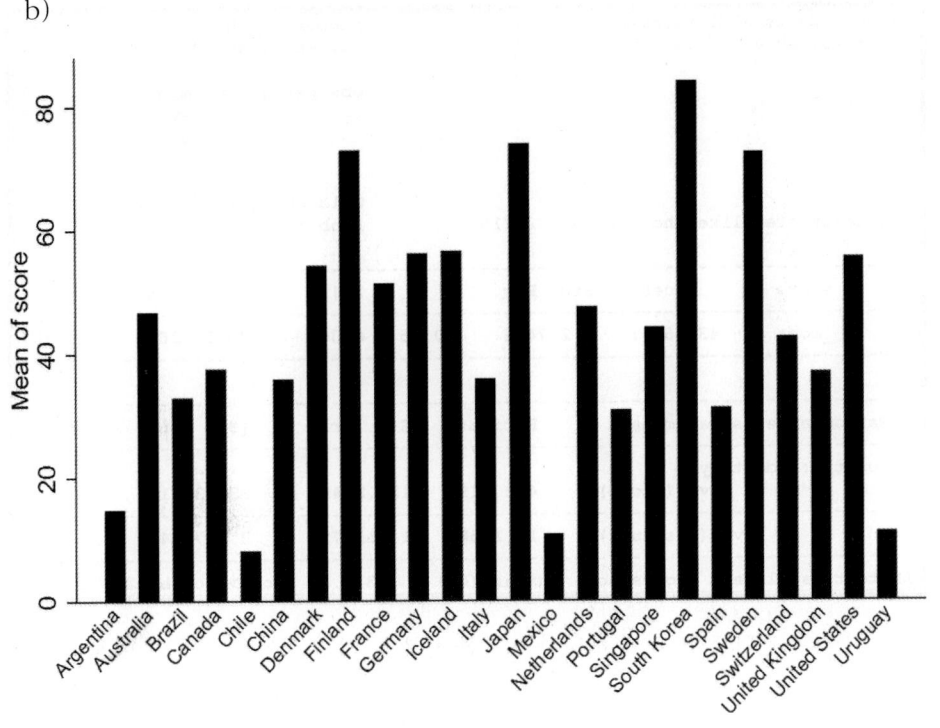

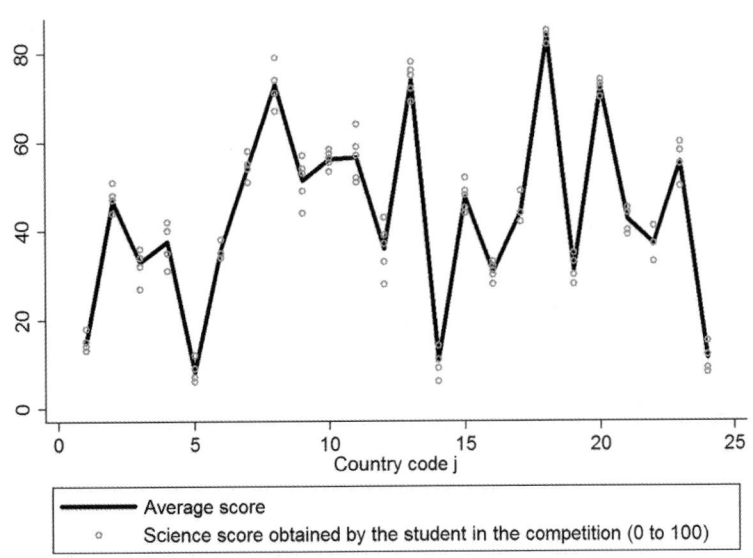

c)

```
Mixed-effects REML regression              Number of obs     =        120
Group variable: idcountry                  Number of groups  =         24

                                           Obs per group: min =          5
                                                          avg =        5.0
                                                          max =          5


                                           Wald chi2(0)      =          .
Log restricted-likelihood = -375.29715     Prob > chi2       =          .

-------------------------------------------------------------------------------
      score |     Coef.   Std. Err.      z    P>|z|    [95% Conf. Interval]
------------+------------------------------------------------------------------
      _cons |  43.56667   4.207426    10.35   0.000    35.32026    51.81307
-------------------------------------------------------------------------------


-------------------------------------------------------------------------------
  Random-effects Parameters  |   Estimate   Std. Err.    [95% Conf. Interval]
-----------------------------+-------------------------------------------------
idcountry: Identity          |
                 var(_cons)  |  422.6193   125.2844      236.3811    755.5893
-----------------------------+-------------------------------------------------
              var(Residual)  |  11.19583   1.615979      8.437154    14.8565
-------------------------------------------------------------------------------
LR test vs. linear regression: chibar2(01) =    310.58 Prob >= chibar2 = 0.0000
```

d) 그렇다. 랜덤 절편 u_{0j}에 해당하는 분산 성분 τ_{00}의 추정이 그 표준 오차보다 상당히 크기 때문에 유의수준 0.05에서 각기 다른 국가의 학생 간에 얻은 점수는 변동성이 있다고 증명할 수 있다. 통계적으로 $z = 422.619/125.284 = 3.373 > 1.96$이고, 여기서 1.96은 표준 정규 분포의 임곗값이며 유의수준 0.05이다.

e) $Sig. \chi^2 = 0.0000$이므로, 랜덤 절편이 0이라는 귀무 가설을 기각하고($H_0: u_{0j} = 0$) 이 클러스터 데이터에서 전통적 선형 회귀 모델은 배제된다.

f)

$$rho = \frac{\tau_{00}}{\tau_{00} + \sigma^2} = \frac{422.619}{422.619 + 11.196} = 0.974$$

과학의 학생 성적에서 전체 분산 중 약 97%가 참여 국가의 차이에서 기인한다.

g)

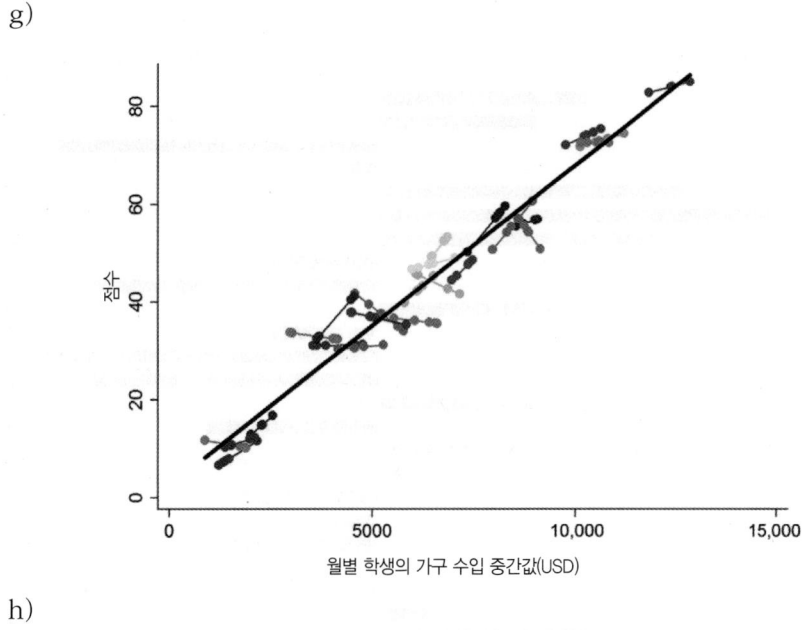

월별 학생의 가구 수입 중간값(USD)

h)

```
Mixed-effects REML regression              Number of obs      =        120
Group variable: idcountry                  Number of groups   =         24

                                           Obs per group: min =          5
                                                          avg =        5.0
                                                          max =          5

                                           Wald chi2(1)       =     564.97
Log restricted-likelihood = -357.50053     Prob > chi2        =     0.0000

------------------------------------------------------------------------------
      score |      Coef.   Std. Err.      z    P>|z|     [95% Conf. Interval]
-------------+----------------------------------------------------------------
     income |   .0062453   .0002627    23.77   0.000     .0057303    .0067603
      _cons |   4.407937   1.838957     2.40   0.017     .8036471    8.012227
------------------------------------------------------------------------------


------------------------------------------------------------------------------
  Random-effects Parameters  |   Estimate   Std. Err.     [95% Conf. Interval]
-----------------------------+------------------------------------------------
idcountry: Identity          |
                  var(_cons) |   13.08294   5.292618      5.920487    28.91035
-----------------------------+------------------------------------------------
               var(Residual) |   14.70037   2.166206       11.0128    19.62271
------------------------------------------------------------------------------
LR test vs. linear regression: chibar2(01) =      30.55 Prob >= chibar2 = 0.0000
```

i) 고정 및 임의 효과 성분의 추정 모수는 유의수준 0.05에서 통계적으로 다르다.

j)

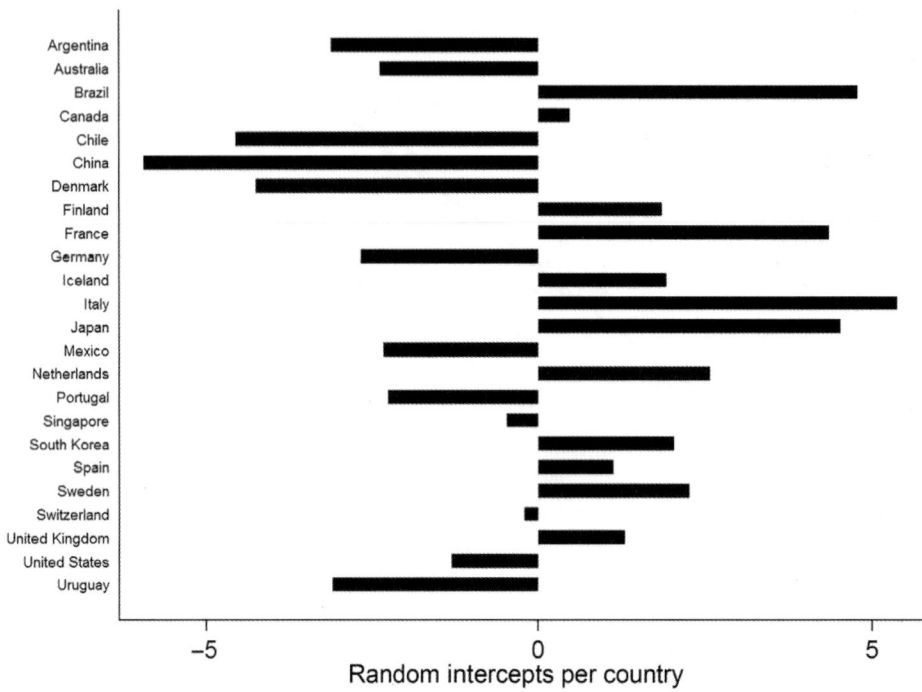

k)

```
Mixed-effects REML regression              Number of obs      =        120
Group variable: idcountry                  Number of groups   =         24

                                           Obs per group: min =          5
                                                          avg =        5.0
                                                          max =          5

                                           Wald chi2(1)       =     564.97
Log restricted-likelihood = -357.50053     Prob > chi2        =     0.0000

------------------------------------------------------------------------------
       score |      Coef.   Std. Err.      z    P>|z|     [95% Conf. Interval]
-------------+----------------------------------------------------------------
      income |   .0062453   .0002627    23.77   0.000     .0057303    .0067603
       _cons |   4.407939   1.838958     2.40   0.017     .8036478     8.01223
------------------------------------------------------------------------------


------------------------------------------------------------------------------
  Random-effects Parameters  |   Estimate   Std. Err.     [95% Conf. Interval]
-----------------------------+------------------------------------------------
idcountry: Independent       |
                 var(income) |   1.73e-19   1.51e-18      6.31e-27    4.72e-12
                 var(_cons)  |   13.08295   5.292633      5.920483    28.91042
-----------------------------+------------------------------------------------
               var(Residual) |   14.70037   2.166238      11.01275    19.62279
------------------------------------------------------------------------------
LR test vs. linear regression:        chi2(2) =     30.55   Prob > chi2 = 0.0000

Note: LR test is conservative and provided only for reference.
```

l)

```
Likelihood-ratio test                              LR chi2(1)  =     -0.00
(Assumption: randomintercept nested in randomslope)  Prob > chi2 =    1.0000

Note: The reported degrees of freedom assumes the null hypothesis is not on the
boundary of the parameter space.  If this is not true, then the reported test
is conservative.
Note: LR tests based on REML are valid only when the fixed-effects
specification is identical for both models.
```

검정의 유의수준은 1.000(0.05보다 커야 한다)이다. 두 제한 우도 함수의 로그가 동일하기 때문이다($LL_r = -357.501$). 절편에 랜덤 효과만 있는 모델이 선호된다. 랜덤 오차 항 u_{1j}가 통계적으로 0이기 때문이다.

m)

```
Mixed-effects REML regression              Number of obs    =        120
Group variable: idcountry                  Number of groups =         24

                                           Obs per group: min =         5
                                                          avg =       5.0
                                                          max =         5

                                           Wald chi2(2)     =     357.34
Log restricted-likelihood = -361.14802     Prob > chi2      =     0.0000

------------------------------------------------------------------------------
      score |      Coef.   Std. Err.      z    P>|z|     [95% Conf. Interval]
------------+-----------------------------------------------------------------
     income |   .0028477   .0010272     2.77   0.006     .0008344     .004861
resdevelin~e |  .0007865   .0002461     3.20   0.001     .0003042    .0012688
      _cons |   13.21996    3.15824     4.19   0.000     7.029922       19.41
------------------------------------------------------------------------------


------------------------------------------------------------------------------
  Random-effects Parameters  |   Estimate   Std. Err.     [95% Conf. Interval]
-----------------------------+------------------------------------------------
idcountry: Identity          |
                 var(_cons)  |   22.74245   10.48915      9.209808    56.15959
-----------------------------+------------------------------------------------
              var(Residual)  |   12.37613   1.949285      9.089029    16.85203
------------------------------------------------------------------------------
LR test vs. linear regression: chibar2(01) =     38.87 Prob >= chibar2 = 0.0000
```

n)

$$score_{ij} = 13.22 + 0.0028 \cdot income_{ij} + 0.0008 \cdot resdevel_j \cdot income_{ij} + u_{0j} + r_{ij}$$

o)

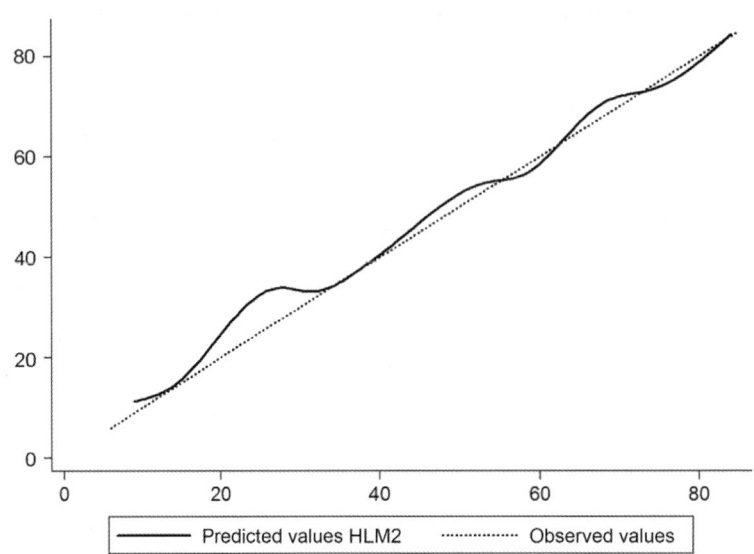

2.

a)

district code k	Freq.	Percent	Cum.
01	15	1.10	1.10
02	206	15.10	16.20
03	59	4.33	20.53
04	55	4.03	24.56
05	98	7.18	31.74
06	217	15.91	47.65
07	72	5.28	52.93
08	312	22.87	75.81
09	77	5.65	81.45
10	178	13.05	94.50
11	10	0.73	95.23
12	18	1.32	96.55
13	12	0.88	97.43
14	12	0.88	98.31
15	23	1.69	100.00
Total	1,364	100.00	

사실, 이는 구역에서 부동산의 비균형 클러스터화 데이터다.

b)

```
    temporal |
    variable |
        that |
 corresponds |
     to the |
   period of |
  monitoring |      Freq.      Percent        Cum.
-------------+--------------------------------------
           1 |        224        16.42       16.42
           2 |        240        17.60       34.02
           3 |        231        16.94       50.95
           4 |        241        17.67       68.62
           5 |        224        16.42       85.04
           6 |        204        14.96      100.00
-------------+--------------------------------------
       Total |      1,364       100.00
```

이 또한 비균형 데이터 패널이다.

c)

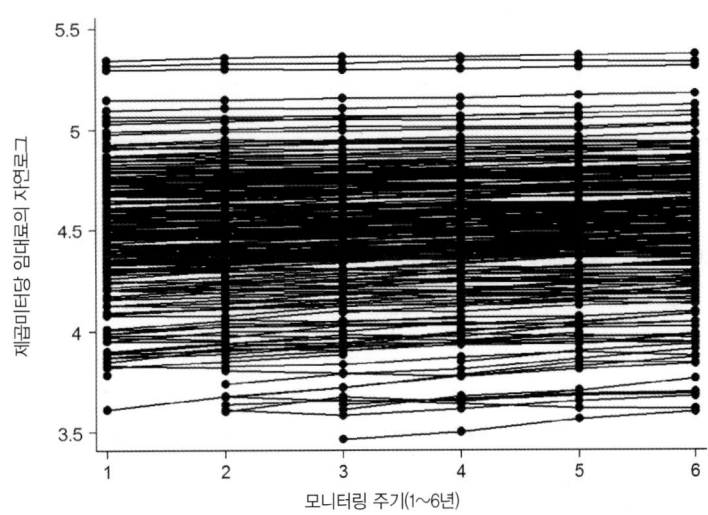

d)

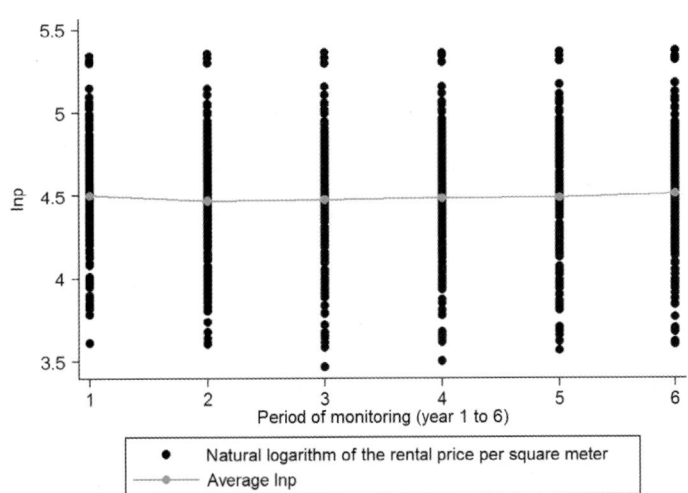

e)

모니터링 주기(1~6년)

f)

```
Mixed-effects REML regression                  Number of obs     =      1364

---------------------------------------------------------------------
               |  No. of        Observations per Group
Group Variable |  Groups    Minimum    Average    Maximum
---------------+-----------------------------------------------------
      district |     15        10        90.9        312
      property |    277         1         4.9          6
---------------------------------------------------------------------


                                               Wald chi2(0)      =        .
Log restricted-likelihood =  2242.0905         Prob > chi2       =        .

---------------------------------------------------------------------
       lnp   |    Coef.    Std. Err.      z    P>|z|    [95% Conf. Interval]
-------------+-------------------------------------------------------
      _cons  |  4.396943   .0924032    47.58   0.000    4.215836    4.57805
---------------------------------------------------------------------


---------------------------------------------------------------------
  Random-effects Parameters  |   Estimate    Std. Err.    [95% Conf. Interval]
-----------------------------+---------------------------------------
district: Identity           |
               var(_cons)    |  .1228231    .0490491     .0561507    .2686613
-----------------------------+---------------------------------------
property: Identity           |
               var(_cons)    |  .0367725    .0032308     .0309555    .0436827
-----------------------------+---------------------------------------
             var(Residual)   |  .0006852    .0000294     .0006299    .0007453
---------------------------------------------------------------------
LR test vs. linear regression:          chi2(2) =  5270.95   Prob > chi2 = 0.0000
---------------------------------------------------------------------
Note: LR test is conservative and provided only for reference.
```

g) • 레벨 2 부류 간 상관관계:

$$rho_{property|district} = \frac{\tau_{u000} + \tau_{r000}}{\tau_{u000} + \tau_{r000} + \sigma^2} = \frac{0.1228 + 0.0368}{0.1228 + 0.0368 + 0.0007} = 0.996$$

• 레벨 3 부류 간 상관관계:

$$rho_{property|district} = \frac{\tau_{u000} + \tau_{r000}}{\tau_{u000} + \tau_{r000} + \sigma^2} = \frac{0.1228 + 0.0368}{0.1228 + 0.0368 + 0.0007} = 0.996$$

동일한 지역에서 제곱미터당 임대료의 자연로그 간의 상관관계는 76.6%($rho_{district}$)이고, 어떤 지역의 동일한 부동산의 연간 지수 간의 상관관계는 99.6%($rho_{property\,|\,district}$)이다. 따라서 부동산과 지역 랜덤 효과는 잔차 총 분산의 99% 이상을 형성한다는 것을 추정할 수 있다.

h) 추정 분산 τ_{u000}, τ_{r000}, σ^2과 통계적 유의성이 주어지면(추정값과 그 해당 표준 편차의 관계가 1.96보다 크고 이것이 유의수준 0.05가 되는 표준 정규 분포의 임곗값이다), 분석한 주기 내에 상업 지구 임대료에 변동성이 있다고 할 수 있다. 또한 동일한 지역의 부동산 사이 그리고 각기 다른 구역에 위치한 부동산 사이에 시간에 대해 임대료에 변동성이 있다고 할 수 있다.

i) $Sig.\chi^2 = 0.0000$이므로, 랜덤 절편이 0이라는 귀무 가설을 기각할 수 있고(H_0: $u_{00k} = r_{0jk} = 0$), 이는 이 데이터에 대해 전통적 회귀 모델을 배제하게 만든다.

j)

```
Mixed-effects REML regression              Number of obs    =      1364

------------------------------------------------------------------------
              |  No. of      Observations per Group
Group Variable |  Groups   Minimum   Average    Maximum
--------------+---------------------------------------------------------
      district |    15        10       90.9        312
      property |   277         1        4.9          6
------------------------------------------------------------------------

                                            Wald chi2(1)     =   1504.46
Log restricted-likelihood =  2707.0164      Prob > chi2      =    0.0000

------------------------------------------------------------------------
        lnp  |    Coef.    Std. Err.     z    P>|z|   [95% Conf. Interval]
-------------+----------------------------------------------------------
        year |  .0113169   .0002918   38.79   0.000   .0107451   .0118888
       _cons |  4.356006   .093342    46.67   0.000   4.173059   4.538953
------------------------------------------------------------------------


------------------------------------------------------------------------
  Random-effects Parameters   |   Estimate   Std. Err.  [95% Conf. Interval]
------------------------------+-----------------------------------------
district: Identity            |
                 var(_cons)   |  .1254013   .0500356     .057368    .2741162
------------------------------+-----------------------------------------
property: Identity            |
                 var(_cons)   |  .0370006   .0032416     .0311627   .0439322
------------------------------+-----------------------------------------
             var(Residual)    |  .0002874   .0000123     .0002642   .0003126
------------------------------------------------------------------------
LR test vs. linear regression:      chi2(2) = 6209.05   Prob > chi2 = 0.0000

Note: LR test is conservative and provided only for reference.
```

k) 먼저, 고정 효과 연도(선형 추세)에 해당하는 변수에 대해 0.05 유의수준에서 통계적으로 유의하다고 할 수 있고($Sig.\ z = 0.000 < 0.05$), 이는 각 연도에 상업 지역 임대료가, 다른 조건이 동일하다면 평균 1.10% 상승했다고 할 수 있다($e^{0.011} = 1.011$).

랜덤 효과 성분에 대해서는 유의수준 0.05에서 u_{00k}, r_{0jk}, e_{tjk}의 분산에 통계적 유의성이 있다고 할 수 있다. τ_{u000}, τ_{r000}, σ^2의 추정이 해당 표준 오차보다 상당히 높기 때문이다.

l)

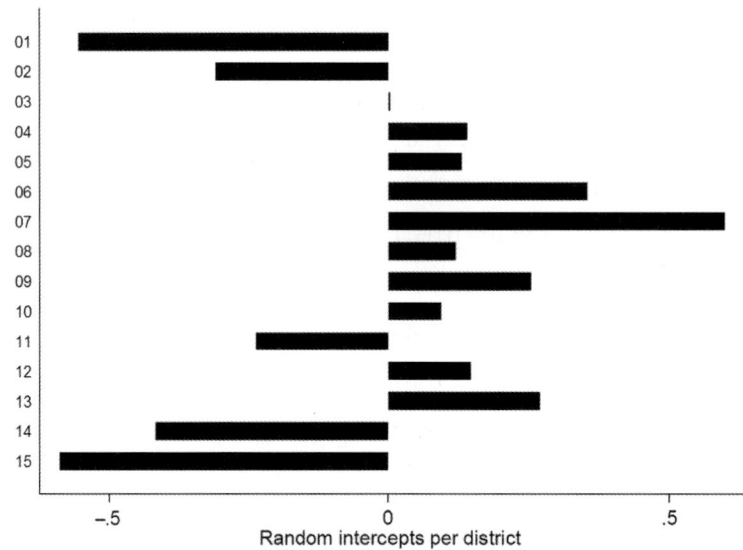

Random intercepts per district

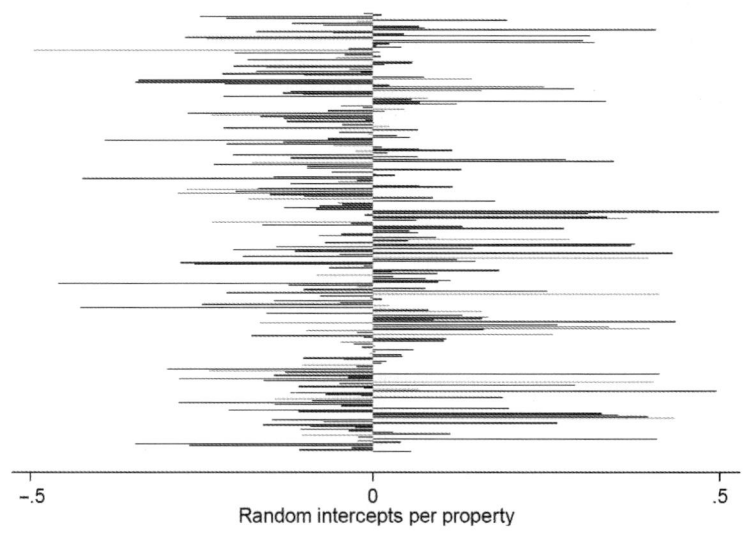

Random intercepts per property

m)

```
Mixed-effects REML regression               Number of obs    =      1364

-----------------------------------------------------------------
              |     No. of      Observations per Group
Group Variable |    Groups    Minimum    Average    Maximum
---------------+-------------------------------------------------
     district |      15         10        90.9        312
     property |     277          1         4.9          6
-----------------------------------------------------------------

                                          Wald chi2(1)      =      53.17
Log restricted-likelihood =  3002.8184    Prob > chi2       =     0.0000

-----------------------------------------------------------------
       lnp |    Coef.    Std. Err.     z    P>|z|    [95% Conf. Interval]
-----------+-----------------------------------------------------
      year |  .0135113   .001853     7.29   0.000    .0098795    .0171431
     _cons |  4.345621   .0993812   43.73   0.000    4.150837    4.540405
-----------------------------------------------------------------


-----------------------------------------------------------------
  Random-effects Parameters  |   Estimate   Std. Err.    [95% Conf. Interval]
-----------------------------+-----------------------------------
district: Independent        |
                  var(year)  |   .0000428   .0000201    .0000171    .0001075
                 var(_cons)  |   .142444    .0566678    .0653153    .3106514
-----------------------------+-----------------------------------
property: Independent        |
                  var(year)  |   .0000468   5.32e-06    .0000375    .0000585
                 var(_cons)  |   .0396378   .0034779    .0333752    .0470756
-----------------------------+-----------------------------------
               var(Residual) |   .0001034   5.12e-06    .0000938    .000114
-----------------------------------------------------------------
LR test vs. linear regression:      chi2(4) =  6800.65   Prob > chi2 = 0.0000
-----------------------------------------------------------------
Note: LR test is conservative and provided only for reference.
```

n) ● 레벨 2 부류 간 상관관계:

$$rho_{property|district} = \frac{\tau_{u000} + \tau_{u100} + \tau_{r000} + \tau_{r100}}{\tau_{u000} + \tau_{u100} + \tau_{r000} + \tau_{r100} + \sigma^2}$$

$$= \frac{0.142444 + 0.000043 + 0.039638 + 0.000047}{0.142444 + 0.000043 + 0.039638 + 0.000047 + 0.000103} = 0.9994$$

● 레벨 3 부류 간 상관관계:

$$rho_{district} = \frac{\tau_{u000} + \tau_{u100}}{\tau_{u000} + \tau_{u100} + \tau_{r000} + \tau_{r100} + \sigma^2}$$

$$= \frac{0.142444 + 0.000043}{0.142444 + 0.000043 + 0.039638 + 0.000047 + 0.000103} = 0.7817$$

이 모델에 대해 부동산 간 지역 랜덤 효과는 잔차의 총 분산 중 99.9%를 형성한다고 할 수 있다.

o)

```
Likelihood-ratio test                               LR chi2(2)  =     591.60
(Assumption: randomintercept nested in randomslope) Prob > chi2 =     0.0000

Note: The reported degrees of freedom assumes the null hypothesis is not on the
boundary of the parameter space.  If this is not true, then the reported test
is conservative.
Note: LR tests based on REML are valid only when the fixed-effects
specification is identical for both models.
```

$Sig. \chi_2^2 = 0.000$이므로, 랜덤 절편과 경사를 가진 선형 추세 모델을 선택한다.

p)

```
Mixed-effects REML regression                   Number of obs    =       1364

----------------------------------------------------------
             | No. of      Observations per Group
Group Variable | Groups   Minimum   Average   Maximum
---------------+------------------------------------------
     district |    15        10       90.9       312
     property |   277         1        4.9         6
----------------------------------------------------------

                                         Wald chi2(4)     =     153.25
Log restricted-likelihood =  3034.426    Prob > chi2      =     0.0000

----------------------------------------------------------------------------
      lnp |     Coef.   Std. Err.      z    P>|z|    [95% Conf. Interval]
----------+-----------------------------------------------------------------
     year |   .0146736    .001772    8.28   0.000    .0112006    .0181466
     food |   .2313755   .0267585    8.65   0.000    .1789298    .2838212
   space4 |    .189123   .0996552    1.90   0.058   -.0061976    .3844437
valetyear |  -.0037571   .0010688   -3.52   0.000   -.0058519   -.0016624
    _cons |   4.134212    .116233   35.57   0.000      3.9064    4.362025
----------------------------------------------------------------------------


----------------------------------------------------------------------------
Random-effects Parameters   |   Estimate   Std. Err.    [95% Conf. Interval]
----------------------------+-----------------------------------------------
district: Independent       |
                 var(year)  |   .0000371   .0000178     .0000145    .0000948
                var(_cons)  |   .0973327   .0412362     .0424264     .223296
----------------------------+-----------------------------------------------
property: Independent       |
                 var(year)  |   .0000445   5.12e-06     .0000355    .0000557
                var(_cons)  |   .0309745   .0027384     .0260467    .0368347
----------------------------+-----------------------------------------------
              var(Residual) |   .0001036   5.13e-06      .000094    .0001141
----------------------------------------------------------------------------
LR test vs. linear regression:        chi2(4) =  6426.40   Prob > chi2 = 0.0000

Note: LR test is conservative and provided only for reference.
```

q)

$$\ln(p)_{tjk} = 4.134 + 0.015 \cdot year_{jk} + 0.231 \cdot food_{jk} + 0.189 \cdot space4_{jk} - 0.004 \cdot valet_{jk} \cdot year_{jk}$$
$$+ u_{00k} + u_{10k} \cdot year_{jk} + r_{0jk} + r_{1jk} \cdot year_{jk} + e_{tjk}$$

참고: 이 시점에서, 유의수준 0.1에서 통계적으로 유의한 변수 *space4*의 모수를 식에 넣기로

결정한다.

r) 그렇다. 부동산의 제곱미터당 임대료의 자연로그는 시간 내내 선형 추세를 따른다고 할 수 있다. 또한 동일한 구역에 위치한 것과 다른 구역에 위치한 것 사이의 절편과 경사에서 유의한 차이가 있다.

그렇다. 건물 내 식당이나 푸드 코트, 적어도 4대 이상의 주차 공간, 그리고 그 건물이 있는 곳의 발레파킹 등의 존재는 그 재산의 제곱미터당 임대료 자연로그의 변동성에 있어서 변화의 일부를 설명한다.

s)

```
Mixed-effects REML regression                Number of obs      =       1364

----------------------------------------------------------------------------
                  |   No. of        Observations per Group
Group Variable    |   Groups    Minimum    Average    Maximum
------------------+---------------------------------------------
        district  |     15         10        90.9       312
        property  |    277          1         4.9         6
----------------------------------------------------------------------------

                                             Wald chi2(7)       =      253.83
Log restricted-likelihood =  3031.9527       Prob > chi2        =      0.0000

----------------------------------------------------------------------------
         lnp  |     Coef.    Std. Err.      z     P>|z|    [95% Conf. Interval]
--------------+-------------------------------------------------------------
        year  |   .0120531   .0038976     3.09   0.002     .004414     .0196923
        food  |   .2325743   .0266429     8.73   0.000    .1803551    .2847935
      space4  |   .2091672   .0908442     2.30   0.021    .0311158    .3872186
   valetyear  |  -.0036536   .0010623    -3.44   0.001   -.0057357   -.0015715
      subway  |   .5102008   .1141621     4.47   0.000    .2864471    .7339544
   subwayyear |  -.0064555   .0027587    -2.34   0.019   -.0118624   -.0010486
 violenceyear |   .0001253   .0000504     2.49   0.013    .0000266    .0002241
        _cons |   3.780086   .1105143    34.20   0.000    3.563482     3.99669
----------------------------------------------------------------------------


----------------------------------------------------------------------------
  Random-effects Parameters  |   Estimate   Std. Err.    [95% Conf. Interval]
-----------------------------+----------------------------------------------
district: Independent        |
                  var(year)  |   .0000158   9.12e-06    5.08e-06     .000049
                 var(_cons)  |   .0370036   .0170158    .0150255    .0911299
-----------------------------+----------------------------------------------
property: Independent        |
                  var(year)  |   .0000443   5.09e-06    .0000354    .0000555
                 var(_cons)  |   .0309607   .0027321    .0260433    .0368065
-----------------------------+----------------------------------------------
              var(Residual)  |   .0001035   5.13e-06    .0000939    .0001141
----------------------------------------------------------------------------
LR test vs. linear regression:          chi2(4) =  5803.23   Prob > chi2 = 0.0000

Note: LR test is conservative and provided only for reference.
```

t) ● 레벨 *district*의 랜덤 효과 분산–공분산 행렬:

$$\mathrm{var}\begin{bmatrix} u_{00k} \\ u_{10k} \end{bmatrix} = \begin{bmatrix} 0.037004 & 0 \\ 0 & 0.000016 \end{bmatrix}$$

- 레벨 *property*의 랜덤 효과 분산–공분산 행렬:

$$\text{var}\begin{bmatrix} r_{0jk} \\ r_{1jk} \end{bmatrix} = \begin{bmatrix} 0.030961 & 0 \\ 0 & 0.000044 \end{bmatrix}$$

u)

```
Mixed-effects REML regression                    Number of obs      =      1364

-----------------------------------------------------------------
              |  No. of      Observations per Group
Group Variable |  Groups   Minimum   Average   Maximum
---------------+-------------------------------------------------
      district |    15        10       90.9       312
      property |   277         1        4.9         6
-----------------------------------------------------------------

                                              Wald chi2(7)       =     261.77
Log restricted-likelihood =  3052.8766        Prob > chi2        =     0.0000

-----------------------------------------------------------------
         lnp |      Coef.   Std. Err.      z    P>|z|     [95% Conf. Interval]
-------------+---------------------------------------------------------------
        year |   .0144594   .0028955     4.99   0.000     .0087844    .0201344
        food |   .2314046   .0263078     8.80   0.000     .1798423    .2829669
      space4 |   .2070735   .0799605     2.59   0.010     .0503538    .3637931
   valetyear |  -.0030589   .0010334    -2.96   0.003    -.0050844   -.0010334
      subway |    .511133   .1141282     4.48   0.000     .2874459    .7348201
  subwayyear |  -.0071702   .0025389    -2.82   0.005    -.0121464   -.0021941
violenceyear |   .0000913   .0000326     2.80   0.005     .0000274    .0001552
       _cons |   3.780677   .1070655    35.31   0.000     3.570833    3.990521
-----------------------------------------------------------------

-----------------------------------------------------------------
  Random-effects Parameters |   Estimate   Std. Err.     [95% Conf. Interval]
-----------------------------+-----------------------------------------------
district: Unstructured       |
                  var(year)  |   .0000145   8.30e-06     4.74e-06    .0000445
                 var(_cons)  |   .0372534   .0169283     .0152888    .0907736
           cov(year,_cons)  |  -.0006527   .0003303    -.0013001   -5.36e-06
-----------------------------+-----------------------------------------------
property: Unstructured       |
                  var(year)  |   .0000457   5.24e-06     .0000365    .0000573
                 var(_cons)  |   .0316789   .0027943     .0266494    .0376576
           cov(year,_cons)  |  -.0004843   .0000951    -.0006707   -.0002978
-----------------------------+-----------------------------------------------
               var(Residual) |   .0001032   5.09e-06     .0000937    .0001136
-----------------------------------------------------------------
LR test vs. linear regression:      chi2(6) =   5845.08   Prob > chi2 = 0.0000

Note: LR test is conservative and provided only for reference.
```

v) ● 레벨 *district*의 랜덤 효과 분산–공분산 행렬:

$$\text{var}\begin{bmatrix} u_{00k} \\ u_{10k} \end{bmatrix} = \begin{bmatrix} 0.037253 & -0.000653 \\ -0.000653 & 0.000014 \end{bmatrix}$$

● 레벨 *property*의 랜덤 효과 분산–공분산 행렬:

$$\text{var}\begin{bmatrix} r_{0jk} \\ r_{1jk} \end{bmatrix} = \begin{bmatrix} 0.031679 & -0.000484 \\ -0.000484 & 0.000046 \end{bmatrix}$$

w)

```
┌─────────────────────────────────────────────────────────────────────────┐
│ Likelihood-ratio test                          LR chi2(2)  =      41.85   │
│ (Assumption: indep nested in correl)           Prob > chi2 =      0.0000  │
│                                                                           │
│ Note: LR tests based on REML are valid only when the fixed-effects        │
│ specification is identical for both models.                               │
└─────────────────────────────────────────────────────────────────────────┘
```

$Sig.\ \chi^2_2 = 0.0000$이므로, 랜덤 항 분산-공분산 행렬 구조는 비구조화된 것으로 간주한다. 즉, 오차 항 u_{00k}와 u_{10k}가 서로 상관되고($\text{cov}(u_{00k},\ u_{10k}) \neq 0$), 오차 항 r_{0jk}, r_{1jk} 또한 상관된다($\text{cov}(r_{0jk},\ r_{1jk}) \neq 0$).

x)

$$\ln(p)_{tjk} = 3.7807 + 0.0144 \cdot year_{jk} + 0.2314 \cdot food_{jk} + 0.2071 \cdot space4_{jk} + 0.5111 \cdot subway_k$$
$$- 0.0031 \cdot valet_{jk} \cdot year_{jk} - 0.0072 \cdot subway_k \cdot year_{jk} + 0.0001 \cdot violence_k \cdot year_{jk}$$
$$+ u_{00k} + u_{10k} \cdot year_{jk} + r_{0jk} + r_{1jk} \cdot year_{jk} + e_{tjk}$$

y) 그렇다. 구역 내 지하철의 존재와 범죄 지표가 다른 지역에 위치한 부동산들 사이에 제곱미터당 임대 가격의 자연로그 변화의 변동성 일부를 설명한다고 말할 수 있다.

z)

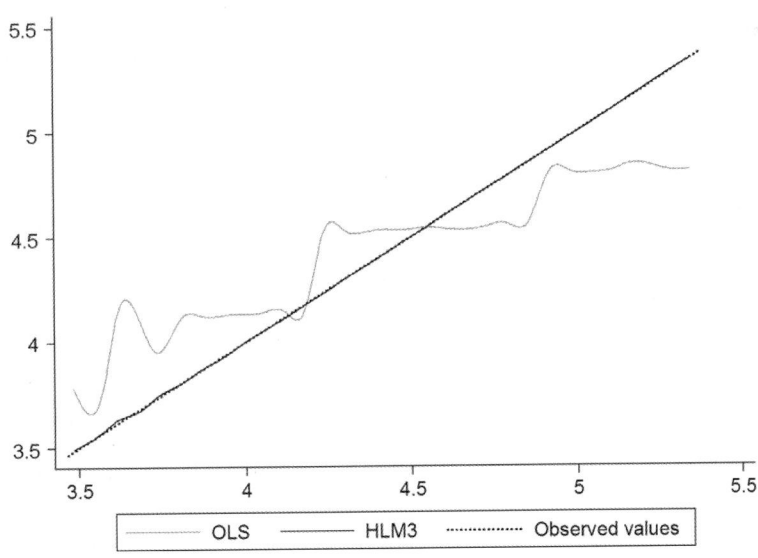

부록

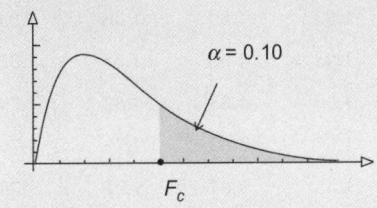

ν_2 분모	분자 자유도(ν_1)									
	1	2	3	4	5	6	7	8	9	10
1	39.86	49.50	53.59	55.83	57.24	58.20	58.91	59.44	59.86	60.19
2	8.53	9.00	9.16	9.24	9.29	9.33	9.35	9.37	9.38	9.39
3	5.54	5.46	5.39	5.34	5.31	5.28	5.27	5.25	5.24	5.23
4	4.54	4.32	4.19	4.11	4.05	4.01	3.98	3.95	3.94	3.92
5	4.06	3.78	3.62	3.52	3.45	3.40	3.37	3.34	3.32	3.30
6	3.78	3.46	3.29	3.18	3.11	3.05	3.01	2.98	2.96	2.94
7	3.59	3.26	3.07	2.96	2.88	2.83	2.78	2.75	2.72	2.70
8	3.46	3.11	2.92	2.81	2.73	2.67	2.62	2.59	2.56	2.54
9	3.36	3.01	2.81	2.69	2.61	2.55	2.51	2.47	2.44	2.42
10	3.29	2.92	2.73	2.61	2.52	2.46	2.41	2.38	2.35	2.32
11	3.23	2.86	2.66	2.54	2.45	2.39	2.34	2.30	2.27	2.25
12	3.18	2.81	2.61	2.48	2.39	2.33	2.28	2.24	2.21	2.19
13	3.14	2.76	2.56	2.43	2.35	2.28	2.23	2.20	2.16	2.14
14	3.10	2.73	2.52	2.39	2.31	2.24	2.19	2.15	2.12	2.10
15	3.07	2.70	2.49	2.36	2.27	2.21	2.16	2.12	2.09	2.06
16	3.05	2.67	2.46	2.33	2.24	2.18	2.13	2.09	2.06	2.03
17	3.03	2.64	2.44	2.31	2.22	2.15	2.10	2.06	2.03	2.00
18	3.01	2.62	2.42	2.29	2.20	2.13	2.08	2.04	2.00	1.98
19	2.99	2.61	2.40	2.27	2.18	2.11	2.06	2.02	1.98	1.96
20	2.97	2.59	2.38	2.25	2.16	2.09	2.04	2.00	1.96	1.94
21	2.96	2.57	2.36	2.23	2.14	2.08	2.02	1.98	1.95	1.92
22	2.95	2.56	2.35	2.22	2.13	2.06	2.01	1.97	1.93	1.90

(이어짐)

표 A 스네데커의 F 분포

ν_2 분모	분자 자유도(ν_1)									
	1	**2**	**3**	**4**	**5**	**6**	**7**	**8**	**9**	**10**
23	2.94	2.55	2.34	2.21	2.11	2.05	1.99	1.95	1.92	1.89
24	2.93	2.54	2.33	2.19	2.10	2.04	1.98	1.94	1.91	1.88
25	2.92	2.53	2.32	2.18	2.09	2.02	1.97	1.93	1.89	1.87
26	2.91	2.52	2.31	2.17	2.08	2.01	1.96	1.92	1.88	1.86
27	2.90	2.51	2.30	2.17	2.07	2.00	1.95	1.91	1.87	1.85
28	2.89	2.50	2.29	2.16	2.06	2.00	1.94	1.90	1.87	1.84
29	2.89	2.50	2.28	2.15	2.06	1.99	1.93	1.89	1.86	1.83
30	2.88	2.49	2.28	2.14	2.05	1.98	1.93	1.88	1.85	1.82
35	2.85	2.46	2.25	2.11	2.02	1.95	1.90	1.85	1.82	1.79
40	2.84	2.44	2.23	2.09	2.00	1.93	1.87	1.83	1.79	1.76
45	2.82	2.42	2.21	2.07	1.98	1.91	1.85	1.81	1.77	1.74
50	2.81	2.41	2.20	2.06	1.97	1.90	1.84	1.80	1.76	1.73
100	2.76	2.36	2.14	2.00	1.91	1.83	1.78	1.73	1.69	1.66

$P(F_{cal} > F_c) = 0.05$

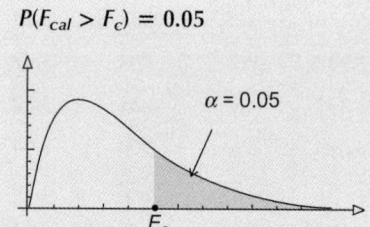

ν_2 분모	분자 자유도(ν_1)									
	1	**2**	**3**	**4**	**5**	**6**	**7**	**8**	**9**	**10**
1	161.45	199.50	215.71	224.58	230.16	233.99	236.77	238.88	240.54	241.88
2	18.51	19.00	19.16	19.25	19.30	19.33	19.35	19.37	19.38	19.40
3	10.13	9.55	9.28	9.12	9.01	8.94	8.89	8.85	8.81	8.79
4	7.71	6.94	6.59	6.39	6.26	6.16	6.09	6.04	6.00	5.96
5	6.61	5.79	5.41	5.19	5.05	4.95	4.88	4.82	4.77	4.74
6	5.99	5.14	4.76	4.53	4.39	4.28	4.21	4.15	4.10	4.06
7	5.59	4.74	4.35	4.12	3.97	3.87	3.79	3.73	3.68	3.64
8	5.32	4.46	4.07	3.84	3.69	3.58	3.50	3.44	3.39	3.35
9	5.12	4.26	3.86	3.63	3.48	3.37	3.29	3.23	3.18	3.14
10	4.96	4.10	3.71	3.48	3.33	3.22	3.14	3.07	3.02	2.98
11	4.84	3.98	3.59	3.36	3.20	3.09	3.01	2.95	2.90	2.85
12	4.75	3.89	3.49	3.26	3.11	3.00	2.91	2.85	2.80	2.75
13	4.67	3.81	3.41	3.18	3.03	2.92	2.83	2.77	2.71	2.67

(이어짐)

$P(F_{cal} > F_c) = 0.05$

ν_2 분모	분자 자유도(ν_1)									
	1	2	3	4	5	6	7	8	9	10
14	4.60	3.74	3.34	3.11	2.96	2.85	2.76	2.70	2.65	2.60
15	4.54	3.68	3.29	3.06	2.90	2.79	2.71	2.64	2.59	2.54
16	4.49	3.63	3.24	3.01	2.85	2.74	2.66	2.59	2.54	2.49
17	4.45	3.59	3.20	2.96	2.81	2.70	2.61	2.55	2.49	2.45
18	4.41	3.55	3.16	2.93	2.77	2.66	2.58	2.51	2.46	2.60
19	4.38	3.52	3.13	2.90	2.74	2.63	2.54	2.48	2.42	2.38
20	4.35	3.49	3.10	2.87	2.71	2.60	2.51	2.45	2.39	2.35
21	4.32	3.47	3.07	2.84	2.68	2.57	2.49	2.42	2.37	2.32
22	4.30	3.44	3.05	2.82	2.66	2.55	2.46	2.40	2.34	2.30
23	4.28	3.42	3.03	2.80	2.64	2.53	2.44	2.37	2.32	2.27
24	4.26	3.40	3.01	2.78	2.62	2.51	2.42	2.36	2.30	2.25
25	4.24	3.39	2.99	2.76	2.00	2.49	2.40	2.34	2.28	2.24
26	4.23	3.37	2.98	2.74	2.59	2.47	2.39	2.32	2.27	2.22
27	4.21	3.35	2.96	2.73	2.57	2.46	2.37	2.31	2.25	2.20
28	4.20	3.34	2.95	2.71	2.56	2.45	2.36	2.29	2.24	2.19
29	4.18	3.33	2.93	2.70	2.55	2.43	2.35	2.28	2.22	2.18
30	4.17	3.32	2.92	2.69	2.53	2.42	2.33	2.27	2.21	2.16
35	4.12	3.27	2.87	2.64	2.49	2.37	2.29	2.22	2.16	2.11
40	4.08	3.23	2.84	2.61	2.45	2.34	2.25	2.18	2.12	2.08
45	4.06	3.20	2.81	2.58	2.42	2.31	2.22	2.15	2.10	2.05
50	4.03	3.18	2.79	2.56	2.40	2.29	2.20	2.13	2.07	2.03
100	3.94	3.09	2.70	2.46	2.31	2.19	2.10	2.03	1.97	1.93

$P(F_{cal} > F_c) = 0.025$

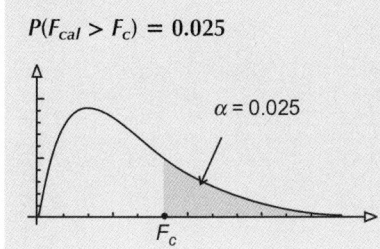

ν_2 분모	분자 자유도(ν_1)									
	1	2	3	4	5	6	7	8	9	10
1	647.8	799.5	864.2	899.6	921.8	937.1	948.2	956.7	963.3	963.3
2	38.51	39.00	39.17	39.25	39.30	39.33	39.36	39.37	39.39	39.40
3	17.44	16.04	15.44	15.10	14.88	14.73	14.62	14.54	14.47	14.42

(이어짐)

$P(F_{cal} > F_c) = 0.025$

ν_2 분모	분자 자유도 (ν_1)									
	1	2	3	4	5	6	7	8	9	10
4	12.22	10.65	9.98	9.60	9.36	9.20	9.07	8.98	8.90	3.84
5	10.01	8.43	7.76	7.39	7.15	6.98	6.85	6.76	6.68	6.62
6	8.81	7.26	6.60	6.23	5.99	5.82	5.70	5.60	5.52	5.46
7	8.07	6.54	5.89	5.52	5.29	5.12	4.99	4.90	4.82	4.76
8	7.57	6.06	5.42	5.05	4.82	4.65	4.53	4.43	4.36	4.30
9	7.21	5.71	5.08	4.72	4.48	4.32	4.20	4.10	4.03	3.96
10	6.94	5.46	4.83	4.47	4.24	4.07	3.95	3.85	3.78	3.72
11	6.72	5.26	4.63	4.28	4.04	3.88	3.76	3.66	3.59	3.53
12	6.55	5.10	4.47	4.12	3.89	3.73	3.61	3.51	3.44	3.37
13	6.41	4.97	4.35	4.00	3.77	3.60	3.48	3.39	3.31	3.25
14	6.30	4.86	4.24	3.89	3.66	3.50	3.38	3.29	3.21	3.15
15	6.20	4.77	4.15	3.80	3.58	3.41	3.29	3.20	3.12	3.06
16	6.12	4.69	4.08	3.73	3.50	3.34	3.22	3.12	3.05	2.99
17	6.04	4.62	4.01	3.66	3.44	3.28	3.16	3.06	2.98	2.92
18	5.98	4.56	3.95	3.61	3.38	3.22	3.10	3.01	2.93	2.87
19	5.92	4.51	3.90	3.56	3.33	3.17	3.05	2.96	2.88	2.82
20	5.87	4.46	3.86	3.51	3.29	3.13	3.01	2.91	2.84	2.77
21	5.83	4.42	3.82	3.48	3.25	3.09	2.97	2.87	2.80	2.73
22	5.79	4.38	3.78	3.44	3.22	3.05	2.93	2.84	2.76	2.70
23	5.75	4.35	3.75	3.41	3.18	3.02	2.90	2.81	2.73	2.67
24	5.72	4.32	3.72	3.38	3.15	2.99	2.87	2.78	2.70	2.64
25	5.69	4.29	3.69	3.35	3.13	2.97	2.85	2.75	2.68	2.61
26	5.66	4.27	3.67	3.33	3.10	2.94	2.82	2.73	2.65	2.59
27	5.63	4.24	3.65	3.31	3.08	2.92	2.80	2.71	2.63	2.57
28	5.61	4.22	3.63	3.29	3.06	2.90	2.78	2.69	2.61	2.55
29	5.59	4.20	3.61	3.27	3.04	2.88	2.76	2.67	2.59	2.53
30	5.57	4.18	3.59	3.25	3.03	2.87	2.75	2.65	2.57	2.51
40	5.42	4.05	3.46	3.13	2.90	2.74	2.62	2.53	2.45	2.39
60	5.29	3.93	3.34	3.01	2.79	2.63	2.51	2.41	2.33	2.27
120	5.15	3.80	3.23	2.89	2.67	2.52	2.39	2.30	2.22	2.16

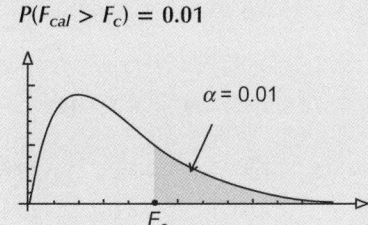

$P(F_{cal} > F_c) = 0.01$

$\alpha = 0.01$

F_c

ν_2 분모	분자 자유도(ν_1)									
	1	2	3	4	5	6	7	8	9	10
1	4,052.2	4,999.3	5,403.5	5,624.3	5,764.0	5,859.0	5,928.3	5,981.0	6,022.4	6,055.9
2	98.50	99.00	99.16	99.25	99.30	99.33	99.36	99.38	99.39	99.40
3	34.12	30.82	29.46	28.71	28.24	27.91	27.67	27.49	27.34	27.23
4	21.20	18.00	16.69	15.98	15.52	15.21	14.98	14.80	14.66	14.55
5	16.26	13.27	12.06	11.39	10.97	10.67	10.46	10.29	10.16	10.05
6	13.75	10.92	9.78	9.15	8.75	8.47	8.26	8.10	7.98	7.87
7	12.25	9.55	8.45	7.85	7.46	7.19	6.99	6.84	6.72	6.62
8	11.26	8.65	7.59	7.01	6.63	6.37	6.18	6.03	5.91	5.81
9	10.56	8.02	6.99	6.42	6.06	5.80	5.61	5.47	5.35	5.26
10	10.04	7.56	6.55	5.99	5.64	5.39	5.20	5.06	4.94	4.85
11	9.65	7.21	6.22	5.67	5.32	5.07	4.89	4.74	4.63	4.54
12	9.33	6.93	5.95	5.41	5.06	4.82	4.64	4.50	4.39	4.30
13	9.07	6.70	5.74	5.21	4.86	4.62	4.44	4.30	4.19	4.10
14	8.86	6.51	5.56	5.04	4.69	4.46	4.28	4.14	4.03	3.94
15	8.68	6.36	5.42	4.89	4.56	4.32	4.14	4.00	3.89	3.80
16	8.53	6.23	5.29	4.77	4.44	4.20	4.03	3.89	3.78	3.69
17	8.40	6.11	5.19	4.67	4.34	4.10	3.93	3.79	3.68	3.59
18	8.29	6.01	5.09	4.58	4.25	4.01	3.84	3.71	3.60	3.51
19	8.18	5.93	5.01	4.50	4.17	3.94	3.77	3.63	3.52	3.43
20	8.10	5.85	4.94	4.43	4.10	3.87	3.70	3.56	3.46	3.37
21	8.02	5.78	4.87	4.37	4.04	3.81	3.64	3.51	3.40	3.31
22	7.95	5.72	4.82	4.31	3.99	3.76	3.59	3.45	3.35	3.26
23	7.88	5.66	4.76	4.26	3.94	3.71	3.54	3.41	3.30	3.21
24	7.82	5.61	4.72	4.22	3.90	3.67	3.50	3.36	3.26	3.17
25	7.77	5.57	4.68	4.18	3.85	3.63	3.46	3.32	3.22	3.13
26	7.72	5.53	4.64	4.14	3.82	3.59	3.42	3.29	3.18	3.09
27	7.68	5.49	4.60	4.11	3.78	3.56	3.39	3.26	3.15	3.06
28	7.64	5.45	4.57	4.07	3.75	3.53	3.36	3.23	3.12	3.03
29	7.60	5.42	4.54	4.04	3.73	3.50	3.33	3.20	3.09	3.00
30	7.56	5.39	4.51	4.02	3.70	3.47	3.30	3.17	3.07	2.98
35	7.42	5.27	4.40	3.91	3.59	3.37	3.20	3.07	2.96	2.88

(이어짐)

$P(F_{cal} > F_c) = 0.01$

	분자 자유도(ν_1)									
ν_2 분모	1	2	3	4	5	6	7	8	9	10
40	7.31	5.18	4.31	3.83	3.51	3.29	3.12	2.99	2.89	2.80
45	7.23	5.11	4.25	3.77	3.45	3.23	3.07	2.94	2.83	2.74
50	7.17	5.06	4.20	3.72	3.41	3.19	3.02	2.89	2.78	2.70
100	6.90	4.82	3.98	3.51	3.21	2.99	2.82	2.69	2.59	2.50

스네데커의 F 분포 임곗값

표 B 스튜던트 t 분포
$P(T_{cal} > t_c) = \alpha$

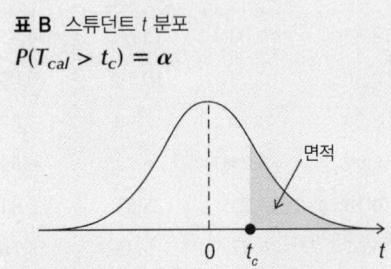

	우측 꼬리 검정의 연계 확률								
자유도 ν	0.25	0.10	0.05	0.025	0.01	0.005	0.0025	0.001	0.0005
1	1.000	3.078	6.314	12.706	31.821	63.657	127.3	318.309	636.619
2	0.816	1.886	2.920	4.303	6.965	9.925	14.09	22.33	31.60
3	0.765	1.638	2.353	3.182	4.541	5.841	7.453	10.21	12.92
4	0.741	1.533	2.132	2.776	3.747	4.604	5.598	7.173	8.610
5	0.727	1.476	2.015	2.571	3.365	4.032	4.773	5.894	6.869
6	0.718	1.440	1.943	2.447	3.143	3.707	4.317	5.208	5.959
7	0.711	1.415	1.895	2.365	2.998	3.499	4.029	4.785	5.408
8	0.706	1.397	1.860	2.306	2.896	3.355	3.833	4.501	5.041
9	0.703	1.383	1.833	2.262	2.821	3.250	3.690	4.297	4.781
10	0.700	1.372	1.812	2.228	2.764	3.169	3.581	4.144	4.587
11	0.697	1.363	1.796	2.201	2.718	3.106	3.497	4.025	4.437
12	0.695	1.356	1.782	2.179	2.681	3.055	3.428	3.930	4.318
13	0.694	1.350	1.771	2.160	2.650	3.012	3.372	3.852	4.221
14	0.692	1.345	1.761	2.145	2.624	2.977	3.326	3.787	4.140
15	0.691	1.341	1.753	2.131	2.602	2.947	3.286	3.733	4.073
16	0.690	1.337	1.746	2.120	2.583	2.921	3.252	3.686	4.015
17	0.689	1.333	1.740	2.110	2.567	2.898	3.222	3.646	3.965
18	0.688	1.330	1.734	2.101	2.552	2.878	3.197	3.610	3.922
19	0.688	1.328	1.729	2.093	2.539	2.861	3.174	3.579	3.883

표 B 스튜던트 t 분포

자유도 ν	우측 꼬리 검정의 연계 확률								
	0.25	0.10	0.05	0.025	0.01	0.005	0.0025	0.001	0.0005
20	0.687	1.325	1.725	2.086	2.528	2.845	3.153	3.552	3.850
21	0.686	1.323	1.721	2.080	2.518	2.831	3.135	3.527	3.819
22	0.686	1.321	1.717	2.074	2.508	2.819	3.119	3.505	3.792
23	0.685	1.319	1.714	2.069	2.500	2.807	3.104	3.485	3.768
24	0.685	1.318	1.711	2.064	2.492	2.797	3.091	3.467	3.745
25	0.684	1.316	1.708	2.060	2.485	2.787	3.078	3.450	3.725
26	0.684	1.315	1.706	2.056	2.479	2.779	3.067	3.435	3.707
27	0.684	1.314	1.703	2.052	2.473	2.771	3.057	3.421	3.689
28	0.683	1.313	1.701	2.048	2.467	2.763	3.047	3.408	3.674
29	0.683	1.311	1.699	2.045	2.462	2.756	3.038	3.396	3.660
30	0.683	1.310	1.697	2.042	2.457	2.750	3.030	3.385	3.646
35	0.682	1.306	1.690	2.030	2.438	2.724	2.996	3.340	3.591
40	0.681	1.303	1.684	2.021	2.423	2.704	2.971	3.307	3.551
45	0.680	1.301	1.679	2.014	2.412	2.690	2.952	3.281	3.520
50	0.679	1.299	1.676	2.009	2.403	2.678	2.937	3.261	3.496
z	0.674	1.282	1.645	1.960	2.326	2.576	2.807	3.090	3.291

스튜던트 t 분포의 임곗값

표 C 더빈-왓슨 분포(DW)

DW 통계량
절편을 가진 모델
유의수준 $\alpha = 5\%$

양의 자기상관
비확정적 검정
자기상관 없음
비확정적 검정
음의 자기상관

$d_L \quad d_U \quad\quad 2 \quad\quad 4\text{-}d_U \ \ 4\text{-}d_L$

k(모수의 개수 – 절편 포함)

n	2 d_L	2 d_U	3 d_L	3 d_U	4 d_L	4 d_U	5 d_L	5 d_U	6 d_L	6 d_U	7 d_L	7 d_U	8 d_L	8 d_U	9 d_L	9 d_U	10 d_L	10 d_U
6	0.610	1.400	–	–	–	–	–	–	–	–	–	–	–	–	–	–	–	–
7	0.700	1.356	0.467	1.896	–	–	–	–	–	–	–	–	–	–	–	–	–	–
8	0.763	1.332	0.559	1.777	0.367	2.287	–	–	–	–	–	–	–	–	–	–	–	–
9	0.824	1.320	0.629	1.699	0.455	2.128	0.296	2.588	–	–	–	–	–	–	–	–	–	–
10	0.879	1.320	0.697	1.641	0.525	2.016	0.376	2.414	0.243	2.822	–	–	–	–	–	–	–	–
11	0.927	1.324	0.758	1.604	0.595	1.928	0.444	2.283	0.315	2.645	0.203	3.004	–	–	–	–	–	–
12	0.971	1.331	0.812	1.579	0.658	1.864	0.512	2.177	0.380	2.506	0.268	2.832	0.171	3.149	–	–	–	–
13	1.010	1.340	0.861	1.562	0.715	1.816	0.574	2.094	0.444	2.390	0.328	2.692	0.230	2.985	0.147	3.266	–	–
14	1.045	1.350	0.905	1.551	0.767	1.779	0.632	2.030	0.505	2.296	0.389	2.572	0.286	2.848	0.200	3.111	0.127	3.360
15	1.077	1.361	0.946	1.543	0.814	1.750	0.685	1.977	0.562	2.220	0.447	2.471	0.343	2.727	0.251	2.979	0.175	3.216
16	1.106	1.371	0.982	1.539	0.857	1.728	0.734	1.935	0.615	2.157	0.502	2.388	0.398	2.624	0.304	2.860	0.222	3.090
17	1.133	1.381	1.015	1.536	0.897	1.710	0.779	1.900	0.664	2.104	0.554	2.318	0.451	2.537	0.356	2.757	0.272	2.975
18	1.158	1.391	1.046	1.535	0.933	1.696	0.820	1.872	0.710	2.060	0.603	2.258	0.502	2.461	0.407	2.668	0.321	2.873
19	1.180	1.401	1.074	1.536	0.967	1.685	0.859	1.848	0.752	2.023	0.649	2.206	0.549	2.396	0.456	2.589	0.369	2.783
20	1.201	1.411	1.100	1.537	0.998	1.676	0.894	1.828	0.792	1.991	0.691	2.162	0.595	2.339	0.502	2.521	0.416	2.704
21	1.221	1.420	1.125	1.538	1.026	1.669	0.927	1.812	0.829	1.964	0.731	2.124	0.637	2.290	0.546	2.461	0.461	2.633
22	1.239	1.429	1.147	1.541	1.053	1.664	0.958	1.797	0.863	1.940	0.769	2.090	0.677	2.246	0.588	2.407	0.504	2.571
23	1.257	1.437	1.168	1.543	1.078	1.660	0.986	1.785	0.895	1.920	0.804	2.061	0.715	2.208	0.628	2.360	0.545	2.514

24	1.273	1.446	1.188	1.546	1.101	1.656	1.013	1.775	0.925	1.902	0.837	2.035	0.750	2.174	0.666	2.318	0.584	2.464
25	1.288	1.454	1.206	1.550	1.123	1.654	1.038	1.767	0.953	1.886	0.868	2.013	0.784	2.144	0.702	2.280	0.621	2.419
26	1.302	1.461	1.224	1.553	1.143	1.652	1.062	1.759	0.979	1.873	0.897	1.992	0.816	2.117	0.735	2.246	0.657	2.379
27	1.316	1.469	1.240	1.556	1.162	1.651	1.084	1.753	1.004	1.861	0.925	1.974	0.845	2.093	0.767	2.216	0.691	2.342
28	1.328	1.476	1.255	1.560	1.1181	1.650	1.104	1.747	1.028	1.850	0.951	1.959	0.874	2.071	0.798	2.188	0.723	2.309
29	1.341	1.483	1.270	1.563	1.198	1.650	1.124	1.743	1.050	1.841	0.975	1.944	0.900	2.052	0.826	2.164	0.753	2.278
30	1.352	1.489	1.284	1.567	1.214	1.650	1.143	1.739	1.071	1.833	0.998	1.931	0.926	2.034	0.854	2.141	0.782	2.251
31	1.363	1.496	1.297	1.570	1.229	1.650	1.160	1.735	1.090	1.825	1.020	1.920	0.950	2.018	0.879	2.120	0.810	2.226
32	1.373	1.502	1.309	1.574	1.244	1.650	1.177	1.732	1.109	1.819	1.041	1.909	0.972	2.004	0.904	2.102	0.836	2.203
33	1.383	1.508	1.321	1.577	1.258	1.651	1.193	1.730	1.127	1.813	1.061	1.900	0.994	1.991	0.927	20.85	0.861	2.181
34	1.393	1.514	1.333	1.580	1.271	1.652	1.208	1.728	1.144	1.808	1.079	1.891	1.015	1.978	0.950	2.069	0.885	2.162
35	1.402	1.519	1.343	1.584	1.283	1.653	1.222	1.726	1.160	1.803	1.097	1.884	1.034	1.967	0.971	2.054	0.908	2.144
36	1.411	1.525	1.354	1.587	1.295	1.654	1.236	1.724	1.175	1.799	1.114	1.876	1.053	1.957	0.991	2.041	0.930	2.127
37	1.419	1.530	1.364	1.590	1.307	1.655	1.249	1.723	1.190	1.795	1.131	1.870	1.071	1.948	1.011	2.029	0.951	2.112
38	1.427	1.535	1.373	1.594	1.318	1.656	1.261	1.722	1.204	1.792	1.146	1.864	1.088	1.939	1.029	2.017	0.970	2.098
39	1.435	1.540	1.382	1.597	1.328	1.658	1.273	1.722	1.218	1.789	1.161	1.859	1.104	1.932	1.047	2.007	0.990	2.085
40	1.442	1.544	1.391	1.600	1.338	1.659	1.285	1.721	1.230	1.786	1.175	1.854	1.120	1.924	1.064	1.997	1.008	2.072
45	1.475	1.566	1.430	1.615	1.383	1.666	1.336	1.720	1.287	1.776	1.238	1.835	1.189	1.895	1.139	1.958	1.089	2.022
50	1.503	1.585	1.462	1.628	1.421	1.674	1.378	1.721	1.335	1.771	1.291	1.822	1.246	1.875	1.201	1.930	1.156	1.986
55	1.528	1.601	1.490	1.641	1.452	1.611	1.414	1.724	1.374	1.768	1.334	1.814	1.294	1.861	1.253	1.909	1.212	1.959
60	1.549	1.616	1.514	1.652	1.480	1.689	1.444	1.727	1.408	1.767	1.372	1.808	1.335	1.850	1.298	1.894	1.260	1.939
65	1.567	1.629	1.536	1.662	1.503	1.696	1.471	1.731	1.438	1.767	1.404	1.805	1.370	1.843	1.336	1.882	1.301	1.923
70	1.583	1.641	1.554	1.672	1.525	1.703	1.494	1.735	1.464	1.768	1.433	1.802	1.401	1.838	1.369	1.874	1.337	1.910
75	1.598	1.652	1.571	1.680	1.543	1.709	1.515	1.739	1.487	1.770	1.458	1.801	1.428	1.834	1.399	1.867	1.369	1.901
80	1.611	1.662	1.586	1.688	1.560	1.715	1.534	1.743	1.507	1.772	1.480	1.801	1.453	1.831	1.425	1.861	1.397	1.893
85	1.624	1.671	1.600	1.696	1.575	1.721	1.550	1.747	1.525	1.774	1.500	1.801	1.474	1.829	1.448	1.857	1.422	1.886
90	1.635	1.679	1.612	1.703	1.589	1.726	1.566	1.751	1.542	1.776	1.518	1.801	1.494	1.827	1.469	1.854	1.445	1.881
95	1.645	1.687	1.623	1.709	1.602	1.732	1.579	1.755	1.557	1.778	1.535	1.802	1.512	1.827	1.489	1.852	1.465	1.877
100	1.654	1.694	1.634	1.715	1.613	1.736	1.592	1.758	1.571	1.780	1.550	1.803	1.528	1.827	1.489	1.852	1.465	1.877
150	1.720	1.747	1.706	1.760	1.693	1.774	1.679	1.788	1.665	1.802	1.651	1.817	1.637	1.832	1.622	1.846	1.608	1.862
200	1.758	1.779	1.748	1.789	1.738	1.799	1.728	1.809	1.718	1.820	1.707	1.831	1.697	1.841	1.686	1.852	1.675	1.863

표 D 카이제곱 분포

$$P(\chi^2_{cal} \; \nu \; \text{자유도} > \chi^2_c) = \alpha$$

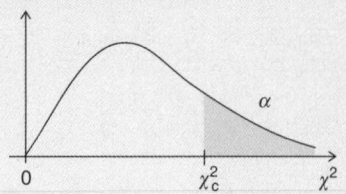

자유도 ν	0.99	0.975	0.95	0.9	0.1	0.05	0.025	0.01	0.005
1	0.000	0.001	0.004	0.016	2.706	3.841	5.024	6.635	7.879
2	0.020	0.051	0.103	0.211	4.605	5.991	7.378	9.210	10.597
3	0.115	0.216	0.352	0.584	6.251	7.815	9.348	11.345	12.838
4	0.297	0.484	0.711	1.064	7.779	9.488	11.143	13.277	14.860
5	0.554	0.831	1.145	1.610	9.236	11.070	12.832	15.086	16.750
6	0.872	1.237	1.635	2.204	10.645	12.592	14.449	16.812	18.548
7	1.239	1.690	2.167	2.833	12.017	14.067	16.013	18.475	20.278
8	1.647	2.180	2.733	3.490	13.362	15.507	17.535	20.090	21.955
9	2.088	2.700	3.325	4.168	14.684	16.919	19.023	21.666	23.589
10	2.558	3.247	3.940	4.865	15.987	18.307	20.483	23.209	25.188
11	3.053	3.816	4.575	5.578	17.275	19.675	21.920	24.725	26.757
12	3.571	4.404	5.226	6.304	18.549	21.026	23.337	26.217	28.300
13	4.107	5.009	5.892	7.041	19.812	22.362	24.736	27.688	29.819
14	4.660	5.629	6.571	7.790	21.064	23.685	26.119	29.141	31.319
15	5.229	6.262	7.261	8.547	22.307	24.996	27.488	30.578	32.801
16	5.812	6.908	7.962	9.312	23.542	26.296	28.845	32.000	34.267
17	6.408	7.564	8.672	10.085	24.769	27.587	30.191	33.409	35.718
18	7.015	8.231	9.390	10.865	25.989	28.869	31.526	34.805	37.156
19	7.633	8.907	10.117	11.651	27.204	30.144	32.852	36.191	38.582
20	8.260	9.591	10.851	12.443	28.412	31.410	34.170	37.566	39.997
21	8.897	10.283	11.591	13.240	29.615	32.671	35.479	38.932	41.401
22	9.542	10.982	12.338	14.041	30.813	33.924	36.781	40.289	42.796
23	10.196	11.689	13.091	14.848	32.007	35.172	38.076	41.638	44.181
24	10.856	12.401	13.848	15.659	33.196	36.415	39.364	42.980	45.558
25	11.524	13.120	14.611	16.473	34.382	37.652	40.646	44.314	46.928
26	12.198	13.844	15.379	17.292	35.563	38.885	41.923	45.642	48.290
27	12.878	14.573	16.151	18.114	36.741	40.113	43.195	46.963	49.645
28	13.565	15.308	16.928	18.939	37.916	41.337	44.461	48.278	50.994
29	14.256	16.047	17.708	19.768	39.087	42.557	45.722	49.588	52.335
30	14.953	16.791	18.493	20.599	40.256	43.773	46.979	50.892	53.672
31	15.655	17.539	19.281	21.434	41.422	44.985	48.232	52.191	55.002
32	16.362	18.291	20.072	22.271	42.585	46.194	49.480	53.486	56.328

표 D 카이제곱 분포

자유도 ν	0.99	0.975	0.95	0.9	0.1	0.05	0.025	0.01	0.005
33	17.073	19.047	20.867	23.110	43.745	47.400	50.725	54.775	57.648
34	17.789	19.806	21.664	23.952	44.903	48.602	51.966	56.061	58.964
35	18.509	20.569	22.465	24.797	46.059	49.802	53.203	57.342	60.275
36	19.233	21.336	23.269	25.643	47.212	50.998	54.437	58.619	61.581
37	19.960	22.106	24.075	26.492	48.363	52.192	55.668	59.893	62.883
38	20.691	22.878	24.884	27.343	49.513	53.384	56.895	61.162	64.181
39	21.426	23.654	25.695	28.196	50.660	54.572	58.120	62.428	65.475
40	22.164	24.433	26.509	29.051	51.805	55.758	59.342	63.691	66.766
41	22.906	25.215	27.326	29.907	52.949	56.942	60.561	64.950	68.053
42	23.650	25.999	28.144	30.765	54.090	58.124	61.777	66.206	69.336
43	24.398	26.785	28.965	31.625	55.230	59.304	62.990	67.459	70.616
44	25.148	27.575	29.787	32.487	56.369	60.481	64.201	68.710	71.892
45	25.901	28.366	30.612	33.350	57.505	61.656	65.410	69.957	73.166
46	26.657	29.160	31.439	34.215	58.641	62.830	66.616	71.201	74.437
47	27.416	29.956	32.268	35.081	59.774	64.001	67.821	72.443	75.704
48	28.177	30.754	33.098	35.949	60.907	65.171	69.023	73.683	76.969
49	28.941	31.555	33.930	36.818	62.038	66.339	70.222	74.919	78.231
50	29.707	32.357	34.764	37.689	63.167	67.505	71.420	76.154	79.490

(우측 꼬리 단측 검정에 대한) 카이제곱 분포의 임곗값

표 E 표준 정규 분포

$$P(z_{cal} > z_c) = \alpha$$

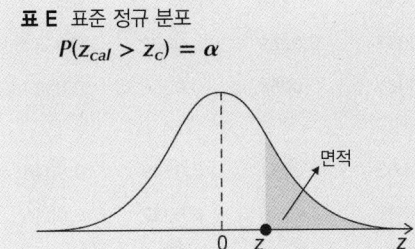

				z_c의 소수 두 번째 자리						
z_c	0.00	0.01	0.02	0.03	0.04	0.05	0.06	0.07	0.08	0.09
0.0	0.5000	0.4960	0.4920	0.4880	0.4840	0.4801	0.4761	0.4721	0.4681	0.4641
0.1	0.4602	0.4562	0.4522	0.4483	0.4443	0.4404	0.4364	0.4325	0.4286	0.4247
0.2	0.4207	0.4168	0.4129	0.4090	0.4052	0.4013	0.3974	0.3936	0.3897	0.3859
0.3	0.3821	0.3783	0.3745	0.3707	0.3669	0.3632	0.3594	0.3557	0.3520	0.3483
0.4	0.3446	0.3409	0.3372	0.3336	0.3300	0.3264	0.3228	0.3192	0.3156	0.3121
0.5	0.3085	0.3050	0.3015	0.2981	0.2946	0.2912	0.2877	0.2842	0.2810	0.2776

(이어짐)

표 E 표준 정규 분포

z_c					z_c의 소수 두 번째 자리					
	0.00	**0.01**	**0.02**	**0.03**	**0.04**	**0.05**	**0.06**	**0.07**	**0.08**	**0.09**
0.6	0.2743	0.2709	0.2676	0.2643	0.2611	0.2578	0.2546	0.2514	0.2483	0.2451
0.7	0.2420	0.2389	0.2358	0.2327	0.2296	0.2266	0.2236	0.2206	0.2177	0.2148
0.8	0.2119	0.2090	0.2061	0.2033	0.2005	0.1977	0.1949	0.1922	0.1894	0.1867
0.9	0.1841	0.1814	0.1788	0.1762	0.1736	0.1711	0.1685	0.1660	0.1635	0.1611
1.0	0.1587	0.1562	0.1539	0.1515	0.1492	0.1469	0.1446	0.1423	0.1401	0.1379
1.1	0.1357	0.1335	0.1314	0.1292	0.1271	0.1251	0.1230	0.1210	0.1190	0.1170
1.2	0.1151	0.1131	0.1112	0.1093	0.1075	0.1056	0.1038	0.1020	0.1003	0.0985
1.3	0.0968	0.0951	0.0934	0.0918	0.0901	0.0885	0.0869	0.0853	0.0838	0.0823
1.4	0.0808	0.0793	0.0778	0.0764	0.0749	0.0735	0.0722	0.0708	0.0694	0.0681
1.5	0.0668	0.0655	0.0643	0.0630	0.0618	0.0606	0.0594	0.0582	0.0571	0.0559
1.6	0.0548	0.0537	0.0526	0.0516	0.0505	0.0495	0.0485	0.0475	0.0465	0.0455
1.7	0.0446	0.0436	0.0427	0.0418	0.0409	0.0401	0.0392	0.0384	0.0375	0.0367
1.8	0.0359	0.0352	0.0344	0.0336	0.0329	0.0322	0.0314	0.0307	0.0301	0.0294
1.9	0.0287	0.0281	0.0274	0.0268	0.0262	0.0256	0.0250	0.0244	0.0239	0.0233
2.0	0.0228	0.0222	0.0217	0.0212	0.0207	0.0202	0.0197	0.0192	0.0188	0.0183
2.1	0.0179	0.0174	0.0170	0.0166	0.0162	0.0158	0.0154	0.0150	0.0146	0.0143
2.2	0.0139	0.0136	0.0132	0.0129	0.0125	0.0122	0.0119	0.0116	0.0113	0.0110
2.3	0.0107	0.0104	0.0102	0.0099	0.0096	0.0094	0.0091	0.0089	0.0087	0.0084
2.4	0.0082	0.0080	0.0078	0.0075	0.0073	0.0071	0.0069	0.0068	0.0066	0.0064
2.5	0.0062	0.0060	0.0059	0.0057	0.0055	0.0054	0.0052	0.0051	0.0049	0.0048
2.6	0.0047	0.0045	0.0044	0.0043	0.0041	0.0040	0.0039	0.0038	0.0037	0.0036
2.7	0.0035	0.0034	0.0033	0.0032	0.0031	0.0030	0.0029	0.0028	0.0027	0.0026
2.8	0.0026	0.0025	0.0024	0.0023	0.0023	0.0022	0.0021	0.0021	0.0020	0.0019
2.9	0.0019	0.0018	0.0017	0.0017	0.0016	0.0016	0.0015	0.0015	0.0014	0.0014
3.0	0.0013	0.0013	0.0013	0.0012	0.0012	0.0011	0.0011	0.0011	0.0010	0.0010
3.1	0.0010	0.0009	0.0009	0.0009	0.008	0.0008	0.0008	0.0008	0.007	0.007
3.2	0.0007									
3.3	0.0005									
3.4	0.0003									
3.5	0.00023									
3.6	0.00016									
3.7	0.00011									

표 E 표준 정규 분포

z_c				z_c의 소수 두 번째 자리						
	0.00	0.01	0.02	0.03	0.04	0.05	0.06	0.07	0.08	0.09
3.8	0.00007									
3.9	0.00005									
4.0	0.00003									

우측 꼬리 검정에 연계된 확률

표 F₁ 이항 분포

$$P[Y=k] = \binom{N}{k} p^k (1-p)^{N-k}$$

							p						
N	k	0.01	0.05	0.10	0.15	0.20	0.25	0.30	1/3	0.40	0.45	0.50		
2	0	9801	9025	8100	7225	6400	5625	4900	4444	3600	3025	2500	2	2
	1	198	950	1800	2550	3200	3750	4200	4444	4800	4950	5000	1	
	2	1	25	100	225	400	625	900	1111	1600	2025	2500	0	
3	0	9703	8574	7290	6141	5120	4219	3430	2963	2160	1664	1250	3	3
	1	294	1354	2430	3251	3840	4219	4410	4444	4320	4084	3750	2	
	2	3	71	270	574	960	1406	1890	2222	2880	3341	3750	1	
	3	0	1	10	34	80	156	270	370	640	911	1250	0	
4	0	9606	8145	6561	5220	4096	3164	2401	1975	1296	915	625	4	4
	1	388	1715	2916	3685	4096	4219	4116	3951	3456	2995	2500	3	
	2	6	135	486	975	1536	2109	2646	2963	3456	3675	3750	2	
	3	0	5	36	115	256	469	756	988	1536	2005	2500	1	
	4	0	0	1	5	16	39	81	123	256	410	625	0	
5	0	9510	7738	5905	4437	3277	2373	1681	1317	778	503	312	5	5
	1	480	2036	3280	3915	4096	3955	3602	3292	2592	2059	1562	4	
	2	10	214	729	1382	2048	2637	3087	3292	3456	3369	3125	3	
	3	0	11	81	244	512	879	1323	1646	2304	2757	3125	2	
	4	0	0	4	22	64	146	283	412	768	1128	1562	1	
	5	0	0	0	1	3	10	24	41	102	185	312	0	
6	0	9415	7351	5314	3771	2621	1780	1176	878	467	277	156	6	6
	1	571	2321	3543	3993	3932	3560	3025	2634	1866	1359	938	5	

(이어짐)

표 F₁ 이항 분포

N	k	0.01	0.05	0.10	0.15	0.20	0.25	0.30	1/3	0.40	0.45	0.50		
	2	14	305	984	1762	2458	2966	3241	3292	3110	2780	2344	4	
	3	0	21	146	415	819	1318	1852	2195	2765	3032	3125	3	
	4	0	1	12	55	154	330	595	823	1382	1861	2344	2	
	5	0	0	1	4	15	44	102	165	369	609	938	1	
	6	0	0	0	0	1	2	7	14	41	83	156	0	
7	0	9321	6983	4783	3206	2097	1335	824	585	280	152	78	7	7
	1	659	2573	3720	3960	3670	3115	2471	2048	1306	872	547	6	
	2	20	406	1240	2097	2753	3115	3177	3073	2613	2140	1641	5	
	3	0	36	230	617	1147	1730	2269	2561	2903	2918	2734	4	
	4	0	2	26	109	287	577	972	1280	1935	2388	2734	3	
	5	0	0	2	12	43	115	250	384	774	1172	1641	2	
	6	0	0	0	1	4	13	36	64	172	320	547	1	
	7	0	0	0	0	0	1	2	5	16	37	78	0	
		0.99	0.95	0.90	0.85	0.80	0.75	0.70	2/3	0.60	0.55	0.50	k	N

p

N	k	0.01	0.05	0.10	0.15	0.20	0.25	0.30	1/3	0.40	0.45	0.50		
8	0	9227	6634	4305	2725	1678	1001	576	390	168	84	39	8	8
	1	746	2793	3826	3847	3355	2670	1977	1561	896	548	312	7	
	2	26	515	1488	2376	2936	3115	2965	2731	2090	1569	1094	6	
	3	1	54	331	839	1468	2076	2541	2731	2787	2568	2188	5	
	4	0	4	46	185	459	865	1361	1707	2322	2627	2734	4	
	5	0	0	4	26	92	231	467	683	1239	1719	2188	3	
	6	0	0	0	2	11	38	100	171	413	703	1094	2	
	7	0	0	0	0	1	4	12	24	79	164	312	1	
	8	0	0	0	0	0	0	1	2	7	17	39	0	
9	0	9135	6302	3874	2316	1342	751	404	260	101	46	20	9	9
	1	830	2985	3874	3679	3020	2253	1556	1171	605	339	176	8	
	2	34	629	1722	2597	3020	3003	2668	2341	1612	1110	703	7	
	3	1	77	446	1069	1762	2336	2668	2731	2508	2119	1641	6	
	4	0	6	74	283	661	1168	1715	2048	2508	2600	2461	5	
	5	0	0	8	50	165	389	735	1024	1672	2128	2461	4	
	6	0	0	1	6	28	87	210	341	743	1160	1641	3	
	7	0	0	0	0	3	12	39	73	212	407	703	2	

표 F₁ 이항 분포

							p						
N	k	0.01	0.05	0.10	0.15	0.20	0.25	0.30	1/3	0.40	0.45	0.50	
	8	0	0	0	0	0	1	4	9	35	83	176	**1**
	9	0	0	0	0	0	0	0	1	3	8	20	**0**
10	0	9044	5987	3487	1969	1074	563	282	173	60	25	10	**10**	10
	1	914	3151	3874	3474	2684	1877	1211	867	403	207	98	**9**
	2	42	746	1937	2759	3020	2816	2335	1951	1209	763	439	**5**
	3	1	105	574	1298	2013	2503	2668	2601	2150	1665	1172	**7**
	4	0	10	112	401	881	1460	2001	2276	2508	2384	2051	**6**
	5	0	1	15	85	264	584	1029	1366	2007	2340	2461	**5**
	6	0	0	1	12	55	162	368	569	1115	1596	2051	**4**
	7	0	0	0	1	8	31	90	163	425	746	1172	**3**
	8	0	0	0	0	1	4	14	30	106	229	439	**2**
	9	0	0	0	0	0	0	1	3	16	42	98	**1**
	10	0	0	0	0	0	0	0	0	1	3	10	**0**
15	0	8601	4633	2059	874	352	134	47	23	5	1	0	**15**	15
	1	1303	3658	3432	2312	1319	668	305	171	47	16	5	**14**
	2	92	1348	2669	2856	2309	1559	916	599	219	90	32	**13**
	3	4	307	1285	2184	2501	2252	1700	1299	634	318	139	**12**
	4	0	49	428	1156	1876	2252	2186	1948	1268	780	417	**11**
	5	0	6	105	449	1032	1651	2061	2143	1859	1404	916	**10**
	6	0	0	19	132	430	917	1472	1786	2066	1914	1527	**9**
	7	0	0	3	30	138	393	811	1148	1771	2013	1964	**8**
	8	0	0	0	5	35	131	348	574	1181	1647	1964	**7**
	9	0	0	0	1	7	34	116	223	612	1048	1527	**6**
	10	0	0	0	0	1	7	30	67	245	515	916	**5**
	11	0	0	0	0	0	1	6	15	74	191	417	**4**
	12	0	0	0	0	0	0	1	3	16	52	139	**3**
	13	0	0	0	0	0	0	0	0	3	10	32	**2**
	14	0	0	0	0	0	0	0	0	0	1	5	**1**
	15	0	0	0	0	0	0	0	0	0	0	0	**0**
		0.99	0.95	0.90	0.85	0.80	0.75	0.70	2/3	0.60	0.55	0.50	k	N
							p							

							p						
N	k	0.01	0.05	0.10	0.15	0.20	0.25	0.30	1/3	0.40	0.45	0.50	
20	0	8179	3585	1216	388	115	32	8	3	0	0	0	**20**	20

(이어짐)

표 F$_1$ 이항 분포

							p								
N	k	0.01	0.05	0.10	0.15	0.20	0.25	0.30	1/3	0.40	0.45	0.50		
	1	1652	3774	2702	1368	576	211	68	30	5	1	0	19	
	2	159	1887	2852	2293	1369	669	278	143	31	8	2	18	
	3	10	596	1901	2428	2054	1339	716	429	123	40	11	17	
	4	0	133	898	1821	2182	1897	1304	911	350	139	46	16	
	5	0	22	319	1028	1746	2023	1789	1457	746	365	148	15	
	6	0	3	89	454	1091	1686	1916	1821	1244	746	370	14	
	7	0	0	20	160	545	1124	1643	1821	1659	1221	739	13	
	8	0	0	4	46	222	609	1144	1480	1797	1623	1201	12	
	9	0	0	1	11	74	271	654	987	1597	1771	1602	11	
	10	0	0	0	2	20	99	308	543	1171	1593	1762	10	
	11	0	0	0	0	5	30	120	247	710	1185	1602	9	
	12	0	0	0	0	1	8	39	92	355	727	1201	8	
	13	0	0	0	0	0	2	10	28	146	366	739	7	
	14	0	0	0	0	0	0	2	7	49	150	370	6	
	15	0	0	0	0	0	0	0	1	13	49	148	5	
	16	0	0	0	0	0	0	0	0	3	13	46	4	
	17	0	0	0	0	0	0	0	0	0	2	11	3	
	18	0	0	0	0	0	0	0	0	0	0	2	2	
	19	0	0	0	0	0	0	0	0	0	0	0	1	
	20	0	0	0	0	0	0	0	0	0	0	0	0	
25	0	7778	2774	718	172	38	8	1	0	0	0	0	25	25
	1	1964	3650	1994	759	236	63	14	5	0	0	0	24	
	2	238	2305	2659	1607	708	251	74	30	4	1	0	23	
	3	18	930	2265	2174	1358	641	243	114	19	4	1	22	
	4	1	269	1384	2110	1867	1175	572	313	71	18	4	21	
	5	0	60	646	1564	1960	1645	1030	658	199	63	16	20	
	6	0	10	239	920	1633	1828	1472	1096	442	172	53	19	
	7	0	1	72	441	1108	1654	1712	1487	800	381	143	18	
	8	0	0	18	175	623	1241	1651	1673	1200	701	322	17	
	9	0	0	4	58	294	781	1336	1580	1511	1084	609	16	
	10	0	0	1	16	118	417	916	1264	1612	1419	974	15	
	11	0	0	0	4	40	189	536	862	1465	1583	1328	14	
	12	0	0	0	1	12	74	268	503	1140	1511	1550	13	

표 F₁ 이항 분포

						p								
N	k	0.01	0.05	0.10	0.15	0.20	0.25	0.30	1/3	0.40	0.45	0.50		
	13	0	0	0	0	3	25	115	251	760	1236	1550	12	
	14	0	0	0	0	1	7	42	108	434	867	1328	11	
	15	0	0	0	0	0	2	13	40	212	520	974	10	
	16	0	0	0	0	0	0	4	12	88	266	609	9	
	17	0	0	0	0	0	0	1	3	31	115	322	8	
	18	0	0	0	0	0	0	0	1	9	42	143	7	
	19	0	0	0	0	0	0	0	0	2	13	53	6	
	20	0	0	0	0	0	0	0	0	0	3	16	5	
	21	0	0	0	0	0	0	0	0	0	1	4	4	
	22	0	0	0	0	0	0	0	0	0	0	1	3	
	23	0	0	0	0	0	0	0	0	0	0	0	2	
	24	0	0	0	0	0	0	0	0	0	0	0	1	
	25	0	0	0	0	0	0	0	0	0	0	0	0	
		0.99	0.95	0.90	0.85	0.80	0.75	0.70	2/3	0.60	0.55	0.50	k	N
						p								

						p								
N	k	0.01	0.05	0.10	0.15	0.20	0.25	0.30	1/3	0.40	0.45	0.50		
30	0	7397	2146	424	76	12	2	0	0	0	0	0	30	30
	1	2242	3389	1413	404	93	18	3	1	0	0	0	29	
	2	328	2586	2277	1034	337	86	18	6	0	0	0	28	
	3	31	1270	2361	1703	785	269	72	26	3	0	0	27	
	4	2	451	1771	2028	1325	604	208	89	12	2	0	26	
	5	0	124	1023	1861	1723	1047	464	232	41	8	1	25	
	6	0	27	474	1368	1795	1455	829	484	115	29	6	24	
	7	0	5	180	828	1538	1662	1219	829	263	81	19	23	
	8	0	1	58	420	1106	1593	1501	1192	505	191	55	22	
	9	0	0	16	181	676	1298	1573	1457	823	382	133	21	
	10	0	0	4	67	355	909	1416	1530	1152	656	280	20	
	11	0	0	1	22	161	551	1103	1391	1396	976	509	19	
	12	0	0	0	6	64	291	749	1101	1474	1265	805	18	
	13	0	0	0	1	22	134	444	762	1360	1433	1115	17	
	14	0	0	0	0	7	54	231	436	1101	1424	1354	16	
	15	0	0	0	0	2	19	106	247	783	1242	1445	15	
	16	0	0	0	0	0	6	42	116	489	953	1354	14	
	17	0	0	0	0	0	2	15	48	269	642	1115	13	
	18	0	0	0	0	0	0	5	17	129	379	805	12	

(이어짐)

표 F₁ 이항 분포

N	k	0.01	0.05	0.10	0.15	0.20	0.25	0.30	1/3	0.40	0.45	0.50		
							p							
	19	0	0	0	0	0	0	1	5	54	196	509	11	
	20	0	0	0	0	0	0	0	1	20	88	280	10	
	21	0	0	0	0	0	0	0	0	6	34	133	9	
	22	0	0	0	0	0	0	0	0	1	12	55	8	
	23	0	0	0	0	0	0	0	0	0	3	19	7	
	24	0	0	0	0	0	0	0	0	0	1	6	6	
	25	0	0	0	0	0	0	0	0	0	0	1	5	
	26.	0	0	0	0	0	0	0	0	0	0	0	4	
	27	0	0	0	0	0	0	0	0	0	0	0	3	
	28	0	0	0	0	0	0	0	0	0	0	0	2	
	29	0	0	0	0	0	0	0	0	0	0	0	1	
	30	0	0	0	0	0	0	0	0	0	0	0	0	
		0.99	0.95	0.90	0.85	0.80	0.75	0.70	2/3	0.60	0.55	0.50	k	N

소수점 자리 생략. 모든 개체는 .nnn으로 읽어야 한다.
$p \leq .5$는 p의 윗줄과 k의 왼쪽 열을 사용한다.
$p > .5$는 p의 아랫줄과 k의 오른쪽 열을 사용한다.

표 F₂ 이항 분포

$$P(Y \leq k) = \sum_{i=0}^{k} \binom{N}{i} p^i (1-p)^{N-i}$$

(이어짐)

N	0	1	2	3	4	5	6	7	8	9	10	11	12	13	14	15	16	17
																		k
4	062	312	688	938	1.0													
5	031	188	500	812	969	1.0												
6	016	109	344	656	891	984	1.0											
7	008	062	227	500	773	938	992	1.0										
8	004	035	145	363	637	855	965	996	1.0									
9	002	020	090	254	500	746	910	980	998	1.0								
10	001	011	055	172	377	623	828	945	989	999	1.0							
11	001	006	033	113	274	500	726	887	967	994	999+	1.0						
12		003	019	073	194	387	613	806	927	981	997	999+	1.0					
13		002	011	046	133	291	500	709	867	954	989	998	999+	1.0				
14		001	006	029	090	212	395	605	788	910	971	994	999+	999+	1.0			
15			004	018	059	151	304	500	696	849	941	982	996	998	999+	1.0		
16			002	011	038	105	227	402	598	773	895	962	989	994	999	999+	1.0	
17			001	006	025	072	166	315	500	685	834	928	975	994	999	999	999+	1.0
18			001	004	015	048	119	240	407	593	760	881	952	985	996	999	999+	999+
19				002	010	032	084	180	324	500	676	820	916	968	990	998	999+	999+
20				001	006	021	058	132	252	412	588	748	868	942	979	994	999	999+
21				001	004	013	039	095	192	332	500	668	808	905	961	987	996	999
22					002	008	026	067	143	262	416	584	738	857	933	974	992	998
23					001	005	017	047	105	202	339	500	661	798	895	953	983	995
24					001	003	011	032	076	154	271	419	581	729	846	924	968	989
25						002	007	022	054	115	212	345	500	655	788	885	946	978

표 F_2 이항분포

k

N	0	1	2	3	4	5	6	7	8	9	10	11	12	13	14	15	16	17
26						001	005	014	038	084	163	279	423	577	721	837	916	962
27						001	003	010	026	061	124	221	351	500	649	779	876	939
28							002	006	018	044	092	172	286	425	575	714	828	908
29							001	004	012	031	068	132	229	356	500	644	771	868
30							001	003	008	021	049	100	181	292	428	572	708	819
31								002	005	015	035	075	141	237	360	500	640	763
32								001	004	010	025	055	108	189	298	430	570	702
33								001	002	007	018	040	081	148	243	364	500	636
34									001	005	012	029	061	115	196	304	432	568
35									001	003	008	020	045	088	155	250	368	500

$p = q = 1/2$일 때의 이항 검정에 대한 단측 확률을
참고: 0.0005보다 작은 소수점 자리와 같은 생략

1498

표 G $P(D_{cal} > D_c) = \alpha$를 고려한 콜모고로프–스미로프 검정에 대한 D_c의 임곗값

표본 크기(N)	유의수준 α				
	0.20	0.15	0.10	0.05	0.01
1	0.900	0.925	0.950	0.975	0.995
2	0.684	0.726	0.776	0.842	0.929
3	0.565	0.597	0.642	0.708	0.828
4	0.494	0.525	0.564	0.624	0.733
5	0.446	0.474	0.510	0.565	0.669
6	0.410	0.436	0.470	0.521	0.618
7	0.381	0.405	0.438	0.486	0.577
8	0.358	0.381	0.411	0.457	0.543
9	0.339	0.360	0.388	0.432	0.514
10	0.322	0.342	0.368	0.410	0.490
11	0.307	0.326	0.352	0.391	0.468
12	0.295	0.313	0.338	0.375	0.450
13	0.284	0.302	0.325	0.361	0.433
14	0.274	0.292	0.314	0.349	0.418
15	0.266	0.283	0.304	0.338	0.404
16	0.258	0.274	0.295	0.328	0.392
17	0.250	0.266	0.286	0.318	0.381
18	0.244	0.259	0.278	0.309	0.371
19	0.237	0.252	0.272	0.301	0.363
20	0.231	0.246	0.264	0.294	0.356
25	0.21	0.22	0.24	0.27	0.32
30	0.19	0.20	0.22	0.24	0.29
35	0.18	0.19	0.21	0.23	0.27
50보다 큼	$\frac{1.07}{\sqrt{N}}$	$\frac{1.14}{\sqrt{N}}$	$\frac{1.22}{\sqrt{N}}$	$\frac{1.36}{\sqrt{N}}$	$\frac{1.63}{\sqrt{N}}$

표 **H₁** $P(W_{cal} < W_c) = \alpha$를 고려한 사피로-윌크 W_c 통계량의 임곗값

표본 크기 N	유의수준 α								
	0.01	**0.02**	**0.05**	**0.10**	**0.50**	**0.90**	**0.95**	**0.98**	**0.99**
3	0.753	0.758	0.767	0.789	0.959	0.998	0.999	1.000	1.000
4	0.687	0.707	0.748	0.792	0.935	0.987	0.992	0.996	0.997
5	0.686	0.715	0.762	0.806	0.927	0.979	0.986	0.991	0.993
6	0.713	0.743	0.788	0.826	0.927	0.974	0.981	0.936	0.989
7	0.730	0.760	0.803	0.838	0.928	0.972	0.979	0.985	0.988
8	0.749	0.778	0.818	0.851	0.932	0.972	0.978	0.984	0.987
9	0.764	0.791	0.829	0.859	0.935	0.972	0.978	0.984	0.986
10	0.781	0.806	0.842	0.869	0.938	0.972	0.978	0.983	0.986
11	0.792	0.817	0.850	0.876	0.940	0.973	0.979	0.984	0.986
12	0.805	0.828	0.859	0.883	0.943	0.973	0.979	0.984	0.986
13	0.814	0.837	0.866	0.889	0.945	0.974	0.979	0.984	0.986
14	0.825	0.846	0.874	0.895	0.947	0.975	0.980	0.984	0.986
15	0.835	0.855	0.881	0.901	0.950	0.976	0.980	0.984	0.987
16	0.844	0.863	0.887	0.906	0.952	0.975	0.981	0.985	0.987
17	0.851	0.869	0.892	0.910	0.954	0.977	0.981	0.985	0.987
18	0.858	0.874	0.897	0.914	0.956	0.978	0.982	0.986	0.988
19	0.863	0.879	0.901	0.917	0.957	0.978	0.982	0.986	0.988
20	0.868	0.884	0.905	0.920	0.959	0.979	0.983	0.986	0.988
21	0.873	0.888	0.908	0.823	0.960	0.980	0.983	0.987	0.989
22	0.878	0.892	0.911	0.926	0.961	0.980	0.984	0.987	0.989
23	0.881	0.895	0.914	0.928	0.962	0.981	0.984	0.987	0.989
24	0.884	0.898	0.916	0.930	0.963	0.981	0.984	0.987	0.989
25	0.888	0.901	0.918	0.931	0.964	0.981	0.985	0.988	0.989
26	0.891	0.904	0.920	0.933	0.965	0.982	0.985	0.988	0.989
27	0.894	0.906	0.923	0.935	0.965	0.982	0.985	0.988	0.990
28	0.896	0.908	0.924	0.936	0.966	0.982	0.985	0.988	0.990
29	0.898	0.910	0.926	0.937	0.966	0.982	0.985	0.988	0.990
30	0.900	0.912	0.927	0.939	0.967	0.983	0.985	0.988	0.900

표 H₂ 사피로–윌크 정규성 검사의 계수 $a_{i,n}$

i / n		2	3	4	5	6	7	8	9	10
1		0.7071	0.7071	0.6872	0.6646	0.6431	0.6233	0.6052	0.5888	0.5739
2			0.0000	0.1677	0.2413	0.2806	0.3031	0.3164	0.3244	0.3291
3					0.0000	0.0875	0.1401	0.1743	0.1976	0.2141
4							0.0000	0.0561	0.0947	0.1224
5									0.0000	0.0399

i / n	11	12	13	14	15	16	17	18	19	20
1	0.5601	0.5475	0.5359	0.5251	0.5150	0.5056	0.4968	0.4886	0.4808	0.4734
2	0.3315	0.3325	0.3325	0.3318	0.3306	0.3290	0.3273	0.3253	0.3232	0.3211
3	0.2260	0.2347	0.2412	0.2460	0.2495	0.2521	0.2540	0.2553	0.2561	0.2565
4	0.1429	0.1586	0.1707	0.1802	0.1878	0.1939	0.1988	0.2027	0.2059	0.2085
5	0.0695	0.0922	0.1099	0.1240	0.1353	0.1447	0.1524	0.1587	0.1641	0.1686
6	0.0000	0.0303	0.0539	0.0727	0.0880	0.1005	0.1109	0.1197	0.1271	0.1334
7			0.0000	0.0240	0.0433	0.0593	0.0725	0.0837	0.0932	0.1013
8					0.0000	0.0196	0.0359	0.0496	0.0612	0.0711
9							0.0000	0.0163	0.0303	0.0422
10									0.0000	0.0140

i / n	21	22	23	24	25	26	27	28	29	30
1	0.4643	0.4590	0.4542	0.4493	0.4450	0.4407	0.4366	0.4328	0.4291	0.4254
2	0.3185	0.3156	0.3126	0.3098	0.3069	0.3043	0.3018	0.2992	0.2968	0.2944
3	0.2578	0.2571	0.2563	0.2554	0.2543	0.2533	0.2522	0.2510	0.2499	0.2487
4	0.2119	0.2131	0.2139	0.2145	0.2148	0.2151	0.2152	0.2151	0.2150	0.2148
5	0.1736	0.1764	0.1787	0.1807	0.1822	0.1836	0.1848	0.1857	0.1864	0.1870
6	0.1399	0.1443	0.1480	0.1512	0.1539	0.1563	0.1584	0.1601	0.1616	0.1630
7	0.1092	0.1150	0.1201	0.1245	0.1283	0.1316	0.1346	0.1372	0.1395	0.1415
8	0.0804	0.0878	0.0941	0.0997	0.1046	0.1089	0.1128	0.1162	0.1192	0.1219
9	0.0530	0.0618	0.0696	0.0764	0.0823	0.0876	0.0923	0.0965	0.1002	0.1036
10	0.0263	0.0368	0.0459	0.0539	0.0610	0.0672	0.0728	0.0778	0.0822	0.0862
11	0.0000	0.0122	0.0228	0.0321	0.0403	0.0476	0.0540	0.0598	0.0650	0.0697
12			0.0000	0.0107	0.0200	0.0284	0.0358	0.0424	0.0483	0.0537
13					0.0000	0.0094	0.0178	0.0253	0.0320	0.0381
14							0.0000	0.0084	0.0159	0.0227
15									0.0000	0.0076

표 I 윌콕슨 검정

$$P(S_p > S_c) = \alpha$$

							N						
S_c	3	4	5	6	7	8	9	10	11	12	13	14	15
3	0.6250												
4	0.3750												
5	0.2500	0.5625											
6	0.1250	0.4375											
7		0.3125											
8		0.1875	0.5000										
9		0.1250	0.4063										
10		0.0625	0.3125										
11			0.2188	0.5000									
12			0.1563	0.4219									
13			0.0938	0.3438									
14			0.0625	0.2813	0.5313								
15			0.0313	0.2188	0.4688								
16				0.1563	0.4063								
17				0.1094	0.3438								
18				0.0781	0.2891	0.5273							
19				0.0469	0.2344	0.4727							
20				0.0313	0.1875	0.4219							
21				0.0156	0.1484	0.3711							
22					0.1094	0.3203							
23					0.0781	0.2734	0.5000						
24					0.0547	0.2305	0.4551						
25					0.0391	0.1914	0.4102						
26					0.0234	0.1563	0.3672						
27					0.0156	0.1250	0.3262						
28					0.0078	0.0977	0.2852	0.5000					

29	0.0742	0.2480	0.4609				
30	0.0547	0.2129	0.4229				
31	0.0391	0.1797	0.3848				
32	0.0273	0.1504	0.3477				
33	0.0195	0.1250	0.3125	0.5171			
34	0.0117	0.1016	0.2783	0.4829			
35	0.0078	0.0820	0.2461	0.4492			
36	0.0039	0.0645	0.2158	0.4155			
37		0.0488	0.1875	0.3823			
38		0.0371	0.1611	0.3501			
39		0.0273	0.1377	0.3188	0.5151		
40		0.0195	0.1162	0.2886	0.4849		
41		0.0137	0.0967	0.2598	0.4548		
42		0.0098	0.0801	0.2324	0.4250		
43		0.0059	0.0654	0.2065	0.3955		
44		0.0039	0.0527	0.1826	0.3667		
45		0.0020	0.0420	0.1602	0.3386		
46			0.0322	0.1392	0.3110	0.5000	
47			0.0244	0.1201	0.2847	0.4730	
48			0.0186	0.1030	0.2593	0.4463	
49			0.0137	0.0874	0.2349	0.4197	
50			0.0098	0.0737	0.2119	0.3934	
51			0.0068	0.0615	0.1902	0.3677	
52			0.0049	0.0508	0.1697	0.3424	
53			0.0029	0.0415	0.1506	0.3177	0.5000
54			0.0020	0.0337	0.1331	0.2939	0.4758
55			0.0010	0.0269	0.1167	0.2709	0.4516
56				0.0210	0.1018	0.2487	0.4276
57				0.0161	0.0881	0.2274	0.4039
58				0.0122	0.0757	0.2072	0.3804

(이어짐)

표 I 윌콕슨 검정

S_c									N					
	3	4	5	6	7	8	9	10	11	12	13	14	15	
59									0.0093	0.0647	0.1879	0.3574		
60									0.0068	0.0549	0.1698	0.3349	0.5110	
61									0.0049	0.0461	0.1527	0.3129	0.4890	
62									0.0034	0.0386	0.1367	0.2915	0.4670	
63									0.0024	0.0320	0.1219	0.2708	0.4452	
64									0.0015	0.0261	0.1082	0.2508	0.4235	
65									0.0010	0.0212	0.0955	0.2316	0.4020	
66									0.0005	0.0171	0.0839	0.2131	0.3808	
67										0.0134	0.0732	0.1955	0.3599	
68										0.0105	0.0636	0.1788	0.3394	
69										0.0081	0.0549	0.1629	0.3193	
70										0.0061	0.0471	0.1479	0.2997	
71										0.0046	0.0402	0.1338	0.2807	
72										0.0034	0.0341	0.1206	0.2622	
73										0.0024	0.0287	0.1083	0.2444	
74										0.0017	0.0239	0.0969	0.2271	
75										0.0012	0.0199	0.0863	0.2106	
76										0.0007	0.0164	0.0765	0.1947	
77										0.0005	0.0133	0.0676	0.1796	
78										0.0002	0.0107	0.0594	0.1651	
79											0.0085	0.0520	0.1514	
80											0.0067	0.0453	0.1384	
81											0.0052	0.0392	0.1262	

연령			
82	0.1147	0.0338	0.0040
83	0.1039	0.0290	0.0031
84	0.0938	0.0247	0.0023
85	0.0844	0.0209	0.0017
86	0.0757	0.0176	0.0012
87	0.0677	0.0148	0.0009
88	0.0603	0.0123	0.0006
89	0.0535	0.0101	0.0004
90	0.0473	0.0083	0.0002
91	0.0416	0.0067	0.0001
92	0.0365	0.0054	
93	0.0319	0.0043	
94	0.0277	0.0034	
95	0.0240	0.0026	
96	0.0206	0.0020	
97	0.0177	0.0015	
98	0.0151	0.0012	
99	0.0128	0.0009	
100	0.0108	0.0006	
101	0.0090	0.0004	
102	0.0075	0.0003	
103	0.0062	0.0002	
104	0.0051	0.0001	
105	0.0042		
106	0.0034		
107	0.0027		
108	0.0021		
109	0.0017		

표 I 윌콕슨 검정

| | | | | | | | N | | | | | | |
S_c	3	4	5	6	7	8	9	10	11	12	13	14	15
110													0.0013
111													0.0010
112													0.0008
113													0.0006
114													0.0004
115													0.0003
116													0.0002
117													0.0002
118													0.0001
119													0.0001
120													0.0000

윌콕슨 검정의 우측 꼬리 단측 확률

표 J $P(U_{cal} < U_c) = \alpha$를 고려한 만-휘트니 U 검정에 대한 U_c의 임곗값
$P(U_{cal} < U_c) = 0.05$

$N_2 \backslash N_1$	3	4	5	6	7	8	9	10	11	12	13	14	15	16	17	18	19	20
3	0	0	1	2	2	3	4	4	5	5	6	7	7	8	9	9	10	11
4	0	1	2	3	4	5	6	7	8	9	10	11	12	14	15	16	17	18
5	1	2	4	5	6	8	9	11	12	13	15	16	18	19	20	22	23	25
6	2	3	5	7	8	10	12	14	16	17	19	21	23	25	26	28	30	32
7	2	4	6	8	11	13	15	17	19	21	24	26	28	30	33	35	37	39
8	3	5	8	10	13	15	18	20	23	26	28	31	33	36	39	41	44	47
9	4	6	9	12	15	18	21	24	27	30	33	36	39	42	45	48	51	54
10	4	7	11	14	17	20	24	27	31	34	37	41	44	48	51	55	58	62
11	5	8	12	16	19	23	27	31	34	38	42	46	50	54	57	61	65	69
12	5	9	13	17	21	26	30	34	38	42	47	51	55	60	64	68	72	77
13	6	10	15	19	24	28	33	37	42	47	51	56	61	65	70	75	80	84
14	7	11	16	21	26	31	36	41	46	51	56	61	66	71	77	82	87	92
15	7	12	18	23	28	33	39	44	50	55	61	66	72	77	83	88	94	100
16	8	14	19	25	30	36	42	48	54	60	65	71	77	83	89	95	101	107
17	9	15	20	26	33	39	45	51	57	64	70	77	83	89	96	102	109	115
18	9	16	22	28	35	41	48	55	61	68	75	82	88	95	102	109	116	123
19	10	17	23	30	37	44	51	58	65	72	80	87	94	101	109	116	123	130
20	11	18	25	32	39	47	54	62	69	77	84	92	100	107	115	123	130	138

(이어짐)

$P(U_{cal} < U_c) = 0.025$

$N_2 \backslash N_1$	3	4	5	6	7	8	9	10	11	12	13	14	15	16	17	18	19	20
3	—	0	0	1	1	2	2	3	3	4	4	5	5	6	6	7	7	8
4	—	0	1	2	3	4	4	5	6	7	8	9	10	11	11	12	13	14
5	0	1	2	3	5	6	7	8	9	11	12	13	14	15	17	18	19	20
6	1	2	3	5	6	8	10	11	13	14	16	17	19	21	22	24	25	27
7	1	3	5	6	8	10	12	14	16	18	20	22	24	26	28	30	32	34
8	2	4	6	8	10	13	15	17	19	22	24	26	29	31	34	36	38	41
9	2	4	7	10	12	15	17	20	23	26	28	31	34	37	39	42	45	48
10	3	5	8	11	14	17	20	23	26	29	33	36	39	42	45	48	52	55
11	3	6	9	13	16	19	23	26	30	33	37	40	44	47	51	55	58	62
12	4	7	11	14	18	22	26	29	33	37	41	45	49	53	57	61	65	69
13	4	8	12	16	20	24	28	33	37	41	45	50	54	59	63	67	72	76
14	5	9	13	17	22	26	31	36	40	45	50	55	59	64	67	74	78	83
15	5	10	14	19	24	29	34	39	44	49	54	59	64	70	75	80	85	90
16	6	11	15	21	26	31	37	42	47	53	59	64	70	75	81	86	92	98
17	6	11	17	22	28	34	39	45	51	57	63	67	75	81	87	93	99	105
18	7	12	18	24	30	36	42	48	55	61	67	74	80	86	93	99	103	112
19	7	13	19	25	32	38	45	52	58	65	72	78	85	92	99	106	113	119
20	8	14	20	27	34	41	48	55	62	69	76	83	90	98	105	112	119	127

(이어짐)

$P(U_{cal} < U_c) = 0.01$

$N_2 \backslash N_1$	3	4	5	6	7	8	9	10	11	12	13	14	15	16	17	18	19	20
3	–	0	0	0	0	0	1	1	1	2	2	2	3	3	4	4	4	5
4	–	–	0	1	1	2	3	3	4	5	5	6	7	7	8	9	9	10
5	–	0	1	2	3	4	5	6	7	8	9	10	11	12	13	14	15	16
6	–	1	2	3	4	6	7	8	9	11	12	13	15	16	18	19	20	22
7	0	1	3	4	6	7	9	11	12	14	16	17	19	21	23	24	26	28
8	0	2	4	6	7	9	11	13	15	17	20	22	24	26	28	30	32	34
9	1	3	5	7	9	11	14	16	18	21	23	26	28	31	33	36	38	40
10	1	3	6	8	11	13	16	19	22	24	27	30	33	36	38	41	44	47
11	1	4	7	9	12	15	18	22	25	28	31	34	37	41	44	47	50	53
12	2	5	8	11	14	17	21	24	28	31	35	38	42	46	49	53	56	60
13	2	5	9	12	16	20	23	27	31	35	39	43	47	51	55	59	63	67
14	2	6	10	13	17	22	26	30	34	38	43	47	51	56	60	65	69	73
15	3	7	11	15	19	24	28	33	37	42	47	51	56	61	66	70	75	80
16	3	7	12	16	21	26	31	36	41	46	51	56	61	66	71	76	82	87
17	4	8	13	18	23	28	33	38	44	49	55	60	66	71	77	82	88	93
18	4	9	14	19	24	30	36	41	47	53	59	65	70	76	82	88	94	100
19	4	9	15	20	26	32	38	44	50	56	63	69	75	82	88	94	101	107
20	5	10	16	22	28	34	40	47	53	60	67	73	80	87	93	100	107	114

$P(U_{cal} < U_c) = 0.005$

$N_2 \backslash N_1$	3	4	5	6	7	8	9	10	11	12	13	14	15	16	17	18	19	20
3	–	0	0	0	0	0	0	0	0	1	1	1	2	2	2	2	3	3
4	–	–	0	0	0	1	1	2	2	3	3	4	5	5	6	6	7	8
5	–	–	0	1	1	2	3	4	5	6	7	7	8	9	10	11	12	13
6	–	0	1	2	3	4	5	6	7	9	10	11	12	13	15	16	17	18
7	–	0	1	3	4	6	7	9	10	12	13	15	16	18	19	21	22	24
8	–	1	2	4	6	7	9	11	13	15	17	18	20	22	24	26	28	30
9	0	1	3	5	7	9	11	13	16	18	20	22	24	27	29	31	33	36
10	0	2	4	6	9	11	13	16	18	21	24	26	29	31	34	37	39	42
11	0	2	5	7	10	13	16	18	21	24	27	30	33	36	39	42	45	48
12	1	3	6	9	12	15	18	21	24	27	31	34	37	41	44	47	51	54
13	1	3	7	10	13	17	20	24	27	31	34	38	42	45	49	53	56	60
14	1	4	7	11	15	18	22	26	30	34	38	42	46	50	54	58	63	67
15	2	5	8	12	16	20	24	29	33	37	42	46	51	55	60	64	69	73
16	2	5	9	13	18	22	27	31	36	41	45	50	55	60	65	70	74	79
17	2	6	10	15	19	24	29	34	39	44	49	54	60	65	70	75	81	86
18	2	6	11	16	21	26	31	37	42	47	53	58	64	70	75	81	87	92
19	3	7	12	17	22	28	33	39	45	51	56	63	69	74	81	87	93	99
20	3	8	13	18	24	30	36	42	48	54	60	67	73	79	86	92	99	105

표 K $P(F_{cal} < F_c) = \alpha$를 고려한 프리드먼 검정의 임곗값

k	N	$\alpha \leq 0.10$	$\alpha \leq 0.05$	$\alpha \leq 0.01$
3	3	6.00	6.00	–
	4	6.00	6.50	8.00
	5	5.20	6.40	8.40
	6	5.33	7.00	9.00
	7	5.43	7.14	8.86
	8	5.25	6.25	9.00
	9	5.56	6.22	8.67
	10	5.00	6.20	9.60
	11	4.91	6.54	8.91
	12	5.17	6.17	8.67
	13	4.77	6.00	9.39
	∞	4.61	5.99	9.21
4	2	6.00	6.00	–
	3	6.60	7.40	8.60
	4	6.30	7.80	9.60
	5	6.36	7.80	9.96
	6	6.40	7.60	10.00
	7	6.26	7.80	10.37
	8	6.30	7.50	10.35
	∞	6.25	7.82	11.34
5	3	7.47	8.53	10.13
	4	7.60	8.80	11.00
	5	7.68	8.96	11.52
	∞	7.78	9.49	13.28

표 L $P(H_{cal} < H_c) = \alpha$를 고려한 크루스칼–월리스 검정의 임곗값

표본 크기			α				
n_1	n_2	n_3	0.10	0.05	0.01	0.005	0.001
2	2	2	4.25				
3	2	1	4.29				
3	2	2	4.71	4.71			
3	3	1	4.57	5.14			
3	3	2	4.56	5.36			
3	3	3	4.62	5.60	7.20	7.20	
4	2	1	4.50				
4	2	2	4.46	5.33			
4	3	1	4.06	5.21			
4	3	2	4.51	5.44	6.44	7.00	
4	3	3	4.71	5.73	6.75	7.32	8.02
4	4	1	4.17	4.97	6.67		
4	4	2	4.55	5.45	7.04	7.28	
4	4	3	4.55	5.60	7.14	7.59	8.32
4	4	4	4.65	5.69	7.66	8.00	8.65
5	2	1	4.20	5.00			
5	2	2	4.36	5.16	6.53		
5	3	1	4.02	4.96			
5	3	2	4.65	5.25	6.82	7.18	
5	3	3	4.53	5.65	7.08	7.51	8.24
5	4	1	3.99	4.99	6.95	7.36	
5	4	2	4.54	5.27	7.12	7.57	8.11
5	4	3	4.55	5.63	7.44	7.91	8.50
5	4	4	4.62	5.62	7.76	8.14	9.00
5	5	1	4.11	5.13	7.31	7.75	
5	5	2	4.62	5.34	7.27	8.13	8.68
5	5	3	4.54	5.71	7.54	8.24	9.06
5	5	4	4.53	5.64	7.77	8.37	9.32
5	5	5	4.56	5.78	7.98	8.72	9.68
대규모 표본			4.61	5.99	9.21	10.60	13.82

표 M $P(C_{cal} > C_c) = \alpha$를 고려한 코크란 코크란 C 통계량의 임겟값
$\alpha = 5\%$

ν/k	2	3	4	5	6	7	8	9	10	12	15	20	24	30	40	60	120
1	0.9985	0.9669	0.9065	0.8412	0.7808	0.7271	0.6798	0.6385	0.6020	0.5410	0.4709	0.3894	0.3434	0.2929	0.2370	0.1737	0.0998
2	0.9750	0.8709	0.7679	0.6838	0.6161	0.5612	0.5157	0.4775	0.4450	0.3924	0.3346	0.2705	0.2354	0.1980	0.1567	0.1131	0.0632
3	0.9392	0.7977	0.6841	0.5981	0.5321	0.4800	0.4377	0.4027	0.3733	0.3264	0.2758	0.2205	0.1907	0.1593	0.1259	0.0895	0.0495
4	0.9057	0.7457	0.6287	0.5441	0.4803	0.4307	0.3910	0.3584	0.3311	0.2880	0.2419	0.1921	0.1656	0.1377	0.1082	0.0765	0.0419
5	0.8772	0.7071	0.5895	0.5065	0.4447	0.3974	0.3595	0.3286	0.3029	0.2624	0.2195	0.1735	0.1493	0.1237	0.0968	0.0682	0.0371
6	0.8534	0.6771	0.5598	0.4783	0.4184	0.3726	0.3362	0.3067	0.2823	0.2439	0.2034	0.1602	0.1374	0.1137	0.0887	0.0623	0.0337
7	0.8332	0.6530	0.5365	0.4564	0.3980	0.3535	0.3185	0.2901	0.2666	0.2299	0.1911	0.1501	0.1286	0.1061	0.0827	0.0583	0.0312
8	0.8159	0.6333	0.5175	0.4387	0.3817	0.3384	0.3043	0.2768	0.2541	0.2187	0.1815	0.1422	0.1216	0.1002	0.0780	0.0552	0.0292
9	0.8010	0.6167	0.5017	0.4241	0.3682	0.3259	0.2926	0.2659	0.2439	0.2098	0.1736	0.1357	0.1160	0.0958	0.0745	0.0520	0.0279
10	0.7880	0.6025	0.4884	0.4118	0.3568	0.3154	0.2829	0.2568	0.2353	0.2020	0.1671	0.1303	0.1113	0.0921	0.0713	0.0497	0.0266
16	0.7341	0.5466	0.4366	0.3645	0.3135	0.2756	0.2462	0.2226	0.2032	0.1737	0.1429	0.1108	0.0942	0.0771	0.0595	0.0411	0.0218
36	0.6602	0.4748	0.3720	0.3066	0.2612	0.2278	0.2022	0.1820	0.1655	0.1403	0.1144	0.0879	0.0743	0.0604	0.0462	0.0316	0.0165
144	0.5813	0.4031	0.3093	0.2513	0.2119	0.1833	0.1616	0.1446	0.1308	0.1100	0.0889	0.0675	0.0567	0.0457	0.0347	0.0234	0.0120
∞	0.5000	0.3333	0.2500	0.2000	0.1667	0.1429	0.1250	0.1111	0.1000	0.0833	0.0667	0.0500	0.0417	0.0333	0.0250	0.0167	0.0083

(이어짐)

$\alpha = 1\%$

v/k	2	3	4	5	6	7	8	9	10	12	15	20	24	30	40	60	120
1	0.9999	0.9933	0.9676	0.9279	0.8828	0.8376	0.7945	0.7544	0.7175	0.6528	0.5747	0.4799	0.4247	0.3632	0.2940	0.2151	0.1225
2	0.9950	0.9423	0.8643	0.7885	0.7218	0.6644	0.6152	0.5727	0.5358	0.4751	0.4069	0.3297	0.2821	0.2412	0.1915	0.1371	0.0759
3	0.9794	0.8831	0.7814	0.6957	0.6258	0.5685	0.5209	0.4810	0.4469	0.3919	0.3317	0.2654	0.2295	0.1913	0.1508	0.1069	0.0585
4	0.9586	0.8335	0.7212	0.6329	0.5635	0.5080	0.4627	0.4251	0.3934	0.3428	0.2882	0.2288	0.1970	0.1635	0.1281	0.0902	0.0489
5	0.9373	0.7933	0.6761	0.5875	0.5195	0.4659	0.4226	0.3870	0.3572	0.3099	0.2593	0.2048	0.1759	0.1454	0.1135	0.0796	0.0429
6	0.9172	0.7606	0.6410	0.5531	0.4866	0.4347	0.3932	0.3592	0.3308	0.2861	0.2386	0.1877	0.1608	0.1327	0.1033	0.0722	0.0387
7	0.8988	0.7335	0.6129	0.5259	0.4608	0.4105	0.3704	0.3378	0.3106	0.2680	0.2228	0.1748	0.1495	0.1232	0.0957	0.0668	0.0357
8	0.8823	0.7107	0.5897	0.5037	0.4401	0.3911	0.3522	0.3207	0.2945	0.2535	0.2104	0.1646	0.1406	0.1157	0.0898	0.0625	0.0334
9	0.8674	0.6912	0.5702	0.4854	0.4229	0.3751	0.3373	0.3067	0.2813	0.2419	0.2002	0.1567	0.1388	0.1100	0.0853	0.0594	0.0316
10	0.8539	0.6743	0.5536	0.4697	0.4084	0.3616	0.3248	0.2950	0.2704	0.2320	0.1918	0.1501	0.1283	0.1054	0.0816	0.0567	0.0302
16	0.7949	0.6059	0.4884	0.4094	0.3529	0.3105	0.2779	0.2514	0.2297	0.1961	0.1612	0.1248	0.1060	0.0867	0.0668	0.0461	0.0242
36	0.7067	0.5153	0.4057	0.3351	0.2858	0.2494	0.2214	0.1992	0.1811	0.1535	0.1251	0.0960	0.0810	0.0658	0.0503	0.0344	0.0178
144	0.6062	0.4230	0.3251	0.2644	0.2229	0.1929	0.1700	0.1521	0.1376	0.1157	0.0934	0.0709	0.0595	0.0480	0.0363	0.0245	0.0125
∞	0.5000	0.3333	0.2500	0.2000	0.1667	0.1429	0.1250	0.1111	0.1000	0.0833	0.0667	0.0500	0.0417	0.0333	0.0250	0.0167	0.0083

표 N $P(F_{max,cal} > F_{max,c}) = \alpha$를 고려한 하틀리 F_{max} 통계량의 임곗값

$\alpha = 5\%$

v/k	2	3	4	5	6	7	8	9	10	11	12
2	39	87.5	142	202	266	333	403	475	550	626	704
3	15.4	27.8	39.2	50.7	62	72.9	83.5	93.9	104	114	124
4	9.6	15.5	20.6	25.2	29.5	33.6	37.5	41.1	44.6	48	51.4
5	7.15	10.8	13.7	16.3	18.7	20.8	22.9	24.7	26.5	28.2	29.9
6	5.82	8.38	10.4	12.1	13.7	15	16.3	17.5	18.6	19.7	20.7
7	4.99	6.94	8.44	9.7	10.8	11.8	12.7	13.5	14.3	15.1	15.8
8	4.43	6	7.18	8.12	9.03	9.78	10.5	11.1	11.7	12.2	12.7
9	4.03	5.34	6.31	7.11	7.8	8.41	8.95	9.45	9.91	10.3	10.7
10	3.72	4.85	5.67	6.34	6.92	7.42	7.87	8.28	8.66	9.01	9.34
12	3.28	4.16	4.79	5.3	5.72	6.09	6.42	6.72	7	7.25	7.48
15	2.86	3.54	4.01	4.37	4.68	4.95	5.19	5.4	5.59	5.77	5.93
20	2.46	2.95	3.29	3.54	3.76	3.94	4.1	4.24	4.37	4.49	4.59
30	2.07	2.4	2.61	2.78	2.91	3.02	3.12	3.21	3.29	3.36	3.39
60	1.67	1.85	1.96	2.04	2.11	2.17	2.22	2.26	2.3	2.33	2.36
∞	1	1	1	1	1	1	1	1	1	1	1

$\alpha = 1\%$

v/k	2	3	4	5	6	7	8	9	10	11	12
2	199	448	729	1036	1362	1705	2069	2432	2813	3204	3605
3	47.5	85	120	151	184	216	249	281	310	337	361
4	23.2	37	49	59	69	79	89	97	106	113	120
5	14.9	22	28	33	38	42	46	50	54	57	60
6	11.1	15.5	19.1	22	25	27	30	32	34	36	37
7	8.89	12.1	14.5	16.5	18.4	20	22	23	24	26	27
8	7.5	9.9	11.7	13.2	14.5	15.8	16.9	17.9	18.9	19.8	21
9	6.54	8.5	9.9	11.1	12.1	13.1	13.9	14.7	15.3	16	16.6
10	5.85	7.4	8.6	9.6	10.4	11.1	11.8	12.4	12.9	13.4	13.9
12	4.91	6.1	6.9	7.6	8.2	8.7	9.1	9.5	9.9	10.2	10.6
15	4.07	4.9	5.5	6	6.4	6.7	7.1	7.3	7.5	7.8	8
20	3.32	3.8	4.3	4.6	4.9	5.1	5.3	5.5	5.6	5.8	5.9
30	2.63	3	3.3	3.4	3.6	3.7	3.8	3.9	4	4.1	4.2
60	1.96	2.2	2.3	2.4	2.4	2.5	2.5	2.6	2.6	2.7	2.7
∞	1	1	1	1	1	1	1	1	1	1	1

n	d_2	d_3	C_4	$\bar{X}$와 R 관리도			$\bar{X}$와 S 관리도		
				A_2	D_3	D_4	A_3	B_3	B_4
2	1.128	0.853	0.798	1.880	–	3.267	2.659	–	3.267
3	1.693	0.888	0.886	1.023	–	2.574	1.954	–	2.568
4	2.059	0.880	0.921	0.729	–	2.282	1.628	–	2.266
5	2.326	0.880	0.940	0.577	–	2.114	1.427	–	2.089
6	2.534	0.848	0.952	0.483	–	2.004	1.287	0.030	1.970
7	2.704	0.833	0.959	0.419	0.076	1.924	1.182	0.118	1.882
8	2.847	0.820	0.965	0.373	0.136	1.864	1.099	0.185	1.815
9	2.970	0.808	0.969	0.337	0.184	1.816	1.032	0.239	1.761
10	3.078	0.797	0.973	0.308	0.223	1.777	0.975	0.284	1.716
11	3.173	0.787	0.975	0.285	0.256	1.744	0.927	0.321	1.679
12	3.258	0.779	0.978	0.266	0.283	1.717	0.886	0.354	1.646
13	3.336	0.770	0.979	0.249	0.307	1.693	0.850	0.382	1.618
14	3.407	0.763	0.981	0.235	0.328	1.672	0.817	0.406	1.594
15	3.472	0.756	0.982	0.223	0.347	1.653	0.789	0.428	1.572
16	3.532	0.750	0.984	0.212	0.363	1.637	0.763	0.448	1.552
17	3.588	0.744	0.985	0.203	0.378	1.662	0.739	0.466	1.534
18	3.640	0.739	0.985	0.194	0.391	1.607	0.718	0.482	1.518
19	3.689	0.734	0.986	0.187	0.403	1.597	0.698	0.497	1.503
20	3.735	0.729	0.987	0.180	0.415	1.585	0.680	0.510	1.490
21	3.778	0.727	0.988	0.173	0.425	1.575	0.663	0.523	1.477
22	3.819	0.720	0.988	0.167	0.434	1.566	0.647	0.534	1.466
23	3.858	0.716	0.989	0.162	0.443	1.557	0.633	0.545	1.455
24	3.895	0.712	0.989	0.157	0.451	1.548	0.619	0.555	1.445
25	3.931	0.708	0.990	0.153	0.459	1.541	0.606	0.565	1.435

$n > 25$인 경우:

$$A = \frac{3}{\sqrt{n}} \quad A_3 = \frac{3}{c_4\sqrt{n}} \quad c_4 \cong \frac{4(n-1)}{4n-3}$$

$$B_3 = 1 - \frac{3}{c_4\sqrt{2(n-1)}} \quad B_4 = 1 + \frac{3}{c_4\sqrt{2(n-1)}}$$

$$B_5 = c_4 - \frac{3}{\sqrt{2(n-1)}} \quad B_6 = c_4 + \frac{3}{\sqrt{2(n-1)}}$$

참고문헌

Acock, A.C., 2014. A Gentle Introduction to Stata, fourth ed. Stata Press, College Station.

Adkins, L.C., Hill, R.C., 2011. Using Stata for Principles of Econometrics, fourth ed John Wiley & Sons, New York.

Agresti, A., 2013. Categorical Data Analysis, third ed. John Wiley & Sons, Hoboken.

Aguirre, A., Macedo, P.B.R., 1996. Estimativas de preços hedônicos para o mercado imobiliário de Belo Horizonte. In: XVIII Encontro Brasileiro de Econometria. Anais do Congresso, Águas de Lindóia.

Ahn, S.C., Schmidt, P., 1997. Efficient estimation of dynamic panel data models: alternative assumptions and simplified estimation. J. Econometrics 76 (1-2), 309–321.

Ahuja, R.K., Huang, W., Romeijn, H.E., Morales, D.R., 2007. A heuristic approach to the multi-period single-sourcing problem with production and inventory capacities and perishability constraints. INFORMS J. Comput. 19 (1), 14–26.

Aitkin, M., Clayton, D., 1980. The fitting of exponential, Weibull and extreme value distributions to complex censored survival data using GLIM. J. Roy. Stat. Soc. Ser. C 29 (2), 156–163.

Akaike, H., 1987. Factor analysis and AIC. Psychometrika 52 (3), 317–332.

Albergaria, M., Fávero, L.P., 2017. Narrow replication of Fisman and Miguel's (2007a) 'Corruption, norms, and legal enforcement: evidence from diplomatic parking tickets'. J. Appl. Econometrics 32 (4), 919–922.

Albright, A.C., Winston, W.L., 2015. Business Analytics: Data Analysis and Decision Making, fifth ed. Cengage Learning, Stamford.

Albuquerque, J.P.A., Fortes, J.M.P., Finamore, W.A., 2008. Probabilidade, variáveis aleatórias e processos estocásticos. Interciência, Rio de Janeiro.

Alcalde, A., Fávero, L.P., Takamatsu, R.T., 2013. EBITDA margin in Brazilian companies: variance decomposition and hierarchical effects. Contaduría y Administración 58 (2), 197–220.

Al-Daoud, M.B., Roberts, S.A., 1996. New methods for the initialisation of clusters. Pattern Recognition Letters 17 (5), 451–455.

Aldenderfer, M.S., Blashfield, R.K., 1978a. Cluster analysis and archaeological classification. Am. Antiquity 43 (3), 502–505.

Aldenderfer, M.S., Blashfield, R.K., 1984. Cluster Analysis. Sage Publications, Thousand Oaks.

Aldenderfer, M.S., Blashfield, R.K., 1978b. Computer programs for performing hierarchical cluster analysis. Appl. Psychol. Meas. 2 (3), 403–411.

Aldrich, J.H., Nelson, F.D., 1984. Linear Probability, Logit, and Probit Models. Sage Publications, Thousand Oaks.

Aliaga, F.M., 1999. Análisis de correspondencias: estudo bibliométrico sobre su uso en la investigación educativa. Revista Electrónica de Investigación y Evaluación Educativa. 5(1_1).

Allison, P.D., 2009. Fixed Effects Regression Models. Sage Publications, London.

Alpert, M.I., Peterson, R.A., 1972. On the interpretation of canonical analysis. J. Market. Res. 9 (2), 187–192.

Amemiya, T., 1981. Qualitative response models: a survey. J. Econ. Lit. 19 (4), 1483–1536.

Anderberg, M.R., 1973. Cluster Analysis for Applications. Academic Press, New York.

Anderson, D.R., Sweeney, D.J., Williams, T.A., 2013. Estatística aplicada à administração e economia, 3. ed. São Paulo, Thomson Pioneira.

Anderson, J.A., 1982. Logistic discrimination. In: Krishnaiah, P.R., Kanal, L.N. (Eds.), Handbook of Statistics. North Holland, Amsterdam, pp. 169–191.

Anderson, T.W., Hsiao, C., 1982. Formulation and estimation of dynamic models using panel data. J. Econometrics 18 (1), 47–82.

Andrade, E.L., 2009. Introdução à pesquisa operacional: métodos e modelos para análise de decisões. LTC, Rio de Janeiro.

Aranha, F., Zambaldi, F., 2008. Análise fatorial em administração. Cengage Learing, São Paulo.

Araújo, M.E., Feitosa, C.V., 2003. Análise de agrupamento da Ictiofauna Recifal do Brasil com base em dados secundários: uma avaliação crítica. Trop. Oceanogr. 31 (2), 171–192.

Arellano, M., 1987. Computing robust standard errors for within-groups estimators. Oxf. Bull. Econ. Stat. 49 (4), 431–434.

Arellano, M., 1993. On the testing of correlated effects with panel data. J. Econometrics 59 (1-2), 87–97.

Arellano, M., 2003. Panel Data Econometrics: Advanced Texts in Econometrics. Oxford University Press, New York.

Arellano, M., Bond, S., 1991. Some tests of specification for panel data: Monte Carlo evidence and an application to employment equations. Rev. Econ. Stud. 58 (2), 277–297.

Arellano, M., Bover, O., 1995. Another look at the instrumental variable estimation of error-components models. J. Econometrics 68 (1), 29–51.

Arenales, M., Armentano, V., Morabito, R., Yanasse, H., 2007. Pesquisa operacional: para cursos de engenharia. Campus Elsevier, Rio de Janeiro.

Arias, R.M., 1999. El análisis multivariante en la investigación científica. Editorial La Muralla, Madrid.

Artes, R., 1998. Aspectos estatísticos da análise fatorial de escalas de avaliação. Revista de Psiquiatria Clínica 25 (5), 223–228.

Ashby, D., West, C.R., Ames, D., 1979. The ordered logistic regression model in psychiatry: rising prevalence of dementia in old peoples homes. Stat. Med. (8), 1317–1326.

Atkinson, A.C., 1970. A method for discriminating between models. J. Roy. Stat. Soc. Ser. B 32 (3), 323–353.

Ayçaguer, L.C.S., Utra, I.M.B., 2004. Regresión logística. Editorial La Muralla, Madrid.

Azen, R., Walker, C.M., 2011. Categorical Data Analysis for the Behavioral and Social Sciences. Routledge, New York.

Bailey, K.D., 1983. Sociological classification and cluster analysis. Qual. Quant. 17 (4), 251–268.

Baker, B.O., Hardyck, C.D., Petrinovich, L.F., 1966. Weak measurements vs. strong statistics: an empirical critique of S. S. Stevens' proscriptions on statistics. Educ. Psychol. Meas. 26, 291–309.

Bakke, H.A., Leite, A.S.M., Silva, L.B., 2008. Estatística multivariada: aplicação da análise fatorial na engenharia de produção. Revista Gestão Industrial 4 (4), 1–14.

Balakrishnan, P.V., Cooper, M.C., Jacob, V.S., Lewis, P.A., 1994. A study of the classification capabilities of neural networks using unsupervised learning: a comparison with k-means clustering. Psychometrika 59 (4), 509–525.

Balestra, P., Nerlove, M., 1966. Pooling cross section and time series data in the estimation of a dynamic model: the demand for natural gas. Econometrica 34 (3), 585–612.

Ballinger, G.A., 2004. Using generalized estimating equations for longitudinal data analysis. Organization. Res. Methods 7 (2), 127–150.

Baltagi, B.H., 2008. Econometric Analysis of Panel Data, fourth ed. John Wiley & Sons, New York.

Baltagi, B.H., Griffin, J.M., 1984. Short and long run effects in pooled models. Int. Econ. Rev. 25 (3), 631–645.

Baltagi, B.H., Wu, P.X., 1999. Unequally spaced panel data regressions with AR(1) disturbances. Econometric Theory 15 (6), 814–823.

Banfield, J.D., Raftery, A.E., 1993. Model-based gaussian and non-gaussian clustering. Biometrics 49 (3), 803–821.

Banzatto, D.A., Kronka, S.N., 2006. Experimentação agrícola, fourth ed. Funep, Jaboticabal.

Barioni Jr., W., 1995. Análise de correspondência na identificação dos fatores de risco associados à diarréia e à performance de leitões na fase de lactação. Piracicaba. 97 f. Masters Dissertation, Escola Superior de Agricultura Luiz de Queiroz, Universidade de São Paulo.

Barnett, V., Lewis, T., 1994. Outliers in Statistical Data, third ed. John Wiley & Sons, Chichester.

Barradas, J.M., Fonseca, E.C., Silva, E.F., Pereira, H.G., 1992. Identification and mapping of pollution indices using a multivariate statistical methodology. Appl. Geochem. 7 (6), 563–572.

Bartholomew, D., Knott, M., Moustaki, I., 2011. Latent Variable Models and Factor Analysis: A Unified Approach, third ed. John Wiley & Sons, New York.

Bartlett, M.S., 1954. A note on the multiplying factors for various χ^2 approximations. J. Roy. Stat. Soc. Ser. B 16 (2), 296–298.

Bartlett, M.S., 1937. Properties of sufficiency and statistical tests. Proc. R. Soc. Lond. Ser. A: Math. Phys. Sci. 160 (901), 268–282.

Bartlett, M.S., 1941. The statistical significance of canonical correlations. Biometrika 32 (1), 29–37.

Bastos, D.B., Nakamura, W.T., 2009. Determinantes da estrutura de capital das companhias abertas no Brasil, México e Chile no período 2001-2006. Revista Contabilidade e Finanças 20 (50), 75–94.

Bastos, R., Pindado, J., 2013. Trade credit during a financial crisis: a panel data analysis. J. Bus. Res. 66 (5), 614–620.

Batista, L.E., Escuder, M.M.L., Pereira, J.C.R., 2004. A cor da morte: causas de óbito segundo características de raça no Estado de São Paulo, 1999 a 2001. Revista de Saúde Pública 38 (5), 630–636.

Baum, C.F., 2006. An Introduction to Modern Econometrics Using Stata. Stata Press, College Station.

Baum, C.F., Schaffer, M.E., Stillman, S., 2011. Using Stata for applied research: reviewing its capabilities. J. Econ. Surveys 25 (2), 380–394.

Baxter, L.A., Finch, S.J., Lipfert, F.W., Yu, Q., 1997. Comparing estimates of the effects of air pollution on human mortality obtained using different regression methodologies. Risk Analysis 17 (3), 273–278.

Bazaraa, M.S., Jarvis, J.J., Sherali, H.D., 2009. Linear Programming and Network Flows, fourth ed. John Wiley & Sons.

Bazeley, P., 2013. Qualitative Data Analysis: Practical Strategies. Sage Publications, London.

Beck, N., 2007. From statistical nuisances to serious modeling: changing how we think about the analysis of time-series-cross-section data. Polit. Anal. 15 (2), 97–100.

Beck, N., 2001. Time-series-cross-section-data: what have we learned in the past few years? Annu. Rev. Polit. Sci. 4 (1), 271–293.

Beck, N., Katz, J.N., 1995. What to do (and not to do) with time-series cross-section data. Am. Polit. Sci. Rev. 89 (3), 634–647.

Begg, M.D., Parides, M.K., 2003. Separation of individual-level and cluster-level covariate effects in regression analysis of correlated data. Stat. Med. 22 (6), 2591–2602.

Beh, E.J., 1998. A comparative study of scores for correspondence analysis with ordered categories. Biometr. J. 40 (4), 413–429.

Beh, E.J., 1999. Correspondence analysis of ranked data. Commun. Stat. Theory Methods 28 (7), 1511–1533.

Beh, E.J., 2004. Simple correspondence analysis: a bibliographic review. Int. Stat. Rev. 72 (2), 257–284.

Beh, E.J., Lombardo, R., 2014. Correspondence Analysis: Theory, Practice and New Strategies. John Wiley & Sons, New York.

Bekaert, G., Harvey, C.R., 2002. Research in emerging markets finance: looking to the future. Emerg. Market Rev. 3 (4), 429–448.

Bekaert, G., Harvey, C.R., Lundblad, C., 2001. Emerging equity markets and economic development. J. Dev. Econ. 66 (2), 465–504.

Bekman, O.R., Costa Neto, P.L.O., 2009. Análise estatística da decisão, second ed. Edgard Blücher, São Paulo.

Belfiore, P., 2015. Estatística aplicada a administração, contabilidade e economia com Excel® e SPSS®. Campus Elsevier, Rio de Janeiro.

Belfiore, P., Fávero, L.P., 2012. Pesquisa operacional: para cursos de administração, contabilidade e economia. Campus Elsevier, Rio de Janeiro.

Belfiore, P., Fávero, L.P., 2007. Scatter search for the fleet size and mix vehicle routing problem with time windows. Cent. Eur. J. Oper. Res. 15 (4), 351–368.

Belfiore, P., Yoshizaki, H.T.Y., 2013. Heuristic methods for the fleet size and mix vehicle routing problem with time windows and split deliveries. Comput. Ind. Eng. 64 (2), 589–601.

Belfiore, P., Yoshizaki, H.T.Y., 2009. Scatter search for a real-life heterogeneous fleet vehicle routing problem with time windows and split deliveries in Brazil. Eur. J. Oper. Res. 199 (3), 750–758.

Bell, A., Jones, K., Explaining fixed effects: random effects modelling of time-series cross-sectional and panel data. http://polmeth.wustl.edu/media/Paper/FixedversusRandom_1.pdf. [(Accessed 17 December 2012)].

Benders, J.F., 1962. Partitioning procedures for solving mixed-variables programming problems. Numerische Mathematik 4, 238–252.

1518

Bensmail, H., Celeux, G., Raftery, A.E., Robert, C.P., 1997. Inference in model-based cluster analysis. Stat. Comput. 7 (1), 1–10.

Benzécri, J.P., 1992. Correspondence analysis handbook, second ed. Marcel Dekker, New York.

Benzécri, J.P., 1977. El análisis de correspondencias. Les Cahiers de l' Analyse des Données 2 (2), 125–142.

Benzécri, J.P., 1979. Sur le calcul des taux d'inertie dans l'analyse d'un questionnaire. Les Cahiers de l'Analyse des Données 4 (3), 377–378.

Berenson, M.L., Levine, D.M., 1996. Basic Business Statistics: Concepts and Application, sixth ed. Prentice Hall, Upper Saddle River.

Bergh, D.D., 1995. Problems with repeated measures analysis: demonstration with a study of the diversification and performance relationship. Acad. Manag. J. 38 (6), 1692–1708.

Berkson, J., 1944. Application of the logistic function to bioassay. J. Am. Stat. Assoc. 39 (227), 357–365.

Bezerra, F.A., Corrar, L.J., 2006. Utilização da análise fatorial na identificação dos principais indicadores para avaliação do desempenho financeiro: uma aplicação nas empresas de seguros. Revista Contabilidade e Finanças 4 (42), 50–62.

Bhargava, A., Franzini, L., Narendranathan, W., 1982. Serial correlation and the fixed effects model. Rev. Econ. Stud. 49 (4), 533–549.

Bhargava, A., Sargan, J.D., 1983. Estimating dynamic random effects models from panel data covering short time periods. Econometrica 51 (6), 1635–1659.

Billor, N., Hadi, A.S., Velleman, P.F., 2000. BACON: blocked adaptive computationally efficient outlier nominators. Comput. Stat. Data Anal. 34 (3), 279–298.

Binder, D.A., 1978. Bayesian cluster analysis. Biometrika 65 (1), 31–38.

Birch, M.W., 1963. Maximum likelihood in three-way contingency tables. J. Roy. Stat. Soc. Ser. B 25 (1), 220–233.

Black, K., 2012. Business Statistics: For Contemporary Decision Making, seventh ed. John Wiley & Sons, New York.

Blair, E., 1983. Sampling issues in trade area maps drawn from shopping surveys. J. Market. 47 (1), 98–106.

Blashfield, R.K., Aldenderfer, M.S., 1978. The literature on cluster analysis. Multivariate Behav. Res. 13 (3), 271–295.

Bliese, P.D., Ployhart, R.E., 2002. Growth modeling using random coefficient models: model building, testing, and illustrations. Organization. Res. Methods 5 (4), 362–387.

Bliss, C.I., 1934b. The method of probits – a correction. Science 79 (2053), 409–410.

Bliss, C.I., 1934a. The method of probits. Science 79 (2037), 38–39.

Blundell, R., Bond, S., 1998. Initial conditions and moment restrictions in dynamic panel data models. J. Econometrics 87 (1), 115–143.

Blunsdon, B., Reed, K., 2005. Social innovators or lagging behind: factors that influence manager's time use. Women Manag. Rev. 78, 544–561.

Bock, H.H., 1985. On some significance tests in cluster analysis. J. Classification 2 (1), 77–108.

Bock, R.D., 1975. Multivariate Statistical Methods in Behavioral Research. McGraw-Hill, New York.

Bolfarine, H., Bussab, W.O., 2005. Elementos de amostragem. Edgard Blücher, São Paulo.

Bolfarine, H., Sandoval, M.C., 2001. Introdução à inferência estatística. Sociedade Brasileira de Matemática, Rio de Janeiro.

Bonett, D.G., 2010. Varying coefficient meta-analytic methods for alpha reliability. Psychol. Methods 15 (4), 368–385.

Borgatta, E.F., Bohrnstedt, G.W., 1980. Level of measurement: once over again. Sociol. Methods Res. 9 (2), 147–160.

Borooah, V.K., 2001. Logit and Probit. Sage Publications, Thousand Oaks.

Botelho, D., Zouain, D.M., 2006. Pesquisa quantitativa em administração. Atlas, São Paulo.

Bottai, M., Orsini, N., 2013. A command for Laplace regression. Stata J. 13 (2), 302–314.

Botton, L., Bengio, Y., 1995. Convergence properties of the k-means algorithm. Adv. Neural Inf. Process. Syst. 7, 585–592.

Bouroche, J.M., Saporta, G., 1982. Análise de dados. Zahar, Rio de Janeiro.

Box, G.E.P., Cox, D.R., 1964. An analysis of transformations. J. Roy. Stat. Soc. Ser. B 26 (2), 211–252.

Box-Steffensmeier, J.M., Jones, B.S., 2004. Event History Modeling: A Guide for Social Scientists. Cambridge University Press, Cambridge.

Braga, R., Fávero, L.P., 2017. Disposition effect and tolerance to losses in stock investment decisions: an experimental study. J. Behav. Financ. 18 (3), 271–280.

Bramer, M., 2016. Principles of Data Mining, third ed. Springer, New York.

Brand, M., 2006. Fast low-rank modifications of the thin singular value decomposition. Linear Algebra Appl. 415 (1), 20–30.

Brandão, M.A.L., 2010. Estudo de alguns métodos determinísticos de otimização irrestrita. Uberlândia, 2010. Dissertação (Mestrado em Matemática)Universidade Federal de Uberlândia 87 p.

Bravais, A., 1846. Analyse mathematique sur les probabilites des erreurs de situation d'un point. Memoires par Divers Savans 9, 255–332.

Breusch, T.S., 1978. Testing for autocorrelation in dynamic linear models. Australian Econ. Papers 17 (31), 334–355.

Breusch, T.S., Mizon, G.E., Schmidt, P., 1989. Efficient estimation using panel data. Econometrica 57 (3), 695–700.

Breusch, T.S., Pagan, A.R., 1980. The Lagrange multiplier test and its application to model specification in econometrics. Rev. Econ. Stud. 47 (1), 239–253.

Breusch, T.S., Ward, M.B., Nguyen, H.T.M., Kompas, T., 2011. On the fixed-effects vector decomposition. Polit. Anal. 19 (2), 123–134.

Brito, G.A.S., Assaf Neto, A., 2008. Modelo de risco para carteiras de créditos corporativos. Revista de Administração (RAUSP) 43 (3), 263–274.

Brito Júnior, I., 2004. Análise do impacto logístico de diferentes regimes aduaneiros no abastecimento de itens aeronáuticos empregando modelo de transbordo multiproduto com custos fixos. Dissertação (Mestrado em Engenharia de Sistemas Logísticos), Escola Politécnica da Universidade de São Paulo, São Paulo.

Brito Júnior, I., Yoshizaki, H.T.Y., Belfiore, P., 2012. Um modelo de localização e transbordo multiproduto para avaliação do impacto de regimes aduaneiros. Transportes 20 (3), 89–98.

Brown, M.B., Forsythe, A.B., 1974. Robust tests for the equality of variances. J. Am. Stat. Assoc. 69 (346), 364–367.

Bruni, A.L., 2011. Estatística aplicada à gestão empresarial, third ed. Atlas, São Paulo.

Buchinsky, M., 1998. Recent advances in quantile regression models: a practical guideline for empirical research. J. Hum. Resour. 33 (1), 88–126.

Buffa, E.S., Sarin, R.K., 1987. Modern production/operations management, eighth ed. John Wiley & Sons.

Bussab, W.O., Miazaki, E.S., Andrade, D.F., 1990. Introdução à análise de agrupamentos. In: Simpósio Brasileiro de Probabilidade e Estatística. Anais do Congresso, São Paulo.

Bussab, W.O., Morettin, P.A., 2011. Estatística básica, seventh ed. Saraiva, São Paulo.

Buzas, T.E., Fornell, C., Rhee, B.D., 1989. Conditions under which canonical correlation and redundancy maximization produce identical results. Biometrika 76 (3), 618–621.

Cabral, N.A.C.A., Investigação por inquérito. http://www.amendes.uac.pt/monograf/tra06investgInq.pdf. [(Accessed 3 August 2015)].

Cáceres, R.C.A., 2013. Análisis de la supervivencia: regresión de Cox. Ediciones Alfanova, Málaga.

Calinski, T., Harabasz, J., 1974. A dendrite method for cluster analysis. Commun. Statist. 3 (1), 1–27.

Cameron, A.C., Trivedi, P.K., 1986. Econometric models based on count data: comparisons and applications of some estimators and tests. J. Appl. Econ. 1 (1), 29–53.

Cameron, A.C., Trivedi, P.K., 2009. Microeconometrics Using Stata, Revised edition. Stata Press, College Station.

Cameron, A.C., Trivedi, P.K., 2013. Regression Analysis of Count Data, second ed. Cambridge University Press, Cambridge.

Cameron, A.C., Trivedi, P.K., 1990. Regression-based tests for overdispersion in the Poisson model. J. Econometrics 46 (3), 347–364.

Cameron, A.C., Windmeijer, F.A.G., 1997. An R-squared measure of goodness of fit for some common nonlinear regression models. J. Econometrics 77 (2), 329–342.

Camilo, C.O., Silva, J.C., 2009. Mineração de dados: conceitos, tarefas, métodos e ferramentas. Technical Report RT-INF 001-09, Instituto de Informática, Universidade Federal de Goiás.

Camiz, S., Gomes, G.C., 2013. Joint correspondence analysis versus multiple correspondence analysis: a solution to an undetected problem. In: Giusti, A., Ritter, G., Vichi, M. (Eds.), Classification and Data Mining. Studies in Classification, Data Analysis, and Knowledge Organization. Springer-Verlag, Berlin, pp. 11–18.

Campbell, J.Y., Lo, A.W., Mackinlay, A.C., 1997. The Econometrics of Financial Markets. Princeton University Press, Princeton.

Campbell, N.A., Tomenson, J.A., 1983. Canonical variate analysis for several sets of data. Biometrics 39 (2), 425–435.

Caroll, J.D., Green, P.E., Schaffer, C.M., 1986. Interpoint distance comparisons in correspondence analysis. J. Market. Res. 23 (3), 271–280.

Carvalho, N.A.S., 2012. Aplicação de Modelos Estatísticos para Previsão e Monitoramento da Cobrabilidade de uma Empresa de Distribuição de Energia Elétrica no Brasil. Pontifícia Universidade Católica do Rio de Janeiro Dissertação (Mestrado em Metrologia).

Carvalho, H., 2008. Análise multivariada de dados qualitativos: utilização da análise de correspondências múltiplas com o SPSS. Edições Sílabo, Lisboa.

Cattell, R.B., 1966. The scree test for the number of factors. Multivariate Behav. Res. 1 (2), 245–276.

Cattell, R.B., Balcar, K.R., Horn, J.L., Nesselroade, J.R., 1969. Factor matching procedures: an improvement of the s index; with tables. Educ. Psychol. Meas. 29 (4), 781–792.

Celeux, G., Govaert, G., 1992. A classification EM algorithm for clustering and two stochastic versions. Comput. Stat. Data Anal. 14 (3), 315–332.

Chamberlain, G., 1980. Analysis of covariance with qualitative data. Rev. Econ. Stud. 47 (1), 225–238.

Chambless, L.E., Dobson, A., Patterson, C.C., Raines, B., 1991. On the use of a logistic risk score in predicting risk of coronary heart disease. Stat. Med. (9), 385–396.

Chappel, W., Kimenyi, M., Mayer, W., 1990. A Poisson probability model of entry and market structure with an application to U.S. industries during 1972-77. South. Econ. J. 56 (4), 918–927.

Charnes, A., Cooper, W.W., Rhodes, E., 1978. Measuring the efficiency of decision making units. Eur. J. Oper. Res. 2 (6), 429–444.

Charnet, R., Bonvino, H., Freire, C.A.L., Charnet, E.M.R., 2008. Análise de modelos de regressão linear: com aplicações, second ed. Editora da Unicamp, Campinas.

Chatterjee, S., Jamieson, L., Wiseman, F., 1991. Identifying most influential observations in factor analysis. Market. Sci. 10 (2), 145–160.

Chiavenato, I., 1997. Introdução à teoria geral da administração, fifth ed. Makron Books, São Paulo.

Chen, C.W., 1971. On some problems in canonical correlation analysis. Biometrika 58 (2), 399–400.

Chen, M.H., Ibrahim, J.G., Shao, Q.M., 2009. Maximum likelihood inference for the Cox regression model with applications to missing covariates. J. Multivariate Anal. 100 (9), 2018–2030.

Cheng, R., Milligan, G.W., 1996. K-Means clustering methods with influence detection. Educ. Psychol. Meas. 56 (5), 833–838.

Chopra, S., Meindl, P., 2011. Gestão da cadeia de suprimentos: estratégia, planejamento e operações, fourth ed. Pearson Prentice Hall, São Paulo.

Chow, G.C., 1960. Tests of equality between sets of coefficients in two linear regressions. Econometrica 28 (3), 591–605.

Christensen, R., 1997. Log-Linear Models and Logistic Regression, second ed. Springer-Verlag, New York.

Cios, K.J., Pedrycz, W., Swiniarski, R.W., Kurgan, L.A., 2007. Data Mining: A Knowledge Discovery Approach. Springer, New York.

Cleveland, W.S., 1985. The Elements of Graphing Data. Wadsworth, Monterey.

Cleves, M.A., Gould, W.W., Gutierrez, R.G., Marchenko, Y.V., 2010. An Introduction to Survival Analysis Using Stata, third ed. Stata Press, College Station.

Cliff, N., Hamburger, C.D., 1967. The study of sampling errors in factor analysis by means of artificial experiments. Psychol. Bull. 68 (6), 430–445.

Cochran, W.G., 1977. Sampling Techniques, third ed. John Wiley & Sons, New York.

Cochran, W.G., 1947a. Some consequences when the assumptions for the analysis of variance are not satisfied. Biometrics 3 (1), 22–38.

Cochran, W.G., 1950. The comparison of percentages in matched samples. Biometrika 37 (¾), 256–266.

Cochran, W.G., 1947b. The distribution of the largest of a set of estimated variances as a fraction of their total. Ann. Eugen.s 22 (11), 47–52.

Colin, E.C., 2007. Pesquisa operacional: 170 aplicações em estratégia, finanças, logística, produção, marketing e vendas. LTC, Rio de Janeiro.

Collings, B., Margolin, B., 1985. Testing goodness of fit for the Poisson assumption when observations are not identically distributed. J. Am. Stat. Assoc. 80 (390), 411–418.

Colosimo, E.A., Giolo, S.R., 2006. Análise de sobrevivência aplicada. Edgard Blücher, São Paulo.

Conaway, M.R., 1990. A random effects model for binary data. Biometrics 46 (2), 317–328.

Consul, P., 1989. Generalized Poisson Distributions. Marcel Dekker, New York.

Consul, P., Famoye, F., 1992. Generalized Poisson regression model. Commun. Stat. Theory Methods 21 (1), 89–109.

Consul, P., Jain, G., 1973. A generalization of the Poisson distribution. Technometrics 15 (4), 791–799.

Cook, R.D., 1979. Influential observations in linear regression. J. Am. Stat. Assoc. 74, 169–174.

Cooper, D.R., Schindler, P.S., 2011. Métodos de pesquisa em administração, 10th ed. Bookman, Porto Alegre.

Cooper, S.L., 1964. Random sampling by telephone: an improved method. J. Market. Res. 1 (4), 45–48.

Cordeiro, G.M., 1983. Improved likelihood ratio statistics for generalized linear models. J. Roy. Stat. Soc. Ser. B 45 (3), 404–413.

Cordeiro, G.M., 1987. On the corrections to the likelihood ratio statistics. Biometrika 74 (2), 265–274.

Cordeiro, G.M., Demétrio, C.G.B., 2007. Modelos lineares generalizados. SEAGRO e Rbras, Santa Maria.

Cordeiro, G.M., McCullagh, P., 1991. Bias correction in generalized linear models. J. Roy. Stat. Soc. Ser. B 53 (3), 629–643.

Cordeiro, G.M., Ortega, E.M.M., Cunha, D.C.C., 2013. The exponentiated generalized class of distributions. J. Data Sci. 11, 777–803.

Cordeiro, G.M., Ortega, E.M.M., Silva, G.O., 2011. The exponentiated generalized gamma distribution with application to lifetime data. J. Stat. Comput. Simul. 81 (7), 827–842.

Cordeiro, G.M., Paula, G.A., 1989. Improved likelihood ratio statistics for exponential family nonlinear models. Biometrika 76 (1), 93–100.

Cornwell, C., Rupert, P., 1988. Efficient estimation with panel data: an empirical comparison of instrumental variables estimators. J. Appl. Econometrics 3 (2), 149–155.

Cortina, J.M., 1993. What is coefficient alpha? An examination of theory and applications. J. Appl. Psychol. 78 (1), 98–104.

Costa Neto, P.L.O., 2002. Estatística, second ed. Edgard Blücher, São Paulo.

Costa, P.S., Santos, N.C., Cunha, P., Cotter, J., Sousa, N., 2013. The use of multiple correspondence analysis to explore associations between categories of qualitative variables in healthy ageing. J. Aging Res. 2013.

Courgeau, D., 2003. Methodology and Epistemology of Multilevel Analysis. Kluwer Academic Publishers, London.

Covarsi, M.G.A., 1996. Técnicas de análisis factorial aplicadas al análisis de la información financiera: fundamentos, limitaciones, hallazgo y evidencia empírica española. Revista Española de Financiación y Contabilidad 26 (86), 57–101.

Cox, D.R., 1972. Regression models and life tables. J. Roy. Stat. Soc. Ser. B 34 (2), 187–220.

Cox, D.R., 1983. Some remarks on overdispersion. Biometrika 70 (1), 269–274.

Cox, D.R., Oakes, D., 1984. Analysis of Survival Data. Chapman and Hall/CRC, London.

Cox, D.R., Snell, E.J., 1989. Analysis of Binary Data, second ed. Chapman & Hall, London.

Cox, N.J., 2002. Speaking Stata: how to face lists with fortitude. Stata J. 2 (2), 202–222.

Cox, N.J., 2001. Speaking Stata: how to repeat yourself without going mad. Stata J. 1 (1), 86–97.

Cox, N.J., 2003. Speaking Stata: problems with lists. Stata J. 3 (2), 185–202.

Cox, N.J., 2005. Speaking Stata: smoothing in various directions. Stata J. 5 (4), 574–593.

Cox, N.J., 2010. Speaking Stata: the limits of sample skewness and kurtosis. Stata J. 10 (3), 482–495.

Coxon, A.P., The, M., 1982. User's guide to multidimensional scaling: with special reference to the MDS (X library of computer programs). Heinemann Educational Books, London.

Cronbach, L.J., 1951. Coefficient alpha and the internal structure of tests. Psychometrika 16 (3), 297–334.

Crowther, M.J., Abrams, K.R., Lambert, P.C., 2013. Joint modeling of longitudinal and survival data. Stata J. 13 (1), 165–184.

Czekanowski, J., 1932. Coefficient of racial "likeness" und "durchschnittliche differenz". Anthropologischer Anzeiger 9 (3/4), 227–249.

D'enza, A.I., Greenacre, M.J., 2012. Multiple correspondence analysis for the quantification and visualization of large categorical data sets. In: Di Ciaccio, A., Coli, M., Ibanez, J.M.A. (Eds.), Advanced Statistical Methods for the Analysis of Large Data-Sets. Studies in Theoretical and Applied Statistics. Springer-Verlag, Berlin, pp. 453–463.

Danseco, E.R., Holden, E.W., 1998. Are there different types of homeless families? A typology of homeless families based on cluster analysis. Fam. Relat. 47 (2), 159–165.

Dantas, C.A.B., 2008. Probabilidade: um curso introdutório, third ed. Edusp, São Paulo.

Dantas, R.A., Cordeiro, G.M., 1988. Uma nova metodologia para avaliação de imóveis utilizando modelos lineares generalizados. Revista Brasileira de Estatística 49 (191), 27–46.

Dantzig, G.B., Fulkerson, D.R., Johnson, S.M., 1954. Solution of a large-scale traveling salesman problem. Oper. Res. 2, 393–410.

Davidson, R., Mackinnon, J.G., 1993. Estimation and Inference in Econometrics. Oxford University Press, Oxford.

Davis, P.B., 1977. Conjoint measurement and the canonical analysis of contingency tables. Sociol. Methods Res. 5 (3), 347–365.

Day, G.S., Heeler, R.M., 1971. Using cluster analysis to improve marketing experiments. J. Market. Res. 8 (3), 340–347.

De Irala, J., Fernández-Crehuet, N.R., Serranco, C.A., 1997. Intervalos de confianza anormalmente amplios en regresión logística: interpretación de resultados de programas estadísticos. Revista Panamericana de Salud Pública 28, 235–243.

De Leeuw, J., 1984. Canonical Analysis of Categorical Data. DSWO Press, Leiden.

De Leeuw, J., 2008. Meijer, E. (Ed.), Handbook of Multilevel Analysis. Springer, New York.

Deadrick, D.L., Bennett, N., Russell, C.J., 1997. Using hierarchical linear modeling to examine dynamic performance criteria over time. J. Manag. 23 (6), 745–757.

Dean, C., Lawless, J., 1989. Tests for detecting overdispersion in Poisson regression models. J. Am. Stat. Assoc. 84 (406), 467–472.

Deaton, A., 2010. Instruments, randomization, and learning about development. J. Econ. Lit. 48 (2), 424–455.

Deb, P., Trivedi, P.K., 2006. Maximum simulated likelihood estimation of a negative binomial regression model with multinomial endogenous treatment. Stata J. 6 (2), 246–255.

Demidenko, E., 2005. Mixed Models: Theory and Applications. John Wiley & Sons, New York.

Desmarais, B.A., Harden, J.J., 2013. Testing for zero inflation in count models: bias correction for the Vuong test. Stata J. 13 (4), 810–835.

Deus, J.E.R., 2001. Escalamiento multidimensional. Editorial La Muralla, Madrid.

Deville, J.C., Saporta, G., 1983. Correspondence analysis, with an extension towards nominal time series. Journal of Econometrics 22, 169–189.

Devore, J.L., 2006. Probabilidade e estatística para engenharia. Thomson Pioneira, São Paulo.

Dice, L.R., 1945. Measures of the amount of ecologic association between species. Ecology 26 (3), 297–302.

Digby, P.G.N., Kempton, R.A., 1987. Multivariate Analysis of Ecological Communities. Chapman & Hall/CRC Press, London.

Dillon, W.R., Goldstein, M., 1984. Multivariate Analysis Methods and Applications. John Wiley & Sons, New York.

Dobbie, M.J., Welsh, A.H., 2001. Modelling correlated zero-inflated count data. Aust. N. Z. J. Stat. 43 (4), 431–444.

Dobson, A.J., 2001. An Introduction to Generalized Linear Models, second ed. Chapman & Hall/CRC Press, London.

Dore, J.C., Ojasoo, T., 1996. Correspondence factor analysis of the publication patterns of 48 countries over the period 1981-1992. J. Am. Soc. Inf. Sci. 47, 588–602.

Dougherty, C., 2011. Introduction to Econometrics, fourth ed. Oxford University Press, New York.

Doutriaux, J., Crener, M.A., 1982. Which statistical technique should I use? A survey and marketing case study. Manag. Decis. Econ. 3 (2), 99–111.

Draper, D., 1995. Inference and hierarchical modeling in the social sciences. J. Educ. Behav. Stat. 20 (2), 115–147.

Driscoll, J.C., Kraay, A.C., 1998. Consistent covariance matrix estimation with spatially dependent panel data. Rev. Econ. Stat. 80 (4), 549–560.

Driver, H.E., Kroeber, A.L., 1932. Quantitative expression of cultural relationships. Univ. Calif. Public. Am. Archaeol. Ethnol. 31 (4), 211–256.

Drukker, D.M., 2003. Testing for serial correlation in linear panel-data models. Stata J. 3 (2), 168–177.

Duncan, O.D., 1984. Notes on Social Measurement: Historical and Critical. Russell Sage Foundation, New York.

Dunlop, D.D., 1994. Regression for longitudinal data: a bridge from least squares regression. Am. Stat. 48 (4), 299–303.

Durbin, J., Watson, G.S., 1950. Testing for serial correlation in least squares regression: I. Biometrika 37 (¾), 409–428.

Durbin, J., Watson, G.S., 1951. Testing for serial correlation in least squares regression: II. Biometrika 38 (½), 159–177.

Dyke, G.V., Patterson, H.D., 1952. Analysis of factorial arrangements when the data are proportions. Biometrics 8 (1), 1–12.

Dziuban, C.D., Shirkey, E.C., 1974. When is a correlation matrix appropriate for factor analysis? Some decision rules. Psychol. Bull. 81 (6), 358–361.

Ekşioğlu, S.D., Ekşioğlu, B., Romeijn, H.E., 2007. A lagrangean heuristic for integrated production and transportation planning problems in a dynamic, multi-item, two-layer supply chain. IIE Trans. 39 (2), 191–201.

Elhedhli, S., Goffin, J.L., 2005. Efficient production-distribution system design. Manag. Sci. 51 (7), 1151–1164.

Embretson, S.E., Hershberger, S.L., 1999. The new Rules of Measurement. Lawrence Erlbaum Associates, Mahwah.

Engle, R.F., 1984. Wald, likelihood ratio, and lagrange multiplier tests in econometrics. In: Griliches, Z., Intriligator, M.D. (Eds.), Handbook of Econometrics II. North Holland, Amsterdam, pp. 796–801.

Eom, S., Kim, E., 2006. A survey of decision support system applications (1995-2001). J. Oper. Res. Soc. 57, 1264–1278.

Epley, D.R.U.S., 2001. Real estate agent income and commercial/investment activities. J. Real Estate Res. 21 (3), 221–244.

Espejo, L.G.A., Galvão, R.D., 2002. O uso das relaxações Lagrangeana e surrogate em problemas de programação inteira. Pesquisa Operacional 22 (3), 387–402.

Espinoza, F.S., Hirano, A.S., 2003. As dimensões de avaliação dos atributos importantes na compra de condicionadores de ar: um estudo aplicado. Revista de Administração Contemporânea (RAC) 7 (4), 97–117.

Everitt, B.S., Landau, S., Leese, M., Stahl, D., 2011. Cluster Analysis, 5. ed. John Wiley & Sons, Chichester.

Fabrigar, L.R., Wegener, D.T., MacCallum, R.C., Strahan, E.J., 1999. Evaluating the use of exploratory factor analysis in psychological research. Psychol. Methods 4 (3), 272–299.

Famoye, F., 1993. Restricted generalized Poisson regression model. Commun. Stat. Theory Methods 22 (5), 1335–1354.

Famoye, F., Singh, K.P., 2006. Zero-inflated generalized Poisson regression model with an application to domestic violence data. J. Data Sci. 4 (1), 117–130.

Farnstrom, F., Lewis, J., Elkan, C., 2000. Scalability for clustering algorithms revisited. SIGKDD Explor. 2 (1), 51–57.

Farrel, M.J., 1957. The measurement of productive efficiency. J. Roy. Stat. Soc. 120 (3), 253–290.

Fávero, L.P., 2015. Análise de dados: modelos de regressão com Excel®, Stata® e SPSS®. Campus Elsevier, Rio de Janeiro.

Fávero, L.P., 2013. Dados em painel em contabilidade e finanças: teoria e aplicação. Brazil. Bus. Rev. 10 (1), 131–156.

Fávero, L.P., 2010. Modelagem hierárquica com medidas repetidas. Associate Professor Thesis - Faculdade de Economia, Administração e Contabilidade, Universidade de São Paulo, São Paulo. 202 f.

Fávero, L.P., 2008a. Modelos de precificação hedônica de imóveis residenciais na Região Metropolitana de São Paulo: uma abordagem sob as perspectivas da demanda e da oferta. Estudos Econômicos 38 (1), 73–96.

Fávero, L.P., 2005. O mercado imobiliário residencial da região metropolitana de São Paulo: uma aplicação de modelos de comercialização hedônica de regressão e correlação canônica. PhD Thesis - Faculdade de Economia Administração e Contabilidade, Universidade de São Paulo, São Paulo. 319 f.

Fávero, L.P., 2011a. Preços hedônicos no mercado imobiliário comercial de São Paulo: a abordagem da modelagem multinível com classificação cruzada. Estudos Econômicos 41 (4), 777–810.

Fávero, L.P., 2008b. Time, firm and country effects on performance: an analysis under the perspective of hierarchical modeling with repeated measures. Brazil. Bus. Rev. 5 (3), 163–180.

Fávero, L.P., 2011b. Urban amenities and dwelling house prices in Sao Paulo, Brazil: a hierarchical modelling approach. Glob. Bus. Econ. Rev. 13 (2), 147–167.

Fávero, L.P., Almeida, J.E.F., 2011. O comportamento dos índices de ações em países emergentes: uma análise com dados em painel e modelos hierárquicos. Revista Brasileira de Estatística 72 (235), 97–137.

Fávero, L.P., Angelo, C.F., Eunni, R.V., 2007. Impact of loyalty programs on customer retention: evidence from the retail apparel industry in Brazil. In: International Academy of Linguistics, Behavioral and Social Sciences. Anais do Congresso, Washington.

Fávero, L.P., Belfiore, P., 2015. Análise de dados: técnicas multivariadas exploratórias com SPSS® e Stata®. Campus Elsevier, Rio de Janeiro.

Fávero, L.P., Belfiore, P., 2011. Cash flow, earnings ratio and stock returns in emerging global regions: evidence from longitudinal data. Glob. Econ. Financ. J. 4 (1), 32–43.

Fávero, L.P., Belfiore, P., 2017. Manual de análise de dados: estatística e modelagem multivariada com Excel®, SPSS® e Stata®. Elsevier, Rio de Janeiro.

Fávero, L.P., Belfiore, P., Silva, F.L., Chan, B.L., 2009. Análise de dados: modelagem multivariada para tomada de decisões. Campus Elsevier, Rio de Janeiro.

Fávero, L.P., Belfiore, P., Takamatsu, R.T., Suzart, J., 2014. Métodos quantitativos com Stata®. Campus Elsevier, Rio de Janeiro.

Fávero, L.P., Confortini, D., 2010. Modelos multinível de coeficientes aleatórios e os efeitos firma, setor e tempo no mercado acionário brasileiro. Pesquisa Operacional 30 (3), 703–727.

Fávero, L.P., Confortini, D., 2009. Qualitative assessment of stock prices listed on the São Paulo Stock Exchange: an approach from the perspective of homogeneity analysis. Academia: Revista Latinoamericana de Administración 42 (1), 20–33.

Fávero, L.P., Santos, M.A., Serra, R.G., 2018. Cross-border branching in the Latin American banking sector. Int. J. Bank Market. 36 (3), 496–528.

Fávero, L.P., Sotelino, F.B., 2011. Elasticities of stock prices in emerging markets. In: Batten, J.A., Szilagyi, P.G. (Eds.), The Impact of the Global Financial Crisis on Emerging Financial Markets. Contemporary Studies in Economic and Financial Analysis, vol. 93. Emerald Group Publishing Limited, pp. 473–493.

Fayyad, U., Piatetsky-Shapiro, G., Smyth, P., 1996. From data mining to knowledge discovery in databases. AI Magazine 17 (3), 37–54.

Feigl, P., Zelen, M., 1965. Estimation of exponential survival probabilities with concomitant information. Biometrics 21 (4), 826–838.

Fernandes, A.M.R., 2005. Inteligência artificial: noções gerais. Visual Books, Florianópolis.

Ferrando, P.J., 1993. Introducción al análisis factorial. Ppu, Barcelona.

Ferrão, F., Reis, E., Vicente, P., 2001. Sondagens: a amostragem como factor decisivo de qualidade, second ed. Lisboa, Edições Sílabo.

Ferreira, J.M., 2007. Análise de sobrevivência: uma visão de risco comportamental na utilização de cartão de crédito. Masters Dissertation, Departamento de Estatística e Informática. Universidade Federal Rural de Pernambuco, Recife. 73 f.

Ferreira, S.C.R., 2012. Análise multivariada sobre bases de dados criminais. Masters Dissertation, Faculdade de Ciências e Tecnologia da Universidade de Coimbra, Coimbra. 81 f.

Ferreira Filho, V.J.M., Ignácio, A.A.V., 2004. O uso de software de modelagem AIMMS na solução de problemas de programação matemática. Pesquisa Operacional 24 (1), 197–210.

Fielding, A., 2004. The role of the Hausman test and whether higher level effects should be treated as random or fixed. Multilevel Modelling Newsletter 16 (2), 3–9.

Fienberg, S.E., 2007. Analysis of Cross-Classified Categorical Data. Springer-Verlag, New York.

Figueira, A.P.C., 2003. Procedimento HOMALS: instrumentalidade no estudo das orientações metodológicas dos professores portugueses de língua estrangeira. In: V SNIP - Simpósio Nacional de Investigação em Psicologia. Anais do Congresso, Lisboa.

Figueiredo Filho, D.B., Silva Júnior, J.A., Rocha, E.C., 2012. Classificando regimes políticos utilizando análise de conglomerados. Opinião Pública 18 (1), 109–128.

Finney, D.J., 1952. Probit Analysis. Cambridge University Press, Cambridge.

Finney, D.J., Stevens, W.L., 1948. A table for the calculation of working probits and weights in probit analysis. Biometrika 35 (1/2), 191–201.

Firpo, S., 2007. Efficient semiparametric estimation of quantile treatment effects. Econometrica 75 (1), 259–276.

Fischer, G., 1936. Ornithologische monatsberichte. Jahrgang, Berlin.

Flannery, M.J., Hankins, K.W., 2013. Estimating dynamic panel models in corporate finance. J. Corp. Finance 19 (1), 1–19.

Fleischer, G.A., 2011. Contingency Table Analysis for Road Safety Studies. Springer, New York.

Fleishman, J.A., 1986. Types of political attitude structure: results of a cluster analysis. Publ. Opin. Quart. 50 (3), 371–386.

Fourer, R., Gay, D.M., Kernighan, B.W., 2002. AMPL: A Modeling Language for Mathematical Programming, second ed. Duxbury.

Fouto, N.M.M.D., 2004. Determinação de uma função de preços hedônicos para computadores pessoais no Brasil. Masters Dissertation, Faculdade de Economia, Administração e Contabilidade, Universidade de São Paulo, São Paulo. 150 f.

Fraley, C., Raftery, A.E., 2002. Model-based clustering, discriminant analysis and density estimation. J. Am. Stat. Assoc. 97 (458), 611–631.

Frees, E.W., 1995. Assessing cross-sectional correlation in panel data. J. Econ. 69 (2), 393–414.

Frees, E.W., 2004. Longitudinal and Panel Data: Analysis and Applications in the Social Sciences. Cambridge University Press, Cambridge.

Frei, F., 2006. Introdução à análise de agrupamentos: teoria e prática. Editora Unesp, São Paulo.

Frei, F., Lessa, B.S., Nogueira, J.C.G., Zopello, R., Silva, S.R., Lessa, V.A.M., 2013. Análise de agrupamentos para a classificação de pacientes submetidos à cirurgia bariátrica Fobi-Capella. ABCD. Arquivos Brasileiros de Cirurgia Digestiva 26 (1), 33–38.

Freund, J.E., 2006. Estatística aplicada: economia, administração e contabilidade, 11th ed. Bookman, Porto Alegre.

Friedman, M., 1940. A comparison of alternative tests of significance for the problem of m rankings. Ann. Math. Stat. 11 (1), 86–92.

Friedman, M., 1937. The use of ranks to avoid the assumption of normality implicit in the analysis of variance. J. Am. Stat. Assoc. 32 (200), 675–701.

Frölich, M., Melly, B., 2010. Estimation of quantile treatment effects with Stata. Stata J. 10 (3), 423–457.

Frome, E.L., Kurtner, M.H., Beauchamp, J.J., 1973. Regression analysis of Poisson-distributed data. J. Am. Stat. Assoc. 68 (344), 935–940.

Froot, K.A., 1989. Consistent covariance matrix estimation with cross-sectional dependence and heteroskedasticity in financial data. J. Financ. Quant. Anal. 24 (3), 333–355.

Fumes, G., Corrente, J.E., 2010. Modelos inflacionados de zeros: aplicações na análise de um questionário de frequência alimentar. Revista Brasileira de Biometria 28 (1), 24–38.

Galantucci, L.M., DI Gioia, E., Lavecchia, F., Percoco, G., 2014. Is principal component analysis an effective tool to predict face attractiveness? A contribution based on real 3D faces of highly selected attractive women, scanned with stereophotogrammetry. Med. Biol. Eng. Comput. 52 (5), 475–489.

Galton, F., 1894. Natural Inheritance, fifth ed. Macmillan and Company, New York.

GAMS - General Algebraic Modeling System, 2011. An introduction to GAMS. Disponível em http://www.gams.com. [(Accessed 1 April 2011)].

Gardiner, J.C., Luo, Z., Roman, L.A., 2009. Fixed effects, random effects and GEE: what are the differences? Stat. Med. 28 (2), 221–239.

Gardner, W., Mulvey, E.P., Shaw, E.C., 1995. Regression analyses of counts and rates: Poisson, overdispersed Poisson, and negative binomial models. Psychol. Bull. 118 (3), 392–404.

Garson, G.D., 2013. Factor Analysis. Statistical Associates Publishers, Asheboro.

Garson, G.D., 2012. Logistic Regression: Binary & Multinomial. Statistical Associates Publishing, Asheboro.

Gelman, A., 2006. Multilevel (hierarchical) modeling: what it can and cannot do. Technometrics 48 (3), 432–435.

Geoffrion, A.M., 1972. Generalized Benders decomposition. J. Optim. Theory Appl. 10 (4), 237–260.

Geoffrion, A.M., Graves, G.W., 1974. Multicommodity distribution design by Benders decomposition. Manag. Sci. 20 (5), 822–844.

Gessner, G., Malhotra, N.K., Kamakura, W.A., Zmijewski, M.E., 1988. Estimating models with binary dependent variables: some theoretical and empirical observations. J. Bus. Res. 16 (1), 49–65.

Giffins, R., 1985. Canonical Analysis: A Review with Applications in Ecology. Springer-Verlag, Berlin.

Gilbert, G.K., 1884. Finley's tornado predictions. Am. Meteorol. J. (1), 166–172.

Gimeno, S.G.A., Souza, J.M.P., 1995. Utilização de estratificação e modelo de regressão logística na análise de dados de estudos caso-controle. Revista de Saúde Pública 29 (4), 283–289.

Glasser, G.L., Metzger, G.D., 1972. Random-digit dialing as a method of telephone sampling. J. Market. Res. 9 (1), 59–64.

Glasser, M., 1967. Exponential survival with covariance. J. Am. Stat. Assoc. 62 (318), 561–568.

Gnecco, G., Sanguineti, M., 2009. Accuracy of suboptimal solutions to kernel principal component analysis. Comput. Optim. Appl. 42 (2), 265–287.

Gnedenko, B.V., 2008. A teoria da probabilidade. Ciência Moderna, Rio de Janeiro.

Godfrey, L.G., 1988. Misspecification Tests in Econometrics. Cambridge University Press, Cambridge.

Godfrey, L.G., 1978. Testing against general autoregressive and moving average error models when the regressors include lagged dependent variables. Econometrica 46 (6), 1293–1301.

Goldbarg, M.C., Luna, H.P.L., 2005. Otimização combinatória e programação linear, second ed. Campus Elsevier, Rio de Janeiro.

Goldberger, A.S., 1962. Best linear unbiased prediction in the generalized linear regression model. J. Am. Stat. Assoc. 57 (298), 369–375.

Goldstein, H., 2011. Multilevel Statistical Models, fourth ed. John Wiley & Sons, Chichester.

Gomes Jr., A.C., Souza, M.J.F., 2004. Softwares de otimização: manual de referência. Departamento de Computação, Universidade Federal de Ouro Preto.

Gomory, R.E., 1958. Outline of an algorithm for integer solutions to linear programs. Bull. Am. Math. Soc. 64 (5), 275–278.

Gonçalez, P.U., Werner, L., 2009. Comparação dos índices de capacidade do processo para distribuições não normais. Gestão & Produção 16 (1), 121–132.

Gordon, A.D., 1987. A review of hierarchical classification. J. Roy. Stat. Soc. Ser. A 150 (2), 119–137.

Gorsuch, R.L., 1990. Common factor analysis versus component analysis: some well and little known facts. Multivar. Behav. Res. 25 (1), 33–39.

Gorsuch, R.L., 1983. Factor Analysis, second ed. Lawrence Erlbaum Associates, Mahwah.

Gould, W., Pitblado, J., Poi, B., 2010. Maximum Likelihood Estimation with Stata, fourth ed. Stata Press, College Station.

Gourieroux, C., Monfort, A., Trognon, A., 1984. Pseudo maximum likelihood methods: applications to Poisson models. Econometrica 52 (3), 701–772.

Gower, J.C., 1967. A comparison of some methods of cluster analysis. Biometrics 23 (4), 623–637.

Greenacre, M.J., 2007. Correspondence Analysis in Practice, second ed. Chapman & Hall/CRC Press, Boca Raton.

Greenacre, M.J., 1988. Correspondence analysis of multivariate categorical data by weighted least-squares. Biometrika 75 (3), 457–467.

Greenacre, M.J., 2000. Correspondence analysis of square asymmetric matrices. J. Roy. Stat. Soc. Ser. C Appl. Stat. 49 (3), 297–310.

Greenacre, M.J., 2008. La práctica del análisis de correspondencias. Barcelona: Fundación Bbva.

Greenacre, M.J., 2003. Singular value decomposition of matched matrices. J. Appl. Stat. 30 (10), 1101–1113.

Greenacre, M.J., 1989. The Carroll-Green-Schaffer scaling in correspondence analysis: a theoretical and empirical appraisal. J. Market. Res. 26 (3), 358–365.

Greenacre, M.J., 1984. Theory and Applications of Correspondence Analysis. Academic Press, London.

Greenacre, M.J., Blasius, J., 1994. Correspondence Analysis in the Social Sciences. Academic Press, London.

Greenacre, M.J., Blasius, J., 2006. Multiple Correspondence Analysis and Related Methods. Chapman & Hall/CRC Press, Boca Raton.

Greenacre, M.J., Hastie, T., 1987. The geometric interpretation of correspondence analysis. J. Am. Stat. Assoc. 82 (398), 437–447.

Greenacre, M.J., Pardo, R., 2006. Subset correspondence analysis: visualization of selected response categories in a questionnaire survey. Sociol. Methods Res. 35 (2), 193–218.

Greenberg, B.A., Goldstucker, J.L., Bellenger, D.N., 1977. What techniques are used by marketing researchers in business? J. Market. 41 (2), 62–68.

Greene, W.H., 2012. Econometric Analysis, seventh ed. Pearson, Harlow.

Greene, W.H., 2011. Fixed effects vector decomposition: a magical solution to the problem of time-invariant variables in fixed effects models? Polit. Anal. 19 (2), 135–146.

Greenwood, M., Yule, G.U., 1920. An inquiry into the nature of frequency distributions representative of multiple happenings with particular reference to the occurrence of multiple attacks of disease or of repeated accidents. J. Roy. Stat. Soc. Ser. A 83 (2), 255–279.

Gu, Y., Hole, A.R., 2013. Fitting the generalized multinomial logit model in Stata. Stata J. 13 (2), 382–397.

Gujarati, D.N., 2011. Econometria básica, fifth ed. Bookman, Porto Alegre.

Gujarati, D.N., Porter, D.C., 2008. Econometria básica, fifth ed. McGraw-Hill, New York.

Gupta, P.L., Gupta, R.C., Tripathi, R.C., 1996. Analysis of zero-adjusted count data. Comput. Stat. Data Anal. 23 (2), 207–218.

Gurmu, S., 1998. Generalized hurdle count data regressions models. Econ. Lett. 58 (3), 263–268.

Gurmu, S., 1991. Tests for detecting overdispersion in the positive Poisson regression model. J. Bus. Econ. Stat. 9 (2), 215–222.

Gurmu, S., Trivedi, P.K., 1996. Excess zeros in count models for recreational trips. J. Bus. Econ. Stat. 14 (4), 469–477.

Gurmu, S., Trivedi, P.K., 1992. Overdispersion tests for truncated Poisson regression models. J. Econometrics 54 (1–3), 347–370.

Gutierrez, R.G., 2002. Parametric frailty and shared frailty survival models. Stata J. 2 (1), 22–44.

Guttman, L., 1941. The quantification of a class of attributes: a theory and method of scale construction. In: Horst, P. et al., (Ed.), The Prediction of Personal Adjustment. Social Science Research Council, New York.

Guttman, L., 1977. What is not what in statistics. Statistician 26 (2), 81–107.

Haberman, S.J., 1973. The analysis of residuals in cross-classified tables. Biometrics 29 (1), 205–220.

Habib, F., Etesam, I., Ghoddusifar, S.H., Mohajeri, N., 2012. Correspondence analysis: a new method for analyzing qualitative data in architecture. Nexus Netw. J. 14 (3), 517–538.

Haddad, R., Haddad, P., 2004. Crie planilhas inteligentes com o Microsoft Office Excel 2003 - Avançado. Érica, São Paulo.

Hadi, A.S., 1994. A modification of a method for the detection of outliers in multivariate samples. J. Roy. Stat. Soc. Ser. B 56 (2), 393–396.

Hadi, A.S., 1992. Identifying multiple outliers in multivariate data. J. Roy. Stat. Soc. Ser. B 54 (3), 761–771.

Hair Jr., J.F., Black, W.C., Babin, B.J., Anderson, R.E., Tatham, R.L., 2009. Análise multivariada de dados, sixth ed. Bookman, Porto Alegre.

Hall, D.B., 2000. Zero-inflated Poisson and binomial regression with random effects: a case study. Biometrics 56, 1030–1039.

Halvorsen, R., Palmquist, R.B., 1980. The interpretation of dummy variables in semilogarithmic equations. Am. Econ. Rev. 70 (3), 474–475.

Hamann, U., 1961. Merkmalsbestand und verwandtschaftsbeziehungen der Farinosae: ein beitrag zum system der monokotyledonen. Willdenowia 2 (5), 639–768.

Hamilton, L.C., 2013. Statistics with Stata: version 12, eighth ed. Brooks/Cole Cengage Learning, Belmont.

Han, J., Kamber, M., 2000. Data Mining: Concepts and Techniques. Morgan Kaufmann, Burlington.

Hardin, J.W., Hilbe, J.M., 2013. Generalized Estimating equations, second ed. Chapman & Hall/CRC Press, Boca Raton.

Hardin, J.W., Hilbe, J.M., 2012. Generalized Linear Models and Extensions, third ed. Stata Press, College Station.

Härdle, W.K., Simar, L., 2012. Applied Multivariate Statistical Analysis, third ed. Springer, Heidelberg.

Hardy, A., 1996. On the number of clusters. Comput. Stat. Data Anal. 23 (1), 83–96.

Hardy, M.A., 1993. Regression with Dummy Variables. Sage Publications, Thousand Oaks.

Harman, H.H., 1976. Modern Factor Analysis, third ed. University of Chicago Press, Chicago.

Hartley, H.O., 1950. The use of range in analysis of variance. Biometrika 37 (3-4), 271–280.

Harvey, A.C., 1976. Estimating regression models with multiplicative heteroscedasticity. Econometrica 44 (3), 461–465.

Hausman, J.A., 1978. Specification tests in econometrics. Econometrica 46 (6), 1251–1271.

Hausman, J.A., Hall, B.H., Griliches, Z., 1984. Econometric models for count data with an application to the patents-R & D relationship. Econometrica 52 (4), 909–938.

Hausman, J.A., Taylor, W.E., 1981. Panel data and unobservable individual effects. Econometrica 49 (6), 1377–1398.

Hayashi, C., Sasaki, M., Suzuki, T., 1992. Data Analysis for Comparative Social Research: International Perspectives. North Holland, Amsterdam.

Heck, R.H., Thomas, S.L., 2009. An Introduction to Multilevel Modeling Techniques, second ed. Routledge, New York.

Heck, R.H., Thomas, S.L., Tabata, L.N., 2014. Multilevel and Longitudinal Modeling with IBM SPSS, second ed. Routledge, New York.

Heckman, J., Vytlacil, E., 1998. Instrumental variables methods for the correlated random coefficient model: estimating the average rate of return to schooling when the return is correlated with schooling. J. Hum. Resour. 33 (4), 974–987.

Heibron, D.C., 1994. Zero-altered and other regression models for count data with added zeros. Biometrical J. 36 (5), 531–547.

Held, M., Karp, R.M., 1970. The traveling-salesman problem and minimum spanning trees. Oper. Res. 18 (6), 1138–1162.

Herbst, A.F., 1974. A factor analysis approach to determining the relative endogeneity of trade credit. J. Finance 29 (4), 1087–1103.

Higgs, N.T., 1991. Practical and innovative uses of correspondence analysis. Statistician 40 (2), 183–194.

Hilbe, J.M., 2009. Logistic Regression Models. Chapman & Hall/CRC Press, London.

Hill, C., Griffiths, W., Judge, G., 2000. Econometria. Saraiva, São Paulo.

Hill, P.W., Goldstein, H., 1998. Multilevel modeling of educational data with cross-classification and missing identification for units. J. Educ. Behav. Stat. 23 (2), 117–128.

Hillier, D., Pindado, J., Queiroz, V., Torre, C., 2011. The impact of country-level corporate governance on research and development. J. Int. Bus. Stud. 42 (1), 76–98.

Hillier, F.S., Lieberman, G.J., 2005. Introduction to Operations Research, eighth ed. McGraw-Hill, Boston.

Hinde, J., Demetrio, C.G.B., 1998. Overdispersion: models and estimation. Comput. Stat. Data Anal. 27 (2), 151–170.

Hindi, K.S., Basta, T., 1994. Computationally efficient solution of a multiproduct, two-stage distribution-location problem. J. Oper. Res. Soc. 45 (11), 1316–1323.

Hindi, K.S., Basta, T., Piénkosz, K., 2006. Efficient solution of a multi-commodity, two-stage distribution problem with constraints on assignment of customers to distribution centers. Int. Trans. Oper. Res. 5 (6), 519–527.

Hirschfeld, H.O., 1935. A connection between correlation and contingency. Math. Proc. Cambridge Philos. Soc. 31 (4), 520–524.

Ho, H.F., Hung, C.C., 2008. Marketing mix formulation for higher education: an integrated analysis employing analytic hierarchy process, cluster analysis and correspondence analysis. Int. J. Educ. Manag. 22 (4), 328–340.

Hoaglin, D.C., Mosteller, F., Tukey, J.W., 2000. Understanding Robust and Exploratory Data Analysis. John Wiley & Sons, New York.

Hoechle, D., 2007. Robust standard errors for panel regressions with cross-sectional dependence. Stata J. 7 (3), 281–312.

Hoffman, D., Franke, G.R., 1986. Correspondence analysis: graphical representation of categorical data in marketing research. J. Market. Res. 23 (3), 213–227.

Hofmann, D.A., 1997. An overview of the logic and rationale of hierarchical linear models. J. Manag. 23 (6), 723–744.

Holtz-Eakin, D., Newey, W., Rosen, H.S., 1988. Estimating vector auto regressions with panel data. Econometrica 56 (6), 1371–1395.

Hoover, K.R., Donovan, T., 2014. The Elements of Social Scientific Thinking, 11th ed. Worth Publishers, New York.

Hosmer, D.W., Lemeshow, S., 1980. Goodness-of-fit tests for the multiple logistic regression model. Commun. Statist. Theory Methods 9 (10), 1043–1069.

Hosmer, D.W., Lemeshow, S., May, S., 2008. Applied Survival Analysis: Regression Modeling of Time to Event Data, second ed John Wiley & Sons, Hoboken.

Hosmer, D.W., Lemeshow, S., Sturdivant, R.X., 2013. Applied Logistic Regression, 3. ed. John Wiley & Sons, New York.

Hosmer, D.W., Taber, S., Lemeshow, S., 1991. The importance of assessing the fit of logistic regression models: a case study. Am. J. Public Health 81, 1630–1635.

Hotelling, H., 1933. Analysis of a complex of statistical variables into principal components. J. Educ. Psychol. 24 (6), 417–441.

Hotelling, H., 1936. Relations between two sets of variates. Biometrika 28 (3/4), 321–377.

Hotelling, H., 1935. The most predictable criterion. J. Educ. Psychol. 26, 139–142.

Hough, J.R., 2006. Business segment performance redux: a multilevel approach. Strateg. Manag. J. 27 (1), 45–61.

Hox, J.J., 2010. Multilevel Analysis: Techniques and Applications, second ed. Routledge, New York.

Hoyos, R.E., Sarafidis, V., 2006. Testing for cross-sectional dependence in panel-data models. Stata J. 6 (4), 482–496.

Hsiao, C., 2003. Analysis of Panel Data, second ed. Cambridge University Press, Cambridge.

Hu, F.B., Goldberg, J., Hedeker, D., Flay, B.R., Pentz, M.A., 1998. Comparison of population-averaged and subject-specific approaches for analyzing repeated binary outcomes. Am. J. Epidemiol. 147 (7), 694–703.

Hubbard, A.E., Ahern, J., Fleischer, N.L., Laan, M.V., Lippman, S.A., Jewell, N., Bruckner, T., Satariano, W.A., 2010. To GEE or not to GEE: comparing population average and mixed models for estimating the associations between neighborhood risk factors and health. Epidemiology 21 (4), 467–474.

Huber, P.J., 1967. The behavior of maximum likelihood estimates under nonstandard conditions. In: Proceedings of the Fifth Berkeley Symposium on Mathematical Statistics and Probability. vol. 1, pp. 221–233.

Hubert, L., Arabie, P., 1985. Comparing partitions. J. Classif. 2 (1), 193–218.

Hwang, H., Dillon, W.R., Takane, Y., 2006. An extension of multiple correspondence analysis for identifying heterogeneous subgroups of respondents. Psychometrika 71 (1), 161–171.

Iezzi, D.F., 2005. A method to measure the quality on teaching evaluation of the university system: the Italian case. Soc. Indicat. Res. 73, 459–477.

Ignácio, S.A., 2010. Importância da estatística para o processo de conhecimento e tomada de decisão. Revista Paranaense de Desenvolvimento 118, 175–192.

Intriligator, M.D., Bodkin, R.G., Hsiao, C., 1996. Econometric Models, Techniques and Applications, second ed. Prentice Hall, Englewood Cliffs.

Islam, N., 1995. Growth empirics: a panel data approach. Quart. J. Econ. 110 (4), 1127–1170.

Israëls, A., 1987. Eigenvalue Techniques for Qualitative Data. DSWO Press, Leiden.

Jaccard, J., 2001. Interaction Effects in Logistic Regression. Sage Publications, Thousand Oaks.

Jaccard, P., 1901. Distribution de la flore alpine dans le Bassin des Dranses et dans quelques régions voisines. Bulletin de la Société Vaudoise des Sciences Naturelles 37 (140), 241–272.

Jaccard, P., 1908. Nouvelles recherches sur la distribution florale. Bulletin de la Société Vaudoise des Sciences Naturelles 44 (163), 223–270.

Jain, A.K., Murty, M.N., Flynn, P.J., 1999. Data clustering: a review. ACM Comput. Surv. 31 (3), 264–323.

Jak, S., Oort, F.J., Dolan, C.V., 2014. Using two-level factor analysis to test for cluster bias in ordinal data. Multivar. Behav. Res. 49 (6), 544–553.

Jann, B., 2007. Making regression tables simplified. Stata J. 7 (2), 227–244.

Jansakul, N., Hinde, J.P., 2002. Score tests for zero-inflated Poisson models. Comput. Stat. Data Anal. 40 (1), 75–96.

Jérôme, P., 2014. Multiple Factor Analysis by Example Using R. Chapman & Hall/CRC Press, London.

Jiménez, E.G., Flores, J.G., Gómez, G.R., 2000. Análisis factorial. Editorial La Muralla, Madrid.

Johnson, D.E., 1998. Applied Multivariate Methods for Data Analysts. Duxbury Press, Pacific Grove.

Johnson, R.A., Wichern, D.W., 2007. Applied Multivariate Statistical Analysis, sixth ed. Pearson Education, Upper Saddle River.

Johnson, S.C., 1967. Hierarchical clustering schemes. Psychometrika 32 (3), 241–254.

Johnston, J., Dinardo, J., 2001. Métodos econométricos, fourth ed. McGraw-Hill, Lisboa.

Jolliffe, I.T., Jones, B., Morgan, B.J.T., 1995. Identifying influential observations in hierarchical cluster analysis. J. Appl. Stat. 22 (1), 61–80.

Jones, A.M., Rice, N., D'uva, T.B., Balia, S., 2013. Applied Health Economics, second ed. Routledge, New York.

Jones, D.C., Kalmi, P., Mäkinen, M., 2010. The productivity effects of stock option schemes: evidence from Finnish panel data. J. Product. Anal. 33 (1), 67–80.

Jones, K., Bullen, N., 1994. Contextual models of urban house prices: a comparison of fixed- and random-coefficient models developed by expansion. Econ. Geogr. 70 (3), 252–272.

Jones, M.R., 2014. Identifying critical factors that predict quality management program success: data mining analysis of Baldrige award data. Qual. Manag. J. 21 (3), 49–61.

Jones, R.H., 1975. Probability estimation using a multinomial logistic function. J. Stat. Comput. Simul. (3), 315–329.

Jones, S.T., Banning, K., 2009. US elections and monthly stock market returns. J. Econ. Finance 33 (3), 273–287.

Jöreskog, K.G., 1967. Some contributions to maximum likelihood factor analysis. Psychometrika 32 (4), 443–482.

Kachigan, S., 1986. Statistical Analysis: An Interdisciplinary Introduction to Univariate & Multivariate Methods. Radius Press, New York.

Kaiser, H.F., 1970. A second generation little jiffy. Psychometrika 35 (4), 401–415.

Kaiser, H.F., 1974. An index of factorial simplicity. Psychometrica 39 (1), 31–36.

Kaiser, H.F., 1958. The varimax criterion for analytic rotation in factor analysis. Psychometrika 23 (3), 187–200.

Kaiser, H.F., Caffrey, J., 1965. Alpha factor analysis. Psychometrika 30 (1), 1–14.

Kalbfleisch, J.D., Prentice, R.L., 2002. The Statistical Analysis of Failure Time Data, second ed. John Wiley & Sons, New York.

Kanungo, T., Mount, D.M., Netanyahu, N.S., Piatko, C.D., Silverman, R., Wu, A.Y., 2002. The efficient k-means clustering algorithm: analysis and implementation. IEEE Trans. Pattern Anal. Mach. Intell. 24 (7), 881–892.

Kaplan, E.L., Meier, P., 1958. Nonparametric estimation from incomplete observations. J. Am. Stat. Assoc. 53 (282), 457–481.

Kaufman, L., Rousseeuw, P.J., 2005. Finding Groups in Data: An Introduction to Cluster Analysis. John Wiley & Sons, Hoboken.

Kaufman, R.L., 1996. Comparing effects in dichotomous logistic regression: a variety of standardized coefficients. Soc. Sci. Quart. 77, 90–109.

Kelton, W.D., Sadowski, R.P., Swets, N.B., 2010. Simulation with Arena, fifth ed. McGraw-Hill, New York.

Kelton, W.D., Sadowski, R.P., Swets, N.B., 1998. Simulation with Arena, first ed. McGraw-Hill, New York.

Kennedy, P., 2008. A Guide to Econometrics, sixth ed. MIT Press, Cambridge.

Keskin, B.B., Üster, H., 2007. A scatter search-based heuristic to locate capacitated transshipment points. Comput. Oper. Res. 34 (10), 3112–3125.

Kim, B., Park, C., 1992. Some remarks on testing goodness of fit for the Poisson assumption. Commun. Statist. Theory Methods 21 (4), 979–995.

Kim, J.O., Mueller, C.W., 1978a. Factor Analysis: Statistical Methods and Practical Issues. Sage Publications, Thousand Oaks.

Kim, J.O., Mueller, C.W., 1978b. Introduction to Factor Analysis: What it Is and How to Do it. Sage Publications, Thousand Oaks.

Kintigh, K.W., Ammerman, A.J., 1982. Heuristic approaches to spatial analysis in archaeology. Am. Ant. 47 (1), 31–63.

Klastorin, T.D., 1983. Assessing cluster analysis results. J. Market. Res. 20 (1), 92–98.

Klatzky, S.R., Hodge, R.W., 1971. A canonical correlation analysis of occupational mobility. J. Am. Stat. Assoc. 66 (333), 16–22.

Klein, J.P., Moeschberger, M.L., 2003. Survival Analysis: Techniques for Censored and Truncated Data, second ed. Springer, New York.

Kleinbaum, D.G., Klein, M., 2010. Logistic Regression: A Self-Learning Text, third ed. Springer, New York.

Kleinbaum, D.G., Klein, M., 2012. Survival Analysis: A Self-Learning Text, third ed. Springer-Verlag, New York.

Kleinbaum, D., Kupper, L., Nizam, A., Rosenberg, E.S., 2014. Applied Regression Analysis and Other Multivariable Methods, fifth ed. Cengage Learning, Boston.

Klimkiewicz, A., Cervera-Padrell, A.E., Van den Berg, F.W.J., 2016. Multilevel modeling for data mining of downstream bio-industrial processes. Chemometr. Intell. Lab. Syst. 154 (15), 62–71.

Kmenta, J., 1978. Elementos de econometria. Atlas, São Paulo.

Koenker, R., 2004. Quantile regression for longitudinal data. J. Multivar. Anal. 91 (1), 74–89.

Koenker, R., 2005. Quantile Regression. Cambridge University Press, Cambridge.

Koenker, R., Bassett, G., 1978. Regression quantiles. Econometrica 46 (1), 33–50.

Kohler, U., Kreuter, F., 2012. Data Analysis Using Stata, third ed. Stata Press, College Station.

Kolmogorov, A., 1941. Confidence limits for an unknown distribution function. Ann. Math. Stat. 12 (4), 461–463.

Konno, H., Yamazaki, H., 1991. Mean-absolute deviation portfolio optimization model and its applications to Tokyo stock market. Manag. Sci. 37 (5), 519–531.

Kreft, I., De Leeuw, J., 1998. Introducing Multilevel Modeling. Sage Publications, London.

Krishnakumar, J., Ronchetti, E. (Eds.), 2000. Panel Data Econometrics: Future Directions. North Holland, Amsterdam.

Kruskal, J.B., 1964a. Multidimensional scaling by optimizing goodness of fit to a nonmetric hypothesis. Psychometrika 29 (1), 1–27.

Kruskal, J.B., 1964b. Nonmetric multidimensional scaling: a numerical method. Psychometrika 29 (2), 115–129.

Kruskal, W.H., 1952. A nonparametric test for the several sample problem. Ann. Math. Stat. 23 (4), 525–540.

Kruskal, W.H., Wallis, W.A., 1952. Use of ranks in one-criterion variance analysis. J. Am. Stat. Assoc. 47 (260), 583–621.

Kutner, M.H., Nachtsheim, C.J., Neter, J., 2004. Applied Linear Regression Models, fourth ed. Irwin, Chicago.

Lachtermacher, G., 2009. Pesquisa operacional na tomada de decisões, fourth ed. Prentice Hall do Brasil, São Paulo.

Laird, N.M., Ware, J.H., 1982. Random-effects models for longitudinal data. Biometrics 38 (4), 963–974.

Lambert, D., 1992. Zero-inflated Poisson regression, with an application to defects in manufacturing. Technometrics 34 (1), 1–14.

Lambert, P.C., Royston, P., 2009. Further development of flexible parametric models for survival analysis. Stata Journal 9 (2), 265–290.

Lambert, Z., Durand, R., 1975. Some precautions in using canonical analysis. J. Market. Res. 12 (4), 468–475.

Lance, G.N., Williams, W.T., 1967. A general theory of classificatory sorting strategies: 1. Hierarchical systems. Comput. J. 9 (4), 373–380.

Land, A.H., Doig, A.G., 1960. An automatic method of solving discrete programming problems. Econometrica 28 (3), 497–520.

Landau, S., Everitt, B.S., 2004. A Handbook of Statistical Analyses Using SPSS. Chapman & Hall/CRC Press, Boca Raton.

Lane, W.R., Looney, S.W., Wansley, J.W., 1986. An application of the Cox proportional hazards model to bank failure. J. Bank. Finance 10 (4), 511–531.

Larose, D.T., Larose, C.D., 2014. Discovering Knowledge in Data: An Introduction to Data Mining, 2. ed. John Wiley & Sons, New York.

Lawless, J., 1987. Regression methods for Poisson process data. J. Am. Stat. Assoc. 82 (399), 808–815.

Lawley, D.N., 1959. Tests of significance in canonical analysis. Biometrika 46 (1/2), 59–66.

Lawson, D.M., Brossart, D.F., 2004. The association between current intergenerational family relationships and sibling structure. J. Counsel. Dev. 82 (4), 472–482.

Le Foll, Y., Burtschy, B., 1983. Representations optimales des matrices imports-exports. Revue de Statistique Appliquée 31 (3), 57–72.

Le Roux, B., Rouanet, H., 2004. Geometric Data Analysis: From Correspondence Analysis to Structured Data Analysis. Kluwer, Dordrecht.

Le Roux, B., Rouanet, H., 2010. Multiple Correspondence Analysis. Sage Publications, Thousand Oaks.

Lebart, L., Piron, M., Morineau, A., 2000. Statistique exploratoire multidimensionnelle, third ed. Dunod, Paris.

Lee, A.H., Wang, K., Scott, J.A., Yau, K., Mclachlan, G.J., 2006. Multi-level zero-inflated Poisson regression modelling of correlated count data with excess zeros. Stat. Methods Med. Res. 15 (1), 47–61.

Lee, A.H., Wang, K., Yau, K., 2001. Analysis of zero-inflated Poisson data incorporating extent of exposure. Biometrical J. 43 (8), 963–975.

Lee, E.T., Wang, J.W., 2013. Statistical Methods for Survival Data Analysis, fourth ed. John Wiley & Sons, Hoboken.

Lee, L., 1986. Specification test for Poisson regression models. Int. Econ. Rev. 27 (3), 689–706.

Leech, N.L., Barrett, K.C., Morgan, G.A., 2005. SPSS for Intermediate Statistics: Use and Interpretation, second ed. Lawrence Erlbaum Associates, Mahwah.

Levene, H., 1960. Robust tests for the equality of variance. In: Olkin, I. (Ed.), Contributions to Probability and Statistics. Stanford University Press, Palo Alto, pp. 278–292.

Levine, R., 1997. Financial development and economic growth: views and agenda. J. Econ. Lit. 35 (2), 688–726.

Levy, P.S., Lemeshow, S., 2009. Sampling of Populations: Methods and applications, fourth ed. John Wiley & Sons, New York.

Liang, K.Y., Zeger, S.L., 1986. Longitudinal data analysis using generalized linear models. Biometrika 73 (1), 13–22.

Liczbinski, C.R., 2002. Modelo de informações para o gerenciamento das atividades das pequenas indústrias de produtos alimentares do Rio Grande do Sul. Dissertação (Mestrado em Engenharia de Produção), Universidade Federal de Santa Catarina, Florianópolis.

Likert, R., 1932. A technique for the measurement of attitudes. Arch. Psychol. 22 (140), 5–55.

Lilliefors, H.W., 1967. On the Kolmogorov-Smirnov test for normality with mean and variance unknown. J. Am. Stat. Assoc. 62 (318), 399–402.

Lindley, D., 1983. Reconciliation of probability distributions. Oper. Res. 31 (5), 866–880.

Linneman, P., 1980. Some empirical results on the nature of hedonic price function for the urban housing market. J. Urban Econ. 8, 47–68.

Linoff, G.S., Berry, M.J.A., 2011. Data Mining Techniques: for Marketing, Sales, and Customer Relationship Management, third ed. John Wiley & Sons, Indianapolis.

Lisboa, E.F.A., 2010. Pesquisa operacional. Disponível em http://www.ericolisboa.eng.br. [(Accessed 28 September 2010)].

Lombardo, R., Beh, E.J., D'ambra, L., 2007. Non-symmetric correspondence analysis with ordinal variables using orthogonal polynomials. Comput. Statist. Data Anal. 52, 566–577.

Long, J.S., Freese, J., 2006. Regression models for categorical dependent variables using Stata, second ed. Stata Press, College Station.

Lopez, C.P., 2013. Principal Components, Factor Analysis, Correspondence Analysis and Scaling: Examples with SPSS. CreateSpace Independent Publishing Platform.

López, M.J.R., Fidalgo, J.L., 2000. Análisis de supervivencia. Ed. La Muralla, Madrid.

Lord, D., Park, P.Y.J., 2008. Investigating the effects of the fixed and varying dispersion parameters of Poisson-Gamma models on empirical Bayes estimates. Accid. Anal. Prevent. 40 (4), 1441–1457.

Lu, Y., Thill, J.C., 2008. Cross-scale analysis of cluster correspondence using different operational neighborhoods. J. Geogr. Syst. 10 (3), 241–261.

Lustosa, L., Mesquita, M.A., Quelhas, O., Oliveira, R., 2008. Planejamento e Controle da Produção. Campus Elsevier, Rio de Janeiro.

MacCallum, R.C., Widaman, K.F., Zhang, S., Hong, S., 1999. Sample size in factor analysis. Psychol. Methods 4 (1), 84–99.

Macedo, M.A.S., 2002. A utilização de programação matemática linear inteira binária (0-1) na seleção de projetos sob condição de restrição orçamentária. Anais do XXXIV SBPO, Rio de Janeiro, Ime.

Machado, N.R.S., Ferreira, A.O., 2012. Método de Simulação de Monte Carlo em Planilha Excel: Desenvolvimento de uma ferramenta versátil para análise quantitativa de riscos em gestão de projetos. Revista de Ciências Gerenciais 16 (23), 223–244.

Machin, D., Cheung, Y.B., Parmar, M.K.B., 2006. Survival Analysis: A Practical Approach, second ed. John Wiley & Sons, Hoboken.

Maddala, G.S., 2003. Introdução à econometria, third ed. LTC Editora, Rio de Janeiro.

Maddala, G.S., 1993. The Econometrics for Panel Data. Elgar, Brookfield.

Magalhães, M.N., Lima, C.P., 2013. Noções de probabilidade e estatística, seventh ed. Edusp, São Paulo.

Makles, A., 2012. Stata tip 110: how to get the optimal k-means cluster solution. Stata J. 12 (2), 347–351.

Malhotra, N.K., 2012. Pesquisa de marketing: uma orientação aplicada, sixth ed. Bookman, Porto Alegre.

Mangiameli, P., Chen, S.K., West, D., 1996. A comparison of SOM neural network and hierarchical clustering methods. Eur. J. Oper. Res. 93 (2), 402–417.

Manly, B.F.J., 2011. Statistics for Environmental Science and Management, second ed. Chapman and Hall/CRC Press, London.

Manly, B.J.F., 2004. Multivariate Statistical Methods, third ed. Chapman and Hall, London.

Mann, H.B., Whitney, D.R., 1947. On a test of whether one of two random variables is stochastically larger than the other. Ann. Math. Stat. 18 (1), 50–60.

Marcoulides, G.A., Hershberger, S.L., 2014. Multivariate Statistical Methods: A First Course. Psychology Press, New York.

Mardia, K.V., Kent, J.T., Bibby, J.M., 1997. Multivariate Analysis, sixth ed Academic Press, London.

Markowitz, H., 1952. Portfolio selection. J. Finance 7 (1), 77–91.

Maroco, J., 2014. Análise estatística com o SPSS Statistics, sixth ed. Edições Sílabo, Lisboa.

Marquardt, D.W., 1963. An algorithm for least-squares estimation of nonlinear parameters. J. Soc. Ind. Appl. Math. 11 (2), 431–441.

Marques, L.D., 2000. Modelos dinâmicos com dados em painel: revisão da literatura. In: Série Working Papers do Centro de Estudos Macroeconômicos e Previsão (CEMPRE) da Faculdade de Economia do Porto, Portugal. 100.

Marriott, F.H.C., 1971. Practical problems in a method of cluster analysis. Biometrics 27 (3), 501–514.

Martín, J.M., 1990. Oportunidad relativa: reflexiones en torno a la traducción del término 'odds ratio'. Gaceta Sanitaria (16), 37.

Martins, G.A., Domingues, O., 2011. Estatística geral e aplicada, fourth ed. Atlas, São Paulo.

Martins, M.S., Galli, O.C., 2007. A previsão de insolvência pelo modelo Cox: uma aplicação para a análise de risco de companhias abertas Brasileiras. Revista Eletrônica de Administração (REAd UFRGS), ed. 55 13 (1), 1–18.

Mason, R.L., Young, J.C., 2005. Multivariate tools: principal component analysis. Qual. Progr. 38 (2), 83–85.

Matisziw, T.C., 2005. Modeling transnational surface freight flow and border crossing improvement. Dissertation (PhD in Philosophy), Ohio State University.

Mátyás, L., Sevestre, P. (Eds.), 2008. The Econometrics of Panel Data: Fundamentals and Recent Developments in Theory and Practice. third ed. Springer, New York.

Mazzarol, T.W., Soutar, G.N., 2008. Australian educational institutions' international markets: a correspondence analysis. Int. J. Educ. Manag. 22 (3), 229–238.

McClave, J.T., Benson, P.G., Sincich, T., 2009. Estatística para administração e economia. Pearson Prentice Hall, São Paulo.

McCue, C., 2014. Data Mining and Predictive Analysis: Intelligence Gathering and Crime Analysis, second ed. Elsevier, Boston.

McCullagh, P., 1983. Quasi-likelihood functions. Ann. Stat. 11 (1), 59–67.

McCullagh, P., Nelder, J.A., 1989. Generalized Linear Models, second ed. Chapman & Hall, London.

McCulloch, C.E., Searle, S.R., Neuhaus, J.M., 2008. Generalized, Linear, and Mixed Models, second ed. John Wiley & Sons, Hoboken.

McGahan, A.M., Porter, M.E., 1997. How much does industry matter, really? Strateg. Manag. J. 18 (S1), 15–30.

McGee, D.L., Reed, D., Yano, K., 1984. The results of logistic analyses when the variables are highly correlated. Am. J. Epidemiol. 37, 713–719.

McIntyre, R.M., Blashfield, R.K., 1980. A nearest-centroid technique for evaluating the minimum-variance clustering procedure. Multivar. Behav. Res. 15, 225–238.

McLaughlin, S.D., Otto, L.B., 1981. Canonical correlation analysis in family research. J. Marr. Fam. 43 (1), 7–16.

McNemar, Q., 1969. Psychological Statistics, fourth ed. John Wiley & Sons, New York.

Medri, W., 2015. Análise exploratória de dados. http://www.uel.br/pos/estatisticaeducacao/.../especializacao_estatistica.pdf. [(Accessed 3 August 2015)].

Melo, M.T., Nickel, S., Gama, F.S., 2009. Facility location and supply chain management: a review. Eur. J. Oper. Res. 196, 401–412.

Menard, S.W., 2001. Applied Logistic Regression analysis, second ed. Sage Publications, Thousand Oaks.

Michell, J., 1986. Measurement scales and statistics: a clash of paradigms. Psychol. Bull. 100 (3), 398–407.

Miguel, A., Pindado, J., 2001. Determinants of capital structure: new evidence from spanish panel data. J. Corp. Finance 7 (1), 77–99.

Miguel, A., Pindado, J., Torre, C., 2004. Ownership structure and firm value: new evidence from Spain. Strateg. Manag. J. 25 (12), 1199–1207.

Miles, M.B., Huberman, A.M., Saldaña, J., 2014. Qualitative Data Analysis: A Methods Sourcebook, third ed. Sage Publications, Thousand Oaks.

Milligan, G.W., 1981. A Montecarlo study of thirty internal criterion measures for cluster analysis. Psychometrika 46, 325–342.

Milligan, G.W., 1980. An examination of the effect of six types of error perturbation on fifteen clustering algorithms. Psychometrika 45 (3), 325–342.

Milligan, G.W., Cooper, M.C., 1985. An examination of procedures for determining the number of clusters in a data set. Psychometrika 50, 159–179.

Milligan, G.W., Cooper, M.C., 1987. Methodology review: clustering methods. Appl. Psychol. Meas. 11 (4), 329–354.

Mills, T.C., 1993. The Econometric Modelling of Financial Time Series. Cambridge University Press.

Min, Y., Agresti, A., 2005. Random effect models for repeated measures of zero-inflated count data. Stat. Modell. 5 (1), 1–19.

Mingoti, S.A., 2005. Análise de dados através de métodos de estatística multivariada: uma abordagem aplicada. Editora Ufmg, Belo Horizonte.

Miranda, A., Rabe-Hesketh, S., 2006. Maximum likelihood estimation of endogenous switching and sample selection models for binary, ordinal, and count variables. Stata J. 6 (3), 285–308.

Miranda, G.J., Martins, V.F., Faria, A.F., 2007. O uso da programação linear num contexto de laticínios com várias restrições na capacidade produtiva. Custos e @gronegócio on line 3, 40–58.

Misangyi, V.F., Lepine, J.A., Algina, J., Goeddeke Jr., F., 2006. The adequacy of repeated-measures regression for multilevel research. Organization. Res. Methods 9 (1), 5–28.

Mitchell, M.N., 2012a. A Visual Guide to Stata Graphics, third ed. Stata Press, College Station.

Mitchell, M.N., 2012b. Interpreting and Visualizing Regression Models Using Stata. Stata Press, College Station.

Mittböck, M., Schemper, M., 1996. Explained variation for logistic regression. Stat. Med. 15, 1987–1997.

Molina, C.A., 2002. Predicting bank failures using a hazard model: the Venezuelan banking crisis. Emerg. Market Rev. 3 (1), 31–50.

Montgomery, D.C., 2013. Introduction to Statistical Quality Control, seventh ed. John Wisley & Sons, Inc, Arizona State University.

Montgomery, D.C., Goldsman, D.M., Hines, W.W., Borror, C.M., 2006. Probabilidade e estatística na engenharia, fourth ed. LTC Editora, Rio de Janeiro.

Montgomery, D.C., Peck, E.A., Vining, G.G., 2012. Introduction to Linear Regression Analysis, fifth ed. John Wiley & Sons, New Jersey.

Montoya, A.G.M., 2009. Inferência e diagnóstico em modelos para dados de contagem com excesso de zeros. Masters Dissertation, Departamento de Estatística, Instituto de Matemática, Estatística e Computação Científica, Universidade Estadual de Campinas, Campinas. 95 f.

Moore, D.S., McCabe, G.P., Duckworth, W.M., Sclove, S.L., 2006a. A prática da estatística empresarial: como usar dados para tomar decisões. LTC Editora, Rio de Janeiro.

Moore, D.S., McCabe, G.P., Duckworth, W.M., Sclove, S.L., 2006b. Estatística empresarial: como usar dados para tomar decisões. LTC Editora, Rio de Janeiro.

Morettin, L.G., 2000. Estatística básica: inferência. Makron Books, São Paulo.

Morgan, G.A., Leech, N.L., Gloeckner, G.W., Barrett, K.C., 2004. SPSS for Introductory Statistics: Use and Interpretation, second ed. Lawrence Erlbaum Associates, Mahwah.

Morgan, B.J.T., Ray, A.P.G., 1995. Non-uniqueness and inversions in cluster analysis. J. Roy. Stat. Soc. Ser. C 44 (1), 117–134.

Moreira, D.A., 2006. Administração da produção e operações. Thomson Learning, São Paulo.

Mulaik, S.A., 1990. Blurring the distinction between component analysis and common factor analysis. Multivar. Behav. Res. 25 (1), 53–59.

Mulaik, S.A., 2011. Foundations of Factor Analysis, second ed. Chapman & Hall/CRC Press, Boca Raton.

Mulaik, S.A., McDonald, R.P., 1978. The effect of additional variables on factor indeterminacy in models with a single common factor. Psychometrika 43 (2), 177–192.

Mullahy, J., 1986. Specification and testing of some modified count data models. J. Econometrics 33 (3), 341–365.

Muller, K.E., 1982. Understanding canonical correlation through the general linear model and principal components. Am. Statist. 36 (4), 342–354.

Mundlak, Y., 1978. On the pooling of time series and cross section data. Econometrica 46 (1), 69–85.

Myatt, G.J., Johnson, W.P., 2014. Making Sense of Data I: A Practical Guide to Exploratory Data Analysis and Data Mining, second ed. John Wiley & Sons, Hoboken.

Myatt, G.J., Johnson, W.P., 2009. Making sense of data II: a practical guide to data visualization, advanced data mining methods, and applications. John Wiley & Sons, Hoboken.

Naito, S.D.N.P., 2007. Análise de correspondências generalizada. Masters Dissertation, Faculdade de Ciências, Universidade de Lisboa, Lisboa. 156 f.

Nance, C.R., de Leeuw, J., Weigand, P.C., Prado, K., Verity, D.S., 2013. Correspondence Analysis and West Mexico Archaeology: Ceramics from the Long-Glasgow Collection. University of New Mexico Press, Albuquerque.

Nascimento, A., Almeida, R.M.V.R., Castilho, S.R., Infantosi, A.F.C., 2013. Análise de correspondência múltipla na avaliação de serviços de farmácia hospitalar no Brasil. Cadernos de Saúde Pública 29 (6), 1161–1172.

Natis, L., 2007. Modelos lineares hierárquicos. Masters Dissertation, Instituto de Matemática e Estatística, Universidade de São Paulo, São Paulo. 77 f.

Navarro, A., Utzet, F., Caminal, J., Martin, M., 2001. La distribución binomial negativa frente a la de Poisson en el análisis de fenómenos recurrentes. Gaceta Sanitaria 15 (5), 447–452.

Navidi, W., 2012. Probabilidade e estatística para ciências exatas. Bookman, Porto Alegre.

Nasser, R.B., 2012. Mccloud service framework: arcabouço para desenvolvimento de serviços baseados na simulação de Monte Carlo na cloud. Pontifícia Universidade Católica do Rio de Janeiro – PUC-RIO. Dissertação (Mestrado em Informática).

Nelder, J.A., 1966. Inverse polynomials, a useful group of multi-factor response functions. Biometrics 22 (1), 128–141.

Nelder, J.A., Wedderburn, R.W.M., 1972. Generalized linear models. J. Roy. Stat. Soc. Ser. A 135 (3), 370–384.

Nelson, D., 1975. Some remarks on generalizations of the negative binomial and Poisson distributions. Technometrics 17 (1), 135–136.

Nerlove, M., 2002. Essays in Panel Data Econometrics. Cambridge University Press, Cambridge.

Neuenschwander, B.E., Flury, B.D., 1995. Common canonical variates. Biometrika 82 (3), 553–560.

Neufeld, J.L., 2003. Estatística aplicada à administração usando Excel. Prentice Hall, São Paulo.

Neuhaus, J.M., 1992. Statistical methods for longitudinal and clustered designs with binary responses. Stat. Methods Med. Res. 1 (3), 249–273.

Neuhaus, J.M., Kalbfleisch, J.D., 1998. Between- and within-cluster covariate effects in the analysis of clustered data. Biometrics 54 (2), 638–645.

Neuhaus, J.M., Kalbfleisch, J.D., Hauck, W.W., 1991. A comparison of cluster-specific and population-averaged approaches for analyzing correlated binary data. Int. Stat. Rev. 59 (1), 25–35.

Newey, W.K., West, K.D., 1987. A simple, positive semi-definite, heteroskedasticity and autocorrelation consistent covariance matrix. Econometrica 55 (3), 703–708.

Nishisato, S., 1993. On quantifying different types of categorical data. Psychometrika 58 (1), 617–629.

Norton, E.C., Bieler, G.S., Ennett, S.T., Zarkin, G.A., 1996. Analysis of prevention program effectiveness with clustered data using generalized estimating equations. J. Consult. Clin. Psychol. 64 (5), 919–926.

Norusis, M.J., 2012. IBM SPSS Statistics 19 Guide to Data Analysis. Pearson, Boston.

Nunnally, J.C., Bernstein, I.H., 1994. Psychometric Theory, third ed. McGraw-Hill, New York.

O'rourke, D., Blair, J., 1983. Improving random respondent selection in telephone surveys. J. Market. Res. 20 (4), 428–432.

Ochiai, A., 1957. Zoogeographic studies on the soleoid fishes found in Japan and its neighbouring regions [em japonês]. Bull. Jpn. Soc. Sci. Fish. 22 (9), 522–525.

Olariaga, L.J., Hernández, L.L., 2000. Análisis de correspondencias. Editorial La Muralla, Madrid.

Oliveira, C.C.F., 2011. Uma priori beta para distribuição binomial negativa. Masters Dissertation, Departamento de Estatística e Informática, Universidade Federal Rural de Pernambuco, Recife. 54 f.

Oliveira, F.E.M., 2009. Estatística e probabilidade, second ed. Atlas, São Paulo.

Oliveira, T.M.V., 2001. Amostragem não probabilística: adequação de situações para uso e limitações de amostras por conveniência, julgamento e quotas. Administração On Line 2 (3), 1–16.

Oliveira Jr., P.A., Dantas, M.J.P., Machado, R.L., 2013. Aplicação da Simulação de Monte Carlo no Gerenciamento de Riscos em Projetos com o Cristal Ball. Simpósio de Administração da Produção, Logística e Operações Internacionais.

Olshansky, S.J., Carnes, B.A., 1997. Ever since Gompertz. Demography 34 (1), 1–15.

Olson, D., L; Delen, D., 2008. Advanced Data Mining Techniques. Springer, New York.

Oneal, J.R., Russett, B., 2001. Clear and clean: the fixed effects of the liberal peace. Int. Org. 55 (2), 469–485.

Orden, A., 1956. The transshipment problem. Manag. Sci. 2 (3), 276–285.

Orsini, N., Bottai, M., 2011. Logistic quantile regression in Stata. Stata J. 11 (3), 327–344.

Ortega, C.M., Cayuela, D.A., 2002. Regresión logística no condicionada y tamaño de muestra: una revisión bibliográfica. Revista Española de Salud Pública 76, 85–93.

Ortega, E.M.M., Cordeiro, G.M., Carrasco, J.M.F., 2011. The log-generalized modified Weibull regression model. Brazil. J. Probab. Stat. 25 (1), 64–89.

Ortega, E.M.M., Cordeiro, G.M., Kattan, M.W., 2012. The negative binomial-beta Weibull regression model to predict the cure of prostate cancer. J. Appl. Stat. 39 (6), 1191–1210.

Ou, H., Wei, C., Deng, Y., Gao, N., Ren, Y., 2014. Principal component analysis to assess the efficiency and mechanism for enhanced coagulation of natural algae-laden water using a novel dual coagulant system. Environ. Sci. Pollut. Res. Int. 21 (3), 2122–2131.

Page, M.C., Braver, S.L., Mackinnon, D.P., 2003. Levine's Guide to SPSS for Analysis of Variance, 2. ed. Lawrence Erlbaum Associates, Mahwah.

Pallant, J., 2010. SPSS Survival Manual: A Step by Step Guide to Data Analysis Using SPSS, fourth ed. Open University Press, Berkshire.

Palmer, M.W., 1993. Putting things in even better order: the advantages of canonical correspondence analysis. Ecology 74 (8), 2215–2230.

Pampel, F.C., 2000. Logistic Regression: A Primer. Sage Publications, Thousand Oaks.

Pardoe, I., 2012. Applied Regression Modeling, second ed. John Wiley & Sons, Hoboken.

Parzen, E., 1962. On estimation of a probability density function and mode. Ann. Math. Stat. 33 (3), 1065–1076.

Pearson, K., 1896. Mathematical contributions to the theory of evolution. III. Regression, Heredity, and Panmixia. Philos. Trans. R. Soc. London 187, 253–318.

Pearson, K., 1930. The Life, Letters and Labors of Francis Galton. Cambridge University Press, Cambridge.

Pegden, C.D., Shannon, R.E., Sadowski, R.P., 1990. Introduction to Simulation Using SIMAN, second ed. McGraw-Hill, New York.

Peña, J.M., Lazano, J.A., Larrañaga, P., 1999. An empirical comparison of four initialisation methods for the k-means algorithm. Pattern Recognit. Lett. 20 (10), 1027–1040.

Pendergast, J.F., Gange, S.J., Newton, M.A., Lindstrom, M.J., Palta, M., Fisher, M.R., 1996. A survey of methods for analyzing clustered binary response data. Int. Stat. Rev. 64 (1), 89–118.

Perduzzi, P., Concato, J., Kemper, E., Holford, T.R., Feistein, A.R., 1996. A simulation study of the number of events per variable in logistic regression analysis. J. Clin. Epidemiol. 49, 1373–1379.

Pereira, H.C., Sousa, A.J., Análise de dados para o tratamento de quadros multidimensionais. http://biomonitor.ist.utl.pt/~ajsousa/Ana lDadosTratQuadMult.html. [(Accessed 20 January 2015)].

Pereira, J.C.R., 2004. Análise de dados qualitativos: estratégias metodológicas para as ciências da saúde, humanas e sociais, third ed. Edusp, São Paulo.

Pereira, M.A., Vidal, T.L., Amorim, T.N., Fávero, L.P., 2010. Decision process based on personal finance books: is there any direction to take? Revista de Economia e Administração 9 (3), 407–425.

Pesaran, M.H., 2004. General diagnostic tests for cross section dependence in panels. Cambridge Working Papers in Economics, nº. 0435, Faculty of Economics, University of Cambridge.

Pessôa, L.A.M., Lins, M.P.E., Torres, N.T., 2009. Problema da dieta: uma aplicação prática para o navio hidroceanográfico "Tauros". In: Simpósio Brasileiro de Pesquisa Operacional, 2009, Porto Seguro, BA. Anais do XLI Simpósio Brasileiro de Pesquisa Operacional 1, 1460–1471.

Pestana, M.H., Gageiro, J.N., 2008. Análise de dados para ciências sociais: a complementaridade do SPSS, 5. ed. Edições Sílabo, Lisboa.

Peters, W.S., 1958. Cluster analysis in urban demography. Soc. Forces 37 (1), 38–44.

Petersen, M.A., 2009. Estimating standard errors in finance panel data sets: comparing approaches. Rev. Financ. Stud. 22 (1), 435–480.

Peto, R., Lee, P., 1973. Weibull distributions for continuous-carcinogenesis experiments. Biometrics 29 (3), 457–470.

Peugh, J.L., Enders, C.K., 2005. Using the SPSS mixed procedure to fit cross-sectional and longitudinal multilevel models. Educ. Psychol. Meas. 65 (5), 714–741.

Pylro, A.S., 2008. Modelo Linear Dinâmico de Harrison & Stevens Aplicado ao Controle Estatístico de Processos Autocorrelacionados. Pontifícia Universidade Católica do Rio de Janeiro. Tese (Doutorado em Engenharia de Produção).

Pindado, J., Requejo, I., 2015. Panel data: a methodology for model specification and testing. In: Paudyal, K. (Ed.), Wiley Encyclopedia of Management. vol. 4, pp. 1–8.

Pindado, J., Requejo, I., Torre, C., 2011. Family control and investment-cash flow sensitivity: empirical evidence from the euro zone. J. Corp. Finance 17 (5), 1389–1409.

Pindado, J., Requejo, I., Torre, C., 2014. Family control, expropriation, and investor protection: a panel data analysis of western european corporations. J. Empir. Finance 27 (C), 58–74.

Pindyck, R.S., Rubinfeld, D.L., 2004. Econometria: modelos e previsões, fourth ed. Campus Elsevier, Rio de Janeiro.

Pires, P.J., Marchetti, R.Z., 1997. O perfil dos usuários de caixa-automáticos em agências bancárias na cidade de Curitiba. Revista de Administração Contemporânea (RAC) 1 (3), 57–76.

Plümper, T., Troeger, V.E., 2007. Efficient estimation of time-invariant and rarely changing variables in finite sample panel analyses with unit fixed effects. Polit. Anal. 15 (2), 124–139.

Pollard, D., 1981. Strong consistency of k-means clustering. Ann. Stat. 9 (1), 135–140.

Pregibon, D., 1981. Logistic regression diagnostics. Ann. Stat. (9), 704–724.

Press, S.J., 2005. Applied Multivariate Analysis: Using Bayesian and Frequentist Methods of Inference, second ed. Dover Science, Mineola.

Punj, G., Stewart, D.W., 1983. Cluster analysis in marketing research: review and suggestions for application. J. Market. Res. 20 (2), 134–148.

Rabe-Hesketh, S., Everitt, B., 2000. A Handbook of Statistical Analyses Using Stata, second ed. Chapman & Hall, Boca Raton.

Rabe-Hesketh, S., Skrondal, A., 2012b. Multilevel and Longitudinal Modeling Using Stata: Categorical Responses, Counts, and Survival, third ed. vol. II. Stata Press, College Station.

Rabe-Hesketh, S., Skrondal, A., 2012a. Multilevel and Longitudinal Modeling Using Stata: Continuous Responses, third ed. vol. I. Stata Press, College Station.

Rabe-Hesketh, S., Skrondal, A., Pickles, A., 2005. Maximum likelihood estimation of limited and discrete dependent variable models with nested random effects. J. Econometrics 128 (2), 301–323.

Rabe-Hesketh, S., Skrondal, A., Pickles, A., 2002. Reliable estimation of generalized linear mixed models using adaptive quadrature. Stata J. 2 (1), 1–21.

Ragsdale, C.T., 2009. Modelagem e análise de decisão. Cengage Learning, São Paulo.

Rajan, R.G., Zingales, L., 1998. Financial dependence and growth. Am. Econ. Rev. 88 (3), 559–586.

Ramalho, J.J.S., 1996. Modelos de regressão para dados de contagem. Masters Dissertation, Instituto Superior de Economia e Gestão, Universidade Técnica de Lisboa, Lisboa. 110 f.

Rardin, R.L., 1998. Optimization in Operations Research. Prentice Hall, New Jersey.

Rasch, G., 1960. Probabilistic Models for Some Intelligence and Attainment Tests. Paedagogike Institut, Copenhagen.

Raudenbush, S., Bryk, A., 2002. Hierarchical Linear Models: Applications and Data Analysis Methods, second ed. Sage Publications, Thousand Oaks.

Raudenbush, S., Bryk, A., Cheong, Y.F., Congdon, R., du Toit, M., 2004. HLM 6: hierarchical linear and nonlinear modeling. Scientific Software International, Inc, Lincolnwood.

Raykov, T., Marcoulides, G.A., 2008. An Introduction to Applied Multivariate Analysis. Routledge, New York.

Reis, E., 2001. Estatística multivariada aplicada, second ed. Edições Sílabo, Lisboa.

Rencher, A.C., 1992. Interpretation of canonical discriminant functions, canonical variates and principal components. Am. Stat. 46 (3), 217–225.

Rencher, A.C., 2002. Methods of Multivariate Analysis, second ed. John Wiley & Sons, New York.

Rencher, A.C., 1988. On the use of correlations to interpret canonical functions. Biometrika 75 (2), 363–365.

Rigau, J.G., 1990. Traducción del término 'odds ratio. Gaceta Sanitaria (16), 35.

Roberto, A.N., 2002. Modelos de rede de fluxo para alocação da água entre múltiplos usos em uma bacia hidrográfica. Escola Politécnica, Universidade de São Paulo, São Paulo Dissertação (Mestrado em Engenharia Hidráulica e Sanitária). 105 p.

Rodrigues, M.C.P., 2002. Potencial de desenvolvimento dos municípios fluminenses: uma metodologia alternativa ao Iqm, com base na análise fatorial exploratória e na análise de clusters. Caderno de Pesquisas em Administração 9 (1), 75–89.

Rodrigues, P.C., Lima, A.T., 2009. Analysis of an European union election using principal component analysis. Stat. Papers 50 (4), 895–904.

Rogers, D.J., Tanimoto, T.T., 1960. A computer program for classifying plants. Science 132 (3434), 1115–1118.

Rogers, W., 2000. Errors in hedonic modeling regressions: compound indicator variables and omitted variables. Appraisal J. 208–213.

Rogers, W.M., Schmitt, N., Mullins, M.E., 2002. Correction for unreliability of multifactor measures: comparison of alpha and parallel forms approaches. Organization. Res. Methods 5 (2), 184–199.

Ross, G.J.S., Preence, D.A., 1985. The negative binomial distribution. Statistician 34 (3), 323–335.

Roubens, M., 1982. Fuzzy clustering algorithms and their cluster validity. Eur. J. Oper. Res. 10 (3), 294–301.

Rousseeuw, P.J., Leroy, A.M., 1987. Robust Regression and Outlier Detection. John Wiley & Sons, New York.

Royston, P., 2006. Explained variation for survival models. Stata J. 6 (1), 83–96.

Royston, P., Lambert, P.C., 2011. Flexible Parametric Survival Analysis Using Stata: Beyond the Cox Model. Stata Press, College Station.

Royston, P., Parmar, M.K.B., 2002. Flexible parametric proportional-hazards and proportional-odds models for censored survival data, with application to prognostic modelling and estimation of treatment effects. Stat. Med. 21 (15), 2175–2197.

Rummel, R.J., 1970. Applied Factor Analysis. Northwestern University Press, Evanston.

Russell, P.F., Rao, T.R., 1940. On habitat and association of species of Anopheline Larvae in South-eastern Madras. J. Malaria Instit. India 3 (1), 153–178.

Rutemiller, H.C., Bowers, D.A., 1968. Estimation in a heterocedastic regression model. J. Am. Stat. Assoc. 63, 552–557.

Saaty, T.L., 2000. Fundamentals of Decision Making and Priority Theory with the Analytic Hierarchy Process. RWS Publications, Pittsburgh.

Santos, M.A., Fávero, L.P., Distadio, L.F., 2016. Adoption of the International Financial Reporting Standards (IFRS) on companies' financing structure in emerging economies. Finance Res. Lett. 16 (1), 179–189.

Santos, M.S., 2005. Cervejas e refrigerantes. In: Mateus Sales dos Santos e Flávio de Miranda Ribeiro. CETESB, São Paulo Disponível em http://www.cetesb.sp.gov.br. [(Accessed 11 February 2017)].

Saporta, G., 1990. Probabilités, analyse des données et statistique. Technip, Paris.

Saraiva Jr., A.F., Tabosa, C.M., Costa, R.P., 2011. Simulação de Monte Carlo aplicada à análise econômica de pedido. Produção 21 (1), 149–164.

Sarkadi, K., 1975. The consistency of the Shapiro-Francia test. Biometrika 62 (2), 445–450.

Sartoris Neto, A., 2013. Estatística e introdução à econometria, second ed. Saraiva, São Paulo.

Schaffer, M.E., Stillman, S., XTOVERID: Stata module to calculate tests of overidentifying restrictions after xtreg, xtivreg, xtivreg2, xthtaylor. http://ideas.repec.org/c/boc/bocode/s456779.html. [(Accessed 21 February 2014)].

Scheffé, H., 1953. A method for judging all contrasts in the analysis of variance. Biometrika 40 (1/2), 87–104.

Schmidt, C.M.C., 2003. Modelo de regressão de Poisson aplicado à área da saúde. Masters Dissertation, Universidade Regional do Noroeste do Estado do Rio Grande do Sul, Ijuí 98 f.

Schoenfeld, D., 1982. Partial residuals for the proportional hazards regression model. Biometrika 69 (1), 239–241.

Schriber, T.J., 1974. Simulation Using GPSS. Ed. Ft. Belvoir Defense Technical Information, Wiley, New York.

Schwartz Filho, A.J., 2006. Localização de indústrias de reciclagem na cadeia logística reversa do coco verde. Dissertação (Mestrado em Engenharia Civil – Transportes), Universidade Federal do Espírito Santo. 127 f.

Scott, A.J., Symons, M.J., 1971. Clustering methods based on likelihood ratio criteria. Biometrics 27 (2), 387–397.

Searle, S.R., Casella, G., McCulloch, C.E., 2006. Variance Components. John Wiley & Sons, New York.

Sergio, V.F.N., 2012. Utilização das distribuições inflacionadas de zeros no monitoramento da qualidade do leite. Monografia (Bacharelado em Estatística), Departamento de Estatística, Universidade Federal de Juiz de Fora, Juiz de Fora. 43 f.

Shafto, M.G., Degani, A., Kirlik, A., 1997. Canonical correlation analysis of data on human-automation interaction. In: 41st HFES – Annual Meeting of the Human Factors and Ergonomics Society. Anais do Congresso, Albuquerque.

Shapiro, S.S., Francia, R.S., 1972. An approximate analysis of variance test for normality. J. Am. Stat. Assoc. 67, 215–216.

Shapiro, S.S., Wilk, M.B., 1965. An analysis of variance test for normality (complete samples). Biometrika 52, 591–611.

Sharma, S., 1996. Applied Multivariate Techniques. John Wiley & Sons, Hoboken.

Sharpe, N.R., de Veaux, R.D., Velleman, P.F., 2015. Business Statistics, third ed. Pearson Education.

Shazmeen, S.F., Baig, M.M.A., Pawar, M.R., 2013. Regression analysis and statistical approach on socio-economic data. Int. J. Adv. Comput. Res. 3 (3), 347.

Sheu, C.F., 2000. Regression analysis of correlated binary outcomes. Behav. Res. Methods Instrum. Comput. 32 (2), 269–273.

Sharpe, W.F., 1964. Capital asset prices: a theory of market equilibrium under conditions of risk. J. Finance 19 (3), 425–442.

Shi, J., Malik, J., 2000. Normalized cuts and image segmentation. IEEE Trans. Pattern Anal. Mach. Intell. 22 (8), 888–905.

Short, J.C., Ketchen, D.J., Bennett, N., du Toit, M., 2006. An examination of firm, industry, and time effects on performance using random coefficients modeling. Organization. Res. Methods 9 (3), 259–284.

Short, J.C., Ketchen, D.J., Palmer, T.B., Hult, G.T.M., 2007. Firm, strategic group, and industry influences on performance. Strateg. Manag. J. 28 (2), 147–167.

Siegel, S., Castellan Jr., N.J., 2006. Estatística não-paramétrica para ciências do comportamento, second ed. Bookman, Porto Alegre.

Silva Filho, O.S., Cezarino, W., Ratto, J., 2009. Planejamento agregado da produção: modelagem e solução via planilha Excel & Solver. Revista Produção On Line 9 (3), 572–599.

Silva Neto, A.J., Becceneri, J.C., 2009. Técnicas de inteligência computacional inspiradas na natureza: aplicação em problemas inversos em transferência radiativa. Sbmac, São Carlos.

Simonson, D.G., Stowe, J.D., Watson, C.J., 1983. A canonical correlation analysis of commercial bank asset/liability structures. J. Financ. Quant. Anal. 18 (1), 125–140.

Singer, J.M., Andrade, D.F., 1997. Regression models for the analysis of pretest/posttest data. Biometrics 53 (2), 729–735.

Skrondal, A., Rabe-Hesketh, S., 2007. Latent variable modelling: a survey. Scand. J. Stat. 34 (4), 712–745.

Skrondal, A., Rabe-Hesketh, S., 2003. Multilevel logistic regression for polytomous data and rankings. Psychometrika 68 (2), 267–287.

Skrondal, A., Rabe-Hesketh, S., 2009. Prediction in multilevel generalized linear models. J. Roy. Stat. Soc. Ser. A 172 (3), 659–687.

Smirnov, N., 1948. Table for estimating the goodness of fit of empirical distributions. Ann. Math. Stat. 19 (2), 279–281.

Sneath, P.H.A., Sokal, R.R., 1962. Numerical taxonomy. Nature 193, 855–860.

Snijders, T.A.B., Bosker, R.J., 2011. Multilevel Analysis: An Introduction to Basic and Advanced Multilevel Modeling, second ed. Sage Publications, London.

Snook, S.C., Gorsuch, R.L.P., 1989. component analysis versus common factor analysis: a Monte Carlo study. Psychol. Bull. 106 (1), 148–154.

SOBRAPO – Sociedade Brasileira de Pesquisa Operacional, 2017. Disponível em http://www.sobrapo.org.br. [(Accessed 15 April 2017)].

Sokal, R.R., Michener, C.D., 1958. A statistical method for evaluating systematic relationships. Univ. Kansas Sci. Bull. 38 (22), 1409–1438.

Sokal, R.R., Rohlf, F.J., 1962. The comparison of dendrograms by objectives methods. Taxon 11 (2), 33–40.

Sokal, R.R., Sneath, P.H.A., 1963. Principles of Numerical Taxonomy. W.H. Freeman and Company, San Francisco.

Sørensen, T.J., 1948. A method of establishing groups of equal amplitude in plant sociology based on similarity of species content, and its application to analyses of the vegetation on Danish commons. Roy. Danish Acad. Sci. Lett. Biol. Ser. (5), 1–34.

Soto, J.L.G., Morera, M.C., 2005. Modelos jerárquicos lineales. Editorial La Muralla, Madrid.

Spearman, C.E., 1904. "General intelligence," objectively determined and measured. Am. J. Psychol. 15 (2), 201–292.

Spiegel, M.R., Schiller, J., Srinivasan, R.A., 2013. Probabilidade e estatística, third ed. Bookman, Porto Alegre.

Stanton, J.M., 2001. Galton, Pearson, and the peas: a brief history of linear regression for statistics instructors. J. Stat. Educ. 9(3). http://www.amstat.org/publications/jse/v9n3/stanton.html. [(Accessed 14 March 2014)].

StataCorp, 2009. Getting Started with Stata for Windows: Version 11. Stata Press, College Station.

StataCorp, 2011. Stata Statistical Software: Release 12. Stata Press, College Station.

StataCorp, 2013. Stata statistical software: Release 13. Stata Press, College Station.

StataCorp, 2015. Stata Statistical Software: Release 14. Stata Press, College Station.

Steenbergen, M.R., Jones, B.S., 2002. Modeling multilevel data structures. Am. J. Polit. Sci. 46 (1), 218–237.

Stein, C.E., Loesch, C., 2011. Estatística descritiva e teoria das probabilidades, second ed. Edifurb, Blumenau.

Stein, C.M., 1981. Estimation of the mean of a multivariate normal distribution. Ann. Stat. 9 (6), 1135–1151.

Stemmler, M., 2014. Person-centered methods: configural frequency analysis (CFA) and other methods for the analysis of contingency tables. Springer, Erlangen.

Stephan, F.F., 1941. Stratification in representative sampling. J. Market. 6 (1), 38–46.

Stevens, J.P., 2009. Applied Multivariate Statistics for the Social Sciences, fifth ed. Routledge, New York.

Stevens, S.S., 1946. On the theory of scales of measurement. Science 103 (2684), 677–680.

Stewart, D.K., Love, W.A., 1968. A general canonical correlation index. Psychol. Bull. 70 (3), 160–163.

Stewart, D.W., 1981. The application and misapplication of factor analysis in marketing research. J. Market. Res. 18 (1), 51–62.

Stock, J.H., Watson, M.W., 2004. Econometria. Pearson Education, São Paulo.

Stock, J.H., Watson, M.W., 2008. Heteroskedasticity-robust standard errors for fixed effects panel data regression. Econometrica 76 (1), 155–174.

Stock, J.H., Watson, M.W., 2006. Introduction to econometrics, third ed. Pearson, Essex.

Stowe, J.D., Watson, C.J., Robertson, T.D., 1980. Relationships between the two sides of the balance sheet: a canonical correlation analysis. J. Finance 35 (4), 973–980.

Streiner, D.L., 2003. Being inconsistent about consistency: when coefficient alpha does and doesn´t matter. J. Personal. Assess. 80 (3), 217–222.

Stukel, T.A., 1988. Generalized logistic models. J. Am. Stat. Assoc. 83 (402), 426–431.

Sudman, S., 1985. Efficient screening methods for the sampling of geographically clustered special populations. J. Market. Res. 22 (20), 20–29.

Sudman, S., Sirken, M.G., Cowan, C.D., 1988. Sampling rare and elusive populations. Science 240 (4855), 991–996.

Swets, J.A., 1996. Signal Detection Theory and ROC Analysis in Psychology and Diagnostics: Collected Papers. Lawrence Erlbaum Associates, Mahwah.

Tabachnick, B.G., Fidell, L.S., 2001. Using Multivariate Statistics. Allyn and Bacon, New York.

Tacq, J., 1996. Multivariate Analysis Techniques in Social Science Research. Sage Publications, Thousand Oaks.

Tadano, Y.S., Ugaya, C.M.L., Franco, A.T., 2009. Método de regressão de Poisson: metodologia para avaliação do impacto da poluição atmosférica na saúde populacional. Ambiente & Sociedade Xii (2), 241–255.

Taha, H.A., 2010. Operations Research: An Introduction, nineth ed. Prentice Hall, Upper Saddle River.

Taha, H.A., 2016. Operations Research: An Introduction, tenth ed. Pearson Higher Ed, USA.

Takane, Y., Young, F.W., DE Leeuw, J., 1977. Nonmetric individual differences multidimensional scaling: an alternating least squares method with optimal scaling features. Psychometrika 42 (1), 7–67.

Tang, W., He, H., Tu, X.M., 2012. Applied Categorical and Count Data analysis. Chapman & Hall/CRC Press, Boca Raton.

Tapia, J.A., Nieto, F.J., 1993. Razón de posibilidades: una propuesta de traducción de la expresión odds ratio. Salud Pública de México 35, 419–424.

Tate, W.F., 2012. Research on schools, neighborhoods, and communities. Rowman & Littlefield Publishers Inc., Plymouth.

Teerapabolarn, K., 2008. Poisson approximation to the beta-negative binomial distribution. Int. J. Contemp. Math. Sci. 3 (10), 457–461.

Tenenhaus, M., Young, F., 1985. An analysis and synthesis of multiple correspondence analysis, optimal scaling, dual scaling, homogeneity analysis, and other methods for quantifying categorical multivariate data. Psychometrika 50 (1), 91–119.

Thomas, W., Cook, R.D., 1990. Assessing influence on predictions from generalized linear models. Technometrics 32 (1), 59–65.

Thompson, B., 1984. Canonical Correlation analysis: Uses and Interpretation. Sage Publications, Thousand Oaks.

Thurstone, L.L., 1969. Multiple Factor Analysis: A Development and Expansions of "The Vectors of the Mind" University of Chicago Press, Chicago.

Thurstone, L.L., 1959. The Measurement of Values. University of Chicago Press, Chicago.

Thurstone, L.L., 1935. The Vectors of the Mind. University of Chicago Press, Chicago.

Thurstone, L.L., Thurstone, T.G., 1941. Factorial Studies of Intelligence. University of Chicago Press, Chicago.

Timm, N.H., 2002. Applied Multivariate Analysis. Springer-Verlag, New York.

Tobin, J., 1969. A general equilibrium approach to monetary theory. J. Money Credit Bank. 1 (1), 15–29.

Traissac, P., Martin-Prevel, Y., 2012. Alternatives to principal components analysis to derive asset-based indices to measure socio-economic position in low- and middle-income countries: the case for multiple correspondence analysis. Int. J. Epidemiol. 41 (4), 1207–1208.

Triola, M.F., 2013. Introdução à estatística: atualização da tecnologia, 11th ed. LTC Editora, Rio de Janeiro.

Troldahl, V.C., Carter Jr., R.E., 1964. Random selection of respondents within households in phone surveys. J. Market. Res. 1 (2), 71–76.

Tryon, R.C., 1939. Cluster analysis. McGraw-Hill, New York.

Tsiatis, A.A., 1980. A note on a goodness-of-fit test for the logistic regression model. Biometrika 67, 250–251.

Turkman, M.A.A., Silva, G.L., 2000. Modelos lineares generalizados: da teoria à prática. Edições Spe, Lisboa.

UCLA, 2015. Statistical Consulting Group of the Institute for Digital Research and Education. http://www.ats.ucla.edu/stat/stata/faq/casummary.htm. [(Accessed 5 February 2015)].

UCLA, 2013a. Statistical Consulting Group of the Institute for Digital Research and Education. http://www.ats.ucla.edu/stat/stata/output/stata_mlogit_output.htm. [(Accessed 22 September 2013)].

UCLA, 2013b. Statistical Consulting Group of the Institute for Digital Research and Education. http://www.ats.ucla.edu/STAT/stata/seminars/stata_survival/default.htm. [(Accessed 13 November 2013)].

UCLA, 2013c. Statistical Consulting Group of the Institute for Digital Research and Education. http://www.ats.ucla.edu/stat/stata/webbooks/reg/chapter2/statareg2.htm. [(Accessed 2 September 2013)].

UCLA, 2013d. Statistical Consulting Group of the Institute for Digital Research and Education. http://www.ats.ucla.edu/stat/stata/dae/canonical.htm. [(Accessed 15 December 2013)].

Valentin, J.L., 2012. Ecologia numérica: uma introdução à análise multivariada de dados ecológicos, second ed. Interciência, Rio de Janeiro.

Van Auken, H.E., Doran, B.M., Yoon, K.J., 1993. A financial comparison between Korean and US firms: a cross-balance sheet canonical correlation analysis. J. Small Bus. Manag. 31 (3), 73–83.

Vance, P.S., Fávero, L.P., Luppe, M.R., 2008. Franquia empresarial: um estudo das características do relacionamento entre franqueadores e franqueados no Brasil. Revista de Administração (RAUSP) 43 (1), 59–71.

Vanneman, R., 1977. The occupational composition of American classes: results from cluster analysis. Am. J. Sociol. 82 (4), 783–807.

Vasconcellos, M.A.S., Alves, D., 2000. Manual de econometria. Atlas, São Paulo.

Velicer, W.F., Jackson, D.N., 1990. Component analysis versus common factor analysis: some issues in selecting an appropriate procedure. Multivar. Behav. Res. 25 (1), 1–28.

Velleman, P.F., Wilkinson, L., 1993. Nominal, ordinal, interval, and ratio typologies are misleading. Am. Stat. 47 (1), 65–72.

Verbeek, M., 2012. A Guide to Modern Econometrics, fourth ed. John Wiley & Sons, West Sussex.

Verbeke, G., Molenberghs, G., 2000. Linear Mixed Models for Longitudinal Data. Springer-Verlag, New York.

Vermunt, J.K., Anderson, C.J., 2005. Joint correspondence analysis (JCA) by maximum likelihood. Methodol. Eur. J. Res. Methods Behav. Soc. Sci. 1 (1), 18–26.

Vicini, L., Souza, A.M., 2005. Análise multivariada da teoria à prática. Monografia (Especialização em Estatística e Modelagem Quantitativa), Centro de Ciências Naturais e Exatas, Universidade Federal de Santa Maria, Santa Maria. 215 f.

Vieira, S., 2012. Estatística básica. Cengage Learning, São Paulo.

Vittinghoff, E., Glidden, D.V., Shiboski, S.C., McCulloch, C.E., 2012. Regression Methods in Biostatistics: Linear, Logistic, Survival, and Repeated Measures Models, second ed. Springer-Verlag, New York.

Vuong, Q.H., 1989. Likelihood ratio tests for model selection and non-nested hypotheses. Econometrica 57 (2), 307–333.

Ward Jr., J.H., 1963. Hierarchical grouping to optimize an objective function. J. Am. Stat. Assoc. 58 (301), 236–244.

Wathier, J.L., Dell'aglio, D.D., Bandeira, D.R., 2008. Análise fatorial do inventário de depressão infantil (CDI) em amostra de jovens brasileiros. Avaliação Psicológica 7 (1), 75–84.

Watson, I., 2005. Further processing of estimation results: basic programming with matrices. Stata J. 5 (1), 83–91.

Weber, S., 2010. Bacon: an effective way to detect outliers in multivariate data using Stata (and Mata). Stata J. 10 (3), 331–338.

Wedderburn, R.W.M., 1974. Quasi-likelihood functions, generalized linear models, and the Gauss-Newton method. Biometrika 61 (3), 439–447.

Weisberg, S., 1985. Applied Linear Regression. John Wiley & Sons, New York.

Weller, S.C., Romney, A.K., 1990. Metric Scaling: Correspondence Analysis. Sage, London.

Wen, C.H., Yeh, W.Y., 2010. Positioning of international air passenger carriers using multidimensional scaling and correspondence analysis. Transport. J. 49 (1), 7–23.

Wermuth, N., Rüssmann, H., 1993. Eigenanalysis of symmetrizable matrix products: a result with statistical applications. Scand. J. Stat. 20, 361–367.

West, B.T., Welch, K.B., Gałecki, A.T., 2015. Linear Mixed Models: A Pratical Guide Using Statistical Software, second ed. Chapman & Hall/CRC Press, Boca Raton.

White, H., 1980. A heteroskedasticity-consistent covariance matrix estimator and a direct test for heteroskedasticity. Econometrica 48 (4), 817–838.

White, H., 1982. Maximum likelihood estimation of misspecified models. Econometrica 50 (1), 1–25.

Whitlark, D.B., Smith, S.M., 2001. Using correspondence analysis to map relationships. Market. Res. 13 (3), 22–27.

Wilcoxon, F., 1945. Individual comparisons by ranking methods. Biometr. Bull. 1 (6), 80–83.

Wilcoxon, F., 1947. Probability tables for individual comparisons by ranking methods. Biometrics 3 (3), 119–122.

Williams, R., 2006. Generalized ordered logit/partial proportional odds models for ordinal dependent variables. Stata J. 6 (1), 58–82.

Winkelmann, R., Zimmermann, K.F., 1991. A new approach for modeling economic count data. Econ. Lett. 37 (2), 139–143.

Winston, W.L., 2004. Operations Research: Applications and Algorithms, fourth ed. Brooks/Cole – Thomson Learning, Belmont.

Witten, I.H., Frank, E., Hall, M.A., Pal, C.J., 2016. Data Mining: Practical Machine Learning Tools and Techniques, fourth ed. Elsevier, Boston.

Wolfe, J.H., 1978. Comparative cluster analysis of patterns of vocational interest. Multivar. Behav. Res. 13 (1), 33–44.

Wolfe, J.H., 1970. Pattern clustering by multivariate mixture analysis. Multivar. Behav. Res. 5 (3), 329–350.

Wong, M.A., Lane, T., 1983. A kth nearest neighbour clustering procedure. J. Roy. Stat. Soc. Ser. B 45 (3), 362–368.

Wonnacott, T.H., Wonnacott, R.J., 1990. Introductory Statistics for Business and Economics, 4. ed. John Wiley & Sons, New York.

Wooldridge, J.M., 2010. Econometric Analysis of Cross Section and Panel Data, second ed. MIT Press, Cambridge.

Wooldridge, J.M., 2012. Introductory Econometrics: A Modern Approach, fifth ed. Cengage Learning, Mason.

Wooldridge, J.M., 2005. Simple solutions to the initial conditions problem in dynamic, nonlinear panel data models with unobserved heterogeneity. J. Appl. Econ. 20 (1), 39–54.

Wu, Z., et al., 2008. Optimization designs of the combined Shewhart CUSUM control charts. Comput. Stat. Data Anal. 53 (2), 496–506.

Wulff, J.N., 2015. Interpreting results from the multinomial logit: demonstrated by foreign market entry. Organization. Res. Methods 18 (2), 300–325.

Xie, F.C., Wei, B.C., Lin, J.G., 2008. Assessing influence for pharmaceutical data in zero-inflated generalized Poisson mixed models. Stat. Med. 27 (18), 3656–3673.

Xie, M., He, B., Goh, T.N., 2001. Zero-inflated Poisson model in statistical process control. Comput. Stat. Data Anal. 38 (2), 191–201.

Xue, D., Deddens, J., 1992. Overdispersed negative binomial regression models. Commun. Stat. Theory Methods 21 (8), 2215–2226.

Yanai, H., Takane, Y., 2002. Generalized constrained canonical correlation analysis. Multivar. Behav. Res. 37 (2), 163–195.

Yau, K., Wang, K., Lee, A., 2003. Zero-inflated negative binomial mixed regression modeling of over-dispersed count data with extra zeros. Biometr. J. 45 (4), 437–452.

Yavas, U., Shemwell, D.J., 1996. Bank image: exposition and illustration of correspondence analysis. Int. J. Bank Market. 14 (1), 15–21.

Ye, N. (Ed.), 2004. The Handbook of Data Mining. Lawrence Erlbaum Associates, Mahwah.

Young, F., 1981. Quantitative analysis of qualitative data. Psychometrika 46 (4), 357–388.

Young, G., Householder, A.S., 1938. Discussion of a set of points in terms of their mutual distances. Psychometrika 3 (1), 19–22.

Yule, G.U., 1900. On the association of attributes in statistics: with illustrations from the material of the childhood society, etc. Philos. Trans. Roy. Soc. London 194, 257–319.

Yule, G.U., Kendall, M.G., 1950. An Introduction to the Theory of Statistics, fourteen ed. Charles Griffin, London.

Zeger, S.L., Liang, K.Y., Albert, P.S., 1988. Models for longitudinal data: a generalized estimating equation approach. Biometrics 44 (4), 1049–1060.

Zhang, H., Liu, Y., Li, B., 2014. Notes on discrete compound Poisson model with applications to risk theory. Insurance Math. Econ. 59, 325–336.

Zheng, X., Rabe-Hesketh, S., 2007. Estimating parameters of dichotomous and ordinal item response models using gllamm. Stata J. 7 (3), 313–333.

Zhou, W., Jing, B.Y., 2006. Tail probability approximations for Student's t-statistics. Probab. Theory Relat. Fields 136 (4), 541–559.

Zippin, C., Armitage, P., 1966. Use of concomitant variables and incomplete survival information in the estimation of an exponential survival parameter. Biometrics 22 (4), 665–672.

Zorn, C.J.W., 2001. Generalized estimating equation models for correlated data: a review with applications. Am. J. Polit. Sci. 45 (2), 470–490.

Zubin, J., 1938a. A technique for measuring like-mindedness. J. Abnormal Soc. Psychol. 33 (4), 508–516.

Zubin, J., 1938b. Socio-biological types and methods for their isolation. Psychiatry J. Study Interpersonal Process. 2, 237–247.

Zuccolotto, P., 2007. Principal components of sample estimates: an approach through symbolic data. Stat. Methods Appl. 16 (2), 173–192.

Zwilling, M.L., 2013. Negative binomial regression. Math. J. 15, 1–18.

| 찾아보기 |

의사결정을 위한 데이터 과학

데이터 과학 총론

발 행 ㅣ 2021년 1월 4일

지은이 ㅣ Luiz Paulo Fávero · Patrícia Belfiore
옮긴이 ㅣ ㈜크라스랩

펴낸이 ㅣ 권 성 준
편집장 ㅣ 황 영 주
편 집 ㅣ 이 지 은
디자인 ㅣ 박 주 란

에이콘출판주식회사
서울특별시 양천구 국회대로 287 (목동)
전화 02-2653-7600, 팩스 02-2653-0433
www.acornpub.co.kr / editor@acornpub.co.kr

이 도서의 국립중앙도서관 출판시도서목록(CIP)은 서지정보유통지원시스템 홈페이지(http://seoji.nl.go.kr)와
국가자료공동목록시스템(http://www.nl.go.kr/kolisnet)에서 이용하실 수 있습니다.(CIP제어번호: CIP2020044713)

책값은 뒤표지에 있습니다.